U0586773

國家清史編纂委員會·文獻叢刊

李塨集

（上）

陳山榜等 點校

人民出版社

責任編輯：王　萍　劉志江

圖書在版編目(CIP)數據

李塨集/陳山榜等 點校. -北京：人民出版社，2014.8
(國家清史編纂委員會・文獻叢刊)
ISBN 978-7-01-013758-2

Ⅰ.①李…　Ⅱ.①陳…　Ⅲ.①李塨(1659～1733)-文集　Ⅳ.①B249.51

中國版本圖書館 CIP 數據核字(2014)第 166577 號

李 塨 集
LIGONG JI

陳山榜等　點校

人民出版社 出版發行
(100706　北京市東城區隆福寺街 99 號)

北京瑞古冠中印刷廠印刷　新華書店經銷

2014 年 8 月第 1 版　2014 年 8 月北京第 1 次印刷
開本：787 毫米×1092 毫米 1/16　印張：117.5
字數：2332 千字

ISBN 978-7-01-013758-2　定價：560.00 圓(全貳册)

郵購地址 100706　北京市東城區隆福寺街 99 號
人民東方圖書銷售中心　電話 (010)65250042　65289539

國家清史編纂委員會出版委員會

總　序

戴　逸

二○○二年八月，國家批准建議纂修清史之報告，十一月成立由十四部委組成之領導小組，十二月十二日成立清史編纂委員會，清史編纂工程於焉肇始。

清史之編纂醞釀已久，清亡以後，北洋政府曾聘專家編寫《清史稿》，歷時十四年成書。識者議其評判不公，記載多誤，難成信史，久欲重撰新史，以世事多亂不果。中華人民共和國成立後，中央領導亦多次推動修清史之事，皆因故中輟。新世紀之始，國家安定，經濟發展，建設成績輝煌，而清史研究亦有重大進步，學界又倡修史之議，國家採納衆見，決定啓動此新世紀標誌性文化工程。

清代爲我國最後之封建王朝，統治中國二百六十八年之久，距今未遠。清代衆多之歷史和社會問題與今日息息相關。欲知今日中國國情，必當追溯清代之歷史，故而編纂一部詳細、可信、公允之清代歷史實屬切要之舉。

編史要務，首在採集史料，廣搜確证，以爲依據。必藉此史料，乃能窺見歷史陳跡。故史料爲歷史研究之基礎，研究者必須積累大量史料，勤於梳理，善於分析，去粗取精，去僞存真，由此及彼，由表及裏，進行科學之抽象，上陞爲理性之認識，才能洞察過去，認識歷史規律。史料之於歷史研究，猶如水之於魚，空氣之於鳥，水涸則魚逝，氣盈則鳥飛。歷史科學之輝煌殿堂必須巋然聳立於豐富、確鑿、可靠之史料基礎上，不能構建於虛無飄渺之中。吾儕於編史之始，即整理、出版“文獻叢刊”、“檔案叢刊”，二者廣收各種史料，均爲清史編纂工程之重要組成部分，一以供修撰清史之用，提高著作質量；二爲搶救、保護、開發清代之文化資源，繼承和弘揚歷史文化遺産。

清代之史料，具有自身之特點，可以概括爲多、亂、散、新四字。

一曰多。我國素稱詩書禮義之邦，存世典籍汗牛充棟，尤以清代爲盛。蓋清代統治較久，文化發達，學士才人，比肩相望，傳世之經籍史乘、諸子百家、文字聲韻、目録金石、書畫藝術、詩文小説，遠軼前朝，積貯文獻之多，如恒河沙數，不可勝計。昔梁元帝聚書十四萬卷於江陵，西魏軍攻掠，悉燔於火，人謂喪失天下典籍之半數，是五世紀時中國書籍總數尚不甚多。宋代印刷術推廣，載籍日衆，至清代而浩如烟海，難窺其涯涘矣。《清史稿藝文志》著録清代書籍九千六百三十三種，人議其疏漏太多。武作成作《清史稿藝文志補編》，增補書一萬零四百三十八種，超過原志著録之數。彭國棟亦重修《清史稿藝文志》，著録書一萬八千零五十九種。近年王紹曾更求詳備，致力十餘年，遍覽群籍，手抄目驗，成《清史稿藝文志拾遺》，增補書至五萬四千八百八十種，超過原志五倍半，此尚非清代存留書之全豹。王紹曾先生言："余等未見書目尚多，即已見之目，因工作粗疏，未盡鈎稽而失之眉睫者，所在多有。"清代書籍總數若干，至今尚未能確知。

清代不僅書籍浩繁，尚有大量政府檔案留存於世。中國歷朝歷代檔案已喪失殆盡(除近代考古發掘所得甲骨、簡牘外)，而清朝中樞機關(内閣、軍機處)檔案，秘藏内廷，尚稱完整。加上地方存留之檔案，多達二千萬件。檔案爲歷史事件發生過程中形成之文件，出之於當事人親身經歷和直接記録，具有較高之真實性、可靠性。大量檔案之留存極大地改善了研究條件，俾歷史學家得以運用第一手資料追踪往事，瞭解歷史真相。

二曰亂。清代以前之典籍，經歷代學者整理、研究，對其數量、類别、版本、流傳、收藏、真僞及價值已有大致瞭解。清代編纂《四庫全書》，大規模清理、甄别存世之古籍。因政治原因，查禁、篡改、銷燬所謂"悖逆"、"違礙"書籍，造成文化之浩劫。但此時經師大儒，聯袂入館，勤力校理，盡瘁編務。政府亦投入鉅資以修明文治，故所獲成果甚豐。對收録之三千多種書籍和未收之六千多種存目書撰寫詳明精切之提要，撮其内容要旨，述其體例篇章，論其學術是非，叙其版本源流，編成二百卷《四庫全書總目》，洵爲讀書之典要、後學之津梁。乾隆以後，至於清末，文字之獄漸戢，印刷之術益精，故而人競著述，家嫻詩文，各握靈蛇之珠，衆懷崑岡之璧，千舸齊發，萬木争榮，學風大盛，典籍之積累遠邁從前。惟晚清以來，外强侵凌，干戈四起，國家多難，人民離散，未能投入力量對大量新出之典籍再作整理，而政府檔案，深藏中秘，更無由一見。故不僅不知存世清代文獻檔案之總數，即書籍分類如何變通、版本庋藏應否標明，加以部居舛誤，界劃難清，亥豕魯魚，訂正未遑。大量稿本、鈔本、孤本、珍本，土埋塵封，行將澌滅。殿刻本、局刊本、精校本與坊間劣本混淆雜陳。我國自有典籍以來，其繁雜混亂未有甚於清代典籍者矣！

三曰散。清代文獻、檔案，非常分散，分别庋藏於中央與地方各個圖書館、檔案館、博物館、教學研究機構與私人手中。即以清代中央一級之檔案言，除北京中國第一歷史檔案館所藏一千萬件以外，尚有一大部分檔案在戰爭時期流離播遷，現存於臺北故宫博物院。此外，尚有藏於沈陽遼寧省檔案館之聖訓、玉牒、滿文老檔、黑圖檔等，藏於大連市檔案館之内務府檔案，藏於江蘇泰州市博物館之題本、奏摺、録副奏摺。至於清代各地方政府之檔案文書，損毁極大，但尚有劫後殘餘，璞玉渾金，含章藴秀，數量頗豐，價值亦高。如河北獲鹿縣檔案、吉林省邊務檔案、黑龍江將軍衙門檔案、河南巡撫藩司衙門檔案、湖南安化縣永曆帝與吴三桂檔案、四川巴縣與南部縣檔案、浙江安徽江西等省之魚鱗册、徽州契約文書、内蒙古各盟旗蒙文檔案、廣東粤海關檔案、雲南省彝文傣文檔案、西藏噶厦政府藏文檔案等等分别藏於全國各省市自治區，甚至清代兩廣總督衙門檔案（亦稱《葉名琛檔案》），被英法聯軍搶掠西運，今藏於英國倫敦。

清代流傳下之稿本、鈔本，數量豐富，因其從未刻印，彌足珍貴，如曾國藩、李鴻章、翁同龢、盛宣懷、張謇、趙鳳昌之家藏資料。至於清代之詩文集、尺牘、家譜、日記、筆記、方誌、碑刻等品類繁多，數量浩瀚，北京、上海、南京、廣州、天津、武漢及各大學圖書館中，均有不少貯存。豐城之劍氣騰霄，合浦之珠光射日，尋訪必有所獲。最近，余有江南之行，在蘇州、常熟兩地圖書館、博物館中，得見所存稿本、鈔本之目録，即有數百種之多。

某些書籍，在中國大陸已甚稀少，在海外各國反能見到，如太平天國之文書。當年在太平軍區域内，爲通行之書籍，太平天國失敗後，悉遭清政府查禁焚燬，現在中國，已難見到，而在海外，由於各國外交官、傳教士、商人競相搜求，携赴海外，故今日在外國圖書館中保存之太平天國文書較多。二十世紀内，向達、蕭一山、王重民、王慶成諸先生曾在世界各地尋覓太平天國文獻，收穫甚豐。

四曰新。清代爲傳統社會向近代社會之過渡階段，處於中西文化衝突與交融之中，産生一大批内容新穎、形式多樣之文化典籍。清朝初年，西方耶穌會傳教士來華，携來自然科學、藝術和西方宗教知識。乾隆時編《四庫全書》，曾收録歐幾里得《幾何原本》、利瑪竇《乾坤體儀》、熊三拔《泰西水法》、《簡平儀説》等書。迄至晚清，中國力圖自强，學習西方，翻譯各類西方著作，如上海墨海書館、江南製造局譯書館所譯聲光化電之書，後嚴復所譯《天演論》、《原富》、《法意》等名著，林紓所譯《茶花女遺事》、《黑奴籲天録》等文藝小說。中學西學，摩蕩激勵，舊學新學，鬥妍争勝，知識劇增，推陳出新，晚清典籍多别開生面、石破天驚之論，數千年來所未見，飽學宿儒所不知。突破中國傳統之知識框架，書籍之内容、形式，超經史子集之範圍，越子曰詩云之牢籠，發生前所未有之革命性變化，出現衆多新類目、新體例、新内容。

清朝實現國家之大統一，組成中國之多民族大家庭，出現以滿文、蒙古文、藏文、維吾爾文、傣文、彝文書寫之文書，構成爲清代文獻之組成部分，使得清代文獻、檔案更加豐富，更加充實，更加絢麗多彩。

清代之文獻、檔案爲我國珍貴之歷史文化遺産，其數量之龐大、品類之多樣、涵蓋之寬廣、内容之豐富在全世界之文獻、檔案寶庫中實屬罕見。正因其具有多、亂、散、新之特點，故必須投入鉅大之人力、財力進行搜集、整理、出版。吾儕因編纂清史之需，賈其餘力，整理出版其中一小部分；且欲安裝網絡，設數據庫，運用現代科技手段，進行貯存、檢索，以利研究工作。惟清代典籍浩瀚，吾儕汲深綆短，蟻銜蚊負，力薄難任，望洋興嘆，未能做更大規模之工作。觀歷代文獻檔案，頻遭浩劫，水火兵蟲，紛至沓來，古代典籍，百不存五，可爲浩嘆。切望後來之政府學人重視保護文獻檔案之工程，投入力量，持續努力，再接再厲，使卷帙長存，瑰寶永駐，中華民族數千年之文獻檔案得以流傳永遠，霑溉將來，是所願也。

二〇〇四年

《李塨集》點校説明

明末清初，中國社會劇烈動蕩，催生了一批思想家，如顧炎武、黄宗羲、王夫之、顔元等，而李塨則是這時期稍晚一些的一位思想家。明王朝的悲慘結局，百姓生活的水深火熱，爲他們提供了思想的動力和思考的内容，而剛剛入主中國的清朝統治者，爲政權維穩，正千方百計拉攏漢族知識份子，還没來得及對廣大知識份子進行全面的思想控制和政治打擊，這就爲這些思想家思想的産生和傳播，留下相對自由的時空。正是在這樣的背景下，李塨與其師顔元一起，創立了一個以實文實行實體實用爲基本宗旨、以傳承道統康濟民命爲根本目標的學術流派，史稱顔李學派。

（一）

李塨祖上本是小興州人。明初，遷蠡縣西曹家蕞村（今河北省蠡縣西曹佐村）。經過近十代人的艱苦努力，不僅成爲村上的田産大户，而且其曾祖父李應試、父親李明性還都考取縣學生員，堪稱蠡東望族。清初，因其田宅被圈占，遂家道中落，致衣食不繼。

李塨出生於清順治十六年（1659）閏三月二十四日，乳名四友。入學時取名曰“塨”，命名之義，蓋“恭欲其謙，土欲其實也”①。爲戒其流於柔弱，又字之曰“剛主”。中年後，自號“恕谷”。

李塨的第一位老師是其父李明性。李明性雖衹是個縣學生員，但經學功底頗深。他學宗孔孟，主敬循禮，篤志潛修，尤重孝弟。因對李塨寄望甚厚，故課子極嚴。李塨四歲時，便教他一些古詩等。八歲正式入學，教之習幼儀，讀經書。李塨亦不負重望，勤奮學習，經過十多年的刻苦努力，十九歲便考進縣學，列生員第一名。時任地方教育長官是《儒

① 陳山榜、鄧子平：《顔李學派文庫》，河北教育出版社 2009 年版，第 4 卷，第 1211 頁。

林外史》作者吴敬梓的曾祖父吴國對。他深喜李塨的文章，將之開雕問世。青少年時期的李塨，由於其父的教育，奠定了堅實的經學基礎。

李塨的第二任老師，是顔李學派的創始人顔元。顔元，字渾然，號習齋，祖籍博野。因出生在其父義養於蠡縣劉村朱家時，故曾姓朱，名邦良，字易直。顔元二十四歲開始尊崇陸王，二十六歲始服膺程朱，皆誠心誠意。但長期的社會歷練和生活磨難，使他逐步認識到，程朱所主張的理先氣後的認知思想，理純一善而氣質有惡的人性論，半日静坐半日讀書的治學方法等，既有違人之性情，又不合先儒之教，更無益國計民生，於是在三十五歲那年，他著作了《存性編》和《存學編》，開始對程朱理學進行系統性批判。他提出了自己的理氣一元論，認爲性形一體，知識來源於實踐，學教應服務於民命，人性純爲一善，只要踐形盡性，人皆可以爲聖人。同時，他還將自己的學齋由"思古齋"更名爲"習齋"，教學内容由時行的八股制藝改爲禮、樂、射、御、書、數、兵、農、錢、穀、水、火、工、虞等實用學問爲主，教學方法也由以講讀爲主改爲以習行討論爲主。這些，無論對當時的學術思想還是教育教學，都稱得上是根本性變革。李塨正是在顔元實學思想成型後開始受教於顔元的。

李家與顔元交往有素。李明性長顔元二十歲，雖不是顔元的業師，顔元却尊之如師如父，不時前往求教和慰問。顔元長李塨二十四歲，當顔元實學思想成型以後，李塨也進入有自我思考能力的青年時期，於是他便經常到顔元處聽其講實學。然而顔元並無收徒之意，他對李塨説："尊君先生老成寡言，僕學之而未能，内方而外和，僕學之而未能。足下歸求之而已。"①但李塨之學却因顔元而轉移，逐步由經學和八股制藝轉向實學，"深以習齋學習六藝爲是，遂却八比，專正學"②。他不僅仿顔元立日譜課品行，分日研習禮、樂、射、御、書、數等六藝之學，經常赴習齋聽顔元講授兵、農、錢、穀、水、火、工、虞等，他還仿照顔元的《習齋教條》，爲自己的學塾訂立了類似的《學規》，以使自己的弟子也受同樣的教育。他還發願説："咫尺習齋，天成我也。不傳其學，是自棄棄天矣。"③不難看出，青年時期的李塨，受顔元影響之深。

康熙二十二年(1683)，李明性去世。彌留之際，對顔元和李塨説："進斯道於吾子，須有始有終。"④康熙二十八年(1689)二月，李塨"齋戒沐浴，至習齋，投門人刺，以《瘳忘編》《恕谷集》爲贄。"⑤至此，二人師生關係確立。翌年，李塨參加鄉試，中舉。其實，李塨拿作

---

① 陳山榜、鄧子平：《顔李學派文庫》，河北教育出版社 2009 年版，第 2 卷，第 652 頁。
② 同上書，第 4 卷，第 1214 頁。
③ 同上書，第 4 卷，第 1219 頁。
④ 同上書，第 2 卷，第 407 頁。
⑤ 同上書，第 4 卷，第 1244 頁。

拜師禮的《瘳忘編》,也是因受顔元《存治編》影響而作的——"塨與文升推衍《存治》,文升著《存治翼編》,塨著《瘳忘編》,先生訂正之。"①

明性、顔元而外,李塨還曾學樂於毛奇齡,學數於劉見田,學琴於張而素,學書於王五公、彭通,學射於趙思光、郭金城。其中惟曾向毛奇齡投過門人刺。另外,每遇有專長之人,他都虚心求教,力求盡學其長。例如,吴子淳精通西洋數學,李塨就向他請教西洋三角與畢氏定理之异同,於是便知道了西洋三角能解决直角三角形以外的三角問題;馮敬南精通天文地理,李塨就向他請教所謂"星官分野"問題,於是便知道了"星官分野"之非;王源善文,李塨就向他請教爲文之道,於是李塨才有了文宗六經思想,文章水準有了質的提高,致使他將先前之作大多放棄,這就是李塨散文只有《恕谷後集》而無前集的原因;等等。李塨後來在總結自己的學習經驗時説:"吾少年讀書,强記四五過始成誦。比時同學者多如此。而予迤後閲書幾萬卷者,好故也。故學只在好,不在質高。"②又説:"人知學之美,而不知問之益。海内學者窮年所學者,吾一問而得之,其益豈不大哉!"③這應是至今仍具借鑒意義的學習經驗。李塨因勤學好問,終於使自己成爲一個大學問家。

(二)

滿腹才學的李塨,雖然在仕途上僅僅作過不足三個月的通州學正,没有多少作爲,但他一生的事業,還是十分可觀、頗值一書的。

道行天下謂之事業。李塨"志欲行道","如不能行",他則要"繼往開來"④,將其傳之久遠。

李塨雖爲官不久,但在"行道"方面還是做了很多事情的。他曾在桐鄉、郾城和富平三縣,共六次出任幕僚。在幕期間,他總是勸導縣令寬刑省法,輕徭薄賦,安民興教。有時他還同縣令一道,並轡下鄉,訪民情,勸農桑。在富平,他設計施行了"飛票催科法",即將全縣各户當繳稅銀,以書面形式逐級轉發,令其主動上繳,衹對不及時上繳者施行催征。這既節約了征繳成本,又避免了地方豪强將賦稅向普通百姓轉嫁,實爲良策。而在奉命捉拿"變民"時,他輔助縣令,不僅機智地擒住了"匪首",而且寬大了衆多"脅從",這樣既維護了地方治安,應付了上差,還避免了濫殺,所以在一定意義上也保護了民衆。李塨因此而深

① 陳山榜、鄧子平:《顔李學派文庫》,河北教育出版社 2009 年版,第 2 卷,第 664 頁。
② 同上書,第 4 卷,第 1213 頁。
③ 同上書,第 4 卷,第 1213 頁。
④ 同上書,第 4 卷,第 1281 頁。

得當地紳民的擁戴。

因李塨才學出衆，致使許多官員都想將其招致幕中，佐政輔學。有此意願的，不僅有省、府、州、縣級官員，一些皇室成員及閣僚廷臣，如皇三子、皇十四子、明府、索府等，都曾表示招攬之意，皇十四子甚至連迎接李塨的車馬都曾派出。對於這些權貴的延攬，李塨都婉言謝絶，而只在三個縣作了六次幕僚。其結果，自然是使李塨失却了多個展示自己才華的機會，但却因没有攀龍附鳳，而未陷入皇親國戚的權勢紛争，得免罹黨禍。這似乎與李塨的遠見卓識和高度的政治敏感性不無關係。

李塨晚年，朝中曾擬招他去修明史、教皇子，但均被方苞以李塨老病不能出爲由予以阻攔。聞訊後，李塨對方苞的做法保持了沉默，而其弟子則對方苞的做法表示了强烈的不滿。的確，朝廷擬議之延聘，與權貴私自之招攬，是大不相同的兩回事，方苞從中阻攔好友出山，是愛護，是無知，還是嫉妒，我們不好妄議，或許兼而有之，亦未可知，總之，是因爲方苞的阻撓，使李塨兩度痛失展示其才華的機會。後來雖有直督請李塨主修《畿輔通志》，但這與修明史和教皇子的意義及價值已不能同年而語了。

既然社會没有給李塨提供更多的行道平臺，那末，李塨也衹好將自己的主要精力放在明道和傳道上了。於此，他幹成了三件大事。

第一是從教，成就了他的教育家的地位。

首先，李塨從二十二歲便開始教弟弟培、埈以學，二十三歲開始招收外姓學生，並仿照顔元的《習齋教條》，訂立了大體與之類似的《學規》。他曾在京、冀多處設館，直到七十多歲，仍不斷有人前來拜師求學，甚至有不遠千里，從大西北跋涉而來的。其教育生涯曆五十餘年，弟子遍及多省，迄今尚有姓名可考者就多達百餘人。李塨既教他們六藝實學，也教他們時文制藝，所以其弟子中，既有人成了傳承顔李實學思想的學者，也有人科考中式。另外，李塨還經常接待前來問學的"訪問學者"。根據他們的不同情況，李塨總是因人因時予以指導，其中有的後來甚至成爲督、撫級官員。

其次，爲傳授顔元所主張的六藝之學，李塨編撰了大量教材，其内容涵蓋了禮、樂、射、御、書、數等各個方面。除《學御》散佚外，《學禮》、《學樂録》、《學射録》等迄今尚存，而書、數之類則收録在其《小學稽業》中，而《小學稽業》本身就是一部相當優秀的可供小學階段使用的教材。這些教材在當時都頗具實用價值。

再次，李塨對教育還進行了深入的理論探討。除散見於他的書信和其他著作者外，僅相關專著就有《大學辨業》《聖經學規纂》《論學》等。他所反復提倡的"所學即其所用"、"所用即其所學"的實用、專業教育主張，與當時盛行的時文帖括相比，其實踐價值有天淵之别。

最後,李塨還對學制問題進行了探索,提出了一套從里學、邑學、鄉學、縣學、府學、藩學直到太學的學制系統,並對其招生、教學、考試以至學生的陞降和畢業生的録用等都作了規劃,這在中國教育史上頗具創新意義。

綜上所述,不難看出,李塨稱得上是一位名副其實的教育家。

第二是傳道,最終使顏李學派得以形成。

顏元的實學思想,具有鮮明的平民性、務實性、批判性和創新性,其先進性在當時可以説是無與倫比的。但因其批判時爲"國學"的程朱理學,反對時爲"國策"的八股取士,故其思想既不被官方所首肯,也不被那些醉心科舉功名的士子所接受,再加上他不交權貴的耿介性格及不尚著述的樸實學風,致使其實學思想傳播不廣。儘管他也曾努力地去京師,下關東,游中原,終歸影響有限。李塨清楚地看到了這一點,他既然把承傳顏元實學思想視爲自己的天職,就不再拘守小節,而是師師之意,不泥師之跡,甚至大膽採取與顏元完全不同的策略,以實現其戰略意圖。如,顏元少出閭里,而李塨則極重遊歷;顏元不交權貴,李塨則交無貴賤;顏元耿介,非其所有,一介不取,而李塨則當食則食,當收就收,衹求"歸潔其身";顏元不尚著述,李塨則只要有意義,有需要,能著就著。對於以上行爲,顏、李的一些好友都有點看不下去了,而顏元却不僅不指責李塨,反而對此倍加贊賞。這就是莫逆之交!正是師生的這種相互理解,正是李塨的聰明和大膽,最終成就了顏李學派。對此,李塨做了兩種非常重要的工作。

一是積極探索深入闡發顏元的實學思想。顏元的實學思想,廣涉政治、經濟、軍事、文化、教育、哲學等諸多方面,其見解往往深刻而獨到。但越是這種情況,就越難以引起時人共鳴,更何談接受!爲解决這一困境,李塨就對顏元的實學思想積極地進行探索,然後深入淺出地予以論證和闡發,以便世人的理解和接受。如,他推衍《存治》,著作《瘳忘編》,爲褒《存學》,編撰《未墜集》(可能已佚),爲顏元著作作序跋,爲習齋先生修年譜,等等,都屬此類。在具體的思想理論上也是如此。如,顏元主張"人皆兵,官皆將",李塨就釋之以"兵農合一";顏元主張均田,李塨就探索可行之方案;顏元主張興水利,李塨就提出治淮治永的具體方案;顏元主張廢除八股取士,李塨就和之以"所學即其所用"、"所用即其所學";顏元提出形性不可分的理氣一元論,李塨就向人解釋道,理就如同木之紋理,無木,其紋理安存?等等。這都是李塨明道的最好例證。

二是廣事交游,積極傳播顏元的實學思想。

李塨認爲,顏元的實學思想需要廣泛傳播,而這種傳播,需在人口密集文化發達的通衢都市才會有更好的效果,"僻谷引吭"是不行的。於是他數十次赴京師,多次下江南,游中原,赴關中,足跡遍及今京、冀、豫、皖、魯、晋、陝、江、浙等地。每到一地,他不僅結交文人學士、專家學者,同時也結交官吏及其幕僚。與他交往的官吏,不僅有府、縣級的,也有省、部級的,甚至還有廷臣閣僚。而當時的知名學者和專家,如孔尚任、方苞、萬斯同、閻若璩、費密、梅定九、馮敬南等,皆與有往來。顔元實學思想的魅力,加上李塨之大力宣揚,使不少人爲之傾倒。有的不惜重金爲顔李刊刻著作,如顔元的《四存編》,李塨的許多著作,皆因此而得以出版。有的官員因李塨而仰慕顔元之學,稱私淑弟子,如御史郭金城、縣令溫益修等。有些已頗有聲望的人亦因李塨而轉慕顔元之學,前來拜師顔元,如王源、惲皋聞等。正是因爲有了李塨的努力,才使顔李之學,四方響和,海内之士,靡然相從,一個以實文實行實體實用爲基本宗旨、以傳承道統康濟民命爲終極目標的學術流派得以成型。

而李塨爲明道傳道幹成的第三件大事,就是他爲中華思想文化的寶庫,增添了一批如珠似玉的著作。

(三)

李塨的一些著作,如《恕谷集》《未墜集》《運心編》《四書言仁解》《與斯集》《學御》等,今未見到,可能已佚。現今所能見到的有關著作共三十種,計一О九卷。其中二十八種爲李塨自己撰著。另外兩種,一是《恕谷中庸講語》,是其弟子聽其講《中庸》的筆録,已經李塨審閲認可,並且書名亦依李塨之建議而命;一是《李恕谷先生年譜》,系其弟子在其指導下,主要據其《日記》而修纂。因爲這兩書與李塨關係至密,故收附本《集》中。

顔元倡習行,重事功,不尚著述,故其遺著不豐。現存李塨著作,幾三倍於顔元。對此,李塨有兩次解釋。一是康熙三十四年(1695),李塨在桐鄉幕僚任上,多有刊刻。好友郭子固致書,規其刊書無關經濟。李塨復信道:"吾友恐予蹈書生文士之習,誠爲雅意。然天下無經濟,由學術差,辨學,正經濟天下萬世之事也。"①一是雍正三年(1725),六十七歲的李塨在回憶自己著述歷程時寫道:"思顔先生以天下萬世爲己任,卒而寄之我,我未見可寄者,不得不寄之書,著書,豈得已哉!"②李塨秉顔元之教,志欲行道,然道"不能行",於是他便决心繼往開來,將道傳之久遠,這或許是李塨著述之根本動力。

李塨之著述,前期因主要受顔元之影響,故多教養之具,中年游江浙之後,受江南文士影響,轉多考辨、傳注類作品。但是,從血管裏流出的總是血,就是在其考辨、傳注類作品中,也不無實學思想的流淌,亦不同於俗士之作。直到他生命的最後一天,他仍在詩中寫

① 陳山榜、鄧子平:《顔李學派文庫》,河北教育出版社 2009 年版,第 4 卷,第 1255 頁。

② 同上書,第 4 卷,第 1355 頁。

道:"九京若遇賢師友,爲識滔滔可易方。"①這種執著地對改善國計民生之道的追求,正是李塨著述的思想價值之所在。

李塨的著作,具有重要的史學價值。這些著作本身,就是以李塨的視角,對當時社會的一個寫照,而李塨所撰《顔習齋先生年譜》,被公認爲譜諜史上之名著,而他提出的修志主張,即使對於今天的修志工作,仍不乏借鑒意義。

李塨的著作,還具有極高的藝術美學價值。其初,李塨文宗唐宋八家,稍有浮華之氣,後受王源啟發,改宗六經,浮華頓無。其爲文,平實沉穩,看似信筆寫來,實則渾然天成,深爲大家稱道。河南主事李汝懋説:"吾遍閱聞人集,錢牧齋、吴梅村猶是宋明遺習,汪文苕弱,侯朝宗亦涉摩擬,方靈皋練或傷氣,王昆繩主奇變,而乃有唐陳,若夫淵源聖經,旁羅百氏,雄潔奥化,不名一家,其《恕谷後集》乎!"②王源亦贊道:"恕谷之注經,超軼漢宋,連篇片語,皆古文也。"③而定州王灝在《畿輔叢書》中亦盛贊李塨文章"恢奇變化,不可方物"④。總之,李塨的著作,不僅具有深刻的思想性,具有重要的歷史文化價值,而且具有極高的藝術美學價值,是中國思想文化寶庫中的一顆璀璨明珠。

李塨著作在其生前之刊刻情況,李塨在其自作《李子恕谷墓志》中有一記述:

> 前在都,徐少宰秉義、吴都憲涵,爲刻《大學辨業》《學規纂》。至是,同人爲刻《論語》《學》《庸》傳注及《傳注問》,又刻《易經傳注》《學禮》《小學稽業》,門人又刻《恕谷後集》,毛河右開雕《李氏學樂録》於浙。⑤

但這衹是他晚年回顧之概述,尚有遺漏。據《李恕谷先生年譜》及諸書序跋等資料記載,康熙三十四年(1695),郭子堅曾爲其刊刻《聖學成法》《與西山先生書》及《訟過則例》三種。這三種著作,《訟過則例》今仍單獨成書,《與西山先生書》後收入《恕谷後集》,而《聖學成法》今未見到。其後六年,徐秉義、吴涵又爲其刻《聖經學規纂》。由此看來,《聖學成法》與《聖經學規纂》當不是一書。李塨曾輯諸儒論學之語爲《未墜集》,顔元還曾爲之作過一篇序言,名《未墜集序》,其文今收《習齋記餘》。《聖學成法》是否與《未墜集》有關,或者就是該書,因未見,不敢妄定,僅提示存疑,以作後人尋覓研究之線索。該書之散佚,是否與

---

① 陳山榜、鄧子平:《顔李學派文庫》,河北教育出版社 2009 年版,第 4 卷,第 1371 頁。
② 同上書,第 3 卷,第 709 頁。
③ 同上。
④ 同上書,第 3 卷,第 852 頁。
⑤ 同上書,第 3 卷,第 851 頁。

顔元在《未墜集序》中之批評有關，亦未可知。

康熙四十年(1701)，徐秉義、吴涵爲其刊刻《大學辨業》和《聖經學規纂》時，同時還刻有《論學》一種。

康熙四十六年(1707)，門生鄭若洲爲其刊刻《習齋年譜》。翌年，再爲刻《恕谷古文》。

雍正九年(1731)，刻《擬太平策》。此書未記何人捐助，或爲李塨自刻。

雍正十年(1732)，白任若弟子共出分資，爲刻《評乙古文》。

這樣算來，本書所收李塨著作，在其逝前已有十八種刊刻出版。

道光二十四年(1844)，李氏後人李桓、李樞發起集資，刻《詩經傳注》，蠡縣學人劉化南爲其校刊。

同治八年(1869)，高陽李繼曾爲刻《春秋傳注》。

至此，今存李塨著作有二十種刊行問世。

李塨的著作，以其價值非凡，歷來爲叢書編者所重。

清廷編《四庫全書》，收有李塨《李氏學樂録》和《周易傳注》兩種，並有多種存目。王灝刻《畿輔叢書》，收李塨著作十二種，爲:《顔習齋先生年譜》《聖經學規纂》《論學》《小學稽業》《大學辨業》《學禮》《學射録》《閱史郄視》《評乙古文》《擬太平策》《恕谷後集》《平書訂》，同時收有《李恕谷先生年譜》。二十世紀三十年代前後，商務印書館出版《叢書集成》，二十世紀八十年代前後，中華書局出版《叢書集成初編》，其所收李塨著作都基本與《畿輔叢書》同。所不同的是，這兩種叢書都對相關著作做了初步點斷。二十世紀末到二十一世紀初，齊魯書社出版《四庫全書存目叢書》，收李塨著作十種，爲:《郊社考辨》《學禮》《論語傳注》《大學傳注》《中庸傳注》《傳注問》《大學辨業》《聖經學規纂》《論學》《小學稽業》。而其《四庫全書存目叢書補編》則補收李塨之《恕谷後集》十卷，《續刻》三卷，也就是現在一般所見的《恕谷後集》十三卷。上海古籍出版社出版《續修四庫全書》，收李塨著作十三種，爲:《郊社考辨》《春秋傳注》《大學辨業》《中庸傳注》《中庸傳注問》《恕谷中庸講語》《閱史郄視》《顔習齋先生年譜》《平書訂》《聖經學規纂》《論學》《小學稽業》《恕谷後集》。

民國以後，專爲顔李學派出版的大型叢書有兩種。一是 1923 年由四存學會編刊的《顔李叢書》。它是迄今爲止收録李塨著作最全的一種叢書。本《集》所收之三十種著作，該《叢書》全部收有。1965 年，臺灣廣文書局將其影印再版，并於 1989 年再次印行。一是 2009 年河北教育出版社出版的由陳山榜、鄧子平主編的《顔李學派文庫》。這是迄今最新的簡體横排本。其中收録李塨著作九種，爲:《顔習齋先生年譜》《谷穀後集》《恕谷詩集》《大學辨業》《論學》《閱史郄視》《瘳忘編》《平書訂》《擬太平策》。同時收有《李恕谷先生年譜》。

2011年，河北人民出版社出版由鄧子平、陳山榜主編的《李塨文集》。這是迄今爲止，第一套專門收録李塨著作的文集。《文集》在《顔李學派文庫》所收李塨著作基礎上，添加《聖經學規纂》一種，格式亦基本與《文庫》同。

（四）

本次點校，我們廣泛選取收文最全的《顔李叢書》本、刊刻較精的《畿輔叢書》本、《四庫》諸本、《年譜叢刊》所收顔李二《年譜》以及商務、中華諸本，互相對照，個別著作還與尚存的清代單行本進行了對照，争取兼採衆長，作出一部既忠實於李塨原意、又方便閲讀的《李塨集》。其中各種著作所採用的底本、校本及參閲本，如下表所示。

作品名	底本	校本	參閲本	备注
周易傳注	文淵閣本	《顔李叢書》本	文津閣本	底本《四庫全書》
詩經傳注	道光廿四年刻本	《顔李叢書》本		底本靜穆堂刻本
春秋傳注	同治八年刻本	《顔李叢書》本		底本《續修四庫》
論語傳注	清康雍間刻本	《顔李叢書》本		底本《四庫存目》
大學傳注	清康雍間刻本	《顔李叢書》本		底本《四庫存目》
中庸傳注	清康雍間刻本	《顔李叢書》本		底本《四庫存目》
傳注問	清康雍間刻本	《顔李叢書》本		底本《四庫存目》
小學稽業	《畿輔叢書》本	《顔李叢書》本	《叢書集成》本	
大學辨業	《畿輔叢書》本	《顔李叢書》本		
聖經學規纂	《畿輔叢書》本	《顔李叢書》本	《叢書集成》本	
論學	《畿輔叢書》本	《顔李叢書》本		
學禮	《畿輔叢書》本	《顔李叢書》本	《叢書集成》本	
學射録	《畿輔叢書》本	《顔李叢書》本		
李氏學樂録	文津閣本	《顔李叢書》本	《叢書集成》本	底本《四庫全書》
學樂録(三、四卷)	《顔李叢書》本			
平書訂	《畿輔叢書》本	《顔李叢書》本	清抄本(南圖藏)	抄本《續修四庫》
閲史郄視	《畿輔叢書》本	《顔李叢書》本	《叢書集成》本	
擬太平策	《畿輔叢書》本	《顔李叢書》本		
瘳忘編	《顔李叢書》本			
評乙古文	《畿輔叢書》本	《顔李叢書》本	《叢書集成》本	
宗廟考辨	《顔李叢書》本			
郊社考辨	《顔李叢書》本	清抄本(北大藏)		抄本《續修四庫》
禘祫考辨	《顔李叢書》本			

續表

作品名	底本	校本	參閲本	备注
田賦考辨	《顔李叢書》本	愛如生古籍庫本		
訟過則例	《顔李叢書》本			
天道偶測	《顔李叢書》本			
恕谷後集	雍正間刻本	《畿輔叢書》本	《顔李叢書》本	底本《續修四庫》
恕谷詩集	《顔李叢書》本			
顔習齋先生年譜	康熙卌六年刻本	《畿輔叢書》本	《顔李叢書》本	底本《年譜叢刊》
恕谷中庸講語	《顔李叢書》本			
李恕谷先生年譜	道光十六年刻本	《畿輔叢書》本	《顔李叢書》本	底本《年譜叢刊》

説明:《四庫全書》和《叢書集成》中的《李氏學樂録》均衹前兩卷,故與後二卷分開列目。

本次點校,凡底本一般筆劃訛舛、字形混同的明顯誤刻,如己、巳、未、末之類,都徑直作了改正,一般未出校記。凡底本不誤而他本誤者,直從底本而未出校記。凡底本訛、脱、衍、倒者,予以改正,並且出校記説明所據。無論正誤、删補還是改字,均以注釋的形式在頁脚予以説明。文中□表示原文殘缺或脱漏,而■則表示該處有字而無法辨識。凡文字兩通而涵義不同者,予以出校記説明。而一般虚字有出入,文義無殊者,未予出校記。底本異文,一般出校記予以説明,他本異文,一般未出校記。但凡是訛誤之處,均出校記予以説明。

本次點校,文字基本保持了底本原貌。古今字、異體字、俗體字、通假字等,均仍原文,一般未作改動。個别生僻字改爲了通行字。凡底本非避諱字而他本爲避諱字者,徑從底本。而底本之避諱字則儘量改回。原書中偶有對少數民族不敬的文字,我們徑直以現行文字作了置换,這些不便舉例,敬希諒解。

本次點校之標點符號的使用,完全依照1996年中華人民共和國國家標準《標點符號用法》的規定使用。而并列名詞間之頓號的使用,以會否引起誤解作爲用與不用的基本原則,但同一類詞語,也依其語言環境而定其用否,全書未作統一的機械的要求,如禮、樂之間之頓號,在有的語言環境中以加上爲好,則加之,若以不加爲好,則不加,全書不求一致。對於兼具書名、篇名和他名(如人名、官名等)的詞語,如孟子等,則視其語言環境斷定其是否表示書名而決定對其是否加書名號。簡稱而實指書名、篇名者,如《學》(《大學》)、《庸》(《中庸》)等,則一律加了書名號。因本次點校之正誤和删補均以注釋的方式在頁脚予以説明,未採用文中括弧形式,故凡文中出現的括弧,其中文字均屬説明性質,而非删補。

本書文中出現的比正文字體小且字體相异的文字,是原書中的夾注。

凡底本已分段,除錯分者外,本次點校均予採用。而底本未曾分處,我們也根據文字的内容，給予了細分，如書中的兩部《年譜》，原書基本是以年分段，我們則是凡月必分，這樣不僅便於閱讀，尤其便於查詢。

（五）

《李塨集》項目雖由陳山榜主持，但其倡議發起者却不是陳山榜，而是戴逸先生、朱誠如先生、馬大正先生等國家清史編委會幾位領導。

戴逸先生對時任河北教育出版社社長兼總編輯的鄧子平先生説，河北省有三種資料應當抓緊整理：一是《顔李叢書》，一是獲鹿縣清代税務檔案，一是清代開灤礦務資料。於是，鄧子平先生召集河北省有關專家學者開會，研究落實戴逸先生的指示精神。會上，由苑書義先生提議，大家一致同意，《顔李叢書》事交由陳山榜來辦。會後，山榜不敢怠慢，趕緊向諸師友請教和求助。山榜的恩師、原國務院學位委員會學科組成員、北京師範大學博士生導師、著名教育史專家王炳照教授，河北師範大學博士生導師苑書義教授、秦進才教授、董叢林教授，華中師範大學博士生導師佘子俠教授，東北師範大學博士生導師曲鐵華教授，河北大學博士生導師吴洪成教授、李振綱教授，河北省社會科學院張聖潔研究員，以及鄧子平先生等，都給予了親切指導和通力支持。

課題報到國家清史編委會文獻組，很快獲得通過。但鑒於顔元的著作已有《顔元集》出版，故將《顔李叢書》改爲《李塨集》予以立項。

課題立項後，諸位師友積極配合，通力支持點校工作。最爲感人的是，中國人民大學的李瑞芳博士和華中師範大學的王春陽博士聞訊後，主動將自己已點校的李塨著作，不提任何條件和要求，很快毫無保留地發送給了主持人陳山榜。這些義舉，至少説明：一、點校整理《李塨集》，早已爲業界專家學者所關注。二、國家清史編委會立項這一課題，是完全必要的和非常及時的。三、顔李學派重功利，重的是社會功利，而不是一己之私利，這一崇高思想已爲其後世研究者所傳承，並且正在發揚光大。

參與本書點校和主動提供點校稿的情況大體是：

王志梅：《學禮》《評乙古文》《恕谷後集》《恕谷詩集》《顔習齋先生年譜》《李恕谷先生年譜》《詩經傳注》《聖經學規纂》等。霍紅偉：《周易傳注》《春秋傳注》《學樂録》《恕谷中庸講語》等。蘇文姝：《論語傳注》《宗廟考辨》《郊社考辨》《禘祫考辨》《田賦考辨》等。王春陽：《中庸傳注》《中庸傳注問》《恕谷中庸講語》等。張聖潔：《閱史郄視》《小學稽業》等。吴洪成、趙娟、張華：《春秋傳注》《平書訂》等。李瑞芳：《恕谷後集》《瘳忘編》《擬太平策》等。

全書由陳山榜統一改訂報審。

齊彩萍、姜惠莉、趙延秀等同志爲本書的文字核校做了大量工作。

黑文净、楊海峰、劉東霞、巴晶、任璐、劉璐、趙延秀、張國貞、呂穩醒等同志在文字録入方面多有貢獻。

河北師範大學領導暨學報編輯部、科技處(社科處)、財務處、校辦等單位的同志們,在工作中曾給予多方支持。

國家清史編委會文獻組組長陳樺教授以及黄愛平教授、張研教授、王汝豐教授、孫燕京教授、寶音教授、闞紅柳教授等,始終給予了精心指導和通力支持。尤其是負責這一課題的黄愛平教授,爲此花費了大量心血。

陳其泰教授、黄愛平教授、王敬松研究員、汪學群研究員、賀耀敏編審等審讀了報送稿,提出了具體而中肯的修訂意見,爲本書的成功做出了重要貢獻。

夏燕、王青芝、趙華、劉朝暉、丁德超、姚春敏、劉祥元、朱淑君、楊劍利、李嵐、赫曉琳、王立新、馬峰、朱剛以及國家清史編委會文獻組、項目中心、出版中心、財務中心、服務中心等有關部門的領導和許多同志,都在日常工作中提供了支持和幫助。

王俊義老師、白玉民老師、孟超老師、河北師範大學古籍研究所暨其所長武吉慶老師、徐建平老師、全國高校古委會暨其秘書長曹亦冰老師以及顧歆藝老師等,都對本課題給予了關注和支援。

人民出版社王萍、劉志江等同志,爲本書的出版付出了大量心血。

中共河北省委、省政府、省人大、省政協暨其所屬地區、部門和單位的新老負責同志吕傳贊、趙世居、宋太平、解玉琦、聶瑞平、周振國、曹保剛、李保平、戴長江、翟海魂、張益禄、閻春來、李建强、蘇寶榮、蔣春瀾、王長華、戴建兵、王大勇、鄭振峰、王洪瑞、傅廣生、王俊祥、王鳳鳴、李建卿、馬志超、陳春霞、楊才以及海内外有關專家學者宋恩榮、郭齊家、衷爾鉅、田正平、劉兆偉、俞啓定、張斌賢、杜成憲、儲朝暉、吕達、劉立德、胡蘭江、李劍萍、劉海峰、熊賢君、周洪宇、朱鏡人、姜廣輝、鄧洪波、張傳燧、王建軍、黄明喜、李申申、趙國權、朱智斌、張學强、王凌皓、解成、李貴榮、杜維明(美)、三浦秀一(日)、任大熙(韓)、金德三(韓)、李庚子(韓)等,都曾對這一研究給予支持。

河北師範大學圖書館、河北大學圖書館、河北省圖書館、中國國家圖書館、中國人民大學圖書館、北京大學圖書館、保定市圖書館、河北師範大學歷史文化學院資料室、北京八中等單位,爲本書的點校工作提供了支持。

還有不少不便列名的專家學者,曾默默地爲本書的成功傾注了自己的心血。

值此,向所有提供支援和幫助的單位和師友表示最誠摯的謝意。

另外,全國高校古委會也對本課題進行了資助,謹此説明並誠致謝意。

儘管經過多人多年的艱苦努力，但由於編者水準所限，書中訛誤在所難免，尚祈方家指正。

陳山榜

二〇一三年三月

目　録

1 周易傳注
211 詩經傳注
441 春秋傳注
685 傳注問
719 大學傳注
733 中庸傳注
753 論語傳注
871 小學稽業
923 大學辨業
955 聖經學規纂
981 論學
995 學禮
1033 學射録
1043 李氏學樂録
1105 平書訂
1171 閲史郄視
1213 擬太平策
1231 瘳忘編
1249 評乙古文
1289 宗廟考辨
1309 郊社考辨
1319 禘祫考辨

1327 田賦考辨
1343 訟過則例
1355 天道偶測
1361 恕谷後集
1495 恕谷詩集
1613 顏習齋先生年譜
1687 恕谷中庸講語
1713 李恕谷先生年譜

周易傳注

周易傳注·序

《易》爲人事而作也。孔子於大象，如天地健順、雲雷屯難，而必曰“君子以之”，又曰“《易》道有四：以言，以動，以制器，以卜筮”，又曰“百物不廢，懼以終始”，皆人事也。予癸未注《易》至《觀》。甲申春，李中丞斯義下榻京師，注卦訖。秋，又自訂於郾城温令德裕署。丙戌，注《繫辭傳》《説卦》《序卦》《雜卦》。迄壬辰之臘，棗强鄭孝廉知芳延於家，重訂一周，已三四訂。句後增入。嗟乎！自田何傳《易》而後，説者棼如，而視其象忸怩，徵其數穿鑿，按其理浮游，而尤誤者，以《易》爲測天道之書，於是陳摶《龍圖》、劉牧《鉤隱》、邵雍《皇極經世》并起，探无極，推先天，不惟《易》道入於無用，而華山道士、青城隱者、异端隱怪之説群竄聖經，而《易》之不亡脉脉如綫。夫聖人之作《易》，専爲人事而已矣。何以明其然也？《乾》《坤》索而爲雷風水火山澤，本天道也。伏羲因而重之，何不皆言天道？而《蒙》《需》《訟》《師》《謙》《履》等卦，即屬人事。文王《彖辭》，於《乾》繫以“元亨利貞”，猶天道人事兼言也，至《坤》“牝馬之貞”、“君子攸行”等辭，專言人事。周公《象辭》，則“勿用”、“利見大人”、“朝乾夕惕”，无非人事者。以下六十二卦，言人事者勿論，如《復》《姤》《泰》《否》，明屬天道，而“利有攸往”、“勿用”、“取女”、“小人”、“大人”，必歸人事。乃知教人下學，不言性、天，不惟孔門教法也，自伏羲、文王、周公以來皆然。人，天所出也，人之事即天道也。子，父母所出也，然有子於此，問其温凊定省，不盡，問其繼志述事，不能，而專思其父母如何有身、如何坐蓐以有吾身，人且以妄騃目之矣，而謂之孝乎？况天與人亦各有其事，天之事在化育，人之事在經綸，天而不爲天之事，而欲代人經綸，則天工廢；人而不爲人之事，而專測天化育，則人績荒。天工廢，則乾坤毁；人績荒，則宇宙亂。故天地人交相爲贊，而亦各不相能，三極之道也。《中庸》曰，天命謂性，率性謂道，修道謂教，此《易》教也，舉性、天而歸諸人事也，引而近之也。程子曰“儒道本天，釋道本心”，楊氏曰“教人以性爲先”，此非《易》教也，舉道行而歸諸性、天也，推而遠之也。其言似同，其旨乃异，毫釐之差，千里之謬，學術、世運於此分，不可不察也。

予弱冠受學於顔習齋先生，不言《易》，惟以人事爲教。及壯游，見許酉山先生，頗言《易》卦、象、數，謁毛河右先生，剖辯《河》、《洛》、《太極》。及歸而玩《易》卦象、爻象，一一與習齋所傳人事相比，乃知習齋不言《易》而教我《易》者至矣。故少於《易》僅一覽，長又無能誦讀，而日注一卦，豁然若解。三弟培、同邑張綸、石門吴涵、德清胡渭生、大興王源、金陵王元衡、太平王奂曾、武昌陶窳、印江黄世發、盩厔陳光陛、武進惲鶴生，或以爲是，或來共學，亦庶幾有合於人矣。夫天下萬世猶吾身也，意欲訂校以公之斯世，以共期寡過，共力經綸，或亦仁人君子之所許也。

康熙五十二年癸巳端月谷日蠡吾後學李塨撰

凡　例

一、卦有材，《繫辭傳》曰："象者，材也。"即居體之體也。因而分之，有德、《繫辭傳》曰："卦之德方以知。"乾健坤順之類是也。有情、《乾·文言》曰："六爻發揮，旁通情也。"謂爻動而變也。有象、《繫辭傳》曰："《易》者，象也；象也者，像也。"《説卦》所取象皆是。有位、《説卦》曰："《易》六位而成章。"有时、《繫辭傳》曰："六爻相雜，惟其時物。"有義、《繫辭傳》曰："六爻之義易以貢。"有數、如初二、至上，又如三日、三年、七日等數以及大衍之數皆是。有主爻。如《无妄》"剛爲主於内"是。

一、卦爻見經者，論本爻，一也；論三畫卦，二也；六畫，上下相合論，三也；内卦爲貞，外卦爲悔。應爻，四也；謂一與四、二與五、三與上，陰陽相配者曰應；若俱陰、俱陽，則謂之敵應；然應亦有兼數爻言者，如《小畜》"柔得位而上下應"之類。論位，五也；凡卦以二、五爲中，又初陽、二陰、三陽、四陰、五陽、上陰，陽爻居陽，陰爻居陰，爲得位之正，否則失位不正；又八卦正位：乾、坎在五，坤、離在二，震在初，艮在三，巽在四，兑在上；又初、二、三，離位，四、五、上，坎位，見《啓蒙易傳》。有乘，六也；上爻乘下爻也，如《屯》六二"乘剛也"。有承，七也；下爻承上爻也，如《蠱》初六"意承考也"。互卦，八也。孔子所謂"中爻"也，如《春秋》周史占《觀》之《否》，曰"有山之材"、"山岳配天"，皆指互艮言。

一、卦爻義即經而可見者，本爻不變之義，一也；爻變則三畫卦變，二也；如《師》初六變，則下卦爲《兑》，知莊子解《師》初六曰"川壅爲澤"。六畫卦亦變，三也；如《師》初六變，則卦爲《臨》，知莊子解曰"不行之謂《臨》"，并非占而爻變始論變也，蔡墨謂"《乾》之《姤》、《乾》之《同人》"皆同此。比爻，四也；相連爻也，《繫辭傳》言近者是也。兩互成一卦，五也；如《泰》二互爲《歸妹》是也。對易，六也；如《乾》、《坤》、《頤》、《大過》等卦是，即《文言》所謂"六爻發揮，旁通情也"。反易，七也；如《鼎》與《革》反易，故初六有"顛趾"象，下巽反兑，有"得妾"象。重易，八也；如《履》與《夬》，因重相易，則九五有"夬"象。伏羲畫卦以交易，一索，再索、三索，即爻變也。成六十四卦以重易。文王序卦，則以對易、反易似體，九也。如《頤》似《離》而稱"龜"、《大壯》似《兑》而稱"羊"類，前儒亦名"大體"、"厚體"，如上經終《坎》《離》，其前爲《頤》《大過》，下經終《既濟》《未濟》，其前爲《中孚》《小過》，皆大離、大坎象也，或謂大體不可取，則《噬嗑》似《頤》，《彖傳》曰"《頤》中有物"，豈聖言不可遵耶？

一、彖辭與爻不同，不觀變，故《繫辭傳》於彖言材、爻言動，又曰“彖者，言乎象者也；爻者，言乎變者也”。舊儒彖辭亦有以爻變解者，則彖六爻俱備，當何爻變、何爻不變，漫无式準，不可爲訓。

一、七八爲彖，九六爲爻，原有參伍錯綜，不可執一，然而爻辭與彖辭亦必對玩，不可覼後而忘前也。苗氏《獨得解》曰：“《泰》卦《彖傳》以上下交爲義，四爻陰，首正當下交，故爻辭曰：‘翩翩，以隣。’”朱子《本義》解作“小人合交害正”，則不會卦意矣。《小象》釋曰“皆失實”，實者，陽也，三陰無陽，故來下交。《本義》又謂“陰當居下，在上爲失實”，殊不思“失實”言皆則兼五爻，五爻“帝乙歸妹”亦不宜在上乎？又不思《泰》交原取陰上陽下乎？爻辭不明看《小象》，《小象》亦誤，解愈遠爻義矣。

一、爻辭論本義外，間及爻變者，如《訟》九四“渝，安貞”、《小畜》上九“既雨”之類。祇其爻變，餘爻不變。如論《乾》初爻，祇初爻變，蔡墨所謂“《乾》之《姤》”是也。或此爻辭明指他爻者，亦間論變，故朱震《易傳》有“陰陽相應相納而變”之説，然用此義者甚少。若先儒説《象》，本爻不能解，遂展轉他爻，如《小畜》九三“輿説輻”，《獨得解》謂“坎爲輿，二變成坎”之類。則論一爻而諸爻盡變矣，且或變或不變矣，何以爲準？

一、《繫辭傳》謂《易》“原始要終，以爲質也。六爻相雜，惟其時物也。其初難知，其上易知，本末也。初辭擬之，卒成之終。若夫雜物撰德，辨是與非，則非其中爻不備”。蓋六爻相聯，有初、有中、有終，首尾合觀，勢如率然，此玩《易》之法也。《獨得解》曰：“宋人解爻辭，不顧前後。”如《解》之初六“无咎”，以其“剛柔際”也，乃於四爻則謂“應不以正”，豈在初“无咎”而於四則有咎乎？何以言“剛柔際”乎？

一、伏羲作卦，而文王之《彖》因之，周公之《象》因之，孔子之《傳》又因之。學者須先觀玩卦畫，次及卦名，不得誦辭乃忘原本。

一、孔子《彖傳》即《彖》之注，《象傳》即《象》之注，不得背此别詮《彖》、《象》。

一、六十四卦、三百八十四爻，天時、人事之列像也。讀之而不能身心洞徹，世事弗知，經濟過誤，雖讀《易》，亦奚以爲？

一、聖教罕言性、天，觀《易》亦可見《乾》《坤》四德必歸人事，以下《屯》“建侯”、《蒙》“初筮”，每卦皆言人事。至於《大傳》“乾大始”、“坤成物”合以賢人德業，陰陽性道歸之仁知，君子“鼓萬物而不與聖人同憂”，以明聖人之崇德廣業有憂患焉。其餘專明人事，此《易》之大旨也。

一、《本義》筮法非古。予輯古人筮占一帙，曰《周易筮考》，附後，亦彰往察來之一助也。

一、《易》有道、有數、有象、有占，然《繫辭傳》曰：“《易》者，象也。”道寓象中，數占即象而見，一言象而《易》盡矣。六十四卦，六十四象也。三百八十四爻，三百八十四象也。而每爻中復具數象，則象不可勝窮，皆書虚象以待實徵，所以能盡天下之變也。王弼、韓康伯不知象而掃之，不足道。兩漢諸儒皆言象，而或得或失。元人吴澄作《纂言》，則穿肉附毛，强桃代李。至明，來知德《易注》、何楷《訂詁》漸順適，而尚多附會。今但求自然，不事强造，且即象玩義，非謂象解必合聖心，不可更移。如此活看，庶幾觀象玩辭之道也。

一、《易》象隨觸而呈，不必全設。如《損》《益》皆有損剛益柔之象，而《彖傳》惟用於《損》卦，不見於《益》；《既濟》《未濟》皆有剛柔應之象，而《彖傳》惟用於《未濟》，不見《既濟》，所謂"不爲典要"也。故詮卦爻，隨機論象，不必比例。若觀者執一以繩一，膠柱刻舟，左右之袪，分寸必齊，則於《易》道，奚啻逕庭而遙！

一、《易》入漆城已久，若與先儒辯難，卷不勝載，故是編但注經意，不爲駁言，惟如《河圖》《洛書》等甚有關者，則不得已辯之。

一、伏羲畫卦，而後文、周繫辭，孔子贊《易》，皆以成己成物爲世道人心計也。若於三聖所言之外，再出枝節，非小道術數，則曲説纖巧。《易》之亡晦，皆以此也。故於五行勝負、分卦直日及京房一世二世三世四世、遊魂歸魂諸説俱不入，即至《上下經》乾坤之爻各三十，而爲《否》、《泰》、《損》、《益》等論，雖有附合，而聖言所不及，亦一概芟除不録。

一、後人偶獲一見，附離聖經，曲爲比合，甚失《易》妙。爻下亦有及古人行事者，乃以其爻義難明，借以明之，非執定一事也。至於流於异端，牿於方技，如《參同契》《易圖》《鉤隱》《三易洞璣》諸書，皆亂《易》者也，學者勿爲所熒。

一、自漢唐以來，《易》書閲幾百家，而十九影響朱子，作《本義》曰："吾於《易》，乃隔四五層解。"又曰："《下經》《下繫》難會。"其不自是而惡人异己也，審矣。故明代時文一遵朱《注》，而《易》注乃有來矣，鮮諸人行世，世亦未有以异朱而呰謷之者。以《易》道廣大，原賴發揮也，學者無見，舊人一説，遂自封錮。

一、引前儒注解，則書"某曰"，不沒所自也。若用其意而削飾之，或一段衹三二句屬先儒者，則分注某人或某書行下。

一、《春秋傳》一人而前後稱名、稱字、稱氏、稱爵，雜見迭出。《孟子》於顔淵，子之亦名之，亦字之，則子不必重，名不必輕。編内引漢儒多書名，宋儒多書子氏。以今人去漢遠，莫辨誰何，須名以識之，宋日在人耳目前，不必也，非有軒輊。

後學李塨謹識

周易傳注·卷一

州學正　李塨　撰

上　经

伏羲畫八卦,因重而成六十四卦。夏首《連山》,艮也;殷首《歸藏》,坤也;周文王乃以《乾》爲首,分上下二篇,故曰《周易》。"經"者,後儒所加也。《前漢·孟喜傳》云"上下二經"。

☰乾下乾上

《乾》:元亨利貞。此文王"繫辭",所謂"卦辭",亦謂"彖辭"。《仲氏易》曰:"重卦皆伏羲作。"漢、晋説《易》皆然,惟鄭康成、淳於俊屬之大禹,司馬遷、揚雄、皇甫謐屬之文王,然《大傳》云"八卦成列,因而重之",及下文"伏羲作八卦"下即以《益》《涣》等實之,則重卦,羲作也。《注》《疏》亦云。

乾知大始則元,專直暢達則亨,一无險滯則利,何所間何所移則貞,皆《乾》之象也。《仲氏易》曰:"乾,健,祇一德而分之有四:元始、亨通、利和、貞正。"《子夏傳》健,德備焉。魏徵曰:"始萬物爲元,遂萬物爲亨,益萬物爲利,不私萬物爲貞。"詳具《彖傳》《文言》。

卦爻之象與占不可分,《繫辭傳》曰"設卦觀象",六十四卦皆象也,"繫辭焉而明吉凶",六十四卦之辭皆占也。平居所玩之辭,即卜筮所玩之占也,故曰"象者,言乎象者也","易者,象也",蓋文王、周公所繫之辭皆象也,而遇其辭者即以爲占焉。《本義》分象、占爲二,則聖人明曰"象以言象",而首《乾》卦"元亨利貞"四字祇論占不設象,謂之何耶?"潛龍勿用”,觀下《象傳》曰“潛龍勿用,陽在下也”,《文言》曰“潛龍勿用,下也”,“潛龍勿用,陽氣潛藏”明作一句讀,明以无用即指“潛龍”言,今分“潛龍”爲象、“勿用”爲占,毋乃非經旨乎?如《坤》初之“履霜,堅冰至”,上之“龍戰於野”明明皆象,不可言占,朱子亦以爲占即在内,然則他卦、他爻又何必分象、占乎?且占亦无定矣,如《明夷》初九以“於飛,垂翼”爲象、“於行,不食,有言”爲占,則占出行者可也,而占鳥雀者不又當以“於飛,垂翼”爲占、而“於行,不食,有言”爲象乎?何以分焉?

初九:潛龍,勿用。此爲爻辭,亦爲象辭。《史記·日者傳》曰:“伏羲作八卦,文王演三百八十四爻。”而馬融等又云“周公作爻辭”。

卦從下而上,故下爻爲初。《周易》陽爻曰九、陰爻曰六者,九爲老陽、六爲老陰,以用言也。下文“用九”、“用六”正釋此也,即“大衍,其用四十有九”之用也。《易》以卜筮,《周易》占變,爻老變而少不變,故用九六也。筮法三變,掛扐者十三策爲老陽,餘三十六揲,以四凡九,故名九。掛扐者二十五策爲老陰,餘二十四揲,以四凡六,故名六。天下之物莫健於龍,故借龍以象陽,馬融説。而无如其尚在地也。《大傳》三才以初、二爲地道。鄭康成曰:“初在地下,二在地上。”潛也,勿施用也。詳具《象傳》《文言》。

按:《繫辭傳》曰:“爻者,言乎變者也。”又曰:“道有變動,故曰爻。”故蔡墨曰:“《乾》之《姤》,潛龍勿用。”游吉曰:“《復》之《頤》,迷復,凶”。朱震《易傳》載陸績曰:“陽在初稱初九,去初之二稱九二,則初復七。陰在初稱初六,去初之二稱六二,則初復八。卦畫七八,經書九六。七八爲彖,九六爲爻,四者互明,聖人之妙意也。故蘇軾亦言“卦主靜,爻主動”,是爻論變,古法也,然而玩索爻辭,論變者十一二,不論變者十八九,何也?以卦有材,則爻亦有材,聖人辭象其材以待占者,本爻之爻互舉對勘,則變化无窮,若必每爻先立變辭,則一卦變六十四卦,雜賾莫舉,不可以爲六爻辭矣。焦氏《易林》每本卦辭外,復立六十三辭,正演爻變也。

九二:見龍在田,利見大人。

地上爲田,龍在此見矣。二於三才爲人道,陽大陰小,故曰大人,而人利見之。

九三:君子終日乾乾,夕惕若。厲,无咎。

《來注》:"若,語助辭。"厲,危也。三於三才兩之爲人道,以乾德而居人道,君子之象。《詩疏》曰:"德可君國子民曰君子。"下三爻離位,以陽陰陽也。《仲氏易》曰:"下三爻離位,上三爻坎位,爻純則見。"離,日在下,卦之終,終日之象,夕象。下乾終而上乾繼,乾乾之象。乾乾,則心不懈,惕象。九,陽爻,三,陽位,過剛不中,而位又多凶,《繫辭傳》。故厲。然乾惕而不息,何咎之有?顔習齋先生曰:"舊解'乾乾''惕若'爲'晝夜惕厲',未析也。'終日乾乾'者,晝則習行子臣弟友、禮樂兵農之事也,《文言》曰"終日乾乾,行事也"可見。'夕惕若'者,夜无事作,則用操存省察之功也。"

九四:或躍在淵,无咎。

"或躍在淵"者,言龍有時躍於淵中,以試其可飛否也。上三爻坎位,以陰陽陰也。故有淵象。人位而近於天,故有躍象。天人之間,故有或象。然隨時進退,何咎?

九五:飛龍在天,利見大人。

龍在天位,飛矣哉!盛德大業,萬物利見焉。《來注》:"六畫之卦,五爲天。三畫之卦,五爲人。"苗氏名敏榮,山西人。《獨得解》曰:"凡卦有主爻,乾以五爻爲主,故初遠五,言潛,四近五,言躍,上過五,言亢。"

上九:亢龍,有悔。

爻極於六,故六爻曰上。觀此,則宋人謂有七爻以後卦者,妄也。上雖天道,而位過乎中,龍之亢者也。亢,人頸也,高也,《來注》。蔡澤所謂"信而不能詘,往而不能返"者也,故有悔,悔則變矣。

用九:見群龍无首,吉。

"群龍"指六爻也,六陽爻皆龍也。乾爲首,"无首",不見其首也。用九以"見群龍无首"爲"吉"者,老陽則變陰也,用六"吉永貞,大終"者,老陰則變陽也,卜筮之道也,天時、人事之宜也,舉此義於《乾》、《坤》二卦,而他卦无者。《本義》謂爲六十四卦之通例,是也。觀蔡墨以用九爲乾之坤,自兼六爻,皆變言。

《彖》曰：大哉乾元，萬物資始，乃統天。《仲氏易》曰："此孔子贊《易》文也，舊名《十翼》，以《上彖》、《下彖》、《上象》、《下象》、《上繫》、《下繫》、《文言》、《説卦》、《序卦》、《雜卦》爲十篇。宋邢璹稱《七翼》。晁以道僞造古易，謂孔翼八篇，非是。第漢田何《易原》離二經與《十翼》爲十二篇，至東萊費直始合《十翼》附之經，以代《章句》，今本《乾》卦是也。其後鄭康成倣馬融《周禮注》例就經列注，於是復入《彖》、《象》、諸《傳》附之經下，今本《坤》後六十三卦是也。文王演《易》，卦下所繫辭，原名《彖辭》，在爻下者原名《象辭》，故孔子《彖》《象》，先儒謂之《彖傳》《象傳》。《彖傳》曰材也，王輔嗣曰'統論一卦之體'也"。

此以天道釋乾之元也，元統四德，則統天矣。

雲行雨施，品物流形。

萬物亨通，各見品形，故曰品物。

大明終始，六位時成。時乘六龍以御天。

此聖人之元亨也。《本義》。六爻之位，以時乘之。《易》者，時也，孟子論孔子曰"始條理者，智之事也"，故以"大明終始"爲聖人之元，而"時乘"以亨之。"統天"者，"乾元"統天德也。"御天"者，聖人行天道也。

乾道變化，各正性命。保合太和，乃利貞。

亨通之後而變，變化化萬物，各正性命，保之合之以翕太和，利貞也，此天道也。

首出庶物，萬國咸寧。

此聖人之利貞也。《本義》。

《象》曰：天行健，君子以自强不息。先儒以此卦《象傳》爲《大象》，下爻《象傳》爲《小象》。

天一日夜行三百六十五度四分度之一而越一度，何其健也！

《大象》皆取天地雷風水火山澤之物象，不必與彖、爻一義。觀《剥》山附於地，與《彖》"柔變剛"不同，《大過》澤滅木，與《彖》"大者，過也"不同，可見也。

"潛龍勿用"，陽在下也。

陽體在下，故潛，故勿用。

"見龍在田"，德施普也。

德施不普者，豈見龍哉？

"終日乾乾"，反復道也。

行而反，又復之，无時離道也，乾乾也。

"或躍在淵"，進无咎也。

量可而進。

"飛龍在天"，大人造也。

造，作也。

"亢龍有悔"，盈不可久也。

不可久，故悔而變。

"用九"，天德不可爲首也。

爲首，見其首也。必不爲首，乃以首出。

《文言》曰:"元"者,善之長也,"亨"者,嘉之會也,"利"者,義之和也,"貞"者,事之幹也。

孔子釋文王所言,故名《文言》。《仲氏易》。不言周公者,統於文也。亨者,禮之三千三百嘉美之聚會也,利者,義之安且慊也,知而弗去,事依以立,猶築牆之以爲板,爲固也,以下皆覆贊彖、爻之言。

君子體仁足以長人,嘉會足以合禮,利物足以和義,貞固足以幹事。君子行此四德者,故曰:"乾:元,亨,利,貞。"

長,帥也,帥人而養之教之也。因物之所利而利之,義何弗和?

初九曰"潛龍勿用",何謂也?子曰:"龍德而隱者也。不易乎世,不成乎名,遯世无悶,不見是而无悶。樂則行之,憂則違之,確乎其不可拔,潛龍也。"

隱,即潛也。以下皆釋潛也。不易易,變也,謂轉移世道也。乎世則遯世,不成乎名則不見,是无悶而曰憂者,世自可憂,我自无悶也。樂行,帶言也。

九二曰"見龍在田,利見大人",何謂也?子曰:"龍德而正中者也。庸言之信,庸行之謹,閑邪存其誠,善世而不伐,德博而化。《易》曰:'見龍在田,利見大人',君德也。"

龍德而正中,以九在二位也,以下"庸言"五句,皆釋正中之見也。乾爲君,九二之德備矣。刁氏名包,字蒙吉,祁州人。《易酌》曰:"乾實有誠象,坤虚有敬象,皆於二之人位見之。"項安世《周易玩辭》曰:"稱中正者,二事也。二、五爲中,初、三、五陽位陽爻當之,二、四、上陰位陰爻當之,爲正。稱正中者,一事也,猶言'《兑》,正秋也',凡卦有九五者皆稱中正,以其備二美也,獨《需》彖及《比》、《巽》九五稱正中者,重中也。《艮》之六五中不正而言中正者,中可兼正也。"

九三曰"君子終日乾乾,夕惕若,厲,无咎",何謂也?子曰:"君子進德修業,忠信所以進德也,修辭立其誠,所以居業也。知至,至之,可與幾也。知終,終之,可與存義也。是故居上位而不驕,在下位而不憂,故乾乾,因其時而惕,雖危无咎矣。"

實心實事,所以進德。文謨有物,所以居業。三居下卦之上,在上卦之下,知上尚有可至,是知至也,從而至之,則乘幾圖進,故曰“可與幾”。知下已處其終,是知終也,從而終之,則以義命自處,故曰“可與存義”,是故進而不怠,又何驕?處而不援,又何憂?

九四曰“或躍在淵,无咎”,何謂也?子曰:“上下无常,非爲邪也。進退无恒,非離群也。君子進德修業,欲及時也,故无咎。”

湯武之應天順人,時至勿失,即進德修業也。《來注》曰:“上進釋躍,下退釋淵,无常、无恒釋或,非爲邪、離群釋无咎。”

九五曰“飛龍在天,利見大人”,何謂也?子曰:“同聲相應,同氣相求。水流濕,火就燥,雲從龍,風從虎,聖人作而萬物覩。本乎天者親上,本乎地者親下,則各從其類也。”

大人造而天地効靈,萬物樂應,是同聲同氣,以類相從,自然之應求也。觀之水火雲風、親上親下之族可見矣。覩,見也,正訓萬物利見乎大人也。

上九曰“亢龍有悔”,何謂也?子曰:“貴而无位,高而无民,賢人在下位而无輔,是以動而有悔也。”

《仲氏易》曰:“在上則貴,失位陽居陰。則无位。上而失位,則高而不能君其民。三之君子、二之大人皆隔處下卦,乘而不應,而不爲之輔,故動而有悔。”

“潛龍勿用”,下也。

陽在下,以體言,下專以位言。

“見龍在田”,時舍也。

《仲氏易》曰:“舍,次也。”言暫次於此。

"終日乾乾",行事也。

曰行事,則非後儒之講學徒口耳者可冒矣。

"或躍在淵",自試也。

試即《虞書》"試可"之"試",必試而後知其可也。

"飛龍在天",上治也。

《本義》曰:"居上以治下。"

"亢龍有悔",窮之災也。

窮,盡也。盡則无復之矣,是災也。

乾元"用九",天下治也。

元統四德,故但曰"乾元"。

"潛龍勿用",陽氣潛藏。

《易》陰陽言氣,偶見此。"理氣"、"心性",後儒之習談也。《易》則不多言氣,惟曰"乾,陽物。坤,陰物",又曰"百物不廢,懼以終始"。《論語》以仁知、孝弟、禮樂爲道,偶一及"心"、一及"性"而无言"理"者,惟曰"敬事"、"執事敬"。唐虞於正德、利用、厚生曰三事,成周於六德、六行、六藝曰三物,與後儒虛實大有分矣。

"見龍在田",天下文明。

《易小傳》曰:"九二變《離》之《同人》,天下文明之象。"

"終日乾乾",與時偕行。

際上乾下乾之時而不乾乾焉,負此時矣。

"或躍在淵",乾道乃革。

《本義》曰:"離下而上,變革之時。"

"飛龍在天",乃位乎天德。

《召誥》所云"王位在德元"也。

"亢龍有悔",與時偕極。

時雖至十,宜以七八處之,而乃與之偕極乎?君子違時挽時以爲因時者,此類也。

乾元"用九",乃見天則。

則,準則也。

《乾》"元"者,始而亨者也。"利貞"者,性情也。乾始能以美利利天下,不言所利,大矣哉!

乾始以生物爲性情,故物成乃見。《仲氏易》。始而必亨,利物不言。《本義》云:"不言所利者,貞也。"元亨利貞,祇一元也。四德,祇一德也。此又覆贊《彖辭》。

大哉乾乎!剛健中正,純粹精也。

趙汝楳《周易輯聞》曰:"剛者,一陽爻之稱,卦具陽爻者有之。健者,經卦乾之稱,卦遇乾者有之。二五之謂中,九五之謂正,諸卦所同也。兩卦不雜曰純,八純卦是也。剛柔不雜曰粹,《乾》、《坤》是也。《坤》之爻貳,《乾》之爻一,故精則惟《乾》所獨。卦爻之德凡七,諸卦不能備，獨《乾》備之，此《乾》所以爲大也。”

六爻發揮，旁通情也。

陸績曰：“發揮變動，將旁通於坤以成六十四卦。”

“時乘六龍”，以御天也。“雲行雨施”，天下平也。

聖人渾一乾矣，御天而行，如雲雨之布澤天下，焉有不平？

君子以成德爲行，日可見之行也。“潛”之爲言也，隱而未見，行而未成，是以君子“弗用”也。

夫潛之勿用，豈不可用哉？君子以成德爲行，固无日不可見之於行，而乃弗用者，以潛耳。行而未成，如楊椒山雖行，居位而未成，其行亦不可輕用也。以下又覆贊爻辭。

君子學以聚之，問以辨之，寬以居之，仁以行之。《易》曰“見龍在田，利見大人”，君德也。

學聚問辨，博學於文也。寬居仁行，約之以禮也。

九三重剛而不中，上不在天，下不在田，故乾乾因其時而惕，雖危无咎矣。

此釋厲也。重剛，下乾接上乾也。

九四重剛而不中，上不在天，下不在田，中不在人，故“或”之。“或”之者，疑之也，故“无咎”。

此釋“或”與“无咎”之故也。九四居人之上，故曰“中不在人”。《來注》曰：“重剛，不中之中，二五之中也，中不在人之中，六爻中間之中也。疑，擬議也。”

夫"大人"者，與天地合其德，與日月合其明，與四時合其序，與鬼神合其吉凶，先天而天弗違，後天而奉天時。天且弗違，而况於人乎？况於鬼神乎？

此釋九五之大人也。天一物也，而萬物皆天。乾一卦也，而八卦皆乾。故大人體乾出治，天且弗違，而无往不合，有如此者。合吉凶，謂福善禍淫也。聖人有作，旋乾轉坤，先天而天弗違也，天地之道，有開必先，後天而奉天時也。

"亢"之爲言也，知進而不知退，知存而不知亡，知得而不知喪。其惟聖人乎！知進退存亡而不失其正者，其惟聖人乎！

進退，身也；存亡，所據也；得喪，所圖也。知退則進矣，知亡則存矣，知喪則得矣。貞下起元，自强不息，聖人之正也，用九之道也。

☷坤下坤上

《坤》：元亨。利牝馬之貞。君子有攸往，先迷後得，主利。九家、虞氏、漢後説《易》諸家皆"先迷"句，"後得主利"句。西南得朋，東北喪朋。安貞吉。

坤，地也，順也。地承乎天以生萬物，則《乾》曰"元亨利"，《坤》亦曰"元亨利"，特乾爲龍，爲馬，坤亦馬也，而牝矣，故其貞也，曰"牝馬之貞"。夫坤之利貞，觀之君子矣。君子法坤，攸往必所趨有時而所向有方，所謂"時先後"是也。行每求先而陰不可先，先必迷也，所謂"坤爲牝，爲迷"是也。行不可後而陰則必後，以陽爲陰主，後乎主，則得所主也，所謂先失道而後順常是也，此其利也。乃其方則有東北，有西南。西爲兑，南爲離，皆陰類也，得吾朋也。東爲震，北爲坎，皆陽類也，喪吾朋也。然天下得喪何常？惟貞是安。吾往亦欲得吾主耳。先則失主，後則得主。西南則失主，東北則得主。然則西南之所得者，衹其類耳，非主也。東北之所喪者，去其類耳，乃有主也，終有慶也。婦人之道，以順爲正，攸往之宜，得主而不得朋，苟安於是，是牝馬之貞也，何有勿吉？《仲氏易》。蓋《乾》之利貞，自主而已，《坤》則以得主爲利，喪朋從主爲貞，所謂"柔順"也，故以"君子"覆釋"利貞"之德焉。

《彖》曰：至哉坤"元"，萬物資生，乃順承天。

《仲氏易》曰:"坤元合天,而即能以發萬物者資始。育萬物,資生。是其合之乃所以順承之也,至與大對大者,无外至則无間。

坤厚載物,德合无疆。含弘光大,品物咸"亨"。

此所謂"亨"也,天有无疆之德,而坤合之。含能容,光能徹,弘則不陿,大則不細,皆厚也。

"牝馬"地類,行地无疆,柔順"利貞"。

牝馬柔順,故與地類而行地无疆焉,是柔順乃坤之利貞也。

"君子"攸行,"先迷"失道,"後"順"得"常。"西南得朋",乃與類行。"東北喪朋",乃終有慶。"安貞"之"吉",應地无疆。

地合天,君子應地无疆,一也。

《象》曰:地勢坤,君子以厚德載物。

地勢高下邐迤,一何順也。惲皋聞曰:"兩坤高下纍積,故曰勢。"

初六:履霜,堅冰至。《象》曰:"履霜堅冰",陰始凝也。馴至其道,至"堅冰"也。

一陰始凝,履霜象也,而堅冰隨至,可畏哉!宜辨之早也。馴,順習也。

六二:直、方、大,不習无不利。《象》曰:六二之動,"直"以"方"也。"不習无不利",地道光也。

坤至柔而動也剛,直也,至靜而德方,方也,含萬物而化光,大也。沈氏説。而歸之六二者,乾爲天,以九五中正而當天位,爲主爻,坤爲地,以六二中正而當地位,爲主爻,故不必觀重卦而知其利也,六二已無不利矣。習者,重也。《易》習坎書不習吉。六二之動者爻,以動而後可見也。

六三：含章可貞，或從王事，无成有終。《象》曰："含章可貞"，以時發也。"或從王事"，知光大也。

《仲氏易》曰："時至三爻，物將成章矣。"坤爲文章也。坤以含弘之德，藴其菁華，而發之以其時，則三位雖不正，而由是以正，貞，正也。不亦可乎？坤爲臣道，即以臣言，縱勞於王事，不敢專成，然光大之，知必能終事。蓋三居重坤之中，其於全卦固未成也，所謂"无成"也，然而内卦之坤於此終焉，則有終者也。此臣道，即地道也。含章故知光大。

六四：括囊无咎无譽。《象》曰："括囊无咎"，慎不害也。

六四以外陰而接内陰，又陰居陰位，坤爲囊，《九家易》。陰主閉塞，故如括囊者然。括，結也。不得摘以過，不得加以譽，以咎譽皆害之招也。慎如此，可以不害矣。四多懼，故慎。

六五：黄裳元吉。《象》曰："黄裳元吉"，文在中也。

坤爲黄，爲裳，《九家易》。爲文。《左傳》昭十二年"子服惠伯曰：'黄，中之色也。裳，下之飾也。元，善之長也。中美能黄，上美爲元，下美則裳。'"《仲氏易》曰："此坤中之君、王宫之后、下國之侯也。元吉者，坤元之吉。"《玩辭》曰："六三、六五皆以陰居陽者也，陰陽相雜爲文，故有文章之象，而《文言》皆以美釋之。"

上六：龍戰於野，其血玄黄。《象》曰："龍戰於野"，其道窮也。

陰盛則窮，陽必與爭。戰者，爭也。陽者，龍也。《説卦》曰"戰乎乾"，非乾陽不戰矣。二氣相薄，勢必兩傷，故"其血玄黄"。戰於卦外，野之象。"

用六：利永貞。《象》曰："用六永貞"，以大終也。

大者，陽也，變而從陽則永貞矣。王弼《注》曰："以剛健而居人之首，則物之所不與也，以柔順而爲不正，則邪佞之道也，故乾吉在无首，坤利在永貞。”

《文言》曰：坤至柔而動也剛，至靜而德方，後得主而有常，含萬物而化光。坤道其順乎，承天而時行。

陰動合陽，故動也剛。石介曰“當其生物也，孰可禦之”，是動剛也。以下亦覆贊彖爻之言。

積善之家必有餘慶，積不善之家必有餘殃，臣弑其君，子弑其父，非一朝一夕之故，其所由來者漸矣，由辯之不早辯也。《易》曰：“履霜，堅冰至”，蓋言順也。

來《注》曰：“順即馴也。”《玩辭》曰：“坤德在順，初六獨惡其順者，以其非順乎陽，乃自順其陰也。”

“直”，其正也，“方”，其義也。君子敬以直内，義以方外，敬義立而德不孤。“直、方、大，不習无不利”，則不疑其所行也。

敬以直内，正心也，義以方外，修齊治平也，所以合乾也。《玩辭》曰：“不孤訓大也，陰爲小，陽爲大，陰與陰相守則孤，孤則小，陰從陽則不孤，不孤則大。陰德之无可疑而利者也。”

陰雖有美，“含”之以從王事，弗敢成也，地道也，妻道也，臣道也，地道“无成”而代“有終”也。

六二正矣，六三終之，所謂“含萬物而化光”者於此見焉。代終，代天終事也。

天地變化，草木蕃。天地閉，賢人隱。《易》曰：“括囊，无咎无譽”，蓋言謹也。

天地變化，无知之草木亦變而蕃。天地閉塞，先覺之賢人必謹而隱。

君子“黄”中通理，正位居體，美在其中而暢於四支，發於事業，美之至也。

黄，坤之正色也。地有脈絡，故曰理。坤順得中，理无不通，是美在其中也。暢四支而發事業，則正位居體之事。位五也，體六也。

陰疑於陽必“戰”，爲其嫌於无陽也，故稱“龍”焉。猶未離其類也，故稱“血”焉。夫“玄黄”者，天地之雜也。天玄而地黄。

陰盛似陽，則陰不安分，陽不能甘，勢必相戰。然以陰抗陽，不可以訓也，故戰不稱牝馬而稱龍，若龍起兵端者。然陰雖盛，豈能離陰類乎？故傷不稱氣而稱血，以血陰類也。陰陽之物皆有氣、有血，而氣陽類、血陰類。

《乾》下五爻皆與之，惟上九戒以過亢。《坤》二爻中正，三爻代終，五爻黄中，爲合坤道，初則欲其辨於始，四則欲其謹於中，至於上窮，則天地兩傷，世道懔然大變矣。蓋乾坤雖兩相配合，而天尊地卑，陽大陰小，陽勝陰則治，陰抗陽則亂，且專玩《乾》則陽爲主而陰包於内，故反覆贊嘆，不盡其盛，專觀《坤》則陰爲主而陽列於旁，故分爻指目，多覺可危。聖人之情已見於《乾》《坤》辭矣。

䷂震下坎上

《屯》：元亨利貞。勿用有攸往。利建侯。

《彖》曰：《屯》，剛柔始交而難生。動乎險中，大亨貞。雷雨之動滿盈，天造草昧。宜“建侯”而不寧。

震下坎上曰《屯》者，屯，草句萌一屈也。以乾剛交坤柔，始交得震，而再進爲坎，爲險，爲陷，難以生也。曰“元亨利貞”者，在險中而能震動，大亨以正之道也。利建侯者，下雷上雨，動盪滿盈，乃天道肇造，陰陽相薄，萬物勾萌，草創冥昧之際，必宜有乘乾出震者建之，以參贊天地，震動坎勞，宏濟時艱，不自寧息也。元亨解大亨，不如《乾》之訓始者，萬物資始，惟《乾》有之也。《屯》則磐旋邅廻，故勿用。决躁而往，雷震百里，諸侯之象。《白虎通》。

《屯》之《彖》曰“動乎險中”，《象》曰“雲雷，屯”，《蒙》之《彖》曰“險而止”，《象》曰“山下出泉”。《蒙》以下諸卦，其義、其辭皆上下分兩卦觀，明是聖人當日一作八卦，再因重爲六十四卦，焉有邵堯夫八分爲十六、十六分爲三十二、三十二分爲六十四之説耶？又安有朱漢上《乾》《坤》一爻爲《姤》《復》、再交爲《臨》《觀》之説耶？

《象》曰：雲雷，屯。君子以經綸。

雲雷，屯象。經以象雷之動，綸以象雲之合。

初九：磐桓。利居貞。利建侯。《象》曰：雖"磐桓"，志行正也。以貴下賤，大得民也。

八卦正位，《震》在初，《離》同《坤》在二，《艮》在三，《巽》在四，《坎》同《乾》在五，《兑》在六。漢儒説也。卦之所謂"利貞"，"建侯"者，正指此爻也。故爻以其《屯》難之始，曰"磐桓不進"，磐，同盤。曰"利居於貞"，而《象傳》直斷之曰"雖磐桓，志行正也，陽貴陰賤，以震陽下陰，在下卦下二，三在應爻下四。大得衆民，初爲民主，互坤，爲衆，爲民。得民則君矣，故利建侯。"

六二：屯如邅如，乘馬班如。匪寇，婚媾。女子貞不字，十年乃字。《象》曰：六二之難，乘剛也。"十年乃字"，反常也。

六二陰爻爲女，與五爲正應，進當適五，然初爻陽剛而二乘之，則乘乾馬，震亦爲馬。爲其所縶。屯如邅如，兩顧班如，班如，班荆、班馬兩分也。亦何能進？然詳觀之，九五屯膏未光，不王而寇，諺云"成王敗寇"。坎爲寇盗象。而初九居貞，則非寇也，剛先於柔，男先於女，《昏禮》"男先求女"。以貴下賤，實婚媾也。故二雖以初非正應，守貞不字，至於邅迴十年，數窮理極，乃終許於初焉。字者，許嫁而字也。見《曲禮》。夫二與五應，常道也，字初則反常矣，管仲之於桓公似之。

按：卦爻言日者，近之辭，言年歲者，遠難之辭。計數以三者，卦爻終於三，上下卦之應亦間以三也。又言七者，因重之卦終於六，七則復矣，故七皆吉辭。至於數之極者，乃言十。

卦上爻乘下爻曰乘，如《屯》六二"乘剛"也；下爻承上爻曰承，如《蠱》初六"意承考"也；初與四、二與五、三與上，其陰陽相抗者曰敵，如《艮》"上下敵應"，相配者曰應，如《恒》"剛柔皆應"之類。

六三：即鹿无虞，惟入於林中，君子幾不如舍，往吝。《象》曰："即鹿无虞"，以從禽也。"君子""舍"之，"往吝"窮也。

六三陰柔，不中不正，又无應與，《本義》。而躁動之性妄，見震鹿，見《虞氏易》。遂欲即之，然三居人道，當爲虞人，而變坎隱伏，則无虞矣。无虞何以從禽？惟外坎蒺棘《九家易》。相比歐而入之君子見幾以爲，與其震動，毋寧艮止，若不舍而往，徒吝窮耳。

吝則窮矣，《易》吝與悔對，悔，將改也，吝，不肯改也，如吝財者之出入艱難也，有以羞解者，吝嗇則羞澁矣。

六四：乘馬班如，求婚媾。往吉，无不利。《象》曰："求"而"往"，明也。

六四之陰與《震》初之陽相應，乘之固宜，特五剛相比，應初頗遠，則亦有乘馬班如之象。然而初九，我之正應，而能屈己下賢者也。其來求婚媾也，往而從之，吉无不利，可坐決矣。卦體一至五爲大離，離火上明，故明於擇主如此。

九五：屯其膏，小貞吉，大貞凶。《象》曰："屯其膏"，施未光也。

九五身已居尊，而坎雨稱膏，虞氏説。則其膏也。但卦義屯聚屯邅，爻在陷中，反乎離光，雖亦有所施，而出納吝嗇，未能光大，如黄金一付，不問出入者，以此爲小正之事猶可，若爲大正之事，旋乾轉坤，吾未見刓印不與者之能圖大也。凶。

上六：乘馬班如，泣血漣如。《象》曰："泣血漣如"，何可長也？

上六乘九五，亦馬也，坎亦爲馬。然五不足依，而六三不應，初復隔遠，則乘馬班如，安所適從？且以陰柔居屯極，險極，爲加憂，爲血水。泣血漣如，不能長矣。

六爻當屯之時，一、出而濟世安民，一、有所從而屯邅，一、妄動而取困，一、明於所從而吉，一、位已尊而吝澤以敗，一、莫適所從終底於亡。陽，君也，陰，臣也，故初陽、五陽皆自立之象，二陰、四陰、六陰皆從人之象，惟六三以陰居陽，遂欲妄動，而豈得哉？聖象明切如此。

《乾坤立本圖》

六十四卦无出八卦者，八卦无出乾坤者。《繫辭傳》於"取《益》"、"取《涣》"諸辭上惟曰"始作八卦"，又曰"乾坤，其《易》之緼耶？乾坤毁，則无以見《易》"，而六十四卦凡陽爻皆稱乾之策、凡陰爻皆稱坤之策可見也。特論爻則專稱剛柔，以剛即乾，柔即坤也，故曰“乾剛坤柔”，又曰“剛柔者，立本者也”。宋程頤曰：“乾坤交而爲六子，八卦重而爲六十四，皆由乾坤之變。”蘇軾亦謂《易》有剛柔、往來、上下之説。學者沿是，爭推其所由變，此大惑也。剛柔相易，皆本乾坤而已。至明何楷因有《乾坤主變》一圖，李挺之、朱震諸圖亦知本之乾坤，但爲《姤》《復》等所亂耳。較先儒卦變諸説甚長，特其所謂“本之乾坤”者，不本八卦三畫之乾坤，而專觀重畫本卦之剛柔，且以上下卦畫爲往來，則《隨》之“剛來而下柔”爲乾上畫來坤初畫往、《蠱》之“剛上而柔下”爲坤上畫來乾初畫往等有合，而於四陽四陰之卦，如《訟》曰“剛來而得中”，《晋》曰“柔進而上行”，則上下卦畫并无往來，不能一律相合，是尚有所礙也。今更定此圖，有當從本卦觀者，如《賁》“柔來而文剛分剛上而文柔”之類是也，葢《賁》本取剛柔相間爲文，故以本卦觀也。有不必從本卦觀者，如《訟》“剛來而得中”之類是也。《訟》但取乾之索爲坎，居下卦得中，故《訟》不成，不須來自上卦，且上卦乾爻未有移動，不可曰“自上卦來”也。有從反易觀者，如《復》反《剥》曰“剛反”，《序卦》曰“《剥》窮上反下，受之以《復》”，《无妄》反《大畜》曰“剛自外來，而爲主於内”之類是也。有於本卦觀諸爻剛柔不專指一爻者，如《剥》“柔變剛”、《巽》“柔皆順乎剛”之類是也，而剛柔立本則一也。詳具各卦下。

乾坤父母

☰乾

☷坤

此卦本也。《繫辭傳》曰：“乾，陽物也；坤，陰物也。陰陽合德，而剛柔有體。”又曰：“剛柔者，立本者也。”

乾坤索而得六子

☶艮☵坎☳震　皆坤卦而乾交之。

☱兑☲離☴巽　皆乾卦而坤交之。

《説卦傳》曰：“震一索而得男，故謂之長男。巽一索而得女，故謂之長女。坎再索而得男，故謂之中男。離再索而得女，故謂之中女。艮三索而得男，故謂之少男。兑三索而得女，故謂之少女。”

乾坤自重

䷀乾

䷁坤

《繫辭傳》曰:“因而重之,爻在其中矣。”

乾坤相重

䷊泰　小往大來。

䷋否　大往小來。

凡重卦,居下卦爲來,爲下;居上卦爲往,爲上行,爲進。

諸重卦本乾坤

䷂《屯》,剛柔始交而難生。

“剛柔始交”,指下卦震言也,而“難生”即連上卦坎言,蓋因重之卦必以六畫統觀成義也,後皆倣此。

䷃《蒙》,初筮,告以剛中也。

䷄《需》,位乎天位,以正中也。

䷅《訟》,剛来而得中。

凡言得中者,多以坎離言,坎二陰之中,離二陽之中也。

䷆《師》,剛中而應。

䷇《比》,原筮元,永貞无咎,以剛中也。

䷈《小畜》,柔得位而上下應之。

䷉《履》,柔履剛也。

䷌《同人》,柔得位得中而應乎剛。

䷍《大有》,柔得尊位,大中而上下應之。

䷎《謙》,天道下濟而光明,地道卑而上行。

天道指艮一剛爻言,地道指坤三柔爻言,聖言活變如此。

䷏《豫》,剛應而志行。

䷐《隨》,剛來而下柔。

《訟》之剛來得中，從三畫乾卦來也，此之剛來下柔，則本卦乾坤卦畫往來，自有其象，聖言隨便指之，不拘一格也。

䷑《蠱》，剛上而柔下。

䷒《臨》，剛浸而長，剛中而應。

此則六爻合論，又不拘一爻往來矣。

䷔《噬嗑》，柔得中而上行。

䷕《賁》，柔來而文剛。分，剛上而文柔。

䷖《剥》，柔變剛也。

此亦六爻合論者。

䷗《復》，剛反動而以順行。

䷘《无妄》，剛自外來而爲主於内。以上二卦又從反易觀之，而得剛反、剛自外來之象者。

凡《易》言内外者不一。《泰》之内陽外陰，下卦爲内，則上卦爲外；《兑》之剛中柔外，又以重卦三上爻爲外。上，上卦之外也，三，下卦之外也。《中孚》之柔在内而剛得中，又以三四爲内，以在六爻内也。

䷙《大畜》，剛上而尚賢。

䷛《大過》，本末弱也。

䷜《坎》，維心亨乃以剛中也。

䷝《離》，柔麗乎中正。

䷞《咸》，柔上而剛下。

䷟《恒》，剛上而柔下。

䷠《遯》，剛當位而應。

此以六爻觀之，又取乾中爻與艮二爻相應爲義，不取三剛之艮止也，《易》《象》无方如此。

䷡《大壯》，大者，壯也。

䷢《晋》，柔進而上行。

䷥《睽》，柔進而上行，得中而應乎剛。

䷦《蹇》，利西南，往得中也。

䷧《解》，利西南，往得衆也。其來復吉，乃得中也。

此與《蹇》卦皆以上卦爲西南，明以坎震爲坤卦而乾陽往之。

䷨《損》，損下益上，三人行則損一人，一人行則得其友。

觀言下卦曰“三人行”,明以兑爲乾卦矣。

䷩《益》,損上益下。

䷪《夬》,柔乘五剛也。

䷫《姤》,柔遇剛也。

䷬《萃》,剛中而應。

此亦舍兑之主爻而取兑之中一爻,乾剛未變者,與下卦應爲義。

䷭《升》,柔以時升。

䷮《困》,剛掩也。

䷯《井》,改邑不改井,乃以剛中也。

䷱《鼎》,柔進而上行,得中而應乎剛。

䷴《漸》,進得位,往有功也,其位剛得中也。

䷵《歸妹》,天地之大義也。

䷷《旅》,柔得中乎外而順乎剛。

䷸《巽》,柔皆順乎剛。

䷹《兑》,剛中而柔外。

䷺《渙》,剛來而不窮,柔得位乎外而上同。

䷻《節》,剛柔分而剛得中。

䷼《中孚》,柔在内而剛得中。

䷽《小過》,柔得中,剛失位而不中。

䷾《既濟》,柔得中也。

䷿《未濟》,柔得中也。

以上六十四卦,惟《觀》《頤》《明夷》《家人》《革》《震》《艮》《豐》八卦《彖》中未及剛柔,餘皆見之。《序卦傳》言上下經皆以“天地生萬物”起,正此義也。

䷃坎下艮上

《蒙》:亨。匪我求童蒙,童蒙求我。初筮告,再三瀆,瀆則不告。利貞。

《彖》曰:《蒙》,山下有險,險而止,《蒙》。《蒙》,“亨”,以亨行時中也。“匪我求童蒙,童蒙求我”,志應也。“初筮告”,以剛中也。“再三瀆,瀆則不告”,瀆蒙也。蒙以養正,聖功也。

山下有險水焉，止而不得流行，蒙蔽之象，然而曰"《蒙》，亨"者，乃二以亨通之道行時中也，坎爲通。故五以少男而爲蒙之正，謂之童蒙，二以中男而兼互震長男之任，因之統諸蒙以授家政，是主卦者也，則謂之我。《仲氏易》。"禮聞來學，不聞往教"，則非我求童蒙，童蒙求我也。求我者，何也？大離中虛，二至上大離。坎中實，皆有心志之象。《仲氏易》。二之與五，非强應之，志應也，然而不可瀆也。筮，揲蓍也，問焉而以言也，蒙之叩師如之。初筮，其志誠，二有剛中之德，則告之，凡筮初得下卦，二在下卦，亦有初筮之象。但至再至三則瀆矣。瀆則不告，不惟厭其瀆，我亦恐以此瀆蒙。夫蒙以養正，正，即貞也。作聖之功在此，而可瀆乎？

《象》曰：山下出泉，《蒙》。君子以果行育德。

山下出泉，濛濛然。蒙也，如泉果行通蒙也，如山育德養蒙也。

初六：發蒙，利用刑人，用説桎梏，以往吝。《象》曰："利用刑人"，以正法也。

蒙之在初，貴以發之者養之。坎爲法，爲桎梏，朴作教刑，而况蒙？穉則用刑以正法，斯利耳。若變兑爲毁折而脱桎梏以往，何以發焉？吝而已。説，通脱。楊時曰："桎梏禁之，使无妄適也。"此嚴父嚴師教于嬰孩之道也。

九二：包蒙，吉。納婦，吉。子克家。《象》曰："子克家"，剛柔接也。

九二以陽居陰，剛而得中，而坎又能藏垢，是以善養子弟，包蒙者也，何吉如之？夫二之應六五之陰柔也，豈惟象蒙童，亦象婦，剛柔相接，則納之矣，納婦則坎男授室，即以克家，不又吉歟？

六三：勿用取女，見金夫，不有躬。无攸利。《象》曰："勿用取女"，行不順也。

夫九二之納婦，或以逼近六三之女而亦取之乎？用勿取之矣，何者？彼與二相比，見九二陽剛多金，乾爻爲金。見來《注》。遂謂金夫可喜，而以上九艮止不能速合，因隨水遷流而就下，是見金夫不有躬也。夫三以應上爲順，而今行不順矣，女與取者皆不利也。《易小傳》曰："卦變爲《蠱》，有女惑男之象。"

六四：困蒙，吝。《象》曰："困蒙"之"吝"，獨遠實也。

陽畫實卦，凡四陰，初與三或比陽應陽，惟四爲獨遠實，遠實則蒙无自啓，困矣。

六五：童蒙，吉。《象》曰："童蒙"之"吉"，順以巽也。

六五柔中，而惟剛中是應，是蒙之未鑿者也，童蒙也。順者，中爻互坤。巽者，爻變爲巽。

上九：擊蒙，不利爲寇，利禦寇。《象》曰："利"用"禦寇"，上下順也。

上九陽剛在上，其於三之蒙也，不惟桎梏，且以下石，則擊蒙矣。艮爲手，爲石，有擊象。夫蒙之分界甚矣哉！養正則聖，不正則爲娼、見金夫，不有躬，娼也。爲盜，坎爲盜，見金失躬，又盜象。游惰子弟，無賴少年，至於爲寇，上必擊之，何利之有？然上得已哉？害於家國，凶於其身，不禦之不利，此先王郊遂寄棘之典所以設也。象於見金夫也，曰"无攸利"，爲寇也，曰"不利"，聖人仁蒙而終欲返之，見乎辭矣，故《象傳》於不順者終望禦之而上下順焉。坤爲順。

六爻，初嘗對上，二嘗對五，三嘗對四。觀之，則其義易明。初可用刑，上至用擊，二爲包而接五，五爲童而巽二，三爲見陽而失身，四爲遠陽而失實，諸卦多然，終始見於初上，而曲折備於中爻也。《玩辭》。

䷄乾下坎上

《需》：有孚，光亨，貞吉。利涉大川。

《彖》曰：《需》，須也。險在前也。剛健而不陷，其義不困窮矣。《需》，"有孚，光亨，貞吉"位乎天位，以正中也。"利涉大川"，往有功也。

天下事進則進，退則退，而有欲進而不進者，則需以待之也，故乾健於行而險難在前，不能不待者，時也，而剛健在己，不陷於險者，德也。卦有四陽，固可濟險，而九五一陽位乎天位，正得其中，又爲諸陽之主。坎實有孚，向離光亨，其貞吉矣。雖坎爲大川，而乾以知險，往涉有功，何弗利焉？

《易璇璣》曰:“《易》之爲道,非中則正,而言正者猶有所謂‘可正’、有‘不可正’、有‘不可疾正’、有‘利君子正’、有‘不利君子正’,有曰‘艱正’、‘正厲’、‘正凶’、‘正吝’,至於言中,乃未有言利不利、可不可者,亦无所謂‘艱’、‘厲’、‘凶’、‘吝’之辭,是正有時而不可,中无時而不可也。”

《象》曰:雲上於天,《需》。君子以飲食宴樂。

雲上於天而雨未降,需象也,當飲食宴樂以待之。若值需時而躁心妄動,及壹鬱无聊,皆非也。

初九:需於郊,利用恒,无咎。《象》曰:“需於郊”,不犯難行也。“利用恒,无咎”,未失常也。

郊遠於水,故於此需之,而又遲久以待,无難乃進,則无咎。《中孚》以三四爲内,《繫辭傳》以二三四五爲中,則初上有郊外象。《同人》上九曰“同人於郊”。見《訂詁》。又虞翻曰:“乾爲郊。”耿氏名極,字保汝,定興人。《周易淺義》曰:“‘不犯難行’謂不往應四也,‘不失常’謂遲久不應亦終不失陰陽相應之常也。爻有有應,有无應,有有應而不應,有无應而應,有初不應而終應,此類是也。”

九二:需於沙,小有言,終吉。《象》曰:“需於沙”,衍在中也。雖“小有言”,以“吉”“終”也。

《仲氏易》曰:“九二當互兑之始,兑於地,爲剛。鹵即沙也。兑爲説,爲口舌,即小有言也。夫沙者,水石之交,瀕於水矣。所恃者,二位居中,其爲寬衍猶在耳。楊慎曰:“衍者,寬平之地。”《左傳》有“昌衍”,《漢書》有“鄘衍”,皆此義。中以濟險,故終吉。”

九三:需於泥,致寇至。《象》曰:“需於泥”,災在外也。自我“致寇”,敬慎不敗也。

郊外當需,臨流則渡,泥豈可需之地哉?今外坎之水逼臨,是泥也,而乃需於泥焉,則坎爲寇盜,自我致之矣。爲九三計,必乾乾惕若,乃可出險不敗耳。

六四：需於血，出自穴。《象》曰："需於血"，順以聽也。

坎爲血，六四已入坎，則需於血矣，然柔得其正，下與初應，順以聽之，不激不傾，可自穴而出焉。坤畫爲順。《仲氏易》曰："四上爲坎之二陰，故皆言穴，猶坎卦初與三者言坎窞也。"《易小傳》曰："坎，耳聽之象。"

九五：需於酒食，貞吉。《象》曰："酒食貞吉"，以中正也。

君子以飲食宴樂，此爻當之。蓋九五得中守正，故剛健而不陷，吉何加焉？荀爽曰："五互坎離，水在火上，酒食象也。"

需有二道：有需而後平險者，如周亞夫堅壘不動，待七國之敝而乘之是也；有需而其險已平者，如陸遜料昭烈有伏兵，不往應之，而其伏自出是也。

上六：入於穴，有不速之客三人來，敬之終吉。《象》曰："不速之客來，敬之終吉"，雖不當位，未大失也。

上六之位，不若九五中正，而居險極變。巽爲入，則入於穴矣。所幸下應九三，而乾卦三陽同體，陽主上進，則此敬慎不敗者，將偕衍在中者、不失常者不速而自來，上六能敬之，則共將出險，豈至大失哉？《淺義》曰："坎爲酒食，三陽應之，有客象。以酒食應客，以柔應剛，以上應下，皆敬象。不速即需也。"

初九當久須，九二需而寬衍，九三不當須，所謂"需者，事之賊"也，六四始入險，順聽一陽即可得出，上六已陷險，非依衆剛不能終吉，惟九五有德、有位，樽俎廟堂，坐待成功，建業者不可以不知《需》也。

按：卦爻之上卦曰"往"，之下卦曰"來"。而《屯》四之初乃曰"往"，《需》下卦之上乃曰"來"，蓋以乾坤之重卦而分上下，則上卦爲往，下卦爲來。以本卦爻之本卦，則以我適彼爲往，以彼向我爲來，非一義也。

䷅坎下乾上

《訟》：有孚，窒，惕，中吉，終凶。利見大人，不利涉大川。

《彖》曰：《訟》，上剛下險，險而健，訟。《訟》："有孚，窒，惕，中吉"，剛來而得中也。

"終凶",訟不可成也。"利見大人",尚中正也。"不利涉大川",入於淵也。

不險不訟,險而不健亦不訟。訟卦上剛下險,則内險而外健矣,所以訟也。然乾剛來居下卦,得坤之中,爲坎,有孚象。震、坎、艮皆坤卦,而陽入爲主;巽、離、兑皆乾卦,而陰入爲主。兩剛敵應,有窒象。見《淺義》:"窒,塞也。"坎中一陽陷於二陰,有惕中象。訟者,必有情之辭爲人所窒而不得伸,乃以鳴官,且惕然於中,不成不終,斯吉矣。不然,必凶。九五中正之大人見之,訟以平,故利。若恃其坎險,以水浮天,則大川深廣,匯而成淵,一遭風波,將墮入矣,何利涉之有?

按:漢焦延壽有"一陰一陽自《姤》、《復》,五陰五陽自《夬》、《剥》"之説,宋人因之爲卦變,《仲氏易》因之爲推《易》,大約謂"一陽五陰之卦皆自《復》、《剥》而來,一陰五陽之卦皆自《姤》、《夬》而來,二陽四陰之卦皆自《臨》、《觀》而來,二陰四陽之卦皆自《遯》、《大壯》而來,三陰三陽之卦皆自《否》、《泰》而来"。朱子以爲非作《易》本旨,乃卦成後有此象,其言近是。如兩人對閲,高下互分,二木相𠢎,枝節參錯,爲卜筮觀玩之一助亦可,而以諸卦自《復》、《剥》等來則斷不可。乾坤生六子,一因重之,六十四卦皆具,焉有《師》卦自《復》卦來、《訟》卦自《遯》卦來之理耶?且六子助天地以生萬物者也,而《震》、《巽》、《坎》、《離》、《艮》、《兑》反生自《臨》、《觀》等卦,則傎甚矣。以至干寶謂"《乾》之初九自《復》來,《乾》之九二自《臨》來",諸卦反生,乾坤更顛倒淩亂之極矣,烏可訓耶!至來知德又專歸反對,名之曰"綜"。夫反對見於《雜卦》,本屬經意,但專以此解"往""來"諸辭,則其説有難盡通者,如《賁》與《噬嗑》反對,《賁》《彖》曰"柔來而文剛",《來注》曰"《噬嗑》上卦之柔來文《賁》之剛,柔指離之陰爻,剛則艮之陽卦","分,剛上而文柔",《來注》曰"分《噬嗑》下卦之剛,上而爲艮以文柔,剛指震之陽卦,柔則離之陰卦",夫《噬嗑》上卦爲離,下卦爲震,是亦可曰"柔文剛,剛文柔"矣,且"分"字何解?猶是一陽二陰之卦,祇一倒觀,并无移動,何以言分?

《象》曰:天與水違行,《訟》。君子以作事謀始。

天左旋,水東注,天上浮,水下流,違行而訟之象。作事謀始,无違行矣。

初六:不永所事,小有言,終吉。《象》曰:"不永所事",訟不可長也。雖"小有言",其辯明也。

初六不永其訟,雖以才柔位下,亦以訟事原不可長也,故雖變兑而小有言,然互離在前，一辯即明矣。

九二：不克訟，歸而逋其邑人三百户，无眚。《象》曰："不克訟"，"歸逋"竄也。自下訟上，患至掇也。

九二以剛爻居坎陷之中，真險而健者，然五剛在上，何能訟勝？不克固也。特幸而剛中，尚能出險，故歸而逋。逋，遯也，則訟息矣。坤爲邑，坎卦本坤，即其邑也。三百户者，合三爻言之，是通一邑之户也。虞翻曰："乾爲百，坤爲户。"一人好訟，則一邑受害三百户。无眚，言訟息則安者衆也，《玩辭》。否則，以下訟上，患如掇拾，豈能无眚乎？眚，災也。坎爲眚。

六三：食舊德，貞厲，終吉。或從王事，无成。《象》曰："食舊德"，從上"吉"也。

下卦本坤也，以剛來而爲坎，則坎險，其新德而坤，順其舊德也。六三不變，故有"食舊德"而順從於王之象焉，不言於初而言於三者，三爻之卦至三而成也。上即指五言，《小過》六五"已上"也，《比》六四"以從上"也，皆指五。是不訟者也。雖居於險地，爲二所牽，其正亦厲，然終吉矣。故其從王事而无成也，與坤之三爻德亦同焉。

九四：不克訟，復即命渝。安貞吉。《象》曰："復即命渝"，"安貞"不失也。

四居互巽，亦有何訟？而无如其據陽爻而處陰位也，則亦一訟人矣。第近尊而有應，則能出險，斷非終訟者，故訟而不克訟，則必返而聽命。曰渝矣，渝，變也。爻變互震，有變動意。吾改行矣，是已安於正而不失矣，何勿吉焉。即，就也，謂俯而就聽訟者之命也。巽象命令，見巽卦。故有聽命之象。

九五：訟元吉。《象》曰："訟元吉"，以中正也。

九五以中正之德聽有孚之訟，故訟大吉。

上九：或錫之鞶帶，終朝三褫之。《象》曰：以訟受服，亦不足敬也。

健而在上，訟勝之人也。乾爲衣，爲言，故當以訟勝受服，而應爻互離，爲腹，爲革，則其所受服或有似乎鞶帶大帶。者，見《説卦》及《唐氏易》。《來注》："乾爲鞶帶象。"然而終朝三奪之矣，何足敬哉？應爻互離，終朝之象。上變兑成困，兑爲毁折，褫象，三爻，三褫象。

䷆坎下坤上

《師》：貞丈人吉，无咎。

《彖》曰："師"，衆也。"貞"，正也。能以衆正，可以王矣。剛中而應，行險而順，以此毒天下，而民從之，"吉"又何咎矣。

坤爲田土，爲國邑，而險即存乎其間，畫溝洫而藏兵衆，所謂師也。坤爲衆，水亦爲衆，而坤又爲輿，震爲車，《左傳》杜《注》。坎爲弓，爲輪，皆象兵事。且以一陽統五陰，正古者"五人爲伍"，積而至於五旅，爲師之象。况二在坎，爲中男，又互震而爲長男，儼然一丈人矣。鄭康成曰："丈人，長人之稱。"吕東萊曰："老成持重，諳練之人。"陽剛得中，六五相應，出坎險而布坤順，則秉軍正以正衆，而衆因以正，是侮亂取亡，兼弱攻昧，以此毒天下而民從之也，子以王也何有？

《象》曰：地中有水，《師》。君子以容民畜衆。

容民畜衆，廣言，不專指兵也。陸績曰："坎在坤内，故曰'地中有水'。師，衆也。地中衆者，莫過乎水。"

初六：師出以律，否臧凶。《象》曰："師出以律"，失律凶也。

坎爲法，"律否臧"，即失律也，在卦初，故言"師出"。《左傳》宣十二年，智莊子曰："《周易》《師》之《臨》曰：'師出以律，否臧凶。'執事順成爲臧，五陰爻皆坤，爲順。逆爲否，衆散爲弱，師本五陰爲衆，今變其一，則衆散而弱。川壅爲澤，坎，流水，變爲兑，則壅而爲澤。有律以如己也，言衆各一心，律屈而從人。故曰'律否臧'且律竭也。竭，敗也。盈而以竭，夭且不整，夭塞不流。所以凶也。不行之謂臨，澤在地下，不行之象。有帥而不從，臨孰甚焉？"帥指九二。此不揲蓍而即以之卦解爻辭，正所謂"爻，言乎變者也"。《仲氏易》欲主推移，遂駁爻變，似與古人所言左矣。

九二：在師中吉，无咎，王三錫命。《象》曰："在師中吉"，承天寵也。"王三錫命"，懷萬邦也。

九二剛中，主帥上承六五之寵，則如《周禮》"一命受職，再命受服，三命受位"者，无不錫之，何者？坤坎爲衆，萬邦也，丈人得而萬邦安，錫主帥者即所以懷萬邦也，豈有私焉？

六三：師或輿尸，凶。《象》曰："師或輿尸"，大无功也。

《仲氏易》："六三過中不當，乃乘剛而爲出師之佐，上下无應，此偏裨致敗之象也。"坤、震、坎皆輿，而坤又爲迷，爲死，全坤在前，震動致喪，將或敗而輿尸矣，有何功焉？

六四：師左次，无咎。《象》曰："左次无咎"，未失常也。

《春秋傳》"三宿爲次"，左次，退舍也。文事尚左，武事尚右。古陳圖右在前，左在後，故以退後爲左次。兵法知難而退，常道也。六四陰柔得正，則猶能不失常道耳。

六五：田有禽。利執言，无咎。長子帥師，弟子輿尸，貞凶。《象》曰："長子帥師"，以中行也。"弟子輿尸"，使不當也。

坤爲地，田也。蒐、苗、獮、狩，不外田中，故亦名曰田。坤又爲兕、虎、禽也。《白虎通》曰："禽者，鳥獸之總名。"田而有禽，是有獲也。夫田獵所以習兵，兵出无名，事乃不成，故"利執言"，執言，聲其罪也。无咎。互兼畫，大震爲鼓，爲言。然而師貴有名，尤貴擇將。使用相應之九二，則由全卦視之爲丈人，而自六五之君視之爲長子。互震也。坎智淵深，震勇奮起，《仲氏易》。出剛中之德以行，誠无咎矣。若誤以六三之互坤同體而使之，則二既長子，次之即弟子矣，少不更事，往而輙敗，雖師出有名而正，亦何濟？然則，使人可不當哉？虞氏曰："長子謂二，震，長子也。弟子謂三，三體坎，震之弟，乾之子。"

上六：大君有命，開國承家，小人勿用。《象》曰："大君有命"，以正功也。"小人勿用"，必亂邦也。

此用師已畢論功行賞之候也。大君，謂六五也。開國，封諸侯也。承家，立都邑也。

干寶説。或枡土地，或定采食，丈人及其下偏裨，凡有功者皆正之。然而正之云者，不可吝，亦不可濫。彼“失律”“輿尸”之小人斷宜勿用，用之則亂邦矣。《仲氏易》。以衆正而王之道如此。

《玩辭》曰：“初與四對，初出而四退也。二與五對，二將也，五君也。三與上對，三敗事，上成事也，以三處險極，上處順極也。”

六爻固各有象義，然數至五而周，位至五而尊，上爻結五之意者，亦多如此上六之類也。

䷇坤下坎上

《比》：吉。原筮元，永貞无咎。不寧方來，後夫凶。

《彖》曰：《比》，“吉”也，《比》，輔也，下順從也。“原筮元。永貞无咎”，以剛中也。“不寧方來”，上下應也。“後夫凶”，其道窮也。

比則吉矣，比則有輔矣，下之四陰皆順從乎五矣。坤爲順。凡筮初得下卦，再得上卦，則上卦原筮也，原，再也，《禮》曰“未有原”、《左傳》“原田”、《周禮》“原蠶”、《漢書》“原廟”皆是。原筮而得九五則剛中爲元，乾，元也。以剛居正而堅坎，於木，爲堅多心。則永貞，是再三籌策而得首出長治之道者也，惲皋聞説。又何咎焉？但見莫敢遑寧坎爲勞卦。而四方下國坤爲國。來享來王，上下之應有如此者，而獨是卦之下畫爲前，上畫爲後，上六一陰，亦知五之當比而逆而高亢，是後至之夫也，其道窮矣，焉得不凶？虞氏説。

《象》曰：地上有水，《比》。先王以建萬國，親諸侯。

物相親比而无間者莫如水在地上。下坤互坤，皆侯國象。

初六：有孚，比之无咎。有孚盈缶，終來有他，易會曰句。吉。《象》曰：《比》之初六，“有他吉”也。

九五爲卦主，初六之爻純，見離而有孚者，亦欲往而比五也，无咎之道也。夫五非初應，何以无咎？初之應在四，今四相敵而不相配則爲他矣，配則我往而彼來，他則不來矣，特是初欲比五而四密邇於五，以陰從陽，早與五比者也。坎爲缶，《玩辭》曰：“《爾雅》‘小罍謂之坎罍，缶類也’，故坎之六四爲用缶。”苟出我之有孚以盈於六四之缶，旁通《大有》，盈象。則他必下應，相偕而比五矣，自四言之爲終來，自初言之爲有他，吉矣，又何咎？

六二：比之自内，貞吉。《象》曰：“比之自内”，不自失也。

二居内卦而比五，是比之自内矣。夫二之應五，正也。正故不自失。

六三：比之匪人。《象》曰：“比之匪人”，不亦傷乎？

三以陰柔居不正之位，處多凶之地，亦上比於五，則比中之阿比者矣，自傷傷人，可歎也！

六四：外比之，貞吉。《象》曰：“外比”於賢，以從上也。

九陽爲賢，天位爲上，四居外卦而比之，是外比之矣。四當承五者也，往而從之，何勿正焉？

九五：顯比，王用三驅，失前禽，邑人不誡，吉。《象》曰：“顯比”之“吉”，位正中也。舍逆取順，“失前禽”也。“邑人不誡”，上使中也。

夫九五之比，非隱芘而私暱也。五爻位居正中，坎水内光，顯然明白以比天下者也，如驅田矣，三則已發軍禮也，其禽順我而奔去者，如南驅而禽從而南奔，故曰順。則射取之，其禽迎我而來者逆，迎也。則舍置之，不殺降也，故在前之禽以舍而失，《注》《疏》。而於貉，其同之邑人亦不警誡以取前禽焉。古禮：三殺：上殺自膘達腢，次達耳本。次自髀達䯚，皆自後射達前，是取順也。面傷者不獻，是舍逆也。《程傳》、《本義》乃臆注“三面合圍，前開一面，去則免之，不出而反入者乃射之”，與《易》《文》、《軍禮》俱相左矣。葢民心罔中，惟爾之中歸懷之，衆主者顯然親之，故使民心皆化於中，不爲已甚，吉可知矣。坎爲狐，爲弓，有驅禽象。坤爲邑。《易小傳》曰：“坎變爲坤，夷險而爲順，不誡之象。”

上六：比之无首，凶。《象》曰：“比之无首”，无所終也。

道窮而比，戮斯及矣。《子夏傳》："如防風之後至也"。凡卦初爲足，上爲首。

聖人於人事欲其行而進，故爲之計者四卦，《履》《晋》《升》《漸》是也；欲其親附，爲之計者爲五卦，《比》《同人》《隨》《萃》《中孚》是也；事必濟險，爲之計者四卦，《屯》《蹇》《渙》《解》是也；事成宜保，爲之計者四卦，《泰》《大壯》《大有》《豐》是也；而其事始於夫婦，爲之計者六卦，《姤》《漸》《歸妹》《咸》《恒》《家人》是也。其餘多一事一卦矣。

爻象固隨時不拘，而二五多吉辭，以中也，初多平辭，以始也，如《坤》之"履霜，堅冰至"，非謂初即堅冰也，謂不辨則漸至耳。又《蒙》之"利用刑人，用脱桎梏"、《師》之"師出以律，失律則凶"等，皆兩擬之辭。上多傾辭，以窮也，三多凶，四多懼，以位不中而處上下之間，往來多事，然四辭每勝於三，以懼則不至於凶也。

☰乾下巽上

《小畜》：亨。密雲不雨，自我西郊。

《彖》曰：《小畜》，柔得位而上下應之，曰《小畜》。健而巽，剛中而志行，乃"亨"。"密雲不雨"，尚往也。"自我西郊"，施未行也。

畜訓藏，又訓止。《大畜》曰"止健"，是畜大矣。大畜者，其畜爲大，則小畜者，其畜爲小，可知也。故《雜卦》曰："《小畜》，寡也。"大者陽也，小者陰也，即四也，四爲偶位，以偶爻居偶位，得位也。八卦正位，巽在四，又得位也，且兼互離互兑之陰，一位之中，三陰并見，又得位也。《仲氏易》。一得位而上下五陽環而包藏之，羈止之，是上下應之矣，非小畜而何哉？其畜也，健而能巽。九五陽剛得中，而畜陰之志以行，爻辭四五合志。乃以亨矣。試觀我西郊乎，我，文王自謂也。陰陽之氣畜而雲，畜而不往則雨。今五陽畜陰，而三陰之卦俱綴於天，密雲之象，惲皋聞説。而巽一陰爲卦主，風以散之，不雨象。尚往，猶然往去也，故施而未行。中爻兑爲西方，卦有西郊象。

《易纂言》曰："内外之陽甚多，所包畜之陰甚少，故卦名《小畜》。"

《象》曰：風行天上，《小畜》。君子以懿文德。

《小畜》者，風行天上。乾，天之陽。畜，巽風之陰也。禮樂文物由中發外，身之風也，故君子懿之。懿，美也。

初九:復自道,何其咎,吉。《象》曰:"復自道",其義"吉"也。

報答曰復。初之與四,正應也。則其畜陰也,乃報答之,由其道者也。報答,即應也。道在是,義即在是,吉矣,何咎之有?

九二:牽復,吉。《象》曰:"牽復"在中,亦不自失也。

二之畜四,非應則非復也,而亦曰"復"者,有牽之者也。二與初共爲地道,而陽剛同體,則牽而復之,在中不失,亦吉矣。亦以初言,初不失則二亦不失,所謂牽也,三則失矣。

九三:輿説輻。夫妻反目。《象》曰:"夫妻反目",不能正室也。

此不能畜小者也。三陽與四陰相比,夫妻也,然乾爲圜,有輿之輪象,互兑則輪毁折脱輻而不能行矣。《道德經》"三十輻共一轂",所以揞輪者。故視其夫妻,夫進於下,妻乘其上,離爲目,巽爲多,白眼反目狀也。雖有室,不能正之,焉能畜之哉?

六四:有孚,血去,惕出无咎。《象》曰:"有孚""惕出",上合志也。

血陰類,憂惕陰象,六四孚乎陽,則血去而惕出矣,是承九五之有孚而上與合志,所謂剛中而志行者。於戲!畜陰至此,陰亦善矣。互離,孚象。

九五:有孚攣如,富以其隣。《象》曰:"有孚攣如",不獨富也。

五與四,同其有孚,所謂合志也,且復牽巽繩而爲之攣,攣,綴也。則四真爲所畜矣。夫畜者,養也,聚也。養與聚非富不可,而五居巽中,巽近利,市三倍,此富者也。《仲氏易》。富則能畜乎四矣。四五相比,比者,隣也,君子非財无以轉移小人,可獨富哉?以用也。

上九:既雨既處,尚德載。婦貞厲。月幾望,君子征凶。《象》曰:"既雨既處","德"積"載"也。"君子征凶",有所疑也。

上變爲坎,坎爲雨,則不雨也,而今既雨矣,且坎爲隱伏,又既處矣。處者,畜也。處字對往字,觀自明,向之往而不處者,而今既處也。畜至上九,積乾德而成巽富,甌窶滿車,坎爲車。以畜四陰,畜不且成耶!特是四以巽女而至上剛,女也,而已婦矣,婦得位而久處,以至上剛,貞也,而亦厲矣,其貞厲也,殆如月幾望,然大離與坎對易,坎藏離中,離負坎背,隱月魄而就日色,互光偏上,離爲互卦,與上爻稍近,故偏。幾望象也。《仲氏易》。四陰至此,不亦終可畏哉?倘君子陽剛過極,變坎而疑,遂以巽終之躁,輕進而與之爭,必遭凶矣,此《小畜》所以貴"健而巽,剛中而志行"也。

君子黨疏,故初二欲其牽。君子性剛,故上九戒其征。且九三之不能畜,陽在陰下,雖反目而不言禍。上九之不能畜,陽在陰上,少有疑而已得凶。畜陰之道,蓋可知矣。

☰☱兑下乾上

履虎尾,不咥人。亨。

《彖》曰:《履》,柔履剛也。説而應乎乾,是以"履虎尾,不咥人。""亨"。剛中正,履帝位而不疚,光明也。

兑爲附決,乾主上進而用互巽之股以行,《履》之象也。上天下澤,高下不紊,禮之象也。禮者,履也。今觀其履,下兑之柔,正互巽之股,而上而承乾,《師》剛中而應,以上下爻言,此説而應乾,以上下卦言。則進而履者,乃以柔履剛也。乾,西北之卦,有虎象焉,古人以白虎爲右,西方獸也。虎上爲首則下爲尾,兑三正履虎尾矣。然兑爲悦,和悦而上以應乾虎,何咥焉?是涉危地而遜以行禮,萬全之道也,亨可知矣。孔子贊釋至是而復進,曰:"豈特此哉?不見九五乎?陽剛中正,躬履天位,而一无疚病,向離出治,何光明也!此履之至也。"

《象》曰:上天下澤,《履》。君子以辨上下,定民志。

初九:素履往,无咎。《象》曰:"素履"之"往",獨行願也。

《淺義》曰:"履之无飾者,素履也。"初在下爲足,比應皆无陰陽相間之文,故有此象。无應而往,故曰'獨行願',葢禮以質爲本始也。

九二:履道坦坦,幽人貞吉。《象》曰:"幽人貞吉",中不自亂也。

九二以剛德居中，履行地上，二爻在地上。坦坦寬平，不怨天，不尤人，中何亂焉？《紫巖易傳》曰："二居澤中，爲幽人。"

六三：眇能視，跛能履，履虎尾，咥人，凶。武人爲於大君。《象》曰："眇能視"，不足以有明也。"跛能履"，不足以與行也。"咥人"之"凶"，位不當也。"武人爲於大君"，志剛也。

離爲目，巽爲股，皆爲兑之毁折，眇、跛之象也。然以柔處剛位，居下卦之終，巽固多躁而兑亦附决，遂不以爲不足，曰"吾能視，能履"，且曳其履之跛者而履乾虎之尾，則卦以悦而應乾而虎不咥人者，兹且以位不當而咥之矣，不其凶乎？然六三之志豈不剛哉？從來武事尚右，陰爻、兑卦皆武象也。離爲戈兵，爲甲冑，而居人位，赳然一武人矣。若武人有爲於大君之事，不畏艱，不懼死，其志固然耳。王氏説。

九四：履虎尾，愬愬，終吉。《象》曰："愬愬終吉"，志行也。

四已入乾，則已爲虎尾矣，然四爲人道，與三同才，則三履而四亦履之，獨是九四以剛居柔，又四多懼，敬畏而愬愬然，所謂"臨事而懼，終獲其志"者也。離爲志。安在虎必不可履哉！雖暫時未見其吉，終吉耳。

九五：夬履，貞厲。《象》曰："夬履貞厲"，位正當也。

九五以剛卦剛爻而居剛位，處於下者和悦而不敢强諍，又《履》與《夬》相爲重易，而乃正當九五之尊位，則凡行剛决，一往无前，固屬貞固，然亦厲矣，明太祖似之。

《彖》看不變之全卦，九五剛中正，故曰"履帝位而不疚"，爻辭則專看一爻，且兼變象。九五變離則剛者愈燥，《文言》曰："火就燥。"故又曰"厲"。蘇氏《易傳》謂"古之論卦者以定，論爻者以變"是也。

上九：視履考祥，其旋元吉。《象》曰："元吉"在上，大有慶也。

上九在上，苟視下五爻之履，卦大離，有視象。或素，或坦，或剛，或愬，或夬，考其吉祥者，居之則周旋中規，折旋中矩，大吉而有慶矣。禮者，恭敬、撙節、退讓之具也，且履剛貴於用柔,初位下二四上皆柔位,故吉而无咎,三五剛位,故或凶或厲。

初以素朴,二以貞坦,三以任剛,四以戒懼,五以專決,而上九復進以時中,履行之狀如繪矣。

周易傳注·卷二

州學正　李塨　撰

上　經

䷊乾下坤上

《泰》：小往大來，吉，亨。

《彖》曰："《泰》：小往大來。吉，亨。"則是天地交而萬物通也，上下交而其志同也。内陽而外陰，内健而外順，内君子而外小人，君子道長，小人道消也。

小者，坤，陰也；大者，乾，陽也。乾坤往來，而《否》《泰》成焉。《泰》則小往居外，大來居内者也。夫天上地下，定位也，然而其氣相交，必天道下濟，地道上行，然後爲泰。今則天地交而其中之萬物通矣，上下交而其志同矣，體則内陽而外陰，德則内健而外順，人事則内君子而外小人，其斯爲"君子道長，小人道消"之時乎？不吉而且亨乎？

此之往來，通乾坤三畫言也。下卦爲内，故曰來，上卦爲外，故曰往。又上卦曰進，曰上行，下卦曰下，曰復。

項安世曰："《彖》一以重卦相交爲義，於陰陽无抑揚也；二以卦體内外爲義，於陰陽有抑揚矣；三以六爻消長爲義，則更喜陽而惡陰矣。大抵諸卦皆具數義，不以一説盡。如《小畜》'柔得位而上下應'，統論六爻，五陽一陰也；'健而巽'，又以兩卦言；'剛中而志行'，又以九二、九五兩爻言。"

《象》曰：天地交，《泰》。后以財成天地之道，輔相天地之宜，以左右民。

"裁成""輔相","以左右民",此聖人之贊天地而成泰也。然則天地本相交也,而又有交天地者,故人參天地曰三才。財通裁。財成,使其道無過不及也。輔相,助之也。

初九:拔茅茹以其彙。征吉。《象》曰:"拔茅""征吉",志在外也。

爻變巽,爲茅。虞翻訓"茹"曰"根"。初在下,根之象。彙,類也。三陽同體而進,是拔茅而其根牽連,引起其類矣,吉何疑焉?《仲氏易》曰:"初陽征而交陰,則志在外,陽志在外,陰志在内,一曰'中心願',一曰'中以行願',所謂志同也。"

九二:包荒,用馮河,不遐遺。朋亡,得尚於中行。《象》曰:"包荒","得尚於中行",以光大也。

九二爲卦主,合三陽而得中,則儼一天矣。三陰,地也。地曰荒,猶四方之稱四荒也,而二能以廣大之量包之。二居互兑之初,河也,乃乾健之德足以馮之。馮河,徒步過河。然且遠邇一體,中外大公,三陰雖遐而不遺,志在并包,三陽并征而非比,朋黨盡去,而與六五正應,得尚於中行矣。《淺義》曰:"尚如尚公主之尚,故六五曰《歸妹》。"蓋天道之高明廣大固如此也。

九三:无平不陂,无往不復。艱貞无咎。勿恤其孚,於食有福。《象》曰:"无往不復",天地際也。

以三陽之終,交三陰之始,此正往來消息之會,所謂"天地際"也。際則承平而泰者,无有平而不陂也。孔安国曰:"澤障曰陂。"陰往而消者,无有往而不復也。泰之不终泰,數也。而君子於此則一以人事持之,乾乾然劳心危行,謹守正度,可无咎矣。然而艱危保泰,或多過憂,恤,憂也。曰"此陰之翩翩以來爲吾孚"者,终非吾族也,則又以嫌疑而生事端,即此憂,泰者致不泰矣,尚得日用飲食從容有福乎?兑口爲食。又必勿之。

六四:翩翩,不富以其隣,不戒以孚。《象》曰:"翩翩不富",皆失實也。"不戒以孚",中心願也。

翩翩,飛貌,言六四率三陰,群飛而下交也。陽實陰虚,三陰皆失實則不富矣,故其翩翩也。欲以乾隣上下卦隣也。之實濟坤陰之虚,是其心願交於陽,不待兑口之戒而以孚焉,坎位爲孚。君子道長、小人道消之時,小人自然仰命君子,其象如此。《小畜》九五"富而用其隣"也,此不富而用其隣也。

六五:帝乙歸妹,以祉元吉。《象》曰:"以祉元吉",中以行願也。

二五俱得中而相應,則婚姻矣,乃二四同功爲兑,三五同功爲震,《歸妹》卦也,則有帝乙歸妹之象焉,是居中而行其所願,陰交陽之最正者,其得禄也不大吉耶?陽貨曰:"祉,禄也。"朱晦庵曰:"妹,少女也。"

上六:城復於隍,勿用師,自邑告命。貞吝。《象》曰:"城復於隍",其命亂也。

泰極則否象生焉。城,築土也。坤爲土,土在上,城象。隍,城下溝,去土者也。虞翻曰:"无水稱隍,有水稱池。"今坤當外盡而坎位上形,坎窞象隍。則向取隍之土以爲之城,兹復傾城之土以填之隍,此正平之陂而往之復也,當此之時,惟有振奮自强,修我甲兵,如諸葛亮出師,所謂"今不伐賊,王業亦亡"者,可以復興,可以後敗,乃上六才柔氣盡,自禁止曰"兵凶戰危,斷斷勿用",而僅僅與其邑人以文告相固結,不知上不能振,民將誰從?故《象》言"命雖正,亦羞吝難行",而孔子直断曰"是亂命耳","城復於隍",正以是也。

䷋坤下乾上

否之匪人。不利君子貞。大往小來。

《彖》曰:"否之匪人。不利君子貞,大往小來。"則是天地不交而萬物不通也,上下不交而天下无邦也。内陰而外陽,内柔而外剛,内小人而外君子,小人道長,君子道消也。

否時之匪人,尚利君子貞乎?滔滔者天下皆是,故曰"无邦",内柔而外剛,所謂色厲而内荏也。

《象》曰:天地不交,《否》。君子以儉德辟難,不可榮以禄。

《月令》曰“天氣上騰，地氣下降，天地不通”，否象也。儉，約也。有財而不輕用爲儉，君子之貶藏其德似之。不可榮以禄者，却禄之哲在我也，《玩辭》曰：“辟難，不與害交也，不可榮以禄，不與利交也，世固有假辟禍之名以保榮利者，故聖人兼言之，然否時而禄難即隨矣。”

初六：拔茅茹以其彙。貞吉，亨。《象》曰：“拔茅”“貞吉”，志在君也。

爻變震，爲蕃，亦有茅茹之象，初雖陰類，而安於爲下，以與上應，則拔茹以其彙，雖與《泰》初同而不征也，但守正耳。正者何？志不在彙而在君，吉亨之道也。乾爲君。

六二：包承，小人吉，大人否亨。《象》曰：“大人否亨”，不亂群也。

六二之陰，小人也，而得中得正，其所包藏者乃欲承順乎五也。五居乾中，爲大人，小人承之，不其吉乎？然大人與大人爲群，肯以其承而亂哉？不亂故否，亦惟不亂，故亨也。《遯》九四[①]爻辭正與此反。

六三：包羞。《象》曰：“包羞”，位不當也。

此小人之最无賴者，不中不正，其所爲者，皆可羞者也，而胥包之。

九四：有命，无咎，疇離祉。《象》曰：“有命无咎”，志行也。

此復《泰》之始也。乾剛在上，雖與下不交，而九五有命，巽爲命令。九四承以濟《否》，則大人有群，其志得行，微特一身无咎，三陽之儔且共麗此祉矣。

九五：休否，大人吉。其亡其亡，繫於苞桑。《象》曰：“休否”之“吉”，位正當也。

否從此休矣，休未至於傾，而稍休息焉，故曰前者“大人否”，今“大人吉”矣，然而安危之機，間不容髮，雖否運初轉，泰期將開，而國家存亡，政未可定也，故嘗念曰“其亡乎！其

① 文淵閣本漏此“四”字，據文津閣本補。

亡乎！繫於苞桑乎?"《仲氏易》。按:苞,叢生,木枝細不能繫物,故陸贄奏議有云"邦國之杌楻,綿綿連連,若苞桑綴旒,幸而不殊者屢矣"。葢九五有中正之德而當尊位,故如此,其不忘危亡也,是能休否者也。《紫巖易傳》曰:"巽柔木爲苞桑,繩直爲繫。"

上九:傾否,先否後喜。《象》曰:"否"終則"傾",何可長也。

天下豈可長否哉?否極則傾,傾者,倒也,如《鼎》之"顛趾","出《否》"也,《否》倒則成《泰》矣。上九傾否時矣,故先否後喜。變兑爲悦,喜象。

《彖》言"非人,不利君子",爻則惟六三可羞,初二《象》則應上四,五上《象》則幹否。不同若此者,葢《彖》戒君子,使避小人,《象》則教小人,使近君子,又勉君子,使挽小人,皆聖人之情也,皆是也。

䷌離下乾上

同人於野,亨。利涉大川。利君子貞。

《彖》曰:《同人》,柔得位得中,而應乎乾,曰《同人》。《同人》曰"同人於野,亨。利涉大川",乾行也。文明以健,中正而應,"君子"正也。惟君子爲能通天下之志。

離之二爻,坤也,得正位得中道而應乾五,則内而文明,外而剛健,中正以相應合,所謂"二人同心,其利斷金。同心之言,其臭如蘭",是君子同之正者也,故曰《同人》。且《同人》曰"同人於野,亨。利涉大川",豈二陰之所克哉?惟五乾中直之德行,故能如此。夫偏邪相同,即"其甘如醴",與天下之志无與也;中正相同,則一二人之志即天下人之志矣,此《同人》也,不且有以通天下之志乎?二地道,野象,《正義》曰"野者,廣遠之處",言《同人》无私也。上卦坎位,川象。乾行,利涉之象。

《象》曰:天與火,《同人》。君子以類族辨物。

王《注》曰:"天體在上而火炎上,同人之象也。"蘇軾曰:"《同人》以不同爲同。"

初九:同人於門,无咎。《象》曰:"出門同人",又誰"咎"也。

初九變則下卦爲艮，艮爲門而比六二，是出門即與二相同矣，以陽承陰，卑以自牧，又誰咎？是同人之近而易者。

六二：同人於宗，吝。《象》曰："同人於宗"，"吝"道也。

宗，主也。胡瑗《口義》。五居君主之位，六二應而同之，是"同人於宗"矣。然衆皆欲同二而二乃獨與五應，則衆思敗之，故九三之"伏莽"、九四之"乘墉"，群梗於中，其道不吝乎？吝者，出入艱難也。此所以必須乾行之師也。

九三：伏戎於莽，升其高陵，三歲不興。《象》曰："伏戎於莽"，敵剛也。"三歲不興"，安行也。

九三妒二五之相同也，以離之戎兵竊效坎伏離伏坎。而在巽之莽間，巽爲木。且以巽股升變艮之高陵，三變，二四互艮，艮之上畫爲高陵。將與九五爲敵，然而烏能敵哉？雖歷爻數之盡，以至三歲，亦不能興，則惟巽順以安行耳。

九四：乘其墉，弗克攻，吉。《象》曰："乘其墉"，義"弗克"也。其"吉"則困而反則也。

九四與九三同道，亦妒二五之相同也。見九三敵五，遂乘九三之墉，《來注》："離中虚，外圍墉象。"欲與共事，然身居五下而仰攻之，不惟勢弗克，義亦豈克哉？若不能攻而困，變爲坎之法，則反於則，斯合於義，吉也。

九五：同人先號咷而後笑，大師克，相遇。《象》曰："同人"之"先"，以中直也。"大師""相遇"，言相"克"也。

《仲氏易》曰："五之所同，二也，而二以一陰乘承，與比皆陽，焉能遽遇哉？夫先反側而後友樂，《關雎》之義也。《同人》亦然。有升陵者、乘墉者，是必用乾行之甲，《虞氏易》："乾爲甲。"借離應之兵，而出剛金以克之，始遇耳，故《象》曰'相遇，言相克也'。則師克之後，不惟二遇，三四亦遇矣，是同人而通天下之志也。"按：五應離火，火无定體，《易》例凡遇離則有"笑"、"咷"之象，如《離》"不鼓缶而歌，則大耋之嗟"，《中孚》爲大離，"或鼓或罷，或泣或歌”,《旅》上卦離“先笑後號咷”類,故舊説“號咷”、“笑”皆離火之聲,非无謂也。虞翻曰:“《同人》旁通《師》卦,故稱師陽大,故曰‘大師陽動而直’,故曰‘中直’。”

《象》曰“同人於野,乾行也”,言其廣遠而无私也,而爻乃用大師者,蓋非賢奸并包之爲无私,而能好能惡之爲无私也。

上九:同人於郊,无悔。《象》曰:“同人於郊”,志未得也。

此出世之人攜手同行以爲朋者,如長沮、桀溺之流於國内之咷笑,師戎不問也,遠處郊外,侶烟友霞,尙何過悔? 而孔子原之曰“彼視滔滔天下,豈遂无志者? 但未得耳”。

同人之道,或近或遠,或易或難,或中正或不中正,且因而妬忌、因而戈矛者,皆有之。善交者必類其族、辨其物,中正以應,勿間伏戎,乃可以通天下之志,友道如斯之不易也,作《易》者其有憂患乎?

☰乾下離上

《大有》:元亨。

《彖》曰:“《大有》,柔得尊位大中,而上下應之,曰《大有》。其德剛健而文明,應乎天而時行,是以“元亨”。

卦六五一柔得尊位大中,而上而上九,下而初、二、三、四胥應之,是陽之大皆爲所有矣,故曰《大有》。於以觀其德,内既剛健,外復文明,上應乎天而尙賢以時行於下,其大通也,庸更加一辭哉?

《象》曰:火在天上,《大有》。君子以遏惡揚善,順天休命。

火在天上,輝煌肆照,大有之象。遏惡揚善,順天休命,大有之事。

初九:无交害,匪咎。艱則无咎。《象》曰:《大有》初九,无交害也。

初九居下,而《大有》上離爲戈兵,容有害之者,然陽剛不肯上比,而上又无其應,則无交於害矣,是安於爲下者也,故匪咎,雖然,可不艱哉? 苟自艱難其志,則无咎,不然,易心一生，咎可免耶？

九二：大車以載，有攸往，无咎。《象》曰："大車以載"，積中不敗也。

豐年多黍多稌曰大有，今居下乾之中，當互乾之始，剛德積實，誠大有矣。爻變大坎，二至五爲大坎。爲大車，而離牛載而前之，行健以往應於五，多多益善，敗於何有？二五相應之卦，多於初、四、三、上。

九三：公用亨，亨，《左傳》作"享"，古通用。於天子，小人弗克。《象》曰："公用亨於天子"，"小人"害也。

六爻，初當爲民，二當爲士爲臣，三當爲貴臣，宋衷曰："三，公位。"四當爲近臣，五當爲君，上當爲倦。勤之君，明農之臣與高尚之賢，則九三有公象焉。以陽居陽，上承六五，出大有之積，食之以互兑之口，是用亨獻之禮於天子也。但變兑爲容悦，爲小，或流於小人者有之，小人則祇以貽害而已，豈能使天子受其亨哉？害，即初九"无交害"之"害"，葢富貴利達，害即寓焉。

九四：匪其彭，无咎。《象》曰："匪其彭，无咎"，明辨晢也。

《韻會》曰①："彭，音旁。多也。"四則下陽之多至此而極。一陰能有衆陽，而又恐以衆陽逼一陰也，九四以陽處陰，且能知懼，則雖彭而不以爲彭焉。此則近而不偪，滿而不溢，非得離火之明而辨而能晢，何以有此？《仲氏易》。

六五：厥孚交如威如，吉。《象》曰："厥孚交如"，信以發志也。"威如"之"吉"，易而无備也。

柔之能有剛，夫豈徒哉？柔順得中，出其離照之孚以親下剛，若與之相交者，然將天下向往之志，自我發之矣，光武之待馬援，笑語簡易，而真天子之威已行隴蜀，故曰"朕於天下，欲以柔道治之"。六陰虚，故易而无備，五剛位且變而之乾，左氏所謂"同復於父，敬如

① 曰，文淵閣本作"因"，據文津閣本改。

君所”乾,爲君爲父者也。故“威如”。

上九:自天祐之,吉,无不利。《象》曰:《大有》上“吉”,“自天祐”也。

祐,助也。《繫辭》釋此爻曰:“助信,助順,助尙賢。”蓋六五之孚,信也;易而无備,順也;交下之剛,尙賢也。上九一剛在卦之上,則天也,天之祐之也必矣。葢乾爲大,即賢也,尙賢即有大,故自天祐之。

統觀全卦,五陽之大皆陰有也。分觀各爻,則每爻有一大有象焉,初宜以艱而遠害,二當積載而應五,三戒私小,四勿滿覆,五簡易而尙賢,乃獲天祐。《序卦》曰“有大者不可以盈”,此之謂也。

䷎艮下坤上

《謙》:亨。君子有終。

《仲氏易》曰:“山形一何高,而居乎地中,《謙》也。”謙則必亨,是以君子有終也。君子三剛也,三,終象也。艮者,萬物成終之卦也。夫以君子之剛處内卦之終,而又當成終之盡,則有終矣。

《象》曰:《謙》,“亨”。天道下濟而光明,地道卑而上行。天道虧盈而益謙,地道變盈而流謙,鬼神害盈而福謙,人道惡盈而好謙。謙,尊而光,卑而不可踰,“君子”之“終”也。

謙之亨,何也?九三,天道也,九,乾爻,天也。而其氣下濟,居於内卦,著其光明。坤,地道也,地道本卑,然進而居於外卦,其氣上行,曰下濟,曰卑謙也。曰光明,曰上行,則亨矣,而況天道盈則必消,虛則必長,是虧盈而益謙也。地道築而高,則風雨剥之,坎而下,則流水注之,是變盈而流謙也。高明之家,鬼瞰其室,汝唯不伐,明神依之,是天地中之鬼神,虞翻以三爲神、四爲鬼。害盈而福謙也。人即不爭,亦惡驕亢,人即好高,亦喜謙謹,是人道惡盈而好謙也。美哉,謙乎!退然若不勝衣而德愈尊,闇然不敢自著而體益光,卑以自牧而萬民服之,莫可踰者,此君子之所以有終也。

《紫巖易傳》曰:“九三以陽處艮上,爲尊,爲光,在坤下爲卑,艮山爲不可踰。”

《象》曰：地中有山，《謙》。君子以裒多益寡，稱物平施。

裒，聚也，又減也。卦體本坤而得乾一爻爲謙，是損乾之盈，《虞氏易》："乾爲盈。"益坤之卦，《雜卦》"《小畜》，寡也"，指坤爻言。裒多益寡之象，即虧盈益謙之象也。君子效之，所以稱物平施也。

初六：謙謙君子，用涉大川，吉。《象》曰："謙謙君子"，卑以自牧也。

山在地中，謙也。初爲山之足，又謙也。《仲氏易》。謙之又謙，卑以自養，非君子乎？即用涉坎水之川，而尚憂風波乎？吉矣。張湛虚曰："雖有大險，遇謙則平。"

利涉者，宜乎涉也；用涉者，用之涉也。

六二：鳴謙，貞吉。《象》曰："鳴謙貞吉"，中心得也。

六二居中得正，上承九三，中心相得，坎爲心象。非有矯强，不覺鳴號，其謙以示之矣，不貞而吉乎？《淺義》曰："艮取聲音，象山鳴谷應之義也。震爲善鳴，是以小過。震艮合，有飛鳥遺音之象。《謙》似小過，故上下皆有鳴象。承九三，有陰陽相得象。"

九三：勞謙君子，有終，吉。《象》曰："勞謙君子"，萬民服也。

九三以一陽居互坎之中，坎爲勞卦，勞民勸相而功成不居，萬民悦服，謙斯至矣。《象》所謂君子有終者以此。此卦主也。陰爲民。

六四：无不利，撝謙。《象》曰："无不利，撝謙"，不違則也。

撝，手指麾也，六四之謙，柔而得正，不待問而知，无不利矣。艮爲手，四下比之，則指撝皆謙。見王《注》。《淺義》曰："謙德見諸威儀舉動也。"又安有違坎之法則者耶？

六五：不富以其隣，利用侵伐，无不利。《象》曰："利用侵伐"，征不服也。

六五雖尊而陰虚不富，然與三之君子同體互体。而居，是隣也。用隣之實，益我之虚，所謂裒多益寡也。則不富猶富也。如有瞷其不富而撊然不服者，則偕九三之震動出離兵爻變爲離。以侵伐之，虚心用人，以征不服，不惟利，且无不利，是居尊之謙也。若宋人稱臣、稱侄，豈謙也哉？

上六："鳴謙"，利用行師征邑國。《象》曰："鳴謙"，志未得也。可"用行師"，"征邑國"也。

上六與九三，其志本當相應，坎爲志。但謙主善下，而上六以柔而居工，則與九三有不能急相得者。人心得意則鳴，不得意亦鳴，故上鳴號其謙以相示焉。然謙德雖未大孚，於人而自鳴其謙，則驕兵之敗可免矣。坤爲邑，爲國，若有迷亂，坤又爲迷，爲亂。則用地水之師以征之，卦上坤互坎，有師象。尚可利耳。

䷏坤下震上

《豫》：利建侯行師。

豫，樂也。《國語》司空季子曰："坤，母也。震，長男也。母老子疆，故曰《豫》。其繇曰'利建侯行師'，居樂、出威之謂也。"蓋以居樂坤内，故利建坤國之侯，出威震外，故利行長子之師。

《彖》曰：《豫》，剛應而志行，順以動，《豫》。《豫》順以動，故天地如之，而况"建侯行師"乎？天地以順動，故日月不過，而四時不忒。聖人以順動，則刑罰清而民服，《豫》之時義大矣哉！

九四一剛而上下五陰應之，侯果説。其志以行，无枉无忤，用順以動，不其豫乎？夫豫之順以動也，雖天之行健，地之勢坤，不過如此，剛柔，天地也。而况建侯行師，有何勿利？不觀天地之日月一无愆過、四時一无忒差乎？是天地之順以動也。不觀聖人之刑罰清而衆民順服於下乎？是聖人之順以動也。然則豫之時義豈不大矣哉？

《易》言時義大者五卦：《豫》《隨》《姤》《遯》《旅》，言其時之義甚大而宜玩也。言時用大者三卦：《睽》《蹇》《坎》，言其時之用所關甚大也。言時大者四卦：《解》《革》《頤》《大過》，則言其時所關之大也。皆言時者六十四卦，時而已矣。

《象》曰:雷出地奮,《豫》。先王以作樂崇德,殷薦之上帝,以配祖考。

雷出地,奮發而訇訇,豫樂之象。作殷盛之樂,昭崇功德以薦於神,豫樂之事配上帝以祖者,冬至郊祀也,配以考者,季秋明堂祀也。

初六:鳴豫,凶。《象》曰:"初六鳴豫",志窮"凶"也。

初六之豫,豈不鄙哉?身居卑賤,遇九四尊富,居上卦則尊[①],陽實則富。稍一借手便沾沾得志,在九四本震尚不自鳴,而遙借震勢者反鼓舞歌呼,色飛聲王,嗚呼!負販之子偶附人輿,遂若登天,已樂極而窮矣。欲不凶,得乎?

六二:介於石,不終日,貞吉。《象》曰:"不終日,貞吉",以中正也。

介,《説文》云"分疆"也,故物兩間爲介,守兩間之介而不移亦爲介。二居中而得坤之正位,乃介守艮山之初,是介於石也,艮爲石。且下卦離位純陰,則見離爲日,而二當中,離象,未竟,《仲氏易》。是爲衆同處豫地而見幾而作,不俟終日者也。豫不肯終其日,乃豫矣,故貞吉。

六三:盱豫,悔,遲有悔。《象》曰:"盱豫"有"悔",位不當也。

盱,張目也。六三位不中正而張位離之目,上視九四之豫《仲氏易》。而動心焉,妄矣。其速悔之,若悔遲,則徒有悔而已。希望不已,必喪身名,豈有及哉?

九四:由豫,大有得,勿疑。朋盍簪。《象》曰:"由豫大有得",志大行也。

九四一陽爲衆陰之帥[②],是衆人之豫皆由乎四也,四之志不大行而有得乎?雖互坎爲疑,而互艮止之曰"勿疑"也。夫西南得朋,五陰皆朋也,而合而括乎此矣。盍,合也。簪,笄也。以一陽括衆陰而貫乎其中,殆如簪之括髮然矣。

---

① 文淵閣本無"則尊"二字,據文津閣本補。

② 帥,文淵閣本作"師",據文津閣本改。

《漢上易傳》曰:“互體之變有六,如《豫》之九四,四以上震,四以下艮,合上下,坎震有伏,巽艮有伏,兑坎有伏,離六體也,變而化之,則无窮矣。”此不必盡用解經,而亦不可不知者。

六五:貞疾,恒不死。《象》曰:“六五貞疾”,乘剛也。“恒不死”,中未亡也。

六五居尊位,似主豫者,然以柔而乘九四之剛,䑕隉不安則正有疾,但位居於五,中道未亡,而震爲反生,善病而恒不死。夫病以死爲憂,今不死矣,則雖疾乎?亦何弗豫乎?周平以後之君似之。

上六:冥豫,成有渝。无咎。《象》曰:“冥豫”在上,何可長也?

《來注》:“冥,幽也,暗也。”上六以陰柔居豫之極,昏冥於豫者也。夫豫樂雖成,曷可長哉?苟以動體而變爲離,則冥冥者將昭昭矣,是樂極而有渝變矣,咎尚免也。

一豫也而分觀之,則一狐駕虎威而豫,一介止而豫,一覬覦而豫,一溥樂於人而豫,一得不死而豫,一沉溺而豫。聖人之寫象,盡態極妍乃爾。

《國語》“母老子强曰豫”。按此卦以一母而有三男,《小畜》以一父而有三女,《革》、《鼎》三女而父在中,《蒙》《屯》三男而母在中,《渙》三男而上有長女,《噬嗑》三男而上有中女,《節》三男而下有少女,《豐》三女而上有長男,《井》三女而上有中男,《旅》三女而下有少男,三男之卦各聚三男,三女之卦各聚三女,亦觀象之一端也。

䷐震下兑上

《隨》:元亨,利貞,无咎。

《彖》曰:《隨》,剛來而下柔,動而説,《隨》。大“亨”“貞”“无咎”,而天下隨時,隨時之義大矣哉!

隨與比、同人不同。比,親附也。同人,志相同也。隨則不必甚親,不必皆志相同,而以時相隨者也。乾剛爻來居初而下於坤之二柔,卦震動而喜悦,皆隨之象也。必其德能乘時,大通以正,如九五之正中孚嘉則隨无咎過,而天下皆隨其時矣。天下隨時,可以建功,可以布業,其義豈不大哉?

按《本義》疏卦變,《隨》卦本《困》,二來居初,又本《噬嗑》,上來居五,又本《未濟》,二來居初,上來居五,《仲氏易》疏推《易》,本《否》,初上相易,又本《咸》,初三相易,又本《益》,四上相易。夫乾坤之道,三人行則損一人,一人行則得其友,言致一也。今雜然相交相易,豈一時諸卦皆來耶?抑此時此一卦來,移時彼一卦來耶?

《象》曰:澤中有雷,《隨》。君子以嚮晦入宴息。

雷藏澤中,隨時休息,崔憬曰:"雷,陽氣,亦謂龍也,故震爲雷,爲龍。兑,正秋也,雷至秋而收聲。"君子以之,亦"隨時"之一義也。

初九:官有渝,貞吉,出門交有功。《象》曰:"官有渝",從正"吉"也。"出門交有功",不失也。

初九,正所謂"剛來而下柔"也。震爲長男,官也,《來注》。而不恃其剛而下柔,渝也,陰陽相從,正而吉矣,是以出艮之門互艮爲門闕。而即交與四同功之二,故四亦曰明功。不失其歡也。不失,即交也。交,接①也。隨之爲道,惟視其人之有功耳。毋論其人攜我而進隨之,即其人置我而前亦隨之,故曰"不失"。

六二:係小子,失丈夫。《象》曰:"係小子",弗兼與也。

六二則有所失矣。一意隨三②,六三陰爲小艮,爲小子,初九陽爲丈夫,六二以手拘係乎三艮爲手。之小子,自失初九之丈夫矣,蓋惟一是從无兩岐,而趨者一身不得兼與,隨之道也。

六三:係丈夫,失小子,隨有求,得。利居貞。《象》曰:"係丈夫",志舍下也。

六三亦有所失矣,志在隨上,自舍其下,以巽繩係九四之丈夫,而係我之六二,雖與我同爲小子而失之焉,此其隨也。巽爲近利市三倍,有求而得,固非意外,但因而爲佞則非

① 接,文淵閣本作"少",文津閣本漏,據《顔李叢書》本改。
② 三,文淵閣本作"之",據文津閣本改。

矣，惟利居貞耳。

九四：隨有獲，貞凶。有孚在道，以明，何咎？《象》曰："隨有獲"，其義"凶"也。"有孚在道"，"明"功也。

九四親承九五，隨之得正者也，貞即正也。初交二，二①係三，而三係四，則四不惟獲三，并獲初二矣，求，求上也。獲，獲下也。然高明人指豐盛難居，雖貞而義，不亦凶乎？若能溢大坎之孚信，二至上爲大坎。與二同功，《繫辭》曰："二四同功。"遂通於震塗，則在道路之人皆明其功，乃獲下以隨五，非私獲而竊據也，凶可免矣，何咎？

九五：孚於嘉，吉。《象》曰："孚於嘉吉"，位正中也。

嘉，善也，九四以親近而隨，因孚其善矣，即初之交二、二之係三、三之係四，皆欲隨乎五也，踈遠有善，亦勿疑貳，葢位居正中，惟善是信，所謂"大亨利貞而天下隨時"也。

上六：拘係之，乃從維之，王用亨享通。於西山。《象》曰："拘係之"，上窮也。

《隨》至上六，如紂於文王，拘而係之。羑里之囚是也。文王乃内文明而外柔順，不敢違其意，以從維之下互爲巽，而體復倒巽，有巽繩維係象。而用亨祀於西山以求神祐，此豈尋常之隨從哉？故曰"上六之拘係，窮極時也"，《隨》之象又有如此者。王以爻言，即指九五。兑，西方卦，下連艮山，故爲西山，即岐山也。文王以岐山爲太王興周之地，不得於紂，必嘗享之，與帝乙有《歸妹》事，《易》兩用之，正同。

初交二而二失之，二係三而三失之，三係四有得而戒以貞，四隨五有獲而憂其凶，五隨上而上窮，隨之險阻如此。然凡卦皆有險阻，《乾》有亢，《謙》有不服，他卦可知。乾坤知之，聖人亦知之，佛老知而去之，聖人知而處之、平之，异端、吾儒之分也。

䷑巽下艮上

《蠱》：元亨。利涉大川，先甲三日，後甲三日。

---

① 二，文淵閣本作"三"，據文津閣本改。

《彖》曰:《蠱》,剛上而柔下,巽而止,《蠱》。《蠱》"元亨",而天下治也。"利涉大川",往有事也。"先甲三日,後甲三日",終則有始,天行也。

蠱,壞也,器不用則壞,《春秋傳》曰:"皿蟲爲蠱。"人不事事亦壞。虞氏曰:"蠱,不事事也。"夫剛居上爲艮則亢,而情不下通,柔居下爲巽則卑,而情難上達,且下巽而諂上,止而惰,宜其壞也。然而不事則蠱,而蠱必有事。《序卦》曰:"蠱者,事也。"從此事其所不事,不元亨而天下治乎? 故大坎爲川,自一至五爲大坎。宜往而事其事以涉之焉。且以卦觀之,三與五同功爲震。震,東方之卦也,甲也。馬融説。甲,十幹之始,即造事之始。乃以爻計之,一爻爲一日,三陽爲震主,爻數至初,先甲三日。初接上九之蠱而幹之,是有始也,數至五,後甲三日。五正值上九之蠱,是終也。天行終則有始,往而有事,不亦宜乎?

《象》曰:山下有風,《蠱》。君子以振民育德。

物久敗朽而蟲蛀曰蠱。蠱生於風,故風中蟲也。山下有風,正春秋醫和所言女惑男風落山謂之蠱者。君子鑒風以振民,不使人蠱也。鑒山以育德,《正義》。不使己蠱也。

初六:幹父之蠱,有子考无咎,厲,終吉。《象》曰:"幹父之蠱",意承考也。

陽爲父,爲考。見《易雅》。上九一陽高据於上而艮止无爲,有父亡而考之象焉,《檀弓》:"父亡稱考。"則下之五爻皆其子矣。此而有遺事,則非他之蠱,父之蠱也。蠱非一朝夕之積,故原之於父。父蠱,子可以不幹耶。初六以柔處剛而性善,人不承其迹而承以意,所謂"從治不從亂"也。改父之道,雖事不順若厲者,而意實甚順也。鄭康成説。是幸哉! 其有子矣。在父則有蠱,而在考則无咎矣。終吉何疑? 或謂《酒誥》父存亦稱考,不必卒也。不知父在子不得自專,故《論語》曰"觀其志",父没乃觀其行。子而幹蠱,知父卒矣。至幹母蠱而曰"不可貞",知母存矣。

九二:幹母之蠱,不可貞。《象》曰:"幹母之蠱",得中道也。

言父則必有母,父蠱母亦蠱,所謂蠱矣,特是婦人之性難可直挽,此而曰吾必以正行之,則非中道矣。委曲斡旋以幹其蠱,惟九二得之。

九三:幹父之蠱,小有悔,无大咎。《象》曰:"幹父之蠱",終"无咎"也。

九三以剛居剛而爲震始，能幹父之蠱者也，特恐剛動少過以致小有貽悔，然能幹蠱，安有大咎耶？

六四：裕父之蠱，往見吝。《象》曰："裕父之蠱"，往未得也。

裕者，沓沓也，六四以陰處陰，當兑折之終，爲艮止之始，見有蠱而沓沓，然未得幹術，以此而往，必見羞吝矣。

六五：幹父之蠱，用譽。《象》曰："幹父""用譽"，承以德也。

六五得尊位行大中，其幹蠱也，所謂貽父以令名者也，則以譽承之，實以德承之矣。艮爲言，有譽象。

初六、六五皆以剛行柔，故爲幹父蠱，九二以柔行剛，故爲幹母蠱，九三以剛行剛，故幹父蠱而有悔，六四以柔行柔，故裕父蠱而見吝。

上九：不事王侯，高尚其事。《象》曰："不事王侯"，志可則也。

上九則止所謂蠱矣，然而身在《蠱》上，已居卦外，雖下五爻有幹蠱之王之侯，五爲王，三、四爲公侯。皆不事之，而南山北海高尚其事，任世之蠱壞而莫幹者也，然其不降之志，亦可以廉頑立懦，此又處蠱極者之一象也。

䷒兑下坤上

《臨》：元亨，利貞。至於八月有凶。

《彖》曰：《臨》，剛浸而長，説而順，剛中而應。大亨以正，天之道也。"至於八月有凶"，消不久也。

一陽來復爲《復》，三陽交陰爲《泰》，《臨》二陽上進已過於《復》，則陰退順可以相感，未至於泰，則陰尚盛，未即相交，其於陰也，有臨之象焉。至其地而將爲曰臨事，如臨官、臨朝之類。故《雜卦》曰"《臨》《觀》之義，或與或求"，言陽與陰也。二陽漸浸而長以臨乎陰，内説而外順，二剛得中而五柔相應，大亨以正，非行健之天道乎？雖然有長則必有消，試取《臨》一反觀之，則《觀》卦也。就卦畫取象，《臨》卦象夏正十二月，爲二陽之月，以至正月三陽，二月四陽，三月五陽，四月六陽，五月一陰，六月二陰，七月三陰，八月四陰，十二月象十二卦，漢儒說。正合《觀》卦，自十二月至八月，計數亦八曆月。已陰長而陽消矣，凶矣，而爲時豈久也哉？聖人於陽長而即畏其消如此。乾坤交而生六子，六子合而生萬物，自然之理，明載聖經。朱《漢上易傳》《六十四卦相生圖》謂乾坤一交而爲《姤》《復》，再交而爲《遯》《臨》，三交而爲《否》、《泰》，以變諸卦，是古聖之作六十四卦也，先有乾坤二六畫卦，乃以乾坤交而爲《姤》《復》六卦，再以《姤》《復》六卦變而爲《師》《比》等五十六卦，則是乾坤生《姤》《復》六卦，非乾坤生震巽六子，五十六卦爲《姤》《復》六卦所變，非六十四卦爲乾坤六子所重也，盡背聖言矣，而可乎？

即以再交《臨》卦觀之，謂《臨》六畫有震象，則可謂《臨》是重坤卦，兩陽來交則不可，蓋陰陽致一，兩陽不可以交陰，兩陰不可以交陽也。

《象》曰：澤上有地，《臨》。君子以教思无窮，容保民无疆。

地臨澤上，《臨》之象也。君子用兑之口以教思无窮，法坤之厚以容，保民无疆，《臨》之道也。地臨澤上，大象別取之象也，或據此解爻辭，謂上卦亦臨下，則陽臨陰，陰又臨陽，雜而亂矣。

初九：咸臨，貞吉。《象》曰："咸臨貞吉"，志行正也。

初九陽居陽位，則其臨陰也，感而使應，志之所行正矣，吉矣。咸，《彖》曰"感也"。

九二：咸臨，吉，无不利。《象》曰："咸臨吉，无不利"，未順命也。

九二有剛中之德而與四陰隣，其感臨也更切於初矣，是何者？以四陰在上，未即合而順命，故初感之，此更感之。初之感僅行其志，而此之感必獲其利矣。未順命者，終可順命之辭。

六三：甘臨，无攸利；既憂之，无咎。《象》曰："甘臨"，位不當也。"既憂之"，"咎"不長也。

六三即陰也，何能臨陰？然以與二陽同體，遂欲出其兑悦，甘言甘貌以臨上陰，豈有利焉？是必變而爲乾，如九三之惕，若是能憂之矣，則與二陽同德而无咎矣。六三兑陰，正八月之凶也，故必變而憂之，乃无咎。

六四：至臨，无咎。《象》曰："至臨无咎"，位當也。

六四在外卦爲陰，初而與下之初九相應，則陽感以臨之，而陰即至於所臨，是安於柔位從陽者也，无咎也。

六五：知臨，大君之宜，吉。《象》曰："大君之宜"，行中之謂也。

六五居坤中，地道光明，九二感以臨之，而六五即知之，是知其咸臨也。此道也，君子以之，賢才感於下，而君即知於上，取善而用中，誰曰不宜？五，君位，故言"大君"。

上六：敦臨，吉，无咎。《象》曰："敦臨"之"吉"，志在内也。

敦，厚也，而有重遲之意焉。《玩辭》。《衛風》"頓丘"即"敦丘"，賈誼賦"莫邪"爲"頓"，《漢書》"芒刃不頓"，頓即通鈍，故敦者，遲鈍也。上六與初二皆不相應，《臨》至此亦敦矣，然而吉无咎也。陽既浸長，陰終順從，上六之志在於下之二陽而无他矣，故再進則《泰》三陰翩翩來矣。

《玩辭》曰："《臨》上卦四最在先，與下卦至相逼，故爲至臨；上最在後，與下卦隔四陰，故爲敦臨。"

䷓坤下巽上

《觀》：盥而不薦。有孚顒若。《仲氏易》曰："古无四聲，平、上、去同用，故漢《易》无音注，后人分觀爲平、去二音，非也。"

《彖》曰：大觀在上，順而巽，中正以觀天下，《觀》。"盥而不薦，有孚顒若"，下觀而化也。觀天之神道，而四時不忒。聖人以神道設教，而天下服矣。

《仲氏易》曰"觀爲大艮，而三五同功，又爲互艮。艮者，門闕之象，故曰《觀》"，《春秋傳》所稱"兩觀"是也。第朝有觀，廟亦有觀，皆門旁雙闕。而是卦下坤上巽，以地上之木而巋然高峙,謂之鬼門。鄭康成曰:"艮爲鬼冥門。"鬼門者,宗廟也。然觀有兩義,以門闕爲樓觀之事,則以上觀下,《三輔黄圖》云:"登之可以觀遠。"而往往懸法以示垂象,則又爲天下人所觀,孫炎曰:"宫門雙闕,縣法象使人觀之,謂之象魏。"故在朝、在廟皆有觀象。而此取宗廟,則上之與下,皆將於是乎觀禮,即以祼薦大禮觀之,盥、祼、灌,通字,謂酌鬯降神也,有籍曰"薦,時祭",則春薦韭,秋薦黍。《穀梁傳注》:"无牲而祭曰薦,薦而加牲曰祭,大祭則薦牲、薦酒、薦幣、薦璧,皆謂之薦。"以艮手搴巽茅,祼鬯薦藉,兩皆有象,毋論灌薦相仍不可缺一,而即當祼初,斯時尚不薦也,而相信之至即已秩然,其可觀如所謂"上顒顒,《爾雅》:"顒顒,君德也。"下顒顒"者,《廣韻》:"顒顒,仰也。"况既薦乎?蓋聖人觀天以設教,彼四時不忒,天之神道運之也,而鬼人之道可以知矣。故聖人制郊禮以祀天神而民知敬天,制社禮以祀地祇而民知報地,制禘嘗之禮以祀祖宗而民知木本水源以衛君父,所謂下觀而化也,是順而巽,中正以觀示天下者也。許酉山曰:"自宋儒以理訓天,謂心中自有天,則貫天人之學絕,泛指造化之迹爲鬼神,則格幽明之學絕,其所關豈淺鮮哉?"

《象》曰:風行地上,《觀》。先王以省方觀民設教。

《來注》:"觀民者,觀民俗也。如陳詩以觀民風,納價以觀好惡而示之教也。"風行地上,有歷覽周遍之象。

初六:童觀,小人无咎,君子吝。《象》曰:"初六童觀","小人"道也。

艮爲少男,初則尤稺矣,是童也。《仲氏易》。童之觀,所見幾何?苟名爲大人君子者而若此,不其吝乎?

六二:闚觀,利女貞。《象》曰:"窺觀""女貞",亦可醜也。

大艮而包互艮象,似重門,且坤爲闔户,此重門又闔者也,乃陰位陰爻,有女之象。六二以女子之目加之闔門之郄,非闚觀乎?《仲氏易》。此惟利女子之貞耳。彼何人斯,竟同婦女,可醜矣。六二可應九五,而乃醜者,以下觀上,不利於遠,故初觀甚渺,二觀尚隔,三觀漸近,四乃觀光,《易》道隨時,不爲典要,非應比得位諸義所可盡也。

六三:觀我生,進退。《象》曰:"觀我生進退",未失道也。

六三居人位而應上九，與賓王者相比，是抱道之人也，處下體之極則可進，居上[1]體之下又可退，《孔疏》。故自觀其身之進退，生，漢人訓性，《正義》訓我身所動出。以酌道而行之，安有失耶？

六四：觀國之光，利用賓於王。《象》曰："觀國之光"，尚"賓"也"。

六四在人位而親承九五，互艮爲山，變乾爲天，有山之材，照之以天光，於是乎居坤國之上，故曰"觀國之光，利用賓於王"，《左傳》。是九五之所尚也。九五，王也，謂之賓者，古者朝覲之臣則賓禮之，賢能之士則賓興之。

九五：觀我生，君子无咎。《象》曰："觀我生"，觀民也。

觀我生者，自觀其身也，然身何以觀？觀民之從違厚薄而身可知矣，此誠大觀在上之君子也，无咎決矣。

上九：觀其生，君子无咎。《象》曰："觀其生"，志未平也。

下之上觀皆觀五也，上亦下觀五之生，其指五言。知其爲君子无咎也，然高自位置，不肯爲用，故曰"志未平"，如伯夷之觀文、武，徐洪客之觀唐太宗，皆有不平之志焉。然不平而亦知其君子无咎，觀至是極矣。一陰《姤》，二陰《遯》，三陰《否》，而四陰卦反無凶辭者，四陰之凶已見於《臨》卦矣，然《易》道陽少爲君、陰多爲民，九五當位，上九服之，下之四陰自然仰觀而順，故曰"《觀》，《易》道，固无窮也"。

䷔震下離上

《噬嗑》：亨。利用獄。

《象》曰：頤中有物曰《噬嗑》。《噬嗑》而"亨"，剛柔分，動而明，雷電合而章。柔得中而上行，雖不當位，"利用獄"也。

---

① 上，文淵閣本作"下"，據文津閣本改。

噬，齧也，嗑，合也。卦上下兩剛中三柔與《頤》卦象同，《周易輯聞》曰："中三陰，象頤中之齒。"而九四一爻間之，是頤中有物也，必噬之而嗑則亨矣。天下之事決斷梗塞，始得和合，固類如是，何者？觀其卦位，則剛柔各分，不噬何嗑？觀其卦德，則下動而上明；觀其卦象，則雷動電照，合而成章，可以噬嗑；觀其卦本，則坤畫之柔得乾中位而上行居五，雖以陰据陽，殊不當位，而柔以行剛，爻柔位剛。出離日之明，以爲震雷之決，用獄何弗利焉？《周易集解》曰："獄必斷而後合正，《噬嗑》事也。"《仲氏易》曰："《賁》與此反對而不名，噬嗑以此離開震動，上噬下嗑，若《賁》則艮止離開，不能嗑矣。

《象》曰：雷電，《噬嗑》。先王以明罰勑法。

電明罰，雷勑法，利用獄也。

初九：屨校滅趾，无咎。《象》曰："屨校滅趾"，不行也。

震爲足，初亦爲足，趾象也。趾，足指也。一陽横亘於下如桎梏，則有屨乎？校而滅，沒其趾之象焉。如是則震行者不得行矣，不行則小懲而大誡，過惡不作，故无咎。按前當艮止，亦有不行象。《周官·掌囚》"下罪桎"。桎，足械也。械亦曰校。初上兩陽似校而束，全卦亦噬嗑象。

六二：噬膚滅鼻，无咎。《象》曰："噬膚滅鼻"，乘剛也。

二三與五，噬物者也，然在上下二剛之中，亦有物象。骨，陽類，肉，陰類，則陰爻皆肉象也。六二互艮爲膚，見李鼎祚①《集解》。膚者，革也，《禮》所謂"膚，鼎"是也。艮又爲鼻，而正直所噬之膚，有噬膚沒鼻之象焉。噬之深之象也。曹操歡笑至以頭沒杯案中，即此滅字意。葢下乘初剛而齧柔物，六二以柔居柔，膚亦柔物。故爲力之易如此，何咎？

六三：噬腊肉遇毒，小吝，无咎。《象》曰："遇毒"，位不當也。

艮初爲膚，三在膚内爲肉，而上有離日熯之，則腊肉也。《周禮》：腊人掌田獸之腊，全體而

① 祚，文淵閣本作"祥"，據文津閣本改。

乾之也。《五行志》曰"厚味腊毒",則以柔才而居剛位,位不得當,所遇多艱,逢其毒者固亦有之,然非我所致,雖小吝,而无咎矣。

九四:噬乾胏,得金矢。利艱貞,吉。《象》曰:"利艱貞吉",未光也。

剛爻象胏肉之帶骨者,而離爲乾乾亦音干。卦,則爲乾胏,噬之亦云艱矣。且乾之金、離本乾卦。坎之堅木,合爲金矢,而忽得之,何其可駭！苟以居離之初,離火未光,艱難而守貞焉,則吉矣。此爻正頤中物也,故噬之而有警戒如此。王肅云:"金矢所以獲野獸,故食之而得金矢。"

六五:噬乾肉得黄金。貞厲,无咎。《象》曰:"貞厲无咎",得當也。

六五爻柔則非乾胏矣,而乾肉矣。乾肉噬之固非异事,乃得坤五之中爲黄,變乾爲金,忽而得也,雖噬彼合此,本无偏邪,而兼金忽錫,亦殊危厲,然无咎也,以其柔而居中,得《噬嗑》之當,故噬之而有意外之獲焉。《象》言"不當位",謂非正位也,此言"當位",謂其當中也。漢韓嫣以黄金丸彈雀,時人語曰"若饑寒,逐金丸",是肉中亦有黄金事。然《易》象本虚設以待天下之无窮,不必株求也。

上九:何校滅耳,凶。《象》曰:"何校滅耳",聰不明也。

上九一陽横亘於上,亦象校而坎耳在下,則荷校而滅其耳矣。耳本主聰,而今聽之不明矣。屨校无咎,何校？即凶者初起可悛,終成難挽也。何、荷通。噬嗑者,斷物也。初九斷之於始,以遏其萌,六二乘剛而斷,乃易爲力,六三位不當,則斷物而遇毒,九四未光,則斷物而遇警,六五柔得中而上行,正有斷物之德位者也,而亦貞厲,至於上九,又嚴之於終,以懲其成焉。斷物之非漫然也。祛欲之學,除奸之政,尚其力諸?

䷕離下艮上

《賁》:亨。小利有攸往。

《彖》曰:《賁》亨,柔來而文剛,故"亨"。分剛上而文柔,故"小利有攸往",天文也,文明以止,人文也。觀乎天文以察時變,觀乎人文以化成天下。

賁者，飾也，鄭康成、王肅皆曰“黄白色”也，而以本卦乾坤互易觀之，上卦坤之上柔來居，下卦乾中爲離，文飾剛道，嘉美亨通，故亨。分下卦乾之中一畫，上而居坤之上爲艮，以上飾柔道，故柔者小也，亦利有攸往。物相雜謂之文，陰陽交錯，此天道自然之文也。人法離之明、艮之止，文明以止，則三千三百不踰其則，所謂節文是也，人文也。是以君子觀乎天文，則時變可察，而敬授人，時之法立矣，觀乎人文，則安上治民莫過於禮，而化成天下矣。賁之所關爲何如者？

朱子《本義》謂卦一變自《既濟》來，夫《既濟》剛柔之分甚矣，又何以分剛而文柔乎？若李挺之《卦變反對圖》謂爲坤卦而下生三陽，夫三陰三陽之卦，如《豐》《賁》《既》《未濟》等，安分乾坤？况與《彖辭》不合，《彖》曰“柔來而文剛”，明指下卦爲乾剛，明指二之一柔分剛上而文柔，明指上卦爲坤柔，明指上之一剛，今曰坤卦而生三陽，則《彖辭》何以解？

《象》曰：山下有火，《賁》。君子以明庶政，无敢折獄。

賁，文也，黻黼文章曲折畢析以明庶政，固其所也，然用之折獄，則虞流於刻覈緣飾矣，故後世言刻深者曰深文、鍛鍊者曰文致、法曰文網、弄法曰舞文，《訂詁》。皆此意也，无敢也。

初九：賁其趾，舍車而徒。《象》曰：“舍車而徒”，義弗乘也。

二柔來文初三之剛，初可受其賁矣，而初九以剛居下，性安孤介，以爲在下爲趾，居民位，當徒行，惟自賁其趾，是步是趨，雖應有坎車而弗乘焉，此豈矜屨綳之華，忘安輿之適哉？義固然也。《仲氏易》。

六二：賁其須。《象》曰：“賁其須”，與上興也。

侯果曰：“自三至六有頤象，二在頤下，須之象，在頤曰須，在口曰髭，在頰曰髯。上无其應而三亦无應，故上承於三，與之相比，而賁其須焉。雖俱无應，可相與而興起也。”上，下卦之上也。

九三：賁如濡如，永貞吉。《象》曰：“永貞”之“吉”，終莫之陵也。

九三爲二所賁而又處六四之下，陰陽相錯，賁如也。且坎水潤之，其賁也，文采鮮澤，濡如也。《詩》云："六轡如濡。"然濡不可過，《既》《未濟》之"濡首"、"濡尾"，皆濡而過也。受物之飾，恐爲物溺，《訂詁》。惟永其貞則吉矣，亦何得陵之哉！

六四：賁如皤如，白馬翰如，匪寇，婚媾。《象》曰："六四"，當位疑也。"匪寇婚媾"，終无尤也。

六四得上九之文，亦賁如也。賁爲黄白色，而變巽，獨爲白色，則又皤如，而乃下之九三爲互震主，震爲馬，馵足爲的顙，白馬也，則翰如。鄭康成曰："翰，白也。白曰翰。"夫四與三同道，陰陽、爻位、剛柔相當，則翰如來迎皤如，於歸亦將有之。然而疑也，正應在初，似不可失，特是初九高義勿乘，而三之翰如非寇而興戎也，坎爲寇。《檀弓》："戎事乘翰。"男先於女，陽爻爲男，陰爻爲女。同歸賁如，實婚媾也，則雖似有尤而終何尤焉？九三在四陰之下而同賁，似有陵者，而永貞則終莫之陵。六四比於三陽之上而同賁，似有尤者，而婚媾則終无尤。

六五：賁於丘園，束帛戔戔，吝，終吉。《象》曰："六五"之吉，有喜也。

艮山之半爲邱，果蓏爲園，艮为果蓏。處士所居也，而忽有加以文采者，坤为帛，艮本坤卦。而變巽之繩束之，戔戔来聘，虞仲翔曰："巽爲帛，以艮手斷巽，故戔戔，則戔戔者，斷帛而束之之貌也。"《说文》訓戔爲賊意，亦同。张衡《東京賦》所謂"聘邱園之耿介，旅束帛之戔戔"是也。六五於此，如伊尹之初聘囂囂，三聘幡然，則其初不无吝惜不行之意，陰爲吝嗇，然无此一吝，有辱邱園矣。向俱誤解。然而弓旌到門，究亦可喜，吉矣。

上九：白賁，无咎。《象》曰："白賁无咎"，上得志也。

賁本黑黄白雜色，孔子言也。見《吕覽》《家語》。至上九則賁極返淳而純然一白矣。《雜卦》曰："賁，无色也。"文本於質以化成天下，所謂分剛上而文柔者，如此，何咎之有？大離有志象。

柔來而文剛，則剛不妄動而亨，故初舍車，三永貞，剛上文柔則柔能攸往而利，故四婚媾，五有喜。

初以文自治者也，二會友以文者也，三文有光澤，四文得配耦，五文遠賁，六文返質而賁成矣。

䷖坤下艮上

《剥》:不利有攸往。

《彖》曰:《剥》,剥也。柔變剛也。"不利有攸往",小人長也。順而止之,觀象也。君子尙消息盈虚,天行也。

五陰進而剥陽,欲使陽亦變陰,陽尙安往? 惟觀玩卦象,法坤之順、艮之止,順而止之,勿激怒小人而緩止其勢可也。豈惟人道,抑亦天行有消有息,有盈有虚,造化固然。今陽之消而陰虚,之息而盈,獨非天行耶? 然消者安必不息,盈者安必不虚,不亦有天行耶? 君子亦尙此道,以順之而已。

《象》曰:山附於地,《剥》。上以厚下安宅。

剥象上削山尖峻,故有削剥之象。而下厚,坤土廣厚。山之所以安也。葢卦之凶者,別取其吉以爲義,觀此與《明夷》可見矣。人君无用陰剥陽之理,則當自剥以厚下,君子无用闇傷明之事,則當自晦以莅衆也。

艮體一陽上覆,宅舍象也,即上九之象廬也,下有三坤,土愈厚則宅愈安矣。

初六:剥牀以足,蔑貞凶。《象》曰:"剥牀以足",以滅下也。

一陽横亘於上,有似乎牀。初六之陰尙在牀下而欲剥之,則剥以足矣。夫陰邪陽正,剥牀之下即剥正也,剥正則凶,《廣韻》曰:"剥,削也。"王弼曰:"蔑猶削也。"荀《九家易》本"蔑"即作"滅"。凶者,陰陽俱凶,災也。

六二:剥牀以辨,蔑貞凶。《象》曰:"剥牀以辨",未有與也。

足上稱辨,謂近膝之下,屈則相近,伸則相遠,有分辨也。康成説。而牀梐在笫足之間,亦謂之辨。崔憬説。六二進於初,則剥牀以辨矣。夫二爲五應,與也,今五陽已剥,則二无陽之與矣,不與陽而與剥陽者類,是亦滅陽者矣,其凶也,視之初可耳。"與"即《艮》卦"不相輿也”之“輿”。

六三：剥之，无咎。《象》曰：“剥之无咎”，失上下也。

《仲氏易》曰：“三則有與矣，第其所與者則即其所剥者。夫祇此區區一陽，下爲我應，而尚忍剥之？然而與者，三所獨，剥者，衆所同也，衆皆欲剥，我何獨不剥，則亦曰剥之而已。初不言其所剥者何物也，牀也，廬也，且不言我之所以剥之者何所以也，以足也，以辨也，以膚也，一若爲衆所持而陰應之而陽棄之者。”夫如是，則何咎矣？上下四陰皆以獨，有與而失之，此即《坤》之以“喪朋”爲“安貞”也。

六四：剥牀以膚，凶。《象》曰：“剥牀以膚”，切近災也。

牀之有薦席，猶獸之有皮毛也，崔憬説。故謂之膚。剥牀以此，則逼乎上矣，不切近哉，凶也。

六五：貫魚以宫人寵，无不利。《象》曰：“以宫人寵”，終无尤也。

六五亦陰而不剥矣。六五得中。但見五陰排連，駢頭而進，有似乎貫魚者。然夫魚本陰類，乃以艮手牽變巽之繩而貫之，將何以哉？魚，陰類，宫人亦陰類，而上下一貫，一若后以夫人、嬪婦、御妻以次當之，如貫魚之有序者，葢以宫人寵矣。夫以天行言，群陰即欲盡剥陽剛，而時有未可，能不趑趄？故止蔑爲寵。以人事言，一陽雖孤，而高峙於上，陰類中有智計者率倡其衆以承其寵，未嘗不利，此正陰之猶可止而陽當順而止之者也，故曰“終无咎”。

上九：碩果不食，君子得輿，小人剥廬。《象》曰：“君子得輿”，民所載也。“小人剥廬”，終不可用也。

此一陽也，必致於剥而時尚未剥，則於此有危微之幾焉。試觀艮之果蓏至剛而碩，碩，大也，實也。祇此碩果懸之於衆陰之上，而群欲食之而不能食，可謂幸矣。然而禍福得失之數皆藴於此傁假，君子居此，則以坤爲大輿，而我乘其上而得之，小人際此，則以艮爲門闕，而我居其下而必欲剥之。《仲氏易》。夫得輿則厚下安宅，坤衆載之，上下俱利，若小人剥廬,其術安可用耶?始以爲廬据己上,惟恐不剥,而不知陽廬一摧,變偶則剥穿矣。己將安芘?茫茫宇宙,容身无所,陰詭之術,尚安用哉?故於剥之初而即斷其凶也。

䷗震下坤上

《復》:亨。出入无疾。朋來无咎。反復其道,七日來復。利有攸往。

《彖》曰:《復》"亨"。剛反動而以順行。漢、魏以"剛反"至"順行"七字句。是以"出入无疾,朋來无咎"。"反復其道,七日來復",天行也。"利有攸往",剛長也。《復》,其見天地之心乎。

復則亨矣,以反易觀之,乾陽窮剥於艮之上而反生於震之下,下爲震行,上爲坤順,是反動而以順行也,則陽自出而入,出即往,入即來。復於无疾,王弼曰:"疾即病也,復生故无疾。"雖坤朋尚來,同類爲朋,《坤》"西南得朋"是也。初自内視之,故曰來。而順以行之則无咎。夫一陰一陽,道也,今陽反而復,於道,自《剥》盡爲《坤》,《剥》,上一爻歷坤六爻,共得七爻,一爻當一日,七日而來復,按:七日有以月言者,謂自五月《姤》一陰生,至十一月冬至一陽生,共七月,爲七日。然《序卦傳》明曰"《剥》窮上反下,故受之以《復》",則反動自《剥》爻論得七,非從《姤》卦論也。至以分卦直日法解七日,緯文穿鑿,更不足信。天行消息,盈虚之自然也,然則與《剥》反觀,《剥》順而止,此順而行矣。《剥》,小人長;此,剛長矣。小人長,故不利攸往;剛長,故利有攸往矣。夫復者,反動,即反生也。生生之謂易,六十四卦皆生也。天地之大德曰生,天心衹一生也,而可見者莫過於一陽之初生,无往不復,有斷必續,爲物不貳,乾知大始,《復》,不其見天地之心乎?七日來復,天道也。即以一歲觀之,季秋後剥陽殆盡,木落地,冰中歷六候,陽氣伏藏,而後冬至一陽生,諸生蕩蕩,動也,即復也,故芸始生荔,挺出七候,即七日矣。朱子《卦變圖》《復》《剥》《臨》《觀》等互相往來,《仲氏易》謂其"雜亂也",宗朱升《十辟卦變圖》以《復》《剥》等十辟卦爲聚卦,衹可易爲他卦,不受他卦易,謂十卦《彖》《傳》内并无"剛柔""往來"諸辭可証。然《復》卦明曰"七日來復"、"剛反",何嘗无"剛柔""往來"辭耶?則聚卦與易分卦受易之説,不必泥矣。

《象》曰:雷在地中,《復》。先王以至日閉關,商旅不行,后不省方。

雷在地中,陽微而未發,宜安静以養之。伊川説。"至日",震一陽象。

初九:不遠復,无祇悔,元吉。《象》曰:"不遠"之"復",以修身也。

七日而來復,是不遠之復也。祇,但也,悔者變之機,今已變而復於陽矣,豈但悔哉?顔子有不善,未嘗不知,是悔也。知之未嘗復行,是不遠復也。未嘗復行則不但知而悔矣,以之修身,大吉之道也。《玩辭》曰:"悔與復不同,復則改之,不但悔也,祇能悔而不能改,不足與言復矣。"《坎》之"祇既平""祇"義同此。

六二:休復,吉。《象》曰:"休復"之"吉",以下仁也。

不遠之復,即克己復禮也,即以復天地生物之心也,所謂仁也。六二比於初而托庇之,則下附於仁而休乎復矣,豈不吉哉?《説文》:"人依木旁曰休。"

六三:頻復,厲,无咎。《象》曰:"頻復"之"厲",義"无咎"也。

《仲氏易》曰:"頻者,連也。三與初復相連,同爲一體,陽既漸進,則他日自連類而進,而此時未能也。時既未能,則三位多凶而震終成,恐於此不能无惕厲之事。然帝出乎震,卦值冬春之交,陽氣見地,正行陽令者震動恪恭之際也,其厲,義也,何咎焉?"舊解"頻復"爲"忽得忽失",則此爻忽復忽剥矣,有此象乎?

六四:中行獨復。《象》曰:"中行獨復",以從道也。

四與初相應,初之不遠復,仁也,即道也。《仲氏易》曰:"《復》之四,《剥》之三也,《復》之四應初,《剥》之三應上也,故五陰上下各二而四居其中,謂之中行,胡雲峯説同。猶《剥》之五陰上下各二而三居其中,謂之失上下也,獨此時四固非復,而嗣此而復則又將不止於四,而曰獨復者,吾敢言復哉? 吾獨有一復道者《象》曰:"反,復其道。"與我爲應,而我與之爲從也。

六五:敦復无悔。《象》曰:"敦復无悔",中以自考也。

敦者,遲鈍也。五與初相隔四爻,嗣復至此亦敦矣,然而无悔者,五居中位,徐徐省察以求其合也。向秀曰:"考,察也。"自考,即"視履考祥"之考,考其善不善也。舊注"敦復"作至誠无僞解,則元吉矣,豈但无悔哉?且每爻皆謂陽爻已復,則二即《臨》、三即《泰》、四即《大壯》、五即《夬》,未有此象也。

上六:迷復,凶,有災眚。用行師,終有大敗,以其國君凶,至於十年不克征。《象》曰:"迷復"之"凶",反君道也。

上處坤極爲迷,與初之一陽渺不相涉,是迷於復之道矣。乾爲君,坤迷則盡反乎君道矣。上卦坎位純爻,則見今以純卦加坎位之上而坎之災眚无不畢發,坎之寇盜、弓輪无不畢出,是以行師之衆而值坤先之迷,不大敗乎?《仲氏易》。見坤國而不見乾君,非以其國君凶乎?雖至十年,猶坤陰之數也,焉克征哉?

䷘震下乾上

《无妄》:元亨利貞。其匪正有眚,不利有攸往。

《彖》曰:剛自外來而爲主於内,動而健,剛中而應。大"亨"以正,天之命也。"其匪正有眚,不利有攸往",无妄之往何之矣?天命不佑,行矣哉!

卦與《大畜》反易。《大畜》上卦之艮剛自外來,居下卦爲震之主於内,則居者剛健,下震動而上乾健,則行者剛健。九五剛中,二以柔中應之,則剛健有與大通而以正天之命人者,固知此也。若其不卦,如卦之上九者,則證父攘羊者也,乃恃其无妄而撊然直往,往將何之?上卦坎位爲多眚,必有之矣。天命不助,雖欲行,行乎哉?《魯論》曰"君子貞而不諒",蓋鑒此也。

《象》曰:天下雷行,物與胡旦、王巖、焦竑、何楷皆以此句。无妄。先王以茂對[①]時育萬物。

與,從也,應也。天下雷聲震行,物莫不震起而應之,一无詐妄者也。茂,盛也。對時者,如"春犧牲勿用牝"、"夏勿伐大木"之類。茂對時者,對時之政畢舉也,所以育萬物也,是法天下之雷行物與也。

---

① 文淵閣本漏此"對"字,據文津閣本及《十三經注疏》本補。

初九：无妄往，吉。《象》曰："无妄"之"往"，得志也。

初九即《彖傳》之所謂"剛自外來而爲主於内"者，剛爻居剛位以正者也，於此震動而往，得其志矣。此《无妄》之最吉者。

六二：不耕，穫，不菑，畬，則利有攸往。《象》曰："不耕穫"，未富也。

有益爲耒耜，虞氏説以"下卦震，三五互卦巽爲益"。震爲稼。田一歲治爲菑，三歲治爲畬，但互艮爲止將有過，恃其中正以爲无妄者，曰"吾命弗餒，自有秋穫，何事作爲"，不知人事既亡，天佑安至？不耕不穫，坐致虚耗，陰爻陰位，故未富。豈无妄而大亨者哉？則必急爲震之攸往而後利耳。《坊記》"子曰：'不耕穫，不菑畬，凶'"，可謂此証。

六三：无妄之災，或繫之牛，行人之得，邑人之災。《象》曰：行人得牛，邑人災也。

震本坤卦，爲牛，爲國邑。中二爻人位，或以艮手牽巽繩而繫之牛，此於邑人未嘗有害也，而无如行人之得之也。震爲動，爲大塗，行人象。而或者尋覓無所，曰"吾向固繫之邑也"，繫之邑則求之邑，於是捕詰之煩紛然而至矣。夫邑人安居，自謂與人无患，與世无爭，何嘗有妄，而横被災禍，天下之李代桃僵者豈少哉？六三處人位而微下，故致如此。

九四：可貞。无咎。《象》曰："可貞无咎"，固有之也。

九四以陽居陰，位亦非正，然有乾剛之德，則可貞而无咎矣，何者？四與初敵應，初之剛自外來，四之剛其固有也。

九五：无妄之疾，勿藥有喜。《象》曰："无妄"之"藥"，不可試也。

九五居坎位，坎爲疾，偶爾違和，亦所時有，但天下惟虚則邪，輳之重煩藥餌，虞氏曰："巽木艮石爲藥。"若九五陽剛得位，即有疾，乃无妄之疾也，陽剛則中實，疾不能入，得位則善攝，疾將自瘳，勿藥而有喜矣。若輕以藥試之，則无病服藥，藥即爲疾，乃以妄治不妄也，豈可哉？

上九：无妄行，有眚，无攸利。《象》曰："无妄"之"行"，窮之災也。

上九所處不正，陽亢而窮，乃下應震足，謂"我本无妄，何不可行"，則《象》之所謂"有眚，不利攸往"即此已，故《雜卦》曰"《无妄》，災也"，後儒以无妄爲極品，而聖人乃曰"匪正有眚，无妄何之"。六爻惟初九吉，九四无咎，六二則无妄而不富，六三則无妄而致災，九五則无妄而有疾，上九則无妄而有眚，是无妄固有道矣。宋明儒者，如司馬君實變新法而過，朱晦庵門人欲殺陳同甫，明之東林黨人偏而激亢，以致禍及家國，孔子所謂"无妄，災也"，不亦驗哉？

☶乾下艮上

《大畜》：利貞。不家食吉。利涉大川。

《彖》曰：《大畜》，剛健篤實，輝光日新。其德剛上而尚賢，能止健，大正也，"不家食吉"，養賢也，"利涉大川"，應乎天也。

大畜者，大爲小所畜也。天下之大者，莫大於乾，乃以三乾藏艮山之内，乾欲行而艮止之，則艮雖有陽而亦總畜之艮止之間，一若以兩陰而畜四陽者，則大畜矣。《仲氏易》。大畜而不利於大正乎？乃以卦觀之，乾有剛健之德焉，艮有篤實之德焉，《虞氏易》。以山之材而照之以天光，《左傳》。乾艮有輝光之德焉，又内卦離位，爻純則見，而三至上爲大離，則其德復日新而不已，况卦乾剛一畫高居上九，陽剛君子爲賢，是尚乎賢也，故卦艮止能止健，不使剛鋭而躁、剛過而折，是大正也。將見畜止者，且通爲畜養，互兑爲口，艮爲宫闕，李鼎祚①説。養賢廟廊，不徒家食，吉矣。雖兑爲大川，而四五中空，舟象，九三攸往而荷天衢，是應乎天矣，涉之有何弗利？

《象》曰：天在山中，《大畜》。君子以多識前言往行，以畜其德。

天爲積氣而山磅礴蔽虧，四畔環合，若將藴天其中而有之者，大畜象也。《訂詁》。

初九：有厲，利已。《象》曰："有厲利已"，不犯災也。

① 祚，文淵閣本作"祥"，據文津閣本改。

初九與六四應，初陽欲進而四止之，是厲也，往必有災，大離伏大坎爲災。則不如已之爲利矣。

九二：輿説輹。《象》曰："輿説輹"，中无尤也。

變坎爲輪，有輿象，互兑毁折，則脱其輹矣，説、脱通。是爲六五所畜止而安於中也，中又何尤？按：輹者，車之鈎心夾軸之物，盧氏説。不行故脱之，與《小畜》"脱輻"不同，脱輻則車毁，脱輹但且不行而已。

九三：良馬逐，利艱貞，曰閑輿衛，利有攸往。《象》曰："利有攸往"，上合志也。

九三爲下卦之終，畜之至而值震行，將以乾之良馬而追逐乎，而尚勿驟也，必利艱其心意，貞其作爲，曰"此馬所駕之輿，所防之衛，其閑之哉，閑之哉"，夫如是，三與上皆陽皆賢，中外合志，利有攸往矣。按：震爲警衛，虞氏説。《考工記》"車有六等之數：戈也，人也，殳也，戟也，矛也，軫也"，皆衛名。趙汝楳曰："他卦陰陽應爲得，此則爲畜。他卦陰陽敵爲不胥與，此則爲合。"

六四：童牛之牿，元吉。《象》曰：六四"元吉"，有喜也。

六四，畜初者也，初爲童。《易雅》。下卦離位爲牛，是童牛也。童牛之角何觸？而六四即以艮之堅木爲楅而横施其首焉，是止之於豫者也，大吉之道也，可喜甚矣。侯果曰："牿，楅也。兑有喜象。"

六五：豶豕之牙，吉。《象》曰：六五之"吉"，有慶也。

《説文》："豶豕，劇豕，去勢之豕也。"六五與九二應，變坎爲豕，以陽居陰，變則奪其陽，爲豶豕。豕躁多突。豶，豕性亦和矣，不牙何傷？而六五必加以牙焉，陸農師："《埤雅》云：牙，杙也。海岱之間以杙繫豕，曰'牙賦'，曰'置牙'，擺牲是也。艮，堅木，牙象。"所謂无故而不敢忽者，有慶之道也。

上九：何天之衢，亨。《象》曰："何天之衢"，道大行也。

畜極而大，通矣。《彖》之所謂"不家食"而"利涉川"、《象傳》所謂"尚賢"、九三所謂"閑輿衛而上合志"，皆其時也。《仲氏易》。夫艮爲路，上爲天位，是天衢也。天衢者，天道也。上九之賢，毅然以身荷之，登天闕而開艮路，豈非吾道大行之會哉？

《大畜》義與《小畜》相反，小人之柔似易制而實陰藏其奸，故卦多危辭，君子之剛似難馴而實樂循於道，故卦多喜辭，所以爲持世御物訓也。爻與《无妄》相反，《无妄》恃健而進，易至於災，故卦戒其攸往，《大畜》剛而能止，則得其時，《雜卦》曰："《大畜》，時也。"故爻慶其大行，所以爲檢身養心訓也。

䷚震下艮上

《頤》：貞吉。觀頤，自求口實。

鄭康成曰："頤，口車之名。"《正字通》曰："一曰輔車，一曰牙車，一曰頷車，兩頰曰輔。"《仲氏易》曰："初九象下車，上九象上車。"《緝聞》曰："中四陰，齒象。"震動於下，艮止於上，口車動而止，嚼物以養人，故謂之《頤》。頤，養也。項安世曰："《頤》上止下動，故象頤。《小過》上動下止，故象杵臼。"

《彖》曰：《頤》"貞吉"，養正則吉也。"觀頤"，觀其所養也。"自求口實"，觀其自養也。天地養萬物，聖人養賢以及萬民，《頤》之時大矣哉！

頤養必以正乃吉，故《頤》象《噬嗑》而中虛无物，物即口中之實。任其自取，惟觀其所養之得失，觀其自求口實之得失，而正不正可見矣。且以所養推之，天地所養者，萬物也，聖人所養者，由賢以及萬民也，清寧化育，神聖經綸，《頤》之時豈不大哉？口食不但膏粱，即功名富貴也。翟玄曰："天上地初也，萬物象陰也。"虞翻曰："艮爲賢，坤陰爲民。"

《象》曰：山下有雷，《頤》。君子以慎言語，節飲食。

山止於上而下有雷動，頤口之象也。言語口出，飲食口入，故君子以慎與節養之。

初九：舍爾靈龜，觀我朵頤，凶。《象》曰："觀我朵頤"，亦不足貴也。

卦象大離，爲龜，而初又早具離明之照，是靈龜也。《仲氏易》。靈龜宜自珍矣，乃震動求食，舍爾靈龜爾指初。而觀上九之頤，從上垂下朵朵然者，《説文》："朵，樹木垂朵朵也。"則輕内重外，將淪卑賤，雖陽本貴，亦何足貴哉？此處士貪卑，如有明陳繼儒之流是也。《玩辭》曰："上九爲卦之主，故稱我。"

六二：顛頤拂經於邱，頤征凶。《象》曰：六二"征凶"，行失類也。

乾爲首，初九乾爻在六二下，《漢上》説。而六二仰首舉頤而向上，有似乎倒其頤者然，顛，倒也。且仰首而經癢，《仲氏易》曰："近頤之口，下通於吭，所謂經也。"《莊子》"緣督爲經，熊經鳥伸"是也。《漢書》以經死爲絶吭，正以經即吭也。又若有抑騷之者然，朱升曰："摩拂即抑騷也。"於以望食，於上九之邱頤，上處高，又艮爲邱，故曰"邱頤"。則初之於上觀之，而此幾以身赴之矣。上既非其比，又非其應，失其類矣，不亦凶乎？此居下位而援上者，以居震中，故徑往而行。

六三：拂頤，征凶，十年勿用，无攸利。《象》曰："十年勿用"，道大悖也。

六二猶但拂經也，六三則震動之極，且若拂其頤矣，所謂"道逢麯車，口流涎"者也，則於養正之道愈大悖矣，雖與上爲正應，而卑惡躁醜，必爲上所棄，即至坤數之盡，爲十年猶勿用焉，凶其甚矣，又何利哉？

六四：顛頤，吉。虎視眈眈，其欲逐逐，无咎。《象》曰："顛頤"之"吉"，上施光也。

六四與初相應，初乾爻爲首，亦仰首舉頤而向上，地四爻，上卦地位。承乎天，求立功也，非苟食也，吉矣。艮象爲虎，眈眈然視近而志遠，《説文》："眈眈，視近志遠也。"其羨弱攻昧之欲逐而又逐，即逐鹿之逐。固无過者，功成受禄，上九自發大離之光而恩施榮耀矣。上而太公，下而耿弇似之。

六五：拂經，居貞吉，不可涉大川。《象》曰："居貞"之"吉"，順以從上也。

六五居中而柔不當位，亦有求口食而拂經之象焉。而仰承上九，不敢縱逸，以順爲正，固可迪吉，惟是才弱德小，若欲爲坎川之涉，則不可耳，此裴寂之流也。

上九：由頤，厲，吉。利涉大川。《象》曰："由頤利吉"，大有慶也。

"由頤"同"由豫"，諸爻由之而養也。上九爲一卦主，是下之觀頤、顛頤、拂頤、拂經者皆由我而養之也，兼收并蓄，能无危惕？然乾健知險，即大川浩淼，无不利涉，大有慶矣，其漢唐之帝王乎？卦中空，有舟象，口容不宜動，宜止，故震三爻皆凶、艮三爻皆吉。

☱☴巽下兑上

《大過》：棟橈，利有攸往，亨。

《彖》曰：《大過》，大者過也。"棟橈"，本末弱也。剛過而中，巽而説，行。"利有攸往"，乃"亨"。《大過》之時大矣哉！

卦義與《小過》對者也。四陰環聚則《小過》，四陽①中强則《大過》。大者之過，觀其象矣，兩巽相背爲木，合爲大坎，爲宫，爲棟，棟，《來注》謂"梁上屋脊之木，所以承椽瓦者也"，《説文》謂之"極"，《爾雅》謂之"桴"，其義皆訓中也。而兩兑亦相背，《周易》皆反易，獨《乾》《坤》《坎》《離》《頤》《大過》《中孚》《小過》八卦不然，而《頤》《大過》《中孚》《小過》又内外兩卦自相反易。初上皆柔，木中雖剛而本末弱矣。兑爲毁折，坎爲陷，爲矯輮，棟不且橈乎？蓋四剛大過則兩柔不堪，坐致橈敗，勢所必然。所可挽回者，剛過而尚居於中，二五爲中，三四亦稱中爻。又巽入而兑悦以行，以此往，而過而不過，乃可亨耳。然則《大過》之時，所關何如，而濟之者當何如，不大矣哉？司馬光曰："《大過》可濟之以柔，不可助之以剛，故剛之四爻皆以居陰爲吉，不以得位爲美。"按：卦"元亨利貞"、"利有攸往"等辭，有見在之辭，有期望之辭，有相需之辭，如此，利有攸往乃亨，則亨視攸往也。

《象》曰：澤滅木，《大過》。君子以獨立不懼，遯世无悶。

澤以滋木，今澤在上而反滅木，大過之象也。天下滔滔而誰以易之，如伊尹之躬耕，固"獨立不懼，遯世无悶"也。即仲尼之周流，亦"獨立不懼，遯世无悶"也，卓立風波以濟大過者也。《玩辭》曰："獨立不懼，木之植。遯世无悶，澤之悦。"

---

① 陽，文淵閣本作"陰"，據文津閣本改。

初六：藉用白茅，无咎。《象》曰："藉用白茅"，柔在下也。

初柔在下，弱而卑矣，然大過之時，正當以卑巽出之，苟其柔如茅，其潔如白茅，巽爲白茅。爲藉以承嗣，藉，薦也。可以无咎。《士虞禮》："苴，利茅，長五寸，束之。"《鄭注》云："苴，所以藉祭也。"

九二：枯楊生稊，老夫得其女妻，无不利。《象》曰："老夫""女妻"，過以相與也。

九二，大過之始矣，而幸居巽中，則三四爲棟，而二尚楊也。《仲氏易》。蓋全卦有棟象，而棟者中也，故又獨取中二爻，巽爲楊，澤木也，故二居巽中，五居澤中，皆爲楊。楊將爲棟則楊已枯矣，而尚爲楊則稊猶可生矣。稊，康成本作"荑"，云木更生爲荑，蓋楊枯則稚生，諺所謂"一楊死，而百楊生"也。且乾爲人，爲父，老夫也，而下乘初六，巽爲長女，夫老夫而得女，不亦過乎？然惟過以相與，則女也而爲吾妻矣。身雖老而妻幼，不猶有生育之功乎？《漢上》説。无不利矣。

九三：棟橈，凶。《象》曰："棟橈"之"凶"，不可以有輔也。

九三以剛居剛，方以爲盛威勢而誰何，然而千鈞中壓，初弱難支，即欲輔之，而其愎悍不可輔也。《象》曰"棟橈"，正此爻矣。

九四：棟隆，吉。有他，吝。《象》曰："棟隆"之"吉"，不撓乎下也。

九四以陽居陰，大過而不恃其過，則棟隆然高起，不致重壓而撓矣，何者？九三居下卦之上，上强下弱，故不可以有輔而棟橈，九四居上卦之下，上弱下强，故不撓於下而棟隆矣。《來注》。然居大坎之中，疵厲將乘，亦有他吝，《大傳》："吝，小疵也。"但无大傷耳。《象》觀六爻全卦，故以本末弱而見中之棟橈，《象》分觀上下兩卦，故各分上下，有棟有隆。

九五：枯楊生華，老婦得其士夫，无咎无譽。《象》曰："枯楊生華"，何可久也。"老婦""士夫"，亦可醜也。

九五者，棟之餘也，亦枯楊矣。枯楊而有生意於下爲生稊，則枯楊而有生意於上爲生華，然稊再生可活，而華一發必敗，何可久哉！且陽剛居尊，儼一士夫，而上以兑之少女据諸陽之上，居垂暮之地，竟成老婦。今六下乘五，是士夫爲老婦所得矣。夫禮重從一而法不禁再嫁，夫婦居室，亦何咎？然又何譽？《白頭吟》成，實可醜耳。以將敗之榮膴，被庸碌之薦紳，渺无重輕，但有醜狀，其象如此。

上六：過涉滅頂，凶。无咎。《象》曰："過涉"之"凶"，不可咎也。

上六則末之弱者也。弱居於始，尚可遜承，弱居於末，何克力救？兑爲澤，大坎爲水，頽波湧至，即有志拯濟而過涉不能，已滅其頂。嗟乎！凶矣。然豈其咎哉！可憫也。卦上下反對，故初之與上、二之與五、三之與四，其辭皆相對而反也。

初六，明馬后之事高皇也；九二，天順之任李賢、王翺也；九三，祖龍之亡也；九四，成、康之盛也；九五，孔光、胡廣之流也；上六，龍逢、比干之死也。

☵坎下坎上

習坎：有孚維心，亨。行有尚。

《彖》曰："習坎"，重險也。水流而不盈。行險而不失其信。"維心亨"，乃以剛中也。"行有尚"，往有功也。天險，不可升也。地險，山川邱陵也。王公設險以守其國，險之時用大矣哉！

坎，水也。重坎習，重也。則上下皆水而險見焉。兩岸土夾兩陰畫爲坤土。而二五中剛通行其間，坎爲通。流而不息，未嘗盈聚。山夾谷瀉爲陷，爲險，而浩然行之，就下流濕，未嘗失信，是有孚也，是維心亨也，坎中爻象心。維，語助辭。是往而出險，有功也。坎之尚行有固然者，而至廣徵其險，天險則不可升，地險則山川邱陵。王公法之，則重重設險以守其國，險之時，三才皆用之，亦大矣哉！五上天位，有不可升象，初二地位，互艮爲山，有邱陵象。艮爲止，又守象。

《象》曰：水洊至，習坎。君子以常德行，習教事。

洊，《爾雅》曰"再也"，劉氏曰"仍也"。《周禮》六德：智、仁、聖、義、忠、和也；六行：孝、友、睦、婣、任、卹也；所教之事，禮、樂、射、御、書、數之六藝也。君子法坎，水之頻至，故常之習之。

初六：習坎，入於坎窞，凶。《象》曰："習坎"入"坎"，失道"凶"也。

初在重坎之下，是習坎也，乃入於坎之窞焉，是失尙行之道矣，故凶。窞，坎中小穴，旁入者也。蓋坎象，水陷土中，而分爻觀之，中剛健直，尙可設險，兩岸陰土穴穿，反見險陷，故初與三皆有坎窞象。

九二：坎有險，求小得。《象》曰："求小得"，未出中也。

九二正在險内，似无得者，然求之則有小得矣，是何者？以其未出中道也。二中位陽，實有得象。

六三：來之坎坎，險且枕，入於坎窞，勿用。《象》曰："來之坎坎"，終无功也。

居下坎之終，而上卦之坎又來之，是來之坎坎也，誠險矣，姑且安枕待之。《來注》："震木亘於内而艮止不動，枕象。"雖則无功，不至於凶。坎窞在上，故視初六之凶，辭有差也。若亦入於坎窞也，何用乎？

六四：樽酒簋貳，用缶，納約自牖，終无咎。《象》曰："樽酒簋貳"，剛柔際也。

六四則脱下坎而但有上坎矣。當險陷之時，陰處陰位，以簡約爲敬，故樽酒而副以簋，擊缶烏烏，於以納之牖下。牖在室户之西而近於奥，《詩》云"於以奠之，宗室牖下"是也。自牖，由牖也，即從牖處陳設也。舊説不由户而由牖入，大可异。以仰接乎五，五剛正欲出險而得四之來附，其禮雖薄，其情孔諧，終又何咎？互艮堅木，可爲樽，坎爲酒，震竹可爲簋。簋，盛黍稷器。貳，副也。《虞氏易》曰："震爲仰。"缶，《風俗通》曰"缶，瓦器，可以節樂"。

九五：坎不盈，祗既平，无咎。《象》曰："坎不盈"，中未大也。

九五剛中出險之材也，而上六一陰，斷岸巋然，則坎水未至於盈也，但既平耳。夫不盈則中尙未大，何以能行？然既平則盈將不遠，可以得出，故曰"无咎"。按：《象》之不盈以流則不盈也，爻之不盈爲坎尙未盈也。《玩辭》。蓋兑，止水也，坎，流水也，故美其不盈而有坎科，又必盈而後行，故欲其盈。

上六：繫用徽纆，寘於叢棘，三歲不得，凶。《象》曰："上六"失道，"凶""三歲"也。

若天上則爻盡可以出險矣，无奈上六陰柔居於陽外，又爻變之渙，與下不接，則失有孚尚行之道矣，雖曰彼岸可登，顧不有叢棘在乎？坎爲叢棘，以變巽之繩爲徽爲纆，繫而寘之其中，即歷上卦之三爻爲三歲而未必得脱，豈不凶哉？劉表曰"三股爲徽，兩股爲纆"，皆索名。

朱楓林有《六子卦變圖》，夫六十四卦除八純卦及《否》、《泰》二卦外，餘皆六子與父母因重及六子自相因重所成也，卦象顯然，渠乃以《小過》之艮下震上者謂"自坎變，二與四易，三與五易"解之，坎下震上者謂"自艮變，三與四易，上與二易"，則長男反從中男變長男，中男反從少男變，女亦然，所謂无理衹取鬧也。

䷝離下離上

《離》：利貞。亨。畜牝牛吉。

《彖》曰：《離》，麗也。日月麗乎天，百谷草木麗乎土。重明以麗乎正，乃化成天下。柔麗乎中正，故"亨"，是以"畜牝牛吉"也。

離，麗也。麗者，附也。以一柔附兩剛而命名爲離，亦以離體爲火，火隱无形，必附物而始有形，麗之義也。以天道言，日月則麗乎天；以地道言，百谷草木則麗乎土；以人道言，必上離接下離而重明以麗於正，乃可以化成天下。今卦五柔麗於中，《離》以柔爻爲主。二柔麗於中，正皆利貞也，故亨矣，是以離者得坤之中畫者也。坤爲牛，《離》之六二以陰位陰，不爲牝牛乎？《仲氏易》。離火炎上而躁，乾，《文言》曰"火就燥"。畜牝牛則至順而不燥矣，吉矣。

《象》曰：明兩作，《離》。大人以繼明照於四方。

明而重，兩明相繼也。《程傳》。繼明者，舜之繼堯，武之繼文，一代之繼明也。日新又新，緝熙光明，一人之繼明也。

初九：履錯然，敬之无咎。《象》曰："履錯"之"敬"，以辟咎也。

初爲趾，在地爲履。初九處萬物相見之初，《説卦》："離者，明也，萬物皆相見也。"所履錯雜而至，王昭素《説詩傳》曰："東西爲交，邪行爲錯，變艮爲徑，路交錯之象。"惟以剛爻之乾惕，小心翼翼，无事不敬，雖有咎，亦辟而免矣。離，麗也，故初九即著於事物。

六二：黄離，元吉。《象》曰："黄離元吉"，得中道也。

坤之六五爲黄裳。黄者，土之中色也。今《離》六二得坤中畫而麗於中正，非黄離乎？而豈不大吉乎？觀此，則《彖辭》"柔麗乎中正"明指自坤來，他卦可類推矣。

九三：日昃之離，不鼓缶而歌，則大耋之嗟，凶。《象》曰："日昃之離"，何可久也？

初爲日出，二爲日中，三爲日昃。荀爽説。日昃則光陰无幾，以年則歲之已晚也，以心則智之將耋也，宜修身安養以善其終，乃或以爲日之不久，不如行樂，鼓缶而歌，不則憂其不久大耋之嗟，哀樂失常，徒以自傷，梁氏。不其凶乎？二者皆[①]冀久之念誤之也，不知四時之序，成功者去，何可久也？數固然矣。

九四：突如其來如，焚如，死如，棄如。《象》曰："突如其來如"，无所容也。

《仲氏易》曰："九四不中不正，以火繼火，厝火在下，而通火於上，有如突然。突者，竈囱也。《廣韻》："竈埃，通作突。"近世《字彙》謂'從夾音森'，大謬。上下皆火，又若火之延來者，然且四以陽體而居互巽之上，巽風揚燎巽木，如焚然。夫火附於物而今以附物而反焚物，及物焚而火亦无所容矣。膏以明，自煎火以焚，自滅如死然，如棄然。荀慈明曰"陰麗於陽，相附麗也，然而有別離之意焉，離火托木而生，是附麗也，烟焰飛升而灰炭[②]降滯，是別離也。"

六五：出涕沱若，戚嗟若，吉。《象》曰："六五"之"吉"，離王公也。

六居於五，雖不當位而得中，是火之將熸而尚可延者。大坎之水出於離目，其涕沱若

① 文淵閣本無此"皆"字，據文津閣本補。
② 文淵閣本無此"炭"字，據文津閣本補。

坎爲加憂，且戚嗟若斯，豈婦女之泣與羈人之歎哉？誠以身麗王公之位，處尊負艱，昭烈論後漢輒太息痛恨，袁安議朝政則嗚噫流涕，持危挽傾實有賴焉，不其吉乎？三嗟則凶，五涕乃吉，《易》之隨時如此！

上九：王用出征，有嘉折首，獲匪其醜，无咎。《象》曰："王用出征"，以正邦也。

水潤下，其下必陷而上可出，故坎下卦初三二爻，一凶，一無用，而二僅可小得，至上卦四五則无咎矣，然不可謂險在下而自安也，故上六又有徽纆之戒。火炎上，其上必焚而下可安，故離下卦初二二爻，一无咎，一元吉，而三尚可安以俟命，至上卦四則焚矣，五雖得中而嗟涕矣，然不可以離嗟而不震也，故上九又有出征之威。征者，上伐下也，以正正不正也。六五，王也。坤爻，邦也。用，用上九之剛明也。嘉，善也。乾爲首，兑爲毁折，九四乾爻之首死如棄如，是折首也。坤爲衆，醜也，卦二五坤爻皆吉，而别无陰衆可獲者，是"獲匪其醜"也。殲厥渠魁，脅從罔治，正有嘉也，王用之以正邦矣，又何咎？

《參同契》專以坎離爲修煉，詳玩三聖《繫辭》，止是麗陷二義，與"匡廓軸轂"等説渺不相涉，蓋《易》爲君子謀，不爲小人謀，爲大道謀，不爲异端謀也。然君子進則小人獲庇，吾道興則异端返正，即所以爲小人异端謀也。不然，盡行小人之計則災害至，而小人亦无以自容矣，盡入异端之教則人類滅，而异端亦无以自存矣。

周易傳注·卷三

州學正　李塨　撰

下　　經

䷞艮下兑上

《咸》：亨。利貞。取女吉。

《彖》曰：《咸》，感也。柔上而剛下，二氣感應以相與，止而説，男下女，是以"亨利貞，取女吉"也。天地感而萬物化生，聖人感人心而天下和平。觀其所感，而天地萬物之情可見矣。

乾坤重，《易》爲《否》《泰》；山澤重，《易》爲《咸》《損》；雷風重，《易》爲《恒》《益》；水火重，《易》爲《既》《未濟》，皆陰陽相應，而此獨名《咸》者，咸，感也。兑柔在上，則澤氣上行；艮剛在下，則山氣下降，二氣感應以相與。艮爲少男，止而无他感；兑爲少女，悦而有正應，則男可爲綱，女主於順，其德允諧。女不求男而男下於女，則正合昏禮。天地，大夫婦也。大夫婦有四德。夫婦，小天地也。小天地不亦有四德之三耶？《仲氏易》曰："觀《彖傳》不曰亨以正，則四德之三也。"康成曰："嘉禮會通，和順於義，幹事能正，具此三德，而男下女，娶之則吉也。"然豈止男女哉？天地絪緼，萬物化醇矣，聖人經綸，天下和平矣。若是者，何哉？天地萬物原爲一體，感而遂通，無遠不屆，自然之情也。

《象》曰：山上有澤，《咸》。君子以虚受人。

山之上必有虚處焉，而後可以受澤，故君子法之。

初六：咸其拇。《象》曰："咸其拇"，志在外也。

卦象男女相感，故六爻自初至上皆以人象之。初爲足，足将指曰"拇"，虞氏説。人動則拇先之。初志在外，卦之九四，自咸其拇矣。此爻與四以動相感者。

六二：咸其腓，凶，居吉。《象》曰：雖"凶居吉"，順不害也。

腓，崔憬曰：脚膊，俗謂之腿肚。在踝上膝下，則進於拇矣，故六二與五應而感動其腓焉。夫二氣交感，何所不及？腓亦可咸者。特是腓有動之理而无自動之形，其形動皆隨乎股焉。若自動，則爲病矣，腓病轉筋則動。凶矣。惟居而不動，而潛相感召，順乎應之道而不害，不惟不凶，且以獲吉。此與五爻當以静相感者。

九三：咸其股，執其隨，往吝。《象》曰："咸其股"，亦不處也。志在"隨"人，所"執"下也。

腓又進則股矣，九三亦不安處，亦承上二爻言。感動其股，執志以隨上六，人指上六。奔走奉承，何卑下也！往而吝矣。

九四：貞吉。悔亡。憧憧往來，朋從爾思。《象》曰："貞吉悔亡"，未感害也。"憧憧往來"，未光大也。

卦體下卦象股、足，上卦象身、口。四在體中而近上，心位也。思者，心之職，與初相應，正而能固，屈伸感召，不出其位，《大傳》曰"百慮"，又曰"何思何慮"，正謂此也。則不染於感之害而悔无矣。若憧憧然，《淺義》曰："憧憧，心不定貌。"恍如有往，恍如有來，且往来者實繁有徒，呼類爲朋，尾朋爲從，是爾之思昏瑣甚矣，悔尚待問耶？爻以陽居陰而互巽，爲進退，爲不果，故有"往來""朋從"諸象。

九五：咸其脢，无悔。《象》曰："咸其脢"，志末也。

脢，脊肉不動者也，脢在心上，故五爲脢。與二之腓精神相通，而志意則无焉，是不感之感也。末，无也，與《論語》"末如之何""末"字同義。《玩辭》。

《來注》曰："拇與心皆動而在前，腓與脢皆静而在後，故各以類應。"

上六：咸其輔頰舌。《象》曰："咸其輔頰舌"，滕口説也。

上處兑口，有輔頰舌之象焉，口旁曰輔，面旁曰頰。應下之九三，而掉舌鼓頰，如水之湧，《説文》："滕，水湧上也。"感至此窮矣。後世講學講聖諭而道日微俗日偷，可嘆也。

卦以上下相感爲義，舊解乃不取應而取比，且謂應則有私繫，明與聖言背矣。

䷟ 巽下震上

《恒》：亨。无咎。利貞。利有攸往。

《彖》曰：《恒》，久也。剛上而柔下。雷風相與，巽而動，剛柔皆應，《恒》。《恒》"亨，无咎，利貞"，久於其道也。天地之道恒久而不已也。"利有攸往"，終則有始也。日月得天而能久照，四時變化而能久成。聖人久於其道而天下化成。觀其所恒，而天地萬物之情可見矣。

男女俱少，而男下於女，其情易感曰"咸"，男女俱長，而夫尊於婦，其道可久曰"恒"。恒，即久也，剛上柔下，得其序也，長陽長陰，能相成也。即相與。巽動而无違也，剛柔皆應，不孤媲也。《王注》。如是之謂恒矣。然則《彖》言"亨，无咎"而"利貞"者，非正以久於其道耶？是道也，天地之道也，无已者也。夫已者以終，故則有始，何已之有？以此攸往，利矣。且曠觀六合，何物不然？日月得天之行道，夜則復晝，晦則復明①，而能久照。四時變化，暑往寒來，寒往暑來，而能長久，以成萬物。聖人久於其道，禮減而進，樂盈而返，以漸摩天下而化成，是則觀其所恒，而天地萬物之情不可見哉？子在川上曰："逝者如斯夫！不舍晝夜。"大觀也夫。《易酌》。

《象》曰：雷風，《恒》。君子以立不易方。

雷震而起於上，風巽而入於下，長男震動於外，長女巽伏於内，恒而不易者也。方，所也。朱升曰："以時則久而不已，以位則定而不易。"

① 明，文淵閣本作"朔"，據文津閣本改。

初六:浚恒,貞凶,无攸利。《象》曰:"浚恒"之"凶",始求深也。

初與四應,本正也,然居於恒,始當悠裕以處之,久自有成。乃巽性好入,以爲常理,既然即可深求,鑽穴索隱,人不能堪,因致禍敗者多矣。胡瑗《口義》曰:"朋友始交遂責深契,君臣初合輒望大行,亦何利乎?"浚,浚井之浚,即求之深也。

九二:悔亡。《象》曰:九二"悔亡",能久中也。

以陽居陰,似乎有悔,然恒而得中,是久於中矣。久中則悔自无。

九三:不恒其德,或承之羞,貞吝。《象》曰:"不恒其德",无所容也。

巽終而躁,三位過中,不恒其德矣。德不恒而值上下之際,人之羞之也,尙可定乎?雖身居正位而動則加憂,變成互坎。靜亦決躁,兑爲附決。何地可容焉?

九四:田无禽。《象》曰:久非其位,安得"禽"也。

四爲上卦地位,而震爲鼓,爲作,足有田象焉,特田貴得禽。今震爲大塗而遇毁折,則雖有互兑之羊,下巽之雞,皆脱之矣。是何也?以陽居陰,即久而非其位,焉能有獲耶?

六五:恒其德,貞,婦人吉,夫子凶。《象》曰:"婦人""貞""吉",從一而終也。"夫子"制義,從婦"凶"也。

五與二爲正應,而柔順居中,不變其德,亦云善矣,而第問當此者何人也?使爲兑之婦人也耶,則應二爲吉,所謂從一而終也。使爲震之夫子也耶,則宜專制以義,而下從婦乎,凶也。

上六:振恒,凶。《象》曰:"振恒"在上,大无功也。

振即震。《公羊傳》曰:"震之者何?猶曰'振振然也'。"上六亦過乎中而居震之極,動而多事。若曰"振者,吾之恒也",不知終則有始乃謂之恒,謂以靜爲動,以斂爲發,貞下起元也。若以震終，災凶將至，又何功焉？恒，常道也，然初六未恒而視爲恒，則求太深。九三已恒而不能恒，則羞或承。九四恒不得位，則无禽。上六恒而多事，則无功。六五得中，而體復陰柔，爲婦則吉，爲夫則凶。恒之難如此，所謂中庸不可能也。非悠久成物自强不息者，其孰與歸？九二自始比於初为始。而終，應五爲終。久中以往，庶幾近之矣。

䷠艮下乾上

《遯》：亨。小利貞。

《彖》曰：《遯》"亨"，遯而亨也，剛當位而應，與時行也。"小利貞"，浸而長也。《遯》之時義大矣哉！

遯，退也，見《雜卦》。逃也。太玄準以逃唐。二陰在内而漸進，四陽在外而日消，陽當遯者也。獨是《遯》與《否》不同。《否》三陰全在内，三陽皆出外，别换世界方可有爲。《遯》則陰雖長而勢尚未盛，陽雖退而中外有人，即此境地，猶可挽轉，故五剛當位而二陰應之，於是或褰裳而遯，或靦面而遯，明施搏挽，暗自竇藏，與時偕行，以全其遯，固可以亨，而此時爲陰小者初二。能正其浸長之勢與君子合，亦尚有利，然則君子介於去就之間，小人尚在離合之際，此時善維之，可行斯人吾與之懷，不善居之，立成天地否塞之世，其義不大矣哉！

《象》曰：天下有山，《遯》。君子以遠小人，不惡而嚴。

天未嘗惡山也，而山之望之杳乎其不可攀，若遯去者，然何其嚴也？君子以此遠小人，善矣哉！

初六：遯尾，厲，勿用有攸往。《象》曰："遯尾"之"厲"，不往何災也？

上爲首，則初爲尾，陽外向而遯，而一陰潛躡其後以逐之，是尾也。夫陽類尚盛，陰乃欲闇施其奸，陽能容之乎？亦有災而可厲矣。爲小人戒，惟退止不往則可耳。

六二：執之用黄牛之革，莫之勝，説。《象》曰：執用"黄牛"，固志也。

此小人之利貞者也。坤爲牛，二爲坤之中畫，爲黄，而上畫變艮，牛之皮變而爲革矣。

見《纂言》。獸皮去毛,生曰革,熟曰韋。六二與九五相應,知九五之將遯也。出艮指而用黄牛之革,作巽繩以執之,艮上有執象。以固九五之志,則九五雖欲脱而不得矣。説通脱,即遯也。勝任也,言不能脱也。

九三:係遯,有疾厲,畜臣妾吉。《象》曰:"係遯"之"厲",有疾憊也。"畜臣妾吉",不可大事也。

九三爲四陽逃遯之始,宜其遯矣,然與二陰同體而性爲艮止,則於此而係戀者有之。夫係戀不决,一爲陰勝,必致成《否》,豈不有疾?豈不可危?特是女子小人亦居家所不能去者。《仲氏易》曰:"艮男,下柔爲臣;巽女,下柔爲妾。"苟以情畜之,艮爲閽寺,而二陰居門闕之内,有畜象。不致離叛,不亦吉乎?但以此係戀者而圖大事,則終不可耳。

九四:好遯,君子吉,小人否。《象》曰:君子"好遯","小人否"也。

初六潛而躡我,未明肆其毒也,九四以陽居陰外,似與之和好而已遯矣。此善處浸長之陰者,不其吉乎?而起視初之小人害陽不能,徒得災厲,反居否矣。

九五:嘉遯,貞吉。《象》曰:"嘉遯貞吉",以正志也。

九五與六二中正相應,而六二竭情以執維乎五,似難遯矣,然九五志正而固,與之一无違言,一无忤事,而即蕭然遯退,是善去矣,吉哉。

上九:肥遯,无不利。《象》曰:"肥遯无不利",无所疑也。

上九則飄然遠去矣。出我剛斷,以决坎疑。坎位盡則无疑。人既不來尾執,己亦无所疾厲。東海、北海囂囂无悶,是肥遯者也。隱固遠害,出亦待時,何一不利者?

䷡乾下震上

《大壯》:利貞。

《彖》曰:《大壯》,大者,壯也。剛以動,故壯。《大壯》"利貞",大者,正也,正大,而天地之情可見矣。

三畫卦：初爲少，二爲壯，三爲究。六畫卦：初二爲少，三四爲壯，五上爲究。《漢上易傳》。大陽至四壯矣，且内卦剛而外卦動，所以壯也。獨是壯之始，不宜躁，初戒壯趾。中欲能貞，二三四皆曰貞。終不使懈，上六艱吉。則大而得正。一陽之初，復於内者，見天地之心；四陽之動，往於外者，見天地之情矣。

《象》曰：雷在天上，《大壯》。君子以非禮弗履。

震爲足，所履者，純剛而无陰翳，是非禮弗履也。

初九：壯於趾，征凶，有孚。《象》曰："壯於趾"，其"孚"窮也。

初爲趾，趾主行，壯於初者必以爲離志。有孚，下卦離位。何妨鋭進而前，不知六五居高非應，乃欲以下而逼上，則孚且窮矣，而況征乎？徒得凶耳。

九二：貞吉。《象》曰：九二"貞吉"，以中也。

九二，大壯之得中者，得中則正。中可兼正，聖言也。

九三：小人用壯，君子用罔，貞厲。羝羊觸藩，羸其角。《象》曰："小人用壯"，"君子""罔"也。

九三以下乾而接上震，鋭然有爲，而不知所處之位不中，多凶。如以小人處此，則但知用壯；以君子處此，則必網羅群賢於上下，九四、九二之君子，皆網而致之，以有爲焉。罔，即網字。虞翻曰："爻變離爲網。"《訂詁》知罔舊訓无爲，非，而解用罔爲羅君子，甚是。但謂羅君子而與之争，又大誤。何者？爻以陽居陽，固得其正，然危厲也。卦大兑爲羊，上卦震爲草木，爲蕃，有藩象。九三之羊用壯而觸，九四當前如藩，且羸係其角矣。羸，王肅本作縲。鄭、虞作纍。《蜀才》作累。皆係累之意。豈不危厲？是以君子必用網也，網羅群賢。以至九四，則藩决不羸矣。

九四：貞吉，悔亡。藩决不羸，壯於大輿之輹。《象》曰："藩决不羸"，尚往也。

九四之陽居上，下三陽從之，正爲卦主吉矣，悔以无矣。毅然直往，以決陰柔，故九三以九四爲藩，今則六五上開，藩決矣，无復羸羊之角矣。坤爲大輿，以坤初而索，爲震一陽亘於下，如輹，不壯之至乎？

六五：喪羊於易，无悔。《象》曰："喪羊於易"，位不當也。

九四尚往，往則進而變五爲夬矣，故六五互兑，本羊也，而忽焉喪之，則以五爲陽位，以陰居之，位原不當，故宜變耳。易即變也，有何可悔？

上六：羝羊觸藩，不能退，不能遂，无攸利，艱則吉。《象》曰："不能退，不能遂"，不詳也。"艱則吉"，咎不長也。

六五逼近下陽，故變互兑而喪其羊。上六與陽隔於六五之陰，大象見兑，亦羝羊也，以爲居大壯之終可以觸藩，而不知下有陽往上，无所之，以卦終也。不能退也，不能遂也，不揣甚矣，有何利乎？然苟艱難惕厲，則陽剛尚往，將以乾終，雖暫有咎，豈長有咎焉？

初壯而不當征者也，二壯而得中者也，三壯而危厲當群賢共濟者也，四壯而當往者也，五從人變易以爲壯者也，六陰柔而妄以爲壯者也。

䷢坤下離上

《晋》：康侯用錫馬蕃庶，晝日三接。

坤有土，有民，故有侯象。民功曰康，《書》所謂"康功"是也。《訂詁》。錫下錫上也，如《書》"納錫大龜"、"禹錫玄圭"之類。坤爲牝馬，中爻坎爲美脊之馬。坤爲衆，有蕃庶象。坤三爻，三接之象。姚少彭曰："錫馬蕃庶，侯享王之禮也。"覲禮：奉束帛、匹馬，九馬隨之。晝日三接，王接侯之禮也。覲禮：延，升，一也；覲畢致享，升致命，二也；享畢，王勞之，升，成拜，三也。

《彖》曰：《晋》，進也。明出地上。順而麗乎大明，柔進而上行，是以"康侯"用"錫馬蕃庶,晝日三接”也。

晋者,日出也,進也。下坤上離,其象則日出乎地,順進而上,麗乎天中,大明四照,離本乾卦,爲麗,爲明。其爻則坤之一柔進行而居上卦離中爲卦主,皆晋也。故坤順進而上麗乎日,有諸侯朝享天子之象。日麗天中,下照坤土,有天子禮接諸侯之象。《纂言》。則下之覲上爲升進,而上之臨下又爲晋接,康侯用錫馬蕃庶,晝日三接,不亦宜哉。

《象》曰:明出地上,《晋》。君子以自昭明德。

杲日當空,容光必照,必如此,然後可以言明“明德”。

初六:晋如摧如,貞吉。罔孚裕,无咎。《象》曰:“晋如摧如”,獨行正也。“裕无咎”,未受命也。

初與四應,欲順而進,則晋如。然四爲民,一剛上臨,儼如山之傾壓,而下又摧如。初六於此,惟絕去畔援,獨行其正,自无不吉。縱四坎狐疑,亦寬裕處之而已矣。葢坤雖有侯象,而初爲民,未受命也。古世子嗣立未受王命皆士服。焉以急爲?

六二:晋如,愁如,貞吉。受兹介福於其王母。《象》曰:“受兹介福”,以中正也。

六二亦晋如也,而坎險相接,爲隱伏,爲加憂,則愁如。所可幸者,六五王母雖敵應不能即合,而二既中且正,守之以固,則王母可感,終有大福,而吾受之矣。坤爲母,六五一陰,又居坤上,爲王母。《爾雅》:“父之妣曰王母。”

六三:衆允,悔亡。《象》曰:“衆允”之,志上行也。

以柔處三,《繫辭》曰:“三多凶,其柔危。”似有悔者,然坤爲衆,而三居坤上,衆皆信之,《虞氏易》:“坎爲孚,允也。”所謂信友可以獲上者也,其志上行,悔无矣。

九四:晋如鼫鼠,貞厲。《象》曰:“鼫鼠貞厲”,位不當也。

九四上麗大明，固晋如矣，然位不中正，貪據下陰，上畏離日。艮爲鼠，而此則鼫鼠矣。《説文》"五伎鼠也"。《廣韻》"螻蛄也"。體離欲升，體坎欲降，是能游不能度谷也；不至於上，是能飛不能過屋也；不出於離，是能緣不能窮木也；離爲科上稿。五坤上薄，是能穴不能掩身也；倒震在下，是能走不能過人也：《九家易》。雖晋之時，晋如亦正，然而厲矣。

六五：悔亾，失得，勿恤。往吉，无不利。《象》曰："失得勿恤"，往有慶也。

六五陽位則有得，陰體則有失，然互坎已出，總勿恤於心矣，不患得不患失，此正《彖傳》之所謂"柔進而上行，麗乎大明"者也。往而有慶，寧顧問哉？

上九：晋其角，維用伐邑，厲吉，无咎，貞吝。《象》曰："維用伐邑"，道未光也。

上九以剛而居離牛之首，有角象焉。然上位已窮，即進其角，將何所觸？惟自伐其坤邑則厲吉而无咎耳。夫離爲甲胄，爲戈兵，乃無能遠振，徒區區與邑人相詬厲，離之終而不光矣，雖進以正，亦可羞焉。

初六在下獨行，故進宜裕；六二得中而貞，故進受福；六三爲衆所信，則可上行而伸志；九四處位不當，則雖已進而可危；六五進而大明矣，故有慶；上九進之窮矣，故不光。進之道宜柔不宜剛，故柔爻皆優，剛爻皆絀也。

䷣離下坤上

《明夷》：利艱貞。

《彖》曰：明入地中，《明夷》。内文明而外柔順，以蒙大難，文王以之。"利艱貞"，晦其明也，内難而能正其志，箕子以之。

《仲氏易》曰："由《晋》反之而《明夷》矣"。夷，傷也，滅也。離日之傷，傷於入地，向非歷艱難而守正固，亦又何利？夫子曰："吾於斯見文王焉。"夫所謂《明夷》者，蒙難者也。明離在内而坤順在外，於以當互坎而蒙險難，苟非體《明夷》之全義而陰行善者，恐未足以當此也。此非文之以而誰以也？且於斯見箕子焉。夫所謂"利艱貞"者，"晦其明"者也。互坎之險難在内卦，是内難也。商紂至親，故曰内難。而能艱難備嘗，深自韜晦以正其志，苟非履利貞之爻，六五利貞。而佯狂避禍者未足以幾此也，非箕子之以而誰以也？

《象》曰：明入地中，《明夷》。君子以莅衆用晦而明。

外晦而内明，蒞衆之道莫善於是。

初九：明夷於飛，垂其翼。君子於行，三日不食。有攸往，主人有言。《象》曰："君子於行"，義"不食"也。

明夷之初，何夷乎？則於飛鳥見之。離爲雉，爲飛鳥，而初三兩剛以健羽相夾而爲之翼，則初固離之一翼也，而頹然下垂，有似乎夷其翼者。初之離剛，君子也，比之離鳥之飛，則於行也，憤時遠去，義不苟食，則三日不食者有之。離中空，不食之象。三爻爲三日，於此而有攸往，至三爻爲九三，與初九陽剛同德，可爲主人，特其志不甚相同，嘖有煩言，如伯夷避紂適周，武王左右欲兵之，太公曰："此義士，去之是也。"互震爲言。

六二：明夷夷於左股，用拯馬，壯吉。《象》曰："六二"之"吉"，順以則也。

六二之明夷則夷於左股矣，何者？初爲足，二居足上，股也，互坎主左方，左股也。李鼎祚説。左股夷則害於行。見《易酌》。將欲拯之，何所用乎？幸比九三互坎，爲[①]美脊，爲亟心，壯馬也，於以代步，吉矣。蓋六二柔中，順以合則，坎爲法則也。故夷而有救如此。散宜生等獻珍物以救文王似之。

九三：明夷於南狩，得其大首，不可疾貞。《象》曰："南狩"之志，乃大得也。

九三之明夷，蓋有所志也，今而乃大得矣。離，南方卦也，而爲戈兵，本可用武，而三爻日盡，日盡於冬則向南，以修冬狩，而尋入地之上六。上居天位，爲首，是大首也，而於以得之，韜光之極，遂興大事，然豈可疾遽乎？惟以貞耳。

六四：入於左腹，獲明夷之心於出門庭。《象》曰："入於左腹"，獲心意也。

四居卦中，爲腹心，且坤爲腹，荀爽説。震在左方，爲左腹，坎爲心。六四韜光緘口，内

① 文淵閣本此處有一"馬"字，據文津閣本删。

自籌度，入於左腹而獲明夷之心焉。他爻之傷在跡，此傷在心。“我思古人，實獲我心。”於是震行，遠引廻視。四爲門，三爲庭，干寶曰：“一曰室，二曰户，三曰庭，四曰門。”而皆出之吾家，耄遜於荒，亦以自靖也。傷心而曰得心者，出遯則得其心也，猶夷、齊之逃曰“求仁得仁”也。

六五：箕子之明夷，利貞。《象》曰：“箕子”之“貞”，“明”不可息也。

坤於地爲黑，六五居坤中，上比闇君，如坐昏獄，是箕子之明夷也，然居中以正其志，外雖晦，而内之明亦何可息者？伏坎内景。

上六：不明，晦。初登於天，後入於地。《象》曰：“初登於天”，照四國也。“後入於地”，失則也。

下五爻之明夷，因上六而夷也，上六之明夷，自夷也，故當在《晋》時本明也，後乃不明而晦矣。明則日登天上，照臨四國，晦則日入地中，坤迷失則。天壤之判也。嗚呼！何爲至此？《漢上易傳》曰：“卦之後爻因前爻者多矣，而更有因前卦爲象者，如《明夷》之上六，辭因《晋》，《夬》之初九，辭因《大壯》，亦彰往察來之一端也。”

䷤離下巽上

《家人》：利女貞。

風與火而何以謂之《家人》耶？以爲巽離“二女同居”，則離兑二女之名《睽》，又何耶？曰：“此則風火之所謂《家人》者也。”離上兑下，水火不相及也，而巽上離下，則火以風發，風因火熾，兩相入而无間如家人。然曰《家人》，《仲氏易》。夫家人以女爲奥主，正家之道當責男，而正家之效必觀女，不利女貞而何利焉？

《彖》曰：《家人》，女正位乎内，男正位乎外。男女正，天地之大義也。家人有嚴君焉，父母之謂也。父父，子子，兄兄，弟弟，夫夫，婦婦，而家道正。正家而天下定矣。

然而《家人》豈止女貞哉？二之在内，陰正位也，而六二之女居之，以正位乎内；五之在外，陽正位也，而九五之男居之，以正位乎外。虞仲翔、王辅嗣皆如此説。男上女下謂之恒，乃天尊地卑之大義也。且不特此,上九反身而威如,非一家之嚴君乎?嚴即威也。嚴君者,父母也。《仲氏易》曰:"母亦可稱君,如'女君'、'小君'、'太君'類。母亦可稱嚴,如'有慈父必有嚴母'類。"且初九以乾畫之男有六四坤畫之女而爲之家,上女下男,咸象也。初有四曰有家,五有二曰有家,經文甚明。二五曰假,曰貞,而此亦曰閑,曰順。初爲陽位,四爲陰位,是亦男女正位者也,不與二五爲兄弟耶?至九三間於初二、四五陰陽之間,雖嗃嘻交作,而剛德當位,亦我兄弟也。吾見一家之中,太上之君威居高堂,九五長子傳家主政,而一家信愛,熙然無憂,父得父道,子得子道,兄得兄道,弟得弟道,夫得夫道,婦得婦道,交相正以相成也。家道莫盛於此。由是,以之治國,以之平天下,如運諸掌耳。

《象》曰:風自火出,《家人》。君子以言有物而行有恒。

火上而風自生。《黄帝書》曰:"火疾生風。"《家人》,主中饋之象也。家之本在身,故君子言必有物,有指實也,行必有恒,無二三也。

初九:閑有家,悔亡。《象》曰:"閑有家",志未變也。

初四相應而成家。而初能以變爻之艮爲門,爲止,以閑之,四爲巽女,於歸在初,坎志未變,所謂"教婦初來"者也,何悔?

六二:无攸遂,在中饋,貞吉。《象》曰:六二之"吉",順以巽也。

六二以順陰畫即坤順。而應巽,五居巽中。故凡事不敢自遂,遂,專成也。而惟酒漿五飯爲職,孟母曰:"婦人之禮:精五飯,冪酒漿,養舅姑,縫衣裳。"正《象》之所謂"女貞"者,"吉"庸問乎?鄭康成曰:"爻體離,互體坎,水在火上,飪饋之象。"

九三:家人嗃嗃,悔厲吉;婦子嘻嘻,終吝。《象》曰:"家人嗃嗃",未失也。"婦子嘻嘻",失家節也。

離火聲不常,或咷或笑,或嗟或歌,此恒態也。《仲氏易》。今三剛不中,而跨兩離之間,下與互皆離。則爲猛爲寬,難可一定,使其待家人以嗃嗃耶,雖多悔而過厲,然正家之道不失,猶爲吉也。若婦子而嘻嘻耶,則失治家之節,終有羞吝矣。《説文》曰:"嗃嗃,嚴酷貌。"

侯果曰:"嘻嘻,笑也。"張楫作"嘻嘻",陸公理作"喜喜",皆通用字。

六四:富家,大吉。《象》曰:"富家大吉",順在位也。

六四之女身居巽始,爲近利市三倍,飲食祭祀必虔,米鹽醯酱必節,蠶繅女紅無曠,富家而大吉矣。若是,何也?以巽順而居正位。八卦正位:巽在四,離在二。上承家長,下應夫子,故能然耳。

九五:王假有家,勿恤,吉。《象》曰:"王假有家",交相愛也。

此秉家政者,王也。率一家之和以承父母,无所不至。假、格通,至也,通也。父父子子,兄兄弟弟,夫夫婦婦,交相懽愛,吉矣哉。雖互坎爲恤,恤,憂也。而已勿也,勿、无,通字。曰:"吾今无内顧憂矣。"《仲氏易》。

上九:有孚威如,終吉。《象》曰:"威如"之"吉",反身之謂也。

《彖傳》之所稱"嚴君"者,正此爻也。長子柄政,欲交愛以通情。白髮在堂,貴有威而可畏,望立於上,人信於下,變坎爲孚,陽剛在上,爲威。吉有終矣。然所謂"威如"者,豈作而致哉?正其衣冠,尊其瞻視,反身自治而已。《大學》齊治均平本於修身,非此道歟?

䷥兑下離上

《睽》:小事吉。

《彖》曰:《睽》,火動而上,澤動而下。二女同居,其志不同。行説而麗乎明,柔進而上行,得中而應乎剛,是以"小事吉"。天地睽而其事同也,男女睽而其志通也,萬物睽而其事類也,睽之時用大矣哉!

睽,乖异也。離火炎上,兑澤潤下,不相及也。中女少女各遠兄弟,不同歸也,故謂之《睽》。然《睽》而有合象焉,内悦而外麗乎明,柔行而居於上,卦得五中,以下與二剛相應。夫柔之事,小事也,陰爲小。而悦麗明則有德,進居五則有位,下應剛則有輔,《來易》。小事不以吉耶?而亦豈止此?彼夫火同乎天,天火《同人》。澤臨乎地,地澤《臨》。火澤反易而爲男女，反易：《家人》男位外，女位内。合天地男女而生萬物，乾道成男，坤道成女，男女搆精，萬物化生。則天地萬物男女皆於睽乎得之，《仲氏易》。而天尊地卑，化育流行，夫外婦内，家室和好，形形色色，萬物一體，惟合見《睽》，亦惟《睽》得合，《睽》之時用豈不大哉？

朱子《卦變圖》：《睽》自《遯》《大壯》來，則《遯》兩陰爻皆移與他卦，祇移一爻者不合，而《大壯》剛進，與本文"柔進而上行"又不合。故《本義》不得不雜用《離》《中孚》《家人》三卦，《仲氏易》以此等无定式也，於十辟卦外，指《復》《臨》《泰》《大壯》《夬》《姤》《遯》《否》《觀》《剥》爲十辟卦。又以《中孚》《小過》爲半聚，《咸》《恒》等十卦爲子母聚，通爲變母，以求其合，然"半聚""子母聚"之名，不涉鑿乎？

《象》曰：上火下澤，《睽》。君子以同而异。

禹、顔同道而出處异，由、求同學而兵農分。《彖傳》之《睽》而同，异歸於同也，《大象》之同而异，同原有异也。諸葛武侯曰："違覆而得中，猶棄敝屣而獲珠玉也。"《睽》之不可已也如是夫。

初九：悔亾。喪馬勿逐自復。見惡人无咎。《象》曰："見惡人"，以辟"咎"也。

初九與九四敵應而不相合，宜有悔者，而悔亾矣。夫四在坎中，爲亟心之馬，下值兑脱，兑，説也。説通悦，通脱。兑口亦有脱象。爰且喪去，然而守正待之，不必逐也。兑口上《夬》，《夬》即返《乾》，馬自復矣。《仲氏易》曰："凡《易》中有兑口者，皆勿逐自復，如《震》之六二有兑口，曰'勿逐自得'，《既濟》六二有兑口，亦曰'勿逐自得'是也。"且夫四居人位，人也，而坎爲盗，離爲戈兵，是惡人也。惡人而值離，目上下之交，下互亦離。則睽之目不相視者而今見矣。《説文》："睽，目不相視也。"相見而不拒則咎辟矣，故悔以亾。喪馬，一象也，見惡人，又一象也。

九二：遇主於巷，无咎。《象》曰："遇主於巷"，未失道也。

六五，二之主也，當睽之際，兑爲毁折，坎爲險窞，離之甲兵布滿天地，此可論常道乎？委巷相遇便定主臣，何失道之有？巷，《説文》云"里中道也"。離中虚，有巷象。

六三：見輿曳，其牛掣，其人天，且劓，无初有終。《象》曰："見輿曳"，位不當也。"无初有終"，遇剛也。

六三以陰居陽，介兩剛之間，而欲應乎上九，則是坎輿以偏輪而被曳。坎爲輿，又爲輪，三居坎下爻，爲偏輪，故爲所曳，又坎爲曳。其駕輿之離牛以一後一先而相掣，上離在坎車前，互離又在坎車后，有牽掣象。此其狀必不能以急合，《仲氏易》。而且其人更有可异。三居人位。巽爲髮，而半巽不成巽髮，且遇兑折則天之。《程傳》曰："天，髡首也。"艮爲鼻，而半艮不成艮鼻，且遇兑折則劓之，劓，割鼻也。其險難爲何如者？然上之與三，本正應也，三爲終，上亦爲終，上九之剛雖不遇之於初，必遇之於終，《睽》極則合用，固然也《淺義》曰："此之見三，自見也；上九之見，見三也。"

九四：睽孤遇元夫，交孚，厲，无咎。《象》曰："交孚""无咎"，志行也。

九四以剛居柔，上下之陰各有應，與不相爲助，則睽而孤者也，然獨不曰有敵應之元夫在乎？元者，始也。陽爲夫而居初始，元夫也。四能出坎中之志以孚於元夫，而元夫亦孚之，交相結與，則天下强悍之徒見收於君子者豈少哉？在初爲使貪詐，初以四爲惡人。在四爲得依歸，雖厲而无咎焉。此真遇之睽者，睽之一象也。

六五：悔亡。厥宗噬膚，往何咎？《象》曰："厥宗噬膚"，往有慶也。

宗即主也，即《書》所稱"功宗"也。九二以六五爲主者，元首之主也；六五以九二爲主者，腹心之主也。雖自二至上，象《噬嗑》有物於中作梗，二變亦爲《噬嗑》。然梗者四剛，二變艮爲膚，雖梗可斷，則其宗噬之，一噬即嗑，五往應之，有慶矣，尚何悔？尚何咎？往上爲往，來下爲來，《易》例也。然"攸往"等辭多作"行"字解，不必曰"往上"。如此"往"字，《仲氏易》謂"五仍上往，所以爲睽"，《訂詁》謂"不往上而往下睽，所以合"，執而鑿矣。

上九：睽孤見豕負塗，載鬼一車，先張之弧，後説之弧，匪寇，婚媾。往遇雨則吉。《象》曰："遇雨"之"吉"，群疑亡也。

上處《睽》極，亦《睽》孤矣。夫上九所求遇者，三也，而下視則坎，坎爲豕，則所見者惟豕耳。然且三之所處，坎與兑俱豕溷澤畔而塗負焉。夫坎，車也，載之者三也，即所謂其人也，乃坎爲隱伏，有鬼象焉，則一車之上但見鬼而不見人。且坎爲弓輪，其在前者有離矢，弧若張然，而在後者爲兑脱，弧又脱然。卦以下爲前，上爲後，此自上爻見之，則上卦爲前，下卦爲後。即一見間而乍是乍非，可疑如此，《仲氏易》。獨是應坎爲疑，而在離終明，使其忽然悟曰:"此坎非寇也,坎爲盜。乃我之婚媾也。"陰陽相應爲婚媾。往而遇之,坎雨一漂,群疑頓釋,所謂"无初有終"者,不誠有終而吉耶?凡此等辭皆必實有其象,若不取象而但論理,將加聖言以怪誕之失矣。初九、九四之睽,材德之睽也,然初"辟咎"不得不见四,四"睽孤"不得不"孚"初,睽而同之一象也;九二、六五之睽,時势之睽也,故二雖"巷可遇",五以"噬膚而往",睽而同之又一象也;六三、上九之睽,群疑之睽也,故三"无初而有终",上"先孤而后遇",睽而同之又一象也。

䷦艮下坎上

《蹇》:利西南,不利東北。利見大人,貞吉。

《彖》曰:《蹇》,難也,險在前也。見險而能止,知矣哉!《蹇》,"利西南",往得中也。"不利東北",其道窮也。"利見大人",往有功也。當位"貞吉",以正邦也。《蹇》之時用大矣哉!

蹇,《説文》云"跛也"。坎險在前而艮止不進,如跛者之艱於行也,故險欲其見互離見象。而止欲其能,艮,篤實有能象。則艮外蔽而障坎於内者,《蒙》而坎外通而止艮在内者,非智乎?惟智則能止以處蹇,亦惟智則能往以濟蹇。《彖》之所謂"利西南"者,正謂乾畫之剛往入西南坤位,坎本坤體。得中而行,順蹇以濟也。若東北,艮山峻阻,《説卦》:坤位西南,艮位東北。非蹇所宜,窮而不利矣。劉子《新語》。故九五,大人也,而《彖》謂之"利見"。亦以往五則有功耳,當尊位而得貞,邦國大難皆可正之。坤爲國,正邦故有功。是蹇非无所用也,難於用也。以難用之時而能有用,濟大扶艱,豈不偉哉?

《象》曰:山上有水,《蹇》。君子以反身修德。

《玩辭》曰:"山上有水,流而多阻,水之蹇也。行有不得,反而自修,君子之蹇也。"

初六:往蹇來譽。《象》曰:"往蹇來譽",宜待也。

初爲東北艮卦之始,往則蹇矣,惟來處以待六二之合,二之譽即我之譽,《繫辭》曰:"二多譽。"同济時艱,乃宜耳。

六二：王臣蹇蹇，匪躬之故。《象》曰："王臣蹇蹇"，終无尤也。

二則上應九五之王，王臣矣。王臣而可以蹇辭乎？吃而猶言，再吃不憚也；跛而猶行，再跛不畏也，此豈爲身之故哉？以臣事君，義在則然，即才柔事險，成敗難必，而亦何過焉？下艮互坎，蹇蹇之象。

九三：往蹇來反。《象》曰："往蹇來反"，内喜之也。

至於九三，剛實之才，雖可濟蹇，而爻處下位之終，逼近上險，輕往必蹶，惟來反而比於在内之二。二在三内。二才弱而心正，欲得剛明者共爲幹濟，喜可知也。

六四：往蹇來連。《象》曰："往蹇來連"，當位實也。

四入於險矣，陰柔之才亦難獨往，其必來而與九三相連結乎？九三當位以九居三。而實，陽爲實，陰爲虚。不連之蹇何以濟？

九五：大蹇朋來。《象》曰："大蹇朋來"，以中節也。

今而知九五之王之能濟蹇矣。身居險内，可謂大蹇，然剛德得中，行而中節，六二相應之朋，且偕初之待、三之反、四之連，蹇蹇而來，以共濟也，洪水雖警，得人曰仁，自有功焉。

上六：往蹇來碩，吉，利見大人。《象》曰："往蹇來碩"，志在内也。"利見大人"，以從貴也。

而又有自局外來以濟蹇者，不觀上六之吉乎？位在九五之外，復何所往？往則必蹇，惟志在内之碩而已矣。九五陽大爲碩，爲貴，《繫辭》以五爲貴，三爲賤。爲大人，來碩即以從貴矣，所謂"利見大人"矣，馬援、竇融之流是也。

《彖傳》"欲其往者"，往求濟也，《爻辭》"戒其往而欲其來者"，來正所以爲往計也，蓋處蹇之時，不貴一人獨往而貴同心共助，故曰"待"、曰"反"、曰"連"、曰"朋"，而皆曰"來"。《詩》云："淠彼涇舟，烝徒楫之。周王於邁，六師及之。"濟蹇之道如此。

䷧坎下震上

《解》:利西南。无所往,其來復吉。有攸往,夙吉。

《彖》曰:《解》,險以動,動而免乎險,《解》。《解》,"利西南",往得衆也。"其來復吉",乃得中也。"有攸往夙吉",往有功也。天地解而雷雨作,雷雨作而百果草木皆甲坼。《解》之時大矣哉!

反乎《蹇》則《解》矣,上震下坎,險而能動,動而遂免於險,所以解也,故《蹇》利西南而《解》亦利西南,《解》之利西南者,以乾剛往上居四,則坤衆以得也。震本坤體,《説卦》:"坤为衆,萬物皆致養焉。"夫解之出險,惟在二四兩剛,故以反易言之,《蹇》卦五陽往上得中,今居下卦亦中也,是无所往而来復得中,中能濟難,吉矣。《蹇》卦三陽在下,今有所往而居上卦之初,則往而有功,得衆則有功。又夙而吉矣,夙,早也。四居上卦之初,故为夙。且以反易言之为《蹇》,而以重易言之則为《屯》,《屯》則天地始交,雲鬱雷上,草木句曲,《解》則天地發舒,雨潤雷下,坎通震蕃而百果草木皆甲坼矣。甲,孚也。坼,分裂也。陰陽流行,萬物怒生,《解》之時何其大哉!

《象》曰:雷雨作,《解》。君子以赦過宥罪。

天將布澤,陰陽氣結,雷雨一作則解矣。赦過宥罪,亦君子所以解民難也。宥,寬也。文中子曰:"无赦之國,其刑必平。"而《易》言"赦過"者,言人過誤當赦者赦之,非發令徧赦也。

初六:无咎。《象》曰:剛柔之際,義无咎也。

四剛,得衆者也。初六以柔而與四剛應,則剛柔際矣,義又何咎?

九二:田獲三狐,得黄矢,貞吉。《象》曰:九二"貞吉",得中道也。

九二、九四皆剛也,而九二剛得中道,則正能解難者。坎为狐,六三在三位,三狐也。小人之象。二在地上,可以於田,此而獲之,而且得黄矢焉,是獲禽而武備益修矣。虞氏曰:"互離爲黄矢。又爻變坤,坤,中黄色。"其貞吉爲何如者?中即正也。

六三：負且乘，致寇至，貞吝。《象》曰："負且乘"，亦可醜也。自我致戎，又誰咎也？

六三體剛，非二而應剛，非初才柔質陋，上承九四，若以背負之者，然是荷薪肩餱之小人耳，而今且下乘九二之車，坎爲車。儼然擁蓋策肥，甚自得也。夫乘者，君子之器，而以此瑣瑣者據之，即出正命，亦可醜也。可醜則人醜之，醜之則思奪之，寇之至也无日矣。坎爲寇。離兵交作，將以誰咎？

九四：解而拇，朋至斯孚。《象》曰："解而拇"，未當位也。

三之不宜乘而宜負也，任拇之人也，乃以九四觀之，震爲足，而三在足前，儼若拇然。《王注》。故爲九四計，亦惟解去爾。而即爾也。拇則初六相應之朋至，斯有坎孚之美耳。坎爲孚。蓋九四以陽居陰，而與三比位，未得當，故必斥去私人，而後能往得衆，往有功也。

六五：君子維有解，吉，有孚於小人。《象》曰：君子"有解"，"小人"退也。

卦之二陽，君子也。六五與二相應，與四相比，爻變爲巽。巽爲繩，其於君子如縶如維，以云解難，誠有解也。至於三之負，上之隼，爲小人者，亦且畏戎與射，曉然知解時之不可以僥倖也，而退而相孚矣，解之至也。

上六：公用射隼於高墉之上，獲之，无不利。《象》曰："公用射隼"，以解悖也。

然小人解之則有孚，縱之則終悖，不可不知也。上六變離，爲飛鳥，外圍中空而在上，爲高墉，是隼在高墉之上也。隼鷙害物，高墉有憑，不射之，悖何由解？悖，逆也。六五居尊位，即公也，必用君子以坎弓離矢射上而獲之矣。獲之則悖解，何所不利？

觀卦象，則雷雨作，解得衆物生。觀爻象，則拇必解，隼必射，而後小人可孚。初六、九四、九二、六五，相孚相維以有功焉。蓋小人不去，君子徒勞，雷霆四擊，乃布甘雨，解之道也。

☶☱兑下艮上

《損》：有孚元吉，无咎可貞，利有攸往。曷之用？二簋，可用享。

《彖》曰:《損》,損下益上,其道上行。損而"有孚元吉,无咎可貞,利有攸往,曷之用? 二簋,可用享",二簋應有時損剛益柔,有時損益盈虚,與時偕行。

六子之索本於《乾》《坤》,《損》《益》二卦,損陽益陰,損則皆損,益則皆益,而一名《損》、一名《益》者,何也?《損》内本乾卦,而損其一陽則陽將衰,曰《損》;《益》内本坤卦,而益之一陽則陽將盛,曰《益》。故《雜卦》曰:"《損》《益》,盛衰之始也。"一義也。民不可損,損下以益上,下損而上亦將受其損,益亦爲損;君不可益,損上以益下,下益而上亦將受其益,損亦爲益。二義也。向秀説。則先於《損》象觀之,損下卦之一陽而爲《兑》,益上卦以一陽而爲《艮》,其道上行,如下之供。上仁育下,而下[①]之情願報之,禮率下,而下之分以爲當輸之,是《損》有孚者。《損》而有孚也,有大離之孚,大離中虚,心象,故亦爲孚。則大吉无過,可貞於久,而互震攸往,自无不利。況損有其事,亦有其時,時宜用損,二簋至薄,亦可享獻,故剛盈則損,柔虚則益,可損可益,與時偕行。儀文用度,示儉示禮,布縷米粟,力役可用可緩,皆時也。《仲氏易》曰:"震爲盂,爲竹,簋象。"二者,初二兩陽也。下之兑口食上之艮闕,而坤養在中,享之象。應,當也。

《象》曰:山下有澤,《損》。君子以懲忿窒欲。

山下土虚成澤,《損》之象也。内乾剛,恐失於忿,易六三而成兑説以懲之;外坤柔,易流於欲,易上九而成艮止以窒之,《損》之事也。

初九:已事遄往,无咎。酌損之。《象》曰:"已事遄往",尚合志也。

己,己身也,初爲民,安於在下,是以供上之事爲己事者也。己事而有不速往以奉之者乎? 此與君上《本義》曰:"尚、上通。"合志之順民也,何咎? 但民可願損,上不可過損也,務斟酌以損之,乃爲得耳。

九二:利貞。征凶。弗損,益之。《象》曰:九二"利貞",中以爲志也。

初爲民,則二爲臣。臣之應五,利剛中而不變,所謂以道事君也。若兑悦妄動震主動。

① 文淵閣本漏"而下"二字,據文津閣本補。

則凶矣，故无所謂益上也。惟弗損，則有以益之，爲民留餘，勿進羨，勿搜括，財之弗損也；當朝正色，勿曲學，勿卑節，身之弗損也。

六三：三人行則損一人，一人行則得其友。《象》曰："一人行"，"三"則疑也。

損之損下益上，六三、上九也，故於此爻特明上下之象焉。乾爲人。"三人行"者，下乾卦三陽并進也。"損一人"者，九三之一陽變也。"一人行"者，乾一陽往上卦也。"得其友"者，一陽上爲上九，一陰下爲六三，而陰陽相交也。葢陰陽之道，貴於致一。一人行，似乎孤矣，然无獨必有對，陽感陰應，必得其友；三人行，似乎衆矣，然"一國三公，吾誰適從？"《左傳》。"離坐離立，勿往參焉。"《禮記》。參則雜而生疑，必損其一。天以一而得地，男以一而得女，絪緼搆精，萬物凴生，則不疑其所行也。可玩哉！

三人行則損一人，老之變也；一人行則得其友，少之合也。

《仲氏易》曰："《來注》以《益》下三爻反於《損》之上三爻爲三人行。"則不特《損》下三爻反於《益》之上三爻亦當爲三人行，凡反易之卦，何一非下反上、上反下者？且其以一人行爲六三往上而居四，夫三、四皆陰，居上、居下何從見之？衹强解反易而不顧情理，何也？

六四：損其疾，使遄有喜，无咎。《象》曰："損其疾"，亦可"喜"也。

此則初之所謂"合志"者也。坤爲虛，爲害，《九家易》。疾也，或兵或役，皆疾也。而得初九一陽之遄往而損其疾矣，誠合志而可喜矣。然遄往者，孰使之？則六四以酌損者使之。

六五：或益之十朋之龜，弗克違，元吉。《象》曰：六五"元吉"，自上祐也。

卦之得益者，上九也。然六五君位，上九之益即所以祐五也。祐，助也。故六五居中，不貪，有"或益之十朋之龜，弗克違"之象，或者不期而至，似不知所從來者。"十朋之龜"，大寶也。《禹貢》"納錫大龜"，聽其自有，不株求也。"弗克違"者，欲辭之而不得也。《象》之所謂"元吉"者正以此。《仲氏易》曰："《大象》離爲龜，古五貝爲朋，新莽時兩貝爲朋，十朋直五十貝也。"

上九：弗損，益之，无咎，貞吉。利有攸往，得臣无家。《象》曰："弗損，益之"，大得志也。

上九則五之財賦所聚也，益也，然與下之六三相應，而以之爲友，是損下以爲益者，實弗損下以爲益也，非《象》之所謂“无咎可貞”，而“利有攸往”者乎？故以情言之爲得友，而以分言之則爲得臣。得臣則天下皆吾人，即皆吾土吾財，志大得矣，又奚事聚斂於一家爲？故曰“得臣无家”。

䷩震下巽上

《益》：利有攸往。利涉大川。

《彖》曰：《益》，損上益下，民説无疆。自上下下，其道大光。“利有攸往”，中正有慶。“利涉大川”，木道乃行。《益》動而巽，日進无疆。天施地生，其益無方。凡益之道，與時偕行。

《益》則損上乾卦之陽爲六四而成巽，《益》下坤卦之陰以初九而成震。初，民也，而受益，有不説而无疆者乎？夫益下者，上之道也。貴不下賤則道不光。今觀卦象，陽自上卦而下於下卦之下，以成大離，不粲然而光明乎？且二五皆居中得正，則震往有慶其利也，不信然乎？矧巽木震旉皆爲木道，震行而涉川，大離有虚舟象。不又利乎？而《益》之象更不止此。以益之道動，往而出以巽，則奮發而不鹵莽，進德修業，何可限量？天以一陽施於下而地得之，以生萬類，上乾下坤，天地也。品物咸亨，安有方所。凡此皆震巽春夏之交蕃鮮長進，與時而偕行者也。

《象》曰：風雷，《益》。君子以見善則遷，有過則改。

風雷之勢，交相助益者也。《本義》。君子遷善改過，如風之迅，如雷之勇，《益》可勝言耶！

初九：利用爲大作，元吉，无咎。《象》曰：“元吉无咎”，下不厚事也。

上之益下，不必果有所予也。夫予下幾何？而使下自益則无盡。《仲氏易》。侯果曰：“大作，謂耕植也。”《書》曰“東作”，《史》曰“大興農功”是也。處《益》之始，《益》，耒耜象。居震之初，初爲民，爲地，民在地而動，東作之象。震爲稼穡，又爲大作，益之大者莫如耕植，故初九之利，利爲大作而下无厚事之苦，則大吉无咎矣。事，事上也。厚，薄之反也。不違農時則力役輕，什一而征則稅斂薄，故曰“不厚事”。

六二：或益之十朋之龜，弗克違。永貞吉。王用享於帝，吉。《象》曰：“或益之”，自外來也。

四既益初矣，初爲民，則二爲臣，君之置臣以爲民也，民益而臣不并受其益乎？而六二不敢必君之益我也，故“十朋之龜，弗克違”，而曰“或益之”。夫《損》之六五，下以龜益上，其貢不煩，而《益》之六二，上以龜益下，則其錫至渥。《損》《益》反易，《益》之六二即《損》之六五。六二於此惟永守其正則吉矣，且二與五應，五，王也，二在地上，王者掃地而祭，因吉土以饗出震之帝，《纂言》。所謂祭則獲福者，亦於此見之，又《益》之一象也。四在外卦，故曰益“自外來”。

六三：益之用凶事，无咎，有孚。中行告公用圭。《象》曰：“益用凶事”，固有之也。

三與初同體，亦在所益者，第三本多凶，《繫辭》。而又處三坤之中，與穿土交陷而成凶象者正有合焉。《說文》曰：“凶字象地穿而交陷其中。”夫民饑为凶，《孟子》曰“河内凶”是也。古之王者，原有委積以待凶荒，《周禮》：“遺人縣都之委積以待凶荒。”用而益之，尙有何咎？故必出之以誠，孚，誠也。不爲虛文，行之以中，不滋偏弊，而出鎮圭以致王命，《周禮》：“珍圭以徵守，以恤凶荒。”《注》“珍”作“鎮”。王使人徵諸侯、憂凶荒，則授之以致王命焉。使公侯被災之地，力爲拯救可也。然而救荒以孚、以中，尤貴以豫委積，苟非固有，即欲益凶而何益哉？乾德益下，有富實象。坤爲國，有公象，又坤土，圭象。震爲言，告象。大離，孚象。

六四：中行告公，從，利用爲依遷國。《象》曰：“告公從”，以益志也。

六四居中爻，亦中行也，然損陽而遷之以坤陰，坤爲國，有遷國之象焉，則中行者何行哉？從來國之依在民，民之依在稼穡。四居中央坤爻地位，土爰稼穡，所謂“周原膴膴，堇荼如飴”者，則告公以衆吉允從，利用往遷可也。夫遷國本非輕舉，有以告之而益其志則遷可定。艮爲言，有告象。“從”即《洪範》“龜從筮”、“從卿士”、“從庶民”從也。坤，順，有從象。

九五：有孚惠心，勿問，元吉。有孚，惠我德。《象》曰：“有孚惠心”，“勿問”之矣。

"惠我德",大得志也。

四以益下爲心,乃惠心也。九五之君比於四而孚之,不問而信,大吉之道也。然有孚惠心,則惠者四之德哉,即我德也。我即指五。爻變爲《頤》,養賢以及萬民,於此有焉,五之志不大得耶?

上九:莫益之,或擊之,立心勿恒,凶。《象》曰:"莫益之",偏辭也。"或擊之",自外來也。

上九與六三應。六三陰虛而凶,上當益之矣。乃上九乘剛,恃剛亢而不下,莫有益於下者。然所謂"莫益",猶"偏舉"之辭也,豈止莫益哉?"或來擊",摧殘虐之矣。陽剛高峙,有擊象,故《蒙》上九亦言擊。夫雷上風下曰《恒》,今返之,而風返於上,雷擊於下,曰"不恒",且此即《恒》卦之九三也,亦曰"不恒",凶將立致,外何利焉?外者,外也,《纂言》曰"對三而言"。

䷪乾下兑上

《夬》:揚於王庭,孚號有厲,告自邑,不利即戎,利有攸往。

《彖》曰:《夬》,决也,剛决柔也。健而説,决而和。"揚於王庭",柔乘五剛也。"孚號有厲",其危乃光也。"告自邑,不利即戎",所尚乃窮也。"利有攸往",剛長乃終也。

夬者,缺也,環之有缺者名玦。今以五陽而戴一陰,其形上缺,則因象名《夬》,而義亦隨之。合五陽而决一陰,此與《左傳》"賜之玦則决"、《白虎通》"君子有决斷則佩玦"者其義正同。《仲氏易》曰:"上缺,故爲附决。"故夬者,决也,剛决去柔也。内乾健而外兑悦,則所以决之者不至激而失和,《夬》之道也。然則《彖辭》可釋矣。"揚於王庭"者,五爲王,王庭也,群賢對揚於王庭,正以柔乘五剛之上,不容不决也。"孚號有厲"者,善類共結而號呼惕厲,持之以危乃可决陰而有光也。乾惕危厲之象。乾爲言,兑爲口,號象,告揚之象。且夫所謂陰之在上者,尚、上通。非將終之窮寇哉?决勝一戰,恐其致死於我也。况渠坤之一爻,猶儼然坤邑矣,其亦自其邑而修文命以告之,休兵養鋭,勿輕即戎,而修吾德政,行仁益强,剛往而長陰,乃自終决,陰可易乎哉?以不利即戒,故三戒其壯頄,以剛長乃終,故五慮其未光。

《象》曰:澤上於天,《夬》。君子以施禄及下,居德則忌。

澤氣上於天則蒸潤而下,澤決而流之象也。若居其德則忌矣,恐其伐施,故又戒之。

初九:壯於前趾,往不勝爲咎。《象》曰:"不勝"而"往","咎"也。

《大壯》四陽,《夬》進而五陽,則《大壯》初爻"壯於趾"者,此更進而加一陽,壯於在前之趾焉。《淺義》曰:"卦以上爲后則初爲前,《夬》下卦三爻即《大壯》下卦三爻,故爻辭頗類。"夫初勢微而遠於上,何能勝《夬》之任? 乃壯往若此,徒取咎耳。

九二:惕號,莫夜有戎,勿恤。《象》曰:"有戎勿恤",得中道也。

《仲氏易》曰:"二則當任決者,但遠未即決,因取孚號而怵惕之。彼宵小勢窮,乘閒抵隙,每思以暮夜之間,作興戎之計,壁人腹刃,投以不測,而九二能守中正,便已无慮,所謂'其危乃光'者也"。

九三:壯於頄,有凶。君子夬夬獨行,遇雨若濡,有愠无咎。《象》曰:"君子夬夬",終"无咎"也。

九三以剛處剛,決去之意若赫然見於辭色,顴骨高峙,頄,音葵。面顴也。三在乾,爲首,故有頄象。則淺丈夫也,豈不有凶? 爲君子計,亦惟夬之又夬,志於必往,雖獨行,而與上遇,五陽獨三與上六應。兑水下注,有若雨之濡者,厭浥可愠而利器深藏,濡縷立斃,終无咎耳。

九四:臀无膚,其行次且。牽羊悔亡。聞言不信。《象》曰:"其行次且",位不當也。"聞言不信",聰不明也。

至於九四,以剛居柔,位處不當,君子而涉於陰柔者也。變坎爲臀,見《虞氏易》"臀字從殿,殿,後也"。九三爲頄,九四反爲臀者,三,下卦之上,四,上卦之下也。臀有柔肉曰膚,乘剛則臀无膚矣。《訂詁》。又坎爲曳,且以无膚而次且不進矣。夫以四視上六爲兑,主羊也。羊在前而我從後驅之,此牽羊之術也。東谷鄭氏謂:"羊性狠,居前而力挽之,則忿而不行,却行而使之前,則行矣。"若如此則无悔矣。其如四聽言不明,雖號之以此,而不信何? 變坎爲耳。

九五：莧陸夬夬，中行无咎。《象》曰："中行无咎"，中未光也。

乾畫平直，而五疊隆峙，一若高平之陸，然上六拆於其上，又若陸上有莧然。夫莧葉弱而根堅，上柔下剛之象，見荀慈明説。九五於此夬之又夬，曰："吾以中行者去之焉。"是固決而和者，何咎？然九五居尊有權，陰逼莫逃，可以一決而盡，而乃安於中行，君子微窺其隱曰："得毋有未甚光明者乎？"蓋惟恐陽之不決陰①也。

三爻遇雨亦无咎，此爻中行乃未光，乃知時宜待而輕見詞色，時當決而尚講持中調停，皆腐儒敗乃事者也。王崑繩曰："《夬》之九五，兑也，非乾也，雖決上六而陰有不忍割者，是未光也，故《兑》之九五遂孚於《剥》焉。"

上六：无號，終有凶。《象》曰："无號"之"凶"，終不可長也。

五陽孚號，則一陰无所號矣，兑口亦有號象。終不可長，其凶宜耳。五剛決一柔，若易易然。然初九不勝矣，九三且受其沾濡矣，九四趑趄不果矣，九五夬而未光矣，且下卦健體，則初與三恐其決之過，上卦説體，四與五又恐其決之不及，惟二得中而惕號不寧，小人之難去如此，君子去小人之難如此，厲哉！故通卦不言"亨""吉"，祇曰"无咎"、"无恤"、"悔亡"，所以深戒君子，使勿忽小人也。聖人之情見乎辭如此。

☰巽下乾上

《姤》：女壯，勿用取女。

《彖》曰：《姤》，遇也，柔遇剛也。"勿用取女"，不可與長也。天地相遇，品物咸章也。剛遇中正，天下大行也。《姤》之時義大矣哉！

姤者，遇也，在《夬》之一柔方幸其決於上，而忽出於下，來與剛接，若邂逅然，是《姤》也。夫柔者，女也。上有五陽，而一女竟出而與之遇，可不謂壯乎？若用而取之，則從此漸侵漸長，由《姤》而《遯》而《否》而《觀》而《剥》，而可乎？然而柔出遇剛，固可危厲，而五陽在上，索入一陰，則天地相遇，天陽地陰。爲仲夏之月，大巽東南，品物咸章。且九二位遇中，九五位遇中，正則陽能包畜初陰，以大行於天下，《姤》之時，其義不亦大哉！

① 陰，文淵閣本作"陽"，據文津閣本改。

《象》曰：天下有風，《姤》。后以施命誥四方。

天下有風，自上而下，物无不遇之而從令焉，后之命誥似之。

初六：繫於金柅，貞吉。有攸往，見凶，羸豕孚蹢躅。《象》曰："繫於金柅"，柔道牽也。

初六則正所謂"女壯"者也。巽爲繩，巽水而合乾金，爲金柅，《説文》："柅，木名，實似梨。"《仲氏易》曰："實似梨，黄色，故名金柅。"則初六有牽繫於金柅之象焉，裹足不前，守陰之貞，則吉矣。若欲求陽而往，男不先女，女反先男，其凶立見。然而繫則繫矣，形以之繫，心誰能繫？試諦觀其象，可畏也哉！坎爲豕，坎體不全，且柔爻爲羸豕，羸豕，母豕也，趙汝楳曰："陰爲羸豕。"巽股爲蹢躅，塗豕逸風而金柅是繫，急就不能，形神俱瘁，專專莫化，盤桓踢蹶，可畏亦可醜也。大堤白苧，无數言情之作，不及此五字寫盡。

九二：包有魚，无咎，不利賓。《象》曰："包有魚"，義不及"賓"也。

九二剛而得中，切比於初，陽大陰小則包之，包之而視初，魚也，則有魚矣。魚，陰類，巽亦爲魚。夫嘉魚罩罩，何咎？但初六之女，壯女也，壯女入門，不嚴内外，乃使大享見賓，恐難保其貞矣，則《象》之所謂"不利賓"者，豈曰魚不利於賓哉？亦以二既包之，義不可再及於賓耳。賓指四，四與初正應，今二既包初，二爲主，遂視四爲賓矣。

九三：臀无膚，其行次且，厲，无大咎。《象》曰："其行次且"，行未牽也。

九三即《夬》之九四也，故亦"臀无膚，其行次且"，然而不同矣。五陽之所遇者，皆初陰也，而三獨緩行而不與之牽焉，惕厲以處，自鮮大咎。初之牽，自牽也。此之未牽，不牽乎人也。此在《姤》時而可以不《姤》者，故《夬》之"次且"以不當，而不明此之"次且"以未牽而无咎也。

九四：包无魚，起凶。《象》曰："无魚"之"凶"，遠民也。

四與初則正應矣。乃以不中不正致初之魚爲九二所有，而九四之包反无魚焉。陰爲女，亦爲民。夫本吾民而遠之，使歸他人，凶得不起乎？此當姤而不能姤者。

九五：以杞包瓜，含章，有隕自天。《象》曰："九五含章"，中正也。"有隕自天"，志不舍命也。

自二視初，魚也。而自五視之，二爲杞，《虞氏易》："巽为杞。"初陰蔓延地下如瓜，二變艮，亦爲果瓜。是杞柳包瓜也。杞柳可爲桮棬。二五皆中而五居尊位，則杞包瓜者，五以之也。夫九五剛遇中正而包陰瓜，陰陽相間，文章燦然。包之則含之，何者？瓜之在地，乃自天而隕者也，與《夬》反對自見。天命也。天命如此，九五之志自奉天而不違矣。《程傳》：舍，違也。以爻而曠觀之漢唐，九五之君，因時成事，不待言矣。即孔子志懷三代之英，然秦之一陰已生於下，孔子可違天哉！亦删《詩》訂禮，起漢唐之豪傑，包漢唐之陰衆耳，是志不舍命也。

上九：姤其角，吝，无咎。《象》曰："姤其角"，上窮"吝"也。

上九亢陽於上角也，陰遇之，牴觸而不合，豈不吝而有疵？然卓立難近，何咎？此以極剛而待陰之過者，世外之高士也。

《姤》陰始生，緩行而不與牽，一道也。角觸而不使近，又一道也。包魚而閑制之，使不及賓，又一道也。以杞包瓜，品物咸章，又一道也。或地位不同，或德行各异，而壓女壯之慮，則一也。惟既應之而又不能包之，致使爲他人用以起凶災，此爲下耳。

䷬坤下兑上

《萃》：亨，王假有廟。利見大人，亨。利貞，用大牲，吉，利有攸往。

《彖》曰：《萃》，聚也。順以説，剛中而應，故聚也。"王假有廟"，致孝亨也。"利見大人亨"，聚以正也。"用大牲吉，利有攸往"，順天命也。觀其所聚，而天地萬物之情可見矣。

萃者，聚也，何爲而聚也？人情逆則不聚，忤則不聚，偏而无從則不聚，今坤順而兑悦，九五剛中而六二應之，聚之故瞭然矣。故王假有廟者聚精神，孝。聚品物，亨。以聚祖考也。《涣》之假廟，立廟之始。此之假廟，享廟之成。"利見大人亨"者，三陰在下，而承九四以見九五，其聚以正也。"用大牲吉，利有攸往"者，天命既聚，非二簋應損之時，故順天命而備物以祭。"攸往",咸宜也。夫天命不可度也,人心莫知其鄉也,群生至衆也,《程傳》。群物至紛也,而聚合總攝乃至於此,此其中有情焉。《咸》則其情通,《恒》則其情久,《萃》則其情聚,然則天地萬物之情不於所聚而可見哉!九五,王也。互艮爲闕,爲鬼,冥門,宗廟也。坤爲牛,大牲也。五居天位,互巽爲命,天命也。

《象》曰:澤上於地,《萃》。君子以除戎器,戒不虞。

澤,萬物之所説也,而在坤地之上。坤爲衆,非萃乎?聚戎器而修之除,更新也。以備不虞,萃道之大者。《傳》曰:"國之大事,在祀與戎。"

初六:有孚不終,乃亂乃萃。若號一握爲笑,勿恤,往无咎。《象》曰:"乃亂乃萃",其志亂也。

此萃之始也,卦象大坎本有孚,然居於初位,尚未終也,故其志疑惑不定,乃亂而散,乃萃而合,此豈可者?苟能爻變爲震,震爲鳴號,大呼上卦之陽,艮手相鄰,一握而進,雖震爲喜笑,容有笑其往之急者,而勿恤也,惟一意於往而聚,則无咎耳。

六二:引吉无咎,孚乃利用,禴。《象》曰:"引吉无咎",中未變也。

二則《象》之所謂"應乎五"者,執持中道,不變其心,即孚也。以艮手牽巽繩,引群而拱剛中,二居中,則初六、六三皆可引之。吉,又何咎?且當萃之時,孚誠以用夏祭,不亦利歟?禴,夏祭名。《周禮·宗伯》以"禴,夏享先王"是也。下卦離位,故爲禴祭。

六三:萃如嗟如,无攸利,往无咎,小吝。《象》曰:"往无咎",上巽也。

六三當萃之中,故萃如,而處上下之間,无有正應,則又嗟如,大坎加憂亦爲嗟。是无所利也。惟往而上見乎五,雖應非其正,不免小吝,然上互爲巽,三五同功,固其宜也,又何咎焉?此聖言以互體示人者。

九四:大吉无咎。《象》曰:"大吉无咎",位不當也。

四本多懼，而爻以陽處陰位，復不當。然在萃時，不擅尊位，退處陰小，使下之三陰皆往於五，正以位不當而大吉无咎矣。觀九五曰“萃有位”可明。

九五：萃有位，无咎匪孚，元永貞，悔亾。《象》曰：“萃有位”，志未光也。

九五則萃有位矣，又有何咎？然《萃》與《比》相似而不同。《比》不寧而建國，初起之君也，《萃》假廟而戒不虞，成業之君也。業成志或不光。如唐太宗末年漸荒，漢之景帝致七國之變是也。又《比》惟九五一陽，故五陰之比顯然明白。《萃》四、五兩陽，則九五之剛中反居大坎之偏，與離光明背，其孚乎？四陰者，或有時而匪孚矣，悔矣，亦如《比》之“元永貞”，乃悔亾耳。

上六：齎咨涕洟，无咎。《象》曰：“齎咨涕洟”，未安上也。

萃之終而乃有不得萃者焉。《淺義》：曰“齎，持遺人也。咨，嗟嘆聲。兑，口象。涕，目液。洟，鼻液。兑澤象。以柔上乘五剛，非萃之道，故持此‘咨涕洟’以致其不安之意於五而求萃也，亦无咎矣。”

萃天下大萃之時，而初六乃有孚不終，乃亂乃萃矣。六三萃往而有嗟矣，上六欲萃而涕洟矣，所謂“修己以安百姓，堯舜猶病”也。九五之大人乃不光而“元永貞”焉，豈其可哉？

䷭巽下坤上

《升》：元亨。用見大人，勿恤。南征吉。

《彖》曰：柔以時升，巽而順，剛中而應，是以大“亨”。“用見大人勿恤”，有慶也。“南征吉”，志行也。

升者，何也？上卦坤爲地，下卦巽爲木，地中生木。木之初，柔爲卦主，以時而上升也。故六爻惟初六稱大吉，以其爲升之主也。或曰巽從坤交，當曰“柔以時下”，不當曰“柔以時升”，不知卦自名《升》，初六之升，乃就全卦象而言，非就一爻往来言也。其德巽而順其體，九二剛中而五相應，升而大亨，非是之故歟？故大坎爲恤，而六五用見九二之大人，則陰陽爲會合，有慶而勿恤矣。且升即征也，巽位東南，坤位西南，皆南也，於此而征則志行矣，吉矣。

《周易玩辭》謂“《升》自《臨》變”，《推易圖》亦載“《升》爲《臨》之初移”。三則當曰“剛以時升矣”，與經文不合，故《本義》不得已，取《解》，《仲氏易》不得已，專取《小過》，則其言曰“《臨》《觀》者，二陽卦之正易也，乃有不通”，可乎？亦可見卦變推易之不與聖經比附矣。“柔以時升”與《大壯》“大者，壯也”等辭同。本象自明，不必他牽。

《象》曰：地中生木，升。君子以順德，積小以高大。

順德，地道也。地道生生不窮，故木積小以高大焉。

初六：允升大吉。《象》曰：“允升大吉”，上合志也。

參天之柯，自兩葉始，故初六之升，允升也。允，信也。大坎爲孚，有允象。上坤爲土，以培下木，兩志相合，其吉何可量者？

九二：孚乃利用禴，无咎。《象》曰：九二之“孚”，有喜也。

九二剛中則有孚於五者也。升而用禴，巽臭肆達，巽爲臭。皇尸載喜，利矣，何咎？禴，夏祭也。“南征”故爲夏祭。

九三：升虚邑。《象》曰：“升虚邑”，无所疑也。

坤爲邑，上有坤卦，下有坤爻，而三剛峙其中，有虚象，虚同墟。《説文》“虚，大丘也”。是虚邑也。九三升而漸高，至於虚邑。當其在初已允，在二已孚，此又何疑焉？

六四：王用亨享通。於岐山，吉，无咎。《象》曰：王用亨於岐山，順事也。

六四升而愈高，則山矣。互兑在西方，則爲岐山。岐山者，西方之山也。亨祭於岐山，順以事之，坤爲順。後遂自侯而王，不其升乎？王指五也。

六五：貞吉升階。《象》曰：“貞吉升階”，大得志也。

至於六五，則大居正而吉，又安所升？然下九二應，引天下之賢士以升，坤土兩排，如陟東西階。然爲天下得人，志之大得，爲何如者？

上六：冥升，利於不息之貞。《象》曰："冥升"在上，消不富也。

若夫上六處坤之極，眞无所升矣，而乃晻曖日晦，夜行不休，彼冥迷者坤爲迷。豈以下有巽利尚欲求富哉？不知陰終消索，荀爽曰："陰用事爲消，陽用事为息。"何富之冀？然而此意亦有利焉。苟易夫求富之心，以之體道，則不息之貞，聖敬日躋，昭格於天，乃升之極者。

䷮坎下兑上

《困》：亨。貞大人吉，无咎。有言不信。

《彖》曰：《困》，剛揜也。險以説，困而不失其所，"亨"，其惟君子乎？"貞大人吉"，以剛中也。"有言不信"，尚口乃窮也。

陰勝於陽則戰，然戰則陽可復，猶非困也。今坎剛爲兑柔所掩，九二一剛爲二陰所掩，《本義》。四五兩剛爲上六、六三所掩，狀似悦陽包陽，而實蔽陽於内，令其坐而自困，此則困也。然困於遇，不可困於心，雖遇坎險，而兑悦如故，遭困而不失其所，所，所居之地也。則處困而亨，惟君子能之。夫君子者，即大人也。二五剛中得正，不其吉乎？若不知處困之義，而徒恃兑口以自解説，則困時之言，人誰信之？窮可知耳。

《象》曰：澤无水，困。君子以致命遂志。

澤在上而水漏於下，困竭之象也。君子處此，則命委於天，志遂於己，所謂"夭壽不貳，修身以俟之"也。

初六：臀困於株木，入於幽谷，三歲不覿。《象》曰："入於幽谷"，幽不明也。

卦本以柔揜剛而困，然剛不可困也，困剛者必將自困？故陰爻辭有不祥，而陽爻辭无全凶。故陰亦困焉。坎爲臀，一陽逼於後，卦以下爲前，上爲后。比之堅木坎爲木，堅多心。有根株而无枝葉，木在地下为根，在地上为株。臀困於此，何能上進？且不特此而已，坎有重窞而初當最下，如幽谷然，一入其中，則歷坎之盡，勢必三歲不覿。王昭素曰："自初至四，歷三爻爲三歲。"蓋坎與離反,故幽而不明耳,此卑暗而困者。

九二:困於酒食,朱紱方來。利用亨祀。征凶,无咎。《象》曰:"困於酒食",中有慶也。亨,通享。

此則富貴而困者。坎爲酒,應兑爲口,食肉山酒海,困而不勝,而朱紱之服來加未已,二至四爲離,三至五爲巽,以離牛之革加之巽股,是紱也。離,南方卦。朱,色。《詩》曰"朱芾斯皇",赤紱三百。紱、芾通字,蔽膝也,朝祭之服。不亦九二中道之慶乎?特是酒食薦亨,服紱以祭,則可敬鬼神而利,若以此爲推食解衣,而欲進而有爲,則坎陷而凶矣。然時勢至此,於己何咎?明萬歷時君子正如此。

六三:困於石,據於蒺藜,入於其宫,不見其妻,凶。《象》曰:"據於蒺藜",乘剛也。"入於其宫,不見其妻",不祥也。

剛有石象,坎有蒺藜象,六三正乘下剛,則"困於石"。而且"據於蒺藜"矣,及入於坎宫,坎爲男,兑爲女,而上六不應,又入其宫,不見其妻,不祥而凶孰甚焉?此則據非其位而困者。

九四:來徐徐,困於金車,吝,有終。《象》曰:"來徐徐",志在下也。雖不當位,有與也。

卦之三陽,惟九四有應,故其志以斯世斯民爲己任,見初六之困,以爲此吾與也。驾我金車,來而相救,坎爲車,九四乾畫爲金。无奈以陽居陰,位處不當,徐徐不前,坐爲車困,則德不下施,不其吝乎?然志终不變,必及所與,如孔子雖困於周流而澤被萬世是也。與即"斯人徒與"之與。

九五:劓刖,困於赤紱,乃徐有説,利用祭祀。《象》曰:"劓刖",志未得也。"乃徐有説",以中直也。"利用祭祀",受福也。

後半震不成震足,前半艮不成艮鼻,且俱爲兑之毁折,則劓且刖矣。雖九五得位,繫我赤紱,而束縛絞急即困於赤紱焉。九五與九二敵應,互離,火性炎上,二爲朱紱,則漸上色輕爲赤紱。雖然德中而直，乾爻靜專動直。豈終困哉？徐出言説兑爲説。説、悦通字。以達神天，祭祀獲福，利矣。文王之囚羑里，而終三分有二也似之。

上六：困於葛藟，於臲卼，曰“動悔有悔”，征吉。《象》曰：“困於葛藟”，未當也。“動悔有悔”，吉行也。

上六亦掩剛而困者。巽爲木，六以柔纏巽木之上，是“困於葛藟”也。巽爲高，上居巽高之上，是“於臲卼”也。臲卼，即杌隉不安也。然上與初三不同，窮則變矣，忽而覺曰：“吾其動乎？吾悔矣。”果有悔也，則征行而吉矣。征行即動也，君子固困窮而通，而小人悔掩剛之不當，亦可通如此。

䷯巽下坎上

《井》：改邑不改井，无喪无得。往來井井。汔至亦未繘井，羸其瓶凶。

《彖》曰：巽乎水而上水，《井》。井養而不窮也。“改邑不改井”，乃以剛中也。“汔至，亦未繘井”，未有功也。“羸其瓶”，是以凶也。

巽爲木，爲入，坎爲水，木入水下，而取水在上，汲井之象，非井乎？故觀乎反易，《困》上爲兑，反於下爲巽，巽爲市邑，是改爲邑也。《困》下爲坎，反於上亦爲坎，剛德居中，坎水通行，是井原有不改也。《來注》：“三陰爲井身，初井泥，四井甃，上井收是也。三陽爲井水，二射漏，三井渫，五寒冽是也。”井不改則取之不竭，无所喪，惠而不居，无所得，但見往而外者，坎一井也。來而内者，大坎亦一井也，養人又何窮焉？特是井必出水，始能養人，向使汲水者幾至於井汔，幾也。而未用其繘於井，繘，綆也。巽爲繩，綆象。忽羸其瓶，羸，敝败也。毁折下漏，離中虚，瓶象。兑爲毁折，羸象。則无以上水，不其凶乎？

《象》曰：木上有水，《井》。君子以勞民勸相。

如井養然，君子也，勞來其民，勸之助之，戒用休，董用威，勸以九歌。

初六：井泥不食。舊井无禽。《象》曰：“井泥不食”，下也。“舊井无禽”，時舍也。

初二皆地道，而初尤地下井底之泥也，其可食乎？《仲氏易》。夫井泥而不可食，必其久不渫治者也，舊井也，皆而下缺，即巽之鷄，離之飛鳥，亦无反而顧之者，禽常近水。杜詩"鸕鷀窺淺井"是也。爲時所置，可知矣。

九二：井谷射鮒，甕敝漏。《象》曰："井谷射鮒"，无與也。

九二井有水矣，但毁折之水兑爲毁折。流於山下，變艮爲山。則井而似谷，莊周所謂"缺甃之崖"是也。其水无人上汲，惟下注而射於初，有射鮒之象焉。崔憬曰："魚，陰蟲也。初處井下，體又陰爻，魚象。"《仲氏易》曰："鮒，小魚也。少牢饋食曰魚，用鮒十有五而俎，言細小也。《埤雅》謂即今之鲫，以其相即而行曰鲫，以其相附而行曰鮒。吕子洞庭之鮒，則大魚，别一種。而且倒兑下缺，有似翻壺，盛水之甕，且敝而漏矣，甕即瓶。夫汲之必有與之者，顧誰與此？无應故无與。

九三：井渫不食，爲我心惻，可用汲，王明，并受其福。《象》曰："井渫不食"，行"惻"也。求"王明"，受福也。

三居剛乘剛，遠於泥而无漏。巽爲潔，齊井之渫，去其污者。渫者，泄也，《史記・屈原傳》作"井泄"是也。然水尚在井中，而兑口居上，或不爲人所食者有之。清不見亮，賢不見收，行道之人皆必爲我心惻矣，於此而用汲引焉，庶其可乎？夫五，王也。五與三同功爲離，離爲明，王而能明，以汲之，則共處離位與不共處離位者，誰不受福焉？宜求之者衆矣。《仲氏易》。

六四：井甃无咎。《象》曰："井甃无咎"，修井也。

四在互卦離中，以離中之火燒坤土坎本坤卦。爲甓，而甃之四傍，馬融所謂"以瓦治井者，修也。"

九五：井冽寒泉，食。《象》曰："寒泉"之"食"，中正也。

《仲氏易》曰："此水繘而上矣。坎水中正，洌也，不泥也。寒也，坎，北，寒地也。泉也，有本也，上坎下又坎也。食也，兑口正向也。"

上六：井收勿幕，有孚元吉。《象》曰："元吉"在上，大成也。

上六井上見口，如井韓然收也。按：韓，《説文》"井垣"也，即今井口上幹也，所以收井者，故謂之"收"，畫井即取其形，故《蘇軾傳》曰"收者，甃之上窮也。"井收得毋幕之乎？幕，蓋井具也。夫"往來井井"，取之不禁，又何幕爲？井口仍見上缺，是勿幕也。出坎之孚，而得大吉，井養於是乎大成矣。

周易傳注·卷四

州學正　李塨　撰

下　經

䷰離下兑上

《革》：已日乃孚。元亨，利貞，悔亾。

《彖》曰：《革》，水火相息，二女同居，其志不相得曰革。"已日乃孚"，革而信之。文明以説，大"亨"以正。革而當，其"悔"乃"亾"。天地革而四時成，湯武革命，順乎天而應乎人。《革》之時大矣哉！

革，變革也。文王序卦以反易爲次，然又有重易而可對見者，如《睽》之與《革》是也。《睽》爲火澤，火炎上而水潤下，相違而已；而《革》爲澤火，澤之潤下者必及火，火之炎上者必及澤，相搏也，已而相熄。息與熄同，即滅也。或謂兑澤與坎水不同，不可言水，則孔子言水火相息，非耶？二女亦然。《睽》之中女上而少女下，雖各有志，猶不相害；至於《革》，則女兄居下，女弟居上，孤嫠既不堪，而復以晨夕、先後、短長、錯迕之細相對詬誶，其勢不至於不相得不止，此《革》之所由名也。《仲氏易》。然而天下之事，革舊則新，理有固然，但不極不革。湯、武行善，桀、紂行惡，各終其日。崔憬説。"已，終也"，漢晉皆如此解。《史記》凡下事接上事者言已，謂終此事而又爲也。《漢上易傳》以已爲"戊己"之"己"，謂八卦納甲，乾納甲壬，坤納乙癸，震納庚，巽納辛，坎納戊，離納己，艮納丙，兑納丁。不惟納甲之説起於後人，且此卦下離謂之納己，則《蠱》卦无乾，何以有甲？《巽》卦无震，何以有庚？不可通矣。至訓已字更於此卦添一庚字，或謂庚前一日爲巳，或謂庚后十日爲巳，不更添設歟？人乃曉然信之，内文明而外和説，大亨以正，所革者當其悔乃亡。且此人道也，即天道也。暑以變寒，寒以變暑，相革而成歲，故湯武革命以法天地，上順乎天而下應乎人，然則《革》之時何其大哉！

《象》曰：澤中有火，《革》。君子以治歷明時。

天地革而四時成，君子治曆，明之而已。

初九：鞏用黄牛之革。《象》曰："鞏用黄牛"，不可以有爲也。

雖當革時，處下無應，一若有物束之者，所謂"鞏"也。《説文》"以革束物爲鞏"。第鞏用韋束，而初居離剛，即用離牛之剛革而黄其色者離爲牛，剛其革也。黄者，黄，離色也。於以爲鞏，則既堅且韌而急不能革，故曰"此不可以有爲者"。《仲氏易》。葢獸去皮毛本爲革象，而時日未至，故且束縛以自處耳。

六二：已日乃革之，征吉，无咎。《象》曰："已日革之"，行有嘉也。

離爲日，二爻則日過半矣，《彖》之所謂"已日乃有孚"者，亦以已日乃可革也。由此而征行，以待已日，不輕革焉，焉有不嘉？

九三：征凶貞厲，革言三就，有孚。《象》曰："革言三就"，又何之矣？

九三以爲逼近上卦，即欲征而革乎，則罹躁動之凶矣。必正而危厲，變革之言，三訂而就，就，成也。變震爲言。則乃孚者有孚矣，又何之乎？言已詳審，无所復用其詳審也。

九四：悔亡。有孚改命，吉。《象》曰："改命"之"吉"，信志也。

九四在離日上，所謂"已日"也，互乾居中，躍而欲飛，人近天位。天下皆信其志，正《彖》所謂"悔亡"者，湯武革命，此其時矣！巽爲命。

九五：大人虎變，未占有孚。《象》曰："大人虎變"，其文炳也。

於是而革者，稱大人矣。命之既改，創制立法，更朔易服，考車書而定禮樂，其乘乾向離,文明飾治,《仲氏易》。如虎之文采,變化炳然外著,乾有虎象,宋衷曰"兑爲白虎"。是何待占而後知其信於天下哉!二至上大坎爲孚,而三有孚皆歸陽爻,心實孚也。

上六:君子豹變,小人革面,征凶,居貞吉。《象》曰:"君子豹變",其文蔚也。"小人革面",順以從君也。

至於上六,則由創而守矣。有位君子之革,文章華國,豹變蔚然。陸績曰:"兑,陽爻稱虎,陰爻稱豹。豹,虎類而小。"《訂詁》曰:"虎大而文疏曰炳,豹小而文密曰蔚。"無位小人之革,改易面目,從欲而治,居高則爲君子,陰柔則爲小人,俱指上六言。所謂"萬物更新,四海太平"者,非耶?然而繼創以守,務在休息,張而不弛,盛世所忌,動則凶,居則正而吉。蓋非常之舉、更革之行,可以處變而不可以處常,惟可處變,故當其未革,用黄牛之革而偏厭其固,惟不可處常,故及其既革,雖虎豹炳蔚,斐然文治,而惟恐其征時則然也。初二三以漸而革,四則正革,五六革之成,革道如此。

䷱巽下離上

《鼎》:元吉,亨。

《彖》曰:《鼎》,象也。以木巽火,亨烹通,下亨以大亨俱同。飪也。聖人亨以享上帝,而大亨以養聖賢。巽而耳目聰明,柔進而上行,得中而應乎剛,是以元"亨"。

鼎者,何也?象也。初偶似足,二三四奇而中實似腹,五偶似耳,上奇似鉉,非鼎象而何?然象也而義即具焉,以木巽入也。火事爲烹飪,豈細故哉?聖人作而大牢脅音征,以牲體實鼎也。鼎以享上帝,饔餐牢體,用物宏多,以養當代之聖賢。鼎之攸關爲何如者?而況其德則巽順於内,而大坎之耳、上離之目,亶聰明,作元后,且坤柔爲離,主爻進而上行,得五中而應九二之剛,上下相得,其大吉而亨也,尚待多辭決歟?《頤》與《鼎》皆有養義,而口實不若鼎養之尊也,觀《彖》《象》辭可見。

《象》曰:木上有火,《鼎》。君子以正位凝命。

命既革矣,君子正位以凝之,成王定鼎於郟鄏,其象如此。

初六：鼎顛趾，利出否。得妾以其子，无咎。《象》曰："鼎顛趾"，未悖也。"利出否"，以從貴也。

初在鼎下而偶開如趾然，然卦與《革》反易，則一觀於《革》，似"顛其趾"者。夫趾而顛，有似乎悖禮。祭先夕，溉鼎滌濯則必顛鼎而出否濁之物焉，豈爲悖哉？且夫顛者，倒也，初六爲巽，倒巽即兑，兑爲少女，爲妾，而自初至五即爲大坎之子，又有得妾以其子之象焉，妾以事飪，子以主鼎。則母以子貴，與鼎以出否而從貴者不相似乎？《訂詁》："否爲賤，新潔爲貴。"

九二：鼎有實，我仇有疾，不我能即，吉。《象》曰："鼎有實"，慎所之也。"我仇有疾"，終无尤也。

二當鼎下腹而得陽爻則有實，持其實何之？六五，二之所之也。謹慎以之，則我之仇類同爲陽爻，同居腹位，如"行塞"之九三，"覆餗"之九四，未免有所嫉妬，然不能即我之身而害之，故吉而无尤。

九三：鼎耳革，其行塞，雉膏不食，方雨虧悔，終吉。《象》曰："鼎耳革"，失其義也。

一至五大坎爲耳，三正居坎中，則雖未至六五，六五爲鼎耳。已有耳象焉。无奈中有三陽，而九三上下充連，通者不通坎爲通。鼎耳改矣。胡媛《口義》。夫耳必虚，而後可貫以鉉而扛近食前。今耳改而塞，則行亦塞，失鼎之義矣，《漢·五行志》曰①："鼎以耳行。"雖有上離之雉可以爲膏，焉得食哉？幸而大坎將雨，雨則陰陽相和，革者可復，塞者可通，將見不食而虧闕者悔而思變，終獲其吉矣。

九四：鼎折足，覆公餗，其形渥，凶。《象》曰："覆公餗"，信如何也？

凡物之能容者，必其有餘地也。九四下有三陽，實滿已過，上逼耳鉉，鼎不能勝，其下之足，初爲足。斗然摧折，兑爲毁折。而公餗覆矣，李氏《集解》曰："四爲諸侯上公之位。餗者，雉膏之屬。"流潒沾濡，坎象。形模沃若。夫九四不嘗以爲鼎鼐材乎？而今果何如？

① 曰，文淵閣本作"口"，據文津閣本改。

六五：鼎黄耳金鉉，利貞。《象》曰："鼎黄耳"，中以爲實也。

此正鼎之耳也，而居離中，則黄離爲黄耳，於是以上九之金鉉貫之，上九乾畫，乾爲金。鼎於是不成烹飪之功乎？特是鼎耳无實，以下與二爲正應，得中而虚納，《彖傳》曰："耳目聰明，得中而應乎剛。"則二之有實即爲五之實矣。其中也，其貞也，是其所利也。

上九：鼎玉鉉，大吉，无不利。《象》曰："玉鉉"在上，剛柔節也。

上九乃六五之所謂"鉉"者，然自五視之爲金鉉，而乾爲金，又爲玉，變震亦爲玉，則金鉉而飾以玉，復稱玉鉉焉。夫玉鉉在上而通於五耳，上九爲陽，六五爲陰，則鉉耳之相通，即剛柔之相節，節，无過不及也。推之水火之齊、《周禮》"烹人掌共鼎鑊，以給水火之齊"。寒煖之節，《文王世子》："食上，必在視寒煖之節。"聖人與上帝聖賢之感格，皆此節也，不大吉而无不利歟？

初六出鼎之否，九二有鼎之實，宜乎行而亨矣。乃九三鼎塞，九四鼎覆，何能有之？惟六五之耳，上九之鉉，剛柔相節，則可用以享上帝，養聖賢，是鼎，非聖人，其孰與歸？

䷲震下震上

《震》：亨。震來虩虩，笑言啞啞，震驚百里，不喪匕鬯。

震，動也。一陽動於二陰之下，其象爲雷，重震則二雷相逐，故"震來虩虩"然，虩虩，《説文》恐懼也。震爲言，爲笑，故又有啞啞象。啞啞，笑聲。匕以棘爲之，出鼎牢而升俎者。鬯，秬鬱鬱草爲酒以降神者。互坎爲棘，爲酒。主鼎器者，長子，長子，震也。《白虎通》曰："雷震百里，諸侯之象。"故匕鬯歸之。

《彖》曰：《震》，"亨"。"震來虩虩"，恐致福也。"笑言啞啞"，後有則也。"震驚百里"，驚遠而懼邇也。出可以守宗廟社稷，以爲祭主也。

當震之來而虩虩恐懼，則恐懼可以致福，后自笑言啞啞而不失其則矣。夫震之來，豈小也哉？聲聞百里，《項氏傳》曰："千里不同風，百里不共雷。"故"雷震百里"。遠聞之而驚，邇當之而懼，乃能不喪匕鬯，則出而守宗廟社稷，以爲祭主也，不亦亨哉！艮爲宗廟，震爲稼，有社稷象。

《象》曰:洊雷,《震》。君子以恐懼修省。

洊者,重也,恐懼於心,修省於事,君子之震也。

初九:"震來虩虩",後"笑言啞啞",吉。《象》曰:"震來虩虩",恐致福也。"笑言啞啞","後"有則也。

重震以内爲主,而内震以初爻爲主,居下能恐。《象》之"震來虩虩"而后"啞啞"者,正指此爻也。

六二:震來厲,億喪貝,躋於九陵,勿逐,七日得。《象》曰:"震來厲",乘剛也。

六二下乘初剛,爲龍雷之聲所慑,故震來而危,大喪其貝,億,大也。十萬曰億,故六五《象傳》以"大"訓"億"。變離,爲龜、蚌,貝象,古以貝爲貨。且避而躋於九陵之上焉,互艮爲山陵也,艮上爲九四,九陵也。其不如初之後有笑言審矣。然震得中正,終亦无失,所喪之貝,不必逐也,爻至七日而復其位,一爻當一日。自得之耳。

六三:震蘇蘇,震行无眚。《象》曰:"震蘇蘇",位不當也。

六三以柔居剛,位處不當,故"震而蘇蘇"然。《程傳》:"蘇蘇,畏懼散失之貌。"然勿徒爾也,震行則可无眚矣。互坎爲眚。六居陽位,故勉之。

九四:震遂泥。《象》曰:"震遂泥",未光也。

九四與初九,皆震之一陽也。乃因重之,而其義逈殊矣。上下皆震動而不返,《本義》曰:"遂者,无返之意。"遂陷坎中,如泥塗附,坎水入坤中,泥象。其能光乎? 坎反離,故未光。

六五:震往來厲。億无喪有事。《象》曰:"震往來厲",危行也。其事在中,大"无喪"也。

六五居重震之上，一震往，一震又來，故往來皆厲，然而大无喪也，以居中而有震動，恪恭之事也。

《説卦》曰："震，動也。動萬物者，莫疾乎雷，故曰'震來'、'震往來'，皆動意也。"雷震非往既來，无留住者。孔子以"危"訓"厲"、以"行"訓"往來"，可見與他卦"往來"之義不同，不必株牽也。

上六：震索索，視矍矍，征凶。震不於其躬於其鄰，无咎。婚媾有言。《象》曰："震索索"，中未得也。雖"凶""无咎"，畏鄰戒也。

上六處震之極，柔而多恐，中未得。故"索索"而氣盡，目"矍矍"而四顧周章，變離爲目。以是征行，其凶必矣。特是上卦震之剛爲九四，四之震不能及上之躬也，僅於五之鄰耳，於此而即戒畏之，何咎？但與四同體而剛，柔爻當有婚媾之象焉。戒畏而不能與之同震，責言諒不免耳。

䷳艮下艮上

艮其背，不獲其身，行其庭，不見其人，无咎。

艮，山也。惟山，故止。但艮象山而亦象人。《仲氏易》曰："古'人'字作'入'，即艮形也。故三統以乾屬天，以坤屬地，以艮屬人。夏正建寅爲人正，其於《易》首《艮》名《連山》，即是故也。"人，身動者也。《釋名》："身，伸也，可屈伸也"。胸腹爲身，屈身爲躬。背，不動者也。艮止其背，凝然如山，則身亦止而不用矣，是"不獲其身"也。故艮爲門闕，兼則兩之，兩門之間即庭也。庭形見而三四人位，互坎爲隱伏，則"行其庭不見其人"也。《艮》之時如此，則无咎。

《彖》曰：《艮》，止也。時止則止，時行則行，動静不失其時，其道光明。艮其止，止其所也。上下敵應，不相與也。是以"不獲其身"，"行其庭，不見其人"，无咎也。

《艮》，止也，而與《震》反對，即有行焉，其惟以時乎？時而當静則止，時而當動則行，動静不失，其道光明。三至上大離，爲光明。若但以止論艮者，其止也，背其所也，則以上下六爻敵應而不相與，无可行者，八純卦皆敵應，獨言於艮者以訓止，故用之他卦不必牽同也，《易》不爲典要如此。故"不獲其身"、"不見其人"。我无所動，物无可引，咎過亦无自而至矣。"艮其背"四語，佛氏似可借口，而孔子歸之於時，時止時行，其道光明，與异端黑白分矣。

《象》曰：兼山，《艮》。君子以思不出其位。

兩雷、兩風、兩水、兩火、兩澤，皆可往來侵薄，惟兩山疊峙，无所移易，止之象也。思不出位，則人而如山矣。《易》重時位，而《艮》辭皆及之。

初六：艮其趾，无咎，利永貞。《象》曰："艮其趾"，未失正也。

初偶象趾，行之具也，乃能艮止焉，尚有躁動失正之咎乎？然恐其不永貞也，故又戒之。艮象人，故由趾以達輔，皆取人象。

六二：艮其腓，不拯其隨，其心不快。《象》曰："不拯其隨"，未退聽也。

進於趾則腓矣。六二得中守正，能"艮其腓"，豈爲不可？顧以二陰從一陽，則三陽二之所隨也。今三止而不中，不能退聽於二，坎耳爲聽。二雖止而不救之，拯，救也。而心有不快焉者，《本義》。然乃三不退聽之罪也，如告子不歸孟子是也。故二无吉凶。《淺義》曰："互坎爲心病，不快象。"

九三：艮其限，列其夤，厲，薰心。《象》曰："艮其限"，危"熏心"也。

限，虞翻曰"腰帶處"，蓋腰胯爲上下之分限也。夤，馬融曰"夾脊肉"，荀爽本作"腎"，云"互坎爲腎"，《字彙》曰"夤，腰絡也"。又"夤，進也；緣，連也。"世以干進爲夤緣是也。蓋腎之脉絡緣連於腰脊也。三處人之中，則限矣，夤矣，乃九三過剛不中，强閉抑制，艮止其限，如道家丹田氣海守中之説也。佛氏"空寂"，亦"艮其限"也。層層等列其夤，如道家運氣之説也。不知强制逆行，徒爲危厲，適以熏灼其心而已矣。後世修煉之術關隔躁暴而致危者，非是耶？《淺義》曰："大離爲火，薰象。"

六四：艮其身，无咎。《象》曰："艮其身"，止諸躬也。

限之上，輔之下，身也，"不獲其身"即"艮其身"矣。楊時曰："爻言身，《傳》言躬者，伸爲身，屈爲躬，屈伸在我也。”

六五：艮其輔，言有序，悔亡。《象》曰：“艮其輔”，以中正也。

此口容止也，非中正其誰能之？互震爲言。

上九：敦艮，吉。《象》曰：“敦艮”之“吉”，以厚終也。

此艮，背也。《爾雅》：“邱再成曰敦。”敦者，兼山之艮也，以剛實而居《艮》之終，則直以艮山與之，《仲氏易》。乃聖學之敦厚，非异端之寂靜也，吉何如之？

雷震起於下，故以初剛爲主，艮山止於上，故以上剛爲主，最爲吉爻。

䷴艮下巽上

《漸》：女歸吉。利貞。

《彖》曰：《漸》之進也，“女歸吉”也，進得位，往有功也。進以正，可以正邦也。其位剛得中也。止而巽，動不窮也。

卦名《漸》者，艮止巽入，是其入也，以止而入也，漸次之進也。六禮必備，貞女乃行，女歸待男，行漸也，吉矣。蓋論卦則艮巽爲夫婦，論爻則陰陽爲夫婦。以陰陽言，二、三、四、五陰陽各得其位，則進往而有功也。得位則進以正，可正邦國，所謂“《二南》之化，本於《關雎》”也。然而諸爻得位，以五爲尊，其位則剛而得中也，是以“貞”也。以艮巽言，艮止而巽入，則動而相合，必以其漸，斷无躁動而窮者矣，是吉也。

《漢上易傳》《仲氏易》俱以爲卦自《否》變，三柔往四爲得位，則下即接曰“其位剛得中也”，何以解乎？况《漸》，進也，明屬全卦之名義，而必以一爻糺纏卦變，何爲？曰漸之進，則與《晋》不同，《晋》重進，《漸》重進以漸。

《象》曰：山上有木，《漸》。君子以居賢德善俗。

巽木之高幾何？今乃高起而在山上，非以漸而至，能乎？故君子之居賢德、善風俗皆以漸焉。

胡雲峰曰:"居德象艮之止,善俗象巽之入。"

初六:鴻漸於干,小子厲,有言无咎。《象》曰:"小子"之"厲",義"无咎"也。

艮爲黔喙,加之互離,飛鳥而集於互坎水窪之間,此其象爲水鳥,而水鳥之序飛而有漸者,則鴻也,故初爻以山足而在水旁干也,干,水涯也。而鴻漸焉。夫艮爲少男,而居初爲小子。少年欲進而值坎在前,則必常存危厲之心,无敢放逸,雖四不相應,若有蜚語,倒兑爲言。而義固无咎矣。

六二:鴻漸於磐,飲食衎衎,吉。《象》曰:"飲食衎衎",不素飽也。

漸於水旁磐石之上,艮爲石。進矣,於是飽坎之酒食爲變兑之和説,而"飲食衎衎"焉。葢二陰得位,待時而與五遇,非徒飽者,云胡不吉?

九三:鴻漸於陸。夫征不復,婦孕不育,凶。利禦寇。《象》曰:"夫征不復",離群醜也。"婦孕不育",失其道也。"利"用"禦寇",順相保也。

艮爲山,而乾畫平直,是高平之陸也,鴻自磐而進,不有陸乎?即漸於此,亦復何害?然以夫婦觀之,九三艮剛與六四巽陰,以兩无應與迫比而爲夫婦,《程傳》。則非《漸》之女歸而貞者矣,故長女少男,義近蠱惑。山風《蠱》,正風山《漸》之對。夫征求四則陷於《坎》窞,《坎》六三曰"坎窞"。附麗離,麗也。陰類醜類也。坤爻爲衆,群醜也。而不能復。婦比於三而坎實,有孕則失漸進之道,居艮止末爻而不能育,能无凶乎?惟是坎爲寇,若用"禦寇",艮止坎險,順以相保下艮、互坎皆坤卦,順象。則利耳。

六四:鴻漸於木,或得其桷,无咎。《象》曰:"或得其桷",順以巽也。

六四由陸而進,有鴻漸於木之象焉,巽爲木。杌捏甚矣,鴻之棲也,以蹠不以瓜,不能棲木。然卦巽也,坤爻順也,若能順以巽,而或得横平之枝如榱桷者漸之,《訂詁》曰:"坎爲宫,且陽畫①横亘於下,有桷象。"乃无咎耳。"或"者,不敢必之辭。

① 文淵閣本"畫"字在"亘"字後,據文津閣本改。

九五：鴻漸於陵，婦三歲不孕，終莫之勝，吉。《象》曰："終莫之勝吉"，得所願也。

鴻由木而再進則漸於陵矣，變艮爲重山，陵象。雖高而得位，亦危而難居，故六二正應吾之婦也。而艮止難進，歷盡三爻，計爲三歲，而適值中空，三至五互離，爲中空。未能有孕。然九五剛而得中，六二柔而得位，遲遲女歸，二五漸合，以剛填柔，吾知終獲孕育之願也，誰能勝之哉？

上九：鴻漸於陸，其羽可用爲儀，吉。《象》曰："其羽可用爲儀吉"，不可亂也。

上九處《漸》之極，故鴻復返而漸於陸焉。知進知退，巽爲進退。雍容甚都。其羽用爲舞儀，儀即"鳳凰來儀"之"儀"。无有亂其度者矣，有何不可？有何勿吉？九三亦仝漸陸，而不言吉者①，三以進爲進，將及於木，故不吉。上以退爲進，不遠於盤，故吉，《漸》道然也。

䷵兑下震上

《歸妹》：征凶，无攸利。

《彖》曰：《歸妹》，天地之大義也。天地不交而萬物不興。《歸妹》，人之終始也。説以動，所歸妹也。"征凶"，位不當也。"无攸利"，柔乘剛也。

男女居室乃天地陰陽相交之大義也。天地不交則萬物不興，男女不交則生生道絕。前者有終而後者有始，是人之終始也，妹豈可不歸者？然而曰"征凶，无攸利"，何也？兑，少女也，少女稱妹，《程傳》。古有妹喜，《路史注》："妹"者，以"妹妹"目之，言其少而皎好也。卦以内外二體言，則女悦男動，正與《漸》反，以一體言，則少女情感而悦，震動以從人，所歸者，兑悦之妹也，非女歸之吉矣。而況二、三、四、五，剛柔、爻位皆失其當，欲以征進，豈不有凶？兑之一柔，震之二柔，皆乘剛上，則陰乘乎陽，女制乎男，亦有何利？

《程傳》曰："《咸》《恒》，夫婦之道也。《漸》《歸妹》，女歸之義也。"漢儒作震兄嫁兑妹，則《彖》《象》之詞无之。

《象》曰：澤上有雷，《歸妹》。君子以永終知敝。

---

① 文淵閣本"者"字在"三"字後，據文津閣本改。

雷震於上，澤隨而動，陽動於上，陰悦而從，《歸妹》象也。《程傳》。君子觀於此，知夫婦之從一而終也。故凡事永其終，知夫婦之妄動有凶也。故凡事知其敝而持之，知敝則永終矣。

初九：歸妹以娣。跛能履，征吉。《象》曰："歸妹以娣"，以恒也。"跛能履""吉"，相承也。

歸者，兑妹也，初九居兑之下則爲妹之娣。古禮：娶女則娣從之，是歸妹以娣也。夫初爲足，而值兑之毁折，象跛，能側行而不能正行，娣之上征而承二也似之，此恒禮也，故吉。

九二：眇能視，利幽人之貞。《象》曰："利幽人之貞"，未變常也。

九二剛而居中，則歸妹之夫也，乃比初九之承，初以跛承二，而二居離下，其目眇然，即能視之，似與六五之正室相遠，而與初九之從娣相近者，不變常道乎？爲九二計，以兑居人位，爲幽人，以齊内，故曰幽人，言幽獨不可不慎也。必自持以貞，不變常道，乃利耳。蓋戒之也。

以上下卦觀之，則兑爲女，震爲夫。以上下應爻觀之，則又兑二爲夫，震五爲女也。

六三：歸妹以須，反歸以娣。《象》曰："歸妹以須"，未當也。

六三以陰居陽，位處不當，而欲抗於二夫之上，是從妹之賤女也，以其德賤也。《天官書》："須女四星爲賤女。"亦反歸焉，而以娣可也。娣之道，跛也，承也，六三无應，故有反歸象。古嫁女亦有反歸。《禮·昏禮》："嫁女留其馬夫家三月，成婦則反馬，不成婦則乘以歸。"

九四：歸妹愆期，遲歸有時。《象》曰："愆期"之志，有待而行也。

四爻震動則妹將歸矣，但四與二五皆不得位，則歸期有愆象。《纂言》。且坎爲月，離爲日，合日與月而爲期，四當坎陷中而踰於互離之外，亦愆期象，《仲氏易》。此豈不欲歸哉？以九四以剛處柔，知妄征之凶，故遲遲而歸，以待其時也。

六五：帝乙歸妹，其君之袂不如其娣之袂良。月幾望吉。《象》曰："帝乙歸妹"，

"不如其娣之袂良"也。其位在中,以貴行也。

君,小君也。五尊位,故象"帝乙歸妹"。《仲氏易》曰:"帝乙貴主,何難盛飾? 然遜處在上,主家輿服有不及娣姪而不爲嫌者,則其婦道終始如月之將望而未有已,何其吉也?"衣口爲袂,乾爲衣,兑爲口,下卦本兑,六五變始成兑,是五君之袂不如初三兩娣之袂良也。乃若坎月離日合璧在中,上互坎,下互離,如合璧。上震下兑,東西相向,震,東方卦,兑,西方卦。有如望然。其曰"幾"者,以五位坎上,於離光稍偏,蓋婦道不可盈也,幾盈則得中矣。帝乙嫁少女,必甚合禮,故周公即所見與《泰》卦兩引之,與"箕子明夷"、"王亨岐山"等辭同。

上六:女承筐无實,士刲羊无血,无攸利。《象》曰:"上六"无實,"承"虚"筐"也。

上六陰虚於上,則女歸祭,行當承筐以實蘋藻,《采蘋》之詩曰:"於以盛之,維筐及莒。"今震爲筐,虞氏説。而陰虚无實,是虚筐矣。六三不應於下,則娶婦助祭當刲羊以獻,今兑爲羊,離兵欲刲之,而坎爲血卦,離卦爲乾,是无血矣。上六以陰柔乘剛而居卦終,震動无應,故无利如此。

䷶離下震上

《豐》:亨,王假之。勿憂,宜日中。

《彖》曰:《豐》,大也。明以動,故《豐》。"王假之",尚大也。"勿憂宜日中",宜照天下也。日中則昃,月盈則食,天地盈虚,與時消息,而况於人乎,况於鬼神乎?

豐者,大也。不明以動,事何由大? 内明外動,則功業日以恢廓,故大也。然大者,誰至之? 假,至也。天下莫大乎王,出乎震,嚮乎離,皆王至而尚大也。獨是大極必減,卦中大坎,得毋憂乎? 而勿憂也,離日當中,以照天下,勿失此時,正其宜也。不然,日月之光,不免食昃,天地之大,猶有盈虚,而况於人,安免生死? 而况鬼神,安免聚散? 豐豈能常哉? 際豐之時,勿失豐之道可耳。

《仲氏易》曰:"下卦離爲日,中爻互兑爲西,昃象。自二至上,坎爲月,互兑爲毁蝕象。"《玩辭》曰:"消息者,盈虚之漸。"

《象》曰:雷震皆至,《豐》。君子以折獄致刑。

雷電同時而至，聲勢盛大，豐象也。折獄而致以刑，既明且決，亦有雷電皆至之象焉。

初九：遇其配主，雖旬无咎，往有尚。《象》曰："雖旬无咎"，過旬災也。

豐以雷電皆至成卦，謂明與動相資也，故初九與九四雖不相應，而以爲配焉。稱之曰配主者，我往則彼爲主也。二爻相合爲明之始，動之始往而前，進得尙於四，雖窮天地之數，至於旬日，旬，十日也。十則天地之數盡矣。不猶豐乎？然不可過旬也，過旬則日昃、月食，災矣。

六二：豐其蔀，日中見斗。往得疑疾，有孚發若，吉。《象》曰："有孚發若"，信以發志也。

六二居離中，日中而豐也。然天下惟豐難居，山海之大，必納污疾，人體胖溢，多結痰涎，故六二之豐非他也，乃巽草之曖曃靡密，巽爲茅。豐其蔀耳。《來易》：蔀，草名。且以二爲日中而不知與上卦應。震仰盂，象斗，《纂言》。而離目已見之。夫斗星見而尙日中乎？若於此而輕往，則《雜卦》曰"豐，多故也"，此非彼過，動得疑疾，巽爲不果，坎爲疾。惟有其孚信以發六五之志，其持豐滿則吉。大坎，志象。信，所以藥其疑也。

九三：豐其沛，日中見沬，折其右肱，无咎。《象》曰："豐其沛"，不可大事也。"折其右肱"，終不可用也。

三則日昃而入坎内，值水草之交，是豐其沛矣。《公羊傳》曰："草棘曰沛。""齊侯田於沛"是也。崔駰《達旨》云："蠢蚋之趨大沛。"日中未幾而更見沬矣，《九家易》曰："沬，斗杓后小星。"此尙可往而圖大事哉？變艮爲肱，兑爲右，爲折，虞氏説。其亦折其右肱以示不可用，則无咎耳。見沬，昏夜矣，正所應之上六蕭索閉藏之候矣，故大事去而无用也。

九四：豐其蔀，日中見斗，遇其夷主，吉。《象》曰："豐其蔀"，位不當也。"日中見斗"，幽不明也。"遇其夷主"，"吉"行也。

六二之所謂"豐其蔀"，謂互巽也。"日中見斗"，謂上震也。九四居巽上而爲震主，以陽居陰，處位不當，又互兑澤，幽而不明，正其象焉，則惟遇初九之夷主，借其明以行，乃吉耳。初往就四，四行就初，迭爲賓主，故皆曰主。自下就上曰配，如"后稷克配彼天"是也；自上就下曰夷，如"陵夷而至地"是也。此大臣下在下之賢明以濟豐也。

六五：來章有慶譽，吉。《象》曰：六五之"吉"，有慶也。

六五居高柔順，來六二文章之臣，離爲文明。持盈履豐，有慶流譽，吉矣，成、康之君是也。自六二致君曰往，自六五得賢曰來，共保豐也。

上六：豐其屋，蔀其家，闚其户，闃其无人，三歲不覿，凶。《象》曰："豐其屋"，天際翔也。"闚其户，闃其无人"，自藏也。

上六則豐已極而有凶矣，故樓閣豐巍，翺翔天際，一望如蔀，蓊鬱曖曃，是其家也。乃闚其户，閒庭寂歷，空无一人，且候之三歲而不見焉，可嘆哉！揚子雲曰"天收其聲，地藏其熱，高明之家，鬼瞰其室"，正謂此也。炎炎隆隆，豐屋之象。《左傳》王子伯廖以此爻爲《豐》之《離》，離中虚，有户内不覿人象。

䷷艮下離上

《旅》：小亨。旅貞吉。

《象》曰：《旅》"小亨"，柔得中乎外而順乎剛，止而麗乎明，是以"小亨旅貞吉"也。旅之時義大矣哉！

旅者，衆也。《周禮》"五卒爲旅"，則旅本以衆爲義，而衆行者必客居，因之以師旅陳行之目，易之爲羈旅寄托之名。《仲氏易》。今卦六五之柔得中於外而順於上，下之剛艮止而麗乎離明於外，爲旅得中而順乎剛，則不偏不觸，止而麗乎明，則自處者不昧其正，是旅之象也，是旅之所以必小乃亨，而且貴於貞也。小即柔。夫旅之時義豈小哉！聖人亦有旅焉，孔子周流是也。君王亦有旅焉，晋重耳出亡、唐德宗幸奉天是也。大可知矣。

《象》曰：山上有火，《旅》。君子以明慎用刑，而不留獄。

《仲氏易》曰："艮爲居而火不留，旅之象也。體大坎爲刑律，而離以明之，艮止以慎之。”王畿曰:“旅皆逆境,而莫甚於囚之在獄,久淹豈可焉?”

初六:旅瑣瑣,斯其所取災。《象》曰:“旅瑣瑣”,志窮“災”也。

《仲氏易》曰:“此窮旅也。旅人本猥屑,而此當艮止下柔,尤纖細之至者。郑康成曰:“瑣瑣猶小小。艮,小石之象。”葷鹽包裹,瑣瑣然,且寄居櫚牖,所踞纔尺寸,而與同行者較量彼此,必至分析其處所而後已,此何如旅也?夫居停借寓,本已偪仄,所恃廣大自處,與同行相親,庶足慰藉,而瑣瑣如是,此豈能免患者?其窮而致災,必耳。按:《説文》以“斯”爲“分”,《爾雅》以“斯”爲“離”,《毛詩》“斧以斯之”是也。所者,行居之名。故《鄭詩》“獻於公所”謂“茇舍之所”,而《漢制》車駕所在曰“行在所”。

六二:旅即次,懷其資,得僮僕,貞。《象》曰:“得僮僕貞”,終无尤也。

《仲氏易》曰:“二居艮門之中,是就所宿也。”《左傳》:“凡師再宿爲信,過信爲次。”夫旅既有宿,必有齎持以爲宿者。《聘禮》問幾月之齎,即資也。二以艮中當互巽之初,則已能懷其資。巽爲利。而且艮爲童,爲閽寺,爲僕,爲篤實,又得童僕之貞者矣。漸與骨肉遠,轉於僮僕親,得貞何尤?

九三:旅焚其次,喪其童僕,貞厲。《象》曰:“旅焚其次”,亦以傷矣。以旅與下,其義“喪”也。

九三剛而无應,比於火下,有焚其即次之象焉。且互兑爲毁折,爲刑人,是獨据艮上而下視艮之僮僕如路人逆旅,漠不關念,僮僕之貞者尚肯從哉?抑危矣。

九四:旅於處,得其資斧,我心不快。《象》曰:“旅於處”,未得位也。“得其資斧”,“心”未快也。

九四以剛處柔,未得其位,故不若二、三之有其次也,姑於處耳。且得資又須得離兵以防之,其心曷得安焉。

六五:射雉一矢亡,終以譽命。《象》曰:“終以譽命”,上逮也。

離爲野雉,旅人可射也。伏坎爲弓,射象。乃乾爻之直象矢,今一爻中貫者,見坤而不見乾,是射雉而一矢亡也,非旅之小損歟?然六五柔小得中,不惟順乎上九、九四、九三之剛也,即六二多譽在下,不恃我居上位而亦逮之,則終以二之譽爲我之譽,而命令及遠矣。二多譽,二四互巽爲命令。此旅之能收拾人心者也,此《彖》之所謂“柔中而順乎剛”者也。

上九:鳥焚其巢,旅人先笑後號咷。喪牛於易,凶。《象》曰:以“旅”在“上”,其義“焚”也。“喪牛於易”,終莫之聞也。

《仲氏易》曰:“旅之覓宿,猶夫鳥之覓棲也。鳥鵲遶樹,止求一枝,乃以離之飛鳥,巢離之科木,翹然特出,旅人矜高,衆方指目以爲非義,而乃際炎上之火,加巽風之揚,三之焚次在離傍,不過火之延燒耳。而此之焚巢,直當離上,一若薪燭不戒,并主人屋巢而盡焚之,何罔罔乎?”夫旅人无親,《雜卦傳》曰“《同人》,親也”,惟《同人》爲親,故先號咷而終必笑。又曰“親寡,《旅》也”,惟《旅》爲親寡,故先或笑而後必號咷。況離火易焚,兑脱多喪,三之焚次而童僕亡,此一焚巢,即其所牽之離牛,亦以變爲震動而喪之。《酒誥》:“肇牽車牛遠服賈。”坎耳在下,終莫得聞,其凶何如矣?

下三爻艮,止也,初六止而瑣屑者,六二止而懷資順僕者,九三止①而焚次喪僕者;上三爻離,明也,九四明而不安於旅者,六五明而旅德及人者,上九以高明自恃而旅中致禍者:《旅》若是之各象也。

☴巽下巽上

《巽》:小亨。利有攸往。利見大人。

《彖》曰:重巽以申命。剛巽乎中正而志行,柔皆順乎剛,是以“小亨,利有攸往,利見大人”。

巽,入也,德之制也。重卦上下皆巽。巽爲風而相襲,則風聲被物,呼號丁寧,是申命也,且二、五皆剛,巽入乎中正,而坎、大坎。離之志以行。初四之柔皆上順於剛,則以小陰。通大陽。而亨,用退爲進而尚往,巽爲進退。利見二五之大人也,非是之以而何以哉?

① 止,文淵閣本作“上”,據文津閣本改。

《象》曰：隨風，《巽》。君子以申命行事。

前風起而後風隨之，《來易》。无物不入，故君子申命行事，吹嘘萬物以象巽焉。

初六：進退，利武人之貞。《象》曰："進退"，志疑也。"利武人之貞"，志治也。

巽爲進退，初居巽下，三思不已其志，進退而狐疑矣。是惟變乾爲健，則武人之貞矣，以治吾志，乃利耳。

九二：巽在牀下，用史巫紛若，吉无咎。《象》曰："紛若"之"吉"，得中也。

巽爲木，二陽在上，一陰在下，有牀象焉。九二退入牀下，似過卑矣，然以人事神，宜於在下。史巫紛然并用，兑爲口舌，爲巫，有史巫象。《周禮》：大史掌祭祀之禮。《書》：司巫掌祓除請禱之事。以敬神明，得中道矣，吉，又何咎？初德柔而位剛，故利在志治。此德剛而位柔，故吉在巽下。

九三：頻巽，吝。《象》曰："頻巽"之"吝"，志窮也。

九三以剛居剛而不中，上下重巽相連，屢入屢不入，所謂"其究爲躁卦"也，三居下卦之終，是究也。不志窮乎？

六四：悔亡，田獲三品。《象》曰："田獲三品"，有功也。

八卦正位，巽在四，《象》所謂"柔順乎剛"者，此爻當之，故曰"悔亡"。《仲氏易》曰："四居上卦之陰，坤陰爲田，而互離以網罟戈兵合之，爲田獵，以纘武功，承初而言。巽固利倍，而巽之主爻當巽之正位，倍而又倍，遂準卦畫之數而全獲三品，將初巽之雞、二兑之羊、三離之雉而皆獲之，翟玄説。其有功爲何如者？

九五：貞吉，悔亡，无不利，无初有終。先庚三日，後庚三日，吉。《象》曰：九五之"吉"，位正中也。

九二剛中居柔，所善者，敬謹耳，尙未圖大而更新也，非制事之至也。至於九五，剛德而居剛位，以濟巽入，乃貞吉也。悔无也，无不利也，誠剛巽乎中正而志行者哉！故諦觀全卦，巽初无剛，是无初也，巽終有剛，則有終矣。夫天下之无初有終者，非變更之事乎？二與四同功爲兑。兑，西方之卦。庚也，十榦。戊己居中，以甲爲始，至庚而變。庚，變更也。乃以爻計之，一爻爲一日，四陰爲兑主，爻數至二爲先庚三日，未至於初，是无初也。數至上爲後庚三日，已有其終，是有終也。如是而申命行事，則變從前之積習，謂之无初有后。此之觀成，謂之有終，大人正中之吉，爲何如者？

上九：巽在牀下，喪其資斧，貞凶。《象》曰："巽在牀下"，上窮也。"喪其資斧"，正乎"凶"也。

上九居上卦之終，不中不正，不能制命行事，无所入矣，窮矣。窮則返下，故六四亦有牀下之象，而上入而在焉。敵應九三，巽有資，離有斧，以爲其資斧也，乃兩窮而不相與，盡喪之矣。以退巽爲正乎？吾見其凶也。

䷹兑下兑上

《兑》：亨。利貞。

《彖》曰：《兑》，説也。剛中而柔外，説以"利貞"，是以順乎天而應乎人。説以先民，民忘其勞。説以犯難，民忘其死。説之大，民勸矣哉！

水所鍾聚曰兑。毛晃説。《説卦傳》曰"兑以説之"，謂兑澤能潤物而悦乎物也。又曰"兑，正秋也，萬物之所説也"，言物至兑秋而結實，欣欣喜悦也。則兑而説，其亨必矣。且觀其卦體，二、五以剛居中，三、上以柔居外，三爲下卦之外。外和順而内嚴介，是説以利貞也。將見兑上則順乎天，兑下則應乎人。坎爲勞卦，離爲兵難，今大坎互離，皆爲兑説，民歡然自勸，而忘其勞與死。夫民勸之與勸民遠矣，説如其大耶！《淺義》曰："巽、兑皆柔德，巽曰剛巽乎中正而志行，兑曰剛中而柔外。可知巽、兑只善用其剛而已。"

《象》曰：麗澤，《兑》。君子以朋友講習。

兩澤相麗，互相滋益，有朋友講習之象焉。《本義》。講以口，習以身。

初九:和兑,吉。《象》曰:“和兑”之“吉”,行未疑也。

初九无應於上,不比於陰,其説也,夷然和平而已矣。坎爲疑,初去坎遠,故“未疑”,此居下而樂在中者。

九二:孚兑,吉,悔亡。《象》曰:“孚兑”之“吉”,信志也。

九二比三之陰柔,宜有悔者,然居中而有互離之志,即行或涉疑而悦出於孚,其志可信,吉而悔亡矣。此出其誠心以與衆悦者。

六三:來兑,凶。《象》曰:“來兑”之“凶”,位不當也。

六三與上同爲兑口,又居大坎之陰,險而不實,不中不正,以兑口招人之説,其凶必矣。此面諛諂笑以求悦者。

九四:商兑未寧,介疾有喜。《象》曰:九四之“喜”,有慶也。

商,度也。九四以陽居陰而上承九五,商度所説,未得寧一,似介介有疾者。大坎爲加憂,爲疾。然剛德不輕悦人,且出以憂心,其獲喜慶豈倖焉?此商其當悦而始悦者。

九五:孚於剥,有厲。《象》曰:“孚於剥”,位正當也。

九五正當尊位,謂天下當悦我也。因上六之容説而遂孚之,以爲孚於説哉,實孚於剥也。兑,正秋也。上六秋末陰盛,故爲剥。彼之陰,剥陽者也,亦有厲矣。

上六:引兑。《象》曰:上六“引兑”,未光也。

上六爲兑正位,則兑悦之主爻也。以其兑口,引天下之悦,而持以説五,其心固未光明矣。此王莽之流也,豈可以其謙悦下士而信之?

《艮》爲止,而止不可過,過止則爲釋羽,故於《艮》三正位著列夤之妄。《兑》爲悦,而悦不可過,過悦則爲奸佞,故於《兑》上正位昭引《兑》之惡,爲世道慮遠矣。

䷺坎下巽上

《涣》：亨。王假有廟。利涉大川，利貞。

《彖》曰：《涣》，“亨”，剛來而不窮，柔得位乎外而上同。“王假有廟”，王乃在中也。“利涉大川”，乘木有功也。

《雜卦傳》曰：“《涣》，離也。”風行水上則水散披，涣之象也。凡物欲其聚，涣則不聚矣。然下坎爲險難，又欲其散，涣則散矣。卦二之剛自乾來而爲坎，則通而不窮。坎爲通。四之柔自坤往，得位乎外卦，則上承貴王而與五相同，盧氏景裕説。故互艮爲宗廟，而陳坎豕以薦之，正九五之王在中聚涣之事。而且大坎爲大川，乘巽木以涉之，風檣雨檝，坎又爲雨。一往而利，出險之功又如是，非行之以貞，其能然哉？

《象》曰：風行水上，《涣》。先王以享於帝立廟。

享帝、立廟，皆所以聚涣也。

初六：用拯，馬壯，吉。《象》曰：初六之“吉”，順也。

初六居涣散之始，猶可拯救於此。順其勢而轉移之，用 亟心之壯馬，則吉耳。蓋挽涣之力不宜弱，故以壯，而又不可躁而滋擾，故以順也。陰爻屬坤，爲順。

九二：涣奔其机，悔亡。《象》曰：“涣奔其机”，得願也。

二則入於涣散之險矣。吾身性命先求苟全，是必得如机者奔之以爲據，則得所願而悔亡矣。震，足，有奔象，横一陽於缺陰之上，而艮肱憑之，艮爲手，適互於二上。有机象。《仲氏易》曰：“机，几也。”《周禮》“五几”，通作“机”。《左傳》“設几而不倚”。

六三：涣其躬，无悔。《象》曰：“涣其躬”，志在外也。

外卦巽風，能散下之坎險者也。六三與外卦之五同功，往以濟涣，東西南北，若分散其躬者，然此奔奏禦侮之臣也，乃其志也，何悔？或曰："《中庸》以成己爲内，成物爲外。志在外者，斯人吾與也。"

六四：涣其群，元吉。涣有丘，匪夷所思。《象》曰："涣其群元吉"，光大也。

此《彖》之所謂"柔得位乎外而上同"者也。坤畫爲衆，群也。涣散之時，螘封蛙聚，實繁有徒。六四爲九五腹心，運籌闈幄，出大離之光，推亡取亂，以涣其群，豈不大吉？夫群之相視，亦自飛揚，而能涣之者，獨峙如丘山，三五互艮，爲山。有土有民，是豈井底醜夷思擬所到者哉？夷，即群也。

九五：涣汗其大號。涣，王居无咎。《象》曰："王居无咎"，正位也。

九五正位，以巽風分散於坎水之上而涣汗其大號焉。坎，水，有汗象。汗出不返，如號令然。巽風爲大號。天下環拱，王乃在中。三塗九術，千廬八衛，是涣也歟哉！是王居也，尚有何咎？

上九：涣其血去逖出，无咎。《象》曰："涣其血"，遠害也。

此爻則涣而遠去者也。爻變爲坎，上下加憂，賊殺流血，坎爲寇，爲血。尚可久居此乎？故宜涣之。涣而去，去而遠出，逖，遠也。害乃不及。古之賢者避世，或功成而身退者，皆體此意也。然他爻无應，尚圖濟涣，此爻有應，反以去涣者，葢濟涣欲得位，不窮，上九失位而窮，固宜去也。

䷻兑下坎上

《節》：亨。苦節不可貞。

《彖》曰：《節》"亨"，剛柔分而剛得中。"苦節不可貞"，其道窮也。説以行險，當位以節，中正以通。天地節而四時成。節以制度，不傷財，不害民。

坎水兑澤，秋冬斂藏之卦也。斂藏則有節矣，而况坎水汎濫，瀦之以兑澤，如節縮然。《仲氏易》。是節也，其卦兑分坤之一柔，坎分乾之一剛。剛分而上，柔分而下，而剛居上卦之五，正得其中，所以亨也。若節之過而如上六之苦節，其道窮矣，雖正而不可矣，焉能亨哉？故兑説以行坎險，五當中位，不過其節，即中且正，得坎之通，則天地如之，君道如之。寒暑有節而四時成，節以制度而財不傷、民不害，皆節道也。

《象》曰：澤上有水，《節》。君子以制數度，議德行。

《仲氏易》曰："數者，備數。如十、百、千、萬類。度者，審度。如分、寸、尺、丈類。德行，則《中庸》之喜怒哀樂中節也。"

初九：不出户庭，无咎。《象》曰："不出户庭"，知通塞也。

初九在澤之底而爲二陽所蔽，故知通在於塞而不出户庭焉，无咎之道也。按：户庭者，户外之庭；門庭者，門内之庭。古室有户，户外爲堂，堂下爲庭，庭外乃門也。互艮爲門闕，初、二二陽在内，故不出。

九二：不出門庭，凶。《象》曰："不出門庭凶"，失時極也。

初九知塞而并許其知通者，以其知時也。時即節也。一年四時、八節、二十四氣、七十二候。若九二居澤中而上无蔽塞，偶開如門，六三陰偶。時可出矣，乃以剛居柔，過於退伏，處門内之庭而不出，豈不失時之至乎？極，至也。欲辭凶而凶至矣。

六三：不節若，則嗟若，无咎。《象》曰："不節"之"嗟"，又誰"咎"也。

六三則兑口矣。平而鍾在此，盈而溢亦在此，苟不節若，則震言嗟若。若，如也，形容之辭。善補過者也，誰其咎之？

六四：安節。亨。《象》曰："安節"之"亨"，承上道也。

六四居坎下，承九五剛中之波而順入於澤，坤爻爲順。安而中節者也，故曰"承上道"。

九五：甘節吉，往有尚。《象》曰："甘節"之"吉"，居位中也。

至於九五，正所謂“當位以節，中正以通”者也。坎卦本坤，稼穡作甘。其節也，甘美而不矯拂，以此而往，可嘉尚已。

上六：苦節貞凶。悔亡。《象》曰：“苦節貞凶”，其道窮也。

惟是上六之節，水下流而上竭，如陳仲子之三日不食，則其道窮，雖貞，凶矣。然而苦節之士，往往蹈阨禍而无怨悔，不可效也，亦可欽也。

䷼兑下巽上

《中孚》：豚魚吉。利涉大川，利貞。

《彖》曰：《中孚》，柔在内而剛得中，悦而巽，孚，乃化邦也。“豚魚吉”，信及豚魚也。“利涉大川”，乘木舟虚也。中孚以“利貞”，乃應乎天也。

巽兑兩形相向，彼此均等，上下相觀，有若合符。合符曰信，是風澤相合而信生其中，《中孚》也。故二柔在内則内虚，二五兩剛得中則中實，内説而外巽則无忤，皆孚象也。以之化邦，不亦可乎？内二坤畫，邦象。且所謂孚，非淺焉已也，必其信如豚魚之乘風拜浪，見必向風，風静即滅者，《來注》、《仲氏易》、郝敬、劉濂皆如此解。豚魚，江豬也，生於澤而向風，故上巽下兑象之。斯吉耳。行見以巽木之舟，涉兑澤之上，而大離中虚，虚舟何觸？其涉利矣。然而孚信之事，尤貴正而固。五之中正，貞也，二之中，亦貞也，《大壯》九二聖人以中訓貞可見。其一登天位而合天，一在人位而格天，乃其宜哉！

《象》曰：澤上有風，《中孚》。君子以議獄緩死。

澤上有風，波濤立見，風之信也。《春秋》魯莊公曰：“大小之獄，雖不能察，必以情。”曹劌以爲忠，然則議獄緩死，非中孚曷以哉？《來易》曰：“兑爲説，議之象。巽爲不果，緩之象。”

初九：虞吉，有他不燕。《象》曰：初九“虞吉”，志未變也。

初九爲卦之始，其中孚也，赤子之志未變者也，故安之則吉。若有他擾，則將失其孚矣，何以安焉？虞、燕，皆安也。

九二：鳴鶴在陰，其子和之。我有好爵，吾與爾靡之。《象》曰："其子和之"，中心願也。

二與五，則剛之得中而相孚者也。上巽爲號，互艮爲黔喙之屬，大離爲鶴而居陰卦，巽、離、兑，皆陰卦。是鳴鶴在陰也。夫二陽與五陽，尊卑相孚，有父子之象焉。猶《晋》六二與六五二陰敵應，稱六五爲王母，《小過》六二稱六五爲妣也，《蠱》卦亦以爻之尊卑稱父子。巽口向下而鳴，兑口即向上而鳴，是鶴鳴而其子和之，出於中心之願矣。然而鳴者何也？乾爻爲好，大離爲爵，見《虞氏易》。五之鳴若曰"我有好爵，剛中以五爲尊，故稱我。與爾指二。共靡"，此二之所以中心願和也。靡通縻，即五爻之所謂"攣"也。

六三：得敵，或鼓或罷，或泣或歌。《象》曰："或鼓或罷"，位不當也。

六三與六四，兩陰相敵，艮敵應之敵舊指上九，上九豈敵哉？宜相孚矣。然位處不當，震動離燥，或震而鼓，或艮而罷，或離而忽泣忽歌，以此相孚，感亦淺矣。

六四：月幾望，馬匹亡，无咎。《象》曰："馬匹亡"，絶類上也。

六三以六四爲敵，則六四以六三爲類，類即《坤》卦"乃與類行"之"類"。同類而有不孚者乎？然天下亦有絶類而孚乃善者，日爲陽，月爲陰，則陰爻，月也，六四以陰爻而居中近上，以受離日之上光，月幾望矣。幾望則陰得陽光，與三陰仝爲震馬，而今亡其匹匹，類也。馬曰匹。矣。此絶陰類而上進於陽以求孚也，何咎焉？中孚有上下對合之象，故初與上對、二與五對、三與四對，而四又不願與三類，所謂"參伍以變"也。

九五：有孚攣如，无咎。《象》曰："有孚攣如"，位正當也。

若九五則正當剛中尊位，其有是二之孚也，孚即中心願也。蓋固結而攣如矣。巽爲繩，艮爲手，有攣象。

上九：翰音登於天，貞凶。《象》曰："翰音登於天"，何可長也？

上九孚之終而不能孚矣。自信之極，遂以巽雞之音，雞曰翰音。勉爲叫號，欲上登於天，此豈可長者哉？雖正而凶矣。京房以新進見元帝即指斥石顯，及外出，又屢上封事，卒以殺身，其此之謂乎？

䷽艮下震上

《小過》：亨。利貞。可小事，不可大事。飛鳥遺之音，不宜上，宜下，大吉。

《彖》曰：《小過》，小者過而亨也。過以"利貞"，與時行也。柔得中，是以"小事吉"也。剛失位而不中，是以"不可大事"也。有"飛鳥"之象焉，"飛鳥遺之音，不宜上，宜下，大吉"，上逆而下順也。

上下四陰，内衹二陽，陰過而陽不及。小者，過也，而其象爲大坎，坎爲通，亦有亨義焉。時至小過，更宜以正行之，則利貞焉。但柔居二五，得中也，剛失二五之位，不中也，故小事則宜而大事則不宜。舊以小訓細小，小訓陰小，作二解者，實一意也。且其象兩陽居中，有似腹背，而四陰分張，有似翼飛，非飛鳥之象而何？宋衷説。然鳥飛而聞震鳴，又有飛鳥遺之音之象焉。而其音則不宜上，宜下，以上則難聞，下則可遺也。小過不上，而蹈逆而下而安順，則大吉。陽尊宜上，陰卑宜下，故小過以上爲逆，以下爲順。

《象》曰：山上有雷，《小過》。君子以行過乎恭，喪過乎哀，用過乎儉。

陰小在上，陽大在下，鬱而不得出，則奮而爲雷。艮山陽現於上矣，而其上乃更有震，二陰蔽一陽，薄擊成雷，是小者過矣。君子通其意，爲細小謹小之過，故行過恭，喪過哀，用過儉焉。

初六：飛鳥以凶。《象》曰："飛鳥以凶"，不可如何也。

四陰皆鳥翼，而初與上則翼之翰也。《訂詁》曰："翰者，翼之鋭也。"翼之强在翰，翰舉而身即從之，此以臣制君，以小加大之象，凶象也。《仲氏易》。然初六自以之，能如之何哉？初六居下，宜處矣，乃與震應而飛，故自取凶。

六二：過其祖，遇其妣。不及其君，遇其臣。无咎。《象》曰："不及其君"，臣不可過也。

六二居巽之始，中而且正，小過之下而順者也。故以六之陰爻爲女耶，則三四陽爻，其祖也，乾爲君爲父。祖，大父也。六五敵應居上，其妣也，坤爲臣爲母。則歷過其祖，不敢與近，而惟遇其妣。以陰爻爲臣耶，則三四陽爻，其君也，不敢及之，而下比初六，遇其屬僚，以臣原不可過君，不過則不及矣，所謂"宜下，宜小事"也。

九三：弗過句。防之，從或戕之，凶。《象》曰："從或戕之"，"凶"如何也？

陰過陽則陽弗過陰矣。既弗過，則九三當艮止以防之，若縱而不防，從同縱，爻變成《豫》，有縱象。則或且戕之，凶可量耶？舊以從爲從陰，則與九四往意相犯，且爻以剛位，剛无從陰意。

九四：无咎。弗過遇之，往厲必戒。勿用永貞。《象》曰："弗過遇之"，位不當也。"往厲必戒"，終不可長也。

九四剛居於柔，則位不當，其弗過乎陰，與九三同。而三防下，此乃遇上矣。震主上進，而與六五比，故遇上。九四於此得母，以爲我既遇陰，即往而就陰乎？夫薰蕕不合，自古而然，强爲彌縫，終難長久，徒得危耳。戒之哉！其勿用往，惟永守其貞，則无咎矣。

六五：密雲不雨，自我西郊。公弋取彼在穴。《象》曰："密雲不雨"，已上也。

《小過》宜下不宜上，至六五則已上矣，故大坎爲雲，《屯》以坎爲雲。亦甚濃密，而陰不下降，何能即雨？徒見雲之自我西郊而已。互兑爲西郊，我者，周公之辭。然而卦象飛鳥，初則飛，而五將窮，坎陰爲窞，有穴象焉，則鳥在穴矣。公往弋乎？三四陽剛爲公，巽繩繫坎弓，有弋象。亦取彼於穴耳，取之則可雨矣。

不執言"田獵"而曰"取"，亦小事吉也。

上六：弗遇過之，飛鳥離之，凶，是謂災眚。《象》曰："弗遇過之"，已亢也。

上六更上而亢矣。其意并不屑與陽遇，而悍然過之。方謂迅羽可以高飛，而不知爻變爲離，已麗網中，如"鴻則離之"之"離"。天災人眚，奚逃焉？坎爲多眚。

䷾離下坎上

《既濟》：亨小。利貞。初吉終亂。

《彖》曰：《既濟》"亨小"者，亨也。"利貞"，剛柔正而位當也。"初吉"，柔得中也。"終"止則"亂"，其道窮也。

水火者，相反而實相需者也。相反則如火澤《睽》焉已耳，澤火《革》焉已耳。而至於相需則不然，火上水下，則炎上者欲其下，潤下者欲其上，指之曰《未濟》，言後有濟時也。而苟其坎上而離下，則炎上者上而煖水，潤下者下而潤火，水火互入，炎潤交契，指之曰《既濟》，言已調濟无偏也。然而調濟之義即具濟渡之形，兩卦皆有兩坎，須煩利濟。而離上坎下，則以内之正坎接三五之坎，而阻於上九，而濟不至於盡；坎上離下，則以二四之坎而接外之正坎，而濟至於盡。既，盡也。雖同此濟，而《未濟》、《既濟》分於其間。夫濟之力，以剛而濟之，用在柔，柔則小矣，小則戒矣，戒則通矣，是"小者亨也"，而柔之亨，更利在貞，如卦三剛踞剛位，則三柔亦踞柔位，剛柔正而位當，乃曰《既濟》，是利貞也。然其間有初終焉。初之吉以柔居二得中也，若終則不可以柔也，終柔必偷而止，終歸於亂，此《既濟》之所以不可恃，而終之以《未濟》也。《仲氏易》。

《象》曰：水在火上，《既濟》。君子以思患而豫防之。

防其終止則亂也。

初九：曳其輪，濡其尾，无咎。《象》曰："曳其輪"，義"无咎"也。

初九，濟水者也。"曳其輪，乾爻爲圜，有輪象。濡其尾"，初爲尾。皆義之當然，何咎？

六二：婦喪其茀，勿逐，七日得。《象》曰："七日得"，以中道也。

六二離爲中女，婦也。茀，車蔽也。《衛風》"翟茀以朝"是也。互坎爲盜，喪其茀者有之。喪茀則難於行，而二處之得中，不事捕逐，但緩以俟之，至於七日爻歷七則復其位。而自得矣。此中有風波,而无傷於濟者。

九三:高宗伐鬼方,三年克之,小人勿用。《象》曰:“三年克之”,憊也。

九三居互坎之中而濟者也。高宗,商中興賢君,能濟難者,故象之。其伐鬼方也,《訂詁》曰:“鬼方,西北國也。夏曰獯鬻,殷曰鬼方,周曰玁狁。”《後漢書・西羌傳》曰:“殷室中衰,諸侯皆叛。高宗征西戎鬼方,三年乃克。”《來易》:“坎居北方,爲隱伏,故曰鬼方。”葢歷三年之勞憊坎爲勞卦,三爻爲三年。而後克之,濟之難如此。若爻變互艮,爲小子,爲僮僕,是小人也,豈可用之以勝任哉?。

六四:繻有衣袽,終日戒。《象》曰:“終日戒”,有所疑也。

六四在互坎之上,正坎之初,正濟時矣,而陰虚中漏,互離中虚。非袽莫塞。坤爻爲帛,《説文》:“繻,繒采也。”變乾爲衣,變兑毁折爲袽,虞翻曰:“袽,败衣也。”是繻有衣袽也,然而敢恃哉?舋舟用臭絮,一舋,再三顧,終日戒懼,坎之善疑固如是。離,日象。

九五:東鄰殺牛,不如西鄰之禴祭,實受其福。《象》曰:“東鄰殺牛”,“不如西鄰”之時也。“實受其福”,吉大來也。

至於九五,居尊則既濟矣,故以五視上六,上,其隣也,而爻變爲巽,巽在東方,東隣也。然五以上爲隣,則上亦以五爲隣,五爻變爲坤,坤在西方,西隣也。而諦觀之,則東隣高處《既濟》之上,椎坤爻之牛,陳饋豐盛,而西隣則乾惕以修禴禮。離主夏,故修夏祭之禮。較之東隣,似備物不及焉者。然東隣盛滿已過,焉如西鄰之九五居中而得其時哉!吾知禴祭而神明鑒之,以陽大之福來,而五實受之矣。

上六:濡其首,厲。《象》曰:“濡其首厲”,何可久也?

所謂終止則亂者也。上六陰柔處濟之盡,乃自足自玩,不覺沉溺坎窞而濡其首矣,上爲首。欲久可得耶?

初九濟之始也,六二濟有所喪而自得也,九三力濟者也,六四濟而戒懼者也,九五既濟矣,上六則以濟而惰止,遂成終亂。《既濟》之不可苟安也。

䷿坎下離上

《未濟》:亨。小狐汔濟,濡其尾,无攸利。

《彖》曰:《未濟》"亨",柔得中也。"小狐汔濟",未出中也。"濡其尾,无攸利",不續終也。雖不當位,剛柔應也。

必有《未濟》而後有《既濟》,故《既濟》二柔正居兩剛下卦之中,則既濟而亨,《未濟》五柔正居兩剛上卦之中,則未濟者可濟而亦亨。但坎爲狐,三五互坎則體未全而爲小狐。二互體以四當六,故未全。小狐至五,幾於濟矣。汔,幾也。而離之外剛障之,則柔之得中者未能即出。夫出水則尾不濡,今尚見尾濡,互坎之初爲尾,下有正坎,故尾濡。是始濟而終不濟,不續其終矣,何所利乎? 然而未濟者終可濟也,何者? 爻雖剛柔皆不當位,而上下相應,終焉允臧,惟在能續者耳①。續者,无間也。"苟日新,日日新,又日新",續終也。

《象》曰:火在水上,《未濟》。君子以慎辨物居方。

火炎上,水潤下,物不同也。火居南,水居北,方不同也。《來易》。君子慎辨物類,各居其方,即物各得其所也。則未濟而濟矣。卦下坎上離,未濟之物方也。互下離上坎,又既濟之物方也。

初六:濡其尾,吝。《象》曰:"濡其尾",亦不知極也。

既濟之初,以濟而濡其尾,此則未濟而先濡其尾,故不曰"曳輪",但曰"濡尾"。以爲水弱可玩,而不知茫茫洪波,莫得其極,極,《爾雅》"四極"之"極",盡也。不亦吝乎?

九二:曳其輪,貞吉。《象》曰:九二"貞吉",中以行正也。

此則求濟而曳其輪矣。剛中行正,亦吉矣。

---

① 文淵閣本無"耳"字,但該處空一格,據文津閣本加。

六三：未濟征凶。利涉大川。《象》曰："未濟征凶"，位不當也。

二雖曳輪，而三尚坎窞，且在習坎之間，淼淼大川，實未濟也。六三以柔處剛，若不知其不當，以爲位既剛壯，一往征進，不其凶乎？惟變巽爲木，爲風，因風揚帆，乃利耳。

九四：貞吉悔亡，震用伐鬼方，三年有賞於大國。《象》曰："貞吉悔亡"，志行也。

九四則居互坎之中，將濟矣，貞則吉也，悔可无也。爻變爲震，是震動以伐鬼方之象也。《未濟》之九四，即《既濟》之九三，故象頗似。三年征進，不憚其勞，自有賞賚於大國，大國，天子之國也。坎，坤卦，爲國。求濟之志，何弗行焉？六爻皆不當位而曰"貞"者，四之貞以陽也，五之貞以中也，二之貞以陽且中也。"震用"，方伐也。"賞"，非事定論賞，乃三年之間賞勞師旅也。悔亡，悔可亡也。无悔，自无悔也。

六五：貞吉无悔。君子之光，有孚吉。《象》曰："君子之光"，其暉"吉"也。

至於六五，則所謂柔得中者矣，故曰"貞吉"，更曰"无悔"。而且觀其位，則君子也。五陽位。觀其德，則離有暉而發之光也。《訂詁》曰："暉及物爲光，斂光在體爲暉。"又管輅曰："日中爲光，朝日爲暉。"有孚及下，相應共濟，豈不吉焉？坎、離，皆有孚象。

上九：有孚於飲酒，无咎。濡其首，有孚失是。《象》曰："飲酒""濡首"，亦不知節也。

此終濟時也，而狃以爲濟，仍未濟也。夫剛柔相應者，孚也。五有孚則上亦有孚，即有孚於飲酒，坎爲酒。大斗相勞，共拯坎陷，亦自无咎，乃上九飲之太過而至濡其首焉。夫不欲水之濡首而酒已濡其首乎？亦不知節矣。其有孚也，不大失乎是哉？是與非對。求濟者，其戒之。

初六未濟而自濡，九二曳輪求濟，六三未濟而涉，九四震動以濟，六五濟而有孚，乃上九有孚失是，終未濟矣。是則六十四卦之終，實不可終，而必反之重乾之始，自强不息，群龍无首，乃爲續終也。

周易傳注·卷五

州學正　李塨　撰

繫辭上傳

卦下《繫辭》者，文王之《彖》也；爻下《繫辭》者，周公之《象》也；孔子既釋《彖》《象》，而又統論卦爻《繫辭》之義，曰《繫辭傳》，分上下。

天尊地卑，乾坤定矣。卑高以陳，貴賤位矣。動静有常，剛柔斷矣。方以類聚，物以群分，吉凶生矣。在天成象，在地成形，變化見矣。

聖人之作《易》，原於天地者也。天健而尊，地順而卑，是未有《易》卦之乾坤而乾坤已定矣。《來注》。地卑陳下，天高陳上，是未有卦位上下之貴賤而貴賤已位矣。天常動而地常静，是未有卦爻之剛柔而剛柔已斷矣。天地間東西南北殊方也，而中夏邊陲之屬必以其類而聚。萬物皆物也，而羽毛鱗裸之倫自以其群而分。其聚其分，吉凶錯焉，是未有《易》占之吉凶而吉凶已生矣。在天則日月星辰有隱見昏明之象，在地則山川草木有升沉榮枯之形，是未有陰陽營《易》之變化而變化已見矣。

是故剛柔相摩，八卦相盪，鼓之以雷霆，潤之以風雨。日月運行，一寒一暑。乾道成男，坤道成女。

惟其如是，故一剛一柔，左右對易，如手相摩切，乾、坤、震、巽、坎、離、艮、兑八卦，上下因重，如器相盪漾，於是雷霆鼓之，風雨潤之，日月代明，寒暑成歲，如此其摩盪也。而乾道成男，坤道成女，大生廣生之用出焉。

乾知大始，坤作成物。乾以易知，坤以簡能。易則易知，簡則易從。易知則有親，易從則有功。有親則可久，有功則可大。

而乾坤之道可極言矣。乾出其良知而大始萬物，坤運其良能而成就萬物。作者，能之爲也，而乾之知則氣至物生，通透徹達，一无艱難，是以易知；而坤之能則承天時行，約切凝静，并无紛擾，是以簡能。惟其易也，故乾之始物不卜而可知；惟其簡也，故坤之成物不煩而可從。惟易知也，故動則呼天無不親之；惟易從也，故成形成色，於焉有功。有親也，則雜而不厭，終古不變，是爲可久；有功也，則種類繁滋，溥滿六合，是爲可大。彼异端之言，物物雕琢者，烏足以知乾坤哉！

可久則賢人之德，可大則賢人之業。易簡而天下之理得矣。天下之理得，而成位乎其中矣。

易簡，天地之道也，而人道即不外是。易之可久，則四德直、萬善備，即賢人之德；簡之可大，則美大富有，胞與寰區，即賢人之業。故人能如天地之易簡，則執簡御繁，天下之條理皆得。而天位上，地位下，聖人成位乎其中，一如《易》之六爻成位者。賢人統聖賢言，過人之稱。

聖人設卦觀象，繫辭焉而明吉凶。剛柔相推而生變化。

乾坤明而卦象與繫辭可考矣，伏羲、文、周設立卦爻，觀其形象，繫以辭焉而明其或吉或凶。剛推柔生變，柔推剛生化，虞中翔説。而生生不窮焉。按：剛柔相推，其在立卦之初則陽交陰、陰交陽也，如《彖》所謂“剛來而得中”之類是也，其在成卦之後則陽變陰、陰變陽也，如《小畜》上九變而辭有“既雨”象之類是也。

是故吉凶者，失得之象也。悔吝者，憂虞之象也。變化者，進退之象也。剛柔者，晝夜之象也。六爻之動，三極之道也。

以其象言，辭有吉，人事得之象；辭有凶，人事失之象；辭有悔而趨吉，事過憂而將變之象;辭有吝而趨凶,當事虞而安之象。卦爻陽變,春夏進之象;卦爻陰化,秋冬退之象。荀爽説。剛屬陽,明晝象;柔屬陰,暗夜象。於以觀六爻九六之動,則天地人交感之道也。陸績曰:"初二,下極;三四,中極;五上,上極。"下文爻言乎變化即在内,分言,統言,一也。

是故君子所居而安者,《易》之序也。虞本作象。所樂虞氏、李氏《易解》俱作"變"。而玩者,爻之辭也。是故君子居則觀其象而玩其辭,動則觀其變而玩其占,是以自天祐之,吉無不利。

而君子得《易》之益矣,居而安《易》之序,如居《乾》之初九,而安在"勿用"、居《乾》之九三而安在"乾乾"孔穎達説。是也。樂而玩爻之辭,如玩"潛龍"之辭而樂其不拔,玩"見龍"之辭而樂其君德是也。於以居而无卜筮也。觀象玩辭,如蔡墨云在《乾》之《姤》、知莊子云在《師》之《臨》,謂之在者是也。俞氏説。動而卜筮也,觀變玩占,如陳侯遇《觀》之《否》、晋侯遇《復》謂遇者是也。於以趨吉辟凶,承天之祐,而《易》備於君子矣。

《彖》者,言乎象者也。爻者,言乎變者也。吉凶者,言乎其失得也。悔吝者,言乎其小疵也。无咎者,善補過也。

此復即《繫辭》而詳釋之,卦之《彖》辭言一卦之象,爻之《象》辭言九六之變。《來注》曰:"悔未至於吉而猶有小疵,吝未至於凶而已有小疵。善,嘉也。辭,嘉之也。"

是故列貴賤者存乎位,齊大小者存乎卦,辨吉凶者存乎辭,憂悔吝者存乎介,震无咎者存乎悔。

"列貴賤",以爻言。齊,猶言辨也。《王注》"齊大小",以《彖》言,如《大畜》《小畜》《大過》《小過》《屯》《臨》陽爲主曰"大亨",《旅》《巽》陰爲主曰"小亨"之類。"辨吉凶"應前"失得",聖人憂患之情見乎辭,故存乎辭也。"憂悔吝"應前"小疵"。介,初分之界也,存乎初分之界,即憂之也。"震无咎"應前"補過",震動補過,不悔而能之乎?

是故卦有大小,辭有險易。辭也者,各指其所之。

故卦有小陰大陽,而辭有危險順易,各指人以所當適者而已。

《易》與天地準,故能彌綸天地之道。仰以觀於天文,俯以察於地理,是故知幽明之故。原始反終,故知死生之説。精氣爲物,游魂爲變,是故知鬼神之情狀。

此復即聖人設卦觀象而贊之也。設卦觀象者,《易》也。易即一陰一陽之道也,與天地齊準,故能於天地之道彌滿而無所不周。《説文》"彌,開弓也",謂弓開則滿也。綸絡而無所不到,以之而仰觀天文、俯察地理,則地幽天明之故知矣。原物之始而反其終,則生死之説知矣。氣之精靈聚而爲物,浮魂游蕩,散而爲變,則鬼者,物終而游魂變幻無定狀者是鬼也。神者,有一物,其物之精氣結聚者,即物之神也。情狀皆可知矣。

與天地相似,故不違。知周乎萬物,而道濟天下,故不過。旁行而不流,樂天知命,故不憂。安土敦乎仁,故能愛。範圍天地之化而不過,曲成萬物而不遺,通乎晝夜之道而知,故神无方而易無體。

聖人其全體夫《易》。德參乎天地,尚何違?智周萬物而道濟天下,尚何過?差旁行汎,應而權不離經,天則樂,命則知,尚何憂?隨所處之土而安,肫肫乎其仁,則能胞與无疆矣,焉有不愛?天地之化育,且待吾裁成而有模以範之、有郭以圍之,不使其過中,萬物則委曲成就而一无遺,且晝陽夜陰之道,通之而玲瓏透徹,則聖不可知,神也,而尚拘一方,惟變所適,《易》也,而尚執一體哉?

一陰一陽之謂道,繼之者善也,成之者性也。

上言道也,《易》也,神也,總不外陰陽而已。道,猶路也。一陰一陽分立,兩道也,一陰一陽迭運,一道也。其繼續不已,造化流轉者,乃陰陽本然之善也,故元稱善長。所謂"逝者如斯,不舍晝夜"也。因而命之人,或大或小,或清或濁,各凝成一善者,則所謂性也。《中庸》言天命謂性,孟子言性善,皆本此。

按:韓康伯注曰:"道者何?無之稱也。在陰爲無陰,陰以之生,在陽爲無陽,陽以之成,陰陽雖殊,無一以待之。"宋儒《太極圖》本之。无極即此意。蘇東坡《傳》曰:"聖人知道之難言也,借陰陽以言之。陰陽未交,廓然无一物,而不可謂之無,有此道之似也。"又曰:"學道而自繼者始則道不全,昔孟子以善爲性,以爲至矣。讀《易》而後知其非也。孟子之於性,蓋見其繼者而已。”朱晦庵《本義》曰:“陰陽迭運者,氣也,其理則所謂道。”又曰:“陰陽是氣不是道,所以爲陰陽者,則道也。”又宗程、張論性曰:“性有義理,有氣質。義理皆善,氣質有善、有惡,故惡亦不可不謂之性。孟子論性不論氣質,其言未備。”信如諸説,則改聖經曰“無之謂道,一陰一陽不謂之道,繼之者有善有惡而性成焉”,可乎?明與聖經反,則何不直攻之、闢之,而乃爲之注解乎?《説卦》曰:“立天之道曰陰與陽,立地之道曰柔與剛,立人之道曰仁與義。”是明以陰陽、仁義皆爲道矣,而曰不是道,將仁義亦非道乎?陰陽、剛柔、仁義,其實也,謂之道者,名也,如甲有身,實也,呼甲身曰長人,其名也。今謂“甲身不是長人,長人在甲身先所以爲甲身者也”,而通乎?在天道爲元亨利貞,在人性爲仁義禮智。元亨利貞非氣乎?仁義禮智不可見,而發爲惻隱、羞惡、辭讓、是非,非氣之用乎?性,心生也,心非氣質而何?以陰陽之氣之流行也謂之道,以其有條理謂之理。今乃分理道别爲一物,曰“理道善而氣惡”,不亦誕乎?夫以無爲宗,出於莊、老,韓、蘇明主之,朱子闇惑之,而詆孟子,反聖言,异哉!自漢後,護經衛道者不多人,至宋儒儼以明道自居,乃皆以异端之道爲道,是世道人心之不幸也。於諸儒乎何尤?

仁者見之謂之仁,知者見之謂之知,百姓日用而不知,故君子之道鮮矣。

是道也,即陽可以見陰,即陰可以見陽也,故得陽道盛而爲仁者則見仁之妙,以仁能統性道也,得陰道盛而爲知者則見知之妙,以知能運性道也。若夫百姓日用夫道而不能知,君子之道不亦鮮乎?不知,故不見也。

顯諸仁,藏諸用,鼓萬物而不與聖人同憂,盛德大業至矣哉!富有之謂大業,日新之謂盛德,生生之謂易,成象之謂乾,效法之謂坤,極數知來之謂占,通變之謂事,陰陽不測之謂神。

是則陰陽之道,大德曰生,其仁也,而行生昭著則顯諸仁;化育流行,其用也,而於穆敦化則藏諸用。爲顯、爲藏,鼓鑄萬物而不假,聖人與民同患之憂,德則盛,業則大,至矣哉!何以謂之大業也?天高地下,萬物散殊,其富有乎?何以謂之盛德也?至誠无息,日新又新,則日新乎?故陰陽相嬗,生生不窮,是之謂易。健而作始以成象,是之謂乾。順而效法以代終,是之謂坤。推極蓍策之數,逆知將來之事,《孔疏》。是之謂占。窮則變,變則通,萬事乃生,是之謂事。如是而陰謂陰道,陰即含陽,不得測之曰陰,陽謂陽道,陽即含陰,不得測之曰陽。變化之極,妙乎萬物,是之謂神。

夫《易》,廣矣,大矣。以言乎遠則不禦,以言乎邇則静而正,以言乎天地之間則備矣。夫乾,其静也專,其動也直,是以大生焉。夫坤,其靜也翕,其動也闢,是以廣生焉。廣大配天地,變通配四時,陰陽之義配日月,易簡之善配至德。

然則《易》之道廣无不周矣,大无不具矣。以言遠則莫可遏止,以言近則安静而正,以言乎天地之間則无一不有,何廣大也?夫《易》,乾坤而已,静而專一,動而直遂,乾奇如是,是以大生;静而翕輯,動而開闢,坤偶如是,是以廣生。然則《易》之廣大,直與天地配矣。且陽變通陰、陰變通陽,配乎四時,陽之義配日,陰之義配月,易簡之善配乎聖人,至德而廣大至矣。

子曰:"《易》其至矣乎!夫《易》,聖人所以崇德而廣業也。知崇禮卑,崇效天,卑法地。按:《繫辭傳》皆子言,而時間以"子曰"者,或贊嘆,或更端,或别文、周之辭。

夫聖人存性之道,舍《易》其何以哉?聖人以乾之知大始爲知,是效天也,效天而天崇,聖人之聰明睿知,足以有臨,而知亦崇智者,聖人高明之德也,曷其崇!以坤之作,成物爲禮,是法地也。法地而地卑,聖人之三千三百,恭敬退讓,而禮亦卑。禮者,聖人經緯之業也,曷其廣!而皆以《易》,則《易》其至矣乎!後儒遲鈍,不解世事,猥以讀書窮理自文,非《易》之崇德也。禮樂不修而托於記誦、著述,非《易》之廣業也。

天地設位,而《易》行乎其中矣。成性存存,道義之門。"

是則天設位於上,地設位於下,而一陰一陽生生之易行乎其中,人得之而爲知禮,所謂"成之者,性也"。君子於此存之又存,不顯亦臨,無射亦保,純誠无息,致中致和,一如生生之易焉。天下之理皆從此出,非道義之門乎?故曰:"《易》其至矣!"

聖人有以見天下之賾,而擬諸其形容,象其物宜,是故謂之象。聖人有以見天下之動,而觀其會通,以行其典禮,繫辭焉以斷其吉凶,是故謂之爻,言天下之至賾而不可惡也,言天下之至動而不可亂也。擬之而後言,議之而後動,擬議以成其變化。

然則文、周繫辭之故可明,而學《易》者宜慎其言行也。賾,《蘇傳》曰"喧,錯也。亦作嘖"。文、周見天地萬物之紛賾而擬其形容,象其物宜,謂之象,即大象、小象也。乃就其中見人事之變動而觀其若何會聚、若何通達，以行典常之禮，因繫辭焉，斷其爻變之吉凶，謂之爻。爻，交也，即變也。夫繫辭者，言也，言極天下之賾，如“先甲”、“後甲”、“初吉終亂”，而皆物情所有，无一可惡也。言極天下之動，如“龍躍”、“鶴鳴”、“解拇”、“射隼”，而皆典禮所行，无一可亂也。惟不可惡、不可亂也，故學《易》者言也必以象爻擬之而後出，動也必以象爻議之而後行。擬議之久，則始也勉摹，繼成適肖，變化者在《易》而即在我矣。下七爻則擬議之事也。《易》之大小、進退、往來，禮之象也。禮之相交、相對、相錯、相綜，《易》之實也。故韓宣子適魯見《易》象，《春秋》曰：“周禮盡在魯也。”陋者謂禮失迂、失固，豈知至動至變，觀其會通，乃以行典禮哉！

“鳴鶴在陰，其子和之。我有好爵，吾與爾靡之。”子曰：“君子居其室，出其言善，則千里之外應之，況其邇者乎？居其室，出其言不善，則千里之外違之，況其邇者乎？言出乎身，加乎民；行發乎邇，見乎遠。言行，君子之樞機。樞機之發，榮辱之主也。言行，君子之所以動天地也，可不慎乎！”

君子之言行出身耳，發邇耳，然樞轉則户運，機發則矢疾，千里之外，應違以之，榮辱至焉，是鳴鶴子和之象也。且不惟此，天地所以動矣，好爵可虚靡哉？君子之慎於擬議者，職是故也。

《同人》“先號咷而後笑。”子曰：“君子之道，或出或處，或默或語。二人同心，其利斷金。同心之言，其臭如蘭。”

其次當擬議者則在交游。夫友與我出處語默，不必一致，所謂“先號咷”也，然而心同則笑矣。其快利也，雖金可斷，而何往能禦？其言也，馨香如蘭，有味可挹哉？

“初六：藉用白茅，无咎。”子曰：“苟錯諸地而可矣，藉之用茅，何咎之有？慎之至也。夫茅之爲物薄，而用可重也。慎斯術也以往，其无所失矣。”

其次當擬議者則在承藉。夫以下藉上，其用重矣，不慎，能无咎乎？用白茅之柔潔以藉之，則无失矣。

“勞謙，君子有終，吉。”子曰：“勞而不伐，有功而不德，厚之至也。語以其功下人者也。德言盛，禮言恭。謙也者，致恭以存其位者也。”

其次當擬議者則在居功，《謙》之九三，功勞何如者？不惟不驕，且益加貶損，是以功下人者也，厚之至也。厚則内有德而外有禮矣，且德盛而禮恭矣，天位永終，宜哉！《語》云：“德厚者無盈色，德薄者无卑辭。”

“亢龍有悔。”子曰：“貴而无位，高而无民，賢人在下位而无輔，是以動而有悔也。”

其次當擬議者則在處亢。亢非僅人事也，天時所積，氣運所遷，亦有不得辭者，在神龍之善變以斡旋之。

“不出户庭，无咎。”子曰：“亂之生也，則言語以爲階。君不密則失臣，臣不密則失身，幾事不密則害成。是以君子慎密而不出也。”子曰：“作《易》者，其知盜乎？《易》曰：‘負且乘，致寇至。’負也者，小人之事也。乘也者，君子之器也。小人而乘君子之器，盜思奪之矣。上慢下暴，盜思伐之矣。慢藏誨盜，冶容誨淫。《易》曰：‘負且乘，致寇至。’盜之招也。”

然言行之道雖多，而言莫患於不密，行莫患於妄乘高位，故又引《節》之初九解之、六三以戒之，總見當擬議而後言動也。上慢下暴，謂上無禮、下无學也。盜必招而後至，故曰“作《易》者知盜”，慎則不招矣。

大衍之數五十，其用四十有九。分而爲二，以象兩。掛一以象三，揲之以四以象四時，歸奇於扐以象閏。五歲再閏，故再扐而後掛。按：《禮》：國君有守龜，家不藏龜。蓋龜，國君以上始可藏，而蓍筮則通士庶，故《易傳》專言大衍。

夫如是，可以占矣。布蓍策而大推衍之，即《洪範》“衍忒”也。其數共五十，而用以筮則置一策不用，衹用四十九策。鄭康成曰：“五十全數不可以爲七八、九六之用，故減其一。”郭子和曰：“世俗皆知一五兩四謂之三少、一九兩八謂之三多，以定卦象。然不必四十九數，以四十五、四十一，皆初揲，非五則九，再揲，三揲，非四則八。且不獨此，自三十以上，三十三、三十七、五十三、五十七、六十一、六十五、六十九、七十三、七十七、八十一、八十五、八十九、九十三、九十七，皆可得五九、四八老少之象，與四十九數爲母者无以异，獨不可得三十六、二十四、二十八、三十二之策數，故蓍數四十九，不易之道也。於是將四十九策分之左右以象天地兩儀，又任取兩中一策掛於指間以象人道，共兩儀爲三才，乃以四數揲。"《仲氏易》曰："揲，連撥也。"左策其所餘或一或二或三或四，又四數揲，右策其所餘同。扐，餘也，如《王制》"祭用數之仂"也，是揲之以四，以象四時，乃歸掛之一奇於兩扐而合之，虞氏説。歸奇於扐以象閏。閏，亦餘也。通掛一之策，不五則九，合爲一變，謂之"成易"。掛一節，揲一節，扐一節，又揲一節，又扐一節，共五節，猶五歲然。朱子説。再扐則猶五歲之再閏也。《仲氏易》曰："前三歲一閏尚餘六日，以加一月，止三十日，而三歲所餘有三十六日也，故兩歲二十四日合前六日又加一月，再閏。"故必再扐，然後取四十四策或四十策復掛爲二變，掛扐之策，不四則八，取四十策或三十六策或三十二策，復掛爲三變，亦不四則八。言掛則分，與揲、扐統之矣。五四以一四爲奇，九四以二四爲偶。三變皆奇，則十三策，其揲策三十六，四數之凡九，故名九而爲老陽。三變皆偶，則二十五策，其揲策二十四，四數之凡六，故名六而爲老陰。二偶一奇則二十一策，其揲策二十八，四數之凡七，故名七而爲少陽；二奇一偶則十七策，其揲策三十二，四數之凡八，故名八而爲少陰。是爲一爻老變而少不變。蓋以象言，老陽乾，老陰坤，少陽震、坎、艮，少陰巽、離、兑，父母變子不變也。以數言，《商易》占不動爻以七八，《周易》占動爻以九六，則九六七八，筮之數也。蓋奇數起於一三，成於九七，耦數起於二四，成於八六。陽主上進，七可進，故曰少陽，九无可進，故曰老陽。退變而爲八，陰主下退，八可退，故曰少陰，六无可退，故曰老陰。進變而爲七，由是復合四十九策如前揲之至九變而成内卦，十有八變而六爻備，外卦亦成焉。

趙汝楳《易雅・變釋篇》曰："揲蓍三變之餘爲九者十二，爲七者二十，爲六者四，爲八者二十八，多寡不同而類之爲陰陽，各三十二，總之爲六十四，正與卦數等。"《筮宗》曰："其均也，一陰一陽之謂道。其不等也，物相雜，故曰文。"又曰："蓍變而有之卦者宜畫兩卦，一爲本卦，一爲之卦。"如陳侯筮得《觀》之《否》，史曰："坤，土也。巽，風也。乾，天也。風爲天於土上，山也。有山之材而照之以天光，於是居土上。"必先畫本卦䷓，有巽、坤乃有風、有土之象，次畫之卦䷋，自巽、坤變乾、坤，有風爲天於土上之象，有天光之象，互體二三四爲艮，有山之象，三四五爲巽，有山材之象。若交重單拆，《本義・筮儀》：老陽畫口曰重，老陰畫×交，少陽畫一曰單，少陰畫一曰拆。《易小帖》曰："朱氏《筮儀》采之焦氏《易林・揲法》，而不著所自。"宋人著書多類此，使人莫辨其爲聖傳、爲他説、爲已見，是餖飾也。三代未聞，或謂出於《鬼谷子》。今《火珠林①》諸家多用之。然《火珠林》擲錢代蓍，用一卦定吉凶，畫交重以紀變，其定爻以世應，其玩占以納甲、五行、六獸，變包犧之畫，棄周公之辭，屏《説卦》之象，黜四象

① 文淵閣本無此"林"字，據文津閣本補。

之名，故不必畫兩卦。今揲蓍用之，如畫一卦[illegible]，則外卦无巽、无乾，互體无艮、无巽，何以象之爲風、爲天、爲山、爲木乎？愚按：《國語》《左傳》所載，周時筮法得專卦者彖爻并推，得變卦者貞悔俱占，且隨其事而取義，玩辭觀象，不拘一法，故能前民利用至於如神。若《易學啟蒙》專看卦辭，則文、周未繫辭前將何以占？且爻變尚衹看本爻辭，明與周、秦、晋、唐古人揲蓍遺法相左，何能前民利用耶？學者取《左傳》《國語》及晋郭璞等所占遺法類觀之，自明。

天數五，地數五。五位相得而各有合。天數二十有五，地數三十，凡天地之數五十有五。此所以成變化而行鬼神也。

夫大衍之數，所以象兩、象三、象四時、象閏者，以其原爲天地之數也。天數有五：一、三、五、七、九也。地數有五：二、四、六、八、十也。而一、三、五、七、九同爲奇，二、四、六、八、十同爲偶，是五位相得，乃由天數一、三、五、七、九合之爲二十有五，地數二、四、六、八、十合之爲三十，則天地之數各有所合，共五十有五。夫天地之數以五爲率，故五帝、五方、五常、五品、五行、五音、五色、五味皆以五。十其五爲五十，則數終矣，如君子、小人之澤以五世，王者之興以五百年，言極數不是過也。而合天地之數實五十又五，又、有通。《春秋》"十有幾年"皆解作"又"。所謂"終則有始，天行也"。而筮用成數，猶陰陽用老象，以終則必變也，故釋去又五而用五十，卜筮之成變化而行鬼神以此也。五數，小衍也。五十之説，大衍也，邵康節、朱漢上説。故曰大衍。

大衍之數本於天地之數，故上言"大衍五十"而下緊接以"天數五"、"地數五"、"五十有五"以釋之，將天一地二反置後文，復起詰端，呼應變化，一氣相承。宋人不知，妄爲移易，且有謂大衍非文王事者，毋乃侮聖言歟？

《乾》之策二百一十有六，《坤》之策百四十有四，凡三百有六十，當期之日。二篇之策萬有一千五百二十，當萬物之數也。

乾爲老陽，一爻三十六策，六爻二百一十六策。坤爲老陰，一爻二十四策，六爻百四十四策，共三百有六十，可以當一年之日。上下二篇六十四卦，凡陽爻百九十二，得六千九百一十二策，陰爻百九十二，得四千六百八策，共萬有一千五百二十策，可當萬物之數。時行物生，天地也，大衍之數本天地，故皆與之合焉。

按少陽七，一爻四七二十八，六爻得一百六十八；少陰八，一爻四八三十二，六爻得一百九十二，合之得三百六十策。六十四卦陽爻一百九十二，每爻二十八，得五千三百七十六策，陰爻一百九十二，每爻三十二，得六千一百四十四策，合爲萬一千五百二十，是少陽、少陰之策亦當期與萬物之數。而乃但言乾坤，可見三百八十四爻皆係老陽老陰，所謂"用九用六"者此也，所謂"爻，言乎變者"此也，而愚謂"凡卦之陽爻自乾，陰爻自坤"，亦從可決矣。

是故四營而成《易》，十有八變而成卦，八卦而小成。引而伸之，觸類而長之，天下之能事畢矣。顯道神德行，是故可與酬酢，可與祐神矣。

以是本於天地之故，四營而成一爻之易，十有八變而成六畫之卦，孔穎達曰："卦之爲言掛也，掛萬象於上也。"則内卦三畫爲八卦而卦已小成，引而伸之爲六畫卦，凡六十有四，觸類而長之，剛柔相推爲四千九十六卦，三畫伸至六畫，故曰"引伸"。相觸而變故曰"觸類而長"。天下之能事備矣，則道之弗彰者得筮而顯，德行之疑滯者得筮而神，於以應酬天下之事、佑助神化之功，何不可者？營，謀爲也。四營，即揲之以四也。見《來注》。舊以分二、掛一、揲四、歸扐爲四營，則其《筮儀》"揲、扐"兩節有"三營、四營之半"等語，牽強不妥。易即變也，四揲則成一變也。聖人解易字如此。

此節言大衍蓍數因於天地、驗於酬酢，詞旨甚明。宋人必曲引"五十五位相得有合"諸言以附會其所妄造《河圖》，是屈經以濟己説也。

子曰："知變化之道者，其知神之所爲乎。"《易》有聖人之道四焉：以言者尚其辭，以動者尚其變，以制器者尚其象，以卜筮者尚其占。

知"大衍"乾坤變化之道則可以通神，故知神之所爲。夫知神則神矣，故正辭、應變、垂象、定占，四者，聖人之道，而《易》皆有之。以言、以動、以制器、以卜筮者能弗尚之哉？

是以君子將有爲也，將有行也，問焉而以言，其受命也如嚮。虞本作響。无有遠近幽深，遂知來物，非天下之至精，其孰能與於此。

嚮、響通。有爲、有行，即動、制器也。"問焉而以言"，卜筮也。蓍受人命，如響應聲，不論遠近幽深，遂知來問之物而告之，則辭與占俱見。蓋至精、至變、至神，統上四者言。

參伍以變，錯綜其數。通其變，遂成天地之文；極其數，遂定天下之象。非天下之至變,其孰能與於此。

筮法每爻有五節三變,是參伍以變也。三變而遇三少三多、一少兩多、一多兩少,以得四九、四六、四七、四八之數,既奇偶相錯,以分計之,復多少相綜,以合理之,是錯綜其數也。由是通六爻之變,遂成天地陰陽剛柔相雜之文,極九六七八之數,遂成六十四卦内外之象,以定天下之象。非天下之至變者,能之乎?項平庵説。

《易》,无思也,无爲也,寂然不動,感而遂通天下之故。非天下之至神,其孰能與於此。

无思、无爲,即寂然不動。感,感以卜筮也。《孔疏》曰:"故,事故也。"

夫《易》,聖人之所以極深而研幾也。惟深也,故能通天下之志;惟幾也;故能成天下之務;惟神也,故不疾而速,不行而至。子曰:"《易》有聖人之道四焉"者,此之謂也。

然則《易》也者,聖人以之推極其深,使天下之志无不含於其中,故一叩而即通,研辨其幾,凡天下之務微萌畢照,故隨幾而能成而總之。神矣!寂然不動,不疾不行,感而遂通,已速,已至。此辭變象占之道,所以俱備也。

天一,地二;天三,地四;天五,地六;天七,地八;天九,地十。

此實指天地之數,以起下詰應之端而覆明大衍也。

按鄭康成注曰:"天一生水於北,地二生火於南,天三生木於東,地四生金於西,天五生土於中。陽无耦,陰无配,未相成也。地六成水於北,與天一并;天七成火於南,與地二并;地八成木於東,與天三并;天九成金於西,與地四并;地十成土於中,與天五并。"然其説不始康成。揚雄《太元》以三八爲木、四九爲金、二七爲火、一六爲水、五五爲土,吕不韋《月令》曰"木數八,火數七,土數五,金數九,水數六",蓋自戰國末即有其説矣,而實與《易》道剌謬不然。《繫辭》曰"乾大生,坤廣生",皆生也而成在其中。觀《坤》曰"資生"即曰"成物",可見也。不則,"乾知大始,坤作成物"或可曰"天生而地成",今乃天地各分生成、各有生成,是何説乎?且天三生而二成,地三成而二生,何以言之?水木土何以當生於天而成於地?火金何以當生於地而成於天?金木皆地生,若曰"木,天生者,得天氣也",則何物不需天氣者？取火於日，空中有火，火不實生於天乎？土之生似當先於金木，而反居五。夫五行之配，一二三四五何居？或謂《洪範》"一曰水，二曰火，三曰木，四曰金，五曰土"，因據之爲相生之數，則《洪範》枚舉，不容无序，非爲生成也。不然，五事一曰貌、二曰言、三曰視、四曰聽、五曰思，豈亦先生貌、後生言以及視、聽、思乎？夫土即地也，豈有地猶無土，待生水火木金後而天乃生之乎？地之成土，即以地成地乎？況六七八九十之數，復何自焉？後人以此裝《河》《洛》、圖《太極》，爲生人生物之源，則所繫重矣，乃聖經祇有五十五數以爲大衍之本，而并不及五行生成一語，豈經旨尚有紕漏耶？其爲曲學穿鑿附會，灼无疑也。故五德相禪之妄，高氏拱本語明辨之矣。五行生成之説非《易》道，郭氏雍亦言之矣。且五行配八卦，《鄭注》无此，係後人僞《河圖》，見後。加以生尅，更爲誣經。毛河右《易小帖》云："以卦義言，離爲火，坎爲水，巽爲木矣，然震爲雷不爲木，艮爲山不爲土，兑爲澤不爲金，《革》彖曰"水火相熄"，則兑澤屬水。即乾之爲金，不過與爲玉并言，非專屬金也。乾爲金，爲冰，爲大赤，爲木果，則金木水火皆備矣。以卦位言，則震木、兑金、離火、坎水似矣，然而坤不是火，艮不是水，有四正而无四維，即曰坤艮屬土，正合五行，然何以水火各一卦而金木與土則各有複卦？且何以中央之土反无卦位也？以卦數言，則天一爲坎，地二爲離，天三爲震，地四爲兑，而乾巽艮坤則又以六七八九就天地而分屬之似矣，然而土爲五十，反爲卦數所不取。夫《參同契》云'三五至精，五行之數全在正五'，今卦有合五而无正五，如金水爲一五、木火爲一五，皆可兩合，而土之正五卦何以反不及也？至宋人《太極圖》，專論五行，且欲以五行生八卦，更無理矣。"王崑繩曰："五行生尅始於鄒衍，而成於漢劉向、班固，然《五行志》等書皆牽扭可笑。江河井泉，金之流也，其然乎？世亦取火於金石，獨木也哉？水木火土，則謂草木悉漂萍，盲者笑其妄，以爲未有土先有火，不知虚空何物可灰爲大塊也？尅木者金，而火未嘗不尅木也。吾見尅土者金，木之尅不若金之利也。火水，交相尅者也，土尅水，水亦尅土也，總之天地無不生、无不尅，萬物消長乎陰陽也。若五行生尅，謬矣哉！"錢煌曰："卦論生殺，則乾父尅震子、震子尅坤母，兑離巽三女、艮坎震三男皆相尅，此大亂人倫之道也，而可哉？"胡朏明《易圖明辨》曰："經言天地之數，所以爲大衍也。注者篡以五行生成，則與大衍何與？何也？蓍无五行、无方位、无生成也。今試就筮法按之，自四營成易以至十有八變而成卦，孰爲天生而地成、地生而天成耶？孰居東而爲木、居西而爲金耶？如今人《河圖》《洛書》圓者、方者、單者、複者，皆安在耶？"塨按：金木水火土始見於《大禹謨》，然與谷稱六府，不稱五行。《甘誓》始言五行而不詳其目，至《洪範》乃有五行物數，然水曰潤下、火曰炎上、木曰曲直、金曰從革、土爰稼穡，是指人間最大而適用者有此五物，猶《禹謨》言財貨藏於是而謂之府也。故《周禮·考工記》又名曰五材，《春秋傳》亦曰"天生五材，民并用之"，非謂五行握自帝天而能生萬物也。宋人《太極圖》乃謂"五氣順布，化生人物"，則金木何許？較之人，微且頑矣，乃能生人，焉有是理？若謂四時配五行，天有五緯，星氣實生人，則地有一物、天有一星，如少微、四輔類，非星氣能生人也。王良傅説以人得名，能生人耶？王崑繩曰："五星，古名歲、填、熒惑、太白、辰，配以五行者，漢人也。"四時配五行，亦後儒約略象物之説，《月令》"春盛德在木"乃言春之盛德種之於木，非言木有盛德而生春之物也，夏、秋、冬之於火、金、水亦然，且此聖經所未有也。按《説卦》方位：夏火冬水似之，而春木秋金則无其象。至以天地生成配《易》卦，謂天一生水爲坎一，地二生火爲離二，天三生木爲震三，地四生金爲兑四，因以地六成水并列西北爲乾六，天七成火并列東南爲巽七，地八成木并列東北爲艮八，天九成金并列西南爲坤九，則乾爲天，爲老陽，乃爲地成，乃得老陰六數，坤爲地，爲老陰，乃爲天成，乃得老陽九數，何其傎乎？聖經乾天稱父、坤地稱母，以生萬物，而震雷巽風坎水離火艮山兑澤六子動之、撓之、燥之、潤之、説之、終始之，陰陽化育之道盡矣。今術數家但知宗後人五行生物，不知大《易》，此其所以爲小道也。《五經》、《語》、《孟》言道已盡，出此者即可擲之。汪季青曰："謂五行爲天地也不可，謂五行即六子也，則六子无金，謂五行後於六子乎，六子已有水火矣，謂五行先於六子乎，是六子不當稱六子而稱六孫矣。"其言涉戲，然亦明且著者。五行之物散見於《易》。或以五行生成講《易》難通，遂謂《易》无五行，又非也，但五行者，言已成之五材也，五材不可言生尅而有畏愛，如白术、防風爲使，愛也，木香見火无功，畏也。世誤以畏爲尅、愛爲生耳。

子曰："夫《易》何爲者也？夫《易》開物成務，冒天下之道，如斯而已者也。"是故聖人以通天下之志，以定天下之業，以斷天下之疑。

夫四營之説何爲？取天地之數也，盧氏説。蓋以筮開發萬物，成就務事，覆冒天下之道，不過如天地之數而已。筮法有一除一不用。二分而爲二。三掛一象三。四揲之以四。而成卦有九六七八，總用大衍之數五十，无出天地之數之外者也，《蘇傳》亦如斯指"天一、地二"十者，然割"天一"節於"大衍"以前，此處文法尚可通哉？《漢·律歷志》及衛元嵩、元包《運蓍篇》引"天一"十句與"天數五"一段，然不可以引述文改經文也。

是故蓍之德圓而神，卦之德方以知，六爻之義易以貢。聖人以此洗心，退藏於密，吉凶與民同患。神以知來，知以藏往，其孰能與於此哉！古之聰明睿知神武而不殺者夫！

蓍之數奇，七七四十九，象陽圓。卦之數偶，八八六十四，象陰方。崔憬説。蓋圓數奇，故圓則徑一而圍三有奇。方數偶，故方則徑一而圍四。蓍德則一二三四、四八五九、七八九六，迭出互見，以推未來，是圓而神也。卦德則奇爲陽、偶爲陰，各有定形，以知物類，是方以知也。六爻則每爻有義，變易以陳於人，是易以貢也。聖人以此蓍卦之德、爻之義，淨洗其心如江漢之濯，退藏於密，淵淵靜深。凡民之吉凶皆一體相關，與之營慮，患即慮也。至誠如神，可以前知，清明在躬，包羅萬古，非聰无不聞、明无不見、睿无不入、知无不通、神武震世，不假刑殺之聖，孰能與於此哉？

是以明於天之道，而察於民之故，是興神物以前民用。聖人以此齋戒，以神明其德夫。

《史記》曰："龜千歲而遊於蓮葉之上，蓍生滿百莖者，下必有神龜守之，上常有青雲覆之，是神物也。"聖人興，爲卜筮以引導民用，其心本齋戒也，其德本神明也，而至筮時更加齋戒，預燭未來，靈明變化，是以此神物。齋戒，以神明其德也。

是故闔户謂之坤，闢户謂之乾，一闔一闢謂之變，往來不窮謂之通，見乃謂之象，形乃謂之器，制而用之謂之法，利用出入，民咸用之，謂之神。

故卜筮總於乾坤而極於民用。乾坤爲《易》之門户。而坤陰收斂，則闔户謂之坤，乾陽發生，則闢户謂之乾。一闔一闢、相交相易謂之變。乾坤往上卦爲往，來下卦爲來，上下不窮，謂之通。衍而見卦爻之象，謂之象。因象成物，如衣裳、書契等謂之器。制器以使民用，禮樂刑政，謂之法，利用出入，民咸用之，如谷而酒飲、麻而布衣、車行如龍、舟渡如飛，日用不知①、妙用入神謂之神。

是故《易》有太極，是生兩儀。兩儀生四象。四象生八卦。八卦定吉凶。吉凶生大業。

如是而大衍可申明矣。易，變也，然必有不變者而變者以生。崔憬曰："五十有一不用，太極也，不變者也。《説文》："極，中也。"屋極謂之中梁上脊檩。有太極之一，乃可用四十九策。分而爲二，有奇有偶也，是有太極乃生兩儀。"儀，匹也，一陰一陽相匹也。天地，兩儀也，故曰"分而爲二，以象兩"，無太極則五十策兩分之，或皆奇，或皆偶，无奇耦兩儀也，何

① 文淵閣本無"日用不知"四字，據文津閣本補。

以象兩儀？兩儀生，乃可掛一而四揲之，以得七八九六之四象，是兩儀生四象也。七爲少陽象春，八爲少陰象秋，九爲老陽象夏，六爲老陰象冬，故曰“揲之以四以象四時，歸奇於扐以象閏”。若不分兩儀，則合四十九策揲之衹餘一，而陰陽老少之四象无由見矣，何以象四時？四象生，則九變而成内卦，十有八變而成外卦，是四象生八卦也。八卦則六十四卦具矣。有八卦則吉凶可定，趨吉避凶而大業以生矣。《易圖明辨》曰：“此段兩言四象，朱子以此四象爲聖人畫卦之次第，以後四象爲揲蓍所得陰陽老少之爻。夫均此四象，文相連不遠，豈容有二解哉？前後皆言筮占，‘太極’節爲覆明大衍，无疑也。”

按：朱子宗道士陳摶《先天圖》，以此節爲聖人作卦次第，其《易學啟蒙圖》先一圈爲太極，而上加一奇一偶兩畫爲太極生兩儀，一奇一偶之上又加一奇一偶曰太陽少陰少陽太陰，爲兩儀生四象。四象各二畫，上又各加一奇一偶，而乾一兑二離三震四巽五坎六艮七坤八出焉，爲四象生八卦。以上又各加一奇一偶爲四畫卦十六，又各加一奇一偶爲五畫卦三十二，又各加一奇一偶爲六畫卦，而自《乾》至《復》三十二卦、《姤》至《坤》三十二卦，共六十四卦出焉。邵子加一倍法即此。其上更有七畫、八畫、无窮畫卦，有言无圖，《本義》載此圖又不作畫，但以黑爲陰、白爲陽，累而上，黑白相間六層，乃以震四離三兑二乾一圓轉於左，爲數往者順，巽五坎六艮七坤八圓轉於右，爲知來者逆，爲《伏羲先天八卦圖》。以上三圖具後。又以六十四卦横圖截爲兩節，北起《復》，由東《離》盡卯中而南至《乾》盡午中，亦爲數往者順，南接《姤》，由西《坎》盡酉中而北至《坤》盡子中，亦爲知來者逆，爲伏羲六十四卦圓圖。又以横圖斷爲八節，東自《復》而西至《无妄》八卦爲一層，下東自《明夷》而西《同人》八卦爲一層，又下東自《臨》而西《履》八卦爲一層，又下東自《泰》而西《乾》八卦爲一層，乃上西自《姤》而東至《升》八卦爲一層，又上西自《訟》而東《師》八卦爲一層，又上西自《遯》而東《謙》八卦爲一層，又上西自《否》而東《坤》八卦爲一層，《乾》始西北，《坤》盡東南，爲伏羲六十四卦方圖。而圓圖又分卦氣，自《復》一陽生，冬至十一月半盡《震》《離》之十六卦，然後得《臨》春分二月半，又盡《兑》之八卦，然後得《泰》立夏四月初，又隔四卦得《大壯》，又隔一卦至《夬》，皆爲芒種五月初，卦氣難通如此。遂接《乾》《姤》爲夏至五月半，自此又盡《巽》《坎》之十六卦，然後得《遯》秋分八月半，又盡《艮》之八卦，然後得《否》立冬十月初，又隔四卦得《觀》，又隔一卦得《剥》，皆爲大雪十一月初，遂接《坤》《復》爲冬至。以上皆《先天圖》，《本義》載於經首，曰：“此非某説，乃康節説。非康節説①，乃希夷説。非希夷説，乃孔子之説，但儒者失其傳，而方外之流陰相付受以爲丹竈之術，至希夷、康節始反於《易》而説始明。”嗚呼！朱子曾不思陳摶爲真方外之流耶？孔子之説曾一一細勘否，而遂誣指耶？孔

① 文淵閣本無“非康節説”四字，據文津閣本補。

子曰“庖犧始作八卦”，是《易》自作卦起，未嘗聞始作太極也，且作卦，奇偶，畫也，太極圖圈非畫矣。非孔子之説一。孔子曰：“兩儀生四象。”崔憬以九六七八老陽、老陰、少陽、少陰爲四象，然即揲四中蓍策之事，在畫卦因卦後，非未作八卦而先有四象也。何者？老變而少不變，并從已成之卦而推，故《仲氏》曰“乾爲老陽，非老陽而後乾也。坤爲老陰，非老陰而後坤也”。非孔子之説二。孔子曰“成象之謂乾”，則先畫乾，“效法之謂坤”，則次畫坤，皆三畫卦以象三才，未聞有一畫兩畫止而謂之陽儀、陰儀、太陽、少陰、少陽、太陰者。非孔子之説三。孔子曰“震一索而得男”，則又次畫震，“巽一索而得女”，又次畫巽，“坎再索而得男”，又次畫坎，“離再索而得女”，又次畫離，“艮三索而得男”，又次畫艮，“兑三索而得女”，又次畫兑，而八卦畢。是爲作卦之序。從未聞其序爲乾一、兑二、離三、震四、巽五、坎六、艮七、坤八也。《仲氏易》曰“乾父坤母，合生六子”，今何以父子母女并生。且六子俱先母生，少女先中女、中女先長女生，世有此事乎？於一索、再索之義盡失矣。非孔子之説四。孔子曰“八卦成列，因而重之”，是畫八卦後不更作卦，衹因一卦而重以八卦，故但曰作八卦，不言作六十四卦也。如乾重乾爲《乾》、乾重坤爲《泰》、乾重震爲《大壯》、乾重巽爲《小畜》、乾重坎爲《需》、乾重離爲《大有》、乾重艮爲《大畜》、乾重兑爲《夬》，以下七卦皆然，而六十四卦畢。今連翻累畫，豈因重哉？非孔子之説五。八卦、六十四卦，聖經有名。今忽有四畫、五畫卦，何以聖人不爲之名也？且於三才何取焉？非孔子之説六。爻辭以一畫爲初，不稱一，明无前於此者矣，以六畫爲上，不稱六，明无後於此者矣。故《説卦》曰“兼三才而兩之，《易》六畫而成卦”。今以爲六畫後尚有七畫、八畫、无窮畫卦，明背聖言，且果如此，則六十四卦之理未盡也。非孔子之説七。孔子曰“震東方，巽東南，離南方，致役乎坤，説言乎兑，乾西北，坎正北，艮東北”此八卦方位，即言伏羲之八卦也。今强坐之曰“此文王後天八卦”，而撰乾南、坤北、離東、坎西、兑東南、震東北、巽西南、艮西北爲《伏羲先天八卦》，以經文“天地定位，山澤通氣，雷風相薄，水火不相射”附會之。然此論八卦相錯之象，并无南北方隅一字，而可强以己意誣經乎？《參同契》云：“乾坤者，《易》之門户，衆卦之父母，坎離匡郭，運轂正軸，牝牡四卦，以爲橐籥。”朱子注云：“乾坤爲爐鼎，位乎上下，坎離升降於其間，如車軸之轉轂以運輪，一上而一下也。牝牡謂配，合之四卦，震、艮、巽、兑也。橐鞴囊籥，其管也。”熊與可曰：“《先》《後天圖》《參同契》皆具後天坎離居先天乾坤之位，以坎中陽實、離中陰虚，則仍爲乾坤。”故丹家謂之還元，是不惟先天方位爲异端之學，即《後天圖》依傍《説卦》方位，而亦借爲修煉用，與聖經若風馬牛。朱子注《參同契》，恐人譏議，自詭其名曰空同道士鄒訢，鄒即邾、訢即熹也。著《啟蒙》，又署名曰雲臺真逸，是朱子明知其爲道士之説，明自附於道士，而乃以亂聖經、指爲孔子説耶？其非八也。《説卦》言“萬物出震，齊巽，見離，養坤，説兑，戰乾，歸坎，成終成始於艮”，雖衹有“兑，正秋”一語，而春夏冬俱見矣，此聖言无可易者。今先天卦氣何其舛也？或問朱子，卦氣陽生陰生始何疎而終何密？《臨》二陽生，爲冬十二月，卦乃在春分二月半。《泰》三陽，正月，卦乃在立夏四月初。推之一概乖反，朱子亦不能答，曰“未得其説，容更思之”，又曰“《伏羲易》自是伏羲説話，《文王易》自是文王説話，不可交互求合”。嗚呼！是何言也？羲、文有二《易》耶？四時運行，萬古不易，焉有伏羲配以此卦而文王又配以彼卦者？且十二月辟卦爲漢儒説，尚非聖言，若“兑，正秋”諸語，則孔子之言羲、文《易》象者矣。“兑，正秋”也，而今爲春辰月矣。乾，秋冬之間也，而今爲夏午月矣。艮“終乎物而始乎物”，冬春之間也，今爲秋戌月矣。八卦皆顛，四時皆亂，乃誣曰此孔子之説，其非九也。胡朏明曰：“《先天圖》以自震至乾爲順數已生之卦，自巽至坤爲逆推未生之卦，然則經曰‘《易》，逆數也’，豈專用巽坎艮坤而不用乾兑離震乎？丹家講順逆，曰‘順則成人，逆則成仙’，即抽坎填離也，與《易》何與？而牽之污穢聖言耶？”其非十也。至《本義》，圖但以黑白分陰陽，更可怪异，豈伏羲畫卦時左執黑筆、右執粉筆耶？抑六十四卦俱无畫，黑白之中遂分初二三四五上耶？且白畫之陽固奇，而黑畫之陰亦奇耶？何强作事至如是也！

陳摶所傳伏羲先天八卦圖

此等圖悖易害易而録之者欲人明其説然後知其妄也餘圖辯中已詳不具

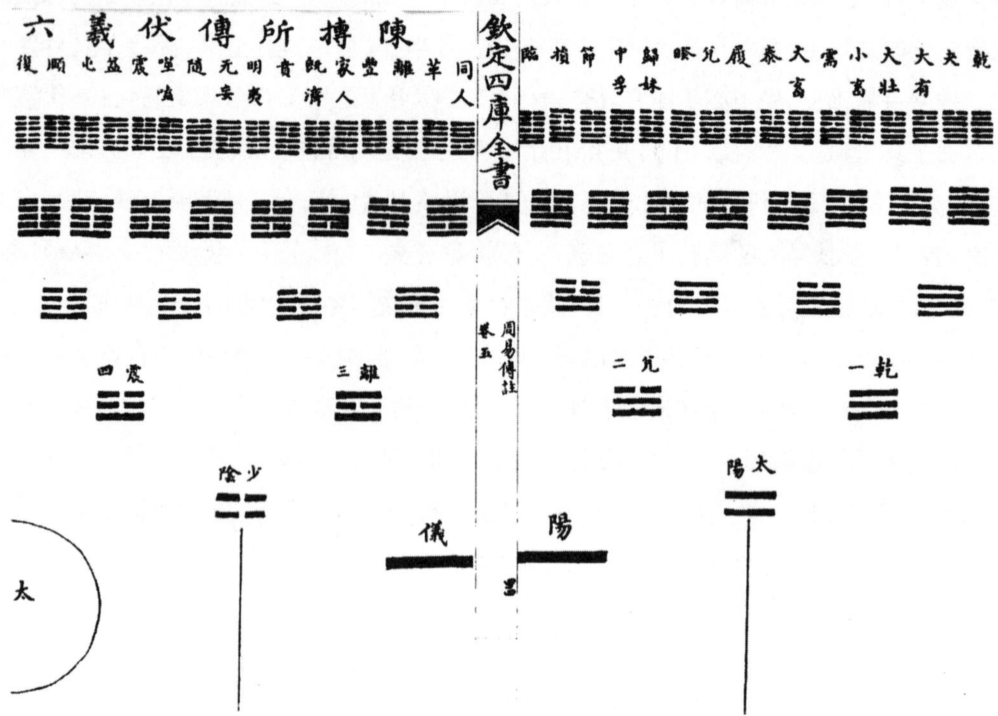
陳搏所傳伏羲六十四卦次序圖
欽定四庫全書
周易傳註 卷五
乾 夬 大有 大壯 小畜 需 大畜 泰 履 兑 睽 歸妹 中孚 節 損 臨
同人 革 離 豐 家人 既濟 賁 明夷 无妄 隨 噬嗑 震 益 屯 頤 復
一乾 二兑 三離 四震
太陽 少陰
陽 儀
太

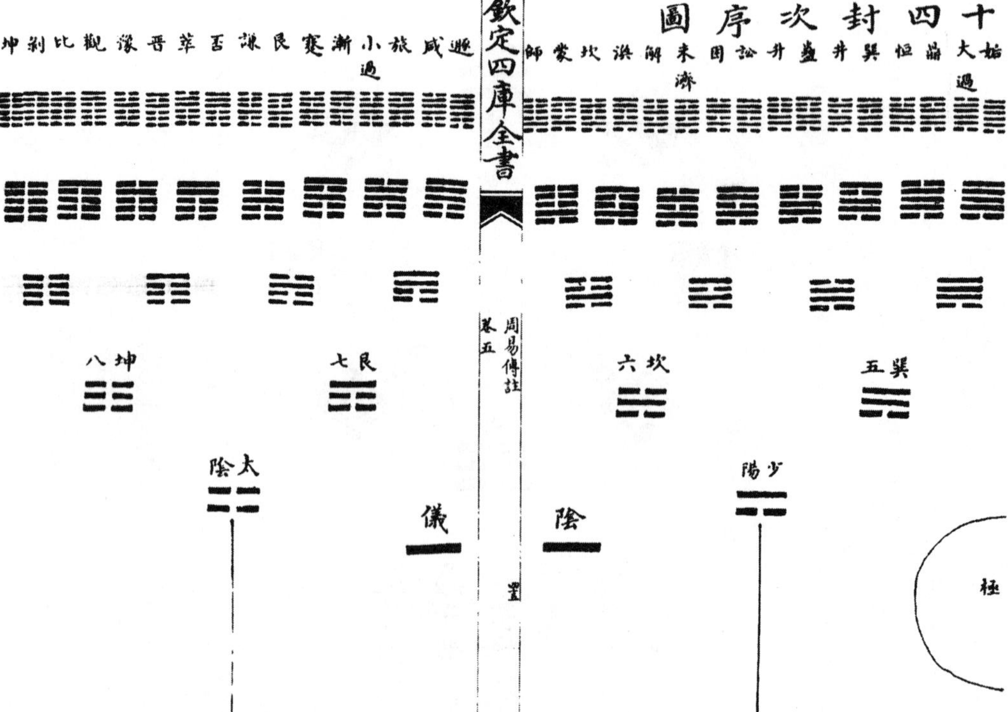
姤 大過 鼎 恒 巽 井 蠱 升 訟 困 未濟 解 渙 坎 蒙 師
遯 咸 旅 小過 漸 蹇 艮 謙 否 萃 晉 豫 觀 比 剝 坤
五巽 六坎 七艮 八坤
少陽 太陰
陰 儀
極
欽定四庫全書
周易傳註 卷五

陳摶又有《太極圖》，傳之周濂溪。見朱震《進易説表》、胡五峯《通書序》。然程子兄弟親學於周，與邵堯夫爲友，而不及"太極"、"先天"一言。朱子乃又表章《太極圖》，以爲學宗其説。無極而太極，太極動而生陽、靜而生陰，陽變陰合而生水火木金土，二五之精，妙合而凝，乾道成男，坤道成女，化生萬物，亦附會於"太極生兩儀"之文。圖見後。當時陸子靜、張南軒、林黄中皆不以爲然。毛河右著《太極圖説遺議》以辯之，略曰："《太極圖》，二氏學也，其圖竊取魏伯陽《參同契》中《水火匡廓》、《三五至精》二圖彭曉舊本載之。而合爲一圖，《水火匡廓》者，以《參同契》首有'水火匡廓，運轂正軸'二語，作坎離二卦而運爲一軸，非兩儀也，兩儀烏得有三輪哉？亦非陽動生陰、陰靜生陽也。左☾爲離，白黑白即☲也。右☽爲坎，黑白黑即☵也。其中一圈則坎離之胎也。《三五至精圖》則取《五行逆克》章'三五與一，天地至精'語，分五行爲三五。中央土一五也，天五生土也。左火與木其一五也，地二生火、天三生木也。右水與金共一五也，天一生水、地四生金也。金盛爲水，木盛爲火，而土合之，即嬰兒、姹女、黄婆之説。歸於一元。則下一圈者三五之合非二五之合，三五之精非二五之精。丹家水火必還一元，故其後復有'含元播精，三五歸一'之語。在隋唐間有道士作《真元品》已載之，爲《太極先天圖》，即陳摶之所自始。蓋參同本以乾坤水火爲抽填之秘，而坎離横陳、乾坤直列，摶之所謂以乾南坤北、離左坎右爲先天者。而'匡廓運轂'則以坎離爲車軸之貫，輪轉上下，乾之南者有時而北，坤之北者有時而南，《六十四卦方圖》乾北坤南即此意。而究其要訣，則必如'鼎器歌'云'陰在上，陽下奔'者，朱子注云："此是要法。"故其文有云'上德无爲，不可察求'，言陰在上，主靜也。宋儒主靜之學本此。'下德爲之，其用不休'，言陽在下，主動也。宋紹興間，朱震進周子《太極圖》於高宗，猶是上一圈爲陰靜三輪，下一圈爲陽動，見朱氏《易卦圖》上卷，如《真元品圖》在朱子前。而朱子爲注則另加修飾，如今《性理大全》所載，以爲可以掩人，可以无弊，而不知异端、聖道非可飾合，亦何爲哉？至於'无極'，明出釋、老，不惟陸象山累書攻辯，張横渠與濂溪同時即曰：'今儒、釋、老莊混然一途，以有生於無，多見其詖淫矣。'"又略曰："《易》言動靜有常，即指陰陽也。未聞未生陰陽而有動靜者也。乾靜專動直，坤靜翕動闢，則陰陽俱有動靜，陽不必專動，陰不必專靜也。五行非四象也。且所謂生八卦者，安在乎？"胡朏明曰："《宋史·周子傳》本曰'自無極而爲太極'，朱子力辨，删'自''爲'二字。元人修史如之。不知自无極而爲太極，老氏無生有之説也。無極而太極，則空即是色，爲沙門衣鉢矣。庸以愈歟？"毛先生所言《真元品圖》，聞之吾友王草堂，而未見也。塨後在燕邸查《道藏》，見之并録後。

是故法象莫大乎天地。變通莫大乎四時。縣象著明莫大乎日月。崇高莫大乎富貴。備物致用，立成器以爲天下利，莫大乎聖人。探賾索隱，鉤深致遠，以定天下之吉

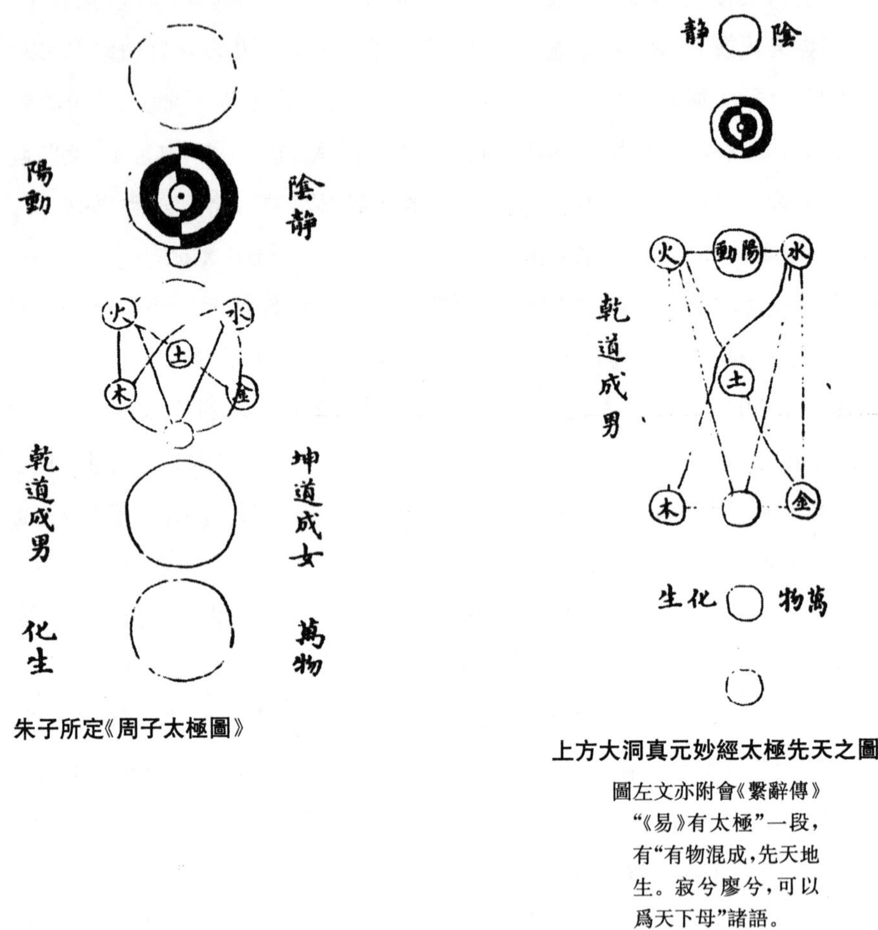

朱子所定《周子太極圖》

上方大洞真元妙經太極先天之圖

圖左文亦附會《繫辭傳》"《易》有太極"一段，有"有物混成，先天地生。寂兮廖兮，可以爲天下母"諸語。

凶，成天下之亹亹者，莫大乎蓍龜。

列陳天地間之最大者，而終以蓍龜，見卜筮之不可輕也。亹亹者，勉勉於事也。

是故天生神物，聖人則之。天地變化，聖人效之。天垂象，見吉凶，聖人象之。河出圖，洛出書，聖人則之。

龜背有文以象卦，蓍生百莖以衍數，寒暑山川之變化，日月星辰之休徵，《河圖》《洛書》靈异開先，皆聖人作《易》之因也。《易圖明辨》曰："書契興於黄帝之世，伏羲時未有書名《洛》，所出安得稱書？"蓋聖人統伏羲、文、周而言，觀下四象與《繫辭》并舉可見。

按：《洛書》，《易傳》外不再見，而《書・顧命》有"天球、河圖在東序"之文。萬季野曰："《周本紀》犬戎殺幽王驪山下，盡取周賂而去。賂者，珍寶貨財也。《河圖》必亡於此時，故王子朝之亂挾以出者,周之寶珪、典籍而已。”寶珪,典瑞所掌。典籍,太史掌之。并非大寶器。《顧命》所陳諸珍器,平、桓下无一復見傳、記,是《圖》《書》之亡久矣,故自漢迄唐,或言羲出《河圖》、禹出《洛書》,或言《圖》、《書》并出羲時,或言《圖》、《書》爲篇冊,或言《圖》即八卦、《書》即《九疇》,然并无親見《河圖》、《洛書》者與見《圖》、《書》爲一圈點之物者。宋道士陳摶忽出《河圖》、《洛書》,劉牧傳之,以五十五點爲《圖》、四十五點爲《書》,而朱子宗焉。五十五點者,一六複於北,二七複於南,三八複於東,四九複於西,五居中,十複於上下。按康成注“天一地六并於北”,則一六當并列,今複置,亦誤也。東西南皆如之。四十五點者,戴九履一,左三右七,二四爲肩,六八爲足,中有五无十,皆奇白偶黑。圖附後。毛河右著《原舛編》以辯之,略曰:“宋人《圖》《書》之僞有確證焉,宋濂、王禕輩雖非之而未考也。陳摶之《河圖》非即鄭康成《大衍注》‘天一生水於北’一段文乎?然斷不得爲《河圖》也。何者?康成‘河出《圖》、洛出《書》’注云‘《河圖》有九篇,《洛書》有六篇’,若《河圖》即天地生成之數,則康成自注何不直指曰‘《河圖》即前生成一二之數是也’,乃毫不及,而别指爲篇冊,其无與也明矣。《洛書》亦然。乃《易緯·乾鑿度》‘太乙下九宫法’也。《乾鑿度》下篇有以一陰一陽合爲十五之説,六八爲陰,七九爲陽,七八十五,九六亦十五。遂有‘太乙下九宫法’,取陰陽卦數即十五數。以行九宫,八卦四正四維合中央爲九宫,而數皆十五。其法曰‘太乙’者,北辰之神名也,居其所曰太乙。此用《論語》,知非古聖之書,殆漢世道家所作。甞行於八卦日辰之間,曰‘天乙’,每四乃還北南東西爲四。於中央。中央者,北辰之所居也。以中无卦位,故以此爲太乙寓居之所。天數以陽出、以陰入,陽起於子,陰起於午,是以太乙下九宫從坎宫始。坎,中男,始之,言无偏也,坎,北。自此而從於坤宫,坤,南,僞《河圖》以天地生成配《易》卦位,乾、坎、艮、震、巽、離、坤、兑起於西北而迄於正西,九宫則以乾、坎、艮、震四卦起於西北而迄於正東,至巽、離、坤、兑又另從正西起而迄於東南,故正南非離而爲坤。蔡沈作《洪範皇極》,不知此,妄以天地生成所配卦位硬加之,則東南仍巽七,非兑,何以四?南仍離二,非坤,何以九?西南仍坤九,非離,何以二?西仍兑四,非巽何以七?卦數不合宫數,一往貿貿,而今術數家又貿因之也。坤,母也,又自此而從震宫。震,東。震,長男也,又自此而從巽宫。巽,西。巽,長女,所行半矣,所謂每四乃還者也。遂息於中央之宫。既,又自此而從乾宫。乾,西北。乾,父也,又自此而從兑宫。兑,東南。兑,少女也,又自此而從艮宫。艮,東北。艮,少男也,又自此而從離宫。離,西南。離,中女也,行則周矣。乃上游息於太乙、天乙之庭而升於紫宫,太乙不常居卦位之中,故五則暫息於中央,至是則不息而上升矣。行從坎始,去從離終,皆坎離水火之學、道家之書也。而其法則合於陰陽十五之數。坎北數一爲履一。坤南數九爲戴九。震東數三爲左三。巽西數七爲右七。離二西南、兑四東南,則二爲右肩、四爲左肩。乾六西北、艮八東北,則六爲右足、八爲左足。中央數五,爲太乙之數。而太乙四周不復,再息中央而上升,則太乙之數遂止於五數而无十數焉。從横交互，皆得十五。其説如此，而未嘗曰‘此《洛書》’，假曰《洛書》，則緯書具在，其於《九宫篇》後又曰‘孔子曰《洛書》摘六辟日以建紀’，辟者，君主也，謂摘主十二月之卦以立歲，紀止言六者，陽該陰也。何也？夫鄭之注衍數而别釋《河圖》，與《易緯》之言宫法而别引《洛書》，二者正相符矣。”胡朏明曰：“自陳摶妄傳《河》《洛》《太極》諸圖，後之造圖者夔魅罔象，變相迭出，以亂聖經，真《易》道之附會也。”塨按：朱子曰“《易》本是象”，可爲特見，但自王弼掃象而後，《程傳》專言理，朱子不甚滿之，而象數无傳。適當時儒宗周、邵，皆出於道士陳摶、僧壽涯輩，有此附《易》妄圖，遂引置《易》首，而不知陷於异端，是朱子之不幸也。後人无考，見《本義》首載此，反若羲、文之《易》皆從此《河》《洛》《先天》諸圖而起者，一誤盡誤，禍斯烈矣。觀《大傳》“天生神物”與“仰則觀象於天”二段，則伏羲作《易》，无物不察，即當日真《河圖》《洛書》，亦僅與“天生神物”、“鳥獸之文”同爲感觸之一端耳。今不玩《易》，而但觀蓍龜、鳥獸，即盡《易》乎？溺《圖》《書》者何以异是？《易圖明辨》曰：“欲明《易》，八卦具在，焉用《河圖》？欲明《範》，《九疇》具在，焉用《洛書》？”其言明矣。

又按：禹時洛出書，則之以列《九疇》，亦不經見。林之奇《書傳》云：“鯀陻洪水，帝乃震怒，不畀《洪範・九疇》。洪，大。範，法。猶言‘天奪之’，鑒天乃錫禹《洪範・九疇》，猶言‘天誘其衷’。”趙汝楳《易雅》謂：“不過如‘天錫王智勇’、‘天錫公純嘏’之類，不必天命物負之以錫諸人也。”毛河右曰：“《圖》《書》則以作《易》，經有明文，若‘則《書》演疇’。孔安國等後起之説未可信。且禹所得，名爲《洪範・九疇》，曷嘗名《洛書》耶？”總之，《圖》《書》既亡，無甚攸關，置之不論，无不可耳。奚爲作僞哉？

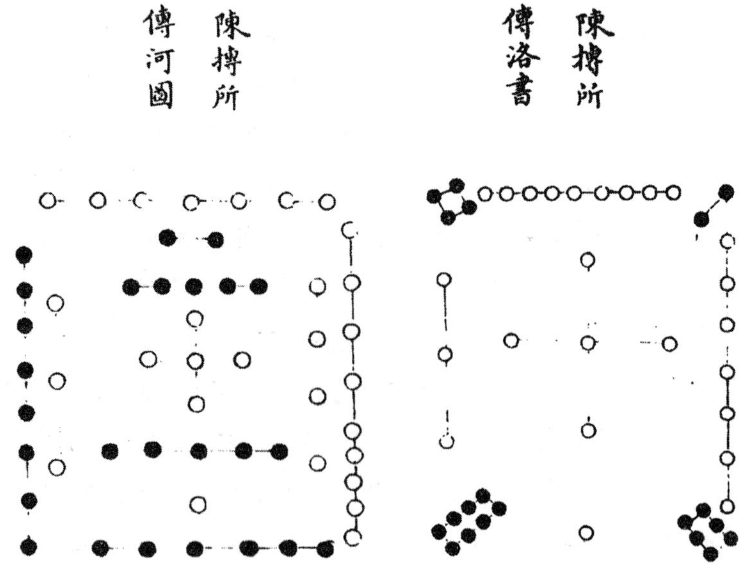

陳摶所傳河圖　　　　陳摶所傳洛書

易緯太　二離宫　七巽宫　六乾宫
乙下九　九坤宫　五中宫　一坎宫
宫圖　四兑宫　三震宫　八艮宫

《大戴禮·明堂篇》曰“九宫之制：二九四七五三六一八”，即此九宫法。蓋皆漢世讖緯、術數之學也。今《相宅經》有“一白、二黑、三碧、四緑、五黄、六白、七赤、八白、九紫”諸説，皆本諸此。

《易》有四象，所以示也。繫辭焉，所以告也。定之以吉凶，所以斷也。

然則大衍之示人，用以四揲而著於《繫辭》，斷其孰吉孰凶，其所以前民者不瞭然哉？

《易》曰：“自天祐之，吉无不利。”子曰：“祐者，助也。天之所助者，順也；人之所助者，信也。履信思乎順，又以尚賢也。是以自天祐之，吉无不利也。”

引《大有》上九辭以證之，言人能依四象所示、《繫辭》所告，履信思順，而又尚賢，則吉至而凶免矣。

子曰：“書不盡言，言不盡意。”然則聖人之意，其不可見乎？子曰：“聖人立象以盡意，設卦以盡情僞，繫辭焉以盡其言，變而通之以盡利，鼓之舞之以盡神。”

大衍明而聖人之意不可不知也，故設爲問答以發之。言限於物，故意不能盡。象括無窮，故立以盡意。設卦觀象，以盡其攻取之情僞。因象繫辭焉，以盡其言。皆立象也。如《履》《大象》“履虎尾，不咥人”，《小象》又言“履虎尾，咥人”。《大過》《大象》言“棟橈”，《小象》又言“橈隆”。變而通之，以盡天下之利，以至“盥薦”、“涉川”、“載鬼”、“噬胏”等象，如鼓而動之、舞而蹈之，以盡妙萬物之神，聖人之意亦殆盡矣。

乾坤，其《易》之緼耶？乾坤成列，而《易》立乎其中矣。乾坤毁，則無以見《易》。《易》不可見，則乾坤或幾乎息矣。

夫立象盡意，不外乾爻坤爻而已，則乾坤，其《易》之緼藏耶？虞翻曰：“緼，藏也。”謂《易》

藏於其中也。何者？乾坤成列而《易》象立乎其中矣。若使乾坤之卦毁，則於何見《易》？《易》不可見，則乾坤之功用不幾息乎？

是故形而上者謂之道，形而下者謂之器。化而裁之謂之變，推而行之謂之通，舉而措之天下之民謂之事業。

是故形象而上則一陰一陽謂之道，形象而下則書契、衣裳等謂之器。陽化陰，陰化陽，而裁裁如裁衣之裁。之謂之變。陽以進，陰以退，推而行之謂之通。於是措之天下之民，非事業而何？《易》見而乾坤無息矣。

是故夫象，聖人有以見天下之賾，而擬諸其形容，象其物宜，是故謂之象。聖人有以見天下之動，而觀其會通，以行其典禮，繫辭焉以斷其吉凶，是故謂之爻。

是故夫象可覆明也，爻亦象也。

極天下之賾者存乎卦，鼓天下之動者存乎辭，化而裁之存乎變，推而行之存乎通，神而明之存乎其人，默而成之，不言而信，存乎德行。

是極盡天下之繁賾者存乎卦，鼓舞天下之萬動者存乎辭，化而裁之存乎變，推而行之存乎通，前文重化、裁，推、行，此重變、通。皆象也。然神而明之，則存乎无方、无體之人。斂嘿而變化已成，不言而信，若蓍蔡則存乎純德至行，是則聖人之意終有餘乎卦象《繫辭》之内者矣。

周易傳注·卷六

州學正　李塨　撰

繫辭下傳

八卦成列，象在其中矣。因而重之，爻在其中矣。剛柔相推，變在其中矣。繫辭焉而命之，動在其中矣。吉凶悔吝者，生乎動者也。剛柔者，立本者也。變通者，趣時者也。吉凶者，貞勝者也。天地之道，貞觀者也。日月之道，貞明者也。天下之動，貞夫一者也。夫乾，確然示人易矣。夫坤，隤然示人簡矣。爻也者，效此者也。象也者，像此者也。爻象動乎內，吉凶見乎外，功業見乎變，聖人之情見乎辭。天地之大德曰生，聖人之大寶曰位。何以守位？曰仁。何以聚人？曰財。理財正辭、禁民爲非曰義。

此言卦爻著於變而歸於一也。八純卦各三畫，自成列也。乾與坤，震與巽，坎與離，艮與兑，對成列也。因重則本末中爻備，故曰“爻在其中”。《正義》曰“剛柔”，即陰陽也。論其氣，謂之陰陽。語其體，謂之剛柔。命如“命令”之命，定吉凶以示人也。聖人見天下之動賾而繫辭，故動在其中。剛柔立爻之本，而時之動不可拘。自變通以趣之，故曰“惟其時物”。然而變歸於一者，何也？吉凶雖殊，而皆以正揆之，貞者，正而固也。貞則勝而吉，否則凶，是“貞勝者”也。天地之道亦以貞觀，日月之道亦以貞明，而况天下之動非貞夫一而何哉？一者，即乾易也、坤簡也，爻不過效此易簡而已，象不過像此易簡而已，是易簡之德，在天地，大生廣生則曰生，在聖人，仁民愛物則曰仁，一德也。大寶之位，行仁之具也，聚人之財，行仁之事也。爲農桑，爲珍貨，劃然有理。喪、祭、賓、師，正其用財名目之辭。親、義、序、別，禁其有財逸居之非。以義輔仁而仁行矣，與天地合德矣。生生之謂易，《易》道盡於此矣。《孟子》曰使民"菽粟如水火",民无不仁,王道盡於此矣。此之謂"天下之動,貞夫一"。

天垂象,地呈形,故曰《觀》。虞氏曰:"隤,安也。爻象者,卦所自具,故曰内。吉凶者,得失之報,故曰外。聖人之情,即吉凶與民同患之情也。"

古者包犧氏之王天下也,仰則觀象於天,俯則觀法於地,觀鳥獸之文與地之宜,近取諸身,遠取諸物,於是始作八卦,以通神明之德,以類萬物之情。

地之宜如《禹貢》兖之漆、青之檿、徐之桐之類。近取諸身,如爲首、爲腹類。遠取諸物,如爲牛、爲馬類。八卦作而神明之德不閉塞矣,萬物之情皆類引矣。

作結繩而爲網罟,以佃以漁,蓋取諸《離》。

即以制器尚象者言之,《離》有兩目而中爻牽以巽繩,網罟象也。

包犧氏沒,神農氏作。斵木爲耜,揉木爲耒。耒耨之利,以教天下,蓋取諸《益》。

斵木使鋭以入土,揉木使曲以附手。《仲氏易》曰:"巽木入坤土,而上動以艮手,下動以震足,耕象也。"

日中爲市,致天下之民,聚天下之貨,交易而退,各得其所,蓋取諸《噬嗑》。

翟玄曰:"市中交易,飲食之道。"《仲氏易》曰:"上離下震,日中而動也。"合沙鄭氏曰:"十三卦始《離》,次《益》,次《噬嗑》,食貨也。故《洪範》八政,一食二貨。"

神農氏沒,黄帝、堯、舜氏作。通其變,使民不倦。神而化之,使民宜之。《易》,窮則變,變則通,通則久。是以自天祐之,吉无不利。黄帝、堯、舜,垂衣裳而天下治,蓋取諸《乾》《坤》。

不尊古者,妄也。執古者,愚也。烏足以知《易》之窮、變、通、久哉?烏足以知聖人之通變神化哉?五帝趣而文明,世道之一變也,故特提而言之。《九家易》曰:"衣取象乾,居上覆物。裳取象坤,在下含物。”

刳木爲舟,剡木爲楫。舟楫之利,以濟不通。致遠以利天下,蓋取諸《涣》。

刳,鑿空也。剡,鋭也。《九家易》曰:“木在水上,流行若風,舟楫之象。”

服牛乘馬,引重致遠,以利天下,蓋取諸《隨》。

震爲馬,一至四大離爲牛,而兑悦以服乘之。

重門擊柝,以待暴客,蓋取諸《豫》。

《九家易》曰:“下有艮象。從外視震,復爲倒艮。兩艮對合,重門也。艮爲手,爲小木,爲上持。震爲足,坤爲夜,坎爲盜。手持柝木,夜行擊門,備盜之象。”

斷木爲杵,掘地爲臼,臼杵之利,萬民以濟,蓋取諸《小過》。

虞氏曰:“艮止於下,臼象。震動而上,杵象。震出巽入,艮手持杵,出入臼中,舂象。”

弦木爲弧,剡木爲矢,弧矢之利,以威天下,蓋取諸《睽》。

虞氏曰:“互坎爲弧,離爲矢,而坎木堅,離木稿,兑爲毁折,有弦木、剡木以爲弧矢之象。”

上古穴居而野處,後世聖人易之以宫室,上棟下宇,以待風雨,蓋取諸《大壯》。

雷動兑澤,風雨之象。四陽相比,壯而健,棟宇之象。故《大過》四陽相比亦言棟。棟,屋脊檁也。宇,椽也。如《考工記》之言車蓋,上尊宇卑,則吐水疾而霤遠也。

古之葬者,厚衣之以薪,葬之中野,不封不樹,喪期无數。後世聖人易之以棺槨,蓋取諸《大過》。

四陽聚中而陰包之,人去而棺椁之象。

上古結繩而治,後世聖人易之以書契,百官以治,萬民以察,蓋取諸《夬》。

《仲氏易》曰:"結繩而治者,相事大小,結繩以爲約,大事大其繩,小事小其繩,各執一端以相考信。見《史記》與鄭氏《九家易》説。後易以書契。書者,以刀筆畫木簡爲文字以識也。契者,刻木爲一二三四之畫而中分之,各執其一以爲約契也。其取之《夬》者,六爻比列而刻斷其上,有似乎契畫然者。"已上諸卦,興利除害,養生送死,皆理財之事,而終之以書契,則正辭、禁民爲非亦具焉。

是故《易》者,象也。象也者,像也。彖者,材也。爻也者,效天下之動者也。是故吉凶生而悔吝著也。

觀於制器尚象之故,而知《易》皆象也,如人之有像也。材也,效天下之動也,皆象也。效,倣效也。吉凶、悔吝本生乎動,故爻動而即生且著焉。

陽卦多陰,陰卦多陽,其故何也?陽卦奇,陰卦耦。其德行何也?陽一君而二民,君子之道也。陰二君而一民,小人之道也。

震、坎、艮,陽卦也,乃一陽二陰。巽、離、兑,陰卦也,乃一陰二陽。其故何哉?卦之主一而已,陽卦以奇爲主,一奇而二耦,故多陰,陰卦以耦爲主,一耦而二奇,故多陽。然而德行不同矣。卦德藴於内,卦行見於外。主者,君象也。多者,民象也。奇者,一也。偶者,二也。一奇爲君而二耦爲民則陽得位,爲君子之道,二偶爲君而一奇爲民則陰擅權,爲小人之道。《注》《疏》。天下之生久矣,一治一亂。

《易》曰:"憧憧往來,朋從爾思。"子曰:"天下何思何慮?天下同歸而殊塗,一致而百慮。天下何思何慮?日往則月來,月往則日來,日月相推而明生焉。寒往則暑來,暑往則寒來,寒暑相推而歲成焉。往者,屈也,來者,信也,屈信相感而利生焉。尺蠖之屈,以求信也。龍蛇之蟄,以存身也。精義入神,以致用也。利用安身,以崇德也。過此以往,未之或知也。窮神知化,德之盛也。"

夫①君子一君之道與小人二君之道，卦爻《繫辭》有明徵也。《咸》之九四曰"憧憧往來，朋從爾思"。夫天下之道何庸憧擾哉？同歸而塗自殊，一致而慮自百。致，極也。何庸憧擾？且不觀天下之往來自然者乎，日月往來，推而生明，寒暑往來，推而成歲。往屈來信，信同伸。天地相感，萬物利生，其塗殊，其慮百，而其歸實同，其致實一也，況屈正以爲信，并非二事。尺蠖、步屈蟲。龍蛇可見矣。君子知之，致知明善，精守經達權之義，以入於神明，所以推之實用也，利。禮、樂、射、御、書、數之用，使吾身粹面盎背而安，所以崇高其德也。若過此以往，尚可知哉？窮極神明，造化因心，則德盛之至，同歸而殊塗，一致而百慮，上達自然之能，而豈思慮所可至哉？

《易》曰："困於石，據於蒺藜，入於其宫，不見其妻，凶。"子曰："非所困而困焉，名必辱。非所據而據焉，身必危。既辱且危，死期將至，妻其可得見耶！"

齊桓，霸主，困於牀第，非所困而困也。有窮、后羿起據夏位，非所據而據也。

《易》曰："公用射隼於高墉之上，獲之，无不利。"子曰："隼者，禽也。弓矢者，器也。射之者，人也。君子藏器於身，待時而動，何不利之有？動而不括，是以出而有獲，語成器而動者也。

君子患无器。有器矣，患不藏以待時。括，矢受弦處也。《書》曰："往省括於度則釋。"動而不括，謂動而不輕納於括也，正待時也。

子曰："小人不恥不仁，不畏不義，不見利不勸，不威不懲。小懲而大誡，此小人之福也。《易》曰：'履校滅趾，无咎。'此之謂也。"

不恥夫不仁，不畏乎不義，故以利勸之，以威懲之。此小人之尚可轉者。

"善不積不足以成名，惡不積不足以滅身。小人以小善爲无益而弗爲也，以小惡爲无傷而弗去也，故惡積而不可掩，罪大而不可解。《易》曰：'何校滅耳，凶。'"

① 文淵閣本"夫"作"而"，"而"後注一"疑"字，故從文津閣本改。

善貴積,惡畏積,積小則累大。此小人之怙終者。

子曰:"危者,安其位者也。亡者,保其存者也。亂者,有其治者也。是故君子安而不忘危,存而不忘亡,治而不忘亂,是以身安而國家可保也。《易》曰:'其亡其亡,繫於苞桑。'"

傾危者,乃安樂其位者也。《孔疏》。下仿此。保,自謂无失也。

子曰:"德薄而位尊,知小而謀大,力小而任重,鮮不及矣。《易》曰:'鼎折足,覆公餗,其行渥。'言不勝其任也。"

未嘗無德、无知、无力,然小矣、薄矣,是微小之人也,何以圖大?如明之齊泰、黄子澄是也。

子曰:"知幾,其神乎!君子上交不諂,下交不瀆,其知幾乎?幾者,動之微,吉之先見者也。君子見幾而作,不俟終日。《易》曰:'介於石,不終日,貞吉。'介如石焉,寧用終日,斷可識矣。君子知微知彰,知柔知剛,萬夫之望。"

幾者,動之微萌可以先見其吉者也。上交不至於諂,下交不至於瀆,則知幾而吉矣,故君子知微亦知彰,知柔亦知剛,神乎!神乎!動於幾先。作,動也。然曰"介如石"者,何也?幾先之明,惟有介守者能斷之,脂韋徇人,未有幾先能斷者也。

子曰:"顏氏之子,其殆庶幾乎。有不善未嘗不知,知之未嘗復行也。《易》曰:'不遠復,无祇悔,元吉。'"

此克己復禮之君子也。

天地絪緼,萬物化醇。男女構精,萬物化生。《易》曰:"三人行則損一人,一人行則得其友。"言致一也。

以上分言君子、小人之道亦彰彰矣,然陽之一君非徒君也,二民即從之,不見《損》之六三“三陽行則損其一,一陽行則得其友”乎?天交乎地,纏綿鬱密,萬物化醇,男交乎女,和合精凝,萬物化生。王者宰世,與國人交,必世後仁,是一人行則得其友也,蓋天下一致而百慮,故不可以不致一。醇如醇酒之醇。

子曰:“君子安其身而後動,易其心而後語,定其交而後求。君子修此三者,故全也。危以動,則民不與也。懼以語,則民不應也。无交而求,則民不與也。莫之與,則傷之者至矣。《易》曰:‘莫益之,或擊之,立心勿恒,凶。’”

所謂致一者,恒而已。恒之道有三:動必先安其身,語必先易其心,欲求諸人必先定其交,則民與之、應之矣。反是而儌倖以行,是身不安而危以動也。心知非理,不覺惶恐而强人從令,是心不易而懼以語也。恩信未素結而驟有所取攜,是交不定而求也。若此者,皆立心勿恒也,欲民之與,豈不殆哉!而君子、小人統可見矣。易,平也。

子曰:“乾坤,其《易》之門耶?”乾,陽物也;坤,陰物也。陰陽合德,而剛柔有體。以體天地之撰,以通神明之德。其稱名也,雜而不越。於稽其類,其衰世之意耶?夫《易》,彰往而察來,而微顯闡,句。幽開。句。而當名辨物,正言斷辭則備矣。其稱名也小,其取類也大。其旨遠,其辭文,其言曲而中,其事肆而隱。因貳以濟民行,以明失得之報。

前言“乾坤爲《易》之緼”,以六十四卦藏於乾坤也。此言“乾坤爲《易》之門”,以六十四卦出於乾坤也。乾爲陽物,坤爲陰物,乾坤之德相交而合,而剛柔之體以爻而分。天地之具,可見者也,而於以體之,神明之德,不可測者也,而於以通之。其六十四卦所稱名,龐雜繁賾,而不越於陰陽,但考其名類,如“孚號有厲”、“往見惡人”等,豈太古所有,殆衰世防患欲周、就災以小之意耶。故夫剛柔之易,故曰“四營而成易”。知以藏往而彰往,神以知來而察來。卦爻之德,微也,顯也,皆於此而闡,其中有神焉,幽也,亦於此而開。當其名,如一爲初、六爲上類。辨其物,如陽爲君子、陰爲小人類。乾則元亨利貞,坤則元亨利,而別以牝馬之貞,各正其言,吉凶悔吝,立斷其辭,《易》之道殆備矣。故其稱名也,“藉用白茅”、“飛鳥下音”,何小也!而取類也,白茅取類潔慎,下音取類恭儉,何大也!窮高極深,其旨遠,呈材託象,其辭文。其言隨物屈曲而中理,其事肆陳當前而難窺,因民之貳貳,疑也。而卜筮以決之,以濟民行,明失得之報,皆《易》也,皆乾坤所出也。

《易》之興也，其於中古乎？作《易》者，其有憂患乎？是故《履》，德之基也，《謙》，德之柄也，《復》，德之本也，《恒》，德之固也，《損》，德之修也，《益》，德之裕也，《困》，德之辨也，《井》，德之地也，《巽》，德之制也。《履》，和而至，《謙》尊而光，《復》，小而辨於物，《恒》，雜而不厭，《損》，先難而後易，《益》長裕而不設，《困》，窮而通，《井》，居其所而遷，《巽》，稱而隱。《履》以和行，《謙》以制禮，《復》以自知，《恒》以一德，《損》以遠害，《益》以興利，《困》以寡怨，《井》以辨義，《巽》以行權。

伏羲畫卦，時淳事朴，觀象而已。文、周以憂患而繫辭，而《易》興焉。見《孔疏》。如下九卦可以處憂患矣。《履》者，禮也，爲德之基。持之以《謙》，故爲德柄。天心來《復》，故曰德本。《恒》久不已，德乃孔固。修去忿欲，其德爲《損》。改過遷善，德則日裕。能《困》而亨，乃辨君子。《井》以養人，德之所處。重《巽》而入，德以有制。且禮以和行，而无往不至矣。《謙》尊且光矣。《復》則於動之微而即辨其陽物陰物，不遠復矣。《恒》則衆物雜揉而恒久不厭矣。《損》欲則先難而後易矣。《益》善者全其天性也，長裕而无事造作矣。《困》窮而道亨矣。《井》養不窮則居其所而挹彼注兹矣。《巽》以申命，故有稱説而能伏入，則不輕洩盡露矣。而且《履》用之以調和其行，《謙》用之以遜出乎禮。不遠復則自知，能有恒則德一，損物欲則遠害，益學德則興利，困苦既經，視如尋常，則寡怨，往來井井，如經界然，則辨義以至巽入，觀變則行權无方矣。行權亦有制也。得九卦而用之，憂患其有弭乎！

《易》之爲書也不可遠，爲道也屢遷，變動不居，周流六虚，上下无常，剛柔相易，不可爲典要，惟變所適。

《易》之《繫辭》，書也，載道者也，而道則屢遷焉。惟變所適，正屢遷也。六虚，六位也，以剛柔之爻，變動周流，不居於一，故曰六虚。重卦有上下而无常，或乾上坤下，或坤上乾下也。畫卦有剛柔而相易，如《乾》初爻易柔爲巽、《坤》初爻易剛爲震也，豈可爲典要哉？典如冊之有典，要如衣之有要。

其出入以度外内，使知懼，又明於憂患與故。无有師保，如臨父母。初率其辭，而揆其方，既有典常，苟非其人，道不虚行。

然不可爲典要者亦有典要焉，其出往外卦，入來内卦，每卦因重爲八，一卦之六十三卦皆以法度，如王章之不可紊，外内皆使人悚然知懼，又明於世之憂患與事之故，雖卦爻中无師保在前乎，而乾父坤母如臨其上焉，敢不欽惟！始也，循其所繫之辭而揆卦爻所向之方，趨吉避凶，則終有典常，變易之中有不易者在矣。然非神而明之之人，執則固，動則亂，道豈虚行哉？

《易》之爲書也，原始要終，以爲質也。六爻相雜，惟其時物也。其初難知，其上易知，本末也。初辭擬之，卒成之終。若夫雜物撰德，辨是與非，則非其中爻不備。噫！亦要存亡吉凶，則居可知矣。知者觀其《彖辭》，則思過半矣。二與四同功而异位，其善不同，二多譽，四多懼，近也。柔之爲道，不利遠者，其要无咎，其用柔中也。三與五同功而异位，三多凶，五多功，貴賤之等也。其柔危，其剛勝耶！

主於觀爻之法不可不講也。《易》之《繫辭》統六爻以爲材質，而剛柔之物相雜，惟趣於時。其初之時物難知，其上之時物易知，何者？初，本也，其辭未有屬也，故擬議之。卒，末也，即本以成其終而已。如《乾》初擬以"潛龍"，至上自爲"亢龍"矣。然而雜陳其物，撰集其德，以辨其時物之是非，則非其中之四爻不備。如《屯》，外雲、内雷，二物也，中爻艮山、坤地又成二物，是雜物也。《坎》陷《震》動，二德也，中爻艮止、坤順又成二德，是撰德也，乃嘆美之曰"六爻之藴如此"，何待觀爻變哉？亦要其存亡吉凶，則辭之居而不變者亦可知矣，如《彖辭》，不變者也，知者未觀《爻辭》，先觀《彖辭》，則思過半矣，如《屯》初爲侯、《蒙》二爲師、《師》二爲將、《比》五爲君，觀象而爻可想矣。然則中爻可覆繹也，二與四互爲一卦，同功也，而位异則善异，二多譽、四多懼，以四近五君也。夫柔本當依上，不利於遠，而二乃要歸无咎者，以二柔得中也。三與五互爲一卦，同功也，而位亦异。三視五，賤則多凶，五視三，貴則多功。至多凶之中遇柔爻則益危，若剛爻居剛位或較勝耳。《仲氏易》曰："孔子曰'爻言乎變'，以《周易》占變也，而辭即有變者，如《訟》之'渝安貞'、《隨》之'官有渝'、《小畜》之'既雨'、《泰》之'城復於隍'、《否》之'傾否'是也。又曰'則居可知'，如《復》《姤》類上下爻變則非《復》《姤》。故爻辭皆不言變，則知爻辭之不言變者多也。'后人一槩不言變及每爻論變，皆非也。孔子曰：'觀《彖》則思過半。'后人看《彖》與爻二，或執《彖》與爻一，亦皆非也。"

《易》之爲書也，廣大悉備，有天道焉，有人道焉，有地道焉。兼三才而兩之，故六。六者，非他也，三才之道也。道有變動，故曰爻。爻有等，故曰物。物相雜，故曰文。文不當，故吉凶生焉。

且觀爻者又當知其兼備三才。初二地道，一剛而一柔也；三四人道，一仁而一義也；五上天道，一陽而一陰也，是兼三才而兩之也。三才之道變動不居，剛柔相易，故曰爻。爻有貴賤、遠近、大小之等，是物之不齊，物之情也，故曰物。陰陽之物相雜，如玄黄相間，故曰文。文不當其位，則位欲其正也，而不當而凶，亦時取相濟也，而不當而吉，如《萃》九四類。於是吉凶生焉。

《易》之興也，其當殷之末世，周之盛德耶？當文王與紂之事耶？是故其辭危。危者使平，易者使傾。其道甚大，百物不廢。懼以終始，其要无咎，此之謂《易》之道也。

前所謂"《易》興於中古"者，則殷之末世、周之盛德之時也。所謂"作《易》有憂患"者，則文王與紂之事也，是故《繫辭》告人每多危語，如"惕中"、"履虎尾"之類是也。言文王則周公在内，非專指《彖辭》也。危者，辭使之平，如《震》卦初九"'震來虩虩'，後'笑言啞啞'"之屬。易者，辭使之傾，如《明夷》上六"初登於天，後入於地"之屬。陸績説。危易平傾，所包至大，百物皆不能廢，惟人悚懼不息，慎終如始，則歸於无咎。《易》道如此。

夫乾，天下之至健也，德行恒易以知險。夫坤，天下之至順也，德行恒簡以知阻。能説諸心，能研諸侯之慮，定天下之吉凶，成天下之亹亹者。是故變化云爲吉事有祥。象事知器，占事知來。天地設位，聖人成能。人謀鬼謀，百姓與能。八卦以象告，《爻》《彖》以情言，剛柔雜居，而吉凶可見矣。變動以利言，吉凶以情遷。是故愛惡相攻而吉凶生，遠近相取而悔吝生，情僞相感而利害生。凡《易》之情，近而不相得則凶，或害之，悔且吝。將叛者其辭慙，中心疑者其辭枝，吉人之辭寡，躁人之辭多，誣善之人其辭游，失其守者其辭屈。

此結言乾坤之道本於易簡而極於賾動也。德行即指乾坤言，猶陽卦陰卦之言德行也。易，不險也，而天下之險皆知之，簡不阻也，而天下之阻皆知之。險阻即下文之愛惡相攻、遠近相取、情僞相感也。乾坤卦爻皆具其象，即知險知阻也。諸，衆也。能悦諸心，言《彖》《爻》告人，有以厭衆人之心也。侯，時也。《周官·春官》："肆師侯禳。"侯同候，時也。《獨得解》亦解作候。能研諸侯之慮，言變通趣時，有以研窮諸凡隨時之慮也。自"能悦諸心"以至"亹亹者"爲一句，言乾坤有此能事也。《上傳》乾言知，坤言能，此皆有知能者。乾坤，分言之，二德，合言之，一德也。是故氣運變化，人事云爲，云即言也。吉事將興，有開必先。觀其象事則知制器，觀其占事則知未來，皆乾坤之能也。天地者，乾坤之大法象也，設位上下矣。聖人者，德備易簡者也，致用立器，神物前民，有以成乾坤之能矣。由是謀及卿士而人謀，謀及龜筮而鬼謀。天視自民,天聽自民,百姓皆可與能。八卦成列則以《象》告,《爻》《象》《繫辭》則以情言,六位虛之、剛柔雜居,而吉凶可見,是之謂知險知阻矣。夫雜居者,變動也,變而通之以盡利,皆以利言也,而乃有吉有凶者,則以情有不同,故遷移也。是故以爻之動言,或愛與愛相攻,或惡與惡相攻,或以愛而攻其惡,或以惡而攻其愛,攻,專致也,擊也。如《屯》六二與初九"匪寇,昏媾"、《同人》九五與六二"大師克,相遇",九三九四"妬之"、"伏莽""乘墉"之類是也,而吉凶生焉。以爻之位言,或遠相取,或近相取,或由近以及遠,或舍近而之遠,或取遠而就近,或遺遠而取近,如《姤》九五上九遠取初六、《遯》九三近係初二、《隨》初九交六二以達四、《解》九四舍六三而取初、《蹇》三取九五而先反而就二、《屯》二遺九五而反退而昏初之類,而或遂其取,或不遂其取,而悔吝生焉。以爻之德言,或皆以情相感,或皆以僞相感,或此情感而彼僞感,或此僞感而彼情感,如《中孚》九二以情感五、《蒙》六三以僞感二、《豫》九四之合六三以情、六三之盱九四以僞之類,而利害生焉。蓋凡《易》之情,攻也,取也,感也,皆相近也,與上遠近以位言不同。如近而不相得則凶,不則或害之,不則悔且吝,此皆天下之險阻也。然而天下人之行必見於言。背恩叛本,其辭慙,佛道言報親恩是也;中心疑者辭枝,後儒之解經談理是也。吉人辭寡,周、孔是也;躁人辭多,蘇、張是也。誣善爲惡,其辭游,莊周是也;失守之人其辭屈,漢高"分羹"之對是也。孔子曰:"不知言,無以知人。"孟子曰:"我知言。"而知險知阻在乾坤,即在聖賢矣。

周易傳注·卷七

州學正　李塨　撰

説　卦　傳

言八卦用於揲蓍，極於性命，其相錯，其及物，并其方位、時氣而及其德、其象，皆《説卦》也，但言八卦者，六十四卦衹八卦也。

昔者聖人之作《易》也，幽贊於神明而生蓍，參天兩地而倚數，觀變於陰陽而立卦，發揮於剛柔而生爻，和順於道德而理於義，窮理盡性以至於命。

前曰"伏羲始作八卦"，又曰"《易》興於中古"、"作《易》有憂患"，則伏羲、文王、周公皆作《易》者也。神明處幽，不能與人接也。聖人作《易》爲介紹以傳之，介紹以傳命，謂之贊。而生揲蓍之法。《乾鑿度》曰："垂皇策者，羲。"是伏羲已用蓍也。其揲蓍也，取卦畫之數，則三奇爲乾天，三天之數，九也；三偶爲坤地，兩地之數，六也。取天地之數，則天一天三天五，參天而九也；地二地四，兩地而六也。不取六七八九十者，天地之數三奇兩偶，至五而極，以下皆疊數也。五加一則爲六，加二則爲七，加三則爲八，加四則爲九，加五則爲十，故五數而數已畢。因倚之以爲乾策九、坤策六之數。觀三畫之變於陰陽，而立《彖》《象》所遇之卦，《易》言卦以陰陽，所謂陽卦、陰卦是也。發揮旁通於一畫之剛柔，而生變動所布之爻，《易》言爻以剛柔，如"剛得中"、"柔得中"之類是也。於以和順於一陰一陽之道、圓神方知之德，而條理乎六爻易貢之義，因之窮極其理，以盡乎繼善成之之性，而馴至於樂而知之之天命，作《易》之用至矣。

昔者聖人之作《易》也，將以順性命之理，是以立天之道曰陰與陽，立地之道曰柔與剛，立人之道曰仁與義。兼三才而兩之，故《易》六畫而成卦。分陰分陽，迭用柔剛，故《易》六位而成章。

是《易》之理即性命之理矣，而性命之理在天則爲陰陽，在地則爲柔剛，在人則爲仁義。聖人之作《易》也，將以順乎立天、立地、立人之道，故兼三才而各兩其畫，以成六畫之卦。且分初三五爲陽、二四上爲陰，而陽位用剛亦用柔，陰位用柔亦用剛，迭用相雜，其文粲然，故《易》六位而成章，以順性命之理也。

天地定位，山澤通氣，雷風相薄，水火不相射，八卦相錯。

而八卦之象可説也，天地固有否泰往來，而尊卑之位一定。艮山兑澤分據而通氣，山伏氣於澤，澤蒸氣於山，爲雲，爲嵐，爲泉，爲雨。震雷巽風各體而相薄，出於地，行於天，風叫號而迫雷，雷訇訇而從風。《咸》《恒》《損》《益》四卦可觀。水火之性則不能對發而相射也。火上水下，炎上者上，潤下者下，曰《未濟》。又火上澤下曰《睽》，謂不相射而遠去也。水上火下，炎上者上入於水，潤下者下入於火，曰《既濟》。水火有形无質，相濟則水火爲一，不相射也。又火下澤上曰《革》，《象》曰“水火相息”，非水下而息火，即火上而息水，更革而不相射也。是非相濟即相革，故又曰“水火相逮”，以水火之卦雖可對列，而水火之物无能對据也。唐宋訓“不相射”爲“不相入”、“不相犯害”，明與經文“相濟”“相息”背矣。是定位也，乾坤相錯。通氣也，艮兑相錯。相薄也，震巽相錯。不相射也，坎離相錯。重而六十四卦，皆相錯。如《屯》《鼎》相錯類。錯，交也，摩也。

此節文義甚明。宋人忽以道士陳摶《先天之圖》溷之，謂之《伏羲八卦方位》。夫經文但曰“天地定位”，未嘗曰“乾南坤北”也，但曰“山澤通氣”，未嘗曰“艮西北，兑東南”也，但曰“雷風相薄，水火不相射”，未嘗曰“震東北，巽西南，離東坎西”也，而强誣聖言，可乎？且伏羲、文王同此八卦，而誣曰“此伏羲八卦。‘帝出乎震’一節爲文王八卦”，何所據乎？《文言》曰“先天而天弗違，後天而奉天時”，言大人行乾之事也，與道士修煉之術何與？而竊取爲名乎！王文中擬經，亦屬擬議之事，宋人遂比之操、莽，今强篡聖經以入异端，較之擬經何如也？

數往者順，知來者逆，是故《易》逆數也。

以之揲蓍，四揲數之而得過往之策，或九或六，或七或八，是數往也，即《大傳》所謂“知以藏往"也、"彰往"也。序而數之,順也。卦成而占未來之事,或吉或凶,或悔或吝,是"知來"也,即《大傳》所謂"神以知來"也、"察來"也。迎而知之,逆也。然《易》之數往,專爲知來計也,則《易》參天兩地之數,非逆數而何哉?《注》《疏》意同。如《子張問》"十世可知",欲知來也。孔子舉夏、殷、周相因之禮,順數往也,而即百世可知,逆知來也,然數夏、殷、周,正所以知百世,故往曰數、來曰知,而曰"《易》逆數"也。

雷以動之,風以散之,雨以潤之,日以晅之,艮以止之,兑以説之,乾以君之,坤以藏之。

若八卦及物之功,則何如者?雷動物,風散物,雨潤物,日煖物,艮止物而物成,兑悦物而物遂,而皆統於乾、含於坤焉。言象、言卦,互相備也。王肅説。

帝出乎震,齊乎巽,相見乎離,致役乎坤,説言乎兑,戰乎乾,勞乎坎,成言乎艮。

而八卦之運行,帝實主之。帝,上帝也。

萬物出乎震,震,東方也。齊乎巽,巽,東南也。齊也者,言萬物之潔齊也。離也者,明也,萬物皆相見,南方之卦也。聖人南面而聽天下,嚮明而治,蓋取諸此也。坤也者,地也,萬物皆致養焉,故曰:致役乎坤。兑,正秋也,萬物之所説也,故曰:説言乎兑。戰乎乾,乾,西北之卦也,言陰陽相薄也。坎者,水也,正北方之卦也,勞卦也,萬物之所歸也,故曰:勞乎坎。艮,東北之卦也。萬物之所成終而所成始也,故曰:成言乎艮。

帝之出之、齊之、相見之、致役之、説之、戰之、勞之、成之不可見,見萬物而帝見焉。震雷一動,萬物隨而出,是震東方卦也。由是而東南則巽矣,萬物鮮潔而均齊焉。由是而南方則離矣,繼明光照,萬物相見,聖人南面嚮明而治,蓋取諸此。由是而坤,地道最盛之時也,間領三女,爲萬物母,上承帝役,竭力致養,故曰"致役乎坤"。由是而兑,其正秋乎,萬物至是,各飽化機,欣欣自得,曰"説言乎兑",此故也。由是而西北則乾矣。夫乾何以爲西北之卦也?西成而後陰盛,疑陽窮无復之,玄黄交戰,龍德乃復,《兑》《夬》爲乾。是秋冬之交也,故乾天於此見,而領三男以行冬春之事焉。坎爲水,正居北方,安存而慰勞之,使萬物有所歸而休息焉,故曰"勞乎坎"。由是而東北爲艮,萬物至坎而終者,於此而成其終。

終則有始，萬物之始出於震者，於此而成其始，是萬物之所成終而所成始也，故曰“成言乎艮”。八卦言震東、巽東南、離南、乾西北、坎北、艮東北，則坤之西南、兑之西可類推矣。言兑正秋，則震之正春、離之正夏、坎之正冬可類推矣。《虞書》以東作屬春、南訛屬夏、西成屬秋、朔易屬冬，亦同此。

按：《乾坤鑿度》以乾坤巽艮四隅卦爲四門，坎離震兑四方卦爲四正，有云“庖犧氏畫四象立四隅以定群物，發生門而後立四正”，雖緯書不可信，然亦見兩漢時皆以此節所言時位爲羲畫原義，至文王《繫辭》《坤》之“西南得朋”言坤、《蹇》之“不利東北”言艮，而孔子詳説於此。是自古聖聖相傳八卦方位、時氣皆屬一致，乃邵子爲陳摶所誤，朱子又爲邵子所誤，妄以乾南坤北爲羲卦方位，於此乃曰“未詳”，嗚呼！認賊爲主，遇主而反不識矣。

神也者，妙萬物而爲言者也。動萬物者莫疾乎雷，撓萬物者莫疾乎風，燥萬物者莫熯乎火，説萬物者莫説乎澤，潤萬物者莫潤乎水，終萬物始萬物者莫盛乎艮。故水火相逮，雷風不相悖，山澤通氣，然後能變化，既成萬物也。

嗚呼！神矣哉！神也者，妙運萬物而爲言者也。莫疾、莫熯、莫説、莫潤、莫盛，正言六子之神也，故水火相逮以潤之、燥之，雷風不相悖以動之、撓之，山澤通氣以悦之、成之，然後能變化無窮而盡成萬物矣。不言乾坤者，乾坤之神寄於六子也。宋明皆爲《先》《後天圖》所誤，於此節“動萬物”數語以爲後天，“水火相逮”三語以爲先天，而中以故字承之，遂无能解説，紛紛疑訟，不知原无所謂先後天之分也，亦曉然矣。

乾，健也。坤，順也。震，動也。巽，入也。坎，陷也。離，麗也。艮，止也。兑，説也。

此八卦之德也，各足者也。陷，一陽陷於二陰也，然健故動，動則陷，陷則止，順故入，入則麗，麗則説。

乾爲馬。坤爲牛。震爲龍。巽爲雞。坎爲豕。離爲雉。艮爲狗。兑爲羊。

遠取諸物，則馬性健，其蹄圓，乾象。牛性順，其蹄坼，坤象。《來注》。震雷，龍也。巽爲號令，雞鳴知時。《漢上》説。坎主水瀆，豕處污濕。離爲文明，雉有文章。《孔疏》。狗外剛止，人而内柔。羊外柔悦，群而内剛。

乾爲首。坤爲腹。震爲足。巽爲股。坎爲耳。離爲目。艮爲手。兑爲口。

近取諸身，則首爲天尊，腹主坤藏，足震動於下，股上連下坼，坎陷爲耳，離明爲目，手拘止也，口開説也。兑上開口，象言象，言以悦人，故悦即爲説.

乾，天也，故稱乎父。坤，地也，故稱乎母。震一索而得男，故謂之長男。巽一索而得女，故謂之長女。坎再索而得男，故謂之中男。離再索而得女，故謂之中女。艮三索而得男，故謂之少男。兑三索而得女，故謂之少女。

八卦之爲父母、六子可明矣。索，纏也，即交也。兩股之合，猶陰陽之交也。見《别傳》。乾一交坤則乾初入坤初，易之而爲長男。坤一交乾則坤初入乾初，易之而爲長女。乾再交坤則乾中入坤中，易之而爲中男。坤再交乾則坤中入乾中，易之而爲中女。乾三交坤則乾上入坤上，易之而爲少男。坤三交乾則坤上入乾上，易之而爲少女。而伏羲畫卦之次序亦可見於此矣。舊訓索爲求，或謂陽求陰爲男、陰求陽爲女，或謂陰求陽爲男、陽求陰爲女，兩難畫一，且陰求陽不可爲訓。項平菴曰："乾坤六子，初爲氣：雷、風，中爲精：水、火，末爲形：山、澤。"

乾爲天，爲圜，爲君，爲父，爲玉，爲金，爲寒，爲冰，爲大赤，爲良馬，爲老馬，爲瘠馬，爲駁馬，爲木果。《本義》云："荀《九家易》此下有爲龍，爲直，爲衣，爲言。"《仲氏易》云："《虞氏易》有爲德，爲王，爲人，爲神，爲盈，爲甲，爲施，爲嘉，爲好。何妥有爲剛健。"

乃推廣八卦以類萬物之情，皆文、周《彖》《象》《繫辭》所有而孔子説之也。天體圜，故爲圜。《來易》云："純粹爲玉，純剛爲金。"《孔疏》云："寒冰，西北地也。大赤，盛陽之色。"《仲氏易》云："老馬行久，瘠馬多骨。"《説文》："駁馬，踞牙能食。"虎、豹，皆陽物。木果，形圓而核包生意，亦象乾陽也。

坤爲地，爲母，爲布，爲釜，爲吝嗇，爲均，爲子母牛，爲大輿，爲文，爲衆，爲柄，其於地也爲黑。《本義》云："荀《九家》有爲牝，爲迷，爲方，爲囊，爲裳，爲黄，爲帛，爲漿。"《仲氏易》云："荀氏又有爲邑。《九家易》又有爲亂。《虞氏易》有爲理，爲事，爲大業，爲臣，爲民，爲鬼，爲虚，爲乙，爲拇，爲喪，爲終，爲害，爲死，爲萃，爲土，爲器，爲晦，爲國，爲暑，爲兕虎。干寶有爲順。盧氏有爲師。《左傳》《杜注》有爲馬。"

地廣布如布，釜化物以養人，地道也。坤陰收斂，故爲吝嗇。崔憬曰："地生萬物，不擇美惡，故爲均。"子母牛者，孳牛也。《孔疏》云："大輿取其能載。"《九家易》曰："萬物相雜，故爲文。"虞氏曰："坤陰爲民，衆也。"《説統》曰："坤執簡以作成，故爲柄。"《孔疏》云："黑者，極陰之色。"

震爲雷，爲龍，爲玄黄，爲旉，爲大塗，爲長子，爲决躁，爲蒼筤竹，爲萑葦。其於馬也，爲善鳴，爲馵足，爲作足，爲的顙。其於稼也，爲反生。其究爲健，爲蕃鮮。《本義》云："荀《九家》有爲玉，爲鵠，爲鼓。"《仲氏易》云："《虞氏易》有爲侯，爲主，爲兄，爲夫，爲言，爲行，爲樂，爲出，爲作，爲麋鹿。《蜀才》有爲喜笑。《左傳》杜《注》有爲木，爲諸侯。《國語》韋《注》有爲車。"

震，天地之初索也，故得天地玄黄之色。旉者，花也，春時氣至而草木皆吐旉也。《孔疏》。一奇動於内而二偶開，萬物所出爲大塗。崔憬曰："剛動，故决躁。"蒼筤，陸農師曰"幼竹"。萑葦，荻與蘆也，亦竹類，皆本末孤生无附椏者，震之怒生似之。《爾雅》曰："馬後左足白曰馵。"震動居左也，作足以動。《魯頌》："思馬斯作。"雙足并舉也。《爾雅》曰"駒顙白顛"，象一陽在初也，善鳴則象雷也。稼反生，謂萌芽自下而生，反勾向上，陽反動於下似之。其究也，二三俱變陽則爲乾健，對變爲巽則物生而蕃。鮮即潔齊也。

巽爲木，爲風，爲長女，爲繩直，爲工，爲白，爲長，爲高，爲進退，爲不果，爲臭。其於人也，爲寡髮，爲廣顙，爲多白眼，爲近利市三倍，其究爲躁卦。《本義》云："荀《九家》有爲楊，爲鸛。"《仲氏易》云："《虞氏易》有爲妻，爲處，爲隨，爲魚，爲號，爲包，爲杞，爲白茅，爲舞。"

《孔疏》云："木可曲直，巽順之謂也。"風善入物，故巽入爲風。《仲氏易》云"巽以命令齊物，如繩之直木，而工則操之正"，所云"巽爲德之制"者。《記》曰："白受采"。白者，質也。巽以二陽蔽一陰，内陰爲文，外陽爲質，故色白。風長且高，巽則進退不决。臭，風所發也。寡髮者，陰血不上行也。廣顙，陽上盛也。《訂詁》曰："白爲陽，黑爲陰，離目上下白而黑居中，巽目上中白而黑掩在下，是白眼多也。"巽亦可言目者，巽入有視象。利必於市曰"利市"，利以三倍爲率，《詩》"如賈三倍"是也。巽本乾體而一陰，吝嗇爲主於内，性又善入，凡乾之金玉皆有之，是近利市三倍也。《來注》云："震巽言究者，剛柔之始也。對變震爲躁卦。"

坎爲水，爲溝瀆，爲隱伏，爲矯輮，爲弓輪。其於人也，爲加憂，爲心病，爲耳痛，爲血卦，爲赤。其於馬也，爲美脊，爲亟心，爲下首，爲薄蹄，爲曳。其於輿也，爲多眚，爲通，爲月，爲盜。其於木也，爲堅多心。《本義》云："荀《九家》有爲宫，爲律，爲可，爲棟，爲叢棘，爲狐，爲蒺藜，爲桎梏。"《仲氏易》云："荀氏又有爲志。《虞氏易》有爲孚，爲疑，爲後，爲蹇，爲臀，爲酒。侯果有爲險。干寶有爲法，爲夜。盧氏有爲車。《左傳》杜《注》有爲衆。"

溝瀆，土夾水也。陽藏坤中，故爲隱伏。虞翻。曲者更直爲矯，直者更曲爲輮，水流有矯輮象，宋衷。弓與輪則以矯輮而成者。惟險，故憂，惟憂，故心病。其曰耳痛者，坎爲耳也。血與水爲類，赤者，血色。《仲氏易》。陽在中，象馬，美脊。宋衷。心堅，故亟。崔憬。上畫柔，爲下首，下畫柔，爲薄蹄，而且曳。《來注》。乾健震動坎通行，故皆象馬。孔穎達。坤爲大輿，坎折坤體，故車多眚。虞翻。月，水之精也，水潛陷如盜。木堅多心，以剛在内也。

離爲火，爲日，爲電，爲中女，爲甲冑，爲戈兵。其於人也，爲大腹。爲乾卦，爲鼈，爲蟹，爲蠃，爲蚌，爲龜。其於木也，爲科上槁。《本義》云："荀《九家》有爲牝牛。"《仲氏易》云："《九家》又有爲飛鳥。《虞氏易》有爲隼，爲鶴，爲夏，爲罔。馬融、王肅俱有爲矢。侯果有爲黄牛。何妥有爲文明。干寶有爲晝，爲斧。《左傳》杜《注》有爲鳥，爲諸侯。"

日，火之精也。甲冑、戈兵、鼈、蟹、蠃、蚌、龜，剛在外也。《孔疏》。大腹者，中虚也。火熯物，故爲乾卦。科，盈科之科，中空也，木中空而上槁，象離。

艮爲山，爲徑路，爲小石，爲門闕，爲果蓏，爲閽寺，爲指，爲狗，爲鼠，爲黔喙之屬。其於木也，爲堅多節。《本義》云："荀《九家》有爲鼻，爲虎，爲狐。"《仲氏易》云："《虞氏易》有爲背，爲皮，爲尾，爲篤實，爲求，爲宗廟，爲小子，爲僮僕，爲城，爲狐狼。鄭康成有爲鬼冥門。《左傳》杜《注》有爲言。"

陽峙地上爲山，山无大塗，二陰偶開在下爲徑路。上畫相連，下畫雙峙中虚，故爲門闕。木實爲果，草實爲蓏，皆剛實之見於外者。《周禮》閽人掌王宫中門之令，寺人掌王之内人及宫女之戒令，皆止人出入者，艮止義也。《仲氏易》。鼠之剛在齒，鳥之剛在喙，艮剛在上類之。又馬融曰，"黔喙，肉食之獸"，謂豺狼之屬。木堅多節，亦止義。

兑爲澤，爲少女，爲巫，爲口舌，爲毁折，爲附决。其於地也，爲剛鹵。爲妾，爲羊。

《本義》云:"荀《九家》有爲常,爲輔頰。"《仲氏易》云:"《虞氏易》有爲妹,爲孔穴,爲刑人,爲小人。"

坎水而窒其下則爲澤。巫上口以事神者。秋殺物,故毁折。一陰上附,行將决去。兑乾之所以爲《夬》也。《夬》者,決也。《仲氏易》。《説文》:"西方曰鹵。"李氏《易解》曰:"乾陽在下,故剛,澤水潤下,故鹹。"胡炳文曰:"象有不言而互見者,乾爲君以見坤之爲臣,乾爲圜以見坤之爲方。吝嗇,陰之翕也,以見陽之闢。均,地之平也,以見天之高。離爲乾卦,以見坎之爲濕。坎爲血卦,以見離之爲氣。巽爲臭,以見震之爲聲。震爲長子而坎艮不言者,於陽之長者尊之也。兑少女爲妾而巽離不言者,於陰之少者卑之也。乾爲馬,震坎得乾之陽皆言馬而艮不言者,艮止也,止之性非馬也。他可觸類而通矣。"

序 卦 傳

孔子蓋逆知後儒有借《易》經文者,故言上下篇相次之義以定之。

有天地,然後萬物生焉。盈天地之間者唯萬物,故受之以《屯》。《屯》者,盈也。屯者,物之始生也。物生必蒙,故受之以《蒙》。《蒙》者,蒙也,物之穉也。物穉不可不養也,故受之以《需》。《需》者,飲食之道也。飲食必有訟,故受之以《訟》。訟必有衆,故受之以《師》。《師》者,衆也。衆必有比,故受之以《比》。《比》者,比也。比必有所畜,故受之以《小畜》。物畜然後有禮,故受之以《履》。《履》而泰然後安,故受之以《泰》。《泰》者,通也。物不可以終通,故受之以《否》。物不可以終否,故受之以《同人》。與人同者,物必歸焉,故受之以《大有》。有大者不可以盈,故受之以《謙》。有大而能謙必豫,故受之以《豫》。豫必有隨,故受之以《隨》。以喜隨人者必有事,故受之以《蠱》。《蠱》者,事也。有事而後可大,故受之以《臨》。《臨》者,大也。物大然後可觀,故受之以《觀》。可觀而後有所合,故受之以《噬嗑》。嗑者,合也。物不可以苟合而已,故受之以《賁》。《賁》者,飾也。致飾然後亨則盡矣,故受之以《剥》。《剥》者,剥也。物不可以終盡,《剥》窮上反下,故受之以《復》。復則不妄矣,故受之以《无妄》。有无妄,然後可畜,故受之以《大畜》。物畜然後可養,故受之以《頤》。《頤》者,養也。不養則不可動,故受之以《大過》。物不可以終過,故受之以《坎》。《坎》者,陷也。陷必有所麗,故受之以《離》。《離》者,麗也。

有乾天坤地,然後萬物生焉。其生之,始之,穉之,比之,同之,合之,飾之。君師畜養,禮樂兵刑，上臨下觀，否泰謙豫，剥復蠱隨，无妄大過，皆循環相因而終歸於有所陷而麗，皆生也，无所麗則乾坤毁矣，佛、老求其无麗，是天地之罪人也。此上篇之序也。后儒有上下篇義以陰陽盛衰消長爲序，而聖人不及，惟發人事進退之次，言人事而不言天道之教法也。

有天地然後有萬物，有萬物然後有男女，有男女然後有夫婦，有夫婦然後有父子，有父子然後有君臣，有君臣然後有上下，有上下然後禮義有所錯。夫婦之道不可以不久也，故受之以《恒》。《恒》者，久也。物不可以久居其所，故受之以《遯》。《遯》者，退也。物不可以終遯，故受之以《大壯》。物不可以終壯，故受之以《晋》。《晋》者，進也。進必有所傷，故受之以《明夷》。夷者，傷也。傷於外者必反其家，故受之以《家人》。家道窮必乖，故受之以《睽》。《睽》者，乖也。乖必有難，故受之以《蹇》。《蹇》者，難也。物不可以終難，故受之以《解》。《解》者，緩也。緩必有所失，故受之以《損》。損而不已必益，故受之以《益》。益而不已必决，故受之以《夬》。《夬》者，决也。决必有所遇，故受之以《姤》。《姤》者，遇也。物相遇而後聚，故受之以《萃》。《萃》者，聚也。聚而上者謂之升，故受之以《升》。升而不已必困，故受之以《困》。困乎上者必反下，故受之以《井》。井道不可不革，故受之以《革》。革物者莫若鼎，故受之以《鼎》。主器者莫若長子，故受之以《震》。《震》者，動也。物不可以終動，止之，故受之以《艮》。《艮》者，止也。物不可以終止，故受之以《漸》。漸者，進也。進必有所歸，故受之以《歸妹》。得其所歸者必大，故受之以《豐》。《豐》者，大也。窮大者必失其居，故受之以《旅》。旅而无所容，故受之以《巽》。《巽》者，入也。入而後説之，故受之以《兑》。《兑》者，説也。説而後散之，故受之以《涣》。《涣》者，離也。物不可以終離，故受之以《節》。節而信之，故受之以《中孚》。有其信者必行之，故受之以《小過》。有過物者必濟，故受之以《既濟》。物不可窮也，故受之以《未濟》，終焉。

自有天地萬物而男女以立。君子之道造端乎夫婦。夫婦咸恒，而後父子、君臣、上下之禮義有所錯焉。錯即"八卦相錯"之錯。其錯也，爲遯，爲大壯，爲晋，爲明夷，爲家人，爲睽，爲蹇，爲解，爲損，爲益，爲夬，爲姤，爲萃，爲升，爲困，爲井，爲革，爲鼎，爲震，爲艮，爲漸，爲歸妹，爲豐，爲旅，爲巽，爲兑，爲涣，爲節，爲中孚，爲小過，其求其既濟，而終之未濟，亦如循環之相因皆錯也。蓋終以既濟，則夫婦之道窮矣，禮義之所錯亦窮矣，惟終之以未濟，則禮義之交錯未有所極，錯以爲生，生生之謂易。如此，四時之序，成功者去，故不可久居其所。泛言物理，不指上夫婦也。物不可終壯，故受之以柔。進上行益而不已則盈，故决，以正决邪必有喜遇。《韓注》。井道不可不革者，浚之也，鼎變化物故曰革。物説則發舒,故説而後散之。《韓注》曰:"行過乎恭,用過乎儉,可以矯世厲俗,有所濟也。"此下篇之序也。

雜 卦 傳

伏羲之畫八卦也,剛柔相摩,其重爲六十四卦也。八卦相盪而卦成,後觀之,乃多兩卦,反易衹爲一卦者,六十四卦除《乾》《坤》《頤》《大過》《坎》《離》《中孚》《小過》八卦陰陽對易,不能反易,餘皆一卦反覆成兩卦,如《屯》《蒙》爲一卦,《需》《訟》爲一卦。上篇三十卦共十八卦,下篇三十四卦亦共十八卦,文王皆以對易、反易二卦相連而序之。孔子釋對易、反易,乃故雜其序,前者雜置後,後者雜置前,上篇者雜列下篇,下篇者雜列上篇,且自《大過》以下,并對易、反易之卦亦雜焉,是謂《雜卦》。以見《易》道无窮,不可執一。或謂八卦統於乾坤,坎離巽風即天氣之吹嘘而下交於地者也,艮山即地形之隆起而上交於天者也,震雷即火之鬱而奮發者也,兑澤即水之聚而濕潤者也,而坎離統於乾坤。水火者,天地之用也。坤統於乾,天包地者也,故《序卦》始於《乾》《坤》,中於《坎》《離》,終以《既》《未濟》。《既》《未濟》者,水火之用也。《雜卦》始於《乾》《坤》,終於《既》《未濟》,而結之以《夬》,以復於《乾》,即互卦,觀之可見。蓋《乾》《坤》《剥》《復》《大過》《頤》《姤》《夬》八卦皆互《乾》《坤》,《解》《蹇》《睽》《家人》《漸》《歸妹》《既》《未濟》八卦皆互《既》《未濟》,《比》《師》《臨》《觀》《屯》《蒙》《損》《益》八卦皆互《剥》《復》,《咸》《恒》《大壯》《遯》《大有》《同人》《革》《鼎》八卦皆互《姤》《夬》,《大畜》《无妄》《萃》《升》《隨》《蠱》《否》《泰》八卦皆互《漸》《歸妹》,《涣》《節》《小過》《中孚》《豐》《旅》《離》《坎》八卦皆互《大過》《頤》,《震》《艮》《謙》《豫》《噬嗑》《賁》《晋》《明夷》八卦皆互《解》《蹇》,《兑》《巽》《井》《困》《小畜》《履》《需》《訟》八卦皆互《睽》《家人》,得十六卦。而《乾》《大過》《姤》《夬》互《乾》,《坤》《剥》《復》《頤》互《坤》,《漸》《蹇》《家人》《既濟》互《未濟》,《歸妹》《解》《睽》《未濟》互《既濟》,又只得四卦。故《雜卦》以《乾》《坤》起,仍互《乾》《坤》,繼以《比》《師》《臨》《觀》《屯》《蒙》皆互《剥》《復》,《震》《艮》互《解》《蹇》,《損》《益》互《剥》《復》,《大畜》《无妄》《萃》《升》互《漸》《歸妹》,《謙》《豫》《噬嗑》《賁》互《解》《蹇》,《兑》《巽》互《睽》《家人》,《隨》《蠱》互《漸》《歸妹》,《剥》《復》互《坤》,《晋》《明夷》互《解》《蹇》,《井》《困》互《睽》《家人》,《咸》《恒》互《姤》《夬》,《涣》《節》互《頤》《解》,《蹇》《睽》《家人》互《既》《未濟》,《否》《泰》互《漸》《歸妹》,《大壯》《遯》《大有》《同人》《革》《鼎》互《姤》《夬》,《小過》《中孚》《豐》《旅》《離》《坎》互《大過》《頤》,《小畜》《履》《需》《訟》互《睽》《家人》,而其後歸之《乾》《坤》,《既》《未濟》《大過》《姤》互《乾》,《漸》互《未濟》,《頤》互《坤》,《既濟》互《未濟》,《歸妹》《未濟》互《既濟》,《夬》互《乾》而終焉。此亦《雜卦》之一義也。

《乾》剛《坤》柔。《比》樂《師》憂。《臨》《觀》之義,或與或求。

剛柔者,諸卦之主也。比建萬國,故"樂"。師毒天下,故"憂"。以我臨物,故曰"與"。物來觀我,故曰"求"。

《屯》見而不失其居。《蒙》雜而著。

屯剛見下而利貞得居。蒙昧雖雜而養正則著。

《震》,起也。《艮》,止也。《損》《益》,盛衰之始也。《大畜》,時也。《无妄》,災也。《萃》聚而《升》不來也。《謙》輕而《豫》怠也。

升征於上,故曰"不來"。謙,自視輕也。豫,自處怠也。

《噬嗑》,食也。《賁》,无色也。《兑》見而《巽》伏也。《隨》,无故也。《蠱》則飭也①。

兑説外見,和順之貌。巽入内伏,深潛之思。隨入宴息,故"无故"。蠱不可裕,則當飭。

《剥》,爛也。《復》,反也。

爛,生意潰爛也。

《晋》,晝也。《明夷》,誅也。《井》通而《困》相遇也。

誅,傷也。《本義》。井通以養人。困,安於所遇。

① 文淵閣本無"《蠱》則飭也"四字,依下段文意,據文津閣本補。

《咸》速也。《恒》，久也。《渙》，離也。《節》，止也。《解》，緩也。《蹇》，難也。

已免於險，利用夫緩，寬舒之政也。方在於險，當思其難，艱難之慮也。

《睽》，外也。《家人》，内也。《否》《泰》，反其類也。《大壯》則止，《遯》則退也。

外，疎外也。内，聯屬也。大壯當止於正盛，遯當退於既衰，皆爲陽計也。

《大有》，衆也。《同人》，親也。《革》，去故也。《鼎》，取新也。《小過》，過也。《中孚》，信也。

小者之過，踰常也。

《豐》，多故。親寡，《旅》也。離上而坎下也。《小畜》，寡也。《履》，不處也。

豐則多事，尚慎之哉！旅則"親寡"，在所處也。離火炎上，坎水潤下。畜，陰，故曰"寡"。履，行，故曰"不處"。

《需》，不進也。《訟》，不親也。

《大過》，顛也。《姤》，遇也，柔遇剛也。《漸》，女歸待男行也。《頤》，養正也。《既濟》，定也。《歸妹》，女之終也。《未濟》，男之窮也。

本末弱，故顛。與《頤》對易，《姤》與《夬》反易，《漸》與《歸妹》反易。事已濟，則定矣，與《未濟》反易。女歸，其終也。《未濟》上九"濡首"，男窮也。

《夬》，决也，剛决柔也。君子道長，小人道憂也。

《夬》，剛决柔，則《夬》進於《乾》矣。君子道長，君子慶矣。小人道憂，小人變矣。聖人《雜卦》以《夬》終，情深哉！

周易筮考

州學正　李塨　撰

莊公二十二年，陳厲公生敬仲。其少也，周史有以《周易》見陳侯者，陳侯使筮之，遇《觀》䷓之《否》䷋，曰："是謂'觀國之光，利用賓於王'。此其代陳有國乎？不在此，其在异國；非此其身，在其子孫。光，遠而自他有耀者也。坤，土也；巽，風也；乾，天也；風爲天；於土上，山也。有山之材，而照之以天光，於是乎居土上，故曰'觀國之光，利用賓於王'。庭實旅百，奉之以玉帛，天地之美具焉，故曰'利用賓於王'。猶有觀焉，故曰'其在後乎'！風行而著於土，故曰'其在异國乎'？若在异國，必姜姓也。姜，太嶽之後也。山嶽則配天。物莫能兩大。陳衰，此其昌乎！"

《左傳》杜氏注曰："'觀國之光'，《觀》之六四爻辭也。《易》之爲書，六爻皆有變象，又有互體，聖人隨其義而論之。巽變爲乾，故曰'風爲天'。自二至四艮象，艮爲山，山則材之所生。上有乾，下有坤，故言'居土上，照之以天光'。《正義》曰："有山材之富而被天光之照，又復居有土地，是爲國君之象。"四爲諸侯，變而之乾，有國朝王之象。艮爲門庭，乾爲金玉，坤爲布帛，諸侯朝王陳贄幣之象。旅陳也百，言物備。姜姓之先爲堯四嶽，本卦之卦皆互艮，故知當興於太嶽之後，有配天之功。"《正義》曰："乾在上，艮在下，亦山嶽配天之象。"

閔公元年初，畢萬筮仕於晋，遇《屯》䷂之《比》䷇。辛廖占之，曰："吉。《屯》固《比》入，吉孰大焉？其必蕃昌。震爲土，車從馬，足居之，兄長之，母覆之，衆歸之，六體不易，合而能固，安而能殺，公侯之卦也。公侯之子孫，必復其始。"

杜氏注曰："震爲土，震變爲坤也，震爲車，坤爲馬，震爲足，爲長男，坤爲母，爲衆。'震爲土'六句，六體也，比合屯固，坤安震殺。"《仲氏易》曰："此豈《啓蒙變占》所謂'僅占本辭'者，觀此可悟矣。"

魯閔公二年，成季之將生也，桓公筮之，遇《大有》䷍之《乾》䷀，曰："同復於父，敬如君所。”

《左傳》孔穎達《正義》曰:“此雖六五爻變,不取《周易》之文,筮者推演卦意,自爲其辭也。離是乾子,還變爲乾,故曰‘同復於父’,言其尊與父同也。國人敬之,其敬如君之處所,言其貴與君同也。《説卦》:乾爲君父。”

僖公十五年,秦伯伐晋。卜徒父筮之,吉:“涉河,侯車敗。”詰之。卜對曰:“乃大吉也。三敗,必獲晋君。其卦遇《蠱》䷑,曰‘千乘三去,三去之餘,獲其雄狐’。夫狐《蠱》,必其君也。《蠱》之貞,風也;其悔,山也。歲云秋矣,我落其實,而取其材,所以克也。实落材亡,不敗何待?”三敗及韓。晋侯車敗,獲之以歸。

按:《蠱》《彖》有“利涉大川”,故曰“涉河”。且卦初至四大坎,河也。坤爲大輿,乾剛往上爲艮,則車止矣。下大坎見兑,故毁折而止於濘。三去三敗者,三先甲三日,後甲三日,震動而前有三爻,則我三去而彼三敗矣。互震而上,正值上九,是雄狐也,而獲之。艮爲狐狼,《虞氏易》。艮之陽爻,故曰雄狐。雄狐而据於上,爲《蠱》之主,非其君而何?是時秦與晋戰,爲九月,夏之七月,秋也,故曰‘取艮山之材而落其實’也。此與《啓蒙》“六爻不變,專看卦之《彖辭》者”不同,則《啓蒙》筮法不可據矣。

初,晋獻公筮嫁伯姬於秦,遇《歸妹》䷵之《睽》䷥。史蘇占之,曰:“不吉。其繇曰‘士刲羊,亦無衁也。女承筐,亦無貺也。西隣責言,不可償也。《歸妹》之《睽》,猶無相也。’《震》之《離》,亦《離》之《震》,‘爲雷爲火,爲嬴敗姬。車説其輹,火焚其旗,不利行師,敗於宗丘。《歸妹》《睽》孤,寇張之弧。姪其從姑,六年其逋,逃歸其國,而棄其家,明年其死於高梁之墟。”

杜氏注曰:“‘士刲羊’二句,《歸妹》上六爻辭也。衁,血也。將嫁女於西隣而遇不吉之卦,故知有責言。嬴,秦姓。姬,周姓。震爲雷,離爲火,火動熾而害其母,火炎則物焚也。女嫁反害其家之象,故曰‘爲嬴敗姬’。震爲車,離爲火,上六爻在震則無應,故‘車脱輹’,在離則失位,故‘火焚旗’。”

毛與三曰:“十五年,秦伯伐晋,敗晋於韓原,此‘不利行師,敗於宗丘’也。夫離爲戈兵,爲甲胄,此行師者也。以我之震柔變而爲彼之戈兵、甲胄,是利在彼,不利在我,則我敗矣。且夫震,我也;之離,客也。我之主震倒艮山而爲之丘,是主丘也。宗,主也。主丘者,韓原,晋地也。而乃變客之離剛而敗之,獲晋侯。十一月,歸晋侯,此‘《歸妹》《睽》孤,寇張之弧’也。夫《歸妹》之所之者,《睽》孤也,之彼爲敵,則《睽》孤者,寇也。然而其詞曰‘先張之弧,後脱之弧’。夫猶是弧也。而寇張之,寇忽脱之,則猶是晋侯,而秦獲之秦又歸之焉。十六年,晋太子圉質秦,秦妻之。二十二年,子圉逃歸。二十三年,惠公卒,子圉立,是爲懷公。三十四年,秦穆公納公子重耳,懷公奔高梁,重耳殺之。此六年,其逋歸國棄家,而終死於高梁者也。史不曰'《震》之《離》，亦《離》之《震》'乎？自上之初閲六爻而上又變，則通矣。上本離而仍變震，則歸國而棄其家矣。男以女爲家，棄家者，棄所妻也。然而離一變而離剛已亡，夫離剛之上横者，高梁也。變之震而剛已亡，則變於是，死亦於是焉。"

按：東方震爲木，離爲火，木變爲火，女嫁反喪母家之象也。遇卦震爲兄，兑爲妹，今震變而生離陰，是兄有所生，則兑之姪矣。乃兑女有歸，其位不動，而兄之所生者從於上，是"姪其從姑"，猶懷公之從伯姬於秦也。十六年質秦妻懷嬴，二十二年棄懷嬴逃歸，正六年。又按：惠公在秦曰："先君若從史蘇之言，吾不及此。"韓簡侍，曰："龜，象也；筮，數也。物生而後有象，象而後有滋，滋而後有數。先君之敗德，及可數乎？史蘇是占，勿從何益？"故文仲子曰："汾陰侯生善卜，先人事而後説卦。"此卜筮之大要，不可不知也。"

晋公子重耳親筮之，曰："尚有晋國？"得貞《屯》䷂、悔《豫》䷏，皆八也。筮史占之，皆曰："不吉。閉而不通，爻無爲也。"司空季子曰："吉。是在《易》，皆利建侯。不有晋國以輔王室，安能建侯？我命筮曰'尚有晋國'，筮告我曰'利建侯'，得國之務也，吉孰大焉？震，車也。坎，水也。坤，土也。《屯》，厚也。《豫》，樂也。車班内外，顺以訓之，泉原以資之，土厚而樂其實，不有晋國，何以當之？震，雷也，車也。坎，勞也，水也，衆也。主雷與車，而尚水與衆。車有震，武也。衆而順，文也。文武具，厚之至也，故曰《屯》，其繇曰'元亨利貞。勿用有攸往。利建侯'。主震雷，長也，故曰元。衆而順，嘉也，故曰亨。内有震雷，故利貞。車上水下，必霸。小事不濟，壅也，故曰'勿用有攸往'，一夫之行也。衆順而有武威，故曰'利建侯'。坤，母也。震，長男也。母老子彊，故曰《豫》，其繇曰'利建侯行師'，居樂、出威之謂也。是二者，得國之卦也。"

《國語》韋昭《注》曰："内卦曰貞，外卦曰悔，得此兩卦，震在《屯》爲貞，在《豫》爲悔。八謂震两陰爻在貞在悔皆不動，故曰皆八，謂爻無爲也。《易》：空爲大車；震爲動，爲雷。今云車者，車動，聲象雷也。班，徧也。車班外内者，謂《屯》之内有震、《豫》之外亦有震也。《屯》三至五、《豫》二至四皆有艮象，《豫》三至五有坎象，艮山坎水，水在山上爲泉，源流而不竭也。《屯》《豫》皆有坤象，重坤故厚。豫爲樂。《易》以坤爲衆，坎爲水，水亦衆之類，主雷與車，以震在内，尚水與衆，以坎在外，震威，故武。坤順爲文，震車動而上威也，坎水動而下順也，有威而衆從，故必伯也。小事，小人之事。震動而遇坎險，故壅。意謂一夫之行則壅，建侯不然也。居樂，坤母在内也。出威，震子在外也。居樂，故利建侯。出威，故利行師。二者，謂《屯》《豫》二卦也。"

僖公二十五年，晋侯謀納王，筮之，遇《大有》䷍之《睽》䷥，曰："吉。遇'公用享於天子'之卦。戰克而王饗，吉孰大焉？且是卦也，天爲澤以當日，天子降心以逆公，不亦可乎？《大有》去《睽》而復，亦其所也。"

杜氏注曰："'公用享於天子'，《大有》九三爻辭也。三爲三公而得位，變而爲兑，兑爲説，得位而説，故能爲王所宴饗。乾爲天，兑爲澤，乾變爲兑而上當離，離爲日，日之在天，垂曜在澤，天子在上，説心在下，是降心逆公之象。即去《睽》卦，還論《大有》，亦有天子降心之象。乾尊離卑，降尊下卑，亦其義也。"

成公十六年，晋、楚遇於鄢陵。晋侯筮之。史曰："吉。其卦遇《復》䷗，曰'南國蹙，射其元王，中厥目'。國蹙王傷，不敗何待？"公從之。及戰，吕錡射共王，中目。

杜氏注曰："《復》，陽長之卦，陽氣起子，南行推陰，故曰'南國蹙'也。南國勢蹙則離受其咎。離爲諸侯，《正義》曰："日，君象也。離爲日，故爲諸侯。"又爲目。陽氣激南，飛矢之象。"

《仲氏易》曰："本卦兩體，内我外敵。東方之震，我也，即晋地，在西，而春秋戰國以秦爲西陲，楚爲南服，而燕齊晋鄭皆稱爲東方之國。西南之坤，敵也，楚正南國而偏近於西，然總稱南國。夫《復》一陽之來，勢甚鋭，今一陽乍復而即已掀入全坤，不南國蹙乎？"

何氏《訂詁》曰："就兩體言，貞我悔彼。初九'元吉'，在我。上六'迷復，凶，至災眚，大敗'，以其國君皆屬之彼。且以震木入坤土，射之義也。以災眚而致大敗。眚爲目疾，即中厥目之象也。"

襄公九年，穆姜薨於東宫。始，往而筮之，遇《艮》之八䷳，史曰："是謂《艮》之《隨》䷐，《隨》，其出也。君必速出！"姜曰："亡！是於《周易》曰：'《隨》，元亨利貞，无咎。'元，體之長也；亨，嘉之會也；利，義之和也；貞，事之幹也。體仁足以長人，嘉德足以合禮，利物足以和義，貞固足以幹事。然，故不可誣也，是以雖《隨》无咎。今我婦人，而與於亂。固在下位，而有不仁，不可謂元。不靖國家，不可謂亨。作而害身，不可謂利。棄位而姣，不可謂貞。有四德者，《隨》而无咎。我皆无之，豈《隨》也哉？我則取惡，能无咎乎？必死於此，弗得出矣。"

杜氏注曰："《周禮》大卜掌三易。《連山》、《歸藏》皆以七八爲占，故言遇《艮》之八。史疑遇八爲不利，故更以《周易》占，變爻，得《隨》卦而論之。而姜亦指《周易》以折之也。"

孔氏《正義》曰："《周易》之爻惟有九六，此筮遇八，謂艮之第二爻不變者，是八也。用夏、商二《易》也。"

按：艮，止也。他爻皆變，惟二不變。五，君也。二，小君也。艮爲門闕，小君止於是而不變，薨於東宫之象也，故史以爲不利，而别用《周易》占，變得《隨》以欺穆姜耳。穆姜謂"《隨》必元亨利貞乃無咎，否則有咎"，固古正解也。

襄公二十五年，崔杼欲取棠姜，筮之，遇《困》䷮之《大過》䷛，史皆曰"吉"。阿也。示陳文子，文子曰："夫從風，風隕妻，不可娶也。且其繇曰：'困於石，據於蒺藜，入於其宫，不見其妻，凶。'困於石，往不濟也；據於蒺藜，所恃傷也；入其宫，不見其妻，凶，无所歸也。"

杜氏注曰："坎爲中男，故曰夫。變而爲巽，故曰從風。風能隕落物者，故妻不可娶。"

昭公五年初，穆子之生也，莊叔以《周易》筮之，遇《明夷》䷣之《謙》䷎，以示卜楚丘。曰："是將行而歸爲子祀。以讒人入，其名曰牛，卒以餒死。《明夷》，日也。日之數十，故有十時，亦當十位。自王以下，其二爲公，其三爲卿。日上其中，食日爲二，旦日爲三。《明夷》之《謙》，明而未融，其當旦乎？故曰'爲子祀'。日之《謙》當鳥，故曰'《明夷》於飛'。明之未融，故曰'垂其翼'。象日之動，故曰'君子於行'。當三在旦，故曰'三日不食'。離，火也。艮，山也。離爲火，火焚山，山敗。於人爲言，敗言爲讒，故曰'有攸往'。主人有言，言必讒也。純離爲牛，世亂讒勝，勝將適離，故曰'其名曰牛'。謙不足，飛不翔，垂不峻，翼不廣，故曰'其爲子後乎'。吾子，亞卿也，抑少不終。"其後，叔孫穆子避僑如之難，及庚宗，地名。遇婦人，宿焉。及召歸，立爲卿。庚宗婦人攜其子獻雉。問所生，曰："能奉雉矣。"召見，號曰牛。寵之，使爲政，乃以讒殺長子孟，又譖而逐仲。後穆子疾，不食之死。

杜氏注曰："日之數十，甲至癸也。日中當王，食時當公，平旦爲卿，雞鳴爲士，夜半爲皁，人定爲輿，黄昏爲隸，日入爲僚，晡時爲僕，日昳爲臺，隅中日出。晡，食也，謂日西食時也。日昳，謂蹉跌而下也。隅，謂東南隅也。過隅未中，故謂隅中也。《疏》云。闕不在第，王公曠其位。《明夷》日在地下，又變謙卑，故曰'明而未融，其當旦乎'。旦，卿位也。莊叔，卿也，卜穆子亦爲卿，故知'爲子祀'。離爲日，爲鳥，離變爲《謙》，日光不足，故當鳥。鳥飛行，故曰'於飛'。《明夷》初九得位有應，君子象也。在明傷之世，居謙下之位，故將辟難而行。離、艮合體，故火焚山。艮爲言，爲離所焚，故言敗。離焚山，山焚則離獨存，故知名牛。《謙》道沖退，故飛不遠翔，是去不遠，故曰'爲子後'。莊叔，亞卿，故不終。旦日，正卿之位。"

毛與三曰："於行，辟難而奔也，之《謙》而有終，《謙》：亨。君子有終。則歸嗣也。夫庚宗之婦，固下離之中女也。離者，别也，而初變爲艮而少男生焉。彼豎牛者，繼孟仲之嫡而爲庶子，非少男乎？顧變艮而猶本乎離，則將奉離雉，離爲雉。號離牛焉，離爲牝牛。乃離上爲震。震，有言也。變艮而艮亦有震。閽寺之爲言，艮爲閽寺。則讒言也。夫離爲腹，腹下敗則餒矣。謂无下一爻。去離日而就鬼門，則餒死矣。"

按：此一爻變者，本爻辭，未嘗不重，但不專看之，以盡斷法耳。

昭公七年，衛襄公生孟縶，足不良弱行。又生子，名之曰元。以前，孔成子夢康叔謂己："立元。"史朝亦夢。協，故名之也。孔成子以《周易》筮之，曰："元尚享衛國，主其社稷。"遇《屯》䷂。又曰："余尚立縶，尚克嘉之。"遇《屯》之《比》䷇，以示史朝。史朝曰："'元亨'，又何疑焉？"成子曰："非長之謂乎？"言《屯》之元亨謂年長，非謂名元。對曰："康叔名之，可謂長矣。孟，非人也，將不列於宗，足跛，非全人，不可列爲宗主。不可謂長。且其繇曰'利建侯'，嗣吉，何建？建非嗣也。二卦皆云，謂再得《屯》卦，文同。子其建之！康叔命之，二卦告之，筮襲於夢，武王所用也，《大誓》曰："朕夢協朕卜，襲於休祥。"弗從何爲？弱足者居。侯主社稷、臨祭祀、奉民人、事鬼神、從會朝，又焉得居？各以所利，不亦可乎？"

按：此與畢萬之筮遇卦同而斷辭不同，各隨其事也，此筮法也。

昭公十二年，南蒯將叛季氏，枚筮之，遇《坤》☷之《比》☵，曰："黄裳元吉"，以爲大吉也。示子服惠伯，曰："即欲有事，何如？"惠伯曰："吾嘗學此矣，忠信之事則可，不然，必敗。外強内溫，忠也，和以率貞，信也，故曰'黄裳元吉'。黄，中之色；裳，下之飾也；元，善之長也。中不忠，不得其色；下不共，不得其飾；事不善，不得其極。外内倡和爲忠，率事以信爲共，供養三德爲善，非此三者弗當。且夫《易》，不可以占險，將何事也？且可飾乎？中美爲黄，上美爲元，下美則裳，參成可筮。猶有闕也，筮雖吉，未也。"

杜氏注曰："枚筮不指其事，汎卜吉凶也。坎險故强，坤順故溫，水和而土安。貞三德：正直、剛克、柔克也。"

孔子筮得《賁》☶，愀然有不平之色。子張進曰："師聞卜者得《賁》，吉。而子有不平之色，何也？"曰："以其離耶。在《周易》，山下有火，賁，非正色之謂也。夫質也，黑白宜正焉。今得《賁》，非吾兆也。"

按：孔子之占，蓋欲行道於天下也，乃不遇"見龍"等卦而得《賁》，則以文飾身，及人斤斤然，小利有攸往，故不快。此道不行，而《詩》《書》傳後之象也。

哀公九年，宋公伐鄭。晋趙鞅卜救鄭，陽虎以《周易》筮之，遇《泰》☷之《需》☵，曰："宋方吉，不可與也。微子啓，帝乙之元子也。宋、鄭，甥舅也。祉，禄也。若帝乙之元子歸妹而有吉禄，我安得吉焉？"乃止。

杜氏注曰："《泰》六五曰'帝乙歸妹，以祉元吉'。帝乙，微子之父，爲天子嫁妹而有吉禄。宋，微子之後，與鄭爲甥舅，吉在宋，則伐之爲不吉。"

漢武帝伐匈奴，筮之，得《大過》☱之九五。大卜因謂："匈奴不久當破。"占用"何可久也？"一語。乃遣貳師伐匈奴。後巫蠱事發，貳師降。武帝咎，卦兆反謬。

《仲氏易》曰："當時既失周史之占，如《春秋傳》所記，而後儒籠統論理，則又謂'占者有德則吉在我，占者无德則吉在彼'，如此，則但修德可已。用五、用二、筮人、太卜，一切可廢。"今按《春秋傳》占法，則象辭觀玩，休咎瞭然。《大過》爲大坎，而五當重乾之末，進承坤上，龍戰玄黄，正在此際，幸乾、坎二位皆居北方，我以南向北，則我南爲凱、彼北爲敗，所以能破匈奴。兵乘勝追北至范夫人城者，此也。奈身在坎中，尚未出險，而兑爲口舌，又爲毁折，非因令誤，當以間敗，乃咀呪事發而脱身降矣。兑者，脱也。夫枯楊之華不入寒地，身爲士夫，敵醜非偶，乃既降單於，則身已爲人所得，而單於又妻之以女，此正匹配反常，一若老婦之得士夫者，亦可謂奇驗矣。

按:乾與大坎皆北方。乾爲健,坎爲弓輪,北伐之象。乾爲君,居中爲中國之帝,四陽中實,故北伐而勝,但終之以兑缺,則收局敗耳。

《晋史》:元帝爲晋王時,使郭璞筮興復事,遇《豫》䷏之《睽》䷥。璞曰:"會稽當出鐘,以告成功,上有勒銘,應在人家井泥中得之。所謂'先王以作樂崇德,殷薦之上帝'是也。"及帝即位,太興初,會稽剡縣果於井中得一鐘,長七寸二分,口徑四寸半,上有古文奇書十八字,人莫能識。

《仲氏易》曰:"此事第有案斷而无占驗,似乎狡獪,然以《易》推之,則瞭若指掌,非畸事也。《豫》,上震下坤,震爲龍,爲首出之子,而下連坤土,此奮而出地之象也。悔爲《睽》,上離下兑,嚮明而治,而金以宣之,體離互亦離,此重明重光中興之象也。震爲鳴,爲聲,故先王以作樂崇德,而合《睽》之兑金以升於《睽》之離火,是坐明堂向南離而考擊鐘鏞以作樂之象也。祇兩卦皆有坎水以陷之,則尚在陷中,未經出土,而《豫》坎互坤,則當在水土之間,況《豫》之震爲東方、《睽》之離爲南方,會稽者,東南郡也。《豫》有互艮,萬物之所以成終者也,非告成功乎? 若曰'鐘有勒銘,有古文',則《睽》離爲文、兑爲言,以文爲言,非勒銘乎?"

按:兑金不見於經,離、兑本乾卦,當爲金耳。

晋元帝初鎮建鄴。王導使郭璞筮之,遇《咸》䷞之《井》䷯。璞曰:"東北郡縣有武名者,當出鐸以著受命之符。西南郡縣有陽名者,其井當沸。"後,晋陵武進人於田中得銅鐸六枚,歷陽縣中井沸經日乃止。

《仲氏易》曰:"此事載《晋書·郭璞傳》,然世莫解。嘗詢仲氏。仲氏曰:'此易知者。銅鐸之出以貞,《咸》也。井之沸以悔,《井》也。《咸》内爲艮,艮,東北之卦也。其名武者,以上兑在右,武位也。其出鐸者,兑爲金,與互乾金合,而乾數六,九宫,西北六數。故得六鐸。然且互乾爲天、互巽爲命,此天命也,故曰'此受命之符'也。若夫《井》,則二四互兑、三五互離,離兑爲西南郡縣,而南为陽方,故宜有陽名。乃以下巽與互兑为金木之交,上坎與互離爲水火之際,木間金得火而上承以水,此非薪在釜下得火而水乃沸乎? 且四正相纏,乾麗坤域,非中興受命,何以得此?'"

按:乾爲金而變離,離於乾坤之索,卦居六位,故得六鐸,不必用後人九宫之説也。

晋渡江後,宣城太守殷祐以郭璞爲參軍,會有物如牛,足卑類象,大力而遲行,到城下,祐將伏取之,而令璞作卦,遇《遯》䷠之《蠱》䷑,其辭曰:"艮體連乾,其物壯巨,山潛之畜,非兕非虎,身與鬼并,精見二午,法當爲禽,兩翼不許,遂被一創,還其本墅。"按卦名之,是爲驢鼠。卜竟,伏者以戟刺之,深尺餘,遂去不見。郡綱紀上祠巫云廟神不悦,曰:"此郏亭驢山君鼠也,偶詣荆山,暫來過我,何容觸之?"

《仲氏易》曰:"《遯》,下艮上乾,故曰'連乾',坤爲兕虎。《蠱》,二陽間之,故曰非。《乾鑿度》以艮爲鬼冥門，貞悔兩見，故曰‘身與鬼并’。《離》，五月卦，建午。《蠱》，三至上爲大離，是倍午也。離爲雉，巽爲雞，故爲禽。《遯》四陽。傷其一，爲一創，然衹傷乾一畫，而艮山如故。故《蠱》上之山，可還遯之本墅。”

按：《遯》下體爲山，二至四互體爲巽，伏於山上，山潛之畜也，爲禽，而兩翼不許者，遯之。巽雞，《蠱》之離，雉，其身之外當爲翼而俱艮止，是無翼也。乾爲馬，艮爲鼠，今變卦，艮鼠依然，而乾馬初爻變爲陰，小則似驢矣，合爲一體，可名爲驢鼠。

東海世子母病。郭璞筮，得《明夷》䷣之《既濟》䷾，曰：“不宜封國。坤爲國，坎折之。”

唐李綱在隋，仕宦不進，筮之，得《鼎》䷱，曰：“君當爲卿輔，然俟易姓乃如志。仕不知退，折足爲敗。”綱後顯於唐，數稱疾，辭位去。

唐天寶十四年，王諸入解，筮，遇《乾》䷀之《觀》䷓，謂：“已及賓王，而大人未見。”以乾五未動也。遂遇禄山變而返。

唐長慶中，成德兵變，殺節度使田弘正，而擁立部將王庭湊。先有筮者，得《乾》之《坤》，謂：“坤，土也，地也。大位當臨，節旄不遠，兼有土地河山之分。”

石敬塘以太原拒命，唐廢帝遣兵圍之，勢甚急，命馬重績筮之，遇同人䷌。重績曰：“乾健而離明。健者，君之德。明者，南面而嚮之，所以治天下也。《同人》者，人所同，此其時將必有同我者焉。《易》曰：‘戰乎乾。’乾，西北也。又曰：‘相見乎離。’離，南方也。其同我者，自北而南乎。乾，九、十月卦也。乾，西北卦，位在九、十月。戰而勝，其九、十月之交乎?”是歲九月，契丹果助晉擊敗唐軍，晉遂有天下。

宋政和末，平江人解者筮之，得《噬嗑》䷔之二爻，曰：“離爲戈兵，艮爲門闕，又以艮東北之卦而介乎南離，必東北敵人南寇犯闕，且將不利乎君矣。鼻者，君祖也。”後徽宗果北狩。

宋時，金主完顔亮入寇，筮，《蠱》䷑之《隨》䷐。占者曰：“我有震威，震爲出威，見《國語》。而外當毁折，兑爲毁折。敵敗之象也，内我外敵。且兩互爲《漸》。三五互爲巽，二四互爲艮，合之爲風山《漸》也。《漸》之辭曰：‘夫征不復，其何能返?’”後果驗。此之所斷，亦與《啓蒙》“六爻俱變，占之卦《彖辭》”者不同。

明土木之變，南冢宰魏驥集同官上監國疏，會錢唐客陸時至，善《易》，請筮之，得《恒》䷟之《解》䷧。《恒》，三爻變。驥曰：“帝出之不恒而承之羞，固也，乃變而負乘，寇將復至，如之何?”客曰：“既已負帝且乘矣，再至，何害? 所慮者，貞之則吝，惟恐徒守反咎耳。”驥曰：“善。”乃易疏去。次日，客過驥。驥曰：“昨筮无大凶乎?”曰：“大吉。”曰：“何謂?”曰：“夫《恒》，爲大坎而三當坎中，所以陷也。然而《恒》互爲《乾》三，以一乾而嵬然居三乾之間，若无往而不爲。君者，乃一變爲《解》，則已解矣。且《解》之辭《彖辭》。曰：‘利西南。’西南者，所狩地也。又曰‘其來復’，則還復也。夫恒者，久也，日月得天而久照，《恒》《彖傳》。今《解》之互體則正當兩坎互離之間，坎月離日，非日月幽而復明乎？此用姜維語大明，吾國號，非返國乎？祇《解》有兩坎兩離而上離未全，尚有待耳。”後寇果再至，以戰得勝，而英宗返國復辟如所占。

明正德間，都御史張嵿敕巡撫保定兼提督紫荊諸關，筮之，得《屯》䷂之六三，曰：“行无虞，官何以即鹿吾入林而已。”時提學李夢陽在坐，曰：“不然。三關，古鉅鹿地也。急即之，无虞者，不疑也。惟入林中，恐爲彬所中耳。”後武宗西狩，江彬索璧、馬、婦女，不應駕。言三關迎駕軍不至，罷職。

毛河右先生少年出亡，筮之，遇《節》䷻之《需》䷄[1]，曰：“節者，止也。需者，有待也。《節》與《需》皆坎險在前，然而《節》三爻當互震之柔而變爲乾剛，震則動，動而得剛，可以出險。經云‘剛健而不陷’，是也。顧亦惟剛健，故不陷，否則需矣，致寇至矣。”乃急行，而躡者果至。因匿海陵，越一月，曰：“可出險矣。經曰：‘利涉大川。’大川，淮也。”因過淮主山陽令朱君所，朱君集名士歌燕，先生念《需》《象》有“飲食宴樂”語，憬然會“吾幸已出險，且宴樂矣，過此失位”，於是舍之去。

按：遇卦之卦，皆有水火既濟之象，《節》二至五大離，《需》三至五互離。是險可濟也，兑缺變乾，其身甚健，文明在體，《節》三爻在大離中，《需》三爻爲互離初。則後之舉博學鴻辭與高年著述傳世，皆見焉。

丁丑之歲，郭子堅招予南行，子固且爲予謀南中置側生子，因筮之，遇《大畜》䷙之《中孚》䷼。當時亦意爲吉卦，然未知占法，未瞭然也。後學《易》，擬爲繇曰“是謂不家食，吉。利涉大川”也。兑之口舌，食於宫闕，故曰“不家食”。乘木而風順，以行澤上，故曰“利涉大川”。以此南往，有孚而吉焉。且是往也，所畜至大。老陽變動，遂之少女，是置下妻乎？其屬爲豕，辭有“豚鱼包鱼”者，置妻也。長男生芽，杭人謂小兒爲小芽。我震而進，主艮而止，男之生也，遂以寅歲。吕下妻猪相。長子習仁虎相。

壬午爲三弟培占科舉，遇《井》䷯之《謙》䷎，繇曰：“井食以隣，冽矣寒泉。文明將動，山伏而謙。”蓋補廩而非中舉也，已而果然。且廩文舊有書吏陋規乃發，黄崑圃言於學院，楊賓實即發出，所謂“以隣”也。

---

① 文淵閣本漏此卦圖，據文津閣本補。

詩經傳注

詩經傳注・題辭

予自弱冠，庭訓外，從顔習齋先生遊，爲明德親民之學。其明德功課，則《日記》《年譜》所載是也。其親民條件，則《瘳忘編》《閲史郄視》，今大半匯之《平書訂》者也。而無暇治經義。經義大率閲宋儒所注今世通行者，即間及《十三經注疏》以及漢儒諸書，忩忩未深考也。迨年幾四十，始遇毛河右先生，以學樂餘力，受其經学。後復益之王草堂、閻百詩、萬季野，皆學窮二酉，助我不逮。然取其經義，猶以證吾道德經濟。如《大學辨業》《聖經學規》，則用以明道。《宗廟》《田賦》諸《考》，用以論治。尚無遑爲《傳注》計也。至於五十始衰，自知德之將耄，功之不建矣。於是始爲《周易傳注》，續之《四書傳注》成。甲午年，惲子皋聞遠來辱友，語以身心經猷，皆洒然有合，力肩聖道，而學問又淹博，經史如以肉貫串，著《説詩》質予。予感之，佔僤沉吟，似有所得，乃爲《毛詩説》質以復之。皋聞曰："善哉，盍即爲《傳注》。"嗟乎！立德無能，立功何日？而乃諄諄立言，悵如之何！

丙申三之日蠡吾恕谷李塨識

新刻《詩經傳注》序

吾邑李恕谷先生，以經濟之學，身通六藝，與博陵顔習齋先生師友相資，倡明聖道，不僅以訓詁名家也。其所著《大學辨業》《小學稽業》《論語傳注》《傳注問》《周易傳注》《學樂録》及《恕谷後集》《太平策》《瘳忘編》諸書，悉身體力行，以歸實用。

國初，毛西河、萬季野、方望溪諸公，皆以爲必傳。後其板已燬，藏書家間有存者。惟《周易傳注》《學樂録》得列入《四庫全書》，可廣其傳於不朽。而諸書外復遺有《詩經傳注》，藏稿於家，初未付梓也。癸卯春，先生裔孫桓、樞恐其久而就湮，與闔邑紳士謀醵金開雕。予適以需次就館外郡，未及校讀爲憾。兹桓以剞劂告竣，持原本問序於予。快一披讀，知全《詩》皆宗古《序》，并採《訓》《傳》《箋》《疏》而加注焉。以毛公所傳，師承有自，較諸説猶爲近古也。予學殖譾陋，何敢序先生之書？先生本古《序》以注古經，并援《爾雅》《左傳》與二毛、鄭、孔之説，互爲證據，予又何敢妄贊一辭？然三代兩漢以來，彝鼎古器，遺留人間，雖經風雨剥蝕，終有不可磨滅者，况二千餘年之古《序》古《傳》，幾幾將废，得先生之注而復古如新，又何可磨滅耶！是書一出，不獨蠡之人寶之，尤願與天下共寶之，庶后之讀《詩》者知古《序》不可废，而先生之學問經濟，亦於此窺其巔末也夫。

道光二十四年甲辰六月既望同邑後学段金甌謹序

新刊《詩經傳注》序

予自癸卯校刊恕谷先生《詩經傳注》，至甲辰之五月成，不禁作而嘆曰："解經其難矣哉。秦火而後，《五經》幾無善本，而《詩》尤甚。毛公《故訓》義頗正而簡略，鄭《箋》多泥而鑿，孔《疏》頗詳然繁衍，博洽終無歸宿。蓋漢唐儒者崇信師説，雖有不合於經，不肯少背於师，固矣。而有宋諸儒，又欲盡廢古注，託以意逆志之義，强《經》就我，武斷《詩》辭，妄矣。居今而欲由《詩注》以求夫王迹之所存，并收夫達政專對之益，且欲免固與妄之失，不甚難哉！"吾邑恕谷李先生負孔孟之傳，力躬行，勤實學，博極群書，廣交名士。當是時，大河南北，如毛河右、萬季野、惲皋聞、王崑繩、王草堂，皆一時之傑也，莫不與之就正而折衷焉。故所著《大學辨業》《小學稽業》，《周易》《論語》諸《傳注》，每讀一编，皆令人心折拜服，而於《詩》則未之見也。既而讀先生《後集》，見有《詩經傳注題辭》一篇，與論《詩》數則，乃知先生原有《詩注》特藏本未之刊耳。癸卯春，詣先生裔孫圖治公，乃出是編以相示。予捧讀再四，不覺洒然。其序《詩》也，則宗《序》文，其訓字義也，則取毛、鄭、《爾雅》，其考時世也，則取《左傳》、孔《疏》，其於韻也，則取西河，蓋較之諸《注》，乃能刪其繁而補其簡，去其泥與鑿，而使其各有所歸宿。嗚呼，可謂成矣。是書不傳，可乎？因持歸，遍示同人，謀付梨棗。而李巨岳、李翩聖、梁輝光、劉彬月、張恭菴諸公，即皆爭先助資，以成斯舉。予亦不自揣，因與善養張先生、西園胡先生、秉鈞王先生、密文魏表兄，詳加校閲，共成此書。噫！信古者多鄰於固，而自信者又鄰於妄，讀是《注》也，可釋然矣。

道光二十四年歲在甲辰端陽前三日同邑後學劉化南謹序

一　先生原稿塗改模糊，甚有不可辨識者，謹依先生所引之書定之。

一　先生原稿《文王有聲》之二章與《江漢》之三章，俱脱韻注，而西河《通韻》苦難搜覔，謹按先生所謂五音者揣摩而補之，不知是否。姑志之以俟知者。

一　先生原稿未分卷目。愚考卷者，古以竹簡爲書，多寡均勻，以布帛捲之，故謂之卷，并無意義存乎其間也。故是書均其篇章，列爲八卷如左。

劉化南謹識

詩經傳注·卷一

蠡吾李塨撰

《毛　　詩》

《毛詩》者,魯人大毛公亨作《故訓傳》,授之趙人小毛公萇。河間獻王得以獻之,以萇爲博士。

孔《疏》曰:“鄭以賦之言,鋪也,鋪陳善惡,則詩文直陳其事不譬喻者皆賦也。”鄭司農云:“比者,比方於物,諸言如者皆比辭也。如沸如羹之類。”司農又云:“興者,托事於物,則興者起也,取譬引類,起發己心,詩文諸舉鳥獸草木以見意者,皆興辭也。”賦比興如此次者,言事之道,直陳爲上,至比之與興,雖同是附托外物,比顯而興隱,當先顯後隱也。毛氏特言興也,爲其理隱故也。《螽斯羽》《疏》曰:“此實興也。《傳》不言興者,文義自解,故不言。凡説不解者耳。衆篇皆然。”朱子乃以《螽斯》《柏舟》《緑衣》《終風》《凱風》等篇毛公所謂興者,而易之以比,與前人所解异矣。

又按劉勰《文心雕龍》論賦比興亦同前説,則漢魏六朝詩賦正盛之時,皆如此立解,不容今人作詩,動遵古體,而賦比興反有异義也。

惲皋聞謂賦比興不宜各章鑿定如《集注》所列,其言甚是。朱《注》曰:“興者,先言他物以引起所咏之辭也。”則必以章首之言爲興矣。然《漢廣》首章首喻喬木,末喻江漢,《傳》《箋》皆以爲興,蓋首尾感興而中間遊女二句賦其事也。是不獨章首爲興矣。乃朱《注》以喬木为興,江漢爲比,則引物同,句法同,何以一爲興一爲比乎?《關雎》首章曰:“後凡言興者,其文義皆仿此。”蓋謂興必上下句法相呼應也。則《野有死麕》篇首章包之誘之相應,二章興言三句,賦言一句,何以呼應乎?又曰:“比者,以彼物比此物也。如《螽斯羽》是也。”則《注疏》以此爲興,不爲比矣。以爾指后妃固爲興,即如朱《注》以爾指螽,而觸物感興,正興體也,何比之云?况即以朱《注》借物以興正意例之,《谷風》之篇,風雨之相合起夫婦之無怒,不以下體而遺葑菲起無以色衰而棄德音,則正興也,而又曰比,何耶?且詩以言志,觸物陳情,或興或比,纏綿無端,此詩道也。如《汝墳》末章"魴魚赬尾"興也,"王室如燬"比也,"父母孔邇"賦也。"麟之趾"興也,"振振公子"賦也,"于嗟麟兮"且興且賦也。《行露》之首章皆興也,不必以正意呼應也。而二章三章雀角鼠牙又興也,則下有正意也。《野有死麕》首章上二句興也,下二句賦也,二章首三句興也,末一句比也。《苦葉》二章"有瀰"、"有鷕"二句以兩物起興也。"濟盈"、"雉鳴"二句引伸再興也。鷕鳴四物并咏,皆興也。

詩韻一則字分五音也。毛河右《古今通韻》曰:第一宫音,今世韻本東冬江陽庚青蒸是也。七韻中字,每讀訖必返喉而翕於鼻。又陽庚青蒸稍侵齶啰爲變宫。第二商音,今韻本眞文元寒刪先是也。六韻中字,每讀訖必以舌舐上齶。第三角音,今韻魚虞歌麻蕭肴豪尤。八韻中字,每讀字唱字訖必懸舌居中。第四徵音,今韻支微齊佳灰。五韻中字,每讀唱訖必以舌擠齒。至於魚虞歌麻,尤以舌音而稍出向齒,又爲變徵。第五羽音,則爲今韻侵覃鹽咸。四韻中字,每讀唱訖必兩唇相合。其字不用改讀,歌之適諧。蓋每韻中字,起聲或不同,而收韻同也。

一則三聲不分也。《通韻》謂四聲之分始於齊周顒梁沈約。若三古以至漢魏,則皆平上去三聲合用,如《詩》之"受言藏之,中心貺之,一朝饗之",《書》之"股肱喜哉,元首起哉,百工熙哉"皆然。以三聲原一聲也。

一則入聲通用也。入聲與上三聲原不同,如蒙蠓夢木,蒙蠓夢同聲,而木與上三聲安可倫乎?則衹作回聲耳,不能同用也。故詩人獨用,且通用,以回音同也。

以上詩韻幾括矣。其有錯綜者,則閒取《通韻》。兩界謂有入十七部自相通用,無入十三部自相通用,兩合謂無入十三部之去聲與有入十七部之入聲,相爲通轉與叶音消息之。然此亦千百之十一也。

字原有轉注假借二種,如蘋音頻,商音也,又音萍,則爲宫音。賁音臂,徵音也,又音奔,則爲商音。又入多借平上去三音作回音。今韻不字平入俱登,數字上入俱登,樂字去入俱登,不可勝數。韻之錯綜再於此消息之自是,但不可無故强叶妄改耳。

朱子不知古韻,偶拾吴棫邪説,遂將《毛詩》改叶居其多半。夫今人作詩,偶涉出韻,雖佳句亦不惜更之,而古人乃專改音取叶,何今古人情乖反乃爾?且詩者謂有韻之文,可被絃歌也。若字皆不入韻,惟取改讀,則諸墳典皆可易其本音叶韻以歌矣,何必於《詩》!吾鄉有一道學讀《詩》《易》皆從叶韻,人聽之聱牙迷耳而驚去。故自朱子注《詩》以後,學者執其書以射榮利,無從而疑其非者。然而讀必正音,不從其叶,亦可見聲。音,自然之道,不可違矣。况叶音一出,使《詩》皆無正字。而鑒其弊者,反謂古無叶音,叶即是正,遂上呼天爲汀，入呼母爲米，床第呼婦爲缶。此又怪矣。總因妄叶以致此。

石林葉氏曰：《毛詩》之出也，自以源流得於子夏，而其書貫穿先秦古書。其釋《鴟鴞》也與《金縢》合，釋《北山》《烝民》也，與《孟子》合，釋《昊天有成命》與《國語》合，釋《碩人》《清人》《黄鳥》《皇矣》與《左傳》合，而序《由庚》等六章與《儀禮》合。蓋當毛氏時，《左氏》未出，《孟子》《國語》《儀禮》未甚行，而學者亦未能信也。惟河閒獻王博見异書，深知其精。追至晋宋，《齊》《魯》與《韓詩》皆廢而《毛詩》盛行，群知其正。且《左氏》等書，漢初諸儒皆未見，而《毛詩》先與之合，則《詩序》不謂之源流子夏可乎？

鄱陽馬氏曰：《風》之爲體，比興之辭多於序述，風諭之意浮於指斥。蓋有反覆詠歎，聯章累句，而無一言敘作之之意者。而序者乃一言以蔽之曰：爲某事也。苟非其傳授之有源，探索之無舛，則孰能臆料當時指意之所歸，以示千載乎？而朱文公深詆之，謂但當據《詩》辭，不必從《序》説。則《芣苢》之《序》，以婦人樂有子爲后妃之美也，而其詩不過形容採掇之情狀而已。《黍離》之《序》，以爲閔周室宗廟之顛覆也，而其語不過謂行見黍稷而慨歎而已。此《詩》之不言所作之意而賴《序》以明者也。若舍《序》以求之，則其所以採掇者为何事，而慨歎者爲何説乎？《叔於田》之二詩，《序》以爲刺鄭莊公也，而其詩語則鄭人愛叔段之辭耳。《楊之水》《椒聊》二詩，《序》以爲刺晋昭公也，而其詩辭則晋人愛桓叔之辭耳。此《詩》之序其事以諷，初不言刺之之意，而賴《序》以明者也。若舍《序》以求之，非子雲美新之賦，則袁宏九錫之文，是豈可以訓而夫子不删之乎？《鴇羽》《陟岵》見於變風，《序》以爲征役者不堪命而作也。《四牡》《采薇》見於正雅，《序》以爲勞使臣遣戍役而作也。而深味四詩之旨，則歎行役之勞苦，敘飢渴之情狀，憂孝養之不遂，悼歸休之無期，其辭語一耳。此《詩》之辭同意异而賴《序》以明者也。若舍《序》以求之，則文王之臣民亦怨其上，而《四牡》《采薇》不得爲正雅矣。《詩》辭如此者多矣，《序》如之何可廢！

柴虎臣曰：漢魯國毛亨作《訓詁傳》以授趙國毛萇，時人稱大小毛公。然大小毛公所由授受，則得之趙人荀卿。《疏》云：孫卿，毛氏之師。而逆溯於根牟子、孟仲子、李克、曾申以及卜氏子夏。子夏則親見聖人者，總其删述之旨，爲之《序論》以授門弟子。今世所習《詩序》雖繫毛氏，實則本諸子夏氏以立説者也。故世變污隆，六義美刺，學者猶足考見。漢唐諸儒，奉而守之，即閒有异同，大抵不背於孔子所云"述而不作，信而好古"之意。吾以爲詩家之指歸在於是矣。自朱子盡斥之，斷以己臆，而有明一代，因國姓所自用其書以取士，勒爲令甲，而於是鄭《箋》孔《疏》皆莫敢置喙焉。他且無論，即《鄭》《衛》兩風朱《注》皆以爲淫詩。閒考之《序》《傳》，其閒諷刺感寄，各有所指，大抵忠臣志士憂時憫俗之爲，一旦盡以淫斥之，果何據耶？嘗觀季札論《國風》於《鄭》曰：其細已甚。於《衛》曰：憂而不困。未嘗曰淫也。若謂指之爲淫，度其詞理當如是耳，則又不然。天下可遥斷者，理，難懸斷者，事。

夫詩,言志而附事以興者也。時有先後,事有本末,作者之指於是乎寓。今徒以其詞而曰"理當爲淫",猶之盲者聽風聲而曰"理當爲水",皆妄言也。且夫時代未可泯也,今有人於此,其子弟曰:頎而皙。其异邦人則曰:短而黧。至後世所傳,不知何人,且曰:傴僂而厲。於三者奚信?必將曰:頎皙者是,短黧者非,傴僂而厲者大謬。何則?傳聞不如親見,而揣摹者愈遠也。今以宋人之揣摹,奪漢唐之傳聞,而并欲掩卜氏之親見,孰得孰失,何去從亦可決矣。

《國　風》

毛河右曰:"程大昌言,古無稱《國風》者。此否也。《表記》引孔子之言'《國風》曰:我躬不閱,皇恤我後?''《國風》曰:心之憂矣,於我歸説。'此非稱《國風》而何?"

周南第一

鄭康成《譜》云:周召,《禹貢》雍州岐山之陽地名。《正義》曰:岐陽共方百里,皆名曰周召,是周内之别名。大王始遷岐周,商王帝乙命其子王季爲西伯,至紂又命文王典治南國江漢汝旁之諸侯。文王受命作邑於豐,乃分岐邦周召之地爲周公旦召公奭之采邑,施先公之教於己所職之國。武王定天下,巡狩述職,陳誦諸國之詩,以觀民風俗。六州者《正義》曰:雍、梁、荆、豫、徐、揚也。得二公之德教尤純,故獨録之爲《周南》《召南》,言自岐而行於南國也。

《正義》曰:周召至武王時爲二伯。《樂記》論武樂五成而分陜周公左召公右可見也。

關關雎鳩,在河之洲。窈窕淑女,君子好逑。

參差荇菜,左右流之。窈窕淑女,寤寐求之。求之不得,寤寐思服。悠哉悠哉,輾轉反側。

參差荇菜,左右采之。窈窕淑女,琴瑟友之。參差荇菜,左右芼之。窈窕淑女,鍾鼓樂之。

鳩、洲、逑韻。流、求韻。得、服、側韻。采、友韻。芼、樂韻。

《序》曰:《關雎》,後妃之德也,風之始也,所以風天下而正夫婦也,故用之鄉人焉,用之邦國焉。風,風也,教也。風以動之,教以化之。詩者,志之所之也。在心爲志,發言爲詩。情動於中而形於言。言之不足,故嗟歎之。嗟歎之不足,故永歌之。永歌之不足,不知手之舞之足之蹈之也。情發於聲,聲成文謂之音。治世之音安以樂,其政和;亂世之音怨以怒,其政乖;亾國之音哀以思,其民困。故正得失,動天地,感鬼神,莫近於詩。先王以是經夫婦,成孝敬,厚人倫,美教化,移風俗。故《詩》有六義焉:一曰風,二曰賦,三曰比,四曰興,五曰雅,六曰頌。上以風化下,下以風刺上。主文《箋》曰:主與樂之宫商相應也。而譎諫,言之者無罪,聞之者足以戒。故曰:風至於王道衰,禮義廢,政教失,國异政,家殊俗,而變風變雅作矣。國史明乎得失之迹,傷人倫之廢,哀刑政之苛,吟咏性情,以風其上,達於事變,而懷其舊俗者也。故變風發乎情,止乎禮義。發乎情,民之性也。止乎禮義,先王之澤也。是以一國之事繫一人之本言一人作詩之本義爲一國也。謂之風。言天下之事,形四方之風,謂之雅。雅者,正也,言王政之所由廢興也。政有大小,故有小雅焉,有大雅焉。頌者,美盛德之形容,以其成功告於神明者也。是爲四始,詩之至也。《風》《小雅》《大雅》《頌》爲王道興衰之所由,故曰四始。《箋》云。然則《關雎》《麟趾》之化,王者之風,故繫之周公。南,言化自北而南也。《鵲巢》《騶虞》之德,諸侯之風也。先王之所以教,故繫之召公。《周南》《召南》,正始之道,王化之基,是以《關雎》樂得淑女以配君子,憂在进賢不淫其色,哀窈窕,思賢才,而無傷善之心焉。是《關雎》之義也。

哀,憐也。

按《關雎》爲三百篇之首,故《序》首釋《關雎》以爲《風》始。因論風論詩論音,因及《詩》之六義四始,統論全《詩》,而末反之二《南》,結之《關雎》,與首句相應。蓋《序》首篇之體如此也。舊分爲《大序》《小序》,以首句至"用之邦國焉",爲《小序》。自"風,風也"訖末,爲《大序》。朱子辨説,以"詩者,志之所之也"至"詩之至也"爲《大序》。以首"《關雎》,后妃之德也"至"教以化之"合末。然則《關雎》《麟趾》之化,至"《關雎》之義也"爲《小序》,皆觉割裂,不如先儒言《诗序》無大小之异者得之。

關關,和聲也。雎鳩,王雎也,鳥摯而有別。夫婦有別,則父子親。父子親,則君臣敬。君臣敬,則朝廷正。朝廷正,則王化成。《毛傳》。雍州东據河。《禹貢》注。水中可居曰洲。《爾雅》。善心爲窈。善容爲窕。淑,善也。《疏》云:《序》謂不淫其色,謂后妃不淫恣己身之色,又求衆妾皆不淫恣其色也。無傷善之心,謂后妃無嫉妬傷善之心,又求衆妾皆不嫉妬,是善也。逑,匹也。淑女謂衆妾。鄭《箋》。君子謂文王也。此后妃得淑女而自寫其懷也。言關關之雎鳩則在河之洲矣,兹之窈窕淑女,豈非君子之善配乎?興也。荇,接余也。荇之白莖以苦酒浸之,脆美可案。酒祭統所謂水草之葅是也。輾轉,迴動也。反側,反覆也。言其未得也。供宗廟之荇菜,無人採取,任其分流,是以我寤寐思得淑女,永夜不安,而輾轉反側也。今既得淑女,荇菜則左右采拾,鼓琴鼓瑟以供宗廟,而相愛如友矣。左右揀擇,考鐘考鼓,以供宗廟而共相歡樂矣。后妃以貴下賤,以聖下賢,舍己從人,樂取人善如此,文王宫中肅雝如此，誠正始之道，王化之源也。左右贊助，不止供祭舉重者，以見其餘也。芼，擇也。《傳》。

《關雎》五章，章四句。故言三章，一章四句，二章章八句。五章鄭所分。故言以下，毛公本意也。

以下《詩序》屢言后妃不嫉妬，皆本此篇。朱子《集注》乃改云，文王始娶大姒，宫人作此詩。其未得也，宫人思之，至於寤寐反側。其既得也，宫人樂之，則以琴瑟鐘鼓。夫后妃正位宫中矣，而可以淑女稱乎？且宫人何人也，以爲文王之宫人耶，則《大戴禮》云，"文王十五而生武王"，是娶大姒時祇十三四歲，不得先有宫人。以爲王季之宫人耶，則西伯爲子擇配，其年正芳，而遽爲之輾轉反側，無此人情。燕禮有房中之樂。鄭康成《注》曰：弦歌《周南》《召南》之詩，而不用鐘磬之節，謂之房中者，后夫人之所諷誦以事其君子。而今曰"鐘鼓樂之"，豈禮也哉？何一無考據而輒改古注如此。況《關雎》哀樂，皆屬宫人，不淫不傷，得性情之正，亦祇在宫人，與王業何與？而《詩》首列之，用之鄉人，用之邦国耶！或言，媵妾不可言君子好逑。獨不思《禮》曰，夫人曰嬪、曰婦、曰妻，皆非匹配之稱乎？至《詩傳》《詩説駁義》曰：供祭祀，后妃事也。《禮記》所謂"請君之玉女共有敝邑，以供祭祀"是也。安得后妃又思一供祭祀者？亦誤也。《周禮》《九嬪職》云，凡祭祀赞后薦徹豆籩。《世婦职》云，祭之日涖陳女宫之具，凡内羞之物。《女御职》云，凡祭祀贊世婦。是明有供祭祀之禮矣。且《傳》《箋》皆言贊助祭，未嘗言專致祭也。

葛之覃兮，施于中谷，維葉萋萋。黄鳥于飛，集于灌木，其鳴喈喈。

葛之覃兮，施于中谷，維葉莫莫。是刈是濩，爲絺爲綌，服之無斁。

言告師氏，言告言歸。薄污我私，薄澣我衣。害澣害否，歸寧父母。

萋、飛、喈韻。莫、濩、綌、斁韻。氏、歸、私、衣、否、母韻。以徵音同而三聲皆通用也。

《序》曰：《葛覃》，后妃之本也。后妃在父母家，則志在於女功之事。躬儉節用，服澣濯之衣。尊敬師傅，則可以歸安父母，化天下以婦道也。

本字與前後章通看，不嫉，姤德也。理内政，本也。助夫求賢以成王業，志也。在父母家二句，推原其勤儉之早成也。

覃，延。施，移。中谷，谷中也。萋萋，茂盛貌。黄鳥，黄鸝也。喈喈，和聲之遠聞也。《傳》。此寫葛生時之景，而己之視葛聽鳥，宛在其中矣。莫莫，成就之貌。濩，煮之也。精曰絺，麤曰綌。斁，厭也，言治葛之勤也。言，我也。《傳》。師，女師也。告歸，使女師告君子以歸寧也。朱《注》。污，煩撋之以去其污也。私，燕服也。澣，則濯之耳。衣謂褘衣以下至褖衣,其中有可濯者也。薄,语辭。害,同曷。又審何者當澣,何者不澣也。《傳》《箋》。

《葛覃》三章,章六句。

此亦后妃自作。

采采卷耳,不盈頃筐。嗟我懷人,寘彼周行。

陟彼崔嵬,我馬虺隤。我姑酌彼金罍,維以不永懷。

陟彼高岡,我馬玄黄,我姑酌彼兕觥,維以不永傷。

陟彼砠矣,我馬瘏矣。我僕痡矣,云何吁矣。

筐、行韻。嵬、隤、罍、懷韻。岡、黄、觥、傷韻。砠、瘏、痡、吁韻。

《序》曰:《卷耳》,后妃之志也。又當輔佐君子求賢審官,知臣下之勞苦,内有進賢之志,而無險詖私謁之心,朝夕思念,至於憂勤也。

又者,謂后妃既進内治之賢矣,又欲輔文王以進朝廷之賢也。《疏》曰:險詖,譽惡爲善也。私謁,私薦親戚也。

卷耳,苓耳,可煮爲茹。頃筐,欹筐也。《韓詩》。《左傳》襄十五年曰:"官人,國之急也。能官人則民無覬心。《詩》云:'嗟我懷人,寘彼周行。'能官人也。"王及公侯伯子男甸采衛大夫,各居其列,所謂周行也。《毛傳》曰:"周,周朝也。行,列也。"即《論語》陳力就列之列也。言采卷耳而不盈頃筐,不可言采,以興欲用賢才而不安置位列,不可言用也。故嗟我所懷之君子,司用人之柄,必置彼賢才於我周之行列,而後大勳有賴也。且獨不見跋涉道塗之臣乎?其自言曰:我登山而馬病矣,惟酌酒以自解矣。然而馬病僕病無如何矣,惟長嘆矣。其情不更可憫哉。崔嵬,土山之戴石者。虺隤,病也。金罍,酒器也。山脊曰岡。玄馬病則黄。兕觥,角爵也。石山戴土曰砠。瘏、痡皆病也。《傳》《疏》。

《卷耳》四章,章四句。

詩首言寘彼周行而因念奔奏禦侮者。當王室如燬、三分有二之秋更爲勞辛。故全提單承,情何其摯!文何其妙!朱《注》乃以爲文王不在而后妃懷之,欲大道采菜,欲高山登望,又飲酒自解,何其荒唐也。乃駁《序》曰:"嗟我懷人,其言親暱,非后妃所得施於使臣。"夫《傳》《箋》皆以人爲文王,何嘗施於使臣哉。

南有樛木,葛藟纍之。樂只君子,福履綏之。

南有樛木,葛藟荒之。樂只君子,福履將之。

南有樛木,葛藟縈之。樂只君子,福履成之。

纍、綏韻。荒、將韻。縈、成韻。

《序》曰:后妃逮下也。言能逮下而無嫉妬之心焉。

南,南土也。荊揚之域。木下曲曰樛。藟,葛類。纍,纏繞也。樛木,興后妃也。葛藟,興衆妾也。只,語助辭。可樂之君子,指文王也。履,禄也。言宫幃交泰。文王之福禄常安也。荒,奄。將,大。縈,旋。成,就也。《傳》《箋》。

《樛木》三章,章四句。

螽斯羽,詵詵兮,宜爾子孫,振振兮。

螽斯羽,薨薨兮,宜爾子孫,繩繩兮。

螽斯羽,揖揖兮,宜爾子孫,蟄蟄兮。詵,所巾反。

詵、振韻。薨、繩韻。揖、蟄韻。

《序》曰:后妃子孫衆多也。

螽,蝗屬。斯,語辭。詵詵,薨薨,衆多也。揖揖,會聚也。爾,指后妃也。振振,仁厚也。繩繩,戒愼也。蟄蟄,和集也。《傳》。以螽之子衆興后妃之子孫衆也。后妃不妬忌則子孫多而且賢,固其宜也。《埤雅》曰:螽一生百子。

《螽斯》三章,章四句。

桃之夭夭,灼灼其華。之子于歸,宜其室家。

桃之夭夭,有蕡其實。之子于歸,宜其家室。

桃之夭夭,其葉蓁蓁。之子于歸,宜其家人。蕡,浮雲反。

華、家韻。實、室韻。蓁、人韻。

《序》曰:后妃之所致也。不妬忌,則男女以正,婚姻以時,國無鰥民也。

夭夭,少好貌。灼灼,明媚之貌。宜者,和順之意。朱《注》。蕡,實貌。蓁蓁,盛貌。以桃花興女色,實興女德,葉興有色有德,形體至盛也。《傳》。

《桃夭》三章,章四句。

朱《注》以桃夭爲仲春之時,則仲春桃僅蓓蕾,尚無華,何實何葉? 且附會。《周禮》曰:仲春令會男女。男女以正,婚姻以時,則古禮。《家語》孔子曰:"霜降昏娶,冰泮殺止。"故《匏葉篇》曰:"士如歸妻,迨冰未泮。"至仲春則時過而晚矣。媒氏令會男女,奔者不禁,則正男女不正婚姻不時也。何矗冒乃爾。

肅肅兔罝，椓之丁丁。赳赳武夫，公侯干城。

肅肅兔罝，施于中逵。赳赳武夫，公侯好仇。

肅肅兔罝，施于中林。赳赳武夫，公侯腹心。

丁、城韻。逵、仇韻。林、心韻。

《序》曰：后妃之化也。《關雎》之化行，則莫不好德，賢人衆多也。

《孟子》曰："尊賢使能，俊傑在位，則天下之士皆悦而願立於其朝。"况以后妃内助而亦求賢若渴？天下化之，自捷於桴鼓矣。

肅肅，敬也。兔罝，兔罟也。丁丁，椓杙聲。赳赳，武貌。干、城，皆以禦難。言兔罟者可任爲將帥也。逵，九達之道。怨耦曰仇，謂敵國有來侵伐者，可使和好之也。腹心，言可用爲策謀之臣，使之慮事也。夫兔罝之人而才有用猶如此，則賢才衆多可知矣。《傳》《箋》。

《兔罝》三章，章四句。

朱子駁《序》曰："《桃夭》《兔罝》皆爲后妃之所致，則是禮樂征伐皆出於婦人之手，而文王徒擁虚器爲寄生之君也。"噫！朱子之言何深文也，而實未深察《序》文也。《序》於《關雎》曰"配君子"。於《卷耳》曰"輔佐君子"。於《江漢》《汝墳》則專言文王之化。至《召南》并不及后妃，而但言文王。蓋《周南》内治多，《召南》外治多，故有分也。何嘗言禮樂征伐不自文王出，而文王徒拥虚位爲寄生之君哉。且文王出禮樂征伐何庸言。惟是宫中有一聖配佐之，此爲難得耳。故詩人三復感歎，言后妃之化，則文王之化可知也。如《論語》記舜有臣五人而天下治。武王有亂臣十人，則舜武之能致治可知也。豈《論語》盛稱其臣而即鄙其君爲寄生也乎？

采采芣苢，薄言采之。采采芣苢，薄言有之。

采采芣苢，薄言掇之。采采芣苢，薄言捋之。

采采芣苢，薄言袺之。采采芣苢，薄言襭之。襭，户結反。

采、有韻。掇、捋韻。袺、襭韻。

《序》曰：后妃之美也。和平則婦人樂有子矣。

采采，非一辭也。芣苢，車前也。宜懷妊焉。采，往取也。掇，拾也。捋，取也。袺，執袵也。扱衽曰襭。《傳》。

《芣苢》三章，章四句。

南有喬木，不可休息。或本作"休思"。漢有游女，不可求思。漢之廣矣，不可泳思。江之永矣，不可方思。

翹翹錯薪，言刈其楚。之子于歸，言秣其馬。漢之廣矣，不可泳思。江之永矣，不可方思。

翹翹錯薪，言刈其蔞。之子于歸，言秣其駒。漢之廣矣，不可永思。江之永矣，不可方思。

休、求韻。廣、泳、永、方韻。楚、馬韻。蔞、駒韻。

《序》曰：漢廣，德廣所及也。文王之道被於南國，美化行乎江漢之域。無思犯禮，求而不可得也。

南，南方也。喬，上竦也。潛行爲泳。方，筏也。漢水出興元府西縣嶓冢山，東流至漢陽軍大别山，南入於江。江水出茂州岷山，東流至蘇州許浦入海。《詩地理考》。思，語辭。《傳》。喬木之不可休蔭，興游女之不可求也。漢廣江永之不可泳方，興王化之廣遠無所不至，不可非禮妄干也。故《序》曰："德廣所及。"又曰："無思犯禮。"翹翹，高貌。言楚蔞高於雜薪也。蔞，蔞蒿也。興之子之出於衆而願仰止之也。

《漢廣》三章，章八句。

《詩》大約以篇首爲名，此獨取篇中二字，正以興文王之德廣故爾也。朱子乃謂德廣句，謬誤，何也？其《注》曰：喬木江漢皆喻游女不可求。則重複何味！况以漢廣江永比女子之守貞，豈其倫哉？

遵彼汝墳，伐其條枚。未見君子，惄如調飢。

遵彼汝墳，伐其條肄。既見君子，不我遐棄。

魴魚赬尾，王室如燬。雖則如燬，父母孔邇。

枚、飢韻。肄、棄韻。燬、邇韻。

《序》曰：道化行也。文王之化行乎汝墳之國，婦人能閔其君子，猶勉之以正也。

遵，循也。汝，水名，出汝州魯山東，南至蔡州褒信縣入淮。《詩地理考》。墳，大防也。枝曰條，幹曰枚。《傳》。夫者，婦之質幹。伐其條而及其幹，以興思君子也。惄，憂思也。調，同輖，重也。朱《注》。肄，餘也。斬而復生曰肄，以興君子出而復歸也。赬，赤也。魚勞則尾赤，以興君子勞苦而容悴也。燬，火也。言紂之酷暴也。《傳》《箋》。父母謂文王言，雖勞於暴主，而文王仁德甚近，無所怨也。蓋爲文王三分天下有二以服事殷之時云。

《汝墳》三章，章四句。

麟之趾，振振公子。于嗟麟兮。
麟之定，振振公姓。于嗟麟兮。
麟之角，振振公族。于嗟麟兮。

趾、子韻。定、姓韻。角、族韻。"于嗟麟兮"作尾聲，三章相應，不入上韻，歌詩之一體也。後仿此甚多。

《序》曰：《關雎》之應也。《關雎》之化行則天下無犯非禮。雖衰世之公子皆信厚如《麟趾》之時也。

《疏》曰：《關雎》化行二句總承以上諸篇。衰世者，文王與紂之時也。

趾，足也。麟信而應禮，以足至者也。振振，信厚也。《傳》。于嗟，歎詞。言古者黄帝堯舜之時，麟趾來郭。今則衰亂之世矣，而我周之公子振振然信厚。吁嗟乎，此即祥仁之麟乎。定，額也。公姓，公孫也。姓之爲言，生也。朱《注》。麟一角，角端有肉。《疏》。公族，五服之内也。朱《注》。言周室子孫族人之皆仁賢，即帝王興起之瑞應，故累歎而深美之。

《麟之趾》三章，章三句。

《周南》之國十一篇，三十四章，百五十九句。

召南第二

維鵲有巢，維鳩居之。之子于歸，百兩御之。
維鵲有巢，維鳩方之。之子于歸，百兩將之。
維鵲有巢，維鳩盈之。之子于歸，百兩成之。

居、御韻。方、將韻。盈、成韻。

《序》曰：夫人之德也。國君積行累功以致爵位，夫人起家而居有之，德如鳲鳩乃可以配焉。

鳩，鳲鳩，布穀也。鳲鳩不自爲巢，居鵲之成巢，興夫人來歸居君子之室也。御，同迓，迎也。諸侯之女嫁於諸侯，送御皆百乘。方，有之也。將，送也。成之，成其禮也。按鳲鳩飼子，旦從上下，暮從下上，均平如一。故《序》曰："德如鳲鳩。"

《鵲巢》三章，章四句。

于以采蘩，于沼于沚。于以用之，公侯之事。
于以采蘩，于澗之中。于以用之，公侯之宫。
被之僮僮，夙夜在公。被之祁祁，薄言還歸。

沚、事韻。中、宫韻。僮、公韻。祁、歸韻。

《序》曰：夫人不失職也。夫人可以奉祭祀則不失職矣。

蘩，皤蒿也。沼，池。沚，渚。謂於其旁采之也。公侯夫人以豆薦蘩菹事，祭事也。山夾水曰澗，澗中謂於曲内，非水中也。宫，廟也。被，首飾也。即少牢之髲鬄也。僮僮，竦敬也。夙，早也。按《特牲》：夕陳鼎於門外，宗人升自西階視壺，濯及籩豆。即此所云夜也。又云：夙興，主婦親視饎，爨於西堂下。即此所云夙也。祁祁，舒遲也。去事有儀也。《傳》《箋》《疏》。

《采蘩》三章，章四句。

按：夫人，孔《疏》仍作后妃。但玩《序》文，《周南》言后妃，《召南》稱夫人，明分爲二。故《關雎》《序》曰："《關雎》《麟趾》之化，王者之風也。《鵲巢》《騶虞》之德，諸侯之風也。"朱《注》以爲美南國夫人，得之。

喓喓草蟲，趯趯阜螽。未見君子，憂心忡忡。亦既見止，亦既覯止，我心則降。
陟彼南山，言采其蕨。未見君子，憂心惙惙。亦既見止，亦既覯止，我心則説。
陟彼南山，言采其薇。未見君子，我心傷悲。亦既見止，亦既覯止，我心則夷。
趯，託歷反。

螽、忡、降韻。蕨、惙、説韻。薇、悲、夷韻。

《序》曰：大夫妻能以禮自防也。

喓喓，聲也。草蟲，常羊也。趯趯，躍也。阜螽，蠜也。草蟲鳴，阜螽躍而從之，异種同類，興男女嘉時以禮相求也。忡忡，猶衝衝也。未見，謂于歸在塗時也。忡忡，恐不當君子也。覯，遇也。心降下者，見君子遇己以禮，庶可以寧父母也。南山，周南山也。陟山而采蕨薇之菜，興歸夫家而欲見禮也。傷悲，恐貽父母罹也。《傳》《箋》。

《草蟲》三章，章七句。

此詩何其敬以畏也！蓋古禮娶婦三月廟見或祭行然後成婦，故嫁女者必留其車馬於夫家,若不得當則乘以歸。至三月則夫婦之情既固而後夫家反馬焉。所以重男輕女,扶陽抑陰,禮主嚴也。故《序》曰:"大夫妻能以禮自防也。"

于以采蘋,南澗之濱。于以采藻,于彼行潦。
于以盛之,維筐及筥。于以湘之,維錡及釜。
于以奠之,宗室牖下。誰其尸之,有齊季女。

蘋、濱韻。藻、潦韻。筥、釜韻。下、女韻。

《序》曰:大夫妻能循法度也。能循法度則可以承先祖共祭祀矣。

蘋,大萍也。濱,厓也。藻,聚藻也。行潦,流潦也。《昏義》云:"古者婦人先嫁三月,祖廟未毁,教於公宫,祖廟既毁,教於宗室。教以婦德婦言婦容婦功。教成之祭,牲用魚,芼用蘋藻,所以成婦順也。"祭,祭女所出祖也。蘋之言,賓也。藻之言,澡也。婦人之行尚柔順,自潔清,故取名以爲戒。方曰筐,圓曰筥。湘,烹也。錡,釜屬,有足曰錡,無足曰釜。奠,置也。宗室,太宗之廟也。祭事主婦設羹。教成之祭,使季女者教成其婦禮也。牖下,户牖閒之前。祭不於室中者,凡昏事於女禮設几筵於户外,取外成之義也。《傳》《箋》。

《采蘋》三章,章四句。

教成之祭,祭之地爲大宗之廟,主羹之人爲將嫁之女。蓋先王閑家正内,端之始基,著之風咏,有如此其慎者。朱子乃不考,誤認大夫妻爲已嫁之妻。能奉祭祀則婦也,而尚稱季女也與哉。

蔽芾甘棠,勿翦勿伐,召伯所茇。
蔽芾甘棠,勿剪勿敗,召伯所憩。
蔽芾甘棠,勿翦勿拜,召伯所説。

伐、茇韻。敗、憩韻。拜、説韻。

《序》曰:美召伯也。召伯之教明於南國。

蔽芾,小貌。甘棠,杜也。翦,去。伐,擊。茇,草舍也。憩,息也。説,同税,舍也。《傳》。拜,屈也。朱《注》。召伯行政南土,聽男女之訟於甘棠之下,故人思其德而愛其樹也。《説苑》。

《甘棠》三章,章三句。

厭浥行露，豈不夙夜，謂行多露。

誰謂雀無角，何以穿我屋？誰謂女無家，何以速我獄？雖速我獄，室家不足。

誰謂鼠無牙，何以穿我墉？誰謂女無家，何以速我訟？雖速我訟，亦不女從。

露、夜、露韻。屋、獄、足韻。墉、訟、從韻。

《序》曰：召伯聽訟也。衰亂之俗微，貞信之教興，彊暴之男不能侵淩貞女也。

厭浥，濕意。行，道也。夙夜，早夜而行也。速，召也。首章專興也。多露之不可沾，興彊暴之不可染也。二三章興而賦也。雀鼠穿屋墉而實無角牙，興彊暴搆訟而實無求爲室家之禮也。惲皋聞曰："'室家不足'，具兩造之辭也。'亦不女從'，美召伯之明也。言召伯不之從也。"

《行露》三章，一章三句，二章章六句。

羔羊之皮，素絲五紽。退食自公，委蛇委蛇。

羔羊之革，素絲五緎。委蛇委蛇，自公退食。

羔羊之縫，素絲五總。委蛇委蛇，退食自公。紽，或作他。

皮、紽、蛇韻。革、緎、食韻。縫、總、公韻。

《序》曰：《鵲巢》之功致也。召南之國，化文王之政，在位皆節儉正直，德如羔羊也。

《箋》曰：《鵲巢》之君，積行累功，以致此羔羊之化。《正義》曰：《宗伯注》云：羔取其群而不失其類。《士相見注》云：羔取其群而不黨。《公羊傳》何休云：羔取其贄之不鳴，殺之不號，乳必跪而受之，死義生禮者，此羔羊之德也。

羔裘，大夫朝服也。退食自公，自公朝退出而食也。《疏》。委蛇，自得貌。正直故無愧而自得也。羔裘之合爲總，其界爲緎，其別爲紽。皋聞説。皆縫之名也。《傳》曰："古者素絲以英裘。"即《雜記注》紃施諸縫，若今之絛，謂以素絲爲組而施於縫中，但有五縫飾之言，不盡飾也。

《羔羊》三章，章四句。

惲皋聞曰："《左傳》襄七年穆叔論衛孫林父曰，'孫子必亡。爲臣而君，過而不悛，亡之本也。'《詩》曰：'退食自公，委蛇委蛇。'謂從者也。衡而委蛇，必折可見。委蛇氣象，不可妄爲，蓋驕泰之分也。"

殷其靁，在南山之陽。何斯違斯，莫敢或遑。振振君子，歸哉歸哉。

殷其靁，在南山之側。何斯違斯，莫敢遑息。振振君子，歸哉歸哉。

殷其靁，在南山之下。何斯違斯，莫或遑處。振振君子，歸哉歸哉。

陽、遑韻。側、息韻。下、處韻。歸哉歸哉，三章作尾聲相應，爲韻與《麟趾》篇同。

《序》曰：召南之大夫遠行從政，不遑寧處，其室家能閔其勤勞，勸以義也。

殷，雷聲。山南曰陽。斯，此也。遑，暇也。何斯違斯，言何爲適此又轉去此，行役無休暇也。以雷尚有所在，反興君子無定在也。歸哉歸哉，勸以爲臣之義，未得歸也。《箋》《疏》。

《殷其靁》三章，章六句。

摽有梅，其實七兮。求我庶士，迨其吉兮。

摽有梅，其實三兮。求我庶士，迨其今兮。

摽有梅，頃筐塈之。求我庶士，迨其謂之。

七、吉韻。三、今韻。塈、謂韻。

《序》曰：男女及時也。召南之國被文王之化，男女得以及時也。

此詩人言歸女之宜急，而亦曰被文王之化者，蓋女大不嫁只生口，正王化所禁也。

摽，落也。梅，似杏實酢。古者以梅實薦饋食之籩，所謂乾蘨是也。庶士，未定誰何之辭也。迨，及也。吉，善時也，謂冰泮以前也。塈，同曁，及也。頃筐及之，是落盡也。呂氏説。謂之，約爲昏也。以梅之落興女色之衰。三十之男，二十之女，禮未備，則不待禮，會而行之，所以蕃育人民也。《傳》。

《摽有梅》三章，章四句。

此詩人言男女當及時也。或曰父母擇壻之辭，亦通。若朱《注》謂女子自言，惲皋聞曰："以在家之女，而求衆多之男，不可訓矣。"

嘒彼小星，三五在東。肅肅宵征，夙夜在公。寔命不同。

嘒彼小星，維參與昴。肅肅宵征，抱衾與裯。寔命不猶。嘒，呼惠反。

東、公、同韻。昴、裯、猶韻。

《序》曰：惠及下也。夫人無妬忌之行，惠及賤妾，进御於君，知其命有貴賤，能盡其心矣。

《箋》曰：以色曰妒，以行曰忌。《内則注》云："諸侯娶九女，姪娣兩兩而御，則三日也。次兩媵，則四日也。次夫人專夕。五日而遍。"

嘒，微貌。小星見三五，或參昴獨見，皆初昏與將旦時也。蓋妾御不敢當夕，見星而往，見星而還，故所見若此。朱《注》。肅肅，疾貌。宵，夜。征，行。或早或夜在於君所，乃禮命之數，不同於夫人，所謂禮在則然也。裯，帳也。《正義》曰：夫人專夕，不須帳。妾二人共侍，有須在帳者。

《小星》二章，章五句。

江有汜，之子歸，不我以。不我以，其後也悔。

江有渚，之子歸，不我與。不我與，其後也處。

江有沱，之子歸，不我過。不我過，其嘯也歌。

汜、以、悔韻。渚、與、處韻。沱、過、歌韻。

《序》曰：美媵也。勤而無怨，嫡能悔過也。文王之時，江沱之閒有嫡不以其媵備數，媵遇勞而無怨也，嫡亦自悔也。

惲皋聞曰："以江喻嫡，以汜自喻，其恭順不怨，可見矣。故詩人述其辭以美之。"

决復入爲汜。以江大汜小而并流興嫡媵宜并行也。之子指嫡也。婦人謂嫁曰歸。以，猶與也。渚，小洲也。水歧成渚處，處媵以禮也。沱，江之别者。《傳》。不我過，不使我過而相見也。嘯，蹙口出聲。悔，時也。及有以處媵，則心樂而歌矣。

《江有汜》三章，章五句。

野有死麕，白茅包之。有女懷春，吉士誘之。

林有樸樕，野有死鹿。白茅純束，有女如玉。

舒而脱脱兮，無感我帨兮，無使尨也吠。麕，亦作麏。尨，美邦反。

包、誘韻。樕、鹿、束、玉韻。帨、吠韻。

《序》曰：惡無禮也。天下大亂，彊暴相陵，遂成淫風。被文王之化，雖當亂世，猶惡無禮也。

郊外曰野。言樸樕麕鹿猶束包以白茅，豈求婚姻之好而乃以無禮也。反興也。純，讀如屯，聚也。如玉，德如玉也。謂堅而潔白也。《傳》《箋》。懷春者，感春光之明媚，偶出户以觀玩，遂遇吉士之嘲。正與漢有游女致人欣羡相似。而不知女德如玉，豈可干哉！吉士,謂儀容溫善也。夫吉士誘而不可犯,則眞貞矣。舒,戒以安重也。脱脱,去也。斥以當遠去也。此如玉者峻拒之而退入於居内也。故曰無感帨驚犬。《傳》曰:感,動也。帨,佩巾也。《箋》曰:奔走失節,動其佩飾。言勿前來使我急避而摇動佩巾也,以致犬驚而吠也。蓋當時有此事而詩人寫之,情景如畫。

《野有死麕》三章,二章章四句,一章三句。

朱《注》,懷春,謂當春有懷,是處女思夫矣。舒而脱脱,謂汝姑徐徐而來,是誨淫矣。何以入於二《南》而爲正風歟?

惲皋聞曰:"《左傳》襄八年,范宣子來聘。告將用師於鄭。公享之。宣子賦《摽有梅》。季武子曰:'誰敢哉。譬之草木,寡君在君君之臭味也。歡以承命,何時之有?'蓋宣子諷以及時相應,而季孫敬答之也。昭元年,子皮賦《野有死麕》之末章,趙孟賦《棠棣》,且曰:'吾兄弟比以安,尨也可使無吠。'蓋子皮自陳不爲楚誘,而趙文子答之謂兄弟共濟,楚不能吠也。學《詩》之能言專對如此。"

何彼襛矣,唐棣之華。曷不肅雝,王姬之車。
何彼襛矣,華如桃李。平王之孫,齊侯之子。
其釣維何,維絲伊緡。齊侯之子,平王之孫。

華、車韻。李、子韻。緡、孫韻。

《序》曰:美王姬也。雖則王姬,亦下嫁於諸侯,車服不繫其夫,下王后一等,猶執婦道,以成肅雝之德也。

襛,盛也。朱《注》。唐棣,移也。曷,何通。肅,敬。雝,和。周王之女姬姓,故曰王姬。以移之華,興王姬顔色之美。而始乘車,即見其敬和也。平,正也。德能平天下,謂文王也。《傳》《箋》。猶《書》之稱文王爲寧王也。蓋文王孫武王女也。以桃李并華,興男女顔色之俱盛也。《箋》。一代振興,鍾靈士女。顔色如花,既和且敬。非文王大公之正盛歟?緡,綸也。《傳》。絲之合而爲綸,興男女之合而爲婚也。朱《注》。

《何彼襛矣》三章,章四句。

彼茁者葭,壹發五豝。于嗟乎騶虞。
彼茁者蓬,壹發五豵。于嗟乎騶虞。

葭、豝韻。蓬、豵韻。《騶虞》二章,末自爲韻,與《麟趾》同。

《序》曰:《鹊巢》之應也。《鵲巢》之化行,人倫既正,朝廷既治,天下純被文王之化,則庶類蕃殖。蒐田以時,仁如騶虞,則王道成也。

茁,出也。豕牝曰豝。《傳》。豕生三曰豵。《爾雅》。壹发五豝,倒文也。言五豝而一發也。當葭出時,而南國諸侯田獵。朱《注》。虞人驅五豝五豵以待射,欲不盡殺也。而侯止一發,則不盡殺矣。皆仁也。《傳》《箋》。騶虞,囿之司獸之官,賈子《新書》。即虞人也。于嗟乎,美之也。美騶虞即美諸侯也。葭蓬之皆茁,豝豵之皆五,庶類蕃殖,亦可見矣。

《騶虞》二章,章三句。

費此度曰:"《騶虞》,篇名也。朱《注》於虞字两章兩叶,將此篇何名耶?"

《召南》之國十四篇,四十章,百七十七句。

詩經傳注·卷二

邶　第　三

鄭《譜》曰:邶、鄘、衛者,商紂畿内方千里之地,在冀州大行之東。自紂城而北,謂之邶,南謂之鄘,東謂之衛。

惲皋聞曰:"《國風》之始二《南》,以王化所基也,宜。繼《王風》而次《邶》、《鄘》、《衛》,何也? 曰:風以察土俗驗民情也。周承殷之弊而更化之。邶、鄘、衛者,殷之故墟也。故特先之。《風》有十五國,而二《南》之外,王爲畿内,《豳》本周公之詩,而邶、鄘即衛,檜即鄭,魏、唐皆晋,實七國耳。皆中原禮樂之邦,聲名所著,故有風可采而隸於樂官。季札請觀周樂而工歌十五國之《風》,蓋樂部班列本如是也。衛之兼邶、鄘也,不知何時。乃季子合而論之曰:'吾聞衛康叔、武公之德如是,是其衛風乎?'則習而傳之者久矣。蓋邶、鄘國亡而樂部之班仍在衛,既并其地,而詩又獨多,故分列焉也。"

《樂記》曰:"商者,五帝之遺聲也。商人識之,故謂之商。齊者,三代之遺聲也。齊人識之,故謂之齊。"夫遺聲者,歌聲也。識之者,記而歌之也。而即以記而歌之之人之地爲名矣。則同一衛詩,而邶地人歌之,採風者遇之,遂係之邶。鄘地人歌之,採風者遇之,遂係之鄘。正此義也。魏、唐、鄭、檜亦然。

汎彼柏舟,亦汎其流。耿耿不寐,如有隱憂。微我無酒,以敖以遊。
我心匪鑒,不可以茹。亦有兄弟,不可以據。薄言往愬,逢彼之怒。
我心匪石,不可轉也。我心匪席,不可卷也。威儀棣棣,不可選也。
憂心悄悄,慍於群小。覯閔既多,受侮不少。静言思之,寤辟有摽。
日居月諸,胡迭而微。心之憂矣,如匪澣衣。静言思之,不能奮飛。

流、憂、遊韻。茹、據、怒韻。轉、卷、選韻。小、少、摽韻。微、衣、飛韻。

《序》曰：言仁而不遇也。衛頃公之時，仁人不遇，小人在側。

首章統言其憂也。《箋》云：以柏舟不用而泛泛水中，興仁人不遇也。耿耿，猶儆儆也。隱，痛也。言如有疾痛之憂也。微，非也。二章言以不遇之故。而同朝之臣素親厚如兄弟者，亦變其心而怒我也。匪鑒二句言鑒能照人，而我心匪鑒，不能度人，以起下之不可據。嘆衰世之人情難度也。《傳》曰：茹，度也。三章言身有正操也。不可轉，不變也。不可卷，不曲也。有威而可畏謂之威。有儀而可象謂之儀。棣棣，富而閑習也。選，數也。言接君臣上下父子兄弟内外大小各有威儀，不可具數也。《左傳》《新書》。四章言群小之來侮也。閔，病也。辟，拊心也。摽，拊心貌。《傳》。末章嘆小人擅權，君弱臣强，迭爲屈伸。此周室將變而爲春秋之漸也。故曰此憂非酒與遊之可解也。居、諸，語助辭。《疏》。

《柏舟》五章，章六句。

朱子曰：《序》不知其時者，必强以爲某时，不知其人者，必强以爲某人，鑿空妄語，以誑後學。如《柏舟》，不知其出於婦人而以爲男子，不知其不得於夫而以爲不遇於君，斷然以爲衛頃公之時，則其故爲欺罔以誤後人之罪不可揜矣。又曰：其爲説必使《詩》無一篇不爲美刺時君國政而作，固已不切於性情之自然。而或《書》《傳》所載，時無賢君，則雖辭之美者亦例以爲陳古而刺今，是其輕躁險薄，尤有害於溫柔敦厚之教也。

愚按：朱子亦謂《序》或言孔子或言子夏，皆不可考。而鄭康成以爲諸《序》本合一編，毛公始分以置諸篇之首。則毛公之前其傳已久。夫曰傳之已久，則學《禮》學《詩》必孔門弟子所流傳矣。而乃痛詆力斥，何也？且朱子不生於秦漢之前，何由見其不知人而强曰某人，不知時而强曰某時也。而遂詈之以欺妄誑人也乎。如《柏舟》之詩，朱子所據者，《列女傳》也。夫《序》傳之已久者，不可信，而《列女傳》出於後人者，乃足信乎？况其辭曰："微我無酒，以敖以遊。"又曰："不能奮飛。"夫欲奮飛欲飲酒而敖遊，豈婦人之事之言乎？乃强坐曰其辭卑順柔弱，疑莊姜所作。則請再讀之，心堅逾石，心直勝席，威儀肆應，無一不善，是爲卑順柔弱之辭乎？且曰：故爲欺罔以誤後人。則請問朱子，《木瓜》之易報德以姦私，《鵲巢》之易迎婦以嫁女，《風雨》《子衿》之易君子學校以淫奔，諸如此者，不可更僕，皆有所本乎？何所據乎？不更蹈於欺妄誑人也哉？孔子曰，《詩》"可以觀"，"可以怨"。太史公曰，"《小雅》怨誹而不亂"。則刺時君，明國政，援古正今，正《孟子》所謂"王者之迹"也。《小弁》之怨，親親也，詩之道也。乃詆之曰非性情之自然。輕躁險薄，則必如岳柯之言曰："今儒者置君父之大讎於不問，而徒講正心誠意，吾不知其所爲正心誠意者安在也。"是爲得性情之自然矣。是爲膜置坐忘而不輕躁險薄矣。

朱子於《柏舟》，既以爲婦人之詩矣。而注《孟子》又宗《序》文，謂"衛之仁人見愠群小”。於《青衿》既以爲淫奔矣，而《白鹿洞賦》又宗《序》文曰“廣青衿之疑問”。是見且未確，一口兩舌，而乃勝氣狠辭痛罵古人，是何意哉！

绿兮衣兮，绿衣黄裏。心之憂矣，曷維其已。

绿兮衣兮，绿衣黄裳。心之憂矣，曷維其亡。

绿兮絲兮，女所治兮。我思古人，俾無訧兮。

絺兮綌兮，凄其以風。我思古人，實獲我心。訧或作尤。

裏、已韻。裳、亡韻。治、訧韻。風、心韻。兩界之通也。

《序》曰：衛莊姜傷己也。妾上僭，夫人失位，而作是詩也。《疏》曰：序作詩之由，不必即其人自作也。

首二章以閒色爲衣，正色爲裏爲裳，《傳》。興庶反尊而嫡反卑也。亡，忘也。《箋》。三章言绿衣之絲爲女工所治，以興庶之媚艷也。末章言葛衣而禦寒風，以興嫡之失時也。思古人而使無過獲我心者，蓋求其善處拂逆之道也。朱《注》。《禮》：王后六服，皆以素紗爲裏。

《绿衣》四章，章四句。

燕燕于飛，差池其羽。之子于歸，遠送于野。瞻望弗及，泣涕如雨。

燕燕于飛，頡之頏之。之子于歸，遠于將之。瞻望弗及，佇立以泣。

燕燕于飛，下上其音。之子于歸，遠送于南。瞻望弗及，實勞我心。

仲氏任只，其心塞淵。終温且惠，淑慎其身。先君之思，以勗寡人。差，楚佳反，又楚宜反。

羽、野、雨韻。頏、將韻。及、泣韻。音、南、心韻。淵、身、人韻。

《序》曰：衛莊姜送歸妾也。

《箋》曰：莊姜無子，陳女戴嬀生子完，莊姜以爲己子。莊公薨，完立。而嬖人之子州吁弑之。戴嬀於是大歸。莊姜遠送之於野，作詩見己志。

《傳》《箋》曰：燕燕，鳦也。差池其羽興戴嬀將歸顧視其衣服也。飛而上曰頡，飛而下曰頏，興出入前却也。下上其音，興言語感激也。送于南者，陳在衛南也。只，語辭。塞，實。淵，深。惠，順。寡人，莊姜自謂也。惲皋聞曰：“仲氏任只，任者能勝其任也。戴嬀之歸陳，莊姜之深謀也。故曰‘實勞我心’。戴嬀在陳而石碏之事得以行矣。按《春秋》，州吁行弑在隱公四年春二月，而此詩姜送戴嬀當燕飛之時，則周正四月之後也。至九月，陳人即執州吁，不動聲色而弑逆伏辜。内有純臣，外有貞婦，宜其謀之易就也。此莊姜所以嘆其能任大事也。塞淵溫惠淑慎，戴嬀殆智深勇沉之人哉。姜之劳心爲不虚矣。”又曰：“或曰：‘是年春秋陳侯再同衛人伐鄭矣，是戴嬀既歸之後也。何陳、衛之甚睦也！’曰：‘此正嬀之善謀也。不示之睦，則石碏之言何以入，而州吁肯遂至陳乎？非嬀之豫謀，則石碏一言，陳侯何以方睦而忽聽之乎？任莫大乎是。’”

《燕燕》四章，章六句。

日居月諸，照臨下土。乃如之人兮，逝不古處。胡能有定，寧不我顧。
日居月諸，下土是冒。乃如之人兮，逝不相好。胡能有定，寧不我報。
日居月諸，出自東方。乃如之人兮，德音無良。胡能有定，俾也可忘。
日居月諸，東方自出。父兮母兮，畜我不卒。胡能有定，報我不述。

土、處、顧韻。冒、好、報韻。方、良、忘韻。出、卒、述韻。

《序》曰：莊姜傷己也。遭州吁之難，傷己不見答於先君，以至困窮之詩也。

日月興國君与夫人同曜齊明而照臨下土也。《箋》《疏》。逝，及也。《傳》《疏》。所以接及者不以古道相處也。胡能有定，言其凡事無定主也。出東方者，日始月盛皆出東方也。《傳》。俾也可忘，言何爲使我爲可忘也。養我不終，痛極而呼父母也。朱《注》。不述，不循禮也。《箋》。

《日月》四章，章六句。

終風且暴，顧我則笑。謔浪笑敖，中心是悼。
終風且霾，惠然肯來。莫往莫來，悠悠我思。
終風且曀，不日有曀。寤言不寐，願言則嚏。
曀曀其陰，虺虺其靁。寤言不寐，願言則懷。

暴、笑、敖、悼韻。霾、來、思韻。曀、嚏韻。靁、懷韻。

《序》曰：莊姜傷己也。遭州吁之暴，見侮慢不能正也。

終風，終日風也。且暴，興州吁之狂妄且好勇喜兵也。浪，放浪也。敖，不敬也。言其無子道也。霾，雨土也。忽來不來，亦謔浪笑敖之狀也。《傳》。思，思何以處之也。曀，陰也，不見日光矣。而又加以陰雲，喻州吁之闇甚也。《傳》《箋》。願，思及也。嚏，《毛傳》曰：

跆也。言願以母道往加之,則嚏跆而不行也。虺虺,震雷聲。懷,傷也。《傳》。

《終風》四章,章四句。

擊鼓其鏜,踊躍用兵。土國城漕,我獨南行。
從孫子仲,平陳與宋。不我以歸,憂心有忡。
爰居爰處,爰喪其馬。于以求之,于林之下。
死生契闊,與子成説。執子之手,與子偕老。
于嗟闊兮,不我活兮。于嗟洵兮,不我信兮。

兵、行韻。宋、忡韻。馬、下韻。闊、説韻。手、老韻。闊、活韻。洵、信韻。

《序》曰:怨州吁也。衛州吁用兵暴亂,使公孫文仲將而平陳與宋。國人怨其勇而無禮也。

按:《春秋》隱四年,宋殤公之即位也,公子馮出奔鄭。鄭人欲納之。及衛州吁立,將修先君之怨於鄭,而求寵於諸侯,以和其民。使告於宋曰:"君若伐鄭,以除君害,君爲主,敝邑以賦與陳、蔡從,則衛國之願也。"宋人許之。於是陳、蔡方睦於衛。故宋公陳侯蔡人衛人伐鄭。《箋》曰:平,成也。先告陳與宋,以成其伐事。

鏜,擊鼓聲也。《傳》。踊躍,學坐作擊刺之法也。用兵,治兵也。土國,役土功於國。漕,衛邑名。《傳》《箋》。南行,伐鄭也。孫子仲,即公孫文仲也。文,謚,仲,字也。《傳》《疏》。爰,於也。《箋》。曰"居",曰"處",曰"喪其馬",見其失伍離次,無鬭志也。朱《注》。契闊,勤苦也。子者,同行相謂之辭也。《傳》《箋》。成,説者竊竊結約也。偕老者,約其免難而共老也。《箋》。闊,即契闊也。"不我活","不我伸",言不得生還偕老以伸其志也。洵,信也。言果不我以歸也。夫州吁夏伐鄭,圍其東門五日而還,秋伐鄭,敗鄭徒兵取其禾而還,未必不我以歸也。然篡位纔七八月而即兩次伐鄭,《傳》所謂"阻兵安忍",《序》所谓"用兵暴亂"可見矣。宜國人怨之而甚其辭也。

《擊鼓》五章,章四句。

凱風自南,吹彼棘心。棘心夭夭,母氏劬勞。
凱風自南,吹彼棘薪。母氏聖善,我無令人。
爰有寒泉,在浚之下。有子七人,母氏勞苦。
睍睆黄鳥,載好其音。有子七人,莫慰母心。

南、心韻。夭、勞韻。薪、人韻。下、苦韻。音、心韻。

《序》曰:美孝子也。衛之淫風流行,雖有七子之母猶不能安其室,故美七子能盡其孝道以慰其母心而成其志爾。

《疏》曰:安母之心,母遂不嫁,是成孝子自責之志也。

通篇皆體孝子自責之意也。凱,樂也。凱風,南風也。夭夭,少好貌。棘心,稚棘也。朱《注》。以長養之風吹棘心,興寬仁之母養七子也。《箋》。棘薪,成就可薪也。成薪則非棟梁可知,以興子之無令人也。浚泉寒冽,以興母之勞苦也。睍睆,黄鳥之目容也。鳥猶能好其容音,反興七子之不能慰母也。母心摇矣,而尊之曰"聖善",原之曰"劬勞"、"勞苦",自責曰"無令人"、"莫慰母心",母亦辭不得伸而心可强止矣。七子者誠孝矣。

《凱風》四章,章四句。

雄雉于飛,泄泄其羽。我之懷矣,自詒伊阻。
雄雉于飛,下上其音。展矣君子,實勞我心。
瞻彼日月,悠悠我思。道之云遠,曷云能來。
百爾君子,不知德行。不忮不求,何用不臧。

羽、阻韻。音、心韻。思、來韻。行、臧韻。

《序》曰:刺衛宣公也。淫乱不恤國事,軍旅數起,大夫久役,男女怨曠,國人患之而作是詩。

《箋》《疏》曰:首二章,男曠之辭也。雄雉見雌飛而鼓其翼泄泄然,興宣公整其衣服而志在婦人也。我乃懷安其朝而不去,則今軍旅久役,是自遺艱阻也。伊,維也。语助也。下上其音興宣公小大其聲怡悦婦人也。君子指宣公也。君誠如是矣,予心能無憂勞乎。再傳而爲狄滅,宣淫之禍也。末二章,女怨之辭也。悠悠,長也。言日月迭更而遠道不能歸也。百爾君子,指朝臣也。言豈其不知德行乎,我夫不忮害,不貪求,其德行何爲而不善,而使之遠苦於外也。

《雄雉》四章,章四句。

匏有苦葉,濟有深涉。深則厲,淺則揭。
有瀰濟盈,有鷕雉鳴。濟盈不濡軌,雉鳴求其牡。
雝雝鳴鴈,旭日始旦。士如歸妻,迨冰未泮。
招招舟子,人涉卬否。人涉卬否,卬須我友。瀰,彌爾反。鷕,以小反。

葉、涉韻。厲、揭韻。盈、鳴韻。軌、牡韻。旦、泮韻。否、友韻。

《序》曰：刺衛宣公也。公與夫人并爲淫亂。

按：《史記》稱宣姜爲正夫人，蓋謂宣姜本非夫人而正其位爲夫人也。此夫人當即指宣姜耳。

首章言禮義不可犯也。《傳》《疏》曰：匏有苦葉不可食，濟有深涉不可渡，興禮有禁法不可越也。水深則濡褌涉水，水淺則褰衣而過，興事當酌其宜也。此即上深涉而轉一義，興而又興也。陸璣曰："匏葉少時可爲羹，至八月葉即苦。"二章刺其淫亂也。《傳》曰：瀰，深水也。盈，滿也。鷕，雌雉聲也。衛夫人有淫佚之志，授人以色，假人以辭，使宣公有淫昏之行也。軌，車軸也。《字彙》。飛曰雌雄，走曰牝牡，蓋有瀰濟盈興狂念之發也，有鷕雉鷕興淫佚之狀也。濟盈不濡軌，興邪妄而自以爲無妨也。雉鳴求其牡，興淫奔之非其匹也。此以兩物興而引伸再興，又一體也。三章則以正禮告之，末章則以正義示之也。雝雝，鴈聲。昏禮納采問名，納吉請期，皆贄用鴈而時用昕。冰未泮，娶妻時也。此正禮也。曷不遵之而苟且爲。招招，手招也。卬，我也。《傳》。須我友者，待正配也。以興男女即先有淫佚而招者而不可從之也。此正義也。《小雅》曰："垂带而厲。"是厲者帶垂之貌也。濡褌繫於帶上，故亦曰厲，水碕及帶亦称厲。衛詩"在彼其厲"是也。《詩札》。

《匏有苦葉》四章，章四句。

習習谷風，以陰以雨。黽勉同心，不宜有怒。采葑采菲，無以下體。德音莫違，及爾同死。

行道遲遲，中心有違。不遠伊邇，薄送我畿。谁謂荼苦，其甘如薺。宴爾新昏，如兄如弟。

涇以渭濁，湜湜其沚。宴爾新昏，不我屑以。毋逝我梁，毋發我笱。我躬不閲，遑恤我後。

就其深矣，方之舟之。就其淺矣，泳之游之。何有何亡，黽勉求之。凡民有喪，匍匐救之。

不我能慉，反以我爲讎。既阻我德，賈用不售。昔育恐育鞫，及爾顛覆。既生既育，比予于毒。

我有旨蓄，亦以御冬。宴爾新昏，以我御窮。有洸有潰，既詒我肄。不念昔者，伊余來塈。

雨、怒韻。體、死韻。違、畿韻。薺、弟韻。沚、以韻。笱、後韻。舟、游、求、救韻。讎、售韻。覆、毒韻。冬、窮韻。肄、塈韻。

《序》曰:刺夫婦失道也。衛人化其上淫於新昏而棄其舊室,夫婦離絶,國俗傷敗焉。

習習,重至也。《爾雅》曰:"東風謂之谷風。"以陰陽和而雨至興夫婦和而室家成也。黽蛙屬,其行勉强自力,故借曰黽勉。葑,《毛傳》曰:須也,菘芥之類也。菲,《爾雅》曰:芴也,葍類也。上下皆可食,而其根有時而美惡,采之者不可以根惡時并棄其葉,興夫婦以德合,不可以顔色衰時并棄其德也。《箋》。但德音不違,則可以同老矣。"行道"二句,婦見棄而不忍去也。"不遠"二句,言夫之薄惡也。畿,門内也。《傳》。誰謂二句,言心誠憐白髮玄也,故甘之如兄如弟也。《寫官記》。涇水出安定郡涇陽縣西笄頭山東南,至今京兆府高陵縣入渭。渭水出隴西郡首陽縣西南鳥鼠山西北南谷山東,至今華州華陰縣入河。《詩地理考》。潘岳《西征賦》云"清渭濁涇。"然涇既入渭,反以渭爲濁。而謂流之沚不有湜湜者可證乎。小渚曰沚。《箋》。湜湜,水清見底也。《説文》。興新婦入反謂舊室不潔,舊室豈不潔哉!宴爾新昏,故不以我爲潔而用之耳。屑,潔也。《傳》。梁,魚梁。笱,所以捕魚也。閲,容也。《傳》。"我躬"二句,言身已不容,尚何暇憂我以後之事而禁之也。"就其"四句,興於夫之家事隨其深淺而皆盡力以圖之也。匍匐,如小兒之手足并行也。言不惟治家勤勞,而且周恤親隣也。慉,養也。"賈用"句興修婦道之不見察也。鞫,窮也。《傳》。爾,指夫也。比予毒者,視我如毒螫不可嚮邇也。旨畜之禦冬月,興舊室之禦窮乏至有時則棄之也。洸,武也。潰,怒也。《傳》。即前有怒也。詒肄,遺我以勞苦也。塈,息也。《傳》。言始來歸之時,曾安息我,而今獨不念耶。

《谷風》六章,章八句。

式微式微,胡不歸?微君之故,胡爲乎中露!
式微式微,胡不歸?微君之躬,胡爲乎泥中!

微、歸韻。故、露韻。躬、中韻。

《序》曰:黎侯寓於衛,其臣勸以歸也。

式,發聲。《箋》。式微式微,微乎微者也。《爾雅》。言被逐既微矣,又見卑賤,是至微也。《疏》。中露、泥中,衛二邑名。黎侯所寓也。《傳》《箋》。《詩地理考》杜預云:"上黨壺關縣有黎亭。"《通典》曰:"古黎侯國,西伯戡黎即此。"《水經注》曰:"黎陽縣今濬滑之間。有黎侯城,昔黎侯寓於此。《詩》曰'泥中',疑此城也。"土地汙下,城居小阜。故鄭《箋》曰:"黎侯在衛西,其寓在衛東。"

《式微》二章,章四句。

旄丘之葛兮,何誕之節兮。叔兮伯兮,何多日也。

何其處也,必有與也。何其久也,必有以也。

狐裘蒙戎,匪車不東。叔兮伯兮,靡所與同。

瑣兮尾兮,流離之子。叔兮伯兮,褎如充耳。

葛、節、日韻。處、與、久、以韻。戎、東、同韻。尾、子、耳韻。

《序》曰:責衛伯也。狄人迫逐黎侯,黎侯寓於衛,衛不能修方伯連率之職,黎之臣子以責於衛也。

《箋》曰:衛康叔之封爵稱侯,今曰伯者,時爲州伯也。按狄人即赤狄潞氏之屬也。後魯宣公十五年,晋敗赤狄滅潞,立黎侯,蓋其地相密邇,故迫逐之。

前高後下曰旄邱。《傳》。今開州古蹟有旄丘。葛節誕而疎闊,興衛之不救卹也。叔、伯,呼衛臣也。二章承上"何多日也"而言"何其安處"而不救,意必有與国相俟耳。何其久而無信,意或有他故耳。朱《注》。三章則直責之矣。《玉藻》曰:"大夫狐青裘"。蒙戎,亂貌。《傳》。"匪車"三句,言我寓久裘敝,非求救之車不自東來也,但衛臣不與我患難相同耳。瑣,細。尾,末也。流離,漂散也。朱《注》。言我漂散若此之苦,而衛臣如以袖塞耳而無聞,奈之何。

《旄丘》四章,章四句。

簡兮簡兮,方將萬舞。日之方中,在前上處。

碩人俁俁,公庭萬舞。有力如虎,執轡如組。

左手執籥,右手秉翟。赫如渥赭,公言錫爵。

山有榛,隰有苓。云誰之思,西方美人。彼美人兮,西方之人兮。

舞、處韻。俁、舞、虎、組韻。籥、翟、爵韻。榛、苓、人韻。

《序》曰:刺不用賢也。衛之賢者仕於伶官,皆可以承事王者也。

《箋》曰:伶氏世掌樂官而善焉,故後世多號樂官爲伶官。《疏》曰:蓋爲樂正之屬,舞人也。

簡,大也。《傳》。即下文碩人也。萬舞,干羽之總名。在前,列上頭。方將,舞而待之也。俁俁,大貌。《傳》。執轡如組,言其舞之有力,即御馬亦如組也。轡,今之韁也。組,織組也,言柔也。御能使馬則轡柔如組也。朱《注》。執籥秉翟,文舞也。赫,赤貌。渥,厚漬也。赭,丹也。《傳》。錫爵,即《儀禮·燕飲》而獻工之禮也。三章歷敘賢人之卑賤失所也。榛，木名。下濕曰隰。苓，讀連，古蓮字。《字彙》。山隰有榛苓，興西方有美人也。美人指文武也。又言西方之人，嘆其遠而不得見也。朱《注》。慨當以慷矣。

《簡兮》四章，三章章四句，一章六句。

毖彼泉水，亦流于淇。有懷于衛，靡日不思。孌彼諸姬，聊與之謀。

出宿於泲，飲餞于禰。女子有行，遠父母兄弟。問我諸姑，遂及伯姊。

出宿于干，飲餞于言。載脂載舝，還車言邁。遄臻于衛，不瑕有害。

我思肥泉，茲之永歎。思須與漕，我心悠悠。駕言出遊，以寫我憂。孌，力轉反。泲，子禮反。

淇、思、謀韻。泲、禰、弟、姊韻。干、言韻。邁、害韻。害，即音曷，而曷之愒、餲等字，皆與邁去聲同韻，蓋借去聲字以爲入聲也。泉、歎韻。悠、憂韻。

《序》曰：衛女思歸也。嫁於諸侯，父母終思歸寧而不得，故作是詩以自見也。

《箋》曰：國君夫人父母在則歸寧，沒則使大夫寧於兄弟。

毖，泉始出之貌。泉水，即今衛州共城之百泉也。淇水出相州林慮縣東流，泉水自西北來注之。《呂氏》。以泉之注於淇，興女之懷於衛也。孌，好貌。諸姬，在衛未嫁之女也。聊，且畧之辭，言欲至衛與諸姬謀婦人之禮也。《箋》。泲、禰，皆地名。《傳》。所嫁國適衛之道所經也。言宿泲以適衛，而先飲餞於禰也。按泲地以水爲名，即濟也。《詩地理考》。餞者，《傳》曰："祖而舍軷飲酒於其側曰餞。"即聘禮出祖釋軷祭酒脯，乃飲酒於其側也。祖，始也。軷，山行之名也。委土爲山，或伏牲其上，使者爲軷祭酒脯祈告道路之神以爲行始，處者於是餞之，飲酒於其側，禮畢乘車轢之而行，象無險難也。"有行"二句，言嫁則遠親，故思之也。諸姑、伯姊，即諸姬也。父之姊妹稱姑。先生曰姊。《傳》。柏人縣有干山言山。《詩地理考》。脂，膏車。舝，設舝。瑕，過也。害，曷也。言疾至於衛亦不過差，有曷不可乎。《箋》。馬溝水出朝歌城北又東流與美溝合，又東南注淇水爲肥泉。須、漕，皆衛邑。《傳》。思之而爲禮所制，終不得歸，故欲出遊以寫憂也。

《泉水》四章，章六句。

出自北門，憂心殷殷。終窶且貧，莫知我艱。已焉哉，天實爲之，謂之何哉。

王事適我，政事一埤益我。我入自外，室人交徧讁我。已焉哉，天實爲之，謂之何哉。

王事適我，政事一埤益我。我入自外，室人交徧摧我。已焉哉，天實爲之，謂之何哉。埤，避支反。

門、殷、貧、艱韻。適、益、謫韻。敦、遺、摧韻。詩敦琢即追琢，與摧同韻。“已焉哉”三句爲何韻。然在《詩》例爲尾聲，不必入韻也。

《序》曰：刺仕不得志也。言衛之忠臣不得其志爾。

北門，背明向陰以興仕於闇朝也。窶，無以爲禮也。《傳》。貧，日用不足也。王事，王命使爲之事也。適，之也。政事，其國之事也。朱《注》。埤，厚。讁，責也。責我使去位也。敦猶投擲也。《傳》《箋》。不去而歸之天，忠臣也。

《北門》三章，章七句。

北風其涼，雨雪其雱。惠而好我，攜手同行。其虛其邪，既亟只且。

北風其喈，雨雪其霏。惠而好我，攜手同歸。其虛其邪，既亟只且。

莫赤匪狐，莫黑匪烏。惠而好我，攜手同車。其虛其邪，既亟只且。雱，普康反。

涼、雱、行韻。徐①、且韻。喈、霏、歸韻。狐、烏、車韻。

《序》曰：刺虐也。衛國并爲威虐，百姓不親，莫不相攜持而去焉。

雱，盛也，興君政酷暴也。《傳》。惠，順也。同行，同去也。邪，《爾雅》作徐。只且，語助也。言政暴甚矣，願與同好避亂而去，尚可寬耶徐耶。禍亂亦既亟矣。虛，寬也。朱《注》。狐性妖媚，烏聲梟惡，廟堂皆此類矣，可畏也夫。

《北風》三章，章六句。

靜女其姝，俟我於城隅。愛而不見，搔首踟躕。

靜女其孌，貽我彤管。彤管有煒，説懌女美。

自牧歸荑，洵美且异。匪女之爲美，美人之貽。

姝、隅、躕韻。孌、管韻。煒、美韻。荑、异、貽韻。

《序》曰：刺時也。衛君無道，夫人無德。

《箋》曰：以君及夫人無道德，故陳靜女遺我以彤管之法，德如是可以爲人君配矣。

靜女，貞靜之女也。姝、孌，皆美色也。城隅，以言高而不可踰也。《傳》。踟躕，猶躑

① “徐”字疑誤，似應爲“邪”，但原文如此，姑存之。

躅也。朱《注》。彤管，赤管筆也。煒，赤貌，取其記事以赤心正人也。《傳》。女，即汝，指彤管，猶末章女指荑也。《寫官記》。《爾雅》："郊外謂之牧。"歸，亦貽也。荑，茅之始生者，潔白之物也。一章愛其貞高也，二章悦其有法度也，三章美其潔白也。

《静女》三章，章四句。

新臺有泚，河水瀰瀰。燕婉之求，籧篨不鮮。
新臺有洒，河水浼浼。燕婉之求，籧篨不殄。
魚網之設，鴻則離之。燕婉之求，得此戚施。

泚、瀰與鮮叶韻。即《古今通韻》所謂"以無入十三部之去聲與有入十七部之入聲回互通轉，而二聲偶及三聲，曰叶"也。洒、浼、殄韻。離、施韻。

《序》曰：刺衛宣公也。納伋之妻作新臺於河上而要之，國人惡之而作是詩也。

泚，鮮明貌。瀰瀰，盛貌。燕，安。婉，順也，謂伋也。籧篨，不能俯之疾，謂宣公也。鮮，善也。《傳》《箋》。口柔者仰觀人顔色而爲辭，似籧篨也。洒，高峻也。浼浼，平也。殄，絶也。"魚網"二句承上文作興，總言所得非所求也。戚施，不能仰之疾。《傳》。面柔下人以色似戚施也。《爾雅》。按詩辭，則宣公蓋善柔便佞，外爲和順，内好淫亂者也。此所以始能欺國人而立之，卒壞國俗，至於大敗也。

《新臺》三章，章四句。

二子乘舟，汎汎其景。願言思子，中心養養。
二子乘舟，汎汎其逝。願言思子，不瑕有害。

景、養韻。逝、害韻。

《序》曰：思伋、壽也。衛宣公之二子爭相爲死，國人傷而思之，作是詩也。

《傳》曰：宣公爲伋取於齊女而美，公奪之生壽及朔。朔與其母愬伋於公。公令伋之齊，使賊先待於隘而殺之。壽知之以告伋，使去之。伋曰："君命也，不可以逃。"壽竊其節而先往，賊殺之。伋至，曰："君命殺我，壽有何罪？"賊又殺之。

養養，憂不知所定也。《傳》。願，念也。《箋》。蓋言二子適齊，必汎汎乘舟而渡，而無何皆遭害，大可哀也。不瑕有害，言即不死亦無過矣，有何不可者。

《二子乘舟》二章，章四句。

《邶國》十九篇，七十二章，三百六十三句。

鄘 第 四

汎彼柏舟，在彼中河。髧彼两髦，實維我儀。之死矢靡他。母也天只，不諒人只。

汎彼柏舟，在彼河側。髧彼两髦，實維我特。之死矢靡慝。母也天只，不諒人只。

髧，徒坎反。

河、儀、他韻。天、人韻。側、特、慝韻。

《序》曰：共姜自誓也。衛世子共伯蚤死，其妻守義。父母欲奪而嫁之，誓而弗許。故作是詩以絕之。

按《序》父母并言，而《詩》專言母者，溺愛奪節，意多出於母也。

中河，河中也。舟常在於河，興婦宜永貞於夫也。髧，两髦之貌。兩髦，指共伯也。《禮》：兒生三月剪髮爲鬌，長大爲之飾，謂之髦。《内則》"拂髦"是也。父母卒三日去之。《玉藻》云"親沒不髦"是也。儀，匹也。矢，誓也。諒，信也。《傳》。"母也"二句，言母之德如天而乃不諒我志也。特，獨也。言夫一而已。

《柏舟》二章，章七句。

惲皋聞曰："以武公之睿聖，而《史記》以爲殺兄，得《詩序》而可證其非矣。武之立，在宣王十六年。武之卒，在平王十三年，而武已耄，則武立時已四十餘矣。共伯爲其兄，豈幾五十之人，尚云早死乎？其妻尚可嫁乎？愚謂詩明曰"髧彼两髦"，則僖侯在时，共伯已死矣。而曰襲攻共伯於僖侯之墓上，誤哉。"

牆有茨，不可埽也。中冓之言，不可道也。所可道也，言之醜也。

牆有茨，不可襄也。中冓之言，不可詳也。所可詳也，言之長也。

牆有茨，不可束也。中冓之言，不可讀也。所可讀也，言之辱也。

埽、道、醜韻。襄、詳、長韻。束、讀、辱韻。

《序》曰：衛人刺其上也。公子頑通乎君母，國人疾之而不可道也。

按：《左傳》亦云，衛宣公烝於夷姜生急，子及娶急子婦齊女生壽及朔。夷姜縊。及宣公死，惠公朔立，齊人使昭伯烝於宣姜，不可，强之，生齊子戴公、文公、宋桓夫人、許穆夫人。然其事有可疑者。作《新臺》而要子婦。《詩序》《左傳》《史記》皆載之，《詩》詠之，遺臭万年，無可解説矣。惟烝夷姜烝宣姜二事，終屬影響。何者？《序》謂《雄雉》刺宣公淫亂，

《苦葉》刺宣公與夫人并爲淫亂，而夫人未指爲誰。及康成作《箋》時，《左傳》已行，乃《注》曰夫人謂夷姜，則夷姜之烝，《詩》與《序》無明文也。墻有茨，《序》謂疾公子頑。而《偕老》《鶉奔》二篇惟言刺宣姜，不及頑。至覽《史記·衛世家》，乃曰："宣公愛夫人夷姜，夷姜生子伋，以爲太子。"鄭《箋》亦云："伋，宣公之世子。"夫私奸庶母，隐秘之事也，而遂可立为夫人乎？而遂以奸生之子爲世子乎？《史》又曰："伋同母弟二人，一曰黔牟，一曰昭伯。國人哀伋死，思立其後。伋無子，乃逐惠公立黔牟爲君。八年，惠公復以齊師入。卒，子懿公立。國人自懿公父惠公朔之讒殺太子，伋代立。至於懿公，常欲敗之。及翟伐懿公，兵與大臣皆不戰，卒滅。惠公之後，而更立昭伯頑之子申爲戴公。戴一年卒，又立戴公弟燬爲文公，衛以中興。"并無上烝二事。夫衛之惡宣姜與朔，必滅其後而後已。若伋爲上烝夷姜所生，則亦當惡之矣。何爲一惡之而一憐之，必欲立其後，無後轉而立其弟乎？蓋《史記》所爲愛夫人者，或夷姜始來不以正，如魯莊公從孟任許以夫人之類，或素在莊公宫中如女史之類，故誤傳曰烝，而非必莊公之媵御宣公之庶母也。毛河右曰："莊公卒後，以莊姜戴嬀之賢，俱在宫中，不得容一媵妾有此鳥獸行也。且宣有鳥獸行而石碏與國人尚肯迎而立之乎？若曰宣公爲君以後事，則宣公在位祇十九年，不能烝姜生伋，長而娶婦，又納伋婦生壽，與伋爭死矣。若昭伯上烝之傳，則齊人何人也，宣姜之父母乎？諸昆從大夫乎？而强昭伯烝之，天理澌滅，一至此乎！"惲皋聞曰："宣姜何人？與昭伯通何事？而生戴公、文公、許、宋二夫人乃皆賢如此耶？且國人惡朔必惡宣姜，宣姜淫生之子而國人尚肯立之耶？《史記》世家多因舊史，獨於衛宣公至文公事，前後迴環，甚爲詳密，動人觀聽，必非妄言者。"二賢之論如此，然《左傳》已如彼，吾姑阙疑而已矣。

茨，蒺藜也。不可埽去，興宫中之淫亂不能滅除也。中冓，宫中結搆深密之處也。蓋宣公與宣姜淫亂，如隋煬、唐明流播人閒，共爲訕笑也。襄，除也。《傳》。

《墻有茨》三章，章六句。

君子偕老，副笄六珈。委委佗佗，如山如河。象服是宜，子之不淑，云如之何。

玼兮玼兮，其之翟也。鬒髪如雲，不屑髢也。玉之瑱也，象之揥也，揚且之晳也，胡然而天也，胡然而帝也。

瑳兮瑳兮，其之展也。蒙彼縐絺，是紲袢也。子之清揚，揚且之顔也。展如之人兮，邦之媛也。玼，音此。鬒，眞忍反。瑱，吐殿反。瑳，七我反。紲，息列反。袢，符袁反。

珈、河、宜、何韻。翟、髢、揥、晳、帝韻。去、入回互也。展、袢、顔、媛韻。

《序》曰：刺衛夫人也。夫人淫亂，失事君子之道，故陳人君之德，服飾之盛，宜與君子偕老也。

《箋》曰:人君,小君也。

君子,謂夫也。偕老,從一至老也。副者,后夫人之首飾,編髮爲之。笄,衡笄也,以玉爲之。惟后夫人祭服有衡笄,垂於副之兩旁,當耳,其下以紞懸瑱也。珈者,以玉加於笄爲飾也。委委,行委曲有縱跡也。佗佗,德平易也。《傳》《疏》。如山,安重也。如河,寬廣也。象服如褕。翟,闕翟,象鳥羽而畫之也。《箋》《疏》。宜者,言有是德乃宜是服也。子指宣姜也。玼,鮮盛貌。翟即褕翟闕翟,祭服也。髮美爲鬒。髢,髲也。人髮少則以髲益之,髮美則不屑用也。瑱,充耳也。揥所以摘髮,以象骨爲之,因以爲飾也。揚,眉上廣也,即顙也。皙,白也。言眉上揚廣且其面之色又皙白也。《傳》《疏》。"胡然而天,胡然而帝",言宣公尊之如天帝也。瑳,玉鮮明之貌。展衣,以丹縠爲衣。蒙,覆也。絺之靡者爲縐。展衣,夏則裏衣縐。絺袢,延熱氣也。紲袢,去熱之名也。此見君及賓客之服也。目下爲清,謂清明也。顏,顏角豐滿也。展,誠也。美女爲媛。《傳》《箋》《疏》。二章但言宣公之尊敬,三章但誇其美,而其不淑不待再言矣。

《君子偕老》三章,一章七句,一章九句,一章八句。

爰采唐矣,沬之鄉矣。云誰之思,美孟姜矣。期我乎桑中,要我乎上宫,送我乎淇之上矣。

爰采麥矣,沬之北矣。云誰之思,美孟弋矣。期我乎桑中,要我乎上宫,送我乎淇之上矣。

爰采葑矣,沬之東矣。云誰之思,美孟庸矣。期我乎桑中,要我乎上宫,送我乎淇之上矣。

唐、鄉、姜韻。中、宫、上韻。麥、北、弋韻。葑、東、庸韻。

《序》曰:刺奔也。衛之公室淫亂,男女相奔,至於世族在位,相竊妻妾,期於幽遠。政散民流,而不可止。

《箋》云:世族在位取姜氏、弋氏、庸氏者也。

唐,蒙也,兔絲也。沬,紂舊邦也。桑中、上宫,地名。宣公肆淫而國俗大壞如此。楊氏曰:"載之以見衛爲翟所滅之由也。"

《桑中》三章,章七句。

鶉之奔奔,鵲之彊彊。人之無良,我以爲兄。

鶉之彊彊，鵲之奔奔。人之無良，我以爲君。彊，音姜。

彊、兄韻。奔、君韻。

《序》曰：刺宣姜也。衛人以爲宣姜鶉鵲之不若也。

奔奔彊彊各有常匹，飛則相隨之貌。《傳》。以鶉鵲有常匹，興宣公與宣姜非配耦也。"以爲兄"、"以爲君"者，蓋詩人託於同姓兄弟之辭，如右公子職左公子洩之類也。

《鶉之奔奔》二章，章四句。

定之方中，作于楚宫。揆之以日，作于楚室。樹之榛栗，椅桐梓漆，爰伐琴瑟。

升彼虚矣，以望楚矣。望楚與堂，景山與京，降觀於桑。卜云其吉，終焉允臧。

靈雨既零，命彼倌人。星言夙駕，説于桑田。匪直也人，秉心塞淵，騋牝三千。

中、宫韻。日、室、栗、漆、瑟韻。虚、楚韻。堂、京、桑、臧韻。人、田、淵、千韻。

《序》曰：美衛文公也。衛爲狄所滅，東徙渡河，野處漕邑。齊桓公攘戎狄而封之。文公徙居楚邱，始建城市而營宫室。得其時制，百姓説之，國家殷富焉。

定，营室也。定星昏中，夏正十月也，可以營制宫室，故謂之營室，故作楚邱之宫以此時焉。《春秋》："僖公二年，春，王正月，城楚邱。"即接此月也。揆之以日者，《周禮》匠人建国於四角，立植而縣，以水望其高下。高下既定，乃爲位而平也。於所平之地中央樹八尺之臬，以縣正之。視之以其影，將以正四方也。日出日入之影，其端則東西正也。自日出而畫其影端，以至日入既，則爲規測影兩端之内規之，規之交乃其審也。度兩交之閒，中屈之以指臬，則南北正也。《傳》《疏》。榛栗可供籩實，椅桐梓漆可爲琴瑟，爲禮樂之備也。虚，漕墟也。堂，邑名。京，高邱也。《傳》。景山，山名。觀桑者視桑茂與否以爲蠶也。靈，善。零，落。倌人，主駕者。星，雨止見星也。夙，早也。説，桑者教蠶繅。稼，植也。"匪直也人"，言非但人民殷富而已。文公居心，塞實淵深。所畜之馬如騋而牝者已三千矣。馬七尺以上曰騋。《左傳》："元年革車三十乘，季年乃三百乘。"正指此也。

《定之方中》三章，章七句。

蝃蝀在東，莫之敢指。女子有行，遠父母兄弟。

朝隮于西，崇朝其雨。女子有行，遠兄弟父母。

乃如之人也，懷昏姻也，大無信也，不知命也。

指、弟韻。雨、母韻。人、姻韻。《五經直音》信讀性，與命爲韻，蓋眞韻。讀音與庚、青、蒸多通。如民通作氓，蘋即苹。《史・項羽傳》棘矜即棘柄，《漢・天文志》"淩雜"作"鱗雜"，可見也。

《序》曰：止奔也。衛文公能以道化其民淫奔之恥，國人不齒也。

蝃蝀，虹也，俗名爲美人。郭璞。不敢指者，今俗猶謂指虹則生臁指也。虹之不敢指，興女色之不可狎也。遠父母兄弟者，女子于歸從一而終，雖父母在，尚歸寧有時，若父母沒，則兄弟永別，而況與人淫奔也。隮，升也。從旦至食時爲终朝。崇，终也。《傳》。其雨者，諺云"東虹日，西虹雨"也，興夫婦感應有正也。無信，無貞信也。不知命，不知待父母之命也。《傳》《箋》。

《蝃蝀》三章，章四句。

宣公一瀆倫而國俗化淫，文公一正身而邪風丕變。《詩序》載王迹章章如是。朱子漫不察而但曰鄭衛聲淫，何也？

相鼠有皮，人而無儀。人而無儀，不死何爲。

相鼠有齒，人而無止。人而無止，不死何俟。

相鼠有體，人而無禮。人而無禮，胡不遄死。

皮、儀、爲韻。齒、止、俟韻。體、禮、死韻。

《序》曰：刺無禮也。衛文公能正其群臣，而刺在位承先君之化無禮儀也。

止，容也。《箋》。此詩何其直而厲也。蓋乘亂國之後，不如此秉道嫉邪不能變正風俗也。故孔子以惡不仁與好仁并也。

《相鼠》三章，章四句。

孑孑干旄，在浚之郊。素絲紕之，良馬四之。彼姝者子，何以畀之。

孑孑干旟，在浚之都。素絲組之，良馬五之。彼姝者子，何以予之。

孑孑干旌，在浚之城。素絲祝之，良馬六之。彼姝者子，何以告之。旟，音餘。

旄、郊韻。紕、四、畀韻。旟、都韻。組、五、予韻。旌、城韻。祝、六、告韻。

《序》曰：美好善也。衛文公臣子多好善，賢者樂告以善道也。

孑孑，特出之貌。干旄，以旄牛尾注干首也。干，同竿。如幢鳥隼曰旟。干首亦注旄。干旌，析羽而注於旄首也。《疏》。浚，衛邑名。下邑曰都。城，都城也。紕，織組也。祝，屬也。素絲以先馬,猶《春秋》以乘韋先牛十二也。惲皋聞説。良馬,贈賢物也。蘇子由説。五、六,屢進而益加也。姝,美也。子,指賢人也。朱《注》。畀,予也。言賢臣乘車旄備禮物以見賢者,而賢者宜何如披瀝也。

《干旄》三章,章六句。

載馳載驅,歸唁衛侯。驅馬悠悠,言至於漕。大夫跋涉,我心則憂。

既不我嘉,不能旋反。視爾不臧,我思不遠。既不我嘉,不能旋濟。視爾不臧,我思不閟。

陟彼阿丘,言采其蝱。女子善懷,亦各有行。許人尤之,衆穉且狂。

我行其野,芃芃其麥。控于大邦,誰因誰極。大夫君子,無我有尤。百爾所思,不如我所之。

驅、侯、悠、憂韻。反、遠韻。濟、閟韻。蝱、行、狂韻。麥、極韻。尤、之韻。

《序》曰:許穆夫人作也。衛爲狄所滅。國人分散,露於漕邑。許穆夫人閔衛之亡,傷許之小,力不能救,思歸唁其兄,又義不得,故賦是詩也。

載,語辭。《傳》。首章意中事也。言我往衛,許大夫必追告以不可也。弔失國曰唁,草行曰跋,水行曰涉。二章承上言爾大夫不以我爲善,而我思不能已。遠,忘也。旋濟,旋衛而濟水也。三章怨許人之無知也。偏高曰阿邱。蝱,貝母也。陟邱而采蝱,興歸衛而唁兄也。四章言己欲歸衛,商大邦之助也。芃芃,盛長貌。控,持而告之也。因,依。極,至。尤,過。言許大夫百方寬解,然不如我一之衛,其心可釋也。

《載馳》四章,二章章六句,二章章八句。

《鄘國》十篇,二十九章,百七十六句。

衛第五

瞻彼淇奥,緑竹猗猗。有匪君子,如切如磋,如琢如磨。瑟兮僩兮,赫兮咺兮。有匪君子,終不可諼兮。

瞻彼淇奥,緑竹青青。有匪君子,充耳琇瑩,會弁如星。瑟兮僩兮,赫兮咺兮。有匪君子,終不可諼兮。

瞻彼淇奥,緑竹如簀。有匪君子,如金如錫,如圭如璧。寬兮綽兮,猗重較兮。善戲謔兮,不爲虐兮。猗,於宜反。

猗、磋、磨韻。僩、咺、諼韻。青、瑩、星韻。簀、錫、璧韻。綽、較、虐韻。

《序》曰：美武公之德也。有文章，又能聽其規諫，以禮自防，故能入相於周，美而作是詩也。

奥，限也。《傳》。厓，内爲奥，外爲限。《爾雅》。緑，王芻也。《傳》。竹，竹竿也。猗猗，美盛貌，以興德也。匪，同斐，文章貌。治骨曰切，象曰磋，玉曰琢，石曰磨。《傳》。如切如磋，道學也。如琢如磨，自脩也。《爾雅》。瑟，矜莊貌。僩，寬大也。《傳》。言恂慄也。《爾雅》。赫，有明德赫赫然。咺，宣著也。《傳》。言威儀也。《爾雅》。諼，忘也。青青，茂盛貌。琇瑩，美石也。弁，皮弁。《傳》。會弁之縫中飾以玉，皪皪而處，狀似星也。《箋》。簀，積也。金錫鍊而精，圭璧性有質。《傳》。一比其成德之純，一比其生德之美也。綽，緩也。猗，依也。重較，卿士之車。《傳》《疏》。

《淇奥》三章，章九句。

考槃在澗，碩人之寬。獨寐寤言，永矢弗諼。

考槃在阿，碩人之薖。獨寐寤歌，永矢弗過。

考槃在陸，碩人之軸。獨寐寤宿，永矢弗告。薖，苦禾反。

澗、寬、言、諼韻。阿、薖、歌、過韻。陸、軸、宿、告韻。

《序》曰：刺莊公也。不能繼先公武公之業，使賢者退而窮處。

考，成也。槃，樂也。山夾水曰澗。《傳》。碩，大也。寤，覺也。《箋》。寬從宀，猶宇，猶云碩人之廣居也。薖，《説文》曰："草也。"猶云碩人之草茅也。軸猶車軸，猶云碩人之所槃旋也。《寫官記》。諼，忘也。長自誓不忘此樂也。王肅説。弗過，不踰於此，若將終身也。弗告，不以告人也。朱《注》。

《考槃》三章，章四句。

碩人其頎，衣錦褧衣。齊侯之子，衛侯之妻，東宫之妹，邢侯之姨，譚公維私。

手如柔荑，膚如凝脂，領如蝤蠐，齒如瓠犀，螓首蛾眉，巧笑倩兮，美目盼兮。

碩人敖敖，説於農郊。四牡有驕，朱幩鑣鑣，翟茀以朝。大夫夙退，無使君勞。

河水洋洋，北流活活。施罛濊濊，鱣鮪發發，葭菼揭揭，庶姜孽孽，庶士有朅。幩，孚云反。菼，他覽反。罛音孤。

頎、衣、妻、姨、私韻。荑、脂、蠐、犀、眉韻。倩、盼韻。敖、郊、驕、鑣、朝、勞韻。活、濊、發、揭、孽、朅韻。

《序》曰：閔莊姜也。莊公惑於嬖妾，使驕上僭。莊姜賢而不答，終以無子。國人閔而憂之。

頎，長貌。褧，禪也。衣錦加禪衣者，在塗之所服也。妻之姊妹曰姨。姊妹之夫曰私。《傳》《箋》。首章言其族類之貴也。茅之始生曰荑，柔而白也。蝤蠐在糞土中郭説。蟲之白而肥潤者。瓠犀，瓠中之子方正潔白，而比次整齊也。螓，如蟬而小，其額廣而方正。蛾，蠶蛾也。其眉細而長曲。朱《注》。倩，好口輔。盼，黑白分。《傳》。二章言其容貌之美也。敖敖，猶頎頎。説，同税，舍止也。舍止更褕翟等衣而後入也。農郊，近郊。幩，鑣飾也。鑣者，馬銜外鐵，一名扇汗，又曰排沬。人君以朱飾之。鑣鑣，盛貌。翟，翟車，夫人以翟羽飾車。茀，蔽也。無使君勞，言其新爲妃耦，宜相親也。《傳》《箋》。三章言其來之有儀也。河在齊西衛東，北流入海。活活，流貌。罛，魚罟。濊濊，罟入水聲。鱣、鮪，二魚名。發發，盛貌。葭，蘆。菼，薍。揭揭，長貌。庶姜，謂姪娣。孽孽，盛飾也。庶士，齊大夫送女者。朅，武壯貌。末章言齊地廣饒而相將之士女俊好也。而君何爲不答也。《傳》《箋》。

《碩人》四章，章七句。

氓之蚩蚩，抱布貿絲。匪來貿絲，來即我謀。送子涉淇，至於頓丘。匪我愆期，子無良媒。將子無怒，秋以爲期。

乘彼垝垣，以望復關。不見復關，泣涕漣漣。既見復關，載笑載言。爾卜爾筮，體無咎言。以爾車來，以我賄遷。

桑之未落，其葉沃若。于嗟鳩兮，無食桑葚。于嗟女兮，無與士耽。士之耽兮，猶可説也。女之耽兮，不可説也。

桑之落矣，其黄而隕。自我徂爾，三歲食貧。淇水湯湯，漸車帷裳。女也不爽，士貳其行。士也罔極，二三其德。

三歲爲婦，靡室勞矣。夙興夜寐，靡有朝矣。言既遂矣，至於暴矣。兄弟不知，咥其笑矣。静言思之，躬自悼矣。

及爾偕老，老使我怨。淇則有岸，隰則有泮。總角之宴，言笑宴宴。信誓旦旦，不思其反。反是不思，亦已焉哉。垝，俱毁反。葚，又作椹，音甚。湯，音傷。咥，許意反，又音熙。

蚩、絲、謀、邱、媒、期韻。垣、關、漣、言、遷韻。落、若、説前後相應爲韻。中間葚、耽韻。隕、貧韻。湯、裳、行韻。極、德韻。勞、朝、暴、笑、悼韻。怨、宴、旦、反韻。思、已韻。

惲皋聞曰:"思、哉韻。"

《序》曰:刺時也。宣公之時,禮義消亡,淫風大行,男女無别,遂相奔誘。華落色衰,復相背棄。或乃因而自悔喪其配耦,故序其事以風焉。美反正刺淫泆也。

"躬自悼矣"、"無與士耽"是困悔反正之辭也。

氓,民也。蚩蚩,無知之貌。自棄後視之,以爲無知也。布,幣也,即錢也。邱一成爲敦邱。《爾雅》。將,願也,請也。《傳》《箋》。垝,毁也。復關,氓所居近之,因以爲號也。載,則也。體,卦兆之體。"爾卜"二句,氓之辭也。"以爾"二句,女之辭也。《箋》。桑葉沃若,興女色也。于嗟,嘆辭。鳩,鶻鳩,食桑葚過則醉而傷其性。耽,樂也。桑葉黄隕,興色衰也。三歲而即衰者,食貧作苦。李商隱詩所云"紅顔無定所,得失在當年"也。惲皋聞説。漸,漬也。帷裳,以幃障車如裳也。二句追言往不辭險,一心從之也。士即氓也。爽,差。極,中也。《傳》《箋》。上章言士耽猶可説,而此重責其二三者,蓋恨其薄,則見女專一而男無良。思其醜,則見男猶可靦顔而女無地自容也。"靡室勞",言不以室家之務爲勞也。"靡有朝",言無朝旦之暇也。朱《注》。遂,遂其謀言也。暴,見棄也。咥,笑貌。《傳》《箋》。爾嘗有偕老之言矣,老乎徒使我怨而已,責其言之無實也。皋聞説。淇有岸,隰有泮,反興氓之反覆也。總角者,女子未許嫁則未笄但結髮也。宴,安也。宴宴,和柔也。《傳》。旦旦,明也。朱《注》。當日言笑信誓如此和柔明了,而何思其反覆至此也。

《氓》六章,章十句。

惲皋聞曰:"此詩在《國風》中最爲長。篇三復之,身世之感,冰淵之惕,交集焉。蓋有識者偶見失身之婦角口瑣語,借辭發揮,曲折詳盡,用以警世,而固者乃以爲棄婦自作也。"

籊籊竹竿,以釣於淇。豈不爾思,遠莫致之。
泉源在左,淇水在右。女子有行,遠父母兄弟。
淇水在右,泉源在左。巧笑之瑳,佩玉之儺。
淇水滺滺,檜楫松舟。駕言出遊,以寫我憂。瑳,七可反。儺,乃可反。

淇、思、致韻。右、弟韻。左、儺韻。滺、舟、遊、憂韻。

《序》曰:衛女思歸也。適异國而不見答,思而能以禮者也。

籊籊,長而殺也。《傳》。爾,即指淇也。不見答故思母家也。泉源即百泉也。思二水之在衛而自嘆其不如也。朱《注》。瑳,巧笑貌。儺,行有節度。《傳》。言二水在衛而恨不得笑語游戲於其閒也。朱《注》。滺滺,流貌。楫,所以櫂舟也。《傳》。寫憂者,寫不見答之憂也。思衛而安於遠父母兄弟,則以禮自守矣。

《竹竿》四章，章四句。

芄蘭之支，童子佩觿。雖則佩觿，能不我知。容兮遂兮，垂帶悸兮。

芄蘭之葉，童子佩韘。雖則佩韘，能不我甲。容兮遂兮，垂帶悸兮。芄，亦作丸。觿，許規反。韘，失涉反。

支、觿、知韻。遂、悸韻。葉、韘、甲韻。

《序》曰：刺惠公也。驕而無禮，大夫刺之。

芄蘭，草也。言芄蘭枝葉性柔弱阿儺，以興君子之德當柔潤溫良也。《傳》《疏》。今惠公以童子而佩觿佩韘，如《説苑》所謂"能治煩决亂則佩觿"，"能射御則佩韘"者。然雖則佩之，而其材能實不知於我，不長於我，徒摇擺爲容，任性自遂，垂帶悸然，矜尚服飾，所謂驕而無禮也。觿，以象骨爲之，如錐，所以解結。韘，即《大射》朱極也，以朱韋爲之。右巨指著玦，其下三指彄沓以韘，小指短無之。《箋》《疏》。甲，十幹之長也。悸，《韓詩》作萃，垂貌。

《芄蘭》二章，章六句。

誰謂河廣，一葦杭之。誰謂宋遠，跂予望之。

誰謂河廣，曾不容刀。誰謂宋遠，曾不崇朝。

杭、望韻。刀、朝韻。

《序》曰：宋襄公母歸於衛，思而不止，故作是詩。

《箋》《疏》曰：宋桓公夫人生襄公而出。襄公即位，思之。而以其子承父之重，與祖爲一體，母出與廟絶，不可以私反，故義不得也。

一葦，一束葦也，若桴栰然。《疏》。杭，渡也。小船曰刀。《傳》。

《河廣》二章，章四句。

惲皋聞曰："按《春秋》：'僖公二年，城楚邱。'楚邱，杜《注》曰：'衛地，在濟陰成武縣西南。'十二年《傳》曰：'諸侯城衛楚邱之郛，懼狄難也。'三十一年，狄圍衛，衛遷於帝邱。然則衛之廬於河南，暫耳。既遷楚邱，則仍在河北也。孔《疏》云：'文公之時，衛已在河南，自衛適宋不渡河。'誤也。"

伯兮朅兮，邦之桀兮。伯也執殳，爲王前驅。

自伯之東，首如飛蓬。豈無膏沐，誰適爲容。

其雨其雨，杲杲出日。願言思伯，甘心首疾。

焉得諼草，言樹之背。願言思伯，使我心痗。痗，音每。諼，又作萱。

朅、桀韻。殳、驅韻。東、蓬、容韻。日、疾韻。背、痗韻。

《序》曰：刺時也。言君子行役爲王前驅，過時而不反焉。

《箋》曰：衛宣公之時，蔡人、衛人、陳人從王伐鄭伯也。按事在桓五年。

伯，伯仲之伯，婦人目其夫也。《正義》。朅，武貌。桀，特立也。殳，長丈二而無刃。《傳》。建於車上，用則車右勇力之士執之適主也。《傳》。杲杲，日出貌，興夫之將歸而不歸也。願，念也。無辭於首疾，如甘之也。諼，草令人忘憂。背，北堂也。房半以北爲北堂。《傳》《疏》。痗，病也。《傳》。

《伯兮》四章，章四句。

有狐綏綏，在彼淇梁。心之憂矣，之子無裳。

有狐綏綏，在彼淇厲。心之憂矣，之子無帶。

有狐綏綏，在彼淇側。心之憂矣，之子無服。

梁、裳韻。厲、帶韻。側、服韻。

《序》曰：刺時也。衛之男女失時，喪其妃耦焉。古者國有凶荒，則殺禮而多昏，會男女之無夫家者，所以育民人也。

綏綏，匹行貌。石絕水曰梁。《傳》。以狐之匹行反興男之無妃耦也。故憂之而欲爲作衣束帶焉。

《有狐》三章，章四句。

投我以木瓜，報之以瓊琚。匪報也，永以爲好也。

投我以木桃，報之以瓊瑤。匪報也，永以爲好也。

投我以木李，報之以瓊玖。匪報也，永以爲好也。

瓜、琚韻。報、好韻。桃、瑤韻。李、玖韻。

《序》曰：美齊桓公也。衛國有狄人之敗，出處於漕。齊桓公救而封之，遺之車馬器服焉。衛人思之，欲厚報之而作是詩也。

木瓜，楙木也，實如小瓜，酢可食。《傳》《疏》。瓊，玉之美者。琚，佩玉名。瑤，美玉。玖，亦玉名。言假有遺我以微物，我則當報之以厚寶。然尚不敢以爲報，但欲永以爲合好耳。況今救敗建國，其投厚矣，而我室新復，何物以報？故《序》曰：欲厚報。

《木瓜》三章，章四句。

《孔叢子》云："孔子讀《詩》自二《南》至於《小雅》，喟然嘆曰：'吾於二《南》見周道之所成，於《柏舟》見匹夫執志之不易，於《淇奥》見學之可以爲君子，於《考槃》見遯世之士而無悶於世，於《木瓜》見苞苴之禮行於緇衣，見好賢之至。'"

《衛國》十篇，三十四章，二百三句。

王第六

鄭《譜》云：周東都王城方六百里，六六三十六。西周方八百里，八八六十四。共方百里者，百爲千里王畿。東都在《禹貢》豫州太華外方之閒，北得河陽，漸冀州之南。始武王作邑於鎬京，謂之宗周，爲西都。周公攝政五年，宅洛邑，謂之王城，是爲東都。又營成，周遷殷頑民至於幽。王嬖褒姒生伯服，廢申后，太子宜臼奔申。申侯與犬戎攻宗周，殺幽王於戲。晋文侯、鄭武公迎宜臼於申而立之，是爲平王。以亂故，徙居東都王城。按王城，洛都也。爲王宅在西洛，《誥》所謂"瀍水西"是也。成周下都也。遷殷頑民在東洛，《誥》所謂"瀍水東"，《君陳》云"尹茲東郊"是也。鄭云："天子之國五十里爲近郊。"

惲臯聞曰："鄭康成謂是詩王室之尊與諸侯無异，其詩不能復《雅》，故貶之謂之《風》。朱晦庵解《孟子》《詩》亡，謂《黍離》降爲《國風》而《雅》亡。其説皆非也。武王定鼎於郟鄏，周公營洛邑爲王城，而遷殷頑於近郊。周公君臣畢公歷尹之。故省風尤要，特列《王風》。王者以王名，亦以王城名也，非有人降之而然也。《孟子》曰：'王者之迹熄而《詩》亡。'蓋謂《雅》《頌》之音不作耳。《雅》《頌》朝廟所關，故爲王迹。子曰：'《雅》《頌》各得其所。'王政不行，《雅》《頌》無因而作，是爲迹熄而《詩》亡，非谓《黍離》降爲《國風》而《雅》亡也。况《詩》亡者，又并《風》而亡之。按《風》自二《南》、《豳風》而外，在周初盛時者已亡無存。其上者在懿、夷之世，而下及於匡、定之時。當《春秋》文宣之年而止。其後晋楚横爭，王室益微，採風之使不下於列國，而風人之美刺亦無由上達矣。夫子慨之，所以取其義於《春秋》。則《詩》亡者，《雅》《頌》固亡，列國之《風》亦亡。故《孟子》統曰：'《詩》亡然後《春秋》作。'非《黍離》降爲《國風》而《雅》亡之説也。且此《黍離》者，誰貶而降之耶？謂平王降之耶，平王何以忽告天下曰，自今以後，吾國之詩不爲《雅》而爲《風》也？謂天下之人降之耶，天下肄業及《詩》者多矣，誰一人者敢奮然出而以《王》爲升降也？謂夫子降之耶，則是夫子將作

《春秋》而先降《王風》,可曰《春秋》作而《詩》亡,不可曰《詩》亡然后《春秋》作也。”按:襄二十九年,夫子方八歲,季札觀樂,而工爲之歌《王》,則《風》有《王》名舊矣,非夫子降之也。且夫子斷無此妄誕之爲也。可知王固宜有《風》,王者之迹熄無與於稱《王風》也。言降之者,謬也。

彼黍離離,彼稷之苗。行邁靡靡,中心摇摇。知我者謂我心憂,不知我者謂我何求。悠悠蒼天,此何人哉!

彼黍離離,彼稷之穗。行邁靡靡,中心如醉。知我者謂我心憂,不知我者謂我何求。悠悠蒼天,此何人哉!

彼黍離離,彼稷之實。行邁靡靡,中心如噎。知我者謂我心憂,不知我者謂我何求。悠悠蒼天,此何人哉!

苗、摇韻。憂、求韻。天、人韻。穗、醉韻。實、噎韻。

《序》曰:閔宗周也。周大夫行役至於宗周,過故宗廟,宫室盡爲禾黍,閔周室之顛覆,彷徨不忍去而作是詩也。

此平王東遷以後之詩,故《序》曰:閔宗周顛覆。然平王居洛邑亦謂洛邑爲宗周,《祭統》曰即“宫於宗周”是也。毛河右曰:“春秋以前,稱西周者,豐鎬也;稱東周者,郟鄏也。戰國以後,稱西周者,王城也;稱東周者,成周也。”

離離,散垂之貌。稷,即今之小米也。黍秀即散垂,稷則苗穗挺直,實乃垂而不散,故黍但見其離離,而稷則見其苗其穗其實也。邁,過也。靡靡,猶遲遲也。《傳》。摇摇,不定也。“謂我何求”,怪其徘徊不去也。悠悠,遠而無可告訴也。“此何人哉”,不忍斥指也。噎者,憂深如噎塞不能喘息也。《傳》《疏》。

《黍離》三章,章十句。

君子于役,不知其期。曷至哉。鷄棲于塒,日之夕矣。羊牛下來。君子于役,如之何勿思。

君子于役,不日不月。曷其有佸。鷄棲于桀,日之夕矣,羊牛下括。君子于役,苟無飢渴。

期、至、塒、來、思韻。月、佸、桀、括、渴韻。

《序》曰:刺平王也。君子行役無期度,大夫思其危難以風焉。

《疏》曰:在家之大夫思僚友在外之危難也。

“不知其期”,不知畢事之期也。曷至,言何日乃至也。鑿墻而棲曰塒。日夕雙縮上下,言畜産尚有還息之時,而于役者乃不如也。“不日不月”,不可計以日月也。佸,會也。鷄棲於杙爲桀。括,至也。“苟無飢渴”,言來已無望,但求在外不傷飢渴耳。

《君子役》二章,章八句。

君子陽陽,左執簧,右招我由房。其樂只且。

君子陶陶,左執翿,右招我由敖。其樂只且。且,子徐反,又七也反。

陽、簧、房韻。陶、翿、敖韻。“其樂只且”作尾聲自爲韻。與《周南》“于嗟麟兮”仝。

《序》曰:閔周也。君子遭亂,相招爲禄,仕全身遠害而已。

陽陽,無所用心之貌。簧,笙也。由,從也。《傳》《箋》。房者,天子小寢五,如諸侯之路寢,有左右房。此地房中之樂,可用男子也。《疏》。陶陶,和樂也。翿,舞者所持纛也。敖,燕舞之位也。蓋爲貧而仕,辭尊居卑,故相招爲伶官之屬也。只且,語助辭。

《君子陽陽》二章,章四句。

《序》以爲世亂賢隱相招居卑之詩。關乎政治,係乎出處,何可移易!朱子必改爲婦人所作,何也?夫朱子駁《序》,動云玩之無此意。今此詩有婦人意乎?婦從夫於堂房,吹笙起舞,而曰“其樂只且”,有此婦人乎?非正書所謂巫風乎?而乃稱之曰賢乎?

揚之水,不流束薪。彼其之子,不與我戍申。懷哉懷哉,曷月予還歸哉。

揚之水,不流束楚。彼其之子,不與我戍甫。懷哉懷哉,曷月予還歸哉。

揚之水,不流束蒲。彼其之子,不與我戍許。懷哉懷哉,曷月予還歸哉。

薪、申韻。楚、甫韻。蒲、許韻。懷、歸爲韻,作每章尾聲。

《序》曰:刺平王也。不撫其民而遠屯戍於母家,周人怨思焉。

揚,激揚也。激揚之水有力矣,而不流移束薪,興王爲共主至尊矣,而不均平其政。《箋》。其,音寄,語辭。彼其之子指處者。申,姜姓之國,平王之舅家也。懷,安也。《箋》。言處者安哉安哉。何日予還歸而如其安哉。甫、許,則諸姜也。《傳》。蒲,蒲柳,可作箭幹。《春秋傳》所謂董澤之蒲也。詩但刺王使役不均,而其報私恩而忘君父大仇之失在言外矣。

《揚之水》三章,章六句。

中谷有蓷，暵其乾矣。有女仳離，嘅其嘆矣。嘅其嘆矣，遇人之艱難矣。

中谷有蓷，暵其修矣。有女仳離，條其歗矣。條其歗矣，遇人之不淑矣。

中谷有蓷，暵其濕矣。有女仳離，啜其泣矣。啜其泣矣，何嗟及矣。蓷，吐雷反。歗，又作嘯。

乾、嘆、難韻。修、歗韻。歗又與淑韻，則去、入回互也。濕、泣、及韻。

《序》曰：閔周也。夫婦日以衰薄，凶年饑饉，室家相棄爾。

蓷，茺蔚也。郭説。暵，同熯。乾，乾地。言以旱而乾地之蓷先枯也。朱《注》。仳，別也。《傳》。艱難，窮阨也。修，長也。言旱久而蓷之修長者亦枯也。條，條然嘯也。古以死喪饑饉皆爲不淑。暵濕，旱甚則濕地之蓷亦乾枯也。及，與也。《釋詁》。言復何與爲室家乎。《箋》。

《中谷有蓷》三章，章六句。

有兔爰爰，雉離於羅。我生之初，尚無爲。我生之後，逢此百罹，尚寐無吪。

有兔爰爰，雉離於罦。我生之初，尚無造。我生之後，逢此百憂，尚寐無覺。

有兔爰爰，雉離於罿。我生之初，尚無庸。我生之後，逢此百凶，尚寐無聰。

羅、爲、罹、吪韻。罦、造、憂、覺韻。罿、庸、凶、聰韻。

《序》曰：閔周也。桓王失信，諸侯背叛。構怨連禍，王師傷敗，君子不樂其生焉。

按《春秋傳》：隱三年，前此周、鄭交質，王將畀虢公政，周、鄭交惡，鄭人侵掠。是"桓王失信，諸侯背叛"也。桓五年，王以諸侯伐鄭。鄭伯敗王，射王中肩。是"構怨連禍，王師傷敗"也。

爰爰，緩意。鳥網爲羅。《傳》。離，麗也。狡兔緩行而耿雉入網，興小人倖免而君子麗禍也。罹憂吪動，庶幾寐而不動，言死也。罦，覆車也。《傳》。罿，施網於車上也。《韓詩》。庸，勞也。《箋》。

《兔爰》三章，章七句。

緜緜葛藟，在河之滸。終遠兄弟，謂他人父。謂他人父，亦莫我顧。

緜緜葛藟，在河之涘。終遠兄弟，謂他人母。謂他人母，亦莫我有。

緜緜葛藟，在河之漘。終遠兄弟，謂他人昆。謂他人昆，亦莫我聞。

滸、父、顧韻。涘、母、有韻。漘、昆、聞韻。

《序》曰：王族刺平王也。周室道衰，棄其九族焉。

《傳》曰：九族者，據己上至高祖下及玄孫之親。

《疏》曰：言之親者，欲見同出高祖者皆當親之。棄其九族，正謂棄其同出高祖者，非棄高祖之身也。

緜緜，長不絕之貌。藟，似葛而粗大。郭說。水涯曰滸。兄弟猶言族親也。《傳》《箋》。言緜緜然之葛藟，生於河側，資其浸潤。夫我同姓之視王猶父也母也昆也。乃今不能近王，終遠族親，流離他國，謂他人曰父曰母曰昆。夫即轉親他人，而他人亦不我恤，是葛藟之不如矣。不斥王而自咎，風人之旨也。

《葛藟》三章，章六句。

彼采葛兮，一日不見，如三月兮。
彼采蕭兮，一日不見，如三秋兮。
彼采艾兮，一日不見，如三歲兮。

葛、月韻。蕭、秋韻。艾、歲韻。

《序》曰：懼讒也。

葛所以爲絺綌，言彼充爲君治衣之役也。蕭所以供祭祀，言爲君供祭之役也。艾所以療疾，言爲君急疾之事出使也。三秋，九月也。惲皋聞曰："讒人之言未有不乘於間隙之際者。霍光休沐，上官興譖。京房出守，石顯肆讒。故一日不見，甚可畏也。朱子必不肯遵《序》，然或作朋友相念之詩亦可，奈何纔涉懷人，而即以爲淫奔也。"

《采葛》三章，章三句。

大車檻檻，毳衣如菼。豈不爾思，畏子不敢。
大車哼哼，毳衣如璊。豈不爾思，畏子不奔。
穀則异室，死則同穴。謂予不信，有如皦日。檻，胡覽反。毳，尺鋭反。哼，他敦反。璊，音門。皦，又作皎。

檻、菼、敢韻。哼、璊、奔韻。室、穴、日韻。

《序》曰：刺周大夫也。禮義陵遲，男女淫奔，故陳古以刺今大夫不能聽男女之訟焉。

大車，大夫之車。檻檻，車行聲。菼，薍也。哼哼，重遲之貌。璊，赬也。子，爵稱也，猶稱君也公也。子,男人爲大夫者。毳衣之屬,衣繢而裳繡,皆有五色焉。其青者如菼,赤者如璊。蓋當時有男女私許姻者,大夫斷而離之,故詩人述其意,非不思奔,但畏大夫之法故不敢,所謂免而無恥也。此刺今大夫也。末章則陳古也。言如周初召伯聽男女之訟,能教化行,使凡爲夫婦者,生則男不入内,女不出外,以异室,死則昏曉一竁,以同穴。夫婦有别且如此,况非夫婦而思奔也。然豈但治之不敢淫奔哉,乃夫婦亦有禮焉。今子大夫不能然,而謂予言迂闊不信。不知予之言,《周禮》昭著,有如白日,而可信也。穀,生也。《傳》《箋》。

《大車》三章,章四句。

丘中有麻,彼留子嗟。彼留子嗟,將其來施施。
丘中有麥,彼留子國。彼留子國,將其來食。
丘中有李,彼留之子。彼留之子,貽我佩玖。

麻、嗟、施韻。麥、國、食韻。李、子、玖韻。

《序》曰:思賢也。莊王不明,賢人放逐,國人思之而作是詩也。

留,大夫氏。子嗟,字。邱中磽埆之處盡有麻麥草木,乃子嗟退隱而治理者。則其人不獨在朝有功,即放而在野,亦有能也。故思之。施施,舒行貌。將,殆將也,望之之辭。來食,來食於我也。貽我佩玖,喻貽我以道德也。子嗟、子國或兄弟之屬,或一人而二稱。《傳》以爲子國子嗟父。《正義》曰:其時或有所據,今不能知也。

《丘中有麻》三章,章四句。

惲皋聞曰:"施施來食佩玖相貽,好賢之情宜如此矣。乃朱《注》以爲望所私者。夫無羞惡之心非人也。犯姦之婦,刑拶逼訊,堅不願承,誠羞之,誠諱之也。今無故自言所私,有其一人,又有一人。末又言二人朋奸。且所私之人,又有所私,亦漫不以爲嫌。古來有廉恥澌滅靦面不疑如此者乎?"

《王國》十篇,二十八章,百六十二句。

詩經傳注·卷三

鄭　第　七

鄭《譜》云：初宣王封母弟友於宗周畿内咸林之地，是爲鄭桓公。今京兆鄭縣是其都也。爲幽王大司徒，甚得周衆與東土之人。问於史伯曰："王室多故，予懼及焉，何所可以逃死？"史伯曰："其濟洛河潁之閒乎？是其子男之國，虢東虢也。鄶爲大。虢叔恃勢，鄶仲恃險，皆有驕侈怠慢之心，加之以貪冒。君若以周難之故，寄帑與賄，不敢不許。是驕而貪必將背君。君以成周之众，奉辭伐罪，無不克矣。若克二邑，鄔蔽補丹，依疇歷華，君之土也。脩典刑以守之，惟是可以少固。"桓公從之。后三年，幽王爲犬戎所殺，桓公死之。其子武公與晋文侯定平王於東都王城，卒取史伯所云十邑之地，右洛左濟，前華後河，食溱洧焉。今河南新鄭是也。《鄭語》疇作騩，華作莘。

《毛河右説詩》：丙曰："子言鄭聲淫，朱子據之以淫。鄭詩如何？"乙曰："鄭聲非鄭詩也。子夏對文侯曰：'君之所問者，樂也。所好者，音也。'樂與音本一類而尚不同，若詩與聲則不同之極者。《虞書》：'詩言志'，'聲依永'，聲與詩明分爲二。《丹鉛録》曰：《論語》'鄭聲淫'，淫者，聲之過也。水溢於平曰淫。雨過於節曰淫。聲溢於詩曰淫。聲能溢詩，詩豈能溢聲乎？乃《朱子語類》且謂鄭、衛同淫，而夫子獨放鄭聲者，衛詩三十九，淫纔四之一，鄭詩二十一，淫不翅七之五。鑿鑿以二國詩篇較淫深淺，則夫子當云放鄭詩，不當云放鄭聲矣。況放者，《説文》：逐也。《廣韻》：去也。《左傳正義》：放棄之也。豈有明言逐其詩、去其詩、放棄其詩而反收之者？是明言佞人當遠而反親之也。若曰收之以垂戒，收即爲放，則設颜子當時樂則《韶》舞，既已作《韶》樂以示法，復作鄭樂以垂戒，《韶》鄭并作，觀者將謂何？"

甲曰："《詩》原有垂戒者，《序》所謂刺淫非乎？"乙曰："垂戒詩必用戒语。如《小雅》刺讒刺暴，皆傍人指數之，未聞讒暴者自道其讒態與暴狀也。刺淫亦然。故《溱洧》《蝃蝀》實有刺語，他皆非是。且戒淫者欲使人讀之而不淫也，乃讀之而淫生焉，此謂之宣淫，反曰戒淫，何也？”

曰：“不然。夫讀之而淫生者，以淫婦自道其所淫故也。鄭詩多此，衛即不然矣。故朱氏謂衛詩男求女，鄭詩女求男，豈無見耶？”曰：“往以此二語質之張南士，南士作色曰：‘此非君子之言也。《孟子》曰：“無羞惡之心，非人也。”人各有恥。自三古至於今，自南極至於北極，必無女求男與淫婦自道其所淫之事明著書詠者，豈獨此方人比户閨閣乃皆以獻门娼自居也。凡鄭詩所謂叔兮伯兮，君子子都，皆君臣朋友託辭比事，《離騷》所謂蹇脩姚娀，古詩所謂美人君子，皆托興之辭，而宋人以淫志逆之，遂誣爲淫婦贈淫夫而不之察也。’”

或曰：“然則‘彼狡童兮’亦朋友相憶之辭耶？何以言之？”乙曰：“此在東林講會有成説矣。當時高忠憲講學東林，有客問：‘《木瓜》之詩，并無男女字，而謂之淫奔，何也？’忠憲未能答。蕭山來風季曰：‘即有男女字，亦非淫奔。’忠憲曰：‘何以言之？’風季曰：‘張衡《四愁詩》云：“美人贈我金錯刀，何以報之英瓊瑤。”張衡淫奔耶？’傍一人不平，遽曰：‘然則“彼狡童兮”稱爲狡童非淫奔乎？’曰：‘亦非淫奔。’忠憲曰：‘何以言之？’曰：‘箕子《麥秀歌》云：“彼狡童兮，不與我好兮。”其所稱者受辛也，君也，與君淫奔耶？’忠憲起，揖曰：‘如先生言，必如先生者而可與言《詩》。’”

又曰：“宋黎立武作《經論》中有云：‘少時，讀箕子《禾黍歌》，愀焉流涕。稍長，讀《鄭風》《狡童》詩，而淫心生焉。出而視隣人之婦，皆若目挑心招。怪而自省，夫猶是“彼狡童兮，不與我好兮”二語。而一讀之而生忠心，一讀之而生淫心者，豈其詩有二乎？解之者之故也。’然則解《詩》當慎矣。逞臆解説鍛成淫失，恐古經無邪之旨必不若是。”

又曰：“且《詩》有關乎史事，不止辭句者。衛孫林父逐衛君，而齊鄭之君皆會於晋，晋侯并享之。齊國景子與鄭子展私於叔向，謂晋爲盟主，如何反爲孫林父而執衛侯，是爲臣執君，似乎非禮。趙文子以告晋侯，晋侯宣言衛侯之罪，使叔向轉告二君。是時國子賦‘轡之柔矣’。此逸詩也。不知何義？子展賦‘將仲子兮’，其意蓋取多言可畏。衛侯雖有罪，而衆人之言，皆謂晋爲臣執君，不可爲法。晋侯乃許歸衛侯。則此一賦詩挽回大義，調停人國事，立君臣之分，通賓主之情，何其正大！若淫奔之詩，奚以矢口？”

又曰：“《詩》通乎君臣，又通乎夫婦，故《國語》齊姜勸重耳歸國，亦引此詩曰：‘仲可懷也，人之多言，亦可畏也。’夫夫婦可據淫詩耶？”

又曰：“况《春秋》賦詩之例，若果淫詩，未有不面斥者。當襄二十七年，鄭伯享趙孟於垂隴，其時子展、伯有、子西、子産、子太叔等七人相從。趙孟因曰：‘七子從君，以寵武也。’請皆賦，以終君之貺，使武亦得以觀七子之志。伯有賦《鶉之奔奔》。趙孟即曰：‘牀笫之言不踰閾，况在野乎？非使臣之所得聞也。’以爲此詩刺淫亂，不宜賦及，故面斥之。且復退而告叔向曰:'伯有將爲戮矣。詩以言志。志誣其上,而公怨之,以爲賓榮,其能久乎?'則刺淫且不可賦,其嚴如此。及子太叔賦《野有蔓草》,即拜曰:'吾子之惠也。'夫《野有蔓草》,朱子所谓淫詩也。淫則何以稱貺?何以明志?何以拜惠?且同一淫詩,而向以一則面斥,一則面諛,其不倫又若是,然則以當時鄭大夫本國之詩之解,見諸實事,明白可據,而區區數千年後之一儒,謂足以非所是而黑所白,難矣。且不特此也。"

又曰:"後此,昭十六年,宣子至鄭,鄭六卿餞之於郊。宣子曰:'二三君子請皆賦,起亦以知鄭志。'當時子齹賦《野有蔓草》,子太叔賦《褰裳》,子游賦《風雨》,子旗賦《有女同車》,子柳賦《蘀兮》。此五詩者,皆朱氏之所稱爲淫詩者也。然而鄭國諸卿盡賦之,宣子又并受之,且并頌之曰:'孺子善哉,吾有望矣。'又曰:'鄭其庶乎。二三君子以君命貺起,賦不出鄭志,皆昵燕好也。'向使五詩皆淫詩,則在諸子必擇己國之淫詞以爲貺,辱宣子耶?自辱耶?不出鄭志者,志淫耶?抑志醜耶?而宣子又甘歷受其淫貺而不之怪?即使宋朝遇嫪毒,亦不必盡發其淫語而盡語之,有若此矣。張南士嘗曰:'疑善從實,疑惡從虚,君子之志也。'未有數千年并無惡形而世遠年淹之後,可無端而强坐曰如是如是。若以爲《春秋》諸事不足盡信,則六經可廢矣。"

又曰:"《南史·袁粲傳》:'粲峻於儀範。廢帝倮之迫之使走。粲雅步如常,顧而言曰:"風雨如晦,雞鳴不已。"'蓋以《詩》言君子有常,雖處亂世而不改其度也。如此事實,載之可感,言之可思,而淫説一行俱使歇絕。田汝成曰:'既無以助名教,而袛以導淫佚,此何意也?'"

庚曰:"如《青青子衿》,《序》謂刺學校,而朱氏確然以爲淫奔,以爲詞意儇薄,施之學校不相似也。此豈無説乎?"乙曰:"此正全不識《詩》而漫然以妄臆斷之者也。詩人有故爲儇語而實重,故爲薄語而實厚者。"衮衣"留周公詞,亦似儇,然情則重矣。《麥秀》傷故都,語雖甚薄,然思則厚矣。且風人之旨,意在言外,故言不足以盡意,必考時論事而後知之。閻潛邱嘗曰:'唐人朱慶餘作《閨情》一篇獻水部郎中張籍曰:"洞房昨夜停紅燭,待曉堂前拜舅姑。粧罷低聲問夫壻,畫眉深淺入時無?"向使無獻水部一題,則儇儇數言,但閨閣語耳。有能解其以生平就匹賢達之意乎?風人寓言,其不可猝辨類如此。'請即以此質朱氏,凡以意逆志,須灼知其詩出於何世,傳於何時,與所作者何如人,乃可逆之。若止就讀句,髣髴想像,即鑿然定爲何詩,其寃抑者不既多乎。"

又曰:"况《青衿》一詩,原屬風刺,未嘗儇薄。且亦漢唐以來行文之甚有據者。北魏獻文詔高允曰:'道肆淩遲,學業遂廢。《子衿》之歎,復見於今。'《北史》大寧中徵虞喜爲博士,詔曰:'喪亂以來,儒軌淩夷。每覽《子衿》之詩,未尝不慨然。'如此引用,不一而足。即朱氏《白鹿洞賦》亦云:'廣《青衿》之疑問。'寧他時儇薄,此時不儇薄耶?"

又曰:“胡安國作《春秋傳》最爲無禮,惟《鄭風》諸詩則一遵古《序》。其於鄭忽出奔,《傳》曰:‘《詩·有女同車》,刺無大國之助也。《山有扶蘇》所美,非美也。《蘀兮》,君弱臣强不倡而和也。《狡童》,不能與賢人圖事,權臣擅命也。’然則宋人説《詩》自朱《傳》外,亦無不遵《序》者。予作《春秋傳》則不從胡氏之説,以鄭忽不取齊女爲無罪。而在《詩》則風人刺譏,但較成敗,失勢昧時,便無倚賴,所謂辭昏本無過,亡援頗可惜。此當以《春秋》解《詩》,不當以《詩》解《春秋》者。而朱氏極駁之,歷將其所云刺忽之詩改爲淫奔,且别作調笑語曰:‘《春秋》最苦是鄭忽。’將欲以此杜學者之口,則倔彊甚矣。”甲曰:“《褰裳》詩:‘子惠思我,褰裳涉溱。子不我思,豈無他人!’惟男女相謔,其辭甚安。若云鄭突簒君求救大國,可曰‘豈無他人’乎?”乙曰:“此非毛鄭之解,乃《春秋》之詩。而《春秋》大夫自解之者。當昭十六年,晋韓宣子聘於鄭。是時鄭方倚晋以拒楚,而宣子爲晋上卿,且甚賢。乃復以鄭商玉環之故,與宣子抗。則其郊餞時賦詩言志,重申其倚恃大國之意,尚何敢以‘豈無他人’自露其二心於晋,别求荊楚,開鄭罪戾?而子太叔賦《褰裳》而不爲嫌,宣子聞之而不爲怪。且曰:‘起在此敢勤子至於他人乎?’一似其言,固然彼此相安而不之覺,正以作詩之本事,原爲求救大國之辭也。夫風人之旨言,有甚傲而實殷,甚慢而實迫者。不必男女始安,非男女即不安也。不然,子太叔何以儼賦此詩?宣子何以受之而更爲之辭?讀經至此,而猶憪然不一省,眞狂夫矣。故曰:‘《詩》義有在,必不可以陋儒之腹揣度辭句。’此其証也。”

緇衣之宜兮,敝予又改爲兮。適子之館兮,還予授子之粲兮。
緇衣之好兮,敝予又改造兮。適子之館兮,還予授子之粲兮。
緇衣之蓆兮,敝予又改作兮。適子之館兮,還予授子之粲兮。

宜、爲韻。館、粲韻。好、造韻。蓆、作韻。

《序》曰:美武公也。父子并爲周司徒,善於其職,國人宜之。

國人,周國之人也。朱《注》。鄭人不得爲緇衣之服適卿士之館也。然入於《鄭風》者,猶許夫人作《載驅》而入於鄘也。

緇,黑色。王之卿士居私朝之服也。子,指武公也。適其館舍問候之也。還而又與之以粲言,好之無已也。朱《注》。蓆,大也。《傳》。

《緇衣》三章,章四句。

將仲子兮,無踰我里,無折我樹杞。豈敢愛之,畏我父母。仲可懷也,父母之言亦可畏也。

將仲子兮，無踰我牆，無折我樹桑。豈收愛之，畏我諸兄。仲可懷也，諸兄之言亦可畏也。

將仲子兮，無踰我園，無折我樹檀。豈敢愛之，畏人之多言。仲可懷也，人之多言亦可畏也。

里、杞、母韻。懷、畏韻。牆、桑、兄韻。園、檀、言韻。

《序》曰：刺莊公也。不勝其母，以害其弟。弟叔失道，而公弗制。祭仲諫而公弗聽，小不忍以致大亂焉。

此詩人代莊公辭仲之言也。仲數諫莊公，請除叔段，故云然。

将，請也。仲子，祭仲也。踰，越也。里，居也。二十五家爲里。《傳》。無踰我里，喻言無干我親戚也。無折我樹杞，喻言無傷害我兄弟也。《箋》。豈敢愛之，謂非私愛其弟也。仲謀固可思，而父母偏責之言亦可畏也。諸兄，公族也。《傳》。人之多言，謂兄弟不相容之言也。

《將仲子》三章，章八句。

莊公置母於隧，加君以矢，罪何可逭？但其待弟一節，忿恨其不義有之，而不忍遽翦亦有之。觀《春秋傳》能除而不除，既克不殺，而任其奔共。及後又思之曰："寡人有弟不能和協，而使糊其口於四方。"則《序》所謂小不忍者，亦天性之未盡泯也。

叔于田，巷無居人。豈無居人，不如叔也，洵美且仁。

叔于狩，巷無飲酒。豈無飲酒，不如叔也，洵美且好。

叔適野，巷無服馬。豈無服馬，不如叔也，洵美且武。

田、人、仁韻。狩、酒、好韻。野、馬、武韻。

《序》曰：刺莊公也。叔處於京，繕甲治兵，以出於田，國人說而歸之。

叔，大叔段也。田，取禽也。巷，里塗也。謂居人皆不如叔，故叔出如無人耳。冬獵曰狩。蓋段多材勇，宵小獻諛，遂成禍亂。莊公當擇賢輔以弼教之，或取其黨與而誅滅之可也。乃縱之狂背，詩人所以刺也。

《叔于田》三章，章五句。

叔于田，乘乘馬。執轡如組，兩驂如舞。叔在藪，火烈具舉。襢裼暴虎，獻于公所。將叔無狃，戒其傷女。

叔于田，乘乘黄。兩服上襄，兩驂鴈行。叔在藪，火烈具揚。叔善射忌，又良御忌。抑磬控忌，抑縱送忌。

叔于田，乘乘鴇。兩服齊首，兩驂如手。叔在藪，火烈具阜。叔馬慢忌，叔發罕忌。抑釋掤忌，抑鬯弓忌。鴇，音保。掤，音冰。

馬、組、舞、舉、虎、所、女韻。黄、襄、行、揚韻。射、御韻。控、送韻。鴇、首、手、阜韻。慢、罕韻。掤、弓韻。

《序》曰：刺莊公也。叔多材而好勇，不義而得衆也。

前篇于田，自田也。此于田，從公田也。藪澤，禽之府也。烈，列也，列人以舉火也。具，俱也。襢裼，肉袒也。暴虎，空手搏虎也。狃，習也。二句愛之之辭。乘黄，四馬皆黄也。兩服，中央夾轅者。襄，駕也。言上駕之馬也。鴈行，少次服後也。忌，語辭。騁馬曰磬，止馬曰控。《傳》《箋》。舍拔曰縱，覆𢐓曰送。朱《注》。驪白雜毛曰鴇，如手，如左右手之相佐助也。阜，盛也。慢，馬行遲也。罕，矢發稀。掤，即《左傳》之冰，箭筩也。釋掤，解筩以覆矢也。鬯，盛弓之器。鬯弓，弢之於鬯也。言其田畢而閒暇有餘也。

《大叔于田》三章，章十句。

清人在彭，駟介旁旁。二矛重英，河上乎翱翔。

清人在消，駟介麃麃。二矛重喬，河上乎逍遥。

清人在軸，駟介陶陶。左旋右抽，中軍作好。旁，補彭反。

彭、旁、英、翔韻。消、麃、喬、遙韻。軸、陶、抽、好韻。軸當爲尤韻，平聲。

《序》曰：刺文公也。高克好利而不顧其君，文公惡而欲遠之不能。使高克将兵而禦狄於竟，陳其師旅，翱翔河上，久而不召，衆散而歸。高克奔陳。公子素惡高克進之不以禮，文公退之不以道，危國亡師之本，故作是詩也。

公子素，鄭臣。時狄侵衛。《箋》《疏》。

彭，衛之河上，鄭之郊也。高克將清邑之兵，故曰清人。介，甲也。旁旁，馳驅不息之貌。二矛，酋矛夷矛也。英，朱英，矛飾也。消亦河上地。麃麃，武貌。喬，高也。二矛刃以次高重累而相負揭也。軸亦河上地。陶陶亦馳驅貌。《传》。左，御者也。右，車右也。言高克久不得歸，日使其御者習旋車，車右抽刀，自居中央爲軍之容好而已。《箋》。師之潰在即矣，故《春秋》曰：鄭棄其師。

《清人》三章，章四句。

羔裘如濡，洵直且侯。彼其之子，舍命不渝。

羔裘豹飾，孔武有力。彼其之子，邦之司直。

羔裘晏兮，三英粲兮。彼其之子，邦之彦兮。

濡、侯、渝韻。飾、力、直韻。晏、粲、彦韻。

《序》曰：刺朝也。言古之君子以風其朝焉。

羔裘，大夫朝服也。如濡，潤澤也。《傳》。洵，信也。直，毛順也。侯，美也。朱《注》。舍，處也。不渝，不變也。謂守死善道見危授命也。《傳》《箋》。豹飾，以豹皮緣袖也。甚武有力，即豹皮而見之也。禮：君用純物，臣下之故，袖飾异皮，司主也。晏，鮮盛貌。《傳》。古者絲以英裘，三英即五紽之類也。粲，光明貌。彦，士之美稱。由服以觀其人，立命也。主直也，彦美也，國之楨幹也，而何今之不然也。

《羔裘》三章，章四句。

遵大路兮，摻執子之袪兮。無我惡兮，不寁故也。

遵大路兮，摻執子之手兮。無我䰾兮，不寁好也。摻，所攬反。寁，市坎反。

袪、惡、故韻。手、䰾、好韻。

《序》曰：思君子也。莊公失道，君子去之。國人思望焉。

遵，循。摻，擥。子，指君子也。袪，袂。寁，速。故，舊。䰾，同醜。好，亦舊好也。言君子去之大路矣，我其循之，攬持其袪其手而留之曰：子，我惡乎？子，我䰾乎？子，無然也。故舊之好不可以速去也。蓋列國大夫多係世臣，故曰故好。

《遵大路》二章，章四句。

女曰雞鳴，士曰昧旦。子興視夜，明星有爛。將翱將翔，弋鳧與鴈。

弋言加之，與子宜之。宜言飲酒，與子偕老。琴瑟在御，莫不靜好。

知子之來之，雜佩以贈之。知子之順之，雜佩以問之。知子之好之，雜佩以報之。

旦、爛、鴈韻。加、宜韻。酒、老、好韻。來、贈叶韻。則隊、職回互作叶也。順、問韻。好、報韻。

《序》曰：刺不説德也。陳古義以刺今不説德而好色也。

昧旦，而始旦也。弋，繳射也。婦警夫起曰，雞鳴矣。夫應曰，豈但雞鳴，想昧旦矣。

婦曰,如是則子起視夜,小星必沒,爛然者惟明星耳。子其翺翔而往以弋鳧鴈可也。此見夫婦之不留於色而警覺以有事也。射者,男子之事。中饋,婦人之職。故婦又語其夫曰,果弋而加諸鳧鴈,則我與子調五味以宜之,飲酒相勞,期以偕老焉。《注》。斯時也,琴瑟在御,亦見靜好。則男正位乎外,女正位乎內。相敬如賓,樂而不淫,可想矣。來之順之好之,皆謂賢友也。雜佩者,珩璜琚瑀衝牙之類。婦又語其夫曰,不但此也,苟知子有賢友,我願解佩相將以取切嗟之益焉。則其不溺房帷之愛,而欲親賢士大夫相成令德又可見矣。而今有是人哉!

《女曰雞鳴》三章,章六句。

有女同車,顔如舜華。將翺將翔,佩玉瓊琚。彼美孟姜,洵美且都。
有女同行,顔如舜英。將翺將翔,佩玉將將。彼美孟姜,德音不忘。

車、華、琚、都韻。行、英、將、忘韻。

《序》曰:刺忽也。鄭人刺忽之不昏於齊太子。忽嘗有功於齊,齊侯將妻之齊女,賢而不取,卒以無大國之助,至於見逐,故國人刺之。

《春秋傳》:桓十一年,鄭昭公之敗北戎也,齊人將妻之,昭公辭。祭仲曰:必取之。君多內寵,子無大援,將不立,三公子皆君也。弗從。及莊公卒,昭公立,宋誘祭仲而執之,曰:不立突將死祭仲。與宋人盟,以厲公歸而立之。昭公奔衛。按:桓六年《傳》:齊侯欲以文姜妻太子忽,忽辭。及敗戎,齊侯又請妻之,又固辭。《正義》曰:《序》所謂賢而不取者,接有功於齊言,是後請之,女非文姜也。

舜,木槿也。都,閑習婦禮也。《箋》。英,猶華也。假言忽取齊女,同車同行。其女佩玉和鳴,美而且賢,則得大國之好爲何如哉。將,佩玉聲。

《有女同車》二章,章六句。

山有扶蘇,隰有荷華。不見子都,乃見狂且。
山有橋松,隰有游龍。不見子充,乃見狡童。

蘇、華、都、且韻。松、龍、充、童韻。

《序》曰:刺忽也。所美非美然。

扶蘇,小木也。荷華,扶渠也。其華菡萏都美而閑也。且,語辭。山有扶蘇興置小人於上也。隰有荷華興置美德於下也。故不見子都乃見狂且也。橋松上竦無枝山有之興待大臣無恩蔭也。游,放縱也。龍,葒草也。隰有之興聽恣小臣也。故不見子充乃見狡童也。充,性行充實也。狡童,狡好之童也。《箋》《傳》。

《山有扶蘇》二章,章四句。

蘀兮蘀兮,風其吹女。叔兮伯兮,倡予和女。
蘀兮蘀兮,風其漂女。叔兮伯兮,倡予要女。

吹、和韻。漂、要韻。

《序》曰:刺忽也。君弱臣强不倡而和也。

落葉謂之蘀。葉待風吹乃落興臣待君令乃行也。故以君意責臣曰叔兮伯兮,倡者非予乎?和者非汝乎?今何不倡而和,行止自專也。叔伯言群臣長幼也。漂,飄同。要,成也。《傳》《疏》。

《蘀兮》二章,章四句。

彼狡童兮,不與我言兮。維子之故,使我不能餐兮。
彼狡童兮,不與我食兮。維子之故,使我不能息兮。

言、餐韻。食、息韻。

《序》曰:刺忽也。不能與賢人圖事,權臣擅命也。

《疏》曰:權臣,祭仲也。

此托賢人之言也。狡童指忽左右使令之小臣也。不與我食,不與賢人共食禄也。息,安也。後人詩云:思君不能餐,思君不能寐。正本此。而朱《注》以爲淫女戲人之辭,何薄惡乃爾。

《狡童》二章,章四句。

按:古人進君以言,猶不敢直斥,曰敢告僕夫、用告暬御,况刺其君而反直斥君爲狡童乎?《序》言刺忽,謂詩之本意也。《傳》遂直以狡童指忽,誤矣。此與箕子《麥秀歌》正同,皆不斥君而斥其左右之辭也。

子惠思我,褰裳涉溱。子不我思,豈無他人,狂童之狂也且。
子惠思我,褰裳涉洧。子不我思,豈無他士,狂童之狂也且。

溱、人韻。洧、士韻。狂童句作尾聲，二章相應爲韻。

《序》曰：思見正也。狂童恣行，國人思大國之正己也。

此爲告大國之辭也。子，指大國執政之卿也。言子若惠愛而思我，我則褰裳涉溱，以告難焉。不者，將轉告於他人矣。何者？狂童所爲益狂，不可以不正也。也且，語辭。大國之卿當天子之上士，故曰他士。狂童，指祭仲。

《褰裳》二章，章五句。

惲皋聞曰："每讀朱《注》至則將褰裳涉溱以從子爲之失笑，以女子褰裳涉水，成何形狀？通儒何乃有此注也。"

按：狂童，《傳》無明文。《箋》《疏》指突。竊謂當指祭仲，不當指突。何者？突已得國，則皆先君之子也，國人不必求大國去之也。突未得國，或出奔，則又無庸求大國正之矣。況自厲公以後之君，皆厲公之子孫也。子太叔賦《褰裳》以餞韓宣子，則是斥其先君先祖之惡矣。而可哉？祭仲初立，忽又立突。逐忽已又逐突。立忽已又與聞高渠彌弑忽。眞狂妄而又狂妄者也。國人必切齒之矣。宜其望大國之見正哉。或謂仲老矣，不可稱童，則詩斥昏蒙，何所不可？況正以此爲譎諫也。

子之丰兮，俟我乎巷兮，悔予不送兮。
子之昌兮，俟我乎堂兮，悔予不將兮。
衣錦褧衣，裳錦褧裳。叔兮伯兮，駕予與行。
裳錦褧裳，衣錦褧衣。叔兮伯兮，駕予與歸。

丰、巷、送韻。昌、堂、將韻。裳、行韻。衣、歸韻。

《序》曰：刺亂也。昏姻之道缺，陽倡而陰不和，男行而女不隨。

此蓋當時有女子許嫁，壻家來迎而刁難不肯即行，及後失其配偶，乃悔而思更來迎之，是亂道也。故詩人序其事以刺之。

丰，豐滿也。巷，門外也。昌，盛壯貌。《傳》。堂，寢堂也。《疏》。將，行也。《傳》。褧，禪也。蓋以禪縠爲之衣裳，用錦而上加禪縠，庶人之妻嫁服也。《箋》。曰丰曰昌，是注意前迎者矣。而乃泛言叔伯者，既拒而不從，故慙之而不敢指定也。前二章悔前日之親迎而不從也，後二章欲其更來迎已也。

《丰》四章，二章章三句，二章章四句。

東門之墠，茹藘在阪。其室則邇，其人甚遠。

東門之栗，有踐家室。豈不爾思？子不我即。墠，音善。坂，音反。

墠、阪、遠韻。栗、室、即韻。

《序》曰：刺亂也。男女有不待禮而相奔者也。

相奔欲奔也。奔即《周禮》奔者不禁之奔，謂六禮不備也。

東門，城東門也。墠，除地町町者。茹藘，蒨草也。阪，高阜也。栗，樹名。踐，履也。言東門之外有墠，阪上有茹藘，其室外所履之道有栗，即我許嫁之人之家室也。咫尺甚近，而彼不來迎我，何也？蓋世亂多故，易喪配偶，故女子思其夫速來迎已，不必待六禮之全也。世亂驅人，可歎也。

《東門之墠》二章，章四句。

風雨淒淒，鷄鳴喈喈。既見君子，云胡不夷。

風雨瀟瀟，鷄鳴膠膠。既見君子，云胡不瘳。

風雨如晦，鷄鳴不已。既見君子，云胡不喜。

淒、喈、夷韻。瀟、膠、瘳韻。晦、已、喜韻。

《序》曰：思君子也。亂世則思君子不改其度焉。

鷄遇風雨而不變其鳴，興君子遭亂世而不改其度也。淒淒，寒涼之意。夷，説也。瀟瀟，暴疾。《傳》。膠膠，相連聲。瘳，病愈也。

《風雨》三章，章四句。

青青子衿，悠悠我心。縱我不往，子寧不嗣音。

青青子佩，悠悠我思。縱我不往，子寧不來。

挑兮達兮，在城闕兮。一日不見，如三月兮。

衿、心、音韻。佩、思、來韻。達、闕、月韻。

《序》曰：刺學校廢也。亂世則學校不修焉。

青衿，青領也。學子之所服嗣習也。古者教以音樂，誦之歌之弦之舞之。佩，佩玉也。士佩瓀珉而青組綬。《傳》。來，入學也。挑達，跳躍遊行之貌。城闕，城上樓觀也。此爲留學者責去者之辭。言子之去，我甚思之。縱我學習不能往眎子，而子寧不當入學習樂，一來會乎？乃惟跳行於城闕之上，美材荒棄，如之何可忘！

《子衿》三章，章四句。

揚之水，不流束楚。終鮮兄弟，維予與女。無信人之言，人實迂女。

揚之水，不流束薪。終鮮兄弟，維予二人。無信人之言，人實不信。迂，求狂反，又居望反。

楚、女韻。薪、人、信韻。

《序》曰：閔無臣也。君子閔忽之無忠臣良士終以死亡而作是詩也。

激揚之水而不流束楚，興居君之位而不能有臣也。蓋忽兄弟爭國，親戚相疑，故設爲同姓臣之言曰：汝終少兄弟矣，維予與汝，而汝又聽人之誑，何哉！

《揚之水》二章，章六句。

出其東門，有女如雲。雖則如雲，匪我思存。縞衣綦巾，聊樂我員。

出其闉闍，有女如荼。雖則如荼，匪我思且。縞衣茹藘，聊可與娱。闉音因。闍音都。

門、雲、存、巾、員韻。闍、荼、且、藘、娱韻。

《序》曰：閔亂也。公子五爭。兵革不息。男女相棄，民人思保其室家焉。

桓十一年，祭仲立厲公而昭公出奔，一爭也。十五年，厲公謀殺祭足洩，厲公出奔，昭公復入，二爭也。十七年，高渠彌弑昭公，祭仲與之立公子亹，三爭也。十八年，齊人殺子亹而轘高渠彌，祭仲立公子儀，四爭也。莊十四年，傅瑕殺公子儀而納厲公，五爭也。

如雲，衆多也。《傳》。縞，白薄繒也。《疏》。綦，蒼艾色。聊，且也。員，云同，助語辭。闉，曲城也。闍，城臺也。荼，英荼，茅之秀，色白，吴語所謂望之如荼是也。茹藘，茜草染巾也。詩人言亂後流離，東門之外，女多如雲，非我所能存恤也。且保己妻不至喪失，以自幸快而已。如荼則謂兵革之後死亡者多，女皆喪服也。《傳》《疏》。蓋凶亂之年，男子尚可逃之四方，婦女則惟群出邑外劚根採蔬，故詩人即所見以傷之。

《出其東門》二章，章六句。

野有蔓草，零露漙兮。有美一人，清揚婉兮。邂逅相遇，適我願兮。

野有蔓草，零露瀼瀼。有美一人，婉如清揚，邂逅相遇，與子偕臧。

溥、婉、願韻。揚、臧韻。

《序》曰：思遇時也。君之澤不下，流民窮於兵革，男女失時，思不期而會焉。

溥，溥然。盛，多也。零，落也。清，目下也。揚，眉上也。婉然美也。邂逅，不期而會也。瀼瀼，盛貌。以蔓草之沾露，興民之當被澤也。今乃男思與女不期而會，所謂凶年殺禮也。

《野有蔓草》二章，章六句。

惲皋聞曰：朱《注》謂男女相遇於野田草露之間，各得其所欲，何穢褻之甚也。

溱與洧，方渙渙兮。士與女，方秉蕑兮。女曰觀乎，士曰既且。且往觀乎，洧之外，洵訏且樂。維士與女，伊其相謔。贈之以勺藥。

溱與洧，瀏其清矣。士與女，殷其盈矣。女曰觀乎，士曰既且。且往觀乎，洧之外，洵訏且樂。維士與女，伊其將謔。贈之以勺藥。

渙、蕑韻。乎、且韻。樂、謔、藥韻。清、盈韻。

《序》曰：刺亂也。兵革不息，男女相棄，淫風大行，莫之能救焉。

渙渙，盛也。秉，持也。蕑，蘭也。鄭國之俗，三月上巳之溱洧兩水之上招魂續魄，秉蘭草祓除不祥。《後漢書注》。既且之且同徂，已往也。“且往”二句，女又要之也。訏，大也。“維士”三句，即其事以醜之也。伊，因也。贈，贈女也。瀏，深貌。殷，衆也。將，大也。大謔又不止於相謔矣，甚醜其無恥也。然乃以兵革亂離習染成惡，所謂不富不穀也。《詩》之可以觀政如此。

《溱洧》二章，章十二句。

《鄭風》二十一篇，三十三章，二百八十三句。

齊第八

鄭《譜》曰：齊者，古少皞之世爽鳩氏之墟。周武王伐紂，封大師吕望於齊，是謂齊太公。地方百里，都營邱。周公致太平，敷定九畿，復夏禹之舊制。成王用周公之法制，廣大邦國之境，而齊受上公之地，更方五百里。其封域東至於海，西至於河，南至於穆陵，北至於無棣。其子丁公嗣位於王官。後五世，哀公政衰，荒淫怠慢。紀侯譖之於周懿王，使烹焉，齊人變風始作。

雞既鳴矣,朝既盈矣。匪雞則鳴,蒼蠅之聲。

東方明矣,朝既昌矣。匪東方則明,月出之光。

蟲飛薨薨,甘與子同夢,會且歸矣,無庶予子憎。

鳴、盈、聲韻。明、昌、光韻。薨、夢、憎韻。

《序》曰:思賢妃也。哀公荒淫怠慢,故陳賢妃貞女,夙夜警戒,相成之道焉。

言賢貞之妃早夜警君,謂雞鳴朝盈,可以起而視朝。然實非雞鳴,乃蒼蠅有物感之群起有聲。驚畏之心,誤以爲雞鳴耳。上二句代賢妃之言,下二句則詩人之言也。二章意同。盈,來朝之臣滿也。昌,盛也。大戴《禮》曰:羽蟲三百六十,鳳凰爲之長。則鳥皆稱蟲,不必專小蟲也。《正義》。飛者,天早明而羽蟲飛也。同夢,同寢而夢也。會於朝者,以君不出且歸矣。庶,近也。無乃近於以我之故而并憎子乎!又代述賢妃之言也。此古夫婦相成之道也。

《雞鳴》三章,章四句。

子之還兮,遭我乎峱之間兮。并驅從兩肩兮,揖我謂我儇兮。

子之茂兮,遭我乎峱之道兮。并驅從兩牡兮,揖我謂我好兮。

子之昌兮,遭我乎峱之陽兮。并驅從兩狼兮,揖我謂我臧兮。還,音旋。《韓詩》作嫙。峱,乃刀反。

還、閒、肩、儇韻。茂、道、牡、好韻。昌、陽、狼、臧韻。

《序》曰:刺荒也。哀公好田獵,從禽獸而無厭。國人化之,遂成風俗。習於田獵謂之賢,閑於馳逐謂之好焉。

還,便捷之貌。峱,山名。《傳》。子也,我也,皆士大夫也。《箋》。獸三歲曰肩。儇,利也。《傳》。從兩肩故曰并驅。此在田相逢互相稱譽。詩人述之,言子之便捷,遭我峱閒,并驅兩肩,反揖我而稱我輕利也。舉一人之辭,而兩人俱見矣。茂,美也。《傳》。

《還》三章,章四句。

俟我於著乎而,充耳以素乎而,尚之以瓊華乎而。

俟我於庭乎而,充耳以青乎而,尚之以瓊瑩乎而。

俟我於堂乎而,充耳以黄乎而,尚之以瓊英乎而。

著、素、華韻。庭、青、瑩韻。堂、黄、英韻。

《序》曰：刺時也。時不親迎也。

屏之閒曰著。《傳》。我，詩人代嫁者之辭也。充耳，塡也。素、青、黄，懸瑱之紞也，織綫爲之。人君五色臣則三色。《箋》《疏》。乎而，語辭。吕東萊曰：婚禮：壻往女家奠鴈降，出婦從降自西階。壻乘其車先俟於門外，婦至則揖而入。時齊俗不親迎，故婦至壻門始見其俟也。二章婚禮壻導婦至寢門揖入之時也。三章婚禮升自西階之時也。

《著》三章，章三句。

東方之日兮，彼姝者子，在我室兮。在我室兮，履我即兮。

東方之月兮，彼姝者子，在我闥兮。在我闥兮，履我發兮。

日、室、即韻。月、闥、發韻。

《序》曰：刺衰也。君臣失道，男女淫奔不能以禮化也。

以日出東方，興人君明盛無不照察也。月承日下而在東方，以興臣之明察也。故其時之女子，見姝然美好之壻以禮親迎，而在我之室，我以禮即而從之。親迎禮行，而在我闥，我以禮發而行歸。而何今之淫奔者不然也。舉盛以刺衰也。履，禮也。即，就也。闥，門内也。發，行也。

《東方之日》二章，章五句。

東方未明，顛倒衣裳。顛之倒之，自公召之。

東方未晞，顛倒裳衣。倒之顛之，自公令之。

折柳樊圃，狂夫瞿瞿。不能晨夜，不夙則莫。

明、裳韻。倒、召韻。晞、衣韻。顛、令韻。所謂兩界之通也。然令本可讀憐，西羌先零零讀憐可證。圃、瞿、莫韻。

《序》曰：刺無節也。朝廷興居無節，號令不時，挈壺氏不能掌其職焉。

按：《周禮》：挈壺氏掌漏刻之官。

顛倒者，急遽而着，早而猶恐遲也。然己自君所而召之，是之謂興居不節。樊，藩也。圃，菜園也。《傳》。瞿瞿，驚顧之貌。折柳以藩圃，而狂夫猶瞿瞿而不敢越。朱《注》。興晝夜之節甚明，挈壺當恪守而不可失也。今乃不能時節，此夜之刻漏，《疏》。不失之早，則失之晚，何哉！晨，時也。莫，同暮。責挈壺氏即以刺君也。

《東方未明》三章，章四句。

南山崔崔，雄狐綏綏。魯道有蕩，齊子由歸。既曰歸止，曷又懷止？
葛屨五兩，冠緌雙止。魯道有蕩，齊子庸止。既曰庸止，曷又從止？
蓺麻如之何？衡從其畝。取妻如之何，必告父母。既曰告止，曷又鞠止？
析薪如之何？匪斧不克。取妻如之何？匪媒不得。既曰得止，曷又極止？

崔、綏、歸、懷韻。兩、雙、庸、從韻。畝、母韻。告、鞠韻。克、得、極韻。

《序》曰：刺襄公也。鳥獸之行，淫乎其妹。大夫遇是惡，作詩而去之。

南山，齊南山也。崔崔，高大貌。《傳》。飛曰雌雄，走曰牝牡。散則可以相通。故《牧誓》曰牝雞，此曰雄狐也。綏綏，尾下垂之貌。高山有妖淫之狐，興君位乃有禽獸之襄公也。蕩，平易也。齊子，齊女也。由歸，由魯道以于歸也。懷，襄公淫思之也。止，語辭。屨，賤服。葛屨，又薄佻者。屨曰兩謂兩隻也，猶車曰輛謂兩輪也。五兩則奇數。冠纓結之，其餘而下垂者曰緌。乃以冠緌尊服往配而使之成雙，則貴賤失其類。興文姜與姪娣傅姆五人同處而襄公往奸而雙之，則陰陽壞其倫也。庸，用也。用此道以歸也。《箋》。二章責襄公也。蓺，樹也。衡從其畝者，衡獵之，從獵之。《傳》。謂既耕而東西從横踐躡槩摩之也。鞠，窮也。極，至也。窮極其淫邪而不禁也。二章責魯桓公也。觀如齊而與之俱，則平素之縱其欲可知矣。

《南山》四章，章六句。

無田甫田，維莠驕驕。無思遠人，勞心忉忉。
無田甫田，維莠桀桀。無思遠人，勞心怛怛。
婉兮孌兮，總角丱兮。未幾見兮，突而弁兮。忉，音刀。

驕、忉韻。桀、怛韻。孌、丱、見、弁韻。

《序》曰：大夫刺襄公也。無禮義而求大功，不修德而求諸侯，志大心勞，所以求者非其道也。

上田，同佃，治田也。甫，大也。思遠人，求諸侯之服也。忉忉怛怛，皆憂勞也。婉、孌，少好貌。總角，聚兩髦也。《傳》。丱，兩角之貌。朱《注》。言少好總角而忽冠，興人君修德而即有大功也。乃不修而求功，何哉！前二章有賦之興也，末章無賦之興也。

《甫田》三章，章四句。

盧令令，其人美且仁。

盧重環，其人美且鬈。

盧重鋂，其人美且偲。

令音連，與仁韻。環、鬈韻。鋂、偲韻。

《序》曰：刺荒也。襄公好田獵畢弋而不修民事，百姓苦之，故陳古以風焉。

畢，噣也。《箋》。掩兎之綱也。畢星似之，故名畢。

盧，田犬也。令令，纓環聲。其人，田獵之人君也。重環，子母環也。鬈讀爲權，勇壯也。鋂一環貫二也。偲，多才也。《傳》《箋》。孟子謂與民同樂，民見其田獵，舉欣欣有喜色而相稱者，此也。

《盧令》三章，章二句。

敝笱在梁，其魚魴鰥。齊子歸止，其從如雲。

敝笱在梁，其魚魴鱮。齊子歸止，其從如雨。

敝笱在梁，其魚唯唯。齊子歸止，其從如水。

鰥、雲韻。鱮、雨韻。唯、水韻。

《序》曰：刺文姜也。齊人惡魯桓公微弱，不能防閑文美，使至淫亂，爲二國患焉。

鰥，魚子也。魴，鰥魚之易制者。鱮似魴而弱鱗。唯唯，魚行隨順之貌。然而敝敗之笱不能制之，興文姜初時婉順，而魯桓微弱不能防之也。不觀齊子于歸之時乎，其從者皆如雲之從風，雨水之就下，何難制者？而今文姜惡，從者亦惡。《箋》。誰縱之然哉？

《敝笱》三章，章四句。

載驅薄薄，簟茀朱鞹。魯道有蕩，齊子發夕。

四驪濟濟，垂轡濔濔。魯道有蕩，齊子豈弟。

汶水湯湯，行人彭彭。魯道有蕩，齊子翺翔。

汶水滔滔，行人儦儦。魯道有蕩，齊子遊敖。

薄、鞹、夕韻。濟、濔、弟韻。湯、彭、翔韻。滔、儦、敖韻。

《序》曰：齊人刺襄公也。無禮義，故盛其車服，疾驅於通道大都，與文姜淫，播其惡於萬民焉。

薄薄，疾驅聲也。簟，方文席也。車之蔽曰茀。朱鞹者，諸侯之路車有朱革之質而羽飾也。《傳》。此襄公乘之而來會文姜也。故魯道蕩平，文姜即以夕發夜行就之。即《春秋》莊公時姜氏享齊侯於祝邱會齊侯於防之類也。驪，鐵驪也。濟濟，美也。濔濔，衆也。彭彭、儦儦，衆多貌。豈弟，樂易也。言其對此通都衆人，毫無慙耻也。

《載驅》四章，章四句。

猗嗟昌兮，頎而長兮。抑若揚兮，美目揚兮。巧趨蹌兮，射則臧兮。
猗嗟名兮，美目清兮。儀既成兮。終日射侯，不出正兮，展我甥兮。
猗嗟孌兮，清揚婉兮。舞則選兮，射則貫兮。四矢反兮，以禦亂兮。

昌、長、揚、蹌、臧韻。名、清、成、正、甥韻。孌、婉、選、貫、反、亂韻。

《序》曰：刺魯莊公也。齊人傷魯莊公有威儀技藝，然而不能以禮防閑其母，失子之道。人以爲齊侯之子焉。

按禮：婦人夫死從子，故子可以閑母。失子之道者，不閑其母，即不父其父也。故人醜詆之，以爲齊侯之子。如陳靈公與儀行父淫於夏姬，公曰"徵舒似汝"，對曰"亦似君"是也。又按鄭《箋》有云：襄公素與文姜淫通，及嫁，公謫之。《疏》謂：《左傳》桓十八年，公與夫人姜氏如齊，齊侯通焉。公謫之。《箋》乃謂素與淫通者，蓋姦淫之事生於聚居，不宜既嫁始。然此意度之妄也。考《春秋》：桓公三年，公子翬如齊逆文姜，齊僖公送之於讙。《傳》以爲君不送女，皆卿送之。僖公愛女，故越禮而行。《鄭語》曰：齊莊僖於是乎小伯。夫僖公能爲霸主而鐘愛此女，則僖公在時，其兄妹不惟幼小無奸，當亦不敢爲姦也。迨桓公六年，子莊公生。迄十四年，齊僖公始卒。襄公諸兒始立。十八年，公將如齊，與姜氏俱。申繻曰：女有家，男有室，無相瀆也，謂之有禮，易此必敗。公不聽，遂及文姜如齊。齊侯通焉。公謫之以告。齊侯使公子彭生乘公，公薨於車。其後莊公時，姜氏遂屢會齊襄，書於經。前此经傳俱無書，則前無淫通之事明矣。雖《公羊傳》載姜氏譖公於齊襄，曰公曰同莊公名。非吾子，齊侯之子也。乃桓公恨惡而責之之辭，而豈有實據哉！故姜氏以愬，齊襄以怒也。且詩曰：既曰歸止，曷又從止？言姜也有夫，襄何得與通也。曰：既曰告止，曷又鞠止？言桓既娶婦，曷不教以正也。曰：齊子歸止，其從唯唯。言初歸時尚未有惡也。曰：魯道有蕩，齊子翱翔。言弑桓之後乃恣放也。詩辭明白如此，而《箋》誣之，何也？予恐後人果疑莊公非魯桓子，故辨。

猗嗟，嘆詞。昌，盛也。頎，長貌。《傳》。望之俯而若揚，所以狀其頎長也。揚，眉上廣也。蹌，巧趨貌。臧，善也。目上爲名。《爾雅》。目下爲清。《傳》。正、侯，中之的也。展我齊之甥，所以拒時人言齊侯之子也。《箋》。選，齊於樂節也。貫，中正鵠也。反，復。四矢之中皆得其故處也。《箋》。言莊公威儀技藝之美如此，而但不能防閑其母，可嘆也。

《猗嗟》三章，章六句。

《齊國》十一篇，二十四章，百四十三句。

魏第九

鄭《譜》曰：魏者，虞舜夏禹所都之地，在禹貢冀州雷首之地析城之西。周以封同姓焉。其封域南枕河曲，北涉汾水。昔舜耕於歷山，陶於河濱。《正義》曰：皆魏地。禹菲飲食，惡衣服，卑宮室。一帝一王，儉約之化，於時猶存。及今魏君，嗇且褊急，不務廣修德於民，與秦晉隣國，日見侵削。國人憂之。當周平桓之時，魏之變風始作。至《春秋》魯閔公元年，晉獻公竟滅之，以其地賜大夫畢萬。

糾糾葛屨，可以履霜。摻摻女手，可以縫裳。要之襋之，好人服之。

好人提提，宛然左辟，佩其象揥。維是褊心，是以爲刺。

霜、裳韻。襋、服韻。辟、揥、刺韻。

《序》曰：刺褊也。魏地陿隘，其民機巧趨利，其君儉嗇褊急，而無德以將之。

糾糾，葛縷相交之貌。以葛屨之履冬霜，興新婦之執婦功也。摻摻，猶纖纖，纖細之貌。女者，未三月未成爲婦之稱。婦人三月廟見，然後執婦功。要，褸也。襋，領也。《傳》《箋》《疏》。好人，猶良人，指夫也。使新婦製要領而遂服之，褊急之狀也。提提，安諦也。《傳》。宛然左辟者，昏禮壻從西階導婦以入，至寢門，壻揖以婦入，則稍西辟之使婦進也。且廉恥也。《昏義疏》。佩揥者，女子著於首，男子則佩之，言好人儀容敬慎，但褊心可刺耳。

《葛屨》二章，一章六句，一章五句。

彼汾沮洳，言采其莫。彼其之子，美無度。美無度，殊異乎公路。

彼汾一方，言采其桑。彼其之子，美如英。美如英，殊異乎公行。

彼汾一曲，言采其藚。彼其之子，美如玉。美如玉，殊異乎公族。

洳、莫、度、路韻。方、桑、英、行韻。曲、藚、玉、族韻。

《序》曰：刺儉也。其君儉以能勤，刺不得禮也。

此詩當爲刺卿大夫之辭，而《序》言君者，風俗之所自也。汾水出太原郡汾陽縣北山西，南至汾陰入河。《地理志》。沮洳，濕潤之處。莫，菜名。美無度，言美不可尺寸量也。《箋》。公路，掌君之路車，晋以卿大夫之庶子爲之。見《左传》宣二年。言其人信美，但以公路而躬自采菜則不似耳。英，華也。朱《注》。公行，即公路也。以其又主兵車之行列，故謂之公行。《正義》。藚，水鳥也。公族，掌君之宗族。晋以卿大夫之適子爲之。《左傳》。

《汾沮洳》三章，章六句。

園有桃，其實之殽。心之憂矣，我歌且謠。不知我者，謂我士也驕。彼人是哉，子曰何其。心之憂矣，其誰知之。其誰知之，蓋亦勿思。

園有棘，其實之食。心之憂矣，聊以行國。不知我者，謂我士也罔極。彼人是哉，子曰何其。心之憂矣，其誰知之。其誰知之，蓋亦勿思。

桃、殽、謠、驕韻。是、何、知、思韻。棘、食、國、極韻。

《序》曰：刺時也。大夫憂其君國小而迫，而儉以嗇，不能用其民，而無德教，日以侵削，故作是詩也。

凡非穀而食皆謂之殽。《字彙》。曲合琴瑟曰歌，徒歌曰謠。以園有桃可取之爲殽，興國有民可恩之爲用也。而今無德無教，民離國削，故憂而托之歌謠。乃無知之人反謂我爲驕矜。且彼所行，未嘗不是。子必欲其如何？嗚呼！其不知也，其不思也。亂亡在即，而夢夢耶。彼人，謂君也。《箋》。其，音基，語詞。棘，棗也。罔極，無所極至，言其大甚也。《傳》《疏》。

《園有桃》二章，章十二句。

陟彼岵兮，瞻望父兮。父曰嗟予子行役，夙夜無已。上愼旃哉，猶來無止。

陟彼屺兮，瞻望母兮。母曰嗟予季行役，夙夜無寐。上愼旃哉，猶來無棄。

陟彼岡兮，瞻望兄兮。兄曰嗟予弟行役，夙夜必偕。上愼旃哉，猶來無死。

岵、父、已、止韻。屺、母、寐、棄韻。岡、兄韻。偕、死韻。

《序》曰：孝子行役，思念父母也。國迫而數侵削，役乎大國。《箋》曰爲人役。父母兄弟離散而作是詩也。

山多草木曰岵，無草木曰屺。《爾雅》。旃，猶之也。上，猶尚也。偕，同儕，偕作也。父母與兄之言，乃行役者遥想之，若聞其聲，曰：庶幾戒愼以生歸，勿粗忽而棄止於外也，此孝子也。

《陟岵》三章，章六句。

十畝之間兮，桑者閑閑兮。行與子還兮。

十畝之外兮，桑者泄泄兮。行與子逝兮。

閒、閑、還韻。外、泄、逝韻。

《序》曰：刺時也。言其國削小，民無所居焉。

十畝之閒者，周制，一井八家，各受田百畝，又各佃公田十畝，餘公田二十畝，各分二畝半爲廬舍，合之在邑二畝半爲五畝之宅。墻下樹桑。然一易之地則二百畝，再易之地則三百畝。是宅有十畝者矣。魏國削小，民居陋隘，故思盛王之世，宅有十畝，何其寬廣也。采桑之婦女閑閑泄泄，何其無所爭也。且桑者相與謂曰：行與子采桑而還乎？行與子采桑而往乎？何其行止自如也！而今不可得已。閑閑，即閒閒。泄泄，《爾雅》作洩洩，舒洩也。行，猶將也。朱《注》。

《十畝之閒》二章，章三句。

坎坎伐檀兮，寘之河之干兮。河水清且漣猗。不稼不穡，胡取禾三百廛兮？不狩不獵，胡瞻爾庭有縣貆兮？彼君子兮，不素餐兮。

坎坎伐輻兮，寘之河之側兮。河水清且直猗。不稼不穡，胡取禾三百億兮？不狩不獵，胡瞻爾庭有縣特兮？彼君子兮，不素食兮。

坎坎伐輪兮，寘之河之漘兮。河水清且淪猗。不稼不穡，胡取禾三百囷兮？不狩不獵，胡瞻爾庭有縣鶉兮？彼君子兮，不素飧兮。

檀、干、漣、廛、貆、餐韻。輻、側、直、億、特、食韻。輪、漘、淪、囷、鶉、飧韻。

《序》曰：刺貪也。在位貪鄙，無功而受禄，君子不得進仕爾。

坎坎，伐檀聲。寘，置也。干，厓也。風行水成文曰漣。猗，同兮，語詞。種之曰稼，斂之曰穡。《傳》。《周禮·遂人》：一廛田百畝。廛，居也，即五畝之宅。謂受一居者，即受田百畝。三百廛，三百夫之田禾也。冬獵曰狩，宵田曰獵。貉子曰貆。《箋》。素，空也。詩人言君子不得仕進，自勞其力。坎坎伐檀爲輪爲輻，置於河上。而因嘆河水之濁幾時清，而見其波纹漣然，或直或淪乎。《易緯》曰：王者太平嘉瑞之將出，則河水先清。然則明君其不作乎？仕進其無日乎？若彼在位者，不理農事，何以坐取民禾也？不躬田獵，何以其庭竟懸者累累也。嗟乎,彼不肯無功受禄之君子,洵可羡兮。十萬曰億。《箋》。豕生一曰特。《爾雅》。淪,小風水成文轉如輪也。方者爲倉,圓者爲囷,熟食曰飧。《傳》。

《伐檀》三章,章九句。

碩鼠碩鼠,無食我黍。三歲貫女,莫我肯顧。逝將去女,適彼樂土。樂土樂土,爰得我所。

碩鼠碩鼠,無食我麥。三歲貫女,莫我肯德。逝將去女,適彼樂國。樂國樂國,爰得我直。

碩鼠碩鼠,無食我苗。三歲貫女,莫我肯勞。逝將去女,適彼樂郊。樂郊樂郊,誰之永號。

黍、顧、土、所韻。麥、德、國、直韻。苗、勞、郊、號韻。

《序》曰:刺重斂也。國人刺其君重斂,蠶食於民,不修其政,貪而畏人,若大鼠也。

貫,習也。朱《注》。莫我肯德,不施德也。莫我肯勞,不勞來也。《箋》。直,猶宜也。朱《注》。誰之永號,言無復憂苦而長號也。夫君至民以碩鼠目之而思去,亡無日矣。宜其見滅於晋也。

《碩鼠》三章,章八句。

惲皋聞曰:"儉,美德也。過儉則嗇,嗇者必貪。《伐檀》刺貪,《碩鼠》刺重斂。蓋身居高位,嗇縮鄙細,米鹽搜剔,聚斂成風,民心已解而不知也。此歌謠行國之君子所以憂也。"

《魏國》七篇,十八章,百二十八句。

唐第十

鄭《譜》曰:唐者,帝堯始都之地,今曰太原晋陽,後乃遷河東平陽。成王封母弟叔虞於此,曰唐侯。南有晋水。至於子燮,改爲晋侯。其封域在禹貢冀州太行恒山之西,太原太岳之野。至曾孫成侯,南徙居曲沃,近平陽焉。昔堯之末,洪水九年,萬國不粒,於時殺禮以救難厄,其流乃被於今。當周公召公共和之時,成侯曾孫僖侯,甚嗇愛物,儉不中禮,國人閔之,唐之變風始作。其孫穆侯又徙於絳云。

蟋蟀在堂,歲聿其莫。今我不樂,日月其除。無已大康,職思其居。好樂無荒,良士瞿瞿。

蟋蟀在堂，歲聿其逝。今我不樂，日月其邁。無已大康，職思其外。好樂無荒，良士蹶蹶。

蟋蟀在堂，役車其休。今我不樂，日月其慆。無已大康，職思其憂。好樂無荒，良士休休。

莫、除、居、瞿韻。逝、邁、外、蹶韻。休、慆、憂、休韻。

《序》曰：刺晋僖公也。儉不中禮，故作是詩以閔之，欲其及時以禮自虞樂也。此晋也，而謂之唐，本其風俗，憂深思遠，儉而用禮，乃有堯之遺風焉。

蟋蟀，趨織也。語云：趨織鳴，嬾婦驚。在堂，九月時也。農功畢，人君可以爲樂。《傳》《箋》。即《豳風》所謂"十月滌埸，朋酒斯饗"也。聿，語詞。我，詩人謂我僖公也。言及今不爲樂，則日月倏爾除去，至季冬十二月，當復命農出五種計耦耕事，《月令》。不暇爲樂矣。但不已甚而過於康安。主思其所居之政事，則雖好樂而不荒淫，如良士之瞿瞿然顧禮義矣。《傳》。若太局促，何爲者？外，敵國之交也。《傳》。蹶蹶，動而敏於事也。《周禮》云：庶人乘，役車休者，穡事完故休也。慆，過也。憂鄰國侵伐之類也。《傳》《箋》。休休，自得也。詩人之言，儉而不苦，樂而不荒，可爲法矣。

《蟋蟀》三章，章八句。

山有樞，隰有榆。子有衣裳，弗曳弗婁。子有車馬，弗馳弗驅。宛其死矣，他人是愉。

山有栲，隰有杻。子有廷内，弗洒弗埽。子有鐘鼓，弗鼓弗考。宛其死矣，他人是保。

山有漆，隰有栗。子有酒食，何不日鼓瑟？且以喜樂，且以永日。宛其死矣，他人入室。

樞、榆、婁、驅、愉韻。栲、埽、杻、考、保韻。漆、栗、瑟、日、室韻。

《序》曰：刺晋昭公也。不能修道以正其國，有財不能用，有鐘鼓不能以自樂，有朝廷不能洒埽，政荒民散，將以危亡，四鄰謀取其國家而不知，國人作詩以刺之也。

樞，荎也，今之刺榆也。《爾雅》。以山之有材，興君之有政也。乃不修政而將歸他人尚弗覺哉！婁，著衣也。宛，死貌。愉，樂也。《傳》。栲，山樗。杻，檍也。《爾雅》。考，擊也。保，安也。《傳》。不言修政而言衣裳等物者，舉常情以惕之也。言不自强，則衣裳車馬庭除鼓樂倏忽歸之他人矣。他人，隱指桓叔也。

《山有樞》三章,章八句。

揚之水,白石鑿鑿。素衣朱襮,從子于沃。既見君子,云何不樂。

揚之水,白石皓皓。素衣朱繡,從子于鵠。既見君子,云何其憂。

揚之水,白石粼粼。我聞有命,不敢以告人。襮,音博。

鑿、沃、樂韻。皓、鵠、憂韻。鵠,居號切。《漢·地理志》鵠澤,讀告是也。粼、人韻。

《序》曰:刺晋昭公也。昭公分國以封沃,沃盛强,昭公微弱,國人將叛而歸沃焉。

鑿鑿,石露水中之貌。以石爲水所激而分明,興民爲桓叔所惠而向往也。襮,领也。諸侯朝服祭服之裹衣,以素布爲衣,綃黼爲領,丹朱爲純。子與君子,皆指桓叔。沃,曲沃也。從進此服於沃者,欲其爲諸侯也。皓皓,潔白也。朱繡,即朱襮繡刺黼文以褔領也。鵠,曲沃中邑也。粼粼,清澈也。有命,有傾晋之命也。朱《注》。夫有命不以告人,乃播諸歌咏乎？蓋作詩者形國人歸桓之狀,欲昭公聞之而警省也,而愚柔不振奈之何。

《揚之水》三章,二章章六句,一章四句。

椒聊之實,蕃衍盈升。彼其之子,碩大無朋。椒聊且,遠條且。

椒聊之實,蕃衍盈匊。彼其之子,實大且篤。椒聊且,遠條且。

升、朋韻。聊、條韻。匊、篤韻。

《序》曰:刺晋昭公也。君子見沃之盛强,能修其政,知其蕃衍盛大,子孫將有晋國焉。

椒,樹,其實香。聊,且也,少之之意。言椒捄音求。郭璞云:子聚生成房也。無多而蕃衍盈升,興桓叔支別而子孫衆多也。之子,桓叔也。碩,壯佼也。《箋》。大,高大也,謂形貌也。朋,比也。兩手曰匊。《傳》。實,堅實也。篤,厚也。且,語詞。言椒聊乎遠條乎未可量也。每章前後興而中賦也。

《椒聊》二章,章六句。

綢繆束薪,三星在天。今夕何夕,見此良人。子兮子兮,如此良人何!

綢繆束芻,三星在隅。今夕何夕,見此邂逅。子兮子兮,如此邂逅何!

綢繆束楚,三星在户。今夕何夕,見此粲者。子兮子兮,如此粲者何!

薪、天、人韻。芻、隅、逅韻。楚、户、者韻。子兮二句,三章相應爲韻。

《序》曰:刺晋亂也。國亂則婚姻不得其時焉。

綢繆,猶纏綿也。以薪芻之必用束,興婚姻之當及時也。三星,心也。昏見於天,則三月之末。《箋》。失迨冰未泮之時而晚矣。今女既嘆其晚,轉喜其成,意曰今夕何夕,而見此良人。子,自謂也。當如此良人,何喜之甚,而反若無以處之也。心在隅則夜久矣。邂逅者,恐遂不得成昏而忽成,若不期而遇也。此夫婦二人意中之語也。心在户則夜半矣。粲,美也。此夫意中之語也。

《綢繆》三章,章六句。

有杕之杜,其葉湑湑。獨行踽踽,豈無他人?不如我同父。嗟行之人,胡不比焉?人無兄弟,胡不佽焉?

有杕之杜,其葉菁菁。獨行睘睘,豈無他人,不如我同姓。嗟行之人,胡不比焉?人無兄弟,胡不佽焉?睘,又作煢。

湑、踽、父韻。比、佽韻。菁、睘、姓韻。

《序》曰:刺時也。君不能親其宗族,骨肉離散,獨居而無兄弟,將爲沃所幷爾。

杕,特貌。杜,赤棠也。《傳》。湑湑,盛貌。以特杜而葉盛,反興大君而親孤也。踽踽,無所親也。他人,异姓之臣也。行之人,异姓行政之人也。《箋》。嗟嘆行政之人何不親比君乎?君既無兄弟矣,何不佽助君乎?《傳》。夫同姓且疎,何况异姓?故言以譏之也。菁菁,亦盛也。

《杕杜》二章,章九句。

羔裘豹袪,自我人居居。豈無他人?維子之故。

羔裘豹褎,自我人究究。豈無他人?維子之好。

袪、居、故韻。褎、究、好韻。

《序》曰:刺時也。晋人刺其在位不恤其民也。

袪,即褎也。羔裘豹袪,卿大夫之服自用也。《傳》。居居、究究,惡也。《爾雅》。蓋安居而驕亢,苛究而刻薄也。豈無他人可歸往者,以子之世世臨我爲故好矣,不忍去耳。此其采邑之民之言也。亦唐風之厚也。《箋》。

《羔裘》二章,章四句。

肅肅鴇羽，集於苞栩。王事靡盬，不能蓺稷黍。父母何怙？悠悠蒼天，何其有所？

肅肅鴇翼，集於苞棘。王事靡盬，不能蓺黍稷。父母何食？悠悠蒼天，曷其有極？

肅肅鴇行，集於苞桑。王事靡盬，不能蓺稻粱。父母何嘗？悠悠蒼天，曷其有常？

栩，况羽反。

羽、栩、黍、怙、所韻。翼、棘、稷、食、極韻。行、桑、粱、嘗、常韻。

《序》曰：刺时也。昭公之後，大亂五世。君子下從征役，不得養其父母而作是詩也。

按《左傳》魯惠二十四年，晋昭侯封叔父成師於曲沃。三十年，晋潘父弒昭侯而納桓叔，不克。晋人立孝侯。四十五年，曲沃莊伯桓叔子伐翼，弒孝侯。晋人立其弟鄂侯。隱五年，曲沃莊伯伐翼，翼侯即鄂侯。奔隨。王立哀侯鄂侯子。於翼。六年，翼人逆晋侯於隨，纳諸鄂，晋人謂之鄂侯。桓二年，哀侯侵陘庭之田。陘庭南鄙，啟曲沃伐翼。三年，曲沃武公莊伯子。伐翼，逐翼侯即哀侯。於汾隰，夜獲之。七年，曲沃武公誘晋小子侯哀侯子。殺之。八年春，滅翼。是大亂五世也。

肅肅，鴇羽聲。苞，稹也。《爾雅》。物叢生也。栩，杼也。《爾雅》。即柞樹也。鴇鳥連蹄，性不樹止。故以鳥集樹之危，興君子從役之苦也。盬，同蠱，不攻緻也。靡盬，謂盡力於事無不攻緻也。《傳》《疏》。諸侯爲天子守土，故凡事皆可曰王事。怙，恃也。《傳》。行傳則不能耕田養親，故父母無所依恃也。有所，得所也。行，列也。常，復其常也。朱《注》。

《鴇羽》三章，章七句。

豈曰無衣七兮，不如子之衣，安且吉兮。

豈曰無衣六兮，不如子之衣，安且燠兮。

七、吉韻。六、燠韻。

《序》曰：刺晋武公也。武公始并晋國，其大夫爲之請命乎天子之使而作是詩也。

七者，《周禮》：侯伯七命，冕服七章。子，指天子之使也。言晋國舊爲諸侯，豈無七章之服，但不如子所請錫之衣，既安且吉，是以請也。天子之卿六命，言不得七命，則六命比於天子之卿，亦可也。燠，煖也。此詩人代晋大夫之辭。辭雖似遜，而簒弒亢逆之罪，昭然言外矣。

《無衣》二章，章三句。

按今《毛詩注疏》本《序》作刺晋武公，即鄭《箋》云，武公初并晋國，心不自安，故以得命服爲安，則亦謂其簒竊不安，非美也。不知《疏》何以言美？豈有二本耶？抑譌字耶？《疏》

云：事不當美美之者，其臣之意。如此則以爲武公之大夫所自作，故曰美其君。然同惡相濟之意，見於言外。作者以爲美，《詩》載之即以爲刺也。

有杕之杜，生于道左。彼君子兮，噬肯適我。中心好之，曷飲食之。

有杕之杜，生于道周。彼君子兮，噬肯来遊。中心好之，曷飲食之。

左、我韻。好、食韻。無、入十三部之通也。周、遊韻。

《序》曰：刺晋武公也。武公寡特，兼其宗族，而不求賢以自輔焉。

以杜之特生，興君之孤立，可不求賢以自輔乎？故言賢者若肯來我國，則當中心好之，而且飲之食之，而何君之不然也。噬，發语词。朱《注》。曷，何通。言當如何飲食之，惟恐飲食之不當也。周，曲也。

《有杕之杜》二章，章六句。

葛生蒙楚，蘞蔓于野。予美亡此，誰與獨處。

葛生蒙棘，蘞蔓于域。予美亡此，誰與獨息。

角枕粲兮，錦衾爛兮。予美亡此，誰與獨旦。

夏之日，冬之夜，百歲之後，歸于其居。

冬之夜，夏之日，百歲之後，歸于其室。

楚、野、處韻。棘、域、息韻。粲、爛、旦韻。夜、居韻。日、室韻。

《序》曰：刺晋獻公也。好攻戰則國人多喪矣。

如滅耿滅霍滅魏滅虢之類也。

蘞，亦蔓草也。以葛延而蒙楚，蘞蔓而被野，興婦人外成於夫家也。乃予美從軍不在於此，則誰與居乎？獨處而已。予，美夫也。域，營域也。旦，明也。獨旦，言枕粲衾爛，獨自潔清也。夏日永，冬夜永，則思爲尤切。且夫遠征無信，存亡未卜，要於百歲之後，同歸其穴室耳。唐風厚矣。《傳》《箋》。

《葛生》五章，章四句。

采苓采苓，首陽之巔。人之爲言，苟亦無信。舍旃舍旃，苟亦無然。人之爲言，胡得焉？

采苦采苦，首陽之下。人之爲言，苟以無與。舍旃舍旃，苟亦無然。人之爲言，胡得焉?

采葑采葑,首陽之東。人之爲言,苟亦無從。舍旃舍旃,苟亦無然。人之爲言,胡得焉?

苓、顛、信韻。旃、然、焉韻。《詩》助語辭率不入韻,而亦有偶爾爲韻者,此是也。苦、下、與韻。葑、東、從韻。

《序》曰:刺晋獻公也。獻公好聽讒焉。

如驪姬二五耦之儔也。

此托采物以起興也。苓,大苦也。首陽,山名,在河東蒲坂縣南。苟,且也。苦,苦菜也。言采苓采苓者,曰在首陽之巔。夫首陽之巔,信有苓矣。然而采之者未必即在此也。其事似是而非也。且無信之也。則遇讒言者,亦當如此矣。其舍之,其舍之,且無然之,則人之讒言何自而興乎。《傳》《箋》《疏》。

《采苓》三章,章八句。

《唐國》十二篇,三十三章,二百三句。

秦第十一

鄭《譜》云:秦者,隴西谷名,於《禹貢》近雍州鳥鼠之山。堯時有伯翳者,佐禹治水。水土既平,舜命作虞官,掌上下草木鳥獸,賜姓曰嬴。歷夏商興衰,亦世有人焉。周孝王使其末孫非子養馬於汧渭之閒,封爲附庸,邑之於秦谷。至曾孫秦仲,宣王又命作大夫,始有車馬禮樂侍御之好。秦仲之孫襄公,平王之初,興兵討西戎,以救周。平王東遷王城,乃始命爲諸侯。至玄孫德公徒於雍。

《史記》:平王賜襄公岐以西之地。子文公收周餘民有之,地至岐。岐以東獻之周文公。孫寧公徙居平陽。《正義》以今郿縣平陽亭是也。曾孫德公初居雍城。《正義》曰今扶風雍縣也。德公子穆公時,秦地東至河。蓋其後漸蠶食岐以東之地,并得之,遂横有周西都宗周畿内八百里之地矣。

《秦譜》有"伯翳實皋陶之子"一語,今删之。或問毛河右曰:"《史記·秦本紀》云:'秦之先始於大業大费。'而注者謂大業即皋陶,大费即伯益,亦即伯翳。何孔安國注《尚書》,趙岐注《孟子》,皆不之及也?"河右曰:"此非《史記》説也。其説起於《列女傳》。云陶子生五歲而佐禹。而曹大家注云:陶子者,皋陶之子伯益也。司馬貞作《索隱》,遂引之以注《史记》,實則《史记》所謂大费者,是柏翳,亦作伯翳,并非伯益。《索隱》但據《史記》有伯翳佐舜調馴鳥獸，與《尚書》咨益有疇若予草木鳥獸語相合，因强誣《史記》，而不知《史記》於《陳杞世家》明云：伯翳之後，周平王封爲秦，垂益夔龍。其後不知所封。是伯翳、伯益，明分兩人。《秦紀》之伯翳，非伯益。《史記》不受誣也。况伯益非皋陶子，史亦有之。《夏本紀》云：禹舉皋陶，將授政，而皋陶卒，封其後英六或在許，而後舉益任之政是也。即柏翳非皋陶子，史亦有之。《左傳》：楚人滅六，臧文仲謂皋陶庭，堅不祀。忽諸。而《史記》云：柏翳之後封於秦，項羽滅之。皋陶之後，或封英六，楚穆王滅之是也。今忽認兩人爲一，且欲强兩人而共認一父，與王充謂仲弓爲冉伯牛之子，皆經書笑柄矣。至於《史記》伯翳佐舜調馴鳥獸，與伯益之掌鳥獸相類，則當是朱虎熊羆之儕耳。”

有車鄰鄰，有馬白顛。未見君子，寺人之令。

阪有漆，隰有栗。既見君子，并坐鼓瑟。今者不樂，逝者其耋。

阪有桑，隰有楊。既見君子，并坐鼓簧。今者不樂，逝者其亡。

鄰、顛、令同零，音憐。韻。漆、栗、瑟、耋韻。桑、楊、簧、亡韻。

《序》曰：美秦仲也。秦仲始大有車馬禮樂侍御之好焉。

鄰鄰，衆車聲。白顛，衆馬中見有的顙者也。是求見君子者目中之所見也。寺人，奄人也。令，傳使令也。見君子必使寺人通之，秦初有此官、初行此禮也。君子，指秦仲也。陂者曰阪，下濕曰隰。《傳》。如隴阪是也。以阪隰之有木，興君臣之有樂也。言入而既見君子，即命并坐鼓瑟鼓簧，且曰今日不樂，逝將老矣，其簡易可親如此，此與光武岸幘燕笑以見馬援相似，啟漢唐豁達倜儻之風。雖用禮樂，而於三代規模一變矣。八十曰耋，又言亡者。秦仲伐戎，戰死必盛氣好勇視死如歸之人，故又曰今者不樂，則往而臨戎，身命何有，不得樂矣。慷慨之辭也。

《車鄰》三章，一章四句，二章章六句。

惲皋聞曰：“始立國家，見於《雅》者二：鼛鼓弗勝，戎醜攸行，興王之規模也；蹌蹌濟濟，俾筵俾几，王道之威儀也。見於《風》者二：樹之榛栗，騋牝三千，再造之結構也；并坐鼓瑟，舍拔則獲，豪霸之氣習也。可以觀矣。”

駟驖孔阜，六轡在手。公之媚子，從公于狩。

奉時辰牡，辰牡孔碩。公曰左之，舍拔則獲。

遊于北園，四馬既閑。輶車鸞鑣，載獫歇驕。

手、狩韻。碩、獲韻。園、閑韻。鑣、驕韻。

《序》曰:美襄公也。始命有田狩之事、園囿之樂焉。

《箋》曰:始命,命爲諸侯也。

阜,大也。兩服兩驂八轡,而曰六轡者,驂馬内轡,納之於觖,在手者惟六轡也。《傳》《疏》。媚子,君所親愛之人也。朱《注》。時,是辰時也。《周禮》:冬獻狼,夏獻麋,春秋獻鹿豕群獸。虞人驅以待公射,故曰奉也。牡,獸之雄者。碩,肥大也。公曰左之者,命所乘田車之御者從禽之左逐之,公將從禽之左而射之。五御所謂逐禽左也。拔,矢括也。方舍拔則獲禽,言公射之善也。末章追言未獵之前調習之事。遊北園,所以調習也。四馬者,天子六馬:種馬、戎馬、齊馬、道馬、田馬、駑馬。諸侯四馬:齊馬、道馬、田馬、駑馬。閑,習也。謂習馬與車也。輶,輕也。輕車者,田僕驅逆之車,置鸞於鑣,與乘車鸞在衡和在軾异也。此習驅禽使前,逆禽使不出圍之法也。載,始也。長喙曰獫。短喙曰歇。驕,又始習田犬以達其搏噬也。閑,言既者,言既已閑習,故能如前文奉是辰牡,舍拔則獲也。《傳》《箋》《疏》。

《駟驖》三章,章四句。

惲皋聞曰:"所誇者,狗馬射獵之能。所倚者,寺人媚子之用。一望而有決閑棄禮蕩軼簡夷之象,不待商鞅、李斯,而先王之法已有必不行者矣。"

小戎俴收,五楘梁輈。游環脅驅,陰靷鋈續。文茵暢轂,駕我騏馵。言念君子,温其如玉。在其板屋,亂我心曲。

四牡孔阜,六轡在手。騏駵是中,騧驪是驂。龍盾之合,鋈以觼軜。言念君子,温其在邑。方何爲期,胡然我念之。

俴駟孔群,厹矛鋈錞。蒙伐有苑,虎韔鏤膺。交韔二弓,竹閉緄縢。言念君子,載寢載興。厭厭良人,秩秩德音。楘,音木。靷,音胤。鋈,音沃。駵,音留。觼,古穴反。軜,音納。緄,古本反。

收、輈韻。驅、續、馵韻。續,《注疏》:辭屨反。朱《注》以爲叶,非也。玉、曲韻。阜、手韻。中、驂韻。兩界之通也。合、軜、邑韻。期、之韻。群、錞韻。膺、縢、興韻。人、音韻。

《序》曰:美襄公也。備其兵甲以討西戎。西戎方强,而征伐不休。國人則矜其車甲,婦人能閔其君子焉。

按《史記》:周宣王命秦仲誅西戎。西戎殺秦仲。後西戎又與犬戎申侯伐周,殺幽王。則西戎者,秦人不共載天之仇也。此篇皆爲從役家人之辭。首誇兵車之盛,而末及思念之情，蓋亦知義師之當勇於赴敵而不可怨矣。朱《注》。

小戎，兵車也。收，軫也。車前後横木所以收斂所載者也。俴，淺也。平地任載之車，前軫至後軫深八尺，兵車惟深四尺四寸，是淺收也。輈，轅也。五，以皮革五處束轅也。楘者，其束歷録然文章之貌也。梁，衡也。轅從軫以前稍曲而上，至衡則居衡之上而嚮下句之。衡横居輈下，如屋之梁，故謂梁輈也。游環，靷環也。以皮爲環，當兩馬之背，游移前却無定，引兩驂之外轡貫其中而執之，使不得外出也。脅驅亦以皮爲之，前繫於衡之兩端，後繫於軫之兩端，當服馬脅之外，所以驅驂馬使不得内入也。陰，揜軓軓同軓，音范，車軾前曰軓也。軓在軾前，而以板横側揜之，以其陰映此軓，故謂之陰也。靷以皮爲之，車衡長六尺六寸，惟容二服。别以皮二條，前係驂馬之頸，後係陰版之上，以引車也。鋈，沃也。治白金以沃灌陰版上。續，靷之環也。續，續靷端也。茵，褥也。文茵，虎皮褥也。暢轂，長轂也。大車轂長尺半，兵車轂長三尺二寸，是長轂也。騏，騏麒文也。左足白曰馵。板屋，西戎以板爲屋也。赤身黑鬣曰騮。中，兩服馬也。黄馬黑喙曰騧。驂，兩騑也。盾，干也。龍盾，畫龍於盾。合，合而載之，以蔽車也。軜，納也。納驂内轡繫於軾前。其繫有觼環，亦消沃白金飾之也。在邑，在敵之邑也。胡然我念之，言何爲使我念之不忘也。俴駟，四馬皆以浅薄之金爲甲，取其輕而易於旋習也。孔，甚也。甚群者，言和調也。厹矛，三隅矛。矛平底曰錞。蒙，雜也。伐，中干也。苑，文貌，畫雜羽之文於干上也。虎韔，以虎皮爲弓室也。膺，馬當胸帶也。鏤，刻金飾也。交二弓於韔中，備折壞也。閉同鞑，弓檠也。緄，繩。縢，约也。《傳》《疏》《箋》。載寢載興，思之不寧也。朱《注》。厭厭，安靜也。秩秩，有序也。朱《注》。

《小戎》三章，章十句。

蒹葭蒼蒼，白露爲霜。所謂伊人，在水一方。遡洄從之，道阻且長。遡游從之，宛在水中央。

蒹葭淒淒，白露未晞。所謂伊人，在水之湄。遡洄從之，道阻且躋。遡游從之，宛在水中坻。

蒹葭采采，白露未已。所謂伊人，在水之涘。遡洄從之，道阻且右。遡游從之，宛在水中沚。坻，直尸反。

蒼、霜、方、長、央韻。淒、晞、湄、躋、坻韻。采、已、涘、右、沚韻。

《序》曰：刺襄公也。未能用周禮，將無以固其國焉。

此正皋聞所謂一望而有决閑棄禮蕩軼簡夷之象，先王之法將變者也。故以襄公之賢，爲秦開基之祖。而君子知而遠遁,詩人知而爲咏也。《駟鐵》之美,美秦業自此强矣。《蒹葭》之刺,刺周禮自此熄矣。至於始皇,二世而亡。所謂無以固其國者也。

蒹,小而中實,曰萑、曰薍、曰菼、曰騅、曰蒹、曰薕、曰荻、曰烏蓲,一物而九名也。葭,大而中空,曰葦、曰蘆、曰華、曰芀、曰馬尾,一物而六名也。《陸疏廣要》。蒼蒼,堅老之貌。二句形容秦世武健嚴酷之象也。伊同繄,是也。是人,指賢者也。在水一方,遁去也。逆流而上求之,則道阻且長,順流而下求之,則宛在水中,可望而不可即,其將奈之何哉！凄凄,猶蒼蒼也。晞,乾也。水草交爲湄。躋,升也。言如上升之難也。采,同彩。采采,謂蒹葭之英茂盛也。未晞、未已,寒涼轉加也。涘,厓也。右不相值而出其右也。《傳》。小渚曰沚,小沚曰坻。《爾雅》。

《蒹葭》三章,章八句。

《序》明言秦不用周禮,而注者猶不解。若無《序》,則此等詩果如長夜矣。

終南何有？有條有梅。君子至止,錦衣狐裘。顏如渥丹,其君也哉。

終南何有？有紀有堂。君子至止,黻衣繡裳。佩玉將將,壽考不忘。

梅、裘、哉韻。堂、裳、忘韻。

《序》曰:戒襄公也。能取周地,始爲諸侯,受顯服。大夫美之,故作是詩以戒勸之。

終南,周之名山中南《左傳》也。條,山楸也。以中南高大,故有條梅,興君子盛德,乃有顯服也。故曰戒勸也。君子至止,謂襄公始受命於天子而來也。錦衣狐裘,諸侯之服也。《玉藻》曰:君衣狐白裘,錦衣以裼之。渥,厚漬也。渥丹,言赤而澤也。其君也哉。言稱其君也。《傳》《箋》。紀,山之廉角也。堂,山之寬平處也。朱《注》。黑與青謂之黻,五色備謂之繡。《考工記》。黻衣,謂黑青色,即玄衣也。繡裳,刺繡五采之章於裳也。不忘,不忘似玉之德也。

《終南》二章,章六句。

交交黄鳥,止于棘。誰從穆公？子車奄息。維此奄息,百夫之特。臨其穴,惴惴其慄。彼蒼者天,殲我良人。如可贖兮,人百其身。

交交黄鳥,止于桑。誰從穆公？子車仲行。維此仲行,百夫之防。臨其穴,惴惴其慄。彼蒼者天,殲我良人。如可贖兮,人百其身。

交交黄鳥,止于楚。誰從穆公？子車鍼虎,維此鍼虎,百夫之禦。臨其穴,惴惴其慄。彼蒼者天,殲我良人。如可贖兮,人百其身。

棘、息、特韻。穴、慄韻。天、人、身韻。桑、行、防韻。楚、虎、禦韻。

《序》曰：哀三良也。國人刺穆公以人從死而作是詩也。

交交，飛往來之貌。以黄鳥止得其所，興人命當善其終也。子車氏之三子奄息、仲行、鍼虎，穆公使之殉，而三子許之，遂自殺以從。《箋》。故國人臨其穴而哀之也。特，傑出也。其穴，三良穴也。惴惴其慄，人爲之懼也。殲，盡也。防、禦，皆當也。一人當百夫也。人百其身，謂一身百死亦願也。《傳》《箋》。

《黄鳥》三章，章十二句。

鴥彼晨風，鬱彼北林。未見君子，憂心欽欽。如何如何？忘我實多。

山有苞櫟，隰有六駮。未見君子，憂心靡樂。如何如何？忘我實多。

山有苞棣，隰有樹檖。未見君子，憂心如醉。如何如何？忘我實多。鴥，《説文》作鴪，尹橘反。

林、欽韻。何、多韻。駮、樂韻。檖、醉韻。

《序》曰：刺康公也。忘穆公之業，始棄其賢臣焉。

鴥，疾飛也。晨風，鸇也。鬱，茂盛貌。以林鬱茂而鳥疾入，興君求賢而賢歸往也。君子，指康公也。未見者，謂康公棄絕其父舊日所用之賢而不得見也。欽欽，敬戒不忘之意。如之何而忘我實多乎？四句皆爲賢臣之言也。櫟，柞櫟也。駮，梓榆也。其樹皮青白駮犖，遥視似駮馬也。以山隰之有木，興國家宜有賢也。棣，唐棣也。檖，赤羅也。實似梨而小，酢可食。《傳》《箋》《疏》。

《晨風》三章，章六句。

豈曰無衣？與子同袍。王于興師，修我戈矛，與子同仇。

豈曰無衣？與子同澤。王于興師，修我矛戟，與子偕作。

豈曰無衣？與子同裳。王于興師，修我甲兵，與子偕行。

袍、矛、仇韻。澤、戟、作韻。裳、兵、行韻。

《序》曰：刺用兵也。秦人刺其君好攻戰亟用兵而不與民同欲焉。

戈長六尺六寸，矛長丈二。《傳》。王于興師，承天子之命以興師也。怨耦曰仇。澤，褻衣。以其親膚有垢澤，故謂之澤。戟長丈六。此述秦君與其將裨士卒之言也。豈曰子無衣之故乎，乃與子同袍者，以王命興師，則修我戈矛，與子同尋怨耦之仇而行也。自述其言,而不與民同欲可見矣。秦哀公爲申包胥賦之,則以與子同仇偕行,適合其事耳。

《無衣》三章,章五句。

我送舅氏,曰至渭陽。何以贈之?路車乘黄。

我送舅氏,悠悠我思。何以贈之?瓊瑰玉佩。瑰,古回反。

陽、黄韻。思、佩韻。

《序》曰:康公念母也。康公之母,晋獻公之女文公。遭麗姬之難,未反而秦姬卒。穆公納文公,康公時爲太子,贈送文公於渭之陽,念母之不見也。我見舅氏,如母存焉。及其即位,思而作是詩也。

母之昆弟曰舅。舅氏指晋文公也。水北曰陽,秦時都雍,至渭陽者,東行餞之於咸陽之地也。路車,諸侯之車也。悠悠我思,思其母之不及見也。瓊瑰,石之次玉者。古佩玉之制,天子用純,諸侯以下則玉石雜用。《傳》《疏》。

《渭陽》二章,章四句。

於我乎,夏屋渠渠。今也每食無餘。于嗟乎,不承權輿。

於我乎,每食四簋。今也每食不飽。于嗟乎,不承權輿。簋,音軌。

渠、餘韻。簋、飽韻。末句爲尾聲。

《序》曰:刺康公也。忘先君之舊臣與賢者,有始而無終也。

夏,大也。《傳》。屋,同握,具也。《爾雅》。渠渠,猶勤勤也。言君始設大具以食我,其意勤勤然。《傳》。承,繼也。權輿,始也。《爾雅》。四簋以盛黍稷稻粱。

《權輿》二章,章五句。

《秦國》十篇,二十七章,百八十一句。

陈第十二

鄭《譜》云:陳者,太皡虙戲氏之墟。帝舜之冑有虞閼父者,爲周武王陶正。武王賴其利器用與其神明之後,封其子嬀满於陳,都於宛邱之側,是曰陳胡公。以備三恪,妻以元女大姬。其封域在《禹貢》豫州之東。地廣平,無名山大澤。西望外方,即嵩高山。東不及明豬。即孟渚。大姬無子,好巫覡禱祈鬼神歌舞之樂,民俗化而爲之。後有子。子産曰:陳,我周之自出是也。五世至幽公。當厲王時，政衰，大夫淫荒，所爲無度，國人傷而刺之，陳之變風作矣。

子之湯兮，宛丘之上兮。洵有情兮，而無望兮。
坎其擊鼓，宛丘之下。無冬無夏，值其鷺羽。
坎其擊缶，宛丘之道。無冬無夏，值其鷺翿。翿，音導，又音陶。

湯、上、望韻。鼓、下、羽韻。缶、道、翿韻。

《序》曰：刺幽公也。淫荒昏亂，游蕩無度焉。

湯，同蕩。四方高中央下曰宛邱。子斥幽公也。山有樞，子有衣裳，亦指昭公爲子是也。洵，信也。言信有游樂之情，而威儀無可觀望也。坎，擊樂器聲。值，持也。鷺，白鷺也。飛有次序，頭上有絲毵毵然。長尺餘，其羽可用以翳身而舞。缶，盎也，可以節樂。翿，蔽翳也。無冬無夏，是荒淫也。

《宛丘》三章，章四句。

東門之枌，宛丘之栩。子仲之子，婆娑其下。
穀旦于差，南方之原。不績其麻，市也婆娑。
穀旦于逝，越以鬷邁。視爾如荍，貽我握椒。

栩、下韻。原、娑韻。《古今通韻》曰：此歌與元之回互也。與馬融《廣成頌》"左挈夔龍，右提蛟黽，春獻王鮪，夏薦鼉黿"黽與黿叶、陸雲詩所謂"伊人在谷之阿，虎質山嘯，龍躍淵蟠"阿與蟠叶正同。然中原差讀釵，原讀園，聲相類，則差、原韻。麻、娑韻。亦可逝、邁韻。荍、椒韻。

《序》曰：疾亂也。幽公淫荒，風化之所行，男女棄其舊業，亟會於道路，歌舞於市井爾。

東門，陳東城門也。枌，白榆。栩，柞櫟，即橡也。《圖經》曰：木高二三丈，三四月開黄花，八九月結實。《宛邱》篇云"宛邱之上"，"宛邱之下"，"宛邱之道"，蓋宛邱爲陳國游觀之所，栩樹森列，士女聚息者也。東門之枌，則以宛邱在陳城南道東。《水經注》。出東門相聚而往也。子仲，陳大夫氏。《傳》。婆娑，游戲如舞之狀。此男子往游也。穀旦，善旦也。無風雨陰雲也。差，擇此日也。原，氏也。陳大夫有原仲。南方之原，謂在南居之原氏也。《傳》《箋》《疏》。舉二顯者以概其餘也。績麻者，婦人之事。市，城市也。不績麻而招摇過市，此婦女往遊也。逝，往也。越，於也，語辭。鬷，總也，男女會行無別也。《箋》。荍，荍麥也。《字彙》。花白潤而香,女色如之。視爾如荍,男悦女也。貽我握椒,女贈男也。握,手握也。此統上文而言男女同遊交會無忌也。詩宛似今吴下遊虎邱者,何古人即有此耶!

《東門之枌》三章,章四句。

衡門之下,可以棲遲。泌之洋洋,可以樂飢。
豈其食魚,必河之魴。豈其取妻,必齊之姜。
豈其食魚,必河之鯉。豈其取妻,必宋之子。

遲、飢韻。魴、姜韻。鯉、子韻。

《序》曰:誘僖公也。愿而無立志,故作是詩以誘掖其君也。

愿慤則可誘掖,無立志則當誘掖。

衡門,横木爲門也。《傳》。棲遲,依之久也。泌,泉水也。洋洋,廣大也。樂飢,樂而忘飢也。衡門棲遲,興小國亦可依據以爲政也。《傳》。泌水樂飢,興賢臣德盛可以任用而忘倦也。《箋》。此誘之圖治求賢也。食魚不必魴鯉,興財之不必貪也。娶妻不必姜子,興色之不可侈也。此誘之賤貨遠色也。姜,齊姓。子,宋姓。

《衡門》三章,章四句。

東門之池,可以漚麻。彼美淑姬,可與晤歌。
東門之池,可以漚紵。彼美淑姬,可與晤語。
東門之池,可以漚菅。彼美淑姬,可與晤言。

麻、歌韻。紵、語韻。菅、言韻。

《序》曰:刺時也。疾其君之淫昏而思賢女以配君子也。

池,城池也。漚,漸漬也。以池之可柔麻,興賢姬之能輔君也。美以色,淑以德。黄帝姓姬,炎帝姓姜,子孫昌盛,女多美者,故以姬姜爲婦人美稱。逸詩曰:"雖有姬姜,無棄憔悴"是也。晤,對也。歌者,諷咏房中之詩以規正君也。紵,麻可爲布。菅,茅屬,漚之可爲索。《疏》。語言者,達以善言也。

《東門之池》三章,章四句。

東門之楊,其葉牂牂。昏以爲期,明星煌煌。
東門之楊,其葉肺肺。昏以爲期,明星晢晢。牂,子桑反。

牂、煌韻。肺、晢韻。

《序》曰:刺時也。昏姻失時,男女多違,親迎女猶有不至者也。

《荀子》曰:霜降逆女,冰泮殺止。《家語》亦云:是九月至正月,婚姻正時也。今親迎而見東門之楊,葉牂牂而盛,《傳》。則三月中矣,壻迎以昏,女歸即以昏,所謂昏禮也。乃昏以爲期,而啓明之星《箋》。煌煌然,女猶不至,何哉? 男之後時,女之有他,皆衰亂之事也。楊,木名。有黄白青赤四種。《埤雅》。肺肺,揚起也。煌煌,啓明初出光芒之貌。晢晢,白也,則明矣。

《東門之楊》二章,章四句。

墓門有棘,斧以斯之。夫也不良,國人知之。知而不已,誰昔然矣。

墓門有梅,有鴞萃止。夫也不良,歌以訊之。訊予不顧,顛倒思予。

斯、知韻。已、矣韻。萃、訊韻。《通韻》謂萃在寘部,訊在震部,爲回互之叶。然中原讀萃訊原爲聲類。賈誼《弔屈原賦》"誶曰"《史記》作"訊曰"是也。顧、予韻。

《序》曰:刺陳佗也。陳佗無良,師傅以至於不義,惡加於萬民焉。

《春秋傳》:桓五年,陳侯鮑卒,文公子佗殺大子免而代之。六年,蔡人殺陳佗立厲公。

墓門,墓道之門。斯,析也。以棘刺當用斧剖之,興惡傳須以義去之也。夫,指其傳相也。不已,不去也。誰昔,昔也。《爾雅》。言用其惡已久矣。鴞,惡聲之鳥,即賈誼所賦鵩也。萃,集也。梅非可惡,而鴞集則可惡,興佗未必惡而傅導之則行惡也。訊,告也。《傳》。歌以告之而猶不我顧,至於顛躓,始思予言豈有及哉。

《墓門》二章,章六句。

防有鵲巢,邛有旨苕。誰侜予美,心焉忉忉。

中唐有甓,邛有旨鷊。誰侜予美,心焉惕惕。甓,薄歷反。鷊,五歷反。

巢、苕、忉韻。甓、鷊、惕韻。

《序》曰:憂讒賊也。宣公多信讒,君子憂懼焉。

防,堤也。築以捍水者。朱《注》。邛,邱也。《傳》。苕草莖如勞豆而細,葉似蒺藜而青,其莖葉緑色,可生食,如小豆藿也。《陸疏》。防多樹,故有鵲巢。邛土高,故有美苕。興宣公信讒,故有讒人也。《傳》。侜,欺誑之也。予美,指宣公也。誰侜,言誰欺誑我君乎,而使我心憂也。中,中庭也。廟中路謂之唐。《爾雅》。甓,瓴甋,即甎也。鷊草五色,作綬文。

《防有鵲巢》二章，章四句。

月出皎兮，佼人僚兮。舒窈糾兮，勞心悄兮。

月出皓兮，佼人懰兮。舒懮受兮，勞心慅兮。

月出照兮，佼人燎兮。舒夭紹兮，勞心慘兮。皎，又作皦，古了反。佼，又作姣，古卯反。僚，音了。窈，鳥了反。糾，其小反，又居酉反。悄，七小反。懰，力久反。懮，於久反。慅，七老反。燎，力召反。夭，於表反。慘，七感反。

皎、僚、糾音矯、悄韻。皓、懰、受、慅韻。照、燎、紹、慘朱《注》曰：當作懆。韻。

《序》曰：刺好色也。在位不好德而說美色焉。

《春秋傳》：靈公與孔寧、儀行父通於夏姬。此即孔、儀之類也。

佼人，美人也。僚，好貌。窈，幽遠也。糾，愁結也。朱《注》。懰，《埤蒼》作嬼，妖美也。懮受，憂思也。燎，明也。夭紹，糾緊之意。慅、慘皆憂也。朱《注》。言月明之下，遙思美人，更爲皎好，安得晤之而舒鬱結之情乎。是以勞心而不寧也。朱《注》。

《月出》三章，章四句。

胡爲乎株林，從夏南。匪適株林，從夏南。

駕我乘馬，説于株野。乘我乘駒，朝食于株。

林、南韻。馬、野韻。駒、株韻。

《序》曰：刺靈公也。淫乎夏姬，驅馳而往，朝夕不休息焉。

株林，夏氏邑也。夏南，夏姬之子徵舒也。公胡爲乎株林乎，從夏南耳。然則非適株林也，從夏南耳。反覆言之，深嫉之也。不言夏姬而曰夏南者，辭之體也。

《株林》二章，章四句。

彼澤之陂，有蒲與荷。有美一人，傷如之何？寤寐無爲，涕泗滂沱。

彼澤之陂，有蒲與蕑。有美一人，碩大且卷。寤寐無爲，中心悁悁。

彼澤之陂，有蒲菡萏。有美一人，碩大且儼。寤寐無爲，輾轉伏枕。卷，其員反。悁，鳥玄反。菡本又作萏，又作欿，户感反。萏本又作蓞，大感反。

荷、何、沱韻。蕳、卷、悁韻。萏、儼、枕韻。

《序》曰：刺時也。言靈公君臣淫於其國，男女相説，憂思感傷焉。

陂，澤畔，障水之岸也。以蒲興男子，荷興美女，言蒲與荷得相依，而男與女乃不得見也，傷如之何哉！故寤寐無所爲，惟涕泗滂沱而已。荷，芙蕖也。自目曰涕，自鼻曰泗。《傳》。蕳，當爲蓮。荷實也。《箋》。卷，鬢髮之美也。朱《注》。悁悁，猶悒悒。菡萏，荷華也。未開曰菡萏，已發曰芙蕖。《疏》。儼，矜莊貌。淫蕩而且哀傷，陳之亡無日矣。

《澤陂》三章，章六句。

《陳國》十篇，二十六章，一百一十四句。

檜第十三

鄭《譜》云：檜者，古高辛氏火正祝融之墟，在《禹貢》豫州外方之北，滎波之南，居溱洧之閒。祝融氏名黎，其後八姓，惟妘姓檜者處其地焉。妘姓中又有鄢路偪陽，故指檜以別之。周夷王厲王之時，檜公不務政事，而好絜衣服，大夫去之。於是檜之變風始作。其國北隣于虢。虢，東虢也。平王時鄭滅檜虢。西虢則晋滅之。

羔裘逍遥，狐裘以朝。豈不爾思，勞心忉忉。
羔裘翱翔，狐裘在堂。豈不爾思，我心憂傷。
羔裘如膏，日出有曜。豈不爾思，中心是悼。

遥、朝、忉韻。翔、堂、傷韻。膏、曜、悼韻。

《序》曰：大夫以道去其君也。國小而迫，君不用道，好絜其衣服，逍遥游燕，而不能自强於政治，故作是詩也。

緇衣羔裘，諸侯視朝之服，今以之遊燕，黄衣狐裘大蜡息民之服，今以之視路門外之朝，是好潔其衣服也。"豈不"二句，言我之去非不思君也，以君飾如偶人，政治日荒，無如何耳。在堂，在路寢之堂也。如膏，滑澤也。日照有耀，光輝也。

《羔裘》三章，章四句。

庶見素冠兮，棘人欒欒兮，勞心慱慱兮。
庶見素衣兮，我心傷悲兮，聊與子同歸兮。
庶見素韠兮，我心藴結兮，聊與子如一兮。欒，力端反。慱，徒端反。

冠、欒、慱韻。衣、悲、歸韻。韠、結、一韻。

《序》曰：刺不能三年也。

《玉藻》曰：縞冠素紕，既祥之冠也。蓋冠用黑經白緯之縞，而以素緣之，謂之素冠。時人不能以禮行三年喪，故詩人思見素冠之人，腴瘠之狀，至於憂勞也。棘，急也。棘人，哀遽之人也。欒欒，瘠貌。慱慱，憂勞貌。《喪服小記》曰：祥祭，朝服縞冠，朝服緇衣素裳，乃曰素衣者。《曲禮》曰：兩手摳衣裳亦稱衣也。韠從裳色，故亦曰素韠。傷悲，哀其孝也。蘊結，結於心也。與之同歸，與之如一者，欲與之聚處如一，以觀其行，以親其德也。《箋》《疏》。

《素冠》三章，章三句。

隰有萇楚，猗儺其枝。夭之沃沃，樂子之無知。

隰有萇楚，猗儺其華。夭之沃沃，樂子之無家。

隰有萇楚，猗儺其實。夭之沃沃，樂子之無室。猗，於可反。儺，乃可反。

枝、知韻。華、家韻。實、室韻。

《序》曰：疾恣也。國人疾其君之淫恣而思無情慾者也。

萇楚，草名。銚，弋也。《爾雅》。猗儺，柔順也。《傳》。以萇楚之順其性，興童子之不漓其天也。夭，少也。《傳》。謂童子也。今京師謂童子爲小夭是也。沃沃，光澤貌。樂其無知者，無知則無情慾之淫恣也。《左傳》曰：男有室，女有家，無室無家，謂無夫婦室家之道也。《箋》。一有知識，男女婚配便爾，淫邪恣肆，無所不至焉，如童子之未鑿哉。以童子爲可樂，則以成人爲可哀矣。甚疾之之辭。此孟子所以重赤子之心，而佛氏滅倫之説由此簧鼓也。

《隰有萇楚》三章，章四句。

匪風發兮，匪車偈兮。顧瞻周道，中心怛兮。

匪風飄兮，匪車嘌兮。顧瞻周道，中心弔兮。

誰能烹魚，溉之釜鬵。誰將西歸，懷之好音。偈，起竭反。怛，都達反。飄，符遙反。嘌，匹遙反。鬵，音尋，又音岑。

發、偈、怛韻。飄、嘌、弔韻。鬵、音韻。

《序》曰：思周道也。國小政亂，憂及禍難，而思周道焉。

發、飄，揚貌。偈，疾驅貌。言非古之風也，發發者，非古之車也，偈偈者。《傳》及王吉《疏》。舉此二者，則天道人事之變可傷矣。是以顧瞻周道之陵夷，而怛然以驚也。周道，周之政令舊由者也。《箋》。迴風爲飄。嘌，無節度也。弔，傷也。烹魚煩則碎，治民煩則散。《傳》。故以爲興。溉，滌也。鬵，釜屬。西歸，西仕於周也。懷之好音，謂懷念之而寄以好音也。好音，即語之以周道也。

《匪風》三章，章四句。

《檜國》四篇，十二章，四十五句。

曹第十四

鄭《譜》云：曹者，《禹貢》兗州陶邱之北地名。周武王既定天下，封弟叔振鐸於曹，今日濟陰定陶是也。其封域在雷夏荷澤之野。昔堯嘗遊成陽，死而葬焉。舜漁於雷澤，民俗始化。其遺風重厚，多君子，務稼穡衣食，以致畜積。夾於魯衛之間，又寡於患難。末時富而無教，乃更驕侈。十一世，當周惠王時，政衰。昭公好奢而任小人，曹之變風始作。後爲宋所滅。

蜉蝣之羽，衣裳楚楚。心之憂矣，於我歸處。
蜉蝣之翼，采采衣服。心之憂矣，於我歸息。
蜉蝣掘閲，麻衣如雪。心之憂矣，於我歸説。

羽、楚、處韻。翼、服、息韻。閲、雪、説韻。

《序》曰：刺奢也。昭公國小而迫，無法以自守，好奢而任小人，將無所依焉。

蜉蝣，渠略也，朝生暮死。以蜉蝣之羽翼鮮閲，興昭公君臣之衣服盛美也。然蜉蝣朝生而暮死，曹國亦危亡無日，有相類者，尚侈衣服，何爲乎？故心之憂矣。其於我歸而有所處乎？言無所處也。楚楚，鮮明貌。采采，衆多也。掘閲，掘地而處皆鮮閲也。麻衣，以麻布爲深衣也。《玉藻》曰：諸侯夕深衣。如雪，白也。説，舍止也。《傳》《箋》《疏》。

《蜉蝣》三章，章四句。

彼候人兮，何戈與祋！彼其之子，三百赤芾。
維鵜在梁，不濡其翼。彼其之子，不稱其服。
維鵜在梁，不濡其咮。彼其之子，不遂其媾。

薈兮蔚兮，南山朝隮。婉兮孌兮，季女斯飢。祋，都外反，又都律反。咮，陟救反。

祋、芾韻。翼、服韻。咮、媾韻。隮、飢韻。

《序》曰：刺近小人也。共公遠君子而好近小人焉。

候人，道路送迎賓客者。何同荷。祋，殳也。芾，韠也。一命緼芾黝珩，再命赤芾黝珩，三命赤芾葱珩。大夫以上赤芾乘軒。《箋》。之子，指小人。以候人之宜荷戈祋，興小人之不宜赤芾而且多至三百也。《春秋傳》：晋文公入曹，數共公以不用僖，負羈而乘軒者三百人也，且曰獻狀，則詩所詠，實事矣。以曹之小國而乘軒有三百，民其堪命乎？鵜，俗謂之淘河，喙長尺餘，入水食魚。梁，水中之梁。咮，喙也。以鵜之在梁而不濡翼喙爲非常，興小人之在朝而居高位爲非常也。《箋》。媾，親厚如婚媾也。不遂者，不能遂事，言必喪亡也。然而此時之升沉，則大不平矣。薈、蔚，雲興貌。南山，曹南山。隮，升雲也。言小人之氣燄盛也。婉、孌，少好貌。季女，少女也。美女而斯飢，興君子之行止困也。

《候人》四章，章四句。

鳲鳩在桑，其子七兮。淑人君子，其儀一兮。其儀一兮，心如結兮。
鳲鳩在桑，其子在梅。淑人君子，其帶伊絲。其帶伊絲，其弁伊騏。
鳲鳩在桑，其子在棘。淑人君子，其儀不忒。其儀不忒，正是四國。
鳲鳩在桑，其子在榛。淑人君子，正是國人。正是國人，胡不萬年。鳲，音尸。

七、一、結韻。梅、絲、騏韻。棘、忒、國韻。榛、人、年韻。

《序》曰：刺不壹也。在位無君子，用心之不壹也。

鳲鳩，布穀也。飼子朝從上下，暮從下上，均平如一，故以興淑人君子也。儀一，有常度也。如結，至誠不變也。子自飛去，母常不移。《正義》。亦性之專一也。帶，大帶也。大帶用素絲，有雜色飾焉。弁，皮弁也。騏當爲璂，以玉爲之，所謂會弁如星也。言稱其服也。忒，差也。正四國，言任爲侯伯也。《箋》。萬年，欲其壽考也。而今反之，何也？

《鳲鳩》四章，章六句。

冽彼下泉，浸彼苞稂。愾我寤嘆，念彼周京。
冽彼下泉，浸彼苞蕭。愾我寤嘆，念彼京周。
冽彼下泉，浸彼苞蓍。愾我寤嘆，念彼京師。
芃芃黍苗，陰雨膏之。四國有王，郇伯勞之。稂，音郎。

稂、京韻。蕭、周韻。蓍、師韻。苗、膏、勞韻。

《序》曰：思治也。曹人疾共公侵刻下民，不得其所，憂而思明王賢伯也。

冽，寒也。下泉，下出之泉也。即《爾雅》所謂沃泉懸出者也。苞，叢生也。稂，童粱也。以稂爲寒水所浸而病，興民爲共公虐政所侵而困也。愾，歎息之意。周，京周，京之明王也。蕭，蒿也。蓍，筮草也。京，大也。師，衆也，天子之都名也。芃芃，美貌。膏，澤也。有王，謂朝聘於王也。郇伯，文王之子，爲州伯，有治諸侯之功勞。勞，來也。故以陰雨之膏黍苗，興之今明王不作，牧伯不職，諸侯殘民以逞，嗟如之何！

《下泉》四章，章四句。

《曹國》四篇，十五章，六十八句。

豳第十五

按豳在《禹貢》雍州岐山之北，原隰之野。鄭《譜》。后稷堯時教民稼穡，封於邰。及夏之衰，棄稷弗務，子不窋失官，而自竄於戎狄之閒。《國語》。然尚往來邰國。至孫公劉，盡以邰民遷豳。《正義》。復修后稷之業，勤恤愛民，民咸歸之，而國成焉。鄭《譜》。至商之末時，大王復修后稷公劉之業，積德行義，國人戴之。後避戎狄之攻，乃徙歧周。

王肅《金縢注》云：文王十五而生武王，九十七而崩。時受命九年，武王八十三矣。十三年伐紂，明年有疾，時年八十八。九十三而崩。以冬十二月，其明年稱元年，周公攝政，遭流言，作《大誥》而東征。二年，克殷，殺管蔡。三年而歸，制禮作樂，出入四年至六年而成。七年，營洛邑，作《康誥》《召誥》《洛誥》，致政成王。成王時年二十。大戴《禮》：武王之年少文王十四歲。《家語》：武王崩時，成王年十三。

七月流火，九月授衣。一之日觱發，二之日栗烈。無衣無褐，何以卒歲？三之日于耜，四之日舉趾。同我婦子，饁彼南畝。田畯至喜。

七月流火，九月授衣。春日載陽，有鳴倉庚。女執懿筐，遵彼微行，爰求柔桑。春日遲遲，采蘩祁祁。女心傷悲，殆及公子同歸。

七月流火，八月萑葦。蠶月條桑，取彼斧斨，以伐遠揚，猗彼女桑。七月鳴鵙，八月載績。載玄載黄，我朱孔陽，爲公子裳。

四月秀葽，五月鳴蜩。八月其穫，十月隕蘀。一之日于貉，取彼狐狸，爲公子裘。二之日其同，載纘武功。言私其豵，獻豜于公。

五月斯螽動股，六月莎鷄振羽。七月在野，八月在宇。九月在户。十月蟋蟀入我牀下。穹窒熏鼠，塞向墐户。嗟我婦子，曰爲改歲，入此室處。

六月食鬱及薁。七月亨葵及菽。八月剥棗，十月穫稻。爲此春酒，以介眉壽。七月食瓜，八月斷壺。九月叔苴，采荼薪樗，食我農夫。

九月築場圃，十月納禾稼。黍稷重穋，禾麻菽麥。嗟我農夫，我稼既同，上入執宫功，晝爾于茅，宵爾索綯。亟其乘屋，其始播百穀。

二之日鑿冰沖沖，三之日納于凌陰。四之日其蚤，獻羔祭韭。九月肅霜，十月滌場。朋酒斯饗，曰殺羔羊，躋彼公堂，稱彼兕觥，萬壽無疆。觱，音必。

火、衣韻。發、烈韻。褐、歲韻。耜、趾、子、畝、喜韻。陽、庚、筐、行、桑韻。遲、祁、悲、歸韻。火、葦韻。桑、斨、揚韻。鵙、績韻。黄、陽、裳韻。葽、蜩韻。穫、蘀韻。狸、裘韻。同、功、豵、公韻。股、羽、野、宇、户、下、鼠、户、子、歲、處韻。薁、菽韻。棗、稻、酒、壽韻。瓜、壺、苴、樗、夫韻。圃、稼韻。穋、麥韻。同、功韻。茅、綯韻。屋、穀韻。沖、陰韻。兩界之通也。蚤、韭韻。霜、場、饗、羊、堂、觥、疆韻。

《序》曰：陳王業也。周公遭變，故陳后稷先公風化之所由，致王業之艱難也。

先公，居豳之公劉、大王也。冠以后稷者，皆遵后稷之教也。農桑之風化，由先公教之，王業之興起，以農桑艱難致之也。周公遭流言而東征，念成王不知小民之依稼穡之艱難，故陳公劉大王居豳之理民事者，使人歌以警王，如己之攝政左右也。大師題之曰《豳》。《正義》。《左傳》：季札見歌《豳》，曰"美哉，樂而不淫，其周公之東乎"是也。

七月，斗柄建申之月，夏之七月也。火，心星也。流，下也。六月昏中，七月則西下暑退也。九月霜降始寒，即授人以衣。何者？以十一月以後風氣日寒，不授衣則無以終歲也。一之日，一陽生之日，夏十一月也。二之日，二陽生之日，夏十二月也。朱《注》。月，陰也。四月陽極而陰氣已萌，至十月皆言月，以陰也。日，陽也。自夏十一月至二月皆言日，以陽也。《正義》。觱發，風寒。栗烈，氣寒。褐，毛布也。《傳》《箋》。此引言衣之當急也。三之日，三陽生之日，夏正月也。四之日，四陽生之日，夏二月也。于耜，修耒耜也。舉趾，舉足而耕也。饁，饋田也。同，俱也。我者，豳公我之也。言耕者之婦子俱以饟來也。《箋》。田畯，田官也。喜，喜其勤也。此引言食之當急也。後凡言授衣養蠶田獵處室養老力農乘屋蜡飲諸事，皆豳公之教也。載，則也。倉庚，即《葛覃》之黄鳥也。《正義》。懿筐，深筐也。微行，墻下徑也。柔桑，穉桑也。蠶始生宜穉桑。遲遲，舒緩也。蘩，白蒿也，所以生蠶。祁祁，衆多也。諸侯之子，男女皆稱公子，此公子指女也。《傳》《箋》《疏》。《左傳》莊公之女稱女公子，《公羊傳》稱群公子，《論語》亦以女爲子是也。女心傷悲者，豳公使女公子親帥民采桑。《傳》。然止一出，如君耕籍田推耒後，庶人終畝也。故於遲日采蘩之時，夕陽西下，女公子語衆女曰：汝其勤哉。吾今同歸，明日不復出矣。於是豳之衆女感其仁慈，倡率之德，憐其伴遊聯袂之歡，以爲同歸一别，公宫深邃，再見何日？親上之情，不覺傷悲也。萑葦，爲薄以備來歲養蠶也。條桑，取桑於條也。隋銎曰斧，方銎曰斨。伐遠揚者，并其條而落之也。女桑，柔桑也。猗，同椅。牽縛，取之而存其條也。鵙，伯勞也。績，績麻爲布也。朱，深纁也。陽，明也。祭服玄衣纁裳。《傳》。葽，草名。秀葽鳴蜩，其穫隕蘀，皆物成而將寒之候也。于貉，將獵而表貉之祭也。《周禮》大司馬遂以蒐田，有司表貉。惲皋聞說。狐、狸，皆獸名。其同，君臣及民因習兵俱出田也。纘，繼也。年常習之，不忘戰也。《傳》《箋》《疏》。獸一歲爲豵，三歲爲肩。即豜《廣雅》皮之美者，爲公子裘。獸之大者，獻于公，皆忠愛且禮也。螽，蝗屬。動股，以股鳴也。莎鷄，絡緯也。《寫官記》。振羽而飛，索索有聲。《正義》。在野在宇在户，皆謂蟋蟀也。《箋》。穹，空隙也。朱《注》。向，北出牖也。墐，塗也。庶人蓽户，冬則塗之。《傳》。室，邑中之室也。古者民受五畝之宅，二畝半在田，春夏居之，二畝半在邑，秋冬居之。"嗟我婦子"以下，豳公命民之言也。以上皆言禦寒也。鬱，棣屬。薁，蘡薁也。實皆甜可食。葵，菜名。菽，豆也。亨，烹之以食也。春酒，冬釀春成之酒。介，助也。眉，豪眉也。《傳》。果蔬而佐以酒，以養老也。壺，瓠也。叔，拾也。苴，麻子。《传》。以樗爲薪而煮瓜壺苴荼，以食農夫也。築埸圃築菜圃以爲埸也。納者，納禾稼之所收於倉囷也。後熟曰重，先熟曰穋。禾，通名也。同，聚也。上入，上入都邑也。綯，絞也。乘，升也。《傳》《箋》。"嗟我農夫"以下，豳公命之之辭也。言急以索固結其屋，至於春始，則播百穀而不暇爲此矣。是治屋亦以急農也。鑿冰，命民鑿也。冲冲，鑿冰之聲。《疏》。凌陰，冰室也。《左傳》曰：古者日在北陸而藏冰西陸，朝覿而出之祭司。寒而藏之。獻羔而啓之，其出之也。朝之禄位賓食喪祭於是乎用之。《月令》：仲春，天子乃獻羔開冰，先薦寢廟，所以備寒暑，理陰陽也。肅，氣肅也。滌，埽除也。朋酒，兩尊也。古酒皆兩兩對設之。饗，即蜡饗也。公堂，學校也。觥，所以誓衆也。稱，舉也。《傳》。是時合聚萬物而索饗之，以報歲功。《郊特牲》。祭畢，行鄉飲酒禮。黨正以禮屬民，飲酒於序，以正齒位。《周禮》。蓋民三時務農，將闕於禮。至此農隙而教之。尊長養老，見孝弟之道，故舉觥以誓衆也。《正義》。及至，無算爵而國人皆飲，《雜記》所謂一國之人皆若狂，百日之蜡，一日之澤也。民飲酒醉飽，皆祝君以萬壽無疆。孟子所謂樂民之樂者，民亦樂其樂也。是風也，力農勤桑，養老撫幼，行禮練兵，尊上親下，王道行而後王業成也。周公所以留告王者至矣。諸葛亮伐魏上《出師表》，意頗類此。

《七月》八章，章十一句。

鴟鴞鴟鴞，既取我子，無毁我室。恩斯勤斯，鬻子之閔斯。

迨天之未陰雨，徹彼桑土，綢繆牖户。今女下民，或敢侮予。

予手拮据，予所捋荼，予所蓄租，予口卒瘏，曰予未有室家。

予羽譙譙，予尾翛翛，予室翹翹，風雨所漂摇。予維音嘵嘵。土，音杜。

子、室韻。蓋室本可讀始而借爲入之回音也。勤、閔韻。雨、土、户、予韻。据、荼、租、瘏、家韻。譙、翛、翹、摇、嘵韻。

《序》曰：周公救亂也。成王未知周公之志，公乃爲詩以遺王，名之曰《鴟鴞》焉。

《金縢》：武王既喪，管叔及其群弟乃流言於國曰：公將不利於孺子。周公乃告二公曰：我之弗辟，我無以告我先王。周公居東二年，則罪人斯得。於後公乃爲詩以貽王，名之曰《鴟鴞》。按《孔傳書》《毛傳詩》皆以爲管蔡流言。即叛，周公東征，二年獲之。三年乃歸。其作《鴟鴞》以諭王者，以成王有疑心。東征事畢，不以公歸。此時殷頑孔多，四國未靖，禮樂征伐，尚無定制。設使公久不召，衆心攜貳，可憂者不在三叔，而在邦家矣。故曰“既取我子，無毁我室”也。乃鄭康成忽出一説，謂周公聞流言避居於東，成王得其屬黨誅殺之，公乃爲《鴟鴞》以救其屬黨。曰：“既取我子”，誅其屬黨也。“無毁我室”，無絕其官位也。則有大不然者。居東者，謂三監在周之東也，又在太行山東，故曰東山。《書》曰“居東”，《詩》曰“來自東”，正一地也。若避居於東，則是何東？以爲東都耶，則此時洛邑未營也。即曰洛地屬周，而守土有官，公不奉王命，無由往居之也。以爲東魯耶，則魯公未之國，周公則留國於周，在豐鎬之西，終身未嘗東至魯也。且周公以冢宰去位，亦鉅事矣，乃避至二年，而他經傳皆無傳及，何也？夫居攝而七年致政，經有明文。今鄭云居喪三年而有流言，避居二年，歸而始東征，又三年，則已八年，所謂營洛遷頑，制禮作樂，皆無其日矣。《尚書廣聽録》。况《鴟鴞》之詩，慇慇家國，辭意甚明，而乃謂救其屬黨之家室，不幾兒戲之語乎？且屬黨何人也？其爲烏有明矣。

通篇爲鳥言以喻也。鴟鴞，惡鳥，攫鳥子而食者。喻武庚之儔也。歸罪武庚者，爲親者諱也。子，喻管蔡也。室，鳥巢也，喻王室也，恩愛也。《傳》。鬻，同育，養也。言我情愛慇勤，養育此子，誠可憐閔。今既取之，其毒甚矣，可更毁我室乎！此鳥呼鴟鴞而告之也。朱《注》。徹，取也。桑土，桑根皮也。喻己欲及時固王室也。拮据，以手爪挶持草也。《説文》。捋，取也。荼，萑苕也。即拮据者也。蓄租，積也。《韓詩》。瘏，病也。以蓄租而病也。凡鳥巢以爪取草而口綴葺也。是何爲哉？曰予未有室家，不得不嘗此苦也。公自喻其勤勞也。譙譙，殺也。翛翛，敝也。翹翹，危也。嘵嘵，恐懼告訴也。《傳》《箋》。言予羽已殺，尾已敝，而室且未安，風雨且漂摇，則我之哀鳴長號，安得不急哉！此《鴟鴞》所以作也。

《鴟鴞》四章，章五句。

我徂東山，慆慆不歸。我來自東，零雨其濛。我東曰歸，我心西悲。制彼裳衣，勿士行枚。蜎蜎者蠋，烝在桑野。敦彼獨宿，亦在車下。

我徂東山，慆慆不歸。我來自東，零雨其濛。果臝之實，亦施于宇。伊威在室，蠨蛸在户。町畽鹿場，熠燿宵行。不可畏也，伊可懷也。

我徂東山，慆慆不歸。我來自東，零雨其濛。鸛鳴于垤，婦嘆于室。洒埽穹窒，我征聿至。有敦瓜苦，烝在栗薪。自我不見，於今三年。

我徂東山，慆慆不歸。我來自東，零雨其濛。倉庚於飛，熠燿其羽。之子于歸，皇駁其馬。親結其縭，九十其儀。其新孔嘉，其舊如之何？畽，他短反。

山、歸叶韻。未、黠回互之平聲也。東、濛韻。歸、悲、衣、枚韻。蠋、野、下韻。宇、户韻。場、行韻。畏、懷韻。垤、室、窒、至韻。薪、年韻。羽、馬韻。縭、儀韻。嘉、何韻。

《序》曰：周公東征也。周公東征，三年而歸，勞歸士大夫美之，故作是詩也。一章言其完也。二章言其思也。三章言其室家之望女也。四章樂男女之得及時也。君子之於人，序其情而閔其勞，所以説也。説以使民，民忘其死，其唯《東山》乎！

《金縢》：秋大熟未穫，天大雷電以風，禾盡偃，大木斯拔。邦人大恐。王與大夫盡弁以啓金縢之書，乃得周公所自，以爲功代武王之説。二公及王乃問諸史及百執事，對曰："信。噫，公命我，勿敢言。"王執書以泣，曰："其勿穆卜。昔公勤勞王家。惟予沖人弗及知。今天動威以彰周公之德，惟朕小子其新迎，我國家禮亦宜之。"於是迎公反歸。

我者，代軍士之言也。慆慆，久也。濛，雨貌。制，收束之也。士事行枚，在行陳啣枚以戰也。今無事此矣。其歸也，獨宿其車下，故又即蠋以起興。蠋，桑虫也。蜎蜎，蠋貌。烝，發語辭。朱《注》。敦，獨處之貌。無室家故曰獨。蓋啓行而動思家之情也。果臝，括樓也。施，延也。伊威，鼠婦也。室不掃則有之。蠨蛸，長脚蜘蛛也。《傳》《疏》。町畽，舍旁隙地也。無人焉，故鹿以爲場也。熠燿，明貌。宵行，螢火虫也。遥想室廬荒凉，不可畏而可懷。此在塗想像家中之況也。垤，螘塚也。天將陰雨，水泉上潤，故穴處者先知，避濕而上塚。鸛，好水之鳥，知天將雨，故長鳴而喜。婦歎者，見有雨兆，念歸人重將遇雨，故歎也。聿至，言我征人行且至矣，故掃整以待也。而又念敦然之苦瓜，蔓延於栗薪，其苦四布，興君子之行役往還，其苦備嘗也。故數不見之期，今已三年，豈一日哉！我，婦自謂也。此在塗而思其婦之思我也。首四句每章疊咏者，著其苦也。倉庚羽之鮮明，以興嫁女儀之美盛。黄白曰皇，騮白曰駁。縭，婦人之褘也。《士昏禮》曰：母戒女，施衿結帨，是親結其縭也。九其儀十其儀,言多也。《傳》。此歸士歸而新昏者也,固甚嘉矣。其舊有室家者,久别相親,其嘉更有不可名狀者。言其歸之喜以慰之也。

《東山》四章,章十二句。

既破我斧,又缺我斨。周公東征,四國是皇。哀我人斯,亦孔之將。
既破我斧,又缺我錡。周公東征,四國是吪。哀我人斯,亦孔之嘉。
既破我斧,又缺我銶。周公東征,四國是遒。哀我人斯,亦孔之休。

斨、皇、將韻。錡、吪、嘉韻。銶、遒、休韻。

《序》曰:美周公也。周大夫以惡四國焉。

斧斨用兵之器破缺,出兵之久也。四國,管蔡商奄也。皇,匡也。將,大也。錡,鑿屬。吪,化也。遒,固也。《傳》。銶亦鑿屬。《韓詩》。言周公哀四國而匡正之,其德甚大也。《箋》。

《破斧》三章,章六句。

伐柯如何,匪斧不克。取妻如何,匪媒不得。
伐柯伐柯,其則不遠。我遘之子,籩豆有踐。

克、得韻。遠、踐韻。

《序》曰:美周公也。周大夫刺朝廷之不知也。

伐柯非斧不克,興國非禮不治也。取妻非媒不得,興禮治非其人不行也。伐柯之則不遠,言有其人也。我遘之子,籩豆森然燦列,則即其人也,而何朝廷之不知哉?之子,周公也。踐,行列貌。

《伐柯》二章,章四句。

九罭之魚,鱒魴。我覯之子,衮衣繡裳。
鴻飛遵渚,公歸無所,於女信處。
鴻飛遵陸,公歸不復,於女信宿。
是以有衮衣兮,無以我公歸兮,無使我心悲兮。罭,於逼反。

魴、裳韻。渚、所、處韻。陸、復、宿韻。衣、歸、悲韻。

《序》曰：美周公也。周大夫刺朝廷之不知也。

九罭，九囊之網也。以密網而得嘉魚，興東人而得見周公也。衮衣裳九章：一曰龍。二曰山。三曰華蟲，雉也。四曰火。五曰宗彝，虎蜼也。皆繢於衣。六曰藻。七曰粉米。八曰黼。九曰黻。皆繡於裳。天子之龍，一升一降。上公但有降龍，以龍首卷然，故謂之衮也。遵，循也。再宿曰信。言鴻飛則循渚矣，公歸豈無所乎？今特於汝信處而已，不復言留，相王家而不反也。朱《注》。皆恐公去之辭也。末章留之之辭也。東人之愛公如此，而朝廷乃疑之，何哉。

《九罭》四章，一章四句，三章章三句。

狼跋其胡，載疐其尾。公孫碩膚，赤舄几几。

狼疐其尾，載跋其胡。公孫碩膚，德音不瑕。疐，本又作疌，丁四反。

胡、尾、膚、几韻。尾、胡、膚、瑕韻。

《序》曰：美周公也。周公攝政，遠則四國流言，近則王不知，周大夫美不失其聖也。

跋，躐。疐，跲。孫，同遜。碩，大。膚，美。赤舄，冕服之舄也。几几，安重貌。朱《注》。老狼頷下有胡，而尾又長，進而躐其胡，則退而跲其尾，進退兩難，興周公之遠，而四國流言近，而王不知也。乃公遭此變，而遜其大美，不名其功，但見其赤舄几几然安重不摇而已。德音，德之聞也。瑕，過也。不瑕，無此過也。

《狼跋》二章，章四句。

《豳國》七篇，二十七章，二百三句。

按《七月》以咏豳風，本周公居東所作，故太史遂以《居東》《東歸》諸詩類次於後。

詩經傳注·卷四

小　雅

鄭《譜》云:《小雅》《大雅》者,周室居西都豐鎬之時作也。其用於樂,國君以《小雅》,天子以《大雅》。然而饗賓或上取,燕或下就。天子饗元侯歌《肆夏》合《文王》,諸侯歌《文王》合《鹿鳴》。天子諸侯燕群臣及聘問之賓,皆歌《鹿鳴》合鄉樂。《正義》曰:《肆夏》,《頌》之類也。諸侯於鄰國之君亦歌《文王》,是上取也。天子以《大雅》取燕群臣及聘問之賓,而歌《小雅》合鄉樂,是下就也。鄉樂,《風》也。

惲皋聞曰:"朱《注》云:'正《小雅》燕饗之樂,正《大雅》會朝之樂。'無據之言也。《國語》:'叔孫穆子如晋,晋侯享之,金奏《肆夏》之三,工歌《文王》之三。'是《大雅》正饗所用也,特用於聘問之大夫不宜,故穆子不拜耳。且穆子曰:'金奏《肆夏》《樊》《遏渠》,天子所以饗元侯也。工歌《文王》《大明》《緜》,則兩君相見之樂也。皆昭令德以合好也。'則《大雅》爲饗所用明矣。"

皋聞又言:"雅,正也。"又曰:"正雅是正正而雅雅也。"愚謂變風變雅見於《序》,蓋《風》之初起,未有不正者也,不必言正也。迨政衰民離,而變風作矣。雅即正也。何言正雅?迨王綱不振,而變其正矣。然詩人歌以刺之,則以正風之也,仍正也。故可言變雅是變風變雅名目,子夏之《序》可遵也。正風正雅,鄭康成因變以加之,不名之可也。

《箋》《疏》曰:宴勞嘉賓,治内治外,爲《小雅》。推原天命,追述祖德,爲《大雅》。以其事較之有大小也。

鹿鳴之什第十六

呦呦鹿鳴,食野之苹。我有嘉賓,鼓瑟吹笙。吹笙鼓簧,承筐是將。人之好我,示我周行。

呦呦鹿鳴，食野之蒿。我有嘉賓，德音孔昭。視民不恌，君子是則是傚。我有旨酒，嘉賓式燕以敖。

呦呦鹿鳴，食野之芩。我有嘉賓，鼓瑟鼓琴。鼓瑟鼓琴，和樂且湛。我有旨酒，以燕樂嘉賓之心。

鳴、苹、笙、簧、將、行韻。蒿、昭、恌、傚、敖韻。芩、琴、湛、心韻。

《序》曰：燕群臣嘉賓也。既飲食之，又實幣帛筐篚以將其厚意，然後忠臣嘉賓得盡其心矣。

《疏》曰：燕禮大夫爲賓，則賓惟一人，而云群臣嘉賓者，燕禮於客之内立一人爲賓，使宰夫爲主，與之行禮。其實君設酒殽，群臣皆在，君爲之主，群臣總爲賓也。又《燕禮》曰：若與四方之賓燕，則迎之於大門内。是燕與臣同，惟迎之异也。故《鄉飲酒》宴禮《注》云：《鹿鳴》者，君與臣下及四方之賓燕，講道修德之樂歌是也。

苹，藾蕭也。《箋》。以鹿得草其鳴聲呦呦然呼類共食，興君行燕禮以樂群臣也。簧，笙中簧也。承，奉也。筐，所以盛幣帛而將之飲以酬賓，送酒食以侑賓勸飽也。《正義》。周行，大道也。朱《注》。言誠意以燕嘉賓，庶其好我而示我以治安之大道也。蒿，青蒿也。《陸疏》。德音孔昭者，《鄉射記》曰：古者於旅也，語謂嘉賓於旅酬之際，語先王之道德，甚爲昭明。《箋》。足以示民，使不偷薄。而凡爲君子，皆當則傚也。是示我周行也，敖遊也。芩，亦草名。湛，樂之久也。《傳》。言燕久而誠敬不衰，則可以安樂嘉賓之心，而盡其言其力矣。

《鹿鳴》三章，章八句。

四牡騑騑，周道倭遲。豈不懷歸？王事靡盬，我心傷悲。

四牡騑騑，嘽嘽駱馬。豈不懷歸？王事靡盬，不遑啓處。

翩翩者鵻，載飛載下，集于苞栩。王事靡盬，不遑將父。

翩翩者鵻，載飛載止，集于苞杞。王事靡盬，不遑將母。

駕彼四駱，載驟駸駸。豈不懷歸？是用作歌，將母來諗。盬，音古。鵻，本又作隹。諗，音審。

騑、遲、歸、盬、悲韻。騑、馬、歸、盬、處韻。鵻、下、栩、盬、父韻。鵻、止、杞、盬、母韻。駸、諗韻。

《序》曰:勞使臣之來也。有功而見知則説矣。

此通篇皆代使臣之言也。騑騑,行不止之貌。周道,周京之道也。倭遲,歷遠之貌。靡,同無。盬,同蠱,不堅固也。《傳》。言其不思歸乎,王事欲其無不堅固,故内顧而傷悲耳。朱《注》。嘽嘽,喘息之貌。白馬黑鬣曰駱。遑,暇。啓,跪。處,居也。鵻,夫不也。《傳》。今鵓鳩也。將,養也。以鵻之得集木,反興使臣之不得養親也。杞,枸繼也。駸駸,驟貌。《傳》。諗,告也。作爲此歌以養母之情來告君也。皆君體之之言也。

《四牡》五章,章五句。

皇皇者華,于彼原隰。駪駪征夫,每懷靡及。

我馬維駒,六轡如濡。載馳載驅,周爰咨諏。

我馬維騏,六轡如絲。載馳載驅,周爰咨謀。

我馬維駱,六轡沃若。載馳載驅,周爰咨度。

我馬維駰。六轡既均。載馳載驅,周爰咨詢。

隰、及韻。駒、濡、諏韻。騏、絲、謀韻。駱、若、度韻。駰、均、詢韻。

《序》曰:君遣使臣也。送之以禮樂,言遠而有光華也。

《疏》曰:謙虚訪善禮也,而樂亦在其中矣。

皇皇,猶煌煌也。高平曰原,下濕曰隰。以華之被光明於原野,興使臣之有光華於四國也。駪駪,衆多之貌。謂使與上介衆介也。《傳》《疏》。每懷靡及者,《國語》姜氏曰:"夙夜征行,不遑啟處,猶懼無及,况其順身縱欲懷安,將何及矣? 人不求及,其能及乎? 日月不處,人誰獲安?"如濡,鮮澤也。叔孫穆子曰:"忠信爲周,訪問於善爲咨,咨事爲諏,咨難爲謀,咨禮爲度,咨親爲詢,盍布王朝之德,察四國之情,兼聽并觀,興善弭難,此使臣之職也。"

《皇皇者華》五章,章四句。

常棣之華,鄂不韡韡。凡今之人,莫如兄弟。

死喪之威,兄弟孔懷。原隰裒矣,兄弟求矣。

脊令在原,兄弟急難。每有良朋,况也永歎。

兄弟鬩于牆,外禦其務。每有良朋,烝也無戎。

喪亂既平,既安且寧。雖有兄弟,不如友生。

儐爾籩豆,飲酒之飫。兄弟既具,和樂且孺。

妻子好合，如鼓瑟琴。兄弟既翕，和樂且湛。

宜爾室家，樂爾妻帑。是究是圖，亶其然乎。韡，韋鬼反。儐，賓胤反。

韡、弟韻。威、懷、裒、求韻。原、難、歎韻。牆、務叶韻。蘗、遇回互之叶也。朋、戎韻。平、寧、生韻。豆、飫、具、孺韻。琴、湛韻。家、帑、圖、乎韻。詩韻皆不用語助，然亦閒有用者，此類是也。

《序》曰：燕兄弟也。閔管蔡之失道，故作《常棣》焉。

按《國語》：富辰以爲周文公作。而《左傳》富辰則曰：召穆公思周德之不類，故糾合宗族於成周而作《常棣》。召穆公名虎，召公後也。周公之作，作詩也。召穆公之作，以此詩作樂也。

鄂，同萼，承華者曰鄂，不同柎鄂，足也。齊有華不注山，即華跗。《注》言如華足之注於地也。韡韡，光明也。言華以覆鄂，鄂以承華，韡韡然光明，興弟以敬事兄，兄以榮覆弟，恩義之顯，亦韡韡然也，則人之恩親，孰如兄弟者？《箋》。二章言死喪之賴兄弟也。威，畏。懷，思。裒，聚也。《傳》。言死尸即裒聚於原野之閒，他人所畏惡，亦惟兄弟爲相求也。朱《注》。三章言患難之須兄弟也。脊令，雝渠也。水鳥而在原，則失其常，故飛則鳴，行則摇，以求其類，興人遭患難亦失其常，惟兄弟匍匐救之也。每有良朋，滋之永歎而已，其分不能助也。况，茲也？《箋》。四章言兄弟雖有小忿，然外侮猝臨，則群然禦之，良朋安能舉兵以助哉？鬩，鬬狠也。務，同侮。烝，發辭語。朱《注》。五章言人之失其至情也。兄弟性或各尚，朋友必以類合，兄弟近多猜嫌，朋友遠則追逐，故安寧之時，或視兄弟不如友生矣，而不知安寧亦不可無兄弟也。六七章皆言安寧之須兄弟也。儐，陳。飫，饜。具，俱。孺，親慕也。言燕飲必兄弟俱而後和樂且孺也。翕，合也。言妻子即調合，必兄弟相合而後和樂且久也。是兄弟宜爾之室家也，是兄弟樂爾之妻帑也。人苟思之，則知其信然矣。

《常棣》八章，章四句。

伐木丁丁，鳥鳴嚶嚶。出自幽谷，遷於喬木。嚶其鳴矣，求其友聲。相彼鳥矣，猶求友聲。矧伊人矣，不求友生。神之聽之，終和且平。

伐木許許，釃酒有藇。既有肥羜，以速諸父。寧適不來，微我弗顧。於粲洒埽，陳饋八簋。既有肥牡，以速諸舅。寧適不來，微我有咎。

伐木於阪，釃酒有衍。籩豆有踐，兄弟無遠。民之失德，乾餱以愆。有酒湑我，無酒酤我。坎坎鼓我，蹲蹲舞我。迨我暇矣，飲此湑矣。許，呼古反。藇，音叙。

丁、嚶韻。谷、木韻。鳴、聲、生、聽、平韻。許、藇、羜、父、顧、簋、牡、舅、咎韻。阪、衍、踐、遠、愆韻。湑、酤、鼓、舞、我、暇、湑韻。"湑我"等,疊韻也。

《序》曰:燕朋友故舊也。自天子至於庶人,未有不須友以成者。親親以睦,友賢不棄,不遺故舊,則民德歸厚矣。

丁丁,伐木聲。嚶嚶,鳥聲。求友聲,求其友之聲也。相,視也。矧,況也。以野之伐木,興朝之求友,而因感鳥之求友,知人不可不求友也。神聽和平,言誠於求友,則明神鑒佑,使其友道和而不乖戾,平而不凌躐,以至於終也。《傳》《箋》。許許,衆人共力之聲。《淮南子》曰:"舉大木者呼'耶許'。"朱《注》。以筐曰釃,以藪曰湑,皆縮酒也。藇,美貌。羜,未成羊也。天子謂同姓諸侯,諸侯謂同姓大夫,皆曰父,异則曰舅。於,同烏。天子八簋以爲食禮。《傳》。寧,無寧也。適,偶也。言無寧適有故而不來乎,而非我延之不勤也。此望其來之辭也。《寫官記》。衍,流衍也。兄弟,父黨母黨之同輩者也。餱,食也。酤,買也。天子無沽酒者,甚言燕之要於無闕也。坎坎,鼓聲。蹲蹲,舞貌。"民之失德"以下,皆勸酒盡歡之文也。湑我、酤我,我湑、我酤也。鼓我、舞我,我鼓、我舞也。天子使工鼓舞以樂賓,即王鼓舞也。

《伐木》三章,章十二句。

天保定爾,亦孔之固。俾爾單厚,何福不除。俾爾多益,以莫不庶。
天保定爾,俾爾戩穀。罄無不宜,受天百禄。降爾遐福,維日不足。
天保定爾,以莫不興。如山如阜,如岡如陵。如川之方至,以莫不增。
吉蠲爲饎,是用孝享。禴祠烝嘗,于公先王。君曰卜爾,萬壽無疆。
神之弔矣,詒爾多福。民之質矣,日用飲食。群黎百姓,徧爲爾德。
如月之恒,如日之升。如南山之壽,不騫不崩。如松柏之茂,無不爾或承。

固、除、庶韻。穀、禄、足韻。興、陵、增韻。享、王、疆韻。福、食、德韻。恒、升、崩、承韻。

《序》曰:下報上也。君能下下,以成其政,臣能歸美,以報其上焉。

《箋》曰:謂《鹿鳴》至《伐木》,皆君所以下臣也。

保,安也。爾,指君也。固,堅也。《傳》。單,盡也。《箋》。所爲之事,盡以忠厚也。惲皋聞説。除,開也。謂天蓄積之福皆開出與之。《箋》。多益,廣受群臣之益也。皋聞説。庶,福衆也。戩,福。穀,禄。罄無不宜,謂舉事皆得其宜也。《箋》。高平曰陸,大陸曰阜,大阜曰陵。《爾雅》。皆比王業之興之高大也。川至方增,比王業之興之盛長也。此天福之也。吉，善。蠲，潔。饎，酒食也。享，獻也。春曰祠，夏曰禴，秋曰嘗，冬曰烝。先公，后稷以下至組紺也。先王，太王以下也。君，統先公先王言也。卜，予也。尸嘏主人傳神辭也。弔，至也。《傳》《箋》。"民之質"二句，言民也。"群黎"二句，言臣也。黎，衆也。百姓，百官族姓也。爲爾德，言則而象之，皆爲君之德也。恒，弦也。月上弦而就盈，日始出而就明。騫，虧也。承，青青相承也。《傳》《箋》。此神福之也。

《天保》六章，章六句。

惲皋聞曰："《皇華》周咨諏謀度詢，《國語》《左傳》以爲六德五善，各有其事，而朱《注》皆解爲問，《天保》單厚罄宜，寓規於頌，而朱《注》概指曰福，不惟重複少味，而亦非古人啓沃之意矣。"

采薇采薇，薇亦作止。曰歸曰歸，歲亦莫止。靡室靡家，玁狁之故。不遑啓居，玁狁之故。

采薇采薇，薇亦柔止。曰歸曰歸，心亦憂止。憂心烈烈，載飢載渴。我戍未定，靡使歸聘。

采薇采薇，薇亦剛止。曰歸曰歸，歲亦陽止。王事靡盬，不遑啓處。憂心孔疚，我行不來。

彼爾維何，維常之華。彼路斯何，君子之車。戎車既駕，四牡業業。豈敢定居，一月三捷。

駕彼四牡，四牡騤騤。君子所依，小人所腓。四牡翼翼，象弭魚服。豈不日戒，玁狁孔棘。

昔我往矣，楊柳依依。今我來思，雨雪霏霏。行道遲遲，載渴載飢。我心傷悲，莫知我哀。爾，《説文》作薾。

作、莫韻。家、故、居、故韻。柔、憂韻。烈、渴韻。定、聘韻。剛、陽韻。盬、處韻。疚、來韻。何、華、車韻。業、捷韻。騤、腓韻。翼、服、棘韻。依、霏韻。遲、飢、悲、哀韻。

《序》曰：遣戍役也。文王之時，西有昆夷之患，北有玁狁之難，以天子之命，命將率遣戍役以守衛中國，故歌《采薇》以遣之，《出車》以勞還，《杕杜》以勤歸也。

《帝王世紀》《尚書傳》皆曰：文王受命，四年伐昆夷。

薇，菜名。作，生也，時先輩行也。《傳》《箋》。下篇《出車》于牧。《左傳》曰：凡馬日中而出，謂春分也。則此遣行，夏之二月下旬也。歲莫，言其歸期之遠也。柔，始生而柔也，三月上旬也，中輩行矣。定，止息也。聘，問也。二句代將役之言也。言我戍且無止息，則有何人可使歸以問室者乎？剛，少而剛也。三月中旬也，後輩盡出矣。十月爲陽。疚，病也。《傳》《箋》。我行不來，言致死殺敵也。此代述將役之心也。爾華，盛貌。以常棣之華盛，興將率車馬服飾之盛也。君子，指將率車稱降者。周制，諸侯之卿亦得賜大路也。革路以即戎，故曰戎車。業業，壯貌。一月三捷，此代述將役之志也。騤騤，强也。《傳》。腓，即咸卦咸其腓之腓，脚膊也，隨股而動，如兵役之隨將車而動也。翼翼，閑習也。象弭，以象骨飾弓弰也。魚服，以魚爲矢服也。戒，警敕軍事也。《傳》《箋》。楊柳依依，即采薇時也。雨雪霏霏，即歲莫也。代將士預道其歸期之事也。出戍之久，軍役之苦，決戰之勇，戒備之嚴，往來之勞，皆先爲言之，所以鼓其氣慰其心也。

《采薇》六章，章八句。

我出我車，于彼牧矣。自天子所，謂我來矣。召彼僕夫，謂之載矣。王事多難，維其棘矣。

我出我車，于彼郊矣。設此旐矣，建彼旄矣。彼旟旐斯，胡不旆旆。憂心悄悄，僕夫況瘁。

王命南仲，往城于方。出車彭彭，旂旐央央。天子命我，城彼朔方。赫赫南仲，玁狁于襄。

昔我往矣，黍稷方華。今我來思，雨雪載塗。王事多難，不遑啓居。豈不懷歸，畏此簡書。

喓喓草蟲，趯趯阜螽。未見君子，憂心忡忡。既見君子，我心則降。赫赫南仲，薄伐西戎。

春日遲遲，卉木萋萋。倉庚喈喈，采蘩祁祁。執訊獲醜，薄言還歸。赫赫南仲，玁狁于夷。

車、牧、所、來韻。以牧中原讀音如暮也。載、棘韻。隊、職回互也。郊、旐、旄韻。旆、瘁韻。方、央、方、襄韻。華、塗、居、書韻。蟲、螽、忡、降、戎韻。遲、萋、喈、祁、歸、夷韻。

《序》曰：勞還率也。

《箋》曰：遣將率及戍役同歌，同時欲其同心也。反而勞之异歌，异日殊尊卑也。《禮記》曰：賜君子小人不同日。此其義也。

首章首四句爲將率之言我之出車就馬於牧地也。乃自天子之所，使我來爲帥也。於是召僕夫語以裝載。王事多難，不可不急趨也。天子指紂。二章首二句蒙上章而言出軍於郊也。龜蛇曰旐。旄，干旄也。鳥隼曰旟。旆旆，旒垂貌。於是將帥臨事而懼，而其僕夫憂其馬之不正，亦滋益憔悴也。南仲，文王之臣，時爲大將。方，朔方也，北方近玁狁之地。彭彭，衆盛貌。交龍爲旂。央央，鮮明也。我，即南仲也。赫赫，有威光也。襄，除也。《傳》《箋》《疏》。既代其言，即敘其事，詩體也。蓋玁狁地大勢盛，若戰則損兵，故於要地築城以鎮之，而其侵畧自熄，如唐張仁愿之於河套築三受降城也，往北入伐玁狁也。黍稷方華，六月時也。來，來伐西戎也。自北而西南，漸近岐周，故曰來也，秋晚之後也。西北高寒，雪下最早，然時未深冬，故雨雪而即爲塗泥，行人艱辛也。簡書，天子策命之辭，即上謂我來，天子命我也。草蟲鳴，阜螽躍，而從之，興南仲來近，西戎之諸侯喜見而隨之以伐戎也。君子，指南仲。四句正寫其喜見也。必伐西戎者，漢武通西域以斷匈奴右臂。趙充國曰："匈奴欲與羌合，非一世。蓋北狄跳梁，必連西戎。伐西戎，則北敵自却。"故下章既勝西戎，執訊獲醜，而即繼之曰玁狁于夷也。《寫官記》。草木萋，倉庚鳴，采蘩衆，則季春矣。於是西北告平，而歸於岐周。時未都豐。故歸功南仲以勞之也。訊，問其罪也。醜，衆也。夷，平也。

《出車》六章，章八句。

《采薇》遣戍而乃有"曰歸曰歸""今我來思"之文者，預道其歸期之久，謂其艱苦，當出師時即知之，以慰其心也。《出車》勞還而乃有"我出我車""設旐建旄"之文者，追念其出師之憂悴，謂今日不忘此勞，以表其功也。

有杕之杜，有睆其實。王事靡盬，繼嗣我日。日月陽止，女心傷止，征夫遑止。
有杕之杜，其葉萋萋。王事靡盬，我心傷悲。卉木萋止，女心悲止，征夫歸止。
陟彼北山，言采其杞。王事靡盬，憂我父母。檀車幝幝，四牡痯痯，征夫不遠。
匪載匪来，憂心孔疚。期逝不至，而多爲恤。卜筮偕止，會言近止，征夫邇止。

實、日韻。陽、傷、遑韻。萋、悲、歸韻。杞、母韻。幝、痯、遠韻。來、疚韻。至、恤韻。至音同桎。偕、邇韻。

《序》曰：勞還役也。

此通篇皆設爲戍役之言也。睆，實貌。以杕杜之得有實葉，反興役卒之未得歸息也。遣戍原言陽月，歸止故於十月，而即知其婦之傷切，曰：征夫可以暇也。二章卉木萋止，則踰歲莫而爲來歲之春矣，是以女心不止於傷而且悲也。三章以杞可登山采之，反興父母未能至家安之也。幝幝，敝貌。痯痯，罷貌。此遙念其父母必念及車敝馬罷，而謂征夫之歸不遠也。四章遙念其父母妻子，謂此時不裝載不來歸憂心固甚病矣，況期已過而猶不至，豈有他故哉？是以多爲憂恤，問之卜，問之筮，而皆言近在旦夕，則征夫之至邇矣。言其室家之望，而即在征夫意中。先王之善體人情如此。按：孔《疏》朱《注》皆以通篇爲役婦之言，則其婦可自稱女乎？自曰女心傷悲乎？况婦既曰我心傷悲，而又復曰女心悲止乎？倏我倏女何以爲辭乎？

《杕杜》四章，章七句。

《采薇》三章，《序》以爲文王事。朱子無所考而駁之，以爲未必。按《常武》詩云："王命卿士，南仲大祖，大師皇父。"宣王時，皇父爲太師，而其始祖曰南仲。則南仲必周初之臣，建大功而有封爵者矣。太王王季初起，未能肆征皆勝。武王末，受命伐紂，即終未聞遠畧邊荒。則玁狁西戎之征，非文王而何矣？况《孟子》曰：湯事葛，文王事昆夷。湯初事葛，而後征之。文王初事昆夷，而後征之。事相類，故并言。《太雅》曰：昆夷駾矣，維其喙矣。亦言文王事，是確有據矣。而必改《序》之以世次詩者爲無附着之言，爲閒閒屬咏，使後學無以知人論世，豈詩教乎？《後漢・西羌傳》季歷伐西落鬼戎，復伐燕京之戎。戎人大敗。周師後克余無之戎。按《序》以西戎爲昆夷，王季所伐西落鬼戎，不知即是否？但王季若已克之，則文王不必又事之。且玁狁西戎一時徂征，并奏蕩平，王季未聞其爲，文王事無疑也。

魚麗於罶，鱨鯊，君子有酒，旨且多。
魚麗於罶，魴鱧，君子有酒，多且旨。
魚麗於罶，鰋鯉，君子有酒，旨且有。
物其多矣，維其嘉矣。
物其旨矣，維其偕矣。
物其有矣，維其時矣。

鯊、多韻。鱧、旨韻。鯉、有韻。多、嘉韻。旨、偕韻。有、時韻。

《序》曰：美萬物盛多能備禮也。文武以《天保》以上治内，《采薇》以下治外。始於憂勤，終於逸樂。故美萬物盛多，可以告於神明矣。

麗，歷也。《傳》。罶，以曲薄爲笱而承梁之空者也。朱《注》。鱨、鯊，皆魚名。古者不風不暴，不行火。草木不折，不操斧斤，不入山林。豺祭獸然後殺獺祭魚，然後漁鷹隼擊，然後罻羅設。是以天子不合圍，諸侯不掩群，大夫不麛不卵，士不隱塞，庶人不數罟，罟必四寸，然後入澤梁。故山不童，澤不竭，鳥獸魚鼈皆得其所。《傳》。旨且多，皆言酒也。末章則即酒魚之盛多，見萬物之盛多也。多矣，而皆善美矣，而皆齊有矣，而皆時承郊廟，養聖賢，育中外，何禮不備者？

《魚麗》六章，三章章四句，三章章二句。

惲皋聞曰：《序》以爲美萬物盛多而備禮，便覺時和物豐，朝野悠裕，氣象萬千。朱《注》

改爲燕享酒殽，索然粗淺矣。

《鹿鳴之什》十篇，五十五章，三百一十五句。

南陔

《序》曰：孝子相戒以養也。

白華

《序》曰：孝子之絜白也。

華黍

《序》曰：時和歲豐，宜黍稷也。

《傳》曰：有其義而亡其辭。

《箋》曰：此三篇者，鄉飲酒燕禮用焉。曰："笙入立於縣中奏《南陔》《白華》《華黍》"是也。孔子論《詩》，《雅》《頌》各得其所，時俱在耳。篇第當在於此。遭戰國及秦之世而亡之，其義則與衆篇之義合編，故存。至毛公爲《詁訓傳》，乃分衆篇之義，各置於其篇端云。又闕其亡者，以見在爲數，故推改什首遂通耳，而下非孔子之舊。

朱《注》謂《南陔》六篇非亡其辭也，此笙詩也。本有聲無辭。毛河右辨之甚明。塨嘗以其説語人曰：笙詩非無辭也。《序》有其義矣。束氏夏侯氏曾補其辭矣。古人未嘗言無辭也。《書》曰："詩言志"。若無辭，則或曰笙調、笙音，而不可曰笙詩。世有無言而稱詩者乎？至宋人鄭樵，疑六詩何以盡逸，遂武斷以爲無辭。夫逸詩之故，安得盡考？或以笙詩，用在一時，故連篇而逸耳。若曰無辭，則孔子删詩而計之曰三百篇，乃取無辭者以計數，可乎？朱子又誤因樵説，見《儀禮》《燕》與《鄉飲酒》文有歌有奏，遂解謂有辭者爲歌，無辭者爲樂爲奏，則舉其一竟忘其二與三矣。《周禮》歌黄鐘，奏大吕。歌與奏皆樂也。凡樂事，以鐘鼓奏九夏，奏即樂，皆有詩辭也。且大射則歌射節，王奏《騶虞》，諸侯奏《狸首》，卿大夫奏《采蘋》，士奏《采蘩》，皆以歌爲奏。即《儀禮・鄉射》亦云：樂正東面命大師曰：奏《騶虞》。豈《騶虞》《采蘋》《采蘩》亦有聲無辭耶。《周禮》鞮鞻氏掌聲歌，祭祀則吹而歌之。《注疏》謂歌者在上而吹者以管籥爲聲。故笙師掌教竽笙籥管諸器。故《郊特牲》曰：歌者在上，匏竹在下。是吹笙管無不比於歌辭明矣。《鄉飲酒》：義合樂三終。《注疏》曰：笙吹

《鵲巢》《采蘩》《采蘋》。是笙詩不止《南陔》等六篇，且有辭至今見存者矣。孔子既祥十日而成笙歌，是笙有歌辭，聖人之行事，確可據矣。至又謂笙詩無辭，同於投壺之魯鼓薛鼓，但有音節，而并無詩歌，更爲可异。夫魯鼓薛鼓，正應歌詩之節，以爲投壺之節者也。故前文命弦者曰：奏《貍首》。而乃讀其書而未之見也。何耶？

南有嘉魚之什第十七

南有嘉魚，烝然罩罩。君子有酒，嘉賓式燕以樂。
南有嘉魚，烝然汕汕。君子有酒，嘉賓式燕以衎。
南有樛木，甘瓠纍之。君子有酒，嘉賓式燕綏之。
翩翩者鵻，烝然來思。君子有酒，嘉賓式燕又思。

罩、樂韻。汕、衎韻。纍、綏韻。來、又韻。

《序》曰：樂與賢也。太平君子至誠，樂與賢者共之也。

《疏》曰：當周公成王太平之時，君子在位有禄，皆有至誠之心，樂與在野賢者俱得禄位，共相燕樂。

江漢之間，嘉魚産焉。罩，篧也。編細竹以罩魚者也。《傳》《疏》。烝，進也。《爾雅》。式，用也。汕，樔也。以薄汕魚也。《傳》《疏》。二章以魚之取不厭複，興在位求賢之勤其禮也。纍，蔓也。綏，安也。思，語辭。又，既燕飲而又燕飲也。末二章以瓠之纍，鵻之來，興賢者行義之獲其願也。罩、汕、樛木，皆喻君子，嘉魚、甘瓠、翩鵻，皆喻嘉賓。官私於竊位，士壅於上聞，欲際此時，得乎？

《南有嘉魚》四章，章四句。

南山有臺，北山有萊。樂只君子，邦家之基。樂只君子，萬壽無期。
南山有桑，北山有楊。樂只君子，邦家之光。樂只君子，萬壽無疆。
南山有杞，北山有李。樂只君子，民之父母。樂只君子，德音不已。
南山有栲，北山有杻。樂只君子，遐不眉壽。樂只君子，德音是茂。
南山有枸，北山有楰。樂只君子，遐不黄耉。樂只君子，保艾爾後。

臺、萊、基、期韻。桑、楊、光、疆韻。杞、李、母、已韻。栲、杻、壽、茂韻。枸、楰、耉、後韻。

《序》曰：樂得賢也。得賢則能爲邦家立太平之基矣。

臺，夫須也，今之莎草也。萊，亦草名。山有草木以自覆蓋，成其高大，興人君有賢臣以自尊顯也。基，本也。只，之言是也。人君既得賢者，置之於位，又以禮樂樂之，則能爲國家立太平之基，而又使朝廷得壽考之福，無有竟期也。民之父母，言賢者能爲民之父母也。德音不已，使朝廷令聞無窮也。《傳》《箋》《疏》。遐，何通。朱《注》。何不眉壽，言必眉壽也。枸，枳枸也。楰，鼠梓，楸屬也。黄，黄髮也。耇，老人面凍梨色如浮垢也。保，安。艾，養。《疏》《傳》。爾後，指王者之子孫也。

《南山有臺》五章，章六句。

由庚

《序》曰：萬物得由其道也。

崇丘

《序》曰：萬物得極其高大也。

由儀

《序》曰：萬物之生各得其宜也。

《傳》曰：有其義而亡其辭。

《箋》曰：此三篇者，鄉飲酒燕禮亦用焉。曰：乃閒歌《魚麗》，笙《由庚》，歌《南有嘉魚》，笙《崇丘》，歌《南山有臺》，笙《由儀》。

蓼彼蕭斯，零露湑兮。既見君子，我心寫兮。燕笑語兮，是以有譽處兮。
蓼彼蕭斯，零露瀼瀼。既見君子，爲龍爲光。其德不爽，壽考不忘。
蓼彼蕭斯，零露泥泥。既見君子，孔燕豈弟。宜兄宜弟，令德壽豈。
蓼彼蕭斯，零露濃濃。既見君子，鞗革沖沖。和鸞雝雝，萬福攸同。

湑、寫、語、處韻。瀼、光、爽、忘韻。泥、弟、豈韻。濃、沖、雝、同韻。

《序》曰：澤及四海也。

《爾雅》曰：九夷八狄七戎六蠻謂之四海。

蓼，長大貌。蕭，蒿也。湑，湑然，蕭上露貌。君子指天子。《箋》《疏》。《車攻》稱宣王"允矣君子"是也。寫，輸寫也。譽，善聲也。以露之被於蕭者汪濊，興王澤之被於四海者滂礴也。故朝覲之諸侯，惟恐不當於王。既見之，親其德澤，則心舒寫矣。而王又與之燕飲，笑語可親，是以譽聲流於四海，而安處九五之尊也。感之之辭也。瀼瀼，露蕃貌。龍，寵也。言爲王所寵遇，爲王所榮光，是王之德一無爽差，而壽考長年無有忘其澤者也。泥泥，露濡也。孔，甚。燕，安。豈，樂。弟，易也。《傳》《箋》。兄弟即《伐木》所謂"兄弟無遠"，指衆諸侯也。言既見君子，則甚安而樂易，是宜於兄之國弟之國，而其令德也。壽而且樂矣。濃濃，厚貌。鞗，轡也。革，轡首也。沖沖，革垂貌。在軾曰和，在鑣曰鸞。《傳》。《新書·容經》曰："登車則馬行而鸞鳴，鸞鳴而和。應聲曰和，和則敬。故《詩》曰：'和鸞雝雝，萬福攸同。'言動以紀度則萬福之所聚也。"蓋王者朝見諸侯之後，又燕見之。秋冬不出迎，春夏則車迎之於大門内，故見其車飾謙和，降接卑賤，而感激之，以祝其福也。《箋》《疏》。

《蓼蕭》四章，章六句。

三代封建之世，天子不兼治天下之民，惟懷來諸侯，使其感動，慕義思仁，各理其國，則天下平，此詩是也。故《序》曰："澤及四海。"

湛湛露斯，匪陽不晞。厭厭夜飲，不醉無歸。
湛湛露斯，在彼豐草。厭厭夜飲，在宗載考。
湛湛露斯，在彼杞棘。顯允君子，莫不令德。
其桐其椅，其實離離。豈弟君子，莫不令儀。

晞、歸韻。草、考韻。棘、德韻。離、儀韻。

《序》曰：天子燕諸侯也。

湛湛，露盛貌。陽，日。晞，乾也。厭厭，安也。夜飲即燕禮，宵則庶子執燭於阼階上，甸人執大燭於庭，閽人爲燭於門外之類也。以盛露之匪陽不乾，興君恩之勸飲，不醉不歸也。宗，宗廟也。考，成也。厚露之在豐草，興君恩之在宗燕也。禮：諸侯來朝廟中，將幣三享，又助祭於宗廟而燕之。故云在宗，以成其禮也。杞、梓二木而皆沾湛露，興顯明允信之衆諸侯皆有令德也。桐、椅二樹而實皆離離，興豈樂弟易之諸侯皆有令儀也。留之醉，君恩也。將以德儀而不醉，臣禮也。興有喻意，即在所興之物而不與下文呼應者，亦有與下文呼應如此章者，皆詩體也。

《湛露》四章，章四句。

彤弓弨兮，受言藏之。我有嘉賓，中心貺之。鐘鼓既設，一朝饗之。
彤弓弨兮，受言載之。我有嘉賓，中心喜之。鐘鼓既設，一朝右之。
彤弓弨兮，受言櫜之。我有嘉賓，中心好之。鐘鼓既設，一朝醻之。

藏、貺、饗韻。載、喜、右韻。櫜、好、醻韻。

《序》曰：天子錫有功諸侯也。

《箋》曰：諸侯敵王所愾而獻其功，王饗禮之，於是賜彤弓一，彤矢百，玈弓矢千。凡諸侯，賜弓矢，然後專征伐。

彤弓，朱弓也。以講德習射。弨，弛貌。言謂王之策命也。王錫弓矢，必策其功以命之受。出藏之乃反入也。貺，賜也。大飲賓曰饗。《周語》：王饗有體，薦燕有折俎，公當饗，卿當燕，是其禮盛也。一朝，猶早朝也。載，出載之車也。右，勸也，勸有功也。醻，報也。甯武子曰：以覺報燕是也。《傳》《箋》。

《彤弓》三章，章六句。

菁菁者莪，在彼中阿。既見君子，樂且有儀。
菁菁者莪，在彼中沚。既見君子，我心則喜。
菁菁者莪，在彼中陵。既見君子，錫我百朋。
汎汎楊舟，載沉載浮。既見君子，我心則休。

莪、阿、儀韻。沚、喜韻。陵、朋韻。舟、浮、休韻。

《序》曰：樂育材也。君子能長育人材，則天下喜樂之矣。

菁菁者，盛也。莪，微草也。阿，大陵也。言君子長育人材，若大陵之長育微草，能使之菁菁然盛也。韓昌黎文。儀，敬禮也。言君子相見甚樂，而且接我以敬禮也。兩貝爲朋，百，言其多也。言君子既學校以長養之，又爵命之，厚禄以寵貴之，如與百朋也。載，載也。浮沉者，物也。言君子於人材，文亦用，武亦用，於人才無所廢。《箋》。猶舟之於物浮沉皆載之云爾。韓文。休，美也。

《菁菁者莪》四章，章四句。

自《天保》治内，《采薇》治外，以後誦《魚麗》而嘆周之太平物盛，能備禮也。想《南陔》《白華》而知其時之篤於孝友也。想《華黍》而知其三時不害也。誦《嘉魚》而嘆其在位之爲國求人也。誦《南山有臺》而嘆朝廷之能樂賢也。想《由庚》《崇丘》《由儀》而知其時之萬物各盡其性也。誦《蓼蕭》而嘆其澤及四海中外一家也。誦《湛露》而嘆其上下交泰也。誦《彤弓》而嘆其征伐之權上操也。誦《菁莪》而嘆其教養有道,人才競奮也。文武成康之王迹,宛可見矣,足爲後法矣。乃朱《注》溷以燕享,指以無辭,而雅音幾無所關矣。謂之何?

六月棲棲,戎車既飭。四牡騤騤,載是常服。玁狁孔熾,我是用急。王于出征,以匡王國。

比物四驪,閑之維則。維此六月,既成我服。我服既成,于三十里。王于出征,以佐天子。

四牡修廣,其大有顒。薄伐玁狁,以奏膚公。有嚴有翼,共武之服。共武之服,以定王國。

玁狁匪茹,整居焦穫。侵鎬及方,至于涇陽。織文鳥章,白斾央央。元戎十乘,以先啓行。

戎車既安,如輊如軒。四牡既佶,既佶且閑。薄伐玁狁,至于大原。文武吉甫,萬邦爲憲。

吉甫燕喜,既多受祉。來歸自鎬,我行永久。飲御諸友,炰鼈膾鯉。侯誰在矣,張仲孝友。

飭、服、急、國韻。《鹽鐵論》"玁狁孔熾,我是用戒。"以急爲戒,可知古人去、入通轉也。則、服韻。里、子韻。顒、公韻。服、國韻。茹、穫韻。方、陽、央、行韻。安、軒、閑、原、憲韻。喜、祉、久、鯉、友韻。

《序》曰:宣王北伐也。《鹿鳴》廢,則和樂缺矣。《四牡》廢,則君臣缺矣。《皇皇者華》廢,則忠信缺矣。《常棣》廢,則兄弟缺矣。《伐木》廢,則朋友缺矣。《天保》廢,則福禄缺矣。《采薇》廢,則征伐缺矣。《出車》廢,則功力缺矣。《杕杜》廢,則師衆缺矣。《魚麗》廢,則法度缺矣。《南陔》廢,則孝友缺矣。《白華》廢,則廉恥缺矣。《華黍》廢,則蓄積缺矣。《由庚》廢,則陰陽失其道理矣。《南有嘉魚》廢,則賢者不安下,不得其所矣。《崇丘》廢,則萬物不遂矣。《南山有臺》廢,則爲國之基隊矣。《由儀》廢,則萬物失其道理矣。《蓼蕭》廢,則恩澤乖矣。《湛露》廢,則萬國離矣。《彤弓》廢,則諸夏衰矣。《菁菁者莪》廢,則無禮儀矣。《小雅》盡廢,則四夷交侵,中國微矣。

《序》言厲王時,《小雅》盡廢,故四夷交侵,以美宣王之中興也。

周之六月,夏之四月也。《司馬法》:冬夏不興師。而此六月者,急也。棲棲,簡閲貌。

飭,正也。常服者,戎車載將帥之常服,以韎韋爲弁,又以爲衣,而素裳白舄也。熾,盛也。我,序吉甫之意也。王于出征,王命之出征也。匡,正也。《周禮·校人》:凡大事,祭祀朝覲會同,毛馬而頒之,齊其色,軍事,物馬而頒之,齊其力。比物即物馬也。而四驪則又毛馬矣,言馬多也。閑習以法則者,教戰也。我服,我軍士之服也。與常服同,蓋戎事上下同服。《左傳》言均服是也。古者吉行日五十里,師行三十里。修,長。廣,大。顒,大貌。膚,大。公,功。有嚴有威,嚴之將也。有翼有敬,慎之將也。共此兵事,言文武之人備也。服,事也。茹,度也。焦穫鎬方,皆北方地名。涇陽,涇水之北。言其大恣也。織,同幟,旗幟也。鳥章,謂以絳帛爲縿,旗正幅。畫鳥隼之文章。繼旐曰旆。《爾雅》。又以絳白。白即帛。爲旒屬於縿,書名其上,以爲徽織。《大傳》謂之徽號也。央央,鮮明貌。元,大也。元戎,衝突敵陳之車,夏曰鉤車,殷曰寅車,周曰元戎。先啓行,先行也。孫叔敖曰:先人有奪人之心薄之也。從後視之,如俯而輊。從前視之,如仰而軒。言車適均也。佶,壯健之貌。大原,地名。伐至大原而止。而下章曰來歸自鎬,則鎬與大原當近在一處。劉向曰:千里之鎬,則大原亦去周京千餘里也。故下曰我行永久。憲,法也。御,進也。王飲吉甫酒,又進其素,相友如張仲諸人者共之,所以揚其功,盡其歡也。善父母爲孝,善兄弟爲友。《傳》《箋》《疏》。

《六月》六章,章八句。

薄言采芑,于彼新田,于此菑畝。方叔涖止,其車三千,師干之試。方叔率止,乘其四騏,四騏翼翼。路車有奭,簟茀魚服,鉤膺鞗革。

薄言采芑,于彼新田,于此中鄉。方叔涖止,其車三千,旂旐央央。方叔率止,約軝錯衡,八鸞瑲瑲。服其命服,朱芾斯皇,有瑲葱珩。

鴥彼飛隼,其飛戾天,亦集爰止。方叔涖止,其車三千,師干之試。方叔率止,鉦人伐鼓,陳師鞠旅。顯允方叔,伐鼓淵淵,振旅闐闐。

蠢爾蠻荊,大邦爲讎。方叔元老,克壯其猶。方叔率止,執訊獲醜。戎車嘽嘽,嘽嘽焞焞,如霆如雷。顯允方叔,征伐玁狁,蠻荊來威。珩,音衡。嘽,吐丹反。焞,吐雷反。

芑、畝、試、翼韻。翼,音同异,去聲。奭、服、革韻。鄉、央、瑲、皇、珩韻。止、試、旅韻。淵、闐韻。讎、猶、醜韻。焞、雷、威韻。此詩多三句一韻者,亦詩體也。

《序》曰:宣王南征也。

芑,菜也。田,一歲曰菑,二歲曰新田,三歲曰畬。以䵎田之芑必肥美可食,興教養之民必武勇可用也。《傳》《箋》。《司馬法》:兵車一乘,甲士三人,步卒七十二人。車三千,則兵當二十二萬五千。六鄉之外或遂與公邑出之也。然輜重隨從之車在内,不必盡戰車也。師,衆。干,盾也。試,肄習也。路車,金路也。以下文無錫有鉤,知爲《周禮》巾車之金路也。奭,赤貌。簟茀,以方文竹簟爲車蔽也。鉤,婁頷有钩也,以金爲之。膺,胸也。當馬胸有大帶曰樊,有鞅曰纓,皆以五采罽飾之而九成也。《傳》《箋》《疏》。《采薇》之路言革路者,以上章言我戍未定,王事靡盬,而下即接曰"戎車既駕,一月三捷",則是臨戰之車,故曰革路也。此路言金路者,以受命初出,未至臨戰,先乘金路以爲儀也。中鄉,鄉中之地,其田尤治也。朱《注》。軝,長轂也。《説文》。約,以皮纏之,而上加以朱漆也。錯,文也,文其衡也。鈴在鑣曰鸞。四馬口兩旁各一,故八鸞。瑲瑲,聲也。命服,王所命之服也。韋弁服朱衣裳,與六月常服素裳异者,彼載於車以爲臨戎之用,此受命之時,王命之服,衣之以示君命之寵也,故服黄朱之芾,煌煌然鮮美,佩蒼玉之珩,瑲瑲然有聲焉。葱,蒼也。隼,急疾之鳥,飛至於天,然亦集於其所止,興强健之卒,勇能深入,然必聽將之命也。鉦以止,鼓以進,各有人司之。言鉦人伐鼓,互文也。鞫,告也。二千五百人爲師,五百人爲旅。將戰,陳其師旅而誓告之言,陳師鞫旅,亦互文也。《春秋傳》:出曰治兵,入曰振旅。其治兵也,則伐鼓淵淵。其振旅也,則伐鼓闐闐。上不曰治兵,下不曰伐鼓,亦互文也。《吴語》《鄭語》皆有蠻荊,韋昭曰:楚也。與隣邦大者爲讎,則侵小不待言矣。元,大也。五官之長出於諸侯曰天子之老。猶,謀也。嘽嘽,衆也。焞焞,盛也。如雷霆,有威也。言雖久在外,無罷勞也。蓋方叔自佐吉甫北伐以來,威名久著,是以蠻荊來服,而畏其威也。《傳》《箋》。

《采芑》四章,章十二句。

我車既攻,我馬既同。四牡龐龐,駕言徂東。
田車既好,四牡孔阜。東有甫草,駕言行狩。
之子于苗,選徒囂囂。建旐設旄,搏獸於敖。
駕彼四牡,四牡奕奕。赤芾金舄,會同有繹。
决拾既佽,弓矢既調。射夫既同,助我舉柴。
四黄既駕,兩驂不猗。不失其馳,舍矢如破。
蕭蕭馬鳴,悠悠旆旌。徒御不驚,大庖不盈。
之子于征,有聞無聲。允矣君子,展也大成。柴,子智反,又才寄反。《説文》作㧘。

攻、同、龐、東韻。好、草韻。阜、狩韻。毛河右所謂隔合也。苗、囂、旄、敖韻。奕、繹韻。佽、調、柴韻。兩界之合也。駕、猗、馳、破韻。鳴、旌、驚、盈韻。征、聲、成韻。

《序》曰：宣王復古也。宣王能内修政事，外攘夷狄，復文武之境土，承上篇言。修車馬，備器械，復會諸侯於東都，因田獵而選車徒焉。

攻，堅。同，齊也。宗廟齊豪尚純也。戎事齊力尚强也。田獵齊足尚疾也。龐龐，充實也。東，洛邑也。阜，大也。甫草，甫田之草也。職方曰河南，曰豫州，其澤藪曰圃田是也。狩，田獵之總名也。田者，大芟草以爲防，或舍其中。褐纏旃以爲門，裘纏質以爲槸，間容握驅而入，轚則不得入。左者之左，右者之右，然後焚而射焉。天子發，然後諸侯發。諸侯發，然後大夫士發。天子發，抗大綏。旌旂之屬。諸侯發，抗小綏，獻禽於其下。故戰不出頃，田不出防，不逐奔走，古之道也。之子，有司也。夏獵曰苗，選徒，數擇車徒也。囂囂，聲也。惟數有聲，静治也。《傳》。敖山，近滎陽。秦築敖倉即此地。《詩地理考》。此言至東都而選徒以獵也。奕奕，連絡布散之貌。時見曰會，殷見曰同。繹，陳列聯屬之貌。朱《注》。此言諸侯來朝會於東都也。決，以象骨爲之，著於右手大指，所以鉤絃開體。拾，以皮爲之，著於右臂，以遂弦，故亦名遂也。佽，與手指相比次也。調，弓强弱與矢輕重相得也。射夫，謂諸侯及卿大夫也。同，同在澤宫之位也。《傳》《箋》。虞田獻禽取備君用，而以其餘陳於澤宫，較射而分取之，謂之班餘。獲之射中者，雖囿中不中也，取；不中者，雖囿中中也，不取。《尚書大傳》。柴，同紫，積禽也。我，中者也。不中者復助中者舉積禽而分焉，皆貴揖讓也。此會同畢而命諸侯以田獵之禮也。猗，同倚。不失，不失馳驅之法也。如破，如錐破物也。此正田獵也。蕭蕭，馬止而嘶也。悠悠，旌止而垂也。獵畢之事也。徒，步行挽輦者。御，車上御車者。不驚，不惶張也。古者田禮，自左膘而射之，達於右腢，爲上殺，以爲乾豆，奉宗廟。達右耳本次之，以爲賓客。射左髀，達於右䯚，爲下殺，以充君庖。面傷不獻，踐毛不獻，不成禽不獻。禽雖多，每禽擇取三十。宗廟賓客君庖各十。其餘以與射夫，使習射於澤宫，故大包不盈也。《傳》《箋》《疏》。之子，即前之子也。聞其師行而不聞其人聲，言至肅也。朱《注》。君子以德言，大成以業言，美宣王也。

《車攻》八章，章四句。

吉日維戊，既伯既禱。田車既好，四牡孔阜。升彼大阜，從其群醜。

吉日庚午，既差我馬。獸之所同，麀鹿麌麌。漆沮之從，天子之所。

瞻彼中原，其祁孔有。儦儦俟俟，或群或友。悉率左右，以燕天子。

既張我弓，既挾我矢。發彼小豝，殪此大兕。以御賓客，且以酌醴。麌，愚甫反。

戊、阜、醜韻。禱、好韻。亦隔合也。午、馬、麌、所韻。有、俟、友、右、子韻。矢、兕、醴韻。

《序》曰：美宣王田也。能愼微接下，無不自盡以奉其上焉。

戊、庚，皆剛日也。《曲禮》曰：外事以剛日伯馬祖天駟之神也。房星爲天駟。《爾雅》。將用馬力，故禱之。《序》所謂愼微也。從群醜，從禽獸之群衆也。差，擇也。同，聚也。鹿牝曰麀，麌麌，衆多也。漆水自耀州同官縣東北界來，經華原縣合沮水。沮水自坊州昇平縣北子午嶺出，俗號子午水，下合榆谷慈馬等川，遂爲沮水。之耀州華原縣合漆水，至同州朝邑縣東南入渭。於此從禽，是爲天子之所也。祁，大也，謂禽獸大而甚多也。趣則儦儦，行則俟俟。三爲群，二爲友，於是虞人驅禽，循其左右之宜，以待王之由左而射，使安然而獲也。燕，安也。豕牝曰豝。豝小而發，能中微也。兕，野牛也。殪，壹發而死也。兕大而殪，能制大也。此正田獵也。御者，給與充用之辭。御賓客，給諸侯來朝聘者也。酌醴，酌而醴群臣，以爲俎實也，《序》所謂接下也。《傳》《箋》《疏》。

《吉日》四章，章六句。

惲皋聞曰："射御自天子以至於士，所同學也。田獵所以數軍實，習戰陳，國之大政，天子所有事也。若司馬相如之諫武帝，王吉之諫昌邑王，爲過於乘危耳。自宋明積弱，迂儒泥《尚書》禽荒淫田之戒，竟視射獵之事爲天子不可親爲者，而柔懦之氣不可振矣。獨未讀《車攻》《吉日》之詩乎？此王迹也。宣王所以中興也。"

《南有嘉魚之什》十篇，四十六章，二百七十二句。

鸿鴈之什第十八

鴻鴈于飛，肅肅其羽。之子于征，劬勞于野。爰及矜人，哀此鰥寡。

鴻鴈于飛，集于中澤。之子于垣，百堵皆作。雖則劬勞，其究安宅。

鴻鴈于飛，哀鳴嗷嗷。維此哲人，謂我劬勞。維彼愚人，謂我宣驕。

羽、野、寡韻。澤、作、宅韻。嗷、勞、驕韻。

《序》曰：美宣王也。萬民離散，不安其居，而能勞來還定安集之，至於矜寡，無不得其所焉。《疏》曰：矜，同鰥。則蒸刪之通，《通韻》所謂兩界也。

通篇爲流民之言也。大曰鴻，小曰鴈。肅肅，羽聲。以鴻鴈之避寒暑而飛，興民之避危亂厲王流彘之亂。而去也。《傳》《箋》。之子，流民自相謂也。朱《注》。劬勞于野，流離也。矜，憐也。老而無妻曰鰥，老而無夫曰寡。言民之流亡及於貧苦可憐之人，而鰥寡播遷則更可哀也。鴻鴈集於澤中，興流民反於故土也。《箋》。於是頹垣再築，雖今勞苦，而其終得安宅矣。五板爲堵，五堵爲雉。板廣二尺，長六尺。《箋》《疏》。末章總承上，昔勞於野，今勞於宅,故哀鳴嗷嗷。然惟哲王知之,若彼愚人,反謂我久亡得所而宣驕矣。甚感王恩之辭也。

《鴻鴈》三章,章六句。

夜如何其?夜未央。庭燎之光,君子至止,鸞聲將將。

夜如何其?夜未艾。庭燎晣晣,君子至止,鸞聲噦噦。

夜如何其?夜鄉晨。庭燎有煇,君子至止,言觀其旂。

央、光、將韻。艾、晣、噦韻。晨、煇、旂韻。以質、未回互作叶也。然旂從斤,原可同聲,猶《尚書》壹戎衣衣讀如殷,今有衣姓者即殷姓後,《通韻》謂轉注之學必先諧聲是也。

《序》曰:美宣王也。因以箴之。

《箋》曰:美其能勤於政事也。因以箴者。王有雞人之官,凡國事爲期,則告之以時。王不正其官,而問夜早晚。其,語辭。夜如何其,王問夜早晚也。央,中也。夜未央,對者之言也。王警曰:此時尚未央哉!吾意庭燎光矣,來朝之君子必鸞聲將將然遠聞矣。《周禮·司烜》:凡邦之大事,以物百枚,并而束之,爲庭燎,設於門内。艾,盡也。晣晣,明也。噦噦,近而聞其徐行聲有節也。此又問也。鄉晨,近曉也。煇,天將明而見其烟光相雜也。朱《注》。觀旂則辨色矣,可視朝矣。此又問也。

《庭燎》三章,章五句。

沔彼流水,朝宗于海。鴥彼飛隼,載飛載止。嗟我兄弟,邦人諸友。莫肯念亂,誰無父母。

沔彼流水,其流湯湯。鴥彼飛隼,載飛載揚。念彼不蹟,載起載行。心之憂矣,不可弭忘。

鴥彼飛隼,率彼中陵。民之訛言,寧莫之懲。我友敬矣,讒言其興。鴥,惟必反。隼,息尹反。

海、止、友、母韻。湯、揚、行、忘韻。陵、懲、興韻。

《序》曰:規宣王也。

《周語》:魯武公以括與戲見王,王立戲。樊仲山甫諫不聽。戲立爲懿公,魯人殺之,宣王伐魯,立孝公。諸侯由是不睦。則宣王末年,天下漸不宗周,故至幽王淫逸,而申侯竟敢與西戎殺之,而列國莫之討也。

沔，水流滿也。諸侯春見天子曰朝，夏見曰宗。《禹貢》曰：江漢朝宗於海。兄弟，同姓諸侯也。邦人諸友，异姓諸侯也。《傳》。《尚書》曰：我友邦冢君。是謂諸侯爲友也。天子，諸侯之父母也。《傳》。君親同也。以水之朝宗於海，興諸侯之當朝宗於王也。以隼之任其飛止，興諸侯之驕恣不朝也。《箋》。二事相反起興，又一體也。誰無父母，即莊子所謂無所逃於天地之閒也。湯湯，波流湧盛之貌，興諸侯之驕縱也。飛而且揚，興諸侯之妄相侵伐也。二事相合起興，又一體也。不蹟，不循道也。則起則行，妄興兵也。《傳》《箋》。此二章責諸侯也。以隼之率陵爲其常，興諸侯之守職順度亦其常也，乃人有訛言矣，興而進於王矣。我友，指諸侯也。言敬者而反遭讒，毋怪群侯之離畔也。懲，止也。言王不禁止也。此章責王也。封建之禍，自此始矣。

《沔水》三章，二章章八句，一章六句。

鶴鳴于九皋，聲聞于野。魚潛在淵，或在于渚。樂彼之園，爰有樹檀，其下維蘀。他山之石，可以爲錯。

鶴鳴于九皋，聲聞于天。魚在于渚，或潛在淵。樂彼之園，爰有樹檀，其下維穀。他山之石，可以攻玉。

野、渚韵。園、檀韻。蘀、錯韻。天、淵韻。穀、玉韻。

《序》曰：誨宣王也。

鶴，鳥名，頂赭翼青身白。皋，澤也。澤中水溢出所爲坎，自外數至九，喻深遠也。石，0石也。錯，礪也。《傳》、《箋》、《疏》。"鶴鳴"二句，興誠之不可揜也。"魚潛"二句，興理之無定在也。"樂彼"三句，興愛當知其惡也。"他山"二句，興憎當知其善也。朱《注》。穀，惡木也。《傳》。此一章四事而皆興，又一體也。

《鶴鳴》二章，章九句。

祈父，予王之爪牙。胡轉予于恤，靡所止居。

祈父，予王之爪士。胡轉予于恤，靡所厎止。

祈父，亶不聰。胡轉予于恤，有母之尸饔。

牙、居韻。士、止韻。聰、饔韻。

《序》曰：刺宣王也。

《周語》：宣王三十九年，戰於千畝，王師敗績於姜氏之戎。《箋》以爲祈父之怨，即此敗也。

祈父，司馬也。職掌封圻之甲兵。《酒誥》曰“若疇祈父”是也。予，司右所屬，勇力之士也，當與虎賁士同爲王閑守之衛，故曰王之爪牙。六軍之士則出自六鄉，法不取於此。今祈父乃使從戎，是轉之於憂恤之地，故怨之亶誠也。尸，陳也。熟食曰饔言己從軍而使母爲父陳飲食之具也。《傳》《箋》。

《祈父》三章，章四句。

惲皋聞曰：“《左傳》襄十六年，穆叔以齊故，見中行獻子，賦《圻父》。獻子曰：‘偃知罪矣。敢不從執事以同恤社稷，而使魯及此。’按祈、圻古通，而《左傳》竟作圻父，與《書·酒誥》合。乃僞《詩傳》《詩説》以此作祈招，傅會《左傳》右尹子革之言，而不知有本賦《圻父》者在也。且祈招愔愔，已有其詩也，妄哉。”

皎皎白駒，食我場苗。縶之維之，以永今朝。所謂伊人，於焉逍遙。

皎皎白駒，食我場藿。縶之維之，以永今夕。所謂伊人，於焉嘉客。

皎皎白駒，賁然來思。爾公爾侯，逸豫無期。慎爾優游，勉爾遁思。

皎皎白駒，在彼空谷。生芻一束，其人如玉。毋金玉爾音，而有遐心。

苗、朝、遥韻。藿、夕、客韻。思、期、思韻。此亦語助爲韻者也。谷、束、玉韻。音、心韻。

《序》曰：大夫刺宣王也。

白駒，賢者所乘也。縶，絆其足也。維，繫其靷也。伊人，指賢者也。言焉得其白駒，食我場中苗藿，因而縶維之，使不得行於是。伊人永朝永夕，而逍遥於此，稱嘉客也。賁，黄白色。言皎皎白駒，其賁然而來乎，爾可爲公，爾可爲侯，何爲逸豫而無竟乎？故戒之曰：必優遊乎！慎之哉，毋悮也。必遁思乎，勉之哉，毋過也。優游者，山林肥遁，游履從容也。駒在空谷而以生芻食之，則去而不可留矣。然思其人德美如玉，焉能忘哉？故又遥囑之曰：迹即去矣，音尚可通，毋過貴重爾音，而有遠我之心也。朱《注》。詩人之於賢，纏綿婉摯如此，何乃王棄之也。

《白駒》四章，章六句。

黄鳥黄鳥，無集于穀，無啄我粟。此邦之人，不我肯穀。言旋言歸，復我邦族。

黄鳥黄鳥，無集于桑，無啄我粱。此邦之人，不可與明。言旋言歸，復我諸兄。

黄鳥黄鳥，無集于栩，無啄我黍。此邦之人，不可與處。言旋言歸，復我諸父。

穀、粟、穀、族韻。桑、粱、明、兄韻。栩、黍、處、父韻。

《序》曰:刺宣王也。

《傳》曰:宣王之末,天下室家離散,妃匹相去,有不以禮者,故詩人刺宣王不能以陰禮教親也。

黄鳥宜集木,啄粟而禁之,興婦人宜居夫室。噉夫食而禁之。是不我肯善矣,則安得不歸於母家也。

《黄鳥》三章,章七句。

我行其野,蔽芾其樗。昏姻之故,言就爾居。爾不我畜,復我邦家。

我行其野,言采其蓫。昏姻之故,言就爾宿。爾不我畜,言歸斯復。

我行其野,言采其葍。不思舊姻,求爾新特。成不以富,亦祇以异。

樗、居、家韻。蓫、宿、復韻。葍、特韻。富、异韻。

《序》曰:刺宣王也。

詳味詩意,蓋宣王末年,民俗漸漓,兩姓訂婚以後,壻家産落,壻父乃就所約之女家借居。女家惡其貧,背之而不畜,而轉以女配他氏,故詩人爲壻父之辭以刺之。

樗,惡木。蓫,牛蘈。葍,幽州人謂之燕葍,皆惡菜。行野而得此,興訂昏而得惡人也。壻之父曰姻。舊姻,舊日媒妁所達之姻也。特,即《柏舟》我特之特。求新特,求其新夫也。爲此者,不過惡我之貧,貪彼之富耳。然成昏豈必得富哉,徒自异於人道耳。《箋》。甚惡之之辭。

《我行其野》三章,章六句。

棄舊求新,明是爲富,乃朱《注》謬爲忠厚之談,曰實不以彼富而厭我貧,祇以其新而异於舊。則試問,棄舊姻,求新特,其詞不早似不忠厚乎?何以解焉?夫誤解亦已矣。乃又執此解而割《論語·子張》問崇德辨惑章,引此二語以證惑者,遙而竄於齊景公有馬千駟章。改經妄作,何也?

秩秩斯干,幽幽南山。如竹苞矣,如松茂矣。兄及弟矣,式相好矣,無相猶矣。

似續妣祖,築室百堵。西南其户,爰居爰處,爰笑爰語。

約之閣閣,椓之橐橐。風雨攸除,鳥鼠攸去,君子攸芋。

如跂斯翼,如矢斯棘。如鳥斯革,如翬斯飛,君子攸躋。

殖殖其庭,有覺其楹。噲噲其正,噦噦其冥,君子攸寧。

下莞上簟，乃安斯寢。乃寢乃興，乃占我夢。吉夢維何，維熊維羆，維虺維蛇。

大人占之，維熊維羆，男子之祥。維虺維蛇，女子之祥。

乃生男子，載寢之牀，載衣之裳。載弄之璋，其泣喤喤。朱芾斯皇，室家君王。

乃生女子，載寢之地，載衣之裼，載弄之瓦。無非無儀，唯酒食是議，無父母貽罹。罹，力馳反。

干、山韻。苞、茂、好、猶韻。祖、堵、户、處、語韻。閣、橐韻。除、去、芋韻。翼、棘、革韻。飛、躋韻。庭、楹、冥、寧韻。簟、寢韻。興、夢韻。何、羆、蛇韻。祥韻。牀、裳、璋、喤、皇、王韻。地、裼、瓦、儀、議、罹韻。

《序》曰：宣王考室也。

秩秩，有序也。干，水厓也。朱《注》。幽幽，深遠也。南山，終南山也。苞，叢生也。兄弟，謂同姓諸侯也。猶，同尤，過責也。"秩秩"二句，興國勢之雄壯也。"如竹"二句，比民生之殷衆也。《箋》。"兄弟"三句，賦諸侯之歸睦也。夫如是可以理前廢而修宫室矣。似，嗣也。《傳》。妣，先妣姜嫄也。祖，后稷也。《箋》《疏》。嗣續前徽以修室也。天子之室非一，在北者南户，在東者西户，不言東北，該之也。《疏》。約，束板也。閣閣，猶歷歷也。椓，築也。橐橐，用力也。芋，宇也。覆之義，惲皋聞説。謂君子之所覆蓋也。《箋》。二章三章統言修室也。四章言宗廟也。大勢嚴正，如人跂立而兩臂翼張也。廉隅整飭，如矢之急而直也。棟宇峻起，如鳥之驚而革也。革，變也。簷阿華采而軒翔，如翬之飛，而文章四布也。朱《注》。躋，升以祭祀也。《傳》《箋》。從升視之故見其上之美也。四章言路寢，燕寢也。殖殖，平正也。覺高大而直也。噲噲，猶快快也。《傳》《箋》。正，向明之處也。噦噦，聲也。室深廣則動有應聲。皋聞説。冥，奥窔之閒也。朱《注》。君子所以大居，正而聽政，燕息以寧處者也。安處視之，故見其中之美也。莞，蒲席也。竹葦曰簟。《箋》。皆寢臥衽席也。占我夢，自憶其夢也。熊羆，有力之獸。虺，蛇屬。大人占之，謂占夢以聖人之法占之也。熊羆在山，陽之祥也，故爲生男。虺蛇穴處，陰之祥也，故爲生女。下皆祝贊之詞也。臥以牀，尊之也。裳，晝日衣也。衣以裳，明當處外事也。弄以半珪之璋，比德也。喤，大聲也。皇，同煌。皆將服朱芾成室家爲諸侯，而君爲天子而王也。臥之地，卑之也。裼，褓也，縛兒被也。瓦，紡塼也，習其所事也。儀，善也。罹，憂也。無非不爲，非使摘也。無儀不見，善使稱也。以無所專也，惟司中饋酒食，是商而不貽父母憂也。《傳》《箋》。

《斯干》九章，四章章七句，五章章五句。

誰謂爾無羊，三百維群。誰謂爾無牛？九十其犉。爾羊來思，其角濈濈。爾牛來思，其耳濕濕。

或降于阿，或飲于池。或寢或訛，爾牧來思。何蓑何笠，或負其餱。三十維物，爾牲則具。

爾牧來思，以薪以蒸，以雌以雄。爾羊來思，矜矜兢兢，不騫不崩。麾之以肱，畢來既升。

牧人乃夢，衆維魚矣。旐維旟矣，大人占之，衆維魚矣，實維豐年。旐維旟矣，室家溱溱。

群、犉韻。濈、濕韻。阿、池、訛、餱、具韻。蒸、雄、兢、崩、肱、升韻。魚、旟韻。年、溱韻。

《序》曰：宣王考牧也。

羊以三百爲群，其群非一也。牛之犉者九十，非犉者尚多也。黄牛黑脣曰犉。羊患觸聚而息，其角濈濈然。牛病則耳燥，呞而動，其耳濕濕然。皆言其生育無災也。訛，動也。何，荷通。蓑所以備雨，笠所以備暑。《傳》。三十維物，言青赤黄白黑之色各有三十，則於祭祀之牲無不具也。麤曰薪，細曰蒸。矜矜兢兢，堅强也。騫，虧也。崩，群疾也。肱，臂也。升，入牢也。言牧人牧歸，且有餘力，而取薪蒸，搏禽獸，其羊皆堅强無疾，而擾馴從人，但以手麾之，使來，則皆來，使升，則已升也。衆維魚，夢人衆捕魚也。則是歲熟豐食之兆也。《周禮》：田獵郊野之公，邑大夫將羨卒載旐，百官卿大夫以其屬衛王，載旟。旐維旟，夢見旐之從旟也。旐、旟皆所以聚衆，則是生育衆多之祥也。溱溱，衆也。《傳》《箋》、《疏》。

《無羊》四章，章八句。

《鴻鴈之什》十篇，三十二章，二百三十句。

節南山之什第十九

節彼南山，維石巖巖。赫赫師尹，民具爾瞻。憂心如惔，不敢戲談。國既卒斬，何用不監。

節彼南山，有實其猗。赫赫師尹，不平謂何？天方薦瘥，喪亂弘多。民言無嘉，憯莫懲嗟。

尹氏大師，維周之氐。秉國之均，四方是維。天子是毗，俾民不迷。不弔昊天，不宜空我師。

弗躬弗親，庶民弗信。弗問弗仕，勿罔君子。式夷式已，無小人殆。瑣瑣姻亞，則無膴仕。

昊天不傭，降此鞠訩。昊天不惠，降此大戾。君子如屆，俾民心闋。君子如夷，惡怒是違。

不弔昊天，亂靡有定。式月斯生，俾民不寧。憂心如酲，誰秉國成。不自爲政，卒勞百姓。

駕彼四牡，四牡項領。我瞻四方，蹙蹙靡所騁。

方茂爾惡，相爾矛矣。既夷既懌，如相醻矣。

昊天不平，我王不寧。不懲其心，覆怨其正。

家父作誦，以究王訩。式訛爾心，以畜萬邦。惔，徒㘅反，又音炎。憯，本或作噆，士感反。氐，丁禮反。毗，婢比反。

巖、瞻、惔、談、斬、監韻。猗、何、瘥、多、嘉、嗟韻。師、氐、維、毗、迷、師韻。親、信韻。仕、子、已、殆、亞、仕韻。傭、訩韻。惠、戾韻。屆、闋韻。屆音同戒、介，而《鹽鐵論》戒作急，介協聲，价、急、介皆入聲也。夷、違韻。定、生、寧、酲、成、政、姓韻。領、騁韻。矛、醻韻。平、寧、正韻。誦、訩、邦韻。

《序》曰：家父刺幽王也。

《箋》曰：家父，字，周大夫也。

節，高峻貌。巖巖，積石貌。以南山之巉巖，興尹氏之顯盛也。赫赫，顯盛貌。師尹，尹氏爲大師也。惔，燔也。不敢戲談，畏其威也。國既卒斬，四方之侯國日相侵滅也。不監，不監察也。蓋尹氏爲三公，而又爲王官之伯，以監諸侯也。《箋》《疏》。猗，草木長也。實，滿也。《傳》。以南山之峻，而有平滿之草木，興師尹之尊，當有均平之政令也。薦，重。瘥，病。無嘉，謂皆謗讟之言也。憯，曾。懲，止也。言師尹不平，而天怒降禍，薦至弘多，以致民衆怨謗，無一善言，曾莫之懲止，可嗟也。《傳》《箋》。氐，本。均，平。維，繫。毗，輔。弔，恤也。言大師所關之重如此，不恤民之昊天，不宜使此人居之，以空我大師之職也。皋聞説。無所咎怨而歸之天也。四章正言尹氏之不平而空我師也。仕，事。君子，衆在位也。夷，平。已，止。無，毋通。瑣瑣，小貌。婿之父曰姻，兩婿相謂曰亞。《爾雅》。膴，厚也。言尹氏於政事弗以身親，民已不信從矣。而其委任之人，又弗詢以言，弗考以事，而置於百僚中，則是欺罔衆在位者矣。不可也。其平其心乎？其已止小人乎？無用之以殆國家也。瑣瑣姻亞，無使之居厚仕也。傭，功也。訩，衆語也。鞠，盈也。皋聞説。屆，至。闋，息。違，去也。五章呼天而告之曰：昊天乎，今爲政者不傭事矣，而但降此謗讟之言,盈街溢巷,所謂民言無嘉也。不惠順矣,而但降此乖戾之舉,稱干比戈,所謂國既卒斬也。然所以靖之者,仍在君子。君子如平而至善,則小民心息而無鞫訩矣。君子如平而夷易,則侯國皆順而怨惡去矣。而何尹氏之不以此輔王也?定,止。月斯生,言與月俱增也。病酒曰酲。成,平也。不自爲政,即弗躬弗親,而任小人姻亞也。勞,斃也。六章言今亂乃日盛,尹師秉國成將以誰諉?七章則傷亂之無可避也。項,大也。蹙蹙,無所騁之貌。言我欲避亂,而四牡項領,非不可駕,但王畿鞫訩,侯邦卒斬,蹙蹙坐困,欲騁焉往?唐詩所謂"萬方聲一概,吾道更何之"也。相,視。懌,悦也。八章寫尹氏小人等之可醜也。方其失面,眼見稱戈,忽而平悦,如飲相酬,鬬亂無常如此,是何人哉!九章復啓天而告之曰:昊天乎,使尹氏不平,以致我王不寧乎。不止其惡心,而反憎怨正人,謂之何?是以家父世受國恩,禍怨不避,作爲此詩,以究王訩。謗之由執政者,尚用化爾心以養萬邦可也。訛,化也。《傳》《箋》。

《節南山》十章,六章章八句,四章章四句。

正月繁霜,我心憂傷。民之訛言,亦孔之將。念我獨兮,憂心京京。哀我小心,癙憂以痒。

父母生我,胡俾我瘉。不自我先,不自我後。好言自口,莠言自口。憂心愈愈,是以有侮。

憂心惸惸,念我無禄。民之無辜,并其臣僕。哀我人斯,于何從禄。瞻烏爰止,于誰之屋。

瞻彼中林,侯薪侯蒸。民今方殆,視天夢夢。既克有定,靡人弗勝。有皇上帝,伊誰云憎。

謂山蓋卑,爲岡爲陵。民之訛言,寧莫之懲。召彼故老,訊之占夢。具曰予聖,誰知烏之雌雄。

謂天蓋高,不敢不局。謂地蓋厚,不敢不蹐。維號斯言,有倫有脊。哀今之人,胡爲虺蜴。

瞻彼阪田,有菀其特。天之杌我,如不我克。彼求我則,如不我得。執我仇仇,亦不我力。

心之憂矣,如或結之。今茲之正,胡然厲矣。燎之方揚,寧或滅之。赫赫宗周,褒姒威之。

終其永懷,又窘陰雨。其車既載,乃棄爾輔。載輸爾載,將伯助予。

無棄爾輔,員于爾輻。屢顧爾僕,不輸爾載。終踰絶險,曾是不意。

魚在于沼，亦匪克樂。潛雖伏矣，亦孔之炤。憂心慘慘，念國之爲虐。

彼有旨酒，又有嘉殽。洽比其鄰，昏姻孔云。念我獨兮，憂心慇慇。

佌佌彼有屋，蔌蔌方有穀。民今之無禄，天夭是椓。哿矣富人，哀此惸獨。痒，音羊。菀，音鬱，徐又於阮反。炤，音灼。佌，音此。

霜、傷、將、京、痒韻。我、瘉、後、口、侮韻。禄、僕、屋韻。蒸、夢、勝、憎韻。陵、懲、夢、雄韻。局、蹐、脊、蜴韻。特、克、得、力韻。結、厲、滅、威韻。厲，去入回互也。懷、雨、載、輔、予韻。輔、輻、載、意韻。輻，敷救切。否，去聲。沼、樂、炤、虐韻。酒、殽韻。鄰、云、慇韻。屋、穀、禄、椓、獨韻。

《序》曰：刺幽王也。

正月，正陽之月，夏之四月，周之六月也。純陽用事而多霜，《洪範》所謂急恒寒，若小人以訛言陷王，使行厲虐之應也。將，大也。謂其害大也。獨，孤立也，即惸獨也。憂，即憂訛言之侮也，憂己也。十兆爲京，數之積也。京京，憂積而不去也。皋聞説。癙憂，隱憂也。朱《注》。痒，病也。《傳》。小心以痒，即後文憂政厲而宗周滅也，憂國也。瘉，病也。莠，醜也。好醜但自口不由心，是訛言也。愈愈，益甚也。與訛言者殊塗，是以侮也。惸惸，憂意也。禄，穀禄也，即後文有屋有穀也。無辜陷罪，且連臣僕，所謂厲也。曰我無禄，曰人于何從禄，謂己與衆俱困也。故以烏之集於旺地，今京師，前朝每晨烏集之。興民之歸于明德。今瞻烏所止於誰之屋乎？傷民無所歸也。《疏》《箋》。中林宜有大木，而但見薪蒸，興朝廷宜有賢者，而但聚小人也。《箋》。然此夢夢然者，乃未定之天耳。苟其既定，天其不能勝人乎？豈大哉之上帝，於斯人而有所憎嫉乎？舉定理以自安也。然而今則實難問矣。彼訛言者，謂此山部婁也，而其實乃山脊之岡，大阜之陵，王曾不懲禁之，何也？乃徒召文獻故老，問以占夢徵祥，已訊非所訊矣。且在朝小人俱自以爲通，猶烏之不分雌雄也。即故老亦誰敢出言以分别之乎？烏聲惡，故又以興小人。不幸遭此，不敢不曲身而行，何者？恐天墮而壓也。不敢不累足而行，何者？恐地陷而仆也。我號斯言，豈無倫理？而今之人，皆變而爲虺蜴，何也？脊，理也。虺蜴，水蜴也，如蜥蜴，青緑色，大如指，形狀可惡。《陸疏廣要》。坂田，崎嶇墝埆之處也。以坂田尚有菀然特出之苗，興朝廷亦當有傑然特出之賢也。而無如王之不能用也。不觀之我乎，天之動摇我也，如不勝我者然。言極力動摇也。當其求我以爲法則，如恐不我得，及既得，而執縛我，則仇仇然傲之，亦不使我得盡其力矣。仇仇，傲也。《爾雅》。以上六章承言我獨之憂心也。正，政也。厲，酷暴也。火田爲燎，言燎田尚不能滅，而赫赫然之宗周，乃一女子遂滅之，可怪也。滅之者料其將然，以竦懼之也。終其二章，又以行商爲興，而戒之輔，如今人縛杖於輻，以輔車也。輸，墮也。將，請也。員,益也。言終其長思,已知載之不易,而又窘迫於陰雨,其車既已載重,乃迷惑而棄其輔,則必墮輸爾之所載矣。雖呼伯以助我,豈有及哉!汝其無棄爾輔,以益爾輻,且數數顧視其僕,則不輸所載,而終越險塗矣。乃曾不以是爲意也乎?輔、僕皆興賢臣也。以上三章承言小心之癙憂也。然國之虐,則我之獨,故下三章合而結之,以沼魚之無所避害,興虐政之下無所避禍也。云,言也。彼小人者,旨酒嘉殽,親戚道故。而我獨處困窮,能無憂乎?佌佌而小者有屋,蔌蔌而陋者有穀,而民至於今,乃無穀禄,是天禍椓擊之耳。就民之中富者,猶可愕獨,奈何!所以憂也。《傳》《箋》。夭,禍也。朱《注》。椓如椓杙之椓,擊之也。《疏》。

《正月》十三章,八章章八句,五章章六句。

十月之交,朔月辛卯。日有食之,亦孔之醜。彼月而微,此日而微。今此下民,亦孔之哀。

日月告凶,不用其行。四國無政,不用其良。彼月而食,則維其常。此日而食,于何不臧?

爗爗震電,不寧不令。百川沸騰,山冢崒崩。高岸爲谷,深谷爲陵。哀今之人,胡憯莫懲?

皇父卿士,番維司徒。家伯冢宰,仲允膳夫。棸子内史,蹶維趣馬。楀維師氏,豔妻煽方處。

抑此皇父,豈曰不時?胡爲我作?不即我謀。徹我牆屋,田卒汙萊。曰予不戕,禮則然矣。

皇父孔聖,作都于向。擇三有事,亶侯多藏。不憖遺一老,俾守我王。擇有車馬,以居徂向。

黽勉從事,不敢告勞。無罪無辜,讒口囂囂。下民之孽,匪降自天。噂沓背憎,職競由人。

悠悠我里,亦孔之痗。四方有羨,我獨居憂。民莫不逸,我獨不敢休。天命不徹,我不敢傚,我友自逸。爗,於輒反。棸,側留反。蹶,俱衛反。趣,七走反。楀,音矩。豔,餘贍反。亶,都旦反。噂,於損反。

交、卯、醜韻。微、哀韻。凶、行、政、良、常、臧韻。令、騰、崩、陵、懲韻。士、徒、宰、夫、史、馬、氏、處韻。父、時、謀、萊、矣韻。聖、向、藏、王、向韻。勞、囂韻。天、人韻。里、痗、憂、休韻。徹、逸韻。

《箋》曰:刺厲王也。

周之十月，夏之八月也。《箋》。辛卯，朔日干支也。日食爲陰侵陽，臣侵君之象，故曰孔醜。君臣失道，則下民其災，故曰孔哀。凶，即蝕也。行，陰陽相安之常道也。良，善政也。四國無政，以王國亂則皆亂也。日月食俱災，而曰月食維常者，陰當常微，陽當常盛也。于何不臧，當考驗其以何不善而致此也。爗爗，電光貌。震，雷也。令，善也。山頂曰冢。崒，崔嵬也。言崔嵬者崩落也。四章則言致變之由也。皇父、家伯、仲允，皆字，番、棸、蹶、楀，皆氏。卿士者，執政之卿，故專稱卿士也。司徒亦卿也，掌天下土地之圖，人民之數。宰，宰夫也，鄭司農説。下大夫。膳夫，上士也，掌王之飲食膳羞。内史，中大夫也，掌爵禄廢置殺生予奪之法。趣馬，中士也，掌王馬之政。師氏亦中大夫也，掌司朝得失之事。七人皆豔妻之族黨也。豔，同剡，厲王后也。煽，熾也。五章以下則皆刺皇父之惡也。蓋皇父封於東都畿内，之向必嘗請遷一邑里共往，而王許之。如漢田蚡之請考工地益宅者，而其邑人遷者怨之也。時，同是。言皇父不自以爲不是，動我以徙而不與我謀，徹去我牆屋，使我田卑者汙，高者萊，且曰非我戕汝，汝從上之禮，當然矣。矧此皇父，自謂甚聖。其作都也，擇立三卿，誠維富厚，多藏者用之，不肯遺一舊任之老使護衛我王。但有車馬者，皆擇之，盡以其居財往向。其貪利忘上如此。禮：畿内諸侯二卿，擇三卿，僭也。憗者，心不欲而自彊之辭。黽勉，《漢書》作"密勿"。辜，愆也。孽，災禍也。噂，聚也。沓，重複也。多言以相悦，而背則相憎，即讒口之人也。職，主也。競，逐也。言皇父已惡，而其群小作孽又如此。痗，病也。悠悠，遠也。不知病於何日止也。羡，餘也。《傳》《箋》。徹，取也。言天命不取我矣，我敢倣我友之逸而不從勞乎？我友即四方有羡民莫不逸之中人也。無可奈何，而歸之於天，安之於己，君子也。

《十月》八章，章八句。

按《序》爲刺幽王，而鄭《箋》以爲刺厲王者。一以《節》刺師尹不平，亂靡有定，此譏皇父擅權，日食告凶，不得任重專權，同時有二人也。一以《正月》惡褒姒滅周，此疾豔妻煽處，褒與豔亦二人也。一以幽王時，《國語》云：鄭桓公爲司徒。此曰番爲司徒，則非一時也。中侯擿雒貳曰：昌受符厲倡孽，期十之世，權在相。又曰：剡者配姬以放賢，山崩水潰，納小人，家伯罔主，异載震。按：文王昌以下，至厲王，爲十世，權在相臣，家伯罔主。山崩水潰，皆與此詩合。《疏》謂豔、剡古字通，剡爲其姓。況幽王時，三川震，竭此曰百川沸騰，災亦不同。則是詩果屬厲王矣。惲皋聞曰："《漢書·谷永傳》曰：昔褒姒用国，宗周以喪。閻妻驕扇，日以不臧。又曰：抑褒閻之亂。是喪與閻爲二人。顔师古注閻妻曰：此魯詩《十月之交》篇，言厲王無道，内寵熾盛。蓋剡、豔、閻字韻相通，剡國之女爲厲王后也。康成所考近是。但以爲毛公移其篇第，因改之，則未必然。或偶錯簡及傳寫之訛耳。"

浩浩昊天,不駿其德。降喪饑饉,斬伐四國。旻天疾威,弗慮弗圖。舍彼有罪,既伏其辜。若此無罪,淪胥以鋪。

周宗既滅,靡所止戾。正大夫離居,莫知我勩。三事大夫,莫肯夙夜。邦君諸侯,莫肯朝夕。庶曰式臧,覆出爲惡。

如何昊天,辟言不信。如彼行邁,則靡所臻。凡百君子,各敬爾身。胡不相畏,不畏于天。

戎成不退,饑成不遂。曾我暬御,憯憯日瘁。凡百君子,莫肯用訊。聽言則答,譖言則退。

哀哉不能言,匪舌是出。維躬是瘁。哿矣能言,巧言如流,俾躬處休。

維曰于仕,孔棘且殆。云不可使,得罪于天子。亦云可使,怨及朋友。

謂爾遷于王都,曰予未有室家。鼠思泣血,無言不疾。昔爾出居,誰從作爾室。

勩,夷世反,又音曳。暬,思列反。

德、國韻。圖、辜、鋪韻。戾、勩、夜韻。夕、惡韻。天、信、臻、身、天韻。退、遂、瘁、訊、退韻。《通韻》云:訊、瘁之叶,寘、質之回互也。出、瘁韻。出吹去聲。流、休韻。仕、殆、子、友韻。都、家韻。血、疾、室韻。

《箋》曰:刺厲王也。王之所下教令甚多而無正也。

夏爲昊天,言廣大也。秋爲旻天,言閔下也。《爾雅》。駿,大也。穀不熟曰饑,蔬不熟曰饉。胥,相。鋪,徧也。言昊天不大其德,降饑饉之災,以斬傷四國之民,是旻天疾暴,其威如此矣。而爲民上者乃弗慮弗圖,又肆虐政。於有罪而伏其辜者舍之,而陷此無罪之人,牽連遍及,欲民之不變,得乎?首章原王流彘之由也。周宗,宗周,鎬京也。既滅,即周人畔,相與襲王,王流於彘也。戾,定也。正,長也。我即暬御之臣也。勩,勞也。三事大夫,三公也。《箋》。言王流彘之後,群臣懈離,諸侯不朝,庶幾王少悔乎。而反出爲惡,可奈何!如何昊天,呼天而訴之也。辟法不信,王不信也。行邁而無所至,比王之無所底止也。然王固然矣,凡百臣工,各宜敬身畏天,豈以王之虐,而遂廢君臣之禮哉。乃今兵戎已成,而不退止矣,饑饉已成,而不安遂矣。獨我侍御小臣,爲當憯憯瘁病也乎。何以凡百臣工,無一肯來問訊者?道聽一言,則漫答之,聞有譖者,則退避之,身則全矣,如臣誼何?然而時勢逼人,毋怪臣工之離退也。哀哉!此直戇水能言之人,言出禍隨,匪舌出之病,維身之病可矣。此能巧言之人,順從如流水,而其身休休然安樂矣。故今之於仕,甚急哉,且危也。王欲有召,我告之曰,此人不可使。則王以爲違阻而罪我矣。我告之曰可使,則朋友不得遂其退避而怨我矣。雖然,君臣之義終不可廢也。今謂爾遷于王都以從王,則諉曰,予王都無所居處。然其隱憂泣血，嫉言孔多，是非無室家也。退避也。不然，昔爾離王出居，誰從之爲爾作室者？今乃以無室辭耶！詩人忠愛之情可掬矣。王都即彘也。王在于此，故曰王都。《箋》。

《雨無正》七章，二章章十句，二章章八句，三章章六句。

孫毓曰：周宗既滅，靡所止戾，明係厲王流彘之事。若《序》曰幽王既爲犬戎所殺，則無所刺，若王尚存，不得謂之既滅矣。其言甚明。且謂遷王都而群避憂泣，諸臣離散而覆出爲惡，不惟非幽王，亦不似平王東遷也。鄭康成謂刺厲王，不誤矣。

《正義》曰：經無"雨無正"之文，以王政衆多如雨，而皆苛虐不正，作者爲之立名耳。

旻天疾威，敷于下土。謀猶回遹，何日斯沮？謀臧不從，不臧覆用。我視謀猶，亦孔之邛。

潝潝訿訿，亦孔之哀。謀之其臧，則具是違。謀之不臧，則具是依。我視謀猶，伊于胡底？

我龜既厭，不我告猶。謀夫孔多，是用不集。發言盈庭，誰敢執其咎。如匪行邁謀，是用不得于道。

哀哉爲猶，匪先民是程，匪大猶是經，維邇言是聽，維邇言是爭。如彼築室於道謀，是用不潰于成。

國雖靡止，或聖或否。民雖靡膴，或哲或謀。或肅或艾，如彼泉流，無淪胥以敗。

不敢暴虎，不敢馮河。人知其一，莫知其他。戰戰兢兢，如臨深淵，如履薄冰。膴，音紫。艾，音刈。

威、土、沮韻。從、用、邛韻。訿、哀、違、依、底韻。猶、多、咎、道韻。程、經、聽、爭、成韻。止、否、膴、謀、艾、流、敗韻。虎、河、他韻。兢、冰韻。

《序》曰：大夫刺幽王也。

回，邪。遹，辟。沮，止。臧，善。覆，反。邛，病也。一章言王謀猶之邪辟不善也。呼天即呼王也。二章言謀猶之不善由小人也。潝潝，相和也。訿訿，相詆也。朱《注》。伊于何底，言必至于亂之不堪也。三章言謀之群相推諉也。卜筮告厭，人口徒紛，無一敢任咎者，是不行道而坐謀遠近，亦何得於前塗哉！《左傳》：襄八年，鄭大夫謀從楚子駟，願受其咎，是執咎也。四章言謀之卑陋，而且不決也。言哀哉，今之爲謀，不以先民爲法，不以大道爲道，維邇言是聽是爭，且互議群聒，無能專決，如築室而謀之道側行人，各進一説，焉能成哉！邇，卑近也。《鹽鐵論》以爲權利大抵營私見小之説也。潰，遂也。五章言國非無善謀之人,而王不用善,將淪胥而俱敗也。止,定也。膴,大也,多也。《洪範》曰:思睿作聖,目明作哲,耳聰作謀,貌恭作肅,言從作乂,謂之五事。否,不聖也。六章言竦畏於小人之危殆也。徒涉曰馮,徒搏曰暴。他者,不敬小人之危殆也。《傳》《箋》。

《小旻》六章,三章章八句,三章章七句。

蘇氏曰:《小雅》《小旻》、《小明》對《召旻》、《大明》之在《大雅》者言也。

宛彼鳴鳩,翰飛戾天。我心憂傷,念昔先人。明發不寐,有懷二人。
人之齊聖,飲酒溫克。彼昏不知,壹醉日富。各敬爾儀,天命不又。
中原有菽,庶民采之。螟蛉有子,蜾蠃負之。教誨爾子,式穀似之。
題彼脊令,載飛載鳴。我日斯邁,而月斯征。夙興夜寐,无忝爾所生。
交交桑扈,率場啄粟。哀我填寡,宜岸宜獄。握粟出卜,自何能穀?
溫溫恭人,如集于木。惴惴小心,如臨于谷。戰戰兢兢,如履薄冰。

天、人韻。克、富、又韻。職、遇、宥之回互也。采、負、似韻。令、鳴、征、生韻。粟、獄、谷韻。木、谷韻。兢、冰韻。

《序》曰:大夫刺幽王也。

此遭時之亂而相戒之辭也。宛,小貌。鳴鳩,班鳩也。翰,羽。戾,至。明發,天將旦而光明開發也。二人,父母也。以鳩小之飛不能至天,興亂時之政不能治國。《傳》。故恐隕墮先人之業而憂傷也。齊,肅也。聖,通明也。克,勝也。以溫勝其酒也。壹醉日富,一于醉而日甚也。不又,言一去不復來也。有菽而衆民采,興善道人皆可行也。蜾蠃負螟蛉之子,興不似者可教而似也。則教誨爾子用善以似之不可已矣。朱《注》。螟蛉,桑上小青蟲也,似步屈。蜾蠃,即蒲盧,細腰蜂也。俗謂之蠮螉,取桑蟲負之於木空中,七日而化爲其子,式,用。穀,善也。《傳》《疏》。題,同睇,視也。以脊令之飛鳴無息,興人之征邁不可懈也。爾邁我征,言各務努力,不可暇逸取禍也。所生,父母也。交交,飛往來之貌。朱《注》。桑扈,竊脂也。肉食不食粟,今乃率場啄粟,興病寡之人所宜矜恤,今乃宜岸宜獄,是以人人自危,握粟求卜,而占其何由得善也。岸,《韓詩》作犴。鄉亭之繫曰犴,朝廷曰獄。末章言當效法恭人也。其恐墮也,如集于木,其惴惴小心,惟恐隕也,如臨于谷,其戰戰兢兢,惟恐陷也,如履薄冰。世道驅人如此,此何世道哉!所以爲刺也。

《小宛》六章,章六句。

按:《小旻》《小宛》,《箋》亦更爲刺厲王,然未有確據也,故仍從《序》。

弁彼鸒斯，歸飛提提。民莫不穀，我獨于罹。何辜于天，我罪伊何？心之憂矣，云如之何？

踧踧周道，鞫爲茂草。我心憂傷，惄焉如擣。假寐永歎，維憂用老。心之憂矣，疢如疾首。

維桑與梓，必恭敬止。靡瞻匪父，靡依匪母。不屬于毛，不離于裏。天之生我，我辰安在？

菀彼柳斯，鳴蜩嘒嘒。有漼者淵，萑葦淠淠。譬彼舟流，不知所届。心之憂矣，不遑假寐。

鹿斯之奔，維足伎伎。雉之朝雊，尚求其雌。譬彼壞木，疾用無枝。心之憂矣，寧莫之知。

相彼投兔，尚或先之。行有死人，尚或墐之。君子秉心，維其忍之。心之憂矣，涕既隕之。

君子信讒，如或醻之。君子不惠，不舒究之。伐木掎矣，析薪杝矣。舍彼有罪，予之佗矣。

莫高匪山，莫浚匪泉。君子無易由言，耳屬于垣。無逝我梁，無發我笱。我躬不閱，遑恤我後。鸒，音預。伎，本亦作跂，其宜反。掎，寄彼反。杝，勅氏反。

鸒、提、罹、何韻。道、草、擣、老、首韻。梓、止、母、裏、在韻。柳、嘒、淠、届、寐韻。伎、雌、枝、知韻。先、墐、忍、隕韻。醻、究、杝、佗韻。山、泉、言、垣韻。笱、後韻。

《序》曰：刺幽王也。太子之傅作焉。

幽王娶申女爲后，生太子宜臼。又説褒姒，生子伯服，乃廢申后，放宜臼，以褒姒爲后，伯服爲太子。《鄭語》《本紀》。

通篇皆代宜臼之言也。弁，同般，樂也。鸒，雅烏也，小而多群。提提，群貌。興民之父子兄弟出入家庭，亦群然相樂，而我獨何罪，遭此罹憂也。踧踧，平易也。周道，周室之通道。鞫，窮盡也。盡爲茂草，言王之德政塞遏也。惄，思也。如擣，如舂其心也。不脱衣冠而寐曰假寐。疢，猶病也。宅有桑梓，先人所植，故見必恭敬也。不屬毛離裏，言豈不出於父母之身乎？離，麗也。辰，時也。言豈值凶時而生乎？菀，茂盛貌。嘒嘒，聲也。漼，深貌。淠淠，衆也。言物大則容者多，而何王之不能容子也？届，至也。伎伎然舒也。雊，雉鳴也。言鹿猶安舒，雉猶求偶，而我獨見逐，何也？壞木，憔悴木也。見人之掩兔而先驅走之，遇死人而墐之，皆心之不忍也。投，掩也。墐，覆也。醻，旅酬也。旅酬得爵，即受而行之，故以比聞讒，即受而行也。惠，愛。舒究，徐以察之也。伐木者掎其巔，恐仆而傷也。析薪者隨其理，恐妄剖裂也。今乃置彼有罪,而以予無涉之他人,任其巔越,是伐木析薪之不如也。又言莫高者非山乎,莫深者非泉乎,然人尚或登之探之,況言出邇聞遠,王於深宫之中,偏愛之言,愼勿易發,墻外有耳,已閧然而四布矣。然我身已放棄,此後之事,無暇憂恤,謂之何哉!《傳》《箋》。

《小弁》八章,章八句。

《正義》曰:鳴鳩與鸒皆小鳥也,故曰《小宛》《小弁》。

悠悠昊天,曰父母且。無罪無辜,亂如此憮。昊天已威,予愼無罪。昊天泰憮,予愼無辜。

亂之初生,僭始既涵。亂之又生,君子信讒。君子如怒,亂庶遄沮。君子如祉,亂庶遄已。

君子屢盟,亂是用長。君子信盜,亂是用暴。盜言孔甘,亂是用餤。匪其止共,維王之邛。

奕奕寢廟,君子作之。秩秩大猷,聖人莫之。他人有心,予忖度之。躍躍毚兔,遇犬獲之。

荏染柔木,君子樹之。往來行言,心焉數之。蛇蛇碩言,出自口矣。巧言如簧,顔之厚矣。

彼何人斯,居河之麋。無拳無勇,職爲亂階。既微且尰,爾勇伊何。爲猶將多,爾居徒幾何? 憮,火吴反。餤,音談,又音鹽。蛇,以支反。

且、辜、憮、威、罪、憮、辜韻。涵、讒韻。怒、沮、祉、已韻。盟、長韻。盜、暴韻。甘、餤韻。共、邛韻。作、莫、度、獲韻。樹、數、口、厚韻。麋、階、何、多、何韻。

《序》曰:刺幽王也。大夫傷於讒,故作是詩也。

亂,讒言之亂也。憮,大也。言昊天爲人之父母,胡爲使無罪辜者而遭亂如此之大乎?於是又呼天而告之曰:昊天,亂甚可畏矣。而予自愼,誠無罪也。昊天,亂甚大矣。而予自愼,誠無辜也。威,畏也。二章言讒言之亂,以王之容信之也。僭始,不信之始也。涵,容其言則亂生矣。既而深信,則亂成矣。苟君子怒小人,福君子,亂有不速止者乎!君子,王也。遄,疾。祉,福也。三章言讒人之病國也。屢,數也。《周禮》有司盟。凡邦國有疑,會同則掌其盟,約之載,及其禮儀。非此時而盟,謂之數。《傳》。王不自信,故人亦不信之,而亂長矣。苦言,藥也,益人者也。甘言,盜也,賊人者也。故讒言必甘,信之即爲信盜。止共,不供職也。邛,病也。言非但不供職,且以病王,所謂盜也。四章言讒奸之不能逃其鑒也。奕奕,大貌。秩秩,有序也。莫,同謨,謀也。毚兔,狡兔也。以君子之作寢廟,聖人之謀大猷，興予能度讒人之心，而又感興於狡兎犬獲，反覆以斥讒人之不能逃其奸也。五章言讒言之無耻也，荏染，柔貌。柔木，柔忍之木也。往來行言，往來可行之言也。《箋》。數之，謂擬之後言，如數一二也。以柔木之樹於君子，興行言之出於心思。蛇蛇，淺意也。《傳》。碩言，大話也。若彼讒言，敢爲虚大，徒出自口，不衷於心。巧好其辭，如鼓笙簧，毫無慚愧，顔何厚哉！末章則深斥其鄙陋也。水草交謂之麋。拳，力也。骭瘍爲微，腫足爲尰。猶，謀。將，大也。言爾讒人無力無勇，主爲亂階，形容可憎。即勇何在？乃讒謀大多，豈恃徒黨之衆乎？爾居徒亦幾何。《傳》《箋》。小人作惡不自量如此。

《巧言》六章，章八句。

彼何人斯，其心孔艱。胡逝我梁，不入我門。伊誰云從，维暴之云。

二人從行，誰爲此禍。胡逝我梁，不入唁我。始者不如，今云不我可。

彼何人斯，胡逝我陳。我聞其聲，不見其身。不愧于人，不畏于天。

彼何人斯，其爲飄風。胡不自北，胡不自南。胡逝我梁，祇攪我心。

爾之安行，亦不遑舍。爾之亟行，遑脂爾車。壹者之來，云何其盱。

爾還而入，我心易也。還而不入，否難知也。壹者之來，俾我祇也。

伯氏吹壎，仲氏吹篪。及爾如貫，諒不我知。出此三物，以詛爾斯。

爲鬼爲蜮，則不可得。有靦面目，視人罔極。作此好歌，以極反側。

人、艱、門、云韻。祸、我、可韻。人、陳、身、天韻。風、南、心韻。兩界之通也。舍、車、盱韻。易、知、祇韻。篪、知、斯韻。蜮、得、極、側韻。

《序》曰：蘇公刺暴公也。暴公爲卿士而譖蘇公焉，故蘇公作是詩以絕之。

蘇、暴皆畿内國名。《傳》。蓋暴譖蘇於王，王譴蘇公。暴公不明居，而亦難以來唁，故蘇公即其不唁而反覆推極之。

艱，險也。朱《注》。梁，門外梁也。言過門不入，此何人哉。問其所從，則曰從暴公也。夫暴公素好而何以不入我門耶？二人，即蘇與暴也。言我二人從行王朝，俱爲卿士，誰爲此讒以禍我？胡乃逝我梁而不入唁我也？當相從之始，何嘗如今不以我爲可者，而今乃至此也。陳，門閒至堂之徑也。既云維暴之云，而又曰誰爲此禍，彼何人斯，終不直言，以使其聞之而自愧也。飄風，暴起之風也。言其人而爲飄風也，則當或北或南，今胡不然，而來逝我梁，以攪亂我心也。必曰行急不得入也，則見爾安行過門，亦不暇息，況今日亟行，何以又有餘閒膏爾車耶？乃不一進唁慰我之望乎！盱，張目也。朱《注》。且此行云亟，則回程可入，乃還又不入，則我不知其心矣。壹來唁我，使我意安。如之何祇安也，伯仲兄弟也。土曰壎,竹曰篪,俱有孔,可吹,倚樂之器。興二人同朝之相應和也。如貫,如貫於一索也。如貫則豈有不知讒我之爲誰者?今諉曰誠不我知,則請出三物以詛爾於神,使讒否之事著明可也。三物,豕、犬、雞也。斯,指讒害之事也。然而反側者終不能掩也。使爲鬼無形,爲蜮藏迹,則不可得矣。今靦面見人,未有極時,何可掩覆,故作歌以究極反側之情也。蜮,短狐也,一名射工,江淮水皆有之。人在岸上,影見水中,含沙射之,其人輒病。南人將入水,先以瓦石投水中,令水濁然後入。靦面,見人之貌。《傳》《箋》《疏》。

《何人斯》八章,章六句。

萋兮斐兮,成是貝錦。彼譖人者,亦已大甚。

哆兮侈兮,成是南箕。彼譖人者,誰適與謀。

緝緝翩翩,謀欲譖人。慎爾言也,謂爾不信。

捷捷幡幡,謀欲譖言。豈不爾受,既其女遷。

驕人好好,勞人草草。蒼天蒼天,視彼驕人,矜此勞人。

彼譖人者,誰適與謀。取彼譖人,投畀豺虎。豺虎不食,投畀有北。有北不受,投畀有昊。

楊園之道,猗于畝丘。寺人孟子,作爲此詩。凡百君子,敬而聽之。哆,昌者反。

錦、甚韻。箕、謀韻。翩、人、信韻。幡、言、遷韻。好、草韻。天、人韻。謀、虎韻。食、北韻。受、昊韻。道、邱韻。子、詩、之韻。

《序》曰:巷伯刺幽王也。寺人傷於讒,故作是詩也。

萋斐,文章相錯也。貝錦,錦文如貝也。集衆采以成錦文,興攢過失以成罪狀也。哆、侈,皆張大貌。南箕二踵平張二舌更張,興引罪狀而大之也。適,往也。誰往與謀乎?怪其工巧之甚也。緝緝,口舌聲。翩翩,往來貌。《傳》。捷捷,儇利貌。幡幡,反覆貌。朱《注》。謂爾不信,謂王恐有時而謂汝僞也。既其女遷,謂譖終恐遷施於汝也,懼之也。驕人,譖行而驕也。好好,驕貌。勞人,被譖而憂勞也。草草,勞心也。投,棄也。畀,舉也。有北,寒涼不毛之地也。投畀有昊,制其罪也。楊園,下地。畝邱,高地。猗,加也。楊園之道而加上於畝邱,興小臣被譖將及於大臣也。《傳》《箋》。孟子,寺人字。《疏》。

《巷伯》七章,四章章四句,一章五句,一章八句,一章六句。

按:巷伯即寺人也。《周禮》:寺人掌王之内人及女宫之戒令,是主宫巷之事,故稱巷伯,而以名篇焉。

《節南山之什》十篇,七十九章,五百五十二句。

詩經傳注·卷五

小　　雅

谷風之什第二十

習習谷風，維風及雨。將恐將懼，維予與女。將安將樂，女轉棄予。
習習谷風，維風及頹。將恐將懼，寘予于懷。將安將樂，棄予如遺。
習習谷風，維山崔嵬。無草不死，無木不萎。忘我大德，思我小怨。

雨、女、予韻。頹、懷、遺韻。嵬、萎韻。德、怨叶韻。德在職部爲蒸之入聲，怨在願部，爲元之去聲。《通韻》謂蒸、元兩界相通，故叶也。

《序》曰：刺幽王也。天下俗薄，朋友道絕焉。

風雨相及則潤澤行，朋友同志則親愛成。奈何恐懼之時則我恤，安樂之時則我棄哉！頹風之焚輪者也。謂暴風從上來降也。又以谷風與頹相扶而上，興朋友二人相須而成也。三章言東風生長至於山巔，朱《注》。可謂所被者廣矣。然至秋冬之間，尚無不死之草，不萎之木，況朋友久處，豈無一言一事致起嫌怨者乎？當念其大德共爲存恤，而何今之不然也？

《谷風》三章，章六句。

蓼蓼者莪，匪莪伊蒿。哀哀父母，生我劬勞。
蓼蓼者莪，匪莪伊蔚。哀哀父母，生我勞瘁。
缾之罄矣，維罍之恥。鮮民之生，不如死之久矣。無父何怙？無母何恃？出則銜恤，入則靡至。

父兮生我，母兮鞠我。拊我畜我，長我育我。顧我復我，出入腹我。欲報之德，昊天罔極。

南山烈烈，飄風發發。民莫不穀，我獨何害。

南山律律，飄風弗弗。民莫不穀，我獨不卒。

蒿、勞韻。蔚、瘁韻。恥、矣、恃、至韻。我韻，而鞠、畜、育、復、腹亦韻。重韻也。德、極韻。烈、發、害韻。律、弗、卒韻。

《序》曰：刺幽王也。民人勞苦，孝子不得終養爾。

莪，莪蒿也，可食。蓼蓼，長大也。長大則成蒿不可食矣。以興子之不能終養，亦徒長大而無用也。蔚亦蒿類，一名馬薪蒿。《陸疏》。罍主於注缾，缾盡是罍無以注之也，故维罍之恥，興子主於養父母，父母不得終養，是子之恥也。鮮，寡也。鮮民，無父母之人也。無父則無所依怙，無母則無所倚恃。出門銜憂，入無所至，蓋是時行役而歸，悲痛之辭也。鞠，養也。拊，拊循也。畜，起也。育，覆育也。顧，視也。復，又視也。腹，懷抱也。父母之德當報，如昊天之無窮極也。烈烈，高峻貌。發發，疾貌。律律，峭拔貌。弗弗，摧逆之貌。以山風之摧暴，興遭際之酷烈也。何害，言何遭此害也。不卒，不終養也。

《蓼莪》六章，四章章四句，二章章八句。

有饛簋飧，有捄棘匕。周道如砥，其直如矢。君子所履，小人所視。睠言顧之，潸焉出涕。

小東大東，杼柚其空。糾糾葛屨，可以履霜。佻佻公子，行彼周行。既往既來，使我心疚。

有冽氿泉，無浸穫薪。契契寤歎，哀我憚人。薪是穫薪，尚可載也。哀我憚人，亦可息也。

東人之子，職勞不來。西人之子，粲粲衣服。舟人之子，熊羆是裘。私人之子，百僚是試。

或以其酒，不以其漿。鞙鞙佩璲，不以其長。維天有漢，監亦有光。跂彼織女，終日七襄。

雖則七襄，不成報章。睆彼牽牛，不以服箱。東有啓明，西有長庚。有捄天畢，載施之行。

維南有箕，不可以簸揚。維北有斗，不可以挹酒漿。維南有箕，載翕其舌。維北有斗，西柄之揭。潸，所姦反，又山宴反。沈，音軌。鞙，胡犬反。

匕、矢、履、涕韻。東、空、霜、行韻。來、疚韻。泉、薪、人韻。載、息韻。去、入回互也。來音賚，與服韻，亦去、入回互也。裘、試韻。漿、長、光、襄韻。章、箱、庚、行韻。揚、漿韻。舌、揭韻。

《序》曰：刺亂也。東國困於役而傷於財，譚大夫作是詩以告病焉。

《箋》曰：譚國在東魯，莊公十年齊滅之。

饛，滿簋貌。飧，熟食，謂黍稷也。捄，長貌。棘匕，以棘爲匕，所以載鼎肉而升之於俎也。以賢主待賓客之禮厚，興盛王懷諸侯之恩渥也。周道，周室治平之道也。如砥，貢賦均平也。如矢，賞罰不偏也。履，履而行也。視，視而供也。《傳》。睠顧出涕，言盛王之政忽已往矣，《箋》。以起下文也。小東大東，東方大小之國也。杼，持緯者。軸，受經者。葛屨履霜，貧也。佻佻，輕脆不耐勞苦之貌。公子，譚公子也。周行，大路也。既往既來，供億頻數也。朱《注》。疚，病也。冽，寒意也。側出曰氿泉。穫，落木也。契契，憂苦也。《傳》《箋》。載，車載也。憚，勞也。以穫薪不可浸腐，興勞人不宜困憊也。職勞，主於勞也。不來，不撫慰也。舟人，操舟之人也。私人，私愛之人也。皆指西人也。試，用也。言苦樂不均，群小得志也。鞙鞙，長貌。璲，瑞也。漢，天河也。監，視也。跂，隅貌。織女三星鼎足如隅也。襄，駕也。天有十二辰，次經星一日一周而有餘，則自旦至暮更七辰也。《傳》《箋》。言東人或餽之以酒，而西人曾不以爲漿，與之以鞙然之佩璲，而西人曾不以爲長。維天之有漢，則庶乎有以監我，而織女之七襄，庶乎其能成文章，以報我無所赴愬，而求天之恤也。睆，明星貌。箱，車箱也。太白先日東出爲啟明，後日西出爲長庚。畢，星名，狀如掩兔之畢。接上章言織女牽牛皆無實用，啟明長庚天畢亦但布施行列，天且奈我何哉！翕，引也。又言南箕不可以簸揚糠粃，北斗不可以挹酌酒漿，而箕引其舌，反若有所吞噬，斗西揭其柄，反若有所挹取乎東。是天不徒不恤我，且若助西人而困我矣。朱《注》。箕斗在南方時，箕在南而斗在北，故言南箕北斗也。《疏》。

《大東》七章，章八句。

四月維夏，六月徂暑。先祖匪人，胡寧忍予。

秋日淒淒，百卉具腓。亂離瘼矣，爰悍皋聞曰：朱《注》改奚，僭妄也。其適歸。

冬日烈烈，飄風發發。民莫不穀，我獨何害。

山有嘉卉，侯栗侯梅。廢爲殘賊，莫知其尤。

相彼泉水，載清載濁。我日構禍，曷云能穀？

滔滔江漢，南國之紀。盡瘁以仕，寧莫我有。

匪鶉匪鳶，翰飛戾天。匪鱣匪鮪，潛逃于淵。

山有蕨薇，隰有杞桋。君子作歌，維以告哀。

夏、暑、予韻。凄、腓、歸韻。烈、發、害韻。卉、梅、尤韻。濁、穀韻。紀、有韻。鳶、天、淵韻。薇、桋、哀韻。

《序》曰：大夫刺幽王也。在位貪殘，下國構禍，怨亂并興焉。

四月，周正建卯之月也。六月，建巳之月也。徂，至也。言四月交夏，六月則到暑矣，以興時政之炎酷也。匪人，謂人盡而爲神明也。神明則靈，何忍使我遭此亂禍乎？卉草腓病，以興時政之摧殘也。離，憂。瘼，病。爰，於。適，之。言亂必有所歸也。《左傳》：宣十二年曰：無怙亂，《詩》云："亂離瘼矣，爰其適歸。"歸於怙亂者也。烈烈，猶栗烈也。日栗風發，以興時政之削慘也。侯，維也。山有美草，而在栗梅之下取實者必踐踏之，興國有小民而居暴君之下，掊克者必暴虐之。故言有位者皆廢爲殘賊而曾不知其過也。五章以泉水之猶有清濁，反興侯国之并無一善而日尋禍亂也。六章以江漢之能綱紀南國，興吴楚之將竊據鄰封也。江漢在吴楚封内，故以爲興。而王於畿内之封，乃盡瘁以兵役之事，使不自保，何哉？《箋》。春秋而後，王室卑，吴楚彊，詩人已早見其勢矣。七章歎己不如魚鳥，可以逃難也。桋，赤楝也。以木猶得所，興人不得所也。

《四月》八章，章四句。

陟彼北山，言采其杞。偕偕士子，朝夕從事。王事靡盬，憂我父母。

溥天之下，莫非王土。率土之濱，莫非王臣。大夫不均，我從事獨賢。

四牡彭彭，王事傍傍。嘉我未老，鮮我方將。旅力方剛，經營四方。

或燕燕居息，或盡瘁事國。或息偃在牀，或不已於行。

或不知叫號，或慘慘劬勞。或棲遲偃仰，或王事鞅掌。

或湛樂飲酒，或慘慘畏咎。或出入風議，或靡事不爲。傍，布彭反。

杞、事、母韻。下、土韻。濱、臣、均、賢韻。彭、傍、將、剛、方韻。息、國韻。牀、行韻。號、勞韻。仰、掌韻。酒、咎韻。議、爲韻。

《序》曰：大夫刺幽王也。役事不均，己勞於從事，而不得養其父母焉。

偕偕，彊壯貌。言登山采杞以食者，此偕偕之人，朝夕無暇爲父母憂也。中國曰四海之内，言循土而至於海濱，皆王臣也。大夫，執政者也。獨賢，獨以我爲賢而役之也。彭彭然不得息，傍傍然不得已。鮮，善也。將，壯也。旅，同膂。此章正言獨賢也。鞅，荷也。掌，捧也。負荷捧持以趨走，言促遽也。《傳》《箋》。出入風議，謂無事而妄議人長短也。末三章實指不均也。

《北山》六章，三章章六句，三章章四句。

無將大車，祇自塵兮。無思百憂，祇自疷兮。

無將大車，維塵冥冥。無思百憂，不出于熲。

無將大車，維塵雝兮。無思百憂，祇自重兮。疷，都禮反。

塵、疷韻。質、寘回互之叶也。冥、熲韻。雝、重韻。

《序》曰：大夫悔將小人也。

通篇皆興也。大車不可將，百憂不可思，興小人不可與也。大車，平地任載之車也。疷，病也。《傳》。熲，同耿，小明也。在憂中耿耿然不能出也。朱《注》。雝，猶蔽也。重，累也。《箋》。

《無將大車》三章，章四句。

明明上天，照臨下土。我征徂西，至于艽野。二月初吉，載離寒暑。心之憂矣，其毒大苦。念彼共人，涕零如雨。豈不懷歸，畏此罪罟。

昔我往矣，日月方除。曷云其還，歲聿云莫。念我獨兮，我事孔庶。心之憂矣，憚我不暇。念彼共人，睠睠懷顧。豈不懷歸，畏此譴怒。

昔我往矣，日月方奧。曷云其還，政事愈蹙。歲聿云莫，采蕭穫菽。心之憂矣，自詒伊戚。念彼共人，興言出宿。豈不懷歸，畏此反覆。

嗟爾君子，無恒安處。靖共爾位，正直是與。神之聽之，式穀以女。

嗟爾君子，無恒安息。靖共爾位，好是正直。神之聽之，介爾景福。艽，音求。

土、野、暑、苦、雨、罟韻。除、莫、庶、暇、顧、怒韻。奧、蹙、菽、戚、宿、覆韻。處、與、女韻。息、直、福韻。

《序》曰：大夫悔仕於亂世也。

"明明"二句，呼天而訴之也。艽野，荒遠之地。《傳》。周二月，建丑月也。初吉，朔日也。《傳》。離，歷也。共人，在朝之友也。罟，網也。除者，丑月與寅月接，人事更始，今以丑月晦日爲除夕是也。惲皋聞説。憚，勞也。《傳》。奧，同隩，即《堯典》"厥民隩"也。周正二月正堯時季冬，日月方當隩處之候也。萬充宗説。自詒伊戚，悔其冒亂世而仕也。興言出宿，夜臥不能安寢也。君子即共人也。末二章懷念僚友，因以戒之，言雖安處於家，無躭暇逸，清靖恭敬以居位，好善助正以接人，庶可以感神求福，不然，亂世豈能免禍哉！似吉辭而實危辭也。

《小明》五章，三章章十二句，二章章六句。

惲皋聞曰：《詩》言月者，惟豳風用夏正，餘皆周正也。六月棲棲，即周之六月也。於詩中求其爲夏正六月，無所據也。十月之交，周十月也。於詩中求其爲夏正十月，亦無所據也。四月維夏，建卯之月，《春秋》所書夏四月是也。此詩二月初吉，周二月，即建丑月也。觀後文云"歲聿云莫，采蕭穫菽"，夫采蕭穫菽，周之十月十一月事，即夏之八九月也。而已爲歲暮，其爲周正無疑矣。不然，周詩而用夏正，是不遵王也。生今反古也，豈可也哉！

鼓鐘將將，淮水湯湯。憂心且傷，淑人君子，懷允不忘。

鼓鐘喈喈，淮水湝湝。憂心且悲，淑人君子，其德不回。

鼓鐘伐鼛，淮有三洲。憂心且妯，淑人君子，其德不猶。

鼓鐘欽欽，鼓瑟鼓琴。笙磬同音，以《雅》以《南》，以籥不僭。喈，音皆。湝，户皆反。

將、湯、傷、忘韻。喈、湝、悲、回韻。鼛、洲、妯、猶韻。欽、琴、音、南、僭韻。

《序》曰：刺幽王也。

按幽王即不德，未有無事而遠至淮上以作樂者，豈如昭王之南征巡狩至淮，因爲流連之樂歟。

奏樂言鼓鐘者，《左傳》謂之金奏，先擊金以奏諸樂也。《疏》。將將，聲也。喈喈，猶將將也。鼛，同皋，大鼓也。《傳》。淮水出桐柏山，東會於泗沂，東入於海。《禹貢》。湯湯，水盛也。湝湝，水流也。三洲，水落而洲見也。言久於淮上也。蘇氏。故爲之憂傷，而思古之淑人君子也。妯，動也。《傳》。懷允不忘，言中懷誠信，無有愆忘，以至荒淫也。回，邪也。猶，若也。《傳》。謂不若今之荒亂也。欽欽，謂使人聞之而樂進於善也。琴瑟，堂上之樂也。笙磬，堂下東方之樂也。同音，四縣皆同也。《傳》。《雅》，二《雅》也。《南》，二《南》也。朱《注》。以籥者，《周禮·籥章》：凡國祈年於田，祖龡豳雅，是吹籥以聲二《雅》也。《左傳》：見舞象箾南籥者，是執籥以舞二《南》也。皋聞説。蓋籥者，吹以合樂，執以爲舞，《雅》《南》皆用之也。節奏得宜，故曰不僭。此承淑人君子而言其用樂不亂，以刺今之不然也。《傳》。

《鼓鐘》四章，章五句。

楚楚者茨，言抽其棘。自昔何爲，我蓺黍稷。我黍與與，我稷翼翼。我倉既盈，我庾維億。以爲酒食，以享以祀。以妥以侑，以介景福。

濟濟蹌蹌，絜爾牛羊。以往烝嘗，或剥或亨，或肆或將，祝祭于祊。祀事孔明，先祖是皇。神保是饗，孝孫有慶。報以介福，萬壽無疆。

執爨踖踖，爲俎孔碩。或燔或炙，君婦莫莫。爲豆孔庶，爲賓爲客。獻酬交錯，禮儀卒度。笑語卒獲，神保是格。報以介福，萬壽攸酢。

我孔熯矣，式禮莫愆。工祝致告，徂賚孝孫。苾芬孝祀，神嗜飲食。卜爾百福，如幾如式。既齊既稷，既匡既敕。永錫爾極，時萬時億。

禮儀既備，鐘鼓既戒。孝孫徂位，工祝致告。神具醉止，皇尸載起。鼓鐘送尸，神保聿歸。諸宰君婦，廢徹不遲。諸父兄弟，備言燕私。

樂具入奏，以綏後禄。爾殽既將，莫怨具慶。既醉既飽，小大稽首。神嗜飲食，使君壽考。孔惠孔時，維其盡之。子子孫孫，勿替引之。

棘、稷、翼、億、食、福韻。蹌、羊、嘗、亨、將、祊、明、皇、饗、慶、疆韻。踖、碩、炙、莫、客、錯、度、獲、格、福、酢韻。愆、孫韻。食、式、稷、敕、極、億韻。備、戒、告、止、起、歸、遲、私韻。告者，兩界之通也。奏、禄韻。去、入回互也。將、慶韻。首、考韻。盡、引韻。

《序》曰：刺幽王也。政煩賦重，田萊多荒，饉饑降喪，民卒流亡。祭祀不饗，故君子思古焉。

《正義》曰：言民除草以種黍稷，收之而盈倉庾，王者得爲酒食獻之宗廟，總言祭祀之事，其享妥侑，皆主人身之所行也。二三章言助祭者各供其職，爰及執爨，有俯仰之容，君婦有清淨之德，俎豆肥美，獻酬得法，以事鬼神，報以多福。四章言孝子恭敬無愆，神嘏以福。五章祭事既畢，告尸利成。卒章言祭之末，私燕同族。六章之文皆次，唯三章獻酬笑語，當處嘏辭。"工祝致告"之下文在先者，以獻酬是賓客事，因説群臣助祭而連及耳。

楚楚，茨棘貌。茨，蒺藜也。茨言楚楚，棘言抽，互辭也。凡言我者，皆詩人設辭，或托於君，或托於臣，或詩人自附，隨文解之，不必拘也。與與、翼翼，蕃廡貌。露積粟日庾。《周語》云"野有庾積"是也。十萬曰億。享獻以祀先祖謂晨祼朝踐也。妥，安也。即《特牲》饋食，尸升入，即席坐，主人拜，妥尸也。侑，勸飽也。即少牢饋食，尸告飽，主人不言，拜侑也。蓋大祭禮事神，初祼酒於地，以降神，繼宰牲以薦腥，繼鑊烹以薦熟，謂之朝踐。繼鼎俎鉶羹黍稷以饋食，終加籩豆以酳，約有五節。介，助也。濟濟蹌蹌，有容也。《曲禮》曰：大夫濟濟，士蹌蹌。絜，清淨也。冬祭曰烝，秋祭曰嘗。不言祠禴者，舉盛言也。剥，解其皮也。亨，煑熟也。肆，陳其骨體貴賤於俎也。將，奉持而進也。如少牢佐食，上利執羊俎，下利執豕俎是也。祊，廟門内也。平生待賓客之處。孝子不知神之於彼於此，故使祝博求之也。明，日繹祭則祝於門外，《禮器》曰"爲祊於外"是也。皇，大。保，安。本其生存謂之祖，言其精氣謂之神，一也。《郊特牲》云：祭稱孝孫孝子，以其義稱也。謂祭主於孝也。爨有二：饔爨以亨肉，廩爨以炊米。踖踖，爨竈有容也。燔，燔肉。炙，炙肝。即《特牲》主人酳尸獻酒，賓長以肝從主婦亞獻，兄弟以燔從者也。君婦，后也。莫莫，清淨而敬至也。庶，衆也。爲豆孔庶者，如《周禮·醢人》朝事之豆，其實韭菹醓醢，昌本麋臡，菁菹鹿臡，茆菹麇臡。餽食之豆，其實葵菹蠃醢，脾析蠯醢，蜃蚳醢，豚拍魚醢。加豆之實，芹菹兎醢，深蒲醓醢，箈菹雁醢，筍菹魚醢。羞豆之實，酏食糝食。皆后所主也。賓客，助祭者也。東西爲交，邪行爲錯。卒，盡也。獲，得時也。主人酌賓爲獻，既酌主人，主人又自飲酌賓曰酬。至旅而爵，交錯以徧，又古者於旅也。語，酢報也。熯，敬也。《傳》。善其事曰工。賚，予也。致告者，尸酳後嘏主人也。苾，芬。以下皆嘏辭也。卜，予也。如幾，其來早晚如有期節也。如式，其福多少如有法度也。《疏》。齊，整。稷，疾。匡，正。敕，戒。極，中也。是萬是億，言萬事億事皆協於中也。既備既戒，旅酬之後祭畢也。徂位者，孝孫往阼階下西面之位也。致告者，祝告尸利成也，祝致尸意告主人也。尸，節神者也。於是神醉而尸起，尸送而神歸矣。鼓鐘送尸者，尸出入奏肆夏也。尸出乃暮乃陽，厭然後徹焉。諸宰者，宰夫之屬也。宰屬徹諸饌，后徹籩豆。燕私，燕而盡私恩也。祭畢歸賓俎，同姓則留與之燕，所以尊賓客親骨肉也。入奏者，燕於寢也。惠，順也。"神嗜"以下，同姓諸臣祝贊之辭也。

《楚茨》六章，章十二句。

惲皋聞曰："豳雅豳頌之名，見於《周禮·籥章》，夫子刪定之時或亡之矣。鄭氏欲三分《七月》以當之，又有謂以《七月》全篇變其音節即可爲《雅》爲《頌》，皆臆想無據。而尤無理者，宋人以此《楚茨》四詩爲《豳雅》，以《臣工》《良耜》諸詩爲《豳頌》也。《七月》本言豳俗之事，故爲豳風。此《楚茨》諸詩何所據而爲豳作者？指姓張之貌似者而曰此必姓王，明理之儒，宜如是乎？"

信彼南山，維禹甸之。畇畇原隰，曾孫田之。我疆我理，南東其畝。
上天同雲，雨雪雰雰。益之以霢霂，既優既渥，既霑既足，生我百穀。
疆埸翼翼，黍稷彧彧。曾孫之穡，以爲酒食。畀我尸賓，壽考萬年。
中田有廬，疆埸有瓜。是剥是菹，獻之皇祖。曾孫壽考，受天之祜。
祭以清酒，從以騂牡。享於祖考，執其鸞刀。以啟其毛，取其血膋。
是蒸是享，苾苾芬芬。祀事孔明，先祖是皇。報以介福，萬壽無疆。膋，音聊。

山、甸、田韻。理、畝韻。雲、雰韻。霂、渥、足、穀韻。翼、彧、穡、食韻。賓、年韻。廬、瓜、菹、祖、祜韻。酒、牡韻。考、刀、毛、膋韻。享、明、皇、疆韻。

《序》曰:刺幽王也。不能修成王之業,疆理天下,以奉禹功,故君子思古焉。

甸,治也。畇畇,墾辟貌。曾孫,成王也。《傳》。曾,猶重也。自孫之子而下,事先祖皆稱曾孫。《左傳》哀二年云"曾孫蒯聵,敢告皇祖文王烈祖康叔"是也。《郊特牲》云:稱曾孫某謂國家也。蓋古天子諸侯有國,大夫有家,皆世爵禄,故承重主祭者稱曾孫,以其承祖之重於無窮也。對禰廟不分言子者,孫可該子也。此知曾孫爲成王者。文武有天下,祖有德而宗有功。《祭法》:文王爲祖,武王爲宗,成王承重之始也。疆,畫經界也。經界,地畔之名也。理,分地理,若《孝經注》曰:高田宜黍稷,下田宜稻麥也。《傳》《疏》。南東其畝者,《考工》匠人爲溝洫。耜廣五寸,二耜爲耦。一耦之伐,廣尺深尺,謂之甽。田首倍之,廣二尺,深二尺,謂之遂。九夫爲井,井閒廣四尺,深四尺,謂之溝。方十里爲成。成閒廣八尺,深八尺,謂之洫。方百里爲同,同閒廣二尋,深二仞,謂之澮。專達於川,各載其名。《食貨志》曰:畎長終畝,一畝三畎。一夫三百畝,而播種於畝中。苗葉以上稍耨壠草,因隤其土以附苗根。比成,壠盡而根深,能風與旱。劉氏曰:其遂東入於溝,則其畝南,其遂南入於溝,則其畝東,蓋畝壠東西行者,田首之遂必南北。遂南北者,溝必東西。《左傳》成二年,晋令齊盡東其畝。杜《注》云:使壟畝東西行,以便晋戰車東行。則言東其畝該西矣,南其畝該北矣。小雨曰霢霂。翼翼,整飭貌。彧彧,茂盛貌。未享祀,先齊戒十日,當與尸賓以食,故以穡所成之酒食畀之,尊尸賓所以敬神,故豫言神賜壽考也。廬,田中之二畝半也。菹,將瓜剥削淹漬以爲菹也。清,玄酒也。酒,鬱鬯五齊三酒也。騂,赤色。周所尚也。鸞刀,刀有鈴也。言割中節也。毛,告純也,血,告殺也。膋,腸閒脂也。《傳》《箋》《疏》。《郊特牲》曰:取膟膋燔燎,報陽也。蓋既灌奠,然後爇蕭染脂,合以黍稷,求神於陽也。烝,進也。《楚茨》專言敬祀獲福,此則本之疆理治田,皆以刺今之不然也。

《信南山》六章,章六句。

惲皋聞曰:"《楚茨》四詩,《傳》《箋》俱主天子説,朱《注》忽作公卿力農奉祭,不知何據。《左傳》成二年《傳》曰:先王疆理天下物土之宜而布其利,故《詩》曰"我疆我理,南東其畝"。則疆理屬先王,經有明文,而臆撰以公卿,妄矣。"

《谷風之什》十篇,五十四章,三百五十六句。

甫田之什第二十一

倬彼甫田,歲取十千。我取其陳,食我農人,自古有年。今適南畝,或耘或耔。黍稷薿薿，攸介攸止，烝我髦士。

以我齊明，與我犧羊。以社以方，我田既臧，農夫之慶。琴瑟擊鼓，以御田祖，以祈甘雨，以介我稷黍，以穀我士女。

曾孫來止，以其婦子。饁彼南畝，田畯至喜。攘其左右，嘗其旨否。禾易長畝，終善且有。曾孫不怒，農夫克敏。

曾孫之稼，如茨如梁。曾孫之庾，如坻如京。乃求千斯倉，乃求萬斯箱。黍稷稻粱，農夫之慶。報以介福，萬壽無疆。薿，魚起反，又魚力反。齊，音資。坻，直基反。

田、千、陳、人、年韻。畝、耔、薿、止、士韻。明、羊、方、臧、慶韻。鼓、祖、雨、黍、女韻。止、子、畝、喜、右、否、有韻。怒、敏韻。遇、質回互之叶也。梁、京、倉、箱、粱、慶、疆韻。

《序》曰：刺幽王也。君子傷今而思古焉。

倬，明貌。甫田，大田也。《傳》。歲取十千者，指一成以該其餘也。九夫爲井，井税一夫，其田百畝。井十爲通，通税十夫，其田千畝。通十爲成，成税百夫，其田萬畝。《司馬法》。言君之賦税無缺也。陳，夙積也。我者，詩人之辭。取陳以食農者，三年耕有一年之積，九年耕有三年之積，農食陳存新，言民之富足也。皆自古有年以致此。耘，除草也。耔，雝本也。《傳》。薿薿，茂盛貌。介，舍。止，息。烝，進。髦，俊也。今往南畝，田治苗盛，必又有年矣。故耘耔閒暇，則於廬舍止息之處，以道藝相講，肄農人而進爲俊士之行。《箋》。言古之既富方穀如此也。齊，同粢，穀爲器實者也。明，猶潔也。社，土神也。以句龍配。方，四方也。《周禮・大司馬》：秋獮羅弊致禽以祀祊，大宗伯䟽辜祭四方，百物皆秋，成報功之祭也。《傳》《箋》《疏》。慶，幸也。田善則農夫安飽，故云慶也。御，迎也。田祖，先嗇神農也。介，助。穀，養。《周禮》：郊後始耕，祈年於田祖，吹豳雅，擊土鼓。此言古之事神佑民秋報春祈如此也。以婦子者，言成王省農，同農之婦子饁田者俱來也。田畯，典農之官也。攘取左右之餉，而嘗其旨否，勞以親之也。朱《注》。易，治。長，竟。有，收也。言古之親農勸農如此也。稼，有藁者也。茨，屋蓋也。言密比也。梁，車梁也。言穹隆也。坻，水中高地。京，高丘也。箱，車箱也。農夫慶而報介福，言農幸有年，思報君以福壽也。言古之君民裕慶如此也。

《甫田》四章，章十句。

大田多稼，既種既戒。既備乃事，以我覃耜。俶載南畝，播厥百穀。既庭且碩，曾孫是若。

既方既皁，既堅既好，不稂不莠。去其螟螣，及其蟊賊。無害我田穉，田祖有神，秉畀炎火。

有渰萋萋，興雨祁祁。雨我公田，遂及我私。彼有不穫穉，此有不斂穧。彼有遺秉，此有滯穗，伊寡婦之利。

曾孫來止，以其婦子。饁彼南畝，田畯至喜，來方禋祀。以其騂黑，與其黍稷。以享以祀，以介景福。覃，以冉反。徐，以廉反。皁，才老反。濟，才計反。

稼、戒、事、耜、畝韻。穀、碩、若韻。皁、好、莠韻。螣、賊韻。穉、火韻。萋、祈、私、穉、穧、穗、利韻。止、子、畝、喜、祀韻。黑、稷、福韻。

《序》曰：刺幽王也。言矜寡不能自存焉。矜，同鰥。

大田即甫田也。大則稼多種擇種也。戒，具，田器也。《月令》季冬之事也。種戒既備，至孟春土長冒橛，陳根可拔，乃事於耕。覃，利。俶，始。載，事。庭，直。碩，大。謂苗生條直茂大也。若，順也。謂成王止力役以順民事，不奪其時也。《傳》《箋》。與今之政煩賦重而不恤農事者异矣。方，房也。謂秀時孚甲始生而未合也。實未堅曰皁。稂，童粱也。莠，似苗草也。食心曰螟，食葉曰螣，食根曰蟊，食節曰賊。田穉，田中穉禾也。秉畀，持而付之也。《傳》《箋》。與今之蟲災害穀异矣。渰，雲興貌。萋萋，雲行貌。祁祁，徐也。穧，束。秉，把。《傳》。與今風雨不順，矜寡無所取活者异矣。方，四方也。禋祀，敬祀也。《周禮》：宗伯禮四方，牲各异色，獨言騂黑者，該其餘也。與今之忽農漫神者异矣。

《大田》四章，二章章八句，二章章九句。

瞻彼洛矣，維水泱泱。君子至止，福祿如茨。韎韐有奭，以作六師。

瞻彼洛矣，維水泱泱。君子至止，鞞琫有珌。君子萬年，保其家室。

瞻彼洛矣，維水泱泱。君子至止，福祿既同。君子萬年，保其家邦。

惲皋聞曰："首二句是總冒，三章自相和爲韻。又一例也。"茨、師韻。珌、室韻。同、邦韻。

《序》曰：刺幽王也。思古明王能爵命諸侯賞善罰惡焉。

洛，東都洛水。成王以後朝諸侯之所也。泱泱，深廣貌。以水澤之廣大，興君恩之廣大也。君子指諸侯世子來受爵命者。爵命爲福，賞賜爲禄。韎韐，士祭服之韠。合韋爲之，其服爵，弁服紂衣纁裳。見《士冠禮》。諸侯世子除三年之喪服，士服而來，待受爵命，乃服諸侯之赤韍也。《箋》。奭，赤貌，韎韐之色也。作六師，天子以其賢使代卿士爲軍將以征不庭也。鞞，容刀鞞也。琫，上飾。珌，下飾。加賜以此，顯其能斷也。《傳》曰：天子玉琫而珧珌，諸侯璗琫而璆珌，大夫鐐琫而鏐珌，士珕琫而珕珌。保家室，守宗廟也。同，聚也。保家邦，固社稷也。

《瞻彼洛矣》三章，章六句。

裳裳者華，其葉湑兮。我覯之子，我心寫兮。是以有譽處兮。
裳裳者華，芸其黄矣。我覯之子，維其有章矣。維其有章矣，是以有慶矣。
裳裳者華，或黄或白。我覯之子，乘其四駱。乘其四駱，六轡沃若。
左之左之，君子宜之。右之右之，君子有之。維其有之，是以似之。

湑、寫、處韻。黄、章、慶韻。白、駱、若韻。左、宜、右、有、似韻。

《序》曰：刺幽王也。古之仕者世禄，小人在位則讒諂并進，棄賢者之類，絶功臣之世焉。

裳裳，猶堂堂也。湑，盛貌。以華葉之并美，興君臣之交泰也。之子，謂古之明王也。寫，寫去憂也。譽處，常處其聲譽也，謂讒言之不行也。芸，黄盛也。《傳》《箋》。以華之黄色盛，興明王建中之德也。有章，相待以禮文也。慶，榮幸也。或黄或白，以華之分色各艷，興王之加恩非一，故守先人之禄仕，乘四馬而六轡光澤也。左，陽道，朝祀之事。右，陰道，喪戎之事。君子，指其先人也。似，嗣也。言其先人文武皆善，是以子孫嗣位不替，而奈何今之一旦斬絶也。《傳》《箋》。

《裳裳者華》四章，章六句。

交交桑扈，有鶯其羽。君子樂胥，受天之祜。
交交桑扈，有鶯其領。君子樂胥，萬邦之屏。
之屏之翰，百辟爲憲。不戢不難，受福不那。
兕觥其觩，旨酒思柔。彼交匪敖，萬福來求。扈，音户。

羽、祜韻。領、屏韻。翰、憲韻。難同儺，與那韻。觩、柔、求韻。

《序》曰：刺幽王也。君臣上下動無禮文焉。

交交，猶佼佼，飛往來之貌。桑扈，竊脂也，鶯然有文章也。《傳》《箋》。此章君子指卿士諸侯，故以桑扈之羽翼爲興也。胥，相也。祜，大福也。賈誼《新書》。言與民同樂，則上交有禮，而受天之福也。領，頸也。《傳》。此章君子指天子，故以桑扈之首領爲興也。屏，蔽也。天子與民同樂，則下交有禮，能蔽捍四表也。翰，幹也。戢，斂善也。難，去惡也。

那，安貌。屏以捍萬邦之外患，翰以立萬邦之内基。天子如此，則百國之君皆以爲法。然則豈不戢以飭善乎？豈不難以去惡乎？其受福豈不安乎？戢難正言其以禮自檢也。此章承二章言也。兕觥，罰爵也。觩，角上曲貌。柔，飲酒和調也。彼，承首章，指臣也。古王者與群臣燕飲皆無失禮，故罰爵陳而不用，徒見其觩然。在列而飲旨酒，思和柔，是彼上交不敖，而萬福自來求彼矣。

《桑扈》四章，章四句。

鴛鴦于飛，畢之羅之。君子萬年，福禄宜之。

鴛鴦在梁，戢其左翼。君子萬年，宜其遐福。

乘馬在廄，摧之秣之。君子萬年，福禄艾之。

乘馬在廄，秣之摧之。君子萬年，福禄綏之。

羅、宜韻。翼、福韻。秣、艾，曷、隊之回互也。摧、綏韻。

《序》曰：刺幽王也。思古明王交於萬物有道，自奉養有節焉。

鴛鴦，匹鳥，於其飛乃畢掩之，羅取之，以興君子交於萬物有道，如獺祭魚而後漁，豺祭獸而後田，皆飛乃畢羅之類也。故萬年爲福禄所宜也。石絶水爲梁。在梁而言戢左翼者，凡鳥飛而起則仰左翼，飛而下則仰右翼，《埤雅》。左戢者，不驚起也。以交之有道，故得安也。乘馬，王者所乘之馬也。摧，莝也。秣，粟也。無事則委之以莝，有事而乘，乃予之穀，愛國用也。以興於其身亦然。齊而後三舉設盛饌，恒曰則減焉，是奉养有節也。艾，養也。綏，安也。《傳》《箋》。

《鴛鴦》四章，章四句。

惲皋聞曰："此章興義，《傳》《箋》確然。若如朱《注》，凡遇興者概用則矣句調，打油混過，所謂《詩》有六義，獨興全無義乎？"塨按：此篇朱《注》曰："鴛鴦於飛，則畢之羅之矣。君子萬年，則福禄宜之矣。凡興十九皆如此。"《注》似有義，又似無義，眞胡混也。且朱《注》又直有説云："《小星》篇其義無所取，但取'在東'、'在公'兩字之相應耳。"又於《揚之水》篇曰："興取之不二字相應，然則《鴛鴦》首章亦可曰'畢之'、'羅之'、'宜之'，三'之'字相應爲興，次章亦可曰'戢其'、'宜其'，二'其'字相應爲興矣。"此笑柄也。而七百年來，學者耐之不察，何也？且《凱風》首章曰："凱風自南，吹彼棘心。"二章曰："凱風自南，吹彼棘薪。"句義一例，而首章以爲比，次章以爲興，是何説者？豈曰首章有三句，則與興之二句相應者不倫乎？而"林有樸樕"亦引喻三句，正義一句，亦爲興，又何也？朱子於《詩注》，洵筆塗鴉如此。"

有頍者弁，實維伊何。爾酒既旨，爾殽既嘉。豈伊异人，兄弟匪他。蔦與女蘿，施于松柏。未見君子，憂心奕奕。既見君子，庶幾説懌。

有頍者弁，實維何期。爾酒既旨，爾殽既時。豈伊异人，兄弟具來。蔦與女蘿，施於松上。未見君子，憂心怲怲。既見君子，庶幾有臧。

有頍者弁，實維在首。爾酒既旨，爾殽既阜。豈伊异人，兄弟甥舅。如彼雨雪，先集維霰。死喪無日，無幾相見。樂酒今夕，君子維宴。頍，缺婢反。

何、嘉、他韻。柏、奕、懌韻。期、時、來韻。上、怲、臧韻。首、阜、舅韻。霰、见、宴韻。

《序》曰：諸公刺幽王也。暴戾無親，不能宴樂同姓，親睦九族，孤危將亡，故作是詩也。

頍，弁貌。弁，皮弁也。《禮》：天子諸侯朝服以宴天子之朝。皮弁以日視朝，言幽王服是皮弁之冠，是維何爲乎？言其宜以宴而弗爲也。爾酒則旨，殽則嘉，言其有是具而弗爲也。豈异人疎遠者乎？乃兄弟而非他也。言何薄於至親也。蔦，寄生也。女蘿，兔絲也。以蔦蘿延於松柏，存亡以之，興同姓託於朝廷，興衰以之，故不見而憂，既見而悦也。奕奕，無所薄也。庶幾，不敢必之辭也。期，辭也。怲怲，憂盛滿也。《傳》《箋》。甥舅，王之外親，因兄弟而及之也。霰，雪之始凝者也。比宗周滅亡之禍已見其端，故接言死喪無日，相見幾何，君子其及今夕一歡宴乎！不然，喪亡流離，欲宴何從？哀音促節，可流涕矣。

《頍弁》三章，章十二句。

惲皋聞曰："詩兩言憂心，憂何事也？终以死喪無日，無幾相見，純是哀音。朱《注》必改以爲燕樂之詩，大不可解也。"

閒關車之舝兮，思孌季女逝兮。匪飢匪渴，德音來括。雖無好友，式燕且喜。

依彼平林，有集維鷮。辰彼碩女，令德來教。式燕且譽，好爾無射。

雖無旨酒，式飲庶幾。雖無嘉殽，式食庶幾。雖無德與女，式歌且舞。

陟彼高岡，析其柞薪。析其柞薪，其葉湑兮。鮮我覯爾，我心寫兮。

高山仰止，景行行止。四牡騑騑，六轡如琴。覯爾新昏，以慰我心。舝，胡瞎反。鷮，音驕。射，音亦。

舝、逝、括韻。友、喜韻。鷮、教韻。譽、射韻。以中原射、易同音，皆可作去聲也。幾、舞韻。岡、薪韻。陽、真相通，《通韻》所謂兩界之通也。湑、寫韻。仰、行韻。琴、心韻。

《序》曰：大夫刺幽王也。褒姒嫉妒無道，并進讒巧敗國，德澤不加於民。周人思得賢女以配君子，故作是詩也。

閒關，設舝貌。舝，車軸頭鐵也。無事則脱，行乃設之。孌，美貌。括，會也。言閒關然設舝者，思得孌然美好之少女而往迎之也。故不飢似飢，不渴似渴，冀得其道德之音，來相會晤，雖無朋友共樂，而得此賢女，亦用宴飲而歡喜也。式，用也。《傳》《箋》。平林，林木之在平地者。鷮，雉也。辰，時。碩，大也。以其有德故大之也。射，厭也。爾女，皆指碩女也。言平林則有鷮集，興王宫當有賢后也。故得此以時來嫁之碩女，以善德來教，則燕飲之，且稱譽之，而好之無斁也。"雖無旨酒"六句，喜極之辭也。無德與女，言無德以将之也。析，剖伐也。柞，櫟。湑，柞盛。鮮，善。登岡伐爲薪者，以其葉盛蔽岡之高也，以興賢女入宫，必屏除讒妒如褒姒者以其艷巧蔽君之明也。《傳》《箋》。故善哉，我得見爾，則心之憂寫矣。景，大。行，道。高山則可仰，大道則當行，以興賢女之可敬也。故願駕馬執轡迎見季女，以成新昏，以慰我願仰願行之心也。

《車舝》五章，章六句。

惲皋聞曰："《左傳》昭二十五年，叔孫婼如宋，宋公享之，賦《新宫》，昭子賦《車舝》。杜《注》曰：《小雅》周人思得賢女以配君子，昭子將爲季孫迎宋公女，故賦之。是古人相傳正解也。朱《注》改爲泛泛，然樂其新昏之作，則何關係而登之《雅》乎？"

營營青蠅，止于樊。豈弟君子，無信讒言。
營營青蠅，止于棘。讒人罔極，交亂四國。
營營青蠅，止于榛。讒人罔極，構我二人。

樊、言韻。棘、國韻。榛、人韻。

《序》曰：大夫刺幽王也。

營營，往來貌。樊，籓也，所以禦物者。以蠅之污白使黑污黑使白，當屏之，使止於籓，興讒佞小人變亂善惡，亦當屏諸遠方也。《箋》。豈弟，樂易也。幽王未能豈弟而言豈弟者，望之也。蠅喜近人而言止於木者，亦屏逐之也。構，合也。即交亂也。"二人"謂君與被讒之人也。《傳》《箋》。

《青蠅》三章，章四句。

賓之初筵，左右秩秩。籩豆有楚，殽核維旅。酒既和旨，飲酒孔偕。鐘鼓既設，舉醻逸逸。大侯既抗，弓矢斯張。射夫既同，獻爾發功。發彼有的，以祈爾爵。

籥舞笙鼓，樂既和奏。烝衎烈祖，以洽百禮。百禮既至，有壬有林。錫爾純嘏，子孫其湛。其湛曰樂，各奏爾能。賓載手仇，室人入又。酌彼康爵，以奏爾時。

賓之初筵，溫溫其恭。其未醉止，威儀反反。曰既醉止，威儀幡幡。舍其坐遷，屢舞僊僊。其未醉止，威儀抑抑，曰既醉止，威儀怭怭。是曰既醉，不知其秩。

賓既醉止，載號載呶。亂我籩豆，屢舞僛僛。是曰既醉，不知其郵。側弁之俄，屢舞傞傞。既醉而出，并受其福。醉而不出，是謂伐德。飲酒孔嘉，維其令儀。

凡此飲酒，或醉或否。既立之監，或佐之史。彼醉不臧，不醉反恥。式勿從謂，無俾大怠。匪言勿言，匪由勿語。由醉之言，俾出童羖。三爵不識，矧敢多又。仇，毛音求，鄭音俱。

秩、旅、偕、逸韻。中原讀秩如質，逸如遺。查今韻，質亦在寘部，則秩可讀去。遺，失也，逸，失也，義并同，則逸可讀平，皆徵音字也。行、張、同、功韻。的、爵韻。鼓、奏、祖、禮韻。林、湛、能韻。侵覃蒸兩界之通也。仇，鄭讀曰㪺，音俱，與又、時韻，恭、反、幡、僊韻。冬元先兩界之通也。抑、怭、秩韻。號、呶韻。句中自爲韻，亦一詩例也。僛、郵、傞韻。出、福、德韻。嘉、儀韻。酒、否、史、恥、怠、語、羖、又韻。

《序》曰：衛武公刺時也。幽王荒廢，媟近小人，飲酒無度，天下化之，君臣上下，沈湎淫液，武公既入，而作是詩也。

《箋》曰：入爲王卿士。

筵，席也。左右謂折旋揖讓也。《箋》。秩秩，有序也。朱《注》。楚，列貌。殽，豆實也。葅，醢也。核，籩實也，如桃梅之屬也。旅，陳也。偕，威儀齊一也。既設者，燕禮後將行大射，故將宿懸之樂改設於下，以避射位也。舉醻，举相酧之爵，以行旅也。逸逸，往來有次序也。大侯，君侯也。抗，張也。既旅之後，止飲而行射事也。鄉大夫州長鄉射之禮天子諸侯無之。其射有三：一、大射。將祭，擇士於射宫，一、賓射。謂諸侯來朝，與之射於朝。一、燕射。因燕賓客，即與射於寢。下章言祭事，則此大射也。射夫既同者，比耦也。禮：天子選六耦，諸侯四耦，或三耦，其餘各自取匹，謂之衆耦。獻，奏也。功，中的之功也。的，正鵠也。《射儀》曰：發而不失正鵠者，其惟賢者乎！《詩》云：發彼有的，以祈爾爵。是的即正鵠也。祈，求也。求中以爵其耦也。《射儀》曰：酒所以養老養病也，求中以辭养也。籥舞笙鼓者，秉籥而舞，笙鼓相應也。烝，進。衎，樂。烈祖，有功烈之祖也。洽，合也。《傳》《箋》。百禮，言其備也。壬，大。林，盛。朱《注》。湛，樂也。各奏爾能，謂子孫各酌獻尸，尸酢而卒爵也。室人，有室中之事者，謂佐食也。又，復也。賓手挹酒，佐食。復酌，爲加爵以獻尸也。康，安也。酌彼者，加爵之後，賓與兄弟交錯相醻，以奏爾祭祀之得時也。《傳》。二章言古射祭飲酒之得禮也。反反，顧禮也。幡幡，輕數也。朱《注》。怭怭，媟嫚也。秩，常也。呶，讙呶也。僛僛，舞不能自正也。郵，過也。俄，傾貌。傞傞，不止也。

伐,害也。《傳》《箋》。監者,燕禮恐有解倦失禮者,立司正以監之,察儀法也。史,記過者也。反恥,恥其酒態之可厭也。式,法也。勿謂,謂也。言獨無以禮法從而謂之者乎?謂之曰,無使大懈怠也。非當言者勿言,非當行者勿語,任醉亂言,則罰汝出童羖矣。汝量幾何?三爵已昏然無所記憶,况敢又多飲乎!朱《注》。羖,牡羊也。無角曰童。羊牝牡皆有角。牡羊曰羝羊,有角好觸。羖而無角,必無之物也。中二章狀今飲酒之亂,末章深戒之也。

《賓之初筵》五章,章十四句。

惲皋聞曰:"《小宛》有'壹醉日富'之言,《抑》有荒湛于酒之戒,皆在幽、厲之世,則此詩爲刺時可知。睿,聖。武公善戲謔而不爲虐。朱《注》必宗《韓詩》,坐之以酒過,何與?"

《甫田之什》十篇,三十九章,二百九十六句。

鱼藻之什第二十二

魚在在藻,有頒其首。王在在鎬,豈樂飲酒。

魚在在藻,有莘其尾。王在在鎬,飲酒樂豈。

魚在在藻,依于其蒲。王在在鎬,有那其居。

首、酒韻。尾、豈韻。蒲、居韻。

《序》曰:刺幽王也。言萬物失其性,王居鎬京,將不能以自樂,故君子思古之武王焉。

藻,水草也。頒,大首貌。武王都鎬,故知王武王也。豈,樂也。樂,作樂也。莘,長貌。言魚何在乎?在於藻也。處得其性,故首頒然,故尾莘然。舉一物而萬物各得其性可知矣。是以王在鎬京作樂飲酒,與民物同樂也。那,安貌。在藻而依蒲,則魚安矣。萬物安則王安矣。今也反是,是以爲刺。

《魚藻》三章,章四句。

采菽采菽,筐之筥之。君子來朝,何錫予之。雖無予之,路車乘馬。又何予之,玄衮及黼。

觱沸檻泉,言采其芹。君子來朝,言觀其旂。其旂淠淠,鸞聲嘒嘒。載驂載駟,君子所屆。

赤芾在股,邪幅在下。彼交匪紓,天子所予。樂只君子,天子命之。樂只君子,福禄申之。

維柞之枝，其葉蓬蓬。樂只君子，殿天子之邦。樂只君子，萬福攸同。平平左右，亦是率從。

汎汎楊舟，紼纚維之。樂只君子，天子葵之。樂只君子，福禄膍之。優哉游哉，亦是戾矣。平，婢延反。《韓詩》作便便。膍，頻尸反。

筥、予、馬、黼韻。芹、旂叶韻。《說文》曰："旂，斤聲"是也。淠、嘒、屆韻。股、下、紓、予韻。命、申叶韻。與《蝃蝀》詩信、命叶同。蓬、邦、同、從韻。維、葵、膍、戾韻。

《序》曰：刺幽王也。侮慢諸侯，諸侯來朝，不能錫命以禮，數徵會之而無信義，君子見微而思古焉。

褒姒不好笑。幽王欲其笑，萬方故不笑。幽王爲烽燧大鼓，有寇至則舉烽火，諸侯悉至。至而無寇，褒姒乃大笑。幽王悦之，數舉烽火。其後不信，諸侯益亦不至。幽王之廢申后，去太子，申侯怒，乃與繒西夷犬戎共攻幽王。幽王舉烽火徵兵，兵莫至。遂殺幽王驪山下，盡取周賂而去。《周本紀》。蓋詩人於侮慢諸侯時，即其微而知其必敗亡也。

菽，大豆也。采其葉以爲霍芼大牢而待君子，《禮》所謂"鉶羹鉶芼"也。羊則苦，豕則薇，此即待賓之物，以興王之恩意厚也。君子，指諸侯也。《傳》《箋》。玄袞，玄衣而畫卷龍也。黼，若斧形，繡之於裳也。《周禮》九章：一曰龍，二曰山，三曰華蟲，四曰火，五曰宗彝，皆繪於衣，六曰藻，七曰粉米，八曰黼，九曰黻，皆繡於裳。袞冕衣五章，裳四章，鷩冕衣三章，裳四章，毳冕衣三章，裳二章，絺冕衣一章，裳二章，玄冕衣無文，裳則黻而已。及者，諸公之服，自袞冕而下，侯伯自鷩冕而下，子男自毳冕而下也。觱沸，泉出貌。檻泉，正出者也。芹菜可爲菹，亦所以待君子。觀其旂者，禮：諸侯來朝，王使人迎之，故觀其威儀而見其載驂載駟而至也。嘒嘒，中節也。屆，至也。赤芾，蔽膝也。邪幅，行縢也。偪束其脛，自足至膝，故曰在下。紓，緩也。《傳》《箋》。三章言先王之敬禮諸侯也。蓬蓬，盛貌。柞有枝而附以葉，興諸侯有功德而繼其子孫也。殿，鎮也。同，聚也。《疏》。平平，辨治貌。左右，連率之國也。皆率從之以尊天子也。紼，大索也。纚、維，皆繫也。以紼之繫楊舟，興諸侯之維繫臣民也。葵，揆也。膍，厚也。戾，止也。優游，安止，思不出其位也。《傳》《箋》。二章言王敬諸侯，故諸侯藩維天子也。

《采菽》五章，章八句。

《瞻洛》《裳華》，《孟子》所謂"世臣世禄"，《論語》所謂"興廢繼絕"也。《桑扈》，《論語》所謂"爲國以禮"也。《鴛鴦》，《孟子》所謂"愛物"，《論語》所謂"節用"也。《頍弁》，《中庸》所謂"親親"也。《魚藻》，《中庸》所謂"盡人物之性"，《孟子》所謂"與民同樂"也。《采菽》，《中庸》所謂"柔遠人，懷諸侯"也。皆王迹之可考者也。朱《注》概以爲飲酒酬答，毫無關係矣。肆臆妄改,何爲者?

騂騂角弓,翩其反矣。兄弟昏姻,無胥遠矣。

爾之遠矣,民胥然矣。爾之教矣,民胥傚矣。

此令兄弟,綽綽有裕。不令兄弟,交相爲瘉。

民之無良,相怨一方。受爵不讓,至於已斯亡。

老馬反爲駒,不顧其後。如食宜饇,如酌孔取。

毋教猱升木,如塗塗附。君子有徽猷,小人與屬。

雨雪瀌瀌,見晛曰消。莫肯下遺,式居婁驕。

雨雪浮浮,見晛曰流。如蠻如髦,我是用憂。騂,息營反。饇,于據反。

反、遠韻。遠、然韻。教、傚韻。弟、裕、瘉韻。良、方、讓、亡韻。駒、後、饇、取韻。附、屬韻。瀌、消、驕韻。浮、流、憂韻。

《序》曰:父兄刺幽王也。不親九族而好讒佞,骨肉相怨,故作是詩也。

騂騂,調和也。言角弓本調和,人不善紲檠,則翩然而反戾,以興宗族本和順,王示以疏遠,則紛然而乖離,故下接言不可遠也。二章言遠則上行下效,是教民遠矣。三章四章五章正言民之胥遠也。綽綽,寬也。瘉,病也。相怨一方,各居一隅,各持一端,而忮恨讒嫉也。受爵不讓,见利則對而爭奪也。已,已甚也。《傳》所謂"比周而黨愈少,鄙爭而名愈辱,求安而身愈危"是也。此正申交相爲瘉也。以老馬取興者,衰世之少壯固狂妄,而衰世之老夫尤貪狠也。"如食"二句,比也。言食當知飽,酌取亦甚,而必老馬强騁不顧其後,何哉?此正申受爵不讓也。六章又反言王教之失,以教猱升木爲興,以塗附塗爲比。言小人本薄,不可更倡以薄也。徽,美也。屬,連屬也。七章八章言讒小可變而王不之變王也。瀌瀌,盛貌。雖有大雪,見日氣則消而流,小人豈必不可變哉?而王乃以遠教之,是以莫肯讓下以禮,莫肯餽遺以儀,惟式居而封殖,屢驕而敖慢,如南蠻,如夷髳,無情無義,中國之禍,不知所底矣。雖欲不憂,烏可得哉?驪山之變,遂起父子,成於昏姻,可悲悼矣。

《角弓》八章,四句。

讀此詩而見衰世無良兄弟昏姻朋友,明矛闇劍,觸目爭殺,可畏可懼也。

有菀者柳,不尚息焉。上帝甚蹈,無自暱焉。俾予靖之,後予極焉。

有菀者柳,不尚愒焉。上帝甚蹈,無自瘵焉。俾予靖之,後予邁焉。

有鳥高飛,亦傅于天。彼人之心,于何其臻。曷予靖之,居以凶矜。瘵,音際。

息、暱、極韻。愒、瘵、邁韻。天、臻、矜韻。矜同殣。

《序》曰:刺幽王也。暴虐無親,而刑罰不中,諸侯皆不欲朝,言王者之不可朝事也。

菀,茂木也。尚,庶幾也。上帝者,呼而訴之也。蹈,動也。言上帝乎,王之行甚變動無恒也。暱,近。靖,謀。極,誅也。《爾雅》。以茂盛之柳,人豈有不庶幾欲息之者,興天下共主,人誰不欲朝事之者。但王行無常,人不敢近,使予謀厥政事,後反肆暴誅放我也。《箋》。愒,亦息也。瘵,病也。自瘵,自求病也。《傳》。邁,行也。《爾雅》。行,即放也。《箋》曰:見《春秋傳》。鳥之高飛,不過至於天,王之心乃於何底乎?甚言其貪暴也。矜,危也。《傳》。言曷以予靖謀王室,而乃居予以凶危乎?

《菀柳》三章,章六句。

彼都人士,狐裘黄黄。其容不改,出言有章。行歸于周,萬民所望。
彼都人士,臺笠緇撮。彼君子女,綢直如髮。我不見兮,我心不説。
彼都人士,充耳琇實。彼君子女,謂之尹吉。我不見兮,我心苑結。
彼都人士,垂帶而厲。彼君子女,卷髮如蠆。我不見兮,言從之邁。
匪伊垂之,帶則有餘。匪伊卷之,髮則有旟。我不見兮,云何盱矣。

黄、章、望韻。撮、髮、説韻。實、吉、結韻。厲、蠆、邁韻。餘、旟、盱韻。

《序》曰:周人刺衣服無常也。古者長民,衣服不貳,從容有常,以齊其民,則民德歸壹。今不復見古人也。

城郭之域曰都。《箋》。人士統士民而言也。不改,有常也。周,忠信也。《傳》。萬民所望,言衆人望之,一道同風也。衣服儀容言行今皆變而奢淫,故思之。臺笠,臺草爲笠也。緇撮,緇布爲冠,小僅撮髮,皆節儉也。《箋》。君子女,有禮法家之女也。綢,絲也。言絲之直如此髮也,倒文也。《寫官記》。琇,美石也。以石爲充耳。謂之尹吉者,謂尹氏姞氏之女,言有禮法如世家也。苑,屈也,積也。厲,帶之垂者。蠆,螫蟲也,尾末揵然,婦人卷髮爲容似之。《箋》。上之髮直,本然之美也。此之髮曲,粧束之善也。言從之邁,言安得見而從之行乎。旟,揚也。伊,辭也。言士非故垂此帶,帶於禮自應有餘也。女非故卷此髮,髮於禮自當有旟也。《傳》《箋》。盱,望也。朱《注》。

《都人士》五章,章六句。

終朝采緑,不盈一匊。予髮曲局,薄言歸沐。
終朝采藍,不盈一襜。五日爲期,六日不詹。

之子于狩，言韔其弓。之子于釣，言綸之繩。

其釣維何？維魴及鱮。維魴及鱮，薄言觀者。鱮，音叙。

绿、匊、沐韻。藍、襜、詹韻。弓、繩韻。何、鱮、者韻。

《序》曰：刺怨曠也。幽王之時，多怨曠者也。

自旦及食時爲終朝。绿，王芻易得之菜也。兩手曰匊。終朝采之而不盈匊。憂思不專於事也。故自念其夫不在，不容飾髮，曲局甚矣。其薄言歸沐，以待君子之歸乎。藍，染青草也。衣蔽前謂之襜。五日、六日，五月六月之日也。詹，至也。言期至五月而歸，今六月不至，何也？韔，弢也。綸，交繩也。《傳》《箋》。言設之子歸而往狩耶，我雖不能從獵，返必爲弢弓。往釣耶，我雖不可共漁，出，先爲之綸繩。且其所釣者，何也？若得魴鱮，亦必薄一觀之。蓋欲無往而不共其事也。

《采绿》四章，章四句。

芃芃黍苗，陰雨膏之。悠悠南行，召伯勞之。

我任我輦，我車我牛。我行既集，蓋云歸哉。

我徒我御，我師我旅。我行既集，蓋云歸處。

肅肅謝功，召伯營之。烈烈征師，召伯成之。

原隰既平，泉流既清。召伯有成，王心則寧。

苗、膏、勞韻。牛、哉韻。旅、處韻。功、營、成韻。平、清、成、寧韻。

《序》曰：刺幽王也。不能膏潤天下卿士，不能行召伯之職焉。

《疏》曰：召伯，召康公之後，爲宣王卿士，使營謝邑以定申伯之國。

芃芃，長大貌。以陰雨膏苗，興宣王之澤民也。悠悠，行貌。南行，營謝也。勞者，承宣王之德以勞勸徒衆也。負任者，挽輦者，將重車者，牽傍牛者，徒行者，御兵車者，五百人爲旅，五旅爲師，皆營謝之衆也。召伯勞之曰：我營謝，事集即歸處矣，不久勞汝衆也。肅肅，嚴正貌。烈烈，威武貌。土治曰平，水治曰清，皆召伯所成之功也。今卿士不然，而王心亦安之，何耶？

《黍苗》五章，章四句。

隰桑有阿，其葉有難。既見君子，其樂如何。

隰桑有阿，其葉有沃。既見君子，云何不樂。

隰桑有阿，其葉有幽。既見君子，德音孔膠。

心乎愛矣，遐不謂矣。中心藏之，何日忘之。

難，乃多反，與何韻。沃、樂韻。幽、膠韻。愛、謂韻。藏、忘韻。

《序》曰：刺幽王也。小人在位，君子在野，思見君子，盡心以事之。

阿然，美貌。難然，盛貌。以下隰之桑葉盛，興伏處之賢德足也。苟幸而既見之，樂當如何！沃，柔也。幽，黑色也。膠，固也。心誠愛之，何不即以告之？然君子伏處而不得見，安從告之？是以中心藏之，無日而能忘之。

《隰桑》四章，章四句。

白華菅兮，白茅束兮。之子之遠，俾我獨兮。

英英白雲，露彼菅茅。天步艱難，之子不猶。

滮池北流，浸彼稻田。嘯歌傷懷，念彼碩人。

樵彼桑薪，卬烘于煁。維彼碩人，實勞我心。

鼓鐘于宫，聲聞于外。念子懆懆，視我邁邁。

有鶖在梁，有鶴在林。維彼碩人，實勞我心。

鴛鴦在梁，戢其左翼。之子無良，二三其德。

有扁斯石，履之卑兮。之子之遠，俾我疧兮。煁，市林反。懆，《説文》七倒反，亦作慘，慘，七感反。

束、獨韻。茅、猶韻。田、人韻。煁、心韻。外、邁韻。林、心韻。翼、德韻。卑、疧韻。

《序》曰：周人刺幽后也。幽王娶申女以爲后，又得褒姒而黜申后，故下國化之，以妾爲妻，以孽代宗，而王室弗能治，周人爲之作是詩也。

幽后，謂褒姒也。

通篇皆爲申后之言也。白華，野菅也，已漚爲菅。之子，指幽王也。《傳》《箋》。言白华已漚爲菅，又取白茅纏束之，二者以潔白相成，興王既取后，當以禮固結，以相成也，《疏》。乃之子獨遠我，而使我獨處，何也？英英，輕明之貌。白雲，水土輕清之氣當夜而上騰者也。露，即其散而下降者也。朱《注》。以菅茅被露，興王后當蒙恩也，乃天行予我以艱難，而之子曾不圖乎？天步艱難者，謂龍漦之妖是生褒姒以禍國家也。猶，圖也。《箋》。滮，流貌。豐鎬之閒水北流。《傳》《箋》。以池水之浸稻田，反興王之無恩也。碩人，亦指幽王也。卬，我。烘，燎。煁，烓竈炤物者也。《傳》。桑薪甚美宜炊饔饎，而徒烘以照物，興禮取之后宜主陰教，而黜而失所也。鳴鐘於宫而聲聞於外，興王之宫壼亂而下國化之也。子亦指王也。慘慘，愁不能申也。《疏》。邁邁，視若行路人也。秃鶖貪惡而在梁得魚，鳴鶴潔白而在林失食，興王寵褒姒而廢后也。凡鳥雄翼右掩左，雌翼左掩右，今鴛鴦之雄者，掩其左翼，是陽下陰之義也，興王亦當以禮下申后也。《箋》。而無如子之無良，何也？扁，卑貌。履卑石則身卑，興寵賤者則身賤也。朱《注》。疷，病也。《傳》。《周禮》：隷僕，王行則洗乘石。

《白華》八章，章四句。

綿蠻黄鳥，止于丘阿。道之云遠，我勞如何。飲之食之，教之誨之。命彼後車，謂之載之。

綿蠻黄鳥，止于丘隅。豈敢憚行，畏不能趨。飲之食之。教之誨之。命彼後車，謂之載之。

綿蠻黄鳥，止于丘側。豈敢憚行，畏不能極。飲之食之，教之誨之。命彼後車，謂之載之。

阿、何韻。食、誨、載韻。隅、趨韻。側、極韻。

《序》曰：微臣刺亂也。大臣不用仁心，遺忘微賤，不肯飲食教載之，故作是詩也。

《箋》曰：微臣謂士也。

綿蠻，黄鳥聲。朱《注》。阿，曲阿也。以黄鳥止於邱之阿，興小臣依於卿大夫之仁賢也。道之云遠，爲末介也。仁賢渴則飲之，飢則食之，事未至則教之，臨事則誨之，車敗則命倅車載之，而何今之不然也。隅，角也。趨，疾行也。極，至也。《箋》。

《緜蠻》三章，章八句。

幡幡瓠葉，采之亨之。君子有酒，酌言嘗之。
有兔斯首，炮之燔之。君子有酒，酌言獻之。
有兔斯首，燔之炙之。君子有酒，酌言酢之。
有兔斯首，燔之炮之。君子有酒，酌言醻之。

亨、嘗韻。燔、獻韻。炙、酢韻。炮、醻韻。

《序》曰：大夫刺幽王也。上棄禮而不能行，雖有牲牢饔餼不肯用也，故思古之人不以微薄廢禮焉。

《箋》曰:牛羊豕爲牲,繫養者曰牢,熟曰饔,腥曰餼,生曰牽。不肯用者,自養厚而薄於賓客。

幡幡,瓠葉貌。亨,熟也。熟瓠葉者,以爲飲酒之菹也。《傳》《箋》。有兔斯首,一兔也。猶數魚以尾也。朱《注》。毛曰炮,加火曰燔,炕火曰炙。新殺者令毛炮之。殺多日而未乾者割截臠貫而炙之。乾者加之火上燔之。將以爲飲酒之羞也。禮:既奏酒,乃薦羞。獻,奏也,主人酌以献賓也。酢,報也,賓既卒爵洗而酌主人也。醻,導飲也。主人卒酢爵,又酌自飲,卒爵,復酌進賓也。《傳》《箋》。趙孟所謂一獻之禮也。

《瓠葉》四章,章四句。

漸漸之石,維其高矣。山川悠遠,維其勞矣。武人東征,不遑朝矣。

漸漸之石,維其卒矣。山川悠遠,曷其沒矣。武人東征,不遑出矣。

有豕白蹢,烝涉波矣。月離于畢,俾滂沱矣。武人東征,不遑他矣。

高、勞、朝韻。卒、沒、出韻。波、沱、他韻。

《序》曰:下國刺幽王也。戎狄叛之,荊舒不至,乃命將率東征,役久病於外,故作是詩也。

《傳》曰:荊,謂楚也。舒,舒鳩舒鄝舒庸之屬。役,謂士卒也。

漸漸,山石之狀。《正義》。山川悠遠,指荊楚也。《箋》。不遑朝,言無朝旦之暇也。朱《注》。卒,同崒,崔巍也。没,盡也。《傳》。不遑出,深入而不暇出也。朱《注》。蹢,蹄。烝,衆也。衆豕涉波,蹄無泥而白,水患多矣。而月離畢宿,又將大雨,將卒東征之勞苦爲何如者? 尚暇他事耶!

《漸漸之石》三章,章六句。

苕之華,芸其黄矣。心之憂矣,維其傷矣。

苕之華,其葉青青。知我如此,不如無生。

牂羊墳首,三星在罶。人可以食,鮮可以飽。

黄、傷韻。青、生韻。首、罶、飽韻。

《序》曰:大夫閔時也。幽王之時,西戎東夷交侵中國,師旅并起,因之以饑饉,君子閔周室之將亡,傷己逢之,故作是詩也。

苕,陵苕也。將落則黄。《傳》。芸,極黄貌也。《疏》。以苕華將落,興諸夏將衰也。青青,盛貌。若華黄殞而葉獨盛,興王室衰而諸侯强大也。牂羊,牝羊也。墳,大也。《傳》。羊瘠則首大。三星,心也。罶,笱也。罶中無魚而水静。但見三星之光,言饑饉之際百物彫耗也。朱《注》。

《苕之華》三章,章四句。

何草不黄?何日不行?何人不將?經營四方。
何草不玄?何人不矜?哀我征夫,獨爲匪民。
匪兕匪虎,率彼曠野。哀我征夫,朝夕不暇。
有芃者狐,率彼幽草。有棧之車,行彼周道。

黄、行、將、方韻。瘝(矜同)、玄、民韻。虎、野、暇韻。草、道韻。

《序》曰:下國刺幽王也。四夷交侵,中國背叛,用兵不息,視民如禽獸。君子憂之,故作是詩也。

何草不黄,言無一物生潤也。何日不行,言無一日寧也。何人不將,言無一人得息也。將,將之從役也。四方紛亂,日事經營,可歎也。玄,黑色也,既黄而黑也。朱《注》。矜,出行而無妻室之奉也。匪兕虎而似兕虎,是視民如禽獸也。芃,尾長貌。朱《注》。有棧,車狀也。車,輂車也。以狐行草上,興挽輂者行道上也。《正義》。

《何草不黄》四章,章四句。

惲皋聞曰:"合觀《大東》《菀柳》及《漸漸之石》以下三篇,朝政之繁苛,下國之勞竭,民生之窮蹙,如歷其事,如聞其聲,此亡國之音,《小雅》之所以終也。雖然,使令猶行於諸國,猶愈於東遷以後委爾無聞者矣。是故《詩》亡然後《春秋》作。"

《魚藻之什》十四篇,六十二章,三百二句。

詩經傳注·卷六

蠡吾　李塨　撰

大　雅

文王之什第二十三

文王在上，於昭于天，周雖舊邦，其命維新。有周不顯，帝命不時。文王陟降，在帝左右。

亹亹文王，令闻不已。陳錫哉周，侯文王孫子。文王孫子，本支百世。凡周之士，不顯亦世。

世之不顯，厥猶翼翼。思皇多士，生此王國。王國克生，維周之楨。濟濟多士，文王以寧。

穆穆文王，於緝熙敬止。假哉天命，有商孫子。商之孫子，其麗不億。上帝既命，侯于周服。

侯服于周，天命靡常。殷士膚敏，裸將于京。厥作裸將，常服黼冔。王之藎臣，無念爾祖。

無念爾祖，聿修厥德。永言配命，自求多福。殷之未喪師，克配上帝。宜鑒于殷，峻命不易。

命之不易，無遏爾躬。宣昭義問，有虞殷自天。上天之載，無聲無臭。儀刑文王，萬邦作孚。

天、新韻。時、右韻。已、子、世韻。翼、國韻。生、楨、寧韻。止、子韻。億、服韻。常、京韻。冔、祖韻。德、福韻。師、帝、易韻。躬、天韻。有、人之通也。臭、孚韻。

《序》曰：文王受命作周也。

《疏》曰：五章以上皆受命作周之事。六章以下因戒成王以殷世爲鑒，以文王爲法。

在上，在民之上也。於，同嗚，嘆辭。昭，著見也。其德著見於天也。周自大王建國，故曰舊邦。命新者，天見其德，故與以新王之命也。不顯，顯也，承德昭於天言也。不時，時也，承天命維新言也。陟降，上下也。在，察也。言文上承事天，下臨治人。皆觀察上帝之意，宜左而左，宜右而右，惟天是從也。《傳》《箋》。邵雍所謂"口代天言、手代天持、足代天履、身代天事"也。亹亹，勉也。令闻，善聲也。陳，敷也。錫，施也。哉，始也。言文王布施仁政於民，而始造周命也。《傳》《箋》。侯，維也。本嫡爲天子，支庶爲諸侯，皆百世。正言哉，周也。周士者，内而卿士，外而諸侯也。《疏》。亦世者，世爵世禄也。猶，謀。翼翼，恭敬也。思，語辭。《傳》《箋》。皇，美也。朱《注》。楨，幹也。濟濟，多威儀也。《傳》。穆穆，敬貌。《爾雅》。緝，續。朱《注》。熙，明。止，語辭。《傳》《箋》。假，大也。朱《注》。麗，數也。數不止於億。而維周是服者，以命集敬德，不可爲衆也。靡常，去留無常也。膚，美。敏，疾。祼，灌鬯也。將，行也。禮：王正祼，后亞祼，臣工酌酒，贊行其事也。京，大也。謂周京也。黼，黼裳也。冔，殷冠也。夏曰收，周曰冕。助周祭而服殷服者，明文王以德不以彊也。《箋》。王，成王也。藎，進也。謂進忠之臣也。呼藎臣即呼王也。無念，念也。聿，述。《爾雅》。追述以修祖德也。常言配合天命，則多福自來。思殷未喪衆心之時，亦曾配天作主。今當以殷爲鑒，而知大命之不易承。四句承永言配命也。遏，止也。毋不修德，使命自爾躬而止也。宣昭，布明也。義問，令聞也。《疏》。虞，度也。度殷之自天廢興也。但上天之事，無聲可聽，無臭可聞，文王則在帝左右者也。法文王即法天，萬國起而信之矣。中言不顯亦世，殷士祼將，已及武王變伐以後之事，而歸之文王者，以德受命，始於文王也。

《文王》七章，章八句。

明明在下，赫赫在上。天難忱斯，不易維王。天位殷適，使不挾四方。

摯仲氏任，自彼殷商。來嫁于周，曰嬪于京。乃及王季，維德之行。大任有身，生此文王。

維此文王，小心翼翼。昭事上帝，聿懷多福。厥德不回，以受方國。

天監在下，有命既集。文王初載，天作之合。在洽之陽，在渭之涘。文王嘉止，大邦有子。

大邦有子,俔天之妹。文定厥祥,親迎于渭。造舟爲梁,不顯其光。

有命自天,命此文王。于周于京。纘女为莘,長子爲行。篤生武王,保右命爾,燮伐大商。

殷商之旅,其會如林。矢于牧野,維予侯興。上帝臨女,無貳爾心!

牧野洋洋,檀車煌煌,驷騵彭彭。維师尚父,時維鷹揚,凉彼武王,肆伐大商,會朝清明。嬪,毗申反。

上、王、方韻。商、京、行、王韻。翼、福、國韻。集、合韻。涘、子韻。妹、渭韻。梁、光韻。王、行、商韻。林、興、心韻。興,有、人之通也。洋、煌、彭、揚、王、商、明韻。

《序》曰:文王有明德,故天復命武王也。

明明,察也。《爾雅》。赫赫,盛疾之貌。《爾雅》、郭《注》。忱,信也。挾,達也。言明明者在下之德,赫赫者在上之命。天人之際,不可欺也。故天心不易信,天位不易居。紂居天位,而殷王之適嗣也。特以無德,而天遂使之政教不達於四方矣。紂母生微子啓,及衍後立爲后,生紂,故曰殷適。《正義》。摯,國。任,姓。仲,中女也。自湯已下號商,至盤庚遷於殷改號曰殷,殷商統言之也。摯國在殷商畿内,故曰自彼殷商。嬪,婦也。京,大也。謂大國也。王肅説。身,懷孕也。聿,發语辭。懷,來也。朱《注》。回,違。方國,四方來附之國也。《箋》。載,年。朱《注》。合,配也。洽、渭,皆水名。涘,厓也。馮翊,郃陽縣,即古莘國。《詩地理考》。嘉,昏禮也。朱《注》。大邦,美莘國之辭也。俔,譬也。言如天之女弟也。《箋》。文,禮也。定厥祥,謂納徵也。造舟,比船於水,加版於上,即今之浮橋也。《正義》。不顯,顯也。于周于京,猶二章于周于京也。纘,繼也。繼大任之女事也。長子,莘之長女。《箋》。行,嫁也。朱《注》。言今于周于京者,乃繼女事之莘女來歸也。右,助。燮,和。爾,指武王也。《傳》《疏》。旅,衆也。如林,狀其衆也。矢,陳。興,起。《傳》。牧野在朝歌南。《詩地理考》。貳,疑也。蓋衆人恐武王不戰而勸之之辭也。洋洋,廣也。煌煌,明也。騂馬白腹曰騵。彭彭,强盛貌。師,大師官也。尚父,號也。可尚可父也。父同甫,男子美稱。鷹揚,如鷹之飛揚也。凉,佐也。肆,疾也。《傳》。會,合也。言一朝也清明,天下無復濁亂也。《疏》。

《大明》八章,四章章六句,四章章八句。

《箋》曰:二聖相承,其明德日以廣大,故曰《大明》。

緜緜瓜瓞,民之初生,自土沮漆。古公亶父,陶復陶穴,未有家室。

古公亶父,來朝走馬,率西水滸,至于岐下。爰及姜女,聿来胥宇。

周原膴膴，菫荼如飴。爰始爰謀，爰契我龜。曰止曰時，築室于兹。

迺慰迺止，迺左迺右，迺疆迺理，迺宣迺畝。自西徂東，周爰執事。

乃召司空，乃召司徒，俾立室家。其繩則直，縮版以載，作廟翼翼。

捄之陾陾，度之薨薨，築之登登，削屢馮馮，百堵皆興，鼛鼓弗勝。

迺立皋門，皋門有伉。迺立應門，應門將將。迺立冢土，戎醜攸行。

肆不殄厥愠，亦不隕厥問，柞棫拔矣，行道兑矣。混夷駾矣，維其喙矣。

虞芮質厥成，文王蹶厥生。予曰有疏附，予曰有先後，予曰有奔奏，予曰有禦侮。

捄，音俱。陾，耳升反。馮，扶冰反。鼛，音羔。勝，音升。駾，徒對反。蹶，俱衛反。

瓞、漆、穴、室韻。父、馬、下、宇韻。膴、飴、謀、龜、時、兹韻。止、右、理、畝、事韻。徒、家韻。直、翼韻。陾、薨、登、馮、興、勝韻。伉、將、行韻。愠、問韻。拔、兑、駾、喙韻。成、生韻。附、後、奏、侮韻。

《序》曰：文王之興，本由大王也。

緜緜，不絕貌。《傳》。大曰瓜，小曰瓞。瓜之近本初生者常小，其蔓不絕，至末而後大。朱《注》。以興周之始微而後盛也。民，周人也。土，居也。沮、漆，二水名，在豳地，東流過周原。后稷封邰，至不窋失官，往來於邠，公劉乃盡遷邰民居之，《疏》。是自土沮漆也。古公，猶稱先公也。亶父，其字或名也。土上築土曰復，鑿地曰穴，皆如窰然，故曰陶。《箋》。宫謂之室，其内謂之家。《爾雅》。《公劉》曰"于豳斯館"，則豳亦有室家。言未有者，制未備而穴居者多也。來朝，來日之朝也。自未走馬時計之也。滸，水厓也。自西來而行漆沮之側也。姜女，古公之配大姜也。爰，於。聿，語辭。胥，相。宇，居也。廣平曰原。周原在岐山南。膴膴，肥美也。《傳》《箋》。菫，烏頭也。《疏》。荼，苦菜也。皆甘如飴，謂地美也。契，所以然火而灼龜者也。《儀禮》所謂楚焞是也。言謀之人卜之神，皆吉，乃曰止，告從己者，以此地可築也。曰時告從己者，以時之可築也。乃慰，安之也。乃止，定之也。左右，開地置邑也。疆理，畫經界也。宣畝宣耕而成壟畝也。《箋》曰：時耕曰宣。自西徂東，自西往東之衆也。《傳》《箋》。周，徧也。朱《注》。言競樂出力也。司空掌營國邑，司徒掌徒役之事。繩者，營其廣輪方制之正也。載，承載也。索縮其版以築而上下相承也。《箋》。作廟者，禮：君子將營宫室，宗廟爲先，厩庫爲次，居室爲後。翼翼，張起之貌。捄，盛土於虆也。陾陾，衆也。度，投土於版也。薨薨，急疾投土之聲。登登，用力貌。《傳》《疏》。削屢，墻成而削，治重複也。朱《注》。馮馮，墻堅聲。五版爲堵。《周禮》：鼓人以鼛鼓鼓役事。弗勝，謂人力之疾更甚於鼛鼓，而鼓不能勝也。皋門，郭門也。伉，高貌。應門，朝門也。《箋》。將將，大貌。冢土，社也。戎醜，大衆也。《爾雅》曰：起大事，動大衆，必先有事乎社而後出謂之宜。肆,故今也。言至今文王雖未殄絕昆夷之愠怒,亦不隕墜己之聲聞。柞,櫟也。叢生有刺。棫,白桵也,小木,亦叢生有刺。《陸疏廣要》。拔者,修治之挺拔而上,不如先之拳曲蒙密也。兑,如兑卦之上開也。言成路也。駾,馬疾行貌。《說文》。喙,口也。言昆夷見文王木拔道通,役衆四出,遠近歸附,驚畏而奔突。但見其喘息之喙而已。虞、芮,二國名,俱在陝州地。《詩地理考》。質成者,《毛傳》曰:虞芮之君相與爭田,久而不平,乃相謂曰:西伯,仁人也,盍往質焉。乃相與朝周,入其竟,則耕者讓畔,行者讓路。入其邑,男女异路,頒白不提挈。入其国,士讓爲大夫,大夫讓爲卿。二國之君,感而相謂曰:"我等小人,不可以履君子之庭。"乃相讓,以其所爭田爲閒田而退。天下聞而歸之者,四十餘國。蹶,動。生,起。謂蹶然而興起也。予,詩人自我也。言文王之興固由己德,亦以四臣之力也。率下親上曰疏附,相道前後曰先後,喻德宣譽曰奔奏,武臣折衝曰禦侮。《傳》。

《緜》九章,章六句。

《詩序》近古,其爲何時之詩,何人之作,必多傳述。而朱子痛詆之曰"强附時事,傳會書史",鑿空妄語,以欺後人,罪不可掩。今《文王》以下三篇,《序》《箋》并無周公作詩以戒成王之語,而朱子定爲周公作。夫《文王》一篇尚有"無念爾祖"一言,似戒成王者,《大明》則專言文德,以及武王。《緜》則言文業本於大王,并無戒成王之意,而兑鑿定曰周公作也。戟手罵《序》,而躬蹈之,何人己兩律乃爾。

芃芃棫樸,薪之槱之。濟濟辟王,左右趣之。
濟濟辟王,左右奉璋。奉璋峨峨,髦士攸宜。
淠彼涇舟,烝徒楫之。周王于邁,六師及之。
倬彼雲漢,爲章于天。周王壽考,遐不作人。
追琢其章,金玉其相。勉勉我王,綱紀四方。

槱、趣韻。王、璋韻。峨、宜韻。楫、及韻。天、人韻。章、相、王、方韻。

《序》曰:文王能官人也。

芃芃,木盛貌。棫樸,棫木相樸屬而生也。槱,積也。濟濟,多儀容也。《疏》。辟王,文王也。左右,諸臣也。趣,趨也。疾趨於事,相助積薪以焚燎祭天也。《皇矣》是類祭天也。《箋》。璋璋,瓚也。祭祀之禮,王祼以圭瓚,諸臣助之亞祼以璋瓚。峨峨,壯盛也。髦,俊也。髦士,即左右也。宜,謂宜於奉璋也。此内祭宗廟也。《箋》《疏》。淠,舟行貌。烝,衆。楫,櫂。于邁,行師於涇上也。六師,六軍之衆也。《常武》云:"整我六師。"是天子六軍。文王地大人衆,已先備其制矣。及,與也,與之共進也。此言興師而左右樂趨也。國之大事在祀與戎,故并及之。倬,大也。雲漢,天河也。以興文王著其文章於天下也。文王九十七而終,故曰壽考。遐與何通。朱《注》。作人,謂鼓舞人材也。追,通雕。金曰雕,玉曰琢。相,質也。《傳》。追之琢之,以成其文也。金之玉之,以成其質也。惲皋聞曰:"此作人之實也。"故勉勉文王,得賢才之用,以綱紀四方也。綱者,張網之大繩。紀,其絲縷也。《正義》。

《棫樸》五章,章四句。

瞻彼旱麓,榛楛濟濟。豈弟君子,干禄豈弟。

瑟彼玉瓚,黄流在中。豈弟君子,福禄攸降。

鸢飛戾天,鱼躍于淵。豈弟君子,遐不作人。

清酒既載,騂牡既備。以享以祀,以介景福。

瑟彼柞棫,民所燎矣。豈弟君子,神所勞矣。

莫莫葛藟,施于條枚。豈弟君子,求福不回。楛,音户。

濟、弟韻。中、降韻。淵、人韻。備、福韻。寘、屋之回互也。燎、勞韻。枚、回韻。

《序》曰:受祖也。周之先祖世修后稷公劉之業,大王王季申以百福千禄焉。

《正義》曰:文王受其祖之功業也。言周之先祖世有功德,大王王季申以福禄,而文王受之也。

旱,山名,在漢中郡南鄭縣。《詩地理考》。麓,山足也。榛、楛,二木名。殷王帝乙之時,王季以九命作伯於西。《孔叢子》。爲雍州牧。《正義》。漢中在其南境,故陰陽和,山藪殖,是君子有樂易之德施於民,故其求禄亦得樂易也。君子,謂大王王季也。瑟者,玉英華相帶如瑟絃也。《説文》。玉瓚,圭瓚也。以圭爲柄,黄金爲勺,青金爲外,而朱其中。黄流,秬鬯也。以黑黍米擣鬱金草取汁而煮之,和釀爲酒,其氣芬香調暢,故謂之秬鬯。王季爲西伯,錫以秬鬯圭瓚,《孔叢子》。故詩咏之也。三章承首章,言不惟榛楛茂毓,上而鳶,下而魚,無不得所而作,興臣民不待言矣。四章承二章,言既有秬鬯圭瓚之賜,故用以祭先祖而獲福也。《疏》。載,載於尊也。周人尚騂,而大王王季已言騂牡者,《公羊傳》周公用白牲,魯公用騂犅,群公不毛,謂不定用何色,故亦有騂牡也。介,助。景,大也。五章承上言,不惟祭祀獲福,大王王季有豈弟之德,乃神之素所勞來也。故以民之燎茂木爲興。瑟,茂密如瑟絃也。莫莫,盛貌。葛藟延蔓於木之條枚,興大王王季依緣於先祖之功德也。故其所以求福者,皆不違於先祖之道。回,違也。《箋》。

《旱麓》六章，章四句。

惲皋聞曰："《國語》單穆公曰：《詩》有之：'瞻彼旱麓，榛楛濟濟。豈弟君子，干禄豈弟。'夫旱麓之榛楛殖，故君子得以易樂干禄焉。若夫山林匱竭，林麓散亡，藪澤肆既，民力彫盡，田疇荒蕪，資用乏匱，君子將險哀之不暇，而何易樂之有？按詩必有義，如此詩，單子言之最精，故《傳》《疏》有陰陽和山藪殖之解。而朱《注》每遇此等，概以則矣句法糊塗過之，總視詩之無關實政耳。昔之《詩》亡，亡於王迹之陵夷，今之《詩》亡，亡於儒説之蒙溷也。"

思齊大任，文王之母。思媚周姜，京室之婦。大姒嗣徽音，則百斯男。

惠于宗公，神罔時怨，神罔時恫。刑于寡妻，至于兄弟，以御于家邦。

雝雝在宫，肅肅在廟。不顯亦臨，無射亦保。肆戎疾不殄，烈假不瑕。

不聞亦式，不諫亦入。肆成人有德，小人有造。古之人無斁，譽髦斯士。

恕谷學詩曰：首章兩音母、婦，虞遇角音三聲之通也。母當入虞上聲。《詩・蝃蝀》"崇朝其雨"與"遠兄弟父母"押讀。拇婦當入遇去聲。白樂天《琵琶行》"老大嫁作商人婦"與"妾本暇蟆陵下住"押讀附。今中原讀聲皆然，而《詩韻》此二字專入有類，非也。音、男侵、覃羽音通。次章公、恫、邦東、陽宫音通。三章廟去聲，保上聲，瑕平聲，嘯、號、麻角音三聲通。四章入入聲，緝類造去聲，號類士當作去聲讀。今中原正聲皆然。寘類去、入回互通轉者，考之《古今通韻》云。然塨謂入今中原讀聲同如，《春秋》"公如棠""如齊"，《論語》"鼓方叔，入於河，播鼗武，入於漢"，《史記・扁鵲傳》"來入咸陽"俱同義。古人"如"、"入"原通用也。則入造魚號角音通斁。今《中原讀聲同异》"士"讀聲同"事"，則斁、士皆寘類徵音也。此章亦當兩音方協歌咏。韻大約宗《通韻》不詳辯者，恐帙繁也。聊記此一則，以推其餘。

《序》曰：文王所以聖也。

思齊，常思莊敬也。媚，愛也。《傳》。周姜，大姜也。京，大也。京室，猶今言大家也。言常思媚愛於其姑，而稱其爲大室之婦也。嗣徽音，繼大任之美音也。百男者，大姒十子，衆妾則宜百男也。《傳》。言文王之母妻皆賢也。惠，順。宗公，宗廟先公也。恫，痛。刑，法。寡妻，寡有之妻，言賢也。猶《書》曰"乃寡兄勗"也。御，治也。《傳》《箋》。言文德之宜於神人也。處家室以和，事宗廟以敬。《傳》。雖非顯處，亦若有帝天之臨，一無斁放，常見其緝熙之保，故今大難，雖不殄絶，如昆夷之忤，羑里之囚，而光大一無玷缺。射，同斁。烈，光。假，大。瑕，過也。言文德之純粹而光輝遠也。朱《注》。無前聞而動，應規矩無諫，言而性與天合，《疏》。是文王純而不已，故能作興成人小子，而爲譽髦也。古之人即指文王。朱《注》。

《思齊》四章，章六句。

皇矣上帝，臨下有赫。監觀四方，求民之莫。惟此二國，其政不獲。維彼四國，爰究爰度。上帝耆之，憎其式廓。乃眷西顧，此維與宅。

作之屏之，其菑其翳。修之平之，其灌其栵。啓之辟之，其檉其椐。攘之剔之，其檿其柘。帝遷明德，串夷載路。天立厥配，受命既固。

帝省其山，柞棫斯拔，松柏斯兑。帝作邦作對，自大伯王季。維此王季，因心則友。則友其兄，則篤其慶，載錫之光。受禄無喪，奄有四方。

維此王季，帝度其心，貊其德音，其德克明，克明克類，克長克君。王此大邦，克順克比。比于文王，其德靡悔。既受帝祉，施于孫子。

帝謂文王，無然畔援，無然歆羡，誕先登于岸。密人不恭，敢距大邦，侵阮徂共。王赫斯怒，爰整其旅。以按徂旅，以篤周祜，以對于天下。

依其在京，侵自阮疆。陟我高岡，無矢我陵。我陵我阿，無飲我泉。我泉我池，度其鮮原。居岐之陽，在渭之將。萬邦之方，下民之王。

帝謂文王，予懷明德。不大聲以色，不長夏以革。不識不知，順帝之則。帝謂文王，詢爾仇方。同爾兄弟，以爾鉤援，與爾臨衝，以伐崇墉。

臨衝閑閑，崇墉言言。執訊連連，攸馘安安。是類是禡，是致是附，國方以無侮。臨衝茀茀，崇墉仡仡。是伐是肆，是絶是忽，四方以無拂。按，安旦反。禡，馬嫁反。

赫、莫、獲、度、廓、宅韻。翳、栵、椐、柘、路、固韻。拔，蒲具反，與兑、對、季、友韻。兄、慶、光、喪、方韻。心、音韻。明、君韻。有、入之通也。比、悔、子韻。援、羡、岸韻。恭、邦、共韻。怒、旅、祜、下韻。京、疆、岡韻。阿、池韻。陽、將、方、王韻。德、色、革、則韻。王、方、衝、墉韻。閑、言、連、安韻。禡、附、侮韻。茀、仡、忽、拂韻。

《序》曰：美周也。天監代殷莫若周，周世世修德，莫若文王。

《箋》曰：世世修德，文王更盛也。

皇，大。莫，定。二國，指夏殷。《傳》。猶《召誥》所謂“我亦惟此二國命”也。究，謀也。言夏殷之政不得人心，故四方諸侯皆懼而謀度之也。《春秋杜注》。耆，老也。式，用。廓，大也。宅，居也。言上帝覬紂改惡，老以待之，即多方，天惟五年，須假之也。而紂終不悛，帝憎惡其用惡益大，《箋》。乃眷然西顧，惟文王克當天心，宜以峻命居之也。作屏，起去也。木立死菑斃者翳，《爾雅》。謂倒地覆蔽者也。修、平，去其蒙密枝蔓也。灌，叢生者也。《爾雅》。栵，行生者也。朱《注》。啓、辟，開治也。檉，河柳。椐，樻也。攘、剔，翦裁也。檿，山桑。《爾雅》。與柘皆可爲弓幹。言四方歸附者衆，林木皆開修也。遷，就也。明德，謂文王也。《傳》。串夷，即昆夷。載路，謂文之德滿路而去也。朱《注》。配，謂大姒也。天又立其配，是受命既堅固矣。《箋》。省，察也。柞棫拔起，松柏開道，承上章言也。蓋帝作之大邦以處之，作之明君以配之，自大伯王季之時，而已默有所屬矣。即《史記》"大伯見王季生文王，有聖瑞，遂讓位而逃"也。下因接言王季之德。因心，因大伯讓之之心也。則友者，順其心則友也。篤其慶，因大伯所貽之福而加厚之也。惲皋聞説。載，語辭。《字彙》。錫之光，予大伯以讓德之光也。奄，覆蓋也。《正義》。帝度其心，使其心有尺寸也。清淨其德音，使無非閒之言也。朱《注》。《左傳》成鱄曰："照臨四方曰明，勤施無私曰類，教誨不倦曰長，賞慶刑威曰君，慈和徧服曰順，擇善而從曰比。""王此大邦"以後，追王言也。《箋》。比于，至於也。朱《注》。靡悔、受祉，謂文王也。故下接言伐密伐崇之事。畔援，即拔扈，聲之轉也。歆羡，動而有羡也，覬覦也。《寫官記》。然，是也。誕，大也。《箋》。岸，高岸也。帝謂文王曰：爾爲方伯，無是諸國之拔扈者，無是諸國之貪覦者。兵法：先據高地者勝，其大先登于岸，以制敵人乎！言上帝命之伐暴也。大邦，謂周也。密，国名，在今涇州靈臺縣。阮，國名。共，阮國之地，皆在今涇州。《詩地理考》。其旅，周師也。按，止也。《爾雅》。徂，往也。旅，密師之往共者也。朱《注》。篤，厚。祜，福。對，答，答天下仰望之心也。絕高謂之京。《爾雅》。無鐘鼓曰侵。《春秋傳》。大阜曰陵，大陵曰阿。《爾雅》。矢，陳也。謂按止徂共之周師，依屯於京，不動，以牽密旅。而掩旗息鼓，自阮疆以侵密國。出其不意，至其國即陟高岡而陣之。此與依京皆誕先登于岸也。於是密須之岡，陵阿泉池，皆爲我有，而密人無敢陳兵，無敢飲水者，蓋密已滅矣。於是兵民歸從者益衆，舊都難容，乃度其善原，在岐陽渭側而建邑焉。《周書》"文王在程"是也。鮮，善。將，側，方嚮也。按大王居周原，《頌》謂在岐之陽，此鮮原亦在岐陽者，蓋去舊都不遠也。《正義》。不大發聲以變色，不長侈大以變革。吕東萊説。不作聰名，惟順天則，聖德之至也。仇方，讎國也。兄弟，與國也。鉤援，雲梯上城者也。臨，臨車。衝，衝車。攻城之具也。墉，城也。《傳》。崇國在京兆鄠縣。《詩地理考》。閑閑，徐緩也。朱《注》。言言，高大也。連連，執其人而徐徐問訊也。不服者殺而獻其左耳曰馘。安安，不暴疾也。類，出兵類祭上帝也。禡，祭始造軍法如黄帝者也。《疏》。致，致其至也。附，招之來附也。始攻之緩，而四方知其用兵有法不敢侮也。茀茀，彊盛也。仡仡，猶言言也。伐，擊刺也。《傳》《箋》。肆，縱兵也。絕，絕其後也。忽，忽焉滅也。繼攻之厲，而四方知其伐暴安民無所拂也。《史記》：崇侯虎譖西伯於紂，紂囚西伯於羑里。西伯之臣閎夭之徒求美女奇物善馬以獻紂，紂乃赦西伯，賜之弓矢鈇鉞，得專征伐。曰譖西伯者，崇侯虎也。西伯歸，三年，伐崇侯虎，而作豐邑。

《皇矣》八章，章十二句。

經始靈臺，經之營之。庶民攻之，不日成之。經始勿亟，庶民子來。
王在靈囿，麀鹿攸伏，麀鹿濯濯，白鳥翯翯。王在靈沼，於牣魚躍。
虡業維樅，賁鼓維鏞。於論鼓鐘，於樂辟廱。
於論鼓鐘，於樂辟廱。鼉鼓逢逢，矇瞍奏公。虡，音巨。

惲皋聞曰："詩有隔合之例，則臺與來韻中間，營、攻、成自爲韻也。"伏、濯、翯、躍韻。樅、鏞、廱韻。廱、逢、公韻。

《序》曰：民始附也。文王受命，而民樂其有靈德以及鳥獸昆蟲焉。

臺所以望氛祲察災祥也。《左傳》所謂"分至啓閉必書"、"雲物爲備"是也。囿所以時遊觀，習田獵也。辟廱，即大學。圓如璧，壅之以水，所以教士而大射，養老獻馘皆在其中也。臺囿謂之靈者，以美文王神明之化也。《箋》。然亦舊有是而踵名之，《漢・地理志》"濟陰成陽有堯靈臺"，《左傳》"衛侯爲靈臺藉圃"可見也。經始者，文王徙豐，乃始經理作臺也。四方而高曰臺。《爾雅》。經，界畫其處所也。營，謀爲其工程也。攻，築作也。不日成之，不限定時日以成之也。《箋》。勿亟，文王戒以勿亟也。朱《注》。子來，如子來趨父事也。《箋》。言民心之歡附也。麀，牝也。攸，所。伏，安臥也。濯濯，肥澤如水之濯也。翯翯，白而肥澤也。於，嘆辭。牣，满也。言萬物之得所也。虡，植木以懸鐘磬，其横者曰栒。業，栒上大版，刻之捷業，如鋸齒者也。樅，業上懸鐘磬處，以綵色爲崇牙，其狀樅樅然者也。賁，大鼓。鏞，大鐘也。皆懸之虡也。《傳》《疏》。論，即《樂記》論倫論文也。謂鐘鼓之倫理文章可論也。惲皋聞説。樂，喜樂也。鼉，魚屬，皮可冒鼓。逢逢，和也。有眸子而無見曰矇，無眸子曰瞍，總稱爲瞽。言辟廱作樂以與民同樂也。人物皆樂其所，而民始無貳矣，故曰始附。

《靈臺》四章，二章章六句，二章章四句。吕氏説。

下武維周，世有哲王。三后在天，王配于京。
王配于京，世德作求。永言配命，成王之孚。
成王之孚，下土之式。永言孝思，孝思維則。
媚茲一人，應侯順德。永言孝思，昭哉嗣服。
昭茲來許，繩其祖武。於萬斯年，受天之祜。
受天之祜，四方來賀。於萬斯年，不遐有佐。

王、京韻。求、孚韻。式、則韻。德、服韻。武、祜韻。賀、佐韻。

《序》曰:繼文也。武王有聖德,復受天命,能昭先人之功焉。

下猶後也。武,繼也,迹也。《爾雅》。三后,大王王季文王也。王,武王也。京,鎬京也。《箋》。言後人能繼祖迹者維周家爲盛,唐虞夏殷皆不之及。其前如大王王季文王,世有哲王,今三后登遐已在天矣,而武王配之於鎬京,一無慙色,所謂下武者如此。自此以下皆言王配于京也。作求者,起而求索其世德也。故常言配合天命,而成王者之信於天下焉。夫成王之信,則下土之法矣。蓋以武王能常言孝思,而孝思一維三后,是法則也。今天下皆媚愛武王,所以應之者維以順德,亦以武王能常言孝思而明哉其嗣三后之事也。服,事也。五章承上昭哉,而言其勤勤勉進,戒愼其先祖所行之迹,於呼美哉,其萬斯年,受天之祜矣。來,勤。《爾雅》。許,進。《傳》。繩,戒。武,迹也。《爾雅》。四方來賀,言四方諸侯皆貢獻以慶之也。則萬斯年,豈不遠有佐助乎?不遐,遐也。佐,輔佐天子也。

《下武》六章,章四句。

文王有聲,遹駿有聲。遹求厥寧,遹觀厥成。文王烝哉。
文王受命,有此武功。既伐于崇,作邑于豐。文王烝哉。
築城伊減,作豐伊匹。匪棘其欲,遹追來孝。王后烝哉。
王公伊濯,維豐之垣。四方攸同,王后維翰。王后烝哉。
豐水東注,維禹之績。四方攸同,皇王維辟。皇王烝哉。
鎬京辟廱,自西自東。自南自北,無思不服。皇王烝哉。
考卜維王,宅是鎬京。維龜正之,武王成之。武王烝哉。
豐水有芑,武王豈不仕?詒厥孫謀,以燕翼子。武王烝哉。

聲、寧、成韻。烝哉烝字與《麟趾》麟兮麟字皆每章尾聲相應爲韻。功、豐韻。匹、孝韻。垣、翰韻。績、辟韻。廱、東韻。北、服韻。王、京、成韻。芑、仕、子韻。

《序》曰:繼伐也。武王能廣文王之聲,卒其伐功也。

《箋》曰:繼伐者,文王伐崇而武王伐紂。

聲,聲聞也。遹,同聿,發語辭。言文王之有聲也,甚大乎!其有聲也,蓋以求天下之安寧而觀其成功耳。文王之德如是,信乎其得君道也哉。朱《注》。駿,大。烝,君。《爾雅》。減,同洫,即匠人井。地方十里爲成,成閒廣八尺深八尺謂之洫也。匹,配。棘,急。《爾雅》。言文王築十里之城,爲八尺之洫,則作豐邑者,適與一成相配,其制小於天子十二里之城,而大於公侯之九里七里。《箋》《疏》。是非急成其王業之欲也。乃以追先人容民畜衆之志，而勤其孝思耳。王后亦指文王也。公，功，濯，大。垣，垣墻也。于豐城内立宫室也。攸同者，同歸心於此也。翰，幹也。《爾雅》。築墻所立之木幹也。正政教，立法度，以楨幹四方也。《箋》。豐水東注者，入渭而注於河，可循禹績東行以伐紂也。四方攸同，皇王維辟，指不期而會者八百國，皆尊武王爲天子以作君也。辟，君也。《爾雅》。鎬京有辟廱，造士行禮，天下自服，言其以禮樂治天下也。考，稽。宅，居。正之，定之也。成之，除暴安民以成其業也。合言武王自豐遷鎬之始終也。芑，草名。仕，事。貽，遺。燕，安。翼，敬。《爾雅》。以豐水之有芑，興武王之有事。遺孫以謀，則子自安，言武王垂統之善也。豐水出京兆鄠縣東南終南山。豐邑在豐水之西，鎬京在豐水之東，相去二十五里。《詩地理考》。

《文王有聲》八章，章五句。

惲皋聞曰："前篇言繼文，著武王繼志述事之達孝也。故專重孝思。《中庸》所謂'纘大王王季文王之緒'也。此章言繼伐，著武王弔民伐罪之深心也。故全言君道武成，所謂大統未集，予小子其承厥志也。"

《文王之什》十篇，六十六章，四百十四句。

歷誦十詩，周家一代，功德并興，王事迹如在目中。即文王之聖，武王之反，文王王業已成，武特纘繼其事，時勢皆可想見，誠詩史也。

朱《注》云：鄭《譜》以此上爲文武時詩，此下爲成王周公時詩。夫《文王》首句即云"文王在上"，則非文王之詩矣。又曰"無念爾祖"，則非武王之詩矣。《大明》《有聲》并言文武者非一，安得爲文王之時所作乎？蓋正雅皆成王周公以後追述文王之德而作，故《譜》因此而誤。按：鄭《譜》云：文王受命，武王遂定天下，盛德之隆，《大雅》之初，起自《文王》，至於《文王有聲》。據盛隆而推言原天命，上述祖考之美。《正義》曰：自《文王》至《靈臺》八篇，文王《大雅》也。《下武》以下二篇，武王《大雅》也。《文王》經云"無念爾祖"，以戒成王也。《大明》云"篤生武王"，言武王之謚，則二篇成王時作也。《綿》云"文王蹶厥生"，《思齊》云"文王之母"，《皇矣》云"帝謂文王"，三篇皆言文王之謚，則皆文王崩後作之。《棫樸》云"濟濟辟王"，《靈臺》云"王在靈沼"，皆言王，則稱王之後作也。按此《譜》《疏》所言甚明，并未嘗言美文者爲文王時所作，美武者爲武王時所作，而朱氏誣之。《疏》明言成王時作，而朱氏冒爲己説，以詆《箋》《疏》，豈謂後人盡耳食眯目，而不一觀往古之傳書者乎？亦异哉。馬貴與謂其指摘前人，不出公平，則在宋時已有知其非者矣。

生民之什第二十四

厥初生民，時維姜嫄。生民如何？克禋克祀，以弗無子。履帝武敏歆，攸介攸止。

載震載夙,載生載育,時維后稷。

誕彌厥月,先生如達。不坼不副,無菑無害。以赫厥靈,上帝不寧。不康禋祀,居然生子。

誕寘之隘巷,牛羊腓字之。誕寘之平林,會伐平林。誕寘之寒冰,鳥覆翼之。鳥乃去矣,后稷呱矣。實覃實吁,厥聲載路。朱《注》以此章爲十句,從之。

誕實匍匐,克岐克嶷,以就口食。蓺之荏菽,荏菽旆旆,禾役穟穟,麻麥幪幪,瓜瓞唪唪。

誕后稷之穡,有相之道。茀厥豐草,種之黄茂。實方實苞,實種實褎。實發實秀,實堅實好,實穎實栗,即有邰家室。

誕降嘉種,維秬維秠,維穈維芑。恒之秬秠,是穫是畝。恒之穈芑,是任是負,以歸肇祀。

誕我祀如何?或舂或揄,或簸或蹂,釋之叟叟,烝之浮浮。載謀載惟,取蕭祭脂,取羝以軷,載燔載烈。以興嗣歲。

卬盛于豆,于豆于登。其香始升,上帝居歆。胡臭亶時,后稷肇祀,庶無罪悔,以迄于今。副,孚逼反。嶷,魚極反。秠,孚鄙反。揄,音由。

民、嫄韻。祀、子、止韻。夙、育、稷韻。月、達韻。副、害韻。靈、寧韻。祀、子韻。字、翼、去、呱、訏、路韻。翼,朱《注》音异。四句始一韻,又一例也。匐、嶷、食韻。旆、穟韻。幪、唪韻。道、草、茂、苞、褎、秀、好韻。栗、室韻。秠、芑、畝、負、祀韻。何、揄、蹂、叟、浮、惟、脂、軷(音佩)、歲韻。登、升韻。歆、今韻。中間時、祀、悔又自爲韻,此又一例也。毛河右所謂隔合也。

《序》曰:尊祖也。后稷生於姜嫄,文武之功起於后稷,故推以配天焉。

厥,其。時,是。《箋》。姜,姓,炎帝之後。嫄,名,后稷之母,配高辛氏帝焉。《傳》《箋》。禋,煙氣煙熅也。謂祭天燔燎也。袁準説。《外傳》曰:精意以享也。弗,同祓,除也。《正義》。古者立郊禖,祭天而以先禖配之。玄鳥至之日,以大牢祠。天子親往,后妃率九嬪御,乃禮。天子所御,带以弓韣,授以弓矢,於郊禖之前。履,踐也。帝,即高辛氏。武,迹。敏,疾。歆,饗。謂姜嫄履高辛足迹而行。敏,疾。將事而上帝饗之,爲天神所美,大爲福禄所依止。《傳》。震,動而有身也。《左傳》"后緡方震"是也。夙,有子而肅戒,不復御也。育,養之長也。《傳》《箋》。載,語辭《字彙》。彌月,終十月之期也。先生,首生也。達,羊子也。如羊子之易生也。坼,裂也。副,判也。赫,顯也。居然,言居處恬然,無病而生子也。如此之顯厥神靈,豈非上帝欲安寧之乎?豈非上帝安享其祀乎?然不覺而生子,以爲怪异，故棄之。如武姜寐寤而鄭莊公已生，以爲怪而惡之也。腓，避。字，愛也。《傳》《箋》《疏》。會伐平林，謂適值有伐木者，遂轉棄也。覆翼，一翼覆於上，一翼藉於下也。鳥見人來乃飛去。呱，啼聲也。覃，長。訏，大。《傳》。載，滿也。滿路，言其聲之大也。於是以爲祥，乃收養之，而名"棄"焉。誕，語辭。匍匐，手足并行也。岐、嶷，峻茂之狀。就，向也。朱《注》。口食，口自食也。蓺，樹也。戎菽謂之荏菽，《爾雅》。大豆也。旆旆，長也。役，列也。穟穟，苗美好也。幪幪，盛茂也。唪唪，多實也。言天性能種殖也。《傳》《箋》。相，助也。言有相助天地之道也。茀，治也。黄茂，黍稷也。《箋》。方，房也。苞，甲而未拆也。此漬其種也。朱《注》。種，種之於地也。褎，長也。發，盡發也。秀，始穗也。堅，實堅也。好，形味好也。穎，實繁碩而垂末也。栗，栗栗然不秕也。《傳》。邰，京兆武功縣有釐城是也。《詩地理考》。家室，堯封之成，有國之家室也。降，降之於民也。朱《注》。秬，黑黍也。秠，一稃二米者也。穈，赤粱粟也。芑，白粱粟也。即上章黄茂之種也。穫，刈也。畝，棲之於畝也。任，抱也。負，擔也。亦互文也。肇，始也。始歸郊祀也。《傳》。蓋諸侯無冬至郊天之祭，而祈穀禱雨報饗之郊則有之也。或謂祈穀不稱郊，則孟獻子見有啟蟄而郊以祈農事之文不可沒也。舂，舂於碓也。揄，抒米出臼也。簸，揚去糠也。蹂，拌米以水也。釋，淅米也。叟叟，淅米聲。浮浮，烝米氣。皆治黍稷以爲酒及簠簋之實也。謀，卜日擇士也。惟，思念齊戒也。蕭、脂，取祭牲之脂以附於蒿，將爇之求神也。軷，祭行道神也。將出郊祭，先用羝羊祭行，伏羊於路，王車轢之而行也。傳火曰燔，貫之加於火曰炙。興嗣歲者，寅月祈穀於上帝，以興繼嗣之新歲而求豐年也。《傳》《箋》《疏》。卬，我也。木曰豆，瓦曰登。豆薦菹醢也。登大羹也。《傳》。言今尊祖配天之祭，香始升而上帝已安而歆之。朱《注》。何芳臭之誠得其時乎！蓋自后稷始郊，幸無罪悔，以至于今，則格天有素矣。是以推后稷以配天也。

《生民》八章，四章章十句，四章章八句。

按：履帝武敏歆，《毛傳》以爲姜嫄從帝嚳祭郊禖而履其迹，敏疾行事，以獲歆饗，其論甚正。鄭《箋》從緯書之説，較之《史記》更加鏝飾，曰姜嫄祀郊禖之時，時則有大神之迹，姜嫄履之，足不能滿，履其拇指之處，心體歆歆然如有人道感己者，於是遂有身。則荒唐怪誕矣。且神明依之，何所不可？而必曰如有人道乎？但或有疑者，謂如傳説稷契與堯皆爲帝嚳之子，則堯爲聖君，稷契爲賢弟，在位七十載不能用，而必待舜舉。且堯在位七十載，年已八十有餘，稷契爲其弟，亦必七八十矣，乃始用之教稼明倫，似難解説。不知此爲不足爲難也。堯在位時，稷契豈必不在官？但使之教稼明倫，則舜薦而用之耳。若曰年長，則古之神聖，每百有餘歲，不足爲异。《正義》曰：未可以凡人促齡怪彼永年。又曰：《左傳》言高辛氏有才子八人，世濟其美。舜舉之使布五教於四方。子繼父業，即稱爲世不必苗裔，則前儒已有辨之者矣。况堯與稷契同出高辛，見大戴《禮·帝系篇》，《家語·世本》其説亦然。司馬遷《史記》遵之。其後劉歆班固賈逵馬融服虔王肅皇甫謐皆以爲然。康成一人之臆度，固不足以勝衆人之傳聞也。即使有疑，亦姑缺焉，而豈可信鬼怪之妄談耶！

敦彼行葦，牛羊勿踐履。方苞方體，維葉泥泥。
戚戚兄弟，莫遠具爾。或肆之筵，或授之几。
肆筵設席，授几有緝御。或獻或酢，洗爵奠斝。
醓醢以薦，或燔或炙。嘉殽脾臄，或歌或咢。
敦弓既堅，四鍭既鈞。舍矢既均，序賓以賢。
敦弓既句，既挾四鍭。四鍭如樹，序賓以不侮。
曾孫維主，酒醴維醹。酌以大斗，以祈黄耇。
黄耇台背，以引以翼。壽考維祺，以介景福。醹，如主反。又女父反。

葦、履、泥韻。爾、几韻。御、斝韻。炙、咢韻。堅、鈞、均、賢韻。句、鍭、樹、侮韻。主、醹、斗、耇韻。翼、福韻。

《序》曰：忠厚也。周家忠厚，仁及草木，故能内睦九族，外尊事黄耇，養老乞言，以成其福禄焉。

《箋》曰：九族，自已上至高祖，下至玄孫之親也。《正義》曰：謂五服以内親也。然同姓皆該於内。黄，黄髪也。耇，凍棃也。乞言，從求善言。可以爲政者敦史受之。

敦，聚貌。行，道也。《傳》。苞，甲而未拆也。體，成形也。泥泥，柔澤貌。朱《注》。是仁及草木也，而人可知矣，故下接言睦九族、養黄耇之事。肆，陳也。年稚者，肆筵而已。老者加之以几。三章言不但肆筵而已，又設重席。不惟受几而已，又有緝續侍御之人斝爵也。洗爵奠斝，謂獻酢後之酬也。主人洗爵酬賓，賓受而奠之不舉也。醢，肉醬也。醓，醢之多汁者也。燔，用肉。炙，用肝脾肚也。臄，口上肉也。比於琴瑟曰歌，徒擊鼓曰咢。以上言親九族也。敦，同雕，畫也。天子雕弓。鍭，鐵鏃也。鈞者參分，一在前，二在後，前有鐵重也，是鈞停也。舍，釋也。均，皆中也。序賢，謂以射中多少爲次第也。句，同彀，弓滿也。射禮：搢三挾一，既挾四鍭，則遍釋矣。如樹，如手就樹之也。序不侮，謂以敬於禮者爲上也。蓋將養老，先與群臣行射禮。天子先射，使群臣皆射，擇善者爲賓。如將祭，擇士之大射也。曾孫，成王也。醹，厚也。大斗，柄長三尺，從大器挹酒入樽之具也。《傳》《箋》。祈，求言也。台，同鮐，大老則背有鮐文。以引以翼，謂進善言以引翼王也。是壽考而吉，善助王以大福矣。祺,吉也。以上言養老乞言,以成其福禄也。

《行葦》八章,章四句。

既醉以酒,既飽以德。君子萬年,介爾景福。
既醉以酒,爾殽既將。君子萬年,介爾昭明。
昭明有融,高朗令終。令終有俶,公尸嘉告。
其告維何?籩豆靜嘉。朋友攸攝,攝以威儀。
威儀孔時,君子有孝子。孝子不匱,永錫爾類。
其類維何?室家之壼。君子萬年,永錫祚胤。
其胤維何?天彼爾禄。君子萬年,景命有僕。
其僕維何?釐爾女士。釐爾女士,從以孫子。

德、福韻。將、明韻。融、終韻。俶、告韻。嘉、儀韻。時、子、匱、類韻。壼、胤韻。禄、僕韻。士、子韻。

《序》曰:太平也。醉酒飽德,人有士君子之行焉。

醉酒,謂祭宗廟旅醻,下徧群臣,至於無算爵也。飽德,謂祭有十倫:見事鬼神之道,君臣之義,父子之倫,貴賤之德,親疎之殺,爵賞之施,夫婦之别,政事之均,長幼之序,上下之際,志意充滿也。君子,指成王也。當有萬年之長,而天助以大福也。萬年,壽也。下言天被爾禄富也。室家之壼,康寧也。昭明有融,攸好德也。高朗令終,景命有僕,考終命也。五福備,故謂之景也。殽,牲體也。將,行也。謂俎實以尊卑差次行之,貴者得貴骨,賤者得賤骨也。昭明者,政教常善,永作明君也。《傳》《箋》《疏》。融,明之盛也。《春秋傳》:明而未融,是明未盛也。朱《注》。朗,亦明也。俶,始也。《爾雅》。"令終"二句,言善終者今已有始,觀公尸之嘏辭可見也。天子以卿爲尸,稱公者,比於諸侯也。嘉告,嘏辭也。朋友,謂群臣也。言嘏辭之告維何乎?以成王所陳籩豆潔清而嘉美,群臣交相攝持以肅威儀,是舉朝君臣皆有士君子之行也。爲神所福,宜矣。下乃反覆申明之。有孝子釐女,士從孫子,是世世男妇子姓皆有士君子之行,而天命萬年,坐享太平矣。孔時,得時中也。孝子,主人之嗣子也。《儀禮》:祭祀之終,有嗣舉奠。朱《注》。匱,竭。不匱,言其孝無窮盡也。類,善也。此章言不惟群臣有儀,亦且嗣子克繼,故天永與之善也。壼,宫中巷也。《爾雅》。即長子孫之處也。胤,子孫也。錫祚胤者,此章謂福及後世也。被,覆被也。景命,九五之大命也。僕,附屬也。此章言錫之胤而即屬以天命也。釐,予。女士,女而有士行者。謂生淑媛以爲之妃也。從,隨也。孫子,孫而又子也。此章言景命之屬在於得賢妃,而孫子相衍於無窮也。

《既醉》八章,章四句。

鳧鷖在涇,公尸來燕來寧。爾酒既清,爾殽既馨。公尸燕飲,福禄來成。

鳧鷖在沙,來燕來宜。爾酒既多,爾殽既嘉。公尸燕飲,福禄來爲。

鳧鷖在渚,公尸來燕來處。爾酒既湑,爾殽伊脯。公尸燕飲,福禄來下。

鳧鷖在潨,公尸來燕來宗。既燕于宗,福禄攸降。公尸燕飲,福禄來崇。

鳧鷖在亹,公尸來止熏熏。旨酒欣欣,燔炙芬芬。公尸燕飲,無有後艱。潨,在公反。

涇、寧、清、馨、成韻。沙、宜、多、嘉、爲韻。渚、處、湑、脯、下韻。潨、宗、降、崇韻。亹、熏、欣、芬、艱韻。

《序》曰:守成也。太平之君子能持盈守成,神祇祖考安樂之也。

《正義》曰:天神也七祀,亦神之别也。地祇也,四方百物社稷山川,於《周禮》皆地祇也。宗廟,祖考也。

鳧,水鳥如鴨者。鷖,鷗也。涇,水名。以水鳥之在水中,興尸之在宗廟也。來燕,祭之明日繹而賓尸也。餘天地諸祭皆同日寧者,不以己臣不安也。來成,成其福禄也。沙,水旁也。水鳥而出在水旁,興祭四方百物之尸也。故曰酒多殽美。爲,猶助也。小洲曰渚。《爾雅》。水中之有渚,猶平地之有邱也。祭天於圜丘,祭地於方丘,故以興祭天地之尸也。天地之尸尊,不敢必以褻味,故但言泲酒與脯。湑,酒之泲者也。脯,乾肉也。天地尊,故福禄曰來下。潨,小水入大水也。《傳》《箋》《疏》。出山而注川,行於地而可灌溉五穀,故以興社稷山川之尸也。來宗,來尊也。在賓位故尊也。于宗,社宗也。惟社臣民皆可祭而燕飲,故曰既燕于宗,福禄攸降。今王祭社,乃以尸燕,則福禄來崇矣。崇,上也。福臣民故曰下降,福王故曰上崇。舉社稷而山川可見也。《箋》。亹,音門。水流峽中,兩岸如門也。燕門竈等七祀之尸於門户之外,故以爲興也。熏熏,和悦也。小神之尸卑,故來而和悦,飲酒欣然,嗜炙芬然,而報王以永無艱危也。《箋》。

《鳧鷖》五章,章六句。

假樂君子,顯顯令德。宜民宜人,受禄于天。保右命之,自天申之。

千禄百福,子孫千億。穆穆皇皇,宜君宜王。不愆不忘,率由舊章。

威儀抑抑,德音秩秩。無怨無惡,率由群匹。受福無疆,四方之綱。

之綱之紀，燕及朋友。百辟卿士，媚于天子。不解於位，民之攸塈。塈，許器反。

首二句不入韻。蓋詩有末文不入韻者，如“于嗟麟兮”，“已焉哉”，“天實爲之，謂之何哉”之類也。有首文不入韻者，如“篤公劉”及此篇首二句之類也。人、天、申韻。福、億韻。皇、王、章韻。抑、秩韻。惡、匹韻。疆、綱韻。紀、友、世、子、位、塈韻。

《序》曰：嘉成王也。

假，嘉也。《爾雅》。言此嘉美可樂之君子，有光顯之善德，此一篇之綱也。宜於兆民，宜官人，以受禄于天，保其身，佑其行，命之爲天子，而且申重於無已焉。二章申言保佑命之，自天申之也。求禄而得百福，保佑命也。子孫千億之多，皆穆穆而宜於天王，皇皇而宜於邦君，且不愆過，不遺忘，循用六官之舊法，是自天申之也。三章四章申言宜民宜人受禄于天也。抑抑，密也。秩秩，清也。《爾雅》。匹，類也。群匹，群臣也。言其不作怨，不作惡，以任群賢也。燕，安也。朱《注》。燕安群臣，是宜人也。百辟，畿内諸侯也。卿士，卿之有事也。解，惰。塈，息也。《傳》《箋》。群臣愛天子而守位盡職，以休息小民，是宜民也，而受福無疆矣。

《假樂》四章，章六句。

篤公劉，匪居匪康，廼埸廼疆，廼積廼倉。廼裹餱糧，于橐于囊。思輯用光，弓矢斯張。干戈戚揚，爰方啟行。

篤公劉，於胥斯原，既庶既繁，既順廼宣，而無永歎。陟則在巘，復降在原。何以舟之，維玉及瑤，鞞琫容刀。

篤公劉，逝彼百泉，瞻彼溥原。廼陟南岡，乃覯于京。京師之野，于時處處，于時廬旅，于時言言，于時語語。

篤公劉，于京斯依，蹌蹌濟濟，俾筵俾几，既登乃依。乃造其曹，執豕于牢，酌之用匏。食之飲之，君之宗之。

篤公劉，既溥既長。既景廼岡，相其陰陽。觀其流泉，其軍三單，度其隰原。徹田爲糧，度其夕陽，豳居允荒。

篤公劉，于豳斯館。涉渭爲亂，取厲取鍛。止基廼理，爰衆爰有。夾其皇澗，逆其過澗。止旅廼密，芮鞫之即。

劉，首句自爲韻。康、疆、倉、糧、囊、光、張、揚、行韻。原、繁、宣、歎、巘、原韻。舟、瑤、刀韻。泉、原韻。岡、京韻。野、處、旅、語韻。依、濟、几韻。曹、牢、匏韻。四之字韻。長、岡、陽、糧、陽、荒韻。中泉、單、原自爲韻。館、亂、鍛、澗韻。中理、有自爲韻。密、即韻。

《序》曰:召康公戒成王也。成王將涖政,戒以敏事,美公劉之厚於民,而獻是詩也。

篤,厚也。公劉,后稷之曾孫也。言厚哉公劉之於民也。公劉居邰,遭夏人亂,迫逐公劉。公劉乃辟中國之難,遂平和西戎而遷其民,邑於豳焉。《傳》。匪居,不以居爲居。匪康,不以安爲安也。疆、埸,田畔也。積,委積也。倉,囷倉也。小曰橐,大曰囊。言公劉爲民不敢寧居,有疆埸積倉不之戀,係而治積倉,爲餱糧,裹於橐囊而去。思以輯和其民人而光大其國家也。戚,斧也。揚,鉞也。啓行,開路而去也。《傳》《箋》。胥,相也。承上章而言在道之况也。言相與行於原野也,庶民從之者衆也。既順,順從也。迺宣,乃宣布慰勞之也。無永歎,不念舊而歎也。巘,小山,别於大山也。《傳》。陟巘降原,謂長途崎嶇時升時降。陸機詩云"振策陟崇邱,安轡遵平莽"也。舟,帶也。瑤,玉之别名。鞞,刀鞘也。琫者,鞘之上飾。容刀,容飾之刀也。玉瑶比德,容刀備武,言公劉跋涉之際,而劍佩有度也。惲皋聞説。百泉,多水泉也。溥原,寬廣高平之處也。乃陟山脊之南岡,而見絕高之京,則此京地乃師衆宜居之野也。蓋都高京而圍平原,水泉遶之,則原可田,水可灌,而居高制下,避水禦亂,千古建都之法,盡於是矣。於是處以處民,於是廬以旅賓客。於是施教令,而言其所當言,語其所當語。此言相豳之地而止也。依,止也。承上章言也。大夫濟濟,士蹌蹌,《曲禮》。有儀也。蓋公劉定居,而以群臣遠遷,燕以勞之。於是群臣競趨,相使設筵,相使設几。公劉既登筵,乃依几。群臣乃往牧牲之群,執豕於牢中,以匏酌酒而食於君,飲於君。君其君,尊其君焉。曹,群也。宗,尊也。此既,定局也。溥,東西廣也。長,南北長也。景,以日景定其經界也。乃岡,又登岡以望視也。相陰陽,察寒煖所宜也。觀流泉,測浸潤所及也。三單者,大国三軍,而初遷之民適符其數,無羨卒也。徹,取也。十而取一爲下隰高原之税糧也。《傳》《箋》。山西曰夕陽。《爾雅》。蓋豳地在梁山之西也。度其廣輪,亦信大矣。此言定軍制田賦也。館,舍也。新館,築宫室也。亂,絕流而涉也。厲,砥石也。鍛,鐵也。涉而取之,所以爲刀斧取材木以給築事也。止基乃理,言宫室之基址乃經理也。衆,人數衆也。有,器物足也。皇、過,二澗名。夾澗兩旁居也。遡,鄉之居也。《傳》。芮,水名。鞫,水外也。《爾雅》。言漸招徠開懇,止衆愈加密比,又即就於芮水之外焉。此成豳之民居也,皆所以厚民也。

《公劉》六章,章十句。

此可謂之《豳雅》,但《豳頌》無考耳。

泂酌彼行潦,挹彼注茲,可以餴饎。豈弟君子,民之父母。

泂酌彼行潦,挹彼注茲,可以濯罍。豈弟君子,民之攸歸。

洞酌彼行潦，挹彼注茲，可以濯溉。豈弟君子，民之攸塈。餴，甫云反。饎，尺志反。

茲、饎、母韻。茲、罍、歸韻。茲、溉、塈韻。

《序》曰：召康公戒成王也。言皇天親有德饗有道也。

洞，遠也。行潦，道上雨水也。彼，指行潦也。茲，指沃米之器也。蒸米謂之餴。饎，酒食也。蓋沃米蒸之而爲酒食也。言道德備則尋常之物可爲祭用，故《左傳》曰"潢汙行潦之水，可薦於鬼神，可羞於王公。《雅》有《行葦》《洞酌》，昭忠信也。"豈，樂，以强教之，謂鼓舞振作也。弟，易，以悦安之，謂撫慰惠順也。故民皆有父之尊，有母之親，《表記》。是道德也。濯，滌也。罍，祭器。溉，清也。

《洞酌》三章，章五句。

有卷者阿，飄風自南。豈弟君子，來游來歌，以矢其音。

伴奂爾游矣，優游爾休矣。豈弟君子，俾爾彌爾性，似先公酋矣。

爾土宇昄章，亦孔之厚矣。豈弟君子，俾爾彌爾性，百神爾主矣。

爾受命長矣，茀禄爾康矣。豈弟君子，俾爾彌爾性，純嘏爾常矣。

有馮有翼，有孝有德，以引以翼。豈弟君子，四方爲則。

顒顒卬卬，如圭如璋，令聞令望。豈弟君子，四方爲綱。

鳳凰于飛，翽翽其羽，亦集爰止。藹藹王多吉士，維君子使，媚于天子。

鳳凰于飛，翽翽其羽，亦傅于天。藹藹王多人吉，維君子命，媚于庶人。

鳳凰鳴矣，于彼高岡。梧桐生矣，于彼朝陽。菶菶萋萋，雝雝喈喈。

君子之車，既庶且多。君子之馬，既閑且馳。矢詩不多，維以遂歌。昄，符版反。翽，徐，呼會反。

阿、歌韻。南、音韻。隔合也。游、休、酋韻。厚、主韻。長、康、常韻。翼、德、翼、則韻。卬、璋、望、綱韻。止、士、子韻。天、人韻。鳴、岡、生、陽韻。萋、喈韻。車、多、馬、馳、多、歌韻。

《序》曰：召康公戒成王也。言求賢用吉士也。

蓋周召時已將老，故戒王更求休休之大臣，以用藹藹之吉士，使久安長治也。

大陵曰阿。卷，曲也。飄風，回風也。南，長養之方也。以卷阿曲體有容，故風宛轉於長養之方而來，興王卑禮下賢，則賢願獻其忠告之音而至也。來游，觀光也。來歌，《國語》

謂使公卿至於列士獻詩是也。矢,陳也。伴奐,散適也。休,息也。是樂易之賢人,使王滿其性命,似先公之善終,故能逸於得人,以游以休也。先公,如后稷諸祖是也。酋,終也。《傳》《箋》。昄,同版。朱《注》。又言賢者能使王主享百神,故土宇版章一統無外也。茀、嘏,皆福也。又言天命福禄之常,皆賢人使之也。純,大也。《爾雅》。五章六章遂接言君子之賢,有道可爲馮依,有才可爲輔翼,有孝信於家,有德具於身,以引於前,以翼於旁,而補衮盡忠,是豈弟君子可爲四方之則矣,貌溫順而顒顒,氣高朗而卬卬。《傳》《箋》。如圭璋而純潔,有聞望之令善,是豈弟君子可爲四方之綱矣。七章八章因以鳳凰起興,雄曰鳳,雌曰凰,靈鳥也。翽翽,羽聲。藹藹,臣盡力也。《説文》。以鳳凰鳳飛而集止,飛而傅天,以興君子出而立朝佐主,將見藹藹衆士,君子使之各盡其材,以愛朝廷,竭其股肱,以愛庶人,弘其教養。君子之所關如此,可不求乎?九章因興聖主賢臣之盛。鳳凰之鳴,興賢臣也。梧桐之生,興聖主也。鳳凰非梧桐不棲,非竹實不食。《箋》。山東曰朝陽。《爾雅》。菶、萋,梧桐生之盛也。雝、喈,鳳凰鳴之和也。十章則言王已能用賢,以引進之也,大夫有乘馬貳車。《箋》。今在位之君子,車既衆多,馬既閑習能馳,是王賜之福矣,待之厚矣。稱此以往,豈不能來繼起之君子乎?故今陳詩不用多言,惟以遂來歌之心,以爲后君子之倡可也。

《卷阿》十章,六章章五句,四章章六句。

民亦勞止,汔可小康。惠此中國,以綏四方。無縱詭隨,以謹無良。式遏寇虐,憯不畏明。柔遠能邇,以定我王。

民亦勞止,汔可小休。惠此中國,以爲民逑。無縱詭隨,以謹惛怓。式遏寇虐,無俾民憂。無棄爾勞,以爲王休。

民亦勞止,汔可小息。惠此京師,以綏四國。無縱詭隨,以謹罔極。式遏寇虐,無俾作慝。敬慎威儀,以近有德。

民亦勞止,汔可小愒。惠此中國,俾民憂泄。無縱詭隨,以謹醜厲。式遏寇虐,無俾正敗。戎雖小子,而式弘大。

民亦勞止,汔可小安。惠此中國,國無有殘。無縱詭隨,以謹繾綣。式遏寇虐,無俾正反。王欲玉女,是用大諫。汔,許一反。愒,起例反。

康、方、良、明、王韻。休、逑、怓、憂、休韻。息、國、極、慝、德韻。愒、泄、厲、敗、大韻。安、殘、綣、反、諫韻。

《序》曰:召穆公刺厲王也。

服虔曰:穆公,康公十六世孫。

汔，幾也。《箋》。言民亦疲勞矣，庶可小安之乎。不曰甚可而曰汔可，不敢必之辭也。不曰大安而曰小康，不敢過望之辭也。中國，京師也。四方，天下也。詭隨，詭譎而隨人頤指之小人也。小人無良，始於詭隨，終於寇虐，不畏明法。寇虐則民勞矣，時厲王大臣黨用惡小，故戒以無縱也。憯，曾也。《爾雅》。能，順習也。逑，合聚也。惽怓，讙譁也。昵小人則大臣之功勞皆棄矣。罔極，言其惡無所底也。近有德，親近有德之人也。愒，息也。泄，去也。厲，惡也。正敗，正道敗也。戎，汝也。時之大臣有所指也。小子，新進年少也。式，用也。當路故用之，所關弘大，不可不慎也。國無有殘，言諸侯之國無有殘害也。繾綣，結恩固寵也。玉，欲使之爲寶玉也。言王欲使汝成寶器，故我陳此大諫也。刺厲王而專刺大臣者，執政之惡即王之惡也。

《民勞》五章，章十句。

上帝板板，下民卒癉。出話不然，爲猶不遠。靡聖管管，不實於亶。猶之未遠，是用大諫。

天之方難，無然憲憲。天之方蹶，無然泄泄。辭之輯矣，民之洽矣。辭之懌矣，民之莫矣。

我雖异事，及爾同僚。我即爾謀，聽我囂囂。我言維服，勿以爲笑。先民有言，詢于芻蕘。

天之方虐，無然謔謔。老夫灌灌，小子蹻蹻。匪我言耄，爾用憂謔。多將熇熇，不可救藥。

天之方懠，無爲夸毗。威儀卒迷，善人載尸。民之方殿屎，則莫我敢葵。喪亂蔑資，曾莫惠我師。

天之牖民，如壎如篪，如璋如圭，如取如攜。攜無曰益，牖民孔易。民之多辟，無自立辟。

价人維藩，大師維垣。大邦維屏，大宗維翰。懷德維寧，宗子維城。無俾城壞，無獨斯畏。

敬天之怒，無敢戲豫。敬天之渝，無敢馳驅。昊天曰明，及爾出王。昊天曰旦，及爾游衍。亶，於旦反。蹻，其略反。熇，徐，許酷反；沈，許各反。懠，才細反。

板、癉、然、遠、管、亶、遠、諫韻。難、憲韻。蹶、泄韻。輯、洽、懌、莫韻。僚、囂、笑、蕘韻。虐、謔、蹻、謔、藥韻。懠、毗、迷、尸、屎、葵、資、師韻。篪、圭、攜韻。益、易、辟、辟韻。藩、垣、翰韻。寧、城韻。壞、畏韻。怒、豫、渝、驅韻。明、王韻。旦、衍韻。

《序》曰:凡伯刺厲王也。

凡,東都畿内之國,《正義》。周公之胤也。《左傳》。

上帝,天之神也。板板,如板之滯而澤不下流也。言天變於上也。癉,病也。言民病於下也。不然不行其言也。《箋》。猶,謀也。亶,誠也。《爾雅》。言以心無聖法,中空如管,故言不實以誠,謀不及於遠,此兼君臣而言也。難,患難也。蹶,跌也。言欲顛覆周室也。憲憲,猶欣欣也。泄泄,猶沓沓也。競進之意也。《傳》《箋》。辭,政教也。輯,和。洽,合。懌,悦。莫,定也。《爾雅》。同官爲僚。《左傳》。囂囂,拒諫而喧謷也。服,事也。芻蕘,薪采者也。方虐,謂天變而降禍於人,如虐之也。謔謔,戲謔也。灌灌,猶款款也。蹻蹻,驕貌。《傳》。言其愚妄不知禍之將及也。憂謔,以憂爲謔也。熇熇,熾盛也。言多行不義,如火之燎於原,將不可救也。懠,怒也。夸毗,體柔也。《爾雅》。謂足恭諂媚也。尸不得行道,如尸居也。殿屎,愁苦而呻吟也。葵,揆也。《爾雅》。言視民愁歎,置若罔聞,莫敢出而爲我揆度其所以致此之故也。資,財也。《傳》。是以喪亂,資財蔑盡,曾無加惠我衆民者,可歎也。此無養也。牖,所以通明也。言天道之明,導下民如壎如篪,相和也。如璋如圭,相合也。如往取物,如手攜物,必從也。《傳》。然則攜物惟順其自然,非曰有增益於物也。牖民之甚易如此,乃今則民已多邪辟矣。上又自立邪辟以先之,牖民者可如是乎?此無教也。半圭爲璋,合二璋則成圭。《正義》。以上皆責其臣而君在内矣。价,甲也。被甲之人,謂卿士掌軍事者。大師,三公也。大邦,公侯也。《箋》。大宗,先王之適弟,如魯爲宗國是也。懷,保念也。宗子,王之適子也。《箋》。言王能懷德以安价人大師之屬,則適子有金城之固。如其不德,而藩垣屏翰皆撤,則使城壞矣,孤獨而可畏矣。其無然也。及彘之亂,宣王在召公之宫,國人圍之。召公以其子代宣王,是禍及宗子也。厲王居於彘,是獨居而畏也。是人之言驗矣。《箋》《疏》。此章專規王也。末章以敬天勉其君臣而結通篇也。渝,變也。馳驅,自恣也。旦,亦明也。王,讀往。游衍,優游寬衍也。言人所行天無不監及之,無可一刻而不敬也。

《板》八章,章八句。

《生民之什》十篇,六十五章,四百三十三句。

詩經傳注·卷七

大　雅

蕩之什第二十五

蕩蕩上帝，下民之辟。疾威上帝，其命多辟。天生烝民，其命匪諶。靡不有初，鮮克有終。

文王曰咨，咨女殷商。曾是彊禦，曾是掊克，曾是在位，曾是在服。天降慆德，女興是力。

文王曰咨，咨女殷商。而秉義類，彊禦多懟。流言以對，寇攘式内。侯作侯祝，靡居靡究。

文王曰咨，咨女殷商。女炰烋于中國，斂怨以爲德。不明爾德，時無背無側。爾德不明，以無陪無卿。

文王曰咨，咨女殷商。天不湎爾以酒，不義從式。既愆爾止，靡明靡晦。式號式呼，俾晝作夜。

文王曰咨，咨女殷商。如蜩如螗，如沸如羹。小大近喪，人尚乎由行。内奰於中國，覃及鬼方。

文王曰咨，咨女殷商。匪上帝不時，殷不用舊。雖無老成人，尚有典刑。曾是莫聽，大命以傾。

文王曰咨，咨女殷商。人亦有言，顛沛之揭。枝葉未有害，本實先撥。殷鑒不遠，在夏后之世。炰，白交反。烋，火交反。奰，皮器反。

辟、辟韻。諶、終韻。有、人之通也。“文王”二句,每章作首聲,不入韻。克、服、力韻。懟、内、究韻。國、德、側韻。明、卿韻。酒、式、止、晦、呼、夜韻。螗、羹、喪、行、方韻。時、舊韻。刑、傾韻。揭、撥韻。害、世韻。隔合也。

《序》曰:召穆公傷周室大壞也。厲王無道,天下蕩蕩,無綱紀文章,故作是詩也。

蕩蕩,法度廢壞之貌。《箋》。上帝以託君王也。《傳》。辟,君也。重賦斂以疾病人,峻刑法以威罪人。命,政教也。《傳》《箋》。辟,邪也。烝,衆也。命,天命也。諶,誠也。《爾雅》。言蕩蕩然之上帝,爲下民之君也。疾威之上帝,其政教率多邪僻,以致百姓皆化於惡,豈天命之道不可信乎?蓋生人之初,無有不善,而君臣道之以惡,少克終耳。此通篇之綱也。下皆爲文王嘆紂之辭,以明之咨嗟也。殷商,指紂也。彊禦,彊梁而禦,止善人使不行也。掊克,聚斂也。服,服政事也。滔,如滔天之滔。淫,肆也。興,起用之也。言曾是小人而用之高位,是天降淫德以害民,而女又興起之以助其氣力也。女,指王也。而,亦汝也。懟,狠戾也。《正義》。對,遂也。《爾雅》。作,同詛。祝,告神也。届,極。究,窮也。《爾雅》。言爾當秉執義理之善類,乃今彊禦多戾,流言是遂。寇盜攘奪之人用之於内,使之互相詛怨,禱告明神,無所窮極,是何故哉?炰烋,猶彭亨也。言盛氣於國中,斂人之怨,而反自以爲德也。陪,貳也。指三公也。言爾德不明,則雖有背逆反側者,有堪爲公卿者,皆不知而若無也。顔氏説。飲酒齊色曰湎。《箋》。言天未嘗使爾酒形於面,而爾乃惟不義是從是用,既愆過於容止,而又不論明晦,酗酒號呼,俾晝而困倦,乃鼾睡作夜,政事皆廢,謂之何哉?蜩、螗,皆蟬也。奰,怒也。言殷商之亂,如蜩螗之鳴,如湯之正沸,如羹之方熟,無小無大,皆近於喪亡,而人猶以此爲尚,由行不息,以致中外怨怒也。不時,謂帝命不以時降也。老成,舊人也。典刑,舊法也。聽,聽信典刑也。顛,仆。沛,拔。揭,見根貌。撥,猶絶也。《傳》《箋》。謂枝葉如諸侯,未有畔害,而廟堂先蹶覆也。殷鑒在夏,明周鑒在殷也。

《蕩》八章,章八句。

抑抑威儀,維德之隅。人亦有言,靡哲不愚。庶人之愚,亦職維疾。哲人之愚,亦維斯戾。

無競維人,四方其訓之。有覺德行,四國順之。訏謨定命,遠猶辰告。敬慎威儀,維民之則。

其在于今,興迷亂于政。顛覆厥德,荒湛于酒。女雖湛樂從,弗念厥紹。罔敷求先王,克共明刑。

肆皇天弗尚,如彼泉流,無淪胥以亡。夙興夜寐,洒埽廷内,維民之章。修爾車馬，弓矢戎兵，用戒戎作，用逷蠻方。

質爾人民，謹爾侯度，用戒不虞。慎爾出話，敬爾威儀，無不柔嘉。白圭之玷，尚可磨也。斯言之玷，不可爲也。

無易由言，無曰苟矣。莫捫朕舌，言不可逝矣。無言不讎，無德不報。惠于朋友，庶民小子。子孫繩繩，萬民靡不承。

視爾友君子，輯柔爾顔，不遐有愆。相在爾室，尚不愧于屋漏。無曰不顯，莫予云覯。神之格思，不可度思，矧可射思。

辟爾爲德，俾臧俾嘉。淑慎爾止，不愆于儀。不僭不賊，鮮不爲則。投我以桃，報之以李。彼童而角，實虹小子。

荏染柔木，言緡之絲。溫溫恭人，維德之基。其維哲人，告之話言，順德之行。其維愚人，覆謂我僭，民各有心。

於乎小子，未知臧否。匪手攜之，言示之事。匪面命之，言提其耳。借曰未知，亦既抱子。民之靡盈，誰夙知而莫成。

昊天孔昭，我生靡樂。視爾夢夢，我心慘慘。誨爾諄諄，聽我藐藐。匪用爲教，覆用爲虐。借曰未知，亦聿既耄。

於乎小子，告爾舊止。聽用我謀，庶無大悔。天方艱難，曰喪厥國。取譬不遠，昊天不忒。回遹其德，俾民大棘。

儀、隅、愚韻。疾，才詣切，與戾韻。人、訓、順韻。告、則韻。政、從、刑韻。尚、亡、章、方韻。度、虞、儀、嘉、磨、爲韻。苟、逝韻。讎、報韻。友、子韻。繩、承韻。顔、愆韻。漏、覯韻。格、度、射韻。嘉、儀韻。賊、則韻。李、子韻。絲、基韻。言、行韻。有、人之通也。僭、行韻。否、事、耳、子韻。盈、成韻。昭、樂韻。慘(音燥)、藐、虐、耄韻。子、止、謀、悔韻。國、忒、德、棘韻。

《序》曰：衛武公刺厲王亦以自警也。

惲皋聞曰："武公以宣王十六己酉即位，至平王十三年癸未卒，凡在位五十五年中，身正當幽王之時，《序》爲刺厲王者，蓋以前後俱厲王詩而誤耳。"塨按：《國語》謂武公作懿戒以自警，即此詩也。

抑抑，密也。隅，廉隅也。鄭康成曰："人密審於威儀者，其德必嚴正也。古之賢者，道行心平，可外占而知内。如宫室之制，内有繩直，則外有廉隅也。"無哲不愚，慨歎之辭也。哲而不見德隅，非愚而何？戾，反戾也。朱《注》。無競維人，言莫彊於得人也。《左傳》説。得賢才則可以教訓四方矣。覺，直也。《傳》。訏，大。謨，謀。猶，道。辰，時也。《爾雅》。

興，猶尚也。紹，繼。共，執刑法也。《傳》。言汝雖湛樂之從，獨不念繼前人之緒乎？不布求先王之道以執守明法乎？淪胥以亡，如泉流之漂沒也。章，表也。戎作，用兵也。遏，同剔。剔，治也。“夙興”三句，不泄邇也。“修爾”四句，不忘遠也。質，成。虞，慮。柔，安。嘉，善。玷，缺也。由，於。捫，持。逝，往。不可逝，謂不可輕出也。讎，答也。《正義》。惠，順也。朋友，共學之人也。庶民小子，小民也。繩繩，戒也。《爾雅》。言能順於朋友以及小民，則子孫世守敬戒，而萬民承流於下矣。君子，在位者也。友，友愛之也。安柔爾顔，豈不遠於有過乎？言謹於外也。相，亦視也。屋漏，室西北隅也。視在爾室，庶不愧于屋漏，言慎於内也。無曰莫覯鬼神式臨，申明爾視之當慎也。格，至。矧，況。射，厭也。《傳》《箋》。辟，君也。君爾，猶言君也。其爲德也，必宜使之臧，必宜使之嘉，果淑慎其容止，不愆於威儀，而且不僭差，不賊害，則民之不以爲則者鮮矣。投桃報李，事有必然，可爲喻也。若謂不必修德而可以服人，是謂童羊而有角也，則實潰亂汝小子而已。虹，潰也。《傳》。荏染，柔忍之貌。緡，綸也。以柔木可被弓弦，興恭人能立德基也。於乎，嘆詞，以儆之也。言汝小子尚不知善否乎？我非但手攜，且示之事矣，非但面命，且提其耳矣。若曰未有知識，則已抱子長大矣。人苟不自盈滿，能受善言，誰早有所知而反晚成者乎？朱《注》。昊天孔昭，言天不可欺也。我生靡樂，言生逢艱難無有樂事也。慘慘，憂貌。藐藐，不入貌。匪用爲教，不以我言爲教也。覆用爲虐，反惡我言之聒耳而肆虐，是豈幼而無知乎？亦既八十九十而耄矣。舊，舊章也。取譬不遠，言我譬喻之言，皆切近也。昊天不忒，言天道福善禍淫，不差忒也。回遹，邪僻也。棘，急也。若邪僻其德，則使民大急，而天必以艱難加之，喪厥國矣。

《抑》十二章，三章章八句，九章章十句。

菀彼桑柔，其下侯旬。捋采其劉，瘼此下民。不殄心憂，倉兄填兮。倬彼昊天，寧不我矜。

四牡騤騤，旟旐有翩。亂生不夷，靡國不泯。民靡有黎，具禍以燼。於乎有哀，國步斯頻。

國步蔑資，天不我將。靡所止疑，云徂何往。君子實維，秉心無競。誰生厲階，至今爲梗。

憂心慇慇，念我土宇。我生不辰，逢天僤怒。自西徂東，靡所定處，多我覯痻，孔棘我圉。

爲謀爲毖，亂況斯削。告爾憂恤，誨爾序爵。誰能執熱，逝不以濯。其何能淑，載胥及溺。

如彼遡风，亦孔之僾。民有肅心，荓云不逮。好是稼穡，力民代食。稼穡維寶，代食維好。

天降喪亂，滅我立王。降此蟊賊，稼穡卒痒。哀恫中國，具贅卒荒。靡有旅力，以念穹蒼。

維此惠君，民人所瞻。秉心宣猶，考慎其相。維彼不順，自獨俾臧。自有肺腸，俾民卒狂。

瞻彼中林，甡甡其鹿。朋友已譖，不胥以穀。人亦有言，進退維谷。

維此聖人，瞻言百里。維彼愚人，覆狂以喜。匪言不能，胡斯畏忌。

維此良人，弗求弗迪。維彼忍心，是顧是復。民之貪亂，寧爲荼毒。

大風有隧，有空大谷。維此良人，作爲式穀。維彼不順，征以中垢。

大風有隧，貪人敗類。聽言則對，誦言如醉。匪用其良，覆俾我悖。

嗟爾朋友，予豈不知而作。如彼飛蟲，時亦弋獲。既之陰女，反予來赫。

民之罔極，職涼善背。爲民不利，如云不克。民之回遹，職競用力。

民之未戾，職盗爲寇。涼曰不可，覆背善詈。雖曰匪予，既作爾歌。僤，都但反。痻，武巾反。一音昏。僾，音愛。荓，普耕反。甡，所巾反。

旬、民、填、矜韻。矜，音芹。柔、劉、憂韻。隔合也。翩、泯、燼、頻韻。騤、夷、黎、哀韻。隔合也。將、往韻。競、梗韻。資、疑、維、階韻。隔合也。宇、怒、處、圉韻。毖、削、恤、爵、熱、濯、淑、溺韻。僾、逮韻。穡、食韻。寶、好韻。王、痒、荒、倉韻。瞻、相、臧、狂韻。瞻、相，有、人之通也。鹿、穀、谷韻。里、喜、忌韻。迪、復、毒韻。谷、穀、垢韻。穀、垢，屋、宥之回互也。垢去聲。類、醉、悖韻。作、獲、赫韻。背、克、力韻。背、克，隊、職之回互也。寇、詈、歌韻。

《序》曰：芮伯刺厲王也。

《箋》曰：芮伯，畿内諸侯王卿士也，字良夫。

《正義》曰：周同姓國。《左傳》文元年亦曰：芮良夫作。

菀，茂貌。桑柔，桑葉柔濡也。旬，言陰之均也。劉，葉爆爍而稀也。瘼，病也。人息其下，日暴之，故病，以興王無德以陰民，則民病也。殄，絕也。《傳》《箋》。倉兄，猶愴怳，悲憫之意也。朱《注》。填，塞也。塞於胸也。倬，明大貌。矜，哀憐也。此以憂民之病起通篇也。夷，平。泯，滅。黎，衆。燼，灰燼也。步，行。頻，急也。言王用兵不息，禍亂日生，平寧無日，四方侯國無不殘滅，民無復有衆盛者，俱作禍而爲灰燼。嗚呼，可哀哉。國行至此亦危急矣。此言黷兵也。蔑資，無資財也。不我將，不我養也。疑，同凝。靡所止凝，無養則不能寧處也。云阻何往,又無所之也。君子,有德者也。實維,自思也。梗,如柴梗之塞路也。言君子自返,未有爭心,是誰生禍階,乃至今爲梗乎?此言民之無養而因嘆遺禍之人也。僤,厚。自西徂東,自周都至東國也。瘠,病。圉,邊陲也。《傳》。言邊陲有兵亂而甚急也。故上曰念我土宇。毖,慎。況,滋也。《箋》。言爲謀爲慎則亂之生者可以削去,故告爾以當憂恤之事,誨爾以序次齒位,世有執熱不濯手而往者乎?世有救亂不求治而定者乎?然又轉念其君臣必不聽也,何能善哉?但相與歸於陷溺而已。嘆其不用善言也。遡,嚮。僾,唈然不能息也。荓,使也。言今虐政逼人,如嚮風而行,唈而不能息氣,是以人皆有戒心,使之任事,皆曰我不能及。惟好是稼穡,作用力之民,以代禄食。曰:是爲寶,是爲好耳。言世亂而避禍退隱者衆也。立王,王所恃以立者,即稼穡也。蟲食苗根曰蟊,食节曰賊。痒,病也。《箋》。具贅卒荒,言民如綴餘,田盡荒歉也。旅,同膂。朱《注》。謂股肱之臣也。穹蒼,天形穹隆而色蒼蒼也。言朝臣無有出其膂力以念天災者也。宣,徧。猶,謀也。《箋》。言惠順之君,秉持其心,周徧謀度,而又考慎其輔相,務在得賢,若不順之君,則自以爲善,獨具肺腸,徒使民皆狂悖而已。此歸咎于王也。甡甡,衆多也。《傳》。以鹿之群處,反興朋友之相讒譖而不相善,曾鹿之不如也。朋友,同官者也。上無明君,下無良臣,故進退皆爲谷陷。此言朝臣之敗壞也。聖,通知之人也。瞻言百里,所見者遠也。愚人,即上朋友已譖者也。覆狂以喜,但喜其譖行而不知其禍之將胥亡也。夫聖人豈不能言以辨之?而如王方弭謗,畏忌不敢何哉!言無良臣之由無明君也。弗求,弗進,不用善也。忍心,殘賊之人也。顧、復,眷念之也。是以上有好者,下必甚焉。民遂貪亂而安爲苦毒之行也。此言王之退君子進小人而亂民俗也。西風謂之大風。《爾雅》。隧,道也。《傳》。蓋多出於空谷之中,以興君子小人所行各有道也。征,行也。中垢,中心污垢也。貪人敗類,則承上章專言小人之道也。聽道路之言,則應對津津。聞誦法《詩》、《書》之言,則如醉不醒,置若罔聞。《箋》。利口不嗜善言者,其狀如此。匪用其良,不用善良之言也。覆俾我悖,反欲導我以狂悖也。是所謂敗類也。貪人,即《國語》芮良夫所指榮夷公之類也。而,猶爾也。蟲,鳥之大名,羽蟲三百六十,鳳凰爲之長是也。嗟乎,爾非同僚朋友乎?爾之所作不善,予豈不知乎?如鳥飛行自恣,而時爲弋者所獲,以比貪之終有禍災也。予既進以善言,欲陰覆汝,而汝反赫然怒以赫我,异哉!《箋》。民之罔極,承上章民之貪亂言也。罔極,無中也。職涼,專主涼薄也。善背,工于反覆也。而汝貪人爲不利民之事,又如不勝民者然,故民之邪僻,遂專主於爭競,而用力以爲之也。戾,止也。《爾雅》。且民不止職競而已,專主爲盜賊,以寇害人,是何乾坤哉!乃不敢甚言,薄曰不可,而貪人反於背面善爲詬詈以詆毀予。且汝雖詭曰禍非我作,而我爲世臣,爲宗室,敢避汝赫哉!既作爾歌矣。爾,即指貪人也。憂之深,辭之直,千載而下有餘痛矣。

《桑柔》十六章，八章章八句，八章章六句。

倬彼雲漢，昭回于天。王曰於乎，何辜今之人。天降喪亂，饑饉薦臻。靡神不舉，靡愛斯牲。圭璧既卒，寧莫我聽。

旱既大甚，蘊隆蟲蟲。不殄禋祀，自郊徂宫。上下奠瘞，靡神不宗。后稷不克，上帝不臨。耗斁下土，寧丁我躬。

旱既大甚，則不可推。兢兢業業，如霆如雷。周餘黎民，靡有孑遺。昊天上帝，則不我遺。胡不相畏，先祖于摧。

旱既大甚，則不可沮。赫赫炎炎，云我無所。大命近止，靡瞻靡顧。群公先正，則不我助。父母先祖，胡寧忍予。

旱既大甚，滌滌山川。旱魃爲虐，如惔如焚。我心憚暑，憂心如熏。群公先正，則不我聞。昊天上帝，寧俾我遯。

旱既大甚，黽勉畏去。胡寧瘨我以旱，憯不知其故。祈年孔夙，方社不莫。昊天上帝，則不我虞。敬恭明神，宜無悔怒。

旱既大甚，散無友紀。鞫哉庶正，疚哉冢宰。趣馬師氏，膳夫左右。靡人不周，無不能止。瞻卬昊天，云如何里。

瞻卬昊天，有嘒其星。大夫君子，昭假無贏。大命近止，無棄爾成。何求爲我，以戾庶正。瞻卬昊天，曷惠其寧。瘨，都田反。

天、人、臻韻。牲、聽韻。蟲、宫、宗、臨、躬韻。臨、躬，有、入之通也。推、雷、遺、摧韻。沮、所、顧、助、予韻。川、焚、熏、聞、遯韻。去、故、莫、虞、怒韻。紀、宰、右、止、里韻。星、贏、成、正、寧韻。

《序》曰：仍叔美宣王也。宣王承厲王之烈，内有撥亂之志，遇災而懼，側身修行，欲銷去之。天下喜於王化復行百姓見憂，故作是詩也。

《正義》曰：《春秋》桓公五年，天王使仍叔之子來聘，距宣王之初百餘年。蓋春秋之世，晋之智氏世稱伯，趙氏世稱孟，仍氏或亦世稱字也。《爾雅》曰：烈，餘也。

回，轉也。薦臻，連年饑饉也。《傳》。卒，用盡也。言仰瞻天河，光明無雲，是無雨也。不知今人何罪，遍禱於神，牲璧皆盡，而不我聽也。《周禮》：國有凶荒則索鬼神而祭之。故曰靡神不舉。蘊，蓄。隆，盛。蟲蟲，熱氣也。自郊徂宫，自郊天而宗廟也。上祭天故奠陳於地，下祭地故埋瘞其牲。宗，尊也。后稷親，故言不克，上帝遠，故曰不臨。承上章靡神不舉，寧莫我聽，而言耗斁之災，何以適當我身也？推，去也。兢兢，恐也。業業，危也。

《爾雅》。如霆雷，即兢業也。孑然，孤獨之貌，言周所餘之衆民，靡有孑然之遺者。《正義》。豈上帝并我亦不遺留乎？無民則無君矣。因嘆先祖之祀將斬而摧，胡不畏懼以助我也？二句倒文也。沮，止也。無所，無所逃此炎蒸也。大命近止，死亡不遠也。靡瞻靡顧，無所仰望也。群公先正，即《月令》仲夏命百官雩祀百辟卿士有益於民者如句龍后稷之類也。父母先祖，父母以及四親也。滌滌，山無木川無水也。魃，旱神也。惔，燎也。熏，灼也。寧俾我遯，言天神不我顧，毋寧使我遯位而去乎？黽勉畏去，承上章言己去則恐無回天怒者，是以黽勉請禱，而又不敢去。惲皋聞説。但天病我以旱，曾不知何故。平日之祈年，亦甚早矣。方社之祭，亦不晚矣。乃天則不我度。自返恭敬神明，宜無恨怨。自首章至此，反覆垂泣而道，以冀神之見憐也。憯，曾也。散無友紀，言百官皆奔走禱救，無復僚友之常紀也。鞫，窮。疚，病也。庶正，衆官之長也。冢宰，天官也。歲凶年穀不登，則趣馬不秣，師氏弛其兵，馳道不除，祭祀不縣，膳夫徹膳，左右布而不修，大夫不食粱，士飲酒不樂，《傳》。故窮且病也。"靡人"二句，言無一人不賙救百姓者，無有自言不能而止者。以上正明散無友紀也。"瞻卬"二句，言人事已盡，而天意難回，云如之何哉！里，語詞。猶俗言哩也。惲皋聞説。嘒，明也。星明則無雨矣。假，同格。贏，餘也。朱《注》。言群臣之助王昭格於天者已無餘力矣。無棄爾成，則勉之以益昭格也。此何但求爲我身乎，乃欲以安定衆正，使復職事，又慰其情以勉之也。於是仰天而祝曰：曷時雨以寧我臣民乎？求雨之情，極而不懈，此天心之所以終回也。

《雲漢》八章，章十句。

崧高維嶽，駿極于天。維嶽降神，生甫及申。維申及甫，維周之翰。四國于蕃，四方于宣。

亹亹申伯，王纘之事。于邑于謝，南國是式。王命召伯，定申伯之宅。登是南邦，世執其功。

王命申伯，式是南邦。因是謝人，以作爾庸。王命召伯，徹申伯土田。王命傅御，遷其私人。

申伯之功，召伯是營。有俶其城，寢廟既成。既成藐藐，王錫申伯。四牡蹻蹻，鉤膺濯濯。

王遣申伯，路車乘馬。我圖爾居，莫如南土。錫爾介圭，以作爾寶。往近王舅，南土是保。

申伯信邁，王餞于郿。申伯還南，謝于誠歸。王命召伯，徹申伯土疆。以峙其粻，式遄其行。

申伯番番，既入于謝。徒御嘽嘽，周邦咸喜。戎有良翰，不顯申伯。王之元舅，文武是憲。

申伯之德，柔惠且直。揉此萬邦，聞于四國。吉甫作誦，其詩孔碩。其風肆好，以贈申伯。粻，音張。

天、申、翰、宣韻。事、式、宅韻。事、式，寘、職之回互也。邦、功韻。邦、庸韻。田、人韻。功、營、城、成韻。藐、伯、蹻、濯韻。馬、土韻。寶、保韻。郿、歸韻。疆、粻、行韻。番、謝韻。嘽、翰、憲韻。德、直、國、碩、伯韻。

《序》曰：尹吉甫美宣王也。天下復平，能建國親諸侯，褒賞申伯焉。

崧，高山，中嶽也。《爾雅》。故曰維嶽駿極于天，言其高也。降其神靈而生申甫，以中嶽在東都畿内，天子所祀，故爲朝廷生人才也。甫，仲山甫。申，申伯。申國、甫氏并稱，猶《典》稱稷、契。契，名也。稷，官也。漢稱絳、灌。灌，姓也。絳，邑也。惲皋聞説。翰，幹也。蕃，蕃屏也，捍患難也，宣布王澤也。詩誦申伯而并及仲山甫者，見賓以舉主也。亹亹，勉也。纘，繼也。于邑于謝，往邑于謝也。式，法也。蓋申伯本申國伯爵，入爲王卿士。宣王改大其邑，封於附近之謝，使爲州牧，故爲法於南國也。《箋》《疏》。按：楚經營北方，多會諸侯於申。後漢與楚相持，常出武關，收兵宛葉閒。光武起南陽以宛首事。宛即申也，最爲南國要害之地，故命召穆公往成其宅居，使申伯子孫世守其功，以鎮南服。登，成也。庸，城也。徹，治也。正其井牧，定其賦税也。傅御，傅相王，治事者也。私人，申伯之家臣。遷，命之裝載以待遷也。此俱命之而尚未行也。俶，始作也。藐藐，美貌。鉤膺，樊纓也。寵以上公之賜。將，遣也。諸侯之瑞圭自九寸而下，介圭則《爾雅》所謂大尺二寸之玠也，非諸侯之圭，故曰以作珍寶。近，音記，語辭。厲王之后曰豔妻，而宣王之舅爲申伯者，蓋豔妻無子，姜氏生宣王也。《傳》《箋》《注》。此遣之行也。邁，行也。歸即還南也。申伯眷戀王室而不行，此乃信邁也，誠歸也。郿，地名。蓋王省岐周，故東餞于郿也。徹土疆，定其土界之所至也。峙粻者，爲委積也。有委積則申伯之行速矣。番番，勇武貌。嘽嘽，盛貌。《傳》《箋》。周邦，天子之邦也。朱《注》。戎，汝也。汝有良翰，喜而相謂之言也。文武是憲，言其有文有武可爲人之表式也。揉，如揉木之揉。碩，大也。贈之以保南土，揉萬邦，所關甚大，故曰詩碩風好。肆，長也。贈，增也。《傳》。贈之財使富增於本，贈之言使行增於義。《正義》。

《崧高》八章，章八句。

天生蒸民，有物有則。民之秉彝，好是懿德。天監有周，昭假于下。保兹天子，生仲山甫。

仲山甫之德,柔嘉維則。令儀令色,小心翼翼。古訓是式,威儀是力。天子是若,明命是賦。

王命仲山甫,式是百辟。纘戎祖考,王躬是保。出納王命,王之喉舌。賦政于外,四方爰發。

肅肅王命,仲山甫將之。邦國若否,仲山甫明之。既明且哲,以保其身。夙夜匪解,以事一人。

人亦有言,柔則茹之,剛則吐之。維仲山甫,柔亦不茹,剛亦不吐。不侮矜寡,不畏彊禦。

人亦有言,德輶如毛,民鮮克舉之。我儀圖之,維仲山甫舉之,愛莫助之。衮職有闕,維仲山甫補之。

仲山甫出祖,四牡業業。征夫捷捷,每懷靡及。四牡彭彭,八鸞鏘鏘。王命仲山甫,城彼東方。

四牡騤騤,八鸞喈喈。仲山甫徂齊,式遄其歸。吉甫作誦,穆如清風。仲山甫永懷,以慰其心。

則、德韵。下、甫韵。德、則、色、翼、式、力、若、賦韻。若、賦,藥、遇之回互也。辟、舌、發,隔合爲韻。中間考、保爲韻。將、明韻。身、人韵。茹、吐、禦韻。舉、助、補韻。業、及韻。彭、鏘、方韻。騤、喈、齊、歸韻。誦、風、心韻。有、人之通也。

《序》曰:尹吉甫美宣王也。任賢使能,周室中興焉。

蒸,衆。則,法。彝,常。懿,美也。仲山甫,樊侯也。《傳》。言天生衆民,有一物則有一法。如有耳目,則有聰明之良,有心則有仁義之性也。故民秉常道,皆自好其美德。今天監視有周,能昭明感格於下,遂保佑之生仲山甫之賢,以爲之佐,其德必更厚於衆民也。下遂接言山甫之德。朱《注》。柔嘉,柔而善也。若,順。賦,布。《傳》。明命,王之明命也。式,是。百辟,冢宰之職也。繼祖考以保王躬,大保之任也。納者,王命有不善則繳納之,如後世封還詞頭是也。胡氏説。是王之咽喉口舌也。外,指四方諸侯也。發,發而應之也。將,行也。若否,順不順也。明,目之明也。哲,察於事也。《書》雲"明作哲"是也。茹柔,侮鰥寡也。吐剛,畏彊御也。德輕如毛,言其微細也。儀,度也。朱《注》。以上數章皆舉德之事也。愛莫助之,舉德非人力可助也。衮職,王職也。不敢斥言王闕,故指衮冕言也。祖,行祭也。業業,高大也。捷捷,言樂事也。《傳》。東方,齊也。城之者,《傳》曰"徙薄姑治臨菑"。《史記》爲齊獻公事。當夷王時,豈有城郭未完,故今王使仲山甫城之,以鎮東方諸國與。《疏》。式遄其歸,以周人望之也。

《蒸民》八章,章八句。

惲皋聞曰:朱《注》謂保王躬補王闕尤其所急,而城彼東方則有所不安。此宋儒之見也。宋儒重内輕外,專以空言高論爲能事,而經略外藩,戮力中原,非其所能,則反以爲不足爲。今合觀諸詩,吉甫討逐玁狁而受北國以制追貊者,有韓侯方叔威伐蠻荆而保南土以憲文武者,有申伯召虎盪平淮徐而城東方以明邦國者,有仲山甫則宣王特擇樊侯以當斯寄。《序》曰:"任賢使能,周室中興"是也。其所爲永懷者,正如漢杜欽之説,不忍遠去君臣之誼然耳,非不用於内,疎而外之,怏怏于中也。

奕奕梁山,維禹甸之,有倬其道。韓侯受命,王親命之,纘戎祖考。無廢朕命,夙夜匪解,虔共爾位。朕命不易,榦不庭方,以佐戎辟。

四牡奕奕,孔修且張。韓侯入覲,以其介圭,入覲于王。王錫韓侯,淑旂綏章,簟茀錯衡。玄衮赤舄,鉤膺鏤錫。鞹鞃淺幭,鞗革金厄。

韓侯出祖,出宿于屠。顯父餞之,清酒百壺。其殽維何?炰鼈鮮魚。其蔌維何?維筍及蒲。其贈維何?乘馬路車。籩豆有且,侯氏燕胥。

韓侯取妻,汾王之甥,蹶父之子。韓侯迎止,于蹶之里。百兩彭彭,八鸞鏘鏘。不顯其光,諸娣從之,祁祁如雲。韓侯顧之,爛其盈門。

蹶父孔武,靡國不到。爲韓姞相攸,莫如韓樂。孔樂韓土,川澤訏訏,魴鱮甫甫,麀鹿噳噳。有熊有羆,有貓有虎。慶既令居,韓姞燕譽。

溥彼韓城,燕師所完。以先祖受命,因時百蠻。王錫韓侯,其追其貊,奄受北國,因以其伯。實墉實壑,實畝實籍。獻其貔皮,赤豹黄羆。且,子餘反。又匕敉反。噳,愚甫反,本亦作虞。貔,音毗。

道、考韻。解、位韻。易、辟韻。張、王、章、衡韻。舄、錫、幭、厄韻。祖、屠、壺、魚、蒲、車、且、胥韻。妻、子、里韻。彭、鏘、光韻。雲、門韻。武、到、攸、樂、土、訏、甫、噳、虎、居、譽韻。完、蠻韻。貊、國、伯、壑、籍韻。皮、羆韻。

《序》曰:尹吉甫美宣王也。能錫命諸侯。

奕奕,大也。梁山在同州韓城縣東南。韓城即古韓國也。甸者,山旁治爲田也。倬,明貌。《傳》《箋》。道,朝周之路也。言韓侯由此道以朝周,遂受王命爲州牧也。虔,敬。朱《注》。共,同恭。不易,言不改命也。榦,正也。不庭方,不來庭見之國也。朱《注》。戎辟,汝君也。此以上命辭也。修,長。張,大。《傳》。諸侯秋見天子曰覲。入覲,行覲禮也。

以其介圭入覲于王,介圭長尺二寸。又以其國所出之寶行享禮也。淑,善也。交龍爲旂。綏,登車之索,以採絲爲之,故有章。簟笰,車蔽也。錯衡,衡有錯置之文采也。鍚在馬額,鏤金爲之。巾車玉路有鍚,非賜臣之物,此特賜也。鞹,革也。鞃,軾中也。以去毛之皮施於所憑横木之中央,令車固也。淺,虎皮淺毛也。幭,覆軾也。金厄,以金爲環束轡之末也。以上皆王之錫也。覲當在受命前,先言受命者,顯其美也。屠,地名。顯父,周之卿士。炰鼈,以火熟之也。蔌,菜也。侯氏,覲禮諸侯來朝者之稱。且,多貌。胥,皆也。蓋王使顯父餞之,而又贈之諸侯之車馬且,籩豆且然。衆多在京師未去之諸侯皆來送而燕飲也。《傳》《箋》。汾王,厲王也。厲王流于彘,彘在汾水之上,故以爲號。蹶父,亦卿士。姞,姓。迎,親迎也。里,邑也。諸娣,該媵姪也。祁祁,徐靚也。如雲,衆多也。爛,粲爛也。盈門,滿于蹶父之門也。韓姞,韓夫人姞氏也。相攸,視可嫁之所也。訏訏、甫甫,大也。嚔嚔,衆也。貓,戲貓也,淺毛虎之名也。慶,善也。蹶父慶其女有令居也。燕,安。譽,盡婦道有顯譽也。《傳》《箋》。韓侯娶妻不必在受命後,及之以見韓土之饒富,可以控制中外也。溥,大也。韓初封時,周王命召康公以燕衆築其城,如召伯營謝,山甫城齊,《春秋》諸侯城邢城楚邱之類也。朱《注》。先祖,韓始封之君,《左傳》所謂武王之穆也。蠻,夷之通名也。韓地外接蠻服,故使時節百蠻貢獻之往來也。後漸微弱,失其舊職。《箋》。今王復錫韓侯,使追貊之夷皆受其時節也。北國,王畿北面之國也。伯,侯伯,即州牧也。墉,城。壑,池。畝,井牧也。籍,賦税也。皆釐正北國之事也。安内以制外也。貔,猛獸也。追、貊,所貢獻也。

《韓奕》六章,章十二句。

惲皋聞曰:"韓當雍冀之交,最要地也。故以申伯之親,山甫之賢,未言親命,而此特言王親命之,以幹不庭方,因時百蠻,所任特重也。有韓侯爲伯,以制追貊,而北國無患,可以告終吉甫六月之功矣。夫子删《詩》,并列諸篇,見宣王綱維中外,布置方國,各有經緯,非苟然者。而朱《注》概以爲送行之作,將《詩》與王者之迹盡抹摋矣。此詩學之所以亡,而聖人所定之經,類爲無用之閒文也。"

江漢浮浮,武夫滔滔。匪安匪游,淮夷來求。既出我車,既設我旟。匪安匪舒,淮夷來鋪。

江漢湯湯,武夫洸洸。經營四方,告成于王。四方既平,王國庶定。時靡有争,王心載寧。

江漢之滸,王命召虎。式辟四方,徹我疆土。匪疚匪棘,王國來極。于疆于理,至于南海。

王命召虎，來旬來宣。文武受命，召公維翰。無曰予小子，召公是似。肇敏戎公，用錫爾祉。

釐爾圭瓚，秬鬯一卣。告于文人，錫山土田。于周受命，自召祖命。虎拜稽首，天子萬年。

虎拜稽首，對揚王休。作召公考，天子萬壽。明明天子，令聞不已。矢其文德，洽此四國。

浮、滔、遊、求、车、旟、舒、鋪韻。湯、洸、方、王、平、定、争、寧韻。滸、虎、土韻。棘、極、理、海韻。宣、翰韻。子、似、祉韻。瓚、田、年韻。隔四句一合也。首、休、考、壽韻。子、已、德、國韻。

《序》曰：尹吉甫美宣王也。能興衰撥乱，命召公平淮夷。

召公名虎。

兵之出也，從淮之南，率江漢諸侯之兵林氏説而東下，故見水之浮浮而流，武夫之滔滔而盛，不敢安逸，不敢閒遊，而惟來求淮夷之出没無常者。及將戰也，出車於壘，設其旌旟，《正義》。不敢安逸，不敢舒緩，而惟來病淮夷之作亂争競者。鋪，同痡。《傳》。洸洸，武貌。經營四方，并平諸國之攜貳者也。告成于王，使傳遽以成功告王也。《傳》《箋》。滸，水涯也。王命召虎，又命以定南國之疆土也。式，法。辟，開。徹，治。疚，病。棘，急。極，中。疆，大界也。理，條理也。言以王法征伐，開闢四方，治我疆土，匪以病之，匪以急之，使來王國取中而已。迨于疆于理，至南海而王命又告成矣。故虎歸而王褒錫之。“來旬”以下皆命之之辭。旬，徧也。徧理疆土也。宣，布也。布王德威也。召公，虎之祖康公也。《傳》。予小子，王自謂也。朱《注》。肇，謀。戎，大。公，事也。《爾雅》。言虎功成旬宣矣。昔者文王武王受天之命時，則汝祖召公作周楨幹，今汝無曰爲我小子，惟汝祖是嗣。既謀敏而成大功，敢不錫汝以福？“釐爾”四句，福之之實也，亦策命之辭。釐，賜也。卣，尊也。文人謂召虎之祖有文德者，蓋即指康公也。山與土田，於召采之外益封之也。且使虎入岐周以受命，用其祖康公受封之禮以寵异之，於是虎拜稽首，而祝天子以萬年之壽。不但已也，虎受命退至於祖廟，拜而稽首，對揚王美，作召康公宗廟之器如鼎彝之類而考其成。“天子”五句，則銘器之辭也。對，報答也。考，成。矢，《孔子閒居》作弛，施也。《傳》。

《江漢》六章，章八句。

赫赫明明，王命卿士。南仲大祖，大師皇父。整我六師，以修我戎。既敬既戒，惠此南國。

王謂尹氏，命程伯休父。左右陳行，戒我師旅。率彼淮浦，省此徐土。不留不處，三事就緒。

赫赫業業，有嚴天子，王舒保作。匪紹匪遊，徐方繹騷。震驚徐方。如雷如霆，徐方震驚。

王奮厥武，如震如怒。進厥虎臣，闞如虓虎。鋪敦淮濆，仍執醜虜。截彼淮浦，王師之所。

王旅嘽嘽，如飛如翰，如江如漢，如山之苞，如川之流。緜緜翼翼，不測不克，濯征徐國。

王猶允塞，徐方既來。徐方既同，天子之功。四方既平，徐方来庭。徐方不回，王曰還歸。闞，呼咸反，又火敢反。虓，火交反。嘽，吐丹反。

士、父韻。戎、國叶韻。《通韻》云：國爲蒸之入聲，東、蒸本相通，故取爲叶也。父、旅、浦、土、處、緒韻。業、作韻。遊、騷韻。方、霆、驚韻。武、怒、虎、虜、浦、所韻。嘽、翰、漢韻。苞、流韻。翼、克、國韻。塞、來韻。塞，中原讀音同腮。其作入聲者，借爲僧之回音也。同、功、平、庭韻。回、歸韻。

《序》曰：《常武》，召穆公美宣王也。有常德以立武事，因以爲戒然。

赫赫，盛也。明明，察也。謂文王也。《傳》。南仲，文王時臣。謂命卿士以南仲爲大祖而兼大師之皇父，以爲六軍元帥也。周以江漢爲南國，故淮亦曰南國。尹氏，掌策命之官。命，命程伯休父爲大司馬以掌軍之戒令也。左右陳行，戒兵以有制也。不久留，不停處，使三農之事皆就其業，諭民以不擾也。業業，大也。有嚴天子，自將威嚴可畏也。舒徐保安而行，謂日三十里。紹，緩也。《箋》。兵行嚴整，徐方聞之，已到處騷動矣。虓，虎之自怒也。闞，怒貌。鋪敦，陳兵也。濆，大防也。醜，衆也。虜，獲取也。仍執，相因而執，不一之辭也。於是，截然淮浦，爲王師頓兵之所，而無敢犯我顔行者矣。蓋已擒其前禦之醜類也。故下鼓行而前，直造其國。嘽嘽，衆盛貌。翰，鳥之鋭羽也。如飛如翰，疾也。如江如漢，盛也。如山之有苞，不可動也。如川之迅流，不可禦也。《傳》《箋》。緜緜，不可絕也。翼翼，不可亂也。朱《注》。不測，不可知也。不克，不可勝也。濯，大也。是王謀之信而實也，而徐方束手無策矣。於是告服，於是同聚，於是來貢王庭，於是再無回違，皆天子之功也。可以旋歸矣。

《常武》六章，章八句。

經無“常武”字，召穆公特以名篇也。《序》所謂美之，因以爲戒者也。曰敬戒，曰惠，曰不留不處，三事就緒曰允塞，皆美而戒也。

惲皋聞曰："《江漢》《常武》二篇，乃一時并出之師也。淮北徐戎與淮南之夷互相犄角，每動必俱。《書》稱'淮夷、徐戎并興'，《魯頌》'淮夷來同'，而繼云'遂荒徐宅'，蓋形勢然矣。宣王以六師全力征淮北，而先命召虎循江漢而下，以翦其黨與，以斷其出沒之路，而後徐方坐困，束手歸命矣。"塨按：《書》《序》：武王崩，三監及淮夷叛。周公征之。及成王即政，奄國、淮夷、徐戎又叛，成王親征之，魯公伯禽亦征之，作《費誓》。又《後漢·東夷傳》：周穆王時，徐夷潛號稱王，率九夷以攻宗周，西至河上。穆王畏之，分東方諸侯，命徐偃王主之。偃王處潢池東，地方五百里，行仁義，陸地而朝者三十有六國。穆王使楚伐之。厲王無道，淮夷入寇。王命虢仲征之，不克。宣王復命召公伐而平之。至春秋時，淮夷病杞、鄫。齐桓公會以謀之。是淮、徐世爲周患也。又按：其地則曹氏云《後漢·東夷傳》：殷武乙衰微，東夷分遷淮、岱，漸居中土，其種類散處而小。徐國東至海，北至岱，南及淮，地廣人衆，故宣王以外兵翦其小而易者，而以王師之重綴其大而難者，亦兵勢也。

瞻卬昊天，則不我惠。孔填不寧，降此大厲。邦靡有定，士民其瘵。蟊賊蟊疾，靡有夷屆。罪罟不收，靡有夷瘳。

人有土田，女反有之。人有民人，女覆奪之。此宜無罪，女反收之。彼宜有罪，女覆説之。

哲夫成城，哲婦傾城。懿厥哲婦，爲梟爲鴟。婦有長舌，維厲之階。亂非降自天，生自婦人。匪教匪誨，時維婦寺。

鞫人忮忒，譖始竟背。豈曰不極，伊胡爲慝。如賈三倍，君子是識。婦無公事，休其蠶織。

天何以刺，何神不富。舍爾介狄，維予胥忌。不弔不祥，威儀不類。人之云亡，邦國殄瘁。

天之降罔，維其優矣。人之云亡，心之憂矣。天之降罔，維其幾矣。人之云亡，心之悲矣。

觱沸檻泉，維其深矣。心之憂矣，寧自今矣。不自我先，不自我後。藐藐昊天，無不克鞏。無忝皇祖，式救爾後。

惠、厲、瘵、屆、瘳韻。有、收韻。奪、説韻。隔合也。城、城韻。亦一例也。鴟、階韻。天、人韻。誨、寺韻。忒、背、極、慝、識、織韻。忒、背，識、隊之回互也。富、忌、類、瘁韻。優、憂韻。幾、悲韻。深、今韻。後、後韻。四句一合者也。

《序》曰：凡伯刺幽王大壞也。

印,同仰。填,同塵,久也。《傳》。厲,謂敗亂之禍也。瘵,病。蟊賊,指小人也。蟊疾,謂害民也。夷,平。屆,極。言無有平靜,無有極止也。施刑罪以網罟民而不收斂,亦無有平靜,無有瘳止也。有人土田,奪人民人,收無罪而脱有罪,申明蟊賊之施罪罟也。然而總由婦寺爲之。懿,美也。梟、鴟,皆惡鳥也。寺,奄人也。夫而哲則成人家國,婦而哲則傾人家國,汝以哲婦爲美哉,而不知眞梟也,眞鴟也。婦之長舌,工讒亂政,厲之階也。夫大厲豈果降自昊天哉,乃生自婦人耳。天下之不可教不可誨者,是惟婦寺耳。言其陰邪之難變也。婦專權則必用奄寺,必并及之。嗟乎,此窮凶極惡之人也。内則忮害,外則忒差。始則譖人,終復諉禍。豈曰惡之不極乎?而伊胡以竟得肆其惡乎?乃王之不明也。惟其不明,故婦人并無公事之任,而乃休其蠶織以干政事。如商賈獲利三倍,非在位君子所知,而乃君子知之,是反常也。比也。鞫,窮也。古者后夫人皆事蠶織,以爲黼黻文章。刺,責也。富,福也。介狄,被甲之夷狄也。《傳》《箋》。弔,恤。朱《注》。類,善。殄,盡。瘁,病也。《傳》。承上而言,神人怨離也。天何以責爾而示變乎?何神不福爾而布災乎?乃汝舍外夷之禍而不畏,而惟忌予之戇直,不憂不祥,不善威儀。且今善人皆亡去矣,邦國安得不盡病乎?曰介狄,蓋已料有犬戎之禍矣。故今日者,天降網羅以取有罪,亦多矣,亦近矣。善人云亡,大可憂矣,悲矣。優,多也。朱《注》。因以檻泉源深,興憂之久,而叹已適當其時也。然而尤望王之能改也。有美之昊天,無不能鞏固大君之位者,王果無忝於先祖文武,則能救爾之子孫矣。觱沸,湧出貌。檻泉,泉之正出者。藐藐,美也。《爾雅》。

《瞻卬》七章,三章章十句,四章章八句。

旻天疾威,天篤降喪。瘨我饑饉,民卒流亡,我居圉卒荒。

天降罪罟,蟊賊内訌。昏椓靡共,潰潰回遹,實靖夷我邦。

皋皋訿訿,曾不知其玷。兢兢業業,孔填不寧,我位孔貶。

如彼歲旱,草不潰茂,如彼棲苴。我相此邦,無不潰止。

維昔之富,不如時。維今之疚,不如茲。彼疏斯粺,胡不自替,職兄斯引。

池之竭矣,不云自頻。泉之竭矣,不云自中。溥斯害矣,職兄斯弘,不烖我躬。

昔先王受命,有如召公。日辟國百里,今也日蹙國百里,於乎哀哉。維今之人,不尚有舊。

喪、亡、荒韻。訌、共、邦韻。玷、貶韻。茂、苴、潰韻。時、茲、粺、替、引韻。替、引之叶,則以霽、質回互而叶,及質之上聲也。頻、中、弘、躬韻。頻、中,有、入之通也。里、舊韻。

《序》曰：凡伯刺幽王大壞也。旻，閔也。閔天下無如召公之臣也。

篤，厚。瘨，病。居，國中。圉，邊陲。卒荒，盡空虚也。訌，潰也。《爾雅》。言小人潰亂於内，昏冒椓喪，不知恭敬，潰潰然邪僻，而乃使之治平我邦，天安得不降罪罟也？皋皋，頑不知道也。《傳》。訿訿，謗毁也。朱《注》。曾不自知其有玷缺，言小人得志也。兢業甚久者而位乃貶退，言君子見黜也。如歲之旱，草不彙茂，如水上所棲之苴，稿敗隨流，我視周邦無不亂矣。潰茂之潰同彙。《箋》。苴，水上所浮之枯草也。《正義》。比而又比也。維昔也富君子，不如今時之富小人也。維今也病君子，不如前此之病小人也。彼君子而食疏，斯小人而食粺，何顛倒也！小人何不自棄而去，乃專主滋益爲亂之事，日引而長乎？責之也。兹，此也。糲米曰疏，粺則精矣。替，廢。職，主。兄，同况，兹也。《傳》。池之竭矣，寧不云自厓之不入乎？泉之竭矣，寧不云自中之不出乎？内外溥徧有害矣，乃專主滋弘爲亂之事日以弘大，寧不曰此小人致之，而災其躬乎？儆之也。我，代小人自我也。頻，厓也。《傳》。厓不入水則池竭，中不出水則泉竭。先王，文王也。闢國百里，指召公布化南國也。不尚有舊，不任用耆舊有德者也。

《召旻》七章，四章章五句，三章章七句。

《蕩之什》十一篇，九十二章，七百六十九句。

詩經傳注・卷八

周　　頌

鄭《譜》云:《周頌》者,周室成功致太平德洽之詩也。頌之言,容。天子之德,光被四表,格於上下,無不覆燾,無不持載,此之謂容。於是和樂興焉,頌聲乃作。

惲皋聞曰:朱《注》專以頌爲宗廟之樂歌,非也。《文王世子》云:天子養老,登歌《清廟》,下管象舞大武。《孔子燕居》云:兩君相見,下管象武,升歌《清廟》。客出以《雍》,徹以《振羽》,則頌亦何嘗不用之饗賓,而專曰宗廟之樂乎?况其中或郊祀天地,或巡守告祭柴望,或春夏祈穀上帝,或秋冬報,或春籍田而祈社稷,或秋報社稷,即祭祀樂歌,亦不得以宗廟冒之矣。

清廟之什第二十六

於穆清廟,肅雝顯相。濟濟多士,秉文之德。對越在天,駿奔走在廟。不顯不承,無射于人斯。

惲皋聞曰:"頌詩多不合韻。《樂記》云:清廟之瑟,朱絃而疏越,一唱而三嘆,有遺音者矣。蓋一句自爲唱嘆,則一句自成一章。漢時近古,故樂府亦間有不可句叶者。毛河右曰:《清廟》詩每句一唱三嘆,則一句自爲一章,如武詩於皇武王本七句。《左傳》云:其卒章曰'耆定爾功'可見矣。"

《序》曰:祀文王也。周公既成洛邑,朝諸侯,率以祀文王焉。

於,嘆辭。穆,美也。清廟,文王之廟,有清明之德者之廟也。肅,敬。雍,和。顯,明。

相,助也。謂和敬而光顯者,助祭之諸侯也。濟濟,有容也。多士,在朝之衆臣也。秉,執行也。對,配。越,於。駿,大。射,厭也。文王在天之神,諸侯多士配對之在廟之主與尸。諸侯多士大奔走之,則文王之德豈不顯著乎?豈不順承於人乎?信乎,其永世無射也。《傳》《箋》。

《清廟》一章,八句。

維天之命,於穆不已。於乎不顯,文王之德之純。假以溢我,我其收之。駿惠我文王,曾孫篤之。

顯、純韻。二之字韻。以語助爲韻者也。

《序》曰:太平告文王也。言周公將制禮作樂,以定太平,告於文王也。《箋》。命,猶道也。假,嘉也。《爾雅》。溢,盈溢也。《箋》。曾孫,自成王以後主祭之稱也。言天道貞一不息,文王之德之顯亦純粹不雜,與天同體,是嘉美之道,與我者甚饒衍矣。我其收之,以制禮作樂,大順我文王之意,而自此以後,子孫皆當篤行之也。

《維天之命》一章,八句。

維清緝熙,文王之典。肇禋迄用有成,維周之禎。

成、禎韻。

《序》曰:奏象武也。

《箋》曰:象舞,象用兵時刺伐之舞。武王制焉。《正義》曰:《維清》詩者,奏象武之樂歌也。謂文王時有擊刺之法,武王作樂象而爲舞,號其樂曰象武。

按:《箋》謂文王受命,七年五伐。《尚書傳》曰:二年伐邘,三年伐密須,四年伐犬戎,五年伐耆,六年伐崇。又按《仲尼燕居》曰:升歌《清廟》,下而管象。《左傳》季札觀周樂,見舞象箾。杜《注》曰:象文王之樂。箾舞者,所執蓋象,以管奏,列在堂下,故曰下管象。然堂下合樂則必舞,故又曰舞象箾也。

清,清明也。緝,續。朱《注》。熙,光。典,法。肇,始。禋者,祭天之名。如《皇矣》《伐崇》之類是也。有成,謂伐紂成功也。迄,至。禎,祥也。言永清大定相繼而光明者,乃文王受命征伐之法也。自文王伐暴始禋祀天,以至今日伐紂有成,皆賴其典。則文典乃周之禎祥也。《傳》《箋》《疏》。

《維清》一章,五句。

烈文辟公,錫茲祉福。惠我無疆,子孫保之。無封靡于爾邦,維王其崇之。念茲戎功,繼序其皇之。無競維人,四方其訓之。不顯維德,百辟其刑之。於乎,前王不忘。

公、疆、邦、崇、功、皇韻。人、訓韻。刑、忘韻。

《序》曰:成王即政,諸侯助祭也。

《箋》曰:新王即政,必以朝享之禮祭於祖考,告嗣位也。

朝享即告朔禮。

烈文辟公,呼諸侯而告之也。言光明文章之諸侯,既助祭於廟,前王錫茲祉福,遍及臣庶矣。自此以後,其順我無疆,而使子孫保之乎。封,封殖也。朱《注》。靡,侈靡也。戎,大。皇,美也。《傳》。訓,《左傳》作順。又戒之曰:無封侈好利侈大奢靡於爾之邦,則王必崇尚爾矣。且念此不封靡之大功,繼其次序而益美之,使無間斷可也。獨不觀文王武王乎,莫强於得賢人,則四方順之,莫顯於德,則百辟法之。嗚乎,前王之道如是,不可忘也。皆既祭而戒之也。

《烈文》一章,十三句。

天作高山,大王荒之。彼作矣,文王康之。彼徂矣岐,有夷之行,子孫保之。

荒、康、行韻。末句尾聲自韻。

《序》曰:祀先王先公也。

時祭以后稷爲祖,故有先公。而詩惟言大王文王者,咏王業之所由盛以安祖考也。

高山,岐山也。荒,大也。《傳》。彼,指岐山也。言天作岐山而大王居而大之,一年成邑,二年成都,三年五倍其初。《箋》。彼岐山既興作,文王又惠鮮懷保以康安之,故彼險阻之岐,今爲夷平之道,而子孫世世保守之也。

《天作》一章,七句。

昊天有成命,二后受之。成王不敢康,夙夜基命宥密。於緝熙單厥心,肆其靖之。

一句一韻。

《序》曰:郊祀天地也。

昊天,舉天以該地也。有成命者,謂自天生后稷而已有王命也。《箋》。二后,文武也。

成王，成王者之功也。《箋》。指今成王周公言也。基，積累於下以承藉乎上者也。朱《注》。宥，寬也。密，寧也。《國語》。言寬仁寧静也。單，厚。肆，故。靖，和也。《國語》。言文王受天命而王，今日成其王事，不敢康寧以基天命，是相繼光明而厚其德心，故今四海和平而崇報天地也。

《昊天有成命》一章，七句。

按：《序》以爲郊祀天地。成王二字，《毛傳》云：成是王事。鄭《箋》云：成此王功。韋昭注《國語》且辨之云：謂成其王功，非謂周成王身也。至朱《注》則據《國語》是道成王之德一語，以爲康王以後祀成王詩。今亦有遵《序》郊祀而謂成王爲謚稱者。兩用其説，不知朱子據《國語》而實未細读《國語》也。《國語》叔向曰：昊天有成命，頌之盛德也。成王能明文昭能定武烈者也。夫道成命者而稱昊天，翼其上也。二后受之，讓於德也。成王不敢康，敬百姓也。夙夜，恭也。基，始也。命，信也。宥，寬也。密，寧也。緝，明也。亶，厚也。肆，固也。靖，和也。其始也，翼上德讓而敬百姓，其中也，恭儉信寬帥歸於寧，其終也，廣厚其心以固和之。始於德讓，中於信寬，終於固和，故曰成。夫曰成王之德，能明文昭能定武烈，猶之《傳》《箋》言成王之事之功也。合始中與終，以明成德之實而結之，以故曰成，則成王非謚號矣。若成王爲謚號，有截去王字而單言故曰成者乎？是必解其謚之義矣。此詩亦何庸解成王之謚乎？則據“故曰成”一語，確是成王功成王事，非成王沒後之稱矣。況以爲郊祀天地，則周公成王制禮作樂，有不郊祀者乎？郊祀有無詩者乎？何以不載而載康王以後詩也？至賈子《新書》引叔向語有云：成王者，武王之子，文王之孫也。此則指成王謚號矣。然而無礙也。以“成王不敢康”以下原詠成王事，猶《時邁》武王見在而曰允王保之，《噫嘻》成王見在而曰成王昭假以求神鑒也。謂詩咏成王，是成王没後廟號而稱之也。

我將我享，維羊維牛，維天其右之。儀式刑文王之典，日靖四方。伊嘏文王，既右享之。我其夙夜，畏天之威，于時保之。

牛、右韻。方、王、享韻。末三句一句一韻。

《序》曰：祀文王於明堂也。

《孝經》所謂宗祀文王於明堂以配上帝也。

將，奉。《箋》。享，獻。右，助。《箋》。冀天鑒而佑助也。儀，則。式，象。刑，法。錫福曰嘏。後王遵行文王之典，以日安靖四方，則此錫福之文王可必其佑助而歆饗也。然則我之主祭也，敢不夙夜畏天威以保四方乎？時，是也。

《我將》一章，十句。

時邁其邦，昊天其子之。實右序有周，薄言震之。莫不震疊，懷柔百神。及河喬嶽，允王維后。明昭有周，式序在位。載戢干戈，載櫜弓矢。我求懿德，肆于時夏，允王保之。

惲皋聞曰："此亦各自唱嘆以爲韻者。"

《序》曰：巡守告祭柴望也。

《正義》曰：武王既定天下而巡行其守土諸侯，至於方岳之下，行告至之祭柴祭天，望祭山川。《國語》祭公謀父引之，以爲周文公作。

時邁，以時行也。周制：十有二年一巡狩。右，助。序，次。疊，懼。懷，來。柔，安。喬，高。戢，聚。櫜，韜。肆，陳。《傳》。夏，諸夏也。朱《注》。言天其子愛武王乎。既右助之，而次序於曆數矣。今者巡守，六軍是從，聊以震動諸侯。而諸侯莫不震懼，乃祭祀百神河嶽，人神得所信乎！武王之克君也，且明昭乎有周也，以慶讓黜陟之典，式序在位之諸侯。朱《注》。知天下咸服，乃收斂兵器，益求懿美之德，以布中國。信乎武王之能保天命也。

《時邁》一章，十五句。

執競武王，無競維烈。不顯成康，上帝是皇。自彼成康，奄有四方。斤斤其明，鐘鼓喤喤。磬筦將將，降福穰穰。降福簡簡，威儀反反。既醉既飽，福禄來反。

王、康、皇、康、方、明、喤、將、穰韻。簡、反、反韻。

《序》曰：祀武王也。

競，强也。執競，執其强毅也。無競維烈，天下莫得强於其烈也。不顯，顯也。成康，成其康安天下之治也。皇，君也。奄，蓋也。斤斤，明察也。喤喤，和也。將將，集也。穰穰，衆也。簡簡，大也。《傳》。反反，反以自檢也。謂祭至醉飽之後尚顧威儀也。來反，重加也。首言武王之功德，末言承祭之獲福也。

《執競》一章，十四句。

詩内有成康二字，朱《注》遂臆改以爲祀武王成王康王之詩。則奄有四方不始成康，且周人無擇三王而專祀之之事也。文武爲受命之君，有不祧廟，故可專祀。若成王康王帝袷耶，不專成康與武王矣。時祭有分祀耶，何以三王一詩也？此皆不可通者。況見有成康字，遂謂是成王康王，則《昊天》篇曰"成王不敢康"，又何解耶？

思文后稷，克配彼天。立我烝民，莫非爾極。貽我來牟，帝命率育。無此疆爾界，陳常于時夏。

稷、極、育、夏韻。育、夏，屋、禡之回互也。

《序》曰：后稷配天也。

《孝經》所謂郊祀后稷以配天也。《國語》以爲周文公作。

立，同粒。《箋》。極，中也。《傳》。來，小麥。牟，大麥。《廣雅》。率，循。育，養也。《箋》。言思我文德之后稷，大有功德，能配上天。其播殖以粒我衆民者，莫非其德之中，貽我民以來牟之種。乃上帝命之以撫循育養天下之民，故養成而教興，無此疆彼界之分，而皆陳其君臣父子之常道於中國也。朱《注》。時，皆同是。

《思文》一章，八句。

《清廟之什》十篇，十章，九十五句。

臣工之什第二十七

嗟嗟臣工，敬爾在公。王釐爾成，來咨來茹。嗟嗟保介，維莫之春。亦又何求，如何新畬。於皇来牟，將受厥明。明昭上帝，迄用康年。命我衆人，庤乃錢鎛，奄觀銍艾。

工、公、成韻。茹、求、畬、牟韻。帝、艾韻。

《序》曰：諸侯助祭遣於廟也。

《正義》曰：諸侯以禮春朝行朝享之禮終，天子享食燕賜之事又畢，惟待祭訖而去，故於祭之末因在廟中遣之。

嗟嗟，勑之也。臣，謂諸侯也。諸侯來朝，天子賓之。比歸，於廟中正君臣之禮，故呼曰之臣工，其卿大夫也。勑其卿大夫即勑諸侯也。《傳》《箋》。公，公家也。朱《注》。釐，理。咨，謀。茹，度。《爾雅》。言當敬汝公家之事，王其平理汝之成功。有大事尚來謀來度於王朝也。保介，車右也。即《月令》孟春耕籍田載耒耜措之參保介之御閒者也。周之暮春，夏之孟春也。《箋》。田二歲曰新，三歲曰畬。《傳》。如何言當如何治之，欲其勸民耕也。《正義》。皇，美。明，明潔也。迄，至。康，樂。庤，具。錢，銚也。鎛，鋤也。銍，穫禾鐮也。《傳》《箋》。奄，同淹，久也。觀，多也。《爾雅》。艾，同刈。言於乎美哉，此宿種之麥將夏熟而受其明潔。來牟曰明，猶稷之稱明粢也。而明昭上帝，至秋又用以樂歲相錫。其命我衆，農具乃耕耘之器，久治成熟，以多銍刈之穫，乃爲不負天澤耳。農爲國之本，故又勑之。

《臣工》一章，十五句。

宋儒不講經濟，凡遇經書言經濟者，塗乙之惟恐不盡。如《風》詩之關於政事者，率改之爲男女之辭。《雅》詩之關於政事者，概改之爲燕饗送餞。至於《頌》之《烈文》，諸侯助祭而戒之以國政也，《臣工》，祭後遣於廟也。皆封建時大典，而朱子必改之。以《烈文》爲獻賓，《臣工》爲戒農。官使有愛禮存羊之意。盍亦思戒廟遣廟祖考式臨，亦大典攸關，且徘徊瞻顧而姑存之乎！顏習齊先生每嘆宋儒生心害政，發政害事，良有以也。

噫嘻成王，既昭假爾。率時農夫，播厥百穀。駿發爾私，終三十里。亦服爾耕，十千維耦。

爾、穀、里、耦韻。蓋中原讀穀如罟也。

《序》曰：春秋祈穀於上帝也。

《月令》：孟春祈穀於上帝。《左傳》夏則龍見而雩。

農夫，田畯也。《爾雅》。駿，疾。發，伐也。《周禮》：萬夫有川方三十三里。少半里，言三十里者，舉成數也。《箋》。亦，同奕，大也。服，事也。《爾雅》。二耜爲耦，言私而不及公者，君愛民之言也。三十里一吏主之，言今王成王之事已明格於天矣，而又率是田畯以布百穀於是。田畯於其所部之田使盡耕治。我周重農如此，上帝能不默佑之乎？指天爲爾者，猶《思文》之稱天爲彼也。

《噫嘻》一章，八句。

朱《注》謂成王是康王後所稱，則不思成王二字原係周公習用之語。《酒誥》兩用成王，是周公以成王命命康叔者也。豈亦康王後作耶？

振鷺于飛，于彼西雝。我客戾止，亦有斯容。在彼無惡，在此無斁。庶幾夙夜，以永終譽。

雝、容韻。惡、斁、夜、譽韻。

《序》曰：二王之後來助祭也。

振，群飛貌。鷺，白鳥也。《傳》。雝，辟雝，在周之西郊也。《禮記》。辟雝有水，故鷺集之。王氏説。客，二王之後天子偏所尊敬，故《左傳》宋樂大心曰：我於周爲客也。戾，至也。

有斯容,言威儀之善如鷺也。《箋》。彼,彼國。此,來朝。庶幾,美而戒之之辭。

《振鷺》一章,八句。

豐年多黍多稌,亦有高廩,萬億及秭。爲酒爲醴,烝畀祖妣。以洽百禮,降福孔皆。

稌、秭、醴、妣、禮、皆韻。

《序》曰:秋冬報也。

《周禮·大司馬》仲秋獮田,羅弊致禽,以祀祊良耜。《序》曰:秋報社稷。《郊特牲》曰:天子大蜡八蜡也者,索也,合聚萬物而索饗之也。蜡之祭也,主先嗇而祭司嗇也。祭百穀以報嗇也。饗農及郵表畷禽獸,仁之至義之盡也。古之君子,使之必報之。迎貓爲其食田鼠也。迎虎爲其食田豕也。迎而祭之也,祭坊與水庸事也,皆報也。

稌,稻也。數萬至萬曰億。數億至億曰秭。《傳》。言廩積之數也。醴即《周禮》醴齊,濁酒也。烝,進。畀,予。皆,徧也。《傳》《箋》。獻祖妣,言先人皆蒙其福也。洽百禮,言五禮之屬無不舉也。則神降之福亦甚徧矣。

《豐年》一章,七句。

有瞽有瞽,在周之庭。設業設虡,崇牙樹羽。應田縣鼓,鞉磬柷圉。既備乃奏,簫管備舉。喤喤厥聲,肅雝和鳴,先祖是聽。我客戾止,永觀厥成。

瞽下與虡、羽、鼓、圉、舉韻。庭下與聲、鳴、聽、成韻。又一例也。

《序》曰:始作樂而合乎祖也。

《正義》曰:周公攝政六年,制禮作樂,合諸樂器於文王之廟,以知和否。

瞽,樂官也。庭,廟庭也。樹羽者,於栒虡之上角置五采之羽也。應,小鞞。田,大鼓。皆以紞懸之於業也。鞉,如鼓而小,持其柄搖之,旁耳還自擊。《皋陶謨》曰:合止柷敔。柷,木椌,狀如漆筩,中有椎。合之者,投椎於其中而撞之。圉,即敔楬也,如伏虎,背上有二十七鉏鋙,刻以木,長尺。櫟之簫,編管爲之。管如篴,并而吹之。我客,二王之後也。《傳》《疏》《箋》。成,樂闋也。朱《注》。

《有瞽》一章,十三句。

猗與漆沮,潛有多魚。有鱣有鮪,鰷鱨鰋鯉。以享以祀,以介景福。

沮、魚、鮪、鯉、祀韻。末句自爲韻。

《序》曰：季冬薦魚，春獻鮪也。

《月令》：季冬命漁師始漁，天子親往，乃嘗魚，先薦寢廟。季春薦鮪於寢廟。此其樂歌也。朱《注》。

猗與，嘆美之辭。潛，魚潛於水也。鱣，大鯉也。鮪，鮥也。鰷，白鰷也。鰋，鮎也。《傳》。

《潛》一章，六句。

有來雝雝，至止肅肅。相維辟公，天子穆穆。於薦廣牡，相予肆祀。假哉皇考，綏予孝子。宣哲維人，文武維后。燕及皇天，克昌厥後。綏我眉壽，介以繁祉。既右烈考，亦右文母。

肅、穆韻。牡、祀、子、后、後、祉、母韻。

《序》曰：禘大祖也。

大祖即始祖后稷也。非后稷不可以稱大祖也。《箋》以爲文王，非也。禘即春秋之吉禘也。蓋成王喪畢，奉武王主合祭於大廟，乃以次遞遷，而武王入禰廟焉。故詩專咏武德，告大祖以當入廟也。若大禘則追所自出之帝，如《商頌・長發》之禘，歷陳祖德，不得專稱皇考矣。下篇接言諸侯始見乎武廟，蓋武王始有廟也。一時事也。

有來，謂諸侯來朝者也。天子，指成王。穆穆，敬也。廣牡，牲也。肆，陳也。諸侯助陳祭饌也。言得萬國之歡心也。假，嘉。綏，安。《傳》《箋》。宣，通。朱《注》。燕，安。介，大。右，助。烈考，見《洛誥》，曰烈考武王，即皇考也。以其君天下謂之皇，以其有功業謂之烈。文母，有文德之母，謂邑姜也。蓋此時并祔於廟，故及之。言大哉皇考，安我孝子。以言其宣哲，則盡人之道。以言其文武，則盡君之道。上安皇天，下昌厥後。安我以長壽，大我以多福。是既見助於烈考，亦見助於文母也。

《雝》一章，十六句。

吕東萊以皇考指武王，烈考指文王，朱《注》俱指文王，皆非也。夫文王何以稱烈考乎？不與《書》辭悖乎？後《閔予小子》篇文王稱皇祖，武王稱皇考，何其分明！而此乃以皇考稱文王乎？惲皋聞曰："朱《注》謂爲武王祀文王，亦非。世無子祭父廟而直犯父諱者也。惟禘大祖則不必諱耳。"

載見辟王，曰求厥章。龍旂陽陽，和鈴央央。鞗革有鶬，休有烈光。率见昭考，以孝以享。以介眉壽,永言保之。思皇多祜,烈文辟公。綏以多福,俾緝熙于純嘏。鶬,本亦作鎗。

王、章、陽、央、鶬、光、亨韻。壽、保、祜、嘏韻。

《序》曰:諸侯始見乎武王廟也。

載,始也。辟王,謂成王也。《傳》《箋》。成王始免喪蒞朝,故曰始見也。求章,求車服禮儀之文章制度也。軾前曰和,旂上曰鈴。《傳》《箋》。陽陽,明也。央央,聲也。朱《注》。鶬,金飾貌。《箋》。休,美也。皆指諸侯也。昭考,武王也。率見,成王率之見廟也。思,語辭。皇,美也。言率諸侯以祭武廟而獲福也。是此烈文之諸侯安我以多福,使我之受嘏於神者,繼續光明於無窮也。蓋歸德於諸侯之辭。朱《注》。

《載見》一章,十四句。

按:《明堂位》曰:周公朝諸侯於明堂之位,天子負斧依南面而立,分周公天子爲二,言甚分明。周公朝諸侯在旁出政理事也。故《左傳》謂周公相王室以尹天下,分殷民六族,封伯禽,分殷民七族,封康叔。天子南面而立,扶成王居君位也。故《詩》曰"載見辟王,曰求厥章"。漢人乃有以天子爲周公者,大失之矣。

有客有客,亦白其馬。有萋有且,敦琢其旅。有客宿宿,有客信信。言授之縶,以縶其馬。薄言追之,左右綏之。既有淫威,降福孔夷。萋,七西反。且,七序反。

馬、旅、縶、馬、追、綏、威、夷韻。

《序》曰:微子來見祖廟也。

《箋》曰:成王既黜殷,命殺武庚,命微子代殷,後既受命來朝而見也。

客,微子也。白馬,殷尚白也。萋、且惲皋聞曰:踖踧之轉也。敬慎貌。敦琢,治玉之名。言選擇其從行之臣如琢玉也。再宿爲信。縶其馬,留之也。追,追而餞之也。左右,朝中衆臣也。綏,安也。淫威,大威也。言使用天子禮樂也。夷,易也。《傳》。言王降之福甚樂易而不拘束也。愛之留之不束縛之,周道之厚,微子之賢,兩見矣。

《有客》一章,十二句。

於皇武王,無競維烈。允文文王,克開厥後。嗣武受之,勝殷遏劉,耆定爾功。

王、王、功韻。中閒後、受、劉韻。

《序》曰:奏大武也。

《正義》曰:周公象武王伐紂之事,作大武之樂。

皇,美也。無競,言無彊乎其克商之功業也。信有文德之文王既能開其後矣,而嗣子武王受之,遂勝殷止殺,致定其功焉。劉,殺也。耆,致也。《傳》。

《武》一章,七句。

《臣工之什》十篇,十章,一百八句。

閔予小子之什第二十八

閔予小子,遭家不造。嬛嬛在疚,於乎皇考,永世克孝。念茲皇祖,陟降庭止。惟予小子,夙夜敬止。於乎皇王,繼序思不忘。

造、考、孝韻。庭、敬、王、忘韻。

《序》曰:嗣王朝於廟也。

王肅以爲周公致政,成王嗣位,是朝於廟之樂歌也。按:以下四篇,《序》皆稱成王爲嗣王,則是一時事。《正義》曰:武王崩之明年,周公即已攝政,成王無政可謀。且詩言夙夜敬愼,繼嗣先緒,必非居攝之年,則鄭《箋》以爲除武王之喪,將始即政,朝於廟,誤也。

閔,悼傷也。小子,成王自謂也。造,爲也。嬛嬛,孤特也。疚,病也。皇考,武王也。永世,終身也。皇祖,文王也。陟,上。降,下。庭,直也。皇王,兼指文武也。序,緒也。言傷我小子,遭皇考大行,家道未成,嬛嬛疚病,於乎,我皇考終身克孝,念茲皇祖,如陟於庭,如降於庭,常常見之。今予小子繼之,敢不早夜以敬!於乎,祖考之道至矣,小子繼其緒業,亦當如我皇考之念皇祖,而可忘諸?

《閔予小子》一章,十一句。

按《左傳》《家語》《文王世子》《明堂位》《史記》《詩序》《書序》《尚書大傳》以及漢唐《注》《疏》:武王卒年在十一月,成王時年十三。明年,周公攝政,爲元年。是年即管蔡流言,周公東征,三年而歸,歸而立制度,作禮樂,以成文武之德。至七年營洛時,王年二十矣,而公自請明農致政。故史臣於《洛誥》總記曰:惟周公誕保文武受命,維七年。此確可憑者。而宋人如蔡沈輩,忽改爲周公留後於洛,凡七年而卒。則遍稽周公,并無留洛七年一事。況曰七年而卒,出於何書,而妄言之。且即曰留洛,但可曰承成王命耳,保成王之政耳,何以云"誕保文武受命"也?豈前此冢宰攝政,并非誕保文武受命乎?原其意,乃謂周公攝政,不過成王喪中如百官總己以聽於冢宰而已,喪畢即成王親政,何有居攝之名以起王莽之借口者？不知有伊尹之志，放君猶可。《孟子》言之矣，而況居攝乎？三年内可居攝，爲其君弱小，引而七年，猶三年也，而遂傷於臣道乎？夫王莽借口居攝，遂辨周公無居攝事，則王莽借口受禪以篡漢之天下，將又謂舜禹無受禪事耶。

訪予落止，率時昭考。於乎悠哉，朕未有艾。將予就之，繼猶判涣。維予小子，未堪家多難。紹庭上下，陟降厥家。休矣皇考，以保明其身。

落、考韻。以落可讀去聲，如樂也。悠、艾韻。涣、難、身韻。

《序》曰：嗣王謀於廟也。

《正義》曰：既朝廟而與群臣謀事也。

訪，謀。落，始。昭考，武王也。悠，遠。朕，我。艾，歷也。《爾雅》。判涣，分散也。多難，指管蔡商奄也。紹，繼也。言謀我始政，以率是昭考。於乎，昭考之道遠矣哉。我未有閲歷，即將往而就之，恐其終分散而不能率也。況今以弱歲而當多難，庶幾繼我昭考上下於庭之朝政、陟降於家之家範而見美哉。皇考保明其身，終覺悠遠而難率也。群臣謂我何？

《訪落》一章，十二句。

敬之敬之，天維顯思。命不易哉，無曰高高在上。陟降厥士，日監在兹。維予小子，不聰敬止。日就月將，學有緝熙于光明。佛時仔肩，示我顯德行。

之、思、易、士、兹韻。敬、明、行韻。

《序》曰：群臣進戒嗣王也。

士，事也。陟降厥士，謂天運轉，日月照臨四方也。將，行也。佛，同弼。仔肩，任也。《傳》《箋》。群臣進戒曰：敬之敬之，天道甚顯，大命不易保哉。無曰天高，而聽甚卑。日監在兹，不可以不敬也。成王則答之曰：維予小子，不達於敬之道也。其或積漸焉。日有所就，月有所將，使學問繼而明之，以至於光明乎。然不能自爲也，其尚輔是大任，示我顯明之德行，以交儆我。

《敬之》一章，十二句。

予其懲，而毖後患。莫予荓蜂，自求辛螫。肇允彼桃蟲，拚飛維鳥。未堪家多難，予又集于蓼。荓，普經反。拚，芳煩反。蓼，音了。

懲、蜂、蟲韻。鳥、蓼韻。

《序》曰:嗣王求助也。

《箋》曰:毖,慎也。天下之事,當慎其小。小而不慎,後爲禍大。

荓,使也。蜂,小物而有毒。朱《注》。使蜂得螫,喻使三監也。肇,使。允,信。桃蟲,鷦鷯小鳥。其雛化而爲鵰,故語云鷦鷯生鵰。喻殷小腆而致大艱也。惲皋聞說。蓼,辛苦之物也。家多難,指上文也。又集于蓼,謂周公致政而已萬幾辛苦也。

《小毖》一章,八句。

載芟載柞,其耕澤澤。千耦其耘,徂隰徂畛。侯主侯伯,侯亞侯旅。侯彊侯以,有嗿其饁。思媚其婦,有依其士。有略其耜,俶載南畝,播厥百穀,實函斯活。驛驛其達,有厭其傑。厭厭其苗,緜緜其麃。載穫濟濟,有實其積。萬億及秭,爲酒爲醴。烝畀祖妣,以洽百禮。有飶其香,邦家之光。有椒其馨,胡考之寧。匪且有且,匪今斯今,振古如茲。芟,所銜反。嗿,勑感反。

柞、澤韻。耘、畛韻。旅、以、婦、士、耜、畝韻。穀、活、達、傑韻。苗、麃韻。濟、積、秭、醴、妣、禮韻。《疏》曰:積,子賜反。香、光、馨、寧韻。且、茲韻。

《序》曰:春籍田而祈社稷也。

籍田,天子千畝,諸侯百畝。《月令》:孟春,天子躬耕帝籍。天子三推,三公五推,卿諸侯九推。庶人籍以終畝。仲春,擇元日命民人社。《周禮·大司馬》:仲春教振旅,遂以蒐田,獻禽以祭社。

載,始也。除草曰芟,除木曰柞。澤澤,陽氣烝達,土釋釋然而散也。二人相對曰耦。隰,新發田也。畛,舊田有徑路者。《箋》。主,家長。伯,長子。亞,仲叔。旅,子弟也。彊,民之有餘力而來助者。《遂人》所謂以彊予任甿者也。以,傭賃也。《大宰》所謂閒民轉移執事者也。《傳》《箋》。嗿,衆飲食聲也。朱《注》。婦,來饁者也。士,丈夫也。略,利也。俶載,始事也,複明耕也。函活,含氣而生也。驛驛,苗皆生之貌。達,出土。厭,受氣足也。先長者爲傑,已而衆苗齊茂也。緜緜,詳密也。麃,耘也。《傳》《箋》。複明耘也。酒,三酒也。醴,五齊也。《疏》。飶,芬香也。謂燕享也。椒馨,如椒之馨也。胡,壽。考,成。謂養老也。朱《注》。秋穫有成也。且,此也。振,自也。《傳》。言自古以來皆有豐年之慶神,於今茲當不吝矣。

《載芟》一章,三十一句。

畟畟良耜，俶載南畝。播厥百穀，實函斯活。或來瞻女，載筐及筥。其饟伊黍，其笠伊糾。其鎛斯趙，以薅荼蓼。荼蓼朽止，黍稷茂止。穫之挃挃，積之栗栗。其崇如墉，其比如櫛。以開百室，百室盈止，婦子寧止。殺時犉牡，有捄其角。以似以續，續古之人。畟，楚側反。薅，呼毛反。

耜、畝韻。穀、活韻。女、筥、黍韻。糾、趙、蓼、朽、茂韻。挃、栗、櫛、室韻。盈、寧、人韻。有、人之通也。

《序》曰：秋報社稷也。

畟畟，嚴利也。郭璞《注》。或來，即婦子來饁者。饟，同餉。趙，刺。薅，去。即瞻者之所見也。挃挃，穫聲也。栗栗，衆多也。《傳》。百室，一族也。《周禮》：四閭爲族，百家。出共洫閒而耕，入共族中而居。又有祭酺合醵之歡，故同開户納粟也。《箋》。黄牛黑脣曰犉。社稷之牛角尺。嗣前歲，續往事，《傳》。以報神也。

《良耜》一章，二十三句。

絲衣其紑，載弁俅俅。自堂徂基，自羊徂牛。鼐鼎及鼒，兕觥其觩。旨酒思柔，不吴不敖，胡考之休。紑，孚浮反。俅，孚不反。鼒，音兹，俅，音災，郭，音才，吴，音話。

紑、俅、牛、俅、柔、休韻。

《序》曰：繹賓尸也。

《箋》曰：天子諸侯曰繹，以祭之明日。卿大夫曰賓尸，與祭同日。周曰繹，殷謂之肜。《正義》曰：繹亦言賓尸者，其事爲賓事此尸也。

紑，潔鮮貌。載，戴也。俅俅，恭順貌。絲衣，爵弁士祭服也。但使士者繹，輕於正祭也。基，門塾之基。以繹在廟門外西夾之堂也。大鼎謂之鼐。小鼎謂之鼒。士升門堂視壺，濯及籩豆，反，降於基，告濯具。又視牲，從羊至牛。反，告充。又舉鼎冪，告潔。禮之次也。兕觥，旅酬時罰爵。柔，安也。吴，譁也。皆飲酒而安，不譁不傲，故無可罰。而但見兕觥之觩然也。神降以壽考之福必矣。

《絲衣》一章，九句。

於鑠王師，遵養時晦。時純熙矣，是用大介。我龍受之，蹻蹻王之造。載用有嗣，實維爾公允師。鑠，舒灼反。蹻，居表反。

師、晦、熙、介韻。受、造韻。嗣、師韻。

《序》曰：告成大武也。言能酌先祖之道以養天下也。

《正義》曰：告，告廟也。經無酌字。《序》解名篇之意，在酌先祖后稷，以来養民之道也。

鑠，美。遵，循。《爾雅》。介，甲也。朱《注》。龍，同寵。《箋》。蹻蹻，强貌。造，爲也。《爾雅》。載，語辭。爾，指武王也。公，事也。《爾雅》。言於乎美哉，武王伐紂之師也。其初循養小民，按兵韜晦。《史記》"九年觀兵於盟津而還"是也。至德業大光於天下矣，是用大兵一舉而定之。《史記》"十一年伐紂，紂師倒戈以開武王"是也。其不煩兵以毒民，有如此者，我後王承其所爲而受之，誠蹻蹻然無競之烈也。則子子孙孫用繼其成，實維武王之事信可師耳。

《酌》一章，八句。

朱《注》曰：《内則》十三舞勺，即以此詩爲節而舞也。

綏萬邦，屢豐年，天命匪解。桓桓武王，保有厥士。于以四方，克定厥家。於昭于天，皇以閒之。

解、士、家韻。天、閒韻。

《序》曰：講武類禡也，桓武志也。

《正義》曰：講武，治兵也。類禡，師祭也。此其樂歌也。桓者，威武之志也。

天於周有天下之後綏安萬邦，屢降豐年，是天命周爲共主，一無懈倦也。乃我桓桓之武王，保其安天下之事，於以布之四方，而大定其國家。於乎，功德上昭於天。其受天命爲君以伐商也，宜哉！士，事。皇，君。閒，伐也。《傳》。言天之特眷如此，而武王之大烈如此，武當講而神必鑒也。

《桓》一章，九句。

語云：大兵之後，必有凶年。乃《傳》稱周飢克殷而年豐，是上當天心也。

文王既勤止，我應受之。敷時繹思，我徂維求定。時周之命，於繹思。

止、思、思韻。

《序》曰：賚大封於廟也。賚，予也。言所以錫予善人也。

《樂記》曰：武王克殷，未及下車而封薊祝陳，下車而封杞宋。又曰：將率之士，使爲諸侯。《左傳》昭二十八年，曰封兄弟之國十有五人，姬姓之國四十人。武成曰：武王克殷而反祀於宗廟，列爵惟五分土惟三是也。

我，武王也。應，當。敷，布。時，是。繹，尋繹也。朱《注》。言文王既勤勞天下矣，我當受而有之。布此文德之在人而繹思者，以賚有功，我何意哉？惟往求天下之安定耳。是周之命非商之舊也。於乎，汝功臣其繹思文德，俾無忘。

《賚》一章，六句。

於皇時周，陟其高山。嶞山喬嶽，允猶翕河。敷天之下，裒時之對，時周之命。嶞，吐果反。又作墮。

句自爲韻。

《序》曰：般巡守而祀四嶽河海也。般，樂也。

《正義》曰：不言中岳者，天子朝會於方岳之下，於中岳無事也。般，樂也。爲天下所美樂也。解般名篇之意也。

《爾雅》曰：巒山嶞。郭《注》曰：狹而長也。允，信。猶，同由。謂水信由地中行也。翕河，衆水之所合也。《寫官記》。敷，徧。裒，聚也。《爾雅》。對，答也。朱《注》。言於乎美哉，此周也。其巡守也，陟其高山，凡山之巒者，與喬而爲嶽者，以及允由之翕河，無不秩而祀之。凡以徧天之下，莫不望治安於我，故聚而朝之方岳之下，以答其意。是我周臨御大卜之大命令也。

《般》一章，七句。

《閔予小子》之什十一篇，十一章，百三十六句。

魯頌

鄭《譜》曰：魯者，少昊摯之墟也。國中有大庭氏之庫，則大庭氏亦居此乎。周公歸政，成王封其元子伯禽於魯。其封域在《禹貢》徐州大野蒙羽之野。十九世至僖公，當周惠王、襄王時，而遵伯禽之法，養四種之馬牧於坰野，尊賢禄士，修泮宫，守禮教。僖十六年冬，會諸侯於淮上，謀東略，公遂伐淮夷。二十年，新作南門，又修姜嫄之廟。志於復魯舊制，未徧而薨。國人美其功。季孫行父請命於周而作《頌》。初，成王以周公有太平制典法之勳，命魯郊祭天，三望如天子禮。故孔子録其《頌》，同於王者之後。若魯無《風》者，周尊魯，巡守述職不陳其詩也。若有大罪，則侯伯監之，行人書之。如杞爲王者之後，侯爵無風，而《春秋》

書杞伯杞子,蓋爲時王所黜也。

駉駉牧馬,在坰之野。薄言駉者,有驈有皇,有驪有黄,以車彭彭。思無疆,思馬斯臧。

駉駉牧馬,在坰之野。薄言駉者,有騅有駓,有騂有騏,以車伾伾。思無期,思馬斯才。

駉駉牧馬,在坰之野。薄言駉者,有驒有駱,有駵有雒,以車繹繹。思無斁,思馬斯作。

駉駉牧馬,在坰之野。薄言駉者,有駰有騢,有驔有魚,以車祛祛。思無邪,思馬斯徂。駉,古熒反。坰,苦熒反,徐又苦營反,或苦瓊反。驒,徒河反。驔音簟,徒點反。

馬、野韻。皇、黄、彭、疆、臧韻。騏、駓、伾、期、才韻。駱、雒、繹、斁、作韻。騢、魚、祛、邪、徂韻。

《序》曰:頌僖公也。僖公能遵伯禽之法,儉以足用,寬以愛民,務農重穀,牧於坰野。魯人尊之,於是季孫行父請命於周,而史克作是《頌》。

駉駉,腹幹肥張也。坰,遠野也。邑外曰郊,郊外曰野,野外曰林,林外曰坰。《爾雅》。必牧於坰野者,避民居與良田也。《周禮》曰:以官田牛田賞田牧田任遠郊之地。驪,马白跨曰驈,黄白曰皇,純黑曰驪,黄騂曰黄。諸侯六閑馬四種:有良馬,有戎馬,有田馬,有駑馬。彭彭,容之盛也。朝祀用良馬齊色,故言彭彭也。僖公遵伯禽之法,反復思之,無有竟已,乃思至於馬,斯亦使之善焉。《傳》《箋》。蒼白雜毛曰騅,黄白雜毛曰駓,赤黄曰騂,蒼騏曰騏。伾伾,有力也。戎馬齊力尚强,故言伾伾也。青驪驎曰驒,白馬黑鬣曰骆,赤身黑鬣曰駵,黑身白鬣曰雒。繹繹,善走也。田馬齊足尚疾,故言繹繹也。《傳》《疏》。作,亦善馳驟也。陰白雜毛曰駰,彤白雜毛曰騢,豪骭曰驔,二目白曰魚。祛祛,彊健也。《傳》。駑馬主雜役貴肥壯,故言祛祛也。《疏》。徂,走行也。《箋》。

《駉》四章,章八句。

有駜有駜,駜彼乘黄。夙夜在公,在公明明。振振鷺,鷺于下。鼓咽咽,醉言舞。于胥樂兮。

有駜有駜,駜彼乘牡。夙夜在公,在公飲酒。振振鷺,鷺于飛。鼓咽咽,醉言歸。于胥樂兮。

有駜有駜,駜彼乘駽。夙夜在公,在公載燕。自今以始,歲其有。君子有穀,詒孙子。于胥樂兮。駜,備筆反。

黄、明韻。下、舞韻。末句每章作尾聲,相應爲韻。牡、酒韻。飛、歸韻。駽、燕韻。有、子韻。

《序》曰:頌僖公君臣之有道也。

駜,馬肥彊貌。以馬之肥彊興臣之忠藎也。明明,《大學》言明明德,辨治其政事也。振振,群飛貌。鷺,鷺羽,舞者所執,或坐或伏,如鷺之下也。朱《注》。咽咽,皷節也。胥,相也。臣盡忠力,君渥恩澤,故君臣相樂也。青驪曰駽。穀,善。詒,遺。言君臣有道,則陰陽和而豐年至、子孫興也。

《有駜》三章,章九句。

思樂泮水,薄采其芹。魯侯戾止,言觀其旂。其旂茷茷,鸞声噦噦。無小無大,從公于邁。

思樂泮水,薄采其藻。魯侯戾止,其馬蹻蹻。其馬蹻蹻,其音昭昭。載色載笑,匪怒伊教。

思樂泮水,薄采其茆。魯侯戾止,在泮飲酒。既飲旨酒,永錫難老。順彼長道,屈此群醜。

穆穆魯侯,敬明其德。敬慎威儀,維民之則。允文允武,昭假烈祖。靡有不孝,自求伊祜。

明明魯侯,克明其德。既作泮宫,淮夷攸服。矯矯虎臣,在泮獻馘。淑問如臯陶,在泮獻囚。

濟濟多士,克廣德心。桓桓于征,狄彼東南。烝烝皇皇,不吴不揚。不告于訩,在泮獻功。

角弓其觩,束矢其搜。戎車孔博,徒御無斁。既克淮夷,孔淑不逆。式固爾猶,淮夷卒獲。

翩彼飛鴞,集于泮林。食我桑黮,懷我好音。憬彼淮夷,来獻其琛。元龜象齒,大賂南金。

芹、旂叶韻。回互之平聲也。茷、噦、邁韻。藻、蹻、昭、教韻。茆、酒、老、醜韻。德、則韻。祖、祜韻。德、服、馘韻。陶、囚韻。心、南韻。皇、揚、訩、功韻。觩、搜韻。博、斁、逆、獲韻。林、音、琛、金韻。

《序》曰:頌僖公修泮宫也。

思,語辭。朱《注》。樂,可樂也。泮水,泮宫之水也。諸侯之學,東西門以南通水,北無也。《箋》。芹,水菜。戾,至也。止,息也。茷,有法度也。噦噦,聲也。《傳》。大小皆從公,人樂見之也。藻,水草也。蹻蹻,彊盛也。音,德音也。教,教化也。茆,鳧葵也。江南人謂之蓴菜。飲酒者,徵先生君子與之行飲酒之禮,而因以謀事也。難老,猶今言耐老也。永錫,長賜也。如《王制》八十月告存,九十日有秩也。於是順彼所謀之長道,以屈服此群衆焉。長道,仁義也。《疏》。穆穆,美也。烈祖,伯禽也。孝,謂遵行禮法也。祜,福也。馘,所格者之左耳也。囚,虜獲者也。《王制》:天子將出征,受成於學。出征執有罪,反,釋奠於學,以訊馘告是也。濟濟章,本其往征言也。狄作剔,治也。東南,淮夷在魯之東南也。烝烝,作也。皇皇,美也。《爾雅》。吴,譁也。《箋》。不吴不揚,肅也。不告于訩,師克而和,不爭功也。惟在泮宫之内獻其戰功而已。五十矢爲束。《傳》。角弓四言,言克淮夷而器不損傷、士不頓倦也。不逆,士卒順命於終也。猶,謀也。鴞,惡聲之鳥。黮,桑實也。以惡鳥之來善音,興頑夷之獻珍貢也。憬,覺悟也。朱《注》。琛,寶也。元龜尺二寸。賂,遺也。南謂荆揚也。《傳》。

《泮水》八章,章八句。

閟宫有侐,實實枚枚。赫赫姜嫄,其德不回。上帝是依,無災無害。彌月不遲,是生后稷。降之百福,黍稷重穋。稙穉菽麥,奄有下國。俾民稼穡,有稷有黍,有稻有秬。奄有下土,纘禹之緒。

后稷之孫,實維大王。居岐之陽,實始翦商。至于文武,纘大王之緒。致天之届,于牧之野。無貳無虞,上帝臨女。敦商之旅,克咸厥功。王曰叔父,建爾元子,俾侯于魯。大啓爾宇,爲周室輔。

乃命魯公,俾侯于東。錫之山川,土田附庸。周公之孫,莊公之子。龍旂承祀,六轡耳耳。春秋匪解,享祀不忒。皇皇后帝,皇祖后稷。享以騂犧,是饗是宜。降福既多,周公皇祖,亦其福女。

秋而載嘗,夏而楅衡。白牡騂剛,犧尊將將。毛炰胾羹,籩豆大房。萬舞洋洋,孝孙有慶。俾爾熾而昌,俾爾壽而臧。保彼東方,魯邦是常。不虧不崩,不震不騰。三壽作朋,如岡如陵。

公車千乘,朱英緑縢,二矛重弓。公徒三萬,貝冑朱綅,烝徒增增。戎狄是膺,荆舒是懲,則莫我敢承。俾爾昌而熾,俾爾壽而富。黄髮台背,壽胥與試。俾爾昌而大,俾爾耆而艾。萬有千歲,眉壽無有害。

泰山巖巖，魯邦所詹。奄有龜蒙，遂荒大東。至于海邦，淮夷來同。莫不率從，魯侯之功。

保有鳧繹，遂荒徐宅，至于海邦。淮夷蠻貊，及彼南夷，莫不率從，莫敢不諾，魯侯是若。

天錫公純嘏，眉壽保魯。居常與許，復周公之宇。魯侯燕喜，令妻壽母。宜大夫庶士，邦國是有。既多受祉，黄髮兒齒。

徂來之松，新甫之柏。是斷是度，是尋是尺。松桷有舄，路寢孔碩。新廟奕奕，奚斯所作。孔曼且碩，萬民是若。胾，側吏反。綅，廉息反。

枚、回、依、遲韻。稷、福、穋、麥、國、穡韻。黍、秬、土、緒韻。王、陽、商韻。武、緒、屆、野、虞、女、旅、父、子、魯、宇、輔韻。公、東、庸韻。子、祀、耳、解、帝、犧、宜、多韻。祖、女韻。嘗、衡、剛、將、羹、房、洋、慶、方、常、崩、騰、明、陵韻。乘、縢、弓、增、膺、懲、承韻。熾、富、背、試、大、艾、歲、害韻。巖、詹韻。蒙、東、邦、同、從、功韻。繹、宅、貊、諾、若韻。嘏、魯、許、宇、喜、母、士、有、祉、齒韻。柏、度、尺、舄、碩、奕、作、碩、若韻。

《序》曰：頌僖公能復周之宇也。

《正義》曰：《明堂位》云：成王以周公有勳勞於天下，是以封周公於曲阜，地方七百里，革車千乘。伯禽之後，君德漸衰，鄰國侵削。僖公有德復之，故作《頌》。

閟，閉也。《傳》。古禮：無事不啓廟門。姜嫄先妣廟又特立在五廟外，故稱閟宫。侐，清淨也。枚枚，礱密也。《傳》。實實，鞏固也。朱《注》。先種曰稙，後種曰穉。《傳》。奄有下國，覆蓋天下也。《箋》。此章即姜嫄廟而言后稷教民稼穡之功也。實，同是。翦，斷也。大王自邠徙居岐陽，四方之民咸往歸之，於時而有王迹，故云是始斷商。《箋》。無虞，不必計度也。敦，治旅衆也。《箋》。咸，同也。言輔佐之臣同有其功，以起下文周公以至親而爲功首，故大封其元子伯禽也。叔父者，成王封魯之辭也。此章序大王王季文武，以及周公之封魯也。魯爲侯國，土田當百里，而附以山川附庸，有七百里，正申上文大啓也。孫，後世之孫，謂僖公也。耳耳然至盛也。《傳》。春秋，猶言四時也。皇皇后帝，天也。郊天配以后稷，成王賜魯以重祭也。饗之宜之而多降福，承上騂犧郊享言也。周公福汝，承上春秋享祀言也。此章言僖公之謹祀也。載，則也。獨言秋嘗者，秋物新成，祭之盛者也。福衡，設横木於牛角以楅迫此牛，恐其觸而傷角也。於夏者祭牛，豫養之也。白牡，周公之牲也。以用王禮嫌與文武同也。騂剛，魯公之牲也。用諸侯禮，故從周制也。犧尊，畫牛於尊腹也。將將，盛美也。毛炰之豚，《周禮》。爛去其毛而炰之也。胾，切肉也。羹，大羹鉶羹也。大房，半體之俎也。足下有跗，如堂之房也。《周語》：禘郊全烝全載牲體也。王公立飲房烝半體之俎也。親戚燕饗殽烝體解節折也。震,騰,驚動也。三壽,壽考之三卿也。如岡陵,福之固也。此章重咏宗廟之祭也。朱英,矛飾也。緑縢,繩束弓也。兵車三人,中御,右持矛,左持弓矢。大國之賦千乘,而兵不過三軍,當三萬七千五百人。言三萬,舉成數也。貝胄,貝飾胄也。朱綅,以朱綫綴之也。增增,衆也。膺,當也。懲,創也。僖公與齊桓舉義兵,北當戎與狄,南艾荆及群舒,天下無敢禦也。黄髮台背,皆壽徵也。胥,相也。相與試氣力不衰倦也。《傳》《箋》《疏》。此章頌其用兵之强也。詹,至也。《爾雅》。泰山爲齊魯之界,故言至也。龜、蒙,二山名。荒,奄也。鳧、繹,二山名。海邦,近海之國也。諾,應辭也。若,順也。此二章頌其能服淮夷,大開境土也。常或作嘗,在薛之旁。許,許田,魯朝宿之邑也。皆魯之故地,而僖公復之。《正義》。令妻,聲姜也。壽母,成風也。兒齒,齒落更生細者也。此章總結上文之恢宇受福也。徂、來,新甫二山名。八尺曰尋。桷,榱也。舄,大貌。《傳》。路寢,正寢也。修舊曰新,即閟宫也。《箋》。奕奕,盛大也。奚斯,魯大夫公子魚也。曼,長也。末章言其新先妣廟,以見其不忘祖德也。

《閟宫》九章,四章章十七句,一章十六句,二章章八句,二章章十句。從朱《注》。但朱《注》必欲五章一連,皆十七句,遂謂第四章脱一句,亦未安。今正之。

《駉》四篇,二十四章,二百四十三句。

商　頌

鄭《譜》曰:商者,商州商洛縣。契所封之地。有娀氏之女名簡狄者生契,堯之末年,舜舉爲司徒,有五教之功,賜姓而封之。世有官守。十四世至湯,則受命伐夏桀,定天下。後世有中宗者,嚴恭寅,畏天命,自度治民,祇懼不敢荒寧。後有高宗者,舊勞於外,爰暨小人作。其即位,乃或諒陰。三年不言,言乃雍。不敢荒寧,嘉靖殷邦,至於小大無時。或怨此三王有受命中興之功,時有作詩頌之者。商德之壞,武王伐紂,乃以陶唐氏火正閼伯之墟商丘也。封紂兄微子啓爲宋公,代武庚爲商後。自從政衰散亡,商之禮樂七世至戴公時,當宣王大夫正考父者,校商之名《頌》十二篇於周大師。以《那》爲首,歸以祀其先王。孔子録《詩》之時,則得五篇而已。乃列之以備三《頌》,著爲後王之義。問者曰:列國政衰則變風作,宋何獨無乎?曰:有焉。乃不録之。王者之後,時王所客也,巡守述職不陳其詩也。《正義》曰:武王封微子於宋,代武庚爲商後,則在成王時。《譜》接武王,終言之耳。

猗與那與,置我鞉鼓。奏鼓簡簡,衎我烈祖。湯孫奏假,綏我思成。鞉鼓淵淵,嘒嘒管聲。既和且平,依我磬聲。於赫湯孫,穆穆厥聲。庸鼓有斁,萬舞有奕。我有嘉客，亦不夷懌。自古在昔，先民有作。溫恭朝夕，執事有恪。顧予烝嘗，湯孫之將。

鼓、祖韻。成、聲、平、聲、聲韻。斁、奕、客、懌、昔、作、夕、恪韻。嘗、將韻。

《序》曰：祀成湯也。微子至於戴公，其閒禮樂廢壞，有正考父者，《正義》曰：孔子七世祖也。得《商頌》十二篇於周之大師，以《那》爲首。

猗，嘆辭。與，語辭。那，多也。《傳》。言樂聲容之多也。鞉，小鼓。鼓，大鼓。置，同植。以楹貫而樹之也。夏后氏足鼓，殷人置鼓，周人縣鼓。《明堂位》。簡簡，和大也。衎，樂也。烈祖，有功烈之祖，謂湯也。《箋》。湯孫，主祭之後王也。奏假，進而感格祖考也。綏，安也。安我以思而成者，謂神明來格也。《祭義》曰：齊之日思其居處，思其笑語，思其志意，思其所樂，思其所嗜。齊三日乃見其所爲齊者。祭之日，入室僾然，必有見乎其位周旋。出户肅然，必有聞乎其容聲。出户而聽，愾然必有聞乎其歎息之聲。此之謂思成。《箋》。淵淵，深遠也。嘒嘒，清亮也。朱《注》。磬，玉磬也。堂下諸樂皆依於堂上之玉磬也。赫，盛也。穆穆，美也。大鐘曰庸。斁，斁然盛也。奕，奕然閑也。《傳》。周尚臭，殷尚聲，故詳言樂也。嘉客，先代之後來助祭者。亦不夷懌，言皆悦懌也。《傳》《箋》。溫恭，儀也。恪，執事敬也。言此祭祀之敬本於先人。閔馬父曰：先聖王之傳，恭猶不敢專，稱曰自古，古曰在昔，昔曰先民，是烝嘗統四時也。言此乃湯孫之所將奉，祖孫一體，其必顧之而饗之也。

《那》一章，二十二句。毛河右先生曰："《那》詩《毛傳》作一章，朱《注》判作五章。然仍曰一章二十二句。按《魯語》閔馬父引'自古在昔'四句爲輯之亂説者，謂不宜合作一章。但從來詩章判節與樂章判節不同。詩本一章，而作樂者必分解之，故詩可合一，而樂則斷無不解之例。如《樂府·東門行》本一章，而晉樂一章所奏判作四解。魏文《豔歌何嘗行》本七章，而晉樂所奏判前一章爲豔，後一章爲趨，此明著也。《那》詩雖一章，然閔馬父以樂章例之，則有輯之亂。朱《注》既爲判之，復爲合之，或以是耳。但樂章分解自爲節次，不以韻義爲起絕。如《清廟》詩比一句一唱三歎而成四韻，則一句自爲一章。而《武》詩'於皇武王'本七句，《左傳》云：'其卒章曰耆定爾功。'則亦以一句爲一章者。故《清廟》《維清》《般》《武》諸詩俱無韻。然則分解節次原不必拘限韻旨，如朱《注》所分者。且其曰輯成也，以樂之既成，則輯之以爲亂，此猶繹如以成之成。然亦可解作趨，如樂府前爲豔，后爲趨。趨，促也。言樂當急促也。輯、趨、促，字音之轉耳。故《那》詩'顧予烝嘗'二語向以閔馬父引言不及疑，以爲羨辭錯簡。今按此兩句兩詩并列，或如《信南山》《甫田》末報以介福、萬壽無疆。《樂府·虎賁郎》云：'陛下壽萬年。'王子喬云：'聖主享萬年。'《豔歌何嘗行》云：'萬歲期延年。'《臨高臺》云：'令我主壽萬年。'相爲和聲，有辭無義，是樂例耳。若此，則此又在亂之外,別是一體。猶《楚辭》《湘君》、《湘夫人》兩歌,其末章皆有'捐予珮兮江中'諸語可驗也。”

嗟嗟烈祖,有秩斯祜。申錫無疆,及爾斯所。既載清酤,賚我思成。亦有和羹,既戒既平。鬷假無言,時靡有爭。綏我眉壽,黄耇無疆。約軝錯衡,八鸞鶬鶬。以假以享,我受命溥将。自天降康,豐年穰穰。來假來饗,降福無疆。顧予烝嘗,湯孫之將。鬷,子東反。

祖、祜、所韻。成、羹、平、爭、疆、衡、鶬、享、將、康、穰、饗、疆、嘗、將韻。

《序》曰:祀中宗也。

《箋》云:中宗,殷王大戊,湯之玄孫也。《殷本紀》云:大戊立亳,有祥桑穀共生於朝。一暮大拱。大戊懼,問伊陟。陟曰:“帝之政其有闕與。帝其修德。”大戊從之。而祥桑穀枯死。殷復興,諸侯歸之,故稱中宗。禮:王者祖有功,宗有德,立不祧之廟。故中宗可專祭也。

烈祖,有功烈之祖,即指中宗也。秩,常。申,重。酤,酒。賚,賜也。《傳》。戒,夙戒也。平,猶和也。猶《儀禮》言羹定也。鬷,《中庸》作奏。鬷、奏,聲之轉也。溥,廣。將,大。穰穰,多也。朱。爾、我,皆指主祭之後王也。蓋自歌者指之爲爾,朱《注》。而歌者即後王之臣,又可引之爲我也。如《那》既稱湯孫即稱我是也。言嗟乎,我中宗有常施之福。湯既創業以錫子孫矣,中宗又重錫之而無疆,竟及於今王之所得載清酒以致祭。而中宗即賜我以思而成者,而后王又有和羹,戒而且平,奏進肅和,故神安我以壽考也。且諸侯來助格享,是我受命廣大矣。而天又降豐年,皆中宗之申錫也。則今日之祭,來格來饗,降福無疆,可坐期矣。故末又祝神曰:尚其顧我之烝嘗乎,是湯孫之將也。亦言湯孫者,湯爲受命之君,中宗爲湯孫,主祭亦湯孫,一氣相感也。

《烈祖》一章,二十二句。

天命玄鳥,降而生商,宅殷土芒芒。古帝命武湯,正域彼四方。方命厥后,奄有九有。商之先后,受命不殆,在武丁孫子。武丁孫子,武王靡不勝。龍旂十乘,大糦是承。邦畿千里,維民所止,肇域彼四海。四海來假,來假祁祁。景員維河,殷受命咸宜,百禄是何。

商、芒、湯、方韻。后、有、殆、子韻。勝、乘、承韻。里、止、海、祈、河、宜、何韻。

《序》曰：祀高宗也。

《箋》曰：祀當爲祫。高宗武丁，中宗玄孫之孫也。崩而始合祭於契之廟，歌是詩焉，則此亦吉禘之祭也。合毁廟未毁廟主，禘視昭穆，故曰吉禘，亦曰祫。

玄鳥，鳦也。春分日，玄鳥降，有娀氏女簡狄配高辛氏帝。帝以春分之日率之祈於郊，禖而生契。故本其爲天所命，以玄鳥至而生焉。芒芒，大貌。《傳》。生商者契，爲堯司徒，教民有功，封於商也。宅殷土者，自契至湯，八遷始居亳之殷地而受命，國日以廣大。《箋》。殷，亳地之小别名也。殷有三亳，穀熟爲南亳，即湯都也。蒙爲北亳，即景亳，是湯所受命也。偃師爲西亳，盤庚所徙者也。《正義》。古帝，上帝也。武湯，有威武之湯也。域，封域也。正封域於四方，言伐桀而有天下也。方命厥后，命四方之諸侯也。奄有九有，覆蓋九州也。商之先后，自湯而下累世也。"受命"二句，言累世受命，不至危殆，以武丁中興能振其後也。武丁爲湯之孫子，故曰武丁孫子。湯曰武王，高宗亦曰武王，其武無不勝其任也。故諸侯皆建龍旂以承祀封域，自邦畿而極於四海焉。《傳》《箋》。十爲成數，十乘言車乘之多也。糦，黍稷也。肇，開也。朱《注》。四海來格承上龍旂二句言也。祈祈，衆多也。景員維河，承上邦畿千里三句言也。景，山也。《春秋傳》"湯有景亳之命"是也。員即幅幀之幀。河，大河也。朱《注》。言景亳带河也。咸，皆。言殷之湯與武丁受命，皆得其宜，而荷天之百禄，則今者武丁祔廟，不亦宜哉！

《玄鳥》一章，二十二句。

濬哲維商，長發其祥。洪水芒芒，禹敷下土方，外大國是疆。幅幀既长，有娀方將。帝立子生商。

玄王桓撥，受小國是達，受大国是達，率履不越，遂視既發。相土烈烈，海外有截。

帝命不違，至于湯齊。湯降不遲，聖敬日躋。昭假遲遲，上帝是祗。帝命式于九圍。

受小球大球，爲下國綴旒。何天之休，不競不絿，不剛不柔，敷政優優，百禄是遒。

受小共大共，爲下国駿厖。何天之龍，敷奏其勇。不震不動，不戁不竦，百禄是總。

武王載旆，有虔秉鉞。如火烈烈，則莫我敢曷。苞有三櫱，莫遂莫達。九有有截，韋顧既伐，昆吾夏桀。

昔在中葉，有震且業。允也天子，降予卿士。實維阿衡，實左右商王。戁，奴板反。

商、祥、芒、方、疆、長、將、商韻。撥、達、越、發、烈、截韻。違、齊、遲、躋、遲、祗、圍韻。

球、旒、休、絿、柔、優、遒韻。共、厖、龍、勇、動、竦、總韻。钺、烈、曷、蘖、達、截、伐、桀韻。葉、業韻。子、士韻。衡、王韻。

《序》曰:大禘也。

《大傳》及《喪服小記》曰:王者禘其祖之所自出,以其祖配之。《祭法》曰:殷人禘嚳而郊冥祖契而宗湯。

濬,深。哲,智。言其德也。一句通篇之綱也。外大國,遠諸侯也。幅,廣也。幁,周也。《傳》《箋》。有娀,有娀氏女簡狄也。將,長大也。《傳》。帝,指帝嚳,猶《生民》履帝之帝也。商,國名,在今商州,契所封也。言禹敷布下土,而幅幁長者,見商國亦敷也。故追言有娀氏女方當長大之時,帝嚳配之,立子曰契。后遂以有功而造商國焉。玄王即契也。見《國語》。桓,大。撥,治。履,禮也。言契大治其民,愛小國大國而開通之,率以倫理,使無違越,遂視其民。既行發起。而其孫有相土者入爲王官之伯,出長諸侯,又威武烈烈,海外皆爲截齊焉。《傳》《箋》。帝命之帝,上帝也。猶《生民》言帝嚳亦言上帝也。齊,一也。言上帝命商世世不違。至於湯,而天命齊一,并無疑二。降不遲者,應期而生也。聖敬日躋,苟日新,日日新,又日新也。遲遲,明格於天久而不息也。是以上帝敬之,遂命作法於九有,爲之君,爲之師。九圍,九州如規圍然也。《正義》。小球大球,小國大國所贄之玉也。朱《注》。綴,表。旒,章也。《傳》。言爲下國之表章也。絿,緩也。朱《注》。遒,聚也。受共者,受小國大國所共之貢也。駿,大。厖,厚。《傳》。言大厚於下國也。龍,同寵。戁,恐也。武王,湯也。虔,敬也。恭行天討也。曷,同遏。苞有三蘖,謂一本而三蘖。桀,本也。韋,豕韋,彭姓。顧,昆吾,己姓。三蘖也。朱《注》。震,威也。業,功業也。天子,湯也。降于卿士,謂降下於伊尹,即學焉而後臣也。《寫官記》。阿,倚。衡,平。伊尹之官名也。《箋》。末及伊尹者,《盤庚》:茲予大享於先王,爾祖其從與享之。《周禮·司勳》:凡有功者,銘書於王之大常,祭於大烝,司勳詔之,故禘祭及尹也。

《長發》七章,一章八句,四章章七句,一章九句,一章六句。

撻彼殷武,奮伐荆楚。罙入其祖,裒荆之旅。有截其所,湯孫之緒。

維女荆楚,居國南鄉。昔有成湯,自彼氐羌,莫敢不來享,莫敢不來王,曰商是常。

天命多辟,設都于禹之績。歲事來辟,勿予過適,稼穡匪解。

天命降監,下民有嚴。不僭不濫,不敢怠遑。命于下國,封建厥福。

商邑翼翼,四方之極。赫赫厥聲,濯濯厥靈。壽考且寧,以保我後生。

陟彼景山,松柏丸丸。是斷是遷,方斲是虔。松桷有梴,旅楹有閑,寢成孔安。

罙,面規反。

武、楚、阻、旅、所、緒韻。鄉、湯、羌、享、王、常韻。辟、績、辟、適、解韻。適、解，陌、卦之回互也。監、嚴、濫韻。國、福韻。翼、極韻。聲、靈、寧、生韻。山、丸、遷、虔、梴、閑、安韻。

《序》曰：祀高宗也。

按：殷中宗高宗稱宗，所謂宗有德而特立不遷之廟在七廟外者。此其廟成而祀之之詩也。

撻，疾意也。殷武，殷王之武也。荆楚，荆州之楚國也。罙，深。裒，聚。謂俘虜其士衆也。所，處也。緒，業也。湯孫，高宗也。《傳》《箋》。此章咏其伐楚之功也。鄉，所也。氐羌，西方之國。享，獻也。世見曰王，曰商王是吾常君也。《傳》《箋》。此原其未入而責告之辭也。多辟，諸侯也。設都禹績，皆於禹平水土之地建國也。來辟，來王也。適，過也。言求勿加以罪謫，我之稼穡已勤矣。此咏楚平而諸侯畏服四朝也。監，視。嚴，可畏也。封，大也。《傳》。命，如爲命之命，辭命也。此章接上，言天命降視，惟在下民，則下民亦甚嚴矣。高宗賞不僭，刑不濫，而布政又不敢怠，不敢暇，是以下國之臣民群奉辭命以爲共主《左傳》、杜《注》。而大建其福也。翼翼，整敕貌。四方，所取中也。赫赫，顯盛者其聲名也。濯濯，光明者其威靈也。享國五十九年，四方寧謐，以保子孫。二章言其君道之克建也。丸丸，滑易而調直也。遷，從景山移入國中也。方斵，方正以斵之也。虔，敬也。桷，椽也。梴，長貌。旅，陳也。閑，大貌。《傳》《箋》《疏》。寢，廟中之寢。安，高宗之神安也。蓋特立百世不遷之廟也。朱《注》。

《殷武》六章，三章章六句，二章章七句，一章五句。

《那》五篇，十六章，百五十四句。

春秋傳注

春秋傳注・序

塨幼時讀《詩》、《書》、三《禮》，雖儒解錯互，而雅言日用可以心證，惟《易》與《春秋》難之，後以孔子《易傳》詮文、周辭，十釋八九。顧《春秋》以爲不可解，舊《傳》云"孔子筆則筆，削則削，游、夏不能贊一辭"，是游、夏之賢尚不知也，而况三《傳》乎？故左氏但記事而不能疏義，公羊、穀梁疏其義輒誤，而况後儒之望風追影者乎？泥於一字褒貶，遂於月日、名氏、人師等分例樹標，而校之全經一往不合，矯之者謂詳畧异同俱仍舊史文而褒貶自寓，則但録史文足矣，孔子何以曰作？且廿一史、歷代鑑，誰謂非書其事而褒貶見也。乃至垂暮而忽有所覩，曰："聖經不儼在乎？"如《傳》載楚子使屈完如師，師退，而經更曰"來盟於師"，奪楚與齊；《傳》載南蒯以費叛，趙稷、涉賓以邯鄲叛，經俱削之；載范中行伐趙鞅，鞅奔晋陽，經改筆曰"鞅叛"，則聖人之筆削史文多矣，即仍而用之，有義在即筆削也，於是覩其事而成敗治亂瞭然。如齊桓定伯數十事爲一事，即至定公夾谷之會，許以三百乘從齊，以齊曾爲天子之伯，則仍齊桓事，而晋伯之歷久不待言矣。覩其文而粲然，或一字爲文，或一句爲文，或數十句數十節相比相屬爲文，而文之或因或革乎史者，錯綜變化，鏗鏘戛然；覩其義而予奪褒貶昭然，義即王迹也、周禮也、天子之事也，所謂"邱竊取"者也，而邵康節謂"《春秋》，孔子之刑書"，亦明矣。禮樂征伐自天子出，春秋以前事也，非春秋也，春秋則自諸侯出，自大夫出，陪臣執國命，皆貶也，故孟子曰"春秋無義戰"，例之無義朝聘、無義會盟，皆貶也，而彼善於此則褒矣。顔習齋先生謂"孔子經濟之書"，亦明矣。義見則天子之迹見，改元即位、朝聘會盟、侵伐放殺、昏覲享唁、喪葬祭祀、蒐狩興作、甲兵賦税、封建縣邑，利弊隆替，釐然可考，孔子爲東周之具具矣，即萬世致太平之法，亦有前車矣。子曰"見之行事，深切著明"，此也，因僭爲《傳注》，以質天下後世焉。

雍正四年丙午桂月雨朝恕谷後學李塨再拜撰

春秋傳注·卷一 起隱公，盡莊公

蠡吾　李塨　稿

隱　公

《毛氏傳》曰："此魯史文也。魯侯爵稱公，史臣詞也。《尚書·費誓》，史稱'公曰嗟'，而作《書序》者即稱'魯侯'，則隱公非亦史舊文乎？"

元年春王正月。

《杜注》云："不言一年一月者，欲人君體元以居正也。"《孔疏》云："人君即位必改元，諸國皆然。"《左傳》謂"鄭僖之元年，朝於晋。簡之元年，士子孔卒"是也。昭公以敬王十年冬薨，十一年夏六月喪，至定公乃即位而春已。書元年者，先君已薨於前年，即位雖在後，亦統此歲也。

春正月者，周制改前代時月，建子之月也。經桓八年冬十月雨雪，夏之秋八月也，夏冬十月小雪矣；成元年春二月無冰，夏之冬十二月也，夏春二月冰泮矣，俱非异也，何記焉？故《左傳》僖二年春王正月日南至，以子月長至也，《春秋》以年領時，以時領月，以月領日，而事屬之常也。"元年春正月"，史文也。"王"，則孔子筆也，謂周卜世三十，卜年七百，今惟正朔行於天下，此王章也。其餘即位、會同、朝聘、征伐皆自諸侯出，自大夫出，無王矣。《春秋》全經之大義揭於是矣。

王不在春上者，《孔疏》曰："三正迭建，月改則春移，春非王所改也。"其後有王二月、王三月者，言商之正月乃周王二月也、夏之正月乃周王三月也。

四時首月，雖無事猶書，謹時也，故春必正月、夏必四月、秋必七月、冬必十月，而有時不在首月,如夏五月鄭伯克段於鄢、四年春王二月莒人伐杞,以旁月有事而首月無事也。若空書時月,必在首月,亦有書旁月,如莊二十二年夏五月,杜氏曰"誤也"。又如二年春會戎於潛無月,秋八月庚辰公及戎盟於唐有日,而他無,桓四年、七年無秋冬,僖二十八年冬壬申公朝於王所有日無月,昭公十年十二月甲子宋公成卒,不書冬,皆闕也。桓十二年冬十一月丙戌盟武父,又丙戌衛侯卒,一日兩書,羨也。聖人因之,不敢增損,所謂"及史闕文"也。

《毛氏傳》曰:"國君改元則必告廟,朝正行即位之禮。周制:遭喪即位,逾年改元。其遭喪而遽即位者,國不可一日無君也;逾年改元者,一年不可有二君也,故書成王崩在四月乙丑,越七日癸酉而康王即位。《史記・世表》魯真公二十八年宣王即位,至二十九年王始改元,是即位、改元本非一時,然遭喪即位仍反喪服,至踰年改元,又特行正位之禮,百官以敘,然後史書即位於改元下,其或朝正告朔而不行此禮,則史不書此,不書,以攝位也。莊、閔、僖三君亦不書,以皆遭弒逆之變,倉卒即位,不忍再行也。行則書,不行則不書,禮也,而義亦寓焉。若隱被弒而桓即位,則桓何心?襄仲戕儲而宣居然行即位禮,其幸禍可知矣。"

隱之攝位,何也?《左傳》曰:"惠公元妃孟子卒,繼室以聲子,生隱公。宋武公生仲子。有文在其手曰'爲魯夫人',故仲子歸於我,生桓公而惠公薨。"《公羊傳》曰:"桓幼而貴,隱長而卑,諸大夫扳隱而立之。隱於是焉而辭立,則未知桓之將必得立也。且如桓立,則恐諸大夫之不能相幼君也,故隱之立,爲桓立也。隱長又賢,何以不宜立?立適以長不以賢,立子以貴不以長。桓何以貴?母貴也,子以母貴,母以子貴。"《何注》云:"《禮》:妾子立,則母得爲夫人。夫人成風是也。"《屬辭比事記》曰:"《春秋》有始娶、再娶,若繼室,則媵妾之當室者耳。"蓋始娶無子則再娶,衛莊始聘於齊曰莊姜,無子,則又娶於陳曰厲媯,且有其娣曰戴媯,是再娶夫人也。若始娶者,或卑微,或不成禮,則亦有再娶,魯莊公始娶孟任,已爲夫人矣,後以其卑微,且築臺於黨氏而私娶之,不必成禮,故又再娶於齊曰哀姜。及哀姜無子,則仍以孟任之子般爲適子,雖哀姜有娣叔姜已生閔公,又前此媵妾之成風早生僖公,而成季主之,皆不得立,以其爲始娶夫人也。今隱公爲繼室聲子所生子,而惠公再娶仲子,實爲夫人,則桓公爲適,當立,而隱公居攝,禮固然也。愚按:《周禮》"七出":無子,去。即當去,而遇三不去者,亦但養之終身,夫必再娶,則衛莊之再娶,禮也。魯莊已娶孟任,有子,又娶哀姜,則辛伯所譏"并后匹嫡",非禮也。若惠公元妃卒,繼娶仲子爲夫人,則考經文,周桓王十六年祭公逆王后於紀、靈王十四年劉夏隨單靖公至齊逆后、齊襄公五年娶王姬、齊桓公三年娶王姬,皆似再娶。《公羊傳》《白虎通》言"天子、諸侯不再娶",誤也。蓋春秋戰國已如漢唐後,后卒,即選妃立之,遂爲是言,而實非禮也。《曾子問》孔子曰:"宗子雖七十，無無主婦；非宗子，無主婦可也。”夫宗子不可無主婦，可以天子諸侯無主婦乎？然《孟子》載葵邱之會，申王章曰“無以妾爲妻”，則將以誰爲主婦乎？其再娶也必矣。

又按：經不書即位，何以知爲攝乎？何以别於遭變者乎？曰下書隱夫人薨，不成小君禮，爲桓母立宫且隱薨，不傳子而及弟，則居可知矣，則與他公不書即位者别矣，故經文必前後貫穿觀也。

三月，公及邾儀父盟於蔑。

會盟，周禮也，王十二歲巡狩，盟諸侯於方岳之下；諸侯有事朝王，或會或同，亦爲盟禮；又諸侯相盟，故鄭注“覲禮”曰“王之盟，其神主日；王官之伯盟，神主月；諸侯之盟，神主山川”，但春秋不由天子之命，諸侯要盟，所謂“大國制其言，小國尸其事”，則行禮而非禮矣。邾即鄒也，附庸，小國也。孔子以魯附庸顓臾爲社稷之臣，則附庸同於大國之卿大夫，稱名，宜也，而儀父稱字者，《左傳》曰“未王命，故不書爵”，言未命以爲諸侯也。莊十六年書“邾子克卒”則命以子爵矣。又曰“儀父，貴之也”，言附庸當稱名，而稱字，以其能通於大國，繼好息民，故貴之也。及，與也，言公與儀父也。《春秋》魯史無論孰爲政，皆首公而後他國，文則然也。杜云：“蔑，魯地。”夫魯擊柝聞於邾，近鄰結好，非衆會共伐，亦可不稟於王而自行者，在魯爲以大事小，在邾爲以小事大，在《傳》以稱字貴，則公無貶可知。《春秋》邾、魯以蔑起，以邾子益來奔終，中間會盟、侵伐、告訟，節節相通，以見義也。

夏五月，鄭伯克段於鄢。

君帥師則稱君，卿大夫帥稱卿大夫。稱鄭伯，伯自帥師也。段，弟也，不書，繕甲將襲鄭，而不弟也。克，勝也，《易》所謂“大師克”也。鄢，鄭邑。不書出奔，勝之而不言殺即出奔也，不待書也。封建相沿久，五倫多故，而首禍在兄弟。繼此，魯之隱、桓，齊之子糾、小白，鄭之忽、突，衛之伋、朔，晋之桓、叔，兄弟爭殺，無國無之，甚至季康子嗣位，而桓子所屬之嫡子生，視之己有，人代爲殺，且兄弟讓位，如宋宣公、吴王諸樊而終成弑僇，以至商臣以子弑父，商人以臣弑君，敬嬴欲立其子而賊其君夫所立之子，至於友邦相殺，愈難盡述，而五倫胥滅矣，皆由封建世位世爵而爭奪樊然。秦後，封建易而郡縣，世爵移而科目，尺官銖禄皆由朝廷，欲爭無由，故弑逆之禍反少於三代，此封建所以不能復於後世也。

秋七月，天王使宰咺來歸惠公仲子之賵。

鐵壺氏曰:"《越語》大夫種稱吴子爲天王,是周人舊有此稱也。"惲皋聞曰:"《春秋》書天王,非《春秋》所立之名也,禮有是稱也,然有時但稱王而間稱天子者,舊儒以王不稱天爲貶,亂道也。"《春秋》以尊王爲義,所以使亂臣賊子懼也,乃以匹夫之筆進退天子,聖人安有是乎?説者又謂無天字謂闕文,稱天子爲誤文,亦非也。太史執簡記事,自宜將之以敬,至於王而乃多闕多誤,是即不敬之大者,可垂之爲國典乎?蓋此皆據其所來之詞也。古者聘問必有辭,《聘儀》曰介紹而傳命,命即辭也。歸含、賵、襚亦有辭,《檀弓①》邾婁考公之喪,徐君使容居來弔含,曰:"寡君使容居坐含進侯玉,其使容居以含",是歸含有辭,則賵、襚可知,而錫命有辭不待言矣。其稱天王,則《曲禮》云"臨諸侯,畛於鬼神,曰:'有天王某甫'"是也;其稱天子,則僖九年《傳》稱"王使宰孔賜齊侯胙,曰:'天子有事於文武,使孔賜伯舅胙'"是也;其稱王,則《書・康誥》諸篇俱云"王若曰"是也,故來辭或天王,或王,或天子,即依之以書於冊,正所以重王命也,豈有闕誤哉?他如天王出居於鄭、天王入於成周、天王崩,亦皆依其赴辭,其但記事者則概稱王,如桓五年三國從王伐鄭、僖二十八年公朝於王所之類,惟天王狩於河陽爲聖人之特筆耳。《孟子》曰"其文則史",豈有舊史所稱天王之文,聖人敢削去其天字者哉?

咺,宰名也。考周制,天子有公、有卿、有中大夫、下大夫,無上大夫,卿即上大夫也。觀《司徒職》"鄉②大夫,每鄉卿一人",卿亦稱大夫,可見也。《春秋》則公不稱名、字,比之外公、侯,稱公,故僖九年稱宰周公,卿稱行次,南季、榮叔、召伯、凡伯、祭伯是也;大夫比之外國之卿,稱名,家父、子突、石南是也。此宰,宰夫,下大夫,故稱名也。惠公,隱之父,仲子,桓之母,必同時先後亡者。仲子爲繼適,故子雖未立,亦得以其喪同惠公赴告天子。鄭康成曰:"天子於諸侯,含之、賵之,小君亦如之。"則禮而非過也,特禮尚往來,況君臣相於,其責在下,豈有天子下交而諸侯反無報者?隱十一年中,適遭王喪,而不使卿弔,亦不會葬,至求賻而後應之,以視天子之來賵,何如也?罪不言而可知也。

隱公改元已七月,惠公、仲子必皆葬矣。文五年榮叔歸含且賵在成風葬前,故不必指其人。此葬後,故指某之賵以明之。

九月,及宋人盟於宿。

公及而但書及,與公會而但書會同,不言公可知公,史文有异同也。此公與外卿大夫

---

① 弓,底本及《顔李叢書》本均誤爲"公",據中華書局1980年版《十三經注疏》改。
② 鄉,底本及《顔李叢書》本均誤爲"卿",據《十三經注疏》改。

相盟之始也。愚按《左傳》云“《禮》:卿不會公、侯,會伯、子、男可也”,晋使陽處父盟文公以恥之,季文子會齊侯,請盟,齊侯不肯。今公及宋人盟,上替則下陵,毋怪相繼而列國卿士專操盟會之權也。杜氏曰:“宿,小國名。”《穀梁傳》曰:“宿,地名。”

冬十有二月,祭伯來。

祭,周公之裔,故與魯接,不奉王使,無朝聘可書,故書曰“來”,私越境,非臣道也。鐵壺氏曰:“祭與魯接者三。伯、叔,行次也。公,爵也。”

公子益師卒。

卿必書卒,以國政寄焉也,然有不日者,卿位亞於君與夫人,舊史或略焉,聖人不得而益之也。鐵壺氏曰:“自莊以前,魯卿或獨書名,或并書繫,自僖以後無不書繫與族者。列國之卿,事接於魯,或獨書名,或并書族,自僖以後,無不書繫與族者,然僖後楚椒、秦術獨名,成後楚卿無不書繫與族,而吴札獨名,此國勢邦交隨世以變,而舊史因之者也。獨書名,略之也,并書繫、族,詳之也。”

二年春,公會戎於潛。

戎,徐戎也,伯禽所征者也。襄十四年,晋合諸侯會吴於向,諸國皆書,而戎子駒支亦與會,不書,以其服役也。魯,宗國,而與戎敵會敵盟,則陵替而不振矣。會不月,盟有日,皆因史文,無者不得增,有者不得去也。若以書月、書日爲有褒貶,則按之全經而不合矣。

夏五月,莒人入向。

莒頗强於向,而遂稱兵以陵其國,誠天下無道之時也。《春秋》書侵伐始此,深惡之也。人者,莒大夫。《毛氏傳》曰:“以兵深造其國邑曰入。”

無駭帥師入極。

魯,守禮國也,而亦使卿大夫帥衆以殘小國,王章安在乎?師,衆。辭無駭徒名,史舊文與後"四年翬帥師"、"八年鄭伯使宛來歸祊"同，不關賜族未賜族也。

秋八月庚辰，公及戎，盟於唐。

《范注》："《穀梁》曰：'唐，魯邑。'"

九月，紀履繻來逆女。

《毛氏傳》曰："履繻，紀大夫名。來逆女者，卿爲君來逆女也。"《釋例》："天子娶則稱來逆后，卿爲君則稱逆女，若卿大夫自爲娶則稱逆某姬。"宣五年，齊高固來逆叔姬。此稱女，下又稱伯姬，言紀所逆者我女，而我所歸者伯姬也。其不稱紀使者，以昏禮不稱主人。主人者，壻也，重廉恥也。而國母，婦人，又難通命於他國，則但書卿來而使在其中，文也。《公羊》乃曰："昏禮不稱主人，則當稱諸父兄師友。"《昏禮》記有云"支子則稱其宗，弟則稱其兄"，此言大夫以下非宗子者也。若國君則諸父兄弟皆其臣子，豈可以臣子而反爲國君所稟命者，故國君必無父，無父而有母，則稱國母之命，卿自來逆，而苟其并無國母，則必自命卿逆之。《昏禮》記曰："宗子無父，母命之。父母皆歿，則己躬命之。"而《白虎通》曰"人君及宗子無父母，自定娶者，卑不主尊、賤不主貴也。"《祭統》娶夫人之辭曰"請君之玉女與寡人共有敝邑，事宗廟社稷"，此國君自娶之命也。故《公羊》亦云"成八年宋公使公孫壽來納幣，此必無母者"，其言是也。

鐵壺氏曰："内女適人，未有書逆者。以後紀亡，伯姬、叔姬并書於策，故叔姬之歸不得畧，而於伯姬特書逆以明其爲嫡也。"

《春秋》之始内卿書名，外卿大夫則稱人，此書名，以來逆女，内之也。

紀，侯爵，姜姓，國削而齊欲并之，故昏魯以自固，而不知魯之不可恃也。孔子續書二十三則於下以終其事焉。

冬十月，伯姬歸於紀。

《毛氏傳》曰："伯姬，魯女字。《禮》：'女子許嫁，笄而稱字。'"《鄭注》曰："即伯姬、仲姬之類。"鐵壺氏曰："内女之歸、卒皆不書，常事也。此書以其後姬卒而齊侯葬之，爲事之變也。"

紀子伯、莒子盟於密。

《毛氏傳》曰:"莒與魯有怨。紀侯昏魯,使大夫盟莒以和解之。則密雖莒地,而履緰就盟,主在履緰,故先紀後莒,據事之文也。"子伯,《左傳》作子帛,履緰字。

稱字,與邾儀父書字同,嘉其爲我講信修睦也。

十有二月乙卯,夫人子氏薨。

夫人稱薨,與君齊也。《左氏注》謂桓母,即仲子也,《公羊》謂隱母,即聲子也,皆非也。聲子,非夫人也,隱公不行即位禮,則不得貴其母而稱夫人;仲子,天王有賵,是先歿矣。《穀梁傳》曰"子氏者,隱之妻也",是也。何以知隱妻也?觀下不書葬可見也。若貴其母聲子,則既貴之矣,不得不書葬也。鐵壺氏曰:"隱妻何以不書葬也?隱志於讓,而不以夫人之禮葬也。則書夫人薨,何也?猶隱公不舉即位之禮,而史必書公也。書公然後知不書即位爲志乎讓也。書夫人薨,然後知不書葬爲不用夫人之禮也。"

鄭人伐衛。

《左傳》:"鄭共叔之亂,其子公孫滑出奔衛。衛人爲之伐鄭,取廩延。至是,鄭人伐衛以討滑亂。"總之,皆春秋搆怨之兵也。《左傳》曰:"凡師有鐘鼓曰伐,無曰侵,輕曰襲。"

三年春王二月,己巳,日有食之。

《毛氏傳》曰:"禮重天行,凡災祥、眚戾、雲妖、物變皆關典例,史官遇此必書。"日月行天,歷二十九日有奇,而月與日會。會時或同道同度,而月下日上,二體沓複,下行之月將必上掩日之光而以漸吞蝕,若有物食之者,故曰"有食之",謂食之者,月也。春陽而月陰,以陰食陽,則合朔交食,雖有常度而不可不謂之災,故史記之。惲皐聞曰:"日食必於朔。不書者,史有詳畧也。"

三月庚戌,天王崩。

此平王也。桓王立,天王之崩,赴則書。魯使人會則書葬,葬而不書會者,其人微也。

崩、葬皆志者,桓、襄、匡、簡、景也;志崩不志葬者,平、惠、定、靈也;崩、葬皆不志者,莊、僖、頃也。愚考《禮》:昭三十年,游吉曰:"諸侯之喪,士弔,大夫送葬。靈王之喪,我先君簡公在楚,大夫印段實往,少卿也,王吏不討,卹所無也。"《正義》謂"君出,上卿守國,故少卿行也"。大抵天王初崩,使卿往弔,"文八年秋,天王崩。冬,叔孫敖如京師"是也。送葬又使卿往,"九年二月,叔孫得臣如京師。辛丑,葬襄王"是也。若諸侯當朝期而遇王喪或葬,則供其事,《康王之誥》"太保率西方諸侯,畢公率東方諸侯,執壤奠",《孔傳》謂"來朝而遇國喪,遂因見新王"是也。若不值朝期,則但遣上卿而不親往,隱元年《左傳》曰"天子七月而葬,同軌畢至",《正義》謂"萬國至衆,封守至重,諸侯遣卿而不親往"是也。

夏四月辛丑,尹氏卒。

《毛氏傳》曰:"此鄭大夫尹氏也。何以書?曰:'據左氏十一年《傳》曰:"隱公爲公子,與鄭戰於狐壤,被獲。鄭人囚公於尹氏。公乃賂尹氏,而禱於尹氏所主之神曰鍾巫,遂與尹氏偕奔歸,而立鍾巫而祀之。其後公以祭鍾巫,館於寪氏,被弒。"而尹氏已卒矣。是此尹氏,公之患難存亡係焉。其德尹氏也,必以客卿而引厠之内卿之列。卒也,不問其爲鄭大夫、魯大夫,必以内卿之禮臨其喪。君既視斂,自必書卒,情與理則然也。'"

惲皋聞曰:"尹氏卒,不稱名,何也?蓋他國大夫有稱氏之例,宣十年書齊崔氏出奔衛矣,且或隱公德尹氏,卒而不名,如漢宣畫功臣於麒麟閣,獨於霍光曰'博陸侯,姓霍氏',故舊史因其辭而書之,曰'尹氏卒'也。"

秋,武氏子來求賻。

魯不供賻,不臣也,王來求之,不君也。不稱使,新喪未葬,政聽冢宰,而發命者非王也。鐵壺氏曰:"武氏子者,未有職司,徒以其父故任之也。"按:出使重任,可使無職者往乎?此世卿之弊也,謂其父貴則子亦貴也。

八月庚辰,宋公和卒。

《禮》:外君薨,來赴則史必書。第諸侯稱薨,大夫稱卒。若外君來赴而亦稱薨,則於本國尊君之稱無別,故史例書卒。和者,宋公名。葬時諱名稱謚,然後書曰"葬某公"。此時無謚而但書國爵,則與彼國之前後君混,故書名亦史例也。鐵壺氏曰:"不名者,史失之也。

或日或不日,史有詳畧也。"《孔疏》云:"日月有詳畧而無義例。"文以前六公書日者二百四十有九,宣以後六公書日者四百三十有二,計前後年數畧同,近詳而遠畧,斷非貶遠而褒近也。

冬十有二月,齊侯鄭伯盟於石門。

毛氏曰:"三《傳》皆闕其事,然以'桓五年,齊侯、鄭伯如紀'觀之,蓋總爲謀紀耳,此皆《傳》畧而經詳者。"

癸未,葬宋穆公。

書葬,非謂彼國葬君也,言我國有送葬者爾。概稱公,從其國之尊稱也。

四年春王二月,莒人伐杞,取牟婁。

《穀梁傳》曰:"言伐、言取,惡之也。諸侯相伐取地於是始也。"

戊申,衛州吁弑其君完。

此《春秋》書亂臣弑君之始也。完,衛桓公名,與列國君卒書名例同。鐵壺氏曰:"州吁不稱公子,先儒謂孔子削其屬籍,非也。鄭歸生、楚比皆稱公子,而獨削州吁、無知之屬籍,何居?蓋宋萬以前,外大夫不書繫,故弑君之賊亦不書,慶父以後,内外之大夫漸張,皆書繫與族,故弑君之賊亦書,舊史之文也。"

按:《史記·衛世家》,衛莊公寵庶子州吁,及子桓公立二年,惡州吁驕奢,絀之。出奔,求叔段與爲友。迨桓十六年,州吁收聚衛亡人襲桓公,弑之,自立。故殺州吁後,桓公有謚、書葬,而《傳》不詳也。

夏,公及宋公遇於清。

《曲禮》:"諸侯未及期而相見曰遇。"杜氏云:"遇者,草次之期,各簡其禮,如道路相逢者,與《周禮》'冬見曰遇'不同。"《左傳》:"宋魯欲尋舊盟,以未及會期而衛來告亂,遂遇於清。"

按:清,衛地。聞州吁弑君而遇其地,且下皆同之伐鄭,則黨惡矣。書"遇於清",惡之也。

宋公、陳侯、蔡人、衛人伐鄭。

《左傳》:"衛州吁使告於宋曰:'君若伐鄭,以除君害,君爲主,敝邑以賦與陳、蔡從,則衛國之願也。'"故首宋公,蔡、衛稱人,大夫往也。

考衛、鄭搆兵,由於鄭段之子公孫滑在衛,二國結怨,歷年不息。此則州吁又叔段之友而新篡立,謀與諸國共兵以威其民,故夏秋連伐鄭。宋、鄭搆兵,則宋宣公舍其子殤公不立而立弟穆公,穆公卒,又舍其子馮不立而立殤公,且慮有後爭,使子馮出居鄭。乃殤公聞鄭欲納馮,遂屢動兵於鄭,及取邾田,敵我師,十年十一戰,民不堪命,以致弑逆,召公子馮於鄭而立焉,兵乃息。

秋,翬帥師會宋公、陳侯、蔡人、衛人伐鄭。

《左傳》:"宋公乞師,公辭之。公子翬固請而行。"此大夫與諸侯會而共伐之始也,漸不可長矣。

九月,衛人殺州吁於濮。

鐵壺氏曰:"稱國以殺,則衛無君。目石碏,則與里克殺奚齊同文,而疑於石碏之私,故稱人,言公討也。濮,衛地,何以知?使殺於异地,則當書國而不書地也。齊人殺無知,何以不地?於國都,不可以地舉也。"

冬十有二月,衛人立晋。

《穀梁傳》曰:"衛人,衆辭。"以國人之公也。然立君當稟命天王,而國人擅立,則亦天下無道之事矣。"

五年春,公觀魚於棠。

《左傳》曰:“非禮也,且言遠地也。”

夏四月,葬衛桓公。

討亂定始葬,是以緩。

秋,衛師入郕。

郕,伯爵,文王之後。《左傳》:“衛之亂也,郕人侵衛,故入之。”亦報怨之兵也。

九月,考仲子之宫。初獻六羽。

隱爲桓攝而見居君位,則宗廟中不可使桓主祭其母也,又不可代桓祭母而使桓不祭也,故别立仲子之宫,若姜嫄之有專廟者。然其後桓爲君,自請仲子入祔惠廟而祭之,但《春秋》以恒禮,不書耳。

經例:太廟稱廟,群廟稱宫。此亦稱宫者,見可敵體於惠公也。《杜注》曰:“考,祭以成之也。初,初祭也。獻六羽者,從仲衆之言,用諸侯之舞數,以見其爲夫人也。婦人無干舞,故獨稱羽。”

邾人、鄭人伐宋。

《左傳》:“宋人取邾田。邾人告於鄭曰:‘請君釋憾於宋,敝邑爲道。’”是邾爲主也,故首邾。

螟。

秋九月,夏時七月。蟲食苗心,災也。

冬十有二月辛巳,公子彄卒。

宋人伐鄭,圍長葛。

報郲人之役也。

六年春，鄭人來輸平。

鄭與魯公有狐壤之怨。前年郲、鄭伐宋，宋告急於公，而公不之應，則似於鄭怨有忘之者，故鄭來輸平，以間其助宋焉。《杜注》曰：“和而不盟曰平。”

夏五月辛酉，公會齊侯盟於艾。

《左傳》曰：“始平於齊也。”《杜注》曰：“春秋前，齊、魯不平。”

秋七月。

冬，宋人取長葛。

《左傳》：“秋取，冬來告，故書冬也。”長葛不係鄭，上有“伐鄭，圍長葛”也。

鐵壺氏曰：“隱公之初，書外取邑二，而後此無聞焉。蓋列國交爭，疆埸之邑，攻奪無常，以爲不足赴告焉耳。此世變之尤著者也。”

七年春王三月，叔姬歸於紀。

叔姬，伯姬之娣也，以待年始歸也。《何注》云：“婦人八歲備數，十五從嫡，二十承事君子。”鐵壺氏曰：“娣歸，不書，以其後紀亡而姬歸於酅，故録其始也。”

滕侯卒。

夏，城中邱。

鐵壺氏曰：“城邑必書者，諸侯封域有定制，則都邑有定數。魯，次國也，而作邑二十有餘，侵并於小國，則敗王畧也。即自城其封内，亦踰舊制也，故雖築以時者，亦書。僖公嘗修泮宫，作閟宫，而不見於經，知凡城之志皆譏矣。”

齊侯使其弟年來聘。

《穀梁傳》曰:“諸侯之尊,弟兄不得以屬通。其弟云者,以其來接於我,舉其貴者也。”鐵壺氏曰:“凡書弟者,公子而不爲大夫者也。盟聘、帥師,國之大政也,無職司而任國之大政,故書弟以志异也。何以知非大夫?陳招會虢、放越,皆稱公子,使非殺世子,偃師譏其以親屬而忍爲大惡,則竟不以弟見矣,是弟而爲大夫者固稱公子而不稱弟也,以是知親弟而不稱公子者爲無職也。諸侯之兄弟見經者十,《傳》於陳招稱司徒而經書‘公子多執政’,則公子爲大夫之稱審矣。”

秋,公伐邾。

《杜注》曰:“公距宋而與鄭平,以鄭爲援。今《傳》載宋及鄭平,盟於宿,故懼,以宋惡邾而伐之以求宋,故《傳》曰‘爲宋討’。夫邾曾盟於蔑,以媚宋而伐之。反覆瀆兵如是,而無如宋之不以爲德也。”

冬,天王使凡伯來聘。戎伐凡伯於楚邱以歸。

《左傳》:“初,戎朝於周,發幣於公卿,凡伯弗賓,故於其出聘,以兵脅之而歸。”楚邱,衛地。

王使來聘而中途忽受戎患,王室之微、諸侯之怠玩不救、戎之恣,皆可懼也。

八年春,宋公、衛侯遇於垂。

《毛氏傳》曰:“宋、鄭搆兵已久,而衛佐宋,則以一鄭而敵兩大。前三年,齊僖與鄭莊曾盟石門,齊原密鄭,故不平,而欲平鄭於宋、衛,已有會期,而宋、衛先自爲遇,以商其可應與否。然後至秋赴齊僖之會而盟於瓦屋,是宋、衛先爲商約以啟齊疑矣,故其後齊一聞王命而即渝盟也。”

三月,鄭伯使宛來歸祊。庚寅,我入祊。

《毛氏傳》曰:“據《傳》,成王營洛,賜周公朝宿之地於成周,以其地近許,即名許田,而鄭桓公以宣王母弟賜湯沐之邑於泰山下,使助祭泰山,以其邑名祊,謂之祊田。今諸侯不朝,則朝宿之地可廢,王不巡狩,則湯沐之邑可廢,故鄭欲以附近相易而我許之,然而非王典也。”

曰“來歸”，鄭罪也；曰“人”，我罪也。

夏六月己亥，蔡侯考父卒。

辛亥，宿男卒。

秋七月庚午，宋公、齊侯、衛侯盟於瓦屋。

齊侯主盟，宜先齊，而先宋公者，必齊侯疑宋公請衛相遇，姑以宋爲公爵而先之，若宋主盟者然，以告於魯史，據而書之。

八月，葬蔡宣公。

九月辛卯，公及莒人盟於浮來。

前二年，紀專與莒盟，以爲魯修好。故此，公盟莒以成紀意。左氏云。

螟。

冬十二月，無駭卒。

不氏，與下九年“挾卒”同。

九年春，天王使南季来聘。

《范注》曰：“南季天子之上大夫，即卿也。”

三月癸酉，大雨，震雹。

三月，夏正月，斯時未啟蟄而大雨，且震雹，异矣。

庚辰，大雨雪。

三月雨雪不爲災，大即災矣。雨者，下也，與“雨螽”、“雨雹”同。《左傳》曰：“凡雨，自三日以往爲霖，平地尺爲大雪。”

挾卒。

鐵壺氏曰：“自此以後，桓、莊歷五十年，如翬、如柔、如溺、如結逆女、盟會、帥師皆書於經，而卒則無見焉。蓋隱之大夫而臣於桓則背君也，桓所建置則黨賊也，故凡死於桓、莊之世者皆不書其卒，以示爲王法所不容也。至莊三十二年而後，書牙之卒，則莊之大夫矣。”

夏，城郎。

秋七月。

冬，公會齊侯於防。

《毛氏傳》曰：“據《左傳》：‘宋公不王，鄭伯爲王左卿士，以王命討宋。告我與齊。’如是，則宜擇日誓衆，興師討罪，而乃先與齊會，以陰謀之，則直利其有，且以舒怨，非王師矣，故經於此數節皆絕不及宋之不共與鄭之奉命興師，而但爲列國搆怨之文，以曲記其事焉。”防，魯地。

十年春王正月，公會齊侯、鄭伯於中邱。

中邱，魯地。

夏，翬帥師會齊人、鄭人伐宋。

六月壬戌，公敗宋師於菅。辛未，取郜。辛巳，取防。

《左傳》：“三國大夫於五月伐宋。至六月，三君復會於宋地，尅期并入。公於齊、鄭未集時，窺宋無備而敗之。”菅，宋地。郜、防，宋二邑名。按：此伐宋，書敗宋，以見興師取邑乃貪欲而非奉王命也。後桓十三年戰齊、宋四國，書四國敗，以見桓之能自强也。莊九年戰齊，書敗，以見齊桓興霸、魯始與惡而終乃好之由也。本國、外國詳書兵事，且紀勝敗者，必一事而有關軸者也。若侵伐，大凡爲瀆王章、搆禍怨、淩小弱，則書伐、書侵、書入、書戰、書取、書滅，明矣。其事不必詳也。

秋,宋人、衛人入鄭。

《春秋條貫篇》曰:"宋之受創,鄭主之,齊、魯輔之,而宋則以怨鄭之深,舍齊與魯,而遽挾衛以報鄭。"

宋人、蔡人、衛人伐戴。鄭伯伐取之。

乃挾衛入鄭,不克,遂又召蔡共伐戴。鄭伯乘其伐戴之疲伐之,以取三師焉。取,掩覆,盡取之也。

冬十月壬午,齊人、鄭人入郕。

《左傳》:"蔡人、衛人、郕人不受伐宋之王命,故齊、鄭討之。"

十有一年春,滕侯、薛侯來朝。

《周官》:"六年,五服朝王。"然小國於大國亦有朝禮。《周禮·大行人》:"凡諸侯之邦,交歲相問也,殷相聘也,世相朝也。"則必大國君嗣位,然後小國朝之;小國君嗣位,然後往朝大國。無如朝廷定制六年者,乃春秋諸侯於王漠然不朝,即聘使亦稀,而朝大之禮,勤有加焉,其名分、禮制顛倒如此。至晋之霸,定制以示諸侯:三年一聘,五年一朝,有事而會,不協而盟。則居然天子議禮制度矣,乃列國畏趨之,朝聘如繩牽,并不敢待三五之期,是何世道與?詳書之,志亂也、懲惡也。

《孔疏》曰:"桓七年夏,谷伯來朝,鄧侯來朝,彼别此同,言彼别行禮、此同行禮也,同行有居先者,故爭之。"

夏,公會鄭伯於時來。

《左傳》:"謀伐許也。"時來,鄭地。

秋七月壬午,公及齊侯、鄭伯入許。

入許,鄭也先齊,爵貴也。

據《傳》,入許,許莊公奔衛,鄭莊公使許大夫百里奉許叔居許東偏,使其大夫公孫獲居許西偏。後歷一十六年,鄭突、忽爭國,許叔乃入於許。

冬十有一月壬辰,公薨。

公薨,必地,如薨於路寢之類,不地,則其薨有故矣。何不直書弒?爲本國諱也。公之薨以羽父請於桓公,使賊弒公於寪氏也。左氏曰:"不書葬,不成喪也。"蓋於他國曰"葬某王"、"葬某公",我往會葬也,不會葬,則不書;於本國曰"葬我君某公",我自葬之也,成禮則書,不成禮則不成喪矣,不書。《毛氏傳》曰:"《公》、《穀》皆言'君弒,賊不討,不書葬,以爲無臣子也',然按之全經而不合,如里克、甯喜、慶父、宋萬皆賊,已討而不書葬,蔡世子般、鄭子駟皆賊,不討而書葬,則其説不可從也。"

桓公

元年春王正月,公即位。

春秋十二公,桓弒隱而立,閔、僖以慶父謀簒而立,宣公殺太子而立,昭公以子野暗害而立,定以昭公孫廢其太子而立,莊亦遭變,與爭竊無异,惟文、成、襄、哀以正即位。魯,守禮國也,而封建世位,遂啟嫌爭,以致君國子民者首領不保接踵也,况他邦乎?封建所以不得復於後世矣。

三月,公會鄭伯於垂。

《毛氏傳》曰:"急會,爲固其位也。先與鄭會,以鄭曾與隱相好,故尤急也。"

鄭伯以璧假許田。

鄭求以祊易許田,隱雖以其歸祊入之而未與許也,或以許田重於祊,或以許有周公別廟,遲回之冀得以終已其事,未可知也。至是,鄭復請祀周公,卒易祊田,桓媚鄭而遂與之,鄭遂加璧而受之,不書易而曰"璧假",若暫借而非久易,且并不及祊田,以廢先廟、亂王章,爲罪已大,諱之,故婉而成章也。

夏四月丁未,公及鄭伯盟於越。

《左傳》曰:"結祊成也。"垂、越,皆衛地。

秋,大水。

《穀梁傳》曰:"高下有水災曰大水。"

冬十月。

二年春王正月戊申,宋督弑其君與夷及其大夫孔父。

孔,氏,父,名,《左傳》"字嘉"。《穀梁》曰:"孔父閑,言能閑衛其君也。"能閑衛其君,故亂臣及之。鐵壺氏曰:"君弑而大夫見殺,不論其死之先後於君,而皆以及,書尊卑之義也。春秋之初,外大夫皆稱人,或以名見者,非特至於魯則其事不得不名也。特至於魯,紀履緰、鄭宛、鄭詹是也。其事不得不名,宋督、齊無知、宋萬、孔父、仇牧是也。父,牧氏,魯人,重其節而詳之也。

滕子來朝。

《杜注》云:"滕,隱十一年稱侯,此稱子,蓋時王所降。"鐵壺氏曰:"胡《傳》謂'時王能降諸侯',《春秋》豈復作乎?不知强大之國簒弑逆命,王靈不加,且隆禮焉,滕、薛、杞,小侯,未聞大惡而見黜,是即王法之替,《春秋》所以作也。"

二月,公會齊侯、陳侯、鄭伯於稷,以成宋亂。

《釋詁》曰:"成,平也。"言四國之會欲正宋亂,乃後皆受賂而不終事。前會未有書所爲者,此書,深譏之也。

夏四月,取郜大鼎於宋。戊申,納於太廟。

獨書魯之取賂，深譏其以亂黨亂也。郜大鼎，郜國所造，乃納於周公之廟乎？

秋七月，杞侯來朝。

《左傳》："來朝，不敬。故九月入杞，討之。"

蔡侯、鄭伯會於鄧。

《左傳》："始懼楚也。"《杜注》："楚武王始僭號稱王，欲害中國。蔡、鄭，姬姓，近楚，故懼之。"《正義》曰："鄧，蔡地。"

九月，入杞。

《杜注》曰："不稱主帥，微者也。"按：以後類此甚多，如桓八年伐邾、僖十七年滅項、宣九年取根牟之類。蓋春秋有上卿，亦名正卿、冢卿，如魯季氏、鄭子罕、晋趙孟是也；有亞卿，如魯孟叔是也；有下卿，管仲、子產蓋皆是也，故雖君委聽政而名不登於經，下此，大夫皆微者也，雖柳下惠、蘧伯玉之賢聖皆是也。

公及戎，盟於唐。冬，公至自唐。

《左傳》："公行，告於宗廟。反行，告至、飲至、爵。飲畢，書有勳者於策，禮也。"鐵壺氏曰："會盟書至，必重其事，有戒心而後書，故通十二公無與大夫會盟而至者，以其事爲已輕也，雖重其事而無戒心亦不至，故自僖十五年會牡邱以前，公與諸侯會盟無至者，雖齊桓之會盟不至，而至盟唐，則懼戒也。隱之盟戎不至而桓至者，戎、魯接壤。鍾巫之事，懼有討者也。齊桓之會盟至，牡邱、淮而至者，楚、狄交横而桓德衰也。晋侯首爲踐土之盟而執衛侯，諸侯恐懼，自是霸者之會盟無不至者矣。衆會齊盟然後討，執行焉，故特會、參會，雖霸主與焉亦不至，無所懼也。定、哀之際，特會齊侯而至，則晋衰齊横而魯益微也。吴之强，諸侯皆慴焉，而鄫與橐皋之會不至，何也？魯臣料其將亡而以爲無能爲也。黄池之會，與晋侯偕則至矣。襄七年會鄬、九年盟戲，不書至者，鄬之會未歸而如晋，故以自晋至。戲之盟，未歸而會柤，故歸自柤而後至也。"

三年春正月。

自此以下至九年,惟書時月而不書王,十年書,十一年以下又但書時月而不書王,十八年公薨書。蓋魯十二公,惟桓主謀弑君,雖奉正朔以朝,其下而實大無王也,《穀梁》謂"不書王,以治其罪"是也。宣不亦弑君與?而正月繫王,何也?宣但與知而非主也,發之、主之者,敬嬴、仲遂也。不書王,待三年者,胡氏謂"三年喪畢,當以士服入,受命於天子,此時竟居之而無王,則篡弑之罪莫有治之者矣,故不書王以明其罪"是也。若以爲闕文,則不應連年俱闕,且惟闕於桓年也。至於十年書王,天道之終也。十八年,其人之終也。終則王之尊終不可泯也,故書之。

公會齊侯於嬴。

《左傳》:"成昏於齊也。"《杜注》曰:"不由媒介而自與齊侯會而結昏,非禮也。嬴,齊邑。"

夏,齊侯、衛侯胥命於蒲。

《杜注》曰:"申約言以相命而不歃血也。蒲,衛地。"

六月,公會杞侯於郕。

《左傳》:"杞求成也。"郕,《公羊》作盛。

秋七月壬辰朔,日有食之,既。

《杜注》:"既,盡也。"

公子翬如齊逆女。

《毛氏傳》曰:"古諸侯娶女亦親迎,然世變多故,守國非輕,春秋鮮行此禮矣。送女,大國以上卿,則逆女,大國亦即以上卿行之。"

鐵壺氏曰："隱之篇，翬獨舉名，而至是稱公子者，權盛也，以是知春秋之初獨稱名者，乃舊史輕而畧之也，兼書繫與族者，重而詳之也。孔子不革，何也？革之，則世變物情不可得而見矣。"

九月，齊侯送姜氏於讙。公會齊侯於讙。

鐵壺氏曰："昏娶得禮，常事不書。此以魯侯親求，齊侯越境親送，以致文姜自遂自專，遂流淫奔，故書也。於讙，適魯地，越境也。何以知爲魯地？以後齊人歸讙再見於經也。安知此時不屬於齊也？使屬於齊，則當書曰'公及夫人至自齊。'"《杜注》曰："已去齊國，故不言女；未至魯國，故不稱夫人。"《左傳》曰："凡公女，嫁於敵國，姊妹，則上卿送之，以禮於先君；公子，則下卿送之。於大國，雖公子，亦上卿送之。於天子，則諸卿盡行，公不自送。於小國，則上大夫送之。"按《周禮》，天子、諸侯俱無上大夫。上大夫即卿也。此上卿、下卿外，又有上大夫者，大夫中自分上、下也。

夫人姜氏至自齊。

《穀梁傳》云："其不言翬以至，何也？公親受於齊侯也。"

冬，齊侯使其弟年來聘。

《左傳》："致夫人也。"按：禮有反馬、有致女。嫁女則留車馬於夫家，恐不得，當乘以歸也。三月安之，夫家乃反其馬，女家從而致焉。其嚴如此！然齊侯親送至魯，而來致又使其弟，其溺愛女子之失愈著矣。

有年。

《穀梁傳》曰："五谷皆熟爲有年。"鐵壺氏曰："隱、桓，螟、水相連，民困於災，故喜而書也。若不承屢祲，而有年與祲後薄收皆不見於經矣。"

四年春正月，公狩於郎。

《周禮·大司馬》:"仲冬,教大閲,遂以狩田。"則狩宜在冬,而此春正月,爲夏十一月,正仲冬也。郎,魯邑。特隱、莊、閔、僖、文、宣、成、襄八君,豈無蒐狩?而俱以常事不書,獨桓書此者,蓋一書而褒貶俱焉。褒者,魯尚文教,武備漸弛,弱於齊、晋,侮於邾、莒,桓獨英武,奮然身振其事,故特書公狩,而其後能報郎役、敗宋齊四國之兵,殆有辟土服遠之謚也;貶者,桓性阻兵安忍,亦异於魯之諸君,始則推刃同氣,中則會宋會鄭、伐宋伐鄭,變幻搆怨,而其終,兵起袵席也。至後昭、定、哀,又書蒐狩,則以權臣弄武而不由君也,故摘其事之變與大者而書之。

夏,天王使宰渠伯糾來聘。

《杜注》曰:"渠,氏;伯糾,名。"

《毛氏傳》曰:"天王下聘,禮也,然諸侯不朝,而王反來聘,過矣。以桓之弑逆,王不能討,而反來聘,益過矣。"

此年與後七年俱無秋冬,舊説謂"傳者遺脱",是也。胡氏乃謂"天王失刑,桓惡不討,故削秋冬以見佚罰",則定十四年亦有春夏秋而無冬矣,此則何所刑罰乎?毛仲氏曰:"桓十二年冬,書'丙戌,盟武父',又書'丙戌,衛侯卒',夫一日無兩書者,再書,羨文也。文有盈羨,即有闕佚也。"

五年春正月,甲戌、己丑,陳侯鮑卒。

《毛氏傳》曰:"陳侯卒名例已見前。"《杜注》:"赴以名與同盟而後書名,俱非也。侯固未嘗同盟也。"若卒有兩日,《左傳》曰:"再赴也。方侯病時,其弟陳佗殺太子免而代之,國人分散,故再赴。"《史記》亦云"按本國薨卒,以其薨卒月日,以日見也;外君卒,則以赴告之日"。《左傳》,齊桓公於僖十七年十月乙亥卒,而經書十二月乙亥者,齊亂,未赴,六十日始來赴告,書其告日也,故此兩告兩日,遂并書也。即記事,亦以告時,如襄十一年楚執鄭良霄,在晋、鄭會盟蕭魚前,以來告在會後而書於後,襄二十六年晋執甯喜,本執於夏澶淵之會,秋告,遂書於秋也。

夏,齊侯、鄭伯如紀。

《毛氏傳》曰:"《左傳》'齊侯、鄭伯朝於紀,欲以襲紀。紀人知之。'來告,故書。夫大不朝小，齊，方伯也，豈肯朝紀？况襄國，使不知，朝則已知之矣。且《春秋》列國朝魯，書來朝，聘魯，書來聘，我朝齊、晋與楚，但書如，使大夫聘他邦，亦但書如，乃魯史之體。外國相朝，何爲亦書如也？若云如即是朝，則後十八年公會齊侯、公與夫人遂如齊，豈會齊而又朝齊乎？《爾雅》曰：'如，往也。'齊侯謀紀，而偕鄭伯潛往以覘之，必欲滅之後已，齊惡甚矣。"

天王使仍叔之子來聘。

仍，氏；叔，行次。其曰"之子"，與隱三年"武氏子"例同。此亦聘桓而王稱天，使不稱名，則胡《傳》以稱名去天爲討桓，非矣。鐵壺氏曰："按《左氏》，薳啟疆對楚子：'韓須受命而使矣。'是時，韓起爲政，其子未有職司而即受命以使，故不得不稱曰'某人之子'，如子皮有子甫代父而位子産上，皆春秋世卿之弊也。"

葬陳桓公。

城祝丘。

秋，蔡人、衛人、陳人從王伐鄭。

林氏曰："從王伐鄭，君臣之辭也。"《毛氏傳》曰："《左傳》'王奪鄭伯政，鄭伯不朝。王以諸侯之師伐鄭，戰於繻葛，王師敗績。鄭祝聃射王中肩。'鄭莊之惡於是乎不可貰矣。然陳、蔡與衛君不親往，第以無何有之人帥寡少之師，以致覆敗，罪亦不小，又况魯之袖手旁觀者乎？其不書王師敗績者，所以諱王辱而減國惡也。若胡氏以王不討魯桓、宋督爲王罪，故削去天字，則王朝卿士跋扈不臣，尚不能聲罪，一戰而敗而追責其不討宋、魯乎？夫惡當重大，不容旁貸，君臣相殺，彼此同責已爲難堪，况舍其臣而專責君也。"

大雩。

《毛氏傳》曰："雩，旱祭也。稱大雩者，重其祭名，猶烝、嘗之稱大烝、大嘗，非雩祭有大小也。但大雩有二：一是龍見之祭，周正夏季建巳之月，東方蒼龍七宿昏見於南，則雩祭以祈膏雨，恐夏秋之間旱也，此有定月，左氏所謂'龍見而雩'是也；一是呼旱之祭，時當旱暵，則不問月之秋冬，隨時可祭，《穀梁疏》'雩者，舞而呼旱'、鄭氏《禮注》'雩者，呼也，呼嗟而求雨'是也。《春秋》恒禮不書，則巳月之雩未必書册，凡書'秋，大雩'，皆呼旱也。即以此經觀之，書'雩'，繼書'螽'。螽者，蝗屬，旱則生之，可驗也。若其書雩而不書旱、書旱書不雨而反不書雩，《公羊》云'"言雩則旱見，言旱則雩不見"，謂但書旱則未必雩也'，此一說也；《穀梁》説曰'得雨則書雩，不得雨則書旱'，此又一說也。"

螽。

冬，州公如曹。

《毛氏傳》曰："州，國名，《世本》姜姓。其稱公者，或其先嘗爲王三公之官，如僖五年稱虞公類。如，往也，《左傳》曰'度其國危，遂不復'。"

六年春正月，實來。

州公實來也，不言州公者，承上文也。來與"祭伯來"同，但彼來而復反，此來遂不反矣，故書名，與"紀侯大去其國"同。《胡傳》曰："實，州公名。"鐵壺氏曰："大，紀侯名。外君卒，必書名。去國不返，則以是終矣，亦名。"按州公實以五年冬如曹，六年春正月至魯，而書來，可知凡來我者，皆書至我之時月，非書彼行之時月也。

夏四月，公會紀侯於郕。

《杜注》："郕，魯地。"《左傳》："紀來諮謀齊難也。"

秋八月壬午，大閱。

《左傳》："北戎伐齊。鄭太子忽帥師救之，大敗戎師。於是諸侯之大夫戍齊，齊人餽之餼，使魯爲其班。後鄭。鄭忽怒，故有後十年戰郎之師。"此公知其怒，而預爲戰備也。周之八月爲夏六月，教戰名茇舍，不名大閱，《左傳》特解曰"簡車馬"，而但擇車徒、蒐廄馬。不言地者，《孔疏》曰"蓋在國簡閱，未必田獵也"。

蔡人殺陳佗。

《左傳》："陳佗殺太子免。太子弟公子躍，其母蔡女也，至是蔡人殺陳佗。"雖弑逆逾年而國人分散，未成爲君也，故稱陳佗，與"衛人殺州吁"、"齊人殺無知"例同。

九月丁卯，子同生。

嫡之冢子，舊史必備書，而獨存子同者，以見文姜此時尚未淫奔，幸魯之有後也。《毛氏傳》曰："《禮》：'三月始命名。'丁卯者，初生之日也，而稱名，補書之也。其不書世子、太子，祇稱子者，《春秋》凡適子與支庶而爲儲子者，皆祇稱子，曰我子耳，此與'後子卒'、'子野卒'、'子般卒'稱例并同。"

冬，紀侯來朝。

《左傳》："紀侯請王命以求成於齊。公告不能。"不知不能者以公於王簡禮不能請之於王耶？抑以王即有命不能必齊之聽耶？時勢可歎矣。

七年春二月己亥，焚咸邱。

《杜注》："咸邱，魯地。"《爾雅》："火田爲狩。"《王制》："昆蟲未蟄，不以火田。"李炎謂："爇火上風而羅其下。"則但於驅禽之處火之，非徧火之也，故書狩，則火具，不必言焚。今特書"焚咸邱"，則舉咸邱之地而盡焚之，非"天子不合圍，諸侯不掩群"之禮矣，故《杜注》云："譏盡物耶，盡桓之暴也。"

夏，谷伯綏來朝。鄧侯吾離來朝。

綏①、鄧，皆近楚小國。伯、侯，其初爵也。綏、吾離，其名也。按《禮》，諸侯不生名。穀、鄧來朝宗國，何以名？斥之。必此時服役於楚，爲楚附庸，故同附庸之例稱名，以見其役於楚也。

八年春正月己卯，烝。

時祭：春祠、夏礿、秋嘗、冬烝。烝，衆也，言成物衆多，可備薦享也。《周禮》用四仲月。周春正月，即夏之冬十一月。常事不書，而書者，《杜注》曰"爲夏五月再烝，見瀆也"。

---

① 此字底本及《顔李叢書》本皆作"綏"，據上下文意似應作"穀"。

天王使家父來聘。

鐵壺氏曰："天子之大夫比於諸侯之卿，稱名宜也。《毛诗》'家父作誦以刺王，未有自舉其字者'，而陽處父、儀行父皆名，則家父之爲名也，審矣。"又曰："王臣聘魯，魯君臣朝聘於王，禮也。禮則常事也，而書，何也？魯不朝而王乃聘焉，慎也，聘而不報，而又聘焉，益慎也。聘與國勤於京師，則無等也。天王下勞晋侯，而公就朝，則非其所也。諸侯會伐，而道如京師，則非其事也。《春秋》之法，常事不書，然必盡合於禮而後得爲常，二百四十二年之中，聘王者四、朝王者二、如京師者一，而得爲常事乎？又况朝非其所而如京師不以其事乎？若并此而削之，轉疑於得禮而不書矣。僖、文以後，魯卿始有聘周之文，隱、桓間，王亟加禮，而不一報焉，觀於魯之邦交而可慨矣。公朝於齊、晋，則間得聘焉；陳、宋之聘，則交相報；滕、薛、杞、穀之朝，則未有以聘報者矣。魯之視周，蓋不得儕於陳、宋也。此《春秋》之作所以始於隱也。安知非微者往而不著於冊書乎？莊之三年，使微者往而經志之矣。隱三年，武氏子來求賻，而不志葬，則微者亦未往，可知矣。莊、僖之間，王臣不聘魯者幾六十年，論者以爲齊桓明禁之功，非也。王臣下聘，禮也，非禁之所及也，且莊十五年齊桓始霸，前此固未有聘也，蓋莊、僖之間，王室多難，未遑外事，又見數禮於魯而不報也。晋文本謀以勤王屬諸侯，故當是時，王使再來而魯應時以報焉。毛伯求金以後百四十年，而王使僅三至，蓋自知空名不足以結魯而怠矣。"

夏五月丁丑，烝。

秋，伐邾。

冬十月，雨雪。

《毛氏傳》曰："夏八月也，可雨雪乎？"

祭公來，遂逆王后於紀。

《毛氏傳》曰："祭公，天子之三公，而食采於祭者。穆王時有祭公謀父，此其後也。《禮》：'天子娶后不親迎，使公卿迎之。'《穀梁注》言：'天子親迎，妄也。'蓋昏姻，賓主彼此敵體，天子與諸侯分、位不敵，故天子娶侯國之女，必使同姓諸侯命迎，與王姬下嫁於諸侯必使同姓諸侯送昏正同。此祭公來魯，以魯主迎后之事，故來受魯命即往迎后。其不稱逆女者，受魯命以往，魯不可以斥后爲女也。若其不稱王使，以使迎，非王事，魯命迎矣。且

《春秋》逆女不一,從無稱君使者,以昏禮不稱主人也。而胡氏云:'王不書使,責其使三公爲非禮,故祭公專行不報。'夫天子逆后,一公一卿,如後世使臣正副之義,故此使祭公。襄十五年《傳》'官師從單靖公逆王后於齊',皆三公也,杜氏所謂'上卿逆后而公監之'也。祭公親受魯命,受畢即行,謹也,今乃以遂行爲祭公罪,誣哉!《穀梁傳》曰:'遂,繼事之辭也。'又曰:'天子無敵體,紀國雖小,亦得下娶。'特是時,齊將吞紀,紀思倚王室以固宗社,亦畏天時保之苦心,乃嗣此十五年王崩之後,去紀姜歸於京師纔十一年,去王崩纔四年,紀姜尚在王室也,即魯之伯姬、叔姬尚在紀也,而齊師遷紀,天王不能討,宗魯不敢問,春秋之世何如矣?"

九年春,紀季姜歸於京師。

季,字;姜,紀姓也。《毛氏傳》曰:"自魯而言則稱王后,自紀而言則稱季姜。"《杜注》曰:"伸父母之尊也。"京師,王畿之名,《公羊》曰"京,大。師,衆"。

夏四月。

秋七月。

冬,曹伯使其世子射姑來朝。

蓋曹伯欲朝魯,而病不能行,遣世子代之,故《左傳》稱"享曹太子。獻,樂而歎"。然則爲射姑者,委婉止之,不來可也。

《毛氏傳》曰:"《周禮》:'諸侯之嫡子誓於天子而攝其君,則下其君之禮一等。未誓,則以皮幣繼子男。'謂諸侯世子已受天子命者,則朝聘時,但下君一位,公之子與侯等,侯之子與伯等,伯之子與子、男等,未受命則但以皮帛繼子、男之後,此諸侯世子攝君朝聘於天子之禮也。若諸侯相朝,則不問已誓、未誓,槩降君一等,各以其國上卿之禮處之,故《傳》曰'賓之以上卿,禮也',蓋諸國上卿無不下君一等者。今曹伯之子下伯一等,當如子、男,不得繼子、男之後,故曰'賓之以上卿',此諸侯世子攝君相朝之禮也。"

十年春王正月,庚申,曹伯終生卒。

夏五月,葬曹桓公。

秋,公會衛侯於桃丘,弗遇。

魯之後鄭,以周班也,而鄭忽挾功逞怒,請師於齊,齊又以衛師助之,故公求成於衛,以絕其援,而衛不與會,因有三國戰郎之役。《杜注》:"桃邱,衛地。"

冬十有二月丙午,齊侯、衛侯、鄭伯來戰於郎。

《左傳》曰:"我有辭也。"蓋魯備戰以待,不惟辭直,故三國不書侵伐,但書"來戰"。戰而交綏,知不可勝,遂去,故亦無勝負可書。戰本鄭志而殿齊、衛下者,見魯班之本周制也。

《毛氏傳》曰:"魯桓、僖壻衛宣,又從王伐鄭,而齊以謀紀之故,獨與鄭密,遂彼此牽伐而不可解,小人濟惡如此。"

十有一年春正月,齊人、衛人、鄭人盟於惡曹。

《條貫篇》曰:"三國又以戰郎不得意而使卿大夫盟,以圖再舉,而不虞鄭莊之即卒、子忽之不終也。"

夏五月癸未,鄭伯寤生卒。

秋七月,葬鄭莊公。

鄭莊公在春秋初,當惠、隱、桓之際,享國四十餘年,中原諸侯之一梟雄也,能繼桓、武,以弱小爲强,然逆王師入許、助齊滅紀、母弟外奔、與宋衛魯逞忿搆兵,故其後諸子爭國,弑殺,内亂,殃亦甚焉。

九月,宋人執鄭祭仲。突歸於鄭。鄭忽出奔衛。

《左傳》曰:"鄭祭封人仲足爲卿,爲莊公取鄧曼,生昭公。故祭仲立之。宋雍氏之女於莊公,曰雍姞,生厲公。宋莊公誘祭仲而執之,曰:'不立突,將死。'亦執厲公而求賂焉。祭仲乃與宋人盟,以厲公歸而立之。"

《穀梁傳》曰:"宋人者,宋公也,其稱人者,貶之也。"成十八年《左傳》曰:"復其位曰復歸,諸侯納之曰歸。"《杜注》曰:"祭,氏;仲,名。"蓋仲足,名,而時人置足而但呼祭仲,猶管夷吾字敬仲,而時人置敬而但稱管仲也。

《毛氏傳》曰:"昭、厲,皆庶出,而昭爲庶長,鄭莊在時已立爲世子。《禮》:'先君未葬則稱子，既葬則稱君。'忽不稱鄭伯而稱名，何也？諸侯五月而葬，今鄭伯以夏五月卒，秋七月既葬，纔歷三月，三月不當葬，則不得稱君，然而已葬矣，則又不得稱子，君與子皆不得稱，則但書其名，一如諸公子出入稱名，如齊小伯入於齊之例，至於後復歸稱世子，見其當歸也。"

鐵壺氏曰："兄弟爭國，奔而以名係國者，示當承國也，鄭忽、曹羈是也；名不係國者，篡也，突、赤是也。諸侯出奔而名者，國有二君也。鄭伯突名，以忽也；衛侯朔名，以黔牟也，北燕伯欵於傳無徵，而事宜類此矣。無二君，則不名，衛成公、獻公是也。奔與執而返國，無不名者，已嘗失位矣，至是而復，故目其人也。曹負芻獨不名者，歸自京師，則其位未嘗絕也。爭國而奔入稱名者，逆也，鄭突、衛朔是也；不稱名者，正也，衛獻公、北燕伯是也。歸而不書所自者，赴告畧也；書所自者，赴告詳也。《穀梁傳》以爲有奉，非也，衛侯鄭之歸也，楚師新敗，而與夏不通，則不能有奉，明矣。"

柔會宋公、陳侯、蔡叔盟於折。

蔡叔，《杜注》以爲蔡大夫名叔，《何注》以爲貶蔡侯稱叔，似皆非也。蔡叔，以許叔例之，乃蔡侯之弟耳。《條貫篇》曰："齊、衛、鄭盟於春，至夏秋而鄭事大變，桓公乃思乘鄭突之亂可圖報復，又其時，宋雖納突而以重責突賂之，故與鄭有隙，且前此三國來伐而無宋，是宋可間者，因遣大夫名柔者往會宋公，而謀與報鄭。"

公會宋公於夫鍾。

公又親會之。《杜注》："夫鍾，郕也。"

冬十有二月，公會宋公於闞。

又親會之。《杜注》："闞，魯地。"

十有二年春正月。

夏六月壬寅，公會杞侯、莒子，盟於曲池。

《左傳》："平杞、莒也。"《杜注》："曲池，魯地。"

秋七月丁亥,公會宋人、燕人,盟於穀邱。

《杜注》:"穀邱,宋地。燕人,南燕大夫。"《左傳》:"公欲平宋、鄭也。"《條貫篇》曰:"雖與宋會盟,而宋貪鄭賂,不肯伐鄭,公乃轉計我所報者,鄭忽也。今突非我讎,何必報請?宋莊與鄭突平而我居間,則我可舍鄭而專防齊,是以又爲此盟也。"

八月,陳侯躍卒。

公會宋公於虚。

冬十有二月,公會宋公於龜。

《左傳》:"宋成未可知也,故又兩會之,而宋莊責鄭賂之少,辭不與平。"虚、龜,《杜注》"皆宋地"。《條貫篇》曰:"公乃幡然,謂:'向者求成於衛而多一衛敵,今求成於宋而宋不應,將多一宋敵矣。夫宋不肯平,則宋者,突讎也。突爭忽,而齊本助忽,則齊亦突讎也。我釋鄭而助突,以報突讎,突豈惡焉?'於是轉而會鄭。"

丙戌,公會鄭伯盟於武父。

《條貫篇》曰:"遂與鄭伯盟而訂師期焉。"武父,《杜注》"鄭地"。

丙戌,衛侯晋卒。

十有二月,及鄭師伐宋。丁未,戰於宋。

《條貫篇》曰:"又以鄭伯之所怨在宋,乃先伐宋,以殺齊、宋、衛合并之勢。"

十有三年春二月,公會紀侯、鄭伯。己巳,及齊侯、宋公、衛侯、燕人戰。齊師、宋師、衛師、燕師敗績。

《毛氏傳》曰:"此即報郎之役也。郎之齊、衛爲鄭而共來戰,怨在鄭也。今反借鄭以報怨,則以鄭忽出奔衛,鄭突之怨不在鄭而反在衛矣。若戰,不書地者,連前文言之,在宋地也。諸國稱爵,君親帥師也。衛惠公丁宣公之喪在前年十一月,此時尚未葬也。《禮》:'先君未葬當稱子。'此稱衛侯,以踰年正月必即位、改元,則已成君,故書侯,然親未葬而改縗,以與人金革之事，稱侯，正罪之也。紀從魯勝齊以修怨，非計也。"愚按：魯、鄭戰宋，而齊、衛、燕三國之師來助宋，魯一戰而皆敗之，抑武矣。

三月，葬衛宣公。

夏，大水。

秋七月。

冬十月。

十有四年春正月，公會鄭伯於曹。

《條貫篇》曰："公乃復會鄭伯於曹以結之。"曹，國名。

無冰。

此夏之冬十一月也，故書，災。

夏五。

《穀梁傳》曰："傳疑也。"

鄭伯使其弟語來盟。

《條貫篇》曰："而鄭伯復修盟焉。"按以上，《傳》皆闕軼而經縷縷可考。毋怪《條貫篇》謂《傳》斷爛而經不斷爛也。

秋八月壬申，御廩災。

乙亥，嘗。

《毛氏傳》曰："此合兩事爲一書者，御廩災當書，一也。《左傳》：'天火曰災。'嘗者，時祭，恒禮不必書，今以八月嘗，爲夏之六月，當禘而嘗，爲失時，當書，又一也。然御廩者，神倉也，藏粢盛以供祭祀，今已卜祭於乙亥，而先三日而神倉忽災，何以供粢盛？則是祭幾廢，乃不料災不成災，神倉之穀幸無有害，則雖災而仍可以祭。此則志，幸之，又當合書者。"

冬十有二月丁巳,齊侯禄父卒。

宋人以齊人、蔡人、衛人、陳人伐鄭。

《毛氏傳》曰:"此報魯、鄭、紀之戰。宋也,專報鄭者,宋、鄭尤世怨也。以,用也。《傳》曰:'凡師能左右之曰以',此與僖二十六年'公以楚師代[①]齊'例同。"

十有五年春二月,天王使家父來求車。

《毛氏傳》曰:"《左傳》言'諸侯不供車、服',以車、服爲上所賜,非下所貢也。況來求乎?"

三月乙未,天王崩。

此桓王也,子莊王立。鐵壺氏曰:"莊、僖二王之喪,不來赴魯。當是時,齊桓創霸,而不能帥諸侯以達王事,何也?齊霸與晉异,晉文則霸者之迹已見前矣,故曰'求諸侯,莫如勤王',齊桓無前轍也,非先得諸侯不能致勤於王室,而莊、僖之崩在莊十二年、十七年間,齊桓師於長勺,而魯敗之,會北杏而宋叛之,再會於鄄而鄭叛之,同盟於幽而魯叛之,安能使帥王職哉?至僖公之世,退狄、伐戎、帖楚,然後諸侯服霸而尊王之事起,著於經者可考也。魯事周之勤怠,視乎霸迹之盛衰。文九年葬襄王,叔孫得臣往,晉文、襄霸業正盛之後也。自宣以後,天王之崩無不志者,以晉霸雖衰而會盟征伐常假王命以屬諸侯也。自齊桓創霸,晉文繼之,然後諸侯知有王。觀莊、僖二王崩、葬之不志,則霸者之功不可沒矣。若頃王之崩不志,《左傳》謂'周公閱與王孫蘇爭政,故不赴'也。"

夏四乙巳,葬齊僖公。

五月,鄭伯突出奔蔡。

《左傳》:"祭仲專國,鄭伯患之,使祭仲之壻雍糾以享諸郊殺之。糾妻告之,仲殺雍糾。

① 此字底本及《顏李叢書》本皆作"代",依文意,似應作"伐",可能因形近而誤。

厲公出奔。”不書見逐者。春秋逐君屢見於經，并不書見逐。蓋國君無自出之理，出奔則必有强臣逼促之者，故但書出奔而逐在其中。至魯君見逐則書曰遜，异於他國之文也，皆所以存君體也，以見逐君之爲大逆也。

鄭世子忽復歸於鄭。

許叔入於許。

鐵壺氏曰：“許失國十五年，叔始入，與蔡侯廬、陳侯吴同，而書法异者，《春秋》雖不與楚之封陳、蔡，而廬、吴實既復而後歸，故書爵，且易，故書歸。叔既入而後君許，故入從其本稱，以鄭吞之而竟人焉，難可知矣。”

公會齊侯於艾。

春秋之初，魯爲東方望國，列國未有加之兵者。有之，自桓十年齊僖帥衛、鄭來戰於郎始。魯雖伐宋而并敗齊、衛、燕四國之兵，然魯伐宋而齊來助宋戰魯，以致師敗，非魯尋之報怨也。至是，以襄公新立，會之修好，其於齊爲少絀矣。艾，《公羊》作鄗。

邾人、牟人、葛人來朝。

鐵壺氏曰：“朝者，諸侯之禮。三國之君來朝而書人者，魯人忽之也。盟書邾儀父矣，以與葛、牟俱，故同辭也，并書之，旅見也。”惲皐聞曰：“《春秋》書人，人者，統詞也，君可以稱之，大夫可以稱之，國人可以稱之，如《論語》夏后氏、殷人、周人，俱總其世代而言之。至於戰，師少稱人，師衆稱師，非也，如莊十六年公敗宋師於乘邱，而《檀弓》云‘魯莊公及宋人戰於乘邱’，則可知稱師、稱人不必强分。謂國君不稱人，亦不然，楚人使宜申獻捷，非楚君使之而誰使之？”

秋九月，鄭伯突入於櫟。

《左傳》：“鄭突因櫟人殺鄭守櫟大夫，而遂居櫟。”此後至十七年，昭公爲高渠彌所弑，祭仲立公子亹，十八年齊襄公殺公子亹，轘高渠彌，祭仲立公子儀。至莊十四年，突自櫟入於鄭，殺公子儀而復位。此皆經所無也，二十年經書“鄭伯突卒”，其經無者，以鄭不來告也。

冬十有一月,公會宋公、衛侯、陳侯於褎,伐鄭。

前公與鄭偕以戰宋者,突也,乃突爲祭仲所逐,忽復入鄭,而事又變。《條貫篇》曰:“幸宋莊是時與鄭大惡。”蓋宋之惡突者,徒責賂也。今忽之惡宋,則以納突入,而實與忽爭此國也,故宋、鄭不兩立,必有讎伐。而其時,則仍以納突之説行之,而我公則又親求宋莊反怨爲好,乘鄭忽初入之際而合以伐鄭。《杜注》:“褎,宋地。”按:隱、桓時,會盟征伐反覆變幻,中原之國日尋兵戈,是何世道耶! 此管氏一匡之所以大有功也。鐵壺氏曰:“會書地而後伐者,先行會禮而後伐,二事也。不書地者,一事也。”

十有六年春正月,公會宋公、蔡侯、衛侯於曹。

《毛氏傳》曰:“乃以伐鄭未克,而謀再伐之。”

夏四月,公會宋公、衛侯、陳侯、蔡侯伐鄭。

春既謀伐,此遂伐之,但此祇伐鄭,非納突也。蔡侯前列衛侯上,此列陳侯下。《班序譜》云:“自隱至莊十四年四十三歲,征伐會盟者凡十六國,時無伯主,無有成序。”理或然也。

秋七月,公至自伐鄭。

明年,鄭昭卒,魯、鄭之搆兵乃畢。

按:書“至”不同,有行飲至之禮者,如此“至自伐鄭”是也。《左傳》曰“以飲至之禮也”,蓋兩次伐鄭以報戰郎之怨,故策勳而行至禮也;有危之而書至者,魯朝齊、晋、楚皆至,惟僖十年如齊不至,《穀梁傳》曰“桓會不至,安之也”,若危之而書至,則有不必盡行此禮者,何者? 如成十年辱於晋襄、二十八年辱於楚而皆至,何飲爵、策勳之有? 昭公至自齊,居於鄆,則鄆無廟可告,何者? 三十年公在乾侯,《傳》曰“徵過”,謂不朝正於廟,是無廟可告也。若昭十四年春意如至自晋、二十有四年春叔孫舍至自晋,大夫不至、見執而至,亦危之,不必有告廟、飲至禮矣。文十五年,單伯見執於齊而歸,書“單伯至自齊”,則至我魯也。單伯，王官，有何廟於魯而飲至、舍爵哉？公行，不越境不至，而"定十有二年十有二月，公圍成。公至自圍成"則以成隱然一敵國，不克而還，故書之，以紀陪臣之變，豈尚飲爵、策勳哉？有徵其過惡而書至者，如"莊六年，公至自伐衛"是也，外挾齊、宋之强，拒王人之微，何危之有？則徵其過惡也。過而飲廟，過惡也，不飲廟，亦過惡也。

冬，城向。

十有一月，衛侯朔出奔齊。

《左傳》、《史記》謂："衛宣公愛夫人夷姜，生子伋，以爲太子，屬諸右公子。洩爲之娶於齊，而美，乃自娶之，曰宣姜，生壽及朔，屬壽於左公子職。夷姜縊。宣姜與朔搆伋。公使諸齊。使盜待諸莘，將殺之。壽告伋，使行，伋不可，壽乃飲伋酒，載其旌以先，盜殺之。伋至，又殺之。及惠公立，二公子怨之。立伋母弟公子黔牟。惠公奔。"鐵壺氏曰："黔牟之立，何以不書？魯助朔，故黔牟之立與奔不書，猶助突，而忽之弒亹、儀之立，彼不告，此亦不書也，其文則史，此其驗也。"

十有七年春正月丙辰，公會齊侯、紀侯盟於黄。

《條貫篇》曰："桓王崩後，齊襄繼僖惡，即謀紀，而公往平之。"《杜注》："黄，齊地。"

二月丙午，公會邾儀父盟於趡。

夏五月丙午，及齊師戰於奚。

《左傳》曰："疆事也。齊人侵魯疆，疆吏來告。公曰：'疆埸之事，慎守其一，而備其不虞。事至而戰，又何謁焉？'"《杜注》："奚，魯地。"鐵壺氏曰："不目其人，微者也。會盟書及、書會而不目其人，則曰君；侵伐書人、書伐、書及，以伐而不目其人，則曰微者，何也？終春秋之世，無外微者與魯盟，則知無内微者與外盟也。幽之會，齊桓始霸，在會皆大國公、侯，而魯乃使微者往乎？高傒、處父，肯與吾微者盟乎？以是知皆公也。若侵伐，則君將稱君、大夫將稱大夫，而不目其人則微者，可知矣。"愚按：僖二十二年及邾人戰於升陘，《左傳》明載是公，蓋以敗爲恥，故諱公不書有如此者。

六月丁丑，蔡侯封人卒。

秋八月,蔡季自陳歸於蔡。

鐵壺氏曰:"季,行次也。諸侯之弟得承國者,如許叔、紀季皆以行次書,兄終弟及之義也。"據《左傳》,蔡侯封人無子,及卒,蔡人召季於陳。不立之,召何爲?而胡氏以爲未立,爲後見執者"蔡侯獻舞"也,不知季即獻舞,一人也。歸國,書行次;見執,書名也。

癸巳,葬蔡桓侯。

《杜注》:"稱侯,誤文也。"

及宋人、衛人伐邾。

《毛氏傳》曰:"宋、衛伐邾,報隱五年邾、鄭之伐宋也。公甫受邾朝,甫會邾於趡,而遽助人之伐,何居?"

冬十月朔,日有食之。

十有八年春王正月,公會齊侯於濼。公與夫人姜氏遂如齊。

公於文姜自媒之而親迎之,齊兩來戰而不敢絕,會之又會之,固畏齊之强,亦牀笫之昵束之也。乃遂瀆男女之别,同行如齊,以致凶終。狠刃於連枝,柔牽於禍水,宜其及哉!

夏四月丙子,公薨於齊。丁酉,公之喪至自齊。

《左傳》:"公與文姜如齊。齊侯通焉。公謫之。以告。夏四月丙子,享公。使公子彭生乘公,公薨於車。魯人乃請誅彭生,以滅恥辱。齊人誅彭生。"史例:内君見弑,必諱爲薨。然内薨不地,以薨而求其地也;外薨必地,則又以地而求其薨也。

秋七月。

冬十有二月己丑,葬我君桓公。

莊公

元年春王正月。

不書即位者,《穀梁傳》曰“先君不以其道終,則子不忍即位也”。

三月,夫人孫於齊。

本國君出奔曰遜,以强臣逐之也。今文姜,誰逐之乎?而書遜,蓋前年桓喪歸時,夫人已隨喪歸。《杜注》曰:“魯人責之。”《毛氏傳》曰:“慙而避去曰孫。”鐵壺氏曰:“公如齊而夫人偕,公喪歸而夫人孫,與聞乎故之實不可掩矣。”

夏,單伯逆王姬。

《杜注》曰:“單伯,天子卿也。”逆,《左傳》作“送”。蓋王將嫁女於齊,既命魯爲主,故單伯送女不稱使也。王姬不稱字,以王爲尊且别於内女也。

秋,築王姬之館於外。

鐵壺氏曰:“魯主王姬,舊矣。古者,昏禮接於廟,此時公在憂次,不可廟中行禮,故築館於外,然齊爲父讐,且居凶喪,何不可謝之他同姓主之?而乃負喪行事,徒爾築館於外,所謂‘放飯流歠,而問無齒决’也。”

冬十月乙亥,陳侯林卒。
王使榮叔來錫桓公命。

《毛氏傳》曰:“錫命者,死而賜以文,如後世之哀策。昭七年《傳》所謂‘追命衛襄者’是也,以桓之死而錫以文,瀆可知也。”

王姬歸於齊。

齊師遷紀郱、鄑、郚。

齊將滅紀,先遷其三邑之民而取其地。

二年春王二月,葬陳莊公。

夏,公子慶父帥師伐於餘邱。

公子慶父,桓公子,莊公之庶兄也,以庶長稱孟。《孔疏》云:"慶父,字仲,子孫以字氏。"八年《傳》稱仲慶父,故孟孫亦曰仲孫。《毛氏傳》曰:"於餘邱,杜氏云'國名',《公》《穀》謂是邾婁之邑,則史例書伐無稱邑者,第國名無三字,必夷狄之國而近魯者,與成三年'晋郤克、衛孫良夫伐廧咎如'例同。"

秋七月,齊王姬卒。

《毛氏傳》曰:"内女書卒。此以魯曾主婚,比之内女。"《檀弓》曰:"齊告王姬之喪,莊公爲之服大功,爲姊妹之服也。"按:此書者,不常有之事,而偏遇爲讐家服也。

冬十有二月,夫人姜氏會齊侯於禚。

《杜注》:"禚,齊地。"

乙酉,宋公馮卒。

三年春王正月,溺會齊師伐衛。

《毛氏傳》曰:"此伐衛爲納惠公也,與後五年公復會齊侯伐衛一事。"按:惠公蓋以母齊女,故奔齊,故齊納之,而公以齊甥助之。嗟乎!但知己爲齊甥,而頓忘齊爲父仇也。惠母與己母同行而罔聞乎?王以惠不當君衛而逆之乎?

夏四月,葬宋莊公。

五月,葬桓公。

桓王以桓十五年崩，至是閲七年而始葬，周綱之墜可知矣。《公》、《穀》疑改葬，無據。

秋，紀季以酅入於齊。

齊將滅紀，紀季不得已以酅邑納於齊。入，納也，與他入國、入邑不同。《公羊傳》曰："請後五廟以存姑姊妹。"不敢言存兄弟子姪，但外出之女有所歸趣，謙畏之辭也。後五廟者，爲齊附庸之國，以後諸侯之五廟也。紀之可衄、齊之可惡俱見矣。

冬，公次於滑。

《左傳》："將會鄭伯，謀紀故也。鄭伯辭以難。凡師一宿爲舍，再宿爲信，過信爲次。"滑，小國名，近鄭。

四年春王二月，夫人姜氏享齊侯於祝邱。

兩君相見之禮，而文姜以淫奔行之，公然以魯侯自爲矣。魯尚有人乎？

三月，紀伯姬卒。

夏，齊侯、陳侯、鄭伯遇於垂。

《毛氏傳》曰："此必齊、鄭謀滅紀也。前桓五年，齊僖謀紀，原與鄭莊同如紀，思以襲之，其因循至今者，徒以紀與王室爲婚姻耳。今桓王已崩，無所顧忌，故前元年即已遷紀三邑，至三年而紀季以酅如齊，我公特過鄭，久舍於滑，正以齊、鄭有舊謀，今必牽鄭，故公求鄭伯一見，以解紀難，乃久次而鄭不與見，則其約於齊而恐以我貳情可知矣。至是，相會而曰遇者，以遇禮稍殺，秘而不欲彰也。鄭伯，鄭子儀也。鄭自桓十五年忽歸國，後突隨入於櫟而未有國也，既而忽爲高渠彌所弑而立子亹，則齊襄殺子亹而戮高渠彌，何也？以齊黨忽也。時祭仲迎立子儀而突仍不得入，以突爲忽讐，即爲齊讐，子儀無德怨焉。此時子儀正君國，故齊與謀之。"

紀侯大去其國。

《左傳》:"紀侯不能下齊,以與紀季而去之。"蓋倔强人也。

六月乙丑,齊侯葬紀伯姬。

《毛氏傳》曰:"三月紀伯姬卒,入夏而紀侯去國,然伯姬猶未葬也,至六月而齊侯始葬之,則去國之慘,即一妻之棺而不能顧,他可知矣。若其書齊侯者,向以紀侯之去國,無所逼逐,如太王遷岐,走馬自行。今而知齊侯之親在紀也,則非自去之,逼逐之也。"

秋七月。

冬,公及齊人狩於禚。

《杜注》:"禚,齊地。"《公羊傳》曰:"公何爲與微者狩?齊侯也。則其稱人,何諱?與讐狩也。"鐵壺氏曰:"書夫人會享齊侯,而諱公之及齊侯狩,然後知齊侯者,夫人所暱而公不共戴天之讐也。"

五年春王正月。

夏,夫人姜氏如齊師。

《毛氏傳》曰:"師,則在軍中矣。此時齊未行軍,得毋齊師尚在紀。"《孔疏》所謂"彊理紀地之師者",非耶?《齊風》詠之曰"行人彭彭,齊子翱翔"。《胡傳》曰:"羞惡之心喪盡矣。"

秋,郳黎來來朝。

《左傳》曰:"來朝稱名,未王命也。"《杜注》曰:"言未受爵命爲諸侯也。"《傳》發附庸稱名之例,其後數從齊桓以尊周室,王命以爲小邾子。《孔疏》曰:"邾顔别封小子肥於郳。"

冬,公會齊人、宋人、陳人、蔡人伐衛。

《左傳》:"納惠公也。"

六年春王正月，王人子突救衛。

書救衛，傷王室、罪五國也。衛，王之諸侯也；五國，亦王之諸侯也。禁五國，使不納朔已矣，乃不能，而披髮纓冠以救黔牟，不其傷乎？而五國抗王之罪不容誅矣。鐵壺氏曰："子突，名也。王朝之大夫稱名。"

夏六月，衛侯朔入於衛。

《毛氏傳》曰："《左傳》'衛侯入，放黔牟於周'，以周救之也。史例：失位復入當書'復歸'，諸侯納之當書'歸'。此第書'入'，一似原非衛君而强入之者，則衛侯之入與諸國之之納之皆有罪矣。"鐵壺氏曰："朔既爲天子所黜而入稱爵，何也？《春秋》於篡弒之賊，苟國人及諸侯君之，則以爵書，不沒其實也。使朔之入衛、突之入櫟不舉其爵，則疑於彼雖篡竊而國人、鄰國不以爲君。後此會盟、征伐、交政於中國者，亦不知其爲何人，而亂賊公行、王綱縱弛之迹轉不見於後世矣。朔入而齊得賂致之魯，則知抗王室、定亂人，齊爲首惡矣。"

秋，公至自伐衛。

《穀梁傳》曰："惡事不致。此其致，何也？不致則無用見公之惡事之成也。"

螟。

冬，齊來歸衛俘。

《毛氏傳》曰："俘例有二：一俘其人民，一俘其寶玉。此則寶玉之俘也。《左氏》《公羊》皆言'歸衛寶'是也。夫以逆王命而納罪惡，即無所利而爲之，其惡已難貫矣，況利之？按《左傳》曰'文姜請故'，《杜注》曰'以説魯而謝'，慙甚矣，文姜之詭也，蓋漢唐吕氏、武氏之流也。故魯桓及莊皆爲所愚，不能制之，可恨哉！"

七年春，夫人姜氏會齊侯於防。

防，魯地，故《左傳》曰"齊志也"。《杜注》云："至齊地，則姦發夫人.至魯地，則齊侯之志。"

夏四月辛卯，夜，恒星不見。夜中，星隕如雨。

《毛氏傳》曰："恒星，《穀梁》云'經星'也，即二十八宿也。衹稱恒星而不稱星，則必衆星皆見而恒星獨不見者。若謂日光不掩，故星不見，則未有經星較大且不見，而衆星反見者。《左氏》謂'夜明掩星'，非也。至夜中，星隕，則非恒星而衆星矣。故但稱星，謂夜初衹不見恒星，而此時則又見衆星之隕如雨，擬其衆星之隕如雨之下也。《穀梁》謂'恒星隕'，非也。有星體不見而能見其隕者乎？且恒星，周天夜見者衹七八宿，不能如雨之衆也。"按：此及僖十六年星隕書日，以日事也；文十四年、哀十三年星孛書月，非一日也；昭十七年星孛書時，或不止一月也。

秋，大水。無麥、苗。

秋初，即夏五月也，方欲登麥，而大水漂沒，并五稼之苗俱搶，災也。

冬，夫人姜氏會齊侯於穀。

《杜注》："穀，齊地。"《胡傳》曰："一歲再會，恶益甚矣。明年，齊襄即見彭生鬼啼，立時被弑，非禍淫之明驗與？"

八年春王正月，師次於郎，以俟陳人、蔡人。

《杜注》曰："期共伐郕，而陳、蔡不至，故次郎以待之。"

甲午，治兵。

鐵壺氏曰："《公羊傳》'爲久也'，承次郎之後，而不言其地，即治兵於郎也。"

夏，師及齊師圍郕。郕降於齊師。

《毛氏傳》曰："據經，二國同圍郕，而郕獨降齊，畏齊不畏魯也。據《傳》，仲慶父請伐齊，公不許，亦畏齊，非自克也。夫以魯之弱、莊之庸劣，當强齊之讐，力不能報，而反好大淩弱，藉强讐以攻同姓，罪已無算，然且究不能逞，初則招與國而不之至，既則降小弱而不之伏，卒之因人成事，功歸他人，僵手縮膊爲天下笑，則何如已之爲愈矣？

秋，師還。

鐵壺氏曰："外兵獨稱師，卿大夫將也；内兵獨稱師，君將無功也。此役與齊同，而齊專其利。僖十八年救齊，與宋爭衡而宋擅其功，故可慙而諱之也。二役皆重事，必不使微者將，卿將則當稱某帥師，以是知其爲諱也。"

冬十有一月癸未，齊無知弒其君諸兒。

九年春，齊人殺無知。

《左傳》"雍廪殺無知"而曰齊人者，討弒君也，故用衆辭。

公及齊大夫盟於蔇。

《左傳》："襄公立，無常。鮑叔牙奉其庶弟公子小白出奔莒。亂作，管夷吾、召忽奉其庶弟公子糾來奔。"及無知殺，而齊人有來迎糾者，故公與盟以納之。非一人，故稱齊大夫。《杜注》："蔇，魯地。"

夏，公伐齊，納糾。

大夫有迎子糾者，亦有別奉者，故以師伐之。《史·世家》《荀》《莊》《管子》皆謂"子糾，兄；小白，弟"。

齊小白入於齊。

成十八年《左傳》曰："凡去國，國逆而立之曰入。"是亦國人迎之也。《毛氏傳》曰："二公子同爲支庶，不問長次，乘亂而入，先則得之。"或謂小白係齊，是小白宜有齊，非也。納子糾，承上伐齊言，非不係齊也。

秋七月丁酉,葬齊襄公。

八月庚申,及齊師戰於乾時,我師敗績。

《杜注》:"乾時,齊地。"小白先入,國、高主之且已葬先君,其位定矣。魯乃不罷兵,而以弱待强,一戰而敗。愚哉!

九月,齊人取子糾殺之。

齊桓公用鮑叔之計,使之帥師來,言請魯殺子糾而囚管仲授齊,歸而用之。夫桓入爲君則亦已矣,乃必殺子糾,何不仁也!魯始爲糾而不量力,及敗則如鼠,曰"汝殺糾",則殺糾,抑醜矣。按:《左傳》,鮑叔曰"子糾,親也",則子糾,名也,或稱子糾,或單稱糾,同也,非以當有國而子之也。

冬,浚洙。

又懼齊兵來伐而浚洙以防之,然有備無患,日存此心,可以强矣。

十年春王正月,公敗齊師於長勺。

《杜注》:"長勺,魯地。"《條貫篇》曰:"當是時,齊桓思以兵政威天下,計魯易與,且糾黨也,請威之自魯始。於子糾之取甫及三月,而遽興師來伐。會魯有奇士曹劌者,草野言兵事。公急見之,請教。曰:'必忠信而可。'公曰:'諾。'使之主戰,俟齊師作氣、三鼓氣竭而後赴之,齊師敗,不即馳也,望其奔之轍亂旗靡,無伏莽也,而後長驅而逐之境外。"

二月,公侵宋。

齊敗,乃將合宋師來伐,而我覘知之,故先侵宋。

三月,宋人遷宿。

《杜注》曰:"强遷宿國而取其地也。"

夏六月,齊師、宋師次於郎。公敗宋師於乘邱。

《條貫篇》曰:"及齊師、宋師合併而來,未敢遽深入也,徘徊境上而次於郎。公子偃見宋師不整,自雩門出,蒙皋比而犯之。公從之,大敗宋師於乘邱。公自以金僕姑射宋力士南宫長萬,生獲之。齊師還。此亦彼來伐而我敗之者。然長勺不書彼伐,此書彼伐者,以長勺祇齊師,書敗而伐自見,此齊、宋兩師,但書宋敗則齊師不可見也。"《杜注》:"乘邱,魯地。"

秋九月,荆敗蔡師於莘,以蔡侯獻舞歸。

《左傳》:"蔡哀侯娶於陳,息侯亦娶焉。息嬀過蔡,蔡侯止而見之,弗賓。息侯怒,使謂楚曰:'伐我,吾求救於蔡而伐之。'"《杜注》:"莘,蔡地。"《毛氏傳》曰:"此楚通中國之始也。甫通而即敗我同姓之國,惡可知矣。"鐵壺氏曰:"荆,楚之故號也。其以號舉,何也?未與夏通而舊史畧之也。蔡侯獻舞,何以名?自是而不返也。諸侯卒必名,奔執而不返,則自是終矣,其奔執不返而不名者,不知其名也,猶卒而不知其名者,第書其君卒也。"

冬十月,齊師滅譚。譚子奔莒。

《左傳》:"齊侯之出也,過譚,譚不禮焉。及其入也,諸侯皆賀,譚又不至,故滅之。"鐵壺氏曰:"春秋之初,諸夏之邦擅取邑者有之,而滅先王之建國,猶未敢也,故許叔得居東偏、紀季許後五廟、郕降於齊、宋人遷宿,猶有顧忌也。滅國自譚,遂始,故曰'五霸者,三王之罪人也'。"

十有一年春王正月。

夏五月戊寅,公敗宋師於鄑。

越一年,齊未報伐而宋先報之。公復親禦之,乘其未陳而薄之,而宋復大敗。有此三勝,而齊不復謀魯矣。《杜注》:"鄑,魯地。"

秋,宋大水。

《毛氏傳》曰:“以災告而我弔之,故書。”

冬,王姬歸於齊。

齊桓娶共姬也。鐵壺氏曰:“魯爲諸姬宗國,他公豈無主王姬者?而俱以常事不見於經,惟莊兩書,著忘親之罪也。然歸王姬於齊襄詳,歸齊桓畧,罪有輕重也。”

十有二年春王三月,紀叔姬歸於酅。

《條貫篇》曰:“紀侯去國又經九年,不知寄居何所。至是,紀侯死而紀叔姬無所歸矣。前三年,紀季以酅入於齊,則酅雖屬齊,然紀之宗廟在焉。叔姬不大歸於魯而歸酅,夫子深予其歸之正也。《春秋》書滅國三十,未有如紀之詳且盡者,蓋王封侯國,豈容滅絕?况周姻我壻,情有相關,乃强大肆惡,漫無顧忌,雖以天子之尊、宗國之重,而不能庇一親戚子女,讀之愁然傷憤。然興歷三公,閲五十八年,合二十三條,直至紀叔姬卒,而歎息聲絕,誰謂《春秋》斷爛也?”愚按:《春秋》之一事起訖寫照乃爾,他事可以類推矣。二百四十二年始末,統一文也。每事始末,各一文也。

夏四月。

秋八月甲午,宋萬弒其君捷及其大夫仇牧。

《左傳》:“宋閔公以南宫長萬被獲而歸,靳之,曰:‘始吾敬子;今子,魯囚也,吾弗敬子矣。’病之,遂弒之。”

按:華督與仇牧皆爲宋萬所殺,但書牧不書督者,督非牧比也。《左傳》曰:“萬弒君,遇仇牧於門,批而殺之。”《穀梁》曰:“仇牧閑。”《公羊》曰:“仇牧聞君弒,趨而至,遇萬於門,手劍而叱之。萬臂摋仇牧,碎其首,齒著乎門闔。仇牧可謂不畏彊禦矣。”死節之烈如此!而督,《左傳》接殺仇牧云:“遇太宰督於東宫之西,又殺之。”則祗是連及而殺,且以其官尊有權而殺之,非督來死節也,况素爲弒君之賊乎?故不書也。

冬十月,宋萬出奔陳。

弒君而即奔,明有討賊者也。《左傳》:“宋諸大夫攻之。宋萬奔陳。請歸,醢之。立閔公弟御説爲宋桓公。”經不書殺萬者，不告殺也。不書葬宋閔公者，我不會葬也。

十有三年春，齊侯、宋人、陳人、蔡人、邾人會於北杏。

此齊桓圖霸而主盟諸侯之始也。《左傳》曰：“平宋亂。”《疏》曰：“桓二年會稷平宋亂者，欲平除宋督弒君之賊。此則宋萬已誅，但新立君而位未定，故齊桓爲會以定之，故宋人聽命而來會。”《毛氏傳》曰：“會止齊侯稱爵而列國稱人者，蓋桓初興霸，諸國未經信從，而宋新遭亂，君不敢輕出，故皆以大夫至也。”《何注》云：“桓不辭大夫者，欲以卑下諸侯，遂成霸功也。”

夏六月，齊人滅遂。

《左傳》曰：“會北杏，遂人不至也。”鐵壺氏曰：“見於經者：齊滅國三，晉滅國五，楚滅國十有四，吴滅國三，衛、莒、蔡、鄭滅國各一，虞、晉滅國一，楚、秦、巴滅國一。自周之衰，諸侯相兼并者多矣，而自莊以前，無一見經者。楚則與魯未通也，列國則不敢告滅也，晉獻、武兼國甚多而下陽以外皆不書。隱三年，莒人入向；宣四年，魯伐莒，取向，而向亡不見於經，則知滅國而不告者多矣，然其事多在桓、文未霸以前，何者？霸以存亡、字小爲義，故桓、文、襄、悼之盛，諸侯鮮私爭焉，況滅國乎？齊滅譚、遂在未霸之前，兩盟幽以後，則惟以救患、恤災爲務矣。晉主霸近百年，未嘗滅先王建國，潞氏、甲氏、留吁、陸渾而外，惟會吴於柤、合諸侯以滅偪陽，必假公義以討、告也。衛之滅邢，則齊桓既沒，晉霸未興之前也。齊之滅萊、莒之滅鄫，則楚勢甚張，悼公圖霸而未成，方借其力以服楚、鄭，故乘是以自封而不能詰也。蔡之滅沈、鄭之滅許，則霸統紊散之秋也。

秋七月。

冬，公會齊侯盟於柯。

齊偕宋伐魯，而宋閔爲萬所弒，宋桓繼世，宋、魯可釋憾矣，而齊謀興霸已經四年而不能得志於魯，且是年首會列國於北杏以平宋亂，而魯獨不與，壇坫之間未免減色，因於今年冬反惡爲好而盟於柯，齊、魯之惡以此終焉。其在齊則謂懷遠以德，招攜以禮，不在瀆兵，魯爲諸姬宗國，何可不睦？在魯則以齊雖仇讐，不責易世，齊桓一匡尊王，不宜自外，皆善之也。《杜注》：“柯，齊地，邑名。”

十有四年春,齊人、陳人、曹人伐宋。

《左傳》:"宋人背北杏之會,諸侯以大夫伐之。齊請師於周。"豈北杏之會,齊侯有命辭,宋人歸而不尊與?抑別有他圖與?齊桓乃假王師以申大義。

夏,單伯會伐宋。

《左傳》:"夏,單伯會之,取成於宋而還。"

秋七月,荆入蔡。

《左傳》:"蔡哀侯爲莘故,繩息嬀以語楚子。楚子入息,以食入享,遂滅息。以息嬀歸,生堵敖及成王焉。未言。楚子問之。對曰:'吾一婦人,而事二夫,縱弗能死,其又奚言?'楚子以蔡侯滅息,遂伐蔡。入之。"考《史記·世家》蔡哀留楚九年,死於楚,蔡人立其子肸爲繆侯。據此,則蔡哀侯在楚,何以伐蔡?蓋蔡人以其留楚,已立其子守國,故楚入之以悦息嬀也。

冬,單伯會齊侯、宋公、衛侯、鄭伯於鄄。

《孔疏》曰:"王臣在會,不問尊卑,皆列諸侯之上。"僖八年洮之盟、九年葵邱之會是也。此會,魯人不與,當云"單伯、齊侯、宋公、衛侯、鄭伯會於鄄",乃云"單伯會"者,齊侯欲歸功天子,故赴以"單伯會諸侯"爲文,所以尊天王、示名義也。《杜注》:"鄄,衛地。"

十有五年春,齊侯、宋公、陳侯、衛侯、鄭伯會於鄄。

《左傳》曰:"齊始霸也。"北杏猶卿大夫,此則諸侯。從前會鄄,推王官,此則尊伯主,其定伯次第如此。《毛氏傳》曰:"《左傳》前年夏'鄭厲公殺子儀,入鄭',則入冬與春兩作鄄會,皆厲公也。蓋齊僖與襄皆黨忽讐突,故突在僖、襄之世有伐無會,此時齊桓不然耳。"

夏,夫人姜氏如齊。

"文姜如齊",無《傳》,蓋必假他事以求悦於齊桓而爲威耳。觀齊桓惡哀姜而殺之,則其不禮文姜也必矣。故文姜歸,兩如莒而不復至齊。

秋,宋人、齊人、邾人伐郳。

《杜注》曰:"郳,附庸,屬宋而叛,故齊桓爲之伐。班序上下以國大小爲次,征伐則以主兵爲先,《春秋》之常也。"

鄭人侵宋。

《左傳》曰:"鄭人間之而侵宋。"《毛氏傳》曰:"鄭突之初入鄭與再入櫟,皆倚宋師爲援,自宋莊公卒,突居櫟最久而宋不一顧,故怨而乘間侵之,而不知其引兵召伐矣。"

冬十月。

十有六年春王正月。

夏,宋人、齊人、衛人伐鄭。

《左傳》:"宋故也。"

秋,荆伐鄭。

《左傳》:"鄭伯自櫟入,緩於告楚。故伐之。"

冬十有二月,會齊侯、宋公、陳侯、衛侯、鄭伯、許男、滑伯、滕子同盟於幽。

《左傳》:"鄭成也。"《杜注》:"幽,宋地。"魯自是同諸侯赴齊桓之會矣。《毛氏傳》曰:"不書公者,祇言會而公在其中,與僖十九年'會諸人盟於齊'、二十九年'會諸人盟於翟泉'例同。"若夫列國之次,杜氏曰:"陳國小,每盟會皆在衛下。齊桓始霸,以陳爲三恪之客,故進之,班在衛上,終於春秋。魯史亦因其告文而次之。杜氏曰:"諸侯自是無特相盟者矣。"鐵壺氏曰:"盟之或書同,或不書同,皆舊史之文也。舊史之文异,以載書之辭本异也。自莊十六年盟幽以前,見經者特盟、參盟而已,不可以言同也。以一國而主天下之盟自幽始,故載書之辭言同,以紀實也,以固信也。而既盟之後,詹執而鄭貳,西鄙伐而魯疑,則諸侯猶未同也。故後幽之會,載書復言同,以申其信,自是霸權日盛,召盟而諸侯聽焉,載書不復言同矣。宋襄再盟,不書同者,曹南、鹿上皆參盟也。晉文一戰屈楚,而從者翕然,故盟不言同,知其無异心也。文、襄既沒,靈公方幼,陳、蔡、鄭、宋同時而折於楚,故文十四年新城之盟復言同,自二幽以來未之有也。蓋合异爲同,故以是要言,而欲其無匱也。其後不書同,晋霸未衰也。自戰邲以後,楚勢益張而諸侯反側,載書無不言同者矣。以悼公之復霸,而雞澤、戲、亳之盟皆書同者,承靈、成、景、厲之衰也。平公少懦矣,而溴梁、祝柯、澶淵之盟不書同者,席悼之盛也。蕭魚以後,在會者無异心矣。其後晋有欒氏之亂,諸侯離叛,而重邱之盟復書同矣。吴興楚敝,不復有事於北方,而臯鼬之盟不書同矣。以是知凡書同者,皆懼其异而載書,以是要言也。薄、蜀二盟,楚人以力脅諸侯,而不屑要之以同。宋之盟,晋、楚爲成,故皆不言同也。"

邾子克卒。

《杜注》曰:"克,儀父名。稱子者,蓋齊桓請王命以爲諸侯。"

十有七年春,齊人執鄭詹。

《孔疏》曰:"詹,鄭之執政大臣也。"《左傳》曰:"鄭不朝也。"舊解爲不朝齊,夫齊初定霸,未必如晋有五年一朝之命也,齊、鄭之君皆非新即位,又不合先王世相朝之制也,何爲執之?觀下十八年《傳》曰"虢公、晋侯朝王"而鄭伯亦在周,此蓋鄭近王都,又嘗爲周卿士,今久不朝王,王命霸主責之,遂於鄭詹之詣齊而執焉,故次年鄭伯遂如王室耳。

夏,齊人殲於遂。

《左氏》、《穀梁》云"齊滅遂,使人戍之。遂因氏、頜氏、工婁氏、須遂氏飲戍者酒,而盡殺之"。無遂矣,曷爲言"於遂"?以能殺齊戍,若遂之存也。齊人,指其將與卒也。

秋,鄭詹自齊逃來。

《孔疏》曰:"鄭詹自齊逃至魯而歸鄭。"觀僖七年鄭執政有叔詹可見也。

冬，多麋。

《杜注》："麋多則害五稼，故以災書。"

十有八年春王三月，日有食之。

夏，公追戎於濟西。

戎，徐戎也。不言來而止言追，言追而來自見，與"敗齊長勺"同。

秋，有蜮。

《毛氏傳》曰："蜮，短狐也，居水中，以氣射人輒生痡。《毛詩》所謂'爲鬼爲蜮'者。南越水毒，產此，嶺北即無矣。魯，中國地，豈宜有？故《公羊》曰'以异書'。"

冬十月。

十有九年春王正月。

夏四月。

秋，公子結媵陳人之婦於鄄，遂及齊侯、宋公盟。

《公羊傳》曰："媵者何？諸侯娶一國，則二國往媵之，以姪娣從。姪者何，兄之子也。娣者何？弟也。諸侯一聘九女，媵不書，爲其有遂事書。"成九年《左傳》曰："凡諸侯嫁女，同姓媵之。"《孔疏》曰："鄄，衛地。"蓋時陳侯娶衛女，魯遣結送媵至衛從嫡而行，適齊、宋爲會，將謀伐魯，正在陘地，結遂無公命而遽與盟，然後送女。此雖專事，然《聘禮》"大夫受命不受辭，出境有可安社稷利國家者，專之可也"，與文八年"公子遂盟雍，不返命而即與雒戎盟於暴"例同。雖彼解戎患，而此齊、宋仍伐，且加以陳，而其心固爲國也。女稱婦者，隱二年《公羊傳》曰"女在其國稱女，在途稱婦，入國稱夫人"，此在途也。陳人，指陳侯也。惟會盟征伐稱人屬臣下，所以別於君也。

夫人姜氏如莒。

鐵壺氏曰："內夫人出入必書，舊史之文也。違禮而出則書，得禮則不書，《春秋》之法也。夫人之禮,父母在,歲一歸甯,悉書之則不可勝書,而違禮而行者,其失亦不可得而見矣,然則,無得禮而書者乎?失禮而書者,譏也;得禮而書者,志變也,文九年'夫人姜氏如齊'是也。夫人之歸魯也,貴聘而賤逆,至而不致,敬嬴、仲遂同心以搆禍,夫人至是蓋不安於魯矣,故志其出而并志其返也,是他日君薨、子弑、夫人大歸之端兆也,故特書以志其變焉。惟得禮而歸甯者皆不書,然後知出而書者皆失禮也,然後知得禮而特書者爲著變也。文姜之如齊也,或在齊襄之世,或在齊桓之世,而辭同。文姜會齊侯於禚,姦也;聲姜會齊侯於卞,爲公請也,而辭同。文姜如齊,非禮也;出姜如齊,歸甯也,而辭同,何以别乎?此據事直書而義自别者也,不待异文以别之也。文姜鳥獸行,通乎襄以殺其夫,君死於齊,姜孫於齊,既返於魯,而奔齊襄者汲汲焉,則書會、書享、書如,不問而知其爲姦也。若齊桓則義著於天下久矣,自襄之死,姜與齊絶已七年,至是齊、魯之邦交始通,而姜靦顔以歸母家,桓之失在欲結魯而不固拒耳,他無嫌也。若聲姜,則桓之子,或兄弟之子也,其失在道會耳,他無嫌也。惟出姜如齊,無以辨其爲得禮,故書至以别焉。以違禮而行者皆不書至,故知書至爲得禮也。惟得禮而書至,故知不書至者皆孔子削之也,何以知?舊史之備書也,爲舊史者非明於《春秋》之法也,使夫人歸甯例不書,則出姜亦不書,而孔子亦無從而筆於經矣;以出姜之歸甯書,知凡夫人之歸甯備書也,以出姜書至,知凡夫人之備書至也。《春秋》獨於出姜不削,以著變而其義皆見矣。"

冬,齊人、宋人、陳人伐我西鄙。

討我之與鄭逃也,然但聲其罪而已,故皆以人來。若媵陳,而陳亦與伐,必公子結盟鄄,將媵婦稽留在途,故陳來責也。

二十年春王二月,夫人姜氏如莒。

夏,齊大災。

《杜注》:"來告以大,故書大。天火曰災。"

秋七月。

冬,齊人伐戎。

齊桓之攘戎也。

二十有一年春王正月。

夏五月辛酉，鄭伯突卒。

秋七月戊戌，夫人姜氏薨。

冬十有二月，葬鄭厲公。

二十有二年春王正月，肆大眚。癸丑，葬我小君文姜。

文姜七月始葬，必魯人嘖有煩言，或以爲當絕於廟，不可禮葬，或以爲君含容久，難以責罪，故莊公不得已，赦除國人大罪，若曰文姜即有大罪亦赦除也，則葬以小君之禮而國人無言也，抑醜矣，故《穀梁傳》曰"肆，失也，即赦也。眚，災也，即罪過也。大者肆赦，小者可知，概赦之也。爲嫌天子許葬，故須赦而後得葬也"。鐵壺氏曰："夫人之謚從君，見於經者，宋共姬，見於傳者，鄭武姜、文芊、衛莊姜、宣姜、晉文嬴皆是也，而內夫人無一從君之謚者，蓋自文姜始也。文姜以淫弒先君，魯之臣子覺配以先君之謚而不安也，故別爲謚。自此，哀姜、聲姜、穆姜、齊姜皆別謚矣。"

陳人殺公子禦寇。

鐵壺氏曰："殺公子、大夫稱人者，或國亂，衆人擅殺，或同班者自相殺，皆不得不書人也，蓋非以國法殺之不得稱國也，非出於君之意不得稱君也。"愚按：《公》、《穀》謂兩下相殺，不見於冊書，以是爲有司之事而非王法所寓也。書人者，雖兩下相殺，而事關於國亂無政，非有司所得治者也，故書人以徵亂也。

夏五月。

秋七月丙申，及齊高傒盟於防。

齊桓薄伐西鄙，以聲我過，而即來修好，又遣上卿至魯地，而公與盟焉。

冬，公如齊納幣。

齊桓一匡，而公與之修好，未爲失也，然遂與結昏，在莊公則爲不可，而且於不可之中又失禮焉，則卑惡矣。齊、魯雖世爲昏媾，然先君身爲齊女所弒，何心復取齊女？況已有孟任爲夫人，又娶齊女而并耦配嫡，且不能以禮絕其母，而小君葬之則宜終其喪，乃未再期而遽行聘、幣，其不可非一端矣，而又納幣不遣卿而親如齊，隨又觀社如齊、丹桓宫楹、刻桓宫桷。親迎雖古禮，而時久不行，公必行之，又如齊逆，而宗覿又男女同幣，皆以媚强齊而悦新婚也，以致哀姜耀冶淫佚，釀成弑逆，誰之咎與？莊公惟中間長勺、乘邱與鄑三師用賢取勝，差足自强，始則不能防閑其母，終則不能綱領其妻，此齊人猗嗟之刺所以作也。

二十有三年春，公至自齊。

書至，以徵其過也。

祭叔來聘。

不言使，蓋祭叔自來聘也，故《穀梁》曰"不正其外交"也。

夏，公如齊觀社。公至自齊。

齊桓圖伯，借祭社聚民以觀戎器，與襄二十四年《傳》"楚子使薳啟彊如齊。齊社，蒐軍實，使客觀之"正同，則此齊桓耀兵而請公往觀，公方修好，故往。時曹劌諫有云"齊棄太公之法而觀民於社"，言非太公用兵之法也；又云"諸侯不相觀祀"，言公往非禮也。

荆人來聘。

楚之通魯自此始。荆稱人，使其大夫來也，以來通宗國，則有謀而强矣，故詳之。

公及齊侯遇於穀。

觀社未已也，又行遇禮。穀，齊地。

蕭叔朝公。

《杜注》曰："蕭，附庸國。叔，名。就穀朝公，故不言來。嘉禮野合，非也。"

秋,丹桓宫①楹。

娶哀姜至三月必廟見,先飾以誇耀之。《公羊傳》曰"非禮也",《穀梁傳》曰"天子、諸侯黝堊,大夫蒼,士黈。丹楹,非禮也",謂當白壁而黑柱也。

冬十有一月,曹伯姑射卒。

十有二月甲寅,公會齊侯盟於扈。

又爲會以盟之。扈,鄭地。

二十有四年春王三月,刻桓宫桷。

《穀梁傳》曰:"天子之桷,斲之礱之,加密石焉。諸侯之桷,斲之礱之。大夫斲之。士斲本。刻桷,非正也。夫人,所以崇宗廟也,取非禮與非正而加之於宗廟以飾夫人,非正也。不言新宫而斥言桓宫,惡莊也。"《范注》曰:"莊,不子也。"

葬曹莊公。

夏,公如齊逆女。

秋,公至自齊。

八月丁丑,夫人姜氏入。

《穀梁傳》曰:"入者,内弗受也。何用不受也?以宗廟不受也。其以宗廟弗受,何也?娶仇人子弟,以薦舍於前,其義不可受也。"《毛氏傳》曰:"公親逆,當與姜氏同日入,今异日。《公羊》以爲有孟任在宫,姜不肯入,必與公要約,許遠孟任而後入焉。夫婦瀆倫自此始矣。"

戊寅,大夫宗婦覿,用幣。

《毛氏傳》曰:"禮:小君至,大夫宗婦皆執贄以見。此同姓大夫行宗覿禮也。但其贄,

---

① 宫,底本及《顔李叢書》本皆誤作"公",據《十三經注疏》改。

大夫執羔、雁,宗婦用棗、栗、腶、脩,而此通用幣以誇耀之,非禮矣。”愚按:古嚴男女之別至矣,而尚有未盡者。三代:君娶,令同姓大夫行覿禮;喪,同姓大夫之妻入臨;大享,夫人出獻賓,故春秋屢有淫殺之禍。漢、唐、宋、明,其制漸密。明宫帷無一男子得入,皇后與外臣不通音問,一代肅清,可爲萬世法也。

大水。

冬,戎侵曹。曹羈出奔陳。赤歸於曹。

鐵壺氏曰:“羈既葬先君,且踰年而不稱爵,何也?舊史承赤告而書也。羈奔而赤告,則不肯以君與世子爲稱,明矣。蓋羈承國而赤介戎之力以入,則羈之爲正,其迹顯著者也。若赴詞不稱子、不稱世子,則非异國之史所可意爲之稱者也。胡氏於鄭忽、曹羈皆曰‘不能君’,非也。卓子庶孽,甫立即弑,猶正其君臣之名,而於忽、羈不與,爲君何義哉!”

郭公。

《毛氏傳》曰:“此係經有脱誤。本當闕者,但《管子》云‘齊桓公之郭,問郭父老曰:“郭何故亡?”對曰:“以其善善而惡惡也。”公曰:“如言,乃賢君也。何亡?”曰:“善善不能用,惡惡不能去,所以亡也。”’則公字乃亡字之誤,且桓公適當其時,因從之,與僖十九年書‘梁亡’例同。”

二十有五年春,陳侯使女叔來聘。

《毛氏傳》曰:“前十九年,我媵婦於陳,而陳反來伐,未免不安,故特聘修好。而後我遣季友往答之,此爲三十二年季友奔陳所本。若《杜注》‘季友與陳好,故來聘’,則陳來伐時,何不好乎?”

按:《杜注》曰“女,氏;叔,字”,《穀梁傳》曰“其不名,何也?天子之命大夫也”,俱係臆度之言。蓋女叔,名也。祭仲,仲可爲名,則叔亦可爲名也。

夏五月癸丑,衛侯朔卒。

六月辛未,朔,日有食之,鼓,用牲於社。

《左傳》曰:“鼓,用牲於社,非常也。惟正月之朔,慝未作,日有食之,於是乎用幣於社,伐鼓於朝。”按：周六月即正陽之月也，鼓不於朝，社不用幣。用牲，非禮，故記之。

伯姬歸於杞。

鐵壺氏曰：“内女歸，不書。此以後會洮求婦而著其始也。”

秋，大水，鼓，用牲於社、於門。

《左傳》曰：“凡天災，有幣，無牲。非日、月之眚不鼓。”《穀梁》曰“救日以鼓兵”，謂救日是攻慝，故兼陳兵；“救水以鼓衆”，謂鼓衆使用力隄遏而已。《公羊》曰：“於社，禮也。於門，非禮也。”總之，以非禮書也。

冬，公子友如陳。

《何注》曰：“如陳報聘也。内朝聘言如者，尊内也。”

二十有六年春，公伐戎。

夏，公至自伐戎。

曹殺其大夫。

鐵壺氏曰：“殺大夫稱國，以國法殺之也。其殺之當否，書總同也。若不名，則史闕其名也。”又曰：“《春秋》所書，皆列國之卿也，大夫之名無登册書者，而盟會、帥師、國殺皆曰大夫，何也？《傳》載齊晏嬰曰：‘惟卿爲大夫。’蓋周制，大國之卿班同王朝之大夫，則以大夫書者，舊史之文也。王朝之大夫與大國之卿并書名，其義蓋取諸此矣。”按：此去赤歸於曹僅年餘，必赤介狄力以入，大夫有順有否，其順者助赤以殺否者也，然無可考矣。又按：殺大夫書國，以犯專殺大夫之禁也。夫無專殺，大夫自天子出也；專殺，大夫自諸侯出矣。春秋之季，晋殺大夫多係大夫相屠，非由君意，則自大夫出矣。其後陪臣各主其大夫，互相攻殺，如晋六卿變爲三家，則春秋入於戰國矣。

秋，公會宋人、齊人伐徐。

《杜注》："宋序齊上，主兵也。"

冬十有二月癸亥，朔，日有食之。

二十有七年春，公會杞伯姬於洮。

《杜注》曰："莊公女。"蓋以下有來甯之文，而莊公無母，必其女也。伯姬爲杞成公夫人。時杞惠公在位，成尚未立，必以事來會而非歸甯也，故不入國。《左傳》云"非事也"，言非會遇之正事也，故謹而書之。

夏六月，公會齊侯、宋公、陳侯、鄭伯同盟於幽。

齊霸成矣。

秋，公子友如陳，葬原仲。

《左傳》曰："非禮也。原仲，季友之舊也。"謂譏其私行也。杜氏曰："原，氏；仲，字。"非也，本國之卿書名，而外國之卿書字，此何意？仲即名也。

冬，杞伯姬來。

《左傳》曰："歸甯也。凡諸侯之女，歸甯曰來，出曰來歸；夫人歸甯曰入某，出曰歸於某。"按：歸甯常事，何書？必會洮之事，復假歸甯而來商也。

莒慶來逆叔姬。

據《穀梁》"諸侯嫁女於大夫，主大夫以與之"。此書來，譏親與君接也。杜云："叔姬，莊女。"

杞伯來朝。

杞，夏后氏之後。桓二年、十二年皆稱杞侯，此稱伯者，蓋時王降之也。按：此與會洮皆相關也。

公會齊侯於城濮。

《杜注》云:"齊伐衛也。城濮,衛地。"蓋與公謀之。

二十有八年春,王三月甲寅,齊人伐衛。衛人及齊人戰,衛人敗績。

據《左傳》,莊十九年初,莊王嬖子子頹有寵。及惠王即位,蔿國、邊伯、詹父、子禽、祝跪五大夫及士石速作亂,因蘇氏。是年秋,奉子頹伐王,不克,出奔溫。蘇氏奉子頹奔衛。衛侯朔以王人之救黔牟也,出師同燕師伐周。冬,立子頹。其明年春,鄭厲公執燕仲父,而奉王以歸,居於櫟,乃見虢叔,謀納王。又明年二十一年,同伐王城。鄭伯將王自圉門入,虢叔自北門入,殺王子頹及五大夫。亂定,而鄭厲公卒。至莊二十有七年冬,齊桓公再盟幽後,王使召伯廖賜齊桓公命,爲諸侯之伯,且以衛立子頹,請伐衛。至是,齊侯伐衛,元惡朔已卒,其子懿公戰敗,數之以王命而還。《毛氏傳》曰:"齊桓在軍而稱人者,以大夫帥師也。衛及齊戰者,主及客也。不書奉王命者,奉命不誠,削之也。"鐵壺氏曰:"齊桓之霸也,列國禍難無不勤恤,而子頹之亂未嘗過而問焉,豈虢、鄭以内諸侯執周政,力能定王,未嘗赴告於外,而不敢引爲己任?與叔帶、子朝之亂,《傳》載告難於魯、晋甚詳,而子頹之亂無聞焉,則不告於外可知矣。"按:不赴告齊、魯,固也。然王室之亂,三年乃平,齊、魯豈遂無聞者?而魯以宗國置而不問,齊桓亦以謀霸未盛,姑置後圖,則其罪皆莫可解矣,故書齊人伐衛,見齊桓委之臣下而非躬擐甲胄以討鯨鯢也。

夏四月丁未,邾子瑣卒。

秋,荆人伐鄭,公會齊人、宋人救鄭。

《左傳》:"楚伐鄭而諸侯救之,楚師宵遁。"齊桓救難恤小之一也。

冬,築郿。

鐵壺氏曰:"凡邑曰城,而此書築者,城必備郛、郭、樓、櫓之制,而築無之也。"

大無麥、禾。

《毛氏傳》曰:“麥熟於夏,禾成在秋。書於冬者,杜氏曰‘計食不足而後書也’。不言饑者,《正義》云‘以下文告糴,故不饑也’。”

臧孫辰告糴於齊。

《左傳》曰:“禮也。”蓋嘉臧文仲也。

二十有九年春,新延廄。

《左傳》曰:“書不時也。凡馬,日中而出,牧於坰野;日中而入,還廄是治。”廄當以秋分,春非時也。延,廄名。

夏,鄭人侵宋。

秋,有蜚。

《毛氏傳》曰:“蜚,負蠜也,蝗屬。”《左傳》曰:“凡物不爲災不書。”

冬十有二月,紀叔姬卒。

城諸及防。

二邑名。

三十年春王正月。

夏,師次於成。

是時,齊師將降鄣,我將救之,故師次於成而止而不前,《穀梁》所謂“欲救鄣而未能”是也,然則魯弱可知矣。

秋七月,齊人降鄣。

鐵壺氏曰:"春秋初,書降國二,使服而爲己屬也;書遷國者二,《公羊[1]傳》曰'猶未失其國家以往者也'。其降之、遷之,何也?重滅國也。自莊以後,無以降與遷書者矣。"

八月癸亥,葬紀叔姬。

鐵壺氏曰:"内女適諸侯者,不書卒。叔姬以娣而書,魯人閔其變而重其節也。胡氏以紀侯不卒微之,非也,叔姬歸酅,故紀人猶得以禮葬,而魯使人會葬。若紀侯寄食他國,則彼不得成喪,我無以會葬,無由著於册書耳。"

九月庚午朔,日有食之,鼓,用牲於社。

説見前。

冬,公及齊侯遇於魯濟。

《左傳》曰:"謀山戎也。"《杜注》:"濟歷齊魯界,在齊爲齊濟,在魯爲魯濟。"

齊人伐山戎。

《穀梁傳》曰:"桓内無因國,外無從諸侯,而越千里之險,北伐山戎,則非之乎?善之也。何善乎爾?燕,周之分子也,貢職不至,山戎爲之伐矣。"然則此齊桓一匡之前茅也。

三十有一年春,築臺於郎。

夏四月,薛伯卒。

六月,齊侯來獻戎捷。

《左傳》曰:"凡諸侯有四夷之功,則獻於王,王以警於夷;中國則否。諸侯不相遺俘。"則齊桓來魯獻捷,非禮矣。鐵壺氏曰:"齊侯之來,蓋以報魯莊三至之勤,用示昵好,而託獻捷同功以來也。蓋春秋爲天下患者莫如楚,而非得魯來之力不能與楚爭。方是時,秦、晋

[1] 此處"公羊"似應爲"穀梁"。

處偏,各守其疆,中原惟魯、宋、鄭、陳、蔡而三國邊楚,蔡已南折,楚屢爭鄭,而齊不能卻,則諸侯摇心而霸業去矣。且衛敗於狄,邢亦困焉,曹、邾小國,又不足恃,惟魯、宋無故,地大力完,桓公此年來魯,明年遇宋,蓋救鄭抑楚之師將以時舉矣,而魯旋内亂,是以楚再伐鄭,而齊師不敢遽興,直待魯僖即位數年而後,伐楚之謀決焉。觀貫與陽谷會宋之後,隨要季友以盟,則齊之急於得魯可知矣。不然,以管子謀國之詳,而何爲此無名之舉哉?"

秋,築臺於秦。

《杜注》:"薛、秦,俱魯地名。"

冬,不雨。

鐵壺氏曰:"二百四十二年,一時而不雨者必多矣,此何以書?承'大無麥、禾'、'有蜚'之後,一時不雨即以爲憂,而書於册,亦猶桓、宣承屢祲之後而書有年也。"

三十有二年春,城小穀。

《毛氏傳》曰:"《左傳》'城小穀,爲管仲也'。杜氏謂公感齊桓之德,故爲管仲城私邑,其但稱小穀,不稱齊者,以職在俱曉也。《穀梁注》'魯邑',謬矣,小穀,齊邑,即濟北穀城,今東阿縣地。"鐵壺氏曰:"春秋會遇、盟戰之地皆不係國,必如彭城之披於楚、虎牢之戍於晋,而後還係之宋、鄭也。"按:齊桓一匡九合,皆管仲之功也,而經無見文,故特書城小穀以表之。其相齊也,分四民,成民事,滋民財,通魚鹽之利以利諸侯而國富;制軌里,連鄉以爲伍,戎卒旅,振旅治兵而國强;正月之朝,問鄉大夫,屬大夫民有孝仁、股肱、拳勇勿蔽,其不孝弟、不用上令勿不告,凡善皆得而舉,凡不善皆得而誅而國治;三選用賢而官得人,爲遊士以號召天下之賢士,重皮幣以聘,頫於諸侯,來者垂櫜而入,稛載而歸,反四鄰侵地而諸侯服,故魯感其德而冀其庇,小穀之所以城也,而他邦可知矣。由是,四方諸侯麇至於齊,而管仲之廷亦造焉。周制:大國之卿當小國之君。况齊爲二伯,管子延接邦君,因用塞門、反坫,而不知其不可也。孔子譏其器小而亟稱其仁,蓋尋長尺短,原不相掩也。

夏,宋公、齊侯遇於梁邱。

《左傳》:"齊侯爲楚伐鄭之故,請會於諸侯。宋公請先見於齊侯。故齊侯先之。"梁邱,據《穀梁》,在曹、邾之間。

秋七月癸巳,公子牙卒。

據《傳》,莊公未娶哀姜時,曾築臺而臨黨氏。黨氏者,魯大夫也。見黨氏女孟任美,公從之,閟,乃以夫人言許之,割臂而與公盟,生子般焉。及娶哀姜,無子,公欲立子般而未敢定。至是,公病,問後於公子牙,即叔牙,莊公之庶弟,仲慶父同母弟也。時慶父通於哀姜,哀姜欲立之,牙遂曰"慶父才",謂兄終弟及也。又問季友。友者,公同母弟也。對曰:"臣以死奉般。"公曰:"向者牙曰'慶父才'。"季友乃假公命,使牙待於鍼巫氏,使鍼季酖之。曰:"飲此,則有後於魯國;不然,死且無後。"飲之,歸,及逵泉而卒。於是立叔孫氏爲牙後,則是叔牙以酖死而書曰卒者,以罪不即著而既爲立後,并不以誅告故也。

八月癸亥,公薨於路寢。

冬十月己未,子般卒。

《左傳》:"八月,子般即位,次於黨氏。冬十月,共仲使圉人犖賊子般於黨氏。成季奔陳。立閔公。"《毛氏傳》曰:"子者,太子;般,其名也。其稱卒,以未成君也。不言慶父弒者,諱國惡也。禮:君在稱子,君薨即位稱公。此稱子,亦以未成君之故,與後'子卒'、'子野卒'例并同。《釋例》:未葬稱子,係在喪所稱。若踰年,則雖在喪,亦稱公。如文公、成公,皆先君未葬而經書'公即位',可驗也。"鐵壺氏曰:"子卒而不地、葬而不志,義與成君同,謂卒不宜地、葬不宜志者,非也,緣子之心,不敢以成君自居,而國人待之猶君也。王猛在喪而稱王,子般弒而閔不行即位之禮,則子不异於成君,審矣。夫人之薨不地,有常所也。君薨,宜於路寢,而有不於路寢者備書之,則子卒宜於喪次,而不書則變矣。"

《毛氏傳》曰:"隱元年《公羊注》云:'禮:嫡夫人無子,立右媵;右媵無子,立左媵;左媵無子,立嫡姪娣;嫡姪娣無子,立右媵姪娣;右媵姪娣無子,立左媵姪娣。質家親親,先立娣;文家尊尊,先立姪。'蓋立子先後,視母貴賤,次第秩然。今閔公者,少姜之子,哀姜之娣所生也;僖公者庶,成風所生也;而立孟任之子般,何也?莊公娶孟任爲夫人,則孟任固嫡也。至二十四年,因求好齊桓,再娶齊女,於是以孟任非正娶,抑孟任而尊姜氏,則二耦匹嫡,實爲非禮,故哀姜無子,則季友以孟任夫人原有嫡名,毅然正名而立子般。若閔之先僖,則莊公既抑孟任爲次妃,成風不與孟任齒,勢必降等爲次妃姪娣,而少姜嫡姪娣,宜先於二媵姪娣。此又立法之不相遠者。然則魯秉周禮,此非周禮之餼羊也乎?"

按:子般喪次,宜從莊公於路寢,而乃在黨氏者,必哀姜與慶父蟠據宫中,恐爲所害也。子般殺而成季奔陳者,以姜、慶之惡方熾,去之以暴其惡,且起國人之公憤也。

公子慶父如齊。

《杜注》曰:"慶父適齊,欲以求援。時無君,假赴告之禮而行。"

狄伐邢。

春秋傳注·卷二 起閔公，盡文公

蠡吾　李塨　稿

閔　公

元年春王正月，齊人救邢。

《毛氏傳》曰："狄伐邢在上年冬。齊桓用管仲之言，故救之。"《穀梁》曰："善救邢也。書人者，以大夫帥師也。"

夏六月辛酉，葬我君莊公。

《左傳》曰："亂故，是以緩也。"

秋八月，公及齊侯盟於落姑。

此時慶父在齊、季友在陳，季欲歸魯定亂，而慮齊桓之以姜故助慶父也，故先乞公盟齊桓而後來歸。此與閔公之立皆成季之謀，而中外布置有人。不然，姜在宫，閔方九歲，焉能越國而會强大如此。《杜注》："落姑，齊地名。"

季子來歸。

季友不稱名而稱子，與齊仲孫來不稱名而稱仲孫、高子來盟稱子，皆魯人恥哀姜而惡慶父,喜季子之有功、齊桓之助止,故特爲是尊异之稱。《公羊傳》曰"魯人至今以爲美談,曰'猶望高子'"是也,故魯史書之,孔子因之。王臣稱子者,如王季子、蘇子、尹子之類。諸侯之臣稱子者,如經書高子、《傳》稱魏子。

冬,齊仲孫來。

此齊使來省難者,不言使,承上"齊侯盟於落姑"也。仲孫湫歸,曰:"不去慶父,魯難未已。"又曰:"魯秉周禮,未可動也。"宜魯人之貴之矣。《毛氏傳》曰:"仲孫,齊公子仲氏之孫,與魯稱孟孫、叔孫同。文十五年宋華孫來盟,《傳》亦曰'貴之'可見。"

二年春王正月,齊人遷陽。

夏五月乙酉,吉禘於莊公。

《毛氏傳》曰:"吉禘者,喪畢行之,爲死者入廟,當合先公而禘視焉,且高祖當祧入遷廟矣,故迎毀廟、未毀廟之主合食太廟,然後將新祧一主隨祧衆主并遷,而新祔之主乃得從三親而致於禰宫,則於祧、於祔兩俱泯焉,此先王制禮之精義也。"愚按:先儒鄭康成、許慎、熊氏、杜預注《左傳》、范甯注《穀梁》皆同是説。襄十六年《傳》:晋人答穆叔云"以寡君之未禘祀",謂晋悼薨,尚未喪畢禘祭,難以舉兵,是喪畢之祭曰禘,與大禘、時禘各自爲禮,古有明證也。《儀禮》曰:"中月而禫,是月也吉祭,猶未配。"《喪大記》曰:"禫而從御,吉祭而復寢。"則天子、諸侯曰"吉禘",大夫、士曰"吉祭",同一新主入廟之祭同以"吉"名,又有確據也。但此恒禮也,書,何也?《左傳》曰"速也",謂莊公之喪至此方二十二月,喪未畢而行吉禘,非禮也。

秋八月辛丑,公薨。

《左傳》:"公傅奪卜齮田,公不禁。共仲使卜齮賊公於武闈。"故薨不以地。《毛氏傳》曰:"武闈者,宫中右門也。"

九月,夫人姜氏孫於邾。

公子慶父出奔莒。

與宋萬書同。《毛氏傳》曰:"武闈之弒,共仲謀篡也。與弒之哀姜先奔於邾,圖外應也。乃季即奉僖公以適邾,制其所應,則共仲之勢於斯盡矣。蓋共仲所恃者姜,姜所恃者齊。前此子般之弒,慶父奔齊,及季子以閔公盟齊而齊來省難,則姜與慶父俱不敢至齊。至是,共仲奔莒原屬鼠竄,故以賂求於莒,莒歸之,而使之自縊,則討賊之速莫此若矣。"

冬高子來盟。

《左傳》:"共仲奔莒。季子即奉僖公自邾入,立之。"《公羊傳》曰:"齊桓公使高子將南陽之甲,立僖公而成魯盟,定其位也。"

十有二月,狄入衛。

《左傳》:"狄伐衛。衛懿公好鶴,鶴有乘軒者。將戰,國人受甲者皆曰:'使鶴!鶴實有禄位,余焉能戰?'遂敗績。狄乃從入衛。衛國不守。"《史記》:"衛宣公殺子伋而立惠公,國人不服,曾逐惠公,而立子伋之同母弟黔牟。凡八年,而惠公復入,至是,子懿公死。國人仍惡惠公朔之殺子伋,而復立子伋同母弟、昭伯之子申爲戴公,廬於漕。"蓋戴公、文公、宋桓夫人、許穆夫人皆昭伯所生子。《左傳》:"戴公渡河,宋桓公逆而濟之,許穆夫人賦《載馳》詩。於是齊桓使公子無虧帥車二百乘、甲士三千人戍曹,且歸公乘馬、祭服、畜產、門材,歸夫人軒車、重錦諸物。"

鄭棄其師。

《左傳》:"鄭人惡高克,使帥師次於河上,久而弗召,師潰而歸,高克奔陳。"書"鄭棄其師",過鄭也,且重師也。

僖公

元年春王正月。齊師、宋師、曹師次於聶北,救邢。

《左傳》曰:"諸侯救邢。邢人潰,出奔師。師遂逐狄人,具邢器用而遷之,師無私焉。"《毛氏傳》曰:"此狄又伐邢而齊統諸侯以救之之師也,師雖衆而大夫帥師,君不親將,故稱國。先次而後救者,狄入邢,國雜然相持,故駐師示之,使邢人知所向往,潰而來奔,玉石分明,齊帥諸國之師迸力逐狄,狄敗傷,棄俘急奔,於是收其器用還邢,使遷。諸師并無私取,霸兵嚴肅如此。"

夏六月,邢遷於夷儀。

文如邢自遷者,《傳》曰"邢至如歸"。鐵壺氏曰:"遷國見經者七:邢、衛之遷,迫於狄也;許之遷,迫於楚、鄭也;蔡遷,迫於吳、楚也,其宗廟、社稷幾不守矣,故以告,而舊史書之。若擇地而居,則有國者之恒事也,《傳》所載晋遷於新田、楚遷於鄀、邾遷於繹,是或其國不告,或告而舊史不書,或書而孔子削之也。"

齊師、宋師、曹師城邢。

邢已遷夷儀而城之,故書"城邢"。衛將遷楚邱,杞將遷緣陵,而先城之,故書"城楚邱"、"城緣陵"。

秋七月戊辰,夫人姜氏薨於夷,齊人以歸。

書夫人薨夷而齊人以歸,知齊人殺之也。《毛氏傳》曰:"據《傳》,哀姜奔邾,齊桓以霸主行誅亂之典,不諱親惡,取姜至齊地之夷而殺之,以尸歸齊,謂義當與魯絕也。乃《胡傳》謂'歸魯',則'十有二月,夫人氏之喪至自齊',豈七月已歸,十二月又歸耶?豈七月已歸魯,十二月反自齊至耶?《春秋》有本經,有前後經,《傳》七月而不知十有二月,此不識本經者也。且經有前後可以比例,如隱七年,戎伐凡伯於楚邱以歸,是歸戎也;昭十三年,晋人執季孫意如以歸,是歸晋也;蔡滅沈,以沈子嘉歸,是歸蔡;鄭滅許,以許男斯歸,是歸鄭。若來歸我,則必如'莊六年,齊人來歸衛俘'。歸之他國,則必如'成八年,晋侯使來言汶陽之田,歸之於齊'以明,明有例之書法而未解也。"

楚人伐鄭。八月,公會齊侯、宋公、鄭伯、曹人、邾人於檉。

《左傳》曰:"鄭即齊,故楚伐鄭。齊會諸侯,謀救之。"荆始改號曰楚,愈强矣,前但舉號,史畧之。至是,書"楚人",其臣也,書"楚子",其君也。

九月，公敗邾師於偃。

《左傳》曰："虚邱之戍將歸者也。"而説未明，蓋閔公之弑，哀姜如邾求援，而季友即奉僖公適邾以制之，邾子於是嚴兵以戍近魯之虚邱，名爲魯戍而實陰候强齊，若與姜應，遂乘釁侵魯。僖公必知之矣。及齊既誅姜，邾知不濟，撤師而歸。公故要而敗之。《范注》："偃，邾地。"

冬十月壬午，公子友帥師敗莒師於酈，獲莒拏。

《左傳》："莒人來求賂，季友敗之魯地之酈，獲莒子弟拏。"賂可也，求賂不可也，况以師至魯責賂乎？

十有二月丁巳，夫人氏之喪至自齊。

僖公以嫡母，請而葬之，又奉入廟，過矣。惲皋聞曰："夫人氏不稱姜，夫子削之也。若曰以其曾爲夫人故也。若姜，則齊人誅之，不以爲姜女者也，身首不保，何可至也？故後禘廟用致亦不稱姜。若葬，稱小君哀姜，既已禮葬，有謚，不得沒其實也。"襄二十六年《傳》有"君夫人氏"之文，則時有此稱也。

二年春王正月，城楚邱。

與小穀同文，則魯城之也。齊桓使衛遷焉，《傳》曰"衛國忘亡"。鐵壺氏曰："齊桓城三國，屬辭各异，皆以其實書也。城邢，三國之師也。緣陵，則命諸侯城之而齊不與也。楚邱，則命魯獨城之而諸侯不與也。霸者之令，有使諸侯承事而己不與者矣，襄五年魯、衛會吴於善道是也，然會吴雖列序魯、衛大夫而可知爲晋令也。若城緣陵而列序諸侯，則似諸侯自城之，而不知其爲齊令矣。何以知齊人不與也？使齊帥諸侯以城，則當如城邢之列序也。何以知楚邱之役，諸侯不與也？當是時，陳、鄭迫於楚，宋、曹既同城邢之役，而齊、宋復謀會江、黄，惟魯以内難，凡役皆不與，故使獨任楚邱，而所書與内城築同文也。又曰盟扈，會盟不序諸侯，既曰晋大夫主之；城緣陵，不序諸侯，又曰齊人不與，何也？文、襄繼霸以後，百年中無諸侯自爲會盟者，而文之篇主會盟者皆晋大夫也，以晋大夫而先諸侯，不可序也，故不序諸侯而沒晋大夫。使齊帥諸侯以城緣陵，則無爲不序，即諸侯自城之而非齊志,亦無爲不序也,惟令出於齊而齊不與,故總言諸侯,以見城者諸侯而令者齊也。至於列序諸侯,則似諸侯自盟自會而不屬於晋、自城而不令於齊,又二役之所同也。"

夏五月辛巳,葬我小君哀姜。

虞師、晋師滅下陽。

《公羊傳》曰:"下陽,虢邑。"襄十三年《左傳》:"用大師焉曰滅,易曰取。"晋假道於虞以伐虢,而先虞者,虞貪賄,且請先道,深罪之也。《穀梁傳》曰:"下陽者,虞、虢之塞邑也。滅下陽而虞、虢舉矣。"鐵壺氏曰:"下陽,蓋虢附庸之國也。"

秋九月,齊侯、宋公、江人、黄人盟於貫。

《毛氏傳》曰:"楚與國來盟,則其黨離矣。人者,其大夫。"

冬十月,不雨。

《杜注》曰:"一時不雨,必書首月。"

楚人侵鄭。

三年春王正月,不雨。夏四月,不雨。

徐人取舒。

徐,亦夷也,而當齊桓會江、黄以孤楚之時,竟能遣將遠取與楚之舒以剪楚翼,必齊桓、管仲之謀也。楚後恨徐而伐之、取之,以是也。徐人,徐之大夫帥師也,喜而詳之也。《詩》曰"荊舒是懲"可見矣。

六月雨。

自去年冬十月不雨,至今始雨,以夏時計之,蓋自八月不雨至下年之三月也。四月雨,猶可布種而收,故《傳》曰"不曰'旱',不爲災"。

秋，齊侯、衛侯、宋公、江人、黄人會於陽穀。

《左傳》：“謀伐楚也。”

冬，公子友如齊涖盟。

齊桓又以陽穀之會魯未與，遣人來尋盟，而魯使季友詣齊受盟。

楚人伐鄭。

《左傳》：“鄭伯欲與成，孔叔不可，曰：‘齊方勤我，棄德不祥。’乃止。”

四年春王正月，公會齊侯、宋公、陳侯、鄭伯、許男、曹伯侵蔡。蔡潰，遂伐楚，次於陘。夏，許男新臣卒。楚屈完來盟於師，盟於召陵。

齊桓經營歷年，諸國合兵力盛，然後帥而伐楚，且不遽及楚也，先侵其與國蔡，蔡衆潰，叛軍聲赫矣，遂入楚境。楚使來問故，管仲責以不供王祭包茅、昭王南征溺死於漢二事。使於不貢任罪，昭王不復，委之水濱以對。齊桓於是進師，次於陘。使回，楚人震恐，乃使重臣屈完來齊師求盟。夫敵國以兵聲罪伐我，而我造其師中請盟以求息戰，大辱也，宣十五年華元謂子反曰“城下之盟，有以國斃，不能從。去我三十里，惟命是聽”是也。屈完陳詞若出己意，而不直言君使，諱辱也，故不書使。然來盟，孰使之？君在其中矣，故書曰“來盟於師”。楚絀矣，霸主之威伸矣，齊桓乃曰：“楚先王建國也，師中不可以辱，吾其以禮盟焉。”乃退一舍，使屈完與諸侯盟。自此，終齊桓之世，楚不敢爭鄭焉。其後，晉文興霸，雖能勝楚而不能服楚，遜齊桓矣。《左傳》：“屈完如齊師，師退召陵，齊桓乃與完謀好。”楚未求盟而齐桓遽退三十里，且先求好，桓断不悖误至是，蓋左氏録楚史之文也。《公羊》“師在召陵”、《穀梁》“權在屈完，桓不得志”皆屬誤語，然後知聖經之文曲折自具，而非《傳》所知者多也。《何注》云：“許男不言卒於師，桓師無危也。楚臣如得臣、宜申椒皆獨書名，此書屈氏，蓋以其應對有度，齊人喜之，故載書書其氏，以赴諸侯也。”《杜注》：“召陵，楚地，潁川縣也，南三十里爲陘。”

齊人執陳轅濤塗。

陳大夫轅濤塗以師返，出陳、鄭，費供給，誑齊以觀兵東夷，循海而歸。故執之。

秋，及江人、黄人伐陳。

及，魯及也。《左傳》："討不忠也。"

八月，公至自伐楚。

鐵壺氏曰："鄢陵之後，成公會伐鄭者三：前以會至而後以伐至者，前會而未伐，後會而伐也。盟戲之後，襄公會伐鄭者三：前以伐至而後以會至者，前會而伐，後蕭魚之役觀兵而鄭已服也。成七年救鄭而以會至者，不成乎救也。僖十五年救徐，公不親則以會至，以是知伐救而以會至者皆不成乎伐救也。僖四年伐楚，前後皆有事，而獨以伐楚至者，大伐楚也。二十八年會溫以圍許者，明周事也，若以會至則嫌不與圍也。襄十八年同圍齊而以伐至者，紀其事則曰圍，告其功則曰伐也。有事於齊無不至，而哀十一年會吴伐齊獨不至者，魯不與戰也。"

葬許穆公。

齊桓以許男卒於師，《禮》"諸侯薨於朝會，加一等"，葬之以侯。

冬十有二月，公孫茲帥師會齊人、宋人、衛人、鄭人、許人、曹人侵陳。

《左傳》："陳成，歸轅濤塗。"

五年春，晋侯殺其世子申生。

《左傳》："晋獻信驪姬之譖，將殺其太子申生而立其子。申生自縊。又譖二公子。重耳奔蒲，夷吾奔屈。"《公羊傳》曰："殺世子母弟，直稱君者，甚之也。"

杞伯姬來朝其子。

《杜注》:"杞伯姬來甯成風也。子幼不成朝禮,而伯姬主之,故又書曰'朝其子'。"《穀梁傳》曰:"伯姬志於朝其子,則是杞伯失夫之道矣。"

夏,公孫茲如牟。

聘也。

公及齊侯、宋公、陳侯、衛侯、鄭伯、許男、曹伯會王世子於首止。

王世子,惠王之太子鄭,即襄王也。惠王以惠后故,將廢之,而立其子帶,故齊桓帥諸侯會王太子以定其位。《杜注》:"首止,衛地。"

秋八月,諸侯盟於首止。

會王世子,以定其位而尊之,不敢要以盟。至是,乃諸侯自爲盟焉,齊桓之恪也。其後九年,公會宰周公、齊侯、宋公、衛侯、鄭伯、許男、曹伯於葵邱,九月戊辰,諸侯盟於葵邱,亦先目。後凡諸侯自盟者,則以宰孔賜胙先歸也。

鄭伯逃歸不盟。

《左傳》:"王使周公召鄭伯:'吾撫汝以從楚,輔之以晋,可以少安。'"蓋欲廢太子而不定其位也,鄭伯遂逃歸。

楚人滅弦,弦子奔黄。

《毛氏傳》曰:"弦,近楚小國。"

九月戊申朔,日有食之。

冬,晋人執虞公。

鐵壺氏曰:"下陽之滅,《公羊》以爲虢君在焉;晋人執虞公,左氏以爲滅虞,非也。滅下陽一事，滅虢又一事也，執虞公一事，滅虞又一事也。滅夏陽、執虞公，以告而書滅虞，虢則不告而不書也。夏陽，虞、晋同役，或虞告之，或虢告之，皆未可知也。武、獻以下，兼國若霍、揚、韓、魏、沈、姒、蓐、黄，無一見於冊書者，况虞、虢，天子之三公、同姓之貴國乎？其不告於魯必矣。”

六年春王正月。

夏，公會齊侯、宋公、陳侯、衛侯、曹伯伐鄭，圍新城。

以逃盟也。

秋，楚人圍許，諸侯遂救許。

《左傳》：“楚子圍許以救鄭，伐鄭之諸侯遂移兵救許，楚師乃還。”

冬，公至自伐鄭。

七年春，齊人伐鄭。

前伐鄭，未服而釋以救許，故齊又獨伐之。

夏，小邾子來朝。

《毛氏傳》曰：“即郳黎來也，初得王命而别封於邾，故稱小邾。”

鄭殺其大夫申侯。

初陳轅濤塗誑齊東出，原謀於鄭申侯。申侯請齊勿東出，故齊賜申侯以虎牢而罪濤塗。其後濤塗勸申侯城虎牢，因譖於鄭伯。至是，鄭伯謝齊，殺申侯以悦之。《毛氏傳》曰：“申侯，楚人而仕鄭，以爲殺楚人即與楚絕也。申，氏；侯，名。”

秋七月，公會齊侯、宋公、陳世子欵、鄭世子華，盟於甯母。

甯母，魯地。《左傳》："管仲請齊桓以禮、以德，於是齊侯修禮於諸侯。諸侯官司各於齊受其方所當共天子之物，而鄭伯使太子華聽命於會。華私於齊侯，請去其國洩氏、孔氏、子人氏三族，而爲齊内臣。桓公將許之。管仲以子奸父命，不可。乃辭之。子華由是得罪於鄭。冬，鄭伯使請盟於齊。"

曹伯班卒。

公子友如齊。

冬，葬曹昭公。

八年春王正月，公會王人、齊侯、宋公、衛侯、許男、曹伯、陳世子款，盟於洮。鄭伯乞盟。

《正義》曰："凡言乞師，皆乞得其師也，則此乞盟，乞得其盟也。"《毛氏傳》曰："時惠王已崩，襄王慮太叔帶作難，來告於齊。齊因爲此會，使襄王定位而後發喪。"鐵壺氏曰："列序諸侯，不可以斥王臣之名與行次。稱人，即卿大夫也。"《杜注》："洮，曹地。"

夏，狄伐晋。

秋七月，禘於太廟，用致夫人。

太廟，周公廟。禘，大禘也。七月者，《雜記》曰"七月日至，可以有事於祖也"。成王以周公有大功，賜魯重祭，用天子大禘之禮樂於周公廟，亦常事矣，不書。書者，以致哀姜也。《禮》：夫人不薨於寢則不致。哀姜，罪人見殺，至是八年矣，始致，何也？豈以哀姜不可吉禘以告祖考，故於大禘時混并群主而入之乎？然非禮矣。《穀梁傳》曰："用者，不宜用者也。"

冬十有二月丁未，天王崩。

《杜注》曰："實以前年閏月崩，以今年十二月丁未告。"

九年春王正月丁丑，宋公御説卒。

夏，公會宰周公、齊侯、宋子、衛侯、鄭伯、許男、曹伯於葵邱。

《毛氏傳》曰:"此定王位也。宰周公,太宰而食采於周者,天子之三公也,《傳》稱宰孔,其名也。宋公稱子,以宋桓公未葬故。襄公稱子,禮例也。"《左傳》:"王使宰孔賜齊桓祭文、武胙,命無下拜。對曰:'天顔不違咫尺。'下,拜;登,受。"

秋七月乙酉,伯姬卒。

《毛氏傳》曰:"不稱國,以未嫁也。稱字,許嫁也。"鐵壺氏曰:"必君閔之而卒之禮過常,故書也。如公子不爲卿不書,而書叔肸,以宣公有愧焉而加隆也。"

九月戊辰,諸侯盟於葵邱。

孟子稱之,以爲桓公極盛之會矣。葵邱,宋地。

甲子,晋侯俛諸卒。

冬,晋里克殺其君之子奚齊。

《左傳》:"里克殺奚齊於喪次。書曰'殺其君之子',未葬也。是時,齊侯以諸侯之師伐晋,及高粱而還,討晋亂也。令不及魯,故不書。"

十年春王正月,公如齊。

狄滅溫,溫子奔衛。

溫子,《左傳》即蘇子,司寇蘇公之後也,食采於溫,故又稱溫子。《杜注》云:"文公十年,蘇子盟於女栗,蓋王復其位也。"

晋里克弑其君卓及其大夫荀息。

卓稱君者,先君未葬稱子,既葬稱名也。若《公》《穀》曰"踰年稱君",則與齊君舍五月稱君顯相悖矣。書'里克弑其君'者,克本不欲以嬖人之子爲君,而中立則君之矣,故被之以大惡之名而不可辭也。荀息,則丕鄭所謂阿惑者也,然而殉難,可愍矣,故亦書及。

夏，齊侯、許男伐北戎。

《杜注》："北戎，山戎。"

晋殺其大夫里克。

《毛氏傳》曰："里克既殺卓子，乃與丕鄭召重耳於翟。舅犯語重耳辭之。吕甥、郤芮，夷吾之徒也，令夷吾賂秦以求入。秦使公子縶弔二公子，重耳受弔，拜而哭，退而不私，夷吾受弔則重許賂焉。穆公欲納重耳，公子縶曰：'姑置不仁以亂其國。'因齊隰朋來會，帥師納晋君，遂納惠公。惠公慮克、鄭之屬重耳也，召克曰：'微子，不及此，然子弑二君與一大夫，爲子君者不亦難乎？'克伏劍死。"鐵壺氏曰："非討其弑君之罪也，則爲殺其大夫而已。"

秋七月。
冬，大雨雪。

夏之秋也，大雨雪乎？

十有一年春，晋殺其大夫丕鄭父。

《左傳》曰："夷吾殺里克，時丕鄭使秦，乞緩秦賂。鄭告秦伯：'賂之不入，由吕甥、郤稱、冀芮，君以重幣召三子，臣出晋君，君納重耳，蔑不濟矣。'及遠秦，果召三子。三子覺其謀，殺鄭。"

夏，公及夫人姜氏會齊侯於陽穀。

觀後十七年僖公在會而滅項，齊人以爲討，止公，夫人姜氏會齊侯於卞，請歸公。姜，蓋齊桓女也。歸甯父母，有何不可？然與公俱會，未免瀆矣。鐵壺氏曰："書及，婦從夫者也。濼之會不書，不以夫人屬公也。"

秋八月，大雩。

《孟子》:“七八月之間旱。”周八月，夏六月也。旱，雩也。

冬，楚人伐黄。

十有二年春王正月庚午，日有食之。

夏，楚人滅黄。

齊桓搆會江、黄以伐楚。今楚滅黄而不救，霸業衰矣。

秋七月。

冬十有二月丁丑，陳侯杵臼卒。

《左傳》:“十一年夏，王子帶召戎伐京師。十二年夏，王以戎難討王子帶。帶奔齊。冬，齊桓使管仲平戎於王。王以上卿之禮饗管仲。仲辭，受下卿之禮而還。”

十有三年春，狄侵衛。

夏四月，葬陳宣公。

公會齊侯、宋公、陳侯、衛侯、鄭伯、許男、曹伯於鹹。

《左傳》:“淮夷病杞故，且謀王室也。秋，爲戎難，齊仲孫湫致諸侯戍周。”

秋九月，大雩。

冬，公子友如齊。

十有四年春，諸侯城緣陵。

《左傳》:“城杞邑，遷杞也。”

夏六月，季姬及鄫子遇於防。使鄫子來朝。

《毛氏傳》曰:“鄫季姬來甯，公怒鄫子之不朝也，止姬，將以絕鄫婚，而季姬不忍，乃特爲防邑之遇而使之來朝，然後公許姬還鄫，故此書季姬，去鄫字，如未嫁者，以明與鄫絕也。後年書季姬歸鄫，如始嫁者，以明重合鄫也。”按:此僖公亦恣且而過矣。

秋八月辛卯，沙鹿崩。

《范注》曰："沙鹿，晋山。"

狄侵鄭。

冬，蔡侯肸卒。

十有五年春王正月，公如齊。

楚人伐徐。

《左傳》："徐即諸夏故也。"

三月，公會齊侯、宋公、陳侯、衛侯、鄭伯、許男、曹伯，盟於牡邱，遂次於匡。

公孫敖帥師及諸侯之大夫救徐。

救之而下書"徐敗"，則齊桓帥諸國救之之不力也明矣。

夏五月，日有食之。

秋七月，齊師、曹師伐厲。

《左傳》："厲楚之國。以救徐，故伐之。"

八月，螽。

九月，公至自會。

季姬歸於鄫。

己卯晦，震夷伯之廟。

晦，九月三十日也。震，霹靂也。《左傳》曰："展氏之祖。"夷，謚；伯，字。

冬，宋人伐曹。

曹屬同盟，七月獨從齊師伐厲，宋忽伐之，齊桓不問，何也？《左傳》謂討舊怨，不知何舊怨。杜以莊十四年伐宋當之,則其役齊主之而諸侯從之,非止一曹也。然曹,伯也,而每會在許男下,豈當時最小弱,素服於宋,至是從霸主伐之,宋遂深怨之與?夫霸,不以恤小爲義乎?書此以見齊桓之耄也。是年管仲卒矣,其後宋屢伐曹,至哀公時終滅之。

楚人敗徐於婁林。

《杜注》:"婁林,徐地。"按:楚至其國地而敗之,故稱敗徐,與救徐同,舉國之辭也,所以傷齊霸之就衰、諸國之救不力也。

十有一月壬戌,晋侯及秦伯戰於韓,獲晋侯。

《左傳》:"秦伯伐晋。"晋侯應之,而書晋及者,以晋侯不德召之也。

十有六年春王正月戊申朔,隕石於宋五。是月,六鷁退飛,過宋都。

《左傳》:"隕星也。六鷁退飛,風也。"記异也。

三月壬申,公子季友卒。

夏四月丙申,鄫季姬卒。

以中絕復歸爲變,故卒而繫之鄫也。

秋七月甲子,公孫茲卒。

冬十有二月,公會齊侯、宋公、陳侯、衛侯、鄭伯、許男、邢侯、曹伯於淮。

《左傳》:"淮夷病鄫故,且東略也。城鄫,役人病,有夜登丘而呼曰:'齊將亂!'不果城而還。"霸業衰,人心解矣。

十有七年春,齊人、徐人伐英氏。

《左傳》:"齊人爲徐伐英氏,報婁林之役也。"英氏,楚與國。按:此齊人亦聊爲塗飾而已。徐又稱人,以大夫帥師從齊也。

夏,滅項。

《杜注》曰:“項,國名。”

秋,夫人姜氏會齊侯於卞。

九月,公至自會。

上書“公會齊侯於淮”,而接書“滅項”,則公在會而暗使人犯霸令以滅國明矣。接書“夫人姜氏會齊侯於卞”,卞,魯地也,必夫人請其父至卞而會也,而公未歸,則公被執明矣,姜氏爲公請亦明矣。接書“公至自會”,齊桓釋之亦明矣。乃但書“自會”,諱之也。聖經之無字句中有事有文,類如此。

冬十有二月乙亥,齊侯小白卒。

十有八年春王正月,宋公、曹伯、衛人、邾人伐齊。

《左傳》:“齊桓公好内,多内寵。長衛姬,生無虧;少衛姬,生惠公;鄭姬,生孝公;葛嬴,生昭公;密姬,生懿公;宋華子,生公子雍。公與管仲屬孝公於宋襄公,以爲太子。五公子皆求立。冬十月乙亥,齊桓卒。易牙、豎貂立公子無虧。孝公奔宋。十二月乙亥,赴。辛巳,夜殯。宋襄公會諸侯納之,伐齊。”

夏,師伐齊。

《毛氏傳》曰:“昭公夫人,魯女也,故救齊以拒孝公。”

五月戊寅,宋師及齊師戰於甗,齊師敗績。

《左傳》:“宋公以諸侯伐齊。齊人殺無虧,將立孝公,不勝四公子之徒,遂與宋人戰。宋敗之,立孝公而還。”然是戰也,諸侯皆不與,而獨宋與齊戰,勝之。宋公借納齊君以墮桓業而興,宋霸之心明矣。

狄救齊。

狄何親於齊,觀變也。

秋八月丁亥,葬齊桓公。

冬,邢人、狄人伐衛。

邢、衛皆受狄禍。今邢忽合狄伐衛,狂悖甚矣。經先書"邢人",見邢主兵也。《左傳》:"衛師出,狄師還。"見邢獨留也。

十有九年春王三月,宋人執滕子嬰齊。夏六月,宋公、曹人、邾人盟於曹南。鄫子會盟於邾。己酉,邾人執鄫子,用之。秋,宋人圍曹。

鐵壺氏曰:"滕子何以名?自是不返也。"《毛氏傳》曰:"齊桓在時,宋、曹并隨桓盟、伐,未有間也。前十五年宋忽伐曹,及桓卒而宋納孝公,曹仍共事,雖曹爲桓故,而在宋則滋有負焉,故宋爲此盟親赴曹國,思借此飾惡,而曹伯芥蒂,不親来赴,使大夫涖盟南鄙,則宋襄此會爲無色矣,此秋之所以圍曹也。第曹南之會,諸侯罕至,及罷會,至邾,鄫子乃來赴盟,宋襄公洩怒鄫子,使邾人用於次睢之社。司馬子魚曰:'一會而虐二國之君,得死爲幸。'《公羊傳》曰:'用者,叩其鼻以血社也。'不言宋公使邾人,承上文而自見也。"

衛人伐邢。

《左傳》曰:"邢無道,師興而雨。"

冬,會陳人、蔡人、楚人、鄭人盟於齊。

《左傳》:"陳穆公請修好於諸侯,以無忘齊桓之德。"蓋惡宋襄而思齊桓也。然而齊、楚,敵也,糾楚何爲?豈陳近楚,不敢不達知楚乎?楚以中國會盟素不得與,遂乘機而人以圖之。

梁亡。

與郭亡例同,謂梁自亡也。

二十年春,新作南門。

新作,易舊也。《左傳》:“書,不時也。”

夏,郜子來朝。

鐵壺氏曰:“《公羊》以郜爲失地之君,何氏遂謂春秋前宋已滅郜,蓋據取郜大鼎之文,不知不足據也。晋賜子產莒之二方鼎,遂得謂莒亡乎?”

五月乙巳,西宫災。

《公羊傳》曰:“諸侯有三宫:夫人居中宫,少在前;右媵居西宫;左媵居東宫,少在後。”

鄭人入滑。

滑,鄭旁姬姓國。

秋,齊人、狄人盟於邢。

狄稱號。今此與前同邢伐衛稱人,衛人、齊人連及之文也,且以來者,其臣也。

冬,楚人伐隨。
二十有一年春,狄侵衛。
宋人、齊人、楚人盟於鹿上。

宋主盟也。《杜注》:“鹿上,宋地。”《左傳》:“宋人求諸侯於楚。楚人許之。”故爲是盟。

夏,大旱。
秋,宋公、楚子、陳侯、蔡侯、鄭伯、許男、曹伯會於盂。執宋公以伐宋。

不言楚執者,除宋公主盟則楚子首也,不待言也。

冬,公伐邾。

《毛氏傳》曰:"公以邾爲宋用鄫子,鄫子,魯壻也,故特伐之。"

楚人使宜申來獻捷。

誇其强以震中國也,不言宋捷,承上文也。

十有二月癸丑,公會諸侯盟於薄,釋宋公。

公乘楚之來獻捷而往會以釋宋公。總言諸侯者,盂以宋主盟,楚子亦在諸侯内也。

二十有二年春,公伐邾,取須句。

《左傳》:"邾滅須句。須句子來奔。公以須句與母成風同姓,取須句而反其君。"《杜注》云:"蓋須句本子爵,今取而封之,使爲己附庸也。"

夏,宋公、衛侯、許男、滕子伐鄭。

《毛氏傳》曰:"鄭伯始朝楚,今又如楚,義所當伐,特宋終挾怨耳。"

秋八月丁未,及邾人戰於升陘。

《左傳》:"邾以兩伐,出師來報。公卑之,不設備,大敗。"不書,諱也。《杜注》:"升陘,魯地。"

冬十有一月己巳朔,宋公及楚人戰於泓,宋師敗績。

楚人伐宋以救鄭。宋公待於泓之陽,則宋爲主,故書宋及楚。稱人,大夫帥師也。

二十有三年夏，齊侯伐宋，圍緡。

《杜注》："緡，宋邑。"齊孝雖爲宋所立，而齊之盟，宋人不與。鹿上，宋約諸侯尊己爲盟主，返來邀齊。齊孝目見其父主霸數十年，而宋襄欲造次奪之，憤不能平，故盂、薄之會皆不與，而且伐宋也。然齊桓造霸，專倚宋、魯，而孝公不思父道，於宋襄爲楚敗執之後，別無糾合遠畧，乘危伐之，且屢伐魯，所謂"豚犬子"，霸業忽焉隳也。北鄙之伐，柳下惠折之曰："豈其嗣世九年而棄桓功？"齊孝遂退，蓋深刺其短，故愧而返也。

夏五月庚寅，宋公茲父卒。

齊桓興霸三十餘年，内政、軍令、經理諸侯，節節有道。管仲，固天下才也。其於楚也，大張網羅，全蓄精力乃能制之。而六七年後，楚即乘隙蠢動，宋襄親見之矣。乃見如未見，一則天資庸鈍，一則狂躁蔽之，急合諸侯，且拉敵楚，夫虎可伴乎？不能縛虎而欲使虎，且求虎翼，有是理乎？是時，陳穆與魯僖并無明見，齊之盟惡宋襄、思齊桓而糾楚人，楚人思齊桓乎？列陳、蔡於楚人上，楚人甘乎？明借此以入中國之盟，姑欺之耳。迨會鹿上，而楚人讓人先，猶欺之也，至會盂而楚子列諸侯上矣，乃宋公猶主盟。一群瞽目走入虎口，可怪歎矣。《魯頌》所謂"荆舒是懲"者，不自悖其言哉！苟非晉文接起，城濮一戰，震天岋地，楚其并吞中國矣。

秋，楚人伐陳。

《左傳》："人，子玉也，討陳之貳於宋也。"

冬十有一月，杞子卒。

杞本公爵，入春秋稱侯，莊二十七年稱伯，今稱子。《范注》曰："爲時王所黜。"

二十有四年春王正月。

夏，狄伐鄭。

秋七月。

冬，天王出居於鄭。

《左傳》："王子帶奔齊後，至僖二十二年襄王用富辰之言召歸。至是，帶以狄師攻王。王出適鄭，居於氾。"毛氏曰："《史記》曰'王出奔鄭'，與厲王出奔彘書法并同，此但書居而不書奔者，以諸侯去國則書奔，桓十五年鄭伯突出奔蔡、十六年衛侯朔出奔齊是也，天子去國則書居，昭二十二年王猛居於皇、二十三年天王居於狄泉是也。"鐵壺氏曰："經書襄王之出者，王命特至於魯，而臧文仲有'奔問官守'之對也，然後不能勤王，亦無聘問，魯亦不臣矣。"

晉侯夷吾卒。

《左傳》："二十三年九月，晉惠公卒，懷公立，命無從亡人。狐毛、狐偃從重耳，其父突弗召，遂殺突。二十四年春，秦穆公納文公，懷公奔高梁而死。"據此，則惠公卒二年矣，晉文公之立將一年矣，若赴會公卒，春即當赴，何待冬？且不赴懷公，亦必不赴惠公也。惲皋聞曰："當是二十三年冬懷公來赴，而脱簡於此也。"

二十有五年春王正月丙午，衛侯燬滅邢。

《左傳》《穀梁》皆云"滅同姓，故名"。雖邢實不德，衛文侯亦賢，而大過不可掩矣。若楚子滅夔，《傳》亦云"同姓而不名者，以荒遠略之也"。

夏四月癸酉，衛侯燬卒。

宋蕩伯姬來逆婦。

《毛氏傳》曰："公女而嫁於宋大夫蕩氏爲妻者也，今爲其子來逆婦而借以歸甯。特禮無姑自親逆者，書之，非禮可知也。"

宋殺其大夫。

是年，狐偃言於晉文曰："求諸侯，莫如勤王。"以左師迎王入於王城，右師取太叔帶於溫，殺之。因朝王。王饗醴，命之宥，且賜之田。

秋，楚人圍陳，納頓子於頓。

頓,國名。杜氏謂頓君迫於陳而奔楚,楚因圍陳而納頓子。鐵壺氏曰:"胡氏謂不與其納,非也。北燕伯欵,亦不與納乎?"

葬衛文公。

冬十有二月癸亥,公會衛子、莒慶盟於洮。

《毛氏傳》曰:"莒與我舊怨,入春秋以來,因紀君娶魯女,盟莒於密。後莊二十七年,莒慶以莒大夫而娶莊公女叔姬爲婦,始相和好。至閔元年,莒以師來責歸慶父之賂,季友敗之。至是,衛文欲修好於魯,因之平莒,而衛文卒,其子成公修成之,故衛侯於既葬之後變例稱子,承父志也。洮、向二盟,莒慶亦必有意焉,故先之莒慶而後以莒子。"鐵壺氏曰:"成公以前,列國大夫會盟無以名見者,至春秋終,小國大夫會盟無以名見者。莒慶何以名?魯姻也,故載書稱其名。"

二十有六年春王正月,己未,公會莒子、衛甯速盟於向。

《左傳》:"尋洮之盟也。"鐵壺氏曰:"衛甯速何以名?載書接莒慶而登也。"

齊人侵我西鄙,公追齊師,至酅,弗及。

此十八年師救齊、拒孝公,至是孝公來修怨,而公逐之至齊地也。《毛氏傳》曰:"齊人,齊大夫也。齊師,大夫所帥之師總稱也。自陋者創言人寡稱人、人衆稱師,則此既稱人又稱師,多寡雜出,爲不可通,於是《穀梁》謂人本微者而以我弗及,故稱師以大之。而胡氏又謂齊先以少誘我,故稱人,既而伏其衆以邀我,故稱師。殊不知《春秋》人、師并見者甚多,前二十二年宋人及楚人戰於泓,宋師敗績,後二十八年晉侯及楚人戰於城濮,楚師敗績,豈戰時人少,敗時人反多耶?抑豈戰時以少誘之,敗時以多邀之耶?"

夏,齊人伐我北鄙。

衛人伐齊。

衛以洮、向二盟爲我伐齊也,然齊桓於衛德深矣,衛亦何可輕伐其子孫者?

公子遂如楚乞師。

秋，楚子滅夔，以夔子歸。

冬，楚人伐宋，圍緡。

《左傳》："以其即晋也。"

公以楚師伐齊，取谷。公至自伐齊。

《左傳》："凡師，能左右之曰以。取穀，楚申叔戍之。"按：僖公爲春秋十二公之巨擘，乃乞楚師以報齊怨，亦昏顛矣，毋怪魯之日削也。

二十有七年春，杞子來朝。

夏六月庚寅，齊侯昭卒。

弟昭公潘立。

秋八月乙未，葬齊孝公。

乙巳，公子遂帥師如杞。

冬，楚人、陳侯、蔡侯、鄭伯、許男圍宋。

楚成王親在軍而稱人者，子玉爲將也。《左傳》："宋使如晋告急。先軫曰：'報施、救患，取威、定霸，於是乎在矣。'狐偃曰：'楚始得曹，而新昏於衛，若伐曹、衛，楚必救之，則齊、宋免矣。'"

十有二月甲戌，公會諸侯盟於宋。

即圍宋之楚人、陳侯、蔡侯、鄭伯、許男也。鐵壺氏曰："公之會爲楚，非爲諸侯也，而不可以大夫主盟會而列諸侯之上，故總書諸侯而沒楚大夫也，然前圍宋何以先楚人？主兵而先，猶可也，列會而先，不可言也。"

二十有八年春，晋侯侵曹，晋侯伐衛。

晉文將制楚定霸以用其民，示義、示信、示禮，選臣練軍，儲蓄全力而後事焉。迤下四書晉侯，以見其力厚思深，所謂一戰而霸是也。《左傳》："衛人出其君，以説於晉。"

公子買戍衛，不卒戍，刺之。

不卒戍，不成戍，力不能支晉也。公盟楚而又爲衛拒晉，昏庸甚矣，至是爲晉所震而乃訊殺買以謝晉、楚，謂晉曰"戍者買罪"，謂楚曰"不能戍者，買罪"。醜矣，内諱專殺大夫，故稱刺，如《周禮》"三刺"之刺。

楚人救衛。

以救衛，故至衛地之城濮而戰也。

三月丙午，晉侯入曹，執曹伯。畀宋人。

《左傳》："晉侯曰：'我欲戰矣，齊、秦未可，若之何？'先軫曰：'使宋舍我而賂齊、秦，藉之告楚。我執曹君，而分曹、衛之田以賜宋人。楚愛曹、衛，必不許也。喜賂、怒頑，能無戰乎？'公從之。"

夏四月己巳，晉侯、齊師、宋師、秦師、及楚人戰於城濮，楚師敗績。

《左傳》："子玉使宛春告於晉師曰：'請復衛侯而封曹，臣亦釋宋之圍。'先軫曰：'私許復曹、衛以攜之，執宛春以怒楚，既戰而後圖之。'晉侯如之。曹、衛告絶於楚。子玉怒，從晉師。晉文以前過楚，許遇戰退三舍以報，乃退三舍。子玉仍從之，晉師陳於莘北。胥臣蒙馬以虎皮，先犯陳、蔡，陳、蔡奔，楚右師潰。狐毛設二旆而退之。欒枝使輿曳柴而僞遁，楚師馳之，原軫、郤溱以中軍公族横擊之。狐毛、狐偃以上軍夾攻子西，楚左師潰。楚師敗，子玉收中軍而止。晉師三日館穀。"

楚殺其大夫得臣。

子玉名。

衛侯出奔楚。

五月癸丑,公會晋侯、齊侯、宋公、蔡侯、鄭伯、衛子、莒子盟於踐土。陳侯如會。

《毛氏傳》曰:“此晋文大會也。前此鄭伯畏楚,如楚致師,及楚敗而懼,乃使人行成於晋。晋侯與鄭伯盟於衡雍,乃獻楚俘於襄王,作王宫於踐土。王勞師,享醴,命侑,使命晋侯爲伯。晋侯受策出,出入三覲。衛侯懼,奔楚,使元咺奉叔武以受盟。於是王子虎盟諸侯於王庭,其不及王子虎者,以不與歃也。是時,陳、蔡亦背楚而來,蔡與盟,陳侯後會。其列國序次先後异者,皆主會爲之。”鐵壺氏曰:“衛侯猶在而叔武以子稱,何也?晋人君之而叔武辭焉,不可以稱爵,又不可以稱公子,故以子稱,以見其不安於衛之實也,蓋書公子武或衛侯之弟武,則大夫受盟之常辭,而叔武之讓不可得而見矣。叔武所處,與公子瑕异。立瑕者,元咺耳,可固拒也。天子臨之,方伯命之,武固辭,則他人即之矣。《公羊傳》曰:‘晋侯逐衛侯而立叔武,叔武辭而他人立,則恐衛侯之不得返也。’此得其情之言也。”

公朝於王所。

《毛氏傳》曰:“禮:行在必朝。所者,王居之稱,《孟子》‘使之居於王所’。漢制:車駕所在曰所,蔡邕《獨斷》曰‘行在所’。王親至踐土,經無明文,而於‘公朝’見之,言公朝則諸侯可知也。”

六月,衛侯鄭自楚復於衛。衛元咺出奔晋。

初衛成,聞訴言元咺立叔武。其子角從公,殺之。至是,晋人復衛侯。入,叔武方沐,喜,握髪而出。公子歂犬爲前驅,射殺之。公知其無罪也,殺歂犬,枕叔武之尸於股而哭。元咺奔晋。

陳侯欵卒。

秋,杞伯姬來。

莊女而歸甯成風,常事不記,必以去年杞桓公來朝,而公以他事遽伐之,來解免也。

公子遂如齊。

《毛氏傳》曰："昭侯，本魯壻，且初立，故聘之。"

冬，公會晋侯、齊侯、宋公、蔡侯、鄭伯、陳子、莒子、邾子、秦人於溫。

衛、許尚未服，故謀討之。陳共公稱子，先君未葬也。秦人，秦大夫。

天王狩於河陽。

《左傳》曰："是會也，晋侯召王，以諸侯見，且使王狩。仲尼曰：'以臣召君，不可以訓。故書曰"天王狩於河陽"。'"蓋晋文本假尊王以令諸侯，前以獻楚俘，故王來勞師而朝之。今衹會諸侯，王不必再臨，故啟王冬狩，畿内諸侯執賁鼓以從，因之會朝，以張己勢，以一衆心，而夫子知其譎，特削"召"字而以天子自狩爲文，所以尊王章而全晋德也。《毛氏傳》曰："左氏謂非地，不然，河之陽，即溫也，溫本周地，十年狄滅溫、前年王子帶出奔溫皆是也。及晋文勤王而王始以陽樊、溫、原諸地賜之，然皆不肯服晋，而晋皆舍之，復歸於周，如《傳》稱趙衰爲原大夫、狐溱爲溫大夫，乃昭十二年《傳》尚有周大夫原伯、二十二年《傳》又有周人夫樊齊，則仍爲周地可知也。且文元年晋襄朝王於溫矣，夫惟溫周地，故可朝，不然，王不出居晋，晋侯亦未嘗召王來晋，乃曰'朝於溫'，其謂之何！"

壬申，公朝於王所。

晋人執衛侯，歸之於京師。

衛侯與元咺訟，不勝。晋執之以歸京師，方伯正其罪以告天子也。

衛元咺自晋復歸於衛。

《左傳》："元咺歸，立公子瑕。"鐵壺氏曰："自隱至此幾百年，列國大夫豈無得罪而去國者？而不見於經，蓋大夫未張，故其國不告也。自元咺訟君，晋侯右之，爲之執君。君入則己出，君出則己入，然後大夫之勢張矣。"

諸侯遂圍許。

許貳於楚,不與會故。

曹伯襄復歸於曹,遂會諸侯圍許。

《杜注》:"得復而行,不歸國也。"

二十有九年春,介葛盧來。

夷朝止書來,與襄十八年白狄來同。《杜注》:"介,東夷國。葛盧,其名。"

公至自圍許。

夏六月,會王人、晋人、宋人、齊人、陳人、蔡人、秦人盟於翟泉。

《毛氏傳》曰:"尋踐土盟,且謀伐鄭也。當戰城濮,鄭伯如楚致師,及楚敗,歸晋。而晋即與盟踐土,踐土,鄭地,示楚以服鄭也。然鄭則何以對楚矣,故於諸會之後仍修楚好。下圍鄭,《傳》所云'鄭貳於楚'者是也,故此謀伐之。翟泉,周地,以王子虎爲政故也。"愚按:諸侯之大夫與王臣同盟,通《春秋》僅見於此,亦非分矣。二十八年踐土之盟,諸侯盟而尊王人,不與歃,恭也。洮之盟,諸侯盟而王人同歃亦可也。今大夫盟而公與之,王人亦與之,則非矣,故《左傳注疏》曰"王人虎違禮下盟,與列國之卿同稱人,貶也。"

秋,大雨雹。

冬,介葛盧來。

《左傳》:"春時,公在會,不值,故復來。"

三十年春王正月。

夏,狄侵齊。

《左傳》:"狄間晋之有鄭虞也,侵齊。"

秋,衛殺其大夫元咺及公子瑕。

鐵壺氏曰:“衛侯未復國而以國殺爲文,何也? 使書衛人,則衛侯之惡隱矣。咺不去官,殺之不以其罪也。衛侯知將入而恐咺梗之,自賂其群臣,使殺其同列,是志在求入,而非以討罪也,則爲殺其大夫而已。瑕稱公子,則監國而未嘗爲君也,徒以咺故濫及之,可知矣。”

衛侯鄭歸於衛。

魯僖請於王與晋也。

晋人、秦人圍鄭。

《左傳》:“鄭燭之武説秦君,秦師去,且使其臣戍之。晋侯亦去。鄭公子蘭初奔晋,從於晋侯伐鄭,請無與圍。許之。鄭逆以爲太子,以求成於晋,晋許之。”是役也,晋文未免減色,而秦、晋搆怨自此始矣。

介人侵蕭。

冬,天王使宰周公來聘。公子遂如京師,遂如晋。

王聘,而魯遂使人報霸者之功也。如晋,初聘晋也。

三十有一年春,取濟西田。

取,取之於人也。取郜、取防,取其邑也。取子糾,取其人也。此取其田也。濟西,曹地近魯者,莊十八年追戎於濟西是也。前二十八年晋侯入曹,分曹田與宋人以怒楚,然宋與曹隔遠,雖受之,而不能田也,曹又不敢以田,至是,魯乘間取之,隨使公子遂聘晋以解説之,適值晋文衰老,置之不問,而魯遂得久有之。《左傳》謂晋侯班曹田,誤。班不當及附楚之魯,一也;班諸侯必不止魯,魯得濟西,曹地有幾,二也;受班田非取,三也;事隔四年,曹已復而又班其田乎? 四也。

公子遂如晋。

夏四月,四卜郊,不從,乃免牲。猶三望。

按《公羊傳》,天子祭天,諸侯祭土,則魯本不當郊。《明堂位》載,成王以周公有大勳勞,賜魯重祭,孟春祀帝於郊,配以后稷。然《春秋經》魯郊皆在夏四月,并無孟春、冬至之郊,豈《明堂位》所言孟春乃夏正與?抑魯雖用重祭,而不敢擬於天子用冬至上辛,而孟春祈穀名之曰郊?若與雩之祭天禱雨者同爲諸侯所用與?《家語》孔子對定公曰"魯無冬至大郊之事,惟祈穀之祭,降殺天子,是以不同",正謂此也。然《左傳》、《公羊》皆云"郊爲常禮,不卜",而魯卜者,豈天子之郊不卜,魯賜郊卜而許,吉則用,不吉則不用,亦降殺之義與?又《公羊》云"三卜,禮也;四卜,非禮也"。《毛氏傳》謂祈穀在啟蟄,漢初歷,啟蟄在寅月中氣,三旬三卜,至春分爲卯月中氣,四卜則過春分矣,故曰非禮。禮,卜牲在卜日前,《左傳》"牛卜日曰牲,未卜日前曰牛"。《穀梁傳》曰:"免牲者,爲之緇衣纁裳,有司元端,奉送至於南郊。免牛亦然。"猶者,可以已之辭。《左傳》曰:"望,郊之細也。"三望,鄭康成曰"海、岱、淮",皆在域内也,降殺天子之方望,無所不通也。《春秋》書郊,或以卜不吉,或以時不當,非以譏郊之僭也。若僭,則魯每年皆郊,何以專書數條乎?書免牲則不郊見矣,此年及襄七年是也。若不郊而不行免牲之禮,則不書免牲,成十年、襄十一年衹書不郊是也。若牛死則無可免矣,宣三年是也。獨成七年既書免牛,又書不郊者,踰時而中有間事,不得不再書不郊也。

秋七月。

冬,杞伯姬來求婦。

杞成公卒,桓公立,即僖五年杞伯姬來朝其子者也,其母來求魯女爲婦,然無使而親求,非禮矣。

狄圍衛。十有二月,衛遷於帝邱。

帝邱,衛地。杜云:"今東郡濮陽縣,故帝顓頊之虚。衛爲狄滅,已渡河東徙,至是愈遷而東南矣,其後延國至四百餘年。"

三十有二年春王正月。

夏四月己丑,鄭伯捷卒。

衛人侵狄。秋,衛人及狄人盟。

杜云:“不地者,就狄廬帳盟。”

冬十有二月己卯,晋侯重耳卒。

周自文、武、成、康以及春秋之初,三百八十餘年。春秋初,諸侯紛紛者四十年,而齊桓公成霸,一匡天下三十餘年,晋文繼霸,相禪百餘年而諸侯復紛,共二百四十二年。周至是蓋六百餘年矣,是周之中葉近二百年,苟安虚名於上者,皆桓、文之功也。

三十有三年春王三月,秦人入滑。

秦之戍鄭也,值鄭成公卒,戍人告秦使潛師以來,爲内應以取其國。蹇叔曰:“勞師遠襲,其誰不知?”秦穆不聽,師出。鄭覺之。秦乃舍鄭,入滑而還。

齊侯使國歸父來聘。

報也。

夏四月辛巳,晋人及姜戎敗秦於殽。

秦背晋戍鄭,晋欲恨久矣。今忽無名欲食諸姬,晋襄遽墨衰從戎,邀擊於殽之嶔巖,大敗之,獲其三帥。秦穆悔,作《秦誓》。《左傳》《穀梁》秦下有“師”字,此蓋脱也。鐵壺氏曰:“合兵戰伐,書及者,此主兵而彼從之,殽之役是也。不書及,并有怨也,邢人狄人伐衛、晋白狄伐秦之類也。”

癸巳,葬晋文公。

狄侵齊。

《左傳》:“因晋喪也。”

公伐邾,取訾婁。

訾婁,邾邑。

秋,公子遂帥師伐邾。

皆報升陘之役。然連伐之,甚矣。

晋人敗狄於箕。

箕,晋地。狄來而敗之也。

冬十月,公如齊。十有二月,公至自齊。

《左傳》:"公如齊朝,且弔有狄師也。"

乙巳,公薨於小寢。

小寢,内寢也。按:君薨於路寢,正也,而或小寢、高寢、楚宫、臺下,亦非不正也。人之終,有需有卒,不可以定其地也,備書之,所以别於隱、閔不地,與桓薨於齊、昭於乾侯之在外者耳,非死而遷其地也。不然,豈有遷於臺下者乎?

隕霜不殺草。李梅實。

晋人、陳人、鄭人伐許。

《左傳》:"貳於楚也。"

文　公

元年春王正月,公即位。

《毛氏傳》曰:"周制:遭喪即位,踰年改元。改元自當在葬後,然改元定於正朔。或冬盡遭喪,則雖未及葬而即改元即位,文公是也。《胡傳》謂新君即位必告廟,既告廟則必易服離次，未有初喪服始成而即可易服離次者，故太甲告廟，伊尹攝行，康王即位，尚未成服，則考禮不詳而遽立論，恐誤後世。蓋即位、改元，商、周不同。商制，踰月改元，周則踰年改元，商祇一即位，周有兩即位。毋論此是踰年即位，與遭喪不同，而即以遭喪言，從來遭喪即位并不告廟，《商書》'祇見厥祖'，《周書》'三宿三祭'皆是，倉皇之頃，急即殯宫而奠之，謂之奠殯，未嘗入廟饗告也。胡氏引唐、虞禪受不切之文而不識周制，周凡國君將薨則禱於廟，及甫薨，又復於廟，至薨，則宗、祝斂群廟之主藏於太室以示弗祭。當是時，寢室枵然，主尚無有，亦安有廟之可告，且商、周异制，'高宗三年不言'與'康王八月作《誥》'迥然不同，故《論語》於高宗曰'古之人皆然'，以爲此古制也，《孟子》於'五月居廬，未有命戒'曰'魯宗國莫之行，滕先君亦莫之行'，以爲周制無此事也。至謂康王即位在成服前，則《尚書》顯有時日，成王以乙丑日崩，即於當日迎康王入翼室，恤宅宗，則已儼居喪次矣，乃越三日，丁卯而作冊，又越七日，癸酉而後即位，誥群臣。考《通禮》，天子七日而殯，殯而成服。而周制則大夫以上皆以死之明日起數，則自乙丑至壬申已七日，成服，至癸酉則八日矣，是成服之後又越一日，然後即位作誥。成服者不必不易服，居次者不必不離次也，至於釋冕反服，則正以易服之故。至事畢，然後釋去麻冕，反服喪服，而胡氏又誤以反服爲成服。反者，還也，《禮》所謂'既葬，喪已，反服其服'是也。曾成服而反服也乎?"

二月癸亥，日有食之。

天王使叔服來會葬。

《左傳》:"内史，中大夫也。"

夏四月丁巳，葬我君僖公。

天王使毛伯來錫公命。

《毛氏傳》曰:"錫公命，錫文公命也。凡諸侯新立，王有錫瑞之命。《周禮·大宗伯》'以玉作六瑞，以等邦國'，謂之命圭，以命而後錫也。諸侯薨，王有策誄之命。周制，王遣卿士下弔，錫以哀辭，謂之追命，以追敘其德也。前此錫桓公命，錫追命也。此錫，命圭也，與僖十一年《傳》'天王使内史過錫晉侯命，侯受玉，不敬'例同。"

晉侯伐衛。

衛成屢爲晋執,讐晋,不朝,且侵鄭焉。晋襄既祥,使告諸侯以伐衛,至南陽,用先且居謀,朝王於溫而轉使胥臣伐之,圍戚,取其地,獲孫昭子而還。轉遣大夫,而仍書晋侯,從初帥師也。

叔孫得臣如京師。

《左傳》曰:"拜錫命也。"

衛人伐晋。

《左傳》:"衛被晋伐取邑,不甘,告於陳。陳共公曰:'更伐之,我辭之。'衛孔達帥師伐晋。"

秋,公孫敖會晋侯於戚。

《左傳》:"晋侯疆戚田,公孫敖往會之。"蓋承役也。

冬十月丁未,楚世子商臣弑其君頵。

臣弑君,子弑父,商臣兼之,大變也。按:商臣弑逆嗣位,豈肯聞於列國?《周禮》:"史官掌四方之志,掌達書名於四方。"必楚亦有直臣,如齊太史之雖死而嗣書者不絕,故不得不達於四方也。或曰傳聞,則傳聞不可據,且鄭髡頑、齊陽生豈無傳聞?而經不書也。或又謂魯弑皆不書,曰爲君諱,豈他邦無諱禮而魯國無直史與?曰:"凡史皆直書,史之職也。"故孔子曰:"董狐,良史,書法不隱。"如隱,則公子翬、桓公之弑隱,去孔門二百餘年,史無傳文,三《傳》何由而備載之乎?以陳恒之奸巧而弑君,若有諱禮,自拑史氏以勿聞,何以即聞於魯而孔子請討乎?以是知史職必直達也,其不直,如髡頑等,或事祕,史原不知,或知而當時任史者非直臣也。若諱,則《春秋》之義也。孔子作《春秋》以尊君上,故曰"子爲父隱,直在其中"。然雖諱而弑不書薨地,如公薨子卒,則其有故,可知是雖諱而仍直也。

公孫敖如齊。

《左傳》曰:“凡君即位,卿出并聘,忠信卑讓之道也。”

二年春王二月甲子,晋侯及秦師戰於彭衙,秦師敗績。

秦出師以報殽役,晋侯禦之,戰於秦地之彭衙,又敗之。秦來伐晋,而稱晋侯及秦師者,晋襄專意伺敵,躬親帥師,雖應兵而實主也,其能雪父恨如此。

丁丑,作僖公主。

《毛氏傳》曰:“據《左傳》,凡君薨,卒哭而祔,祔而作主。而考諸禮文,大抵諸侯五月而葬,葬日虞,七虞之明日卒哭,又明日以主祔廟,是作主在五月後卒哭之時。今僖薨六月乃葬,又十月乃作主,故《傳》曰‘緩’、曰‘不時’也。《公羊》謂喪有二主:一虞主,一練主。虞主用桑,練主用栗,則虞用桑主并無考見,惟《論語》論社主以松、以栗,栗固有之,然未聞練時可易主也。若《穀梁》依附《公羊》,分喪主、吉主,且曰‘吉主於練,壞廟易檐亦於練’,謂期練,新主將入廟而先壞舊廟,易其檐。考周制,君薨即聚群廟主於太室,以五月不舉祭也,至祔前一日,以新主將祔廟,而先迎群廟之主以還舊廟,使新主可祔,第迎新主於祖主之旁而祖孫并祭之,祭畢,即迎主還寢,而群廟主不動,以便行常祭。左氏所謂特祀於主,烝、嘗、禘於廟者,至禫後喪畢,然後遷主入祧而禘新主於廟焉,是練祭之時并無虛廟,豈有先君之父儼居禰廟而即可易其檐、毁其屋者,且練祭非吉祭、祔廟非禘廟、期年非遷廟之時,祥、練無致主之禮,古禮與周制無一而可。”

三月乙巳,及晋處父盟。

《左傳》:“晋侯以公不朝來討,公如晋。晋侯不出,使陽處父盟公以恥之。適晋不書,諱之也。”甚矣,晋之亢而魯之靡也。或謂經有故起人疑,令檢《傳》而得之者,非也。經不待傳也,必待傳,使三《傳》不作,經遂晦於後世乎?如此,及晋處父盟必公如晋而及盟也,何者?盟於魯,則必上有某來之文,而上無其文,處父係以晋,其如晋而盟可知矣。公如晋,必盟其君而不得而及其臣,則晋怒而辱之,可知矣。其下,三年冬書“公如晋,及晋侯盟”,愈知此之爲辱而後晋人改禮矣。觀後之書“公如晋”,則知此之如晋而不書爲諱辱矣,何待檢《傳》哉!

夏六月,公孫敖會宋公、陳侯、鄭伯、晉士穀盟於垂隴。

此陳侯所謂"我辭之"也,爲衛請成於晉,且執孔達。曰"伐晉",孔達意也,以解説於晉,晉襄不窮其隱,許其成,因使大夫出盟以釋衛怨焉。垂隴,《杜注》云"鄭地"。鐵壺氏曰:"自文以前,會盟侵伐,内大夫以名見,而外大夫悉稱人,蓋大夫未張,奉君命以行事,第稱爲何國之人而不必詳其名氏也。文二年晉士穀盟諸侯,是外大夫盟會書名之始也,由是而衡雍新城之趙盾、承匡之郤缺皆以名見矣,至宣十五年無婁之盟,齊高固亦以名見矣。文三年晉陽處父伐楚是外大夫侵伐書名之始也,由是而郤缺之伐蔡、趙盾之救陳、趙穿之侵崇皆以名見矣,由是而宋華元、鄭公子歸生、衛孫免亦以名見矣。然自宣以前,盟會書名者,霸國之大夫而已,侵伐書名者,霸國大夫與一二大國大夫而已,列序大夫之名氏者無有也。自成二年鞌之戰,内大夫四人并列而晉郤克、衛孫良夫、曹公子首皆列序焉,成十五年會吴於鍾離而晉士燮、齊高無咎、宋華元、衛孫林父、鄭公子鰌皆列序焉。是後不以名見而稱人者,惟曹、許、邾、莒、滕、薛、鄫小國之大夫而已,大國間有不以名見者,則非卿也,以是知大夫漸張,則舊史書之亦漸詳也。秦雖强而比於小國者,讐晋而遠於東夏也。文以前外大夫盟會皆稱人,而僖二十五年公會莒慶、二十六年公會衛甯速,蓋慶,吾姻也,故特書名,而甯速因例焉。終春秋,小國之大夫皆稱人,而戰鞌曹公子以名見,蓋三桓自喜其事而連書之也。孔子不革,何也?不革之,則大夫斥張之罪著矣,即《春秋》之筆也。"

自十有二月不雨,至於秋七月。

《杜注》:"不書旱,不成災也。"

八月丁卯,大事於太廟,躋僖公。

當時以僖兄閔弟,且僖在位賢於閔,躋僖於閔上,然非禮矣,閔雖弟而先爲君,僖爲其臣者二年矣,據廟而僖祭之三十三年矣,臣不先於君,子不先於父,故仲尼譏臧文仲曰"縱逆祀"。大事,大禘也。於太廟,周公廟也。蓋以躋僖爲創舉,故用重祭以成之,然僖喪方二十二月而遽行禘,又不用吉禘而用大禘,失禮之中又失禮焉。

冬,晋人、宋人、陳人伐秦。

報彭衙之役也。

公子遂如齊納幣。

《公羊傳》曰："非禮也。三年喪内不圖昏。"

三年春王正月，叔孫得臣會晉人、宋人、陳人、鄭人伐沈。沈潰。

《左傳》："以其服於楚也。民逃其上曰潰。"鐵壺氏曰："文之篇，會盟侵伐皆諸卿迭出，所以大夫漸張也，而伯國大夫帥列國之大夫以侵伐亦始於此，蓋天下諸侯皆怠於政矣。"

夏五月，王子虎卒。

《春秋》不書王臣之卒，其書卒二：以王叔文公有翟泉之盟，劉文公有召陵之會，訃於諸侯，故書也。鐵壺氏曰："觀王子虎、劉卷卒不書爵，則王庭無五等之爵明矣，經於劉卷之葬稱文公，《傳》於虎稱王叔文公，蓋卒加之謚而後稱公，與外諸侯卒皆稱公同也。"

秦人伐晉。

《左傳》："秦伯伐晉，濟河焚舟，取王官及郊，晉人不出。遂自茅津濟，封殽尸而還。遂霸西戎。"

秋，楚人圍江。
雨螽於宋。

《左傳》："螽墜而死，如雨也。"

冬，公如晉。十有二月，公及晉侯盟。

晉以處父之盟無禮也，請改盟，故公如晉，兩君相盟。

晋陽處父帥師伐楚以救江。

鐵壺氏曰:"此《春秋》特筆,與'會於澶淵,宋災'同義,使去'救江'之文而獨存'伐楚',則疑於討罪之師矣。"按此知聖人討賊之切也。

四年春,公至自晋。

時晋釋孔達歸,曰:"此衛之良也。"衛侯亦如晋拜。

夏,逆婦姜於齊。

鐵壺氏曰:"逆者不以名見,微也。"《左傳》所謂"貴聘而賤逆"也。不稱夫人,不書至,所謂"君而卑之,立而廢之"也,使之不終於魯自此始矣。愚謂姜不氏,亦輕詞也。《穀梁傳》曰:"稱婦,有姑之辭。"又按:賤逆必有其故而《傳》不詳矣,若《公羊》《穀梁》,一謂娶大夫女,一謂成昏於齊,其猜謎類如此。

狄侵齊。

秋,楚人滅江。

晋侯伐秦。

圍邧、新城,以報王官之役。

衛侯使甯俞來聘。

冬十有一月壬寅,夫人風氏薨。

《毛氏傳》曰:"此禮例也。夫人者,莊之媵、僖之母也。媵無稱夫人者,惟其子嗣位,則母以子貴,正名夫人,以子既爲君,則邦人上下不敢於君之母有异稱也,故祔姑、反哭、赴告諸禮無不備。薨稱夫人,葬稱小君,敬嬴、定姒、齊歸,前後一例,并無异詞貶義。則在魯行之謂之禮,而在史官書之謂之例,故曰此禮例也。又葬後卒哭必祔廟,《雜記》謂'主妾之喪則主人自祔',夫不入廟而祔廟也乎?《小記》曰'婦祔於祖姑。姑有三人,則祔於親者',三人謂嫡與繼與妾也,則妾不已在廟乎?又曰'妾祔於妾祖姑',若妾不入廟,而有在廟之妾祖姑乎?”愚按:成風以及齊歸薨葬,三《傳》俱無譏文,惟僖八年“禘於太廟,用致夫人”,《穀梁》以爲譏僖公立其母,本屬謬語。若左氏則謂夫人喪有三:薨則赴於同盟諸侯,既葬反哭,虞於正寢,卒哭而祔祖姑,不者不曰薨、不稱夫人。成風之喪赴告而天使、鄰國俱來,禮也。《公羊》曰“母以子貴”,又曰“有子則廟,廟則書葬”,言子爲君,其母必入廟也。蓋不以妾爲妻者,夫之道也,君必尊其所生者,子之道也,并行而不悖也。《左傳》載:定姒薨,季文子專政,議不殯於廟、無櫬、不虞,君子以爲多行無禮,匠慶爭之,曰:“子爲正卿,而小君之喪不成,不終君也。君長,誰任其咎?”使庶子爲君,不當追崇其母,不入廟,如胡氏説,則季氏所行正禮矣,何以反曰“多行無禮”?而匠慶竟敢直伐其樹檟以用之也乎?胡氏又曰:“禮,妾子爲君,爲其母無服,不敢貳尊者也。”异哉!此禮何所見耶?《儀禮》“庶子不爲父後者,父在,厭於君。其母卒,則爲權服”,《喪服記》所謂“公子爲其母,練冠、麻衣、縓緣,既葬,除之”是也,父歿則大功,《大功章》所謂“君之庶昆弟爲母”是也。爲父後者,父在則緦,《緦麻章》所謂“庶子爲父後者,爲其母”是也;父歿則三年,《齊衰三年章》所謂“父卒則爲母”是也。母兼嫡母、生母也,《春秋》“嫡母、生母,同禮同文”是也,下曰“慈母如母”,指生母也。何者?側生子而死,父命别側慈之,曰慈母,爲之三年,則生母自三年矣,慈母不厭於嫡而降,則生母自不降矣。以至大夫側子,父在,爲其母大功,父歿,三年。士側子,父在,爲其母期,父歿,三年。皆歷歷可考,胡氏何自譔一禮以誣世乎?且《春秋傳》:魯昭公喪齊歸,不慼,史趙曰“必失國,歸其生也”,叔向曰“君有大喪,國不廢蒐。有三年之喪,無一日之戚。不君不親,殆其失國”,是生母三年,越之則喪其家國,賢者所言皆然也。以後漢景帝尊母竇姬爲皇后,終祔霸陵;武帝尊母王太后,合葬陽陵;光武除吕太后,尊薄太后,配食高廟;唐明皇追稱生母竇妃昭成皇太后,與劉太后并祔廟葬;宋真宗追稱元德皇太后,仁宗追稱章懿皇太后,皆與嫡太后同祔葬祔廟:與《春秋》一轍。自宋人謬論後,禍及帝王。有明一代,禮臣無學,生母皆不祔廟,别祀之奉慈殿,然尊以太后,合葬皇陵,仍不從宋人説,亦可見天彝民極之不能盡滅矣。

五年春王正月,王使榮叔歸含,且賵。

《左傳》謂:“王使榮叔含、賵,召昭公來會葬,皆禮也。”使魯尊生母非禮,則周不能正之已矣,何所懼於魯而源源來乎?王不稱天,據來命也。若《胡傳》以爲貶王,則《春秋》天子之事也,謂孔子託周天子之法以進退諸侯、大夫也,此又託何人以進退天子乎?亂道也。

三月辛亥,葬我小君成風。

王使召伯來會葬。

夏,公孫敖如晉。

秦人入鄀。

鄀,國名。

秋,楚人滅六。

六,國名,皋陶之後。

冬十月甲申,許男業卒。

六年春,葬許僖公。

夏,季孫行父如陳。

秋,季孫行父如晉。

八月己亥,晉侯驩卒。

冬十月,公子遂如晉。葬晉襄公。

晉殺其大夫陽處父。

此時晉襄既卒,晉靈在抱,而狐射姑怨處父之易其班而上趙盾也,使續鞠居殺之。《左傳》當書"晉人殺",脱"人"字也。

晉狐射姑出奔狄。

《左傳》:"十一月,晉殺鞠居。射故出奔。"

閏月不告月,猶朝於廟。

《毛氏傳》曰:"告月即告朔也。《周禮》:太史頒正朔於邦國。鄭康成云:'諸侯藏諸祖廟,至月朔則以特羊告廟,請而行之,告朔畢,即以是日聽視此月之政,謂之視朔,亦謂聽朔。'《玉藻》:'天子聽朔於南門之外,諸侯皮弁聽朔於太廟。'文公此時雖怠,不告朔而視朔,至十六年則并視朔亦不行矣。《公》《穀》以爲閏月原可不告朔,如'喪事不數閏'類此,蓋當時不告朔之議也。不知閏有氣有侯,雖分屬前後兩月,而逐候逐日皆有時政,左氏所謂'時以作事',豈可因閏月而并捐之,且不聞閏之爲義乎?天子遇此月則聽朔於明堂,闔門左扉而立於其中,因作閏字而反不行告朔,固非禮矣。朝廟有二解,杜氏謂每月必告朔,因朝宗廟,是朝廟爲告朔設,故曰'猶朝於廟',謂一事而不行在彼,猶有行在此者也;《孔疏》曰兩事,告朔一事,朝廟是朝享,《祭法》所謂月祭者,又一事。古者,月朔必祭廟,不關告朔,在月朔行之曰朝享,在歲首行之曰朝正,猶者謂'不行彼禮,猶行此禮'也。按《祭法》,諸侯五廟,考廟、王考廟、皇考廟皆月祭之,顯考廟、祖考廟享嘗乃止,是諸侯月祭不及祖廟。"惲皋聞曰:"《孔疏》是也,言不於祖廟告月而猶朝於親廟也。"按:書"閏月不告月",非僅閏月也,文公怠,託言閏月不必告,以後每月或告或否,諸公繼之,權臣願焉,告朔之禮自此廢,故記其始也。使但閏月不告朔而他月告,則餼羊有用,子貢何爲欲去也?

七年春,公伐邾。三月甲戌,取須句,遂城郚。

蓋邾又滅須句而魯取之也。前僖二十二年伐邾,取須句,《左傳》謂"反之",此謂寘邾文公子之叛在魯者,而文同,何也?蓋取而返之,以爲己附庸,與別寘人以爲臣,皆取爲己有也,故文同。城郚,杜氏曰:"備邾。觀'遂'字,連上是也。"

夏四月,宋公王臣卒。

宋人殺其大夫。

所謂"國亂無政,國人擅殺"也。不名,史失之也。

戊子,晋人及秦人戰於令狐。晋先蔑奔秦。

《左傳》:"晋襄卒,太子幼。晋人欲立長君,趙盾使先蔑如秦迎公子雍,狐射姑於殺處父前與盾异議,召公子樂於陳,盾殺之。及秦襄公以徒衛送公子雍將至,盾無奈襄夫人抱太子頓首啼請,乃立靈公。潛師夜起,敗秦人於令狐。"盾輕躁忍狠而執政,晋霸以後中衰矣。

狄侵我西鄙。

秋八月,公會諸侯、晋大夫盟於扈。

《杜注》:"扈,鄭地。"鐵壺氏曰:"《傳》謂'公後會,故諸侯不序,大夫不名',非也。經書'公會而盟',何以云'後會'乎?蓋大夫而主諸侯之盟自此始,故變文以見義也。垂隴之盟,士縠嘗主之矣,其序諸侯而見士縠者何?晉襄公時,權未下移,盟者士縠而主者襄公,此會則趙盾主之,禮樂征伐自大夫出矣。"

冬,徐伐莒。公孫敖如莒涖盟。

《左傳》:"徐伐莒,故莒來請盟。"《杜注》曰:"徐夷告辭略。"不知其君將臣將,故舉國號也。

八年春王正月。

夏四月。

秋八月戊申,天王崩。

冬十月壬午,公子遂會晋趙盾,盟於衡雍。

乙酉,公子遂會雒戎盟於暴。

兩書會盟,一出而兩事也。《杜注》:"衡雍、暴,皆鄭地。"

公孫敖如京師,不至而復。丙戌,奔莒。

初,公孫敖爲弟襄仲聘莒己氏,至七年如莒蒞盟,且爲仲迎昏,及鄢陵,見之美,自爲娶之。仲將攻之,惠伯平之,使敖反之。至是,如周弔喪,中途返,奔莒,從焉,匪人矣。

螽。

宋人殺其大夫司馬。宋司城來奔。

《左傳》:"宋昭不禮於嫡祖母襄夫人。夫人因戴氏之族殺昭公之黨大司馬公子卬。司馬握節而死,故書以官。司城蕩意諸來奔,效節於府人而出。公以其官逆之,後皆復之,亦書以官,貴之也。"此與齊高子仲孫、宋司馬華孫,魯人貴之不書其名者相同。

九年春,毛伯來求金。

夫人姜氏如齊。

二月,叔孫得臣如京師。辛丑,葬襄王。

晋人殺其大夫先都。

據《左傳》,六年春,晋蒐於夷,晋襄將登箕鄭父、先都爲上軍而使士穀、梁益耳將中軍。先克曰:"狐、趙之勳不可廢也。"乃以狐射姑將中軍而趙盾佐之。至是,箕鄭等修怨,使賊殺先克。晋人討賊,殺先都,已而殺士穀、箕鄭父,是趙盾以國法殺之也。不稱國而稱人,何也?盾假國法以報私讐,亦國亂無政而人擅殺也,故書人。《毛氏傳》曰:"及,次及也。與襄二十三年陳殺其大夫慶虎及慶寅同,非累及之也。"

三月,夫人姜氏至自齊。

《胡傳》曰:"出姜歸甯,蓋不安於魯矣,故謹而書至。"

晋人殺其大夫士穀及箕鄭父。

楚人伐鄭。公子遂會晋人、宋人、衛人、許人救鄭。

《左傳》:"楚伐鄭。鄭及楚平。趙盾帥諸國大夫救之,不及而還。"鐵壺氏曰:"陽處父救江,常以名見矣,而此復稱人,何也?處父獨伐也。若會師,則自寗以前,雖霸國之卿亦稱人也。"

夏,狄侵齊。

秋八月,曹伯襄卒。

九月癸酉,地震。

冬,楚子使椒來聘。

其君書爵,其臣書名而稱使,與中夏諸國來聘同。楚張而來修禮,故史文詳之也。十有二年秦伯使術來聘、襄二十有五年吴子使札來聘,亦同此。

秦人來歸僖公、成風之襚。

《毛氏傳》曰："秦康遠慕諸華，欲修好於魯，因翟泉之盟，秦先君與僖公與焉，追歸僖公并僖母成風之襚。"《左傳》曰："禮也。諸侯相弔賀也，雖不當事，苟有禮焉，書也。"

葬曹共公。

十年春王三月辛卯，臧孫辰卒。

夏，秦伐晋。

《毛氏傳》曰："前此令狐之役，晋實無禮，秦伐之，宜矣。《春秋》書例，凡君、大夫皆在軍而不知其孰帥師則稱國，此與七年徐伐莒、成三年鄭伐許、昭十二年晋伐鮮虞例同。舊以但書國曰貶而狄之，則徐之伐莒、鄭之伐許俱不狄之而中忽狄之，何以解焉？"

楚殺其大夫宜申。

《左傳》："宜申謀弑。楚穆聞之，殺之。"

自正月不雨，至於秋七月。

及蘇子盟於女栗。

《左傳》："頃王新立，親諸侯也。"鐵壺氏曰："蘇子、尹子、單子、劉子以與諸侯列序，特爲是稱以尊异之，非伯、子、男之子也。使謂五等之爵，王臣見經者，何以獨有公、伯、子而無侯、男哉？又何以自文以前王臣無一子爵，自文以後會盟征伐無一非子爵者出哉？蓋天子之卿，本當以行次稱，如二《雅》所謂南仲、申伯、召伯，《周語》所稱樊仲是也。春秋之初，列會而稱王人者，皆王朝之卿大夫，以不可爵諸侯而斥王臣之名與行次，故稱人。至文之世，晋卿會盟皆以名見而不肯稱人，王朝之卿不可仍稱王人，故女栗之盟特稱蘇子以尊异之，而自是王臣會盟皆稱子矣，居畿内亦稱子矣，赴告於諸侯亦稱子。子朝之亂，單、劉稱子，而召伯、毛伯奔楚，從其恒稱者，皆據王室之告辭也。召、毛得罪於王，則告詞不復尊异之，明矣。閔之篇書高子來盟，昭三十二年城成周，《傳》稱魏子南面，則子乃時人相尊异之稱，而非先王爵稱，明矣。

冬，狄侵宋。

楚子蔡侯次於厥貉。

厥貉之次，楚將伐宋也，不書而但書次，何也？書次則其睥睨中華、淩獵晋霸之狀可掬矣，不但爲宋而已也。楚穆實虎視焉，故稱楚子。按：《左傳》，楚子會陳侯、鄭伯、蔡侯、麇子於息，遂及蔡侯次於厥貉，將以伐宋。宋華御事曰："楚弱我也，我實不能，民何罪？"乃逆楚子，勞且聽命。楚子田於孟諸而還，其不書諸國者，以次厥貉時衹蔡侯也。鐵壺氏曰："楚始以號舉，而自僖公、文公以後，君臣見於策書者，一同於齊、晋，蓋楚强，戰勝而與晋狎，主諸侯之盟也。自僖以前，侵伐皆書荆而來聘獨稱人，則以其有禮而詳之也。自成以前，列國之侵伐稱人、稱師，君將則稱君，而楚亦然。列國之會盟，君出稱君，卿大夫出稱人，而楚亦然。自成二年戰於鞌，列國之卿以名見，而六年楚公子嬰齊伐鄭亦以名見矣。成二年嬰齊會蜀以名見，而十五年會吴於鍾離，列國之卿皆以名見矣。自成以後，列國之卿帥師盡稱名，其將卑則不以名見，或稱人，或稱師，而楚亦然。不獨書詞同，其先後詳畧之世次亦同，蓋諸侯之視楚不异乎齊、晋，故魯史之記楚一同於齊、晋也。徐勢未張，吴、越後起，故常以號舉而間稱人，間稱爵。齊桓之興，徐助齊以抗楚，而魯睦於齊，故取舒、伐英氏獨稱人。襄五年會戚，吴入聽諸侯之會，故稱人。柏舉之戰，抑楚救蔡，故書爵。越始見經而稱人，以主兵者楚，楚以爵舉，則越不得以號舉也，或稱越，從吴、楚之告也，或稱於越，從越告也。吴之興，會盟征伐諸侯皆聽焉，其勢不异於楚而終以號舉，何也？定、哀以前，吴雖强而未能慑服乎上國也。定四年入郢而班處其宫，哀七年會鄫而徵百牢，八年伐魯爲城下之盟，魯人憾焉，又知其亟暴而無能爲也，故憎而賤之。艾陵之戰，借其力以抗齊，而仍以號舉，則憎而賤之可知矣。黄池之會，與晋爭霸，則不得不以爵舉也，使書公會晋侯及吴於黄池，則二霸之實不可得而見矣。"愚按：吴、越侵伐稱國號者，舉國之辭也，以荒遠而不辨其君與臣也。稱人者則確其有臣尸之也，猶列國之卿大夫與盟帥師而稱人也，如昭五年楚人、徐人、越人伐吴，《傳》明曰"越大夫常壽過帥師"是也。柏舉稱吴子，則惡晋、楚之政自大夫出而大辱蔡，而蔡能以吴子也。黄池稱吴子，二霸也，與晋、楚之爭長一也。申之會書徐子，則楚子以執徐子而威赴諸侯，而從其告以見其惡也。楚子使來聘，吴子使來聘，以其遠地，始强而來通，故稱其本爵以詳之也。稱狄，舉國君臣也，稱人則其臣也，且僖十八年伐衛文與邢人連，二十年盟於邢文與齊人連，不得不并稱人也，猶文十六年楚人、秦人、巴人滅雍文與楚人、秦人連。巴雖蠻夷小國，而亦稱人也。

十有一年春，楚子伐麇。

《左傳》："厥貉之會，麇子逃歸也。"

夏,叔仲彭生會晋郤缺於承筐。《公》《穀》皆作叔彭生,下十四年亦作叔彭生,蓋二稱通也。

杜云:"承筐,宋地。"《左傳》:"謀諸侯之從於楚者。"

秋,曹伯來朝。

《左傳》:"曹文公即位而來見也。"

公子遂如宋。

《左傳》:"聘宋,言蕩意諸而復之。且賀楚師之不害也。"夫楚人猾,夏何不共謀以擯之乎?乃不害而遂賀焉。中原諸侯不能外晋,又不敢敵楚,首鼠兩端,狀可憐矣。

狄侵齊。

冬十月甲午,叔孫得臣敗狄於鹹。

獲其君長狄僑如,其族類次第爲諸國獲,鄋瞞遂亡。

十有二年春王正月,郕伯來奔。

據《左傳》,郕太子朱儒自安於夫鍾,國人弗狥。郕伯卒,國人立君。太子以夫鍾與郕邽來奔。其稱郕伯者,必太子在夫鍾已自立爲伯,而國人不與,故來奔也。

杞伯來朝。

《范注》曰:"僖二十七年稱子,今稱伯,蓋時王所進也。"

二月庚子,子叔姬卒。

《毛氏傳》曰:"此杞桓公夫人,僖三十一年杞伯姬來求婦者是也。桓公來朝時,以叔姬有故，請絕姬而無絕昏，更以其娣爲夫人。公許之。至是，叔姬卒。禮：既嫁而出，與室女同服。稱子者，正以同室女也，不稱杞，絕之也。"

夏，楚人圍巢。

《杜注》："巢，吴、楚間小國。"

秋，滕子來朝。

秦伯使術來聘。

冬十有二月戊午，晋人、秦人戰於河曲。

秦又爲令狐之役伐晋，晋人禦之，臨戰并卻，謂之交綏。綏者，退也，故不書及、書敗。

季孫行父帥師城諸及鄆。

《杜注》："二邑，遠逼外國，故帥師城之。"

十有三年春王正月。

夏五月壬午，陳侯朔卒。

邾子蘧蒢卒。

自正月不雨，至秋七月。

世室屋壞。

《毛氏傳》曰："世室，《公羊》云'魯公伯禽廟'也。周公稱太廟，魯公稱世室，以世世不毀爲名。據《明堂位》，武公亦稱世室。此不著何公者，以立武公在成六年，此時但有伯禽耳。若《左傳》作太室，則周公之廟。《洛誥》所稱'王入太室祼'，係太廟中央之室，在魯惟周公有之，而《穀梁》云'伯禽曰太室'，謬矣。"

冬，公如晋。衛侯會公於沓。

狄侵衛。

十有二月己丑，公及晋侯盟。公還自晋。鄭伯會公於棐。

衛、鄭貳於楚,故因公請平於晋,公皆成之。蓋此時楚穆卒,子莊幼弱,故二國懼晋而復北也。時鄭伯與公宴,鄭子家賦《鴻雁》,季文子曰:"寡君未免於此。"蓋桓、文之霸,諸侯庇其宇下而安之,今則二强互爭,從國劬勞,又一時勢矣。

十有四年春王正月,公至自晋。

邾人伐我南鄙,叔彭生帥師伐邾。

《左傳》:"公使弔邾文公,不敬。邾人來討,故惠伯報之。"

夏五月乙亥,齊侯潘卒。

六月,公會宋公、陳侯、衛侯、鄭伯、許男、曹伯、晋趙盾。癸酉,同盟於新城。

《左傳》:"從於楚者服,且謀邾。"鐵壺氏曰:"扈之盟,諸侯不序,大夫不名,此復序諸侯而見趙盾,何也?義已見前矣,則録其實以傳信可也。盟書同,自二幽以來未之有也,蓋晋怠楚張,諸侯貳而復合,故載書要言以同也。凡會盟,書日而後列序其人者,常也。此列序其人而後書日者,始約爲會,及期,而易爲盟也。"

秋七月,有星孛入於北斗。

《杜注》:"孛,彗也,既見而移入北斗。"

公至自會。

晋人納捷菑於邾,弗克納。

《左傳》:"邾文公元妃齊姜生定公,二妃晋姬生捷菑。邾人立定公而捷菑奔晋。趙盾以諸侯之師八百乘納之。邾人辭曰:'齊出長。'盾曰:'辭順,而弗從,不祥。'乃還。"無故而勞諸侯之兵八百乘至邾,聞辭乃知納逆不祥,何見之晚也?書曰"弗克納",醜之也。

九月甲戌,公孫敖卒於齊。

見淫人之死非其地也。

齊公子商人弒其君舍。

齊昭公妃魯叔姬無寵,舍無威。公子商人驟施於國。至是,舍即位,商人於七月乙卯弒之自立。齊人三月始定,故九月來告。《毛氏傳》曰:"舍弒距昭卒兩月,尚未葬也。未葬,宜書子。今以九月赴,則諸侯五月而葬,已五月葬,當稱君,遂即赴月直書爲君,以正懿公弒逆之罪。公子元終不稱曰'君',曰'夫己氏'。"

宋子哀來奔。

《左傳》:"宋高哀爲蕭封人,以爲卿,不義宋公而出,遂來奔。"蓋潔身去亂者也。杜氏曰:"書字,貴之也。"

冬,單伯如齊。齊人執單伯。齊人執子叔姬。

《左傳》:"魯告於王,求昭姬於齊。冬,單伯如齊請,齊人執之,又執子叔姬。"齊之惡逆甚矣,而周衰魯弱不待言矣。《毛氏傳》曰:"稱'子叔姬',以義與齊絕,比之室女,《士喪禮》所謂'女子子'是也。"

十有五年春,季孫行父如晉。

《左傳》:"爲單伯與子叔姬故也。"

三月,宋司馬華孫來盟。

《左傳》:"宋華耦來盟,其官皆從之。書官不名,貴之也。"華氏之孫,猶魯稱臧孫、季孫類。

夏,曹伯來朝。

齊人歸公孫敖之喪。

《左傳》:"魯人不許歸葬。齊人或爲孟氏謀,曰:'飾棺不殯,寘諸齊、魯竟上,曰堂阜,示無所歸，魯必取之。'"齊人之歸如是。書之，戒惡也。

六月辛丑朔，日有食之。鼓，用牲於社。

單伯至自齊。

晋郤缺帥師伐蔡。戊申，入蔡。

《左傳》："新城之盟，蔡人不與，故伐之，以城下之盟而還。"

秋，齊人侵我西鄙。季孫行父如晋。

《左傳》："告齊伐也。"

冬十有一月，諸侯盟於扈。

《左傳》："尋新城之盟，且謀伐齊也。受齊賂，不克而還。"鐵壺氏曰："此盟及十七年會扈，《傳》謂皆晋侯親之，不序諸侯，以罪其不討賊，非也。賊之不討，不以諸侯之序，不序异義者也。宣七年會於黑壤、襄二十五年會於夷儀，釋賊不討，而諸侯皆序，則此義不可通矣。此二役，蓋以晋大夫而序諸侯之上，故總言諸侯而沒晋大夫以見義也。七年盟扈，是大夫主諸侯之始也，故諸侯不序而變文書晋大夫，此義既明，則新城之盟仍序諸侯而書趙盾矣。此二役繼新城之後，使晋大夫仍序諸侯之下，則仍序諸侯而名晋大夫可也。設諸侯自爲會盟而晋不與，則專序諸侯可也。乃總言諸侯而沒晋大夫，則諱晋大夫之先諸侯，可知矣。蓋文、襄以後，諸侯之合皆晋故也，未有諸侯自爲會盟而晋不與者，猶僖二十七年魯人會盟於宋，爲楚，非爲諸侯也，未有盟諸侯而不盟楚人者，而書'公會諸侯盟於宋'，則諱楚大夫之先諸侯，可知矣。"

十有二月，齊人來歸子叔姬。

《正義》曰："十五年歸公孫喪、哀八年齊人歸讙及闡，言歸之耳，無使也。此言'來'，有使也。"《左傳》曰："王故也。"

齊侯侵我西鄙，遂伐曹，入其郛。

《左傳》:"討曹來朝也,多行無禮,弗能在矣。"

十有六年春,季孫行父會齊侯於陽谷,齊侯弗及盟。

《左傳》:"及齊平。公有疾,使季文子往會。請盟,齊侯不肯,曰:'請俟君間。'"《杜注》:"及,與也。"《胡傳》:"陽谷,齊地。"

夏五月,公四不視朔。

自二月至五月也。《公羊傳》曰:"何言乎'公有疾,不視朔'? 自是公無疾不視朔也。"蓋視朔,聽政也,自是政權下移矣。又按:書"四不視朔",以見後之或視或否,諸公繼之,三家且竊其政而不顧公視,視朔之禮自此廢,故記其始也。使四不視朔外皆視而相繼之公亦視之,則月吉大夫皆入朝聽政矣,何以獨孔子於月吉必朝服而朝也? 夫不告朔、視朔,大過也,乃不書"廢"而曰"閏月不告,猶朝"、曰"四不視朔",若少問而不廢者,然臣子於君父,不忍斥盡、不敢斥盡之辭也。

六月戊辰,公子遂及齊侯盟於郪邱。

《左傳》:"公使襄仲納賂於齊侯,故盟於齊地之郪邱。"魯之弱、齊之貪戾,可怪歎也。

秋八月辛未,夫人姜氏薨。

毁泉臺。

《左傳》:"有蛇自泉宫出,入於國,如先君之數。至是,公之母聲姜薨。以爲妖也,毁其臺。"鐵壺氏曰:"不必作而作,非常也。不必毁而毁,亦非常也。"

楚人、秦人、巴人滅庸。

庸,國名。觀此,益知巴人以楚人、秦人連稱,且其臣將兵矣。不然,巴人有何喜之有? 何進之而稱人乎?

冬十有一月,宋人弑其君杵臼。

《左傳》:"宋公子鮑厚施以結國人,襄公夫人助之謀殺昭公而代立。至是,昭公將田孟諸,夫人使帥甸攻殺公,蕩意諸殉之。"鐵壺氏曰:"稱人,以弑者未得其主名,而第知賊由微者也。《傳》稱襄夫人使帥甸攻而殺之,則未有主名可知矣。《傳》載蕩意諸之死而經不書,胡氏以爲不能正君,坐待其及而死之,故不得班於仇牧、孔父、荀息,非也。春秋初,先王之舊典、人心之公義未泯也,凡弑君之賊,國人皆欲致討,而赴告必有主名,故并詳從死之臣。宋則公子鮑、襄夫人欲自揜其迹,以衆亂告而賊無主名,故不甘以死節歸意諸也,而匿而不宣。若曰孔子削之,則不能正君,坐待其及而死之,荀息正然,何獨苛於意諸哉?

十有七年春,晋人、衛人、陳人、鄭人伐宋。

《國語》:"晋趙盾請師於靈公,且旁召諸侯,治兵振旅,鳴鐘鼓,擁錞於、丁甯以伐宋,曰:'何故弑君?'及師至,宋立公子鮑而還。"

夏四月癸亥,葬我小君聲姜。

齊侯伐我西鄙。六月癸未,公及齊侯盟於穀。

晋霸衰,不能救與國,又有特盟矣,可歎哉!《左傳》作"北鄙"。《杜注》疑經誤,以穀在魯北故也。

諸侯會於扈。

《左傳》:"晋侯會扈以平宋,無功而還。"鐵壺氏曰:"自趙盾專政,惟十三年公如晋,晋侯及公盟,蓋盟於國都,盾無説以專之,其餘會盟侵伐,晋侯無一與者。《傳》以二扈皆晋侯親之,誤也,果晋侯主盟,諸侯何爲不序哉?"

秋,公至自穀。

冬,公子遂如齊。

十有八年春王二月丁丑,公薨於臺下。

秦伯罃卒。

夏五月戊戌，齊人弑其君商人。

鐵壺氏曰："衛人殺州吁，衛人本以爲賊也。齊人弑其君商人，齊人本以爲君也。《傳》稱邴歜、閻職殺懿公於申池，則得其主名矣，而稱人，何也？懿公死而二人亡，故齊人以爲賊由二人，而終不辨其爲職與歜也。"

六月癸酉，葬我君文公。

秋，公子遂、叔孫得臣如齊。

據《左傳》，一賀惠公立，一謝齊來會葬。鐵壺氏曰："此託辭也。遂將殺惡、視，以其齊出，故先至齊而要之也。遂之惡、得臣之同惡，皆見矣。"

冬十月，子卒。

《左傳》："文公嬖妃敬嬴生宣公，而私事襄仲。欲立之，叔仲不可。襄仲見於齊侯而請之。齊侯新立，而欲親魯，許之。仲回，殺太子惡及其弟視，并殺叔仲惠伯。"《毛氏傳》曰："未葬稱子，既葬稱君。文公葬，禮當稱君，與莊三十二年子般卒、襄三十一年子野卒，兩皆未葬，迥然不同，然而宣公君臣不以爲君，在夫子有難以急更者，况書君必書葬，書葬必祔主而禘廟，一如閔公，而事經久定，豈能追易？不得已，別爲書法，第書子而不書名，若卒者不知何人。假曰惡也，則惡宜稱君，視耶，視又不宜稱子。儻以爲惡不成君不入廟，而此不成君不入廟者，子也，非惡也，此必舊史有惡字而夫子特删之者，世不解夫子書子之意，以致漢儒許慎作《五經异義》，遂謂未踰年之君不當立廟，引《左傳》、《公羊》爲證，而鄭元、蔡邕皆主其説。使東漢幼主，權奸强制，如孝殤、孝冲、孝質諸帝，皆以幼少崩殂，不令列廟，但遣太尉、司徒分祀三陵，謂《春秋》子惡明有前事，是惡知《春秋》無子惡耶？曾子惡而不成君不入廟耶？"鐵壺氏曰："子般之卒日，黨氏證之也。子野之卒日，季氏告之也。子惡不日，蓋事在宫闈，不可得而考矣。"惲皋聞曰："叔仲彭生之卒不見於經，何也？舊史本不書也。凡書卒者，皆以禮葬也。叔牙雖以罪死，然季友許其立後，則固諱其罪而禮葬之矣。彭生埋於馬矢之中，其孥又出奔，誰葬之哉？故史不書卒，聖人欲表之而無如何也。故於從宣弑逆者皆筆而不削，俾後之考者將疑之，曰：'桓之弑也，其臣之卒，盡削之，爲賊黨也，此何不削也？必有故也。'又疑之曰：'魯卿之見經也，其無罪者皆有卒也，叔仲屢見經矣，何以獨無卒也？又必有故也。'案其前後，子卒之前，公子遂、叔孫得臣如齊矣，夫人歸之後,季孫行父如齊矣,明年春而宣即位矣,公子遂如齊逆女矣,夏季孫行父又如齊矣,而公會齊侯於平州矣,公子遂又如齊矣,齊取濟西田矣,是群賊朋謀,賄强援以圖篡位,顯然之迹縷縷,而彭生自是不見於經,其不與罪人同而死於非命,不昭然哉?"愚按:《左傳》,襄仲殺子惡而詐以君命召惠伯,其宰止之,叔仲曰:"死君命可也。"其宰曰:"若君命,可死;非君命,何聽?"是叔仲以子惡爲君,其宰以爲君即弑君之襄仲亦以爲君,則文公薨而即立之,明矣。乃經、《傳》俱無其文,則必當日君臣隱諱,鉗制史官,使不得書也,乃於"召惠伯"《傳》中偶露數"君"字,史臣亦苦矣。

夫人姜氏歸於齊。

《左傳》曰:"大歸也。哭而過市,曰:'天乎!仲爲不道,殺適立庶。'市人皆哭。"

季孫行父如齊。

晋史墨曰:"襄仲殺適立庶,季文子主之。魯君失政,政在季氏,自此始矣。"

莒弑其君庶其。

鐵壺氏曰:"弑君而稱君四:晋州蒲、吴僚之弑,赴必曰程滑、鱄設諸。莒庶其,赴必曰微者,不則曰衆亂,而無主名也,舊史必承赴而書矣。孔子欲仍其舊則非實,欲正其失則無徵,故第書其國有是事而使人得以考焉。若書'晋人'、'吴人'、'莒人',是决其爲衆亂、賊由微者,而樂書、公子光、太子僕得自脱於是獄之外矣。薛比之事必此類也。"

春秋傳注·卷三 起宣公，盡襄公

蠡吾　李塨　稿

宣　　公

元年春王正月，公即位。

公子遂如齊逆女。三月，遂以夫人婦姜至自齊。

文公之喪甫期而昏。鐵壺氏曰："姜不稱氏，喪娶夫人，與有貶也。"愚按：納幣不書，蓋即位以前先約昏，故秘而不得書也。

夏，季孫行父如齊。

《左傳》："納賂以請會也。"

晋放其大夫胥甲父於衛。

前文十二年，晋、秦戰河曲，交綏。臾駢見秦使，覘其將遁，請薄諸河，必敗。趙穿與胥甲當軍門而呼，止之。秦師果遁。至是以軍法討罪，安置胥甲於衛，然穿安在乎？趙盾庇之矣。

公會齊侯於平州。

《左傳》:"定公位也。"杜云:"平州,齊地。"

公子遂如齊。

《左傳》:"拜成也。"

六月,齊人取濟西田。

《左傳》:"賂齊也。"鐵壺氏曰:"齊取魯田者一,取魯邑者三,皆不書伐。以《傳》考之,濟西、讙、闡,賂也,鄆則取以居公,而經特書齊侯,必季氏懼討,順以承命而不用師徒也。凡伐我而取邑,不書,舊史諱之也。賂則自我與之,故不諱也。定十年,齊人來歸鄆、讙、龜陰之田,而前此不見齊人之取,則伐我而取田邑者不書,審矣。故濟西、讙、闡之取,不待《傳》而知其爲賂也。"

秋,邾子來朝。

楚子、鄭人侵陳,遂侵宋。晋趙盾帥師救陳。宋公、陳侯、衛侯、曹伯會晋師於棐林,伐鄭。

《左傳》:"文十五年,晋會諸侯於扈,將討齊之執單伯、魯叔姬;十七年,伐宋弑君,皆取賂而還。鄭穆公曰:'晋不足與也。'遂受盟於楚。陳共公卒,楚人不禮,靈公受盟於晋,故楚子侵陳及宋。晋趙盾救陳、宋,會於棐林以伐鄭、楚。蔿賈救鄭,遇於北林,囚晋解揚,晋人還。"杜云:"棐林,鄭地。"

冬,晋趙穿帥師侵崇。

《左傳》:"晋欲求成於秦,趙穿曰:'我侵崇,秦急崇,必救之,吾以求成焉。'乃侵崇,而秦弗與成。"杜云:"崇,秦之與國。"觀此,趙盾豈惟不仁,抑且不智,聽言行事皆不當矣。文、襄之霸不衰,得乎?

晋人、宋人伐鄭。

《左傳》:"報北林之囚解揚也。"

二年春王二月壬子,宋華元帥師及鄭公子歸生帥師,戰於大棘。宋師敗績,獲宋華元。

《左傳》:"鄭受命於楚伐宋也。"鐵壺氏曰:"自是列國卿將皆書'帥師'而以名見矣。其稱人者,非卿也。以宋及鄭者,以尊及卑也。君獲不書'師敗績',舉重也,即君將不書'帥師'之義也。卿獲書'師敗績',其重切也。"按:以内及外、以主及客、以親及疏、以感及應、以大及小、以近及遠,亦皆曰"及"。

秦師伐晋。

《左傳》:"報侵崇也。"按:秦舉大師,必貴將也,而不以名見,何也?秦遠於魯而隔於晋,不常與中原諸侯接,故列國之卿無不氏,而秦術以國舉,列國卿將無不名,而秦終稱師與人也。

夏,晋人、宋人、衛人、陳人侵鄭。

《左傳》:"報大棘也。楚救之,晋去之。"

秋九月乙丑,晋趙盾弒其君夷皐。

《左傳》:"晋靈公不君,趙盾驟諫。公患之,飲之酒,伏甲攻之。盾鬬且出,出亡。其從弟穿攻靈公,弒之。盾未出山而復,史狐曰:'子爲正卿,亡不越境,返不討賊,非子而誰?'書曰'趙盾弒其君',言其主乎弒也。故盾即使穿迎公子黑臀於周而立之。"

冬十月乙亥,天王崩。

三年春王正月,郊牛之口傷,改卜牛。牛死,乃不郊。猶三望。

《毛氏傳》曰:"郊祀在三月,必先祀一時,豫卜牛而滌養之,故正月卜牛。雖所卜者傷口,再卜者又死,而三月之期依然不減,則何難三卜?而遽廢不祀,故《左傳》曰'非禮'也。

若胡氏謂'匡王未葬,公當在凶服中,而遽行郊祀爲非禮',則不然。《王制》:'喪三年不祭,惟祭天地社稷,則越紼而行事。'越紼者,謂天子在殯,輴車設紼,而遇有郊祀,則越而行之,謂之越紼。故《曾子問》云:'天子崩未殯,惟五祀不行,其尊於五祀者皆行。若既殯,未葬,即五祀亦行矣。'况郊祀乎?杜氏云'不以王事廢天事'是也。"

葬匡王。

四月而葬,儉矣。

楚子伐陸渾之戎。

夏,楚人侵鄭。

《左傳》:"即晋故也。"

秋,赤狄侵齊。

宋師圍曹。

《左傳》:"宋文公逐武穆之族。武穆之族以曹師伐宋,故宋圍以報之。"

冬十月丙戌,鄭伯蘭卒。

葬鄭穆公。

四年春王正月,公及齊侯平莒及郯。莒人不肯。公伐莒,取向。

所謂"牽牛以蹊人之田而奪之牛"也。

秦伯稻卒。

夏六月乙酉,鄭公子歸生弑其君夷。

據《左傳》"公子宋與歸生謀弑君,歸生止之,反譖歸生,歸生懼而從之。書曰'公子歸生弑其君',權不足也",未確也。《傳》:歸生在文十七年爲書與趙盾,辭甚抗直,晋遂來行成,且以卿壻爲質。經:宣二年帥師敗宋,獲華元,非權不足者。宋與之謀,蓋以非歸生則不足行弑也，且後鄭人討弑君之賊，斵歸生之棺而逐其族，必親手弑君者矣。左氏未確也。

赤狄侵齊。

秋，公如齊。公至自齊。

冬，楚子伐鄭。

以三年侵鄭而未服也。

五年春，公如齊。夏，公至自齊。

《左傳》："高固使齊侯止公，請叔姬。夏，公至自齊，書，過也。"言其厭尊毁列，累其先君也。

秋九月，齊高固來逆子叔姬。

叔孫得臣卒。

冬，齊高固及子叔姬來。

公卑於齊，而與其大夫結昏，則其來逆，不敢不自主之，明矣。況三月反馬，雙雙而至，夫婦無別，故書也。《毛氏傳》曰："稱子叔姬者，以嫁不相敵，如室女然。與文十二年、十四年稱子叔姬，雖不相類而其書并同。"

楚人伐鄭。

《左傳》："晋荀林父救鄭。"

六年春，晋趙盾、衛孫免侵陳。

以陳及楚平也。

夏四月。

秋八月，螽。

冬十月。

七年春,衛侯使孫良夫來盟。

《左傳》:"公即位,衛始修好,且謀會晋也。"以公但事齊而不通晋,故導之也。

夏,公會齊侯伐萊。

爲齊伐也。

秋,公至自伐萊。

大旱。

冬,公會晋侯、宋公、衛侯、鄭伯、曹伯於黑壤。

《杜注》:"黑壤即黄父,晋地。"時鄭及晋平,魯之會,則衛引之,然《左傳》云:"晋成之立,公不朝,又不使大夫聘,故晋止公於會,與諸侯盟而不與公,公以賂免。故盟不書,諱之也。"

八年春,公至自會。

夏六月,公子遂如齊,至黄乃復。

《疏》云:"黄,齊境。"《杜注》云:"大夫受命而出,雖死,以尸將事。遂以疾還,非禮也。"

辛巳,有事於太廟,仲遂卒於垂。壬午,猶繹。萬入,去籥。

《杜注》:"垂,齊地。"《穀梁傳》曰:"繹者,祭之旦日之享賓也。有事祭也,不舉祭名,譏不在祭也。"《毛氏傳》曰:"卿喪不廢祭,而繹本輕禮,且齊、魯接壤,翼日則赴可以達,而繹亦可以已,曰'猶'者,可以已而不已也。若'萬入,去籥',則萬者,文舞、武舞之總名,其舞萬而去籥者,以武舞干戚、文舞羽籥,文近吉而武近凶,故去文。而《公羊》分萬、籥爲二舞,曰'萬者,干舞。籥者,籥舞',則於《詩》'方將萬舞'下承之以'執籥秉翟',不可通矣。若《杜注》以'去籥'爲'惡其聲聞',此亦襲《公羊》'去聲'之説而誤者。夫八音之奏,何止於籥？必去聲,將必盡屏歌詠而第卻舞,人之執籥,何爲乎?"

戊子，夫人嬴氏薨。

晋師、白狄伐秦。

楚人滅舒、蓼。

二国名。

秋七月甲子，日有食之，既。

冬十月己丑，葬我小君敬嬴。雨，不克葬。庚寅，日中而克葬。

《左傳》曰："禮也。辟不懷也。"若庶人，不爲雨止，其事略也。

城平陽。

楚師伐陳。

《左傳》："陳及晋平。楚伐之，取成而還。"

九年春王正月，公如齊。公至自齊。

鐵壺氏曰："胡氏謂'"公如齊，仲孫蔑如京師"，故特書"春王正月"以表之，與上五年、下十年"如齊"有异'，非也。五年往返，歷二時也。十年往返，盡一時也。此年往返，在一月也。歷二時，盡一時，而中無間事，以時舉可矣。往返在一月，則安得以時舉哉？汪氏謂'僖、襄二公如齊、晋，其時，王無嘉好喪葬之事，書"王正月"乃常例，與"公如齊而仲孫蔑如京師"、"天王崩而公在楚"异'，亦非也。二事不書'春王正月'，其罪遂可掩乎？或舉時，或舉月，所以稽久暫、見事實。僖十年、十五年如齊，襄二十一年如晋，皆書'王正月'，後有异事，不得不舉首月也。襄八年春如晋，無异事而書首月者，是年夏季孫會邢邱，後公方歸，故書'正月'以志去國踰時之久，皆史因事屬辭，不得不然。如孔子用此爲褒貶，設舊史不書'正月'，可臆度而增之乎？"

夏，仲孫蔑如京師。

朝齊而聘周，而孟獻子且以有禮蒙王賄，時勢可知矣。

齊侯伐萊。

秋,取根牟。

杜云:"東夷國。"鐵壺氏曰:"魯兼國,書滅者,絕其祀也,項是也。書取者,取爲附庸也,根牟、鄟、邿是也。何以知其爲附庸也?凡取外邑,必先書伐某國、敗某師,而根牟、鄟、邿無所系也。凡小國爲鄰所并,而魯復取之,則與取邑同文者,其國已邑之也,須句、向是也。鄫、鄆已邑於莒,而取鄫、取鄆與取根牟、鄟、邿同文而不言伐莒,何也?魯嘗請於晋以屬鄫而莒滅之,魯嘗城鄆而其後爲莒所得,魯人蓋曰'吾取吾鄫、鄆',而非取之於莒也,與向并於莒、須句并於邾,與魯無與者异矣。季孫宿救台,遂入鄆,不言伐莒,亦此意也。"

八月,滕子卒。

九月,晋侯、宋公、衛侯、鄭伯、曹伯會於扈。晋荀林父帥師伐陳。辛酉,晋侯黑臀卒於扈。

《左傳》:"討不睦也。陳侯不會。荀林父以諸侯之師伐之。晋侯卒,乃還。"《疏》曰:"扈,鄭地。"

冬十月癸酉,衛侯鄭卒。

觀魯不會晋、衛之葬,則受辱於黑壤,不諱而彰乎?然是時,中原大國從晋者惟衛耳,魯則事齊矣。宋、陳、鄭則分於楚矣。晋成雖勉力親會,諸侯不效,靈公之權移臣下,乃未能一而遽死矣。

宋人圍滕。

伐喪,甚矣。

楚子伐鄭。晋郤缺帥師救鄭。

楚以鄭黑壤盟晋,伐之。時郤缺代盾爲政,救之。

陳殺其大夫洩冶。

專殺大夫,皆有罪而至。宣淫而殺諫臣,宜有滅亡之禍矣。

十年春,公如齊。公至自齊。

齊人歸我濟西田。

齊侯以我服故也。鐵壺氏曰:"齊歸魯田,或書'歸',或書'來歸',或書'歸我',何也?來歸,使人將命也。先儒以爲心服而歸之,則於'來歸衛俘'不可通矣。歸而不書來者,無將命者也。歸濟西田,公親受之於齊也。歸讙及闡,或疆吏相授受,或魯使微者往受,而不書其人也。濟西之田,獨曰'我'者,不獨我有濟西田,而所歸者獨我故封也。若鄆、讙、闡,則魯邑也,龜陰之田,獨魯有也,書我則贅矣。曹田之在濟西者,魯嘗取之矣,豈元年并以賂齊而兹所歸者,獨我故封?與鄭,書'使宛',而齊不目其人。宛,鄭卿,而齊,微者也。"

夏四月丙辰,日有食之。

己巳,齊侯元卒。

齊崔氏奔衛。

《穀梁傳》曰:"氏者,'舉族而出之'之辭也。"

公如齊。五月,公至自齊。

上書"齊侯元卒",下六月書"公孫歸父如齊。葬齊惠公",則四月如齊奔喪也。宣公以弑逆爲齊惠所許,德之,恃之,比年頻往,於《周禮》"世相朝"、《傳》"五年再相朝"之數皆過之,直書而惡自見矣。

癸巳,陳夏徵舒弑其君平國。

《左傳》:"陳靈公與孔甯、儀行父飲酒於夏氏。公謂行父曰:'徵舒似女'。徵舒,夏姬子也。對曰:'亦似君'。徵舒病之。公出,自其廐射而殺之。二子奔楚。"

六月,宋師伐滕。

《左傳》:"滕人恃晋而不事宋。宋伐之。"

公孫歸父如齊。葬齊惠公。

晋人、宋人、衛人、曹人伐鄭。

《左傳》:"鄭及楚平,諸侯師至,取成而還。"

秋,天王使王季子來聘。

《左傳》:"劉康公報聘也。"《毛氏傳》曰:"蓋王之季子而食采於劉者。"

公孫歸父帥師伐邾,取繹。

大水。

季孫行父如齊。

《左傳》:"齊侯初即位,聘也。"

冬,公孫歸父如齊。

《左傳》:"伐邾故也。"恐齊討,侵小也。

齊侯使國佐來聘。

《左傳》:"報行父也。"

饑。

楚子伐鄭。

《左傳》"爲成於晋也。晋士會救鄭,逐楚師於潁北。"

十有一年春王正月。

夏,楚子、陳侯、鄭伯盟於辰陵。

《左傳》:"楚子以潁北之逐,復伐鄭,及櫟。子良曰:'晋、楚不務德而兵爭,與其來者可也。晋、楚無信,我焉得有信?'乃從楚盟。陳、鄭服也。"杜云:"辰陵,陳地。"

公孫歸父會齊人伐莒。

秋,晋侯會狄於欑函。

《左傳》:"郤成子求成於衆狄。衆狄疾赤狄之役,遂服於晋。乃就狄地盟。"

冬十月,楚人殺陳夏徵舒。丁亥,楚子如陳納公孫甯、儀行父於陳。

鐵壺氏曰:"稱國以殺,則徵舒陳人,非以楚之國法殺之也。目楚子則疑於楚子之私矣,故必稱人而後於義爲安也。"按:當晋、楚爭陳之際,而陳禍生淫弒,爲晋計者,興師討賊,并誅淫人以定其國,楚何能爭焉?况《傳》有云"陳侯午在晋",未必非求其來正也,而晋景與荀、郤皆坐失事機,遲至年餘,使楚人收其功,何其愚哉!《毛氏傳》曰:"《左傳》'楚子伐陳,謂陳人:"無動,將討於少西氏。"遂入陳,轘徵舒,因縣陳。時陳侯在晋。申叔時謂楚子曰:"夏徵舒弒君,君討而戮之,宜也。今縣陳則貪其富也,無乃不可乎?"楚子善之。復封陳,納其二大夫。'"按:晋自文七年後,趙氏忽主盟中夏,而荀、郤繼之,日與楚爭宋、鄭、陳三國,而正值楚莊興霸,晋徒肆忿虐,不能取勝,以致三國受禍,東淩西創者,歷二十餘年。究之,使楚大肆其威。今年入陳,明年入鄭,又明年入宋,三國殘傷,即晋六卿三帥,亦并喪敗於邲之一戰。然則晋霸之淩夷於趙盾,爲何如哉?若夫楚之徒知討賊,而不知孔、儀之當正法,左氏稱善,固非,然楚亦何足責焉?

十有二年春,葬陳靈公。

楚子圍鄭。

《左傳》:"辰陵盟後,鄭復徼事晋。至是,楚復圍鄭,旬有七日。鄭國人大哭,守陴者皆哭。楚子退師,聽鄭人修城,而復圍之,三月而後克。鄭伯肉袒牽羊以迎,楚子退師三十里。潘尫入盟,子良出質。"

夏六月己卯,晋荀林父帥師及楚子戰於邲,晋師敗績。

《左傳》:"晋師救鄭,及河,聞鄭及楚平,桓子、隨武子皆欲還,獨彘子不可,先以中軍佐濟,桓子不得已,乃俱濟。時楚子北師次於郔,南北致師,楚叔孫敖曰:'甯我薄人,無人薄我。'遂車馳卒奔,乘晋軍。晋軍驚北而敗。"

秋七月。

冬十有二月戊寅,楚子滅蕭。

杜云:"蕭,宋附庸國。"

晋人、宋人、衛人、曹人同盟於清邱。

杜云:"清邱,衛地。"《左傳》:"盟曰:'恤病,討貳。'"夫陳、鄭之受禍於楚甚矣,晋不能救正而何以討其貳乎?况後宋伐陳,衛救之,不討貳也。楚伐宋,晋不救,不恤病也,則匱盟矣。且盟,先穀主之,剛愎不仁、抗令致敗者,而可主盟乎?晋政顛矣。

宋師伐陳。衛人救陳。

宋以盟故伐陳,衛孔達救之,曰:"先君有垂隴之約。若晋討我,則死之。"衛卿之執拗又如此。

十有三年春,齊師伐莒。

《毛氏傳》曰:"前十一年,齊、魯共伐莒,以四年平,莒未服也。至是,齊專伐之。"

夏,楚子伐宋。

《毛氏傳》曰:"以宋爲清邱之盟而伐陳也。"

秋,螽。

冬，晋殺其大夫先縠。

討泌敗也。

十有四年春，衛殺其大夫孔達。

《左傳》："晋來討救陳之罪，達縊，死。"

夏五月壬申，曹伯壽卒。

晋侯伐鄭。

《左傳》："以泌敗，鄭遂服楚也。"晋景親帥師，差自强矣。

秋九月，楚子圍宋。

《左傳》："楚子使申舟聘於齊，曰：'無假道於宋'。宋曰：'鄙我也。'殺之。楚子圍宋。"

葬曹文公。

冬，公孫歸父會齊侯於穀。

十有五年春，公孫歸父會楚子於宋。

魯不懼晋，乃懼楚矣。

夏五月，宋人及楚人平。

《左傳》："宋告急於晋，晋不敢救。圍九月，宋病，請楚師去，城下而盟。楚退三十里盟。"

六月癸卯，晋師滅赤狄潞氏，以潞子嬰兒歸。

此稱晋師。十六年滅甲氏，稱晋人。師，用衆也。人，其卿大夫也。《杜注》："潞，赤狄別種。潞氏,以國爲氏也。嬰兒,名。"

秦人伐晉。

王札子殺召伯、毛伯。

《左傳》:"王孫蘇與召、毛爭政,使王子捷殺之。王室亂,王孫蘇奔晉。晉使士會平王室。"《杜注》:"稱殺者名,兩下相殺之辭。王札子,王子札也,即捷,蓋經文倒字。召伯、毛伯,二卿士。"

秋,螽。

仲孫蔑會齊高固於無婁。

《杜注》:"無婁,莒邑。"

初稅畝。

《穀梁傳》曰:"初者,始也。古者十一,藉而不稅。初稅畝,非正也。古者,三百步爲里,名曰井田。井田九百畝,公田居一。私田稼不善則非吏,公田稼不善則非民。初稅畝者,非公之去公田,而履畝十取一也,以公之與民爲已,悉矣。古者,公田爲居,井、竈、葱、韭盡取焉。"惲皋聞曰:"稅畝者,始廢徹法也。徹者,但取公田之所有,而公田中爲民居,又有井、竈、葱、韭,地皆無稅也。今將公田概以與民,計畝而十取其一,凡公私之田、民居井竈,尺地寸土皆有稅矣,故曰'非公之去公田,而履畝十取一'也,雖云什一,然徹法自是不行矣。"

冬,蝝生。

螽子又生也。

饑。

書水旱而不書饑者,不至於饑也。書大無麥禾而不書饑者,救饑也,如"臧孫辰告糴"

之類。書饑,則無救之者矣。

十有六年春王正月,晉人滅赤狄甲氏及留吁。

又赤狄二種。

夏,成周宣榭火。

按《爾雅》,土高曰臺,有木謂之榭。《楚語》曰:"榭講軍實。"故榭歇前而無後室。鐵壺氏曰:"當是宣王會諸侯於東都,留有講武之榭。今遭人火也。"

秋,郯伯姬來歸。

《左傳》:"出也。"《毛氏傳》曰:"大歸猶稱郯者,《雜記》'諸侯出夫人,未致命以前,仍以夫人之禮行',此時未致命,故稱郯。"鐵壺氏曰:"被出,變也,故書,而歸不見經,以是知内女之嫁不書者也。"

冬,大有年。

十有七年春王正月庚子,許男錫我卒。

丁未,蔡侯申卒。

夏,葬許昭公。葬蔡文公。

六月癸卯,日有食之。

己未,公會晉侯、衛侯、曹伯、邾子,同盟於斷道。

據三《傳》,十七年春,晉侯將盟諸侯,使郤克徵會於齊。克眇,季孫行父禿,衛孫良夫跛,曹公子首僂,同時而聘於齊。齊頃公使禿者御禿者、眇者御眇者、跛者御跛者、僂者御僂者。蕭同叔子處臺上而笑之,聞於客,客怒而去。郤子至晉,請伐齊。已而盟於晉之斷道,晉侯辭齊人。按:魯不通晉久矣,自齊惠公卒後,漸以齊爲不可恃,又轉而之楚,今之會晉,想亦因晉侯徵會,而行父又與郤克同辱於齊,故會晉也。

秋,公至自會。

冬十有一月壬午,公弟叔肸卒。

《穀梁傳》曰:“其曰公弟叔肸,賢之也。其賢之,何也?宣弒而非之也。非之,則胡爲不去也?曰兄弟也,何去而之?與之財,則曰:‘我足矣。’織屨而食,終身不食宣公之食。”鐵壺氏曰:“公子公弟不爲大夫,皆不卒,而肸書卒,公爲之變而加禮,故特著於策也。肸終身不食宣公之食,而其子世爲魯卿,則公有怍焉,而於其卒加禮可知矣。”

十有八年春,晋侯、衛世子臧伐齊。

《毛氏傳》曰:“晋以斷道之會齊侯不親至爲討也。”

公伐杞。

夏四月。

秋七月,邾人戕鄫子於鄫。

殘殺之世,宜我孔子之思勝而去之者也。《毛氏傳》曰:“此邾大夫就鄫殺鄫子也。凡大夫不得名,則稱人。”

甲戌,楚子旅卒。

鐵壺氏曰:“秦康公之卒,書,非賢於穆公也,康始與魯通也。楚於成王七年以前,猶以號舉,則成以前,卒不赴魯,可知。成之弒,楚有直史達也。商臣之死,或赴不及魯,或魯以其覆載不容之賊而不書也。至莊,則北挫晋兵,諸夏震動,故赴告及魯而史書之。後此,楚子之卒殆無一不登者。《春秋》於楚事之詳、天王崩葬之缺,一同舊史,而蠻荊之盛、中夏之衰、天子之微、諸侯之悖,皆見矣。”

公孫歸父如晋。

冬十月壬戌,公薨於路寢。

歸父還自晋,至笙。遂奔齊。

杜云:“笙,魯境。”《左傳》:“公孫歸父欲去三桓以張公室,與公謀而聘晋,欲以晋人去之。冬,公薨。季文子言於朝曰:‘使我殺適立庶者,仲也夫!’逐東門氏。子家還,及笙,遂奔。”

成　公

元年春王正月,公即位。

二月辛酉,葬我君宣公。

無冰。

《毛氏傳》曰:“周二月,夏之十二月,無冰,則冬恒燠矣。”

三月,作邱甲。

《毛氏傳》曰:“前斷道之盟,晉侯以齊侯不至,邀衛伐齊,時宣公與盟,而又使公孫歸父求好於晉。齊怨之,將伐我,而公備之,因作邱甲。《傳》所謂‘臧宣叔令修賦繕完’是也,但杜氏注‘邱甲’,引《司馬法》云‘四邑爲邱,邱出戎馬一匹、牛三頭。四邱爲甸,甸出長轂一乘、戎馬四匹、牛十二頭、甲士三人、步卒七十二人,戈、楯備具’。今魯增益田賦,以一甸所賦責之一邱,則四倍加賦,無是理矣。且古者賦車民間而甲楯諸器則率官制而官給之,如《周禮》司甲、司兵,當出軍時授兵,及還兵,則受兵輸,是車是車、甲是甲。《春秋》凡出車名曰賦車,成二年《傳》‘群臣帥賦輿’、襄二十五年《傳》‘賦車兵’是也。出甲謂之‘授甲’、‘受甲’,昭二十年陳桓子‘授甲’、閔二年狄入衛,衛人受甲者皆曰‘使鶴’是也。是以管仲作内政,首修甲兵,其有不足,則使有罪者以犀甲、鞼盾贖罪,而楚蔿掩爲司馬,使子木賦甲兵,且賦甲楯之數。故魯以外備齊難,亦使每邱出甲若干,勒以爲制,謂之邱甲。蓋賦以邱爲準,如魯定田賦,孔子曰‘以邱足矣’,亦謂‘邱有十六井’,可相準耳。”

夏,臧孫許及晉侯盟於赤棘。

亦謀齊也。

秋,王師敗績於茅戎。

《杜注》:“茅戎,戎别種。”《左傳》:“文十七年,周甘歜乘戎飲酒,敗之於邥垂。至是,晋侯使瑕嘉平戎於王,已盟矣,王季子謂戎無備,徼而伐之,敗績。”

冬十月。

二年春,齊侯伐我北鄙。

夏四月丙戌,衛孫良夫帥師及齐师,战於新筑,衛師敗績。

六月癸酉,季孫行父、臧孫許、叔孫僑如、公孫嬰齊帥師會晋郤克、衛孫良夫、曹公子首,及齊侯,戰於鞌,齊師敗績。

《左傳》:“臧宣叔、衛孫良夫皆如晋乞師。晋侯使郤克將八百乘,從齊師。癸酉,戰於鞌,郤克傷於矢,流血及屨,左并轡,右援枹而鼓,馬逸,不能止,師從之。齊師敗走。逐之,三周華不注,韓厥幾獲齊侯。逢丑父與侯易位,佯使侯取飲。侯逸。晋師深入齊地。齊侯使致地與賂以求成。”鐵壺氏曰:“此大夫會伐以名見之始也。蓋魯卿各伐其功,故并書於冊,而晋卿、衛卿并曹小國之卿亦以名見,而大夫悖逆之跡,孔子以因舊史之文而益見矣。”愚按:昭十三年《傳》曰“南蒯以費叛”,經不書叛,惟筆曰“叔弓帥師圍費”,定九年《傳》書“陽虎入讙、陽關以叛,奔齊”,經俱削之,筆曰“盜竊寶玉、大弓”、“得寶玉、大弓”,十有三年《傳》載“荀寅、士吉射攻趙鞅,鞅奔晋陽。已,荀躒、韓不信、魏曼多攻寅、吉射,二子奔朝歌”,經削其相攻而筆曰“晋趙鞅入於晋陽以叛,荀寅、士吉射入於朝歌以叛”,是《春秋》筆削全改舊史之文矣。推此,則更舊文者固以義筆削也。即仍舊文,如鐵壺所言“春秋列國卿稱人,後稱名,楚始舉號而後稱人、稱子,一仍舊史之文”者,亦以義筆削也,蓋義即在於隨時變稱,因其文即筆也,而褒貶寓焉,非漫無義而但以舊史之文爲文也,故曰“其義則某竊取之矣”,故《孟子》曰“《春秋》,天子之事也”,言憲章周制以爲予奪即天子之事也,故曰“《春秋》成而亂臣賊子懼”,如鞅、如虎、如荀,見是筆也,能無懼乎?若曰“其文則史”者,言所因所革皆以舊史之文也。

秋七月,齊侯使國佐如師。己酉,及國佐盟於袁婁。

《杜注》:“鞌、袁婁,皆齊地。”是役也,雖屬忿兵,然向也晋幾畏楚矣,諸侯去而之楚者十七八矣,幸有是勝,齊、魯、衛大國從之而小國麇至,晋霸乃復振焉。

八月壬午,宋公鮑卒。

庚寅，衛侯速卒。

取汶陽田。

前盟袁婁，齊侯許歸我侵地，故取之。

冬，楚師、鄭師侵衛。

《左傳》："宣公求好於楚，及公即位，盟晉伐齊。衛人不行使於楚，楚子重興師救齊，遂侵衛，并侵我。孟孫往，請賂納質，乃許平。"不書，諱辱也。

十有一月，公會楚公子嬰齊於蜀。丙申，公及楚人、秦人、宋人、陳人、衛人、鄭人、齊人、曹人、邾人、薛人、鄫人盟於蜀。

《左傳》："卿不書名，匱盟也。畏晉而竊與楚盟，故曰'匱盟'。蔡侯、許男在焉，不書，乘楚車也，謂之失位。"按：盟本先王舊禮，然春秋之始，猶以爲有神明而重之，至文、宣以後，小國則來者即盟，不以爲信，大國之來，亦但取其暫服以示威，而非謂其信固也，則盟典已自此廢矣。鐵壺氏曰："楚師内侵，以鞌之戰也，故三桓懼討而以公試焉，且是盟不獨宋、衛、陳、鄭之君不與也，邾、鄫微國，皆以大夫會，而魯君獨往，則三桓之惡極矣。春秋國事之傎，未有甚於魯者，三桓之在國重於君，而諸侯視之亦重於君。平邱之盟，公不與而執意如，謂虐邾、莒者，意如主之也。鄫之會，魯君親往而吴召季孫，太宰嚭曰："國君道長，而大夫不出門，此何禮也?"亦以季孫爲重也。楚大夫自屈完以後無書氏者，而自嬰齊以後無不書氏，列國大夫勢皆張，皆書姓氏，故楚臣亦詳姓氏也。又此盟楚主之，故秦先於宋而齊後於從楚之國。

三年春王正月，公會晉侯、宋公、衛侯、曹伯伐鄭。

宋、衛皆先君未葬而稱爵，蓋宋舊怨鄭，衛新怨鄭，必改吉從戎，自蹈非禮也。下隨書葬而義見矣。

辛亥，葬衛穆公。

二月，公至自伐鄭。

甲子，新宫災。三日哭。

《穀梁傳》曰："新宫，禰廟也，三日哭，禮也，謂宣公新入禰廟而遇天火也。"《毛氏傳》曰："宣以十八年十月薨，則成二年十一月大祥，三年正月爲禫，至是，二月在吉禘後，已入新主，故名新宫。胡氏謂不稱宣公，必神主未遷，宫雖成而主未入，遇災而哭，非禮。不惟不曉禫後正當吉禘，無新主未入之禮，且亦不識廟制，妄謂新宫，必新造一廟，可空宫無主，而不知此新宫者即先公之宫也。先公居五廟末，曰禰廟，必待新死者至吉禘日，將四親并祧，合食太廟，及其臨徹，先將高廟一位隨諸祧主還遷廟中，然後新主隨三親歸，分高、曾、祖、禰而各入廟，是一日不吉禘則一日不遷主，一日不遷主則一日不易廟，安有所謂無主之廟可虚懸以稱新宫者？况《檀弓》云'有焚其先人之室則三日哭'，正言廟也。而胡氏誤解，謂先人平日所居之室可哭而虚廟不可哭。夫先人所居即後人所居是也，所居室災，弔而不哭，宫廟火，三日哭，不講禮而妄議哭法乎？若謂丹楹稱桓宫，而此稱新而不稱宣，必有故，則丹楹刻桷在莊二十三年，此時已舊而不新，故稱桓公，若初入廟則稱新，不聞夏宗伯稱新鬼大乎？"

乙亥，葬宋文公。

夏，公如晋。

《左傳》："拜汶陽之田。"

鄭公子去疾帥師伐許。

《左傳》："許恃楚而不事鄭也。"《毛氏傳》曰："許久服鄭，隱十一年爲鄭所滅，至桓十五年而後，許復有其國，及僖六年楚人圍許後，則鄭不能有許矣。今乃以其恃楚伐之，則鄭以强大淩小弱，罪在强大，固不待言，而又以已所服事之楚徒以許故而隱與楚爭，此在義與勢兩不可也。"

公至自晋。

秋，叔孫僑如帥師圍棘。

《杜注》："棘者，汶陽田之邑也。取，不服，故圍之。"鐵壺氏曰："經書内圍邑七，皆不書叛。圍棘拒命者，非棘民則齊有司。定六年圍鄆與齊人爭，皆不可以言叛也。昭二十六年圍成，時公已孫，齊舉國拒命，不得獨書成叛也。定十二年圍成，書'公歛處父叛'，則爲孟氏守而非叛也，書'孟孫以成叛'，又非其事之實，故第書'圍'以紀其拒命而不目其人焉。惟昭十三年圍費則南蒯以費叛、定十年再圍郈則侯犯以郈叛而經不書，蓋中軍既毁，尺地一民皆歸三家，使以叛書，是爲三家討賊也，而舍叛又無以屬辭，故書圍以著陪臣實據邑以叛也，而不書叛以見叛。竊國者不得以言叛也。晋赵鞅、荀寅、士吉射治兵相攻，未嘗叛君也，而并書叛，邯鄲稷據邑以叛趙氏而不書，即此意也。陽虎以讙叛不書而竊寶玉、大弓則書，蓋取之公宫，不可以不志也。比事以觀，而其義昭然矣。"

大雩。

晋郤克、衛孫良夫伐廧咎如。

《左傳》："赤狄之餘也。"

冬十有一月，晋侯使荀庚來聘。衛侯使孫良夫來聘。丙午，及荀庚盟。丁未，及孫良夫盟。

鄭伐許。

前後伐許，俱目其人。此獨書國號者，不詳其君與臣也。

四年春，宋公使華元來聘。

《左傳》："宋共公新立也。"

三月壬申，鄭伯堅卒。

杞伯來朝。

《左傳》："將出叔姬，先來朝修禮，告其故也。"

夏四月甲寅，臧孫許卒。

公如晋。

《左傳》:"晋侯見公不敬。季文子曰:'晋侯必不免。晋侯之命在諸侯矣,可不敬乎!'"

葬鄭襄公。

秋,公至自晋。

《左傳》:"公歸欲求成於楚而叛晋。季文子曰:'晋雖無道,未可叛也。國大臣睦,而邇於我,諸侯聽焉,未可以貳。非我族類,其心必异。楚,非吾族也。'公乃止。"

冬,城鄆。

鄭伯伐許。

《毛氏傳》曰:"鄭襄自去年夏冬兩伐許而死。今悼公喪未踰年即遣公孫申帥師以疆許田,許人敗之展陂。鄭伯乃親伐許,取鉏任、泠敦之田。時晋大夫帥師救許,伐鄭。楚使子反救之,以鄭方事楚,不悟鄭伐許之與己爭也。及許靈公愬鄭伯於楚,鄭訟不勝,楚乃執皇戌及公子國。鄭伯歸,因棄楚而請成於晋,先與晋人同盟於垂棘,而於是晋楚之爭鄭則又以楚鄭之爭許焉。"

五年春王正月,杞叔姬來歸。

仲孫蔑如宋。

《左傳》:"報華元也。"

夏,叔孫僑如會晋荀首於穀。

《左傳》:"荀首如齊逆女,宣伯餫諸穀。"

梁山崩。

在晋之韓地。

秋,大水。

冬十有一月己酉，天王崩。

定王也。

十有二月己丑，公會晋侯、齊侯、宋公、衛侯、鄭伯、曹伯、邾子、杞伯同盟於蟲牢。

《左傳》："鄭服也。"《杜注》："蟲牢，鄭地。"

六年春王正月，公至自會。

二月辛巳，立武宫。

《毛氏傳》曰："武宫者，武公之宫也。武公名敖，伯禽五世孫，有武德，曾朝周而宣王饗之。諸侯事四親，武公久祧。今魯以尚武功，特立爲不祧之廟。其名宫者，以太廟稱廟、群公稱宫也。其名武宫者，以晋曲沃武公爲不祧廟名武宫，今效之，一以著謚，一以崇武也。若又名世室者，以世世不祧主則世世不毁室。《明堂位》：'魯公之廟，文世室也，武公之廟，武世室也。'"

取鄟。

《杜注》："附庸國。"

衛孫良夫帥師侵宋。

《左傳》："蟲牢之會，宋公初辭之而後與會。晋以其抗也，命衛伐之。"

夏六月，邾子來朝。

公孫嬰齊如晋。

壬申，鄭伯費卒。

秋，仲孫蔑、叔孫僑如帥師侵宋。

《左傳》："晋命也。"

楚公子嬰齊帥師伐鄭。

《左傳》:“以鄭從晋,故晋樂書救鄭。楚師還。”此楚卿帥師稱名之始。

冬,季孫行父如晋。

《左傳》:“賀晋遷於新田也。”

晋樂書帥師救鄭。

七年春王正月,鼷鼠食郊牛角,改卜牛。鼷鼠又食其角,乃免牛。

《毛氏傳》曰:“卜郊在寅月,卜牛在子月。鼷鼠,鼱鼩鼠,今名鼠狼是也。未卜日不成牲,故稱牛。”

吴伐郯。

夏五月,曹伯來朝。

不郊,猶三望。

秋,楚公子嬰齊帥師伐鄭。公會晋侯、齊侯、宋公、衛侯、曹伯、莒子、邾子、杞伯救鄭。八月戊辰,同盟於馬陵。

楚又伐鄭,諸侯救之。鄭獲楚郥公鍾儀,獻諸晋。同盟於馬陵,尋蟲牢之盟,且從齊之莒以齊服亦服也。

公至自會。

吴入州來。

《左傳》:“楚巫臣竊夏姬奔晋,子重、子反盡殺其族,巫臣遂請晋使吴,教吴射、御、車戰以叛楚,吴遂伐楚屬國。子重奔命。秋,子重伐鄭,吴入楚之州來,子重自鄭返,於是乎一歲七奔命。蠻夷屬楚者,吴盡取之,自此吴始大而楚頓衰。”《何注》以州來爲蕭、厲之類,則亦附楚之小國也。

冬,大雩。

衛孫林父出奔晋。

《左傳》:"林父,良夫之子。衛定公惡之,乃奔晋,獻晋所食戚邑。衛侯如晋,晋反戚。"

八年春,晋侯使韓穿來言汶陽之田,歸之於齊。

季文子曰:"七年之中,一與一奪,二三孰甚焉?其何以長有諸侯?"

晋欒書帥師侵蔡。

公孫嬰齊如莒。

《左傳》:"聘且自逆也。"

宋公使華元來聘。

《左傳》:"聘共姬也。"

夏,宋公使公孫壽來納幣。

《左傳》:"禮也。"

晋殺其大夫趙同、趙括。

《左傳》:"趙盾弟嬰通於盾子朔之妻莊姬,同、括放諸齊,莊姬怨之,譖於晋侯曰:'同、括將爲亂。'欒、郤爲徵。乃殺之,立朔子武而反其田。"

秋七月,天子使召伯來賜公命。

冬十月癸卯,杞叔姬卒。

《毛氏傳》曰："叔姬雖來歸，而杞伯悔之，請歸葬於杞，則不終歸矣，故稱杞。與文十[①]年子叔姬卒不同。"

晋侯使士燮來聘。叔孫僑如會晋士燮、齊人、邾人伐郯。

按：《左傳》以郯成於吴，伐之，然晋欲通吴，未必與吴爭郯也。以大淩小，何辭不可？《傳》亦豈能盡得其故哉？

衛人來媵。

九年春王正月，杞伯來逆叔姬之喪以歸。

公會晋侯、齊侯、宋公、衛侯、鄭伯、曹伯、莒子、杞伯同盟於蒲。

《左傳》："爲歸汶陽之田故，諸侯貳於晋。晋人懼，會於蒲，以尋馬陵之盟。"

公至自會。

二月，伯姬歸於宋。

《杜注》："宣公之女。"

夏，季孫行父如宋致女。晋人來媵。

秋七月丙子，齊侯無野卒。

晋人執鄭伯。晋欒書帥師伐鄭。

《左傳》："鄭既從盟於蒲，楚以重賂求鄭，鄭伯會楚公子成於鄧。秋，鄭伯如晋。晋討貳，執諸銅鞮，遂伐鄭。"

冬十有一月，葬齊頃公。

楚公子嬰齊帥師伐莒。庚申，莒潰，楚人入鄆。

① 據《春秋》，子叔姬卒於文十二年。

《杜注》:"鄆,莒別邑。"

秦人、白狄伐晋。

鄭人圍許。

《左傳》:"鄭公孫申謀曰:'我出師以圍許,爲將改立君者,而紓晋使,晋必歸君。'"

城中城。

《杜注》:"中城,魯邑。"

十年春,衛侯之弟黑背帥師侵鄭。

《左傳》:"晋命也。"

夏四月,五卜郊,不從,乃不郊。

五月,公會晋侯、齊侯、宋公、衛侯、曹伯伐鄭。

《左傳》:"鄭公子班聞公孫申之謀,立公子繻。夏四月,鄭人殺繻,立成公太子髡頑,公子班奔許。欒武子曰:'鄭人立君,我執一人焉,何益?不如伐鄭而歸其君,以求成焉。'晋侯有疾,立太子州蒲爲君,而會諸侯伐鄭。鄭伯歸。"

齊人來媵。

據《左傳》言"同姓來媵,异姓則否"。《公羊》言"二國來媵,三國則非"。然《公羊》亦言録伯姬者,謂伯姬賢德遠聞,爲三國所爭媵也。

丙午,晋侯獳卒。

秋七月,公如晋。

《左傳》:"公如晋親弔。晋人止公,使送葬,諸侯莫在。魯人辱之,故諱而不書,并晋景之葬亦不書。"

冬十月。

十有一年春王三月,公至自晋。

晋侯使郤犨來聘。己丑,及郤犨盟。

夏,季孫行父如晋。

《左傳》:"報聘,亦涖盟。"《毛氏傳》曰:"經不書,必不成盟,或晋侯不親盟,故諱之也。"

秋,叔孫僑如如齊。

前以齊頃匡暴,背齊乞晋,及鞌戰後而齊怨可釋矣,且晋、齊亦相好矣,故以齊君新立而復修睦焉。

冬十月。

十有二年春,周公出奔晋。

《左傳》:"周公楚惡惠、襄之偪,且與伯輿爭政,不勝,怒而出奔。"

夏,公會晋侯、衛侯於鎖澤。

宋華元善於令尹子重,又善於欒武子,聞楚人既許晋糴茷成,而使歸復命矣。冬,華元如楚,遂如晋,合晋、楚之成。至今夏,晋、楚大夫盟於宋西門之外。鄭伯如晋聽成,會於鎖澤,成故也。

秋,晋人敗狄於交剛。

冬十月。

十有三年春,晋侯使郤錡來乞師。

《左傳》:"晋、秦互盟於界。秦伯歸而背之,故晋徵師伐秦。"

三月，公如京師。夏五月，公自京師，遂會晋侯、齊侯、宋公、衛侯、鄭伯、曹伯、邾人、滕人伐秦。

《左傳》："赴晋召，過周，因及諸侯朝王。"非專朝也，故不書朝，但曰"如京師"，而《傳》有"王人會伐"，亦不書。

曹伯廬卒於師。

秋七月，公至自伐秦。

冬，葬曹宣公。

十有四年春王正月，莒子朱卒。

夏，衛孫林父自晋歸於衛。

《左傳》："晋侯强，復之。"

秋，叔孫僑如如齊逆女。

鄭公子喜帥師伐許。

九月，僑如以夫人婦姜氏至自齊。

鐵壺氏曰："夫人之娶，失禮，然後書。此無失禮，何以書？明嫌也。莊有成風，文有敬嬴，成有定姒，其書薨、葬與嫡同，使哀姜、出姜、齊姜之娶不書，則不知孰爲嫡、孰爲庶矣。且襄之篇三夫人之薨并書，使不備其始末，則未知孰爲君母、孰爲君生母、孰爲君祖母矣。以是知夫人之娶，舊史備書，其得禮而無嫌者，則孔子削之也。若舊史有擇而書，則失禮者，當其時，可辨耳，其明嫌者安知後之有嫌而豫書之哉？"愚按：納幣不書，以爲常禮也，書娶足矣。

冬十月庚寅，衛侯臧卒。

秦伯卒。

十有五年春王二月，葬衛定公。

三月乙巳，仲嬰齊卒。

鐵壺氏曰："《公羊》因歸父稱公孫、嬰齊稱仲，遂有'爲人後者爲之子'之説。議禮之家多據焉,其實非經義也。當是時,魯卿有二嬰齊,皆公孫叔肸之子,聲伯會盟、征伐屢稱公孫嬰齊,而仲嬰齊無所見。使其卒也,書公孫嬰齊則不知其爲兩人,而十七年卒於貍脤者,又不知其爲何人矣。此必魯人本以仲爲别,而舊史因之也。'爲歸父後'之説,亦傳者之訛。季孫與仲遂比而弑君,本無怨惡,其後歸父欲去三桓,三桓始疾之,遣歸父之齊而立其弟,則以後仲遂而非後歸父也,明矣。其以氏稱者,遂之卒也,已氏,非以王父之字爲氏也。"《毛氏傳》曰:"以天子、諸侯繼統言,則僖兄爲子、閔弟爲父,何則?以君臣也。君臣即父子也。以大夫繼爵言,則臧宣叔以庶子武仲爲後,及武仲出奔,則反以嫡兄臧爲爲後。然而兄不父弟,爲不祖叔,何則?以繼爵也。繼爵非繼統也。今以兄弟爲父子,則爲無父,以大夫而繼統系,則爲無君。無父無君,謂之大逆,而乃以大逆之事,公羊造之,杜氏引之,後人且從而遵之,據之以誣經,不亦怪哉?"

癸丑,公會晋侯、衛侯、鄭伯、曹伯、宋世子成、齊國佐、邾人同盟於戚。晋侯執曹伯歸於京師。公至自會。

《左傳》:"曹宣公卒於師。曹人使公子負芻守,使公子欣時逆曹伯之喪。秋,負芻弑太子而自立。冬,葬曹宣公。既葬,子臧即欣時,將亡,國人皆將從之。成公即負芻,乃懼,告罪,且請焉。乃反,而致其邑。至是,晋侯會戚,討曹伯,執而歸諸京師。"晋霸,如齊桓復邢衛、伐山戎、伐楚、誅哀姜、定魯難、定王位皆無,惟敗楚有功,此舉合義,故《春秋》詳書。爲時諸侯將見子臧於王而立之,子臧辭,奔宋。鐵壺氏曰:"此列國大夫齊盟以名見之始也。凡執諸侯、大夫稱人者,以是爲亂世相淩暴之事,故執,得其罪而歸於京師,則稱爵,猶外取邑皆稱人,而齊侯取鄆以居昭公則稱爵也,不言'歸之於'者,王在京師,與'衛侯鄭之執,王在河陽'异也。"

夏六月,宋公固卒。

楚子伐鄭。

《左傳》:"楚將北師,子囊曰:'新與晋盟而背之,可乎?'子反曰:'敵利則進,何盟之有?'遂伐鄭,并侵衛。"

秋八月庚辰,葬宋共公。

宋華元出奔晋。宋華元自晋歸於宋。宋殺其大夫山。宋魚石出奔楚。

鐵壺氏曰："再書華元，與'良霄自許入鄭'异辭，蓋爲宋、晋遠，奔歸必須時日，故再舉華元；許、鄭接壤，方出即入，故不再舉良霄，因事而屬辭也。"又曰："自僖、文以後，列國之大夫無不氏，而蕩山不氏者，宋人惡之，不以氏赴也。"《左傳》："宋蕩澤弱公室，殺公子肥。華元以己爲右師，不能討，出奔晋。魚石以與澤同爲桓族，曰：'右師，國人與之，不反，懼桓氏之無祀於宋也。'乃自止華元於河上。請討，許之，乃反。攻蕩澤，殺之。魚石初料其反而不敢討。及討，畏罪，乃與同族五大夫舍於睢上。華元自止之，不可。華元決睢、登陴，魚石五人欲還不得，奔楚。"按：經稱華元自晋歸，蓋河上即晋地也。時晋及魯及齊四大國皆大夫自相屠戮，乃知政逮大夫，亦非大夫之幸也。亂世無道，如彼流泉，淪胥以敗，可鑒戒矣。

冬十有一月，叔孫僑如會晋士燮、齊高無咎、宋華元、衛孫林父、鄭公子鰌、邾人會吴於鍾離。

《杜注》："鍾離，楚邑。"《左傳》："始通吴也。"铁壶氏曰："此列國大夫衆會皆以名見之始也。蓋其始，晋大夫特會特盟以名見，而列國之大夫特會特盟亦以名見矣，既而晋大夫衆會齊盟以名見，而齊大夫齊盟亦以名見矣，而列國之大夫衆會齊盟皆以名見矣，大夫以漸張。舊史以漸而詳世變人心，正於是而可考焉，是以《春秋》仍其舊而不革也。自《公》、《穀》以殊會为外吴，先儒遂謂《春秋》惡吴過於楚，非也。楚合諸侯始於盂，宋公召之，自曹以来，皆楚之屬而偕楚子以來，不得曰'宋公、陳侯、蔡侯、鄭伯、许男、曹伯會楚子於盂'也。僖二十七年宋之盟、成二年蜀之盟、又宋虢之盟、申之會皆不曰'公會诸侯會楚'。若鍾離、柤、向，則吴人在是而晋帥諸侯以會之，會吴者，晋志也，魯從晋而往會焉。非會而又會，何以著事實、見情势哉？襄五年會於戚，吴人，聽諸侯之會，則列序而不殊會矣，左氏於諸會皆不言盟，則會而不盟可知。陳氏謂吴晋之盟，《春秋》終諱之，亦無稽之言也。"

許遷於葉。

《左傳》："許靈公畏偪於郑，請楚遷於近楚之邑。"

十有六年春王正月，雨，木冰。

雨著木成冰也。《左傳》："楚人以汝陰之田求成於鄭。鄭叛晋從楚。"

夏四月辛未,滕子卒。

郑公子喜帥師侵宋。

六月丙寅朔,日有食之。

晋侯使欒黶來乞師。

甲午晦,晋侯及楚子、鄭伯戰於鄢陵。楚子、鄭師敗績。

是戰也,晋吕錡射共王,中目,故不言楚師而言楚子敗績。時范文子不欲勝,以晋厲無道、三郤驕,勝則益之疾也,然自邲之敗後,非此戰無以復之。《杜注》:"鄢陵,鄭地。"鐵壺氏曰:"楚不書'師敗績'者,以君傷目爲重也。泓之戰不書'宋公敗績'者,何也?宋人告敗而諱君傷也。"

楚殺其大夫公子側。

子反將軍,故罪之。

秋,公會晋侯、齊侯、衛侯、宋華元、邾人於沙隨,不見公。公至自會。

《杜注》:"沙隨,宋地。以鄭未服,謀伐之。"《左傳》:"僑如通於公母宣之夫人穆姜,欲去季、孟而取其室。穆姜送公,而使逐二子。公以晋難告,曰:'請返而聽命。'姜怒,公庶弟公子偃、公子鉏趨過,指曰:'汝不可,是皆君也。'公設守而後行。僑如貨郤犨,訴公於晋侯。晋侯不見公。"

公會尹子、晋侯、齊國佐、邾人伐鄭。

曹伯歸自京師。

《左傳》:"曹人請曹伯於晋。晋侯謂子臧:'反,吾歸爾君。'子臧自宋反,曹伯歸。子臧盡致其邑與卿而不出。"

九月,晋人執季孫行父,舍之於苕邱。

《杜注》:"苕邱,晋地。"《左傳》:"僑如使告郤犨,言季、孟謀叛晋。晋人執季文子。公還，待於鄆，使公孫嬰齊請季孫於晉。晉許魯平，赦季孫歸。僑如奔齊。”

冬十月乙亥，叔孫僑如出奔齊。

十有二月乙丑，季孫行父及晉郤犫盟於扈。

公至自會。

不書“至自伐”，以不成乎伐也，晉之君臣紛糾矣。

乙酉，刺公子偃。

《杜注》：“偃、鉏俱爲姜所指而獨殺偃，偃與謀也。”按：是事，僑如造惡，乃僅出之，後且立其弟叔孫豹，而公子偃遂殺之。季氏之植三桓而卑公室如此。

十有七年春，衛北宫括帥師侵鄭。

《左傳》：“鄭侵晉虚、滑二邑，衛救之也。”

夏，公會尹子、單子、晉侯、齊侯、宋公、衛侯、曹伯、邾人伐鄭。

《杜注》：“假天子威以詘鄭也。”

六月乙酉，同盟於柯陵。

《杜注》：“柯陵，鄭西地。”《左傳》：“尋戚之盟也。”

秋，公至自會。

齊高無咎出奔莒。

《左傳》：“齊慶克通於聲孟子，與婦人蒙衣乘輦而入於閎。鮑牽見之，告國武子佐。武子謫之。夫人怒。國子相靈公以會，高、鮑處守。及還，孟子訴之曰：‘高、鮑將不納君，而立公子角，國子知之。’遂刖鮑牽而逐高無咎。”孟子，靈公母。

九月辛丑,用郊。

《穀梁傳》:"曰用者,不宜用也,謂非時也。"

晉侯使荀罃來乞師。

冬,公會單子、晉侯、宋公、衛侯、曹伯、齊人、邾人伐鄭。十有一月,公至自伐鄭。

雖未服鄭而圍之矣,故書"自伐"。

壬申,公孫嬰齊卒於貍脤。

《左傳》:"還自鄭,道卒也。"

十有二月丁巳朔,日有食之。

邾子貜且卒。

晉殺其大夫郤錡、郤犨、郤至。

《左傳》:"晉厲公侈,多外嬖。反自鄢陵,欲盡去群大夫,而立其左右。胥童怨郤缺廢其父克,與嬖人夷陽五、長魚矯之讐郤氏者,使鄢陵所囚楚公子茷告公曰:'是戰也,郤至實召寡君,謂晉必敗,敗則奉襄公之孫周以事楚'。公以告欒書。書亦忌郤氏,曰:'其有焉。'胥童等請先殺三郤,遂帥甲殺三郤,尸諸朝,且以甲劫欒書、中行偃。公命勿殺。既而公遊匠麗氏,欒書、中行偃遂執公,殺胥童,使程滑弒厲公,使荀罃、士魴迎周於京師而立之。周子盟而後入,朝於武宫,逐不臣者七人,命官修政,以圖復霸。是爲悼公。"

楚人滅舒庸。

舒庸,國名。

十有八年春王正月,晉殺其大夫胥童。

庚申,晉殺其君州蒲。

齊殺其大夫國佐。

《左傳》:“高無咎出奔,其子弱以盧叛。慶克帥師圍之。國佐從晋伐鄭,以難請於晋而歸,遂如盧師,殺慶克,以穀叛。齊侯與之盟而復之。至是,齊侯使士華免以戈殺國佐於内宫之朝。”

公如晋。

《左傳》:“朝嗣君也。”

夏,楚子、鄭伯伐宋。宋魚石復入於彭城。

《左傳》:“以惡曰‘復入’。”鐵壺氏曰:“孔甯、儀行父書‘納’,借楚之力以復其國,無他意也。趙鞅納蒯聵於戚,聵無徒衆也。魚石及四大夫實繁有徒,因楚、鄭之師而復入焉,將入而爲亂也,意不止於求復也,故不言納。”愚按:國君書入猶有是非焉,大夫奔而書入,自外而入内也,在國而書入,自國都而入其私邑也,總禍亂爲惡之事矣。

公至自晋。

晋侯使士匄來聘。

《左傳》:“拜朝晋也。”

秋,杞伯來朝。

八月,邾子來朝。

築鹿囿。

《毛氏傳》曰:“不時,且非務也。”

己丑,公薨於路寢。

冬,楚人、鄭人侵宋。

宋圍彭城。楚子重會鄭師救之,侵宋。華元如晋告急。韓獻子爲政,曰:“欲求得人,必先勤之。成霸、安疆,自宋始矣。”晋侯師於台谷。楚師還。

晋侯使士魴來乞師。

許氏曰:"悼公初立,乞師救宋,猶遵厲公故事。後此無乞師,則召兵而已矣。"

十有二月,仲孫蔑會晋侯、宋公、衛侯、邾子、齊崔杼同盟於虚朾。

《左傳》:"謀救宋也。宋人辭諸侯而請師以圍彭城。孟獻子請於諸侯,以先君將葬而歸。"

丁未,葬我君成公。

襄　公

元年春王正月,公即位。

仲孫蔑會晋欒黶、宋華元、衛甯殖、曹人、莒人、邾人、滕人、薛人圍宋彭城。

鐵壺氏曰:"《傳》謂楚取彭城以居魚石,已非宋地,追書宋,非也。宋地而宋之叛臣人据之,舍宋無可書也。先儒謂舊史必曰'圍彭城',非也。凡圍邑而不係國者,上有伐其國之文也。以共圍爲文,安得不曰'宋彭城'哉?"按:悼公以童稚爲書偃所立,當是時,晋政在私家,國人皆附之,力不足以致討,故逐不臣者七人,而此會仍欒黶主之。過此,則會盟聘伐皆用韓厥、荀罃、士魴、士匄,而黶、偃不得與矣。此悼公操柄御奸之道也。至十四年,始以士匄之讓,俾荀偃將中軍,蓋國維已固,而偃等爲不足慮矣。衛孫林父甫歸自晋,而獨操國事,所以卒釀逐君敗國之禍而不可振救也。《左傳》:"彭城降晋,晋人以宋五大夫歸,寘諸瓠邱。"

夏,韓厥帥師伐鄭。仲孫蔑會齊崔杼、曹人、邾人、杞人次於鄫。

討其納宋叛也。東諸侯之師次於鄫,爲之援也。

秋,楚公子壬夫帥師侵宋。

報晉伐鄭也。

九月辛酉,天王崩。

邾子來朝。

冬,衛侯使公孫剽來聘。晉侯使荀罃來聘。

《左傳》曰:"凡諸侯即位,小國朝,大國聘,禮也。"蓋是時,天王之赴未至,故左氏以爲禮。

二年春王正月,葬簡王。

鄭師伐宋。

《左傳》:"楚令也。"

夏五月庚寅,夫人姜氏薨。

成公夫人,襄公嫡母也。

六月庚辰,鄭伯睔卒。

《左傳》:"鄭成公疾,子駟請息肩於晉。公曰:'楚君以鄭故,親集矢於其目,吾何忍背之?'"

晉師、宋師、衛甯殖侵鄭。

《左傳》:"鄭衆大夫欲從晉。子駟曰:'官命未改。'"《杜注》云:"宋將不稱名,非卿也,然師重,故敘衛上。"

秋七月,仲孫蔑會晉荀罃、宋華元、衛孫林父、曹人、邾人於戚。

《左傳》:"謀鄭故也。孟獻子請城虎牢以逼鄭。"

己丑,葬我小君齊姜。

《杜注》:"齊,謚。"

叔孫豹如宋。

《左傳》:"通嗣君也。"

冬,仲孫蔑會晋荀罃、宋華元、衛孫林父、曹人、邾人、滕人、薛人、小邾人於戚,遂城虎牢。

《左傳》:"鄭人乃成。"

楚殺其大夫公子申。

《左傳》:"公子申爲右司馬,多受小國之賂,以逼子重、子辛。楚人殺之。"

三年春,楚公子嬰齊帥師伐吴。

《左傳》:"楚子重簡帥伐吴。吴要而擊之,大敗。吴又取其良邑。楚人咎之。子重遇心疾而卒。"

公如晋。

《左傳》:"即位而朝也。"

夏四月壬戌,公及晋侯盟於長樗。公至自晋。

晋悼公中興霸業,欲謙以來諸侯,謂魯宗國,不敢當其朝禮,出國都,至於長樗,與魯公盟。觀《傳》載"孟獻子相。君稽首。知武子稱'寡君懼'"可知也。若朝在盟前,則已稽首矣,何至是乃爲辭乎?

六月，公會單子、晋侯、宋公、衛侯、鄭伯、邾子、莒子、齊世子光。己未，同盟於雞澤。

《左傳》："爲鄭服故，且欲修吴好，而吴子未至。"《杜注》："雞澤，衛地。"

陳侯使袁僑如會。戊寅，叔孫豹及諸侯之大夫及陳袁僑盟。

《左傳》："楚子辛爲令尹，侵欲於小國，陳成公使袁僑如會求成。晋侯使和組父告於諸侯，使大夫與之盟。"鐵壺氏曰："操柄之失，必有其由。晋悼初起，以威信未孚，不欲數勤諸侯，故會盟、侵伐多使大夫承事，而不知大夫之勢由此益張而不可遏矣。袁僑之盟，以諸侯不肯特盟一國之大夫，不知遂成諸侯在會而大夫專盟之始矣。《易》曰'辨之不早辨'，此類是也。"

秋，公至自晋。

冬，晋荀罃帥師伐許。

《左傳》："許事楚，未會於雞澤也。"

四年春王三月己酉，陳侯午卒。

夏，叔孫豹如晋。

秋七月戊子，夫人姒氏薨。

葬陳成公。

八月辛亥，葬我小君定姒。

冬，公如晋。

《左傳》："公如晋，聽貢賦多少之政，請屬鄫以自助。晋侯許之。"《杜注》云："公時方七歲，蓋孟獻子为之言。"

陳人圍頓。

《左傳》："楚人以陳即晋，使頓間陳而侵伐之，故陳人圍頓。"

五年春，公至自晋。

夏，鄭伯使公子發來聘。

《左傳》："鄭僖公初即位，來通也。"

叔孫豹、鄫世子巫如晋。

《左傳》："穆叔覿鄫太子於晋，以成屬鄫。并書，比魯大夫也。"

仲孫蔑、衛孫林父會吴於善道。

《左傳》："吴子使辭不會於雞澤之故，且請聽諸侯之好。晋人將爲之合諸侯，使魯、衛先會吴，且告會期。"鐵壺氏曰："不書及者，書'仲孫蔑及衛孫林父會吴'，則似魯、衛交吴而不見其爲霸令，《春秋》所謂'微而顯'也。"

秋，大雩。

楚殺其大夫公子壬夫。

《左傳》："楚人討陳叛，故曰'令尹子辛實侵欲焉'，殺之。"

公會晋侯、宋公、陳侯、衛侯、鄭伯、曹伯、莒子、邾子、滕子、薛伯、齊世子光、吴人、鄫人於戚。公至自會。

《左傳》："戚會吴，且命諸侯戍陳也。時穆叔又以四年邾、莒伐鄫，魯不能救，恐致譴責，故又使鄫大夫聽命於會。"

冬，戍陳。

楚公子貞帥師伐陳。

公會晋侯、宋公、衛侯、鄭伯、曹伯、齊世子光救陳。

十有二月，公至自救陳。

辛未，季孫行父卒。

六年春王三月壬午,杞伯姑容卒。

夏,宋華弱來奔。

《左傳》:“宋樂轡與華弱相狎戲,以弓梏華弱於朝。平公見之,曰:‘司武而梏於朝,難以勝矣。’遂逐之。”觀《左傳》所載轡弱之狎戲、孔張之愚騃、崔慶之淫頑,其餘恣且暴虐諸事,亦知世卿世位之將廢矣。

秋,葬杞桓公。

滕子來朝。

莒人滅鄫。

《左傳》:“鄫恃賂也。”《杜注》:“鄫有貢賦之賂在魯,故恃之。”

冬,叔孫豹如邾。

《左傳》:“聘,且修平也。”

季孫宿如晋。

晋人以鄫故來討,曰:“何故亡鄫?”季孫宿以代父爲卿如晋,且聽命受罪以畢其事。按:鄫之愚弱不足道矣,而魯徒欲役之,晋但知霸主之尊可以虛言責魯,而皆不肯出一旅之師以存其社稷,救災恤患之謂,何甲顔哉!

十有二月,齊侯滅萊。

齊虎視萊久矣,卒滅之。

七年春,郯子來朝。

夏四月,三卜郊,不從,乃免牲。

《左傳》:“孟獻子曰:‘吾今而後知有卜、筮。郊祀后稷,以祈農事也。故啟蟄而郊,郊而後耕。今既耕而卜郊,宜其不從也。'"所謂"郊不過分"也。

小邾子來朝。

城費。

費,季氏邑也。杜云:"南遺假事難而城之,所以强私而弱公也。"

秋,季孫宿如衛。

《左傳》:"報元年子叔之聘,且辭緩報,非貳也。"

八月,螽。

冬十月,衛侯使孫林父來聘。壬戌,及孫林父盟。

楚公子貞帥師圍陳。

十有二月,公會晋侯、宋公、陳侯、衛侯、曹伯、莒子、邾子於鄬。

《杜注》:"鄬,鄭地。"《左傳》:"救陳也。"

鄭伯髡頑如會,未見諸侯,丙戌,卒於鄵。

《杜注》:"鄵,鄭地。"《左傳》:"鄭僖公將會於鄬。子駟相,不禮焉。侍者諫,不聽;又諫,殺之。及鄵,子駟使賊夜殺公,而以瘧疾赴於諸侯。"按:書"鄭伯如會,丙戌,卒於鄵"足矣,而書"未見諸侯",何其意之迂、辭之衍乎? 蓋書此以見鄭伯卒之必有故也,非瘧也,令人疑而考之也。

陳侯逃歸。

《左傳》:"陳人患楚。慶虎、慶寅謂楚人曰:'吾使公子黄往,而執之。'楚人從之。二慶使告陳侯於會,曰:'楚人執公子黄矣。君若不來,群臣不忍社稷宗廟,懼有二圖。'陳侯逃歸。"

八年春王正月，公如晋。

《左傳》："朝，且聽朝聘之數。"

夏，葬鄭僖公。

鄭人侵蔡，獲蔡公子燮。

季孫宿會晋侯、鄭伯、齊人、宋人、衛人、邾人於邢邱。

《左傳》："命朝聘之數也。"《毛氏傳》曰："晋悼不敢以朝聘之數使諸侯親聽命，故各國皆以大夫。雖公尚在晋，不與而以季氏。惟鄭伯來獻蔡捷，親之。朝聘之數未載。考昭公三年，鄭子太叔云'文、襄之霸也，其務不煩，令諸侯三歲而聘、五歲而朝，有事而會，不協而盟'，與昭十三年《傳》所稱'天子之制，歲聘志業，間朝講禮'者，朝聘爲減，'再朝而會，再會而盟'者，會盟爲無時。蓋即申此命也。"

公至自晋。

莒人伐我東鄙。

《左傳》："疆鄫田也。"《杜注》："莒滅鄫，魯侵其西界，故伐魯東鄙，以正其封疆。"

秋九月，大雩。

冬，楚公子貞帥師伐鄭。

《左傳》："討侵蔡也。子駟從楚。"

晋侯使士匄來聘。

九年春，宋災。

夏，季孫宿如晋。

《左傳》："報士匄之聘也。"

五月辛酉，夫人姜氏薨。

穆姜以淫罪遷於東宫而死。

秋八月癸未,葬我小君穆姜。

冬,公會晋侯、宋公、衛侯、曹伯、莒子、邾子、滕子、薛伯、杞伯、小邾子、齊世子光伐鄭。十有二月己亥,同盟於戲。

《杜注》:"戲,鄭地。"《左傳》:"諸侯伐鄭,分軍其門,修械,具餱,歸老疾於虎牢,以示必下。鄭恐,乃行成。荀偃曰:'遂圍之,以待楚人之救也,而與之戰。不然,無成。'知武子曰:'許之盟而還師,以敝楚人。吾三分四軍,與諸侯之鋭,以逆楚,於我未病,楚不能矣。'乃許盟。"鐵壺氏曰:"桓、文會盟侵伐,小國皆不與。晋自厲、悼以後,會者滋多。霸者之德衰,中夏之力屈,皆可見矣。"

楚子伐鄭。

《左傳》:"子駟及楚平。"

十年春,公會晋侯、宋公、衛侯、曹伯、莒子、邾子、滕子、薛伯、杞伯、小邾子、齊世子光會吴於柤。

《杜注》:"柤,楚地。會吴,使吴乘楚後也。"

夏五月甲午,遂滅偪陽。

《杜注》:"偪陽,妘姓。"按:晋自主霸以來,未嘗滅國,此蓋楚之與國也。《左傳》:"滅之。以封宋向戌。戌辭,乃與宋君。"《毛氏傳》曰:"宋與楚、鄭惡,予宋,所以辱楚、鄭也。宋甫受偪陽,而楚子囊即與鄭子耳同伐宋,謂宋受晋與,伐宋,所以報晋也。"

公至自會。

楚公子貞、鄭公孫輒帥師伐宋。

晋師伐秦。

秋,莒人伐我東鄙。

公會晉侯、宋公、衛侯、曹伯、莒子、邾子、齊世子光、滕子、薛伯、杞伯、小邾子伐鄭。

《禮》"世子未命，則以皮帛繼子男"，故祖會以前，齊世子列小邾子下。《傳》稱此會齊世子光先至於師，盟主佳之，故敘滕上。

冬，盜殺鄭公子騑、公子發、公孫輒。

尉止等微者殺執政之卿，故稱盜。

戍鄭虎牢。楚公子貞帥師救鄭。

《左傳》："諸侯之師皆戍虎牢。"不言者，承上文會伐鄭也。又《傳》謂虎牢已非鄭地，書"鄭虎牢"，言鄭服則歸之鄭也，其義迂，非也。方戍虎牢以逼鄭，乃探其心，而及後日之歸鄭哉？且歸鄭，未有見文也，蓋虎牢本鄭地，故"二年，城虎牢"不必言鄭。此時已城於晉，故繫之"鄭"，以見其原爲鄭也，猶彭城本宋地，故"成十八年，楚人魚石於彭城"，不必言宋。至"襄元年，諸侯圍彭城"，則繫之"宋"，以見其雖披於楚而原爲宋地也。時鄭及晉平，諸侯之師欲還，楚救至，鄭又與楚盟，晉還，楚亦還。《左傳》所謂"一駕"也。

公至自伐鄭。

十有一年春王正月，作三軍。

魯爲侯國，亞於公，故舊雖三卿而止二軍，所以省賦而惜民也。今季氏乘襄公幼少無知，欲分公室，故作三軍，而三家盟詛以成之，三分公室而各有其一。季氏一軍，使其軍之人力役、邑稅則盡入於己。叔氏一軍，臣其子弟之力役、邑稅，父兄之力役、邑稅則歸公，是取其半也。孟氏一軍，又僅取子弟之半，是取四分之一也。蓋孟獻子頗賢，穆叔次之，季武子最爲狠忍，故分公室者有輕重，而季氏亦必以己爲正卿，費繁，故取多，仲氏次之，孟氏又次之，故以爲盟也。

夏四月，四卜郊，不從，乃不郊。

鄭公孫舍之帥師侵宋。

《左傳》:"鄭合諸大夫謀,曰:'晋楚雖并强,而晋合十二國諸侯之師,則楚弱於晋矣,特恨楚來晋不即救我耳。晋疾,楚將辟之。何爲而使晋師爲我致死,楚弗能敵,而後可固與也。'子展曰:'與宋爲惡,諸侯必至,從之盟。楚師至,又從之,則晋怒甚矣。晋能驟來,楚將不能,吾乃固與晋。'乃使疆埸之司惡於宋。宋向戌侵鄭,大獲。子展曰:'師而伐宋可矣。'"

公會晋侯、宋公、衛侯、曹伯、齊世子光、莒子、邾子、滕子、薛伯、杞伯、小邾子伐鄭。秋七月己未,同盟於亳城北。公至自伐鄭。

《左傳》:"四月,齊太子光、宋向戌先至鄭,門於東門。其莫,晋荀罃至於西郊,東侵舊許。衛孫林父侵其北鄙。六月,諸侯會於北林,師於向。右還,次於瑣。圍鄭,觀兵於南門,西濟於濟隧。鄭人懼,乃行成。秋七月,同盟於亳。"二駕也。

楚子、鄭伯伐宋。

《左傳》:"楚子將伐鄭。鄭伯逆之,乃從伐宋。"此似鄭渝盟而非渝者,蓋原謀此以謝楚,而非背晋也。《毛氏傳》曰:"楚在鄭意量中矣。"

公會晋侯、宋公、衛侯、曹伯、齊世子光、莒子、邾子、滕子、薛伯、杞伯、小邾子伐鄭,會於蕭魚。公至自會。楚人執鄭行人良霄。

《杜注》:"蕭魚,鄭地。"《左傳》:"九月,諸侯之師復至。鄭人使良霄如楚,曰:'孤以社稷之故,不能懷君。君若能以玉帛綏晋,不然,則武震以攝威之,孤之願也。'楚人執之。鄭乃盟,從晋。晋赦鄭囚,納斥侯,禁侵掠。"而楚亦自是無意爭鄭矣,故曰"三駕而楚不能爭"也。按:《傳》:楚執鄭使而不能救在前,鄭晋互盟在後,而經書"執良霄"在後者,蓋會蕭魚後而始來告也。後楚謂"執之無益,徒使固於晋",歸之。

冬,秦人伐晋。

《左傳》曰"救鄭",然鞭長不及馬腹矣。

十有二年春王正月，莒人伐我東鄙，圍台。季孫宿帥師救台，遂入鄆。

據十四年《傳》，莒從晉會盟而潛通楚使，故比年伐魯，蓋小國而奸詭抗逆者也。

夏，晉侯使士魴來聘。

《左傳》："聘，且拜伐鄭之師。"

秋九月，吴子乘卒。

吴始訃魯也。《左傳》："魯臨於周廟。"

冬，楚公子貞帥師侵宋。

楚聊一侵宋，謂報晉之服鄭也，而鄭則置不問焉，於是晉楚爭鄭之事一結。

公如晉。

《左傳》："朝，且拜士魴之辱也。"

十有三年春，公至自晉。

夏，取邿。

《杜注》："邿，小國名。"

秋九月庚辰，楚子審卒。

按：楚自莊王以後皆來赴，書卒而獨不書葬，豈魯使大夫會他國葬，即遠地之秦，亦書葬，而獨不會楚乎？公且朝楚，而獨不使大夫會葬乎？蓋必以吴、楚僭王，不可書於經，故雖往會葬，而經削之也。

冬,城防。

十有四年春王正月,季孫宿、叔老會晋士匄、齊人、宋人、衛人、鄭公孫蠆、曹人、莒人、邾人、滕人、薛人、杞人、小邾人會吴於向。

《杜注》:"向,鄭地。"鐵壺氏曰:"晋士匄、鄭公孫蠆以名見,而齊、宋、衛稱人,以是知成公以後稱人者非卿也。鄭,伯也。曹、薛、杞,亦伯也。鄭卿以名見,而諸小國之臣終春秋無以名見者,以是知舊史以勢之强弱爲詳畧也。君行,卿從宿;使,卿爲介,蓋隱然以國君自爲矣。三桓不相下,故叔老辱焉。其後,昭公出,晋荀罃躒謂意如曰:'子姑歸祭。'季氏至,主鬯而入先君之廟。其所由來者漸矣。使舉上客,當日載書,未必并及叔老也。季氏自悦其事而書於魯史,經若削焉,則其恃亂無君之迹隱矣。"按:以强弱爲輕重,非獨魯史也,蓋霸主之令即然,如薛伯、杞伯每會列於莒子、邾子下是也。

二月己未朔,日有食之。

夏四月,叔孫豹會晋荀偃、齊人、宋人、衛北宫括、鄭公孫蠆、曹人、莒人、邾人、滕人、薛人、杞人、小邾人伐秦。

《左傳》:"報十一年秦之伐也。"晋軍帥不和而還,秦晋搆兵於此終焉。鐵壺氏曰:"會盟序列以霸者之意爲先後,而史從載書,未可以彼而例此也。即如十年春會柤,齊世子光後列,至秋而先滕、薛、小邾矣,十一年伐鄭則又先邾、莒矣。此役,宋大夫先衛卿,十六年伐許,宋大夫又後衛卿矣。左氏以大夫不宜先卿而有惰之説,誤也。"

己未,衛侯出奔齊。

《左傳》:"衛孫林父將攻獻公。公出奔齊。孫林父、甯殖立公孫剽,以聽命於諸侯。"

莒人侵我東鄙。

秋,楚公子貞帥師伐吴。

《左傳》:"吴要擊,敗之。"

冬,季孫宿會晋士匄、宋華閲、衛孫林父、鄭公孫蠆、莒人、邾人於戚。

晉悼問衛故於中行偃，偃勸之定衛新君，遂使孫林父與諸國大夫并列於會，保姦長亂，前盟之謂何？偃即孫林父也，與羊謀羞，得乎？晉悼不耄而耄及之矣，何以長年？

十有五年春，宋公使向戌來聘。二月己亥，及向戌盟於劉。

《孔疏》云："劉，魯地。"

劉夏逆王后於齊。

《左傳》：前十二年，靈王求昏於齊，齊侯許昏，王使陰里結之。十四年，王使劉定公賜齊侯命。至是，遂逆后焉。禮：逆后必上卿行事，而以公一人監之。今但書"逆后"而不書"公來"，似無監者。據《傳》云，官師從單靖公逆王后於齊，則已有監公矣。其不書者，天子娶諸侯女，必使同姓諸侯命迎之。前桓王娶紀女，使魯主昏，故祭公至魯，受魯命以行，書"祭公來"，書"遂逆"。今不知何國主昏，但使迎者至魯一告，而單靖公不來，其不書"公來"，以是也。若劉夏即劉定公，而《傳》曰"官師"者，想此時尚爲士而未爲卿大夫也，故《傳》曰"官師"，逆后而卿不行，非禮也。十四年稱"劉定公"，從後稱記之也。《傳》文多此，不然，定，謚也，生即有謚乎？按此，天子之大夫稱名，士亦可稱名也。

夏，齊侯伐我北鄙，圍成。公救成，至遇。季孫宿、叔孫豹帥師城成郛。

《左傳》："范宣子假羽毛於齊而弗歸，齊人始貳，故伐魯。"《杜注》："遇，魯地。"

秋八月丁巳，日有食之。

邾人伐我南鄙。

冬十有一月癸亥，晉侯周卒。

十有六年春王正月，葬晉悼公。

三月，公會晉侯、宋公、衛侯、鄭伯、曹伯、莒子、邾子、薛伯、杞伯、小邾子於溴梁。戊寅，大夫盟。晉人執莒子、邾子以歸。

《左傳》："晉平即位，欲繼霸業，爲會，而齊侯有异志，不至，使其大夫高厚來，及宴，歌詩又不類。晉使諸大夫盟之，高厚逃歸，諸大夫乃自相盟。執莒、邾，以其背盟侵我也。"鐵壺氏曰:"首止、葵邱之會盟,再書地,此不再書,以盟之月即會之月,不如首止、葵邱之异時异月,故不再書也。執言以歸者,久而後釋也,不書以歸,旋釋也。"

齊侯伐我北鄙。

《毛氏傳》曰"公未歸而即見伐,此與晋爭我也。"

夏,公至自會。

五月甲子,地震。

叔老會鄭伯、晋荀偃、衛甯殖、宋人伐許。

據《左傳》,許男請遷於晋以叛楚。晋召諸侯將遷之,許大夫不可,晋侯乃請諸侯各歸國,而惟留其師伐許。乃鄭伯聞伐許,以爲可報許訟於楚之怨而請親往,故先鄭伯而次荀偃。

秋,齊侯伐我北鄙,圍成。

大雩。

冬,叔孫豹如晋。

《左傳》:"聘,且言齊故。"

十有七年春王二月庚午,邾子牼卒。

宋人伐陳。

《傳》無其故。蓋陳,服楚者也,伐之,以報十二年楚之侵宋也。

夏,衛石買帥師伐曹。

據《左傳》,孫蒯田,敗曹人汲器,曹人詬之,衛卿石買乃爲之伐,過矣。

秋,齊侯伐我北鄙,圍桃。

齊高厚帥師伐我北鄙，圍防。

《左傳》："圍臧武仲。魯師逆武仲，齊乃還。"

九月，大雩。

宋華臣出奔陳。

《左傳》："華臣暴其宗室，宋公欲逐之，懼而奔陳。"

冬，邾人伐我南鄙。

《左傳》："助齊也。"

十有八年春，白狄來。

夏，晋人執衛行人石買。

《左傳》："以伐曹也。"來使見執，故稱行人。孫蒯爲介，亦執，不書，非正卿也。

秋，齊師伐我北鄙。

冬十月，公會晋侯、宋公、衛侯、鄭伯、曹伯、莒子、邾子、滕子、薛伯、杞伯、小邾子同圍齊。

《左傳》："晋荀偃與諸侯會於魯濟，同伐齊。至平陰，齊侯畏其衆，師夜遁。晋侯及諸侯從之，晋、魯攻險，各下之，遂圍其四郭，門於門。齊侯將走郵棠，太子抽劍斷鞅，乃止。於是東侵及濰，南及沂。"晋人討貳，魯恨屢伐，同心圍之，故書同。

曹伯負芻卒於師。

楚公子午帥師伐鄭。

鄭子孔欲去諸大夫，請楚師。楚公子午不許。楚子强之北伐。不利，乃還。

十有九年春王正月,諸侯盟於祝柯。

《杜注》:"祝柯,齊地。"因前'同圍'文,故統言諸侯。

晋人執邾子。

晋執邾子以後十七年,邾又伐我,故晋又執之。

取邾田,自漷水。

《左傳》:"晋令邾還所侵魯田,以漷爲界。"

季孫宿如晋。

《左傳》曰:"拜師也。"

葬曹成公。

夏,衛孫林父帥師伐齊。

《左傳》:"晋令也,以未卒事於齊也。"

秋七月辛卯,齊侯環卒。

晋士匄帥師侵齊,至穀,聞齊侯卒,乃還。

《左傳》:"禮也。"

八月丙辰,仲孫蔑卒。

齊殺其大夫高厚。

《左傳》:"靈公徙太子光於東,立庶子牙爲太子,高厚傅之。靈公病,崔杼迎光即位,殺高厚。"

鄭殺其大夫公子嘉。

《左傳》:"子孔之爲政也專,鄭人討其罪,殺之,使子展當國,子西聽政,子產爲卿。"

冬,葬齊靈公。

城西郛。

《左傳》:"懼齊也。"

叔孫豹會晋士匄於柯。

《杜注》:"柯,衛地。"《左傳》:"齊及晋平,盟於大隧。魯懼,故穆叔會范宣子以自固焉。"

城武城。

《左傳》:"亦爲齊也。"

二十年春王正月辛亥,仲孫速會莒人盟於向。

《杜注》:"莒數伐魯,前年諸侯盟祝柯以和解之,而二國復自結其好。"

夏六月庚申,公會晋侯、齊侯、宋公、衛侯、鄭伯、曹伯、莒子、邾子、滕子、薛伯、杞伯、小邾子盟於澶淵。秋,公至自會。

《左傳》:"齊成故也。"

仲孫速帥師伐邾。

邾有屢伐之怨,然既盟而又報伐,則非矣。

蔡殺其大夫公子燮。蔡公子履出奔楚。

公子燮欲以蔡事晋。蔡人以其違衆,殺之。其母弟出奔。

陳侯之弟黄出奔楚。

《左傳》:“陳慶虎、慶寅畏公子黄之偪,愬諸楚,曰:‘與蔡公子燮同謀。’楚人以爲討,黄奔楚自理。”

叔老如齊。

《杜注》:“通齊好也。”

冬十月丙辰朔,日有食之。

季孫宿如宋。

《左傳》:“報十五年向戌之聘也。”

二十有一年春王正月,公如晋。

《左傳》:“拜師及取邾田也。”

邾庶其以漆、閭丘來奔。

《左傳》:“邾庶其叛其君,以其二邑來奔,魯受之,遂多盗。”《杜注》以邑出爲叛、以邑歸我曰“來奔”。按:小國之大夫不名,而來奔,名,所謂或求名而不得,或欲蓋而彌彰也。

夏,公至自晋。

秋,晋欒盈出奔楚。

欒黶娶於士匄。匄子鞅以十四年伐秦之役,黶逐鞅,奔秦,怨之。黶卒,妻欒祁與其老州賓通，懼盈討，愬諸匄，曰："盈將爲亂。"鞅爲之徵。匄使盈城著，遂逐之。

九月庚戌朔，日有食之。

冬十月庚辰朔，日有食之。

曹伯來朝。

公會晋侯、齊侯、宋公、衛侯、鄭伯、曹伯、莒子、邾子於商任。

《左傳》："錮欒氏也。"欒氏，逆臣之後，無可憐惜，但范氏以大夫逐大夫，而屢使其君召諸國奔走以錮之，政出大夫，其傎如此。

《公羊傳》曰："是年十有一月，孔子生。"

二十有二年春王正月，公至自會。

夏四月。

秋七月辛酉，叔老卒。

冬，公會晋侯、齊侯、宋公、衛侯、鄭伯、曹伯、莒子、邾子、薛伯、杞伯、小邾子於沙隨。公至自會。

《左傳》："復錮欒氏也。"

楚殺其大夫公子追舒。

《左傳》："觀起有寵於令尹追舒，未益禄而有馬數十乘。楚人患之，王乃殺追舒，而轘觀起。"利禄之禍人如此，而人如以蠅趨羶，何也？又按：當時楚雖偪於吴，而政權不失。晋則諸卿擅權，渺無君矣。此楚所以久延，與七國同亡，而晋遂爲三家所分也。

二十有三年春王二月癸酉朔，日有食之。

三月乙巳，杞伯匄卒。

夏，邾畀我來奔。

《杜注》："庶其之黨。"

葬杞孝公。

陳殺其大夫慶虎及慶寅。陳侯之弟黄自楚歸於陳。

《左傳》:“陳侯如楚。公子黄愬二慶於楚,楚人召之。使慶樂往,楚人殺之。二慶據陳叛。夏,屈建從陳侯圍陳。二慶築城以拒君。陳人亂,殺二慶。楚人乃納公子黄而還。”按:陳侯不在陳,二慶稱國以殺,若君之問其罪者,以陳侯原討之而國人應之也。又按:文九年,晋殺其大夫士谷及箕鄭父。賈逵云:“箕鄭父稱‘及’,非作亂首謀。”此書“及”,或亦虎首而寅從之也。

晋欒盈復入於晋,入於曲沃。

鐵壺氏曰:“衛元咺稱‘復歸’者,意在歸也。宋魚石、晋欒盈、鄭良霄稱‘復入’者,將入而爲亂也。‘入於曲沃’者,既敗而入其私邑也。良霄稱‘自許’者,許、鄭世讐,必陰助爲亂,故鄭人赴告及之也。齊則顯然,伐晋以助欒氏,故晋人告伐,而於欒之入,轉不言其自齊也。”

秋,齊侯伐衛,遂伐晋。

八月,叔孫豹帥師救晋,次於雍榆。

《杜注》:“雍榆,晋地。”

己卯,仲孫速卒。

冬十月乙亥,臧孫紇出奔邾。

臧武仲佐季武子廢長公鉏而立悼子,而孟莊子素惡武仲,及莊子葬,孟氏、公鉏共讐武仲,告武子曰:“臧氏將爲亂。”逐之。

晋人殺欒盈。

假晋侯命,以師克之,而書“晋人”;以國亂無政而相殺也,非以國法也。《左傳》曰:“不言大夫,自外也。”

齊侯襲莒。

《左傳》:“還自晉而襲之也。”

二十有四年春,叔孫豹如晉。

仲孫羯帥師侵齊。

《左傳》:“爲其伐晉也。”

夏,楚子伐吴。

秋七月甲子朔,日有食之,既。

齊崔杼帥師伐莒。

大水。

八月癸巳朔,日有食之。

公會晉侯、宋公、衛侯、鄭伯、曹伯、莒子、邾子、滕子、薛伯、杞伯、小邾子於夷儀。

《左傳》“將以伐齊。水,不克。”《杜注》:“夷儀,本邢地,衛滅邢而爲衛邑。”

冬,楚子、蔡侯、陳侯、許男伐鄭。

《左傳》:“救齊也。”

公至自會。

陳鍼宜咎出奔楚。

《左傳》:“討慶氏之黨也。”

叔孫豹如京師。

《毛氏傳》曰:“前年,穀、洛鬭,毀王城。齊叛晉,欲求媚於天子而城之。魯遣使聘,且賀城焉。”

大饑。

二十有五年春,齊崔杼帥師伐我北鄙。

《左傳》:"報我也。"

夏五月己亥①,齊崔杼弑其君光。

《左傳》:"齊莊公淫於崔杼之妻棠姜。杼弑之,立景公。"按:齊莊志雪先恥,伐衛,伐晋,登大行,封少水,可爲桓武,且能養士。其亡也,爲之死者甚多,且有棄官、僕賃於野以服其喪如申鮮虞者,而盧蒲癸、王何爲之報讎,盡殺崔、慶之家。而但以淫,遂敗。甚矣,淫之惡大也。

公會晋侯、宋公、衛侯、鄭伯、曹伯、莒子、邾子、滕子、薛伯、杞伯、小邾子於夷儀。

《左傳》:"濟泮,伐齊。齊人以莊公説,納賂求成。許之。"則是報伐,非爲其弑君也。故經削而不書。

六月壬子,鄭公孫舍之帥師入陳。

《左傳》:"前年,陳侯會楚子伐鄭,當陳隧者,井堙、木刊,鄭人怨之。故入陳。"

秋八月己巳,諸侯同盟於重邱。公至自會。

《左傳》:"齊成故也。"即會夷儀之諸侯也。《杜注》:"重邱,齊地。"

衛侯入於夷儀。

《毛氏傳》曰:"前十三年,衛侯衎出奔齊,齊侯寄之於郲,曰寄公。今晋侯愍其久寄於外,使衛分一邑以居之。"鐵壺氏曰:"衛有二君而入不名,异於鄭突之入櫟,何也?著其

① 應爲"乙亥"。

正也。”

楚屈建帥師滅舒鳩。

《左傳》:“舒鳩叛楚屬吴。楚滅之。”

冬,鄭公孫夏帥師伐陳。

《左傳》:“伐之以結成也。”

十有二月,吴子遏伐楚,門於巢,卒。

攻門曰門。《左傳》:“吴子諸樊伐楚,門於巢。巢牛臣曰:‘吴王勇而輕,若啟之,將親門。我獲射之,必殪。是君也死,疆其少安。’從之。射之,卒。”

二十有六年春王二月辛卯,衛甯喜弑其君剽。

《左傳》:“初,衛甯殖與孫林父逐獻公。殖將死,召其子喜曰:‘吾得罪於君,名藏在諸侯之策,曰“孫林父、甯殖出其君”,若能復入,則掩之矣。’喜諾。及獻公入夷儀,使同母弟子鮮謂喜曰:‘苟反,政由甯氏,祭則寡人。’時孫林父在戚,其子嘉聘於齊,襄居守。喜伐孫氏,襄死,喜乃弑君剽。”

衛孫林父入於戚以叛。

《左傳》:“以戚如晋。”

甲午,衛侯衎復歸於衛。

夏,晋侯使荀吴來聘。

《左傳》:“衛人侵戚東鄙,孫氏愬於晋。晋戍戚之東鄙茅氏。衛人伐茅氏,殺晋戍三百人。晋乃聘魯,召公及諸侯,將以討衛。”

公會晋人、鄭良霄、宋人、曹人於澶淵。

《左傳》:"討衛,疆戚田也。"澶淵,必近戚之地。鐵壺氏曰:"此役晋卿不行,諸國會者非卿,故良霄獨以名見也。魯乃使君,辱焉,則季氏之不臣也。"

秋,宋公殺其世子痤。

與殺申生同文,事亦宜同也。

晋人執衛甯喜。

爲貪孫氏之田而執喜,非討其弑君也,晋霸債矣。《杜注》曰:"甯喜執於會,晋歸而始告諸侯,故書於秋。"按:《左傳》:晋并執衛侯,齊、鄭請之,乃許歸。不應如此大事,經不書也,豈《傳》誤耶?若曰諱,晋爲臣執君則外無諱例也,若曰削,削之義爲何?姑闕之。

八月壬午,許男甯卒於楚。

《左傳》:"許男以十六年晋伐許,鄭伯自行,恚之。如楚,請伐鄭而卒。楚子曰:'不伐鄭,何以求諸侯?'"

冬,楚子、蔡侯、陳侯伐鄭。

《左傳》:"乃伐鄭,鄭人將禦之。子產曰:'晋、楚將平,不如使逞而歸,乃易成也。'乃不禦寇。"

葬許靈公。

二十有七年春,齊侯使慶封來聘。

景公嗣位也。

夏,叔孫豹會晋趙武、楚屈建、蔡公孫歸生、衛石惡、陳孔奂、鄭良霄、許人、曹人於宋。

《左傳》:“宋向戌請合晉、楚及諸侯之好以弭兵,皆會於宋。”

衛殺其大夫甯喜。

《左傳》:“喜專,公孫免餘請殺之,公許之。”

衛侯之弟鱄出奔晉。

鱄即子鮮也,以衛侯殺喜失信出奔,公止之,不可,所謂“好信不好學”也。

秋七月辛巳,豹及諸侯之大夫盟於宋。

《傳》載楚人先歃而經書會先晉者,不使楚得加乎晉也? 豹不書氏,承上文也。鐵壺氏曰:“是會,晉趙武、楚屈建在焉,而魯使亞卿往,何也? 宿至是,威權已固,隱然以國君自爲,凡役無身親者矣。至昭公之世,復再入晉者,公不見納,故宿親之,蓋自結於霸國以傾其君也。”

冬十有二月乙亥朔,日有食之。
二十有八年春,無冰。
夏,衛石惡出奔晉。

《左傳》:“討甯氏之黨也。”

邾子來朝。
秋八月,大雩。
仲孫羯如晉。

告晉將朝楚也,以宋之會約晉、楚之從交相見也,謂從晉者亦朝楚、從楚者亦朝晉也。桓、文之霸,猶假尊周以爲名也。至是,則漠不言周,而南北分峙如後之南北朝矣,王迹之熄愈甚矣。向戌之弭兵,子罕責以"天生五材,兵不可去",謂其以誣道蔽諸侯,未足盡其失也。

冬,齊慶封來奔。

《左傳》:"齊崔杼娶棠姜,攜棠公之孤棠無咎與弟東郭偃同相崔氏,生明,立之,廢前妻子成。成請老於崔邑,偃、無咎沮勿與,成及母弟彊怒,告慶封,殺偃、無咎於崔氏之朝。杼怒,出,見慶封。封曰:'請爲子討之。'使盧蒲嫳帥師攻崔氏,殺成、彊而盡俘其家,棠姜縊,復命杼御而歸,則無歸矣,杼乃縊。嫳勸封反亡人盧蒲癸、王何。封子舍代父政,寵何、癸,通於欒、高、陳、鮑,乘封出田,介慶氏之甲擊殺舍。封歸,來奔。"

十有一月,公如楚。

十有二月甲寅,天王崩。

乙未,楚子昭卒。

《公羊疏》曰:"甲寅、乙未相去四十二日,蓋閏月也。"

二十有九年春王正月,公在楚。

《毛氏傳》曰:"'正月在楚',左氏曰:'釋不朝正於廟也。'予謂諸侯無相送葬之禮,公與陳侯、鄭伯、許男皆送楚康之葬於楚西門外,其諸大夫皆送至於墓,無禮甚矣。宋向戌倡宋之盟,及朝楚涖盟而聞喪而返,會穆叔從公而見不及此,然且天王之喪相距無幾日,而諸侯絕無問者,堂堂宗國,乃相率朝楚,而爲之執紼,天王安在?此《春秋》所最惡而不忍言者,故成公朝晋,亦送晋葬、亦朝,正在晋,而經但書'如晋'、'至自晋',尚不書'在晋',而此則特書所在,以重別之,令人上考而感歎焉。"

夏五月,公至自楚。

《左傳》:"公還,至方城,聞季孫宿取卞自益,公欲無入。榮成伯賦《式微》,乃歸。"季氏愈不臣矣。

庚午，衛侯衎卒。

閽弑吴子餘祭。

《左傳》："吴伐越，獲俘焉，以爲閽，使守舟。吴子觀舟，閽弑之。"

仲孫羯會晋荀盈、齊高止、宋華定、衛世叔儀、鄭公孫段、曹人、莒人、滕人、薛人、小邾人城杞。

晋平公，杞出，城杞，亦宜，然合諸侯以城之，則非矣。諸侯當恤宗周之闕而屏夏肄乎？

晋侯使士鞅來聘。

《左傳》："拜城杞也。"

杞子來盟。

《范注》曰："杞復稱子，蓋時王所黜。"

吴子使札來聘。

吴子被弑在五月後，札聘亦即在其後，而《傳》有觀周樂事，豈以季子之賢，有君喪而聽樂者？蓋吴子餘祭之弑，以赴之時書也，而札之聘，以至之時書也，季子之出在前，必先至霸主之晋與鄭、衛矣，而至魯，適在吴子被弑之時，赴音雖已有時日，而赴實未至魯也。季札未知君喪，聽樂無妨也。《傳》曰："聘，通嗣君。"《杜注》曰："餘祭嗣立。"則亦以爲餘祭生前使之矣。《傳》載從魯之齊，而《檀弓》言札自齊返，則至晋、衛、鄭在魯前矣。

秋九月，葬衛獻公。

齊高止出奔北燕。

《左傳》："高止好以事自爲功，且專，故子尾、子雅放之。"《范注》："南燕，姞姓，在鄭、衛之間。北燕，姬姓，在晋地。"

冬，仲孫羯如晉。

《左傳》："報士鞅之聘。"

三十年春王正月，楚子使薳罷來聘。

《左傳》："郟敖即位也。"

夏四月，蔡世子般弑其君固。

子產所謂'子禍'也。

五月甲午，宋災，宋伯姬卒。

《公》、《穀》、《傳》："宋災，伯姬存焉，有司請出，伯姬曰：'婦人之義：傅母不在，宵不下堂。'逮乎火而卒。"

天王殺其弟佞夫。王子瑕奔晉。

《左傳》："王子瑕謀立景王弟佞夫，而自爲亂，佞夫不知也。周大夫尹言多等殺佞夫。王子瑕奔晉。"然經書曰"天王殺其弟"，則尹言多等之殺，必景王知之也。

秋七月，叔弓如宋，葬宋共姬。

鄭良霄出奔許，自許入於鄭，鄭人殺良霄。

《左傳》："伯有汰虐，嗜酒以亡。"

冬十月，葬蔡景公。

晉人、齊人、宋人、衛人、鄭人、曹人、莒人、邾人、滕人、薛人、杞人、小邾人會於澶淵，宋災故。

鐵壺氏曰:"書人會者,非卿也。是時,蔡世子般弑父,不言宋災故,則疑於欲討蔡亂而不能也,故別白書之,以責諸侯之不討亂也。會盟未有書其故者,書故,惟此與稷也。"

三十有一年春王正月。

夏六月辛巳,公薨於楚宫。

秋九月癸巳,子野卒。

《左傳》:"公薨。立胡國女敬歸之子子野,次於季氏。秋九月癸巳,卒毁也。乃立敬歸之娣齊婦之子,是爲昭公。"鐵壺氏曰:"《傳》稱子野以毁卒,而不知其爲故也。《春秋》之文辨,果以毁卒,則書'子野卒於喪次',般惡見弑之迹不益顯然乎?而其文一施之,是使故與毁無以別也。季孫之取卞也,公歸自楚而不敢入矣。瑕釁既開,故戕嗣子,立稚昧以固其威權,不然,君方在殯,國無變故而子次於季氏,何爲者乎?季氏陰弑而以毁告,群臣不敢詰,國人不能知,猶鄭髡頑見弑而以瘧赴也,故經卒而不地,與般惡無异文,以見其爲弑也。子般之卒也,閔爲之變而不書即位矣,乃昭公即位,何也?有隱而不行即位之禮者,變也,有隱而不能不行即位之禮者,尤變也。季氏既以毁告,則雖不行即位之禮而不得矣。"

己亥,仲孫羯卒。

冬十月,滕子來會葬。

會葬、奔喪,諸侯親往,此事天子之禮,而滕、邾行之,魯受之,乃知亂臣賊子不惟强大弱小,皆然,可歎也。鐵壺氏曰:"襄、昭而後,魯益微矣。滕、邾乃來會葬、奔喪者,蓋三家自比小侯以交滕、邾,滕、邾之來亦以自儕於三家而思結好也。昭元年,晋趙孟卒,鄭伯往弔,蓋是時,列國邦交皆如此。"

癸酉,葬我君襄公。

十有一月,莒人弑其君密州。

《左傳》:"莒犂比公生去疾及展輿,既立展輿,又廢之。犂比公虐,國人患之。展輿因國人以攻莒子,弑之,乃立。"則作亂者衆,不知誰實操刃矣,故書'莒人'。是時,去疾以齊出奔齊。按:國人攻莒子,蓋展輿與聞,故《傳》探其意而曰"因國人以攻莒子,弑之,乃立"也。若顯然因國人以攻莒子而弑之,則當書曰"莒展輿弑其君"矣。

春秋傳注·卷四起昭公，盡哀公

蠡吾　李塨　稿

昭　　公

元年春王正月，公即位。

叔孫豹會晉趙武、楚公子圍、齊國弱、宋向戌、衛齊惡、陳公子招、蔡公孫歸生、鄭罕虎、許人、曹人於虢。

《左傳》："尋宋之盟也。"虢，鄭地。

三月取鄆。

乘莒亂也。

夏，秦伯之弟鍼出奔晉。

《左傳》："秦景公母弟鍼富埒於景，懼選而奔，則秦伯與鍼俱有過矣。"

六月丁巳，邾子華卒。

晉荀吴帥師敗狄於大鹵。

《左傳》："毁車爲卒自此始。"

秋，莒去疾自齊入於莒。莒展輿出奔吴。

《左傳》："展輿立而奪群公子秩。公子召去疾於齊，齊納之。展輿以吴出奔吴。"前《傳》莒犂比公生去疾及展輿，似去疾長者，然而展輿已立爲世子，又廢，似展輿嫡出者，然則二人之後，莒無優絀也。展輿與弑而立爲君，踰年歷八九月而奔。不稱爵者，《杜注》曰："據《傳》，篡弑者與會諸侯則稱爵。此未會，故不稱也。"按：會而稱爵者，鐵壺所謂"已成君，不能没其實"也。

叔弓帥師疆鄆田。

葬邾悼公。

冬十有一月己酉，楚子麇卒。楚公子比出奔晋。

《左傳》："楚子有疾。楚子，康王之子。公子圍，其親叔父也，入問疾，縊而弑之，自立，以疾終赴於諸侯。"公子比，亦其親叔父也。經隨書出奔，則楚子之卒有故，可見矣。

二年春，晋侯使韓起來聘。

《杜注》："公即位也。"

夏，叔弓如晋。

《左傳》："報韓起也。"

秋，鄭殺其大夫公孫黑。

公孫黑將爲亂，子産數其應死之罪，乃縊。

冬，公如晋，至河乃復。季孫宿如晋。

《左傳》："晋少姜卒，公如晋，及河，晋使士文伯來辭，曰：'非伉儷也，請君無辱。'乃還。"鐵壺氏曰："襄公末年如楚，歸，以季氏取卞，幾不敢入。子野之卒，又闇昧不明，未必非懼公之洩於晉而阻之,已乃自往結好也。"

三年春王正月丁未,滕子原卒。

夏,叔弓如滕。五月,葬滕成公。

秋,小邾子來朝。

八月,大雩。

冬,大雨雹。

北燕伯欵出奔齊。

《左傳》:"燕簡公多嬖寵,欲盡去諸大夫而立其寵人。冬,諸大夫比以殺公之外寵。公懼,奔齊。"

四年春王正月,大雨雹。

夏,楚子、蔡侯、陳侯、鄭伯、許男、徐子、滕子、頓子、胡子、沈子、小邾子、宋世子佐、淮夷會於申。楚人執徐子。

《毛氏傳》曰:"楚子於弑立後,假合諸侯以自固,故爲申之會。《左傳》稱使如晉求諸侯而晉許之。又時鄭伯、許男原如楚,遂强留之以待會,然齊、晉、魯、衛、曹、邾、燕、秦諸國并無一與,但其舊屬及夷蠻小國而已。楚靈雖侈而實絀矣。"《左傳》:"徐子,吴所出。楚疑其貳,故執之。"鐵壺氏曰:"春秋之初,天王猶小有征伐,至子突救衛以後則無聞焉。自隱至僖,凡會盟戰伐之大者,皆諸侯主之,是天子之微而諸侯之恣也。自僖之末以至文、宣,則諸侯之怠而大夫之張也。自宣之末以至襄、昭,則大夫之恣而諸侯之微也。自昭以至定、哀,則列國之衰而吴、楚之横也。隱、桓、莊之世,諸侯之特相盟、交相伐者籍籍焉。桓、文既霸,則咸自戢矣。及定、哀,而特相盟、交相伐者不异於春秋之初,則霸統之既絶也,齊桓既沒,以及靈、成、景、厲之間,晉霸中衰,則間之而私會盟、私侵伐,蓋紀散則衆亂也。及其季也,會於申而天下之諸侯摇於楚矣。滅陳、滅蔡、伐吴、誅齊慶封,而天下之征伐侈於楚矣。又其季也,入郢、敗齊、伐魯、伐陳、遷蔡、藩衛侯、會於黄池,而天下之會盟征伐侈於吴矣。鄉非楚敗而吴暴亡,吾不識其勢之所終極也。夫以天下諸侯之衆而不能支吴、楚者,非力弱也,其紀散則勢衰耳。定之四年,會於召陵者十八國,雖桓、文所資以屈楚,不若是之衆也。方是時,晉有六卿,齊有陳氏,魯有三桓,宋、衛、陳、鄭皆有强家,各固其私,不力公事,故未見楚鋒而已渙然自離喪矣。一國之紀散,則無以率臣民;霸者之紀散,則無以屬諸侯：非一朝一夕之故矣。”按：會序徐子於滕、頓諸國之上而稱爵，終乃執之者，蓋楚靈震嚇諸侯，以爲吾所執者非細弱也。

秋七月，楚子、蔡侯、陳侯、許男、頓子、胡子、沈子、淮夷伐吴，執齊慶封，殺之。遂滅賴。

《毛氏傳》曰：“楚效晋摟伐而以與會之鄭、宋又去而不從，故雖因申會而不書諸侯之師也。”《左傳》：“楚圍吴朱方，克之，執齊慶封而盡滅其族。”賴，小國名。

九月，取鄫。

《左傳》：“莒亂，去疾立而不撫鄫，鄫叛而來，故曰取。”

冬十有二月乙卯，叔孫豹卒。

五年春王正月，舍中軍。

《左傳》曰：“卑公室也。”襄十一年增舊二軍爲三軍，今以霸主賦重，又舍去中軍之衆，分屬上、下二軍，仍稱二軍，其賦税又變前之三分公室者而四分之，季氏擇二，二子各一，皆盡征之，而貢於公，則魯公尺土一民莫之有矣，故曰“卑公室”。鐵壺氏曰：“《傳》載清之役，季氏爲左師，孟、叔爲右師，當是季氏爲一軍，孟、叔共一軍也。”

楚殺其大夫屈申。

《左傳》：“以爲貳於吴也。”

公如晋。

夏，莒牟夷以牟婁及防、兹来奔。

《左傳》：“牟夷非卿而書，重地也。莒人愬於晋，晋侯將止公。范獻子曰：‘人朝而執之，不可。請歸之，而以師討焉。’”《胡傳》曰：“《春秋》於三叛，人雖賤，特書其名，懲不義也。”邑而書及者，《穀梁》曰“以大及小也”。

秋七月,公至自晉。

戊辰,叔弓帥師敗莒師於蚡泉。

《左傳》:“莒人來討,敗之。”《杜注》:“蚡泉,魯地。”

秦伯卒。

冬,楚子、蔡侯、陳侯、許男、頓子、沈子、徐人、越人伐吴。

越始見經,楚通之也,猶晉之通吴以僨楚也。越稱人,大夫常壽過也。

六年春王正月,杞伯益姑卒。

葬秦景公。

夏,季孫宿如晉。

《毛氏傳》曰:“晉將爲莒討魯,而不果討,因謝之。”

葬杞文公。

宋華合比出奔衛。

《左傳》:“宋公逐之。”

秋九月,大雩。

楚薳罷帥師伐吴。

冬,叔弓如楚。

《左傳》:“聘,且弔爲吴所敗也。”

齊侯伐北燕。

《左傳》:“謀納簡公也。”

七年春王正月，暨齊平。

《毛氏傳》曰："及至燕，而不能納燕，乃求成，盟於濡上。經不書燕與齊平，蒙上伐燕文也，然不書齊與燕平而反曰與齊平，以求盟自燕也。"

三月，公如楚。

《左傳》："楚成章華之臺，願與諸侯落之。召魯，魯往。"

叔孫舍如齊涖盟。

《正義》曰："魯與齊隣，公遠適楚，慮其或來侵我，遣使與之盟。"

夏四月甲辰朔，日有食之。

秋八月戊辰，衛侯惡卒。

九月，公至自楚。

冬十有一月癸未，季孫宿卒。

十有二月癸亥，葬衛襄公。

八年春，陳侯之弟招殺陳世子偃師。

《左傳》："陳哀公元妃生太子偃師，次妃生公子留，下妃生公子勝。留有寵，哀公屬諸司徒招及公子過。公有廢疾，招、過殺偃師而立留。哀公憂恚自縊。"鐵壺氏曰："所殺世子也，故不與兩下相殺等，然不書弑者，陳侯未卒，世子又不等於君也。"

夏四月辛丑，陳侯溺卒。

叔弓如晉。

《左傳》："賀虒祁宮成也。史趙曰：'甚哉，其相蒙也！可弔也，而又賀之。'"

楚人執陳行人干徵師，殺之。陳公子留出奔鄭。

《左傳》:"陳干徵師訃哀公喪於楚,且告有立君。公子勝愬之於楚,楚人執而殺之。公子留出奔。"鐵壺氏曰:"其不曰陳留,何也?奔而以名係國,與鄭忽、曹羈相混,疑於世子偃師既死,群公子爭立,而留爲世子之母弟矣,惟稱公子,然後知其爲招所欲立以代世子者,而懼楚以奔也。"

秋蒐於紅。

《杜注》:"紅,魯地。"《左傳》:"自根牟至於商、衛,革車千乘。"李於鱗曰:"此三家既分公室,假軍禮以數軍實也。"

陳人殺其大夫公子過。

《左傳》:"公子招歸罪於過而殺之。"

大雩。

冬十月壬午,楚師滅陳。執陳公子招,放之於越。殺陳孔奐。

招謝罪於過,故得放,而又殺其党孔奐。

葬陳哀公。

《左傳》:"輿嬖袁克殺馬毀玉以葬。"

九年春,叔弓會楚子於陳。

《杜注》:"時楚靈滅陳爲縣,在陳,故往會之,非行會禮也。"

許遷於夷。

《左傳》:"邑即城父。"

夏四月，陳災。

《毛氏傳》曰："陳既爲縣，無稱縣以記災之例。莊二十年齊大災，襄九年宋災，二十年宋又災，昭十八年宋、衛、陳、鄭災，凡記外災皆以國，未嘗以都邑也，即本國記災，皆關宫、社，如御廩、新宫、雉門、亳社之類，并無及都邑者。況災必有告，此時陳既不告，而楚必無以縣災而來告者，乃特書陳災，分明以國與陳矣。雖陳後幸復，而此時已滅，夫子於書'滅陳'之後，連書'葬陳哀公'、'會楚子於陳'及'陳災'，蓋惡强楚，傷衰霸，閔神明之裔，書一陳字而歎息之聲具焉。若不告而書者，以叔弓歸知之也。"

秋，仲孫貜如齊。

《左傳》："孟僖子如齊殷聘。"《杜注》曰："自叔老聘齊，至今二十年，禮意久曠，故修盛聘以將之。"

冬，築郎囿。

即地築苑也。

十年春王正月。

夏，齊欒施來奔。

《毛氏傳》曰："欒施，字子旗，高彊，字子良，同爲惠族，皆嗜酒、信内、多怨，强於陳、鮑氏而惡之。或告子旗與子良將攻陳、鮑氏，而陳、鮑氏先之。子良欲劫公而使之助己，反攻公虎門。公徒出戰，敗之。欒、高皆來奔。彊不書，非卿也。"按：齊有欒氏、高氏，以齊惠公子有子欒、子高，而欒施與高彊皆就祖字而分之爲氏，故子旗之父子雅、子良之父子尾皆惠族，有名。子雅之卒，晏嬰歎曰："姜族弱矣，而嬀將始昌，二惠兢爽猶可，又弱一个焉，姜其危哉！"《公羊》但知晋有欒氏而不知齊亦有之，改經齊字爲晋字，何也？況此一奔，正齊陳興廢一大關也。是時，陳、鮑分二氏之室，陳桓子用晏子言，盡致諸公而請老於莒。且公族衰，桓子乃召高氏所逐子山、子商、子周，欒氏所逐子城、子公、公孫捷，皆反其邑，益其禄，厚給其衣履、帷幄、器用，凡公子孫之無禄者，私與之邑，國之貧約孤寡者，私與之粟，而民心歸之，陳氏至是益大矣。

秋七月，季孫意如、叔弓、仲孫貜帥師伐莒。

《左傳》："季氏伐莒，取郠，而用俘以祭亳社。臧武仲在齊，聞之，曰：'周公其不饗魯祭乎！'"按：叔弓間於季、孟之間而伐莒，蓋以會葬晋平，不敢使散卿往，故叔孫舍如晋，而弓代將也。

戊子，晋侯彪卒。

九月，叔孫舍如晋，葬晋平公。

十有二月甲子，宋公成卒。

十有一年春王二月，叔弓如宋，葬宋平公。

夏四月丁巳，楚子虔誘蔡侯般，殺之於申。楚公子棄疾帥師圍蔡。

《毛氏傳》曰："《春秋》國君死與被弑，無不書名。間有不書，如宣十八年邾人戕鄫子於鄫。事荒謬而無確人，因畧其文，比之夷蠻相殺，如楚子誘戎蠻子殺之之例。而其他諸國則無分大小，無不書名者，是蔡侯之必書般所固然也。祇楚子不名，則似以尊戮卑，如宋公殺太子痤、晋侯殺世子申生類，非敵體之例。而敵體相殺，列國無有，因特爲創例，亦加殺之者以名，誅楚靈之惡也。"

五月甲申，夫人歸氏薨。大蒐於比蒲。

前不言大，此書大者，前重數，車、徒未盡蒐之制，至此乃盡其制，故自稱大也。接"夫人歸氏薨"書之，并著三家不忌君之逆也。按：《春秋》四公無嫡夫人薨葬，閔未娶也，襄、定、哀蓋皆卒於春秋之後也。惲皐聞曰："唐慎微《證類本草》載'魯定公母服五加皮酒，致不死'，亦襄夫人長年之一證也。"

仲孫貜會邾子，盟於祲祥。

秋，季孫意如會晋韓起、齊國弱、宋華亥、衛北宫佗、鄭罕虎、曹人、杞人於厥慭。

《左傳》："晋謀救蔡而不能也。"

九月己亥，葬我小君齊歸。

《左傳》:"公葬生母,不慼。晉送葬者歸,告之叔向。曰:'國不廢蒐,不忌君也,君無慼容,不顧親也,殆其失國。'"

冬十有一月丁酉,楚師滅蔡,執蔡世子有以歸,用之。

《左傳》:"用隱太子於岡山。"楚靈無道極矣。滅蔡爲縣,以其弟棄疾爲蔡公。《疏》曰:"君死而國被圍,未能以禮即位,故稱世子。"

十有二年春,齊高偃帥師納北燕伯於陽。

此齊又納北燕伯歟也。陽,《左傳》作唐,今中山唐縣是也。鐵壺氏曰:"或謂衛侯朔入衛不言納,納頓子不言奔,奔又言納,爲内不受之辭,非也。蒯聵之納,苟爲内不受,則不當書世子,况北燕伯,國其所自有者乎?書納某於某地者,難辭也,言拒於强臣逆子而不得遽返其國也。"

三月壬申,鄭伯嘉卒。

夏,宋公使華定來聘。

宋元公即位也。

公如晉,至河乃復。

《左傳》:"取郠之役,莒人愬於晉,晉有平公之喪,未之治也,故辭公。"

五月,葬鄭簡公。

楚殺其大夫成熊。

《左傳》:"或譖成熊於楚子,成熊知之,懷寵而不行,遂及於殺。"

秋七月。

冬十月,公子慭出奔齊。

《左傳》:"季平子立,不禮於費宰南蒯。南蒯謂公子慭:'吾出季氏,而歸其室於公,子代其位,我以費爲公臣。'慭許之。南蒯語叔仲小。叔仲小搆叔孫昭子於季孫,令昭子自貶其三命。昭子將與季孫訟,季孫懼而歸罪於小,小乃與蒯與公子慭共謀季氏。會公如晋,慭告公而從之。公至河返,遣慭如晋。至是,蒯以費叛如齊。慭還,及郊,聞之,遂奔齊。"

楚子伐徐。

《左傳》:"楚靈狩於州來,使五大夫圍徐以懼吴,而次於乾谿,以爲之援。"

晋伐鮮虞。

《左傳》:"晋荀吴僞會齊師者,假道於鮮虞,遂入晋陽,滅肥國,俘肥子。既而伐鮮虞,又勝之。"《杜注》:"鮮虞,白狄別種,在中山新市縣。"

十有三年春,叔弓帥師圍費。

《左傳》:"叔弓圍費,爲費人所敗。"後十四年,南氏家臣叛之,蒯乃奔齊,而費復歸,然經但書"慭奔"、"圍費"而餘俱削者,見三家分披,爲私室漸微之兆,至其師敗、其邑復,皆季氏家事,聖人不爲小人謀也。

夏四月,楚公子比自晋歸於楚,弑其君虔於乾谿。

鐵壺氏曰:"舊説皆謂比無弑心,故書歸,以明其非弑,非也。書歸而不書入,易辭耳。既加以弑,書歸,何足以見其非弑乎?謀國者,棄疾,以計殺虔者,亦棄疾,而歸獄於比,何也?倡亂謀弑者實比,非棄疾也。使比之歸,本無弑心,而爲棄疾所脅,則當書'楚公子棄疾弑其君虔於乾谿,立公子比',不宜釋棄疾而歸獄於比也。蓋觀從假以棄疾之命召比,比順其謀而來,晋人皆知其歸圖君位,及郊,知棄疾實不與謀。又與觀從盟而入襲蔡,是其處心積慮,成乎弑也。棄疾方食,見比而逃,是本無亂謀,而後乃爲比所脅也。非棄疾,則入楚弑虔之事不成,非比來迫,則棄疾之亂謀不生,安得不歸獄於比哉!弑君未有言其地者,曰'於乾谿',蒙上'楚子伐徐'之文也。"《左傳》:"觀從以父起爲楚所轘,與故蔡大夫聲子之子朝吴謀假蔡公棄疾之命召公子比、公子黑肱,及郊,與之盟,入襲蔡。蔡公驚辟。觀從使二子坎，用牲，加書，而速行。乃循蔡衆，曰：'蔡公召二子，將納之。已盟而遣之，將帥師而從之。'朝吴又問蔡衆所欲，皆曰：'與之。'乃奉蔡公，召二子，盟於鄧，帥陳、蔡、不羹、許、葉之師及謀亂之徒如楚殺靈王。公子比爲王，黑肱爲令尹，棄疾爲司馬，使觀從從師於乾谿而告之，曰：'先歸復，所後者劓。'師潰，楚靈縊。"

楚公子棄疾殺公子比。

《左傳》："楚國不知靈王之縊也，每夜駭曰：'王入矣！'乙卯夜，棄疾使周走而呼曰'王至矣！'國人大驚。又使走告比與黑肱曰：'王至矣，國人殺司馬，將來矣。君可早自圖也！'又有呼而走至者，曰：'衆至矣！'二子皆自殺。丙辰，棄疾即位。"鐵壺氏曰："兩下相殺，不志於《春秋》。此其目棄疾者，義係於稱名也，以是爲公子之相殺而非討賊也。使書'楚人殺比'，則棄疾之奸心隱矣，即於比去公子，亦疑於棄疾得討賊之義矣。"愚按：公子棄疾與公子比所弑之君，乃兄弟也，而公子棄疾又起而殺所立之公子比，則殺之而奪其位明矣。

秋，公會劉子、晋侯、齊侯、宋公、衛侯、鄭伯、曹伯、莒子、邾子、滕子、薛伯、杞伯、小邾子於平邱。八月甲戌，同盟於平邱。公不與盟。晋人執季孫意如以歸。公至自會。

《毛氏傳》曰："晋成虒祁宫，諸侯朝而歸者多二心，乃用叔向謀，大會諸侯而假兵力以脅之，則無道之甚，晋自此不復會諸侯矣。劉子，王朝卿士劉獻公也，因徼王國威而請以來會。且又會吴子於良，將藉强大之勢，而吴辭不至。既而尋盟，忽治兵，建而不旆，已又旆之，諸侯皆驚，乃以我伐莒取郠之故，莒人愬於會，晋侯遂不許公與盟，既而又執季孫意如以歸，又越日，公乃歸魯。按：宣七年，黑壤之盟，公至而晋侯亦不與盟，然而經不書同盟、不書不與盟，以爲國諱，而此獨備書而不諱者，杜氏以爲此由莒愬，原非國惡，故不必諱，而不知用莒人以祭陰社，惡之大者也。晋伯將絶，其惡已稔，而魯惡至此而抑進焉，夫兩惡，則諱何得矣?"《杜注》："平邱，衛地。"按：平邱之會，子太叔以幄幕四十張行，大國不知更多若干。鄫之會吴，曰："宋百牢我，魯牢晋大夫過十。"遥想當時會盟宴享，所謂行先王之禮樂者，其輿馬僕從之費、牲牢幣帛之靡，繹絡載道，用如泥沙，孑孑窮黎，何以供億？而况至於侵伐，魯賦吴八百乘、邾六百乘。當昭十年，鄭子皮如晋葬平公，將以見新君之幣行，子產曰："喪焉用幣？用幣必百兩，百兩必千人。千人至而以喪，不見，必盡用之。幾千人而國不亡?"夫玉帛之車，每兩用十人，兵車則當百人，八百乘爲八萬人，六百乘爲六萬人，微弱之魯、蕞爾之邾,動出數萬人,且一年而數役,方散而又召,民之糜爛極矣,封建之禍至此!

蔡侯廬歸於蔡。陳侯吴歸於陳。

蔡、陳之歸,承上"公子棄疾殺公子比"之文也。棄疾殺比而自立,故復封已滅之國以鳴恩也。不言自楚者,楚貪利,滅之則滅之,楚假名,復之則復之,皆無道而非法也,故不言自楚也。世子有之子廬、太子偃師之子吴,不惟未成君,并未嘗立之爲子,而遽稱曰侯,若其自有之者,以爲義在則然,楚平不得借之鳴恩也。

冬十月,葬蔡靈公。

必蔡侯歸國乃赴葬,而魯使人會之。

公如晋,至河乃復。

晋以執其臣,不便接其君也,故辭之。

吴滅州來。

十有四年春,意如至自晋。

《左傳》:"意如舍族,罪也。"蓋伐莒取鄆,雖三卿并將,而實季氏專主之,其貪抗不臣,晋執之,久而乃釋,非不幸也,故舍族。

三月,曹伯滕卒。

夏四月。

秋,葬曹武公。

八月,莒子去疾卒。

其子郊公立。

冬,莒殺其公子意恢。

《左傳》"郊公惡公子鐸而善公子意恢。莒大夫蒲餘侯惡意恢,殺之。郊公奔齊。鐸迎庚輿於齊,立之。"則當書"莒人殺",想脱'人'字也。

十有五年春王正月,吴子夷末卒。

二月癸酉,有事於武宫。籥入,叔弓卒。去樂,卒事。

此記變也。有事,祭也。武宫即武世室,成六年所立不祧之廟,在五廟外,故祭可專舉也。《毛氏傳》曰:"去樂,與宣八年去籥不同,仲遂之死在祀外,因祭畢聞訃,故祇於明日繹賓稍去籥以示哀戚,謂去籥舞而干戚之舞未去也,非去樂也。叔弓之死在祀内,方籥舞将入,而蒞事者死,則并樂而盡去之,不止去籥也,以目視其死而不忍樂也。然樂雖去,而禮事必終,其重公祀如此。《穀梁》於此曰'去樂',於仲遂之死亦曰'去樂',謂大夫死,可臨祭告變,則《檀弓》稱'柳莊之死,衛獻公使其當祭必告',夫惟當祭必不告,故諭當祭必告也。《曾子問》'祭设簠簋,而聞君與后、夫人之喪,如之何?'夫但云聞君、后、夫人喪則定無有聞卿大夫喪者,是卿大夫喪在祭時必不敢聞告,而况去樂與!"

夏,蔡朝吴出奔鄭。

《左傳》:"蔡朝吴在蔡,楚费無極忌之,搆蔡人,使逐朝吴。"徐中山曰:"朝吴,復蔡者也,故經不忍署之也。"

六月丁巳朔,日有食之。

秋,晋荀吴帥師伐鮮虞。

冬,公如晋。

《杜注》:"平邱之會,公不與盟,意如見執,今得免,故往謝之。"

十有六年春,齊侯伐徐。

《左傳》:"齊侯伐徐,取賂而還。叔孫昭子曰:'諸侯之無霸,害哉!'"傷晋霸之衰也。

楚子誘戎蠻子殺之。

夏,公至自晋。

秋八月己亥,晋侯夷卒。

九月,大雩。

季孫意如如晋。冬十月,葬晋昭公。

十有七年春,小邾子來朝。

夏六月甲戌朔,日有食之。

《左傳》:"祝史請所用幣。昭子曰:'日有食之,天子不舉,伐鼓於社,諸侯用幣於社,伐鼓於朝,禮也。'平子禦之,曰:'止也。惟正月朔,慝未作,日有食之,於是乎有伐鼓、用幣,禮也。其餘則否。'太史曰:'在此月也。日過分而未至,三辰有災,於是乎百官降物,君不舉,辟移時;樂奏鼓,祝用幣,史用辭。故《夏書》曰"辰不集於房,瞽奏鼓,嗇夫馳,庶人走",此月朔之謂也。當夏四月,是謂孟夏。'平子弗從。昭子退,曰:'夫子將有异志,不君君矣。'"

秋,郯子来朝。

時叔孫昭子問郯子官制,仲尼年二十八,見於郯子而學之。

八月,晋荀吴帥師滅陸渾之戎。

《左傳》:"以其貳於楚也,滅之。"

冬,有星孛於大辰。

《左傳》:"申須曰:'諸侯其有火災乎!'梓慎曰:'宋、衛、陳、鄭皆火!'鄭裨竈亦云。"

楚人及吴戰於長岸。

《左傳》"楚敗吴,吴又敗楚",故但書戰而不書勝負也。《杜注》:"長岸,楚地。"

十有八年春王正月,曹伯須卒。

夏五月壬午,宋、衛、陳、鄭災。

六月,邾人入鄅。

《左傳》:"鄅國君視稻,邾人襲之,入其國,盡俘以去。"

秋,葬曹平公。

冬,許遷於白羽。

楚遷之而以自遷爲文,許願也。

十有九年春,宋公伐邾。

《左傳》:"鄅夫人,宋向戌之女也,故向甯請宋公伐邾,盡歸鄅俘。"

夏五月戊辰,許世子止弑其君買。

《左傳》:"許悼公瘧,飲太子止之藥卒。太子奔晋。"是妄用藥以殺其父矣,故懼而出奔,故經書弑。

己卯,地震。

秋,齊高發帥師伐莒。

《杜注》:"莒恃晋而不事齊故。"

冬,葬許悼公。

二十年春王正月。

夏,曹公孫會自鄸出奔宋。

鐵壺氏曰:"奔未有言所自者,此其言所自何?蓋至是而天下之大夫其有邑與民者,皆自擅而不屬於公也。"

是年子產卒,距子產幼時諫其父子國等侵蔡有獲四十四年,蓋卒時六十上下也。孔子時年三十一歲。蘧伯玉辟孫甯弒君,從近關出,至此三十八年。是晏平仲、子產、蘧伯玉皆孔子父行而交之也。

秋,盜殺衛侯之兄縶。

《左傳》:"縶者,衛靈公同母兄也。縶奪齊豹司寇與食邑,而欲去北宮喜與褚師圃,故三人皆欲殺縶。會宋公子朝仕衛,與衛侯嫡母宣姜通,不安,因同作亂。縶有事於蓋獲之門外,豹伏甲,殺之。衛侯奔死鳥。既而北宮喜反正,伐齊氏,滅之。衛侯與喜盟彭水之上,并盟國人而後入。公子朝、褚師圃奔晉。殺宣姜。"書盜者,豹奪官與邑,亦微矣,而賊殺君兄,是盜也。

冬十月,宋華亥、向甯、華定出奔陳。

《左傳》:"宋元公惡華、向二族,華亥、向甯、華定遂先爲亂,公攻之,出奔。"當時宋、齊、晉、魯諸大國皆世卿世禄,紛然叛亂,封建之弊如此。

十有一月辛卯,蔡侯廬卒。

二十有一年春王三月,葬蔡平公。

夏,晉侯使士鞅來聘。

《杜注》:"晉頃公即位也。"

宋華亥、向甯、華定自陳入於宋南里以叛。

《胡傳》曰:"襄二十八年,衛孫林父入於戚以叛。戚不言衛,南里繫宋,何也?戚,其所食私邑也。《傳》稱華氏入居廬門,以南里叛,宋城舊鄘及桑林之門守之,則南里,宋國城之里名也,故係之宋,以見其叛逆之甚也。"

秋七月壬午朔,日有食之。

八月乙亥,叔輒卒。

冬,蔡侯朱出奔楚。

《左傳》:"楚費無極取貨於朱之叔父東國,使國人去朱而立東國。"春秋之季,晉、楚失霸,以至淪亡,皆其臣瀆貨所致。《大學》曰"務財用者,災害并至",小人可近哉?

公如晉,至河乃復。

公以晉有新君,往朝,而晉以將伐鮮虞,辭公,使歸。

二十有二年春,齊侯伐莒。

宋華亥、向甯、華定自宋南里出奔楚。

敗而出奔。

大蒐於昌間。

夏四月乙丑,天王崩。

六月,叔鞅如京師,葬景王。

王室亂。

昭十五年,景王太子壽卒,其次曰猛,《杜注》謂之次正,蓋太子壽之母弟或穆后姪娣之子也。觀經書"單子、劉子以王猛",晉人以師助之,及猛卒,而繼立者稱天王,且閔馬父曰"子朝奸景之命",是必壽卒即立猛矣,是正也,又有庶子子朝長於猛,《左傳》謂"有寵於景王",又謂"子朝欲立之言亂",又經書"尹氏立王子朝。王子朝奔楚",可知爲不正也。兩各有黨相爭殺,五年而後定,故曰"王室亂"。《毛氏傳》曰:"《春秋》紀實事,未有空撮其義者。今叔鞅自京師來言王室事,遂特書曰'王室亂'。《正義》曰'宗國之憂周也'。且子頹、叔帶之變,雖動兵戎,而王朝子弟、百官互殺衆戮,未有紛亂之甚如此者。誠哉亂也!其事記之詳者,以叔鞅往而後成周,城成,周、魯皆與也。"

劉子、單子以王猛居於皇。

此"王室亂"之事也。《左傳》:"劉獻公之子蚠新繼獻公爲卿士,與單穆公旗同輔子猛,乘景王崩時見猛於喪次,殺子朝之傅賓起,而與群王子盟於單氏。及葬景王,子朝因舊官、百工之喪職秩者與靈、景之族作亂。師郊、要、餞之甲,以逐劉子。其党、群王子欲取猛而殺單子,單子乃逆悼王猛於莊宫,殺群王子之追己者,以王如平畤,如圃車,次於皇,告急於晋。"其稱王者,天子;諸侯既葬,皆稱君。景王既葬,則自宜稱王,然不稱天王,而且猶稱名,則以天子七月葬,茲雖葬而未及七月,且以亂故,未能行即位之禮,故稱名,比之鄭忽、鄭突、子野、子般之例,以未成君之禮處之,其後仍稱王子,不書崩而書卒,皆以是也。居者,亦天子出奔之名,與"襄王出居鄭"、"敬王居於狄泉"例同。鐵壺氏曰:"襄王書出,越在鄭地也。王猛居皇,敬王居狄泉,不書出,畿内也。王猛、敬王皆單、劉左右之,而或書以,或不書以,何也?以未踰年之子猶可言也,以天王則未可訓也,且王猛時尚未知誰爲當立者,以出入者獨單、劉耳。敬王之立,則晋人問於介衆而辭子朝,名義顯著,歸心者不獨單、劉矣。《春秋》之書微而顯,此其凡也。"

秋,劉子、單子以王猛入於王城。

《左傳》:"劉子、單子使王子處守王城,盟百工於平宫。鄩肸伐皇。大敗,獲鄩肸,焚於王城之市。既而司徒醜以王師敗績於前城,百工叛。單子伐平之。晋籍談、荀躒帥九州之戎及焦、瑕、溫、原之師,納王於王城。"《毛氏傳》曰:"王之出入,屢有勝敗,其得直入王城者,多藉晋功而經不書者,不予晋也。晋爲長伯,當王室不靖,自宜釋其位以勤王事,翦滅亂災,即不然,而摟伐習成,亦當借共主之名以統率從事,乃祇以無名大夫徼周郊,戎卒以應掌故,此則無君之甚者。然猶不沒其善,而於後之圍郊,仍書晋人以表之。"按:王城即郟鄏,武王定九鼎於此,周公營以爲都者,其地在河南。經後又書天王入於成周,即下都,周公營以遷殷頑民者,其地在洛陽。自平王東遷,歷十二王,以至景王,皆居王城,未嘗居成周也。惟敬王以子朝之亂,其徒黨多踞王城,徙居成周,故經二十六年書"入成周"。其地在王城東,萇宏所謂"東王大克"是也。

冬十月,王子猛卒。

《左傳》:"敬王即位。"杜云:"王子猛母弟王子匄。"

十有二月癸酉朔,日有食之。

二十有三年春王正月,叔孫舍如晋。

癸丑,叔鞅卒。

晋人執我行人叔孫舍。

《左傳》:"邾人城翼,道經武城,武城人以不假道故,伐而取之,獲邾大夫三人。邾子愬於晋,晋人來討,故叔孫昭子如晋,晋人執之,且使與邾大夫坐。叔孫曰:'列國之卿當小國之君,周制也。有寡君之命介子服回在。'乃不果坐。韓宣子使邾人聚其衆,將以叔孫與之。叔孫去衆與兵而立於朝,示以必死。宣子始勿與,令叔孫與子服各居一館,使士伯聽其辭,并執叔孫、子服。先使邾子歸。館叔孫於箕,舍子服昭伯於他邑,羈之一年。"毛氏曰:"晋之惡,魯之辱,極矣。《傳》又載范鞅求貨於叔孫,假請冠焉。叔孫佯若不解,以兩冠與之,曰:'盡矣。'申豐以貨如晋,祈免叔孫。叔孫誘其貨,匿之,不使出。吏人與叔孫居於箕者,請其吠犬,弗與。及將歸,殺而與食之。其以禮自持,不詘彊禦如此!"

晋人圍郊。

《左傳》:"王使告間,晋人還。"郊,朝所據邑也。書"圍郊",褒晋之功也;書"晋人",貶晋使微者來也。

夏六月,蔡侯東國卒於楚。

悼公卒,弟昭公申立。

秋七月,莒子庚輿來奔。

《左傳》:"庚輿虐。國人逐之。齊人納郊公。"

戊辰,吴敗頓、胡、沈、蔡、陳、許之師於雞父。胡子髡、沈子逞滅,獲陳夏齧。

《左傳》:"頓、胡六小國從楚禦吴。吴公子光犯胡、沈與陳,獲胡、沈之君及陳大夫,許、蔡、頓亦奔,楚師大奔。"《毛氏傳》曰:"國君死,曰滅。大夫生死,皆曰獲,如宣二年鄭人獲華元爲生獲,哀十一年獲齊國書爲死獲。"雞父,《杜注》:"楚地。"

天王居於狄泉。

《杜注》:"敬王辟子朝也。狄泉,在成周。"

尹氏立王子朝。

《左傳》:"敗劉、單之師,立王子朝於王城。"尹亦世卿,不稱子者,貶其惡也。王子,猶公子、庶子之稱也。

八月乙未,地震。

《正義》曰:"魯地震",然《左傳》云:"子朝之黨南宫極震死",則周亦同震也。

冬,公如晋,至河,有疾,乃復。

《左傳》:"爲叔孫舍如晋也。"

二十有四年春王二月丙戌,仲孫貜卒。

叔孫舍至自晋。

不如意如之去氏者,舍無罪也。《左傳》:"士彌牟逆叔孫於箕。叔孫使梁其踁待於門内,曰:'余左顧而欬則殺之,右顧而笑乃止。'及見士伯辭有禮,遂受禮而歸。"

夏五月乙未朔,日有食之。

秋八月,大雩。

丁酉,杞伯郁釐卒。

冬,吴滅巢。

《胡傳》:"巢,楚人之附庸,賓邑之也。"《左傳》:"楚子爲舟師,以略吴疆。吴踵之,而邊人不備,遂滅巢。沈尹戌曰:'幾如是而不及郢?'是年,晋侯使士景伯蒞問周故。介衆皆言子朝曲,乃辭其使。太子叔相鄭伯如晋,見范獻子,曰:'王室之不甯,晋之恥也。'獻子乃與宣子謀徵會諸侯，期以明年。”

葬杞平公。

二十有五年春，叔孫舍如宋。

《左傳》：“聘也。”

夏，叔詣會晋趙鞅、宋樂大心、衛北宫喜、鄭游吉、曹人、邾人、滕人、薛人、小邾人於黄父。

《左傳》：“謀王室也。趙簡子令諸侯之大夫輸王粟、具戍人，曰：‘明年納王。’”黄父，即黑壤。

有鸜鵒來朝。

《毛氏傳》曰：“鸜鵒不踰濟，且穴鳥，今來，一异；巢，又一异。”《左傳》：“師己曰：‘文武之世，童謡有之，曰：“鸜之鵒之，公出辱之。鸜鵒之羽，公在外野。鸜鵒之巢，遠哉遥遥。稠父喪勞，宋父以驕。”’”稠，昭公也。宋，定公也。

秋七月上辛，大雩；季辛，又雩。

《左傳》曰：“旱甚也。”

九月己亥，公孫於齊，次於陽州。

《毛氏傳》曰：“他國君被逐曰出奔，我君被逐曰孫。雖昭公自奔，不關被逐，然君逐臣而不得，而君反出國，則君被逐矣。此固昭公之童心乳臭，然而季孫之逆、仲叔二氏之黨罪無君，第書事而義自見焉。”《左傳》：“季平子庶叔父季公鳥之妻有淫行，惡公若與公思展、申夜姑之相其室，譖於季平子。平子使公之拘展與夜姑，殺之。季、郈之鷄鬬，季氏介其鷄，郈氏以金爲距。平子怒，侵郈氏地以益居，且責之。臧昭伯之從弟會爲盗於臧氏，而逃於季氏。臧氏之老就季氏拘會，而季氏反執之。會將禘襄公，習萬者不之公而之季氏，衆惡之。公若乃告之公子務人，謀去季氏。公始難之，告臧孫，未許也。郈孫力勸之。以告子家羈，子家子曰：'不可。公室失民數世矣，譏人以君僥倖，事不克而君受之。且政在，未可圖也。'公不聽。值叔孫昭子如闞，公居於長府。伐季氏，殺公之於門。平子登臺而請待於沂上以察罪，弗許。請囚於費，弗許。請以五乘亡，弗許。子家子曰：'君許之！政之所在，衆用命焉。日將瞑而奸慝作，事去矣。'郈孫曰：'必殺之！'公使郈孫逆孟懿子。叔孫氏之司馬言於衆曰：'季氏之有無，於我孰利？'皆曰：'無季氏，是無叔孫氏也。'曰：'然則救諸！'帥徒陷西北隅以入，公徒釋甲執冰而踞，遂逐之。孟氏執郈昭伯，殺之於南門之西，遂伐公徒。子家子曰：'君止。諸臣劫公而負罪以去，君無與也。意如不敢不改也。'公曰：'予不忍也。'乃與臧孫如墓謀，遂行，次於陽州。"《范注》曰："陽州，齊境上之地。"

齊侯唁公於野井。

《左傳》："齊景公將唁公於平陰，公乃就野井會之。臧昭伯率從者以盟，曰：'明罪有無，繾綣從公，無通内外！'子家子曰：'如此，則吾不可盟。吾方欲負罪去公，通内外以使公速入，而以爲有罪，且勿通内外，吾何敢盟？'"《范注》："野井，齊地。"

冬十月戊辰，叔孫舍卒。

《左傳》："叔孫昭子自闞歸。平子稽顙，曰：'子若我何？'昭子曰：'人誰不死？子以逐君成名，子孫不忘，不亦傷乎？'平子曰：'苟使意如得改事君，所謂生死而骨肉也。'昭子從公於齊，與公言：'將安衆而納公。'公徒將殺昭子，伏諸道。左師展告公。公使昭子自鑄歸。既而，平子有异志。昭子大恚，齋於其寢，使祝宗祈死。七日，無疾卒。左師展將以公乘馬而歸，公徒執之。"按：公之出也，原非季氏逐公，苟幡然迎入，或公自歸，而季氏引罪服事，皆可相安，而終於乾侯者，非天也，人也，以從亡者之必不願公歸也。從亡者計滅季氏則必無計，而從公以歸，則以首難圖季，意季氏必不忘讐，此所以持公於外爲護身符也。公不忍於小人，愚哉！

十有一月己亥，宋公佐卒於曲棘。

《左傳》："宋元公謀納公，如晉，未出宋而卒。"

十有二月，齊侯取鄆。

《左傳》"取魯鄆邑"，以居公也。

二十有六年春王正月，葬宋元公。

三月，公至自齊，居於鄆。

夏，公圍成。

《左傳》："齊侯將納公，命無取魯貨。季氏貨梁邱據，據沮之，請先興師以卜之，使師從公圍成。"經不書齊師者，齊意未必爲公也。不書孟季之師抗者，圍成而不克，知其抗逆也。成，孟氏邑。

秋，公會齊侯、莒子、邾子、杞伯，盟於鄟陵。

《左傳》："齊謀納公也。"嗟乎！魯侯固庸愚，而齊侯志納魯君，乃爲其佞臣所欺，亦庸愚耳。何濟哉！

公至自會，居於鄆。

九月庚申，楚子居卒。

平王卒，子昭王軫立。

冬十月，天王入於成周。

《左傳》："單、劉與子朝師互有勝負。晉知躒、趙鞅帥師納王，克鞏，入於成周，盟於襄宫。晉使成公般戍周而還。"《毛氏傳》曰："不書晉師者，尊王也，且晉侯不在師也。"

尹氏、召伯、毛伯以王子朝奔楚。

二十有七年春，公如齊。公至自齊，居於鄆。

夏四月，吴弑其君僚。

按:僚者,夷昧子也。吴子壽夢生四子:長諸樊,次餘祭,次夷昧,次季札。諸樊相約:必兄弟傳國,以及季子。夷昧死,季子不受,乃立夷昧子,而光自以爲諸樊之子,當立,乃享王僚,使鱄設諸置劍魚腹,弑之。

楚殺其大夫郤宛。

《左傳》:"左尹郤宛直而和,國人説之,而爲左師費無極、右領鄢將師所惡。無極譖於令尹子常,命鄢將師攻殺郤氏,且爇之。國人大謗,子常乃殺費、鄢,盡滅其族,以悦於國。"

秋,晋士鞅、宋樂祁犁、衛北宫喜、曹人、邾人、滕人會於扈。

《左傳》:"令戍周。宋、衛固請納魯公,范鞅取貨於季孫,白晋君,以難復而止。"

冬十月,曹伯午卒。

邾快來奔。

《杜注》曰:"快,邾卿名。"

公如齊。公至自齊,居於鄆。

二十八年春王三月,葬曹悼公。

公如晋,次於乾侯。

書,辱也,《左傳》:"公以齊敬衰,始謀至晋,然當造於境,使者通之,俟晋命來逆而後入,今遽次晋地之乾侯,則倨矣。子家諫,不聽。晋乃辭曰:'天禍魯國,君淹恤在外,君亦不使一个辱在寡人,而即安於甥舅,其亦使逆君?'公乃復還境,而後逆之。"

夏四月丙戌,鄭伯甯卒。

六月,葬鄭定公。

秋七月癸巳,滕子甯卒。

冬,葬滕悼公。

二十有九年春,公至自乾侯,居於鄆。齊侯使高張來唁公。

昭公如晋而返也，齊侯使唁之，實誚之也。左右無門，庸君之取辱、小人之自剥，可鑒也。

公如晋，次於乾侯。

乃不得已而又如晋。

夏四月庚子，叔詣卒。

秋七月。

冬十月，鄆潰。

民逃其上曰潰。公如晋，必留公徒守鄆，而鄆潰，《正義》曰："或季氏導之也"。

三十年春王正月，公在乾侯。

《穀梁》曰："中國不存公，存公故也。"言前居鄆，猶魯國中，故不書"公在"。今乾侯，則在非所在矣，故書"在"以存之。

夏六月庚辰，晋侯去疾卒。

秋八月，葬晋頃公。

冬十有二月，吴滅徐，徐子章羽奔楚。

三十有一年春王正月，公在乾侯。

季孫意如會晋荀躒於適歷。

《左傳》："晋定公初立，將以師納公。范鞅者，季孫夙以貨賂之者也，爲之言曰：'若召季孫而不來，則信不臣矣，然後伐之，若何？'晋人召季孫。鞅使私焉，曰：'子必來，我受其無咎。'意如會晋荀躒於適歷。躒訊之，意如練冠、麻衣、跣行，伏對待罪，且曰：'若得從軍而歸，願也。'"晋侯之意善矣，奸臣不即從之出師而召季氏，召之，又不使之待罪公朝而先會之他所，朋奸欺詐，共作無君。經書此，深誅之也。《杜注》："適歷，晋地。"

夏四月丁巳，薛伯穀卒。

晉侯使荀躒唁公於乾侯。

《左傳》:"意如從荀躒如乾侯。子家子曰:'君與之歸。'公曰:'諾。'衆曰:'君必逐之!'荀躒以晉侯之命唁公,曰:'寡君使躒以君命討於意如,意如不敢逃死,君其入也!'公曰:'君施及亡人,將使歸糞除宗祧以事君,則不能見夫人。己所能見夫人者,有如河!'荀躒掩耳而走,曰:'臣請復於寡君。'退,謂意如:'君怒未怠,子姑歸祭。'子家子曰:'君以一乘入於魯師,季孫必與君歸。'公欲從之。衆從者脅公,不得歸。"按:晉之唁公,即納公也,乃書"唁"而不書"納",何也?一歎晉君之爲奸臣所蔽而不剛果,一傷魯君之庸愚而莫可救也。

秋,葬薛獻公。

冬,黑肱以濫來奔。

《杜注》:"不書邾,史闕文。"

十有二月辛亥朔,日有食之。

三十有二年春王正月,公在乾侯。取闞。

前二十五年《傳》"叔孫昭子入闞",則魯地也。

夏,吴伐越。

《左傳》:"吴始用師於越也。"

秋七月。

冬,仲孫何忌會晉韓不信、齊高張、宋仲幾、衛世叔申、鄭國參、曹人、莒人、薛人、杞人、小邾人城成周。

《左傳》:"王使如晉,請城成周,都之。晉魏舒、韓不信如京師,合諸侯之大夫於狄泉,尋盟,令城成周。於是計丈數,揣高卑,度厚薄,仞溝洫,物土方,議遠邇,量事期,計徒庸,慮財用,書餱糧,以令役於諸侯。"《杜注》:"國參,子產之子。"

十有二月己未，公薨於乾侯。

定　公

元年。

昭公之孫也，立公衍爲太子，季孫意如於其薨時即扶之即位，踰年改元，豈非定禮？而意如必不肯使昭公之子尚有國也，與仲叔謀廢衍、立昭之弟宋，觀後至夏迎喪，令叔孫成子謂子家子曰："公衍、公爲實使群臣不得事君，若使公子宋主社稷，則群臣之願也。"當日逐季氏，惟公爲與謀，未有公衍，而并誣之，意可見也。是以一廢一立，不能遽使定公柩前即位，而踰歲亦無由行改元禮。然先君實薨於前年，而次年無仍以先君記年之例，於是定公以六月從喪入即位而追書正月爲元年，聖人仍史文元年而削歲始之正月，所以著意如之奸惡，專擅廢立而失正朔改元之禮也。

春王三月，晋人執宋仲幾於京師。

"春王三月"句，以正月無事而三月有之，故以"春王三月"起也。三《傳》俱"春王"斷句，"三月"又句，則何以與他年之"春王二月"、"春王三月"文同句异？且"春王"二字，無此文也。《左傳》："孟懿子會城成周，庚寅，栽。宋仲幾不受功，曰：'滕、薛、郳，吾役也。'薛宰有辨。晋人執仲幾。城三旬畢，歸諸侯之戍。"

夏六月癸亥，公之喪至自乾侯。戊辰，公即位。

即位不書日，以非元月元日，故書日，以著意如之罪也。

秋七月癸巳，葬我君昭公。

九月，大雩。

立煬宫。

《毛氏傳》曰："煬公，伯禽之子、考公之弟也，其宫祧久矣，今忽別立，以煬公繼兄而立，季氏明立定之有前轍，欲蓋其惡也。"

冬十月,隕霜殺菽。

酉月,霜不宜降也。

二年春王正月。

夏五月壬辰,雉門及兩觀災。

《毛氏傳》云:"雉門,公宫之南門;兩觀,雙闕也。天子、諸侯以臺爲門,築爲兩臺而架門其間,謂之臺門,又謂之闕,以中闕然爲道也,又稱觀、稱象魏,以縣法象,使人觀其象,魏魏然也。胡氏襲《公》《穀》説,謂雉門爲天子五門之一。子家駒以設兩觀爲僭天子,災而復作,譏也。"按:天子五門,爲臯、庫、雉、應、路,然諸侯亦有庫、雉二門。《明堂位》云"庫門,天子之臯門;雉門,天子之應門",言諸侯之庫、雉即天子之臯、應,非謂此天子之門,諸侯不宜有也。《家語》:"衛莊公返國,繹祭於庫門之内。"《史記》"魯煬公築茅闕門",即雉門也。《檀弓》"魯莊公之喪,既葬,而絰不入庫門",是以《禮器》云"天子、諸侯有臺門,此以高爲貴也"。《郊特牲》以臺門爲大夫僭諸侯,未聞謂諸侯僭天子者。《公》《穀》,謬説也。若子家駒言,亦出自《公羊》,他書無見者。子家駒,即子家羈,亦《公羊》變文。

秋,楚人伐吴。

冬十月,新作雉門及兩觀。

三年春王正月,公如晋,至河,乃復。

即位朝晋也。復,故《傳》無文。

二月辛卯,邾子穿卒。

夏四月。

秋,葬邾莊公。

冬,仲孫何忌及邾子盟於拔。

四年春王二月癸巳,陳侯吴卒。

三月,公會劉子、晋侯、宋公、蔡侯、衛侯、陳子、鄭伯、許男、曹伯、莒子、邾子、頓子、胡子、滕子、薛伯、杞伯、小邾子、齊國夏於召陵,侵楚。

晋人假王命以伐楚，故以劉子爲首，即劉文公也。陳侯未葬父，故稱子。《左傳》："蔡昭侯有兩裘：一獻於楚昭王，一自服；唐成公有肅爽馬，楚令尹囊瓦欲得之，止兩君於楚三年，必使獻而後歸之。蔡侯如晋，以其子元與大夫之子爲質而請伐楚。至是，荀寅求貨於蔡侯，弗得，乃辭蔡侯。"故合王人并十八國之師。而但書"侵楚"，言入楚地而遂已也。

夏四月庚辰，蔡公孫姓帥師滅沈，以沈子嘉歸，殺之。

《左傳》："沈人不會召陵，晋人使蔡伐之，遂滅沈而執殺其君。"《毛氏傳》曰："以歸者，歸於會也，殺之，晋殺之也，故下復書盟以終會之事。"愚按：滅國殺君，暴矣。

五月，公及諸侯盟於皐鼬。

諸侯先會而後盟，故前列諸侯之目。此"諸侯"二字總之，即十八國，不及劉子，或先歸，或尊王官，不與盟也。但襄二十五年"公會晋侯、諸國於夷儀"下云"諸侯同盟於重邱"，與今會盟相類，而今書"公及"，何也？《胡傳》謂公求爲此盟，非也，十八國而晋主之，公安能求盟哉？或公欲固其位，此盟亦有意焉，故經探其意而書"公及"乎？

杞伯成卒於會。

六月，葬陳惠公。

許遷於容城。

秋七月，公至自會。

劉卷卒。

即劉文公蚠也。

葬杞悼公。

楚人圍蔡。

晋士鞅、衛孔圉帥師伐鮮虞。

葬劉文公。

冬十有一月庚午，蔡侯以吴子及楚人戰於柏舉，楚師敗績。楚囊瓦出奔鄭。

《左傳》："蔡侯以晋無能爲，乃又出子乾并大夫之子爲質於吴而請伐楚。吴興師，蔡侯、唐侯從之，大敗楚師於楚之柏舉，囊瓦出奔。"書"蔡侯以"者，主在蔡也。吴稱爵者，蔡爵，則吴不可不爵也。且是舉也，討楚之猾夏、誅囊瓦之貪，義兵也，故當以爵舉也。

庚辰，吴入郢。

《左傳》："吴從楚師，五戰，及郢，入之。楚昭奔隨。初，楚平娶太子建之妻，生楚昭。費無極譖建，且言其傅伍奢共謀爲叛。執奢，召其子尚，并殺之。少子伍員奔吴，勸闔廬伐楚，至是入郢。"《左傳》曰"吴以班處宫"，《穀梁傳》曰"日入，易無楚也。壞宗廟，徙陳器，撻平王之墓"，《公羊傳》曰"吴何以不稱子？反夷狄也。君舍於君室，大夫舍於大夫室，蓋妻楚王之母也"。嗟乎！世以復讐爲快談，或傳而過焉，然楚伉虐淫兇數百年，晚而其臣貪欲無厭，宜有此禍矣。而吴爲不仁，故亡亦不旋踵焉。書"吴入郢"者，舉國之辭也，所以用凶於楚而其家空虚，越得直入之也。

五年春王三月辛亥朔，日有食之。

夏，歸粟於蔡。

蔡以楚故，屢動干戈，魯閔其饑而饋粟，義也。

於越入吴。

《左傳》"吴在楚也"，謂乘間入之也。越亦稱"於越"者，《正義》曰"夷言有此發聲也"，荒遠之辭也。按：鐵壺氏曰："稱'越'，從吴、楚之告也。稱'於越'，以越告也，舊史之文也。"

六月丙申，季孫意如卒。

惲皐聞曰："世卿之弊，閔、僖以前，未之有也，惟齊有命卿高、國始。終於春秋，而未嘗得齊政也。操國之柄如二君，始於晋之趙盾、魯之季孫行父，故文、宣以後，禮樂征伐自大夫出。然亦各國不同，晋則以將中軍者一人爲政，生殺予奪皆由之，其始趙氏，郤氏、中行氏、范氏、欒氏、韓氏、智氏、魏氏遞主之。郤滅欒亡而專於六卿，范、中行繼滅而存其四，至趙、魏、韓共滅智氏，則春秋以後之事矣。齊之政，自崔慶專之，相繼以亡，而陳氏得政，高、國位陳氏之上，凡會盟、聘問、侵伐，俱高、國行之，然無政柄也。宋、衛與鄭亦俱有世卿，然亦不同。衛之擅國者多驟亡，孫甯是也。鄭之政歸於七穆，而惟罕氏世爲冢卿，子皮雖授子產政，而子皮自爲冢宰；子皮卒，子齹嗣，以孺子而位子產之上；子產卒，子太叔爲政，子齹雖冢宰，政不及焉。宋之華、樂、魚、向、皇、靈，皆宗卿也，而右師爲政，與晋相似。惟魯獨异，自季友有佐閔、定僖之功，繼之以行父，歷相三君，而政柄遂專於一家，然其爲政之虚名尚與人共之也。文六年，行父見經，其時爲政者，臧文仲也。至宣公篡位，亦仲遂爲賊首，而行父輔之者也。至武子宿，益專恣，然其始爲政者，叔孫豹也。襄十二年，宿欲作三軍，穆子曰'政將及子，子必不能'，則豹之爲政可知。又昭二十五年'晋士鞅來聘，叔孫昭子爲政，季孫欲惡諸晋，使有司輕其牢禮，鞅怒'可見，專國之實在意如，而爲政之虚名尚在舍也。後世權臣多用此術，如漢霍光，手操廢置，而列奏必以丞相敞爲首。是時，魯君亦不過一虚名加其上，而何有於爲政乎？迨定、哀之際，季氏竟獨專之，蓋三桓子孫漸微，反畏人分其權。哀十一年《傳》冉子云'政在季氏，二子之不欲戰也宜'，此其微也，然仲叔之裔有孟獻子、叔孫昭子等表表於人，而季友父子後無特達者，且開罪公室，家臣作亂，皆賴仲叔力以平之，故清役請戰，孟叔不可，而季康子不能强，則其微亦見矣。"

秋七月壬子，叔孫不敢卒。

冬，晋士鞅帥師圍鮮虞。

六年春王正月癸亥，鄭游速帥師滅許，以許男斯歸。

《毛氏傳》曰："許與鄭爲終始，此乘楚敗而滅之，然滅其師，仍不滅其國，觀哀元年經書'楚子、陳侯、隨侯、許男圍蔡'可見。"

二月，公侵鄭。公至自侵鄭。

《左傳》："王子朝之徒有儋翩，以鄭伐周胥靡。晋使魯討之，取匡，歸之晋。"按：自宣之末年，凡伐不言公，魯無君將者八十年矣，至是書"侵鄭"，則以三家四分公室，兵、賦皆出其手，雖委之君將而無虞也，然犯强隣、從霸主則委君，侵小國、披土邑則自爲，惡甚矣。

夏，季孫斯、仲孫何忌如晋。

《毛氏傳》曰:"據《傳》,季桓子如晉,獻鄭俘并報晉君聘也。禮:凡君聘,必夫人同之,然祇遣一使,報聘亦然。今陽虎欲尊晉,且欲詘辱三桓,故特遣孟懿子報晉夫人之聘。雖兩使,而實一禮,故并書之,陽虎之執國政如此。"

秋,晉人執宋行人樂祁犂。

《左傳》:"宋使樂祁犂如晉。晉趙鞅逆,而飲之酒於綿上。范鞅惡其主趙氏也,言於晉侯,以不致使而私飲酒爲罪,執之。"晉卿擅國而爭矣。

冬,城中城。

季孫斯、仲孫忌帥師圍鄆。

"忌"上闕"何"字。《左傳》"七年,齊人歸鄆、陽關,陽虎居之以爲政。"《杜注》"皆魯邑,貳於齊者",故此年冬圍之。按:政下移,雖臣之惡,而必其君怠政,持柄以與人也。季文子之專,則文公之怠也。陽虎居鄆、陽關爲政,林楚曰"陽虎爲政,魯國服焉",亦必季桓子怠而委之也。乃文公怠,而子爲季氏所戕,孫爲季氏所戕、所逐;桓子怠而身幾爲虎殺。怠之爲禍,一至於此。子曰"先之勞之",自天子以至於主伯,不可易也。

七年春王正月。

夏四月。

秋,齊侯、鄭伯盟於鹹。

《杜注》:"鹹,衛地。"此特相盟也,自齊桓以來未之有也,於是諸侯無主盟矣。

齊人執衛行人北宫結以侵衛。

《左傳》:"鹹之盟,齊徵會於衛。衛侯欲叛晉,諸大夫不可,乃使北宫結如齊,而私於齊侯曰:'執結以侵我。'齊侯從之,乃盟於沙。"沙,晉地。

齊侯、衛侯盟於沙。

大雩。

齊國夏帥師伐我西鄙。

《左傳》:"陽虎將陷季、孟,公斂處父、苦夷制之,乃免。"

九月,大雩。

冬十月。

八年春王正月,公侵齊。公至自侵齊。

報伐我也。

二月,公侵齊。三月,公至自侵齊。

《杜注》:"前侵未得志故。"

曹伯露卒。

夏,齊國夏帥師伐我西鄙。

《左傳》:"齊伐我,晋士鞅等來救,齊師已去,晋師未入境而還。"

公會晋師於瓦。公至自瓦。

《杜注》:"瓦,衛地。公至晋師會之。"鐵壺氏曰:"隱、桓、莊、閔、僖,百年之中,會盟之大者,皆諸侯自主之,而其小者,乃間使大夫承事焉。至於文、宣,則諸侯少怠而大夫張矣,故魯君之會盟十有一,大夫之會盟十有二。然是時,有魯大夫會盟外諸侯者矣,有魯大夫與諸侯之大夫特會盟者矣,其衆會而皆以大夫尸之者,無有也。至宣十二年清邱之盟,則四國稱人而無諸侯以涖之,是文、宣之世將變而爲成、襄之始世也,然成、襄之世,大夫與諸侯猶更出爲盟會也。至於昭,則君之會一,而不得與於盟,而大夫之會六,合而計之,則天下諸侯之會一而大夫之會四,蓋列國之君無一不失其柄者矣。此申之會,所以胥天下而聽於楚也。至定、哀之世,則魯大夫再盟邾、一盟鄭,而自皐鼬之盟以及吴、齊强國之會,反無一不屬之公,蓋平邱之會,意如見執,三桓懲焉。蓋自是以後,齊、晋及吴之盟會,皆使君試其危而己不與也,亦猶伐齊、侵楚,推而屬之公,而曹、邾、费、郈之師,則三桓自將也。魯君、大夫之會盟與征伐相表裏，而列國之會盟、戰征，皆與魯一轍。察其始終，則世變極矣。”

秋七月戊辰，陳侯柳卒。

晉士鞅帥師侵鄭，遂侵衛。

《左傳》：“晉師自瓦還，將就衛侯而盟於鄟澤，趙鞅曰：‘群臣誰敢盟衛君者？’”蓋惡其叛晉而思辱之也。涉佗、成何曰：“我能。”禮：諸侯盟，必使小國執牛耳，而大國蒞之。蓋司割耳、取血之事，皆卑者職也。今衛人請晉執牛耳，以爲君與大夫敵，當大夫執之，成何曰：“衛，吾溫、原也，焉得視諸侯？”將歃，涉佗捘衛侯之手，及捥。衛侯怒，王孫賈趨進，曰：“盟以信禮也，不惟禮是事，何盟？”遂叛晉，不盟。晉人請改盟，不許。士鞅乃會成桓公，謂鄭曾伐周闕外，當報之，乃同侵鄭蟲牢，而遂及於衛，蓋假王師以討鄭、衛。經不書，深惡其無禮而失霸也。於時，齊、宋、鄭、衛皆去晉。逮明年，及齊平，而魯亦去晉矣。鐵壺氏曰：“晉自召陵以後，凡役皆書侵，蓋公室卑，諸大夫各固其私，故凡有公討，皆小有侵畧而遂還也。”

葬曹靖公。

九月，葬陳懷公。

季孫斯、仲孫何忌帥師侵衛。

晉又令我伐衛。

冬，衛侯、鄭伯盟於曲濮。

《杜注》：“曲濮，衛地。結叛晉也。”

從祀先公。

《毛氏傳》曰：“從，順也。先公，閔、僖也。文二年，文公躋僖公於閔公上，爲逆祀，今變而順之。據《傳》，季寤、公鉏極、公山不狃皆不得志於季氏，與叔孫輒、叔孫志五人同因陽虎，欲去三桓，將以季寤代季氏、叔孫輒代叔孫氏、陽虎代孟氏。冬十月，於僖廟審諦昭穆，順祀而祈焉，以明己之去三桓、欲强公室爲順，非爲逆也。”按：經書“從祀”，必虎假公命而爲之也。

盜竊寶玉、大弓。

盜，微者，陽虎也。寶玉，夏后氏之璜。大弓，封父之繁弱，成王分魯公之物也。《左傳》：“陽虎以壬辰將享季氏於蒲圃而殺之，戒都車，曰‘癸巳至’。成宰公斂處父告孟孫，曰：‘季氏戒都車，何故？’孟孫曰：‘吾弗聞。’處父曰：‘然則亂也，盍備之。’與孟孫以壬辰爲期。陽虎前驅。林楚御桓子，虞人以鈹、盾夾之，陽越殿。將入蒲圃，桓子乘間語林楚脱己於難。林楚曰：‘陽虎爲政，魯國服焉，徒死而已，何益於主？’桓子曰：‘能以我適孟氏乎？’許之。孟氏選圉人之壯者三百人，爲言築室於門外。楚怒其馬，騁之，入孟氏門。陽越射楚，不中。築者闔門。有自門間射越，殺之。陽虎劫公與武叔，以伐孟氏。公斂處父帥成人自上東門入，與陽氏戰於南門之外，弗勝；又戰於棘下，陽氏敗，脱甲入公宫，取寶玉、大弓以出，舍於五父之衢，寢而爲食。公斂處父請追之，孟孫弗許，陽虎乃入讙、陽關以叛。”

九年春王正月。

夏四月戊申，鄭伯蠆卒。

得寶玉、大弓。

《左傳》：“陽虎歸寶玉、大弓於魯。魯伐陽關，虎焚萊門，犯之而出，奔齊，已而奔晋，主趙簡子。”按：陽虎謀殺季氏不成，據邑以叛，奔齊適晋，亦我國成敗一大事，而經俱削而不書，但書“盜竊寶玉、大弓”、“得寶玉、大弓”，何也？蓋以此爲順耶，則虎狂險顛越，全無訏謨，不能爲順也；以爲逆耶，則虎叛季氏，非叛公室，不可謂逆也。且三家視虎如虎，而聖人曰：“此盜也。”視虎殺季桓如天翻地覆，而聖人曰：“此以盜攻盜也。皆無足道者也。”無足道，則削之已耳。惟寶玉、大弓，先王賜之，宗國守之，與山河城池同永者也，遭竊幸得，謹而書之，足矣。聖人之筆削，高嚴乃爾！

六月，葬鄭獻公。

秋，齊侯、衛侯次於五氏。

《左傳》：“齊伐晋夷儀，衛助之也。”《杜注》：“五氏，晋地。”

秦伯卒。

冬,葬秦哀公。

十年春王三月,及齊平。

齊來伐我,晋不能救,故與齊平。

夏,公會齊侯於夾谷。公至自夾谷。

《左傳》:"齊、魯既平,故約會夾谷。孔子相儀,及會,齊以萊兵將刼魯侯。時孔子先具武備,見萊人,即奉公退,而使士以兵擊之,然後曰:'兩君合好,而夷裔之俘以兵亂之,非齊君所以命諸侯也。裔不謀夏,夷不亂華,俘不干盟,兵不偪好,於神爲不祥,於德爲愆義,於人爲失禮,君必不然。'齊侯聞之,遽辟之。將盟,齊人加於載書曰:'齊師出境而不以甲車三百乘從我者,有如此盟!'孔子使玆無還揖對,曰:'而不返我汶陽之田,吾以供命者,亦如之!'"蓋周王曾命齊侯爲諸侯之伯,故可以甲車從,但齊侵魯邑,既好,當歸於魯,以供賦役,故以反田要之。不書盟者,要盟不潔,畧之也。又按:季桓懲於陽虎之禍,故發憤而用孔子,其如庸怠之不終何哉!然孔子雖去,而其家政遂决之聖門之徒,如冉求等,此亦聖門出處一大關也。

晋趙鞅帥師圍衛。

《左傳》:"報五氏之役也。然衛終不成,因曰:'衛之叛,由涉佗、成何。'於是執涉佗,以求成於衛。衛人不許。晋遂殺佗,成何奔燕。"嗟乎!鞅使用二人辱衛,繼又殺之謝衛,顛倒如此,晋霸掃地矣。

齊人來歸鄆、讙、龜陰田。

以聖言返之。杜氏曰:"三邑,在汶水北,故稱汶陽田。"

叔孫州仇、仲孫何忌帥師圍郈。

《毛氏傳》曰:"魯政下移,陪臣執國命。陽虎、公山不狃之徒相繼以起,而郈宰侯犯據郈以叛。郈者，叔孫氏邑。”

秋，叔孫州仇、仲孫何忌帥師圍郈。

《毛氏傳》曰：“初圍不克，故又圍之。郈工師駟赤以計出侯犯而納魯師，侯犯遂以郈奔齊。齊復致郈於魯而修好焉。”

宋樂大心出奔曹。

《左傳》：“前六年，宋使樂祁於晋，而晋人執之，歸而死於路。宋公使右師樂大心迎樂祁尸，而大心僞疾，不肯行。祁子溷告大心將作亂，宋逐之，大心奔曹。”

宋公子地出奔陳。

《左傳》：“公子地，宋公之弟也，有白馬四。公朱其尾、鬣而予向魋。地怒，抶魋，奪之。魋懼，將走，公泣之，目腫。母弟辰曰：‘子姑辟君，不過出境，君必止子。’地出奔，而公不之止。”

冬，齊侯、衛侯、鄭游速會於安甫。

蓋亦謀晋也。

叔孫州仇如齊。

《杜注》：“謝致郈也。”

宋公之弟辰暨仲佗、石彄出奔陳。

《左傳》：“宋公弟辰曰：‘吾勸兄出奔，而公不止，是吾迋兄也。吾以國人出，君誰與處？’遂亦奔陳。”仲佗、石彄，皆宋卿。

十有一年春,宋公弟辰及仲佗、石彄、公子地自陳入於蕭以叛。

鐵壺氏曰:"奔,未必佗與彄之所欲也,爲辰所脅也,故書'暨'。入蕭以叛,則同惡相濟而志乎亂矣,故書'及'。"按:宋公不君、不友,而辰亦不臣、不弟。

夏四月。

秋,宋樂大心自曹入於蕭。

《左傳》:"從叛也,大爲宋患。"

冬,及鄭平。叔還如鄭涖盟。

十有二年春,薛伯定卒。

夏,葬薛襄公。

叔孫州仇帥師墮郈。

《左傳》:"仲由爲季氏宰,將墮三都,於是叔孫氏墮郈。季氏將墮費,公山不狃、叔孫輒帥費人以襲魯。公與三子入於季氏之宫,登武子之臺。費人攻之,弗克。入及公側,仲尼命申句須、樂頎下,伐之,費人北。國人追之,敗諸姑蔑。二子奔齊,遂墮費。將墮成,公斂處父謂孟孫:'墮成,齊人必至於北門。且成,孟氏之保障也。無成,是無孟氏也。子僞不知,我將不墮。'冬,公圍成,不克。"墮,毁其城也。

衛公孟彄帥師伐曹。

季孫斯、仲孫何忌帥師墮費。

秋,大雩。

冬十月癸亥,公會齊侯盟於黄。

十有一月丙寅朔,日有食之。

公至自黄。

十有二月,公圍成。公至自圍成。

按:《左傳》曰"仲由將墮三都",蓋仲氏義勇,以邑無百雉之城,三家僭越已久,今乘家臣據叛,三家患之,故因而使墮。又《傳》云:"費人襲魯,仲尼命二大夫下,伐之。"則仲尼亦與其事矣。然而不克成而遂已者,何也?蓋事有當行者,有當止者,有在行止之間者,有半行而當半止者。三家之邑城越分,可墮也,然已設城而墮之,傷也,或自此不修築之耳。且成,非郈、費比也。郈、費叛,成未嘗叛也。又郈、費,惟邑大耳,與魯形勢無甚關也,成在魯北境,齊人窺我所必經者,故昭二十六年公居鄆,而齊即欲取成以便其私,是成,孟氏之保障,而即魯之保障也。墮之以銷私强,可也,不墮以爲國險,亦可也。經於墮郈書叔孫、墮費書季孫,而圍成獨書公,則孟孫陰與處父約,駕言有他事而委之公往也,明矣。曰圍成,則成人不肯墮,而乃圍之也,明矣;曰公至自圍成,則必圍成之後,三家與仲尼議,郈、費已墮,成且姑存,而請公撤師以返也,明矣。是以不書不克。聖人之隨時而不固執如此。三《傳》不能詳,漢、宋之儒徒侈仲尼之弱私家,而不顧其前後,遂使聖經之昭然俱載者而湮沒不明也。

十有三年春,齊侯、衛侯次於垂葭。

《左傳》:"薄伐晋而還。"

夏,築蛇淵囿。

《杜注》:"書,不時也。"

大蒐於比蒲。

衛公孟彄帥師伐曹。

秋,晋趙鞅入於晋陽以叛。

《左傳》:"齊、衛之師既次五氏,又次垂葭。趙鞅恐前衛之賂已五百家置在邯鄲者,將與齊、衛通也,命邯鄲大夫趙午徙置晋陽。午遲於用命,殺之。午子稷與其臣涉賓以邯鄲叛。而荀寅,午之舅也,與其姻士吉射俱與午睦,故范氏、中行氏伐趙氏之宫,鞅奔晋陽,晋人圍之。"按:《傳》稱"趙稷、涉賓以邯鄲叛",而經削之,趙鞅逃難,而筆"以叛"。晋陽,雖鞅之食采,而實晋君之邑也,鞅據爲己有,而以抗本國之師,非叛而何矣?聖人深惡世卿擅權專國無君,而其下之陪臣則畧之,故曰"天下有道,則政不在大夫",不曰"政不在陪臣",以陪臣執國政,仍大夫專政,委之其下也;不曰"政不在諸侯",以諸侯各有國政,雖天下有道,國内之政,諸侯當自執也。

冬，荀寅、士吉射入於朝歌以叛。

《左傳》："韓、魏黨趙氏而惡范吉射、荀寅，使荀躒言於晉侯曰：'晉制：大臣始禍者死，今三臣始禍，而獨逐鞅，不均，請皆逐之。'冬，知、韓、魏奉公以伐范、中行，不克。二子反伐公，敗，奔衛朝歌。"不言奔而言入者，引兵而直入之也，此亦叛矣。

晉趙鞅歸於晉。

《左傳》："韓、魏復以趙氏請，乃歸之。"《毛氏傳》曰："晉陽，即晉也，而曰'歸於晉'，若從敵國歸者，罪鞅也。"

薛弒其君比。

十有四年春，衛公叔戍來奔。衛趙陽出奔宋。

《左傳》："公叔戍將去南子之黨。南子訴之，曰：'戍將爲亂。'衛侯逐之，其黨趙陽亦奔。"

二月辛巳，楚公子結、陳公孫佗人帥師滅頓，以頓子牂歸。

《左傳》："頓欲事晉背楚而絕陳好也。"

夏，衛北宫結來奔。

《左傳》："戍黨也。"

五月，於越敗吴於檇李。吴子光卒。

《左傳》："吴伐越，越子句踐禦之。靈姑浮以戈擊闔廬，斬其將指而取其屨。師敗而卒。"

公會齊侯於牽。公至自會。

《左傳》:"晋人圍朝歌,謀救之。"

秋,齊侯、宋公會於洮。

《左傳》:"謀救范氏也。"

天王使石尚來歸脤。

石,氏,尚,名,天子之大夫也。脤者,祭肉,盛以蜃器,故名脤。《周禮·大宗伯》"以脤膰之禮,親兄弟之國",蓋賜同姓諸侯者,本定禮而間行,故行必書之。

衛世子蒯聵出奔宋。

《左傳》:"蒯聵以南子淫亂,謀殺之,事泄,出奔。"

衛公孟彄出奔鄭。

《左傳》:"蒯聵黨。"

宋公之弟辰自蕭來奔。

鐵壺氏曰:"辰奔,則仲佗、石彄、樂大心必皆潰矣。"

大蒐於比蒲。

自桓以後,諸公皆不書"蒐"、"狩",昭、定、哀乃屢書者,三桓各有分軍而觀兵以自雄也,慨之也。

邾子來會公。

《杜注》:"來會於比蒲也。以不用朝禮,故曰會。"蒐,公往者,軍屬三家而邀公,以虚名總其上也。

城莒父及霄。

十有五年春王正月,邾子來朝。

鼷鼠食郊牛,牛死,改卜牛。

二月辛丑,楚子滅胡,以胡子豹歸。

夏五月辛亥,郊。

《毛氏傳》曰:"周五月爲夏三月,孟春祈穀之祭不得過分,三月則過分矣。故杜氏曰'過也,非禮也'。"

壬申,公薨於高寢。

《杜注》:"高寢,宫名。"

鄭罕達帥師伐宋。

齊侯、衛侯次於渠蒢。

《毛氏傳》曰:"齊、衛救朝歌而次以待之。"

邾子來奔喪。

秋七月壬申,姒氏卒。

《公羊傳》曰:"定姒者何?哀之生母也。何以不稱夫人?哀未君也。"

八月庚辰朔,日有食之。

九月,滕子來會葬。

丁巳,葬我君定公,雨,不克葬。戊午,日下昃,乃克葬。

《左傳》曰:"禮也。"

辛巳，葬定姒。

《公羊傳》曰："定姒何以書葬？未踰年之君也。有子則廟，廟則書葬。"鐵壺氏曰："以前夫人、嫡母、生母皆別謚，此轉配以先君之謚者，季氏弱其君而卑其母，以爲不足別謚也。"

冬，城漆。

哀公

元年春王正月，公即位。

楚子、陳侯、隨侯、許男圍蔡。

《左傳》："報柏舉也。蔡侯出降。楚人使遷國，疆於江、汝之間而還。蔡於是乎請遷於吴。"

鼷鼠食郊牛，改卜牛。夏四月辛巳，郊。

《杜注》："不言所食，非一處也。"

秋，齊侯、衛侯伐晋。

《左傳》："救范氏也。"

冬，仲孫何忌帥師伐邾。

定公之薨，邾子來奔喪。至改元，而遽伐之，且又取其田，且又與之盟，要以必得晋不主霸，三桓遂亂行無忌，故頻書以罪之。

二年春王二月，季孫斯、叔孫州仇、仲孫何忌帥師伐邾，取漷東田及沂西田。

《毛氏傳》曰:“襄十九年經書‘取邾田,自漷水’,謂邾還所侵魯地也,則漷田原屬魯地,但其地以漷爲界。今田在漷東,則踰漷矣,是魯新取邾地,非舊田也。”

癸巳,叔孫州仇、仲孫何忌及邾子盟於句繹。

三家同取邾田而盟無季孫者,二氏代盟也。《杜注》:“句繹,邾地。”

夏四月丙子,衛侯元卒。

滕子來朝。

晋趙鞅帥師納衛世子蒯聵於戚。

《左傳》:“定十四年,蒯聵出奔,然奔宋,非奔晋也。晋趙鞅怨衛靈之助范、中行而救朝歌也,未有以報之,聞衛人立蒯聵之子輒,而蒯聵在外,因搆而强納之,乘衛初喪未葬,宵夜兼行,使蒯聵袒、絻,八人衰絰,詐爲衛之迎太子者,入戚而哭,啟其門而入,遂據之。”按:書“趙鞅帥師”者,鞅借聵以報怨也,稱“世子”者,聵已立爲世子而自奔,非衛靈廢之也。世子,則父卒可以嗣矣。輒以子而拒其納,非名也。

秋八月甲戌,晋趙鞅帥師及鄭罕達帥師戰於鐵。鄭師敗績。

《左傳》:“齊人輸范氏粟,鄭罕達送之。趙鞅遇於戚城南之鐵邑。陽虎請戰,鞅以蒯聵爲右而敗之。”

冬十月,葬衛靈公。

十有一月,蔡遷於州來。蔡殺其大夫公子駟。

《左傳》:“蔡畏楚而請遷於吴,遲之,吴以師來,蔡侯殺公子駟以説於吴,謂‘不時遷,駟之爲’,乃遷於州來。”

三年,齊國夏、衛石曼姑帥師圍戚。

趙鞅與蒯聵敗鄭師於鐵,取齊粟千車而去,故齊報師,衛以子而拒其父爭國,同圍戚焉。先齊、次衛者，齊大國，主兵，故先之。若其事，則分别論之，如前"鞅帥師納蒯聵於戚"，各論可也。

夏四月甲午，地震。

五月辛卯，桓宫、僖宫災。

《左傳》："司鐸宫火。火踰公宫，桓、僖災。孔子在陳，聞火，即曰：'其桓、僖乎！'"宫者，遷廟中之宫也。惲皋聞曰："服虔謂季氏出桓公而爲僖所立，特崇其宫，蓋同在遷廟，一垣之内，而特宏敞於群宫，故孔子聞災而斷其爲桓、僖也。"

季孫斯、叔孫州仇帥師城啟陽。

宋樂髡帥師伐曹。

秋七月丙子，季孫斯卒。

蔡人放其大夫公孫獵於吴。

《毛氏傳》曰："獵，公子駟之子。"鐵壺氏曰："殺駟，國君、大夫主之也。獵，則國人懼其爲亂，故衆遣之。獵不欲遷吴，故放於吴以苦之。"

冬十月癸卯，秦伯卒。

叔孫州仇、仲孫何忌帥師圍邾。

四年春王二月庚戌，盜殺蔡侯申。

《左傳》："蔡昭侯將入吴。諸大夫恐其又遷也，公孫翩逐而射之，入於家人而卒。大夫文之鍇至，殺翩。其黨：公孫辰，逐之；公孫姓、公孫霍，殺之。"《杜注》："翩，賤者，故稱盜，蓋爲諸大夫所使也。"

蔡公孫辰出奔吴。

葬秦惠公。

宋人執小邾子。

夏，蔡殺其大夫公孫姓、公孫霍。

晋人執戎蠻子赤歸於楚。

《左傳》："楚圍蠻氏，蠻子赤奔晋陰地。楚使來曰：'晋、楚有盟，好惡同之。若將不廢，寡君之願也。不然，將通武關道以聽師命。'趙鞅曰：'晋國未甯，安能惡於楚？必速與之！'乃誘蠻子，執之以畀楚。"書"晋執歸楚"，深恥晋也。

城西郛。

不能振武以自强，而屢城西郛，與楚之城郢、宋之城卞一轍矣。

六月辛丑，亳社災。

三《傳》《注》《疏》曰："武王伐紂，分亳社於諸侯，所以戒亡國也。其社屋之，不受天陽，故可災。"

秋八月甲寅，滕子結卒。

冬十有二月，葬蔡昭公。

葬滕頃公。

五年春，城毗。

夏，齊侯伐宋。

晋趙鞅帥師伐衛。

《左傳》："晋范、中行氏由朝歌奔邯鄲，而趙鞅圍之。齊陳乞、弦施、衛甯跪救邯鄲，不得，荀寅奔鮮虞，趙稷奔臨。齊國夏乃伐晋，取邢、任、欒、鄗、逆疇、陰人、盂、壺口八邑，而納荀寅於柏人。至是，鞅又圍柏人，荀寅、士吉射奔齊，鞅乃伐衛，遂圍中牟。"鐵壺氏曰："晋至定公時，凡討皆書侵。其書圍、伐者，則趙氏之私怨也，此伐衛、明年伐鮮虞是也。"

秋九月癸酉，齊侯杵臼卒。

《左傳》："齊景公娶燕姬，生適子，早卒。諸子皆未立，獨嬖鬻姒之子荼，而未有命也。及疾，使國夏、高張立荼，而寘群公子於萊。公卒，公子嘉、公子駒、公子黔奔衛，公子鉏、公子陽生來奔。"

冬，叔孫還如齊。

《毛氏傳》曰："會葬也。"

閏月，葬齊景公。

《毛氏傳》曰："禮：喪月數閏，如閏月卒，從閏月數也。葬月不數閏，除閏數月也。今既閏月葬，則必除閏，數之已滿五月而後可以葬。公卒在九月，而是冬即葬，毋論閏在何月，即十二月閏，而除閏計之，亦止四月，況是年長歷，閏在十一月，則三月矣。三月速葬，書，以見陳乞之將行弑，而悤悤葬君，不以禮也。若《公羊》謂'閏不書，此何以書？喪以閏數也。喪何爲以閏數？喪數畧也。'夫喪不數閏，而此獨曰數閏，已不可解。至推其説，則曰'喪服，期、三年不數閏，而大功以下數閏，爲數畧也'。於是漢、晋諸儒皆定'爲期、三年不數閏，功、緦數閏'，以爲律令。夫功、緦計月，期、三年計年，然其爲時日則一也。以年計者，不使闕時日，而謂計月者可獨闕之，固已不通，且喪數未嘗畧殺少也，服數既少，而又從而畧其數，則爲數何幾？故先王制禮，但畧多而不畧少，如三年之喪，期而練，再期而祥，二十七月而禫，而期之喪則十一月而練，十三月而祥，十五月而禫。三年之禫，内數七月，而期之禫，反外數兩月，何也？不畧少也，故古有税服，謂聞喪之遲，服數將滿而追服之也，然大功以下追服倍嚴，故《檀弓》曰'緦、小功不税'，則兄弟遠處，終無服也，以月少易過而詳之也。《公羊》一時冒説而儒者遵之，亡《春秋》以及《禮》，可惜也。"

六年春，城邾瑕。

以上數城，《杜注》皆曰"備晋"。

晋趙鞅帥師伐鮮虞。

《左傳》："以納荀寅於柏人，鮮虞與也。"

吴伐陳。

《左傳》："吴之入楚也，召陳，陳不應，今伐之。"

夏,齊國夏及高張來奔。

《左傳》:"陳乞陽事高、國而陰去之,以便廢立,日譖於諸大夫,乃以甲入於公宫。高張聞之,與國夏乘而如公。戰於莊,敗。衆追之,來奔。"

叔還會吴於柤。

柤地,闕。

秋七月庚寅,楚子軫卒。

齊陽生入於齊。齊陳乞弑其君荼。

《左傳》:"陳乞召公子陽生於魯。逮夜,至。乞舍於家,因餽食者而入之公宫。將立之,盟諸大夫,鮑牧醉而往。其臣鮑點曰:'此誰之命也?'乞曰:'受命於鮑子。'遂誣鮑子曰:'子之命也!'鮑子曰:'汝忘君之爲孺子牛而折其齒乎,而背之也?'陽生稽首,曰:'吾子,奉義而行者也。若我可,不必亡一大夫;若我不可,不必亡一公子。義則進,否則退,敢不惟子是從?'鮑子曰:'誰非君之子?'乃受盟。乞遂去荼母鬻姒而殺荼之黨,然未及荼也。陽生使朱毛告乞,曰:'器可兩,君不可兩也。'乞不對,既而泣,曰:'君長矣,尚疑臣之不從君乎?'蓋教以自爲也。陽生乃使毛遷荼於駘。未至,殺之野幕之下。"按:經書"陳乞弑其君",乞誰欺也? 鐵壺氏曰:"楚比、陽生,或書歸,或書入,何也? 楚虔亟暴,國人從亂如歸,故比歸,易辭也;陽生竊入而匿乞家,則入,難辭也。"

冬,仲孫何忌帥師伐邾。

宋向巢帥師伐曹。

伐,又伐之,時無霸主,遂各貪欲淩弱如此。

七年春,宋皇瑗帥師侵鄭。

《毛氏傳》曰:"左氏謂'宋師侵鄭,鄭叛晋故也',鄭叛晋已久,何待此時侵之? 且宋自定六年晋人執樂祁犂之後,晋、宋之好已絕,何緣又承命而爲之討叛? 况九年宋公伐鄭,趙鞅且欲救鄭而伐宋，豈有宋爲晋伐鄭而晋反助鄭而惡宋者？左氏誣説也。"愚按：定十五年經曰"鄭罕達帥師伐宋"，《傳》曰"敗宋師於老邱"，而哀十二年《傳》曰"宋、鄭之間有隙地焉，曰彌作、頃邱、玉暢、嵒、戈、錫六邑。子產與宋人爲成，曰：'勿有是。'及宋平、元之族自蕭來奔，鄭人爲之城嵒、戈、錫以處之。蓋宋公子辰叛蕭來奔之時，其族人有奔鄭者，罕達爲之伐宋而留處焉，遂結怨隙。老邱，想即頃邱之旁邑也。至哀七年春，宋皇瑗侵鄭以報之。至冬，宋人圍曹，鄭亦救曹，報焉。迨九年春，鄭罕達之嬖臣許瑕謀外取邑於隙地之側，遂圍宋雍邱。宋皇瑗反圍鄭師，取之。秋，宋公又伐鄭。十年，宋人又伐鄭，皆報雍邱之役也。十二年，宋向巢乃伐鄭，取錫，殺元公之孫處此者而圍嵒。乃鄭罕達救嵒，於十三年亦圍宋師，取之於嵒。是定、哀間，宋、鄭之搆兵以此六邑爲終始也。

晋魏曼多帥師侵衛。

夏，公會吴於鄫。

《左傳》："吴來徵會。前叔還已會之於柤，至是，公又會於鄫。吴徵百牢，子服景伯曰：'先王未之有也。'吴人曰：'宋饗我百牢矣，且魯牢晋大夫過十，吴王百牢，不亦可乎？'景伯曰：'吴將亡矣。不與，必棄疾於我。'乃與之。"

秋，公伐邾。八月己酉，入邾，以邾子益來。

《左傳》："季康子欲伐邾，饗諸大夫以謀之。子服景伯力言其不可。孟孫贊景伯，諸大夫阿。季孫不悦而罷，遂伐邾，入之，處於公宫。師晝夜掠，以邾隱公歸，獻於亳社，囚諸負瑕。邾大夫茅夷鴻以束帛、乘韋請救於吴，謂：'夏盟鄫，秋而背之，違君命矣。惟君圖之！'吴從之。"

宋人圍曹。

冬，鄭駟弘帥師救曹。

八年春王正月，宋公如曹，以曹伯陽歸。

《左傳》："前冬圍曹，築五邑於其郊，曰黍邱、曰揖邱、曰大城、曰鍾、曰邘，示必取也。今遂入之。"然《孟子》有曹交，曰"交得見於鄒君，可以假館"。趙邠卿注曰："曹君之弟，似尚有曹者，豈取其邑而存其國與？"

吴伐我。

《左傳》:“吴爲邾故,伐魯。時公山不狃在吴,吴子問之,對曰:‘魯雖無與立,必有與斃;諸侯將救之,未可以逞。’使爲率,故道險,從武城。吴師進至夷,戰,獲一車,而同車三人俱死。吴子曰:‘國有死士,未可望也。’及次泗上,微虎欲宵攻吴子舍,私屬徒七百人三踊於幕廷,得三百人,有若與焉。吴子聞之,一夕三遷,乃行成而還。”

夏,齊人取讙及闡。

《左傳》:“齊悼公之來也,季康子以其妹妻之。及即位,來逆。康子叔父通焉,弗敢與也。齊悼怒,伐我,取二邑。”而《公羊》《穀梁》皆曰“魯人邾,畏齊討,賂以二邑。及歸邾子,乃歸二邑”,與《左》不同。愚按:經書“爲邾伐我者,吴也”,陽生新立,未必爲邾,且既得二邑,而邾子歸,遂歸邑,陽生何能如此之仁且義者?但伐我取邑,經無其文,文與宣篇“取濟西田”同,又似賂者。考《左傳》亦云“齊將請吴伐我,乃歸邾子”,蓋陽生實爲季姬,而假名爲邾。鄆,本齊所歸,以兵,聲言取之。魯不待兵至,遂往賂之,因歸邾子,且平齊,歸季姬。齊又假名歸邾以歸二邑。故三《傳》所記不同而實一事也。及者,以大及小也。

歸邾子益於邾。

《左傳》:“齊將請吴伐我,乃歸邾子。”

秋七月。

冬十有二月癸亥,杞伯過卒。

齊人歸讙及闡。

《左傳》:“及齊平。悼逆季姬以歸,嬖之,歸二邑。”書齊侯驟取驟歸,必有其故矣。考之,乃爲一淫婦,知其不終也。

九年春王二月,葬杞僖公。

宋皇瑗帥師取鄭師於雍邱。

鐵壺氏曰:"《左氏》例:覆而敗之曰取。觀《傳》載'使有能勿死',而止以二人歸,則殺人多矣。隱十三年鄭莊取三國之師,哀之篇取師者二。齊桓既興以後,晋霸未衰之前,幾二百年,未有書'取師'者,蓋懼霸討而未敢亟暴也。故王迹熄而天下爲春秋,霸統散則天下爲戰國,春秋之不遽變爲戰國,亦霸者之功也。"

夏,楚人伐陳。

《左傳》:"陳即吴故也。"

秋,宋公伐鄭。

冬十月。

十年春王二月,邾子益來奔。

《毛氏傳》曰:"據《傳》,吴討邾,囚邾子,今脱而來奔,但吴以救邾伐我,今又偪邾來奔。邾以我執之,故求吴伐我,而今又奔我。搆兵眩亂,如蜩如沸,此春秋之所以入戰國也。"

公會吴伐齊。三月戊戌,齊侯陽生卒。

《左傳》:"齊請吴師伐我,得季姬而平,又辭吴。吴乃城邗,溝通江及淮,召我儆師,而我從之伐齊南鄙,師於鄎。齊人弑悼公以説吴,赴至吴師。吴子三日哭於軍門之外而還。"《杜注》曰:"疾赴,故不書弑,與鄭伯髡頑同。"

夏,宋人伐鄭。

晋趙鞅帥師侵齊。

報其救范氏也,然鞅伐喪,反慙於吴子矣。

五月,公至自伐齊。

葬齊悼公。

衛公孟彄自齊歸於衛。

定十四年,公孟彄以蒯聵黨奔鄭,又奔齊,今自齊歸衛。杜云:"齊納之。"

薛伯夷卒。

秋,葬薛惠公。

冬,楚公子結帥師伐陳。吴救陳。

《左傳》:"楚子期伐陳,吴延州來季子救陳,謂子期曰:'二君不務德,而力爭諸侯,民何罪焉?我請退,以爲子名,務德而安民。'乃還。"

十有一年春,齊國書帥師伐我。

《左傳》:"齊以我從吴師,憾之,遣國書帥師伐我,及清。季孫與冉求議,使二子戰於竟或竟内,二子不可。冉求曰:'一子帥師,背城而戰,不從者,非魯人也。'孟儒子洩帥右師,冉求帥左師,樊遲爲右。季孫曰:'須也弱。'冉子曰:'就用命焉。'季氏之甲七千,冉有以武城三百人爲己徒卒,次於雩門之外。越五日,右師始至,遂及齊師,戰於郊。師不踰溝,樊遲請左師伸約信,三刻而踰之。師如齊軍,右師奔,左師獲齊甲首八十,齊人遁。"《毛氏傳》曰:"不書齊敗,以右師奔也;不書我敗,以左師勝也。不曰某鄙,以戰於郊也。"鐵壺氏曰:"前此被兵,每書四鄙,惟哀之篇四書伐我,蓋定、哀以前,公室雖卑而三家協心,尚可以扞禦外侮。至是,陪臣數叛,三家异心,莫肯爲國任患,故吴、齊徑薄國都,而莫之遏也。"

夏,陳轅頗出奔鄭。

《左傳》:"初,轅頗爲司徒,賦封内之田以嫁公女;有餘,以爲己大器。國人逐之,故出。道渴,其族轅咺進稻醴、粱①糗、腶脯焉。喜曰:'何其給也?'對曰:'器成而具。'曰:'何不吾諫?'對曰:'懼先行。'"

五月,公會吴伐齊。甲戌,齊國書帥師及吴戰於艾陵,齊師敗績,獲齊國書。

《左傳》:"爲戰郊之役也。死獲國書。"

---

① 粱,底本及《顔李叢書》本皆作"梁",據《十三經注疏》改。

秋七月辛酉,滕子虞母卒。

冬十有一月,葬滕隱公。

衛世叔齊出奔宋。

《左傳》:"世叔齊娶宋朝女,而嬖其娣。及朝出奔,孔文子使齊出其妻,而妻之以女。齊不忍其娣,仍置之他室,如二妻。文子怒,奪其女回。齊出奔。衛人立齊弟遺,使室孔姞。"春秋列國世卿之無人理,類如此,毋怪取人之變而爲科目也。

十有二年春,用田賦。

《左傳》:"季康子欲以田賦,使冉有訪於仲尼。仲尼不對,退而謂冉有曰:'君子之行也,度於禮,則以邱亦足矣。若欲苟而行,又何訪焉?'乃卒用田賦。"惲皋聞曰:"田賦者,古以兵爲賦。一邱十六井、一百二十八家,爲田一萬三千八百畝,共出馬一匹、牛三頭,是公田不在此數也。今計稅畝以來,公田已令井中八家分有之而各出稅矣,則亦可按田出賦,每井有公田百畝,是一百二十八井又得田一萬二千八百畝,而增賦馬一匹、牛三頭,蓋八邱而增出一邱之賦也。且按田出之,不以邱計,故曰田賦。若《杜注》云'邱倍出賦',則太暴矣,且仍以邱計,何言田賦乎?"

夏五月甲辰,孟子卒。

《左傳》:"昭公娶於吴,故不書姓。死不赴,故不稱夫人。不返哭,故不言葬小君。孔子與弔,適季氏。不絻,放絰而拜。"鐵壺氏曰:"昭公君國二十餘年,而孟子不稱夫人、不書薨,季氏不以小君之禮葬也,使孔子正之而書夫人子氏薨,則悖亂之迹隱矣。夫人之娶也,失禮則書,而孟子之娶不書,何也?豈昭公自知其非而命勿籍與?《記》稱'夫人之不命於天子,自魯昭公始',則自知非禮故也。"按:經書"孟子卒"者,以季氏重抑昭公,遂指娶同姓,諱稱子,以貶其喪禮,故如其意而書之,以見其不臣也,而《傳》因載其逆迹,曰"孔子與弔,適季氏"。孔子時已致仕,朝無喪次,故往弔於主政之季氏也。季康拜弔者,禮也,而不服初喪之絻,不環以絰,徒頹然下拜,是不爲小君成服也,不臣也。《毛氏傳》曰:"放,去也,即不絰也。舊解謂孔子放絰而拜,非也。孔子何爲從季於亂也?且弔喪無拜禮也。"

公會吴於橐皋。

《毛氏傳》曰:"吴召會也。據《傳》,吴子使太宰嚭請尋盟。公不欲,使子貢辭之。乃止。"《杜注》:"橐皋,吴地。"

秋,公會衛侯、宋皇瑗於鄖。

《杜注》:"鄖,吴地。"蓋衛、宋皆往會吴,而公又私與之會也。此時,任吴之主盟中國,而晋、楚皆置若罔聞矣。

宋向巢帥師伐鄭。

冬十有二月,螽。

十有三年春,鄭罕達帥師取宋師於嵒。

夏,許男成卒。

公會晋侯及吴子於黄池。

《左傳》:"吴夫差北征,會晋。先是,夫差敗越於夫椒,以報檇李。越王句踐以甲楯五千保會稽,求成夫差,許之。伍員諫,不聽。至是,乘間伐吴,獲太子友,遂入吴。吴人告敗於夫差,夫差恐其聞也,剄之。盟,與晋爭先,卒先晋。"《毛氏傳》曰:"黄池,衛地。"鐵壺氏曰:"書'公及晋侯會吴於黄池',則晋帥諸侯以通吴之辭。書'公會晋侯、吴子於黄池',則晋主會而吴入聽之詞。必書會、書及,而後兩霸之實見也。"

楚公子申帥師伐陳。

於越入吴。

秋,公至自會。

晋魏曼多帥師侵衛。

葬許元公。

九月,螽。

冬十有一月,有星孛於東方。

盜殺陳夏區夫。

十有二月,螽。

十有四年春,西狩獲麟。

《左傳》:"西狩於大野,叔孫氏之車子鉏商獲麟,以爲不祥,以賜虞人。仲尼觀之,曰'麟也',然後取之。"《毛氏傳》曰:"狩者,冬獵之名。春而名狩,以周之春即夏之冬也。西,魯西也。"愚按:《孟子》"嬖奚射禽,一朝而獲十",獲,死獲也。《家語》云"折其前左足,載而歸,孔叢子云:'麟出而死,吾道窮矣。'"皆解爲死獲。麟,仁獸也,則王者之迹尚存也。獲,則王道不行矣。

跋

恕谷先生晚年注《春秋》，以爲聖經儼在。注疏家雖多，未有如先生者。繼曾讀先生書有年，惜諸刊板俱遭回禄。《易》、《詩》二《傳注》，鄉里已有重刊，《春秋》僅存底稿，攜來江右，忽忽數年，深恐先生之書不傳，不但負先生闡經衛道苦心，亦自負生平願學先生之志。今於公暇之餘，校讀再三，敬謹付梓，庶人人得讀是書，不至以《春秋》爲斷簡。先聖靈爽，實式憑焉。快何如也！

時同治八年二月二十日高陽後學李繼曾敬跋

傳注問

題　　辭

乾坤日月山川人物，自在也，見不必其雷同，意非出於刺謬，惟曰江漢朝宗於海而已矣。請觀《傳注》問辯，非周孔之正傳而何哉？

康熙壬寅正月毋極後學張業書拜撰

傳 注 問

蠡吾　李塨剛主　稿

愚注《論語》諸經，論而不辯，意謂閑聖衛道，凡有心目者可知，非樂一一與先儒辯也。既而思宋《注》异同漢唐，其時觀者駭，如今又异同宋《注》，駭者必多，須明辯之，使其心帖。况先儒論道，原屬大公，偶有譌誤，必樂反正，辯亦何傷？語馮樞天曰："諸子當有説。"樞天曰："唯。"特拙弱難驟成，經隨注隨。有人取觀，問者應之，無暇録記。既而又思，雖賢喆發明，後此無窮，而當前主客，何爲隨言隨湮也。乃間録之。後衡水王宗洙閱《傳注》，有所質，已而面談，豁然歸一。宗洙曰："非詳説，人未必盡解也。祈如朱子《或問》，逐章剖之。"因不得已，陸續爲《傳注問》。

庚子端月

傳注問·卷一

論語傳注問　上

學　而　一

馮樞天曰:"《集注》學云:'人性皆善,而覺有先後。必效先覺所爲,乃可明善而復其初。'其言本之天命,該以知行,歸於盡性達天。今不之用,必宜詳説。"曰:"《集注》以爲訓學無所不該,然但空囊旁浸,而於聖經言學之正途未注明,乃聖學之所以岐也。且無論他經,即以《論語》言,數章下即曰'學文',則文非正學之所在乎?朱子訓'文'曰'《詩》《書》',六藝乃於此不之及,何耶?興《詩》立禮成樂,文以禮樂,文武之道賢者識大不賢者識小,夫子焉不學?聖門論學,確有指實,而不之及,何也?溯之天命,歸於盡性,則上達之事,非下學也,躐等矣。即學兼知行,亦未清楚。程子曰:'學者,將以行之也。'其言尚是。蓋學有可即見於行者,如日用動静之禮是也;有不能即見於行者,如兵農禮樂由求等經世之猷是也。且即日用之禮,如手恭足重正立執顔之類,可即學即行,如孺悲學士喪禮於孔子,則但爲學,必他日居喪如禮乃爲行,不可即以學爲行,故《中庸》好學力行分二事也。宋儒爲學,專在讀書,内則玩索性天,外亦輔以倫常,至於禮樂兵農,聖門所謂博學於文者,《尚書》教胄子,《周禮》《禮記》記學法,昭然可考,獨置之若遺,以致處無學術,出無政事,世道民命,無所托賴,豈小失哉?然朱子注'學文'曰'《詩》《書》六藝'、注'斯文'曰'禮樂制度',何其明切!而首一章乃籠統作解,蓋薈粹衆説積誤已久故也。使今日尚在,而一質當逌然矣。"

李文長問曰:"'學在己知,不知在人,何愠之有'亦不用,何也?"曰:"據其語意,視人知甚輕矣。如此自不必愠,非而字轉文義也。聖學視人知甚重,'如或知爾,則何以哉',學本以應人知也,乃不知焉,宜乎愠矣。然廣土衆民之欲定四海民之樂,即不得遂,而所性不移，一無愠怒，非德成，何以幾此？”

問：“程子謂《論語》成於有子曾子之門人，故二子以子稱，然乎？”曰：“此想當然之言，而不必也。《先進》篇稱閔子，胡氏又以爲閔氏門人所記。豈《論語》又有非有子曾子門人所成者乎？《子路》篇稱冉有又稱冉子，豈此篇屬冉有門人與他人雜成之乎？且《孟子》載公孫丑列聖門諸賢，獨閔子稱子，豈丑亦子騫之門人乎？或者曾子傳一貫，有若似聖人，子騫純孝，時人原有子稱，如子路人稱季路，冉有亦稱冉子，故《論語》書子路亦書季路，書冉求冉有亦書冉子，皆以其原有是稱，無他故也。况《孟子》稱顔子又稱顔淵、顔回，則子不必定師稱矣。”

趙漸逵問曰：“本，根本也。根立枝葉自生，乃程子又訓本爲始，以孝弟爲第一坎，仁民第二坎，愛物第三坎。世有一坎立而二坎三坎生者乎？”曰：“然。仁即言仁民愛物也，不必牽及性。樊遲問仁，子曰‘愛人’，言愛，曰‘使枉者直’，未嘗盡及心性也。程子必訓仁爲性，則孝弟難以言爲性之本，遂訓本爲始，且因而詆其詞曰：‘性中衹有仁義禮智而已，何嘗有孝弟。’不惟與孟子愛親敬長不學而能相反，而率天下之人而禍孝弟者恐自此言始矣。”

問：“《朱注》‘仁者，心之德，愛之理’，不用之，何也？”曰：“後儒改聖門不言性天之矩，日以理氣爲談柄，而究無了義。曰‘理氣不可分而爲二’，又曰‘先有是理後有是氣’，則又是二矣。其曰‘太極是理，陰陽是氣，太極生兩儀爲理生氣’，則道家道生天地之説矣。不知聖經言道，皆屬虚字，無在陰陽倫常之外，而别有一物曰道曰理者。《易》曰‘立天之道曰陰與陽，立地之道曰柔與剛，立人之道曰仁與義’，則道者乃陰陽剛柔仁義之通名，不在陰陽仁義前也。在天在人通行者名之曰道，故小人别有由行亦曰小人之道。理字則聖經甚少，《中庸》文理與《孟子》條理同，言道秩然有條，猶玉有脈理，亦虚字也。《易》曰‘窮理盡性，以至於命，理見於事，性具於心，命出於天’，亦條理之義也。今乃以理代道，而置之兩儀人物以前，則鑄鐵成錯矣。即如愛之理，自幼觀之，以爲愛之道理云爾，虚字也。及觀朱子自訓，乃滋之惑，曰：‘理是根，愛是苗，猶糖之甜，醋之酸。’夫糖甜醋酸，即其性，即此物，非糖醋爲根，酸甜爲苗也，亦非酸甜爲根，糖醋爲苗也。仁性即愛，非别有一理爲根而愛爲苗也。《孟子》曰，惻隱之心，仁也，人皆有不忍人之心。《易》曰‘天地之大德曰生’，生生即仁也，即愛也，即不忍也，即性即情也。必以愛爲專言情，而曰有一理根在先，亦异於《易》與《孟子》矣。”

問：“《集注》‘巧令務以悦人，人欲肆’，何以不用？”曰：“此脅肩諂笑，病於夏畦之小人也。未有小人而仁，尚與之較鮮不鮮哉？鮮，少也，非亡。蓋此章爲學者戒，雖堂堂之張，亦或不免於巧令也。”

謂張肄六曰：“《集注》三省以忠信爲傳習之本，誤也。忠專就爲人謀言，信專就交友言，非主忠信之謂也。如《注》，則三省可爲一事矣。至云三者爲學之本，亦誤。傳而習之，即學也。敬業樂群，商推今古，皆學事也。盖專以讀書爲學，故以省身爲本耳。”肄六曰：“帖括時藝，側重穿插，枝外生枝，皆其流弊也。”

馮樞天曰：“楊氏謂‘敬事’章但論所存，未及爲政。請問，事非政事乎？”曰：“非但此也。即《朱注》務本亦誤。使民則修築，細事亦具矣。曰事，則本末畢舉矣。顔習齋先生曰，明示治國之政而曰未及爲政，先儒斷不冬烘至此。其源則以重惺覺卑事功，不知不覺遂爲此語也。”

樞天曰：“信於民亦未盡信，即接事言，謂無事不信也。”曰：“然。《大學》與國人交止於信，《春秋》交鄰曰講信，非僅號令也。”

語宋涵可曰：“聖門不空言敬。敬其事，執事敬，行篤敬，修己以敬，《孟子》所謂必有事也。程子訓主一無適，粗言之猶通，謂爲此事則心在此事，不又適於他也。精言之，則心常惺惺，心要在腔子裏，乃離事以言敬，非聖學矣。且爲事之敬，有當主一無適者，亦有未盡者。瞽者善聽，聾者善視，絕利一源，収功百倍，此主一無適也。武王不泄邇，不忘遠，劉穆之五官并用，則神明肆應，敬無不通，故曰小心翼翼，如翼之飛，四罩而前也，又非可以主一無適言也。”

问：“《中庸》‘戒慎不覩，恐懼不聞’，非無事而敬與？”曰：“君子無事之敬有二：一、其所不覩不聞，乃前念已過，後念未來，須臾之頃，故曰‘不可須臾離’也。一、向晦宴息，夢寐持敬，日夕惕若。然正敬事功純乃如此，非却事以爲敬也。”

問：“何以見離事言敬也？”曰：“朱子謂程子言主一無適，謝氏言常惺惺法，尹氏言其心收斂，不容一物，蓋敬心既立，由是以格致，由是以誠正修齊治平，是敬先事後，非離事言敬與？且其持敬之功曰‘半日靜坐’，何嘗著事欤？四明潘用微曰‘必有事之謂敬，非心無一事之謂敬。心無一事，不過虚明湛然，如佛氏所謂惺惺寂寂而已，豈聖人之心法乎？’”

語惲敦夫曰：“宋儒講主敬，皆主靜也。主一無適，乃靜之訓，非敬之訓也。蓋自《太極圖説》以主靜立人，極標此岔路，其後不惟楊龜山、李延平靜坐體驗喜怒哀樂未發氣象，朱子議其似坐禪入定也，即程子與游楊等講學，忽然閉目端坐，門人候之，雪深尺餘乃醒，試思從古聖賢有此否耶？”

語張無怠曰：“弟子對尊長之稱，舊解有父稱子，有兄稱弟，執矣。孔門七十二賢，皆稱弟子，豈皆有父兄者乎？”樞天曰：“謹，謹慎也。行有常訓恒，非訓謹也。”

又曰：“文，《詩》《書》六藝也。朱子加‘之文’二字，恐人仍以書策所載即爲藝矣，故去之。然朱子此注甚有功於聖道。《邢疏》已訓文爲文字矣，賴《朱注》有此踪跡，可與學者共證實學，是其功也。《注》游藝曰‘‘禮樂射御書數’，甚明。今有宗《班史》，謂六藝即六經者，非也。《朱注》明列《詩》《書》於六藝外，其見高於班氏文人多矣。"

《學規纂》曰："事親而生事葬祭，力盡其禮，事君而禮樂兵農，委身盡瘁。"自是學於平日而後能。"雖曰""必謂"者，决其已學也。朱子、吴氏皆以誦讀爲學，故謂子夏言學在敦倫，且反譏子夏之言，與子路"何必讀書"同，其言有獘，何耶？

或問："子夏恐人專以記誦辭章爲學，故曰'敦倫謂學'，舊解自是。"曰："非也。專以記誦辭章爲學，宋明來則然，春秋時尚無此獘。孔子學在識大識小，孔文子好學而能治賓客，子産有學曰博物，是無論君子小人，皆學禮樂名物，非若今人但頫首吾伊以爲學也，子夏何爲箴此？且敦倫，行也。好學力行，孔子分二事矣。故可曰行自學入，不可曰行即爲學。行即为学，是曰無學，是曰冥行，如子路所謂治民人守社稷，非事君致身之事乎？然《書》曰'學古入官，不學墻面'，子産曰'學而後入政'，未聞以政學。子路乃使子羔以政爲學，未習操刀而使割，賊子羔矣。今吾子又執敦倫爲學，其受賊者，豈止子羔耶？"

問："賢賢易色，從邵氏説，何也？"曰："舊注謂好賢人，不即下文交友事乎？《易》訓變謂變好色之心以好賢，則但一色字，何以添出好色之心？《中庸》曰'去讒遠色'，豈曰遠其好色之心乎？君子之道，造端夫婦，邵氏説似有關也。"

問："用《集注》'盛德光輝接於人'句，而去'光輝'二字，何也？"曰："光輝，朱子專以容言。竊謂溫良恭儉讓，性情容貌，行事皆然。而性情感人猶速，行事感人犹實，非專容貌也。《集注》之佳必用。其不用，或增之減之，皆具意義，非敢輕爲塗乙。學者深思，自可得之，不必盡及。"

語習仁曰："和如春風和氣之和。《集注》訓從容不迫，已覺不切。然以嚴對和，以節劑和，尚未爲錯也。至《語録》又言人心同然，不假安排爲和。歸有光時文遂以和爲天理自然，人心不得不然，則知天理自然而天理自然，知人心不得不然而不得不然，尚非節乎？尚不可行乎？難通矣。"

問："《集注》以安處善樂循理解'富而好禮'，不用，何也？"曰："好禮，如衛武公，内而威儀話言，外而告命戎兵，微而爾室屋漏，显而洒掃友朋，行之有具，動必以禮，日求儆戒。視但無驕者，大進矣。若安處善樂循理，貧而樂者，獨不然乎？何以分焉？且禮實字，理虚字，避實擊虚，則易流於空虚矣。"

問："尹氏謂知人之是非邪正，何以不從？"曰："上句已知，專指知己之是與正，下句知人，則兼知是非邪正，文義不順，故不從也。"

为 政 二

問:"《集注》'德者,行道而有得於心。'《傳注》去'於心'二字,何也?"曰:"去'於心'二字,則得於身得於心皆具矣。若《禮記》所言,德者,得也。禮樂皆得,謂之有德,誠古聖流傳之言。或以爲朱子做之,則但指以得訓德耳。"

問:"改《集注》居其所'不動'也作'不移',何也?"曰:"北辰隨天而轉,何嘗不動?但不移其所耳。如人君一日二日萬幾,何嘗無爲?但不出廟堂而即可及天下耳。不動則無爲之説也。聖言'爲政',今言'無爲',可乎?"

《四書集注補》曰:"無爲乃老莊宗旨,自包咸何宴誤引作解,程門師弟轉相祖述,朱子遂入《集注》。而《語類》將'以'字作'有'字解,且以身率爲語,粗不是要民歸我,則孔子所謂'復禮而天下歸仁'、'子帥以正,孰敢不正',孟子所謂'以善養人,能服天下',皆非矣。"

或問:"不用《集注》'使人得其性情之正',何也?"曰:"聖人明言《詩》三百思無邪,今乃謂《詩》亦有邪,而用在使讀《詩》者無邪,不反聖言乎?朱子認鄭衛詩淫,故謂《詩》有邪,不惟與《序》不合,即以春秋行事觀之,子太叔賦《褰裳》矣,子游賦《風雨》矣,子旗賦《有女同車》矣,子柳賦《籜兮》矣,子展賦《將仲子》矣,子太叔又曾賦《野有蔓草》矣,同時伯有賦《鶉之賁賁》,趙孟斥曰,'牀笫之言不踰閾,非使臣之所得聞也'。夫刺淫之詩,尚以爲牀笫之言不可聞,則數詩朱子謂之淫詩也,乃可名卿賦之,名卿聞之,入於燕會,以干聘問大典乎?其非淫詩明矣。"

《集注補》曰:"程子謂'吾十有五'章聖人未必然,但爲學者立法。""然則孔子誑語乎?"

或問:"'無違',從毛河右説似難解。"曰:"懿子以親命從夫子學禮,則告以無違於親,即告以無違於學禮也。但懿子不詳,問事親之禮,恐其泛以學禮即爲悦親矣,故舉事親以禮示之,無難解也。"

張南士曰:"儗非其倫,古人所禁,豈有曰養親不敬與養云云,無异而可以矢口者乎?何晏之説謬也。"

語劉挺生曰:"先生,老者之稱。言有事年幼者奔走,有酒食與老者食,遂为孝乎?漢儒馬氏訓先生兼兄言,則上下文皆言孝,中忽及事兄,非文法也。且事親而有兄,則事親者在其兄,而弟從之矣。豈有兄與父母并踞飲食但令其弟奉持於下者乎?"

問:"《集注》'察其所安則亦僞'句不用,何也?"曰:"外行雖善,而由來之意非善,是僞也。由善則無僞矣。但恐其非安心樂意而涉於强爲,或有變耳,故又察之。"

問:"'溫故知新'不從《集注》,何也?"曰:"朱子云,溫故不知新,只記硬本子,聞見雖富,記誦雖勤,口耳文字之外,略無意義。則其所謂溫故者,祇在讀書,而知新者,即其所謂一旦豁然貫通,非古人操縵雜服敬遜時敏之謂也。况子夏言,月無忘所能,溫故也,日知所無,知新也。明分二事。且《中庸》朱注故新亦分二事,何必於此而合之?"

又曰:"近宗程朱者詆陸王頓悟爲禪,不知古經無悟字,悟即禪旨,不在特頓也。程朱好誦讀,重惺覺,故悟欲漸,陸王輕誦讀,專惺覺,故悟欲頓,蓋視程朱又甚耳。潘用微曰,悟者,從未有是景,而忽及之;禪家以此爲法門。愚謂《大學》言知在於格物,《論語》先覺,就應事接物言,與一旦豁然,大事頓悟,天淵有分也。"

問:"周、比用《集注》而辭又少易,何也?"曰:"周公比私,如陰陽相反矣,而曰'皆與人親厚,但周公而比私耳'。'但''耳'二字似所分者無多矣,意是而辭未安也。"

問:"攻乎异端,何不用《集注》?"曰:"《集注》亦佳,但攻去异端則害可已,原係任昉孫奕等前儒相傳舊解,而明太祖同之,覺更爽也。"

問:"程子言佛氏彌近理而大亂真,何如?"曰:"佛氏顯則滅人倫,微則逆心性,内外皆與吾道背馳,近理安在? 蓋理學内地惺惺,幾同佛氏之明心見性,故謂其近理耳。然幸程朱以异端目佛,故今讀《注》者尚知佛屬邪教,不然,舉世皆爲所陷矣。"

問:"《集注》'是知無自欺之蔽'不用,何也?"曰:"自欺,不誠也。孔子以子路不明而教之明,非以其不誠而教之誠也。子路忠信見重於鄰國,安有自欺? 但恐其兼人無前,誤認不知爲知以自蔽耳。"

問:"《集注》學博擇精守約三柱,不用之,何也?"曰:"聞見多自有疑,必待擇乎? 孟子以修身爲守約,又以自反而縮爲守約,今屬慎言行,似套語矣。"

問:"張氏非爲欲使民敬忠以勸,而爲之以爲無計功謀利之心,何如?"曰:"後學迂弱無能,皆以此語誤之。董仲舒曰:'正其道不謀其利,脩其理不急其功。'語具《春秋繁露》,本自可通。《班史》誤易'急'爲'計',宋儒遂酷遵此一語爲學術,以爲事求可,功求成,則取必於智謀之末,而非天理之正。請問,行天理以孝親,而不思得親之歡,事上而不欲求上之獲,有是理乎? 事不求可,將任其不可乎? 功不求成,將任其不成乎? 陳龍川曰:'世有持弓挾矢而甘心於空返者乎?'然則用兵而不計兵之勝,孔子'好謀而成'非矣。耕田而不計田之收,帝王春祈秋報皆爲冀利貪得之禮矣。康子但無使民敬忠以勸之具耳,非謂其使之之言非也。敬忠且無論,在上者不使民勸於爲善,安用上爲?"

問:"以'孝乎惟孝'作句,何也?"曰:"此古訓也。凡經引《詩》《書》皆'《詩》云''《書》云'斷句,無下連他字者。如此以'《書》云孝乎'作句,則'乎'字不可解,必添字曰'《書》不云孝乎',或曰'子亦思《書》之言孝乎',非本文矣。"

問:"'百世可知'不用《馬注》,何也?"曰:"前兩可知單頂損益,後一可知雙頂因革,文法不順。且三綱五常百世不變，似亦人所共知，不必聖人發揮也。蓋'因'字乃帝王相傳曆數之大訣，孔子發之以爲世法耳。"

習仁問"因"，曰："帝王經世，'因'而已矣。子曰'因民之所利而利之'，是仁政祇一'因'也。孫子曰'水因地而制流，兵因敵而制變'，是兵法祇一'因'也。因暑爲之製葛，因寒爲之製裘，是調燮陰陽祇一'因'也。因人恭敬之心而爲之制禮，因人豫動之心而爲之制樂，因民股腫而爲之制舞，是聖道祇一'因'也。禹之治水，行所無事，因而已矣。故曰：爲高必因丘陵，爲下必因川澤，爲政必因先王之道。"

問："朱子曰'天子祭天地，諸侯祭山川，大夫祭五祀，庶人祭其先，易之則非其鬼'。然乎？"曰："朱子蓋偶不思而爲此論也。古天神地祇人鬼，確然有分，即今世亦并無稱天爲天鬼、地爲地鬼者。鬼者，歸也。人死曰歸，乃祀之。天地山川五祀，亘古如斯，未見其有所歸也，且非歸後始神而祀之也。"

八　佾　三

謂惲廉夫曰："魯有天子禮樂。程子曰'成王之賜，伯禽之受'，皆非也。其論似維持君臣之倫，而實未盡人情天理之至也。觀之《書》可見矣。二帝於臣拜而不稽首，周王於諸侯惟有天揖士揖時揖，乃太甲於伊尹，成王於周公，獨拜手稽首。孟武伯曰，非天子，寡君無所稽首。則稽首，拜君之禮也。是其敬之如君明矣，不敢以臣禮待之明矣。孔子删《書》存之，固以爲當矣。太甲以天子禮葬伊尹，成王以天子禮祀周公，不與此正同哉！而奈何非之。蓋以臣子自居者，伊尹周公之道也。不敢以臣子待者，太甲成王之道也。若謂天子之尊必不可施於臣，則堯舜竟以天子與臣，舜禹竟受天子之讓，愈大非矣。"

問："伊周德如舜禹，何不即爲天子，而終以臣子自居？"曰："此在《孟子》有定論矣。繼世而賢，則伊周力匡君位，繼世而不賢，則舜禹可受帝禪。總以順乎天心民情之公，而己無與也。故或禪或放，皆視其志。《孟子》曰，有伊尹之志則可，無伊尹之志則篡也。後世亂臣賊子，烏得以借口哉。"

問："《集注》'下而飲'作句，不從之，何也？"曰："禮：升而飲。豈下而飲乎？况《集注》亦分升、下、飲为三節，而以揖讓貫之，則'揖讓而升'句，'下而飲'句，誤矣。"

程啓生問："'素絢'章不用《集注》，請詳示之。"曰："一以其誤引《考工記》也。《考工記》'後素功'，素，采色也，非素地也。施粉采在後也，非素在先而繪在後也。素即繪之一色也。况素地古所未聞。古繢非若今之畫白紙白壁者。《尚書》《考工》皆指上衣山龍華蟲作繪爲言。《孔疏》云：'祭服玄纁爲之，故《詩》稱玄袞。'未聞白素作朝祭服也。一以非經文也。後素，素在後也。今云素地在先，須改云後於素矣。一以禮後於忠信，非教也。聖門教人以禮爲要，曰'克己復禮'，'約之以禮'。今乃曰禮後於忠信，不幾如莊老言禮義忠信之薄乎？蓋《詩》言素以爲絢，謂國色素豔，拭之瑩然，濯之皎然，是爲絢飾，即唐詩'却嫌脂粉污顏色，淡掃娥眉朝至尊'也。子夏之疑，則謂素乃天成，非絢飾也。子證以繪事，言繪事後加素采，則素即名爲絢飾，亦何不可？夫解素之可爲絢而曰後，則天生之素見於後之拭濯，不可以蒙不潔，猶性出之禮，而周公制之，孔門學之，皆有後起之功，釋回增美，不可已也。夫子言後素，未嘗思及此，故賛以起予。"

馮樞天問曰："《集注》引甘受和，白受采，忠信之人可以學禮，白非指素地與？"曰："《注》《疏》有明訓矣。謂甘亦一味，而能受他味之和，白亦一色，而能受他色之采。忠信乃禮之实，具之禮始不虚，非白爲素地也。亦非忠信與禮爲二物，而忠信在先，禮在後也。"

問："《集注》竈當時用事，不用之，何也？"曰："竈至夏乃其時也，豈與其媚奥二語專以夏言，餘三時皆無當乎？"又問："'天即理'也，何以不用？"曰："天，上天也，對奥、竈言。若以理訓天，則奥、竈獨非理乎？媚奥媚竈，同是媚理，獲罪於天，亦獲罪於理，言之難清矣。"

惲皋聞書云："《集注》以主皮爲貫革，固錯，而以皮爲的，亦誤也。主皮者，張皮而射之，與侯的無與也。《周禮》《儀禮》鄭注甚明。"予曰："來札甚是。愚《注》亦以皮爲的者，因馬季長朱晦庵注同，故不復他考。今考之，鄭《注》果長，何者？侯有數等，正鵠亦分，所以别天子諸侯大夫士之等殺也，則庶民不敢僭可知矣。然則鄉民平素習射，將用何物？賈公彦以主皮当之，則無他文他物可易其説者。一也。主皮見《鄉射禮記》，又見《周禮・鄉大夫》：賓興賢能訖，退而以鄉射之禮五物詢衆庶，三曰主皮。蓋恐有遺賢，行鄉射禮，延賓行射，庶民必來聚觀，因問其有嫺於德行與藝者。共有五事，主皮則問射之一事能否也。若曰能，則延使射。張獸皮射之，以其素習射藝原用皮也。中則録之，使再射，不中，退去不用。禮射之侯者以明分，且禮射如大射賓射燕射鄉射，比禮比樂，所以觀成德，詢民則問其已成未成，故有分也。故《記》曰'禮射不主皮'，言詢民乃以禮，射及之，非禮射也。況詢民曰主皮，禮射曰不主皮，明相反。季長以詢民當禮射，誤矣。二也。即如來論改正，快甚。至爲力不同科，來書未及，則從季長作力役説，與不主皮爲二事，同爲古道，似是。若作解射，則古四矢如樹，乃主貫皮，與《集注》反也。且謂禮射貴德不貴力，則詢民之射，將問其賢而賓興之也，乃專主力乎？河右又有解，謂與力射不同等，則力字上添一與字，下添一射字，亦屬强增。"

問："《關雎》，《朱注》以爲宫人思樂后妃得其性情之正，不從之，何也？"曰："詩不可但以理論也。朱子每以理論詩，則此注於理有歉矣。宫人，誰之宫人耶？文王文定方十四五歲，未得先有宫人，以思后妃。若曰王季宫人，則國君之子年方幼少，何至爲之思妻至於寤寐反側。且宫人者,非宦寺則宫女也,琴瑟鐘鼓豈其分所可爲者? 乃謂得性情之正,則性情之正在宦寺宫女矣,王業基之宦寺宫女矣。用之鄉人,用之邦國,皆欲其以宦寺宫女爲法矣。有此事乎? 理乎?《序》謂后妃思進窈窕之衆賢,未得而憂,既得共事宗廟,樂行而樂,何其風雅,可感可歌。似不必爲新説也。"

問:"'管仲器小'不用《集注》'致主王道'句,何也?"曰:"聖賢之道,隨時轉移。孔子時,周德未改,如有用我,不過輔諸侯以尊周,如管仲所爲,特大小不同而已,故許管仲之仁。孟子時,則周運已燼,時當興王,故勸齊梁以王,而鄙管仲霸功。君子時中之道也。馮氏乃謂孟子尊王賤霸即孔子意,則其所謂不行王道者,見仍未晰,而辯之辭費,故已之。"

問:"三歸不作臺解,何也?"曰:"三歸即三娶,婦人適夫家曰歸。《食貨志》公孫弘、鮑彪、包咸其説皆同。而朱子乃獨據《説苑》,則毛河右、王草堂皆以爲《説苑》引《戰國策》而誤也。按《國策》言宋君奪民,時以爲臺。子罕爲司徒以掩之。齊桓公宫中有女市女閭,管仲爲三歸之家以掩之。《説苑》移用,誤因上文云築三歸之臺,君之非在多女,而仲以築臺掩之,是遮甲以爲障乙也。且歸字無解,後人以民歸爲説,算法爲説,强解矣。王草堂曰:三歸,具官樹門反坫,皆僭也。但樹门反坫不可言奢,三歸具官,則可言奢耳。"

問:"木鐸,《集注》曰'得位設教',又曰'失位行教',皆不用,而用《注》《疏》,何也?"曰:"得位設教則不驗,失位行教則未盡。蓋封人一見夫子,即知其非一身一時之人,而天委以天下萬世之重者,必將脩明禮樂,表章倫物,以詔無窮,是已定其爲後世斯文之宗矣,故曰为木鐸,故曰何患於喪。此誠知天知人之巨識也。孔子夢坐於兩楹之間,亦先自知,正同。"

問:"《集注》'善者美之實'不用之,何也?"曰:"朱子曰,美指聲容之盛,美之實指寓於聲容之内者,善乃美之所以然。若是,則《武》之未盡善,乃有美而無實乎? 無美之所以然乎? 難以解矣。愚謂美善皆於聲容見之。音諧律吕,舞有文章,美也。《韶》《武》所同也。《韶》之聲容,九功叙,九德歌,天無不覆,地無不載,又盡善也。《武》之聲容,病不得衆,恐不逮事,蹈厲盛威,未盡善也。《韶》《武》之异也。"

里 仁 四

黄宗夏問:"'好仁'章《集注》分三層,首言成德者之未見,次言用力者之未見,末言用力而力不足者之未見。如何?"曰:"好仁惡不仁,即用力也。無尚不使加,即用力而力足也。末一節姑爲一疑,以决力不足者之無其人。首尾一氣呼吸,安分三者?"

問:"《集注》人過該君子小人,何如?"曰:"觀過斯知仁,而改云斯知仁不仁,非聖言矣。”

問:“‘懷德’章初用《集注》而何又更之?”曰:“初用《集注》,以懷土懷惠爲私欲小人。既思《康誥》曰‘土物愛厥心臧’,細民何嘗不教之懷土?孔子曰‘惠則足以使人’,若人皆不懷惠,聖賢亦無可使矣?蓋小人對大人君子言即可,小知之小人,非宵小也。朱子又言懷刑之君子次於懷德,恐亦未安。刑,即法也。行法俟命,孟子言湯武,而謂其次於懷德乎?”

問:“《集注》一貫何如?”曰:“言借學者忠恕以明聖人一理渾然,又曰曾子借忠恕是將一貫放下説。吕文輔曰‘曾子言忠恕而已’,此乃言忠恕而未已也。”

公冶长五

問:“《集注》南宫敬叔爲孟懿子之兄,今以爲弟,何也?”曰:“《左傳》敘孟氏之生,先懿子次敬叔,懿子以長爲父後,而敬叔稱叔。其兄弟之分,本自瞭然。《集注》不知何見,豈以昭公七年孟僖子將死曰‘必屬説與何忌於夫子’先言説,遂以爲兄乎?不知僖子之言,蓋以説爲庶子,北面杏壇,猶爲常事何忌,將爲卿,恐不自屈,故屬其大夫曰‘必屬説與何忌於夫子,使事之而學禮焉,以定其位。’曰定其位,重在何忌之詞也,及下文序事,則曰‘孟懿子與南宫敬叔師事仲尼’,仍先懿子可見矣。其他《集注》如公叔文子爲秦大夫公孫枝,夏璉指爲夏瑚,《説苑》載伯子不衣冠,以爲《家語》,則皆誤耳。”

問:“《集注》子貢見孔子以君子許子賤,故以己爲問,何如?”曰:“子賤之許,子貢之問,各自爲章,誰見同一時耶?胡氏等多有此説。今竟有將《論語》章章頂續立議,殊爲穿鑿。然知其非者又謂‘鄉黨’章亦非類舉,‘堯曰’篇亦散見,非統論帝王,則又因噎而廢食矣。”

問:“解‘斯能信’與《集注》异,何也?”曰:“‘斯’承使仕言,自指仕之具,所謂‘如或知爾,則何以也’。信謂自信,己有其具也。《集注》以‘理’訓‘斯’,則落空虚矣。‘信’訓真知無疑,則訓‘知’非訓‘信’矣。蓋以心頭惺覺讲誦明理爲主,遂遷經就己,不自知耳。”

問:“《集注》材、裁通用,不從之,何也?”曰:“《稽求編》曰:‘材、裁古不通。’《周易》財成天地,《漢書》財察財擇,并非材字。即欲强通,而裁處之處,并不是取。凡事可受裁則曰取裁,今譏其不裁,而加以取字。材、裁可彊通,處、取難混見矣。”

問:“‘即始見終’,何不用之?”曰:“始終,一事也。若如此解,則聞一知二,乃知二事,聞一知十,但知一事,回反遜賜矣。”

問:“吴氏論子産是否?”曰:“行己事上養民,使民盡人臣之事矣。子産皆合君子之道,春秋時孔子而下第一人也。乃吴棫刻責之,曰但言有君子之道四,則其餘未至矣。請問,四者之外,是何事而子産未合君子之道乎?宋《注》如樊遲粗鄙近利,子貢欲爲皎皎之行聞於人等語,皆無據而詆先賢。又朱子謂‘學而時習之’看來好支離,陸子謂‘有若爲人孝弟’數章自幼覺其支離,則視聖賢無一可尊信矣,豈誠分道揚鑣者耶?”

問:“張横渠解‘居蔡’是‘爲室藏龜’,何不用之?”曰:“古櫝以藏龜,無脩宫室以藏之者。文仲即不知,不應至此。朱子從而説曰,刻山於節,以象龜之静,晝藻於梲,以象龜之潔,似文仲特設此象者。豈忘《明堂位》曰‘山節藻梲,天子之廟飾’乎? 天子又何象乎?”

雍 也 六

或問:“‘子謂仲弓曰’,《朱注》謂非與仲弓言,王草堂謂與仲弓言,孰是?”曰:“《論語》背謂者無曰字,如‘子謂子産’、‘孔子謂季氏’,面謂者有曰字,如‘子謂顔淵曰’、‘子謂子貢曰’,現有成例矣。王五公曰,‘聖人無對子而斥其父者’,泛論也。”

顔先生曰:“聖門諸賢,一月皆至於仁,一日皆至於仁,身分俱高。愚每學之,愧未能也。《集注》乃曰,或月一至仁,則猶日至矣。或日一至仁,則但時至刻至矣。且曰諸賢仁在外,仁爲賓,過哉。”

周煥采問:“程子等言不宰季氏,何如?”曰:“非也。《家語》閔子曾爲費宰矣。此時必有不可仕者耳。若曰视季氏不啻犬彘,不肯事之,則孔子曰出則事公卿,曾爲季氏吏,仲弓亦爲季氏宰,何大聖與德行之賢,固事犬彘乎? 冉有聚斂,自是其失,不在臣季氏也。子路不得其死,非臣於季氏也。”

問:“《集注》伯牛使夫子南面,視君道,尊師也,何如?”曰:“王草堂曰,伯牛尊師,夫子自處,固無此非分之禮也。觀‘子路使門人爲臣’章可見矣。”

國公玉問:“宋儒尋樂,樂果何在?”曰:“孔顔之樂,聖經有明訓矣。《魯論》曰,知之不如好之,好之不如樂之。之字皆指道言,則樂道也。孔子自居好學,曰‘樂以忘憂’,則樂學也。子之武城,聞弦歌之聲,莞爾而笑,則樂道之得行也。孟子曰,父母俱存,兄弟無故,人孝出弟之樂也。仰不愧天,俯不怍人,守先王道之樂也。教育天下英才,待後學之樂也。皆樂道也。周茂叔乃令二程尋孔顔所樂何事。朱子曰,今亦不敢妄爲之説,若説樂道,便粗加‘樂天知命’四字,又壞了這樂。以至陸子静曰,未知博學個甚麽,審問個甚麽。朱子曰,如今不敢説時習,須看見得那事物,方能時習。又曰,孟子道性善,須看因何理會。一個性善,作甚麽一派禪説,玄超藏鈎設謎,乃附孔顔之樂學者,不可不辨也。”

問:“‘祝鮀之佞’章不從《集注》,何也?”曰:“《注》有難講者。經云‘而有宋朝之美’,今改云‘不有宋朝之美’,一也。好美色者,人情也。若色不美,則平常置之矣。今曰難免,是億萬人中僅有一宋朝得免,其餘平常姿貌,皆爲人所憎惡,所傷害,雖衰世無此人情也。

二也。"

問:"'井有仁'不改作'人',何也?"曰:"經可解,何必改竄以啟荒經蔑古之端乎?"

問:"'夫子矢之'何不作'誓'?"曰:"子云,丘之禱久矣,有何不可白?而向門弟子發誓乎?"

問:"《集注》'立達,仁者之心也。'何如?"曰:"以己及人,雖分大小,各有其事。專以心言,恐入空虛矣。"

述而七

問:"《集注》'何有於我不敢當'之詞何不用?"曰:"孔子自謂不厭不倦,可謂云爾,今乃云我不敢當,不應出語相背如此也。"

問:"《集注》游藝爲小物爲末爲輕,何如?"曰:"庚子冬如江南,適鄭魚門。江寧校士訖,有一士曰李正芳,陳請鄭公以顏習齋之學訓士。鄭公批云:'習齋學重六藝,但道爲本,藝爲末,恐人捨本而趨末也。'李生來質,余曰:'達巷黨人稱孔子博學,孔子擇居射御,是以射御爲學也。子之武城,聞弦歌,而子游以爲學道,是以禮樂爲道也。孔門身通六藝者七十二人,而有德行,有不違仁,是德仁皆在六藝内也。以倫常日用言曰道,得倫常於身心曰德,心純粹曰仁,而其實事則曰藝。《集注》道藝分本末,誤也。自古有以禮樂爲末者乎?《記》曰禮樂不斯須去身,末務而何庸斯須不去乎?孔子曰,立禮成樂,文以禮樂,可謂成人,末務而何以成德成人也乎?然鄭公未可尤也。寧道孔聖誤,諱言鄭服非,漢唐重師承即然矣,何尤?"

問:"用行舍藏,注何如?"曰:"則行則藏,有求志達道之具也。《集注》如尹氏謝氏專以行藏無意必言,宋人不重經綸之具可見矣。事懼謀成,正告子路以行軍之道,非不與其行軍也。若不與其行軍,曷爲曰可使治其賦乎?謝氏乃曰其問卑,宋人之輕去武備又可見矣。此所以成一代消弱之乾坤也。"

張潛士問:"孔子未聞有戰事,門人何以記其慎?"曰:"孔子曰:'我戰則克。'想必嘗言戰事,故門人記之。且却萊兵亦戰也。若如范仲淹曰'名教自有樂地,何事於兵',則以戰爲非名教矣,當避而去之矣,尚庸慎乎?"

問:"五十不作卒,何也?"曰:"五十与卒字何涉?而劉氏遂改經乎?朱子又以《史記》爲證,謂子言在幾七十時。不知史家立言,前後錯綜。前已學《易》,而《類》記之贊《易》之時,原無礙也。若呆讀之,以爲七十前并未學《易》,則孔子自謂五十而知天命,知天命則全《易》在胸中矣,尚未學乎?且年幾七十,已作《彖》《象》傳矣,乃期許學《易》彬彬於數年之後，則聖人何以不知而遂輕作乎？"

問："'不知而作'章，《集注》何如？"曰："凡義理之誤，非故爲誤，以學術爲人誤也。然亦有不關學術而爲隨筆之誤者，或見不定而爲游移之辭者，如此章云孔子自云未嘗妄作，蓋亦謙詞。夫不妄作，非謙詞也。又云雖未實知其理，亦可以次於知之者。夫不實知其理，而何以爲知之次乎？但此無甚關者，概置不論。即義理，或已見前，或彼此可以互證，亦多遺而不論，自上論後半即然。爲不得已而辯道，道苟可明，非樂爲齗齗也。"

泰 伯 八

或問："《集注》'泰伯不從太王翦商'，何以不用？"曰："毛河右謂宋儒好造故事，如舜不立祖父廟，武王封衛，周公留洛七年等説，不一而足。即如此，則從古未聞。允若其説，是泰伯爲至德而太王爲逆臣也。且勁坐曰事見《春秋傳》，則《傳》曰'泰伯虞仲，太王之昭也。泰伯不從，是以不嗣'，乃言其出亡不從於家以承嗣，并未言不從翦商也。況朱子他日或問泰伯不從，是何事不從？曰去古遠不知何事。是朱子素原未嘗以不從爲不從翦商也。今乃勁坐之乎？至於太王翦商，出於《魯頌》，而後儒力辯其無，又誤也。今人一官半職，祖父在前已有豫卜其興者，況天下大器，至誠前知，而謂太王知商之將燼，周之將興，遂爲异乎？名昌名發，皆無意乎？《周書》武王曰'文考誕膺天命，惟九年，大統未集'，周公曰'天乃大命文王，殪戎殷，誕奉厥命'，此詩與言，皆太王文王之子孫，且躬有聖德，而又皆經孔子删訂者也。其子孫不以取商爲諱，至聖不以取商爲非，而後儒力辯太王文王必無此念，則後儒之見過於武王周公孔子耶？其愛太王文王過於其聖子神孫及從周之聖人耶？"

問："子言'民不可使知'，程子改爲'不能使知'，而曰'若聖人不使民知，則是後世朝三暮四之術矣'，何如？"曰："使民愚者，霸主之心也。使民智者，迂儒之見也。考三代教民之法，惟有正月朔日懸治象之法於象魏，使士民觀，十日而斂之。且狥以木鐸，曰不用法者，國有常刑。此外則教士而使民觀感，即以教民。故《大司徒》曰以鄉三物教萬民，《孟子》論教民祗在庠序學校，《王制》簡民之不帥教者，耆老皆朝於庠，元日習射上功，習鄉上齒，使其觀焉是也，無專聚農工商而教之者。教之則諭以事，如《月令》戒其容止婦女勿觀以勸蠶事之類，無專聚民而與之空講道理者，故驅而之善也。曰民之質矣，日用飲食從欲以治也。曰不識不知，順帝之則。自明有講聖諭一事，聚衆講説，且提醒忠孝，之所以然，乃道學講學之習所連而及也。究之，愚者莫能解醒，智者啟其穿鑿，而民俗日遠於古。朝聚夕散，擾民廢事，乃知'不可使知'之訓不可改也。"

问："《集注》則天以德言，成功文章以可見言，不從之，何也？"曰："鹿忠節曰：'帝王之功業即德也。'孟子答齊王以保民爲德。可見今分德與功業爲二,則德乃空虚之物矣。愚按:以巍巍乎贊成功,焕乎贊文章,極其推崇。今曰堯之德不可名,其可見者此耳,則重德而輕功業,與聖言不類矣。"

語四弟埈曰:"'唐虞'二句言周才之盛,下轉'婦人'二句言才之難,本自朎曉,今《集注》謂唐虞人才盛於周,則於下'有焉''而已'四字不可轉矣。乃添一'夏商不及周',以見其盛,非節外生枝乎?"

子罕九

問:"《集注》惜其不成一藝之名,何如?"曰:"無所成名,猶言民莫能名,正贊其大也。若曰惜之,則與大哉一贊自相背矣。"

問:"'子絕四'注何如?"曰:"聖人大而化之心體直同天地,乃以'物欲牽引循環無窮'八字考其有無,恐以常人之量窺聖人矣。"

謂習智曰:"'仰之彌高'四語,《朱注》'顔子深知夫子之道無窮盡大也,無方體化也。'其解甚是。蓋'如見卓爾'之後語下,則追叙其從入以文禮也。乃後又引胡氏,謂仰、鑽、瞻、忽未領其要,則誤矣。"

鄉黨十

問:"《集注》'與下大夫言剛直,與上大夫言和悦而諍',何如?"曰:"《集注》亦有義,但古注'與下大夫言和樂以與之,與上大夫言中正以陳,不敢和樂',其義更精,故用之。"

問:"'寢衣'不從《集注》,何也?"曰:"人軀七尺,而作一丈五寸之衣,立既不可著,卧又不可起,聖人有此迂而不通之事乎? 至更入齊必有明衣下,則改經習氣矣。"

問:"'山梁'節《集注》謂有缺文,而先生不闕疑,何也?"曰:"以'山梁雌雉'應翔集,以共、作應色舉,而中以'時哉'雙綰上下,而又綴於'山梁'句内,變化錯綜,不可方物,《周易》所謂物相雜曰文,通其變,遂成天地之文也。解此,則視之朗若列眉矣。非有缺也。"

傳注問·卷二

論語傳注問　下

先進十一

張籲門問："'如用之'專指用之爲治言，何也？"曰："君子禮樂不斯須去身，若如明代會墨有將用之以治身心語，則是孔子身心從未範以禮樂，而今乃發願矣。"

問："《集注》范氏曰：'學而後入政，道在於方册，讀而知之，然後能行。'是讀書即學矣。"曰："果學在讀書，子路乃言學不必在讀書，是顯然背論矣，何名爲佞？佞者，似有理而實强辯也。"

問："《集注》贊曾點胷次與天地聖人同，而以三子爲規規事爲之末。又曰三子皆欲得國而治之，故夫子不取，然乎？"曰："夫子本問應知，豈夫子已規規事爲之末乎？子曰：'安見五六十六七十而非邦？赤爲小，孰爲大？'而乃曰不取，明反聖言，何也？宋儒棄事功，樂虛曠，故深取曾點而斥三子，不知夫子與點明書喟然，則嘆道不得行，隨境尚可自主耳，非與其以春風沂水終也。"

顔淵十二

問："《集注》以'私欲'訓'己'，不用之，何也？"曰："'己'訓'私欲'，從無此解。且下文即曰'爲仁由己'。一訓'私欲'，一訓'我身'，頃刻异訓，可乎？聖門專重學禮，曰'約之以禮'，宋儒專重去私。學禮則明德親民俱有實事，故曰'天下歸仁'，去私則所謂至明至健者祇在與私欲相争，故訓'克'曰'勝'曰'殺'，訓'禮'曰'天理'，而履中蹈和之實事，程子四箴皆不及焉，遂使二氏翦除六賊之説，得以相雜。始以私欲爲賊而攻伐之，究且以己之氣質爲賊而攻伐之，是戕賊人以爲仁義也，其害可勝道哉！颜先生曰：'今人"非禮"一讀，"勿視"一讀，言不視非禮也。經文則"非禮忽視"作一讀，言視必以禮也。虚實之判，若天淵矣。故《集注》不言"天下歸仁"，而解曰"天下稱仁"亦虚亦小矣。'"

問："'心常存，故事不苟'，不用之，何也？"曰："'爲之難'，'之'字指'仁'言，難即仁者'先難'之難，言爲仁難，言自訒，何其明切！加一存心於爲事先，豈聖言尚待添補耶？"

鄭義門曰："有人解'死生'二句《朱注》諭司馬牛安命，非也。二句過文也。言死生則有命，富貴則在天，若兄弟，則非命天所能制，當盡敬恭以轉移之。"予曰："'商聞之矣'領起'死生'二句，何其鄭重！若以爲過文，與上鄭重之詞不倫矣。不論理而專執《集注》者固傷偏蔽，而近如此等异《注》之解，無關大道，好新奇，事穿鑿，又不可也。"

問："'棘子成'章與《集注》异，何也？"曰："惜其駟不及舌，而乃以君子贊其言，自相矛盾矣。'文猶質'二句解爲文質當并重，則下文不可接矣。添入若'必盡去其文，而獨存其質'方可轉下，豈經言有不從順乎？且以誤解經文，反詆子貢，過矣。'文猶質'四句，從上説君子也。而申之謂夫子必説君子之文同小人之質，則小人之質同君子之文，是凡皮同鞟，無以辨矣。"

問："'徹'從趙邠卿《注》訓'取'，不從《集注》訓'通'，何也？"曰："以《詩》'徹田爲糧'、'徹彼桑土'證之，則'徹'本訓'取'不訓'通'，且《集注》訓'通'，而曰耕則通力合作，收則計畝均分，憑空撰一《王制》，殊可异也。如此則九百畝爲一處耳，秋成分糧始分九分耳，《詩》何以分公田私田？《孟子》何以言公事畢然後治私？何以言八家皆私百畝，其中爲公田？《穀梁傳》何以言公田不善則責農，私田不善則責吏？處處與經傳相反，而遂特造一論乎？"

子路十三

語王帶存曰："《集注》以禰祖爲名不正，誤也。輒名不正在於拒父，若禰祖則從古有之。商太甲以孫繼湯，周桓王以孫繼平王，祖必入禰廟，未聞新祔之君有空禰廟而登祖廟者。魯僖公以兄繼閔公，周孝王以叔父繼懿王，閔公懿王亦必入禰廟。以不入禰廟，則廟中并無一弟廟姪廟可入也。嘗讀《春秋》矣，魯文公二年祔父僖公，時閔公先在禰廟，則此時當遷閔公於祖廟，而祔僖公於祢禰。而文公欲尊其父，閔禰不動，以僖为兄为大，竟遷祖廟主，躋僖於祖，時遂謂之逆祀。孔子後改正之，名曰'從祀'。《左傳》曰：'子雖齊聖，不先父食。'謂閔居禰廟久，僖即其子也。《公羊傳》曰：'逆祀者，先禰而後祖也。'謂僖宜禰者而先之，閔爲祖者而後之也。《穀梁傳》曰：'是無昭穆也。無祖也。'謂閔宜遷昭而仍禰廟在穆,僖當祔穆,而躋祖廟在昭不尊閔,無祖也。是則高曾祖禰四廟,以次遞遷,祧必在昭,祔必在穆,新祔者不論其世次爲父爲祖爲兄弟爲姪爲孫,而皆祔之禰廟,乃廟次一定之禮。且去者舊爲君,而新君曾爲臣,雖兄弟與叔父,皆臣也。以臣繼君,則猶子之繼父矣,亦傳位一定之情。出公,不祔祖於禰而何祔矣?"

謂蔡瑞生曰:"程子討陈恒之策曰'上告天子,下請方伯'。胡氏正衛輒之策又以此。是時列國弑奪,天子有一置是非者乎?而告之也?晋霸已衰,方伯爲誰乎?"

憲問十四

問:"'成人'章不用《集注》,何也?"曰:"《集注》云'兼四子之長'。夫爲學可勉也,兼他人之氣質不可勉也。以子路之行,行而欲兼冉有之多能細事,恐亦難矣。况人有秉質弱者而必兼卞莊子,秉質鈍者而必兼臧武仲,能乎?毋論不可勉,即勉之,亦非因員爲璧、遇方成圭之教也。一也。云'材全德備,渾然不見一善。成名之迹,中正和樂,粹然無復偏倚駁雜之獘'。雖聖人不過如此,而又云'亦'之爲言非其至者。二也。'今之成人者,不必文以禮樂',非聖人教人語也。三也。

顔先生曰:"道學不樂言智勇。即言智,必歸窮理,言勇,必主勝私。而於靈明之知,則以爲宵小,强武之勇,則以爲粗夫。視孔子之取臧武仲、卞莊子者,大有异矣。"

謂黄成憲曰:"孔子許管仲曰'如其仁',而《集注》曰'未得爲仁',不相反乎?子路言未仁,以有愧於心理也。而《集注》謂夫子許仁,專以功言,非論心理,則兩不相對矣,何以服子路?蓋管仲奉君命而傅其子,其子爲別子所爭害,皆君之子,不得以爲讐也。苟有一子見用,使齊功加諸侯,德及天下,則心安而理慊矣,何愧之有?"

古季榮問:"《集注》上達,何如?"曰:"程子言,'習而不察,不能上達',則'達'衹訓'通达',非一步一步達而上之,盡性至命,如神配天也。"

衛靈公十五

問:"'知及之'何以不用《集注》?"曰:"一連之字相屬讀,乃上'之'字指理,'莅之''動之'又指民,文不從順矣。且莊莅動禮,帝王禮陶樂淑,治平天下之大猷也,而曰小節,無怪後世學者置君國之經濟於不問,豈以爲小而不屑務耶?"又曰:"訓'知'不思處事,衹以爲明理,訓'仁'不思愛人,衹以爲制私,故上下列貪如此。"

問:"《集注》'後其食'與'後獲'之'後'同,何如?"曰:"大不同矣。'後獲'無'其'字,後有所獲也。此有‘其’字,於食置之在後也。

季氏十六

習仁問曰:“季孫憂在蕭墻,《注》《疏》指定公五年陽虎囚季桓子,而蘇東坡曰‘不然’。定公五年,孔子年四十七,冉有少孔子二十九歲,是時年十八,不能相季氏也。伐顓臾當在陽虎出奔以後,季康子之世。哀公七年,康子伐邾,以召吴寇,故曰‘遠人不服而不能來’。十五年,公孫宿以成叛,故曰‘邦分離而不能守’。朱子取之,故注曰‘其後哀公欲以越代魯而去季氏’。王草堂亦取其説。大人何不取而宗古注?”曰:“古人三十有室、四十强仕之禮,至春秋後漸變。甘羅相秦,子奇仕齊,皆在童年。《史記》載,季武子卒,平子代立,孔子貧且賤,及長,嘗爲季氏史,嘗爲司職吏,由是爲司空。考武子之卒,在昭公七年,孔子方十七八歲,則弱冠前後即已入仕。冉子年十八,不必不相季氏也。若以康子伐邾,致吴兵,爲遠人不服,則季氏暴邾,非邾不服。吴爲蠻夷大國,又非可以服、可以來者。又以公孫宿叛成爲邦分離,則成叛係孟武伯狂虐所致,與季氏無涉,何爲責季?且哀公患三桓之侈,欲以越伐之,而不能遂,如越而卒,是哀公祇以自病,未能憂及季氏也。所引皆不甚切矣。況孔子言三桓子孫微在桓子時,則‘吾恐季孫之憂’,是預料其有變,尚在既微以前,必平子末年桓子初年之語可知。若陽虎、公山作亂以後,則憂在蕭墻,塗人皆知,不勞聖人之先覺矣。”

問:“三友三樂《集注》言相反,不用,何也?”曰:“此作時文伎倆也。聖人立言,豈爲瑣瑣比偶哉?況以注文觀之,餙威儀似不諒,何以反直?工媚悦似不直,何以反諒?驕樂則侈肆而不知節,佚遊宴樂尚知節乎?佚遊則惰慢而惡聞善,宴樂驕樂者尚欲聞善乎?宴樂則淫溺而狎小人,驕樂佚游者不狎小人乎?”

問:“‘畏天命’不從《集注》,何也?”曰:“以《詩》《書》所言天命證之,率指吉凶之命,則《何注》爲長。”

陽貨十七

問:“‘繫而不食’何不用《集注》?”曰:“世有責匏瓜以飲食者哉?而何鄙其繫而不飲食也?”

問:“‘見惡’不從《集注》,何也?”曰:“《詩》云‘肆不殄厥愠’,君子而見惡於人者多矣,皋聞以惡爲善惡之惡,爲是。”

微子十八

問:"《集注》'五穀不分'何如?"曰:"丈人與子路萍水相逢,何由知其不識五穀乎? 況注云'不辨菽麥',是天癡也。子路何以至是!"

子張十九

問:"大德小德,何不以節言?"曰:"大德小德自指人,非若大節小節就事言也。乃認爲一,而反譏子夏之言有弊,誤矣。"

謂三弟曰:"朱子云:'洒掃應對之事,其然也,形而下者也。洒扫應對之理,所以然也,形而上者也。'夫事有條理曰理,即在事中。今曰理在事上,是理别爲一物矣。理,虚字也,可爲物乎? 天事曰天理,人事曰人理,物事曰物理。《詩》曰'有物有則',離事物何所爲理乎? 且聖道祇在其然,故曰'無黨無偏,王道平平。'道學專重所以然,故曰不見那物事不能時習,與异端'窈窈冥冥,其中有物'等語,不宛同一旨乎?"

問:"《集注》'必先有以盡其事而後可及其餘',何不用?"曰:"經言仕優則學,學優則仕,注乃謂仕優後學,學優後仕矣。"

堯曰二十

問:"'天禄永終'不從《集注》,何也?"曰:"'永終',吉辭,古無作'永絕'解者。《書》曰'惟永終是圖',《易》曰'君子以永終知敝',班彪《王命論》曰'福祚流於子孫,天禄其永終矣',漢靈帝《立皇后詔》曰'無替朕命,永終天禄'。"

傳注問·卷三

大學傳注問

鄭魚門曰:“大學從古讀泰學,不從《朱注》大人之學,何也?”曰:“經言大人小人,以位言,則有大人之事小人之事是也,以德言,則從其大體爲大人小體爲小人是也。薛方山曰:‘經無以年長爲大人、年少爲小人者,有之,乃鄉俗之談。’用以注經,謂八歲以上曰小人,十五曰大人,恐不可矣。”

習中問:“道訓路不訓法,何也?”曰:“明德親民,大學所由之路也。《詩》《書》禮樂,由其路之法也。訓道爲方,是以明親爲大學之法,而竟忘古人以何者明之親之,遂使明親有虛念而無實事矣。”

問:“朱注明德何如?”曰:“虛靈不昧,具衆理,應萬事,此心之訓也,非指性之德也。則所謂明者,佛氏之明心耳,豈吾儒盡性之學哉!”

又問:“《孟子》言,仁,人心也。仁,性也,即心也。今何分心性爲二也?”曰:“善哉問也。經有分言者,存其心,養其性,則心以氣質言也,性以義理言也。有合言者,仁義之心,心之所同。然曰理義,是義理即在氣質,無二物也。异端滅去義理,而專以靈明知覺爲心,已心非其心矣,又何與於性?”

閻樞臣問:“‘明明德於天下’,不用《朱注》,何也?”曰:“予著《大學辨業》時,謂《朱注》使天下之人皆有以明其明德,則是愚夫愚婦皆使之欽明正心矣,雖堯舜爲君湯武爲臣以治之,亦不能,不如《注》《疏》章明其德於天下爲是。然以爲辯之不勝辯,但用《注》《疏》而《朱注》不論。今思之,程子改親民爲新民,朱子訓使民皆明明德,此亦學術治術之大關鍵,不可不辨也。親民者,井田學校,富之教之,若保赤子,使民視菽粟如水火,有無相通,孝慈義讓,所謂必世而後仁也。民之質矣,日用飲食也,此王道之止至善也。若曰使民皆明明德以新之,是以教士者一概教民,非古人士之子恒爲士、農工商之子恒爲農工商之法矣。且可言不可行，講王道而必出於無用，豈小誤哉！"

方鐵壺問："格物必作三物，何也？"曰："物者，學中之物，即明親之事也。明親之事有外於六德六行六藝者乎？蓋六德即仁義禮智也，六行即子臣弟友也，六藝即禮樂兵農也，此外無道矣。自朱子認爲凡天下之物而草木并進龍螻雜陳，學人泛濫，茫無把持，矯而一變，遂爲姚江，歸於禪定，聖門之博文約禮者幾亡矣。"

馮樞天問心意之分。曰："心，統言之也。意，心所注之事也。心之物一，而心之境萬，動靜語默常變生死，或念及，或意外，隨其所值，而心即至焉。若意，則吾生欲爲何如人，何等事，而欲專赴之也。故心之所之曰意，意之所結曰志。志意一定，則終身之事決矣。終身誠此一意矣。盖君子庸人小人皆有心，而分正不正，意則至庸之人無之，君子意在爲善，小人意在爲惡，此其分也。"

謂方鐵壺曰："主敬存誠，誠意正心，道學把柄，然一往有誤。主一無適，乃主靜之功，非兢兢業業、小心翼翼之敬也。真實無妄，乃質民之誠，非返身而萬物皆備之誠也。誠意統明親。意者，知正修齊治平之善而欲爲之也。誠者，實其意而定於必爲也。意定然後可正修以明德、齊治平以親民焉。正心兼動靜，有念有事，無念無事，時時敬慎，使天君肅然中處也。若《朱注》，以意爲心之發，則心統動靜，誠意即屬正心功矣，何以經曰'欲正其心，先誠其意'，分爲二事也？况人心發念時多，未發時少，發念屬誠意，則正心之功僅幾希矣。若終日寂然惺然以爲正心，則异端之玄牝白業，又非聖學矣。"鐵壺曰："論道須以人心之不言而同然者，此其是矣。"

語三弟曰："誠意歸之慎獨者，言獨中既有此爲道之意，則當兢兢然如盟之天地、誓之鬼神，不可以不誠也。《朱注》以審易慎，以幾易獨，非經文矣。且審幾者何也？以爲善惡之幾，則率性而發，祇有善而無惡，格物致知后之意亦何至期於爲惡？若如時解爲欺慊之幾，則意在爲善去惡，而即誠於爲善去惡，如好色惡臭，或不誠，而曰'姑勿爲，姑勿去'，皆轉念，非幾矣。周子《通書》曰：'誠無爲，幾善惡。'陽明言'無善無惡心之體，有善有惡意之用'，正本周子，乃世專詆陽明，何也？"

語習仁曰："《大學》首段言道已盡，而以'此謂知本'、'此謂知之至也'二句接其本，亂數語而結之，以見修身爲齊治平之本。知本則知先後，知所止而知乃至也。後申明誠意，而又結曰'此謂知本'者，蓋'毋自欺'段言誠意，而即接以'瞻彼淇澳''前王不忘'二節，言誠意則德可明，民可親，至善可止。而乃引'克明'以及'穆穆文王'諸古事以証之，末引子言'無訟'，以見上誠意，則民意亦畏之而誠，是上誠意則德潤身而身修也，故再結'知本'。其下則申明正修齊治平之必有先後也。章法呼應之妙如此，程朱乃謂'此謂知本'句爲衍文，'此謂知之至'句釋格致，後'此謂知本'段釋本末，將經文割手添足，似不可矣。"

傳注問・卷四

中庸傳注問

陳睿安問:"性道,朱《注》皆統人物言,《傳注》專言人,何也?"曰:"《注》意照下天地萬物而非道矣。性通人物言,是孟子所斥告子以犬牛之性猶人者也。佛教狗子、如來齊進,猪、狗皆可成佛,固异端之説矣。若犬牛各率其性而爲道,則犬率其性而食臭,是何道乎?孟子曰:'萬物皆備於我。'謂服牛乘馬、隨山刊木,萬物裁成之理,皆在吾性中,非謂萬物與人同性道也。"

語劉其德曰:"《中庸》'戒懼'、'不覩不聞'與'慎獨',道學板分靜存動察,非也。謂不覩不聞之須臾亦不可離道,則覩聞之不離道可知矣。人以爲隱微而忽者,君子必不忽而慎之,則見顯之慎可知矣。故曰致中,言自其所不覩不聞,推至共覩共聞,無時不存其心也。致和,言自隱微推至見顯,無在不敬其事也。葢已不覩聞之時,人所易忘,固屬肯綮。而共覩聞之時,如兩軍鬭戰,殺人如麻,庸人於此面無人色,心飛膽戰,而天君湛然,神清氣定,豈屬易易。火熄修容,固爲誠篤,而見顯之處,動容周旋中禮,非盛德之至,何可能者!致之則三達德、五達道、三重、九經,皆全而無憾矣。天地萬物有不位育者乎!"其德曰:"向閲朱《注》'致中',謂自戒懼而約之,以至至靜之中,無少偏倚。疑其所不覩不聞,已屬至靜,此外又有一至靜,之中是何境界?聞此豁然矣。"

謂馮樞天曰:"宋儒分存養省察爲二事。不知存養省察皆正心之功,非二事也。君子九思,省察也,而思則得之。先立其大,即存養矣。曾子戰戰兢兢、臨深履薄,統省察存養言也。孟子'操則存',操必須省察,而即存養矣。蓋省察則心自存,存養則心能照,似又分功,而實一事也。宋儒皆爲周子所誤,周子爲壽涯、陳搏所誤,以主靜爲存養,遂板分曰'靜存動察'矣。"又曰:"世有存養而廢省察者,佛老真空玄虛之存養,非吾儒之存養也。省察而不存養者,雜霸機變色取之省察,非吾儒之省察也。"

張籲門問："朱《注》顔子蓋真知之，故能擇能守。何以不用?"曰："道不行由不明，必如舜智而道行。道不明由不行，必如回守而道明。則回之爲人節，自重行，何以又重知？且能擇，知也。又有一真知在其前，是何物乎？非异端圓覺之説乎？子曰：'學而知之。'《禮》曰：'人不學，不知道。'程子乃反之，曰：'進學在致知。'則其所謂學者爲虚字，而其所在之致知爲講誦、爲惺覺，非聖學矣。《書》曰：'知之非艱，行之惟艱。'而朱子曰：'真知自然行，不能行衹是不能知。'又反《書》言矣。陽明致良知正同此誤。乃爲程朱者，何以亦明知其近禪乎。"

古季榮問："'費隱'節，何不用朱《注》?"曰："《注》謂道者，莫能載莫能破。不能知不能行，是無用之道矣。何以解'費'爲用之廣乎？聖人不知不能，尚爲君子之道乎？豈君子又賢於聖人乎？如《注》，是道遠人矣。與下聖言背矣。而朱《注》下節曰：'道者，人之所共知共能。'何以頃刻兩論乎！"

謂吴穎長曰："朱《注》'誠者，真實無妄之謂。''真'字出二氏，無妄，無虚僞也，不足以盡誠也。孟子曰：'反身而誠。'乃反身而萬物皆備於我，四德充，萬善集，故曰善信充實而有光輝。故《易》亦曰：'篤實光輝，日新其德。'《中庸》疏'至誠'曰'敦厚崇禮'，曰'小德川流'、'大德敦化'，豈僅民之質矣，勝於私詐小人而已哉！且不讀《易》乎，'無妄，匪正'，'有眚，不利'，'有攸往'。又曰'無妄，災也。'宋人如王安石、司馬光，一造新法，一變新法，兩皆愚誠過激而致敗。朱晦庵於陸象山，各不相平。朱之門人至欲殺陳同甫。明東林激戇，遺禍士類，凶於家國，是災也。而豈至誠之誠哉！"

劉邦司問曰："朱《注》'君子之學，不爲則已。'夫君子而有不爲學者乎？顔先生改'有弗學，學之'，作句亦未安。蓋君子於正學亦有不能兼者。如學祭禮且弗學喪禮。冉有學足民，自言未嫻禮樂，皆有弗學也。"曰："得之。此亦顔先生所習講也。"

劉士宜問："'自誠明'節不用朱《注》，何也?"曰："謂性謂教，與前天命修道，一名兩解，殊爲不合。且經曰：'謂之教。'乃《注》曰：'由教而入。'是當謂之學矣，何以謂之教。"

閆季白問："朱《注》天道人道分章，不從之，何也?"曰："天道言天與人之道也，人道言人自盡之道也。今乃獨以自然之聖人爲天道，豈勉然者非天道乎？以勉然之人爲人道，豈聖人非盡人道乎？且故至誠無息，緊頂上文成己成物，而上文曰人道，此分之曰天道，王天下有三重，即帝王不過如此，而單歸勉然之人，文義皆不合也。"又曰："《大學》一章，《中庸》一章，朱子强分多章，誤矣。"

江陰徐翁世沐閲《中庸傳注》，批曰："大旨不差，第開捷徑。朱子曰：'捷徑一①開，靡

① 底本衍一"以"字，從《顔李叢書》删之。

然世爭。'趨掃記誦訓詁詞章村學究之窠臼，快則快矣，如捷徑何？"

曰："承教甚喜，然'捷徑'不敢不辨。愚之所傳者，顏習齋先生之學也。自聖道晦而朱、陸兩分。朱重誦讀著述，陸譏之曰'支離'。陸重心地澄澈，朱譏之曰'捷徑'。以其斥去聞見，直指性天爲頓悟，爲捷徑也。今顏先生之學，重《詩》《書》，習禮、樂，博依雜服，以孫以摩，操心省身，遷善改過，日慎月勵，未能遽成，路甚不捷矣。海内是此學者漸多，然以實力於學，實見於行，或畏其難。翁乃以爲捷，非洵口之言乎！"

《傳注》云："子思當時，論性測天，處士横議之禍已萌，如談天臧三耳是也。"批曰："《中庸》隱怪，是知賢之過。"

曰："翁亦知論性測天者之爲隱怪乎！請與翁平氣一商。程子教人静坐探會性天。又曰'道通天地有形外，思入風雲變態中'。張横渠日思天地之理，有所得即夜必起書。非正戰國之談天乎！道有當然，有所以然。子孝臣忠，當然也，必有所以然。耳聰目明，當然也，必有所以然。非正兩耳爲耳，有所以耳者，爲三耳之説乎！而乃主之，而不以爲過乎！"

《傳注》云："性即三達德。"批曰："性乃五性兼三達，理氣該。"又曰："性不止三達。"

曰："性乃五性，必本朱子《太極圖解》者，此七百年爲异端所紿也。塨注《易》，已辯《太極圖》之非矣。兹復畧言之。《太極圖説》曰：'無極而太極。'夫《易·系辭傳》曰：'易有太極，是生兩儀。'言大衍也。謂大衍之五十不分者，爲太極也。分而爲二，以象兩則生兩儀矣。非謂有物焉，生天生地也。自莊老教興，《道德經》曰：'有物混成，先天地生。'《易緯·鈎命訣》曰：'天地未分之先，有太極。'《乾坤鑿度》曰：'太極成乾坤行。'《漢·律歷志》有'太極元氣函三爲一。'謂太極包子丑寅三元而歸於一元，即天地人三才也。則天地之先，實有一物能生天生地，已屬鈎索异論，乃又加無極於其上。《老子·知其雄》曰：'知白守黑，復歸於無極。'《莊子·在宥》曰：'游無極之野。'道家遂造《太極先天圖》，載之《度人妙品》《真元妙經》諸卷内。傳至陳摶、周敦頤，有《圖説》云：'自無極而爲太極。'朱子改之曰'無極而太極。'則又有一無極在太極之先能爲太極。夔虚罔象，愈莫可究詰矣。陸子静、王山史、毛西河、王草堂各有駁辨可觀。《圖説》云：'太極動而生陽。動極而静，静而生陰。静極而動。一動一静，互爲其根，分陰分陽，兩儀立焉。'胡衡齋曰：'太極動而生陽，則未動之先何爲耶？若果有未動，則當曰静矣。是先静而生陰也，何以曰動而生陽，乃曰静而生陰也。且曰動極復静，静極復動，當其時，兩儀未分，七政未立，不知幾何時而爲動之極也，幾何時而爲静之極也。'《易》言'天尊地卑。'《詩》言'上天之載。'《中庸》言'爲物不貳。'概未言鴻蒙之先有若是之次第也。毛竟山曰：'動静有常，指天地言。未聞陰陽未生，天地未立，而先有動静者。'《圖説》云：'陽變陰合而生水火木金土。五氣順布，四時行焉。'又云：'無極之真，二五之精，妙合而凝。乾道成男，坤道成女，化生萬物。'朱子曰：'五性者，水火木金土之德也。'按:《洪範》'水火木金土'曰五行,謂流行人間之物也。《禹謨》并穀言,曰'六府',謂貨財之所藏也。故春秋子罕曰:'天生五材,民并用之,廢一不可。誰能去兵。'明以五行爲材物,爲民之所用,兵即其一物。史墨曰:'天有三辰,地有五行。'又明以五行爲在地之物。叔向曰:'天有五材而用之,力盡而敝之。'明言天用五行之物,其物力盡則敝。此誠聖賢相傳明且清之言也。自鄒衍推五德相禪,漢宋人遂以五行與陰陽并列,謂其生人生物,成形成性,則聖經所無矣。且即以木言,人能植木,而謂木能生人乎!僨矣!羅文莊云:'凡物必兩,而後可以言合。'太極與陰陽果二物乎!其爲物也果二,則當未合之先,各安在耶?乃宋人又有一五性説,周子《通書》'性者,剛柔善惡中而已矣。'朱子解云:'氣稟之性,不出五者。太極之數,自一而二,剛柔也。自二而四,剛善柔善剛惡柔惡也。遂加其一中也,以爲五行。'孟子曰:'乃若其情,可以爲善。''若夫爲不善,非才之罪。'陷溺之過也。乃歸惡於性乎!氣稟乎!且二而四有兩善兩惡加一中以爲五行,豈四象爲二善二惡乎!五行乃二善二惡一中乎!豈四端亦二善二惡乎!中乃後加之乎!此何語哉!今翁言'五性兼三達','性不止三達',皆因誤語誤。《易》言'四德',《中庸》言'三達',《孟子》言'四端',一也。生生之德,性也。在天爲元,在人爲仁。而仁之裁制即義,節文即禮,辨别即知,强力即勇。《易》言'四德'而後乃專曰'仁以行之'是也。聖賢之言,融會貫通,不似後儒章句偶排如櫛也。乃曰'性不止三達',豈聖言達德有遺漏乎!'理氣該'語亦有病。天下之物必有專理而無氣者,有專氣而無理者,而此乃曰'理氣該'也,而焉有之?且理字聖經罕見,惟《易》'窮理'、《中庸》'文理'、《孟子》'理也'三言,乃指道之條理,餘皆言道。自宋儒以理爲談柄,而道字反輕。傳至今日,智愚皆言理而罕言道矣。竊謂即以理代道字,而氣外無理。《易》曰:'一陰一陽之謂道。'謂陰陽之氣即道也。《中庸》'君臣父子夫婦昆弟朋友,天下之達道也。'即以通行五倫爲道也。《孟子》道性善曰:'道一而已。'即以同稟之仁義禮智爲道也。未有陰陽之外,仁義之先,而别有一物爲道者。有之,是老莊之説,非周孔之道也。乃朱子終身認理氣爲二,曰:'陰陽是氣,太極是理。'曰:'氣有不存而理却常在。'又曰:'有是氣則有是理,無是氣則無是理。'又曰:'氣强理弱,理管他不得。'其言大可游移,大有疑愕,覽者亦當一思矣。"

《傳注》云:"性出爲道,道立爲教,皆道也,豈可須臾離哉!"批曰:"道不必兼教。"

曰:"自治爲道,治人即非道乎!道不兼教,則教時可離道矣。世儒好静坐,畏動作,高誦讀,卑事功。其獘至於户庭之外,遂同胡越,禮樂刑政,并愧童觀,故視修道之教在外也。"

《傳注》云:"不覩不聞僅須臾耳,而念即旋生。"批曰:"亦不止須臾。"

曰:"翁於内地或未用力,但隨筆爲言耳。王陽明曰:'人心少有無念時。'陸桴亭曰:

‘嘗於夜閉目危坐，屏除萬慮，以求所謂中。究之，念慮不可屏，一波未平，一波又起，或一時强制使定，又思此念亦是已發。間或一時嗒然若忘，以爲此似之矣，然此境何佳？而先儒教人爲之，且不幾入於學禪者耶。久之，始知人心原無息時，不可一概遏抑。所云未發者，不過念慮轉接毫髮之間，初無一日一時之可計也。子思所謂須臾也。’塨嘗體驗，静時心易起念，以心未有念也。動時易無雜念，以心有一念也。固擬存心之道，不論無念有念，無事有事，總持一敬。是戒懼也。异端形如槁木，心如死灰，則不止須臾矣。然此乃异端功力，非未發境界也，無戒慎恐懼也。”

批“鮮能知味”節曰：“陸稼書云：‘老大始知氣質駁，思量祇是讀書粗。’賢知之過，駁也。鮮能知味，粗也。”

曰：“翁前批曰‘掃記誦、村學究之窠臼’，雖屬不平語，然未嘗不以爲記誦如此其卑也。乃此又專歸之讀書，始知後儒雖講聖説賢、猜天測地，而本領功業只是日讀幾千遍。白面書生伎倆，千萬口强無能遮飾，諺云‘三句不離本行’是也。况以氣質駁歸之讀書粗，亦不其然。古帝命夔教胄子直而溫、寬而栗，氣質可謂純矣，而化之惟以禮樂。孔子言文，知廉勇藝，以禮樂，未嘗言如何吾伊繙閲也。而帝廷孔門，氣象中和，千古爲昭。宋、明以來，儒者各立門户，一聞异己之言，輒盛氣相加，以致結黨修怨，害於家，凶於國。其氣質之駁爲何如者，豈讀書不細之過耶！陸稼書任靈壽，邵子昆任清苑，皆有清名。而稼書以子昆宗陸、王，遂不相合，刊張武承所著《王學質疑》相詬厲。及征嘎爾旦，撫院將命稼書運餉塞外，稼書不知所措，使人問計子昆。子昆答書云：‘些須小事，便爾張皇。若遇宸濠大變，將何以處之。速將《王學質疑》付之丙丁，則僕之荒計出矣。’然《質疑》一書多可採觀，其闢陸、王躐等性天之獘甚切，但其駁陸王者，即駁程朱者也，乃一主而一奴，此尚歸之讀書不細耶！抑有所蔽，遂不自知耶！”

批云：“‘素’必當作‘索’，索隱。知者行怪，賢者分兩項。”

曰：“素隱本可解，必以《漢書》引之作索隱，遂謂素是訛字，則《漢書》曰‘好問近乎知’，豈好學又訛乎！至以素隱爲知，行怪爲賢，亦自可通。然朱《注》分配有不妥者。《四書牘言》曰：‘幼時聞先教諭兄講“哀公章”，詢曰：“生知爲知，學知爲仁，困知爲勇，又三近爲勇之次。未能釋然。”先兄無以應。’顔先生曰：‘朱《注》“天地位”跟“致中”，“萬物育”跟“致和”，而又曰“未有致中而不和，致和而不本於中者，未有位而不育，育而不位者”，則何爲分配矣。’‘不見而章’三句，統言至誠功用，出於自然。朱《注》乃謂不見配地，不動配天。則地日見，天日動，難以解矣。”

《傳注》云：“舊解費隱爲泛言道體，非也。”批曰：“泛言道體是《中庸》之妙，無極之真。非見聞所及，非君子隱之也。”

曰:"如翁批,豈以費而隱爲有而無乎! 王山史辯《太極圖》曰:'無理而理,無道而道,此何語也!'胡朏明曰:'自無極而爲太極,道家之説,有生於無也。無極而太極,佛家之説,空即色也。'今翁又以爲有而無,則色即是空,道而無道矣。"

批"素"字《注》曰:"不如'見在'妥貼。"

曰:"'素'從無訓'見在'者,且見在其位而行,句法不甚穩。必如朱《注》上加一'因'字,中'其'字變爲'之'字。曰'因見在之位而行',乃可成文,則如《論語》'因民之所利',重在'因'字,《中庸》安有此而添之。"

《傳注》云:"體如體群臣之體。君非臣體也,而軫恤之至如體之。鬼神非物體也,而肹蠁之至如體之。"批曰:"不如訓幹事爲妥貼。"

曰:"朱《注》:'體物,猶《易》所言幹事。'言鬼神爲物之體,而物所不能遺,是非體物而不可遺,乃鬼神爲物體而不可遺也。非經文矣。其見總以物伸爲神,物屈爲鬼。故其言曰:'如風雲雷電,初發時神也。及風止雨過雷住電息則鬼也。精氣聚而爲物,何物而無鬼神? 天爲神,地爲鬼。春夏爲神,秋冬爲鬼。晝神夜鬼,日神月鬼。潮來爲神,潮去爲鬼。人氣之呼吸者爲魂,魂即神。耳目口鼻爲魄,魄即鬼。上體爲神,下體爲鬼。語爲神,嘿爲鬼。動爲神,静爲鬼。'嗚呼! 從古有稱地爲鬼、月爲鬼者乎! 人上體爲神,下體爲鬼,則一人半神而半鬼,不大可愕怪乎! 人静而嘿即指之曰鬼,則宋儒半日静坐是半日學鬼矣,而可通乎! 且若是,則觸目入耳當前皆鬼神矣,何以曰'視而弗見,聽而弗聞'? 況人爲鬼神,則使天下之人,即鬼神使天下之鬼神矣。物體即鬼神,則鬼神可度矣,不須言格矣。蓋天地之中,人物之外,實有鬼神,上下兩間。《周禮》:大宗伯掌天神人鬼地祇諸禮。《論語》曰'禱於上下神祇',則鬼神又分二禮。即有時地亦稱神,人鬼亦稱神,而天神地祇無稱鬼者。《易》曰'精氣爲物',言氣之精靈聚而爲物,其精氣主宰即神也。如天地,物也,而有天地之神。門、竈,物也,而有門竈之神。又曰'游魂爲變',言人死則浮魂游蕩,散而爲變,其變之千態萬狀,皆鬼也。故曰:'知鬼神之情狀。'《祭義》曰:'氣也者,神之盛也。魄也者,鬼之盛也。'衆生必死,死必歸土,此之謂鬼。骨肉斃於下陰爲野土,其氣發揚於上爲昭明,爲焄蒿悽愴,此百物之精也,神之著也,則專指祖考之鬼神即遊魂爲變也。故下文接言宫室宗祧報氣報魄之禮,此經言鬼神之明據也。其爲制也,則先王制圜丘方澤以祀天地之神,社稷以祀土穀之神,望禮以祀山川之神,百祀以祀百物之神,宗廟以祀祖考。載於三《禮》,昭如日星,豈爲徒設? 故祭祀一節,實指鬼神之盛,非如後儒解指鬼神内之一端也。蓋凡鬼神,聖人皆有祭禮奠定之,祭祀之外無鬼神矣。如有之,必今世异端所謂三官菩薩之妄誕者,豈鬼神之正哉! 如在其上,如在其左右,神之格思,即經文自訓體物也。後儒不遵孔門下學而上達之定塗,躐等而求性天,而實下學上達一失兩墮。言性則曰'性有惡',是不知性矣。言天則不知郊祀天、明堂祀上帝爲何道，而但混曰‘天者理而已’。《越陰癠語》曰：‘謂天即理，則《論語》可曰“理生德於予”、“理之將喪斯文”、“理厭之，理厭之”乎！《孟子》可曰“理之未欲平治天下，吾之不遇魯侯，理乎”！’今言鬼神又如此恍忽，乃知知性知天不可以强探力索得，亦不可以從容玩味得也，必宜先正其下學之功矣。”

《傳注》云：“《祭法》‘有虞氏祖顓頊，以下窮蟬、敬康、句芒、蹻牛、瞽瞍，共六世。’舜受命爲帝時，瞽瞍尚在。祖廟以顓頊下四世爲四親廟，是宗廟饗之也。”批曰：“《祭法》不是，舜無四親廟。”

曰：“曾見翁批《禮記》，宗石梁王氏等説，删抹甚多。此似毁經蔑古，不可學者。今復曰‘《祭法》不是’，則《國語》亦云‘有虞氏禘皇帝祖顓頊’，將《國語》又不是乎？舜無四親廟，則木本水源，即在監門傭卒，無不感夫春露秋霜者，曾舜而監門傭卒之不如乎？《孟子》曰：‘以天下養，養之至也。’乃以天下養，不以天下祭乎？且此‘宗廟饗之’將作何解？若曰‘堯廟而舜饗之’，則與瞽瞍何與？而入於大孝之内也。《尚書廣聽録》曰：‘蔡氏《注》書據蘇軾之説，謂神宗堯廟，其意謂舜受堯禪，則舜一代不當立廟。’此皆小人之腹，妄測大典，遂紊倫常。天下豈有身爲天子而不爲祖宗立廟者？然則孔子所謂‘宗廟饗之’者安在？若謂宗廟饗、子孫保，皆指商均以後言，則當身不事祖考而欲使子孫事祖考乎！且此何所見也。况蔡《注》引《祭法》‘有虞氏禘黄帝而郊嚳，祖顓頊而宗堯’證堯廟。正惟此時舜自立有虞氏之廟，故得禘黄帝祖顓頊。禘與祖皆廟中之祭，黄帝與顓頊皆舜之親，堯未嘗與顓頊有統系也。此舜立廟也，其郊嚳而宗堯者，以舜不宗舜，論功德所授，當以郊祀配天屬之嚳，宗祀明堂屬之堯耳。至於宗禹、宗湯、宗武王，皆繼世之主所宗，舜無繼世也。然且所郊所宗，皆係特設，與廟主無與。而蔡氏以宗堯證帝堯之廟，是誤以宗祀爲宗廟矣。且《益稷》篇曰：‘祖考來格。’馬融謂此乃舜除瞽瞍之喪，祭宗廟之樂。雖不知在何時，然以簫招九成觀之，則禹爲舜興九招樂在禹攝政後，必瞽瞍爾時始死，觀舜踐帝位後，常載天子旗朝瞽瞍可驗也。其曰虞賓者，堯子丹朱助祭稱賓，則舜立宗廟明矣。而蔡《注》於祖考二字不置一解，不知爲誰祖誰考，天下有注經如是者乎！塨按：五帝首黄帝，黄帝至堯五世。文祖，孔《傳》曰：‘堯祖廟，舜追祀，自出之帝不過黄帝。’則堯祖廟爲黄帝明矣。神宗，孔《疏》曰：‘舜始祖之廟。’《祭法》則明曰‘祖顓頊’矣。向來闕義，可以豁然。”

《傳注》云：“仁者，人也，得於天者也。故知人須知天。”批曰：“‘知天’不若朱《注》‘雙承’爲是。”

曰：“經言‘思知人不可不知天’，而讀曰‘思知人、思事親，不可不知天’，是乎？”

《傳注》云：“曲，一灣也。”批曰：“一偏，奚不妥貼？必釋云‘灣’。”

曰：“曲亦微有偏意，但不如訓灣爲妥，何者？曲禮三千，言其細微灣曲，各有規矩，不可曰‘偏禮三千’也。即曲節曲藝,若曰‘偏節偏藝’,曲徑曲水,若曰‘偏徑偏水’,亦不合。”

《傳注》云:“至誠,虛靈前知則如神矣。”批曰:“無發明。”

曰:“愚注虛靈前知四字,謬用《易》‘神以知來,智以藏往’也。寂然不動,感而遂通天下之故也。今教曰‘無發明’,蓋以爲必如朱《注》‘誠之至極,無一毫私僞留於心目之間,乃能有以察其機’爲有發明也。愚謂宋儒之學,以無私为極,故訓仁曰‘無私欲而有其德’,訓誠曰‘無私僞’,論學問曰‘去私存理’,論治道曰‘遏人欲於横流,存天理於既滅’。然細研聖賢之學,去私其始事也,而非其至也。即以顔淵、仲弓問仁二章論之,克己復禮乃約我以禮也,不專去私也。出門使民如承賓祭,修己以敬也,非去私也。惟‘己所不欲,勿施於人’是爲公以勝私耳。故以學問言,禮陶樂淑,存心養氣,不専在制欲也。以功業言,致治戡亂,允文允武,不専在防淫也。至於‘不顯惟德,至誠無息,光被四表,格於上下’,又豈僅無私之云?况异端亦曰‘無私’。墨子兼愛,尚何利心?而罪至無父。佛氏去聲色,屏六賊,專專制私,而爲無父無君之教。豈聖學而無私盡之乎!”

批“崇禮爲亟”曰:“不然”。

曰:“孔子言:‘博學於文,約之以禮。’約之,即約所博之文也,則聖學惟一禮矣,内外合,知行盡矣。乃曰‘不然’,何也?禮者,《孟子》所謂節文也,恭敬辭讓也。宗程朱者以‘天理’二字混之,宗陸王者又直指良知,曰‘禮者,吾心之大規矩也’,而禮入空虛矣。晋人之於禮也,明廢之。宋明之於禮也,陰棄之。此世道人心之憂也,豈解經之失而已哉!”

《傳注》云:“‘其大無外,其小無内’二語出於莊、列、屈原言,仙道亦同,非聖道也。”批曰:“用古不拘。”

曰:“《孟子》云‘誦堯之言,堯也。誦桀之言,桀也。’乃用异端之言以亂道,皆不拘乎!”

大学傳注

大學傳注

蠡吾　李塨　稿

大　學

大，音泰。大學，先王教士之所也。《周禮》教之物有三：一曰六德：智、仁、聖、義、忠、和。二曰六行：孝、友、睦、婣、任、卹。三曰六藝：禮、樂、射、御、書、數。《學記》稱四術，曰：詩、書、禮、樂。孔門弟子恐世傳習其學而不識其道也，故著其道爲《大學》篇。惲皋聞曰："篇内所謂格物，即此三物也。"

《大戴禮·保傅篇》曰："古者年八歲出就外舍，學小藝焉，履小節焉。束髮十五成童也。而就大學，學大藝焉，履大節焉。"而賈誼《新書·容經篇》亦言："古者年九歲入小學，蹍小節，業小道。束髮就大學，蹍大節，業大道。"《内則》曰："子六年，教之數與方名。七年，男女不同席，不共食。八年，出入門户及即席飲食必后長者，始教之讓。九年，教之數日。十年，出就外傅，居宿於外，學書計，衣不帛襦袴，禮帥初，朝夕學幼儀，請肄簡諒。十有三年，學樂誦詩舞勺，成童舞象，學射、御。二十而冠，始學禮，可以衣裘帛，舞大夏，惇行孝弟，博學不教，内而不出。三十而有室，始理男事，博學無方，孫友視志。十五以後，則大學之學也，與小學同此道藝，但使之從小入大耳。

"誠意"以至"治平"，下皆有覆明之文。而致知格物無者，以致知之功在於格物，而格物之事即在大學。作書者之時，大學教法尚在，不必言也。惟恐時之學者，浮游其物而體用不實，故指其道曰在明親止善。然明親之道，舍學何由？故又曰致知在格物。今釋其文，曰大學之道在誠意正心脩身齊家治國平天下，而欲平天下治國齊家脩身正心誠意者，先致知，致知在學，則瞭然矣。

脩齊條言人情偏向之弊，而未言範圍之禮樂，治平條言理財用人宜絜矩，而不言田賦勸省選舉計察之實政，亦以孔孟前，《周官》大學成法俱在，無事詳言，故專言其道之先後相需，以示學者所趨也。若不解此，而於近者古法秏斁之時，徒讀《大學》一篇，以爲學教實法盡是，則又誤矣。譬之言成衣然。成衣之道，在成單衣，在成緼袍。在單衣緼袍皆成之甚佳，以識其綱。又衣有領有褎有身有齋，領欲圜，齋欲便利，身欲正，齋欲齊，以列其目。而尚非成衣之實事也。實事則用翦用鍼用綫之類也。師以是教，弟以是學也。朱晦庵曰："大學是一腔子，須填實。"此言得之。

王草堂《二經彙刻》曰"自程明道移易《大學》，而伊川再易，是弟不以兄爲然也。二程之學，遞傳至於朱子，朱子遞傳，以至王柏。乃朱子再爲移易。分原文一篇者爲十章，曰一經九傳，而又補一傳。王柏又削補傳，移'知止'至'則近道矣'於後，合'聽訟'節爲釋格致。是徒不以師爲然也。嗣後，蔡清季本葛寅亮豐坊弇州後渠，皆有改本，是後儒不以先儒爲然也。何如恪遵原文？焉有异同？况原文載在《注疏》，其板歷藏國學，非一時一家之書。今改本變亂，無所底止，自當復原文以正之。

大學之道，在明明德，在親民，在止於至善。

道，路也。言大學之路在於成己成物也。德者，性之仁義禮智也。明，明見於《詩》《書》，明而又明也。即下文日新又新，學脩恂慄威儀之功也。《孟子》"江漢以濯之，秋陽以暴之"，明明德之象也。親，如保赤子也，養也，教也。止者，至於是而不遷也。至善，中也。如佛老之空虚以爲明心見性，雜霸之權術以爲治平，非善也。

知止而后有定，定而后能静，静而后能安，安而后能慮，慮而后能得。

接止至善，而明其始於知。知止而后，定静安慮，明親可得所止焉。定，事定於一也。静，無妄動也。安，居之安也。慮，思慮詳慎也。

物有本末，事有終始，知所先後，則近道矣。

明德親民之具，物也。如禮也，非禮不動，所以脩身，本也，齊民以禮，末也。事，其物事也。知始也，得終也。

古之欲明明德於天下者，先治其國。欲治其國者，先齊其家。欲齊其家者，先脩其身。欲脩其身者，先正其心。欲正其心者，先誠其意。欲誠其意者，先致其知。致知在格物。物格而后知至。知至而后意誠。意誠而后心正。心正而后身脩。身脩而后家齊。家齊而后國治。國治而后天下平。

明明德於天下者，章明其德於天下也。《注》《疏》。如《書》所言"光被四表"是也。脩身即下文忿懥恐懼好樂憂患之用、視聽食息之事皆脩之，使無愆差。如《禮》"頭容直，氣容肅，立容德，色容莊，聲容静，口容止，目容端，手容恭，足容重"，皆脩身也。心，身之主也。正，即下文心在也，謂正在中也。不論無念有念，無事有事，皆敬以直内，則有以檢其身，而後身可脩也。意，心所之也。欲爲脩齊治平之事也。誠者，欲爲脩齊治平也，則如好好色，欲不爲不脩齊治平也，則如惡惡臭，不苟且，或中止，或外飾而自欺也。如是，則意定於一，而后放心可求也。知，心之覺也。致，推極也。如脩齊治平，何爲至善？何爲非至善？明其當止之處，而后意可得而誠也。物，大學中之物，如三物四術脩齊治平之具。上文"物有本末"是也。格，至也。學習其物，必至其域、造其極也。《論語》"博學於文"是也。博學於文，則明親之道知矣。知而后可誠意以正其心，而行之於身於家於國與天下也，《論語》所謂"約我以禮""齊民以禮"也。此列明親之目，而見其先後之序如此。"意誠"以下，遞有所得也。

自天子以至於庶人，壹是皆以脩身爲本。其本亂而末治者否矣。其所厚者薄，而其所薄者厚，未之有也。此謂知本，此謂知之至也。

心以檢身，百體就職，脩身即該正心也，明明德也。脩身爲齊治平之本，即明德爲親民之本也，明物有本末也。不言終始者，即見先後内也。國與天下非所薄，而較之親親，則所薄矣。《孟子》曰："天下之本在國，國之本在家，家之本在身。"故又言厚家爲國與天下之本，愈見脩身爲家國天下之本也惲皋聞説。○○本末不可倒。如此則知本在脩身以明德，此謂知本，則知至善之所止。明德必脩身，則不混於空虚，親民由脩身，則不誤於雜霸，此謂知之至也。壹，《説文》云"專壹也，壹是專"是也。如《孟子》"志壹則動氣"，《穀梁傳》葵丘之會"壹明天子之禁"是也。

所謂誠其意者，毋自欺也。如惡惡臭，如好好色，此之謂自謙，故君子必慎其獨也。

自此以下,皆覆明上文明德親民先後之序也。格物以致知,即大學共習之事,孔門時所共知,不必覆明。"誠意"以下,則作《大學》者特列明親之目,故遞釋之。而誠意爲明親之首,故特釋之。心所欲爲之事曰意。君子既入學以格物致知矣,則意在正心脩身齊家治國平天下矣。然以此爲善,而非如好好色,以誠於爲,以不如此爲惡,而非如惡惡臭,以誠於去,是意不誠也。自有此意而自二三之,是自欺也,何以自慊足於心乎?故君子於獨念獨處之地必慎之又慎,如上帝臨汝,如鬼神在旁,不敢以自欺,則意必誠矣。意亦心之發,而有不同。心有感,感而生,不感而止也。有情,喜怒哀樂,有過不及,非必分善不善也。有雜念,閒事冗緒,無所爲善,無所爲惡也。有偶念,偶然念及,不必欲爲其事,且或有不能爲者也。此皆宜用正心之功。心正,則能照能攝,雜者一,妄者息矣。若此誠意之意,則有事焉而欲爲之也,即欲爲《大學》之事也,故曰"如惡惡臭,如好好色",故後文小人亦曰"爲不善"。先儒有以意爲"主意"者,愚謂意不必訓"主意",而誠之則主意定矣。自此,心可正,身可脩,而明親之事在所必爲矣。外此,又有爲惡之意,則下文小人之意,非《大學》誠意之意也。蓋君子誠意,誠於爲善去惡之意也,故曰"不自欺"。小人亦誠意,誠於爲惡去善之意也,故曰"誠於中"。惟庸人浮學,一意以爲道,又一意曰"姑勿爲",是之謂不誠。

小人閒居爲不善,無所不至。見君子而后厭然揜其不善而著其善。人之視己,如見其肺肝。然則何益矣?此謂誠於中,形於外,故君子必慎其獨也。

閒居,即獨也。厭然,悄阻閉藏也。言小人不能慎獨,以至惡見於外而不可揜,君子之所戒也。

曾子曰:"十目所視,十手所指,其嚴乎!"

嚴,畏敬也。承上而引曾子之言,言慎獨者之慎,如十目視之,十手指之,如此其嚴,憚也。

富潤屋,德潤身,心廣體胖,故君子必誠其意。

胖,大也。《鄭注》。其嚴如此,則誠意而身心俱攝,可正可脩,有德矣,故心以廣,體以胖。

《詩》云"瞻彼淇澳,菉竹猗猗。有斐君子,如切如磋,如琢如磨。瑟兮僴兮,赫兮喧兮。有斐君子,終不可諠兮。""如切如磋"者,道學也。"如琢如磨"者,自脩也。"瑟兮僴兮"者,恂慄也。"赫兮喧兮"者,威儀也。"有斐君子,終不可諠兮"者,道盛德至,善民之不能忘也。

承上"有德"而言明明德之事。《詩·衛風·淇澳》篇,美武公也。切、磋,治骨角者。琢、磨,治玉石者。瑟,如瑟絃之密也。僴,嚴毅。赫,明盛。喧,宣著。諠,忘也。恂,嚴。恂慄,戰慄。《邢疏》。謂心意也。有威可畏,有儀可象,謂身也。切磋,言學格物致知也。黄氏説。琢磨,言自脩,誠意正心脩身也。瑟、僴、赫、喧,覆言誠正脩之狀也。道,言也。誠意者,誠於明親止善也。故以下通釋之。

《詩》云:"於戲,前王不忘。"君子賢其賢而親其親,小人樂其樂而利其利。此以没世不忘也。

承上德盛而民不忘而言親民之事。《詩·周頌·烈文》篇。於戲,嘆辭。前王,文武也。君子,謂後賢。後王賢其賢,用前王所培之賢也。親其親,庇前王所建之親也。顔先生説。樂其樂,享前王太平之樂也。利其利,業前王田宅之利也。小人,後民也。

《康誥》曰:"克明德。"《大甲》曰:"顧諟天之明命。"《帝典》曰:"克明峻德。"皆自明也。

《康誥》,《周書》。《太甲》,《商書》。《帝典》,《堯典》《虞書》。顧,常目在之也。諟,是也。天之明命,即天命之德。峻,大也。承上言,古聖如文如湯如堯,皆明明德如此。

湯之盤《銘》曰:"苟日新,日日新,又日新。"《康誥》曰:"作新民。"《詩》曰:"周雖舊邦,其命維新。"是故君子無所不用其極。

盤,承盥水者。《銘》,刻戒其上也。《鄭注》。作新,振作以新之也。《詩·大雅·文王》篇。周,岐周。命,天命之爲天子也。承上言,古聖新德以新民,而至於新命,則明德親民,皆用其極也。極,即至善也。故下接言止至善之事。惲皋聞曰:"自新,新民,而至於新命,天人上下,焕然一新,所謂明明德於天下也。"

《詩》云:"邦畿千里,惟民所止。"

以民有所止,喻事物有所止。《詩·商頌·玄鳥》篇。按:顔師古云:"周鎬京方八百里,爲方百里者六十四。雒邑方六百里,爲方百里者三十六。共得方百里者百。是邦畿千里也。"閆百詩云:"殷都河南者三:一南亳,在宋州穀熟縣。一滎陽,在鄭州滎澤縣,即敖地。一亳邑,在洛州偃師縣。都河北者四:一故殷城,在相州内黄縣。一耿城,在絳州龍門縣。一邢國,在邢州。一朝歌,在衛州。計南亳在東,耿城在西,相距雖未二千里,而實不止千里。商邦畿若是其大也。

《詩》云:"緡蠻黄鳥,止於丘隅。"子曰:"於止知其所止,可以人而不如鳥乎?"

言人當知止也。《詩·小雅·緡蠻》篇。緡蠻,鳥聲。丘隅,山角。王草堂説。

《詩》云:"穆穆文王,於緝熙敬止。"爲人君止於仁,爲人臣止於敬,爲人子止於孝,爲人父止於慈,與國人交止於信。

如《詩》咏文王,則能止至善者。穆穆,敬也。《爾雅》。緝,繼續。熙,光明。敬止,小心翼翼。而明親各得所止也。《詩·大雅·文王》篇。

子曰:"聽訟,吾猶人也。必也使無訟乎。"無情者不得盡其辭,大畏民志,此謂知本。

承上文信國人,而見明德爲親民之本,皆由於誠意也。情,誠實也。無情者不得盡其辭,釋子言"無訟",民之意誠也。大畏民志,釋子言"使無訟"。上自嚴則下皆畏。君之意誠也。前言脩身爲本,誠意則心可正,身可脩,以及於民,此其本也。

所謂脩身在正其心者,身有所忿懥則不得其正,有所恐懼則不得其正,有所好樂則不得其正,有所憂患則不得其正。心不在焉,視而不見,聽而不聞,食而不知其味,此謂脩身在正其心。

忿懥,怒也。四者皆心之用而見於身。若身有所沾滯,則必其心體不正而后留固於身，倒見之文也。毛河右説。“身有所”四句，言身滯於忿懥等而不脩，則是心之不得其正也。“心不在”四句，言心不正，則身之視聽等自無主而不脩也。反覆以明脩身在正心也。夫心何以在？則《易》之“敬以直内”也，《論語》之“立則見其參於前，在輿則見其倚於衡”也，《中庸》之“齊明”，《孟子》之“存養”也。即前文顧諟也，恂慄也。

所謂齊其家在脩其身者，人之其所親愛而辟焉，之其所賤惡而辟焉，之其所畏敬而辟焉，之其所哀矜而辟焉，之其所傲惰而辟焉，故好而知其惡，惡而知其美者，天下鮮矣。故諺有之曰：“人莫知其子之惡，莫知其苗之碩。”此謂身不脩不可以齊其家。

辟，僻同，偏著也。敖游放惰不竦敬，言待之簡慢也。“親愛”五者，即好惡也。好惡之辟，身之不脩也，而家之不齊立見矣，故齊必先以脩。舐犢眯目，貪夫詈苗，辟狀之可笑如是。

所謂治國必先齊其家者，其家不可教而能教人者無之，故君子不出家而成教於國：孝者，所以事君也；弟者，所以事長也；慈者，所以使衆也。

家之孝親弟兄慈幼，即國之所以事君事長使衆，無二道也。

《康誥》曰：“如保赤子。”心誠，求之，雖不中，不遠矣。未有學養子而后嫁者也。

孝弟慈出於天性之誠，故立教於家，即成教於國，言慈以例孝弟也。

一家仁，一國興仁。一家讓，一國興讓。一人貪戾，一國作亂。其機如此。此謂一言僨事，一人定國。

所謂不出家而成教於國者，如此仁讓，即孝弟慈。一言二句，古語也。

堯舜帥天下以仁，而民從之。桀紂帥天下以暴，而民從之。其所令反其所好，而民不從。是故君子有諸己而后求諸人，無諸己而后非諸人。所藏乎身不恕而能喻諸人者，未之有也。

承上文"一人定國",言齊家而治國,本於脩身也。仁該讓,有仁於己而后求人之仁,無暴於己而后非人之暴,是藏身者,恕也,不然,民必不從。

故治國在齊其家。

一束。

《詩》云:"桃之夭夭,其葉蓁蓁。之子於歸,宜其家人。"宜其家人而后可以教國人。《詩》云:"宜兄宜弟。"宜兄宜弟而后可以教國人。《詩》云:"其儀不忒,正是四國。"其爲父子兄弟足法而后民法之也。

其爲父爲子爲兄弟之道足爲人法,言齊家之事足爲國人之法也。《桃夭》,《周南》篇名。"宜兄"《小雅·蓼蕭》篇。"其儀"《曹風·鳲鳩》篇。

此謂治國在齊其家。

引《詩》斷章取義以咏嘆之,而又束也。

所謂平天下在治其國者,上老老而民興孝,上長長而民興弟,上恤孤而民不倍,是以君子有絜矩之道也。

周以前天下皆諸侯分治之。天子衹自治其國。禮樂刑政,與民相接,皆在王畿。其平天下之政,不過巡狩朝會,如脩禮同律等事,以慶讓諸侯而已,故此下專言治國之事。惟有國者辟則爲天下僇二語,言國與天下相須之義,謂國不治則天下不服,群然傾畔而不平也。上行而民效,是上下之好惡原同也。矩也,絜度也,度之而好民好惡民惡也。

所惡於上,毋以使下;所惡於下,毋以事上;所惡於前,毋以先後;所惡於後,毋以從前;所惡於右,毋以交於左;所惡於左,毋以交於右:此之謂絜矩之道。

上下四旁,絜之以矩。其象如此,言惡好可例矣。

《詩》云："樂只君子，民之父母。"民之所好好之，民之所惡惡之，此之謂民之父母。

如《小雅·南山有臺》之詩，言則絜矩而能親民者。

《詩》云："節彼南山，維石巖巖。赫赫師尹，民具爾瞻。"有國者不可以不慎，辟則爲天下僇矣。

如《節南山》之刺尹氏，則辟而不能絜矩以親民者。節，截然高大貌。

《詩》云："殷之未喪師，克配上帝。儀監於殷，峻[1]命不易。"道得衆則得國，失衆則失國。

師，衆。儀，宜。得國，即上帝之峻命也。好惡如民，得衆也。辟，失衆也。束上文也。《詩·大雅·文王》篇。

是故君子先慎乎德。有德此有人，有人此有土，有土此有財，有財此有用。德者，本也；財者，末也。

然有國之不能絜矩者，大抵以務財用累之。不知但能正心脩身慎德以端絜矩之源，則人土財用自有也。

外本内末，爭民施奪，是故財聚則民散，財散則民聚。是故言悖而出者亦悖而入，貨悖而入者亦悖而出。

不然，以財爲内，則誨民爭奪矣。民且散矣，財亦不得聚矣。

《康誥》曰"惟命不於常。"道善則得之，不善則失之矣。

有人土財用，得命也。民散貨出，失命也。慎德，善也。外本内末，不善也。又束

---

① 峻，《十三經注疏》及《四書五經》皆作"駿"。

上文。

《楚書》曰："楚國無以爲寶，惟善以爲寶。"舅犯曰："亡人無以爲寶，仁親以爲寶。"

欲絜矩以行政，必先絜矩以用人。如《楚書》舅犯所言，則皆知好善人者也。仁親本言仁愛父母，引之以例愛賢，言仁愛其當親者也。《楚書》，《楚語》。亡人，晋文公時爲公子，出亡在外也。舅犯，文公舅狐偃，字子犯。

《秦誓》曰："若有一个臣，斷斷兮無他技。其心休休焉，其如有容焉。人之有技，若己有之。人之彦聖，其心好之，不啻若自其口出，寔能容之，以能保我子孫黎民，尚亦有利哉。人之有技，媢疾以惡之，人之彦聖而違之，俾不通，寔不能容，以不能保我子孫黎民，亦曰殆哉。"

《秦誓》，《周書》。斷斷，專確之意。休休，静也，廣也，美也。聖，通明也。有技，有才者。彦聖，有德者。

唯仁人放流之，迸諸四夷，不與同中國，此謂唯仁人爲能愛人，能惡人。

放流不能容者，乃能用有容者，是愛惡順人之性絜矩者也。

見賢而不能舉，舉而不能先，命也。見不善而不能退，退而不能遠，過也。好人之所惡，惡人之所好，是謂拂人之性，菑必逮夫身。

如非仁人，則君子是憚。小人易昵其好惡，拂乎人性之公，而不絜矩矣。故明見爲賢而不舉，即舉而不速命以爵位；明見不善而不退，即退而不遠，迸以過謫之。顔先生説。能容之臣，賢也；不能容之臣，不善也。

是故君子有大道，必忠信以得之，驕泰以失之。

忠，盡心也。信，實行也。忠信則開誠布公，好惡順人之性，而絜矩之道以得。驕泰則矜己傲物，好惡拂人之性，而絜矩之道以失。又束上文也。

生財有大道：生之者衆，食之者寡，爲之者疾，用之者舒，則財恒足矣。

此下復申言德財之得失，而欲有國者斥言利之小人也。生財有大道，則財恒足，謂不必内末也。

仁者以財發身，不仁者以身發財。未有上好仁而下不好義者也，未有好義其事不終者也，未有府庫財非其財者也。

況有仁德者生財而散於下，則身尊，則財無悖出，固可決者。

孟獻子曰："畜馬乘，不察於雞豚。伐冰之家，不畜牛羊。百乘之家，不畜聚斂之臣。與其有聚斂之臣，寧有盜臣。此謂國不以利爲利，以義爲利也。

上仁而下義。終事守財，是取民之利，非利，而取民之義乃利也。孟獻子，魯大夫。畜馬乘，士初試爲大夫者。伐冰之家，卿大夫喪祭用冰者。《朱注》。百乘之家，采地之大者。

長國家而務財用者，必自小人矣，彼爲善之。小人之使爲國家，菑害并至，雖有善者，亦無如之何矣。此謂國不以利爲利，以義爲利也。

然而長國家乃知取利，不知取義，必小人導之也。君以小人爲善，而小人能使其君災害并至，善類束手，利何在焉？嗟乎，君嗜利則宵小進，小人來則利説開，小人可用哉？

中庸傳注

中庸傳注

蠡吾　李塨　稿

中　　庸

中庸二字見於《論語》，子思取以名篇而明道也。孔子承堯、舜、禹、湯、文、周以立教，惟言孝、弟、忠、信、篤、敬、《詩》、《書》、禮、樂而罕言性天，謂上達非下學可躐也。然三代文明既久，士子必索高深，必趨繁辭，運會則然。故當時論性測天、處士横議之禍已萌。如談天臧三耳諸家。子思恐道之岐也，不得已作《中庸》，明性天之正，以杜群妄，見堯舜以來所傳執中用中，不外喜怒哀樂、子臣弟友、三重九經庸常之道，無須怪异。是子思之旨也。子思名伋，孔子之孫。中，一在中也。不覩不聞喜怒哀樂之未發也，戒慎恐懼齊明其功也。一時中也。獨之隱微，身與家國天下之見顯，皆有一中道焉。慎獨，行達德達道三重九經，當隨時處中也。

天命之謂性，率性之謂道，脩道之謂敎。

天以元亨利貞之德命之人而爲仁義禮智，是之謂性。人率其仁義禮智之性而之於君臣父子夫婦昆弟朋友，是之謂道。聖人慎脩五典而制爲禮樂政刑，是之謂敎。《易》曰："一陰一陽之謂道。繼之者善，成之者性。"言天道一陰一陽流行相繼而不息。天道，本然之善也。於是大生廣生，賦之於人。陽德爲仁禮，陰德爲義智，凝成於心者，則性也。是天命之性也。《孟子》曰："親親，仁也；敬長，義也。達之天下也。"言愛親即性之仁，敬長即性之義。良知良能達之天下無不同也。是率性之道也，率循其自然也。孟子所謂利也，《周禮・周官》脩道之敎也。性即後文三達德，道即五達道，敎則三重禮樂也。皆中也。民受天地之中以生，性也。發而皆中節，道也。用其中於民，教也。而皆庸也。

道也者，不可須臾離也，可離非道也。是故君子戒慎乎其所不覩，恐懼乎其所不聞。

道出於性，成於教，豈可須臾離哉！若其可離，則非共由之道矣。夫人之心，喜怒哀樂念念循環，動與物接。其間寂然不發己心、一無所覩、一無所聞之時，乃須臾也。陸道威説。然此須臾之未發，性之本體在焉，是天下之大本也。此時昏忘，則道離而本隕矣。故君子存存然敬以直内，以立其大本焉，此存心之功也。

莫見乎隱，莫顯乎微，故君子慎其獨也。

己之所不覩不聞，念所不在，易忘也。人之所不覩不聞，事莫人知，易飾也。然而不可也。莫曰隱匿，莫曰細微。人之所見，尚屬揣度。己之自知，莫可掩飾。是莫見莫顯於此矣。故君子於獨念獨處之地，不以昭昭信節，不以冥冥惰行，而必曰明曰旦以慎其獨，則發皆中節，而天下之達道行矣。此敬事之功也。按：戒慎不覩，恐懼不聞，即《大學》之正心而微不同。《大學》正心，統動静言也。此之其所不覩不聞，則專指静言，至致中則該動静矣。慎獨與《大學》慎獨同而意不同。《大學》之慎獨，謂慎則不敢欺，以誠意也。此之慎獨，謂慎則不乖於節，以致和也。

喜怒哀樂之未發，謂之中。發而皆中節，謂之和。中也者，天下之大本也。和也者，天下之達道也。致中和，天地位焉，萬物育焉。

喜樂爲陽，怒哀爲陰。天道之陰，陽所賦也。喜怒哀樂愷惻及物即仁，有節文即禮，有斷制即義，知當喜怒而喜怒、當哀樂而哀樂即智。凡願爲者，皆喜之類也。不願爲者，怒之類也。快意者，樂之類也。不快意者，哀之類也。發謂形於念、見於事也。中訓未發也，天下之道皆從中出，是天下之大本也。和訓中節也，天下之所共由，猶大路然，是天下之達道也。故中和不可以不推致而致之，即通於天地萬物焉。戒慎不覩，恐懼不聞，以至於共覩共聞，無時不存其心，使心齊明如神，居中肆應，是致中也。慎隱微之獨，以至於見顯之處，無在不敬其事，使動容周旋中禮，成己成物，時措咸宜，是致和也。以之乾坤潛孚，品彙咸若，感化之位育也。官天分地，左右愛養，政事之位育也，脩道之極功也。致中即《論語》

“造次”“顛沛”，心不違仁也。

仲尼曰：“君子中庸，小人反中庸。君子之中庸也，君子而時中。小人之中庸也，小人而無忌憚也。”

上文中庸之道，大端已盡，而未指言中庸，故引仲尼之言，以明中庸之所以名篇，而歸之君子也。君子即下舜、回、文、武、周公至聖至誠。小人即後文的然日亡之小人、鄉愿、華士也。蓋君子之外有三類：一、賢智而流於异端，素隱行怪，過於中庸者也。一、愚、不肖，自暴自廢不及中庸者也。猶易辨也。一、小人在彼，自以爲中庸，孟子所謂自以爲是也。故曰“小人之中庸而實與中庸反”，所謂不可與入堯舜之道也。故曰“小人反中庸”。似道非道，爲道之賊。故并立而首辨之。“時中”“無忌憚”，子思疏孔子之言也。時中，戒懼慎獨而隨時處中也。無忌憚者，色取行違，闇然媚於世，正戒懼慎獨之反也。通篇十九述孔子之言以成文。而此與“祖述”節獨書“聖”字者，前以見中庸之道發於仲尼，後以見中庸之道備於仲尼。

子曰：“中庸，其至矣乎！民鮮能久矣。”

至者，無過不及，至善也。民即下智、愚、賢、不肖。上斥小人，此又歎民也。子思引《論語》而去“德”字者，明道也。道正則德正矣。益一“能”字者，以起下文“不可能”、“聖者能”、“果能此道”、“至聖至誠爲能”與“非聖，孰能知也。”

子曰：“道之不行也，我知之矣。知者過之，愚者不及也。道之不明也，我知之矣。賢者過之，不肖者不及也。人莫不飲食也，鮮能知味也。”

此正言民鮮能之故，以起下文也。知、愚胥不知，故道不行。賢、不肖皆不行，故道不明。日在道中，日出道外，其如飲食之人何哉！

子曰：“道其不行矣夫。”子曰：“舜其大知也與！舜好問而好察邇言，隱惡而揚善，執其兩端，用其中於民，其斯以爲舜乎！”

此嘆道不行，必如舜之大知而後道行也。好問，好察邇言，取善於人也。隱惡揚善，啓人之來告也。執執而度之兩端，謂善言有輕重厚薄之不同者。用中於民，知其中而行之也。斯通指上文。

子曰："人皆曰'予知'，驅而納諸罟擭陷阱之中，而莫之知辟也。人皆曰'予知'，擇乎中庸，而不能期月守也。"子曰："回之爲人也，擇乎中庸，得一善，則拳拳服膺而弗失之矣。"

此歎人知道而不能守，必如回之能守而乃爲知道也。自謂知足料事而卒罹禍，不可言料事。自謂知足見道而卒失守，不可言見道。擇，學問思辨之事也。守，即行也。動必以禮謂之行，非禮不動謂之守，一也。期月，周年也。失，放失也。質過者，他遷；質不及者，中輟也。拳拳守之，堅也。孔《疏》曰："罟，網也。擭，機檻也。陷阱，穿地陷獸也。服，猶著也。膺，胸也。"或問："顔子三月不違仁，是三月之後尚或有違。較之不能期月守，何如？"曰："三月後之違，對至誠無息言，偶一間耳，其功細。不能期月守，即失也，其功粗。不可同論。"

子曰："天下國家可均也，爵禄可辭也，白刃可蹈也，中庸不可能也。"子路問"强"。子曰："南方之强與？北方之强與？抑而强與？寬柔以教，不報無道，南方之强也，君子居之。衽金革，死而不厭，北方之强也，而强者居之。故君子和而不流，强哉矯！中立而不倚，强哉矯！國有道，不變塞焉，强哉矯！國無道，至死不變，强哉矯！"

此嘆中庸不可能，必如君子之强而後能知能行也。均天下國家，大業也。辭爵禄，高行也。蹈白刃，殺身也。亦皆中庸所有。然才足幹濟，氣能奮激，尚可取辦一時。若中庸則履之平常，詣之精粹，無息可違，無地可間，非全體性命自强不息，不可能也。和，處衆也。中立，自處也。有道無道，應世也。不流不倚不變，强也。後文經綸大經，立大本，知化育，夫焉有倚？中立而不倚之至也。知智、守仁、强勇，即後三達德也。寬柔以教，以寬柔率人也。君子，氣質含容之人，非不流不倚之君子也。强者，氣質剛果之人，非"强哉矯"之强也。而，汝也，汝之所當强也。衽，視兵革如衽席也。鄭《注》。不變塞，不變未達之所守也。矯，强貌。《詩》曰："矯矯虎臣。"朱《注》。

子曰："素隱行怪，後世有述焉，吾弗爲之矣。君子遵道而行，半塗而廢，吾弗能已矣。君子依乎中庸，遯世不見知而不悔，唯聖者能之。"

此接上文而一束也。素隱行怪，過也。遵道而廢，不及也。依乎中庸，遯世不悔，知、仁、勇也。聖人所知所行，情不過喜怒哀樂，倫不過子臣弟友，事不過禮樂文物，而下學上達，超出儔類，直與天游。智、愚、賢、不肖皆不見知，而中以行願，樂在其中，安有悔哉！孔子弗爲弗已，是能中庸矣。而歸之聖者，言聖者能而吾願學焉，自謙以勉人也。鄭《注》曰："素，讀爲攻城攻其所傃之傃，向也。"《正義》曰："'攻其所傃'，《司馬法》文"。言向隱僻之處求索而行怪异之行也。述，傳述也。

君子之道費而隱。夫婦之愚，可以與知焉；及其至也，雖聖人亦有所不知焉。夫婦之不肖，可以能行焉；及其至也，雖聖人亦有所不能焉。天地之大也，人猶有所憾。故君子語大，天下莫能載焉；語小，天下莫能破焉。《詩》云："鳶飛戾天，魚躍於淵。"言其上下察也。君子之道，造端乎夫婦，及其至也，察乎天地。

此以下詳論君子之中庸也。費如《禮記》"不辭費"之費，隱如《論語》"以我爲隱"之隱。言君子所由之路，於當行者盡其材力，以措用於身世，何其費也。而於不當言者，則隱而不宣，不啟隱怪之門焉。是何故也？以知言之，夫婦之愚，皆可與有知覺。若由知而及其至，以至無不知，則雖聖人亦有所焉不知。以行言之，夫婦之不肖皆可能有由行，若由行而及其至，以至無不能，則雖聖人亦有所焉不能。所，處所也。夫聖人窮於知矣，窮於能矣，能無隱乎？豈惟聖人，即大至天地，而人尚有所憾。是天地知能亦有所窮矣。故使君子而語大，則天地何依何附？天下尚有能載之者乎？使君子而語小，則一塵一漠，至纖至賾，天下尚有能破之者乎？破，剖分也。如鄒衍察陰陽消息，先驗小物，推至無垠。天地未生，莫可考原，環海之外，人所不覩。此與庶物何與？人倫何關？不可知，不可能，啓异端，亂庸行，而祗成誑語。是以君子隱之也。不誦《詩》乎，《大雅・旱麓》有云："鳶飛戾天，魚躍於淵"，語其上天下地，爲飛爲躍，昭然明著，可知可能者也。是以君子之道，履端於夫婦飲食男女。於是起禮樂賓師，於是生遂由夫婦。而及其至，一陰一陽，天地昭著，而事天明，事地察，齊政授時，分州畫井，而昭察乎天地焉。皆可知可能者也。君子之費，竭其學問德行以爲之者也。若不可知不可能者，則隱之矣。莊周尚知存而不論，況君子哉！中庸專言道者，言共由之路也。如道也者，不可須臾離，"道之不行，我知之矣"是也。連人言者，言其人之所由也，如"至誠之道可以前知，君子之道闇然日章，小人之道的然日亡"是也。舊解費隱爲泛言道體，非也。愚不肖曰可知可能，則賢知包在内矣。聖人曰亦不知不能，則尋常不待言矣。有憾曰"猶語大語小"，曰"故"，皆承"聖人不知不能"而言。訓"隱"而曰"語大語小"者，言"語大語小"則莫載莫破，歸於無用，所以當隱。夫子之言性與天道不可得聞,而況六合之外、纖塵之内,言之何據?言之何爲?《爾雅》曰:“察,審也,清也,即著明也。”造端夫婦,起下子臣弟友也。察乎天地,起下鬼神天命郊社禘嘗也。

子曰:“道不遠人,人之爲道而遠人,不可以爲道。詩云:‘伐柯伐柯,其則不遠。’執柯以伐柯,睨而視之,猶以爲遠。故君子以人治人,改而止。忠恕違道不遠,施諸己而不願,亦勿施於人。君子之道四,丘未能一焉。所求乎子以事父,未能也。所求乎臣以事君,未能也。所求乎弟以事兄,未能也。所求乎朋友先施之,未能也。庸德之行,庸言之謹,有所不足,不敢不勉。有餘,不敢盡。言顧行,行顧言,君子胡不慥慥爾。”

承上“不知”、“不能”,君子隱之者,以道在子臣弟友,原不遠於人也。若爲道者而遠人以求,則是不可知不可能者矣,尚謂之道哉!《伐柯》,《豳風》篇名,引以況道。而言尚不如道之不遠,以君子之治人,即以其人治之,非求道於人之外也。欲盡道,必忠以行恕,則道近矣,盡心於恕即忠也。如所求乎子不願其不孝,則事父當孝是也。故子臣弟友四者,行則庸德,言則庸言,君子不遠人之道也。孔子豈未能?而曰未者,正忠恕之心也。試觀君子於行不待察乎天地而費也,其行庸德,惟恐有不足而勉費其力,言不但於不可知能者而隱也,其謹庸言,惟恐有餘而不敢隱,亦不敢盡,何其慥慥乎。慥慥,守實,言行相顧之貌。鄭《注》。按:道,訓路。孔子言適道由道,《中庸》言達道,《書》言王道蕩平,皆指人所由行而言。即《易》推明形上,至於一陰一陽,亦指天地所由、人物所出之路,從未有以不可知不可能爲道者。自莊老家有“道可道,非常道”,“道立天地之先”等語,后儒遂爲所惑,直云“道通天地有形外”,何不於《中庸》此節一三復乎!

“君子素其位而行,不願乎其外。素富貴行乎富貴,素貧賤行乎貧賤,素夷狄行乎夷狄,素患難行乎患難:君子無入而不自得焉。在上位不陵下,在下位不援上。正己而不求於人,則無怨。上不怨天,下不尤人。故君子居易以俟命,小人行險以徼幸。”子曰:“射有似乎君子,失諸正鵠,反求諸其身。”

道即子臣弟友,而人乃不行者,皆願外累之也。在上則陵下,在下則援上。徼幸苟得,行險不顧。不知天下事,惟有反求己身,可以自主。曰“外”則有命矣。天,天主之。人,人主之。豈可求者?乃以願生怨,上怨下尤,觸處荊棘。試觀君子,何其自得也。向其所居之位,而行其當行之事。孔《疏》。無論富貴順境,即貧賤諸逆境,夷、齊之餓,箕子、比干之幽戮,聖賢居之,皆青天白日,坦易之場。仰不愧天,俯不怍人。有何怨尤!有何不自得!若有或失,則惟自反。曰:“此己之不正也,此不素位而行也。”豈有射失正鵠而怨人勝己者哉。孔《疏》曰:“素,同傃,向也。”向富貴之中行道,於富貴謂不驕不淫也。鄉貧賤之中行道,於貧賤謂不諂不懾也。鄭《注》曰:“畫布曰正,棲皮曰鵠。”

“君子之道,辟如行,遠必自邇,辟如登,高必自卑。《詩》曰:‘妻子好合,如鼓瑟琴。兄弟既翕,和樂且耽。宜爾室家,樂爾妻帑。’”子曰:“父母其順矣乎!”

此前後之過文也。子臣弟友,素位而行,卑邇也。鬼神來格,大德受命,創基制度,以定大業,高遠也。然試觀一家之中,妻子好合,兄弟翕樂,而父母順,何其太和。推之,太和在宇宙間,神格鬼饗,天人交通,禮明樂備,德業肆達,不過人人親親長長,無他道也。故下文接言之翕合也,耽樂甚也,帑子孫也。“宜爾”二句承上四句,引《詩》以起“父母順也”。《小雅·棠棣》篇。

子曰:“鬼神之爲德,其盛矣乎!視之而弗見,聽之而弗聞,體物而不可遺。使天下之人,齊明盛服,以承祭祀,洋洋乎如在其上,如在其左右。《詩》曰:‘神之格思,不可度思,矧可射思!’夫微之顯,誠之不可揜,如此夫。”

《易》曰:“精氣爲物,言神也。游魂爲變,言鬼也。”《禮記》曰:“氣也者,神之盛也。魄也者,鬼之盛也。”古聖制禮,以天之神爲神,地之神爲祇,人之神爲鬼。在天地之中,人物之外,無形可見,無聲可聞,而實體物不遺。故曰:“鬼神之爲德盛矣乎!”體如體群臣之體,君非臣體也,而軫恤之至如體之。鬼神非物體也,而肸蠁之至如體之。言使人敬祀明其體物也。引《詩》神之格不可度、不可斁,證其體物也。夫不見不聞,微也。而體物不遺,又何顯乎!不可揜乎!以其誠也。天地間,實有鬼神,非假設者,烏可揜哉!朱《注》曰:“爲德猶言性情功效。齊之爲言,齊也,所以齊不齊,以致其齊也。”洋洋,流動充滿之意。格,來。思,語助辭。《大雅·抑》篇。

子曰:“舜其大孝也與!德爲聖人,尊爲天子,富有四海之内。宗廟饗之,子孫保之。故大德必得其位,必得其禄,必得其名,必得其壽。故天之生物,必因其材而篤焉。故栽者培之,傾者覆之。《詩》曰:‘嘉樂君子,憲憲令德。宜民宜人,受禄於天。保佑命之,自天申之。’故大德者必受命。”

聖德則合鬼神而通天者也。因引子言舜孝,德以顯之,位以尊之,富以養之,宗廟爲親饗前,子孫爲親裕後,皆大孝也,而其實皆大德也。則位、禄、名、壽如操左券矣。是何者?以天主於因,栽則必培。人在能受,德自有禄,大德必受天命,非异也,中庸之道也。《祭法》曰:"有虞氏祖顓頊。"顓頊以下,窮蟬、敬康、句芒、蟜牛、瞽瞍,共六世。舜受命爲帝時,瞽瞍尚在。觀《孟子》"以天下養"句可見。祖廟以顓頊下四世爲四親廟,是宗廟饗之也。子孫如虞思、陳胡公之屬,篤厚也,即栽者培之也。憲憲,興盛之貌。鄭《注》。保,安。佑,助。申,重。《詩·大雅·假樂》篇。

子曰:"無憂者,其惟文王乎! 以王季爲父,以武王爲子,父作之,子述之。武王纘太王、王季、文王之緒,壹戎衣而有天下,身不失天下之顯名。尊爲天子,富有四海之内,宗廟饗之,子孫保之。武王末受命,周公成文武之德,追王大王、王季,上祀先公以天子之禮。斯禮也,達乎諸侯、大夫及士、庶人。父爲大夫,子爲士,葬以大夫,祭以士。父爲士,子爲大夫,葬以士,祭以大夫。期之喪,達乎大夫。三年之喪,達乎天子。父母之喪,無貴賤,一也。"

文王父作子述而無憂,武王纘前緒而有天下,周公成文武之德而制禮,所謂時中也。壹戎衣見《武成》,言一着戎衣而遂定商,言易也。或曰:"壹同殪。殷轉衣即《康誥》殪戎殷。斯禮謂祀禮天子諸侯,伯叔兄弟皆其臣也,故無期喪。"

子曰:"武王、周公,其達孝矣乎! 夫孝者,善繼人之志,善述人之事者也。春秋脩其祖廟,陳其宗器,設其裳衣,薦其時食。宗廟之禮,所以序昭穆也。序爵,所以辨貴賤也。序事,所以辨賢也。旅酬下爲上,所以逮賤也。燕毛,所以序齒也。踐其位,行其禮,奏其樂,敬其所尊,愛其所親,事死如事生,事亡如事存,孝之至也。郊社之禮,所以事上帝也。宗廟之禮,所以祀乎其先也。明乎郊社之禮、禘嘗之義,治國其如示諸掌乎!"

承上言武、周而又引子言以申之。見武、周之志事即文王之志事。善繼善述至孝通達,以己通親即通於親之祖考而敬其所尊。通於親之子孫臣庶而愛其所親。其位其禮其樂,今日爲之,儼如文王之生存者爲之。且上通天,下通地,遠通自出之帝,皆至孝所達。所謂隨時以酌中也,所謂費而察天地也。春秋兼夏冬,脩掃拚黝堊也。宗器,先世所藏重器。若周之赤刀、大訓、天球、河圖之屬。時食,四時之食,各有其物。如春行羔豚膳膏香之類。朱《注》。裳衣,先祖之遺衣服,設之以授尸也。鄭《注》。此皆敬其所尊也。宗廟昭一穆一之禮,即所以序我子孫爲何王之昭,何王之穆。如管、蔡、郕、霍、魯、衛、毛、聃、郜、雍、曹、滕、畢、原、酆、郇,文之昭也,則祭時特從文廟。邗、晋、應、韓,武之穆也,則祭時特從武廟。如虞仲爲太王之三世孫,其次當爲穆,而宫之奇與泰伯并稱,曰泰伯、虞仲。大王之昭也,言大王之子孫,世世相傳,皆大王之昭也。若祫於太廟,則群昭群穆咸在焉,親親也。异姓以爵爲位,貴貴也。事謂薦羞也。序次所供之事。若司徒奉牛,司馬奉羊,宗伯供雞,是分别賢能,堪任其官也。孔《疏》。此統同异姓而言,賢賢也。祭末飲酒,賓弟子、兄弟之子各舉觶於其長而衆相酬。蓋宗廟之中以有事爲榮。故逮及賤者,使亦得以伸其敬。朱《注》。幼幼也。祭畢歸賓俎則异姓告退,又留同姓於私寢而燕之。鄭康成説。《詩》所謂"諸父兄弟,備言燕私"也。乃即昭穆之中而昭與昭齒,穆與穆齒。是燕毛也,老老也。此皆愛其所親也。踐,升也。位,天子主祭之位,前言人,此言其皆指文王。郊祭天,社祭土,示上帝天地之主也。嘗,時祭。禘,天子五年大祭,祭始祖所自出之帝,而以始祖配之,以下毁廟不毁廟之主皆合食焉。禮必以義斷之,互文也。明見天地遠祖,而治國尚有不明者乎!故曰"如示諸掌"。言如指示於掌中,易也。

哀公問政。子曰:"文武之政,布在方策。其人存則其政舉,其人亡則其政息。人道敏政,地道敏樹。夫政也者,蒲盧也。故爲政在人,取人以身,脩身以道,脩道以仁。仁者,人也,親親爲大。義者,宜也,尊賢爲大。親親之殺,尊賢之等,禮所生也,故君子不可以不脩身。思脩身,不可以不事親。思事親,不可以不知人。思知人,不可以不知天。天下之達道五,所以行之者三。曰:君臣也,父子也,夫婦也,昆弟也,朋友之交也。五者,天下之達道也。知、仁、勇三者,天下之達德也。所以行之者,一也。或生而知之,或學而知之,或困而知之,及其知之,一也。或安而行之,或利而行之,或勉强而行之,及其成功,一也。"子曰:"好學近乎知,力行近乎仁,知恥近乎勇。"知斯三者,則知所以脩身;知所以脩身,則知所以治人;知所以治人,則知所以治天下國家矣。凡爲天下國家,有九經。曰:脩身也,尊賢也,親親也,敬大臣也,體群臣也,子庶民也,來百工也,柔遠人也,懷諸侯也。脩身則道立,尊賢則不惑,親親則諸父昆弟不怨,敬大臣則不眩,體群臣則士之報禮重,子庶民則百姓勸,來百工則財用足,柔遠人則四方歸之,懷諸侯則天下畏之。齊明盛服,非禮不動,所以脩身也。去讒遠色,賤貨而貴德,所以勸賢也。尊其位,重其禄,同其好惡,所以勸親親也。官盛任使,所以勸大臣也。忠信重禄,所以勸士也。時使薄斂,所以勸百姓也。日省月試,既廩稱事,所以勸百工也。送往迎來,嘉善而矜不能,所以柔遠人也。繼絶世,舉廢國,治亂持危,朝聘以時，厚往而薄來，所以懷諸侯也。凡爲天下國家有九經，所以行之者一也。凡事豫則立，不豫則廢。言前定則不跲，事前定則不困，行前定則不疚，道前定則不窮。在下位不獲乎上，民不可得而治矣。獲乎上有道，不信乎朋友，不獲乎上矣。信乎朋友有道，不順乎親，不信乎朋友矣。順乎親有道，反諸身不誠，不順乎親矣。誠身有道，不明乎善，不誠乎身矣。誠者，天之道也。誠之者，人之道也。誠者，不勉而中，不思而得，從容中道，聖人也。誠之者，擇善而固執之者也。博學之，審問之，慎思之，明辨之，篤行之。有弗學，學之，弗能弗措也。有弗問，問之，弗知弗措也。有弗思，思之，弗得弗措也。有弗辨，辨之，弗明弗措也。有弗行，行之，弗篤弗措也。人一能之，己百之。人十能之，己千之。果能此道矣，雖愚必明，雖柔必强。

帝王之道，大端見矣。故復引孔子之言政者以折衷焉。哀公問政，意但在治人治天下國家耳，而忘其身。即不忘其身，亦且自諉愚柔。孔子則以爲政無難求也，文武成法俱在，其效其事，照然臚列，衹須有人舉之。何以舉之？必如文武明强之人舉之。而人將曰："文武生知安行者也，我愚我柔，何能企及？"不知達道達德，我與文武同具。惟誠以行之，豫以立之，學問思辨以擇善，篤行以固執，即可化愚柔爲明强。學利困勉與生安一致，而文武之人存矣，而九經之政舉矣。方，版也。策，簡也。鄭《注》。樹，殖生也。蒲廬，《爾雅》曰："蜾蠃也。"今之細腰土蜂也。《注》《疏》。《家語》曰："蒲廬也，待化而成。"言政以化民，其易猶蜾蠃之祝螟蛉，七日而化也，即下士報民勸之類也。其人接文武言，指君也。而有君必有臣，故曰："爲政在取人，取人在君身。"以道即五達道，以仁即三達德。專言仁者，知、勇、義、禮皆統於仁也。天行健，一日三百六十五度四分度之一。一陰一陽流轉生物，無一刻之息。人得之而爲形色，生意油然而不容已。故曰"仁者，人也"。許酉山說。尊賢即朋友之倫也。爲政在人，取人以身，故不可不脩身。脩身以道，道莫大於親親，故脩身不可不事親。脩道以仁，仁者，人也，故事親不可不知人。人之仁，達德也，得於天者也，故知人不可不知天。即起下文達道達德也。一者，誠也。知道行道，姿質不同而皆可一者，以知、仁、勇之德本達也。故知好學、力行、知恥三者則可近之。而德以行道，道以脩身，人存而政可舉矣。九經，政也。而復首以脩身者，總見政非人無以舉也。體，謂設以身處其地而察其心也。子，如父母之愛其子也。道立，謂道可爲民表。《書》言"皇建其有極"是也。朱《注》。賢坐論，故不惑。大臣主斷大政，故不眩。明季宰輔權輕，臺諫皆白面書生，群聒亂哄，疑難塞胸，是眩也。官盛任使，謂其屬官衆盛，足任使令。蓋大臣不親細事，所以一其心、盡其才也。忠信待之，誠也。既，讀爲餼。餼廩，稍食也。如稾人職曰乘計也其事，考其弓弩以上下其食也。鄭《注》。遠人非奉使則觀光，往則爲之符節以送之，來則豐其委積以迎之。

朝，諸侯朝也。聘，使大夫來聘。《王制》：比年一小聘，三年一大聘，五年一朝。厚往薄來，燕賜厚而納貢薄也。朱《注》。豫，豫先也。謂欲人存政舉，先有擇善固執之功也。跲，躓也。鄭《注》。疚，病也。在下位節，借之爲豫立之像也。誠，實也，充也。《孟子》所謂"返身而萬物皆備於我"也。身之本誠者，天所與之道也。反身以誠之者，人所由之道也。本天而自誠者，乃不勉不思而從容中道之聖人也。盡人以誠之者，則學問思辨以擇善而明，篤行以固執而誠者也。者，語助辭。有弗學，如學兵者不學農，而學兵弗至於能，不措置也。顏先生説。柔遠人、懷諸侯，平天下也。尊賢、敬大臣、體群臣、子庶民、來百工，治國也。事親、親親，齊家也。齊明盛服，非禮不動，誠意正心，脩身也。明善，致知也。學、問、思、辨，格物也。即大學之道也。

自誠明，謂之性。自明誠，謂之教。誠則明矣，明則誠矣。

承上文誠身而反覆言君子中庸盡於一誠，以見的然之小人不可冒中庸，爲後世僞道學之防也。誠者，天德王道備矣。天德天命之謂性也，王道脩道之謂教也，而性教可申明矣，而明善誠身可合徵矣。自天與以誠而心體光明言，則謂之性。誠如《湯誥》所言"上帝降衷於下，民若有恒性"也，明如《泰誓》所言"惟人萬物之靈"也，是天德也。自上脩明其道以使人誠言，則謂之教。明如《孟子》所言"明人倫"也，誠如《詩》所言"民之質矣，徧爲爾德"也，是王道也。蓋天之命我實理中涵，自能照物，誠則明矣，故曰誠明。至誠之道，可以前知，誠則形著明是也。惟明明后，禮明樂備，民歸一德，明則誠矣，故曰明誠。立學校以明訓多士，則學、問、思、辨以誠身。議禮、制度、考文，明示庶民以範圍，則受覆載成而從道是也。下皆接此發之。

唯天下至誠爲能盡其性，能盡其性則能盡人之性，能盡人之性則能盡物之性，能盡物之性則可以贊天地之化育，可以贊天地之化育則可以與天地參矣。其次致曲，曲能有誠，誠則形，形則著，著則明，明則動，動則變，變則化。唯天下至誠爲能化。

此言誠者誠之者之一也。天下至誠，謂天下莫能加，即生而誠者也。盡其性，盡其誠明之性也。人物之性與我同，受化育於天地而有偏全靈蠢，能盡之謂知明。處當使各得遂生，樂性也。即帝王之教明而誠之事也。贊，助也。天地化育人物而不能盡人物之性，至誠能之，是助天地也。參與天地并立而爲三也。其次即誠之者也。曲，一灣也。謂氣質即居於次，而誠德必有灣曲發見者。致，即其善端而推極之也，即擇善固執之功也。曲無不致，則復其性之誠矣。形，著明以表躬，動，變化以及物，皆可能矣。夫至於能化，是黎民於變時雍，盡人物之性，不是過矣。是亦唯天下至誠矣。朱《注》曰："形者，積中發外，著則又加顯矣，明則又有光輝發越之盛也。"鄭《注》曰："動，動人心也。變，改惡爲善也。化則習慣如自然也。"

至誠之道，可以前知。國家將興，必有禎祥。國家將亡，必有妖孽。見乎蓍龜，動乎四體。禍福將至，善必先知之，不善必先知之。故至誠如神。

至誠，性之者也。而性之誠則明可驗矣。禎祥者，福之兆。妖孽者，禍之萌。四體，謂動作威儀之間，如執玉高卑其容俯仰之類。朱《注》。神能前知，至誠虚靈前知，故如神。

誠者，自成也。而道，自道也。誠者，物之終始。不誠無物。是故君子誠之爲貴。誠者，非自成己而已也，所以成物也。成己，仁也。成物，知也。性之德也，合外内之道也，故時措之宜也。

此又言誠之成己而成物，以見明誠之教之不容已也。誠者自成，就之義也，誠行而爲道，自由行之義也。何者？凡物之始，以誠始，物之終，以誠終。不然，則無所始無所終，何以成而爲物。故君子必盡自道之功，而誠之爲貴焉。於以知誠之自成，非但自成己而已也，所以成物，而爲明誠之教者，即在其中矣。元善渾然無虧，仁也。以其昭昭使人昭昭，知也。仁知乃誠明之性所具之德也，是合外之成物於内之成己爲一之道也。故君子盡其道，而時措咸宜也。

故至誠無息。不息則久，久則徵，徵則悠遠，悠遠則博厚，博厚則高明。博厚所以載物也，高明所以覆物也，悠久所以成物也。博厚配地，高明配天，悠久無疆。如此者，不見而章，不動而變，無爲而成，天地之道可一言而盡也。其爲物不貳，則其生物不測。天地之道，博也，厚也，高也，明也，悠也，久也。今夫天，斯昭昭之多，及其無窮也，日月星辰繫焉，萬物覆焉。今夫地，一撮土之多，及其廣厚，載華嶽而不重，振河海而不洩，萬物載焉。今夫山，一卷石之多，及其廣大，草木生之，禽獸居之，寶藏興焉。今夫水，一勺之多，及其不測，黿鼉蛟龍魚鼈生焉，貨財殖焉。《詩》云："維天之命，於穆不已。"蓋曰天之所以爲天也。"於乎不顯，文王之德之純。"蓋曰文王之所以爲文也，純亦不已。

承上而詳言成己成物盡於一誠也。至誠之德無止息。不息則久長，久長則徵驗於事業。而漸仁摩義而悠，而必世百年而遠，而東漸西被而博，而浹肌淪髓而厚，而巍乎成功而高，而煥乎文章而明。己成而成物，其覆載成，直與天地配矣。無疆，合天地言。然此豈作意而致之哉！誠之成物不表暴而天下章明也，不震動而天下變化也，無作爲而天下成治也。觀天地之道，則可知矣。天地爲物不貳，即至誠之誠也。生物不測，即至誠之成物也。博厚高明悠久，一如至誠也。山水生物不測，皆天地生物不測也。然天之生物，總歸不貳。至誠所徵之業，總歸一誠。《詩》言“命之不已”，非天之所以爲天乎！“文王之德之純”，非聖人之所以爲聖乎！天下有雜焉，則已有間焉，則已純又何已？天與至誠，二而一者也。後文言“見而民莫不敬”，《論語》言“動之斯和”、“爲政以德”，則至誠亦當有見有動有爲。而乃不見云云者，《孟子》言君子有過化存神二事。此但言存神，以見至誠之妙也。鄭《注》曰：“昭昭猶耿耿，小明也。振猶收也。卷猶區也。”王草堂曰：“華、嶽，二山名。”《周禮》：“豫州山鎮曰華，雍州山鎮曰嶽”。《爾雅·釋山》曰：“河南曰華，河西曰嶽”。昭昭之多，言少也。猶今言糧少曰衹一升多也。《左傳》：“日月之會爲辰。”山所蘊之寶無窮，故謂寶藏殖生也。穆，美也。《爾雅》。不顯，借《詩》言用之幽深之義也。《詩·周頌·維天之命》篇。

大哉聖人之道。洋洋乎，發育萬物，峻極於天，優優大哉。禮儀三百，威儀三千，待其人而後行。故曰：苟不至德，至道不凝焉。故君子尊德性而道問學，致廣大而盡精微，極高明而道中庸，溫故而知新，敦厚以崇禮。

上文至誠之道已明。乃贊其大而歸之禮，以見崇禮之爲亟也。鹿忠節公說。聖人即至誠也。禮者，喜怒哀樂子臣弟友之天則也。故前言武周王道之成，不過一禮，後文議禮、制度、考文、居上、居下，皆不越一禮也。自率由謂之道，自規物謂之禮。發育萬物即覆載成也，峻極於天即配天也。道若是其優優乎充足有餘者，皆禮儀三百威儀三千之所流行也。何其大也！然而行道必凝道。凝者，成聚於吾身也。非有效法聖人之君子聿脩厥德，何以凝之？尊德性者，存其心養其性以事天也。道問學者，博學審問也。致廣大者，寬以居之也。盡精微者，極深研幾也。極高明者，巍煥高朗也。道中庸者，庸德之行庸言之謹也。溫故者，不愆不忘，率由舊章也。知新者，差等百王，損益因心也。總以敦篤肫厚全其至誠，而崇乎三百三千之禮，以宰制萬物，裁成天地焉。朱《注》以“洋洋”三句爲道大無外，“優優”三句爲道小無内，則本文贊大，未嘗言小。且二語本於莊、列、屈原，言仙道亦曰“其小無内，其大無垠”，非聖道也。

是故居上不驕，爲下不倍。國有道，其言足以興。國無道，其默足以容。《詩》曰："既明且哲，以保其身。"其此之謂與？

由是至德以凝至道。居上爲下，有道無道，無往而不宜矣，故下文接而申之。興謂起，在位也。《詩·大雅·蒸民》篇。

子曰："愚而好自用，賤而好自專。生乎今之世，反古之道。如此者，烖及其身者也。"非天子不議禮、不制度、不考文。今天下車同軌、書同文、行同倫，雖有其位，苟無其德，不敢作禮樂焉。雖有其德，苟無其位，亦不敢作禮樂焉。子曰："吾説夏禮，杞不足徵也。吾學殷禮，有宋存焉。吾學周禮，今用之，吾從周。"

此申"爲下不倍"也。"非天子"以下，子思言也。朱《注》。車同軌，莫敢制度也。書同文，莫敢考文也。行同倫，莫敢議禮也。三者，皆統以禮樂，亦在禮内。故下但曰"學禮"。孔子正有德而無位者，故從周。

王天下有三重焉，其寡過矣乎。上焉者，雖善無徵，無徵不信，不信民弗從。下焉者，雖善不尊，不尊不信，不信民弗從。故君子之道，本諸身，徵諸庶民，考諸三王而不謬，建諸天地而不悖，質諸鬼神而無疑，百世以俟聖人而不惑。質諸鬼神而無疑，知天也。百世以俟聖人而不惑，知人也。是故君子動而世爲天下道，行而世爲天下法，言而世爲天下則。遠之則有望，近之則不厭。《詩》曰："在彼無惡，在此無射，庶幾夙夜，以永終譽。"君子未有不如此而蚤有譽於天下者也。

此申"居上不驕"也。"三重"即上"議禮"、"制度"、"考文"也。吕氏説。寡過，上有道揆，下有法守也。上焉者，謂如夏殷之禮，雖善而不可考。下焉者，謂聖人在下，如孔子也。朱《注》。君子，王天下者也。道即施行三重也。本身有德也，徵庶民，驗其信從也。建，立也，立於此而參於彼也。質，正也。孔《疏》。鬼神，分靈於天地者也。君子至德凝道直通帝載，如辨黑白，如數一二。故所制之禮，如郊社宗廟，鬼神亦分尊卑，司山職川，鬼神亦供使役，而適如鬼神之情狀。天地清明，山河効順，一無所疑也。三十年爲一世。"如此"指《詩》詞"無惡"、"無射"，即動、行、言爲民道、法、則也。《詩·周頌·振鷺》篇。

仲尼祖述堯舜，憲章文武，上律天時，下襲水土。辟如天地之無不持載，無不覆幬；辟如四時之錯行，如日月之代明。萬物并育而不相害，道并行而不相悖。小德川流，大德敦化。此天地之所以爲大也。

乃中庸之道彙於仲尼矣。仲尼之德，以堯舜爲祖而述之，以文武爲法而章明之。陽闢陰闔，上之於天時，則律吕之相和也。流行安敦，下之於水土，則衣被之相襲也。取而辟之，宗廟之美、百官之富，其天地之無不覆載乎！仁義迭用，剛柔無息，其四時之錯行，日月之代明乎！且即所辟者觀之，天覆地載之間，四時行，日月運，萬物并育於中而不相害，物各有道，并行而不相悖，是皆天地之德爲之也。小德則如川之流，脈絡分明而往不息。大德則敦厚，其化根本，盛大而出無窮。朱《注》。天地之大如此，仲尼辟之亦如此矣。德一也，無大小。以其川流，謂之小；以其敦化，謂之大。《孟子》曰："動容周旋中禮。""盛德之至"，小德川流也。《論語》曰："予一以貫之。"大德敦化也。

唯天下至聖，爲能聰明睿知，足以有臨也；寬裕温柔，足以有容也；發强剛毅，足以有執也；齊莊中正，足以有敬也；文理密察，足以有别也。溥博淵泉，而時出之。溥博如天，淵泉如淵。見而民莫不敬，言而民莫不信，行而民莫不説。是以聲名洋溢乎中國，施及蠻貊。舟車所至，人力所通，天之所覆，地之所載，日月所照，霜露所隊，凡有血氣者，莫不尊親，故曰配天。

此申"小德川流"也。至聖至誠，一也。詮川流，故言至聖。詮敦化，故言至誠。聖無所不通也。川流之源，周溥廣博，則如天，淵深泉蓄，則如淵。其中聰明睿智、寬裕温柔、發强剛毅、齊莊中正、文理密察之德，一一因時而流。流而見，則民莫不敬。流而言，則民莫不信。流而行，則民莫不悦。且至中國，流至蠻貊，莫不尊親，是爲小德川流。睿者，思之深入也。耳聰目明，心思睿知，所以運用寬裕諸德者也，故先之。异學心如止水，寒潭幻照，無實用，與淵泉時出正反。

唯天下至誠，爲能經綸天下之大經，立天下之大本，知天地之化育。夫焉有所倚？肫肫其仁，淵淵其淵，浩浩其天。苟不固聰明聖知達天德者，其孰能知之？

此申"大德敦化"也。經者，理其緒而分之，如橋仰梓俯是也。綸者，比其類而合之，如慈孝相成是也。經，常也。天下大經，五倫也，天下大本，性也。經綸者，明倫振德，禮明樂備也。立本者，存心養性，先立其大也。知天地化育者，五十而知天命也。是皆至誠純篤，絪緼凝合，函天通地，自然而然，豈倚於物而後能哉！經綸即其仁，立本即其淵，知化育即其天。肫肫、淵淵、浩浩，所以形容其仁。無盡其淵，莫測其天，無疆也。此大德敦化也。易上文睿以聖者，思作睿，睿作聖也。易"寬裕"諸名以"天德"者，寬裕溫柔，仁德，發强剛毅，義德，齊莊中正，禮德，文理密察，智德，得於天者也，故曰"天德"。大德小德，即此也。

《詩》曰"衣錦尚絅"，惡其文之著也。故君子之道，闇然而日章；小人之道，的然而日亡。君子之道，淡而不厭，簡而文，溫而理，知遠之近，知風之自，知微之顯，可與入德矣。《詩》云："潛雖伏矣，亦孔之昭。"故君子内省不疚，無惡於志。君子之所不可及者，其唯人之所不見乎！《詩》云："相在爾室，尚不愧於屋漏。"故君子不動而敬，不言而信。《詩》曰："奏假無言，時靡有爭。"是故君子不賞而民勸，不怒而民威於鈇鉞。《詩》曰："不顯惟德，百辟其刑之。"是故君子篤恭而天下平。《詩》云："予懷明德，不大聲以色。"子曰："聲色之於以化民，末也。"《詩》曰"德輶如毛"，毛猶有倫，上天之載，無聲無臭，至矣。

此《中庸》通篇之結也。《中庸》以道起，言人所當共由也。以德結，言人所當自具也。君子則行道而有德者也。其道也，無一系表暴矜張，惟從身心之近、之自、之微，闇中操存，雖人所不見，而内省之嚴。上帝臨汝，雖不動不言，而敬信常存。釋茲在茲，以至不聞亦式，不諫亦入，不顯亦臨，無射亦保。篤恭矣，不顯惟德矣。如此則神明默成，從容中道，與上天之載無聲無臭爲一，而民自勸矣，自威矣。位育肆達，天下平矣。所謂闇然而日章也，淡而不厭，簡而文，溫而理也。人特患不知耳。知之則從事近自微，而德可入矣。若小人者，的然表露，惟恐文之不著於遠、風於顯。嘔嘔甘臨，繁禮多儀，故爲色厲。或用格外之賞、意外之怒，以求平天下。至不見不動不言之時，即以爲人所不知，不必用力。萬民之前色莊，獨處之地負愧。究之，無本何枝？無源何流？誠者日滋，僞者難繼。過甘易壞，文理淺疎，民於何勸？於何威？於何平？的然而日亡矣。此之謂"君子中庸，小人反中庸"。《詩·衛風·碩人》篇"尚絅"作"褧衣"，加單衣也。"近自微"即人所不見不動不言也。但對遠言爲近，對風被於外言爲自，對顯言爲微。謂遠由於近，風由於自，微必至顯也。志，心之所期也，志在無疚，而有疚則惡於志矣。人所不見而内省，慎獨也，於潛伏致力也。《詩·小雅·正月》篇。"孔，甚也。"鄭《注》。不動而敬，不言而信，戒慎其所不覩，恐懼其所不聞也，屋漏不愧也。《詩·大雅·抑》之篇。屋漏，室西北隅。《爾雅》。奏，進。假，感格神明。朱《注》。無爭，無爭兢，失禮也。《詩·商頌·烈祖》篇。篤恭，篤厚其敬，即不顯惟德也。刑，法。《詩·周頌·烈文》篇。不賞民勸，不怒民威，篤恭而天下平。所過者化，所存者神，不疾而速，不行而至也。陽城，一善士耳，猶薰其德而善良者幾千人，况有堯舜德位，此固宜矣。篤恭天下平，則率性之道、脩道之教已至，故末三引《詩》以明其上達性天非又有進也。"予懷"，《詩・大雅・皇矣》篇，言上帝懷文王也。大聲以色，非的然也。徵色發聲而後喻大聲色也。即戰戰兢兢，啓手啓足，亦大聲色也。惟不思不勉，退藏於密，則無聲無臭，至聖至誠，而德至矣。《詩・大雅・烝民》篇。輶，輕也。言德之微妙也。載，事。臭，氣也。《詩・大雅・文王》篇。言詩咏不大聲色，似不顯矣，而猶有聲色。德微如毛，似不顯矣，而猶有比類。言至無聲無臭則誠，所謂不顯，篤恭者矣。"至矣"，與前"中庸至矣"相應。中庸，至道；篤恭，至德也。不見、不動、不言，不賞、不怒、不顯，無聲無臭，皆寫其闇脩也。楊、墨、佛、老，遠人行怪，自屬异端。華士、鄉愿，的然色取，亦爲假術。惟從吾堯、舜、文、武、周、孔，實實闇脩，用力近微，則忠恕違道不遠矣。自古聖人，原皆存心養性，盡人達天。其存也，順帝之則。其沒也，三后在天。《詩》《書》著配天、格天之訓，古人制配帝配天之禮，非虚文也。但非下學所可輕言。故孔門惟以孝弟禮樂爲教，而性天不可得聞。然亦時露其義，曰"知我其天"，曰"予一以貫"。子思以爲不盡，發之。恐後世反竊一二微言，篡入空虚，故畢抉示人，以爲此中庸之道也，非怪异也，而聖賢憂世立教之意盡矣。

論語傳注

論語傳注·序

《論語傳注》成,作而嘆曰:"於戲! 吾乃今而知孔子之所以爲萬世師也。"孔子承堯、舜、禹、湯、文、武、周公之傳,所自居者,好古敏求,斯文在兹。其教人,學則《詩》《書》禮樂兵農,行則孝弟仁義忠信篤敬,莫可易矣。而其爲後世坊,又何知之神慮之遠也? 不語上,不言性天,罕言命仁,則知後世專以講性談天爲事者誤矣。其論誦《詩》也,曰"雖多亦奚以爲",則知專以誦讀爲學者左矣。且存心養性并不之及,惟教之言忠信,行篤敬,存養自在其中。又子夏以灑掃應對進退之末爲始,以本爲卒,是不惟上達不輕傳,即下學亦循循有序,則知"立本以及末"與"本立而末自舉"之説皆過矣。使後之儒者世守其傳而不變,少則習幼儀,務謹信,長則禮樂不斯須去身,求志以此,達道以此,不鶩高遠,不徒占畢,禮樂何由亡? 躬行何由衰? 异端何由昌熾? 民物何由沉淪? 而學術道傳何以日岐而日墮也哉? 《大學》《中庸》,則《論語》之義疏也。《論語》言明親之道已具,而劃然臚列其先後,則在《大學》。孔子始於下學,終以一貫。始於志學、能立、不惑,終以知天命、耳順、從心所欲不踰矩,則學者原有達天之候,但躐等求之,必作寱語,踝他塗,故聖人慎焉。至子思時,性天之説棼起,不實指之,横議惑世,何所折衷? 故《中庸》以天命起,以天載終,而中實以子臣弟友、禮儀威儀,使知高遠必自卑邇,上達不離下學,皆庸常,非隱怪,而聖道上下盡矣,無可益矣,出此即异端矣。塨承先孝慤命,遊顔習齋先生之門,教以從事下學。今忽忽老矣,乃見聖道如此,故妄言之,以俟後之學者。傳者,謂有所受也。自孔門傳論聖道後,散考之先儒,而躬承於父師也。注,注也。果聖道不入岐路,則因文注釋,如水之注地,霈然而相通也。

康熙五十七年冬十月己酉蠡吾後學李塨頓首拜撰

凡　例

一、去聖遠而道術晦。漢唐注疏，詳於訓詁，略於體要。宋明儒者又各尋入門之路，率牽聖言以就其説，而道多岐轍矣。故不得已而有此《注》。

一、學不明則經旨不明。《論語》曰學《詩》學《禮》。《内則》曰學《樂》、學《禮》、學書計、學射御，經文昭然也。若後儒以讀書爲學，則經文所無，且以誦《詩》徒多爲戒矣，程子亦謂玩物喪志矣。以講性天爲學，則經明有不語罕言之防矣。以力行爲學，則學原以爲行也，但各有其功。《論語》曰："行有餘力，則以學文。"《中庸》言："學而知之，行而成功，不可溷併，以蹈冥行。"詳辯具顔先生《存學編》及拙注《大學辨業》《聖經學規》内。

一、道至周孔而盡，其教人之言亦盡。後儒或言發往聖所未發，誤也。往聖尚有不知與知其當誨而不盡言，何以爲聖矣？出往聖者，必异端之教也。經言所無者莫由學，其庶乎？

一、聖經專以訓士，如《論語》首言學、朋來、人知，《大學》言明親，《中庸》言位育，皆士之職也。以下皆然。不及農工商者，待士治也，即在士之兵農禮樂中也。後儒教人，四民齊施，則一視士與齊民等，僅自好而止，一不知民不可使知，亦學術錯誤之一證也。

一、窮經將以致用也。體國經野、禮樂制度、地考官名，皆致用之大者，不可空言理而湮其實也。兹《注》雖非專書，大義則必載。

一、孔子曰"辭達"，又曰"旨遠""言文"。後人梵語鄉談一概入《注》，則蕪穢聖經矣。不文何以能達？是《注》盡洗之。

一、《注》惟道是視，不敢盡附舊説。然道若大路，人可知行。矜新好异，非所云也。塨《注》時論而不辯，惟在好學深思者領解耳。

一、用舊《注》而微易其辭者，皆有至理，非敢漫更。

一、訂修則惲皋聞，校閲則方鐵壺、張肄六、王宗洙及馮辰、弟培。謹志不忘。

己亥仲夏敬識

論語傳注·上

蠡吾　李塨　稿

論　　語

孔門弟子論譔孔子之語，以傳後世，故曰《論語》。《注》《疏》。分二十篇。

學 而 第 一

子曰："學而時習之，不亦説乎？有朋自遠方來，不亦樂乎？人不知而不愠，不亦君子乎？"

子，孔子。宋孔父嘉之後。氏孔不書者，聖德著聞，人所共知也。邢《疏》。亦有書孔子者，記者隨筆不爲例也。古禮，大夫稱"子"，因之尊師曰"子"，《公羊傳》"子沈子"是也。或當時共傳稱之，後人亦因而稱之，孟子稱顔子、曾子是也。若面言，《論語》於同儕稱"子"，《孟子》於門人亦稱"子"，則男子通稱也。馬説。學，效於人，子貢謂"賢者識大，不賢者識小"、"夫子焉不學"是也。即自學《詩》《書》禮樂，亦效法古人也。習，重也，即《易》"習坎"之習，學而又學也。説，即悦。"不亦乎"，歎其必有此妙也。皇氏侃曰："學有三時。一、身中時。《内則》'十年出就外傅，居宿於外，學書計。十有三年學《樂》，誦《詩》，舞《勺》。十五成童舞《象》，學射御。二十學《禮》'是也。二、年中時。《王制》'春秋教以禮樂，冬夏教以《詩》《書》;《文王世子》'春誦,夏弦,秋學禮,冬學書。'三、日中時。《學記》'君子之於學,藏焉,脩焉,息焉,游焉',是日日所習也。"同門曰"朋"。包解。"不知",不知其有學也。慍,怒也。學本以應人知,而春秋以降,或不知矣,亦無慍焉,所性定也。"君子",謂德可君國子民也,《詩疏》。後遂以爲有德之通稱,《詩》於天子亦稱"君子",《論語》於學士曰"君子"是也。"時習",學而不厭也。朋來,誨人不倦也。"不知""不慍",不怨天不尤人,遯世不見知而不悔也。此學之準也。

有子曰:"其爲人也,孝弟而好犯上者,鮮矣。不好犯上,而好作亂者,未之有也。君子務本,本立而道生。孝弟也者,其爲仁之本與!"

"有子",孔子弟子,名若,魯人。"孝",順父母。"弟",盡弟道。"犯",干犯也。"上",分在己上者。"務",事事也。人能孝弟,即少犯上,不作亂,是仁本孝弟之象矣,故承之而斷其爲仁之本,以見孝弟不可不務也。天地之大德曰生,人之至道曰仁,仁即生德也。孝,報我所生也。弟,愛吾同生也。施之,生意油然及於民物矣。語曰:"孝爲百行之源。"本此。

子曰:"巧言令色,鮮矣仁。"

"巧",好其言。"令",善其色。剛毅木訥之反也。發露多則存蓄少,工飾多則真醇少,故鮮仁。

曾子曰:"吾日三省吾身:爲人謀而不忠乎?與朋友交而不信乎?傳不習乎?"

"曾子",弟子,凡言弟子,即孔子弟子,省文也。[①] 名參,字子輿,南武城人。"省",察也。"忠",盡心也。"信",言必實也。"傳",師傳也。此曾子忠恕之學也。人身當省不止三者。曾子此時從遊聖門,除傳習之外,則樂群謀謨耳,故日省如此。

子曰:"道千乘之國,敬事而信,節用而愛人,使民以時。"

---

① 底本無此注文,補自《顔李叢書》。

“道”,治也。“千乘”,諸侯之國。《周禮・小司徒》:九夫爲井,四井爲邑,四邑爲丘,四丘爲甸,四甸爲縣。《左傳・昭公五年》薳啓彊論晋車賦有云:十家九縣,長轂九百。其四十縣,遺守四千乘,是一縣一百乘也。縣方十六里,中二百五十六井,約二井半出一乘。毛河右説。古封國,不計山川附庸,故《王制》曰:“名山大澤不以封。”所謂方百里者,就井地言,則萬井當出三四千乘。惟言千乘者,言任戰,不言備也。如天子千里,爲百里者百,止言萬乘,可見敬小心也。“事”,禮樂兵農之事。“人”,兼臣民言。

子曰:“弟子入則孝,出則弟,謹而信,汎愛衆而親仁。行有餘力,則以學文。”

“弟子”,童年之通稱也。“謹”,慎。“信”,實。“汎”,廣。“親”,加厚也。“仁”,謂仁人。“餘力”,未盡之力。“文”,《詩》、《書》、禮、樂、射、御、書、數也。朱《注》。言弟子之職,行與學皆宜力也。出跟入孝,自膝下出也。

子夏曰:“賢賢易色。事父母,能竭其力;事君,能致其身;與朋友交,言而有信。雖曰未學,吾必謂之學矣。”

“子夏”,弟子,卜商,衛人。“易”,輕也。“賢賢”,重其德也。“易色”,輕其色也。此敦夫婦之別也。邵子昆説。“致”,如致仕之致,委身與君也。“雖曰”、“必謂”,設駁而深贊之言,盡倫必自學問入也。

子曰:“君子不重則不威,學則不固。主忠信,無友不如己者,過則勿憚改。”

不端重則無威嚴,而學亦不堅固。故君子以重爲貴,而忠信其主也,益友其輔也,改過其功也。“忠”,實心也。“信“,言必行也。友所以輔仁,不如己,則無益而有損。“無”,“毋”通。“憚”,畏也。朱《注》。

曾子曰:“慎終追遠,民德歸厚矣。”

喪盡哀禮,祭盡誠敬。《注》《疏》。君子篤厚於親之德也,民化之德亦歸厚矣。

子禽問於子貢曰:“夫子至於是邦也,必聞其政。求之與?抑與之與?”子貢曰:

"夫子溫良恭儉讓以得之。夫子之求之也，其諸异乎人之求之與。"

"子禽"，弟子，陳亢，陳人。"子貢"，弟子，姓端木，名賜，衛人。"溫"，和厚。"良"，易直。"恭"，莊敬。"儉"，節制。"讓"，謙遜。朱《注》。五者，夫子之盛德接乎人者也。時君感之，自以政來質。是夫子自操得之之權也，非邦君有心而與，豈夫子有意以求？即或曰：求亦求以溫良恭儉讓耳。與人之屈節者，天淵矣。"諸"、"與"，皆語辭。《春秋》稱"大夫"皆曰"夫子"。孔子曾爲大夫，故有此稱。

子曰："父在觀其志，父沒觀其行，三年無改於父之道，可謂孝矣。"

此觀人子之法也。父在，不得自專，但觀其志。父沒，乃觀其行之善惡。然沒，而子三年在喪，孔解。於父之道，可姑行者，不忍改之，斯謂之孝。不然，親甫沒，而變更，是有死其親之意矣。所行即善，而心亦薄矣，豈孝也哉！

有子曰："禮之用，和爲貴。先王之道，斯爲美。小大由之，有所不行。知和而和，不以禮節之，亦不可行也。"

"和"，和樂也。"先王之道"，即禮也。斯，指和也。"小"，曲禮。"大"，經禮。"由之"，由和也。"知和而和"亦不可行者，如稽康阮籍之流，放誕嬉戲以爲高致，終至喪亡是也。言禮貴和，而和又不可流蕩也。

有子曰："信近於義，言可復也。恭近於禮，遠恥辱也。因不失其親，亦可宗也。"

"信"，約信。"復"，踐言。"恭"，致敬。"禮"，節文。"近"，依也，合也。"因"，緣也，就也。"宗"，主也。所因不失可親之人，亦可以宗主之也。言人之言行交際，當審之於始，而慮其所終。不然，將不勝其自失之悔矣。朱《注》。

子曰："君子食無求飽，居無求安，敏於事而慎於言，就有道而正焉，可謂好學也已。"

不求安飽者，好不在是也。"敏"，速也。"事"，學之事也。爲學之人恒多言，故又慎之。“有道”,有道德者。“正”,正其所學也。

子貢曰:“貧而無諂,富而無驕,何如?”子曰:“可也。未若貧而樂,富而好禮者也。”子貢曰:“《詩》云:‘如切如磋,如琢如磨’,其斯之謂與?”子曰:“賜也,始可與言《詩》已矣。告諸往而知來者。”

“可”,猶言亦可也。貧而樂,顔淵也。富而好禮,睿聖衛武公也。子貢以貧富有守爲美,聞子言“未若“,遂知義理無窮,學問莫足,故引《衛風·淇澳》之詩“如切”而又“如磋”,“如琢”而又“如磨”以證之。是告往而知來也。

子曰:“不患人之不己知,患不知人也。”

人不己知,無損於己,何患?不知人,則窮無與交,達無所舉,故患之。“人”,汎言。下論以能應人知,則指操知遇之權者言。

爲政第二

子曰:“爲政以德,譬如北辰,居其所而衆星共之。”

“政”,正人之不正也。“德”,行道而有得也。“北辰”,北極,天之樞也。“居其所”,不移也,而衆星拱向。即所謂:“子帥以正,孰敢不正?”言爲政本於身也。

子曰:“《詩》三百,一言以蔽之,曰:思無邪。”

“思無邪”,《魯頌·駉》篇之辭,此言可蓋全。《詩》者,《國風》好色而不淫,《小雅》怨誹而不亂。《史記》。發乎情,止乎義理,子夏《詩序》。無邪思也。況於《大雅》以歌王政,三《頌》以形祖德,愈無邪矣。此詩教也。王氏《道説》。或謂:“《桑中》《溱洧》,非邪思歟?”曰:“作歌以刺其事,使天下萬世共醜焉。是無邪也。”

子曰:“道之以政,齊之以刑,民免而無恥。道之以德,齊之以禮,有恥且格。”

"道",引導。"政",法制禁令。"齊",一之也。"免"者,不敢爲惡,以苟免刑罰也。齊禮者,立冠婚喪祭之儀,定五倫相接之度,使賢者俯而就,不肖者跂而及也。"格",至也。民恥於無德無禮,且至於有德有禮也。較之徒尚政刑者,淳漓大有間矣。故申韓之術可以苟定反側,不可以常享太平。

子曰:"吾十有五而志於學,三十而立,四十而不惑,五十而知天命,六十而耳順,七十而從心所欲,不踰矩。"

古十五而入大學。"志"者,念兹在兹也。"學",習大學明親之道而不厭也。"立",學之固也。"不惑",學無所疑也。"天命",天之元亨利貞之德也。"知"者,下學而上達也。"耳順",聲入心通,無所違逆,不思而得也。"矩",爲方之器。隨心所欲而不踰於方,不勉而中也。朱《注》。此孔子之年譜也。

孟懿子問孝。子曰:"無違"。樊遲御,子告之曰:"孟孫問孝於我,我對曰'無違'。"樊遲曰:"何謂也?"子曰:"生,事之以禮。死,葬之以禮,祭之以禮。"

"孟懿子",魯大夫仲孫何忌。"懿",謚。孟僖子之子。"樊遲",弟子,樊須,齊人。僖子卒時,詔懿子學《禮》於孔子,故懿子問孝,而子以"無違"於親告知,使其順親之指,以學禮也。毛河右説。然而從親、學禮,順親之一事而已,豈遂盡孝?不知孝親即有禮焉,生事,葬祭,不可過分是也。恐懿子未解,故語樊遲以發之。舊注作"無違於禮",則聖人作廋辭矣。

孟武伯問孝。子曰:"父母惟其疾之憂?"

"武伯",魯大夫懿子之子,名彘。"武",謚。言當謹疾以慰親也。

子游問孝。子曰:"今之孝者,是謂能養。至於犬馬,皆能有養。不敬,何以別乎?"

"子游",弟子,姓言,名偃,吴人。言但以能養口體爲孝,則雖不常供者,至於犬馬,皆能有之。割烹以養父母,袁黄説。但不敬親,則無別於今人矣。《坊記》子曰:"小人皆能養其親,君子不敬,何以辨?"正與此同。故唐馬氏《疏》云:"臣少失父母,犬馬之養,已無所施。"宋王豐甫表云:"犬馬之養未伸,風木之悲累至。"皆言犬馬養親,無作人養犬馬者。何《注》誤也。又包咸舊注:犬以守禦,馬以代勞,皆養人者。如事君左右,就養有方,言服侍也。蓋漢魏間,皆以犬馬養人,比人子養親。其説亦通。故人臣亦因用之,汲黯曰"臣嘗有狗馬病"是也。

子夏問孝。子曰:"色難。有事,弟子服其勞;有酒食,先生饌,曾是以爲孝乎?"

"先生",老者稱。"饌",飲食也。馬解。"曾",猶乃也。《祭統》曰:"孝子之有深愛者,必有和氣;有和氣者,必有愉色;有愉色者,必有婉容。"故色不可强,而服勞、奉養尚可勉爲也。

子曰:"吾與回言終日,不違如愚。退而省其私,亦足以發,回也不愚。"

"回",弟子,姓顔,字子淵,魯人。"不違",無辨難也。默而識之故"如愚"。"省",夫子省察之也。"私"者,退請業請益之所,而自處也。足發者,智足以發明之,力足以發行之。

子曰:"視其所以,觀其所由,察其所安,人焉廋哉!人焉廋哉!"

"以",用也,所用,行也。"焉",安。"廋",匿也。《注》《疏》。小人掩其爲之不善,視之而善不善分矣。行善而意之所由來者,未善猶恐匿也。諦觀之,而善不善又分矣。由善而其安心樂意之所,或不在是焉,猶恐匿也。詳察之,而安於善與不安於善又分矣。尚安匿乎?

子曰:"溫故而知新,可以爲師矣。"

故學者,溫習之。新學者,日知之。學不而厭也,即可以誨人矣。

子曰:"君子不器。"

君子全體皆具,非一器也。

子貢問君子。子曰:"先行其言,而後從之。"

子貢能言,恐其言先於行也,故語以從於行之後焉。

子曰:"君子周而不比,小人比而不周。"

"周",普徧。"比",偏黨。皆與人親厚,而周公比私,君子小人分焉。

子曰:"學而不思則罔,思而不學則殆。"

學而不加睿慮,則昏而無得。思而不考成法,則危而不安。

子曰:"攻乎异端,斯害也已。"

"异端",非人道之常,而别爲一端。如今佛老是也。明太祖曰:"攻如攻城。""已",止也。攻去异端,則邪説之害止,而正道可行矣。

子曰:"由,誨女知之乎! 知之爲知之,不知爲不知,是知也。"

"由",弟子,姓仲,字子路,卞人。子路粗率,或有認不知以爲知者。故子誨以知之之道如此。不然,本不知之而誤居於知,心之翳蔽孰甚焉。

子張學干禄。子曰:"多聞闕疑,慎言其餘,則寡尤。多見闕殆,慎行其餘,則寡悔。言寡尤,行寡悔,禄在其中矣。"

"子張",弟子,姓顓孫,名師,陳人。其爲學也,意求禄矣。子曰:禄非學外物也,而不必干也,亦善吾言行而已。多聞則言有物。聞而疑者,闕之,則無妄言。其餘不疑者,又慎言之,則無放言,人責少矣。多見則行有準。見而殆者,闕之,則無誤行。其餘不殆者,又慎行之,則無肆行,己悔鮮矣。禄在中,言不求而自至也。

哀公問曰:"何爲則民服?"孔子對曰:"舉直錯諸枉,則民服;舉枉錯諸直,則民不服。”

“哀”，魯君謚，定公之子。“錯”，置也。包解。“諸”，語辭。用舍合，民心則服矣。

季康子問：“使民敬忠以勸，如之何？”子曰：“臨之以莊則敬，孝慈則忠，舉善而教不能則勸。”

“季康子”，魯卿，名肥，“康”，謚。“孝”，孝親。“慈”，慈民。“忠”者，民盡心於上也。“勸”者，勸於爲善也。

或謂孔子曰：“子奚不爲政？”子曰：“《書》云：‘孝乎，惟孝’，友於兄弟，施於有政，是亦爲政。奚其爲爲政？”

“奚”，何也？“爲政”，居位以正人也。《書·周書·君陳篇》：孝乎，惟孝。美大孝之辭。包氏解，班固、潘岳、陶潛、王利貞，漢、晋、唐人皆如此讀。此與《禮》云“禮乎禮”，《漢》語“肆乎其肆”，韓愈文“醇乎其醇”相同，言孝之至也。閻百詩説。文與《書》不同者，孔孟引《書》，每小异，取足明道，不在章句也。“友”，愛也。“施”，行也。言行於孝友，有正人之道，《注》《疏》。是亦爲政矣，何必居位乃爲爲政乎？“其”，指居位也。《史記》定公初年，季氏廢立，陽虎作亂，孔子不仕，而不便明言，故以此謝或人。

子曰：“人而無信，不知其可也。大車無輗，小車無軏，其何以行之哉！”

“大車”，平地任載之車。“輗”，轅端横木，以縛軛駕牛領者。“小車”，駟馬車、兵車、田車、乘車也。“軏”，轅端上曲鉤衡，以駕兩服馬領者。《注》《疏》。

子張問：“十世可知也？”子曰：“殷因於夏禮，所損益，可知也。周因於殷禮，所損益，可知也。其或繼周者，雖百世，可知也。”

王者易姓受命爲一世。朱《注》。問“十世可知”者，欲前知十世之事也。《禮》，制度文爲也，天道相繼以運，世皆因時而錯行。如因春而夏、因夏而秋、因秋而冬是也。帝王相繼以持世，必因禮而損益。如夏尚忠，殷因之而尚質。殷尚質，周因之而尚文是也。自此以後，如秦法過嚴，漢高因之而用寬，劉璋過寬，諸葛因之而用嚴，天道人事之自然也。故曰：百世可知。

子曰："非其鬼而祭之，諂也。見義不爲，無勇也。"

人神曰鬼。非其祖考而祭之，是諂媚求福也。鄭解。如《春秋》僖公三十一年，衛成公欲祀夏，相甯武子止之，曰"不可。鬼神非其族類，不歆其祀。杞鄫何事？"是也。

八佾第三

孔子謂季氏八佾舞於庭，"是可忍也，孰不可忍也！"

"謂"，私謂也。《魯論》凡無"曰"字者，皆私謂。如"子謂子產"、"子謂子賤"之類也。有"曰"字者，皆面謂，如"子謂顏淵曰"、"子謂仲弓曰"之類也。王草堂説。"佾"，舞列也。《春秋・隱公五年》衆仲曰："天子用八，諸侯用六，大夫四，士二。"杜預、何休謂八佾，八八六十四人，六則六六三十六人，四則四四十六人，二則二二四人。服虔謂六八四十八人，四八三十二人，二八十六人。王草堂曰：《春秋・襄公十一年》，鄭伯賂晋女樂二八，晋侯以一八賜魏絳。是古人舞列，不論貴賤，皆以八人。服説是也。季氏僭分至此，尚可容忍，孰不可容忍者？邢《疏》。傷當時君之無權也。古廟有室，在户牖之内。其前爲堂，在户牖之外。堂前有階，階下爲庭。歌在堂上，故《雍》徹曰於堂，舞在堂下，故佾舞曰於庭。

三家者以《雍》徹。子曰："'相維辟公，天子穆穆'，奚取於三家之堂？"

"三家"，仲孫、叔孫、季孫也。"《雍》"，《周頌》篇名。"徹"，祭後而收其俎也。"相助辟公，諸侯穆穆"，敬也。《爾雅》。二句，《雍》詩之辭。三家之堂，主祭者大夫，助祭者家臣，歌此何取？不惟僭竊，亦屬愚謬，可嘆也。按：三家之堂，即《郊特牲》所謂三桓之公廟也。三家出於桓公，故立其廟。蓋古禮，諸侯不敢祖天子，大夫不敢祖諸侯。《郊特牲》。后稷始封有國，周人立爲始祖廟，歌功誦德。祇及姜嫄，并不及稷父帝嚳，以其爲天子也。及文武有天下，周公乃制五年一禘，《公羊傳》謂殷祭是也。尊帝嚳爲自出之帝，祭於始祖后稷之廟，而始祖配之。《國語》《祭法》《大傳》《喪服小記》。而并不別立帝嚳廟。及成王以周公有大勳勞，賜魯重祭。《明堂位》《祭統》謂重祭，用天子禘儀，而無祭文王於周公廟配以周公文，趙伯循説无據。

於是魯有郊禘，然郊惟於啓蟄祈穀。《春秋》書郊皆在四月，夏之二月也。桓公五年所謂啓蟄而郊也。配后稷亦以祈穀，故襄公七年，孟獻子曰，郊祀后稷，祈農事也。冬至大郊《郊特牲》。非所敢用。《家語》：定公問："寡人聞郊而莫同，何也？"子曰："魯無冬至大郊之事，惟祈穀之祭，降殺天子，是以不同。"禘惟在周公廟，不及群廟。《閟宫》詩曰："白牡騂剛。"謂周公廟用白色之牲，比於宋用天子禮樂，不敢并時王也。群廟用騂色，以用侯禮則無嫌。其儀皆以天子禮樂行之，所謂變禮之禮也。《史記》所謂不敢以臣待周公也，乃魯因爲文王立廟名周廟。見《左傳・襄公十二年》。其後非祈穀，如成公十七年九月，用郊群廟亦用禘，如昭公二十五年，禘於襄公，定公八年，禘於僖公，萬充宗曰："用天子禮樂，白牲犧尊，朱干玉戚如禘，故曰禘。"非。群廟，祀所自出也。則僭越矣。故《禮運》孔子曰："魯之郊禘，非禮也，周公其衰矣。"因之三家出於桓公，而季友爲莊公母弟。昭公三十二年，史墨曰：季友，桓之季，文姜之愛子是也。慶父、叔牙雖長，而庶出，故友爲别子，爲宗卿，其後亦立公廟爲三家之堂，而八佾、《雍》徹，紛然并作，夫子所以深斥之。

子曰："人而不仁，如禮何？人而不仁，如樂何？"

即嘆三家之流也。

林放問禮之本。子曰："大哉問！禮，與其奢也，寧儉；喪，與其易也，寧戚。"

"林放"，魯人。鄭《注》。見周末文勝，而疑非禮之本也，故問禮。始諸飲食，汙尊抔飲，其本儉而已。重席列鼎，日趨日奢，末矣。即如喪禮，其顙有泚，睨而不視，本哀而已。棺槨明器，日趨日易，末矣。與其趨彼，無寧返此。"易"，熟治也。禮又單舉喪者，哀本天性，較之儀文，本末昭然，猶爲易曉也。

子曰："夷狄之有君，不如諸夏之亡也。"

"諸夏"，中國。包解。夷狄且有君長，不似諸夏僭亂，反無君也。

季氏旅於泰山。子謂冉有曰："女弗能救與？"對曰："不能。"子曰："嗚呼！曾謂泰山不如林放乎？"

《周禮·大宗伯》:國有大故,則旅上帝及四望。鄭《注》曰:"旅,陳也。"陳其祭事以祈也。《王制》:諸侯祭名山大川之在其封内者。季氏祭之,僭矣。"冉有",弟子,名求,魯人。時仕於季氏。故夫子使救止之,言神不享非禮。林放尚問禮本,泰山之神反不如林放耶?而誣而祭之,欲季氏知其無益而不旅也。

子曰:"君子無所爭。必也射乎。揖讓讀而升,下讀而飲,其爭也君子。"

君子不欲多上人,何爭?求其爭,其惟射以祈爵乎?然《儀禮·大射》云:耦進,上射居左并行,當階北面揖,及階揖,升堂揖,皆當其物。物謂射時所立處。北面揖,及物揖。射畢,北面揖,揖如升射。是升下揖讓也。《大射》又云:飲射爵之時,勝者皆袒,决遂,執張弓,不勝者皆襲,説决拾,卻左手,右加弛弓於其上,遂以執弣,揖如始升射。及階,勝者先升,升堂少右。不勝者進,北面坐,取豐上之觶,立,卒觶。坐奠於豐下。興揖,不勝者先降。是飲揖讓也。始終揖讓如此,則射亦君子之爭,而非若小人之角厲矣。

子夏問曰:"'巧笑倩兮,美目盼兮,素以爲絢兮。'何謂也?"子曰:"繪事後素。"曰:"禮後乎?"子曰:"起予者商也!始可與言《詩》已矣。"

"巧笑"二句見《衛風·碩人》篇,無"素絢"一句,蓋逸詩也。"倩"笑貌。盼,動目貌。何《注》。"素",面貌瑩潔也。"絢",餙也。"繪事",上衣下裳畫繪之事也。"後素"者,《考工記》曰:"畫繪之事雜五色,後素功。"謂先施青赤黑黄四色,而後以白采分布其間,故曰"素功"。恐白之易漬污也。"起予",言我意未之及而能起發之。詩本言面色皎白,倩盼如畫,即爲美餙,不必復餙矣。美之也。子夏疑素非餙也,何得爲餙?子以繪事明之,素采後施,是素亦爲餙。天生自然之美,後以拭濯而耀然也,無疑也。子夏一聞"後素"之言,而曠然也。曰:人之素質,非餙也。而乃以美其貌,以妍其容,爲後來之餙矣。則夫禮者,本於天地,具於性情,原非後起之餙也。而乃君臣父子,非禮無文,朝廟邦家,非禮不華。其釋回增美也,亦在後者乎?虞廷典禮,周室禮明樂備,孔門學禮,皆後起之功,不可已者也。猶後素也。故夫子深贊之。毛河右説:"舊注謂繪事後於素,則日、月、星、辰、山、龍、華、蟲作繪書,言畫五采於上衣,未聞朝衣用粉白繪也。且禮屬後起,亦非聖賢重禮之意。"

子曰:"夏禮,吾能言之,杞不足徵也。殷禮,吾能言之,宋不足徵也。文獻不足故也。足,則吾能徵之矣。"

“杞”,夏後。“宋”,殷後。“徵”,證也。“文”,典籍。“獻”,賢人。朱《注》。言我能言夏殷之禮,而二國文逸獻亡,不足以證吾言。使其有文有獻,則我能言,而取以證之矣。夏殷之禮淪謝,而忠質不可返,豈非世道之憂乎?故夫子反覆嘆之。

子曰:“禘自既灌而往者,吾不欲觀之矣。”

禘祭有三:一、大禘。《喪服小記》云:禮:不王不禘,疑有闕文[①]。五年合食之殷祭也。一、吉禘。《春秋》:吉禘即《儀禮》吉祭。喪畢升新主於廟,則合群廟祧廟之主合食於太廟也。一、時祭。《王制》《祭統》云“春礿”、“夏禘”,《郊特牲》與《祭義》云“春禘”,總時祭名也。夫子仕魯,在定公十年、十四年間,未遭吉禘。而大禘爲魯重祭,非時祭比。此嘆者蓋大禘也。“灌”者,《郊特牲》曰:周人尚臭,灌用鬯臭,鬱合鬯,臭陰達於淵泉,灌以圭璋,用玉氣也。魯之君臣,此時誠意未散,猶有可觀。以後則浸懈怠,而無足觀矣。或謂嘆魯僭禘,則禘始終皆僭。即灌之鬱尊黄目,玉瓚大圭,非僭乎?不待既灌矣。

或問禘之説。子曰:“不知也。知其説者之於天下也,其如示諸斯乎!”指其掌。

維仁人爲能饗帝,惟孝子爲能饗親。追遠報本,至禘極矣,未可易爲,或人道也。而魯群宫僭禘之失,又所當諱,故答以不知。而言如知其説,則天下之事當前皆徹如指示掌中之物,言易了也。時子伸一掌,以手指之,故記者記曰。“斯”者,掌也。邢《疏》。

祭如在,祭神如神在。子曰:“吾不與祭,如不祭。”

“祭”,祭先也。“神”,如五祀諸神。門人記孔子祭祀之誠,而又引其言以證之。

王孫賈問曰:“與其媚於奥,寧媚於竈,何謂也?”子曰:“不然。獲罪於天,無所禱也。”

“王孫賈”,衛大夫。“媚”,親昵也。室西南隅爲“奥”,室中最尊之地,祀神之所也。然幽寂而其神無定,五祀皆迎祭於奥。幽寂則似無靈,神無定則無專主。“竈”,五祀之一。雖

① 底本此處空十五字。注文補自《顔李叢書》。

饎爨、雍爨，老婦之祭，其祀頗卑。然炎熱而司飲食，炎熱則氣燄盛，司飲食則禍福有權。與其媚彼，無寧媚此。賈引時言以喻奉虛位之君，不如親得權之臣，諷孔子也。子折之曰：子不知上之有天乎？其尊無有并者，人唯守道而行，不獲罪於天而已。如其獲罪，何所禱而免乎？非惟竈不可媚，奧亦非所媚也。

子曰："周監於二代，郁郁乎文哉！吾從周。"

"監"，視。"二代"，夏商也。言周初制禮，監而損益之，郁郁乎文采哉！吾舍周何適矣。"郁郁"，文章貌。邢《疏》。

子入大廟，每事問。或曰："孰謂鄹人之子知禮乎？入大廟，每事問。"子聞之，曰："是禮也"。

"大廟"，周公廟。《公羊傳》曰：周公稱大廟，魯公稱世室，群公稱宫。魯得用天子禮樂以祭周公，明備繁重，故夫子仕時，入而助祭，每事問焉。或譏其不知禮。孔子言敬謹之至，乃禮之意，豈敢自謂予知哉！孔子父叔梁紇嘗爲魯鄹邑大夫，故稱鄹人。

子曰："射不主皮，爲力不同科，古之道也。"

"主皮"者，專主獲，無侯，張獸皮射之。鄭康成説。蓋在位行禮射，大射、賓射。燕射、鄉射亦賓射類。張侯射之，比於禮樂。庶民無射禮，習射則獸皮張，射專主於獲。賈公彦説。故鄉大夫獻賢能之書於王，恐復有遺賢焉，退而以禮鄉射，衆來聚觀，因詢五物，三曰"主皮"，謂問德行與藝。"主皮"，問能射否也。鄉射，《禮記》曰：禮，射不主皮。主皮之异者。勝者又射，不勝者降，謂禮射。觀德二次，負仍三次。比樂，以射主皮，則詢藝。以鄉射及之，别一事。中者再射，不中，遣去之，不再三射，此异也，故禮射不主皮。古者，禮樂揖讓序賓，不侮之道也。今則雖行禮文，互有爭心，而此道微矣。"爲力"，爲力役之事也，設上中下三科。《注》《疏》。如《周禮》均人，凡均力役，以歲上下，豐年則公旬用三日，中年則用二日，無年則用一日。《小司徒》：上地可任也者家三人，中地可任也者二家五人，下地可任也者家二人，此古者力役之征，惜勞愛民之道也。今則徭役繁重，不分上下，而此道亡矣。士競民殘，夫子所以歎也。朱《注》謂"不主皮"是不主於貫革。誤也。貫革，穿甲也。澤宫習武，所用蹲甲而射之也。《周禮·司弓矢》《考工記》《戴禮·樂記》俱有明文。

子貢欲去告朔之餼羊，子曰："賜也！爾愛其羊，我愛其禮。"

《周禮》：大史頒正朔於邦國，諸侯藏之祖廟。至每月朔，以腥羊作獻，告祖廟而受行之，謂之告朔。鄭說。乃出而聽治，此月之政，謂之視朔。魯自文公六年閏月，不告朔，去孔子壯時，將及百年。而有司猶供此羊，是告朔之禮一線未亡者也，何忍以費而去之。子貢或屬憤激，而夫子之意深遠矣。

子曰："事君盡禮，人以爲諂也。"

如孔子之拜下，盡禮也，而泰者不悦，以爲諂，故慨之。

定公問："君使臣，臣事君，如之何？"孔子對曰："君使臣以禮，臣事君以忠。"

"定"，魯君謚，襄公子，昭公弟。

子曰："《關雎》樂而不淫，哀而不傷。"

"《關雎》"，《國風》后妃所作"關關雎鳩"者，喻淑女之和諧，而摯而有别也。廣求淑女以佐君子，供祭祀。寤寐反側，哀賢才之未進也。而在己一無嫉妬傷善之心，又求衆庶和好，嫉妬全消，而各無傷善之心，是哀而不傷也。《序》所謂"憂思進賢，無傷善之心"是也。琴瑟鐘鼓，樂賢才之得進也。而在己不爲媚寵，以自淫其色，亦求衆庶各自淑善，不淫恣其色，是樂而不淫也。《序》所謂"樂得淑女以配君子，不淫其色"是也。周之壼内，聖賢會聚，貞潔和順，共承天事，溥於下國，此時之乾坤爲何如者？宜定制以爲樂章，用之鄉人，用之邦國也。

哀公問社於宰我。宰我對曰："夏后氏以松，殷人以柏，周人以栗，曰使民戰栗。"子聞之，曰："成事不説，遂事不諫，既往不咎。"

"哀公問社"，問社義也。"宰我"，弟子，名予，魯人。乃以社名答其義焉。謂《周禮·大司徒》設社稷之壝而樹之。田主各以其野之所宜木，遂以名其社與其野。是古者凡立社，必樹木以爲名。夏后氏樹松，曰松社；殷人樹柏，曰栢社；周人樹栗，曰栗社。毛河右說。

後人名粉，榆社、櫟社，本此。乃其義即在乎此。如周名栗社，則以古者戮人於社義，取戰栗以見人君不可不示威也。然而棄德用威，其道未善。孱君悍刑，徒取醜厲，言之左矣。“遂事”，謂事雖未成，而勢不能已。孔子言其駟不及舌，不必責咎，正深責之。然則社義如何？報土功、重民食也。

子曰：“管仲之器小哉！”或曰：“管仲儉乎？”曰：“管氏有三歸，官事不攝，焉得儉？”“然則管仲知禮乎？”曰：“邦君樹塞門，管氏亦樹塞門。邦君爲兩君之好有反坫，管氏亦有反坫。管氏而知禮，孰不知禮？”

“管仲”，齊大夫，名夷吾。孔子志爲東周，蓋亦輔諸侯，尊周室，一如管仲之爲。但不假而誠，不私而公，不少得驕，溢而博厚，高明悠久，以成大業，則大小迥殊矣。故深許管仲之功，而惜其器小也。或乃疑器小爲儉，子言其奢，謂不儉。爲知禮，子指其僭。仲之器小，亦畧可見矣。“三歸”，娶三姓女。見《戰國策》、《韓非子》、班固《食貨志》。婦人謂嫁曰“歸”。“攝”，猶兼也。“樹”，屏。“塞”，蔽。《禮》：天子外屏，諸侯内屏，大夫以簾，士以帷。“好”，與鄰國好會也。“反坫”，反爵之坫，在兩楹間。《禮》：主君獻賓，賓筵前受爵，飲畢，反虚爵於坫，西階上拜。主人於阼階上答拜。賓於坫取爵，洗爵，酌，以酢主人。主人受爵，飲畢，反虚爵於坫，阼階上拜。賓答拜。管仲，卿大夫，而僭之，不知禮也。

子語魯大師樂曰：“樂其可知也：始作，翕如也；從之，純如也，皦如也，繹如也。以成。”

“大師”，樂官名。時魯音樂漸微，故子語以作樂之法。“始作”，樂初合也。“翕如”，人聲，八音相比而起也。“從之”，則大作矣。“純如”，清濁高下，遞接圓轉，如五味之相劑也。“皦如”，抗隊曲止倨句，爲言爲永，分明也。“繹如”，繹，抽絲也，纍纍乎貫珠之象也。“以成”，樂一終也。《簫韶》九成、《大武》六成是也。聖經言樂，皆以聲音，無算數者。後人以計律數爲樂，誤也。

儀封人請見，曰：“君子之至於斯也，吾未嘗不得見也。”從者見之。出曰：“二三子，何患於喪乎？天下之無道也久矣，天將以夫子爲木鐸。”

“儀”，蓋衛邑。“封人”，如《周禮》封人，掌爲畿封而樹之，典封疆之官也。《注》《疏》。

"君子",謂往來賢者。至此皆得見之,言其平日不見,絕於有道,而求以自通也。朱《注》。"從者",孔子弟子隨行者,通使得見也。"喪",謂失位去國。"木鐸",金鈴木舌,施政教時所振,《月令》"奮木鐸以令兆民"是也。言亂極當治,天將命夫子明制作法度,以號令天下萬世也。《注》《疏》。

子謂《韶》:"盡美矣,又盡善也。"謂《武》:"盡美矣,未盡善也。"

"《韶》",舜樂名。韶,繼也,《史記》。言能繼堯之德也。《武》,武王樂名,言其伐暴救民有武功也。"盡美",謂歌器之聲、舞蹈之容,悦聽足觀也。《韶》又盡善者,聲容之内,九功惟敘,禪遜德讓,如天之無不幬,地之無不載也。《武》未盡善者,聲容之内,病不得衆,恐不逮事,發揚蹈厲,夾振駟伐,其象危惕而猛趨,不如《韶》樂之融容和平也。《韶》、《武》,之時爲之也。

子曰:"居上不寬,爲禮不敬,臨喪不哀,吾何以觀之哉?"

"居上",冒人者也,故以寬。

里仁第四

子曰:"里仁爲美。擇不處仁,焉得知?"

"里",二十五家也。而有仁厚之俗,智者擇居,必於是矣。

子曰:"不仁者,不可以久處約,不可以常處樂。仁者安仁,知者利仁。"

"仁",心德也。心德全,則隨遇而貞。久約濫,久樂淫,以不仁耳。"利",順利也。

子曰:"唯仁者能好人,能惡人。"

仁人無私,故能好惡。

子曰："苟志於仁矣，無惡也。"

"苟"，語辭，但也，如也。"苟志於仁"，"但"之義也。楊子"非苟知之"，亦訓但。苟有用我，"如"之義也。但志仁，即無惡。見仁不可不志也。

子曰："富與貴，是人之所欲也，不以其道得之，不處也。貧與賤，是人之所惡也，不以其道得之，不去也。君子去仁，惡乎成名？君子無終食之間違仁，造次必於是，顛沛必於是。"

"不以其道得"，謂不當得而得富貴則不處。貧賤則相安者，恐去仁也。故君子不違仁之功存，存無間焉。其功即《大學》之正心修身以明明德也。"惡乎"，猶"於何"也。邢《疏》。"終食"，一飯之頃。"無終食之間違仁"，即終身不違仁也。"造次"，急遽之時。"顛沛"，傾覆之際。而一無違焉，則不去仁矣。言不去仁，而必徵之富貴貧賤者，驗其實也。以此坊民，而後世猶有講學論道，自謂主敬明理，而苟且於富貴貧賤者。

子曰："我未見好仁者惡不仁者。好仁者無以尚之。惡不仁者其爲仁矣，不使不仁者加乎其身。有能一日用其力於仁矣乎？我未見力不足者。蓋有之矣，我未之見也。"

"好仁"，則視聽言動必以禮，視天下之物無上之者。"惡不仁"，則視聽言動必不使非禮加於吾身，是不違仁矣。而未見其人也，得無力之不足乎？夫好惡，己之力也，"仁"，己之德也。己好己之德，己惡己之失德，力安有用之不足者？即或有之，我未之見。又作疑詞，以深决其不然也。

子曰："人之過也，各於其黨。觀過，斯知仁矣。"

"過"，指有因而過之過。"黨"，黨類也，即倫類也。毛河右説。如《禮記》父黨、母黨之類也。行路之人，無爲之受過者，無他，疏之也。五倫之内，每有因之受過者，無他，親之也。如周公使管叔監殷而畔，子路有姊喪可除弗除，皆不忍於兄弟之倫類而過也。不忍，仁也。故觀過即知其仁。《表記》子曰："與仁同功，其仁未可知；與仁同過，然後其仁可知。"即此意。

子曰:"朝聞道,夕死可矣!"

"聞",非偶然頓悟,乃躬行心得之謂也。顏子之嘆,曾子之唯,庶克當之,方不徒死,亦不虛生,故曰可矣。王草堂説。"道",猶路也,有原有委。性與天道,道之本也。三綱五常,道之目也。禮樂文章,道之事也。經有統言者,有專言者,當各以文會之。此章與"原壤"章"老而不死爲賊"宜對觀。不循道,則長年而衹爲賊。能聞道,則朝聞而夕死亦可。然則世之冥冥昏昏,而欲長生久視,何爲哉?

子曰:"士志於道,而恥惡衣惡食者,未足與議也。"

專務衣食者,凡民也;恥惡衣食者,陋品也。士而如此,則志道不篤矣,何足與議?

子曰:"君子之於天下也,無適也,無莫也,義之與比。"

"適",專主也。《左傳》"吾誰適從"是也。"莫",不肯也。"比",從也。朱《注》。言君子之應事無成心而精於義也。

子曰:"君子懷德,小人懷土;君子懷刑,小人懷惠。"

"小人",細人。"懷刑",行法以俟命也。重耳懷安敗名,殷民安土重遷,皆懷土也。韓信以捐地會兵,陳豨將爲多金啗,皆懷惠也。

子曰:"放於利而行,多怨。"

"放",依也。孔解。即《檀弓》"梁木其壞,則吾將安放"之"放",言梁木爲衆木所依也。此戒專利也。

子曰:"能以禮讓爲國乎?何有?不能以禮讓爲國,如禮何?"

"讓"者,行禮而有恭敬退遜之實心也。有之,則禮可以爲國;無之,則禮亦不能行。"何有",何有其難,言易也。邢《疏》。

子曰:"不患無位,患所以立。不患莫己知,求爲可知也。"

"知"與"位"分言,則朋友知而從我,邦家知而信我也。

子曰:"參乎!吾道一以貫之。"曾子曰:"唯。"子出,門人問曰:"何謂也?"曾子曰:"夫子之道,忠恕而已矣。"

"忠恕",一也,盡心,以推己及人也。"從心所欲,不踰矩",夫子之忠恕也,一貫之道也。"己所不欲,勿施於人",學者之忠恕,違道不遠也。一言可終身行也。聖人上達其妙,故裕之,大賢勉强有得,故可與言之。其餘學未至焉,故疑之。

子曰:"君子喻於義,小人喻於利。"

"喻",曉也。"義"者,宜也,五常五倫宜行之事也。"利",富貴利達也。此君子小人之關界也。

子曰:"見賢思齊焉,見不賢而内自省也。"

"思齊",求與等之。"内自省",恐亦蹈之。

子曰:"事父母幾諫,見志不從,又敬不違,勞而不怨。"

"幾",微也。微諫,即《内則》所謂"父母有過,下氣怡色,柔聲以諫"也。"見志不從,又敬不違",所謂"諫若不入,起敬起孝,悦則復諫"也。"勞而不怨",所謂"與其得罪於鄉、黨、州、閭,寧熟諫。父母怒不悦,而撻之流血,不敢疾怨,起敬起孝"也。

子曰:"父母在,不遠遊。遊必有方。"

去親遠而爲日久,定省曠而音問疎,不惟己之思親不置,亦恐親之念我不忘也。"遊必有方",如已告云之東,不敢更適西。欲親知所在而無憂。召則必至,而無失也。朱《注》。

子曰："三年無改於父之道，可謂孝矣。"

子曰："父母之年，不可不知也。一則以喜，一則以懼。"

年高，可喜則可懼。愛日之孝，尚能緩哉。

子曰："古者言之不出，恥躬之不逮也。"

人惟其不行也，是以輕言之。身之所行必及其言，則言自不輕出矣。言古者，以嘆今之無恥也。

子曰："以約失之者鮮矣。"

"約"，約束、收斂也。

子曰："君子欲訥於言，而敏於行。"

言欲遲，行欲疾。"欲"者，心之所注也。

子曰："德不孤，必有鄰。"

"德"爲達德，豈有孤者？必有同居之鄰。人何不求德也？

子游曰："事君數，斯辱矣。朋友數，斯疏矣。"

"數"，促逼也。何《注》：速也。又煩瑣也。《祭義》"祭不欲數"是也。言事君、交友宜以禮進也。邢《疏》。

公冶長第五

子謂公冶長："可妻也，雖在縲絏之中，非其罪也。"以其子妻之。子謂南容："邦有道，不廢；邦無道，免於刑戮。"以其兄之子妻之。

“公冶長”，弟子，姓公冶，名長，孔解。字子長，魯人。《家語》。“縲”，黑索也。“絏”，攣也，以拘罪人。言其素賢，雖有此，無害於可妻也。“南容”，《史記》作南宫括，括同适。字子容，《家語》作南宫縚。鄭注《檀弓》，南宫敬叔，云即南宫縚，孟僖子之子仲孫閲，又作説。則縚也、括也、閲也、容也、敬叔也，總爲一人，孟懿子之弟。《左傳》昭公十一年，泉丘人生懿子及南宫敬叔，而何忌爲父，後謚懿，稱子。説爲大夫謚敬，稱叔。可知南宫爲弟。同事仲尼，學禮者也。然南宫以所居爲氏，而南容去宫稱南，不似一人。《漢書》“古今人表”南容在上下等，南宫敬叔在中上等，則二人矣。有道見用，無道見容，以其三復白圭，謹於言行也。

子謂子賤：“君子哉若人！魯無君子者，斯焉取斯？”

“子賤”，弟子，姓宓，名不齊，魯人。“若人”，若此人也。又言魯若更無君子，斯子賤安得取斯君子之德行，而學行之乎？《注》《疏》。以見子賤之得爲君子，由於取善擇友也。

子貢問曰：“賜也何如？”子曰：“女，器也。”曰：“何器也？”曰：“瑚璉也。”

“器”者，有用之成材。夏曰璉，殷曰瑚，《明堂位》。皆宗廟盛黍稷之器貴重而華美者。

或曰：“雍也仁而不佞。”子曰：“焉用佞？禦人以口給，屢憎於人。不知其仁，焉用佞？”

“雍”，弟子，姓冉，字仲弓，魯人。“佞”，口才也。仲弓欲居敬行簡者，故或以爲仁而不佞。“禦人”，抵當人。“口給”，隨口取足而無情實也。

子使漆雕開仕。對曰：“吾斯之未能信。”子説。

弟子，漆雕，姓，開，名，又字子開，魯人。使仕者，夫子爲司寇時，有使仕之權也。《四書賸言》。“斯”，指仕之具也。“未能信”，未能確然信其仕而優也。“説”，悦其虚心篤志也。

子曰：“道不行，乘桴浮於海。從我者，其由與？”子路聞之喜。子曰：“由也好勇過我，無所取材。”

“桴”,編竹木爲之,馬解。《爾雅》謂之舫,今筏也。此夫子嘆世之寓言也。謂道不得行,安能鬱鬱居此?其乘桴浮海,置理亂於不聞乎?顧誰無室家?波臣難就,携手同行,其惟由與?子路聞之,以爲夫子許其可共險難也,故喜。子復寓言以曉之,曰:由也,履險如夷,勇過我矣!但大海蕩蕩,弱木難浮,桴材無所取耳。鄭解。

孟武伯問:“子路仁乎?”子曰:“不知也。”又問。子曰:“由也,千乘之國,可使治其賦也,不知其仁也。”“求也何如?”子曰:“求也,千室之邑,百乘之家,可使爲之宰也,不知其仁也。”“赤也何如?”子曰:“赤也,束帶立於朝,可使與賓客言也,不知其仁也。”

三子日月至仁,夫子知之矣。而曰不知者,以武伯學淺。觀問孝,而答以憂疾,可見。不可輕與言仁,所謂罕言也。各舉其才以語之者,若曰子大夫薦賢爲國,但當問其長,不必究其微也。“賦”,井里所出之戎馬兵車也。《司馬法》曰:井里有税,有賦。税以足食,賦以足兵。治賦,即治兵也。千室,大邑也,在公家者曰公邑,在私家者曰家邑,食采地者曰采邑。“百乘”,卿大夫之家。“宰”,邑長家臣之通號。朱《注》。“赤”,弟子,姓公西,字子華,魯人。

子謂子貢曰:“女與回也孰愈?”對曰:“賜也何敢望回?回也聞一以知十,賜也聞一以知二。”子曰:“弗如也,吾與女弗如也。”

“愈”,勝也。“聞一知十”,謂聞一事知十事也。左雄説。“聞一知二”,聞一事知二事也。夫子接子貢不敢望回之言而引之曰:汝言弗如也,吾之許汝,即在汝言弗如也。蓋能自知則難苟居,能自屈則無憍念,進可量耶!

宰予晝寢。子曰:“朽木不可雕也,糞土之牆不可杇也。於予與何誅?”子曰:“始吾於人也,聽其言而信其行,今吾於人也,聽其言而觀其行,於予與改是。”

“宰予”,弟子,字子我,魯人。“雕”,刻畫也。“杇”,鏝也。“與”,語辭。“誅”,責也。“改是”,改聽言信行也。宰我素言勤學,而晝寢,故又言以深責之。

子曰:“吾未見剛者。”或對曰:“申棖。”子曰:“棖也慾,焉得剛?”

行健,天之剛也。自強不息,君子之剛也,有慾則不剛矣。“棖”,魯人,包説。蓋《家語》弟子申續，字周。鄭說。

子貢曰："我不欲人之加諸我也，吾亦欲無加諸人。"子曰："賜也，非爾所及也。"

此即夫子所教之"己所不欲，勿施於人"也。而曰"無加"，則去之盡而行之純矣，仁者安仁矣。故夫子抑而進之。

子貢曰："夫子之文章，可得而聞也。夫子之言性與天道，不可得而聞也。"

"文章"，《詩》《書》《禮》《樂》也。夫子雅言之性者，繼善之所成。"天道"，《乾》元亨利貞也。夫子僅於贊《易》言之，而不輕語人，所謂罕言命也。以此坊民，而後儒猶有日講性天以爲學者。

子路有聞，未之能行，唯恐有聞。

狀子路之勇行也。

子貢問曰："孔文子何以謂之文也？"子曰："敏而好學，不恥下問，是以謂之文也。"

"孔文子"，即仲叔圉也。謚法：勤學好問曰"文"。

子謂子產有君子之道四焉：其行己也恭，其事上也敬，其養民也惠，其使民也義。"

"子產"，鄭大夫，名僑，穆公之孫，公子發之子，故稱公孫僑。"行己"，行於身者也。"恭"，恭謹也。如所言，思其始而成其終，行無越思，如農之有畔是也。"事上"，事君也。"惠"，如訓子弟，殖田疇也。"義"，如都鄙有章，上下有服，廬井有伍，田有封洫也。

子曰："晏平仲善與人交，久而敬之。"

"晏"，姓。"平"，謚。名嬰，齊大夫。人交久，則敬衰。久而敬，所以爲善。程說。

子曰:"臧文仲居蔡,山節藻梲,何如其知也?"

"臧文仲",魯大夫,臧孫辰。"文",謚。"蔡",大龜出蔡地者。《禮》曰:國君有守龜。又曰:家不寶龜。《漢書·食貨志》曰:元龜爲蔡,非四民所得居。"居",猶藏也,以櫝藏之也。文仲有此,是僭諸侯之禮矣。"梲",梁上短柱也。"節",同楶,短柱頭也。"山節",刻鏤柱頭爲斗栱形如山也。"藻梲",畫短柱爲藻文也。《明堂位》曰,天子之廟飾也。文仲有此,是僭天子之禮矣。人以智稱之,是何如之智乎?《左傳》:孔子譏文仲不知者三,其一作虛器,謂有其器而無其位,正指此二事也。《稽求編》。

子張問曰:"令尹子文,三仕爲令尹,無喜色。三已之,無慍色。舊令尹之政,必以告新令尹。何如?"子曰:"忠矣。"曰:"仁矣乎?"曰:"未知,焉得仁?""崔子弑齊君,陳文子有馬十乘,棄而違之。至於他邦,則曰:'猶吾大夫崔子也。'違之,之一邦,則又曰:'猶吾大夫崔子也。'違之,何如?"子曰:"清矣。"曰:"仁矣乎?"曰:"未知,焉得仁?"

"令尹",楚上卿執政者。"子文",姓鬭,名穀於菟。"崔子",名杼。"陳文子",名須無。皆齊大夫。"齊君",莊公,名光。"違",去也。子文公爾忘私,故許以忠。文子潔身去亂,故許以清。而至於仁,則心德也。無終食可違,二子未可知也,焉得遂謂以仁?

季文子三思而後行。子聞之,曰:"再,斯可矣。"

"文子",魯大夫,季孫行父,"文",謚。數起於一,而重以再,三則又重,而三才之數備矣。故反覆致念者,皆以三概之,"三思""三復"是也。文子自謂"備豫不虞","過求何害"。子則聞之而曰:"不思者,世事昏蒙。過思者,趨避無斷,其失均也。思而至再,斯可行矣"。

子曰:"甯武子,邦有道則知,邦無道則愚。其知可及也,其愚不可及也。"

甯俞,衛大夫,"武",謚。"邦有道",謂衛成公在位無事之時也。"邦無道",謂晋文公伐衛,國人出成公以悦於晋,武子從。公使元咺奉弟叔武攝國。或訴於公曰:"立叔武矣。"公殺元咺子角。元咺不廢命。晋復公前驅殺叔武,元咺奔,訟於晋。執衛侯,歸於京師,寘諸深室。甯子職納橐饘焉。晋侯使醫衍酖衛侯,甯俞貨醫,使薄其酖,不死。後釋衛侯,復國。是邦無道也。有道之時,盡職宣猷,才識著見,其智也,猶可及也。無道之時,韜晦深藏，故作顓蒙，不與強譎之霸主，忿怨之讒臣相抵抗，而暗用搏捖，身全君復，是其愚也，不可及也。彼當艱險之秋，而矜才恃智者，安有濟哉！夫子所以表甯子也。

子在陳，曰："歸與！歸與！吾黨之小子狂簡，斐然成章，不知所以裁之。"

《史記》：在陳思歸，在魯哀公三年，孔子年六十矣。周流列國，志期行道，知其不遂也，乃思歸魯而傳道門人以及來世，是以嘆也。"狂簡"，志大言大而畧於事。"斐"，文貌。"章"，如九章、十二章之章，謂成材具也。"裁"，割正也。不得中行，故思割正狂士，以造於中也。

子曰："伯夷、叔齊不念舊惡，怨是用希。"

孟子稱，夷齊不立惡人之朝，不與惡人言，惡惡至矣。然惡若能改，即不惡之，未嘗追念其舊，故少爲人所怨也。清而無私，意無固執，故曰"聖之清"。

子曰："孰謂微生高直？或乞醯焉，乞諸其鄰而與之。"

"微生"，姓，"高"，名，魯人。孔解。素以直名。"醯"，醋也。人來乞醯，無則應無，可矣。乃乞鄰而與，曲意狥物，掠美市恩。朱《注》。焉得爲直？夫子譏之，惡假也。

子曰："巧言、令色、足恭，左丘明恥之，丘亦恥之。匿怨而友其人，左丘明恥之，丘亦恥之。"

"足"，充也，益也。謂致敬於人，而巧其言，善其色，以加益其恭，是脅肩諂笑，病於夏畦者也。"匿怨而友"，是內藏怨懟，外結親厚者也。"左丘明"，魯大史，著《左傳》者。見孔安國說及《史記》《漢書》。

顏淵、季路侍。子曰："盍各言爾志。"子路曰："願車馬，衣輕裘，與朋友共，敝之而無憾。"顏淵曰："願無伐善，無施勞。"子路曰："願聞子之志！"子曰："老者安之，朋友信之，少者懷之。"

卑在尊側曰“侍”。“盍”,何不也。“輕裘”,裘以輕爲美也。“憾”,恨。“伐”,誇施張大之意。“勞”,有功於人也。“懷”,保也。子路重義輕財,顔淵虚懷集善,夫子則志於萬物各得其所,天德、王道備矣。

子曰:“已矣乎!吾未見能見其過而内自訟者也。”

“已矣乎”,嘆終不得見也。“内自訟者”,見其過而内自刻責,如訟者之抉人隱慝,以求必勝也。

子曰:“十室之邑,必有忠信如丘者焉,不如丘之好學也。”

“忠信”,篤實也。《禮器》曰:忠信之人可以學禮。然有忠信之質者頗多,而學古不厭者甚少。故子以身示之。

雍也第六

子曰:“雍也,可使南面。”仲弓問子桑伯子。子曰:“可也簡。”仲弓曰:“居敬而行簡,以臨其民,不亦可乎?居簡而行簡,毋乃大簡乎?”子曰:“雍之言然。”

“南面”,臨民之位。仲弓欲臨下以簡者,故可使之。然仲弓又不欲如子桑伯子之大簡也,故問以辨之。《説苑》:伯子不衣冠而處,夫子譏其同人道於牛馬,蓋老莊之流也。但夫子論人,先取其長。簡則不繁苛瑣碎,日不暇給,故亦以可許之。“居敬”,修己以敬也,敬事也。“行簡”,施行政事,崇大體,去繁文也。“居簡”,身心簡畧也。如是而行簡,勢必大綱細目皆簡畧矣。曰可,曰大簡,正從“可也簡”之言而辨之也。此於夫子僅可之意雖未盡喻,而論簡之得失確矣,故子深然之。按:漢後言治道有三:一王道。堯、舜、周、孔之所傳是也。一清淨。蓋公、曹參所傳黄老之學是也。一刑名。申韓是也。清淨勝於繁苛啓亂如王莽者,然獘必廢弛瓦解。刑名勝於寬縱養奸如徐偃王、梁武帝者,然獘必酷烈土崩。《論語》“民免無恥”、“毋乃大簡”二章洞陳其獘矣。王道則當清淨亦清淨,所謂臨下以簡,寧失不經也。當刑名亦刑名,所謂威克厥愛允濟也。但如漢武重儒術,而但知變服色,改正朔,孝元重儒術,而但在經義文辭,至於道德居敬之君,極選舉、教養之王政,未之有聞。則雖曰儒術,未也。

哀公問："弟子孰爲好學？"孔子對曰："有顔回者好學，不遷怒，不貳過，不幸短命死矣。今也則亡，未聞好學者也。"

怒不移，過不復，則學實驗於行，而好之也至矣。

子華使於齊，冉子爲其母請粟。子曰："與之釜。"請益，曰："與之庾。"冉子與之粟五秉。子曰："赤之適齊也，乘肥馬，衣輕裘。吾聞之也：君子周急，不繼富。"原思爲之宰，與之粟九百，辭。子曰："毋！以與爾鄰里鄉黨乎！"

"使"，爲孔子使也。朱《注》。《左傳·昭公三年》晏子曰：齊舊四量：豆、區、釜、鐘。四升爲豆，各自其四，以登於釜。是釜六斗四升也。《聘禮》記曰：十斗曰斛，十六斗曰藪，十藪曰秉。藪音逾，即庾。是庾十六斗，秉十六斛。五秉，八十斛也。"急"，窮迫也。"原思"，弟子，名憲，魯人。孔子爲魯司寇，以憲爲家邑宰。包解。"九百"，九百斗也。孔解。"毋"，言常禄不當辭也。《周禮·遂人》：五家爲鄰，五鄰爲里。鄉，大夫，萬二千五百家爲鄉。五百家爲黨。冉有施厚，原思受廉，夫子皆不許者，裁之以義也。

子謂仲弓曰："犁牛之子騂且角，雖欲勿用，山川其舍諸？"

"犁"，雜文。"騂"，赤也。周人尚赤。"角"，角周正中，犧牲也。何解。"用"，用以祭。此與仲弓言舉賢才之道，不當拘世類也。

子曰："回也，其心三月不違仁，其餘則日月至焉而已矣。"

"至"，到也。至而不去，即不違也。顔習齋先生嘗與塨求仁曰："仁，合内外之道也。内欽而明，七情中節，處事待人，無不妥當，乃可曰心不違仁。"以此自省，不惟三月不違難及，即一月皆至於仁，一日皆至於仁，亦豈易及哉！

季康子問："仲由可使從政也與？"子曰："由也果，於從政乎何有？"曰："賜也可使從政也與？"曰："賜也達，於從政乎何有？"曰："求也可使從政也與？"曰："求也藝，於從政乎何有？"

“從政”,從君爲政也。“果”,果敢决斷。“達”,達於物理。“藝”,多才能。

季氏使閔子騫爲費宰。閔子騫曰:“善爲我辭焉,如有復我者,則吾必在汶上矣。”

“閔子騫”,弟子,名損,魯人。“復我”,重召也。汶水出泰山,萊蕪西南入齊,在齊南魯北。言入齊,則不能召也。按《家語》:閔子曾爲費宰。此時必有不可仕者,其後可仕乃仕。故仲弓與閔子同列德行,亦爲季氏宰,非季氏竟不可宰也。

伯牛有疾,子問之。自牖執其手,曰:“亡之,命矣夫!斯人也,而有斯疾也!斯人也,而有斯疾也!”

“伯牛”,弟子,冉耕,魯人。疾而嘆其亡者,疾篤也。“自牖執其手”者,《説文》徐《注》:凡室一户一牖,户東,牖西。蓋疾後室穢,不敢以延師,故自牖執手以永訣也。伯牛有德行。《列子》云:“伯牛靖無欲。孔子節小物,必以伯牛侍。曰:‘吾以自厲也。’”

子曰:“賢哉回也!一簞食,一瓢飲,在陋巷,人不堪其憂,回也不改其樂。賢哉回也!”

“簞”,竹器。圓曰簞,方曰笥。“瓢”,瓠也。言在陋巷,惟有一簞飯,一瓠瓢飲也。“樂”,樂道也。《注》《疏》。“巷”,街之曲也。

冉求曰:“非不説子之道,力不足也。”子曰:“力不足者,中道而廢。今女畫。”

“畫”,畫地而不前也。

子謂子夏曰:“女爲君子儒,無爲小人儒。”

成己,成物,以天地萬物爲一體者,君子儒也。言必信,行必果,硜硜然而無遠大之猷者,小人儒也。勉子夏以遠大也。

子游爲武城宰。子曰:“女得人焉爾乎?”曰:“有澹臺滅明者,行不由徑。非公事,未嘗至於偃之室也。”

“武城”,魯下邑。爲政莫先於得人,故子問之。不由徑,則率履正而無見小欲速之意可知。非公不至,則自守嚴而無枉己狥人之私可見。公事如鄉飲鄉射、月吉讀法之類。“澹臺”,姓,“滅明”,名,字子羽,武城人。蓋此後始從游孔子也。

子曰:“孟之反不伐,奔而殿,將入門,策其馬曰:‘非敢後也,馬不進也!’”

“反”,孟氏族,名側,字反,魯大夫。《左傳·哀公十一年》,齊伐我及清。孟孺子洩帥右師,冉求帥左師,樊遲爲右。及齊師,戰於郊。左師入齊師;右師奔,齊人從之。反後入,以爲殿。是右師奔而不致大北者,反殿後之功也。乃策馬自掩如此,可謂不伐矣。

子曰:“不有祝鮀之佞,而有宋朝之美,難乎免於今之世矣!”

“祝鮀”,衛大夫,字子魚。“佞”,口才也。《左傳》曰:“寡人不佞。”服虔曰:“佞,才也。”“朝”,宋公子。“美”,美色。此喻言以慨世也。言無有隨機應變之捷才,而徒有皎然潔素之美質,如居鄉不能左右周旋而徒方潔,居官不能上下彌縫而徒孤清,今不以爲迂,則以爲怪,衆謗群疾,難乎免矣!

子曰:“誰能出不由户?何莫由斯道也?”

“莫”,不也。

子曰:“質勝文則野,文勝質則史。文質彬彬,然後君子。”

“質”,質樸。“文”,文采。皆指行禮之威儀言辭言也。“野”,野人。“史”,史官。史不闕文,故多文也。“彬彬”,文質相半之貌,包解。言文質錯綜而可觀也。

子曰:“人之生也直,罔之生也幸而免。”

孩提而愛親,稍長而敬兄。赤子入井而惻隱,嘑蹴與之而羞惡,“直”也。“罔”,如微子

"般罔不大小,好草竊奸宄"之"罔",無也,言不直也。則生理無矣,乃不死者,幸而免耳。

子曰:"知之者不如好之者,好之者不如樂之者。"

此論學之淺深也。"樂之",樂道也。后儒以樂道爲粗,中禪悦也。

子曰:"中人以上可以語上也,中人以下不可以語上也。"

中人以上、以下,姿學也。"上",上達之道也。人下而强語以上,妄臆躐等,必陷异端,是誣之也,故不可。

樊遲問知。子曰:"務民之義,敬鬼神而遠之,可謂知矣。"問仁。曰:"仁者,先難而後獲,可謂仁矣。"

"民",猶人也。專用力於人道之所當爲,而於郊社禘嘗,敬而不瀆,所見明矣,非智而何? 欽明以存仁於内,立達以行仁於外,皆難也。先其所難,後自得仁,非仁而何?

子曰:"知者樂水,仁者樂山。知者動,仁者静。知者樂,仁者壽。"

此想智、仁之妙也。水形如智,故智者樂之。山體如仁,故仁者樂之。變動不居,動也。安土敦仁,静也。樂天知命,樂也。德立不朽,壽也。

子曰:"齊一變至於魯,魯一變至於道。"

春秋之時,齊俗急功利,喜夸詐,乃霸功之餘習。魯則重禮教,崇信義,猶有先王之遺風,但衰微而廢墜矣。"道",文武之道也。齊一變其澆風,可至於魯,則人存政舉,亦可至道矣。

子曰:"觚不觚,觚哉! 觚哉!"

"觚",酒器。《儀禮・特牲饋食》曰:"用三爵二觚。"《韓詩外傳》曰:"一升曰爵,二升曰觚，三升曰觶，四升曰角，五升曰散。"若觴與觥，亦皆五升。蓋觚器古多用角，故從角。三代始範金爲之，其形本方，故名曰觚。《通俗文》曰："木四方爲稜，八稜爲觚。"其足之四稜，漢宫鳳闕取以爲角隅，故《西都賦》曰"上觚稜而棲金爵"。後變爲圜。《史記・酷吏傳》曰"破觚爲圜"是也。如《博古圖》所傳，合孫祖丁觚四山饕餮觚，形圜而尚名觚，則觚不觚矣。天下之實失其名，如君不君、臣不臣之類，可於此觀矣。能無歎哉！

宰我問曰："仁者，雖告之曰'井有仁焉'，其從之也？"子曰："何爲其然也？君子可逝也，不可陷也。可欺也，不可罔也。"

仁人墜井，仁者從之，以喻惻隱同人者，雖聞難而捐軀，不辭也。子則曰：身在井上，則可救。從之入井，則先陷己身，而井中之仁無以救矣。何爲其然哉！"仁者"，即君子也。無墜井者而曰墜，墜井猶事之所有，可欺之使往視也。從井救人則理之所無，不可誣罔以陷之也。文王囚於羑里，閎夭救之，以奇怪獻紂，未嘗赴囚。子畏於匡，顔淵從之，未嘗先死。仁以智行，以義決，何爲不學而愚哉！以此坊民，而异端猶摩頂放踵以利天下，捨身喙虎、割肉啖鷹，以爲慈悲。

子曰："君子博學於文，約之以禮，亦可以弗畔矣夫。"

先孝慤曰："君子於《詩》、《書》、六藝，一一講習，博學也。乃將所博者，實見於視聽言動，皆約束之以節文之禮，則可不背於道矣。"塨謂此萬世之學準也。博文即四教之文，約禮即四教之行，忠信也。博文即《大學》之格物致知，約禮即《大學》之誠意、正心、修身、齊家、治國、平天下也。博文即《周禮》三物之六藝：禮、樂、射、御、書、數，約禮即三物之六德、六行：知、仁、聖、義、忠、和、孝、友、睦、婣、任、邺也。外此而復有術業焉，非异端，則曲學。

子見南子，子路不説。夫子矢之曰："予所否者，天厭之！天厭之！"

"南子"，衛靈公夫人。孔子至衛，南子請見，孔子辭謝，不得已而見之。蓋古者仕於其國，有見小君之禮。朱《注》。子路以爲靈公不用，而淫亂之夫人又迫之使見，道之否塞甚矣，故不悦。"矢"，陳也，《詩》"矢音"是也；直也，《書》"出矢言"是也。夫子指天，以直陳之曰：予之否而不泰者，韓愈説。乃天厭吾道也，欒肇説。於人乎何愠。

子曰:"中庸之爲德也,其至矣乎!民鮮久矣。"

子臣弟友,庸也。行之無過不及,中也。以達德行達道,中庸之爲德也。大德敦化,小德川流,至聖至誠也,故曰"其至矣乎"。"民",猶人也。

子貢曰:"如有博施於民而能濟衆,何如?可謂仁乎?"子曰:"何事於仁?必也聖乎!堯、舜其猶病諸!夫仁者,己欲立而立人,己欲達而達人。能近取譬,可謂仁之方也已。"

"仁",生德也。而布生德於人,即以己之生生者及之。今曠然遠思,曰"博施""濟衆"也,則必如《書》言,"乃聖乃神,爲四海君",庶幾能之?然堯舜,聖也,而遂自信曰"吾於民無一之不施,衆無一之不濟"乎?未也。則夫仁者,蓋有道矣。己欲植立,即以立人;己欲通達,即以達人。隨分隨地,痌瘝一體,如斯而已。而或未能也,則有强恕而行之方,在近取諸己,譬之他人。不欲勿施,欲則必施。求仁莫近於此。"何事於仁",言何必事此而爲仁也。

述而第七

子曰:"述而不作,信而好古。竊比於我老彭。"

自堯舜以至三代,作者大備矣。孔子誦詩、讀書、習禮、正樂,皆述而不作,信而好古也。又言,商賢大夫有老彭者,大戴《禮》。已然,況今日乎?我庶竊比之云爾。"竊",私。"竊比",附也。塨謂五經,《論語》誠無道不具矣。乃後儒自立學術,何哉?

子曰:"默而識之,學而不厭,誨人不倦,何有於我哉?"

默識不言,而存諸心,即《易》"默而成之"也。何者有於我,自省而自勉之辭。

子曰:"德之不脩,學之不講,聞義不能徙,不善不能改,是吾憂也。"

"脩",如脩我牆屋之脩,飭治也。"徙",遷也。有所得,必脩之,乃善。已學矣,必講之,乃明。聖人憂之,所謂望道而未之見也。

子之燕居,申申如也,夭夭如也。

"燕居",燕安居處之時。"申申",舒長貌。"夭夭",潤好貌。"如也",形容之詞。常人燕居,放肆而已;賢者矯之,必過矜持。中和自然,惟聖人有焉。

子曰:"甚矣!吾衰也。久矣,吾不復夢見周公。"

孔子盛時,欲行周公之道,屢夢見之。至老而道不行,氣血向衰,不復作是夢矣。嘆之者,猶不能忘情也。

子曰:"志於道,據於德,依於仁,游於藝。"

"道"者,君臣、父子、夫婦、兄弟、朋友之道也,不可不由,當專其志。"德",行而有所得也。得不可復失,當堅所據。"仁",人之安宅也,須不違,以依之。"藝",六藝也,須學習以游之,作聖之全功也。《周禮》:保氏掌教國子以六藝。一曰五禮:吉、凶、軍、賓、嘉。二曰六樂:雲門、大咸、大韶、大夏、大濩、大武。三曰五射:白矢、參連、剡注、襄尺、井儀。四曰五馭:鳴和鸞、逐水曲、過君表、舞交衢、逐禽左。五曰六書:象形、會意、轉注、指事、假借、諧聲。六曰九數:方田、粟布、差分、少廣、商功、均輸、方程、贏不足、旁要。"游",即《學記》息焉、游焉之游,如涉水者之浮游,行路者之游行,以循習乎藝也。程石開曰:"游者,終身涵泳於藝中,如魚之在水,而不可斯須離也。"

子曰:"自行束脩以上,吾未嘗無誨焉。"

"束脩",十脡脯也。束脩之問不出境,《檀弓》。行禮之薄者。"以上"謂至玉帛之屬。《注》《疏》。聖人自言樂於誨人,以引人之來學也。

子曰:"不憤不啓,不悱不發,舉一隅不以三隅反,則不復也。"

"憤"者,心急求通。"悱"者,口急欲吐。"啓",開其意。"發",達其辭。物之有四隅者,舉一可知其三。“反”,返以相證也。此勉學者當自用力,以爲受教之地也。朱《注》。

子食於有喪者之側,未嘗飽也。子於是日哭,則不歌。

臨喪必哀,故食不飽。餘哀未忘,故不歌。

子謂顏淵曰:“用之則行,舍之則藏,惟我與爾有是夫。”子路曰:“子行三軍則誰與?”子曰:“暴虎馮河,死而無悔者,吾不與也。必也,臨事而懼、好謀而成者也。”

行藏有具,用舍隨時。顏子大賢,乃與聖人合德矣。若子路之果,亦有用行之一長,夫子許其治賦,正與行三軍也。然見其行行自負,恐恃勇而不得其死,故抑之,而告以行軍之道焉。“暴虎”,徒手搏虎。“馮”,凌也。“馮河”,徒步凌波而渡。“臨事而懼”,則敬勝好謀,則多算而成,則要終不敗,用行皆以此,而兵法亦莫精於此矣。《周禮》:五州爲鄉,萬二千五百家,出萬二千五百人爲軍。《穀梁傳》:天子六軍;諸侯上國三軍,次國二軍,下國一軍。

子曰:“富而可求也,雖執鞭之士,吾亦爲之。如不可求,從吾所好。”

不可求,有命也。“所好”,即好古敏求也。《周禮》:“條狼氏掌執鞭以趨辟。趨而辟行人。王出入,則八人夾道。公則六人,侯伯則四人,子男則二人”。《序官》云:“條狼氏,下士”。故云執鞭之士,職之賤者。

子之所慎:齊、戰、疾。

《禮》:將祭,散齊七日,致齊三日。齊之爲言齊也,齊不齊也,《正義》。故慎之。皆陳曰戰,《左傳》。兵凶戰危,民命至重,故慎之。敬身安體,若偶嬰疾病,則慎其藥餌以調之。夫子何在不慎?此其大者。

子在齊聞《韶》,三月不知肉味。曰:“不圖爲樂之至於斯也。”

《韶》,舜樂。陳,舜之後。春秋時,陳公子完奔齊,故齊有《韶》,而子學之。“三月《史記》。不知肉味"，專也。"斯"者，指《韶》之盡美盡善也。"不圖"，不意也，甚嘆其盛也。

冉有曰："夫子爲衛君乎？"子貢曰："諾，吾將問之。"入，曰："伯夷、叔齊何人也？"曰："古之賢人也。"曰："怨乎？"曰："求仁而得仁，又何怨？"出，曰："夫子不爲也。"

子貢問衛君，而乃問夷齊，以夫子居衛，不便對衆明言不爲也。《春秋》定公十四年，衛太子蒯聵以夫人南子淫亂，將殺之。謀洩，出奔宋。衛靈公欲立公子郢，郢辭。及哀公二年，靈公卒。夫人曰："立郢，君命也。"郢又辭，乃立蒯聵之子輒。六月，晋趙鞅帥師納衛世子蒯聵於戚。衛地。三年，齊國夏、衛石曼姑帥師圍戚。六年，孔子自楚反陳。十年，至衛。見《史記·衛世家》及《年表》。出公輒欲得子爲政，故子路有爲政之問。子告以正名。子貢有爲衛君之問，出，言不爲。十一年，返魯。十六年，蒯聵與其姊伯姬盟，潛自戚入衛。姬迫其子孔悝立之。子路時爲悝臣，死焉。出公輒奔魯。及莊公，蒯聵見弑，後輒自齊返國。《史記》：伯夷、叔齊，孤竹君之二子。其父將卒，遺命立叔齊。父卒，叔齊遜伯夷。伯夷曰："父命也。"遂逃之。叔齊亦不肯立而逃。國人立其中子。其後，武王伐商，夷齊去，隱於首陽山，採薇而食之，貧餓而死。夫以子拒父，何難斷其爲非。乃衛人群爲之，賢如冉有、子貢，疑而未決。子路雖聞正名之訓，終不聽而死。是何以故？《穀梁傳》曰："不受父之命，尊王父也。"《公羊傳》曰：不以父命辭王父命，以王父命辭父命，是父之行於子也，不以家事辭王事，立君是王事，讓父是家事。以王事辭家事，是上之行乎下也。言輒受國於王父，即受國於天王。王父有命，則子當尊天。王有法，則臣當尊蒯聵，不得逆命而爭，輒亦不得狥私而讓也。拒聵是拒逆，非拒父也。而不知以此爲名不正，甚矣。輒未嘗受命於王父也。靈公命郢，猶屬私命，何曾命輒？即使靈公親以禮命輒，而輒不可以拒聵，何者？聵即得罪於先君，而輒稱之，仍名曰父，不得名曰"此王父之逆子"也。不得曰"晋方讎衛，我以國事爲重，而拒父"也。天下豈有無父之國哉？無父，則不得名之曰子，而何得名之曰君？使必以國事爲重，則伯夷應繼國統，不可以讓。使必以王父命爲重，則叔齊見有父命，不可以讓。乃二人讓國，夫子曰賢，則輒爭國，不賢矣。且果親不敵王，家不廢國，則夷齊高節而去，而其後念國事之或失托，不能不悵然怨悔。則輒以國事爲詞，猶可原也。而子乃曰：夷齊求仁得仁，德慊心安。則輒之不仁，愈明矣，尚有助之者哉？然則輒當如何？曰：南子援立之時，力辭以父亡在外，不可繼統，任其別擇賢焉可也。既失於前，而父聵兵臨，即迎聵而入，退居子位，亦可也。是仁也，是賢也。

子曰："飯疏食，飲水，曲肱而枕之，樂亦在其中矣。不義而富且貴，於我如浮雲。"

“疏食”，麤飯也。“肱”，臂也。夫子棲棲欲見用於世，而乃視不義富貴如浮雲。樂自在中者，蓋聖賢之心憂世樂天，并行不悖也。

子曰：“加我數年，五十以學《易》，可以無大過矣。”

夫子年將五十，上達天命，而欲晚而學《易》也。乃曰：我其加功數年乎，雖《禮》“五十始衰，漸不親學”，而吾何能已於《易》哉？庶五十以學之，居則觀其象而玩其辭，動則觀其變而玩其占，進退有宜，剛柔迭用，即未遽能從心不踰，而大過可以無也。蓋懼以始終，其要無咎，《易》道也。後儒以玩弄灑落爲《易》，非《易》矣。

子所雅言，《詩》、《書》、執禮，皆雅言也。

“雅”，常也。朱《注》。“雅言”，與罕言相反者也。《詩》以興行脩辭，《書》以考政辨事，禮執守之以持己接人：皆下學之切務，故常言之。

葉公問孔子於子路，子路不對。子曰：“女奚不曰，其爲人也，發憤忘食，樂以忘憂，不知老之將至云爾。”

沈諸梁爲葉縣尹，楚子僭稱王，故亦僭稱公。“不對”，未知所以答也。子聞之，曰：我有何難言？而女何不言，嗜學而忘食，樂道以忘憂，俛焉日有孳孳，而不知年華之已邁，如斯而已。

子曰：“我非生而知之者，好古，敏以求之者也。”

當時以生知稱孔子，故辭之。好古敏求，即信而好古，發憤忘食也。

子不語怪、力、亂、神。

“力”，威力，制縛人也。聖人語常不語怪，語德不語力，語治不語亂，語人不語神。謝說。

子曰:“三人行,必有我師焉。擇其善者而從之,其不善者而改之。”

三人行,其一我也,善、不善皆我師。言學者當隨在得師也。

子曰:“天生德於予,桓魋其如予何?”

“天生德於予”,言天生我以學不厭、教不倦之德也。《史記》:孔子適宋,與弟子習禮大樹下。宋桓魋欲殺孔子,拔其樹。孔子去。弟子曰:可以速矣。孔子乃言此以安之。

子曰:“二三子以我爲隱乎?吾無隱乎爾。吾無行而不與二三子者,是丘也。”

及門善學,《鄉黨篇》皆教也,何隱之有?“與”,猶示也。

子以四教:文、行、忠、信。

“文”,《詩》《書》六藝也。“行”,躬行也,修、齊、治、平也。“忠”,實心。“信”,實事,誠意正心也。博約,學準也,“四教”,教準也,一也。

子曰:“聖人,吾不得而見之矣。得見君子者,斯可矣。”子曰:“善人,吾不得而見之矣。得見有恒者,斯可矣。亡而爲有,虚而爲盈,約而爲泰,難乎有恒矣。”

“聖人”,如伏羲、堯、舜是也。“君子”,如伊尹、太公是也。“善人”,如仲弓、閔子騫,天姿近道者也。“有恒”,如曾子忠信不移者也。“恒”,常。“亡”,無。“虚”,中虚。“約”,窮縮。“泰”,大也。“難乎有恒”,言强爲虚大者,必不能常而不變也。聖門如子張之堂堂,或不免此,况其下者乎?宜子又言之,而深思有恒也。

子釣而不綱,弋不射宿。

“釣”,以竿繫鉤而取魚也。“綱”,以大繩屬網,絶流而漁也。“弋”,繳射也。謂弓用矰矢,弩用茀矢,皆以生絲爲繩繫矢,而射飛鳥也。《周禮·司弓矢》。“宿”,棲鳥也。記聖人取物之仁也。

子曰:"蓋有不知而作之者,我無是也。多聞,擇其善者而從之。多見而識之,知之次也。"

此戒無所知而妄作事者也。天下之道,備於聞見。若多聞於耳,而擇其善者以行,多見於目而記之不忘,即不及生知,而亦知之次矣。何爲不知而作哉!而我敢有是哉!多聞曰"從",多見曰"識",互文也。

互鄉難與言,童子見,門人惑。子曰:"與其進也,不與其退也,唯何甚?人潔①己以進,與其潔也,不保其往也。"

"互鄉",鄉名。鄉人難與言善,而一童子乃來求見夫子。夫子見之,門人疑焉。謂其習於舊俗,雖見聖人,既退而往,將仍爲不善矣。子曉之曰:吾之不拒者,許其進而求見耳,非許其退而爲不善也。爾等獨於此童子瑣瑣刻責,何其甚乎?且其進也,即其潔己也。此時之潔可與則與之耳,何能保其往去之所爲哉。鄭《注》。二三子日從吾游,而有初鮮終,猶共惕惕,乃於童子一見,遂必定其終身而乃快乎?甚矣。

子曰:"仁遠乎哉?我欲仁,斯仁至矣。"

"仁"者,命於天,具於心者也。依之則賢者亦難,何者?瞬息有違,皆不純也。欲之則應念即至,何者?吾心之物,非外求也。

陳司敗問:"昭公知禮乎?"孔子曰:"知禮。"孔子退。揖巫馬期而進之曰:"吾聞君子不黨,君子亦黨乎?君取於吴爲同姓,謂之吴孟子。君而知禮,孰不知禮?"巫馬期以告。子曰:"丘也幸,苟有過,人必知之。"

"司敗",即司寇,官名。"昭公",魯君,名稠。"昭",謚。習於儀,有知禮稱。《周禮》:同姓不昏。魯吴皆姬姓。昭公娶吴女爲夫人,諱之曰孟子。子,宋姓也。故《春秋》哀公十二年書曰:孟子卒,而國人醜之,稱曰"吴孟子"。易其姓,而綴其國,以見其失禮也。孔穎達説。司敗知其事,故以知禮問。孔子從衆論以答之,若不知有孟子之事者然,尊君也,爲

① 潔,《十三經注疏》作"絜"。

國諱惡也。左氏曰:諱國,惡禮也。隨即退者,避其面議也。迨司敗背譏爲黨,而孔子不辨也,任過而已,并不及孟子之事也。聖人處事立言,盡善如此。“苟”,但也。“巫馬”,姓,名施,弟子,魯人。

子與人歌而善,必使反之,而後和之。

與人共歌,而人之歌也善,必使復歌者,欲審其妙也。而後和歌者,欲肖爲一也。此見聖人之好學。樂取諸人以爲善,是與人爲善也,君子莫大乎與人爲善。歌者,比於琴瑟也。

子曰:“文莫吾猶人也。躬行君子,則吾未之有得。”

“莫”,不也。不吾猶人,言猶人也。如《詩》“不顯”言顯,《孟子》“不惴”言惴,後世將“無同”言同、“莫須有”言有也。“躬行君子”,躬行道德之君子也。對行言文,則文以辭令有文言,此重躬行也。

子曰:“若聖與仁,則吾豈敢?抑爲之不厭,誨人不倦,則可謂云爾已矣。”公西華曰:“正唯弟子不能學也。”

神明不測曰“聖”,心德渾全曰“仁”,時以此稱夫子,故子辭之。“爲”,爲聖仁之道也。“誨”,以聖人之道誨人也。“云爾”,猶如此也。“已矣”,無他也。邢《疏》。然不厭不倦,非已聖仁者,不能如此至誠無息也。故公西華曰:“正唯弟子不能學。”

子疾病,子路請禱。子曰:“有諸?”子路對曰:“有之①。《誄》曰:‘禱爾於上下神祇。’”子曰:“丘之禱久矣。”

“病”,疾甚也。“誄”,《説文》作“讄”,累也。累其功德之事以求佑。此引《禱篇》之文以對也。《注》《疏》。“禱久”,言素行合於神明,即已禱矣,不必今日始禱也。

子曰:“奢則不孫,儉則固。與其不孫也,寧固。”

① 底本無“有之”二字,據中國書店1984年版《四書五經》補。

“不孫”,僭上也。如管氏奢而三歸,官事不攝,僭諸侯之制是也。“固”,陋也。如晏子豚肩不掩豆,澣衣濯冠以朝是也。春秋之末,文勝而僭,故夫子矯之。

子曰:“君子坦蕩蕩,小人長戚戚。”

“坦”,平也。“蕩蕩”,寬廣貌。坦然蕩蕩,心廣體胖也。曰“長戚戚”,患得患失也。“坦蕩”,居敬之效也。若入門即求逍遙自在,异端矣。

子溫而厲,威而不猛,恭而安。

賢者以下,氣質皆有偏勝。唯孔子陰陽合德,剛柔迭用,故其體貌中和自然如此。“厲”,嚴厲。“威”,有威可畏。“恭”,莊敬。

泰伯第八

子曰:“泰伯,其可謂至德也已矣。三以天下讓,民無得而稱焉。”

鄭康成曰:“泰伯,周太王之長子。次仲雍,次季歷。”太王見季歷生文王,有聖人表,故欲立之,而未有命。太王疾,泰伯因偕仲雍適吳越採藥。太王歿而不返,季歷爲喪主,一讓也。季歷赴之,不來奔喪,二讓也。免喪之後,遂斷髮文身,《史記》。三讓也。其讓也,讓國也。而周漸盛,商向衰,文德必受命,實以天下讓也。然讓而泯其迹,人但知其去而不返,而不知其讓。即或知其讓國,而不知其讓天下。其德之至極,爲何如哉!

子曰:“恭而無禮則勞,慎而無禮則葸,勇而無禮則亂,直而無禮則絞。君子篤於親,則民興於仁。故舊不遺,則民不偷。”

“葸”,畏懼。“絞”,急切。“無禮”,不以禮節之也。“親”,一本九族。“故舊”,素有情義勳勞者。“偷”,薄也。上言無禮之弊,下言厚德之效也。《注》《疏》。

曾子有疾,召門弟子曰:“啓予足,啓予手。《詩》云:‘戰戰兢兢,如臨深淵,如履薄冰。’而今而後,吾知免夫。小子!”

啓手足者,令門人開衾而視之,見其無毁傷也。《詩・小雅・小旻》篇。戰戰,恐懼。兢兢,戒謹。臨淵恐墜,履冰恐陷。今後免者,言死而一生事畢,無毁傷之虞矣。呼小子,使之聽也。此曾子守身之學。所謂仁以爲己任,死而後已也。《大學》正心脩身,《中庸》戒慎不覩,恐懼不聞,必慎其獨,於曾子見之矣。

曾子有疾,孟敬子問之。曾子言曰:"鳥之將死,其鳴也哀;人之將死,其言也善。君子所貴乎道者三:動容貌,斯遠暴慢矣;正顔色,斯近信矣;出辭氣,斯遠鄙倍矣。籩豆之事,則有司存。"

"敬子",魯大夫仲孫捷,孟武伯之子。鳥畏死,故鳴哀。人窮返本,故言善。曾子謙言以啓敬子之聽也。"君子",有位者,事上莅下之道大端有三:先見容貌,次觀顔色,次交辭氣,邢《疏》。不可以不慎,而細事非所務也。正顔色而近信,言非色莊也。"倍"、"背"同,背理也。朱《注》。《釋器》曰:木豆謂之豆,竹豆謂之籩。豆盛菹醢,籩盛棗栗,祭祀享燕之禮器也。邢《疏》。

曾子曰:"以能問於不能,以多問於寡。有若無,實若虚,犯而不校。昔者,吾友嘗從事於斯①矣。"

問不能,問寡,取善無窮也。若無若虚,虚懷若谷也。"不校",寬仁有容也。"校",報也。"友",顔淵也。馬解。

曾子曰:"可以託六尺之孤,可以寄百里之命,臨大節而不可奪也,君子人與?君子人也。"

"託",先君託之也。"六尺",十五歲。鄭《注》。"百里之命",大國之命也。"大節",謂危疑生死之大關節也。"人與"、"人也",反覆以深贊之也。

曾子曰:"士不可以不弘毅,任重而道遠。仁以爲己任,不亦重乎?死而後已,不亦遠乎?"

① 底本"斯"作"此",據中國書店1984年版《五經四書》改。

"弘",大。"毅",强。"仁",天之尊爵,人之安宅,民鮮克舉之,是任重也,故任之須以弘。終身不違,是道遠也,故行之須以毅。推其極,則如天地之無不持載,無不覆幬,弘乃至。如四時之錯行,日月之代明,毅乃至。

子曰:"興於《詩》,立於《禮》,成於《樂》。"

《詩》之爲義,有興而感觸,有比而肖似,有賦而直陳,有《風》而曲寫人情,有《雅》而正陳道義,有《頌》而形容功德。説之故言之,言之不足,故長言之;長言之不足,故嗟嘆之。學之而振奮之心、勉進之行油然興矣,是興於《詩》。恭敬辭讓,《禮》之實也。動容周旋,《禮》之文也。朝廟、家庭、車輿、衣服、宮室、飲食、冠、昏、喪、祭,《禮》之事也。事有宜適,物有節文,《史記》。學之而德性以定,身世有準,可執可行,無所摇奪,是立於《禮》。論倫無患,論者,《雅》《頌》之辭;倫者,律吕之音。《樂》之情也;欣喜歡愛,《樂》之官官,主也。也。手之舞之,足之蹈之,天地之命,中和之紀,學之則易直子諒之心生。易直子諒之心生則樂,樂則安,安則久,久則天,天則神,《樂記》。是成於《樂》。

子曰:"民可使由之,不可使知之。"

顔習齋先生曰:"此治民之定法也。"修道立教,使民率由乎三綱五常之路,則會其有極,歸其有極,此可使者也。至於三綱五常之具於心性,原於天命,使家喻而户曉之,則離析其耳目,惑蕩其心思,此不可使知也。後儒聖學失傳,乃謂不能使之知,非不使之知,於是爭尋使知之術,而學術治道俱壞矣。

子曰:"好勇疾貧,亂也。人而不仁,疾之已甚,亂也。"

言亂端不一。有小人自作之亂,有君子惡惡太甚,逼成之亂。

子曰:"如有周公之才之美,使驕且吝,其餘不足觀也已。"

周公多才多藝,故曰才美。"驕",驕其長也。"吝",吝其長,不以與人也。雖有他善,不足觀。如周公之才者且然,況不如周公乎?

子曰:"三年學,不至於穀,不易得也。"

"學",入大學也。《學記》:比年入學。謂每年皆有入學之人也。中年考校,謂間一年而考校其道藝也。是三年矣。學古入官之念,於兹動矣。乃心專在於學,并不至於穀禄,此其人豈易得哉?"至",猶到也。

子曰:"篤信好學,守死善道。危邦不入,亂邦不居。天下有道則見,無道則隱。邦有道,貧且賤焉,恥也!邦無道,富且貴焉,恥也。"

篤信古人而學不厭,固守終身而善其道。善者,無過不及也。如是,則學行兼優矣。故治亂咸宜如此。不然,是無學行者也,可恥孰甚?

子曰:"不在其位,不謀其政。"

戒侵官也。

子曰:"師摯之始,《關雎》之亂,洋洋乎盈耳哉!"

"摯",魯太師名。"亂",樂之卒章,《離騷》之終曰"亂曰"是也。《儀禮·燕》與《鄉飲酒》:奏樂,先升歌三終,次笙入三終,次間歌三終,皆別有詩終。合樂三終,乃歌《關雎》,是亂也。《史記·孔子世家》曰"《關雎》之亂,以爲風始"是也。"洋洋",美盛之狀。"盈耳",滿耳而可聽也。蓋夫子返魯正樂,適師摯始仕,朱《注》。聽用翕純皦繹之訓,《史記》語。太師樂即在正樂時。其盛如此。夫子所以思而嘆之也。

子曰:"狂而不直,侗而不愿,悾悾而不信,吾不知之矣。"

"侗",隨同於人,無能者也。"愿",謹厚也。"悾悾",心無所知也。狂大之人必直率,無能之人必謹厚,無知之人必信實。今反之,是何人哉?而能知之?

子曰:"學如不及,猶恐失之。"

"如不及",并力而前也。"猶恐失",怵其已後也。好學之至也。

子曰:"巍巍乎,舜禹之有天下也。而不與焉。"

"堯",名放勳。"舜",名重華。"禹",名文命。堯舜禹皆當時通稱之號。見《孟子》《史記》《尚書》《廣聽録》。"與",如《射義》"與爲人後"之"與",同"預",圖度其位也。舜禹以匹夫而堯舜舉之,使之攝政,終遜帝位。人於此,謂天下將爲己有,亦有圖度之心矣。乃舜禹於堯舜之在也,惟知攝政,堯舜之崩也,避位不居。《孟子》:舜避堯之子於南河之南,禹避舜之子於陽城。一無圖度天位之心,何其德之巍巍也!《孟子》謂舜飯糗茹草若終身,爲天子若固有,與此同。

子曰:"大哉!堯之爲君也,巍巍乎!惟天爲大,惟堯則之。蕩蕩乎!民無能名焉。巍巍乎!其有成功也。焕乎!其有文章。"

天無不覆,萬物資始,大之至矣。而堯光被四表,格於上下,一則效乎天焉。蕩蕩廣遠,民何能名?言以盡之,其有成功也。焚山、治水、教稼、明倫,地平天成,六府三事允治,何其高大也!其有文章也,三禮寅清,八音諧和,二《典》三《謨》,光垂萬古,何其顯耀也!大哉!堯之爲君,與天同矣。

舜有臣五人,而天下治。武王曰:"予有亂臣十人。"孔子曰:"才難,不其然乎?唐虞之際,於斯爲盛,有婦人焉,九人而已。三分天下有其二,以服事殷。周之德,其可謂至德也已矣!

"五人",禹、稷、契、皋陶、伯益。孔解。"亂",治也,治亂之臣也。《泰誓》文:十人,周公旦、召公奭、太公望、畢公、榮公、太顛、閎夭、散宜生、南宫適、馬解。武王之妃邑姜也。劉氏説。孔子尚論周初,而嘆其才,復表其德,記者因記二則爲案也。"才難",成語,天地生中才易,生聖賢難。"然",是其言也。堯以唐侯,升爲天子,遂以爲號。《書·傳》。"虞",舜氏,因爲有天下之號。蔡氏説。"於",接連之辭。"斯",指周也。言自唐虞交會之際,以至於周,兩時人才最爲盛多。而周之十人,尚有一婦人,其實九人而已。可不謂難乎?三分有二者,禹貢九州,雍、梁、荊、豫、徐、揚,被文王之德而從之,紂尚有青、兖、冀也。鄭説。而文乃率商之叛國以事紂,是至德也。

子曰："禹，吾無間然矣。菲飲食，而致孝乎鬼神；惡衣服，而致美乎黻冕；卑宫室，而盡力乎溝洫。禹，吾無間然矣。"

"間"，有隙可議也。"菲"，薄。"致孝鬼神"，享祀豐潔也。"惡"，粗。"黻"，蔽膝也。鄭康成曰："祭服謂之黻，其他謂之韠。俱以韋爲之，制同而色异。韠各從裳色，黻色皆赤，以淺深爲尊卑。天子純朱，諸侯黄朱，大夫赤冕，上有延。上，覆也。後仰前俯，俱有旒。"《周禮·司服》有衮冕、鷩冕等，皆祭服也。"溝洫"，田間水道。《考工記》：匠人爲溝洫。耜廣五寸，二耜爲耦。一耦之伐，廣尺深尺，謂之㽙。田首倍之，廣二尺，深二尺，謂之遂。九夫爲井，井間廣四尺，深四尺，謂之溝。方十里爲成，成間廣八尺，深八尺，謂之洫。方百里爲同，同間廣二尋，深二仞，謂之澮。鄭《注》曰："溝洫，去水害也。即《虞書》禹所言濬畎澮距川也。"言以飲食，禹則薄於己而豐腆於天祖。以衣服，則粗於己而華美於朝廟。以宫室，則卑於己而盡力溝洫。使四隩既宅，以奠民居，儉約服御，勤勞神人，尚何間然！

子罕第九

子罕言利與命與仁。

"利"者，義之和也。然人專務利，則損人利己，而適以害義。"命"者，天之命也。然懸揣天命，反輕忽人事，而適以褻天。"仁"者，心之德也。然恐寂守其心而不從事克己復禮，將適以害心，故子皆鮮言之。

達巷黨人曰："大哉孔子！博學而無所成名。"子聞之，謂門弟子曰："吾何執？執御乎？執射乎？吾執御矣。"

"達巷"，黨名。"無所成名"，言其學博，不可以一藝名，正言其大也。子欲名六藝之卑者，聞人美己，承之以謙也。鄭解。

子曰："麻冕，禮也。今也純儉，吾從衆。拜下，禮也。今拜乎上，泰也。雖違衆，吾從下。"

"麻冕"，即《顧命》麻冕，用緇布爲之。布三十升，升八十縷，鄭《注》。共二千四百縷，細密難成。"純",絲也。絲易成,故儉。《燕禮》《覲禮》皆臣堂下再拜稽首,然後升。成拜,復再拜稽首。今直拜於堂上,是驕泰也。聖人不若純之從衆者,以君臣大義不可犯也。

子絕四:毋意,毋必,毋固,毋我。

"絕",即無也。"毋"無通。"意",意見。"必",决定。"固",執滯。"我",自异也。寂然不動,感而遂通,何意!時乘六龍,惟變所適,何必!過而不留,何固!以天地萬物爲一體,何我!此寫夫子之聖神也。聖大而化,神不可知。四者有一,不化矣,可知矣。

子畏於匡。曰:"文王既沒,文不在兹乎?天之將喪斯文也,後死者不得與於斯文也。天之未喪斯文也,匡人其如予何?"

"畏",戒備也。即《孟子》"聞戒而脩兵備"也。"匡",鄭邑。毛河右曰:"《春秋·定公六年》:公侵鄭,取匡。是時,季氏雖在軍,不得專制。凡過衛,不假道。反,穿城而躪其地。其令皆出自陽虎,是虎實帥師。當侵鄭時,匡本鄭之鄙邑,必欲爲晋代取。而匡城適缺,虎與僕顔尅就其穿垣而入之。"《琴操》。至十五年,夫子去衛適陳,過匡。適顔尅爲僕,以策指之曰:"昔日吾入此,由彼缺也。"而夫子又貌似陽虎,匡人圍焉,拘之五日。益急,弟子懼。故孔子言此以曉之。《史記》。"文",《詩》《書》《禮》《樂》也。"後死者",後文王而死,孔子自謂也。言自文王以來,《詩》《書》《禮》《樂》之傳在我,是天不欲喪斯文,而特生我矣,匡人豈能違天害我哉!

太宰問於子貢曰:"夫子聖者與?何其多能也?"子貢曰:"固天縱之將聖,又多能也。"子聞之,曰:"大宰知我乎!吾少也賤,故多能鄙事。君子多乎哉?不多也。"牢曰:"子云:'吾不試,故藝'"。

"太宰",大夫官名。孔解。康成曰:"吴太宰嚭也。"以哀公時,有吴役,子貢屢與嚭語也。然當時陳亦有太宰嚭。孔子居陳久,闕疑可也。"多能",謂釣弋射御、委吏乘田、識防風骨、辨肅慎砮之類。太宰蓋以多能爲聖也。子貢則曰:夫子之聖乃天縱之,以知至行盡而爲大聖,以集堯舜禹湯文武之道,多能,又其兼及者也。夫子聞之,不欲居聖,而又恐人騖於多能,將小物克勤,而大德不立,故自明其多能之故,而以君子不多正之。言君子自有明德親民之正務,不尚多能也。"將"即《邠風》"亦孔之將",《注》《疏》曰:"大也。""牢",弟子琴牢,字子開,一字張,衛人。"不試",不見用也。蓋牢聽夫子少賤之言,而言子平日亦有此語也。按此所言"藝",與"游於藝"不同,游藝并道德仁言,則禮樂射御書數所必當學者。此因多能鄙事言,則指曲技細務矣。

子曰:"吾有知乎哉?無知也。有鄙夫問於我,空空如也。我叩其兩端而竭焉。"

"叩",發動也。"兩端",始終也。《注》《疏》。言即有鄙陋之人來問,亦必發其問之始終而盡告之。人遂以我爲無不知。其實問者皆自具兩端之義,我如其義以答之耳。何知之有?"空空",無學問也。

子曰:"鳳鳥不至,河不出《圖》,吾已矣夫!"

《虞書》曰"鳳凰來儀",《易·繫辭傳》曰"河出《圖》",蓋伏羲時出,皆聖君之瑞應也。春秋時,無此聖道,已止不行,可知矣,能無嘆乎?孔安國曰:"《河圖》,八卦是也。"蓋《河圖》歷代傳爲寶器,故《顧命》曰"在東序"。至周幽王時,犬戎取周賂去,遂失。萬季野説。漢儒皆意想言之,今更妄矣。

子見齊衰者、冕衣裳者與瞽者。見之,雖少必作,過之必趨。

"齊衰",周親之喪服也。冕而上衣下裳,貴者也。三者雖少,子見之,坐則必作,行則必趨。哀有喪,尊在位,矜不成人也。《注》《疏》。

顔淵喟然歎曰:"仰之彌高,鑽之彌堅。瞻之在前,忽焉在後。夫子循循然善誘人,博我以文,約我以禮,欲罷不能。既竭吾才,如有所立,卓爾,雖欲從之,末由也已。"

"喟然",嘆貌。"彌",益也。"循循",有次序貌。"誘",引進也。仰彌高,夫子之首出庶物也。鑽彌堅,洗心退藏於密也。瞻在前,忽在後,神無方而《易》無體也。然而,其道必自文禮入矣。夫子循循善誘,博以文,約以禮,顔子從事其間,悦之而欲止不能,不惰而既竭吾才,殆升堂而入室矣,故如見夫子之道爲高堅,爲神化者,卓爾而立,可取可携。然身欲大而化之,不可强也。雖欲從,其何由?顔子造道之深如此。

子疾病，子路使門人爲臣。病間，曰："久矣哉，由之行詐也！無臣而爲有臣。吾誰欺？欺天乎？且予與其死於臣之手也，無寧死於二三子之手乎！且予縱不得大葬，予死於道路乎？"

"使門人爲臣"，以夫子曾爲大夫，使門人代爲家臣治喪也。"間"，少差也。子路之信見重於小邾，而乃曰"行詐""久者"，深責之辭也。"無臣"，去位也。"而爲有臣"，是欺矣，行詐矣，不可也。"無寧"，寧也。馬解。"大葬"，君臣禮葬。臣葬君，何多？門人葬師，何歉？又不必矣。

子貢曰："有美玉於斯，韞匵而藏諸？求善賈而沽諸？"子曰："沽之哉！沽之哉！我，待價者也。"

"韞"，藏。"匵"，匱。"沽"，賣。馬解。君子未嘗不欲仕也，又惡不由其道，故善價宜待不宜求。

子欲居九夷。或曰："陋如之何？"子曰："君子居之，何陋之有？"

東方之夷有九種。馬解。"欲居"者，悼諸夏也。"何陋"，謂君子所居則化，亦姑以應或人，非必謂其地可往也。

子曰："吾自衛反魯，然後樂正，《雅》《頌》各得其所。"

魯哀公十一年，孔子自衛返魯，而轍還終，年六十八。周之禮、樂盡在魯，然而僭竊雜亂矣。孔子周流四方，參互考訂，歸而正之。《雅》《頌》之樂章乃各得其所焉。如《左傳·文公四年》：衛甯武子來聘，宴之。爲賦《湛露》及《彤弓》，不辭又不答。拜問焉，曰："以爲肄業及之，非賜陪臣也。"《湛露》，王宴諸侯也。《彤弓》，諸侯敵王所愾，王賜之以覺報宴也。襄公四年，穆叔如晋，晋享之，金奏《肆夏》之三，《肆夏》《韶夏》《納夏》。不拜。工歌《文王》之三，《文王》《大明》《綿》。又不拜。歌《鹿鳴》之三，《鹿鳴》《四牡》《皇皇者華》。三拜。晋人問故。曰：《三夏》，天子所以享元侯也，《文王》，兩君相見之樂也，故不敢拜。《鹿鳴》，君所以嘉寡君也；《四牡》，勞使臣也；《皇皇者華》，教使臣也：敢不重拜。是春秋時《雅》《頌》入樂，多不得其所矣，故夫子正之。

子曰:"出則事公卿,入則事父兄,喪事不敢不勉,不爲酒困,何有於我哉?"

"勉",勉於盡哀盡禮也。何者有於我,亦自省而自勉也。

子在川上曰:"逝者如斯夫!不舍晝夜。"

"逝",往也,與適之同,《爾雅》。即流行也。日往月來,寒往暑來,天行物生,晝夜一無止息,皆如斯水也。是以君子自强不息焉。程説。

子曰:"吾未見好德如好色者也。"

嘆時人薄於德而厚於色也。

子曰:"譬如爲山,未成一簣,止,吾止也。譬如平地,雖覆一簣,進,吾往也。"

"簣",土籠也。包解。言學者垂成而廢,則前功盡棄。苟能日新,則積少成多。其罪其功皆在於我,更以諉誰?

子曰:"語之而不惰者,其回也與!"

子謂顏淵曰:"惜乎!吾見其進也,未見其止也。"

"謂顏淵",與顏淵言也。惜其亡者,不知何人,蓋伯牛之流。

子曰:"苗而不秀者有以夫!秀而不實者有以夫!"

穀成粒曰"實"。"苗而不秀",中塗而止也。"秀而不實",垂成而廢也。故君子必要其成。

子曰:"後生可畏,焉知來者之不如今也?四十五十而無聞焉,斯亦不足畏也已。"

後生年富力強,安知其將來成就,不如今日之期許乎?言當及時自勉也。

子曰:"法語之言,能無從乎?改之爲貴。巽與之言,能無説乎?繹之爲貴。説而不繹,從而不改,吾末如之何也已矣。"

"法語",法度之言。"巽"者,婉而導之。"繹",尋思也。法,則人無可辯,故從。巽,則無所乖迕,故説。然不改則面從而背違,不繹則不思而見於行,尚何術以引之?"末",無也。何《注》。

子曰:"主忠信,毋友不如己者,過則勿憚改。"

子曰:"三軍可奪帥也,匹夫不可奪志也。"

士大夫以上有妾媵,庶人但夫婦相匹配,故曰匹夫。可奪,何以謂之志哉!

子曰:"衣敝緼袍,與衣狐貉者立而不恥者,其由也與?'不忮不求,何用不臧?'"子路終身誦之。子曰:"是道也,何足以臧?"

"緼",枲著也,謂舊絮雜枲麻以著袍也,孔解。然且敝焉。乃與衣狐貉者立,而坦然自如,其心胸俊偉爲何如者?夫恥己之無而恨人之有則忮,恥己之無而羨人之有則求,天下祗此兩類矣。而苟不之何所爲而不善,《邶風・雄雉》之篇,可爲子路美也。子路聞之,自堅其守,故欲終身誦。然既升堂,宜入室,不忮不求,高守之道耳,豈足盡天下之善乎?宜夫子復進之也。

子曰:"歲寒然後知松柏之後彫也。"

士窮見節義,世亂識忠臣。學者不可不周於德。謝説。

子曰:"知者不惑,仁者不憂,勇者不懼。"

明於世故,故不惑。安宅是居,故不憂。氣配道義,故不懼。

子曰:"可與共學,未可與適道。可與適道,未可與立。可與立,未可與權。"

"可與"者,可與共爲此事也。"權",變也。《公羊傳》曰:"權者,反乎經者也。"又"暫"也。故攝官曰"權"。言遇不得已之事,如伊尹放君,周公居攝,《淮南子》"溺則捽父,祝則名君",皆暫時權變之道,非通神達化,不能善也。故共學則同術,適道則履正,立則不拔,而必終之以權,然後張弛常變,無往不宜,而學全矣。

"唐棣之華,偏其反而。豈不爾思?室是遠而。"子曰:"未之思也,夫何遠之有?"

《注》《疏》:承上子言權之反經,興念詩詠華反室遠,斷曰:此未思反經之故耳。反經乃以合道,何遠焉?

鄉黨第十

孔子於鄉黨,恂恂如也,似不能言者。其在宗廟朝廷,便便言,唯謹爾。

"鄉",昌平鄉。"黨",闕黨。孔子所居也。《史記》《劉向新序》。"恂恂",溫恭貌。王《注》。"便便",辯也,但不放耳。鄉黨,父兄宗族之所在。宗廟朝廷,禮法政事之所出,故言貌不同如此。朱《注》。

朝,與下大夫言,侃侃如也;與上大夫言,誾誾如也;君在,踧踖如也,與與如也。

天子諸侯皆有三朝。外朝在庫門外,《周禮》朝士掌之。治朝在路門外,司士掌之,《玉藻》謂之内朝,所謂朝服以日視朝於内朝也。蓋較外朝謂之内。《文王世子》謂之外朝,所謂其外朝則以官司士爲之,蓋較内朝謂之外。内朝在路門内,朝於路寢之庭,亦曰燕朝,太僕掌之。"侃侃",和樂貌。"誾誾",中正貌。孔解。"踧踖",恭敬之貌。"與與",威儀中適之貌。馬解。《王制》:諸侯上大夫,卿下大夫,五人。夫子爲司寇,雖亦稱卿,而非執政之卿也,故與下大夫言,其位稍卑,和樂以與之。上大夫執政,爵位尊,與之言,中正以陳,不敢和樂也。邢《疏》。

君召使擯,色勃如也,足躩如也。揖所與立,左右手,衣前後,襜如也。趨進,翼如也。賓退,必復命曰:"賓不顧矣。"

“擯”,主國之君所使出接賓者。“勃如”,變色也。“躩”,足盤辟貌,《注》《疏》。敬其事也。“襜”,整貌,朱《注》。手動而身不動,故衣整也。“翼如”,張拱端好,如鳥舒翼也。《注》《疏》。按諸侯相爲賓之禮,凡賓主各有副,賓副曰介,主副曰擯。介從其命數。賓若公,九介。侯伯以下降殺以兩。主君若公,則擯五人,用命數之强半,謙也。賓公來至門外,直當闑西,去門九十步下車,當軹,“軹”,轂末。北向而立。九介立在君北,邐迤西北,并東向而立。主公出,直門東南,西向立。擯在君南,邐迤東南立,并西向。末擯與末介相對,中間傍相去三丈六尺。列擯介竟,主人就擯求辭。問賓來意。上擯遞傳至末,末擯傳末介,遞傳至賓,賓答辭。又介擯遞傳至主,主乃迎賓而進。以上皆邢《疏》,約《大行人》《司儀》及《聘禮》文。及賓出,主君送至門,請賓升車。三請三進,欲遠送也。再拜。賓三還三辭,去不復。約《司儀》文。擯告君曰“賓不顧矣”,以紓君敬也。若諸侯使卿大夫來聘,各下其君二等。邢《疏》。

入公門,鞠躬如也,如不容。立不中門,行不履閾。過位,色勃如也,足躩如也,其言似不足者。攝齊升堂,鞠躬如也,屏氣似不息者。出,降一等,逞顔色,怡怡如也。沒階趨進,翼如也。復其位,踧踖如也。

“公門”,君門也。天子五門:曰皋門;曰庫門,門内左右爲宗廟社稷;曰雉門,設兩觀,《周禮》謂之中門;曰應門,《爾雅》謂之正門;曰路門,《書》謂畢門、南門。諸侯三門,曰庫門,曰雉門,曰路門。“鞠”,曲斂也,躬身也。“中門”,棖闑之中。君門中央有闑,兩旁有棖,棖謂之門楔。棖闑之中,君所出入也。士大夫出入由闑右,出以西爲右,入以東爲右,皆拂闑。行不當中,則立亦不當中也。“閾”,門限。“不履”之,敬也。“位”,寧也。《爾雅》:門屏之間謂之寧。諸侯内屏。門内屏外,寧立,聽治之外朝也。過之容變者,如君在也。齊,裳下緝也。《曲禮》:兩手摳衣裳亦稱衣。去齊尺,恐升階躡之也。“堂”者,内朝。拜、下、畢、升,成拜也。“屏”,藏。“息”,氣息也。“出”,出堂。“等”,階級。“逞”,舒解。“怡怡”,和悦也。“沒”,盡也。《注》《疏》。“趨進”,趨往其位也。《爾雅》:中庭之左右,謂之位。郭璞曰:群臣之列位也。“復其位”者,以待事畢而退朝也。“踧踖如”者,不懈敬於終也。

執圭,鞠躬如也,如不勝。上如揖,下如授,勃如戰色,足蹜蹜如有循。享禮,有容色。私覿,愉愉如也。

《周禮》：公執桓圭，侯執信圭，伯執躬圭，子執穀璧，男執蒲璧。使聘而執圭者，以爲信也。鞠躬如不勝者，《曲禮》所謂執主器，執輕如不克也。“揖”，《周禮·司儀》之天揖也。《曲禮》：執國君之器平衡。故上不過如揖，下不過如授。“戰”，戰慄。“蹜蹜”，促狹。“如有循”，言舉前曳踵，如有所緣也。此執圭行聘之容也。既聘而享，用圭璧，有廷實。《聘禮》。“容色”，所謂發氣焉盈容，減戰慄之色，而劑以和好，以達主君享獻之情也。既享，乃又私奉束帛以請覿，又加和悦，情意益浹也。

君子不以紺緅飾，紅紫不以爲褻服。當暑袗絺綌，必表而出之。緇衣羔裘，素衣麑裘，黄衣狐裘。褻裘長，短右袂。必有寢衣，長一身有半。狐貉之厚以居。去喪無所不佩。非帷裳，必殺之。羔裘玄冠不以弔。吉月，必朝服而朝。

“飾”，緣，領袖也。“紺”，《説文》云：帛深青楊赤色，齊服之飾。“緅”，淺絳色。即《爾雅》一染謂之縓，《檀弓》所謂練衣黄裏。縓，緣也。常服以此飾，則疑於齊喪矣，故不之。“紅”，南方間色。“紫”，北方間色。皆不正，且近婦人女子之服，褻居不用，則公會之服愈不用矣。“袗”，單也。葛精曰“絺”，粗曰“綌”。《曲禮》：袗絺綌不入公門。謂見體而褻。然常人燕服則多有之。惟聖人私居雖服單葛，亦必表而出焉。蓋古人或裘或葛，皆加裼衣。表，即加裼衣也。出不掩全葛，仍出之表衣以掩體，出絺綌以通凉，即《鄘詩》以展衣蒙縐絺之類也。“羔裘”，黑羊裘，諸侯君臣日視朝之服。麑，鹿子。色白，視朔之服。狐裘，臘祭先祖、五祀以息民之服。《玉藻》云：羔裘豹飾，緇衣以裼之，麑裘青豻褎，絞衣以裼之，皇氏曰：素衣爲正。狐裘，黄衣以裼之。取裘衣之色相稱也。家居裘長，主温也。“袂”，裘袖也，右短便作事也。“寢衣”，被也。《説文》：被，寢衣名。“有”，即《泰誓》“十有三年”之“有”，又也。長一身而又半之，適體也。褻裘、寢衣，或長或短，各有義也。“厚”，毛深温厚也。古之君子必佩玉，皆有組綬。孔子佩象環。《衛風》“佩觿佩韘”，皆佩也。朝祭之裳，用正幅如帷，要有襞積，而旁無殺縫。其餘則若深衣，要半下，齊倍要，是“殺”也。喪主素，吉主玄，故羔裘玄冠不弔。“吉月”，月朔也。《小雅》“二月初吉”，《周禮》“正月之吉”，皆朔也。《禮》：諸侯日一視朝，而月吉爲大玄冕，以特羊告朔於大廟。出而皮弁聽朔。卒朔，然後玄冠緇衣素裳，視朝於路寢門外之内朝，退視路寢聽政，臣服皆從之。《玉藻》。魯自文公六年以閏月不告朔，十六年以疾不視朔，至襄公十一年三桓三分公室，昭公五年又四分公室，魯君不惟怠於告朔聽朔，抑且守府而無政可聽。勢且君臣廢禮，朔日君不視朝，臣不往朝，比有然矣。夫子則不論君視朝與否，至月之朔必朝服而朝，尊典禮，正君臣也。

齊必有明衣，布。齊必變食，居必遷坐。

將祭而齊，必沐浴。浴竟而著明衣，以布爲之，所以明潔其體也。"變食"，齊戒葷物，孔解。謂如葱、韭、薤、蒜，生食而有臭氣者，又變常食而精細，以助思力。如《周禮》"王日一舉，齊則三舉"是也。殺牲盛饌曰舉。"遷坐"，易常處。不接人，專致其心，以交神也。

食不厭精，膾不厭細。食饐而餲，魚餒而肉敗不食。色惡不食。臭惡不食。失飪不食。不時不食。割不正不食。不得其醬不食。肉雖多，不使勝食氣。惟酒無量，不及亂。沽酒市脯不食。不撤薑食，不多食。祭於公，不宿肉。祭肉不出三日，出三日，不食之矣。食不語，寢不言。雖蔬食菜羹瓜，祭，必齊如也。

"食"，飯也。牛與羊，魚之腥，聶而切之曰"膾"。"精"、"細"，其美也。飲食之人固獲，矯強之人厭棄，皆非中也。"不厭"，則不必求在其中矣。"饐"，飯傷，熱濕也。"餲"，味變也。"餒"，肉爛也。"敗"，臭壞也。郭璞説。"臭"，氣也。"飪"，烹調生熟之節也。"不時"，如《禮運》曰"飲食必時"，指春秋朝暮之節也。《仲尼燕居》曰"味得其時"，謂春秋朝暮又各有所宜之物，如《内則》"春多酸，夏多苦"，又如"食齊視春時，羹齊視夏時"，又如"春宜羔豚膳膏薌，夏宜腒鱐膳膏臊"，又如"膾，春用葱，秋用芥"之類。毛河右説。"割不正"者，折解牲體，脊脅臂臑之屬，《禮》有正數也。見《儀禮》王草堂説。"醬"，有所宜抑且相制，如《内則》濡魚卵醬，魚膾芥醬，濡雞、濡鱉、麋腥，醢醬也。"食饐"以下，恐傷人也。"不時"以下，以非禮也。且時與得醬，亦養道也。肉不多於食，酒不及於亂，中節也，亦養道也。沽酒市脯，恐不精潔也。薑通神明，去穢惡，故不撤。食無貪心，故不多。朱《注》。助祭所得牲體，歸即頒賜，不留神惠也。私家祭肉分賜，不過三日，恐褻鬼神之餘也。《注》《疏》。"語"，論也。《説文》。寢食而言語，非時，亦恐傷人也。"祭"，即《曲禮》"主人延客祭"之祭。食時，每種各出少許，置之豆間，以報先代造食之人。《玉藻》云："惟水漿不祭。"又云："瓜祭上環薄物，致祭儼如致齊。"無所不敬也。顔習齋所行"刻齊"是也。

席不正不坐。

"席"，即《周禮》"司几筵"：莞、蒲、次、繅、熊五席之類。天子之席五重，諸侯三重，大夫再重，皆設以正。"不正"則與聖心違，故不坐。

鄉人飲酒，杖者出，斯出矣。鄉人儺，朝服而立於阼階。

"杖者"，老人也。《王制》：六十杖於鄉，七十杖於國，八十杖於朝。鄉人飲酒，而夫子與焉，必尊老者。未出，不敢先；既出，不敢後。所謂鄉党莫如齒也。"儺"者，《月令·季冬》：命有司大儺。謂下及士庶，皆得儺。故鄉人爲夫子儺也。《周禮》：方相氏掌蒙熊皮，黄金四目，玄衣朱裳，執戈揚盾，師百隸而時儺，以索室毆疫。"朝服而立阼階"者，《郊特牲》曰：存室神也。《禮》：大夫朝服以祭。故用朝衣以依廟神。古堂前兩階：一阼階，主升之；一西階，賓升之。

問人於他邦，再拜而送之。康子饋藥，拜而受之。曰："丘未達，不敢嘗。"

再拜使者，使其將之以達友人也。大夫有賜，拜而受之，禮也。"未達"，藥物不敢嘗，謹也。必告之，直也。楊説。

廄焚。子退朝，曰："傷人乎？"不問馬。

退朝聞焚而即問也。時但問人，其馬則司廄者自來告矣。聖人造次之際，重輕一絲不紊。記者善觀，而綴以末句也。

君賜食，必正席先嘗之。君賜腥，必熟而薦之。君賜生，必畜之。侍食於君，君祭，先飯。疾，君視之，東首，加朝服，拖紳。君命召，不俟駕行矣。

"正席先嘗"，敬君惠也。嘗畢乃頒賜矣。熟而薦之祖考，榮君賜也。"畜之"，以待祭祀之用也。君祭，則先飯，若爲君嘗食然，不敢同客禮也。《周禮》：膳夫授祭品，嘗食，王乃食。病卧不能著衣束帶，又不可以褻衣見君，故加朝服於身，而引大帶於上。《玉藻》："君子寢，恒東首。"東首連下言也。"不俟駕行"，急君命也。車乃駕而追之。《注》《疏》。

入大廟，每事問。

慎祭也。

朋友死，無所歸。曰："於我殯。"朋友之饋，雖車馬，非祭肉，不拜。

"於我殯"者，與之爲喪主也。重友誼也。饋祭肉拜者，尊其神惠也。雖車馬不拜者，朋友有通財之義也。

寢不尸，居不容。

寢必斂屈，不臥而布展手足如死人也。《注》《疏》。"不容"，不矜持也，申申夭夭是也。

見齊衰者，雖狎必變。見冕者與瞽者，雖褻必以貌。凶服者式之。式負版者。有盛饌，必變色而作。迅雷風烈必變。

"狎"，親習也。"必變"，變容也。"褻"，燕見也。"貌"，禮貌也。"凶服"，凡有喪服者。"負版"，執邦國人民之圖籍者，邦之本也。"式"者，車上横木。男子立乘，有所敬，則俯而憑式。"作"，起也。《玉藻》曰："疾風迅雷甚雨，雖夜必興，衣服冠而坐，敬天怒也。"

升車，必正立執綏。車中不内顧，不疾言，不親指。

"綏"，挽以上車之索也。"正立執綏"，敬其事也。"不内顧"，即《曲禮》"顧不過轂"也。回顧至内，則疑察私。急疾而言，則惑聽。親有所指，則惑視。賈子曰："立乘之容，右持綏，而左臂絀存劍之緯。"

色斯舉矣，翔而後集。曰："山梁雌雉，時哉！時哉！"子路共之，三嗅而作。

此《鄉黨》篇之結也。言鳥見人之顔色不善，則飛舉，可以去而去也，回翔審視，而後下止，可以處而處也。"梁"，橋也。山梁棲雌雉，翔而後集也。子路共而向之，徵於色也。三嗅其聲，而作斯舉也。王草堂説。宜夫子之嘆以"時哉！時哉！"孟子曰："孔子，聖之時者也。"其取諸此矣。

論語傳注·下

蠡吾　李塨　稿

論　　語

先進第十一

子曰:"先進於禮樂,野人也。後進於禮樂,君子也。如用之,則吾從先進。"

"先進",文武成康時也。"後進",春秋時。"禮樂",指宗廟、朝廷、冠、婚、喪、祭所用而言。"野人"、"君子",皆後進時之論。以昔爲質樸,今爲彬雅而尚文也。知時人之論者,以下文子曰"吾從先進",則不從先進者,自時人也。"用之",用之以爲治也。邢《疏》。

子曰:"從我於陳、蔡者,皆不及門也。"德行:顔淵、閔子騫、冉伯牛、仲弓。言語:宰我、子貢。政事:冉有、季路。文學:子游、子夏。

《史記》:魯哀公六年,孔子六十三,楚人聘孔子。將往,陳、蔡大夫相與謀,發徒役圍孔子於野,絕糧七日。及後數年,而相從患難之人,或仕,或歸,或死,故夫子思之而嘆也。"德行",得於心,行於身。記者記此,以見諸賢之可思也。

子曰:"回也,非助我者也。於吾言無所不説。"

"助我",如子夏之起予,問《詩》而悟禮也。

子曰:"孝哉,閔子騫!人不間於其父母、昆弟之言。"

聖人言弟子皆稱名。此曰"孝哉,閔子騫"者,蓋即人言也。於其父母兄弟之信,其孝無間异也。此宗族稱孝、鄉黨稱弟者也。

南容三復白圭,孔子以其兄之子妻之。

《詩・大雅・抑》篇曰:"白圭之玷,尚可磨也。斯言之玷,不可爲也。"容一日三復之,謹言也。

季康子問弟子孰爲好學。孔子對曰:"有顏回者好學,不幸短命死矣。今也則亡。"顏淵死,顏路請子之車以爲之椁。子曰:"才不才,亦各言其子也。鯉也死,有棺而無椁。吾不徒行以爲之椁。以吾從大夫之後,不可徒行也。"

"椁",外棺也。舉鯉以況回者,非惟止其請車,即教其愛子以義,當薄葬也。"從大夫後",言雖致仕,而曾從大夫後也。"徒",步也。《左傳》:步兵曰徒。考《史記》:顏淵少孔子三十歲,二十九歲髮盡白,早死,在孔子五十九歲。《家語》:二十九歲而髮白,三十一歲早死。在孔子六十一歲。又考《家語》:夫子年十九娶宋之并官氏,又一年,生伯魚。《史記》云:伯魚年五十卒,當在孔子六十九歲,是淵卒先於鯉矣。聖人不應豫凶至此。毛河右曰:"考陳、蔡之厄,孔子六十三,子路愠見,子貢求貶,"匪兕"之歌,獨顏淵能解之。則孔子六十一歲,淵實未死也。《史記・弟子列傳》"少孔子三十"當是"四十"之誤,則鯉卒先淵二年,故孔子云然。"

顏淵死。子曰:"噫!天喪予!天喪予!"

斯文無傳也。

顏淵死,子哭之慟。從者曰:"子慟矣!"曰:"有慟乎?非夫人之爲慟而誰爲?"

"慟",過哀也。爲道而慟也。

顔淵死,門人欲厚葬之。子曰:"不可。"門人厚葬之。子曰:"回也,視予猶父也,予不得視猶子也。非我也,夫二三子也。"

"門人",顔淵之門人。邢《疏》。貧而厚葬,不循禮也。門人不聽,故言不如葬鯉得宜以責之。子慟回而不厚葬,愛以道,不愛以私也。

季路問事鬼神。子曰:"未能事人,焉能事鬼?""敢問死?"曰:"未知生,焉知死?"

教以事人知生,而不答以事鬼神與死者,不言神與天道也。

閔子侍側,誾誾如也。子路,行行如也。冉有、子貢,侃侃如也。子樂。"若由也,不得其死然。"

"行行",剛强貌。皆天下之英才也,故子樂。然過剛則折,又戒由者,樂之,故慮之遠也。上屬記者,末句屬聖言,别以字名也。

魯人爲長府。閔子騫曰:"仍舊貫,如之何?何必改作?"子曰:"夫人不言,言必有中。"

"長府",藏名,藏貨財曰府。"爲",改作也。"仍",因。"貫",事。鄭解。"如之何",言未嘗不可也。"改作",則勞民矣。"不言",不輕發也。深贊其中理,以警魯人也。

子曰:"由之瑟,奚爲於丘之門?"門人不敬子路。子曰:"由也升堂矣,未入於室也。"

《家語》:"子路鼓瑟,有殺伐之聲。"夫子斥之,抑其勇也。然子路已造高明正大之域,但未入精微之奥耳,朱《注》。如之何弗敬。

子貢問:"師與商也孰賢?"子曰:"師也過,商也不及。"曰:"然則師愈與?"子曰:

"過猶不及。"

"賢"、"愈",皆勝也。師過,如言我之大賢,何所不容,是過也。商不及,如子戒以無爲小人儒,是不及也。

季氏富於周公,而求也爲之聚斂而附益之。子曰:"非吾徒也。小子鳴鼓而攻之可也。"

"聚斂",孟子謂賦粟倍他日。蓋求多能,善於催科,田税一日所入,敵前二日,非倍取於民也。然季氏尚可益乎?故子深斥之。

柴也愚,參也魯,師也辟,由也喭。

"柴",弟子,字子羔,衛人。"魯",遲鈍也。"辟",同闢,開大也,謂堂堂於外,而内不足也。"喭",粗俗也。朱《注》。語之使善變也。按四子稱名,必夫子言,而無"子曰"者,記者隨筆記之,不必拘例也。

子曰:"回也,其庶乎!屢空,賜不受命,而貨殖焉,億則屢中。"

"庶",近。"屢",數。"空",窮匱也。"不受命",不順受天命也。"殖",蓄息。"億",意度。"中",言而中也。言回近道又能安貧,賜不如回之安貧,然其明能料事,亦可近道也。朱《注》。

子張問善人之道。子曰:"不踐迹,亦不入於室。"

子張好爲難能,而問善人,蓋返而近實之思也。夫子又恐其淺善自安,遂舉善人之道以告之。曰:其善也,得於天質,不必踐行前迹而自能也。但不有學,焉以深之?亦不能入大道之精奥。學者可以此自安乎?

子曰:"論篤是與,君子者乎?色莊者乎?"

但論其貌之篤實而是取之,未必非色莊於外者。言不可徒以貌取人也。惲皋聞説。

子路問:"聞斯行諸?"子曰:"有父兄在,如之何其聞斯行之?"冉有問:"聞斯行諸?"子曰:"聞斯行之。"公西華曰:"由也問'聞斯行諸',子曰'有父兄在';求也問'聞斯行諸',子曰'聞斯行之'。赤也惑,敢問?"子曰:"求也退,故進之。由也兼人,故退之。"

"聞",聞善事可行者。言父兄令其稟命也。"兼人",一人之力兼二人也。記聖人因材之教也。

子畏於匡,顔淵後。子曰:"吾以女爲死矣。"曰:"子在,回何敢死?"

"後",决圍而出,相失在後也。"以女爲死",恐鬬而决死也。淵言,子若陷難,則回必報讎而死。子在,則回自善全而不敢死。顔子之處生死明審,而能自主如此,而師弟一體之情亦見矣。

季子然問:"仲由、冉求可謂大臣與?"子曰:"吾以子爲异之問,曾由與求之問。所謂大臣者,以道事君,不可則止。今由與求也,可謂具臣矣。"曰:"然則從之者與?"子曰:"弑父與君,亦不從也。"

"子然",季氏子弟。自多其家得臣由、求,故問之。孔解。"异",异人也。"具",僅有材具也。"以道"二句,正言季氏不道,由、求不能正,不能去也。許其不從弑逆,又斥季氏有弑逆之心也。聖言之厲如此。

子路使子羔爲費宰。子曰:"賊夫人之子。"子路曰:"有民人焉,有社稷焉,何必讀書,然後爲學?"子曰:"是故惡夫佞者。"

《檀弓》:成人兄死而不爲衰,聞子羔將爲成宰,遂爲之。蓋有厚德可以感人者。子路使爲季氏費宰,以此也。然學古入官,子羔學未成熟而使以政學,則害之矣。子路言有民人、社稷,正所謂以政學也,乃詆夫子之重學,曰讀書似夫子專事佔畢也者,是禦人以口給矣,故責以佞。

子路、曾皙、冉有、公西華侍坐。子曰:"以吾一日長乎爾,毋吾以也。居則曰:'不吾知也。'如或知爾,則何以哉?"子路率爾而對,曰:"千乘之國,攝乎大國之閒,加之以師旅,因之以饑饉,由也爲之,比及三年,可使有勇且知方也。”夫子哂之。“求,爾何如?”對曰:“方六七十,如五六十,求也爲之,比及三年,可使足民。如其禮樂,以俟君子。”“赤,爾何如?”對曰:“非曰能之,願學焉。宗廟之事,如會同,端章甫,願爲小相焉。”“點,爾何如?”鼓瑟希,鏗爾,舍瑟而作,對曰:“异乎三子者之撰。”子曰:“何傷乎?亦各言其志也。”曰:“暮春者,春服既成,冠者五六人,童子六七人,浴乎沂,風乎舞雩,詠而歸。”夫子喟然歎曰:“吾與點也!”三子者出,曾皙後。曾皙曰:“夫三子者之言何如?”子曰:“亦各言其志也已矣。”曰:“夫子何哂由也?”曰:“爲國以禮,其言不讓,是故哂之。”“唯求則非邦也與?”“安見方六七十,如五六十,而非邦也者?”“唯赤則非邦也與?”“宗廟會同,非諸侯而何? 赤也爲之小,孰能爲之大?”

此見聖門以用世爲學爲志也。“晳”,弟子,曾參父,名點。《論語》記諸賢,無定例。後人以爲序齒,則顔淵、季路侍,路不必少於淵。以爲序德,則言語宰我、子貢,貢不必絀於我。王草堂説。“勿以我長”而難言,誘之言也。“居”,平居。“知”,知遇。“以”,有具以見用也。“千乘”,大國。“攝”,夾脅也。“饑”,穀不熟。“饉”,蔬不熟。“方”,義方。“哂”,微笑。此子路之志在治賦也。“六七十”、“五六十”,伯子男之國,此冉有之志在富民也。“非曰能”而“願學”,以求歸禮樂於君子,故承之謙也。“宗廟之事”,諸侯享親也。時見曰“會”,不以常期見也。衆頫曰“同”。王十二年不巡狩,則六服盡朝也,《周禮》。諸侯覲君也。“端”,玄端,其衣正幅染之玄色。邢《疏》。“章甫”,緇布冠也。夏曰毋追,商曰章甫,周曰委貌,《郊特牲》。皆以緇布爲之。言衣禮服以相禮也。“小相”者,謙,不居卿之上擯,大夫之承擯,而爲士之紹擯;不居卿之上介,大夫之次介,而爲士之末介,此子華之志在禮樂也。於時夫子聽之,應知之心殷然動矣。“希”,間歇也。“鏗爾”,舍瑟聲。“作”,起。“撰”,具。“暮春”,夏正三月。“春服”,單袷之衣。“浴”,濯。“沂”,水出蓋縣南,至下邳入泗。邢《疏》。“雩”者,祈雨之祭名。《左傳》:“龍見而雩。”使童男女舞之,因謂其處爲舞雩,有壇墠樹木可休息也。夫子聞三子之志,恨不即見之,而點乃志在因時爲樂,蕭然自得,不覺喟然而嘆,以爲有待者,不如無待者之可自主也。曰“吾與點也”,曾晳不知,以爲夫子許己,故獨後而問三子,子皆許之。又問“哂由”,子答以哂其言之急率,非哂其志也。若志爲邦,則其學所優爲矣。豈但由志爲邦,即求與赤非爲邦乎? 而言謙矣。顔先生説。夫三子志在用世,正應“何以”之問,乃聖門之學也。故子曰:“隱居以求其志。”孟子曰:“居仁由義,大人之事備焉①。”

① 《十三經注疏》“焉”作“矣”。

顔淵第十二

顔淵問仁。子曰："克己復禮爲仁。一日克己復禮，天下歸仁焉。爲仁由己，而由人乎哉？"顔淵曰："請問其目。"子曰："非禮勿視，非禮勿聽，非禮勿言，非禮勿動。"顔淵曰："回雖不敏，請事斯語矣。"

"仁"，德。在天爲元，在人爲仁，生生之德也。生生則有事矣，"視"、"聽"、"言"、"動"，其事也。"禮"，則事之軌物也，束身循禮，而仁全矣。"克己"，約身也。馬解。"一日"，成功之一日也。一部《周禮》盡行天下，有不歸仁者乎？許酉山説。《曲禮》：視瞻勿回，立視五巂，式視馬尾之類，是禮也。非此則勿視。《曲禮》：勿側聽，側聽則非禮也。言無非禮，則口無擇言；動無非禮，則身無擇行也。邢《疏》。

仲弓問仁。子曰："出門如見大賓，使民如承大祭。己所不欲，勿施於人。在邦無怨，在家無怨。"仲弓曰："雍雖不敏，請事斯語矣。"

敬則視聽言動不懈，恕則視聽言動不私。邦國中，家門内，言仁在敬恕也。"大賓"，公侯之賓。"大祭"，禘郊之屬。邢《疏》。

司馬牛問仁。子曰："仁者，其言也訒。"曰："其言也訒，斯謂之仁矣乎？"子曰："爲之難，言之得無訒乎？"

"司馬牛"，弟子，名犂。牛多言，故教以訒。《史記》。"訒"，難也。孔解。"爲"，即視聽言動以禮也。爲仁不易，言自不易，非强捫其舌也。

司馬牛問君子。子曰："君子不憂不懼。"曰："不憂不懼，斯謂之君子矣乎？"子曰："内省不疚，夫何憂何懼？"

"疚"，病。"不疚"者，有以處己，有以處人也。

司馬牛憂曰："人皆有兄弟，我獨亡。"子夏曰："商聞之矣：死生有命，富貴在天。

君子敬而無失,與人恭而有禮,四海之内,皆兄弟也。君子何患乎無兄弟也?"

"獨亡",憂其喪亡也。其後,哀公十四年,桓魋卒以寵害於公。公討之。出奔。言"命""天"者,謂當順受,不必憂也。敬復無失,恭且有禮,則四海可感,况於同氣?如舜之化象是也。又勉以自盡也。

子張問明。子曰:"浸潤之譖,膚受之愬,不行焉,可謂明也已矣。浸潤之譖,膚受之愬,不行焉,可謂遠也已矣。"

"譖",毁人也。"浸潤",如水之浸潤,漸漬而不驟,令聽者不覺其入而信之深也。"愬",愬己之寃也。"膚受",謂肌膚所受,利害切身,令聽者不及致詳,而發之暴也。二者難察而能察之,可見其心之明,而不蔽於近矣。《書》曰:"視遠惟明。"朱《注》。

子貢問政。子曰:"足食,足兵,民信之矣。"子貢曰:"必不得已而去,於斯三者何先?"曰:"去兵。"子貢曰:"必不得已而去,於斯二者何先?"曰:"去食。自古皆有死,民無信不立。"

"足食",井里裕。"足兵",武備修。"民信之矣",謂上以信教民,而民亦興於信,無携貳矣。此政之全也,無可去也。然而有常有變,時勢倉卒,三者難兼。如韓信驅市人以戰,非素拊循士卒,是謂去兵。時勢窮促,食信不可并得,如張巡枵腹致死而守睢陽,是謂去食。蓋食足信孚,雖空拳持梃,可使撻堅。君民一心,雖羅雀掘鼠,可與圖存。如其無信,則子棄其父,臣倍其君,喪無日矣,何立之有?聖人論政,圖安則無危,盡常則弭變,至於安危常變,而皆有道以處之。非子貢之智,何以發焉?

棘子成曰:"君子質而已矣,何以文爲?"子貢曰:"惜乎!夫子之説君子也,駟不及舌。文猶質也,質猶文也。虎豹之鞟,猶犬羊之鞟。"

"棘子成",衛大夫。鄭《注》。"君子",有位者。言有位之人,皆當尚質朴,不必用文彩也。夫當時文勝固非,而矯枉過直,欲有位君子皆同鄙野,亦過矣,故子貢惜之,謂其説君子之徒質,立言一失,駟馬難追。夫朝廟之君子尚文,鄉鄙之野人尚質,所從來矣。今將使君子之文猶野人之質,野人之質猶君子之文,則有位君子與田夫野叟何以分别?譬之虎豹與犬羊异者,以其毛之文彩也。若皆去毛存皮,則虎豹同於犬羊矣。豈可哉?毛去皮曰“鞟”。《注》《疏》。“猶”,似也。

哀公問於有若曰:“年饑,用不足,如之何?”有若對曰:“盍徹乎?”曰:“二,吾猶不足,如之何其徹也?”對曰:“百姓足,君孰與不足?百姓不足,君孰與足?”

“徹”,取也。見趙岐《注》。周人制田,有貢有助。貢則什分税一,助則藉耕公田,其徹取於民,皆什一也,而名之曰徹。雖《周禮·載師》稱:近郊什一,遠郊二十而三,園廛二十而一,漆林二十而五。然要以什一爲斷。自魯宣公十五年初税畝,貢則十分税二,助則公田之外,又私田税一。祇計足國,不慮匱民,不知君民一體,足寒傷心,民貧病國。行徹而什一,則百姓足,耕耘必力,收入必厚,供納必易。餘一餘三,豐凶皆備,賦役無缺,君孰與不足?徹廢而什二,則百姓不足,耕耘鹵莽,收入薄歉,供賦逋脱,豐亦瘠苦,凶更流亡。君孰與足?有若所言乃經濟實策,非寬厚習談。惜哀公不悟,不惟税畝是仍,而且田賦以加也。

子張問崇德辨惑。子曰:“主忠信,徙義,崇德也。愛之欲其生,惡之欲其死。既欲其生,又欲其死,是惑也。‘誠不以富,亦祇以异。’”

主忠信則本立,遷義則日新。朱《注》。“誠”《詩》作“成”。《小雅·我行其野》之篇,刺淫昏之俗,惡舊姻之貧,改新昏之富,成事亦未足以得富,適自异於人道耳。鄭《箋》。引之以證惑也。

齊景公問政於孔子。孔子對曰:“君君,臣臣,父父,子子。”公曰:“善哉!信如君不君,臣不臣,父不父,子不子,雖有粟,吾得而食諸?”

景公名杵臼,怠於政,又多内嬖,而不立太子。大夫陳氏厚施要民,故夫子語以此。景公善之而不行,卒陷於亂。所謂知之非艱,行之惟艱也。後儒乃重知,曰“不能行,祇是不能知”,何也?

子曰:“片言可以折獄者,其由也與?”子路無宿諾。

“片言”,半言也。又記其急於踐言,以見忠信、明決、服人有素也。

子曰:“聽訟,吾猶人也。必也,使無訟乎!”

道之以德,齊之以禮,則無訟矣。

子張問政。子曰:“居之無倦,行之以忠。”

“居之”,居於身。“行之”,布於政。王解。

子曰:“博學於文,約之以禮,亦可以弗畔矣夫。”

同前而無“君子”二字,言欲弗畔於道,非由此途不可也。

子曰:“君子成人之美,不成人之惡。小人反是。”

“成”者,誘掖獎勸以成其事也。君子、小人,存心既有厚薄之殊,好尚又有善惡之异,故相反如此。朱《注》。

季康子問政於孔子。孔子對曰:“政者,正也。子帥以正,孰敢不正?”

對康子如對君,稱“孔子對曰”,以其執政也。乃問使民敬忠以勸,則但書“子曰”。想其時,桓子尚在,未執政也,故語以孝。

季康子患盜,問於孔子。孔子對曰:“苟子之不欲,雖賞之不竊。”

上箴其不正,此箴其欲也。

季康子問政於孔子曰:“如殺無道,以就有道,何如?”孔子對曰:“子爲政,焉用殺?子欲善,而民善矣。君子之德風,小人之德草。草上之風,必偃。”

刑以佐政，不可即以爲政也。“上”，加。“偃”，仆。《注》《疏》。

子張問：“士何如斯可謂之達矣？”子曰：“何哉？爾所謂達者？”子張對曰：“在邦必聞，在家必聞。”子曰：“是聞也，非達也。夫達也者，質直而好義，察言而觀色，慮以下人，在邦必達，在家必達。夫聞也者，色取仁而行違，居之不疑，在邦必聞，在家必聞。”

聞自人言，虚聲及之也。達自己言，實行通之也。質而不華，直而不枉，則德端；動好合義，則行善；察言觀色，則精警；慮以下人，則謙謹。誠能動物，神以察來，邦家何一不可達耶？色取行違，乃語語善人，色色君子，居之一無疑忌，如微生之與醯人，推其周濟胡廣之中，庸人樂其圓和，聞亦必矣。然而誠僞分途，不可不辨也。惲皋聞曰：“義近嚴，仁近寬。”故僞者必取仁。

樊遲從遊於舞雩之下，曰：“敢問崇德、脩慝、辨惑？”子曰：“善哉問！先事後得，非崇德與？攻其惡，無攻人之惡，非脩慝與？一朝之忿，忘其身以及其親，非惑與？”

德，有得於道也，然不爲胡獲？如先於非禮勿視聽言動而從事焉，則自能一日克己復禮矣。“慝”，惡也。“攻”，如攻城之攻。

樊遲問仁。子曰：“愛人。”問知。子曰：“知人。”樊遲未達。子曰：“舉直錯諸枉，能使枉者直。”樊遲退，見子夏，曰：“鄉也吾見於夫子而問知，子曰：‘舉直錯諸枉，能使枉者直。’何謂也？”子夏曰：“富哉言乎！舜有天下，選於衆，舉皋陶，不仁者遠矣。湯有天下，選於衆，舉伊尹，不仁者遠矣。”

此言知以成仁也。從來如天之仁，必以如神之智運之，不然，從井救人，未有能仁者也。“錯”，廢置也。遲之“未達”，意謂知人則知，其枉者，必不愛之，是知妨仁也。舉賢退不肖，則不肖亦化而爲賢，是知不惟不妨仁，且以成仁也。然遲之未達，稍滯胸次，未嘗請問，而夫子神明，即從“知人”而申言之。其實“知人”、“舉錯”二語一連言，皆接“問知”而答之也，故遲又以爲專言“知”，則能使枉直，似與“知”無涉。迨子夏舉舜湯選舉已事而言舉賢則天下群化於仁，是愛人也，仁也。而遲可豁然矣。“知人”與“舉錯”連言，乃記者嵌入“樊遲未達”“子曰”六字，此記述之文法也。微此六字，至今不知子言謂何矣。“富”，包者廣也。

子貢問友。子曰:"忠告而善道之,不可則止,毋自辱焉。"

友所以相成,故盡心以告之,善辭以道之,然以義合者也,故不可則止。不止,則自辱矣。

曾子曰:"君子以文會友,以友輔仁。"

此見取友之亟也。仁雖由己,規勸漸摩,必須有人,故以友輔之。友不徒來,敬業樂群,必有其事,故以《詩》《書》六藝之文會之。

子路第十三

子路問政。子曰:"先之,勞之。"請益。曰:"無倦。"

"之",指政而言。教民之政,以身先之;養民之政,以身勞之。

仲弓爲季氏宰,問政。子曰:"先有司,赦小過,舉賢才。"曰:"焉知賢才而舉之?"曰:"舉爾所知。爾所不知,人其舍諸?"

"宰",家宰也。其下有有司,先分任之,而後責其成。至於有司之小過,則勿刻。而又舉賢才,以補有司之乏。是宰之政也。焉知而舉,欲徧知而徧舉也。

子路曰:"衛君待子而爲政,子將奚先?"子曰:"必也正名乎!"子路曰:"有是哉,子之迂也!奚其正?"子曰:"野哉由也!君子於其所不知,蓋闕如也。名不正,則言不順;言不順,則事不成;事不成,則禮樂不興;禮樂不興,則刑罰不中;刑罰不中,則民無所措手足。故君子名之必可言也,言之必可行也。君子於其言,無所苟而已矣。"

"正名",見《爲衛君》章。時輒即位,拒父已八年,夫子尚欲正名,故子路以爲迂。而不知父子之名不正,則不可言,不可行,而事皆無成。如之何爲?政事不成,則秩序紊,乖戾行,故禮樂不興,於是不中不和,故刑罰不中。"名"者,所以命其實也。

樊遲請學稼。子曰:“吾不如老農。”請學爲圃。[①]曰:“吾不如老圃。”樊遲出。子曰:“小人哉,樊須也! 上好禮,則民莫敢不敬;上好義,則民莫敢不服;上好信,則民莫敢不用情。夫如是,則四方之民襁負其子而至矣,焉用稼?”

樹五穀曰“稼”,樹菜蔬曰“圃”。馬解。《周禮注》曰:樹果蓏曰圃。園,其樊也。“小人”,細民也。“上”,在位者。古分士、農、工、商四民,農、工、商皆細民,士則仕也,居上。未仕而學也,亦學居上者禮義信之事,非業細民業矣。“情”,誠實也。“襁”,織縷爲之,以約小兒於背者。《博物志》。

子曰:“誦《詩》三百,授之以政,不達,使於四方,不能專對,雖多,亦奚以爲?”

《詩》三百五篇,皆言天子諸侯之政。邢《疏》。而《風》以諷諭,《雅》以正言,《頌》以形容。誦之者必達於政而能言,不然,徒誦何爲? 今治《詩》并不計及政言,而反盛詆《序》之美刺時政爲險薄,异矣。

子曰:“其身正,不令而行;其身不正,雖令不從。”

子曰:“魯衛之政,兄弟也。”

“魯”,周公之封。“衛”,康叔之封。本兄弟國。今政之衰,如之可慨也。

子謂衛公子荆善居室。始有,曰:“苟合矣。”少有,曰:“苟完矣。”富有,曰:“苟美矣。”

“公子荆”,衛大夫。《左傳》。“居室”,理家也。“苟”,聊且粗畧之意。朱《注》。“始有”,未必合,而曰聊且合。“少有”,未必完,而曰聊且完。“富有”,未必美,而曰聊且美。無侈泰,無貪求,無欲速,居室可謂善矣。

子適衛,冉有僕。子曰:“庶矣哉!”冉有曰:“既庶矣,又何加焉?”曰:“富之。”曰:“既富矣,又何加焉?”曰:“教之。”

---

① 底本此處衍一“子”字,據《四書五經》删。

“僕”,御車。“庶”,衆也。“之”,指“庶”言。“富之”,制田里,薄税斂。朱《注》。“教之”,立學校,明倫禮。

子曰:“苟有用我者,期月而已可也,三年有成。”

“期月”,周一年之月也。《注》《疏》。“可”者,政教行也。“成”,成功也。

子曰:“‘善人爲邦百年,亦可以勝殘去殺矣。’誠哉是言也!”

此感於民習殘暴,上專刑殺,而思善人之治也。“百年”,相繼而久也。朱《注》。“誠哉是言”,謂古語可信也。

子曰:“如有王者,必世而後仁。”

三十年曰“世”。孔解。仁如唐虞,比户可封,成周太和,在宇宙間也。

子曰:“苟正其身矣,於從政乎何有?不能正其身,如正人何?”

言輔政以正人,亦當先正身也。

冉子退朝。子曰:“何晏也?”對曰:“有政。”子曰:“其事也。如有政,雖不吾以,吾其與聞之。”

“朝”,季氏之朝。《國語》:自卿以下合官職於外朝,合家事於内朝。季氏之朝議國政,亦無不可。但議之時久,必政之有關者,而并不與衆大夫通知,惟私謀之一二陪臣,其專竊可惡矣。故夫子問其晏,而以事諷之。杜預曰:“在君爲政,在臣爲事。”高閬曰:“政者,上之所行;事者,下之所綜以用也。”蓋古禮,國有大政,雖致仕之老,必與聞焉。

定公問:“一言而可以興邦,有諸?”孔子對曰:“言不可以若是其幾也。人之言曰‘爲君難,爲臣不易。’如知爲君之難也,不幾乎一言而興邦乎?”曰:“一言而喪邦,有諸?”孔子對曰:“言不可以若是其幾也。人之言曰‘予無樂乎爲君,唯其言而莫予違也。'如其善而莫之違也,不亦善乎?如不善而莫之違也,不幾乎一言而喪邦乎?"

言邦之興喪,由於敬肆也。"若是",指一言。"幾",近也。王解。言一言至微,不可以是而即必其近於興喪也。然知爲君之難,則敬天命,畏民巖,用賢圖治,可近於興矣。唯樂言出莫違,則諂諛日進,忠讜日退,政之善否,莫敢誰何,近於喪矣。

葉公問政。子曰:"近者説,遠者來。"

能邇則説,柔遠則來。

子夏爲莒父宰,問政。子曰:"無欲速,無見小利。欲速則不達,見小利則大事不成。"

"莒父",魯下邑。鄭説。武王觀兵孟津,諸侯不期而會者八百,皆曰:"紂可伐。"武王曰:"未可也。"乃還師。是"無欲速"也。魯有齊寇,郊麥將熟,季氏恐資敵,謀縱民收麥。宓子賤曰:"不可。齊得麥禍小,若使民無麥而有麥,民必常幸有寇矣,其患必數世不息。"乃止。是"無見小利"也。

葉公語孔子曰:"吾黨有直躬者,其父攘羊,而子證之。"孔子曰:"吾黨之直者异於是。父爲子隱,子爲父隱,直在其中矣。"

"吾黨",猶今言敝鄉也。"直躬",直身而行。有因而盗曰"攘"。周解。父必教以義方,而爲子隱;子必進以幾諫,而爲父隱,親親也。親親,仁也。仁則心安理順,故曰"直在其中"。

樊遲問仁。子曰:"居處恭,執事敬,與人忠。雖之夷狄,不可棄也。"

三者合,則肅容以存心,小心以善事,立誠以接人。而更無頃刻之離,仁其純矣。

子貢問曰:"何如斯可謂之士矣?"子曰:"行己有恥,使於四方,不辱君命,可謂士矣。"曰:"敢問其次?"曰:"宗族稱孝焉,鄉党稱弟焉。"曰:"敢問其次?"曰:"言必信,行必果,硜硜然小人哉!抑亦可以爲次矣。"曰:"今之從政者何如?"子曰:"噫!斗筲之人,何足算也!"

"行己有恥",有不爲也。"使不辱命",能有爲也。德才兼者也。孝、弟,雖不知能肆應否,而本立矣,故次之。言必信,行必果,雖硜硜狹小,而守堅矣,故又次之。"噫",不平聲。"斗",量名,容十升。"筲",竹器,容斗二升。《注》《疏》。蓋量粟盛飯之具也。今之從政,皆飲食之人耳。本既不立,守亦不堅,何論德才?不足數也。子貢蓋不滿於今之從政者,故問士而歷及之。聖賢砭俗立教之意嚴矣。

子曰:"不得中行而與之,必也狂狷乎?狂者進取,狷者有所不爲也。"

"中行",中道而行。狂者有志,知進而不知退。邢《疏》。狷者有守,知退而不知進。邢《疏》。雖皆有偏,然因其志而引之以行道,因其守而勉之以守道,皆任道之器也。許酉山曰:"中行如堯舜周孔不可再矣。三代而下,撍持宇宙,建功立業,如三傑、二十八將,皆狂也。衛道立教,如漢宋傳經自守之儒,皆狷也。宇宙惟此二種,安得孔子而裁之哉?"

子曰:"南人有言曰:'人而無恒,不可以作巫醫。'善夫!不恒其德,或承之羞。"子曰:"不占而已矣。"

"巫醫",一術耳。"無恒"不可作,則無事可作矣。故引《恒卦》九三爻辭以明之。"或承之羞",言進之羞辱者衆也。"占",卜也,測也。言不占玩。無恒之不可,故至此也。

子曰:"君子和而不同,小人同而不和。"

同寅協恭,故和;惟道是親,故不同。相阿相附,故同;各有私心,故不和。

子貢問曰:"鄉人皆好之,何如?"子曰:"未可也。""鄉人皆惡之,何如?"子曰:"未可也。不如鄉人之善者好之,其不善者惡之。"

一鄉之人宜有公論矣,然其間必各以類爲好惡也,故善者好之而惡者不惡,則必其有苟合之行,惡者惡之而善者不好,則必其無可好之實。朱《注》。

子曰:“君子易事而難説也。説之不以道,不説也。及其使人也,器之。小人難事而易説也。説之雖不以道,説也。及其使人也,求備焉。”

君子曲引人材,故易事。動必以正,故難説。小人苛刻繩人,故難事。可動以私,故易悦。“器之”,隨器用之也。

子曰:“君子泰而不驕,小人驕而不泰。”

君子無衆寡,無小大,無敢慢,何其舒泰,而安得驕?小人矜己傲物,惟恐失尊,何其驕侈,而安得泰?

子曰:“剛毅木訥近仁。”

“剛”屬天德,“毅”能遠道,“木”樸則不馳騖,“訥”鈍則有存蓄,故近仁。

子路問曰:“何如斯可謂之士矣?”子曰:“切切偲偲,怡怡如也,可謂士矣。朋友切切偲偲,兄弟怡怡。”

“切切”,懇到。“偲偲”,詳勉。怡怡,和悦。胡説。“如也”,謂其性情容貌有如此也,是中和雅士之行也。故接朋友則切偲,形以共學也。處兄弟則怡怡,見以親愛也。行之中節又如是。

子曰:“善人教民七年,亦可以即戎矣。”

教以孝弟忠信之行,務農講武之法。“即”,就也。“戎”,兵也。民親其上,死其長,故七年亦可即戎。朱《注》。

子曰:“以不教民戰,是謂棄之。”

民心不固,武備不練,是以民與敵也。

憲問第十四

憲問恥。子曰:"邦有道穀;邦無道穀,恥也。""克伐怨欲不行焉,可以爲仁矣?"子曰:"可以爲難矣,仁則吾不知也。"

"憲",原思名。《論語》記門人,例稱字,然亦有偶稱名者。如"南宫适問孔子"、"陳亢問伯魚"、"宰予晝寢"、"求也聚斂",及此,皆是也。"穀",禄也。孔解。邦有道無道,皆無所建立,而惟知食禄,可恥也。憲聞之,以爲貪禄者欲也,遂舉欲之類,如克之好勝,伐之自矜,怨之忿恨,以及貪欲,四者皆能制之不行,不亦仁乎?子則謂四者人心所易流,制之不行抑難矣。若即以爲仁,則吾不知也。蓋仁則克己復禮,内有存養心性,如承賓祭之功;外有萬物一體,立人達人之事,不但中心遏欲而已也。宋儒專以心中無欲爲仁,故佛老亦得以無欲溷之。

子曰:"士而懷居,不足以爲士矣。"

農工商懷居可也。士懷居,則鄙矣。聖人立言,皆訓士也。農工商待士治,故不及。

子曰:"邦有道,危言危行;邦無道,危行言孫。"

"危",厲也,即高峻也。"孫",順也。言有時而遜者,遠害也。

子曰:"有德者必有言,有言者不必有德;仁者必有勇,勇者不必有仁。"

"有德者",和順積中,英華發外。"有言者",或便佞口給而已。朱《注》。"仁者",集義所生,至大至剛。"勇者",或血氣之强而已。

南宫适問於孔子曰:"羿善射,奡盪舟,俱不得其死,然禹稷躬稼,而有天下。"夫子不答。南宫适出。子曰:"君子哉若人!尚德哉若人!"

"羿",有窮國君,善射,篡夏位。夏后相往依斟灌、斟鄩。其相寒浞殺羿,因其室而生奡。多力，能陸地行舟，滅后相。后緡方娠，逃歸有仍，生少康。又奔有虞，邑諸綸。有田一成，有衆一旅，乃布德兆謀，滅浞復位。《左傳》。禹盡力溝洫，稷播百谷，故曰"躬稼"。馬解。适意以羿、奡比當時權力，而以禹、稷比孔子，故孔子不答。然适之言，可謂君子而尚德者矣，故於其出而贊之。"然"，語辭。邢《疏》。

子曰："君子而不仁者有矣[①]夫，未有小人而仁者也。"

君子志仁，然毫忽之間，心不在焉，則未免不仁也。朱《注》。

子曰："愛之，能勿勞乎？忠焉，能勿誨乎？"

"愛"，愛子也。"誨"，語君以道也。

子曰："爲命：裨諶草創之，世叔討論之，行人子羽脩飾之，東里子產潤色之。"

"命"，使四國之辭也。"草創"，草藁創作。"討"，治，治而論之也。"修飾"，損益也。"東里"，鄭城中里名，子產所居，因以爲號。邢《疏》。《左傳》"子產之從政也，擇能而使之。子太叔即世叔美秀而文；公孫揮子羽能知四國之爲，而辨於其大夫之族姓、班位、貴賤、能否；裨諶能謀，謀於野則獲，於邑則否。有事，則子產與裨諶乘以適野。"即此。

或問子產。子曰："惠人也。"問子西。曰："彼哉！彼哉！"問管仲。曰："人也。奪伯氏駢邑三百，飯疏食，沒齒無怨言。"

《春秋》即賢大夫惟日務於會盟、朝聘、征伐諸政，鮮見留心民事者，此封建之弊也。惟子產《左傳》載及教養之政。《史記》志其爲相一年，豎子不戲狎，班白不提挈，僮子不犁畔。二年，不豫賈。三年，門不夜闔，道不拾遺。四年，田器不歸。五年，士無尺籍喪令，不期而治。及卒，丁壯號哭，老人兒啼。故子以"惠人"稱之。"子西"，鄭大夫公孫夏，子產之同宗兄弟。先後秉政，且伐陳交晉，皆嘗同事，故或人連類問之。舊作楚公子申。毛與三曰：或人方物當不出齊、晉、鄭、衛之鄉，荊楚曠遠，焉得連類？况其人皆在定、哀以前，風徽相傳，可加論騭。楚申後

---

① 底本"矣"作"以"，據《四書五經》改。

夫子死,安能及之?“彼”,猶他也。“彼哉! 彼哉!”無足稱之辭。“人也”,謂當代之人物也。其人能使有采之大夫,君奪其邑以與之,被奪終貧,一無怨言。非功德大有服人者,何以臻此?“伯氏”,齊大夫。“駢”,邑名。孔解。“三百”,三百社,荀卿所謂“與之書社三百,而富人莫之敢拒”者也。司馬貞云:古二十五家爲里,里各立社。“書社”,書其社之姓名於籍也。

子曰:“貧而無怨難,富而無驕易。”

王法乾曰:“此思善處貧富者也。”“無”,即不也。貧則日用維艱,人每怨其難。富則隨取立辨,人每驕其易。而乃不然,可謂善處境矣。

子曰:“孟公綽爲趙、魏老則優,不可以爲滕、薛大夫。”

“孟公綽”,魯大夫。“趙、魏”,皆晋卿。家臣稱“老”。何《注》。爲老優,以不欲可坐鎮也。爲大夫,不可以才短,難綜理也。滕、薛且不可,則魯可知矣。後儒重廉靜,輕材能。材能焉可輕哉?

子路問成人。子曰:“若臧武仲之知,公綽之不欲,卞莊子之勇,冉求之藝,文之以禮樂,亦可以爲成人矣。”曰:“今之成人者何必然? 見利思義,見危授命,久要不忘平生之言,亦可以爲成人矣。”

天生人而人壞之,是謂不成。“成”者,偉然樹立也。“勇”,多力敢爲也。“藝”,多能也。“文”,潤色之也。文之以禮而中,文之以樂而和,不使其美質流於偏曲也,可以爲成人。曰“亦”者,跟“若”字言,言不必生而中和備美也。若四子者,各有一端之美質,而能文以禮樂,亦可以爲成人矣。此舉當前之人,以爲成人之像也。然又思必有此絕質,而乃可學以成人。將質之不見美者,遂不可成乎? 故又曰:今之成人者,何必若臧武仲等云云哉,但大節立,人亦成矣。見利思義,則臨財無苟得;見危授命,則臨難無苟免;久要不忘,則忠信可貫金石:大節不亦成歟? “久要”,舊約也。孔解。“平生”,平日。“莊子”,魯卞邑大夫。朱《注》。

子問公叔文子於公明賈曰:“信乎,夫子不言、不笑、不取乎?”公明賈對曰:“以告者過也。夫子時然後言，人不厭其言；樂然後笑，人不厭其笑；義然後取，人不厭其取。"子曰："其然？豈其然乎？"

按《世本》：衛獻公生成子當，當生文子拔。王草堂説。朱《注》以爲公孫枝，則見《左傳》，乃秦大夫也。誤。"夫子"，指文子。"不言、不笑、不取"，矯情詭异之人也，故子疑之。賈以爲時言、樂笑、義取，而人不厭，原過傳之由也，然爲時中之君子矣，故子又不輕許，爲人品辨真也。

子曰："臧武仲以防求爲後於魯，雖曰不要君，吾不信也。"

《左傳》：武仲阿季武子廢長公鉏而立悼子。公鉏與孟氏謀。孟氏告季孫曰："臧氏將爲亂。"季孫命攻臧氏。武仲奔邾，自邾如防。使臧爲以其家所居大蔡納請曰："苟守先祀，無廢二勳，敢不辟邑。"乃立臧爲。紇致防而奔齊。夫曰立後辟邑，是顯然曰不立後，則紇將據邑以叛矣。非要挾其君而何？"防"，武仲故邑。孔解。"爲後"，立後以承其爵禄，使修先祀也。

子曰："晋文公譎而不正，齊桓公正而不譎。"

晋文温之會，欲挾天子以制諸國。因召王狩於河陽，則譎於朝廷。城濮之戰，恐齊秦之不偕也，使宋舍晋而賂齊秦，借之告楚，使解宋圍，而執曹君，分曹衛之田，以畀宋人。使楚愛曹衛，而不許齊秦以激之戰。及楚告以復曹衛而釋兵也，乃私許復曹衛以携之，執宛春以怒之，而假退以餌之。况執曹執衛，皆報舊怨。即鄭伯者明從於會，而復摟秦兵圍之，以洩夙憾。迨秦師貳之，反爲鄭戍，晋文無如之何，假詞擊秦不義而去，飲恨以卒。至於子孫，世與秦尋讐不休，皆晋文詭譎釀之也。則譎於鄰國。齊桓首止之會定王世子，洮之盟定王位，葵丘之會申王禁：其於朝廷，無譎也。宋背謀之，鄭叛伐之，服則與會。即伐楚也，服則已焉。至於不聽子華之奸以亂鄭，不幸慶父之難以覆魯，反魯侵地，命燕貢周，皆堂堂正正，霸王之畧也。二公之優劣見，而管仲與舅犯等之優劣亦見矣。

子路曰："桓公殺公子糾，召忽死之，管仲不死，曰'未仁乎'？"子曰："桓公九合諸侯，不以兵車，管仲之力也。如其仁！如其仁！"

不忍人之謂仁。而仲忍於子糾之難而不死，故子路疑其未仁。子則謂不忍於一人者小，不忍於天下者大。"合"，會合也。"九"，九次。魯莊公十三年，會北杏。《傳》曰："以平宋亂。"蓋宋萬弒閔公，國人立桓公，必尚有未平者，故會諸侯以平之。十四年，會鄄。《傳》曰："宋人背北杏之會，齊請師於周。單伯來會，伐之，取成於宋而還。"十五年，又會鄄。《傳》曰："齊始霸也。"十六年，會盟於幽。《傳》曰："十五年，諸侯爲宋伐其附庸，郳以叛也，鄭人乃間之而侵宋，故伐鄭。鄭成，故同盟於幽。"二十有七年，又會盟於幽。《傳》曰："陳鄭服也。"僖元年會檉。《傳》曰："謀救鄭也。"以楚伐鄭，故二年盟貫。《傳》曰："服江黄也。"楚之與國三年會陽谷。以江黄遠，故又會以固之。於是四年遂合諸侯以伐楚焉。五年，諸侯會王世子於首止。《傳》曰："謀寧周也。"時周襄王爲世子，惠王欲廢之而立王子帶，故齊桓會以定之。七年，會寧母。《傳》曰："首止之會，鄭伯聽惠王言，逃歸不盟。六年，桓公會諸侯伐之。七年春，齊又伐之。秋盟寧母，以謀鄭。鄭殺其大夫申侯以説於齊，而使世子華來聽命。子華乃暗通於齊，請齊去其國之執政三族，而求爲内臣。管子以爲子奸父命，不許。鄭伯德之，故八年盟洮。"鄭伯乞盟。《傳》曰："盟洮，謀王室也。"蓋時惠王崩，襄王慮子帶之難，不敢發喪，而告於齊。齊桓爲此會以定之，乃發喪。九年，會葵丘，蓋固王位也，故王賜齊桓胙。十有三年，會於鹹。《傳》曰："淮夷病杞，且謀王室也。"十有五年，會盟於牡丘。《傳》曰："徐受楚伐，救之。"十六年，會淮。《傳》曰："謀鄫。"以鄫爲淮夷所病也。共十五會。言九者，蓋北杏之會平宋亂；十四年鄄之會，會伐宋；盟洮，謀王室；會鹹，謀杞；牡丘，救徐；會淮，謀鄫：皆有兵車。除此六會，則不以兵車者九也。與舊注考究少异。夫會合諸侯，則尊王守禁，而天下安。不以兵車，則征賦不煩，干戈不興，而民生遂。迨春秋既降，晋楚爭霸，悉索敝賦，而四國無寧日矣。下及戰國，日尋鋒刃，而下民無生氣矣。"如其仁，如其仁"。按《左傳》《史記》，魯莊公八年，齊襄公立無常。公子小白杜《注》：僖公庶子。傅鮑叔牙奉之出奔莒。亂作，公子糾杜《注》：小白庶兄。傅管仲、召忽奉之奔魯。襄公被弒。九年公伐齊，納子糾。齊高國先陰召小白於莒，管仲別將兵遮莒道，射中小白帶鈎，小白佯死。管仲使人馳報魯。魯送糾者行，遲六日至齊，則小白已入。發兵拒魯，敗魯師。鮑叔帥師來言曰：子糾，親也，請君討之。管、召，讐也，請受而甘心焉。乃殺子糾於生竇。召忽死之，管仲請囚，鮑叔受之，及堂阜而税之。歸而以告曰："管夷吾治於高傒，使相可也。"公從之。

子貢曰："管仲非仁者與？桓公殺公子糾，不能死，又相之。"子曰："管仲相桓公，霸諸侯，一匡天下，民到於今受其賜。微管仲，吾其披髮左衽矣。豈若匹夫匹婦之爲諒也，自經於溝瀆而莫之知也？"

“霸”，即伯也。《王制》：千里之外設方伯。八州八伯。屬於天子之老二人，曰二伯，天子特命之，或諸侯有特自樹立者，天子亦從而命之，如齊桓、晉文是也。“匡”，正。“微”，無。“衽”，衣衿。“諒”，信。《注》《疏》。“經”，縊。朱《注》。管仲相桓公，北伐山戎，南伐楚，救邢却狄，戍周却狄，則遠人懲。北修燕政，南服江黄，宋、鄭、陳、魯皆歸和好。遷邢城衛，邢遷如歸，衛國忘亡，則中國安。上正天王之位，下贍貧窮，録賢能，招携以禮，懷遠以德，使君臣父子之倫，尊主庇民之命，昭然曉布於會盟間，天下洒然改觀而易行，其匡天下爲何如者？至於孔子之時，百有六七十年矣，而黎民安堵，猶受其賜。向無管仲，則楚横於南，狄侵於北，王室内亂，諸侯紛挐，中華不知所底矣。子貢以相桓公爲非仁，不知爲相，正其仁之所在也，何必以匹夫匹婦之小信，從死而責之哉？“匹夫匹婦”，指無能庇民言，不指召忽，蓋子貢未問及召忽，故夫子亦不及之。《説苑》載孔子答子路曰：“召忽者，人臣之材，死之則名聞天下。管仲者，天子之佐，諸侯之相也，不死則功復用於天下，何爲死之哉？”毛河右曰：《史記・齊世家》云：襄公次弟糾，次弟小白。《管子・大匡篇》首云：齊僖公生公子諸兒、公子糾、公子小白。荀卿云：桓公殺兄以返國。《莊子・盗跖篇》云：昔者齊桓殺兄入嫂，而管仲爲臣。《韓非子》曰：桓公，五伯之上也，争國而殺其兄。《越絶書》曰：管仲臣於桓公兄公子糾。《説苑》曰：桓公殺兄而立，故《春秋》書齊小白入於齊。《公羊》曰“篡”，《穀梁》曰“不讓”，又書齊人取子糾殺之。《公羊》曰：子糾貴，宜爲君者也。《穀梁》以爲病魯不能庇糾而存之：皆以糾兄白弟之故。而程子獨云：桓公兄宜立，子糾弟不宜立，故管仲可無死。唐王珪、魏徵不死君難而從其弟，則罪不可贖。而求其所據，皆因誤讀漢薄昭《上淮南王長》一書中有“齊桓殺弟以返國”語。不知薄昭因有忌諱，以漢文是兄，淮南王長是弟，不敢斥言殺兄，故改兄作弟。此見之《漢書》與《淮南本傳》，韋昭之《注》甚明，而故誤襲之，以顛倒古人之兄弟，何其誣也。管仲、鮑叔各傅一子，因各奉出奔以避内難，未嘗爲君臣也。此與唐之王、魏不死建成之難而事太宗正同。尹氏曰：高祖在上，命出一人，太子藩王皆其臣也。王、魏受高祖之命，而爲東宫臣僚，非臣事高祖之比。今若不以高祖爲共主，而欲各死於所事，其或未亂之前，高祖遷王、魏於秦府，則戰鬬之際，二人將何從乎？據此則二公之傅，受君命傅二子，未嘗命事二主也。先入爲君，何讐之有？若夫荀息，則又有异。奚齊、卓子，獻公立爲儲，以屬荀息者也。况獻公死，二子已相繼爲君，則里克爲弑，而荀息爲殉。齊則僖未嘗以糾爲儲也。襄雖死，糾未嘗繼爲君也，何殉之有？

公叔文子之臣大夫僎與文子同升諸公。子聞之，曰：“可以爲文矣。”

“臣大夫”，卿大夫，陪貳之稱。《檀弓》：陳子車死於衛，其妻與其家大夫謀。《左傳》：

襄二十三年,季武子訪於申豐。杜《注》曰:申豐,季氏屬大夫。家大夫、屬大夫,即臣大夫,即陪臣也。毛河右説。"公",公朝。"諸",於也。文子薦之於衛君,而同升也。《注》《疏》。"可以爲文"者,嘉其心事光偉,不介嫌,不爲私,薦賢華國也。

子言衛靈公之無道也,康子曰:"夫如是,奚而不喪?"孔子曰:"仲叔圉治賓客,祝鮀治宗廟,王孫賈治軍旅。夫如是,奚其喪?"

言保國在於用才也。靈公無道,仲叔圉三人未必君子,而用當其才,遂可以保國。信乎!尊賢用才爲人君之要務也。

子曰:"其言之不怍,則爲之也難。"

大言不慙,自謂能爲,然虚憍者,吾見其難也有爲。其沉毅乎!

陳成子弑簡公。孔子沐浴而朝,告於哀公曰:"陳恒弑其君,請討之。"公曰:"告夫三子。"孔子曰:"以吾從大夫之後,不敢不告也。"君曰:"告夫三子者,之三子告,不可。"孔子曰:"以吾從大夫之後,不敢不告也。"

"沐浴",齊也。《禮》:齊必沐浴。重討賊也。"三子",三家。退而有言者,傷君孱也。面語三子者,若曰:我致仕之大夫尚告以討賊,汝身秉國政,乃不討賊乎?警其與賊通同也。《左傳》:哀公十四年,齊陳恒弑其君壬於舒州。孔丘三日齊而請伐齊。公曰:"魯爲齊弱久矣,子之伐之,將若之何?"對曰:"陳恒弑其君,民之不與者半。以魯之衆加齊之半,可克也。"

子路問事君。子曰:"勿欺也,而犯之。"

忠以事君,而遇君有過,則犯顔以争,臣道也。

子曰:"君子上達,小人下達。"

"達",通也,往也。君子造於聖神,上達也。小人流於禽獸,下達也。

子曰："古之學者爲己，今之學者爲人。"

"學"，學《詩》《書》《禮》《樂》也。同一學，而今古分焉。爲己者，履而行之。爲人者，徒能言之。孔説。"爲己"，欲得於己也。"爲人"，欲見知於人也。程説。

蘧伯玉使人於孔子。孔子與之坐而問焉，曰："夫子何爲？"對曰："夫子欲寡其過而未能也。"使者出。子曰："使乎！使乎！"

顏習齋先生與王法乾及塨月再會學，課《日記》。每見書過多則喜，書過少則責曰："必自治疎，故不覺耳。"塨亦嘗曰："聖人無過，君子有過，小人無過。"蓋愈省察，愈攻治，則愈見過精詳，以無一念一刻之放也。使者曰"欲寡其過而未能"，則伯玉念念省躬，時時克己，朝乾夕惕之功宛然見矣。"伯玉"，衛大夫蘧瑗。"使人"者，以舊好來問也。子曰"七十而從心所欲，不踰矩"，是未七十時尚覺有踰矩矣。蓋聖賢之過細，庸人之過粗。如當四言也，三言過，五言亦過，即踰矩也。非如蕩檢踰閑乃爲過也。聖心如此，而况伯玉使者能言之，豈常人哉！

子曰："不在其位，不謀其政。"曾子曰："君子思不出其位。"

《注》《疏》兩段合爲一章，曾子因孔子之言，而引子之贊《艮》卦者以證之，與"太宰"章"牢曰"段相同。

子曰："君子恥其言而過其行。"

《正義》曰："君子言行相顧。"若言過其行，則恥之。

子曰："君子道者三，我無能焉：仁者不憂，知者不惑，勇者不懼。"子貢曰："夫子自道也。"

"道"，言也。謂夫子言君子之道，即自言也。上論先知，此先仁，各時所言，其道一也。

子貢方人。子曰："賜也賢乎哉？夫我則不暇。"

"方人",比方人也。孔解。則學以爲人,而爲己之功或疎矣。故子訝其自治有餘,而以己之不暇警之。

子曰:"不患人之不己知,患其不能也。"

能吾斯之能,信也。不能而望人知以用我,何爲者?

子曰:"不逆詐,不億不信,抑亦先覺者,是賢乎!"

"逆",未至而迎之。"億",未見而意之。"詐",謂人欺己。"不信",謂人疑己。"抑",轉語辭。言不逆不億,而人之情僞自然先覺,乃賢也。

微生畝謂孔子曰:"丘何爲是栖栖者與? 毋乃爲佞乎?"孔子曰:"非敢爲佞也,疾固也。"

"微生",姓,"畝",名,隱士。《注》《疏》。"栖栖",依依也。"爲佞",爲口給以悦人也。"疾",病也。"固",執而不通也。聖人自明,亦以挽隱士也。

子曰:"驥不稱其力,稱其德也。"

"驥",善馬之名。"德",調良也。《注》《疏》。此爲人之重力輕德者言也。

或曰:"以德報怨,何如?"子曰:"何以報德? 以直報怨,以德報德。"

"德",恩惠也。何《注》。直者或報之,或忘之,或尚可取之,以直行之。

子曰:"莫我知也夫!"子貢曰:"何爲其莫知子也?"子曰:"不怨天,不尤人,下學而上達,知我者,其天乎?"

此依乎《中庸》"遯世不見知而不悔"也。不得於天,不怨;不合於人,不尤:一無表暴也。"下學",好古敏求也。"上達",知天命而從心不踰,所謂"口代天言,手代天持,足代天履，身代天事"也。與天合德，故知我惟天，而人又何得知之？語子貢以上達之妙也。

公伯寮愬子路於季孫。子服景伯以告，曰："夫子固有惑志於公伯寮，吾力猶能肆諸市朝。"子曰："道之將行也與，命也。道之將廢也與，命也。公伯寮其如命何！"

"公伯寮"，魯人。"子服景伯"，魯大夫。"夫子"，指季孫。"惑志"，疑心也。有罪既刑，陳其尸曰"肆"。大夫以上於朝，士以下於市。應說。夫子歸之命者，固曉景伯，安子路，亦警伯寮也。

子曰："賢者辟世，其次辟地，其次辟色，其次辟言。"

"辟世"，如伯夷太公辟居海濱也。"辟地"，如百里奚去虞之秦也。"辟色"，如衛靈公顧蜚鴻，孔子去之也。"辟言"，如齊景公言不能用，孔子行也。天地閉，賢人隱，隨遇不同如此。

子曰："作者七人矣。"

"作"，見幾而作也。如長沮、桀溺之流，包解。今已有七人矣。賢才幾何？胥以亡去，哀哉！按《漢》黄瓊《上災异疏》有云："伏見巴郡黄錯、漢陽任棠，皆耄耋有作者七人之論。"《後漢・逸民傳》亦云："絶塵不反，同夫作者。"皆以"作"爲高舉遠引也。

子路宿於石門。晨門曰："奚自？"子路曰："自孔氏。"曰："是知其不可而爲之者與？"

《太平寰宇記》：古魯城有七門，次南第二門名石門。蓋孔子轍環四方久，使子路歸魯視家。抵城，而門已闔，故宿於門外。次日夙興，伺入門。啓門者訝其太蚤，曰："汝從何來？"曰："自孔氏。"不如答長沮之并通名者。以孔子爲魯人，舉其氏，輒可識也。晨門曰："孔子在外栖栖皇皇，蓋欲有爲也。然彼亦知其不可矣。"即此人與譏之也。閻百詩説。"晨門"，掌晨昏開閉者。邢《疏》。蓋隱士也。

子擊磬於衛，有荷蕢而過孔氏之門者，曰："有心哉，擊磬乎！"既而曰："鄙哉，硜硜乎！莫己知也，斯已而已矣。‘深則厲，淺則揭。’”子曰：“果哉，末之難矣！”

“蕢”，草器。“有心”，有心於天下也。“已”，止。言世莫知己，斯止而已矣。不讀《衛風・匏有苦葉》之什乎？深則以衣涉水，淺則揭衣而過。包解。涉水者尚知深淺之宜，人世而乃不知深淺之宜乎！何硜硜然不變也！子聞之曰：“是教我果於忘世也。夫果於忘世，亦自何難？但我不忍耳。”孫炎曰：“衣涉，濡褌也。”

子張曰：“《書》云：‘高宗諒陰，三年不言。’何謂也？”子曰：“何必高宗，古之人皆然。君薨，百官總己，以聽於冢宰三年。”

“《書》云”，見《説命》《無逸》二篇。“諒”，《書》作“亮”，即梁也。楣謂之梁。“陰”，即闇廬也。毛河右曰：闇即菴。蓋剪屏柱楣，居喪於倚廬也。鄭解。“古之人”，謂商以前。《周書・康王之誥》：成王崩七日，康王即位，冕服出命，令誥諸侯。則周公定禮已酌時變制，故曰“古人皆然”也。《周制》：天子死曰崩，諸侯曰薨。言君薨，或商以前崩、薨同稱，或天子諸侯禮同故也。“總己”，百官總理己職也。“冢宰”，天官卿，掌邦治者。

子曰：“上好禮，則民易使也。”

尊卑分定，故民易使。

子路問君子。子曰：“脩己以敬。”曰：“如斯而已乎？”曰：“脩己以安人。”曰：“如斯而已乎？”曰：“脩己以安百姓。脩己以安百姓，堯舜其猶病諸！”

脩己以敬，正心以脩身也。“以”者，用也。“安人”，“安百姓”，則齊家治國平天下矣。以者，即脩己以推及也。人對己言。百姓有二：一指有功德而賜姓者，如《虞書》“百姓昭明”是也，故下復言黎民；一指姓氏分衍，盡天下之人言，即民也。夫盡天下之人而安之，雖堯舜在上，保無一夫有祁寒暑雨之咨者乎？故猶病也。甚言脩己以敬，可盡君子而不得以爲少也。按：以敬，即脩己之功，安人，安百姓，皆脩己中事，皆以敬。所謂“行篤敬”、“執事敬”也。後儒離脩己、安人、安百姓，而但言主敬，又名曰“主静”，效佛氏蒲團静坐，爲敬以直内，而陽儒陰釋，异端害道之禍烈矣。

原壤夷俟。子曰："幼而不孫弟，長而無述焉，老而不死，是爲賊。"以杖叩其脛。

魯原壤，孔子故人。《檀弓》。"夷"，踞。"俟"，待。申兩足箕踞以待孔子也。《注》《疏》。幼而不遜順弟恭，長而無可稱述，雖壽老，而祇敗常亂俗以害世耳。"叩"，擊也。"脛"，脚脛。孔解。擊之，責之也，不棄故舊也。

闕黨童子將命。或問之曰："益者與？"子曰："吾見其居於位也，見其與先生并行也。非求益者也，欲速成者也。"

"闕党"，魯黨名。劉向《新序》云："孔子在州里，居於闕黨，闕黨之子弟化之。""童子"，從學之稚子也。傳賓主之語出入曰"將命"。"益"，進益也。《禮》：童子隅坐。今居正位。父之齒隨行，兄之齒鴈行。今與先生并行。是不遜不敬，欲速成一尊長，豈求益哉？故使供使令之役，觀少長之序，習揖遜之容，以教之也。朱《注》。

衛靈公第十五

衛靈公問陳於孔子。孔子對曰："俎豆之事，則嘗聞之矣；軍旅之事，未之學也。"明日遂行。在陳絶糧。從者病，莫能興。子路愠見曰："君子亦有窮乎？"子曰："君子固窮，小人窮斯濫矣。"

衛靈無道，而夫人淫亂，世子出奔，亂在彈指矣。乃不知以禮定國，方且通晋，叛臣與晋搆難，宜問陳而孔子不答也。不許其用兵，非果未學也。言聞禮者，猶啟之也。而靈公不問，故明日遂行。去衛入陳，在魯哀公二年。是年靈公即卒。後往蔡，如葉，又返蔡，在陳。楚聞孔子在陳、蔡間，使人聘。陳、蔡大夫恐孔子用於楚，刺譏。陳、蔡用事大夫乃相與發徒役，圍孔子於野，絶糧，從者皆病。孔子講誦，絃歌不衰，使子貢至楚。楚昭王興師迎孔子，然後免。將以書社七百里封孔子，子西阻之。孔子自楚反陳，是歲爲哀公六年。《史記》。"固窮"，謂君子固有窮時，但不如小人窮則濫溢爲非耳。何《注》。"俎豆"，禮器也。軍旅陳設行列曰"陳"。

子曰："賜也，女以予爲多學而識之者與？"對曰："然。非與？"曰："非也，予一以貫之。"

文武之道在人。賢者識大,不賢者識小。夫子焉不學?是多學而識也。然在十五志學則然,迨至知天命,耳順,從心所欲不踰矩,則一以貫之,無事多學而識矣。聖門顔子而外,省身者首推曾子,達者首推子貢,故以上語之。

子曰:"由,知德者鮮矣!"

非己有德,不能知也。

子曰:"無爲而治者,其舜也與?夫何爲哉?恭己正南面而已矣。"

舜德盛化神,而又紹堯之後,得九官、四岳、十二牧以任衆職,故無爲而治。惟見其敬德之容而已。

子張問行。子曰:"言忠信,行篤敬,雖蠻貊之邦,行矣。言不忠信,行不篤敬,雖州里,行乎哉?立則見其參於前也,在輿則見其倚於衡也,夫然後行。"子張書諸紳。

"行",利有攸往也。"忠",言本於心也。"信",言有其物也。"篤",敦厚。"敬",戒謹。"其",指忠信篤敬。"參",如《曲禮》"勿往參焉"之參。"衡",軛也。包解。"紳",大帶之垂者。立與在輿,不必即有言行,而忠信篤敬如在當前,即《大學》之正心,《中庸》之齊明也。而言之忠信,行之篤敬,不待言矣。焉有不行?

子曰:"直哉,史魚!邦有道,如矢;邦無道,如矢。君子哉,蘧伯玉!邦有道,則仕;邦無道,則可卷而懷之。

"史魚",衛大夫,名鰌。"如矢",直也。"卷",收。"懷",藏。仕止合宜是君子也。

子曰:"可與言而不與之言,失人;不可與言而與之言,失言。知者不失人,亦不失言。"

知人,則不失人,亦不失言。與言,上而商國是,下而傳學術也。

子曰："志士仁人，無求生以害仁，有殺身以成仁。"

仁生德也。然時當授命求生，而奄奄即死，赴死而千載猶生，即仁也。

子貢問爲仁。子曰："工欲善其事，必先利其器。居是邦也，事其大夫之賢者，友其士之仁者。"

大夫之賢曰事，以國有飲射讀法，役政喪紀，大夫理政，學士皆與執事，是事之也。士仁曰友，以敬業樂群，切磋規勸，是友之也。得此而仁，以爲如工有利器，而事以善矣。

顔淵問爲邦。子曰："行夏之時，乘殷之輅，服周之冕，樂則《韶》舞，放鄭聲，遠佞人。鄭聲淫，佞人殆。"

"爲邦"，即治天下也。《周禮》"均邦國"、"治邦國"是也。漢陳寵曰："十一月，天以爲正，周以爲春。十二月，地以爲正，殷以爲春。十三月，人以爲正，夏以爲春。"春秋梓慎曰："火出，於夏爲三月，於商爲四月，於周爲五月。"夏數得天，蓋子月雖一陽生，丑月雖二陽生，而觱發栗冽，民方隩居，謂之歲首春和。時不甚正惟斗柄。建寅之月，三陽應令，天氣下降，地氣上升，天地和同，草木萌動，可以耕籍田，布農功，於氣數爲得天，於民事爲順人。行之而帝王政教順天道以肆布者，胥準諸此矣。《明堂位》曰："大輅，殷輅也。"鄭《注》曰：木輅也。《禮器》曰："大輅素而越席。"此以素爲貴也。孔《疏》曰：殷祭天車也。蓋古人祭祀、朝會、征伐皆乘車，其爲用大，而欲其任重致遠，飾以金玉，則過侈易敗。殷純用木。而大輅之下有先輅、次輅等，威亦辨此。尚質而得其中者也乘之。而凡政之崇質者，視此矣。鄭康成注《弁師》云：天子袞冕，以五采繅，前後十二斿。斿有五采玉十有二。鷩冕，前後九斿。毳冕，前後七斿。希冕，前後五斿。玄冕，前後三斿。斿皆五采玉十有二。上公袞冕，三采繅，前後九斿，斿有三采玉九。侯伯鷩冕，三采繅，前後七斿。斿有三采玉七。子男毳冕，三采繅，前後五斿，斿有三采玉五。孤卿已下，皆二采繅，二采玉。《禮器》曰：此以文爲貴也。包咸曰："周之禮，冠文而備，以重元首也。"服之，而凡政之尚文者，視此矣。《史記》曰："禹爲舜興《九招》之樂。"蓋取六府三事，以九功爲九歌而形容之也。樂舞以此而功成德就，必以堯舜爲法矣。至於亂邦有二：其一淫蕩燕樂，其一信讒好佞。故淫靡者，鄭樂之聲調也，則放斥之；覆邦家者，佞口之小人也，則屏遠之。顔子好學已久，其於教養諸政必素諳矣，故特以損益禮樂滌清奸慝之大端告焉。

子曰:“人無遠慮,必有近憂。”

但顧目前,則不能顧目前矣。

子曰:“已矣乎！吾未見好德如好色者也。”

子曰:“臧文仲其竊位者與！知柳下惠之賢而不與立也。”

“竊位”,謂盜竊高位,惟恐有賢人起而奪之也。文仲備卿,可以引賢,如其不知,斯亦已矣。知而不與同立於朝,非竊位而何?“惠”,謚也。氏展,名獲,字禽,食邑柳下。《注》《疏》。臧文仲,魯之有聞者也,但以不薦柳下惠,孔子遂以爲竊位,其惡蔽賢也。如是,蓋聖人胞與者民物,關心者賢才,以民物與吾一體也,而賢才民物之主也。春秋賢才首推柳下惠、管仲、子產。然仲、產尚見用,柳下惠則半升半沉,掩抑終身,故《論語》累記而三嘆焉。

子曰:“躬自厚而薄責於人,則遠怨矣。”

此爲責己輕而責人重者發,故以怨惕之。

子曰:“不曰‘如之何,如之何’者,吾末如之何也已矣。”

“如之何,如之何”,熟思而審處之也。

子曰:“群居終日,言不及義,好行小慧,難矣哉！”

“言不及義”,放辟邪侈也。“好行小慧”,機械變詐也。“難矣哉”,言無成而立敗也。

子曰:“君子義以爲質,禮以行之,孫以出之,信以成之。君子哉！”

以義爲質體則當行當止者定矣。而動合節文以行之,氣勿躁亢以出之,至誠不息以成之,君子處事之道備矣。

子曰："君子病無能焉，不病人之不己知也。"

子曰："君子疾沒世而名不稱焉。"

動而得謗，名亦隨之，好脩者之所同也。若没世而名不稱，必無實矣，焉得不疾？惲皋聞曰："没世，則可否真僞久而定矣。"

子曰："君子求諸己，小人求諸人。"

"求"，責也。《注》《疏》。君子脩德立業，專以責己。即行有不得，亦返求己而已。小人願外僥倖，專以責人。至行有不達，惟歸咎人而已。

子曰："君子矜而不争，群而不黨。"

矜易至争，君子莊嚴自持，而無乖戾，矜之善也。群易至黨，君子和平偕物，而無阿比，群之善也。《易》之所謂得中也。

子曰："君子不以言舉人，不以人廢言。"

以言舉人，則佞人來。以人廢言，則嘉言伏。

子貢問曰："有一言而可以終身行之者乎？"子曰："其恕乎！己所不欲，勿施於人。"

此告子貢以一貫之乘韋也。不欲勿施，絜矩也，從心不踰矩，則一以貫矣，然學者必自絜矩始。絜矩，恕也。恕則仁，仁則貫。

子曰："吾之於人也，誰毁誰譽？如有所譽者，其有所試矣。斯民也，三代之所以直道而行也。"

"毁"，壞其行也。"譽"，加以美也。"試"，即《虞書》"試可"之試。"民"，即人也。言吾之於人，於誰毁，於誰譽，如有所取而譽之，其必有所試而知之，非虚譽也。誠以此人也，即三代進賢退不肖，以直道而行之者也。《注》《疏》。吾今亦猶行古之道耳，而毁譽哉。

子曰："吾猶及史之闕文也。有馬者借人乘之，今亡已夫。"

"闕文"，不詳則闕。如《春秋》書"突入櫟"，不書"入鄭"之類也。古禮問大夫之富，數馬以對。問士之富，以車數對。"有馬者"，指士大夫。借乘，非偶借一乘也。如晏嬰父之黨無徒行者之類是也。今史不闕文，則粉飾附會，善惡失真。而榮於華衮，威於鈇鉞之權去，人心無勸懲矣。馬不借人，則封殖自私，堅肥自耀。而睦戚恤友、洽比賢豪之舉無，人情日頹陋矣。

子曰："巧言亂德。小不忍則亂大謀。"

"德"者，得道之正也。徒持善口，以文其説，夫亦何辭而不可？則亂德矣。"大謀"，將以建天下萬世之利也，乃有一絲之昵以牽之，一朝之忿以洩之，則亂大謀矣。

子曰："衆惡之，必察焉。衆好之，必察焉。"

惟衆則公同無私，亦惟衆則庸衆無識也，故必察。

子曰："人能弘道，非道弘人。"

"道"者，三綱五常也。五常誰具之？三綱誰立之？人也。具之，立之，而造端夫婦，察乎天地，則弘道矣。人之能矣，而人亦弘矣。若道者，路之名也。人不由，則路爲虚位，安能弘人也哉？老莊家乃謂道能生天運人，妄矣。

子曰："過而不改，是謂過矣。"

改則復於無過。

子曰："吾嘗終日不食，終夜不寢，以思，無益，不如學也。"

後儒於古人文以禮樂之學,漫不考習,而徒强探力索。或曰“從容玩味”,其不入於空虛者幾何?聖人蓋前知其弊,故以身示教焉。然聖人之徒思僅無益,以思在禮樂名物,觀“不如學”句可見。但虛而不實,後儒之徒思則有害,以入於測性猜天,將躐等而陷异端也。

子曰:“君子謀道不謀食。耕也,餒在其中矣。學也,禄在其中矣。君子憂道不憂貧。”

“道”,大學之道也。“謀道”,即學也。“食”,仰事俯育之資。“不謀”者,專力於謀道也。且食不必謀也,耕非求餒而時有餒,學非干禄而常得禄。君子惟憂不得乎道而已,豈有營營焉憂貧者哉!按三代道德行藝,下學上舉,故禄在中。今以時文取士,修道考藝,與禄無涉,苟不學農習事,勤儉立家,勢必緣門持鉢,枉道壞品矣。故許衡曰:“學莫先於治生。”此今古之判也。可嘆哉!然而食可謀,貧不可憂。謀食不過少分謀道之力,而無失於道也。憂貧則與樂天知命相反,而大傷乎道矣。故斷不可憂貧。

子曰:“知及之,仁不能守之,雖得之,必失之。知及之,仁能守之,不莊以涖之,則民不敬。知及之,仁能守之,莊以涖之,動之不以禮,未善也。”

此論臨民之道也。《注》《疏》。“之”,指民言。知能照臨天下,而無仁恩以固結之,民雖得,而必失矣。知及仁守,而大觀在上,不如神明之莊嚴,民雖歸之,而不敬矣。知及仁守莊涖,而變動乎民者,未有以禮陶而樂淑,猶底定之近治,非雍熙之上理矣。顔先生説。

子曰:“君子不可小知而可大受也;小人不可大受而可小知也。”

“小知”,錢穀刑名、一長一技也。“大受”,輔世長民、託孤寄命也。

子曰:“民之於仁也,甚於水火。水火,吾見蹈而死者矣,未見蹈仁而死者也。”

無水火害,人之身不仁,則身心俱喪。是仁之切,尤甚於水火也。况水火尚有害,而仁無害,不爲仁者,何哉?按殺身成仁,則亦有蹈仁而死者。然君子遇變者鮮,况其死乃生也。

子曰:"當仁不讓於師。"

"當仁",以仁爲己任也。雖師,亦無所遜。言當勇往而必爲也。蓋仁者,人所自有而自爲之,非有爭也,何讓之有?朱《注》。

子曰:"君子貞而不諒。"

"貞",正而固也。"諒"則不擇是非,而必於信。朱《注》。

子曰:"事君,敬其事而後其食。"

"事",君所授之職也。"食",禄也。

子曰:"有教無類。"

不可教者則已,苟有以教之,則人皆可造。因材而成,不必論其世類之貴賤、種類之賢愚也。

子曰:"道不同,不相爲謀。"

一適燕,一走越,豈可相謀哉?

子曰:"辭達而已矣。"

"達",達意也。《禮》云:"天下無道,則言有枝葉。"辭勝,豈嘉事哉?

師冕見,及階,子曰:"階也。"及席,子曰:"席也。"皆坐,子告之曰:"某在斯,某在斯。"師冕出。子張問曰:"與師言之道與?"子曰:"然,固相師之道也。"

"師",樂人盲者,名冕。孔解。"相",導也。古瞽必有相。夫子待師如化工賦物,而曰"固相師之道"者,以爲平常自然如此也。然則聖人接天地萬物,莫不有道焉,亦祗平常自然耳。

季氏第十六

季氏將伐顓臾,冉有、季路見於孔子曰:"季氏將有事於顓臾。"孔子曰:"求!無乃爾,是過與?夫顓臾,昔者先王以爲東蒙主,且在邦域之中矣,是社稷之臣也,何以伐爲?"冉有曰:"夫子欲之,吾二臣者皆不欲也。"孔子曰:"求!周任有言曰:'陳力就列,不能者止。危而不持,顛而不扶,則將焉用彼相矣?'且爾言過矣,虎兕出於柙,龜玉毁於櫝中,是誰之過與?"冉有曰:"今夫顓臾,固而近於費,今不取,後世必爲子孫憂。"孔子曰:"求!君子疾夫,舍曰欲之,而必爲之辭。丘也聞有國有家者,不患寡而患不均,不患貧而患不安,蓋均無貧,和無寡,安無傾。夫如是,故遠人不服,則脩文德以來之。既來之,則安之。今由與求也相夫子,遠人不服而不能來也,邦分崩離析而不能守也,而謀動干戈於邦内,吾恐季孫之憂不在顓臾,而在蕭墻之内也。"

"顓臾",伏羲之後,風姓,魯之附庸也。孔解。春秋諸侯兼并,已犯王章。季氏大夫乃欲取本國之附庸,貪妄極矣。冉有、子路亦知其不可也,故以告孔子。孔子獨責求者,以季氏有事嘗與求謀也。主東蒙祭,是先王之建國也,在魯地七百里中,是魯國之邦域也。爲魯社稷之臣,是本國之屬封也。季氏伐之,何也?迨求委過季氏,則以臣主相君無可委之義責之。迨求言季氏爲子孫憂,則言其患寡患貧,本屬貪欲,乃舍之不言,而嫁言顓臾之憂子孫。夫子孫憂者,憂傾也。今之所爲,不均不和不安,正足致傾子孫。覆亡之憂,何在顓臾?即在蕭墻,以深警之。而由、求可曉矣。季氏聞之,亦可止矣。《地里志》云:"泰山蒙陰縣蒙山在西南,有祠。顓臾國在蒙山下。""周任",古良史。"陳",布。"列",位。"止",退而不仕也。危持顛扶,相瞽之事,喻言也。以上皆周任言。"柙",檻也。出柙毁櫝,典守者之過也。"固",城郭、甲兵固也。"費",季氏邑。"寡",民少也。《注》《疏》。"均",各得其分也。均則不患於貧而和,和則不患於寡而安,安則不相疑忌,而無傾覆之患。朱《注》。正解所聞也。"遠人",泛指鄰國。而顓臾亦在内。蓋自邦域中言之曰邦域,對蕭墻言之曰"遠人"。"文德",禮樂訓辭也。"來",招徠也。均、和、安如是,故來遠人、安遠人而不勤兵也。朱《注》。臣民有异心曰"分",欲去曰"崩",不可會聚曰"離析"。"干",楯。"戈",戟。孔解。"蕭"之言,肅也。"墻",謂屏也。君臣相見之禮,至屏而加肅敬,故謂之"蕭墻"。鄭解。蕭墻之憂,如定公五年,陽虎囚季桓子。八年,季寤、公鉏極、公山不狃、叔孫輒、叔仲志五人因陽虎戒都車謀去三桓之類。

孔子曰:"天下有道,則禮樂征伐自天子出;天下無道,則禮樂征伐自諸侯出。自諸侯出,蓋十世希不失矣;自大夫出,五世希不失矣;陪臣執國命,三世希不失矣。天下有道,則政不在大夫。天下有道,則庶人不議。"

諸侯出禮樂征伐,十世少不失者,如晋文公主霸,至頃公,十世而衰微是也。"陪",重也。大夫已爲臣,故謂其家臣爲"陪臣"。《注》《疏》。變言執國命者,假大夫以執諸侯之權,愈與天子之禮樂征伐相遠也。"政",與禮樂征伐亦微不同,一國之政事也。天子諸侯各主其國,故獨言"政不在大夫"。蓋禮樂征伐自天子出,文武成康之周室也,在春秋前者也。自諸侯出,自大夫出,政在大夫,陪臣執命,則正春秋二百四十二年之事也。天下無道如此,故孔子懼,作《春秋》。"議",如《中庸》"議禮"之議。"不議",定於一也。

孔子曰:"禄之去公室五世矣,政逮於大夫四世矣,故夫三桓之子孫微矣。"

此言大夫權政五世必失之事也。禄去公室,謂爵禄不從君出也。鄭解。"五世"者,宣、成、襄、昭、定也。按昭公二十五年,宋樂祁曰:"政在季氏三世矣。"三十二年,史墨曰:"魯文公薨,而東門襄仲殺適立庶,魯君於是乎失國政,政在季氏。"時季文子爲正卿,比之,遂專國政。於此君也,四公矣。孔子言五世,在定公時言也。"大夫四世"者,文、武、平、桓也。樂祁言三世者,在季平子時言也。毛河右曰:"不計悼子者,悼子先武卒,未爲卿。"

孔子曰:"益者三友,損者三友。友直,友諒,友多聞,益矣。友便辟,友善柔,友便佞,損矣。"

古人便殿便坐,取便安便利之意。"便辟",安於闊大也。"善柔",善於柔媚也。"便佞",便利尚口也。友直則得聞過,友諒則進於誠,友多聞則進於明,朱《注》。故益。友便辟則染於放肆,友善柔則陷於驕亢,或習於熟軟,友便佞則爲所熒惑,或相尚口舌,故損。

孔子曰:"益者三樂,損者三樂。樂節禮樂,樂道人之善,樂多賢友,益矣。樂驕樂,樂佚遊,樂宴樂,損矣。"

"樂",喜好也。朱《注》。"節",謂務中禮樂之節而無過不及也。"樂道人之善",必其好善,誠矣。"驕樂",侈滿行樂也。"佚遊",怠佚遊觀也。"宴樂",宴安戲樂也。

孔子曰:"侍於君子有三愆:言未及之而言謂之躁,言及之而不言謂之隱,未見顔色而言謂之瞽。"

此戒卑侍於尊審慎言語之法。邢《疏》。《金聲》曰:"侍於君子乃有三愆。若與庸衆晤對,惟見己是矣。"信乎,君子不可不侍也。

孔子曰:"君子有三戒:少之時,血氣未定,戒之在色;及其壯也,血氣方剛,戒之在鬬;及其老也,血氣既衰,戒之在得。"

日暮途窮,計及子孫,故多貪得。

孔子曰:"君子有三畏:畏天命,畏大人,畏聖人之言。小人不知天命,而不畏也。狎大人,侮聖人之言。"

《書》曰:"惠迪吉,從逆凶,惟影響。"天之命也,何《注》。君子畏之,日鑒在兹也。"大人",即《易》《乾》卦九二九五之大人,有德有位者也。畏之,尊爲師表也。聖言,《易》與《詩》《書》也。畏之,凛若蓍蔡也。故終日乾乾,夕惕若也。小人無知,以爲天綱恢疎,而不畏也。何《注》。且視大人如尋常而狎處之,指聖言爲迂闊而戲侮之,其愚妄如此。

孔子曰:"生而知之者,上也。學而知之者,次也。困而學之,又其次也。困而不學,民斯爲下矣。"

生知,上也。學而知,困而學,雖非上,亦一次、再次,不爲下。惟困而不學,斯爲下耳。人何遂不學?

孔子曰:"君子有九思:視思明,聽思聰,色思温,貌思恭,言思忠,事思敬,疑思問,忿思難,見得思義。"

心官思,思得之。《孟子》。九思則放求官立。後儒泛思與頓悟,皆非也。

孔子曰:"見善如不及,見不善如探湯。吾見其人矣,吾聞其語矣。隱居以求其志，行義以達其道。吾聞其語矣，未見其人也。”

探熱湯必去之速，見不善而去之速亦如之。《注》《疏》。蘊於内爲志，布於外爲道。此蓋慨想伊尹、太公之流而發歎也。

齊景公有馬千駟，死之日，民無德改作“得”，非。而稱焉。伯夷、叔齊餓於首陽之下，民到於今稱之，其斯之謂與？

景公富而死即無稱，夷齊餓而至今尚稱，所謂以德爲稱者，非與？“斯”指德言。《注》《疏》。無“子曰”，與“柴也愚”章同。

陳亢問於伯魚曰：“子亦有异聞乎？”對曰：“未也。嘗獨立，鯉趨而過庭。曰：‘學《詩》乎？’對曰：‘未也。’‘不學《詩》，無以言。’鯉退而學《詩》。他日，又獨立，鯉趨而過庭。曰：‘學《禮》乎？’對曰：‘未也。’‘不學《禮》，無以立。’鯉退而學《禮》。聞斯二者。”陳亢退而喜曰：“問一得三，聞《詩》，聞《禮》，又聞君子之遠其子也。”

“伯魚”，孔子之子，名鯉。“异聞”，异於人之聞也。伯魚過庭，乃訓《詩》《禮》，則知不常嘻嘻褻慢，是“君子之遠其子也”。邢《疏》。父子有親，而不褻近，教子之善方也。按：“學《詩》”，學歌《詩》也。春秋士大夫會必歌《詩》賦《詩》。昭公元年，鄭享會，虢大夫穆叔賦《鵲巢》。趙孟曰：“武不堪也。”又賦《采蘩》，曰：“小國爲蘩，大國省穡，而用之其何？實非命。”子皮賦《野有死麕》之卒章，趙孟賦《棠棣》，且曰：“吾兄弟比以安，尨也可使無吠。”蓋子皮自陳不爲楚誘，而趙孟答之，謂兄弟共濟，可無外侮也。學《詩》之言對類如此。

邦君之妻，君稱之曰“夫人”，夫人自稱曰“小童”，邦人稱之曰“君夫人”，稱諸异邦曰“寡小君”，异邦人稱之亦曰“君夫人”。

是時，嫡庶不正，稱號不審，故孔子正言其禮。孔解。“妻”者，齊也，言與夫齊體，上下之通稱，故曰“邦君之妻”也。“夫”之言，扶也，能扶成人君之德也。“小童”，謙言，小弱之童穉也，夫人對君爲小。稱君於异邦曰“寡君”，故夫人曰“寡小君”也。邢《疏》。

陽貨第十七

陽貨欲見孔子，孔子不見，歸孔子豚。孔子時其亡也，而往拜之。遇諸塗，謂孔子曰："來！予與爾言。曰：'懷其寶而迷其邦，可謂仁乎？'曰：'不可。''好從事而亟失時，可謂知乎？'曰：'不可。'日月逝矣，歲不我與。"孔子曰："諾，吾將仕矣。"

"陽貨"，季氏家臣，名虎，嘗囚季桓子而專國政。欲見孔子，或以孔子可引共事，不則欲借之爲重也。孔子不往。見者欲見而不來見，授意往見，非禮也。且虎雖有才，而好亂之人，非靖亂之器，不可共事，故始終不見焉。孟子曰："陽貨欲見孔子，而惡無禮。大夫有賜於士，不得受於其家，則往拜其門。"貨瞯孔子之亡，饋蒸豚。孔子亦瞯其亡，而往拜之。瞯亡，不誠，而孔子亦爲之者，不墮小人之術也，權也。迨遇諸塗，而不得不見矣。然蕭然一語，見猶不見矣。"謂孔子曰"下又有三"曰"字，皆是貨自爲問答，以斷其事。如《史記·留侯世家》張良語漢高祖云"今陛下能制項籍之死命乎？曰：'未能也。'能封賢人墓，表賢者閭乎？曰：'未能也。'"皆張良語，即此文法。故後以"孔子曰"別之。郝敬説。"懷寶"，懷治安之寶也。"亟"，數也。迷邦、失時，在貨必暗有所指，以刺聖人之心也。"歲不我與"，言已往不追，後當急仕也。"吾將仕"者，應以仕也。然曰"將"，則不可仕仍不仕也。

子曰："性相近也，習相遠也。"子曰："唯上智與下愚不移。"《注》《疏》原一章。

宋人分義理之性、氣質之性爲二：以孟子所言者，義理之性，故皆善；孔子所言者，兼氣質之性，則有善有惡，但相近耳。有善有惡，大不相近矣。非也。夫天生人，即生人之氣質也。《易》所謂"乾道成男，坤道成女"，大生廣生也。而聚精於心，謂之性，故性從心生。心之生，生之道也。元亨利貞，天之氣也，而即天之道也。仁義禮智，人之氣所爲也，而即人之道也。道即義理也，烏可分爲二，而且有善不善之分哉？《易》曰："一陰一陽之謂道。"陰陽，氣也，即道也。氣，其物也。道，其名也。孟子曰："形色，天性也。"才情，爲善也。人皆可以爲堯舜。言人之形才，清濁、厚薄、偏全、純駁，萬有不齊，而皆可爲善，是相近也，是性善也。孔孟之言，一也。至於善不善，相去天淵，乃後起之習爲之，而非性也。人可不慎所習乎？顔先生説。而聖人復恐後人執一偏以謬其説，乃又曰"性亦偶有不相近者"，如伏羲畫卦，上知也，不能移而爲愚。如終身不辨菽麥，所謂天痴者，下愚也，難以移而作聖。此則非習所移，然古今來幾人哉！非性習之常也。論其常，則性本相近，習必當慎，不可易也。按:《論語》言心性惟此及“回也,心不違仁”二言,至於存心養性,并不之及,惟教言忠信,行篤敬,則存養在其中矣。聖教卑邇如此。喬百一説。

子之武城,聞絃歌之聲。夫子莞爾而笑,曰:“割雞焉用牛刀。”子游對曰:“昔者,偃也聞諸夫子曰:‘君子學道則愛人,小人學道則易使也。’”子曰:“二三子!偃之言是也。前言戲之耳。”

《周禮》:三物教民,春誦夏絃。故武城有琴瑟歌聲。而子聞之“割雞”云者,言治小邑何須大道,喜極而戲之也。迨子游以正對,而子是其言,且令二三子聽之,欲其共起而以道易天下也。“道”,即禮樂也。“愛人”者,君子習禮樂則易直而慈良也。“易使”者,小人習禮樂則分定而心和也。

公山弗擾以費畔,召,子欲往。子路不説,曰:“末之也已,何必公山氏之之也。”子曰:“夫召我者,而豈徒哉!如有用我者,吾其爲東周乎!”

“弗擾”,《左傳》作“不狃”,爲季氏費宰。定公五年,謂陽虎逐仲梁懷,虎囚季桓子而逐之,是以費畔也。孔解。“子欲往”者,欲乘此機以正三桓之僭竊也。故曰召我不徒然也。如有能用我者,吾其出而輔助東周,以復文武成康之盛乎!蔡説。周自平王遷於東都,故曰東周。爲助也,教公山等正三桓,復魯政,因輔魯以合諸侯,朝周室,爲東周也。不詳言而但曰“爲東周”,不便明言也。終不往者,料弗擾等之不可共事也。“之”,適。“已”,止。孔解。

子張問仁於孔子。孔子曰:“能行五者於天下,爲仁矣。”“請問之。”曰:“恭、寬、信、敏、惠。恭則不侮,寬則得衆,信則人任焉,敏則有功,惠則足以使人。”

恭、寬、信、敏、惠,仁之分名也。能行於天下,而不侮、得衆、人任、有功、使人,修己安人、安百姓之道盡矣。“任”,倚仗也。

佛肸召,子欲往。子路曰:“昔者,由也聞諸夫子曰:‘親於其身爲不善者,君子不入也。’佛肸以中牟畔,子之往也,如之何?”子曰:“然,有是言也。不曰堅乎,磨而不磷。不曰白乎,涅而不緇。吾豈匏瓜也哉?焉能繫而不食?”

《史記》:晋大夫趙簡子攻范氏、中行氏,其中牟宰佛肸畔,來召孔子。蓋時六卿專晋,無所統一也。"如之何",言如前言何也?"磷",薄也。"涅",水中黑土,可染皂。"緇",黑色。《注》《疏》。"匏瓜",苦瓜,徒繫而不可食。王草堂說。聖人欲有用於世,豈象此哉!

子曰:"由也,女聞六言六蔽矣乎?"對曰:"未也。""居!吾語女。好仁不好學,其蔽也愚。好知不好學,其蔽也蕩。好信不好學,其蔽也賊。好直不好學,其蔽也絞。好勇不好學,其蔽也亂。好剛不好學,其蔽也狂。"

"蔽",謂蔽塞,不自見其過也。邢《疏》。"六言",皆美德也,而不好學,遂各有其蔽,學之不可已也。如是夫愚如從井救人也。"蕩",躐等高遠而無所止也。"賊",害也,害己害人也,如尾生抱橋柱而死是也。"絞",急切也。"狂",躁妄也。

子曰:"小子何莫學夫《詩》。《詩》可以興,可以觀,可以群,可以怨。邇之事父,遠之事君,多識於鳥獸草木之名。"

"莫",不也。"興",志意感發也。"觀",考鑒得失也。"群",群而不黨。"怨",怨而不亂。如戎子賦《青蠅》而退,范宣子辭謝,是可以怨也。事父如《蓼莪》《白華》,事君如《天保》《卷阿》。"識",記也。

子謂伯魚曰:"女爲《周南》《召南》矣乎?人而不爲《周南》《召南》,其猶正牆面而立也與?"

"爲",學之而爲其事也。"《周南》《召南》",言文王夫婦正人倫,厚賢才,興朝廷,治而化行於南國也。對墻以面而立,喻障塞而不可行也。

子曰:"禮云禮云,玉帛云乎哉?樂云樂云,鐘鼓云乎哉?"

禮主於敬,樂主於和。專事儀器,豈禮樂哉?

子曰:"色厲而内荏,譬諸小人,其猶穿窬之盗也與?"

“厲”，威嚴也，端莊之貌也。“荏”，柔弱也，見利則動，見害則懼也。“穿”，穿壁。“窬”，踰墻。孔解。言其色莊盜名，而常畏人知也。

子曰：“鄉原，德之賊也。”

“原”，同愿，謹厚也。居之似忠信，行之似廉潔，則亂忠信廉潔矣。喪己德，亂人德，故曰“德之賊”。

子曰：“道聽而塗説，德之棄也。”

才入於耳，即出於口，輕浮淺露，非自棄其德而何？

子曰：“鄙夫可與事君也與哉？其未得之也，患得之，既得之，患失之。苟患失之，無所不至矣。”

“鄙”，鄙陋也，惟知有富貴利達也。“患得”，患不能得。“無所不至”者，吮癰舐痔，弑父殺君，皆可爲也。依違之則壞品，明貳之則危身，可與事君也與哉？

子曰：“古者民有三疾，今也或是之亡也。古之狂也肆，今之狂也蕩；古之矜也廉，今之矜也忿戾；古之愚也直，今之愚也詐而已矣。”

“肆”謂不拘小節，“蕩”則踰大閑矣。“廉”謂稜角峭厲，“忿戾”則至於爭矣。“直”謂徑行自遂，朱《注》。“詐”則謬用術詭矣。氣質本偏，而并其偏之真而喪之，可慨哉！

子曰：“巧言令色，鮮矣仁。”

子曰：“惡紫之奪朱也，惡鄭聲之亂雅樂也，惡利口之覆邦家者。”

“朱”，赤色。“紫”，赤黑間色。邢《疏》。豔冶眩目，故奪朱雅正也。“雅樂”，如《韶》《武》是也。“鄭聲”，鄭國奏樂之聲，如衛師涓寫紂靡靡之樂，《國語》謂之新聲是也。朱子以鄭詩當鄭聲，誤矣。淫哇悦耳，故亂雅樂。利口之人，以正爲邪，以邪爲正，非而似是，易惑君心，故覆邦家。

子曰:“予欲無言。”子貢曰:“子如不言,則小子何述焉?”子曰:“天何言哉?四時行焉,百物生焉,天何言哉?”

聖人日用周旋,皆可述也,何待言哉?此爲專以言求聖者發。

孺悲欲見孔子,孔子辭以疾。將命者出户,取瑟而歌,使之聞之。

“孺悲”,魯人。欲見孔子,而誠或未至,故辭以疾。而又使知其非疾以教之。後哀公使悲學《士喪禮》於孔子,足徵悲能自立,而孔子之善教也。王草堂説。“將命者”,孔門傳辭之人。

宰我問:“三年之喪,期已久矣。君子三年不爲禮,禮必壞。三年不爲樂,樂必崩。舊穀既没,新穀既升,鑽燧改火,期可已矣。”子曰:“食夫稻,衣夫錦,於女安乎?”曰:“安。”“女安,則爲之。夫君子之居喪,食旨不甘,聞樂不樂,居處不安,故不爲也。今女安,則爲之!”宰我出。子曰:“予之不仁也!子生三年,然後免於父母之懷。夫三年之喪,天下之通喪也。予也有三年之愛於其父母乎!”

鑽木出火謂之“燧”。《周書·月令》有更火之文。春取榆柳之火,夏取棗杏之火,季夏取桑柘之火,秋取柞楢之火,冬取槐檀之火。馬解。三年不食稻,《喪禮》無明文。而孔子言之者,以孔子北人,陸田少稻,故以爲旨而不食也。“懷”,抱也。

子曰:“飽食終日,無所用心,難矣哉!不有博奕者乎,爲之猶賢乎已。”

孟子曰:“逸居無教,則近於禽獸。”故曰“難矣哉”。“博”,局戲。“弈”,圍棋。非可爲者而爲之,猶勝於止而自朽,甚言“飽食終日,無所用心”之不可也。“已”,止也。邢《疏》。乃方外以閒止爲高,异端哉!

子路曰:“君子尚勇乎?”子曰:“君子義以爲上,君子有勇而無義爲亂,小人有勇而無義爲盜。”

抑子路之好勇也。“上”,即尚。

子貢曰："君子亦有惡乎?"子曰："有惡：惡稱人之惡者，惡居下流而訕上者，惡勇而無禮者，惡果敢而窒者。"曰："賜也亦有惡乎?""惡徼以爲知者，惡不孫以爲勇者，惡訐以爲直者。"

"居下流"，卑污也。"上"，學、德在其上也。劉焕章説。"窒"，不通也。稱人惡者刻薄，訕上者狠惡，勇無禮則爲亂，果而窒則妄作。"曰"，夫子問也。"惡徼"以下，子貢之言也。"徼"，伺察也。朱《注》。"訐"，攻發人之陰私。包解。

子曰："唯女子與小人爲難養也，近之則不孫，遠之則怨。"

"女子"、"小人"，謂婢侍宦官之流。不可近，不可遠也。

子曰："年四十而見惡焉，其終也已。"

"惡"，有心之咎也。四十曰强，過此則衰，乃猶有惡著見，不終於惡乎？深警之也。惲皋聞説。

微子第十八

微子去之，箕子爲之奴，比干諫而死。孔子曰："殷有三仁焉。"

"微"、"箕"，圻内采地。《詩正義》。"微子"，紂之庶兄。"箕子"、"比干"，紂之諸父。《注》《疏》。周武王東伐紂，至盟津而歸。紂益淫亂不止。微子數諫，不聽，乃與太師箕子、少師比干謀遂去。比干曰："爲人臣者，不得不以犯爭。"乃强諫紂。紂怒，曰："吾聞聖人之心有七竅，剖比干視其心。"箕子乃佯狂爲奴，紂又囚之。《殷本紀》。《書·微子篇》："箕子語微子曰：'王子弗出，我乃顛隮。'"言微子與紂同爲先王之子。不出亡而存宗祀，則宗祀遂顛墜也。又曰："自靖人自獻於先王，我不顧行遯。"言己與比干各靖其志，各求無愧於先王，不必與微子之去一轍也。是一不忍於宗社之淪亡；一不忍明之遂息，《明夷》爻辭。而佯狂以有待；一不忍於君之沉酗，而以死諫。皆仁也。

柳下惠爲士師，三黜。人曰："子未可以去乎?"曰："直道而事人，焉往而不三黜?

枉道而事人,何必去父母之邦?"

"士師",典獄之官。惠三黜不去。《孟子》所謂"與鄉人處,油油然不忍去"也。遺佚而不怨,阨窮而不憫也,和也。而必直不枉,所謂進不隱賢,必以其道也,介也。然視天下無一不惡直喜枉,無一可與共事者,其見甚明,而亦有不恭之意矣。

齊景公待孔子曰:"若季氏,則吾不能,以季、孟之間待之。"曰:"吾老矣,不能用也。"孔子行。

魯三卿,季氏爲上卿,孟氏爲下卿。孔解。景公謀待孔子已非誠意,而又曰:吾老不能用,尚何留焉?故行。

齊人歸女樂,季桓子受之,三日不朝。孔子行。

《史記·孔子世家》:孔子年五十六,由大司寇行攝相事。於是誅大夫亂政者少正卯。與聞國政三月,粥羔豚者弗飾賈,男女行者别於塗,塗不拾遺,四方之客至乎邑者,不求有司,皆予之以歸。齊人聞之而懼,曰:"孔子爲政必霸,霸則吾地近焉,我之爲先并矣。盍致地。"犁鉏:"請先嘗沮之,沮之而不可則致地,庸遲乎?"於是選齊國中女子好者八十人,皆衣文衣而舞《康樂》,文馬三十駟,遺魯君。陳女樂、馬於魯城南高門外。季桓子微服往觀再三,將受,乃語魯君爲周道遊,往觀終日,怠於政事。子路曰:"夫子可以行矣。"孔子曰:"魯今且郊,如致膰於大夫,則吾猶可以止。"桓子卒受齊女樂,三日不聽政。郊,又不致膰俎於大夫。孔子遂行,適衛。"三日不朝",謂君不臨朝,臣不往朝,以理政事。即《世家》所謂三日不聽政也。孔子托於膰肉不至行而曰"受女樂"行,不曰"魯君受"而曰"季桓子受"。皆録其實也。

楚狂接輿歌而過孔子,曰:"鳳兮鳳兮,何德之衰?往者不可諫,來者猶可追。已而,已而,今之從政者殆而!"孔子下,欲與之言。趨而辟之,不得與之言。

"接輿",楚人,以昭王時政令無常,披髪佯狂不仕,時人謂之"楚狂"。《注》《疏》。"鳳",比孔子也。鳳有道則見,舜時來儀,文王時鳴於岐山。今孔子值世亂,而周流求仕,是德衰也。"已",止。"殆",危。"而",語辭。《注》《疏》。"欲與之言"者,知其賢也。趨辟者,士各有志，無相苦也。《史記·世家》載此事，在孔子如楚將去時。

長沮、桀溺耦而耕。孔子過之，使子路問津焉。長沮曰："夫執輿者爲誰？"子路曰："爲孔丘。"曰："是魯孔丘與？"曰："是也。"曰："是知津矣。"問於桀溺。桀溺曰："子爲誰？"曰："爲仲由。"曰："是魯孔丘之徒與？"對曰："然。"曰："滔滔者天下皆是也，而誰以易之？且而與其從辟人之士也，豈若從辟世之士哉？"耰而不輟。子路行以告。夫子憮然，曰："鳥獸不可與同群，吾非斯人之徒與而誰與？天下有道，丘不與易也。"

"長沮"，以沮而不出爲長也。"桀溺"，以沉而不返爲傑也。疑記者不知其姓名，而加之也。"耦"、"耕"，古人以二人并二耜而耕謂之"耦"。"津"，濟渡之處。鄭解。孔子"執輿者"，時子路爲御，既使問津，孔子代執轡也。邢《疏》。"是知津"者，言孔子數數周流，必知渡處，不須問也。馬解。"滔滔"，水流不返，喻世日趨於亂也。"天下皆是"，謂此人此事天下一概也。"誰以易之"，謂誰用汝變亂爲治也。"辟人之士"謂孔子，"辟世之士"，沮、溺自謂。"而"，汝也，指子路。"耰"，覆種也。"不輟"者，不復言津事也。鄭解。"憮然"，失意貌。邢《疏》。言"斯人之徒"，吾同類也。不相與之而誰與？若離人逃世，則入山棲水，與异己之鳥獸同群矣，豈其可哉！且某正爲天下無道，滔滔東下，故欲挽狂瀾於既倒耳。若其有道，某亦坐享太平之福矣，又何須周流以求易乎。而惜二賢之不我知也。按：沮、溺言辭高簡，且"滔滔"二句，讀之令人下淚，宜吾夫子之憮然也。

子路從而後，遇丈人以杖荷蓧。子路問曰："子見夫子乎？"丈人曰："四體不勤，五穀不分，孰爲夫子？"植其杖而芸。子路拱而立。止子路宿，殺雞爲黍而食之，見其二子焉。明日，子路行以告。子曰："隱者也。"使子路反見之。至，則行矣。子路曰："不仕無義。長幼之節不可廢也，君臣之義如之何其廢之？欲潔其身而亂大倫。君子之仕也，行其義也。道之不行，已知之矣。"

"從而後"，相失在後也。"丈人"，老人。包解。"蓧"，《説文》作"莜"，芸田器。《正義》。"不勤"、"不分"，言我不勤四體而芸，則五穀草荒不分，安知穰穰而往者，誰爲汝之夫子乎？王法乾説。故植杖以蓧而芸。"芸"，除草也。孔解。"拱而立"者，子路見其年高而語异，故敬之。行行之勇，有禮如是，於是丈人感焉。止之宿，供之食，見其二子，賓主成禮而行。是丈人者，何嘗不知孔門師弟之賢，而以隱爲潔，其趨不同也。故子路反見，而丈人行以辟之。子路乃述夫子之意，語其二子，使告於丈人而復命焉。孟子言人倫，曰"君臣有義"，以臣之事君，無所逃於天地之間，義也。可行可止，居尊居卑，亦義也。但決於不仕，則廢義，即廢倫也。故即世不我用，而欲仕之心不可已，不專爲行道也。示以君臣之倫，而先言長幼之倫者，以丈人見其二子，明於長幼也。按：此與上章合觀，而聖人出處之道乃盡。上言斯人不可不與，以君民吾同類也。此言君臣之義不可廢，以"率土之濱，莫非王臣"也。又按：子路問隱士二事，《史記》在如楚前，自葉返蔡時。

逸民：伯夷、叔齊、虞仲、夷逸、朱張、柳下惠、少連。子曰："不降其志，不辱其身，伯夷、叔齊與！"謂"柳下惠、少連，降志辱身矣，言中倫，行中慮，其斯而已矣"。謂"虞仲、夷逸，隱居放言，身中清，廢中權。我則异於是，無可無不可。"

"逸"同"佚"，孟子所謂遺佚也。或隱而未仕，或行而未成，皆"逸民"也。"虞仲"，朱《注》曰"即仲雍"。則仲雍之玄孫曰仲武王，封於虞，曰"虞仲"。不應未封虞以前，仲雍先稱"虞仲"也。《史記・吴世家》稱"仲雍"是也。《周本紀》稱"虞仲"則誤耳。或曰"逸民即封虞之虞仲"，想其先隱後封也。又不然。孔子明言"虞仲隱居"，又曰"廢"。若仲雍君吴，虞仲封虞，何得言隱？言廢？以爲先隱後封，則伊尹、太公亦可曰逸民耶。吾聞商均爲虞，因爲虞氏，則氏虞行仲，别自一人，闕之可也。王草堂説。"夷逸"，亦無考。"朱張"，王弼曰：字仲弓，見《荀子》。"少連"，東夷人，見《雜記》。不降志辱身，孟子所謂非其君不事，非其民不使也。"降志""辱身"，所謂不羞汚君，不卑小官也。"中倫"，中乎倫理，無擇言也。"中慮"，中乎人心，無遺行也。"其斯而已"者，言二人言行斯而已，非躬行有降辱也。"放言"，佯狂其言也。佯狂則廢矣，而遇變行權，不可非也。"無可無不可"，孟子所謂仕止久速，各隨其時也。《左傳》：太伯、虞仲，太王之昭。《史記》呆認昭穆，專指一世。《晋世家》改云太王之子，則伯、仲俱吴君，無以引起下何愛於虞矣。

太師摯適齊，亞飯干適楚，三飯繚適蔡，四飯缺適秦，鼓方叔入於河，播鼗武入於漢，少師陽、擊磬襄入於海。

此記殷紂之所以亡也。"摯"等八人皆紂樂官。《漢書・古今人表》列於伯夷、叔齊之下，文王之前，可見也。《禮樂志》云："紂斷棄先祖之樂，乃作淫聲。"用變亂正聲以悦婦人，官師瞽抱其器而犇散，或適諸侯，或入河海。董仲舒對策曰："紂逆天暴物，殺戮賢智。守職之人皆奔走逃亡，入於河海。"亦指此事。至於齊、楚諸地，皆古名，非周始有。《晋語》曰："文王瞰於蔡原。"《商頌》曰："奮伐荊楚。"則殷時即有蔡地、楚國，故《史記》周武王封師尚父於齊營丘，成王封熊繹於楚蠻，孝王封非子爲附庸而邑之秦。皆先有地名，而後封之文也。若“河”，若“漢”，若“海”，又《禹貢》舊名矣。“入”，即適也。惲皋聞曰：“後儒以摯一人與魯樂師同名，遂指爲魯事，則天子四飯，諸侯三飯，大夫再飯，《白虎通》。魯安得有四飯？且并以襄爲孔子所從學琴者，則衛之師襄，不應爲魯擊磬矣。”毛河右曰：“果春秋魯國樂官一空，亦大變矣。《左傳》修魯史，細事畢登，不應於此獨遺也。”“鼓”，擊鼓者。“播”，搖也。“鼗”，如鼓而小，有兩耳，持其柄而搖之，則兩耳還自擊。《注》《疏》。

周公謂魯公曰：“君子不施其親，不使大臣怨乎不以。故舊無大故，則不棄也。無求備於一人！”

“魯公”，周公之子伯禽也。“謂魯公”者，武王封周公於魯，周公留佐王，食采於周，使其元子伯禽就封，故謂之也。“施”，同弛，放遺也。“親”，諸父昆弟也。“以”，用也。“故舊”，舊有勳勞者。“大故”，惡逆也。親親，敬大臣，厚故舊，廣賢才，治國之大端具矣。

周有八士：伯達、伯适、仲突、仲忽、叔夜、叔夏、季隨、季騧。

《春秋繁露》云：“四產得八男，皆君子雄俊。”此天之所以興周也，故書曰“周有”。

子張第十九

子張曰：“士見危致命，見得思義，祭思敬，喪思哀，其可已矣。”

自卿大夫以下皆可曰“士”。邢《疏》。“已”，語辭。“其可”者，言可爲士也。

子張曰：“執德不弘，信道不篤，焉能爲有？焉能爲亡？”

“不弘”，則少得自足。“不篤”，則浮慕終移。焉能爲有無？言不足爲輕重。子張堂堂，而貴弘篤，學其進乎！

子夏之門人問交於子張。子張曰：“子夏云何？”對曰：“子夏曰：‘可者與之，其不可者拒之。’”子張曰：“异乎吾所聞。君子尊賢而容衆，嘉善而矜不能。我之大賢與，於人何所不容？我之不賢與，人將拒我，如之何其拒人也？”

“交”，交接也。子夏所言“拒”，原有不可概施者。或拒，或不惡而嚴，或和好而遯，而概之以拒，未免少過。子張所言“尊賢”“嘉善”，即可者與之也。若“容衆”，“矜不能”，則汎愛衆之道。至於不可之中，有小人焉，豈無當拒者，而云何所不容乎？

子夏曰：“雖小道，必有可觀者焉。致遠恐泥，是以君子不爲也。”

“小道”，如九流醫卜陰陽之屬。“致遠”，謂治國平天下也。夫子戒子夏曰：“無爲小人儒。”晚年進德，其免矣。

子夏曰：“日知其所亡，月無忘其所能，可謂好學也已矣。”

“亡”，未學者。“所能”，已學者。

子夏曰：“博學而篤志，切問而近思，仁在其中矣。”

四者皆學問思辨之事，未及力行，而爲仁也。然從事於此，則心不外馳，而所存自熟。故曰“仁在其中”。朱《注》。後儒問辨太極，則問不切；思入風雲，則思不近，去仁遠矣。

子夏曰：“百工居肆以成其事，君子學以致其道。”

此言致道以學也。審曲面勢，以飭五材，辨民器，謂之“百工”。“肆”，謂官府造作之所。《正義》。“學”，對肆而言，鄉學、國學也。言百工處肆，其力不紛，以成其事。猶君子專心致志於學中，以致其道也。

子夏曰：“小人之過也，必文。”

小人以爲文過則可飾矣，孰知愈見其爲小人哉！

子夏曰：“君子有三變：望之儼然，即之也温，聽其言也厲。”

君子非有變也,望之,即之,聽之,見其不同,則有三變矣。“儼然”者,正其衣冠,尊其瞻視。“温”者,顔色温和。“厲”者,辭嚴義正。

子夏曰:“君子信而後勞其民,未信則以爲厲己也。信而後諫,未信則以爲謗己也。”

“信”,謂己之德見信於君民也。“厲”,猶病也。

子夏曰:“大德不踰閑,小德出入可也。”

“大德”、“小德”以人言,與孟子所謂“大德”、“小德”同。“閑”,闌也,所以止物出入者。《正義》曰:“上賢所行,皆不踰於法,則次賢之人,不能不踰法。有時踰法而出,旋能守法而入,不責其備,故曰‘可也’”。此論觀人之法也。

子游曰:“子夏之門人小子,當洒掃應對進退,則可矣,抑末也。本之則無,如之何?”子夏聞之,曰:“噫!言游過矣!君子之道,孰先傳焉?孰後倦焉?譬諸草木,區以别矣。君子之道,焉可誣也?有始有卒者,其惟聖人乎!”

“洒掃應對進退”,小學之事也,故曰“末”。大學誠意正心是“本”也。朱《注》。“過”,失言也。君子教人之道,孰厚之先而急於傳,孰薄之後而安於倦。學者分量不同,如草木,大小各自區分。君子教人之道,先端蒙養焉。可以小爲大而誣之?夫末先學,始也。本後學,卒也。若始卒當前皆具,其惟天生之聖人乎?而何以責小子?按:聖門不輕言上達,固也,即下學亦有次序,先博文而後約禮,先幼儀謹信,而後慎獨正心。乃後儒教人先講心性,誣人誣世甚矣。

子夏曰:“仕而優則學,學而優則仕。”

仕優閒而不學,則考習有遺。學優長而不仕,則行義有缺。

子游曰:“喪致乎哀而止。”

言人居父母之喪，致極戚哀即可止矣，不可過毀以滅性也。此喪禮也。《注》《疏》。

子游曰："吾友張也，爲難能也，然而未仁。"

欲能人之所不能，好高遠也。然而切己之德，未摯矣。

曾子曰："堂堂乎張也，難與并爲仁矣。"

"堂堂"，大貌。兵書曰："無擊堂堂之陳。"謂子張好闊大也。好闊大則不親切，故不能與友互相切劘，以成其仁也。

曾子曰："吾聞諸夫子：人未有自致者也，必也親喪乎！"

人於他事即用心，而未必盡其極也。求自盡其極而不容已者，必也於親喪乎？苟有不然，尚曰人哉！

曾子曰："吾聞諸夫子：孟莊子之孝也，其他可能也；其不改父之臣與父之政，是難能也。"

"孟莊子"，魯大夫，名速。其父獻子，賢大夫也。莊子不改其臣與政，則能繼志而述事矣。故較之其他事葬之孝爲尤難。

孟氏使陽膚爲士師，問於曾子。曾子曰："上失其道，民散久矣。如得其情，則哀矜而勿喜！"

"陽膚"，曾子弟子。包解。"民散"者，情義乖離，不相維繫也。朱《注》。故易犯法。"得其情"者，得犯法之實情。"士師"，聽讞之職也。然民何由而犯法乎？則實上之無養無教致之，而非士師之所能挽也。哀之憐之且不暇，而喜乎哉！

子貢曰："紂之不善，不如是之甚也。是以君子惡居下流，天下之惡皆歸焉。"

“居下流”，即惡也。

子貢曰：“君子之過也，如日月之食焉：過也，人皆見之；更也，人皆仰之。”

言不諱過而改過者之美也。

衛公孫朝問於子貢曰：“仲尼焉學？”子貢曰：“文武之道，未墜於地，在人。賢者識其大者，不賢者識其小者，莫不有文武之道焉。夫子焉不學？而亦何常師之有？”

“公孫朝”，衛大夫。馬解。“仲尼焉學”，驚其學博，安從受之也。“道”，即在兹之文，謂禮樂《謨》烈也。朱《注》。“識”，記也。聖人爲學，榜樣如是。《論語》言學不一，無教讀書者，後儒乃專以讀書爲學，誤矣！

叔孫武叔語大夫於朝曰：“子貢賢於仲尼。”子服景伯以告子貢。子貢曰：“譬之宫牆，賜之牆也及肩，窺見室家之好。夫子之牆數仞，不得其門而入，不見宗廟之美，百官之富。得其門者或寡矣。夫子之云，不亦宜乎！”

“賢”，勝也。“宫牆”，宫外環牆也。七尺曰“仞”。包解。夫子之云，指武叔。

叔孫武叔毁仲尼。子貢曰：“無以爲也！仲尼不可毁也。他人之賢者，丘陵也，猶可踰也。仲尼，日月也，無得而踰焉。人雖欲自絶，其何傷於日月乎？多見其不知量也。”

“毁”，訾之，以爲可傷之也。不知日月高高在上，人即欲自絕於日月而毁之，焉能傷日月哉！衹見其不知己之分量耳！古“多”、“衹”同音。《左傳·襄公二十九年》“多見疏也”，服虔本作“衹見疏”。

陳子禽謂子貢曰：“子爲恭也，仲尼豈賢於子乎？”子貢曰：“君子一言以爲知，一言以爲不知，言不可不慎也。夫子之不可及也，猶天之不可階而升也。夫子之得邦家者，所謂立之斯立，道之斯行，綏之斯來，動之斯和。其生也榮，其死也哀，如之何其可及也？”

"階",陞級也。"立之",立民也。"道",引。"綏",安。"來",歸附也。言夫子爲政,所過者化,所存者神,上下與天地同流,正言其不可及也。

堯曰第二十

堯曰:"咨!爾舜!天之曆數在爾躬,允執其中。四海困窮,天禄永終。"舜亦以命禹。

堯命舜,辭書不載。《大禹謨》舜命禹辭同此。"咨",嗟嘆聲。"曆數",言天立君之列次,猶曆之節序先後也。"允",信也。"中",即《洪範》所謂皇極也。極,中也,屋中脊棟也。"困窮"者,不執中以仁民,則四海困窮也。"永終",如《金縢》"惟永終是圖",即《詩》言"俾爾彌爾性,茀禄爾常"也。言四海若困窮,則天禄其永終乎。戒之辭也。顏先生説。與《書》"可愛非君,可畏非民"語正同。

曰:"予小子履,敢用玄牡,敢昭告於皇皇后帝:有罪不敢赦。帝臣不蔽,簡在帝心。朕躬有罪,無以萬方;萬方有罪,罪在朕躬。"

"予小子"以下,《書·湯誥》文。湯既伐桀,而告天下也。"履",湯名。殷牲尚白玄牡,未變夏禮也。"皇皇",大也。"后帝",上帝也。孔解。"有罪"謂桀。"帝臣",謂上帝所生之賢臣。"蔽",隱蔽也。所以不赦不蔽者,以有罪。帝臣皆簡閱在上帝之心也。朱《注》。君有罪,無與於臣民。臣民有罪,則責君,君道也。此湯之繼堯舜禹而執中也。

周有大賚,善人是富。雖有周親,不如仁人。百姓有過,在予一人。謹權量,審法度,脩廢官,四方之政行焉。興滅國,繼絶世,舉逸民,天下之民歸心焉。所重:民食喪祭。

"賚",予也。"大賚",即武成克商後,散鹿臺之財,發鉅橋之粟,大賚於四海也,而功臣善士尤加富厚,即《詩序》曰"賚所以錫予善人"也。"雖有周親"四句,《泰誓》文。言紂至親雖多,不如周多仁人,言往而必克也。百姓有過,一己之責,言必當正商也。權量因於度。度本於黄鐘之長。以子穀秬黍中者九十枚度之,一黍爲一分,十分爲寸,十寸爲尺,十尺爲丈,十丈爲引,爲五度。量本於黄鐘之容。黄鐘既度之一黍一分,十三黍三分黍之一而滿一分，九十分當一千二百，實其龠，兩龠爲合，十合爲升，十升爲斗，十斗爲斛，爲五量。權本於黄鐘之重。龠容一千二百黍，百黍一銖，一龠十二銖，二十四銖爲兩，十六兩爲斤，三十斤爲鈞，四鈞爲石，爲五權。《律曆志》。所以出納天下財物，使平者也。"法度"，禮樂制度也。官，司權量法度之政者也，謹之，審之。而脩其官之廢者以行之，則政布於四方矣。先帝王如堯舜夏商之後，其國滅者則興之。見有國而世絕者，求其旁枝之賢者繼之。才德放棄者，如箕子、商容，則舉之。天下之民歸心矣。"所重"句，《武成》文。食以養生，喪以送死，祭以追遠，皆民之要務，故武王尤重焉。此武之繼湯而執中也。

寬則得衆，信則民任焉，敏則有功，公則説。

合言之曰"執中"。分言之，則一曰寬：如天之溥博也；一曰信：如四時之不爽也；一曰敏：如風雷之震奮也；一曰公：如天地無私覆載、日月無私照臨也。此總論帝王之治也。

子張問於孔子曰："何如斯可以從政矣？"子曰："尊五美，屏四惡，斯可以從政矣。"子張曰："何謂五美？"子曰："君子惠而不費，勞而不怨，欲而不貪，泰而不驕，威而不猛。"子張曰："何謂惠而不費？"子曰："因民之所利而利之，斯不亦惠而不費乎？擇可勞而勞之，又誰怨？欲仁而得仁，又焉貪？君子無衆寡，無小大，無敢慢。斯不亦泰而不驕乎？君子正其衣冠，尊其瞻視，儼然人望而畏之，斯不亦威而不猛乎？"子張曰："何謂四惡？"子曰："不教而殺謂之虐，不戒視成謂之暴，慢令致期謂之賊，猶之與人也，出納之吝謂之有司。"

傳帝王之道者，孔子，故以論政繼焉。因民所利而利之，井里樹畜之政也。擇可勞而勞，兵役之政也。《易》曰："何以守位？曰仁。"欲仁得仁，生生之德也。無衆寡、小大，無敢慢，脩己以敬也。正衣冠，尊瞻視，儼然人望而畏，莊以涖之也。"五美"，宜尊者也。"不教而殺"，謂無禮樂以教民而遽殺不軌也。"不戒視成"，謂有所興作，不三令五申，而遂考成功也。"慢令致期"謂徵取號召慢其令於前，尅其期於後也。"出納之吝"，謂財物之當用者，不出之豁達也。"四惡"，宜去者也。"欲仁"，則非貪欲矣，敬則人事各理，泰矣，而何驕？"賊"，害也。"有司"，莞財而不得自專者。

子曰："不知命，無以爲君子也。不知禮，無以立也。不知言，無以知人也。"

然則上而凝命，内而立禮，外而知人，不可不亟也。赫赫在上者，天命也，知之而競競業業矣，不然，何以有九德六德三德而爲君子？脩己治人之準，禮也，知之而約我以禮、爲國以禮矣，不然，而於何立人之邪正、長短？不能掩者，言也，知之而人才入吾洞照矣，不然，而何以知之而取之用之？此聖聖相傳之要道也。按：《鄉黨》記孔子衣食坐臥皆具，而不及刪《詩》《書》，作《春秋》，餘十九篇，皆不之及，蓋聖人之道，以"生德於予"、"斯文在兹"爲重，不在著書。即及門推聖人，亦以宗廟美，百官富，博我文，約我禮，而不在著書也。且子貢"宫牆"、"日月"猶屬虚喻，至答子禽，歸於得邦家，末篇歷敘帝王相傳，而結以"從政""知命"二章，更見聖人之道，主於用世。乃後儒專以著書爲傳聖道，去之遠矣！可以返矣！

小學稽業

小學稽業·序

予以子姪及齔，將入小學，而古傳既湮，謀授朱晦菴所輯，閱之殊郛廓。天道性命，上達也。親迎覲朝，年及壯强者也。以至居相告老諸槪，皆非童幼事。且何分於大學焉？或曰："小學使之先知其理耳，奚必事之爲？"予懼，起立曰："子漫語乎？抑將以誤學術也？《論語》曰：'小子當灑掃應對進退。'大戴《禮》曰：'八歲入小學，學小藝，履小節。'未嘗言僅明理也。且晦菴曰：'小學學其事，大學究其理。'子又曰：'小學以明理。'吾見窮經考理者接踵，而幼而幼儀小舞，長而禮樂兵農，以履事者寥寥也。毋乃階之爲厲，小學則然。思《内則》八年暨十五前，教有成法，晦菴亦曾採入小學，固可信者。乃遍尋昔人流傳儀節實之，復纂四字語於首，俾幼童誦之即學習之行之，知行竝進，庶養蒙而已端乎。"樂舞郵致河右先生論定，王子崑繩子未二兄則訂全帙。乃進質顏習齋先生，竝演幼儀歌舞，倩坐觀。先生莞爾曰："子前於大學辨業矣，玆小學，則稽古人成法，盍名《稽業》。"因以名。

康熙四十四年夏四月丁丑蠡吾李塨書於郾城署寓

小學稽業·目次[①]

蠡吾李塨剛主纂
德州孫勷子未訂
大興王源崑繩校

卷一

小學四字韵語

卷二

食食　能言

六年教數　方名

七年别男女　八年入小學教讓

九年教數日　十年學幼儀

卷三

學　書

卷四

學　計

卷五

十有三年學樂　誦詩

舞勺

---

① "目次"二字底本無,係點校者所加。

小學稽業·卷一

蠡縣李塨纂

古者養蒙,靡有不教。當其能食,右手已詔。能言男唯,進而六年。東西南北,以中爲權。衍數一始,二五爲十。爲百爲千,積累萬億。七年食席,與女各著。時及八歲,則入小學。小藝小節,習從此始。出入後長,讓以示耻。九年數日,日十二時。積月爲歲,紀以干支。十年宿外,習禮帥初。襦袴不帛,聿學計書。禮謹幼儀,灑掃應對。進退有度,朝夕服佩。何以灑掃? 盤水攘肘。播灑無濡,室則握手。執箕當舌,由奥以鬣。袂拘而退,毋揚毋徹。自鄉而扱,板排出棄。拚席掃地,伊用各具。應對進退,其儀孔多。幼事父母,夙興云何。盥漱升堂,問何食矣。或進執牀,亦佐視具。祗敬杖衾,命餕乃食。有呼則唯,吐而走亟。舉足莫忘,既省復定。出告反面,冬温夏凊。及事先生,供盥泛拚。顔恭而執,經業審問。請益復起,師出皆起。後至就席,狹坐則起。賓客有至,駿作無讓。應且遂行,反命惟諒。至於食時,攝衽而饋。貳已乃徹,拚前進酳。古寘震韵相叶。暮食復禮,執燭謹代。奉師就息,枕席必在。路遭長者,趨拱弗遅。不敢問年,不請所之。進以其令,退以其令。燕見從人,不敢將命。凡待長者,未餘前席。正容恭聽,面抱是視。古陌寘韵通轉。毋隱毋躁,問則起答。毋有雷同,勦説攙雜。值或入白,左右屏待。側聽噭應,淫視荒怠。髮髢冠免,寢伏坐箕。勞袒暑褰,游倨立跛。皆宜力戒,小心翼翼。不叱不唾,燭不見跋。如見君子,欠伸撰杖。則且出矣,有請再往。其或侍食,拜饋飲立。手毋挼莎,小飯數嚼。無然無然,摶飯放飯。流歠咤食,固獲揚飯。齧骨反肉,嚃羹絮羹。歠醢嘬炙,刺齒不敬。卒食自徹,主興乃已。若有所賜,不敢言辭。古三聲通用。或從提攜,兩手奉手。惟鄉是視,對則掩口。凡爲弟子,九容豫飭。聲静色莊,頭直氣肅。立必正方,目端口止。手恭足重,更坐如尸。固頤正視,平肩正背。足間二寸,勿摇經立。古隊緝韵通轉。微磬共立，磬折肅立。垂佩卑立，立容欲執。坐以經立，微俯共坐。視尋肅坐，低首卑坐。行以微磬，臂不摇掉。肩不上下，行容有道。趨以微磬，飄然翼然。肩狀若流，足如射箭。旋以微磬，中規中矩。跪以微磬，手股有紀。古支魚虞通用。拜以磬折，項衡下首。吉事上左，否則上右。坐乘立乘，如經立坐。顧不過轂，有禮無惰。稽古稱先，言視勿詐。整衣齊帶，行曰有常。孝弟無違，私財莫畜。隅坐隨行，意虛志直。古入聲通用。雁行朋友，切磋日滋。行禮於人，稱父拜之。凡事勿專，必稟家長。勿以尊位，待已私訪。朔望節令，家禮學儀。拜親拜師，先聖先祠。六經廿史，漸次讀閲。同學往來，齒序行列。勿爲狎戲，勿信老佛。節食窒慾，字紙必拾。維書有六，首曰象形。指實掌虛，永字研精。側如墜石，勒似勒馬。中柱懸針，弩灣而下。趯存勢生，策仰暗揭。掠勿尾弱，鳥啄刀磔。人言止戈，所以會意。力田帚女，謂之指事。《爾雅》《説文》，漢唐《注》《疏》。問奇析義，典文宣布。轉注有正，時是正征。亦有旁轉，韓何蘋萍。假借多端，魚作馬稱。以獸况人，維豫維能。至於入音，多借三聲。諧聲之法，五均不同。篆變而楷，漢隸可遵。隸二篆八，乃是八分。計始九九，錯綜減增。積分求合，須用因乘。起手二位，三四迤下。盡皆乘之，迺計身馬。分用九歸，繼身以除。無除還原，撞歸亦需。一歸無法，二歸乃立。二一作五，逢二進十。三一三一，三二六二。逢二進十，三歸是記。四一二二，四二作五。四三七二，逢四進十。中原韵以十作齊微平聲可與慶諧。五一倍二，五二倍四。五三倍六，五四倍八。古寘黠韵通轉。逢五進十，五歸此察。六一下四，六二三二。六三作五，六四六四。六五八二，逢六進十。古寘緝韵通轉。七一下三，七二下六。七三四二，七四五五。中原韵以六作尤侯平聲可與慶通。七五七一，七六八四。逢七進十，七歸斯備。八一下二，八二下四。八三下六，八四作五。八五六二，八六七四。八七八六，逢八進十。九歸隨下，逢九進十。凡此歸乘，定位爲急。爰及《九章》，方田見畝。二四歸除，凹斜裨補。粟布貴賤，盤量倉窖。若斤秤法，斤兩相較。差分物混，先求一差。一差既定，自得各差。少廣開方，商除見面。長闊相差，縱横俱現。平圓求徑，又須求周。三棱立方，各有方求。商功工壤，浚深築高。亦有均輸，平費與勞。盈朒互見，如數手指。雜糅正負，方程則晳。方圓高深，測以勾股。勾三股四，其弦則五。學至十三，益以學樂。五聲二變，先習其略。調分七音，正以律吕。宫及變宫，遞商角徵。變徵與羽，層激而高。每音七音，清濁環繞。律吕標名，黄鐘大吕。太簇夾鐘，姑洗中吕。蕤賓林鐘，夷則南吕。無射應鐘，元聲盡只。四乙上尺，工凡暨六。即古五聲，諧器有八。金石絲竹，匏土革木。或起或收，或倚或節。升歌堂上，笙入堂下。間歌合樂，合語樂罷。樂章爲詩，教之以誦。屬讀曰言，長言曰永。永言之道，中矩中鉤。上下曲止，累累貫珠。古尤虞韵通用。肆舞小舞，詩篇名勺。干戚維武，擊刺坐作。文則羽籥，揖讓翩翩。綴兆進退，鏗相相宣。已上小學，訖於十四。嗣此射御，禮樂更巨。明親兼善，大學之物。小既克勤，大乃可事。古寘物韵能轉。

右將小學物事，撰爲四字韵語，以便幼童讀而習之，其詳具後。

小學稽業·卷一　終

小學稽業·卷二

《内則》曰:"子能食食,教以右手。能言,男唯女俞。男鞶革,女鞶絲。"

鄭康成《注》曰:"鞶,小囊。男用韋,女用繒,有飾緣之。"服虔曰:"鞶,大帶。"

六年,教之數與方名。

《前漢·食貨志》:"八歲入小學,學六甲五方書計之事。"則六歲所言數方指一、二、東、西之大略言也。鄭《注》:方名:東、西。數:一、二、三、四、五、六、七、八、九、十、二十、三十、四十、五十、六十、七十、八十、九十、百、千、萬、億。權數:俱今數。毫、釐、分、錢、兩、斤。度數:毫、釐、分、寸、尺、丈。量数:勺、合、升、斗、石。方名:東、南、西、北、中、東南、西南、西北、東北。

七年,男女不同席,不共食。

鄭《注》曰:"蚤其別也。"

《大戴禮·保傅篇》曰:"古者年八歲出就外舍,小學也。學小藝焉,履小節焉。"

此統論八歲至十四入小學之所學也。《白虎通》《前漢書》入小學年皆同此。而賈誼《新書·容經篇》曰:"古者年九歲入小學,蹍小節,業小道。"《尚書大傳》曰:"公卿之世子、元士之嫡子,年十三入小學,見小節而踐小義。"《曲禮》曰:"人生十年曰幼學。"《内則》同之。是又十歲入小學矣。或古人通用,或貴賤有分,或朝代各异,今人率用八歲,但須實入八歲乃足任學事，若弱小者遲一二歲亦可。

《内則》曰："八年，出入門户及即席飲食必後長者，始教之讓。"

鄭《注》曰："示以廉耻。"

九年，教之數日。

鄭《注》曰："朔望與六甲也。"

天一周共三百六十五度四分度之一。日東出於天，一晝夜而復東出，故晝達夜遂名曰"日"。月行三十晝夜而與日合朔，故三十日遂名曰"月"。自初一日月明始生謂之朔。而初二日、初三日、初四日、初五日、初六日、初七日、初八日、初九日、初十日、十一日、十二日、十三日、十四日至十五日，月與日相對而滿謂之望。或滿於前後日亦爲望。而十六日、十七日、十八日、十九日、二十日、二十一日、二十二日、二十三日、二十四日、二十五日、二十六日、二十七日、二十八日、二十九日終三十日，月消盡謂之晦。月小則盡二十九日。天日月所會，分子丑寅卯辰巳午未申酉戌亥十二次，一次三十度三十分度之十四。歲星十二月行一次，而春夏秋冬四時之功畢，故十二月謂之歲。

十干：甲乙丙丁戊己庚辛壬癸。

十二支：子丑寅卯辰巳午未申酉戌亥。

干支相配，數窮六十，曰"六甲"，以紀歲月日時。歲十二月，日十二時，則用支數，一無易焉。

甲子、乙丑、丙寅、丁卯、戊辰、己巳、庚午、辛未、壬申、癸酉。

甲戌、乙亥、丙子、丁丑、戊寅、己卯、庚辰、辛巳、壬午、癸未。

甲申、乙酉、丙戌、丁亥、戊子、己丑、庚寅、辛卯、壬辰、癸巳。

甲午、乙未、丙申、丁酉、戊戌、己亥、庚子、辛丑、壬寅、癸卯。

甲辰、乙巳、丙午、丁未、戊申、己酉、庚戌、辛亥、壬子、癸丑。

甲寅、乙卯、丙辰、丁巳、戊午、己未、庚申、辛酉、壬戌、癸亥。

十年，出就外傅，居宿於外，學書計。衣不帛襦袴，禮帥初，朝夕學幼儀，請肄簡諒。

鄭《注》曰："外傅，教學之師也。不用帛爲襦袴，爲太溫傷陰氣也。禮遵習先日所爲肄習。諒,信。請習簡,謂所書篇數也。請習信,應對之言也。"孔穎達《疏》曰:"簡,禮篇章也。諒,謂言語信實。言請長者習學篇章簡禮及應對信實言語也。"陳澔《集説》曰:"書六書,計九數。"愚謂,傅,小學師,幼不盡飾,遜長也。初者,所習之别讓也。肄兼上書計幼儀言。簡不使之多也,恐苦之也。諒,信也,不使欺其日功也。書計幼儀非限於十年内,言學之從此始也。他倣此。

幼 儀

《論語》子曰:"弟子入則孝,出則弟,謹而信,汎愛衆而親仁。行有餘力,則以學文。"

子游曰:"子夏之門人小子,當洒掃應對進退則可矣。"

《曲禮》曰:"凡爲人子之禮,冬温而夏凊,昏定而晨省。鄭《注》:定,安其牀衽。省,問安否。在醜夷不爭。醜,衆夷儕。"

夫爲人子者,出必告,反必面,所遊必有常,所習必有業,恒言不稱老。

爲人子者,居不主奥。孔《疏》:主,猶坐。坐不中席,行不中道,立不中門,食饗不爲槩。鄭《注》:槩,量也。祭祀不爲尸。聽於無聲,視於無形。不登高,不臨深,不苟呰,不苟笑。孝子不服闇,不於闇冥之中從事,爲卒有非常。不登危,懼辱親也。父母存,不許友以死。不有私財。

《内則》曰:"子事父母,雞初鳴,咸盥漱櫛縰,笄總拂髦,冠緌纓端,韠紳搢笏。縰,黑繒,韜髮作髻,插笄以固之。又以繒爲總束髮本,垂餘髻後爲飾,乃拂去髦塵,加之而著冠。髦用髮爲之,象幼時鬌。其著冠也,結纓頷下以爲固,結之餘者散而下垂謂之緌。於是衣元端著蔽膝加帶,插笏其中焉。左右佩用:左佩紛帨、鄭《注》:拭巾也。刀小刀礪、小觿、解小結也。金燧,取火於日。右佩玦捍、拾也。管筆彄。遰、刀鞞也,刀大於左。大觿、木燧。鑽火物。偪行縢。屨著綦。屨繫。"按:此本成人之事,因後文及少者,故備録之。

以適父母之所,及所,下氣怡聲,問衣燠寒,疾痛苛癢,而敬抑搔之。出入則或先或後,而敬扶持之。進盥,少者奉槃,長者奉水,請沃盥。盥卒授巾。問所欲而敬進之。柔色以滔之,父母必嘗之而後退。

男未冠者,雞初鳴,咸盥漱櫛縰,拂髦總角,衿纓皆佩容臭。鄭《注》:容臭,香物也,以纓佩之。按:即今香囊,與婦人纓不同。昧爽而朝,問何飲食矣。若已食,則退。若未食,則佐長者視具。

父母將坐,奉席請何鄉。將衽,長者奉席請何趾,鄭《注》:衽,臥席。少者執牀與坐,牀、坐,小牀,非臥牀。御者舉几斂席與簟,孔《疏》:下大席,上襯,身簟。縣衾篋枕斂簟而襡之。鄭

《注》：襡，韜也。父母之衣衾簟席枕几不傳，移也。杖屨祗敬之，勿敢近。敦牟卮匜，非餕莫敢用。敦牟，黍稷器。卮匜，酒漿器。與恒飲食，孔《疏》：與，及也。父母恒飲食物。非餕莫之敢飲食。父母在，朝夕恒食，子婦佐餕，既食恒餕。鄭《注》：盡餕之未有原。父沒母存，冢子御食，群子婦佐餕如初，旨甘柔滑孺子餕。

《玉藻》曰：親在，行禮於人稱父，人或賜之，則稱父拜之。

父命呼唯而不諾，手執業則投之，食在口則吐之，走而不趨。趨容。親老，出不易方，復不過時。親瘠，病也。色容不盛。

《曲禮》曰：凡爲長者糞埽也。之禮，必加帚於箕上，以袂拘而退，其塵不及長者。以箕自鄉而扱鄭《注》：讀吸，收糞也。之。

《少儀》曰：氾埽曰埽，埽席前曰拚。拚席不以鬣，鄭《注》：鬣，帚也。帚恒埽地不潔清。執箕應擖。擖，舌也。愚按：席與席前二處，蓋拚禮先加帚箕上以爲拚也。乃以袂拘而退，所謂拚席也，不用帚也。退，退至席前也。其塵不及長者，乃拚席前也。用帚也，箕自鄉而扱除席前之塵也。若雞鳴而起，灑掃室堂及庭，則氾埽也。

《管子·弟子職》曰：凡拚之道，實水於盤，攘臂袂及肘，房玄齡《注》曰：恐濕其袂，且不便於事也。堂上則播灑，室中握手。堂上寬，故播散而灑。室中隘，故握手爲掬以灑。執箕膺揲，揲，舌也。胸當箕舌。厥中有帚。凡拚之紀，必由奥始。俯仰磬折，拚毋有徹。徹，動也，不動他物。拚前而退，卻退，聚於户內。聚糞壤。坐板排之，排穢時以手排之，以葉適己，向己。實帚於箕。先生若作，乃興而辭。以拚未畢，故辭之而止也。坐執而立，坐即跽。遂出弃之。既拚反立，是協是稽。考所學也。

杜甫詩曰：霑灑不濡地，掃除似無帚。

《論語》孔子曰：侍於君子有三愆：言未及之而言謂之躁，言及之而不言謂之隱，未見顔色而言謂之瞽。

《孟子》曰：徐行後長者謂之弟，疾行先長者謂之不弟。

《曲禮》曰：謀於長者必操几杖孔《疏》：俱養長者之物。以從之。長者問，不辭讓而對，非禮也。

見父之執，不謂之進不敢進，不謂之退不敢退，不問不敢對。

年長以倍則父事之，十年以長則兄事之，五年以長則肩隨之。

長者與之提攜則兩手奉長者之手，負劍辟咡。愚按：負劍，童子在長者脇旁如負劍也。辟，側也。咡，口旁也。辟之，恐氣及長者。詔之，长者语之也。則掩口而對。亦不使氣觸尊者。

從於先生，不越路而與人言。遭先生於道，趨而進，正立拱手，先生與之言則對，不與之言則趨而退。

從長者而上邱陵，則必鄉長者所視。鄭《注》：爲有所問。

先生書策琴瑟在前，坐而遷之，戒勿越，虚坐盡後，食坐盡前。坐必安執爾顔。長者不及毋儳言。孔《疏》：不以乙事雜甲事。正爾容，聽必恭，毋勦説，毛河右曰：勦即抄。《左傳注》：崔慶之盟，讀書未竟，晏子抄答，易其辭，是。毋雷同，必則古昔，稱先王。侍坐於先生，先生問焉，終則對，請業則起，請益則起。父召無諾，先生召無諾，唯而起。孔《疏》：唯急諾緩。侍坐於所尊長，毋餘席。近以承之。見同等不起，燭至起，食至起，上客起，燭不見跋。鄭《注》：跋，本也。嫌若燼多有厭倦。尊客之前不叱狗，讓食，不唾。

侍坐於君子，君子欠伸，孔《疏》：志疲則欠，體疲則伸。撰杖履。鄭《注》：撰，犹持也。視日蚤莫，侍坐者請出矣。侍坐於君子，君子問更端，則起而對。侍坐於君子，若有告者，曰，少閒願有復也，孔《疏》：閒，清閒。復，白也。則左右屏而待。鄭《注》：屏，退也，隱也。毋側聽，毋噭應，孔《疏》：高急如叫之號呼也。毋淫視，流動邪眄。毋怠荒游，毋倨立，毋跛坐，毋箕寢，毋伏斂，髮毋髢，鄭《注》：勿垂餘如髮。冠毋免，免，去也。勞毋袒，孔《疏》：勿露體。暑毋褰裳。此皆侍君子之法。

侍坐於長者，屨不上於堂，解屨不敢當階，就屨跪而舉之屏於側。孔《疏》：侍者或獨暫退取屨，法也。鄉長者而屨，跪而遷屨，俯而納屨。

侍食於長者，主人親饋則拜而食，主人不親饋則不拜而食。孔《疏》：饋，進饌也。

侍飲於長者，酒進則起拜受於尊所，長者辭，少者反席而飲，長者舉未釂，鄭《注》：盡爵曰釂。少者不敢飲。

長者賜，少者賤者不敢辭。

御同於長者，雖貳不辭，孔《疏》：御，侍也。鄭《注》：貳，謂重殽膳也。偶坐不辭。孔《疏》：偶，媲也。彼爲客設饌而召，已往媲偶於客也。

侍於君子，不顧望而對，非禮也。

《王制》曰：父之齒隨行，兄之齒雁行，朋友不相踰。輕任并，重任分，班白不提挈。

《少儀》曰：尊長於已，踰等不敢問其年，燕見不將命。不以客自處。遇於道，見則面，孔《疏》：不見則隱。不請所之。喪，俟事不犆音特弔。侍坐，弗使不執琴瑟，不畫地，手無容，盧植曰：不弄手也。不翣也。盧曰：翣，扇也。寢則坐而將命。

燕侍食於君子，則先飯而後已，小飯而亟之。鄭《注》備見問。數噍，同嚼。毋爲口容。弄口。

小子走而不趨，舉爵則坐，祭立飲。异於成人。

洗盥執食飲者勿氣。孔《疏》：奉尊長洗盥食飲當屏氣。有問焉，則辟咡而對。

《士相見禮》曰：凡與大人言，始視面，中視抱，卒視面，毋改。衆皆若是。

《弟子職》曰：先生施教，弟子是則温恭自虚，房《注》：虚心。所受是極，極，盡。見善從之，聞義則服。温柔孝弟，毋驕恃力。志毋虚邪，行必正直。游居有常，必就有德。顔色整齊，中心必式。敬也。夙興夜寐，衣帶必飭。朝益暮習，小心翼翼。一此不解，是謂學則。

少者之事，夜寐早作。既拚盥潔手漱滌口，執事有恪。攝衣共盥，供先生之盥。先生乃作。沃盥徹盥，汎拚正席，先生乃坐。出入恭敬，如見賓客。危坐鄉師，顔色毋怍。受業之紀，必由長始。一周則然，其餘則否。始教既周，以後不必拘也。始誦必作，其次則已。

凡言與行，思中以爲紀。欲中和。古之將興者，必由此始。後至就席，狹坐則起。狹則見後至者當起。若有賓客，弟子駿作，迅起。對客無讓，弟子供給使令不敢亢禮也。應且遂行。趨進受命，所求雖不在，必以反命。反白。反坐復業，若有所疑，捧手問之。師出皆起。至於食時，先生將食，弟子饌饋。具食。攝衽盥漱，跪坐而饋。置醬錯食，陳膳勿悖。凡置彼食，鳥獸魚鼈，必先菜羹。先菜後肉食之次也。羹胾細切肉中別，胾在醬前，遠胾近醬，食之便也。其設要方，要令成方。飯是爲卒既飯也。左酒右醬，告具而退，捧手而立。三飯二斗，三飯食必二斝斗也。左執虚豆，右執梜匕，匕，所以載鼎實者。周旋而貳，貳，再益也。唯嗛音銜。之視，同嗛以齒。有同銜食者，則視齒以益之。周則有始，柄尺不跪，柄長尺則立而進之。是謂貳紀。此再益之綱紀也。先生已食，弟子乃徹。趨走進漱，拚前斂祭。掃席前并收所祭物。先生有命，弟子乃食。以齒相要，坐必盡席。食坐盡前。飯必捧擥，同攬。羹不以手。以梜也。亦有據膝，毋有隱肘。隱肘則太伏。既食乃飽，循咡咡，口也。覆手。覆手而循之，所以拭不潔也。振衽掃席，已食者作。摳衣而降，旋而鄉席。各徹其餽，如於賓客。賓客食畢亦自徹也。既徹并器，并謂藏去也。乃還而立。

暮食復禮，復朝食禮。昏將舉火。執燭隅坐，錯總總，設燭之束。之法，横於坐所。櫛之遠近，乃承厥火。櫛，謂燭盡，察其將盡之遠近，更以燭承之。居句如矩，句，著燭處。言居燭於句，如前燭之法。蒸間容蒸，然者處下，蒸，細薪者，蒸之間必令容蒸。然燭者必處下以焚也。捧椀以爲緒。椀，所以貯燼也。右手執燭，右手正櫛，有墮代燭，燭有墮即代之。交坐毋倍尊者。乃取厥櫛，遂出是去。先生將息，弟子皆起。敬奉枕席，問何所趾。俶衽則請，始安袵席則請。有常則否。先生既息，各就其友。相切相磋，各長其儀。周則復始，是謂弟子之紀。

《曲禮》曰：幼子常視，鄭《注》：今示字。毋誑童子。不衣裘裳，孔《疏》：裘太温，傷陰氣，應給役，著裳不便。立必正方，不傾聽。

登城不指，城上不呼。將適舍，求毋固。就人館，勿堅求物。將上堂，聲必揚。户外有二屨，言聞則入，言不聞則不入。將入户，視必下。孔《疏》：恐覩人私。入户奉扃，扃，閉門木。視瞻毋回。户開亦開，户闔亦闔。有後入者，闔而勿遂。毋踐屨，毋躇席。躇，躐也。言當從下而升。摳衣趨隅，必慎唯諾。按：此不專幼儀，然幼學不可不知也，故録。他倣此。

將即席，容毋怍。兩手摳衣去齊尺，鄭《注》：齊，裳下緝。衣毋撥，撥，發揚貌。足毋蹶。孔《疏》：恐行遽而蹶也。

離坐離立，鄭《注》：離，兩也。毋往參焉。爲干人私。離立者，不出中間。

男女不雜坐，不同椸枷，鄭《注》：椸，可以架衣者。不同巾櫛，不親授。嫂叔不通問，諸母不漱裳。外言不入於梱，内言不出於梱。梱，門限也。

共食不飽，共飯不澤手，鄭謂，澤，挼莎也。蓋即《少儀》澤劍首之澤。言不以手摩弄飯也。毋摶飯，孔《疏》：取飯作摶，是爭飽也。毋放飯，毋流歠，毋咤食，叱咤。毋齧骨，鄭《注》：爲有聲響不敬。毋反魚肉，毋投與狗骨，毋固獲，毋揚飯，飯黍毋以箸，孔《疏》：黍用匕。毋嚃羹，嚃，不嚼菜而歠吞也。毋絮羹，鄭《注》：絮，猶調也。毋刺齒，毋歠醢，孔《疏》：醢，肉醬也。濡肉齒決，乾肉不齒決，鄭《注》：堅宜用手。毋嘬炙。謂一舉盡臠。卒食，客自前，跪徹飯齊，齊，醬屬。以授相者。孔《疏》：此謂降等之客，若敵者則否。主人興，辭於客，然後客坐。

揖人必違其位。

凡奉者當心，提者當帶。

凡視上於面，則敖下於帶，則憂傾，則姦。

《内則》曰：道路男子由右，地道尚右。婦人由左，車從中央。

凡男拜尚左手，凡女拜尚右手。

《玉藻》曰：登席不由前爲躐席。

古之君子，周還音旋。中規，折還中矩。進則揖之，退則揚之。童子之節也，緇布衣，錦緣錦紳，并紐錦束髮，即緫。皆朱錦也。

童子不裘不帛，不屨絇，無緦服，聽事鄭《注》：往給事。不麻。不加絰也。《問喪》云：當室絰。

見先生從人而入。孔《疏》：不能獨爲禮也。

君子之容舒遲，見所尊者齊遬。足容重，手容恭，目容端，口容止，聲容靜，頭容直，氣容肅，立容德，色容莊，坐如尸，燕居告溫溫。

《賈誼新書·容經篇》曰：固頤頤，輔車，亦名牙車。正視，平肩正背。臂如抱鼓，足間二寸。端面攝纓，端股整足。體不摇肘。曰經立。因以微磬，曰共音恭，下同。立。因以磬折，曰肅立。因以垂佩，曰卑立。立容也。坐以經，立之容，肘不差而足不跌，視平衡，曰經坐。微俯視尊者之膝，曰共坐。仰首視不出尋常之内，曰肅坐。廢首低肘曰卑坐。坐容也。行以微磬之容，臂不摇掉，肩不上下，行容也。趨以微磬之容，飄然翼然，肩狀若沶，即流字。足如射箭，趨容也。旋以微磬之容，其始動也，穆如驚倏。其固復也，旄如濯絲跸。同般，還也。旋之容也。跪以微磬之容，揄右而下，揄，引也。跪先右股。進左而起，起先左股。

手有抑揚,各尊其紀,跪容也。拜以磬折之容,吉事上左,凶事上右。隨前以舉,項衡以下。甯速無遲,背項之狀,如屋之元。元,深也。言如屋之深也。拜容也。拜而未起,伏容也。坐乘以經坐之容。手撫式,視五旅。欲無顧,顧不過轂。小禮動,中禮式,大禮下,坐車之容也。立乘以經立之容,右持綏,而左臂詘存劍之緯。緯,束也。欲無顧,顧不過轂。小禮據,中禮式,大禮下,立車之容也。若夫立而跛,坐而蹁,體怠懈,志驕慠,趍音𨈚。視數顧,容色不比,動静不以度,妄咳唾,疾言,嗟氣不順,皆禁也。

司馬温公曰:凡諸卑幼,事無大小,毋得專行,必咨稟於家長。

又曰:父在,有賓客,不敢坐於正廳。升降不由東階,上下馬不當廳。凡事不敢自擬於其父。

恕谷學教從顔習齋先生教條而斟酌之。

一、孝父母。須和敬并盡,勿狎勿怠。昏定晨省,出告反面,一揖。朔望節令四拜,隨尊長拜家祠亦四。

一、敬尊長。凡内外尊長,俱宜小心侍從。坐必隅,行必隨。居必起,乘必下。呼必唯,過必趨。言必遜,教必從。勿驕心傲氣,戲侮干犯。

一、行學儀。每日清晨至,向上揖先聖,揖師。遇朔望節令,隨師拜先聖,訖,拜師,訖,同學讓學長,轉左以次而右爲禮。

一、習幼儀。凡灑掃應對進退俱遵禮儀唯謹。客至俱立,師命揖者揖,拜者拜。或師出,學長陪侍,餘不許亂動。

一、敘出入。凡行,長幼序齊班。上中左魚貫論前後。行輩异者,以行輩敘,相遇相别皆一躬。數日不相見,見則揖,問納福。

一、尚和睦。幼稱長爲某兄,長稱幼爲某弟。相敬相親,毋以長凌幼,以幼欺長,及直斥其名。若對師則稱名。

一、戒狎戲。同學互相尊畏,庶可有成。最戒戲嘲褻侮。

一、修威儀。足容重等九容,一一整飭,且交修之,斷不可輕佻失儀。

一、肅衣冠。子桑伯子不衣冠而處,孔子譏之。即私居,亦不可袒裼裸裎。

一、重身體。體者,父母之遺也。古人一舉足不敢忘父母,况可饕飲食,縱嗜慾,自貽災戚。

一、習六藝。昔周孔以六藝教人,近世取士以八股,自不得不隨時立教,然非正務也。諸生願學禮樂射御書數及兵農水火諸學者,是予所望也,隨其材而教之,以考厥成。

一、通經史。經者，修己治人之譜，史者，修己治人之像也。除异端及雜穢之書，不許泛濫。若十三經廿一史，須以漸考之，勿以時取專經，遂安固陋。

一、重詩書。凡讀書，必潔案端坐，莊誦如對聖賢。每晨入學必拂塵整卷，事出則闔書，各歸行列，不許狼籍。

一、清聲韻。字音宫商必審清，出口吟之，字字真朗。

一、習書法。正坐，以筆對心，指實掌虚，腕中用力。細審形體結構，然後成字，不可苟且塗鴉。

一、遠异端。佛仙出家滅倫，無父無君之教也。其門徒可化者化之，不可化者遠之。

小學稽業·卷二　終

小學稽業·卷三

書

《周禮》:保氏教國子六書。鄭《注》曰:六書:象形、會意、轉注、處事、假借、諧聲。象形,賈公彦《疏》曰:日月之類。吕坤《泰交韻》曰:韭山之類。會意,《疏》曰:人言爲信,止戈爲武之類。轉注,《泰交韻》曰:一字而數轉,如鄉香、鄉享、鄉向、厭焉、厭眼、厭燕、厭葉之類。愚謂古無四聲之説,平上去三聲通用不分,如《詩》"彤弓之藏"貺饗相押,"蔓草之團"婉願相押。又如《左傳》"圍緡",《穀梁》作"圍閔"。《史記》"亡名"與"亡命"同。《易》屈信相感,信者,伸也。《周禮》"國正"讀"國征"。以至時之爲是而之爲爾,不可盡數,皆正轉也。若漢碑蓼莪作蓼儀,古韓何同姓,一讀民通岷,蘋、苹、萍本一字同義,是爲旁轉也。轉注如水之灌注於彼於此也,又展轉注釋而後明也。處事,一曰指事。《疏》曰:人在一上爲上,人在一下爲下,各有其處,事得其宜。《泰交韻》曰:如力田爲男、帚女爲婦之類。假借,《泰交韻》曰:如豫、能本皆獸名,豫多疑借爲猶豫,能有力借爲能幹之類。愚謂周顒等分四聲,其入聲多借之上三聲,亦假借也。如《詩》"毋教猱升木,如塗塗附。"木協附,原讀暮,去聲,今借作夢之回音爲入。"既取我子,無毁我室"室協子,原讀始,上聲,今借作升之回音爲入。又如今韻醵本魚韻,平字而借作陽韻入聲,不本尤韻本平字,而借作東韻入聲,又作文韻入聲是也。諧聲,《疏》曰:江、河之類,以水爲形,以工可爲聲。毛河右《古今通韻》曰:諧宫商角徵羽之五聲也。如六朝分聲類後所列之東冬江陽庚青蒸爲宫音,每讀訖必返喉而翕於鼻。唱曲家呼爲鼻音,每唱此七韻字必收以捉鼻之音,以返喉即入鼻也。又陽庚青蒸返喉入鼻而少侵齦齶爲變宫音,真文元寒删先商音,每讀訖必以舌抵上齶,唱曲家呼爲恩痕音,以抵齶則其收聲在恩痕之間也。魚虞歌麻蕭肴豪尤角音,每讀字唱字訖必懸舌居中,支微齊佳灰徵音,每讀字唱字訖必以舌擠齒,至魚虞歌麻尤舌雖中懸而稍出向齒又爲變徵音。侵覃監咸羽音,每讀字唱字訖必兩脣相闔。愚謂詞人以侵尋爲閉口真文、監咸爲閉口寒山、廉纖爲閉口先天是也。工今在東部，江别一部。《疏》謂：諧聲者，正以宫聲諧也。可，上聲，河，平聲，謂諧聲者，正以三聲通也。

造字之始，義取六書，未有漫然而苟成者。但篆變爲隸，波點既興，面貌互换。蔡邕《隸勢》曰：纖波濃點，錯落其間，世誤以八分爲隸。八分不宜有波點矣。且一字而篆隸迥殊者多矣，古義安能盡究耶？《泰交韻》曰：暴字，《説文》從日從出從廾從米。徐鍇解云：作僞之人競溼穀以要利，將糶必先日暴之，廾者，以手推聚反覆之意。頗覺迂鄙。此王安石《字説》所以爲蘇軾輩指笑也。然則六書固宜考而不可考者，甯闕疑，勿穿鑿。

然而六書之在今日，實有離之而不可者，蓋書不外體勢訓詁聲韻三者：體勢以立形，象形使之明體勢也；訓詁以成文，會意指事使之明訓詁也；聲韻以矢言，轉注諧聲使之明聲韻也。而假借則三者皆有之。如古篆魚字象形，而馬目白象魚，遂假借名馬曰魚，亦象形也。至於訓詁聲韻之假借者更夥矣。體勢之學，如《石鼓文》《急就章》秦漢碑《石經》衛恒《四體書勢》以及衛夫人《筆陣圖》孫過庭《書譜敘》等是，訓詁之學則《爾雅》《説文》《廣韻》以及《十三經注疏》皆是，聲韻之學則《詩》《易》以及騷賦樂府有韻之文與鄭庠《古音辨》《泰交韻》《古今通韻》等皆是。

《古今通韻》曰：古篆今楷，即真書，古一名佐書。體原不同，故晉衛恒作《四體書勢》分别諸體，其於楷體則曰："蠲彼繁文，崇此簡易，隨事從宜，靡有常制。"四句出蔡邕《隸勢》而恒因之。此真楷體也。今人以古文篆體律楷，蠲簡從繁，失隸意矣。且其所宗者，《説文》也。按《説文》爲東漢永元中許慎所作，而楷始於秦時王次仲，《四體書勢》曰：上谷王次仲始作楷體。與李斯造小篆者一時并出，則楷本古體，决非東漢永元一人之書所能駮正。即其書不謬，亦止各存其説，决不能以李斯之桃强之代次仲之李。故靈帝好書，其時師宜官工楷師，而蔡邕、魏武、鍾繇、梁鵠諸君後先繼起，然總與永元作《説文》時相去不遠，豈有同朝作書不識《説文》，反有藉於千百年後之駮正者？夫金石所傳，漢唐一體，固已可信，况當時拆字如吴薛綜拆吴字云：無口爲天，有口爲吴。則古吴是吴非吳。後魏孝文拆習字云：三三横，兩兩從。則古習是習非習。即此可觸類見也。

《通韻》之言是也，然尚有確然可據者。《光武本紀》《即位祝文》引"讖記"曰："劉秀發兵捕不道，卯金修德爲天子。"《王莽傳》："莽以劉之爲字爲卯金刀，乃去剛卯除金也。"是漢之國姓明作劉矣。許叔重，東漢人，其作《説文》豈偏忘國姓耶？抑國姓不當載耶？乃《説文》有鐂字无劉字，則《説文》之爲篆作而不爲隸作昭然矣。路史等書乃必據《説文》謂卯金刀爲訛字，則漢國姓不應訛，楷字即始行於漢，何以訛？蒼頡作字，原重轉注假借，而楷書亦然。如麋本鹿屬，而景君碑銘麋壽即爲眉壽，張表碑以畔爲盤，楚相碑以波爲陂，魯峻碑以羲爲我，而《左傳》"蛾析"、《戴記》"蛾子"時述皆蟻字。升登可爲豆登，乾陽即是乾燥，是一字數音數義也。他作佗，又作它，儨鬻粥皆鬻，無无橆皆無，《爾雅》弘宏溥憮厖丕洪假碩訏皆訓大，允孚亶展誠諒詢諶皆訓信，是或數字而一音，數字而一義也。大約不離轉注假借者近是。後人不知，續鳬截鶴，亦何爲哉？

其失皆由誤以《説文》一篇爲楷書設，而又考古不深，驚駝腫背，且加以好异之心，自謂英雄可以欺人，如謂四當用亖，與於作於，申作申，邦作邦，皆好怪耳。古參無叅。《唐扶頌》參作叅，楚相碑驂旁作叅，郭君碑驂旁作參，則古叅參通用。又如謂伏羲非羲當作虧，盈虧字《周憬銘》《老子銘》即作虧，《正譌》乃謂虧別一字，虙虧，古聖人名，作伏羲，非人之訛耶，抑自作妄耶。妹喜非妹當作妺，路史《注》曰：妹喜即妹字。作妺音末，訛也。敷陳非陳當作東，按楊統碑作陳，何君閣道魏大饗碑皆作陳。甚至如謂武侯綸巾非綸字而僞作一緸，楊慎所造。《史記》邦福非福字而別作一福。後學不能遠考，遂爲所愚。以舉世傳習之字根柢古人者，妄詆妄作，妄哉！

文字之行於今者莫如楷，而楷實始於秦時王次仲、程邈。邈造隸書，而《淯化帖》首有邈"天得一以清"楷書一則。周興嗣千文曰：杜藁鍾隸。孫過庭《書譜敘》曰：元常專工於隸書，伯英尤工於草體，二美王逸少兼之。是楷書即隸也。若八分，則蔡琰述父邕云：割程邈隸八分取二分，割李斯篆二分取八分。今世所在漢刻，去篆頗遠，而與今楷書强半相合，字畫與今真字多同，但晋唐加以風神，宋明更趨嫵媚，形槪少异耳。蓋爲八分者僅一二，而爲楷書者七八也。

今人誤合八分與隸爲一，自宋始。則東魏大覺碑曰：隸書今楷字也。唐張褱瓘《書斷》云：蔡邕八分入神，隸入妙。唐六典校書郎正字所掌字體有五：一古文，二大篆，三小篆，四八分，五隸書。豈未聞歟？

然則論楷者漢刻可據矣。如舍，魯相瑛置孔子廟卒吏碑作舎；世，孔宙碑作丗；謙，魯相晨孔子廟碑作謙；此，亦作𠮦；所，亦作𠩄：則均爲古字，不可訕詆。何者？楷書始於秦而成於漢，秦漢乃造楷者也。今以作楷者爲有訛，則楷之不訛者屬誰哉？故今辨書惟以古人金石爲斷，凡金石所有者，皆不以爲訛，无者乃以訛論。如叁字之類。

且當日制楷之初，以秦時文牘繁賾，務趨簡略，以便易成。結繩變而爲文字，大篆變而爲隸楷，天地自然之勢也。是隸書原貴省約，故漢隸爵省爲时，鶴省爲隺，况梁庾元威作《書論》，載隸有十餘種，則隸或轉變，或通同，本不一致，必欲一概而齊之，可乎？

體勢訓詁聲韻皆所當講，但幼學難以猝盡，今先略辨體勢，而餘俟以漸及焉。

今固專用隸，而篆乃隸之濫觴，姜堯章、劉青田皆謂學者須略考篆文乃可成書，故亦載大概於左。

試看奉奏春桼泰
隸首雖同篆不侔文市方
言交永主雖將點畫一般求
兼幷旣不同前首
美益何堪比屰○魚戟酉合辨業
糞身全異翼當知差首亦殊羞
應鹿有頭非是广○音儼岳
兵同首不同丘退遨盡向
彳○尺音旁取廿曰皆从口內
求夔形御自猱生角牛字非因

午出頭若解活甜難共舌○
活字當從𠯑方知屆宙不同由由○屆字從凷旣
解黑頭非是里里乃知熏首亦非
重當知鼓字非雙克須記轉
曹頭用兩東擄畔用雩非用夐
慮彌旁从長不从弓智
知不可文通用好好○去聲元來字不
同律旁有隶○音律元非聿騂
畔从華○音昔不是辛合省譏旁難比
革當知暢畔不全申楚

疏用疋元非足 足 弃 育

从𠫓云。音突 不是云 云 粦頭非米

米 炎爲正肩下如肖 肴。

音是眞冂 几但分形濶狹玉 王

朌 惟辨畫稀勻朩旁从水通爲濟。

王 水名 敬下从山即是岻 句

勻 勺背龖俱異旬 今 軍

頭反一如恆近於桓非共亙

没幾於役不同殳 雩旁著

木翻成榫 木畔从虖始是

樗 隶 桼 責 青頭並

異張 辰 畏 展足皆殊

臭音下没切米 本 分㬥 暴暴虐也

黍旁占 古别黏 黏

胡後人别作粘糊贊 華 替 替替七感切頭

並異壺 壼 壹 橐首皆殊

布用父頭難比有 具因

廾音拱足不同其 手旁用石

通爲摭拓仝足畔从奇即是踦

霸 朋 明 胡 服旁皆異

要賈槊垔首欲迷日
日畔从王王非是旺旺口口旁从
帝不成啼啼休言去去去皆从土
土莫道封封封封盡屬圭圭溺字
却从入入畔水水洗洗時還用水水
邊西西額額旁用各各非从各各
盼盼畔从分分不是兮兮攜攜本用
巂音規非用儁俊仝鐫鐫還从雋
不从巂巂金金旁用廣廣非爲礦楷鑛
横一字土土畔从隹隹不是𠂤𠂤楷作堆薪

柴柴便可爲營柴寨禾稽蘇音夏還堪作豆
稽稽虫虫在叉叉爪仝間元是蚤蚤
貍貍藏艸艸下即爲艸貍埋邑邑內
共共行方是巷巷木木邊从寸寸不
成村村日日落艸茻茻音莽中元是莫暮
泉泉流厂厂呼旱切下即成源源火火
旁从耎耎奴亂切方爲煗煗煖仝火火畔从
爰爰却是煖暄相渣查只用木木
旁且且蘊蘊蘊惟從艸艸下溫溫
狹狹用阜阜旁非用大大寬寬非从

莧卻从萈 萈音丸山羊 綵採只須从獨采

襴攔皆合用單闌 闌 戉 戊 與鉞同 微差

難比戌 戌 干 干 亐 于 略異不同千 千

心 旁用卤 卤 方成悤 悤 目 目 眸从

冥 卽是眠 眠 金 金 本 本 既然難作

鉢 止 止 舟 舟 何爲卻成前 前

舄 文亦可通爲舄 鵲 鵲 字原來卽是鵲

雋 三隹 隹 音追 有木方成集 集 三犬 犬 無風

猋 亦是犬犬 猋 音標 霩 廓 文卻用雲頭郭 郭 廓

寥 字翻从广 广 下膠 膠 卡字單行通作朮

茉 卡頭加草卻成茉 菽 卽椒 鈔 抄 時只用金

金 旁少 少 隓 字惟從阜 阜 畔多 多

㠯 女 女 从叜 叜 婁 婁 般 般 从女

女 始成婆 婆 駝 字从人 人 非用馬

馬 它 蛇 亠 虫 音悔 爲它 他 作 做

時寫出還同作 作 衮 衰 字書成卻是衮 衰

登 登 發 發 有頭殊祭 祭 詧 詧 麥

慶 塵 塵 同首異庚 庚 唐 唐 非 非 來

网 网 下非其皐 罪 女 女 向良 良 邊无

此孃 娘 糸胄 胄 自然殊甲胄 冑 行賣

商自合異宮商商卒也但从衣衣褢覜

音有頭皆非立聖呈同足各非壬

友兮難向犮音祓中尋夾音閃

壬水旁从允方爲沇水畔从

夾微差分陜陝巠坙略異別

占乃曰添入足八口台頭方作兌

涇淫櫂俗作棹還从水非从

兌雨頭添足始爲霑應記

木叙本同叉不用金須記

嘆旁當用水須知飲畔合从會

黍黎背用水當知恭

黍各从心歷頭莫以秝音歷爲

㭬音派沓七感切上非从外作㭬

栗栗似西元是鹵音酉𣡕音頡

麻从林不从林音

右《經世實用編》"篆法歌",今節録之,使後學粗識古篆遺意,亦以見篆楷不同有如此者。今人以篆律楷,又或附合楷之偏旁遂以當篆,皆不知而作者也。

《正字千文》

此文多據宋後諸字書訛説,反以不訛者爲訛。愚歷辨之,但童穉難以盡考。先登數條以例其餘。館舘訛。鋪平聲轉去聲,舖訛。囱窻同,又音聰。竈囱。撑西西訛。厨厨訛。北北訛。牖牖訛。廪廪訛。倉告牛口會意。衍衍訛。鄰邦邦訛。外廄廐訛。

按館亦通管。聘禮:管人布幕於寢門外是也。《正字通》曰:館舘通,客舍從舍,義通。官制:古史舘、昭文舘、集賢院爲三舘,直舘直院曰舘職。舊韻書从館廢舘,非也。據此,則舖肆作舖亦可。《老子銘》作西牖,婁壽碑作牖,牖本墉字。古室南牖北牖,惟亡國之社北牖。朱子《注》"伯牛有疾章"有北牖,豈以牖牖通用耶? 耿氏鐙造夏承碑,皓旁皆作告,袁良碑作秏,《正韻》作厩。

賓賔訛。朋朋通。群宦宦訛。矦侯訛。候候訛。霸覇訛。王中畫近上。嬰嬰訛。兄哥哥訛。弟軍从包。隸隸訛。蠻蛮訛。羌羗羌俱訛。

按:劉熊碑縮旁作賔。石經《尚書》作朋。孟郁碑作宦。韓勑碑陰作矦。《正字通》候候通。王之中畫近上,謂别於玉字之三畫均耳。隸既加點爲玉,則王中畫不必近上也。漢隸如《老子銘》等皆不近上,況字書如《精藴》《正字通》諸編,或曰當近上,或曰不當,則其説孰是,舉置之可也。劉寬碑作隸,繁陽令碑作隸,《正字通》作隸。郭旻碑作蠻,衡方碑楊信碑俱作蠻。

寇冦訛。冠冠冠訛。須湏音會,頮同。纆音禪,从里八。纆音墨,兩股黑索。攲音欺,傴也。欹音衣,嘆美。婬淫同,諧壬。媱音謠,美好。穴繁穴。穴巢穴。望仰望。朢朔朢。菑灾栽同。菑同淄。

按:《正字通》,須即湏,俗書無二字。校官碑作纆,石經《魯詩》作纆,不必從里八也。日月相望曰朢,因之爲瞻望期望之義,强分爲二,非也。《通雅》已有辨。菑菑一字两寫,菑畬菑害,一字两聲。

壯壻婿訛。墫音存,舞貌。莊毒俱士類。穎諧頃,从禾,頴訛。敏潁諧頃,从水。濱,并無"頴"字。

按《通雅》曰:《説文》墫墫從士,乃許氏臆造之説。自監本《爾雅》及王氏《詩考》,陳氏《九經考异》,《詩》"墫墫舞我",并从土,無從士者。繁陽碑作穎,郭仲奇碑作頴,漢人通字而云無之,非少見多怪歟?

巳生汜、祀，己生忌、記，马音菡，義同。生氾、泛同犯。巳生异、音意，舉也。配。按漢隸惟張壽碑記字从己。《老子銘》祀。城垻碑犯从巳。高頤碑配、大饗碑氾皆从已，然范式碑熊君碑范範从已，張納碑陰、孫根碑陰范範从巳，蓋古皆通用也。又毛氏曰：陽氣生於子，終於巳。巳者，終巳也。則巳止巳午本一字。

𦫳音拐頭非卄艸。夢下字皆从𦫳。蔑蔑訛雚萑音桓，鴟類。芊音米，楚姓。芉羊通敬敬訛備蒦音約商度繭苟音急，敬旁从此。苟且字上从艸。莧音丸，山羊與莧菜字别。

按：《説文》萑鳥從𦫳，萑草從艸。然《爾雅·釋草》萑訓蓷：夏小正萑未秀爲菼。而《釋言》曰：菼，騅也。菼，薍也。則萑草萑鳥一字兩稱，不必分。備，漢隸作備。苟訓且，訓誠。《儀禮》賓爲苟敬。《注》訓小敬。則敬傍從苟，未爲不可，而必牽引篆文別作萮萵以趨險僻，何爲者？《易》"夬"之九五：莧陸夬夬。宋衷曰：莧，莧菜。《孟喜易》曰：山羊。蓋"夬"乾上而露兑，羊之角有似莧甲，是稱菜稱羊原通，一字矣。

書法百例歌

寰宇官宦，天覆者，上寶蓋欲覆盡其下。堅臺塹盥。地載者，下玉案欲載盡乎上。其典异興，其脚之點宜上闔而下開。曾義養善。曾頭之點須上開而下闔。周用岡同，直方者喜四直而寬大。田曰四面。短方者貴兩肩而平開。志心必恩，横戈之戈猶嫌挺直均平。戎成武戰。從戈之戈但怕彎曲力敗。即觀紅軸，讓左者左昂而右有謙退之象。鳲矯晴煉。讓右者右聳而左有顧遜之儀。御謝樹爈，三匀立中爲主，左右輔弼之分。體雖韓願。分疆平分，兩體相對，賓主之讓。童素累意，三停者分爲三截，量其疎密而布置均停。鑾嚮留宴。二段者分爲兩半，較其長短而微加饒減。道是建之，横波之波先須拓頸開胸。尺臾吏便。從波之波惟喜攢頭收尾。此毛七也，斜勒者平則無勢三云去衎。平勒者斜則失威。支天父文，承上之撇宜令下又上應。秦琴各券。趆下之撇所貴兩邊平展。皁蕭辜貞，伸頭之畫務須合乎一家。鷹馬鳥鴈。屈脚之勾更要尖包二點。風氣鳳飛，從腕之腕宜婉曲而最嫌雀膝。元光尤見。横腕之腕貴圜整而專忌蜂腰。肅冡既履，藏頭頭藏乎内務要謹嚴。雁考準電。露尾尾露其中須求轉摺。仁恤把階，左垂者右不得用長。升卿拜弁。右垂者左宜乎用短。品磊轟森，堆者重叠處以補至均。鬱靈醲灘。積者繁紊中而取端整。外八入乙，偏者還須偏稱。懸樂辔戀。圜者定喜圓圜。朋勿乃刁，斜者雖斜其中要取方正。主中正貫。正者已正四方無使餘偏。哥昌多棗，重者體長不必書大。竹林赫蒜。併者兩伴不可太寬，又曰右必用强。自丹耳目，長者元不喜短。白十工佃。短者切莫貪長。總齋繡彌，實字當實，減則定醜。代沔門幻。虚字本虚，填者難觀。省老者身，横撇宜長短則無勢。尹户居岸。從撇須健，濁反不靈。又曰忌鼠尾。夏麥及友，重撇先後尾分彎直。修鬚形彦。聯撇上下頭擺齊，平謂下撇首按上撇胸也。江海洪流，散水者下點趯在首點之旁。涯漏瀝澮。聚水者下點挑入首點之末。受采奚爭，攢點點皆朝向。照然無燕。排點點用變更。單畢年軍，中監不可垂針，違之字不穩重。車申巾串。垂針不宜中竪，犯者字少精神。爪不介川，踈排擞畫，均匀擺列。鼉繼纏醺。慎密横竪，錯綜安詳。可亨亡事，上寛者下面難大，惟長稱則妙。羨卷蠹扇。下寬者上頭本小，獨密搆爲佳。師巧野明，上平之法則首齊。敘朝獻劍。下平之法則足等。婁妻喜筆，讓横者横宜長而勿担。華州平半。讓直者直宜正而勿偏。柰禁埜懋，當減勾者不減則重勾无體。癸食炊賛。當減捺者不減則重捺難觀。禦察余小，緊勾上下大斜勾須勾點之中。熟杭勢竄。硬勾左右不歪勾要勾身之硬。鴉鳩輝頪，屈勾屈而讓右。貳民魁勉。伸勾正以朝天。句匀勺勾，勾裹之勾不宜用努，若勾努最難布置。菊萄蜀絢。勾努之勾不宜勾裹，若勾裹中不方圓。龍孔張服，背者固反，脈絡自然貫通。好妙飭冠。向者雖迎，手足亦須迴避。日厶口幺，小者貴乎豐嚴。囊橐璀璨。大者妙於攢簇。

把　筆　法

先當身正次手直，肘腕用功肩臂力。虎口鳳眸形勢具，把欲堅兮掌欲虛。

右訂之姜立綱者。

永字八法

側丶　勒一　努丨　趯亅　策㇀　掠丿　啄㇒　磔㇏

顔魯公《八法頌》曰：側蹲鴟而墜石，勒緩縱以藏機。努彎環而勢曲，趯峻快以如錐。策依稀而似勒，掠彷彿以宜肥。啄騰淩而速進，磔抑昔以遲移。

柳子厚《八法頌》曰：側不貴卧，勒嘗患平。努過直而力敗，趯當存而勢生。策仰收而暗揭，掠左出而鋒輕。啄倉皇而疾罨，磔趯趞音鵲，行貌。而開撑。

小學稽業·卷三　終

小學稽業·卷四

計

九　九　數

一一如一。　一二如二,二二如四。　一三如三,二三如六,三三如九。　一四如四,二四如八,三四一十二,四四一十六。　一五如五,二五一十,三五一十五,四五二十,五五二十五。　一六如六,二六一十二,三六一十八,四六二十四,五六三十,六六三十六。一七如七,二七一十四,三七二十一,四七二十八,五七三十五,六七四十二,七七四十九。　一八如八,二八一十六,三八二十四,四八三十二,五八四十,六八四十八,七八五十六,八八六十四。　一九如九,二九一十八,三九二十七,四九三十六,五九四十五,六九五十四,七九六十三,八九七十二,九九八十一。

算盤九九上下法

一遍

一上一。二上二。三上三。四上四。五上五。六上六。七上七。八上八。九上九。

二遍

一上一。二上二。三下五除二。四下五除一。五起五成一十。六起四下還一成一十。七起三下還二成一十。八起二成一十。九起一成一十。

三遍

一上一。二下五除三。三上三。四起六成一十。五上五。六上六。七起三下還二成一十。八起二成一十。九起一成一十。

四遍

一上一。二上二。三上三。四下五除一。五起五成一十。六上六。七起三成一十。八起二下還三成一十。九起一成一十。

五遍

一下五除四。二起八成一十。三下五除二。四起六成一十。五上五。六起四下還一成一十。七上七。八起二下還三成一十。九起一成一十。

六遍

一上一。二上二。三起七成一十。四下五除一。五起五成一十。六上六。七起三成一十。八起二成一十。九起一下還四成一十。

七遍

一上一。二下五除三。三上三。四起六成一十。五上五。六上六。七起三下還二成一十。八起二成一十。九起一成一十。

八遍

一上一。二上二。三下五除二。四下五除一。五起五成一十。六起四下還一成一十。七起三下還二成一十。八起二成一十。九起一成一十。

九遍

一上一。二上二。三上三。四上四。五上五。六上六。七上七。八上八。九起一成一十。

乘法歌

单位曰因,位數多曰乘。

下乘之法此爲真,起手先將第二因。三四以下都乘遍,卻將本位破其身。

因法　如有銀一百二十三兩四錢,每銀一兩糴米二石,該米若干?　法:置銀於左爲實,以每銀一兩糴米二石,置二於右爲法,因之得米二百四十六石八斗。

乘法　如有銀同前,每銀一兩糴米二石五斗,該米若干?　置實同前,右置二五爲法,乘之,得米三百零八石五斗。

九歸歌

一歸不須歸,其法故不立。

二歸　二一添作五，逢二進一十。

三歸　三一三十一，三二六十二，逢三進一十。

四歸　四一二十二，四二添作五，四三七十二，逢四進一十。

五歸　五一倍作二，五二倍作四，五三倍作六，五四倍作八，逢五進一十。

六歸　六一下加四，六二三十二，六三添作五，六四六十四，六五八十二，逢六進一十。

七歸　七一下加三，七二下加六，七三四十二，七四五十五，七五七十一，七六八十四，逢七進一十。

八歸　八一下加二，八二下加四，八三下加六，八四添作五，八五六十二，八六七十四，八七八十六，逢八進一十。

九歸隨身下，逢九進一十。

歸除　單位用歸，位數多則用歸除。

數有歸除法爲奇，將身歸訖次除之。有歸若是無除數，起一還將原數施。一歸起一下還一，二歸起一下還二，以至九歸起一下還九皆同。若遇本歸歸不得，撞歸之法最爲宜。一歸見一無除作九一，二歸見二無除作九二，以至九歸見九無除作九九皆同。

歸法　如欲糴米二百四十六石八斗，每銀一兩糴米二石，該銀若干？　法：置米全數於左爲實，以銀一兩糴米二石爲法置右，用二歸歸之，該銀一百二十三兩四錢。

歸除法　如欲糴米三百〇八石五斗，每銀一兩糴米二石五斗，該銀若干？　置米全數於左爲實，置二五於右爲法，用二歸歸除，該銀一百二十三兩四錢。

今有銀二百六十五兩三錢二分，十六人分之，每人該銀若干？　以一六爲法歸除之，每人得銀十六兩五錢八分二釐五毫。其中撞歸起一還原俱用。

歸因總歌

歸從頭上起，因從足下生。逢如須隔位，言十在本身。又曰：分總之法歸除用，撮總之法即用乘。

加減歌　因乘歸除遇法首位有一數者用之。

加法仍從下位先，如因位數或多焉。十居本位零居次，一外添如法莫刊。

減法須知先定身，得其身數始爲真。法中有一何曾用，身外除零妙入神。

如有銀十二兩五錢，每兩易錢一千二百五十，加之即得總錢數。由總錢數減之即得本銀數。

加法置總銀爲實，以每兩錢數爲法，先從下位加起，不動本身，亦不算法首位。呼二五一十,十即加五下。呼五五二十五,加五次位三位。又呼二二如四,加二次位。二五一十,亦加二次位。又呼一二如二,加一次位。一五如五,加一第三位。得總錢十五千六百二十五文。

若減則從總錢上位減起。呼一二減次位二,一五減三位五,則二位得三矣。若以三爲本身不動,則下無可減,乃以二爲身,呼二二如四,減本位一去四,下位添六。又呼二五一十,下位減一十,則三位得六矣。若以六爲身,則二六一十二。法有曰:十減本位零減次。本身減一不成六矣,故止呼二五一十,減本身一。又呼五五二十五,減下位,盡得本銀十二兩五錢。蓋加即乘法,減即歸法,而不動本身尤捷也。此法置本銀用八歸,亦得總錢數;置總錢用八因,亦得總銀數。蓋錢一千二百五十得銀一兩,乃爲錢一千得銀八錢,故又可用此法也。

定 位 歌

數家定位莫差池,因乘每向下位推。加減只須認本位,歸與歸除上位施。法多原實逆上數,位前得令順下宜。法少原實降下數,法前得令逆上知。

如前銀一百二十三兩四錢,乘得米三〇八五。右法是銀一兩所糴之米數二石,五斗則從實百上順數至兩。兩下一位定法首石,由石逆數陞至所算成首位是百,則爲三百〇八石五斗。所謂因乘每向下位推也。

如前米三百〇八石五斗,歸得銀一二三四。右法是銀一兩所糴之米數二石,五斗則從實百上順數至石,與法石對。石上一位定兩,由兩逆數陞至所算成首位是百,則爲一百二十三兩四錢。所謂歸與歸除上位施也。又法曰"法少原實降下數,法前得令逆上知"亦此。

又如:銀二千兩,五萬人分之。法用五歸。五二倍作四,則以每人分銀千上定人,逆上數對法萬人,止萬前一位定實,銀千數順下,數至千兩本位得分,爲每人四分。是亦歸與歸除上位施也。又法曰"法多原實逆上數,位前得令順下宜"即此。

如:五萬人,每人出銀四分,即以四爲法乘之。五四二十,則從萬人向右順數至人位,人下一位定法分,從分向左逆數至本實萬人位爲千,得共出銀二千兩,是亦"因乘每向下位推"也。

如前:銀十二兩五錢,每兩易錢一千二百五十,則加總銀之兩即定千,減總錢之千即定兩,所謂"加減只須認本位"也。

九 章 算 法

方田

丈量地畝總歌

五尺爲步，二百四十步爲畝，三百六十步爲里。

古者量田較闊長，全憑繩尺以牽量。一形雖有一般法，惟有方田法易詳。若見喎斜併凹曲，直須裨補取其方。卻將乘實爲田積，二四除之畝數彰。

飛歸見畝歌即二四歸除

地有中一闊者倍之，尺寸俱倍。見一加三隔位四，見二加六隔位八，見一爲五下除二。添一除二四，添二除四八，添三除七二，添四除九六。

如：有地長二百四十〇步四尺，南闊十步，中闊十一步，北闊十三步三尺，田若干？

法：置長二百四十〇步四尺於左，置闊於右，用四歸，得十一步四尺，乘長步，下一位定闊首十，得積二千七百四十〇步五尺六寸，飛歸百上一位，定畝得田十一畝四分一釐九毫。

建標方田法

每千步爲大方，方角立大標竿。百步爲小方，方角立小標竿。南北東西以針盤引繩準之，不使一毫參差。大方積百萬步，在今法當田四十一頃六十六畝一百六十步，在古法古以百步爲畝，三百步爲里當田萬畝。小方積萬步，在今法當田四十一畝一百六十步，在古法當田百畝，《孟子》：方里而井。井，九百畝，九小方也。不用量算已有定數。其間有山林川澤不毛之地另算除之。若山河不可立標者，有前後左右標竿可以相準，不立亦無妨也。

量 田 又 法

海剛峯令民以灰畫地而數其眼，五尺爲一眼，一眼爲一步，二十四眼爲一分，二百四十眼爲一畝。謂之痴算。使人皆可曉然。用棕網爲尤捷。以棕繩結網,每五尺爲一眼。細劈鵝毛管爲絲少雜其中,則陰晴如一。鋪地算之,雖尖斜畸零皆了然也。

右二條陸道威《思辨録》。

數學測量天地,推算日月,區畫山河,指數今古,極天下之變者也。幼學恐未能盡諳,故九章惟登方田大略,以下粟布衰分少廣商功均輸盈朒方程勾股,各有成法,學者以次考而習之可也。

小學稽業·卷四　終

小學稽業·卷五

《内則》曰:"十有三年,學樂誦詩舞勺。"

學　樂

《虞書·舜典》帝曰:"夔,命汝典樂教胄子。詩言志,歌永言,聲依永,律和聲,八音克諧,無相奪倫,神人以和。"

《益稷》帝曰:"予欲聞六律五聲八音,察治忽,以出納五言,汝聽。"

孔《傳》曰:"以六律和聲音,察天下治理及忽怠,以出納仁義禮智信五德之言,汝當聽審之。"孔《疏》曰:"察治忽者如《詩序》,言治世之音安以樂,其政和,亂世之音怨以怒,其政乖也。"《周禮》:大師文之以五聲:宫、商、角、徵、羽。播之以八音:金、石、土、革、絲、木、匏、竹。《國語》陽律六:黄鐘、太簇、姑洗、蕤賓、夷則、無射。陰律六:大吕、夾鐘、中吕、林鐘、南吕、應鐘。共十二律。惟言六者,陰統於陽也。

《竟山樂録》曰:五聲,五層聲音也。以人聲凖之,則喉、齶、舌、齒、脣也。然五聲内有二變,又謂之七聲:宫、變宫、商、角、徵、變徵、羽。《國語》伶州鳩曰七律,《漢書》曰七始,即今七調也。

又曰:商角徵羽宫相連甚親,宫商、徵羽相连頗疎。而疎之中又各有一聲。然細玩之,宫商之間一聲,猶宫聲也,徵羽之間一聲,猶徵聲也,故謂之變宫、變徵。亦以人聲凖之,喉齶齒脣相接頗遠,是中有一音也。南曲聲舒和則可越此二變,而宫商徵羽相接,北曲聲激切,則用二變接續。然南曲雖不用二變,而有時起音即在宫之下商之上得聲,則即從此聲始爲宫。其徵之下羽之上亦然。故南曲不用二變聲而有二變調也。

今器色,四乙上尺工凡六,即宫變宫商角徵變徵羽也。《楚辭》大招曰:四上競氣極聲變只。則周末已有此名矣。

十二律則十二聲也。七聲已盡而又曰十二聲者，以一人七聲低，一人七聲高，一時七聲低，一時奮激七聲高，則高者較低者或高一聲二聲，不能限爲一定之七聲矣。如此人之喉齶舌齒脣，高於彼人之喉齶舌齒脣一倍兩倍，固有之也。然七聲上再加五聲爲十二聲，而或高或低者以盡，故止於十二律。

《論語》子語魯大師樂曰：樂其可知也。始作，翕如也，從之，純如也，皦如也，繹如也，以成。

始作，樂初合也。翕如，言人聲八音相比而起也。翕，動也，合也，聚也，惡伏惡缺惡散也，從之則大作矣。純如，清濁高下遞接圜轉如五味之相劑也。皦如，抗隊曲止倨句爲言爲永分明也。繹如，繹，抽絲也，纍纍乎貫珠之象也。以成者，或六成，或九成，悉準乎是也。

子曰：師摯之始，關雎之亂，洋洋乎盈耳哉。

孟子曰：師曠之聰，不以六律不能正五音。又曰：聖人既竭耳力焉，繼之以六律正五音，不可勝用也。

五音高下，方聲人聲，原自不一，以六律節之，聽其從何律起，至何律止，則知爲低五音，或高五音，或至高五音，此調不得侵彼調，而音以正，正則和矣，故《書》曰"律和聲"。

按經書言樂皆以聲音，皆用耳力，無計數者。自《管子》言五音之數，《史記》因之，又言十二律之數。然其言并非定辭，如云七十二以爲商，八九七十二，正太簇也。而言十二律又曰太簇七寸七分二角，推之他音律皆然。劉歆《條奏篇》云：一曰備數，二曰和聲，三曰審度，四曰嘉量，五曰權衡。以爲備數既得，可以爲律度量衡四者之用，非謂數即聲也。故《史記》以律數通於歷，而別作"樂書"。與前《漢書》"律歷志"、"禮樂志"兩分者正同。其非以律數即爲樂可知矣。蔡元定乃誤宗之，起一積萬，以爲最密。而朱子謂其并不能彈琴，則其所謂律吕安用哉？樂安在哉？鄭世子曰：經有聽律之文，無算律之説，律由聲制，非由度出。亮哉言乎。

傳黄帝制十二筩，蓋謂十二聲，由低而高，出之人聲，測之器色，尚需聰聽。若管有長短，則音有高下，凡有耳者，皆可辨也，故以此象之。然前此伏羲作，立本斷無，無清濁高下，而可爲樂者，則伊時十二聲已具矣，而不聞有十二筩也。故《月令》章句云：律者，率也，謂高下之率法，非用十二管以爲樂也。至今作樂亦無用十二管者，而必累黍尋尺，互爭莫决，何爲哉？至於配五行，參五事，分十二月诸論，亦屬旁證餘義，若刻執此類，遂以爲知樂，亦非也。

《孟子》曰："今之樂猶古之樂也。"

古人所謂鄭聲淫，商紂靡靡之樂，皆以其樂章與樂聲多淫蕩不雅馴耳，非謂五聲十二律有踰軼也。即如今世，北曲不同南曲，南曲不同小調，然工尺七調無弗同也。使有出於七調之外，則七調可廢矣。使七調出於古所傳五聲十二律之外，則制樂者必非聖人，而五音十二律亦可廢矣。辟之衣冠，古爲纚縰，今爲幧幘，古爲縫掖，今爲襴衫，以至各代各异，然冠制以覆首，衣制以稱身，無弗同也。使此制有不同，則制衣冠者尚可爲開物成務之聖人哉？

《孟子》"今樂猶古樂"，乃深明樂理之論也。

六律正五音圖

宮音南曲不用二變音，無宮之變宮一調，下六調皆然。詳見《學樂録》。此調不用乙凡。

低四以次上

角	商	（變宮）	宮	羽	（變徵）	徵
夾鐘	太簇	大呂	黄鐘	蕤賓	中呂	姑洗
尺	上	乙	（四）	六	凡	工
			林鐘			

高四以次下

右宮之宮黄鐘之宮一清

低乙以次上

夾鐘	太簇	大呂	黄鐘	蕤賓	中呂	姑洗
尺	上	（乙）	四	六	凡	工
		夷則	林鐘			

高乙以次下

右宮之變宮黄鐘之變宮二清

低上以次上

夾鐘	太簇	大呂	黄鐘	蕤賓	中呂	姑洗
尺	（上）	乙	四	六	凡	工
	南呂	夷則	林鐘			

高上以次下

右宮之商黄鐘之商三清南曲以此爲二清。他音同。

低尺以次上

夾鐘	太簇	大呂	黄鐘	蕤賓	中呂	姑洗
（尺）	上	乙	四	六	凡	工
無射	南呂	夷則	林鐘			

高尺以次下

右宮之角黃鐘之角四清南曲以此爲三清。

						低工以次上
夾鐘	太簇	大呂	黃鐘	蕤賓	中呂	姑洗
尺	上	乙	四	六	凡	（工）
無射	南呂	夷則	林鐘			應鐘
						高工以次下

右宮之徵黃鐘之徵五清南曲以此爲四清，調不及變徵，羽高而無清也。

變宮音南曲不用上六。《學樂》：調皆从中起，言旋宮亦中聲也。此以器色定字起，言旋宮有高下也，一也。

商　（變宮）　宮　羽　（變徵）　徵　角

		低乙以次上				
夾鐘	太簇	大呂	林鐘	蕤賓	中呂	姑洗
尺	上	(乙)	四	六	凡	工
		夷則				
		高乙以次下				

右變宮之宮大吕之宮一清

	低上以次上					
夾鐘	太簇	大呂	林鐘	蕤賓	中呂	姑洗
尺	(上)	乙	四	六	凡	工
	南呂	夷則				
	高上以次下					

右變宮之變宮大吕之變宮二清

低尺以次上						
夾鐘	太簇	大呂	林鐘	蕤賓	中呂	姑洗
(尺)	上	乙	四	六	凡	工
無射	南宮	夷則				
高尺以次下						

右變宮之商大吕之商三清

						低工以次上
夾鐘	太簇	大呂	林鐘	蕤賓	中呂	姑洗
尺	上	乙	四	六	凡	(工)
無射	南呂	夷則				應鐘
						高工以次下

右變宮之角大吕之角四清

低凡以次上

夾鐘	太簇	大呂	林鐘	蕤賓	中呂	姑洗
尺	上	乙	四	六	(凡)	工
無射	南呂	夷則			黃鐘	應鐘

高凡以次下

右變宮之徵大吕之徵五清

商音南曲不用尺四

（變宮）　宮　羽　（變徵）　徵　角　商

低上以次上

夾鐘	太簇	夷則	林鐘	蕤賓	中呂	姑洗
尺	（上）	乙	四	六	凡	工
	南呂					

高上以次下

右商之宮太簇之宮一清

低尺以次上

夾鐘	太簇	夷則	林鐘	蕤賓	中呂	姑洗
(尺)	上	乙	四	六	凡	工
無射	南呂					

高尺以次下

右商之變宮太簇之變宮二清

低工以次上

夾鐘	太簇	夷則	林鐘	蕤賓	中呂	姑洗
尺	上	乙	四	六	凡	(工)
無射	南呂					應鐘

高工以次下

右商之商太簇之商三清

低凡以次上

夾鐘	太簇	夷則	林鐘	蕤賓	中呂	姑洗
尺	上	乙	四	六	(凡)	工
無射	南呂				黃鐘	應鐘

高凡以次下

右商之角太簇之角四清

低六以次上

夾鐘	太簇	夷則	林鐘	蕤賓	中呂	姑洗
尺	上	乙	四	（六）	凡	工
無射	南呂			大呂	黃鐘	應鐘

高六以次下

右商之徵太簇之徵五清

角音南曲不用工乙

宮	羽	（變徵）	徵	角	商	（變宮）

低尺以次上

夾鐘	南呂	夷則	林鐘	蕤賓	中呂	姑洗
（尺）	上	乙	四	六	凡	工
無射						

高尺以次下

右角之宮夾鐘之宮一清

低工以次上

夾鐘	南呂	夷則	林鐘	蕤賓	中呂	姑洗
尺	上	乙	四	六	凡	（工）
無射						應鐘

高工以次下

右角之變宮夾鐘之變宮二清

低凡以次上

夾鐘	南呂	夷則	林鐘	蕤賓	中呂	姑洗
尺	上	乙	四	六	（凡）	工
無射					黃鐘	應鐘

高凡以次下

右角之商夾鐘之商三清

低六以次上

夾鐘	南呂	夷則	林鐘	蕤賓	中呂	姑洗
尺	上	乙	四	（六）	凡	工
無射				大呂	黃鐘	應鐘

高六以次下

右角之角夾鐘之角四清

低四以次上

夾鐘	南呂	夷則	林鐘	蕤賓	中呂	姑洗
尺	上	乙	（四）	六	凡	工
無射			太簇	大呂	黃鐘	應鐘

高四以次下

右角之徵夾鐘之徵五清

徵音南曲不用凡上

羽 （變徵） 徵 角 商 （變宮） 宮

低工以次上

無射	南呂	夷則	林鐘	蕤賓	中呂	姑洗
尺	上	乙	四	六	凡	（工）
						應鐘

高工以次下

右徵之宮姑洗之宮一清

低凡以次上

無射	南呂	夷則	林鐘	蕤賓	中呂	姑洗
尺	上	乙	四	六	（凡）	工
					黃鐘	應鐘

高凡以次下

右徵之變宮姑洗之變宮二清

低六以次上

無射	南呂	夷則	林鐘	蕤賓	中呂	姑洗
尺	上	乙	四	(六)	凡	工
				大呂	黃鐘	應鐘

高六以次下

右徵之商姑洗之商三清

低四以次上

無射	南呂	夷則	林鐘	蕤賓	中呂	姑洗
尺	上	乙	（四）	六	凡	工
			太簇	大呂	黃鐘	應鐘

高四以次下

右徵之角姑洗之角四清

低乙以次上

無射	南吕	夷則	林鐘	蕤賓	中吕	姑洗
尺	上	(乙)	四	六	凡	工
		夾鐘	太簇	大吕	黄鐘	應鐘

高乙以次下

右徵之徵姑洗之徵五清

變徵音南曲不用六尺

(變徵)	徵	角	商	(變宫)	宫	羽

低凡以次上

無射	南吕	夷則	林鐘	蕤賓	中吕	應鐘
尺	上	乙	四	六	(凡)	工
					黄鐘	

高凡以次下

右變徵之宫中吕之宫一清

低六以次上

無射	南吕	夷則	林鐘	蕤賓	中吕	應鐘
尺	上	乙	四	(六)	凡	工
				大吕	變鐘	

高六以次下

右變徵之變宫中吕之變宫二清

低四以次上

無射	南吕	夷則	林鐘	蕤賓	中吕	應鐘
尺	上	乙	(四)	六	凡	工
			太簇	大吕	黄鐘	

高四以次下

右變徵之商中吕之商三清

低乙以次上

無射	南吕	夷則	林鐘	蕤賓	中吕	應鐘
尺	上	(乙)	四	六	凡	工
		夾鐘	太簇	大吕	黄鐘	

高乙以次下

右變徵之角中吕之角四清

低上以次上

無射	南呂	夷則	林鐘	蕤賓	中呂	應鐘
尺	（上）	乙	四	六	凡	工
	姑洗	夾鐘	太簇	大呂	黄鐘	

高上以次下

右變徵之徵中吕之徵五清

羽音南曲不用四工。上七調共三十五調，南曲則二十八調。而羽調頂高多不用，故隋唐又稱二十四調。

徵	角	商	（變宫）	宫	羽	（變徵）

低六以次上

無射	南呂	夷則	林鐘	蕤賓	黄鐘	應鐘
尺	上	乙	四	(六)	凡	工
				大呂		

高六以次下

右羽之宫蕤賓之宫一清

低四以次上

無射	南呂	夷則	林鐘	蕤賓	黄鐘	應鐘
尺	上	乙	（四）	六	凡	工
			太簇	大呂		

高四以次下

右羽之變宫蕤賓之變宫二清

低乙以次上

無射	南呂	夷則	林鐘	蕤賓	黄鐘	應鐘
尺	上	(乙)	四	六	凡	工
		夾鐘	太簇	大呂		

高乙以次下

右羽之商蕤賓之商三清

低上以次上

無射	南呂	夷則	林鐘	蕤賓	黄鐘	應鐘
尺	（上）	乙	四	六	凡	工
	姑洗	夾鐘	太簇	大呂		

高上以次下

右羽之角蕤賓之角四清

低尺以次上

無射	南吕	夷則	林鐘	蕤賓	黄鐘	應鐘
(尺)	上	乙	四	六	凡	工
中吕	姑洗	夾鐘	太簇	大吕		

高尺以次下

右羽之徵蕤賓之徵五清。十二律律聲盡矣,四清五清清聲盡矣。

時用南曲七調譜與前六律正五音圖合

四字調 四上尺工六五上尺工工尺上四合工六尺六工工尺上四合工合四

乙字調 乙尺工凡四乙尺工凡凡工尺乙四凡四工四凡凡工尺乙四凡四乙

上字調 上工凡六乙上工凡六六凡工上乙六乙凡乙六六凡工上乙六乙上

尺字調 尺凡六五上尺凡六五五六凡尺上五上六上五五六凡尺上五上尺

工字調 工六四乙尺工六四乙乙四六工尺乙尺四尺乙乙四六工尺乙尺工

凡字調 凡四乙上工凡五乙上上乙五凡工上工乙工上上乙五凡工上工凡

六字調 六乙上尺凡六乙上尺尺上乙六凡尺凡上凡尺尺上乙六凡尺凡六

八　音

金如鐘鐸之屬,鐘以領樂,鐸以節樂,若歌鐘即編鐘則以倚樂。《詩》曰:"賁鼓維鏞即鐘,鏞鼓有斁。"是鐘鼓相配也。故先儒曰:"凡樂,先擊鐘,次擊鼓。"又《詩》曰:"鼓鐘送尸。"則樂後亦鐘鼓配奏也。

石有特磬,所以收樂,亦以節樂,有編磬則以倚樂。

土如塤缶之類,塤以倚樂,缶以節樂。

革如縣鼓應鼓拊鼗之屬。縣鼓大,以始樂,以收樂。拊鼗應小以節樂。孔穎達曰:"柷所以節一曲之始,其事寬;鞉所以節一唱之終,其事狹。"

絲如琴瑟之屬,以倚樂者。

木如柷敔舂牘之屬。柷以起樂,敔以止樂。舂牘,鄭世子《律書》曰:"猶今拍板也。"節樂之器。

匏即笙也,所以倚樂。

竹如管籥篪篴之屬,皆倚樂者。

簫

即今簫

篴

即今笛

色

樂器不能盡責幼時,故先録一二色如左。

下四孔俱放四五宫。下五孔俱放乙變宫。上一孔簫上一孔在背合四孔放上商。上一孔放尺角。下一孔即第六孔放工徵。下二孔放凡變徵。下三孔放六合羽。二孔合五孔六孔放仕。

笙　色

笙十七管而孔十三

按三七九孔四五。按二八孔一乙。按一十一孔上仕。按七十十三孔尺伬。按二六九孔工仜。按四五孔凡仉。按十十二孔六合。右大指管一四孔,食指管二三孔,中指管十三孔。左大指管五六七孔,食指管八九十孔,中指管十一十二孔。

琴　色

一絃宫,二絃變宫,三絃商見《孔門僉載》,四絃角《僉載》作羽,五絃徵作角,六絃變徵作徵,七絃羽作變徵。《孔門僉載》以七絃分七音而變宫在宫後,變徵在徵後,深合樂理。但又誤以四絃爲羽,故四絃以下部位少錯,今正之。實聲泛聲皆同。四清五清即同其弦,而聲加清焉毛河右言,一絃可兼正清。至於七音高下,隨變接逐,則大小間勾撮拂以及左手吟猱綽注皆可用也。實,右手彈弦,左手對徽按絃及木也。散,惟右手彈也。泛,右手彈,左手對徽點弦也。撮,食指挑,中指勾,二絃齊起也。拂,連滚數弦也。吟,得音摇動如吟哦也。猱,得音退而上,如猱升木抓拂也。綽，自下而上，注，自上而下也。左手按四絃，右手挑七勾四相應；按三絃，挑六勾三相應；按二絃，挑五勾二相應；按一絃，挑四勾一相應：皆於九徽，謂之大間勾。按五絃，挑七勾五相應；按四絃，挑六勾四相應；按三絃，挑五勾三相應；按二絃，挑四勾二相應；按一絃，挑三勾一相應：皆於十徽，惟挑五勾三則於十一徽，謂之小間勾。調絃取和音即以此。小間勾皆十徽，而三五獨在十一徽者，宫爲五音之君，商爲臣，逼近君位，故退一徽，不强而然也。舊以一絃至五弦分五音，六絃爲少宫，七絃爲少商，則宫商有清而角徵無清何以解焉？況漢儒如京房鄭康成等，皆言有二變音，何得去之？至有謂中絃象太極，餘六絃一絃分二律，則背誕矣。

十三徽，《闕里志》曰：象十二律法陰陽升降之自然也。餘一極清不用象閏也。

十三徽爲黄鐘，十二徽大吕，十一徽太簇，十徽夾鐘，九徽姑洗，八徽中吕見《經世實用編》，七徽蕤賓《實用編》作象太極，六徽林鐘作蕤賓，五徽夷則作林鍾，四徽南吕作夷則，三徽無射作南吕，二徽應鐘作無射，一徽極清無律作應鐘。《實用編》以十三徽分十二律，從左數起，甚是。但誤以七徽爲太極，故以下部位差。今正之。蓋天地之道，左爲陽右爲陰，十二律，古人原配十二支十二月，今以子丑寅卯辰巳居左，午未申酉戌亥居右，於理爲順。且以聲音實驗之，七徽至十三徽，一徽低於一徽，一徽緩於一徽；六徽至一徽，一徽高於一徽，一徽急於一徽。高急者居上，緩低者居下，其音昭然也。黄鐘本從左起，而一二之數乃自右者，歌之始者，則由下生節，以志數可自上計也。

《實用編》曰：十徽夾鐘象二月，九徽姑洗象三月，春和景茂，故其音獨爲和暢。

十三、十二、十一徽冲穆，十徽、九徽、八徽和暢，七徽宏大，六徽、五徽漸清，四徽以上更峻，至一徽則聲啞矣。樂之最高者亦歌不能及，俗謂嗄調，又謂煞調，故曰"餘一極清不用也"。乃誤者以七徽當太極，豈七徽可不用歟？

自岳至齦中分爲七暉舊以齦至七暉爲一準。自七暉至岳至齦又中分爲四暉七暉至四暉爲一準十暉。自四暉至岳，自十暉至齦，又中分爲一暉四暉至一暉爲一準十三暉。而一暉至四暉之四暉，與十三暉至十暉之四暉相對，四暉至七暉之四暉，與十暉至七暉之四暉相對，每絃出此十三暉，外泛取之，輒歇絕無聲，非天地之定數歟？何鄭世子謂泛音不足貴也。今世琴譜空彈不歌，乃隋唐道家所傳，非雅樂也。

正宫黄鐘調曲

此張采舒所授正宫黄鐘調也。就時下吹彈入門《柳青孃曲》以志工尺大概。但采舒宗五調，調絃法以三絃爲正宫，而又臆以上爲宫，故譜如右，其實上字起宫，乃商之宫太簇之宫也。

正宮黄鐘調曲

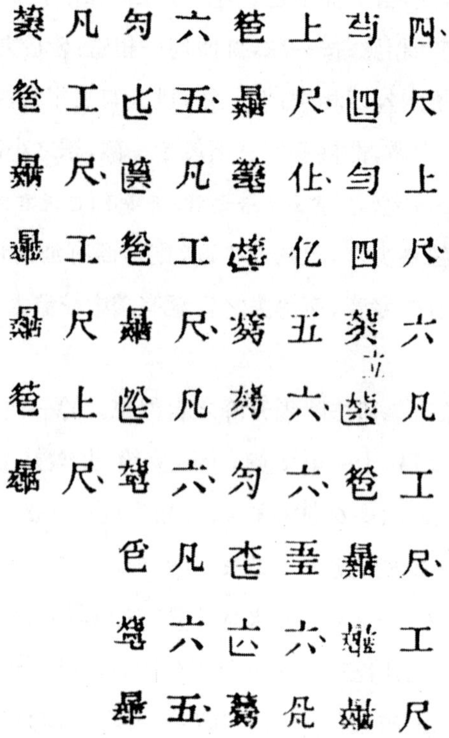

樂奏

古樂節次見於經者，《虞書》：戛孔《傳》櫟敔擊擊柷鳴球搏拊琴瑟以詠，古歌必比於樂器，無徒歌者，徒歌則曰謠。此堂上之樂也。下管鼗鼓合止柷敔笙鏞吹笙擊鐘以間，迭也。此堂下之樂也。《鄉飲酒》義工入升歌三終，即《儀禮》燕與《鄉飲酒》升堂歌。《鹿鳴》《四牡》《皇皇者華》，每一篇而一終也。笙入三終，即《儀禮》吹笙之人入於堂下，奏《南陔》《白華》《華黍》，每一篇一終也。間歌三終，即《儀禮》堂上人先歌《魚麗》，則堂下人笙《由庚》，此爲一終；又堂上人歌《南有嘉魚》，則堂下笙《崇邱》，此爲二終；又堂上歌《南山有臺》，則堂下笙《由儀》，此爲三終。合樂三終，即《儀禮》歌《關雎》《鵲巢》《葛覃》《采蘩》《卷耳》《采蘋》堂上與堂下樂并作，凡三次也。工告樂備遂出。此與《周禮》小師登歌擊拊下管擊應鼓，《文王世子》登歌清廟下管象舞大武皆同，全樂也。若鄉射禮惟有合樂，不升歌，不笙入，不間歌，又樂之略者。樂後又有合，語在旅酬時，如歌《清廟》則言文王清廟之德云，何是也。

毛河右先生答書時甲申年，先生八十二歲。曰：據問笙詩有詩，則鄉飲酒禮"笙入三終"，將以笙？笙詩耶？抑亦別有歌詩者而以笙應之耶？此問最善。從來辨笙詩未有辨笙其詩者。夫所謂笙詩有辭,謂笙必有詩,非謂笙詩之必有歌也。凡詩可以歌,亦可以笙,所謂笙詩有詩,謂笙詩之必可歌,非謂笙詩之必不可以笙也。蓋笙與箾與籥管四器皆主聲,詩皆應歌之器,皆在堂下,原無徒器者。但有歌而器,有不歌而器。其歌而器,如鄉射禮之工歌於上,而堂上堂下皆應之,即鄉飲酒之合樂是也。此有歌之笙也。不歌而器,如大射之管新宫,《文王世子》始養老之管象,堂下俱不歌,而但以管笙聲其詩,即鄉飲酒禮之笙入間歌是也。此不歌之笙也。是以《春秋傳》有歌鐘,即頌鐘。頌磬所以應歌。《周禮》有鐘笙,即笙鐘。笙磬所以應笙。夫笙又有應,則笙即歌矣。此如漢横吹,東西晋大角,皆用之軍中,并無歌工。而曲中有詞,如《上之回》《思悲翁》等,則豈有笙管而反無詞者?故往以不徒器折其無辭,謂不如步瑟調笙之憑虚作聲而無字音耳,非謂其有字而不歌也。若又問歌工上下多寡,則漢後歌工多而授器少,古則授器多而歌工少。即如鄉射一禮,或四工,則兩歌兩瑟,六工,則兩歌四瑟,而笙管之數不與焉。然而歌工必在上,即笙管鐘磬皆列堂下,而皆可以應其歌,是以合樂之法。工歌《關雎》,則堂上之琴瑟,堂下之笙管,皆群起而應之。其歌《葛覃》《卷耳》《鵲巢》《采蘩》《采蘋》皆然。舊注所謂合樂者,合金石絲竹以歌之。金石者,鐘磬,絲竹者,瑟與笙管也。乃孔仲達誤注《鄉飲酒》義,謂上歌《關雎》,下笙《鵲巢》以應之,則殊不然。來問所云各詩各章長短不齊,此明了之語,而孔氏未察也。至或謂歌工必堂上,則又不然。射禮至命射時,歌工皆遷堂下。而樂正命絃者曰"奏《騶虞》",則瑟工瑟《騶虞》以主鼓節,所云鲁鼓薛鼓者,是歌工琴瑟亦有時而居下。上下有尊卑,八音無貴賤也。又問歌必在前,舞必在後,特不知舞曲與歌曲同終,抑亦舞曲之餘又有歌曲,則有以舞曲終者。《春秋傳》季札觀樂,見四代之舞而即觀止是也。有以歌曲終者,《仲尼燕居》敘大饗之九節:以獻賓樂作爲一節;賓酢樂作爲二節;升堂歌《清廟詩》爲三節;下管象武,即舞也,爲四節;鄭《注》:武舞。夏籥迭興,謂以籥吹,又以籥舞也,爲五節;鄭《注》:文舞。薦俎而樂又作爲六節;將行,歌《采齊》七節;客出,以《雍徹》,以《振鷺》,八節、九節。是歌後有舞,舞後又有歌。況燕禮有無算樂,將歌舞迭更而無算數,即燕饗一禮且然,至於祭祀之徹饌送尸,其歌《雍》諸樂,皆在舞後,更無論也。若來書所録,琴色備正清於七絃十三玔中,雖與僕夙説稍未合,然故不礙聲律。餘來録《樂奏》《誦詩》《舞勺》《舞容》諸譜,俱見實際。餘不具。

誦　詩

勺《詩序》曰:酌告大武也。言能酌先祖之道以養天下也。

於平徐鑠揚歎王矩折師隊止永,遵平養徐時上永晦收。時串純平徐熙平永矣疾串,是發用揚大平句介平止永。我轉龍折上受平徐之收，蹻平串蹻上王揚抗之下。造平止嘆載串用轉有過嗣平永重一句音更清，實串維串轉爾平徐公上發允句師平永。

右一章八句今擬前四句作一解，後四句作一解。板也，即節也。

古歌樂失傳，不得已妄傚《樂記》上如抗下，如隊曲，如折止，如槀木，倨中矩，句中鉤，纍纍乎端如貫珠之言，及唐樂笛子譜，明陳白沙、王陽明歌詩法，臆撰如右。歌用宫調，五聲七聲皆可，以俟知者教正。

前儒律吕諸書及文廟樂，一字一音，或一字首尾共幾音，字字如一，無清濁，無高下，無疾徐，無節奏，則從古未有是歌，未有是樂也。

明寧府所纂唐樂《篴字譜》，今存宫調曲一首。

聞上尺道工六工尺上行工四人六工四至工四六工尺，妝工六梳工尺對六四鏡四工工尺臺四上尺上四六。泪四尺上四痕六工六四猶上尺尺未尺工尺上四滅工四四六工尺尺，笑工六工臉六工六四自四尺上上四然尺工六工工工開尺。

右以宫調合唐樂《歎疆場宫調曲》，謂之宫之宫黄鐘之宫。最高是鏡字，不過及伵字而止。

鄭康成曰：誦謂歌樂也。故録二詩歌法如右，聊示髣髴。若但讀其字句，則三百篇、漢魏樂府、唐詩俱在，任擇其有益性情者讀之可也。

舞　勺

《内則》：十三舞勺，十五舞象《詩序》以頌之《維清》爲象詩，二十舞大夏。竊謂樂舞不一詩，勺象衹《詩》之一篇，故爲舞之小；大夏，禹樂總名，舞之則全舞矣，故爲舞之大。

文舞左執籥，右秉翟；武舞左總干，右持戚。然《周禮》樂師教國子，小舞有析五色繒之帗舞，羽舞，雜五色羽之皇舞，氂牛尾之旄舞，干舞，拂袖之人舞，又不止羽籥干戚也。

唐宋郊廟之禮，舞皆先文後武。考唐韋萬石議云：先儒相傳，以揖讓得天下先奏文，以征伐得天下先奏武。韓苑《洛志》《樂舞圖》皆先武後文，今勺詩從之。

李我存曰：文先舉左手足，武先舉右手足；文則左旋，武則右旋。未開舞時，文舞籥内翟外，武舞戚内干外。《樂記》《疏》曰：武舞作樂一成，樂者從南第一位而北出至第二位，象武王北出觀兵。再成從第二位至第三位，象滅商。三成從第三位至第四位，極北而南返，象克紂而南還。四成從北第二位卻至第三位，象南國是疆，五成分爲左右，象周公左召公右。六成從第三位復南頭初位，象功成武德充滿天下。《注》曰：奏武曲一終爲一成。李靖謂唐太宗曰：破陳樂舞，前出四表，後綴八幡，左右折旋趨走，金鼓各有其節。此即八陳圖四頭八尾之制也。今舞勺亦倣其制,但三位者以小也。

《樂記》子曰:夾振之而駟伐,盛威於中國也。言奏武樂時,兩人振鐸,夾舞者爲節,而舞者四次擊刺,象武盛也。又曰:分夾而進,事蚤濟也。言舞者各有部分,振鐸者夾之以進,象欲早成事也。

《文廟禮樂志》曰:舞籥有竅而不吹。或曰:綴兆轉折入位之時齊吹以節走趨。此蓋因《周禮》籥師教國子舞羽吹籥故云。然不知吹籥必兩手齊按,將置羽何地耶?籥師吹籥,所以教倚歌,與舞羽二事,非連文也。

節武舞以金鐸,節文舞以木鐸,相鼓則用手執於胸前以輔鐸者。每摇鐸一聲,則擊鼓一聲應之,蓋舞本比於歌,而循聲按節尚費經營,故但隨鐸相之節以應歌詩之節,則無差誤矣。此與射禮投壺禮之比樂但聽鞞鼓大鼓爲節者正同。

《文廟禮樂志》曰:鼓聲既嚴,旌節前導,魚貫而進,列行於庭下,左右相同。聽節生唱"奏某舞",則散而爲佾,聽唱"舞止",則聚而爲酇,一絲不可亂。

張南士以爲舞曲在樂曲之外,凡樂先登歌,次合作,皆非舞曲。蓋據漢東平王蒼獻武德舞歌,及六朝皆有樂舞歌辭在樂章外也。愚考古人遺制,似升歌專歌樂而不舞,至笙入以下,則舞與樂章相比,不分二端。《仲尼燕居》曰:下管象武,夏籥序興。《文王世子》曰:下管象舞大武。而《春秋傳》曰:見舞象箾南籥。夫象奏以箾管,樂章也。而即以此爲舞,非舞曲即樂詞乎?且《春秋傳》連文云:舞南籥舞大武舞箾韶。豈南詩與韶武皆非樂章耶?毛河右《詩札》曰:管奏列在堂下,故曰下管象,然堂下合樂則必舞,故又曰象舞。其言明矣。

勺詩,鄭《注》曰:勺,文舞也。蔡中郎《獨斷》曰:酌告成大武也。《實用編》曰:成王之勺告成,則武舞也。考古樂皆文武俱,舜舞干羽於兩階是也。惟婦人無武事,獨奏文樂。故今兩從先儒之説,文武并奏焉。

然古之文武俱者,或各有詩,非必一詩也。今一篇而文武俱,可乎?曰:古法不能多考,聊具二舞之儀,以爲童子樂舞階梯耳。且詳玩詩意,前四句言開創,後四句言守成。開創以武,守成以文,故妄分兩解而歌舞之。至於聲容之失考及失當者,後賢起而改訂焉,所樂聞也。

文 舞 容

執羽籥容 平心執之爲(衡)。起之齊目爲(平舉)。起之首上爲(高舉)。向下爲(垂)。兩手正舉出手爲(拱)。兩手向耳偏舉爲(呈)。兩執相接爲(交)。縱合如一爲

(合)。縱横兩分爲(開)。將羽向下或籥一頭向下爲(拂)。

身容 起身正立爲(平身)。曲背爲(躬身)。左右欹爲(仄身)。左右轉爲(側身)。轉過爲(回身)。開左右膝直身下坐爲(蹲身)。

立容 (向内立)(向外立)(相對立)(相背立)(朝前立)。

首容 舉面朝上爲(仰首)。俯面向下爲(低首)。左右向爲(側首)。

目容 (上顧)(下顧)(左顧)(右顧)(正顧)(轉顧)。

手容 一手起爲(起手)。向下爲(垂手)。兩手合舉爲(拱手)。前伸爲(出手)。後伸爲(入手)。相持爲(挽手)。

足容 立住曰(駐足)。起足而上曰(起足)。高起足曰(蹻足)。起足前尖以足跟著地爲(蹺足)。起足後跟以足尖著地爲(點足)。進足稍前爲(出足)。膝前足後爲(曲足)。轉而向左右曰(轉足)。履位遷移曰(移足)。左足加右右足加左曰(交足)。

步容 前邁爲(進步)。後退爲(退步)。

禮容 屈身出手下與爲(授)。屈身出手上承爲(受)。拱手退後爲(辭)。拱手向左右爲(讓)。低首屈身拱手爲(謙)。低首屈身手持羽籥并頭至地爲(拜手)。屈膝至地爲(跪)。屈膝至地點首爲(叩頭)。蹺一足屈一足拱手左右讓爲(舞蹈)以上本《文廟禮樂志》及廿一史舞容而少訂之。

武舞容與文舞可通用者具前

身斜向左而前,兩足不丁不八,平持,干前戚後,曰(持)。左持干,右戚,按腰,曰(操)。左足微前,右足微後,干戚南北兩出,曰(平)。右足前,左足後,右戚藏背後,左干直出,曰(探)。左足前,右足後,右戚前,左干後,右足前,左足後,左干前,右戚後,曰(拗)。左腿前,左干起,右腿後,右戚落,右腿前,右戚起,左腿後,左干落,曰(舉)。將干從上向右一撥,右足往左前進,左足隨之更左,以戚向上擊之,曰(撩)。將干從下向右一撥,右足往左前進,左足隨之更左,以戚向下擊之,曰(揕)。蹲身持干戚,將干掃足一磕而戚直刺之,曰(剚)。將干戚俱高舉,忽干就地一撥,而戚直刪其足,曰(刖)。從左旋退右足,復退左足,於後反身,左足復前,左干一磕向後,右戚交左手上往外斫之,曰(剽)。將干一撥,戚脥入,左邊又一擒,右旋身,又將干一撥,戚入擊之,曰(勦)。兩足往後一少退,身少屈,曲肱持干向前,戚握腰後,曰(引)。持干戚跪曰(坐)。跪而起曰(作)。將戚向前一舉,右旋退後,復對左側立向前持干戚,曰(守)。一連右旋二次,退後復向前持干戚,曰(屯)以上酌廿一史楊椒山《志樂解》舞容及技擊法爲之。

舞以北爲前，南爲後。左手右手以己身言，向左向右左旋右旋以堂東西言。

佾舞或左右相比，或左右相對，相對則東者向西，西者向東，東者向西轉，西者向東轉。或左右相背。其對與背也，或兩兩相對背，或東佾西佾相對背，皆間用之。

勺詩前解武舞凡○皆節也。以鐸相爲節，與歌之板相應。

（於）　至第一位，身斜前向左，兩足不丁不八，左操干平向前，右戚按腰立，乃右足進一步，身斜前向右，右操戚平向前，左干護腰立。（鑠○）少轉足向前，干前戚後，直出作拗勢，又左步進一步，戚前干後，直出作拗勢，乃收左足，曲膝點足，舉干向前，戚按腰立。（王○）持干向右顧，又持干向左顧，乃右足一墮，左足伸開，持干向前，而戚隨後作勢。（師○）將兩足往後一少退，身少屈，曲肱持干向前，戚握腰後，一引○。乃將干向右一撥，戚朕入，左邊又一擒，即右旋身，又將干一撥，戚入勦之，至第二位。象周王田賦之赳武也。（遵○）移足正向前跪持干戚。（養○）作而左足前，右足後，左干右戚，南北兩平出，乃右足進一步，干前持戚按腰立。（時○）左足進一步，左干向西北，舉右戚，落右足，進一步，右戚向東北舉，左干落，乃右足退一步，持戚背後，干直出向前探之。（晦○）乃蹲身持干戚，將干一撥，戚朕左直入至第三位，復右旋身退，後蹲身持干戚向北。象觀兵諸侯會而復返也。（時純○）起身干前持戚按腰立，乃右足少進，并舉干戚。（熙○）將身一抑，下落干戚一分，右足退一步，身向東，干護左胯向前而戚向後，左足復退一步至第二位，身向西，戚出右胯上而干向後○。右足又退，身斜前向左，兩足丁字，前干後戚，俱舉以上舒。（矣是○）將干就地向右一撥，右足進於左，左手復轉左之左，而戚刖之。（用○）乃右轉身，右足從右進前，舉干下戚俱向前作勢，乃將干平落，向左一撥，又右轉身，右足從右進前，將戚向左平斫之。（大○）右足從左退後，持干平向前，戚按腰，乃將干從上向右一撥，右足向左前進，左足隨之更左，至第三位，以戚向上撩之，左足轉西，右足從西轉後，將干往東平撥，向前，右手交左手上往外下掛之。（介○）將右足少前比立，干戚南北兩平出，以上急，乃將戚向前一舉，右旋退後，將至第二位，對左立，向前，持干戚爲守，又將戚向前一舉，右旋退後，對左立，又將戚向前一舉，右旋退後，至第一位，對左立向前，持干戚爲屯。以上少舒，象時至滅商而功成退守也。

勺詩後解文舞武舞身多側，文舞身多正。

（我）從第一位兩足正向前駐立，左手横籥，右手從羽，平衡，乃將兩手羽籥從横相交，低首至地揖。(龍○)兩手從合羽籥,起左足向上拱,又起右足向上拱。(受○)羽籥從横分開,轉,足隨身左轉,向前,蹺左足,躬身,垂右手,起左手,受,又蹺右足,躬身,垂左手,起右手,受。(之○)進左步,右步隨至第二位,平身,仰首,高舉,羽籥相交,側首左顧,側首右顧。象子孫受前王之業也。(蹻○)平身從横,執羽籥,蹻左足。(蹻○)又蹻右足。(王○)進步平舉羽籥,乃點左足,高舉籥,又點右足,高舉羽。(之)平執羽籥屈膝跪。(造○)起,左轉,進步至第三位,出左手直前指籥,入右手直後指羽,又出右手直前指羽,入左手直後指籥,又向左仄身,左手斜上向身指籥,右手斜下向身指羽,向右仄身,右手斜上向身指羽,左手斜下向身指籥。以上舒,象嘆美前王怙冒永清之功也。(載用○)正立低首,羽籥兩開,左旋,退步,回身向前,立。(有○)出左手又出右手。(嗣○)蹲身,羽籥合執,左呈右呈。(載用○)正立低首,羽籥兩開,左旋,退步至第二位,回身向前,立。(有○)出左手又出右手。(嗣○)蹲身,羽籥合執,左呈右呈。象繼續前王也。(實維)即蹲身左轉,退步二次以上,急。(爾○)向前平身,左側身出左足,右手拂羽,又右側身出右足,左手拂籥。(公○)移步少退仰首,挽手高舉,復頫首屈身,出手下授。(允○)平執羽籥,交足屈膝,三點首。(師○)平身,開足,左旋,退至第一位,合執羽籥,乃左右舞蹈三次,平身,訖。以上更舒,象效法前王成太平也。

小學稽業·卷五　終

國家清史編纂委員會·文獻叢刊

李塨集

（下）

陳山榜等 點校

人民出版社

國家清史編纂委員會出版委員會

大學辨業

大學辨業・序

塨自幼從先孝愨受學，以躬行爲主。迄弱冠，往謁顔習齋先生，學六藝之學。先生言："《大學》'格物'爲近道始功，先儒解未確，'格'如《史記・殷本紀》'手格'之'格'，身親其事也。"已而出，閱當世講學諸儒，則宗晦庵、陽明者，論格物各堅壁壘，賢達如湯潛庵、張武承，齗齗弗相下，其他遂搆訟，甚至操戈矛不解。私怪同尊聖道，苟有一人得其指歸者，自當心理相合，何乃至是？乙亥春，至浙之桐鄉，錢生爲塨言："《大學》起訖未載學習實功，其功具於'有斐君子'節。"塨忽解《大學》一書，乃言學中之道，在善、明、親，而非言學習實事，如古人學禮、學樂之類也。不言者，以當時學中成法俱在故。如今指路者曰："踧踧周道，在往北京。"而其塗中之束裝、驅乘，則行路人自力之，不必指也。因舉似錢生，錢生斂手稱是，自削其論。丁丑，重如浙。戊寅端月，至杭州旅次，晨興，忽解"物"即《大學》中之"物"，"格"即可如程朱訓爲"至"，即學也，"格物"、"致知"爲學文，"誠意"以至"天下平"爲約禮，乃并解學與行是一是二、格致與"誠意"以至"天下平"是一是二。返證之六經、《語》《孟》，歷歷可據，而向未之見及也。乃告王子草堂，复語李甯一，皆曰："然。"因思《學記》曰："大學之教也，時教必有正業。"今格物不明，則學之正業失，正業失，則明親之功不實，明親之功不實，則往聖之道無以承，而斯世不獲覩儒者中和位育之全能，所關非小也。獨是先儒當日崛然豎起，皆各有所得力，因而解經即各以其所得力者爲言，故岐而不合。而塨識淺材弱，雖少承庭訓，以及先生長者之教，知求聖道而遲鈍莫前，皇焉深愧，何能辨析學術，加以辭説。然而五代衰亂之餘，佛、老交訂，二三鉅儒力求墜緒，而或此襭彼躡，明儒繼之，又分岐途，迄於今，衆論雜陳，譬之東閣議事，甲乙盈廷，中理自具，然後徐徐然得以考其一歸，況今所持又不敢憑一己私臆，遍考諸經以爲準的，且聖學明晦，所關非小，雖在愚柔，不敢自外，非若爭勝門户者比。諒先儒可作，亦必忻然相商，以期明行大道，而天下後世之誠有志於學者，固不憚訂摧以從事也，是以妄具論以相質焉。

康熙三十七年戊寅四月戊申蠡吾後學李塨撰

凡　　例

一、先生是編，本之孝慤先生家學。孝慤先生躬行實踐，成己傳後，詳見諸名公傳、表、紀略及孝慤文集内，固是編之淵源也。

一、顔習齋先生當群儒割裂之後，獨得周孔舊轍，卓然見於言行，先生從而受之，遂廣衍抉剔，使聖學如日月重光，每推習齋先生首倡，功不去口。

一、吴匪菴先生延先生至京邸，閲是編而韙之，厥後果亭徐先生、阮亭王先生、顓庵王先生皆深許可。匪菴先生手爲讐校兩過，與果亭先生慨出清俸付梓，有功聖道偉矣。

一、是編遍質當代名流，如費此度、喬百一、王草堂、閻百詩、萬季野、朱主一、胡朏明、王崑繩、孔東塘、馮繪生，諸先生皆欣然以爲聖門舊章一旦重明，各有校訂，共勷大道。

一、竇靜庵先生與先生交，爲孝慤先生立傳，其尾以"主敬循禮"四字隱括先生之學，最得是編綱領。

一、先生從顔習齋先生習禮，與趙錫之習射、郭子固習御、劉見田習數、彭雪翁習書，已而從王五公先生問韜鈐，與張文升共學焉。后遊浙，又得過從毛河右先生學樂，因而郊社、宗廟、禘祫、冠、昏、士相見、律吕，以及水、火、田賦、射、御、書、數之學，各有考著，傳於家塾。是編所論，皆坐而言，起即有可行，覽者勿徒作書觀。

一、先生内而立體，戒懼慎獨之功，夢寐不忘。於"小心翼翼，昭事上帝"之什，日三復焉。每日所行，置譜以考得失。外而致用，如所著《瘳忘編》《學政》《閲史郄視》，指學古經世事，若數一二而較黑白也。學者實從此問塗，是編乃非虚設。

一、是編在後儒中爲創論，置先聖之門則爲習言。故歷考諸經論學者爲一冊，以見聖學本如是，非臆説也。有心目者，自共知之。

一、《辨業》意有不盡者，人之《學規》，《學規》意有不盡者，人之《論學》，雖指陳肯綮，諄諄然而無費辭、無嘄音，蓋先生不得已而有言，非尚口也。

一、編内議論，凡古今人已有者，直録其名氏，并無近今著書篡他人説爲己之失。

一、著書務成己説，驅古就我，雖名儒不免焉。即此，心已不誠矣，是編無是。

一、學明則諸經皆可明，先生有《學易》《學書》《學詩》《學春秋》《學禮》諸編，皆洗剔謁言，倡明聖道，宜繼是編領取。

一、先生以子隆官姪大蓮寅虎將入小學，念朱考亭所編强半屬成人事，不切幼童，乃纂《小學》一書。自八歲後迄十五前所當學者，歷歷爲譜，真可補小學之缺，而立大學之基矣。有志者循序而入，學明道興，人材輩出，將在彈指焉。

弟　　培
門人　陳兆興　仝頓首識
　　　高　捷

大學辨業·目録

卷一

總論大學　辨後儒所論小學大學

論小學　　辨後儒改易大學原本

卷二

大學原文一篇　全篇解

“大學之道”至“致知在格物”解

卷三

辨後儒格物解“物格而後知至”至“壹是皆以修身爲本”解在内

“其本亂”至“此謂知之至也”解

申論格物

卷四

“所謂誠其意者”至末解

申解全篇

大學辨業·目録　終

題　辭

高忠憲言："天下萬世之心目，固有漸推而愈明、論久而後定者。"予謂如《大學》不必定曾子作，以一引"曾子曰"，遂謂是弟子於師之辭，然則《禮器》亦止一引曾子，《内則》亦一引，豈此二篇亦曾氏門人所成乎？且《孟子》七篇，於顔淵或名之，或字之，或子之，則子通稱也。是編乃與予説合，一也。《大學》釋治國，未釋平天下，蓋天下者，國之積也。此國如此用人，如此理財，推之他國，亦如是，無异道也。故治平條一天下字虚，五國字實，以爲國作爾。三十載前，聞先師吴太易云，是編又不謀而合，二也。至德不孤，斯文尚在，不意老年見此奇特。

太原同學弟閻若璩百詩甫識

天下之事定於一，苟有二，則殽而爲百千，亦何不可者？自程朱改竄《大學》後，乃至有十餘家，學者將安所適從？勢亦不得不仍遵古本矣。《語》云："九變復貫，知言之選。"恕谷之謂也。《格物解》及《學規纂》《與人論學》，皆躬行心得之言，非耳目剽竊者所能道也，總以救静坐觀空、泛濫誦讀之弊，其足翼聖道而扶微學，又何疑焉！

同學弟德清胡渭謹題

世道之升降在人材，人材之盛衰在學術明晦。嗚呼！學術所關，一何鉅也！今有習垒顔先生特倡實學，恕谷先生復推明而衍繹之，敬聞知已久。庚辰暮春，攜次子本良，不遠千里，造顔先生廬請教，適恕谷先生亦至，喜不自禁。因踵至恕谷齋，見其兄弟怡怡，上下得所，太和在庭除間。及閲所著《大學辨業》及《學規》二帙，真鑄人之范而指道之車也。乃請學習禮樂射數以及水火諸學，幾二旬乃去。

湯陰朱敬頓首拜識

《大學》一篇,皆言大學之道也。往儒論格致,一身之外,至於天地、鬼神、舟車、龍螻,皆欲窮其所以然。不者,又言直截頓悟矣,請思《大學》中安有察舟車、龍螻等事乎?成童入大學,安能躐及天地鬼神之所以然?且直截頓悟乎?豈皆忘此篇是論古大學耶?聖道晦極復明,爲之起舞。

仝里姻眷弟彭超頓首拜題

周孔故道,如夜復旦,一何快也!凡有心目者,試觀此論,尚不平乎?尚或未析乎?勿以門户而不返,勿以愚柔而自安,是所望焉。

武林同學弟王復禮頓首拜具

聖學失傳久矣。自有宋及明諸先儒輩出,闡揚發明,可謂不遺餘力。然言之不一,指歸莫定,如格物致知爲大學之始功,最屬肯綮,而“格物”二字,諸儒紛紛聚訟,迄無成説,予竊疑之。春初,剛主大兄告予曰:“格,至也,學習之謂也;物,即《大學》中之“物”。格者,學此而已。”乃恍然大悟,知虚言格物與泛言格物者,均無當也。因謹誌之不忘。今讀《辨業》《學規》二編,辨之極其精,言之極其切,引之極其詳,證之極其明,遂使聖學昭著宇宙、燦若列星,實而宜行,確而可據,津梁後學非淺鮮矣。吾不禁爲世道人心幸焉。

戊寅暮春日會稽弟維坤拜識

李子是編,辯而不爭,故而非鑿,不附程朱陸王,直傳孔孟。异哉!非豪傑之士,孰能爲之?予嘗慨宋後儒者講性命,不講經猷,方幅以隘其才,佔畢瞑坐以柔其習,自謂有得聖學,而使英奇束手不能有爲,奸宄得以自恣而無所忌。不但不及聖人之經綸,且遠出漢唐名臣建立之下,以爲何以至是?今乃恍然知其於大學之道有未識,而體用不全故也。然則,是編所關,豈其細哉,豈其細哉!

北平同學弟王源頓首拜題

予自少留意禮樂兵農諸學,亦稍稍見之施行矣。然未敢自信。今讀恕谷先生《大學辨業》,何其先得我心歟？再四披訂,仡見聖道之日月昭而江河流也,何快如之！

曲阜同學弟孔尚任拜題

戊寅九月,塨得陸世儀道威《思辨録》,其一則云:“古者有大學之法,所以教人爲大學之道;後世但有大學之道,而無所謂大學之法,故成就人材難。何謂大學之法?《詩》《書》禮樂是也。今《詩》《書》猶十得五六,然禮樂不修,則學者終無持循。”是已先愚妄而言之矣。

何文定公瑭曰:“儒者之學當務之爲急,細而言語威儀,大而禮樂刑政,此物之當格而不可後者也。學問思辨,一旦卓有所見,則物格而知至矣。由是而發之以誠,主之以正,則身可修、家可齊矣。至究其本原,爲性命而緩急先後各有次第,不可紊也。今曰理出於心,心存則萬理備,吾道一貫,聖人之極致也,奚事外求？吾恐其修齊治平之道反有所略,則所學非所用,所用非所學,於古人之道,不免差矣。”嗚呼！何見之的也。蓋先生力躬行,不尚浮言,故所見高於有明一代。儒者如此,乃或駁其視性命爲後,若无與於修齊之事,而專事禮樂等爲本末倒置。嗚呼！先生言物之本爲性命,豈視爲无與歟？特以性天必俟上達,不可躐等耳,以爲倒置,則孔子之教人,文以禮樂,不言性天,亦倒置歟？後儒先求上達,本屬倒置,而反以譏人,誠所謂悖者以不悖爲悖也。

癸未陽月李塨閲《明儒學案》識

大學辨業·卷一

蠡吾李塨稿

《大學》,《禮記》四十九篇之第四十二篇也。今録漢儒注所傳原文,如後漢熹平年蔡邕書石經。魏正始年,邯鄲湻等因之,又書石經。唐開成年,鄭覃等因之,又書石經。今存與此文同。

大學"大"字,漢唐《注》《疏》云:"舊音泰。"朱子《章句》云:"今讀如字。"音代。夫古字通用者,時或通讀,然大學稱大泰學,猶大子稱大泰子。古聖制度、定名,傳至今猶然也,則不可臆改矣。

按:《大學》,二程各有移易,然尚未分經、傳。至朱子《章句》,遂分聖經賢傳。其言曰:"正經辭約而理備,言近而指遠,非聖人不能及。"然以其無他左驗,且意或出於古昔先民之言也,故疑之而不敢質,曰:"蓋夫子之言,而曾子述之。"至於傳文,或引曾子之言,而又多與《中庸》《孟子》者合,則知其成於曾子門人之手,而子思以授孟子無疑也。夫《大學》載道甚正,自是孔門弟子所傳述,但千載後未有見文,難以鑿定何人耳。

王陽明曰:"《大學》古本,朱子疑其有所脱誤,而改正補緝之,在某則謂其本無脱誤,悉從其舊而已矣。"《傳習録》

羅近溪曰:"《大學》原是一章書。"《高子遺書》

顧涇陽曰:"《大學》原不分經、傳。"《高子遺書》

《大學注疏》陸德明曰:"鄭云:'《大學》者,以其記博學可以爲政也。'"

孔穎達《疏》曰:"《大學》之篇,論學成之事,能治其國,章明其德於天下。"

何文定公瑭《儒學管見》曰:"大學,儒者之正學也。或者乃舍而不由,其徒從事於記誦辭章者既不足道,而所謂道學者,又多用心於性與天道之間,名雖可觀,實則無補,其可歎者多矣!功倍於小學而無用,高過於大學而無實,宜朱子之太息也。"

《大戴禮·保傅篇》曰:"古者,年八歲出就外舍,學小藝焉,履小節焉。束髮而就大學,學大藝焉,履大節焉。"《注》曰:"束髮,謂成童。"而賈誼《新書·容經篇》亦有"古者,年九歲入小學,蹍小節,業小道。束髮就大學,蹍大節,業大道"之文。《尚書大傳》曰:"公卿之世子,元士之嫡子,年十三入小學,見小節而踐小義。二十入大學,見大節而踐大義。"《白虎通》曰:"八歲毁齒,入學。十五入大學。"諸書入學之年,互有不同,或古人通用,或朝代各异。朱晦菴據《白虎通》爲斷,亦可謂酌其中矣。至學之之事,則《大戴禮》與《新書》《大傳》之言爲得其正,而班氏《食貨志》亦曰:"八歲入小學,學六甲五方書計之事,始知室家長幼之節。十五入大學,學先聖禮樂,而知朝廷君臣之禮。"《周禮》"樂師教國子小舞",鄭《注》曰:"謂少時教之,蓋總此道藝之事,而程其年力,使之從小入大、從易入難耳。"至朱晦菴乃自立一説,以灑掃應對進退之節,禮樂射御書數之文,入之小學,以"窮理、正心、修己、治人"八字櫽括大學格物等,入之大學。殊不思《内則》爲學之次,成童始舞象,二十始學禮,而俱責之幼童,其能乎?且禮樂射御書數,聖人所以成德持世也,而但歸之小學乎?至謂"小學者學其事,大學者學小學之事之所以然。"蔡虚齋遂曰:"格致只是窮理,非追補其事誠正修。"又説:"此事不入,是進於大學,只當如後儒静坐觀理讀書談道而已。"誠正修身説,此事不入,然則禮樂將何用乎?聖人言"文以禮樂","非禮不動","所以修身",皆誤語乎?夫格物致知,以誠正修齊治平正在禮樂之道藝用功,非二事也。譬之治田,道藝,其耒耜鎛銚也,誠正修齊治平,其用耒耜鎛銚以耕耘收穫也。今謂治田者,年幼則專習耒耜鎛銚之事,年長則專講耕耘收穫之理,豈可也哉?

《魯論》"興於《詩》"章,朱子《集注》曰:"按《内則》:十歲學幼儀,十三學樂誦《詩》,二十學禮。"則此三者,非小學傳授之次,乃大學終身所得之難易、先後、深淺也,則亦當自知其《大學序》論學之誤矣。

班氏《藝文志》載:小學十家,自《史籀》以及杜林《蒼頡訓纂》,皆字學也。其言曰:"古者八歲入小學,故《周官》保氏掌養國子,教之六書。"夫以書爲小學,而曰"八歲入小學,教之書",則小學即幼學也。然《食貨志》曰:"八歲入小學,學六甲五方書計之事,始知室家長幼之節。"六甲,數日也;五方,方名也;計,數也;室家長幼之節,禮也。則幼學不止學書矣,乃列次經藝,專以書爲小學者,何也?蓋《内則》所記爲學次序:方名,六歲已教,八歲後,六藝之學,禮祇學幼儀,樂祇舞勺,而射御與禮及樂之舞《象》、舞《大夏》,皆在成童以後,以非小學時所能任也。惟書數八歲後學之,而史又以數學入之律歷,故專以書爲小學耳。

朱子曰:"王公以下以至庶人之子弟,八歲皆入小學。"按:《白虎通》曰:"八歲毁齒,入小學而學書計,此大子之禮。"《尚書大傳》言:"自公卿世子至元士嫡子,十三歲皆入小學。"《班史·食貨志》曰:"冬,民畢入於邑,是月餘子亦在於序室,八歲入小學,十五入大學。"朱子之言，固有徵也。

宋程颢改《大學》一本。

程頤改一本。朱熹改一本。即今行世《章句》。

元王柏改一本。

明蔡清改一本。

季本改一本。

高攀龍宗崔銑論改一本。

甬東豐氏僞政始石經一本。

葛寅亮改一本。

王世貞改一本。各家改本，王草堂《二經彙刻》内載甚具。

王草堂《二經彙刻》曰："自程明道移易《大學》，而伊川再易，是弟不以兄爲然也。二程之學遞傳以至朱子，朱子已下遞傳以至魯齋，一脈相承，源流可考。朱子再爲移易增補，分别經、傳。魯齋削去補傳，以'知止'、'聽訟'二段爲釋'格物'、'致知'，是徒不以師爲然也。嗣後虚齋增'所謂致知在格物者'一句。彭山削'故治國在齊其家'七字。豐坊攙入《論語》，屺瞻定爲七章，弇州後渠另行移易，是後儒不以先儒爲然也。何如恪遵原本，焉有异同？况其書載在《注疏》，其板藏於國學，非一人一家之書，今改本盛行，原文晦蝕，變亂舊章，終無底止，不得不辨。"

又曰："《論語》重出者，莫敢删去不載，束晳補亡者，不敢刊入《毛詩》。何以朱子於《孝經》删削二百二十一字，於《大學》增補一百二十八言，以致後儒效尤，紛紛改竄，二經何辜，遭此割裂，至於此極耶？"

自二程改經，僭妄者因之，《大》《易》《尚書》，皆被劚削顛越，至於改本《周禮》，竟將五官割補冬官，妄人作妄，可怪可哂，亦已至矣。

大學辨業・卷一　終

大學辨業·卷二

蠡吾李塨稿

《大學》原文一篇。

大學之道,在明明德,在親民,在止於至善。知止而后有定,定而后能靜,靜而后能安,安而后能慮,慮而后能得。物有本末,事有終始,知所先後,則近道矣。古之欲明明德於天下者,先治其國;欲治其國者,先齊其家;欲齊其家者,先修其身;欲修其身者,先正其心;欲正其心者,先誠其意;欲誠其意者,先致其知。致知在格物。物格而后知至,知至而后意誠,意誠而后心正,心正而后身修,身修而后家齊,家齊而后國治,國治而后天下平。自天子以至於庶人,壹是皆以修身爲本。其本亂而末治者,否矣。其所厚者薄,而其所薄者厚,未之有也。此謂知本,此謂知之至也。所謂誠其意者,毋自欺也。如惡惡臭,如好好色,此之謂自謙。故君子必慎其獨也。小人閒居爲不善,無所不至,見君子而后厭然揜其不善而著其善。人之視己,如見其肺肝然,則何益矣!此謂誠於中,形於外,故君子必慎其獨也。曾子曰:"十目所視,十手所指,其嚴乎!"富潤屋,德潤身,心廣體胖,故君子必誠其意。《詩》云:"瞻彼淇澳,菉竹猗猗。有斐君子,如切如磋,如琢如磨。瑟兮僩兮,赫兮喧兮。有斐君子,終不可諠兮。""如切如磋"者,道學也。"如琢如磨"者,自修也。"瑟兮僩兮"者,恂慄也。"赫兮喧兮"者,威儀也。"有斐君子,終不可諠兮"者,道盛德至善,民之不能忘也。《詩》云:"於戲,前王不忘。"君子賢其賢而親其親,小人樂其樂而利其利,此以沒世不忘也。《康誥》曰:"克明德。"《太甲》曰:"顧諟天之明命。"《帝典》曰:"克明峻德。"皆自明也。湯之《盤銘》曰:"苟日新,日日新,又日新。"《康誥》曰:"作新民。"《詩》曰:"周雖舊邦,其命惟新。"是故君子無所不用其極。《詩》云:"邦畿千里,惟民所止。"《詩》云:"緡蠻黄鳥，止于邱隅。”[①]子曰：“於止，知其所止，可以人而不如鳥乎？”《詩》云：“穆穆文王，於緝熙敬止！”爲人君，止於仁；爲人臣，止於敬；爲人子，止於孝；爲人父，止於慈；與國人交，止於信。子曰：“聽訟，吾猶人也。必也使無訟乎。”無情者不得盡其辭，大畏民志，此謂知本。所謂修身在正其心者，身有所忿懥，則不得其正；有所恐懼，則不得其正；有所好樂，則不得其正；有所憂患，則不得其正。心不在焉，視而不見，聽而不聞，食而不知其味。此謂修身在正其心。所謂齊其家在修其身者，人之其所親愛而辟焉，之其所賤惡而辟焉，之其所畏敬而辟焉，之其所哀矜而辟焉，之其所敖惰而辟焉。故好而知其惡，惡而知其美者，天下鮮矣。故諺有之曰：“人莫知其子之惡，莫知其苗之碩。”此謂身不修不可以齊其家。所謂治國必先齊其家者，其家不可教，而能教人者無之。故君子不出家而成教於國。孝者，所以事君也。弟者，所以事長也。慈者，所以使衆也。《康誥》曰：“如保赤子。”心誠求之，雖不中，不遠矣。未有學養子而后嫁者也。一家仁，一國興仁；一家讓，一國興讓；一人貪戾，一國作亂。其機如此。此謂：“一言僨事，一人定國。”堯舜率天下以仁，而民從之。桀紂率天下以暴，而民從之。其所令反其所好，而民不從。是故君子有諸己而后求諸人，無諸己而后非諸人。所藏乎身不恕，而能喻諸人者，未之有也。故治國在齊其家。《詩》云：“桃之夭夭，其葉蓁蓁。之子於歸，宜其家人。”宜其家人，而后可以教國人。《詩》云：“宜兄宜弟。”宜兄宜弟，而后可以教國人。《詩》云：“其儀不忒，正是四國。”其爲父子兄弟足法，而后民法之也。此謂治國在齊其家。所謂平天下在治其國者，上老老而民興孝，上長長而民興弟，上恤孤而民不倍，是以君子有絜矩之道也。所惡於上，毋以使下；所惡於下，毋以事上；所惡於前，毋以先後；所惡於後，毋以從前；所惡於右，毋以交於左；所惡於左，毋以交於右。此之謂絜矩之道。《詩》云：“樂只君子，民之父母。”民之所好好之，民之所惡惡之。此之謂民之父母。《詩》云：“節彼南山，維石巖巖。赫赫師尹，民具爾瞻。”有國者不可以不慎，辟則爲天下僇矣。《詩》云：“殷之未喪師，克配上帝。儀[②]監於殷，峻[③]命不易。”道得衆則得國，失衆則失國。是故君子先慎乎德，有德此有人，有人此有土，有土此有財，有財此有用。德者，本也；財者，末也。外本内末，爭民施奪，是故財聚則民散，財散則民聚。是故言悖而出者，亦悖而入；貨悖而入者，亦悖而出。《康誥》曰：“惟命不於常。”道善則得之，不善則失之矣。《楚書》曰：“楚國無以爲寶，惟善以爲寶。”舅犯曰：“亡人無以爲寶，仁親以爲寶。”《秦誓》曰：“若有一个臣，斷斷兮無他

① 中華書局 1980 年版《十三經注疏》與中國書店 1984 年版《四書五經》“緝”皆作“緜”，“邱”皆作“丘”。
② “儀”，《十三經注疏》作“宜”。
③ “峻”，《十三經注疏》作“駿”。

技,其心休休焉,其如有容焉。人之有技,若己有之;人之彦聖,其心好之,不啻若自其口出,寔能容之,以能保我子孫黎民,尚亦有利哉。人之有技,媢疾以惡之,人之彦聖,而違之俾不通,寔不能容,以不能保我子孫黎民,亦曰殆哉。”唯仁人放流之,迸諸四夷,不與同中國。此謂唯仁人爲能愛人,能惡人。見賢而不能舉,舉而不能先,命也;見不善而不能退,退而不能遠,過也。好人之所惡,惡人之所好,是謂拂人之性,菑必逮夫身。是故君子有大道,必忠信以得之,驕泰以失之。生財有大道,生之者衆,食之者寡,爲之者疾,用之者舒,則財恒足矣。仁者以財發身,不仁者以身發財。未有上好仁而下不好義者也,未有好義其事不終者也,未有府庫財非其財者也。孟獻子曰:“畜馬乘,不察於雞豚;伐冰之家,不畜牛羊;百乘之家,不畜聚斂之臣。與其有聚斂之臣,寧有盗臣。”此謂國不以利爲利,以義爲利也。長國家而務財用者,必自小人矣。彼爲善之,小人之使爲國家,菑害并至,雖有善者,亦無如之何矣。此謂國不以利爲利,以義爲利也。

此篇明《大學》成己成物之道也。古者,學中教人之法正而且備,聖君賢相鉅儒皆由此出,然當時從政之斗筲者,豈盡不從學中來耶?則以未嘗實致力於《大學》之道也。自“在明明德”至“慮而后能得”,明其道也。自“物有本末”至“國治而后天下平”,言爲其道則有事,而學其事則有物。物者,大學教人之成法,如禮樂等是也。古人事此物,以成己成物,先后有定序,而必由於學中學習其物,而后由知以行,成己成物之道,可一一全也。自“天子以至於庶人”至“此謂知之至也”,則承上文先后之序,而言以身爲本。蓋誠意、正心、修身,明明德也,皆所以修身也,齊家、治國、平天下,親民也,皆由身而推,所謂“明明德於天下”也。如此,則先后晰矣,此謂知本。如此,則大學格物之事事矣,此謂知之至也。夫學中教人之法,禮樂燦然,師亦詔之,弟亦學之矣,而必進以誠意者,則以學矣。而好善惡惡,不實自欺也。自欺者不可以欺人,誠中者必至於形外,故君子慎獨以誠意,要矣。果能慎獨以誠意,而學問精,自修密,恂慄威儀,則明德明矣。明德明,則民不能忘矣。何以不能忘也?明德明,則必親賢樂利,明明德於天下,而民何能忘也?如《康誥》《太甲》《帝典》則皆言“明明德”也,如《盤銘》《康誥》《周詩》則言“明明德以及於天下”也,是君子用極之道也。極者,何也?即至善也。如“穆穆文王”,則所謂知止,而君臣父子以至與國人交,各得至善者也,然總根於誠意。己之意誠,則民之意亦畏之而誠,而不誠之辭不得盡矣。此誠意而心廣體胖,修身於上者也,知本者也。故修身以及天下遞有先后。謂“修身在正其心者”,心不正[①]則身不可修也;“齊家在修其身者”,身之用情有辟,則家不可齊也;“治國必

① 正,《畿輔叢書》本作“在”,據《顔李叢書》本改。

先齊家者”，爲父子兄弟不能仁以率民，則國不可治也；“平天下在治其國者”，於國不能絜矩，而理財用人，好惡拂民，則天下不可平也。至於平天下，而大學之道全矣。夫不學，則無以誠正修齊治平，故誠正修齊治平，必先致其知，而致知在格物。然學而不力乎誠正修齊治平之事，何爲而在學中歟？故“大學之道，在明明德，在親民，在止於至善”。

誠意言慎獨，正心以修身言心在，修身以齊家言用情不辟，齊家以治國言爲父子兄弟仁以帥民，治國以平天下言絜矩以迸娼疾聚斂之臣。蓋格物致知以後，人己交成之學，雖已有具，而天德王道不可不用其極，又有如此者。

孔《疏》曰：“言大學之道，在於章明己之光明之德，一也；在親愛於民，二也；在止處於至善之行，三也。”

程伊川曰：“親民當作新。”王陽明曰：“下文治國平天下處，皆於‘新’字無發明，如云親賢樂利，如保赤子，好民好，惡民惡，此之謂民之父母，皆‘親’字意，親民兼教養，説新民便覺偏。”

孔孟前，《周官》大學成法俱在，但恐徒習其文，而身心意知未克醇成己之仁，家國天下未克精成物之知，則《論語》所謂“可與共學，未可與適道”者矣。故直指其道曰：“在明明德，在親民，在止於至善。”而至教學之實物，非以其有成法，不必詳言也？觀修齊條，只言人情偏向之弊，而未言範圍之禮樂，治平條言理財用人宜絜矩，不宜辟，而不言田賦、勸省、選舉、計察之實政可見。若不解此，而於近者古法耗斁之時，徒讀《大學》一篇，以爲學教實事盡是，則又誤矣。譬之言成衣，然成衣之道在成單衣，在成緼袍，在單衣、緼袍皆成之甚佳，以識其綱，又衣袍有領、有袖、有身、有襟，領欲圓，袖欲便利，身欲正，襟欲齊，以列其目，而尚非成衣之實事也，實事則用翦、用鍼、用線之類也。師以是教，弟以是學也。朱子曰：“大學是一箇腔子，須要填實。”此言得之。

鄭康成《注》曰：“止猶自處也，得謂得事之宜也。”

孔《疏》曰：“知止而后有定者，覆説止於至善之事。”

明德，本也；親民，末也；格致，始也；誠意以至天下平，終也。致，推致也，與《中庸》“致曲”之“致”同。格，《爾雅》曰：“至也。”《虞書》“格於上下”是也。程子、朱子於格物“格”字皆訓“至”。又《周書·君奭篇》“格於皇天”、“天壽平格”，蔡《注》訓“通”。又孔叢子《諫格虎賦》格義同“搏”。顔習齋謂“格物之格如之，謂親手習其事也”。又《爾雅》：“格格，舉也。”郭璞《注》曰：“舉，持物也。”又《爾雅》“到”字、“極”字，皆同“格”，蓋到其域，而通之、搏之、舉之，以至於極，皆格義也。物，物有本末之物也，即明德親民也，即意、心、身、家、國、天下也。然而謂之物者，則以誠正修齊治平皆有其事，而學其事，皆有其物，《周禮》禮樂等皆謂之物是也。格物者，謂《大學》中之“物”，如學禮、學樂類，必舉其事、造其極也。朱子曰："謂實走到地頭，如南劍人往建甯，須到郡廳上，方是至，若只到建陽境上，即不謂之至也。"致知在格物者，從來聖賢之道，行先以知，而知在於學。《周官》曰："不學牆面。"《學記》曰："人不學，不知道。"董仲舒曰："彊勉學問，則聞見博而知益明。"徐幹曰："白日照則所求見學者心之白日也，故先王立學，教以六德、六行、六藝。"皆此謂也。語云："一處不到一處黑。"最切"致知在格物"之義。

誠意以至治平下皆有覆明之文，而致知格物無者，以致知之功在於格物，而格物之事，即在《大學》作書者之時，大學教法尚在，不必言也。惟恐時之學者浮游其物而體用不實，故指其道曰"在明親、止善。"然而明親之道舍學無由，故又曰："致知在格物。"今釋其文曰："大學之道，在誠意、正心、修身、齊家、治國、平天下，而欲平天下、治國、齊家、修身、正心、誠意者，必先致知，而致知在學，則曉然矣。"

然不曰"學"，而曰"格"，何也？學有淺有深，皆可謂學；格者，於所學之物由淺及深，無所不到之謂也。

謂學外復有物者，非纖細則空虛也；謂學習外復有格物者，非汎濫則冥寂也，皆非聖學也。試思士人切用之物尚在學外，則古聖何爲立學？學之外尚有士人格物之功，則古聖又何必立學？

魯《論》："君子學道則愛人，小人學道則易使。"孔安國訓解曰："道謂禮樂也，弟子行有餘力，則以學文。"朱子《注》曰："文者，《詩》《書》六藝之文，六藝，禮樂射御書數也。"顏淵曰："博我以文。"侯氏曰："博文，致知格物也。"此數條論學論格物甚當。

《中庸》曰："不明乎善，不誠乎身。"是欲誠其意者，先致其知也。好學近乎知，或學而知之，或困而知之，博學審問慎思明辨，雖愚必明。《論語》子曰："我非生而知之者，好古，敏以求之者也。""多聞，擇其善者而從之，多見而識之，知之次也。"是致知在格物也。蓋問、思、辨，皆學中事也。困即困於學也，好古敏求即學也。多聞多見，所謂"文武之道，賢者識其大者，不賢者識其小者"，夫子焉不學也？聖門舍學更無致知之法也，格物非學而何歟？以經證經，昭如矣。

《周禮》："大司徒以鄉三物教萬民而賓興之，一曰六德：智、仁、聖、義、忠、和；二曰六行：孝、友、睦、婣、任、卹；三曰六藝：禮、樂、射、御、書、數。"此"物"字正"格物"之"物"，古聖之學也。

馮應京《經世實用編》曰："學無二事，一之乎，成德而已。德非自私，歸之乎濟世而已。洪荒剖判，三才合同。天道日施，地道日化，人道日爲，故人之參天地者，六德也；德之見乎世者，六行也；行之措乎事者，六藝也。先王時，庠、序、學校惟五禮、六樂、五射、五御、六書、九數之爲，孜孜而德行備乎其間矣。"徐幹《中論・藝紀篇》曰："藝者，所以旌智飾能統事御群，聖人之所不能已也，故先王[1]立保氏，掌教六藝；禮以考敬，樂以敦愛，射以平志，御以和心，書以綴事，數以理煩。藝者，德之枝葉；德者，人之根幹，原不偏立，亦不獨行。木無枝葉，則不能豐其根幹，謂之瘨；人無藝，則不能成其德，謂之野。"有據哉！二子之言也。夫德、行之實事皆在六藝，藝失，則德、行俱失。孔子曰："興於詩，立於禮，成於樂。"非千古之學規歟？

李中孚《四書返身録》曰："博文即大學之格致，約禮即大學之誠、正、修。"其言甚當。然齊、治、平亦約禮也。

大學辨業・卷二　終

① 《畿輔叢書》本"王"作"生"，據《顔李叢書》本改。

大學辨業·卷三

蠡吾李塨稿

鄭《注》曰:"格,來也;物,猶事也。其知於善深,則來善物;知於惡深,則來惡物。言事緣人所好來也。"

如此注,則是格物在知至矣。

孔《疏》曰:"'欲誠其意,先致其知'者,言欲精誠於己意,先須招致其所知之事,言初始必須學習,然后乃能有所知,曉其成敗,故云'先致其知'也。"夫曰"必須學習,然後乃能有所知",是致知在格物矣。所見甚是！乃爲鄭《注》所拘,反以此疏"先致其知"句,而至於疏格物從鄭《注》解,則齟齬矣。

或問朱晦菴曰:"幼學先小學,而後大學,誠幸矣。若年長而不及乎此者,欲反從事於小學,恐其不免於扞格,不勝勤苦難成之患,欲直從事於大學,又恐其失序無本,不能以自達也,如之何?"曰:"'敬'之一字,聖學之所以成始成終也。小學不由乎此,固無以涵養本原,而謹夫灑掃、應對、進退之節,與夫六藝之教;大學不由乎此,亦無以開發聰明,進德修業,而致夫明新之功。是以程子發明格物之道,必以是爲説焉。"問:"敬字當不得小學。"曰:"看來小學卻未當得敬,敬是徹上徹下工夫,雖做到聖人田地也,放下這敬不得。"問:"《大學》首曰'明德',卻不曾説'主敬',算是已見於小學否?"曰:"然。自小學不傳,伊川卻是帶補一'敬'字。"曰:"所謂敬者,若何用力?"曰:"程子嘗以'主一無適'言之矣,以'整齊嚴肅'言之矣。至其門人謝氏,則又有所謂'常惺惺法'者焉,尹氏則又有所謂'其心收斂,不容一物'者焉。觀是數説,足見其用力之方矣。知用力之方,則知小學不能無賴於此以爲始,知小學賴此以始,則夫大學不能無賴乎此以爲終者,可一以貫之而無疑矣。蓋此心既立,由是格物致知,以盡事物之理,則所謂'尊德性而道問學',由是誠意正心以修其身,則所謂'先立乎其大者,而小者不能奪',由是齊家治國以及乎天下,則所謂'修己以安百姓,篤恭而天下平',是皆未始一日離乎敬也,則敬非聖學始終之要也哉?"《大學或問》。

人即已過小學之時而志於學,如已有子弟者,灑掃或可不必矣,至於應對進退,雖三四十時,未聞可廢也,況禮樂不可斯須去,又何間於年少長耶?乃問者曰"從事小學扞格,從事大學又失序",答者遂謂小學失,以"敬"字補之。蓋宋儒誤解小學、大學教法,其言遂如此。

"敬"爲聖學始終之要,誠然也,然即在誠正修齊治平内,聖經所謂"修己以敬,篤恭而天下平"也。今乃言敬心既立,由是以格致誠正修齊治平,則敬似在明親之前矣,是何功歟?至謝氏"惺惺法",則本之瑞巖和尚者也,豈聖學歟?

自"誠意"以至"天下平",曰"慎獨",曰"心在",曰"慎德",即敬也。乃謂大學不言敬,何也?

曰"小學不當敬",乃又以大學不言敬,已見於小學之言爲然,不幾自相矛盾乎?

毛河右有言曰:"朱子以爲格物只是窮理,而補窮理一節,爲傳於《大學》之首,至觀其《語録》,又疑窮理不可爲大學首功,必須先涵養而后窮理,又補涵養一節於《小學》之末,其言曰:'向來之論,謂必先致知,然后用敬,疑若未安。古人由小學而進大學,其於灑掃應對間,持守堅定,涵養純熟,固已久矣。是以大學之序,特因小學已成之功,而以格致爲始。'今人無小學之功,但見大學以格物爲先,便欲以知識求之,更不於操存用功,未知其以何爲主,而格物以致知也,則東補西補,未免太煩,況小子何年灑掃?應對何事?乃責之以持守涵養,已爲异矣。且持守之不足而堅定,涵養之不已而純熟,是孩提而神聖矣,尚需大學之教耶?"

塨謂以"先致知而后敬"可疑,遂易爲"先敬而后格致",以小學爲涵養,爲操存,曰"純熟已久",不更可疑乎?

子夏教門人、小子以灑掃、應對、進退,而不傳之以本,朱子《注》曰:"本謂正心誠意也,蓋小學教幼儀,習樂舞,皆所以訓之和敬,閑其心意,然而存心養性之旨,卻不之及,必俟大學格致后而乃言誠正矣。"是一事漸進,而小學大學功候淺深不同,有如此者,今朱子之言置敬在致知后,則似小學以及格致全不用敬者,置敬在格物前,又似誠正事在小學已足者,豈皆辭之害意歟?

顔習齋先生《存學編》曰:"宋人'敬'字,字面好看,卻是隱壞於禪學處。古人教灑掃即灑掃主敬;教應對進退即應對進退主敬;教禮樂射御書數,即度數、音律、審固、罄控、點畫、乘除莫不主敬,故曰'執事敬',故曰'敬其事',故曰'行篤敬',皆身心一致加功,無往非敬也。若將古人成法皆舍置,專以静坐、收攝、徐行、緩語爲主敬,乃是以吾儒虚字面做釋氏實工夫,去道遠矣。"

《中庸》言"不動而敬"，則敬有不貼事言者，然即誠正之功不在誠正前也。

朱子《補格物傳》曰："即凡天下之物，莫不因其已知之理而益窮之，以求至乎其極。"

夫窮理亦學中事，未爲不可，但不言學習而專言窮理，則或流於惝恍，或鶩於口耳矣。且物乃修齊治平之事也，若云"即凡天下之物，莫不窮究"，未免雜矣，故陽明有支離之譏也。且即修齊治平之物，苟非聖人，亦祇就其所學格之，未能全格也。如子路之兵、求之足民、公西華之禮樂是也。

張仲誠曰："古文錯簡，何處蔑有？獨不宜有所缺失而重賴於補，且其所缺失者，則又格物致知，入學之要功也，他不之闕而獨缺於是，亦可怪矣。"

《朱子語類》曰："格物者，如言性則當推其如何謂之性，言心則當推其如何謂之心，只此便是格物。"又曰："'格物'二字最好，物謂事物也，須窮極事物之理到盡處，便有一个是，一个非。是底便行，非底便不行。凡自家身心上皆須體驗得一个是非。若講論文字，應接事物，各各體驗，漸漸推廣，地步自然寬闊，如曾子三省，只管如此體驗去。"又曰："如讀書而求其義，處事而求其當，接物存心察其是非、邪正，皆是也。"

朱子亦知格物是學文，但認聖學未甚確，故言有離合，如以窮至性天爲格物，則是上達知天命之事，非成童入學事也；以讀書講論文字爲格物，則後世文墨之學，非古大學之物也；應接事物、存心省身爲格物，則又力行之功，非格物也。以力行爲格物，是行先於知矣，倒矣。

或曰："子之言學禮、學樂，非力行歟?"曰："非也，好學、力行之分，聖人明言之矣。故《中庸》曰'博學之'，又曰'篤行之'；《易》曰'學以聚之'，又曰'仁以行之'；《中論》亦載孔子曰'弗學，何以行?'可見學與行，雖一事而實兩事也。蓋學於平日爲學，行於臨事爲行，如今贊禮，先事演禮謂之學，至供祭會賓相禮乃謂之行。後儒聖學失傳，凡言'學'字皆不的，不以讀書爲學，則返之而以力行爲學矣，皆與聖經不合。"

格物致知，學也，知也；誠意正心修身齊家治國平天下，行也。

又論格物曰："文武之道，未墜於地，在人。賢者識其大者，不賢者識其小者。莫不有文武之道焉，聖人何事不理會。"

此是聖人格物成樣，引證最得。

問："格物之義，固就一事一物上窮格，然如吕氏、楊氏所謂發明大本處，學者亦須兼考。"曰："識得即事事物物上便有大本。不知大本，是不曾窮得也。若只説大本，便是釋老之學。"

此正朱子异於象山、陽明者，然於事事物物上窮究大本，仍與聖學有間。聖人曰"下學而上達"、"志學"、"立"、"不惑"、而始"知天命"。今格物致知之後，誠意、正心、修身、齊家、治國、平天下,皆下學事也。下學尚未盡而欲先知天命,不已逆乎?

三十而立,則聖人規模已定矣,誠、正、修、齊、治、平皆能矣,而尚遲二十年始自信曰“知天命”。後儒身分較聖人之立何如也?而動曰“知天命”耶。

朱子《孟子注》以“知性、知天”爲“格物致知”,“存心養性”爲“誠意、正心、修身”,蓋欲先上達而後下學也。至陸王,則又以爲上達即是下學。兩派不同在此。不知不先下學,所謂上達非上達也,非大本也,皆佛氏之空幻耳。

下學不真,則上達不的,不惟不可逆學,亦斷不能逆學也。

又曰:“人之一心,本自光明,常提撕他起,莫爲物欲所蔽,便將這個做本領,然後去格物致知。”

如此言,則先致知而后格物矣,不則先明德而后格物致知矣,或先正心而后格物致知矣。

世豈有不用心格物而物即能格者?心自主於内也,但未格物先求光明,此心則已躐,必先光明此心,然後格物,則已傎。

又曰:“上而無極太極,下而至於一草一木一昆蟲之微,亦各有理。一書不格,則缺了一書道理;一事不窮,則缺了一事道理;一物不格,則缺了一物道理,須著逐一件與他理會過。”以上皆《語類》。

朱子一生功力、志願,皆在此數言,自以爲表裏精粗無不到矣,然聖賢初無如此學教之法也。《論語》曰:“中人以下,不可語上。”“夫子之言性與天道,不可得聞。”《中庸》曰:“聖人有所不知不能。”可見初學不必講性天,聖人亦不得遍知一草一木也。朱子乃如此浩大爲願,能乎?毋怪《太極圖解》《集注》,當時即不能服陸子靜、陳龍川,而元明以來更多指摘矣。

朱子又有言曰:“十事格九事,不妨;一事格九分,不可。”此言得之。

毛春莊《太極圖説遺議》、王草堂《太極圖辨》皆言無極本於老子曰“歸於無極”、莊子曰“游無極之野”。後秦僧《肇論·中和集》曰:“物我元會歸於無極。”《太極圖》,道士陳摶所授,本之丹家《參同契》“水火匡廓”、“三五至精”二圖。隋唐道士作《真元品》,合載其圖,即今《太極圖》,聖經無是也。

朱子曰:“古人便都從小學中學了,所以大來都不費力,如禮樂射御書數,大綱都學了,及至長大也,更不大段學,便只理會致知、窮理工夫。而今自小失了,要補填,實是難,但須莊敬篤實,立其基本,逐事逐物理會道理,待此通透,意誠心正了,就切身處理會,旋旋去理會。禮樂射御書數,也是合當理會的,皆是切用,但不先就切身處理會道理,便教考究些禮文制度,又干自家身己甚事!”《性理大全》。

六藝，大學之實事也。今云入大學更不甚學事，只理會理，何不觀《内則》爲學之序乎？且理與事，亦何可分也？

禮樂，君子不斯須去身，未聞自小失之而後遂可不補填也，且禮樂俱未理會，而意已誠，心已正，則其所謂正心誠意者，皆何功歟？况即云是"切用"，而又云"若不先就切身處理會道理，便教考究禮文制度，有何干己"，是又以禮樂爲非切身事矣。辭之游移如此，矧聖門視聽言動必以禮，子貢差等，百王德政，只在禮樂，乃實行之具，誰教學者一考究而遂已也？

顔習齋《存學編》曰："朱子稱'上蔡直指窮理居敬爲入德之門，最得明道教人綱領'。僕以爲此四字正諸先生所以自誤者也。何者？'窮理居敬'四字，以文觀之甚美，以實考之，則以讀書爲窮理功力，恍惚道體爲窮理精妙，講解著述爲窮理事業，以儼然靜坐爲居敬容貌，主一無適爲居敬工夫，舒徐安重爲居敬作用，視世人之醉生夢死、奔忙放蕩者，誠可謂大儒氣象矣。但觀之孔門，則以讀書爲致知中之一事，且書亦非徒佔畢讀之也，誦《詩》以作樂，閱《書》以考政事，學《易》以寡過，至博學於文，則六藝以及兵農水火天地間燦著者，皆文也，皆所當學者也。曰'約之以禮'，蓋冠昏喪祭宗廟會同以及升降周旋衣服飲食莫不有禮也，莫非約我者也。此理必造精熟之候，是謂'窮理'，此事必操謹慎之心，是謂'居敬'。上蔡雖賢，恐其未得此綱領也。不然，豈有居敬窮理之人而流入於禪者哉！"

朱子曰："格物用力之方，或考之事爲之著，或察之念慮之微，或求之文字之中，或索之講論之際。"《大學或問》。

朱子數語，本之程子。近宗程朱者謂此語内外該括，格物除此無別事矣。然實按之，皆旁義也。考之事爲是力行，察之念慮是誠意，求之文字，則或訓詁、或雕蟲事矣；索之講論，猶格物所有，但正學不的，則講非其講矣。

《傳習録》鄭朝朔問："至善亦須有從事物上求者。"陽明曰："至善只是此心純乎天理之極便是。更於事物上怎生求？且試説幾件看。"朝朔曰："且如事親，如何而爲溫凊之節，如何而爲奉養之宜，須求箇是當，方是至善。所以有學問思辨之功。"陽明曰："若只是溫凊之節，奉養之宜，可一日、二日講之而盡，用得甚學問思辨？惟於溫凊時，也只要此心純乎天理之極，奉養時，也只要此心純乎天理之極，此則非有學問思辨之功，將不免於毫釐千里之謬，所以雖在聖人，猶加精一之訓。若只是那些儀節求得是當，便謂至善，即如今扮戲子，扮得許多溫凊、奉養，得儀節是當，亦可謂之至善矣。"

善本於性，而性即見於事物，故《大學》言明親止善，慮而后得，即繼曰"物有本末，事有終始"。事物豈可不酌量？但酌量者原是心耳。如陽明言，乃分心與事物爲二也。《中庸》曰"舜好問而好察邇言，執其兩端用其中於民"，非從事物酌量乎？《大學》言"文王敬止"，即於君臣、父子與國人交見之，豈去事物儀文乎？學問思辨，聖賢明言好古、敏求、識大、識小，自是學習古人成法，乃皆擲之，而惟曰“學問思辨”，此心何也？且曰“溫清奉養之宜，可一日、二日講之而盡”，何言之易也。宋英宗、明世宗追奉生父一事，兩代盈廷儒士主客紛糾，終不得當。至言天子爲大宗，則數百年皆作寱語，乃言考究禮節烏用學問思辨，是何言歟？心之具而無其儀，於何見心？然亦誰曰“儀之徒具而可無心”者？爨演，則徒扮其儀耳，烏可比也？程朱未嘗沒古聖學習舊規，但云今已失，且讀書窮理以旋補之。至陽明則直抹撥矣，此所以致宗程朱者如刁蒙吉、張武承等之掊擊之也。

鹿忠節公善繼《四書説約》曰：“除了人，何處是天？除了事，何處是性？”使人事之外有天性，則天性爲無用之理矣。徐愛未會知行合一之訓，曰：“古人説知行做兩箇，亦是要人見箇分曉，一行做知得工夫，一行做行得工夫，則工夫始有下落。”陽明曰：“此卻失了古人宗旨也。某嘗説，知是行的主意，行是知的工夫，知是行之始，行是知之成。若會得時，只説一箇知，已自有行在；只説一箇行，已自有知在。”

不知不能行，不行不可謂真知，故《中庸》謂“道不行，由於不明；道不明，由於不行。”如適燕京者，不知路向北往，如何到燕京？至燕京行熟，則知其路方真。然究是二事，究是知在行先，如問燕京路是問，行燕京路是行。《中庸》“好學近知，力行近仁。”知之一，行之一，明分爲二事是也。必先問清路，然後可行。《中庸》《孟子》皆言誠身、事親、信友，獲上治民，由於明善是也。今日説知已有行，則《大學》但言格物足矣，何必又言誠正修齊治平？説行已有知，但言誠正修齊治平足矣，何必先言格致？

陽明又曰：“惟精爲惟一工夫，博文爲約禮工夫。”皆同此誤。問格物，陽明曰：“格，正也。正其不正，以歸於正也。”

若是，則可節去正心修身矣。

陽明曰：“工夫難處，全在格物致知，此即誠意之事。”

若是，則經文當曰“誠意即格物致知矣”，乃曰“欲誠其意者，先致其知，致知在格物”，何也？

又曰：“爲學工夫有淺深，初時若不著實用意去好善惡惡，如何能爲善去惡？這著實用意，便是誠意。然不知心之本體原無一物，一向著意去好善惡惡，便又多了這分意思，便不是廓然大公。《書》所謂‘無有作好作惡’，方是本體。”

此則似禪語矣，《書》言“作好作惡”，失在“作”字，《大學》言“有所忿懥好樂”，失在“有所”字，非併好善惡惡之意而去之也。若如陽明言，則舜之好問而好察邇言，樂取於人以爲善，君子有惡，皆初學所爲，非聖賢事矣。

又曰：“無善無惡，心之體；有善有惡，意之動。知善知惡是良知，爲善去惡是格物。”

以無善無惡爲心體，是告子無善無不善之説也。明與《易傳》言“繼善”、《孟子》言“性善”相反矣。以爲善去惡爲格物，則致知后之誠意爲蛇足矣。且意之有善有惡，亦不可併言。動而善者，意之自然也；動而惡者，後起之引蔽習染也。

黄以方曰：“博學於文，爲隨事學存此天理，然則與‘行有餘力，則以學文’其説似不相合。”陽明曰：“《詩》《書》六藝皆是天理之發見，文字都包在其中，考之《詩》《書》六藝，皆所以學存此天理也，不特發見於事爲者方爲文耳。‘餘力學文’，亦只是‘博學於文’中事。”

以方之問甚有理，足正陽明之説。夫事爲即行也。孔子明曰“行有餘力，則以學文”，是行與學文爲兩節。若陽明以學文爲隨事學存此天理，則仍是行矣，何以孔子分爲兩節也？乃解曰“考之《詩》《書》六藝，皆所以學存此天理”。夫考之《詩》《書》，豈爲事爲乎？曰“不特見於事爲者爲文”，夫見於事爲，如孝弟親愛，誰曰“爲學文乎”？後儒自是其説，遇詰者理難分疏，即作支吾語，比然也。

陽明曰：“隨物而格，是致知之功，即佛氏之‘常惺惺’，亦是常存他本來面目耳，體段工夫大略相似，但佛氏有箇自私自利之心，所以便有不同耳。”以上皆《傳習録》。

程朱於佛老，固有洗脱未淨者，然閑邪衛正尚爾毅然，至陽明則居之不諱矣。夫孟子之“存心養性”，以仁以禮，顏子其心“三月不違仁”，在非禮勿視聽言動用功，與佛氏“明心見性”之空幻，如黑白冰炭，焉可冒溷曰“佛之上截與吾儒同”耶？况夫格物博文，乃聖門下學實事，經書確有憑指，而亦混入佛氏。嗟乎！陽明何爲至此？

陽明又有“格去物欲”之説，近宗之者直訓“物”爲“私欲”，謂同《孟子》“物交物”、《祭統》“不齊則於物無防”“物”字。夫去欲乃誠意條如惡惡臭之功，非格物事也，且所引證“物”字亦非。己之物，耳目是也。今指己之耳目而即謂之“私欲”，可乎？外之物，聲色是也。今指工歌美人而即謂之“私欲”，可乎？其失在“引蔽”二字，謂耳目爲聲色所引蔽而邪僻也。不然，形色天性，豈私欲耶？猶人羡人金玉而盗之，始謂之盗，始謂之贓，豈人與金玉并未染指，而即坐以盗名，定爲贓物耶？是昭烈之指有酒具者而誅其犯酒禁也。至於齊戒所禁之物，謂葱韭薤蒜等食，及視疾入内等事，以爲觸犯齊戒之物，故曰“防其邪物”。若果以此爲邪物、私欲，則君子不齊之時，宜於邪物、私欲無所防耶，不可通矣。

先儒指人心爲私欲，皆誤。“人心維危”，謂易引於私欲耳，非即私欲也。

陽明以致良知爲致知，宗之者曰：“二‘知’字，一也。”非也。良知，不學而知者也，如孩提知愛其親，不待學也。格物所致之知，學而知者也，如居喪盡禮以孝親。孟子曰：“諸侯之禮，吾未之學也，而嘗聞焉。”則必待學者也。闢之者曰：“二‘知’字，二也。”亦非也。人心無二知，學而致之知，即致其不待學之良知也。至於大學致知之功，實在格物。陽明之所謂“致”，固有間也。

黎立武《大學發微》曰："格物即物有本末之物，致知即知所先後之知，蓋通量物之本末、事之終始，而爲用功之先後耳。"

王心齋曰："《大學》是經世完書，喫緊處只在'止至善'，格物卻正是'止至善'。'自天子以至於庶人'數句，是釋格物致知之義。"《高子遺書》。

證人書院《示學語》曰："二程改本，俱以知本爲知至、知本即格物也，格物本末即物格而知至也。"何嘗謂誠意之先，當補窮理。觀伊川將"聽訟"節提在"此謂知之至也"前而謂衍。"此謂知本"四字，正謂致知在知本耳。王陽明刻古本《大學》，猶不得其旨，一曰"格，正事物"，一曰"格，去物欲"。至門人王心齋，然後有"格本末之物，致先後之知"語，爲之暢然。

此又出於朱、王之外，以知本爲格致者也，不知知本以淺言之，則今凡讀《大學》者，皆知身爲本，家、國、天下爲末，然皆可謂之物格乎？知至乎？以深言之，則必如子言"無訟已"之意。誠使民之意皆誠，乃謂知本，則統言明親之全功也，與格物致知爲近道之始事者又有分矣。至言"通量物之本末終始，而爲用功先後"，則自"欲明明德於天下"以下至"天下平"，皆言"先後有序"，而後以"知本及末"應之，以完"知所先後"之意，文義承接自明。且觀"物格而后知至"句，與下文同言后則格物先於知至，知至后於格物，只是"知所先後"句中一端，豈專以"格物致知"爲"知所先後"耶？

觀"此謂知之至"句，承上文"修身爲本"而言，則"格物致知"自必如"無訟"節，由本及末，乃滿格致之量，乃全大學之道。但格致爲始事，誠意以至天下平爲由始而終事，功次劃然，不可淆亂。不然，不以解"知所先後"者，反紊其先後耶！

物格知至，豈尚不知修身爲本乎？故"知本"、"知至"并言之，然格致實有學問之事在，不得但以較量本末先後了卻也。

心齋以爲格物是"止至善"，則曰"欲親民、明德者，先在止至善"，通乎？

朱子補格物致知傳，學者不愜其說。王魯齋遂割"知止而后有定，至則近道矣"於"聽訟，吾猶人也"之右，爲格致傳。崔後渠、高景逸又改"瞻彼淇澳"至"此謂知本"於"此謂知之至也"下，以釋"格物致知"。王心齋又以"修身爲本"數句爲釋"格致"。蓋皆由未明古人學法，而疑"誠意"以下有覆釋之文，"格物致知"獨無，遂扳甲牽乙，紛紛誣指如此。

朱子補格致傳固誤，然而鄭重"格致"，猶得經文"先致其知"、"致知在格物"二句語意。若以前文之"知止至善"，後文之"知本"當"格致"，則竟可削去"格物致知"四字矣。

孔《疏》曰"本亂謂身不修也，末治謂國家治也，其所厚者薄，而其所薄者厚，未之有也"者，此覆說"本亂而末治者，否矣"之事也。齊於氏曰"以身之所施者厚薄"云云，作推類語也。

"此謂知本"應上文"物有本末,知所先後"也,"此謂知之至"應上文"物格而后知至"也,"獨"應"物格而后知至"者,以誠正修齊治平已結本末内,而格致乃始事,故特結之也。或問:"格物,即大學之學,何以見之?"曰:"請思格物之物,非即物有本末之'物'乎? 物有本末之物,非大學中之'物'乎? 此盡人所可知也,非奇論也。"曰:"程朱陸王何乃不言?"曰:"程朱固嘗言之矣,但聖人學習事物實學,後世漸湮,故辭或有游移耳。若認真實學,則諸儒之説皆可統攝。何者? 窮理固亦學中之事也,格正事物,格去物欲,則皆學之誠意以后事也。知所先后之知,亦在致知内也。格物以致知,自知本也,知止亦必由於致知也。但實用格物致知之功,則是學文,不可東挪西就耳。"曰:"專以格物致知爲學,則誠意正心修身齊家治國平天下非學歟?"曰:"皆學也,然而有辨也。物即意心身家國天下之物也,然而不即曰'意心身家國天下'者,則以其爲意心身家國天下之事,如禮樂等藝是也。嫺習禮樂,所以誠意正心修身齊家治國平天下也。故大學之道在誠意正心修身齊家治國平天下,而誠意正心修身齊家治國平天下不僅在學習時也,猶言禮在中,樂在和,而中和不僅在學習禮樂時也。試思誠意正心修身之事,謂在學内即爲之,可通;若齊家治國平天下之事,謂在學内即爲之,不可通矣。世有挈妻子臣民以入學者乎? 是學乃學習明親之事,非即爲明親之事也。故曰:'學與行,二事也。'蓋非學無以誠正修齊治平,而不可謂學即完誠正修齊治平之事。故博文之後,又須約禮,學問思辨之後,又須篤行也。若以爲學即誠正修齊治平,誠正修齊治平即學,則《王制》云'六十不親學',可云'六十不誠意正心修身'乎?《論語》曰'仕而優則學',可曰'治平而優則治平'乎?"

大學辨業・卷三　終

大學辨業·卷四

蠡吾李塨稿

孔《疏》曰:"'所謂誠其意者'至'此謂知本',廣明誠意之事。"

朱子《章句》曰:"誠其意者,自修之首也。"

"此之謂自謙",鄭《注》曰:"謙,讀爲慊。"朱子《章句》曰:"快足於己也。"顔習齋曰:"《説文》'謙,敬也',言好善惡惡。此謂自敬飭於内之事,所以起下,言慎獨也。"

誠意爲明親之首,故統大學之道。釋之學,格致也;自修恂慄威儀,誠正修也;賢親樂利,齊治平也。

《大全》黄氏洵饒曰:"切磋,言學,格物致知也,已後講章皆爲此説,則知'格致是學'乃聖經本訓,非臆説矣。"

《爾雅》郭璞注"恂慄",曰"恒戰悚"。邢昺《疏》曰:"謂嚴恂戰慄也。"朱子《章句》曰:"'前王不忘',言前王能使天下後世無一物不得其所,所以既没世,而人思慕之,愈久而不忘也。"

顔習齋《大學正誤》曰:"賢其賢,用前王所培之賢也;親其親,庇前王所建之親也。"

《尚書》孔安國《傳》曰:"顧,謂常目在之。諟,是也。"朱子《章句》曰:"天之明命,即天之所以與我,而我之所以爲德者也。"

朱子《章句》曰:"言周國雖舊,文王始受天命也。"

又曰:"緝,繼續也。熙,光明也。敬止,言其無不敬而安所止也。"

鄭《注》曰:"大畏民志,此謂知本。本,謂誠其意也。"孔《疏》曰:"能大畏服民志,不得盡其虚辭,言在上者惟自誠己意,亦服民使誠意也。"

陳耀文《經典稽疑》云:"本末終始,原非條件,朱子因本字遂謂'聽訟'節釋本末,然則又以何者釋終始耶?"

心所欲爲之事曰意,格致之后,意自在正修齊治平矣,然意欲正修齊治平也,如好好色,意不欲不正修齊治平也,如惡惡臭,乃謂誠,故君子於獨念獨處之際,必慎之又慎,如上帝臨汝、鬼神在旁焉,敢不誠以欺其意乎?先儒謂誠意之意有善有惡,非也。既已入大學,而格物致知矣,尚意在爲惡,亦鮮其人。即果有其人,亦何庸教之以誠意?豈教之以誠其惡意乎?又謂心之發念皆意,亦非也。心發而爲喜怒哀樂之情,有中節不中節之分,不必盡分善惡也。其餘若意見則見解也,若意想,蘇軾謂:"皋陶曰:'殺之三。'舜曰:'宥之三。'"想當然也。有感觸,感而生,不感而止也;有雜念閔事宂緒,無所爲善,無所爲惡也;有偶念,偶然念及不必欲爲其事,且或有不能爲者也。此皆宜用正心之功。心正則能照能攝,雜者一,妄者息矣。外此又有思,則意在爲其事而始思度之,又在意之後,非意也。是心之發,亦多矣,皆與《大學》"如惡惡臭"、"如好好色"之意無涉也。誠意之意,則格物致知后意在爲大學之事也。爲善,去不善也,然未必皆誠也。不誠則雖有此意,而或作或輟,或爲苟且,或爲色莊,所謂"可與共學,未可與適道"者矣。故必誠其意,而后可正修齊治平也。故前以修身爲親民之本,此又以誠意爲明親之本。爲惡之意,即小人閔居爲不善之意也,非致知誠意之意也。蓋君子誠意,誠於爲善去惡之意也;小人亦誠意,誠於爲惡去善之意也。故亦曰:"誠於中。"惟庸人浮學,一意以爲道,又一意曰"姑勿爲",是之謂不誠。

宋人謂心統動靜,又訓意爲心之動,則用正心之功,已該有誠意,用誠意之功,又侵入正心。所謂兩條件者,糾纏不清矣。若解"意"爲統貫明親之意,不劃然歟?

程子曰:"'身有'之'身'當作心。"齊於氏曰:"忿懥四端皆心之用而見於身者,若身有所沾滯,則必其心體不正而後發見於身。倒見之文也。"

文苟可解,經豈輕改者?蓋"身有所"八句,言身滯於忿懥等而不修,則是心之不得其正也。"心不在"四句,言心不正,則身之視聽等自無以虛明肆應而不修也,反覆以明修身在正心也。

吾儒心官純一兢業,曰"慎",曰"正"。心官立,曰"淵泉",曰"天下大本"。坦蕩自得,乃居敬之效驗耳。若以空澈灑落爲主,止水寒潭,但可幻照玩弄,無能實用,异端也。

《中庸》"戒懼",即正心而微异。正心統動靜。《中庸》"其所不覩聞",專指靜言。故曰:須臾致中,則該動靜,謂不覩聞以至共覩聞,無時不存其心也。《中庸》"慎獨"同此而意异。此慎獨謂慎則不敢欺,《中庸》"慎獨"謂慎則不乖於節,致和也。自"隱微"至"見顯",無在不敬其事也。

謂心無靜時,只一慎獨盡之,非也。《中庸》"其所不覩聞",非靜歟?分靜於動,而以主靜爲功者,亦非也。何者?心之靜只是須臾不可主之也,主此必入二氏矣。

立則見其參於前也,在輿則見其倚於衡也,即《中庸》所謂"戒懼""慎獨",《孟子》所謂

"存心養性"也。

格物之於禮樂，學也，知也；修身之於禮樂，行也。誠意，實其行禮樂之念也；正心，養禮樂之源也。

朱子《章句》曰："辟猶偏也。親愛五者，本有當然之則，然常人之情，惟其所向而不加察焉，則必陷於一偏而身不修矣。"

未有學養子而後嫁者也，朱子《章句》曰："此明立教之本，不假强爲，在識其端而推廣之。"蓋言孝弟慈本於天良自然，故家國如一耳。然嫁不用學養子，而入官則須學古，不可誤解也。

孔《疏》曰："自'所謂平天下'以下至篇終，覆明平天下先治其國之事，欲平天下先須治國，治國事多於平天下，非一義可了，故廣而明之。"

講章皆言"治國"節孝弟慈是感化，"平天下"節絜矩是政事，謂平天下之事更多於治國，故云然也。及閲孔《疏》，乃知其誤。蓋三代之時，天下皆諸侯分治之，天子祇自治其國，禮樂政刑，與民相接，皆在王畿，其平天下之政，不過巡狩朝會，如修禮同律等事，以慶讓諸侯而已。觀有國者，不可以不慎，得衆則得國，此謂國不以利爲利，以義爲利，只言治國，不言平天下，誠以天下諸侯視天子之國，欲求其平，必由於治，故曰："有國者不可以不慎，辟則爲天下僇。"正言國不治，則天下不平也。如桀、紂、幽、厲，只是自亂其國，未嘗如後世暴虐遍及天下，而天下不服，群然傾畔，故國曰"治"，天下曰"平"。《孟子》謂"天下之本在國"，亦同此意。若秦人郡縣以後，則天下爲一，政教刑罰，環海之内，秉命一人，無國與天下之分，亦不必有治平先後之分，蓋治安天下之道同，而時勢則异矣。至於感化，與政事本相通事也。

《詩·大雅》鄭康成《箋》曰："師，衆也。""儀監"，《詩》作"宜鑒"。

鄭《注》曰："命也，讀慢也，聲之誤。"

顔習壵曰："'舉而不能先命也'爲一句，言不舉或舉而不速命以位也；'退而不能遠過也'爲一句，言不退或退而不遠，迸以過責之也，則好惡拂人意矣。孔子論中行氏之亡以此。"此亦一説。

鄭《注》曰："彼君也，近解者謂人君，以小人爲善而善之，不知小人使爲國家，掊克聚斂，禍敗交至，是時即有善人救之，亦無如何矣。"

"所謂修身在正其心"以下，皆是推明前文"知所先後"之意。而"誠意"條獨不言正心在誠其意者，何也？以其爲明親之首也，惟誠而後可自成矣，成物矣，所謂忠信以得之也。故於慎獨以誠意獨致意焉。

經文義自然可覽而知，如格物即是學，遂變上文曰："致知在格物。""誠意"條爲釋前文之首,而前無釋文,故明親止善以及知本皆統論之。古天子能治其國,而天下自平,故"所謂平天下"以下專言治國之事,與"所謂修身"三條,反覆言治齊修正,後先相須之文義不同,而結亦不言"此謂平天下在治其國",可見也。

通篇言大學之道在善、明、親。誠、正、修,本也;齊、治、平,由本以及末也。先後秩然,此格物致知者之所有事也。

大學辨業・卷四　終

聖經學規纂

聖經學規纂·序

《大學》辨訖，續纂《聖經學規》二卷。續纂者何也？古大學成規俱在，但恐人不實盡其道，故揭曰：在明親止善。今自宋儒表章《大學》篇以來，家閲户誦矣。五尺學童即知明親爲道，然而古法荒蔑，帖括家鮮知《大學》中所謂三物名色者。至錚錚道學有聲，問以禮樂，亦多茫焉莫對。然則何由而進於明親耶？其日講明親者，何物耶？則古聖學規固不可不亟明於世矣。是以摘聖經言學者，會爲一編，試起而觀之，思之，與今人所學同否？今人日讀經書，而於經書言學者不一致意，是爲何故？乃學别有學，而學之格物别有格物也。是又何故？豈今人之學，可以過於古人而不必遵耶？則固曰步孔孟之後塵也。抑古人之學，或時异世殊，不可行於今日耶？則又曰，千古有聖人焉，此心此理同也。然則可以返矣，可以興矣。

康熙戊寅四月己酉蠡吾後學李塨撰

聖經學規纂·目録

卷一

原學規纂　《論語》學規三十九條

《中庸》三條　《孟子》十一條

卷二

《尚書》三條　《易經》一條

《詩》　一條　《周禮》八條

《禮記》九條　論古聖正學宜急復

附　《論學》二卷[①]

① 《論學》二卷另成一書,不附於此。

聖經學規纂·卷一

蠡吾　李塨　稿

學明則格物明，而明親之道可得矣，故以《學規》附《大學》後焉。

《論　　語》

子曰："學而時習之，不亦説乎?"

《注疏》引皇氏曰："學有三時：一、身中時。《内則》曰'十歲出就外傅，居宿於外，學書計。十有三年，學樂、誦詩、舞勺，十五成童舞象'是也。二、年中時。《王制》曰：'春秋教以禮樂，冬夏教以詩書。'《文王世子》曰：'春誦，夏絃，秋學禮，冬學書。'鄭康成曰：'誦謂歌樂也，絃謂以絲播詩。'三、日中時。《學記》曰：'君子之於學也，藏焉，修焉，息焉，游焉'是也。"

子曰："弟子入則孝，出則弟，謹而信，汎愛衆，而親仁。行有餘力，則以學文。"

朱子《集注》曰："文者，《詩》《書》六藝之文。"

此注與"夫子之文章"、"天之未喪斯文"兩章，訓文曰威儀、言辭、禮樂、制度，極有功於聖道。今人專以載籍爲文，繙讀爲學，印定心目，幸朱《注》尚有此蹤跡，與之作證耳。

"文"字，聖人有自注矣。文之以禮樂，非以禮樂爲文歟!

子夏曰："賢賢易色；事父母能竭其力；事君能致其身；與朋友交，言而有信。雖曰未學，吾必謂之學矣。”

朱子曰：“天下之理，有大小本末，皆天理之不可無者。故學者之務，有緩急先後，而不可以偏廢。但不可使末勝本，緩先急耳。子夏之言，矯枉過正。”吴氏曰：“子夏之言，流弊至於廢學。”陳氏曰：“此見子夏之文學，非事文藝之末，而重躬行之本。”“弟子入則孝”章，程子曰：“不修其職而先文，非爲己之學，其言皆以躬行爲重，讀書爲輕，是矣。然古學非讀書也。”《周禮》：師氏掌以三德三行教國子，保氏掌養國子以道，乃教之六藝。《内則》：習幼儀，學禮樂。朱子解學文，亦曰《詩》《書》六藝之文，《詩》以習歌咏，《書》以考政事，禮、樂、射、御、書、數，皆修己治人之實務。此古人之學也。至於繙讀，乃學中十分功力之一二耳。《論語》載孔門傳述，未嘗及於繙讀，可知古人之學，不在此也。然則學者，即學事父、事兄、致君、交友之行。行者，即行事父、事兄、致君、交友之學。學者，學於學中。行者，行於臨事。本一物也。弟子父兄在堂，人物相接，自必先盡其職，然盡職不知果合宜否。而修己治人，更多當學之事。故曰“行有餘力，則以學文”。至於成人後，君親朋友，無一有愧，未有不由學者。如事父而生事葬祭，力盡其禮。事君而兵、農、禮、樂，致身無貳。自是學於平日而後能，故曰“雖曰未學，吾必謂之學矣”。“雖曰”“必謂”者，决其已學也。文義自明。後儒多以辭章爲文，繙讀爲學，遂有本末緩急之説。若原古學，如學溫凊定省之儀爲學，行溫凊定省之儀爲行，學宗廟會同之儀爲學，行宗廟會同之儀爲行，博學力行，擇善固執，同此物耳，烏分本末緩急耶？且因認“學”字未真，又不體貼子夏文義，而反譏子夏之言有過，何耶？至“志於道”章，朱子分道德仁爲本爲重，游藝則爲小物爲輕，亦似非是。朱子明注藝爲禮、樂、射、御、書、數，射、御、書、數且勿論，自古聖賢有以禮、樂爲小而且輕者乎？以不可斯須去之物，而曰小物曰輕，亦异聖學矣。

《説命》曰：“知之匪艱，行之爲艱。”世固有學而不行者，行自更重於學矣。然此乃學而不行之過，非學勝行、學先行之過也。故謂學猶故法，行乃躬行，分輕重可；謂學屬小務，行爲大圖，分輕重不可也。

或曰：“如子言，即以事君論，則能學文，必能政事矣。然聖門又分政事、文學爲二科，何也?”曰：“博學於文，與文學亦微有分。博學於文所指廣，兵、農、禮、樂、射、御、書、數、水、火、工、虞之事，皆可學也。文學則專指其考訂禮樂，酌古準今，博雅斐然而言。故與德行、政事、言語可分科也。不然，以文學即是博學於文，則謂君子之博學於文，衹學爲文學而不學爲德行、政事、言語，豈可通耶？子游、子夏之文學，觀之《檀弓》及《儀禮傳》、《詩序》可見。然子游宰武城，子夏宰莒父，何嘗不通於政事歟？分科者，各就最長者言也。”

《論語》“文”字亦有分，如“文質彬彬”與質對，楊氏以白受采况之，則就文物華飾説；

“文莫猶人”、“躬行未得”與行對,朱子以言注之,則就言辭有文説。雖亦博學内所該,然各章又有專義也。

子曰:“君子不重則不威,學則不固。”

子曰:“君子食無求飽,居無求安,敏於事而慎於言,就有道而正焉,可謂好學也已。”

子曰:“吾十有五而志於學,三十而立,四十而不惑,五十而知天命,六十而耳順,七十而從心所欲不踰矩。”

此夫子下學而上達之年表也。志學、立、不惑,下學也。知天命以後,則上達矣。如登高者從下一級一級而上,故謂之達。後儒躐求性天,以想像恍惚爲上達,遂以通曉訓達,誤也。且曰:“下學人事,便是上達天理。”則志學即是從心所欲不踰矩矣。又曰:“下學是事,上達是理。”則從心不踰矩,豈無事歟?乃理與事分也,亦誤也。

子曰:“學而不思則罔,思而不學則殆。”

子貢問曰:“孔文子何以謂之文也?”子曰:“敏而好學,不恥下問,是以謂之文也。”

子曰:“十室之邑,必有忠信如丘者焉,不如丘之好學也。”

晉衛瓘以“者”字斷句,“焉”作何字解,言何以不如丘之好學也。得望人意,較“焉”字屬上句者義長。

哀公問:“弟子孰爲好學?”孔子對曰:“有顔回者好學,不遷怒,不貳過,不幸短命死矣。今也則亡,未聞好學者也。”

孔文子,夫子亦稱其好學,然與此有分,孔文子好學淺,此深。孔文子好學,專以學習藝術言。此則修德、講學、徙義、改不善,皆在其内也。

子曰："君子博學於文，約之以禮，亦可以弗畔矣夫！"

先孝慤《論語講義》曰："禮不可空訓'理'字，乃持守之節文也。君子於《詩》、《書》、禮、樂、射、御、書、數之文，一一講習，是爲'博學於文'。然又將所博者，收斂約束，於凡視、聽、言、動之間，都執守天理之節文，不敢少有放肆，是爲'約之以禮'。"

或問："'博學於文'，文者，六藝也，則已有禮矣。而又言'約之以禮'，何居？"曰："博文之禮，習五禮之儀也。約禮之禮，則統六藝言之。《周禮·大司徒》'十二教樂'，居禮之一。古者射、御皆有禮，書、數亦禮中事。'約之以禮'，則不止學習六藝之文法，而身世實用其功，如顏子之'四勿'，非禮勿視、聽、言、動。曾子之'三省'，爲人謀忠，友信，傳習。孟子之'存心''養性''修身'皆是也。故先儒以博文爲格物致知，約禮爲克己復禮，甚得。即如孺悲學士喪禮，是學文矣，而孺悲之居喪，果如禮行否乎，則又有約禮之功矣。"

六藝兼習，固爲博學。即如專學一數，九章以及歷數皆學之，亦博學也。

黄勉亝曰："朱子《注》以要訓約，然約之謂爲要之文理不順，以約爲束，文義順矣。"《四書大全》"克己復禮"，馬融以約身訓"克己"，正抑然自束之義。

顏習齋《存學編》曰："博學於文，約之以禮，乃孔門祖述堯舜、憲章文武之實功，明德親民、百世不易之成法也。"

孔門曰"博文約禮"。程朱學孔門，亦曰"博文約禮"。而究其實，似有不同者。孔門之博文，願學禮、樂，執射執御，以至《易》《詩》，莫不曰學也。《周南》《召南》曰爲也。言學言爲，既非後世口耳所可混，禮、樂、射、御，又非後世章句所可託。況於及門之所稱贊，當時之所推服，師弟之所商搉，若多學而識。"夫子之文章"、"文武之道，未墜於地"、"博學而無所成名"、"文不在茲"、"如或知爾"諸章，皆可按也。此孔門之文、孔門之學也。果齋李氏贊朱子之博文，則曰"字求其訓，句索其旨，始以熟讀，繼以精思，文從字順，妙得聖旨。"又"使學者先讀《大學》，以定其規模，次及《語》、《孟》，以盡其藴奥，而後會其歸於《中庸》。由是以窮諸經，訂諸史，以及百氏之書，將無理不可精，無事不可處"等語，詳哉言之矣。孔門之約禮，大而冠、昏、喪、祭、宗廟、會同，細而飲食起居衣服男女，問老聃，習大樹下，公西子曲禮精熟，夫子遜其能，可謂禮聖。言、曾諸賢，纖微必謹，以此約心，以此約身，出即以此約天下。故又曰："齊之以禮。"《中庸》大聖人之道，至於發育萬物，峻極於天，序君子之功，備著尊德性，道問學，而其中直指曰："禮儀三百，威儀三千。"且曰："苟不至德，至道不凝。"是顯以"三百""三千"爲至道矣。此孔門之禮、孔門之約也。朱子之約禮，則李氏言"內而無二無適，寂然不動，外而儼然肅然，若對神明"而已。李氏曰："洙泗以還，博文約禮，兩極其至者，惟朱子一人。"僕不敢議朱子之博約極至與否，願學者先辨其文與禮焉可也。

子曰:"德之不修,學之不講,聞義不能徙,不善不能改,是吾憂也。"

顔習齋曰:"學之不講是學矣,而又須講之。即博學之後,繼以問、思、辨也。今世專以講學爲尚,乃有不學而講者矣。"

子曰:"加我數年,五十以學《易》,可以無大過矣。"

子曰:"三年學,不至於穀,不易得也。"

子曰:"篤信好學,守死善道。"

子曰:"學如不及,猶恐失之。"

達巷黨人曰:"大哉孔子!博學而無所成名。"子聞之,謂門弟子曰:"吾何執?執御乎?執射乎?吾執御矣。"

鄭康成曰:"聞人美之,承之以謙。吾執御,欲名六藝之卑也。"《何晏集解》

子曰:"可與共學,未可與適道;可與適道,未可與立;可與立,未可與權。"

既已學矣,而曰"未可與適道",此格物致知之后,所以繼以誠正修齊治平也。不然,王孫賈亦能軍旅,祝鮀亦治宗廟,豈可與子路、公西華之學同等論耶?

德行,顔淵、閔子騫、冉伯牛、仲弓;言語,宰我、子貢;政事,冉有、季路;文學,子游、子夏。

子路使子羔爲費宰,子曰:"賊夫人之子。"子路曰:"有民人焉,有社稷焉,何必讀書,然後爲學。"子曰:"是故惡夫佞者。"

或曰:"子路以不必讀書爲學,夫子責之,可見讀書爲學矣。"曰:"非也。解者誤也。佞,口才也。或人羡之,蓋雖無理而能强據一理以屈人者也。如未優治民事神之學,而遽使仕，此無理者也。謂爲學不必閉户作佔畢書生，此有理者也。此佞也。子路之言，蓋與‘正名’章指夫子爲迂意同。謂學而不仕，得毋使之作迂闊書生乎？然聖門教學，立體致用，曷嘗使人專讀書耶？故其言不待辨，而但以佞斥之。若如時解，謂學在讀書，則子路之言，正與相左，是顯然背理之語耳，尚何佞之云。”

子路率爾而對曰："千乘之國，攝乎大國之間，加之以師旅，因之以饑饉，由也爲之，比及三年，可使有勇，且知方也。"夫子哂之："求，爾何如？"對曰："方六七十，如五六十，求也爲之，比及三年，可使足民，如其禮樂，以俟君子。""赤，爾何如？"對曰："非曰能之，願學焉。宗廟之事，如會同，端章甫，願爲小相焉。"

公西華所言之禮樂，與立於禮，文之以禮樂，亦微有分。華所言之禮樂，指宗廟會同相禮言也。若立於禮之禮，則統禮言之。如孝有禮則事親之事立，忠有禮則事君之事立，信有禮則交友之事立，即至宗廟會同贊助有禮，則爲相之事立。類皆在其内。故冉有謂禮樂有待，亦指富國之餘，宗廟、會同、蜡享、飲射諸禮言也。若謂凡禮，冉有皆不能，豈其事親、事君、交友，皆無禮耶？子路之行行，豈如華之優禮樂者，而夫子亦教以禮樂，可證也。故約之以禮，凡爲學者所同也。然約禮亦有不一，蓋五倫日用相接之禮，學者所同懔也。若致用之事，如學兵者約以兵之禮，學足民者約以足民之禮，亦有不同也。

樊遲請學稼。子曰："吾不如老農。"請學爲圃，曰："吾不如老圃。"樊遲出，子曰："小人哉，樊須也！上好禮則民莫敢不敬，上好義則民莫敢不服，上好信則民莫敢不用情。夫如是，則四方之民，襁負其子而至矣，焉用稼？"

孝弟忠信，四民所同也。兵農禮樂，士所獨也。何者？士固儲其學以待爲民上而任經世之責者，非若農工商，徒自善而可已也。乃今名道學者，祇務讀書，高則立行，語以兵農禮樂，輒曰出位，豈知學爲上，正士之位歟？不學爲上之事，不惟失聖學，併有歉於士矣。

子曰："古之學者爲己，今之學者爲人。"

孔安國訓解曰："爲己者，履而行之；爲人者，徒能言之。"此極中近世無實講學之弊。我躬不閲，而徒娓娓曉譬以誨人，是爲人也。

程子曰："爲己，欲得之於己也。爲人，欲見知於人也。"則爲不作助解，作緣解矣。意亦善。

子曰:“莫我知也夫!”子貢曰:“何爲其莫知子也?”子曰:“不怨天,不尤人,下學而上達。知我者,其天乎。”

衛靈公問陳於孔子,孔子對曰:“俎豆之事,則嘗聞之矣。軍旅之事,未之學也。”明日遂行。

是時靈公無道,國本不立,禍亂在彈指矣。不知以禮治内,而尚志於爭伐之事,孔子所以以未學謝之也。若謂孔子爲果不學兵,則何以曰“我戰則克”,而冉有何以對季氏曰“軍旅學之於孔子”耶?且卻萊兵,命申句須樂頎伐費人而墮之,不用陳耶?

子曰:“賜也,女以予爲多學而識之者與?”對曰:“然。非與?”曰:“非也,予一以貫之。”

“從心所欲不踰矩”,夫子之忠恕,夫子之一貫也。然敏如子貢,尚不知之。何也?則以夫子平日罕言命仁,自居曰“多聞多見而識”,教人曰“學而時習”,是皆在學識也。故子貢解後,乃曰:“夫子之文章,可得而聞;性與天道,不可得聞。”蓋聖人教下學之定法固如此。使如後儒終日言性、言天、言一本萬殊,子貢之聰明,豈褎如充耳者,而夫子問之,尚爾疑信不决耶?

子曰:“吾嘗終日不食,終夜不寢,以思,無益,不如學也。”

子曰:“君子謀道不謀食。耕也,餒在其中矣。學也,禄在其中矣。君子憂道不憂貧。”

孔子曰:“生而知之者,上也。學而知之者,次也。困而學之,又其次也。困而不學,民斯爲下矣。”

自古生知者幾何哉?故致知在格物。

陳亢問於伯魚曰："子亦有异聞乎？"對曰："未也。"嘗獨立，鯉趨而過庭，曰："學《詩》乎？"對曰："未也。""不學《詩》，無以言。"鯉退而學《詩》。他日又獨立，鯉趨而過庭，曰："學禮乎？"對曰："未也。""不學禮，無以立。"鯉退而學禮。聞斯二者，陳亢退而喜曰："問一得三，聞《詩》聞禮，又聞君子之遠其子也。"

子之武城，聞弦歌之聲。夫子莞爾而笑，曰："割雞焉用牛刀？"子游對曰："昔者偃也聞諸夫子曰：'君子學道則愛人，小人學道則易使也。'"子曰："二三子，偃之言是也。前言戲之耳。"

子曰："由也，女聞六言六蔽矣乎？"對曰："未也。""居，吾語女。好仁不好學，其蔽也愚。好知不好學，其蔽也蕩。好信不好學，其蔽也賊。好直不好學，其蔽也絞。好勇不好學，其蔽也亂。好剛不好學，其蔽也狂。"

子曰："小子何莫學夫《詩》？《詩》可以興，可以觀，可以群，可以怨。邇之事父，遠之事君，多識於鳥獸草木之名。"

觀此二章，德必須學。事父事君，亦資學《詩》。又他日，夫子曰，孝在以禮。事君盡禮。則知先王三物之教，六德六行，其實事祇在六藝。質之聖訓，固彰彰也。

子夏曰："日知其所亡，月無忘其所能，可謂好學也已矣。"

子夏曰："博學而篤志，切問而近思，仁在其中矣。"

朱子《集注》曰："四者，學、問、思、辨之事，未及乎力行而爲仁也。然從事於此，則心不外馳，而所存自熟，故曰'仁在其中'。"

子夏曰："百工居肆以成其事，君子學以致其道。"

子游曰："子夏之門人小子，當洒掃應對進退則可矣。抑末也，本之則無如之何。"子夏聞之，曰："噫！言游過矣。君子之道，孰先傳焉，孰後倦焉。譬諸草木，區以別矣。君子之道，焉可誣也。有始有卒者，其惟聖人乎？"

子夏守聖人教,不淩節之法如是。

子夏曰:"仕而優則學,學而優則仕。"

衛公孫朝問於子貢曰:"仲尼焉學?"子貢曰:"文武之道,未墜於地,在人。賢者識其大者,不賢者識其小者,莫不有文武之道焉。夫人焉不學?而亦何常師之有?"

此所謂"憲章文武"也。朱子《集注》曰:"道,謂謨訓、功烈、禮樂、文章也。"

觀此可得"學"字正詁。先孝慤曰:"效法於人謂之學,已學而熟習於己謂之習。"樊遲請學稼、圃,子曰:吾不如老農、老圃。《孟子》載庾公之斯學射於尹公之他。《史記》孔子學鼓琴於師襄,子與齊太師語樂,聞《韶》音學之,孟懿子、南宫敬叔師孔子學禮,可證也。即不及見其人,而私淑艾以爲學者,亦效法也。近乃有宗心性頓悟之説,而訓學爲惺覺者則异矣。

《白虎通》曰:"學之爲言覺也,悟所不知也。"此即《大學》格物以致知之義,與後人惺覺説不同。惺覺,禪學也。至《學記》"學學半",上學字音效,《説命》作"斆",教也。蓋教學本一事,故字可通用。

謂學有兼行言者可。夫子自謂下學,稱顔子好學,其義皆兼行。蓋行即行其所學,原非兩端,况禮樂從先,有爲若舜,行亦效法古人也,則統謂之學也自可。然謂行即學,而廢學習之功,則斷不可。夫子由志學而立,顔子博文而約禮,皆各有功力,確有次程,故聖門教人之法,曰文,曰行,曰學文,曰約禮。而以好學與守道對舉,講學與修德徙義改不善對舉,共學與適道分言,好學與好仁、好知、好信、好直、好勇、好剛分言,皆明甚著者。

好學近智,而亦有統行言者。即如《大學》中本祇學習事,則但可曰"格物致知",然誠正修齊治平,皆由學出,則固皆大學之道也。

孔子、子游明以絃歌爲學道,聖學亦可以定矣。

《中　　庸》

子曰:或生而知之,或學而知之,或困而知之。及其知之,一也。或安而行之,或利而行之,或勉强而行之。及其成功,一也。好學近乎知,力行近乎仁,知恥近乎勇。博學之,審問之,慎思之,明辨之,篤行之。有弗學,學之弗能弗措也。有弗問,問之弗知弗措也。有弗思,思之弗得弗措也。有弗辨,辨之弗明弗措也。有弗行,行之弗篤弗措也。人一能之,己百之。人十能之,己千之。果能此道矣,雖愚必明,雖柔必強。

顔習齋曰:"'有弗學'一讀,'學之'一句。"言有不學者,必須學之。朱《注》以"有弗學"作句,"學之弗能弗措也"又句,而曰"君子之學,不爲則已,爲則必要其成"。夫君子之學而有可不爲者乎?聖言有姑寬人以不爲者乎?後觀孔《疏》曰:"謂身有事不能常學習,常須勤力學之,不至於能不措置。"與習齋説合。

大哉!聖人之道,洋洋乎!發育萬物,峻極於天。優優大哉!禮儀三百,威儀三千。待其人而後行,故曰"苟不至德,至道不凝焉"。故君子尊德性而道問學,致廣大而盡精微,極高明而道中庸。溫故而知新,敦厚以崇禮。

鄭康成《注》曰:"待其人而後行,言爲政在人也。"又曰:"政由禮也,蓋聖道惟禮可以盡之。發育、峻極之功用,亦不越一禮。故曰:'約之以禮','復禮爲仁。'《周禮》無所不舉,統名《周禮》。《大學》言明親,《中庸》言性教,小戴皆列於《禮記》可見也。"鹿忠節、顔習齋謂禮即道也,惟至德之人凝之。尊德性,道問學,致廣大,盡精微,極高明,道中庸,溫故知新,皆敦厚以崇禮也,所謂德至而道凝也。旨哉言乎!

按禮有專就儀文言者,有統天下之理而言者。如夫子言禮"與其奢也,寧儉",曾子言"國儉,則示之以禮",孔子率弟子習禮於大樹下,皆指儀文而言也。如郤缺以六府三事爲德禮,魯昭公如晋,自郊勞至於贈賄無失禮,女叔齊謂之善儀,不可謂禮,而以用賢出政爲禮,子太叔亦以揖讓周旋爲儀,而備舉禮文聲樂人倫政事爲禮,是統天下之理皆禮也。《周禮》"三物",禮居六藝之一,專指五禮儀文言也。《魯論》"約之以禮",《中庸》"非禮不動",則三物皆該其中矣。

子曰:"吾説夏禮,杞不足徵也。吾學殷禮,有宋存焉。吾學周禮,今用之,吾從周。"

夏禮言"説",殷、周言"學"者,夏非時制,故考之而但以口説。孔子,殷後也,而周人,則二代禮固身學之矣,是"説"與"學"之分也。今人乃指讀説即爲學,非誤歟?

《孟　子》

子貢曰："學不厭，智也。教不倦，仁也。"

孟子曰："非其君不事，非其民不使，治則進，亂則退，伯夷也。何事非君，何使非民，治亦進，亂亦進，伊尹也。可以仕則仕，可以止則止，可以久則久，可以速則速，孔子也。皆古聖人也。吾未能有行焉，乃所願，則學孔子也。"

孟子曰："湯之於伊尹，學焉而後臣之，故不勞而王。桓公之於管仲，學焉而後臣之，故不勞而霸。"

孟子曰："親喪固所自盡也。"曾子曰："生，事之以禮，死，葬之以禮、祭之以禮，可謂孝矣。諸侯之禮，吾未之學也。雖然，吾嘗聞之矣。三年之喪，齊疏之服，飦粥之食，自天子達於庶人，三代共之。"

孟子曰："設爲庠序學校以教之，庠者養也，校者教也，序者射也。夏曰校，殷曰序，周曰庠，學則三代共之，皆所以明人倫也。人倫明於上，小民親於下。"

試觀聖賢論學，曾有後世如何靜坐、如何讀書之説否？豈周公、孔、孟學教之法尚未備耶？尚未善耶？

孟子曰："陳良，楚產也。悦周公、仲尼之道，北學於中國。北方之學者，未能或之先也。"

孟子曰："於此有人焉。入則孝，出則悌，守先王之道，以待後之學者。"

孟子曰："上無禮，下無學，賊民興，喪無日矣。"

孟子曰："博學而詳説之，將以反説約也。"

此即"博學於文，約之以禮"也。

孟子曰："仁，人心也。義，人路也。舍其路而弗由，放其心而不知求。哀哉！人有雞犬，放，則知求之，有放心而不知求。學問之道無他，求其放心而已矣。"

學問之道，原以求放心而止，使非爲明親也，奚爲而有大學哉？故大學以修身爲本，正與此同。乃後儒倚此爲頓悟之學，則非矣。

孟子曰："羿之教人射，必志於彀，學者亦必至於彀。大匠誨人，必以規矩，學者亦必以規矩。"

聖經學規纂·卷一 終

聖經學規纂·卷二

蠡吾　李塨　稿

《尚　　書》

《舜典》:"帝曰:'夔! 命汝典樂,教冑子,直而溫,寬而栗,剛而無虐,簡而無傲。詩言志,歌永言,聲依永,律和聲。八音克諧,無相奪倫,神人以和。'"

此聖經言教學之首也。蔡沈《集注》曰:"教冑子之具,專在於樂。"孔子亦曰:"興於詩,成於樂。"蓋所以滌蕩邪穢,動盪血脈,流通精神,養其中和之德,而救其氣質之偏者也。朱子曰:"古者教法,禮、樂、射、御、書、數,不可缺一。就中樂之教尤親切,夔教冑子只用樂。大司樂之職,亦是用樂。是教人朝夕從事於此物,得心長在這上面。蓋爲樂有節奏,學之急亦不得,慢亦不得。久之都換了他當性情。"《性理大全》

晦庵之言得矣。惟以樂換性情句微有語病,蓋禮樂非由外鑠,乃出於性,而還以養性者也。陸道威《思辨録》曰:"人少時未有不好歌舞者,天籟之發,天機之動,歌舞即禮樂之漸也。聖人因其歌舞而教之以禮樂,所謂因其勢而利導之。今人教子,寬者或流於放蕩,嚴者至并遏其天機,皆由不識先王禮樂之意,欲養正以成聖功,難矣!"

《説命》説曰:"學於古訓乃有獲。事不師古,以克永世,匪説攸聞。惟學遜志務時敏,厥修乃來。允懷於兹,道積於厥躬。惟斆學半,念終始典於學,厥德修罔覺。"

事不師古與學古訓反，不克永世與有獲反。

《周官》："王曰：'學古入官，議事以制，政乃不迷。'""不學牆面，莅事惟煩。"

今之學，與官事風馬牛也。以之莅政，迂腐道學，白面書生，爲世訴病，致使豪俠不學者，反出其上焉。是古學乃不迷不煩，今學乃迷煩，正相反矣。

《易經》

《文言》曰："君子學以聚之，問以辨之，寬以居之，仁以行之。"

《詩》

《周頌·敬之》篇曰："日就月將，學有緝熙於光明。"

《周禮》

大司徒以鄉三物教萬民而賓興之。一曰六德：知、仁、聖、義、忠、和；二曰六行：孝、友、睦、婣、任、恤；三曰六藝：禮、樂、射、御、書、數。

此成周教學取士之法也。真德也，全德也，有用之德也。後人多以長厚質實爲德，齊民之德，不足以盡德也。真行也，全行也，有用之行也。後人多以氣節丰裁爲行，節士之行，未足以盡行也。至於六藝，可以修齊，可以治平，較之辭賦八比之無用，又不可同年而語矣。

六藝爲聖賢學習實事，孔子習禮學樂，執射執御，筆削會計，無不精當，可證。邢《疏》朱《注》，解《論語》"游於藝"，皆曰"禮、樂、射、御、書、數"是也。至於六經，則古人載列道藝之籍，教行道藝之詞耳。非單持書冊，即爲道藝也。乃漢人亦以六藝名之，殊爲貿亂。至何晏注《論語》曰，"藝不足據依，故曰游"。此渠沈溺老莊之語，而邢《疏》復誤因之，不足辯也。若牢曰子云"吾不試故藝"，則承上文"多能鄙事"而言。孔安國以爲多能小藝，朱子謂爲釣弋之類，與道德仁藝疏，謂孔子言己志，慕據杖依倚游習者，又自不同。

《論語》冉求之藝，孔氏訓爲多才藝，蓋一章與由、果、賜、達爲類，一章與臧武仲之智等爲類，而下統承以文禮樂，則指天質多能言也。與游藝之藝亦有分。

子以四教，文、行、忠、信。忠、信即德也，行即此行也，文即藝也。

子之四教，文與行、忠、信并列，《周禮》三物教民，六藝與六德、六行并列，即《大學》之格致與誠正修齊治平并列也。必如此，乃體用兼備，知行并全。帝王聖賢，無二道二學也。

師氏以三德教國子：一曰至德，以爲道本。二曰敏德，以爲行本。三曰孝德，以知逆惡。教三行：一曰孝行，以親父母。二曰友行，以尊賢良。三曰順行，以事師長。

鄭康成《注》曰："至德，中和之德。敏德，仁義順時者也。"

按鄭《注》亦大概言之。如孔子贊《易》四德，只有義字。至"體仁足以長人"四句，始有仁、義、禮三字。至"仁以行之"一段，又止一仁字。蓋聖經理相通貫，不銖銖周全文辭如此。故《周禮·大司徒》言六德六行，《師氏》只以三德三行該之，即是也。

保氏養國子以道，乃教之六藝：一曰五禮，二曰六樂，三曰五射，四曰五馭，五曰六書，六曰九數。乃教之六儀：一曰祭祀之容，二曰賓客之容，三曰朝廷之容，四曰喪紀之容，五曰軍旅之容，六曰車馬之容。

道，賈公彦《疏》曰："即上《師氏》三德三行也。"五禮，《大宗伯》吉禮之類，以禋祀祀昊天上帝。鄭《注》：禋之言，煙，煙氣之臭聞者。以實柴祀日、月、星辰，以槱燎祀司中、注：三能三階也。司命、注：文昌宫星。飌師、雨師。注：三祀皆積柴實牲體焉。以血祭祭社稷、五祀、五嶽。以埋沈祭山、林、川、澤。注：山林曰埋，川澤曰沈。以疈辜祭四方百物。注：疈，疈牲胷也。疈而磔之，謂磔攘及蜡祭。以肆獻祼享先王，以饋食享先王，注：肆者，進所解牲體，謂薦熟時也。獻，獻醴，謂薦血腥也。祼，灌以鬱鬯，謂始獻尸求神時也。以祠春享先王，以禴夏享先王，以嘗秋享先王，以烝冬享先王。凶禮之類，以喪禮哀死亡。注：親者服焉，疏者含襚。以荒禮哀凶札。注：《曲禮》君膳不祭肺之類。以弔禮哀禍烖。注：魯莊公弔宋大水、孔子拜鄉人爲火來之類。以禬禮哀圍敗。《疏》：會合貨財以濟之。以恤禮哀寇亂。《疏》：遣使諮問。賓禮：春見曰朝，夏見曰宗，秋見曰覲，冬見曰遇，時見曰會，殷見曰同。注：時見言無常期，殷猶衆也。時聘曰問，殷頫曰視。注：時聘者亦無常期，天子有事，乃聘之焉。殷頫謂一服朝之歲。以朝者少，諸侯使卿以大禮衆聘焉。一服朝在元年、七年、十一年。《疏》：時聘遣大夫。《儀禮》有士相見禮。軍禮：大師之禮，用衆也。大均之禮，恤衆也。注：均其地政地守地職之賦。《疏》：諸侯賦稅不均者，皆是僭濫無道，致有不均之事，當合衆以均之，故在軍禮。大田之禮，簡衆也。大役之禮，任衆也。力役。大封之禮，合衆也。

注：正封疆溝塗之固。嘉禮：以飲食之禮，親宗族兄弟。以婚冠之禮，親成男女。以賓射之禮，親故舊朋友。此射者，言射禮也，如《儀禮》大射、鄉射是也，故在禮内。下五射則射法也。以饗燕之禮，親四方之賓客。以賑膰之禮，親兄弟之國。注：社稷宗廟之肉，以賜同姓之國。以賀慶之禮，親异姓之國。鄭《注》曰："六樂：雲門、大咸、大韶、大夏、大濩、大武也。五射：白矢、參連、剡注、襄尺、井儀也。五馭：鳴和鸞、逐水曲、過君表、舞交衢、逐禽左。六書：象形、會意、轉注、處事、假借、諧聲。九數：方田、粟米、差分、少廣、商功、均輸、方程、贏不足、旁要。祭祀之容，齊齊皇皇。賓客之容，穆穆皇皇。朝廷之容，濟濟翔翔。喪紀之容，纍纍顛顛。軍旅之容，暨暨詻詻。車馬之容，匪匪翼翼。"賈《疏》曰："白矢者，矢在侯而貫侯，過見其鏃白。參連者，前放一矢，後三矢連續而去也。剡注者，羽頭高鏃低而去剡剡然。襄尺者，臣與君射，不與并立，襄君一尺而退。井儀者，四矢貫侯，如井之容儀也。鳴和鸞者，和在式，鸞在衡。《韓詩》云：'馬動則鸞鳴，鸞鳴則和應。'逐水曲者，隨逐水之屈曲而不墜也。過君表者，謂若《毛傳》云：'褐纏旃以爲門，裘纏質以爲槷，間容握驅而入，擊則不得入。'《穀梁》亦云：'艾蘭以爲防，置旃以爲轅門，以葛覆質以爲槷，流旁握御，轚者不得入。'是其過君表，即褐纏旃是也。舞交衢者，御車在交道，車旋應於舞節。逐禽左者，御驅逆之車，逆驅禽獸使左，當人君以射之。象形者，日月之類。會意者，人言爲信、止戈爲武之類。轉注者，考老之類，左右相注。處事者，人在一上爲上，人在一下爲下，各有其處，事得其宜。假借者，令長之類，一字兩用。諧聲者，江河之類，以水爲形，以工可爲聲。方田而下，皆依九章算術而言，今九章以句股替旁要，則旁要，句股之類也。"《經世實用編》李呈芬曰："周官五射。曰白矢，白鏃至指也。此彎弓之法，所謂彀率也。曰參連，謂先發一矢，三矢夾於三指間，相繼拾發，不至斷絕，此注矢之法也。塨謂三矢夾三指間非法，蓋古射禮用四矢，將射者執弓播三而挾一個，故插於帶右者，三矢相次，參然而連也。此持矢之法也。曰剡注，剡，銳也，弓弰也。注，指也。箭發則靡其弰，直指於前以送矢。塨謂靡弰送矢亦不必。所謂前手搾，後手㔃，是也。㔃者，後手摘弦如㔃斷之狀。搾者，前手如擲物之狀。或謂矢頭剡處直前注於侯，不從高而下，即諺所謂水平箭，此發矢之法也。曰襄尺，襄，平也。尺，曲尺也。謂平其肘，使肘上可置杯水，蓋鉤弦引及滿，使臂直如矢也。或曰：'襄，包也。肘至手爲尺，射者常以肱蔽其胸脇，無使他人之矢，從虛而入，此自防之法也。'曰井儀，言開弓圓滿似井形也。或謂四矢集侯如井字，即《詩》'四矢如樹'，此射法之妙也。"毛河右《古今通韻》曰："諧聲者，諧宫商角徵羽之五聲也。"

大司樂掌成均之法，以治建國之學政，而合國之子弟焉。凡有道者，有德者，使教焉。死則以爲樂祖，祭於瞽宗。以樂德教國子中和、祗庸、孝友。以樂語教國子興道、諷誦、言語。以樂舞教國子舞雲門、大卷、大咸、大磬、大夏、大濩、大武。

塨謂六德六行之實事，皆在六藝。以“以樂德教國子中和、祗庸、孝友”，及《文王世子》篇“樂以修内，禮以修外”之言觀之，益信。

樂師掌國學之政，以教國子小舞。

鄭《注》曰：“謂以年幼少時教之舞。”賈《疏》曰：“小舞即下文帗舞、羽舞、皇舞、旄舞、干舞、人舞也。‘大司樂教舞雲門’已下六舞，則大舞也。勺與象皆小舞所用，幼少時學之也。”鄭《注》曰：“帗，析五色繒也。皇，雜五色羽也。”鄭司農云：“旄，氂牛之尾也。”

大胥掌學士之版，以待致諸子，春入學舍采合舞，秋頒學合聲，以六樂之會正舞位，以序出入舞者。比樂官，展樂器，凡祭祀之用樂者，以鼓徵學士。

鄭《注》曰：“舍采，學士始入學，釋菜禮先師也。”鄭司農云：“學士，謂卿大夫諸子學舞者。”

小胥掌學士之徵令而比之，觵其不敬者，巡舞列而撻其怠慢者。

諸子掌國子之倅，掌其戒令，與其教治，辨其等，正其位，國有大事，則帥國子而致於大音泰。子，惟所用之。若有兵甲之事，則授之車甲，合其卒伍，置其有司，以軍法治之。司馬弗正，音征。凡國正，音征。弗及。大祭祀正六牲之體。凡樂事，正舞位，授舞器。大喪，正群子之服位。會同賓客，作群子從。凡國之政事，國子存遊倅，使之修德學道，春合諸學，秋合諸射，以考其藝而進退之。

鄭《注》曰：“鄭司農云：‘國子，謂諸侯、卿、大夫、士之子也。學，大學。射，射宫也。’”賈《疏》曰：“國子之倅，國子爲副代父者也。”《王制》：王大子王子皆造學，則亦曰國子，先鄭不言者，據諸子主國子致與大子使用，故不得通王大子王子也。大事，祭祀也。弗正，謂兵賦。國子屬大子，故司馬不賦之。國正，謂鄉遂之中所有甸徒力征之等也。作，使也，使國子從王也。國之政事，國内有繇役之事皆是，謂國有事時，此國子存遊暇無事之倅中，使修德學道也。

國子不惟祭祀會同喪紀,與供其事,至於軍旅之役,諸子授之甲兵,合其卒伍,治以軍法,是直躬擐甲胄而親事行間矣。故天子出征,受成謀於學。孔門弟子樊遲、冉有、子路、有若能兵,見於經傳。蓋文武不分,皆學中事也。後人乃謂名教自有樂地,無事於兵。何歟?

《禮　記》

《王制》:"天子將出征,類乎上帝,宜乎社,造乎禰。禡於所征之地,受命於祖,受成於學。出征執有罪,反釋奠於學,以訊馘告。"

凡居民,量地以制邑,度地以居民,地邑民居,必參相得也。無曠土,無游民,食節事時,民咸安其居。樂事,勸功,尊君,親上,然後興學。司徒修六禮以節民性,明七教以興民德,齊八政以防淫,一道德以同俗,養耆老以致孝,恤孤獨以逮不足。上賢以崇德,簡不肖以絀惡,命鄉簡不帥教者以告。耆老皆朝於庠,元日習射上功,習鄉上齒,大司徒帥國之俊士與執事焉。不變,命國之右鄉簡不帥教者移之左,命國之左鄉簡不帥教者移之右,如初禮。不變,移之郊,如初禮。不變,移之遂,如初禮。不變,屏之遠方,終身不齒。命鄉論秀士升之司徒,曰選士。司徒論選士之秀者而升之學,曰俊士。升於司徒者不征於鄉,升於學者不征於司徒,曰造士。樂正崇四術,立四教,順先王詩書禮樂以造士。春秋教以禮樂,冬夏教以詩書。王大子、王子、群后之大子、卿大夫元士之適子,國之俊選皆造焉。凡入學以齒,將出學,小胥、大胥、小樂正簡不帥教者,以告於大樂正,大樂正以告於王。王命三公九卿大夫元士皆入學。不變,王親視學。不變,王三日不舉,屏之遠方。西方曰棘,東方曰寄,終身不齒。大樂正論造士之秀者以告於王而升諸司馬,曰進士。司馬辨論官材,論進士之賢者以告於王而定其論。論定然後官之,任官然後爵之,位定然後祿之。

陳澔集説曰:"'司徒修六禮'以下,言鄉學教民取士之法。'樂正崇四術'以下,言國學教國子民俊及取賢才之法。"

下文六禮:冠、昏、喪、祭、鄉、相見。七教:父子、兄弟、夫婦、君臣、長幼、朋友、賓客。八政:飲食、衣服、事爲、异別、度、量、數、制。

按此習射習鄉飲酒,以變不帥教者。司徒帥俊士與執事。《周禮》:鄉大夫受教法於司徒,退而頒之於其鄉吏,使各以教其所治,以考德行,察其道藝,以歲時入其書,三年則大比而興賢者能者。州長三年大比,則大考州里以贊鄉大夫廢興。黨正正歲帥民讀法,書其德行道藝。族師月吉讀法,及春秋祭酺,書其孝、弟、睦、婣、有學者。閭胥凡春秋之祭祀、役政、喪紀之數,聚衆庶,既比,則讀法,書其敬敏任卹者。蓋古凡鄉有昏喪政事,學士皆與執事,而即因之以考其德行與藝。三年乃大比焉。所謂"大司徒以鄉三物教萬民而賓興"者如此,眞實教實學選士之良法也。鄉萬二千五百家,遞差至閭爲二十五家。家愈少,考教愈密。

《文王世子》:"凡學,户孝反。世子及學士必時。春夏學干戈,秋冬學羽籥,皆於東序。小樂正學户孝反干,大胥贊之。籥師學户孝反戈,籥師丞贊之。胥鼓《南》,春誦夏絃,大師詔之。瞽宗秋學禮,執禮者詔之。冬學書,典書者詔之。禮在瞽宗,書在上庠。"

斆世子學士必時者,一以分時,使藝與之宜;一以分藝,使業有所專。然亦互用,非膠固也。

凡祭與養老、乞言、合語之禮,皆小樂正詔之於東序。大樂正學户孝反舞干戚,語説命乞言,皆大樂正授數。大司成論説,在東序。

合語即後文養老禮。既歌而語以成之,言父子君臣長幼之道,合德音之致,禮之大者。及《儀禮·鄉射記》曰:"古者於旅也,語之謂也。"《注疏》略云:"謂祭及養老與鄉射、鄉飲、大射、燕射之禮。"至旅酬之時,皆得言説先王之法,會合樂意。其間各有威儀容節,皆須小樂正教世子及學士,而大樂正授之,大司成論説之。此孔門所以有言語之科、修辭之訓也。今世六部司官説堂,入官者必須先學於家,可以知古人教法之善矣。

凡三王教世子,必以禮樂。樂所以修内也,禮所以修外也。禮樂交錯於中,發形於外。是故其成也懌,恭敬而温文。

《禮運》:"聖王修義之柄,禮之序,以治人情。故人情者,聖王之田也。修禮以耕之,陳義以種之,講學以耨之,本仁以聚之,播樂以安之。"

禮、樂、仁、義,皆學中事也。何以與學分列?曰:"此言聖王治國之政也。治國則修禮、陳義、視學、施仁、播樂,固各有事矣。"

《禮器》:"先王之制禮也,必有主也。故可述而多學也。"

按古人多學,即以禮言。

《内則》:"子能食食,教以右手。能言,男唯女俞。男鞶革,女鞶絲。六年,教之數與方名。七年,男女不同席,不共食。八年,出入門户及即席飲食,必後長者,始教之讓。九年,教之數日。十年,出就外傅,居宿於外,學書計,衣不帛襦袴,禮帥初,朝夕學幼儀,請肄簡諒。十有三年,學樂誦詩舞勺。成童舞象學射御。二十而冠,始學禮,可以衣裘帛,舞大夏,惇行孝弟,博學不教,内而不出。三十而有室,始理男事,博學無方,遜友視志。四十始仕。"

鄭注曰:"成童,十五已上。"賈公彦《周禮疏》曰:"勺象皆詩,詩爲樂章,與舞人爲節,故以詩爲舞也。"

按:八歲已后,學小藝,履小節。十五已後,學大藝,履大節。其序其業,此詳著者。

此古聖學中之事也。隱居以此,行義以此,所學即其所用,所用即其所學,烏有所謂靜坐觀空、泛濫書傳以爲學者哉?自秦滅儒術而後,漢興,齊魯諸儒,修其經藝,講習大射鄉飲之禮。叔孫通作《漢禮儀》,與諸生弟子共定。高堂生傳《儀禮》十七篇,而魯徐生善爲容。孝文帝時,以容爲禮官,大夫傳子孫弟子。制氏以雅樂音律世在樂官,樂人竇公獻世傳《大司樂》章於文帝。又漢律課學童學書,則周孔六藝之學,入漢固有存者。然武帝置五經諸博士,以教弟子多試繙讀。光武取聰明有威重者一人爲祭酒。晋武益以助教。隋煬改太學爲國子監,初置司業一人,丞三人。唐龍朔二年,改國子監爲司成館,祭酒爲大司成,司業爲少司成,博士爲司成宣業。後又改爲成均監。總之,主於傳經繙讀而已。至宋明而道學名立,國學輕,家塾重。然半日靜坐,半日讀書,較之漢唐,高下幾何?雖齊高帝建元中置治禮吏,陳有律學博士,隋開皇中書算學各置博士,唐亦有書學算學之設,然於古法,千百之什一耳。三物四術,愈傳而愈微矣。至學後入於仕途,始置經書於高閣,而從事於禮、樂、兵、農。學非所用,用非所學,此天下所以寡成材,朝堂所以多廢事也。嗟乎!前古後今,判若黑白,成敗頓殊,較若霄壤。有志聖學者得毋思哉!

《學記》:"大學之教也,時教必有正業,退息必有居學。不學操縵,不能安弦。不學博依,不能安詩。不學雜服,不能安禮。不興其藝,不能樂學。故君子之於學也,藏焉,修焉,息焉,遊焉。"

操縵，孔《疏》："調弦也。"博依，節歌也。博，通《虞書》搏拊之搏，搏按爲節，以依於樂句也。雜服，如冠端韠紳紛帨之類。

或曰："古學之若此，今學之若彼，誠哉其不同矣！然欲復古學於今日，得毋有迂闊之譏乎?"曰："子以爲迂闊者，何也？非不切時用之謂乎？吾以爲迂闊者今學，而古學不迂闊也。今之學蓋漸漬成習，萬方一概，遂覺所入有合耳。然究其有切時用，請問，今之學古入官者，公坐堂皇，可向百姓講性天著書乎？可向百姓作一詩、撰一古文乎？可向百姓作八股制義乎？曰：不可也。古制雖漸湮，而朝野君民，不能無禮。祭祀朝會，以及民間爨弄鼓吹，不能去樂。軍旅之事，惟恃射御。刑名錢穀，必賴數書。則古學非古也，乃今日之急務也，而何云迂闊也?"或曰："今古不相及，如何?"曰："爲學則安今人而棄古人，論學又尊古人而小今人，此學者之大病也。不知古人之學，皆衷於道。古人之道，實本於天性必然之理。今雖岐塗分出，然古學實不能盡廢。使盡廢而尚可成人世，則古之立學法者，必非聖人。使今世行其事而盡外於古法，則古聖之立學教也，必非性道而必不能也。今之六藝，猶古之六藝也。"或曰："古學不傳久矣，謂今尚有其法，何以見之?"曰："子未之實學也，學則知之矣。古之六藝，誠有不盡傳者，然今世鉅儒，力行冠婚喪祭之禮者，固有其人。講諳五聲七始九歌十二律之法者，亦有其人。世所習新射法，雖出自京師練武之士，然質之古法，實相璧合。古御車法不用於後世，而騎即御也。書數之學，世更夥其人矣，蓋此乃天理自然，不容斷絶者耳。若使學術大明，天下同風，則損益潤澤，愈可并驅古人矣。"或曰："何由而覩此盛歟?"曰："此君相之能也。苟在上以之教人，以之取士，彼無用之學，尚能奔走天下？況德問仁義，行問孝友，藝問禮樂，皆身心家國有用而不可離之事，上求下應，風行草偃，不如操左券也乎?"或曰："洪武嘗以六藝取士矣，而不終，何也?"曰："明太祖欲復六藝，可謂特識。但見之不真，守之不定，且性嚴而急，朝立法，暮取士，乃嫌不如己意而又變帖括，此可惜也。孔子時周法尚在，而曰'如有王者，必世而後仁'，乃流而今日，移風易俗，迫不及待，有如此耶？且六藝所取之人，即不盡善，即或有僞，較之八股，不尚有用耶？不猶愈於八股考試，渺不問其人生平智愚賢不肖爲何如者耶?"或曰："然則此學待之君相可也。"曰："又非也。古人有位則行之於上，無位則明之於下。吾輩即或無國與天下之任，無身家之任歟？由其道而得遇，則天下共行之，乾坤以位，萬物以育。即不然，而一身一家，隨分所及，皆可有功，寧不善焉？且明之洪武，固卓然賢君也，徒以當時無明聖人之學者，反以後世無用之學引之，遂明而復蔽，至道不行。此吾儒之所宜返躬自責者也，而謂明行此道，尚可緩歟?"

聖經學規·卷二 終

論　　學

論學·卷一

蠡吾李塨稿

學明矣，而尚恐豐蔀之蹢人也，故編摘學規後，意有不盡者，復附以朋友往復之言如左，庶可揭日月行歟。若謂尚口説也，則塨惄如矣。

宋豫庵名瑾自湖州來桐鄉視予，曰："聞顔習齋先生言'先儒静坐之功近禪'，有之乎？"曰："有之。"豫庵曰："借静坐以收放心，乃可爲學，非專事此也，何爲近禪？"曰："先生所謂學者，專指讀書乎？"豫庵曰："學爲聖賢，豈專在讀書？"曰："若如此，請問，半日静坐，半日讀書，所謂乃可爲學之功是在何時？且静坐固佛門教法，孔孟以前未聞有此事，未聞有此言也。"豫庵沈吟。因看予《大學辨業》至論小學、大學教法曰："小學之俊者乃入大學，其於六藝固粗知其概矣，但不能明其所以然之理，故入大學又須窮理。"予曰："請問窮理是閣置六藝，專爲窮理之功乎？抑功即在於學習六藝，年長則愈精愈熟，而理自明也？譬如成衣匠學鍼黹，由粗及精，遂通曉成衣訣要。未聞立一法曰，學鍼黹之後，又閣置鍼黹，而專思其理若何也？"豫庵默然。又看"論朱子由敬以格致誠正"一段，曰："敬統終始，即如誠意正心以前亦用敬，中亦用敬，後亦用敬。"予曰："意與心則動静皆具矣。謂誠意正心之前後用敬，是何時何功？如以爲心有不誠正時用敬，則心不誠正，何有於敬？"豫庵曰："《中庸》'戒慎不覩，恐懼不聞'，恐在誠正以前。"曰："此正正心功也，乃謂在誠正以前，大可疑怪。恐先生因偏主先儒之説，遂悮其辭如此，非素所見也。"豫庵默然。予曰："徒静坐，不能知性也，即曰知之，亦屬依稀。徒讀書，不能窮理也，即實窮之，亦屬口耳。聖門六藝之學，總歸一禮、四勿、三省，乃我輩今日正務耳。"豫庵曰："《禮記》不可爲經。予夙欲將《儀禮》《禮記》纂爲一書，如何？"曰："昔人已有之，我輩今日惟自治教家、教弟子，時時以禮檢勘，則爲真學。不然，徒著書無益也。"豫庵憮然，曰："是。"豫庵平日以闢佛爲任，時予從人有爲异説所惑者，倩開示之，翌日乃别去。

甲宗朱，乙宗王，辯且爭。甲曰："道在事物上求，言求心非。"乙曰："絕去事物，專求心性。"予旁聞之大异，曰："言思忠，貌思恭，忿思難，疑思問，以何思之？即心性也，未有去心而能求事物者也。去耳，聰性何在？去目，明性何在？《孟子》曰：'形色，天性也。'未有去事物而能全心性者也。夫萬物皆備於我矣，去萬物尚可爲心性乎？然非心性，則備萬物者何在乎？"

予在嘉善，周好生名梁倩一友人求予所著書。友人言其談道學，不惑佛教。予出會之。好生言嘗共陸隴其稼書講學，且言學貴躬行。予乃出《大學辨業》相質。又數日，復會之，籤識甚多，大意言陸王非，程朱是，《集注》當遵，讀書是學。予乃歷言先儒得失之故。好生瞿然曰："舍是尚有入道之路乎？"曰："聖門學道成規固在也。"曰："何在？"曰："以禮。學禮則爲博文，行禮則爲約禮。以禮自治，則爲明德，以禮及人，則爲親民。"好生曰："向欲求一《文公家禮》善本不得。"予曰："古禮莫之行，乃《文公家禮》亦未考，然則昨所言躬行者何事歟？請益力之。"好生曰："先儒柯尚遷謂：'《大學》是一郛郭，須以三《禮》補填。'陳幾亭曰：'仁包四德，禮亦包四德。'向未行禮，今諭禮之宜行也。良是。"予次日與之書，曰："長者過聽，欲行禮耶？俗失者，禮之害也。能去此地俗失，而禮之大綱乃可舉焉。五禮惟軍禮非草野所可行，然其儀節亦當究之。至於吉禮，崇左道如送羹飯、燒岸之類，參釋老如拜斗、延僧道、謝年作福之類，此俗失也。洗去此惑，而立祖考廟社，無廟於寢，齊誠致祭，其綱也。凶禮用浮屠停喪浮櫬，此俗宜易之，而致哀備物，勿事外餙靡文，其綱也。賓禮在學問之士，失於走虛聲，尚奔競，洗此而交友以誠，規過勸善，此其綱也。嘉禮則孩提而攝盛服，非冠禮。男女之别不嚴，内外之防不謹，如鬧帳、婦女遊觀、童僕出入内室之類，壞昏禮正此，而衣冠必飭，閨門嚴肅，其綱也。若時時戒慎，使此心清而不沫，虛而不滯，誠而不僞，振奮而不委靡，此古人所謂齊明，所謂禮中也，禮以治心也。時時自考，言有失否？視聽與動有失否？必求合禮，禮以治身也。凡此大綱既立，則聖道已有規模。其節目之詳三《禮》所載者，隨時行之，因事行之。若考究其合宜與否，則學問思辨之功也。塨雖譾陋，苟去此不遠，願有聞焉。"

好生籤識曰："先生重六藝，將廢《詩》《書》乎？"予曰："此誣坐人罪也。予何嘗謂廢《詩》《書》？正謂興必於《詩》，考政必於《書》，非徒繙讀具耳。何者？經書乃德行藝之簿籍也，所以詔習行，非資徒讀，猶田園冊所以檢稼殖，非用徒觀也。徒讀《詩》《書》者，是廢《詩》《書》也。"

又籤識曰："六藝取士不能無僞，且不能無偏蔽。有僞，猶可核其實以懲之，若偏蔽，則内害於身家，外禍於邦國，無適而可。"予曰："修其天爵以要人爵，周末取士流弊也。然尚必修其天爵以要之，勝今之全不必修天爵而得人爵者多矣。况人性皆善，僞非本然，而學教有法，考核有法，人不皆僞，而僞實難售也。至於偏蔽之慮，則未聞聖門文之以禮樂有偏蔽也，吾人自治教人以禮，乃偏蔽也？自漢後言《周禮》而敗者二人：王安石、方孝孺。然安石法《周禮》，不知生衆用舒諸大政，而行青苗以擾民；孝孺當大敵逼至，不知治兵，且更改朝廷門制。此正不知禮者，而豈禮之偏蔽歟？況孟子時行井田、學校，尚須潤澤，今取六藝，但要其有實用耳。古法固有斟酌，不必盡依樣葫蘆也。"

又籛識曰："然則性、天可輕歟？"予曰："惡，是何言也？《詩》云：'昊天曰明，及爾出王；昊天曰旦，及爾游衍。'《孟子》曰：'形色，天性也。'人全身皆是性體，人無時不與天接，故古人曰：'畏天之威，敬天之渝。小心翼翼，昭事上帝。'學者存養誠正之功，固刻刻如此也。若不實盡此功，而徒鑿思漫論，探索無朕，是褻之耳，非重之也。"

錢塘王草堂名復禮視予嘉善寓，出所著《四書集注補》，其首則論學，即引據予言。予曰："孔、顔時六藝之物，人皆學習之。如一衰衛而王孫賈、仲叔圉、祝鮀者流，或長兵，或習禮樂，則他國可知，則爲君子如伯玉、子産輩者又可知，觀《春秋傳》足見也。但德行未必皆醇，故《大學》諄諄於誠意焉。今之爲道學者，尚多致意德行，而六藝則幾廢置矣。故顔先生特表六藝，如孔門教仁，孟子則并言義以闢利，皆隨時以救世也。況舍六藝而爲德行，即德行有成，亦衹爲質民之德行耳，非聖人明親之學也。"草堂曰："然。"因言陽明善射，少年即以豆爲陣習兵。予曰："程子亦考行禮，朱子輯《禮》行禮，蔡氏《律吕》雖有誤義，而亦留心於樂矣。況陽明之兵，甯不可幾聖門子路？但所憾者，諸公不專以是爲學宗，且雜聖道以他途耳。"草堂曰："此論甚平，可質九原矣。"爲予校訂《大學辨業》兩過。

河右毛先生《禮編》引據《孟子》《左傳》，謂三代之禮至春秋已亡，三《禮》皆戰國後人所作。塨條請曰："古者殺青繁難，非若後世楮翰，易成易積，又典策藏於朝廷，學士習行，皆以身相授受，不重佔畢，故易代更制，則習之者少，而往籍易湮，孔子言夏殷之禮不足徵是也。若周禮在春秋時則不然。子云：'文武之政，布在方策。'又云：'郁郁乎文哉。'子貢云：'文武之道，未墜於地，在人。賢者識其大者，不賢者識其小者。'是春秋時周禮見在也。子云：'吾學周禮，今用之。'若周禮已亡，而焉從學之？而何以用之？隨會講聚典禮，季文子使晋，求遭喪之禮而行，以魯昭公之童心而知禮。子太叔、晏平仲皆言禮。昭公四年，申之會，向戌獻公合諸侯之禮六，子産獻伯子男會公之禮六。蓋列國之於禮樂，或不學不行，或行而不正，昔人遂謂禮樂廢壞，而豈其策書亡耶？《漢・藝文志》及周禮廢興，《序》言禮樂書至孔子時不具，已屬誤語，況曰亡耶？《雜記》哀公使孺悲之孔子學士喪禮，士喪禮於是乎書。蓋魯國雖重禮教，然傳行既久，後進雜興，聖人以所學者爲教，考訂詳正，故魯人書而存之，大約如《儀》《禮》《記》之類，鄒魯文學遂多家傳耳，非謂士喪禮之在國冊者盡失，而此後始有也。若如此，則春秋列國賢士多矣，豈無行禮者？無獻無文以何考之？況謂學禮孔子，是失禮書，則孔子云‘二三子有志乎禮者，於赤乎學之’，豈孔子亦失禮書耶？今天下制義充棟，而幼學必求工制義者從而學焉，豈失制義文乎？孟子言‘諸侯惡其害己，皆去其籍’，則戰國後禮冊始有剥落矣。然其言乃指班爵禄之一端，非概指周禮也。不然，孟子之時，周尚未有代德，列國制度必多傳述，而謂其禮盡亡，可乎？況即班爵禄一端，其略固有傳聞也。孟子云‘諸侯之喪禮，吾未之學，而嘗聞之’，是諸侯之禮未亡也。言未學諸侯之禮，則士禮在所學矣。滕國之人安於其君，不行三年之喪耳，不可謂其不知有三年之喪也。莫之行者，有是禮而不行之辭也。充虞疑孟子之木美，乃考究之意，非禮書無可質也。今三《禮》《會典》皆在，然有一行禮者，更群起而呰警之矣，豈禮書無可質乎？韓宣子見《易·象》《春秋》云‘周禮盡在魯’。夫《易·象》《春秋》原周禮中事，非禮書亡而執此以爲禮也。若以爲《春秋》載禮甚多，故云，則所載者，正載當時行禮、論禮者也，禮亡尚何載焉？況杜元凱注《春秋》，固曰：‘韓子所見，蓋周之舊典禮經。’孔仲達《疏》云：‘《春秋》凡例，皆周公之舊章也。’是春秋戰國禮之未亡也，審矣。《周禮》《儀禮》，漢儒皆傳爲周公攝政六年所作，劉歆云：‘周公致太平之跡，俱在《周禮》。’鄭康成云：‘周公居攝而作六典之職，謂之《周禮》。’賈公彦云：‘《周禮》《儀禮》并是周公攝政太平之書。’《儀禮》十七篇，漢初興，高堂生博士即傳之。《周禮》，始皇特疾惡，搜求焚燒之，獨悉，是以隱藏百年，武帝時，出於山巖屋壁，入於秘府，至成帝時，劉歆校理，然亡其《冬官》一篇，以《考工記》足之。時以晚出，故多排議。鄭康成辨解群疑，《周禮》大行。夫使漢人僞作，則當盡作，何故缺其《冬官》，而河間獻王以千金購之不得耶？況《周禮》《儀禮》宏綱細目，亦非懸空所可僞者，是二書明無與於漢人也。今先生謂戰國人作，亦屬揣詞，以其禮間不合於《左傳》，且《喪服》篇似本《荀子》《戴記》。然《左氏》與《公》《穀》即互有參差，今必《左氏》不誤而二《禮》誤乎？《儀禮》本《荀子》《戴記》，焉知《荀子》《戴記》非本《儀禮》乎？此壁書捃拾諸書之説，先生已辭而闢之矣。《儀禮》傳自周初，而記與傳，後人附之，未爲不可。乃或者謂子夏傳文法似公羊，必公羊高輩冒爲之，則又穿鑿矣。至以孔孟時未引二《禮》文爲疑，則《論語》固引《儀禮》‘射不主皮’矣。《漢志》載六國魏文侯好古，其時樂人竇公藏《周禮·大司樂》章，至孝文時獻之矣。其文何嘗不見於孔孟時耶？孔子云：‘先進於禮樂，野人也；後進於禮樂，君子也。’如今鄉飲酒禮，明初《會典》賓、主、介、僎皆正向，明季易爲隅向。明初燕會崇儉，晚乃斥靡柈斝之類。蓋同此禮而儀文流失，致有分歧，質文豐儉，遂分先後，則《儀禮》《周禮》傳自周初，而春秋戰國之人，或附離以後進者有之。經書自秦火後，比有錯簡脱落，則二書中亦或有錯簡脱落者，有之，但不可定爲戰國人作也。即設爲戰國人作，是時密邇春秋，而《儀禮》記有孔子之言，則必聖門弟子所流傳者，其識大、識小之遺，亦必十九屬周初禮矣。至於《禮記》，孔仲達《正義》云：‘孔子没後，七十二子之徒，共撰所聞以爲記。《中庸》，子思所作，

《緇衣》,公孫尼子所撰。'鄭康成云:'《月令》,吕不韋所修。'盧植云:'《王制》,漢文時博士所録。'其餘衆篇皆如此例,但未能盡知所記之人也。蓋秦季人高堂伯五傳至戴聖,皆傳《儀禮》,而又傳周秦漢人言禮之文以爲之記,原屬會稡其中,即間有踳駁,無足怪焉。但三代大經大法,修己治人之事,舍是三書無以考之。今世官政,猶是六典遺意。《會典》《家禮》,不出《儀禮》規模,而皆以《禮記》絡緯其中。可見此三書者,百世不可磨,而考研折衷,則學人事耳。後世喜空言而置實事,故於載言之書多樂道之,三《禮》記載實事,自宋明以來,駁議紛然,今謬者且指爲僞矣,是必禮法蕩然,一無可考,變人類爲禽獸而後快也,不亦可懼之甚歟?子云:'吾自衛反魯,然後樂正。'則樂在當時固有紛亂,亦未亡也。自秦火以後,而乃十亡七八矣。先生修明禮樂,有功聖道甚大,至立論少過者,尚祈一更正焉。"河右卻寄曰:"極有理之論。周禮至春秋'已亡'改作'已微',何如?"

陳兆興問曰:"朱子以藝爲末,或指粗者而言。君子禮樂不斯須去身,立禮成樂,則指精者言也。"曰:"禮樂精粗一貫,不可分也。即以精粗論,如心得其中,禮之精也。身勿跛倚、容勿怠肆,禮之粗也。世有身不跛倚、容不怠肆,而心尚未中者,未有跛倚、怠肆而心反中者也。若跛倚、怠肆,而謂心自中焉,是异端之中,非吾儒之中也。《樂記》曰:'外貌斯須不莊不敬,而易漫之心入之矣。'則粗者豈輕耶?"又曰:"'游於藝',今注謂博六藝,義理之趣,或不在粗迹也。"曰:"姑論射乎。人必學能射,而由淺入深,始得其趣,未有全不能射,而即得射之趣者。後儒高閣六藝,而言博其趣,是不能射而得射之趣也,有是理乎?陶淵明曰:'但識琴中趣,何勞弦上聲?'乃清狂高寄之言耳,今以爲學術矣,其遺誤後世不已甚哉。"

鄞縣萬季野名斯同閲予《辨業》《學規》,歎息起立曰:"以六德、六行、六藝爲物,學習爲格,萬世不刊之論也。先儒舊解,固泛而無當矣。"予因告之曰:"昨有人詰予云:'子謂農工商亦非士分業,然則《大學》尚有遺理乎?'予曰:'明德親民,德行六藝,何理不具?然理雖無所不通,而事則各有其分,如冉有足民,豈不籌畫農圃之務?而必不與老農老圃并耒而耕,而安得兼習胼胝之業歟?且言此者,以學乃實事,非託空言。空言易全,實事難備。故治賦爲宰,聖門各不相兼,况學外紛瑣者乎?不然,心隱口度,萬理畢具,然試問所歷,亦復有幾?則亦徒歸無用而已矣。'"季野曰:"然。"

論學·卷一 終

論學·卷二

蠡吾李塨稿

錢丙謂:"觀三物,知《周禮》僞書也。《虞書》言五典,今六行取孝友而去其三,則周人但有父子、兄弟,而無君臣、夫婦、朋友也,添睦、婣、任、卹,是父子、兄弟外,別有四倫,爲六倫也,此爲拂理叛聖。世未有仁義禮智之人而不中和者,亦未有中和之人而不仁義禮智者,更未有舍五德之外而別爲聖者,安可并列爲六?今世有恭儉直信剛勇之人,何漏而不取?是六德猶隘矣,況仁義禮智,四德相并,躋三於德,降一於藝,是何道理?禮樂與射御書數并稱,經天緯地之業,執鞭之役,偕升并進,不倫之甚。"李子謂:"教之具在六藝,則必由此而可成德行也。今世善書、能算、慣射之人不乏,何人由此成其孝友、成其聖智歟?予謂伯夷義德至矣,而不可謂和也,臧武仲之智,可言忠和乎?胡廣稱中庸是必氣質近於和者,然可謂仁義乎?是各自爲德也。至於聖,則塨《瘳忘編》有注文矣。聖以身之俊利機神言也,古訓'通明',諺所謂'伶俐'是也,非造極之聖也,故《注疏》以臧武仲聖,人解之。且智仁等,亦非如舜之智、顔淵之仁也。必如此,自古有幾,而取之一鄉乎?蓋其德性有聰明、不殘忍、不呆執、不柔靡、不僞、不戾,即爲六德矣。不言禮者,禮有儀文,不專考德,故入於藝,聖人言執禮是也。且藝非降也,君亦言禮、樂二藝爲經天緯地之業矣,而降乎?若恭則該以禮,儉直剛勇則該以義,忠即信,非漏也。中乃引用訛字,君并未見《周禮》,而但據引用語,遂駁古經,可乎?孝友爲親序,君所知。《注疏》'任'謂信於朋友,君又未見矣。不言夫婦者,閨門之事,不便於考察,故略之,然世未有不刑於妻而能盡孝友者,言孝友則夫婦之倫具其中耳。三物賓興,皆教之以事君也,不待專教以事君也。明代課士,八比外,尚廉德行優劣,然有考校諸生而即問曰'汝事君忠否'者乎?此全不解世事者矣。若睦九族,婣外戚,卹衆人,皆行誼之大者,何可不教?何可不考?聖人對哀公言三德,而贊《易》又言四德,豈自背乎?孟子言教以五倫,而對梁惠王又專言修其孝弟,豈自滲漏乎?至言堯舜之道，孝弟而已，豈謂堯舜無君臣、夫婦、朋友乎？蓋有通言者，有統言者，何執泥名數乃爾？古者大射、賓射、燕射，以及田獵、詢民、祭祀、選諸侯卿大夫士皆用射，自天子以至大夫，出皆用御，《周禮》大馭、戎僕、齊僕，職皆大夫掌御車，春秋用士大夫御車以戰，勝負倚之。至於今世，上自宰輔，下至有司，所謂察理刑名錢穀者，實衹用書、數二藝，是四藝本與禮樂并重也。愚言全德行必由六藝，原統六藝而言，君乃不言禮樂，專較射御書數，舉人半面而訾其鬚偏目之眯乎？抑故作誣語乎？然即論四藝，父兄爲賊所劫，而己不能關弓而射之；父兄欲乘車，命之御，對曰'不能'，命之記一家什器，曰'我不解書'，命之計生産業，曰'不知數'，能盡孝友服勞之事乎？非疾而不能執弓，攬轡而震駭，舉毛錐如槍，持珠算而顛倒，以言聖智，可乎？是射御書數之人，原未必即能孝友聖智，而欲全孝友聖智，必不可廢射御書數也。近世顏習齋、陸道威兩大儒皆重六藝。道威之言曰：'六藝之外，如天文、地理、兵法、律令、農田、水利、文學，皆學較選士所宜具。'其言甚是。然周取士不以此數者，蓋文學即在六藝内，而天文司於保章馮相，世有傳人，不選於外，地理在封建，瞭然碁列，兵法在司馬，律令在司寇，農田水利現有井田。入學之士，凡國有飲射、兵戎、讀法、喪祭、役政，皆備執事，是學六藝，則諸事悉可閱歷而能，不必分科也。且天文等即有不能者，亦無妨於分任，惟六藝盡人宜習之，但有專精、兼通之分耳。聖門子路習兵，然能射，亦能禮、能瑟，冉有、樊遲爲御，故曰：'身通六藝者，七十二人。'是六藝者，日用必需之事，不可缺者也。若今時教選髦士，德以四德，行以五倫，藝於六者之外，再分天文、地理等科，亦無不可，但不求實用，而好爲横議，執一以駁古經，甘自居於非道侮聖，則罪滋大矣。"

錢丙不講學問，不講持行，專以明理爲言。年來加以狂怪，將《大學》《中庸》古文《尚書》《易·繫辭》《周禮》《儀禮》《禮記》《春秋》三《傳》，有見者，有未見者，望風而詬曰："我理見以爲如是，雖古聖起，吾不信也。吾信吾理而已矣。"近又移之於醫，自《素問》以至劉、李之書，及諸《本草》，皆斥爲非，惟取張氏《傷寒》，尚指其中一半屬僞，而曰："人參不補，石膏不寒，半夏無毒，不必薑製。"遂謀出而行醫。予問之曰："君曾習醫乎？"曰："否。""亦識藥乎？"曰："否，皆以理斷之耳。"因問之曰："敝地有巴旦杏，南方無有，其味若何？塨一從兄行長，其長如干？"渠茫然。"然則不目見，不身試，何由以理斷之耶？且君之以理斷，即當前莫辨也。天下之物因形以察理，則理可辨，而今君曰'吾但論理'。有甲者，本頎面晳，君曰'矮而黧'，且曰'彼形不可憑，而理可憑'。夫理者，物之脈理也，物形既置，理安傅哉？君與人爭田，聽訟者問舊契非君田，問證人非君田，觀疆界形迹非君田，君曰'吾心之理固以爲吾田也'。此亦無如之何矣。""明理"二字，老生常談，然不意其弊至此。

菅廷耀問學，予曰："畫家言'畫鬼容易畫馬難'，以鬼無質對，馬有證佐也。今講《河》《洛》《太極》者，各出心手，圖狀紛然，而致良知者又猖狂自喜，默默有物，皆畫鬼也。子志於學，子臣弟友，禮樂兵農，亦畫焉而已矣。"

徐公果亭名秉義曰："讀書以明理，不讀書，理何由明？"予曰："非教人廢讀書也，但專以讀書爲學，則不可耳。且明理非盡由讀書也，即如人日讀書傳亦知射，曰'志正體直'而與之決拾，顛倒錯互，遂可謂曉知射之理乎？亦知樂，曰'以和爲主'，而宫商音律，入耳茫然，遂可謂曉知樂之理乎？故古人明理之功，以實事不以空文，曰'致知在格物'。"

問三弟培、四弟埈曰："夫子自居執御而戒求富者，又以執鞭之士爲賤役，何也？"對曰："執射、執御，學士所執之藝也。執鞭之士則出其伎以求值，供人役者，故有不同。"予曰："然。不獨御也，君子不斯須去樂，而人君一飯再飯，瞽師日舉，則官也而近役矣。春秋賢士大夫皆能賦詩知樂，而未聞有士人爲樂工者，是樂亦有貴賤之分也。故《中論·藝紀篇》曰：'恭恪廉讓，藝之情也；中和平直，藝之實也；齊敏不匱，藝之華也；威儀孔時，藝之飾也。通乎群藝之情實者，可與論道；識乎群藝之華飾者，可與講事。事者，有司之職；道者，君子之業。先王之賤藝者，蓋賤有司也。君子兼之，則貴也。故孔子曰志道據德，依仁游藝。藝者，心之使也，仁之聲也，義之象也。'其言甚明。"

祁州王咸休名經邦知予南歸，來視，問之曰："顏先生言'王荊公青苗法可行'，然乎？"咸休曰："不可行也。"因問培曰："《周禮》'國服爲息'，何以可行？"培曰："陸道威言'《周禮》是治國之書'。今古异宜，治國之道貴密，治天下之道貴疎。其言似識時務者。"予曰："然。且《周禮》貸貨，國服爲息，止一泉府司之。泉府乃士職，與漢之游徼嗇夫、今之耆老官不甚懸殊，故民取攜便而弊不滋。今之守令即古諸侯也，其位尊則民畏，而出入不便；其事繁則必委胥徒，而奸竇易生。况重之以君相之尊威，而立法使守令遍行乎？宜其敗也。乃因此，胡致堂遂力詆《周禮》，朱氏又別訓爲息，總不知經濟時勢耳。"已而安州馮繪生名夢徵至，曰："不第此也，周時民皆有恒産，所以可以國服爲息，然尚多補助，不必取償。今貧民多無常業，貸之將不能償，必取償，將貸不及貧民，或及貧民，而反以病之。荊公志在利國，勢必擾民矣。"予曰："善哉！鄙論未之及也。"

歸德周崑來名尋問曰："先生言學而後知，知而後行，則修齊治平之事，皆可徐俟之格致後歟？"曰："非謂盡知乃行也，今日學一禮，遇其禮當行即行之；明日又學一禮，遇其禮當行即行之。知固在行先，而亦一時併進，且迭進焉，非列其夤也。然亦有先後甚遠者，如十五入大學，學而未仕，則自不行治平之事；六十居官，且年老不能親學，則格物之功自少是也。"又問曰："弟子行孝弟、謹信、親愛，有餘力則學文，不幾似行先學後乎？"曰："非也。即如今一幼學，其父命曰'汝爲我糞'，可對曰'吾學糞禮'乃來乎？猝一朋友來訪，可謝曰'吾學相見禮乃會之'乎？蓋其事前此已學則行之，即未學，亦必先供其職，待事訖即速學之，以知其得失焉。是論弟子之職，非論爲學之序，立言各有當耳。"

從孫曾達問"格物",予曰:"王草堂嘗爲我言:'格物須就當前最切者格之如禮,現有疾,則藥餌當格。'予曰:'此非大學之格物也。天下之事苟身當之即宜格焉,爲農則格農,爲卜則格卜,現有疾則格藥餌,現遠行則格束裝,然與大學何與?大學者,俊士所處,學修己治人之道也,農工醫卜,非其業矣。若偶有疾而問藥,乃不得已之變,而豈學事哉?'伊時草堂虚心,深以爲是。子求格物,須先識定此篇是論大學。夫大學也,而有雜務乎?大學,十五所入者也,而即躐及幽深高遠也乎?"

彭翔千名超曰:"超嘗静以存心矣,敢問是提此心乎,是以心提理乎?"予曰:"置理而空提此心者,异端也。以心提理者似之矣,而有辨也。存心者,敬也,蓋人心有三境,而敬功則一,有無念無事時,有有念時,有有事時。無念無事之敬,萬理畢具,而無理之可名也;有念有事之敬,則隨其念與事之理而致慎焉,或喜或怒,審察而出,又不可以提理言也。"翔千曰:"豁如矣。"予曰:"理即禮也,禮以敬爲主,而其事則須先習於學中焉,故《大學》以格致爲始也。"翔千曰:"是。"

竇静庵名克勤見延,論及心性。予曰:"心有動静,功不分動静。戰戰兢兢,戒懼慎獨,無息不然,無處不然,久而齊明之至,直徹本始,是爲知天知命。動與天游,是謂合天立命,而上達在是矣。此聖賢心性之正功也。既曰'整齊嚴肅,以敬爲主',而又曰'半日静坐,屏除衆念,以觀喜怒哀樂未發時氣象,令見朕兆',此後儒致力心性之功,近於聖學而微雜二氏者也。若夫佛氏,則以知覺作用爲心性,不知有仁義禮智也。蒲團静坐,萬念皆空,久而澄澈之極,幻爲作用,此异端心性之功也。聖學戒慎,异端恣肆;聖學本天,异端遁天;聖學體實而用實,异端體空而用空;聖學其道公,异端其道私;聖學明其心性之德,异端實不識心性之德;聖學欽明,全其心性,异端虚幻,實害其心性。南轅北轍,一寒一暑,調停夾雜,必入岐路矣。"吴公匪庵名涵聞之,曰:"是也。性天豈虚幻哉?"

大興王崑繩名源閲予《大學辨業》《聖經學規》,斂手稱是。曰:"向觀世儒,謂聖道當不爾,而未得抉其故也。今乃曉然聖學矣,聖學斷非無用者。"予告之曰:"以《論語》證之,孝弟忠信,體也,兵農相禮,用也。能孝弟忠信而不能兵農相禮,不失爲善士,硜硜小人是。能兵農相禮,而不能孝弟忠信,終陷於小人。祝鮀治宗廟等是。體自重於用矣,但欲求聖學,則體用去一不可耳。"又曰:"上二者,迂士則高其守,智巧或用其才,孔子亦皆取之。至於不能孝弟忠信,亦不能兵農相禮,而徒講明心見性,如李卓吾、何心隱輩,或妄亂著述、浮浪詩文,如豐坊、鄭鄤輩,則華士异端,離經敗世,聖道之蟊賊也。"

德清胡朏明名渭以所著《易圖明辨》相質。言:"今《易注》首《河圖》《洛書》,古《河圖》《洛書》周秦時已亡。先天八卦方位次序,六十四卦方位次序,皆本之道家魏伯陽《參同契》、陳摶僞《龍圖》、劉牧《鉤隱圖》,夔魖誕謾,蕪穢聖經。"予曰:"此皆聖學不明所致也,學明則經正，修己治人之事惟日不足，而暇造此幻渺之具耶！"

三原員震生名從雲曰："先生學主循禮，是矣，然或謝曰'古禮難復'，奈何？"予曰："古禮本不遠於人情，且《禮》云'禮從宜'，使從俗，亦非銖銖傻盂古人也。嘗在武林與王草堂曰：'仁知孝弟尚爲虚名，惟禮爲實事。如仁之立人、達人，則有禮制知之，舉錯有度即禮，孝弟之溫凊定省，徐行隅坐，皆禮也。且禮不在故迹，即在當前。如此時與吾友對言，氣何似，手如何持，足如何行，布席飲食如何周旋，隨地隨時，能合情理，是爲禮矣。即至聖人動容中禮，亦不過從容乎此而已。若夫衣服寢居之式，揖讓玉帛之數，必銖銖古迹，或繁禮多儀，使人望而驚畏，是欲行禮而反使禮不行也，何爲其然？愚之學冠昏士相見諸禮，皆斟酌古今，以簡易宜時爲主，不敢尚苟難也。"

石門吴次張名師栻曰："《學記》言入學者'一年視離經辨志'。鄭注曰：'離經，斷經句也。'非讀書乎？"予曰："讀書亦學中所有，但不專以此爲學耳。然鄭注'離經'，殊爲非是。古無經名也，經書之名，自孔子删修後乃漸有之。周之盛時，《詩》采於太史，《書》司於史官，《易》掌太卜，《禮》在政府，皆不名經，安所得爲離斷經句者？蓋離，麗也；經，常也。謂使之麗於常道也。觀下文，以操縵、博依、雜服、興藝爲教，而以呻佔爲戒，亦可以知古人之常學矣。"

辛巳冬，語萬季野、王崑繩曰："人受天地之中以生，必有仁義禮知之性。性見於行，則子臣弟友夫婦在内，行實以事，則禮樂兵農。蓋子臣弟友之不可解者爲仁，有裁制爲義，恭敬之心爲禮，辨是非爲智。至於子臣弟友，實有其品節文爲，是爲先王所制之禮。鼓歌其禮則爲樂。兵所以衛父兄君友者也，農所以養父兄君友者也。苟失其仁義禮智，不可以言子臣弟友矣，不可言禮樂兵農矣。不盡子臣弟友，喪其仁義禮智矣，亦喪其禮樂兵農矣。然使無禮樂兵農，安見所謂仁義禮智哉？亦安所謂子臣弟友之事哉？三者由内而外，一物也。周禮教民：一曰六德，有聖、忠、和，猶是四德而分其名也；一曰六行，内有睦、婣與卹，五倫所推及也；一曰六藝，及於射、御、書、數，又禮樂兵農之分件也。三者總名曰物，言心性非精，禮樂非粗，祇此物也。古聖或以一仁統之，或以中統之，或以一禮統之，或曰'修以敬'，或曰'行以恕'，皆此物也。《魯論》之'文、行、忠、信'，文即禮樂兵農也，行則子臣弟友也，忠信則仁義禮智也。《中庸》'天命之性'言仁義禮智也，'率性之道'，子臣弟友也，'修道之謂教'，禮樂兵農也。由博文而約禮，由格致而誠正修齊治平，是爲下學，由下學而盡性至命，是爲上達，而一貫在是矣。若外是而別有塗徑，异端曲學，烏可訓哉？"時代州馮敬南名壅亦與聞，皆曰："然。道誠在是矣。"

王業鏞問曰："先生言'德行與藝一致'，而前乃言'禮樂兵農，士所獨'，豈農工商可不用禮樂與？又曰'能孝弟忠信而不能兵農相禮，不失爲善士'，毋亦有可分者與？"曰："非也，農而棗稻供親即禮，巷歌衢謡即樂，守望相助即兵，性所自然，事所必然，誰能去之？但責以公西、子路之經濟，則非其任耳。如襏襫躬耕，真農事矣，而盡力溝洫，可使足民，反非其任。善士之或不能兵農相禮也，亦如之，而非謂其事親從兄亦無禮也。賊劫其父而安坐不赴也，半菽之不供也，若是而尚得曰能孝弟哉？且天下無二道也，業有殊，材各异耳。士，即治農工商者也，農工商，受士之治者也，焉有二道耶！”

論學・卷二　終

學　禮

學禮・序[①]

學禮，則聖學盡矣。《魯論》曰："約之以禮。"不惟六藝之文也，即六德六行，亦以禮約。約，中束之也。束，要象也。如仁而對囚流涕不能決，友而大被共臥，不娶無子，樂而恒舞酣歌，皆過也。非禮曷以束而抑之？推而不及者束之使強也亦然。子曰："立於禮。"信夫。中以養心，謹視聽言動以修身。其見於儀者，冠、昏、喪、祭、士相見最切者也。爰先錄以告學者，而其餘宗廟、朝覲、郊社、禘嘗、軍禡、田賦諸儀，俟陸續及焉。

康熙庚子菊月恕谷病叟李塨謹撰

① 底本無此《序》，據《顔李叢書》本補。

學禮·卷一

蠡縣李塨稿

冠　禮

陸道威曰:"冠禮,堂階房序宜從人家之便。至三加命詞,則擇執友之有文行者爲賓,倩之爲訓言,以戒我子弟。冠訖,酌醴伸謝。誠敬行之是矣,不必拘拘舊式也。"善哉是説。唐人孫子行冠禮,舉朝怪駴,況至今日?然行禮而必優孟往蹟,使人震畏,亦非所以善存禮也。因從道威説而酌冠禮如後。

冠　年

《曲禮》《内則》:"二十而冠。"宋司馬氏言:"十五歲後可冠"。蓋古人十五以前,可紒而不冠也。今世若十四五歲不冠,則髳首而肄於學,形容詫异矣。《左傳》:"晋悼公問魯襄公年,季武子對曰:'會於沙隨之歲,寡君以生。'晋侯曰:'十二年矣。是謂一終,一星終也。國君十五而生子,冠而生子,禮也。君可以冠矣。'公還,乃冠。"《儀禮注疏》曰:"諸侯天子皆十二而冠。"是古固有十二而冠者。今人學至十二歲後,相其身軀成長,隨時冠之,似亦可也。

告祠堂

古冠於廟,今無廟,則依宋人禮,先事焚香奠酒,以告家祠。

戒　賓

古戒賓有辭，今擬從宜撰之。

加　冠

《儀禮》"三加"，任職居士位之禮也。初加緇布冠，則庶人常服。士冠訖，弊之不用。再加皮弁，士與君視朔之服。三加爵弁，士與君祭之服。皆士應著之冠。《大戴禮·公冠篇》云："公冠四加，緇布冠、皮弁、爵弁，後加玄冕。"是冠加數亦不一。今童子入學未有爵者，但用應著冠加之爲宜。既無三色，或亦不必三加也。衣屨已非古制，亦祗用時宜新鮮者可。

《公冠篇》："成王冠，周公爲祝辭：'近於人，遠於年，嗇於時，惠於財。'"則古禮亦似隨時撰文，非一定也。

醮

古冠後有醮禮有辭。今或如禮行之，或即於冠字畢醴賓時，使之侍賓與獻酬，惠以吉詞，以成其人焉。猶古意也。

賓字冠者

古醮後賓字冠者有辭。今即用宋儒禮，煩賓爲字説以教之爲可。長子習仁加冠，馮樞天爲賓。先期撰《字長人説》用之。

拜祠堂、父母及諸親

古冠者拜母，見於兄弟姑姊及鄉先生。今亦依宋人禮，拜家祠，拜父母，親友當見者見之。

醴　　賓

古士禮醴賓用壹獻禮。今豐儉從力,若富貴者,則酬賓帛,歸賓俎,皆可酌行。

拜鄉先生

《國語》:“趙文子冠,見諸卿,諸卿各有勗詞。”亦隨時撰文也。

學禮·卷一　終

學禮·卷二

蠡縣李塨稿

昏　禮

鄭康成曰:“娶妻之禮以昏,因而名焉。”必以昏者,陽往而陰來。

納　采

《士昏禮》:下達,使者往女家納采。下達者,行媒也。行媒以後,可知名矣。必用一士人納采以問者,事重也。今世雖有媒妁,猶煩親友往求,即此意也。然此時尚未成親,採擇而已。賓曰:“吾子有惠貺室某也,使某也請納采。”惠貺者,據媒氏之言也。主人曰:“某不敢辭,不敢卻其採擇也。”故問名。主人又曰:“吾子有命,且以備數而擇之,某不敢辭。”乃宋人以納采爲定親禮,則大誤矣。夫親已定而後乃問名納吉,古人有如是之僨乎?設卜而不吉,將定者又不定乎?因是後之著《禮》者,或置問名於納采前,或駁《儀禮》納采而後納吉爲非。考禮不明,遂改經非聖,豈小失歟?

賈公彦《儀禮疏》曰:“言納者,恐女氏不受,若春秋内納之意。若然,納采言納者,以其始相採擇,恐女家不許,故言納。問名不言納者,女家已許,故不言納也。納吉言納者,男家卜吉,往與女氏,復恐女家翻悔不受,故更言納也。納徵言納者,納幣帛,則昏禮成,復恐女家不受,故更言納也。請期親迎不言納者,納幣則昏禮已成,女家不得移改,故皆不言納也。”古人慎審如此,而謂初次納采即定親,禮乎?

《士昏禮》用鴈,惟納徵不用,五禮皆用。《昏禮辨正》曰:“古賓主相見皆有贄。鴈者,大夫所執之贄也。昏禮有攝盛之例,故士越一等行之,或以爲納采禮物,或云‘取不再偶’

之義，皆誤。"今贄禮久廢，見則以名紙相通，從俗可也。

《士昏禮》："女父於禰廟受納采禮，以下行禮皆然。"《鄭注》云："將以先祖之遺體許人也。"孔穎達疏《禮記》云："先祖之遺體，不可專輒許人也。"今祠堂狹者，不能周旋行禮，告祖考主焉可也。

問名

《士昏禮》：問名即在納采一次行之。納采，求許其採擇也。問名，既許其采擇，故問名，歸而將卜以擇之也。原一事也。

賓曰："某既受命，將加諸卜。敢請女爲誰氏？"《疏》曰："名二。一子生三月父命之名，一名號之名。姓氏，其類也。不言問三月名，該在内也。"《鄭注》曰："謙，不敢必其主人之女。"《賈疏》曰："恐假養外人者。"主人對曰："吾子有命，且以備數而擇之，某不敢辭。"賈氏曰："不言他人之女，明爲主人女也。"蓋雖媒妁通言，恐萬一不確，故復親問主人，則無不確者。即或有誑，他日可執詞以請。古人之慎也。靈壽馬介愍公《從聘四禮輯宜》曰："'問名'即今世過庚帖也。"按：《周禮·媒氏》"書年月日名"，則年月日、女名、某母所生，皆問焉，爲宜。

《士昏禮》："納采問名後，有醴賓禮。"

納吉

《士昏禮》：加卜得吉，賓往告。主人對曰："子有吉，我與在，某不敢辭。"《鄭注》曰："婚姻之事於是定。"然《大明》之詩，《箋疏》以"大邦有子"爲"納采"，"俔天之妹"爲"問名"，"文定厥祥"爲"納吉納徵"。《箋》曰："文，禮也。以禮定其吉祥，謂納幣也。'親迎於渭'，請期、親迎也。是納吉，定親之始；納徵，定親之成。"宋人誤以納采爲定親，於是問名納吉皆不可行，遂删去二禮。乃今揆之時宜人情，則六禮無一可去者。

今人訂昏，修一昏啓，而用儀佐之。女家復啓，亦有儀。則餽以禮，約以契，較古之納吉定親者更爲堅矣。

納幣

《春秋》"納幣"即《士昏禮》"納徵"也。《鄭注》曰："'徵'，成也。"《曲禮》曰："男女非受幣不交不親。"《士昏禮記》曰："皮幣必可制。"《周禮·媒氏》："凡嫁子娶妻入幣，純帛無過五兩。"《雜記》：納幣一束，束五兩，兩五尋，是四十尺一兩。今有論銀錢者，文中子所謂夷虜之道矣。《四禮輯宜》曰："將行迎娶，方行納徵。"即世俗下衣也。

《士昏禮記》："女子許嫁，笄而醴之，稱字。"《鄭注》曰："許嫁，已受納徵禮也。笄女之禮，猶冠男也。使主婦女賓執其禮。"今世納幣之日，壻母親往女家，具首飾加笄，所以重其事也，亦通。

告　期《穀梁傳》曰：告期。

《士昏禮》："賓請期，主人辭以惟命是聽，賓然後告期。"以有賓往，故有請讓之文。今命伻持書而往，則但當言告矣。

親　迎

《士昏禮》："壻車服皆攝盛。"

《士昏禮記》："男父醮子往迎，女父醴女而俟迎者。父母命女敬戒，庶母申父母命命女。"

諸經言禮者，俱無親迎往反告廟之文，惟婦至三月，或廟見，或祭行。《白虎通》曰："娶妻不告廟者，示不必人女也。"古人於人道之始，審慎之至也。

《左傳》：昭元年，"楚公子圍娶於鄭公孫段氏。曰：'圍布几筵告於莊共之廟而來，若野賜之，使圍蒙其先君，將不得爲寡君老。'"是往迎告廟也。然《孔疏》云："圍專權自由，非正也。"

《春秋》：桓三年，夫人姜氏至自齊。《杜注》云："告於廟也。"莊二十有四年，八月丁丑，夫人入。《杜注》云："丁丑入，而明日乃朝廟。是婦至告廟也。"然後儒注經摸擬之詞，未有經據。

《左傳》：隱八年，"鄭公子忽如陳逆婦嬀。辛亥，以嬀氏歸。甲寅，入於鄭。陳鍼子送女，先配而後祖。鍼子曰：'是不爲夫婦。誣其祖矣，非禮也。'"孔《正義》曰："先配後祖，多有异説。"賈逵以"配"爲"成夫婦"也。《禮》："齊而未配，三月廟見然後配。"案：《昏禮》："親迎之夜，衽席相連。"是士禮不待三月也。禹娶塗山，四日即去，而有啓生，亦不三月乃配，是賈之謬也。鄭衆以"配"爲"同牢食"也，先食而後祭祖，無敬神之心。案：《昏禮》："婦既入門，即設同牢之饌。"其間無祭祀之事。"先祭乃食"，《禮》無此文，是鄭之妄也。康成以祖爲祓道之祭，先爲配匹，而後祖道，言未行而行配。案：《傳》既言入於鄭，乃云"先配後祖”,甯是未去之事也。故《杜注》曰:“逆婦必先告廟而後行,如楚公子圍稱告莊共之廟。鄭忽先逆婦而後告廟,故曰‘先配而後祖’。”此因禮經無據,遂人自爲説如此。

愚謂《昏禮》“舅姑沒者,三月乃廟見”,夫舅姑沒之廟見,其急於舅姑存之拜祖也審也,乃合巹後三月乃行。則有舅姑者,固不當先拜祖而後合巹矣。然陳鍼子曰:“先配後祖非禮。”則春秋時當有往返告廟之禮,但其所謂祖者,告廟耳,非如《昏禮辨正》指定親迎至日,舅姑即率新婦以見廟也。《正義》云:“鄭忽父在,告廟當是莊公之事。”今擬問名以前,不敢輕易告廟,納吉則親將定矣。且《鄭注》云:“歸卜於廟得吉。”是亦告廟之意也,則告廟當自此始。以後納幣、告期,皆主人。告廟、親迎,主人率子告而後往娶。婦入,復率子告廟。無父者,子自行,然後合巹焉。若婦之拜祖,則後此矣。”古禮成昏而乃婦見廟見,所謂“貞信著然後成婦禮”也。

《士昏禮》:合巹後,御衽婦席,在西,媵衽良席,在東,皆有枕北止。是當夕成昏也。後儒言三月或三日成昏者,皆無經據,不可從。

《士昏禮》:“當夕成昏。明日,婦執棗栗之贄拜見舅姑,杜甫《新昏别》曰:“妾身未分明,何以拜姑章?”是唐人亦先成昏而後婦見者。舅姑醴婦。”《昏義》曰:“成婦禮也。”舅姑入室,婦盥饋。《昏義》曰:“明婦順也。”三日厥明,舅姑饗婦。《昏義》曰:“以著代也。”《昏禮辨正》極言成昏前當見舅姑。今世亦有然者,亦可也。

《士昏禮》:“婦見舅姑,兄弟姑姊妹皆立於堂下,西面北上,是見已,見諸父,各就其寢。”今北方婦見舅姑,同居尊長以次見。三日,姑率拜族尊長,其遺禮也。

《士昏禮》:“饗送者,酬以束錦。”今擬饗畢而酬,則視其貧富焉。《曾子問》曰:“三日不舉樂,思嗣親也。”然《車舝》之詩曰“式歌且舞”,則今人親迎往返用鼓吹,亦不爲過。

《昏禮辨正》曰:“春秋天子不親迎,使公卿迎之。祭公逆王后於紀、單靖公逆王后於齊是也。陸淳謂“尊無敵體不當親迎也。”諸侯則親迎。然或有故,及越境未便,則遣大夫迎之。莊公如齊逆女爲親迎、《公羊傳》:“親迎,禮也。”公子翬如齊逆女爲遣迎是也。大夫以下,則無不親迎者,雖越境亦然。楚公子圍娶於鄭,莒慶、齊高固娶於魯,皆親迎也。”

《昏義》:“天子后立六宫、三夫人、九嬪、二十七世婦、八十一御妻。”《公羊傳》曰:“諸侯娶一國,則二國往媵之,以姪娣從。姪者何?兄之子也。娣者何?弟也。諸侯壹聘九女。”

《士昏禮》:“婦盥饋、媵御餕、姑酳之,雖無娣,媵先。”《賈疏》:“大夫士無二媵,即以姪娣從者爲媵。若無娣,則姪先於御。”是士或二媵或一媵矣。何休《公羊注》曰:“所以妨嫉妬,重繼嗣也。然有數者,所以節人情也。”惟民爲匹夫匹婦,婦無子者,亦置側室。

《周禮·媒氏》:“掌萬民之判,凡取判妻入子者,皆書之。”判妻,妻也。入子,置側室使生子也。今世姪娣之禮難復,士以上即以侍女端好者爲媵,而定其名數可也。

《士昏禮》:“舅姑既沒,婦入三月,乃奠菜。”《穀梁傳》薦舍即此。《曾子問》曰:“三月而廟見,稱來婦也。擇日而祭於禰,成婦之義也。女未廟見而死,歸葬於女氏之黨,示未成婦也。”蓋謂無舅姑者缺婦見之禮,故廟見也。必三月者,何休云:“取一時,足以別貞信。貞信著,然後成婦禮。”宋人易以三日,非禮意矣。今擬無舅姑者,三月,壻率婦“奠菜”,謂之“廟見”;有舅姑者,三月遇常事家,婦姑老者祭行,姑主内政,及庶婦,則助奠焉。

《士昏禮記》:“若不親迎,則婦入三月,然後壻見女父母,女父醴壻。”今世親迎亦壻見,然亦無害於禮者。

春秋有反馬之禮。宣五年,齊高固以秋逆婦,冬來反馬。杜預、孔穎達《注》《疏》曰:禮,送女留其馬,謙,不敢自安於夫。若被棄,則乘以歸也。至三月廟見,夫婦之情既固,夫家乃遣使反馬。成九年二月,伯姬歸於宋。夏,季孫行父如宋致女。何休《注》曰:“古者婦人三月而後廟見,父母使大夫操禮而致之。”蓋至此始成婦也。古人昏禮之慎重如此。

《家語》曰:“男子二十而冠,有爲人父之端。女子十五許嫁,有適人之道。於此以往,則自婚矣。”又曰:“霜降而婦功成,嫁娶者行焉。冰泮農業起,昏禮殺於此。”《毛詩正義》曰:“《東門之楊》,《傳》言男女失時,不逮秋冬,則秋冬嫁娶正時矣。”其《周禮》言“仲春”,《夏小正》言“二月”者,皆爲期盡。蕃育之法,《周禮·媒氏》:“令男三十而娶,女二十而嫁。中春之月,令會男女。”《賈疏》曰:“三十之男,二十之女,中春之月,言其極法耳。”愚按①:《大戴禮》載“文王十五生武王,而前有伯邑考。”《左傳》所謂“國君十五生子者”,亦有所本。然今人賦薄多慾,文中子曰:“婚娶太早,教人以夭。”十四五太早矣,必過十七八至二十乃可親迎。至孔子言“霜降嫁娶,農起禮殺”,庶民也;張融云“春秋逆女嫁女,四時通用,無譏文”,則天子諸侯不拘也。

學禮·卷二　終

① 按,《畿輔叢書》本作“桉”,據《顔李叢書》本改。

學禮·卷三

喪　禮

塨少學禮習齋。康熙癸亥，丁先孝慤憂。辛未，丁嫡母憂。著《士喪禮》就正，然猶雜以宋人禮也。後又問禮河右，節次冠、昏、喪、士相見禮以成。馮生辰著《喪禮疑問》請訂，念母氏春秋高，躊躇不欲觀。鐵壺氏曰："非也。曾申嘗問哭父母於曾子矣。孔子卒後，子游、子張欲師有若，曾子不可。而《禮》載子張死，曾子有母之喪，則《曾子問》所議《喪禮》，皆其親在時講究者也。孔子未以爲過也。"己亥秋，乃勉考《喪禮》如左，甯簡勿繁，一以繁而易則妨哀；一以繁則人苦難行；一以縱縱之際繁則檢閲不清，恐致謬誤也。

始　死

《士喪禮》："死於適室，幠用斂衾。"二句通下言。《注疏》："'幠'，覆也。大斂二衾：一薦尸，一覆尸。"今先用其一。《賈疏》曰："不疾在燕寢。疾病，遷處正寢之室，以正終也。"

《喪大記》："妻同。"

《記》："疾者齊，養者皆齊。"《鄭注》曰："正情性也。"馮生辰曰："如孔子瓜祭必齊。"如之，齊非戒飲酒茹葷也。

《記》："徹褻衣，加新衣。"《鄭注》曰："加朝服也。"馮生曰："禮，死後沐浴襲衣，多不便，此時既去褻衣，獨不可沐浴乎？或恐沐浴過煩，澡拭不亦可乎？荀子云：'不沐，濡櫛三律而止。不浴，濡巾三拭而止。'則死之後不用去尸衣，沐浴再襲，似於生死之情爲安也。"

《記》："御者四人，皆坐持體，屬纊以俟絕氣。男子不絕於婦人之手，婦人不絕於男子之手，乃卒。"《賈疏》曰："若婦人，則内御者持體，還死於其手。"乃宋人誤解爲男女不相訣，則夫婦同穴不褻，而臨終一訣乃備褻乎？母卒，子不當在側乎？毛河右曰："明禮部黄嶧講學於薛瑄之門，垂死時，止一老妾，屏不得前，使門人侍疾。夜分，各觸首屏柱，燭滅不續，而嶧不知何時已終矣。"讀《禮》不明，可哀至此！

《記》："主人啼，兄弟哭。"《賈疏》曰："啼，謂聲若往而不返。"馮生曰："初卒，主人啼，見襲斂之後，則哭踊有節也。"

《禮》："復，蓋用死者之服，升屋呼其常稱以復之。降以覆尸，然不生則去之，不以襲斂。"

《禮》："綴足用燕几。"按：《注疏》"以几夾持之，使足不辟戾也。非縶縛也。"今貧者用二磚挨足兩邊，亦通。

《禮》："夏設冰槃。"

《禮》："奠於尸東。"曾子曰："始死之奠，其餘閣也與。"《疏》云："閣之餘食。"

《問喪》曰："親始死，雞斯，《鄭注》曰："當爲笄縰，去冠，惟留骨笄與縚髮之繒。"徒跣，扱上衽，水漿不入口三日。"故鄉里爲之糜粥以飲食之間。《傳》曰："斬衰三日不食，齊衰二日不食，大功三不食，小功緦麻再不食。"《檀弓》曰："毁不危身。"《曲禮》曰："五十不致毁，六十不毁，七十惟衰麻在身。"《喪服四制》曰："不言而事行者，扶而起。言而後事行者，杖而起。身自執事而後行者，面垢而已。"

《禮・帷堂疏》曰："鬼神尚幽也。"

立主喪。毛河右曰："喪有無後，無無主。"謂死者無子，甯可不立後，不可無主喪之人，則喪主重矣。有尊主卑者，父爲子主。《奔喪》云"凡喪，父在，父爲主"是也。祖爲孫主，舅爲子婦主。《奔喪注》"子有妻子之喪，皆其父主之"是也。夫爲妻主，兄爲弟主。《奔喪》云："父沒，兄弟各主其喪。"謂兄弟各爲其妻子主喪也。又云："親同，則長者主之。"謂同父母喪，則長子主喪。若兄弟之喪，亦長兄爲主也。然《小記》："父不主庶子之喪，而有時爲妾主。"《雜記》："主妾之喪，則自祔若練祥，皆使其子主之。其殯，不於正室。"崔氏謂此指"攝女君者"。夫自祔於祖姑之妾，非攝則否。然兄爲弟主，弟不可爲兄主乎？曰："不可。"喪無二主，弟有子而兄主之，一尊一卑，非有二也。今兄子既爲主，而弟又主之，是二卑也。二卑即二主矣。然則兄無子若何？曰："兄無子而議攝主，雖從兄弟亦可主，而何況父弟？"然則世父、叔父可爲侄與侄婦主乎？曰："不可。"《奔喪》前已言之矣。父沒，兄弟各主其喪，謂各主其妻與子之喪也。而尚煩世父、叔父共主之乎？據此，則兄爲弟主，并不爲弟婦主也。此尊主卑也。若卑主尊者，《小記》："久而不葬者，惟主喪者不除。"謂卑主尊者，則皆不除服。《疏》謂子爲父，妻爲夫，臣爲君，孫爲祖也。然則必無尊主而後有卑主乎？曰："不然。"《士喪禮》："主人赴於君。"其所爲主人，即子也。所謂"赴"，則稱哀子、哀孫者也。然而《檀弓》云"父兄命赴"者，則父在子亦爲主矣。然則尊主卑主并主乎？曰："禮統所尊。"《曾子問》曰:"衛靈弔季桓子,哀公爲主。"君主臣也,尊主也。季康子北面,子主父也,卑主也。特哀公拜賓,康子不拜,但立而哭踊。而一尊一卑,不嫌并見,何則? 拜者主,不拜者非主也。今哀公拜興而哭,而康子亦拜稽顙。當時有二主之誚,故《小記》:"异國君來弔其臣,則本國之君主之。而其子中庭北面,哭而不拜。父之主子,亦如之。"故父主子喪而有杖,則其子之子反不執杖,避二主也。父爲子婦主喪,則其婦之夫亦不執杖,統所尊也。故尊主、卑主雖并主,而各有不同。《小記》云:"婦之喪,虞與卒哭,其夫若子主之。祔,則舅主之。"以祔主於祖姑,則重在祖廟,故尊者主之,餘如饋、奠、斂、殯、卒哭、祥、練,則非尊主所當爲,而卑者承命以主之,是以命赴。父爲主,而赴即子自行,尊與卑不相礙也。今俗訃文,載子名而并以父兄名加之於前,亦近禮意。至拜賓,則古弔簡,今弔繁,舍尊就卑,亦義之可者也。然又有攝主,凡無後者,則必置人以攝之。《小記》云:"男主必使同姓,婦主必使异姓。"庾氏云:"喪有男主以接男賓,女主以接女賓。若父母之喪,則適子、適婦爲主。"今遣他人攝,則男主必喪家同姓者,女主必喪家异姓者,不使本家女攝,以婦人外成也。《小記》:"大功者,主人之喪有三年者,則必爲之再祭。朋友,虞祔而已。"此言死者無近親,而大功從父兄弟爲之攝主。"有三年者",謂死者有妻、子皆當三年,特妻或疾、子幼小不能主。大功主喪者,須主及練祥二祭而後已,以所攝者三年也。皇氏曰:"若死者有期親,則大功主者爲之至練。若死者但有大功,則大功主者至期,小功緦麻至祔,朋友亦虞祔而已。"又《雜記》:"姑姊妹,其夫死無子,夫黨又無兄弟,則使夫之族人主喪。而妻黨雖親,弗使爲主,以婦人外成也。若夫又無族,使鄰人主之。無,則里尹主之,如閭胥、里宰之屬,又朋友有暫爲主者。孔子哭伯高,使子貢爲之主。孔子哭子路於中庭,有來弔者,孔子爲主而拜之。"

《檀弓》:"立相"。宋人禮名"護喪"。

《禮》:"赴"。今文云:"某以某年月日卒於正寢,謹訃。"

《禮》:"有賓則拜之。"《檀弓》曰:"稽顙而後拜,頎乎其至也。"

治　棺

《禮》:"立祝。"主含奠事。

《禮》:"含。"實口以米貝。

"作主",愚謂以省重也。待既斂,供於靈座,覆以魂帛,漸引神就主。至葬日,題之。

《禮》:"爲銘旌。"書曰:某氏某之柩。

《禮》:"宵爲燎於中庭。"次日同。

次　　日

《禮》:"厥明,主人西面馮尸,踊無算。主婦東面踊,亦如之。三日當同。主人袒括髮,以麻。衆主人免於房,以布纏頭。婦人髽於室。"斬衰,婦人麻繩撮髻,齊衰以布。

《禮》:"奉尸侇《疏》云:"人旁作之。"於堂,男子踊無算。"馮生曰:"今與古户内爲室、東西爲房、户外爲堂、東西爲序者不同,或初卒在退廳,遷於大廳可也。"顔先生家禮:用白布竪杆架之,下垂及地。尸牀前者,蔽内外。左右者,别男女。主人率衆主人位左,男客來弔,則褰帷左陪哭。主婦率衆婦位右,女客來弔,褰帷右陪哭,亦帷堂之遺也。

《禮》:"奠。"祝執事,喪主辟踊。

《禮》:"代哭。"使人更代而哭,不絶聲,防以死傷生也。

《禮》:"立擯。"接待賓客者。按:《禮》:死後襲,次日小斂,三日大斂。士襲三稱,小斂十九稱,大斂三十稱,而又有明衣、有絞、有衾、有冒。糾纏彭亨,棺槨當如何大以容之?況大夫以上更加倍蓰者乎?或爲周末文勝之儀,而非三代之舊制也。今人不用已久,難以復矣。且《問喪》云:"三日而後斂,以俟其生也。乃次日即斂結矣,何以俟其生乎?"

三　　日

《禮》:"棺入,主人奉尸斂於棺,哭踊無算。"按:《禮》"棺初入,主人不哭。"蓋附於身、附於棺者必誠必信,過此則無及,慎之也。先安笭牀《左傳》名楄柎。於漆棺底,加筦簟,下尸衾,有枕,實鬊爪。既不用大小斂,則以衣覆滿,及塞空隙令實,勿實金珠,恐盜也。冒以大衾,名曰"斂"。《檀弓・殯疏》曰:"葬始北首,殯猶南首。若生時北趾,不忍以死待親也。"鄧氏曰:"古殯於西階,設几席以安神於奥,不復於尸設奠,此送形迎神之精義也。"宋人設柩於堂中少西,置靈座其前,暴露之,且棺不殯塗。卒有水火盜賊,難以避患,非《禮》意也。今擬於堂之西偏,累磚四周而塗之,靈座設於堂中供主,帷之前置供桌,務令幽閟,别如《禮》於下室設牀、几案、屏幃、服飾如平日,以時上饍羞及湯沐,不則即於靈座後設靈牀,如之。

《禮》:"卒塗。祝取銘置於柩東,主人復位踊襲,乃奠於靈座前,主人及兄弟北面哭殯。閉門,主人揖就次,倚廬。衆子廬隱處。"

四日

《禮》:"三日成服。"不數死日爲三日,所謂生與來日也。今儀:斬衰不緝麻、絰冠、要絰。齊衰緝麻、絰冠、要絰,皆有負版、辟領。衰期以下,布漸細,絰漸細。按①:古之喪冠,即平常緇布冠,但用粗布而色白耳。首絰以象頍項,今世平常不服此冠,喪獨服之,亦爲不合,然有古意,君子不忍去也。惟古葬後冠有受服,今則如平常冠而素之可也。

《禮》:"朝夕哭。"《注》:"朝夕及哀至哭,不代哭。"

《記》:"居倚廬,寢苫枕塊。不説絰帶,非喪事不言。歠粥,朝一溢米,夕一溢米,不食菜果。"《喪大記》曰:"食之無算,不能食粥,羹之以菜可也。"顔先生曰:"食無算者,朝夕煮粥候之,哀少殺則食,不論頓數也。"

始朝夕奠,《檀弓》曰:"朝奠日出,夕奠逮日。自此爲常奠,至乃徹。食時上食,朔則殷奠。"

《曾子問》曰:"天子崩,國君薨,祝取群廟之主而藏諸祖廟,象聚憂,且不祭也。"又曰:"卒哭成事而後主各返其廟,以祔祭。且後此時祭行也。"則《士喪》葬前停祭家祠,亦當聚主,告鬼神以哀,且爲祔地焉。

營葬

《王制》:"大夫士庶人,三月而葬。"《春秋傳》:"大夫三月而葬,同位至。士踰月,外姻至。"

《禮》"筮宅",今相宅。有定穴者,則不必筮。但葬有日,具儀告后土開域。

《禮》"獻材",謂主人親觀治槨及明器諸材也。槨厚薄量力,明器飾棺等物,從俗爲之,不必多。

葬

《禮》:"啟殯"。葬前三日,祝具奠告啟。主人哭踊無算,服親會哭。

《禮》:"告啟期於賓",今世先期如初死赴儀告葬期。

---

① 按,《畿輔叢書》本作"桉",據《顔李叢書》本改。

《禮》:"遷於祖",謂朝祖廟也。今儀:祝奉靈座,燭從、奠從、主人哭從,至家祠,祝告曰:"年月日,哀子某,奉某親某,將葬於某塋,敢奉以朝。"哭拜稽顙畢,奉還柩所。

《禮》:"祖"。葬前一日,日側而祖。《鄭注》曰:"將行而飲酒曰'祖'。"今日夕,徹靈牀,遷柩中堂,設靈座其前,陳盛饌以奠。祝代主人祝化者。

《禮》:"乃代哭如初。宵,爲燎於中庭。"

《禮》:"遣"。葬日遣奠,亦設盛饌。祝曰:"靈輀既駕,往即幽宅。"主人哭,稽顙拜。

《禮》:"乃行"。遣柩就轝,主人哭踊無算。

《禮》:"至壙"。乃窆,藏銘旌其内。主人哭踊無算,賓退,則拜送。

《檀弓》:"有司以几筵舍奠於墓左。"今儀:先窆,以賓祀后土題主。窆訖,奠主前,祝曰:"哀子某,敢昭告於顯考某官謚府君,形歸窀穸,神返室堂。神主既成,伏惟尊靈。舍舊從新,是馮是依。"主人拜稽顙。

《禮》:"返哭"。抵寢安主,拜送賓。

《禮》:"即日虞"。主人沐浴易奠而祭,成儀。

再虞用柔日。

三虞用剛日。

《禮》:"既虞。翦屏柱楣,寢有席。食疏食,水飲。"《曲禮》曰:"有疾則飲酒食肉,疾止復初。"《雜記》:"非時見乎母也,不入門。"

《禮》:"又剛日卒哭。"祝曰:"哀子某,來日某,隮祔爾於爾皇祖某甫,尚饗。"今世昭穆已亡。或曰"祔於四親"可也。若不及三月而葬,遇剛日則祭,至祔而止。卒哭必以三月,自是卒止無時之哭,惟朝夕哭。

"明日祔",奉新主於四親側,告祖考以某祔。告畢,復奉主歸寢。朔望陳獻,有服者會哭。

《禮》:"有受服。"謂既虞卒哭,易衰以成布,如易三升而六升也,冠如易六升而七升之類。《間傳》曰:"去麻服葛。"謂男子去要麻絰絞帶,易葛絰布帶,婦人去首麻絰,易葛絰。則今世葬後,衰易以不極麄之布,要絰易布帶或葛帶,皆可。

期

《禮》:"期而小祥。"喪至此,不計閏,凡十三月行小祥祭。《間傳》曰:"練冠。"《檀弓》有角瑱。《檀弓》曰:"練衣黄裏縓緣。"《喪服傳》曰:"舍外寢,《鄭注》:"堊室也。"始食菜果,飯素食,哭無時。"謂止朝夕有時之哭而不計日數,哀至乃哭也。

又期

《禮》:"又期而大祥。"凡二十五月,行大祥祭。《間傳》曰:"素縞麻衣。"《疏》:"縞冠素紕"。以十五升布爲深衣也。又曰:"居復寢。"方靈皋曰:"齊所居之外寢。"《喪大記》曰:"斷杖"。

三年

《禮》:"中月而禫"。《鄭注》:"祥後間一月"。戴德作《服變除禮》云"二十七月而禫"是也。《間傳》曰:"禫而纖,無所不佩。"謂著黑經白緯之纖冠也。又云:"禫而牀,始飲醴酒,食乾肉。"

《禮》:"是月也,吉祭,猶未配。"謂禫祭後,即於此月内擇日吉祭也。未配者,以主人未入内,不以内外官具也。"吉祭"義同《春秋》"吉禘"。毛河右曰:"喪畢行之。爲死者入廟,當合群主而諦視焉。且昭一廟當祧,故迎毀廟未毀廟之主合食祖廟。然後將新祧一主隨衆祧主并遷,而新祔之主乃得從親主而入於穆之禰宫,則於祧於祔泯然相安。此先王制《禮》之精義也。"

《喪大記》曰:"禫而從御,吉祭而復寢。"方靈皋曰:"禫後使婦人從而御事,吉祭後始復内寢也。"又曰:"期居廬,終喪不御於内者,父在爲母、爲妻齊衰期者,大功布衰九月者,皆三月不御於内。婦人不居廬,不寢苫。喪父母,既練而歸。期九月者,既葬而歸。"靈皋曰:"喪禮最嚴御内,而食肉飲酒次之。親喪既葬,君食之。大夫父之友食之,不辟粱肉。而復寢則祥禫之後猶不忍也。至女子遭喪,亦必練葬始歸夫家。此聖人所以立人之道而盡性也。"

喪服

時王之制,載於《會典》及《律》,可查而遵行也。但今世祇見宋人禮書,其言不考證今古,每爲武斷以誤後人。姑舉一端明之。如胡氏傳《春秋》曰:"禮,庶子爲君,爲其母無服,不敢貳尊者也."是"禮"出何經傳乎?考《儀禮》:"庶子不爲父後者,父在,厭於君。其母卒,則爲權服。"《喪服記》所謂"公子爲其母練冠麻麻衣縓緣,既葬除之"是也。"父沒則大功"。《大功章》所謂"君之庶昆弟爲母"是也。"爲父後者",父在則緦,《緦麻章》所謂"庶子爲父後者，爲其母"是也。"父沒則三年"，《三年章》所謂"父卒則爲母"是也。或曰："母非指嫡母歟?"曰："嫡母，母也。生母，母也。言母則統之矣。"下文曰"慈母如母"，正指生母也。若以爲如嫡母則慈母者，側生子而死，而父命别側慈之者也。其恩雖深，不可以踰生我者之恩矣，乃爲服三年，一如嫡母，而生母之服反沒其文，有是禮歟！乃妄曰"厭於嫡而降"，則慈母亦側，獨不降除何歟？是爲母内即有生母，昭然也。以至大夫側子，父在，爲其母大功；父沒，三年。士側子，父在，爲其母期；父沒，三年。一如嫡喪，皆歷歷有據。而《春秋傳》於昭公喪生母，叔向亦曰："有三年之喪"。若漢唐以後，母氏之服又但有增而無減也。而胡氏竟憑空而爲是言。他如張横渠謂父在爲母喪，則不敢見其父。春礿只祭一廟，七廟七歲而周。天子兄弟數人遞立，止爲一世，親廟不妨數十。司馬温公以天子爲大宗。朱晦庵謂周初昭祧藏太廟東夾，穆祧藏太廟西夾，及文武有不祧廟，昭祧藏武世室，穆祧藏文世室：皆憑空造事，不可殫述。學者可即此以觀其餘。

學禮・卷三 終

學禮·卷四

祭　禮

諸儒《家禮》但云如何行事，而不載其自，後學繙閲，不辨其疇爲古禮，疇爲今禮，疇爲本人自造之禮，因而致誤者多矣。今承友人屢索《祭禮録彙》，以共習行，乃各則予以考辨，庶觀者知其得失，以便教我。

家　祠

"祠"，本古祭名，後遂祠地曰"祠"。漢向充謂宜立諸葛祠於沔陽，如古學習之地，遂名學。

王公垂司農問："古廟制可復否？"曰："廟制不可復也。"宋代曾令群臣立廟，時惟文潞公家立之，他好禮如司馬溫公等，皆未之舉，何者？勢不行也。古率世爵，故廟制累世可遵，今用人不以世，父居貴顯，當建，子夷寒微，毁之，孫貴，又修，神倏進倏退，室倏成倏徹，如之何爲制？蓋朝廷可法古，同堂异室則爲陋；學士難法古，同堂异室則爲宜。後人家祠之設，固酌古今之善者也。

所　祭

古禮天子七廟，太祖下，三昭三穆，高、曾、祖、禰及高祖之父、祖也。諸侯五廟，太祖、二昭、二穆，高、曾、祖、禰也。大夫三廟。一、《王制》曰："一昭一穆，與太祖之廟而三。"一、《祭法》曰："大夫三廟，曰'考廟'，曰'王考廟'，曰'皇考廟'"。《正義》曰："支庶爲大夫，及曾祖適爲大夫，有太祖。"《祭法》又曰："三廟之外有二壇，高祖始祖，雖廢時祭，尚存禱享。適士二廟，祖、禰也。官師一廟，曰'考廟'，王考無廟而祭之。"今應任知縣，即比諸侯，以當寄百里民社也。而舉人進士尚非官師,以未任職事也。準之古禮,似難處矣。考明初,禮官用行唐縣知縣胡秉忠議,許庶人祭及三代。至中葉,許士人從《朱文公家禮》,祭四世,故向祀高、曾、祖、禰,別庶人也。而公薦則及始祖,倣壇禱也。

主 宔 室

主者,神主也。衛次仲云:"主用栗,父母皆八寸,寬厚三寸。"何休、范甯云:"主正方,穿中央,達四方。"謂中央穿於底座,達之四旁皆等方也。宋人主制,作兩判合,穿鑿無據。又云:"主刻而謚之。"謂袛刻謚於其中,如武王主袛稱"武王",更不刻顯考、皇考諸稱與子孫奉祀之注。則入廟以至遷廟,不煩如後人更稱改題矣。宔者,主之函也。《説文》云"藏主之器"是也。《朱子家禮》稱"櫝",則藏龜玉器名,似傷於褻。室者,藏主之屋,周人以石爲之,椄之於壁,曰"祏"。今以木,狀類瓦房,前有槅門,置於桌上,即漢後异室之遺也。《家禮》名"龕",亦非。龕,塔下室,佛氏之稱也,而可以名吾親室乎?

神主位次

馮辰書問"神主位次",將以更正其家堂也。曰:"古廟室户在東南,主居西壁。元明以來,以廟門在南正中,更主居北壁正中,南向,變古而宜者也。如四親則高室居北中,左南爲曾室,右對曾少退南爲祖室,左北直曾少偏左爲禰室,皆南向,此即古人昭穆廟次。而東西少退,南北少偏者,以古廟有垣障蔽,今室無遮隔,嫌并踞也,相背也。饗時,則高祖中堂南向如故,曾西向,祖對曾少南東向,禰直曾西向,此即古昭穆合食之次。而祖位亦少退者,以古昭穆合食,父北子南,故無嫌。今父子東西對,故微避也。若後儒禮,高曾祖禰皆南向,以西爲上,則奚爲者?《周禮》之上西,非上西也。室之户在東南,則室西壁爲屋盡處,其南謂之'奥',其北謂之'屋漏',地最深邃,故太廟群廟主皆居之,東向。今祖祠以北爲上矣,而仍尊西,是冠宋而呼毋追也。若曰'神道尚右',則漢儒原有'天道尚左,地道尚右;人道尊左,神道尊右'之説,乃因禮有男路由右,祭神右几諸文,因撰爲此解。其實明徵古典,《周禮》:'建國之神位,右社稷、左宗廟,太廟左昭右穆。'《曲禮》:'祥車曠左以妥神',皆尚左,非尚右也。又杜撰者以爲太祖居中,東爲高,西爲曾,又東爲祖,又西爲禰,以妄附古之昭穆,則漢張純曰'父子不偶坐'豈未聞焉?而爲此?"

家祠公祠并立

黄宗夏問:“北人多家祠,南多闔族公祠,孰是?孰可行?”曰:“語云‘合之則雙美,離之則兩傷’,其是乎?家堂祀高、曾、祖、禰,古禮自七廟至一廟,他祭可殺,惟祭父無殺,明父親也。父以上,高、曾、祖曰‘四親’。明四親,親也,此古人四時所祭也。然親盡必祧,祧何所入?始祖不可不追,先祖不可忘。而分有所限者,何以伸?則今之族堂可酌行也。凡一姓先祖皆入其内,供始祖於中,下一世爲一室,昭穆列而前。或各自爲神牌,或族大,一世共爲一博牌。《祭禮》《通俗譜》。有功德者,別爲專室於旁。推族長爲主,而率合族致薦,每歲一次,此即古人大祫之祭也。北人念親而忘遠,南人合族而簡親,兼之庶矣。若力不能遽建公祠者,先糾族人墓祭,而漸營之。”

祧主不祧主

劉來獻曰:“凡祧主入公祠乎?”曰:“尋常者,入公祠牌位,則瘞其主矣。宋人禮。若富貴有力,家祠旁,倣古遷廟,制爲祠以藏祧主,倣古不遷廟,制爲祠以供本支功德不祧之主,非亦追遠之厚歟?”

主　　祭

《祭禮》《通俗譜》曰:“祭必以子,子必有兄弟。”周制:兄弟嚴適庶,而適庶又嚴長次,惟長適可以主祭,次適與庶皆名‘支子’,皆不得主祭。蓋封建之世,天子、諸侯、卿、大夫,惟長適得襲位,次適即不襲,故古之重適即重貴也。若重適,則次適母弟獨非適乎?而亦不得主祭矣。或曰:周制重適庶,名分也,而今謂封建之世,恐亂擇立,故特嚴於此。以爲適庶者,即貴賤所由分。竊恐貴賤攸分,秖立子一節。若他禮,則在名分,不在貴賤。曰:“禮莫重喪祭,喪祭貴貴,則無他禮可辨矣。《喪服》:父爲適子三年,爲傳重也。若適子廢疾不傳重,則父母皆降服。是以《喪小記》曰:‘適婦不爲舅姑後者,姑爲之小功。’夫猶是適子、適婦,而但廢疾不能襲爵,則父母舅姑皆降服。是尚可曰‘重適非重貴’乎?惟祭亦然。”《禮》“支子不祭”,謂長適襲爵者,有故不得主祭,不許次適主之,而必告於祖而始攝其祭,故曰“不祭”。庶子攝祭亦然。則重適即重貴。苟無貴,次適與次庶等耳。況至今世,適不必貴,庶不必賤。一父之子而必分曰“子非適不成父後,夫成父後者,謂父爲天子、諸侯、卿、大夫，而其後當成之也。今既無世爵，父即貴耶，後之者不必貴，適可成，庶亦可成也。父儻賤耶，何後之堪成？夫適不必貴，適不必成父後，則通論長次，以伯仲分可也。適長，適主之，庶長，即庶主之，此天倫也。然而適庶之名仍在也，先王重適之意，終不可以已也。因擬爲儀若攝然，其長庶爲主而有適弟者，則位長者後，灌畢則揖適，主初獻禮，然後長者以再三成之，則適亦重矣。

埰謂嫡庶在夫婦倫中。夫與婦不昵褻，夫婦有別也。夫待嫡庶有尊卑，亦夫婦有別也。長幼則兄弟之倫，如季友既以仲慶父叔牙爲兄，觀稱仲叔季可知。使在於今，無世爵，非別子爲宗，則不可以僭其兄，所謂長幼有序也。二倫各論可也。曾問南北士大夫，今世非有廕生家，喪祭但論長幼，蓋廕生必先適，即古傳重成後禮也，非廕生家，則無重可傳，無後可成，故但論長幼。今世通行之人情，即天禮矣。二者亦各論爲宜。

《通俗譜》曰："兄弟雖异居而必同祭，同父也。同堂兄弟，雖同居而必分祭，以各自有父也。如主祭之猶子，則所祭之父之孫也。萬一主祭之弟，夫婦偕亡，則此猶子者，本孫也，而今爲子矣。爲子當祭父，於是立考妣之主而分祭之。"埰謂此即小宗之禮也。《禮》曰"繼禰者爲小宗"，謂子必祭父也，子即小宗也。長子爲主，而親弟從之，故曰"小宗"。若祭祖，則從於繼祖之小宗矣。祭曾祖，則從於繼曾祖之小宗矣。祭高祖，則從於繼高祖之小宗矣。若祖與曾爲累世長子，則皆從於繼高祖之小宗焉。至繼禰小宗之子，則父之高祖，服盡弗祭，而以父之曾祖爲高祖，爲小宗之始，所謂祖遷於上，宗易於下也。若繼祖與曾高者貧野，不行祭禮，無以從祀，然亦不敢別立主，則如《通俗譜》説"設牌祭之"可也。蓋古大宗禮以別子爲祖，今不封建，與古制异，而小宗五世族親，相去甚近，尊祖敬宗收族，皆甚有關，今日必不可不講也。

公祠以族長主，而陪以長支，襄以賢以貴以富。

溫益修明府問："族祠長支主祀，舊儒以爲即大宗法，然否？"曰："非也。"《通俗譜》曰：'今日而言大宗，夢語也。古之宗子，必以天子、諸侯之第二弟爲之，稱爲"別子"。"別子"者，餘子也。'今反以長支當之，是長而非次，正而非別，不通一。天子、諸侯尊貴，其兄弟輩不得與之聯戚戚之誼，見《大傳》。因別爲之宗，以使之戚其戚。今自世家巨閥以至白屋，其兄弟輩有何不得戚其戚？而立宗以戚之，不通二。古宗子皆卿、大夫、士爲之，故宗臣之子恒爲宗臣，絕則繼之，所以藩屏邦國。《詩》云'宗子維城，大宗維藩'是也。今族非邦國，有何藩翰？且前無世官，後無繼襲，以無何有之人，而使之捍衛宗族，能乎？不通三。若其最不通者，宗子主祭，限以四親。長房數傳而後，分日卑幼，以通族之衆而長房以卑幼統之，其等世者有兄弟，其先一世有伯叔父，先二世有伯叔祖父，先三世、四世有伯叔曾、高祖父，而皆在助祭之列，長房居中，伯叔氏居兩傍，問其所祭者，則長房之父、祖、曾、高也。長房之父、祖、曾、高，非盡爲伯叔氏所當祭。不當祭，則爲舍其祖父而祭他人之祖父矣。且長房有至貧、至賤、至不才者，勢亦何能行焉？四也。然則如何？大宗不可復，而族又不可以不收，則公祠主祭莫若族長，擇行輩年齒高於一族，族衆共推者爲之。《禮》所謂長長也。於是爲祭主，而襄以賢，處分尊祖合族之事也，以貴，用其勢以令衆也，以富，須其財以成務也。祭時，亦如家祠之祭。立闔族長支嫡長於族長後，灌畢，揖長支嫡長主初獻禮，不敢忘始祖嫡長也。於以合薦，而使通族知本。合饗，而使通族知睦，匡其不義，助其不及，而使通族聯貫如一，此即《大傳》'合族'、《周禮》'以飲食之禮親宗族兄弟'是也。"

先儒謂"別子"有三：一、諸侯適子之弟。別於正適。二、异姓公子。來自他國，別於本國不來者。三、庶姓之起於是邦，爲卿大夫，而別於不仕者。河右以"適子之弟"爲解，謂下二者爲訛論。塨謂古或亦有之，但今有當辨者。自他鄉遷至此地，必明知其他鄉之祖有人奉祀，或迷失而不能記憶者，則可奉遷者爲祖，不然，仍當以他鄉之始祖爲祖。周自有邰屢遷，至於豐鎬，固仍以后稷爲祖也。庶姓特起爲官，不必如古人世繼，則亦不可置其始祖而以爲祖矣。果官而有德，如前議：別爲專室或專祠，不祧可也。

祔

《喪服小記》曰："祔必以其昭穆。無，則中一以上，謂孫祔祖，妻妾祔祖姑、祖妾；再上則祔高祖，昭穆不可混也。"今昭穆之制不行，則此可無拘矣。主祭之婦死，祔於姑；側死，祔於側姑；無，亦祔姑。子死，祔祖。兄弟死，則令其子別祭。兄弟之婦先死，亦祔於姑。若殤與無後者，則以情禮酌之，或祔族祠，或祔家祠，以時祧焉，可也。

生母祔祠

古生母祔廟，定禮也。《春秋》：文公四年，夫人風氏薨，葬我小君成風。胡氏《傳》云："成風書葬"。稱夫人"祔廟"，亂倫易紀，最爲繆論。竊考古《禮》，生母之祭，有數等焉。

其一，專祭者，則始封之君也。帝嚳元妃曰姜嫄，生稷；次妃簡狄生契；次慶都生堯；次常儀生摯。摯、堯爲天子，則其母自祔祭帝嚳廟矣。稷封於邰，契封於商，諸侯不敢祖天子，故不敢祭帝嚳，而各祭其母。周有姜嫄廟，魯亦有姜嫄廟，則簡狄廟祀於商可知。若如後儒之議，姜嫄爲元妃，嫡也，堯宜祀之矣。而以各有子專祭，竟可不祭。簡狄爲次，庶也，契不當祭矣。而《商頌》大禘，歌功誦德必首簡狄，則以天理人情無忘其所生者，忘其所生者，必毛羽無知者也。

《春秋》:隱五年,考仲子之宫。義亦同此。是時,隱公攝位,桓未爲君,則不可於廟中主祭其母也,隱又不可以主祭桓母而使桓不祭也,故別爲築宫,如姜嫄之有專廟者。然其後桓即位,自當請祔惠廟,但《春秋》以恒禮不書耳。

《穀梁傳》:"庶子爲君,爲其母築宫。"蓋即宗姜嫄、簡狄之事而立言也。又曰:"使公子主其祭,於子祭,於孫止。"夫"公子主祭",其言不明,蓋誤語也。公子,何公子乎?先君之子耶,則兄弟各自有母,何以非所生而祭吾母?是必同母之庶弟也。然使無同母庶弟,則將以誰主乎?將築宫而不祭乎?己之子耶,則己嫡子嗣君位矣。己不祭,則嫡子亦不當祭矣。若曰庶子,使無庶子,又何以處矣?且未聞己爲君即可不祭所生,而使他人代祭者也。稷未聞不祀姜嫄,契未聞不祀簡狄。《喪服小記》曰:"王者禘其祖之所自出,而立四親廟。庶子王,亦如之。"是庶子爲王,亦祭所自出,亦別立父母親廟。明嘉靖,祭興獻自是合禮,但不可入廟稱宗耳。詳見別録。未聞子爲君而可不祭所生也。況《穀梁》接曰:"於子祭,於孫止,隱孫而修之,非禮也。"是以孫築宫祭爲非,必以子築宫祭爲是矣。則於子祭又似指庶子爲君者矣。何其言之周章也?《左傳》:"仲子爲惠公繼娶夫人,桓公之母。"《公羊》亦謂桓母。《穀梁》乃曰:"隱之庶祖母。"誕甚矣,其言本不足辯,以論禮,故及之。

至於孫止,則有説焉。《喪服小記》亦言:"妾母慈母不世祭。"止而不世祭者,止春秋四祭,猶《祭法》"無禱則止"之止。非併專祀而去之也。若併去專祀,則巍然築宫,倏然絶享,有是禮乎?情乎?蓋子必宜祭其母,而母爲婦人,不可以立祖,故殷雖頌簡狄,而祖廟以契,周雖頌姜嫄,而祖廟以稷。當稷、契在時,以春秋時祭姜嫄、簡狄。及稷子嗣位,以稷爲祖。契子嗣位,以契爲祖。則時祭上盡太廟,而不及姜嫄、簡狄。是於子祭,於孫止也。《周禮·大司樂》:"奏夷則,歌小吕,舞《大濩》,以享先妣,在享先王、先公之外",是專祀之證也。故姜嫄廟謂之"閟宫",以告月、朝廟、冠昏諸禮皆不之及,深閟然也。至於專祭何時,則《禮》未有見矣。或曰:"使公子主祭,蓋孫時祭太廟,不能至先妣廟,以公子攝祭也。"其一,則繼世之君生母必致於廟也。《春秋》成風、敬嬴、定姒、齊歸皆嫡,無子而庶子爲君。母薨,赴於與國,反哭而虞於寢,祔於祖姑。喪畢致廟,一同嫡喪,其爲禮。一見於《左傳》,左於成風之薨,王使歸含會葬,曰禮。秦人來襚,曰禮。而且襄母定姒,季氏將薄葬。匠慶爭曰"小君之喪不成,不終君也。"季氏乃如禮。昭母齊歸之喪,國人蒐,君不戚。晉賢如史趙叔向譏之曰:"有三年之喪,無一日之戚,國不忌君,君不顧親,必將失國。"一見於《公羊傳》曰:"子以母貴,母以子貴。"一見於《禮記·喪服小記》曰:"妾附於妾祖姑,無則中一以上而附。夫有妾祖姑、高祖姑在廟,是庶人廟矣。且從祭而非專祀者不於孫止矣。"即專祠之不去亦可例見矣。《雜記》文同。又曰:"主妾之喪則自祔,夫卒哭祔廟。"以爲喪畢致廟也,是庶人廟歷見禮文矣。胡氏詆祔廟,何所據乎?無據,如之何議《禮》?

惲皋聞曰:王使榮叔歸成風含賵。舊儒謂王不稱天爲貶,爲禮成風非禮。非也。春秋尊王,而乃進退天子以助於亂賊乎?其或稱天王,或稱王,或稱天子,皆據其來辭也。如《檀弓》"寡君使容居坐含"是也。《曲禮》云"有天王某甫",非褒也。《書》云"王若曰",非貶也。《左傳》云"天子有事於文武",非誤也。

且魯秉《周禮》,當日追尊生母,極爲慎審。定公十五年秋七月,姒氏卒。《公羊傳》曰:"哀公之母也。何以不稱夫人,哀未君也"。九月,葬定姒。《公羊傳》曰:"何以書葬,未踰年之君也。"有子則廟,廟則書葬,蓋周制。世子遭喪則即位,以國不可一日無君也。然年不忍遽改,尚屬先君,踰年又行即位禮,乃改元,是新君之始也。時定姒七月卒,而定公先以五月薨,哀公方在喪次,故曰"未成君,不書薨,不稱夫人。"及後葬定公,乃葬定姒。哀未踰年改元,故不稱小君。而有子爲君,則必入廟,故稱謚書葬。魯之守禮謹嚴如此,《春秋》書法謹嚴如此,而謂成風等已事皆漫沫爲之也乎?

禮,緣人情而制者也,文武既王,追王祖考。今時子爲官,嫡母與生母并封,皆天理人情之自然也。考漢代始建太上皇廟,而昭靈后不配,又立原廟。郡國立廟,重陵寢,廟主不遷。東漢明章不立廟,藏主於光烈皇后更衣别室,禮最踳駁。然竇姬以子景帝立,進爲皇后,及終,合葬文帝霸陵。王太后亦庶也,以子武帝貴,合葬景帝陽陵。光武除吕太后配食高廟,尊薄太后曰"高皇后",不惟祔廟,且配食地祇,則尊生母一端,尚沿《周禮》祔葬祔廟,未嘗盡失矣。唐睿宗竇德妃子,明皇即位,追稱"昭成皇太后",與肅明劉太后并祔廟,祔葬橋陵。宋世太常議禮:"夏商以來,父昭子穆,皆有配坐,每室一帝一后,禮之正儀。"其語乃係想像,未有經見。后禮官宗《喪服小記》"祖姑三人在廟"之文,太祖元室、繼室、繼后并祔。太宗李賢妃生真宗,追稱"元德皇太后",與懿德、明德并祔,且明德、元德同祔葬永熙陵。真宗李宸妃生仁宗,追稱"章懿皇太后",陪葬永定陵,與郭太后、劉太后同祔廟,則古禮流傳,歷代未沫。而胡氏忽生妄説,滅彝倫,禍帝王。以明孝宗之純孝,追慕孝穆紀太后,流涕哀感,而爲妄説所縛,不敢奉孝穆祔廟,而僅祀之奉慈殿,然遷祔茂陵,與憲宗生母周太后合葬裕陵。穆宗生母杜太后遷祔永陵,神宗生母李太后合葬昭陵,光宗生母王太后遷祔定陵,烈帝生母劉太后遷葬慶陵,皆同。至於子立而生母在,以太后禮尊養之,卒以太后禮葬祭之,則自漢薄太后以至明皆然,未嘗爲胡氏説所熒惑也。亦可見天彝民極之不能越矣。

其一,則大夫士又一等焉。天子、諸侯名分尊嚴,除庶子为君,得致其母於廟外,其餘庶子之母,或子爲大夫,或爲士,皆各祀之,不得致廟。大夫士分卑,可以伸情。《禮》:"大夫貴妾緦,士妾有子而爲之緦。則凡有子者,其母皆祔廟從祀。"所謂妾祔於妾祖姑者是也。無子之妾,或不祀矣。

時　祭

古禮春礿，亦曰禘，曰禴。夏禘亦曰祠，曰禴。秋嘗冬烝，以饗宗廟。《公羊傳》曰："士不及茲四者，則冬不裘，夏不葛。"誠重之也。然惟天子四祭全舉，諸侯則三祭，礿則不禘，禘則不嘗，嘗則不烝，烝則不礿。大夫以下，更降可知。故《祭義》《郊特牲》，專舉春禘、秋嘗。《孝經》云："春秋二祭，以時思之。"《楚語》曰："士庶人舍時。"言不能四時皆祭也。如此，則何時爲宜？今世清明、七月十五、十月朔日，比户拜奠。雖清明、十月朔近於俗節，七月望日起於佛教，但寒食祭掃於墓，自六朝以來盛行，宋儒謂俗節不可廢。明代定制，令三節臣民行祭。吾祖考習之已久，冥中望食，則亦焉可易哉？塨家即從時制，以此三時行於家堂焉。

墓　祭

墓祭不見於經，周人冢人祭墓爲尸，《孟子》東郭墦間之祭，乃祭土神，未爲祭先，何者？冢人不必同姓，可爲尸也。然今人無家祠，率墓祭，神不知於彼於此。塨家三時之祭，薦家祠畢，復以餘饌奠墓，即古於堂於祊之義也。

薦

孟子曰："士無田，則不祭。"何休曰："有牲曰祭，無牲曰薦。"今士率無田矣，則但可具薦。必宰牲然後曰祭。

齊　戒

《祭統》曰："散齊七日以定之，致齊三日以齊之，共十日。"明制分大齊小齊。顔習齋先生家禮有十日齊、三日齊、一日齊、時齊、刻齊。塨向以薦既非祭，而貧冗又不能十日無事，戒二日，齊一日。戒，不飲酒，不茹葷，不弔喪，不入内，不刑人，不與穢惡事。齊，不問疾，不會客，不聽樂，沐浴，著明衣，遷坐變常，不食魚肉盛饌，致思，所祭如在。

薦儀

曾子曰:“周祭猶醵。”良有以也。蓋古之祀儼如今之燕客。薦牲後,亨牲於鑊,入俎以薦,即今燕之食白亨肉也。或燔,或炙,即今燕之燒灼肉也。鉶羹饋食九飯,即燕之盌菜正筵也。酳而加籩豆,即燕之設後席也。尸與主賓獻酢,因而旅酬無算,即燕之賓主歡飲於既也。今薦神無尸無樂,兀然一供,慬同厭祭,去古逕庭矣,而其意不可不彷彿也。爰取《會典》儀,参以古禮如左:

前夕,灑掃,陳桌坐及燭香器皿,設位中堂。薦日子時後,夙興,執事然燭,主人焚香、灌酒、焫蕭脂,亞通贊唱,執事者各司其事。排班,班齊,主祭者就位,與祭者各就位,通贊唱迎神。執事者請神,列位中堂鞠躬,俯伏興,四平身,行初獻禮。引贊唱詣盥洗所,著水淨巾,詣酒罇所洗爵。司尊者舉冪酌酒,詣某神位前跪獻爵、獻脡、獻殽、獻饌、獻帛、獻茶、讀祝、伏興、平身。凡内唱伏興,外通唱伏興平身。同詣侑食所,闔門、侑食。祝人祝曰:“請食”。立一盌飯頃,復位。通贊唱闢門,行亞獻禮。引贊唱詣盥洗所。以下同初。跪獻爵、獻殽、獻饌、獻葅,伏興。下同。通贊唱闢門,行三獻禮。引贊唱同。跪獻爵、獻殽、獻饌、獻羹湇,伏興。下同。通贊唱闢門,行酳禮。引贊唱詣神位前,跪加爵、加菓、加餈、加脯鮓、加茶,伏興、平身,詣侑食所,闔門,侑酳。祝人祝曰:“請酳”。立如前,復位。通贊唱闢門,飲酺、受胙。引贊唱詣飲酺位,跪飲酺酒受胙,伏興,平身,復位。通贊唱謝酺胙,鞠躬,俯伏興,再平身。徹饌,送神,鞠躬,俯伏興,四平身。讀祝者捧祝,執帛者捧帛,各詣燎所。引贊唱詣燎所,焚祝文,焚帛,望揖。亞引贊唱禮畢。主人捧神主歸於其室,再拜,妥之。若大祭,備禮能用樂者,則迎神、三獻、酳神、飲酺、送神,皆奏樂。

簡儀,連三獻。又簡儀,連三獻。迎送俱再拜,不酳,不受酺胙。又簡儀,設獻五拜。《禮》以焫蕭脂爲求陽報氣,曰,凡祭慎諸此。接日,稱曾孫,謂國家也。《孔疏》:“家,指大夫。”或謂專天子、諸侯用者,非。

楮幣

紙錢所以代幣帛,即明器之意也。力不能具帛者,以此代之。侑神酒,勸神飽,亦無不可。晁以道曰:“自漢以來有紙錢,唐王璵始用於祠祭。”

樂

古祭皆有樂。《郊特牲》曰:"饗禘有樂食,嘗無樂。"譌也。《祭統》曰:"内祭則大嘗禘,升歌清廟,下管象,舞《大武》,舞《大夏》。"嘗何嘗無樂耶。

朔望謁薦

《國語》祭公謀父曰:"日祭月祀。"又觀射父曰:"先王日祭月享。"《祭法》:"天子七廟,除二祧,五廟月祭。諸侯五廟,惟父、祖、曾三廟月祭。士庶則無,有春秋告月"。先儒謂諸侯月朔以特羊告廟。至《喪禮》"大夫朔望奠,士惟朔奠,月之有薦謁。"古禮參錯可考者如此。今世最重朔望,衙役必參官排衙,官必沿廟行香,豈於先祠而忽諸?後儒朔望拜獻祠堂,因之家人行禮拜祖父尊長,乃束躬齊家,今日必不可不行者也。顔習齋先生家,朔有奠,望惟焚香參拜,無奠。塨家朔望皆有薄獻,或亦皆可。

元旦謁正

《春秋》襄公二十九年,"春王正月,公在楚。"《左傳》曰:"釋不朝正於廟也。"則古禮元旦朝謁矣,而其儀無聞。今世元旦,先祖五祀,靡神不舉。塨思古有蜡祭,國人皆與。祭畢,群飲爲樂。《郊特牲》曰:"歲十二月,合聚萬物而索饗之也。"《月令》:"孟冬,祈來年於天。"宗大割牲於公社及門閭。臘先祖五祀,即其祭。皇氏侃曰:"夏殷蜡各在歲終。"蓋報舊歲迎新歲,大索神而饗之。時不同而禮一。今蜡祭不行,而元旦謁正,家家索饗群神,有似蜡祭,固在所當行者。

薦新

《通俗譜》曰:"古有薦新之禮,如庶人春薦韭,夏薦麥,秋薦黍,冬薦稻類。"至《少儀》云"未嘗不食新",則泛指凡物言之,且輔薦之物不過數品,如薦韭以卵,薦麻以犬類,是薦新最薄,時時可行。蓋四方生物不齊,隨其時之所有以獻焉。

節令

宋人有節令之薦，如端午、中秋之類，與薦新等，或少豐焉。

出入告

《春秋傳》曰："凡公行，告於宗廟。"《曾子問》："諸侯適天子，必告於祖，奠於禰，命祝史告於宗廟。諸侯相見，必告於禰，命祝史告於五廟。反，必親告。至於祖禰，乃命祝史告。"至於前所告者，是出入告廟，皆係朝會征伐越境大事，非尋常出入亦告也。文公《家禮》乃於鄉井往來必告祠堂，則以出告反面事父母者事廟主，雖亦事死如生之意，而幽明無別，人神一事，恐亦非也。《喪服小記》曰："無事不闢廟門。"固言喪禮，亦可見鬼神主幽，不可輕瀆。今定遠行重事及近出朔至望以上者乃告。

居喪不廢宗廟祭

考《禮》：遭喪，葬前停祭。卒哭後，凡遇常祭，請新主祔祖合食，祭畢反寢。《左傳》所謂"特祀於寢，烝、嘗、禘於廟"也。孝子將事，素服微殺其凶，《左傳》："晋平公改服，烝於曲沃。"即虞祔杖不入室堂之義也。《祭禮》"降殺、不樂、不飲酬受胙"，即《曾子問》"未殯，五祀之祭不行。"既殯而祭，尸入三飯，不侑酳，不酢而已。自啓至於反哭，五祀之祭不行。已葬而祭，祝畢獻而已之義也。若《曾子問》"緦不祭，何助於人"，言已有父母之喪，將虞或祔，而忽遭他喪，即緦亦必殯而祭。是已尚停虞祔之祭，况助人虞祔也？又士緦不祭，所祭於死者無服則祭。言士正祭，聞緦喪，亦廢。若所祭者與死者無服，則不廢也。《王制》："喪三年不祭，惟天地社稷爲越茀而行事。"言喪之三年者，不於葬前屬茀之時行宗廟祭也。《喪服小記》："喪者不祭。"亦言葬前停祭也。皆非言居喪三年總廢祭也。

程伊川冬至、立春、季秋三祭之訛

伊川創"冬至祭始祖，立春祭先祖，季秋祭禰"三禮。朱晦庵非之曰："冬至之祭似禘，立春之祭似祫。"未盡也。古天子冬至祀天，以始祖配，未聞冬至專祭始祖也。春爲時祭之一，未聞祫祭先祖以立春也。禰何人何時不祭？未聞限以立秋也。春冬祭祖而置父，於心安乎？古四時祭，七廟五廟以及二廟皆同日祭。祫祭亦必上尊始祖，下及禰廟，未聞始祖先祖與禰分祭也。

文公《家禮》噫歆之訛

"噫歆"，凶禮，非吉禮也。《通俗譜》曰："《儀禮》既夕與虞祭，皆聲三啓户。"謂啟殯之際，與葬畢歸祭，魂無所依，故祝先闔户，男女哭踊尸外，至升堂止哭，然後聲三啟户。《鄭注》"聲者，噫歆也。將啟户，警覺鬼神也。"又《曾子問》："君薨世子生，於祝告時亦止哭，作聲三。"《鄭注》亦云："爲噫歆之聲三，以警神聽。"蓋君初薨時，魂倀倀無所依，與啟殯葬歸正同。今堂堂盛祭，有廟有祏，可憑可依，而用此凶禮，爲嗟嘆之聲，胡爲者？至於《儀禮》告利成，則祭畢而告尸使起也。《曾子問》明言陰厭無尸，則不告利成矣，亦不必用。

五　祀

"五祀"見於《儀禮》《周禮》及《禮運》《曲禮》《王制》《月令》《祭法》《曾子問》諸經，大抵天子、諸侯、大夫以及士、庶人之通祭，祇天子加二祀，士庶或減二，或減三四耳。若五祀之神，《月令》曰："户、竈、中霤、門、行。"而《白虎通》劉昭、范煜、高堂隆所言，則又以爲"户、竈、中霤、門、井"。顔先生從之。稱"井"曰"水神"。無井者，以盛汲水盂爲位，曰井水與行一也，水之流多依行路也。置神牌五於中宅壁間，爲室以供之。若《祭法》以"司命、中霤、國門、國行、公厲"爲五祀，則諸侯爲國立者，與私家所祭不同。其祭時，塨家先人原遵舊俗節序拜獻，臘月祀竈。後塨從學顔先生，見其從《曲禮》祭五祀歲徧，分春、夏、長夏、秋、冬以祭，倣而行之。數年後，查明制：國初禁淫祀，庶人惟許十二月二十四日祭竈。古亦有大夫三祀，適士二祀，庶士、庶人一祀之禮，乃仍祭告，從舊五祀。元旦潔陳，節令薦新，朔望叩拜，仿《儀禮》"士可禱五祀"也。至歲暮則專祀竈，遵時制，亦仿士二祀一祀也。

先聖先師

古始立學及教學，皆釋奠於先聖先師，雖屬鄉國建學之制，非士子私行，但今官學虚設，而士家自爲學，則釋奠先聖孔子，以及賢儒先師，似亦每年入學之始可義起者。《文王世子》曰："立學釋菜，不舞，不授器，一獻，無介。"語其儀儉，又易行也。

社

《通俗譜》曰:“古惟天子祭天地,而社則自諸侯、大夫以及士庶皆可私祀。”故《祭法》:“除王侯立社外,大夫以下,成群立社,曰置社”。如後世里社之制。凡一鄉一井,皆得設壇壝以申禱賽,《周禮》所謂“州社”、“市社”,《春秋》所謂“書社”、“千社”、“清丘之社”皆是也。古禮:侯社、國社分爲二,今則社稷一壇,非州縣官不得與,而民間社祀則另設城隍土地,載在《祀典》。城隍官祭,而土地則各方、各里皆得下逮,是土地其即古者民社之遺歟。第其神,則古以后土共工氏子。爲土神,農厲山氏子。與稷即棄也。爲田主之神,今世俗亦曰“勅封某”,然率無據不典,則衹虚其名曰“土穀之神”而已。若祭期則以春秋,《明堂位》曰“春社秋省”,《載芟序》曰“春籍田而祈社稷”,《良耜序》曰“秋報社稷”,可據也。

司命

①《通俗譜》曰:“《祭法》:王爲群姓立七祀,一曰司命。”《周禮·大宗伯》“以槱燎祀司中、司命”。《星傳》云:“司中者,文昌第五星。司命即第四星也。”《楚辭·九歌》亦有“大司命”、“少司命”。據《星傳》,“大司命”爲三台中之上台,“主司命”爲大尉,少即文昌宫星也。今世士大夫家多祀文昌,祠神之最近古者,特後世以梓潼張姓者當之,則誕妄耳。

學禮·卷四 終

① 《司命》,《畿輔叢書》本只有標題,没有正文,據《顔李叢書》本補正文。

學禮·卷五

士相見禮

《儀禮》卿、大夫相見，并入士相見禮内。故今官職尊卑不一者，皆可以士統之。惟屬官見上司、臣見君，則別有儀注。

《經》曰："賓奉贄，曰'某也願見，無由達。某子以命命某見。'"

今儀無贄，以刺代。尋常單名紙寫"某拜"，特敬全帖十二摺。寫"某頓首拜"。尋常白全，吉慶紅全，門生則手本。初見者，先煩介紹通意，詞如古禮。投刺，閽人傳之。有從，則從傳言投刺。若常見者，但投閽人，刺曰"某請見"。

主人對曰："某子命某見，吾子有辱，請吾子之就家也。某將走見。"賓請，終賜見。主人固辭，賓固請。

若先生异爵者請見之，則辭。

今儀：尊者施卑，不言固見。主人辭以"不敢當"，尊者去。若固請見，則見。相敵及卑，無不見者。不見，則辭以"不在矣"。賓去。

主人對曰："某也固辭不得命，將走見。聞吾子稱贄，敢辭贄。"賓請，主人固辭，賓固請。

今儀：尊者刺謙，及相敵謙，或卑者之謙，主人不受者，閽人持刺反其從，從不受，追主人復見,璧還之,曰:“尊謙,某不敢當。”

主人出迎於門外,再拜,賓答再拜,主人揖,入門右,賓奉贄,入門左,主人再拜受,賓再拜送贄。出,主人請見,賓反見。退,主人送於門外,再拜。《鄭注》:“大夫於士,不出迎,入一拜。”若辭先生异爵者不得命,則曰:“某無以見,辭不得命,將走見。”先見之。

今儀:尊者,主人疾趨出見。相敵,出見,迎於門外,相揖,主人拱讓。《曲禮》“肅客以入”是也。賓入門,左;主人入門,右。每門每曲及堂階,俱拱讓。升堂,若卑者,則將命者請先升堂。主人出。賓請主人居左,拜之。主人曰:“不敢。”乃賓左主右,向北爲禮。賓四拜,主人答四拜,或同拜。若賓尊,主人亦可先拜。《曲禮》曰:“大夫、士相見,雖貴賤不敵,主人敬客則先拜客,客敬主人則先拜主人。”常見者,揖。賓若有餽儀,自投啓曰:“微物奉敬。”主人辭“不敢受”,或將受,謝“不敢當”,付從啓。主人安賓座於東,拂揖,賓謝“不敢當”,從之揖。賓尊者,則置北坐,時賓命從移東,賓安主人座於西,拂揖,主人謝“不敢當”,從之揖。主人若置賓座於北,則置主人座於南。坐時,主人命從移西坐,相對揖。主人拱問曰:“某納福。”賓拱曰:“托庇。”賓拱問曰:“某納福。”主人拱曰:“托庇。”茶至,奉茶對揖,常見則拱。語訖,賓辭出,主人送。若醴賓,則留之。畢,賓出,主人送於大門外,一揖,别。若乘輿馬者,一揖,賓讓主人入,又一揖,主人看其乘,趨送之,又一躬,别。或一揖,主人不入,一拱,别。若主人爲師者,讓坐不爲門生揖。門生安主人坐於南,拂揖,主人躬,門生退至座位,主人北向正坐,門生至主人右北揖,主人躬,乃返西向坐。茶至,門生奉茶,起至主人右北,揖,主人躬,返坐,茶。出,師若送之,先行至門外,門生一揖,讓師入,又一揖,師入,又尾之一揖,師俱躬,去。

主人即下文賓。復見之,以其贄,主人辭,賓請,主人固辭,賓固請,主人從。《鄭注》:“异日則主人出迎,同日則否。”賓奉贄入,主人再拜受,賓再拜送贄。出,主人送於門外,再拜。

今儀:投刺閽人曰:“昨承某枉顧,特來回叩,請達。”同日,則曰“適承枉顧”,若回拜刺謙不受者,使伻璧回。

士見於大夫,終辭其贄。《鄭注》:“以將不親答也。”

今儀:無不回拜者,惟尊於卑或不固請見。

士嘗爲大夫臣者,入再拜,主人答一拜。

今儀:門生於師四跪拜,師答後,二跪拜,首不至地。

與大人言,言事君。與老者言,言使子弟。與幼者言,言孝弟於父兄。與衆言,言忠信慈祥。與居官者言,言忠信。

凡與大人言,始視面,中視抱,卒視面。毋改,衆皆若是。若父,則遊目毋上於面,毋下於帶。若不言,立則視足,坐則視膝。

凡侍坐於君子,君子欠伸,問日之早晏,以食具告改居,則請退可也。夜侍坐,問夜膳葷,請退可也。

凡對賓,椅坐者,坐欲淺,以便揖拜也。股勿箕,足勿跛,言勿枝。《周禮・大祝》辨九拜:一曰"稽首"。《賈疏》曰:"首至地,多時乃起,臣拜君之拜也。"二曰"頓首"。《疏》曰:"首頓地即起,平敵相拜之拜。"三曰"空首"。《疏》曰:"以兩手拱至地乃頭至手,以其頭不至地,故名'空首'。"《鄭注》曰:"所謂拜手也。"四曰"振動"。《正字通》曰:"如《儀禮》之揖厭推手也。"今謂之"打躬"。五曰"吉拜"。《鄭注》曰:"拜而後稽顙,齊衰不杖以下者也。"《疏》曰:"先作頓首,後作稽顙。稽顙,觸地無容也。"六曰"凶拜"。《注》曰:"稽顙而後拜,三年服者也。"七曰"奇拜"。《注》曰:"一拜也,答臣下。"杜子春曰:"先屈一膝,今雅拜是也。"八曰"褒拜"。《注》曰:"再拜也,拜神與尸。"九曰"肅拜"。《注》曰:"但俯下手,今時撎是也。"《詩詁》曰:"直身肅容微下手。"《疏》曰:"軍中有此肅拜,婦人亦以肅拜爲正。此拜之最輕者。"故古於"肅"與"揖"亦或謂之不拜。如《左傳》"郤至三肅使者",是肅拜也。《曲禮》乃曰"介者不拜"。《汲黯列傳》曰"黯於田蚡衛青,揖而不拜"是也。按今九拜:"稽首",用於進君表奏。"頓首",用於親友往來,今專以此爲拜儀。有引"申包胥乞秦師,九頓首而坐",以爲急遽之拜,不當常用者,非也。"空首",即今世之揖。揖必以手至地,頭來至手。"振動"今曰"打躬",揖之半也。"吉拜",今無用者。"凶拜",遭親喪者用。"奇拜",君答臣下,秦以後亦未見用,今門生"四拜",師答再拜,即"奇拜"之類也。屈一膝拜,則今屬役於官間用之。"再拜",今用者少,以"四拜"爲常。"肅拜",似今之拱手,《説文》"拱,斂手也",《曲禮》"正立拱手"是也。

毛河右曰:"古人再拜、四拜、八拜,皆跪而連拜。故以拜爲伏,以跪爲起。"《詩注》:"起居，跪居也。"無起立復拜之儀。惲臯聞曰："非也。《王制》八十拜君命，一坐再至，瞽亦如之。謂老與瞽恐傾倒，故不起拜。一跪於地，而首再拜。"是平常起拜也。河右又謂古人無拜之前後皆有揖者。塨按：拜後未見有揖文，而拜前之揖則有之。康成以"空首"爲"拜手"，而《書》稱"拜手稽首"，則古人已拜前先揖矣。

明代《會典》皆"起拜"，則"起拜"自爲今世正禮。但今除祭祀及官府公事外，又多連叩。總之，隨宜措之，不求戾俗可也。

古人跪坐不甚相遠。《少儀》："賻者既致命，坐委之。"《曲禮》："先生琴瑟書策在前，坐而遷之。"《注》《疏》皆訓"坐"爲"跪"，故朱子"跪坐拜説"以兩膝著地尻著蹠爲"坐"，管甯坐榻當膝處皆穿，可驗古人危坐、立乘皆以習彊也。伸腰及股爲"跪"，因跪以頭著地曰"拜"，是坐起而首俯地即"拜"。故曰："飲酒一日百拜也。"今人椅坐，主人送酒，客"躬"與"拱"，亦即拜也。尚左，正禮也。士相見，主入門右，賓入門左。《覲禮》："上介皆奉其君之旂置於宫，尚左。"孔子與門人立，拱而尚右，二三子皆尚右。孔子曰："我有姊之喪故也，二三子尚左。"鄭康成曰："復正也。"魏公子無忌從車騎，虚左以迎侯生，是尚左者，正禮也。至於反之，乃尚右焉。天道尚左，地道則尚右。"《内則》"道路，男子由右，女子由左"，《鄭注》曰"地道尊右"是也。人道尚左，神道則尚右。有司徹，《鄭注》曰"生人陽，長左。鬼神陰，長右"，《賈疏》曰"祭設神几皆在右，爲生人皆左几"是也。吉事尚左，凶事則尚右。孔子有姊喪而尚右，如前所述也。文事尚左，武事則尚右。《易・師卦》以退次爲左次。《司馬法》曰"位下左，右下甲，古握奇。陳前爲右，後爲左"可見也。人右耳目不如左明，陽尚左也，文以之。左手足不如右强，陰尚右也，武以之。然而地上五嶽，泰岱爲長，謂其在震方也。《祭儀》："建國之神位，右社稷，左宗廟。"《鄭注》曰："周尚左也。太廟之下，東昭廟爲父，西穆廟爲子。"《喪禮》："主人坐於牀東，西面。主婦坐於牀西，東面。"古戰車上三人，帥居左，御者在中，力士爲右。是地道、神道、凶事、武事本尚右者，而又比比尚左焉，陰從陽之義也。況揖讓燕會，陽道也，吉事也，而可用陰鬼凶喪之禮乎哉？《内則》："生子三月，翦髮爲鬌，男左女右。"凡女拜尚右手。是又男子尚左，婦人尚右也。

然則《風詩》曰："宛然左辟。"《雅詩》曰："一朝右之。"又《頌》曰："維天其右之。"既右烈考，亦右文母，非尚右乎？曰"此在《注》《疏》有明訓矣。"《昏義孔疏》曰："壻從西階，道婦以入。至寢門，揖。以婦入，則稍西辟之，使婦進也，且廉恥也。"西辟者，便也。至"一朝右之"，《毛傳》訓"勸"。《頌》諸"右"字，《鄭箋》訓"助"，非尚右也。

明代，天下從太祖制，尚左，惟江以南上右。部院各衙門上左，惟翰林院尚右。然尚右乃揖拜耳，拜訖，讓席列坐，依然尚左。則一時一事而自相矛盾矣，何如通遵尚左之宜歟！

士相見，賓主入門，以西爲左者，從南入，故自南論也。《覲禮》"公侯北面拜"，則以東爲左者,天子在上焉,故從北論也。

婦人之拜,則有四等:一曰"肅拜",常用之拜也。《少儀》曰:"婦人吉事,雖有君賜,肅拜。"《祭禮》《通俗譜》曰:"婦人立而肅拜,與長揖同。"《西征賦》:"率軍禮以長擅。"言介者不能曲揖,但推引其手,謂之長擅。擅者,揖也。长者,不曲也。今人以曲揖为长揖,非也。古人跪而不叩首,亦謂"長跪"。以爲一足跪者,非。一曰"扱地"。鄭康成曰:"猶男子稽首也。"婦人拜之最重者,昏禮婦見舅姑謁廟用之。一曰"手拜",用之輕凶。一曰"稽顙",用之重凶。《少儀》曰:"婦人爲尸,坐則不手拜肅拜。爲喪主,則不手拜。"《注》《疏》曰:"常祭無婦人尸,虞祭婦人爲祖姑作尸。"手拜,先以手至地,而頭來至手,即空首也。稽顙,與男子同。婦人爲夫與長子,當稽顙,故不手拜。言虞雖凶祭,而爲尸,故不用凶拜,而用吉拜。爲喪主,又當用凶拜之重者。手拜,則除爲喪主以外輕喪用之也。

《士冠禮》:"冠者加冠就筵訖,取脯降自西階,適東壁,北面見於母,母拜受,子拜送,母又拜。"《鄭注》曰:"婦人於丈夫,雖其子猶俠拜。"夫婦人即有俠拜禮,然無子一拜而母反答兩拜者。蓋子之拜,稽首也。婦人吉事肅拜,則於子之稽首前後兩肅耳。《昏禮》:"婦質明見舅,執笲棗栗,自門入,升自西階,拜奠於席。舅坐撫之,興答拜,婦還又拜。"《鄭注》曰:"婦人於丈夫爲禮則俠拜。"按:《禮》前後文,此則婦前後兩扱地,而舅於中間跪起振動以答之也。今婦人俠拜禮,惟學禮者夫婦行禮似之。顏習齋先生家,婦北面四拜,夫答再拜,塨從之行。後見許酉山先生家亦如此。竇靜庵家規云:"夫婦交拜再,婦讓夫起,再拜,夫納之。"大致亦同。其儀則夫婦俱連拜,夫頓首,婦扱地,婦不用肅拜者。《喪服傳》:"婦爲夫斬衰三年,舅姑齊衰期。"則夫至尊矣。故用至重之拜也。

古禮,君答臣,拜,母答子,拜,尸答曾孫,拜,弟子舉觶於其長,拜,長答拜。《曲禮》曰:"非見國君,無不答拜者。"《鄭注》曰:"士,賤也,大夫見國君,則答拜。"然聘禮,士介還,君敬其奉使,則答拜。士相見禮,士初見國君,君答拜。是禮無不答也。馬援牀上坐視梁松拜,不答。乃漢世圯上老人高義一種,不必正禮。塨家:子稽首,父躬。下妻稽首,君躬。後語萬季野,季野曰:"子跪拜,首至地,而父舉手,亦答拜也。"行者是也。

學禮·卷五 終

學 射 録

學射録·卷一

蠡縣　李塨　稿

予自幼習射，力既薄脃，學復貪多，遂半廢，不克有成。然以射爲六藝之一，雖奔走四方，依依不能忘。凡遇能射人，無不問；遇射書，無不覽也。郭子堅任桐鄉，曾開雕《射法》一帙，予爲序之，而辭義未之盡善。迄今欲教我後進，不能了然於心手間。正在躊躇，無從質問。一日，忽有叟而杖見過，衣冠甚偉，瞻視非凡。拜而問道，叩其姓名，不答，但自稱"异叟"，言曾學道深山，技擊皆精。夜半爲我解衣擊劍，因傳射法。聽而觀之，豁然於心。歎昔所見聞者，皆一知半解、蔓語卮言也。無何黎明，飄然而去，不知所之。因録其射法，約略所講授者爲注。或天之欲明六藝乎！何幸也！

射　　法

身端體直，用力和平。拈弓得法，架箭從容。前推後走，弓滿式成。

此章即孟子言射之力至也。"身端體直，用力和平"者，六句之綱也。身，躬也；體，手足四肢也。站法曰：大指外蹬，小指裏抓，丁不丁，八不八，兩足相離尺七八。又曰：雙膝外分，雙臀内吸，肛門吸緊，腰暗進，胸明出。又曰：臍向地，心放下。又曰：弓弝在左中指、無名指灣間，小指虛，大指引掌。腕用力，而力全用於肘，肘内下半少前外轉，直引前半，身力注腕，則肘自上翻而非强紐，前肩自下而不用力。子堅《射法》云："前腕直。前腕不宜仰與逼。"即此也。又曰："後手之力在肘。須上提肘，腕隨肘用力，往外推引後半。身力向後，後肩自下而不用力。"子堅《射法》云"練後手，大指得弦二指紐，三指緊握不可鬆，三指須捲緊，矢發而入掌心，握三指不動。離胸三寸方能走"，又云"後腕灣，後腕自内視之灣。二指靠，掌自翻。要少獻掌，順其自然之勢，勿太翻。指上得弦將肘揩，胸開背夾稱心懷”是也。凡未開弓時，身端立向西，前肩對侯，目南視紅心，左手持弓，抱弦向腋，右手持矢，離鏃二寸許，投鏃於左手大指、食指蟹鉗之間，虛虛籠定。欲射，以右手摩矢至括，《考工記》謂比，今謂之扣。以中指入括内，靠弓弦平注扣弦上，所謂“執弓宜横臥，理扣宜雙開，認扣宜兩就”也。左大指上節宜平起管箭，不宜捥下，次節宜壓中指，不宜豎起。次節豎起，則虎口過鬆而推弓不穩；上節捥下，則虎口過緊而出矢多小。左食指亦宜平起幫大指管箭，不宜揑下，亦不宜摸鏃，摸鏃則心分。皆“拈弓得法，架箭從容”也。又曰：射有五平：前手背平，一也；後手得弦須腕平，後腕自外視之，平。平，正用力也。二也；前拳與後眼平，三也；後肘與後耳平，四也；後脊自尻直平注於腦，五也。三在：弦靠後手二指，一在也；弓下弰弦斜靠於腹，二在也；矢在頦頷之間，三在也。若後手低，矢在喉，名曰“鎖喉”；後手高，矢在目，名曰“擣眼”；矢在顋，名曰“穿顋”：皆非箭道也。二曲：兩腿一分膝後灣，一曲也；腰暗進，胸明出，前腿根入，二曲也。三直：小腿直，大腿直，身直也。九忌：忌動心力，動心力，則有怒目齩牙之患；忌前肩用力，則前有擁肩之患；忌後肘墜後肩用力，則後有擁肩之患；前腕無力，則有前迎之患；謂弓移入内也。後肘無力，則有外張之患；腰眼無力，則有擁背之患，且腰眼不暗進，則周身無力矣；兩膝不分，則有蹶臀之患；立忌岔步邪行；目忌看扣。共九忌也。“前推後走，弓滿式成”者，謂前後力停兩下開，弓滿一分，式成一分，弓滿十分，式成十分。不可先主定前拳，然後開弓，所謂“明成不如暗就”也。

神射於的，矢命於心。精注氣斂，内運外堅。前固後撒，收弓舒閒。

此章即孟子言射之巧中也。“神射於的，矢命於心”者，謂後目下直，與矢相平而向前，貫於蟹鉗矢鏃，以直貫於鵠。其妙非專看矢，非專看的，共矢與的而俱籠罩於目。其未開弓也，即寓前手對的之意；已開弓也，即以前手推弓，漸漸對的。弓一滿，前手蟹鉗孔中，矢的直對，一無二三。然非僅目也，從心所欲，神光正射，微乎微乎，雖仰上射、俯下射、馬射皆然。至此，頂力以及腰眼四肢，一直貫注，皆聚於矢，而又從容自然，氣會神恬，毫無矜張。内精無一不運，外體愈久愈堅，即持至食頃，而式一絲不易。矢注紅心，一絲不易。謂如此始可言堅，非發矢必須審至食頃也。法既盡施，力復有餘。非弓矢調良亦難及此。堅，即固也。然下前固專指前手，此指通身也。夫如是，則前固後撒矣。後手二指起謂之撒，大指起謂之放，二者法宜齊速。若撒重則矢飄，箭向左。放重則矢合，箭向右。扣高則沈，扣低則揚，謂扣矢宜平也。留滯則無力，紐剔則摇。若夫前後之巧，須不輕不重，無先無後，一齊著力而不用力。故曰：後手發，前手固，運於内，堅於外。又曰：前手擎，後手攣。謂前如撇弓，後如斷弦，前後之力俱彀，不差累黍也。其式，前拳不動，古法云：後手發矢，前手不知。正言其不動也。後手下半臂往後一稱，前後仍然平直，是爲得之。若世法，於未開弓時，以目視弝，開時目隨弓轉，與撒放前手將弓弝往外一讓，後手向後一摔，皆花法以圖飾觀，不必學也。至矢已發矣，目不宜張，頭不宜探，前手回弓，後手出箭，如前拈架以待。神色不變，氣度安閒，斯爲善始而善終乎。

續　論

初學，用竹或樹條縛一弓，長等身。將帶結弦中，套於後肘。左手反持弓弝，向上一反而正，弓上半推於面前，下半背於腰後，後肘帶弦挽開，處處氣到力到，如射法式。祈善教者，觀之按之，有不合式而改之。如此數月，周身皆如式，純固不移，然後挽至輭弓。又數月，周身皆如式，純熟不移，然後可以架矢演習。又數月，周身式皆純熟不移，於屋中立一的樣，矢矢直注，一無失，然後用之以射，成名藝也易矣。射學正宗曰：練頭面法，於北牆上畫一圈，内上下畫一斜畫，上微斜東，下微斜西。畫中一圓點，兩旁畫兩耳。每日，身正向東立，以面對圈，使鼻梁正對斜畫，兩耳對圈旁兩耳，頭頂用力聳起，右面拐，用力微微使出，地閣使入，眼睛正視中點，脖項挺直圓硬，勿歪斜露筋。久習，自然頭容可觀。

又曰：練氣之法，時常於十數步外或數百步外，目視一物，必使氣達於彼。或視天上星辰，或視樹間鳥雀，或静坐運吾氣，使之達於天，入於地。或攻堅城，或克强敵，無不直到。然後起立開弓四五次，久之氣力自壯。

學射録・卷一　終

學射録·卷二

蠡縣　李塨　稿

射　　經

《射義》曰:"射者,進退周旋必中禮,内志正,外體直,然後持弓矢審固。持弓矢審固,然後可以言中。此可以觀德行矣。"

此三代射藝之遺文也。《射法》首章所云,不出體直,次章所云,不出審固,而中則撒放之巧也。然必志正而後體直,體直而後審固,審固而後可中。夫志,氣之帥也,氣,體之充也,志不正則馳,何以養氣?氣不養則餒,何以充體?敬以直内,此立其誠也。此聖賢之學,非術士所能知也。至於進退周旋必中禮,則有射禮,詳載《儀禮》内,可考。

孟子曰:"羿之教人射,必志於彀。學者亦必志於彀。"

《虎鈐經》曰:"鏃不上指,必無中理;指不知鏃,同於無目。"彀之説也。然彀各視其體之長短,以前後臂肩一直如線,而挽力至盡爲度。若臂肩未直,鏃已上指,宜易長矢;臂肩已直,後手已盡,鏃未上指,宜易短矢。又須力勝於弓,不可弓勝於力。弓勝力,則身臂爲弓所苦,不得平直而彀矣。古語云:"輭弓長箭,快馬輕刀。"又云:"莫患弓輭,服將自遠。莫患力羸,服之自伾。"皆篤論也。伾音丕,有力也。

《周禮·保氏》:養國子以道,乃教之六藝,三曰五射。

鄭康成《注》曰："五射，白矢、參連、剡注、襄尺、井儀也。"愚意白矢謂正立拈弓，右手持一矢，樹之，投於左手大指食指間，見其矢白於土也。參連，古射用四矢，搢三而挾一个，故插於帶右者，三矢相次，參然而連也。剡注，以目從矢鏃，直貫於鵠，剡然而鋭注也，所謂審也。襄，平也，尺，曲尺也。肘至手爲尺，襄尺謂弓引滿前後尺平直，所謂體直而固也。井儀謂四矢集正鵠如井字。《詩》曰："四矢如樹。"此射之中也，巧也。

《考工記》曰："弓人爲弓，取六材必以其時。六材既聚，巧者和之：幹也者，以爲遠也；角也者，以爲疾也；筋也者，以爲深也；膠也者，以爲和也；絲也者，以爲固也；漆也者，以爲受霜露也。"

此統言六材之用也。弓矢，所以射也，則學射者，宜知其良楛矣。鄭《注》曰："取幹以冬，取角以秋，絲漆以夏。"

"凡取幹之道七：柘爲上，檍次之，檿桑次之，橘次之，木瓜次之，荊次之，竹爲下。凡相幹，欲赤黑而陽聲。赤黑則鄉心，陽聲則遠根。凡析幹，射遠者用埶，射深者用直。居幹之道，菑栗不迆，則弓不發。"栗音裂。

此論幹之美惡及析幹之所宜也。鄉心則文理正。鄭《注》曰："木之類，近根者奴。"鄭司農云："埶，形埶也。假令木性自曲，則當反其曲以爲弓。故曰：審曲面埶。"鄭《注》曰："曲埶則宜薄，薄則力少。直則可厚，厚則力多。"賈公彦《疏》曰："居謂居處，菑即耕義。栗，破也，謂以鋸剖析弓幹之時，不邪迆失理，則弓後不發傷也。"

"凡相角，秋閷者厚，春閷者薄。穉牛之角，直而澤，老牛之角，紾而昔，疢疾險中，瘠牛之角，無澤。角欲青白而豐末。夫角之本蹙於𦙶而休於氣，是故柔，柔故欲其埶也。白也者，埶之徵也。夫角之中恒當弓之畏，畏也者，必橈，橈故欲其堅也。青也者，堅之徵也。夫角之末，遠於𦙶而不休於氣，是故脃，脃故欲其柔也。豐末也者，柔之徵也。角長二尺有五寸，三色不失理，謂之牛戴牛。"閷同殺，昔同錯，𦙶同腦，休音噓，畏同限，脃音翠。

此論角之善惡也。直而澤，謂理直而潤澤也。紾而昔，謂理戾而觕錯也。疢疾險中，謂牛有病，則角裏傷也。蹙，近也。休，氣溫之也。畏，弓淵也，曲限之處也。言角本色白，則近於腦，而得氣之吹呴，其性柔可曲反以爲埶；角中色青，則質必堅，可以當曲，曲中而不撓；角末豐，則尚有腦氣及之，故雖處末，不脆而柔。有此三者，牛角復直一牛，故曰“牛戴牛”。

“凡相膠，欲朱色而昔。昔也者，深瑕而澤，紾而搏廉。鹿膠青白，馬膠赤白，牛膠火赤，鼠膠黑，魚膠餌，犀膠黄。凡昵之類不能方。”

此論膠之善惡也。鄭《注》曰：“廉、瑕，嚴利也，言膠欲深嚴而光澤，紾戾而摶圜廉利皆交錯之狀也。鹿馬等煮其皮爲膠，鹿亦用角。餌，色如餌也。昵，黏也。”鄭司農云：“膠善戾不能方。”

“凡相筋，欲小簡而長，大結而澤。小簡而長，大結而澤，則其爲獸必剽。以爲弓，則豈异於其獸？筋欲敝之敝，漆欲測，絲欲沈，得此六材之全，然後可以爲良。”剽，飃，去聲。

此論筋漆絲之善惡也。簡，筋條也。剽，疾也。今有用鸛筋者，以其剽也。筋椎杅嚼齧，熟敝之極，則用之熨貼。測，清也。沈，謂絲乾燥時猶如沈水中色也。

“弓有六材焉，維幹强之。張如流水，維體防之。引之中參，維角定之。欲宛而無負弦，引之如環，釋之無失體如環。”定同棖。

此言六材以幹體角而成也。五材依幹，故曰“强之”。“張如流水”，順也。體者，納六材於檠，定其體也。防，深淺所止也。賈公彦《疏》曰：如“司弓矢”謂王弧之弓，往體寡，來體多，弛之五寸，張之一尺五寸，夾庾之弓，往體多，來體寡，弛之一尺五寸，張之五寸，唐弓大弓，往來體若一，弛之一尺，張之亦一尺，是防之深淺所止也。引之中參者，唐大弦，居一尺，引之又二尺，其餘弛張雖多少不同，及引之亦皆三尺，以矢長三尺須滿故也。定，揩拄五材，使正也。宛而無負弦者，引之宛曲而弓與弦無辟戾也。

“弓長六尺有六寸謂之上制，上士服之。弓長六尺有三寸謂之中制，中士服之。弓長六尺謂之下制，下士服之。”

此論弓稱人之長短以制也。上士,長人也。

"凡爲弓,各因其君之躬志慮血氣。豐肉而短,寬緩以荼,若是者爲之危弓。危弓爲之安矢。骨直以立,忿埶以奔,若是者,爲之安弓。安弓爲之危矢。其人安,其弓安,其矢安,則莫能以速中,且不深。其人危,其弓危,其矢危,則莫能以愿中。"荼讀舒。

此論弓及矢當因人之性情以爲調濟也。危弓如夾庾之類,安弓如王弧之類。危矢如"司弓矢"所謂恒矢之類,安矢如殺矢之類。愿,信也。莫能愿中,言人弓矢三疾則矢不能確中也。

"往體多,來體寡,謂之夾臾之屬,利射侯與弋。往體寡,來體多,謂之王弓之屬,利射革與質。往來體若一,謂之唐弓之屬,利射深。"

此謂弓有各用。夾弓臾弓利射遠,以其材薄弱而勢反張也。射近侯亦用之。王弓弧弓覗犅利射堅,以材厚强而勢直也。質,本也。質本椹即不趺也。唐弓大弓利射深,以其材厚强於夾臾也。

"大和無灂,其次筋角皆有灂而深,其次有灂而疏,其次角無灂,合灂若背手文。角環灂,牛筋蕡灂,麋筋斥蠖灂。"蕡,扶文反。

此論漆之所宜也。大和,九和之弓也。筋在背,角在裏,其相合之處,若手背文。蕡,麻子也。斥,屈蠖蟲也。皆漆文之象也。

"和弓轂摩。"轂音吉。

轂,拂也。將用弓,先調和之,拂之而手摩之。

"覆之而角至,謂之句弓。覆之而幹至,謂之侯弓。覆之而筋至,謂之深弓。"句,音鉤。

此申明角幹筋三材以結之，以三材尤重也。覆察之，但角力之見於外者至，則句曲無力之弓也。角至而幹力又至，則可以射侯矣。角幹至而筋力亦至，則可以射深矣。言三者之宜全也。

“矢人爲矢，鍭矢參分，茀矢鄭《注》：據《司弓矢》，茀當爲殺。參分。一在前，二在後。兵矢田矢五分，二在前，三在後。殺矢據《司弓矢》，殺當爲茀。七分，三在前，四在後。”

此論各矢前後輕重之宜也。鍭矢殺矢近射者，前鏃鐵重。兵矢田矢鏃鐵稍輕，可以射遠。茀矢射飛鳥，鐵又短小。

“參分其長而馭其一，五分其長而羽其一，以其笴厚爲之羽深。水之，以辨其陰陽。夾其陰陽以設其比，夾其比以設其羽，參分其羽以設其刃，則雖有疾風亦弗之能憚矣。刃長寸圍寸，鋌十之，重三垸。”馭同殺。笴，古罕切。垸，音完。

此論設羽比刃於笴之法也。笴，矢幹也。殺其前之一者，令趣鏃也。以笴厚爲羽深者，羽之寬也，如幹之寬，陰沈陽浮。比，括也。參分其羽，以設其刃，如羽六寸則刃二寸也。而謂刃長寸者，鏃即長二寸有奇，刃衹一寸也。圍寸者，周得一寸也。矢足入幹曰鋌，十鋌則三垸重也。風憚者，風不能驚憚矢。

“前弱則俛，後弱則翔。中弱則紆，中强則揚。羽豐則遲，羽殺則趮。是故夾而摇之，以眡其豐殺之節也。橈之，以眡其鴻殺之稱也。”趮，音躁。

承上言幹羽之病以及察之之法也。鄭《注》曰：翔，迴顧也。紆，曲也。揚，飛也。趮，旁掉也。夾而摇之，今人以指夾矢儛衛是也。儛衛，摇矢聲也。橈搦其幹，則知幹之或鴻而强，或殺而弱也。

“凡相笴，欲生而摶，同摶欲重，同重節欲疏，同疏欲㮚。”同栗。

言相擇幹質之道以結之。鄭《注》曰：生，無瑕蠹也。摶，圜也。賈《疏》曰：㮚，如栗之堅實也。

學射録·卷二 終

李氏學樂録

李氏學樂録·卷一

蠡縣　李塨[1]　著

河右先生札云：

寄至《學樂》一帙，大妙！不謂通人之學，能推廣未備，發攄盡變至此。此道爲千古來第一難事。能涉其藩籬，已誇神絶，况能排闥入室，直窮其奥爾爾。方信杜夔、荀勗，尚非儁物，必如恕谷者，眞蓋世豪傑也。自先父先伯兄亡後，此秘亦浸失其傳，故《寧府五聲圖記歌訣》於樂律最屬肯綮，而恍惚不能了了，多方推測，一往鶻突，每一念及，輙迷悶欲死。今得恕谷闡發，千年之秘，爲之一開，實天地造化特鍾其人，以使萬古元音，仍在人間，瞽宗先師，必稱慶地下，而世莫知也。老眼覩此，可以含笑入崦嵫矣。擬寄完此帙，惟恐浮沈，且必有底本，可留此在案几，以備繙考。第不知來著《樂録》有多少？其宜先流布者，或刻於南，或刻於北，亦須早定，且示我也。

《宫調圖》所分四調，妙絶！《七調全圖》皆有實落，且使歷代謬樂曲調有暗合處，皆歷歷指出，所謂合同而化。非精通樂原，不能到此！奇矣！奇矣！

《十二律旋相爲宫隔八相生》諸圖、《器色七聲旋宫相生圖》，俱發天地之房。

《五音七聲十二律器色旋宫相生圖》俱一理分剖而盡其變化。坐而言之，起即可行。楊忠愍先生親見虞舜，吾謂恕谷必當親見后夔矣，此非誇言也。

塨學樂河右先生一年餘矣，雖窺涯岸，未盡精微也。其明年春，卜旋里，乃將《五聲歌訣》及旋宫相生諸義修札求剖，而怱怱拜别，受言未悉，鬱壹於心。端月念七日，拏舟北上，

---

① 《四庫全書》本塨字中“土”皆作“王”，據《恕谷年譜》改爲“土”旁。

一路沈吟，似有所得。若《相生圖》則四易稿而乃成焉。因具録如左，以備就正。或天地元音，從此大明，雖在愚沕，鬼神亦通也。

康熙三十八年二月念四日識於丹陽舟中

《竟山樂録》曰："寧府《樂録》有《五聲圖訣》，其圖已亡。第記其訣於此，以備參考。"《五聲歌訣》傳自唐人《五調籛字譜》。

《訣》曰："要識宫曲，一清三濁。卑不踰尺，高不越腹。《樂録》曰："腹爲中聲，宫四，中聲也。"商之所記，兩濁兩清。下從火立，上用金成。《樂録》曰："徵爲火，商爲金。"何以爲角？三清一濁。物作下止，民乃上觸。《樂録》曰："羽爲物，角爲民。羽者，止也；角者，觸也。"徵聲最激，全有四清。宫懸甫接，徵招可聽。"

《訣》言難明。塨屢問河右先生。先生曰："此已失傳，但取爲證耳。"塨今臆擬爲圖以明之，具後。

宫調圖

角　商　變宫　宫　羽　變徵　徵

宫之宫

二　一　低四以次高　四　三

尺　上　乙　四　六　凡　工

三　高四以次低　一　二

宫之商

一　低上以次高　四　三　二

尺　上　乙　四　六　凡　工

高上以次低　一　二　三

宫之角

低尺以次高　四　三　二　一

尺　上　乙　四　六　凡　工

高尺以次低　一　二　三

宫之徵

四　三　二　一　低工以次高

尺　上　乙　四　六　凡　工

一　　二　　三　　　　　　高工以次低

一清三濁者，言宫之宫曲，只用伵清聲，而上、尺、工皆作濁用也；兩濁兩清者，言宫之商曲，用伵、仩清聲，而尺、工皆作濁用也；三清一濁者，言宫之角曲，用伵、仩、伬清聲，而工作濁用也；全有四清者，言宫之徵曲，伵、仩、伬、仜之清聲皆用也。蓋四調以次而高也。此一則，戊寅受之河右者。

《樂録》曰："宫調卑角高宫，宫四而下，有羽、徵、角三聲，宫四而上，有商、角、徵、羽四聲，合此九聲，以爲宫調。"言宫之宫如此也。則推之宫之商調下徵上商九聲，是商上而下，有宫、羽、徵三聲，商上而上，有角、徵、羽、宫四聲。宫之角調下羽上角九聲，是角尺而下，有商、宫、羽三聲，角尺而上，有徵、羽、宫、商四聲。宫之徵調下宫上徵九聲，是徵工而下，有角、商、宫三聲，徵工而上，有羽、宫、商、角四聲也。

卑角高宫者，角爲尺，宫爲四，謂高不過四，至四則四、六、工、尺又以次而卑也。下徵上商者，徵爲工，商爲上，謂高不過上，至上則上、四、六、工又以次而卑也。下羽上角者，羽爲六，角爲尺，謂高不過尺，至尺則尺、上、四、六又以次而卑也。下宫上徵者，宫爲四，徵爲工，言高不過工，至工則工、尺、上、四又以次而卑也。蓋歌聲器色，至頂高則由高而返卑，觀時下《四字調譜》，四、上、尺、工、六、五、上、尺、工頂高矣，而即繼以工、尺、上、四，返而卑焉，可見也。

附：時下《四字調譜》

四上尺工六五上尺工工尺上四合工六尺六工工尺上四合工合四

《樂録・宫之商曲》曰"至低至高，無非以上字掣調。"則推之宫之宫，頂高至卑，皆以四字矣。而《宫聲訣》又云"卑不踰尺"者，何也？蓋此言審曲之法也。夫審曲之法，可以掣調字知之，亦即可以此由卑至高、自高返卑之有定者知之，故《歌訣》曰："要識宫曲，商之所記。何以爲角？徵招可聽。"而《采衣堂論樂》曰"此皆不俟掣調，而節知爲調中之聲"，所謂領調不止一聲，調中之聲又不止於領調之字者，皆言審音之法也。

《樂録・四字調》爲四、上、尺、工、六、伵、仩、伬、仜九聲，此又云"宫四而下，有六、工、尺三聲；宫四而上，有上、尺、工、六四聲"，合本四二聲爲九聲，而復分宫之宫、宫之商、宫之角、宫之徵爲四種，似有不同，然實一致者，蓋總此四、上、尺、工、六五字，除一領調字，餘字自領調一聲遞高，又自領調一聲遞低，圜轉爲用耳，他調皆仿此。

七調全圖

宫調

角	商	變宫	宫	羽	變徵	徵
尺	上	乙	四	六	凡	工

宫之宫以四掣調，宫之商以上掣調，宫之角以尺掣調，宫之徵以工掣調。

變宫調

角	商	變宫	宫	羽	變徵	徵
工	尺	上	乙	四	六	凡

變宫之宫以乙掣調，變宫之商以尺掣調，變宫之角以工掣調，變宫之徵以凡掣調。

商調

角	商	變宫	宫	羽	變徵	徵
凡	工	尺	上	乙	四	六

商之宫以上掣調，商之商以工掣調，商之角以凡掣調，商之徵以六掣調。

角調

角	商	變宫	宫	羽	變徵	徵
六	凡	工	尺	上	乙	四

角之宫以尺掣調，角之商以凡掣調，角之角以六掣調，角之徵以四掣調。

徵調

角	商	變宫	宫	羽	變徵	徵
四	六	凡	工	尺	上	乙

徵之宫以工掣調，徵之商以六掣調，徵之角以四掣調，徵之徵以乙掣調。

變徵調

角	商	變宫	宫	羽	變徵	徵
乙	四	六	凡	工	尺	上

變徵之宫以凡掣調，變徵之商以四掣調，變徵之角以乙掣調，變徵之徵以上掣調。

羽調

角	商	變宫	宫	羽	變徵	徵
上	乙	四	六	凡	工	尺

羽之宫以六掣調，羽之商以乙掣調，羽之角以上掣調，羽之徵以尺掣調。

《國語》有七聲之説，今因《五聲歌訣》擬爲七調，如右。

《宫調圖》詳前。至於變宫之宫，則爲下工上乙。亦爲卑角高宫，以旋宫也。九聲乙下有四、凡、工亦爲羽、徵、角。三聲，乙上有尺、工、凡、四亦爲商、角、徵、羽。四聲，一清三濁。變宫之商，則爲下凡上尺，九聲尺下有乙、四、凡三聲，尺上有工、凡、四、乙四聲，兩清兩濁。變宫之角，則爲下四上工，九聲工下有尺、乙、四三聲，工上有凡、四、乙、尺四聲，三清一濁。變宫之徵，則爲下乙上凡，九聲凡下有工、尺、乙三聲，凡上有四、乙、尺、工四聲，全有四清。皆如《宫調圖》推之。下五調亦如此推之。

七調皆無羽者，《樂録》云"羽無清聲，以聲近宫，壓于本宫，不能領調也"，故七調各四而止，四七則二十八調矣。至羽本調，《樂録》又曰"其調但可應宫、商、角、徵四調，而不能以六字自爲領聲"，則羽本調亦多不用矣。去羽調四調，則四六二十四調矣。隋唐後，以四聲乘十二律爲四十八調，去五律爲二十八調，又去一律爲二十四調，蓋正十二律五清不立調，以七律爲七音而得七調，七調不用羽調而得六調，六調中又各止用四聲之法，所謂天地元音暗相合者，但行不著、習不察，遂誤指爲他，鹿馬迷離耳。

隋唐間，又有將十二律去五調，以七宫乘七調爲四十九調者。其去五律，則有合五清不立調之法矣；其以七宫乘七調，則又有合二變不閡七聲并用之法矣。總之，聲律，自然之理，人在暗中摩揲，亦有相著者。

附：時下《七調譜》

四字調見前

乙字調

乙尺工凡四乙尺工凡凡工尺乙四凡四工四凡凡工尺乙四凡四乙

上字調

上工凡六乙上工凡六六凡工上乙六乙凡乙六六凡工上乙六乙上

尺字調

尺凡六五上尺凡六五五六凡尺上五上六上五五六凡尺上五上尺

工字調

工六四乙尺工六四乙乙四六工尺乙尺四尺乙乙四六工尺乙尺工

凡字調

凡四乙上工凡五乙上上乙五凡工上工乙工上上乙五凡工上工凡

六字調

六乙上尺凡六乙上尺尺上乙六凡尺凡上凡尺尺上乙六凡尺凡六

《樂録・隔八相生圖》所排五音二變，原只黄鐘一調，非七調俱全之圖也。若或以爲七調并列，則中吕、蕤賓二本調亦自有下生，不得曰“下生窮”矣。又《樂録·旋宫圖》以每律本音列於下，而又遞下直列七音爲圖，遂謂中吕七律而窮、蕤賓六律而窮，皆無清，蓋以變徵羽聲頂高云然耳。然《樂録·七調圖》中吕、蕤賓實皆具正清十二律，恐觀者執一以爲兩岐，今更爲後圖，似爲無礙。且《相生》、《旋宫》二圖，合圖乃見一致之妙，故合圖如後。

《隔八相生》係後儒律管三法倍四三分損益之説，不見於經，即置不論，亦無不可者。但細究之，實具上下環生之法，故不必廢。若五聲六律還相爲宫，見於禮經，乃聲律要義，不可不精核也。

十二律旋相爲宫隔八相生合圖

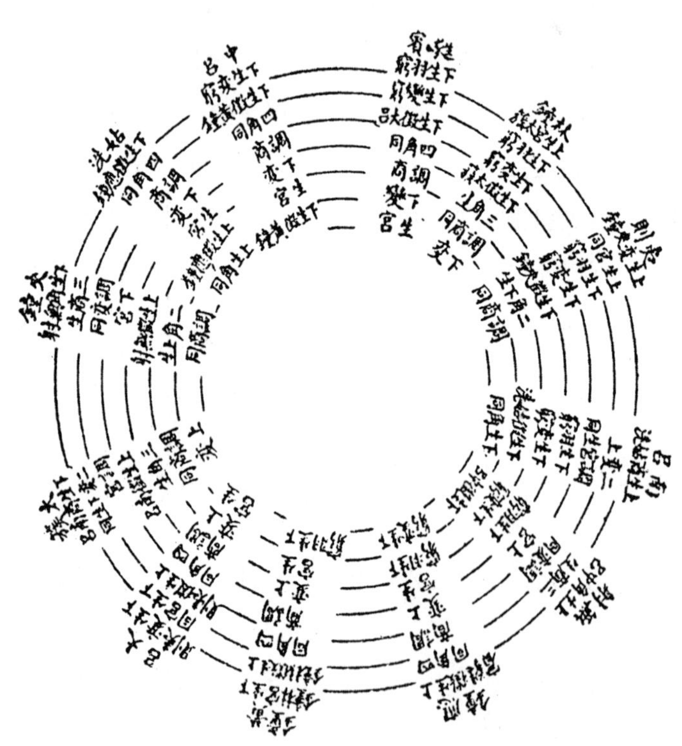

黄鐘正宫至應鐘徵清爲一調，大吕變宫旋爲正宫至黄鐘徵清爲一調，太簇商旋爲宫至大吕徵清爲一調，夾鐘角旋爲宫至太簇徵清爲一調，姑洗徵旋爲宫至夾鐘徵清爲一調，中吕變徵旋爲宫至姑洗徵清爲一調，蕤賓羽旋爲宫至中吕徵清爲一調，共七調。

黄鐘一層爲本律正宫，隔八林鐘一層爲本律宫清，是正生清，故下生林鐘。二層爲大吕徵清，隔八林鐘二層爲大吕之羽，是清生正，故上生林鐘。三層爲太簇角清，隔八林鐘三層爲太簇之變徵。四層爲夾鐘商清，隔八林鐘四層爲夾鐘之徵。五層爲姑洗變宫清，隔八林鐘五層爲姑洗之角。六層爲中吕宫清,隔八林鐘六層爲中吕之商。皆以清生正,故皆上生林鐘。七層爲蕤賓之羽,隔八林鐘七層爲蕤賓變宫。蕤賓羽爲正,當下生清,而蕤賓變宫亦正也,則無下生矣,故下生窮。大吕一層爲黄鐘變宫,隔八夷則一層爲黄鐘變宫清,是正生清,故下生夷則。二層爲本律旋宫,隔八夷則二層爲本律宫清,亦正生清,故下生夷則。以下各層,皆如黄鐘,推之十二律,皆如此。

《樂録》謂"寧府樂工言:'笛色七聲,正生清隔八,清生正隔九'",則隔九似屬非法。且曾就其所説爲圖。十二律林鐘上生太簇者,今不生太簇而生大吕矣;夷則上生夾鐘者,今不生夾鐘,而生大簇矣。推之以次上生,皆相矛盾。又四生伵,伵生乙,乙生亿,亿生上,上生仩,仩生尺,尺生伬,伬生工,工生仜,仜生凡,則凡生伔,伔生六,六生伈,伈生四,四、伈在一處,不惟非隔八,亦非隔九矣,况有十四位,是十四律矣,殊覺未合。今妄爲二圖,與《十二律隔八相生旋相爲宫》若合符契,或不悖謬也。

器色七聲還相爲宫圖、器色七聲隔八相生圖

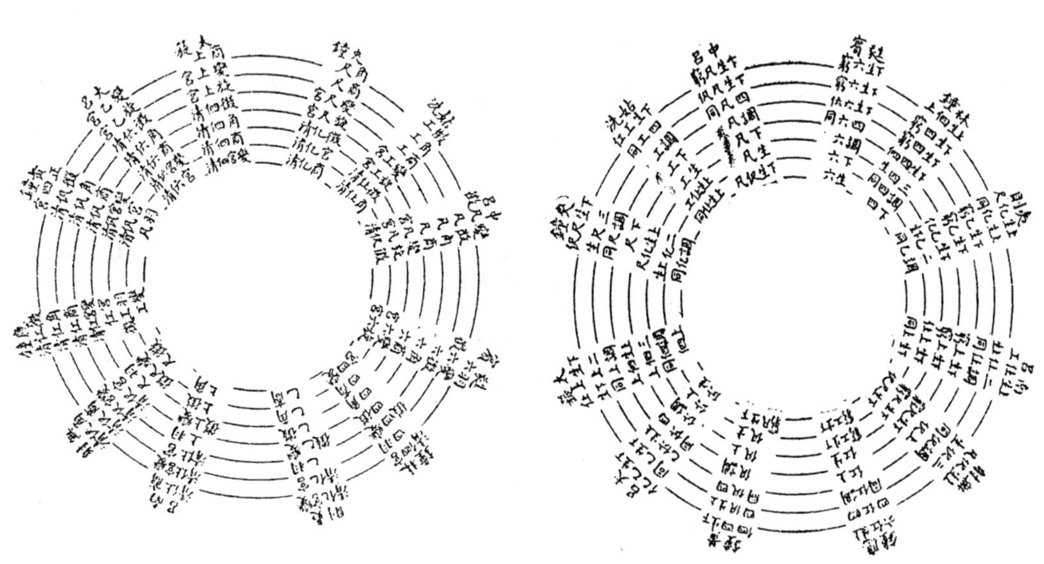

下生者,正生清也。七正盡,則一正生一清。清正仝音,由低而高。上生者,清生正也。五清盡,則一清生一正,以正繼清,由高而低。其由低而高者,一聲生一聲,而林鐘、夷則、南吕、無射、應鐘接七正環至於高。器色則伵、亿、仩、伬、仜接七正環至於高正同。此即如宫四調四、上、尺、工、六而繼以伵、仩、伬、仜也。其由高而低者,一聲生一聲,而蕤賓、中吕、姑洗、夾鐘、太簇接五清環至於低,器色則六、凡、工、尺、上接五清環至於低正同。此即如宫四調

自高返卑，而曰宫四而下有六、工、尺三聲也。推之七調皆然。所以明十二律高低相生之法也。此相生義也。

上生、下生，昔人分陰陽配十二辰，河右皆言不確。今以器色實用觀之，似得其義。蓋宫爲中聲，由此而商、角、徵、羽環下順數爲下生，其聲以次高；由此而羽、徵、角、商環上逆數爲上生，其聲以次低，是器色部位環下環上，與昔人所謂下生、上生，固有顯然符合若是者，不必旁及幹枝陰陽諸義也。

《樂録》曰"宫四而下有羽、徵、角三聲，宫四而上有商、角、徵、羽四聲"，則以聲高爲上、聲低爲下，而此又謂"聲以次高爲下生，聲以次低爲上生"，何也？曰："器色自低轉高，實轉下與低接，故曰'下生'；自高轉低，實轉上與高接，故曰'上生'。伶州鳩所謂'大昭小鳴，和之道也'，河右先生所謂'高低上下，亦無定名，以上作下、以下作上'是也。聲音融洽之妙固如此。《器色圖》具後。

簫色下生上生圖

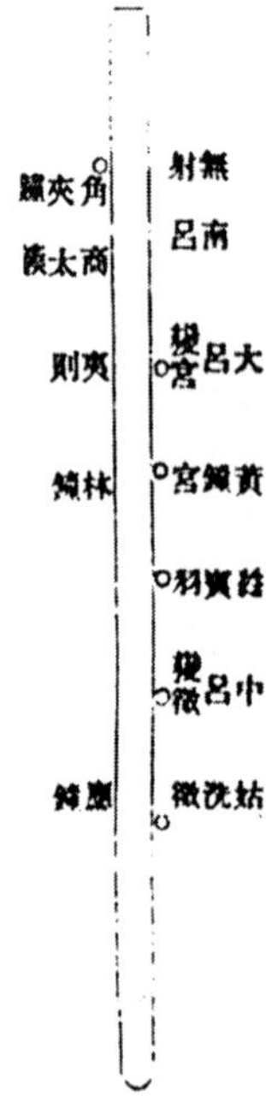

中吕、蕤賓無下生者，以其高而無清，一調十二律只五清而已周也。上生無黄鐘、大吕者，以黄鐘、大吕爲宫音領調始聲，五清當由高漸低，不及之也。餘六調準此。

十二律上生，宫清生商，角清生變徵，徵清生羽，與五音相禪之序無悖。若變宫清則隔商而生角，商清則隔角而生徵，似覺凌躐者，何也？曰："非凌躐也。此所謂下生、上生者，以明高生低、低生高之法，而非言五音相禪之序也。若相禪之序，則七正遞接，黄鐘禪大吕，大吕禪太簇，不禪林鐘、夷則，五清遞接，林鐘禪夷則，夷則禪南吕，不禪太簇、夾鐘。推之餘律皆然，推之四禪乙、乙禪上、伵禪亿、亿禪仩之類皆然。蓋自圖隔數之，則相生之法；自圖挨數之，則相禪之序也。

然黄鐘必生林鐘、林鐘必生太簇者，何也？下生者七位，則正聲盡矣。圖正聲盡，宫正遇宫清，清正同音，黄鐘自生林鐘矣，大吕自生夷則矣，太簇自生南吕矣，夾鐘自生無射矣，姑洗自生應鐘矣。上生者五位，則清聲盡矣。圖清聲盡，宫清重遇宫正。然清聲盡，當從清聲返低，不得驟及正音之始也，則林鐘自生太簇矣，夷則自生夾鐘矣，南吕自生姑洗矣，無射自生中吕矣，應鐘自生蕤賓矣。且下生者五位而止，則上生者亦五位而止，除宫聲領調不受生，恰足五位，似亦定數也。

隔八相生者，順數也。《樂録》又載荀氏逆數隔六之説，則下生由低而高，自當隔八順數，順數而正盡，即接所遇之清；上生由高返低，似當隔六逆數，逆數而清盡，即接所生之正，此即《大易》"往來順逆"之義，其於下生、上生更爲明醒，且與器色環下順數、環上逆數之法相合。然而圖皆順數隔八者，蓋就圖計數，正亦可右數，逆數隔六，清亦可左數，順數隔八，舉一而左宜右有之妙已寓也。

七調旋宫，黄鐘以至姑洗五調本身正聲下旋之，即有清聲，中吕、蕤賓所旋，獨無清聲，然中吕下，雖無變徵清，尚有一徵清，獨蕤賓下所旋，只有正聲，并無清聲，則羽聲之高而不能上，亦可見矣。

十二律中十律旋宫皆兼正清，惟蕤賓爲正宫之正聲盡，只有正而無清，故無上生。應鐘爲正宫之清聲盡，只能爲清，雖旋爲正，而下生窮矣。上二則，就圓圖竪列言之。

五音七聲十二律器色七字爲七調還相爲宫隔八相生全圖

一調

宫四	黄鐘	下生林鐘伵	宫清伵	林鐘	上生太簇上
變宫乙	大吕	下生夷則亿	變宫清亿	夷則	上生夾鐘尺
商上	太簇	下生南吕仩	商清仩	南吕	上生姑洗工
角尺	夾鐘	下生無射伬	角清伬	無射	上生中吕凡
徵工	姑洗	下生應鐘仜	徵清仜	應鐘	上生蕤賓六
變徵凡	中吕	下生窮			

羽六	蕤賓	下生窮			

二調

宫乙	大吕	下生夷則亿	宫清亿	夷則	上生夾鐘尺
變宫上	太簇	下生南吕仩	變宫清仩	南吕	上生姑洗工
商尺	夾鐘	下生無射伬	商清伬	無射	上生中吕凡
角工	姑洗	下生應鐘仜	角清仜	應鐘	上生蕤賓六
徵凡	中吕	下生黄鐘仉	徵清仉	黄鐘	上生林鍾四
變徵六	蕤賓	下生窮			
羽四	林鐘	下生窮			

三調

宫上	太簇①	下生南吕仩	宫清仩	南吕	上生姑洗工
變宫尺	夾鐘	下生無射伬	變宫清伬	無射	上生中吕凡
商工	姑洗	下生應鐘仜	商清仜	應鐘	上生蕤賓六
角凡	中吕	下生黄鐘仉	角清仉	黄鐘	上生林鐘四
徵六	蕤賓	下生大吕六	徵清六	大吕	上生夷則乙
變徵四	林鐘	下生窮			
羽乙	夷則	下生窮			

四調

宫尺	夾鐘	下生無射伬	宫清伬	無射	上生中吕凡
變宫工	姑洗	下生應鐘仜	變宫清仜	應鐘	上生蕤賓六
商凡	中吕	下生黄鐘仉	商清仉	黄鐘	上生林鐘四
角六	蕤賓	下生大吕伏	角清伏	大吕	上生夷則乙
徵四	林鐘	下生太簇伵	徵清伵	太簇	上生南吕上
變徵乙	夷則	下生窮			
羽上	南吕	下生窮			

五調

宫工	姑洗	下生應鐘仜	宫清仜	應鐘	上生蕤賓六
變宫凡	中吕	下生黄鐘仉	變宫清仉	黄鐘	上生林鐘四
商六	蕤賓	下生大吕伏	商清伏	大吕	上生夷則乙

① 《四庫全書》本誤作“太鐘”，據《顔李叢書》及《叢書集成》本改。

角四	林鐘	下生太簇伵	角清伵	太簇	上生南吕上
徵乙	夷則	下生夾鐘亿	徵清亿	夾鐘	上生無射尺
變徵上	南吕	下生窮			
羽尺	無射	下生窮			

六調

宫凡	中吕	下生黄鐘仉	宫清仉	黄鐘	上生林鐘四
變宫六	蕤賓	下生大吕伬	變宫清伬	大吕	上生夷則乙
商四	林鐘	下生太簇伵	商清伵	太簇	上生南吕上
角乙	夷則	下生夾鐘亿	角清亿	夾鐘	上生無射尺
徵上	南吕	下生姑洗仩①	徵清仩	姑洗	上生應鐘工
變徵尺	無射	下生窮			
羽工	應鐘	下生窮			

七調

宫六	蕤賓	下生大吕伬	宫清伬	大吕	上生夷則乙
變宫四	林鐘	下生太簇伵	變宫清伵	太簇	上生南吕上
商乙	夷則	下生夾鐘亿	商清亿	夾鐘	上生無射尺
角上	南吕	下生姑洗仩	角清仩	姑洗	上生應鐘工
徵尺	無射	下生中吕伬	徵清伬	中吕	上生黄鐘凡
變徵工	應鐘	下生窮			
羽凡	黄鐘	下生窮			

漢後言律者，以陽律爲黄鐘、太簇、姑洗、蕤賓、夷則、無射，陰律爲大吕、夾鐘、中吕、林鐘、南吕、應鐘，本《國語》及《吕氏春秋》也。《周禮》陽律無异，陰律之次則作大吕、應鐘、南吕、函鐘、即林鐘。小吕、即中吕。夾鐘。又稱圜鐘。夫以《周禮》而較之《國語》《月令》，經書也，且周樂傳習尚爲可據，况六國初，魏文侯好古。有樂人竇公，至漢文時，獻其世傳樂書《大司樂章》，則《大司樂章》在漢時且先《周禮》而出矣。《太師》六同之序，與《司樂》之"奏黄鐘，歌大吕，圜鐘爲宫，黄鐘爲角"諸語，其次相合，可以考驗，而乃宗《國語》《月令》，毋乃非歟？曰："非也，其實一也。"河右先生曰："律名者，借作標識耳。畢、觜、參，亦畢、參、觜。"最通論也。

趙岐注《孟子》曰"陽律：太簇、姑洗、蕤賓、夷則、無射、黄鐘"，《漢書》"六吕：一曰林鐘，

---

① 仩，《四庫全書》本作"上"，據《顔李叢書》本改。

二曰南吕，三曰應鐘，四曰大吕，五曰夾鐘，六曰中吕”，又有不同如此者，總之，表識之名，不必刻求也。《大司樂》“奏黄鐘，歌大吕，賈公彦疏曰：“奏據出聲而言，歌據合曲而言，其實歌、奏一也。”舞《雲門》，以祀天神；奏太簇，歌應鐘，舞《咸池》，以祭地示；奏姑洗，歌南吕，舞《大磬》，以祀四望；奏蕤賓，歌函鐘，舞《大夏》，以祭山川；奏夷則，歌小吕，舞《大濩》，以享先妣；奏無射，歌夾鐘，舞《大武》，以享先祖：謂之六樂。”想即今之七調不用羽調，餘六調分而用之也。其各稱陰陽二律者，以爲帖耳，無不可也。

又曰：“凡樂，圜鐘爲宫，黄鐘爲角，太簇爲徵，姑洗爲羽，六變以降天神；凡樂，函鐘爲宫，太簇爲角，姑洗爲徵，南吕爲羽，八變以出地示；凡樂，黄鐘爲宫，大吕爲角，太簇爲徵，應鐘爲羽，九變以禮人鬼。”此所言宫、角、徵、羽，諒就四清而言也，即《管子》所謂“四開”也。其不用商，以周代商，避其字，而其實五聲圓轉，商何能去？《周禮》云“六樂十二律，皆文之以五聲”，是不去商也。但羽清聲，商①用正不用清，去商清，實去羽清耳。去羽，四清矣。四清，可任舉名之也。

惟言清聲者，何也？大抵古人審音，皆以清聲。觀《寧府五聲歌訣》所謂“一清三濁，卑不踰尺，高不越腹，全有四清，宫懸甫接，徵招可聽”，衹以清聲定樂，可見也。

---

① 《四庫全書》本作“高”，《顏李叢書》本作“音”，《叢書集成》本作“商”，據文意，似以“商”爲近是。

李氏學樂録·卷二

蠡縣　李塨　著

前五聲歌訣諸圖議，雖從《樂録》悟入，然不敢自信也。次歲庚辰，寄郵筒走三千里問河右先生。先生回札，極其奬借。乃鈔爲一卷。方及半，忽思《虞書》之“律和聲”，《孟子》之“以六律正五音”，乃聖經言樂關鍵，向未剖析，且七調由黄鐘以至蕤賓，得毋以七律正五音乎？於六律既多其一，而十二律又缺其五，矧大舜言六律，《周禮》始有六律、六同之説，則六律，聖言也，六同何以稱焉？思之不得其旨。夜寢躊躇，比曉，似有所解者，乃再四調諧而爲圖議，以俟就正有道云。

恕谷李塨識

六律正五音圖

宫音

角	商	變宫	宫	羽	變徵	徵
三			六 一			四
夾鐘	太簇	大吕	低四以次上 黄鐘	蕤賓	中吕	姑洗
尺	上	乙	四	六	凡	工
四	五		林鐘 高四以次下	二		三

六
一

右宫之宫黄鐘之宫一清。

六
二 一 五 四 三
低上以次上
夾鐘 太簇 大吕 黄鐘 蕤賓 中吕 姑洗
尺 上 乙 四 六 凡 工
五 南吕 夷則 林鐘① 三 四
高上以次下 二
六
一

右宫之商黄鐘之商二清。

六
一 五 四 三 二
低尺以次上
夾鐘 太簇 大吕 黄鐘 蕤賓 中吕 姑洗
尺 上 乙 四 六 凡 工
無射 南吕 夷則 林鐘 四 四
高尺以次下
六 二 三
一

右宫之角黄鐘之角三清。

六
五 四 三 二 一
夾鐘 太簇 大吕 黄鐘 蕤賓 中吕 低工以次上
姑洗
尺 上 乙 四 六 凡 工
應鐘

① 《四庫全書》本漏此“鐘”字，據《顔李叢書》及《叢書集成》本補。下二“林鐘”字同。

無射　南吕　夷則　林鐘　五　高工以次下
二　三　四　六
一

右宫之徵黄鐘之徵四清。

變宫音

角　商　變宫　宫　羽　變徵　徵
六
三　二　一　五　四
低乙以次上
姑洗　夾鐘　太簇　大吕　林鐘　蕤賓　中吕

工　尺　上　乙　四　六　凡
夷則
四　五　高乙以次下　二　三
六
一

右變宫之宫大吕之宫一清。

六
二　一　五　四　三
低尺以次上
姑洗　夾鐘　太簇　大吕　林鐘　蕤賓　中吕
工　尺　上　乙　四　六　凡
無射
五　高尺以次下　南吕　夷則　三　四
六　二
一

右變宫之商大吕之商二清。

六
一　五　四　三　二
低工以次上
姑洗　夾鐘　太簇　大吕　林鐘　蕤賓　中吕

工	尺	上	乙	四	六	凡
應鐘						
高工以次下	無射	南吕	夷則	四		五
六	二		三			
一						

右變宫之角大吕之角三清。

						六
五	四		三	二		一
						低凡以次上
姑洗	夾鐘	太簇	大吕	林鐘	蕤賓	中吕
工	尺	上	乙	四	六	凡
						黄鐘
應鐘	無射	南吕	夷則	五		高凡以次下
二	三		四			六
						一

右變宫之徵大吕之徵四清。

商音

角	商	變宫	宫	羽	變徵	徵
			六			
三	二		一	五		四
			低上以次上			
中吕	姑洗	夾鐘	太簇	夷則	林鐘	蕤賓
凡	工	尺	上	乙	四	六
四	五		南吕	二		三
			高上以次下			
			六			
			一			

右商之宫太簇之宫一清。

	六					
二	一		五	四		三
	低工以次上					

中吕 姑洗 夾鐘 太簇 夷則 林鐘 蕤賓
凡 工 尺 上 乙 四 六
五 應鐘 無射 南吕 三 四
高工以次下
六 二
一

右商之商太簇之商二清。

六
一 五 四 三 二
低凡以次上
中吕 姑洗 夾鐘 太簇 夷則 林鐘 蕤賓
凡 工 尺 上 乙 四 六
黄鐘 應鐘 無射 南吕 四 五
高凡以次下
六 二 三
一

右商之角太簇之角三清。

六
五 四 三 二 一
低六以次上
中吕 姑洗 夾鐘 太簇① 夷則 林鐘 蕤賓
凡 工 尺 上 乙 四 六
黄鐘 應鐘 無射 南吕 五 大吕
高六以次下
二 三 四 六
一

右商之徵太簇之徵四清。

角音

角 商 變宫 宫 羽 變徵 徵

① 《四庫全書》本漏此"簇"字,據《顔李叢書》及《叢書集成》本補。

六

三 二 一 五 四

低尺以次上

蕤賓 中吕 姑洗 夾鐘 南吕 夷則 林鐘

六 凡 工 尺 上 乙 四

四 五 無射 二 三

高尺以次下

六

一

右角之宫夾鐘之宫一清。

六

二 一

低凡以次上 五 四 三

蕤賓 中吕 姑洗 夾鐘 南吕 夷則 林鐘

六 凡 工 尺 上 乙 四

五 黄鐘 應鐘 無射 三 四

高凡以次下 二

六

一

右角之商夾鐘之商二清。

六

一

低六以次上 五 四 三 二

蕤賓 中吕 姑洗 夾鐘 南吕 夷則 林鐘

六 凡 工 尺 上 乙 四

大吕 黄鐘 應鐘 無射 四 五

高六以次下 二 三

六

一

右角之角夾鐘之角三清。

六

						一
五	四		三	二		低四以次上
蕤賓	中吕	姑洗	夾鐘	南吕	夷則	林鐘
六	凡	工	尺	上	乙	四
大吕	黄鐘	應鐘	無射	五		太簇
二	三		四			高四以次下
						六
						一

右角之徵夾鐘之徵四清。

徵音

角	商	變宮	宮	羽	變徵	徵
			六			
			一			
三	二		低工以次上	五		四
林鐘	蕤賓	中吕	姑洗	無射	南吕	夷則
四	六	凡	工	尺	上	乙
四	五		應鐘	二		三
			高工以次下			
			六			
			一			

右徵之宫姑洗之宫一清。

	六					
	一					
二	低六以次上		五	四		三
林鐘	蕤賓	中吕	姑洗	無射	南吕	夷則
四	六	凡	工	尺	上	乙
五	大吕	黄鐘	應鐘	三		四
	高六以次下	二				
	六					
	一					

右徵之商姑洗之商二清。

六						
一						
低四以次上	五		四	三		三
林鐘	蕤賓	中吕	姑洗	無射	南吕	夷則
四	六	凡	工	尺	上	乙
太簇	大吕	黄鐘	應鐘	四		五
高四以次下	二		三			
六						
一						

右徵之角姑洗之角三清。

						六
						一
五	四		三	二		低乙以次上
林鐘	蕤賓	中吕	姑洗	無射	南吕	夷則
四	六	凡	工	尺	上	乙
太簇	大吕	黄鐘①	應鐘	五		夾鐘
二	三		四			高乙以次下
						六
						一

右徵之徵姑洗之徵四清。

變徵音

角	商	變宮	宮	羽	變徵	徵
			六			
			一			
三	二		低凡以次上	五		四
夷則	林鐘	蕤賓	中吕	應鐘	無射	南吕
乙	四	六	凡	工	尺	上
四	五		黄鐘	二		三
			高凡以次下			

① 《四庫全書》本漏此“鐘”字，據《顏李叢書》及《叢書集成》本補。

六

一

右變徵之宫中吕之宫一清。

	六					
	一					
二	低四以次上		五	四		三
夷則	林鐘	蕤賓	中吕	應鐘	無射	南吕
乙	四	六	凡	工	尺	上
五	太簇	大吕	黄鐘	三		四
	高四以次下		二			
	六					
	一					

右變徵之商中吕之商二清。

	六						
	一						
低乙以次上		五		四	三		二
	夷則	林鐘	蕤賓	中吕	應鐘	無射[1]	南吕
	乙	四	六	凡	工	尺	上
	夾鐘	太簇	大吕	黄鐘	四		五
高乙以次下		二		三			
	六						
	一						

右變徵之角中吕之角三清。

						六
						一
五	四		三	二		低上以次上
夷則	林鐘	蕤賓	中吕	應鐘	無射	南吕
乙	四	六	凡	工	尺	上
夾鐘	太簇	大吕	黄鐘	五		姑洗

① 《四庫全書》本漏此"無射"二字，據《顔李叢書》及《叢書集成》本補。

二	三		四			高上以次下
						六
						一

右變徵之徵中吕之徵四清。

羽音

角	商	變宫	宫	羽	變徵	徵
			六			
			一			
三	二		低六以次上	五		四
南吕	夷則	林鐘	蕤賓	黄鐘	應鐘	無射
上	乙	四	六	凡	工	尺
四	五		大吕	二		三
			高六以次下			
			六			
			一			

右羽之宫蕤賓之宫一清。

	六					
	一					
二	低乙以次上		五	四		三
南吕	夷則	林鐘	蕤賓	黄鐘	應鐘	無射
上	乙	四	六	凡	工	尺
五	夾鐘	太簇	大吕	三		四
	高乙以次下		二			
	六					
	一					

右羽之商蕤賓之商二清。

六						
一						
低上以次上	五		四	三		二
南吕	夷則	林鐘	蕤賓	黄鐘	應鐘	無射
上	乙	四	六	凡	工	尺

姑洗	夾鐘	太簇	大吕	四	五
高上以次下	二		三		
六					
一					

右羽之角蕤賓之角三清。

						六
						一
五	四		三	二		低尺以次上
南吕	夷則	林鐘	蕤賓	黄鐘	應鐘	無射
上	乙	四	六	凡	工	尺
姑洗	夾鐘	太簇	大吕	五		中吕
二	三		四			高尺以次下
						六
						一

右羽之徵蕤賓之徵四清。

此五音闕二變圖也，然二變尚作調者，《樂録》云："二變音可闕，二變起調之音不可闕。"《吕覽》以黄鐘、大吕、太簇、夾鐘、姑洗、中吕、蕤賓七律居上，林鐘、夷則、南吕、無射、應鐘五律居下，上爲正調，下爲清調，故闕二變者，其正調亦用七。

六律有陰陽之分，而陰皆統於陽，故陰律《國語》曰"間"，言間乎陽也，《周禮》曰"同"，同乎陽也，《漢書》曰"旅"，旅乎陽也，所以十二律只曰六律。

七調，音也；十二律，律也，正音者也。如遇宫音也，則由黄鐘以至應鐘，高下迴環而宫音正矣。遇變宫音也，由大吕以至黄鐘，高下迴環，而變宫音正矣。遇商音也，由太簇以至大吕，高下迴環，商音正矣。遇角音也，由夾鐘以至太簇，高下迴環，角音正矣。以至遇徵音也，由姑洗以至夾鐘，高下迴環，而徵音正。遇變徵音也，由中吕以至姑洗，高下迴環，而變徵音正。遇羽音也，由蕤賓以至中吕，高下廻環，而羽音正。皆如之。使不以此六律也，何以知其音之起於是、訖於是乎？何以知其音之高不可上、低不可下乎？起訖無憑，高下無準，烏乎正？律之正音，如兄弟之翕樂也，如夫婦之唱隨也，如鹽梅之調劑也，故《虞書》曰"律和聲"。

每一聲必有六律高低圜浹，而其聲始真。真者，正也。且細分之，則每音中之調，各用六律以正其音。如宫之宫也，除二變不用，黄鐘至林鐘，高低迴環，恰用六律，而宫之宫音得焉。宫之商也，太簇至南吕，恰用六律，而宫之商音得焉。是音中之音，其分六律以正之，又有如此者。

六律層高乃轉下與低接，層低乃轉上與高接，而本音常在中焉，故古人曰："宫，中聲也。"

先儒競求中聲，或算律數，或考葭灰，或欲多截管以求之，然試問中聲何似漫無影響？夫不解中聲而欲測中聲，毋論不得中聲也，即遇中聲，而何以知之？而尚安測之？今觀此圖，中聲所在，上有六律，下有六律，按之人聲而人聲具，按之八音而八音具，可口試，可耳審，天地元音，可憑可執，抑亦快矣。

宫爲中聲，然七調各有中聲，商亦宫也，大吕、太簇亦黄鐘也，故君子之道曰"時中"、曰"大中"。

况七調中六律無毫氂可溷者，毋論宫與商不同，宫之宫與商之宫不同，即同一四字領調也，而宫之宫爲四、上、尺、工、六，角之徵爲四、上、尺、凡、六，且宫之宫四字居中，角之徵四字居末，大有逕庭也。至於餘調，皆界限甚清，一無猜嫌，是之謂正。

《左傳》："醫和曰：'先王之樂，所以節百事也，故有五節。遲速本末以相及，中聲以降。五降之後，不容彈矣。於是有煩手淫聲，慆堙心耳，乃忘和平，君子弗聽。'"是即六律正五音之法也。每一音出，則五音圓轉，如得宫音，則相嬗而爲商、角、徵、羽、羽、徵、角、商；得商音，則相嬗而爲角、徵、羽、宫、宫、羽、徵、角，而音正矣，而音盡矣。出此再彈，是爲淫聲，豈可聽哉？

《國語》："伶州鳩曰：'律，所以立均出度也。古之神瞽，考中聲而量之，以制度律均鐘。百官軌儀，紀之以三，平之以六，成于十二，天之道也。'"夫五聲不以六律，則不均而無度矣，故曰"立均出度"。紀之以三，上、中、下也，由中而高而低也；平之以六，聲之凡調得六律而始正也；即圖宫之宫用六律，宫之商用六律類。成於十二，每聲四調，不閲二變爲五調。以十二律而成也。即圖一音共用十二律也。此古法也。

七調由低黄鐘、大吕律起，至高黄鐘、大吕律止，是始終一宫聲也。

正皆可旋爲清，清皆可旋爲正，獨蕤賓只能爲正，不能旋清。音之頂高者，再進則嗄，故止矣。《周語》曰"大不踰宫，細不過羽"，此之謂也。

每調六律，下三調一調高一律，只九律耳，何以稱十二律？曰："變宫、變徵與變宫清雖不用，而其音自在也，律自在也。《樂録》曰：'宫、商、徵、羽，相距必疎；角、徵、羽、宫，相連甚密。'又曰：'宫、商之間隔一聲，是合二聲爲一聲者。'又曰：'宫調之四則次聲變，變宫調之四則次聲不變。'是二變雖閟而仍有其律也，故曰十二律。"

《吕氏春秋》曰："取竹長三寸九分吹之，以爲黄鐘之宫。"《淮南子》曰："黄鐘九寸。"二説不同，而皆可通，何者？黄鐘原有高低音也。

今而知古帝造十二筩之有謂也。夫十二聲由低而高，出之人聲，測之器色，尚需聰聽，若管有短長，則音有高下，凡有耳者，皆可知也，故古帝以此象之也。

十二筩製於黄帝，而樂則前此矣。伏羲作樂，斷無無清濁高下而可爲樂者，則伊時十二聲諒已具矣，然未聞有十二筩也。黄帝制筩，所以象之耳，故名曰律。《月令章句》曰："律者，率也。"謂高下之率法也。後人不得其聲，而徒執其象，斷斷然累黍尋尺，起一積萬，以較黄鐘之實，是刻畫虎賁遂當中郎也，失之遠矣。

六律正五音又圖

宫音

角	商	變宫	宫	羽	變徵	徵
三	二	一	低四以次上	六	五	四
夾鐘	太簇	大吕	黄鐘	蕤賓	中吕	姑洗
尺	上	乙	四	六	凡	工
四	五	六	林鐘	一	二	三
			高四以次下			

右宫之宫黄鐘之宫一清。

二	一	低乙以次上	六	五	四	三
夾鐘	太簇	大吕	黄鐘	蕤賓	中吕	姑洗
尺	上	乙	四	六	凡	工
五	六	夷則	林鐘	二	三	四
		高乙以次下	一			

右宫之變宫黄鐘之變宫二清。

一	低上以次上	六	五	四	三	二
夾鐘	太簇	大吕	黄鐘	蕤賓	中吕	姑洗
尺	上	乙	四	六	凡	工
六	南吕	夷則	林鐘	三	四	五
	高上以次下	一	二			

右宫之商黄鐘之商三清。

低尺以次上	六	五	四	三	二	一
夾鐘	太簇	大吕	黄鐘	蕤賓	中吕	姑洗

尺	上	乙	四	六	凡	工
無射	南吕	夷則	林鐘	四	五	六
高尺以次下	一	二	三			

右宫之角黄鐘之角四清。

六	五	四	三	二	一	低工以次上
夾鐘	太簇	大吕	黄鐘	蕤賓	中吕	姑洗
尺	上	乙	四	六	凡	工
無射	南吕	夷則	林鐘	五	六	應鐘
一	二	三	四			高工以次下

右宫之徵黄鐘之徵五清。

變宫音

角	商	變宫	宫	羽	變徵	徵
三	二	一	低乙以次上	六	五	四
姑洗	夾鐘	太簇	大吕	林鐘	蕤賓	中吕
工	尺	上	乙	四	六	凡
四	五	六	夷則	一	二	三
			高乙以次下			

右變宫之宫大吕之宫一清。

二	一	低上以次上	六	五	四	三
姑洗	夾鐘	太簇	大吕	林鐘	蕤賓	中吕
工	尺	上	乙	四	六	凡
五	六	南吕	夷則	二	三	四
		高上以次下	一			

右變宫之變宫大吕之變宫二清。

一	低尺以次上	六	五	四	二	二
姑洗	夾鐘	太簇	大吕	林鐘	蕤賓	中吕
工	尺	上	乙	四	六	凡
六	無射	南吕	夷則	三	四	五
	高尺以次下	一	二			

右變宫之商大吕之商三清。

低工以次上	六	五	四	三	二	一

姑洗	夾鐘	太簇	大吕	林鐘	蕤賓	中吕
工	尺	上	乙	四	六	凡
應鐘	無射	南吕	夷則	四	五	六
高工以次下	一	二	三			

右變宫之角大吕之角四清。

六	五	四	三	二	一	低凡以次上
姑洗	夾鐘	太簇	大吕	林鐘	蕤賓	中吕
工	尺	上	乙	四	六	凡
應鐘	無射	南吕	夷則	五	六	黄鐘
一	二	三	四			高凡以次下

右變宫之徵大吕之徵五清。

商音

角	商	變宫	宫	羽	變徵	徵
三	二	一	低上以次上	六	五	四
中吕	姑洗	夾鐘[1]	太簇[2]	夷則	林鐘	蕤賓
凡	工	尺	上	乙	四	六
四	五	六	南吕	一	二	三
			高上以次下			

右商之宫太簇之宫一清。

二	一	低尺以次上	六	五	四	三
中吕	姑洗	夾鐘	太簇	夷則	林鐘	蕤賓
凡	工	尺	上	乙	四	六
五	六	無射	南吕	二	三	四
		高尺以次下	一			

右商之變宫太簇之變宫二清。

一	低工以次上	六	五	四	三	二
中吕	姑洗	夾鐘	太簇	夷則	林鐘	蕤賓
凡	工	尺	上	乙	四	六

① 《四庫全書》本漏此"鐘"字,據《顔李叢書》及《叢書集成》本補。

② 《四庫全書》本漏此"簇"字,據《顔李叢書》及《叢書集成》本補。

六	應鐘	無射	南宫	三	四	五
	高工以次下	一	二			

右商之商太簇之商三清。

低凡以次上	六	五	四	三	二	一
中吕	姑洗	夾鐘	太簇	夷則	林鐘	蕤賓
凡	工	尺	上	乙	四	六
黄鐘	應鐘	無射	南吕	四	五	大吕
高凡以次下	一	二	三			六

右商之角太簇之角四清。

六	五	四	三	二	一	低六以次上
中吕	姑洗	夾鐘	太簇	夷則	林鐘	蕤賓
凡	工	尺	上	乙	四	六
黄鐘	應鐘	無射	南吕	五	六	大吕
一	二	三	四			高六以次下

右商之徵太簇之徵五清。

角音

角	商	變宫	宫	羽	變徵	徵
三	二	一	低尺以次上	六	五	四
蕤賓	中吕	姑洗	夾鐘	南吕	夷則	林鐘
六	凡	工	尺	上	乙	四
四	五	六	無射	一	二	三
			高尺以次下			

右角之宫夾鐘之宫一清。

二	一	低工以次上	六	五	四	三
蕤賓	中吕	姑洗	夾鐘	南吕	夷則	林鐘
六	凡	工	尺	上	乙	四
五	六	應鐘	無射	二	三	四
		高工以次下	一			

右角之變宫夾鐘之變宫二清。

一	低凡以次上	六	五	四	三	二
蕤賓	中吕	姑洗	夾鐘	南吕	夷則	林鐘

六　凡　工　尺　上　乙　四

六　黄鐘　應鐘　無射　三　四　五

高凡以次下　一　二

右角之商夾鐘之商三清。

低六以次上　六　五　四　三　二　一

蕤賓　中吕　姑洗　夾鐘　南吕　夷則　林鐘

六　凡　工　尺　上　乙　四

大吕　黄鐘　應鐘　無射　四　五　六

高六以次下　一　二　三

右角之角夾鐘之角四清。

六　五　四　三　二　一　低四以次上

蕤賓　中吕　姑洗　夾鐘　南吕　夷則　林鐘

六　凡　工　尺　上　乙　四

大吕　黄鐘　應鐘　無射　五　六　太簇

一　二　三　四　高四以次下

右角之徵夾鐘之徵五清。

徵音

角　商　變宫　宫　羽　變徵　徵

三　二　一　低工以次上　六　五　四

林鐘　蕤賓　中吕　姑洗　無射　南吕　夷則

四　六　凡　工　尺　上　乙

四　五　六　應鐘　一　二　三

高工以次下

右徵之宫姑洗之宫一清。

二　一　低凡以次上　六　五　四　三

林鐘　蕤賓　中吕　姑洗　無射　南吕　夷則

四　六　凡　工　尺　上　乙

五　六　黄鐘　應鐘　二　三　四

高凡以次下　一

右徵之變宫姑洗之變宫二清。

一　低六以次上　六　五　四　三　二

林鐘	蕤賓	中吕	姑洗	無射	南吕	夷則
四	六	凡	工	尺	上	乙
六	大吕	黄鐘	應鐘	三	四	五
	高六以次下	一	二			

右徵之商姑洗之商三清。

低四以次上	六	五	四	三	二	一
林鐘	蕤賓	中吕	姑洗	無射	南吕	夷則
四	六	凡	工	尺	上	乙
太簇	大吕	黄鐘	應鐘	四	五	六
高四以次下	一	二	三			

右徵之角姑洗之角四清。

六	五	四	三	二	一	低乙以次上
林鐘	蕤賓	中吕	姑洗	無射	南吕	夷則
四	六	凡	工	尺	上	乙
太簇	大吕	黄鐘	應鐘	五	六	夾鐘
一	二	三	四			高乙以次下

右徵之徵姑洗之徵五清。

變徵音

角	商	變宮	宮	羽	變徵	徵
三	二	一	低凡以次上	六	五	四
夷則	林鐘	蕤賓	中吕	應鐘	無射	南吕
乙	四	六	凡	工	尺	上
四	五	六	黄鐘	一	二	三
			高凡以次下			

右變徵之宫中吕之宫一清。

二	一	低六以次上	六	五	四	三
夷則	林鐘	蕤賓	中吕	應鐘	無射	南吕
乙	四	六	凡	工	尺	上
五	六	大吕	黄鐘	二	三	四
		高六以次下	一			

右變徵之變宫中吕之變宫二清。

一	低四以次上	六	五	四	三	二
夷則	林鐘	蕤賓	中吕	應鐘	無射	南吕
乙	四	六	凡	工	尺	上
六	太簇	大吕	黄鐘	三	四	五
	高四以次下	一	二			

右變徵之商中吕之商三清。

低乙以次上	六	五	四	三	二	一
夷則	林鐘	蕤賓	中吕	應鐘	無射	南吕
乙	四	六	凡	工	尺	上
夾鐘	太簇	大吕	黄鐘	四	五	六
高乙以次下	一	二	三			

右變徵之角中吕之角四清。

六	五	四	三	二	一	低上以次上
夷則	林鐘	蕤賓	中吕	應鐘	無射	南吕
乙	四	六	凡	工	尺	上
夾鐘	太簇	大吕	黄鐘	五	六	姑洗
一	二	三	四			高上以次下

右變徵之徵中吕之徵五清。

羽音

角	商	變宮	宮	羽	變徵	徵
三	二	一	低六以次上	六	五	四
南吕	夷則	林鐘	蕤賓	黄鐘	應鐘	無射
上	乙	四	六	凡	工	尺
四	五	六	大吕	一	二	三
			高六以次下			

右羽之宫蕤賓之宫一清。

二	一	低四以次上	六	五	四	三
南吕	夷則	林鐘	蕤賓	黄鐘	應鐘	無射
上	乙	四	六	凡	工	尺
五	六	太簇	大吕	二	三	四
		高四以次下	一			

右羽之變宫蕤賓之變宫二清。

一	低乙以次上	六	五	四	三	二
南吕	夷則	林鐘	蕤賓	黄鐘	應鐘	無射
上	乙	四	六	凡	工	尺
六	夾鐘	太簇	大吕	三	四	五
	高乙以次下	一	二			

右羽之商蕤賓之商三清。

低上以次上	六	五	四	三	二	一
南吕	夷則	林鐘	蕤賓	黄鐘	應鐘	無射
上	乙	四	六	凡	工	尺
姑洗	夾鐘	太簇	大吕	四	五	六
高上以次下	一	二	三			

右羽之角蕤賓之角四清。

六	五	四	三	二	一	低尺以次上
南吕	夷則	林鐘	蕤賓	黄鐘	應鐘	無射
上	乙	四	六	凡	工	尺
姑洗	夾鐘	太簇	大吕	五	六	中吕
一	二	三	四			高尺以次下

右羽之徵蕤賓之徵五清。

此用變圖也。音有七者，即晏子所謂七音、伶州鳩所謂七律、《漢書》所謂七始、隋唐後所謂七調者，然變宫亦宫，變徵亦徵也，故舜與孟子惟曰五音。

《樂録》謂："《國語》大武有四名：曰羽，曰厲，曰宣，曰嬴。亂而其調只用七律，曰夷，曰南，曰無，曰應，曰黄，曰大，曰太。但取夷則至太簇，顛倒立調，羽亂上宫，一以夷至黄，一以無至太，厲宣下宫，一以黄至夷，一以太至無。"今觀七調中，則原有此調，可相印者。

《禮運》曰"十二管還相爲宫"，蓋七正皆可旋爲宫，正五清皆可旋爲宫清也。

每一音分五調，無變徵與羽者，以其高而無清聲也，五七則三十五調矣。隋唐間以七調乘十二律爲八十四調，去五律爲中管，謂其聲在前後二律之間，與前律同出一孔，音韻重複，故不用，蓋即河右所言五清與正聲同，只可隨正爲調，不自立調也，因爲四十九調，是正與此圖合。但渠不知變徵與羽無清，故唐宋後又參差遞減耳。

此與閟二變者不同矣，而音中之音亦可曰以六律正之，如得黄鐘低宫音，由本音而上，以六律層高，以至高極，而高宫音得焉。得林鐘高宫音，由本音而下，以六律層低，以至低極，而低宫音得焉。非亦以六律正五音歟？不用二變者，二變音自在也，《樂録·七調圖》宫、商、徵、羽之間皆隔一層是也。用二變者，變宫爲宫餘，變徵爲徵餘，猶宫、徵音也。《樂録》所謂“合二聲爲一聲”是也。其實一也。故每音中之調，可連根數爲六律，亦可脱根數爲六律也。

乃此七調中六律，亦無一絲可慁者。如宫之宫，宫音爲黄鐘，而以大吕、太簇、夾鐘、姑洗、中吕、蕤賓六律遞上遞下；變宫之宫，宫音爲大吕，則以太簇、夾鐘、姑洗、中吕、蕤賓、林鐘六律遞上遞下，且同一大吕變宫也。在宫之變宫，以太簇、夾鐘、姑洗、中吕、蕤賓、黄鐘六律遞上遞下，而黄鐘有林鐘一清。在變宫之宫，則以太簇、夾鐘、姑洗、中吕、蕤賓、林鐘六律遞上遞下，而林鐘無清，迥乎不同。若大吕變宫之爲乙也，在宫之變宫與變宫之宫，皆以上、尺、工、凡、六、四遞上遞下同矣。然宫之變宫上字在器色二層，變宫之宫上字在器色三層，又迥乎不同。推之三十五調，六律高低，音節甚清，毫無慁者。

晏子論樂有七音八風之説，北周長孫紹遂欲於七聲之外，加一黄鐘爲八。伊時裴正以爲舜開七始，周制七音，并不用八。然樂律隔八相生，賈公彦《周禮疏》曰：“黄鐘生林鐘，隔八爲位。”蓋象八風。今圖每調七聲，惟本音有高低二聲，正是八聲，正是七聲，然則用七用八皆一也。前人見其一不見其二，遂致主客鬭爭，閲此或可以粲然矣。

宫之宫六律遞爲高下，共本音八律，下每調高一律，五調得十二律，而宫音畢矣，宫音正矣。他音皆然。

《寧府五聲歌訣》每調六聲，而云九聲者，以五正四清言也。今此圖每調八聲，而七正五清，則十二聲矣。

每一調分五調十二律以全，是五調盡于十二律爲十二聲也，故古言六律者，至十二律而止。

一調十二聲，則七調當八十四聲矣，此昔人所以有八十四調之説也。但七調雖共得八十四聲，而中多複聲，若以立調爲八十四，則無理耳。

七調每調高一律，共爲八十四聲，然前調之高音，即轉爲後調之低音也。高音轉低，則低音反轉高也，總不出十二律也。

每一律給七調用，即前圓圖之七層也。

據古人所傳，宫懸有四清鐘磬，又有五清鐘、五清磬。河右先生曰“此以七聲加五清爲十二律者”，則五正四清、七正五清皆屬古樂，不必至宇文周時龜茲樂工始有七聲五旦爲北曲也，蓋古人七音、五音并用，或一如今之南曲、北曲并行者。

《家語》：“子路鼓琴，孔子曰：‘甚矣，由之不才也！先王之制音也，奏中聲以爲節，流入於南，不歸於北。南者，生育之鄉；北者，殺伐之域。故君子之音溫柔居中，以象生育之氣，乃所謂治安之風也;小人之音,則亢麗微末,以象殺伐之氣,乃所以爲亂亡之風。昔舜彈五絃之琴,造《南風》之詩,其興也勃焉;殷紂好爲北鄙之聲,其廢也忽焉。由今也無意於先王之制,而習亡國之聲,豈能保其六七尺之軀哉?'子路聞之,懼而不食,以至骨立。"夫《家語》纂於漢魏儒者,此則似因《論語》"由之瑟,奚爲于丘之門"二語,遂附離以北鄙之音以文其事,然亦可見南北分音之説,來已久矣,但其中多舛義,不可不辨焉。

北聲亦有柔緩,而多忼慨奮厲;南聲亦有悲奮,而多嘽緩柔靡,或是之分。但《樂記》曰:"粗厲猛起,奮末廣賁之音作,而民剛毅;寬裕肉好,順成和動之音作,而民慈愛。"是剛、柔皆善也。而其流或過剛而殺伐,或過柔而淫靡,則均失之,烏得謂南音必善、北音必惡耶?

且舜《南風》之歌,因其詩有"南風薰時"等語,故曰《南風》,未必南音也。《史記·樂書》曰:"紂爲朝歌北鄙之音。"朝歌者,不時也。北者,敗也。鄙者,陋也。《殷本紀》曰:"紂飲酒淫樂,嬖於婦人,使師延作新淫聲,北里之舞,靡靡之樂。"后衛靈公命樂人重寫其音,是乃古人所謂流嬖邪散之音也。鄭、衛聲淫蓋本諸此,而豈北方奮厲之音耶?今因子路見責,以紂北鄙之音加之子路,而子路,勇人也,遂以殺伐暴厲之音加之紂之所謂靡靡者,毋乃皆誤語乎?

夫子路,升堂之賢也。即尚勇不中,亦只以行行之氣播之樂耳,烏有愛紂靡淫之聲而寫之者乎?誣哉!況世傳黄帝始命伶倫造十二律,而周人所習六樂,以黄帝《雲門》爲首。黄帝居山後涿鹿,正北鄙也。聖經言樂始於舜,舜生諸馮,亦北地。繼而正樂者,禹、湯、文、武、孔子,皆北人也,則中聲不在北耶?乃曰"流入於南,不歸於北",何也?

而更有可疑者,《韶》之雅,靡靡之邪淫,原不可同日論也,但謂"舜以南音而興,紂以北音而亡",則妄矣。遠勿論,姑論近而可見者。明初用北曲,天下治,不亂也。明末崇南曲,天下亂,不治也。是樂之得失,惟以雅淫分,不以南北判也。

荊卿入秦,高漸離擊筑,荊軻和而歌,爲變徵之聲,士皆垂淚涕泣,復爲羽聲,忼慨士皆瞋目,髪盡上指冠,則以七調變徵與羽最高,歌者鮮及,是時壯士長征,氣薄霄漢,故用此最高之調耳。

八十四聲,三十五聲,二十八聲,二十四聲,皆十二律旋高旋下,祇十二聲也。十二聲爲十二律,而陰統於陽,只六律也。六律十二聲有五清聲,只七聲也。七聲只五聲也。用二變而五聲始全,用六律而五聲始正,其實五聲而天地之元聲畢矣。

學樂録·卷三

蠡縣　李塨　稿

湖州張翬采舒遷居韋曲，見毛先生《樂録》及予《學樂》，有駁諍。丙戌四月，特訪予恕谷鄉中論樂。時正值營葬亡側吕氏，緦服撫遺呱，不便究謀律吕。然以其遠道垂注，又海内樂學乏人，乃聆其言，録其書，而无所辯，以爲後此可以往復也。不意采舒去，客死於南。而予瀕歲學《易》，以及考訂治平之具，亦未專心於樂。今戊子冬，諸學少就，重理絲竹，因反覆討焬其言，不敢執己見，亦不敢以先入者爲主，而但采舒所論，實涉偏誤，不能曲從，且采舒逝矣，愈不得誣枉其説，以負良友，以迷後人也。前有《與孔東塘主事論樂》數則，并勒爲一卷，以俟知者教我。《學樂録辨正》采舒寄予書名。曰："簫、笛六孔全閉翕音，爲黄鐘宫合字；第一孔爲太簇商兼大吕四字；第二孔爲夾鐘兼姑洗角乙字；第三孔爲仲吕兼蕤賓變徵上字；第四孔爲林鐘徵兼夷則尺字；第五孔爲南吕羽兼无射工字；第六孔與第三孔同開爲應鐘變宫凡字；獨開背孔乃全閉六孔之清聲六字。此黄鐘一均之音即具七調旋宫之音。其兩宫相距處，合、四之間兼大吕，乙、上之間兼姑洗，上、尺之間兼蕤賓，尺、工之間兼夷則，工、凡之間兼無射。以簫、笛倚歌，當便指握，不能兼開十二孔，故上以翕音六孔成七調而兼十二律。其兼音，古人謂之中管，或下兼上，或上兼下，或中兼上下，皆取音律之相協近者，《左氏》所謂'匏竹利制尚議'是也。《樂録》混第四調、第五調爲一調，所謂'元聲一差，向下都差'也。"又曰："《樂録》色譜宗世俗正宫調，正宫調合字乃七調中第四調，位屬仲吕蕤賓；四字乃七調中第五調，位屬林鐘夷則，緣正宫居七調之中，而四上有乙、上、尺三聲，下有六、凡、上三聲，又居七聲之中，遂認此爲黄鐘中聲，又宫合而宫四，由此求律，一往俱誤。"

按：宫、變宫、商、角、徵、變徵、羽，古謂之七聲，而代以四、乙、上、尺、工、凡、六七字。《楚辭》曰"四上競氣極聲變"，只言由宫四商上競氣而高以至聲之極，則二變俱出，是四上七字，周時即有之，以此立調，又謂之七調。每聲有清聲，如師曠所謂清角、清徵。唐開元《鄉飲酒禮傳·周樂》有黄鐘清宫無射清商者，則七聲當有七清聲，七字色當有七高字，共十四聲。然而不能也。七調每調後脱一字，前加一字，凡六加而七調畢，則七字，再加六字，當有十三聲。然而亦不能也。五聲不用二變，爲宫、商、角、徵、羽，則上之宫清、商清、角清、徵清共九聲，至羽清則清峻之極，不能上，下而反歸宫下，《國語》曰"細不過羽"是也，於是止於九聲。七聲用二變，則由七正聲上之爲宫清、變宫清、商清、角清、徵清，共十二聲，至變徵則已清峻之極，不待至羽而即不能上。古傳四清鐘磬，又傳五清鐘磬，而无六清、七清是也，於是止於十二聲。至調則實有七調，故自昔相傳爲十三聲，然至第七調之羽調，以第七聲爲宫四，頂高矣。至十三聲羽六而歌不能及，於是反作低用，而自第一調至此，亦止於十二聲，故古聖制十二律，而無十三律，所謂既竭耳力，以五音萬世莫能易者也。自暴秦掃棄典禮，漢有制氏僅能傳古樂音節鏗鏘而不能明其義。晋荀勗問善笛者列和，笛孔七聲，宫、徵何屬，和辭以爲先師相傳，但爲應曲而設，某曲當舉某指，初不知七孔盡屬何聲，則是七聲相沿，歷代不失，但聲律不能確識。宇文周時，白蘇祗婆以龜茲樂入中國，而七調、七聲各有名目。隋唐間知音者取其法，以與古聲律校，實相比合，乃有立調法者。篇色自下而上，以合、四、乙、上、尺、工、凡、六、五、乙、高上、高尺、高工十三聲爲調。舊譜云笛體中，黄鐘宫第一孔大吕太簇商，第二孔夾鐘姑洗正角，第三孔仲吕蕤賓清角變徵，第四孔林鐘正徵，第五孔則南吕羽，第六孔無射應鐘變宫。其哨聲，黄鐘半律清宫也。又一法，分四、乙、上、尺、工、凡、六爲七聲，不用合字，亦以簫篴自下數之，四孔爲正宫，四以次，五孔爲乙，六孔與三孔爲上，六孔爲尺，一孔爲工，二孔爲凡，三孔爲六，分爲七調。閟二變者，每五聲上有四高字，如五仩伬仜爲四清，共九聲。用二變者，每七聲上有五高字，如五亿仩伬仜爲五清，共十二聲，其調法皆可用。然究而論之，則四孔以四起宫者爲善，何者？一則爲入聲歸於□底，原爲細羽高極返低之音，今以之爲宫，轉接商、角六音，則其聲不入而出，失音之本體，不如四爲喉音，以次上、尺、工、六，由喉翕鼻而達之齶、舌、齒、脣，爲自然天成也。一則宫爲中聲，至高至低皆可旋宫，而不可作正宫。正宫者，中聲也。一則二變誤宗《淮南子》諸書"黄鐘宫下生林鐘徵，林鐘徵上生太簇商，太簇商下生南吕羽，南吕羽上生姑洗角，姑洗角下生應鐘變宫，應鐘變宫上生蕤賓變徵"，故置變宫在宫前、變徵在徵前，不知相生之數，原屬訛舛，所配律吕，亦復矛盾。河右先生辯之已詳。其論二變有曰："世有正而後有變，正宫、正徵之前，變自何出？則變宫斷在宫後、變徵斷在徵後，如七調宫聲後所去第二、第六聲乙、凡之類，恰是二變。"此誠開天之識也。若以合字起宫，而二變置宫、徵前，則南曲去第二、第六聲者爲去四爲商、去工爲羽。夫七音用二變而反去商、羽，與商不可通矣。一則律吕无十三聲，其置合字於下爲十三字，見合音從高返低，聲律圜轉之法，非必以其音爲始也。以其音爲始，則十三聲出於律吕之外矣。一則正角下復有清角，與變徵同孔，夫商、徵皆宜有清，何以獨有清角、清宫？且清角、變徵，逕庭也，何以合一孔而爲音？亦難通也。一則四孔起黄鐘，宫調諧，利用无多异議，若舊譜，四孔爲林鐘，采舒謂爲林鐘夷則，五孔爲夷則南吕，采舒謂爲南吕无射，六孔爲无射應鐘變宫，采舒謂六孔三孔同開爲應鐘變宫，兩相岐出。然觀唐人所傳及宋御製《樂髓新徑》二十八調，黄鐘一律无兼，大吕兼太簇一律，夾鐘兼姑洗一律，仲吕兼蕤賓一律，林鐘一律无兼，夷則兼南吕一律，無射兼應鐘一律，與舊譜合。乃采舒宗之而又互异，是不能自定其説矣，故四孔四字起宫者善也。

若夫中管兼音，則隋唐譜所配律吕有未可據者，簫篴以六孔而兼十二律固也，然大吕可兼夷則，不可兼太簇，夾鐘可兼無射，不可兼姑洗，推之其餘皆誤，是又何也？大吕兼夷則，夾鐘兼無射，則如毛先生説，低乙高乙、低尺高尺，原同一音，故二律一孔，若大吕兼太簇、夾鐘兼姑洗，以陰陽相比，則大吕、黄鐘相比，不比太簇，夾鐘、太簇相比，不比姑洗。即推舊論相生之類，蕤賓生大吕，大吕生夷則，不通太簇，夷則生夾鐘，夾鐘生無射，不通姑洗。然則大吕、太簇安得同在一孔而爲商，夾鐘、姑洗安得同在一孔而爲角耶？是徒知六孔兼律而不知清正兼律，遂牽扯相挨律吕并二爲一耳。

即七音位次，若依舊譜，黄鐘爲翕音，合宫大吕爲一孔，四商夾鐘爲二孔，乙角仲吕爲三孔，上變徵林鐘爲四孔，尺徵夷則爲五孔，工羽無射爲六孔，凡變宫則去大吕一律，爲高字者不通，何也？既以黄鐘爲宫、大吕爲商，則商不可爲宫之清音，大吕不可爲黄鐘之高律也。且去大吕，則去五音之商音矣，而可通乎？今以四孔爲正宫法推之，則所謂林鐘者，實爲四孔黄鐘宫四。所謂夷則者，實爲五孔大吕變宫乙。所謂无射者，實爲六孔三孔太簇商上。所謂應鐘者，實爲六孔夾鐘角尺。六孔音與全閉六孔體中音同音，爲工字調羽聲，六孔正聲反清，體中高聲反濁，舊譜誤以體中濁合爲宫，故謂之黄鐘宫也。所謂大吕者，實爲一孔姑洗工徵，此調有至高、至低兩調，低調通於體中合字，高調極於六孔六字，存其低於合而不用其高，故以此爲黄鐘合宫之高字而去之，其實此調六孔六字爲羽音頂高，去者乃羽音也，至三孔羽正調，反作低用矣。所謂夾鐘者，實爲之二仲吕凡變徵。所謂仲吕者，實爲三孔蕤賓六羽。蓋前人暗通其理，而誤加其名，故至今梦梦也。然則河右《樂録》謂非漆室一炬不得矣。

采舒批予《學樂・七調圖》曰“宫之宫去乙凡與《竟山樂録》合。至宫之商，據《樂録》，用上、工、凡、六、乙，不用尺、四。宫之角，據《樂録》，用尺、凡、六、四、上，不用工、乙”云云。今皆不用乙、凡，與《樂録》相背，不知西河何以稱之，恐亦難自解也。又批商調曰“前宫之商用上、尺、工、六、四，此用上、工、凡、六、乙”，批角調曰“前宫之角用尺、工、六、四、上，此用尺、凡、六、四、上”,何以互异而不自知也。

采舒爲我言曰:“十二律之外无律,七調之外无調。”且能彈能歌,似亦知音律者。然但知七調而不知七調之中有二十八調、三十五調,宫之商宫之角即誤認爲商角,而不知其仍爲宫,商之宫即誤認爲宫,而不知其仍爲商角。知二五而不知一十,仍不知二五也。且予《七調圖》本河右每調五成之説,而曰“與之相背”,是又主客未浹,遂分黔晢者矣。嘗考隋唐間傳四十八調,不用徵聲,以宫、商、角、羽乘十二律,爲四十八。黄鐘宫曰正宫,商曰大石調,角曰大石角調,羽曰般涉調,大吕同黄鐘加高字,太簇同吕加中管字。夾鐘宫曰中吕宫,商曰雙調,角曰雙角調,羽曰中吕調,姑洗同夾鐘加中管字。仲吕宫曰道調宫,商曰小石調,角曰小石角調,羽曰平調,蕤賓同仲吕加中管字。林鐘宫曰南吕宫,商曰歇指調,角曰歇指角調,羽曰高平調。夷則宫曰仙吕宫,商曰商調,角曰商調角,羽曰仙吕調,南吕同夷則加中管字。无射宫曰黄鐘宫,商曰越調,角曰越調角,羽曰黄鐘羽調,應鐘同無射加中管字。於是去中管複音五律爲二十八調,以正宫至黄鐘宫为七宫,大石調至越調爲七商,大石角調至越調角爲七角,般涉調至黄鐘羽調爲七羽,共二十八調,又去大吕一律高字曰二十四調。金元及明,北[1]曲用六宫十一調,爲一十七宫調,曰仙吕宫清新綿邈,南吕宫感歎悲傷,中吕宫高下閃賺,黄鐘宫富貴纏綿,正宫惆悵雄壯,道宫飄逸清幽,原注以上皆屬宫。大石調風流蘊藉,小石調旖旎斌媚,高平調條拗滉漾,般涉調拾掇坑塹,歇指調急併虚歇,商角調悲傷宛轉,雙調健捷激嫋,商調悽愴怨慕,角調嗚咽悠揚,宫調典雅沉重,越調陶寫冷笑,原注以上皆屬調。然道宫、高平、歇指、角調、宫調,名存譜缺,衹十二調。南曲用九宫十三調,曰仙吕,曰羽調,曰正宫,曰大石調,曰中吕,曰般涉調,曰南吕,曰黄鐘,曰越調,曰商調,曰小石調,曰雙調,曰仙吕。八雙調與北曲調有出入,詞則略同。其四十八調去五律中管,即《樂録》言“五清律與五正聲同聲,不立調也”,又去一高字者,即《樂録》言七調羽聲頂高,人不能及,故嘗不用也。然隋唐以來,去徵不去羽者。《竟山樂録》曰“舊解七音皆誤以林鐘爲徵、蕤賓爲變徵。林鍾乃黄鐘宫清音之首,不立調,蕤賓當黄鐘宫第一調之羽,按之无調,則在十二律爲无林鐘調,在五聲爲无羽調,而舊説皆以徵當之。”去徵即去羽也,去羽則每調五成只有四成。七宫又言六宫者,即去羽宫不用也。故六宫无高宫一調。又言九宫,以爲仙吕、正宫、大石、仲吕、南吕、黄鐘、越調、高調、雙調九調皆有宫也,分别亦未確。而河右曰“九宫亦九聲、九歌之意,其用十七調、十三調者,調固有二十八,而一調自爲一成,用全、用偏可任用也,而總以七律各分宫、商、角、羽,爲二十八調”,即予《學樂》之七調

① 底本作“比”,似誤。依上下文與南曲對而改。下同。

各分宫、商、角、徵，爲二十八調也。北曲用二變，每調加一調，則三十五調。在隋①唐間，未明清正隔八相生及羽聲頂高之義，而暗與河右《樂録》所言合。在河右論及予《學樂》所圖，未嘗規模隋唐舊譜觀《樂録》引二十八調。等而皆駁之，可見即予《學樂》謂合於二十八調，亦大略言之，彼時實未深考舊譜也，而音律皆與之準。可見天地元音，今古中外只此一轍，辭有淫正，腔分雅靡，而音調必无二致。《孟子》曰"今樂猶古樂"、"耳之於聲，有同聽焉"，誠篤論也。今中華實學陵替，西洋人入呈其曆法、算法，與先王度數大端皆同，所謂"天地一本，人性同然"，不知足而爲屨必不爲蕢者也，乃於樂獨謂今古参商，而傳習利用之音爲夷樂、俗樂，亦大誤矣。嘗問一老歌工，曰："七調每調只一調乎？"曰："每調有上中下。"則七調各分宫、商、角、徵。歌工即不解其義，而亦通其數，豈采舒而未之聞耶？《辨正》又曰"自宋以來，誤以第四調爲正宫調"，又曰"隋唐後，謂五聲無徵調"，蓋亦宗正宫調之誤。簫笛正宫調以第六孔爲尺徵，采舒以三孔合爲宫、四孔四爲商、五孔乙爲角、六孔三孔上爲變徵，故云"六孔尺爲徵"。第六孔於第一調爲宫清六字，屬第八聲，故无調。

即如采舒言，亦見籥色中聲起宫，自隋唐及宋，而皆有然矣，且采舒亦謂此俗傳而用之調諧者。夫調諧則於音律得矣，豈斥調諧而必取不調諧者乎？

然而采舒"宫合不宫四"亦依舊譜，以相駁辯則然，而其實采舒亦不以合爲宫也。采舒自纂《樂議》而云昔人多以合四爲宫商，以合四最濁也。但合四爲宫商，則必以乙爲角上、爲變徵，尺爲徵工、爲羽凡、爲變宫。依此，南曲與琴調散聲去乙凡而用上，便爲去角與變宫而用變徵，於音雖協，於義則悖。心久未安。一日，以南曲家合、四、上、尺、工、六、五起調，字色配琴，正調七絃之聲，始知合四爲倍徵羽，上、尺、工、六、五爲宫、商、角、徵、羽。依此法推簫笛七調，則南曲每調所去乙爲變宫、凡爲變徵，始與琴調散音去二變同法，千秋之謬，一旦始正，亦一大快也。於是自撰以十三聲自下起，合爲倍林鐘倍徵，數一百零八，四爲倍夷則，南吕倍羽，數九十六，乙爲倍无射，應鐘倍變宫，數八十六，上爲正黄鐘大吕宫，數八十一，尺爲正太簇商，數七十二，工爲正夾鐘姑洗角，數六十四，凡爲正仲吕蕤賓變徵，數五十七，六爲正林鐘徵，數五十四，五爲正夷則南吕羽，數四十八，亿爲正无射應鐘變宫，數四十三，仩爲清黄鐘大吕清宫，數四十零五，伬爲清太簇清商，數三十六，仜爲清夾鐘姑洗清角，數三十二。七正聲、三倍聲、三清聲，共十三聲，爲一調，其三倍聲則宗《管子》先益法，以宫聲八十一爲主，宫右爲先損，下生；宫左爲先益，上生。下生者隔五，上生者隔四。每調一宫進則一宫退，第二調加仉字爲仲吕清蕤賓，第三調加伬字爲清林鐘，第四調加伍字爲清夷則清南吕，第五調加亿字爲清无射清應鐘，第六調加仕字爲少清黄鐘少清大吕，

① 底本作"惰"，似誤。

第七調加伬字爲少清太簇。七調共十九聲。

采舒以合宫爲非，而乃以繩人，是以己之不願者相施也。特是舊譜合宫雖徵錯誤，然合本可作低音，合在喉底，四出喉上，圓浹，於器色間亦可聲調無忤，蓋簫篴等器，以體論之，則下一孔爲宫，以上至六孔爲變宫、商、角、徵、變徵、羽，如今之工字調，俗名小宫調，亦名低宫、高宫，共十五聲，以調至低至高皆在其中，體則然也。以用言之，則從下數，至四孔爲宫、變宫、商、角、徵、變徵、羽，環數至三孔而一周，即今所用之正宫，上有三聲，下有三聲，以中聲爲宫，古謂“宫者，中聲”，用則然也。若采舒自悟之法則舛錯乃有甚者。先益雖本之《管子》，然大不足據。河右曰：“三分損益，總屬誣妄。”然就事論事，則《史記》先損是，而《管子》先益非，以徵數不得過於宫、羽數不得過於商與角也。此乃先秦處士横議寓言，以致兩漢儒者因之，或三或四，此商彼角，取總棄零，紛糾喧豗，固樂律之陽九百六也。今樂正皆宗《史》《漢》，采舒乃又棄故矜新，獨取《管子》，則宫前有徵、羽、變宫三音，皆濁於宫，宫不可爲五音之首矣。黄鐘之前有林鐘、夷則、南吕、无射、應鐘五律，數皆過於黄鐘，黄鐘不可爲萬事根本矣，當以林鍾为本矣。黄鐘九寸管已至濁，今又當有一百有八、九十六、八十六之三管，皆長於黄鐘矣。异哉！宫音非首，黄鐘非始，是侮聖而畔經也。世忽有十寸餘之律管，設蔡元定操算，所謂探忽極徵，得黄鐘之實一十七萬七千一百四十七者，必將又計倍徵、倍羽，不知幾萬幾億，恐亦茫然自廢矣。且一聲兩律數皆一致，如黄鐘、大吕數皆八十一，與舊譜黄鐘八十一、大吕七十五者相悖，黄鐘兼大吕與舊傳大吕兼太簇者又悖，是律吕長短兼專惟其所命。且《國語》云“大不過宫，細不過羽”，今則大不過徵、細不過角，而羽音反居中矣，有是理乎？凡調從徵起，何説乎？隋唐不用徵聲，何以起調乎？謂合至凡七聲爲七調，六字即出調外，則徵、羽、變宫調用倍音，宫、商、角、變徵調用正音，是何道乎？同一正音也，而四、乙爲倍，上、尺爲正，同一高字也，而亿爲正、仕爲清，又有高高字，不亦淩亂乎？十三聲，舊傳爲合、四、一、上、尺、工、凡、六、五、乙、仕、伬、仜，又傳爲四、乙、上、尺、工、凡、六、佪、亿、仕、伬、仜、伿，一則[①]下有一低聲不用，一則上有一高聲不及，故律吕止於十二，爲十二聲。七調高下圜浹爲用，與琴有十三暉極清不用正同。今忽爲十九聲，自古傳今，安有十九律乎？《管子》“先益”專指五聲，施之十二律，又誤中之誤。采舒於後亦云南曲每調所越是第二、第六聲，若如所撰，則越乙、凡爲第三、第七聲，與舊譜同一不合也。使宗正宫調，以四起宫，不與第二、第六聲正合乎？不正見二變在宫、徵後乎？乃見《樂録》而堅以爲非，何也？是己見而難從人，宜子路、舜、禹之敻然千古矣。

《辨正》又曰：“清、正、倍皆同音，正聲十二，倍聲十二，清聲十二，共三十六聲。中聲即

---

① 《顔李叢書》本此處衍一“則”字。

正聲也。毛氏以清、正同音者，謂之相生，於是黄、林同音，大、夷同音，太、南同音，夾、無同音，姑、應同音，惟仲、蕤无清聲，每調遍役十二律，而不用三變律，則減十二律爲九律。又謂五調中无羽調，則減五聲爲四聲，凡此皆毛氏之學，而非古也。"又曰："陽律、陰吕本屬二音，如男女配合，上交下感，故謂之相生，若清、正以同律相應，非二音也，以一律而當兩律、以一聲而共一音，聲律混淆，莫此爲甚。"又曰："《淮南子》謂'仲吕四月極不生'，後儒宗之，今考之簫、笛，第三孔爲中吕，全閉、六孔爲黄鐘倍聲，簫背孔、笛第六孔爲黄鐘正聲，第三孔損一則隔五下生，第六孔黄正益一則隔四上生，全閉黄倍，非極不生也。"

十二正聲，十二倍聲，十二清聲，豈古又有三十六律耶？若曰清、正同音爲一律，則即如采舒所計，黄鐘八十一，黄鐘清四十零分五，大懸殊矣，可爲一律乎？况清聲不可言十二也。即七調所旋，一調五清，下六調再各加一清，止十一清。至十二清，聲高不可及，則旋亦不及矣。且七調清聲，至二調後則以低作高，其實只有四清、五清，并不可立十一清之名也，故古編懸式五聲之下有四清鐘磬，七聲之下有五清鐘磬。夫七聲五清共爲一懸，非十二律而何？則十二律之清正兼備，明矣。故唐宋樂或以黄鐘、大吕、太簇、姑洗爲四清，或以黄鐘、大吕、太簇、夾鐘爲四清，以此五律下有清聲，即龜茲七聲所謂五旦也。至於倍聲、半聲之説，舊以十二律正聲爲倍，子聲即清聲爲半。言祇得正聲之半也。亦謂十二律有清正耳，如之何又分倍、正、半爲三乎？清正同音相生即分二律，如父子狀貌同、性情同，而老稚相繼即爲相生，即屬二人，非但如男女配合也，故古有曰"律八娶妻，吕八生子"。若夫中管一孔而兼二律，原屬古法，故唐人王建詩曰"中管五絃初半曲，遥教合上隔簾聽"。采舒論樂，亦取中管兼音矣，而獨於此曰"以一律而當兩律，以二聲共一音"，混淆爲甚，則中管非以一律當兩律、以二聲共一音乎？獨不混淆乎？每調遍役十二律，則兼音不每調遍役十二律乎？何一主而一奴也？至減十二律爲九律、減五聲爲四聲，明係古法。晏子論音，有九歌、七始。正清只用九聲，且十二律有二變，采舒亦謂爲七字乙、凡二音，則十二律即十二聲，去乙、凡、亿，非九律而何？五聲減爲四聲，則周人不用商，隋唐不用徵，皆減爲四，不始於河右不用羽也。

仲吕、蕤賓无下生者，謂其高而无清也，以聲不以數。然即以采舒向予所指律吕隔八生數言之，黄鐘八十一宫，下生林鐘五十四徵，林鐘五十四上生太簇七十二商，太簇七十二下生南吕四十八羽，南吕四十八上生姑洗六十四角，姑洗六十四下生應鐘四十三零變宫，應鐘四十三零上生蕤賓五十六零變徵，其宫、徵二變之次雖有乖舛，而上下位數不紊。至蕤賓當下生，而大吕在其上，非下生矣。且下生三分損之大吕，當三十八零，不可居黄鐘、太簇之間矣。不得已，轉而上生大吕七十五零，以求其合。大吕七十五零下生夷則五十零，夷則五十零上生夾鐘六十七零，夾鐘六十七零下生无射四十五零，无射四十五零上生仲吕六十零，中吕當下生，而黄鐘在其上，又非下生，且下生三分，損之，當四十零，與黄鐘八十一不合。又黄鐘爲十二律之本，不可言爲别律所生也。即此，見蕤賓、中吕果无下生，而《淮南子》謂"仲吕極則不生"，猶爲有見。乃采舒必謂上生黄鐘倍聲，則仲吕以次，不當上生，下生黄鐘正聲，則下生四十零，不可言正，將别爲一律，管在十二律外，不歸本元矣。

采舒有兩調法：一以翕音爲黄鐘正聲，六孔爲黄鐘清聲；一以翕音爲林鐘倍徵，六孔爲林鐘正徵。今又忽言翕音爲黄鐘倍聲，六孔爲黄鐘正聲乎？生數自應鐘後皆奇零不能成總，舊人乃欲由一積萬，以計實數，一何愚也。

《辨正》又曰："聲過清則傷和，故雖梁、陳雅樂，亦重宫聲。若四清聲，乃爲夷則、南吕、无射、應鐘四律本宫聲清，其商角，臣民之音，或相凌犯，故設四清聲以濟其不及，雖短律爲宫，而宫聲之下仍无下聲，故四清不可廢，非謂審音之道皆以清聲定樂也。《寧府五聲歌訣》傳自歌工，考其清濁之聲，一無足據，而謂古人衹以清聲定樂，以此求元聲，豈可得乎？"

采舒不解四清、五清之義，不解聲之有正必有清，故自創宫調，臆用三倍、三清，宜其於《五聲歌訣》渺若河漢也。然獨不思己之吹竹理絲，四、上、尺、工皆有高字，即宫、商、角、徵皆有清聲耶？乃曰"聲過清則傷和"，是謂清聲不當用矣。又曰"夷則以下四律本宫聲清，恐商、角之音淩犯，故設四清，一濟其不及。"推其意，蓋謂旋宫至此，四律本聲已高，其下恐有下聲淩犯，特設四清於上以引之而高，則除此四律爲宫，皆可廢清聲矣。乃自撰黄鐘之調亦有清聲，又何説焉？有正必有清，聲之自然，今日設之，則是故造一清音矣。夫音律可强造乎？宫高則商、角、徵、羽皆隨而高，焉有在下者淩犯乎？其言之恍惚乃爾！

《唐書》曰"宫聲之下无復下聲"，采舒甚是之，然自撰宫調以上字爲宫，而下有三倍聲，豈自忘其言也？

《辨正》又曰："十二律見之器色，有一定之絃暉孔位不可移易，而五音則自第一調後皆遞相差次，上下旋轉，音移而律不移，所謂以六律正五音也。今《六律正五音圖》宫、商不移，驅六律以就五音，是以五音正六律，而非以六律正五音矣。且器色七調，惟正宫調四字居七調之中，餘三調在上、三調在下，今七調中聲俱從中起，驗之器色，豈能相合耶？"

移七調色字以就五音，與移五音以就七調色字，其義一也，以七調即五音也。五音不移而以十二律旋宫，與十二律不移而以五音旋宫，其義一也，以十二律正五音者也，則仍五音也，所謂正看、側看皆是者也。姑取一端爲圖以明之耳。然采舒此辨尚自有見，今因其言爲圖，以示一致之意。圖見《小學稽業》。至采舒謂予《學樂》"大吕、太簇亦黄鐘"句爲溷，"宫之變宫上字在器色二層，變宫之宫上字在器色三層，是以圖之轉移而認爲器色之轉移也"，極中予誤，謹承教而改之矣。

六律正五音圖

徵調

宫清	羽	變徵	徵	角	商	變宫	宫	徵清	角清	商清	變宫清
應	無	南	夷	林	蕤	仲	姑	夾	太	大	黄
鐘	射	吕	則	鐘	賓	吕	洗	鐘	簇	吕	鐘
五	六	凡	工	尺	上	乙	四	仜	伬	仕	亿

變徵調

羽	變徵	徵	角	商	變宫	宫	徵清	角清	商清	變宫清	宫清
應	無	南	夷	林	蕤	仲	姑	夾	太	大	黄
鐘	射	吕	則	鐘	賓	吕	洗	鐘	簇	吕	鐘
六	凡	工	尺	上	乙	四	仜	伬	仕	亿	五

羽調

變徵	徵	角	商	變宫	宫	徵清	角清	商清	變宫清	宫清	羽
應	无	南	夷	林	蕤	仲	姑	夾	太	大	黄
鐘	射	吕	則	鐘	賓	吕	洗	鐘	簇	吕	鐘
凡	工	尺	上	乙	四	仜	伬	仕	亿	五	六

宫調

徵清	角清	商清	變宫清	宫清	羽	變徵	徵	角	商	變宫	宫
應	無	南	夷	林	蕤	仲	姑	夾	太	大	黄
鐘	射	吕	則	鐘	賓	吕	洗	鐘	簇	吕	鐘
仜	伬	仕	亿	五	六	凡	工	尺	上	乙	四

變宫調

角清	商清	變宫清	宫清	羽	變徵	徵	角	商	變宫	宫	徵清
應	無	南	夷	林	蕤	仲	姑	夾	太	大	黄
鐘	射	吕	則	鐘	賓	吕	洗	鐘	簇	吕	鐘
伬	仕	亿	五	六	凡	工	尺	上	乙	四	仜

商調

商清	變宫清	宫清	羽	變徵	徵	角	商	變宫	宫	徵清	角清

應	無	南	夷	林	蕤	仲	姑	夾	太	大	黄
鐘	射	吕	則	鐘	賓	吕	洗	鐘	簇	吕	鐘
仩	亿	五	六	凡	工	尺	上	乙	四	伬	伿

角調

變宫清	宫清	羽	變徵	徵	角	商	變宫	宫	徵清	角清	商清
應	無	南	夷	林	蕤	仲	姑	夾	太	大	黄
鐘	射	吕	則	鐘	賓	吕	洗	鐘	簇	吕	鐘
亿	五	六	凡	工	尺	上	乙	四	伬	伿	仩

此則十二律不移而五音旋宫矣，與《學樂・六律正五音圖》正同。其每調皆以四字起者，樂師所傳簫笛原有兩色：一則四、乙、上、尺、工、凡、六，各分孔位起宫，四孔爲四字調，南曲去乙、凡二字，五孔爲乙字調，去上、六二字，六孔、三孔同放爲上字調，去尺、四二字，六孔爲尺字調，去工、乙二字，一孔爲工字調，去凡、上二字，二孔爲凡字調，去六、尺二字，三孔爲六字調，去四、工二字；一則七調皆以四字起宫，而第一調則四孔爲四，二調則五孔爲四，三調則六孔、三孔爲四，四調則六孔爲四，五調則一孔爲四，六調則二孔爲四，七調則三孔爲四，皆去乙、凡二字。其實一耳。

采舒批予《學樂》曰“七聲高下如植木，然必根壯而後枝茂；如造臺，然必堅其基而後層累而殺。今於中取宫以爲黄鐘，是木不培其本而培半幹，臺不堅其基，欲從三四層凌空而起也，有是理乎？”

植木、造臺之喻，非其倫也。木、臺，形色也，形色以質。律吕，聲音也，聲音以氣。質必本下，氣則聚中；本下則方，聚中則圓，如循環然，終而復始，一無可增，一無可減，故曰“禮方如地，樂圓如天”。

曷驗人聲乎？人之出語，多屬平聲、中聲，以次漸高，則爲高聲，以次漸低，則爲低聲，故中聲即始聲、始律即中聲也。

《辨正》又曰：“南曲所越二字，非盡二變也；所用者，非盡五音也，如四、上、尺、工、六、四爲商，上爲變徵，尺爲徵，工爲羽，六爲宫清。凡定調，先吹此，引以四字。起者，首不起合，而調中有之，次越角六，越變宫，而第二聲上字用變徵矣。然甲調之四、上、尺、工、六即乙調之合、乙、上、尺、凡，其聲與四、上、尺、工、六同也。合爲宫，乙爲角，上爲變徵，尺爲徵，凡爲變宫，此以合字起，次越商六，越羽，而二變皆用矣，又安得以所越之四、工爲二變乎？”要之，南曲但越第二、第六聲，非必去二變也，毋論采舒所言四字調宫商不合，毋論既知凡定調先吹四字，則四字調曉然是正宫，毋論七調中无合字調，所言合字調乃六字調。五音去角，二變去變宫，與夫二變俱用而去商、羽爲无理，但問采舒平日所録，不曾言悟南曲所去乙、凡二音爲變宫、變徵乎？不曾言去角而存變徵之悖乎？乃駁《樂録》《學樂》，遂自反其説，何哉？自朱陸各分門户以後，宋明道學文士皆以矜己勝人爲習，何、李、鍾、譚之詩，王、李、歸、唐之文，互相譙呵，張武承著《王學質疑》，陸稼書刊之，盛詆陽明好言性、天之非，而頓忘好言性、天實始於所宗之程朱也。愈醒愈快，適以自攻，亦何爲矣？

南曲，如宫調不用乙、凡，變宫調不用上、六，昭然可别。北曲，如宫調出調字，或用一字，或用二字，必乙、凡，不及他字；變宫出調字，或用一字，或用二字，必上、六，不及他字，亦昭然可别。《樂録》所謂"元音一定，不移不猜"，確有足據者也，然則二變所關鉅矣，不明此，烏可言樂。

批予《學樂》曰："《竟山樂録》以四、乙、上、尺、工、凡、六、五、亿、仩、伬、仜當十二律，是此外不能加一聲矣，乃時下四字調復有合字，與六字同出一孔，則合爲正聲、六爲清聲无疑矣，乃謂六爲正聲而無清，豈可乎？"

六合不可言合正六清，以人聲辨之，瞭然也。四、五吟之，同在喉；上、仩吟之，同在齶；尺、伬吟之，同在舌；工、仜吟之，同在齒；至六、合吟之，則六在脣而合歸喉底，環接之音圓順，故六先合後，但不可以合爲清耳。若以合先六後吟之以分正、清，則合入在喉底，而六乃凌越齶、舌、齒而上脣，非一音矣。

且以合爲正宫音，則今正宫四字調首十餘聲總无合字，是十餘聲尚無宫音矣，可乎？且以下六調俱無合字，豈商、角、徵、羽之調俱不圓轉及宫乎？如時下《柳青孃曲》，采舒以黄鐘正宫調彈我石泉，琴名亦無合字，則正宫内并无宫音，通乎？是合非正宫音而必用也，亦明矣。若四字調後有合字者，以六字本由四而頂高，然頂高反低於四，其由高而低之間有一合字，聲音圜浹，亦間及之，故舊傳四下一合字爲十三聲，而不在正聲内也。《學樂》載《四字調》"四上尺工六五上尺工工尺上四合。"采舒批曰"此尺上下應接五六，不應接四合"，則正宫調前二十餘聲俱无合字矣。

又批曰："十二律旋宫，每調止用七律，一宫進則一宫退。《録法》'每調遍役十二律'，又去乙、凡、亿，以合九聲，九聲中又合併四律，則天地間但有五聲耳，七音、十二律復何用哉？"

采舒論樂，尚不知天地間只有五聲哉？二變不離宫、徵，則祗五聲，十二律皆爲五聲而設，亦祗五聲。曷言十二律皆爲五聲而設也？天地元音，五聲、二變已盡。然風土不同，此方之七聲，較之彼方，或高一聲、二聲；禀質互异，此人之七聲，較之彼人，或高一聲、二聲；感應有殊，一人此時所吐之七聲，較之彼時，或高一聲、二聲，器色亦有高低，有此器色之正宫調爲彼器色之乙字調、梅花調者。以至參差累高。然要之，高者亦不過七聲，七層而極矣、止矣，故先王立十二律以正之，使自一至七者爲一層，再高，則自二至八者爲二層，再高，則自三至九者爲三層，再高，則自四至十者爲四層，再高，則自五至十一者爲五層，再高，則自六至十二者爲六層，是爲十二律。再高，則自七至十三者爲七層，然已高不可上，反下而低，故雖有十三聲，而先王不制律名，以用之不及也。然則五聲之外尚何聲？尚何律？

每調遍役十二律，謂一調五全也。其實，宫之宫，宫之商，宫之角，宫之徵，每調又止用六律，未嘗遍役十二律也。

又批曰"《録法》'凡爲變徵，六爲羽，謂无清聲、无調'，及七調復有此變徵、羽二調，何也？无清聲，即應无高凡、高六，乃二調又有高凡、高六，何也？可見七聲、十二律皆有清矣。《録法》且無論是非，即其説亦自不一。"

與人辨者，無論人言是也，即人言果非，亦必確知其非之故，始可明辨。采舒見教已縷縷矣，而尚未解《録法》哉？謂變徵、羽無調者，以每調言之也，其有調者，以七調言之也；謂變徵、羽无清者，以其高而難及，故無清聲，每調南曲只四調，北曲衹五調，不及變徵與羽是也。然變徵調則有徵清，羽調則有羽清，以七調旋至變徵調，則變徵即宫，旋至羽調，則羽即宫，其變徵與羽之清，即宫清也。然二調亦衹四調、五調，而仍無變徵、羽調，殊塗而一致，未嘗毫有差池也。《經世實用編》曰"古有清宫、清商、清角，下徵而无清羽"，是羽之无清，自古傳今，人所共知，必欲爲渾敦益眉。

采舒彈琴，宗舊三準之説，以龍齦至七暉三分爲下準，爲十二律倍聲，爲十二宫，七暉至四暉二分爲中準，爲十二律正聲，又爲十二宫，四暉至一暉二分爲上準，爲十二律半聲，又爲十二宫，是琴不惟有三十六律，且有三十六宫也。又曰"一暉以上復暗具三準，聲雖可辨，而數難分"，是琴共有七十二律、七十二宫也，與舊説六十律、三百六十律同一紛紜耳。

舊有五調調絃法：慢角調，一絃起林鐘宫，一絃下至七絃爲宫、商、角、徵、羽、宫、商。緊一律爲夷則絃，再緊一律爲南吕絃。清商調，二絃起无射宫，一絃下至七爲羽、宫、商、角、徵、羽、宫。緊一絃爲應鐘絃。正宫調，三絃起黄鐘宫，一絃下至七爲徵、羽、宫、商、角、徵、羽。緊一律則爲大吕絃，再緊一律則爲太簇絃。慢宫調，四絃起夾鐘宫，一絃下至七爲角、徵、羽、宫、商、角、徵。緊一律爲姑洗絃。蕤賓調，五絃起仲吕宫，一絃下至七爲商、角、徵、羽、宫、商、角。緊一律爲蕤賓絃。采舒取之而論正調曰"君絃居臣、民、事、物四者之中，又定調始終於宫、角，此宫、角二音居七絃之中，而諸調皆取正焉，故爲正調"，則與篇篴四字居中爲正宫調者，其意不頗合乎？采舒於此亦可以類推矣。

孔東塘主事嘗修《闕里禮樂》。一日，謂予曰："予擬黄鐘正宫調爲合、四、乙、尺、上、工、凡、六、五，合爲黄鐘正宫，四爲太簇正商，乙爲姑洗正角，尺爲蕤賓變徵，上爲林鐘正徵，工爲南吕正羽，凡爲應鐘變宫，六復爲黄鐘宫清，五復爲太簇商清。十二律圓圖從黄鐘數起，然用隔八相生之律，共七律，合二清爲九聲。若蕤賓隔八生大吕，則雜入大吕調，不可用矣，乃以大吕在此調爲傍商、夾鐘爲傍角、仲吕爲傍徵、夷則爲傍羽、无射爲傍宫，調乃用此五律，及清大吕、清夾鐘，共七聲爲一調。調祇有黄鐘、大吕二均，一陽闢、一陰翕，十二律、四清，共十六聲。”

予曰：“正宫調本以四字起喉音，今以合字起爲喉音，則四字反從喉而爲上舌之音，以次成調，亦可。但舊所配律吕有未確者，如黄鐘生林鐘曰宫生徵。論五音耶，則宫隔商、角二音，如何生徵？論配五行耶，則土如何生火？他音稱是。且《史記》言五聲，惟宫與黄鐘八十一相合。若七十二以爲商，八九七十二，正太簇七寸十分二也。而言十二律，又曰太簇七寸七分先儒言七分“七”字，皆“十”字之誤。二，角。五十四以爲徵，六九五十四，正林鐘五寸十分四也。而又曰林鐘五寸七分四，角。四十八以爲羽，六八四十八，正南吕四寸十分八也。而又曰南吕四寸七分八，徵，六十四以爲角，八八六十四，正姑洗六寸十分四也；而又曰姑洗六寸七分四，羽。一口兩舌，尚可據乎？至於二變置宫、徵前，亦屬謬誣，宫、徵未立，无正，安得有變？然此猶舊説也，今乃七律、七調從來相傳，忽謂祇有黄鐘、大吕，二鈞有變，一鈞有變，一鈞无變，一鈞九聲，一鈞七聲，以四清之各調皆有者分屬二鈞，立傍宫、傍商等名，易上、尺之序爲尺、上，則新奇矣。凡學務徵實用，毋新奇也。

東塘又曰：“《闕里大成樂》正宫調祇用六字，爲合、四、上、尺、工、六，舊傳已久，不解其説。合爲黄鐘宫，四爲太簇商，上爲仲吕徵，予今改曰‘蕤賓變徵’，尺爲林鐘變徵，予今改曰‘正徵’，工爲南吕羽，六爲黄鐘清宫。”

予曰：“此宫之宫黄鐘之宫五正一清調也。若所配聲律，亦爲先儒誤耳。一調之中五音无角，二變用一而去一，何説焉？如以予《學樂・宫之宫圖》觀之，似爲著矣。”闕里舊傳不知何故置變徵於徵後，却是。

東塘曰：“五音无角者，宫、商相對，一虚一實，一風一土；徵、羽相對，一激一緩，一火一水。角居中而无專屬，附四音中，此太極生四象意也。”

予曰：“太極生兩儀、四象，《易》言揲蓍之法，非言生天地、萬物也。塨有詳辨，在《學易》中。若五音配四象，愈無謂矣。且角擬太極，宫、商、徵、羽擬四象，則君幾見角音生宫、生商、生徵、羽耶？古傳宫土、商金，亦屬此喻，而今忽曰‘宫風、商土’，不突如其來耶？去乙、角、凡變宫者，以南曲不用乙、凡，而舊儒不知乙爲變宫、凡爲變徵，故誤以爲去角耳，而豈如高論所謂哉！”

學樂録・卷四

蠡吾　李塨　稿

河右先生吹簫指授《字譜》。塨曰："古人謂'絲不如竹,竹不如肉',爲漸近自然,蓋皮傳語也。人聲抗隊矩勾,能盡其極,竹則假之物矣。然圜浹盤旋,尚可隨而如一,以猶人聲也。絲則附之手以爲聲矣,故遞言不如耳。至於金、石等,一考一聲,又爲次之。"河右曰:"然。"

《上河右書》畧云:"自聞樂歸,恍然若頗測其涯涘,覓能歌者問歌法、能簫笛者問簫笛色譜,以與《樂録》質對,似覺洋洋當前。因思昔年繙閲前人樂書,如觀岣嶁秘迹,不可識認,今將何如?尋之桐鄉,地僻無書,僅得《律吕新書》一帙。觀訖,不覺長嘆。毋論其截管旋宫錯紊不合,即使盡合,而全不明五聲如何奏、八音如何作。毋乃古聖之樂以昭聲容,後儒之樂徒登翰墨,古爲雅樂,今爲啞樂耶!然總由未嘗實知古樂,而又謂今世所傳皆淫聲俗調,无與樂理,於是相沿器數之説,占梦藏鈎,牽裳鬼國,殊不知古人所謂鄭聲淫、商紂靡靡之樂,皆以其樂章與樂聲多淫蕩不雅馴耳,非謂五聲十二律之法有踰軼也。使五聲十二律可以出於古人之外而别有樂,則當日之制樂者亦不可謂之開務成物者矣。即如今世,北曲不同南曲,南曲不同小調,然工、尺七調无弗仝也。使有出於七調之外,則七調亦可廢矣。使七調出於古所傳五聲十二律之外,則制樂者必非聖人,而五音十二律亦可廢矣。譬之衣冠,古爲纚縰,今爲幧幘,古爲縫掖,今爲襴衫,以至各朝興尚千萬不同,而冠制以覆首,衣制以稱身,无弗同也。使此制有不同,則制衣冠者尚可爲開務成物之聖哉?此《樂録》有貞淫而无雅俗之論,真可爲開天弘識,而一洗千餘年之聾瞶者也。反覆研究,乃信孟子言'今樂猶古樂'深明樂理,而學者以爲今古樂本各殊,孟子姑爲是説以引齊王,則大夢矣。"

塨問曰:"《樂録》言宫字是宫聲中濁音、宗字是宫聲中清音,乃又言宫爲濁、聲爲宫,宗爲清、聲爲徵，查宗在東韻，本屬宫，而曰爲徵，何也?”河右曰:“東、冬皆宫部，即五部之一也。其爲宫部者，以收韻時返諸喉而入於鼻也，則宗字收韻亦然，不待言矣。祇宗之起字，則又在齒、舌之間，齒、舌音屬徵則爲徵，所云宫之徵者，非耶?”塨曰:“然則宗爲宫者，韻也;宗爲徵者，聲也。”河右曰:“此言更明。”

河右曰:“每字皆有聲、有韻，先聲後韻，或聲韻正等，或聲七分韻三分，或聲三分韻七分。”塨按:歌中緊過之字亦有祗用聲不用韻者，然歌又有聲有韻。古樂今樂、南調北調，字之聲韻非盡异，而全不同者，歌之聲韻也。

塨問曰:“五音六律祗是高下二字乎?”河右曰:“然。”

塨問曰:“陸道威《思辨録》云太常有雅樂部，《禮樂志》記其彈琴之法，止用實聲、散聲，并不用吟綽、泛音之類，想古法當去此不遠，豈琴在正樂中亦只用工尺五聲，與彈絃鞉等法仝乎?”河右曰:“絲部惟琴器能備正變清濁之音，以其絃多也，下此則自琴七絃以至五絃、即琴。四絃、琵琶。三絃、鞉。二絃，提琴。其有實聲、散聲者，則但以實、散聲應之。如絃數不足，或隨便接逐，則不得不攙用左指之音，以虚作實，觀二絃提琴純用猱綽，而亦能與衆樂器相和，豈琴之吟汛而反不然? 此又矯枉過直矣。但道威此説，一破庸俗有聲无詞之習，是深於審樂者，其説不可不存耳。”

問曰:“宋劉几言樂以聲爲主，今徒論管律，施用則踈，與范鎮不合，是或有見者也。”河右曰:“憶曾見其議論，雖以聲爲主，然論多曠隔，如邵堯夫先天字音類，皆迂而無當之言。”

問曰:“今之鼓吹似以灑捺爲主，蓋灑捺即古銅管也，七調圜浹，一如籥篴，而聲加弘大耳。”河右曰:“然。”

問曰:“將奏樂而先作者，爲起樂乎? 樂將完而後鳴者，爲止樂乎? 中間用以作音節，如今拍板，爲節樂乎? 七音俱全，隨歌婉轉者，爲倚樂乎? 四者已盡樂乎? 起樂如大鐘、柷之類乎? 止樂如特磬、敔之類乎? 節樂如鞞應、鼗拊之類乎? 倚樂如歌鐘、頌磬、方響、銅管、簫、籥、笛、篪、管、觱篥、笙、竽、琴、瑟、四絃、三絃、二絃、箏、築、塤、水盞子之類乎?”河右曰:“皆是也。今以扁鼓代鞞應，以絃鞉即三絃子代鼗，以拍代搏拊，《樂記》曰‘先鼓以警戒’，又曰‘始奏以文’，《鄭注》曰‘文謂鼓也’，《詩》曰:‘賁①鼓維鏞，於倫②鼓鐘’，則大鼓與鏞應其發動衆音之器歟!”

問曰:“《樂録》謂笛色譜中四六四上爲勾，四六上爲矩，六工六四爲勾，六工四爲矩，何也?”河右曰:“去一字則聲之轉處方而不圓，故曰矩;增一字則圓矣，故曰勾。”乃口歌以授，

---

① 《顔李叢書》本“賁”字中“貝”作“鼓”，據《十三經注疏》改。

② 《十三經注疏》“倫”作“論”。

曰："如歌尋春到此〇爲矩，歌尋春到此〇〇爲勾，此倨中矩勾中句法也。"

問曰："《樂録》言止如槁木，止非必歌絶之謂，凡上八字俱須字聲絶而歌聲起，不似平去連字得聲也。如六四一絶起上字爲上四字，一絶起上字爲入，蓋言上字二字方得聲，入字一字便得聲也。然其曰六四上者，豈皆指笛色言乎？但上入字七音皆可用，何以指定六四上乎？"河右曰："指笛色言，而借六四上以爲法耳。"

河右《古今通韻》字分五音：第一宫音，今世韻本東、冬、江、陽、庚、青、蒸是也。七韻中字每讀訖，必返喉而翕於鼻，唱曲家呼爲鼻音，每唱此七韻字，必收以捉鼻之音，以返喉即入鼻也。又陽、庚、青、蒸稍侵齶、啰，爲變宫。第二商音，今韻本真、文、元、寒、刪、先是也。六韻中字每讀訖，必以下舌舐上齶，唱曲家呼爲恩痕音，以抵齶則其收聲在恩痕之間也。第三角音，今韻魚、虞、歌、麻、蕭、肴、豪、尤，八韻中字每讀字唱字訖，必懸舌居中。第四徵音，今韻支、微、齊、佳、灰，五韻中字每讀字唱字訖，必以舌擠齒。至魚、虞、歌、麻，尤以舌音而稍出向齒，又爲變徵。第五羽音，則爲今侵、覃、鹽、咸，四韻中字每讀字唱字訖，必兩唇相合，歌曲家呼爲閉口音。凡唱字將畢，必群視其口閉否以定優劣。塨謂："詞人以侵、尋爲閉口，真、文、監、咸爲閉口，寒、山、廉、纖爲閉口，先天是也。古人《詩》《易》辭賦歌謡皆如此押。如《詩》之'鼓瑟吹笙'、'吹笙鼓簧'，則宫音也；'母也天只，不諒人只'，則商音也；'載馳載驅，歸唁衛侯'、'驅馬悠悠，言至於漕'，則角音也；'惠然肯來'，'悠悠我思'，則徵音也；'下上其音'，'遠送於南'，則羽音也。"河右先生曰："'天下無雙，江夏黄童'，雙、童起聲不同，然歌之適諧者，聲之韻同也。雙爲雙〇，童爲童〇，〇同者，韻也。"

《通韻》又謂四聲之分，始於齊周顒、梁沈約。若三古以至漢、魏，則皆平、上、去三聲合用，與金元詞曲相合，如《詩》之"受言藏之"、"中心貺之"、"一朝饗之"、"肅肅在廟"、"無射亦保"、"烈假不瑕"，《書》之"元首喜哉"、"股肱起哉"、"庶事熙哉"，《麥秀歌》之"禾黍油油兮"、"無不與我好兮"類。

塨問曰："協音不同，或當改讀，以調宫商。若一音之平聲及三聲宫商之韻既同，祗作本聲讀可也。"河右曰："最是。"以上皆戊寅所請者。

古人不分三聲，以三聲原一聲也。平爲中聲，而上、去漸清，實一聲也。三聲各讀一字，則爲本聲。若連讀二字，即有清濁變化，不得拘本聲矣。《泰交韻》曰："才本平聲，而世呼秀才皆作上聲；哥本平聲，而呼哥哥則爲上、去二聲；姐本上聲，而呼姐姐則爲一上、一去。又如孔廟祥和之曲威儀雝雝，同一雝字而器色一上、一四，乃知三聲本不可分也。"

至於入，則三聲之回聲也。其字聲與上三聲原不同聲，如蒙、蠓、夢、木，蒙、蠓、夢同聲，而木與上三聲安可倫乎？則只作回聲耳，不能同用也，故古詩人多獨用，如"臨下有赫"、"求民之莫"、"其政不獲"、"爰究爰度"、"憎其式廓"、"此維與宅"類，河右謂《詩》《易》

以至宋人作詞,入聲皆一概通合,以其回音同也。

周德清《中原韻》以謚作支、思上聲,以實、直、集、夕、笛、及作齊、微平聲,以質、七、匹、筆、室、唧、畢、尺、的、德、乞、一作齊、微上聲,以日、蜜、立、易、劇、匿作齊、微去聲,則今劉淵《詩韻》所謂庚、青、蒸、真、文、侵之入聲也,以獨、復、鵠、贖、俗、族、僕、局、淑作魚、模平聲,以谷、蔌、卜、菊、笏、竹、曲、出、篤、束、足、屋作魚、模上聲,以禄、本、録、物、入、玉、訥作魚模去聲,則東、冬之入聲也,以帛、宅、畫作皆、來平聲,以拍、策、柏、格、客、反、色、則作皆、來上聲,以愛、額、搦作皆、來去聲,亦庚、蒸之入聲也,以鐸、薄、學、鶴、鑿、著、杓作蕭、豪平聲,以角、酌、鑠、鵲、托、索、壑、綽、謔作蕭、豪上聲,以樂、藥、弱、掠、虐作蕭、豪去聲,則江、陽之入聲也,以合、跋、活、薄、度、奪作歌、戈平聲,以葛、鉢、潑、括、渴、脱、撮、抹作歌、戈上聲,以莫、諾、落、惡作歌、戈去聲,則寒、覃之入聲也,以達、滑、狎、乏、雜、閘作家、麻平聲,以塔、殺、扎、察、法、甲、答、諷、刮、八、搯作家、麻上聲,以臘、納、押、襪、刷作家、麻去聲,則删、覃、咸之入聲也,以協、傑、送、鱖、舌、捷、别作車、遮平聲,屑、切、結、怯、節、血、决、别、掣、浙、設、雪作車、遮上聲,臬、滅、葉、裂、月、熱、劣作車、遮去聲,則元、先、鹽之入聲也,以軸、熟作尤、侯平聲,以肉、六作尤、侯去聲,又東之入聲也。舉唐宋以來,有入之韻不用入,反歸其字於尤入之韻,而實與三古、漢、魏詩辭用韻多合,蓋中原聖人之遺音也。齊、梁後,僅知周、沈四聲而不知古韻,見此,或以爲馬腫背矣。

蓋入聲原有借用别韻三聲字者,如《詩》之"母教猱升木,如塗塗附",則木原讀暮,去聲,而借作蒙之回音也;"既取我子,无毁我室",則室原讀始,上聲,而借作升之回音也;"王猷允塞,徐方既來",則塞原讀鰓,平聲,而借作僧之回音也。

即如一樂字也,以三百篇論,如"左右芼之"、"鐘鼓樂之"、"詢訏且樂"、"伊其相謔",而《衛風》以戲謔與重較連押,"素衣朱襮"、"云何不樂"、"烝然罩罩"、"嘉賓式燕以樂"、"亦匪克樂"、"亦孔之昭"、"昊天孔昭,我生靡樂"、"視爾夢夢,我心懆懆",則明屬蕭、豪三聲之字,其作入聲者,借之爲回音耳。乃朱子爲吴棫所誤,盡行改叶。周德清著韻雖多暗與古合,然不能考古取徵,而儒者又以爲金元歌曲置不足道,遂長夜至今耳。今韻樂字亦去、入皆登,則雖周、沈四聲後不能滅其迹也。他類此甚多。

周挺齋曰:"平有陰、有陽,入作平,俱屬陽。上、去不分陰陽,入作上、去亦然。"《樂録》曰:"陰字從上下,陽字從下上。"

塨問曰:"五聲配五行,十二律配十二月,皆秦漢以後牽掣之論,聖經未有也,今扭合之,終不確,且滋紛,無益也,不如一概已之。"河右答曰:"是。"己卯年書問。

唐開元鄉飲酒禮,奏樂有《鹿鳴》《四牡》《皇皇者華》《魚麗》《南有嘉魚》《南山有臺》《關雎》《葛覃》《卷耳》《鵲巢》《采蘩》《采蘋》十二篇,相傳《鹿鳴》六篇曰黄鐘清宫,即俗呼正宫,

《關雎》六篇曰无射清商，即俗呼越調。丘濬曰："古黄鐘清宫、无射清商，世固不傳其聲，而正宫、越調之類，金元以來所傳南北曲雖非古遺音，而猶有此名目也，誠因今而求之古則得矣。"其言甚通。

河右《樂章配樂音議》謂元明朝賀，《雅》《風》二部多用曲子。塨謂今時古三百篇及漢魏《樂府》歌法、節奏皆失傳，則《頌》《雅》《風》三部俱宜用元明《樂府》，擇其音節之近高厚者爲《頌》、近正大者爲《雅》、近播揚者爲《風》。其名之俚如破衲襖等、名之邪如念奴嬌等，則皆易之如《風》《雅》《頌》、安、和諸名者，而譜以正辭，奏以正律，即合隆古矣，不必優孟前人也。若必優孟《三百》、漢魏《樂府》，則試問唐虞三代之詩歌，其長短節奏本之誰乎？亦惟音律適合天地之正聲焉已耳。

古樂有合語之禮。《文王世子》曰："登歌《清廟》，既歌而語，以成之。言父子、君臣、長幼之道，合德音之致，禮之大者"。《注》曰："樂備而旅，旅而説"，"以成其意。"《正義》曰，謂《清廟》之詩所美文王有父子、君臣、長幼之德，是道德之音也。今於旅之時，論説君臣、父子之道，合會《清廟》所美之事，以成就其升歌《清廟》之意。按：此即宋人致語、元人道白之濫觴也。

金元爨弄，亦古樂之遺也，其歌即古之歌，其舞蹈關目即古之舞，其道白即古之合語，其吹、拍、彈、撥即古之八音，但所扮如生旦導淫、僧道鼓邪之劇則淫樂慝禮也，宜禁之。

古樂象功德，所以教善。爨弄善惡兼演，惡者不足以垂戒，而適以導邪矣，全廢之可也。如不能全廢，則擇忠孝節義之事，爲元人短折猶可，不必如今人全記，蓋全記兼悲歡離合，必以淫形正、以惡形善矣。若男子扮女人，亦不可，是教之亂也。

元人按譜填辭，謂之樂府。至於勾攔所扮，傳奇謂之戾家把戲，原自賤之。今但因其調而爲樂府爲是。

聖經言樂者不多見，《魯論》"語太師樂"一章，古作樂之法可以想見。始作者，樂初合也；翕如者，言人聲八音相比而起也。翕，動也，合也，聚也。惡伏，惡缺惡散也。從之，則大作矣。純如①者，清濁高下遞接，圜轉如五味之相劑也。皦如者，抗隊曲上倨句爲言爲永分明也。繹如者，繹如抽絲也，纍纍乎貫珠之象也。以成者，或六成，或九成，悉準乎是也。今講章解"皦如"曰"八音一音自爲一音，不相侵犯"，"繹如"則曰"八音此唱則彼和，此斷則彼續"。夫一音自爲一音，正今之鄉飲、丁祭，歌自爲歌、吹自爲吹、彈自爲彈，雅樂盡亡者也。若解"繹如"，則幾見奏樂者金唱而石和、石唱而絲和、絲斷而竹續、竹斷而匏續者哉？此固非窮理致知習談所可文其固陋也。

① 如，《顔李叢書》本作"知"，據《十三經注疏》改。

若古樂節次，見於經者，《虞書》："戛櫟敔。擊擊柷。鳴球，搏拊琴瑟以詠。"古歌必比於樂器，无徒歌者，徒歌則曰謠。此堂上之樂也。"下管鼗鼓，合止柷敔，生鏞以間。"此堂下之樂也。《鄉飲酒義》"工入升歌三終"，即《儀禮·燕》與《鄉飲酒》"升堂，歌《鹿鳴》《四牡①》、《皇皇者華》"，每一篇而一終也。"笙入三終"，即《儀禮》"吹笙之人入於堂下，奏《南陔》《白華》《華黍》"，每一篇一終也；"間歌三終"，即《儀禮》"堂上人先歌《魚麗②》，則堂下人笙《由庚》"，此爲一終，又"堂上人歌《南有嘉魚》，則堂下人笙《崇丘》"，此爲二終，又"堂上歌《南山有臺》，則堂下笙《由儀》"，此爲三終。"合樂三終"，即《儀禮》"歌《關雎》《鵲巢》《葛覃》《采蘩》《卷耳》《采蘋》，堂上與堂下樂并作"，凡三次也。"工告樂備，遂出"，此與《周禮》"小師登歌擊拊，下管擊應鼓"、《文王世子》"登歌《清廟》，下管象，舞《大武》"皆同，全樂也。若鄉射禮，則惟有合樂，不升歌，不笙入，不間歌，又樂之略者。

《樂記》曰"歌者上如抗，下如隊，曲如折，止如稾木，倨中矩，句中鉤，纍纍乎端如貫珠。故歌之爲言也，長言之也。説之，故言之；言之不足，故長言之；長言之不足，故嗟嘆之；嗟嘆之不足，故不知手之舞之，足之蹈之。"

《漢志》載《河南周歌聲曲折》七篇、《周歌謠詩聲曲折》七十五篇，則知古歌原有曲折之法，而惜其書之不傳也，姑録今歌法以想像之。《嘯餘譜》曰："歌之格調，抑揚頓挫，頂纍垛換，縈行牽結，敦拖嗚咽，推題宛轉，摇欠遏透。歌之節奏，停聲待拍，偷吹拽棒，字真句篤，依腔貼調。凡歌一聲有四奏，起末過度，搵簪攧落。凡歌一句，自有一聲平、一聲背、一聲圓。聲欲圓熟，腔欲激滿。凡一曲中各有其聲變：聲敦、聲機、聲啀、聲困，聲三過。聲有偷氣、取氣、換氣、歇氣、就氣，愛者有一口氣。"

塨問曰："律吕，前人謬舛，先生已明辨之，今承之者衹當徵實用耳。簫笛色稍諳，獨琴自幼學之，而其傳皆非，奈何？"河右答曰："竹爲天地自然之音，而絲則全以人爲之，其絃數、聲數可以隨意多寡。"又曰："論徽以泛音爲主。凡定徽之法，必以泛之有聲處定之爲徽，每絃十三聲外，皆歇絶無聲，故十三徽者，天地自然之十三聲也。但以左手實取之則處處有聲，每一絃而具九聲，與簫、笛同試，單取一絃，與竹器工尺歷按之，可驗也。"

又問曰："太常《琴色譜》與今學校所用《琴色譜》皆有據否？"答曰："太常樂譜，僕不能細核。若學校所用釋奠文廟者，則大不足據，大抵只用散聲、實聲兩聲，而於九十二徽中又只用十徽一徽，而他并不用。不惟非中聲，兼亦非學，天下有七絲一器，衹用兩聲一徽而可以成聲音立樂章者乎？乃釋奠有迎神曲，名曰《咸和》，即宋樂也。其於"大哉孔子""大"

① 《顏李叢書》本原字爲"壯"，應爲"牡"之誤。據《十三經注疏》改。

② 《顏李叢書》原字爲"麓"，似爲"麗"之誤。據《十三經注疏》改。

字，則於四二十徽連作四聲而撮一聲，又於四二去徽即散彈也。單作兩聲而撮一聲，又於四二十徽連作四聲而撮一聲，共十三聲，乃又從頭再作，合二十六聲，而“大”字始畢。若此者，可謂聲乎？乃以此至終，凡一曲三十二字皆專用十徽一徽作五小問句，凡七百八十聲以終，其曲無調，無字，無陰陽平側，無高下清濁，無抗墜勾矩曲折縱止，嘈嘈棖棖，任三十二字七百八十聲而衹以一徽兩聲當之，可謂樂乎？然且或注其旁曰：‘某黄’、‘某太’、‘某南’、‘某姑’。嗟乎，樂亡至此！”大約庚辰年書問者。

鄭世子曰“六經有聽律之文，無算律之説。律由聲制，非由度出”，最爲精論，然訾黄鐘管數三分損益、隔八相生之非，而又自造密率新法，是斥醫師以將軍止泄而欲進其大戟也，庸爲愈乎？

《律吕精義》以“定當達理”定爲“操縵以安絃”，亦可，但以此譜《南風》諸詩，每字皆散撮十三聲，縵長正等。夫歌一失口而即有抗隊、句矩、疾徐，器亦如之，或一字數聲，或一字一聲，錯綜變化，不齊爲齊，所謂均也。今乃如算盤之列，首足齊一，如何歌？如何吹彈？如何可聽？宜唐人降无記性者習雅樂也。

《律吕精義》：“凡合詩，每詩一篇之首，擊柷三聲；一章之首，播鞉三通；一句之首，擊鏞一聲；一字之首，擊鐘一聲；一唱之尾，一和之首，擊磬一聲；每吹一聲，琴彈三十二聲，瑟亦如之。每一句畢，鶇鼓一聲，應鞞一聲，大鼓三聲，應鞞間之。次句首擊鏞，次章首播鞉，皆同前也。至一篇終，然後櫟敔。”世有此印板歌樂乎？且鐘鼓聲太多。而吹一聲，彈三十二聲，太不倫矣。矧如此，則三百篇只依此一法而皆可成樂矣，又何以言古樂失傳也？

古樂以歌爲主，一唱而三嘆，有餘音者矣，器色不可掩人聲也。

塨書問笙詩、歌工、合樂、舞次。河右答曰：“據問笙詩有詩？則《鄉飲酒禮》‘笙入三終’將以笙笙詩耶？抑亦别有歌詩者，而僅以笙應之耶？此問最善。從來辨笙詩，未有辨笙其詩者。夫所謂笙詩，謂笙必有詩，非謂笙詩之必有歌也。凡詩可以歌，亦可以笙，所謂笙詩有詩，謂笙詩之必可歌，非謂笙詩之必不可以笙也。蓋笙與箾，與籥、管四器皆主聲詩，皆應歌之器，皆在堂下。原无徒器者，但有歌而器，有不歌而器。其歌而器，如《鄉射禮》之‘工歌於上，而堂上堂下皆應之’，即《鄉飲酒》之‘合樂’是也。此有歌之笙也。不歌而器，如《大射》之管《新宫》、《文王世子》始養老之管《象》，堂下俱不歌，而但以管、笙聲其詩，即《鄉飲酒禮》之‘笙入，間歌’是也。此不歌之笙也。是以《春秋傳》有歌鐘，即頌鐘、頌磬，所以應歌，《周禮》有鐘笙，即笙鐘、笙磬，所以應笙。夫笙又有應，則笙即歌矣，此如漢横吹、東西晋大角，皆用之軍中，并无歌工，而曲中有辭，如《上之回》《思悲翁》等，則豈有笙、管而反无詞者？故往以不徒器折其无辭，謂不如步瑟調笙之憑虚作聲而无字音耳，非謂其有字而不歌也。若又問‘歌工上下多寡’，則漢後歌工多而掱器少，古則掱器多而歌工少，即如鄉射一禮，或四工，則兩歌兩瑟，六工則兩歌四瑟，而笙、管之數不與焉。然而歌工必在上，即笙、管、鐘、磬皆列堂下，而皆可以應其歌，是以合樂之法，工歌《關雎》，則堂上之琴瑟、堂下之笙管皆群起而應之，其歌《葛覃》《卷耳》《鵲巢》《采蘩》《采蘋》皆然。舊注所謂合樂者，合金石、絲竹以歌之。金石者，鐘磬，絲竹者，瑟與笙管也。乃孔仲達誤注《鄉飲酒義》，謂'上歌《關雎》，下笙《鵲巢》以應之'，則世无有以張家之聲合李家響者。來問所云'各詩各章長短不齊'，此明了之語，注經之儒於此不曉，宜乎六樂一經歷萬古如長夜也。但有過爲分別者，謂歌工必堂上，則又不然。射禮至命射時，歌工皆還堂下，而樂正命絃者曰'奏《騶虞》'，則瑟工瑟《騶虞》，以主鼓節。所云'魯鼓'、'薛鼓'者，是歌工、琴瑟亦有時而居下。上下有尊卑，八音无貴賤也。至又問'歌必在前，舞必在後'，特不知舞曲與歌曲同終，抑亦舞曲之餘又有歌曲，則有以舞曲終者，《春秋傳》'季札觀樂，見四代之舞'而即'觀止'是也；有以歌曲終者，《仲尼燕居》序大饗之九節：以獻賓樂止爲一節；賓酢樂作爲二節；升堂歌《清廟》詩爲三節；下管《象》《武》，即舞也，爲四節；鄭注：武舞。《夏》籥迭興，謂以籥吹，又以籥舞也，爲五節；鄭注：文舞。薦俎而樂又作，爲六節；將行，歌《采齊》，七節；客出以《雍》，徹以《振鷺》，八節、九節是歌後有舞，舞後又有歌。况燕禮有无算樂，將歌舞迭更而无算數，即燕饗一禮且然，至於祭祀之徹饌、送尸，其歌《雍》、歌《夏》，皆在舞後，更无論也。若來書所録琴色，備正清於七弦、十三刌中，雖與僕夙説稍未合，然聲音之道无所不通，故自无礙。河右主舊説，以一絃爲宫，二商，三角，四徵，五羽，六宫清，七商清。重彈三絃爲角清，重彈四絃爲徵清。予《小學稽業》以自上一絃至七爲宫、變宫、商、角、徵、變徵、羽七聲十三暉，自尾數爲黄鐘十二律，一暉極清，不用。詳具《稽業》。餘不具。”甲申年書，先生時八十二歲。

河右又書曰：“來録《歌詩》《舞勺》《聲容》諸譜，具《小學稽業》。俱精細實際，此千古來長夜一旦，保惜擴充以盡其致，不患千秋以後無知者也。”乙酉年書。

絲竹八門

四尺上尺、 六凡工尺、工尺上尺、 仩、亿五六、六、五五

六、凡凡六五、 凡工尺、 凡六、凡六五、 凡工尺、工尺上尺點者，拍也，即節也。

《唐樂笛字譜》

聞上尺道工六工尺上行工四人六工四至工四六工尺，粧工六梳工尺對六四鏡四工工尺臺四上尺上四六。泪四尺上四痕六工六四猶上尺尺未尺工尺上四滅工四四六工尺尺，笑工六工臉六工六四自四尺上上四然尺工六工工工開尺。

右以宫調合唐樂《嘆疆場》宫調曲，謂之宫之宫黄鐘之宫。最高是鏡字，不過及伵字

而止。

泪上六滴尺上珠四六工難工六四盡上尺上四，容尺工六工殘尺工六玉工四六易四仕四六銷六四六工。

右以宫調合《大酺樂》商曲，謂之宫之商黄鐘之商。首句“淚滴”用低上字，次句“易”字用高仕字，至高至低，无非以上字掣調，譜僅存二句，餘缺。

酌歌

黄鐘宫调者也　此予倩孔東唐作，而與鄭天波訂修之。

於鑠王師醉華陰

説起那開國先王奏英勇，| 八百侯都仰重，| 千萬士共隨從，| 干羽縱横，赫赫威聲震竦。

遵養時晦憙遷鶯

仁義滿心胸，| 雖有些長矛大劍弓，| 衹怕那齊州驚恐，| 急忙的斂兵兇。| 謙恭視辟雝，陽氣含藏冰雪中，似啞聾，| 色聲不發，氣象冲融。

時純熙矣出霽紫

陽回淑令 | 歷貞元，時已通，雲龍際會欲騰空，草木披靡自向風，霹靂一聲春震動。

是用大介刮地風

一霎時，連天振鼓鐘，指沬邦，卒旅轟轟。| 奔將來，百輛兵車猛。| 擺列著戰馬饒雄。| 旄鉞黄，旌旆紅，著戎衣，天人 | 出衆，甲子日，建大功，渡南河，國運 | 崢嶸。

我龍受之蹻蹻王之造四門仔

到如今,四海來朝貢。會諸侯,玉帛同。丨 坐明堂,袞冕垂端拱。剪桐圭,分弟兄。禮肅肅,樂雝雝。説不盡那《周官》《周禮》隆。丨 享至尊,受極榮,盡都是先王 丨 創統

載用有嗣,實維爾公允師

對昭穆,念祖宗,守著者祚土分茅萬國封。丨 想起締造艱難,暮暮朝朝,辛苦立梁棟。丨雨雨風風忘櫛沐,誓師從戎。丨 慘慘悽悽,載先主伐暴 丨 除兇。丨 明明白白昭日月,仁肝 丨 義衷 丨 正正堂堂 丨 傳流下帝典王謨頌,丨 子子孫孫效法步前縱。

亂聲

揖讓改作征誅用,丨 無私念天地同公。丨 因此上定鼎山河八百永。

毛公毅曰:"寧府樂工以唐人歌法歌孤兒行,分節解,散序、拍序、促拍、長拍、散煞,一如金元曲調,是曲調古法也。"

簝　色

自下數,正宮調即四字調。放四三二一爲四　五四三二一爲乙　六三爲上　六爲尺　一爲工　二一爲凡　三二一爲六　五亿同四乙　五二爲仩　六二爲伬　六一爲仜　如小宫調,即工字調　一爲四　三爲上　四爲尺　五爲工　六爲六　高四上尺工皆同孔。

《樂記》曰"先鼓以警戒",謂將奏《大武》,先擊鼓以戒衆也。"三步以見方",言欲舞必先三舉足以至於方。方者,舞地之界畫也。"再始以著往",言舞以節終,再擊鼓者,以著觀兵向後,再往伐紂也。"復亂以飭歸",言舞曲終,鳴鐃而退。著伐紂畢以整歸也。"奮疾而不拔[①]",言舞者奮迅疾速而不失節太疾也。"極幽而不隱",言歌者極幽靜而聲發起也。又孔子問賓牟賈曰:"夫《武》之備戒之已久,何也?"對曰:"疾[②]不得其衆也。"言擊鼓久而不舞者,象武王之慎,不輕用衆戰也。"咏歎之,淫液之,何也?"對曰:"恐不逮事也"言歌者長聲而歎,其音連延而流液不絕,象武王之恐不及事也。"發揚蹈厲之已蚤何也?"對曰:"及時事也。"言初舞時即手足發揚,蹈地而猛厲,似乎太蚤者象。見可而進,不失時也。賓牟賈乃請於孔子曰:"遲之,遲而又久,何也?"言鼓戒已久,復久立於綴,何意也?蓋凡舞皆

① 《顏李叢書》本作"技",據《十三經注疏》改。

② 疾,《十三經注疏》作"病"。

舞者遲立，待合樂，乃從容出舞，今舞獨遲遲而又久，故自己有解而復疑之。子曰："夫樂者，象成者也。"言樂以象成，遲久者，不獨象始，舉其成功而象之也。"總干而山立，武王之事也。"言總持干盾而正立者，象武王也。"發揚蹈厲"者，"太公之志也"，言象太公也。"《武》亂皆坐，周、召之治也。"申解前言，《武》坐，致右憲左也，言舞將亂之時，皆跪以右膝至地而軒起左足，象周、召之治，天下和服也。"且夫《武》始而北出；再成而滅商；三成而南；四成而南國是疆；五成而分，周公左，召公右；六成復綴以崇"，天子凡奏曲一終爲成，而舞有四位："始而北出"者，作樂一成，舞者從南第一位而北及第二位，象初出觀兵也；"再成而滅商"者，作樂二成，從第二位至第三位，象再往滅商也，所謂"再始以著往"也；"三成而南"者，作樂三成，從第三位至第四位，極北而南返，象克紂而還也；"四成而南國是疆"者，《武》曲四成，從北第二位却至第三位，象疆理南國也；"五成而分"左右者，《武》曲五成，舞者在第三位分爲左右，象分陝之治也；"六成復綴"者，綴謂南頭初位，舞者從第三位復之，象功成而尊天子也。"夾振之而駟伐，盛威於中國也"，言奏《武》樂時，兩人振鐸，夾舞者爲節，而舞者四次擊刺，象武盛也。"分夾而進，事蚤濟也"，言舞者各有部分，而振鐸者夾之以進，象欲早成事。"久立於綴，以待諸侯之至也"，乃返言未舞時，舞者久立於酇綴，象武王待諸侯也。下復詳述武王伐紂後，偃武建學，禮樂交作，以大武功大舞象之遲久爲宜以結之。蓋收之也鉅，則發之也不得輕矣。夫古舞皆比於歌，歌以咏其事，舞以象其事。覽此，猶有歷歷如覩者。

李靖謂唐太宗曰："陛下所製《破陣樂舞》，前出四表，後綴八幡，左右折旋，趨走金鼓，各有其節，此即《八陣圖》四頭八尾之制也。"觀此，則舞場不惟有方也，且有旗表以爲識焉，然亦象其功德爲之。

河右《詩話》曰："白樂天詩中每寓歌格、舞法，如《答微之霓裳羽衣譜歌》一首，彷彿有舞法存乎其中。如云'我嘗元和侍憲皇，曾陪内宴宴昭陽'，謂昭陽殿預宴也。'舞時寒食春風天，玉鉤欄下香案前'，謂舞時及舞地也。又云'案前舞者顔如玉，不着人家俗衣服'，謂換衣也。又曰'虹裳霞帔步摇冠，鈿瓔纍纍珮珊珊'，謂著舞衣畢也。虹與霓同，虹裳即霓裳，蓋青紅相間如虹然。霞只紅色。不言羽衣者，羽，白色，在所略耳。於是上覆瓔珞，下繫環珮。又曰'娉婷若不勝羅綺，顧聽樂懸行復止'，謂舞者入鉤欄時，先有唱舞曲者，將合樂，而舞人且視且聽，行而復止，若不勝羅綺然。又曰'磬簫箏笛遞相攙，擊擫吹彈聲邐迤'，謂爾時和者爲編磬、單簫、箏、笛諸器也。又云'散序六奏未動衣，陽臺宿雲慵不飛'，謂將舞曲歌至六首，皆散序无拍，故不舞，蓋舞必有節，與曲拍序相應。"六奏"一作"六么"，"么"亦"遍"也，六遍即六首。又云'中序擘騞初入拍，秋竹竿折春冰裂'，謂中序有拍，擘、騞，拍聲，如折竹裂冰然。蓋舞曲有散序、有拍序，此拍序也。或曰拍者，句拍，一句一拍,拍序者,序拍,以次按拍。又云'飄然轉旋迴雪輕,嫣如縱逸游龍驚',謂於是忽然而舞,旋如廻雪,縱若驚龍。旋,去聲。此驟聞拍而起舞也。又云'小垂手後柳无力,斜曳裙時雲欲生',謂横直上下,舞之初態如此,然猶未放也。又云'煙娥斂略不勝態,風袖低昂如有情',謂面端寄意,衣中見情。又云'上元點鬟招萼緑,王母揮袂别飛瓊',謂舞至放時,或點鬟,或揮袂,皆有故事。又云'繁音急節十二遍,跳珠撼玉何鏗錚',謂舞曲至趨了時,煩音促節,凡歌十二首,共十二遍,其聲如跳珠,如撼玉,鏗鏗錚錚,舞亦如之。又云'翔鸞舞了却收翅,唳鶴曲終長引聲',謂歌了舞亦了,舞者如翔鸞已收翅矣,而歌者尚如唳鶴聲未已也。凡曲將終,皆止如槁木,惟《霓裳》之末,長引一聲而後止。"塨按:此《論語》所謂"女樂"、《樂記》所謂"及優侏儒,獶雜子女"者也,雅樂所惡。但其舞法有與古樂可相參考者,有未舞而先合樂,與《武》之先鼓咏歌正同。舞者行,行且止,與《武》之立綴待舞略同。及舞而舞節合拍,與《武》之舞蹈應樂略同。子夏曰"治亂以相,迅①疾以雅",言治理奏樂,舞容迅疾,相、雅爲節。相即拊也。先衆樂,擊之又以節樂。雅亦節樂器。正指此也。起舞後以漸從音急節,與《武》之由初而盛略同。歌畢舞亦畢,與《武》之六成復綴略同。葢古人所傳舞之節次,大略爾爾。

《樂記》曰:"執其干戚,習其俯仰詘伸,容貌得莊焉;行其綴兆,要其節奏,行列得正焉,進退得齊焉。"言執舞器而習舞儀,容貌所以莊也;有綴表以識之,兆域以界之,行列所以正也;有樂之或曲節、或鼓奏以要之,進退所以齊也。

《左傳》隱公五年,"公問羽數羽、籥,文舞所執者。於衆仲。對曰:'天子用八,諸侯用六,大夫四,士二。夫舞所以節八音而行八風,故自八以下。'"《白虎通》曰"八佾者,佾,列也,以八人爲行列,八八六十四人也。諸侯六六爲行,大夫四四爲行",此古舞人多少之數也。然項羽鴻門之飲,項莊請自以劍舞,漢高過沛,歌《大風詩》,酒酣起舞,則古偶然作舞,固有衹一人者。

《周禮·春官·大司樂》"王大射,詔諸侯以弓矢舞",《樂師》"燕射,率射夫以弓矢舞",《夏官·司兵、司戈盾》"祭祀,授舞者兵",則武舞不止干戚也。

《樂師》:"小舞:有折五色繒之帗舞、羽舞、雜五色羽之皇舞、旄牛尾之旄舞、拂袖之人舞。"今之秧歌舞,則帗舞之遺也;技擊家拳脚刀鎗法,則武舞之遺也。

《律吕精義》曰:"《祭統》言'朱干、玉戚,天子之飾',則諸侯以下,干戚用黑漆飾之可也。"凡總干持戚者,皆左手干,右手戚;執籥秉翟者,皆左手籥,右手翟。

《律吕精義》"舞法以轉爲主,有外轉、内轉、左轉、右轉",然《孟子》曰"手之舞之,足之

① 迅,《十三經注疏》作"訊"。

蹈之”，則人舞、器舞皆重手法而以足隨之。

東塘言：“文舞籥翟之勢十一：曰執，曰舉，曰衡，曰落，曰拱，曰呈，曰開，曰合，曰相，曰垂，曰交；立之容五：向内立，向外立，朝上立，相對立，相背立；舞之容二：向内舞，向外舞；首之容三：仰首，低首，側首；身之容五：平身，躬身，側身，回身，蹲身；手之容五：起手，垂手，出手，拱手，挽手；步之容二：進步，退步；足之容七：蹺足，點足，出足，曲足，移足，交足，蹈足；禮之容十：曰授，曰受，曰辭，曰讓，曰謙，曰揖，曰拜，曰跪，曰叩頭，曰舞蹈。”其容狀之詳，具《文廟禮樂志》。

塨問曰：“某於樂舞，亦頗知大概。近考孔廟大成之舞，即趙宋化成天下之舞。元祐間哲宗命樂正葉防所撰者也。義取揖遜，彰宋受命之符，故多以謙辭爲容，而用之孔廟，不知何意？且其謙辭之容何似也？”河右答曰：“考之《宋史》，葉防撰朝會二舞儀，其文舞曰化成天下之舞，第一變自正立、正揖、合手上下、左右顧揖及蹲舞外，以卻身爲初辭，左手推後爲再辭，右手推前爲三辭。三辭已畢，又以俛身相顧爲初謙，側身左垂手爲再謙，側身右垂手爲三謙。三謙已畢，於是曲躬而授之，謂之一變。其二變、三變雖小有异同，而大概如此。此其説謂宋有天下本於揖遜，故每變皆具三辭、三謙之儀，以象功德。當時用之朝會，范鎮、楊傑輩已譏之，况用之文廟！豈大哉孔聖，道德尊崇，曲中有辭讓意耶？明萬曆間，工部李之藻統請更定，而廷臣无學，不能變易，以至於今。此亦孔廟禮樂一大憾事也！”

又答曰：“李我存即之藻也。云：‘古舞定立四表，三進三退。武取六伐止齊，文取六爻變化。文俯取諸陰，武仰取諸陽。文先舉左手足，武先舉右手足；文則左旋，武則右旋。雖皆就揖讓、征誅而擬諸形容，然必動盪迴旋以出之。’近世舞法失傳，太常雅樂立定不移，微示手足之容，可謂舞乎？然且古文武二舞干羽不分。舜作《韶》樂，似用文舞，而誕敷文德之時，并用干羽。周制釋菜習舞，則君執干戚以就舞位，故曰‘執其干戚，容貌得莊焉；行其綴兆，要其節奏，行列得正焉，進退得齊焉’。今舞法既無行列、進退，而又僅把籥翟，屏棄干戚，此謂之有文無武，近於婦人之樂，將夫子當日却萊夸，墮三都，有文事又有武備之聖人，而一以側身拱手盡之，則沿習之陋也。”

平書訂

平書訂·目次

卷一 1109

分民第一 1109

卷二 1115

分土第二 1115

卷三 1121

建官第三上 1121

卷四 1128

建官第三中 1128

卷五 1132

建官第三下 1132

卷六 1136

取士第四 1136

卷七 1141

制田第五上 1141

卷八 1147

制田第五下 1147

卷九 1150

武備第六 1150

卷十 1154

財用第七上 1154

卷十一 1157

財用第七下 1157

卷十二 1161

河淮第八 1161

卷十三 1164

刑罰第九 1164

卷十四 1167

禮樂第十 1167

平書訂·卷一

蠡吾李塨訂

王子源目覩亡明之覆轍,心追三代之善政,博學廣問,日稽夜營,著爲《平書》,授予訂之,與拙見載於《瘳忘編》《學政》諸帙者,大端皆合。但予著散録,而《平書》分門遞次,綱舉目張,脈絡貫通,可謂成矣。其中條件少有不合者,亦不敢以天下萬世教養之鉅而苟同也。因盡毁已著,但附拙見於各卷後,以考正之如左。

分民第一卷目皆《平書》所定

《平書》曰:

民不合則離,不分則亂,分之合之,政教行焉。民之良有五:一曰士,取才爲吏曰士,無今生員書辦之分。二曰農,三曰軍,塨有議在後。四曰商,五曰工。有議在後。其賤有二:曰役,在官隸胥,應募徒役。曰僕。人之家奴。士食於官,農軍授之田,商工食其力,工半食於官,役亦食於官,僕則食於主,民之類盡矣。合之奈何?十家爲甲,甲有首。十甲爲保,保有長。十保爲鄉,鄉之長有三:即漢三老嗇夫游徼之制。一曰正,宣教化聽訟獄也;二曰畯,課農桑治溝洫也;三曰巡,察盗賊修封域也。五鄉立一老以總之,曰耆老。即漢縣三老。耆老統於縣,庶人在官者也,亦謂之鄉官。有議在後。官與之禮。在邑在野厥制同,不同者邑無畯焉耳。奸民游食何容乎?有,則甲首誡使歸於民。不聽,告之保長以誡之。不聽,告之鄉正以誡之。不聽,則執以告之鄉官而笞之,務使歸於民,然後已。士農軍工商役各有籍。有司分掌之,而縣令存其副。僕統於主之籍。既分以籍之,保甲又合以籍之。存之縣令。安有不可稽之人哉?慮者,旅客耳,流民耳。城中隙地建屋千間,使人司之,編號以居旅客,城外千間,編號以居流民,有議在後。姓名鄉籍備,亦保甲之法矣,夫何慮?旅客初至一月無租,後每屋月收租百錢，爲修葺費，流民免，其願入籍者以類編入籍。惟行旅則勿稽，稽則擾。停十日以上亦有稽，皆鄉巡之事。稽之亦無擾也。天下亂吾政教者八：曰倡，曰優，有議在後。曰僧尼，曰道士，曰左教，曰西洋，曰回回，曰盜賊，皆非民也。雖民亦不可有者二，曰窮民，鰥寡孤獨廢疾者。曰乞丐。有一於此，不可以言政教矣。然去之有難有易。最易者倡優，次則左教西洋，最難者僧道回回。而盜賊窮民乞丐，則不待別立一法而後去。何則？倡優人所賤，惟在上不之禁，故公行耳。若禁之嚴，立止矣，故曰易。左教原有厲禁。西洋人在中國與中國從其教者蓋無幾，若於左教，殺無赦，驅逐西洋使返其國而不與通，或留算法製器之人，而禁其教不使行亦可。則去之亦不難。惟仙佛之惑世誣民久矣，卿大夫士庶莫不矢心而貞信之，其徒徧天下，不知其幾百萬，僧居九，尼與道士居其一，俱安居坐食，肆行淫穢，判然不爲朝廷之民，而人不以爲怪。苟一旦立法禁之，勢必驅之爲張角、韓山童，謪亂天下而不可止，故曰去之難。回回自元時入中國，至今四五百年，散處四方，自爲正朔，自爲服色，自爲風俗，性獷悍而黨惡繁，苟無道以治之而欲革其俗，害將不可勝言，故去之亦難。然則奈何？曰：非術不足以成仁，非權不足以成義，以權術行仁義而不爲迂闊，以仁義用權術而不任威刑，有議在後。則二者之患可漸消而漸滅。下一令曰："仙佛道甚高，僧道以邪穢不肖壞之，甚惡，其令天下僧道年六十以上，道高行修，願爲僧道者，留之。初不必問其數，繼則限以名，死亡有缺，而後補年六十外無依願爲僧者，由鄉而縣而郡而州藩而京師受牒披薙，而後補之○有議在後。聚而處之。擇一道院以處道士，二三寺以處僧。官衣食之，使奉其教。毋招徒，招徒者誅。以子弟爲僧道徒者誅，自爲僧道者亦誅。毋募化，募化者笞。布施者亦笞。毋爲人誦經祈福薦亡，祈福薦亡者杖。使之祈福薦亡者亦杖。惟閉户修其清淨寂滅之學，而其道始尊。其不願爲僧道及年六十以下者悉歸民。凡寺廟大者入官爲公廨，小者聽改爲民居，勿奪也。所誦二氏書焚之，土木像毁之，銅像銅器輸官充鼓鑄，尼比倡優例，立禁之不留。賢才舉爲士，耕者授之田，武勇募爲軍，有資願爲商、有藝願爲工者聽。括其地之倡尼爲之配，不足者婚於民。俾人人有夫婦父子之倫，得生養安全之樂，豈不勝於邪穢不肖之僧道萬萬乎？違令者殺無赦。"夫人特患無歸耳，苟有歸而得其養，僧道何苦不爲民？況尊其教以爲名，而譸張何自起哉？又下一令曰："回回本西夷之人，入中華者已久，宜用夏變夷，顧守其俗不變，不尊朝廷之法，不奉聖人之教，是亂民也。然相習既久，若痛繩以法，誅戮必多，恐傷好生之仁。今特家爲勸諭，其願遵國法奉聖教而革其俗者，以名聞，編入良民，簡用賢能而養其質樸。不願者亦不强，但不可復處吾土，亂吾民，亦以名聞，聽其歸本國或徙塞外耕牧爲生。若既不離吾土，又不遵吾法，是賊矣，將比類而盡誅之，其毋悔。"此令下，吾知從者半，不從者半。從者化爲良民，不從者驅而遠之，亦不致激之使爲變。有議在後。如此不出數年，回種盡變，不出三十年，异端可滅矣。所謂以權術行仁義，以仁義用權術者，此也。若夫盜賊之律雖嚴,然末耳。盜賊皆民也,民各有歸,而鄉正以率其頑梗,鄉巡以伺其姦非,保甲嚴,而游手無所容,武備修,而草竊不得逞,且厚儲蓄以備凶荒,時補助以周困乏,雖赤地千里,頻年水旱,自可安堵不動,烏有潢池之弄,爲黔黎之害,煩有司之憂者哉?《書》曰:“德惟善政,政在養民。”民得其養,而無所謂盜矣,窮民乞丐又何自而來乎?凡有窮民,則鄉正會保長甲首公議,使其宗族養之,否則親戚,否則鄰里,俱不得,則官收而養之。無窮民,自無乞丐。所謂不待别立一法而後去者,此也。莠民去,良民存,乾坤淨,吾之政教次第舉矣。

民不分則厖,不分則奸匿,王道何由舉乎?故分民爲王道之始,然必田制均,學校正,民有養有教,則各得其所。自有倫脊而事易就,是分民與諸政兼舉,又非以次序在前而獨先行也。

古稱四民,《公羊傳》曰:“德能居位曰士,辟土植穀曰農,巧心勞手成器物曰工,通財貨曰商。”軍即在農内,無所謂五民也。王子欲特爲召募,故曰五民,然而不寓兵於農,則兵民不合,民不知兵,兵以害民,猶然後世弊政矣。《平書》大端皆與謬見合,獨此一端少參差,詳議具“武備”後。

古四民,工居三,商末之。蓋士,贊相天地之全者也;農,助天地以生衣食者也;工,雖不及農所生之大,而天下貨物非工無以發之成之,是亦助天地也;若商,則無能爲天地生財,但轉移耳,其功固不上於工矣。況工爲人役,易流卑賤,商牟厚利,易長驕亢,先王抑之處末,甚有見也。今分民而列商於工上,不可。

明有倡優隸卒子孫不許考試爲士之禁,又禁良民不得與之爲婚。予以爲此四種者不可同論。倡妓亂人倫,壞風俗,當嚴禁,革之使無一存。若優伶則所以奏樂者,不得無之。古且有伶官矣。但禮樂,君子之事,而伶官專鼓舞以供人觀聽,則近於役,故古多以瞽者爲之。今宜仿古制,入伶人於工籍。古謂之樂工歌工。其技精者爲小伶官,供州藩奏樂之用,尤精者爲大伶官,供天子奏樂之用。小伶官不入流,大伶官不過九品,不得他遷。禁男女渫哇之戲,嚴邪聲導淫之誅,令歌正音,扮雅事可也,詳具“禮樂”條後。而何得去?隸爲官行刑,卒伺候於官及士大夫,特以其才庸下,故備驅使而實不可無者。夫既爲天地間不可無之人,則皆正人,所爲皆正事也,其或爲不正,則不教之過,而非隸卒之事即不正也,乃禁其子孫爲士,不許與商農工爲婚,是以爲惡而絶之矣。以爲惡而絶之,則當去之矣,而可乎?宜更之。優隸卒之子孫爲士農工商,皆從其便,惟官不得與本管隸卒爲婚,主不得與本家奴僕爲婚耳,外此則無禁。

工在官者,則官食之,不得以半拘。

明有《聖諭六條》曰:“孝順父母,恭敬長上,和睦鄉里,教訓子孫,各安生理,無作非爲。"有司每月令鄉約聚衆講解，娓娓多言。吕坤巡撫山西，立法甚詳摯，崑繩常稱之。予亦以爲然。後鄭若洲曰："此宋明講學之習，連波而及，非古教法，且擾民。"予因而考之。古教民之法即在教士内，故曰大司徒"以鄉三物教萬民而賓興之"。至於教民，如《月令》諸書所載，皆教以事，無空論以言者。況我孔子明曰，民可使由，不可使知。今立一定期講説而索其知，誠古法所無，聖教所禁，不可行也。惟明每月朔望以木鐸老人徇於道路，口宣《六條》警衆，則古遒人之職也，可行。而官長遇事開導愚民，無定時可耳。

崑繩以爲生員書辦不分，善矣。然而鄉官與士亦不可分也。"庶人在官者"句大誤。古稱"庶人在官"，乃役於官之胥徒，非鄉官也。按周禮：五家爲比，下士爲比長。五比爲閭，中士爲閭胥。四閭爲族，上士爲族師。五族爲黨，下大夫爲黨正。五黨爲州，中大夫爲州長。五州爲鄉，卿爲鄉大夫。惟遂五家之鄰，不必用士，以上亦皆士大夫，皆可同升諸公。漢制：五家爲伍，伍長主之。二伍爲什，什長主之。十什爲里，里魁主之。十里爲亭，亭長主之。十亭爲鄉，鄉有鄉佐、三老、有秩、嗇夫、游徼各一人。鄉佐有秩主賦税，三老主教化，嗇夫主爭訟，游徼主奸非，多以學士爲之。而賢公卿大夫亦時出其中。後世分督鄉者，不用士，不稱官，不由此陞進，故明用年老習事之民充之，亦不得已而然，而非古也。今擬民之才德出於十家者爲甲首，出於百家者爲保長，有功如明吕坤議，授以九品官冠帶。正、畯、巡以中士除之，待有功，即授以九品官。或農民有特才堪爲正、畯、巡者，亦間用之。耆老可易曰"公正官"，以選士上士除之，而俱統於縣令。正分統於縣正縣督，畯分統於縣丞，巡分統於縣尉縣工，公正之事分考於六衙。

城中建屋以居旅客，凡市鎮皆當有屋，即古之市廛也。商至則使居之，而徵其税，如後徵税則無房租。

行旅停三日以上即當稽，若面生可疑及係奸人左道者，即察問送官，保甲中人無事外出者亦稽之。

分田勸農積穀，則流民可無，不必先爲修屋，如遇奇灾，有流民至者，臨時修可也。

左道亦不可一概，如採生折割傳頭教主之類，則當誅之。燒煉符呪等，則刑而屏之。聚會號佛喫齋之愚民，則當教而化之。如顔先生《唤迷途》等書，使鄉正講解之，不從然後刑之。

"以權術行仁義"等語，非治平之道也。蓋權術之正者，即仁義也。不可曰以權術行仁義也。權術之非者，非仁義也，又不可曰"以仁義用權術"也。

既以仙佛爲惑世誣民，而又令曰"仙佛道甚高"，"道高行修"，是亂名也。不許招徒，而又死者補之，六十以上願爲僧者與之牒，是亂令也。官衣食僧道，是亂法也。況焚其書,毁其像,倡尼配僧道,是明滅其教矣。即虚言誑之,渠甯不知?若可爲變一耳。今擬變异端之道,十有二焉。令鄉正集僧道,與之講《唤迷途》,官亦不時講化之,一也。量其材,或入於士,或授之田爲農爲兵,或使爲工爲商,二也。配之倡尼,不足,官設法助之婚娶,六十以上返正,願娶不願娶者聽,三也。改寺廟以居僧道,不可居者分給之,使賣材别構,惟留正神祠宇,四也。老而不能爲士農工商者,責令其親族婣黨養之,如無,則收於養濟院,官養之,死葬之,五也。令人獻二氏書,藏匿者責,搜而盡焚之,六也。毁其像,七也。限教之三年盡變,不一旦峻驅之,八也。若三年不變,幼者責而變之,六十以上者,僧送之南海普陀山,道士送之東海蓬萊諸山,不許通中國招徒募化祝誦,九也。反正而有小善者,即嘉其悔悟如常人,大善旌賞之,十也。僧道未變前俱入於保甲,甲首保長鄉巡等時時察之,若有違抗意言及勾通謀逆者,即刻稟官,擒而誅之,或誅其首而變其餘,十一也。喇嘛僧真者,驅歸外國,中國人從者令爲民,十二也。歸倫則正而樂,不歸倫則邪而災。正《平書》所謂,僧道何苦不爲民者也,而亦安有變之可虞哉?

回回之不從化,固爲可惡。然元明以來,亦誰有時出一令以化之者哉?而欲驟繩以法,不惟激變,亦且不忍。即驅之塞外,彼安土重遷,亦不能保其不爲變也。必先下一令,示中國之禮義,明夷傳之醜惡,未必即其本然而誤,沿以爲教,遂資人口柄,不知天理。聖教無分中外,自此正朔居處冠昏喪祭之禮,一歸王政,非棄本從華,乃去非就是。才者入學爲士爲官,其餘授田爲農,或爲工商,皆如良民,而又寬之。法網不禁其祀祖宗,飲食亦不遽變其習,殺牛羊亦可,但不得比户爲之。而使入仕通婚,衣服禮法一同中國,復寬以三年之限,自當混一。若有一二必不變者,許三年後自陳,歸其本國。而又編入保甲,著爲勸化之言,令鄉正勸化之。而甲長鄉巡等不時稽查,有异志謀變者,即刻送官誅之,速變者旌之,罪者釋之。或量才即用其一二爲官,以申勸勉,此亦何難?何傷於彼,而激變乎?或邊境有事,招其健者爲兵,因散處之,或招流民開荒,即散布給以田,則更易教。

惲皋聞曰:《平書》謂除左教易,除釋老難。愚謂除釋老易,除回回天主等邪教難。釋老無種,誠欲除,著爲令,永不許人出家,不數十年而已絶矣。邪教有妻子,其種蔓延難除也。宜懸令,凡邪教者,搜其家,不得藏刀仗兵器,使人監之,限一月,能歸正者,或士或農或工或商,各授其業,使同齊民。其頑不返正者,别其户籍,永禁士夫良民,不與通,出入里巷,不與人齒,許爲良民奴隸。凡縣邑之賤役役之,不許其聚族而居,不許其私寄牛羊,不許私傳其邪教之教。犯者加以嚴刑,散流之遐荒。久之,而彼知愧恥,則教可漸除矣。

又曰：邪教之外，皆良民也。今西北有樂户，東南有惰貫，生而不齒於人，此亦不平之一端也。宜悉解其籍。然在其地久，良民終不肯與通，宜聽其自遷遠方，執四□民之業可也。

平書訂·卷一　終

平書訂·卷二

分土第二

《平書》曰：

天子不能獨理也，三代以封建，後世以郡縣。封建之利在藩屏天子，分理其政事，勢可以長久，害在世守，强弑逆戰，爭不可制，而生民罹其毒。郡縣之利，在守令權輕易制，無叛亂之憂，害在不能任事，姦宄可以横行，權臣可以專擅，天子孤立於上，而莫之救。是二者皆各有其利害，歷代之故轍昭然。凡持一偏之得失以爲言者，皆非也。然則王者將何從？曰：兼收二者之利而辟其害，使其害去而利獨存，斯可以爲治矣。若分四方緣邊之地爲藩，以同姓爲藩王守之，有議在後。分内地爲州，以异姓爲州牧守之。天子建都於天中，有議在後。以統於上，藩王州牧各守其土，以衛於下。統郡者藩也，州也，郡不過四五。統縣者郡也，縣不過五六。總之，郡有大小，縣有要縣，上中下之分，參伍均之，多則三十城，少則二十餘城，設兵七八萬而止。畿輔則環列大郡，以輔京師，約二百餘城，設兵三四十萬，其勢足以控制六合。乃藩以禦外而鞏内地，州以控藩而鞏京畿，内外相維，親疏相間，枝强而幹更强，未嘗弱枝以强幹。四裔不敢侵，盜賊不敢動，權姦不敢逞，而上分天子之勞，下徧百姓之德，是非得封建之利乎？乃藩王與州牧同，以三載考績，賢則留，不肖則黜，不世守也。予奪之權，自上操也，是又絕封建之害，兼郡縣之利矣。且夫守令惟任之不專不久，故不足以爲股肱，不足以衛心腹，若任之專，利可興，害可除，便宜行事，無顧忌，無掣肘。惟大綱總於上，細目悉任於下，不似近代纖微不得有爲於其土，又必久任而責成功。是非去郡縣之害，兼封建之利乎？夫郡縣原不可與封建比也，有議在後。封建之害且除，又何患郡縣之利之不得也？且巡方御史歲歲按之，三考一黜陟之，五年一朝覲以述職，州牧分東南西北，歲各一朝，藩王則西北東南總之，五歲一朝。朝廷又核其實以賞罰之，何弊之能爲，何亂之可作乎？昔者禹敷土錫姓，畫疆分界，大抵地邑民居，參相得爾。乃今日之疆理，吾惑焉。一府所轄，有多至三四十城、廣至兩千餘里者，有不過兩縣、僅二三百里者。縣界有去治數百里者，有城外即爲他界者。夫犬牙相錯，不以要害專屬之一方是矣。乃參差太過則不清，大小相懸則不一，況地畝或以一畝爲一畝，或以數畝十餘畝爲一畝，地肥瘠同而糧迥异者甚多。經界不正，賦税不均，豈聖人平成天下之道乎？必也因山川之形勢畫爲州藩，隨幅幀之曲折分爲郡縣，不相紊，不相懸，因者因，革者革，建者建，總欲因地利，盡人事，使形勝，全畺圉固而已。土地既分，各有所守，乃頒畫一之條，使各奠山川，各均田畝，各興水利，各整關梁，各修驛路，四海雖廣，有不蕩蕩平平者乎？各率其屬，各舉其職，各理其政，庶物雖殷，有不綱舉目張者乎？三代之治不外此矣。遵而行之，百世可也。何必執封建之迹而後可以爲治哉！

王，古天子之稱也。漢以後尊帝，次王，乃天子稱帝而稱同姓曰王，易啓人僭越之心，非古也。且州藩權同事同，何必易其名，則無如皆稱曰藩侯，而但分邊藩腹藩焉。若同姓功臣本公爵者，稱藩公。

專委同姓於邊以禦外人，謂可恃其一體之親也。然永樂非一體乎，而兵强起亂矣。況專以同姓居危地，而异姓居安地，情不均；以同姓居勁地，而异姓居柔地，勢不均，易滋變端。且兵學非人人可能也。如沿邊當宿兵禦侮之地，而同姓人才不足用如何？不如同异姓雜而用之。但邊藩同姓多，以賴其腹心，而以异姓間之，腹藩多异姓，而亦間以同姓，似爲妥策。

建都於天中者，以四方朝覲巡狩道路均也。然而建都之道不一。崑繩嘗曰："自古帝王大約以興起之地爲都。漢唐初取關中，即以居之，宋都汴梁，明都金陵，永樂都幽燕，亦皆即其所興。"言亦有見。然但以天下形勢論，僻鄙不可都者勿言矣。金陵南服，禁兵養久，易至脆弱，汴梁四衝，洛陽勢小，長安雖稱百二山河，然雄固在崤函，以控山東六國，若高屋建瓴，而西北之禦外人者，則險不緜亙。且後世煩費而漕運艱澀，難如古之但取關中而已足也。惟燕京，險則燕山以爲城，千里緜峙；餉則河海以爲池，巨浪直達；背倚磐石，而伸手從左腋取物，何便如之？況直塞門户，干掫戒嚴，天子在邊，四方全力注之。自甯夏而河套，而開平大甯，而遼左開元，通筋束骨，一綫穿成，居内制外，真盛地也。然而背薄之患，稍有可虞，必河套、陰山、開平、大甯一帶，凡沙幕南可耕種屯牧之地，盡復之，使幕南無王庭，斯爲金湯之固耳。

郡縣而重權久任，即兼封建之利是矣。然恐後儒尚有執封建當復者以亂天下，請即舊論其不可復之故陳之。古因封建之舊，而封建無變亂，今因郡縣之舊，而封建啓紛擾。一。三代德教已久，胄子應賢，尚曰世禄之家，鮮克由禮，況今時紈袴，易驕、易淫、易殘忍，而使居民上，民必殃。二。郡縣即漢唐小康之世，非數百年不亂，封建則以文武成康治之，一傳而昭王南巡，遂已不返，後諸侯離析，各自爲君，六七百年，周制所謂削地滅國，僅託空言，未聞彼時以不朝服誅何國也。矧於晚近，雖立法制之，豈能遠過武周？三。或謂明無封建，故流寇肆毒，徧地邱墟。竊以爲宋明之失在郡縣權輕，若久任而重其權，亦可弭亂。且唐之藩鎮即諸侯也，而黄巢儼然流寇矣。周亦有大盜如莊蹻者，豈關無封建耶？四。或又謂無封建則不能處處皆兵，天下必弱。竊謂民間出兵，處處皆兵，郡縣即可行，不必封建也。五。而封建之殘民，則恐不下流寇，不觀春秋乎？列國君卿，尚修禮樂，講信睦，然自會盟朝遇，紛然煩費外，侵伐戰取，一歲數見，其不通魯告魯者尚有之。幸時近古，多交綏而退，若至今日，殺人狼藉，盈城盈野，豈減流寇？然流寇亡蹙，而諸侯亡遲，則將爲數十年數百年殺運，而禍更烈矣。唐之藩鎮爲五季，金之河北九公，日尋干戈，人烟斷絶，可寒心也。六。天子世圻，諸侯世同，卿大夫多公子公孫，亦世采，自然之勢也。即立法，曰世禄不世官，必不能久行。周之列國，皆世家巨室可見矣。夫使富貴功名，數百年皆一姓及二三功臣據之，草澤賢士，雖如孔孟，無可誰何，非立賢無方之道也？不公孰甚？欲治平何由？

三弟培問曰："元人不能一口吞河北，金人南奔，得後淪亡者十九年，不受封建之利乎？"予曰："此非聖賢之言、天地之心也。河北當時交爭，塗炭千里，荆榛比户，殆盡乾坤之慘極矣，乃置之不計，但幸曰土地後屬他姓者數年，使殺盡天下之民，而保空土亦可乎？天地之心如是乎？古君不以養人者害人，有可移禍於相於民，而必不肯者，皆何爲也？"

三弟曰："凡人之情，委家產於子孫，子孫必愛之，委之僕從，僕從不愛也。不分封同姓而任异姓，毋乃委不愛者以家產乎？"曰："此以人之私情言也。以私情言，則得失參半矣。子孫雖愛其家產，然恃祖父之慈，或驕或奢，以至嫖賭，無可誰何。且或謂此產原當屬己，積私入橐。僕從之視主業雖情較疏，然可鞭箠，可更易，不敢大肆也。且與子觀今世，僕從分背主人之家產者，十鮮其一，子孫各積私財，營妻子，而膜置父母者，十常二三。一以疏而不敢發，一以親而得自由也。矧如子所慮，則必同姓者盡任天下事然後可，不惟郡縣不然，即三代封建亦不然。周之八百餘國，皆屬异姓，獨定天下後，封文武之子數十國耳。然則异姓之不愛其家產犹然也，何以處之？"

三弟曰："子孫雖積財入己，猶吾子孫也，何爲置之外人？"曰："即以俗情論，僕從分理家業，而主人箝制於上，之爲快乎？子孫分肥家業，而祖父無依於上，之爲快乎？

且家事與國事不可同日而語也。如子言,天下①分崩,不慮也,惟謀一策,使吾子孫得分之,天下②喪亡,不慮也,惟謀一策,使吾子孫得得之,則自黄農以來,以至元會之終,皆使一姓蟬聯,其法始善矣,有此理乎?此心公乎?私乎?古云,天下惟有德者居之,未聞曰,天下惟同姓者居之也。師曠曰,天之立君,以爲民也,未聞曰,天之立君,以爲其子孫也。"

三弟曰:"以异姓爲官,而同姓監之,如有庳之不治民,可乎?"曰:"有庳乃使以虚名膺實福耳,非爲監也。處置同姓,惟論才德,有才德,爲監亦可,治民亦可,無才德,治民不可,爲監亦不可。予幼嘗謂封建郡縣雜列而處,今思不可雜之。諸侯必侮郡縣,郡縣必訐諸侯,天子方救痛解紛之不暇,而暇理天下乎?"

三弟曰:"郡縣官如傳舍,誰肯愛其民者?"曰:"今之郡縣,真如傳舍矣。然而留心民瘼者,亦尚有人。郭有道居停必灑埽而後行,陳蕃庭除污穢不埽,心志各别,不關久暫也。且郡縣何爲以傳舍處也?九載黜陟之法,非謂陟之而必去其任也。《經世實用編》曰:養民必三年餘一年食,九年餘三年食,三十年之通,而後民無菜色。教民必三年敬業樂群,九年知類通達,三十年而後仁。可輕去哉?况才地不齊,性習亦异,不有月計不足、歲計有餘者乎?不有治郡功名、入朝則損者乎?今擬六衔鄉官及郡縣藩侯,九載考陟後,上官有缺任當選補,或其才德不止於此,及教養政已畢者,則去;如陞而無缺,與其才止於此,或官與民皆不忍舍去,及行一法而未結,即留二三十年,終其身,有功遞加尊衔,而仍使理其本職焉,渠奚爲視民如秦越也?"

三弟曰:"封建、井田、學校,三者相資,一不行則皆不可行。"曰:"此老生常談,而實非也。郡縣何不可行學校、選舉,何不可行井田,而必封建也?且吾謂,選舉不行,不在不封建,而在封建。孔門七十二賢,卿相之才夥矣,未聞選舉之以躋大位。仕者僅步趨私門而止,良以封建則世官,選舉無所用,故不得不廢也。而乃曰,郡縣則學校選舉不行,是李代桃僵也。"

或曰"不封建而井田,能萬里運粟乎?"曰:"今世如秦晋征糧,僅可度支。邊腹如河南、山東,除官之俸,兵之餉,有運河以通粱米。遠如江南、浙江、江西、湖廣,則皆通流可運。再遠如閩、蜀等,又邊兵支費無可運者,固無憂井田徵糧運道不通也。况經制定,則税斂輕,分貯多存,支俸禄,厚運上者,亦不必若後世之多乎。"

三弟曰:"然則殷周封建非歟?"曰"非然也,時勢不同也。洪荒之世,小賢小智統

① 下,底本作"子",據《顔李叢書》本改。

② 下,底本作"子",據《顔李叢書》本改。

一方,則漸爲諸侯,久而合之天下,有一人則爲天子。以後天子不道,則衆諸侯復推一人尊之,殷周之興皆以此也。故武王伐紂,不期而會者八百國,及會朝清明,乃曰吾將去,此諸侯以别用也。或即絶其世也,得乎哉!蓋當時封建之弊,尚未大滋,可以不變,即欲變之,亦理勢不可。今不解其意,而徒泥往迹,所謂膠柱而鼓瑟矣。且陸桴亭曰,郡縣即如諸侯,但易傳子而爲傳賢。子不然之,獨未聞古之论堯舜禹耶。昔人謂禹傳子爲德衰,孟子以天意解之,是未嘗言天子不當傳賢也。韓昌黎又謂:天子傳賢,則無定人,非聖得聖,易啓亂。傳子則有定法,雖遇中材,人莫敢爭。是天子之位,亦以傳賢爲賢,但無人制之於上,故憂後世之紛爭,而不得不傳子也。若諸侯則有天子主之矣。如桴亭説,正昌黎所謂傳賢則利民者大也,子亦可以悟矣。"

惲皋聞問封建,予曰:"封建不可復,妄論已具,今諦觀春秋,愈知其不可。列國賢卿大夫,①惟有管仲定民居,成民事。子產殖田疇,訓子弟,制養生送死之道,經理斯民,其餘君臣所商所事者,非朝聘會盟,則兵車侵伐,匆匆不暇,紛紛四出,未見有問及民事者。天立君爲民之意如此乎?立聖教養萬民之道如此乎?譬之治家,耕田、鑿井、事老、訓幼,其正業也,時而戚賓往來,或傷情訟兵,其暫也。今并無暇耕鑿事訓,而專戚賓往來,以至傷情訟兵,其家可保乎?封建積害至此,如之何不變?"

桴亭《思辨録》曰:"自封建廢,郡縣無宗廟之制。爲有司者,將欲孝治一國,其道何由?今宜仿封建意,使郡邑建宗廟,治邑者始至,則載主而居之,四時合臣民而行祭,一如古禮,則官孝思得展,而民衆著於孝。"又曰:"冠昏喪祭之禮,民久廢失,由上不以身率之也。若四禮俱可在任舉行,則上行下效矣。"又曰:"在任而遭喪者,當一如古人,在任舉行喪禮,縣事胥委其貳治之。五月喪畢,則親事粗安,君事爲重,素服素冠,臨後寢聽政,惟不飲酒食肉,不處内,不與吉禮,不斷刑獄,以終三年,庶幾得禮之中。"周禮大略類此。三年不言,殷禮也。塨謂:今世選官不在本省,或極北而之極南,南東西亦然。不惟路費浩繁,且言語不通,人情不諳,滋弊多端。若如陸氏議,將載主遠行,昏喪易地,尤爲不便。宜定制,藩侯迴避本藩,郡縣迴避本郡本縣,而相鄰之郡縣,不許過千里外。至於學師六職,或本地,或鄰封,而鄉官等必以本地人爲之,其人有私,遠亦私也,其人無私,邦家何私焉?

或謂古諸侯世守,故有宗廟。今藩郡縣皆傳賢,此去彼來,恐鬼神雜揉,非道也。曰:"古有其例矣。古人以奥爲祭位,五祀祖考,皆迎祭於此,而各有名號,鬼神未聞以雜揉處也。"

① 底本此處衍一"楚"字,據《顔李叢書》本删。

陳同甫曰:"今立國之勢,正患文爲之太密,事權之太分,郡縣太輕,而委瑣不足恃,兵財太關於上,而重遲不易舉。"嗟乎！此宋明之所以亡也。天子以爲輕天下之權而總攬於上,究之一人亦不能總攬,徒使天下之善不即賞,惡不即誅,兵以需而敗,機以緩而失,政以掣肘而無成。平時則簿書雜沓,資猾吏上下之手;亂時則文移遲延,啓奸雄跳梁之謀而已矣。封建固不得復,而漢之故事,郡守得專生殺,操兵柄,有事直達天子,可不鑒其意哉!

宋方臘將反,召其衆,曰:"吾等起事,旬日之間,萬衆可集。守臣聞之,固將招徠商議,未必申奏,延滯一兩月,江南列郡可一鼓而下也。朝廷聞報,亦未必决策發兵,遷延集議,調集兵食,非半年不可,是我起兵已首尾期月矣。二敵聞之,亦當乘機而入,我但畫江而守,輕徭薄賦,以寬民力,十年之間,終當混一矣。"嗚呼！郡縣無權,簿書煩密,往來延滯,爲奸盜所窺伺如此,尚不變計耶。

藩侯一面皆來朝,恐猝有變,無人禦之,似當間一藩來一藩,次年又間之,猶五歲一朝也。而東南西北,西北東南,則以邊腹分之。

凡朝覲路費,皆當量遠近,驛遞支給,開銷朝廷税糧。

惲皋聞曰:分土當先於縣邑制。縣太大,則民情難悉,政事難舉。聖門藝如冉求,聖人許之止於宰千室之邑,其自許亦止方六七十如五六十,可見也。

平書訂·卷二　終

平書訂·卷三

建官第三上

《平書》曰：

近代建官之弊七，而取士之弊不與焉。任之不專，十羊九牧，可以諉過不可以見功，使政事日壞而不知。弊一。用之不久，官如傳舍，賢者不能盡其才，不肖者苟且以免罪，舉天下無一任事之人。弊二。人才長短各有宜，乃司兵者轉而司農，司刑者轉而司禮，但以官之大小爲升降，不論其才與職之稱否，似天下皆通才，遂致天下皆廢才。弊三。碩德奇才，應不次用之，庸衆即終身末職不爲過，乃銓選以掣籤聽之命，遷次以資格聽之法，人才何由得乎？弊四。法密如牛毛，建官使守法，法孰習之？習之者吏耳。官不得不聽於吏，是謂不任官而任吏。不任官而任吏，吏之姦弊遂日深而不可除。弊五。凡養民造士，錢穀刑名，無鉅無細，皆本於縣。今之州縣可比古諸侯之國，諸侯之卿大夫，士爲之，分理者何其衆？今之佐貳，爲縣令分理者何其寡？諸侯之上，爲之總者，不過方伯，今縣之上，有府與府佐貳，府之上有監司，監司之上有布按，布按之上有督撫，且兵有監司，糧有監司，河有監司，學有監司，糧又有督，河又有督，以數十長官，林立督之於上，而佐貳其下者，不過二三人，吏治何由善乎？弊六。官之應設者不設，而不應設之冗官，徒糜廩禄者，不可勝數。弊七。夫奸貪不法，與庸惰無能，臣之罪也。若此七弊，朝廷實貽之，可歸咎於臣下哉！唐虞建官惟百，亮天工者不過二十有二人。周官三百六十，所任卿大夫亦不過數十人。故官不在多，在專與久，不在全才，在用其長，不在任法，在任人。試酌古準今而爲之制。官之設於京師者，曰四府，曰六部，曰三院，曰二衛，曰四司。四府者，一曰公孤府，設於禁中，師保之官也。天子師事而不臣，以致仕大臣年高有德望者爲之。有議在後。不預政事，但朝夕爲天子陳説帝王之道，以格君心，成君德，或二三人，或四五人，無不可。無僚屬，而宦官聽其黜陟如屬吏，賤者可杖也。太子之師保亦然，同設於府中而另一地。二曰端揆府，設於宫城内之東，輔弼之官也。立相二，左相國、右相國，佐天子明政用人，統百官，均四海。侍郎四爲之副，其屬中書令八，中書舍人十有六，分領簿書，掌機務，士六十四人。三曰御史府，設於朝門左，風憲之官也。都御史一，左右副都御史各一，繩愆糾謬，陳利弊，劾姦貪，達民隱。其屬監察御史六十人，職與都御史等，而分理簿書者八人，巡按州藩每歲各一人，巡視京城二人，士四十人。四曰成均府，設於都城内東南，教化之官也。大司成一，左右少司成各一，敷五教於天下，有議在後。教皇子公侯伯之子，總天下州藩之學師而試太學生，其屬司業八，士三十二人。六部者，一曰農部，士農軍商工，各有籍，而總其户口於端揆，農官但有農之籍，不可概以户稱，故改稱農部。設於宫城外東，課農之官也。大司農一，左右少司農各一，總天下州藩之農官，督其政而稽其人，其屬中大夫各州藩一人，分察之，如今制。士堂上八人，每司四人。二曰禮部，設於宫城外西，典禮之官也。大宗伯一，左右少宗伯各一，掌禮樂大典，統禮樂經史文學之臣，總天下州藩之禮官。其屬中大夫六，禮二，樂一，經學一，史學一，文學一。有議在後。士三十二人，堂上八人，每司四人。三曰兵部，設於宫城東農部南，備武之官也。大司馬一，左右少司馬各一，掌天子之六軍而訓練之，討不庭，平叛亂，供田狩，總天下州藩之司馬。其屬中大夫十二，分統六軍，繕器甲，備車馬。士五十六人，堂上八人，每司四人。四曰刑部，設於宫城西禮部南，明刑之官也。大司寇一，左右少司寇各一，詰姦禁暴，總天下州藩之刑官而平其獄，凡大獄死刑必歸刑部。其屬中大夫每州藩一人，如今制。士堂上八人，每司四人。五曰地部，有議在後。設於宫城東兵部南，方域之官也。大司空一，左右少司空各一，掌天下之土地山川城池阨塞輿圖，總天下司地之官，而督其理。其屬中大夫八，分督之。士四十人。六曰貨部，即《周官》内府外府泉府，後世鹽鐵使、轉運司之職。設於宫城西刑部南，司財用之官也。大司均一，左右少司均各一，掌財貨出入，節朝廷經費。其屬中大夫每州藩各一人，分核之。士堂上八人，每司四人。三院者，一曰通政院，設於朝門右，天子耳目之官也。左右通政使各一，中外大小臣士庶，凡有封章即與奏，阻隔者誅，其屬納言四，士十有二人。一曰黄門院，設於宫城内之西，封駁之官也。都給事一，給事中十有二，凡詔令之下必由之，有不便者駁還之。士六人。有議在後。設登聞鼓於宫城北門之内，歲命一給事司之，凡有告變或奇冤登樓撾鼓者，即以狀聞，阻隔者誅，妄告者誅。一曰翰林院，設於宫城内之北，侍從文學之官也。有議在後。侍中一，其屬令史十，禮樂經史文學各二，備顧問，撰制誥。士二十四人。二衛者，一曰金吾衛，分左右列宫城内。金吾大將軍各一，侍衛之官也。守宫門，稽出入，百官俱懸牙牌出入，以便稽查，舊制也，司之以禮部。司儀衛。其屬都尉八，士二十四人。一曰羽林衛，亦分左右，列宫城外，羽林大將軍各一，典禁旅之官也。司徼巡，備非常。其屬羽林郎十有二，士三十二人。四司者，有議在後。一曰歷象司，一曰大卜司，一曰考工司，一曰岐黄司，不統於府部院衞，以出身非士也，都城内擇地設之。歷象司，治歷之官也。司正一，司副二，其屬同知四，天文生十有六，附生無定數。大卜司，陰陽卜筮之官也。司正一，司副二，其屬同知四，卜生八，附生無定數。考工司，興建製造之官也。司正一，司副二，其屬攻土、攻木、攻金、攻石、攻玉、攻皮、畫繪、織造爲八所，供天子宫室、輿仗、冠服、器皿之具，備禮樂兵農器械之用。每所同知一，工生四，附生無定數。岐黄司，醫藥之官也。司正一，司副二，其屬分数科，每科如眼科、瘡科之類。同知一，醫生四，附生無定數。京師之官盡此矣。官之設於州藩者，一府、一院、一堂、六曹、三監。府者，州牧藩王也，領一州一藩之事，統佐屬與守令而總其成。院者，巡按御史也，察州牧藩王與其佐及守令之賢否，郡縣佐不問也。地有豪强按之，冤抑雪之，民事不問也。堂者，州藩之學師也，敷五教於州藩，統郡縣之學師，而總其成。六曹者，司農、宗伯、司馬、司寇、司空、司均，以農、禮、兵、刑、地、貨爲曹也。獨禮曹於宗伯外，有禮樂經史文學五宗伯以副之，各統其郡之六廳而總其成。士則府二十四，院十二，堂與六曹各八。三監者，工監、卜監、醫監，各置一尹也，生則每監四。官之設於郡者，二堂、六廳、三監。二堂者，太守、郡師也。守統其屬與縣令，師統其縣師而總其成。六廳者，藝郎、治中、别駕、司理、典方、節史，以農、禮、兵、刑、地、貨爲廳也。禮廳於治中外，有禮樂經史文學五治中以副之，各統其縣之六衙而總其成。士則守十六，師與六廳各八。三監者，卜、工、醫，各置一丞也，生則每監四。官之設於縣者，二堂、六衙、三監。二堂者，縣令、縣師也。令統其屬，合一縣之事而總其成，師教學生，統一縣之鄉師而總其成也。六衙者，縣丞、縣正、縣尉、縣督、縣郵、縣同，以農、禮、兵、刑、地、貨爲衙，而各修其職也。禮衙於縣正外，有禮樂經史文學五正以副之，士則倍於郡，以其所理者多也。三監者，卜、工、醫，各置一判也，生亦倍於郡，且有附生而習其業者。外官盡此矣。由是品級以等之，服色以别之，廪禄以厚之，銓選考績舉劾以操縱而進退之，天下人才猶不得其用，而政事猶不舉者，未之有也。

陸桴亭論司兵有功陞司農、司刑有功陞司禮諸法曰："是得一善攻木者，而賞之使削鐵也，不可解矣。"

高岱論法詳之弊曰："事有宜密，雖腹心不得聞也，而必須關白。人有可用，雖將相不爲過也，而必循資格。錢穀出納，有足以利民者，專之可也，而憚於稽考之嚴。刑獄重輕有當，以情處者，遂之可也，而涉於出入之議。機當速應，畏法易逗留，勢宜有待，畏法多張皇，一金之費，干歷諸司，一令之行，徧咨群長，甲乙可否，吏胥上下，圖政理之志輕，而稽簿書之念重，敷治化之日少，而辦文移之日多，少有蕩軼，則下以廢法而訐其非，上以悖法而重其譴。君子不敢爲善，殆甚於小人不敢爲惡矣。"痛乎其言之也，而漢法疏闊而長，秦隋法繁密而促，爲治者宜何從？

《思辨録》曰：魏莊渠嘗言，古縣邑官較後世多，府史較後世少，今在官者千百爲群，積姦叢弊，蠹害生民，此古今盛衰之判也。古之治也以道，卿士大夫同寅協恭，清心致理。後世上下相疑，不復推誠，委任天下之事，一決簿書，變成吏胥世界矣。

六部之吏典，六部之事，皆出其手矣；布政按察之吏典，布政按察之事，皆出其手矣；郡縣之吏典，郡縣之事，皆出其手矣。乃士子羞爲之，而爲之者必狡猾㑴詬之人，天下事安得而治也。夫以狡猾㑴詬者爲吏典，是以狡猾㑴詬者爲六部也，藩臬也，郡縣也，天下事安得而治也？蘇軾曰："用之則不絕，絕之則不用。"爲吏典者，不過官至典史吏目而止，是用之而復絕之，彼其心以爲，榮功顯名，無與於我也，尚何廉恥之足惜，而行誼之可矜耶？今議府部下辦事者皆以士，以至郡縣，六房稱六官，下皆以士辦事，皆可爲官，其役於下者，不過寥寥胥徒而已。誠良法也。予嘗謂治天下有四大端，曰：仕與學合，文與武合，官與吏合，兵與民合。此官與吏合也。不然，以白面書生爲官，以矯虔乾沒爲吏，欲天下之平治，斷未之有。

宋楊億上疏曰："國家憂銓擬不允，置審官之司，慮議讞或濫，設審刑之署，恐命令或失，建封駁之局。臣以爲在於紀綱植立，不在琴瑟更張，若辨論官才歸於相府，則審官之司可廢矣，詳評刑辟屬於司寇，即審刑之署可去矣，出納詔命關於給事中，即封駁之局可罷矣。"嗟乎！不責其治事，不罪其不治事，而多設官，十羊九牧，徒資推諉，何爲哉。况今憂郡縣不理，而重加長官於上，正東坡所謂"監圉卒以廐長而馬益癯"者也。民何辜耶！

顧甯人曰，一鄉之中，官備而法詳，然後天下之治，有條而不亂。至今蕩然無存。守令之上，積尊累重，而下乃無與分其職者。雖得公廉勤幹之吏，猶不能以爲治，而况非其人者乎？柳子厚云，有里胥而後有縣大夫，有縣大夫而後有諸侯，有諸侯而後有方伯連帥，有方伯連帥而後有天子。則天下之治，始於里胥，終於天子，其灼然者矣。故自古及今，小官多者其世盛，大官多者其世衰。興亡之塗，罔不由此。陸道威曰，治天下必自鄉始，分鄉乃小封建法也。二子之言善矣。《平書》官制，從六衙縣令起，愚意從鄉官六衙起，公正陞縣令，以其既爲士，復理民有績，始可膺百里親民之任也。以下正、畯、巡有功加九品官，及保長有功加九品冠帶者，保長可量才間爲正、畯、巡，正、畯、巡可量才間爲六衙。以其所長除之。若才止其任者，雖甚有功，加品與禄，而任終身焉。

師保一官不在臣内，最是。顔習齋先生嘗言曰，《中庸》大臣群臣之外，先有尊賢一經，乃論道傳學，不可臣使之人也。漢光武不知此義，而屈嚴子陵以官，故不能留耳。據此，則致仕大臣外，碩德高隱，皆可聘致之。

成均敷五教於天下，似爲不妥。《周禮》：司樂教士，司徒教民，原屬兩事，成均教士而兼教民，非職也。況縣之專教民者，鄉正也。鄉正若以縣師督之，不惟教士不暇，且嚴則分縣令教民之權，或與令忤，寬則鄉民不畏，漫無可稽，是必縣令統之，而縣正分統之，乃可責成。以上考核教民之官皆然，則敷五教於天下之民者，歸之禮部爲宜，以今户部不稱司徒，而齊民以禮，正禮部事也。

三代而上，以躬行實踐爲主，不惟經史之名，不見於命官，即學校之内，惟教以禮樂德行。其誦《詩》也，所以習樂，其觀《書》也，所以考政，亦無所謂經學史學之名也。自秦火後，聖道之識大識小，口傳身授者，盡委於地，無從尋覓，於是求夫載道之籍，朝購《詩》《書》，士多箋注，而經史始重。沿至宋明，虚文日多，實學日衰，以誦讀爲高致，以政事爲粗庸。邱濬爲大學士，著《大學衍義補》，不期實行，但期立言。孫爌坐大司馬堂上，手持書卷，時邊事孔棘，爲侯執蒲所劾。此風一成，朝廷將相競以讀書著述爲名。至於明末，萬卷經史，滿腹文詞，不能發一策，彎一矢，甘心敗北，肝腦塗地，而宗社墟，生民燔矣，禍尚忍言哉！今乃儼然立一經學中大夫、史學中大夫之名，是猶之導其流而益其焰也，可乎哉？《周禮》建官至詳悉，而中惟有外史一官，職不過上士，掌天下之志，而兼及《三墳》《五典》。今仿其意，改經學爲制誥，掌朝廷敕命諸文，改史學爲太史，掌起居注及修史志。至於古經古史，成均教士及内覽者，隨在以人司之，不必專官。而藩郡以下，則制誥太史之事無之，有翰墨事，兼以司禮樂之人可也。此非輕經史也，士自學校來，皆令通經史矣，何爲專名一官？且後世之學，實難而虚易，朝廷不貴浮華，而承平日久，士猶將弄柔翰以自文也，而況導之與？即如言語，豈非聖門一科，而孔子屢曰訥言恥言，言之不出，亦以行難言易，防其流之不可救也。

至於文學一官，專主古文詩賦，更爲不可。子游子夏曰文學，觀之《檀弓》，子游長於禮，而子夏著《喪服傳》則所謂文學，猶是考證禮樂諸學。夫子文章，斯文之分體也，而豈後世詞章浮華之文耶！以詩文爲文而立之官，恐聖學并爲所亂矣。古文詩賦，即朝廷間有用及，以司誥司史者爲之，無憂不足也。

藩郡縣禮官即司禮樂，亦不必復設副，以與他曹不倫也。若云禮樂事繁，他曹事無繁者乎？繁者可多置士耳。

馬政當入於兵部，以兵必須馬，而天下之馬不可不蕃也。明令民養種馬課駒，其後甚擾民。今思蕃馬之法有四：朝廷養馬於西北邊，如周非子、唐王毛仲故事，一也。復明之茶馬舊制，以茶易蕃馬，二也。取士必試其騎射，則士之養馬者多矣。田賦出兵，令若干家養一馬爲兵用，而民乘馬者不禁，則民之養馬者多矣。

崑繩以爲地域所關者大，而百工末技也，不得與諸部等，故改工部爲地部，而別設工曰司。然地域至承平時無多事，専立一部，與農、禮、兵、刑不倫，且每縣有縣鄞司地，則縣中儘有無山川扼塞者，亦有一二年不須修城浚池者，當爲何事乎？且料理阨塞城池，即工事也，古制工爲四民之一。今士統於成均，農統於司農，商統於司均，則工統於一部，亦不爲褻，莫如仍稱工部，而并地域司之，考工司不必另立。凡天下土地山川阨塞，及封濬建國立邑，宫室溝洫，以及百工，皆屬其任，而分中大夫理之，任亦重矣。《周禮·考工》即統理國邑城池溝洫，可證也。州藩以下皆然。

《周禮·冬官》曰：大司空者，以分天地四時，象冬也。今下尚有貨部，而稱大司空，非宜矣。工部宜改稱曰大司事，以郯子論官有鶻鳩司事一名，而《周禮》云，冬官掌邦事也。

《周禮》六官之外無官。陸桴亭曰："鴻臚、太常、光禄可并入禮部，太僕、宛馬可并入兵部，翰林尚寶欽天可并入吏部。何者？緒紛也。"今擬御史府、黄門院特設爲職司，言責有所束，恐不得盡也。成均特設，尊教也。通政特設，爲達章奏，亦不可更有鈐制者也。金吾、羽林特設，兵權不可専一，且隱然天子自將也。若歷象、太卜，《周禮》原屬宗伯二司，宜入禮部。岐黄，《周禮》屬冡宰，今無吏部，宜入之工部，以製藥亦工事也。都給事，即今之掌印給事中也，與他給事職品并同，院官凡十三人，而士止六人，何獨少也？意誤耳。

至翰林院，則直當去之。《思辨録》曰："翰林院始於唐。唐制，乘輿所在，必有文詞經學之士，下至醫卜伎術之流，皆置於别院，以備燕見。而文書詔令，則掌於中書舍人，未之及也。乾封以後，始召文士元萬頃等草文詞，謂之北門學士。玄宗初置翰林待詔，以陸九齡、張説等爲之，掌四方表疏批答，又改翰林供奉爲學士，别置學士院，専掌内命。凡拜免將相，號令征伐，皆用白麻，其後選用益重，禮遇益親，至號爲内相，又爲天子私人，而翰林院始甚重。"然所謂學士皆以親疏遠近爲貴賤，未嘗有一定之品秩也。宋始有定制，職始貴顯。至於今制，則直以爲儲相之地。夫宰相，天下安危之所寄也，當取洞悉國體民情者，豈可徒取文詞之士乎？明代大學士即相臣也，不用歷練禮樂兵農親嘗民事之官爲之，而但以科舉高第選入翰林，弄筆磨墨，坐至館閣。高拱於慎行等身爲學士，而即非之矣。今即不用以儲相，而尚存其官，何爲者？禮樂制誥諸事，已在禮部，備顧問，則師保端揆任也，何爲重出？顔習齋先生曰："今世以翰林修撰編檢爲第一清要之職，何唐虞聖帝命官詔牧，竟忘此一銜也？誦讀浮文之禍，害及官政民生，可歎也夫。"

歷象、太卜、考工、岐黄不用士，謂之雜途，則猶宋明書生氣習，而非古也。天下當爲不可不爲者，皆正途，不可言雜，有其途雜而帝王尚用之者乎？名之曰雜，是教之輕節自喪矣。《周禮》：醫師上士，獸醫下士，考工埒於六卿，太卜爲下大夫，太師下大夫，小師上士。羲羲和欽若昊天，以授人時，爲堯舜行政用人之首，而乃曰雜途，令出身非士者爲之乎？今擬縣醫官以藝能科習醫者爲士，屬縣工查核。縣卜官以天文科不貢於京師歷象司者爲士，屬縣正查核。惟伶官或士或非士，不拘，然必以品端業精者爲之，不名之雜流也。至其下之非舞扮而但吹彈歌詠者，仍當用矇瞍，以使瞽人有用。

六曹即以農曹禮曹名之可也，不必別立一名，以下廳衙皆然。郵驛近於兵，當隸之縣兵，而縣司工者，不可官名，縣郵即曰工衙爲宜。

《大學》釋平治，申戒好貨，貨部之名不雅也。泉貨當如《周禮》寄於農曹，不必專部。即冢宰別爲相府，而但留五部，如漢后稱五曹、五尚書者，未爲不可也。

平書訂·卷三　終

平書訂·卷四

建官第三中

《平書》曰：

品級奈何？九品有正有從，官多故耳。設官既少，何必然，去其從，但爲九品可矣。公孤不臣也，在品級外。相國、金吾大將軍，爲一品。六卿、都御史、大司成、侍郎、羽林大將軍，爲二品。通政使、亞卿、副都御史、少司成、侍中，爲三品。中書令、給事中、令史，爲四品。司業、中大夫、納言，爲五品。都尉、羽林郎，爲六品。中書舍人、監察御史，爲七品。四司正俱六品、副七品，同知八品。藩王不在品級内。有議在後。州牧二品，州藩師六曹四品，三監七品。太守五品，郡師六廳七品，三監八品。要縣上縣令七品，學師六衙八品，三監九品。中縣下縣令八品，學師六衙九品，三監亦九品。有議在後。服色具别録。

廩禄奈何？一品，歲禄米二千四百石，錢一千二百貫，帛三百端，布五百端。公孤食一品禄。二品，米二千石，錢一千貫，帛二百端，布三百端。三品，米一千六百石，錢八百貫，帛一百端，布二百端。四品，米一千二百石，錢六百貫，帛八十端，布一百二十端。五品，米八百石，錢四百貫，帛六十端，布一百端。六品，米六百石，錢三百貫，帛四十端，布六十端。七品，米四百石，錢二百貫，帛二十端，布四十端。八品，米二百石，錢一百貫，帛十五端，布三十端。九品，米一百二十石，錢八十貫，帛十端，布二十端。選士米錢比九品，無布帛。上士米百石，錢六十貫。中士米八十石，錢五十貫。下士米六十石，錢三十貫。鄉師鄉官司生俱有米二十四石，錢十二貫。有議在後。上者足以養其廉，下者足以代其耕，如此乃得盡以田業農，以貿易業商，而不使卿大夫士奪農商之利矣。

銓選之法奈何？一則以一途爲升降，不以他途雜之；一則别賢否爲舉錯，不以年勞限之；一則公用人之權於天下，不以一部專之。縣令可入爲中書舍人、監察御史，舍人、御史可出爲郡守。才懦者爲納言，有議在後。亦必爲郡守而後可以選。郡守可入爲中書令、給事中，中書令、給事中可爲通政使、副都御史，通政使、副都御史可出爲州牧，州牧可入爲侍郎、都御史，侍郎、都御史可爲相國，而爲官止矣。此一途也。縣師可爲郡師，郡師可入爲司業，司業可出爲州藩師，州藩師可入爲少司成、侍中，少司成、侍中可爲大司成，而其官止矣。此一途也。縣丞可爲郡藝郎，藝郎可入爲農部中大夫，農部中大夫可出爲州藩司農，州藩司農可入爲少司農，少司農可爲大司農，而其官止矣。此一途也。縣正可爲郡治中，治中亦入爲司業，司業可出爲州藩宗伯，州藩宗伯可入爲少宗伯，少宗伯可爲大宗伯，而其官止矣。此一途也。縣禮樂經史文學正可爲郡禮樂經史文學治中，郡禮樂經史文學治中可入爲禮部中大夫，禮部中大夫可出爲州藩禮樂經史文學宗伯，禮樂經史文學宗伯可入爲翰林院令史，而其官止矣。此一途也。有議在後。縣尉可爲郡別駕，別駕可入爲兵部中大夫或二衛都尉、羽林郎，兵部中大夫、都尉、羽林郎可出爲州藩司馬，州藩司馬可入爲少司馬，少司馬可爲大司馬、羽林大將軍，大司馬、羽林大將軍可爲金吾大將軍，而其官止矣。此一途也。縣督可爲郡司理，司理可入爲刑部中大夫，刑部中大夫可出爲州藩司寇，州藩司寇可入爲少司寇，少司寇可爲大司寇，而其官止矣。此一途也。縣郵可爲郡典方，典方可入爲地部中大夫，地部中大夫可出爲州藩司空，州藩司空可入爲少司空，少司空可爲大司空，而其官止矣。此一途也。縣同可爲郡節史，節史可入爲貨部中大夫，貨部中大夫可出爲州藩司均，州藩司均可入爲少司均，少司均可爲大司均，而其官止矣。此一途也。縣三監判可爲郡三監丞，郡三監丞可爲州藩三監尹，亦可爲京司同知，監尹、同知可爲司副，副可爲正，而其官止矣。獨歷象司專設於京師，但以天文生爲同知，同知爲副，副爲正可矣。京師有附生，故凡生不必取於外，外惟縣有附生，郡之生缺則取於縣，州藩之生則取於郡，蓋附生學習其業者無禄，生有缺則以附生之善者補之。有議在後。此雜途也。陞以其途，降以其途，所謂以一途爲陞降，不以他途雜之者。如此，三載考績，天子考相國之賢否，相國考卿貳、大臣、州牧、藩王之賢否，府部院衛各考其屬之賢否，州牧藩王各考其屬與郡守之賢否，郡守各考其屬與縣令之賢否，縣令各考其屬之賢否。縣上之郡，郡上之州藩，州藩上之府部，而俱上之天子。外則巡按御史核其實，州牧藩王又考御史之賢否。內則御史府、黄門院核其實，定爲上中下三等，上者加級賜金，加級即予其級之俸禄。中者留，下者黜。三考而後，陟其上，或留，或降，其中有殊績者，不次用之。而巡方御史又歲一按之，州牧藩王又察其賢不肖之尤者，不時舉錯之，所謂別賢否爲舉錯，不以年勞限之者。如此，凡府部院衛長貳，州牧、藩王有缺，兩相國各舉賢才，可同可异。聽天子所命。都御史參之，有不當，給事中駁之，御史糾之。凡府部院衛之屬，則長貳除之。以名聞，不當，御史糾之。州藩之屬除於成均、六部，郡守及要縣上縣令除於侍郎與副都御史，中下縣令及郡縣之屬除於州牧、藩王。

俱以名聞。四司之屬各除於其長，而以名聞於禮部。三監則尹除於州牧、藩王，丞除於守，判除於令，守令以名聞於州藩。其黜陟也亦然。所謂公用人之權於天下，不以一部專之者如此。

藩王亦不必出品以啓僭越之端也。藩侯同。异姓當皆爲二品。惟同姓本一品者，居藩仍一品，食其品禄。

金吾大將軍品與宰相等，在六卿上，權偏重矣，宜與六卿及羽林大將軍同爲二品。

御史七品，明太祖以其權重，故小其品，然食七品禄似薄，當與中書舍人俱六品。郡師六廳亦當六品。要上縣令六品，學師六衙七品，以親民之官，禄宜厚也。中下縣令七品，學師六衙八品，衙品尊於醫卜公正，以便考核。

鄉師當以中士爲之，或致仕官有精力願爲者亦任之。禄米二十四石，似少，即以中士之禄禄之。有异能者，間除縣師，若才止其任而善教者，加品官爵禄以優之。

正、畯、巡食中士禄，授九品官者，食九品禄。公正中下縣九品，統五鄉五千人。要上縣八品，統十鄉萬人或八鄉八千人，各食其品之禄。

居官惡浮躁，亦惡疲懦。况納言亦天子耳目，而可以才懦者爲哉？宜更曰舍人。御史可爲納言，出爲郡守，郡守可入爲中書令、給事中，納言亦爲之。

治中亦入爲司業，司業可出爲州藩宗伯，二端不妥。既分兩途，乃復糾纏，何也？宜更云，治中可入爲禮部中大夫，禮部中大夫可出爲藩侯宗伯。

觀下入爲翰林院一條，乃知上之糾纏不清者以此也，愈知翰林院之當去矣。

醫卜之官亦自縣而郡而藩而京，以一途陞之。若縣判缺，則以京司之士除之。士除官，皆勿遠其家。醫卜秀士學成爲醫判士、卜判士。郡則取之縣，藩則取之郡，京則取之藩，不必京置附生學習也。歷象獨京師有，而亦直取之縣，不必有附生，以京師爲附生學習而無禄，不可居也。惟縣醫卜下士，郡醫卜中士，藩醫卜上士，京醫卜選士，其俸祇如下士、中士、上士、選士之半，以醫卜爲人診選，不能卻餽遺，可以養生也。

郡縣除官之法，愚擬云：郡守除於侍郎、都御史。郡師、郡屬除於藩侯。要上縣公正除於通政、掌印給事、副都御史、中書令。縣師除於司成之貳。縣屬除於六部之貳及金吾羽林將軍。中下縣公正除於藩侯，縣師除於藩師，縣屬除於藩曹。凡縣令皆除於藩侯。以上俱以名聞於端揆府、御史府，達之天子，不當駁之，内則給事御史駁之糾之，外則巡按御史糾之。鄉師、正、畯、巡命於郡守，以名聞於藩。保長命於縣令。郡命不當，縣令爭之。縣命以公正及正、畯、巡舉之，藩侯、巡按御史皆察之。至間有保長之爲正、畯、巡者,縣舉於郡,郡以名聞藩而用之。正、畯、巡爲六衙者,縣舉於郡,郡舉於藩,藩聞於兩府,達之天子而用之。

平書訂·卷四　終

平書訂·卷五

建官第三下

《平書》曰：

太倉陸世儀云："從來帝王之家，處宗族爲難，尊其位，重其禄，固親親之道，然過於優柔，不爲限制，宗繁費大，爲惠終窮，亦國家莫大之憂也。夫子孫之親與祖宗等，祖宗尚以親盡爲隆殺，况子孫而不爲之差等乎。宜以古禮爲準，上則高曾祖考，下則子孫曾元，皆以四代爲次第。如天子之庶子則爲皇子，皇子之子爲皇孫，以下爲皇曾孫、皇元孫，其禄以漸而降，至皇元孫後則不降，不可降也。皇子之庶子又爲王子，其下爲王孫、王曾孫、王元孫，其禄亦以漸而降，至王元孫後則不降，不可降也。如此則無過重之憂，亦無失所之患。庶幾情義兼至矣。"

崑山顧炎武云："漢唐之制，皆以宗親與庶姓參用，入爲宰輔，出居牧伯者，無代無有。宋不立此格，而明亦然。崇禎時始行换授之法，而教之無素，舉之無術，未見有卓然樹一官之績者。三百年來，大臣畏辟不敢言，至天子獨斷行之，而已晚矣。然則親賢并用，古人所以有國長世者，後王可不鑒乎！"又曰："憫管蔡之失道，而作《棠棣》之詩，以親其兄弟，周之所以興。懲吴楚七國之變，而抑損諸侯，至於中外殫微，本末俱弱，西漢之所以亡。惟聖人以至公之心，處親疏之際，故有國長久而天下蒙其福。"此二説者，俱至當，然微有可議者，請參其説而用之。

有一代之天子，必有一代之皇子，是皇子無窮而王孫亦無窮，禄終不可及。若皇子出封爲王者，禄米萬石，錢五千貫，帛千端，布二千端。有議在後。王之世子爲公，衆子爲侯；公之世子爲侯，衆子爲伯；侯之世子爲伯，衆子無爵；伯之世子爲某王宗子，百世不易。而王衆子、侯之世子爲伯，其衆子與伯之子俱無爵矣。此以四代爲限之義。而宗子百世不易，則親親之道未嘗不篤也。乃禄則遞減。公米五千石，錢二千五百貫，帛五百端，布一千端。侯米四千石,錢二千貫,帛四百端,布八百端。伯米三千石,錢一千五百貫,帛三百端,布六百端。宗子則米千石,錢五百貫,帛百端,布二百端,使奉其祭祀。宗子外皆無禄,則禄固有限制矣。

王之官有六,二長史、四贊善。一曰左春坊左長史,王之師也。以縣師爲之,比於郡師,教王以修身、事君、事親、睦宗、使下之道,禮樂兵農、射御書數、經史文章之學。一曰右春坊右長史,王之相也。贊王之德行言動,主其庶務,内而宦者,外而屬官宗族,莫不統之,而舉劾其賢否。以縣令爲之,比於舍人、御史。一曰儀禮司贊善,主王之祭祀、朝聘、燕饗、昏喪之典。一曰會計司贊善,主王禄之出入,節其盈縮,而爲之息。一曰護衛司贊善,主帥兵,爲王宫之衛,司扈從,備田獵。一曰刑罰司贊善,糾王宫内外侍御宗族之不法,及爲王刑其所譴責。皆以縣佐爲之,比於郡佐。自王以下公侯伯俱設,宗子則不設,而學於縣師,他務皆攝於縣。立宗學,設宗學師如鄉學,教宗室之童子,成者入縣學爲士,與民同。以上有議在後。不能,農軍工商聽所爲,以養其生,亦與民同,但不得爲隸、爲僕耳。宗室之籍,宗子掌之;宗室之事,宗子主之;宗室之善,宗子帥之;宗室之不肖,宗子禁之;宗室之賢才,宗子舉之;宗室之顛連無告,宗子收之。可請禄於朝。宗法由此立矣。宗子無後,爲之立後,不絕,以收族人。若無族人,則不立,即王嗣絕,而無功德者亦不立。而宗室之賢,無官不可爲,但内不得爲相,以遠嫌,外不得爲牧,以可以爲藩王,與异姓别。夫同姓原借其藩屏之力,不在徒與异姓参用於朝。觀唐宗室之爲宰相者,至十有一人,其他可知。乃始不能制武氏之篡,中不能除安史之凶,終不能定黄巢朱溫之亂,以同姓雖多,無兵力故也。漢初則以齊代而平諸吕,其末猶以荆益而興昭烈,苟無尺土,一民何能濟哉!故宗藩權重固爲禍階,而宗子維城之助必不可少。若如愚議,藩王與州牧并建,廢世守之制,三考黜陟,一聽於天子。内外相維,親疏相間,有封建之利,而無封建之害,又何慮焉。凡皇子之爲王者,如舊制,分封於外,無土地人民之寄。賢者然後用之爲藩王,罷歸仍爲其本王。若夫有開國之勳,與後之定大難,成大功,封之公侯伯,使其子孫世襲者,亦在品級外。有議在後。然有爵禄而無官,必擇賢者因才以官之。官之則一從官之制,不論世爵。其子弟之入學者,與庶民同。其統宗族,與王之宗子同,而宗法亦可立矣。若功有大小,或止其身,或及其子孫,而限以世,無不可也。外此,又設九等之爵,分九品以待有功,曰上柱國,曰左柱國,曰右柱國,曰輔國將軍,曰鎮國將軍,曰都督,曰光禄勳,曰散騎常侍,曰指揮使。或止其身,或及其子孫,而限以世,無不可也。又設五等之爵,自五品至九品,以爲恩锡,曰朝列大夫,曰奉議大夫,曰承德郎,曰迪功郎,曰登仕郎,皆止其身,或有禄,或無禄,無不可也。如此則有功而報以爵禄者,不致於瘝厥官,恩澤而加以爵禄者,不致於濫名器,官方有不清者哉。至宦者,雖不比於臣工,然既爲天子侍御,亦不可不加之秩,使其紫衣者爲七品,曰太監,緑衣者八品,曰少監，藍衣者九品，曰近侍。無秩者青衣，分以監而別其事，如舊制而省之。足用而已，不多設，但爲天子司冠裳、飲食、書籍、器具，備使令，供灑埽，稍關政事者，不任也。東宫、后妃之宫，及親王藩王俱用之，其數遞減，而嚴爲之防，如明太祖舊制，交通外官預政者，必殺無赦，庶可永絕其禍，而宫闈亦得其用矣。擇宫刑而不狡黠者用之。於戲，有明宦官之禍最烈，然烈皇初誅魏奄，盡削宦官之權，歸之搢紳，乃捍患禦侮，無一可恃之人，而競門户肆奸欺者，比肩林立，君子小人，同歸誤國，不得已又用宦官，而事益不可爲。顧炎武曰：昭王歎息，思良將之已亡，武帝咨嗟，惜名臣之已盡，而燎原靡撲，過涉終凶，可爲痛哭者矣。嗚呼！是豈一日之故乎？蓋由取才既不善，官制又不善，天下之壞已久，遂致魚潰肉爛，不可救。用宦官亡，不用宦官亦亡。有天下者，可不於取士建官三致意乎！

皇子即當封侯，爵以公，以古公侯一等，而不可稱王也。公之世子爲伯，衆子爲男，伯之世子爲男，衆子男子無爵，世子男之世子爲宗子，衆子無爵，宗子則四世矣。以下百世不降，如男之世子不肖，於兄弟行擇立，以後不賢，亦可黜之別立，但有族則不絕其後，以親親也。

公禄當視一品，伯禄當視二品，男禄當視三品，宗子禄當視四品，以合古制。周封周、召、管、蔡與太公等無异，則伯叔兄弟之親，祇可同於异姓之高賢而無所過。一古制也。殷周天子千里，子弟有功而封大者，不過百里，千里爲方，百里者百，是子弟取君百分之一而已極也。今一品米二千四百石，百之爲米二十四萬石，錢一千二百貫，百之爲十二萬貫，帛三百端，百之爲三萬端，布五百端，百之爲五萬端。節儉之天子，恐宫中費不及是矣，則取百分之一以爲皇子用，豈爲薄焉。二古制也。且皇子教之成均，伯子、男子教之各處之學師，必考其性質開明，德行平順，然後皇子封以公，公子封以伯，伯子封以男，若愚頑狂惑，則皇子宫中養之，公伯子擇賢封之，無賢則量予以禄養之。

公侯祇可立二長史，品如中下縣令，要上縣公正陞之，二贊善佐之，品如中下縣衙，中下縣公正陞之，以不治民，不必多官也。一左，主教導公侯以道藝，及朝祭五禮賓客宗族諸儀；一右，主輔公侯之事，御下、用財、兵衛、刑賞、舉劾諸務。伯一長史一贊善，男惟一贊善。公兵撥之所在郡縣，以備扈衛田獵而已，不過五十名，伯四十名，男三十名。

長史不必名左右春坊，以此爲隋唐宫僚官名，公侯用之非宜也。

贊善主王禄而爲之息，非體也。前云士不得奪農商利，而况侯伯乎？况於出納以求息乎？

公、伯、男宗子之子，皆令所在學師教之，亦限以歲例。宗室子弟則皆同民，由鄉學而縣。郡以上進賢退否，不必另設宗學，以古世子皆入太學與庶民齒讓，無二學也。

宗子内當補一節云：宗室有罪，宗子與縣令合審之，詳之藩侯，達之天子而成之，刑之於隱處，不於市。

唐宗室無兵力，不能定亂，而晋以主懦，諸王擅兵，遂自屠戮，亡其宗社。愚以爲宗室爲藩侯者，當有兵柄以爲屏翰，爲内臣者，即相亦可居，但大司馬與金吾、羽林兩大將軍，則不得爲，以遠嫌耳。

衍聖公亦禄視一品，令藩侯保其賢立之，其後不賢者，亦可廢之，行輩中另選。至曲阜令，一如他處縣令，不必用孔裔。功臣受封者，大功亦不得過一品，如同姓以次而降。

武功爵當從四品起，分六等，以公伯男從一品起，此當降之，故從宗子之品起也。

平書訂·卷五　終

平書訂·卷六

取士第四

《平書》曰:

古之教士不外六德、六行、六藝,而上士、中士、下士皆士也,爲國任事分猷,以備卿大夫之選,故多練達偉敏宏毅之才,未有徒以讀書能文爲士者。徒讀書能文,且不足爲士,況所讀不過八股之文,又出於唐宋明經進士之下哉?嗟乎!人才靡弱不振,至宋已極,而明殆有甚焉。蓋上之所取在是,則下之所趨亦在是,既以八股爲科舉,則天下惟知習此之爲學,惟知習此之爲士,舉凡德行道藝与所以致治勘亂之具,概置不問。一幸登科第,則政事聽之胥吏,心力用之營求,貪富貴,競門户,而無事則徇私以釀禍,遇變則置安危於不顧。非無忠良有用之才,要皆時之間出,而非科舉所能得者。是敗壞朝廷者士,而敗壞人才以爲士者,朝廷也。故士必養之善,而後取之精,取之精而後用之當。昔宣宗嘗謂楊溥曰:"教養有道,人才自出,徒循三載考績之文,不行三物教民之典,雖堯舜不能成允釐之治。"至哉言乎!非三代以下賢君所能及。然則不行鄉舉里選、小學大學之法,不足以得人才,而不廢科舉,不能行鄉舉里選、小學大學之法,所必然矣。每鄉立一學曰鄉學,統於縣。縣曰縣學,統於郡。郡曰郡學,統於州藩。州曰州學,藩曰藩學,統於京。各立一師。京曰大學,大司成主之,而統乎天下。凡鄉人之子,有聰明俊秀者,八歲,有异質者即五七歲亦可,有疾病者即九歲十歲亦可,但不可過十歲。父兄言於鄉正而入之鄉學,謂之鄉學生。鄉師教之孝父母,敬長上,習幼儀,認字,不必讀書。習小九九,字以萬爲數,分門認之。如天文地理之類爲一卷,五行八卦之類爲一卷,即俗所刊雜字而詳核之,所習《三字書》而推廣之。即解爲訓詁其義。即使書,寫字。日以十字爲率。三年可寫萬字,反復學習五年,無不通者。通此萬字,而俱能明其義,俱能依正韻寫而不雜於俗,固已勝於今科名士十倍矣。凡不率教者責,不可教者黜,可教者教之,五年可成矣。不成再教一年。十三歲入縣學,有議在後。曰縣學生,鄉學生舍於家,縣學生舍於官。

縣師教之孝弟忠信、禮義廉恥、《大學》修己治人之道，讀《孝經》《四書》，《大學》用原本。習一經，分經爲八：《易》一、《書》一、《詩》與《爾雅》一、《春秋左傳》一、《春秋公穀》一、《周禮》一、《儀禮》一、《禮記》一。看《通鑒》，以《資治通鑑》并前編、續編定爲簡要一書，使觀閱，近所刊小鑑皆脱略不可用。讀古人有關世道明暢之文，選一定本，不必多，○以上皆與講解。習騎射，其他武藝惟分兵科者習之。習六書九章，定射御書數四藝全書一部，使之講習而師親指授，限日分習，○御不必御車，即乘馬法。作策論。但欲明達成章，有見識，不辭費，不貴辭華，不許抄襲，○以上諸業，教之有序，不可躐等。不率教者責，不可教者黜，可教者教之，五年可以成矣。不成者再教一年。凡鄉師月一薦其學生之優者於縣師，不優者不必薦。縣師召而考其優劣，以賞罰之，即以爲鄉師之殿最。有議在後。縣師三月一薦其學生之優者於郡師，郡師按縣考其優劣而賞罰之，即以爲縣師之殿最。郡師歲一薦其屬縣學生之優者於州藩師，州藩師按郡召而考其優劣以賞罰之，即以爲郡師之殿最。總之，州藩師督郡師，郡師督縣師，俱無學生，學生俱在縣。若縣學教成之後，十八歲而冠，進之郡學，郡師教之三月，察其德行，試其學藝，善，進之州藩學。州藩學教之三月，察其德行，試其學藝，善，進之成均。司成教之三月，察其德行，試其學藝，善，謂之太學生，遣之歸，分科以爲士。其不善者，成均退之州藩學，州藩學退之郡學，郡學退之縣學，各以多寡爲其師之罰，而更教之，而更進之。分科者，縣令集太學生，會師與丞正尉督郵同公量其才，以定其科。有專科十：曰禮儀，曰樂律，曰經學，通明十三經注疏傳説。曰史學，通考二十一史及國史。曰文學，博通古文詩賦。曰農政，曰兵法，曰刑罰，曰方域，熟習方域形勢水利。曰理財。兼科二：兼六科者，農、禮、兵、刑、方域、理財，兼五科者，禮、樂、經、史、文學。有議在後。共十有二科，分之八署，使各習其事。兼六科者令署，兼五科者師署正署，禮、樂、經、史、文學各入其正署。農丞署，兵尉署，刑督署，方域郵署，理財同署，皆無定數，而均分之，惟兼科倍。以用處多也。即其署之士而爲之附，曰秀士，三年明習厥事，乃實授之，曰下士，始有禄授室，蓋二十一歲矣。其有學成遲、年歲過者不拘。且夫朝廷以書生胥吏治天下久矣。胥吏終身窟宅於文法，而以書生臨之，猶以嬰兒御豪奴悍婢，且遞更其主，其亡家喪產，無足怪。然爲政者以爲舍此二者，事將莫與理。若如此法，養才爲士，使之治事如吏，而革生員，革書辦，廢二以爲一，即舉之以爲官，則二者之害除，而士皆卿大夫之選，非三代之良法乎？其官之奈何？縣曰下士，郡曰中士，州藩曰上士，京師曰選士。京師取之州藩，州藩擇其尤者而進之，州藩取之郡，郡擇其尤者而進之，郡取之縣，縣擇其尤者而進之。凡要縣上縣之官缺，則府部院衛舉選士之賢才著者除之，以其名聞。中縣下縣之官缺，則州牧藩王會六曹，舉上士之賢才著者除之，以其名聞。凡入縣學，必鄉師鄉老宗族舉其孝弟，而後縣師乃受，由縣學而郡學，而州藩，而成均，必皆其師舉其孝弟而後受。僞者罪之，舉連坐。及爲士，由縣而郡，而州藩，而京師，必皆其長各舉其廉能而後受。僞者罪之，舉連坐。至舉之爲官，益慎矣。孰肯徇私妄舉以自累，使國家不得真才用之哉！凡不孝不弟不廉能者許人告訐。噫！養之善，取之精，用之當，人才輩出，不出三十年，濟濟不可勝用矣。若夫自鄉學黜者，改業農軍商工亦可以養身，亦不至爲莠民。自縣學黜者，可以習天文，習卜，習醫，有議在後。習制器，入司監爲生，亦可以進身，亦不至廢放。中士、下士過五十不得爲上士、選士者，即退爲鄉師，猶堪爲士者聽，六十則必退。亦可爲朝廷教士，亦可食禄，終身不致窮困無所用。如此，則舉天下無一棄才。盡天下之才，供天下之用，豈不勝於科舉之法百倍，且過於秦漢之法倍蓰哉！《詩》曰："成人有德，小子有造，古之人無斁，譽髦斯士。"猗歟休哉！予日夜望之矣。

教士之道，不外六德、六行、六藝，自顔先生倡明此學，而今學者多知之，卓哉見也。雖樂正有四術之名，師氏有三德三行之稱，州長黨正，鄉非一地，司樂大胥，教非一職，米廩瞽宗，制非一代，庠養序射，學非一名，而總不外智仁聖義中和之德，孝友睦婣任恤之行，禮樂射御書數之藝而已。尊德性以此，道問學以此，隐居以此，行義以此，所學即其所用，所用即其所學，此府修事和之世，所以治且隆也。漢後漸趨誦讀而輕行藝，至漢武帝置五經博士以教弟子，光武取聰明有威重者一人爲祭酒，晋武益以助教，隋煬改太學爲國子監，初置司業一人，丞三人，唐龍朔二年，改國子監爲司成館，祭酒爲大司成，博士爲司成宣業，後又改爲成均監，總之不離於傳經誦讀而已。雖齊高帝建元中置治禮吏，陳有律學博士，隋開皇中書算學各置博士，唐亦有書學算學之設，然於古法千百之什一耳。明太祖卓然以六藝教士，而行之不久，又復變更。漢晋詞賦、三唐詩律、宋明古文，加之經儒注解，專以筆墨著述爲第一學問，雖胸中廚貯，筆下河縣，而出而應世，文魔書呆，茫然如童婦。觀梁王繹，敵兵臨城，猶君臣倡和爲詩，及敗將降魏，焚古今圖書十四萬卷，以劍擊柱歎曰："文武之道盡矣。讀書萬卷，猶有今日。"嗚呼！徒以書爲文武之道，文武之道所以亡也。"讀書萬卷，猶有今日"，豈知今日之禍，正在讀書萬卷哉。至流而爲詩文，愈可怪歎，日日揣摩，年年背誦，閉户傜首，偶閲一世事，則亟走恐亂之。氣息柔脃如婦女，人事迂闊如天癡，是曰醇儒。及一入仕籍，乃望以强力有爲，使司禮樂兵農，是墨之懸而白之募也。所學非所用，所用非所學，且學正壞其所用，用正背其所學，以致天下無辦事之官，廟堂少經濟之臣，民物魚爛河决，誰遺之禍哉？喆人變法，不再計而决矣。

文字除經史及禮、樂、兵、農、天文、地理、工、刑、射、御、書、術、醫、卜、技藝諸正書外，凡詖淫子書，無用語録，文集四六，時文經書，俗下講章小説，二氏邪説，俱宜焚而禁之。

《春秋公穀傳》簡略，且多訛誤，可備涉獵，不宜名一經，令士分習也。《十三經》當更名《九經》，《易》一、《書》一、《詩》一、《爾雅》一、《周禮》、《儀禮》、《禮記》一、皆禮書也。《孝經》一、《春秋》一、三《傳》入內。《論語》一、《孟子》一。《大學》可從《禮記》提出專讀，若《中庸》仍入其中，不必令幼學人人誦之，以天命鬼神費隱，孔門所以詔上達，非中人小子人人可語也。

八歲以後，能通萬字，即有誦讀矣，何以曰不讀書也，但不專讀書耳。十三歲尚未成童，即離家而宿縣寓，似早，且年稚難習騎射。十八歲前後有聰明者，《九經》《廿一史》即可涉覽，至從成均回，分科而將入仕，設經史二名，郤又非宜。今妄爲訂正，以俟用者擇焉。八歲入鄉學，鄉師教之孝弟幼儀，認字，習九九數，讀《孝經》《論語》《大學》《孟子》，至《易》《書》《詩》附《爾雅》與《詩》同習。《春秋》附三《傳》。《周禮》《儀禮》《禮記》，三《禮》各爲一，以卷繁也。則各肄其一。習小樂小舞。十五歲冠入縣學，教之存六德，行六行，講究經世濟民之道，看《通鑑》及古人有用之文，如《治安策》《原道》等。習禮、樂、騎、射、六書、九數，作策論，聰穎者使之通涉獵《九經》《廿一史》。二十有室，教成者進之郡學，教之三月，察試德行、學藝，進之藩學，教之三月，察試之，進之成均，司成教之三月，察試之，考士以德行、六藝、策論，但取通順，不以此定士。若天文、農政等科事專精者，即文理艱滯，皆取之。謂之太學生，遣之歸。如四川、雲、貴、兩廣僻遠之處，學生皆進成均，三月後歸，恐費煩難行，或中原近王都者，學生親入成均教試，遠地則多設司業，分遣至藩侯處教試之，如今學院各省典試之制。分科以爲士，曰禮儀，曰樂律，經史有用之文，即附二科內，曰天文，歷象、占卜、術數即附其內歷象雖設於京師，而必有縣士，分科習成，始進京司爲士，以次補官，廣其學也。廣其學，則精者出，天時可正。若如明歷之舛陋差訛，使西洋人進而詆攻之，豈非中國之羞乎？天文生除京司用外，則爲縣占卜術數之士，亦甚有關。近自士人不爲，以致無學之徒，於陰陽風水六壬諸術，妄立神煞，多行忌諱，以亂禮教，以愚生民，若盡使有德有學之士爲之，久自能明正理，以清邪説，而惑世誣民者，可以熄焉矣。曰農政，曰兵法，曰刑罰，曰藝能，方域、水學、火學、醫道，皆在其內，醫以寄死生，亦不可以非士者爲之也。與卜士皆三年明習厥事，實授醫卜監判事。曰理財，曰兼科，如天文藝能二科兼科者但可少少知之。共九科，分之各署。兼科者令署師署，農丞署，禮樂正署，兵尉署，刑督署，藝能工署，理財同署，惟卜隸正署而入於卜署，醫隸工署而入於醫署，皆無定數，以須人數爲多寡。至實授下士，有禄，蓋二十四歲矣。前此無禄，皆其父兄或士或農、工、商養之，至有禄有妻，自成家室，父爲農者，不奪其業。其鄉師薦優也，三月一薦，縣師薦優也，半年一薦，郡師薦優也，一年一薦，以鄉師一月一薦，縣師一月一考，太數也。

縣師一縣一人，恐不能盡教闔縣之士也，且鄉學生入縣學五年，離縣遠者，資斧亦難,而左右父兄之儀,亦不便矣。當每縣設五大學師,一在縣,四在東西南北四鄉。鄉小學教成者,各以附近入於大學,教之五年,而各進於郡學。縣或有小者,三四亦可。

用人以一途爲升降,仕不違其才,用得盡其長,千古之善政也。獨是要上縣官缺,舉選士除之,中下縣官缺,舉上士除之,未有明文定途。愚擬要縣上縣之令缺,以要上縣公正陞之;公正缺,以黄門院、通政院、御史府、端揆府之選士除之;縣師缺,以成均府之選士除之;縣丞缺,以農部之選士除之;縣正缺,以禮部之選士除之;縣尉缺,以兵部金吾羽林之選士除之;縣督缺,以刑部之選士除之;縣工缺,以工部之選士除之;縣同缺,以貨部之選士除之。中縣下縣縣令缺,以中下縣公正陞之;公正缺,以藩府按院之上士除之;縣師缺,以藩師之上士除之;縣丞缺,以司農之上士除之;縣正缺,以宗伯之上士除之;縣尉缺,以司馬之上士除之;縣督缺,以司寇之上士除之;縣工缺,以司事之上士除之;縣同缺,以司均之上士除之。凡縣鄉師缺,以郡守郡師之上士爲之;鄉正缺,以治中司理之中士爲之;鄉畯缺,以藝郎之中士爲之;鄉巡缺,以别駕典方之中士爲之;司市缺,以節史之中士爲之。鄉師以下,皆以本鄉之人。下士轉中士,以次上陞。或才只堪爲下士者,終身其職。如秀士不堪任下士,與任下士而才亦不稱者,則退爲農與工商。自縣學黜,與進之郡藩成均被退,而終不能進爲士者,皆令改業爲農工商,《平書》曰習制器,亦工事也。

學校立而選舉善,上也。然當學校初立之時,人才尚未就緒,須先以徵辟用之。即定制後,有奇才高士卓然翹楚者,於學校選用常格外,間一行之,亦可鼓勵天下也。

平書訂·卷六　終

平書訂·卷七

制田第五上

《平書》曰：

孟子以制民恒產爲王政之本，然則民產不制，縱有善治，皆無本之政也。譬諸室基固者，即壁桷有損，不傾，基不固，雖極雕繪之觀，一遭風雨立覆矣。三代以下，百姓未嘗無治安之時，乃多不過數十年，少則數年，即不得其所者，本不立也。然自秦開阡陌，盡天下皆私田，人君何由制民之產，以立王政之本哉。漢限田矣，限之一時，不能限之百年也。魏均田矣，均之一時，不能均之後世也。尤不可者，奪民田以入官，本欲養之，乃先奪其所以自養，凡有田者，能不怨咨駭擾，致離叛之憂乎？坐視之既不忍，欲養民又無策，仁者將何道以處此？曰：吾有收田之策六，行於草昧初造固甚易，即底定之後，亦無不可行。蓋誘之以術，不劫之以威，需之以久，不求之以速。有議在後。一曰清官地。如衛田學田之原在官者，清之使無隱。一曰闢曠土。凡地之在官而污萊者開之，不棄之無用。一曰收閒田。兵燹之餘，民户流亡而田無主者收之，有歸者，分田與之，不必沒其全業。一曰沒賊產。凡賊臣豪右，田連阡陌者，沒之入官。四策行，田可得什二三矣。其二策，一曰獻田，一曰買田。明告天下以制民恒產之意，謂民之不得其養者，以無立錐之地，所以無立錐之地者，以豪强之兼并。今立之法：有田者必自耕，毋募人以代耕，自耕者爲農，無得更爲士、爲商、爲工。士士矣，商商矣，工工矣，不爲農。不爲農則無田，士商工且無田，况官乎？官無大小，皆不可以有田，惟農爲有田耳。軍有田亦自耕，但其制少异。天下之不爲農而有田者，願獻於官，則報以爵禄。自登仕郎至中憲大夫五品虛銜皆有禄。願賣於官，酬以資不能依其原價，酌立一價，歲給之穀，數歲如其質而止。願賣於農者聽，但農之外無得買。有議在後。而農之自業，一夫勿得過百畝，參用限田之法。則田之不歸於官者，不僅十之一哉。且夫井田可以行乎？曰：師其意，不必師其法。井田之法方，方則利平壤，不利曲狹，利於整，不利於散。棄地多，概用之恐不便，有井有不井，法不一，不一則亂。請仿牧田之法，周牧田之法或横或縱不爲方。爲畺田亦如井字象其形。六百畝爲一畺，長六十畝，廣十畝，法用縱横之，則原隰曲狹無不宜。中百畝爲公田，上下五百畝爲私田。俱種桑以爲界。十家受之，各五十畝，地分上中下，户亦分上中下，男女二三人爲下，四五六人爲中，七八九人爲上。受各以其等，年六十則還田。子更爲農，則授其子，無子或不爲農，則另授〇有議在後。每畺立一表，書十夫姓名其上，田可指而數，農可呼而按也。取之用助法，編之用保甲。畺百一鄉，鄉畯督之，縣丞總之，縣令稽之。勉其勤，警其惰，徵其租，勿擾也。畺一亭，鄉一舍，丞畯令所止憩也。其樹藝用代田法。《漢書·食貨志》，趙過能爲代田，一畮三甽，歲代處，故曰代田，古法也。后稷始甽田，以二耜爲耦，廣尺深尺爲甽，一夫三百甽，而播種於甽中，苗生葉以上，稍耨隴草，因隤其土以附苗根，故其詩曰："或耘或耔，黍稷儗儗。"耘，除草也。耔，附根也。言苗稍壯每耨而附根，比盛暑，隴盡而根深，能風與旱，故儗儗而盛也〇陸世儀曰："代田大約如區田，而簡易過之。"通六十畝犁之，隴與甽間，廣各二尺，今尺。甽深一尺，穀種其中，糞之，土積於隴，苗出，漸下培之，平地而止，根尺餘，風旱無畏也。穫可倍。種有法，耕有法，耘有法，李刚主《瘳忘編》引《吕覽》曰："苗，其弱也欲孤，其長也欲相與居，其熟也欲相扶"。又曰："三之爲族，苗乃多粟，謂三莖一簇也。"又曰："凡苗之患，不俱生而俱死，是故先生者美米，後生者爲粃，是故，其耨也，長其兄而去其弟。"又曰："樹肥無使扶疏，樹磽不欲專生而族居，肥而扶疏則多粃，磽而專生則多死，謂肥地不必密，瘦地不可稀也。"其言皆精〇種田唱歌最妙。穫又倍。於是犁其隴糞，暴之數四。明年則起其土爲甽，而以今年之甽爲隴，隴甽代，是以五十畝爲二十五畝，而穫數倍，人力厚，地力有餘也。其溝洫則一畺横計七十五丈，甽隴各一百八十七，共得七十四丈八尺，餘二尺於兩旁爲路，合鄰畺則路二尺以爲界。畺兩端爲溝，廣二尺，深一尺五寸，澇可洩，旱則水可車而入，鄰畺共之也。畺鱗次，百畺外洫環之，廣六尺，深四尺，通於澮。澮廣八尺，深六尺，上下通於川。此水道也，不在畺田内。官道廣八尺，通車馬。旁爲溝，廣二尺，深四五尺，通水，水澇，道不没。種樹道旁以爲蔭，而田路曲折，達於官道者，二尺而已。本《周禮》而變通之。若賦税，惟取之公田，每頃約收百石，今之中縣，田率數萬頃，以最下計之，田約一萬二千頃，公田可得二千頃，歲可入穀二十萬石，爲米十二萬石。縣用約三萬石，存三萬，以四萬入之郡。郡入約二十餘萬石，用約萬餘石，郡省於縣者，以鄉師學生鄉官俱在縣，縣之士又多於郡也。存五萬，以十五萬入之州藩。州藩入約七八十萬，用約十萬，歲有軍二千，番練不耕而食之。入京二三十萬，存之四十萬，以備凶荒之用，賑濟之資，軍旅之費，宗室及虚銜官之禄。京師歲入約六七百萬，用約二三百萬，餘皆太倉之積矣。况上縣之田，或十倍於下縣，大畝或十倍於小畝，計其所入，且十數倍於此，而粟可勝食乎？凡私田俱無租，但户納絹三尺，緜一兩，或布六尺，麻二兩，丁歲役之三日，如唐庸調制。此官田也。其未歸於官，而農自種者爲民田。民田賦税徭役悉如今，不增亦不減，其重自倍於官田。彼見官田也如彼，民田如此，何苦不歸之官而更受之於官乎？如此，則天下之田盡歸諸官無疑矣。至於果園菜圃之在官者，募民種之，而收其半，在民者，計畝取其什一而已。園户俱附於農籍。噫！以二千年不可復之法，一旦而復之，使民之恒產立，而王政有其本。於是通商賈以資之，修武備以强之，興禮樂以化之，豐亨豫大，天地位而萬物育焉矣。

井田不可與封建并論也，封建不宜行，而井田必宜行也，不行則民必不能家給人足。即聖君賢相世世補救，差免流亡，而苦樂不均，怨咨痛疾，無可如何。且不行則不能寓兵於農，即曰於農民選之，而必不能田賦共出，定爲幾家出一兵，幾十家出一兵，何者？以民有田無田，田多田少，參差不齊，不可以供億也。民不溥所養則貧，兵不出於農則弱，貧弱之天下可久支乎？故曰：井田必宜行。然井田又不可與選舉并論也。選舉易行而難壞，井田難行而易壞也。雖曰人才久養乃出，然學校三物以之教士，即以之取士，化隆積久，法定崇朝，况以功名奔走天下，彼辭賦詩文至無用，且勞人，士子猶覃精傍訊以應之，今使自成其德，自理其行，自善其居，身治人之具，以尊於四民上，有不風行而草偃耶？而誰不變耶？至仁賢之修其天爵，不邀人爵者，又不待言矣，故行之易而壞之難。井田則不然。削多益寡，不能驟削，招集流亡，不能驟集，遷稠民而之荒原，不能驟遷。如紹興一地，聞其家與田相當，每家不能一畝，則必遷十之九九而後可也。或均或不均，則法不一，必易亂，立驅盡均，則勢難行，或中阻。《平書》曰：需之以久。愚以爲久以待之，即不行之説也。賢君立法，必身親收其成者乃可立，若曰百年必世而吾法始就，則君相一身，豈必永歷年所？而曰待後之人，漢高祖、唐太宗，子即不振矣，將事未結而已壞如之，何况此易壞之政也。君之下惟臣與民耳，今爲臣者，皆不許有田，則才技之士，思以宦橐斥地長子孫者不便矣。凡民不得過五十畝，則豪雄思兼并者不便矣。皋夔稷契幾何？畏壘之氓幾何？勢必簧鼓邪説，君相一無主折而從之矣。其難興而易壞，不坐可測哉？若必欲行，則宜尋法焉。三五年間即釐然有定，而不得爲遲久之説也，且必開誠布公，雷動風行，以爲一勞永逸之計，若誘之以術，則蘇洵父子國策之習言耳，無所用之。聖人所言百年必世，謂治化之成，非論立法也。

不使募人代耕，則兼貪者雖欲多得田，無所用之，意甚善也。但耘穫之時，三五日爲彊，以者不論，惟不得有常工爲之治田耳。

崑繩爲我言，四民僕從，當有定制。不惟正名定分，且游手無所容，豪强不得斥，而後農田可均也。愚意農工商無僕，農僕以子弟，工僕以從學者，商僕以從商者。惟士至官有僕，而下士無之，中士、上士一僕，選士二僕，九品三僕，八品四僕，七品六僕，六品九僕，五品十四僕，四品二十僕，三品二十八僕，二品三十八僕，一品五十僕。居官僕不足用者用役，恬静情願少者聽之，惟多則有禁。致仕則去其半。

官不得有田，則致仕之官當有禄。凡以老病而休致者，給原官俸三之一；其子復爲官，或已歸士農工商者，給十之二；如坐罪斥退者，則驅歸農工商，不予以禄。

《周禮》載師有士田賈田，《孟子》言卿以下有圭田，而《平書》言官士工商皆不得有田，似相背者，而非也。給農之田使耕也，圭田士田等非使耕也，即禄也。朱晦庵謂，圭田即與之公田之入是也。但士工商之子，出六七口外，願爲農而可授田者，則又實與之田。士工商老則其子養之。士即至大官者，其子之田不奪。又工非有常廩於官，而私作交易者，與里井小商不足五十貫者，量其工商不足養，可與半産，以其身之餘力或子田之。

制田五十畝，而又令有力者得自買五十畝，則或五十畝，或百畝，是自亂其制也，其毋然。

收田於六者外，更有四策焉。顏先生曰：如趙甲田十頃，分給二十家，甲止得五十畝，豈不怨咨？法使十九家仍爲甲佃，給公田之半於甲，以半供上，終甲身，一策也。田多而犯罪者，量其罪使入田若干以贖，二策也。凡無子而死者，不許養异姓子，以其田分族親之無田者，有餘官收之，三策也。收寺廟田，四策也。

而制田之道有七。民與田相當之方立行之。一也。其荒縣人少者，即現在之人分給之，餘田招人來授。人多之處犯罪者，則遷發至其地。二也。民有八分願，而二分不願者，古人謂民可與樂成，難與慮始，雖嚴驅就，法不憚也。三也。明白諄諭，爲民立命，田多者即暫損一時，而萬世子孫永無饑寒，利孰大焉？四也。凡藩郡縣畯制田有方者，立加爵賞。五也。如萬一有必不可行之地，則或一藩一郡一縣，且如舊例，而限田以數，令多者可賣而不可買，買田者如數而止，而一縣之内則必不可或均或不均，以滋變端。六也。井田、畺田或貢或助或陸或水，隨地隨宜，無所不可，但不得過授田之數耳。每家五十畝，亦約略言之，行時以天下户口田畝兩對，酌計可也。七也。

有井有不井，則亂，此言不然。古鄉遂溝洫，都鄙井牧，未嘗不一而亂也。田制以井为主，不可井乃畺，不可畺乃奇零授之。畺田六百畝，中百畝爲公田，是六分取一也，毋乃重乎？三代之法什一，漢乃至三十取一，明代除蘇松勿論，大約中原重者不過什一。今民所苦者，暴官雜派耳，非朝廷税過什一也。然則天下概六一，過矣。愚意，如當行畺田者，宜廣十畝，長五十六畝，以五百畝爲十家私田，六十畝爲公田耳。

古給民五畝之宅，今畝大，祗可邑一畝，田一畝，共二畝，其田之宅宜如周制，於公田内給之。

六十還田,有子以田與子,受其養,無子以窮民養之,收其田。惟是有子而孩幼者,收其田則非獨夫,仍其田則老而無人耕種。宜仿古餘夫制,與之半產二十五畝,令七家公佃養之,其子少長,率其子佃之,即所謂疾病相扶持也。待其子至二十,則授田五十畝焉。若其子入學爲學生者,待至二十五歲有禄,收此半產,另給。

地分上中下,而家口因之,與地有上中下而易,不易因之,二者皆古制。然祇可行其一,不必兼也。愚意,欲行一易再易之法,則家口不必分上中下矣。然則家口可均乎?曰非也。家口亦活法耳。張文升曰,以八口爲率,如家四口者,兩家一分,十六口者,一家兩分,而三人五人皆可當四口,七人九人皆可當八口,如此則治田出賦更爲均停。不然以二三人之下,與八九人之上,同爲一家一分,則治田必有精粗,出賦必有苦樂矣。

《平書》計縣用内有學生一條,考前學生俱無禄米,惟至下士始有禄,豈藩師、郡師、縣師考學生之優者,賞以米乎?若如此,亦善政也。

上縣十倍於下縣,大畝十倍於小畝,以今時言也。分土制田,則上縣不得過下縣一倍。古大國百里,小國五十里。田畝天下如一,而分上中下焉。

或謂:"天下之田,恐不足授天下之人者。"未思之言也。天下之口食,不墜於天,不湧於泉,不輸於外國。今時民遇中歲,未至餓莩相望也,況制產則地闢田治,收穫自加倍蓰,乃憂田少不足於養乎?惟以天下之農,分天下之田,田無論多少,而四民上下之食皆足,斷然也。或謂:"溝洫多則損地。"余曰,溝洫開而灌溉興,田必沃,稼必茂,一畝可敵陸田數畝,是益田也。溝洫廢地幾何而憂其損耶!溝洫上可藝瓜果雜蔬。《詩》曰"疆埸有瓜"是也。且陸田若無水泉,而又高燥平坦,不致雨潦時洩者。惟均田制產而已,亦未嘗盡責以溝洫也。

然有一端當豫計者,計口授田之後,承平既久,生齒日夥,若又少其數以分之,則屢易爲煩。若初即荒地若干以待其後,又惜曠土,奈何?萬季野持此議,遂謂三代井田亦易亂,又誤矣。三代去古未遠,地多未闢,觀周初,岐下皆爲荒萊,可見也。今田已耕,不可復荒,然當思别策。或謂:人多使爲士。余曰:士以爲官用,豈初授田時,官可缺人,而後乃補足乎?抑士官已相當,而後之歸士者,但使之頂帶榮身乎?以學爲游閒藪乎?曰:不可則使爲工爲商。予曰:越十年生聚則吴不能當,漢晋後,每代户口全盛時,增開創一兩倍,世有一農而二三工商者乎?已而思周大司徒造都鄙,制其地域而封溝之,不易之地家百晦,一易之地家二百晦,再易之地家三百晦,遂人辨其野之土,上地、中地、下地,以頒田里。上地夫一廛,田百晦,萊五十晦;中地夫一廛,田百畝,萊百晦;下地夫一廛,田百晦,萊二百晦。今可仿而行之,分田爲上中下,上地如《平書》,家五十畝,中地家一百畝，每年休五十畝耕耰之，下地家一百五十畝，每年休一百畝耕耰之，歲種易處，亦代田法也。其後户口漸增，田亦漸熟漸沃，將中地之多五十畝者，再分一家。又增，將下地之多一百畝者，再分兩家。則未分之時，田原有上中下，未爲不均，既分之後，田各得五十畝，未嘗或少，畺界依然，溝洫不改，雖户口增一兩倍，而無憂田不足也，農增則士工商所用亦多。庶可行之道也。田皆歸官而授之民，則園圃亦如之，曷爲又有在官在民之分乎？當云，凡天下之田，宜果蔬而不穀者，令園户藝果蔬，每家與園田若干，量八口力能藝治爲數。亦二十授，六十收，什一取之，折米定若干，不以果蔬。近都供天子者，則以什一進蔬果焉。

古有晨起出民於田日暮入民於里之制。宋藝祖、明太祖有課民樹藝及種樹、種菜等政，皆鄉畯保長事也。

惲皋聞曰：收田之法莫善於先限田。一户不得過五十畝，其過五十畝者爲逾制，必分之於人，必賣之於官而後已。又《平書》又曰无得過百畝，是一户而兼二户之產也，難以均矣。即顏先生十九家爲甲佃之説，仍屬多事，且牽延時日，未妥也。

平書訂·卷七　終

平書訂·卷八

制田第五下

《平書》曰：

從來治田，未有不通水利者。南方水利之興已久，但修其弊，舉其廢，疆而理之，易易耳。水田饒沃，人授四十畝、三十畝俱可，三十者公田六十，四十者八十，皆歲種，可不用代田法。北方則不知以爲利，而惟苦其害，徐貞明、萬歷時科臣。徐光啓崇禎時輔臣。言之詳矣，謹摘其概而存之。貞明《潞水客談》云："雨暘在天，而時其蓄洩以待旱潦者，人也。乃北方旱則赤地千里，潦則洪流萬頃，惟寄命於天，豈可以常恃哉。惟水利興而後旱潦有備，其利一也。神京北拱，財賦取給於東南，謀國者懷踰人之憂。惟水利興而儲蓄，近取常裕，視東南爲外府，其利二也。东南轉輸，每以數石而致一石，民力竭矣。惟北有一石之入，則南省數石之輸，其利三也。西北之地，平原千里，寇騎得以長驅，若溝澮盡舉，則田野之間皆金湯之險，而田間植以榆柳棗栗，既資民用，又可以設險而備敵，其利四也。往者劉六劉七之亂，持竿一呼，從者數萬，則游惰歸之也。水利興則曠土可墾，而游民有歸，銷釁弭亂，其利五也。南則生齒日繁，北則蓬蒿満野，若招南人修水利，則民均而田亦均，其利六也。南賦繁而役減，北賦省而徭重，使田墾而民聚，民聚則賦增，而北徭可輕，其利七也。近邊田墾，轉輸不煩，其利八也。京東負山控海，負山則泉深而土澤，控海則潮淤而壤沃，水利尤宜。今蓬萑彌望，若如吴越田而耕之，則利十倍。先之京東以兆其端，而畿内列郡皆可漸而行也。先之畿内，而西北皆可漸而行也。邊陲則先之薊鎮，而諸鎮皆可漸而行也。瀕海則先之豐潤，而遼海以東，青徐以南，皆可漸而行也。蓋水聚之則害，散之則利，棄之則害，用之則利。自三代以後，史起、白公諸人興水利者，皆在西北，豈古以爲利而今以爲害乎？夫水利之法，高則開渠，卑則築圍，急則激取，緩則疏引，其最下者，則以爲受水之區，因其勢不可强也。然致力當先於水之源，源分則流微而易制，田漸成則水漸殺，水無泛濫之虞，田無衝激之患矣。”光啓墾田用水議曰:用水之源法有六:其一、源來處高於田,則開溝引入於田。其二、源之來處甚高,則爲梯田以遞受之,蓋泉在山上,其下有土,尋丈以上,俱治爲田,節級受水,下入於川。其三、溪澗傍田而卑於田,急則用龍骨翻車龍尾車之屬,西洋取水器。以水力激器,以器轉水,升於田也。水緩不能轉器,則以人力、畜力、風力今南方水車。運器轉水於田也。其四、溪澗遠田而卑於田,緩則引至田側,車升之,急則用激法起水於岸,開溝入田也。其五、泉在此用在彼,中有溪澗隔焉,則溪澗爲槽,而引之也。其六、平地仰泉,盛則疏引而用之,微則爲池塘其側,積而用之。若池塘易涸者,築土椎泥以實之,或爲水庫而畜之。築土者,土築其底,椎泥者,以椎椎地作孔,膠泥實之,令勿漏也。水庫者,以石沙瓦屑和石灰爲劑,塗其底與旁而築平之,令涓滴不漏也。用水之流,法有六:其一、江河傍田則車升之,遠則疏導而車升之。其二、江河之流,自非盈涸無常者,爲之牐壩,灑而分之爲渠,引入田,田高車升之,其下流復爲牐壩,以合於江河,欲盈則上開下閉而受之,欲減則上閉下開而洩之。其三、江河塘浦之水,溢入於田,則圩以衞之,水積其中,則車升出之。其四、江河塘浦,源高而流卑,易涸也,則於下流多爲牐壩以節宣之,爲水則以準之。水則者,爲水平之碑置水中,刻識深淺之數,以知啓閉之宜也。其五、江河之中,洲渚可田者,隄以固之,渠以引之,牐壩以節宣之。其六、通流近海,迎得潮汐者,淡水迎而用之,鹹水牐壩以遏之也。用水之豬,法有五:其一、蕩湖之傍田者,田高則車升之,低則隄岸以固之,水有餘車升而出之,不足決隄引之。蕩湖遠於田者,疏導而車升之,與用流之法略相似。其二、蕩湖有源而易盈易涸可爲害可爲利者,疏導以洩之,牐壩以節宣之。其三、蕩湖之上不能來者,疏而來之,下不能去者,疏而去之。來之者免上流之害,去之者免下流之害,且資其利也。其四、蕩湖之豬太廣而害於下流者,從其上源分之。其五、蕩湖之易盈易涸者,當其涸時,際水而蓺之麥,蓺麥以秋,秋必涸也。否則必涸於冬,則蓺之春麥。麥秋以前,無大水無大蝗,但苦旱耳,故用水者必稔也。用水之委,法有二:其一、海潮之淡可灌者迎之,易涸則池塘以蓄之,牐壩隄堰以留之。潮不淡也,入海之水,迎而反之則淡,《禹貢》所謂逆河也。其二、海潮入而泥沙淤墊,則爲牐、爲壩、爲竇,以遏渾潮而節宣之也。爲源爲豬以用水,法有三:其一、地高無水,掘深數尺而得水者,爲池塘,蓄雨雪之水,與之合而車升之。其二、掘深丈以上而得水者,爲井以汲之,有起法,有桔槔,有轆轤,有龍骨木斗,有恒升筩,用人用畜,高山曠野,或用風輪也。其三、井深數丈以上,難汲而易竭者,爲水庫以蓄雨雪之水也。二公之言,俱確有經畫,但所祖虞集募人墾地,因爲其業者,固救敝之策,而與吾收田之策相背,故無取焉。又其意全在水田,夫北方旱田多,禹開溝洫治旱田耳。觀《詩》《書》所載五穀,率旱種可知。揚州厥土惟塗泥田乃下下,夫水田則塗泥固上上矣,非以其不宜於旱種乎?今於北方可爲水田者爲之,不可爲者開溝洫以治旱田而已。總之,有川者利於通，無川者利於蓄，通之在溝洫，蓄之在陂塘，故治田宜先治水，相其形勢去川之遠近高下而爲之澮。上有受，下有洩，以地廣狹爲多寡，澮成矣，然後因之爲洫爲田。甚高甚下者不用也，甯棄之乎？高者建屋廬、種桑果，下者爲塘，塘欲多，雨潦則水有歸，而蓄之以爲利。山有水口則塘益重，深且廣，水發收之，溢者入於川，無害矣。凡非產沙之地之沙，則山水所致也。山之土多沙，隨水下於地，水去而沙留，故地多廢。此法行，則沙漸滌，而地可田。予又聞沙地築土圍之，使雨潦蓄其中如池，無論廣狹，刈青草投滿其中，使腐爛，水乾耕之，即變爲塗泥，而亦可田矣。水利盡於此。

《平書》所謂旱田，謂陸田也。田有三：一曰水田下地。日浸水其中，藝稻者也。故《周禮》有稻人一官，司稼下田。《詩》曰“滮池北流，浸彼稻田”是也。北方下田少，則稻亦少，故孔子言居喪食稻不甘，少而美之也。一曰有水旱田。旁有河或池塘，而種旱種其上，如黍、稷、粱、麥之屬。旱則用水灌之，不旱則不必用水，惟平土而種蓺之。一曰無水旱田。旁無河塘可灌，惟恃天澤，《詩》言“霢霂雨雪，以生百穀”是也。今水田既有水可灌者，溝洫不待言矣。即無水旱田而夏停潦者，亦宜以溝洫洩水。鄭康成注《周禮》云：“溝洫爲除水害也”。《尚書》益稷云：“濬畎澮距川。”是洩田之水以除害也。不然如今六七月間，淫雨積潦，行路不通，禾苗渰損，豈細故哉，但不必多耳。

惲皋聞曰：南方水田，雖強有力，不能一手一足之烈治二十畝也，則一夫授十餘畝可耳。

平書訂·卷八　終

平書訂·卷九

武備第六

《平書》曰：

人知周之尚文，而不知周之尚武。大司馬春振旅而蒐，夏茇舍而苗，秋治兵而獮，冬大閱而狩，其教戰之法甚備。顧以田爲名者，蓋商周之得天下，俱以武，而周有甚焉。周公恐其後之殺伐是尚也，故爲之禮以柔之，不存其名而存其實，使人但習於禮，而武備已無不修，此聖人之用也。李剛主曰：被之以禮之名，則人習而安焉，且使之知殺伐勇戰皆禮也，不可去者也。以殺人不可以教，故殺獸以試之，以赴戰人之所勞，故獲獸以欣之。一年四舉，三年大閱，而因事之田獵習射不在是，其所以不忘武備者何其密！數軍實，昭文章，明貴賤，辨等列，順少長，習威儀，其練習教戒者何其周！春夏秋各習一事，冬則加詳焉，其所以練分合聚散者何其精！以周宣之中興，而《詩》首頌以《車攻》《吉日》，不可以知古人所重哉！後世君如明太祖、宣宗，儒如吴澄、邱濬，亦知此意，而未有定制垂久者。其他如魏太武、元世祖專以殺戮爲事，兵雖强，而豺狼矣。晋武、梁武欲偃兵不用，意雖仁，而禽犢矣。至無識之臣，又動以田獵爲諫，而不知有古制，何足道與。夫井田寓兵於農，既已無人非兵，而又無時不習，豈後世右文左武者所可比。衛靈公問陳而孔子不答者，非謂軍旅之事不當學，以衛靈所急者不在是耳。後世儒者遂以孔子爲口實，謂爲國者，宜文不宜武。且兵民既分，而右文之世，武備懈弛，儒以兵爲諱，士以武爲恥。兵冗而弱，惰而驕，糜餉則有餘，禦侮則不足。一旦有事，則督之以腐儒之書生，將之以庸劣之武弁，以致盗賊横行，生民屠毒，而宗社隨之，豈不悲哉！然亦不必如古制，盡人而兵也。盡人而兵，必盡人而練。盡人而練則法繁。盡人而兵，不能盡人而勇。不盡人而勇，則不精。有議在後。故但當選募武勇以爲兵，授之田，使耕而食，而以農隙訓練焉，則兵可精。而無處非兵，朝廷又無養兵之費，法無善於此者。如下縣設兵五百，中縣八百，上縣千，要縣二千，小郡三千，大郡五千，州藩萬，大要州藩設兵合六七萬七八萬，自足以制盗賊、威四裔矣。凡民十六歲以上，皆可募，授田亦如農，但無徭無口算，而公田所入即爲軍之費。耕獲仍督以農官，公田所入則司馬主之。五十而退，另募之，不世爲軍，無老弱之弊及清軍勾軍之擾也。募皆其土著，非烏合，無逃亡之憂、叛亂之虞也。每歲以三時之隙，教之習射習擊刺，冬則教之戰陣，比其藝而賞罰之。尉教其縣之軍，別駕教其郡之軍，州藩司馬教其州之軍、藩之軍。州藩歲以二千人備不虞，不使耕，郡縣則否。而別駕與郡守，間歲一閱其縣之軍，以爲尉之殿最。司馬與州牧、藩王及巡方御史三歲一閱其郡縣之軍，以爲別駕與尉之殿最。而鄉射又有習，田獵又有習，豈尚有不練之軍乎。士之習兵法者，爲尉、爲別駕、爲司馬，而無不知兵之州牧藩王，無不知兵之御史宰相，豈尚有腐儒書生之爲督，庸劣武弁之爲將者乎。或有草竊，則縣令縣尉便宜發軍捕之，聞於上。不克，而後郡發軍。又不克，而後州藩乃發軍。大警非大發軍不可者，則天子遣使合符以發郡縣軍。用古制銅虎符，半留於朝，半與州牧藩王，合符以令司馬，然後司馬發軍於郡縣。多寡聽其用。司馬不奉州牧藩王檄，不得擅發郡縣軍，而無合符，州牧藩王亦不得擅檄司馬也。惟邊警則便宜發軍不待符，其左右藩亦便宜發軍，或旁擊以分其勢，或乘間以搗其虚，蔑不克矣。天子禁旅三萬，募之京縣，統以金吾、羽林，歲直六千人，備不虞，五歲而一周，大將軍教之。京營軍十二萬，募之畿輔，有議在後。歲直三萬人，備不虞，四歲而一周，大司馬教之。畿輔俱大郡，兵倍於外郡。無不强之禁旅，無不强之京軍，無不强之輔郡州藩。或有不臣，則命大司馬或左右司馬佩將軍印，用舊制。帥京軍，督其四面州藩，合兵討之，凡京軍之出，多不過一二萬人，而合州藩之師固不少也，所過給之食，不待轉餉。釜魚阱獸，取之易耳。所謂枝强而幹更强，不必弱枝以强幹也。

官與吏、仕與學、文與武之不可分，崑繩皆同愚見，獨兵農分爲二，稍有可議者。兵不出於農，而以召募，則爲兵者必多游手獷獷之倫，久則暴視閭里，恣睢誰何。爲農者絶不預兵，則必魯頓畏怯，卒有變，即不可支。如明季，士不知兵，民不習兵，有一寇至，千百駭走，呼之跽而待戮，駢首俘刃，至終無一敢逃者，可不爲之大哀乎！况既已均田，則家皆有產，出兵爲易，何不效古王之田賦治軍，而乃曰“不必盡人而兵也，盡人而兵則不精”。《周禮》：小司徒均土地以稽其人民，上地家七人，可任也者家三人；中地家六人，可任也者二家五人；下地家五人，可任也者家三人。凡起徒役，勿過家一人，以其餘爲羨，惟田與追胥竭作。夫田與追胥竭作，是盡人而兵矣。然家尚留其半，實未嘗盡人而兵也，且起徒勿過家一人，更未嘗盡人而兵也。諸侯三郊三遂，以及都鄙，家出一人，當有七八萬卒，而春秋如魯之大國，不過二軍三軍，止用三二萬人，更未嘗盡人而兵也，而乃憂盡人而兵之不勇不精乎。然雖不盡人而兵，而無不習兵之農家，誠所謂野人皆干城也。又曰“不能盡人而練也，盡人而練則法繁’。夫正卒之練無論矣，但論羡卒，田之竭作，冬月以獲禽也，追胥之竭作，倉卒以捕盜也。獲禽則人樂爲，捕盜則人各保其身家，願爲，使人踴躍鼓舞，而即以訓練矣，何妙如之！豈後世演武場中故事哉，而何繁之有！今擬制田能行，必宜寓兵於農。以下縣計之，田一萬二千頃，爲户二萬家。設兵五百，當四十家出一兵。而郡藩之兵亦出於縣，大約二十家公選一勇力者，二十歲以上爲兵，五十退之，另選。一家八口，二十家共一百六十口，除老弱婦人三之二，少壯者五十三人，而出一人，則五十二人皆羡卒矣。正卒爲官兵，凡甲胄器械，二十家公應之。五官卒選一馬卒，有一馬，百家公養之。無事則業其家之農，有事上戍出征，皆領糧於官，定以數。鄉巡三月試其射與擊刺火器，有隙隨時教試之無算。縣尉冬月至鄉教之戰陣，比其藝而賞罰之，即以田禽，以賞罰多少爲鄉巡殿最。郡别駕教其鄉之軍，藩司馬教其藩之軍，亦以三時冬月，而别駕與郡守，司馬與藩侯御史，間歲三歲，各閲其郡縣軍，如《平書》。戍下縣者歲百人，供捉賊捕罪，夜分班巡城。今之快捕可無用矣。戍小郡者歲三百，戍藩者歲二千，皆出於各縣，一歲一更。其餘羡卒爲鄉兵。鄉一巡十保長，保十甲首，甲十家，共千家。每家出一人，餘又爲羡。鄉外濬濠，即濠土築墻於内，立四門四鋪。每一保以四十人爲鄉兵，六十人除鄉縣學生，皆爲火夫。一鋪每夜火夫五人，共二十人，執更傳鑼。鄉兵每十人一牌，二槍、二刀、二弓矢、二鳥銃，甲首督之。每夜十人巡更。保長間巡之，巡又間巡之。邑不足千家者，門鋪巡更量其邑。有盜至則舉信砲信火，本鄉兵卒皆起，半守半捕。鄰鄉縣尉聞砲望火砲以次傳達於縣，火惟有盜之鄉舉之。皆來救捕。其教鄉兵也以巡，而縣尉間一試之，亦於季冬隨官軍圍田焉。有若曰："百姓不足，君孰與足？百姓足，君孰與不足？"吾曰："百姓不强，君孰與强？百姓强，君孰與不强？"但萬一不能均田，則衹可如崑繩召募之法，而益以鄉兵亦可也。

"鄉射又有習"句似誤，古鄉射之禮，所以詢衆與賢也，非以練兵，當云"鄉巡又有教"。

《周禮》：徧國出兵而六軍，三軍乃但出之近國之鄉。又載師任地，國宅無征，園廛二十而一，近郊十一，遠郊二十而三，甸稍縣都，皆無過十二。凡賦税輕近重遠，今乃知其立法之善也。蓋京畿之地，蓄兵必多，隨天子警蹕，役必繁。若必以各藩之軍分番入直，則如雲貴竄遠數千里，重滋繁擾，究難濟用，是必環京州縣農田出兵倍於在外，乃可供給。且不特此。今廟堂有大工大役，率雇役給直，然惟田不井授，民多流散，故呼而即應。若分田給宅之時，安土重去，雖欲覓工，安所得之，勢必仍派近畿之民，即與之雇直，而已傷其農業矣。宜細爲酌量。近京兵多役重者，或二十取一，藩郡或二十取三，皆可也。

《平書》有《武備第六下》一篇，論步兵、騎兵、車兵、火兵、水兵隊伍之制、器械之用、戰陣之法。予謂此當與禮儀、樂律、農務、水利、射、御、書、數、刑、工各有專識。《平書》但論經制，不及詳其目也，故置之別録。

惲臯聞曰：分民爲四，不必列軍而五。固也。然行《平書》之道，中國竊發無虞矣，其四裔則不可知也。則邊方要地，自宜多設重兵以鎮之，邊屯之民，且耕且戰，亦自可用。萬一正當耕穫之時，卒有侵寇，釋耕而戰，一年之農事廢矣，宜於農外別有軍以衛之。古者採樵尚有扞，況穡事乎。然此扞衛者既無別軍，必取諸内地，如古之遣戍，更番征役，則今幅幀遼廓，内地之民，歲歲遠戍於邊，似非安民之良軍也。且將與士貴服習，今土著之兵，用之守，則各依其鄉邑之官長，其指臂使而呼吸通固然。若邊則似有專將，而兵來自内，非其素習，用之爲難，是人不服習也。即或曰，遣戍卒，即遣常臨之帥率之往，而遣代有期，數月之後，人情地形漸漸能熟，而又將代也，是地不服習也，則邊地終無素練之軍也。竊意内地之民，農而兵之可也。至邊防要地，宜別設屯衛，以駐久練之兵，如沿海沿江之水師，亦宜別設，非農之可以兼爲耳。

又曰：天子禁旅京營共十五萬人，似太多。古者天子六軍，七萬五千人也。今則擴之，亦十萬足矣。每歲共入直二萬五千，以五千當禁旅，以二萬實京營，亦足以備不虞矣。總四歲而一周，則勞逸均也。其州藩郡縣之兵，亦不必定以一萬及幾千幾百之數。蓋郡縣户口，不能齊一，宜視其户口多寡以定軍數，則天下之勞逸均也。

平書訂·卷九　終

平書訂·卷十

財用第七上

《平書》曰：

九疇之八政，一曰食，二曰貨，則貨財原上下所恃以爲用，而國家不可以或無者。但貨財所以權穀帛之輕重而通其窮，非爲一人之私蓄也。理之不得其術，則公私皆困，苟得其術，則公私皆利。至於公私皆利，豈非聖人之道乎？古之征於民者三，曰粟米，曰布帛，曰力役，未有征貨財者，貨財率出於商賈。雖《周禮》以九賦斂財賄，鄭元謂以口率出泉，古錢字。亦即漢之口算，近之所謂丁銀，終非出於田畝。唐宋始於田畝有輸錢之令，然猶與穀帛并徵，無專輸錢者。自正統元年，改南直隸江西田租爲折色後，遂徧行之天下，而正供始盡變爲銀。夫唐宋未嘗盡令輸錢，而白居易、張方平諸人猶痛切以陳農民之害，況盡折爲銀，而農之害可勝道哉！不特農也，倉廩處處空虛，一有水旱之災，而賑濟無所出矣。一有師旅之役，而轉輸之費，百數十倍而不可省矣。納粟勸輸，一切之政，紛紛四出，而弊且流於後世矣，害可勝道哉！然當日政尚寬大，未嘗以聚財爲事，徵於上者旋施於下，而朝廷之積貯顧無多，乃不知理財之道，耗散無窮，而生息少，以致末年，中外交訌，軍興用乏，不得已而括餘財，又不得已而議加賦，至括宫中銀器以充餉。崇禎末年，曾以宫中銀器發銀作局，銷銀充餉，故錠有銀作局三字○相傳，城陷時有銀十餘庫者，妄也。夫正供盡變爲財貨，天下既日就於困窮，而朝廷之貧又如此，非所謂不得其術則公私皆困者乎？故吾於田制欲悉古法，特取公田之穀，而户第納布帛數尺，丁錢百文，房租大者每間二百，小者百文而已。野外不令有私地，而城中則不能盡公，不如聽人私相賣買建造，收其房租爲便○有議在後。至生財則更有道焉。錢法一，鹽法一，商税一，而鈔法必不可行。錢法今已大壞，宜用隨文開皇之制，盡銷舊錢，懸新錢爲式，不如式者沒。司市主之，凡輕重款式不合者不得用，用則受者沒而笞，予者杖，私鑄者誅。錢分大小，以權子母。以黄銅爲小錢，每文重一錢五分，一貫九斤六兩。今稱。

以青銅爲大錢,每文重二錢,一貫十二斤八兩。隋五銖錢一千重四斤二兩,唐開元錢一千重六斤四兩,彼時之衡,固三倍於古,然視今猶小。今錢乃重於唐隋一倍兩倍有餘,似乎太重,然今日銅賤,不如此,則私鑄盛行,難於禁也。小錢一貫直銀一兩,其鑄也約費銀七錢,是以七錢爲一兩也。大錢一貫直銀二兩,其鑄也約費銀一兩二錢,是以六錢爲一兩也。上下通行,上之施於下者皆以錢,惟買銅則以銀,亦欲其上下流通。下之供於上者亦以錢,惟監買之官則以銀,而他税願輸銀者聽,則利權操之上,而下固無所損也。若民間交易,以其有易其無者,古制也,何不可行之後世?令民各以錢計其物,而論質以相易,然欲以錢者聽,錢亦可以并行也,但不得以銀爲交易,如明太祖之禁耳。凡錢登百貫方許以銀折,下此俱用錢,惟納官錢一貫以上以銀折,買鹽,錢無論多少,俱許以銀折。如此則銀歸於上,而悉化爲錢矣。錢之利如此,私鑄何以禁哉?曰:禁之令固欲其嚴,而所以禁者,不在令之嚴,在制之善。銅錬欲其精,錢式欲其美,銅精而式美,則私鑄自不能及而可不行。且夫聖人之治天下,公而已,不但公之天下,且公之萬世,故錢有鑄無廢。錢日多,用日足,而民日富。後世鑄以年號,而私爲一人之物,以至祖父之錢即不用於子孫,於是銷毁無時,工費日廣,錢益少而私鑄行。若仍古不鑄年號,使世世不廢,但鑄"永寶"二字於其陰,若周郭如五銖式,陽則否,而磨如鏡。此京錢也。州藩亦得鑄錢,而陰亦爲郭,鑄其州藩之字,如今式。别之可驗其美惡爲賞罰。鑄一錢世有一錢之用,天下何患其不裕哉。鹽法至今亦大壞矣,然不必復納粟中鹽之例,有議在後。但一遵唐劉晏之制可耳。其法於出鹽之鄉置鹽官,收鹽户所煮之鹽,轉鬻於商人,任其所之。自餘州縣,不復設官。其江嶺間去鹽遠者,轉鹽貯之。或商絶鹽貴,則減價鬻之,謂之常平鹽,官獲其利而民不乏鹽。始江淮鹽利不過四十萬緡,季年乃六百萬緡,由是國用充而民不困。若使大司均歲發部引於産鹽州藩,州藩使其司均主之,商人納銀請引以領鹽。每引鹽十石納銀三兩。鹽場則郡節史主之,專設一員於場主其事。募人爲鹽户,籍統於商。使煮鹽,或煮或晒,各因地宜。地亦分爲區,以保甲編之,不使相争,不使容奸。買以官價。每石錢二百文,欲穀布者折與之。而按引發商,聽隨地以鬻。商得鹽後,即於縣領票繳引,引反之州藩,歲終繳於貨部,以便稽核〇凡引必注領者姓名,鈐以印而記其日月。繳於縣則縣批某日月繳,亦鈐以印,防奸冒。商無定所,鹽無定商,而無鹽處亦用常平鹽法,盡除今日之弊,則上下交利,而商民俱便矣。李剛主曰:"管子興魚鹽,利盡歸國。今則大半歸商,商或據數縣數府,不許他商侵越,有至者即問以私鹽之罪。獨壟專利,民莫誰何。甚至本地斥鹵出鹽亦不許食,食即問以私鹽罪,而民病矣。有引多而縣不能銷者,則按户勒買,而民益病矣。若不足食者,商則潛帶私鹽,欺隱漏税,而國亦病矣。至於商税加而又加,無錙銖遺利,至有稱貸完課者,而商亦病矣。"蓋出以二,入以三,以錢出,以銀入,朝廷固得倍利,而商於引價外所費,每引多不過五六百錢,但鬻五六貫,而利已厚,七八貫而利且倍,而鹽不爲貴也。故曰交利而俱便也。且一切商税,俱由縣郡州藩,除支費積貯,而後上供,此則另籍之,盡歸其息於京師,歲計天下所獲，應不下銀數百萬兩，足供朝廷經費有餘，而他税皆其餘焉者矣。

《大學》所謂生財，生衆食寡，乃指農事。箕子八政之貨，統金玉布帛等物而言。今崑繩所論財貨，專指銀錢，義微不同也。

金刀之制，先王原爲救荒而設，以後遂踵行之，以其齎輕致遠，爲移易天下之具也。如不爲齎輕而致遠，衣食之計，焉所用之？乃後世征糧盡折銀錢，則弊有不一而足者。民所力者粟布，而官所積者金刀，勢必賤鬻其物以充官入，故諺有曰：豐年病民。夫凶年不免疾痛，所樂者豐年耳。乃豐而反病，則農尚有樂時乎？於是富商操其奇贏，以至沾泥塗足者無升斗之儲，逐末者千箱萬倉，坐牟厚利。一遇凶急，乃出之以制農民之命，此病民也。官吏之俸皆以銀，夫銀可卷懷而藏，鍵笥而積也，而貪官污吏比比矣。若出入皆以粟布，能貯邱山以取敗耶？此病官吏也。兵餉以銀，遂至韋弁多侈，隨手而耗，而庚癸之呼，時時不免，此病兵也。一旦猝然有事，兵馬蟻聚，無敖倉黎陽之積可以供給，千里運銀，糴於一處，米價騰湧至莫可問，勢必餉當一金者，費至數金數十金矣，此病國也。夫一隅收穫能支幾何，兵不夙飽，民有流亡，上下交憊，無人不病矣。昔有斗米七千，餓殍滿道，又有敵人圍城，富家皆懷金握玉而死者，非重銀錢而不重五穀者之前轍耶。

賦用本色，而後教民勤於樹藝蓄字，使飲食取於宫中焉，材木取於宫中焉，布帛取於宫中焉。以至人情往來，令其盡以粟布，而昏喪之需從儉從便，務取密邇所有者，盡可以粟布貨物相易。至於錢與銀，特儲之以備流通之具耳，不專恃以爲用也。如是，不惟民業日饒，而民風亦日進於古矣。

房租一間二百太重，可仿《周禮》園廛之征，房聽其自蓋，而每畝一年征錢不過二百可也。若住官屋者，則如“分民”篇，每屋錢一百文。

司市以中士爲之。

明代開中之法，令商輸粟於邊，而鹽場給之鹽以酬之。其後商人遂募人屯田於邊，邊以富饒。至葉淇而壞。此可與劉晏之制并行，原無齟齬，何爲廢之？

李虔論鹽之產於場，猶五穀之生於地，宜就場定額，一税之後，不問其所之，則國與民兩利。又曰“天下皆私鹽，則天下皆官鹽也”。此正劉士安之遺意。

惲臯聞曰：用銀之弊既甚，則但以制錢權輕重而行之可也。何必復留用銀之説，其銀聽如金玉，但爲器物之飾，而不用，則粟布益重，而農事女工益勤矣。

平書訂·卷十 終

平書訂·卷十一

財用第七下

《平書》曰：①

商税則盡變從來之法而别爲制。今之所恃以征商者，榷關耳。税日增而無所底，百數十倍於舊而猶不足。官吏如狼虎，搜及絲忽之物而無所遺。商旅之困憊已極，其爲暴不幾殺越人於貨哉！宜盡撤之，以蘇天下而通其往來。其征之也，分行商、坐商。坐商也，縣同給以印票，令與同俱有印。書其姓名、里籍、年貌與所業，作何生理。注其本若干，但計其一分之息而取其一，如錢一百貫爲本，一分息則一月一貫，一年取得十二貫，則取其一貫二百，歲終納之。即注於票中，鈐以印而還之。如本增減則另給，改業亦另給。行商也，亦給以票如坐商，但不計其息，惟本十貫則納百錢，任所之，驗其票於彼，縣同注日月而退。凡有大鎮，商賈所集，而去城遠者，則專設一縣同以便商。鬻所販，司市評之，鬻已，乃計息而納其什之一。凡票税路費俱作本除之，餘者方爲息。亦注之票，鈐以印而還之。僅足本者則免其税，預計其不足本者，則官如其本買之，惟販酒與煙不在此例。使商無所虧其本者，便商也。貴則減價以賣，又便民也，而官又收其利也。若欲販他貨者，則另與以其縣之票，而取之如本縣焉。其有欺隱，固可按其數，沒其隱而懲也。官士有通同爲奸利者，褫之，按法治罪，而加以墨。凡旁人告者賞，商自首者勿問，而但治官士之罪。至於坐商有匿其本不以實者，奈何？曰：有道焉，使之自不肯隱，不待立法以防之也。分商爲九等，本不足百貫者爲散商，弛其税。行商不足五十貫者，亦弛其税。有議在後。若本一百貫至九百貫爲下商，而一百、二百、三百爲下下，四百、五百、六百爲下中，七百、八百、九百爲下上。本一千貫至九千貫爲中商，而一千、二千、

---

① 《畿輔叢書》本、《顏李叢書》本以及《續修四庫全書》本均無此語，但根據文意，下面這段話應是《平書》原文，故依例加之。

三千爲中下，四千、五千、六千爲中中，七千、八千、九千爲中上。本一萬貫至十萬貫爲上商，而一萬、二萬、三萬爲上下，四萬、五萬、六萬爲上中，八萬、九萬、十萬爲上上。加於十萬之上者皆準上上。散商不得與九等伍，附商今所謂夥計。比於散商，亦不得與九等伍。而九等各以次爲尊卑，行立坐拜不得越，越者赴官治以法。衣則下商以布，中商可綢以緜絲，上商以縐線。乘則下商以驢，中商以鸁，上商以馬。奴僕則下商不得畜，中商可一二，上商可三四。違者治以法。有議在後。夫欲勝者，人之同情也，分之等殺而限之制，孰肯自匿其實，而甘爲人下哉？且勿問其商之大小，但税滿二千四百貫者，即授以登仕郎九品冠帶，以榮其身，以報其功。凡授銜者，即與士齒，有公事即與官齒。必按票計税方許，若竟欲捐納者不聽。再滿則又增一級，至五品而止。雖父子祖孫相繼滿其數者，亦授也，但三年不爲商，則除其籍，毁其票，繼爲者，雖身亦不得論其前焉耳。如前票既毁，則但計其後票所納耳。噫！此虚銜也，又無禄，名器不濫，國帑不糜，去賣官鬻爵者不萬萬哉！若夫行商之本，但以其出所挾之數爲之等，雖外營數倍，他縣不得易其等，必反其縣而後視其等以益之。其税滿二千四百貫者，授職與坐商同。夫商賈不得齒於士大夫，所從來遠矣，使其可附於搢紳也，入資爲郎，且求之不得，又肯故瞞其税，而不得出身以爲榮哉？所謂不待立法以防其弊者，此也。且夫商税，從來論物爲輕重，吾不欲其然也。然亦有論物者，鹽茶酒煙而已。鹽者官賣之商，故與他物异，及其販也無不同。茶者舊所重，則計其一分之息而取其二。酒者前代所禁，宋且官賣之，今通行於天下矣，禁之或官賣之，恐滋擾，則計其二分之息而取其十之二。如本一百貫，計息二分，一歲可得二十四貫，則取其四貫八百。至於煙，當在所禁，然徧天下人皆用之，禁之難，惟士大夫可禁耳。士大夫一用即褫爲庶人，而令天下，凡童子入鄉學者，即不許用。而其税也，不計其本，不計其息，但用今法，其販也，每斤納錢五文，其賣也，每斤納錢十文，且非不可田之地，不許種煙，而又重其税，則鬻者少，鬻者少則貴，貴則人不能買，久之庶可絶矣。凡客店、舡户、漁户、車夫、鸁夫、獵户、樵夫俱入商籍。嗟夫！重本抑末之説固然，然本宜重，末亦不可輕。假令天下有農而無商，尚可以爲國乎！故吾欲於建官之法去吏部，晋冢宰爲相國以總庶務，置大司均以備六卿。貨財者，與食并重者也，烏可置之六卿之外乎？夫商税悉納於縣，縣同主之，設司市理之，士也無定員，以市之多寡爲準。縣令總之，合口算、户税、布帛絲麻。房租、商税。上縣歲可入十數萬，中下亦應數萬，由縣而郡而州藩，各除其支給積貯，而上供於天子應不下數百萬。此但取士任官得其人，而忠信重禄，使之重廉恥，輕財利，尚名節，鄙貪污，而又有嚴刑以懼其後，固無慮侵漁之弊，又何必鰓鰓然與臣下較錙銖，歸其權與利於胥吏如今日哉！歲計之已有餘，歲歲計之豈不足？而又爲之崇節儉，而又爲之省浮費，十年之内，入將不可勝窮。天子富於上，州藩郡縣富於下，時施恩於天下，謂薄征蠲免之類。百姓將日富而不知天子以四海之富爲富，四海無人不以天子之富爲富,故吾名貨部爲司均,均也者,均上下,均貧富,均有無,均出入也。孔子曰:"不患寡而患不均,不患貧而患不安。"蓋均無貧,和無寡,安無傾。

初疑商賈計本取税,似瑣瑣於民爭利。又泉貨似當如古寄於農曹,不必專部。即冢宰别爲相府,而但留五部,如漢後稱五曹、五尚書者,亦未爲不可。既而思《孟子》曰"市廛而不征",廛即税也。《周禮》廛人掌斂市絘布、緫布、質布、罰布、廛布,而入於泉府,則古之商賈原自有税。今世如牛税、馬税、鱼税、斗斛税、稱税、布税、當税等,各有雜課,但或本小利微者有税,而千萬封殖放債出入者反無税,則不均。舊例漫承不復核查,而吏胥又上下之,則不清,至於關榷之暴,又三代所無,則《平書》所言固可酌而行矣。

行商計其本有息無息,不足本者官買之,雖亦《周禮》遺法,然後世行之,法煩則弊易滋,未必惠及商民,反以擾及商民。或亦如坐商,計其一分之息而取其一,他無問可耳。至行商似更勞於坐商矣,乃坐商至百貫方起税,行商足五十貫即起税,何也?或皆以百貫爲率也。

至治之世,民自不貧,亦不甚富。農不得田連阡陌,商何得獨有萬貫以至十萬貫以上者乎?乃立之以上之名,而極其數以號之,是招之貪墨也。布帛菽粟,不必萬貫始可貿遷,萬貫十萬,將必化居遠方難得之物以相侈耀,是長靡也。一品之禄,合米錢布帛大約不過四千金,商乃有萬貫至十萬貫以上者,是令其僭越而無等也。今宜擬爲一百貫至三百貫爲下商,四百貫至六百貫爲中商,七百貫至千貫爲上商。《語》云:千金之子,坐不垂堂。商而至千金爲本,亦極矣。過千金者加税一之三,過萬金者沒其餘,販鬻淫巧及异方珍奇難得之物者沒其貨。而税滿千貫者即加以冠帶,然亦必素頗孝弟,而無暴横欺詐行者,始可加。不然,商獨嗜利厚蓄,豈所以平天下哉!

商仍當如愚前説,不使有僕,俟加虚銜後,以品之僕僕之。蓋僕不禁不限,則富商墨吏,將有僕從至百千人者,不惟長侈,勢必分户冒田,以爲兼并,而分田制產之法,亦從此壞矣。

"鹽之販也無不同"句不明。鹽,官物而賣於商者也,雖轉販他所,似不得更有税矣。

煙,少有知者亦知其無益,禁之何難?而防田害農,禍實非小,直厲禁之耳。

"末不可輕",崑繩爲財貨起見也。然商實不可重,何者?天下之趨利如鶩矣。苟有利焉,雖輕之而亦趨也,豈憂商賈之少而無乎?夫商有利亦有害,懋遷有無以流通天下,此利也。爲商之人,心多巧枉,聚商之處,俗必淫靡,此害也。抱璞守朴,不相往來，固不可行於今日，然即鄉里交易，比省通融，儘可豫樂，何事遠販？如今天下出産最少者，無如北直，然有米、有麪、有魚、有肉、有酒、有蔬、有果、有布、有絹亦有綢，有材木、櫃箱、桌椅諸器，何不可以供居食畢昏喪者，乃必吴越閩廣之紗緞、珠翠、綾錦、象箸、漆器、燕窩、橘荔，東洋西戎之貨？萬里遠鬻，傾囊充陳，導靡長奢，則皆商爲之也。然則貴布粟，賤淫技，重農民，抑商賈，以隆教養，先王之良法遠慮，不可不考行也。

惲皋聞曰：較本利以征商似太瑣屑，不如商歲納户帖，分上中下，各錢若干，而其所販貨物，則一如鹽例，但於所出之地，定額一税，與之印票照驗，不問其所之可也。

平書訂·卷十一 終

平書訂·卷十二

河淮第八

《平書》曰：

南方之水利不必言矣，北方苟如吾制田之法，溝洫開，陂塘作，水道通，亦不必言矣，所慮者河淮耳。河自宋南徙，吞淮入海，近代遷徙無恒，爲患日甚。然河雖爲患，而淮無恙也。今則河淮交横，上以阻漕，下以病民，歲糜金錢數百萬，而終不得其理。其故何哉？固在任不得其人，治不得其法，而其本蓋由於意在通漕，不在治水，有雖拂其性而不顧者。故治之之道，先在罷漕。漕可罷乎？都若定於天中，貢道可四面而達，不必借於今日之漕。即不然，而北方水利既興，收穫多，亦無借於今日之漕。再不然，而或招商，或海運，今天津歲有海船，自福建販貨，直達無失，則海運何不可行？無不可辦，亦無借於今日之漕。罷之無不可也。漕罷而後可以因其勢，因其勢而後可以施其功。河之所以爲患者，以多沙淤，而治之者率築隄以防於地之上，勢迅悍而不流，壅則横決四出，屢塞屢決，無怪也。淮之所以爲患者，以河奪清口而入漕，致清口淤而淮不能出。清口乃淮黄交會之處。淮不能出，則洪澤湖漲，溢於寶應、高郵諸湖，洪澤湖，淮之所匯，淮安在其東四十里，高家堰其東隄也。迤東而南，則翟家壩、周家閘諸處與高寶湖相鄰。遂決漕隄而下，漕與高寶湖不過一隄之隔。亦無怪也。夫淮曩不爲漕病者，以河未嘗病淮，而淮之力且足以刷黄耳。今淮既爲河所病，河不得淮之力以相刷，而益爲淮之病，則淮焉得不因河之病，而亦以之病漕哉？吾見近代治河之臣，惟祖崇伯湮水之術，而儒者治河之議，率不出賈讓上中二策之言。夫湮水之害，固人所共見，而讓策之在今日，亦不過爲空言。何也？讓所謂決黎陽，遮害亭，放河使北入海者，欲其循故道以入海耳，非聽其横流而莫爲之制也。今既趨於東南平坦之地，去故[1]道數千里，豈徒空

① 底本作“故去”，據《顔李叢書》本改。

其地以予之，使之泛濫無束而遂能之者乎？多穿漕渠，以分殺其勢似矣，乃每開一支河，未有不旋開旋塞者，豈得如禹之播爲九河而萬世永賴者乎。然則所謂因其勢以施其功者將何在？孟子曰："禹之治水，水之道也，順其性而已矣。"順其性，非縱之也，利導之而已矣。

請言治淮。淮既不得北出清口，則洪澤不得不東南曳於高郵湖。高郵水之所歸，故不及他。高郵湖不能受，不得不東潰漕隄而洩於下河，乃海口不開，而下河無所歸，不得不旁溢而爲高、寶、興、鹽數邑之患。是淮之將趨東南以入海，而不復由故道者，其勢矣。然清口不與河通，將無以濟運也，則不得不挽之使北。挽之使北不得不塞翟壩、周閘，趨高郵之路，乃水大而清口不能出，近日清口雖濬而淮亦不能出者，以三十年前河決歸仁隄，入洪澤，年餘未塞，致湖身淤墊不能蓄水，故水大而清口難洩。又不得不放之以除高堰之危。高堰傾則淮安沒。於戲，朝塞夕決，顧此失彼，曾無終日之計，皇皇焉。苟倖濟一歲之運，以延一日之命，而將來惟聽諸天，民患將何極耶？若漕運既罷，竟塞清口，不與河通，而悉開海口，海濱有范公隄，南北亙三百里，宋范仲淹築以捍海潮者，處處有水門。門向内閉，潮來則閉，以障潮水，潮退則開，以放河水，民甚便之。近則水門塞，故無海口。使下河有所歸，而因下濬之以爲渠，因高築堰以爲防，不拘廣狹，但因高爲岸，而水可行於地中。竟引高郵湖水使東入海，盡開翟壩、周閘使入高郵湖，因其勢而導之，淮安流而得其所。水有所歸，自不横溢，而湖隄可保無虞。淮既得其所，則淮揚之間皆沃壤矣。

於是治河。夫禹之治河所以千數百年無患者，全在播爲九河，同爲逆河入於海也。天下之水莫大於河，然由積石而龍門，由龍門以至大伾，施功猶易，何也？以有高山大陵束其外也。自大伾而北皆平陸矣，其受水又十倍於上流矣。禹乃播之爲九，以分其勢。勢分矣，又恐其漫散無所束，復合之爲一，使同入海。分之而其勢分，合之而其力又合，上下俱合，而中則分，既無難制之憂，又勢均絡貫，無此通彼塞之患。於戲，至矣，非聖人而能若是乎？自齊桓公塞八河以擅地利，不百年，遂有砱礫之決，則九河之利，不待智者而後明，而後人可知所從事矣。若北方之水利既興，上流之水將減其半，而下流則復九河之制，測量高下，度近海河決必趨之地，開河道十數，有舊渠可因者因之，約長百里，而首尾合爲一者，則寬十數里，約占地三十餘里，河面寬二里許，深數丈，俱如一。積土兩岸以增其高，每道相去可三里。凡開河須從兩旁開至中，由淺而深，深至中如丈數而止。土可盡積之兩岸，若從中開則不便矣。又應自下流節節開而上，則雨潦無礙，若自上而下亦不便○陸世儀曰："開河莫要於算方。蓋起土方一丈謂之一丈，該土一千尺，古法一置二挑，該十五人一日之力，即遠近高下，少有不齊，以此爲準，算定河開若干丈，面若干丈，深若干丈，底若干丈，共計若干方，應若干人挑若干日。"又曰："開河若從平陸施功，可用四五牛以犁起土，以筐車運土，殊有力。"又曰："量河須用三篚，二分兩傍之長，一定中心之闊"。既成，乃塞河下流決之使入。一入於此，河由地中行矣，勢同禹之舊績，而永無潰決矣。上流尚有借隄以爲固者,亦用此法,别開一渠,决使由之,而無不由地中行矣。每年疏濬用混江龍、鐵掃帚之類。水利興,河淮治,地平天成,不再見乎?然此功殊不易也,必在上者有定識,有定力,在下者無顧忌,無阻撓,以十年爲期,而即捐以十年修築之費,然後功可望其成耳。顧此與田制諸議,皆運氣所關,豈人之所能爲哉!存此説也,俟之而已。

黄河自關中而東,合涇、渭、漆、沮、汾、沁、伊、洛、瀍、澗諸川,數千里之水,夏秋霖潦,浩瀚無極。而謂水利既興,上流之水將減其半,恐未必也。況自古北方水利如涇、洛、漳、滏諸水,無用黄河者,惟郭守敬曾言,自孟州西開引,少分一渠,徑由新舊孟州中間,順河古岸,下至温縣南,復入大河。而他無聞。蓋河水泥沙强半,壅渠塞苗,難以成功,故古人不敢輕用也。

從來論治河者皆主分,惟①潘季馴主合,其言曰:"河流分則水力小而沙停,故易淤;河流合則水力猛而沙行,故不泛。"此亦身親閲歷之言也。況禹之九河分水,原在北方,今仿之南方,則土性地勢可行與否,未可猝定。萬一重費開鑿,河成而水不就,即就而旋填塞,不徒勞乎?且後世每開支河,旋開旋淤,不能如禹之播爲九河。《平書》亦自言矣。今宜先審地利,遣知水勢者,相其原隰,若趨下順利,可開八九,則如《平書》所言開之,而歲設常夫若干名濬之,使分流,勢弱者亦不得停沙,上也。如其地勢不可支分,則仿季馴遥隄縷隄之制,河身欲寬,隄岸欲固,而隄之外復兩旁各留一河身之寬爲閒地,而更築隄其外。其河身則歲用利器濬之,務使深通下海之雲梯關,淤葦皆剔,務使闊敞。夫漕不牽逆,淮復别流,則河無所擾。如此亦可以奏安瀾矣,次也。

海運必宜復,不惟通漕,兼可於其中習水戰,以防海寇也。

平書訂·卷十二 終

① 惟,底本作"爲",據《續修四庫全書》本改。

平書訂·卷十三

刑罰第九

《平書》曰：

唐虞三代之五刑，墨、劓、剕、宫、大辟，自漢除肉刑，遞輕以至隋唐而迄於今，遂爲笞、杖、徒、流、死。世愈降，刑愈輕，而愈不足以治天下。蓋明刑所以弼教，不嚴則人不畏而犯者多，不簡則動觸法網而犯之者衆。夫寬而繁，至陷獄不可勝窮，簡而嚴，以至於刑措，果孰得而孰失乎？孟子曰："欲輕之於堯舜之道者，大貉小貉也。欲重之於堯舜之道者，大桀小桀也。"漢文雖仁，貉道而已矣。然議復肉刑於今日，不但致愚人之怨，而不學無術之徒，必且譁然謗議，終於沮格而徒爲之擾。惟仍令以今之五刑爲律，但去其煩苛，增其不足，别附肉刑數條，以禁貪暴，止淫邪，而厲廉恥，使天下不得議吾之非，庶存古聖人明刑之道，而令行禁止，教化可大行耳。今之律例，纖瑣雜沓，難以枚舉。尤可笑者，折杖之法。夫笞止於五十，而六十則爲杖，有杖至二百者。乃百杖以外人必死，於是以徒折之。杖一百二十者止六十，餘六十折徒一年，由是以徒折杖，以杖折徒，以徒折流，以流包杖，紛紛增減。又有收贖，收贖又無定數，是不足以言寬，又不足以爲嚴，徒使有司茫然莫究，而吏胥得因以爲奸，豈良法乎！曷若杖止於八十，更重則徒，徒未有不杖八十或六十者，是徒加於杖一等，不必折也。而又有一年以至三年五徒之别，無不得其平也。流重於徒而輕於死，固矣。乃徒有役，流無役，至遠不過三千里，三千里外皆無樂土乎？但不得歸耳，即流寓耳。較三年之徒役，其勞逸爲何如？是流未嘗重於徒，而其去死刑而不啻什百，又可謂得其平者乎？應以二千里、三千里及煙瘴邊外爲三等，而終身徒役其地，然後可謂加徒一等，而僅輕於死耳。若夫充軍之法則愈謬。軍者，國之爪牙，宜鼓舞之，優渥之，然後可以得其心與力，乃以爲罪人而出於徒之下人，孰肯爲之哉？此武備之所以弛，而敵愾無人也，是充軍一切罪條可削去也。又如私鹽之法，最爲繁密，苟法劉晏，無人不可爲鹽商，雖一引，亦可買之官而賣於民,何以爲私哉?則私鹽一切之禁,亦可弛而不設也。輕重損益,以此類推,務簡易明白,使遵者知所辟,宜縣示於民如古制。執者知所守,則舞文之弊自可去,而明允之功何不可奏哉!且夫肉刑之除於今者,劓、剕耳。斬即大辟,未嘗廢也,且有陵遲之極刑也。墨未嘗廢,但不列於五刑之内也。至於宫則不以爲刑,乃以爲進身之途,不止於不廢也。天下有罪不至於死,而不可不重其法以繩之者三:一曰貪,二曰賊,三曰淫。夫貪必贓至八十兩或百二十兩而後死,一兩以下,杖而已。强盜劫財而后死,不得財,流而已。竊盜至三犯而后死,初再刺臂,不得財,笞而已。姦必强而後死,和與刁,杖而已。夫所犯原有輕重,不得不爲之等,但笞杖之後,依然可以爲人,而猶得逞其奸。即流之遠方,何不可更出其身,而乘間以爲盜乎?是皆廢肉刑故耳。若官士犯贓,錢一貫以上即墨,面黥以贓字。而後計贓以科罪,即不死,而終身不齒於人矣。强盜之不得財者刖之,竊盜之初犯者墨之,面黥以賊字。再亦刖之,不可復爲盜矣。又可免竊盜三次之死罪。賭博者盜之漸,第罪以杖,曷懲焉,宜斷其手,初則右,再則左,不能復賭博矣。官士犯者,初削職爲民,再則如律。姦者宫之,和則婦人劓,而刁則免,宫者不能復淫矣。應絞以上者,再如律論。官士犯者即削職加罪不待再。肉刑但設此數條,以爲貪吏盜賊姦淫之警,使知罪即不死亦不可犯,犯則終身不得齒於人,孰敢公行而莫之忌哉?如此則不必盡復肉刑,而笞、杖、徒、流之所不能禁者,不待加之死,而無不可以立禁矣。嘗考《史記》,孝文除肉刑,詔曰:法有肉刑三,注曰,劓、黥、斬趾,是宫刑[①]自在也。厥後景帝又有死罪願腐者聽之詔,而司馬遷下腐刑,是宫刑未嘗除也。蓋寺人乃宫闈必不可少者,與其聽人自宫而禁於上,曷若設以爲刑,因取以爲用,而禁天下之自宫,不致無罪之人罹於刑之爲善乎?顔習齊先生曰:"不能除婦寺而除宫刑,是不忍宫有罪之人,而忍宫無罪之人矣。"若以官買而任民之願,則又以利誘民而宫之也,豈爲民立君之意哉!故封建必復肉刑,不封建亦復肉刑,惟爲政者慎用之而已。且不特淫刑也,有罪入於絞,而情可矜者,可宫以宥之也。有流於煙瘴邊外而願宫以自贖者,亦可聽其願而宫之也。開此二者以爲寬宥之典,而宫闈不患無役使矣。於戲,刑非聖人之得已也,盜賊姦宄非刑莫能禁也。荀卿有言曰:"世俗謂治,古者無肉刑,有象刑墨黥之屬,菲屨赭衣而已。夫治,古人莫觸罪邪,豈獨無肉刑哉,亦不待象刑矣。或觸罪矣,而直輕其罪,是殺人者不死,而傷人者不刑也。罪至重,而刑至輕,民無所畏,亂莫大焉。故治則刑重,亂則刑輕,犯治之罪固重,犯亂之刑固輕也。象刑惟明,言象天道而作刑,安有菲屨赭衣者哉?"此知治之言也。夫子産之治鄭,諸葛孔明之治漢,非皆王佐之才乎?豈其以殘忍爲心也?《禮》曰:"治亂國用重典。"而婦人之不忍,腐儒之好生,皆不足語於聖人之道者矣。

---

① 刑,底本作"行",據《續修四庫全書》本改。

賭博初次即斷手，大厲，宜初杖之，再斷右手，三斷左手。

明律禁私創庵院、私度僧道，亦明知僧道爲异端矣。乃又有僧録、道録二司，而僧道犯其師，如犯伯叔罪，是半明而半暗也。禮樂，經世大道，乃稱倡妓爲樂户樂人，何也？不禁娼而禁人宿娼，何法之左右袒乎？且官吏有禁而民無禁，豈農工商宜宿娼乎？如此等類，皆當釐而正之。

平書訂·卷十三　終

平書訂·卷十四

禮樂第十

《平書》曰：

人有斯須之不敬，則慢易之心生，而非禮矣。有斯須之不和，則乖戾之心生，而非樂矣。故禮樂之教不過使人無不敬無不和。自一家推之鄉國天下莫不然，自一身推之父子、夫婦、長幼、親疏、賓主、上下莫不然。事欲序而心欲純。序者，義也。純者，仁也。自天子達於庶人，莫不相親以仁，相接以義，則所謂四海之内，合敬合愛，將與天地同其合節，而兩間奠麗，萬物昭明，風俗移易，天下安有不治者乎？故曰鐘鼓管磬，羽籥干戚，樂之器也。屈伸俯仰，兆綴疾徐，樂之文也。簠簋俎豆，制度文章，禮之器也。升降上下，周旋裼襲，禮之文也。曰器，曰文，皆末節矣。其本不在於仁義，而仁義不在於六府三事之修和，百官庶政之各得其理也哉？雖然，器與文亦不易矣。以言乎禮，三禮五禮，三百三千，百王之同异，歷代之善否，曷可勝窮？以言乎樂，五聲六律之音，八風清濁高下，始終倫理，尺度之短長，製造之精粗，曷可勝窮？古之教人，莫不禮樂兼備。然以由、求之賢，不能以兵農兼禮樂，以禹、稷之聖，不能以水火兼禮樂，必欲盡人之相兼，恐反不能致其精，故予欲於取士之法，但使射、御、書、數無不通，而禮樂則與兵刑、食貨分科而專習。夫專習者，亦器與文而已，若夫禮樂之本，則自鄉學、縣學，莫不合精粗本末，而悉以教之。蓋聖人治天下之大經大法，無不要歸於禮樂，而君子不可以斯須去其身，烏得别爲專科，而不盡人陶淑其中哉？且自鄉學教幼儀，縣學教成人之禮之外，凡官士及鄉先生，家有冠昏喪祭之事，則諸司禮者主其事，令凡爲士者群聚而觀之。凡春秋之祀，與夫鄉射養老之典，司樂者爲之樂舞笙鼓，令凡爲士者群聚而聽之。自縣而郡而州藩而京師，體愈尊，禮樂愈備，習之既久，天下無不文以禮樂之士矣。但禮制不可不定。古禮雖廢，《禮經》固可考而知，《周禮》《儀禮》《禮記》。雖不免附會不可信與可信而不可行於後世者，然宏綱細目，良法奥義，聖人所以經緯天地者，悉載其中，但分見錯處，而諸家《傳注》，又雜然莫適所從，故後代多苦其煩而莫之遵，或遵之誤而失其制之本。若分身禮、衣食言動之類。家禮、冠昏喪祭之類。鄉禮、鄉射飲酒士相見之類。國禮，郊社禘祫宗廟朝聘之類。各以類集，而又類分於其中，使條理井然，其不可信不可行者缺之，《傳注》之謬戾者刪之，歷代之制之可用者附之，要歸於會典集禮，而斟酌損益，定爲一代之禮。自朝廷以逮草野，等威儀節，莫不秩然不可紊，而簡而易行，古禮太繁者損之，且時勢不同，宫室衣服飲食亦多异，烏可執其迹哉。則可永遵而無廢矣。至於樂制，尤不可不攷。夫樂之不傳久矣，《樂記》所存者，義耳，而器與文無聞焉。後世姦聲俗樂日盛，所謂雅樂者名而已。然古聖因詩而作樂，固以聲出乎人，而律吕以正之，金石絲竹匏土革木以宣之。今日古樂雖亡而五聲不亡也，六律不亡也，七音不亡也，金石絲竹匏土革木不亡也。其所謂清濁高下，始終倫理者，即俗樂未嘗不同也。尺度之短長，製造之精粗，何不可按聲而得之也？天下之妙通音律，心解神會於希微要眇之間，而得夫不傳之祕者，未嘗無其人也。若講求知音之士，按古調，正中聲，製樂器，作樂章，歌功象德，自郊社宗廟朝廷以至一縣一鄉，祭祀燕享，莫不有樂，使聞之者心氣和平，而化其暴戾，所謂君臣上下同聽之，莫不和敬，長幼同聽之，莫不和順，父子兄弟同聽之，莫不和親。審一以定和，比物以飾節，節奏和以成文，以合和父子君臣，附親萬民者，豈虚語哉？昔人謂禮樂百年後興者，蓋指其化成而言耳。若立國之始，舍禮樂不講，將何以爲教乎？予於禮樂，未之學也，不敢不俟之君子也。但爲國者當與兵農刑政相須并建，不可視爲不急之務而置之後圖者爾。

按：禮樂之數不一。禮有盡人而習者，如視聽言動以禮是也。有人人習之以待行者，如冠昏喪祭士相見是也。有自童子即習之者，灑埽應對進退是也。有習之必待入官而後用者，如宗廟會同之類是也。其盡人而習者，不分科者也，其待入官而後用者，分科者也，所謂大相小相是也。若夫《魯論》之言"復禮"，周官名《周禮》，則舉吾心之全體大用，天下之五倫九經，而皆可以禮統之也。樂有童年習之者，如舞勺是也。有學士大夫所習者，如君子無故不徹琴瑟，名卿會遇，則賦詩贈答是也。有婦人女子亦可習可聽者，如房中之樂是也。有天子亦與之者，如周王冕而總干，漢高帝過豐沛作大風之歌自起舞是也。若夫燕享祭祀，君舉飲射之樂，則皆伶工之事，肄業歌奏者也。至於論易簡之本，出於天地，導中和之源，發於性情，究進反之用，極於位育，又無人不薰陶於其中，不僅在儀節間也。若冠昏郊廟之文，五聲六律之法，則予別有録，此不具。

士學禮樂射御書數之法，已見取士篇。至郡縣，凡有冠昏喪祭諸典，宜用古法，學士即與執禮樂事，非徒觀聽也。

俗樂亦有五聲六律八音，此言誠然，所謂今之樂猶古之樂也，但其事象邪柔，音調淫靡，易之以正大清明和平，則可以感神人、正風俗也。

古人陳詩以觀民風，即今樂亦可見也。今詞曲皆好爲男女誘慕之言，可知風俗尚淫矣。事象非狂喜則哀傷，音節或靡曼，或急促，可知人情之不静不和，易流思亂矣。明嘉隆間太倉魏良輔作爲崑腔，其聲舒長高亮，不百年變而淫靡哀促，非永鑒與！①

平書訂·卷十四　終

① 底本無此段，據《續修四庫全書》本補。

閱史郄視

閲史郄視·卷一

蠡縣李塨著

太公告武王曰:“先謀後事者昌,先事後謀者亡。”萬世成敗,盡此二言矣。

伊尹、周公,德宜有天下者也,而屈於太甲、成王,故殷以天子之禮葬伊尹,周以天子之禮祀周公,非過分也,宜也。且周公葬成周而天變,葬畢而安,此可見天道之公,不可得如周公之私情也。蓋必欲以臣子自居者,伊尹、周公之道也;而不敢以臣子待之者,殷后、周王之道也。道各自盡而已矣。據《尚書》,風雷之變在公未殁之時,乃居東之日耳,故成王迎之。今乃以《史記》爲據云。

魯桓公少,國人立隱公而奉之。後桓長,羽父請殺桓公,將以求太宰。公曰:“爲其少故也,吾將授之矣。使營菟裘,吾將老焉。”羽父懼,反譖公於桓公而弑之。吁,可畏哉!君子之心常恕常厚,小人之心必險必刻,故君子每陰爲小人所害而不知。彼見事之有利也,則欲以言啗我,見我之有怒於人也,則嫁我以起釁。君子雖立心有準,不聽其辭,然未必不以彼爲愛我也,或以腹心告之矣;即不然,而未必惡之也;即惡之,而未必防之也。嗟乎,禍莫深於此矣。我不爲利,則彼言者爲利矣;我不害人,則彼之嫁我者害人矣。彼之險刻,肯居此貪名耶?不畏所害之人知而怨之耶?勢必反害我之事而起人之釁以害我。故挑我以利者,即加我以害者也;嫁我以害人者,即嫁人以害我者也。君子如有權焉,必斬除此輩;無權則婉詞以谢之,細心以防之可也。

孟嘗君待客,屏風後嘗有侍史主記君所與客語,問親戚居處。客去,已遣使獻遺存問其親戚。真一時之雄哉!曹孟德詩云:“山不厭高,水不厭深,周公吐哺,天下歸心。”三復讀之,有餘味矣。

于文定公曰:“魏文侯與田子方飲,文侯曰:‘鐘聲不比乎?左高。’子方曰:‘君明樂官,不明樂音。今君審於音,臣懼其聾於官也。’”蓋凡人有大器者,於小事多不精察;小事精察者，多不能臨大事。故晉文駕羊，曾子種米，孫叔敖相楚三年，不知軛在前衡在後。夫以數數米鹽之察，不可以居大位，而况君人者乎？然此爲好事瑣小者言耳，若夫用兵者，必盡曉兵之事，而後可以用兵；督農者，必盡曉農之事，而後可以督農。至他經濟亦然，又不可以不嫻細小爲辭，自居於迂疏也。

田單遇老人涉淄而寒，解裘而衣之。襄王曰："單之施於人，將以取我國乎？不早圖，恐後之變也。"左右顧無人，堂下有貫珠者，王呼而問之，曰："汝聞吾言乎？"對曰："聞之。"曰："汝以爲何如？"對曰："王不如因以爲己善。單有善而王嘉之，單之善亦王之善也。"王説。鄭小同詣司馬師。師有密疏未屏，入廁還，謂之曰："卿見吾疏乎？"對曰："否。"師疑而鴆之。合觀二事，可以知人之私語不當聽，人之私書不當啓矣。然使貫珠者不以聞對，則身必死，小同以見對，或尚可生，亦可以得待奸雄之道矣。故隰斯彌不伐樹，王羲之臥處，大吐其智矣哉。

石建奏事上前即有可言，屏人乃言極切，至廷見，如不能言者。上以是親而禮之。此亦獲君之一法也。觀漢文召馮唐，讓曰："公衆辱我，獨無間處乎？"可以觀矣。然職司諫垣者，又不可以此爲例。

英布奉命歸漢，漢王方踞牀洗足，召布入見。布大悔，欲自殺。及出就舍，帳御飲食從官皆如漢王居，布又大喜過望。蓋布雄傑暴鷙，可以富貴邀者也。故簡於禮，以消其暴鷙之氣；厚以恩，以收其雄傑之心。若以此待淮陰，則大不可。築壇具禮，拜於上座，又是一番作用。知此可知高祖之將將矣，可知駕御英雄之道矣。

淮陰胯下之辱，固少年無識，亦必淮陰之驕情鋭狀有以致之也。夫英忽傲大之氣，最足以誤事，非閲歷不能平，非挫折不能降。圯下之履，市上之胯，其磨礪英雄等耳。宜淮陰之既爲楚王而壯之哉，然淮陰葅醢，卒以傲致之，則有愧於胯下者不尚多歟！

《班史·刑法志》曰："天下既定，踵秦而置材官於郡國。京師有南北軍之屯。至武帝平百粤，内增七校，外有樓船，皆歲時講肄。"《漢官儀》曰："高祖定天下，選能引關蹶張、材力武猛者，以爲輕車騎士、材官、樓船，常以秋後講肄課試，各有員數。平地用車騎，山阻用材官，水泉用樓船。"易祓曰："是時兵農未分，南北兩軍，實調諸民。北軍番上與南軍等。南軍衛士調之郡國，北軍兵卒調之左右京輔"。林駉曰："漢制，南軍衛宫，衛尉主之；北軍護京，中尉主之。南軍則有郎衛、兵衛之别，如三署諸郎、羽林期門，則皆郎衛也，如衛士令丞、諸屯衛侯，則皆兵衛也。是衛也，非南軍守宫之衛乎？北軍則有調兵、募兵之分，如三輔兵卒，則是調兵，而衛如八校胡騎，則是募兵而衛。是衛也，非北軍護京之衛乎？此南北軍之制也。漢調兵之制，民年二十三爲正，一歲爲衛士，二歲爲材官騎士，習射御，馳戰陣，年六十五衰老，乃得免爲庶人，就田里。更有三品：有卒更，有踐更，有過更。古者正卒無常人，皆迭爲之。一月一更，爲更卒也。如淳曰："卒更者，正身供正役也；踐更者，以錢雇直代行者也；過更者，亦以錢雇直，不行者輸之縣官以給代者也。"蘇軾曰："漢出征，皆以虎符調發郡國之兵，事已則復其初。其餘發兵散見於史者，有發關東輕鋭士及郡國三百石吏能騎射者從軍，有發殊死罪以下從軍。後漢宿衛常選漢陽、隴西、安定、北地、上郡、西河凡六郡良家子弟補羽林郎，比三百石百一十八人。"此漢之軍制大畧可考者。如此，大抵猶有周、秦之遺也。遷、固不知志兵，遂使一代戎制無從詳考，可慨也哉！

漢吏皆言守某治，察得其績乃爲真，事亦可法。

季孫意如每有所居，必葺其牆垣而後行。薛宣思省吏職，下至財用、筆硯，皆爲設方畧，利用而省費。郭有道逆旅居停，必灑掃而行。岳鵬舉宿兵造食，臨行，令士滌濯其什器。故王五公嘗教我小事克勤，謂小事皆有次第節奏，然後大事可爲也。

漢高擊韓信還，令士卒從軍死者爲櫝歸其縣，縣給衣衾棺葬具，祠以少牢，長吏視葬。重之厚之如此，士真樂爲死矣。

漢高大啟九國：自鴈門以東盡遼陽，爲燕、代；常山以南，太行左轉，度河、濟，漸於海，爲齊、趙；穀、泗以往，奄有龜、蒙，爲梁、楚；東帶江、湖，薄會稽，爲荆吴；北界淮瀕，畧廬、衡，爲淮南；波漢之陽，亘九嶷，爲長沙。諸侯北境周匝三垂，外接外國。天子自有三河、東郡、潁川、南陽，自江陵以西至巴蜀，北自雲中至隴西，與京師内史，凡十五郡，而公主列侯頗食邑其中，然當時不聞供億之缺。至於文帝，粟紅貫朽。後世版圖一歸天子，賦租及於錙銖，而每憂不足，可以觀矣，可以思矣。所以然者，備多而費广也。

周之支費浮於漢，以什一、三十一見之。此中有大得失大機括在焉。亦由七國以來殺人多而户口少。

漢宣帝追尊悼考爲皇考，立寢廟，宋儒非之，非也。張永嘉繼統不繼嗣之説，乃千載不易之定論。禮，爲人後者，爲其父母云者，猶以父母稱之爲本生父母，不問親疏，皆齊衰不杖期，則雖繼嗣如漢哀帝、宋英宗，亦當异於諸王，致其特尊之典，但不可追稱皇耳。至光武崛起中興，而不追尊南頓，更失之矣。張文升曰：興獻入廟稱宗，而竟居武宗之上，則不可也。

鼂錯説文帝，令民入粟於邊，受爵免罪，邊食可以支五歲。可令入粟郡縣，足支一歲以上，可時赦勿收農民租。如此則貴粟務農，天下安甯。上從其言，公私皆足。此雖非聖王之政，若但加以虚爵，免其輕罪，亦後世蓄積之善術也。而今納粟入監以折色，則非昔人本意矣。近則更成弊藪矣。然使用以救荒，猶爲有實濟。

伍被知淮南謀叛之無幸，乃不引退，卒與其禍，是智而不勇者也。

賈長沙勸文帝衆建諸侯而少其力，文帝謙讓未遑。復上疏言：諸國皆已强大，皇太子所恃者，梁王無後，惟淮陽、代二國耳。文帝三子。代北邊匈奴，與强敵爲隣，能自完則足矣。而淮陽之大，比諸侯僅如黑子之著面，適足以餌大國耳。臣之愚計，願舉淮南地以益淮陽，而爲梁王立後，割淮陽北邊二三列城與東郡以益梁。不可者，可徙代王而都睢陽。梁起於新郪以北，著之河，淮陽包陳以南，揵之江，則大諸侯之有异心者，破膽而不敢謀。梁足以扞齊、趙，淮陽足以禁吴、楚，此二世之利也。言文帝及太子嗣位。文帝乃徙淮陽王武爲梁王，北泰山西至高陽，得大縣四十餘城，卒以禦七國之變。使當時不從誼言，不立梁王，吴楚直趨洛陽，鉦鼓震於長安，雖有亞夫，勝敗正未可知耳。嗚呼，行誼之次策，猶足以定大難若此，則誼不惟漢之鉅儒，亦漢之元勳也，乃不得與絳、灌比功，惜哉！

平七國之功，長沙第一，條侯次之。

長沙眼界識見，高出漢人以上。

鄭當時，字莊，陳人也。其先鄭君，嘗事項籍，籍死而屬漢。高祖令諸故項籍臣名籍，鄭君獨不奉詔。詔盡拜名籍者爲大夫，而逐鄭君，鄭君死孝文時。當時以任俠自喜，脱張羽於阨，聲聞梁楚間。孝景時，爲太子舍人。每五日洗沐，常置驛馬長安諸郊，請謝賓客，夜以繼日，至明旦，常恐不徧。戒門下，客至，亡貴賤，亡留門下者，執賓主之禮。以其貴下人，性廉，又不治産，仰奉賜以給諸公，然其餽遺，人不過算器食。每朝，候上閒説，未嘗不言天下長者。其推轂士及官屬丞史，誠有味其言之也，常引以爲賢於己。未嘗名吏，與官屬言，若恐傷之。聞人之善言，進之上唯恐後。山東諸公以此翕然稱鄭莊。使視河决，自請治行五日。上曰："吾聞鄭莊行千里不齎糧，治行者何也？"賢哉，不亦宜乎？而鄭君不名，故君尤可嘉焉。

李廣素恨霸陵尉辱，拜右北平太守，請與俱，至而斬之，上書自陳謝罪。上報曰："振旅撫師，以征不服，怒形則千里悚，威震則萬物伏。夫報忿以除害，損殘去殺，朕之所圖於將軍也。若乃免冠徒跣，稽顙請罪，豈朕之指哉！"武帝御將，蕩佚不規常法皆此類，所以北掃南平，東漸西被也。後人尾尾文法，何當焉！

孔光諫輒削草藁，有所薦，惟恐其人之聞知。沐日歸休，兄弟妻子燕語，終不及朝省政事。或問光温室省中樹皆何木也，光嘿不應，更答以他語。不泄如是，可以法矣。

漢官廩禄皆月給之，半錢半穀，制誠善也。

宋梟患涼州寇暴，欲多寫《孝經》，令家家習之，庶或使人知義。蓋勳諫以爲不急静難之術，徒取笑朝廷。果如其言。宋明之儒，見多與宋梟類。陸秀夫於倥傯敗亡之秋，猶日進《大學衍義》，與陳敗而講《老子》，梁亡而談苦空，不同一可笑也哉！

韓信謂漢王曰："今東鄉爭權天下者，非項王耶？爲人喑啞叱咤，千人皆廢，然不能任屬賢將，此特匹夫之勇耳。項王見人，恭謹慈愛，憫人疾病，然有功當封爵者，印刓敝忍不能予，此婦人之仁耳。項王雄伯天下，不居關中而都彭城，所過無不殘滅，天下多怨，百姓不親附，特刦於威强耳。名雖爲霸，實失天下心。今大王誠能反其道，任天下武勇，何所不誅？以天下城邑封功臣，何所不服？以義兵從思東歸之士，何所不取？”馬援對隗囂曰：“前到朝廷，上引見數十，每接燕語，自夕至旦，才明勇畧，非人敵也。且開心見誠，無所隱伏，闊達多大節，畧與高帝同。經學博覽，政事文辯，前世無比。”囂曰：“卿謂何如高帝？”援曰：“不如也。高帝無可無不可，今上好吏事，動如節度，又不喜飲酒。”囂意不懌，曰：“如卿言，反復勝耶？”荀彧、郭嘉謂曹操曰：“紹有十敗，公有十勝，雖彊，無能爲也。紹繁禮多儀，公體任自然，此道勝也。紹以逆動，公奉順以率天下，此義勝也。桓靈以來，政失於寬，紹以寬濟寬，故不懾，公糾之以猛，而上下知制，此治勝也。紹外寬内忌，用人而疑之，所任惟親戚子弟，公外易簡而内機明，用人無疑，惟才所宜，不間遠近，此度勝也。紹多謀少决，失在後事，公得策輒行，應變無窮，此謀勝也。紹高議揖遜，以收名譽，士之好言飾外者多歸之，公以至心待人，不爲虚美，士之忠直遠見而有實者，皆願爲用，此德勝也。紹見人飢寒，卹念之形於顔色，其所不見，慮或不及，公於目前小事，時有所忽，至於大事，與四海接，恩之所加，皆過其望，雖所不見，慮無不周，此仁勝也。紹大臣爭權，讒言惑亂，公御下以道，浸潤不行，此明勝也。紹是非不可知，公所是進之以禮，所不是正之以法，此文勝也。紹好爲虚勢，不知兵要，公以少克衆，用兵如神，此武勝也。”合而觀之，帝王、英雄成敗得失之機，瞭然目中矣。

光武既息兵革，天下少事，文書調役，務從簡寡，至乃十有一，民真得息肩矣。

昆陽之戰，勢如壓卵。光武謀共拒禦，諸將怒，各欲分散，光武乃笑而起。尤來賊攻光武，追急，短兵接。光武自投高岸，遇突騎王豐下馬授光武，光武撫其肩而上，顧笑謂耿弇曰：“幾爲虜嗤。”當此天動地岋之時，而談笑應之，真人傑也。

諸將策立更始。劉伯升恐赤眉復有所立，王莽未滅，宗室相攻，議且稱王，以號令諸將。若赤眉所立者賢，相率而從之；如無所立，破莽降赤眉，稱帝未晚。此千古圖中興者之所當知也。明末諸藩惟不此之知也，故粤與閩、浙自鬬於穴中，而王師得以乘其敝。

劉秀擊銅馬，吴漢將突騎來會，悉上兵簿於莫府，請所付與，不敢自私。若是則韓、彭之禍奚至焉？

朱鮪降光武，封爲扶溝侯。夫舉大事者不忌小怨，光武所言，自是大畧耳。然司徒之仇，當不反兵而鬬者，小云乎哉？

孫策別袁術，行收兵，告諭諸縣，樂從軍者，一身行，復除門户，不樂者不彊。大畧哉！

蕭望之案劾殺韓延壽，馬融代疏殺李固，千載有餘恨矣。二子烏可稱哉！望之真庸人鄙夫耳，本無可稱。若扶風者，又進退失據者也。

孔融才疏意廣，高談可玩而誦，考實難可悉行，但能張磔網羅，而自理甚疏，造次能得人心，久久亦不願附也，況所任又多剽輕小才耶。

李翼爲兖州刺史，司馬師遣使收之。翼妻荀氏曰："可及詔書未至赴吴，何爲坐取死亡！左右可同赴水火者爲誰？"翼思未答。妻曰："君在大州，不知可與同死生者，雖去亦不免。"乃止，死。智哉，荀氏也！人生在世，而無同生死之人，以之處患難顛沛之秋，其寄存幸耳。

曹公徵劉曄、蔣濟等五人，皆揚州名士。每至亭傳，輒謀進見效論之具，曄獨卧不言。人怪之，曄曰："對明主非精神不接，精神可學而得乎？"此言有至理微機，非上智不知也。及進見，曹公問揚州先賢、賊之形勢，四人爭對，待次而言。再見如此，公每和悦，曄終不一言，四人笑之。後一見，公止，無所復問，曄乃設遠言以動公。公適知便止，若是者三。其旨趣以爲遠言宜徵精神，獨見以盡其機，不宜於猥坐説也。公探見其心，坐罷，尋以四人爲令，而授曄以腹心之任，每有疑事，輒以函問，一夜數十至。觀古人心腹之得君乃如此，彼媟媟婞然者何以爲哉！曄所謂遠言，蓋舜禹之事耳，故以腹心任之也。

陳壽《志》不惟畧，亦不知經濟，不能使一代興亂之機昭然紙上。大抵當時曹魏之政，傷於苛虐。《魏畧》載郡被書録寡婦，或有已相配嫁，皆録奪，嘑泣道路。又記他書載將民妻女與士其好者入宫。故張悌言其刑煩役重。諸葛孔明言陷赤子於豺狼。陳群言天下人民不過文、景時一大郡，則享國之不永，宜哉。且待宗族太薄，亦大失策也。

魏取天下之策，得十之三四，而守則全無焉。晋取諸人之懷耳，取守兩無可紀矣。然晋祚尚延於魏，則以其積澤於民較魏猶浮也。

吴蜀之和也，登壇歃血，聲曹氏篡竊之罪，告神示民，中分天下，使士民各知所歸。此亦千古偏安者之一大興會也。

魯子敬好奇節，計天下將亂，學擊劍騎射，聚少年獵，陰相部勒，講武習兵。父老咸曰："魯氏世衰，生此狂兒。"後中州擾亂，乃命其屬曰："淮泗閒非遺種之地，惟江東可以避害。"使細弱在前，强壯在後，男女三百餘人。州騎追之，不敢偪而還。周瑜將數百人，故過候，并求資糧，遂指三千斛一囷米與之。一見孫權，即建鼎足江東、兼併荆楚、分據帝王之策，何其明也！及後破曹瞞，和關羽，借玄德地，識見高出公瑾輩矣；且營壘整肅，令行禁止，路不拾遺：蓋才德俱勝之豪傑也。

張温清濁太明，善惡太分，孔明以爲敗廢之由，然後知華而不實者，怨之府也。

《世説》云：王丞相拜揚州，賓客数百人并加霑接，人人有説色。惟有臨海一客，姓任，及數外國人爲未洽。公因便還過到任邊云："君出，臨海便無復人。"任大喜説。因過外國人前，彈指云："蘭闍，蘭闍。"外國人皆笑，四坐并歡。又《晋陽秋》曰：導接誘應會，少有牾者，雖疏交常賓，一見多輸寫款誠，自謂爲導所遇，同之舊暱，真幹濟之宏才也。我之剛愎粗疏，其必以此爲師而後可。或者不免巧言令色之譏耶。以丞相下士則可矣，非我輩所當學也。

觀六朝加九錫及禪授之文，語藻規模，如出一手，惜哉！

袁淑嘗詣彭城王義康。義康問其年，答曰："鄧仲華拜袞之歲。"又曰："陸機入洛之年。"義康并不知。李延壽誌之，譏其淺陋。義康固非全材，此非其短也。帝王卿相之學，自有要領，不在廣覽博記問也。霍光、張安世不失爲楨幹，沈約、沈佺期不失爲邪佞。南北史才不逮古人，而學識亦愈下矣。

桂陽王休範自尋陽晝夜取道大雷，戍主杜道欣馳下告變。道欣至一宿，休範已至新林步。上攻新亭壘，分遣杜墨蠡、丁文豪等直向朱雀門，戰勝入之。可謂迅雷疾電，知所向矣。乃以輕信僞降見殺，非戰之罪也。蕭道成之勝，幸耳。

胡藩謂劉裕曰："豁達大度，功高天下，連百萬之衆，允天人之望，毅固以此服公。至於涉獵記傳，一詠一談，自許以雄豪，加以誇伐，搢紳白面之士，輻湊而歸，此毅不肯爲公下也。"嗚呼，毅之所長，乃幺麼腐儒自求滅亡之具耳，乃不以服人乎。後車其鑒之。

劉道和内總朝政，外供軍旅，決斷如流，事無壅滯。賓客輻湊，求訴百端，内外諮稟，盈階滿室。目覽詞訟，手答牋書，耳行聽受，口并酬應，不相參涉，皆悉贍舉。又言談賞笑，彌日亙時，未嘗倦苦。裁有閒暇，手自寫書，尋覽篇章，校定墳籍。性奢豪，食必方丈，旦輒爲十人饌，未嘗獨餐，真近古之人豪哉！王崑繩聞予言，曰："穆之固奇才，然非經理天下之大道也。君相要務，在知人善任使而已。事事自爲，亦何爲者？且因此而有矜才競勝之心，則愈僨厥事矣。"此論固可補予言之未備也。

謝靈運狂妄人耳，何足以言學？且已仕宋矣，而曰龔勝、李業。然乎哉！然乎哉！

《南史》宋、齊以後，文人武士浪得虚名者，皆所謂小有才而未聞大道之人也。其覆敗者十之八九，非不幸也。

覽王、謝諸子弟《傳》，不終篇即知其必敗，既而果然。乃知放誕風流之習可以敗國，可以殺身也。而當時皆欽以爲才望，國家安得不亂哉？嗚呼，何、鄧之禍，至五代而極，不惟無三代之英，併漢室人物，望之如在雲端矣。蓋讀史必先得一代大勢，方可論古。五代之速亡，非僅五代之罪也。自魏晋以來，習尚氣勢，驅迸而前，如頹波之東下，潰散顛倒，所必至也。極則必反，至唐而變矣。

佛教雖自漢明入中華，然當時士大夫崇奉之者，百無一二。至晋，惟北朝時信崇之，南朝亦尚未聞，迄宋齊後而漸盛矣。蓋邪教必盛於亂世也。

柳元景令軍中曰："鼓繁氣易衰，叫數力易竭，但各銜枚疾戰，一聽吾營鼓音。"此亦戰之一道也。

梁武臨雍州，命按行城西空地，將起數千間屋，多伐材竹，沈於檀溪，積茅蓋若山阜，皆未之用。僧珍獨悟其旨，私具櫓數百張。及兵起，悉取檀溪材竹，裝爲船艦，葺之以茅，并立辦。衆軍將發，諸將須櫓甚多，僧珍乃出所具，每船付二張。亦智矣。

《南史》所載《隱逸傳》，如劉慧斐、顧歡輩，惑溺佛、老，比比而是，乃俱以隱逸稱之。學衰道廢，於斯極矣。

陳後主之敗，江總、孔範諸狎客致之也。詩文之無用，而且以亡人國也，甚矣。

《漢史·外國傳》無信佛者，至《南、北史》而外國始多佞佛者矣，乃知治亂之相尋，邪正之相勝，中外一耳。

史有紀、傳而無表、誌，則當時之天文地理兵刑禮樂，缺焉泯焉，何以考其治亂乎？不可以言史矣。

高賀六渾軍士有盜殺驢者，應死，弗殺，將至并州決之。明日戰，奔西軍，告賀六渾所在，西師盡鋭來攻，衆潰，幾不免。此以知軍法言賞不過時，罰不踰刻，萬世宜遵也。

高洋猖狎淫賊，近古未之有也，真非人類矣。至後主高緯，馬及鷹犬乃有儀同郡君之號，鬬雞亦號開府。一時紆青拖紫者，與狗馬仝班，亦汗顔哉。

梁中宗蕭詧不入於《南史》，以繼梁朝之統，乃入於《北史》，以備周附庸之數，何哉？

李延壽筆削史文，多有點金成鐵處，爲馮夢禎所標甚多，至尤難通句。屢曰某人性好釋學。夫佞佛乃由性生也哉？异矣。

李崇爲兖州刺史，村置一樓，樓置一鼓，盜發之處，雙槌亂擊。四面諸村聞鼓，皆守要路。俄頃之間，聲布百里，其中險要，悉有伏人。盜竊始發，便爾禽送。此合鄉兵以弭盜之策也。然其妙在四面諸村各伏要路，今乃合圍聚守，與賊死角，非策矣。

高洋、苻生等《傳》，人不可以不觀，觀之則遭亂世而貪位慕禄之心息矣。

爾朱榮令侯深討韓樓，配衆甚少。或以爲言，榮曰："深臨機設變，是其所長，若總大衆，未必能用。"止給騎七百。深遂廣張軍聲，率數百騎深入樓境。去薊百餘里，遇賊帥陳周馬步萬餘，大破之，虜其卒五千餘人。尋還其馬仗，縱令入城。左右諫，深曰："我兵少，不可力戰，須爲計以離隙之。"深度其已至，遂帥騎夜進，昧旦叩其城門，韓樓果疑降卒爲内應，遂遁走。追禽之。榮又言爾朱兆雖勇，所將不過三千，多則亂。此以知人才有長短，用者不可一絲紊也。

誦讀詩文，非聖賢之學也，而人君效之，更速其敗。梁主繹將降魏，焚古今圖書十四萬卷，以寶劍擊柱，折之，歎曰："文武之道，今夜盡矣！"或問何意，曰："讀書萬卷，猶有今日，故焚之。"嗟乎，讀書萬卷，正當有今日耳。且繹并不知文武之道爲何如者，而猥云盡，何也？《周官》《周禮》，禮樂兵農，可以易亂爲治，易危爲安，昭昭可行也。有教之日讀書而不知爲政者乎？有教之敵兵臨城猶口占爲詩、君臣倡和者乎？徒以書爲文武之道，此文武之道所以亡也。

隋煬幸榆林，内史令元壽曰："漢武出塞，旌旗千里。今御營之外，請分爲二十四軍，日別遣一軍發，相去三十里，旗幟相望，鐘鼓相聞，首尾連注，千里不絕，此亦出師之盛者也。"周法尚曰："不然，兵亙千里，動間山川，卒有不虞，四分五裂，腹心有事，首尾未知，道阻且長，難以相救。雖是故事，此乃取敗之道也。宜結爲方陣，四面外拒，六宫及百姓家口并住其間。若有變起，當頭分抗，内引奇兵，外出奮擊，車爲壁壘，重設句陳。此外與據城，理亦何异？若戰而捷，抽騎追奔；或戰不利，屯營自固。乃牢固萬全之策也。"隋煬曰："善。"誠善也哉！

閲史郄視・卷一　終

閲史郄視·卷二

蠡縣李塨著

唐高祖以有道伐無道,湯武之會也,乃聽裴寂、殷開山邪説,準伊尹放太甲、霍光廢昌邑故事,尊煬帝爲太上皇,立代王爲帝,自蹈篡逆之罪。不學無術,莫甚於此。

國家有事,求助於外兵,是飲鴆毒以療惡瘡也。唐之中葉,借兵回紇、土番,可鑒已。高祖命劉文靖請兵突厥,私謂曰:"彼騎入中國,生民之大蠹也。吾所以欲得之者,恐劉武周引之,共爲邊患,聊借之爲聲勢耳。數百人之外,無所用之。"蓋策在鼓行而西,使晋陽無内顧之憂而已。又突厥送馬千匹互市,高祖擇善者止市其半。將士請以私錢市其餘馬,高祖曰:"彼饒馬而多利,其來將不止,恐汝不能市。"此等識見,真英主也。

唐太宗曰:"俗云生日可嘉樂,於吾之情,翻成感思。君臨天下,而追求侍養,永不可得。"泣下數行,群臣皆掩泣。其言甚是。至於明皇之千秋節,肅宗之地平天成節,加以侈大之名,非禮也。且唐至五代,皆命緇黄講經設齋,甚者令群臣赴僧寺齋會。其祟邪害治,不已甚乎!王欽若《册府元龜·誕聖》一則,不記太宗之語,而記此等事。小人之無識如此。生日節於義理毫無所據。時俗相沿,不可理禁,賢者有所不免矣。

天下有一法即有一弊,惟在權其弊之輕重何如耳。周行封建,其亡也以封建;漢重郡縣,其亡也以郡縣;唐有藩鎮,其亡也以藩鎮;秦、宋、明去封建,輕郡縣,無藩鎮,其亡也遂以匹夫矣。周弱於封建,而實延數百年之命於封建;漢亡於郡縣,而亦延數十年之命於郡縣;唐亡於藩鎮,而亦延數十年之命於藩鎮,固不若秦、宋、明之一敗塗地,蹶然而盡也。孔子曰:"先有司。"一邑且然,况天下乎?天下之權,必欲總攬於一人。究之一人,亦不能總攬,徒使天下之事,善不即賞,惡不即誅。兵以需而敗,機以緩而失,政以掣肘而無成。平時則簿書雜沓,資猾吏上下之手;亂時則文移延遲,啟奸雄跳梁之謀而已矣。此郡縣之權太輕,陳龍川所以竊歎也。宋與金之將亡也,乃議封建藩鎮。余謂今日者,封建即難驟復,而郡縣之權，必宜如漢故事，使之得專生殺人，使之得操兵柄，使之有事直達天子，祇數年遣官一巡視，而不復設監司以弹壓之，然後郡縣之勢强。郡縣之勢强，則朝廷强矣。

朝廷者，天下之首也。天下者，朝廷之腹背四肢也。世有腹背四肢疲病而元首康安者乎？秦始皇以私智取天下，恐天下之叛也，遂削兵壞城，誅豪俊，坑儒生，爲弱天下之謀，而不知其亡也忽焉。何者？腹背四肢病而元首亦隨之以亡也。嗚呼，愚矣！道德齊禮，則民不忍爲逆。樂樂利利，則民不肯爲逆。講武練兵，即猝有逆者，而衆可以拒禦，可以削平，亦何必鰓鰓焉弱之哉！沿而後世，唐、宋、明以文藝取士，士坐老於章句閒。文且爲虚，武益不問，而士弱矣。承平之後，不行古田獵之法，以時練兵，而兵弱矣。兵民分而民不知兵，而民弱矣。宋忌將得士心，明中葉以下，文尊武卑，而将弱矣。郡縣之權太輕，有事不得專决，而官弱矣。士弱、兵弱、民弱、将弱、官弱，而天下俱弱矣，朝廷安得而不削亡也哉？嗚呼，君民一體也。有子曰："百姓足，君孰與不足？百姓不足，君孰與足？"予曰：天下强，君孰與不强？百姓不强，君孰與强？

李衛公言："史官鮮克知兵。"故兵制不傳。余覽《漢史》以至《南北朝》，良然。至《唐書》乃專誌兵，則歐陽諸公之識可謂卓越前人矣。王崑繩曰："《唐書》亦第載其制耳，兵法之不知，自若也。"

武曌增父在母服，韋庶人增出母服。盧履冰、褚無量力諫其非，有大識也夫。

封建郡縣，柳、陸諸人，議各不同。《唐史》論云："救土崩之難，莫如建諸侯；削尾大之勢，莫如置守宰。"平論亦至論也。

讀魏文貞諫章，及病革與太宗涕泣相對之語，不禁爲之泫然淚下不自止云。

李納遣使至汴，劉元佐盛飾女子進之，厚餽遺，皆得其陰謀。此所謂干戈起於衽席也。

唐自南詔入寇蜀，敗杜元穎，而郭釗代之，病不能事民，失職無聊。李德裕至，則完殘奮怯，皆有條次。成都既南失姚、協，西亡維、松，由清溪下沫水而左，盡爲蠻有。始韋皋招來南詔，復嶲州，傾内資結蠻好，示以戰陣文法。德裕以皋啟戎資盜，養成癰疽，第未决耳。至元穎時，遇隙而發，故長驅深入，蹂剔千里，蕩無孑遺。今瘢痍尚新，非痛革弊，不能刷一方恥，乃建籌邊樓，按南道山川險要與蠻相入者，圖之左，西道與吐蕃接者，圖之右，其部落衆寡，餽運遠邇，曲折咸具。乃召習邊事者，與之指畫商訂，凡虜之情僞，盡知之。又料擇伏瘴舊獠與州兵之任戰者，廢遣獰耄什三四，士無敢怨。又請甲人於安定、弓人河中、弩人浙中，由是器械犀鋭。率户二百取一人使習戰，貸勿事，緩則農，急則戰，謂之雄邊子弟。其精兵曰南燕保義、保惠、兩河慕義、左右連弩，騎士曰飛星、鷙擊、奇鋒、流電、霆聲、突騎，總十一軍。築仗義城，以制大度溪關之阻，作禦侮城，以控榮經掎角勢，作柔遠城，以扼西山吐蕃，復邛崍關，徙嶲州治臺登，以奪蠻險。舊制，歲抄運内粟贍黎嶲州，起嘉眉，道陽山，江而達大度，乃分餉諸戍。常以盛夏至，地苦瘴毒，輦夫多死。德裕命轉卭雅粟，以十月爲漕始，先夏而至，以佐陽山之運，遠民乃安。於是二蠻寖懼，南詔請還所俘掠四千人，西番維州將悉怛謀以城降。維距成都四百里，因山爲固，東北由索叢嶺而下二百里，地無險，走長川不三千里，直吐番之牙，异時戍之以制虜人者也。德裕既得之，即發兵以守，且陳出師之利。牛僧孺居中沮其功，命返。悉怛謀於虜，以信所盟。德裕終身以爲恨。夫唐相自李絳、裴度而後，可人意者惟李文饒一人而已，乃以黨邪制之，惜哉！

儉之自下則涓滴，儉之自上則邱山。開元、天寶中，宮嬪至四萬，宦官黄衣以上三千員，衣朱紫千餘人，其侈靡可想見矣。

劉士安曰："善救病者，不使至危憊；善救災者，勿使至賑給。"名言也。

唐太宗勤勞庶政，其司門式曰，無門籍者，有急奏，令監司與仗家引對，不得關礙。置立仗馬二，須乘者聽。受言之防壅蔽如此，貞觀之治所以盛也。

平蔡之役，非李光顔苦戰疾鬭，重致洄曲之兵，則李元直不能成夜半之績；非李元直示弱招降，能速雪夜之入，則李光顔亦未必即奏蕩平之功。二公者，各擅其長以交相成者也。

馬燧字洵美，與諸兄學。輟策歎曰："方天下有事，丈夫當以功濟四海，詎老一儒哉！"更學兵書戰策，後卒如其志。功成，與李晟皆在朝，每晏樂恩賜，使者相銜於道。兩家日出無鼓鐘聲，則金吾以聞少選，使者至，必曰："今日何不舉樂？"二公有濟四海之功，其享受也固宜。

崔郾治號以寬，經月不笞一人；及涖鄂，則嚴法峻誅一不貸。或問故，曰："陜土瘠而民勞，吾撫之不暇，猶恐其擾；鄂土沃民剽，雜以惡俗，非用威莫能治。"知變如此，可與言政矣。

王君廓入朝，李道元寓書房玄齡。君廓素與道元隙，發其書，不識草字，疑謀己，遂反。道元坐是流巂州。夫以一書而成大禍如此，則凡事體重大與嫌疑當避者，皆不可輕用草書，亦涉世者所當知也。

舜造漆器，禹雕其俎，諫者十餘不止。古人之防奢戒侈，乃如是哉。

傅奕一生斥佛，集魏、晋以來與佛議駁者爲《高識篇》，請除佛法。臨終，猶戒子習"六經"，拒妖胡。又嘗上疏，欲變虐隋制度，興作禮樂。又請簡省簿書，則其抱負經濟，不止天文占驗而已也。然以高祖之賢，不能新典章；以太宗之賢，且以崇佛法，而傅公遂不能究其用矣。病未嘗問醫，忽酣臥蹶然悟曰："吾死矣乎！"即自誌曰："傅奕，青山白雲人也，以醉死。"則其言固有所憾也夫。

蘇定方謂裴行儉曰："吾用兵，世無可教者。今子也賢，乃盡畀以術。"後行儉在西陲，屢立奇功。儀鳳二年，十姓可汗阿史那都支及李遮匐誘蕃落以動安西，與吐番連和，朝廷欲討之。行儉議曰:“吐番叛涣方熾,敬元失律,審禮喪元,安可更爲西方生事。今波斯王死,其子泥涅師質京師,有如遣使立之,即路出二蕃。若權以制事,可不勞而定也。”帝因詔行儉册送波斯王,且爲安撫①大食使。徑莫賀延磧。風礫晝昏,導者迷,將士飢乏。行儉止營致祭,令曰:“水泉非遠。”衆少安,俄而雲徹風恬,行數百步,水草豐美。後來者莫識其處,人以方漢貳師將軍。至西州,諸蕃郊迎。行儉召豪傑千餘人自隨,揚言大熱未可以進,宜駐軍須秋。都支覘知之,不設備。行儉徐召四鎮酋長僞約畋,謂曰:“吾念此樂未始忘,孰能從吾獵者?”於是子弟願從者萬人。乃陰勒部伍,數日,倍道而進,去都支帳十餘里。先遣其所親問安否,外若閒暇非討襲者。又使人趨召都支,都支本與遮匐計及秋拒使者,已而聞軍至,倉卒不知所出,率子弟五百餘人詣營謁,遂禽之。是日,傳契箭,召諸部屯長,悉來請命,并執送碎葉城。簡精騎,約齎襲遮匐,獲遮匐使者,釋之,俾前往諭其主,并言都支已禽狀,遮匐乃降。悉俘至京師,刻石碎葉城以紀功。是行也,提孤軍深入萬里,兵不血刃,而叛黨禽夷,與班超、陳湯先後并烈,有非宋、明所可及者。然後知作天下事必有竅,得其竅則功易成。行儉能平都支,其才也;而立波斯王,其竅也。後之志於功名者,亦尋其竅而已。

裴行儉以爲士先器識,後文藝,譏王勃等浮躁衒露,非享爵禄之器,千古名言也。

齊澣諫寵王毛仲,且言君不密失臣,臣不密失身。及出餞麻察,因道諫語。察素奸佻,遽言狀。明皇怒,召澣入,曰:“卿尚疑朕不密,而反告察,謂何?”貶高州良德丞。澣之淺暗,固不足道,然亦可見居官涉世,如履風波,如對敵國,出語交人,不可不慎之又慎也。孔光不答溫室樹,善矣。然士必伏處沈深有素,而後當路有成,不則平居道聽塗説,輕浮淺露,當大任未有不敗者。

姚元之初見明皇,先設事以堅其意,陽不解。帝怪之,因跪奏十事。范希文初見仁宗,問以治道,恍恐不知所對,退而上四事。二人高下可以見矣。

李德昭返唐之功,狄梁公之流亞也。至於吉頊人固可訾,而以計説張易之兄弟,使返中宗,更爲得竅矣。

魏元忠從盩厔江融學兵,盡其術,後上封事,謂今言武者先騎射,不稽之權畧,言文者首篇章,不取之經綸。夫由基射能穿札,不止鄢陵之奔;陸機識能辨亡,無救河橋之敗。其言剴切,可爲萬世取人者龜鑑。而後人覆轍相尋,謂之何哉?”

吴兢撰國史,爲《則天本紀》。沈既濟奏議,以爲則天當稱后,不宜曰上。中宗宜稱帝,不宜曰廬陵王。且則天僭革唐步,今以周厠唐,列爲帝纪,是謂亂名。中宗嗣位在太后前,

① 撫,底本作“西”,據《新唐書》卷一百八《裴行儉傳》並參校王應麟《玉海》卷一百九十一等改。

而叙年製紀乃居其下，方之躋僖，是謂不智。宜省《天后紀》，合《中宗紀》，每歲首必書孝和在所以統之，曰皇帝在房陵，太后行某事，紀稱中宗，而事述太后。至太后名氏才藝，崩葬日月，則入皇后傳，乃爲得宜。予謂武氏不可入帝紀，亦不可入皇后傳，别立篡逆傳可也。

張九齡與嚴挺之、蕭誠善。挺之惡誠佞，勸絕之。九齡忽獨念曰："嚴太若勁然，蕭輭美可喜。"李泌在旁。率爾曰："公起布衣，直道至宰相，而喜輭美者乎？"九齡驚，改容謝之，呼爲小友。夫以子壽之賢而好佞，吾輩可不悚然哉？然佞固不可好，而直拒之，疏待之，必至於有禍。丁謂爲寇準拂鬚，準笑曰："參政國之大臣，乃爲官長拂鬚耶？"謂大慚恨，遂成讐隙。故君子於佞人，苟有權，則屏諸四夷，不則遠之，而勿顯拒可也。

韓思彦舉下筆成章志烈秋霜科，韓琬舉文藝優長賢良方正科，王縉舉草澤文詞清麗科，則唐取士之途，亦尚多端矣。

王晙上言，處降人河曲，後必内外表裏爲患。請至農隙，令朔方軍大陳兵，召酋豪，告以禍福，啗以金繒，且言南方魚米之饒，并遷置淮右、河南寬鄉，給之程糧。雖一時之勞，然不二十年，漸服諸華，料以充兵，則皆勁卒。其議甚是。友人張文升亦謂當遷降於南方柔脆之地、寫遠之鄉，然必使之漸染華風，久而自忘，乃爲長策。若如今之回回，尚异其服，習其教，獷悍難制，則又禍端也。

蘇定方父邕，當隋季，率里中數千人爲本部討賊。定方驍悍有氣决，年十五，從父戰，數先登陷陣。邕卒，代領其衆，破劇賊張金稱等，追北數十里。自是，賊不舍境，鄉黨賴之。貞觀中乃仕唐，爲匡道府折衝，卒成大將。此遭时團練鄉村者之榜樣也。

唐俗稱舉人爲覔舉。覔者，自求也，賤之也。謂時之緝綴小文名曰策，學者無實用也。今又謂之何哉？

宋璟挺挺二張間，固自跨厲百代，然天下事成於剛直廉峭之人少，成於宏襟偉抱之士多。張易之嘗從容問自安之計於狄文惠，答曰："惟勸迎廬陵王可以免禍。"使非平日天覆地載，賢奸仝在駕御間，何能使之聽哉？後每以天性感動后，后悟，使人迎廬陵王於房州。王至，后匿王帳中，召見文惠語廬陵事。文惠敷陳切至，涕下不能止。后乃使王出，曰："還爾太子。"斯言也，一若還太子專爲文惠者，一若太子爲文惠之太子而還之者。至誠感人，乃能至是。千載下讀之，猶泫然交頤也。蓋誠至，則雖行術亦誠也。故誠以術而入，術以誠而神。徒誠而愚，不可濟也；徒術而譎，不可爲也。事父母幾諫，幾即術也。諫君有五，惟諷諫爲上。諷即術也。孟子曰"仁術"，其此之謂歟。

陸象先政尚仁恕，不事鞭扑，曰："天下本無事，庸人擾之爲煩耳。第澄其源，何憂不治？"千古名言也。

柳渾早孤，方十餘歲，有巫告曰："兒相夭且賤，爲浮屠道可緩死。"諸父欲從其言。渾曰:"去聖教,爲异術,不若速死。"偉哉斯言!卒爲唐名相,有以也夫。

魯炅守南陽一年,至斗米五十千,一鼠四百,賊不得剽亂江湖。張巡守睢陽,至殺愛妾以食,賊不得剽亂江淮:皆扼衝要以成保障,唐中興之巨功也。

安禄山初反,高邈謀聲進生口,直取洛陽,無殺太原尹楊光翽,天下當未有知者。何千年亦勸令高秀巖以兵三萬出振武,下朔方,誘諸蕃取鹽、夏、鄜、坊,使李歸仁、張通儒以兵二萬道雲中,取太原,團弩士萬五千入蒲關,以動關中,勸禄山自將兵五萬梁河陽,取洛陽,使蔡希德、賈循以兵二萬絕海收淄、青,以摇江淮,則天下無復事矣。禄山不能用。及禄山據洛陽,李泌告肅宗,謂賊之驍將不過史思明、安守忠、田乾真、張忠志、阿史那承慶數人而已。今若令李光弼自太原出井陘,郭子儀自馮翊入河東,則思明、忠志不敢離范陽、常山,守忠、乾真不敢離長安,是以兩軍縶其四將也。從禄山者,獨承慶耳。願敕子儀勿取華陰,留其兩京之路,陛下以所徵邊兵軍於扶風,與子儀、光弼互出攻之。彼救首則擊其尾,救尾則擊其首,至則避其鋒,去則乘其弊,使賊往來數千里,疲於奔走。來春命建甯由塞北出,與光弼南北犄角,以取范陽,覆其巢穴,然後大軍四合而攻之,必成禽矣。此一策者,料天下事如在掌中,而唐亦不能用。天下事其敗於庸人,蓋不少也。

錢牧齋嚮言曰,唐之方鎮,始於肅宗。夾河五十餘州,更立迭奪,或服或叛,遂與唐相終始。當安史之後,河北已非唐有,名爲方鎮,實則羈縻。元稹所謂五紀四宗,容受隱忍,豈得已哉!李綱於靖康建議,以爲唐之藩衛,拱衛京師,雖屢有變,卒賴其力。今莫若以太原、真定、中山、河間建爲藩鎮,擇帥付之,許以世襲,收租賦以養將士,習戰陣以資聲援,金人何敢深入?又滄州與營平相直,隔黄河下流及小海,其勢易以侵犯。宜分濱、棣、德、博,建横海軍一道,如諸鎮之例,則帝都有藩籬之固矣。宰執不可,建横海一軍,以安撫使總之,而藩鎮之議寢。金自貞祐遷汴,河北土人往往團結爲兵,或爲群盜。苗道潤詣南京求官封,宰相難其事。王擴曰:"道潤得衆有功,因而封之,使自爲守,策之上也。今不許,彼負其衆,何所不可爲?"於是除道润同知順天府軍節度使事,遷中都路經畧使,前後撫定五十餘城。道润死,靖安民代領其衆。是後乃封建矣。興定三年,太原不守,河北州縣不能自立。議者以爲宋人以虚名致李全,遂有山東實地。苟能統衆守土,雖三公亦何惜焉。於是乃封滄海、河間、恒山、高陽、易水、晋陽、平陽、上黨、東莒爲九公,集創殘餓羸之餘,以遏方張之敵。上黨提孤軍闞府馬武,山名。以七州北捍者十二年。恒山中叛復歸,終始十八年。元不能以一口吞河北,金僅存而後亡者,封建之力也。房琯建分鎮討賊之議。詔下,禄山撫膺曰:"吾不得天下矣!"謀國者制置天下,猶奕棋然。從房琯之議,可以救全局。從王擴之议,可以收殘局。如其不然,未有不推枰斂手,坐視其全輸者也。周之伐紂而歸也,放牛歸马,衅甲包戈,乃示天下以休息耳。其實田賦出兵,蒐苗獮狩之法,森然舉行,何嘗去兵？何嘗一日而忘兵耶？唐之蕭俛、段文昌者，以兩河畧定，謀銷兵，奏議，密詔天下有兵之處，每百人，一年限八人逃死。异哉！穆宗之時，豈銷兵之時哉！而逼人以逃，限人以死，自古亦未有如是之銷兵者也。腐儒愚謬之極，乃至此耶！宜天下之叛亂四起而不可制也。

五代之梁、晋，罪狀比肩，而石敬塘得罪天下尤甚。契丹册爲皇帝，文曰："咨爾子晋王。予視爾猶子，爾視予猶父。"真留千古之笑駡也。

閲史郄視・卷二　終

閱史郄視·卷三

蠡縣李塨著

宋藝祖恢闊大畧,已與漢高帝、唐太宗有閒,至太宗則又下矣。宜其終身不能混一宇内,而成一代闒茸之天下也。《太祖紀》,詔郡國令佐察民有孝弟力田、奇材异行或文武可用者,遣詣闕下。又詔民五千户舉孝弟彰聞、德行純茂者一人,奇材异行不拘此限,閭里、郡國遞審連署以聞,仍爲治裝詣闕,不專以進士取人也。至《太宗紀》則無聞焉。規模之大小,此亦一斑也。

史官曰,宋自太宗幽州之敗,惡言兵矣。蓋統君臣朝野言之也。至真宗與契丹和,遂欣然大赦天下。宋之不競也宜哉。

理宗教度宗甚嚴,而無救於亂亡者,則以講性命,事誦讀,所教者已失帝王之正學矣。此恐未可厚非,當云徒事誦讀耳。

趙保吉之死也,國危子弱,衆心未定。曹瑋請假精兵,出其不意,禽送闕下,復河南爲郡縣。此真可乘之機也。朝議欲以恩致德明,抑而不許。元昊未叛前,其部落山遇者歸延州告其謀。時天章閣待制郭勸守延州,乃械錮還賊,示朝廷不疑之意。賊戮其族無遺類,由是西人怨懼,向化之心遂絶。宋人迂腐懦弱遂至於此,可歎也哉!

三代最重田獵,所以習武備也。太宗不好獵,詔除有司行禮外,罷近甸游畋,五方所畜鷹犬并放之。臘日但命諸王畧畋近郊,而太祖五坊之職廢。宋之孱弱,有自來矣。

差役即周之閭胥族師、漢之三老亭長也,東坡比唐之庸,誤矣。差役變爲雇役,雇役變爲義役,蓋由有司貪虐,迫之奔役包糧,勢不得不然也。使如周漢之法,皆用士人賢才,隆以官秩,何至若此哉?然如今之所謂士人,惟解讀書,不通世事,使之爲之,亦未了了。是必選舉學校皆復古制而後可也。以讀書、應事爲兩件,則不知所讀何書,亦風雲月露之陋而已矣。

東漢時,選舉、辟召,皆可以入仕。以鄉舉里選,循序而進者,選舉也。以高材重名,躐等而升者，辟召也。而辟召人尤榮之。如蔡邕辟司徒橋元府，周舉辟司徒李郃府，黄瓊五府俱辟，陳紀四府并命。孫寶爲京兆尹，故吏侯文以剛直不苟合，常稱疾不仕。寶以恩禮請文爲布衣交，文求受署爲掾，進見如賓禮。任延爲會稽都尉，吴有龍丘萇者，隱居太末，王莽時，四輔三公連辟不受。延遣功曹奉書記吏，使相望於道，積一歲，萇乃乘輦詣府，遂署議曹祭酒。此法百世行之可也。乃至於隋，則海内一命之官并出於朝廷，州郡不復辟署。唐仕者多由科目，而辟署亦時有之，其法不一。有既爲王官而被辟者，若張建封之辟許孟容，李德裕之辟鄭畋是也。有登第未釋褐入仕而被辟者，若董晋之於韓退之是也。有强起隱逸之士者，若烏重允之於石洪、温造，張搏之於陸龜蒙是也。有特招智畧之士者，若裴度之於柏耆，杜慆之於辛讜是也。劉貢父言，唐時諸侯自辟幕府之士，惟其才能，不問所從來，朝廷常收其俊偉，以補王官之缺，取人之道猶廣。宋雖有辟法，然白衣不可辟，有出身而未歷任者不可辟，其可辟者，復拘以資格，限以舉主，長材屈於短馭，比比而是。迄明季則絕無此矣，非科目無以得官，非銓曹無以授職，内外官難以獨理，皆延請幕賓。然非宿登仕版，則雖極知其才能，亦不能振拔以收其用。法網愈密，文墨愈嚴，而奇才异能愈漏網而去矣。

滕達道微時，爲范文正公館客，常私就俠邪飲。范病之，一夕，候其出，徑坐達道書室，明燭讀書，以俟其至。達道大醉竟入，長揖，問范公讀何書。曰《漢書》。復問漢高帝何如人，范逡巡走入。然則文正固宋室書生之雄也，下此者不解矣。

宋仁宗詔良民子弟或爲人誘隸軍籍，自今兩月内，父母訴官者還之。此何説也！夫古之爲兵者，皆於齊民中選其材力出衆者，使爲君父捍患禦災。所以异而用之，非所以困而苦之也。漢選六郡良家子及郡國三百石吏爲兵，猶有古意，故漢兵最强。今宋乃詔良民子弟不願爲軍者退還，是以兵爲辱也，示人以兵之苦也。是爲兵者，必皆不良之民而後可也，誰復有樂荷干戈而爲君父敵愾者乎？至明發罪人充軍，是等征戍於流放，宜人之惡而避之矣。古有出罪人爲兵者，蓋用其愧恥之心，而開以洗滌之路，使之踴躍殺敵耳。豈因其有罪而置之死地也哉！兩朝之兵孱，皆士大夫創立法度者學術不明之過也。

工虞水火，堯舜相傳之治道也。神宗命司馬光都大提舉修二股河工役。吕公著言，遣光相視董役，非所以褒崇近職，待遇儒臣。然則禹之四乘，自輕耶？舜之使禹，賤之耶？而胡爲乎諄諄於治水之功德，必以天下讓之耶？自此言出，士之徒虚言而無實學者，不惟不愧，且以自高矣。

咸平四年，楊億上疏曰：國家憂銓擬不允，置審官之司；慮議讞或濫，設審刑之署；恐命令或失，建封駁之局。臣以爲在於紀綱植立，不在於琴瑟更張。若辨論官材，歸於相府，即審官之司可廢矣；詳評刑辟，屬於司寇，即審刑之署可去矣；出納詔命，關於給事中，即封駁之局可罷矣。又言:唐之盛時,官奉甚厚。昔漢宣帝下詔云:吏能勤事,而奉禄薄,欲其無侵漁百姓,難矣,遂加吏奉。今結髪登朝,陳力就列,其奉也不能致九人之飽,不及周之上農,未嘗有百石之入,不及周之小吏。若乃左右僕射,百僚之師長,位莫崇焉,月奉所及,不及軍中千夫之帥,豈稽古之意哉?夫事不責所任而重置官,是東坡所謂廐長增立,而馬益癯者也。官不厚其禄而望以廉,是夏竦所謂衣食困於家,雖嚴父慈母不能制其子者也。億之所陳,固後世兩不可解之政也。

宋太祖即位,申明周顯德三年之令,課民種樹,定民籍爲五等,第一等種雜树百,每等減二十,梨棗半之。男女十歲以下,种韭一畦,闊一步,長十步。乏井者,鄰伍爲鑿之。令佐春秋巡視,書其數,秩滿,第其課爲殿最。又詔所在長吏諭民,能廣植桑棗、墾闢荒田者,止輸舊租。縣令佐能招徠,使户增田闢者,議賞。若風土不宜種蓺者,不須責課,豐歲則諭民謹蓋藏,節費用,以備不虞。民伐桑棗爲薪者,罪之。剥桑三工以上。宋制,四十二尺爲一工。爲首者死,從者流三千里;不滿三工者,減死配役,從者徒。明太祖勸民稼穡樹植之政,亦甚詳悉,則知帝王開國,無不由於農事也,豈獨成周而已哉。

宋至治平年間,天下墾田,無慮三千餘萬頃,而賦租所不入者,十居其七。固見宋政之寬大,而亦可知繼亂之治,墾荒爲第一要政也。

東南水利,自錢鏐而後,南宋濬治甚悉,宜其以半壁而禦北方一二百年,無脱巾之患也。然揚州古稱下下,地之肥瘠,豈不以其人哉?

知袁州何蒙請以金折本州二税。真宗曰:"若是,將盡廢耕農矣。"不許。紹熙元年,臣僚言:古者賦租,出於民之所有,不强其所無。今之爲絹者,一倍折而爲錢,再倍折而爲銀。銀愈貴,錢愈艱,得穀愈不可售。使民賤糶而貴折,則大熟之後,反爲民害。愿詔州郡,凡多取而多折者,重置於罰。今世之"一條鞭",曷不思及此哉?

徽宗愛書畫,修道觀,采花石,天下繹騒。然佛道寺觀,骨董圖畫,糜財至鉅,爲今時牢不可破之弊,不知何時乃一洗而去之也。

宰相見天子,議大政事,必命坐,面議之,從容賜茶而退。唐及五代皆行此制。范質等憚宋祖英睿,每事輒具劄子進呈,曰如此庶盡稟承之力,免妄庸之失,坐論禮遂廢。庸懦之人,真不可以爲宰相也。

宋初西北相抗,太祖注意於謀帥:命李漢超屯關南,馬仁瑀守瀛州,韓令坤鎮常州,賀惟忠守易州,何繼勳領棣州,以拒北敵;又以郭進控西山,武守琪戍晋州,李謙溥守隰州,李繼勳鎮昭義,以禦太原;趙贊屯延州,姚内斌守慶州,董遵誨屯環州,王彦昇守原州,馮繼業鎮靈武,以備西夏。其族在京師者,撫之甚厚。郡中筦榷之利,悉以與之,恣其貿易,免其所過征税。許其召募亡命,以爲爪牙,軍事皆得便宜。來朝必召對命坐,厚爲譙賚。由是邊臣能養死士爲間諜，洞知敵情，多致克捷。蓋宋帝之雄才大畧者，惟藝祖。藝祖亡，而天下不能混一矣。

許驤父唐，值後唐季，知契丹將擾邊，白其父信曰："今國政廢弛，狄人乘釁而動，朔易之民不即去者，必爲所虜。"信以厚資不樂他徙，唐遂潛齎百金而南。未幾，石晋果以燕、薊賂契丹，唐歸路遂絶。有識之士，遇亂世而不能自遂，父子阻越，誠可歎也。然保其宗嗣，累世貴顯，不斃虎穴，是則孝之大者矣。

孔道輔論王德用得士心，不宜久典機密。狄青亦以得士心，爲吕景初、歐陽修等所論。嗟乎，選將者將選不得士心之人而用之耶？宋人如三尺童子，見一魁岸巨人，則愯愳號呼，不待其怒搏也，削也固宜。

小之敵大也以奇，非奇則情見勢屈，立致潰敗。大之平小也以正，非正則疏虞偶失，坐損國威。李藥師破突厥，馬隆討樹機能，皆以正兵。是千古最知兵者。宋之征元昊，正當用此策，方軌徐進，來則抵戰，去勿急追，不求奇，不爭利，直逼其穴。彼彈丸之地，蟻子之衆，烏能當之哉？乃一時盈廷聚訟，言攻言守，毫無一是。歐陽修贊王彦章，尚悔西事不用奇用速。文人之不知兵乃爾。惟楊偕論八陣圖，進神楯劈陣刀。其法外環以車，内比以楯，王吉用之，敗元昊於兔毛川，頗得制之之道矣。王崑繩曰："奇正因敵變化，不可方物，烏能先定哉？"予曰："然。有方者所以用无方，无方者乃所以成有方也。"

太祖、太宗既平天下，乃令江淮諸郡毁城隍、收甲兵、徹武備者二十餘年。書生領州，大郡給二十人，小郡減五人，以充常從，號曰長吏，實同旅人，名爲郡城，蕩若平地。所以盗賊敵國一發，則跳梁莫禦，良由貽謀之未善也。

顔習齋先生曰：宋主以將得衆心而竊天下，故銷將權，去藩鎮，一聞士心服將，則懼而銷其位，而不知將縮兵弱，遂至於積衰而喪亡也，悲夫！

元昊反。張亢①爲涇原路兵馬鈐轄，知渭州，累遷右騏驥使、忠州刺史，徙鄜延路，知鄜州，上疏曰：

舊制，諸路總管、鈐轄、都監，各不過三兩員，餘官雖高，止不過一路，總管、鈐轄不預本路事。今每路多至十四五員，少亦不減十員，皆兼本路分事，不相統制。凡有論議，互報不仝。按唐總管、統軍都統、處置制置使，各有副貳，國朝亦有經畧排陣使。請約故事，别置使名，每路軍馬事，止以三兩員領之。又涇原一路，自總管、鈐轄、都監、巡檢及城砦所部六十餘所，兵多者數千人，少者才千人，兵勢既分，不足以當大敵。

① 亢，底本誤作"元"，據中華書局1985年版《宋史》改。下同。

若敵以萬人爲二十隊，多張聲勢，以綴我軍，後以三五萬人大入奔突，則何以支？又比來主將與軍伍，移易不定，人馬强弱，配屬未均。今涇原正兵五萬，弓箭手二萬，鄜延正兵不減六七萬，若能預爲團結，明定節制，迭爲應援，以逸待勞，則烏合飢餒之衆，豈能窺我淺深乎？請下韓琦、范仲淹分按逐路，以馬步軍八千已上至萬人，擇才位兼高者爲總領，其下分爲三將，一爲前鋒，一爲策前鋒，一爲後陣，每將以使臣、中佐三兩人分屯要害之地，敵小入則一將出，大入則大將出。昨延州之敗，蓋由諸將自守，不相應援。宜令邊臣定法，敵寇某所，則某將爲先鋒，某將出某所爲奇兵，某將出某所爲聲援，某城砦相近，出敢戰死士。某所設覆，都同、巡檢則各扼要害。又令鄰路取某路出應，仍潛用旗幟爲號。昨劉平救延州，前鋒陷賊者已二千騎，平猶不知。趙瑜步馬軍閒道先進，而趙振與王逵趨塞門，至高頭平路，白馬報敵張青蓋駐山東。振麾兵掩襲，乃瑜也。臣在山外策應，未嘗用本指揮旗號，自以五行支干别爲引旗。若甲子日本軍相遇，則先見者張青旗，後見者以緋旗應之。此是干相生，其干相剋及支相生剋亦如之。蓋兵馬出入，晝則百步之外不能相知，若不預爲之號，必誤軍事。國家承平日久，失於訓練。今每指揮，藝精者不過百餘人，餘皆瘦弱不可用。且官軍所恃者，步軍與强弩耳。臣知渭州日，見廣勇軍彍弩者三百五十人，引一石二斗者僅百人，餘僅及七八斗。正欲閲習，時易爲力耳。臣以跳蹬弩試，皆不能張。閲習十餘日，裁得百餘人。又教以小坐法，亦十餘日。又教以帶甲小坐法，五十餘日始能服熟。若安前弊以應新敵，安有勝理？又兵官務張邊事，以媒進邀賞。劉平之敗，正由貪功輕進。鎮戎軍最近賊境，每報賊騎至，不問多寡，凡主兵者皆出，至邊壕，則賊已去矣。蓋權均勢埒，各不相下，若不出則恐得怯懦之罪。且諸路騎兵，不能馳險，計其芻粟，一馬之費可養步軍五人。馬高不及格，宜悉還坊監，止留十之三，餘以步兵代之。又比來禁衛隊長，由年勞换前班者，或爲諸司使副，白丁試武技亦命以官，而諸路弓箭手生長邊陲，父祖效命，累世捍賊，乃無進擢之路，何以激勸邊民？竊聞大帥議五路進師，自用兵以來，屢出無功。若一旦深入，臣竊以爲未可也。山界諸①州城砦，距邊止二三百里，夏兵器甲雖精利，其戰鬭②不及山界③部族，而財糧又盡出山界，若十月後，令諸將分番出界，使夏人不得耕收，然後出步兵負十日糧，人日給米一升，馬日給粟四升、草五分，賊界有草地，以半資放牧，亦可減輓運之半。王師既行，使唃厮囉及九姓回紇分制其後，必蕩覆巢穴。

① 諸，底本作“部”，據中華書局1985年版《宋史》改。

② 中華書局1985年版《宋史》作“鬥戰”。

③ 底本作“界山”，據中華書局1985年版《宋史》改。

初，亢請乘驛入對，詔令手書上之，後多施用。又奏邊政失宜者十事，言：

王師每出不利，豈非節制不立，號令不明，訓練不至，器械不精，或中敵詭計，或自我貪功，或前後左右自不相救，或進退出入未知其便，或兵多而不能用，或兵少而不能避，或爲持權者所逼，或因懦將所牽，或人馬困飢而不能奮，或山川險阻而不能通。此皆將不知兵之弊也。未聞深究致敗之由，而爲之措置，徒益兵馬，未見勝術。一也。去春敵至延州，諸路發援兵，而河東、秦鳳各踰千里，涇原、環慶不減十程。去秋賊出鎮戎，遠自鄜延發兵，千里遠鬬，鋭氣已衰。如賊已退，乃是空勞師旅。异時更寇别路，必又如此。是謂不戰而自敝。二也。今鄜延副都總管許懷德兼管句環慶軍馬，環慶副總管王仲寶復兼鄜延，其涇原、秦鳳總管等亦兼鄰路。雖令互相策應，然環州至延州十四五驛，徑赴亦不下十驛，涇原至秦鳳千里，若發兵互援，而山路險惡，人馬之力已竭。三也。四路軍馬各不下五六萬，朝廷罄力供億，而邊臣但言兵少，每路欲更增十萬人。夫兵無節制，一弊；無奇正，二弊；無應援，三弊；士將不一，四弊；兵分勢弱，五弊。有此五弊，雖百萬亦無益於事。四也。古之教習，須三年而後成。今之用兵已三年矣，將帥之才孰賢孰愚，攻守之術孰得孰失，累年敗衄，而居邊塞者未知何謀，使更數年未罷兵，國用民力，何以克堪？若因之以饑饉，加之以他寇，則安危之策，未知如何。五也。今言邊事者甚衆，朝廷或即奏可，或再詳究以聞，或付有司，前條方行，後令即變。胥史有鈔録之勞，官吏無商畧之暇。邊防軍政，一無定制。六也。夏竦、陳執中皆朝廷大臣，凡有邊事，當付之不疑。今但主文書，守詔令，每有宣命，則翻録行下。如諸處申稟，則令候朝旨。如是則何必以大臣主事？七也。前河北用兵，減冗官以省費。今陝西日以增員，如制置青白鹽使副，招撫蕃部使臣十餘員，所占兵士千餘人，請給歲約萬緡，復有都大提舉馬鋪器甲之類。諸州并募克敵、致勝、保捷、廣鋭、宣毅等兵，久未曾團結訓練，但費軍廪，無益邊備。八也。今軍有手藝者，管兵之官，每一指揮抽占三之一。如延州諸將不出即有兵二萬，除五千守城之外，其餘止一萬五千，若有警急，三日内不能團集，况四十里外便是敵境，一有奔突，何以備之？九也。陝西教集鄉兵，共十餘萬人，市井無賴，名掛尺籍，豈無姦盜雜於其中？苟無措置，他日爲患不細。十也。

既而復請面陳利害，不報。

觀此二疏，宋之朝議，宋之兵將，靡亂紛糾，如在目前。其不能制元昊也固宜。夫元昊地小兵寡，而以种世衡之計，遂殺野利兄弟，則其智畧亦未必大過人。乃宋人無具，坐恣横逆，深可歎哉。

張亢謀擊琉璃堡，使諜伏敵砦旁草中。見老羌方炙羊髀占吉凶，驚曰："明當有急兵，且趣避之。"衆笑曰："漢兒皆藏頭膝間，何敢！"亢知無備，夜引兵襲擊，大破之。夏人棄堡去。吁！宋人爲小醜所輕笑如此，聞之能無汗顔乎？

元昊反時，一時材勇之士未見有出狄武襄右者。爲人慎密寡言，其計事必審中機會而後發。行師，正部伍，明賞罰，與士卒同飢寒勞苦。雖敵猝犯，無一士敢後先者。尤喜推功與將佐。始與孫沔破儂智高，謀一出己，賊既平，經營[①]餘事悉以諉沔，退若不用意者。沔始歎其勇，既而服其爲人，自以爲不如也。賊屍有衣金龍衣者，衆謂智高已死，欲以上聞。武襄曰："安知非詐耶？甯失智高，不敢誣朝廷以貪功也。"始交趾願出兵助討智高，余靖言其可信，具萬人糧於邕、欽待之。詔以緡錢三萬賜交趾爲兵費，許賊平厚賞之。武襄既至，檄余靖無通使假兵。上奏曰："李德政赴援，非其情實。且假兵於外，以除内寇，非我利也。以一智高而橫蹂二廣，力不能討，乃假兵蠻夷，蠻夷貪得忘義，因而啓亂，何以禦之？請罷交趾助兵。"從之。真大將材也。使西事專委此一人，而以如張玉、种世衡、張亢者爲之偏裨，元昊可計日而平也。乃宋不能格外用人，而徒倚辦於龐籍、范仲淹、韓琦諸文臣，何能制敵之死命哉？

狄武襄之討儂智高也，未至，廣西鈐轄陳曙輒以步兵八千犯賊，潰於崑崙關，殿直袁用等皆遁。武襄曰："令之不齊，兵所以敗。"晨會諸將堂上，揖曙起，并召用等三十人，按以敗亡狀，驅出軍門斬之。孫沔、余靖相顧愕眙，諸將股栗。蓋宋以文弱爲習，賞罰悠柔，將卒怠玩，何以制勝？武襄此一著，已得平賊之本矣。

王德用，狄青之流也。青在元昊反時，名位尚未大著；德用則赫然有聞矣。乃自請討之，而朝廷不許，何也？

夏國主秉常被篡，滕甫言："繼遷死時，李氏幾不立矣。當時大臣不能分建諸豪，乃以全地王之，至今爲患。今秉常失位，諸將爭權，天以此遺陛下，若再失此時，悔將無及。請擇一賢將，假以重權，使經營分裂之，可不勞而定也。"神宗奇其策，然不果用。何哉？

郭諮上《平燕議》曰："契丹之地，自瓦橋至古北口，地狹民少。自古北口至中原屬奚契丹。自中原至慶州道旁才七百餘家。蓋契丹疆土雖廣，人馬至少。儻或南牧，必率高麗、渤海、黑水、女直、室韋等國，其來既遠，其糧匱乏。臣聞以近待遠，以佚待勞，以飽待飢，用兵之善計。又聞得敵自至者勝，先據便地者佚。以臣所見，請舉慶曆之策，合衆水於溏泊之北界，以限戎馬，然後以景德故事，頓兵自守。步卒十二萬，騎卒三萬，彊壯三萬，歲計糧

① 營，《宋史》作"制"。

餉百八十三萬六千斛。又傍河郡邑,可水運以給保州。然後以拒馬車三千,陷馬槍千五百,獨轅弩三萬,分選五將,臣可以備其一,來則戰,去則勿追。幽州糧儲既少,敵不可久留,不半年間,當遁沙漠。則進兵斷古北口,砦松亭關,傳檄幽薊,燕南自定。且彼之所恃者,惟馬而已,但能多方致力,使馬不獲伸用,則敵可破,幽燕可取。"仁宗壯其言而不能用。夫宋以天下之全力,而制一隅之契丹,苟使强將勁兵各劄邊要,練卒裕糧,用車爲營,方軌徐進,得地守地,得城守城,彼兵寡財少,日不得暇,其何以支?不數年間,直抵沙漠,易易耳。乃宋人視之如猛虎毒蛇,不可嚮邇,不則欲決勝負於一朝,真不知兵者也。

遼使蕭禧來議疆事,神宗詔問群臣。韓琦上言:"近來朝廷舉事,似不以大敵爲卹。彼見形生疑,必謂我有復燕之意,故引先發制人之説,造爲釁端,所以致疑。其事有七:招高麗朝貢,契丹必謂將以圖我,一也。取吐蕃之地建熙河,契丹必謂行將及我,二也。植榆柳於西山,制其蕃騎,三也。創團保甲,四也。築河北城池,五也。置都作院,頒弓矢新式,大作戰車,六也;置河北三十七將,七也。臣謂如將官之類,宜因而罷之,以釋其疑。"噫!荆公此數舉,頗强人意,而魏公乃欲罷之耶?蓋鰓鰓焉惟懼遼之敗盟而已矣。夫遼使之來也,宜告之曰:論疆界,非汝之利也。若正封疆,燕、雲十六州,古豈汝有哉?遼人特故造事端,以震宋人耳。宋能自强,彼必不敢敗盟也。如其敗盟,我之訓甲練兵何爲者?正當聲罪致討,恢復先王疆宇,何爲罷我制敵之策,而求釋其疑耶?每閱靖康時朝臣謂用李綱非金人所喜,因罷李綱以謝金人,輒歎宋人恐懼顛倒至於如此。奈何如魏公者乃已先有此種識見矣,又何怪於李邦彦之流乎?然荆公卒割東西七百里與遼,蓋亦不免於震懼矣,使神宗安所倚賴哉!

遼之視宋小矣,夏益小矣。當日情事,譬如防風與侏儒持,防風畏動,侏儒好動,防風遂不勝其擾而自困耳。若使防風與侏儒一拳一脚,或後或先,不失節奏,則侏儒奉頭抱腹,號呼不暇矣,尚敢倔彊哉!然遼之於宋,亦非好動也,但以動嚇之,而宋人遂倒矣。异哉!

寇準勸幸澶淵之策,所謂相席行令也。使在漢唐,一將之任耳,安事天子自出哉?

神宗鋭然有爲,積財練兵,意在刷恥。一時才畧之士,若熊本、蕭注、陶弼、林廣、王韶等,皆卓然立功戎間。但宋朝一代氣習,安於柔靡,群臣异同,動多掣肘,故功業遠遜漢唐耳。

元祐初,司馬光無故欲棄河湟,幸賴孫路言而止,後卒用蘇轍議,而不聽游師雄之言,棄蘭州、米脂等五砦。宋人之偏激怯弱、不知遠畧,乃如此哉!今天下如川、廣、雲、貴,朝廷不惟不享其賦入,而且有屯兵助餉之费。然使忽然棄之,則自生變故矣,烏乎可哉!

沈括《筆談》云:范文正嘗言,史稱諸葛亮能用度外人。用人者,莫不欲盡天下之才,常患近已之好惡而不自知也。能用度外人,然後能周大事。誠哉是言!

神宗以陳升之平章事,謂司馬光曰:"近相升之,外議如何?"對曰:"閩人狡獪,楚人輕易。今二相皆閩人,二參政皆楚人,必將援引鄉里之士,充塞朝廷,風俗何以更得淳厚?"邵雍在天津橋,聞杜鵑聲,曰:"天下治,地氣自北而南;亂,地氣自南而北。此後南人作相,天下多事矣。"宋有南人不可爲相之論。明有"浙不入户、閩不入相"之規。夫天之生才,何地蔑有?用人者本不必以南北拘。但北方風氣剛勁,人常厚重,南方風氣柔弱,俗易輕靡,其大概也。考《廿一史》,三代而上,南方不入中國版圖,無論已。漢唐時,宏功偉業多出北方。宋自神宗以前,天下治平,大任十九北人。明太祖、仁宗注意北人,楊東里、王忠肅亦皆言北人可倚賴。古人諒有所見,而豈皆偏哉?

金以孤軍入汴。种師道請遲西師之至,待其惰歸,殲諸河上。李綱誤聽姚平仲之言,以爲怯緩,使平仲斫營而敗,金人長驅上黨。种師中上言,黏罕已至澤州,臣欲由邢相間捷出上黨,擣其不意,當可以逞。朝廷疑而不用,後黏罕至太原,悉破諸縣,爲鎖[①]城法困之,避暑雲中。許翰誤信覘者之言,以爲將遁,責師中逗撓,遂進戰而敗。李、許豈有心誤國者,但以逢掖不知兵,動失機宜,國事以敗,可歎也哉!

蘇軾上議曰:"性命之説,自子貢不得聞,而今之學者恥不言性命。讀其文,浩然無當而不可窮;觀其貌,超然無著而不可挹。"此亦切中當時談學者之病。

陸佃受經於王安石,及安石行新法,數諫諍之,不肯依阿。至哲宗時,修《神宗實録》,數與范祖禹、黄庭堅爭辨,大要多是安石。庭堅曰:"如公言,蓋佞史也。"佃曰:"盡用君意,豈非謗書乎?"觀此則何怪乎蔡卞之請重行刊定也。

宋自元祐而後,分黨攻激,此進彼退,迭改史文,則《宋史》固難以盡信矣。

元祐二年,召彭汝礪爲起居舍人。時相問新舊之政,對曰:"政無彼此,一於是而已。今所更,大者取士及差役法,而士民皆病,未見其可。"蓋司馬光德厚而才短,志誠而識闇,不能以虚明行之,所以卒互激遞變而靡定也。

《宋史》記載甚濫,文章甚冗,論斷亦無見解,非大删修不可成書也。

靖康敵退之後,吴敏等秉政,有"八不管"之謠云:"不管太原,卻管太學;不管防秋,卻管春秋;不管砲石,却管安石;不管肅王,卻管舒王;不管燕山,却管聶山;不管河界,卻管舉人免解;不管河東,卻管陳東;不管二太子,卻管立太子。"腐儒之誤国,爲天下所傳笑如此。

方臘將反,召其衆謂曰:"吾等起事,旬日之間,萬衆可集。守臣聞之,固將招徠商議,未必申奏,延滯一兩月,江南列郡可一鼓而下也。朝廷得報,亦未必決策發兵,遷延集議,調集兵食,非半年不可。是我起兵已首尾期月矣。二敵聞之,亦將乘機而入。我但畫江而

① 鎖,底本作"瑣",據中華書局1985年版《宋史》改。

守，輕徭薄賦，以寬民力。十年之間，終當混一矣。"嗚呼！郡縣無權，簿書繁密，往來遲滯，爲奸盜所窺伺如此。治天下者，尚不知變計哉！

高宗初立，李綱請命張所爲河北招撫使，傅亮爲河東經畧副使，有能全州復郡者，如唐方鎮，使自爲守，以保中原。又言，巡幸之所，關中爲上，襄陽次之，建康爲下。又請暫駐南陽，乃還汴都。及高宗不用而南，又請於淮之東、西及荆襄置三大帥以臨之。皆石畫也。高宗愚弱，動輒不用，可慨也哉！

岳飛命牛皋及王貴、董先、楊再興、孟邦傑、李寶等經畧東西京、汝、鄭、潁、陳、曹、光、蔡諸郡，又遣梁興渡河，糾合忠義社，取河東北州縣。未幾，李寶捷於曹州、捷於宛亭、捷於渤海廟，董先、姚政捷於潁昌，劉政捷於中牟，張憲復潁昌、淮甯府，王貴之將楊成復鄭州，張應、韓清復西京，牛皋及傅選捷於京西、捷於黄河上，孟邦傑復永安軍，其將楊遇復南城軍，又與劉政捷於西京。梁興會大行忠義及兩河豪傑趙雲、李進、董榮、牛顯、張峪等，破金人於垣曲，又捷於沁水，追至孟州之邵原。金張太保、成太保等以所部降。又破金高太尉兵於濟源，喬握堅復趙州，李興捷於河南府、捷於永安軍。梁興在河北取淮、衛二州，大破兀朮軍，斷山東、河北金帛馬綱之路，金人大擾。嗚呼！燕雲唾手可取矣，以奸臣敗之，可恨也哉！

李迨具奏曰："臣嘗考《劉晏傳》，是時天下歲入緡錢千二百萬，而管榷居其半。今四川榷鹽榷酒，歲入一千九十一萬，過於晏所榷多矣。諸窠名錢，已三倍劉晏歲入之數。彼以一千二百萬贍中原之軍而有餘，今以三千六百萬貫贍川陝一軍而不足。又如折估及正色米一項，通計二百六十五萬石。止以紹興六年朝廷取會官兵數，計六萬八千四百四十九人，决無一年用二百六十五萬石米之理。數内官員一萬一千七員，軍兵五萬七百四十九人。官員之數比軍兵之數，約計六分之一。軍兵請給錢，比官員請給不及十分之一。是宂濫在官不在兵也。"夫後世官宂權分，坐糜廪禄，凡職皆然，不獨兵官也。至有明知其弊，而恐庸才候選之人怨望，遂不敢議裁，何爲也哉？

鄧肅言：外夷之巧，在文書簡，簡故速；中國之患，在文書繁，繁故遲。嗚呼！此宋、明之所以削也。

虞允文爲相，籍人才爲三等，有所見聞即記之，號材館録。真宰相事也。

辛棄疾，有宋一代奇偉之士也。何物王藺，沮其功業。然其初乃歷城人，爲耿京掌書記。耿京者，金主亮死，中原豪傑并起，聚兵山東，稱天平節度使，節制山東、河北忠義軍馬者也。宋時，中原豪傑之大起也有三：宋始南渡，一也；金主亮死，二也；元人困金，三也。此種人不惟忠義懔然，其才畧必皆有大過人者。宋室君臣不能接濟，胥以淪亡。宋之負中原豪傑甚矣！

宋末，襄陽人有張惟孝者，襄亂後卜居江陵，至沙市，衆舟大集，不可涉。頃有峩冠張蓋，從者數十，則宣撫姚希得之弟也。令曰：敢有爭岸者投水中。惟孝睥倪良久，提劍驅左右而出，舉白旗以麾，令衆船登岸，毋敢亂次。幹官鍾蜚英見而异之，以告唐舜甲。舜甲曰："吾故人也。"具言惟孝生平。蜚英謂曰："今日正我輩趨事赴功之秋。"惟孝不答。又叩之，則曰："朝廷負人。"明日，蜚英道希得羅致之，宴仲宣樓。蜚英酒酣曰："有國而後有家。天下如此，將安歸乎？"惟孝躍然曰："從公所命。"乃請空名帖三十以還。逾旬，與三十騎俱，擁甲士五千至，旗幟鮮明，部伍嚴肅，上至公安，下及墨山，游踏相繼。希得大喜，請所統姓名。惟孝曰："朝廷負人，福難禍易。聊爲君侯紓一時之難，姓名不可得也。"時鼎、澧五州危甚，於是擊鼓燿兵，不數日，衆至萬人，數戰俱捷，江上平。制使吕文德招之，不就而遁，物色之，不可得。或云已趨淮甸，後不知所終。如此奇人，千載下聞之，令人悲歌歎想。宋以小朝廷不能用之，惜哉！

余玠言：今世胄之彦、場屋之士、田里之豪，一或即戎，即指之爲麤人，斥之爲噲伍。願陛下視文武之士爲一，勿令偏。有所重偏，必至於激，文武交激，非國之福。宋明氣習皆如此，欲不孱而亡，得乎？朱子曰："去同甫事功，始可入道。"范希文曰："名教中自有樂地，何事於兵？"嗚呼！天下氣習之靡，誰實倡之哉？

衡州有靈祠，吏民夙所畏事。胡穎至，徹之作來諗堂，奉母居之。嘗語道州教授楊允恭曰："吾夜必瞑坐此室，察影響，咸無有。"允恭曰："以爲無則無矣。從而察之，則是又疑其有也。"穎甚善其言，真最上理也。

朱熹嘗謂聖賢道統之傳，散在方册，聖經之旨不明，而道統之傳始晦。於是竭力著書。夫謂聖賢之道寄於經書，未嘗不是，然遂以注經爲得道統，則葉公之畫龍也。曷不觀聖門之言道傳，一則曰，文不在茲乎，一則曰，文武之道在人，賢者識大，不賢者識小，俱指禮樂法度而言乎？曷不竭力於此求之？

陳淳往見朱熹，陳其所得。熹曰："如今所學，已見本原，所闕者下學之功耳。"是上達而後下學也，毋乃非聖人之學教耶？

陳亮，蓋世奇才也。中興諸論，字字石畫，乃不惟舉朝迂儒以爲狂怪，天亦促其年，宋之日頹，豈氣數使然耶？

江南初平，汰李氏時所度僧十減六七。胡旦曰："彼無田廬可歸，將聚而爲盜。悉黥爲兵，亦一策也。"

石介嘗患文章之弊，佛、老爲蠹，著《怪説》《中國論》，言去此三者乃可以有爲。卓識哉！

尹源在仁宗時，作《唐説》及《敘兵》十篇上之。其《唐説》畧云：弱唐者，諸侯也。既弱而久不亡者，諸侯維之也。其《叙兵》畧云：唐自中世以來，凡有征伐，皆假諸侯外兵以集事。朝廷所出禁軍，不過爲聲援而已，故所至有功。今患藩鎮之强，兵俱萃於京師，雖濱塞大郡，籍兵不踰數千。每歲防秋，則戍以禁兵，將帥任輕而事分，軍事往往中御。此可施於無事時，苟外人侵軼，未必能取勝也。何則？兵至於外則勇，主於内則驕。勇生於勞，驕生於逸，故唐失於諸侯之不治，非失於外兵之彊。故有驕將，罕有驕兵。今失於將太輕，而外兵不足以應敵，内兵鮮得其用，故有驕兵，不聞有驕將。宜稍革舊制，大募豪勇，益外兵以備戰，使内兵爲聲援，重邊將之任，使得專一方之事，斯獲近利而亡後患。此言切中當時之弊。夫京師兵重，固强幹弱枝之意，然有事必發京軍，遠則不及，數則自憊，豈善策哉？而况以輕將而馭驕兵，安能奏指臂之功耶？

李全、張林等南歸，山東已爲宋有。大豪傑幹旋之，中原可圖也。乃以庸才如賈涉、許國者駕馭之，烏能制虎狼之命哉！徒招亂耳。

閲史郄視·卷三　終

閱史郄視·卷四

蠡縣李塨著

遼太祖選三萬騎以攻幽州。后述律氏指帳前樹曰:“無皮可以生乎?”太祖曰:“不可。”述律氏曰:“幽州之有土有民,亦猶是耳。吾以三千騎掠其四野,不過數年,困而歸我矣。”夫三代之師,誅暴而安民,即漢、唐、宋之興,亦爭城爭野,兵相殺戮耳,斷不肯殺民也。而遼人乃建此策,不仁哉!然使如周之封建、漢之重郡縣,處處皆兵,人人習戰,則此策亦安能行哉?孟子曰:“仁者無敵。”蓋必仁者而始無術以敵之也。

遼累世子孫,自相屠戮。金太宗子孫,爲海陵所殺無噍類。阿魯補以罪殺。撻懶以逆圖被殺,及其二子。兀朮子孫亦爲海陵所誅。斡離不二子京、文以謀反誅。黏罕孫秉德共海陵弑熙宗,後海陵忌而殺之,遂盡殺黏罕子孫三十餘人。皆所謂以殺啟殺也。開國君臣,何爲而不行仁耶?

金南渡後,至以二十五人爲謀克,四謀克爲猛安,除旗鼓司火頭五人,任戰者只十八人,不足成隊伍,但務存其名而已。每下令簽軍,民家丁男或盡取無遺,號泣盈於道路。又盡籍山東、河間、大名猛安人爲兵,老弱城守,壯者捍禦。貞祐時,任子爲監當者赴吏部選,宰執命取爲監軍官。元光末,備潼關、黄河。又簽軍,自見居官外,無文武大小職事官皆充軍,憤愠哀號,卒不能行。嗟乎,弊之潰亂至此,得不亡哉?

《金史》曰:“金初入中夏,民多流亡,土多曠閒,遺黎惴惴,何求不獲?縱不能復井地溝洫之制,若用唐之永業口分,以制民產,倣其租庸調之法,以足國計,何至百年之内,弊政紛紜,度支日匱乎?”此言甚善。予嘗謂顏習齋先生曰,井田必於開創行之,蓋謂斯也。

金刷官田與女直,其實皆民田也。如長城、燕子城之類,乃秦漢以來名稱,民業之不計其年矣,盡指以爲官田而奪之,可哉?

種師道曰:“女直不知兵,豈有孤軍千里深入而能善其歸者?”豈知郭藥師降金而從宗望南侵也，盡以宋事虚實告之，能逆測其不競也乎？嗚呼！宋以堂堂天下，爲叛臣所料如此。一時君臣士大夫，千載而下有愧顔矣！

自古成功之士，史但記其得耳，其失多不載。如吴玠、吴璘等敗衂不見於《宋史》者，《金史》書之；兀朮等敗衂不見於《金史》者，《宋史》書之。使非互考，安得而知之哉？然一勝一負，兵家之常，爲將終身，亦難以處處皆勝也，但當論其成耳。

宣宗遷汴，言者謂河朔受兵，群盜并起，宜嚴河禁，以備不虞。凡自北來而無公憑者，勿聽渡。時河朔汾晋凶荒饑甚，又禁河南粟麥不許渡河，以至山東燕晋，萬里榛莽，真斯民之阨運也哉！

錢牧齋嚮言曰：金南渡之後，爲宰執者，上下同風，以苟安目前爲樂。每北兵壓境，君臣相對泣下；已而敵少退解嚴，則大張具會飲黄閣中矣。議事至危處，輒罷散，曰"俟再議"，已而復然。用人必擇無鋒鋩、輭熟易制者，曰"恐生事"。正人君子，多不得用，雖用亦未久而遽退。近侍諂諛成風，每奏四方災异、民間病苦，必相謂曰"恐聖主心困。"有人曰："今日恐心困，後日大心困矣。"臨時不肯分明可否，相習低言緩語，互推讓，號養相體。宣宗嘗責丞相僕散七斤："近來朝廷紀綱安在？"七斤退謂郎官："上問紀綱安在，汝等自來何曾使紀綱見我？"因循苟且，竟至亡國。嗚呼！金源之君臣，崛起海上，滅遼破宋，如毒火之燎原；及其衰也，乃化而爲弱主諛臣，低眉拱手，坐而待其覆亡矣。噫！

錢牧齋嚮言曰：元人《進金史表》曰：勁卒擣居庸關，北拊其背；大軍出紫荊口，南阨其吭。此燕都防患之明驗也。梁乾德二年，晋主李存勗命周德威出飛狐，與趙將王德明、義武將程巖會於易水，圍涿州，降之；進克瓦橋關，拔順、薊州。命李嗣源攻山後武、儒諸州，皆下之；德威逼幽州，拔平、營、瀛、鄚州，遂入燕，執劉守光父子以歸。此出紫荆攻燕之一也。紫荆關北口浮圖峪，爲飛狐之地。晋都太原，故由紫荊出師，與真定、定州之軍會於易水。既取山後及燕東、西諸州，則燕京勢孤不能立矣。同光三年，阿保機入寇，敗周德威兵於新州，西出居庸關，圍幽州。唐主遣李嗣源救之，遼人遁走。宣和四年，金主分道進兵，至居庸關，厓石自崩，戍卒多壓死。阿骨打入燕，遼太后自古北趨天德。此出居庸關攻燕之二也。嘉定四年，蒙古鐵木真攻克宣府，至懷來，金兵保居庸，不能入，乃留兵拒守，而自以大兵趨紫荊口，敗金兵於五回嶺，拔易、涿二州，分命遮別將兵，反自南攻居庸，破之。出古北，與外兵合。蒙古主留兵屯燕城北，乃分軍爲三：右軍循太行而南，破保州、中山、邢、洺、磁、相、衛輝、懷、孟諸郡，徑抵黄河，大掠於平陽、太原之閒；左軍遵海而東，破灤、薊，大掠於遼西之地；蒙古主自將中軍，與子拖雷破雄、鄚、清、滄、景、獻、河間、濱、棣、濟南諸郡。此出紫荆攻燕之三也。宣德即宣府，紫荆旁口，今五虎嶺即五回嶺，元人敗金兵之處。西北之山，東起醫無閭，西接太行，其爲要害之關曰紫荆、居庸、倒馬。居庸巖險易守，倒馬去燕稍遠，紫荆則夷於居庸而近於倒馬。金人知守居庸，不知扼紫荆，非失計耶？元之分軍也，河北、山西、山東皆被兵，數千里之間，殺僇殆盡，金帛子女畜產，皆席卷去。長淮以北，惟真定、大名與山東青、兖以南尚存，燕都終不下，責犒師以和出居庸，取所虜子女數十萬坑之而去。金乘閒遷汴，元復圍燕都，又不下。明年，乃破燕。元兵初抵燕京，乃守而不攻，三道抄寇者，非直貪利，蓋以孤燕也。諸郡不守，燕不攻自破，即遼人剥樹皮之策也。嗚呼慘哉！

元之信异端也，帝師天師，倍極尊崇。至文宗立皇后，詔天下受佛戒於帝師，且詈僧者截其舌，毆僧者斷其腕。事佛之謹如此，而揭竿稱首者，則白蓮會燒香惑衆，言彌勒下生之韓山童也。至芝麻李等，亦以燒香聚衆而起。佛之福利安在哉？

元法：攻城邑以矢石相加者，城下盡屠之。其攻燕也，三道殺掠，復殺所掠去數十萬人於居庸關下。使非有耶律楚材之言，則真將悉殺漢人，空其地以牧馬乎？世祖既平中原，黷武嗜殺，終無窮極，豈天心之不仁耶，抑中原之惡積貫盈而假手於元耶？

元世祖嗜殺黷貨，謗聖輕儒，崇佛道，任奸回，穢政種種，史多諱而不書，蓋佞史也。王褘[①]等漫無訂正，何以示信於後哉？

憲宗在蜀，郝經上議曰：國家開統以來，垂五十年，一之以兵，遺黎殘姓，游氣驚魂，虔劉劘盪，殆欲殲盡。自古用兵，未有如是之久且多也。嗟乎！漢五年而成帝業，唐六年而平四海，元自起兵以至滅宋，七十餘年，無日不肆屠殺，慘哉！此時之乾坤氣象奚似耶？郝經曰：并力一向，爭地之術也；諸道并進，取國之術也。可謂知兵者矣。

元世祖總統東師，有得宋國奏議以獻，其言謹邊防，守衝要，凡七道，下諸將議。郝經獻議曰：彼之素論，謂有荆襄則可以保淮甸，有淮甸則可以保江南。先是我有荆襄，有淮甸，上流皆自失之。今當先荆後淮，先淮後江，從彼所保，以爲吾攻。命一軍出襄、鄧，直渡漢水，造舟爲梁，水陸濟師，以輕兵綴襄陽，絕其糧路，重兵皆趨漢陽，出其不意，以伺江隙。不然，則重兵臨襄陽，輕兵捷出，穿徹均、房，遠叩歸、峽，以應西師，如交、廣、施、黔，選鋒透出，夔門不守，大勢順流，即并兵大出，摧拉荆、郢，横潰湘、潭，以成犄角。一軍出壽春，乘其鋭氣，并取荆山，駕淮爲梁，以通南北，輕兵抄壽春，而重兵支布鍾離、合肥之間，掇拾湖濼，奪取關隘，據濡須，塞皖口，南入舒、和，西及於蘄、黄，徜徉恣肆，以覘江口。烏江、采石，廣布戍邏，偵江渡之險易，測備禦之疏密，徐爲之謀，而後進師，所謂潰兩淮之腹心，抉長江之襟帶也。一軍出維扬，連楚蟠亙，蹈跨長淮，鄰我强對，通、泰、海門，揚子江面，密彼京畿，必皆備禦堅厚，當以重兵臨維揚，合爲長圍，示以必取，而以輕兵出通、泰，直塞海門。

① 褘，底本作"禕"，據中華書局《元史》之《出版説明》改。

瓜步、全山、柴墟、河口，游騎上下，遲以歲月，以觀其變。是所謂圖緩持久之勢也。三道并出，東西連衡，殿下或處一軍，爲之節制。如是，則未來之勢變可弭，已然之失可救也。其後南下，多用經策。此後世守江攻江者之大榜樣也。然宋之奏議，不能密秘，爲敵國所得，遂倒其柄而擊之，亦後車之鑒哉。

元漕東西以供燕京，運河溢澁，轉輸靡費。用朱清、張瑄議，建海漕，初年四萬六千餘石，後乃至三百萬，終元之世賴之。至正之季，徵海運於江淛。張士誠輸粟，方谷真具舟，輸十一萬石於京師，歲以爲常。其後淛運不至，陳有定自閩輸數十萬，京師民始再活。明初，海陸兼運。既而濬元會通河，遂罷海運。萬歷中，運河漸梗。王宗沐建議曰："唐都秦，右據岷、涼，左通陜、渭，有險則天寶、興元乘其便，無水則會昌、大中受其貧。宋都梁，背負大河，面接淮、泗，有水則景德、元祐享其全，無險則宣和、靖康受其病。國家都燕，北有居庸、醫無閭以爲城，南有大海以爲池，天造地設，山環水衛，而自塞其利者何也？都燕之受海，猶憑左臂從腋下取物也。置海漕而專力於河，一夫大呼，萬艣皆停。腰脊咽喉之譬，先臣邱濬之諄復者，不可不慮也。富人之造宅也，旁啓門焉。中堂有客，則肴核可自旁入也。憂河之梗，而又難於通海，則計將安出哉？"

《説郛》云：古今户口，登耗不同，大抵易代之初常耗，而承平日久則登。禹分九州時，民户《册府元龜》户字作口。一千三百五十五萬三千九百二十三，民口三千九百二十二萬。《册府元龜》無此句。周公相成王時，民户《册府元龜》户字作口。一千三百七十一《册府元龜》無一字。萬四千九百二十三，《册府元龜》作三十二。民口四千九百二十三萬二千一百五十一。《册府元龜》無此句。春秋時，民口一千一百八十四萬七千。七千，《册府元龜》作一千九百三十三人。漢平帝時，《册府元龜》作元帝。民户一千二百二十三萬三千六十二，《册府元龜》無"六十二"三字。民口五千五千，《册府元龜》作一千。九百五十九萬四千九百七十八。此漢之極盛也。光武之興，民户四百二十七萬九千《册府元龜》無"九千"二字。六百三十四，民口二千一百萬七千八百二十。桓帝時，民户一千六百七十萬七十萬，《册府元龜》作七万七千。九百六，民口五千六萬六萬，《册府元龜》作六百四十八萬。六千八百五十六。至三國鼎立之時，通計户一百四十七萬三千四百三十三，口七百六十七萬二千八百八十一。晉武平吴，天下户《册府元龜》多"二千"二字。二百四十五萬九千八百四十，口一千六百一十六萬三千八百六十三。至隋大業中，户八百九十萬七千五百三十六，口四千六百一萬九千九百《册府元龜》無"九百"二字。五十六。至唐永徽中，户三百八十萬；天寶中，户八百九十一萬四千七百九，《册府元龜》作户八百三十四萬八千三百九十五。口五千二百九十一萬九千三百九。《册府元龜》作口四千五百三十一萬一千二百七十二。此唐之極盛也；至大歷中，户纔一百三十萬，此古今最耗者。宋太祖定天下，户三百九萬五百四，至真宗時，户七百四十一萬七千五百七，《宋史》真宗大中祥符七年，户九百五萬五千七百二十九。口一千六百二十八萬二百五十四。《宋史》作二千一百九十七萬六千九百六十五。神宗時，户一千七百二十一萬一千七百一十三，口二千四百九十六萬九千三百。徽宗宣和中，户二千八十八萬二千二百五十八，口四千六百七十三萬四千七百八十四，此宋之極盛也。元混一之初，户一千三百一十九萬六千二百六，口五千八百八十三萬四千七百一十一，至其末年，口五千九百八十四萬八千九百六十四，此元之極盛也。明自洪武至嘉靖中，户九百三十五萬一千九百七，口五千八百五十五萬七千七百三十八，亦可謂盛矣。然明制，軍匠等户不分析，民户之入籍者，十漏五六。不知漢唐時又何如也。張文升曰：通觀歷代，雖處極盛，口不滿六千萬，以下農夫計之，不過千萬家耳。而天下之田，以方里而九頃計之，千里即九百萬頃矣。縱除山川城邑，約可得五百萬頃。《禹貢》云：天下之爲千里者九，何分田制禄之不可行乎？然今天下常苦人多而田少者，必荒蕪者多也，獨不觀之雍、豫、齊、蜀乎？可慨也夫！但歷代户口之數，未必甚清。嗚呼！安得天下之户口土田真清册而籌之也？

史記一代政事之治亂、人才之消長，爲後世鑒耳。《廿一史》之無關係而可削者甚多，至宋以後，更爲繁雜。如《元史》志、表、列傳，瑣卑宂濫，何其漫無所裁耶！聖人删《詩》《書》，而況後世之文與事哉？可删者多矣。

閱史郄視・卷四　終

閲史郄視·續一卷

蠡縣李塨著

明太祖謂群臣曰:“朕渡江以來,觀群雄所爲,非淫即貪,奢侈者溺,剽賊者鬬,朕始有救民之心。當時張士誠恃財,陳友諒恃兵。朕獨無恃,恃不殺人、布信義、守勤儉而已,又恃卿等同心共濟。其時二寇相持,人有言士誠切近,勸朕先擊之,擊友諒,士誠必乘後。朕謂友諒剽而輕,士誠狡而懦,擊友諒,士誠必不能援,擊士誠,友諒空國來矣。此朕所以取二寇之先後也。二寇既除,或勸朕盪平群盜,乃取元都,或欲直趨元都,兼取隴蜀,皆未合朕意。夫先聲既震,幽薊自傾,朕所以命卿等先取山東,次及河洛,且朕親至大梁,止潼關之兵者,張思道、李思齊、擴廓帖木兒三人皆百戰之餘,未必遽降,是以出不意反旆北行。元都既舉,然後西征,張、李望絕勢窮,以故不勞而克。然擴廓帖木兒猶能力戰相拒。嚮令未平元都,先與角力,彼人望未絕,勝負未可知矣。”明祖料敵之明如此,而能禁殺掠,用賢才,此所以布衣崛起,直繼漢高而稱英主也。

太祖諭諸將校曰:“朕昔下金華,有館卒能言元時點兵事。使者問其主將曰:‘兵有乎?皆安在?’將舉佩囊片紙指名曰:‘在此矣。及天下亂,以農夫、市人戰。汝等娱樂不練士,有急安使?’”元兵最强,而將亡時乃亦如此。有國家者,練兵可不急哉!

太祖御製《資世通訓》曰:“士不識時務者,聽世俗之謏譽,咬文嚼字,以妨後學,詢及行事,茫然矣。徒高談而闊論,若是則君安用之?”夫太祖之論士是矣,乃卒以帖括取士,非咬文嚼字而何?何乃自背其言也?

岢嵐州學正吴從權、山陰教諭張恒以給繇見。上问民間所苦,皆對曰:“不知也,而非職事。”上曰:“學官即勤教,豈有不與人接者?朔望休暇,四時節序,朋友往來,民情世務,當亦談及。夫其所學皆聖賢之道,固將用之,君雖不問,猶且陳焉。概云不知,何者爲教?何以用之將來?其竄之極邊,榜諭於天下。”攷自洪武二年,令天下皆立學。學者專治一經，以禮樂射御書數設科分教。夫六藝之學，正在民情世務用功，非僅習其文也。吴、張二人概云不知，其見罪也宜哉。但太祖言朔望節序、民情世務亦當談及，是終以誦讀爲正學，而經濟爲兼學也，亦明昧參半矣。蓋太祖本可與言聖賢之學，但爲前人詞章所溷，而當時無明聖道之儒者以告之，所以志興實學而不能就，遂使一代學教，終不出文墨故轍也。可慨也夫！

太祖定金陵後，立管領民兵萬户府，諭行中書省臣曰："古者寓兵於農，有事則戰，無事則耕，暇則講武。今兵爭之際，當因時制宜，所定郡縣，民間武勇之材，宜精加簡拔，編緝爲户，立民兵萬户府領之，俾農時則耕，閑則練習，有事則用之。事平，有功者一體陞擢，無功者還爲民。如此則民無坐食之弊，國無不練之兵，以戰則勝，以守則固，庶幾寓兵於農之意也。"太祖此法甚善，不惟開創當行，守成亦當行之。今之鄉兵，亦此法之餘意也。

山西訓導葉居升上言分封太侈、用刑太繁、求治太速三事，切中洪武開國之病，乃不見用，而反逮問死獄中，何哉？夫以太祖之英明，而獨不能虚心受諫，甚可惜也。

解大紳洪武中大庖西上封事云："治歷明時，授民作事，但伸播植之宜，何用建除之謬。方向煞神，甚屬無謂，孤虚宜忌，亦且不經。東行西行之論，天德月德之云，臣料唐虞之歷，必無此等之文。所宜著者，日月之行，星辰之次，仰觀俯察，事合逆順，七政之齊，正此類也。"顔習齋先生嘗言，治歷本以敬授民時，今與民時、國政無與矣。《吕氏》《月令》，或古歷什一之存者，意正與紳論同。

建文元年，燕王起兵，上日召學士輩討論《周官》法度，處便殿，弄柔翰。方孝孺《書事詩》曰："風輭彤庭尚薄寒，御爐香繞玉欄干。黄門忽報文淵閣，天子看書召講官。"嗚呼！以太祖之英武，一傳而爲讀書論文之君臣矣。至所謂討論《周官》法度者，方且拘文牵義，更張於瑣屑之務，而所謂大經大畧者不知也。然則永樂豈能亡之哉？自亡耳。

永樂以臣篡君，罪無可逭。然實天開英武，繼太祖以定一代國運。不然，如建文君臣迂腐之行，不一二世而即削弱靡潰矣，欲三百年金甌天下，得乎？

仁宗諭楊士奇曰："近覺群臣助我也。或快意行事，退思方悔，外間已進言。"人主省過受諫如此，幾於聖賢矣。

洪熙、宣德之治也，以三楊；天順之治也，以李賢、王翺、馬昴；宏治之治也，以劉健、劉大夏。孟子曰："爲天下得人者，謂之仁。"豈不信哉！

正統初，張太皇太后一日坐便殿，召張輔、三楊入，怒責王振罪。女官刃加頸，已而釋之。乃三楊不能乘此時明太祖制度，竄逐殛戮，卒致"土木之變"，而一代閹寺弄權，始於此矣。夫大臣於國家事，成敗禍福，必宜爲百世之計，而以身任之。豈可浮沈其間，而貽昔人遵養時晦之譏哉？韓琦之處任守忠，善矣。

李夢陽曰："夏、蹇經綸悃愊，文皇北征，全國是屬，三楊熙績臺省，坐臻太平，所謂代天之相也。英廟之遇文達，密畫顯斷，萬幾精覈，局體一變。成化間，三原、河州、覃縣、封邱，居則岳屹，動則雷擊，大事斧斷，小事海蓄，帷幄佞幸，請劍必殛，使見之者畏，聞之者懾，斯其人，死生富貴足動之哉！然較之天順以前則殊矣，時與位不同耶？委任權力殊耶？宏治中，華容、洪洞、鈞陽、靈寶、陽曲、盧氏、金陵、安福，咸稱名卿，然志存納約，行在精審，苟濟其事，小枉安焉，局體又一變矣。雖形存罔暴，義存矯直，亦運數然也。"觀北地此言，宏治以前大臣氣象，歷歷可想，至正德而後替矣。

《劉文靖傳》曰：宏治以前，士攻舉業，仕精法律，勤職事，鮮有博覽詞賦；間有之，衆皆慕説，必得美除。孝宗在宥，朝政有常，冠佩委蛇，士各奮興。健獨教人看經窮理。李東陽以詩文氣節，援引名流，健處之若不知者。吴寬文學著名，謝遷欲健薦之同相。健外示唯唯而已，强之，則曰：待公柄事，與之同升。何景明年少有文，兼健同鄉，人謂得選翰林無疑，健獨嫌景明福薄也。夫明之初也，三物之學士，雖失於初服，而入仕以後，精法律，勤職事，猶然實業也。至宏治而後，士競以文墨相高，分門别户，評古彈今，甚至棄職掌而專事浮靡，而國事日壞，淪胥以亡矣。東陽輩烏得辭其責哉？劉文靖所見，蓋加於諸公一等矣。嗟乎！此明代盛衰之一大關也。

正德時，崔銑與羅玘論一時大臣，孰堪内閣。玘曰："能割頸者，斯可矣。"銑曰："孰當之？"玘曰："若求其次，其傅邦瑞乎？"夫宰臣以休休有容爲主，不專以剛烈見長也。崔、羅二公之言，蓋慨正德朝宰執多依違群小，國政濁亂，故思生死不渝者以主持之。所謂救時之論也。

王陽明《寄楊邃庵書》曰："身任天下之禍者，然後能攬天下之權；操天下之權，然後能濟天下之患。而君子之致權也有道：本之至誠，以立其德；植之善類，以多其輔；示之以無不容之量，以安其情；擴之以無所競之心，以平其氣；昭之以不可奪之節，以端其向；神之以不可測之機，以攝其奸；形之以必可賴之智，以收其望。坦然爲之下以上之，退然爲之後以先之。"此書乃陽明一生之作用也。

隆慶二年，大學士張居正上言："天下事，慮之在詳，行之在力，謀之在衆，斷之在獨。今朝廷之間，一事也，而甲是乙非，一人也，而朝由暮跖，前後毁譽，自爲矛盾。臣謂無全利無全害者，事之形，有所長有所短者，人之才，權衡斟酌，委任責成者，君之道。今也，未熟計而以人言行，終也，靡定持又以人言罷。加以愛惡交攻，意見横出，讒言微中，蜚語流傳，是以人懷疑貳，動見譸張，虚曠歲時，成功難覩。語云'多指亂視，多言亂聽'，最當今大患也。伏望皇上審事於初，既行以斷，慎人於始，既任以專。一切章奏，敕部院衙門務從明簡，以仰體省事尚實之意。是謂省議論。比者上下姑息，百事委徇，摸棱而曰調停，遷就而曰善處。驟然振之，必將曰：'此拂人之情，務爲操切者也。'夫徇情順情，名同實异，振作操切,事近用殊。伏祈皇上握憲貞度,不執乎私情,毋紛於浮議。是謂振紀綱。邇者天子號令,概從怠玩。伏望敕下部院諸臣,奉旨事務,數日之内即行題覆;若其了然易見,不用撫按議處者,便據理剖分,有合行議勘問奏者,酌緩急遠近,嚴與爲期,注銷稽久,以違制論。是爲重詔令。今也,稱人才,不必試之以事;任人事,不必更考其成;債事之時,又未必明正其罪。椎魯少文,以無用見譏,大言無當,以虚聲叨譽。士大夫務爲聲稱,舍其職事,而思出位,建白條陳,累牍連篇,覈其本業,名實茫然。臣願敕下吏部,用舍進退,一準功實。是謂覈名實。皇上即位元年,蠲賦一半,國用邊費,遂見蕭然。不得已,差四御史分道督賦,三都御史清理屯鹽,皆一切權宜之計。民災傷而不能賑,兩廣軍兵供餉不支。臣谓民貧財盡,凡不急工程、無益徵辦,當一切停罷。仍敕吏部慎選良牧。上考,必其端潔慈祥者;雖有才局,止與中考;貪污顯著者,令所坐贓輸邊自納,以爲固圉一助。又今風俗侈靡,服舍無限,豪强兼并,賦役不均,奸徒欺公侵損,冒破錢穀,漫無稽實,吏胥因而滋奸。此皆耗財妨政之大者。若敕下户部,講求隄防之術,何必索之勞苦之民,自憊國家之元氣乎!是爲固邦本。今事可慮者,莫重邊兵,不患少也,患弱。若按籍征求,清查影占,募補訓練,何患無兵?食不患不足也,患耗。損無用不急之費,并其財力,以撫戰士,何患無財?將不患不得人也,患無以鼓舞之。懸之重賞,寬以文法,何患無將?至於選擇邊吏,團練鄉兵,守墩堡,令民耕收,時簡精鋭,擣其空虚,則目前之計也。是爲飭武備。"江陵作用,大畧見於此疏,真救時之相也。然明季衰敗之故,觀此疏所陳弊端,亦可想而知矣。

《詩》云:"謀夫孔多,是用不集。發言盈庭,誰敢執其咎?如匪行邁謀,是用不得於道。"又云:"維邇言是聽,維邇言是爭。如彼築室於道謀,是用不潰於成。"又云:"具曰予聖,誰知烏之雌雄?"明自萬歷以後,朝中氣象,酷似此而殆甚焉。文墨之士,自以爲是,自以爲忠,負氣而爭,鼓舌而辯,呼朋引類,號呼喧闐,各不相下,使聽之者迷,當之者瞶,而國是因之日亂矣。至今世呼生員曰"雀嘴"。又諺曰:"秀才造反,三年不剸。"謂其聚聒而無實用也。前哲云:"愚儒譾諛,多誦古先之書。"蓋書生之好浮議,自古以爲歎矣。

吴寬當時號吴癔子,世人多傳其迂腐事。今人概以書癔子指目讀書之士,蓋徒誦讀而不通世務,誠爲世所詬病也。

倪元璐曰:自神祖中葉以來,三四十年間,朝廷之局凡三變。其始,天子靜攝,聽臣工群類之自戰,而不爲之理,所謂鼠鬬穴中,將勇者勝耳。故其時其血玄黄,時勝時敗。其既,閹寺擅權,宵人處必勝之地,正人亦戢心摶志,而甘處不勝,不敢復言戰。宵人亦不曰戰,直曰禽馘之耳。然其時正人雖嬰禍患,其心益喜,曰:"吾君子也。"其後魁柄已振,百爾臣工皆怵然不敢窮戰,而陰制以謀。故其時氣戰者敗,謀戰者勝;謀陽者敗,謀陰者勝。凡明主所箝韃以繩貪人者,宵人皆借之以穽正人。其正人既禍敗,即無可自解,曰:"吾君子。"其宵人亦不靳歸名君子,而但使其無救於禍敗。夫宵人閹寺,無可言矣,而一時號爲君子者,亦多不爲國家計慮久遠,結黨負氣,嘵嘵爭辯,甚至自相攻擊,而國是日潰,大厦不支矣。謂之何哉!

神廟末年,高攀龍、馮從吾等講學京師。或邀鹿善繼往,既而善繼聞不言朝政,不談職掌,曰:"離職掌言學,則學爲無用之學,聖賢爲無用之人矣。"遂不往。鹿公之見卓矣哉!

文詞與世道相爲盛衰:世道盛則文詞衰,文詞盛則世道衰。唐初文陋,而盛於韓柳;宋初文陋,而盛於蘇、王;明初文陋,而盛於何、李、歸、唐。其陋也,世道皆盛;其盛也,世道漸衰。譬之治家然,祖宗勤儉創業,耕田鑿井,日不暇給,烏覩所謂一觴一詠、咬文嚼字者乎?一觴一咏、咬文嚼字而已者,衰其至矣。

高岱論明代法詳之弊,曰:"事有宜密,雖腹心不得聞也,而必須關白;人有可用,雖將相不爲過也,而必循資格。錢穀出納,有足以利民者,專之可也,而憚於稽考之嚴。刑獄重輕,有當以情處者,遂之可也,而涉於出入之議。贓仗未具,知其爲盜而不敢誅也,符牒未下,知其爲奸而不敢捕也。機當速應,固之者有留難之虞;勢宜有待,促之者有遷延之譴。一金之費,干歷諸司;一令之行,徧咨群長。甲可乙否,此從彼違,图政理之志輕,而稽簿書之念重,敷治化之日少,而辦文移之日多。少有蕩軼,則下以廢法而訐其非,上以悖法而重其譴。故君子不敢爲善,殆甚於小人不敢爲惡矣。三代而下,惟漢爲禁網疏闊,故汲黯得以矯制而發倉粟,陳湯得以便宜而斬郅支。然當時不聞以法疏而多弊也。秦制日更,而奸愈滋,隋令日下,而亂益甚。法亦何以詳爲貴乎?明興之初,雖國用重典,而人以意通。故功要其成,事觀其利。不肖者以詳而懼,賢者不以詳而阻也。而何至如今日瑣瑣之甚乎?"有味乎其言之也。蓋上古法寬,後世法密;盛世法寬,衰世法密。有識者其知之也。

何喬遠《名山藏》曰:承平日久,士大夫談兵事所以弱,皆曰將非人也,士弗厲也,器弗精也,私門役使之也,朝廷以供土木之役也,而非其本也。夫今日之武將,非賄中官權門不得也。文臣與之處,必厚贈遺酬謝焉,抑而不敢聲,若無口者也。甲冑弱於縷綉,鞍軨脆於屨絇,而將氣已喪也。夫以是得居其官也,而又欲肥其家也,舍士卒之外,何人可朘削?士飢寒也,老弱也,而後法不行矣。法不行則技不精,勇伍不充,實武吏不得而振之,文吏亦安得而問之也?予平居聞督撫吮嚼武將者十六七,猶云,時平自怠棄。至於國家有事猶然,軍事之成敗,疆土之存亡,不實念也。嗚呼!弊乃至此乎?甚矣,文武之不可分也。

明初,令商輸粟於邊,官給鹽與引,貨買以酬其勞,名曰開中。商賈自出財力,招游民就塞下墾荒種藝,自爲保伍。塞下之人,其勤者,亦力耕歲收,以待貿易,邊備充足。至宏治中,户部尚書葉淇奏請折色,而邊儲大困矣。無識之人,壞朝廷事如此。

明初,令民養種馬課駒,後民苦之。萬歷初,張江陵當國,盡賣種馬,納價太僕。太僕出價買騸馬，而寄养於馬户，一時馬價充牣。而論者以爲變祖宗法，萬一有警，調發必闕。夫民間養馬，不論如何行之，皆不甚便。古人騋牝三千，思馬斯臧之詠，悉官養之。周之非子，唐之王毛仲，非明徵乎？若於邊荒置牧場，而以官領其事，歲課孳息，復佐以蕃人易茶之馬，國何憂無馬，而亦何必寄養於民乎？且也，復三物取士之法，而以騎射當古之御，則士之養馬者多矣；寓兵於農，則民之養馬者多矣。此又不求天下之馬蕃庶，而馬自蕃庶之道也。中國亦何至鰓鰓焉以馬少爲虞哉？

錦衣衛鎮撫司專主詰問奉旨對簿之人，兼得緝訪輦轂下奸私，名曰天子詔獄。歲上功兵部，捕獲多者爲右職，至有起身小校，超階勳臣。是以每每陰陽上意，影響人罪，以邀爵秩。囚不勝搒録，延喘甘承。且訪捕所及，家資若洗，甚至并其同室之有，席捲以去。故京師被訪之家稱爲剗，言若剗刮無餘。然者威挾於近貴也。夫刑獄有司寇專之矣，又有三法司會審矣，鎮撫司胡爲者哉！真弊政也。

明之廷杖，甚非刑不上大夫之意也。賢人君子，必多高蹈而不仕者矣。

閲史郄視·續　終

跋

《閲史郄視》五卷，吾友[1]蠡吾恕谷先生則古昔經世務之所爲作也。其於諸史中衆人囂囂置論不休者，都不濫及，而獨措思於其要者切者，若兵農諸大政，尤三致意焉。其憂深，其識遠，其旨約，其言文。有天下者，舉斯編而措之，以比隆前古之盛，有餘裕矣。自來汗牛充棟，群言滿家，無足復陳也。石門吴先生亟稱以爲有用之學，君子之言，信而有徵矣。愚受讀浹旬，洋洋乎涉之而見其廣且深，津津乎味之而覺其多且旨也。敬識簡端，以勸當世之得讀是書者。

德州愚弟孫勷敬書

余每謂天下無無用之學。其學而無用者，惟佛老二氏與帖括秀才而已。蓋空談性命，則必以事功爲粗迹，高語文章，則必以綜理爲瑣務。自古及今，宇宙河決魚爛，皆坐此病。今讀恕谷先生所著《閲史郄視》五卷，實獲我心。苟欲澄敘官方，振興士類，以此書爲正鵠可也。

石門弟吴謹跋

① 友，底本作"宗"，據《顔李叢書》改。

擬太平策

擬太平策·序

《中庸》論“爲下不倍”曰:“非天子不議禮、制度、考文。”而《魯論》乃載孔子、顔淵“夏時”、“殷輅”、“周冕”、“進退三王”,何也?《中庸》所言議、制、考,行其事也。孔顔則辨論之,以待君相之用,如後世獻策之類。少年閲《通鑑》,見王文中獻《太平十二策》,心竊韙之,而惜其書之不傳也。漢儒有曰:“《周禮》,周公致太平之書。”宋人有云:“儒者,爲往聖繼絶學,爲萬世開太平。”今幸際太平之世,明四目,達四聰,令士皆得陳言,而不思治平之策,則有負於儒矣,非爲下之義矣。乃撫枕準《周禮》,擬《太平策》如左。

七十三歲病夫李塨

擬太平策·卷一

天　　官六官，唐名爲吏、户、禮、兵、刑、工六部。

冢宰統六官，輔朝政，選建官人。《周禮》六官之外無官，如後世大理可去，以有刑部也。翰林院，古無之，增尚浮文，宜去。通政司，古納言之職也，其任甚重，自漢唐宋明以來，皆以宦官近侍傳命，故亂政亟行，宵小弄權，宜任士大夫，置司於朝門内，朝夕出納帝命。即下而縣尹把轉箣者，亦以六衙之士賢者充之，不宜用其僕役，則令行惟允。上而府藩，宣上達下，皆如之。

《周禮》：冢宰詔王以爵禄予奪馭群臣，小宰以六計弊群吏之治，大司馬進賢興功司士，以德詔爵，以功詔禄。今郡縣較封建黜陟尤夥，宜冢宰掌之，而司馬副之。分設其司，如選司掌選補推陞，考功掌考察降罰，驗封掌百官封爵，稽勳掌百官制喪終養世職之類。

三代治民，匹夫匹婦無一不治。漢唐賢君不擾民，非治民也。且百里而一令，雖欲治無由，不封建而封建，其分鄉乎？其不傳子而傳賢乎？其久任而重其權乎？

《周禮》：鄉五家立比，長以下士。今可自十家始。選一傑者或才或德爲保長，督察十家，爲未入流官。十保百家爲里，里師以下士，九品，督十保長，朝出民，暮入民，以課農。歲課一家桑麻若干，園蔬若干，牛馬鷄豚若干。《孟子》家五母鷄、二母彘，亦非定數，以多反妨生産也。女功亦稽焉。詰奸宄盜賊，驅游惰，征賦税，教百家之子弟八歲堪入小學者。事繁則置佐，亦以下士。水地民居星落，不能百家一聚者，合數落足之。十里爲邑千家，以中士爲邑宰，八品，教邑學子弟，督十里師之政。事繁置佐，以下士陞为中士佐之。十邑萬家爲鄉，鄉正以上士，七品，教鄉學子弟，督十邑宰之政。事繁置佐，以中士陞爲上士佐之，佐多少，量事繁簡。四鄉爲縣，或三鄉不等，立縣尹，六品，教縣學子弟，統六衙，督四鄉正政。六衙，吏、户、禮、兵、刑、工也，銜同邑宰，而考督鄉正，縣尊也。縣城中，民百家亦立保長、里師；千家亦立邑宰，與城外同爲鄉，屬於鄉正。十縣上下爲府，府守五品，督縣政。鄉用其鄉人,衙用縣人,縣府自外陞者不過五百里。八府上下爲藩,藩伯四品,督府政。府衙七品,藩衙六品。

部各自選其屬。兵五部呈於吏部,吏五部亦呈於兵部,皆呈於天子定之。藩選府,府選縣,縣選六衙鄉正,衙鄉各選其屬。衙鄉呈於縣,誤,駁之。縣呈府,如之。府呈藩,如之。藩呈所用於吏部、兵部。用之,誤,駁之。皆票之而呈於天子定之。此孔子言宰與人公舉賢才之意也。外參以巡按,内參以察院,三載考績。師保考冢宰賢否。冢宰考五部、都察、金吾、通政堂官及藩公賢否。師保、六部、都察、金吾、通政各考其屬。藩伯考其六衙府守。府守考其六衙縣尹。縣考其六衙鄉正。鄉正考其邑宰、里師。俱有考語。鄉上之縣,縣上之府,府上藩,藩上吏部、兵部,而俱上之天子。外則巡按核其實,藩公亦考巡按。内則察院核其實,分上、中、下。上奬之,中飭之,下勑責之。貪酷昏惰者立除之,甚誅之。九載考績,黜陟幽明。三考皆上,加爵禄,而仍其官,久任責成也。必以上缺官,不得已乃陞之離任。皆中,或留或降。皆下,黜。其有賢績,或不肖殊尤,外藩公巡按,内堂官察院又不時舉劾之。凡堂官於屬官,有罪過,撻以記之,書以識之,以待考績黜陟。

藩伯五年一朝,述職。内藩東、南、西、北;邊藩西、北、東、南。四歲徧。閒一藩朝一藩,二歲一方徧。

《儀禮》諸侯覲王有庭實。《魯論》聘有享覿。《左傳》藩國朝,發幣於公卿。官吏往來,盛世不廢也。藩伯朝貢,上士儀,三品以上皆有餽。朝廷考察後燕之,優賞之,堂官各延燕。鄉正於縣,縣於府,府於藩,春秋、元旦皆有餽遺。外止米脡,内止幣帛,餽銀錢者以贓論。

五部正堂三品,副堂品同藩伯。司官五品六品。冢宰二品,副三品,司官同五部。太師、太保,一品,少二品。九品約禄米三十石,錢二十貫。八品五十石,三十貫。七品八十石,五十貫。六品百二十石,八十貫,帛十端,布二十端。五品二百石,一百貫,帛十五端,布三十端。四品四百石,二百貫,帛三十端,布四十端。三品六百石,三百貫,帛四十端,布六十端。二品八百石,四百貫,帛六十端,布一百端。一品一千二百石,八百貫,帛一百端,布二百端。若禄有餘,甯厚養廉,以便厲禁貪也。

京官有僦居之費。五品以下加禄,如五品以四、五之間俸之,米三百石,錢一百五十貫,帛十七端,布三十五端。餘以此推之。

學士教於縣也,歲給米三石;貢於府以上也,米五石;試各署,米八石。

明有訟狀紙價。每告一狀,納錢百,以備文卷紙費也。地方官除禄外收之。此外取一絲一粒皆爲贓。

京官府史,選之成均退士。府藏文卷,史主書寫,而文稿看語,則官正佐自主之,府史不與也。歲工食米二十四石,錢十五貫。各衙門府史有進益者,閒薦爲本衙門士。胥徒選之司馬之兵。胥有才智,與徒同給。徵令行刑,三歲一更。藩府府史如之,胥徒選之戍兵。縣衙府史亦如之,胥徒亦戍兵,亦有班。鄉正以下,府史以學士,胥徒以官兵不戍者。

鄉正以下,土居親民。非有必宜轉用者,不輕陞離。里師陞邑宰,邑宰陞鄉正,鄉正陞縣,縣陞府,亦陞御史,府陞藩,藩陞吏部副堂,副堂亦轉藩。縣衙佐陞衙,縣吏衙陞府吏,下五衙如之。府吏衙陞藩吏,下五衙如之。藩吏衙陞吏部六品司官,餘皆如之。六品司官陞五品司官,五品司官陞副堂,副堂陞正堂。惟兵衙陞兵部司,亦陞金吾,屬官以次轉金吾。冢宰陞師保,五部都憲亦間陞。此唐虞水、火、工、虞,終身一官之法也。陸世儀曰:"誦讀則一無所长,筮仕乃無所不任。吏轉户,户轉兵,是奬人善鍛而使爲工師也。"

士之貢也,必首以孝;官之陞也,必首以廉。

古天子一后、三夫人、九嬪、二十七世婦、八十一御妻,共一百二十二人。鄭《注》曰,君子不苟於色,不必備。諸侯一娶九女,大夫三女,士有陪貳,惟農工商爲匹夫匹婦。後世天子仍宜遵古制,聘賢女立之。而冢宰管寺人以考察之,有失,則輔天子正之。一品以至四品,不得過九女,五品以至九品,不得過三女。若娶而不生子者,或有所歸,去之,或無所歸,別養之而再娶。庶民無子,亦許置側。

《周禮》内宰以陰禮教六宫。中春,詔后率内命婦,始蠶事於北郊,以爲祭服。上春,詔王后帥六宫之人生穜稑之種而獻之王。世婦掌祭祀賓客喪紀之事,帥女官而濯,概爲粢盛。女御掌御,敘於王之燕寢,以歲時獻絲枲功事。則自后以下,皆有職事,无一閒曠。所謂修内治以化天下也。今宫壼嚴肅,外官不得入,宜冢宰督寺人,詔后以下行之。

冢宰管宫寺,有罪杖之,或誅之。

寺人給事宫中,宫中給之衣食,不許出外與外官接,不稱官,不制禄。外尚有婦女,婦以罪沒入者,女募之民間,十歲人,二十出,皆有定數。

膳夫冰酒醯醢及醫,《周禮》皆在天官,則後世光禄、精膳、太醫諸官也。冢宰輔相王躬,故皆統之。

《周禮》掌舍、掌幕屬天官,司右、太僕屬夏官,皆以士大夫。所謂供王使,令前後左右,罔非正人也。有統屬則不肆。

禁官人以世。天子之子,封公,禄一品。公子侯,二品。侯子伯,三品。伯子子男,四品。子男子以下,宗人官統之。宗人官,四品,使同國子入成均,學成選用。勳臣封侯,侯子伯,伯子子男。元勳亦封公。即衍聖公亦不世,卒,則藩伯、巡按公選其族德行道藝優者襲之。

擬太平策·卷一 終

擬太平策·卷二

地　官

唐虞司徒専主教。《周禮》主教，亦主農田征賦。漢唐後，専主糧税。今按道德齊禮，教宜歸禮部。如一縣鄉正以下，農田征赋，户衙督之，學校教法，禮衙督之。而天下一家，征多於古，户部亦宜按藩分司；如山東司、江南司之類。

田有水可蓄洩者，則溝洫井之。溝洫從圩圍之便，水田工費，一夫三十畝即可。無水而人民新造地足分者，則均之。一家八口百畝。中人左右足各一蹺，與兩肱舒直等五尺也，爲一步。步百爲畝。如不得均，則限之。一夫不得過五十畝，多者許賣，不許買，宅亦有限。

非均田，則貧富不均，不能人人有恒產。均田，第一仁政也。但今世奪富與貧，殊爲艱難。顔先生有佃户分種之説，今思之甚妙。如一富家，有田十頃，爲之留一頃，而令九家佃種九頃。耕牛、子種，佃户自備，無者領於官，秋收還。秋熟，以四十畝糧交地主，而以十畝代地主納官。納官者，即古什一之征也。地主用五十畝，則今日停分佃户也，而佃户自收五十畝。過三十年爲一世，地主之享地利終其身亦可，已矣，則地全歸佃户。若三十年以前，地主佃户情願買賣者，聽之。若地主子弟衆，情願力農者，三頃兩頃可以聽其自種，但不得多雇傭以占地利。每一佃户，必一家有三四人可以自力耕鋤，方算一家。無者，或兩家三家共作一家。地不足者，一家五十畝亦可。無地可分者，移之荒處。

《周禮》遂師巡其稼穡，而移用其民，以救其時事。

户納絹三尺、綿一兩，或布六尺、麻二兩。

旱地溝洫，徒費也，但與鄰田栽樹以清疆界，以毓材木。

禁銀永不許充征，但如金珠玉翠爲器飾用，或雜税以錢，應亦以銀。

分士農工商四民。十家一牌，注明某士某農某工商。縣有籍，士歸學，農歸田，工造作，不出其鄉。商行者不得過千里，遠販侈靡淫巧者誅。凡行商必里師邑宰與之印票，計日歸收之。無印票,許外人收其貨,責其人。

《王制》:司空興事勸功,无曠土,無游民。司徒命鄉簡不帥教者以告,使觀學行禮以變之,不變,移之郊遂遠方。樂正教國子,簡不帥教者以告,王視學變之,不變,屏之棘寄。自蕭曹以清淨爲治,以獄市客奸,而民始多閒曠。自佛老以清閒爲教,而民始以閒爲貴,而天下靡亂矣。天下有一無事之民,則一民廢,無一無事之民,則天下治。今士人靜坐講無極性天空談,或玩愒觴咏,或博奕嬉戲。里井之民,閒處曠遊,群飲聚談。非勤學,非力農,非工商力作,皆游惰也。司徒督各藩,令各縣户衙督鄉官,凡保中有游惰者,保長教之,不變,稟於里師責之。自里師以上皆有杖。不變,稟邑宰責之。不變,稟鄉正責之。不變,縣責之。又不變,士宜如明太祖築逍遙樓令爲其玩而斷其食,哀毁求改,誠者釋之,不變,閉而斃之。農工商背竪堅木,等身貫木,項一環,腰一環,膝下一環,束緊鐵鑄之,令可食不可屈,轉發其鄉里,執更守門三年。悔改誠者,乃除之,歸業,不者,終其身。

官日有事,無事即冗員,去其人,除其職。

凡保里之民以事外出者,稟印官給以票。無票外即,圜土納之,歸問罪。

凡産物商有厚利者,即産地徵征其税。如布帛等民間交易者,無征,販商或匹一二十文,或銀一二分。

烟奪地利,禁之善。

《周禮》:凡庶民無畜者,祭無牲;不耕者,祭無盛;不樹者,无槨;不蠶者,不帛;不績者,不衰。

《王制》:行養老之禮,后引户校。年八十者,一子不從政;九十者,其家不從政;廢疾非人不養[①]者,一人不從政;鰥寡孤獨無依者,皆有常餼。

李杜曰:"今違古而修墓,且惑於風水,家各爲塋,曠土失農,甚非策也。"宜彷《周禮》冢人墓大夫之制,國北、鄉北族葬。惟名宦顯德,稍爲封識,柩前立石柱,刻云"某公卿之冢"或"某聖賢之冢"。翁仲松柏不許竪植,餘冢更不許斥修。

擬太平策·卷二　終

① 養,底本作"舉",據《顔李叢書》本改。

擬太平策·卷三

春　官

宗伯，掌天子及藩府縣天神人鬼、地示祭祀、耕籍視學、養老恤喪、兵凶冠昏、朝享射飲、庠序貢舉、頒歷救護、賞賚晋貢之禮，而分司職之。

南郊，南向祭天，配以祖，東上，天道尚左也。北郊，北向祭地，配以祖，亦東上，地道尚右也。藩府縣不敢祭天地日月，而祭社稷風雲雷雨山川在其地者，社遍於鄉里。

宗廟。天子七廟，始祖下六世，踰六則祧入遷廟。高曾祖禰若有變，則禮但論歷數爲世次，不論倫次。如《春秋》，閔公弟，僖公兄。僖繼閔而文公躋之，孔子以爲逆祀。《左傳》以閔僖爲父子，而子先父，謂閔爲君，僖曾爲臣，君臣即同父子。《公羊》以爲先禰後祖，謂文公立，僖宜入禰廟，閔宜升祖廟，是論世次不論倫次也。典午廟制，兄弟同爲一世，非也。夏父弗忌曰："僖明爲昭，閔次爲穆而宗。"有司曰："非昭穆也"。《穀梁》亦云逆祀，是無昭穆也。則躋者與譏其躋者，兩端不同，而皆分兄弟爲昭穆二廟。後儒謂兄弟同一廟，無據之説也。典午論倫次有尊行，繼者將已祧之祖父又請入廟，先帝之已入廟者退而不祀，其爲訛謬，顯然可見也。若一品以至九品，皆立家祠，祭高曾祖禰明制以收族，立公祠，祭始祖以下，以收遠族。高祖主祧，則入公祠。祭儀有等殺，祠廟如其室，庶人祭於寢。

《春秋》：嫡母生母文同禮同，宜定制。自天子庶子爲君，以及庶人庶子承後者，生母祔葬入廟，一同嫡禮。

陸世儀曰：藩府縣官，皆宜立宗廟。冠昏喪祭，皆在任行，以爲民倡。到任則請祖禰主入廟，四時祭之。屬官以班助。去則遷主，而繼者入之。遭喪不去任，佐攝政，葬後墨衰以臨，退返堊室守喪禮。其吉事以佐攝。公祠則立於族居，不於任，祭以攝。

府縣鄉官，約皆土著，可立廟，行喪祭禮。藩伯以至京官，任非親民，而天下人皆在焉，喪禮難在任舉行也。遭喪，即令返里治葬守喪，服闋復。位或别選人，或以人攝。若祭可於任行，但遠則遷主爲難，而四品以上必當祭始祖，而其主在公祠，不可移，則始祖四親立行位，率屬官以祭。京官僦邸無廟，祭於居室之堂。其无屬官者，延僚友相禮燕餕。

令京官及藩府縣鄉，除朝參外，皆行朔望禮，拜父母家祠。家人各拜其長，外拜應祀神祇。屬吏拜其長。

《周禮》仕學不分，文武不分，兵民不分，官吏不分，而上之君師不分。此所以致太平也。

頒三物教法於各藩。自府下縣，鄉吏受之，各以教其所治。保長擇十家子弟八歲可教之學者，聞於里師。師選之入里學，教幼儀退讓，認字學書，即解字義。先書有用字，習小九九。踰三年，十一歲，不可者罷，可，選入邑學。邑宰教以孝弟忠信、幼儀惟謹，習六書、九章，學歌，讀《論語》《曲禮》。凡邑有喪祭役政，則率弟子與事。有能，書之。踰三年，十四歲，不可者罷，可，選入鄉學。鄉正教幼儀加詳，吹篴簫，鼓琴瑟，舞勺，習射御。騎即御也。凡邑鄉喪祭役政，官率之執事，書敬敏有學者。踰三年，十七歲，庸劣者罷，縣尹選俊者冠，入縣學，教以智仁聖義忠和之德，孝友睦婣任卹之行。各閲一經，如《孝經》《詩》《書》《儀禮》《周禮》《禮記》，《大學》《中庸》仍入《記》，至《易》《春秋》《孟子》《左傳》，願閲者聽。若《爾雅》《公羊》《穀梁》，不必名經。《爾雅》學書時已解授之。學大禮大樂，閲史《鑑》律例，作策論，简達而止。學騎射。凡縣有喪祭、賓飲、兵役，學士皆與執事，掌其文書。事訖，書某某德、某某行、某某藝優。踰三年，二十歲，庸劣者仍罷歸農工商，儁者貢之府學。府守教試之三月，下者返之縣、鄉及邑，再教之。貢俊於藩學。藩伯教試之三月，下者返之府、縣及鄉，貢俊於太學。宗伯令成均大司樂教試之三月，大司樂五品。宗伯又親試之。遠僻學士入京艱者，成均遣官以時至其地教試之，下退之藩、府及縣。成均、藩府觀諸生之學，即可知其教之高下勤惰，因以爲鄉官之殿最，而申飭之，記之，以俟九載黜陟。取中者爲太學生，遣歸有室。縣尹六衙，公量其才學，定其科目：兼科、農科、禮科、樂科、兵科、刑科、工科。惟兼科多，以用多也。兼科入尹署、吏衙署，農入户衙署，禮樂入禮衙署，兵、刑、工各入其署，試其事而爲之附。三年，蓋二十四歲矣。選明習厥事者，尹署兼科爲里師，吏署兼科爲吏署下士，佐政。餘科各佐其署。吏、農、禮、刑科亦間爲里師，兵科亦爲巡檢驛丞，工科亦爲司市，農亦爲倉使。未明練者，再試三年而進退之。進爲下士，退爲府史。外有天文、地理、醫卜、水火專科者，地理入兵、工二署，爲山原川澤等官，水、火入工署，醫入吏署，卜入禮署，天文貢於欽天監爲天文生。成均藩府返士，再教再貢之。

禮有盡人而習者，如視聽言動以禮是也；有人人習之以待行者，如冠昏喪祭士相見是也；有童子即習者，灑掃應對進退也：不分科者也。如宗廟、朝見諸典制之類，學之以待入官，則分科者也。

《周禮》:太師、少師以大夫、士。其他肄業奏樂,以供燕射君,舉如上瞽、中瞽、下瞽,則皆伶工,不必士也。

成均司掌教天子之庶子庶孫,公侯伯子男之子。凡京官子弟,謂之國子。其屬有下士,教八歲以上,中士教十一歲以上,上士教十四歲以上,少司樂教十七歲以上,二十歲則大司樂教之,兼主教試藩所貢士。

藩辦事下士取之府,府辦事下士取之縣,在京各衙門辦事下士皆取諸藩京。下士陞中士,中士陞上士,上士陞六品,司官與藩衙同。

歷用小術,通書建破等説,又每月以六甲六十日吉凶神煞多少,定修造昏祭宜否,虚誕膠固,宜洗之。倣《月令》,十二月,分二十四氣,如立春禁民伐樹覆巢,相土所宜穀之類,以敬授人時。月吉,則鄉吏以《月歷》各教其民,即古視朔也。

設議禮司,掌一品以至九品冠昏喪祭燕賓禮節等殺。

《周禮》:女御掌御叙於王之燕寢。鄭《注》賈《疏》云:"不使嬪婦掌者,恐尊者掌則專妬。女御官卑,不敢也。於王之燕寢,則王不就后宫息也。"《毛傳》曰:"后妃群妾,以禮御於君,女史書其月日。有子則以金環退之。當御者以銀環進之,著於左手;既御,著於右手。"按此則九嬪以下,九人一夜。有孕不進,疾不進,月事正行者不進,滿五十不進,值齊日不進,其人有父母喪不進。后當夕,則王退至后宫,餘俱不在后宫。而嬪御抱衾與裯以服侍王於燕寢。《内則》云:"將御者,齊漱澣,慎衣服,櫛縰笄總,拂髦綦屨。"然宜立制,曰"御叙三年不近者,歸其家嫁之"。

明選駙馬於民間,不倫也。凡帝女下嫁,宜擇大臣子弟賢者,令媒通之,而事舅姑,順夫子,如士民禮。

制度司,掌各官冠服、輿蓋、宫室、儀衛、宅兆等殺。畫一律度量衡,四民務一道同風。如僧、道、回回、天主等衣食行習不同者,禮衙鄉吏變之。不變,聞於上,屏之。四夷强梗者立誅之。

考文司禮樂射御書数。考古準今,爲書經史,考訂精核,皆刻摹,頒各藩。離京遠者,藩禮衙依式鐫布。諸子百家及明人性理諸書、八比時文,不許鐫賣。文集如韓愈可觀,餘不許鐫賣。若佛仙异書及小説,劉其板,焚其册,敢存留者問重罪。

祠祭司正天下祀典。除天子祭天地日月山川社稷七祀宗廟、歷代聖帝明王文廟,藩府縣祭社稷、境内山川、文廟、名宦、鄉賢、忠孝節義,士庶各祭其先五祀。里社外皆爲淫祠。如泰伯、關公之賢,亦祇各祀其鄉,他方不得濫設。若仙佛諸宫,一概改爲民居,建造者問重罪。

禁市井開酒肆群飲。家自釀黍秔養老燕賓者,聽。燒鍋白酒厲禁絕。民間許春秋祀社祈報，鼓吹演樂，群飲一日，以舒民勞。他日禁。

正樂司古樂升歌笙入合樂合語舞蹈諸法，頒行藩縣。今樂演齣，亦不必廢。惟音叶律呂，事歸忠孝節義，訂册頒行。若私演男女淫媟之事之聲者，毀其册，重責其人。

《周禮》：龜卜占筮在春官，宜如之。而選擇時日，亦隸卜筮，以從事學問，則其術正也。

《周禮》有諸史，即起居注。史官有馮相、保章，即欽天監。

藩府縣禮衙，亦立左史右史各一，記一縣之事，并司冠昏喪祭諸文，如誌傳碑銘之類。

《周禮》：冢宰，正月始和，縣《治法》於象魏，徇以木鐸曰："不用法者，國有常刑。"司徒縣《教法》於象魏，徇以木鐸，如之。後世法繁，不能徧懸，宜擇孝弟睦恤禁盜及奸賭游惰重大者一二十條，元日示之。聚衆則令學士讀以警之，驅而使由，勝於講以使知也。

擬太平策・卷三　終

擬太平策·卷四

夏　官

司馬，掌調用天下兵馬。無事則修武備，儲將才，有事則審機宜，酌緩急，訓練田獵，除戎器，簡軍實，强本固藩，防邊靖海。各分其職爲司，兼副冢宰，論辨官材。

倣古寓兵於農。二十五家，約五口計之，得一百二十五人。除老弱婦女三之二，得强壯四十一人，選一官兵，二十應，六十退。二十五家人口田産配之，約與他二十五家等。器械，二十五家按田公製。四官兵選一馬官兵，甲冑芻豆，百家按田公出。无事則業其家之農，有事上戍出征，皆領糧於官，定以數。農隙，里師教其射與武藝。不上戍者，有盗同鄉兵捕。千家出四十官兵。邑宰三月試其射御擊刺火器。有隙，隨時教之。萬家出四百官兵，鄉正半年試之。冬月，縣兵衙至鄉，教之戰陣，比其藝而賞罰之。即以田獵，倣《周禮》以賞罰多少爲鄉正以下之殿最。戍縣者，四鄉歲二百人，供捉賊捕罪，夜分班巡城。有事用兵，多者臨時再調之鄉若干。戍府者歲三百，戍藩者歲二千，皆取於縣，一歲一更。府兵衙教府兵，藩兵衙教藩兵。而府守、藩公、巡按、御史，間歲三歲，各閲其藩、郡、縣兵。又有鄉兵，百家除十保長、四官兵、太學生，尚八十餘家。家一人，選四十鄉兵爲四牌，一牌二鎗、二刀、二弓矢、二鳥鎗，牌首督之。餘爲火夫四十餘人。里濬濠。濠内起土，即爲牆，二門二舖。冬月一更一人守巡，二舖十人，擊柝金，二舖迭傳，四夜一周。鄉兵每夜十人巡火夫，而稟其惰者於里師。官兵夜一人巡鄉兵，如之。里師又間巡之邑，如之。有盗，舉信礮信火。礮以次傳鄉及縣。火惟盗處舉，皆望火來捕救。鄉兵亦各官教閲之，縣兵衙間一試之。季冬，隨官兵圍田。有若曰："百姓足，君孰與不足？"余曰："百姓强，君孰與不强？"

天下處處皆糧，則天下富。天下人人習兵，則天下强。

有草竊，縣尹、縣兵衙便宜發兵捕之，聞於上。不克，乃郡發兵。又，乃藩發。大警須衆兵，天子遣使合符，以發郡縣兵。用古制，銅虎符半留朝，半與藩伯。合符以令司馬，司馬始發兵於郡縣。多寡聽其用。司馬不奉藩伯檄，不得擅發郡縣兵，而無合符，藩伯亦不得擅檄司馬。惟邊警則便宜發兵，不待符。左、右藩亦便宜發兵，或旁擊以分其勢，或乘間以搗其虛。

凡兵報驛遞，俱宜迅速，日夜約五六百里。

官兵、鄉兵習射。士學射，貢士射，試士射，而燕飲擇官與祭、藩伯來朝皆射，又比禮比樂，惟六十以上免射，則射之精者出。縣貢士，府藩成均試士，步射，外官與馬復試騎射。三品以下官乘馬，不許坐轎。若乘車，復古立乘禮，六十以上乃坐。乘，則御之精者出。朝廷養馬於西北邊，如周非子、唐王毛仲。復明茶馬舊制，以茶易番馬，而士兵皆有馬。民養馬，或乘或力田者，無禁，則馬自蕃。

金吾衛兵二萬，大將軍訓之。京營兵八萬，大小司馬訓之。皆以召募，二十進，六十退。有田屯之，不則給糧。

各邊兵亦召募，多寡隨其地，邊藩統之，且屯且守。

關津立巡檢，驛遞立驛丞，其胥徒選於鄉兵。捕奸盜，備非常。

《周禮》司士在兵部，朝士在刑部，皆正朝儀之官，即後世黄門給事也，宜入禮部。其職亦主封駁。凡詔令下，皆由之，有不便者封還之。

《周禮》有司甲司弓矢諸官，則器械設司守藏，宜精固如法。

擬太平策・卷四　終

擬太平策·卷五

秋　官

司寇，掌天下刑罰而持其平。各藩分司如户部。

求不刑而不得乃刑之。刑，原仁也。刑一儆百，以安萬民，又以成仁也。

《周禮》："刑新國用輕典，刑平國用中典，刑亂國用重典。"

又曰："聽訟：一詞聽，二色聽，三氣聽，四耳聽，五目聽。"

笞杖，鄉縣自理之。季冬，鄉聞縣，縣聞府。笞若干，杖若干，繁酷申飭之。不變及故出入人罪，劾之。巡按亦察劾之。徒流，府聞藩，藩定之。年終聞部，徒某，流某。繁酷申飭之，不變及故出入人罪，劾之。内外御史亦察劾之。死罪，解府藩，府藩覆審之，巡按参之，達部，部勘之，至秋乃决。關係兵事，主將立决者不論。

明問罪充軍，大誤。軍者，民之傑，國之大事，戡亂安民，以定社稷，曷乃以爲罪所也？

王源曰："有數罪當加以肉刑：官吏犯贓錢一貫以上即墨贓字於面，終身不齒於人矣。强盜不得財者刖，竊盜再犯亦刖，不可復爲盜矣。賭，盜之源，初犯杖，再犯斷右手，三左手，不能復賭矣。姦者宫之，和，則婦人劓。宫者，不能復淫矣。禁娼妓，不變者幽閉之。"

王源曰："《律例》笞止五十，而六十則爲杖。乃杖至二百，而百杖以外人必死。於是以徒折杖，以杖折徒，以徒折流，以流包杖。又有收贖，紛瑣，得以上下。不如杖止於八十，更重則徒。徒一年以至三年五等，未有不杖八十或六十者，是徒重於杖，不必折也。徒有役，流無役，至遠不過三千里，則不得歸之流寓耳，未嘗重於徒也。應以二千里、三千里及烟瘴邊外爲三等，而終身徒役其地，則但輕於死而重於徒。"

擬太平策·卷五　終

擬太平策·卷六

冬　官

司事《周禮》曰:"冬官掌邦事。"鄭子曰:"鶻鳩司事。"掌天下地域。山川阨塞、輿圖城隍、宫室縣邑、溝洫封澮、田井倉庫,各有分司,以考金、木、水、火、土五材之工。

《周禮》:鄉黨皆有地域溝樹之封畺,關津亦然。所以固險防戎,且毓材也。

《周禮》:司寇有司民,掌登民數,天子拜登。今縣鄉五年編審,去舊增新,二十入丁,六十免,宜司工部,以主力役也。編審以十家牌照之,則無包丁,無漏丁。

府統州縣,或三四十城,廣二千餘里;或兩縣,二三百里。畝,或一畝,或數畝、十餘畝爲一畝。糧,各處懸殊不均甚也。必因山川形勢畫藩,隨幅幁曲折分府縣。藩統府,不踰七八,府統縣,不踰十餘。畆,合郡縣用坵丈除山川、城郭、圩塗,令各户認其田若干,而總計之,定上田糧若干,中、下若干。

建都:金陵柔脆,汴梁四衝,洛陽狹小,長安雄固,在崤函以控山東,而西北險不綿亘,外人易入,且後世費夥,運道難謚。惟燕京,險則燕山以爲城,千里綿峙,漕則河海以爲池,巨浪直達,背倚盤石,而伸手從左腋取物。况直塞門户,千擲戒嚴,天子在邊,四方全力注之。自甘肅而甯夏,而河套,而開平大甯,而遼左開元,通筋束骨,一線穿成。但背尚患其薄,必甯夏、河套、陰山、開平、大甯一帶,凡沙幕南可耕種屯牧之地,盡復之,建藩而官理之,而民分鄉里居之。繩四民以腹裏之治,屯兵守之,所謂幕南無王庭也,則固。

都燕,則東北水利必宜開行,如虞集等所議。凡山水常給及有池塘存注不竭者,專官督民種稻,則南漕可省。

運復元人海運。選熟知海道者,各島立標識,設救船,建巡兵,使運道無患,且以靖海。

海運行則會通河可廢,廢則淮河易治。塞固清口,使淮河分流如古。淮自洪澤湖,開翟家壩、周家閘以通高寶諸湖,直趨下河,開海濱范公堤海口入海。河兩岸遙堤縷堤已有成績,不必廢。中淤者用混江龍、鐵掃帚諸器歲濬之。廣開雲梯關下海之路可也。不則仍見蹟以淮刷黄,同歸於海亦可。

《考工記》曰:"溝必因水勢,防必因地勢。善溝者水漱之,善防者水淫之。"謂淤泥淫液也。

《周禮》:山虞掌山林,林衡巡林麓,川衡巡川澤,澤虞掌國澤財物,迹人掌苑囿,皆有守禁。不弛與民者,以民知取而不知節,竭盜爭奪,勢必濯濯,而民用以匱也。皆立官毓之修之,令人守之,如漁户網户之類,至可取時,然後令取之。如茶、如鐵、如木竹、如魚蝦、如灰炭、如人參、黄連、椒桂、山珍海錯,皆自産地量税之,以後出肆度關,不征也。惟魚翻池,草連原,雉兔微物,任民取之,無禁。鹽商亦於鹽場税之,其鬻也,任其所之。若小山澤出物微者,縣鄉攝掌之。

廾人掌金玉錫石之地,而爲之厲禁以守之。若以時取之,則物其地,《注》《疏》:占其形色,嘗其鹹淡,即知有金玉也。圖而授之,巡其禁令。如此,則後之開礦啟亂者少矣!

江浙等處,設織造府,供朝廷祭朝諸用。

理蕃司主外人朝貢、交易。

寶源司鑄錢,分大小以權子母。以黄銅爲小錢,每文重一錢五分;青銅爲大錢,重二錢。支物價、官禄、兵餉。離京遠者,藩亦許鼓鑄。各鑄字以别美惡,惜費者罪,有私鑄則斬。

開中,明法也。召鹽商屯田於邊,開若干田,行若干鹽。

民出力役,歲三日。工役於官,亦有日。

僕從制立定數,多者罪之。

各府縣修道塗橋梁以便行,開溝渠以洩水涝。工衙督鄉邑以時。

縣四鄉,立四司市。凡有市之邑里,立市長、司市督之。《周禮》云,"無者使有",如農器,無者則農不便,招其商以來之。"利者使阜",器利而來者少,起其價以多之。"害者使無",如賭具淫方,責其商,毁其具。"靡者使微",如冠帔過侈之類,抑其價,則來者少也。司市、市長俱下士。然市少市遠,則民習樸儉,多者罷之。

各處倉厫,本地官監之。在他處者,特設倉使,以下士。

田獵習殺,亦以行仁。古《禮》如不合圍、不掩群、不斬胎、不覆巢諸《禮》,皆宜頒示而厲禁之。

古《禮》如數罟不入洿池、諸侯無故不殺牛等,皆宜禁示。

擬太平策・卷六　終

擬太平策·卷七

六部外有

師保府。太師、太保、少師、少保以德優老臣爲之。天子退朝，坐而論道論治。凡京藩申奏事、六部大事，當達師保府者，師保視而票之，天子批答之。冢宰佐天子修身齊家，師保佐天子誠意正心。又有太子太師二品，少師三品，太保少保同，與天子師保府相接，而別爲地。太以少宰轉之，少以藩伯陞之，弼教太子以君道。其德行道藝，一同訓士。其下皆有中書，品同六官司官，以任使令。

都察院，言官也，不統於部，恐銜也。都御史品同五部長，左、右副都各一。繩君闕，陳利弊，劾奸貪，達民隱。其屬監察御史，品同六部司，皆許風聞言事。內而巡視京城，外巡按各藩，以代天子巡狩，三歲一易。

《周禮》太僕建鼓於大寢之門外，而掌其政，即後世"登闻鼓"也。歲一御史掌之，以達冤、達變、達急遞。

凡奏疏以及六部啓事，皆令寥寥数語，明達其事即止，不得前引後結，中间誦聖鋪張，以便觀。違者問以罪。

金吾衞、金吾大將軍品同都憲，以下副裨次之，典禁旅，不使兵權歸於一部也。分兵守宫門，稽出入。又分兵徼巡宫城，備非常。兵部兵則守外城。

瘳忘编

瘳忘編·自序

宋陽里華子中年而病忘，塗忘行，室忘坐。魯有儒生能治之。華子妻子以居室之半請其方。儒生曰："吾試化其心，變其慮，其有瘳乎?"於是，露之而求衣，飢之而求食，幽之而求明。儒生忻然告其子曰："病可已也。然吾之方密傳，世不以告人。試屏左右。"獨與居室，七日從之，積年之病，一朝都除。華子既悟，大怒，操戈逐儒生。宋人執而問其以，華子曰："曩吾忘也，不覺天地之有無，玆紛然萬緒起，須臾之忘何可得也?"今天下之病忘甚矣。家食則兀坐而忘民物，擔爵則簿書而忘國家，誦讀則分章摘句而忘聖賢，廷獻則錘篇琢字而忘君父。天地之若有若無也，亦久矣。哀公問於孔子曰："人有好忘者，徙宅而忘其妻，信乎?"孔子曰："更有甚者，桀紂乃忘其身。"世之引命死節愚忠愚孝之爲者，多自忘身者也。施邦曜《絕命辭》云："愧無半策匡時難，惟有微軀報主恩。"豈非平日忘其身已久耶?忘之甚者，至於死而不悟。則或人以爲疾，而彼以爲樂，如華子未可知也。然世之露之飢之幽之，亦層嘗而彌加，則病忘之疾，或亦久而當已時耶。余行年已二十餘，頗踔厲欲有爲，而精神短淺，多忽忽病忘，每念孔北海志大才踈，輒爲之瞿然，終日無已。以古人之方脉，起久疴之痼疾，乃攟摭書史大略，書之赫蹏，以當七日之診吾之病忘也，庶差瘳乎? 若以爲欲醫世人之忘，則余稚弱何人，固不敢妄效魯生，致華子操戈而起也。但世有願觀者，吾当執是以往，又不敢曰"密傳禁方，不以示人"矣。

康熙癸亥夏日蠡吾後學李塨識時先生年二十五歲

瘳忘編·凡例[1]

一、是卷創於癸亥，訖於丁卯，其再得者，以次入下卷，數不可以預定也。

一、是編也，曾以質天中許酉山先生，而博陵顔習齋先生，則詳爲鑒定者也。大陵張含章豐村、蠡吾張鵬舉文升，又特爲校訂焉。至閲之謬以爲是者，則有襄平郭金城子固、陳於王健夫、檇李姚東明蘇門、蠡吾張而素函白、閻中寬公度、彭超翔千、陑陽齊爟燧侯、齊嵩年中岳。近又寄數則於臨城喬百一己百、成都費密此度。因依依膝下，未遑遠遊，四方君子，未請教者甚多，尚容就正也。

一、隨得隨書，初無次序，俟成編後，當以教養大端類次於前，而餘款彙列於後。然經濟之學，出而問世，輕重有條，緩急有序。而臨機應變，参互錯綜，又非可預定也。

楷按：原本二簽外皮一，内皮一，皆先生手書，"序"及"凡例"同。序後有"時先生年二十五歲"，係鍾君所書。内外皮各有"清白堂"三字，鍾君堂號也。序後并有李先生圖章二，一名一字。

又按：原本出於博野鍾氏。鍾君榮柯，係鍾濬巨川先生之子。巨川爲家兄蓮池書院友，金若先生後裔。金若先生之子鍾淑子能，曾受業，并教恕谷先生之子於齊家莊，此册當爲携去。原本非恕谷先生親筆，推"序"與"凡例"係手寫耳。此外有改竄補正，各條均先生手迹。兹照原本記入眉上，其原本交齊家莊李裔保存之。

民國十年四月後學齊樹楷記於四存中學之校長室

---

① "凡例"二字爲點校者所加。

瘳忘編

禹曰："德惟善政，政在養民，水、火、金、木、土、穀惟修，正德、利用、厚生惟和，九功惟敍，九敍惟歌，戒之用休，董之用威，勸之以九歌，俾勿壞①。"

六府三事，此萬世親民之至道也。言水，則凡溝洫漕輓，治河防海，水戰藏冰，鹺榷諸事統之矣。言火，則凡焚山燒荒，火器火戰，與夫禁火改火諸燮理之法統之矣。言金，則凡冶鑄泉貨，修兵講武，大司馬之法統之矣。言木，則凡冬官所職，虞人所掌，若後世茶榷抽分諸事統之矣。言土，則凡體國經野，辨五土之性，治九州之宜，井田封建，山河城池諸地理之學統之矣。言穀，則凡后稷之所經營，田千秋、趙過之所補救，晁錯、劉晏之所謀爲，屯田貴粟實邊足餉諸農政統之矣。至三事，則所以經緯乎六府者也。正德，正此金、木、水、火、土、穀之德也。利用，利此金、木、水、火、土、穀之用也。厚生，厚此金、木、水、火、土、穀之生也。故徒正德而不能利用、厚生，則德流於空無迂腐；徒利用而不能正德、厚生，則用流於機械淫巧；徒厚生而不能正德、利用，則生失於刻嗇攘奪。然究之不能利用、厚生者，亦必不能正德。不能正德、厚生者，亦必不能利用。不能正德、利用者，亦必不能厚生。此六府所以欲其修，三事所以欲其和也歟！後世雜霸專言富强，而不知正德，迂儒專言誠正，而不知利用厚生，兩失之矣。

顔習齋曰："正德，正利用、厚生之德也。利用，利正德、厚生之用也。厚生，厚正德、利用之生也。"固名論哉。

《周禮》：大司徒以鄉三物教萬民而賓興之。一曰六德：知、仁、聖、義、中、和；一曰六行：孝、友、睦、婣、任、恤；一曰六藝：禮、樂、射、御、書、數。鄉大夫萬二千五百家各掌其鄉之

① 《顔李叢書》作"壞"，似誤，依《十三經注疏》改。

政教禁令。正月之吉，受教法於司徒，退而頒之於其鄉吏，使各以教其所治。以攷德行，察其道藝。以歲時登其夫家之衆寡，辨其可任者，以歲時入其書。三年則大比，考其德行道藝，而興賢者能者。鄉老及鄉大夫帥其吏，與其衆寡，以禮禮賓之。厥明，鄉老及鄉大夫群吏，獻賢能之書於王，王再拜受之，登於天府内史貳之。州長二千五百家各掌其州之教治政令之法。三年大比則大考州里，以贊鄉大夫廢興。黨正五百家各掌其黨之政令教治。正歲屬民讀法，而書其德行道藝，以歲時涖校比，及大比亦如之。族師百家各掌其族之戒令政令。月吉，則屬民而讀邦法，書其孝弟睦婣有學者。春秋祭酺亦如之。閭胥二十五家各掌其閭之徵令。凡夫春秋之祭祀役政喪紀之屬，聚衆庶，既比則讀法，書其敬敏任恤者。

《王制》：命鄉論秀士，升之司徒，曰選士。司徒論選士之秀者，而升之學，曰俊士。升於司徒者，不征於鄉，升於學者，不征於司徒，曰造士。大樂正論造士之秀者，以告於王，而升諸司馬，曰進士。司馬辨論官材，論進士之賢者，以告於王，而定其論。論定，然後官之。任官，然後爵之。位定，然後禄之。

此成周取士之法也。知則可以應變，仁則可以長仁，聖則可以御物。知以料事言也，聖以身之後利機神言也，非謂夫造極之聖也。義則心之有制，中則心之弗偏，和則心之無戾，非《中庸》所謂致中和之極也。此真德也，全德也，有用之德也。後人多以長厚質實爲德，愚民之德耳，何足以盡德乎？孝而順親，友而弟弟，睦而和族，婣而情敦婣婭，任而成機幹事，恤而分灾急患，此真行也，全行也，有用之行也。後人多以氣節丰裁爲行，節士之行耳，何足以盡行乎？至於六藝，可以修齊，可以治平，較詩賦時文之無用，又不可同年而語矣。

古人行必以車，戰必以車，故重御。後世不純用車，明高遂易以律，非也。今人行必以馬，則騎即古之御也。書生白面，持羈靮而顛倒，見踶齧而震駭，至於一騎疾馳，百夫皆奔，甘爲魚肉而不辭，則騎之學何可一人不習耶？若夫肩輿，乃以人代畜也，即古所謂乘人而鬬其捷也。王求禮不嘗上書以諫武后乎？且爲無用之物，不用可也。專主至尊者，用之亦可也。

魯生言禮樂百年後興，誠迂也。上之所好，下必甚焉。以功名奔走天下，誰非草耶？且百年後興，是特借爲粉飾太平之具耳，非斯須不去，欲以禮樂均齊寓内也，見亦左矣。

取士之法，至周而善矣，蔑以加矣。其所蓄人才，雖至於春秋戰國後世之開創者，未能及也。今復其制，即閒有參酌，而大體斷不可易。易之則亂道耳。胡寅云：取士，莫善於鄉舉里選，莫不善於詞章。近世如邱瓊山、馮慕崗輩皆以此爲言，蓋有識者所共見也。然必以學校爲先，學校興則禮樂明，文武合，人才蝟集，而選舉不以濫應。不然，則以庸老謹愿爲道德，以跅弛侈肆爲才略，而選舉因之廢。選舉行，則三物舉，三事修，人心激奮，而學校不爲徒設。不然，則以講性説書爲學問，以褭筆敲墨爲文章，而學校因之廢。故學校與選舉交相成也。

堯、舜有三事、六府之學，因有二《典》，使無此學，固無此書矣；周公有制作之學，因有二《禮》，使無此學，固無此書矣；孔子有祖述憲章之學，晚年不得用，門人思垂之以傳後世，因有《家語》《魯論》，使無此學，亦無此書矣。學藴而爲志，志在解阜，乃有《南風》，志在匡四國綏萬邦，乃有《東山》《棠棣》，志在東周，乃有《龜山》，使無此志，亦無此詩矣。後人不學古聖之學，不志古聖之志，徒讀古人遺書，以摩仿爲詩文，致使天下竟有不府事之二《典》，不制作之二《禮》，不祖述憲章之《語》《論》，不志解阜不志匡綏不志東周之《南風》《東山》《龜山》也，豈不异哉？且漢、晋之辭賦，必聱牙怪誕，唐之聲律，必組繪雕鏤，宋明之古文，必浩渺幽折，將一生精血筋力皆耗損於此，流而至今，才子儒生以詩文著述爲第一學問，胸中書藪，筆下文河，及出而應世，乃茫然，爲童婦觀之所笑。使非爲文墨所縛，而用力聖賢實學，何至於此？夫前人誤視古聖，以害一己，又留之以害後人，後人遂更相害，則才子儒生之蒙塵被禍，將何時底也？有巨眼出，浮詩浮文不秦火而焚矣。

讀全部《論語》，不爲讀《論語》，但實行"學而時習"一句，即爲讀《論語》。讀全部《禮記》，不爲讀《禮》，但實行"毋不敬"一句，亦爲讀《禮》。譬之師教弟子，曰："爾南行。"弟子不學其説即南行，師未必不喜也。兀坐不動而亦學之曰："爾南行。"師未必喜也。夫精神有幾？誦讀多一分，即躬行少一分，况書之爲物，易溺而無窮，將至終身無可行之日乎？宋明後學者，按書定案，守定書帙，低頭折腰，養如婦人女子，不惟學問經濟俱無，將自己精神力量亦并無之。一夫跳踉，天下束手，此可爲長啼也。

古之所謂文，《詩》、《書》、六藝，非若今之牙籤萬軸也。學《詩》以歌詩，非若今之讀盡全《詩》也。讀《書》以觀政，非若今之讀書使一言不忘也。至六藝，則又躬行實踐之功，非佔畢也。行之於身燦如也，被之於世焕如也，故曰"文"。若取詩文而讀之，以爲博學於文，則孔子何不教人讀禮而但習禮？何不教鯉讀二《南》而爲二《南》？且孔孟必熟誦乎《詩》《書》，而引證多錯落，如"簡在帝心"諸篇，何也？

詩文之弊已如此，况今之制義，則目不必通經史，心不必思聖賢，盜竊摩擬，千手一色。每一科出，稿墨汗牛充棟，書肆之剞劂日灾棗梨，天下之購求日糜金幣。倏爾三年，又一科出，而前者所行皆廢置高閣，購新去舊，日無已時。溺於此者，摩風氣，揣輿尚，務使貞心直腸十喪八九，閉門傴首，哆口弄舌，偶聞一人世事，則急走，恐亂之。

近者十餘年，遠者五六十年，僅而後得，試觀其貌，固已形木神灰，腰折筋萎，邑邑無氣矣。一登仕籍，乃復望之强力經濟，毋乃黑之懸而白之募耶，抑謬矣哉。原本此下尚有“顔先生每見人俛首讀書，則曰：可惜許多氣；見人搦翰作文，則曰：可惜許①多心；②見人應試，則曰：可惜許多人”等語，約三行，均點塗去。

古者，家有塾，黨有庠，術有序，國有學，然則有虞氏之米廩，夏后氏之序，商之瞽宗，周之頖宫，皆學也。故樂正崇四術，立四教，順先王《詩》、《書》、禮、樂以造士，王太子王子群后之太子，卿大夫元士之適子，國之俊選，皆造焉。《周官》，小司徒之職，師氏掌以三德三行教國子，保氏掌養國子以道，乃教之六藝。又《春官》，大司樂掌成均之法，以治建國之學政，而合國之子弟。大胥掌學士之權，板以待致諸子；小胥掌學士之徵令而比之；太師教以六德、六詩、六律；籥師掌教國子舞羽，歙籥皆其事也。

《王制》云：春秋教以禮樂，冬夏教以《詩》《書》。

《文王世子》云：凡學，世子及學士必時，春夏學干戈，秋冬學羽籥，皆於東序。小樂正學干，大胥贊之。籥師學戈，籥師丞贊之。胥鼓《南》。春誦夏弦，太師詔之。瞽宗秋學禮，執禮者詔之。禮在瞽宗，書在上庠。凡祭與養老乞言合語之禮，皆小樂正詔之於東序。大樂正學舞干戚，語説命乞言皆大樂正。授數，大司成，論説在東序。

此唐虞三代立學之教法也。尊德性以此，道問學以此，隱居以此，行義以此。所學即其所用，所用即其所學。安有所謂靜坐觀空以爲尊，多讀講書以爲道者哉！自秦火而後，漢武帝置五經諸博士，以教弟子，光武取聰明有威重者一人爲祭酒，晋武益以助教，隋煬改大學爲國子監，初置司業一人，丞三人，唐龍朔二年，改國子監爲司成館，祭酒爲大司成，司業爲少司成，博士爲司成宣業，後又改爲成均監，總之，不離於傳經誦讀而已。至宋明而道學名立，國學輕家學重，半日靜坐，半日讀書，較之漢唐，高下幾何？雖齊高帝建元中置治禮吏，陳有律學博士，隋開皇中書算學各置博士，唐亦有書學算學之設，然於古法，千百之十一耳，三物四術，幾於晦蝕殆盡矣。一入士③途，始置經書於高閣，而從事於禮、刑、兵、農，學非所用，用非所學，此天下所以寡成材，朝廷所以多廢事也。嗟乎！前古後今，判若黑白，成敗顿殊，异若霄壤。有志世道者，得勿思哉！

① 底本“許”在“惜”上，據《顔元集》改。

② 底本此處衍一“曰”字，據《顔元集》删。

③ “士”，似當爲“仕”。

今世之學,既趨於讀書矣。即以書論,禮以行之,非耑爲誦讀設也。至於備參考,則三《禮》以及唐開元禮,歷代史禮誌,《大明彙典》諸書,皆可存也。書以道政事,《春秋》《廿一史》其類也。《易》,明天道,善人事,卜筮之書也。《四書》《孝經》《家語》,聖賢之經言也。《七書》之類,所以備武也。古樂無傳,後儒言樂之書可備考者,宜存也。詩,與樂爲一者也。金、木、水、火、土、穀、射、御、書、數、天文、地理、醫、卜、畜、牧等書,皆當存之,不可廢也。至於諸子雜集,佛道邪説,徒亂人目,則當付之秦火中耳。然自唐宋後,儒者樂著述以沽名,經書注疏純疵各半,天文律歷真僞互出,非身親體歷,即研究正學,亦祗爲古人愚而已。噫!吾人不生商周以上,使三代家傳口授之事,徒求之載籍中,何不幸之甚歟!

《内則》:子能食食,教以右手。能言,男唯女喻,男鞶革,女鞶絲。六年,教之數與方名。七年,男女不同席,不共食。八年,出入門户,及即席飲食,必後長者,始教之讓。九年,教之數日。十年,出就外傅,居宿於外,學書計,衣不帛襦袴,禮帥初,朝夕習幼儀,請肄簡諒。肄,習也;簡,不繁也;諒,信也。謂請習於外傅,不繁而實,盡其功也。十有三年,學樂誦《詩》舞勺。成童舞象,學射御。二十而冠,始學禮,可以衣裘帛,舞大夏,惇行孝弟,博學不教,内而不出。三十而有室,始理男事,博學無方,孫友視志。四十始仕,方物出谋发虑,道合則服從,不可則去。五十命为大夫,服官政。七十致仕。鄭康成《注》曰:先學勺,後學象,文武之次也。大夏,樂之文武備者也。

古人爲學之序如此,安有專事文墨者哉?以宣尼之教由求等之學,惟是兵、農、禮、樂是傳是習。今之儒者,可以觀矣。

《文王世子》云:凡學,世子及學士,春夏學干戈,秋冬學羽籥。鄭《注》曰:干戈,萬舞象武也,羽籥,籥舞象文也。

《周禮·夏官》:司兵,掌五兵五盾,祭祀授舞者兵。司戈盾,祭祀授旅賁殳,故士戈盾,授舞者兵亦如之。

昔陰康氏患人多重腿,乃制舞儀教人,利導其關節,而民和。帝王代興,飭以文武,後世知舞意者蓋鮮,而知武舞之意者更鮮矣。其意在使人日習武而不弛,在使人日習武而不覺,更使人日漸日摩,視之如手足飲食,舍是則筋骨縱張,氣血潰敗,而不可生也。故《周禮》舞師教野舞。《樂記》云:“天子夾振之而駟伐。”又曰:“冕而總干。”

是上自天子，下逮庶人，未有不習舞者矣。後世失武舞之法，而武藝技擊別爲一事。儒者披甲胄而色赤，持戈矛而慚汗，以致天下皆如痿夫尫人幼婦嬌女，可勝歎哉！夫一人持戚而進，一人持干而禦，非習武而何？且司干掌舞器，樂師掌舞教，既詳於《春官》矣。而司馬所屬，復授舞者兵。又《樂記》夾振、駟伐，《注疏》云：二人夾舞者，振鐸以爲節，則舞者以戈矛四次擊刺，是皆實用兵器以舞，而非特朱干玉戚矣。鄭世子精通律吕，而謂干戚不同兵器，蓋亦拘於文人之見也。至於射，則又無時不習者。以祭祀射，以燕享射，以朝會射，以選士射，以田獵射，以詢民射。但射學洪武嘗力勑天下行之，而舞則存而不論，故予特標之以爲法焉。

《周禮·大宗伯》：以軍禮同邦國大田之禮，簡衆也。《大司馬》：中春，教振旅，司馬以旗致民，平列陳，如戰之陳，辨鼓鐸鐲鐃之用。王執路鼓，諸侯執賁鼓，軍將執晋鼓，師帥執提，馬上鼓。旅帥執鼙，卒長執鐃，兩司馬執鐸，公司馬執鐲，以教坐作進退疾徐疏數之節，遂以蒐田。有司表貉，立表貉祭。誓民，鼓，逐①圍禁火弊，止也。献禽以祭社。中夏，教茇舍，如振旅之陳，群吏撰車徒，讀書契，辨號名之用。帥以門名，魯東門襄仲類。縣鄙各以其名，家以號名，食采邑之臣。鄉以州長至比長。州名，野以公邑大夫。邑名，百官各象其事，以辨軍之夜事。其他皆如振旅，遂以苗田，如蒐之法，車弊，獻禽以享礿。中秋，教治兵，如振旅之陳，辨旗物之用。王載大常，諸侯載旂，軍吏載旗，師都載旜，鄉遂載物，郊野載旐，軍官載旟，各書其事與其號焉。其他皆如振旅，遂以獮田，如蒐田之法。羅弊，獻禽以祀祊。中冬，教大閲，前期群吏，戒衆庶，修戰法，虞人萊除草。所田之野爲表，百步則一，爲三表，又五十步爲一表。田之日，司馬建旗於後表之中，第一表。群吏以旗物鼓鐸鐲鐃，各帥其民而致。質明，弊旗，誅後至者。乃陳車徒，如戰之陳，皆坐跪。群吏聽誓於陳前，斬牲，以左右徇陳，曰："不用命者斬之。"中軍以鼙令鼓，鼓人皆三鼓，司馬振鐸，群吏作旗，車徒皆作，鼓行。鳴鐲，車徒皆行，及表二表。乃止。三鼓摝鐸，群吏弊旗，車徒皆坐。又三鼓，振鐸作旗，車徒皆作，鼓進。鳴鐲，車驟徒趨，及表三表。乃止，坐作如初。乃鼓，車馳徒走，及表四表。乃止。鼓戒三闋，車三發，徒三刺，乃鼓。退，鳴鐃，且却及表乃止，退至第一表。坐作如初。遂以狩田，以旌爲左右和門，群吏各帥車徒，以敍和出，次第出和門。左右陳車徒，有司平之，旗居卒間，以分地前後。有屯百步，有司巡其前後。險野，人爲主；易野，車爲主。既陳，乃設驅逆之車，有司表貉於陳前，中軍以鼙令鼓，鼓人皆三鼓，群司馬振鐸，車徒皆作，遂鼓行枚，徒啣枚而進。大獸公之，小禽私之，獲者，取左耳。及所弊，鼓皆駴，車徒

① 《十三經注疏》作"遂"。

皆譟,徒乃弊。致禽饁獸於郊。入,獻禽以享烝。

此即唐虞之虞政,三代之田政也。不曰兵而曰虞曰田者,隱之也。被之以禮之名,則人習而安焉,且使之知殺伐勇戰皆禮也,不可頃刻離者也。四時之振旅等教,即後世之教旗;遂以於田,即後世之教技。但漢唐宋明,非失之具文,則失之繁重,不則舉其一,遺其二,不若周制之全而無弊,隱而可永耳。以殺人不可爲常,故殺獸以試之;以赴戰人之所勞,故獲禽以欣之。禽雖多,天子取三十,其餘與士衆,激劝之中仍示尊王之意,視後世之獵獲各入其人者,體統大有閒矣。祭祀則有田,朝會則有田,無時而不操兵,而不存其名,視後世之京軍困於屢操者异矣。艾蘭以爲防,置旃以爲轅門,則無越地,視後世之馳騁禽荒者异矣。肄習五戎,車軌塵馬,候蹄揜禽,旅覆以毛布,礙以車軸,過防弗逐,以示不從奔;面傷不獻,以示不殺迎降;不成禽不獻,以示不戮幼稚。與後世之教閲僅應故事者异矣。中春振旅,王執路鼓,中秋治兵,王載太常,視後世之命官諉帥苟畢乃事者异矣。而至於頒禽,仍習射於學宫。射而中,田不禽則得禽;田得禽而射不中,則不得禽。其所以裁假冒練武藝者,何其嚴!一年四舉,三年大閲,而因事之田獵習射不在是,其所以不忘武備者,何其密!數軍實,昭文章,明貴賤,辨等列,順少長,習威儀,其練習教戒者,何其周!春夏秋各習一事,冬則加詳焉,其所以練分合聚散者,何其精!以周宣之中兴,而詩人首歌《車攻》《吉日》二什,他不稱焉,不可以知古人之所重哉?後世如君之洪武、宣德,儒之吴澄、邱濬亦知此意,而未有定制垂久者。其他君如魏太武、元世祖,專以殺戮爲事,兵雖强而豺狼矣。晋武梁武欲偃兵不用,意雖仁而禽犢矣。至士之無深識者,又動以田獵爲諫,而不知復古制,何足稱歟?何足稱歟?

武王誅紂已,乃復出軍。其明日,除道修社,及商紂宫。及期,百人荷罕旗以前驅,武王弟叔武振鐸,奉陳常車,周公旦把大鉞,畢公把小鉞,以夾武王,散宜生大顛閎夭,皆執劍以衛武王。既入,立於社南,大卒之,左右畢從,毛叔鄭奉明水,鑑取於月。衛康叔封布滋席,召公奭贊采,師尚父牽牲,尹佚筴祝。

都哉,四臣之遺也。桓桓武士,溫溫恭人,一人耳。後世大儒,高視闊步,薄奔走禦武爲勇夫之事,渺不見此等威儀矣。

西伯陰修德行善。

陰之爲用，善矣，至矣。上不拂酗主，下不失民望，中以凝承天命，蔑以加矣。後人謂果如此，則文王有陰取天下之心。夫文王之陰修德行善，時也，勢也，何計天下！然以仁伐暴，即取天下之心，文王亦有之。

宋乾德九年，帝欲留都洛陽，群臣咸諫，帝弗從。晋王光義言："其非便。"帝曰："遷河南未已，終當居長安耳。"晋王叩頭切諫，帝曰："吾將西遷者，欲據山河之勝而去冗兵，循周漢故事以安天下也。"晋王曰："在德，不在險。"帝不答。晋王出，帝顧左右，曰："晋王之言固善。今姑從之，不出百年，天下民力彈①矣。"乃還東京。

此萬世建都之龜鑑也。王宗沐曰：有水，則景德元祐享其全，無險，則宣和靖康受其禍，藝祖若操左券矣。汴，一望平坦；洛，規模狹小。平坦則守兵必多；狹小則頭目不重。况與西之三邊，東之二遼渺遠阻隔，仍須重兵防守，内外非數百萬不可，天下何以堪此。且漢唐而後，邊守漸重，精神分懈則不能支，宋之瓦解，可寒心也。故今日燕京之建，直塞門户，干掫戒嚴，天下精神全注於此。自河套而興和，大寧而遼左，通筋束骨，一綫穿成。險則醫無閭、燕山以爲城，餉則河海以爲池，背倚磐石，而伸手從左掖下取物，何便如之！若長安則漕艱矣，金陵則天下尾矣。然而非河套興和開平大寧盡復，則燕京背薄之患，又不可不長慮却顧也。

《唐・食貨志》云：元和十五年八月，中書門下奏，伏准今年閏正月十七日勑令百僚議錢貨輕重者。今據群官楊於陵等議，伏請天下兩税榷鹽酒利等，悉以布帛絲綿任土所產物充税，并不徵見錢，則物漸重錢漸輕，農人見免賤賣布帛者。伏以群臣所議，事皆至當，深利公私，上既不專以錢爲税，人得以所產輸官，錢貨必均其輕重，隴畝自廣於蠶織。

自賦折以銀錢，而賤穀傷農，貴末耗兵，貧民空國，弊有不可僕數者。古人百里賦納總，二百里納絰，三百里納秸服，四百里粟，五百里米，其法甚善。但後世度支浩繁，運道維艱，故難盡如古法。今宜變通之：遠京者，折色；近京者，本色。難運之方，折色；易運之方，本色。供上者，折色；本處支費者，本色。庶天下不憂積貯之竭，而兵民兩蘇矣。

金刀之制，先王原因救荒而設，後世遂踵行之。以其賫輕而致遠，爲移易天下之

① 似應爲"殚"。

術也。如不賫輕而致遠,衣食之計焉所用之?宋陳耆卿曰:"粟帛者,民之所有,錢者,民之所無。民各輸粟與帛,而官俾之輸錢,固非矣。"此言征錢之不可也。元太宗時,張晋亨曰:"五方土產各异,隨其產以爲賦,則民便而易足。必責輸銀,雖破民之產有不能辦。"帝是之,乃聽輸他物,遂爲定制。此言征銀之不可也。明初,尚征雜色,至江陵當國,患有司分額擾民,乃盡算成折色,謂之"一條鞭",而北地輸粮。今時,遂純以銀矣。加以民俗日澆,習於奢侈,人情往來,非錢與銀無以也。冠婚喪祭之費,珠翠綾緞,海珍山材,皆遠方轉致之物,非錢與銀無以易也。與古之貴五谷而賤金玉者,正相南北,金刀烏得而不踊貴也?所以凶年則枵腹待命,豐年則糧甚賤,金刀甚貴,有盈箱滿篝之入,而頃刻蕩盡。諺云:"凶年病商,豐年病農。"此之謂也。夫農之所期者,有年耳。乃有年而反病,是無時而不病也。甚至於河南、山東,土曠人稀,糧入多而無糴之者,征役人事愁歎無聊,更有鎖其倉廩,避追呼而逃者。古之餘一餘三則爲樂,今之餘一餘三乃爲苦,不亦深可异乎?漢貢禹之徒,欲盡廢泉布,惟以穀帛爲本,吕祖謙雖言其矯枉過直,然亦豈無謂而發也哉?今惟賦用本色,而復教民勤於樹藝畜字,飲食取於宫中焉,材木取於宫中焉,布帛取於宫中焉,以至人情往來,盡以粟布,而婚喪之需,從儉從便,務取密邇所有者,盡可以粟帛貨物相易,至於錢與銀,特儲之以備流通之具耳,不專恃以爲用也。如是不惟民業日饒,而民風亦進於古矣,顧不休哉?

民以金刀爲用,則商賈得操其奇赢,以至沾泥塗足者,無升斗之儲,而逐末者,千倉萬箱坐牟厚利。及至凶灾匱乏,又出所得之粟,高其價值以制農民之緩急。此天下之最不平者也,當事者宜何如動念也?

兵不自食其力,而領餉又多以折色。銀錢入手輒思侈靡者,人情也。孰能籌終歲之所需,而撙節之乎?而且凶豐時有,粟布之值不一,故今之爲兵而富者,蓋千百未見一人也。一旦猝然有事,兵馬蟻聚,無敖倉黎陽之積可以爲餉。千里運銀,糴於一處,米價騰湧至莫可問而兵病,用餉銀多而國病,一隅收穫之粟,能支幾何?民且匱乏,而流亡道路,樂土荊棘矣。上下交困,较之孫武所謂遠輸貴賣者,今時益不啻十倍焉,若之何而不慮也?古者斗米七千,餓莩滿道,又有敵人圍城,富家皆懷金握玉而死者,非不知積粟者之前轍耶?

天下錢穀約計十分,以三分作積貯,以七分作支费。一年積貯約計十分,以四分積京師,以六分積天下。

天下處處皆粮,則天下富矣。天下處處皆兵,則天下强矣。

劉季仁而愛人,喜施,意豁如也。

余嘗謂：掌内能運天下，胸中能包天下，肩上能擔天下，即爲真帝真王。又嘗謂：漢高楚霸皆能擔荷天下者，但漢高之擔勁而長，楚霸之擔勁而短，此所以成敗殊也。楚都彭城，與天下呼應不靈；漢都關中，與天下呼應靈，一長也。楚霸所過殘戮，民皆畏之；漢高約法行仁，民樂爲其所擔荷，二長也。楚霸所在輒勝，而不能用人，他處皆潰敗；漢高能用人，關中以固，魏趙燕齊以下，如人一身凝立，而兩肱持百尺長竿，左右前後隨手而落，三長也。

漢王敗彭城，家室亡，獨得孝惠。六月立爲太子，大赦罪人，令太子守櫟陽，諸侯子在關中者，皆集櫟陽爲衛。

破斧缺鎗，氣不得蘇，即定此大略，何其卓也！

孝文元年，有司請早建太子，孝文謙讓不德，曰："宜博求賢聖。"及諸王固請，乃許之。

元年即立太子，制何善也。孝文之謙德，有司之守節，兩造極矣。昔趙王與秦會澠池，廉頗送至境，與王訣曰："王行，度道里會遇之禮畢，還，不過三十日，三十日不還，則請立太子爲王，以絶秦望。"王許之。此又遇變而知大畧者也。

漢郡縣得自辟吏，自操誅賞，時假以兵權，便宜行事。

陳同甫曰："今立國之勢，正患文爲之太密，事權之太分，郡縣太輕，而委瑣不足恃，兵財太關於上，而重遲不易舉。"嗟乎！此宋明之所以亡也。十羊九牧，上下掣肘，文移往返，動經歲月，郡縣雖有錙銖小事，亦不自由，雖有幾要急事，亦因之誤。方臘之反也，謂其下曰："旬日之閒，萬衆可集。守臣聞之，固將招徠商議，未必申奏，延滯一兩月，江南列郡可一鼓而下也。朝廷得報，亦未必决策發兵，遷延集議，調集兵食，非半年不可。我之起兵已首尾期月，則大事可成。"可以鑑矣。夫宋處强敵外患，故後猶議及封建藩鎮，明乃僮西服斬木，天下鼠竄，而國隨之亡，哀哉！

漢高略定關中，蜀漢民給軍事勞苦，復勿税租二歲。關中卒從軍者，復家一歲。舉民年五十以上、有修行、能帥衆爲善，置以爲三老，鄉一人，擇鄉三老一人爲縣三老，與縣令、丞、尉以事相教，復勿繇、戍，以十月賜酒肉。

逐鹿之事，甫入手耳而已，教養兼舉若此，真英主也。其後明太祖之教養，尚有可觀者。

漢明帝詔禁章奏浮詞。

民之不被仁政，章奏之浮詞，其一也。宋如王安石、蘇軾輩，凡有奏議，動輒千萬言。漢東方朔至公車上書，凡用三千奏牘，讀之二月乃盡，是覽而解之，人主之精神已盡矣，尚何施行之有哉。韓文令、李夢陽，草疏不得過文，不得過長，文則上不醒，長則上厭之，乃忠臣真心匡救之行也。雖然，不特章疏也，凡詔令文移等，皆宜以明簡行之，雕鏤靡文，安所裨耶？

漢詔舉賢良方正能直言極諫者。

後世混言舉德行，德行僞矣。漢有定名，如孝弟力等，猶近古焉。

漢高詔侯王郡守舉遺才，必身勸，爲之駕，送至相府。

選造之外，時一行之，亦足以振作士氣，廣蒐英才。後武帝議有司不舉賢者罪，蓋三代而下，惟漢多善政，唐宋瞠乎其後也。

明高定江左等郡，立管領民兵萬户府，簡拔精勇，農時則耕，暇則講武，有事則用之，事平，有功者一體陞擢，無功者還爲民。則民無坐食之弊，國無不練之兵。

草昧初起，已定帝王之規模矣，何其偉也！士誠、友諒，徒揭竿爲雄耳，何足以知此。

漢王以魯公禮葬項王穀城，爲發哀，泣之而去。諸項氏枝屬，漢王皆不誅。乃封項伯爲射陽侯，桃侯、平皋侯、元武侯皆項氏。又爲陳隱王置守冢於碭，血食終西漢。

譬如逐鹿，或蹄其角，或踣其足，乃可仆之。項羽及竇、王、張、陳，皆漢唐明之功人也，宜封其子姓，廟祀勿絕。而後世盡殲之，過矣。

漢自曹椽、書史、馭吏、亭長、門幹、街卒、游徼、嗇夫，盡儒生學士爲之。

趙廣漢何并之才能，尹翁歸丙吉之德操，皆由於此，甚良法也。歷事既久，其才與德曉然可見，則察舉易，而賢公卿大夫自此出矣。後世儒自儒，而吏自吏，儒以白面而居官，吏以撟虔而奉上，上下相蒙，治道紊然矣。

六部之吏典，六部之事，皆出其手矣。布政按察之吏典，布政按察之事，皆出其手矣。郡縣之吏典，郡縣之事，皆出其手矣。乃士子羞爲之，而爲此者，必狡猾儇詬之人，天下事安得而治也？夫以狡猾儇詬之人爲吏典，是即以狡猾儇詬之人爲六部也，布政按察也，郡縣也，天下事又安得而治也？蘇東坡曰："用之則不絶，絶之則不用。"爲吏典者，不過官至典史、吏目、州同、經歷而止。是既用之而復絶之矣。其心以爲，榮功顯名，無與於我也，尚何廉恥之足惜，而行誼之可矜耶！且其爲吏典也，既能辦六部之政，而其居官也，則郡縣之事皆限之，以爲必不可爲，何其爲吏典則不防之，而居官乃防之耶？豈其吏典所辦者，非官事耶？亦不思之甚也。嗟乎！漢之府吏辟召，晋之百六椽，豈宜獨行於古也哉？

周禮：五家爲比，有比長。五比爲閭，有閭胥。四閭爲族，有族師。五族爲黨，有黨正。五黨爲州，有州長。五州爲鄉，有鄉大夫、鄉師、鄉老，以教養民。漢制：縣置丞一人，尉，大縣二人，小縣一人。五家爲伍，伍長主之。二伍爲什，什長主之。十什爲里，里魁主之。十里爲亭，亭長主之。十亭爲鄉，鄉有鄉佐、三老、有秩、嗇夫、游徼各一人。鄉佐、有秩主賦税，三老主教化，嗇夫主争訟，游徼主姦非。

顧寧人《日知録》曰："一鄉之中，官備而法詳，然後天下之治，有條而不亂。至今一切蕩然無有存者。且守令不足任也，而多設之監司。監司不足任也，而重立之牧①伯，積尊累重，以居乎其上，而下無與分其職者，雖得公廉勤幹之吏，猶不能以爲治，而況託之非人者乎？柳子厚之言曰：'有里胥而後有縣大夫，有縣大夫而後有諸侯，有諸侯而後有方伯、連帥，有方伯、連帥而後有天子。'由此論之，則天下之治，始於里胥，始於天子，其灼然者已。故自古及今，小官多者其世盛，大官多者其世衰。兴亡之途，罔不由此。"嗟乎！三復寧人言，不禁泣之交頤也。今縣立耆老、保長，未嘗非古人遺意，但州縣守令，能如古之三物教民盡職事十有二以登萬民也，屈指爲誰？況責之耆老輩

① 原字作"收"，似誤。

乎？即大計殿最，亦先考賦税完否，爲養爲教，置之不問。使非爲此催科也，雖縣令亦覺多設耳。夫三代以上，民望治於上，三代以下，民不望治於上。非不望治也，無治之實，而徒以擾之，不如不治也。師曠曰："天之立君，以爲民也。"則覽寧人之言，可不知其所爲哉！

周禮：惟王建國，辨方正位，體國經野。凡邦國，大小相維，王設其牧，制其職，各以其所能，制其貢，各以其所有。

王士性《廣志繹》曰："天下賦税，有土地肥瘠不甚相遠，而徵科乃至懸絶者。如真定之轄五州二十七縣，蘇州之轄一州七縣。無論所轄，即其廣輪之數，真定已當蘇之五。而蘇州粮二百三萬八千石，真定只一十萬六千石。然猶南北异也。若同一北方也，河間之繁富，二州十六縣；登州之貧寡，一州七縣，相去殆若莛楹，而河間糧止六萬一千，登州乃二十三萬六千。然猶直隸與山東异也。若在同省，漢中二州十四縣之殷庶，視臨洮二州三縣之衝疲，易知也。而漢中糧只三萬，臨洮乃四萬四千。然猶各道异也。若在同道，順慶不大於保寗，其轄二州八縣均也，而順慶糧七萬五千，保寗只二萬。然猶兩郡异也。若在一邑，則同一西南充也，而負郭十里，田以步計，賦以田計，二十里外，則田以絙量，不步矣。五十里外，田以約計，不絙矣。官賦無定數，私價亦無定估，何其懸絕也。且以所轄州縣言之，真定三十二，西安三十六，開封、平陽各三十四，濟南三十，成都三十一，而松江、鎮江、太平之倫止三縣，漢陽、興化之倫只二縣。其直隸之州，則如徐州、澤州之四縣，郴州之五縣，嘉定之六縣，潼川之七縣，儼然一府也。而其小者，或至於無縣可轄。則審形勢以制統轄，度幅幀以制郡縣，則土田以起徵科，乃平天下之先務，不可以慮始之艱，而廢萬年之利也。"夫因是言而考之古仲長統昌言，謂諸夏有十畝共桑之迫，遠州有曠野不發之田。《華陽國志》巴郡太守但望上疏言："郡境南北四千，東西五千，屬縣十四，土界遐遠，令尉不能窮詰姦凶，時有賊發，督郵追案，十日乃到，賊已遠遁。其有犯罪，逮捕證驗，文書詰訊，從春至冬，不能究訖，是以盗賊公行，奸宄不絕，欲請分爲二郡。"其後遂爲三巴。此皆遠縣之害，已見於前事者。況今世承襲因國，如長洲吴縣等處，賦役浩繁，一介縣令處此，日夜敲扑，簿書旁午，舊欠新征，腕脱氣喪。前官未出囹圄，而後官復入。是以牧民令爲陷穽也，當分當均尚容已哉。

《唐書・食貨志》：劉晏上鹽法輕重之宜，以鹽吏多則州縣擾，惟出鹽鄉，因舊監置吏，亭户糶商人，縱其所之。江嶺去鹽遠者，有常平鹽。每商人不至，則減價以糶民，官收厚利，而人不知貴。晏之始至也，鹽利歲纔四十萬緡，至大曆末，六百餘萬緡，天下之賦，鹽利居半。

松江李雯論："鹽之產於場，猶五穀之生於地，宜就場定額，一稅之後，不問其所之，則國與民兩利。"又曰："天下皆私鹽，則天下皆官鹽也。"東吴顧寧人亦謂此論鑿鑿可行。夫管子興魚鹽，以利歸國，今世置獨商，復以利歸商。每一商或據數縣數府，不許他商侵越。有至者，即問以私鹽罪。獨壟踊貴，民莫誰何？甚至本地斥鹵出鹽，如河間、獻縣、交河等處，商人亦以私鹽罪之，不許之食，民愈病矣。其或所據府縣鹽額不足食者，商人每引潛帶私鹽若干，欺隱漏稅，而國亦受其病矣。爲君相者，何不深思，而使之病民病國也哉。

右李恕谷先生《瘳忘編》，原本藏於博野鍾氏，前後次序倒置者，但記簡端，未遑整理。茲因鈔録之便，爲更正其次第，庶便於傳鈔或刊印者。

民國八年四月樹楷識

評乙古文

評乙古文·序

塨自幼治古文，規模唐宋八大家。及壯后，王崑繩過而見曰："是亦爲斥鷃所誤，而控於榆枋者也，盍宗秦漢。"問其説，一一皆解。因憮然曰："與其宗秦漢，何如宗六經？六經乃古文也。"於是教授之餘，偶評乙數篇存案。辛亥冬，白任若自南府來，曰："高足杜友三、李文長，知先生患病久，艱於訓誨，謀公斜分資，開雕《評乙古文》示人，於先生守先待後之志，或有慊焉。"塨聞之，以爲文者載道之器，學者入道之方，《書》之二《典》三《謨》，《大學》所謂"明德親民"者全矣。地理之卜吉降凶，著於《盤庚》。天道之元亨利貞，繫於大《易》。《詩》之《關雎》，則造端乎夫婦也。《周禮》《鄉》《遂》諸官，乃明親養教之定則也，始於《曲禮》，終以王義。孔孟言學，首明仁義，不以遯爲肥，不爲利所溺，而學道乃定。王降而霸，而漢唐宋明，可以知人論世矣。其間异道亂道者，賴韓子原之。曲學痼學者，賴顏子存之。習齋有《存學》，久刊行。惟期學者皆庸言庸行，敬修闇修，則學可成、道可得矣，故以先君子之書終焉。二子所謂"守先待後"者，庶其合乎。是爲序。

雍正十年歲次壬子端月下浣恕谷七十四歲病叟李塨拜識

評乙古文·卷全

蠡縣李塨稿

《尚書》

堯　典

二《典》,紀聖帝之事也。君,主事者也。三《謨》,紀聖臣之謀也。臣,出謀者也。《禹謨》,養民也。《皋陶謨》,知人也。《益稷》則期君臣交敬以成之也。五篇,一篇也。

曰若稽古,帝堯曰放勳句,欽句、明句、文句、思句、安安句、允恭句、克讓句、光被四表句、格於上下句。克明俊德,以親九族。九族既睦,平章百姓。百姓昭明,協和萬邦。黎民於變時雍。

孔《傳》曰:"若,順。稽,考。勳,功。黎,衆。"史將述堯之美,故爲題目之辭曰:"順考古道而行之者,是帝堯也。"乃申其順考古道之事曰:"放而無所不至者,其功乎?其功見於德,欽而敬也,明如日月也,文有經緯也,思作睿也,自然中道也,信恭也,能讓也,光被四外以至上天下地也;其功著於業,則能顯庸俊德之人,以親高曾及元孫之九族,由是而平和章明乎百官,由是而協和萬國諸侯,時之衆民,於乎變化,風俗太和。""克明"句爲五篇之綱,下命羲和、命舜,以及命九官四岳十二牧。言臣鄰股肱,皆繼堯之克明也。孟子所謂"爲天下得人,謂之仁"也。鄭康成曰"俊德賢才兼人"者。

敘德如萬笏上朝,敘業如九曲下注。

九族有丹朱,百姓有驩兜、共工。而云睦云明者,堯禪舜而朱無言,四罪而帖然以去,足見睦與明也。

乃命羲和，欽若昊天，歷象日月星辰，敬授人時。

歷，紀時月日者也。象，測天之器，如璣衡之類也。辰，日月所會也。“敬授民時”，則允釐百工，庶績咸熙者具矣。“人時”，農也，養也。而明倫、司禮、司樂、司刑、虞、工、納言，皆所以成養也。羲、和，二氏。

分命羲仲，宅嵎夷，曰“暘谷”。寅賓出日，平秩東作。日中星鳥，以殷仲春。厥民析，鳥獸孳尾。申命羲叔，宅南交。平秩南訛，敬致。日永星火，以正仲夏。厥民因，鳥獸希革。分命和仲，宅西，曰“昧谷”。寅餞納日，平秩西成。宵中星虛，以殷仲秋。厥民夷，鳥獸毛毨。申命和叔，宅朔方，曰“幽都”，平在朔易。日短星昴，以正仲冬。厥民隩，鳥獸氄毛。

“鳥”，南方朱鳥七宿，井、鬼、柳、星、張、翼、軫也。“火”，東方蒼龍七宿，角、亢、氐、房、心、尾、箕也。“虛”，北方元武七宿，斗、牛、女、虛、危、室、壁也。“昴”，西方白虎七宿，奎、婁、胃、昴、畢、觜、參也。孔《傳》曰：“昏見星也，殷正訛化也。南訛、東作、西成、朔易，皆言農事也。在察易改也。”梅定九曰：“古之聖人，以日之所在，不可以目視而器窺也，故爲之中星以紀之。鳥、火、虛、昴，此萬世求歲差之根數也。又以日之出入發斂，不可以一方之所見爲定也。故爲之嵎夷、昧谷、南交、朔方之宅，以分候之，此萬世求里差之定法也。

迎日如賓，納日如餞，煉字之法。析，丁壯就田功，老弱因冬在室處分析也。因老弱就在田之丁壯，以助農也。夷、平，仍俱在田也。敬致，敬行其教，以致其功。四時同舉於夏也。”

帝曰：“咨！汝羲暨和，朞三百有六旬有六日，以閏月定四時，成歲。允釐百工，庶績咸熙。”

孔《傳》：“釐，治。工，官。熙，廣。堯之位天地而育萬物。在洪水前已如此，而中忽遭水災，乃又命舜等諸臣焉。《堯典》紀治畧而暗藏，《舜典》紀治詳而明舉，文家詳畧互用，明暗相間之法也。”

帝曰：“疇讀，咨讀，若時讀，登庸句。”放齊曰：“胤子朱啓明。”帝曰：“吁！嚚訟，可乎？”

帝曰:"疇,咨,若予采。"驩兜曰:"都!共工方鳩僝功。"帝曰:"吁!靜言庸違,象恭滔天。"

《正義》曰:"堯末年,群臣有闕,故復求俊德也。'若時',調燮陰陽,宅揆之職也。'胤子',堯嗣子。"孔《傳》曰:"吁,疑怪之辭。言不忠信爲嚚。采,事,農教禮樂諸事也。都,嘆美之辭。鳩,聚。僝,見。滔天,心傲狠若漫天也。'可乎',言必不可也。"

"疇咨"句如豆棚雨響,憂嘆之聲,萬世如聞。而一句數讀,練句之法。

堯之初年,雖克明俊德,而人才不能如舜命禹治水時聖賢彙聚也。蓋大難之生,天所以開聖賢也。聖賢之生,天所以濟大難也。此乾坤僅見者也。故孔子曰:"舜有臣五人。"又曰:"唐虞之際爲盛。"迨禹啓時而又蕭落矣。

帝曰:"咨!四岳,湯湯洪水方割,蕩蕩懷山襄陵,浩浩滔天。下民其咨,有能俾乂?"僉曰:"於,鯀哉!"帝曰:"吁!咈哉。方命圮族。"岳曰:"异哉!試可乃已。"帝曰:"往,欽哉!"九載,績用弗成。

孔《傳》曰:"湯湯,流貌。蕩蕩,水奔突滌除物也。浩浩,盛大。襄,上。僉曰,朝臣皆言。咈,戾。圮,敗。"王曰"方",不行也。"异"同"異",言其才智异人也。試可,言但試之治水,求其可也。乃已,言不必他求也,是以堯姑從之也。洪水連寫三句,見堯憂之甚,而治水,二帝最大之功也。

帝曰:"咨!四岳。朕在位七十載,汝能庸命,巽朕位。"岳曰:"否德忝帝位。"曰:"明明揚側陋。"師錫帝曰:"有鰥在下,曰虞舜。"帝曰:"俞。予聞,如何?"岳曰:"瞽子,父頑,母嚚,象傲,克諧以孝。烝烝乂,不格姦。"帝曰:"我其試哉。"女於时,觀厥刑於二女。釐降二女於媯汭,嬪於虞。帝曰:"欽哉。"

"四岳",蔡氏以爲一人而主四岳諸侯,近是。孔《傳》曰"四人",則巽之以位,巽何人哉?蓋以老臣而爲公孤,以主天下諸侯,如周之周、召也。蔡《注》曰:"'明明',舉已在位者。'揚側陋',舉未在位者。'師錫',衆與也。"觀側微時,衆稱虞舜。下文堯曰"格汝舜",舜曰"咨禹",則舜禹名也,堯亦必名也。《史記》以"放勳"、"重華"、"文命"爲名,非也。俞,然其言也。烝,進。乂,治。格,至。女,妻。刑,法。降,下。媯汭,媯水之汭,舜所居也。嬪,婦也。"時"同"是",指舜。堯妻舜二女,觀其能刑家否。舜則釐治降下二女之心於媯汭,二女則盡婦道於虞氏,而夔夔齊慄。舜且協二女以致底豫矣。宜堯贊之以“欽”,而終巽以歷數也。堯舉舜,而克明俊德至矣。五臣九官,拔茅連茹矣。格天德業,造端乎夫婦。此亦一篇之大旨也。以“欽”起,以“欽”結,中曰“敬”,曰“寅”,皆“欽”也。

舜　典

曰若稽古,帝舜曰重華,協於帝。濬哲文明,温恭允塞,玄德升聞,乃命以位。

“重華”,堯已華而舜又華也。濬,深。哲,智。文理光明,温和恭敬,允信塞固,皆元德也。升聞命位,承上篇起下文也。堯,遭變之聖人也。自洪荒至此,運極上九,窮災四起,天則洪水降割,人則子傲臣違,非得舜而揖讓之,不可爲治。故命舜攝位,而禹,而臯陶。舜皆舉之,别焕一新朝廷而天下脩和者二百餘年,非堯之知進知退,允蹈天則,不能有此補救也。揖讓非得已也,孟、韓皆未之及也。

慎徽五典,五典克從;納於百揆,百揆時敘;賓於四門,四門穆穆;納於大麓,烈風雷雨弗迷。

慎美五典,而天下從。孔《傳》謂“舜舉八元布於天下”。杜《注》:《左傳》謂“八元”即稷契之屬。納百揆而時敘。孔《傳》謂“舉八凱無廢事”。杜《注》:“八凱有廷堅”,即臯陶。賓於四門,則兼四岳之任。納於大麓,則率禹益以隨刊也。蓋皆堯使舜敷治,而舜統領諸臣也。“五典”,孟子所謂“君臣、父子、夫婦、兄弟、朋友”也。“穆穆”,《爾雅》曰:“美也,敬也。”揆,度也。

帝曰:“格汝舜。詢事考言,乃言底可績,三載。汝陟帝位。”舜讓於德,弗嗣。正月上日,受終於文祖。

孔《傳》曰:“格,來。乃,汝。底,致。”言問汝以事而考汝之言,汝言之所至,皆可有功,即上“慎徽”四句也。今已歷試三載,汝升帝位可也。舜辭不獲,乃以正月朔日,受堯帝位之終,於堯祖廟而攝位焉。大位不可以輕授受,故堯告於文祖也。

黄帝爲堯五世祖,想即文祖。

在璿璣玉衡，以齊七政。

“璣”即後世之渾天儀也，“衡”所以窺之也。伏生《大傳》曰：“七政，天地人四時也，各有政事，故定天行以齊之，猶堯之敬授人時也。”

肆類於上帝，禋於六宗，望於山川，徧於群神。

告神祇以攝位也。肆，遂也。類，類於郊也。上帝，天地之主宰也。禋，精意以享也。六宗，《祭法》曰：“四時寒暑、日、月、星、水旱也。”望者，山川或近或遠，一時望而祭之也。群神，孔《傳》曰：“謂丘陵墳衍，古之聖賢之類。”

輯五瑞，既月。乃日覲四岳群牧，班瑞於群后。

古天下之大勢在諸侯，故攝位而即輯瑞巡狩，以與之正始焉。輯，合也。既月，定於正月爲盡也。故於此月日日見四岳，使率天下群后。見州牧，使率一州群后。斂瑞而以冒符合之，非僞，復班之。班，還也。

歲二月，東巡守，至於岱宗，柴。望秩於山川，肆覲東后。協時月正日，同律度量衡。脩五禮、五玉、三帛、二生、一死。贄，如五器，卒乃復。五月，南巡守，至於南岳，如岱禮。八月，西巡守，至於西岳，如初。十有一月，朔巡守，至於北岳，如西禮。歸，格於藝祖，用特。五載一巡守，群后四朝。敷奏以言，明試以功，車服以庸。

孔《傳》曰：“燔柴，祭天也。秩，如其秩次也。”如五岳視三公，四瀆視諸侯也。五禮，吉、凶、軍、賓、嘉也。“五玉”即五瑞。三帛，諸侯世子執纁，公之孤執元，附庸之君執黄。二生，卿執羔，大夫執鴈。一死，士執雉。皆贄也。如，同也。劉說云：“器，五禮之器。”“藝祖”即文祖，舜尚未自立廟也。特，一牛。四朝，东、西、朔、南四處也。言巡守不言述職者，紀舜攝位首事，故不及而比類見矣。

肇十有二州，封十有二山，濬川。象以典刑，流宥五刑，鞭作官刑，扑作教刑，金作贖刑。眚災肆赦，怙終賊刑。欽哉，欽哉，惟刑之恤哉。流共工於幽州，放驩兜於崇山，竄三苗於三危，殛鯀於羽山，四罪而天下咸服。

孔《傳》曰:"禹治水后,舜分九州爲十二,故云始也。典刑,墨、劓、剕、宫、大辟之常刑也。象,法也。有可宥者則流之;再輕則贖之;眚而過誤,災而不幸,則赦之;惟怙奸以終者殺之。扑,夏楚也。"舜歎政在攝位時,而大者則治水、明刑,故於此特言之。然不言命禹、皋陶,且教稼明倫俱不及,惟暗藏慎徽五典數句内,至即正後諸功已成,乃追補稷契等事。實者虚之,虚者實之,變化極矣。即《史記》《漢書》且束手,况其後乎?"四罪"在禹治水前,倒敘前后錯綜。"四凶"想必當時列侯入爲王臣者,且各有跋扈惡才。舜以側微登庸四竄之,而寂無一言,智勇至矣!

二十有八載,帝乃殂落。百姓如喪考妣,三載,四海遏密八音。月正元日,舜格於文祖。

堯終而舜即正,故二典不可斷讀也。

詢於四岳,闢四門,明四目,達四聰。

詢,問也,問於四岳。令闢四方之門,廣致賢才。明四方之目,達四方之耳,一無壅蔽。即下篇知人安民也。

舜於衆正盈朝,從欲以治之時,汲汲皇皇如此。

唐虞之文,烹煉至矣。後儒乃鄉談梵語,洵口而出,亦自外於經史矣。

堯在位百歲,初年之四岳十二牧,未必猶存,或嗣位者,或其子孫也。

咨十有二牧曰:"食哉惟時,柔遠能邇,惇德允元,而難壬人,蠻夷率服。"

凡"咨"皆歎辭,聖心憂勤,故將言而先歎也。戒十二州之牧,以戒諸侯也。不違農時,足食也。遠易亢,故欲其柔;近易厭,故欲其能。厚有德,信仁人,拒險壬,皆守壬之道。所亡汩作九共槀飫十一篇,皆言懷諸侯事,以此推之。

舜曰:"咨!四岳,有能奮庸熙帝之載,使宅百揆,亮采惠疇?"僉曰:"伯禹作司空。"帝曰:"俞,咨禹,汝平水土,惟時懋哉!"禹拜稽首,讓於稷、契暨皋陶。帝曰:"俞,汝往哉。"

舜初即位,故稱"舜曰",以别於堯,下文則稱"帝"矣,史文精細如此。

舜總百揆,以即帝位,故命禹,而以下諸官,皆申命之也。亮采,明其事。惠疇,順其類。禹舊作司空,以平水土也。諸臣治功已成,舜申命之。故孔子曰:"惟舜無爲而治,堯禹不能也。"

帝曰:"棄,黎民阻饑,汝后稷,播時百穀。"帝曰:"契,百姓不親,五品不遜。汝作司徒,敬敷五教,在寬。"帝曰:"皋陶,蠻夷猾夏,寇賊姦宄。汝作士,五刑有服,五服三就。五流有宅,五宅三居。惟明克允。"

孔《傳》曰:"后稷,主稷之官也。攻劫曰'寇',殺人曰'賊',在外曰'姦',在内曰'宄'。'三就':大罪於原野,大夫於朝,士於市。'三居':大罪四裔,次九州之外,次千里之外。"不明而遂言信罰,必妄用矣。此因禹讓而申命三人以舊職也。

帝曰:"疇若予工?"僉曰:"垂哉!"帝曰:"俞。咨!垂,汝共工。"垂拜稽首,讓於殳斨暨伯與。帝曰:"俞,往哉。汝諧。"帝曰:"疇若予上下草木鳥獸?"僉曰:"益哉!"帝曰:"俞,咨!益,汝作朕虞。"益拜稽首,讓於朱虎、熊羆。帝曰:"俞,往哉。汝諧。"帝曰:"咨!四岳,有能典朕三禮?"僉曰:"伯夷!"帝曰:"俞,咨!伯,汝作秩宗。夙夜惟寅,直哉惟清。"伯拜稽首,讓於夔龍。帝曰:"俞,往,欽哉。"帝曰:"夔,命汝典樂,教胄子,直而温,寬而栗,剛而無虐,簡而無傲。詩言志,歌永言,聲依永,律和聲。八音克諧,無相奪倫,神人以和。"夔曰:"於!予擊石拊石,百獸率舞。"帝曰:"龍,朕堲讒説殄行,震驚朕師。命汝作納言,夙夜出納朕命,惟允。"

三禮,天地人之禮也。聲,五聲。律,六律。擊,大擊。拊,小擊。擊石而百獸率舞,以明和神人之非誣也。堲,疾。殄,絶。言讒誣之言,能阻人善行,驚擾衆人。允,信,不妄傳下言,不妄宣帝命也。此皆詢問其職,无以易之,而申命之也。"於"同"嗚"。

追補稷契諸臣於後者,以前歷試攝位時,用之或先或後,或在内或在外,至即正後,皆在朝而命之,故統敘於此。

帝曰:"咨!汝二十有二人,欽哉!惟時亮天工。"

四岳、九官、十二牧,二十二人也。惟是明天工,總戒之,而終以欽焉。

三載考績,三考,黜陟幽明,庶績咸熙。分北三苗。

《傳》《疏》曰:“北,背也。三苗之竄三危者,丕敘則嘉之。在三苗者,不即工則征之。是九載黜陟幽明,并及於三苗。留善去惡,使分背也。”

舜生三十徵,庸三十,在位五十載,陟方乃死。

孔《傳》曰:“陟方,升道。南方巡狩也。”

堯傳道於舜,舜傳於禹,二百年如一人在位,賢聖盈朝,雖四凶傲子無間言焉,此千古僅見之盛也。湯見知有伊尹,而放其君。文武見知有周公,而三叔流言。遇爲遜矣。孔子卒而道分,傳愈不及矣。孟子之門則無傳矣。唐虞之民,老者衣帛食肉,道路不提挈;少者不饑不寒,相仁相讓,亦二百餘年,子孫相傳幾十世。商周則遜矣。漢唐而後,幾無此況味矣。

大禹謨

曰若稽古,大禹曰文命,敷於四海,祇承於帝。

史將録禹之謨,亦先爲題目之辭,曰:“順考古道而言者,大禹也。”又申之曰:“禹文德之命布於四海,皆敬承堯舜者也。”故陳謨如下。謨,謀也。

曰:“后克艱厥后,臣克艱厥臣,政乃乂,黎民敏德。”帝曰:“俞! 允若茲,嘉言罔攸伏,野無遺賢,萬邦咸寧。稽於衆,舍己從人,不虐無告,不廢困窮,惟帝時克。”益曰:“都,帝德廣運,乃聖乃神,乃武乃文。皇天眷命,奄有四海,爲天下君。”

禹以君臣克艱陳謨,而舜引君艱以自考,推之於堯,益因之贊堯德也。

禹曰:“惠迪吉,從逆凶,惟影響。”益曰:“吁! 戒哉! 儆戒無虞,罔失法度,罔遊於逸,罔淫於樂。任賢勿貳,去邪勿疑。疑謀勿成,百志惟熙。罔違道以干百姓之譽,罔咈百姓以從己之欲。無怠無荒,四夷來王。”

禹以從道陳謨，益因歷陳從道去逆之事也。虞，度也。於心無虞度之時而亦儆，所謂不顯亦臨也。百志，百慮也。"百姓"，亦指百官。遊逸，好逸也。淫樂，過樂也。

禹曰："吁！帝念哉！德惟善政，政在養民。水、火、金、木、土、穀惟修。正德、利用、厚生惟和。九功惟敘，九敘惟歌。戒之用休，董之用威，勸之以九歌，俾勿壞。"帝曰："俞！地平天成，六府三事允治，萬世永賴，時乃功。"

"善政"即九功也。君修之和之，德也，所以養民也；民各修之和之，則各得所養矣。水、火、金、木、土、穀，民所藏之材盡矣。正德、利用、厚生，民之事盡矣。修，治也。和，互相濟也。偏於正德，或迂闊也。偏於利用，或淫巧也。偏於厚生，或專利也。休，美也。美其爲善，正戒之也。"之"字皆指民言。威，刑也。刑其不善，乃董正之也。"九歌"即簫韶九成也。

帝曰："格，汝禹！朕宅帝位三十有三載，耄期倦於勤。汝惟不怠，總朕師。"禹曰："朕德罔克，民不依。臯陶邁種德，德乃降，黎民懷之。帝念哉。念茲在茲，釋茲在茲，名言茲在茲，允出茲在茲，惟帝念功。"帝曰："臯陶，惟茲臣庶，罔或干予正。汝作士，明於五刑，以弼五教。期於予治，刑期於無刑，民協於中，時乃功，懋哉。"臯陶曰："帝德罔愆，臨下以簡，御衆以寬；罰弗及嗣，賞延於世；宥過無大，刑故無小；罪疑惟輕，功疑惟重；與其殺不辜，寧失不經；好生之德，洽於民心，茲用不犯於有司。"帝曰："俾予從欲以治，四方風動，惟乃之休。"帝曰："來，禹！降水儆予，成允成功，惟汝賢。克勤於邦，克儉於家，不自滿假，惟汝賢。汝惟不矜，天下莫與汝爭能。汝惟不伐，天下莫與汝爭功。予懋乃德，嘉乃丕績。天之歷數在汝躬，汝終陟元后。人心惟危，道心惟微，惟精惟一，允執厥中。無稽之言勿聽，弗詢之謀勿庸。可愛非君？可畏非民？衆非元后，何戴？后非衆罔與守邦，欽哉！慎乃有位，敬修其可願。四海困窮，天祿永終。惟口出好興戎，朕言不再。"

舜乃遜禹以位，禹讓臯陶，舜因美臯陶之功，而終遜於禹也。邁，行。種，布。降，下。弼，輔。從欲以治，從心所欲，而政以治也。"茲"指種德也。念茲而在茲，忘茲而亦在茲，言在茲，行在茲，謂其一心建功也。不辜，民無罪也。不經，上失常刑也。"降"同"洚"。孟子曰："水逆行謂之洚水。"成允，成聲教之信。成功，成治水之功。假，大。人心，食色也。道心，仁義禮知也。弗詢之謀，不問於衆之謀也。可願，可欲之謂善也。顔先生曰："民窮而天祿能長終乎？"與"可愛非君"句法同，反言也。

禹曰:“枚卜功臣,惟吉之從。”帝曰:“禹!官占,惟先蔽志,昆命於元龜。朕志先定,詢謀僉同。鬼神其依,龜筮協從,卜不習吉。”禹拜稽首,固辭。帝曰:“毋!惟汝諧。”正月朔旦,受命於神宗,率百官,若帝之初。

枚卜,歷卜。官占,占卜之官,用占也。蔽,斷。昆,後。不習吉,言卜之道已得吉,不得又卜,以求重吉也。神宗,舜祖顓頊廟也。此禹又讓衆功臣,而舜止之,乃攝位焉。

帝曰:“咨,禹!惟時有苗弗率,汝徂征。”禹乃會群后,誓於師曰:“濟濟有衆,咸聽朕命。蠢茲有苗,昏迷不恭,侮慢自賢,反道敗德,君子在野,小人在位。民棄不保,天降之咎。肆予以爾衆士,奉辭伐罪。爾尚一乃心力,其克有勳。”三旬,苗民逆命。益贊於禹曰:“惟德動天,無遠弗届。滿招損,謙受益,時乃天道。帝初於歷山,往於田,日號泣於旻天,於父母,負罪引慝。祗載見瞽瞍,夔夔齊慄,瞽亦允若。至誠感神,矧茲有苗。”禹拜昌言曰:“俞!班師振旅。”帝乃誕敷文德,舞干羽於兩階,七旬,有苗格。

群后,衆諸侯也。諴,和也。班,還。振,整。振旅,見師非鈍也。大布文告之德,招徠之也。舞武舞文舞於兩階,益修文武之業也。益之賛禹,蓋以有苗經屢創之后,一時迷執,姑且收兵。不離逿其國,不勦絕其人,彼必畏威懷德,自然而來,非置之無可如何也。此《謨》以六府三事節爲主,前後之言皆欲成其善政也。

皋陶謨

曰若稽古,皋陶曰:“允迪厥德,謨明弼諧。”禹曰:“俞!如何?”皋陶曰:“都!慎厥身,修思永,惇敘九族。庶明勵翼,邇可遠,在茲。”禹拜昌言曰:“俞!”

上屢言德,皋陶乃順考古道而陳之也。迪,道也,即蹈也。庶明勵翼,言使衆臣勉勵。翼,贊也。

皋陶曰:“都!在知人,在安民。”禹曰:“吁!咸若時,惟帝其難之。知人則哲,能官人。安民則惠,黎民懷之。能哲而惠,何憂乎驩兜?何遷乎有苗?何畏乎巧言令色孔壬?”

臯陶又言德之所見，在知人安民。禹因歎知人安民之美也。雖有苗等亦不必遷放，甚言之也。巧言，靜言庸違也。令色，象恭滔天也。孔，甚。壬，佞。

臯陶曰："都！亦行有九德。亦言其人有德，乃言曰，載采采。"禹曰："何？"臯陶曰："寬而栗，柔而立，愿而恭，亂而敬，擾而毅，直而温，簡而廉，剛而塞，彊而義。彰厥有常，吉哉！

臯陶乃歷陳人行之德也。載，行也，言其人之所行某事某事以爲驗也。孔《傳》曰："亂，治。擾，順。九德，所以知人也。"

"日宣三德，夙夜浚明有家，日嚴祗敬六德，亮采有邦，翕受敷施。九德咸事，俊乂在官。百僚師師，百工惟時，撫於五辰，庶績其凝。

浚，深也。翕受，合九德於中。敷施，見九德於外。咸事，各有其事也。百官互相師法則曰"僚"。僚，猶友也。以時治事則曰"工"。"工"，亦事也。五辰，立春、立夏、立秋、立冬及長夏日之所次也。"翕受"以下，筆濃墨飽，可歌可舞，與禹陳善政節同。后人於虛寫文字，猶見姿致。至於實陳道德，輒格格板滯，彼無於中，固不可强也。孔子贊《易》，至"利見大人"，神飛色王，可想見聖人心胸矣。

"無教逸欲，有邦兢兢業業，一日二日萬幾。無曠庶官，天工人其代之。

無教，無使，戒辭也。常人非逸則欲，兢業之反也。因而下之，庶官亦曠矣，邦畿亦邦也。

予嘗下擬其辭，諸侯曰："無教逸欲，有邦兢兢業業，一日二日千幾。無曠庶官，天工人其代之。"大夫曰："無教逸欲，有家兢兢業業，一日二日百幾。無曠庶官，天工人其代之。"士庶曰："無教逸欲，有身兢兢業業，一日二日十幾。無曠庶事，天工人其代之。"

"天敘有典，勑我五典，五惇哉！天秩有禮，自我五禮，有庸哉！同寅協恭，和衷哉！天命有德，五服五章哉！天討有罪，五刑五用哉！政事，懋哉懋哉！

承上天工而言，典禮服刑，皆出於天。君臣當同敬同恭，和心以濟，不可以不勉也。自用庸常。五服,天子、諸侯、卿、大夫、士之服也。前后篇皆以欽敬爲主,此乃實寫其欽敬之事也。五典,五倫也。

"天聰明,自我民聰明。天明畏,自我民明威。達於上下,敬哉有土!"

又歸天於民,以見民不可不安也。天子而下,凡有土者,皆當如此。

皋陶曰:"朕言惠,可底行。"禹曰:"俞!乃言底可績。"皋陶曰:"予未有知,思曰贊贊襄哉。"

皋陶言終,自謂其言順道可行。禹是之,而皋陶乃謙居無知,言惟思贊助帝舜以上理而已。

益　稷

以禹言暨益稷,故以益稷名篇。觀舜曰禹亦昌言,連上成文,故曰五篇一篇。

帝曰:"來!禹,汝亦昌言。"禹拜曰:"都!帝,予何言?予思日孜孜。"

皋陶曰:"吁!如何?"禹曰:"洪水滔天,浩浩懷山襄陵,下民昏墊。予乘四載,隨山刊木,暨益奏庶鮮食。予决九川,距四海,濬畎澮距川。暨稷播,奏庶艱食鮮食。懋遷有無化居,烝民乃粒,萬邦作乂。"皋陶曰:"俞!師汝昌言。"

皋陶陳謨,而禹所陳者,率其身事,蓋功即其謨也。刑以弼教,皋陶之謨,又即契之教也。蓋益禹稷事相連,契皋陶事相連也。

孔《傳》曰:"昏,瞀。墊,溺,困水災也。"四載,水乘舟、陸乘車、泥乘楯、山乘樏。奏,進。益進民之衆,鮮食鳥獸也。稷則魚鱉也。

禹曰:"都!帝慎乃在位。"帝曰:"俞!"禹曰:"安汝止,惟幾惟康。其弼直,惟動丕應。徯志以昭受上帝,天其申命用休。"帝曰:"吁!臣哉鄰哉!鄰哉臣哉!"禹曰:"俞!"

安,定也。所止,即上篇道心也,中也,德也,而實則典禮也。安以止之,惟事之來有幾,不可忽也。惟事之終當康,求其寧也。而又輔弼用直,凡所動大應。小民徯待之志,则天休以集。舜聞安止必賴弼直,而嘆臣如比鄰相助也。

帝曰:“臣作朕股肱耳目。予欲左右有民,汝翼。予欲宣力四方,汝爲。予欲觀古人之象,日、月、星辰、山、龍、華蟲作會,宗彝、藻、火、粉米、黼、黻絺繡,以五采彰施於五色作服,汝明。予欲聞六律、五聲、八音,在治忽,以出納五言,汝聽。予違汝弼,汝無面從,退有後言。欽四鄰。

舜因歷舉其賴於臣鄰者而戒之以欽也。左右,教養民也。宣力四方,柔遠人懷諸侯也。日也、月也、星辰也、山也、龍也、華蟲雉也,六者繪畫於衣。宗彝,宗廟盛鬱鬯之樽。藻也、火也、粉米也。黼,斧形,黻,兩已相背,有辨也,六者繡之於裳。絺,鄭氏讀爲薾,紩也。采,五色之物采也。以樂察政之治忽。五言,角爲仁、商爲義、徵爲禮、羽爲知、宫爲信,五德之言也。汝,指禹等諸臣也。前後左右,四鄰也。

“庶頑讒説,若不在時,侯以明之,撻以記之,書用識哉,欲并生哉。工以納言,時而颺之,格則承之庸之,否則威之。”

又慮臣中有不在是弼直者,委曲以成就之,必不變,乃刑之。侯以明之,射以觀其德不德也。撻,鞭朴也,書,録其過也,總欲生全之也。又令樂工納言,以時而揚舉之,謂作爲美刺之辭也。如其至於善,則承繼而取之,登庸之,必不變,則威之,如四罪是也。

禹曰:“俞哉!帝光天之下,至於海隅蒼生,萬邦黎獻,共惟帝臣。惟帝時舉,敷納以言,明庶以功,車服以庸。誰敢不讓,敢不敬應?帝不時,敷同日奏罔功。無若丹朱傲,惟慢遊是好。傲虐是作,罔晝夜頟頟。罔水行舟,朋淫於家,用殄厥世。予創若時,娶於塗山,辛壬癸甲。啓呱呱而泣,予弗子,惟荒度土功。弼成五服,至於五千。州十有二師,外薄四海,咸建五長,各迪有功。苗頑弗即工,帝其念哉。”帝曰:“迪朕德,時乃功惟敘。皋陶方祗厥敘,方施象刑惟明。”

禹是舜言,而進以廣用衆賢。若不然,而專倚舊臣,或流於敷同而無功矣。獨無有如丹朱之傲者乎?予夙懲之而皇皇治水,四海奏功,而竟有苗頑不肯就工,是即丹朱之流也。帝念之哉。海隅蒼生,言遠望蒼蒼然,皆人也。黎獻,衆賢也。"庶"即黎。"罔晝夜頟頟",無晝無夜,肆惡不休息也。辛壬癸甲,禹娶四日,即往治水也。荒,大。五服,甸、侯、綏、要、荒也。每服五百里,四面相距爲五千里。二千五百人爲師。治水之功,一州用三萬人,是十有二師也。五國立一長,曰"五長",率以治水,故各迪有功也。舜言天下蹈行我德,是禹功有次敘也。其有不蹈行如有苗者,臯陶方敬行九德,考績之法於四方,方施其刑法甚明。方者,正爲是事也。有苗或從或否,必有以處之也。此言在征苗以前典謨,始以克明俊德,中以明目達聰,終以時舉黎獻。子孫不肖,則以賢易之,而况族人姻婭故舊,不威之乎?此堯舜聖心之公,而帝治之所以盛也。周公痛傷管蔡之誅,故訓子諄諄親故,而求賢退不肖不之及。無怪有周一統之休,遜於唐虞。而其後且親故爭殺,歷四五年,天子莫可誰何。《春秋》書曰:"王室亂也。"

夔曰:"戛擊鳴球,搏拊琴瑟以詠。"祖考來格,虞賓在位,群后德讓。下管鼗鼓,合止柷敔,笙鏞以間。鳥獸蹌蹌,簫韶九成,鳳凰來儀。夔曰:"於!予擊石拊石,百獸率舞,庶尹允諧。"

夔聞之,乃言作樂堂上,而丹朱與群后德讓。丹朱可化,則有苗亦可化也。作樂堂下,而鳥獸趨蹌,九成而靈鳥至,况於人也。又言樂作而庶官之長,信皆和諧,修理其政罔功可無慮也。皆所以廣舜禹之憂也。其後有苗果格,夔早見及矣。戛敔以止樂,擊柷以合樂,堂上下皆有。上言戛擊,下言柷敔,互文也。搏拊,節樂之器。"祖考來格",馬融謂舜服瞽瞍之喪畢,祭宗廟也。虞朝之賓,丹朱也。鏞,鐘也。間,吹笙、擊鏞迭奏也。簫韶者,絲不如竹,韶樂九奏,以簫爲主。《左傳》載。后夔娶妻而甚美,光可以鑑,生子伯封,實有豕心,貪惏無饜,爲后羿所滅。夔遂不祀。豈樂主於和,知和而和,必以禮節之,乃當乎?故孔門禮樂并重,而約禮復禮,獨爲諄諄也。

帝庸作歌曰:"勑天之命,惟時惟幾。"乃歌曰:"股肱喜哉!元首起哉!百工熙哉!"臯陶拜手稽首,颺言曰:"念哉!率作興事,慎乃憲,欽哉!屢省乃成,欽哉!"乃賡載歌曰:"元首明哉!股肱良哉!庶事康哉!"又歌曰:"元首叢脞哉!股肱惰哉!萬事墮哉!"

舜聞庶尹允諧,用歌以永言。乃言允諧非僅當和樂也,在正天之命,順時審幾,於是作歌。謂臣喜盡忠而君起事廣歸之於臣也。拜手,揖也。稽首,跪叩而稽留也。颺言,大聲以揚也。賡,續。載,成。率,率群臣以起事也。省成,省察群臣而觀其成也。

叢脞，細碎無大略也。謂必君明而臣乃良，事乃安也，原之於君也。君臣交責以難也。

帝拜曰："俞，往欽哉！"

戒自此以後，君臣共勉於敬也。

盤　庚　下

盤庚既遷，奠厥攸居，乃正厥位，綏爰有衆。

史敘盤庚終告衆官之意也，綏爲下文之綱。已遷不用以刑威之，惟開之以無怨讒，戒之以無貪貨，勉之以事民生，皆所以安之也。孔《傳》曰："正位，正郊廟朝社之位。"

曰："無戲怠，懋建大命！

"大命"，即下文生生之命也。

"今予其敷心腹腎腸，歷告爾百姓於朕志。罔罪爾衆，爾無共怒，協比讒言予一人。

百姓，百官。言前之沮撓，今不罪爾，而爾衆亦自此无胥讒也。

"古我先王，將多於前功，適於山。用降我凶德，嘉績於朕邦。

湯之先已七八遷。湯往於亳，依山而都，降去水災之凶，故曰：多於前人之功。此見亳殷爲祖之善居，宜遷也。

"今我民用蕩析離居，罔有定極。

今耿圮於水，民無立中之地可以定止，不得不遷。

“爾謂朕曷震動萬民以遷。

沮之言如是，蓋不欲遷者，世家百官也。而其故，則以總於貨寶，故重遷也。雖防民之生生，不隱念也，故下戒之。

“肆上帝將復我高祖之德，亂越我家。朕及篤敬，恭承民命，用永地於新邑。肆予沖人，非廢厥謀，弔由靈各，非敢違卜，用宏茲賁。

肆，承上起下之辭，言今於亳殷作新邑，乃承帝意，復祖德，與篤敬之臣，敬承民生生之命，以求治祈永。亂，治也。故我非廢爾謀，謀之至用其善，且卜遷之吉，即上帝意也，君臣不敢違之，以大此新邑之賁飾。賁者，飾也。

“嗚呼！邦伯師長，百執事之人，尚皆隱哉！予其懋簡相爾，念敬我衆①。

將誡而呼以動聽。

“朕不肩好貨，敢恭生生。鞠人謀人之保居，敘欽。

敢恭②生生，果敢以敬民之生生也。養民謀民之保居，即恭生生也。敘欽，敘用而敬之也。保居，井里樹畜，學校人倫之事也。以任爲肩，換字之法，商時已有矣。

“今我既羞告爾於朕志，若否，罔有弗欽。

既進告爾，前之否者，今若順從，亦無不敬，許其改，而亦敘欽也。

“無總於貨寶，生生自庸！式敷民德，永肩一心！”

乃正誡之。總，聚斂也。無，然也。庸，功也。當以生生自爲功也。式，用也，用

① 這十個字底本作雙行小字，據《十三經注疏》本改。
② 恭，底本作“果”，據《顔李叢書》本改。

布民德，使民各生其生也。永肩一心，久而不變也。

韓昌黎曰："佶曲聱牙，則疑其扭扯澁滯矣，而何其高簡順適也！而何其曲折中節也！而何其聲調和鳴也！章法、句法、字法，無一不善，至文也。"

文王

乾象《周易》

☰乾，元、亨、利、貞。

寫乾以四字，天道人事，往古來今盡矣，誠乾坤之大文也。

廣大確切，萬世閣筆。

孔子

彖傳孔子《十翼》稱贊。贊，詩之類也，故皆有韻。

彖曰：大哉乾元，萬物資始，乃統天。天之元。雲行雨施，品物流形。天之亨。大明終始，聖人之元。六位時成，時乘六龍以御天。聖人之亨。乾道變化，各正性命。天之利。保合太和，天之貞。乃利貞。首出庶物，萬國咸寧。聖人之利貞。

琳琳琅琅，離奇光怪。

周公

乾爻象

初九，潛龍勿用。九二，見龍在田，利見大人。九三，君子終日乾乾，夕惕若厲，无咎。九四，或躍在淵，无咎。九五，飛龍在天，利見大人。上九，亢龍有悔。用九，見群龍无首，吉。

試取六爻觀之，何其刻劃也。故曰象。

言龍、言大人、言君子、言日、言夕、言天、言田、言淵，拉雜并集，所謂天理爛熟，萬物備我者也。

《詩　經》
關　雎

關關雎鳩，在河之洲。窈窕淑女，君子好逑。一章　參差荇菜，左右流之。窈窕淑女，寤寐求之。求之不得，寤寐思服。悠哉悠哉，輾轉反側。二章　參差荇菜，左右采之。窈窕淑女，琴瑟友之。參差荇菜，左右芼之。窈窕淑女，鐘鼓樂之。三章

《關雎》五章，章四句。鄭　故言三章，一章章四句，二章章八句。毛

《序》曰："《關雎》，后妃之德也。""樂得淑女以配君子；憂在進賢，不淫其色；哀窈窕，思賢才，而無傷善之心焉。是《關雎》之義也。"

此與《葛覃》《卷耳》，皆后妃所自作也，故《序》於後二篇接云："后妃之本"、"后妃之志"。毛《傳》曰："逑，匹也。《序》'哀'字，憐也。"首章以雎鳩和鳴於河洲，興淑女爲君子之善配也。夫以衆妾爲君子之善配，似忘己之爲正配者。所謂大舜取善，舍己從人也。揚子雲曰："善心爲窈，善容爲窕。"毛《傳》曰："雎鳩情摯而有別。"二章追言，未得淑女，供宗廟之荇菜，無人採取，任其分流。故夜不安寢，思而求之，輾轉反側，惟覺宵長也。鄭《箋》曰："服，事也。"思己職事，無與共之也。三章言既得淑女，則荇菜左右采之擇之，鼓琴鼓瑟，考鐘考鼓，以供宗廟，而共相友樂矣。一篇四呼"窈窕淑女"，如聞其聲。思曰"輾轉反側"，喜曰"友""樂"，如見其容。以貴下賤，以聖下賢，是何心胸！文王后妃與衆妾同一，雝雝肅肅，當日宫中是何氣象！惟《序》爲得之。毛《傳》已涉影響，鄭《箋》又格格然，朱《注》乃改爲宫女所作，則支離甚矣。不惟不思宫女是誰之宫女，宫女不可鐘鼓作樂，而宫女何許人也？可稱國母爲淑女乎？寢不安席，以思國母，得國母而與之爲友，與之共樂，有此情理乎？今玩《詩序》《書序》，非毛《傳》、孔《傳》可及，必孔門舊傳無疑也。

《周禮》

鄉大夫

每一鄉卿一人。德:知、仁、聖、義、忠、和;行:孝、友、睦、婣、任、恤;藝:禮、樂、射、御、書、數。

鄉萬二千五百家,合五州也。大夫之職,各掌其鄉之政教禁令。政,統言也。教,教三物也。禁,使不爲也。令,使爲也。正月之吉,受教法於司徒,退而頒之於其鄉吏。州長、黨正、族師、閭胥、比長也。使各以教其所治,以考其德行,察其道藝。德,六德;行,六行;道藝,六藝。以歲時登其夫家之衆寡,辨其可任者。國中自七尺以及六十,野自六尺以及六十有五,皆征之。鄭《注》:國中,城郭中也。國中復多役少,野復少役多。其舍者,國中貴者、賢者、能者、服公事者、老者、疾者,皆舍。以歲時入其書,三年則大比,考其德行道藝,而興賢者、能者。鄉老二鄉則公一人。及鄉大夫,率其吏,與其衆寡,以禮鄉飲酒禮。禮賓之。厥明,鄉老及鄉大夫群吏,獻賢能之書於王,王再拜受之,登於天府。内史貳之。退而以鄉射之禮,五物詢衆庶。一曰和,二曰容,三曰主皮,四曰和容,五曰興舞,此謂"使民興賢,出使長之;使民興能,入使治之"。歲終,則令六鄉之吏,皆會政致事。正歲,建寅月也。令群吏考法於司徒,以退各憲之於其所治《疏》云:憲,表懸之也。之國。二字《疏》無解,似衍。大詢於衆庶,則各率其鄉之衆寡,鄭《注》:大詢如詢國危國遷之類,衆寡即上文與衆寡,謂學士也。而致於國。朝有大故,《疏》云:災變、寇戎之類。則令民各守其閭,二十五家一聚。以待政令,以旌節輔,令則達之。防姦寇也。

鄉吏各教其所治,是古無專教士之官矣。古五家即立一官,以教子弟,以養庶民。以上皆然。茲詳於教物取士而不言教稼,與遂大夫互相足也。五物:一曰和。蓋人必德性和平,乃可具有六德。乖戾則無可詢矣,故專詢和也。二曰容。以有涵容之量,乃可行六行。而私小者無與也。三曰主皮。古自天子至士,皆有分等之侯,庶人不得用侯。習射則懸獸皮射之,曰"主皮"。故賓興訖,恐庶人中復有遺賢,延賓行鄉射,必有庶人來觀,問其能主皮否。曰"能",則使射,中則再問其能比禮比樂否。曰"能",則又試之。如不中,則退去也。和容,禮與舞樂也。過人曰賢,故使長率民,長率民,故曰出。幹辦曰能,故使治事,治事故曰入。天子拜受賢書,鄉大夫退詢衆庶。取賢何其敬,求賢何其周也!每歲終會政,考課何其密也!大詢衆庶,採訪何其備也!大故,守閭旌節乃達,守備稽察何其謹也!

州二千五百家，合五黨。長中大夫各掌其州之教治政令之法。正月之吉，各屬其州之民而讀法，以考其德行道藝而勸之，以糾其過惡而戒之。若以歲時祭祀州社，則屬其民而讀法亦如之。春秋以禮會民而射於州序。鄭《注》：序，州黨之學也。凡州之大祭祀、大喪，皆涖其事。若國作民而師田行役之事，則率而致之，掌其戒令，與其賞罰。歲終，則會其州之政令。正歲，則讀教法如初。如子月之初吉。三年大比，則大考州里，以贊鄉大夫廢興。

鄉大夫三年大比考民，州長則正吉讀法考民，正歲又考，歲時祭祀又數考，較鄉詳矣。

黨五百家，合五族。正下大夫各掌其黨之政令教治。及四時之孟月吉日，則屬民而讀邦法，以糾戒之。春秋祭禜亦如之。國索鬼神而祭祀，鄭《注》：謂歲十二月建亥，大蜡也。則以禮屬民而飲酒於序，以正齒位。一命齒於鄉，再命齒於父族，三命而不齒。凡其黨之祭祀、喪紀、昏冠、飲酒，教其禮事，掌其禁戒。凡作民而師田行役，則以其法治其政事。歲終，則會其黨政，帥其吏而致事。正歲，屬民讀法，而書其德行道藝，以歲時涖校比。賈《疏》云：五族校比之時，黨正臨之。及大比，亦如之。

正齒位者，黨正行飲酒禮以養老，所謂申之以孝弟也。一命、再命、三命，非正賓，謂來觀禮者也。孟月吉日，讀法糾戒，即考德行道藝，視州長愈詳矣。歲終會政致事者，賈《疏》曰："黨有族師以下諸官，歲終則會計一黨政治功狀，率其族師以下之吏，致其掌事於州長，州長致與鄉大夫，鄉大夫致與大司徒，而行賞罰也。"

族百家，合四閭。師上士各掌其族之戒令政事。月吉則屬民而讀邦法，書其孝弟睦婣有學者。春秋祭酺鄭《注》：禜，謂雩禜水旱之神。酺者，爲人物烖害之神。族無飲酒之禮，因祭酺而與其民以長幼相獻酬焉。亦如之。以邦比之法，帥四閭之吏，以時屬民，而校登其族之夫家衆寡，辨其貴賤老幼廢疾可任者，及其六畜車輦。五家爲比，十家爲聯，五人爲伍，十人爲聯，四閭爲族，八閭爲聯，使之相保相受，刑罰慶賞，相及相共，以受邦職，以役國事，以相葬埋。若作民而師田行役，則合其卒伍，簡其兵器，以鼓鐸旗物帥而至，掌其治令禁戒刑罰。歲終，則會政致事。

每月一考，愈詳矣。學，即六藝也。族師書孝、弟、婣、睦，閭胥書任、卹，互文也。不書德者，德積而後成，不能每月書也，然特見必書。五家爲比，十家爲聯，即言五人爲伍，十人爲聯，蓋族即百夫，族師即百夫長，兵民合也。

閭二十五家，合五比。胥中士各掌其閭之徵令。以歲時各數其閭之衆寡，辨其施舍。凡春秋之祭祀、役政、喪紀之數，聚衆庶。既比，則讀法，書其敬敏、任卹者。凡事掌其比觵撻罰之事。

讀法考書無時，愈詳矣。州長大祀、大喪乃涖，此則凡祀、凡喪、凡役皆比。近人言鄉舉里選多僞，此亦焉得僞哉！千古取士之法，莫善於此。觵，罰之酒也。凡比，聚衆有失禮者，輕則觵酒罰之，重則撻罰之。敬則德聚，敏則藝成。

比五家長下士各掌其比之治。五家相受，相和親。有辠奇衺則相及。徙於國中及郊，則從而授之；若徙於他，則爲旌節而行之。若無授無節，則唯圜土内之。

鄉大夫職云：頒教法於其鄉吏，使各教其所治。又云：考法於司徒，各憲之於其所治。則言治即兼政令與教之事矣。鄭《注》曰："授，付所徙之吏也，明無罪惡也。徙他，徙异鄉异國也。圜土，獄也。"無授、無節，即納之獄，則游惰輕去其鄉者無矣。

五家之農事，比長出入之；五家之子弟，比長教之；冠、昏、喪、祭，比長涖之；徙於他處，爲節以達之。事事稽閱，使五家各得其理。此天下之治，始於比長，終於邦國，而四海無一人之不治也。

陸道威曰："分鄉，乃小封建也。后世即不行封建，而鄉斷不可不分。"至言哉！

乾坤之事，相間而成章。《周禮》之文，亦相間而成章。教養文武，相間也。貴貴賢賢，老老幼幼，相間也。天地四時，相間也。主輔監各掌，相間也。頒施會致，相間也。一官，一小陳也。六官，六大陳也。大陳包小陳，大營包小營，曲折相對，隅落鈎連，此《周禮》之治，《周官》之文也。即此五篇可見矣。

《周官》皆有府史胥徒，其偶無者，必其事一人可任也。今鄉大夫以至比長，遂大夫以至鄰長，教養兼司，頒會皆理，事至煩悉。而俱無府史胥徒者，蓋府史即用其所教之士，胥徒即用其所治師田之民也。至於禄，則比長以上用士者，下士予田百畝，中士二百畝，上士四百畝，使所治之農代耕之。大夫則食公田之禄，或别與之士田、宅田、官田及賞田若干也。故經皆有不言之文，不如後人爲文，必欲道盡也。

《禮　記》

《曲禮》首節

《曲禮》曰："毋不敬，儼若思，安定辭，安民哉！"

"毋不敬"，心常兢業也。"儼若思"，容貌斂慎，若有所思也。"安定辭"，不鄙倍也。有此三者，而修己以安民矣。下將詳陳《曲禮》而本之以此。

《春　秋》

春王正月

隱公元年，春，王正月。

元年春正月，謂"建子月"也，史文也。不書即位，亦史文也。以攝位踰年，不行即位禮也。正月上書王，則孔子筆也。以當時天下惟正朔遵王也，餘禮樂征伐，皆不自天子出矣。是孔子之義也。

《論　語》

子曰學而時習　全章

子曰："學而時習之，不亦説乎？

一部《論語》，首揭一"學"字，見全書皆教士以學也。

"學"即下文學文也，學詩、學禮也，君子學道也。文武之道，夫子焉不學也？以經証經，自明。習，重也，學而又學也。皇氏曰："時有三：一、身中時。《内則》十三學樂誦詩，成童學射御，二十學禮之類也。一、年中時。《王制》春秋教以禮樂，冬夏教以詩書。一、日中時。《學記》所謂'藏焉、修焉、息焉、遊焉'是也。"

有朋自遠方[1]來，不亦樂乎？

---

① 底本無此"方"字，據《十三經注疏》本補。

有朋可樂，自遠方來更可樂。

人不知而不愠，不亦君子乎？"

學以應人知也。人不知，則廣土衆民之欲，定四海民之樂，皆無能遂矣。宜乎愠矣！而君子所性，乃大行不加，窮居不損，遯世無悶，非君子而何？中"而"字念重便解。

王崑繩曰："發皇於《詩》《禮》，跌宕於《語》《孟》。如此章首句，三實字，二虚字；次句一實字，三虚字；三段末句俱同，純以虚字指點詠歎，其妙自此始。如海外三神山，矗起插天，而下截瀠漾水中，莫測其底，似臨風可去者。作一部之首，誠神化之筆也。"

嘗疑《論語》多屬聖手親定，後學諸經，或可分讀，惟《論語》宜人人熟誦也。

有子曰其爲人也　章

有子曰："其爲人也，孝弟而好犯上者，鮮矣。不好犯上而好作亂者，未之有也。"

首句陡然提起，二句順下，如長江浩浩，以見"孝弟"之妙。三句言，犯上，小失耳，然且不爲，如大江中流一逆。四句又瀉下，浩浩而去。"鮮矣"、"未之有也"，前後盤顧。

衹是"孝弟則不犯上作亂"一句耳，乃憑空一提，下作兩層渲染，其勢如霧湧雲蒸。"不犯上作亂"即仁象也，爲下節作案。

君子務本，本立而道生。孝弟也者，其爲仁之本歟！

"有案"即可判矣，乃入"君子"二句，横亘於中。一斷如金焦二山，横截江中，山回水激，巖業澎湃。奇觀大觀！

"孝弟"二句，判斷上文之"案"也。"也者"承上文之詞，"其之與"咏嘆指點之詞，前後率然。

誦完愈見中二句之妙，一以先明"道"皆有"本"，則末句出"本"字，不突。一以"道"字暗含"仁"字，一以見此章之旨，教人務孝弟也。

子畏於匡　章

子畏於匡,曰:“文王既沒,文不在兹乎? 天之將喪斯文也,後死者不得與於斯文也。天之未喪斯文也,匡人其如予何?”

畏,戒備也,修戎兵,整行伍,以禦敵也。故匡人圍數日,而不能加害,若後儒則束手就縛矣。

曰者,解門人之疑懼也。文,詩、書、禮、樂也,聖聖相傳之道也。文王沒而文在兹,見己得統於文王也,而詞何其宛轉謙活!“天之將喪”二句,言文之在兹,乃天也。一反“天之未喪”句,一正與於斯文藏在内,不必説明。文家明暗互用之法。“匡人”句言己乃天意攸關之人,匡人能違天乎? 一反一正,天意如覩。聖人知我知天之學也。

如波之屬,如雲之委,如連峯之參錯而聳立。孔子於患難中,而出語如律吕和鳴,此所以爲聖人也。

子擊磬於衛　章

子擊磬於衛,有荷蕢而過孔氏之門者,曰:“有心哉! 擊磬乎?”既而曰:“鄙哉! 硜硜乎? 莫己知也,斯已而已矣。深則厲,淺則揭。”子曰:“果哉! 末之難矣!”

“擊磬”非如時解偶擊一聲也,想如今之撾鼓,有始有終,有抑有揚,或擊或拊,成一節奏,所谓“一音自爲小成”是也。夫子將擊之而聞於人,故特書曰:“子擊磬於衛”以起末“果哉!”句也。蕢,草器也。以衣涉水曰“厲”,攝衣涉水曰“揭”。向疑《論語》亦可增損一二字,如此上有“子擊磬”,則此當曰“過其門”,不必曰“過孔氏之門”,今而知不可也,時解誤也。“過”,過從也,非經過也。荷蕢蓋特來孔門聽其擊磬,以致譏也。故特書“過孔氏之門”,以起下“有心”、“硜硜”數語也。蓋微生畝之流。“有心”以下皆當面詞答,非荷蕢在門外言,夫子在門内答也。若門外行走,偶聽一聲“磬”,而即嘆“有心”,可已不已。雖聰如師曠,未必至是矣。

子路從而後　章

子路從而後。

一段。

"從而後"三字,簡錬,后人便用許多言語矣。

從者,欲仕也,不亂倫也。

遇丈人,以杖荷蓧。

一段。

《正義》曰:"丈人,老人之稱。"《説文》:"'蓧'作'莜',耘田器。"

四字畫出丈人高潔之況。

子路問曰:"子見夫子乎?"

一段。

《史記》載此事,在仕魯以後。《春秋》稱大夫爲"夫子",孔子既仕,其儀從必异常人,故問之。非如時解作"稱師語"也。如執途之人而問我師,子路爲不曉事矣。

丈人曰:"四體不勤,五穀不分,孰爲夫子?"植其杖而耘。

一段。

王法乾曰:"言我四體不勤於耘耔,則五穀草宅不分,安有暇工而辨過往者誰爲夫子乎? 其言潔;杖植而耘,其事潔。活畫一箇隱者。"

子路拱而立。

一段。

行行之勇,陡爾謙遜,卑牧如畫。丈人感動高賢如此,子路見善起敬如此,皆絶世人物也。

止子路宿，殺雞爲黍而食之。見其二子焉。

一段。

三層款洽細寫。

前何其高冷，此何其温藹，風雷立换，雲霞變色。

"見其二子"句，已暗伏末節"長幼"句。

明日，子路行，以告。子曰："隱者也!"使子路反見之。至，則行矣。

一段。

隱者，欲潔其身者也。使反見，告以君臣之義也。聖心善與人同如是。至行前何其款洽，此何其縹渺！"則"、"矣"二字，神筆！

子路曰："不仕無義，長幼之節不可廢也，君臣之義如之何其廢之？欲潔其身，而亂大倫。君子之仕也，行其義也。道之不行，已知之矣。"

一段。

"不仕"句，如半空霹靂，一提。"長幼"句，一斷。文法則一閃，引之"君臣之義"句，乃續上雷聲。而下"欲潔"句，接上斷定丈人之失，以望其改。"君子之仕"句，"君子"即孔子，子路乃舉孔子之行以示丈人。或謂孔子自言，非也。"道之不行"句，丈人謝世之意。不過以道不行，故於孔子之行，又一分説，使丈人無詞可抵也。

以上共六折，文何其轉折而歷落，義何其詳明而善入。勇士能言如此，聖門人物不可及如此。

敘事則《左》《國》退避，議論則荀孟伏首，并無秦漢，安及唐宋耶？故曰："聖經真古文也!"

《孟　子》

孟子見梁惠王　章

孟子見梁惠王。王曰："叟不遠千里而來，亦將有以利吾國乎?"孟子對曰："王何必曰利？亦有仁義而已矣。

孟子，仁義人也。王，利人也。見之者，欲以“仁義”轉其“利”也。全章之旨，首句已具。王曰“叟”，以叟必能謀利也。孟子對曰“王”，言王則當言仁義矣。

“王曰‘何以利吾國’，大夫曰‘何以利吾家’，士庶人曰‘何以利吾身’，上下交征利，而國危矣。萬乘之國，弑其君者，必千乘之家；千乘之國，弑其君者，必百乘之家。萬取千焉，千取百焉，不爲不多矣。苟爲後義而先利，不奪不饜。

“王曰”句，承上“有以利吾國”句，此“曰”字實。“大夫曰”，“士庶人曰”，二“曰”字虚。乃王倡之也。王以爲己言之，人何敢效？而不知國中已雜雜亂喧如此。“上下交征利”將上三句一總。“而國危矣”即順帶出下文國危駭人。“萬乘之國”六句，詳注“國危”。王以爲言利，則專利於己也，而乃遂首領不保矣。真足駭人。“萬取千焉”三句，見儘可以不奪也。上文萬馬奔馳矣，乃一頓以緩其勢，乃愈緩愈急。“苟爲後義”串插“義”字，而“先利”接上“征利”、“不奪”句，收足言利之害。

“未有仁而遺其親者也，未有義而後其君者也。

上作整齊之筆，如刀斧齊鳴；此作摇曳之筆，如游魚擺尾。上正疏，此反寫，皆换筆法也。寫“仁義”之妙如此。

仁義不遺親後君，指國人也。而“仁義”必自王倡之，乃孟子不言者，以上節王倡言“利”，則國人皆征利，對觀即見也。故文家有得省即省之法。

“王亦曰仁義而已矣，何必曰利？”

結完。

前接王問“利”，而起以“仁義”，故“何必曰利”句在前，“亦有仁義”句在後。此接上文寫“仁義”，故亦曰“仁義”句在前，“何必曰利”句在後，皆天然之節奏也。此《孟子》七篇之首也，最有章法文字。

萬章問曰或曰百里奚　章

萬章問曰:“或曰:‘百里奚自鬻於秦養牲者,五羊之皮,食牛,以要秦穆公。’信乎?”孟子曰:“否,不然。好事者爲之也。

先推倒或言。

“百里奚,虞人也。晋人以垂棘之璧與屈産之乘,假道於虞以伐虢。宫之奇諫,百里奚不諫。

次敘事。

“知虞公之不可諫而去,之秦,年已七十矣,曾不知以食牛干秦穆公之爲汙也,可謂智乎?不可諫而不諫,可謂不智乎?知虞公之將亡而先去之,不可謂不智也。時舉於秦,知穆公之可與有行也而相之,可謂不智乎?相秦而顯其君於天下,可傳於後世,不賢而能之乎?自鬻以成其君,鄉黨自好者不爲,而謂賢者爲之乎?”

即事以斷,宛轉頓挫,極抗隊矩鉤,纍纍貫珠之妙!

桃應問曰　章

桃應問曰:“舜爲天子,皋陶爲士,瞽瞍殺人,則如之何?”

善哉問,憑空立案,大奇!

孟子曰:“執之而已矣。”

千古執法之臣,一無迴避,如此氣象。

“然則舜不禁與?”曰:“夫舜惡得而禁之,夫有所受之也。”

又原其必執法之故。

“然則舜如之何?”曰:“舜視其天下,猶棄敝蹝也。竊負而逃,遵海濱而處,終身訢然,樂而忘天下。”

千古孝子之心,不以天下易吾親。如此行景,憑空寫一天理人情之至,神鬼於文者也。而其筆一何潔淨!一何高宕!

《左　　傳》

晋公子重耳出亡 僖公二十三年

晋公子重耳之及於難也,晋人伐諸蒲城,蒲城人欲戰,重耳不可,曰:“保吾父之命,而享其生禄,於是乎得人。二字一篇之主,妙在無迹。有人而校,罪莫大焉。吾其奔也。”遂奔狄。從者狐偃、趙衰、二人詳。顛頡、魏武子、司空季子。三人略。大書“從者某某”,正見得人。狄人伐廧咎音皋。如,獲其二女叔隗、季隗,通篇夾敘女子,章法妙。雖是賓,然亦見得人。二女一賓一主。納諸公子。公子取季隗,生伯儵、叔劉。以叔隗妻趙衰,生盾。將適齊,先提一句,後敘過衛,方入及齊,敘法變。謂季隗曰:“待我二十五年,不來而後嫁。”對曰:“我二十五年矣,又如是而嫁,則就木焉,請待子。”處狄十二年,而行。過衛,衛文公不禮焉。出於五鹿,乞食於野人,野人與之塊。公子怒,欲鞭之。寫公子只如此。子犯曰:“天賜也!”得人。稽首,受而載之。及齊,齊桓公妻之,又得一女子。有馬二十乘。公子安之。寫公子只如此。從者以爲不可,得人。將行,謀於桑下。蠶妾在其上,又一女,是賓。以告姜氏。姜氏殺之,而謂公子曰:“子有四方之志,其聞之者,吾殺之矣。”公子曰:“無之。”姜曰:“行也!懷與安,實敗名。”公子不可。寫公子只如此。姜與子犯謀,醉而遣之。得人。醒,以戈逐子犯。只如此。及曹,曹宋鄭楚敘法一。曹共公聞其騈脇也,欲觀其裸。浴,薄而觀之。僖負羈之妻曰又一女子在局外。:“吾觀晋公子之從者,皆足以相國,著眼不在公子而在從者,作者之意可知。若相夫子,必反其國。反其國,而得志於諸侯,若誅無禮,曹其首也。子盍早自貳焉。”乃饋盤飧,寘璧焉。公子受飧反璧。及宋,宋襄公贈之以馬二十乘。略。及鄭,鄭文公亦不禮焉。與衛文公忽爲聯絡,文字亦變化,亦整齊。叔詹諫曰:“臣聞天之所啓,人弗及也,晋公子有三焉,天其或者將建諸?君其禮焉!男女同姓,其生不蕃。晋公子,姬出也,而至於今,一也。離外之患,而天不靖晋國,殆將啓之,二也。有三士,足以上人,而從之,三也。主。不必定五人,妙!晋、鄭同儕,其過子弟,固將禮焉,况天之所啓乎?”與前天賜及後楚王亦歸之天相應。

弗聽。及楚,楚子饗之,曰:“公子若反晋國,則何以報不穀?”對曰:“子女玉帛,則君有之;羽毛齒革,則君地生焉。其波及晋國者,君之餘也。其何以報君?”曰:“雖然,何以報我?”對曰:“若以君之靈,得反晋國,晋楚治兵,遇於中原,其避君三舍。若不獲命,其左執鞭弭,右屬櫜鞬,弭音米,弓末無緣者。櫜以受箭,鞬以受弓。屬音燭,著也。以與君周旋。”咄咄逼人,至此方極寫公子。然要知是作者特地將得人撇開,反是用奇也。子玉請殺之。楚子曰:“晋公子廣而儉,文而有禮。極寫公子。其從者肅而寬,忠而能力。主并説在此。晋侯無親,指惠公。外内惡之。吾聞姬姓,唐叔之後,其後衰者也。其將由晋公子乎!天將興之,誰能廢之?違天必有大咎。”乃送諸秦。秦伯納女五人,又得五女子。懷嬴與焉。一實四虚。奉匜沃盥,既而揮之。怒曰:“秦晋,匹也,何以卑我?”怒公子之揮也。公子懼,降服而囚。杜《注》:去上服,自拘囚以謝之。公子在楚,氣張矣。此又特案倒變化。他日,公享之。子犯曰:“吾不如衰之文也,得人。請使衰從。”公子賦《河水》,公賦《六月》。杜《注》:喻公子反晋,必能匡王國。趙衰曰:“重耳拜賜!”公子降,拜,稽首。公降一級而辭焉。衰曰:“君稱所以佐天子者命重耳,重耳敢不拜?”蕲然止,氣甚盛。

王崑繩曰:“凡古人文字,看其著意處,便是神髓。著意於不著意處,更是神髓。此文起手書曰‘從者某某’,以後處處寫‘從者’,此著意處也。妙在‘得人’二字藏在公子口中,全不著迹,此著意於不著意處也。”

“敘事,不可旁敘一事,又不可只敘一事。旁敘一事則筆法亂,只敘一事則筆法死,死則無文,亂則無章。不可旁敘一事者,精神只注一事也;不可只敘一事者,兼敘他事爲襯貼也。此文精神注在‘得人’,而處處兼寫女子,作襯是也。”

崑繩評文固妙,然實當時事本如此。此文善能寫之。齊桓晋文,皆酒色之徒,但能得人任賢,遂成霸業,此漢高祖唐太宗之前驅也。三代變爲漢唐,天也!所謂“天之所興,誰能廢之”也。但少左氏妙筆抒寫耳。

《國　　語》

范武子教子

范文子莫退於朝,武子曰:“何莫也?”曰:“有秦客廋辭於朝,大夫莫之能對也。吾知三焉。”武子怒曰:“大夫非不能也,讓父兄也!出脱諸大夫,妙!爾童子何知?而三掩人於朝。少年技癢,每有此失。記之記之!吾不在晋國,怒甚,如聞其聲。亡無日矣!”平時已不可,而況衰季?老成至言,非過語也。擊之以杖,折,委笄。有此慈父,宜文子以謹讓終也。

《史記》

管晏列傳

管仲夷吾者，潁上人也。少時，嘗與鮑叔牙遊，鮑叔知其賢。以鮑叔寫管仲。管仲貧困，常欺鮑叔，欺者，謂徑用同賈之財，不通知鮑叔也，非欺詐之欺。鮑叔終善遇之，不以爲言。已而鮑叔事齊公子小白，管仲事公子糾。及小白立，爲桓公，公子糾死，管仲囚焉，鮑叔遂進管仲。此一段完，一斷。

管仲既用，任政於齊。齊桓公以霸，九合諸侯，一匡天下，管仲之謀也。管仲功業先隱括數語。此段完，又一斷。

管仲曰：遙接寫鮑叔，却以管仲語寫鮑叔。前後離奇。"吾始困時，嘗與鮑叔賈，分財利多自與，鮑叔不以我爲貪，知我貧也。吾嘗爲鮑叔謀事，而更窮困，鮑叔不以我爲愚，知時有利不利也。吾嘗三仕三見逐於君，鮑叔不以我爲不肖，知我不遭時也。吾嘗三戰三走，鮑叔不以我爲怯，知我有老母也。公子糾敗，召忽死之，吾幽囚受辱，鮑叔不以我爲無恥，知我不羞小節而恥功名不顯於天下也。生我者，父母，知我者，鮑子也。"千古感泣。

鮑叔既進管仲，遙續前文。以身下之。大賢大傑！子孫世禄於齊，有封邑者十餘世，常爲名大夫。説薦賢之獲福，津津然。天下不多管仲之賢，而多鮑叔能知人也。結鮑叔。

管仲既任政相齊，遙接管仲前文。以區區之齊在海濱，通貨積財，富國强兵，與俗同好惡。故其稱曰："倉廩實而知禮節，衣食足而知榮辱。上服度，則六親固，四維不張，國乃滅亡。下令如流水之源，令順民心。"故論卑而易行。俗之所欲，因而予之；俗之所否，因而去之。寫管仲功業，祇一因字，英雄可以觀矣。大禹治水亦然。

其爲政也，善因禍而爲福，轉敗而爲功。貴輕重，慎權衡。桓公實怒少姬而①襲蔡，管仲因而伐楚，責包茅不入貢於周室。桓公實北伐山戎，而管仲因而令燕修召公之政。於柯之會，桓公欲背曹沫之約，管仲因而信之，諸侯由是歸齊。故曰："知與之爲取，政之寶也。"細寫其功業，不詳事而寫神。

管仲富擬於公室，有三歸、反坫，齊人不以爲侈。與"鮑叔不以爲貪"等句故相重。妙！管仲卒，齊國遵其政，常彊於諸侯。結管仲。後百餘年，而有晏子焉。

晏平仲嬰者，索隱云：名嬰，平謚，仲字。萊之夷維人也。事齊靈公、莊公、景公，以節儉力行重於齊。既相齊，食不重肉，妾不衣帛。其在朝，君語及之，即危言；語不及之，即危行。

---

① 中華書局1982年版本《史記》"而"作"南"。

國有道,即順命;無道,即衡命,順命,順受其命也。衡,横陳也,謂委致其命,如哭莊公尸,從容而去,是也。以此三世顯名於諸侯。寫晏子事業已完。亦隱括寫。

越石父賢,以下别敘知人二事,與管鮑掩映。在縲紲中。晏子出,遭之途,解左驂贖之,載歸。弗謝,入閨。久之,越石父請絕。晏子懼厥縛切,音矍,驚也。然,攝衣冠謝曰:“嬰雖不仁,免子於阸,何子求絕之速也?”越①石父曰:“不然。吾聞君子詘於不知己而信於知己者。方吾在縲紲中,彼不知我也。夫子既以感寤而贖我,是知己;知己而無禮,固不如在縲紲之中。”絕頂名理。晏子於是延入爲上客。

晏子爲齊相,出,其御之妻從門閒而闚其夫。其夫爲相御,擁大蓋,策駟馬,意氣揚揚,甚自得也。既而歸,其妻請去。夫問其故,妻曰:“晏子長不滿六尺,身相齊國,名顯諸侯。今者妾觀其出,志念深矣,常若②有以自下者。晏子至人,御妻奇目。今子長八尺,乃爲人僕御,然子之意自以爲足,妾是以求去也。”其後,夫自抑損。晏子怪而問之,有心人。御以實對。晏子薦以爲大夫。

大史公曰:吾讀管氏《牧民》《山高》《乘馬》《輕重》《九府》及《晏子春秋》,詳哉其言之也。既見其著書,欲觀其行事,故次其傳。至其書,世多有之,是以不論,論其軼事。先明作傳筆法○總説,下乃分贊。管仲,世所謂賢臣,然孔子小之。豈以爲周道衰微,桓公既賢,而不勉之至王,乃稱霸哉!虚抑。《語》曰:“將順其美,匡救其惡,故上下能相親也。”豈管仲之謂乎?實揚。蓋謂齊桓不能行王道,故將順之成霸也。方晏子伏莊公尸哭之,成禮然後去。豈所謂“見義不爲無勇”者耶?言不可謂無勇,一揚婉。至其諫説,犯君之顔,此所謂“進思盡忠,退思補過”者哉!一揚切,與贊管仲變化。假令晏子而在,余雖爲之執鞭,所忻慕焉。

通篇看其斷續處,看其去相寫神處,筆下寫管仲,意中想知己,手揮五絃,目送飛鴻,情景欲絕!

太史公受腐刑,恨當世無人知而救之,故極推鮑晏之進賢下士,以風世也。文中寫管晏功業,在題面爲主,而在太史公意中,却爲賓。寫鮑晏進賢下士,在題面爲賓,而在太史公意中卻爲主。賓主錯雜,文家之妙也。若孔孟操筆,必别是一篇文字。蓋史文各隨史官之身分也。後世之史,操筆者既無身分,則亂砌亂塗耳。

① 中華書局1982年版本《史記》無此“越”字。

② 中華書局1982年版本《史記》無此“若”字。

韓文公

原道

博愛之謂“仁”,行而宜之之謂“義”,主中之主。由是而之焉之謂“道”,主。足乎己無待於外之謂“德”。主中之賓。四語如山矗,爲一篇之綱。而賓主錯綜。“仁”與“義”爲定名,仁義爲主,而在此爲賓。以下不疏此也。“道”與“德”爲虚位,故“道”有君子小人,而“德”有吉有凶。言“道”所以當原。老子之小仁義,非毁之也,其見者小也。坐井而觀天,曰“天小者”,非天小也。彼以煦煦爲“仁”,孑孑爲“義”,其小之也則宜。言异端論“仁義”之誤。其所謂“道”,道其所“道”,非吾所謂“道”也。其所謂“德”,德其所“德”,非吾所謂“德”也。凡吾所謂“道德”云者,合“仁”與“義”言之也,二句實一篇之綱,而此段卻作賓語帶出,筆法錯綜。天下之公言也。老子之所謂“道德”云者,去“仁”與“義”言之也,一人之私言也。言异端論“道德”之誤。周道衰,孔子没,火於秦。黄老於漢,佛於晋宋魏隋齊梁之間,其言“道德仁義”者,不入於楊,則入於墨;又陪二客。不入於老,則入於佛。入於彼,必出於此。入者主之,出者奴之;入者附之,出者污之。噫!後之人,其欲聞“仁義道德”之説,孰從而聽之?嘆佛老之徒亂道。老者曰:“孔子,吾師之弟子也。”佛者曰:“孔子,吾師之弟子也。”爲孔子者,習聞其説,樂其誕而自小也,亦曰“吾師亦嘗師之①”云爾。不惟舉之於口,而又筆之於其書。噫!後之人,雖欲聞“仁義道德”之説,其孰從而求之?嘆异徒之爲誕,庸學之樂誕。甚矣,人之好怪也。不求其端,不訊其末,惟怪之欲聞。又嘆數句,作一小束。古之爲民者四,今之爲民者六。古之教者處其一,今之教者處其三。農之家一,而食粟之家六。工之家一,而用器之家六。賈之家一,而資焉之家六。奈之何民不窮且盜也?小束後,又嘆教紛民尨以致窮盜。又一束。波瀾恣肆。以上總言“道”之不可不原,作起。古之時,人之害多矣。有聖人者立,領起。然後教之以相生相養之道,單提道入。爲之君,爲之師,爲之作句法疊用,力厚而錯綜。驅其蟲蛇禽獸而處之中土。寒然後爲之衣;飢然後爲之食;木處而顛,土處而病也,然後爲之宫室;爲之工,以贍其器用;爲之賈,以通其有無;爲之醫藥,以濟其夭死;爲之葬埋祭祀,以長其恩愛;爲之禮,以次其先後;爲之樂,以宣其湮鬱;爲之政,以率其怠勌;爲之刑,以鋤其彊梗。相欺也,爲之符璽斗斛權衡以信之;相奪也,爲之城郭甲兵以守之。害至而爲之備,患至而爲之防。又虚括二“爲之”,以補所不及。今其言曰:“聖人不死,大盜不止。剖斗折衡,而民不爭。”老氏。嗚呼!其亦不思而已矣。如古之無聖人,人之類滅久矣。何也?無羽毛鱗介

① 底本無“師之”二字,據《顔李叢書》本補。

以居寒熱也，無爪牙以爭食也。逆疏一束，作一段辨老。是故，每段有連起，有直起，相錯綜。君者，出令者也。臣者，行君之令而致之民者也。民者，出粟米麻絲、作器皿、通貨財，以事其上者也。君不出令，則失其所以爲君；臣不行君之令而致之民，則失其所以爲臣；民不出粟米麻絲、作器皿、通貨財，以事其上，則誅。今其法曰："必棄而君臣，去而父子，禁而相生相養之道，以求其所爲清淨寂滅者。"佛氏。嗚呼！其亦幸而生於三代之後，不見黜於禹湯文武周公孔子也。其亦不幸而不出於三代之前，不見正於禹湯文武周公孔子也。感慨作束，一段辨佛。帝之與王，直起。其號各殊，其所以爲聖，一也。夏葛而冬裘，渴飲而飢食，其事殊，其所以爲智，一也。今其言曰："曷不爲太古之無事。"老氏。是亦責冬之裘者曰："曷不爲葛之之易也。"責飢之食者曰："曷不爲飲之之易也。"即以喻作束，一段辨老。傳曰："古之欲明明德於天下者，先治其國；欲治其國者，先齊其家；欲齊其家者，先修其身；欲修其身者，先正其心；欲正其心者，先誠其意。"然則古之所謂正心而誠意者，將以有爲也。今也欲治其心，而外天下國家，滅其天常。佛氏。子焉而不父其父；臣焉而不君其君；民焉而不事其事。又一段辨佛。暮鼓晨钟，舉佛老之法，而加之先王之教之上，順便雙收佛老，即出"先王之教"四字，以引下文。幾何其不胥而爲异端也。① 夫所謂"先王之教"者，何也？前文相生相養之道，合仁義言，正言卻斷。上文先王之教，帶言卻續，斷續入妙。博愛之謂"仁"，行而宜之之謂"義"，由是而之焉之謂"道"，足乎己而無待於外之謂"德"。大海洄瀾，以下寶藏畢育矣。四句同起語，而用意各別。起手四句虛按，引起道德爲虛位，言道當原也。此四語實遞，引起道易明，教易行，正原道也。其文，《詩》《書》《易》《春秋》；其字作句法。其法，禮樂刑政；其民，士農工賈；其位，君臣父子、師友賓主、昆弟夫婦；其服，麻絲；其居，宫室；其食，粟米果蔬魚肉；其爲道易明，而其爲教易行也。是故以之爲己，則順而祥；以之爲人，則愛而公；以之爲心，則和而平；以之爲天下國家，則無所處而不當。故生則得其情，死則盡其常。郊焉而天神格，廟焉而人鬼饗，屈注天潢，倒連滄海，胞紅孕紫，祥光萬道。"以之爲己"下，皆言德也，而暗括上文，與上段明括錯綜。曰："斯道也，何道也？"曰："斯吾之所謂道也。非向所謂老與佛之道也。"叫明原道，以見迥殊异端，乃足。堯以是傳之舜；"是"即上文"斯道"，"斯道"即上文，其文七句，文甚眦曉。程子乃謂必有所指。又曰："當思所傳者何事？"何也？舜以是傳之禹；禹以是傳之湯；湯以是傳之文武周公；文武周公傳之孔子；孔子傳之孟軻；軻之死，不得其傳焉。荀與揚也，擇焉而不精，語焉而不詳。又歷敘傳道之人，文氣酣暢淋漓。由周公而上，上而爲君，故其事行；由周公而

① "舉佛老之法，而加之先王之教之上，幾何其不胥而爲异端也。"《唐宋八大家散文總集》（河北人民出版社 1995 年版）、《中國歷代文學作品選》（上海古籍出版社 1979 年版）均爲：孔子之作《春秋》也，諸侯用夷禮，則夷之；進於中國，則中國之。經曰："夷狄之有君，不如諸夏之亡。"《詩》曰："戎狄是膺，荆舒是懲。"今也，舉夷狄之法，而加之先王之教之上，幾何其不胥而爲夷也！

下，下而爲臣，故其説長。又作一束。惟其説長，故不得不原道也。然則如之何而可也？结出原道經濟。"説"即事也。曰："不塞不流，不止不行。今人乃曰："只明吾道，不必闢距。"如之何則可！人其人，火其書，廬其居，明先王之道以道之。教。鰥寡孤獨廢疾者有養也。非養何以成教？實實經濟。其亦庶乎其可也。"應足。

汪洋恣肆，畔岸離合，而神明於法。大陣包小陣，大營包小營，曲折相對，隅落鈎連，游弈遠匝。《孟子》而後，惟此一篇。章法如登山，仰視巒嶼，大勢屹然。然後策杖徐入，磴道曲折，已而過一嶺又一嶺，過一峯又一峯，遂臻絕頂。周原孕毓，萬象俱包，千岩皆朝。呼吸之氣，上通帝座，乃尋出路以歸。又如涉海亦然。茅鹿門，明之爲古文者也，乃驚其變化詭譎，最難鑒定。又謂祇如時論。一冒一承，六腹一尾。則一六分界，并未分析，安分六段？何以謂"腹"？"先王之教"以下，不反似腹身乎？而將以爲尾乎？以時下策論而窺兹篇，宜其迷眩也。韓文遂日眩人，而况先秦西漢，而况六經！此明一代所以痼於宋人籬下，有時文而少古文也。

韓子謂"道"是虚字，謂即是"仁義"，得之聖經最確。《易》曰"立人之道曰仁與義"是也。宋人看道，别是一物，在氣先物先，則爲异端之説所眩亂矣。夫道在天地先，而人尚可共由乎？

顔習齋
三字書

世行《三字書》，以便蒙誦也。傳宋王伯厚作，而義不確當，予改正之，令門人塨押以韻。

古先聖，學教人，有成法，當永遵。通篇冒。年八歲，入小學，習小藝，履小節。八歲以下又冒，當出入，與即席，必後長，讓莫逆。至九年，教數日，十年時，宿外室。學書計，習幼儀，肄簡諒，是其宜。儀大略，謹進退，及灑掃，與應對。十三年，學樂作，誦詩歌，舞則勺。及十五，入大學，習大儀，履大節。學之旨，在明德，暨親民，善爲則。十五以下又冒。勤時術，舞象嗣，"嗣"與"御"同徵音。學五射，及五御。二十冠，始裘帛，學五禮，孝弟飭。舞大夏，學乃博，畜其德，不外爚。三十壯，男事當，學益博，無定方。孫朋友，視所志，小大成，在此時。古平上去不分，入聲通用。迄四十，始出仕，發慮謀，道進止。五六十，居官治，年七十，乃致仕。收結。此學宗，自唐虞，三事和，六府修。"虞"與"修"同角音。六府者，曰水火，金與木，土與穀。者、火韵，木、穀韵。正此德，利此用，厚此生，三事重。一憑徵。周祖之，曰三物,教萬民,使勿拂。一六德,智仁聖,義中和,自涵咏。一六行,孝友睦,婣任卹,行乃淑。一六藝,禮樂射,御書數,用各適。二憑徵。孔門繼,諸賢從,或禮樂,或兵農。子雅言,詩書禮,性天道,不可耳。文與行,忠與信,是四端,每諄諄。"忠信"即誠意正心也。三憑徵。凡此者,確有憑,收足。載經書,教人興。何至今,但章句,於實學,乃不務。謹揭此,以爲式,有志者,自努力。

拾之墜地,舉之中天。天之未喪斯文也,而文亦古穆淵湛。

先 孝 慤

與王法乾書

頻詢愚事,愚何事焉?雙親入風燭之年,多病多憂,爲子者將何心緒?計所能出,第頻終日之左右而已。疇知老來景况,變化多似秋雲,喜怒復如童子。心遠虞氏,詎克於相得相順之多耶,一事而晨夕不知幾咎也。胡言心學耶!訓幼而未識章句,觀書而漫無心得。即如《曲禮》少儀,如冠勿免、勞勿袒、暑勿褰裳之事,雖强勉之而多失。坐而箕踞者有之,立而跛者常焉。聖人謂"出門如見大賓",豈不出門而猶有所放耶?"使民如承大祭",豈不使民而猶有所寬耶?至繹君子不以獨行變節,不以夜浴改容,則其無時不敬可知也。所謂"中庸不可能"者,此物此志也。故君子必慎其獨。獨者,人所不知而己所獨知之地。此又不知如何細密而始可也。史曰:"文王陰行善。"愚謂"善必陰行"而是也。若行善而欲人知,是掛榜修行矣!

撰句古拙,用意幽塞,善言德行之文也。子弟其常佩之。前言事親,後言敬修,似屬兩事,而神理一片,章法自合,堪輿家所謂"暗朝"也。不肖男塨謹識。

評乙古文・卷全　終

宗廟考辨

蠡縣李塨

宗，尊也。廟，貌也。宗廟者，前儒曰：先祖之尊貌也。古之仁人孝子事親同於事天，制誠大矣。群儒牴牾，王者何從？因衷於古，考於知交，采其當者而妄附以己意如後。

廟　　位

《周禮》："小宗伯掌建國之廟位，左宗廟，右社稷。"《考工記》："匠人營國，左祖右社。"《祭義》："建國之神位，右社稷而左宗廟。"《漢書》："禮：廟在大門内公宫南之左。"馬端臨《文獻通考》則言："在庫門内雉門外之左右。"陳祥道《禮書》則言："建之觀門之内，不敢遠其親，位之□門之左，不敢死其親。"按：天子五門：自□而入曰臯門、曰庫門、曰雉門、曰應門、曰路門。□門即雉門。朱晦菴又曰："在路寢東。"大约在王宫東南也。制在端門外，今天安門内。

圖

廟制

《爾雅》:室有東西廂曰廟,無東西廂有室曰寢。東西牆謂之序。室西南隅謂之奥,西北隅謂之屋漏,東北隅謂之宧,東南隅謂之窔,門側之堂謂之塾。

《顧命》:"兹既受命還,出綴衣於庭。"蓋庭在堂下階上。《喪禮·吾説篇》曰:"周制:殯在西階之庭间。所謂西階之上是也。"

《月令》:仲春寢朝畢修。《鄭注》曰:"凡廟,前曰廟,後曰寢。"《孔疏》曰:"廟是接神之處,其處尊,故在前。寢,衣冠所藏之處,對廟爲卑,故在後。"但廟有東西廂,有序牆,寢則惟室而已。

毛河右《廟制折衷》曰:"寢,即廟室也。有繪圖者繪寢屋於室後,不知室無後户,從何達之?且凡祭時,祝詔出入,自於室、於堂、於庭、於門外,無寢、室并見者。"塨則以爲"適室"亦稱"適寢","寢""室"原可通名。但廟中寢、室疑分爲二。觀《爾雅》曰:"室有東西廂曰廟,無東西廂有室曰寢。"寢、室豈一處乎?《周禮》:"隸僕掌五寢之掃。"《鄭注》曰"二祧無寢",豈可曰"二祧無室"乎?《左傳》昭公十八年載:"子太叔之廟在道南,其寢在道北。"是寢與廟相隔一道矣。若即爲堂後之室,安有隔絶許遠者?至謂室有北墉而無北户,無以通寢,則廟之左右何不可入?謂祭無寢、室并見者,則□儒言寢是藏衣冠之處,原非祭處也。

《廟制折衷》曰:"廟室啓户於東南,而北磊土壁,謂之北墉,南啓交窗,謂之南牖。自此迤西,當奥與屋漏之間,正西壁下爲室之盡處,爲至尊而廟主藏焉。"塨謂:古廟室户在東南,則西爲尊。今廟室門正南,主自當北坐南面,不必拘古制矣。

郝仲輿謂夾室在庭之兩旁,東西相向。萬季野《廟制圖考》以爲南向,引《顧命》"西夾南向,敷重筍席"爲證。但《書》所言南向,就敷席言也。西夾室中南向敷席亦何不得,而必隨室之所向敷乎?夫兩夾即兩廂也,東向、西向於勢爲順。且《雜記》:"上言釁廟,曰升屋南面刲羊。下言釁門,曰有司當門北面。中言釁夾室,則曰有司皆向室而立。"不言南北,是可見廟門南向,而夾室東西向矣。故圖從郝氏。若季野又謂東夾在東房東序之東,西夾在西房西序之西,又未必然。《公食大夫禮》曰:"大夫立於東夾南,西面北上,宰東夾北,西面南上。"夫使夾室與房序并,則夾北在廟之后矣,宰胡爲至廟后而立乎?鄭康成注《儀禮》曰:"房當夾室之北",是兩夾在房以南也。

圖

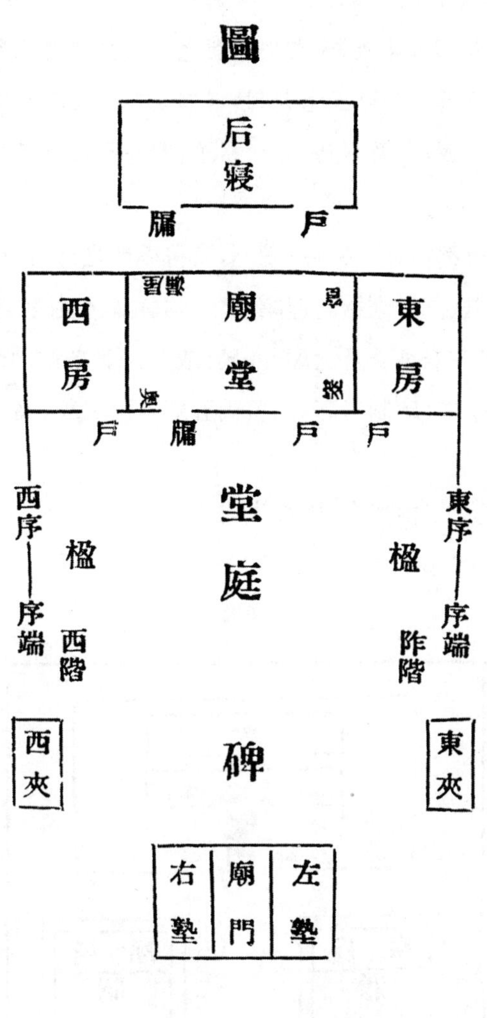

七廟制

晉孫毓曰："宗廟之制，外爲都宫，内各有寢。廟各有門、垣。太廟在北，左昭右穆，以次而南。"

《廟制折衷》曰：

聘禮：公揖入，每門每曲揖。《賈疏》曰："門中則相逼，入門則相遠，是以每門必有曲。"賈公彦《疏》云：賓入大門東行即入廟門，其間有每門者，以五廟并列，中爲太祖，而二昭居東，二穆居西，廟皆别門。每門兩邊皆隔以牆，而牆中穿門以通之，則自大門至祖廟，凡隔三牆，即當通之以三門，故曰每門每曲揖。其後有自爲廟制者，僞爲鄭氏説，謂七廟横列，禰東爲祖，又東爲始祖，又東爲曾祖，又東爲高祖，而昭世室在極東，穆世室在極西。夫每門者，即《聘禮》大門與廟門也。本文并無三門之説，可以私意妄撰之乎？漢張純曰父子不偶坐。今五七并列，則偶坐矣。又《禮》有昭穆相對之文，偶坐則不相對矣。若自東徂西，尤爲無禮，是太祖者，乃高祖之第三廟耳，位逆矣。

塨按：七廟之制，外有都宫，則必有一總門，安得總門之外復有牆有門者？如謂都宫不作總門，而并列五門，周以各垣，則祫時迎昭穆主入，太穆不由都宫内而出由七廟外，是群廟雖在一處，而儼如漢之各廟矣。且七廟、九廟，或可宗者無數，廟盡横列，不太扁闊而不成規模乎？似無此制。季本《廟制考義》用賈氏五廟并列之説，又以太祖居西，四親廟以次而東，總屬杜撰。

廟制，孫氏之説近之。二祧無寢，則從康成説。

圖

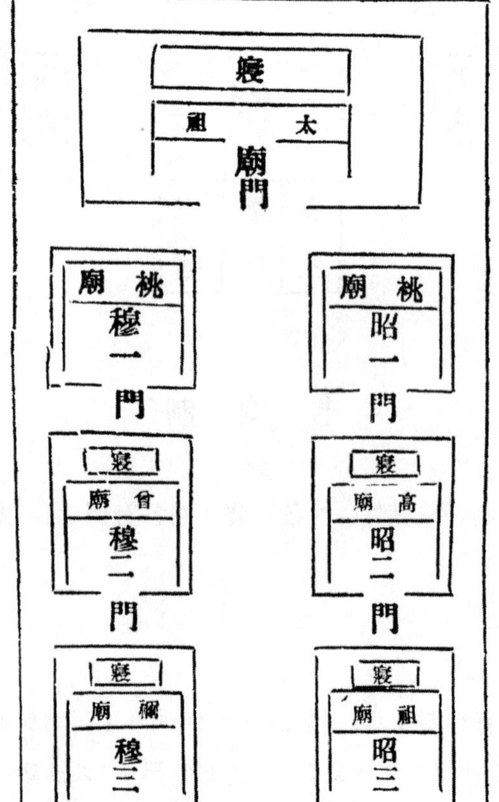

七廟主

韋玄成曰："王者始受命，與諸侯始封之君，皆爲太祖。"

《廟制折衷》曰：

始受命者，如商之成湯、周之文武是也。始封之君，如商之契、周之稷是也。然則太祖一廟，在三代王者，皆始封之君，何曾是受命之王？故《穀梁傳》曰"始封必爲祖"，并無有始受命可爲祖者。且凡受命者，當自立廟，自定廟數，必不得以身自立廟曰"祖廟"可知也。此誤也。

《折衷》之言固是，然後世有不同者。三代以下，惟唐之景皇帝爲始封之君，其他皆無有，則漢高、宋藝不稱太祖。不可自稱太祖，而不祀先人又不可，故愚謂始受命者立親廟供祭，至於繼世，則爲始受命者别立太廟，而以下遞足七數，而始受命所立之廟不廢其祀可也。詳見愚《禘祫考辨》内。

韋又曰："天子諸侯皆立四親廟。"王舜、劉歆駁之曰："《左傳》謂'自上而下，降殺以兩'，今天子諸侯皆五廟，則何殺乎？"

韋又曰："周之所以七廟者，以后稷始封，文王、武王受命而王，是以三廟不毁，與親廟四而七。"

鄭康成謂，七廟，周制也。七者，太祖及文王、武王之廟與親廟也。太祖，后稷也。王舜、劉歆難韋曰："七者，其正法，數可常數者也。宗不在此數中。宗，變也。苟有功德，則宗之，不可預爲設數。故於殷，太甲爲太宗，太戊曰中宗，武丁曰高宗。周公作《無逸》之戒，舉殷三宗以勸成王。由是言之，宗豈可數乎？"

王肅難鄭曰："周文、武，受命之王，不遷之廟，權禮所絕，非嘗廟之數。商之三宗，宗其德而存其廟，亦不以爲數。故凡七廟者，高祖之父及高祖之祖廟爲二祧，并始祖及親廟四爲七，此天子之制有，然不必周室也。《祭法》云：王下祭殤王及五世來孫。則祭已下及無親之孫，而上反不及無親之祖，不亦詭哉！"

《廟制折衷》曰：

七廟者，三昭三穆，與太祖之廟而七。文、武二廟自當在三昭三穆之外。若在七數内，則七廟者，文、武所定制也。定制曰七，而廟止於五，稱五乎？抑稱七乎？且定制之人，不可虛其二以待身入也。即曰周之制成於周公，在成王之世，其時文、武已升遐，然尚在祖禰親廟中也。據云天子亦只四親廟，親盡當遷，然歷四親之盡，亦應在康昭之後，穆始祧文而增一廟，共始祧武而又增一廟，則此廟之制，必傳至共王之世而後能定，未聞周制定自共王也。且國祚修短不可期矣。周之昭穆皆足，蔑□萬一昭王南征，穆滿西遊，兩皆不返，一如夏后之四世，而又無帝相之子以爲之中興，則在周六傳，皆不得足七廟，而止將若之何？即或共懿之世已定七廟，而過此以往，又有大功德者起，必不可毁，則四親之中又當遞減。堂堂天子，反不得與諸侯附庸同祀四親，而減之又減，即至下同大夫，而尚未有定。其爲不通，亦已至極。而猶以此論禮制，爭是非，何也？嘗讀《春秋》，周襄王賜齊桓胙有曰："天子有事於文、武，使孔賜伯舅胙。"《史記》曰："顯王致文、武胙於秦孝公。"亦惟文、武特廟，不列昭穆，故可曰"有事文、武"，曰"文、武胙"。向使在七廟中，則昭穆者，太祖之輔也。祭有首輔，統於所尊，幾見廟祭頒胙而可使昭穆兩輔得專稱者。且《禮器》云"周旅酬六尸"，六廟昭穆之尸也。《注》《疏》：稷等不與昭穆爲酬酢。文、武二尸不在内，故祫祭出室，后稷尸與文、武二尸俱南向，餘東西向。夫文、武已南向，而猶在東西六廟中乎？

又曰：

朱晦菴復宗鄭説，而謂太祖以下，左二昭，右二穆，至祧文時始立文世室於廟之西北，祧武時始立武世室於廟之東北。自是之後，凡昭之祧主藏於武世室，穆之祧主藏於文世室，不必藏於太廟矣。據此，則周初七廟未備，在康昭以前，當與諸侯五廟無异，必至穆王時而後加一廟，然猶六廟也，至共王時而後七廟具焉。其難通已詳見前説矣。若夫文、武二廟，并不名世室，考之《三禮》及群經與漢後諸儒諸説，并無此名。惟《春秋》文十三年，有"世室屋壞"之文。《公羊》謂周公爲太廟，魯公爲世室。魯公者，伯禽也。又成六年，立武宫。昭十五年，有事於武宫。武宫者，武公之宫也。而《明堂位》曰："魯公之廟，文世室。武公之廟，武世室。"則魯於伯禽外，又以武公有功德，復立世室，爲不祧之廟，且稱武公爲武世室，伯禽爲文世室，則是文武世室皆魯二公所稱名，何曾是文、武二王？而乃以文、武二王當之，豈文、武偶同因致誤耶？抑亦從二公推之，謂二王當有是耶？即從二公推之，亦臆測有是，不宜鑿鑿加二名，况業有文、武二名，則尤不宜襲，恐致溷也。若其所云文世室在廟之西北，武世室在廟之東北，又未必然。夫甲左乙右，配位之序然也。先東後西，廡列之次第不可紊也。今以文居西，而武居東，推其意，必誤宗康成之説，謂祔昭祧東，祔穆祧西。祧西則文爲穆考，廟當在西，以便藏穆祧。祧東則武爲昭考，廟當在東，以便藏昭祧。殊不知祧必在昭，祔必在穆，祧必在東，祔必在西，無東西兩祔，昭穆并祧之理。况康成原云先公祧者藏太祖廟，先王祧者藏文武廟，今文武二廟作於穆共之時，則不知太王王季諸先王祧主藏於何所？其展轉矛盾姑俟後論，而且以東西廟次言之，夫父昭子穆，對位者也，父穆而子昭，則降等而對位者也。故兩廟相對，則父必在昭，子必在穆。何者？對位故也。今乃以降等之昭穆，而改之爲對位之昭穆，是文之穆，本王季之穆，而今爲武王之穆；武之昭，本文王之昭，而今爲太王之昭。祖孫陵亂，父子倒置，四世昭穆，於此盡紊，尚何禮之爲耶？

塨按：朱子原不執定文武在七廟内，故韋劉二説兩爲之圖，但其圖皆以文武二廟在后稷廟下，分列昭穆。夫七廟之制，開國而已定矣。自此以後，六廟之主有變遷，而七廟之制無變遷。今文武不祧廟忽入太祖廟下，將改移太廟於後，而位其下乎？抑改移六廟於前，而位其上乎？蓋不祧廟或一或二無定數，當在七廟外，因地建之，不必在太廟下，亦不必株株昭穆列對也。《穀梁》有“作主壞廟”之文，則主當祧遷，廟亦曰毁，然毁者易檐改塗，非易一處也。

《廟制折衷》曰：

然則何七廟？太祖一也，二祧三也，合四親，七也。二祧者何？高祖之父、高祖之祖也。何以知之？以經傳知之。蓋“祧”有二義。一曰兆也，謂始事也。二祧先四廟，爲廟之始事，因謂之祧。故《祭法》與《家語》皆曰“遠廟爲祧”。遠廟者，謂六世、七世服盡而親遠者也。若《左傳》又云：“以先祖之祧處之。”杜預曰：“諸侯以始祖之廟爲祧。”而《周禮·守祧職》并守七廟，則以始祖與二祧皆廟之始事，故統言之。是以陳氏《禮書》有云：祧者，兆也。天子以六世、七世之祖爲祧，所謂有二祧是也。諸侯以始祖爲祧，所謂先君之祧是也。則二祧爲遠祖，爲六世、七世，爲高祖之父與祖明矣。若其義，一曰超者，主超遷之義，故遷廟曰祧廟，遷主曰祧主，而高祖之父與祖則正在當遷之列，故曰二祧。此更明著者。故《祭法》曰：“王立七廟，一壇一墠。曰考廟，父也。曰王考廟，祖也。曰皇考廟，曾祖也。曰顯考廟，高祖也。曰祖考廟，始祖也。而五廟盡矣。於是又於顯祧之上加以遠祧，名爲二廟，此七廟也。”七廟已盡，然猶有未盡之等，去祧爲壇，去壇爲墠，則此遠廟者，從顯考而遞遠之，又從壇與墠而遞親之，此是何廟？若以爲祧主之廟與文武二廟，則必非近於壇墠而疏於四親可知矣。及按之諸侯五廟，一壇一墠，則曰考，曰王考，曰皇考，曰顯考，而四親盡矣。又曰祖考廟，而五廟修矣。乃其繼五廟而祭者，無二祧也，無二祧而即以壇墠繼之，則其所謂壇者，即一祧，所謂墠者，即二祧也。是天子以二祧謂高祖祖、父，諸侯以壇墠爲高祖祖、父，次第等殺瞭然矣。然則天子七廟，太祖爲一等，二祧爲一等，四親爲一等，此三等本自不同，故《喪服小記》但言王者禘其祖之所自出，以其祖配之而立四廟，其單指四廟，就親等言也，非七廟未備也。

又曰：

然則天子有九廟乎？曰：豈惟九廟，以見諸經傳者言之，周有十一廟，魯有十廟。其十一廟何也？七廟之外，有姜嫄廟，有文武二廟，有遷廟，共十一廟。何以有遷廟？《曾子問》曰："王者興師何爲載遷廟之主以行？"而孔子謂遷廟之主可虛，七廟之主不可虛，以七廟之主歲時當祭，惟凶喪則虛之，他無虛理。故□王巡狩，取七廟之主，而不取遷廟，即爲非禮。是遷廟在七廟外，夫子已明明言之。而使以二祧當之，則遠廟爲祧，在七廟中，非遷廟也。以文武二廟當之，則文武爲不遷之廟，非遷廟也。是遷廟者，另一廟藏遷主者也。其十廟何也？曰：魯五廟之外有姜嫄廟，有周廟，文王廟也。見《左傳·襄公十二年》。有伯禽文世室，武公武世室，有遷廟。何以知其有遷廟？定公八年從祀先公時，閔公距定已八世，非遷廟之主而何歟？然則經傳所見萬一，周於十一廟外，魯於十廟外，尚有他廟，則更當加於此數。而陋儒聞九廟二字便爲驚怪，何少所見也！

按：《左傳》昭二十有二年，"單子盟百官於平宮"。《杜注》曰："平王廟。"是時去平王已十二世，而尚有其廟，是周又有一不祧廟矣。此皆七廟外者。魯有煬宮、桓宮、僖宮，亦在五廟外。

周武王時		高圉	公叔	王季
	后稷			
七廟圖		亞圉	太王	文王

《春秋傳》昭七年："衛襄公卒，周景王使成簡公如衛弔，且追命襄公曰：'叔父陟降，在我先王之左右，以佐事上帝，余敢忘高圉、亞圉'。"言此者，謂念先祖之遺也。祇言高、亞者，以立七廟之始也。

主　制

《公羊傳》曰："虞主用桑，練主用栗。"何休注云："主狀正方，穿中央，達四方。天子長尺二寸，諸侯長一尺。"塨謂主以棲神後之行禮者，虞、練似不必兩易也。宋以前主木率用栗，元易以黄金，故仁宗、武宗、慈聖后主皆被竊。其古藏主之制，則許慎《五經异義》云："藏主於廟西壁中，避水火災。"或曰："主東向而近於奥。"又或曰："神主各藏西壁石埳中，謂之祏。"《左傳》鄭原繁云"命我先人典司宗祏"，衛孔悝出亡載祏以行是也。漢儀：祏去地六尺一寸，當祠則設坐石埳下。漢去周近，制當不遠。《喪禮吾説編》云，《左傳》曰"卒哭而祔，祔而作主"。祇此一作主，後并不再作。《公》、《穀》不知何據，謂虞、練二主，且分桑、栗。夫栗主古有之。《魯論》哀公問社於宰我，本是問主，故曰"周人以栗"，言以栗作主也。漢高皇帝主使上林給栗木，唐柳宗元《天對》云以栗文考，皆主其説。若桑主，則他無所見。何休、范甯作《公》、《穀》《注》，引《士虞禮》"桑主不文"，則今本《儀禮》無之，不可解也。又云主制正方者，謂四面等方也。穿中央者，穿主之底中而植主於竅也。達四方者，其底之中竅四達於方沿皆等分也。宋程氏、朱氏制士主判兩爲一，有面有陷，高一尺二寸，闊三寸，厚一寸二分，不惟與古制乖反，杜撰無據，而即以高尺有二寸言之，明明天子之制，士豈可僭？且《公羊傳注》所引禮文有云"主刻而謚之"，謂祗刻謚於其中，更不列顯考、皇考諸稱，與子孫奉祀之注，則自入廟以至遷廟升食於廟，皆不必更名易稱，别作題注。此通式也。如武王主只稱武王，則在成王可入禰廟、在康王可入祖廟之類。至其左右與後，可書名字、生卒及子孫。而乃兩作判合，以棲神之具，而至與符傳、契券同其形製，亦無禮矣。先仲氏嘗謂古碑之製，四方如柱，背面左右皆可書。故下窆之碑，《檀弓》所謂豐碑桓楹者，以狀如郵表之柱，因以楹名。楹，即柱也。漢唐書銘頌於上，形製不改，故馬援勒銘稱爲銅柱。而顔真卿家廟碑四面皆勒文，况柱右從主，不惟聲諧，亦以形似，則主書四面，此考之古制而歷有然者。若其主冒宝不名櫝，藏食藏龜玉器。主函名匣不名匵，匣，盛主之器。匵，藏玉器。主室名祏不名龕，佛氏塔下室。此亦朱氏家禮所沿誤者，不可不正。

后祀祔廟

宋元豐六年詳定郊廟奉祀禮文所言："按禮，夫婦一體，故昏禮則同牢合巹，終則同穴，祭則同几同祝饌，未嘗有异廟者也。或有天下者，起於側微，而其后不及正位中宫，或已嘗正位矣，有所不幸，則當立繼以奉宗廟，故《小記》有祖姑三人祔於親者之説，則立繼之禮其來尚矣。始微終顯皆嫡也，前娶後繼皆嫡也，後世乃以始微後繼置之別廟，非禮之意。恭惟太祖孝惠皇后、太宗淑德皇后、真宗章懷皇后，實皆元配，而孝章皇后則太祖之繼后，而皆祭以別廟，在禮未安，請升祔太廟，增四祏室，以時配享。”七月，遂自別廟升祔焉。此議甚是。

昭穆

張純曰：“父爲昭，南面。子爲穆，北面。父子不并坐，而孫從王父。”《决疑要注》曰：“父南面，故曰昭。昭，明也。子北面，故曰穆。穆，順也。”

陸氏佃曰：“昭穆者，父子之號。方其爲父則稱昭，方其爲子則稱穆，非一定者。如周以王季爲昭，文王爲穆；武王爲昭，成王爲穆；康王爲昭，穆王爲穆：此一定也。其後穆王入祔，王季當遷，則文王自右而左居昭位，武王自左而右居穆位，成康與昭以次互移，而後穆王得祔焉。所謂無定昭穆是也。然此是廟制，與世次不同。世次無遷，而廟制則親盡必遷有如此。”

張璪謂昭穆有定位。王季、武王則常爲昭，文王、成王則常爲穆。王季當遷，則武王自左而上，據王季之位。文王當遷，則成王自右而上據文王之位。朱子謂昭祔遷昭，穆祔遷穆。如周制：祖紺一昭，王季二昭，太王一穆，文王二穆。而武王入祔，則祧祖紺，升王季，祔武王，於穆無與也，所謂昭常遷昭也。成王入祔，則祧太王，升文王，祔成王，於昭穆①無與也，所謂穆常遷穆也。

《廟制折衷》曰：

凡廟必有主，凡主必藏於室，室以奥上西壁爲等。故凡禘祫時，則太祖負西壁東面，而其子與孫之主則一北一南以次列序。南面爲昭，以其向陽；北面爲穆，以其向幽。此昭穆之名所由始也，乃以此定名。而在廟南向，則向之北列者，今列在東，向之南列者，今列在西，故東亦稱昭，西亦稱穆。然而昭穆必父子者，昭必先穆也。昭必東北，而穆必西南者，左必先右也。故昭穆有三：有世次之昭穆，此一定者也。夫昭穆二字，原本廟制，而生人因之，故定世次即於列序之下排定世數。自太祖基始外，一傳爲昭，二傳爲穆，而由是以至於無盡。如后稷始祖依次遞序，以至王季爲昭，文王爲穆，

① 依上下文意，此“穆”字似衍。

武王爲昭，成王爲穆，則共、懿以後，凡未入廟者皆可以昭穆計之。如所謂曹文之昭、晋武之穆之類。此一定者也。有廟次之昭穆。廟次雖一本世次，而祧昭時稍一變，至祧穆而又定之，如是三變，而祧之遷廟與合食於太廟，則仍一如世次之有定而不變。如王季以下昭穆已定，惟祧王季時則文遷於昭，武遷於穆，昭穆稍變，至祧文而武仍遷昭，成仍遷穆，則不變如故。如是者三，而六廟已盡。於是祧在遷廟與合食太祖者，仍相繼遞序，一如世次之昭穆，所謂不定而有定者也。乃又有傳序之昭穆。世次既定，各有昭穆，而或祖孫相繼，則以昭繼昭，以穆繼穆，而昭穆亂。或叔姪相繼，則父昭叔穆，姪復爲昭，而昭穆又亂。然且閔、僖兄弟，兄反繼弟。懿、孝叔姪，叔反繼姪。不惟昭穆亂，倫序亦亂。然而當時論廟次者，則反以變爲正，以亂爲定。僖升於閔，即爲逆祀。孝先於懿，即爲畔制。是傳次一定，而凡廟次之依世次者，皆一概移易而不之顧，此則不可定而仍一定者，然無如何也。故世次、廟次，截然兩事。《國語》有云："工史書世，以世次言，宗祝書昭穆，以廟次言。"此不可强同者。自經傳不明，妄襲异説，以爲昭祔遷昭，穆祔遷穆，如周廟祖紺一昭，王季二昭，武王三昭，使康王入祔，則祧祖紺，升王季、武王，而即祔康王於左。祔穆亦然。顧王季升一昭而太王一穆不動也，則王季先太王矣。武王升二昭而文王二穆不動也，則武先文矣。康王祔三昭，其先成王之三穆亦然。天下有子加父、祖邋曾，而可以成廟制者乎？然且相助爲説者曰：武升王季位而不嫌尊於文王。不知何以不嫌也。一難通也。且廟制祧祔貴在齊一，惟祧必在昭，祔必在穆，則彼此均等。若昭穆分祔，則祔昭凌邋，必祔穆而後齊之。隨所推度，無不皆然，是昭鬼必逆，穆鬼必順也。鬼亦何不幸而居昭位也。二難通也。如曰各居一廟，自尊自卑，則合食將若何？且如所論，必合祭有昭穆，分列無昭穆，是六廟昭穆可不設也。且安見不可躋六廟於祖廟上也？三難通也。幸而武王爲天子，始定廟制，則疏而上之高圉爲一昭，等而下之文王爲三穆，其世次與廟次適相符耳。萬一文王三分有二時即爲天子，則文王定制，爾時文穆未祔也。文穆未祔，則穆不虚右，昭不改穆，三昭首高圉，而三穆反首公，非爲高圉之父，三昭終王季，而三穆反終太王，爲王季之父。開國建廟，豈可令顛倒黷亂，遽至如是？彼創爲是説，不過謂廟制定後則遷祧昭穆易清，而不知事關創建，有推之始事而萬難爲者。難通四也。且祧有次第，高之祧必先於曾，曾之祧必先於祖，祔不紊則祧亦不紊也。今曰昭祧昭，穆祧穆，則萬一昭有兄弟必祖祧先曾，穆有兄弟必曾祧先高。後祔而先祧，禮制已大壞矣。況兄弟禪位，在天子諸侯不可勝數，天子三遷，則兄弟三祔，已不奉祀祖廟，況以諸侯之二遷而齊孝、齊昭、齊懿、齊惠，一連四祔，則將置其祖父何地？且萬一兄弟連祔，而其所繼者爲長兄之子，如吴王諸樊兄弟相繼，而究之，諸樊之子復繼，其後則諸樊已祧，且有躬祀宗廟而必不得祀其父者。夫立廟,爲事親設也。諸侯四親,乃至不得祀其父,立廟何事?此尤難通之極者。五也。且事必有據,分祧分祔,無據之言也。若昭穆遞轉,則按之故事而往往有然者。工史、宗祝前亦既言之矣。今即以兄弟相繼推之,兄弟,同一世也,昭俱昭,穆俱穆也。然亦有仍爲遞轉不拘世次者。《春秋》文二年,躋祀僖公。《國語》載宗有司曰"非昭穆也。"而《穀梁》亦云"逆祀,是無昭穆也。無昭穆,是無祖也。"夫兄弟同世,何有昭穆之分?而一則曰非昭穆,再則曰無昭穆,是必祔僖之時,閔當移昭,爲通轉之例,而祔僖於穆者不甘居穆,思據閔之昭而移易之,故夏父弗忌曰:"我爲宗伯明者爲昭,其次爲穆。"將欲以僖之穆,易閔之昭,則是兄弟同世,仍分昭穆,廟次遷移,必相通轉,其見之經傳,章章如是。而尚欲以世次一定律之廟次,何弗達也!六也。

又曰:

祧必在昭,祔必在穆,此千古不易之祧法也。廟從世轉,世又從廟轉,此七廟亙遷之常經也。至祧入遷廟,則仍照舊序之昭穆,以次遷入。雖祧必在昭,而所祧之昭若本是昭,則仍遷主居昭下。若從穆轉,則仍遷主居穆下,其於世次原未嘗易,獨兄弟相繼,叔姪相禪,則一照廟次而非世次。如魯惠之子爲魯隱,則惠昭隱穆,世次也。至隱禪弟桓,而桓爲隱後,則桓在世次爲穆,而在祧次則爲昭。周共之子爲周懿,則共穆懿昭,世次也。及孝王以共王之弟繼姪懿王,則孝爲懿後,在世次爲穆王之穆,而在祧次則爲懿王之穆,此固廟次之無如何者。若昭穆异祧,全照世次,則何休《公羊傳注》有之。《春秋》文二年,大事太廟,陳毁廟之主,而何休謂惠公當與莊公同南面西上,隱、桓亦當與閔、僖同北面西上,今文以僖兄閔弟升僖於上,故曰逆祀。此即祧主昭穆一照世次之説。然而莊公爲桓公之子,作昭而居父桓之上,及文公再嗣,而文爲僖子,作昭而居父僖加等之上,則子簒祖宫,而父降孫位,可乎?向者廟制次第,謂廟垣相隔,自爲尊卑,故子不嫌於加父。今父子昭穆,明明相對,而子加父,孫邁祖,至於如此,是一序昭穆而反使世次倫次俱大亂也。若謂位可疏密,隱與桓可密,而惠與莊可疏,則在陳主之次,几筵指肘不越尺寸,而在祧室之次,則連幙并笮,安所得廣斥而疏布之?塨以爲合食祧室,地亦可以疏密,但在廟時奈何將兄弟一廟乎?非廟無二主矣。將廟亦可疏密乎?無此制矣。然則僖兄後閔,懿姪先孝,何以不亂?曰:此以傳君之次爲廟次,更非世次所可比也。正惟傳君之次重於世次,故降孝於懿,則謂之順,升僖於閔,即謂之逆。三《傳》所云子不先父,食先禰而後祖是也。今子之先父,孫之先祖,亦正惟先君先公皆傳國在前,而今皆降於其後,既瀆倫次,復亂傳序,故謂之亂。蓋閔、僖偶逆,在文二年謂之逆,而在定八年直謂之叛,今乃舉先公而盡降之,而欲不謂之大亂,得乎?

堺考:朱子言六廟各居,故武升王季位,而不嫌尊於文王,及其合食於祖,則毁廟畢陳,武王自與成王爲偶,未可以遽進而居王季處也。而又曰惟四時之祫,不陳毁廟之主,則高祖有時而在穆,其禮未有考焉。是朱子亦自疑其説之父子凌邋而難通矣,而後人妄遵之,主爲定論,何也?

或曰:衛出公先其父聵而立,幸而聵先輒死,聵竟先輒耳。使輒先於聵,亦將以傳國之次而先於聵乎?曰:此非兄弟叔姪所可同論也。弟爲君,而兄後立,姪爲君,而叔後立,則兄與叔皆嘗北面而臣弟與姪矣。君臣與父子同,《左氏》以閔、僖爲父子,《公羊》以閔、僖爲祖禰是也。故以傳國之次爲先後,若子則斷斷無臣父理。即萬一有子先於父之异事,其廟次仍必父先於子,非他傳統所可比者。

按:昭穆之名起於合食,其後廟稱因之,子孫之序亦因之。然而諸儒聚訟,緒繁難清,則亦有不可膠柱而行者矣。何者?昭穆遷轉爲是,分祧爲非,考之於古制,誠然也。故賈公彦《冢人疏》曰,閔昭僖穆,然以之序子孫,閔、僖之子同一世也,將稱昭乎?稱穆乎?將一稱閔之穆,一稱僖之昭乎?又如懿王之穆,孝王之孫行也,孝王之昭,懿王行也,子孫序立,將孝王之昭立於前乎?則非廟次矣。將懿王之穆立於前乎?又非世次矣。又如周桓王爲平王之孫,繼平而立,平爲昭,桓爲穆,則平之子爲穆矣,平之孫行又爲穆矣,平之曾孫行始爲昭矣。世有二世穆乎?抑將去平王之子一世而不論昭穆,不來助祭乎?此皆古制無文而難以措置者。況昭穆者,不過廟次世次之記帖耳,無深義也。漢唐以來,雖議禮者猶執此爲比擬,而其實昭考穆考之名不行已久,則有王者起,廟制論一廟、二廟、三廟、四廟,自爲廟行,子孫論一世、二世、三世、四世,自爲族行,廟之子孫叔姪兄弟有錯綜,族無錯綜,所謂族人不得以其戚戚君也。至於昭穆之名,窮變通久,亦何必僾盂古人也哉!竊意古人論昭穆,亦宗廟自論,族人自論,故工史、宗祝分書也。

或謂兄弟同一昭穆,子孫易清。然如齊桓之子,一廟四君,諸鬼雜揉,男女無别,固顯與《國語》《穀梁》背矣。而叔之繼姪,從祖之繼孫,又將若何?以世次論,勢必逆祀,以統序論,仍復難清。況孫之承祖者,終無法以處之,豈亦如史皇孫興獻之入廟乎?如之何可也?

壇　墠

《祭法》:"去祧爲壇,去壇爲墠,去墠曰鬼"説見上文。《鄭注》:"封土曰壇,除地爲墠。"

百世不遷廟

殷之三宗、周之文武是也。說見上文。

庶子王親廟

《廟制折衷》曰：

《喪服小記》云“王者禘其祖之所自出，以其祖配之，而立四廟。庶子王亦如之。”“庶子王”一語從來莫解，惟先仲氏引《禮書》云，禮：爲人後者爲父母期。公子爲後，爲其母於子祭，於孫否。是爲人後者，雖受重於其所後，而終不廢父母之期，即公子爲後，雖受重於君母，而不廢其母祭，則庶子爲王，雖有正統之七廟，其能廢本生祖考之祭乎？於是自立四親，比之始受命之王，所以著其不忘本也。故漢宣以從孫繼昭帝後，并立史皇孫廟，爲悼皇考廟，以當一代之昭穆。而太僕王舜非之，謂之兩統二父。此爲正理。但於陵園諸處，凡悼王考廟，一齊俱毁，則又不善讀《小記》矣。明世祖議禮千古冤恨，而使追稱皇考，别立親廟，如庶子王入繼之文，未嘗不可，而惜無有以《小記》立議者。其説甚確。

庶子王母廟

《穀梁傳》隱公五年曰：“禮：庶子爲君，爲其母築室，使公子主其祭。”范甯注曰：“公子者，長子之弟及妾之子也。”又云：“於子祭，於孫止。”《小祭》亦有“不世祭”之文。按此，則庶子爲王者，别立私廟以尊其母，禮也。但曰“於孫止”、“不世祭”，有當辨者。《雜記》曰：“妾祔於妾祖姑，無妾祖姑則亦從其昭穆之妾。”《小記》：“妾祔於妾祖姑，亡則中一以上而祔，祔必以其昭穆。”是古人妾皆從祀於廟矣。而庶子爲王，其母祭乃至孫而止，毋乃不可乎？竊以爲古人祭禮最重所謂止者，止重祭之儀耳，非并薦享而息之也。

遷　廟

遷廟，藏遷主之廟也。說見上文。

韋玄成曰:“毁主藏於太祖。”鄭康成宗韋説而又小變之,謂先公之遷主,藏於后稷之廟;先王之遷主,藏於文武之廟。儒者難鄭曰,《祭法》“遠廟爲祧”,鄭注《周禮》云“遷主所藏曰祧”,則違經正文矣。且即謂遷主曰祧,亦二祧也,乃一祧稷廟,一祧文廟,一祧武廟,不三祧耶?《廟制折衷》曰:“后稷、文、武三廟,皆不祧之廟,反藏祧主,謂之祧廟乎?將謂之不祧廟乎?誤矣!”

後儒又謂,先公祧主,昭藏於始祖之東夾,穆藏於始祖之西夾;先王祧主,昭藏於文世室之兩夾,穆藏於武世室之兩夾。皆屬臆論。且先公之祧,東西夾分昭穆矣,先王之祧,則文廟只藏穆,武廟只藏昭,其東西夾又如何分乎?

日　祭

《國語》祭公謀父有日祭之説,而《禮》無其儀。《漢》日祭於寢。寢日四上食。按:此祭使有司耳,非天子致祭也。四上食,似太數,一上食可也。

月　祀

《祭法》:“王立七廟,一壇一墠,而考廟、王考廟、皇考廟、顯考廟、祖考廟,皆月祭之。”是月祭止行於太祖四親也。毛河右以爲即告朔禮。《漢》則月祭於廟,一年朔望,加臘爲二十五祀。《禮》云祭不欲數,或止朔祀焉可。

時　享

《王制》:春曰礿,夏曰禘,秋曰嘗,冬曰烝。天子犆礿、祫禘、祫嘗、祫烝。《祭法》曰“遠廟爲祧”,是二祧享嘗乃止,是時祭統七廟也。犆祫詳予《禘祫考辨》内。

禘

禘始祖所自出而以始祖配之,毁廟與未毁廟主皆合食,五年大祭也。詳予《禘祫考辨》。

禱

《祭法》曰："去祧爲壇，去壇爲墠。有禱焉祭之，無禱乃止。去墠曰鬼。"《孔疏》曰：壇、墠，二世禱祭，不禱不祭。鬼遷入石函，禱亦不及，惟禘祫乃出。

秦漢以後祀典

秦二世爲始皇特立廟自祭，別立七廟令群臣祀。夫始皇不在七廟内，群臣祭七廟，皆失禮之甚者。

萬季野《廟制圖考》曰："秦雖蔑禮，惟始皇獨廟爲非，其七廟之規，猶然先王遺意。至西漢而古禮盡亡，其失有十：立廟不於宫寢左，一也；群廟不列都宫内，二也；始立宗廟，惟太上皇不祀四親，三也；別祭昭靈后，不配太上皇，四也；立天子廟於郡國，五也；諸帝生前自立廟，六也；既有宗廟，復設原廟，七也；武哀高祖兄昭哀高祖姊置寢園與諸帝并，八也；衣冠月出遊，九也；祔廟不迭毁，十也。"

光武建武初，高廟與親廟并建洛陽，此最得禮之正，乃從張純、朱浮之妄議，四親雖追稱皇考、皇祖，不加號謚，而除京師親廟，遠祀郡國，供以有司，此何禮也？又從戴涉妄議，以元帝爲父，宣帝爲祖。夫光武中興，實屬崛起，非得統西漢也。即曰借先世之威靈，亦繼平帝而爲君，非繼元帝而爲子也。不學無術亦可嗤矣，而後儒猶欲踵行之，异哉！

明帝臨終遺詔遵儉，無起寢廟，藏於光烈皇后更衣別室。孝章嗣位，亦如之。自是以後，帝王廟享皆爲同堂异室之制，以褻其祖宗，則明帝之誤豈小哉！

朱子曰：自同堂异室之制興，太祖之位下同子孫，而更僻處於一隅，既無以見其爲七廟之尊，群廟之神，則又上厭祖考，而不得自爲一廟之主。以人情而論之，生居九重，窮極壯麗，而設祭一室，不過尋丈之間，甚或無地以安鼎俎，而陰損其數，孝子順孫之心，宜亦有所不安矣。故七廟之制，斷斷宜復也。

西漢稱宗者，文帝稱太宗，武帝稱世宗，宣帝稱中宗，餘不稱宗。東漢則諸帝盡稱宗，而後世因之，禮又一失矣。

東漢不定遷毁之制，諸帝悉稱宗。蔡邕以爲違古，將孝和以下穆宗、威宗之號皆省去，是矣。但所定七廟入不祧廟於内，四時致祭，高廟一祖二宗，及近帝四，凡七帝。據蔡所議，一祖二宗是西漢帝，四近帝則東漢光武、明帝、章帝、靈帝也。是乃一祖五宗。而親廟只一，將高、曾、祖三世皆不得祭矣。然則功德之宗不當入七廟内，不益著哉！或言一祖指光武，然史明有“高廟”二字，非光武也。

魏明帝景初元年，郡國奏定七廟之制，請以武皇帝爲太祖，文皇帝爲高祖，上預擬廟號爲烈祖。夫祖，一而已，今乃有三乎？且生前自稱，不學孰甚焉。

《廟制圖考》曰：“晋太始時，初建宗廟，祀征西以下亡人爲三昭三穆，而特虚太祖位，蓋欲候四世盡祧，以宣帝爲太祖也。其後多兄弟相繼合爲一世，以故廟室雖盈，世數未滿。又過泥王肅之説，太祖之下必欲備三昭三穆，而其世數乃不數已祔之帝，必欲在位之主，上奉六世。故元帝即位，祀武帝以上六世，而不列惠、懷、愍於昭穆。康帝在位，祀明帝以上六世，而不列成帝於昭穆。簡文在位，祀元帝以上六世，而不列愍、明、成、康、穆、哀於昭穆。孝武在位，祀簡文以上六世，而不列愍、明、成、康、穆、哀於昭穆。至安恭二帝時，宣帝進居一室，幾至太祖位矣，然猶在三昭之列，不得正位太祖。蓋終晋之世，未嘗祀及七代。至一廟有十六室，而太祖之位仍虚，宣帝有太祖之稱，終不獲踐太祖之位，亦古今所僅見也。”穆帝時，宣帝已升居一室，至簡文時，又退居三室。

晋之失，不惟太祖不獲正位，且祧出者忽又請入，入昭穆者忽又退出，布置先人如同兒戲，乃知古禮兄弟、叔姪、祖孫繼立者，各據昭穆，惟論歷數，不論世次，其義精矣。

漢之史皇孫入序高廟，已爲非禮。至唐中宗尊孝敬皇帝爲文宗，祔於太廟。夫孝敬皇帝者，太子弘也，既未履宸位，而又非中宗之父，乃稱宗祔廟，愈乖謬矣。明皇用陳貞節蘇獻議，遷中宗别廟，以睿宗直繼高宗。《廟制圖考》曰：“晋建元時，賀循以元帝稱世祖，議爲惠、懷、愍别立廟，且援殷之盤庚不序陽甲爲比，後凡兄弟相繼者，莫不祖循之妄議。夫生嘗君臨萬邦，沒不享祀宗廟，有是理哉？且安知陽甲之别廟也？明嘉靖時議廟制，邪人郭希顔請遷孝武二宗於别廟，以媚世宗，獲罪名教。而季本爲《廟制考義》，其説正同。乃知賀循之妄説流禍未艾也。”晋元從循説，然不立别廟，但於同堂异室内，七室下又列三室，爲十室。

宋真宗夢之帝所，一神自言“姓趙名玄朗，乃汝始祖”，明日言於廷臣，建景靈宫祀聖祖，稱曰“司天保生天尊大帝”。自僖祖以下，悉立廟於其側，殿宇之高廣，十倍太廟。日役四萬人，七年而後成。每郊祀天地，先朝獻景靈，後告太廟，視唐之立太清宫祀老聃，更荒誕矣。而宋臣無一人言其非者，何哉？

宋以前廟室皆西上，以次而東。元武宗遷太祖室居中，餘左右并列皆南向。明世亦然。夫祖孫父子皆并列，失猶前世也。然太祖居中，則變古得而得宜矣。

明之惠宗、代宗皆登帝位而不入廟，則永樂、天順之私謬也。然代宗固宜入廟，而英宗繼祔當躋其上，何者？代宗嘗爲英宗臣，英宗非代宗繼也。此不可以魯之閔、僖論也。

楊廷和請世宗以孝宗爲父，武宗爲兄，張璁謂當以孝宗爲伯，武宗爲兄，皆無稽之言也。世宗繼武宗爲君，不繼孝宗爲子，父稱□何？武宗，禰廟先君也，孝宗，祖廟先君也，而又安可稱兄稱伯也哉？漢宣繼昭帝，光武繼平帝，而其祀昭、平，未聞稱皇祖、皇姪孫，但稱孝昭皇帝、孝平皇帝。何者？伯叔兄弟姪孫，皆士庶尊卑之稱，天子則伯叔兄弟姪孫皆臣矣。而以之稱先王，是臣先王也，烏乎可？

宋司馬光議英宗稱濮安懿王爲皇伯，明楊廷和議世宗稱興獻王爲皇叔，是又臣父矣，亦妄也。況《儀禮》爲人後者爲其父母猶稱父母，并無伯叔之稱。英宗太后手詔濮安懿王稱親，於禮正合。宋儒無學，群激衆喧，明人承誤，呼泣號鬧，可怪笑矣。

郊社考辨

蠡縣李塨　著

《春秋傳》曰:“國之大事,在祀與戎。”《周禮》亦稱祭曰“大事”。若郊社,則尤祭禮中之大者。埗戊寅游嘉善,得陸道威《思辨論》,曾寫其《郊社論》問河右先生。先生曰:“非也。”至今歲辛巳二月,埗在京師,河右書至,又賜詳答。河右已年七十九矣。喜其考辨禮樂,老而不衰,因詳鈔成卷,而附以妄見,以俟用禮者鑒焉。

陸道威謂南北郊分祀之説始自漢武時祠官寬舒等議,後又引《周禮·大司樂》文附會其説,以爲古者天子冬至祀天於圜丘,夏至祀地於方澤,是分祀之據。不知《大司樂》文曰“冬日至,於地上之圜丘奏之,若樂六變,則天神皆降,可得爲禮。夏日至,於澤中之方丘奏之,若樂八變,則地示皆出,可得爲禮”,是論合樂,非論大享也。《大宗伯》大享之禮,禋祀昊天上帝,血祀社稷,别无地祇之説。此可知漢人之謬。

河右曰:

南北二郊,予昔在館時曾作配位一議,已議及之。大抵衆説紛紜,多有言无地祭、無北郊者。予謂既祭天,必當祭地,既有南郊,必當有北郊。《祭法》曰:“燔柴於泰壇,祭天也。瘞埋於泰折,祭地也。”是祭天一所,祭地又一所。所以《孝經》曰:“王者事父孝,故事天明;事母孝,故事地察。”而《禮器》曰,“先王之制禮也”,“爲高必因丘陵,爲下必因川澤”,“因天事天,因地事地”。蓋謂冬至祭天於圜丘,是因丘之高,而治以爲壇,謂之因天事天。夏至祭地於方澤,是因澤之下,而誉以爲兆,謂之因地事地。故《孝經説》即《緯書》。曰:“王者事天明,必祭天神於南郊。事地察,必祭地祇於北郊。”而《漢志》引《禮記》曰:“兆於南郊,所以定天位也。祭地於泰折,在北郊,所以就陰位也。”是兩郊分祀,在諸經書,亦均有之,不止《周禮·春官》文也。

若謂南北郊分祀始自漢武時寬舒等所議,則大不然。秦祀八神,一曰天神,在南郊山下,二曰地祇,在澤中圜丘。而《漢·郊祀志》云,漢文祭太乙地祇,以太祖高皇帝配,曰冬至,祠泰乙,曰夏至,祠地祇。則不特分祀,且實分用冬夏二至。是必周末漢初,猶有相沿定禮,承襲不改,故蛛絲馬跡,彼此一線。若武帝時寬舒所議,不過立后土祠於汾陰,與郊雍對耳,何嘗立南北郊乎?其後成帝用匡衡、張譚諸議,徙甘泉泰畤,河東后土,而立南北郊於長安。至元始中,而劉歆、左咸之徒合諸儒數十人,議定郊禮,名爲《元始儀》。後漢光武兆南郊於洛陽之陽,兆北郊於洛陽之陰,悉遵其儀。地祇之祭,遂歷魏、晋六代,以至唐、宋、元、明,并未偏廢。其或稱北郊,或稱玄丘,或稱地郊，或合祀，或分祀，或以女祖配，或一配、二配、三配，而要之，有地祭一禮，則自三古迄今，未有异也。

乃今謂二郊分祀，始於《周禮》，而且謂始於《大司樂》文“凡樂，冬日至於地上之圜丘奏之，則天神可得而禮；夏日至於澤中之方丘奏之，則地示可得而禮”諸語，因變舊説，謂此是合樂，不是大享。揣其意，不過欲辨圜丘方澤，非郊祀地耳。不知圜丘即泰壇，方澤即泰折，圜丘因丘陵，方澤因川澤，二郊之名，諸經有之，不專《周禮》，前亦既言之矣。若謂《大宗伯》大享之禮，禋祀昊天上帝，血祀社稷，并无地祇之説，則似全不知《周禮》者。《周禮·大宗伯》“建邦之天神人鬼地示之禮”，地示禮，即祭地禮也。宗伯以蒼璧禮天，以黄琮禮地。《典瑞》：“四圭有邸以祭天，兩圭有邸以祀地。”凡以神仕者，以冬日至致天神人鬼，以夏日至致地祇物鬼，无非以地祇禮，與天神對言。即《大司樂》文亦有云“奏黄鐘、歌大吕、舞《雲門》，以祀天神，奏太簇、歌應鐘、舞《咸池》，以祭地示”，原不止“奏圜丘”、“奏方澤”數語。乃即此數語，又未全讀，據謂圜丘、方澤是合樂地，非祭祀之地，則後文即云於宗廟之中奏之，人鬼可得而禮，豈宗廟中亦合樂地，非大享地耶？且謂合樂非大享者，此宋人最不考之論，又不可不辨之者也。《虞書》“戛擊鳴球”一章，是合樂於宗廟者。蓋舜祭瞽瞍所奏樂也。宋人臆見，謂舜不當有瞽瞍廟，不當祭瞽瞍，此但合樂以志九韶之美，則虞賓在位，群后德讓，毋論樂不虚奏，且亦安得請召諸客，使因國之賓五服之辟無不畢集，如吴下伎客作勝會者，今不知何故，擇此冬至、夏至二日，一集高丘，一集下澤，衝寒冒暑，曠野噌吰，可怪之甚。且合樂者，合堂上、堂下之樂，而總奏之謂也。堂上有鳴球琴瑟搏拊，謂之清歌。堂下有鼗管柷敔笙鏞，謂之間歌。合琴瑟笙管諸樂器而并奏之，謂之合樂。此非細故矣。故習籥習吹，學干學舞，雖在一節，亦必居之大學之中。况合樂合吹，皆爲大祭祀、大燕享所用，未有不習之學宫而可露處者。是以《月令》季春大合樂以爲獻酬之用，仲夏合盛樂以雩帝，仲冬、季冬并合吹以饗帝燕族人，皆在學，皆非虚奏。而主祭之日則《大司樂》且云“以六律、六同、五聲、八音、六舞大合樂以致鬼神示”，是此合樂即是大享。謂大享所合樂，一如《鄉飲酒》《鄉射》《燕禮》所云“間歌某詩”、“合樂某詩”類，故重其文曰“奏之”，蓋奏之必有聽之者矣。不然，黄鐘、太簇何律？《雲門》《咸池》何舞？無端彙衆器、統衆成衆變入丘、澤之間，而漫曰“奏之奏之奏之①耶！”

① 《顔李叢書》本此處空白，此“之”字試據《續修四庫全書》本補。

塨按:《郊特牲》曰:“大報天而主日①,兆於南郊,就陽位也。”而北郊報地,則經无其文。然秦漢而后,皆如此行,或有所踵耳。況天地分祀,既有明徵矣,則南北之説,理固近焉。

女祖配地示,不經。夫地示以女祖配,毋乃祭地亦以后妃主乎?道威又曰:“古不惟不分祀天地,亦并無合祀之説。蓋古者郊祭只是祭昊天上帝,其餘社稷山川百神都從祀耳。嘗觀魯之僭郊,愈知古無南北郊之禮。蓋當時《周禮》之最重者,莫如郊褅,而魯皆僭之,故《春秋》頻書其失。向使別有祭地之禮,與郊并重,則魯亦必并僭之,《春秋》亦必并書之矣。且《春秋》書不郊猶三望,此正與《虞書》類上帝時,禋六宗望山川同,則地祭原只在祭天之中,何分祭之有?”

河右曰:

天地分祀,并不合祭。《周頌·昊天有成命》,《詩序》曰:“郊祀天地也”。《召誥》“用牲於郊牛二”,解者謂一是天牲,一是地牲也,因之有天地合祭之疑。不知《昊天》“祀天地”,非謂合祭,同此詩,謂分祭,皆此詩也。《召誥》“用牲二”,一是帝牛,一是稷牛,謂帝與配分此牲,非謂天與地分此牲也。乃謂天地雖不并祀,而地示之祭,附從於天。蓋祭天曰郊,而社稷山川俱從祀焉,舍此則地無祭矣。因引《虞書》“望山川”,《春秋》“猶三望”爲據。則天祭從祀甚多,自圜丘以人鬼百神列祀典外,凡旅上帝類上帝,大率六宗、三辰、四類、五嶽、四瀆諸神皆從祀,而獨不及社稷,惟祈穀雩報,及大眚大災,因事之祭,則雖祀天神,而后土、田正亦同時致祭,然四海、五嶽、山川、百源諸隨而望祀者自別。是以天地正祭,各以類從,在社稷并不從天。而即巡狩出征,因事祭告,如《司馬法》王者興師,告皇天上帝、日月星辰,禱於后土、四海神祇、山川冢祀,亦天地兩告,地不從天,且社稷山川皆不從天告而從地告,天是天,地是地,社稷是社稷,山川是山川,而欲以山川望祀溷并地示社稷,不亦謬乎?

若謂魯僭郊褅,不僭地祭,以是爲无地祭之證,則更不然。凡魯所書郊,只是祈穀上帝,其於冬至旅類諸郊并不僭及。蓋郊事不同自二。至二郊外,有旅上帝、類上帝、祈穀上帝、龍見雩帝、季秋饗帝諸事,雖皆天子之禮,而二郊大事,諸侯所絕,至祈穀與夏雩秋報,則諸侯皆得行之,故《家語》定公問孔子謂“寡人聞郊而莫同,何也?”而夫子直云魯無冬至大郊之事,惟祈穀之祭,降殺天子,是以不同,則魯不僭郊,在夫子已明言之。故考《春秋》所書郊凡有九,皆在夏四月,而不在春正月。其爲啓蟄之郊,非長

① 《十三經注疏》此處有一“也”字。

至之郊，明矣。若成十七年有秋九月辛丑用郊，此即《周頌・豐年》秋報、《月令》季秋大饗之祭，亦郊之降殺者。故哀十三年，子服景伯囚於吴，謂太宰曰"魯將以十月上辛有事於上帝"，雖屬謬説，然亦借秋報之禮爲言，并非僭天子大郊之祭。乃謂僭天祭而不僭地祭，遂疑無地祭，已不審矣。又謂《春秋》但書郊而不書地祭，必是無地祭之故，則《春秋》書郊不書社，書烝嘗不書祠禴，豈魯并無社稷與祖廟春秋祭乎？

塨按：《春秋》宣三年春王正月，郊牛之口傷，改卜牛，牛死，乃不郊，猶三望。夫成之七年正月，鼷鼠食郊牛角，而書不郊，猶三望，在夏五月。定之十五年正月，鼷鼠食郊牛，改卜牛，而書郊在五月。此則連書正月，下則魯之分郊而猶三望，亦有用冬至者矣。況《禮運》明載"孔子曰：'魯之郊禘，非禮也'。"《明堂位》曰："魯祀帝於郊，天子之禮也。何能爲之辭耶？"然《春秋》書郊多在四月、五月，是魯之常用者，原在祈穀之時，故《家語》云"然也"。至不書地祭者，或魯奉社以祭地，故不僭天子地祭，或地祭禮輕於事天，故但書其重也。

恕谷問：

《郊特牲》云："郊特牲而社稷太牢。"又曰："郊之祭也，大報本反始也。"又曰："惟社，丘乘供粢盛，所以報本反始也。"《禮運》云："禮行於郊，而百神受職，禮行於社，而百貨可極。"《王制》："天子出征類於上帝，宜於社。"明皆以社與郊對，且他經郊社對舉者，不可勝數。如《泰誓》"類於上帝，宜於冢土"，《召誥》"用牲於川，社於新邑"，是《周禮》之實見於行事者，故胡①宏謂"郊所以祭天，社所以祭地"，其説似是，但郊是大祭，非天子不敢舉焉，社則次矣，自諸侯以至州里，皆可行之，是亦天尊地卑之義，故《中庸》郊社對言，而以事上帝概之，此其義歟？

河右答曰：

此説在宋後多有之，但仍未是者。社爲地祭之一，較山林、川澤、四方、四望爲最重，故與宗廟對舉而立之國中，又立之郊外。如《禮運》所云，"命降於社之謂殽地，降於宗廟之謂仁義"，明是法地所爲，與宗廟并。然而泰折瘞埋，原有地祭，則自不得以社當地矣。《王制》曰："天子祭天地，諸侯祭社稷。"而《禮運》亦云杞宋之郊，"天子之事守也。故天子祭天地，諸侯祭社稷"，則地與社稷明白分别。是以《周禮》於地神稱

① 胡，《顔李叢書》本作"明"，似誤，據《續修四庫全書》本改。

大示，其祭稱大禮，與社稷神之稱土示，諸地神之稱山林示、川澤示、丘陵示、墳衍示者，截然不同，故社有與郊對舉者，皆是小郊，與大郊无與。大郊則地與天對，《禮器》"因天事天，因地事地"、《爾雅》"祭天曰燔柴，祭地曰瘞埋"是也。小郊則社與郊對，《泰誓》"類於上帝，宜於冢土"、《召誥①》"用牲於郊，社於新邑"皆是也。蓋類郊、旅郊、四時五帝郊與巡狩征伐及祈禱報反有事之郊，俱是小郊，如所云報本反始，百神受職者，皆是秋冬報祭，如《周頌·良耜》爲秋報，《豐年》爲冬報，并非冬至泰壇之祭，故得與社之報本反始，百貨可極，連類并言，以是知《中庸》郊社之禮，往嘗謂郊重社輕，天尊地卑，故郊祭限天子，而社祭通諸侯，孰知天子有郊，諸侯亦有郊，天有大小祭，地亦有大小祭，兩兩對對，并未嘗有偏畸也。

塨謂社即祭地，河右非之。後見萬充宗《學禮質疑》曰："方丘在北郊，即大社也，亦曰太折，午月祭之。"與予説頗合。然《祭義》"天子爲藉，以事天地、山川、社稷"，《司馬法》"王者出師，告皇天上帝，禱於下土山川冢社"，則社與地分。河右之言固爲有據，但諸禮經文只有南郊，并无"北郊"一語，又爲可疑。河右言經之郊社對舉者皆屬小郊，似亦牽强。《中庸》推武周達孝，而極之事帝，不應但舉小郊。《郊特牲》專明大郊也，而首句即云"郊特牲而社稷太牢"，此郊不因及社而謂之小郊也。況又曰"天子大社必受霜露風雨，以達天地之氣"，又曰"社所以神地②之道也"，"尊天而親地"，而社日用甲，郊日用辛，大郊大社，兩相比對，皆所以報本反始也。《周·吉禮》事天有三，首曰昊天上帝，事地有三，首曰社稷，而并不言別祭地，則亦郊社對舉也。《祭法》曰："王爲群姓立社，曰大社。"報地之禮也。"自爲立社，曰王社。"報土穀之社也。充宗所議固深矣。若《祭義》《司馬法》之分地、社爲二者，則指王社而言也。

恕谷問："社、稷本二神，而合祭於社，以穀非土不生，土非稼不功也。但據《春秋傳》，則社爲后土，即共工氏之子也。稷初名農，即厲山氏子也。至夏末，則周棄嗣農爲稷，而后土如故。豈前此無社稷歟？"又問："《禮運》曰：'天秉陽，垂日星。地秉陰，竅於山川。'考虞舜類上帝時，以六宗湮天神，以山川望地神，及巡狩柴祀之神望秩物神，豈此望山川即社祀歟？"

河右答曰：

① 《顔李叢書》本作"詔"，似誤，據《續修四庫全書》本改。
② 《顔李叢書》本漏此"地"字，據《十三經注疏》補。

社義不一而重主田事，故祀后土以尸①其利，祀先農先嗇以報其功，祀社及稷自昔有然。第后土者，以句龍曾爲土官，故以爲名先農，或曰神農，或曰即厲山氏之子。農司嗇，或曰即后稷。然亦古先有名而後以其人實之。蓋社本土神，稷本穀神，禮家名太社，又名太稷，然後附之以人鬼，曰后土，曰后稷者。如明堂祠五帝，原有青帝、赤帝諸天神，而後以其人實之，其在五人帝則有太皞、炎帝諸神，在五人臣則有句芒、祝融諸神。是雖有人神而不礙其爲天神。烈山以前非有減②，周棄以後非有增。凡前儒以人鬼地神爭執是非，皆無庸也。若謂古無社稷，恐是以山川望祀當之，則又不然。古社爲田正之祭，與四方相通，而反與四望不通，故《楚茨》詩"以社以方"，《雲漢》詩"方社不莫"。方雖四方屬地，而仍以五帝天神主之，如前所云句芒、祝融類，而至向望，則雖是地祇而與社分別，一如《周禮》所云，土示與山林川澤諸示不同，蓋社稷不是地，山川嶽瀆諸神又不是社稷。《王制》"祭天地，祭社稷，祭③名山大川"，《祭義》"天子爲藉，以事天地山川社稷"，明分三等，讀者審之。

塨按：舜攝位巡狩，遍祀上帝、六宗、山川群神，而獨不及地。似無此理。故妄以爲"望山川"或即是祀地，未嘗曰"望山川"即是祀社也。至三代時，祭祀之禮愈備，則地與山川自當分矣。山川出雲雨，故從於天。四方④司寒暑，乃類於社。古人制禮，皆有精義。《祭法》曰："有虞氏禘黄帝而郊嚳。"《史記·封禪書》曰："自禹興而修社禮。"《郊特牲》曰："伊耆氏始爲蜡。"是⑤郊社之禮，大抵皆封功言時也。《聖證論》王肅與馬昭之徒或云祭天用冬至之日，或云用冬至之月。據《郊特牲》及《穀梁傳》，皆有"日用辛"之文。《郊特牲》又云卜郊則非，正用冬至日也。此張鄭⑥之説得之。若明太祖云，極陰之月不宜祀天，極陽之月不宜祀地，改從仲春，則一時之論，不可爲永法也。鄭康成以圜丘與郊爲二，圜丘以嚳配，曰大禘，郊以后稷配，曰大郊。而按之《周禮》《禮記》諸篇玉不同、牲不同、樂不同、服不同爲證。王肅《聖證論》駁之曰："《祭法》説禘，無圜丘之文，《周官》圜丘，不名爲郊⑦。禘

① 《顔李叢書》本此處爲空，據《續修四庫全書》本補"屍"字。

② 此句《顔李叢書》本原爲"烈烈字疑誤。山川以前非有哉。哉字疑誤。"而《續修四庫全書》本無"川"字，且"哉"字似"減"字，故試改爲"烈山以前非有減"。

③ 《顔李叢書》本漏此"祭"字，據《續修四庫全書》本補。

④ 《顔李叢書》本漏此"方"字，據《續修四庫全書》本補。

⑤ 《顔李叢書》本空"蠟是"二字處，據《續修四庫全書》本並參考《十三經注疏》試補。

⑥ 《顔李叢書》本空"鄭"字處，據《續修四庫全書》本試補。

⑦ 此"郊"字《顔李叢書》本無，據《續修四庫全書》本補。

是禘[①]，非圜丘之祭也。"康成既以《祭法》禘嚳爲圜丘，《大傳》"王者禘其祖之所自出，以其祖配之"，而鄭又施之郊，謂祭靈威仰，配后稷，是亂禮之名實也。按：《爾雅》云："禘，大祭也。""繹，又祭也。"皆祭宗廟之名，則禘是五年大祭先祖，非圜丘及郊也。周立后稷廟，而嚳無廟，故知周人尊嚳，不若后稷之廟重。而鄭説圜丘祭天，配大者。仲尼嘗稱：昔者周公禘，祀嚳圜丘以配天。今無此言，知禘配圜丘，非也。又《詩・思文》后稷配天之頌，無帝嚳配圜丘之文，知郊則圜丘，圜丘則郊，於郊築泰壇象圜丘之形也。此二説者，子雍爲是。至於服玉不同，則或郊與祈穀之分。《家語》曰，周之始郊，其月以日至，其日用上辛。至於啟蟄之月，則又祈穀於上帝。孟獻子曰："正月日至，可以有事於上帝。"又曰："啟蟄而郊，郊而后耕。"是二祭皆名郊也。

所謂一歲九祭天者，至日圜丘，正月祈穀，孟夏雩，季秋饗。漢儒謂即《孝經》"宗祀文王於明堂，以配上帝"也，與五時迎氣也，惟至日其禮至大。要之，皆天也。今世冬至郊祀外，春祈秋報，遇旱而雩禮不可缺。若五帝之説，漢儒多爲附會明堂之制，參錯莫憑，近代離而不行，亦未爲失矣。

《禮器》曰："魯人將有事於上帝，必先有事於頖宮。"《鄭注》云："告后稷以將配天也。"此不在正祭之内。然以祖配天，則此禮不可少者。

周人冬至之郊，以后稷配，而又於明堂宗祀文武，是始封祖與[②]始受命祖，俱配天也。後世行禮者，或日至郊，以兩祖配後世郊祭[③]，每有兩祖配者。或日至社，以始封祖與[④]受命祖配[⑤]。各配焉，皆可也。

---

① 此"禘"字《顔李叢書》本作"地"，據《續修四庫全書》本改。

② 與，《顔李叢書》本作"之"，試從《續修四庫全書》本改。

③ 《顔李叢書》本作"祭后土郊"，試從《續修四庫全書》本改。

④ 《顔李叢書》本"始封祖與"四字作一"饗"字，試從《續修四庫全書》本改。

⑤ 《顔李叢書》本無此"配"字，試從《續修四庫全書》本補。

禘祫考辨

蠡縣李塨

禘祫之説，諸儒聚訟，宜何從？曰："從經。"《大傳》曰："禮：不王不禘。王者禘其祖之所自出，以其祖配之。"此言天子之大禘也，如周之禘嚳於后稷廟也。下曰"諸侯及其太祖"，則言諸侯祭及始封君而止，不得禘所自出之王矣。下曰"大夫士有大事省於其君，干祫及其高祖"，則并不得及始祖矣。大事者何？祫也。《春秋》：文二年，大事於太廟，躋僖公。《公羊傳》曰："大事者何？大祫也。"大祫者，合祭也。其合祭奈何？毁廟之主陳於太廟，未毁廟之主皆升合食於太廟。大夫三廟：曰考廟，曰王考廟，曰皇考廟。適士二廟：曰考廟，曰王考廟。官師一廟，高祖皆毁廟矣。今合祭高祖以下是祫也。然祫，諸侯之禮不敢專行，故必干求於君，請君省察而始行之。何以祫諸侯禮？觀大夫士干祫及其高祖，則知及其太祖者，正祫也。上與天子禘，下與大夫士干祫，對舉也。若以及其太祖爲享嘗時祭，則不當對禘與干祫言矣。或謂禘祇以始祖配，不及群廟。唐陸淳、趙伯循説。或謂毁廟之主陳而合食，未毁廟主不與焉。漢張純議。或謂禘與祫异者，在祭始祖所自出之帝，而合食則如祫。據《韓詩内傳》《逸禮文》。漢劉歆、馬融、鄭衆、賈逵諸儒皆主是説。孰是？曰：合食如祫是。何知之？《大傳》王有禘，而諸侯大夫士有祫。則王無祫矣。不容諸侯大夫士祖得合食，而天子祖乃不得合食也。故知禘合食如祫也。且《春秋》"大事"，《公羊》曰："祫。"其實即禘，有明徵也。鄭康成又謂：大禘王季，以衆合食太祖廟，文武以下上穆從文廟，昭從武廟。亦非。

何以知《春秋》"大事"即"禘"也？《公羊》謂"大事"是"大祫"，而杜預乃注爲"禘"。然觀閔二年"吉禘於莊公"，正同此祭。皆躋新主於廟，遷遠主於祧。諦視昭穆，必毁廟未毁廟之主合食太廟，其禮似禘，故名禘。吉禘者，出凶喪而行吉祭也。猶《儀禮》言：禫，月吉祭也。鄭康成謂天子諸侯之喪畢，合先君主於廟而祭之。熊氏謂三年除喪，特禘新死者於廟是也。自此之後五年，則當大禘矣。故《公羊傳》曰："五年而再殷祭。"

何休《公羊注》云，人君喪畢，遭祫則祫，遭禘則禘。使喪畢不遇禘祫之年，將不入主遷主而合祭歟？抑遲之而有待歟？故知吉禘不以先君之禘計年也。其言非也。

何爲一言"吉禘於莊公"，一言"大事於太廟"？躋僖公也。躋僖則亂太廟昭穆祖禰之序矣，故特書"大事於太廟"以譏之也。若閔二年，杜預《左傳注》、范甯《穀梁傳注》皆曰時莊公薨方二十二月，服制未闋，别立廟祭之，不於太廟。非也。夫别立廟而獨祭之，何名爲禘？且未聞魯别有一莊廟也。《左傳》曰"速也。"蓋經直書月日，則喪未畢，而吉禘之失自見矣。且文公大事，喪服方二十一月而即躋僖公，何嘗别立廟耶？

五年而再殷祭者，喪畢既吉禘矣，則後此大禘，或與前君禘年合，或不合，總不必從先君數，只從此吉禘數之，又五年爲殷祭也。鄭康成《王制注》曰："周以禘爲殷祭。"孔穎達曰："殷，火也。"毛河右《論語稽求編》曰："《公羊》所言殷祭即禘。《魯論》夫子言禘，此也。何者？夫子仕魯，在定公十四年前，未遭國喪，不容吉禘也。《公羊》'再殷祭'，'再'字，相繼之詞也，承上文喪畢大事而言也。鄭康成誤認《公羊》'再'字，遂於五年之中增一'喪畢，明年春，禘於群廟'之説，非矣。何以知天子有禘無祫也，以《春秋》知之也。《春秋》但書魯禘，不書祫，蓋天子本以禘禮合食，今魯既用禘，則祫无可用矣。"孔穎達《王制疏》曰："《左氏》説及杜元凱皆以禘爲三年一大祭，在太祖之廟。《傳》无祫文，祫即禘也。取其序昭穆謂之禘，取其合食群廟謂之祫。"此言是矣。但"三年"無見文。《公羊》有五年之説，可據也。且《春秋》僖公、宣公皆以八年有大事，以吉禘數之，恰五年也。

然則先儒言天子三年一祫，五年一禘，非歟？曰：非也。三祫五禘之説，議於漢人，傳於《禮緯》，古經無有也，而可據乎？且鄭康成謂：禘大祫小，三年喪畢，二十五月而大祫，又五年而大禘，其中間復有一禘。曲算《春秋》禘祫年數，何休又從僖八年禘以計三年祫，數至文二年當祫。况康成且以圜丘、方澤、宗廟爲三大禘矣。紛錯支離，何可據者？

祫大禘小，非矣。王肅謂禘大祫小，亦非。天子所謂祫者，禘祭時祭合食之名也，無別一祫祭也。何爲分禘祫而較大小乎？

且三年一祫，五年一禘，不惟不經見，亦不可行也。唐睿宗以後，三年一祫，五年一禘，各自計年，不相通。數至二十七年，凡五禘七祫，其年夏禘訖，秋又當祫。祫禘合歲，太常議曰："今太廟祫禘，各自數年，兩歧俱下，或比年頻合，或同歲再序，或用一禘之後併爲再祫，或五年之内驟有三殷，求於《禮經》，頗爲乖失。"然則天子禘祫可兼行耶？

毛河右曰：

禘祭有三。《國語》曰：天子日祭月享時類歲祀。"日祭"不可考矣。"月享"即《周禮》"朝享"。《注》《疏》：每月朔，天子以太牢朝廟，因而告朔。然非正祭名也。惟時類以春礿、夏禘、秋嘗、冬烝爲一等，歲祀以三年喪畢吉禘、五年大禘爲一等。而禘名因有三焉：時禘，一也，夏祭之名。天子皆七廟合食，諸侯五廟，一歲特祭，一歲合祭。《王制》曰："天子犆礿、祫禘、祫嘗、祫烝。""諸侯礿犆，禘一，犆一祫，嘗祫，烝祫。"《曾子問》曰："七廟、五廟無虚主，惟祫於廟爲無主。"又曰："祫祭於祖，祝迎四廟之主是也，毁廟則不及焉。"若《郊特牲》《祭義》又稱春禘，總皆時祭名也。吉禘，二也。喪畢行之。爲死者入廟，當合先王先公而諦視焉。且二祧當祧一主入毁廟矣，故迎毁廟未毁廟之主，合食太廟，然後將新祧一主隨舊祧衆主并遷，而新祔之主乃得從二祧三親而入於禰宫，則於祧於祔兩皆泯然。此先王制禮之精義也。大禘，三也。《商頌·長發》，大禘遠及玄王相土，《周頌・雝》，大禘近合烈考文母，是合食與吉禘等所异者，追及始祖自出之帝，以始祖配耳。《周禮・司尊彝》：凡四時之間祀：追享、朝享，祼用虎彝、蜼彝，皆有舟。鄭康成注曰：追享，禘祫也，言追所自出也。與告朔之朝享，皆謂間祀者，以或歲行，或月行，間於四時之中，總稱間祀也。

毛河右曰：

古之大禘在五月。孟獻子曰："七月日至，可以有事於祖。"周七月，夏五月也。《明堂位》云："夏六月以禘禮祀周公於太廟。"周六月，夏四月也。是以張純謂禘在四月，而崔靈恩謂宜在夏五月。要不出夏時三月内耳。

凡合食之祭，皆太祖東向，昭以次南向，穆以次北向，惟大禘以自出帝東向，而太祖配焉。

毛河右曰：

天子諸侯之祭皆合食，所同犆祭者，獨一春礿耳。第其儀不傳，而從來議禮者亦未之討及。考古祭禮煩重，即四時恒祭，亦必先三月而滌養，先旬而齋戒，先三日而筮宿，先一日而省眡。而至於祭日，則周制維朝至闇，窮此日之力，自啟祏而送尸，灌鬯而酬酢，毋論薦腥薦熟，合烹加俎，歷有儀節，即其七獻九獻，圭瓚非一舉；祝告嘏告，詔辭非一進；於堂於祊，索祭非一地；出奏入奏，工備非一樂。使以一日而歷七廟，則時必不周。以一人而行七祭，則力必不給。若謂日祭一廟，可以遞行，則前祭諏日未可該后祭之日，此廟卜牲，焉能通彼廟之牲。然且一祭未繹，而一祭又將省濯矣。一尸未謖，而一尸又當筮諏矣。況文、武二廟，姜嫄一廟，又在七廟之外，兼行之，則一日不能舉數禮，各行之，則十日不能舉一祭。至於筍簴①鼎鑊，何往何移，禰親祖尊，誰先誰後，瑣細之事，倍難懸斷。張南士嘗曰："假一日而歷七廟，則質明祼鬯謂之晨祼，歷七廟則不晨矣。早食進饋謂之朝踐，歷七廟則不朝矣。使七日而行七祭，則卜日而祭，歷七日非所卜矣。明日而繹，歷七日非明日矣。"是以時祭有四，而《左傳》稱烝、嘗、禘三名，而不及犆礿。誠以禮必祫祭，雖喪祭只祭死者，而禮於虞祭曰哀薦祫事，於祥祭曰作此練，禘亦加以合食之名，惟春時物產未盛，祭最省薄，乃專予以犆耳。至

① 《顏李叢書》此字"竹"下誤爲"虞"。據《辭源》改。

於漢後立廟，皆同堂异室，便於合享，所在祠廟必使有司攝祀，不能遍及。雖非古禮，亦可見祭難。犆祭，祭則必祫也。

河右又言：

天子諸侯大夫士歲祀皆禘以合食，别稱祫。祫，非祭名也。夫天子之禘即祫，誠然矣，至諸侯之大祭，似當名"祫"，何者？《大傳》明曰"不王不禘"，《禮運》曰"魯之郊禘非禮"，而謂諸侯及其太祖、大夫士干祫皆名"禘"，則禘下及諸侯大夫士矣，而可乎？况"干祫"若是"干禘"，則何不即曰"干禘"而曰"干祫"？蓋天子之大祭曰"大禘"，諸侯之大祭曰"大祫"，大夫士則干於諸侯而乃得行祫焉。統以祭之大者層殺之，而諸侯已下無禘，自當名曰"祫"也。若諸侯夏禘稱"禘"者，則以時祭與大祭迥殊，義無嫌也。

周人以后稷爲祖廟而禘帝嚳，然《祭法》又曰"祖文王而宗武王"，何也？鄭《注》曰祖宗通言，孔《疏》曰謂宗祀文王於明堂以配上帝，武王亦及之，非祖廟之祖也。

《國語》：有虞氏禘黄帝而祖顓頊，下逮夏后氏。殷人、周人皆有禘，祭之行久矣。但周以上，自出之祖皆爲天子，有功德，而漢唐以後不類焉。且或不知其自出焉，則行之宜有變通，而不得盡優孟古人矣。

其變通若何？曰：奉有功德祖。如唐之景皇帝，始爲唐公者，立爲太祖廟，下列四親昭穆廟，春秋致祀。而尋其自出可考者爲自出之祖，五年一禘於太廟中，以太祖配。四親服盡而祧，太祖百世不祧。此一義也。若或有功德之祖，下不足四親，如唐景帝乃僅二世，而四親以宣簡公爲高祖，則宜彷彿漢氏各廟之制，奉景皇帝於太廟，奉宣簡公懿王二世於後，别立廟。如今文廟至聖殿在前，啟聖在後式。時祀皆天子行禮，禘則以宣簡公爲自出之祖，及懿王於太廟合食。其時祭服盡止焉。此就唐祖號起例耳。若唐則四親上有可考者，如凉武昭王，當時議尊爲太祖，人駁之。然爲太祖不可，而尊爲自出之帝似可。此一義也。若有功德之祖下有四親，而以上或無可考者，則祇舉行祫祭，不必强尋一自出之帝，如神宗所詔，禘罷不用可也。此又一義也。宋神宗曰：禘者，本以審諦祖之所自出。秦漢以來，譜牒不明，莫知其所本，禘禮固可廢也。遂詔罷禘祀。若或祖宗功德微末，必當以崛起帝爲祖，如漢高宋藝之爲太祖者，則在崛起之帝本身致祭，奉可考者爲自出之祖，而下配以四親。如自出無可考者，即置高曾祖禰四親廟，四時致祭。易世而後，則法漢制，太祖所立之廟不更，而别爲太祖建廟。以后有一帝大行立一廟於下，三昭三穆而止，至八世則祧首昭，遞世遞祧。而太祖所立廟，親未盡者行時祭，親盡則已。每歷五年行禘禮，以自出之祖，或即高祖下四世或三世，并請至太廟合食，太祖配焉可也。此又一義也。凡上所議，禘則不祫，祫則不禘，不兼行也。

漢高爲太上皇立廟後，漢高薨，惠帝別立高祖廟。宋趙汝愚別祀僖順四祖，正藝祖東向之位，皆以崛起者爲太祖也。但後人議太祖薨即祧四親，以尊太祖，則古諸侯上及四世，而今繼世之天子反止祀一世矣，非情也。若如晋宋之制，俟數世后，然後太祖得入太廟，或有終不得入太廟者。夫既稱曰“太祖”，而可居群廟乎？名不正言不順矣。故仿佛漢人之意爲之，似善也。

太祖所追尊祖必祧，毀之以尊太祖，則太祖之心亦有所不安者。此朱晦菴所以與趙汝愚相矛盾也。今議追尊之廟，并不拆毀，但世遠疏其時祭，即爲祧焉。庶幽明之心兩無憾矣。

或問：周無自出帝廟，今乃有廟歟？曰：周無廟者，以其先爲諸侯，不敢爲天子立廟也。今自出祖未必爲天子，而又天子自立廟，以追崇之，於周迥不侔也。何嫌焉！

喪畢之禘，以喪畢日行之，或命曰“祫”亦可。

宋王普議五年一禘，以宣祖爲自出帝，非也。周之禘后稷父帝嚳者，以其上世素原未嘗致祭也，今太祖久以僖、順、翼、宣爲四親矣，而今置上三世於不問，是泥《周禮》而不得其意者也，且於情亦豈得安乎？董棻言請僖祖四世別爲祠，所引漢不以太公合食，魏晋武宣而上皆不合食爲據，此又踵妄之言也。夫祫禘，古人明曰毀廟之主皆合食焉，乃自出之祖并不得與於合食，此何禮乎？必如廖剛、孫固、王介所謂，五年一禘當禘僖祖，任申所謂大禘之禮，僖祖實統系之，所自出太祖暫屈東向，而以世次敘位，乃爲得耳。唐顔真卿、韓愈議禘祫禮，謂禘祫時，宜以獻祖居東向之位，而太祖景皇帝暫屈昭穆，正與此同。然昌黎謂事异殷周，禮從而變，而不知此即古人祀自出之禘禮，非臆創也。

自漢以至宋初，皆不知禘與祫异者。在祀所自出而溷禘祫爲一，致使禘之名存，禘之實廢，議禮者之失也，何辭焉！

大夫干祫及其高祖無分乎？曰：有。孔穎達《正義》曰：“此言支庶爲大夫者耳。”若適爲大夫，亦有太祖。故《王制》云“大夫三廟，一昭一穆，與太祖之廟而三”是也。《師説》云：“大夫有始祖者，鬼其百世。”若有善干君得祫，則亦祫於太祖廟中，徧祫太祖以下也。但异者，天子諸侯有主禘祫，此不禘，祫無主。鄭《祭法注》云：“大夫士干祫及其高祖而止。”《祭法》：“庶士若府史之屬及庶人無廟。”《王制》云：“祭於寢。”《祭法鄭注》曰：“庶士以下鬼其考、王考。”然則今世庶士、庶人祭遠祖於家及墓者，皆可禁之歟？曰：不必也。此所言祭，成禮之祭也。今人率薦耳，薦似可寬矣。况古人諸侯世繼，大夫亦多世繼，則廟制可定。今人父爲顯官，子降庶民，孫復仕宦，祖廟必須驟立驟毀矣。毋乃不可歟！故衹當以祭與薦分隆殺也。

《祭法》:“王立七廟,一壇一墠。曰考廟、曰王考廟、曰皇考廟、曰顯考廟、曰祖考廟,皆月祭之。遠廟爲祧,有二祧,享嘗乃止。去祧爲壇,去壇爲墠,壇墠有禱焉祭之,無禱乃止。去墠曰鬼。”陳澔曰:“壇墠有禱則祭,無禱乃止,則大祫升毁廟之文何用乎?”此誤駁也。祭者,專祭也,非大祫合食之祭也,如季平子禱於煬宫是也。無禱,則七廟之外何犆祭之有?《禮記》傳於漢儒,固或間有駁駮,然後儒難者,率好勝沽名,未悉而已立論矣,不可不察。陳澔又誣駁二祧、壇墠。《廟制折衷》已正其非。

田賦考辨

蠡縣李塨 著

凡書無論疑信，必詳閱其書，然後可爲之辭。從未有未見其書而即可懸斷其是非者。今甲於《周禮》初未嘗一面，而但見《左傳杜注》一段有"周禮"二字，遂誤以爲《周禮》文而詬之，而不知《周禮》無是文也。斯尚足辨歟？惟是田賦乃三代大法，古經無正文，不可以無考也。河右先生曰："然"。因考辨如左。

甲鈔《春秋》成公元年作丘甲《杜注》，論其下曰："《周禮》，僞書也。即井邑車乘一條可知矣。其言一夫五畝之宅，二畝半在田，二畝半在邑。古者都城不過百雉，千室之邑，民居二千五百畝，并官府、倉庫、庠塾，不下三千餘畝，雖千雉之城，不足以容之。此其謬而僞者一也。既謂一井八家，又云九夫爲井，則自矛盾矣。謬而僞者二也。"

河右先生曰：

《孟子》"五畝之宅"，在他經無文。即朱氏注云二畝半在田，二畝半在邑，亦是概括前儒之説爲然，不惟非《周禮》，并非《周禮》諸家釋經之注。甲欲攻《周禮》，而以朱氏《集注》妄坐之，其不足辨已明矣。但其義則據《周禮・遂人》曰"夫一廛"，言每夫當任一廛也。然而前鄭注作百畝之廛，即此田宅也。後鄭注作里居之廛，即此邑宅也。此皆據《孟子》爲説者。然而各言有宅，未嘗分指五畝也。至《載師》園廛之説，兩鄭齟齬，而賈公彦爲疏，以園爲田畝之宅，爲二畝半，廛爲里居之宅，引《孟子》五畝文以爲據。《漢・食貨志》云："在野曰廬，在邑曰里。"而何休云："一夫一婦受田百畝，公田十畝，廬舍二畝半。"謂此八夫者既受百畝矣，又析公田之百畝，而受其十畝，其餘二十畝又八分之，各得二畝半，以爲廬舍。《考工・匠人》《疏》曰以爲廬宅、井竈、蔥韭。則在田之宅既已明白，而在邑之宅則諸儒未之詳也。趙岐注《孟子》云："廬井、邑居各二畝半以爲宅"，"各入保城二畝半，故爲五畝。"嘗細繹其文，其云"廬井"，即田中之廬也，云"邑居"，即里居也。《爾雅》釋言曰："里者，邑也。"既有廬井，又有里居，是在野在邑盡之矣。曰各二畝半，則五畝盡之矣。

至若以都邑百雉當侯國之城，以千室之邑當民居之宅，則大謬矣。按《考工記・匠人營國》："王城方九里。"鄭駁《异義》亦云國城九里，公七里，侯伯五里，子男三里。特鄭又云王城十二里，公城九里。故《尚書大傳》則云古者公之國有九里之城，三里之宫。七十里之國有三里之城，一里之宫。五十里之國有一里之城，以城爲宫。此雖周制蒐略，彼此各據，并無成説，然亦大概如是。若都城則縣稍之外，都鄙之地，所以爲公卿采地，與王子弟之食邑者，在王畿之外一層。千室之邑則郊甸之外家稍之地，所以爲大夫百乘之家，與王子弟之稍疏者之食邑，在都鄙之内一層。何曾是侯國民居之名？故孔子將墮三都，曰"邑無百雉之城"，言都邑也。清之役，冉有曰"魯之群室衆於齊之兵車"，言家臣之邑居也。

若謂邑里之宅城中不容，則前儒亦慮及之。《孟子》"方里而井"，《周禮》亦以一里爲一井。今無論城之三里、九里，各有多寡，而但以五里之城折中爲斷，五里者，五五二十五里也。每里以家二畝半計之，當住三百六十家。二十五里當容九千家。今亦不從《周禮》諸制，以五百、四百、三百、二百、一百限五等侯服，而即取至減者，以《孟子》"公侯百里"爲斷，百里者，萬井也。每井有八家，則已得八萬家矣。以八萬家之里居，而祇以九千家之地應之，可乎？况城中所謂廟、社、朝諸區，又當分去三國之一乎？

宋陳祥道作《禮書》，城中之宅率家二畝半，冬月納稼之後皆入保城。則以王城言之，六鄉之民七萬五千家，又士、工、商在焉，則九里之城固不能容。然則《考工》所言"九里"者，王之中城也。《春秋》書"城中城"可驗也。又《孟子》"三里之城，七里之郭"，則城外有郭，不止九里。或者凡國有兩城可以居民，而不知其説又不然者。夫六鄉入保，六遂獨不入保乎？兩城亦未必能容也。且《春秋》"城中城"，杜氏明云"中城"。魯邑在東海廩丘西南，何嘗是國之内城？况入保國城以居，不知其説始自何人？實大不通之言。國家守封疆，農隙入保，當在四境，定無有撤四境之民，公然入城而棄土地於寥廓者。偶有竊發敵人，不用兵而至城下矣。此大亂之道也。

然則如何曰《孟子》"五畝之宅"其半在邑？邑者，城外諸邑也。《王制》民居"量地以制邑，度地以居民"，凡鄉遂以外皆有邑里，在公家者曰"公邑"，在私家者曰"家邑"，在王公子弟所食采地曰"采邑"，在民夫受田之外任閒田以爲居者曰"井邑"，故丘有丘邑，都有都邑。諸凡族師、黨正、鄉官、遂官皆有官居，自井而邑、而丘、而甸、而縣、而都，與自井而通、而成、而終、而同，凡聚會處即設爲官居而民遂附之。所謂邑，即所謂邑居與里居也。入保者保此而已，《詩》所謂"上入執宫功"者，亦入此而已。若郊卿又有保城之説，則在都邑原有城。《春秋》書"城"二十有九，皆是邑城，如城郎、城向、城邢、城郚、城鄆、城費、城防、城武城、城平陽、城祝丘等，何一非邑？是邑原有城。邑里之居，亦原有在城者，特其城，仍是邑城都城，并非國中之城。即近郊之民冬月入保，亦必附郭爲民居，使之相守，并不宜虚城中廛，而待民冬月一時之入。故郊鄉所注，先分兩地，一在田，一在邑也。邑又有兩地，一在無城之邑，一在有城之邑也。曰廬井、邑居各二畝半以爲宅，則統邑之有城無城者，與在田對言也。又曰各入保城二畝半，則承上文，專言在邑之有城者可入保也。若謂八家與九夫矛盾，則《周禮》無八家文。然八家即九夫，《司馬法》"步百爲畝，畝百爲夫，夫三爲屋，屋三爲井。"夫者，百畝之名。九夫者，九百畝耳。

塨按：《載師》以宅田、士田、賈田任近郊之地，以官田、牛田、賞田、牧田任遠郊之地，則六鄉餘田又有如此分任者。《鄭注》謂宅田是致仕者，士田是圭田，賈田，賈人家所受者，官田，庶人在官其家所受者，牛田、牧田，畜牧者之家所受者，則若干人之廛當有在國中者矣。但鄉遂之夫，必不盡入保國中也。

《論語》言"千室之邑"，又言"十室之邑"。《周官》二十五家之里即爲邑。是邑者，民居之總名，原無定數也。

甲忽入千室之邑於都城内計其居址，已可詫异，乃所計者更屬夢談。鄭康成注《禮》，杜元凱注《春秋》，皆曰高一丈、長三丈爲雉，則徑百雉爲方，五百步得方一里，餘二百步，徑千雉爲方，五千步得方十六里有奇，中積二百五十餘里。况《杜注》曰"三堵曰雉"，而《公羊傳》則有文曰"五堵而雉"，是更闊矣。乃云尚不能容千室，一何懵也。而乃已著書欺世矣。今世如此著書者不少，其爲聖道之害，不已甚歟？

甲又云："古千乘之國，地方百里，方里而井，百里爲萬井，而出千乘，是十井出一乘，不問可知矣。《周禮》乃謂九夫爲井，四井爲邑，四邑爲丘，四丘爲甸，甸六十四井，出車一乘，則是百里只出兵車一百五十六乘，何名千乘乎？謬而僞者三也。"

河右先生曰：

《周禮·小司徒職》惟有"九夫爲井，四井爲邑，四邑爲丘，四丘爲甸"四句，其下"甸出一乘"云云，皆《司馬法》文。杜預引之以注《左傳》，不注明"司馬法"三字，而混并在《周禮》文下。甲遂以之詬《周禮》，是指長狄而詬侏儒，長狄不受也。特所謂《司馬法》者，原非畫一周制。《史記》："齊景公時，有司馬田穰苴曾著兵法，至戰國時，齊威王使大夫追論古司馬兵法，而附穰苴於其中，有一百五十篇。"然且《司馬法》兩言"出車"之制，注經家各引以爲據。其一又曰六尺爲步，步百爲畝，畝百爲夫，夫三爲屋，屋三爲井，井十爲通，通十爲成，成出革車一乘。此馬融引之以注《論語》，鄭康成引之以注《周禮》，然皆非是者。大抵侯國以百里爲斷。百里之地，以開方計之，實得萬里。《孟子》"方里而井"，萬里者，萬井也。乃以甸出一乘計之，甸方八里，實得六十四井。以成出一乘計之，成方十里，實得百井。百井出一乘，則萬井只百乘。六十四井出一乘，則萬井只一百五十有六乘矣。雖爲之説者曰成之十里即甸之八里，以甸八里外有治溝洫之夫，得二里不出車乘，仍是八里。然其與千乘之賦則總不合也。或又曰兩司馬兵賦，成所出車是畿内采地法，甸所出車是畿外邦國法，然皆説經者臆度云然，無確據也。

此惟《論語包咸注》"百里出千乘"恰恰相合。如云古者方里爲井，十井出一乘，則百里之國方有萬井，適出千乘。而何休注《公羊傳》亦云軍賦十井不過一乘。又云公侯封百里，凡千乘，伯四百九十乘，子男二百五十乘。則軍賦常制似當以此爲準。然而仍未然者，何休、包咸皆係漢儒，與司馬穰苴生於周末者又復不同。且其所注皆依文解釋，并無有所據之經爲之引證，安得定一説者？

况其以十井爲一乘，以萬井爲千乘者，固未是也。國地不盡井，井地不盡賦，百里之國必先去宫城、都邑、陂池、園囿、山川、沈斥、廛廬、徑術三千餘井，又去三鄉三遂公邑徒任役而不征税者三千餘井，其任賦者不盡十之三耳。以三千未盡之井而十井一乘，則三百乘尚不足，而可以之當千乘乎？予每説經必以《春秋》爲斷，以《春秋》策書頗爲可信。所謂《周禮》"盡在魯"者，雖其時不無變更，而相去未遠，吾即以《春秋》策書其實注車數，不涉儒注者言之。昭五年論晋車賦有云，"十家九縣，長轂九百"，是一縣一百乘也。又云"其四十縣尚遺守四千乘"，是十縣一千乘也。計縣方十六里，中二百五十六井，約二井半出一乘，則百里之國但以二千五百六十井得車千乘。所云任車賦者，十國之三盡之矣。事有策書所已言，不明明可據乎？

塨按：河右鄉遂公邑賦人不賦車之説，本之《坊記》疏記。《孔疏》云："據《司馬法》之文，諸侯車甲牛馬皆計地，令民自出。若鄉遂之衆，七十五人則遣出革車一乘，甲士三人，馬四匹，牛十二頭，恐非力之所能，皆是國家所給。"故《周禮·巾車職》："折毀①入齎於職幣。"又《馬質》云："凡受馬於有司者，書其齒毛與其價。"《司兵職》云："授兵，從司馬之法以頒之，及其受兵，輸亦如之。"是國家所給也。此乃孔穎達疑義，非經文也。《周禮·縣師》："掌邦國都鄙稍甸郊里之地域，辨其夫家人民田萊之數，及其六畜車輦之稽，若將有軍旅會同田役之戒，則受法於司馬，以作其衆庶，及馬、牛、車輦，會其車人之卒伍。"《小司徒》亦云："頒比法於六鄉之大夫，使各登其鄉之衆寡、六畜、車輦。"《遂人》："以歲時登其夫家之衆寡，及其六畜車輦，以令師田。"則是從外向内，自畿外諸侯邦國而王畿内五百里大都公之采地，而四百里小都卿之采地，而三百稍大夫之采地，而二百里甸六遂，而百里遠郊，五十里近郊，六鄉以至遂稍都鄙閒之公邑，無不出車馬牛及人者矣。若《巾車》、《馬質》車馬

① 《十三經注疏》作"毀折"。

之賜授，未明言軍旅。惟《司兵》授兵及《牛人》掌養國之公牛，凡軍旅行役供其兵車之牛，與其牽徬以載公任器，則明言用於軍旅。然但以載公器。田出兵械，則《縣師》云"會其車人之卒伍，使皆備旗鼓兵器以帥而至"。鄰長以旗鼓、兵革帥而至，自有明文。蓋此所言授兵，乃親隨左右所用，或公家馬牛兵甲皆具，以備兵卒之損失者補之，未得據此定爲鄉遂賦人不賦車也。

《孔疏》因鄉遂家出一人，而以《司馬法》一乘七十五人計之，遂謂七十五人出一乘。然《司馬法》言"成甸出車一乘"，未言七十五家出車一乘也。此援古而適爲臆説也。况鄉遂家出一人，亦儲兵之制有然，故曰可任也者家若干，而其實選兵無庸家出一人也。何者？家出一人，則天子六軍，諸侯三軍，但出之六鄉、三鄉而已足，其餘六遂、三遂以及公邑等，俱不起役，有是理乎？

七十五家出一乘，《孔疏》尚慮其不能。今云二井半一乘，則是二十家出一乘矣。然計二十家得地二千畝，今中原有田百餘畝者，率家備車、牛。古之百畝當今四十餘畝，則二千畝當今八九百畝，亦能出一車矣。况百里之國雖名千乘，猶之家有正卒、羨卒，實多備而不用。魯至春秋戰國方百里者五，而且爭戰繁興，然兵止三軍，車止千乘，可考也。

大國三軍三萬七千五百人，以百人一車計之，止用車三百七十五兩，若出兵則無空國而行者，以半計之，只用一百八十兩，固無憂民力之不給也。武王伐紂，兵之最大者也，僅革車三百，可以觀矣。然兵力雖不盡用，而處處有乘，人人皆兵，此三代之所以强也。後世兵民分而天下削弱矣。

二井半一乘者，以一縣百乘計之，就括地足出者言，不必用也。《司馬法》"成甸出一乘"，則當是實言出之以供兵用者也，亦不相悖也。

甲又言："其言一乘甲士三人，步卒七十二人，徒役二十五人，是百人共一乘。千乘爲十萬人也。千乘之國，其井萬。八家一井，凡八萬家。八萬家而賦十萬人，先王有是制乎？春秋時，魯之大蒐，革車千乘，須借二萬於他國，而后可以足其數矣。又魯賦於吴、晋，皆八百乘，吴晋有征伐，魯出八萬人隨之，是其國中僅存婦人而無男子。此一車百人之説，斷之以理，而知其誤也。謬而僞者四也。"

河右先生曰：

此甸出一乘之《司馬法》也，但其文只有甲士三人，步卒七十二人。後儒宗唐兵法，增二十五人爲徒役，此臆説也。又後世兵家言，如《曹公新書》類，增徒役二十五人在輜車之下，此在《司馬法》舊文原未曾有。乃增此而以七萬五千之數增至十萬，反謂先王無是制，謂須借兵於他國，又謂男子盡行而婦人居守，則無忌憚矣。且甲不讀書耳。《周禮》鄉遂起軍法,每鄉萬二千五百家,即賦萬二千五百人爲一軍。一國三軍,即已有三萬七千五百人矣。况由此而三遂,而公邑,而都鄙,其所賦之數以次相準,雖曰凡起徒役,毋過家一人,而家有正卒,有羨卒,正卒家一人,而羨卒則三卒兩卒,并不止一人也。特大事徵發,由少至多,先王立制,不令合征之以盡其力耳。若盡征之,則何止十萬?况甲士三人,步卒七十二人,原不見於《周禮》,即《司馬法》"成出一乘"之數,甲士十人,步卒二十人,每乘三十人,已頓減至四十五人矣。若謂魯之大蒐,當借兵他國,則《春秋》所書魯凡五蒐,皆在昭定年,其時方百者五,無不足也。且只以人計,則子服景伯對吴人曰"將以二車與六人從",即一車三人,亦何所不可?杞人無賴,愚哉!

塨按:二十五人在輜車下,雖後世兵家者言,然兵無有去樵汲廁養等徒役而可行者。《周禮·鄉師》:"大軍旅會同,正治其徒役,與其輂輦。"《孔疏》曰:"輂所以載輜重,輦所以載任器。"《司馬法》曰:"輦,一斧、一斤、一鑿、一梩、一鋤、二版、二築。夏后氏二十人而輦,殷十八人而輦,周十五人而輦。"是徒役自古有之。但如《曹公新書》云"前拒一隊,左右角二隊,守車一隊,車凡百人",則徒役即在一車百人爲卒之内。後世行師,徒役計數,多有在正兵外者,然皆不可無之耳。

甲又言:"武王伐紂,革車三百兩,虎賁三千人。齊桓公遣兵戍衛,車三百乘,甲士三千人。晋文公獻楚捷於王,駟介百乘,徒兵千。皆一車十人也。故冉有謂季氏曰'魯之群室衆於齊之兵車'。一室敵車,優矣。若每車百人,安得盈百人而敵之有餘乎?晋爲平丘之會,革車四千乘,依《周禮》之數,除徒役,亦且三十萬矣。及會於黄池與吴爭長,吴甲士三萬人爲陣,以逼晋。晋人畏之,讓吴先。若每車七十五人,則三萬人,不過四百乘耳。晋會平丘,無與爭霸者,尚車四千乘,乃會黄池,欲爭先於吴,而不及四百乘,何過削弱其兵以讓敵?可知一乘原無七十五人也。謬而僞者五也。自古及今,無不甲而戰者,故齊桓甲士三千人,吴王甲士三萬人。今乘車三人爲甲,其步卒七十二人不甲,何以禦鋒鏑?先王之制:戰馬必介而後馳,而人反不爲之介,是愛人不如愛馬矣。謬而僞者六也。"

河右先生曰:

《司馬法》一車七十五人,在他經無明文。故又有甲士十人,步卒二十人之説,則每車止三十人矣。若謂一車概十人,則又不然。武王伐紂,其革車三百,與虎賁三千,偶以十當一,實則人是人,車是車,兩不相蒙。《國語》:"天子有虎賁,諸侯有旅賁。"《周禮》司馬官有虎賁氏,設虎士八百人以左右王,如後世羽林佽飛之類,專隨王車。

若革車，則兵車之名，六師卿士分帥之，非虎賁所得隨也。至於齊桓戍曹，甲士三千，并非車卒。曾車卒而皆甲士乎？若晋獻楚捷駟介百乘，徒兵千人，則隨所俘獲之數，并無成限。哀十一年，吴大敗齊師，以革車八百乘，甲首三千獻魯公。若以人數合車數，將必一車三人半矣。此笑話也。蓋車徒之數，言人人殊，原無一定之經可實指者，必欲實指，則一車三十人庶幾近之。《司馬法》"成一車，甲士十人，徒卒二十人。"在他經雖無此文，然《魯頌》曰"公車千乘"，而即繼之"公徒三萬"，以千乘之車而以三萬人副之，則一車三十人恰當其數。此庶經文之可信者。若《國語》"齊有革車八百乘"。《注》："齊法五十人爲小戎，車八百乘當四萬人。"則一車五十人，似乎過多。若《左傳》載："楚有廣，廣有一卒，卒偏之兩。"《疏》謂一廣十五乘，有一百二十五人，則一車八人，又似乎過少。如謂冉有稱魯之群室衆於齊之兵車，以一室敵一車，定無一家有七十五人之理，則此一室者，豈所云一家也乎？謂魯族諸室，其邑居者甚多，即以一室敵一車而有餘，此甚言魯之能當齊耳。故杜氏曰："室者，都邑居家之稱。"而甲誤以一室爲一家。比較人數，則定九年，晋車千乘在中牟，衛侯曰："衛車當其半，寡人當其半。"吾不知衛君一身可以當晋車五百乘者，其爲數何等也。至謂平丘之會，晋車四千乘，當有三十萬人。及黄池之會與吴爭長，吴出甲士三萬人來攻，而晋即讓吴先歃，則平丘之會所云三十萬人者安在？則又不讀書矣。古者車是車，人是人，有有車而無人者，《左傳》"崔氏葬齊君，下車七乘，不以兵甲"是也。有有人而無車者，"崔氏弑君甲輿"是也。晋車四千乘，不必有三十萬人。若吴卒三萬，則并非車徒，安得相較？春秋時不用車而以卒戰，曰行。晋魏舒伐狄，請毁車而爲行是也。是時黄池之會，據《國語》，出士卒百人以爲徹，行百行，萬人爲帶甲，三萬以勢攻，是吴用步兵臨會以凌晋，而晋始讓之。此《左氏》所稱"崇卒不崇車"者，何得以人數多少妄核車數？若夫甲士衣甲，徒卒不衣甲，故襄二十五年楚以蔿掩爲司馬，既賦車兵之有甲者，又賦徒卒之無甲者。清之役，季氏之甲七千，此衣甲者也。冉有以武城人三百爲己徒卒，此不衣甲者也。然此不衣甲者，豈真以襏襫褐裋禦鋒鏑哉？古甲衣以鐵以皮，徒卒之甲則以袍以纊。"纊"曰"繭"，"袍"曰"絮"，如《秦風》"與子同袍"，《左傳》"三軍之士皆如挾纊"。合袍與纊，而皆以帛組紩之，故楚子伐吴，作簡之師有云："組甲三百，被練三千。""組甲"者，漆皮而紩之。"被練"者，絮練而組之。甲士少，故三百。徒卒多，故三千也。

塨按：宣十二年，《左傳》："楚子爲乘，廣三十乘，分爲左右，曰二廣。廣有一卒，卒偏之兩。"《杜注》謂《司馬法》百人爲卒，二十五人爲兩，車十五乘爲大偏，今二廣用舊偏法，復以二十五人爲承副。《孔疏》謂衆説不一。據《注》當是一廣一百二十五人。成七年，"巫臣以兩之一卒適吴，舍偏兩之一焉。"《杜注》："《司馬法》九乘爲小偏，十五乘爲大偏。蓋留九乘車及一兩二十五人。"《孔疏》謂兩之一謂將二十五人，又言卒謂更將百人也。凡將一百二十五人適吴。舍偏，謂舍一小偏之車，九乘。兩之一，又舍二十五人也。又謂《傳》文艱澀，恐有訛誤。夫此二篇《注》《疏》，語皆狐疑。且楚之廣車，楚王所乘也。故許偃御右廣，養由基爲右，彭名御左廣，屈蕩爲右，以待王乘。今一廣十五乘，只一百二十五人，則每車當八人有奇，何以分之？是楚王乘車，大夫爲車右，而下只八人隨之，無如此寡弱者。況卒偏之兩爲百人一卒，而十五乘之二十五人，是何句法耶？至解巫臣適吴，以兩之一爲一讀，卒一讀，舍偏一讀，兩之一一讀，亦無此句法。況留九乘車，車何多？留二十五人，人何少？殊不倫也。蓋皆誤認兩字，不得已而牽强解之如此。愚以爲，"兩"，一車也。《召南》"百兩御之"，《孟子》"革車三百兩"是也。廣有一卒者，王乘之車名曰"廣"，爲十五乘之首，故曰"御右廣"，"御左廣"，"王乘左廣，以逐趙旃"。此廣車有百人之卒以從王，《周禮》所謂"虎士八百人，先後王而趨"，"以卒伍旅賁夾王車而趨"，"左八人，右八人，車止則持輪"之類也。"卒偏之兩"者，申明上句之詞也。言此卒非二廣之正卒也，所以從王而統此十五乘之車者也。蓋王乘車曰"廣"，一廣統十五乘，亦總名曰"廣"。舊制十五乘爲偏，故曰"偏之兩"，即乘廣之兩也。是二廣各有百人從王，爲二百人矣。自古出兵，大將、裨將皆有親傔，不在正兵數内，即冉有清之役帥左師，以武城人三百爲己徒卒，亦此類也。以兩之一卒適吴者，蓋巫臣出使，將車徒不必將兵士，今欲教吴乘車戰陣，故將一車之兵卒適吴也。舍偏兩之一者，蓋出使所將車徒不止一兩，而專領兵士只此一兩至吴，即舍此偏車中之一兩而返也。《坊記》孔《疏》云：諸侯成方十里，出賦之時，雖革車一乘，甲士三人，步卒七十二人，其臨敵對戰之時，則同鄉法五人爲伍，五伍爲兩之屬。故《左傳》云"楚廣有一卒"，又云"兩之一卒適吴"，是臨敵對陣，同鄉法也。《牧誓》云："武王戎車三百兩。"《孔注》云："一車步卒七十二人，則出軍法也。經云千夫長、百夫長，謂對敵時也。"如此，則甸所出一乘七十五人，成所出一乘三十人，皆謂其田賦應出若干車、若干人耳，非以人配車而謂兵法若是也。甲乃執以爲一車當敵之數較量多少，亦何爲乎？

且因此而車戰當敵之數亦可考焉。車兵雖經無明文直指者，然三十人、七十五人則皆不可。何者？以其爲數參差不合《周禮》伍兩卒旅之制、《尚書》"千夫"、"百夫"之文也。即或爲三十人，則必其五人在外爲徒役，或爲七十五人，則必如《曹公新書》加二十五人爲徒役，以足百人爲卒之數。何者？必如此乃可合而成軍也。然而周制百人也，《李衛公兵法》謂《曹公新書》言"興師十萬，用車千乘"，大率荀吴舊法，善兵者之言，似屬可信，或猶以爲後代語也。周時《孫武子兵法》曰："凡用兵之法，馳車千駟，革車千乘，帶甲十萬"。"馳車"，用以衝突者，即"革車"也，則亦言一車百人矣。或猶以爲非經文也。《周禮·縣師》

“會其車人之卒伍”,《牧誓·誓衆》“始於百夫長”,孔安國《傳》曰:兵車一兩,百夫長所載。是亦不可見一車用百人歟?且周之兵制以五起,以五成,惟卒變五而用四兩爲之。《族師》云:登其族之夫家衆寡,辨其貴賤、老幼、廢疾可任者,及其六畜、車輦。《酇長》“若作其民而用之,則以旗鼓兵革率而至”,而《閭胥》《比長》《里宰》《鄰長》并無此文。蓋四兩合百人,乃爲一車。鄉則百家之族師率之,遂則百家之酇長率之,故五兩與車不合,變用四兩百人一車,亦昭昭矣。管仲以車五十人爲小戎,正對周元戎百人而言。

然戰車雖用百人,而國之車數不必與兵數相合也。《詩》云“公車千乘”而公徒爲三萬人。《春秋》書魯作三軍共三萬七千五百人,而《左傳》記其“革車千乘”。《齊語》:“齊桓公爲三軍,軍萬人,有革車八百乘。”韋昭注曰:“齊法,五十人爲小戎,三萬人當六百乘。車數多者,其副貳陪從之車乎。”若子服景伯之將以二乘與六人從吴也,則行役之車,不用以戰,且有一乘三人者矣。甲何執一以爲説耶?矧武王之伐紂也,《書序》原云“戎車三百兩,虎賁三百人”。甲若見之,將無又定爲一車一人耶?

按:《周禮·大司馬》:“軍將皆命卿,師帥皆中大夫,旅帥皆下大夫,卒長皆上士,兩司馬皆中士,伍皆有長。”嘗細按其文,敘鄉遂諸官,皆不言鄉遂家數,惟至比鄰曰“比長五家下士一人。鄰長五家則一人”者,蓋閭里以上,官什伍分數已定,不容於内虧。其一人爲之總帥。故長司馬以上,官皆在二十五人、百人之正數外特置,而閭里以上官亦如之。五長即五人中一人爲長,故比鄰亦特注明曰“五家則一人”也。至於乘車之法,經無明文。然以孔氏説擬之,或卒長乘車而兩司馬御右之,或兩司馬乘卒車,而卒長别有專車以主百人。若旅帥師帥軍將則一乘一車已定,何得乘之?必各有乘車不在卒車之内計也。如《左傳》管周父御,冉有、樊遲爲右,季孫疑遲弱不可用,冉有固請用之,皆别車選人,并非平素正卒之車。故齊三萬人,五十人一乘,當六百乘。而二百人一卒,連長統之,即當别乘。推之以上各官,正當多二百乘,爲八百乘。乃知從來言千乘之國,必須十萬兵者,皆不知韜鈐者之囈語也。

甲又言:“古戰士皆有伍,故晋伐無終,毁乘爲伍,凡五乘爲三伍,可知無不伍之兵也。今一車步卒七十二人,七十人爲伍,餘二人不成伍,豈有此陣法乎?若二人并車上甲士三人成一伍,則是君大夫將帥與庶人爲步卒者共伍也。其謬而僞者七也。”

河右先生曰:

卒伍之制,起於《周禮》,甸乘之制,出於《司馬法》。初誤以《司馬法》之出車者攻《周禮》,固已可笑。今復以《司馬法》之出卒者攻《周禮》,則可笑已極。此固無容置辨者。然《周禮》卒伍之制,何可泯也?《周禮》六鄉原有比、閭、族、黨、州、鄉之制,而出軍之法準之。如五家爲比，則五人爲伍，以家出一人也。五比爲閭，則五伍爲兩，以閭爲二十五家，即兩爲二十五人也。四閭爲族，則四兩爲卒，每族百家即每卒百人。五族爲黨，則五卒爲旅，黨五百家即旅五百人。五黨爲州，則五旅爲師。凡萬二千五百家爲鄉，即萬二千五百人爲軍。蓋一家出一人，一鄉出一軍。天子六鄉出六軍，諸侯三鄉出三軍，其六遂三遂同於此數。然而行軍臨陣對敵制勝則又準之，故《尚書·牧誓》曰旅、曰師，而《左傳》繻葛之戰有"偏伍"之名。《管子》作内政定卒伍，而其後《尉繚子》有束伍令。漢制有尺籍伍符，《唐太宗兵法》有五兵五當之制，皆用其説。而反謂《周禮》無卒伍，妄矣。若其言晋伐無終，毁車爲伍，以五乘而爲三伍，遂憂七十二人之餘二人，殊不知五乘之爲三伍者，謂每車甲士三人，五車三五一十五可作三伍。然則五車徒卒，每車七十二人，五倍之，正可作七十二人，何曾有餘？故《唐太宗法》合甲士卒徒而統計之，有云"小列五人，大列二十五人，參列之得七十五人，又伍參之得三百七十五人，可以爲正，可以爲奇"，是晋制分數、唐制合數，皆無贏羡。己則昧昧，而妄議古人乎？

塨按：甲之所疑，蓋即疑此一車步卒七十二人，不可成伍也。不知甲之所謂甲士三人在車上者，先誤也。古法車上三人，左人持弓，右人持矛，中人御。而亦有四人者。《夏官·戎右》詔贊王鼓，《太僕》《軍旅》《田役》亦贊王鼓，則車上與御者共四人。《春秋》文十一年，"侯叔夏御莊叔，綿房甥爲右，富父終甥駟乘"，四人共車是也。則一卒之車，在上者爲兩司馬，三人，其一司馬當下而主徒役。若卒長在上，則爲四人。故魏舒以五乘爲三伍，謂以五乘之，爲兩司馬者，十有五人，合爲三伍。每伍兩司馬，五人作一聯，各率其兩二十五人，共一百二十五人，三伍爲一聯，共率三百七十五人以作步戰也。若如河右每車三甲，合他車甲爲伍，七十二人，又合他車人爲伍，則卒不素習，自取紛亂，非兵法矣。至於甲士三人則皆在車下。李衛公曰："二十五人爲一甲，凡三甲共七十五人。"是甲士即在伍内，定爲夾轅彌縫之兵，何得至車上乎？况《司馬法》且有一車甲士十人者，不容十人皆在車上也。

"伍"者，以五人名也。"兩"者，一車兩輪，車名也。二十五人彌縫車下，故名兩也。"卒"者，盡於百人，故以四數成之而曰"卒"。"旅"者，五百人則可陳矣。"師"者，二千五百人，亦衆矣。"軍"者，一萬二千五百人，則兵車四周包裹，堂堂正正，不可犯矣。

甲又言："四邑爲丘，丘出馬一匹。四丘爲甸，甸出車一乘。則魯之丘甲出馬一匹者，更令之出四匹。一旦而增賦四倍，有此暴政乎？其謬而僞者八也。"

河右先生曰：

《春秋》書作丘甲。杜氏注云:“四邑爲丘,丘出馬一匹。四丘爲甸,甸出長轂一乘,馬四匹,牛十二頭,甲士三人,步卒七十二人。”此舊制也。今以一甸所出責之,一丘是一丘,而出四丘之賦,此實杜氏解經之誤,與《周禮》何涉?且其所謂四倍者,則舊有解之者矣。宋胡安國傳《春秋》,據《唐太宗兵法》,謂:“周制步卒七十二人,甲士三人,以二十五人爲一甲,凡三甲共七十五人。”今以四丘作四甲,增二十五人,爲百人,則所謂增賦者止三分之一,未嘗四倍也。然而仍未必是者,蓋賦乘曰“賦輿”,賦卒徒曰“起徒役”,不當曰作“甲”。甲者,甲兵。《春秋》多有之。如崔杼弒君曰甲輿,慶氏以甲環公宫。宋景公卒,大尹輿空澤之士千甲。鄭人討西宫之難,子孔以其甲與子革、子良之甲以爲守。諸凡列國稱“甲”者,不可勝數,故魯亦作之。而其後叔孫州仇圍向,有叔孫氏之甲,齊師伐我及清,有季氏之甲。則曰丘甲者,必一丘出若干甲,與徒卒無涉也。但今不可考耳。

塨按:清之役,季氏之甲七千,然尚有孟叔之兵也,則魯當有萬餘甲矣。以《司馬法》甸乘之數計之,一乘三甲,步卒七十二人,則萬餘甲,當四五千乘,二十餘萬步卒。襄十一年始作三軍,則是時魯兵豈應如是之多歟?蓋必春秋列國征戰,以甲爲强,故魯爲齊難,不守甸一車三甲之舊制,而多其甲,如所謂一車十甲,或不止十甲也者。河右解“丘甲”爲“出甲士”,甚是。《穀梁傳》謂令丘民作鎧,則亦多其甲兵之意也。

又按:封建之制,《孟子》《王制》皆曰“天子地方千里,公侯皆方百里,伯七十里,子男五十里,不能五十里不達於天子,附於諸侯曰附庸”。而《周禮·大司徒》則曰“諸公之地,封疆方五百里,其食者半。諸侯之地,封疆方四百里,其食者三之一。諸伯之地,封疆方三百里,其食者三之一。諸子之地,封疆方二百里,其食者四之一。諸男之地,封疆方百里,其食者四之一。”《注疏》曰:“食,供天子之食也。‘其食者半’,以半供上也。‘參之一’‘四之一’者,以其一供上也。”

向來論者多從《孟子》《王制》,然而疑端未析。王崑繩曰:“公侯百里,萬井也。萬井,以山川、城邑、溝洫等除之,三分去一,得六千六百餘井。助法:八家同井,九百畝得五萬二千八家。貢法:十家有溝一千畝,得五萬九千四百家。而諸侯之地三鄉三遂,每鄉遂一萬二千五百家,合之當七萬五千家。則魯得百里如《費誓》所謂三郊鄉遂者,已缺一二萬家。鄉大夫以及公子之采地,又何所分給?此不可解者也。不知前儒何以懵然不計也。”

且以魯考之,亦當不止百里。魯之主祭爲泰山,而國中更有龜藏、鳧繹、徂徠、新甫諸山,見於《頌》詩,則此數山者緜亘數百里矣,而以百里之地容之,能乎?

然公五百里,侯四百里,又實難解。據《注疏》云,上平之世,土廣萬里,中國七千,周公致治太平，遷大九州，方七千里。以七乘之，七七四十九，則方千里者四十有九。其一爲王畿，餘四十八，以之分計八州，每州各有方千里者六。故《職方氏》曰：凡邦國千里，以方五百里封公，則四公，方四百里封侯，則六侯，方三百里，則十一伯，方二百里，則二十五子，方百里，則百男。即此千里者五，共得一百四十六國，餘方千里爲附庸，不下一二百國，約一州二百餘國，八州共足千八百國之數。然而周即盛時，吴楚以南爲蠻夷地域，豈有七千？且今時自漢以來，南通百粤、七閩以及滇黔，幅幀侈於前古，然天下州縣不過千三四百。雖大小不等，大約仿佛百里者則大縣也。若古之諸侯有四五百里不等，安得有千八百國乎？无已，則《孟子》《王制》地域之説猶爲近之。《孟子》曰："今天下之地方千里者九。"《王制》曰："自恒山至於南河，千里而近，自南河至於江，千里而近，自江至於衡山，千里而遙，自東河至於東海，千里而遙，自東河至於西河，千里而近，自西河至流沙，千里而遙。西不盡流沙，南不盡衡山，東不盡東海，北不盡恒山。"則成周即極盛時，開方計之，大概不過四五千里，而如此侈大其封，必不能者。

然則兩説者終孰是？曰：皆是也，而讀者未之詳考也。《孟子》之言"百里"也，專言土田，不兼山川。如兼之，則開方至羉叢洞庭，延袤千百里，將專與之以山水，而并无土田，可乎？且古建國亦必隨山河形勢，不必盡方。但以方計其田爲方百里地耳。方百里之國，即萬井之國耳。八家一井，三鄉三遂，七萬五千家，占九千三百七十五井，餘六百二十五井，以之禄卿大夫，尚可作四五采邑也。後查《明堂位》陳澔《注》云："公侯皆方百里，而此云七百里者，蓋以百里之田爲魯本國，如後世食實封也。并附庸爲七百里，所謂錫之山川土田附庸也。"則吾言先儒已有及者矣。

采邑只四五乎？曰："不然。"諸侯三鄉三軍，然魯以公侯大國，舊祇二軍，至襄十一年，始作三軍，則三鄉之兵寬然有餘，三遂之兵閒以備用，而不盡其力也。其中即間以采邑，何不可者？況周之盛時，天子畿内邦國并不世襲。故《王制》曰："外諸侯嗣也，内諸侯禄也。"則侯國之卿大夫可知矣。如柳下惠食邑柳下，其後無之，孔子父爲鄹邑大夫，孔子不世是也。《周禮・載師》："以公邑任甸地，以甸地三倍於鄉，除六遂七萬五千家，餘爲公邑。"《注疏》謂天子使大夫治之，則侯國即仿此制，以卿大夫守君之遂地，爲君貢賦治軍，固無不可。

天子之千里，則曠然矣。除百里爲郊，二百里爲遂，每面尚有三百里。方千里爲方百里者百，爲百萬井。内四百里，四四，百里者十六，爲十六萬井。此外三百里之稍地，五百里之縣地，五百里之畺地，尚有八十四萬井。助法當爲六百餘家，大矣哉！何所不容乎？

若公侯封域不止百里，不惟見《詩》，即見《孟子》。《魯頌》曰："錫之山川，土田附庸。"明以山川、土田、附庸分爲三事。土田百里，而山川附庸則量功而錫，不在百里内。故《孟子》曰，天子巡狩諸侯，入其疆，田闢人治，則有慶，慶以地。是諸侯百里，初封有定，而其後也十二年一巡狩，則慶地何算？故《周禮》約其數曰“公不過五百里，侯不過四百里，伯不過三百里，子不過二百里，男不過百里”，《注疏》曰“以待有功，而益其封”是也，故周有爵尊而國小、爵卑而國大者，如虞虢公爵而無功，只守百里，魯侯爵卑而以功多，地域反大，職是故耳。

況五百里四百里之説，《職方》有明文矣。曰“凡邦國千里，封公侯若干，以周知天下”，謂設此法以統校天下地數，非謂一州之中必四公、六侯、十一伯、二十五子、百男也，非謂天下必開方七千里，皆封建也。賈公彦曰：“周之封公者，二王後，東西二伯諸君耳。”今一州四公，則四八三十二公矣。試問，八百年間曾有三十二公否？

且即中國三千里，亦不盡封建也。《周禮問》曰：“《王制》謂三等之外，其餘以爲附庸閒田。”以附庸須賜，間田亦須賜。《魯頌》曰“錫之附庸”，此賜附庸也，若閒田之賜，則自賜國賜土慶地賞地外。《禮運》曰天子有田以處其子孫，謂王之子弟當封者也。故宗人之職掌封王子弟之事，且分同母异母，親疏比之公卿大夫之三等。而公卿在朝既食正田，致仕之後，又有副田，即公卿不必世襲，而繼世之食父禄者，則又有世禄之田。其爲閒田所有錯雜不一，是以厲宣而後，尚有封鄭、封小邾之事也。其食者半、三之一、四之一者，此又防微杜漸之意也。謂公侯等難以有功，益之土田、錫之山川附庸而不敢盡受，仍以其半或三、四之一供天子，以相維繫焉。

至《周禮》所言“地域”，與《孟子》《王制》細考之，亦不甚遠。《大行人章》云：九州六服，侯服爲王斥侯，甸服爲王治田，男服任王職守，采服爲王事民以供上。去王畿二千里，通之爲五千里，此中國地也。《禹貢》：王畿内謂之甸服，王畿外五百里侯服，五百里綏服，通王畿爲三千里。再外五百里即爲要服，五百里即爲荒服。蓋中國漸開漸廣也。再外五百衛服爲王衛禦，則如漢之匈奴自請保邊者也。又外五百要服，亦稱蠻服。要束羈縻之，即漢唐之外夷有定時入貢者也。其實封建之地，周時約五千里，觀庸蜀羌髳微盧彭濮之受周役、吴楚之受周封，可見矣。五千里，五五，爲方千里者二十有五，爲百里之國者二千五百國。除山川、斥澤、城邑、溝洫去其半，正可如今州縣之數。州縣約百里，百里以下，亦以土田，不計山川。《王制》雖言天下方三千里，而東西南北皆有不盡。如東海東之遼左，恒山北之大同等，皆古中華地而未計及也。若《孟子》言千里者九，則專就七國衰時言耳。

又按：《孟子》“請野九一而助，國中什一使自賦”，《朱注》以爲鄉遂用貢，都鄙用助。非也。夫鄉遂貢，都鄙助，乃漢儒注《周禮・遂人》“十夫有溝”，《小司徒》“九夫爲井”，以爲鄉遂及遂稍縣畺中四等公邑皆用貢，都鄙則用助，天子邦畿千里之制也。至侯國，《春秋》經明曰“初税畝”。《左傳》曰“穀出不過籍”。《公羊傳》曰“古者什一而籍”。税畝，非禮也，是侯國祇行助矣。《孟子》善助而不善貢，而於此曰“請蓋斟酌古制”。其意行助者十之九，行貢者亦衹十之一也。國中者,鄉遂之内,國城之中外也。《周禮》:太宰九賦,一曰邦中之賦,二曰四郊之賦。小司徒掌"稽國中及四郊都鄙之夫家",明以郊之内爲國中矣。天子五十里,近郊百里,遠郊爲六鄉,二百甸爲六遂。侯國,則《爾雅》曰:"邑外謂之郊,郊外謂之牧,牧外謂之野,野外謂之林,林外謂之坰。"郭《注》曰:"邑,國都也。"假令百里之國五十里之界,界各十里,是天子五十里爲郊,郊之内爲國中,諸侯十里爲郊,郊之内爲國中,其地不及國十分之一。狹而近城市,君卿大夫所處,朝覲會同所經,田獵師旅所由,苑囿園廛所宅,故難以畫井爲方,而但行貢法耳。况《孟子》自言曰鄉田同井,豈鄉遂用貢法乎?且諸侯百里,僅得天子百分之一,若三鄉三遂皆用貢法,幾無地以用助矣,而可乎?

孟子言:"夏后氏五十而貢,殷人七十而助,周人百畝而徹。"則一王創興,必毁易溝洫,不勝其煩。或云:地非不同,但三代尺有大小耳。此亦無可如何,而姑爲是言。後見《考工記·匠人》《疏》曰:五十而貢,據一易之地而言;七十而助,據六遂上地百畝、有萊五十畝而言。百畝而徹,據不易而言。蓋禹初平水土,地尚荒蕪,故百畝僅佃五十,休五十。殷漸熟,故百畝三分休一而佃七十。周全熟,則全佃之。似較有理。

訟過則例劉念臺先生原編名《紀過格》

一曰微過，獨知主之。

妄。獨而離其天者是。

以上一過，實函後種種諸過而藏，在未起念以前，仿佛不可名狀，故曰“微”，原從無過中看出過。

“妄”字最難釋，直是無病痛可指，如人元氣偶虚耳。然百邪從此易入。

妄無面目，只一點浮氣所中，如履霜之象，微乎，微乎。庸人出之，爲迷溺，爲糊塗，儒者出之，爲正助忘，根皆由此，須於戒慎不覩恐懼不聞做工夫。

二曰隱過，七情主之。

溢喜。損者三樂及喜名喜利之類。

遷怒。

傷哀。長戚戚。

多懼。遇事變而失其所守。

溺愛。

作惡。

縱慾。耳目口體之屬。

以上諸過，藏於心而未露，故曰“隱”。

微過不可見，但感之以喜則侈然而溢，感之以怒則怫然而遷，七情皆然，而微過之真面目始見。

三曰顯過，九容主之。

箕倨。

動揺。

步佻。

趾高。

蹶。足容五過。

晝地。

弄物。

背手。

驚指。

高卑任意。手容五過。

偷視。

邪視。

視非禮。目容三過。

貌言。

易言。

煩言。

巧言。

謾語。

好談鬼神怪异。

好言夢。

言財色。

輕談性命。

發人隱私。口容十過。

突而高聲。

屢歎。

過謔。

狂笑。

輕詈人。

歌淫辭鄭聲。聲容七過。

岸冠。

脱幘。

摇首。

歪首。

垂首。

側耳。頭容六過。

使氣。

傲氣。

粗息。

怠懈。

鬱悶。氣容五過。

跛踦。

傴屈。

竦肩。

當門。

履閾。立容五過。

令色。

遽色。

傲色。

惰色。

作色。色容五過。

九容過共五十一。

以上諸過受於身,故曰“顯”。

每容皆有七情伏藏於内。如箕倨,喜亦箕倨,怒亦箕倨。餘可類推。

四曰大過,五倫主之。

非道事親。

毁體。

辱親。

不勤儉致親失養。

責善。

違教令。

不能先意承志以致失歡。

定省失節。

應對不謹。

奔走不恪。

朔望行禮不欽。

妄自矯潔不爲仕禄致老親甘旨不充。

親過不諫。

私財。

私出入。

浪遊。

不守成業。

輕辱人致其反報。

不謹疾。

侍疾不謹。

讀禮不慎。

停喪。

忘哀。

祭禮不敬。失戒失齋不備物。

繼述無聞。

忌日不哀。飲酒食肉。

事伯叔父母不以道。

爲父不慈。

溺愛。

不嚴。

子不中才不善養。

暴子過。

惑後妻傷恩。父子類三十三過。

無六府三物之學而圖仕進。精一長善一職亦可。

非道事君。倡君以博覽翰墨亦非正務。

長君。

逢君。

始進欺君。考校篕仕鑽刺之類。

遷轉欺君。

貪位固寵。

不謹。

罷軟。

貪。

酷。

曠職。

傲上官。

陵下位。

善不歸君。

過不歸己。

不以堯舜期君,不以三代待民。

居鄉把持官府。

囑托公事求利。

遲完國課。

脱漏差徭。

擅議詔令。

私議官長政事美惡。

縱子弟出入衙門。君臣類二十五過。

夫婦不相敬如賓。

家法不立致家人怠肆。

交警不時。

溺聽婦言。

反目。

夫綱不振致妻欺侮致庶失所。

帷薄不謹。如不分内外及縱婦女入廟燒香之類。

私寵。

無故娶側室。

婦言踰梱。夫婦類十過①。

非道事兄。

挾貴欺兄。

疾行先長。

衣服陵競。

語次先舉。

出入不稟命。

侍疾不謹。

憂患不恤。

私蓄。

早年分爨。

① 原文"類"字在"十過"後,依例改之。

侵公産。

异母相嫌。

責成太過。

鬩墻。

外訴。

私聽妻子離間。

不恤少弟。

踈視猶子。

遇族尊長於途不問行不讓起居。

族人孤寡不憐恤。長幼類二十過。

勢交。

利交。

濫交。

不久敬。

狎比匪人。

造作虚名。

背謗。

耻下問。

嫉諍友，善不相長。

過不相規。

群居游談。

流連酒食。

緩急不相恤。

初終渝盟。

匿怨相友。

强聒。

不尊師。

好爲人師。朋友類十八過。

以上諸過在家國天下，故曰“大”。

大過多在容貌辭氣上見。如箕倨，以之事親則非孝，以之事兄則非弟。他可類推。

五曰叢過，百行主之。

游夢。

踈。

腐。

機術。

狙詐。

急遽。

苟且。

躁率。

瑣碎。

伐善施勞。十過。

褻訢無節。

乘危。

由徑。

好間戲動。

袒裼裸裎。

衣冠异制。

懷居。居處什器之類。

習禮不恪。

以樂爲戲。

射與人争。

御竭馬力。

作字潦草。

爲人計數不忠。

溺愛字畫。

多看無益書以損精神。

沈溺詩文。

輕刻詩文。

踐蹈文字。

好博奕。

流連花石。

好古玩。

好牀笫。

蚤眠宴起。

晝處内室。

狎使婢女。

挾妓。

俊僕。

畜優人。

行不避婦女。

饕餮。

憎食。

縱飲。

市飲。

輕赴人席。

宴會侈靡。

輕諾。

向人輕假。

妄施。

爽約。

多取。

濫受。

居間爲利。

獻媚當途。

交易不公。

拾遺不還。

嫁娶侈靡。

誅求親友。

窮追債負。

違例取息。

輕信風水。

有恩不報。

拒人乞貸。

吝。

遇事不行方便。如排難解紛勸善阻惡之類。

横逆相報。

武斷鄉曲。

設誓駡詈。

習市語。

稱綽號。

造歌謡。

傳流言。

稱人惡。

面訐。

譏訕前輩。

輕呰古人。

終訟。

唆訟。

棄故舊。

踈九族。

薄三黨。

慢流寓。

虐使僕僮。

欺陵寒賤擠無告。

遇死喪不恤。

見骼不掩。

無故殺生。

殺蟄。

無故折壞草木。

暴殄天物。

褻瀆神社。

呵風怨雨。

雌黄聖經。

近方士禱賽。

創立庵院。

信釋道异端。

托文字毁人。

假道學。

文過。

以上諸過，自微而著，分大而小，各有其類，略以百爲則。

先觀夫身心學問之間，而綱紀之以色食財氣，終之以學而叛道者。大抵業過多即於七情九容五倫處見之。

六曰成過，則爲惡矣，以克念終焉。

微過成過曰微惡。

隱過成過曰隱惡。

顯過成過曰顯惡。

大過成過曰大惡。

一一訟而改之，立造聖域。以上諸過成惡，惡不可縱，故終之以聖域。

人有過而即内訟自改，則復於無過之地，若過而怙，終不悛，是成過而入於惡矣。然人即犯大惡，其良心仍是不泯，依然與聖人同，只爲習染所引壞事。茍提起此心，擴而充之，火然泉達，仍可造聖人地位。或曰："其如積惡蒙頭何？"曰："説在《孟子》訓惡人齋沐矣。"

人每於平旦，捫心自問，吾所作爲，人歟？禽歟？即人，亦屬何等歟？本心之明，未有不歷歷者。有則改之，無則加勉，孳孳以終身而已。

孫徵君先生曰："劉先生《紀過格》條列分明，我輩隨事隨念，默默省察，時時提醒，有犯六科之過者，即嚴行勘究，懔然上帝臨汝，誅鋤不怠，行之日久，過自消除，而本心不放。此方爲存之之君子，而免爲去之之庶民。微乎！危乎！可不慎諸！"

塨少受家學，及長，益以先生長者之訓，頗不敢自暴棄。然每愧日省不勤，愆過滋多。一日繙王五公先生秘囊中，見劉念臺《紀過格》，條分縷析，刺血驚心，似專爲愚瞶而發者，乃敬録座右，以爲自省則例。但其訟過法，蒲團静坐，頗近禪學。念臺亦嘗自以爲非而廢之，故去而不録，而書其平旦自問數語及孫徵君之言爲訟過法，間居則檢點提醒，臨時則省察克治，庶乎罪戾不至蝟集矣。至每則上圖以太極，似非聖門不言性天之旨，故亦去之。而六府之物，則帝王聖賢相傳之正學，孔子所謂"在兹"之文，子貢所謂"識大識小"之道，皆此物也。其功其過，尤不可不致察者，因僭補入。總期時時提撕，以庶幾少可對我父兄師長云爾。

己巳七月蠡吾後學李塨謹識

天道偶測

蠡吾 李塨 稿

七十歲冬至，患類中風病，夜不能寐。因思古人測天，如覆盆，如雞卵，似皆未確。覆盆雞卵，則天包地外，無地以載之矣。乃天爲一可轉之物，而日有常度，則天爲有形有體之物矣，而乃無所附著乎？無所附著則無邊無際，何以三百六十五度四分度之一，確有可測乎？孔子云："天尊地卑，乾坤定矣。"又曰："卑高以陳，貴賤位矣。"言天覆而高，地載而卑，其位羅列相陳而高貴卑賤也。又曰："動靜有常，剛柔斷矣。"言天剛常動地柔常靜也。又曰："乾靜專動直，坤靜翕動闢。"又曰："乾剛坤柔，剛柔相摩。"又曰："天地絪緼，萬物化醇。男女搆精，萬物化生。"是天地相交如人物也。因思天象渾圓，靜專動直，一半覆地上，一半入地中，而左旋，而南極入地三十六度，北極出地三十六度，其旋之樞也。樞管於地中。地形微方，靜翕動闢，半在天入之上，半載天下，不知其極。所謂坤厚載物，德合无疆也。日晝行地上，夜行地中。月與五星之行錯綜之。二十八宿一半行地上，一半即行地中，所謂天地絪緼而萬物化醇也，所謂天覆地地載天也。覆盆宣夜渾天皆可以測度數，分四時也。

西洋人曰："日食必朔。以日高月下，合朔而同度同道，則月掩日光，掩一分食一分，掩二分食二分。月食必望。以月借日以爲光，望而東西相望，若同道同度，中間之地遮之，遮一分食一分，遮二分食二分。"其言勝於古之推日月食者。但思月自十五六以後，夜或四五時五六時不等，而地俱不能遮日而食月，則天中之地甚少，或止地之半，或少半也。乃其言曰："天包地毬於外，地上下四周皆有人物，天四周吸之。"則地何以配天哉？何以稱兩大哉？何以謂博厚哉？有疆矣，何以謂無疆哉？

古有"天開於子，地闢於丑，人生於寅"三語。《漢書·律曆志》云："天統之正始，於子半，日萌色赤，地統受之。於丑初，日肇化而黄，至丑半，日芽化而白，人統受之。於寅初，日孽成而黑，至寅半，日生成而青，天施復子。地化自丑，畢於辰。人生自寅，畢於申。故曆數三統，天以甲子，地以甲辰，人以甲申。"蓋即言一歲之中，子月而天開陽氣以入地，丑月而地闢陰氣以承天，寅月而天地之氣凝結胚胎人物以生。即言天地絪緼也，即以敬授人時也。邵子乃歸之生天生地之始謂前亥會，混茫至。子會一萬八百年，輕清漸浮，而爲天。丑會一萬八百年，重濁漸沈，而爲地。寅會一萬八百年，人物漸生。至後戌亥會，天地人物復歸混茫。則天之初有也，虚懸萬餘年而尚無地，何所覆乎？地之初有也，虚設萬餘年而無人物，何所載乎？豈覆物載物成物俱元會，中間數年而前後數萬年無干涉乎？且天無地何所依乎？混茫并無天地人物，何以知其幾萬年千年乎？

古云三十年爲一世，爲十二萬九千六百時，蓋以人三十有室立子，父子相繼爲一世，有據之言也。邵子乃以三與十二互乘，皆三百六十，三百六十自乘，爲十二萬九千六百，因以十二世爲一運，爲十二萬九千六百日，三十運爲一會，爲十二萬九千六百月，十二會爲一元，爲十二萬九千六百年。乃以此臆定天地始終之數，毋亦生薑樹上生乎？

《書》曰："暘谷出日，昧谷納日。"谷，山谷也。今人登黄山鷹窠頂，觀合朔，日月實出東海中。《中庸》言他"載華嶽""振河海"，山水皆地也。予言天半出入地中，不確有證據乎？知舊之言天旋地外者妄也。

邵子混茫之論難以解説。混茫則天地人物皆歸何所？其狀何邊何際何所位置？而有輕清重濁之分後有上騰下沈之异？然讀《易·繫辭傳》，云"上古穴居野處，後世聖人易以宫室"諸語，則天地人物確有渾敦初始。有始則必有終矣。是又何説？《豐》彖曰："天地盈虚，與時消息，而况於人，况於鬼神。"是天地亦有盈虚也。《説卦》云："帝勞乎《坎》。"又曰："《坎》，北方之卦也，勞卦也，萬物之所歸也。"言陰陽至此慰勞休息也。下即以《艮》成終成始接，則天地亦有息勞時矣。又觀人時一年之運，子月一陽交陰，天地萌動，以至丑寅卯辰巳，萬物發育之極。五月一陰交陽，天地凝聚，以至午未申酉①戌，萬物保合之極。亥則萬實告成，木脱水落，萬物閉藏。至子月而又起。或天地生成萬物，多歷年所至，仿佛戌亥之時，如人物之入蟄者。然天依地而息，地附天而息，人物之化育暫停，至子丑寅之時，依然天行地承，人物中毓，但其時不必如邵子鑿定幾千幾萬耳。《豐》之"上六"曰："豐其屋。"似言天之高明上息也。"蔀其家"，似言地之博厚下息也。"闚其户，闃其無人"，似言人物閉藏也。"三歲不覿"，約略其時也。未知有當，聊書待質。

邵子《觀物·外篇》曰："天覆地，地載天，天地相亟，故天上有地，地上有天。"略似予言矣。

先生下學功盡，故上達切實若此。且衷之聖言，驗之實迹，非想當然者比也。可謂發天地之房矣。

門人馮辰謹識

隨來順受福爲大，

乘化全歸壽乃真。

《偶測》報天《策》報世，

---

① 酉，底本作"西"，似誤，徑改。

庶無愧怍百年身。

原本後附此詩,想係先生自書也。

楷識

原本改字均似病中書,的係親筆。

其改處模糊之字,則簽識其上。想係先生所囑。

楷又識

民國八年二月二十六日

恕谷後集

恕谷後集·序

宋明之學失古，而詞章亦變。韓昌黎曰："上規姚姒，渾渾無涯。周《誥》殷《盤》，詰屈聱牙。《易》奇而法，《詩》正而葩。"宋人則曰："文當如菽粟布帛，人人可曉。"遂梵語鄉談，群萃經傳，《易》不奇，《詩》不葩，文指渾深聱牙者，曰不可近，而古法幾亡矣！恕谷李先生，躬承顔習齋先生學道之傳，心性則臨深履薄，身世則言規行矩，而通天察地，荷聖苞賢，劇旁九達，千變億化，巨人智士，無以盡其端委也。而文即如之，天霽日恬，雷轟海嘯，咳唾成風雨，儵忽幻鬼神，六花八陣，奇正分合，鬭亂不亂。噫，至矣！大興王崑繩曰："恕谷之注經，超軼漢宋，連篇片語，皆古文也。"河南李主事汝懋曰："吾遍閲聞人集，錢牧齋、吴梅村猶是宋明遺習；汪苕文弱；侯朝宗亦涉摩擬；方靈皋練或傷氣；王崑繩主奇變，而乃有唐陳。若夫淵源聖經，旁羅百氏，雄潔奥化，不名一家，其《恕谷後集》乎？"知言哉。鎬從遊久，頗得聞之。乃檢録傳、書、序、記、碑版諸著，列爲十卷。"恕谷"者，先生自名其里也；"後集"者，自康熙癸未以前，倣歐蘇諸大家，先生俱置之，而惟存其後焉者也。

雍正四年丙午正陽月吉旦樊輿門人閻鎬頓首拜識

恕谷後集・目録

卷一 1373
送黄宗夏南歸爲其尊翁六十壽序 1373
送都憲石門吴公請假歸里序 1374
漆天集序 1375
劉氏家譜序 1375
警心編序 1376
獻陵彭太君輓詩序 1377
楊侯初度序 1377
贈黎生序 1380
送張少文北上[1]序 1380
鄭太夫人六十九[2]壽序 1381
贈劉生序 1382
送惲皋聞序 1382

卷二 1384
孫氏詩鉢序 1384
張老園詩集序 1384
送古季子西歸秦中[3]序 1385

① 底本目録無"北上"二字,據正文題目加。
② 底本目録無"六十九"三字,據正文題目加。
③ 底本目録無"秦中"二字,據正文題目加。

贈張籲門序 1386
惲氏族譜序 1386
賀陳睿莽中①鄉試副榜序 1387
賀趙偉業中舉人序 1388
真定②黄氏家譜序 1388
閻户部詩集序 1389
送楊公③賓實貴州布政序 1389
贈衡水劉生序 1390
贈張可玉序 1391
贈王子宗洙之任成都令序 1391

卷三 1393
記杜紫峰傳青主軼事 1393
素景園記 1393
重修杜家莊寺記 1394
甲午如京記事 1394
劉氏祠堂記 1395
重修通州學宫記 1396
忠恕堂記 1397
記王草堂語 1397
記李氏翁媪已事 1397

卷四 1399
復王豐川書 1399
上毛河右先生④書 1399
與方靈皋書 1400
復黄宗夏書 1402

① 底本目録無“中”字，據正文題目加。
② 底本目録無“真定”二字，據正文題目加。
③ 底本目録無“公”字，據正文題目加。
④ 底本目録無“先生”二字，據正文題目加。

答馮樞天書 1403
復程啓生書附程書 1403
與王崑繩書 1404
與朱可亭學使書 1406
復藺行上協鎮書① 1406
又書 1406
答王带存書 1406

卷五 1409
復惲皋聞書② 1409
與王崑繩書 1409
與張子勵韓同甫③魏膚功書 1410
回楊愼修書庚寅正月初三日④ 1410
與來儼若書 1411
上太倉相公書 1411
與温載湄書 1412
與張解元書 1412
復惲皋聞⑤書 1413
復惲皋聞書 1414
给陳秉之學院⑥書 1415
復蔡瑞寰書 1416

卷六 1417
馮先生傳 1417
馮君傳 1417

① 底本目録作"與藺行上書",據正文題目改。
② 底本目録此題目錯置在後,據正文順序改回。
③ 底本目録"韓同甫"爲"魏梁園",據正文題目改。
④ 底本目録無此日期,據正文題目加。
⑤ 底本目録此處有"心銘"二字,據正文題目删。
⑥ 底本目録"院"作"使",據正文題目改。

李贈翁傳　1419
彭山人傳　1419
郭孝婦傳　1420
李氏傳　1421
魏烈婦傳　1421
王子傳　1422
萬季野小傳　1424
吴姫傳　1425
郭令小傳　1425
郭御史傳　1426
王孫裔小傳　1426
馮劉二翁合傳　1427
張太翁傳　1428
龐魏氏傳　1428

卷七　1430

内丘縣儒學①教諭李君墓志銘　1430
原任户部郎中②閆公易庵墓志銘　1431
趙室蔣孺人墓志銘　1431
安平③崔君聞遠墓志銘　1432
委攝四川仁壽峡江兩縣知縣④陳君墓志銘　1433
劉君來獻墓志銘　1434
待贈淑人⑤田室趙氏墓志　1434
棗强⑥戴氏先塋碣銘　1435
可母岳氏墓碣銘　1435

① 底本目録無“儒學”二字，據正文題目加。
② 底本目録無“原任户部郎中”數字，據正文題目加。
③ 底本目録無“安平”二字，據正文題目加。
④ 底本目録“仁壽峡江兩縣知縣”作“縣令”，據正文題目改。
⑤ 底本目録無“待贈淑人”四字，據正文題目加。
⑥ 底本目録無“棗强”二字，據正文題目加。

劉君化吾墓表 1436
劉節婦岳氏墓表 1437
彭藴秀先生①墓表 1437
六眞居士劉君②墓表 1438

卷八 1439
玉峰太翁挽辭 1439
劉君遺惠辭 1439
挽方靈皋之③母吴太君辭 1440
待贈太孺人④顯妣馬太君行述 1440
長子習仁行狀附哀辭、傳 1441

卷九 1446
孔子贊 1446
先孝慤像贊 1446
與周崑來王子丕求小照札 1446
養生論 1446
父子有親論 1447
論古文尚書 1447
陳法論 1448
見百字説 1448
樂説 1448
豚彘説 1449
書明劉户郎墓表後 1449
書貞靖先生傳後 1450
書韓子原道後 1450
書方靈皋一節 1450

① 底本目録無"先生"二字,據正文題目加。
② 底本目録無"劉君"二字,據正文題目加。
③ 底本目録無"靈皋之"三字,據正文題目加。
④ 底本目録無"待贈太孺人"五字,據正文題目加。

題寧國府志 1451
堅志 1451
悼亡賦 1452
公舉龐魏氏呈 1452
九日鄖城联句序 1453

卷十 1454
留別長安諸子① 1454
富平贈言② 1455
示素存永言舅弟③ 1457
答三弟益溪問舊説居喪廢宗廟祭④ 1458
答長舉問 1460

卷十一 1462
给鄭子書 1462
復惲皋聞書 1463
教子文 1463
教子文 1464
人説 1464
擊磬 1464
葉 1465
啓賢 1465
趙母龔太安人八十壽序 1465
孫生日記序 1466
士喪禮就直序 1467
詩經傳注題辭 1467
論詩一則 1468

① 底本目録與下篇顛倒,據正文順序改。
② 底本目録與上篇顛倒,據正文順序改。
③ 底本目録無“舅弟”二字,據正文題目加。
④ 底本目録作“答三弟問”,據正文題目改。

邶·柏舟五章章六句① 1469
杕杜四章章七句② 1470
皇矣六章 1470
執競一章十四句③ 1470
雝序曰禘太祖也④ 1471
閔予小子一章十一句⑤ 1471

卷十二 1472
春秋傳注序 1472
元年春王正月隱公⑥ 1473
九月,考仲子之宫,初獻六羽隱公五年⑦ 1475
春王正月,公會齊侯、宋公、陳侯、衛侯、鄭伯、許男、曹伯侵蔡。蔡潰,遂伐楚,次於陘。夏,許男新臣卒。楚屈完來盟於師。盟於召陵僖公四年⑧ 1475
九月,公至自會僖公十有七年⑨ 1475
夏五月庚寅,宋公兹父卒僖公二十有三年⑩ 1476
三月乙巳,及晋處父盟文公二年⑪ 1476
夏五月,公四不視朔文公十有六年⑫ 1476
夏六月,鄭公子歸生弑其君夷宣公四年⑬ 1477
六月癸酉,季孫行父、臧孫許、叔孫僑如、公孫嬰齊帥師會晋郤克、衛孫良夫、曹公子首及齊侯,戰於鞌。齊師敗績成公二年⑭ 1477

① 底本目録作"邶柏舟",據正文題目改。
② 底本目録作"杕杜",據正文題目改。
③ 底本目録作"執競",據正文題目改。
④ 底本目録作"雝序",據正文題目改。
⑤ 底本目録作"閔予小子",據正文題目改。
⑥ 底本目録無"隱公"二字,據正文題目加。
⑦ 底本目録作"考仲子之宫",據正文題目改。
⑧ 底本目録作"伐楚盟召陵",據正文題目改。
⑨ 底本目録無此年份,據正文題目加。
⑩ 底本目録作"宋公兹父卒",據正文題目改。
⑪ 底本目録作"及晋處父盟",據正文題目改。
⑫ 底本目録作"公四不視朔",據正文題目改。
⑬ 底本目録無前後月、年,據正文題目加。
⑭ 底本目録作"戰鞌",據正文題目改。

宋華元出奔晋。宋華元自晋歸於宋。

宋殺其大夫山。宋魚石出奔楚成公十有五年① 1478

春王正月，作三軍襄公十有一年② 1478

楚殺其大夫公子追舒襄公二十有二年③ 1478

仲孫羯如晋襄公二十有八年④ 1478

蔡侯廬歸於蔡，陳侯吴歸於陳昭公十有三年⑤ 1479

二月，公侵鄭。公至自侵鄭定公六年⑥ 1479

得寳玉大弓定公九年⑦ 1479

夏，公會齊侯於夾谷定公十年⑧ 1479

十有二月，公圍成。公至自圍成定公十有二年⑨ 1480

陳懿長先生謚文⑩ 1480

弓静莽紀略 1481

原道 1481

卷十三 1483

觀察黄公傳 1483

附劉調贊所作道傳祠記⑪ 1484

雙齋文集序 1485

醒莽文集序 1485

論宋人白昼静坐之非經⑫ 1486

論宋人分體用之訛⑬ 1486

① 底本目録作“宋華元奔歸”，據正文題目改。
② 底本目録作“作三軍”，據正文題目改。
③ 底本目録無此年份，據正文題目加。
④ 底本目録無此年份，據正文題目加。
⑤ 底本目録作“蔡陳歸國”，據正文題目改。
⑥ 底本目録作“公侵鄭”，據正文題目改。
⑦ 底本目録無此年份，據正文題目加。
⑧ 底本目録無前後季、年，據正文題目加。
⑨ 底本目録作“公圍成”，據正文題目改。
⑩ 底本目録無“陳”字，據正文題目加。
⑪ 底本目録此題目在“醒莽文集序”後，據正文順序改。
⑫ 底本目録無“之非經”三字，據正文題目加。
⑬ 底本目録無“之訛”二字，據正文題目加。

又论 1486
與長舉言顧諟明命之功 1487
與樞天論讀書 1487
李以傳 1488
戴景惠先生墓表 1489
衡水杜氏世德記 1490
李子恕谷墓志 1492
楊公生傳 1493

恕谷後集·卷一

蠡吾李塨著
門人馮辰校

送黄宗夏南歸爲其尊翁六十壽序

黄子宗夏，歙人，居於吴。游京師，聞予友王崑繩稱予學，因與予交。予之學蓋得諸顔習齋先生，乃舉先生之學相示。宗夏慨然曰："人不作聖非人矣。"於是悉剷後學浮文，求禮樂倫物之實，日有所習，時有所勘，倣予立《日譜》以自考，而其學大進。予嘗以爲漢唐以上，氣運盛於北，其篤生喆人以荷斯道之統者，堯、舜、禹、湯、文、武、周公、孔子皆行禮奏樂，光華宇宙，立道垂範，以爲民極。下逮漢唐寖微，而董仲舒、賈誼、鄭康成、韓愈諸人，猶傳述禮樂制度遺籍無异説。宋明而下，天地氣移而南，張、程後有朱晦庵、陸象山、王陽明，各樹門嶀，著書立説，鼓動一世，于聖經外，益以"無極"、"主静"、"致良知"等名。六七百年，相從而靡，不曰宗朱，則曰宗王，徒與日盛，氾濫於天下。且夫古之所爲道，禮樂文物，體諸身而措諸世，爲天地建實功，爲民物樹實業，豈徒講之口，筆之書？玩弄心性，含咀章句，輕禮樂名物，使二氏之空幻，俗學之浮靡，竄入其中，人材日萎，氣運日消，雖擱然自附於古聖賢，而一如秦鼎之暗移而不覺。於戲！此天運聖道古今升降出入之大關也。癸未，宗夏將歸，爲其椿堂復庵翁稱六十之觴，求言於予。予告之曰："天地之道，極則必返。實之極必趨於虚，虚之極必歸於實。當其實之盛而將衰也，江淮迤北，聖賢接踵，而老聃、列禦寇之流，已潛毓其間，爲空虚之祖。今之虚學，可謂盛矣。盛極將衰，則轉而返之實者，其人不必在北，或即在南。今子之力學如此，使歸而振作於南，共明斯道，以相勉有成，將天運聖道，自此反虚而實，而堯舜孔孟之學，復行於天下，庶有望乎？且吾聞復庵翁仗義好學，急友朋，不避患難，嘗自屈其年從劉繼莊先生遊，固非世之尚虚學者所可比。宗夏淵源有自，从此立德、立功、立言，以不朽其身者壽其親，道孰大於是哉。”

王或庵曰：豎議直追思、孟，開舉世不敢開之口，道統學術，所關非小，而文字全是秦漢章法，宋人烏能望見藩垣。孔子謂人文化成天下，其在斯乎！予近從顔習齋先生游，益知恕谷學之有本，而恨相見之晚，更以宗夏未一領其言論風旨爲可憾也。

此王崑繩先生改本也。先生初學八大家，崑繩過，會學，言當宗秦漢章法，訂此。先生後謂唐宋不如秦漢，秦漢不如六經，於是文法一宗聖經，題曰《後集》。

送都憲石門吴公請假歸里序

康熙四十有五年，都御史石門吴公以疾乞假旋里。先，公卿引疾者率不許。至是，知公貧且誠也，許之。李子五月於草莽聞，北入京拜别。國初定鼎，大臣尚已，二三十年來，首推魏敏果公象樞。敏果學宋儒，自居板庸，無赫赫技績，顧以爲首也，何哉？竊聞其樂善下士，海内儒流孫徵君、李中孚、张仲誠等，雖高隱不出，皆上聞。數十年廟堂方面，其落落如晨星以搘拄國是澍濡蒼黎者，如湯荆峴、郭華野、許酉山、于清端、陸稼書、邵子昆，皆敏果所拔茅茹而彙及之者也。數十年氣運，謂非其所斡旋不得矣。孔子稱及門曰：“吾得由惡言不入於耳，縚也能仁，商也不險。”而獨於颜淵曰：“自吾得回而門人日益親。”是七十子、三千人皆淵包貫之也。爲王佐可矣。故問邦而孔子以四代禮樂付之。蕭何、鄧禹、李善長，技能不必踰群英，而以薦賢調和諸將，遂爲漢明元勳，蓋自古大臣咸如此。石門吴公，則塨所親炙者，位躋九列，無負郭百畝之田。嘗扈駕南巡，白近侍過，幾離禍。九江謀移關，塞外夷人請隙地樹，公皆力駁之。風裁侃侃，然而獨折節下天下士。胖軀偉幹，見一材一藝，輒傴僂笑語接之，惟恐後。聞某有道術，必識其里氏，不以學與能窮人。尋尺兼茹，而待之復稱其量，人人謂厚已也。丁丑年，因湖州宋豫莽晤塨，見《閲史郄視》，曰：“治平正鵠也。”系跋鈔存。庚辰，延予榻其府，語其群從以五禮、律吕、九章諸學。辛巳，復下榻。予病，公日退朝，親檢理食藥，月餘迺起。偕徐果亭少宰爲予梓《大學辨業》。是時，冉永光、竇敏修二太史尚在館，萬季埜、王崑繩、胡朏明亦寓都門，公時聚予五六人論學。指曰：“乾坤賴此柱礎也”。嘗乙夜爲塨談寰區政事，予因歷及古今升降、民物安危、學術明沬之所以然，以及《太極》《河圖》《洛書》經史之眞僞，屯田水利天文地理兵農禮樂之措置，公爲之躊躇抵掌而起。獨是敏果值勘定三藩後，衆政方需人，以故薦剡多起用。今中外恬熙，朝無軼事，公雖仰屋太息，慨然欲見一奇，而腹果進食，無寧胎息。而公亦積勞引疾以去。我瞻四方，而迴望魏闕，得毋有拳然弗釋者乎？前辛巳冬，宋豫莽囑予曰：“吴公，吾鄉賢者也,龍亢返潛,詎善始而不善終爲?先生其辭焉。”公聞之稱是。今茲歸也,可謂進退以道矣。

張雲門曰:石門相才鈞度,文以賓主掩映淋漓,寫出如見與之促膝上下者,心注目瞥,人文千古。

漆天集序

東鄉樂塊然,自名其集曰《漆天》。示予,覽之如夜深風雨,怒鬼搏人,猿啼鶴唳,毛髮皆豎。漆天風景,一何奇也!雖然,日月履天而光照,山河羅地而秀發,人物賓正而衣冠禮樂燦列,終古常見之,弗奇也。一思之何以有此奇?抑至矣。然則不漆之天,塊然遊之,又何似耶?塊然曰:“吾更有說。吾心,天也;漆者,弢之也”。嗟乎,進乎技矣。特一以爲玄牝,一以爲闇然,塊然將何從?

温益修曰:如披中論太元。

陳子章曰:文心高古。

樂塊然曰:塊然漆天,自爲至也。今更得一不漆之天矣。至文之理,日月經天也,而其奇變,乃如羅浮雙峰,以風雨爲離合,烟波窅窅者。

劉氏家譜序

劉子來獻丐其太翁墓表,且出其所著《家譜》,曰:“此小子祇承父命者也,願弁一言。”《周禮》,太宰以九兩繫邦國,五曰宗,以族得民。謂天子諸侯分殊,族人不得以其戚戚君,乃以君弟稱“别子”者爲大宗以收族。如周武王封周公於魯爲大宗,而衞、蔡、曹、滕諸國皆宗之,滕文公、公山不狃稱魯爲宗國是也。魯莊公立母弟季友爲大宗,當時稱季氏爲宗卿是也。因之宗立而族收。如三桓有季孫、孟孫、叔孫三族,季皆得收之。鄭之七穆共穆氏,而罕氏、駟氏、國氏、良氏、游氏、豐氏、印氏七族,子罕皆得收之。自封建廢,而爵如諸侯大夫不世傳,族人得以戚,次子不必貴,而大宗不可立,適長或愚賤,衆庶或貴智。而宋儒所謂長支主族者,亦不可行。故朝制亦因時而變,設宗人府以司王族之昏喪服爵,擇賢尸之,不别别子、庶子。然則紳衿者流,能稽古立德,拳拳敬先收族,其賢可爲宗,而族亦願宗之,是即宗子也,如劉子是已。劉子之來,介可仁,言執禮恭,言脩譜樹碑建家祠,復謀立公祠,祀鼻祖以下諸族先世，匑匑懇懇，溢於麋宇，抵夜分，無片辭違孝友仁厚者。嗟乎！古所謂君子長者非耶。平居嘗歎南人好虚大，家譜追遡瓜瓞，牵蔓昔賢，雖假冒不計也。而北人又過弇陋，先世顯績卓行，不四五傳遂恍惚不復記憶。康熙間脩《明史》，檄郡縣上前朝名臣賢士遺蹟，郡縣挂壁不力行，而故家子弟亦聞其先世具功德，而茫無以應，或憚煩難而止。嗟乎！不幾以苗裔而視其先如路人，任其烟消草萎，渺無憐念哉？予觀劉子《家譜》，三世祖昶領鄉薦，世濟其德；至高祖鑑以進士爲名臣；考沖善能持家。棅臨卒，諄囑其子以繼述，而劉子承之。是豈其祖父之賢，而劉子自不能泯耶？抑有劉子之賢，而祖父乃愈彰耶？劉子問禮甚悉，攜予《冠》《昏》《祭》《士相見》諸書去，鈔閲。吾知其事四親、搆公祠、訂祭饗儀、置助族田、立族約，凡可以嫿先教睦而登之《譜》者，其未有艾也已。

警心編序

予自弱冠，承父師志，編《日譜》考身心得失。獨不樂觀《感應篇》諸書，謂其言頗荒唐，且以徼福之心爲善窒惡，已屬私欲也。訖後誦《雅》詩，有云“豈弟君子，干禄豈弟。”又曰：“求福不回。”乃知福禄自天，古人亦有言求者。然宜以豈弟不以回，明載聖經。戊寅歲，予年四十，寓桐鄉署，冬月，始立長子。當立子前數年，日夜懸結不去懷，見販夫傭保攜孩童過，瞿然念其德行必勝我。自弱冠志學，迴勘，惟戊寅年功頗密。聞公庭呼謈聲，心若割。主人來議催科刑名，必語以寬大。日三復“小心翼翼，昭事上帝”之句。夜卧不莊，輒悚然而斂股。嘗夢雜亂，方及半，遽驚曰：“兹不敬矣！”遂寤。生平矗傲，深自懲。遇一微蟲蠕動，避而行；或如廁，踐一生草，蹶然起。當是時，徼倖禍福心未嘗敢存，而但覺實有神明來伺，懍懍然以知貧賤憂戚天之貺人者不淺也。今歲癸未季秋，抵京師，廷尉二兄延榻其齋，出其大父陸沉子《翠飛巖集》、父喆生公《警心編》，再三揚搉，謀開雕以問世。於戲，人一登貴顯，走聲勢無甯晷，安有餘力念及祖父嘉言行而表而彰之者哉？廷尉可謂加人數等矣！因取《警心編》讀之，勸善誡惡，如燭照著决，而事涉荒誕者，率不載。益知人之冀倖之心不可有，而警惕之心不可無。予自返雖無惡念，而粗忽遺漏，過端蝟集。《湯盤》之銘曰：“日日新。”《文王》之詩曰：“緝熙敬止。”緝，續績也；熙，和也。言心安於敬而無息也。吾心敬者暫，而或躁而不安，或忘而如遺。晝披是編，丙夜内省，輾轉而屏營，若我嚴父明師之來責也。噫！“警心”之名，不虚矣。

禮山兄曰：寫參前倚衡光景如畫，而文情奇奥變化，根本六經。

獻陵彭太君輓詩序

獻邑，漢獻王所居也。王博古，作《樂記》。成帝時王禹獻二十四卷，劉向校書得二十三篇，後又遺十二篇，餘合爲一篇，入於《禮記》。六經惟《樂》亡，後學賴獻王此作，鱻得摩測。乃自漢後數千年，而獻邑文章寥寥矣。明季，五公王先生以五世相韓之感，興撻伐闖寇之師。及既釋兵，河間太守王千峰迎至修《府志》，遂僑寓獻城。而其昔年之涕號故宫九頓首而坐者，未嘗一飯亡也，因一寫之於詩。迄卒，門人李興祖梓之，而獻邑乃更有《五公詩集》行世。今其邑彭子潢，性篤孝，葬母張太君，哀禮有加，四方知名士争來弔輓，遂裒爲一集，開雕問世，丐序於予。博陵顔習齋先生崛起，力周孔正學，塨聞而是之，往從遊。一日，見塨吟詩，曰："今之詩，非古之詩也。古詩，即樂章也。今流爲雕蟲小技，玩物喪志，爲聖道之蠹。"自此不復專攻，而何能序次輓言？已，思孔子訓《詩》，於興、觀、群、怨後，曰：邇事父，遠事君。《詩》之大旨，不具於是乎？五公先生之集，懷君也；彭子所集之輓章，念親也。上追四始，而渢渢乎可被絃歌，與《樂記》并傳，不亦宜乎？獻陵文光，先後輝映，亦可不朽矣！乃爲之序。

楊侯初度序

史遷傳吏以循。循者，壽道也，即孔子"善人爲邦百年"之説也。善，故循循然。庖丁之解牛，廣成之長生，孫敖國僑相人國，漆園言無爲而爲天下，皆循循然也。循循然，則壽身矣，壽世矣。如富邑閬山楊侯，非其人歟？侯少壯出宰，未嘗事祈年也，而其治也，迺以仁壽。雖公負偉抱，壽一時，壽萬世，豈繄一邑？而邑民不能諼矣。今莫春之念八日，爲公攬揆辰。予不能諛，因件繫實政於後，俾邑人一讀一上壽焉。

公甫下車，忽當事採買御麥，公力陳非舊例，且富麥窳劣，不可以供太廚，事已。

富邑習賭，曠業耗産。公立吏捕法，獲博徒，枷責，令其别捕，方釋。由是轉捕治，寂然無呼盧聲。

邑好鬬，米鹽口角，揮拳相加。後且儔儕結黨，立採花諸名，叱咤睚眦，則率衆刃銃相攻擊，甚至會集掠淫婦女。公至，訪其魁，立寘之刑。又立法，凡相鬬，重責先動手者，乃理曲直，惡黨解散。

俗輕生，男婦幾微飲恨，輒雉經投井。報縣佐貳檢驗，胥隸追呼，屍親亦乘機抄略，破家者相望。侯出示厲禁。鄉地報，即刻親驗，無傷，立令掩瘞。由是民安業，而愚夫悍婦亦知輕生無益也，全活無數。

侯敏於聽斷。到任，大開陳告。日百餘紙，不厭也。昧爽，坐堂皇質鞫，三餐皆於堂。積年疑訟，數語即得其秘要，雖受刑者蹣跚下，亦歡呼曰："吾君責我當。"半年後，民冤盡洗。乃禁告訐，教和睦。而鄰封百姓嘖嘖傳語曰："富有神君。"或假稱富民來告，或告上憲，輒跪求曰："願批富邑楊公。"

邑賦，歷年至歲底逋萬餘。侯至，減去火耗，有收書作蠹，立責枷，完者賞紅酒，令不完者斟而跪獻。又立飛票法，令里長開花户，甲乙欠若干，持付限日，完粮繳票，不如限者責。民不苦隸呼，而違限則己名莫卸，里正亦不得以代封爲辭肥己。累跡爭輸，逋賦頓清。

買辦，令各行户當堂投領，諭曰："遲與與早與，用吾財一也，而先與則汝等獲利。"因發銀行户爲資本，取物抵銷，行户口碑如雷。

邑舊有現役四十里輪年應供張及過往雜費。侯以累民，將革之。闔縣曰："不可。公費有不能去者，今十年一次，不甚苦。若去之，我侯清約固善，後官不能，必復斂民，斂民而無當年分應者，必至闔邑擾動，更害矣！"侯籌躇再四，曰："姑緩之，然吾不去之，猶去也。"署中床几諸物，皆自買置。賓客至，自供給。七月，部堂來祭魏文帝陵，約費數百金，解囊以辦，不絲毫責之民也。

下車接五六命案，未結。公再三研訊，持丹筆欷歔，生死兩無怨負。邑夙有黨、張二姓結嫌，一日糾衆鬬，黨乘夜將垂死之侄舁張家，云伊毆死，鳴官。雖張亦莫知黨姓之死所由來也。侯至，密訪，死者實過嗣仵氏子，因喚仵氏親族詢之，乃言死者係其黨姓，叔與張毆，自誤傷之，因陷張。飲食之，令伏署内。拘黨姓造謀者鞫訊，不招，突出仵氏人質之，黨姓大驚，莫能辯，疑冤頓雪。

侯知富民嚚獷，曰："刑亂國用重典，不得已也。"然每聽訟，眞情既吐，即百計爲之出脱，諄切勸諭，令其改化，故嚴而不刻，民無怨讟。

邑習學刀筆，書吏往往能上下手。侯選材幹用之，而時體察，有奸弊立責，不以恕。皂蒯追捕，無敢勒擾多事者。一時有"民坐春風，吏行冰案"之謠。

富邑結姻後，往往婿家貧，女家遂别訂。侯厲禁之，嘗自出金帛，令原婿當堂交拜成夫婦而去。惡俗頓革。

富邑鬻賣宅産，嘗數十年後復告補價追贖。侯一概斥退，刁俗亦革。

侯待紳士，握手道歡，脱去形跡，而關説則一無所假也。觀風課士，立義學，有才者拊摩務成就之，如子弟然。

富邑東北流曲、美原一帶，連山亘壤，接蒲城、耀州，民多獷悍。前遇官呼，嘗途刼逋，莫誰何。侯至，效西人裝，市快鞋，布行縢纏腿，潛步出訪情僞。由是，民時相駭，告曰："我君來矣!”凡燒鍋、屠牛以及教唆、窩賭,或斂跡,或竄逃,市井一清。

侯覩民疾苦,輒憂形於色。八月,縣右雨雹。侯聞,立踏看。民跪言災狀,侯爲之垂淚。或曰:“災可伍分,且僅里許。”侯曰:“一里非民田乎? 五分之災非災乎?”爲之緩征借粟。

孟秋,旱。侯齋戒,徒跣,禱城隍,願降禍於身,以代民災,備極誠潔。三日,雨降。

臘月中浣,侯密訪。美原鎮奸民楊欽之簧鼓本縣及白水、蒲城等處人民,散僞劄妄言已經年。乃帓首佩韀,領捕役會城守備,率馬步突至其鄉,擒欽之并黨羽數十人。驗劄,無劄者置之。鞫供通水西謀逆,有時日,并扳各處官吏。侯概不深究,自監縲解秦省。先是,督撫聞報甚驚,已奏聞。及見督院殷公,問故,曰:“已擒來,小事耳。”殷公色變曰:“謀逆小事乎?”侯徐曰:“驗其劄印,或以圖章碎塡,此豈謀大變者耶? 不過愚民欺人斗粟貫錢耳。誅渠釋從以聞,足矣!”殷公色霽,曰:“汝言是。” 遂輕其獄。已而,各州縣於富民僑寓者盡解至,侯惻其失業,各予一無事文書令回。又將未獲奸民數人繪貌呈督撫,發各州縣,如貌緝,非是勿問。是役也,變定於俄頃,未嘗挂一良民,化大事爲小。殷公亟稱許,賞以錦袍,令家人負湩酪送至東郊,跪而進。及陛見,亦力言富平僞劄事,係饑民誑食,非有他故。因薦公仁政雄才,秦省有司第一。

邑監生張吾抱,大理寺少卿張沖翼子也。卒後惟遺一側王氏,生遺腹子,今甫五歲,僕韓忠盡瘁經紀之。族人謀吞其產,訟忠。侯廉知狀,斥退族衆,旌節婦、義僕各一扁。族黠者私毀曰:“彼饒財,訟安得不勝乎?”已而,節婦家來謝,餽厚儀,皆骨董可珍者也。侯嚴却之曰:“吾旌節義,乃以利來乎?”。黠者聞知,大愧,曰:“我侯不通苞苴,一至於此,我小人妄議,何忍復出口也?”

爲政有實事,有虛神。如侯之戒賭鬬、勸善薄賦、恤刑愛才、苞苴不通,實政也。至其精鋭果毅、敏如轉環、仁心仁言、沁人肺腹,將悍俗一旦劃然改觀,怵心刮目。故錢穀不費敲朴而樂輸,刑名不待嚴酷而群畏。且舉古人公案舊神明事輾轉相傳告,播於外省都門。此虛神也,所謂不令而行者也。

侯曰:“此足以爲政哉。譬理亂絲,吾先解其糾纏而已,非理根而疏委也。富邑約千村未有籍,鄉約、練長或有或無。吾將比黨里,數鄉兵,立鄉約,以宣教化;息訟訐,立練長,以聯什伍。萬統千,千統百,使民安俗靖。富民不知蓋藏,吾將布農桑法,親帥民耕作節儉;富民未知禮讓,吾將養老尊賢,旌孝弟節義,黜异端;富田無魚鱗冊,可互爲奸,吾將用坵丈法,令經理井然;富丁役不均,吾將均之;富有義門、孫姜二里,田磽民貧,吾將相山原而教之桑蠶,輕其民賦;富有流曲、文昌諸渠湮塞,吾將測高下,量民力,興挑濬,制版鍤;富秀民工章句,然周孔之道未講,吾將延名儒傳德行道藝諸學而承匱乏。自客歲六月,或不遑爲,或引端未竟,何日以慰吾民哉?"

侯折節下天下士,如王崑繩、楊仁澍、張少文諸子,皆投紵贈縞。即不肖如塨,謁選後,力延至署,方謀師事兄事,而不知其不可也。其虚懷樂善,蓋有本矣。

侯自幼讀書,慕奇節,以爲慷慨建功業,封侯廟食,非异人任,故欲豎立以無負士民者,皆一時百世之事,非一身一家之謀也。

梁質人曰:簡勁古奥,漢以前文字。至叙政蹟,奬其已能,勉其未至。我思古人,實獲我心矣。

贈黎生序

己丑六月,抵長安。陳尚孚、張潛夫、蔡瑞生聞顏先生之學,來問,驩相得也。已而,寄信其友人黎生長舉,自鎮原千里來予富平寓,氣度端凝,志向不凡,摳衣趨請禮樂兵農諸學。予曰:"善。然學勿騖廣,禮其務哉,亦諸學之綱也。"因請禮。予曰:"禮一而分有四:有心禮,致中齊明是也;有身禮,非禮勿視聽言動是也;有隨時而行之禮,冠昏喪祭士相見是也;有待用而行之禮,朝廟宫府軍禡是也。吾子其敬以存心飭身,凡事入矩,因漸而考冠昏以及致用諸禮,其庶矣。嗟乎!聖道之沉淪也,甚矣哉。委棄者躧迤不顧,自謂仔肩者,又或以李代桃。我顏先生起而指示之,似道術世運,有開必先,而繼起尠人,未卜何似。古云:'中流失船,一壺千金。'此千金之時也,而得泄泄哉?雖然,不可以無驗也。吾子果爲此學,而耳日聰,而目日明,而心思日睿,而天理日熟,而世故人情日悉,則用力之證也。不然,則否,雖欲顯頇自大,不可得已。生歸過長安,語蔡、張諸子,以爲何如?"

楊誾山曰:言則爲律,文乃如經。

送張少文北上序

公孫僑曰:"他日見然明之面,兹見其心矣。"予於張子少文亦云。今天下學術蔑略,其爲高視闊步,援天論性,與夫蓄芸搦管,咬文嚼字,皆點綴太平之觀也。無與成務濟變,姑置勿論。至於自謂有用,如一技一巧,老拳長箭,號呼稱雄者,則極其所能,只供驅使。而六壬大乙諸術,驚傳奇中者,又特古人禁祥去疑之借具,非關實用。嗟乎,以好勇疾貧之心,聽荒誕無物之言,予且懼生民之涂炭也。吾儒正塗有二:一曰儲學,一曰練材。何謂儲學？禮樂兵農是也。何謂練材？運此禮樂兵農者是也。張子諸父與予游，已耳，其潁异數年前晤於京邸偉之。今過富平署，促膝浹旬，乃整底裹。雖於禮樂兵農，自謙未遑，然何學淺深，誰氏能否，皆涉其樊而入其奥，非素無考索者。而於觀天察地，衡物度情，世故之曲折，待人之刌度，與常變經權之布置，則已三折肱三洗髓矣。所謂練材善運，吾未見或之先也。今北上謁選，出而宰理民物，其建竪尚可量乎？雖然，不可以不養也。塞溢言，剗浮氣，養如木鷄，而後可以任重，而後可以致遠。張子將行，謬請予言，於是乎贈。

張少文曰：先生，目營四海者也，而於下走，則厲鍼砥石，見垣一方矣。

鄭太夫人六十九壽序

昔摯疇之國也由大任，陳由大姬，孟母實毓賢喆，敬姜咏《緑衣》以合室，皆能永世延祀，令聞不忘。然徽音嬗後，而於明類順比，未聞諮謀。子輿歷聘齊梁，其母惟司機杼，井田學校，勿贊一辭。敬姜不問朝事，若是者何歟？男正位於外，女正位於内；外言不入，内言不出。陰陽之大義則然。獨今世彤管諸志，類言其相夫課子，助之學，助之政，豈古之陰德以從，而今之陰柔有力耶？抑傳之者失眞耶？吾觀鄭太夫人而憬然矣。中丞公自院部出理兵民，以至開府吴楚，簡易持大體，而事咄嗟立辦。廉介御下，而不刻覈爲名高。庇人以廣厦弘襟而捍格强禦，所謂毅然今之豪傑者，非耶？夫人佐於内，意必强力有謀者而後可也。乃聞當日中丞自公退，夫人舉案齊眉，不敢問政事一言，中丞亦一言不及。及中丞盡瘁以後，撫見百諸子成立，惟勖之曰："爾勿廢學，則外事治矣。"而外事亦不問。榮貴且春秋高，猶率婦女紡績。深宫固門，沈沈肅然，臧僕未嘗覿一面也。一爲俊偉丈夫，弘濟寰區；一爲婉娩順婦，謹約閫内。是誠不失天地之大經者耶。《易》曰："恒其德，偵。"《詩》曰："豈弟君子，福履縈之。"又曰："令妻壽母。"非此人歟！非此人歟！夫物之生也，甲孚其天乎，乙萌其地乎。土力於乙，无成代終。靡騫靡騰，母德之永年也，蓋類是。且見百有三弟，皆藝學鄉國，質有其文。季子若洲領今歲鄉薦，嗣此步武前烈，樹功名於千載。又四君皆蓄遠志，聞習齋顔先生倡孔孟正學，欣然願步趨，爲之開雕遺著，將傳之奕禩而下，明聖道於日星也，皆太夫人内教之力。而年即與俱永矣，尚有涯哉。今初度六十有九，棗强令王公，吴門人，念中丞撫吴惠政，登堂稱觴，屬言於予。故告之以此，以爲世道風焉。

李元英曰：文之樸厚，前漢諸志書也。以立世道之防，意深矣。

贈劉生序

劉翁宰宇，予之母黨表兄也。少豪儻，有智略，晚而甘貧。其四子法璋從予遊，今補諸生。予聞之喜，謂人曰："諸生者，士也，自此有名器焉。當遴有用者與之，非徒使之自免里門干掫役而已。如劉四生者，可以士矣。"生貧而孝，甘脆不以入口，急昆弟，能正室以義，友朋服其幹信。孔子生三代之末，而歎才難，况於今日。如生之才，亦數百里而一遘者也。予行天下，所交游且無論。論密邇在門下者，其一爲馮生辰，其一三弟培。馮生篤志作聖，敦孝友，省躬改過，而未通曉世事，予每懼其坎壈不合，以才弗達而并累其德也。三弟敢爲，喜經濟，而天姿浮偏，恐體未立而侈言致用，行且本末之胥顛也。今生内有摯性，外解周旋，可兼二子之長而去其短，能無喜乎？雖然，亦有慮。生氣質雖視二子無偏，而志不逮。夫學而不以希聖希賢卓然千古爲志，雖行已無大錯迕，僅僅鄉黨自好者耳，毋乃小用其才而長自負乎？且吾聞孔子曰：鄉人之善者好之，不善者惡之。生於人方圓皆合，則一不察而流於鄉原，未可知也，將視而翁之豪直且有愧矣，生勉之哉。

張曉夫曰：每晤先生，規我不及。讀此，知古稱鑄人，良然。

送惲皋聞序

甲午，武進惲子皋聞來蠡縣，覽予《大學辨業》《聖經學規纂》，是之。因餉顔習齋先生《四存編》。斂手曰："然。願共學。"將予《宗廟》《郊社》《禘嘗》《田賦》《冠》《昏》《祭》《士相見》《樂》《律》《射》《御》，以及《論》《孟》《大學》《中庸》《易經》《小學》諸傳著，俱取繙閲。襲瑜指瑕，臭味盎然浹也。乙未端月，北上，問言於予，予何可以無言。王崑繩者，豪傑多學，自謂知兵、長古文，氣蓋一世，乃晚年聞予言顔先生學，折節叩博陵函丈。過予里，流連敬孫，訂《省身録》自勘。清苑馮樞天從予遊，遷善力行，考喪、祭禮甚詳。然崑繩聞道晚，豪氣未除，棲遲淮上，遂逝。樞天質頗鈍，尚未究成。其餘天下士，一節一長，或始慕悦而中輟及畔去者，又無可道也。初，顔習齋每於塨出遊，輒諄囑曰："得人，有人則聖道有傳。"嗟乎！豈漫然哉？一陰一陽之道，模諸天地而匯於聖人，伏羲堯舜禹湯文武周公孔子孟子其選也。肖鑄陰陽，開物成務，制器立言，以扶持天地，牖啓民生。乃孔孟沒而二千年餘，人於蚓竅，雜於鬼國，而聖人之道幾亡。習齋起而躬肩之，大聲疾呼。塨不肖，於先生四十五歲請業，頗識其畧，重明覆譯，於今年亦踰五十有六矣，崑繩、樞天外，尠與共者。自念衰憊,每思顔先生之道一旦墮地,日月翳昏,民物慘憒,五夜輾轉,未嘗不泣下而霑衣也。今皋聞陡然至,則先生巨人類合愚鄙,内而省察身心,外而研辨治道,以至訂經説史,皆一一有實見實學,精力似崑繩而剷蠡豪,睿敏則邁樞天過甚也。顔習齋先生之道有傳矣!雖然,豈人之所能爲哉?天也。皋聞行矣,無負天矣。

惲皋聞曰:先生憂道甚切,亟思得人。殷勤誘接如此,僕雖不能爲役,其敢自棄以負明訓?謹志以佩。

恕谷後集·卷二

孫氏詩鉢序

顔習齋先生嘗言詩、文、字、畫爲乾坤四蠹。或者疑之,曰:“他無論,如三百篇,先王所傳,孔子所删,後之吟哦者皆祖焉,可謂之蠹乎?”顔先生曰:“子不見今之爲詩文者乎?梁王繹敵兵臨城,猶君臣倡和爲詩,及敗降魏,焚圖書十四萬卷。吴三桂畔,聘一名士主軍謀,則善字畫、鐫圖章者也。在戲下方搦刀筆,曰‘某畫某傳,某波某法’,問以軍事,睨而不言,無何被擄死。詩文之禍,至此其極也。”乃今閲《孫氏詩鉢》而定其説。詩之爲道,内出於言,而外成於樂。言,心聲也;詩者,言之有韻者也。去詩是去言也。長言之,咏歎之,而形爲舞蹈,節以金石絲竹,是爲樂。去詩是無樂也。高陽孫文正公以社稷大臣出爲經濟,卒成忠節,故其家傳著爲歌咏,一唱三歎,皆有聞鷄蹴足揮戈挽日之思,令讀之者流連感泣而不能已。是固本於言志,極於協律者矣,誠可以興、可以觀矣,豈以爲蠹而去之?若其一萼一葉,玩愒光景,一羽一毛,刻鏤象態,置君父,遺禮樂,而惟破心疲精於蟲吟蝸迹,致乾坤無一措拄之人、經理之士,則誠世道之蠹也,而亦《詩鉢》之所深斥矣。《詩鉢》者,文正公與其考功兄相酬應,而諸子繼之,仲孫紫淵實篹爲集,其子浩莽即以紫淵詩殿焉,是風雅之遺也,孔子所謂“邇之事父、遠之事君”也。

王漁洋曰:天地入胸臆,咳唾成風雷。

張老園詩集序

吾郡張光禄公,當明季流寇直逼帝京之變,倡衆守保定城,率闔門闔郡殉難,而自經於其園亭。惟一藐孤孫崎嶇幸活,長而坐臥行立悲吟於園中。後産落,園漸割食。清苑令邵子昆至，憐忠臣後，贖其所去園，盡歸之。遂數十年嘯歌亭畔以老，自稱曰“老園”。而其聲韻之孃孃者，亦遂裒然積數寸許。灌園有句云：“衡門自著一丸泥，區畫縱横三百畦。”又云：“不因長者通車轍，塞斷蓬門老歲華。”寄王五公句云：“非是十年甘落魄，閉門或不負先生。”其掃軌僵臥、蕭然高寄之況可揣也。當張光禄殉難時，家之男婦或戰死，或縊，或入水死，惟其五弟石卿先生之妻王氏勸其夫收孤息，不可死，而自經以從姑。一門忠義奇偉，有令人雪涕者。後老園能受讀，石卿躬教之。一日，語少佻，石卿正色責曰：“無爾。吾家子弟脱口一儇薄，人必爭傳之，身名俱碎矣！”老園僕然骨慄。以故其詩蕭散而不放，孤清而不劇，離人立獨，而未嘗輕世絶物。子夏所謂“發乎情，止乎禮義”，殆斯之謂歟？吾郡王契九，詩與老園齊名，契九以少陵爲宗，老園則出入李、杜、韋、孟，不名一家，而皆能道其性情所欲吐。吾每入郡，必流連二君詩，而均評曰“可傳”。在老園高躅，方欲剷迹削名，何意以剩膏殘馥流播人世，而人故弢之，天必闡之。昔鄭所南自沈詩稿於井底，迄明中葉，井光氣燭天，闕之得石函盛其詩，遂行世。況今老園子孫連翩發越，膺民社，屢向予問序，將梓其遺集以垂不朽。天之欲傳之，蓋可知矣。乃爲之言。

送古季子西歸秦中序

華州古子季榮，以今歲乙未二月來問道於予。予衰老頓訥，無以益也，然以居予齋久，飲食寢處與偕，中間予病，季榮日侍湯餌，因之心性經術以及用世之具，聖學异端之分，亦遂縷縷有説。季榮不以爲非，將予《四書傳注》《小學》與《禮》《樂》《射》《御》《書》《數》諸書，皆鈔録。其貌虔，其意勤，取與廉謹，衣冠整飭，立日記考課言行，可謂善士矣。從此志益堅，學益擴，修己治人之業，卓然有成，蓋未可量也。自宋儒以主静讀書立教，杜門繙經，閉目視内，疑於緇羽，而但期明理，不求辦事，將經濟民物如孔孟所謂朞月三年大人事備之道一槩削落。流至今日，滋以贗詐，漠視君父，謂之静存，剽竊道聽，以爲撰著，乾坤之禍，未知所移。吾嘗過季榮里，入潼關而西，南面連山壁立，北黄流如長虹，中拓然周道，氣象熊熊勃勃，如防風坦胸果腹，兩臂戟張，而東向張口以吸納天下者，此中之欝積孕毓，必多豪傑，其人何疑耶？季榮歸而倡明聖道，廣之於人，續孔孟，扶民物，他日再晤，僕無以益子，子必有以益僕矣。中秋節屆，季子謀歸，玄酒酹月，實聞茲言。

王龍篆曰：遥山斷嶺，官止神行。先秦西漢而後，昌黎尚解此意，歐、蘇議論之文，則步步顧影，惟恐失之，文似綿密而衰下矣。

贈張籲門序

庚子之冬,予至白下,頗有來問學者。而張生籲門年最少,經傳樂律,皆有考訊。旦暮請甚勤,禮恭情摯。與之語,若以湯沃雪也。心竊异之。及辛丑端月,自宛陵返,周崑來爲予言:今臬司葛公以不立嗣,叔母爲置箎。比至,問之,則故人女也。公不忍納女,畜之,爲擇配,因見委焉。出尋籲門,語其事,曰:"子踰弱冠,未有室,令先君亦公之故人也,以故人女配故人子,甚當。子亦以成公之德。"籲門瞿視曰:"吾纍然衰服,而議昏耶。且二兄俱不在,請勿言。"曰:"令兄雖出,有母在堂,况喪越小祥久矣。許之,以待服闋合巹,不亦可乎?"籲門曰:"許之即喪昏矣,必不可。"於戲!洵若是也,其大節不奪者歟。予宗顔習齋先生明親之學,時與程朱陸王商可否。或曰:"今人不逮前儒多矣,先生何以言?"予曰:"非與今人較也。以程朱陸王皆自謂直接聖道,則學術、人材、世運係之矣,故不得不舉堯舜周孔互相比勘,庶繼往開來,無所誤也。若與今較,鄙野勿論,即通都名衢,冠蓋肩摩轂擊,而習俗陵替,其日夜心力,惟食色營營,求一高望而遠志者,不可多得,視程朱陸王不啻雲霄,而尚置短長歟?"籲門雖好學,而室家之願,人情不遠,且臬司厪故人弱息,擇賢而厚其粧奩,以子婿禮焉,人將謂富貴不可算,慮無不投覓恐後者,而獨懷親守禮,毫不爲動,此豈今人所有乎?喪不奪於人則仁,遇財色能斷則義,確不可拔則勇,從此學行日進,誠可與前儒較量於虚實岐正,以希賢希聖,吾畏其不可量也。籲門勉之矣。

曾谷水曰:此文宛同有若孝弟章。前敘籲門事,如其爲人也,段案也,後接大節,美以仁義,如言孝弟,仁本斷也。中间陡論聖道,如君子務本二語,横亘於中,斷岸孤峯,而實首尾率然。想其搦管時,未嘗摩仿,遂爾適肖。恕谷文本六經,即此可見也。

惲氏族譜序

惲子鶴生,致其先世《族譜》,而爲之辯,曰:"寒姓,明初千家姓以前不著。《常州武進志》'宋有進士惲諱文',蓋著姓之鼻祖也。明則科第蟬聯矣。成化年間作《譜》,乃有東漢始祖墓銘,先叔祖南田嘗語鶴云'未可信'。今考之,歷世官銜、地名皆舛。不更則僞貌祖考,更之恐滋世俗議訕,願先生賜序以啓牖焉。"予嘗覽南方家譜,率云"自中原某地遷",心竊疑之,豈三代前吴越土著皆歸澌滅歟?抑漢唐間聞人每在燕、齊、雍、豫,遂冒附也?後讀毛河右《虞氏譜序》,云:"宋時尚譜族,相率爲僞。輯一姓所始,竊剽史乘前賢,黄麻紫篆，玉軸而金籤，加之朱吕文謝序之贊之者皆是也，與謂他人父謂他人母相去有幾。”乃知南方賢者，早已耻之。今惲子亦云：“明中葉士人每增飾譜牒，遥附名賢。惲姓前無可附，輒自列官，遂一往貿亂。”嗟乎，賢者之言較如矣。即果先世所爲，禹蓋前愆，未聞稱非，况原屬郫學究代撰者乎。考辨核而的，智也；親吾親而不忍雜以僞，仁也。又何疑？自宋有道學一派，列教曰“存誠明理”，而其流每不誠不明，何故者？高坐而談性天，捉風捕影，纂章句語録，而於兵農禮樂官職地理人事沿革諸實事，概棄擲爲麤跡，惟窮理是文，離事言理，又無質據，且認理自强，遂好武斷。儒者如朱晦庵，謂泰伯不從太王翦商，見《春秋傳》，而傳非其文。吴幼清毁《尚書》古文，謂《漢·藝文志》稱《尚書》經二十九篇、古經十六卷，而《志》亦非其文。沿遞明代，競作僞書，魏政始石經《大學》，子貢《詩傳》，申培《詩説》、《致身録》等紛出，如敗衣行荊棘，逐處孔漏。顔習齋每歎聖道淪亡，儒者惟以讀書爲學；毛河右又謂世并無讀書人。蓋道學静坐空談，不屑研究今古。舉子則八比，頭白困躃。而頗聰明脱出者，又夜郎去漢已遠，易大而足，故相逐而躑躅顛躓也。惲氏舊《譜》亦波及使然，尚何尤哉。惲子遠紹周孔正學，博物力行，譜役也成，不惟惲氏椒聊的的歸實，而考之明，行之誠，修己治人，胥以此也。扶聖道，正人心，斯其嚆矢矣。故不憚疲癃，而爲之序。

賀陳睿莽中鄉試副榜序

陳子睿莽，中康熙丁酉科順天鄉試副榜。親串走賀，而問賀言於予，予即以賀論。前明庸經書八比取士，舉之鄉，會之京師，對於殿廷，皆爲無用之文。然束一世之富貴功名於此一途，天下靡然嚮之，入彀者遂無憂貧困，而亦爭自磨礪，高節矯廉，以崢嶸於宦衢，其賀也亦宜。無何而今大异，吏道多端，甲乙榜如附贅懸疣，得者少自矜飾，而生計遂致蕭條，以故不自愛惜，多夤緣請謁，爲苟活計。一躋仕版，上下分肥，終以委頓，可悼可歎，而何可賀？陳子天性淑善，篤孝友，嘗從予問業，亦欣然以聖學可學，曾訂《日記》自考功過。今通籍而中副車，吾知其必自愛惜，斷不骫骳請托與世上下也，是則可賀矣。昔叔向賀人貧，柳宗元賀人失火，皆人所不賀而賀者也。今於陳子，則人賀而予亦賀焉者也。但人之賀也，謂其富貴有階也；予之賀也，謂其身名可不失也。不知陳子將何賀乎哉？

劉穎生曰：通篇以賀字作章法，而纏綿感歎有餘音矣。

賀趙偉業中舉人序

安平趙君偉業，聞顔習齋先生之學而悦之。以丁酉七月中浣，率其子漸逵，摳衣過予廬，問身心經史，并及《河》《洛》《太極》諸説，剖辨黑白，犂然當於其心。因北上應順天秋試，遂中是科舉人。十一月上旬，金陵程石開，年才踰弱冠，寄予書，三年始達。則讀《顔先生年譜》與《四存編》，及予《大學辨業》，而深幸後儒之痼轍不迷也。縷縷數千言，矢以共明聖道。而其書則漸逵得之，他手齎至，且謂其尊人里閈稱賀，求一言。嗟乎，顔先生斥擯歧途，遠宗聖傳，俗之大驚小怪，固其所也。乃北方如趙君諸賢，既願私淑，而南中復有後進殊尤，篤信其説。吾知天地神聖之有靈，而周孔之道不泯泯於世也可冀矣。今人稱中舉曰"孝廉"，曰"登賢書"，以漢舉孝廉，周書行藝皆於鄉，今取士先於本省鄉士，故云然。以八比選士，誰問其孝乎廉乎。所謂閭胥書敬敏任卹，族師書孝弟婣睦有學，黨正書德行道藝者安在乎？名存而實亡，似是而亂眞。學術之錯誤，即此不可曉然歟？趙君本劉姓，其父憐其姑家無子，命之繼。少苦寒，業紡織，從師讀書，數月遂棄去，而少隟即於僻處繙閲，尋人析賞。年二十有九，補弟子員。今躋偉科，而匑匑修謹，舌耕硯食，不妄取與。一承趙氏宗祧，一則其本生父尚無恙，四弟列膝下，時佐甘旨，"孝廉""賢書"之稱，他人虚之，趙君不且實之也哉。自是倡明聖道，以益大其學，則可賀者多矣。

眞定黄氏家譜序

吾覽《黄氏家譜》，而歎其孝思之不匱也。論迹慈易而孝難，語道孝純而慈駁，奚以明其然也？牧豎傖夫，無不顧復子若孫，犉之舐犢，鳥之餔雛，以我之所生，故不自知不自解，而惟恐傷之。凡物盡然，是易也。然其間禽犢姑息，以致壞其所生者比比也，故道多駁。孝則上返吾身之所自生，由父而祖，而遠祖。《儀禮》云"飛走知母而不知父"，自慈烏返哺而外，鮮有知所生而報之者。又云："野人曰：'父母何算焉？'都邑之士，則知尊禰矣。大夫及學士，則知尊祖矣。"是爲難矣。然小孝稱小德，大孝稱大德，"孝子不匱，永錫爾類"，未聞孝而猶有乖沴者也，故其道爲純。不學《易》乎？《乾》《坤》索而爲六子，慈也。而所生如《否》、如《剥》、如《明夷》、如《蠱》，或以毓戾滋爭。陽卦多陰，陰卦多陽，如《蒙》《師》下爲《坎》，曰以"剛中"，曰"剛中而應《大有》"。《晋》上爲《離》，曰"柔得尊位"，曰"柔進而上行"。以乾坤爲父母也，不忘本也，則其辭利以吉，非此道耶？黄君時雍，康熙癸酉舉於鄉，司鐸予邑。甫下車，即遠顧荒里，匑匑言行相顧之君子也。復見，見其長君龍章，捷癸巳科文闈;次君昇遠,捷丁酉科武闈,皆霈然質有其文,且孫枝蘭茁玉瑩。謂黄君何慈,以昌後如是?既而持其所著《家譜》丏序,載其父武舉公、祖文學公、曾祖武舉公,以至北遷始祖總旗公,皆歷有傳述,木本水源之思,藹如也。其子姓之椒聊蕃衍,洵有自哉。黄君年七十矣,尚精力教思不倦,知其益擴而大孝得天者未艾也,吾行以觀之。

劉古塘曰:奇情奥義,如披岣嶁异書。

閻户部詩集序

三代教士有四術,曰詩書禮樂。禮樂於今蔑略久矣。書後有廿一史、《通鑑》,其續也。而宋、明史辭蕪事雜,《通綱》僅登虚言爲時文用,鮮知政事之綱領者。惟詩自騷賦、漢魏樂府以及唐人律體,雖刻畫風雲月露,視三百篇達政能言之道相逕庭,而其大小正變,以各道其性情,則未有殊也。自明季虞山錢氏宗宋而絀唐,於是風雲月露之辭,變而馬勃鴨蕨,瀰漫紙上,而詩乃卑而不足道。雖然,余嘗慨輓近諸學俱衰,道德衰,經猷衰,文章衰,惟詩猶爲健舉,其故何也?自唐以排儷爲時文,明以帖括偶比爲時文,而指倣經史散行者爲古文,而詩與古文,遂爲才子文人所競上。然明以時文取士,而專用宋人注説。語録章句,闐貯心胸,雖勉爲古文,大約不離其靡俚之時文者近是。歸震川、茅鹿門輩亦不能自脱也。而李北地、王弇州决而棄之,又飣餖秦漢詞語,貌似神去。詩則與時文别爲術塗,攻之者相誡宋後語不以入,故明代古文卑苶,而北地大復之詩,突過元宋而逼盛唐。其時畿輔近地,如盧次楩、王青屏、頓鷗汀之儔,可歌可傳者,指不勝屈也。逮及興朝,宋人道學之燄,盛極而衰伏之,古文與詩,浸以日上。文則侯朝宗、毛河右、王崑繩,詩則河右以及屈翁山、申鳧盟、戴滄洲,皆崛起樹壇壁,一起宋元之衰。如吾邑户部閻君公度,亦其一也。公度與滄洲居相近,夙聞其説,而延王五公先生於家,日相刮摩,又博極墳典,不滯宋人籬下,故其發爲歌咏,皆有法度,非苟成者。且天性近道,不必斤斤聖賢成橅,而恬淡名利,每篇中守拙安卑之致,一倡而三歎焉。其於達政能言,未知觀者若何,而幾幾乎可以興觀,可以群怨矣。嗚呼!能無傳哉?予故僭爲讐校,俾其諸子開雕以問世焉。

李季平曰:如登山,如觀海,一洗黄茅白葦之習。

送楊公賓實貴州布政序

已亥長至後,塨如保定府,適聞巡憲楊公報擢貴州布政司。謂之曰:“今之政事,惟錢穀、刑名二者，而藩與臬實司之。臬彰癉善惡，民命風俗攸關；藩則但持銖兩令平耳。雖然，惟其人。今公以道平刑而陟黔，山僻荒瘠，一綫迆迆，轉之滇，開山澤，固兵民，非僅錢穀也。”公曰：“然。前巡撫劉公蔭樞招集流亡有功，莅任，當諮利弊而行焉。”塨辭如都，晤方子靈皋，言公在保定甚有守，州縣苞苴謝却。制臺初度，屬官僉朝服進，將上壽，公獨補服。衆异之，公曰：“吾以爲朝服非可輕用也。”衆無如何，皆改補服。歲七八月，制臺病，闔屬官及紳巾商民建醮誦佛經，公獨否。制臺於郡東修大乘庵，落成，親詣上香，演爨弄。邀公往，凡八往返，署吏長跽從臾，公曰：“非公事也。”卒不往。方子曰：“是足盡公乎？吾嘗知公南書房，朝廷出西洋三角算問公，將附《周易》後，公曰：‘西洋法誠密，然與三聖人《易》不必比附。’一日，又以後人所繪《河圖》《洛書》下問，公閲畢，奏云：‘以臣觀之，無佳處。’吾自觀光來，未見有挺挺如公者也。”因問其政績，余曰：“塨杜門不通世事，未能知也，然略聞其一二。巡道司八府刑名，書吏率紹興人。有事必投其門，以貨輕重，上下其手，每獄累年不决，居停皆滿。公至，則試書吏，不通者汰之，通而素有能名者，置内署，給飲食，其家人水火不得通。州縣案卷至，書吏僅得一籤識，即送公。公日夙興發文卷訖，即二門下鎖，不會客，將案卷起訖細研，然後升堂審訊，豪髮無遺，照乃止。諸命案盜情，不逾數日即讞決，群向轅門叩觸驩呼而去。吏胥雖欲乾沒一錢，不得也。貪者褫，蠹者竄。今士民聞去，行吟坐嘆，或涕洟淚下。”方子喟然曰：“天下業也。如吾與子著書立説，則萬世業也。”塨曰：“唯唯否否。自《宋史》分《道學傳》以後，明初定鼎，惟宋景濂一人，而教諸王讀書，開創大略，無一言及者。其後薛文清、丘瓊山身躋宰輔。然薛於清介，丘於進《大學衍義補》外，無所建竪，較之王三原、李文達不講道學者反遜也，豈史氏遺之耶？抑道學之僅可自治而不能及人，僅可著書立言而不能勒功樹業耶？若是，則聖經之明德親民爲虚語矣！今得我公而爲前儒一洒之，是萬世可傳可法者也。若但啎上聖賢，口角道德，奚濟乎？奚濟乎？”方子亟起避席，曰：“謹聞教。”及歸，遂次其語以送公行。

贈衡水劉生序

歲之辛丑杪秋，學使者陳公秉之按臨上谷，傳博野儒學教官曰：“曾覽顔習齋先生《四存編》，傳道大儒也。其令博、蠡二縣諸生投公呈，吾將請於朝，奉顔先生祀文廟鄉賢。”已而果行。且面誨諸生，諄諄以習齋學行爲的。予憂居，不得晤也，訝其何以能是。及白任若自南來，乃知衡水門人劉生廷忠實發之。生之師王宗洙聞學使者辯性，因令生呈顔先生《存性編》。學使面問生《存性》大旨，生歷歷以對，若孔孟爲之親授，而與張程對難者。學使大奇之。後屢召見，賜之食，論古今學術人物，日晡乃出。論每出學使外，學使屈服。時生方以童子試入泮，則學使喜而特拔之也。於戲！亦今士之豪傑矣。使遊吾門者，盡能如劉生彰明顔先生之學，文周孔孟不逌爾稱快於天，而聖道朗朗揭日月行哉？予傳習齋學，思與天下人共，而不可多得。長子習仁質直而通解，每外無可告，歸入家庭，輒竊喜，以爲膝下有人與聞，可備後此來問者之往復也。今歲八月，倏去，予生理幾斷。昔孔子阨於陳蔡，遂疑道非，今之災戚甚於圍餓，吾道非耶？奚爲至於此？乃劉生忽發之，學使者揚之，始知聖道尚在人心，而主張其事者未必非也。從此改過遷善，求廣其傳，又軋軋有生機焉。是則喪我者吾兒習仁，而甦我者劉生廷忠矣。吾此後之望劉生者厚矣！

贈張可玉序

南樂張可玉，以避荒遊豫晋江北諸處爲賈而不屑也，折節從陳右函諸人讀書爲學。已而歸北，來執贄。癸卯，下榻予齋。覘之，能甘貧守命，不取非義。嗚呼！此作聖基也。汨沒者无論，予生平惟見顔習齋先生義命之閑不踰尺寸，其他交締所稱海内殊尤者，如王崑繩少以經濟古文自高，不可一世，談學亦睥睨宋儒。方靈皐謂之曰："勿遽也。今突有天使來臨，加寒微以卿相，而漠然不爲華，歸之程朱乎？歸之吾子乎？"崑繩默然内省。惲皐聞博學有聲，而一聞予言習齋學，遂斥去舊習，力追聖道，省躬崇德，然言家世科第，未能灑然。即靈皐翹翹乎視富貴利達如淖塗，而人之文錦膏粱無克盡脱，嘗痛自刻責。今可玉獨毅然以此爲基，吾喜之不寐矣！雖然，視以人情則鉅，程以聖道則微。是特公綽之不欲耳。若欲成人，文以禮樂，其功有可窮哉？且可玉遨遊天下，世學染之者有二：一習人讀書明理之説，恐以繙誦虛揣自是也；一聞异端葆攝方技家言，或偶爾尙珍奇之也。其悉澣之，而循循然禮樂兵農、子臣弟友、仁義禮智，斯可以上達矣。然而猶有説，吾子所謂孑孑有守者，於冷淡時見之也，彼侯門炙手，獨非吾人閱歷時乎？世固有甘心寂靜，而搖情喧熱者矣。孟子曰：富貴不淫，貧賤不移。非居廣居、立正位、行達道之大丈夫，孰歸之？

贈王子宗洙之任成都令序

衡水王子宗洙，得顔先生《四存編》及予《傳注》《平書訂》，韙之，一再諮度。已而過其廬，質經析疑，歎其不爲帖括所痼，然未得數數然觀其經濟也。無何，陳學使蓮宇校士，王子附麗《平書》，條陳數欵。學使以爲嫻經濟，聞於朝；以拔貢越格授成都令，於雍正二年歲暮旋里，忩忩然去。寄予言曰："聞教於先生者頗詳矣，斷無變塞者。"予見之瞿然，而顧愧吾昔之語王子者實未詳也。或旋乾而轉坤，或權安而小濟，或詭遇以獲禽，畔乎其各途也。

越人有爲水學者，聞銀夏之間有瀚海焉，具天潢轆轤往，而不施於用。歸泛黄天蕩，泭不得，竅瓶革而噓之，抱以泅，又不得。漁者操刀往來如飛。嘻而曰："噫！來附卬舟。"遂置其夙昔而從焉。漁人毋乃詒人乎？王子語予曰不變，遙祝之矣。

先生以漆園之笔寄宗洙，宗洙其以庖丁之手報先生乎望望。門人劉調贊謹識。

恕谷後集·卷三

記杜紫峰傅青主軼事

偶閱《施愚山集》,有云:康熙十七年戊午,詔舉博學鴻詞之士。試後,又詔視諸布衣處士,有文學素著、老不任職事者,其授京銜,以寵其行。部議七人,擬授司經局正字,當宁薄其官,與杜君越、傅君山同授内閣中書舍人。時杜年八十四,傅七十三,皆未與試,先歸矣。部議官不及,而中旨特授,蓋异數也。是役也,越子郊爲我言,二君被詔,力辭。北直巡撫命以騾車過越門,掖之登,即去。山西遂以檻車載山就道。及到京師,各杜寓門謝客。比試,越告老,山告病。詔异人,伏而不謁,乃免試令出。越遣郊問山曰:“何日行?”山曰:“即日行。”及歸,當事委中書命,皆不拜。越號紫峰,定兴人。山字青主,榆次人。視周黨嚴光之事,寧分今古哉?郊親從於京,故云。

素景園記

素景園者,鄭公子見百所新闢也。其陽有舊園,中丞在時修之,莪蔬菜,間以花卉。在居宅東稍南,迤而北,即今園。南畔栽柏,蓡蓡排立如牆。北種芍藥,廣二十武有奇,縱三之二。又北爲魚池,旁雜植枸杞楸杏諸木。西爲舟房,置以書。正北廳四楹,階兩垂蒔牡丹。轉而北,又室五間,中列卷軸、弧矢、技擊、距躍之具,皆坏累泥塗,無侈丹雘,黝堊對池。東爲大陂,周遭皆楊柳蘆荻,怒生於下。東薄邑城,西映宅居,樓閣如兩山夾護城麓。緣陂爲射道,不棲石爲山珍,禽鳥不購自此。花木檐宇,隨意補添,或不補,不爲意必也。公子率諸弟力學,各有精舍。而又以時聚此,談文考道,接良友相質,并及學樂習射,昦弟怡怡,互切劘。予過之,愛其景物之淡素也,爲之名曰“素景園”。因思昔人以畫品園,曰“某園,唐李小將軍畫”、“某園,元倪迂畫”,皆絢而失者也。桂榱蘭棟,積璧堆金,隋秦富强怙侈之習，所以敗也；紅葉丹壑，青濛晦渺，宋明虚浮无用之學，所以亡也。何如伏羲之畫，三奇三偶，樸以素，無斲無幻，而億萬世生聚文明，窮變極化，已盡在此歟。且即以公子一家論，其爲絢乎？則中丞撫巡吴楚，如日之中，如花之放，而公子輩承其光而飫其艷也。果其爲素乎？中丞方且如朝暾，如蓓蕾，子若孫自此策羲和之駕，扇谷風之吹，其進有可量哉！於戲！素與絢之相去遠矣，故於一園而洩其意如此。

重修杜家莊寺記

蠡東杜家莊舊有佛寺，不稽所始。康熙二十七年，莊人劉氏募衆重修，至是勒石，問言於予。予嘗謂佛者，順氣運而生者也。人五六十以前，耳目積見聞，心增記憶，迤後則聞見昏退，記憶忽忘。歲序如之。春夏日生，豔紅沉緑，叢枝濃葉，自無何有，而淳化旁羅；秋冬日消，舉向之美富，玉露朔風，瑟瑟摧澌。世運亦如之。當乾坤之初，闢而盛也，伏羲、黄帝、堯、舜、禹、湯、文、武、周公諸聖人，植稼定倫，興禮奏樂，開物成務，將泬寥之乾坤，填实充牣，熙穰樂愷；三古而後，荏苒衰矣，禮漸壞，樂漸崩，人倫庶物，時就秏斁。而佛氏適生乎其間，以空虚寂滅爲教，豈偶然哉？儒者乃欲以尺仁寸義，張空拳而批駁之，不亦頓歟？雖然，滔滔不返者，氣化也；逆流挽濟者，事功也。艾耆既屆，曰"吾任其疲瘨以亡也"，可乎？調劑藥餌，緣督以爲經，卻費固神，八九十人而耳目聰明，起居壯王如二三十者，豈繄無之也？然則氣運獨不可逆而旋耶？特是順氣運者易，轉氣運也難。吾於杜莊寺之重修，并鐫貞珉，知其爲順且易之舉也，故三歎而記之。

鄭若洲曰：先生爲释氏作文，大奇。而抉理創而确，儒與佛两家見之，皆廢然矣。

甲午如京記事

壬辰，聞方靈皋以戴田有事被逮。癸巳，事解。抵今甲午十月，乃過存。七日，抵京師，知靈皋供應暢春苑纂修樂律，以母病告假在都。八日，候之。假滿，已返。十一日，復詣奉太夫人藕粉，將登堂拜，而靈皋適前一日來，聞予聲，趨出，愴然互拜，曰："苞乾坤罪人，老母病癱，不能頃刻離苞，而苞必不能常侍，奈何？"問曩事，靈皋曰："田有文不謹，予責之。後遂背予梓《南山集》，予序亦渠作，不知也。難前夢先君至，苞抱之，乃血袋，中空。無何，難遂作。皆苞無實盜虚所致。憶癸未場後，先生曰：'名，禍階也。'今先生安居奉母，而予若兹，宜矣！"已而論禮。

予謀卜夜,靈皋曰:"敝寓無容膝地,比隣劉君可借榻,但先生攜襆被來耳。"黄昏往,靈皋問過,曰:"苞居先兄喪,逾九月,至西湖,驀遇美姝,動念。先君逝,歠粥幾殆,母命食牛肉數片。期後,慾心時發。及被逮,則此心頓息矣。何予之親父兄不如遭患難也?禽獸哉?"予曰:"自訟甚善。特是三年之喪,天動地岌,雖屬大變,乃人所共有。哀一殺,身一惰,則雜念起,故《魯論》曰'喪事不敢不勉',《儀禮》曰'夙興夜處,小心畏忌,不惰其身,不寧'。今舉族北首,老母流離,身陪西市,幾致覆宗,其與居喪常變又殊,故情亦殊也。"又問,曰:"心動矣,性忍矣,遇事不能咄嗟立辦,能何由增?王崑繩嘗誨我曰'不能辦事',幼習程朱之過也,豈迂腐非變故所能移與?"又曰:"老母日迫,罪戾滋加,憂之奈何?"予曰:"先生請以敬,勿以憂。舜遭人倫極變,而夔夔齊慄,惟將以敬。敬則心有主,敬則氣不耗,不能可益,患難可平。禍外加憂,何解於禍?此聖賢常人之分也。"靈皋起謝。

楊舉人三炯,紹興人,倜儻有才。入座,則靈皋爲母通州購杉板,患中梗,而楊倜然任之也。左右靈皋難,如兩手。靈皋曰:"楊君視予難,予感之;先生不視予難,予尤感之。昔左浮丘下廠獄,史道鄰與獄吏五十金入省。浮丘左膝以下筋骨盡脱,仰負南壁,面目焦爛。道鄰入抱嗚咽。浮丘以指撥目曰:'乃爾耶?此何地,汝至也?'摩磚將擊之,道鄰趨出。及後,以鳳廬道危厲治兵江上,禦流寇,曰:'吾一不敢負君,一不敢負浮丘先生也。'先生爲聖道傳人,予近考禮若成,先生其傳諸。"語楊曰:"予讀《顏習齋先生年譜》,'入李恕谷廁,見矢堆糠秕'。崑繩嘗曰:'顏李食麤衣垢,繭手塗足。'吾不能學也。"予曰:"此謀道之根柢也,宜共學。"因言妻遭親喪,夫不入内,降服降其文不降其實諸禮。時起視母,僬僬瞿瞿,孝友溢於須麇。延醫至,問方奉匕,懇如也。

劉君,淮安劉公文起之子。選廣東令,未行,出拜,問心性儒與釋老何分。予曰:"居敬,儒也;主靜,釋老也。肅九容以戒不覩不聞,儒也;嗒然若喪,釋老也。"次早,靈皋謂:"昨與總裁徐公元夢曰:'李恕谷諳律吕,不問,而謀及愚讕乎?'有同事魏、王二辭林曰:'李某以老病,春官且不能赴,而能堪此乎?'可謂善處先生矣。"乃别去。抵里,思天下師友之助,落落如晨星。今晤靈皋,接其孝友,砭我浮薄;挹其切偲,劀我冷峭。立品嗜學,顱頷不變。以予之衰憊廢棄視之,不面赤而汗出哉?爰識之,以當弦韋。

劉氏祠堂記

方靈皋每爲我言:"吾居京華,五夜寤,必聞屠宰聲,其號呼嘗如人,悲痛憐之,而天何以不憐之耶?今人夷於毛羽矣,吾甚憂人禍也。曾子曰'民散久矣',友儕散,戚姻散,甚至祖考亦散,置不問,每一思及,輒憂而繼之以懼也。"乃今觀於安平劉子琛家祠之成,爲之韙然色喜。劉子以户曹名臣後,父化吾翁臨卒,囑之勿忘先人。母卒,又囑。劉子亦力行不怠,修家譜,樹墓碑,今又家祠落成,正堂三間祀四親,而更商立不遷之祠與祧祠,令其子孫世世守之也。嗚呼!是仁心藹如者矣。劉子夙厚重,稱君子。所謂道迎善氣而回天地之慘機者,不在此一家歟?苟得人人效之,俾天心得返,而靈皋之言爲之不驗也。吾禱祀望之矣!

重修通州學宫記

《文王世子》云:"春入學官,釋奠於其先師;始立學,釋奠先聖先師。"《周禮·大司樂》:"樂祖,祭於瞽宗。"《注疏》謂《禮》《詩》《書》皆有先師,然并非專廟,但於其學設位祭菜,則古有學而無廟。唐武德間,詔國子監立孔子廟。抵貞觀,詔州縣皆作孔子廟。邐迤宋明,制愈備。廟後有啟聖祠,東西兩廡從祀先賢及儒,再下列名宦鄉賢祠,其旁則學署,爲教職所居。出蒞明倫堂,藏書尊經閣,而諸士傳習之所多闕焉。所謂學干戈、羽籥於東序,詔禮於瞽宗,詔書於上庠者,無有也,則今幾有廟而無學。嗟乎!紺宫琳宇遍天下,而集大成之聖如孔子,若僅同古之先師,暫設薄獻,固爲不可;而原立學之典,興人才,輔政治,今博士倚席不講,弟子散處,私肄於家,聖道之分歧而蔑略,或亦由此。通州南傣會通河,東扼榆關,北嶃古北、黄花諸險塞,匯吴越楚豫齊魯漕糧,灌輸京師,爲環海要區。無慮珊瑚木難粤紵蜀紈蘭桂橘荔楩楠豫章沉檀安息殊方廣洋奇怪珍錯,罔不積貯於是,而後達之天府,布之四方。光怪陸離之氣,鍾毓於人,多雄闊而沉深,易可大成。乃漸豐儲厚,藏垢其間,而又井里駐牧,擲本崇末,雄闊流爲浮華,沉深變以機械,其須陶而淑之,非可沓沓視也。今江寧巡撫吴公,以康熙三十六年守是州,建"明倫堂"五間,擬前立齋房課士。未及,陟去,然心終不忘,自吴齎百金,且囑坐糧廳吴公竣其事。客歲,遂同通永道張公、州刺王公,各捐金并糾閘運諸文武官以及紳士,共得若干,移戟門磚木修學署。大門翬飛鳥革,泮池濬深砌高,頓焕舊觀。今年又改"名宦鄉賢"而恢壯之。以故材令修學署,住室如夏,遂於明倫堂下左右各建齋房五間,爲生童游息所。功其偉矣!禮聖造士,各殫厥制。語云"合之則雙美",非斯之謂歟?塨幸覩其成,當事者留之講學訓士,而以疲癃不擔乞去。乃王公亦陞任將行,後之君子,上有教,下有學,勿負盛舉,或亦有心者之所同也。至州判汪君、吏目李君,董監有力,例當備書。

王古修曰:雄深奇偉,光怪陸離。

忠恕堂記

己亥秋，予自武城旋，過棗强之小營，晤張朏明、李文長，語學。朏明之東道主爲蓋翁公謨，相見驩甚，揖讓至忠恕堂。觀其懸壁，皆忠恕言，丐予記。公謨少任俠，與其邑貴顯輩過從，忽遭事齟齬，瞿然悟曰："今而知忠恕，而不忠恕之毒鉅也。"遂埽軌杜足，庀堂，顔曰"忠恕"。課子孫耕讀，不出户者三十四年於兹矣。爲予道，津津不敢盡。昔兩人言虎，其一傳聞虎事甚悉，背建衝破，畫地卜食，聆者以爲博；其一夙被虎噬，談之色端神僾，聽未終，皆毛髮淅瀝，敞罔靡徙而退。於戲！躬歷之感人如是夫！

記王草堂語

予曩如武林，交王草堂。其著述亟引予言，屢有魚雁①。後聞其移寓閩之武彝山，而音信迢迢矣。今歲庚子，到白下，晤身在修，乃言其尚健，曾見於武彝，爲之忭舞。因憶草堂遊天台、雁②蕩歸，示予遊詩，謂予曰："下走返渡錢塘，遇文僧，揭而東，震孟之孫也。云亦將往遊，因問遊蹟，歷告之。迨數月，浙省有持二山册葉者，每幅先畫峰巒，次系以詩，遍餽當道，則文僧遊後所作也。閲之殊有誤。已而見，問其故，僧笑曰：'吾何嘗遊？即以先生所言作册耳。'"予嘆曰："今天下皆如斯矣。顔習齋先生所謂'舉世成一大詐者'是也。講道學者不必心得，但纂語録。選詩及文，不必能作，即肆甲乙。甚至天文、地理、兵法諸有用學，纍纍堆部帙行世，皆未嘗通曉身試，而惟從故紙中薈稡者也。覽者不知而誤用之，殃身害世，禍可勝言歟?"草堂太息而起。

記李氏翁媪已事

李生元英從予遊。一日，惻然謂予："元英先世本以前朝軍功，世襲百户，守紫荊關。中葉有遷蠡東者，隱於農，遂素封。至元祖諱光祚，生而端謹，遭明之季，緑林起，爲盜所誣扳，虐吏捕之，諸毒備至，家以傾。及清初，乃稍稍葺業，又捐館去。大母劉氏茹荼攻蓼，持家棅不少佚，誨元父及元英入庠，諸女皆適名門。至今得以溫飽苟安者，大父母辛苦之遺

① 說明：底本字中少一"亻"，從《畿輔叢書》本作"雁"。
② 同上。

也。"噫！元英能不忘本，可以教矣！明代承平二百年有奇，及其既也，中外交訌，旱蝗頻仍，莊蹻盜蹠，彌地而起。日下晡則百十爲群，策怒揮芒，剽若邨，掠若氏，一攖其怒，輒叱咤棄之溝壑，官吏莫敢誰何。自崇禎末至順治六七年乃熄，民不安天日者十餘年，是何世運哉？今幸安堵已久，然癸未山左水災，流殍十之五。客歲丁亥，吴越饑民幾變。今又七省告災，吾北直亦半祲，米價如水滕。胠篋越貨時聞，能無畏耶？天下安與不安，始於仕途，終於草野。徐果亭少宰嘗爲我言："明季夤緣博一君子欺人，今則賄賂購一小人歸己。挾包苴，哀乞當關，匍匐而進。主人睨而笑曰'是殆善奔走解人意者'，聞之喜不自勝。或以揚於衆，則喜彌加、氣彌雄。"嗚呼！君子之名以夤緣而得，已可傷矣，況百計營求，使人呼我爲小人始快哉？日益月甚，殃禍之變，未知何底。《詩》云"無念爾祖"，又云"有懷二人"，吾願李生三復之矣。

恕谷後集·卷四

復王豐川書

三世兄過辱，垂示手書。肫誠之致，溢於楮端。至諭塨互相規勸，不可對面相失，至言至言！拙著見駁正者甚當，足證直諒，敢不報惠！令師二曲《年譜》，昨在秦邸匆匆一繙，未詳。但念二曲先生雖未親炙，大約刻苦力行，安貧樂道，養親教後，嚴取予，慎幽獨，必有卓卓可傳，令人閱之涕下奮興者。今觀《譜》中似載躬行實踐之事少，而當道表彰之事多，此非所以揚二曲也。子貢結駟連騎，名聞諸侯，衹稱言語；顔淵陋巷簞瓢，削跡貴顯，而稱"亞聖"，後世爛然。則知學人光天壤、傳弈禩者，原不倚重季孟諸公也，惟存其迹可耳，无事辭費。因昨諭訂修，尚未竣事，故妄及之，餘悰不盡。

上毛河右先生書

自丁亥八月，書候先生清祉，伏處僻鄙，不通信息。今己丑端月，至都，問貴省何氏，知杖履安適，舉手加額。特姬潢、充有兩世兄皆不在長安，無由細叩其詳。德壽雙高，益自調攝，爲禱。《西河全集》已捧讀，不知近尚有著述否？塨近著書曰《大學辨業》《聖經學規纂》《小學稽業》《閲史郄視》《田賦考辨》《宗廟考辨》《禘祫考辨》《郊社考辨》《學昏禮冠禮祭禮士相見禮》《學樂》《學射》《平書訂》《運心編》《學易》《中庸講語》《覽天主書辯》，於内聖外王之學，粗有端委，廓清後塵，遠宗古聖。但年亦五十有一矣，心性尚多浮動，身世每有過端，天下妄見妄聞者，亦妄有稱許，而或非其人，或愧於己。貧困如故，家累益煩，其終可行可明此道，未可知也；其終委之荒烟蔓草，未可知也。惟孱焉一身，無日不以帝天相質，無念不與天下萬世相流注，亦差可自對。至於道之明行，則斯世斯民所關，非我所能主，先生謂塨何哉？《學樂》二卷，久爲先生所梓，丙戌，張采舒見過，論樂相左，客歲始有校正，爲《學樂》卷三，不知是否，今呈政。采舒有《駁樂録語》二冊，鄙言未足剖諍，欲同奉上，求先生明辨之，以定一是。因魚雁未確，恐致沉閣，故尚有待。然其所駁大端，亦具載《學樂》三卷内矣，惟乞論定，即便中示下。《顔先生年譜》开雕，内載先生一小傳，王草堂亦附入。塨老母安健，已立三子，今春决不下場，并聞。餘悰惟有馳注。

與方靈皋書

塨自幼知求友天下，而亦幸有其人，或志節醇篤，或記覽淵博，或才能揮霍。然醇篤者率墨守先儒舊説，未有心得；淵博者或亟亟好名；揮霍者每跅弛不循矩矱。而三者已極天下之選矣。惟見門下篤内行而又高望遠志，講求經世濟民之猷，沈酣宋明儒説，文筆衣被海内，而於經史多心得，且不假此媕婀侯門爲名譽，此豈近今所能得者？私心傾禱，謂樹赤幟以張聖道，必是人也。而相晤恨淺，不盡欲言，是以久思奉書左右，惟採擇焉。憶癸未春，聚於王崑繩長安寓所，門下執拙著《大學辨業》相提誨，塨因謬陳"格物"之義、聖學之大旨，門下稱是，深相結而别。迄丙戌春，入京，會葬黄崑圃父喪。至八里莊，門下揖塨語曰："《大學》'格物'，先儒論之詳矣。今聞'格物'即格三物，終有疑，奈何？"塨曰："君疑之，即吾亦謂人疑也。《周禮》人方疑爲僞書，何有三物？但門下不必作《周禮》三物觀，惟以仁義禮智爲德，子臣弟友五倫爲行，禮樂兵農爲藝，請問天下之物，尚有出此三者外乎？吾人'格物'，尚有當在此三物外者乎？即雜以後世文章講誦，亦衹發明此三者耳。'格物'之'物'，非三物而何？吾儒明德親民之學，止於至善，乃尊於農工商，而爲士之職也。試觀宋儒，用佛門惺惺法，閉目靜坐，玩弄太極，探蹟性天，内地不雜於二氏乎？終日章句吾伊，經濟安在？試思伊尹割正有夏，周公制禮作樂、誅平管蔡，孔子則朞月三年，日望施行，及爲司寇，却萊墮費，宋儒自期有是乎？相推有是乎？不過明理尋樂，闡發經旨，共爲將就耳。孔孟之傳衹如是乎？盡明親止善之道乎？士之職乎？"門下撫膺曰："然。"朋友所以貴面講也，伊時深服虚心亮識。抵翌日，過尊寓，復垂商治河、水利、弭盜諸事，又以旋里忩忩，大略數言别去。自此日懸於心，夢寐服食，如見顔色，不知果可脱去舊轍、剖明聖道與否。每浩然而歎良友時聚爲艱，而天不生才，偶生之，又未卜何途之用也。塨聞學於顔習齋先生。先生嘗言學非钩异，亦非沽名。钩异則爲异端矣，沽名則爲小人矣，二者皆往聖所宜誅。乃深憂聖道之墜地，生民之塞屯，不得已而作《存性》《存學》以辨之，庶幾聖道生民之不淪胥也。蓋先儒岐路，亦非有心，時勢積漸，莫能自主。然而下阪之車，東逝之水，無人挽回，滔滔安底？粤稽堯舜傳中，因天性而成德行道。人倫著，禮樂興，布之則爲政，導之則爲教，先傳後受則爲學。然而道雖原於天，事必習於學，任天難概，下學可幾。三代承二帝之法，於民擇聰穎者爲士，使之學於學中，就樂正大胥習禮樂射御書數之藝，而即以此供子臣弟友之職，全仁義禮智之性，分名而一事。幼學以此，壯行以此。《虞書》《周禮》《學記》《文王世子》諸篇可考也。《論語》孔門諸子問仁、問孝、問政，由、求、公西赤應知以禮樂兵農。孔子自居好學，而其所學之文，朱子解“文章”曰“威儀言辭”，解“文在兹”曰“禮樂制度”，解“學於識大識小之道”曰“謨訓禮樂”，正所謂“博學於文，約之以禮”也。博文，即格物也；約禮，即將所學之文物，而實體之於誠正修齊治平也。諸經所載，前儒所注，確證如此。至於誦《詩》所以習樂，讀《書》所以考政，總未有如後儒躬率弟子今日背何經、明日講何文，皋比而談命天，四座環聽，搦管而著書解，萬卷獺陳者也。自秦火後，而學術劃然一變。古聖口傳身示之實迹，無從授受，不得不尋之載道之籍，如所謂經書者。既尋之經書，遂因而習行少，講説多。德行讓之長者，如陳實、荀淑等；政事讓之雄豪，如周亞夫、霍光等；而專箋注傳經，爲儒者用。是塞天地横四海之聖道，僅存一線。陵夷以至五季，程朱諸儒出，慨然欲任聖緒，其志誠豪傑之士也，而沿流既久，尋源爲難，知訓詁不足爲儒，而内益之以心性，外輔之以躬行，變箋疏之名爲章句語録，以爲發明聖道，非僅訓詁，自謂超漢唐而接孔孟矣。孰意漢後二氏學興，宋儒又少聞其説，於是所謂“存心養性”者，雜以静坐内視，浸淫釋老，將孔門不輕與人言一貫性天之教，一概乖反。處處談性，人人論天，而外以孝弟忠信爲行，注經論道爲學，獨於孔門之禮樂、兵農、執射、執御、鼓瑟、會計，忽焉不察，以爲末務。又諉之於《小學》已失，而遂置之。於是退處則爲鄉黨自好，立朝願爲講官諫臣。所稱特開門户以轉世教者，不過如是。若其濫竽贋鼎，并得罪宋儒者，又不足辯也。而至於扶危定傾，大經大猷，則拱手推之粗悍豪俠。其自負直接孔孟者，僅此善人書生之學而已。明太祖崛起，儒者惟一宋濂，而一無所建。今定三藩之難者，并無道學，不可見歟？聖道之明親止善，乃如此歟？然人才不一，互有長短，亦何足病？所痛者，不自以爲不足，而撊然全任聖道。率天下之聰明傑士，盡網其中，以空虚之禪悦，怡然於心，以浮夸之翰墨，快然於手。目明之末也，朝廟無一可倚之臣，天下無復辦事之官。坐大司馬堂，批點《左傳》；敵兵臨城，賦詩進講。其習尚至於將相方面，覺建功奏績俱屬瑣屑，日夜喘息著書，曰：“此傳世業也。”以致天下魚爛河决，生民塗毒。嗚呼！誰實爲此？無怪顔先生之垂涕泣而道也。前餽《存性》《存學》，想已寓目，但恐習説先入，急難驟拔，而左右痼成見者，復來簧鼓訾謷，則未决何如。塨曾覽門下時藝，於世道政術題反覆躊躇，惻乎其言之知仁心爲質，迥异近儒，而又氣厚識沉，其所望以卓然有定重明孔孟者，豈淺鮮哉？顔先生爲學一生，四十五歲始得下走，教以心性之功、經濟之道。及後，崑繩來，名既成，年亦長，而聞道心折，遂肅執贄，可稱勇决偉人。但崑繩夙學原從豪傑入，故共學經濟，更其所長。新著《平書》一帙，命塨訂之。遵同之外，有補有改，甚有關也，容後呈教。今塨年五十矣，素原愚弱，更向衰老，而夾扶寡侶,傳受尠人,即嚮所得三者之友,亦零落殆盡,日爲壹鬱。以門下之德望,若得同心倡明正學,則登高而呼,所聽者遠。南中後進殊尤,必有聞風而興起者,較之窮崖空谷之嗚號,雖厲莫聞,何啻霄壤?昔三代封建諸侯,久而列國兵爭,各求富强,勢日趨於功利。至戰國時,衆口一詞,其焰焚如,孟子乃獨區區持仁義迂闊之説以相攔抵,宜其爲淳於髡輩所譏笑也。然無何至秦漢之間,而其言大驗。聖賢見之遠而慮之深,乃如此也。今聖道之悠謬,二千年矣。顏先生忽出,而獨尋墜緒,以開吾徒,豈一人一心之力所能致?此殆亦天地神聖之所啓也。門下雅欲爲不朽人,必不隨場觀笑。富貴既如浮雲,文辭亦屬春華,其所以仡仡自立者,必有在矣。繼往開來,幸力自決,馳祝馳祝!《存治》《存人》《顏先生年譜》三種呈覽。不知明春可北上賜教不?佇望不盡。

齊燧侯曰:昌乎其論,惻乎其辭,誠漆室重光也。而文之雄深沈鬱,則酷似昌黎《原道》矣。

復黄宗夏書

小札并改訂贈序稿已書就,倩人北寄,忽手翰到,言已於六月二十一日南旋矣。是日七月十三也,正爲祭先齋戒,不能自持,忽忽若失左右手,齊意亦亂。天下甚寥廓,人甚衆,吾目中僅首得足下一人,乃忽天各一方。足下即精進,無由啓益不肖。若衆楚咻呶,萬一少退,眞可爲天地先聖憐才長歎也,如何去心?三復大論,人道衹在事父從兄動静語默之際,能時時檢較,不自寬假,則下學上達,即可直造聖域。又謂顏先生之學,如布帛菽粟,不可一日離。一離之,非饑則寒。見確守定如此,吾知其日進而不少退也,果矣。大約吾學須胸中時有新機,學業時有增益,始能常遊聖賢之途。若但荏苒故吾,即易墮落。昨與王崑繩所言甚多,題其《省身録》一則云:"日記考察有三:心之存日密否,身之視聽言動中禮否,時覺其進否,一也;禮、樂、兵、農、射、御、書、數之學,或諸藝,或衹一藝,月考年計有加否,二也;身心就範,學問不懈,則天理日有所悟,人情日有所照,經濟之術日有所閲歷,果變動日新乎?抑仍舊乎?將灰埸不靈乎?此甚可以驗吾學之消長,三也。"今録呈。塨到里,遭家事坎坷,日無寧晷。幸可自對者,心不爲繫累。《小學》已著成,數樂諸學皆少長,舞勺儀頗可觀。尊君先生肅帖致候,縷縷千萬,不悉。

閻百詩曰:今天下古文,惟毛西河、王崑繩與吾恕谷耳。而恕谷以躬行實踐入,故其文恢奇變化,而一本於道。

答馮樞天書

五月下旬,捧讀來翰,并展佳篇。篤崇實行,潤以詞章,瞻覿數百里内,少其倫比。狂喜,呼三弟培同觀。故友閻百詩嘗謂"朝得一士,暮以告人",塨則更甚,平生偶獲佳品,輒熏之沐之,首戴而肱持之。況今顔先生、王法乾相繼捨我,左右將伯無人,惟與舍三弟共晨夕,而恐未能有成也。若得足下一勁輔,講學力學,先聖世道,皆與有慶,而豈僅主客式賴哉? 因憶昔年往謁習齋先生,先生急出足下書,冀望揄揚。既而再見三見,問足下來否,先生曰:"未也。"因嘆後儒率心中一涉想、筆下一成文、咡旁一著論,精力已畢。果爾步趨者,安可多得? 及今閲來教,乃知深以習齋學爲是,特貧累,遂躭閣也。自古聖賢無有不資朋友而成者,故直列一倫於君臣父子間。孔子大聖,而於子產、晏嬰兄事之。漢儒甚重遊學,至於擔簦、都養、司埽除,不告窮瘁。宋儒若程張朱陸,俱多聲氣。塨於先正無能爲役,少年食糠覈,衣鶉結,貧甚,然不敢自棄。入泮後,始從顔先生遊,三四十里嘗步往。既而走四方,凡海内道學才儁、通儒文士,無不委曲納交者,是以極愚至陋,而於身心頗有功力,經濟頗有見解,禮樂兵農經史頗有論著,考古幾過萬卷,皆朋友力。而因深信五伦百行,皆此一倫成之也。嗟乎! 人僅欲爲鄉黨自好者,閉門無交可也;若如大論盡性至命、參贊化育、繼往開來,舍友其何以哉? 且今時較古更急。古學術未墜,而孔子猶周流天下,以廣考究。稱孔文子曰"好學下問",故今論人必曰"學問"。今則學術失傳,异言喧豗,歧途眯目,而欲不博學、審問、愼思、明辯,輒言篤行,恐誤者不尠矣。足下天分甚高,而又不憚下問,剋期命臨。少俟秋爽,藃窩去敝里咫尺,方將妄托於老馬識路,敢辭往來,其卜日而卜夜焉。

胡元駁曰:以韓孟温醇之筆,洗發朋友一倫,惻醒動聽。讀此文而不興尊師取友之志者,必無成人也。

復程啓生書

丁酉十一月朔,後八日,安平門人趙漸逵持一函至。燈下展讀,則發自金陵,甲午冬書,乙未春附郵,至今四載始達。鑒照高遠,辭滾滾如江河,讀已而喜,再三讀不自休。嚮嘗疑天意不可知,今乃信天之不喪斯文必然也。不然,足下年才踰弱冠,而卓見聖道如此,豈造物無意篤生者耶? 塨自二十一歲從遊顔習齋先生,爲六藝之學。逼壯出遊四方,交天下士,如毛河右諸前輩,取其博物,助我躬行。禮樂射御書數,在大小學者,皆考究今古,稍有實據，因開雕習齋《四存》及拙著《辨業》問世。年來更爲《易》《詩》《論語》等《傳注》，於習齋之學益擴充之。似周孔故道，儼在當前，而犬馬之齒，今歲亦遂忽忽五十有九矣。每午夜旁皇惆悵，以遠近問學者雖有其人，大率一長一解，求其明於心、行於身，宣暢於言語、發揮於事業，可全以付者寥寥。甲午冬，武進惲皋聞至，博淹敦廉恥，一聞習齋學，遂共學。篤行著書，裨予不逮，殆其人也。然退而思之，又悒悒不樂。皋聞少予不及十歲，其與陶甄夫、方靈皋之與予交，年之先後髣髴也，及予老耄，而諸君亦就衰矣，非後進英奇，使聖道相衍遞禪以至無窮者。今乃忽得之。足下年少才高，議論輝光，肆映如偉炬燭天，此天特生之以使周孔之傳不至墮地者也，則習齋雖亡而不亡，譾陋雖衰而未衰也。慶幸私情，冀望無涯，敬裁書而附條答於後以復焉。

附程書

新安後學程石開頓首再拜，謹奉書恕谷先生門下：開少好辭賦，亦爲制舉文，其於學術之是非真僞，未有以辨也。弱冠後，從外舅陶甄夫所，得見顏習齋先生《四存編》及先生《大學辨業》，始知當世尚有力實學而纘周孔之緒於燕趙間者。蓋聖學之失傳久矣，數百年來學者，不入於朱，則入於陸，互起而譁。自習齋先生出，舉唐虞三代學教成規以正流失，廓清紹復之烈，未見有如之者也。先生嗣其後，自當若孟子之遵孔子，不然，則荒塞於戰國之横議，而孔子之道未必尊師，至今爲烈也。夫物盛則衰，以先生師弟得二千載已喪之眞傳，乘數百年將更之氣運，宜一呼而靡然從風，然而應者尚寡，非三代周孔之學必不可行於後世也。靜坐讀講，其習進可以干禄，而退易以自足，二先生所爲教，則孝弟忠信、禮樂兵農、躬行力學，不得漫然虚大者也，又安肯違其所甚樂，而從其所不便耶？雖然，勢極必返。願先生省可已之文辭，絶無益之交往，保愛精神，以道自尊，而專肆力於《周官》三物，旁求同志，益廣其傳，令天下不病於道之難行，而咸信夫古之易復，則先生之無負習齋，而大有功於當時後世者也。開也愚弱，未能即時北上擔簦執贄，擬先撰《闢道録》，以矢願學之心，謹條録請正。臨書不勝瞻依馳溯之極。

與王崑繩書

昨入上谷，相别握手，歎後進乏材，聖道昌明何日？淒然淚下。天地神鬼，獨无靈耶？无躁无躁。讀愚《易注》，拍案稱快，超前軼後。又言各卦總結，六爻分象，合爲一象，勢如率然，殊屬獎借。但謂爻變互卦，以及伏體、反體、似體、半體，則聖經所无，當埽而去之。歸里再四考索，有未敢遽以從命者，謹白。吾子據“居則觀象玩辭，動則觀變玩占”二語，以爲爻變乃占事，非平居觀玩所用，然此互足之言耳。觀象玩辭，變在其中矣；觀變玩占，象在其中矣。不然，占亦有不變者，何以觀乎？且聖言不止此。爻者，言乎變者也；爻者，效天下之動者也。道有變動，故曰爻。爻者，交也。陰交陽，陽交陰也。則爻本以變爲名，而乃曰不變乎？故爻不用七八，專用九六，以云變也。而曰爻不言變，是反聖經矣，而謂聖經无有乎？《左傳》蔡墨於《乾》“初九”、“九二”、“九五”、“上九”、“用九”曰“《乾》之《姤》之《同人》之《大有》之《夬》之《坤》”；智莊子於《師》“初”曰“《師》之《臨》”；游吉于《復》“上”曰“《復》之《頤》”；王子伯廖於《豐》“上”曰“《豐》之《離》”：皆非卜筮也，而即以變訓爻辭可據也。吾子曰此亦不足信者，則春秋諸賢，尚屬三代遺英，左氏受學孔子，必有師傳，而盡以己見駁之。後儒武斷毁經，吾子所惡，而可蹈耶？互卦亦聖經所有也。《繫辭傳》二與四同功，三與五同功，吾子以爲但論中爻，非言互卦，則雷在澤上曰《歸妹》，《泰》之互《震》《兑》五爻，亦曰《歸妹》，辭與《歸妹》五爻同。夫《歸妹》之辭，非習言也，而故同之，非論互卦乎？豈周公繫辭，彼此雷同，竟漫然已乎？周史占觀之《否》，明指互有《艮》山，吾子又曰“占象不必在卦爻中”，則未有占出於《易》象之外者也。至於伏體即對易，反體即反易，文王《序卦》，於《屯》《蒙》五十六卦用反易，於《乾》《坤》《頤》《大過》《坎》《離》《中孚》《小過》用對易，孔子作《序卦》《雜卦》傳以釋之，則聖言矣。豈《易》象所无，而聖人强爲扭合也乎？《易》文言曰：“六爻發揮，旁通情也。”謂《乾》三爻旁通，則爲三畫；《坤》卦六爻旁通，則爲六畫。《坤》卦若如俗解，謂旁通曲盡其理，以爲泛言之也。天下物理，本乎天者親上，皆天矣，猶是《乾》矣，非旁通矣；本乎地者親下，是旁通《坤》矣，非泛言矣。夫《乾》之旁非《坤》，尚有何物何理哉？反體則《泰》之傾《否》，《鼎》之顛趾，周公顯著其象。傾、顛，反也。鄭人謂孔子顙似堯，項似皋陶，肩似子産，自腰以下不及禹者三寸。似，似體也；腰以下，半體也。人既有之，《易》象亦然。不者，无以盡天下之像也，无以盡天下之變也。且亦思《易》之妙，變者易者似者之究不變不易不似乎？《乾》《坤》，生生之道也。孔子項似皋陶，肩似子産，而究爲孔子之項與肩，非即皋陶、子産之項與肩也。吾師習齋先生曰：“予思劉焕章時即恭莊，思陳國鎮時即懇摯，思張石卿時即謙抑。”變《易》之説也。而究爲習齋之恭莊、懇摯、謙抑，非即三賢也。《春秋》占“《觀》之《否》”，《觀》之《否》耳，互卦有《艮》，亦《艮》山象耳，未嘗即作《否》《艮》二卦斷也。占《屯》之《比》，仍《屯》之“初九”，非即《比》之“初六”也。若即《否》《比》，是《否》矣《比》矣，非《觀》之《否》、《屯》之《比》矣。吾子乃憂有變、有互、有伏、有反、有似，每卦有二十餘卦以为紜紛，不知二十餘卦，仍只一卦也。故曰“不爲典要，惟變所適”，又曰“既有典常，道不虚行”，二者兼會之於《易》，思過半矣。至謂每觀“《艮》爲門闕、爲手"等解，輒厭之。又曰："立象以盡意，不必執取爻畫，乃聖人以意爲象"，則王輔嗣、程伊川舊有此議。掃象去象，見於《注傳》，而其言泛浮不論，辭何以繫？漫然論理，則何必注彖注象？但講《魯論》《孟子》即可。何者？通一理也。今既注彖象繫辭，即論理亦須强比其辭，杌隉附會。吾子讀其《注》自見，何爲蹈此？且如此，勢必將《説卦》諸象，以爲非聖人之言，如歐陽修輩矣，是毁經誣聖之漸也。豈可豈可？拙著自告成後，未得有道就正，无由發蒙。今賴吾子直諒，使狂愚再四擬議，拜益多矣。然亦望吾子深究之，廣通之，再詳以諭，歸於一是焉。

陳尚孚曰：陛五十後始得先生《易注》，讀之五體投地。論理宛然在此卦此爻之《象》，非泛理；言《象》躍然是此卦此爻之理，非扭《象》。從前注解所未有也。閲此書，可知其通身皆《易》矣。

與朱可亭學使書

塨啟：昨在秦邸，傳聞有州縣與執事相商，延塨講學，驚汗无地。及旌節過富平，謬辱隆禮，昧旦前即枉車騎來臨，楊令閽者失辭，以致鈞駕久候復行。及至塨知，倒衣起迎，則已後矣，追至道左，匍匐負罪。既屬不便，躬詣蒲城，以修往來，又以開場校士，嫌疑當避，不恭之愆，无可補苴，用是謹以書達，以白其愚。昔王子師赴豫州，未下車，即辟荀慈明，已下車，辟孔文舉。李鄘爲陝虢觀察使，禮下陽城，皆嘉德好士，名臣之盛節也。若塨則燕趙鄙人，土苴自愧，雖少承父師之教，頗知聖緒，而志力譾陋，以言行，則千瘡百孔，救過不暇，以術業，則學山文海，登涉未能。曲節下顧，徒辱簪纓。至講學一事，又今古攸分，不可不察。古人先學而後講，故《魯論》曰"學之不講"，即《中庸》先博學而繼以審問、明辨也。後人則以講爲學，多事空言，鮮敦實事。且古聖賢講學，如學禮則講禮，學樂則講樂。子游問孝，講以敬；子夏問孝，講以色難。皆因學而辨，因人而發。後儒則高坐鴻宣，或談性天，或訓《詩》《書》，闊帽恢舄，人可冠履，而其實不如古學教之切實也。故講學不惟塨不能，抑且不願。年底省親，不日東行，謁會之期，并不能定。惟是高厚雅誼，日勒肺腑。謹呈拙著二帙求正，不盡。

復藺行上協鎮書

自崑來寓中一晤，肝膽氣誼，握手如故，已心許之。昨會秦邸，倍深喜躍，何者？麾下秉鉞閫外，謙恭下士，更甚曩時，知將來建立，斷非淺鮮。近訪秦俗，猶有駟鐵同袍之氣，而饑食渴飲，亦易感動。麾下若拊摩痛癢，投醪分旨，异日使之蹈湯赴火，乘風萬里，可唾致也。《馬服君》《穰苴》二傳，熟讀何如？承命下榻轅門，極契鄙懷。而慎修初政，剔弊流膏，一聞出遊，投轄固挽，爲之奈何？當俟後時耳。曉夫致候，不宣。

又書

復札妄言則古拊士。或曰："古之名將，租賦皆輸莫府，故能養其軍。今自贍不暇，何暇其他？"予曰："不然。是圭田廢，士即不祀先；御富薄，官即不立廉也。亦在人而已矣。"吾友負奇才壯志，縱難格外行事，斥不急之費，退无用之人，念士寒，與之共惡衣，念士饑，與之共惡食，念士勞，不張蓋、不坐乘，推心置腹，一甘必分，視衆若赤子，隆才若師賓，有疾痛則垂泣而拊摩醫藥之，此亦何不可行者？安平君善鼓士，不必在豐裕時也。或无言而退，因載書以瀆，不知高明以爲何如。臨池懸注。

答王帶存書

昨在秦邸，過承吹噓，彼時私心猶疑以爲南中名士互相標榜之習也，未敢深論。及旋富平，追思貌言，温然可掬，非單複者。不謂德音娓娓，復爾遠辱，見道之明，體道之切，溢於言外。且知淵源有自，得於家傳。乃悔昨之待高明者未盡也，愧甚愧甚！目下返里省親，富令差役隨行，敦促必來，可屈明春見過，聯牀午夜，傾倒今古。富令極知重士，每有來問學者，必掃榻飾廚，或無斧資，且倒囊以贈，勿以豬肝半片引嫌遠避也。所教令先君選言而出，擇地而行，爲日紀以自考。又言聖學不離倫物，苟不躬行，高談性命，勿取也。又言聖學原欲經世，夫子於及門，問何以酬知，於誦《詩》言爲政出使，非如後世高座道學，迂闊无用。又言學者隨時隨地，當存畏天憫人之心，斯誠聖道嫡傳，顔習齋先生以此立教，塨日夜孳孳赴之而不能有副者也。門下但實體家傳足矣，塨又何知？尚有裨益？至高論格物，謂大而子臣弟友，小而洒掃應對，皆由學問思辨，與拙論如出一口。然又遵朱子即物窮理，而以格鄉三物爲疑者，或以未見鄙著故也。俟明春摹本奉教。夫即物窮理，亦未嘗非，但朱子訓物及於天地鬼神龍蠖草木，則或非初學所及，或屬聖人所不必知能，而窮理之功，又不外講著讀書，仍涉於虚，故須少有商確也。且塨有偶與先儒辨者，皆爲聖道學術人心世道，不得已而立言。至於章句小義，明知有誤，不輕道及，况所見未確，校米數鹽，以好勝求名之心，爲詆毁先正之具，固古聖哲所不樂聞也。甄夫論周正不改時改月數端，塨已妄辨之。已又論《懿子問孝》四章，相因爲次，思新交一一駁正，恐難以堪，乃徐曰："昔餘杭有一孫海門，著《解論語》，皆章章接續，人驚异之。"此不駁之駁，而在座者莫解，故傳以爲塨然之也。竟陵譚志草先生，謬念愚劣，竟作古，可傷。《顔先生年譜》一本先呈，餘統容面悉，不宣。

恕谷後集·卷五

復惲皋聞書

來札云:"上谷相晤,匆匆然一見,輒覺神明警醒,得數日安樂。"蓋誠於省身者,一觸即覺,乃有此景,非門外人所知也。小犬親迎,辱厚貺,不敢却,拜登竦然。至於毛先生居東之辨,似歷歷可據。然天下理道何窮?若高明更有考据,願聞教也。但自宋儒後,於帝王經世圖大之猷,總屬隔壁。如武王無觀兵事,伐紂非聖人,一日未絕,則爲君臣;一日命絕,則爲獨夫。種種議論,似屬維繫君臣大倫,悦耳可聽者,而其實於經傳不合,於帝王大道皆悖也。幾時促膝傾倒其説,先此伸謝。不盡。

與王崑繩書

春間有字奉達,不知到否?《平書》已訂訖,所酌訂者,附各篇後,與尊稿相半,即名曰《平書訂》。何時相晤,一上下其論也。今歲五月,爲楊愼修所敦請,遂有富平之行。愼修,兄所舊知者,性喜事,自負遠志,是以愛民立政,甚得聲譽。惟是愼終爲難,而宦署中人,喁喁爭利,鴟嚇難免。歲底必旋里省親,不能久住也。落落乾坤,我昆弟外,不知更向誰是?每念今之學者,如一人曰我好遊,遇一人曰我好遊,遂攜而同行,而并不知遊有遊之學,遊有遊之才,遊有遊之資。下則未嘗願遊,而哺歠相從,輒曰"我亦遊也"。嗚呼!出門倀倀,欲何之哉?春間小札,以交遊勿濫相瀆,想必垂照。我二人皆已老大,忽忽奈何?我躬不閱,遑恤我後,守身寶道,當互相祝勉耳。今歲遊秦,李二曲門下士,皆以顏先生之學爲然。黎長舉學禮,魯聖居學樂,蔡瑞生讀《孫》《吴》,張潛夫學《平書》,陳尚孚學《易》。文武在位,亦頗聞風嚮往。我輩窮老,无可爲者,文中子或可法也。過歲復到秦中,鼓舞後進,亦未可知耳。閤府動定,時寄德音爲望,不宣。

與張子勵韓同甫魏膚功書

前一小徒自中州歸，言三賢覽塨《與西山先生書》，是之。私幸隙見不謬於有道。今徐生見過，屈指伊汴豪雋，復道斗山，皆嗜正學如饑渴。即欲過晤，緣顔習齋先生斗辭人世，急北會葬，來春大約重南，可圖把握耳。近世詩文、字畫、浮學不論，所稱高座道學，根據不過三者：一玩照内地，一持身不大債蹟，一誦讀著書。遂自謂今世上品。夫誠今世上品也，但以之封錮，謂周孔之道衹如此，則偏且蔽，更以禍世。何者？其内地玩照，皆依傍主靜觀空，爲二氏所雜，而失聖門戒懼慎獨存心養性之正也；不大債蹟者，乃孟子所謂鄉黨自好，而於聖門約禮之功尚缺略也；至於誦讀，則學者餘事，著書乃不能行道，不得已而明道之事。而周孔正學，則《論語》所載問仁知、問孝、問政，由、求等所習之禮樂兵農也。今蔑略不務，而但兀兀窮年，故紙充棟，復增以紙。舉世目道學爲迂闊无用，而己亦以迂闊自居。聖學之明親止善，豈如此歟？故嚮承顔先生教，於同人少有辯説，非爲此一二噉名者辨也。一二人有誤何足辨？獨是舉世以爲聖學正路止於如此，而心性無實功，身世無實學，天地萬物不能位育，可爲太息而中夜傍徨也。幸三賢不以爲非，來歲務得一聚，坐言起行，使聖門果有傳人，所關何似？當今海宇寥寥，惟各自愛。不宣。

回楊慎修書庚寅正月初三日

塨以不才，謬承嗜痂，愛均體膚，有言必從，幸不獲罪士民。臨行，紳耆吏役供張祖道，戀戀祝以復返，足下投地垂泣，固邀相成，至鳴咽不能語。每念之，輒爲酸鼻。今乃橋梓意見各别，無賴臧獲乘隙交搆，以致尊翁書來有他，因遣送役隻歸。此不知關係足下一身一家之事，不知關係一邑天下之事，皆天也。今歲再聚，開水利，蓺桑田，分鄉里，練民兵，課士習，布道教，延訪俊傑，挽回治道。此何許事？天豈容易令我二人左右有成者，固非奴婢所能阻壞也。惟此後足下孤身，愈縈鄙懷，如何如何！除邪如何除？布善如何布？足下善自愛，極力保攝以健身軀。一言勿輕發，一事勿輕行，勿與僕役絮褻，勿勞精力，早睡戒酒，以使夜間清醒。小心以使人无能欺瞞，少事以使神常健王。勿喜奉承奬譽，以受人愚。勿輕托腹心，則奸詭不得施矣。字到，萬勿動氣生疾，爲人所幸。徐以處之，機變何常。千萬不盡。

與來儼若書

十月半，過德州，一李生龍友來見，曰："臨朐上五井來子儼若，异士也。"及抵武定，拜五老庵，庵曰："儼若義勇，不可一世。"又晤登州趙德生，云先生曾游海上，訪人物，曰某某佳，但無實經濟。聽之狂喜，以爲近今所罕有。世之蚩蚩飲食者不足論，其穎异稱士者爲八比，再上爲詩古文，又上號理學講性天，皆趨无用。先生獨重有用學，同肩吾道有人矣！已，又聞五老庵云先生家計日削，抱羸疾，恐綿延難起。塨大驚起立，何有用人而至此？天歟？人歟？天阨之也，吾則不知矣。如非盡天災也，則病有自來，亦有自去。先生自度爲何如人耶？若果其身爲天地萬物不可少者，有疾而不自療，與朋友聞其疾而不思所以療之，皆與於不智不仁者也。是以妄擬一方，獻之左右，不知有合與否，而愚衷不敢不盡。竊以爲庸人之病，酒色財而已；豪傑之病，則一在曠懷天下而不卹家室，一在憂世而不樂天。古聖賢之爲人也，教必先以養。其自爲也，先保身齊家，而後及國與天下。井里菽布，養身家之具也。而今與古又异。古賓興不出萬家之鄉，公私治民治事之官甚夥，易於見用，故無憂貧。後世反是，而父母不可不事，妻子不可不畜。故許平仲曰："學莫先於治生。"以不治生則无以養廉節，无以長學問。故海内豪俠者流，往往奔走四方，緣門持鉢，漸染骫骳，而且忿忿然爲糊口計，所謂兵農禮樂者，僅託空言，而无餘力以從事也。即或閉門高尚，九州四海，空懷措置，而一身一家，未有棲泊，蹙蹙困窮，妻孥交讁，貧繼以病，牀頭短氣。嗟乎！跬步不能，而尚言遠大耶？既曰有用，何不用之身家？何不勤？何不儉？何不走風宿雨、樋水負薪？何不上取之天、下取之地？如范蠡、馬援，可聚可散。此病之當急醫者一也。吾儒道德經濟，原非二途。舜遭焚廩、浚井、烈風、雷雨諸難而不損者，以其夔夔齊慄，性天已定也。孔孟悲天憫人而樂在中，蓋震盪之勳業，必自敬定之性天而出也。後世豪俠，一有遠志，輒怨天尤人，氣塞髮指，至不能得意，氣日塡瘀，身益无聊，外感内傷，皆相縛制，而憂傷終老，病入膏肓，當爲孔孟所不取也。此病之當急醫者二也。先生自勘，无此病也，无妄之災，行有喜矣。苟萬一涉此，先生而果豪傑也。朱晦庵曰："如此爲病，不如此即爲藥。"吾知聞鄙言必一笑挺立，不知沉痾何去，而身體髮膚，劃然爲壯士完人也。相見有期，容再傾倒。不悉。

上太倉相公書

塨向以家貧親老，食力四方，以求菽水。客歲歸里，老母七十有餘，羸弱多痰，動須扶掖，飲食疴癢，跬步難離。日謀北上叩謁鈞衡，尚未得遂。昨王之臣以萬歲科進士來自都門。之臣，從孫之表昆弟也。傳諭清問，不以迂遠爲罪，且欲提拔薦剡，置之華顯，感甚感甚！而但塨非其人也，骨相多屯，面目皴野，如溪麈山豕，惟知豐草長林，引置庭除，必且驚愕失其魂魄，況進之清廟明堂乎？此萬萬不可隕越者也。塨行年已五十又六，功名富貴，極知非分，一無越思。惟是學問積習，緣與性成，自覺於堯舜周孔之心源，粗有所見；於三古所傳之《易》《詩》《書》《春秋》《禮》《樂》，微有所解。近者禮樂六藝皆有著述，《易經》《大學》《中庸》已注訖，《論語》正在詮訓。而貧乏迂闊，言之則聽者稀，付之梨棗則无力，恐一旦湮墜，遂委泥沙。以夫子之德量名位甲天下，若不彼譾劣，取小著種種賜觀，以定是非，使得折中以質後世，即白骨而附之肉矣！固不必强納之清華，使迂疎不通世事之人，動輒觸戾也。謹將《易注》間鈔數紙先呈，惟乞坐論之暇，少垂觀覽，指其瑕纇，是幸！北望稽首，惶恐惶恐。塨謹稟啓。

與溫載湄書

下交如門下者，尚復幾人？幸而暫止敝邑，自當朝夕過從，沃親色笑。乃一見經旬，無能長侍，怠慢之罪，疚心慚面。然而有故，不敢不少白於左右。塨少頗負狂志，欲起而馳驅天下，建功立業。即萬一蹉跎，亦必講學明道，大聲疾呼，以覺斯人。今俱已矣，年殘運蹇，上而當道，或譽或毁，皆傳聞過情，非塨本色。四海舊遊，陸續零落，鄉戚比鄰，同學者尠。然則强顔對人，將以何語？而塨又不幸賦質迂乖。善笑工顰、射利陳乞，既已不能；米鹽欹瑣、婦子寒溫，又復不慣。以此自知大人貴跡之事，斷斷無分。因之奉親攜幼，遠竄荒鄙，躬耕灌園。冬底務閒，尚有人象。入春以後，面目黎黑，手塗足泥，塵封麋髮，僬僬趨走，與土芥細民，同範一模。雖欲進身仕君子之側，仰首周旋，固不倫矣。是以甘貧杜口，絶跡城市，即敝邑數十里之近，嘗經年不一入。偶入之，人以爲驚，己亦以爲怪。其不能常過請教，良以此也。惟門下格外之鑒，自能諒之，故一道。若他人，則忘言久矣。

翁止園曰：寫晚年遁跡農圃、晦形逃名之狀如畫。而或以爲先生治生謀富，堪捧腹矣。

與張解元書

近時學問人少，三五良友，皆落落天涯。每歸里居，輒壹欝無語。不謂留心經學者，竟出自少時同硯席人！昨一聚談，喜出望外。拙論多有唐突，惟“笙詩有聲無辭”一則，伊時以日暮別去，未盡其説，此詩樂大義不可不白者。笙詩非無辭也，小序有其義矣。束氏、夏侯氏魯補其辭矣，古人未嘗言無辭也。《書》曰“詩言志”，若無辭，則或曰笙調笙音，而不可曰笙詩，世有無言而稱詩者乎？至宋人鄭樵，疑六詩何以盡逸，遂武斷以爲無辭。夫逸詩之故，安得盡考？或以笙詩用在一時，故連篇而逸耳。若曰無辭，則孔子删《詩》，而計之曰三百篇，乃取無辭者以計數，可乎？朱子又誤因樵説，因見《儀禮·燕》與《鄉飲酒》文有歌有奏，遂解謂有辭者爲歌，無辭者爲樂爲奏，則舉其一竟忘其二與三矣。《周禮》歌黄鐘、奏大吕，歌與奏皆樂也。凡樂事，以鐘鼓奏九夏，奏即樂，皆有詩辭也。且大射則歌射節，王奏《騶虞》，諸侯奏《貍首》，卿大夫奏《采蘋》，士奏《采蘩》，皆以歌爲奏。即《儀禮·鄉射》亦云“樂正東面，命太師曰‘奏《騶虞》’”，豈《騶虞》《采蘋》《采蘩》亦有聲無辭耶？《周禮》鞮鞻氏掌聲歌，祭祀則吹而歌之。《注疏》謂歌者在上，而吹者以管籥爲聲，故笙師掌教竽笙籥管諸器。故《郊特牲》曰“歌者在上，匏竹在下”，是吹笙管無不比於歌辭明矣。《鄉飲酒》義，合樂三終。《注疏》曰“笙吹《鵲巢》《采蘩》《采蘋》”，是笙詩不止《南陔》等六篇，且有辭至今見存者矣。孔子既祥十日，而成笙歌，是笙有歌辭，聖人之行事，確可據矣。至又謂笙詩無辭，同於投壺之魯鼓、薛鼓，但有音節而併無詩歌，更爲可异。夫魯鼓、薛鼓，正應歌詩之節，以爲投壺之節者也，故前命弦者曰奏《貍首》，而乃若未之見也。何耶？所謂通經者，謂其穴貫參五，一觸百動，若與古聖揖讓而上下也。如執一未解，便成膠漆，失之遠矣。門下經學，諒不自封也，故敢以是請正。不宣。

陈健夫曰：舊闻萬季野與恕谷考証今古，握手而笑曰：“天下英雄，惟使君與孤耳。閻潜丘、洪去蕪未知何如也。”今觀此，良然。

復惲皋聞書

承示《心銘》，足見近功縝密，故天君呈露。但有商者，《銘》但言心之體狀，而未及其功力也。是從放曠、禁制、摸索、擬議俱不得之後，而忽悟其妙，而非致功之據也。且二語有疵：“心死”，則佛氏涅盤之説也；“玩之樂甚，惟恐一轉動失之”，乃程邵養心之學，故程子閉目静坐，邵子在山中静坐六年。非孔孟養心之學也。孔孟之學曰“立則見其參於前，在輿則見其倚於衡”，先立其大，求其放心，而總之“操則存”一語盡之，即《詩》所謂“小心翼翼，昭事上帝”也，《易》所謂“終日乾乾，夕惕若”也。可以曠適、可以禁制、可以摸索、可以擬議。動亦操，静亦操，如明鏡高懸，所謂明明德也，何有死境？所謂明明德於天下也，何爲動失？

此道原細，向來所交良師友，惟見習齋先生内地卓然，如王崑繩、宋豫庵皆未實得。因足下精進無疆，故妄言之。

復惲皋聞書

端月十日，門下付天津人書至。二月初八日，又接手教，意念肫切，讀之感動。所論《傳注》緩刻良有見，但《大學》《中庸》年前已竣，《論語》刻様俱寫訖，開雕十之三四，則不能止矣，唯勿輕與人可也。然塨亦有説者。門下謂朱《注》痼人，以其爲科場所遵，溫飽榮耀，俱出朱注，安得不寶而奉之？今欲呼其聾寐，難矣！誠哉是言！即如方子靈皋，文行踔越，非志溫飽者，且於塨敬愛特甚，知顔先生之學亦不爲不深。然且依違曰"但伸己説，不必辨程朱"。揆其意，似諺所謂"受恩深處即爲家"者，則下此可知矣。塨雖愚妄，寧不之解？但塨之意，非急望之一時，非概望之人人也。即如目前求溫飽榮耀，固比户皆然，然特然樹起者，近地有馮樞天相從，數千里外又得門下相印合，程啓生相推許。虞仲翔一經生耳，猶謂"舉世無知，死當以青蠅爲吊客"。今當吾生而磊磊有三四人，不爲少矣。語云："千里而一聖，若比肩而立；百里而一賢，若接踵而至。"自古難之，何論晚近？況其他心以爲是，而但口不能發明、文不能燦陳者，又指不勝屈也。況天下萬世，又未可以意量也。獨是塨所憂者，不在同調之寡儔，而在此道之遂泯。塨與門下齒已俱長，百年而後，子弟未必能承，及門未必通顯。而書煩鈔寫，甚爲艱難，流布必少。天下事未可知，東振西蕩，遺籍散落，矧此一二家藏，勢必沉淪。後世并不知有此説，而望繼起之有人，固無自矣。故嘗謂堯舜孔顔若無經書，今世并昧其姓氏，又焉傳其道術？苟得摹本易成，散布人間，即付之無何有之手，或千百帙皆亡而一幸存，一遇有心人得之，星星之火，遂可燎原。《韓昌黎文集》掩抑百餘年，歐陽文忠獲於敝簏中，表章之，輒以行世，況聖道乎？門下謂求溫飽榮耀者，必不能翻然以從。塨正憂溫飽榮耀者之群痼聖道，而欲勉留此幾微一綫也。《辨業》《學規纂》雖依倚聖經，恐人尚以爲一節之見、偶然之論，今聖言歷歷，皆與注明，則斯文規橅道路，固有一定矣。萬世而後，或不敢必越聖經以循其私塗也。雖然，塨謂必能傳哉？塨與門下交數年矣，門下視塨尚有一系標榜爲名之見耶？尚有與先儒爭勝之意耶？乃承顔先生提誨，謂天地民物，不忍令其塵霾；先聖先賢，不忍任其墮地。當日顔先生言此泣下，塨亦泣下，故妄冀倖於後儒霧瘴之或熄，聖道幾希之可存，而不敢必，不能已。每五夜徬徨嘆息，聲絕而繼之以血淚者也。嗟乎！成敗明晦，聽之天矣，盡吾心焉已矣！門下謂我何哉？又論宜刊《小學稽業》《學禮》，甚是。二種所費不甚夥，容即圖之。不宣。

給陳秉之學院書

塨罪逆深重，謫居倚廬，本不當喪顔伸有辭説，但念閣下高樹道幟，表彰人倫，將敝師顔習齋先生入博、蠡二邑鄉賢，拔王五公曾孫補諸生，又屢承注問，誼不敢忘。謹修赫蹏，令馮生代往叩謝，并質學術。伏讀閣下批公舉習齋呈云"三物禔躬，兼通六藝"，則於顔先生論學大旨，固已同心許可矣。竊思學聖祇有下學上達二者，尊著《學辨質疑》曰："孟子性善最的，程朱言氣質之性有惡，而曰清固水，濁亦不可謂非水。不知黄河之水濁矣，乃沙泥闌入，若汲而澄之，本體自清。伊尹曰'習與性成'，孟子曰'陷溺'，則惡之咎在習，非性之才情有不善也。"亮哉斯言！以爲情才皆善，是習齋《存性編》理氣皆善之論矣。蓋才即形色也，即氣質也。歸惡於"習"，與《存性編》歸之"引蔽習染"者又合矣。何閣下上達性天之見迥出先儒如此也？《學辨質疑》又曰："格物，即格身心意知家國天下之有名目條件者。若於此外窮事物之理，如姚江所謂格庭前竹者，聖賢必無此無用之學也。"拙著《大學辨業》，專論格物，閣下乃先得我心矣。蓋物即身心家國天下之物也。格，至也，學習其事也。誠正修齊治平，行其事也。故經曰：欲誠正修齊治平，先致知格物。格致而後誠正修齊治平，各有功力節候也。然學，學其所行；行，行其所學，祇此身心家國天下之物也，固無泛濫於草木萬彙以爲窮理者，至曰"有名目條件者曰物"，此語更精。蓋名目條件，固無外仁義禮知、子臣弟友、禮樂兵農，如《周禮》所謂三物者矣。乃嘆閣下之於下學確有憑據，視捕幻影、理亂絲者相去萬萬也，豈堯、舜、周、孔之道將大明於世，而特鍾於閣下耶？前聞衡水小徒劉廷忠呈《存性編》，博野廣文呈《習齋年譜》，馮生又呈《小學稽業》《學禮》二種，近肅寧黄令索去《四存編》《辨業》《學規纂》《論語、大學、中庸傳注》《恕谷後集》共十一帙獻上，今又將《論學》二則、《傳注問》一册奉覽，惟求閣下嚴加批削，誨其剌謬，示下，使聖道不致岐塗，非但塨一人之幸，而天下萬事之幸也！敢以手額，不盡。

陳秉之復書，略云：憶弱冠時曾於萬季野先生講座得瞻光霽，今二十年矣。校士畿甸，備聞先生躬行實踐，凡禮樂諸大猷，无不深究原委，可措施行，誠孔門之羽翼，而後學之津筏也。所示《論學》《傳注問》二種，言言至理，洞見閫奥。歲試事竣，再過保陽，當細傾大教，奉爲指南，曷勝顒望。

復蔡瑞寰書

久違渴甚,忽承華翰,强張病目,披讀生喜,旋自悲傷。塨自戊戌十月,陡中風疾,半身不仁。年來日服藥餌,病不損減,勉自撑持。昨四月間,失足一跌,遂日沉重。楊令表弟來陪侍,喜甚,不意微勞,竟動虚火,夜半痰壅,憒難起牀。自思脾虚作泄,肺虚怯言,腎虚精竭,怔忡疲癃,已有年所,又得此症,口張不合,仰臥如尸,門户數武,扶杖恐顛,大約不能久於人世矣。今承賢王德意,願竭踵頂,奈心神慌惚,語言顛眊,手足皆廢,趨拜無由。高明素叨深契,重懇代陳病狀,超豁廢軀,使得少延殘喘,不亦首丘故園,長托聖世。若迫之西行,萬萬不能。不惟身病不前,老母年八十餘,原有夙疾,聞塨遠行,必驚憂不測。塨尚何心,能不隕墮? 母子二命,并於一時,諒有道必所垂憐,而吾子亦爲之惻然沾裳者也。車馬之來,萬求中止,啣結報恩,矢於世世。臨風嗚咽,不一不一。手戰不能書,伏枕口授,令兒輩草呈。恕罪。

李季平曰:質古一無雕飾,徵其誠矣。

恕谷後集·卷六

馮先生傳

馮先生名夢徵,字繪升,安州人,以廩生選拔貢士。生而凝厚,篤孝友。繼母趙氏待之厲,先生先其意所欲,陰遂之,遂以底豫。後每有盛威,先生諭之,立霽。當是時,大河北孫徵君鍾元宗王守仁,刁孝廉包宗朱熹,講學,各著書鳴世。先生亦守程朱説,然結廬白洋淀旁,僻巷自修,恬如也。已而與塨交,聞塨有較正先儒語,抵書爭之,娓娓數千言。及顔習齋先生與之《存學編》,論孔孟正旨,又見塨《大學辨業》,深有省,晚年與習齋結會共砥。嗚呼!自程朱立學道名以來,再變而爲陽明氏,天下分門角户者,不出二派。先生初堅墨守,末燭康衢,可不謂聞道者與?貧而好義,屢脱人於難,樂誨從遊,老愈恭謹,對客恂恂如後生然。殁後,五子以醇雅世其家。

顔習齋先生曰:道貌如畫。

馮君傳

馮君諱壅,字敬南,代州人也。大父廣東左布政使如京,以《春秋》名家,世稱曰"秋水先生"。父雲驌,仕翰林院講官,至禮科給事中。君生而穎异,好經濟,嘗謁魏敏果公象樞,奇之。戊辰,聯捷成進士,初補中書,已陞梧州府同知。衙無事,每爲上官剖疏別案事,特薦調補南寧同知。南寧逼左江,與諸土司壤相錯。自吴逆後,伏莽多有,守土置,莫誰何。君至,陰詗其一,縛致之,訊其黨,皆獲。置魁於法,餘釋,署爲鄉役。率土兵伺盜,自是盜未發而捕已至矣。一巨偷李亞四,聚數百人伏城鎮北橋,期舉火,諸官出救蹌之,大掠。君知,偵衆盜盡出,而亞四在,急擒之,群盜駭散。南寧故以竹結屋,覆之茅,比簷相亞,每災輒延燒十百家，盜因乘之刼略。君命民門庀甕一，貯水，驗無水者罰。立保甲，令遇災人擔水一石運至，給籤，翌日，按籤有無施刑賞。又使役巡燬所，非運水及捕火人即執懲。由是比年無災，而盜亦熄。歲戊寅，湖廣茶陵州有警，嶺西南群醜伏蔓南寧營署間，謀旦暮起應。當事者震讋，計之君。君曰："吾行辦之。"密廉得其主名，夜呼前，釋盜，諭以効力，皆屑涕誓死報。迺令各招其徒入，即土兵也。質明，戈兵蟻聚屯城中，當事益大駭，曰："何爲者？"君曰："無他也，行釋去矣。"諸奸見兵集，慴伏，莫敢動。因按名捕寘之法，而犒土兵以牛酒去。庚辰，攝府印，剔寧關税弊，巡撫彭鵬疏薦。適君丁外艱，士民攀留不得，至感嘆泣下。辛巳，李塨入都，君浮家都門，萬子斯同亟稱君學者，因相會。抵冬，君延萬子、孔氏子尚任、王子源及塨論學，塨餽以《大學辨業》。萬子夙有講會，壬午，卒。君乃邀同人十日一會其廬。癸未春，塨又入都，君廣集四方士列講筵，推塨講，塨謝不敏。座或問理氣、五行及經義，略陳説。日晡散去。君留塨，喟然問曰："聖門所重者六藝，今置不問，學術烏乎振？"塨曰："君知其由耶？三代以上，以仁義禮智之德，出而爲子臣弟友之行，緯以禮樂兵農之事，而其事則必習之學中，一源共委。典樂所以教胄子，大司徒所以教萬民也。無何，遭秦坑，口傳身授之學遂湮，惟古聖載德行與藝諸典籍，幸有存者。於是搜購爬羅，誦説多而習行少，謂傳經爲儒者。至宋明諸儒，又以漢唐僅訓詁，未窺本源，乃舉聖門不可得聞之性天，立'主靜、觀中、致良知'等名以補苴之。上之虚摸太極，下之日役章句，至於禮樂，則以爲緩圖，射御書數，則以爲鄙事，將子路之兵、冉有之農、公西華之相禮，俱置學外，致使漢唐宋明諸君所與創定宇宙者，率用黠盜屠販輩，而所謂傳道大儒，且高閣束之，待异日天下無事，命以珥筆講書而已。不知伊吕周孔當此時，亦衹如此否？且禮樂兵農不務，則所持以盡行者何事？養德者何具？而德行亦因以亡矣。此學術所以日壞，天下所以日靡而不可措也。"君立起，曰："然。"乃遍究禮樂經濟諸端，夜深秉燭，偕其四弟壓及子考辨，娓娓不休。塨復言修身齊家務，君欣然期立見於行。

初，君童歲，詩文即噪人口，顧唾棄弗屑。嘗學射，應弦中。相馬，駑駿百不失一。尤精算術，測高、量遠、求深，推計今古，伸手布籌，咄嗟立辨。世傳《九章書》與西洋算法，人或輾轉莫解，君一覽立剖，輒指畫令人人可曉。生有巧思，凡攻金攻木錐鑿鈐錘之類，行則攜之。時考次纏度，定刻漏早晚，地勢向背，皆出意解。手成小儀器，精巧靈通，世業家自謂弗及也。每言制器今不逮古遠甚，如《考工記》"弓人"一則，妙盡物曲，學士不之求，工人又没世不知，他率類是。嘗欲以所試農田、水利、軍旅、甲胄、火攻諸器爲一書，又欲推春秋以來日月薄蝕、五星行度、諸儒同异得失爲一書，皆未就。見成者僅有《諸分指掌》《測量方程》二小帙。製器有簡平儀、大銅黄道儀、小時日晷、銅矩度器、銅渾儀、皮水砲。乃甲申正月，甫三十八歲，遂卒矣。

李塨曰：聖道豈其莫振也哉？何馮君之早折也？予初交君時，窺其貌癯然，目清露，詢之，則世家貴族。疑貌何以不類？乃卒短折。悲夫！卒後，聞有訾謷，詎才尤見嫉耶？抑所見者遠，而左右周旋乃未至耶？使君不得盡其學，將誰尤哉？

孔东塘曰：屈注天潢，倒連滄海。從来傳文，少此奇觀。

李贈翁傳

贈翁諱雍熙，號淦秋。先世本棗强李氏，後徙長山。翁少好義俠，千里朋畢至，擊鮮浮白，抵夜分。鋤强援貧難立削牘，經紀出千百金無遴色。後丁父艱，盡禮。已而執母氏變，比葬，寇斗至，明器僉焚掠。翁大慟，踴身壙中，親友挽之，得不墮。迺挫豪茹長齋，掛牙牌直胸，上鐫母訓，下鏤曰"爲善窒惡"。長白山故有外舅史侍郎别業，因結茅，著方外服，讀丹經其上，而好義急難如故。推弟姪田宅，族戚養於家，俾成立數十人。里人以窘來鬻物，與直而還之。一舅弟爭壥，給以田勸息。乙指甲攘其貲，曰："無是也。"爲代償。其他已逋贖掠助昏葬難數計。邑有巨鎮曰"周村"，牙儈握權度撟虔，翁僱人充之，税出橐，不索商一錢。貨兢至，居民亦裕。又立義倉、義學、義塚。偶疾，走望禱者踵接。初，翁值明季群盜起，什伍鄉人，百置長，練以營陳，鄉週遭樹望樓，外聯木寨，翁身執鋭指揮，巨盜凜不敢犯。暮年，一日同從兄司寇化熙有所之，翁箬笠寬博，司寇故與踶馬。甫上，怒躍，翁提鞭撾後，馬慴伏，循循走。司寇捧腹笑曰："何許道叟而若是?"所著有《孝行庸言》《翠岩詩集》，雜著藏家塾。子孫繩繩貴顯，仲孫斯義，以進士今任大理寺卿，贈翁如其官。

李塨曰：王法乾嘗爲塨言，天報德亦報功，而功猶較著，可肘量而指算也。蠡人閆際泰輕俠好義，子登甲榜，職部郎。劉潤九以質民好行其德，子姓習富，有宦者。翁功更鉅，食報亦鉅，法乾之言不誣矣！翁晚德益進，雜著皆修齊至道。訓諸孫曰："吾少誤於俠，中嗜黄老，皆非若所宜法也。"雖然，漢七國變，周亞夫乘傳車至洛，求得劇孟，喜曰："七國舉大難而不獲孟，知其無能爲也。"俠之輕重於世何如哉？吾行天下，每至，必詢仗義急難人，不概見，感慨繫之矣。

王崑绳曰：赤手捕长蛇，不事鞍轡骑生馬，奇人高文能熊千古。

彭山人傳

順治十五年，蠡吾彭之燦南如蘇門，坐餓嘯臺上。孫鍾元徵君挽之，不可，七日而死。

天下稱之曰"彭餓夫"云。於時,其侄山人名通者,亦與上谷張秉曜結北邙社。秉曜云:"浩然歸去事如何?"山人云:"不向邯鄲惹睡魔。"秉曜云:"生死揔同秋色老。"山人云:"北邙山畔月明多。"已而笑曰:"生與死,亦何分哉?"乃放曠行歌,而一混於酒,好學書及畫。時絕炊,妻子嗷嗷,尚據案揮毫不輟。已而,竟起出門去,妻子亦不知何往也。嘗遊京洛,貴顯家皆愛禮之。醉輒作狂語曰:"許大長安,何寂寂也?"有衣以錦衣者,晝衣夜被,其妻曰:"盍珍之?"山人昂首曰:"汝欲使此衣役我耶?"見人輒笑傲,或與人語,至半,輒一笑而止。人延之,必爲置酒,半酣,輒歌呼嗚嗚不自休。無酒,則攢眉而去。每高吟云:"終日萬吞吐,不道一俗字。"年八十餘,飲酒浩歌如故,而書畫益進。

李塨曰:"餓夫之死不悔,而山人復以放曠高簡遨遊人間,何吾蠡彭氏之多奇也?然山人吐棄世故,至妻子凍餒亦不以爲意,其殆爲莊列之學者耶?雖然,世之患得之而患失之、卑躬汙節而不之恤者,其視山人不啻雲泥矣!"

毛河右先生曰:碑傳當有鬚眉,有言動語笑。此在退之且束手,而剛主能之,豈非龍門之才?

郭孝婦傳

孝婦,開封郭鍾琇妻,而王指揮堯臣女也。明崇禎間,闖賊李自成兩攻開封,不克。總兵陳永福子射其一目,眇,大恨,於十五年四月,率衆燬四郊麥,百計攻。城中乏食,推官黄澍括民粟三次,麵一觔直銀二十兩,纓珞草、小紅蟲、瓦松、蜣螂每觔至三緡,人相食。孝婦家計口日熟麵水一盌,繼以糠覈,庭前蒲萄啗其葉盡。姑年七十餘,不能食,孝婦懷有乳嬰,迺以湩哺姑,如是數月。孏日減,嬰餓損,呱呱泣,孝婦撫之亦泣接頤也,而强笑語上堂,乳其姑。九月十七日,賊灌黄河入城。家衆號,巢水上,食絕,湩涓滴僅奉姑,嬰竟瘐。已而水益漲,伻高福得一小桴,鍾琇扶母上,命孝婦面雍樹,長兒圻隨,而身與弟別出。桴漂巨浪中,隨波湧,竟達涘。四顧皆賊壘,無所之。有絳衣老父,須髯皤垂,曳杖來,曰:"而郭氏妻孥耶?焉知路?可隨吾行。"抵河干,不見一賊,引入草舍,甚潔,曰:"此有粥,食之。"又曰:"吾引而渡河相聚。"命登一舟。姑勞,坐而氣絕。孝婦擗胸泣曰:"天乎!吾願貣年活姑!"以乳餔姑口,夜半,甦曰:"渴欲沸水!"孝婦曰:"此舟中也,安得沸水?"仍以乳哺之。翌日,抵河北岸,絳衣老父已先候。無何,遙指鍾琇曰:"而家主至矣!"遂不見。鍾琇故孝友,嘗推產與弟,鄉稱曰"德育先生"。子圻,績學有聲。生數孫,一女孫嫁佘氏,不數年,嫠居,守節養其姑,與孝婦後先輝映云。

李塨曰：昔人傳郭巨以子分甘旨，將瘞之，劚得金，乃全；鄧攸避亂，繫子於樹去，而保其侄。皆出好事口，不足信。信有之，斷父母之續體以爲孝友，烏在其爲孝友哉？若孝婦者，其心皆不忍，而勢難兩全也，斯足悲矣。鬼神相之，有以哉！獨憾明季士大夫無學術，噂沓聲戰，以啟寇亂，使仁人孝婦，不得并保其母子，謂之何耶？

王崑繩曰：叙事生動變化而奥以潔，是漢以前先秦文字。贊慨乎其言所懷偉矣。

李 氏 傳

李氏，祁州生員作梅次女也。大父珍，中崇禎己卯舉人，終身不仕。氏少婉嫕，十六歲，歸蠡閻生鍵。祖舅際泰，以義俠豪華起家。舅民部，出身名進士。氏獨承以儉素，從臾夫讀書節飲，比賢知聞。舅宦俸入不給，謂夫曰："吾家兄弟參然，而令老親貧瘁京邸，非孝也。"出簪珥數十金佐供。乙酉，年三十六，病卒。予嘗歎君臣、父子、夫婦、昆弟、朋友五倫亡其四，惟夫婦倫存，閨壼多深情也。又歎五倫存其四，惟夫婦倫亡，床笫尠別也。鍵於予爲及門，來叩，神傷曰："氏之賢已矣！願先生傳之也。"氏艱於產，力勸鍵置副。自初昏，琴瑟甚和，然寡言笑，相敬如賓。鍵偶動慾念，輒正詞止之，曰："非求嗣，胡爲者？且獨不計君身孱也？"嗟乎！古所稱情摯有別者，殆氏歟？乃爲傳。

魏 烈 婦 傳

烈婦王氏，新城王五公先生之孫女，而忻州知州新安魏公蓮陸之長孫婦也。年十五六，父曙光許歸魏氏。事舅韞石、姑田氏，盡婦道。夫克儉病弱，相之敬而順。康熙三十二年，克儉補易州諸生，嘗讀書保定府城內。時病旋劇，烈婦聞之，自易州坎下倉皇入侍，左右奉養，卒不起。烈婦擗踊長號，曰："吾無天矣！可生耶？"吞毒半下咽，姑見，以指出之，大哭，呼曰："吾與汝舅俱有年，汝夫之二弟稚。汝夫死，汝又死，是死吾夫婦也。"灌以藥，日夜令人防，且曰："若叔後日產子，首即與汝。"烈婦時年十九矣，乃強理生計，茹荼攻蓼，不少懈。數年後，季子克肅生子繼先，遂以嗣之。烈婦撫育甚摯，髫亂督就外傅，隨兩叔父學。夜歸，必令背誦。初，克儉藁葬坎下村側，至康熙四十八年，韞石立新阡營葬。烈婦同穴之志怦怦動，淚集裳不可拭，已而佯爲歡笑。時韞石率二子入府試，烈婦撫繼先曰："汝祖及叔父出，祖母室无人，兒可伴祖母寢。"繼先怙恃久，牽裾不去也。及夜夙興，視兒寢熟，乃靧漱櫛縰，以手畫壁，曰："吾事畢矣！志遂矣！"端坐几上，雉經而卒。王五公先生與魏公蓮陸，皆容城孫徵君門人。徵君當明季周旋左光斗、魏大中、周順昌逆璫之難，幾濱禍，不懾，故其講學以氣節人。而五公先生更淬礪氣節，抱膝著《居諸編》，倚天長號慷慨，須眉如戟。蓮陸亦仔肩徵君之學，垂老不悔，宜其家婦女之仗節，視死如歸也。安肅知縣薛祖順旌其閭，爲文，立石墓畔。一時歌賦輓贊者無算。

李塨曰：吾友惲皋聞每爲我言："人性有四德，而今最亟者在羞惡，能起人羞惡之心，人紀烝烝日上矣。"嗟乎！誠哉是言也。如烈婦殆激發於羞惡者素耶？其視人之朝秦暮楚，泚面怍心，不可須臾活，而烏得不終以死殉也？婦父家姑，五公以字易州田治埏之子誠甫。事夫如大賓，誠甫夜出，至漏二三下，必秉燭莊坐待之，無惰容。誠甫亦早逝，撫一啞子，育孫成家室，今蕭蕭白髮，七十餘矣，與烈婦生死皆無負云。

王子傳

王子名源，字崑繩，大興人。父世德，明季以世職官錦衣衛指揮僉事，國變，避地高郵，著《崇禎遺録》。子二，長潔，王子其次也。性剛而好學，少從梁公以樟遊。樟，清苑人，明已卯北直解元，後亦如南高隱，與王子兄潔共談宋儒學。王子方髫亂，聞之，不首肯，獨嗜兵法，爲古文。魏禧見而奇之，曰："此諸葛君之流也。"著《兵論》三十二篇。謂古文規橅先秦西漢，以離以斷爲章法，宋人株守韓愈，文從字順，語求合求續，惟恐顛躓，而古文卑茶衰亡矣。三藩平後，競尚筆墨文學，舘閣徐乾學等招致天下名士，排纘詞章。一時如劉繼莊以及萬斯同、胡渭生、閻若璩輩，皆集闕下，而王子亦與焉，顧睥睨儕伍，蔑如也。聞予，相與晤。予微言聖學，王子目瞪神愯，持予《大學辨業》去，是之。因與劇言顏先生明親之道，令閲《存學編》。夜同榻臥，雞鳴，蹴予覺，起立曰："吾知所歸矣！吾自負有用，古文必傳世，然躬際太平，弢鈐安事？文辭終屬枝葉，非所以安身立命也。倩君价予，執贄習齋。"遂入博野傳顏先生學。時康熙癸未，王子年五十六矣。初，王子自命英雄，夜定，必置酒痛飲，面昂身挺，目電須戟，議論磅礴今古，醉則歷罵貴顯時流，雜以諧謔。塨徐語曰："子誤矣！吾人當與堯舜周孔衡長短，乃卑之較論時輩耶？"王子大悔，立《省身録》，效習齋日記，以考糾身心得失。晚年學益進。當吴三桂畔，天下震動，王子笑曰："無事也。三桂鼓行而前，直抵中原，策之上也；順流東下，以取金陵，跨江而守，策之中也；裴徊荊襄，延日引月，此成禽耳。駑馬戀棧，安知遠圖？必無事矣。"已果如其言。及聞顏先生學，乃著《平書》十卷：一曰分民。謂士農工商以分之，甲保鄉以合之。立鄉官，曰正、曰畯、曰巡以治之。而奸民、遊食、异端則變之除之也。二曰分土。謂郡縣久任重權，如封建，縣統於府，府統於藩。其地域則因山川隨幅幀，不相紊，不大懸也。三曰建官。謂内官設府，公孤、端揆、御史、成均也。設部，農、禮、兵、刑等六部也。設院，通政、黄門也。設衛，金吾、羽林也。設司，曆象醫卜之類也。外官則藩、府、縣。縣有堂，縣令縣師也。有衙，六衙也。有監，亦醫卜之類也。府藩皆如之，而异其名。其銓選則以一途爲陞降，不以他途雜之，如縣令轉至相國而其官止，縣師轉至大司城而其官止，縣衙理農者轉至大司農而其官止，縣醫官轉至京師醫官而其官止之類也。別其賢否爲舉錯，不以年勞限之。天子考相國，相國考卿貳以及州藩，下則各考其屬。外巡按御史劾之，内御史府、黄門院劾之，三年一考，九年三考，或陟或留或黜，而又有不時舉劾者，不論年勞也。四曰取士。八歲入鄉學，教之孝弟、幼儀、識字、習數、讀經書、習小樂舞。十五入縣學，教之六德、六行、六藝，閲史陳策。二十後教成者，進之郡學。教之三月，試之，又進之藩學，如之，進之成均，如之，遣歸縣，謂之太學生。分科以爲士，曰禮儀、曰樂律、曰天文、曰農政、曰兵法、曰刑罰、曰藝能、曰理財、曰兼科，分之各署。三年明習厥事，乃實授之職，曰下士，予禄，官以此爲始。五曰制田。議均田、開水利也。六曰武備。兵制、兵法也。七曰財用。論積粟、錢法、鹽法、商税也。八曰河淮。治水也。九曰刑罰。謂復墨以罪贓，復刖以罪盜，復宫以罪姦也。十曰禮樂。移風易俗也。而最要者尤在建官、取士二則，所謂“爲萬世開太平”者也。初，王子數歲，從父於南。迄壬申，父八十，思首丘，適天津鹽商張霖豪俠好士，延之，遂奉父居天津，中北直癸酉科舉人。父卒，葬之京師西山祖兆，經理松楸穴場數年。淮安姚守聘，遂謝己丑春闈，攜家而南。時閲予《易經傳注》，知《太極》《先天》諸圖，皆道家异説，與聖經牴牾，乃於淮署著《學易通言》五卷。抵庚寅，遂卒於淮署。一子兆符。辛丑進士。自孔孟沒而聖道失傳，陵夷漢唐，至宋明而岐途互出，佛老俗學，浸淫雜亂。顔先生崛起，樹周孔正學，躬行善誘，志意甚偉，而傳聞不出里閈。王子來學，漸播海内，如吴涵、萬斯同、王復禮、郭金城、方苞、謝野臣、陶窳、惲鶴生，以名宦聞。人傳布其説，而道日益著。

李塨曰：王子所謂豪傑之士者非耶？迹其文名遠噪，公卿皆握手願交，意氣無前，且半百耆儒，弟子請業者滿户外，乃一聞聖道，遂躬造一甕牖繩樞潛修無聞之士，傴僂北面，惟恐不及。非誠以聖賢爲志，其能然乎？當在時，相與切磨，更欲進以沉退純粹。乃及今思之，寒丰正采，氣薄霄漢。尚有斯人哉？尚有斯人哉？

黄㢸臣曰：崑繩夫子，己丑南行，飲予齋，留詩云“憂向中來豈易寬？與君對酌且爲歡。憐才自古英雄少，得意當前我輩難。消遣壯懷談寶劍，蹉跎春夢付征鞍。還期共醉金臺下，四野蕭蕭放眼看。”聽其語，甚悲！而不知遂爲詩讖也。讀《傳》如見須麋，爲之潸然。

萬季野小傳

萬季野,諱斯同,鄞人。父兄以文學世家。季野讀書,過目輒不忘,尤熟《廿一史》及明代典故,徐尚書乾學聘入京修《明史》。已,乾學去位,王尚書鴻緒主之續修。當是時,朝廷平三藩後,尚辭學,公卿從風靡。讀書名士競會都門,而季野以博淹彊記爲之首。開講會,皆顯官主供張。翰林部郎處士率四五十人,環坐,聽季野講宫闕、地理、倉庫、河渠、水利、選舉、政刑諸項。不繙書,每會講一事,口如瓶注。淵睿臨札記,何代、何地、何人,年月日事起訖,豪釐不失也。時吴都憲涵榻予論學,季野暴聞予名,又知予與毛河右遊。先是,萬氏叔季在史館纂修,爲河右所折,嗛之。金德純特筵招胡朏明、季野及予,曰:"三君者,天下巨君也。"予後至,季野酒餘,赫然曰:"《河右全集序》爲先生撰,稱許太過,將累先生。"予謝手曰:"敢拜直言,然序文先生未深讀也。序以躬行自勵,以讀書歸毛先生,方慙虚大,非以屈諛。且聖道恢郭,詎一説而已。"胡子曰:"然。"因罷去。既而謂予曰:"先儒訓學錯出,愚謂祇是讀書耳。"予不答,但叩其長。歲辛巳,都憲及徐少宰秉義謀梓予《大學辨業》。予思季野負重名,見不合,或詆讕,不如先事質之。袖往求正。踰數日,季野見,下拜曰:"吾自誤六十餘年矣。吾少從遊黄梨洲,聞四明有潘先生者,曰'朱子道,陸子禪',怪之,往詰其説,有據。同學因轟言予畔黄先生,先生亦怒。予謝曰:'請以往不談學,專窮經史。'遂忽忽至今。不謂先生示我正途也!"自此情好日密。一日,講會,衆拈郊社,季野曰:"未也,請先講李先生學。"因舉《辨業》所論"格物"即學六藝,歷歷指示。曰:"李先生續周孔絶學,非我所及。諸君有志,勿自外。"并延予登坐講郊社,子辭謝去。嗟乎!吴越文人,爭尚浮誇,季野耆宿,褎然厭於上,公卿趨其餘風,今忽聞野人一言,傾心折服,舍己从之,是一端也,幾於大舜矣!時季野修《明史》,《紀》《傳》成,尚缺《表》《志》。無助者,與予雜論經史聲韻。曰:"夾室并廟室皆南向,故顧命西夾南向敷席,晉立古文《尚書》,不可廢。"予曰:"夾室東西向,非南向。《爾雅》稱'東西廂'是也。公食大夫禮,宰東夾北西面,使并廟而向南,宰何爲立廟後乎?立廟後,何以至東序授醯醬薦豆乎?古文《尚書》自漢孔安國送官府,至晉中秘尚存,惟无傳。東晉梅賾始得《安國傳》奏之,非獻古文《尚書》也。"曰:"何見?"曰:"見《隋書》。"予又曰:"古无四聲,有之始齊周顒。古惟分宫商五鈞,不分平入四類。"季野憮然曰:"吾何以未考也"。歸檢之,信。攜手曰:"天下惟君與下走耳。閻百詩、洪去蕪,未爲多也。"從臾,王尚書來拜,意招予同修《明史》,予辭謝不願也。無何,季野卒,予亦不往尚書家,事遂寢。

吴姬傳

姬，封丘吴氏女也。幼孤，爲人略賣北里。迫之倡，誓以死，不從。後其兄知，贖歸。鄆城李長華遊封丘，聞之，遂聘爲下妻，奇愛焉。長華以人貲需選縣令，寓燕京，姬從，操井臼八年，甚力。甲申春，長華病逝，姬孺子呼曰："吾主！吾願與主同死。"孫檢討勷本李姓，夙與長華通舅弟好，往弔，聞其哭，曰："嘆！是异常聲。"爲具棺殮，姬睨之，曰："左！"度右側可再容一棺，乃止。翌日，遂飲鴆。檢討馳救之，曰："而毋死。而主君死，而又死，他日君之子來，疑問臧獲，其何對？且而護喪，以俟君之子來而致之，而事乃畢也。"姬曰："然。"遂不死。十餘日，長華次子至，知其事，曰："而何爲死？倚我歸葬，吾且以子與而爲孫，以酬而勞。"檢討佐之，曰："是可以不死。"姬泣無言，夜半竟經死。

李塨曰：賢矣哉！姬之死也。含笑相從地下，又何言？獨念檢討君以貧官，其交遊如長華者亦多有，然嘗分米給炊。比卒，典朝衣爲之具。姬死，又具櫘，葬之眞空寺側。去廣寧門十里而近，西瞰西山，東帶普濟橋水，二松謖謖其上，明人詩所稱眞空寺後雙松樹是也。檢討急友朋，篤重節義，吾願爲執鞭矣。

王文子曰：潔甚。

朱字緑曰：姬死何從容也。傳得太史公神髓。姬不死矣。

温益修曰：有聲有貌，可讀可歌。閲之不知何以沉然痛，旋又胸中豁豁欢騰也。

郭令小傳

郭令子堅，名金湯，京師人也。其弟子固識予於稠人，子堅亦篤信焉。予與二人少長各一歲，參列若舅弟然。子堅性質直，不佞爲然諾，好潔勤，細務井井。出知桐鄉縣事，延予至，愛禮之甚厚。已歸，又延至。憂予將四十，妻無子，重聘爲予置副，搆"留春樓"以居予。予生子彌月，奏樂設筵，乃載旋里。涖官明於讞决，抑豪强，擊猾吏，嘗與予并轡出勸農桑，赴薦紳席，不以官自异也。予遊西湖，訪師友，遣役齎斧資恣所之。有過問學者，飭厨傳，惟恐後。丁祖母艱，解任。年四十八，遂卒。嗟乎！廻想生平情義之交，未有如之者也。其内子四川巡撫于養志女，敦潔閒雅，歲時以丘嫂禮相見，拜讓中節，凝如也。與子堅相敬如賓，御下無妬。予初往桐，比返，僅六七月，子堅爲我製錦緞、襌複絮、著皮裘，以及衵服、倒頓、袙腹之屬，除不算者六十餘稱，皆于夫人手自縫紩。及予有副，子堅戒閽曰：

“李先生室所用布帛、果賫、鍼縷諸物,有呼即應,勿關我。”當未往桐時,子固軫念予後,先爲我家中置一副。予嘗語諸子曰:“而世世無忘郭氏二公也。”

郭御史傳

郭御史名金城,字子固。父盡忠,仕至吏部文選司主事,早逝。盡忠養父顯名,撫御史甚嚴。遂自奮,以學問宦績著於時,由旗官學生試特等,授内閣中書,陞刑部員外郎,轉御史。先是,御史好詩文,聞予言顔習齋先生學,盡棄之,講求天文、地理、政刑、書、數、射、御諸學。入刑曹,精練刑名,十四司稿皆倚定。每决讞,再四欷歔,全活甚衆。及官御史,曰:“吏治不修,由官繁亂;人才不振,由三代學校、選舉之法不復。”因先疏請汰冗員,行之。而時逐宦利,謂仕途減則阻滯,群怨謗御史,笑而不辯也。御史貌謙謹,見人匔匔如子弟,而中實不可一世,非其道義所欲爲,百方撼之,不動也。杜絕暮夜苞苴,親串僕從從臾,終不變。公退,則閉門不請謁人。一日,遇尚書甲於塗,曰:“君何不一謁?”曰:“公有公地,私無事,何由謁?”曰:“時如此,勿執。”曰:“時如此時,而某人如此人也”。甲嘿然。當御史十三四歲,顯名使京西蕨山牧馬,且牧且刈芻。暮束芻馬上,跨而歸,艱苦備嘗。嘗歎曰:“吾命貧,安之,且天予艱,奈何?”力爲善,卒不盡其用,四十一歲卒。三子。卒之日,囊錢不足百,敝衣布襪以斂。

李塨曰:御史篤孝弟,能取師友,頗嗜黄老。謂予曰:“先生惡惡嚴,傷和。”予曰:“怒哀中節亦曰和。黄老玩世,究爲酷烈,非和也。”蒔花木,適適然,曰:“藉以存吾心也。”予曰:“寄心花木,無花木,心安寄?”改容稱是。嗟乎!共學可深言,惜哉!

王孫裔小傳

王孫裔,陝西湻化人。居西安府,性慷慨,以畫名。寫山川人物如生,歷歲月始一幅,巨富貴迫之,不得也。聞人畫宗某家則軒渠曰:“畫必有物,肖物足矣,焉知某家哉?畫天如天,畫地如地,畫何山如何山,何人物如何人物。今日倣荆倣董,古人即善寫,而倣不必善,迨數倣而盡失之矣!”初畫山水,或曰:“人物渠則未也。”遂寫人物。或曰:“渠善畫,未能書。”適有懸紗燈書“蘇”字,臨之,即酷肖。曰:“一能則俱能,能山水不能人物,其山水亦非也。”畫華嶽也,必先策杖窮三峰諸形勢,無一笔雜入泰岱恒衡者。性愛鴨,畜之,以次飼,鴨序進,莫敢躐。察鴨性情神氣目睛及毛澤,每節氣皆有變,畫如之,栩栩欲活。予乙丑遊秦中,韓武、張中、陳尚孚、魯登閼、黎宋淳皆來從遊,問顔習齋《四存編》,而孫裔亦與焉。慨任爲我寫照，延至其家，設筵令予坐，目注身嚮，終日不易，曰："動則與初摹者駁矣。"摹面就，河南善畫人周璕亦遊秦，共視，撫掌曰："肖！"孫裔曰："未也。"毁之。數日，又設筵招予寫。已而，何將軍萬鍾等皆代爲肆筵招寫，每一圖出，人愈驚歎。曰："猶未也。"十易稿乃定。已，補冠服及從者琴劍樹石，逾年乃竣。秦省尚武，善騎射，孫裔以意氣雄桀踞其上。幼結一有力者鬬力。一日，二人皆醉，孫裔起持之，有力者曰："醉不檢，恐傷也"。孫裔不可，有力者儵以靴折其脛。脛斷，乃尋人接骨。藩司甲聞之，遣善醫視，曰："接錯矣！將終身廢。"孫裔曰："如何？"曰："須再折再接，如之何？"孫裔曰"易耳。"以股入門閾下張之，騞然折矣，神色不變。醫傅藥，脛痊如舊。家貧，雅好周急，凡戚友乏者，暨四方旅客無資，日按名給若干爲常，人號"貧孟嘗君"。糧道旗乙延爲上客，因識其僕丙。後丙逃之孫裔所，糧道覺，謂曰："若匿吾僕乎？盍出之？"曰："公何不早言？吾已諾之矣，可使吾食言乎？"卒不出。每夜必操鎗百合乃寢。貌潔美，而雄赳之氣溢出。或曰："予照從者，即其自照云。"妻某氏，以孫裔未有子，勸置篷，孫裔遲之。妻曰："以我耶？"遂爲尼別居，不之見。而有賓至，供饌如故也。孫裔東去遼左，妻尋卒。有人西來，言其畫，尋者數百金不可得。

馮劉二翁合傳

馮翁翼公，名廷獻，清苑人也。少未讀書，而有至行。孝友知守身，一婦人挑之，故與戲，翁若不聞，夜啟户延避而去。年邁，猶夙興日灑掃庭除，令無點塵，夷然稱其心焉。教子辰耨禮義，從予遊。卒，年七十八。於時，劉發璋之父亦七十餘而卒。予皆哭而弔之。劉翁，吾蠡人，名起聲，字宰宇。亦未讀書。短小長髯，才幹有口。晚年產落，浩歌拾薪無慍色。慕顏習齋先生學行，恨老矣不能從遊，使子璋向予授讀。當壯時，尚義俠，排難解紛，親友有急能佽助。嘗應里保長，永清一黠役，挾翁一里人爲盜者來緝盜投文。蠡令趙下里，氣鞅張甚，陰縱爲盜者逸，逮其族人縲而拷之。翁爲解，役曰："汝解渠，孰爲汝解？"翁曰："汝誰何？"役曰："將拷汝。"翁曰："拷則殺汝。"役曰："明明日月，朗朗乾坤，而敢殺人？"翁曰："明明日月，朗朗乾坤，而敢拷人？"鳴炮糺鄉兵，縛而暴諸日。役曰："何時殺？"翁曰："尚有須，卜夜耳。"及夜半，牽之行，役以爲果殺己也，窘呼。至半塗，解之鳴於趙令，令具文解巡道，使與翁訟，不勝，責枷，黠役奉頭慙謝去。

李塨曰：馮翁近狷，劉翁近狂，使得聖人以裁之，豈近今之人？賢哉！乃卒貧以老，名不出於里閈，悲夫！二子負質，亦各肖其父。績學充之，以顯其親，豈异事耶？

張太翁傳

太翁諱興家，字旺川，無極張子業書之父也。幼有摯性，好佽助人。考少庭，舉三子，翁爲季。八歲，少庭卒，哀毁若成人。侍母王氏，宛轉得其歡。十八歲，母亦逝，踊號五日不食。服闋，兩兄議析箸，翁隨而泣。不得已，分田二十餘畝，淬礪耕作，至千畝。仲兄同母居，相近，事養頗易。孟兄，异母也。嫂楊氏，居城内，與翁西郭宅遠，服食支費，翁日往爲之營。及卒，皆葬如禮。同祖姊三人，一爲庚辰進士朱君良之母，一適宋，一適何，俱年八十餘。翁時迎養，并及其子姓，垂白婆娑，飴膏聯席，驩如也。有乏周之。而宋尤貧，姊卒，葬如兄。母有前生劉姓子二，各一子，貧，喚養之，爲其子昏，生子成產，始遣歸。里黨昏喪不足者，竭力經理，不待其告也，恃以舉火者數十家。一日之田，見盜麥，枉道避之，曰："吾見，恐恧難堪也。"布商宿其家，夜失數百疋。尋之，有跡。翁曰："聲張，其人終身廢矣！吾自償之便。"金亡，或曰甲。翁曰："渠窘，吾遺之，非盜也。"西郭舊有傭市，祲歲，無雇者，呼曰："願累三翁！"即數十人飯之，倍其直而去。初，少庭能舉千鈞，人號"張大力"。明季寇發，少庭率十餘人持梃禦之，莫能前。寇忿甚，千百麇至，攢刃，少庭手揮之，十指斷其八。迺以掌握凷，擊一寇目睛出，群寇環救，少庭逸。然生平不與人競，或戲而圍撻之，弗拒也。已而振臂一搖，衆皆倒。翁亦多力。一婦人投井，救者下梯援，婦人不肯出，衆圍視，莫如何，翁提梯并援者、婦人俱出。而更謹愿不爭，即有怨，亦不校也。極令陳明倫甚禮之，每肩輿或乘馬遇於塗，必起而拱。月之吉，鄉役來比，輒戒曰："而輩歸訓鄉人，務爲善如西郭張翁者。"爲登《縣志》。卒，年五十八，邑人識與不識皆流涕。元配朱氏，繼配劉氏。子二。長即業書，朱出。壬午科副榜舉人，教習正紅旗官學，候選知縣，不遠數百里屢過塨商學。見其篤好友朋，急信義，遇事咄嗟立辦。時邊陲遣役，關東西苦饑，張子需次民社，慨然思一見於經濟。塨謂之經濟自家始。張子因言教其异母弟景書，每垂泣相視，爲補太學生，始延師。既而躬教其甥劉沉、李夢龍、從龍，養於家，皆入庠。母家侄教養之，爲補吏員。今年塨遭先妣大變，已葬，張子又遠辱吊。已而匍匐歷言太翁事，求傳，乃知張子之孝友憯怛有自也。塨罪逆之軀，性傷急陋，兼貧窶，粗給衣食，無能媚睦任卹，獲兹天譴。聞翁父子閒事，滋之愧也。爰如其言，而以不文者誌之，俾爲鑒焉。

龎魏氏傳

龎魏氏，蠡之龎家莊人也。夫龎，娶鄰村魏家蕞魏氏女，邑令以賢詳聞上憲，曰"龎魏氏”,因以稱。氏夫早卒,守節不嫁,而祖姑徐氏、姑董氏皆先守節,三世一堂。氏竭力養之,不使姑與祖姑一匱勩也。勤女工,刻無寧者,織棉布一日一端。或給之綫爲織,每端必長一二兩,曰:“漿糨所滋也。”與以直,多一錢必璧之。農時躬耨,而不與男子交語,比鄰不過往。祖姑八十餘,目昏,躬負之如廁,向曝返牀,復負入。姑亦耋壽,負出入如之。終葬以禮,族或周以喪具資,氏曰:“吾貧,暫貸用,必償。如不使我償,是視我非人也。”日夜織,不期月皆補完。柩發,披衰負引。或請代,氏曰:“吾二姑無子孫。吾在,即其子孫也,可代乎?”姑之窆以夏六月,雨水瀰塗,氏躬銜水泥,擗踊長號,從觀者皆爲流涕。二女有甥。雍正三年,邑大水,饑。朝廷開倉,令有司賑。邑令喬公查饑民,過其門,見室户零落,曰:“此貧家也,盍告賑?”里役曰:“寡婦。”曰:“寡婦亦吾民也。若饑,則與之。”里役户外呼之,告以故。氏曰:“氏固乏炊,然問食朝廷米償不?”役以白,喬公曰:“賑也。何償?”役復之。氏曰:“償則食。不償,吾孱婦耳,何功以報朝廷?而徒食乎?不可。”鍵其户。再呼之,不應。喬公歎息而去。大學士高安朱公一女孀守,其舅姑不願也。女茹苦啜淡,卒不渝。公一日使人視之,與以金爲養。女曰:“吾待亡旦夕,有何支費而以金爲?且吾公素矢廉,此何自得之?”却之歸。與氏判貴賤,而高義南北輝映云。喬公具刺拜氏,歸之米一石,令邑東鄙郵而致。氏又辭不受。來役力請,曰:“邑父母養汝節,可拒乎?”氏不得已,奉刺及米置於案,拜而受。上憲聞,皆賢之,謀旌表其閭,其族黨公選近族賢者爲嗣,以世其家。

恕谷病叟曰:鄙性迂,从不敢居間當事爲潤澤。出遊四方,即少同筆硯者在宦,亦不敢行李過而問斧資也。而天下穰穰利往,熙熙利來,相視駴咍,甚者陰持無何有之事以相詬厲,每自疑吾道非耶?何爲至於斯?今乃得麗魏氏。朝廷行仁,匹婦守義,而仁不能加之,异哉!居不遠,過而求誨,必有以開予,而惜其爲婦人,且耋也。何以爲之執鞭一欣慕乎?

惲皋聞曰:孔門訓仁,孟子尤重義。以廉恥可以持世也。氏與高安朱氏皆以婦人而重廉耻,吁!可歎哉!

黄成憲曰:讀此文,如携姑射處子,婆娑雲際,九點烟塵,豈糠粃耶?爲之一彈再三歎矣。

高陽李去華曰:麗魏氏,衈緯之窮嫠也。然能信大義。迹其言,何諤諤也。予嘗驅車過其里,緑雲滿野,烟火數家,土人耕田鑿井,嬉嬉於麂籬豆棚之下,殆力於農事者多也。今值兇祲,乃有義不受賑者。牛衣老婦,娟介自持。邑大尹賢之,士大夫稱之,何以故?豈天性然耶?抑吾恕谷先生家居講學,數年來立懦廉頑,化及婦人耶?吁!可以風矣。

恕谷後集·卷七

内丘縣儒學教諭李君墓志銘

李君諱樹碩，字簡臣。以選拔貢生，康熙四十八年選内丘縣教諭。君不自閒其官，修學宫，自其邑安平置文廟祭器百餘事，齎至内邑。課諸生以文行，暇則與之賦詩道志，由是人文丕變。會五十年，奉旨蠲畿輔民糧，乃内邱令以比歲不登，多逋賦，催科加亟，日敲朴，民鼎沸，相率運坯木砌縣衙門。令倉皇无措。君聞，急往視，諭以上下大義，民乃解。適分巡大名道甲過内丘，民聚馬首呼冤。令懼，私丐甲執呼冤者繫之獄，且謂必有衿生唆之，竄數名呈甲。甲呼君，讓以不能束士。君僩然正色曰："民塡溝壑而號呼，誰能禁之？而安事唆之？諸生何尤？且碩不能束士，罪也，願投簪。"甲爲之霽威，置諸生不問而去。至柏鄉，使人召君，意倩之爲邑令調停也。君揖使者曰："吾老矣，乞休矣，不長於奔走，無以奉命。"遂告休。次年夏，旋里，將行之夕，忽聞門外大呼且哭，君驚起偵之，則成碑人焚香叩送者。及出郭，士民攜觴泣別，戆擁馬前，不得行。予嘗謂官人要職，惟冢宰與縣師。冢宰在上位，進退人才者也；縣師在下位，教育人才者也。而今最閒無事，亦惟此二職。冢宰不復問選人賢否，惟立簿列年分先後爲用次；縣師恹恹閒坐，終歲不一教士，比文衡案臨，造册賫送。如此，則置書吏辦之，皆可報稱，奚事贅官？乃君獨改轍，造士且復留心民瘼，其不合而歸，宜也。君先世以文行相禮，洊歷仕途。君守身孝養，爲邑人捍災患，一遵先人旨。躬訓諸子，俱積學。康熙癸巳科，或謂曰："諸公子文張甚而屢躓，皆謄録人潦草誤之也。近有賄謄録者，盍效之？"君曰："不可，是以賄進也。"既而是科謄録賄發，而子用含入彀。君諭諸子曰："履正不亦獲耶？僥倖寧有濟耶？鑒之。率祖攸行無忘。"於戲，君之守正素矣！配某。子五人：用晦、用弢、用含、用煦、用弘；女五人；孫七人。享年七十有二。將葬也，晦衰絰匍匐求銘。銘曰：

"職之任，時之宜，不周而去奚其悲？呼池之旁，君子之藏。白楊風起，苟無戕兮。"

原任户部郎中閆公易蒼墓志銘

予年才半百，而四海舊遊零落過半。乃同里閈友如閆公者，亦委形速化矣，能無恫諸？公諱中寬，字公度，易蒼，其號也。世爲吾蠡新興里人。少聰穎异常兒，十二歲補博士弟子。康熙乙卯科，韓公菼主試，中舉人。己未，成進士，隨授行人司行人。先是，公父大來翁，以義俠名聞天下，公復嬗以文學，家聲蔚起。而公乃化倜蕩爲寬厚，易見事風生以退謹，匔匔然侍尊長後，嘗移時弗出一詞也。大學士王公熙愛其新進有聲，欲子畜之。公曰："可謂他人父耶?"謝不應。或從臾謁大學士索公額圖，公曰："吾拙澁不媚走趨。"不往。已丁母艱歸，益潛心書史。聞王五公先生多學，安車迎之，事以師禮，吟詠披繙，遂益富。補官，與淮安李學士鎧、大名袁翰林佑、山東蘇中翰偉、任丘龎翰林塏、宛平陳處士干王，結詩社，著述成帙。博陵顔習齋先生崛起，倡周孔正學，以九容齊明表裹并進治身心，謂六德六行皆從六藝入，以禮樂射御書數爲學。塨時萍踪入都，傳其説，公力是之。因與倡明學術者，如許侍郎三禮、吴都憲涵、王孝廉源、翰林竇克勤、冉覲祖，俱往還，而正學亦駸駸有聞矣。顧公恬於仕進，以行人使江西，題詩滕王閣，忼慨拓落而返。已轉刑部主事，又轉員外郎，晋户部郎中，皆未究其用。丙戌春闈被劾彈，黜者咸無恙，公分房杜絕請謁，乃以殿試一卷不如式鐫職。及旋里，老病糺纏，遂以不起。悲夫！公生於前崇禎十三年五月二十日，卒於康熙四十九年二月七日，得年七十有二。父母以公貴，贈"奉直大夫"、"太宜人"。元配張氏，贈"宜人"，出一女。副室晋氏，出長子鍵，廩饍生員。繼配蔣氏，封"宜人"，出子鏋，增廣生員，入國子監，又出銓，增廣生員。蔣宜人又出二女。孫七人。於其卒歲也，將葬里東之祖阡，求銘於予。予少年厲角戴鋩，立欲馳驅寓内，及見公醇醇恭謹，積學彊識，而不知名譽爲何物，爲之退然自斂。又典故有遺忘者詢公，輒歷歷指其巔末，而學有助。乃今俱不可復也，烏忍不銘？銘曰：

"余德之儉，余學之凉，時鑿壁郄，借照其行。逌公長於古，短於今，以不沛其霑，而佳城是函。吁嗟乎！醇醪大樽，問十得五。奕禩窺此，尚款起起。"

黎长舉曰：一池秋水，万峯夏雲。

趙室蔣孺人墓志銘

永平府府學教授趙君晋升之妻蔣孺人，以康熙四十四年十月卒於官署，其子扶柩歸滿城。抵四十六年冬，厝之先原，丐志銘於予。言孺人十七歲歸趙君，善事舅姑，撫前室六歲子灝如己出，相夫勤儉，教諸子成名，有节度，今儵眒以逝。予聞之，不覺淚涔涔下，作而歎曰："孺人之所自來，何可没也？蓋忠孝節義之感人，甚矣哉！"孺人者，吾蠡崇禎戊辰進士、户部山西司郎中蔣公範化孫女，而庠生爾恂之女也。戊寅，範化家居，守蠡城，死於兵。爾恂抱父屍大慟，已而畫父像，己帶劍立其側，朝夕哭拜。必祝曰："父无恫，兒必尋父讎報之。"後偵知殺父者爲某汛卒。丁亥，糾衆入蠡城，捕汛卒，磔而祭其父。東走河間，衆潰遁去。當是時，爾恂方二十三歲，娶孺人。母李氏，爲高陽李文敏公族女，祖父皆科甲顯宦，而少婉嫕，成童，執巾櫛，羞澀恭謹，不敢仰視。爾恂方蓄力學技擊，氣嶽嶽，忼慨有爲，於妻子未嘗一狎視也。丁亥二月，遂電掣雷馳天涯，生死永隔。踰一月，李氏產孺人，去于歸不及一週也，嘗撫孺人泣曰："汝父，丈夫也。吾今追憶汝父面目，皆恍惚不可省識。第而父執大義，吾當執節報而父。"閉户紡績，以給饘粥。今年垂八十，白髮蕭蕭，惟撫此女，猶毅然時訓以婦道，不作兒女態。而今孺人且復先母逝矣，嗚呼！其可悲也。孺人享年五十九歲，子三：長即灝，前室劉氏出。乙丑進士，原任弋陽縣知縣，娶某氏。次漪，孺人出，貢生，娶某氏。季溶，孺人出，庠生，娶某氏。女幾。孫幾。嗟乎！孺人烏可不銘？銘曰：

"距躍叶闇，不周東仆。陽窮陰燦，支機毓玉。滱波蜿澶，襟裾滄渤。赤羽白練，割雲銑鍔。剚胸酹酒，九原笑作。黃塵萬里，安知衿櫛？款茲婺曜，呱呱泣血。持踵吾息，百年冰雪。瑩瑩沉瀣，母女嬗轍。井臼積勞，膝前告訣。攢劍束鋼，郎峯崱屴。葡萄延來，如覩鳴鏑。嗟竁其中，鶴髮淒洌。奕禩忠孝，眎此銘揭。"

温隣翼曰：通篇爲李夫人寫照，一字一淚，文情鬱勃，如有鬼神震盪其間。

安平崔君聞遠墓志銘

世稱世家，必曰"江東王謝，河北崔盧"。崔著土爲博陵安平，自漢以迄唐季，簪纓閥閱，蟬聯鵲起，其後少衰，凌播越矣。抵前明，而安平之崔氏復著。今康熙五十三年，嘉平崔子堉來求其尊人墓志。予幼即聞安平有崔文學亮遠者，與祁陽刁文孝先生講學，兼以餘力治岐黃術，聲施遠邇。崔子之父，則其次弟也。按狀，諱甲鍠，號聞遠，亦講學。杜門掃軌，課子弟。誅茅三間，蒔花木，盎畜金銀魚數尾，曳杖頫仰，曠如也。子弟或事詩賦，輒付火，曰："勿啟囂張。"業農商者，必戒以勿苟得。率内子事父仲藏公孝。内子，同邑劉翁思明女。仲藏公飲食，必以内子爨，他人代之，仲藏公咽不甘也。母蘇，得沉疴，君晝夜侍湯液抑搔，十餘年如一日。繼母宋，病瀉三載，厕牏袒衣污穢，必内子親滌。晚年爲名山遊，至五臺,遇虎,同行者震伏,虎目君,踆巡而去,人以爲孝感。仲藏公病,彌留,曰:"吾舊家也,歷傳有銅鳴蟬、古銅鎖、瑪腦枕,賚劉婦,醻爾孝。"初,明永樂間遷大寧衛小興州人於内地。或曰:"小興州崔,即安平之崔所播遷也。"始祖文明,徙河南中牟,曰:"非吾故也。"改北轅,籍安平城西之黄風里。遞傳七世祖崗,山西岢嵐州學正。六世祖文進,陜西保安縣知縣。五世祖俊,山西絳縣主簿,已掛冠歸,授生徒。崔族科第蕃衍,率出其門。高祖承祀,嘉靖辛卯科舉人。曾祖璵,萬曆乙卯科經魁,任河南淇縣知縣,再調湖廣竹溪。祖向學,萬曆戊子科舉人,江南寶應縣知縣。父昂,即仲藏公也,國子監監生,博學彊識。李自成陷京師,各州縣俱署僞官,同兄山海關遊擊晟、弟附監生昴,罵僞官,謀起義旅。僞官鉤鉅盜斃晟、昴,仲藏公跳身走。及興朝定鼎,聞其義,召以官。仲藏公慟兄弟偕亡,辭不就。故崔君仰體父志,與兄亮遠、弟穎涵,分甘連裾,讀書共樂,至語以帖括舉子業,掉頭不屑也。子四人:長均,武庠生。次墉,庠生。次墩。次即堉,庠生。女一。孫四人,曾孫二人。崔君卒於康熙四十一年十二月,距生享年六十九歲,已葬其里之祖兆矣。抵今年六月,配劉氏卒,得年八十二。將合壙,乃爲之銘。銘曰:

"是惟公侯之後,必復其始。博陵馬鬣,熊熊燭天,不在貌公禮侯,而在剷跡埋名之崔仲氏。"

委攝四川仁壽峽江兩縣知縣陳君墓志銘

予以康熙辛巳入都,持周孔三物四教之學告人,吴石門公爲予梓《大學辨業》,一時傳爲創論。凡海内有聲士,無不過從者。富平陳子四如,其一也。陳子豪於詩酒,每飲白,輒慷慨欲有所建豎於世。甲申,温子德裕令郾城,力延予衍學論政。時其幕中乏人,予因薦陳子同往。次歲,予辭去,而陳子亦旋,偕廣西巡撫梁公而南。己丑夏,富平楊令三促予榻其署,歲暮去。今年二月,迫延復西。秋仲正,趣裝東返,而陳子適自粤西抵里。來晤,别已六年。入門匍匐,曰:"如,兩間罪人也。先君敦氣節經濟,康熙十八年,從勇略將軍趙良棟征吴三桂,復四川,積功題委成都府仁壽縣知縣。又以會兵進滇黔,倚先君才,料理軍需,委受嘉定州峽江縣。及將軍保題、部授再三,疏未下,而先君於康熙二十年八月卒矣。不肖飄零南北,稾葬哀鳴。今歸,將謀禮厝,願以志累吾子。"嗟乎!昔李廣能衝陷折關,漢文帝嘆曰:"惜乎!子不遇時。如令子際高祖世,萬户侯豈足道哉?"陳君當三藩叛亂,可以叱咤風雲,立建偉績,而僅偃蹇委理縣務,賫志而折,矧今中外安枕,剷高塞深,而欲於人簿書期會之餘,行其迂古政學者,何也?陳君諱正試,號公庵,得年三十七歲。元配陳氏,生一子,即四如。繼配張氏,生子四表。將以某年月葬某原,爲之銘。銘曰:

"才則儲,時則須,乃良行,跛不舒,矧無痛呻而進火齊,哇哇其吐。"

劉君來獻墓志銘

雍正二年閏四月,安平劉君來獻以七十歲卒。抵秋杪,其子廷傑匍匐階下,求墳墓之文。予悲焉。君世系詳予前撰《劉氏家譜序》及諸墓表内。君生而醇龐,爲諸生有聲,能承二人意。父化吾翁病,事之數月,衣不褫帶。母馬太君年邁畏暑,躬負之陰,一日數移,抑搔痛癢無倦色。弟其姊生死爲之謀。自用儉而尚施與。隆禮師友,持家不許僧尼往來,男子不許晝處内,婦女無故不踰梱。教子姓基以《小學》。夜訓女,口授《女經》,見人非禮,至垂泣誨焉。立家訓如戒賭博、急輸將等二十二則,以顔習齋先生教禮樂射御書數,命傑文武兼習。學院陳公世倌取其武,補庠生。予念堯舜湯文傳道於上,尚已。孔子始傳道於下,得其傳者惟顔淵,而早卒。文學躬行,僅餘分統。孟子弟子則無所傳。今習齋先生崛起,而復周孔正學,一時過從者多有。劉君僅於會渦一識面,而其後心竊私淑,謂"學莫先於禮,禮莫重於祭"。倣習齋置齋戒牌,虔供春秋。立祠堂、修家譜、樹墓碑。又二八月上辛,從祀習齋,亦得先生之一體者。不幸承乏如塨,號呼天下已半生,而或興於前,墮於後,明之從,暗之移。屈子曰"蘭芷變而不芳兮,荃蕙化而爲茅",王五公詩云:"奕碁世事輸先著,燕幕身謀悮後生。",每誦之,未嘗不泫然流涕也。嗟呼!日月在上,山河在下,斯道竟委之荒烟蔓草乎?聾聽跛行,乾坤曷底?矧於老成又去一个,雖欲不銘之,不可忍已。君諱琛。元配高氏,繼趙氏,又李氏,又深州趙氏,庭傑母也,又尚氏。傑娶同邑舉人王公磊女。女二人。孫二:曰蕃,曰蔚,孫女二。銘曰:

"斯人之逝兮,斯道之悲。姑厝君於吉壤,而延佇乎天衢。"

待贈淑人田室趙氏墓志

氏,肅寧廩饍生趙君爾璧之女,辛卯科武舉人田生斌之妻也。生於康熙某年月日,卒於某年月日,年二十九歲。有子二人:長玉麟,方七歲;次石麟,六歲。一女,方二歲。氏卒後,其夫狀其行。其舅興平公走人來問,曰:"兒婦賢而早折,可志否?"予曰:"可也。"按狀,氏病,姑亦病,氏每以不能侍湯藥爲憾,禱神,求以身代。得母家物,必獻姑。姑不受,長跽以請。奴婢或不恭,曰:"此我舅姑家人,我不得辱詈也。"弗校。是不亦賢乎哉?當己丑歲,予西遊秦,興平公延至署,命其四子俱拜從遊。予辭謝,曰:"下走固不足爲師,且流寓一二日即他逝,何以從爲?是虚節也。"公曰:"不然。使諸豚兒知先生其師也,無亦悚惕乎？其益不已多乎?”四子皆業文。二郎斌，兼通武，予因率之入長安，從何萬鍾、蔡瑞生學射，遂造工巧。比鄉試，果射標中雋，以顯名於時。爲人慷慨英多，橋梓間皆賢，而加人一等矣。乃以夫之賢而哀而狀之，舅之賢而欲志之，氏之賢可知也。爲之志，固宜。

棗强戴氏先塋碣銘

康熙己巳、壬申間，有巡撫吴楚，不避强禦，嶽嶽樹政績者，棗强鄭中丞也。其内助爲戴夫人。丙戌，予與其公子交，皆廩廩敦謹，讀書志四術六藝諸學。登堂，知夫人獨存，持家棅嚴，守義方，疑其母家亦赫奕相配云。今歲二月，長公子知寵拜手予曰:“家母於外家有隱恫焉。外家先世本素封，抵外曾祖有恒，禮部儒士，早逝，室李氏。外祖君睨入武庠，棄去，復入文庠，倜儻好施，稱長者。外祖母韓氏，産家母十日即亡。祖母李育之。後外祖以嗜酒結客，産中落。子璿，與家母同出。次禮、次瑱、次璣，繼劉氏出。璿補諸生，亦嗜客，痛飲，性無城府，與人語，洞達肺肝，往往直啟其機緘，弗顧也。子三人:召、聘、淵，落拓不偶。瑱子三。璣一。家母已經營厝外祖父子二世於新阡，又以青烏家言，改壆戴氏先兆之次。家母每念外曾祖母鞠育，恨母未得侍，欲问其遺業，而蕭然盡矣。語及，不知屑涕之何從也。今將伐石矗其墓，思曾鞏言碑銘必求足以傳世行後者，敢以辱。”予聞之，泣下。馬外大父斌，前明世襲錦衣衛指揮使。滄桑變，踉蹌走易州以卒。無男子，遺生母，幼歸先孝慤。傳聞易有族人，乃尋覓之，荒村歷歷，未有省識。今戴氏幸多孫，井里依然，又何憾哉？少讀《詩》，至《長發》《閟宫》諸什，疑之。謂商周皆出帝嚳，何以不追崇功德，而專本之簡狄、姜嫄？且二妃德積淳化，其子姓皆貴盛碩衍，至今散布人間，而郃與有娀，披閱姓氏不可考，東南有窅，西北或缺，抑又何歟？或鍾於三男，或鍾於三女，乾坤變化之妙也。一以尊嚴父，一以首先妣，聖人制禮之精也。非遠覽幽通，何以與聞哉？願戴與鄭之子若孫，一有克奮，皆足以光戴氏而慰夫人之念矣！於是爲銘。銘曰：

“春秋戴鄭，實緊相依。爲戴見伐，鄭取三師。奚曰顛頇？奚曰霏靡？陰陽相嬗，皆可復始。黄瀘之湄，有欝其阡。鑱茲貞珉，奕禩貤旃。”

馮修五曰:高山大澤，龍蛇儵睒，疑有風雷變化其中。

可母岳氏墓碣銘

氏出曷繫之可？志可也。無子曷稱母？有母之者母也。疇母之，繼妻子也。子與父之先出者情絶，何以母？出，仍志可則母也。氏岳姓，安平王官屯人。歸可子仁言。患羊角瘋，可子以《禮》“去惡疾”，出之。返母家，數年瘉。而可子已再娶，或勸改適，氏不應。闇以鍼綫遍縫衵衣及履，投井死。母家葬之屯東北里許。可子好學，從習齋顔先生遊，因識予。年六十補諸生，來拜，言其出妻之節，謀將鼓吹往祭，而曰：“吾再娶已出四子，長肄簡，次肄箴，諸生，又次肄篋，又次肄節。夙命清明十月朔日，必往祭出妻墓，盡子道。擬遷祔可塋，而《禮》無其文，即其地立碣志之，可乎？”予曰：“可。”今歲辛丑，予自金陵旋里，則可子已卒。走弔，其四子環而泣曰：“先子求先生文以表節母，不果，彌留猶以手指心也。願賜文，使子姓歲時拜掃觀焉。”予念方靈皋每嘆今之維倫紀者勢利，安性命者嗜慾，氏已出，何所欲於可？可何所利於氏？而氏必以節終，夫沒世不諼，諸子追祀，父亡不懈，豈非天性維結，終不絶於人心耶？抑節義烝感者然耶？銘曰：

“井清淪，窀幽黝。節則婦，情即母。繄謂天之絀而人之信，萬祺眎兹文。”

劉君化吾墓表

康熙二十三年八月，劉君寢疾。其子琛，長跽，淚淫淫霑裳。問所語，君曰：“孝讓勤儉，絮語素矣。吾志修家譜，建先人祠堂，樹麗牲之石於祖兆，未遂，而儵眒逝矣。而其瞑吾目焉。”琛拜受命。《家譜》成，庀材修祠。五十三年，伐石，匐匍於予，求爲君表，且於先丘謀一一矗石。君諱冲善，性如其名。幼失怙，奉母瀡髓，將以色，一從伯託孤息，爲之昏聘，無慳意。康熙七年，邑南有呼池，北爲滋，兩河駕秋霪爲虐，決，禾黍隨流盡，比屋號饑流亡。君惻然，發積賑之，全活者無算。先世本山後之興州人，明永樂間遷於安平北白沙莊。二世仁義。三世袒中，正統辛酉科舉人，授山東章丘縣訓導。四世澍，遇遺金不拾，待其主至，予之。五世以孝由吏員官省祭，以子貴，貤封承德郎、户部主事，事親篤孝，人稱“劉孝子”。邑有二人陷寃獄，易產求孝子援之。孝子爲營解得脱，歸其金，贖產復業。邑作《三圓記》，户絃里説，則君之高祖也。又傳曾祖鑑，登嘉靖辛丑科進士，歷任户部郎中，加授奉政大夫，有宦績。大父繼毗，邑諸生。考杓，豪爽慷慨。嗟乎！君之先，勞於國，著於鄉，宜乎生君之賢，表章之不足，繼之以子孫也。配馬氏，與君毗德，後君二十年卒，重呼琛曰：“吾爲劉氏婦五十餘載矣。汝父寬而惠，繼之惟汝。汝父嘗欲建祠堂、墓碑，汝一日不建，汝父九原中一日不寧。我積數十金，非爲兒女計，以與汝，竣汝父事。”嗟乎！今人於本源每忽焉，而君夫婦乃生死以之。噫嘻，賢已！君享年六十七歲，馬氏享年七十九歲，合葬邑北二里許祖阡。子一，即琛，邑庠生。孫一，庠生廷傑。曾孫某某。

劉節婦岳氏墓表

善與彰善,其善也等。孔子曰:"樂道人之善,益矣。"韓子曰:"聞人之善,壯者怒於言,懦者怒於色,以怠與忌故。"噫嘻!有是哉?親故不能得,而况面識?况塗人?吾見人之善,淪胥以亡,忽諸?若劉子琛者,非彝可倫矣!劉子曰:"先叔曾祖諱維龍,元配紀氏,饒陽監生之女,早逝。繼配岳氏,祖故,年方十八,守節,孝舅姑,倍於夫子在時。睦娣姒,撫姪孫成立,如己出。孫,即琛父也。縣令嘉其節,歲餽金四兩,春秋賜胙,豎貞節坊。墓未刮石,丐先生張之。"嗟乎!婦嫠時年正芳,且舅氏進士起家,官户曹,赫奕!宜薰灼其心,而乃冰寒玉潔,茹荼攻蓼以終,可謂難矣。節而謂之貞,固宜。昔萬季野修《明史》,倩予訂。予每慨北人固陋,雖先德不知表揚,以致湮霾不登者夥矣。即而閱世,忮狠訾謷,於其懿親師友,不少嗅咻也。寧直固陋哉?賢矣,劉子之表其叔曾祖母也。婦享年八十餘歲。惟一女,適本縣生員子李善徵,縣爲安平。

彭蘊秀先生墓表

獻陵彭先生,以康熙十九年壽卒。抵二十九年庚午,將葬,男潢丐予爲墓志,歷書其孝友,及養外祖母、撫孤侄、傾貲贖侄之在旗者、延師教族子德成名諸懿行,埴之幽竁。及德配張氏卒,潢又竭力以禮合葬。今甲辰歲,過予曰:"不肖徵文墓道,以表先人,吾子毋以爲煩也。"保定府新城有王五公先生者,祖父仕明。烈皇帝爲闖賊所逼殉國,五公大憤,投袂而起,與其父兄友生糾衆數千,傳檄討逆闖,攻破雄縣等處,誅其僞官,開倉散食,移兵北上。而國朝兵入,闖賊遁,乃釋衆歸西山。每登雙峯絕頂,慷慨悲歌泣下。已流寓獻陵,先生乃命子潢從遊。邑士聞風競執贄,以故五公文武業,獨獻陵諸子所得爲多。先生又以時率三四老友,與五公詩酒浩歌,睥睨一切。後五公卒,收其孤孫,藏弆遺著傳世,先生子孫皆與有力。於戲!即此而功德莫可算矣。當崇禎十一年,國朝兵破獻城。十三年,又至,城内民震讋不守,爭竄去。江把總與先生分守南城,見事急,乃大開城門。江持巨銃闌門,令民勿動。先生高六尺有奇,雄赳多力,獨握門閂丈餘,挺出擊攻者,連墮馬。一帥目之,搖鞭揮去,城得全。廣東巡撫王來任夙友善,延往,爲客牀置副莘氏。半載,將攜歸,其母惟一女,相別大慟,先生遂還其母,不顧而去。乃僅以素封騷雅終,又可嘆也。張配能助先生施,自喪亂後,全活無數。先生諱毓宗,字蘊秀。家世姻戚詳墓志表,不重述。

六眞居士劉君墓表

予論學重存誠，而不言眞。以眞，聖經無之，而出二氏也。漆園曰："采眞貴精也。"宋儒以詁誠，譌也。乃今爲劉君表墓，稱"六眞居士"，何哉？曰："六眞者，寄也，有託而逃焉者也。一曰眞貧。君有故田宅而擲去。遊屐所獲，亦或千百金，而信意揮灑，購書締友。僑所必屏帳，衣衾鮮具，橘柚粔籹，蒙頂楚瀝，平頭代侍。或勸之積貯爲妻子計，笑而不答也。一曰眞醉。君能飲不亂，其醉也，醒也。嗜友善，髫齓與同邑龐雪崖檢討共硯席。後遨遊九寓，如孫徵君、傅靑主、李天生、王人岳、宋式之，皆過從，來問奇者亦接引不倦。然戇直，面折人過，遇俗士輒白眼，曰：'吾醉矣。'其四眞，則拙也、嬾也、狂與隱也。"幼攻詩書，十二歲，遂餼於庠。又好技擊弢鈐諸學，隨父方若公代州、商州二任，能佐經濟。已而應順慶王守聘，値吳三桂叛，陷於蜀。陳其年爲龐檢討序詩云"故人遠別，飄零爲朐䏰之蠻"，是也。及奮威將軍王公兵至，聞君名，咨以方略，遂平蜀。疏其功，授鹽亭縣知縣，有政蹟。既以離父母久，歸里。孝友甚，邑令爲登志書。憂居後，乃縱遊衡、華、大白、洞庭、西湖、天台、武彝諸勝地，歲嘗數千里。每歸，不復入里，僑東郡。孤笻帬屐，往來浮丘，如是者三十餘載，卒於寓。寓栽花種竹，日讀書其中，暇更以鍼砭起人疾，立起，非拙而嬾也。且自贊曰："介隘與不恭，材不材間。"又曰："世既不知，以無用爲用。"宜高閣於匡廬、武夷之山，亦詎放狂而石隱者耶？矧日遊歷而曰居，已官矣曰士，何一非寄而逃者？當崇禎之季，天動地岋，已而興朝定鼎，吏驟民來，乃又三藩澒洞，乃又羽書消沉，而君適與俱乘風破浪，咄嗟立辦，亦復避人謝事。一詠一觴，時而繩墨如道學，時而溟涬如方外，時而烈士，時而墨客，捭闔担撟，惟變所適，世又烏能以測君哉？予初識君於長安，以周崑來，悄乎其有遠志也，後又會於陑陽。今君去十餘年矣，而予亦老，因念夙昔多瞻顧，不如君少時勇於敢爲。今復以妻孥累，不能如君之偘偘不顧，皆可愧也。君長子濤，好學有文，奉君櫬歸葬故里之某原，屢以君行述請言，未敢應也。今又來匍匐力求表，可謂有子矣。乃以不文者表之。君諱鑣，字長馭，"六眞居士"，晚年自號也。任丘人。卒在康熙五十年八月，得歲七十五。祖父以上皆有顯者。初娶王氏，在鹽亭又娶陸氏。子三：長即濤，廩餼生。次濯。次洄，庠生。俱陸出。女五，俱王出。孫四。

張肄六曰：劉先生想是極有爲人，不得志，托於拙隱，遨遊以終。文以神出鬼沒之筆寫之，如其人在三山風雨中，可望而不可即。

恕谷後集·卷八

玉峯太翁挽辭

我山二兄篤孝。今歲癸未秋杪,埭如京,適値其輅玉峯太翁養於邸,菫榆滫瀡,婉笑將之,屬屬如也。乃無何,而玉峯太翁以老疾捐舍,慟哉！我山胸坦直無留餘,一諾千金,素好慷慨悲歌。矧際大變,懼其過毀也,乃作輓詞,一以妥幽,一以寫孝子之哀而節之。詞曰:

"黍谷憭慄兮朔風虓,巫陽難問兮天自高,鬼伯紛拏兮餤其曹。魂朅來兮突夏,羅餦餭兮人駕馬。都門以糖作人馬致祭。東國烏面醯骨兮不可以恣遊,匹練吴門兮遠何求。靈无逐魄兮山阿,梅馥堂下兮紛純緣波。式覰苫凷兮孺慕在茲,明德尚馨兮終古永之。"

馮欽南曰:數語括盡《大招》、《招魂》,而痛切時事,歸於懿好,渢渢乎,凡伯吉甫之音也。

劉君遺惠辭

劉生員錫若既卒之明年冬,鄉人念其處里黨不爲橛梗,遇癃頑嘘嘘然通稱貸,弗株刻,公設爨弄以侑之。其二子慨然曰:"誰歟不忘吾翁者,而吾敢忘諸"？割牲薦先,以醵鄉人。嗟乎！劉君有遺惠,里之人不忍忘,與其子之願揚前徽,皆可風也。乃爲之辭。辭曰:

"西阡簫鼓兮趙倡舞,餦餭大嚼兮紛如雨。欸等夷兮殁之灼,寒之衪兮餒之粔。不見豐隆降割兮歲不康,千仞九首骨爲粱。予髪之華兮目若瞢,對此空拳兮靡寧?"

挽方靈皋之母吴太君辭

蠡吾李塨，聞方老伯母吴太夫人以康熙五十四年冬底壽終京邸，哀徽音之不再，悼孝思之罔極，乃爲辭以挽之。辭曰："靈振觸兮曷往？窈窈冥冥兮肸蠁。溯北轍兮肅爽，曰吾丁吸紫庭之沆瀣兮金掌。出駟螭兮入乘鷖，貂裘蟒服兮陸離。青瑣齒齒兮丹墀，拍肩把褏兮龍夔。陰山連延兮劓屴，從六華兮降陟。雕題拱趨兮萬幕，修文誥兮飛霹靂。米圜兮張鐙，太微垣之兮玉繩。四廚五車兮增增，丹鉛供兮建瓴。謇樂只兮步壝，摩吾丁兮棘槐巖巖。衆鬼揶揄兮旋淚集衫，雜遝邀兮揚帆。式容與兮子舍甘，疇知匹練兮江之南。"

待贈太孺人顯妣馬太君行述

嗚呼慟哉！先孝慤大人以純孝易名，不孝塨等承之，智昏力惰，菽水不足嗚歡，服勞但多搪突，求如先大人孝思無一二，而先大人逝矣，先嫡妣馬太君逝矣，今顯妣馬太君又逝，風木悲增，補愆無由，嗚呼慟哉！顯妣姓馬氏，易州人。外祖馬公諱斌，明錦衣衛指揮也。甲申，自京師蒼黄走易州，卒，藁葬西山。僅一女，即顯妣，外祖母過氏撫之，煢煢無依。年十四，歸先大人，遂同如蠡。及塨長，如易，尋外祖丘壠，而莫可得矣。問馬族皆非。顯妣終身念及，輒流涕，慟哉！顯妣性仁孝，相先孝慤有一德。王五公作《孝慤記》，略云："事父素先翁，雞鳴盥漱，堂下拜，然後升堂；聽寢聲，徐徐問安。翁春秋高，日五六食，嗜淳熬及純肉餡牢丸，必手進。"皆顯妣從嫡妣夜半起即炊爨佐之也。先大人事世父保初公如事父，推讓公田。叔父餘初公父子相繼歿，入城經理遺孤，至破產不卹，皆顯妣從嫡妣勞以隨之，未嘗攙一婦人言也。竇靜庵《孝慤傳》云："孝慤絕意榮名，客有從臾者，飲以醇酒，曰：'但飲勿言。'晚年家落，窘甚，口不言貧。"乃顯妣推磑茹荼，辛苦以佐清高，未嘗一作蹙眉也。至方靈皋作顯妣《壽序》，云："姑吴太君耋年目昏，溲便皆孺人扶持，溫湯藥，潔廁牏惟謹，太君安之。居母過氏喪，期，屏酒肉，助祭必虔，拜必肅静，無一言。"是與先大人合德以力聖道也。惲皋聞《壽序》云："太夫人性禮賓客，聞有道士至，傾筐倒庋，惟恐不及，故四方知學者，樂過從其子。"是不孝塨等妄倡明聖學以聞諸人者，顯妣力也。顯妣事先孝慤，酒殺舉案進，有餘則閣藏，不以入口。其後事嫡妣也，亦然。當大人在時，佐嫡妣家楝，猶偶有錯互，及大人去世，事嫡妣如母，務得其歡，數年無一語愆拂也。樂施與，族姻歲時必餽遺，周里貧者無倦色。見比鄰孩童人，隨手滑膏撫字之，不計其數也。東曹家蕞，嫡妣外家也。北泗王氏婦，乃嫡妣所出，先姊卒續娶者也。顯妣皆時廑懷，餽問不絕。顯妣初歸時，或易之,有亢容。及後,德溥而尊。有舉舊者,曰:"忘之矣。"既而曰:"人薄,吾以厚;人亢,吾以謙。念舊非吾事也。"蓋寬仁誠篤,與先大人嫡妣合德無間云。顯妣聯產不孝塨等五人,體稍弱,而精神有餘。平昔大人庭訓忠孝節廉已,時皆闇記,時舉以訓塨等。所供衣服,視孫幼欲者即與之。耋年猶紡績,勸之息,曰:某缺,某某將親迎,吾織而布之。樂此不疲也。康熙五十年,不孝塨以舊里不能容,移東莊,顯妣往來兩地居,甚健。及五十七年,塨在通迎養,飲酒日數次,肉亦健食。又逾年,躋八十,親友羅祝,猶健。自幼食最緩,入夜,必食後寢。以爲壽考未艾,孰意今康熙六十年春,作疾,延綿至閏六月念四日病,呼弟培等皆至莊守視。顧塨等無所囑,惟囑五弟子習智勤讀。顧塨曰:"佐之,令入泮也。"又顧培等曰:"趁而大兄未甚憊,吾可去也。"七月念六日丑時,遂卒。嗚呼慟哉!生於崇禎十四年九月十一日子時,距卒,享壽八十一歲。

憶顯妣坐於堂上,每曰:而先外祖外舅過公邦權勳爵,官更鉅。宅畔有花園,崇禎朝莊烈周皇后微時與之鄰,嘗過往,而外祖母每資之箴紩服餙,相歡好。一日,摘花園瓜,過公從外入,見之大怒,踢其筥,嚇而奪之,周皇后泣去。已而選爲信邸妃,遂登后位。過公懼,辭官。内寺來尋之,匿。而外祖母應曰"往南京矣",后寢其事不問。每念昔日家門之盛,先朝寬巨之恩,未嘗不流涕也。乃至今顯妣溘逝,并此言亦索索成往事矣,嗚呼慟哉!

長男即不孝塨,康熙庚午科順天鄉試舉人,選通州儒學學正,告病致仕。娶王氏,繼娶馬氏,置側室吕氏、馬氏。二壎,先卒,娶張氏,繼娶張氏。三培,保定府學廩饍生員,娶賀氏,繼娶白氏。四埈,保定府學附學生員,娶王氏。五壣,先卒,娶馮氏。孫男八人:長習智,壣出,娶任氏。次習仁,塨出,保定府學附學生員,後顯妣十八日卒,娶宋氏。次習聖,壣出,娶崔氏。次習中,塨出,保定府學附學生員,娶齊氏。次習和,壎出,聘劉氏。次習孝,壣出,聘龐氏。次習任,埈出,聘賀氏。次習禮,塨出,未聘。孫女八:長塨出,先卒,適彭庠生汝霖。次壎出,卒,適吴生捷。次壎出,適汪庠生作哲。次塨出,適劉庠生□□。次埈出,適姚□生□□。次壎出,許字趙生□□。次埈出,次壣出,未字。曾孫男一,元凱,習智出,未聘。曾孫女二:長,習中出。次,習聖出,未字。顯妣將以十月七日祔葬舊里西曹家蕞先大人窀,不孝塨等泣血謹述。

長子習仁行狀附哀辞、传

嗚呼!吾兒攬衣出門無幾日,忽長逝,慟哉!吾兒習仁,予之長子也。冠,其師馮樞天字之曰"長人"。康熙三十七年戊寅,予舘桐鄉知縣郭子堅署,娶副室錢塘貞懿吕氏,以十二月十二日巳時生焉。時吕氏方十六歲,產難,及娩,頭如世所寫壽星,五六日漸縮而圓。

予以四十始立子，憂其脾脆，飲食必視之，令勿多。面方，五官中正，白瑩如玉。予以白嫩軟，令坐走土上，汗浹土，漸變蒼色。幼不好弄，儼雅如成人，童伍或狎戲，則正色諭之。八歲，教以《小學》，洒掃應對惟謹。五十三年甲午，邑令浦鳳巢延惲皋聞至署教其子，因招習仁同受讀，數月，文漸通。丙申春初，學院張天門臨試，拔入保定府學生員第四名。孝友性成，終日隨予，視色爲行止。每日淩晨，或二三漏下，呼即應起，祁寒暑雨不避也。凡事必稟予。即極細事必其爲之，予心乃貼。五十九年冬，從予如江南，衣被、飲食、騎履必躬奉。生九歲，吕氏卒。偶與二子習中誶語，馬下妻戒之曰："而姨留而兄弟二人，幸勿爭。"自是寬待之，無一言齮齕。三子習禮，提攜懷保，倍愛護，人不知其异母也。予往通州，爲習中親迎，衣飾器用，務豐於予之爲其親迎者。習禮樂，習箎未成，習農。予教曰："而多直理而少曲思，兵變化俄頃，無究也。"習射、習書數御，性優，十餘歲即能磬控騎生馬，鞍轡鞴策皆手製，如法度。御車人苦欵叚，代御，不施鞭捶，即飛騰。嘗立《日譜》，課身心得失。其立心也忠厚正直，終其身未見有一念私曲，未見有一語非道、一履非法。日必有事，未見有一暇期也。聞予語學，皆怡然解。著《學説》《庭聞記》。自厲能閑家，晝不輕與妻接語，每食時從外歸，必入予寢視祖母、視予，未嘗無事一入其私室也。且通世故人情，賓至予家，或數日，或數月、數年居停，日率弟躬進茶食，無倦色，賓率稱快去。待戚友悉中禮節，張皓千稱之，曰："長人見人，喜容可掬，一團和氣。"劉士宜居密邇予東莊，嘗往來莊之河口，謂人曰："吾每至莊，習仁必來尾邀食，若特置郵報者。"至江南，周旋儒儁，如翁止園、程啓生等，彬雅和藹，每補予不及。寧國知府黄瑤圃握其手曰："踰歲，尊翁即不南，世兄幸必過我。"蓋人人愛而敬之也。能料事成務。一日，梁稭積少數束，莫知爲誰也。呼問之，曰："必賃屋人丙，其婦產三日，易蓐加草故耳。"察之果得。幹事必周密，制器必工牢。方靈皋子道章，成昏保定府鹿氏。其司槖囊有輈張，爲之排解，且制其用適足。靈皋聞而韙之，收爲門下士。

先是，予從王五公、顔習齋遊，每言南土無北鄙殺伐聲，宜遷。予亦謂金陵地廓人文，或可倡明聖道也。己亥，適南友許以高淳田易予蠡產。客冬，遂率習仁往視，語之曰："汝祖母春秋高，吾不能遠離左右，汝若以爲可，則先遷，予後成之。"習仁曰："唯。"今六十年辛丑，友人有其室舟而南者，因約習仁偕婦同行。七月，使來促問之。應曰："婦女難獨出，從之便。"又謀三弟、四弟，曰"可。"遂以二十二日如京。孰意二十九日即病，病即一粒不下咽，猶倔强步行。八月五日，天津登舟，病愈重。已賃車旋，比登車，曰："吾已出門，又返里，何兒女態也？服藥行且瘉矣。"復返舟。抵十四日，覺病篤，使其婦之表叔從於舟者，來稟予取車。晚置藥不服，婦自後艙來視，囑曰："吾亦爲人，草留根，人留子。"婦泣下。曰："勿泣，外艙汝不可久留。"命之入，惟一幼僕守視。亥時，臥而卒，地名泊頭，年僅二十四歲。婦宋氏,有遺腹未産。車到歸櫬,嗚呼慟哉!家人戚友聞知,慟哭失聲。莊人、樵夫、牧豎,無不流涕者。在予垂耄,學退德衰,過惡稠疊,獲天之譴何辭?但以習仁之才且有德,雖視之古聖若賢渺然以小,而考其所至,庭除克孝弟,於道有見聞,家邦稱達士,突爾隕折,慟哉!然天亦或以成人處之矣。即此南行一節,慷慨獨當一面,見者大,雖病殂不悔,不可謂不賢於人矣。聊爲之狀,惟君子鑒而品置焉。歲之八月下旬。

附録:習仁《日譜》儀功

卒後,檢其南行篋,得之。自戊戌年爲始,蓋力學任道,圖南之志,大也。

元旦、清明、七月十五日、十月朔日、臘月二十四日之祭,俱從家大人,齊戒沐浴。大齊戒二日,不飲酒,不茹葷,不與穢惡,不入内,不弔喪問疾。齊一日,還坐思神。小齊一日。每月朔望,從大人拜獻家祠、五祀,拜祖母父母,拜先聖。每日晨興,揖祖母父母先聖。教習中讀書講書,定朔日習禮樂射,望日習御書數。其日有事,以次日補之。三三日看經史遺文,及顔習齋先生與家大人所著書。三八日會時文。餘日古書或時文隨便。有家務農事,及應酬人事,大人命者,隨命行之。立《日譜》以考功過,時時澄心,頭容直,氣容肅,目容端,口容止,聲容静,手容恭,足容重,色容莊,立容德,謹言慎行,體察人情。每時一圈,心自慊則白,有言失則黑圈左,有事失則黑圈右,有慾念則黑圈下,有暴怒則黑圈上,忽忘驕肆則黑圈中。

附:方子靈皋所作《李伯子哀辭》

李習仁,字長人,吾友恕谷長子也。戊戌春,余命子道章就學於恕谷,歸言習仁耕且學,孝友信於其家。今年春,恕谷歸自江南,率習仁過余,俾受業。其承親、事師、交友,毫髮皆在於禮,而行之甚安。河間王振聲見而歎曰:"子弟中未有如斯人者也。"恕谷少游浙東西,樂江介士風,南中士人亦聞其風而慕之,故率習仁往相宅。其乘車,習仁御。騎,則執鞭以從。恕谷與諸公論學,左右其間,南士皆傾心焉。恕谷以母老未能定遷,會其友内人南行,使習仁與妻附舟先之。至天津,疾作。將還,比登車,曰:"吾父志此久矣。疾當愈,何返爲?"還舟。又數日,疾革。其妻出視,命之曰:"勿泣。此外艙,汝不可久留。"夜將半,氣絕。惟小僮在側,時康熙辛丑八月望前一日也。昔明道程子誌其子邵公,謂賦生之類,雜糅者多,而精一者間或值焉,則其數或不能長。夫自古聖賢之生,鮮不爲帝王公侯卿相耉壽長世者。而程子之言若是,豈如衆人之激於所遇耶?蓋深觀造化之消息,而有以窮其變也。余杪秋自塞上歸,聞吾友劉古塘長子將冠而殤,南中子弟無與比并者,慘慟未平,而習仁之訃繼至。嗚呼!以恕谷、古塘之躬行,日暮途窮,而天奪其良子。以二子之資材閒値,而不能延其一日之生,此余所以易哀爲憂,而終之以懼也。習仁自成童,有巨人之志。既冠,立課程自檢。晝所爲,夕必籍之。卒年二十有四,妻宋氏,始有身。其辭曰:"嗟爾幼志,離群匹兮。善承親心,嗣道術兮。晝耕夜誦,六藝畢兮。性栗而溫,儀有壹兮。縈縈南行,志決壯兮。知命不惑,死無恨兮。任道有徵,識祈嚮兮。斯人則亡,余復何望兮!"

附:閆季伯所作《李子傳》

李子長人,吾師恕谷先生冢嗣也,諱習仁。桐鄉令郭子堅慕先生如骨肉,迎至桐。廑先生抵四十未立子,重聘武林姝女吕爲簉,飭"留春樓"居之,環置花木可盂植者。每入夜,燭必結蕊如幞頭、如綴旒,自巔垂垂至跋。四壁香氣清徹,黄楊、梔子、月季皆結子,蘭生蓀。子堅聞而雀躍曰:"吾友獲佳兒決矣。"先生持家以禮。吕如君入,即定行朔望望拜姑嫜及女君禮。及身,訓以胎教。即以是年十二月產李子,瑩潤如玉。先生携之北歸,親串咸指爲玉人。比長,身中方面,淺靨如晨星,不甚見也。五官方正。善騎,衣飾按轡疾行,路人聚堵驩羨,曰"翩翩佳公子"。而能摧折浮英。自成立,服惡食麤,嘗自運坯墁牆,躬監燒窑,五夜無倦色。東莊築正樓,東西廂,前場後圃,率出其經畫。及從先生南行,嚴冬,値荒塗,夜必起坐,飼騎守備。入寧國,行青山道,雪後紅泥沒脛,迄歸滁徐。雨雪深數尺,路皆霾,李子步衝雪先行,先生尾之,無迷者,而志氣倍王。惲鶴生皋聞者,武進人,博學有文。聞先生來蠡,得顏習齋先生三事三物之學,遂盡棄其夙學而學焉。先生雅重之,命李子從遊,學日益進。會學院張公逸少案臨,京江相公子也,家世崇高,而嘗作不平語,曰:"今泥塗崇高者,其李恕谷、方靈皋、王崑繩乎?"然臨保定,即尋先生子,得李子名,年十九,拔之府庠。先生於先儒主敬存誠,以及讀書經世諸欵,一一剖決其得失,精微廣大,而李子皆能領受,躬習其學,著《學說》《庭聞記》,立《日譜》自省。善接人,曲體情意,笑語進退如矩度,待姻戚有禮。四方來從先生學者,如華州古葵、武昌劉著、博野周文忠,或居數月數年,盥寢衣食,咸李子周旋,無不相結意滿而去。方靈皋、楊賓實,以夙儒巨人,李子師友之,皆獎進恐後。以至射御書數擅名如張曉夫、身在修、蔡瑞生、周崑來,亦攜手欣然,願授之藝。

旗人張萬載,一日薄暮,衣短襟衣,跨蹇騾過先生,卒然問兵。先生曰:"吾少時以貧硯食,門人習武者請講孫吴,强就舊詁答之,而實不解也。今老病,并舊詁忘矣。焉知兵?"次晨,即車如棗强就醫,而萬載去。後,萬載以妄言被逮,詞牽楊仁澍,并供先生有相才。當事奏聞,辭,中人遣部郎捕。先生聞之,恐同人震懾,惟語李子。李子時從先生於保定,應張學院試,趨侍承歡如常,若無此事者。既而仁澍受刑,力保先生正學不濫交。九門提督彤公、刑部尚書韓城張公亦知先生無他,獨不問。迨年餘,萬載及諸人就爰書,事方結,而李子終不向同人一語及也。其靜定如此。及奉父師命南遷,師,則靈皋也,登塗病劇,遣妻之表姻王旋里,曰:"爲我語大人,兒病九分。"九分,十分也。言九者,恐傷親心也。惟此一語,別親哀鳴之聲也。王行即知不起,卻藥不服,意氣自若而卒,年二十四。

初,李子十三歲行冠禮,十八歲昏有室,先生即令理家政。每雞鳴,從外庭呼曰:"大官!"李子即唯起,問所爲,承命指揮家衆井井。不群飲,不戲嘲,未嘗街首佇立與人一閒語也。出入必揖先生,稟午旋無延至未者。得尊長賜,嫡母爲之生息,積銀數兩與之。李子曰:"吾不願私畜也。"盡供公用。卒後,先生家人哭之慟甚。或解之,家人曰:"如之何勿慟?即如有一事,李子欲爲,微察父不願,即止。吾家宅移莊東,而莊中有倉、有廐、有僕舍,莊西陲有羊肆。李子日往視,或時呼母弟往,必見其庭中延佇,弟速應出則已。如應緩或未出,即自往,不再呼也。"嗟乎!孝友之狀可掬矣。一子曰敬承,繼其世。當李子在時,先生嘗語人曰:"吾長兒勝吾者二:夫婦有別,成童後即能之,吾自返不及也。吾期治生儉而不刻,御事細而不煩,日以道爲比櫛,而猶有踰。長兒不繩削而自合也。"方靈皋哭之曰:"李伯子舉動毫髪皆在於禮,而出之甚安。"

閆鎬曰:吾念李子,爲之質經。《魯論》論士曰"行己有耻",李子有之。出使不辱命,未之試也,而其材可能也。宗族稱孝,鄉黨稱弟,又有之。言信行果,又有之。切切偲偲怡怡,李子亦有之。質直好義,察言觀色下人,亦有之。即世之積學累世者,何以加茲?以斯人而年不期頤,誠可悼。然人則成矣,德則不朽矣,豈爲夭折哉!豈爲夭折哉!

恕谷後集·卷九

孔子贊

猗與孔子，萬禩之師。庸德之行，庸德之知。不言性天，下學達之。在帝左右，於戲至矣！

先孝慤像贊

貌也蒼然，身也挺然。方領六合，坐對於天。守禮好學，步趨曾顔。既文且武，佩劍鳴弦。維誠維仁，亦白亦堅。人一以爲鍾瑾，人一以爲幼安，孰知今世而覩羲顓？

與周崑來王子丕求小照札

予貌亦寢，頗具須麋。傴僂五尺，而欲頂天立地。意營四海，而斤斤視跬履頫仰。與廣大高明者遊，而屋漏火熄。或承之耻，業非道學，亦非名士，不作通俠。復鄙山癯，巨靈搦管，或能加棘策乎？以究予之所底。

養生論

不見居室者乎？耕田鑿井，量入爲出，餘一餘三，本富也。而貪者以爲未速，愘其出焉，而猶曰未速，轉輸而貿。甚者盜之人，附之己。量入爲出，其富沿百世無弊。先人甚嗇，子孫必以奢敗，天道也，人事也。轉輸有無，非决勝之兵也，或勝或北。若盜，勿使執法者見也，見必誅。世傳養生術如廣成子、老氏，以及魏伯陽，與近世採補之妄，其過凶以此爲差。

此前集一篇也。以其言可正邪説,梓之。時先生臥疾石門府,石門退朝,即調侍藥餌。先生口授此篇及《人論》《闢佛論》。石門斂手曰:"先生沉病,而心志清定如此,四德根心深矣。"

父子有親論

堯命契教民人倫。父子有親,言教子也。奚而不教父也?父不待教也。《大學》曰:"未有學養子而後嫁者也。"或曰:"教焉。"宣尼曰:"愛之能無勞乎?"石蜡曰:"教子義方,恐親之過也,若子則無有過也。"舜之號泣,黔婁之嘗矢,非過也,無不及爾。親違和,刲肌而晋之,過矣哉。而或以激,或近名,仍不及所致也。吾見今之子矣,其父母老而貧與,命曰"家人厭",何癃癃累累者爲?老而富與,命曰"家人征",明之取,暗之攜,厚得則以爲快,少則怨。嗚呼!不有聖教,親生至此,故彝倫斁,异端興。

論古文尚書

惲皋聞謂予曰:"讀毛河右《古文尚書定論》,以爲出於孔壁,上於官府,傳於人間,至晋秘府不失。梅賾奏上《孔安國傳》,遂列國學。考之,史志鑿鑿無可奪者。但古文辭明顯如出一手,誠有如宋明所疑,何也?"予曰:"嘗亦疑之,但萬季野有言:'讀書當論道,不必以辭'。以道,則古文无一可駁者,先儒皆故爲偏説也。"皋聞曰:"然。但愚意其辭當是孔安國考論時所潤色,故髣髴一轍,非晋人僞作。"予豁然疑解。《史記》曰:"孔氏有古文《尚書》,安國以今文讀之。"《漢書》曰:"安國以今文字讀之。"《書·大序》曰:"科斗書廢已久,時人無能知者,以所聞伏生之書考論文義,定其可知者。"謂古文皆科斗書,世廢已久,不惟人莫能知,即安國亦不能盡知,乃以伏生二十八篇,在古文中者,先對讀之,以辨其字。而因其已辨之字以讀其他,又得二十五篇,文義可知。文者,字也;義者,理也。或即文以見其義,或因義以辨其文也。吴澄謂傳記所引,收拾無遺,是安國考論時,又雜取《論語》《孟子》春秋諸子以證之,其用力亦苦矣。又《藝文志》,劉向以中古文校歐陽、大小夏侯三家經文,《酒誥》《召誥》皆有脱簡,文字异者七百有餘。中古文,即内府所藏孔書也。歐陽三家經文,即伏書也。脱簡,謂古文脱簡也。是古文與今文同者,當時亦有脱簡,則古文二十五篇,獨无一字脱簡乎?其爲安國以義定之也明矣。古文與今文字异者七百有餘,是安國所讀之字，今古尚有如此參錯，則辨其字不能得，遂以義定之者，固間有矣。其詞通曉，如出一手，誠安國爲之也。然此安國之不得已也，非作僞也。若作僞，渠豈不明見今文有險有易，何不定古文亦仿效之，乃如出一體乎？況讀以今文，證之他經他書，則不敢憑空闌入一語也，更可知矣。陶淵明曰："區區諸老翁，爲事誠殷勤。"知言也夫！

陳法論

陳法，伍法也。什百千萬億异其數，方圜曲直鋭殊其形，鵝鸛魚麗握奇貙劉八陣六花五行三才十二辰別其名，天地風雲龍虎鳥蛇詭其象。兩前伍後，專右參左，遇地而參差，奇正揚伏備偵遊。两翼却月分塗而各用一也，雖絶成陣、雖散成行者也。鵬之圖南也，背負青天，摶扶摇羊角而上九萬里，與斥鴳之騰躍有二乎？八家共井，猶躖跡也。而千里一圻，懷嶋帶嵠，特積耳。孫子曰"治衆如治寡"，分數是也。吴璘爲疊陣，曰："此古束伍令其知之矣。"項王善萬人敵，及後東至東城，廑二十八騎，分四隊四嚮，令四面馳下，期山東爲三處，可以觀矣。霍去病、張睢陽、岳忠武不必拘古法，有以哉！若《史記》李廣出塞，行無部伍行陣，就善水草屯舍止，然遠斥候，未嘗遇害。於戲！遠斥候也，有部伍乎？無部伍乎？惟好學深思、心知其意者解爾。

見百字説

鄭子，名臣冢嗣，雅好學，以其名知寵也。問字於予。予惟老子有言："寵之辱也，得失若驚。"故又曰："知其榮，守其辱，爲天下谷。"噫嘻！知之時義大矣哉！谷，龍之府也。龍，寵也。古文寵龍轉注。《詩》云："爲龍爲光，何天之龍"是也？吾聞驪龍之精，百里見毫鋩。故《乾》之《同人》曰"見龍"，苟見龍之見乎乾五位，天寵之矣。迺字曰"見百"以復之。

梁質人曰：跬步耳。而層層丘壑，探索不盡。

樂説

宋人每令人尋樂，予謂樂不可尋也，尋之則莊老之學耳。儒者盡其道，樂矣。因就身所歷者作《樂説》。

趨鯉庭，栽荊桂，芼荇菜，供萱華，心怡氣和，此庭闈之樂也。予曾歷之而未盡也。理安舟而泛千頃，躋危崖而眺九霄，心曠神夷，此登臨之樂也。予曾歷之亦未盡。公卿前席，學士傴僂，啣杯雅談，千古歷歷，貴賤何知，緊道是視，此忘分相交之樂也。亦曾歷之。嚴師諍友，擿爬瑕纇，得省得改，如脱宿垢；更有海内名流，風生四座，徐出一言，群賢謬折，謂聖道在兹，有目共覩；亦有後進英奇，離塵捫天，刮摩日月，指畫谿陵：此會友折中之樂也。亦曾歷之而猶未盡。未能大行，聊佐人政而已。洒然改觀，獷戢孱彊，巷誦户説，惟恐遺去，此道小試之樂也。更未盡。張唐琴，演周儀，調遊龍，挽明月，黄農虞夏，一堂晤語，好學之樂，樂以終身矣。乃猶未盡。必也周旋中禮，心性欽明，無動無靜，惟天與偕，雍雍肅肅，無自來憂，安所鳴樂，樂斯至矣。苟臻斯境，前六者皆樂也。不臻斯境，六者必未盡善，不可遂云樂也。

豚 豯 説

幼聞一狎客問一先生曰："今旗人食孋猪，古亦食否？"先生曰："古人豈有此？"客曰："不然。孟子言文王令民二母豯，豯子必繁，難以畜，家有之則不可賣，不食何爲？"其人无以應。予注《孟子》，至"雞豚狗豯之畜"，訝雞犬皆一，而豕獨二，何與？因考。《埤雅》曰："豕子曰豚。"《玉藻》"圈豚，行不舉足，齊如流。"古者祭祀必先擇牲，謂養豚於圈，君衮冕而臨之，則行不舉足，齊如流。所以致敬，且稱其服容也，是孋豯古用以祭矣。《左傳》有"牲牷肥腯"之文。《曲禮》曰"豕曰剛鬣，豚曰腯肥"。二物二名二用，分如也。《説文》則曰："牛羊曰肥，豕曰腯，豚曰腯肥。"蓋言兼之。豕即盛滿而鬣勁毛長，不可言腯肥矣。腯肥非豕子而何？雖欲勿用，神其舍諸？神不舍，則人食之固宜，議禮者勿少見而多怪也。

書明劉户郎墓表後

梁少保夢龍，爲安平劉户郎鑑作《墓表》，載嘉靖二十九年俺答犯順直，逼神京，援兵四集城下，户部選曹屬給餉，皆畏避。劉公奮然請行，衝鋒抵大通橋，餉以給。嗟乎！公加於人無算矣。當是時，兵火燎原，大掠城外，號哭之聲，徹於西内，舉朝震恐。世宗詔犒勤王師牛酒，不知所出。部文往復二三，始得數餅。開倉發粟，囊橐釜甑，一無所措，士多餓死。嗟乎！以中葉全盛，太祖太宗之神威未遠，而惶惑無具，至於如此。所謂部進鄉舉，纍纍若若，其素揣摩以應朝廷者，是何物也？承南宋道學後，守章句以時文應比，高者談性天，纂語録，卑者疲精斃神於八股，不惟聖道之禮樂兵農不務，即當世刑名錢穀，懵然罔識，而搦管呻吟，遂曰有學。萊陽沈迅上封事云："中國嚼筆吮毫之一日，即外人秣馬礪兵之一日。"

誦其語，爲之慙且慟也。嘗披《廿一史》，漢唐北宋名臣，率在北方，及南宋，而北人寥寥，以北爲金元也。萬季野修《明史》，邀予閲，明南北混一，乃史載北人亦少，季野頗嘆息焉。明宣宗曰："長材偉器，多出北方。"而如吾蠡三百年，僅登一布政楊瓚舉廉賢，奏議增附生員。他如僉都御史張哲平冤獄，有軍功，給事劉穆能直諫，副都御史劉瑀居官清嚴，御史韓春劾宦官李興忤逆瑾，華州知州劉錦拒中官廖，巡撫張貫陝西行，苑馬寺少卿冉繼志忤逆瑾，兵部右侍郎丁鳳正德間定宣府兵亂，平山東、江西流賊，撫治鄖陽，王道平野王剛亂，參議和遜有清名，工部左侍郎馮闌稱文學，户部郎蔣範化殉城守，一時聲蹟爛焉，而史册悉亡其姓字，北之他郡邑可知矣。南好浮華，北習固陋，毋怪史傳之南多而北少也。劉子琛屢求闡揚其祖，有以也夫。

書貞靖先生傳後

宣尼曰"舍藏"，藏其用之，則行之具也。後世隱栖者流，大率餓鼠病獮，胸無蘗積，其藏者云何？至於終南捷徑，鉤名弋榮，與夫挾雕蟲技，操齲齒行，而侈聲色、饕滋味，且顛倒人家國事而稱高尚，是不嫁而嫁畢者也，又藏之罪人矣，尚何藏？貞靖王先生留意江防、海防、漕運、鹽鐵、兵屯、方輿、水利諸學，而晦跡烟霞，可謂藏矣。雖然，蠖屈則伸，文孫掇巍科，名噪儒壇，行且澤溥九寓也，固宜。而世之人垂涎金穴，朶頤世貂，以伸爲伸者又何也？

書韓子原道後

《大學》曰"明明德"，又曰"明明德於天下"，如日月經天，萬古常照。《書》所謂"克明俊德"、"光被四表"、"萬世永賴"是也。佛氏明心見性，則腐草之螢，熠燿之光，戔戔乎明滅不定，何用乎？而愚劣惑焉，是仰首不瞻日月，而以隅厠之明滅微光爲奇也。韓子《原道》斥二氏，亮矣！佞佛者曰韓子見佛之粗，未解其精。故系以此。

書方靈皋一節

庚子冬，予問醫如金陵。曾克任爲予言，方靈皋内子蔡氏歿，薦紳慕其名，競聯姻。大學士熊賜履謀妻之女，謝之。時有鄭總兵巨富，倩伍解元涵芬緩頰，願以萬金爲糚奩，使可贍九族三黨之餽問者，靈皋辭不獲。一日暮食罷，語克任曰："請姊丈後。"因告之故。克任曰："非孟子之言'所識窮乏者得我'乎？"靈皋立嘆曰："然。"晨興峻辭。熊尚書一瀟，其子本，靈皋同年進士。秘謂曰："鄙人有妹，家君願使侍箕帚。"靈皋曰："感甚。然寒舍家法，亡荆偕娣姒日夙興，精五飯酒漿，奉卮匜二親左右，君家媛能乎？"本咋舌無以應。又言其丙戌成進士，歸過楊州，鹽商吴求設帳教其子，贄百餘金。及抵里，總督、藩、臬公留之義學，乃使返其贄。吴曰："非先生辭我也，勢不能也。贄者見也，已見何返？"靈皋不可，三往返，卒還之。金陵一王生執金爲贄求教，介甲姻來，即贈甲。已而王生卒，靈皋曰："教未之及，安用其儀？"自出金如其數，使人奠，并不言之甲姻也。予渡秦淮，靈皋綱紀趙姓者從路，指北首一門曰："此百萬富也。吾主在家時，渠遭喪，延點主，以百餘金爲壽。主曰：'吾膝可屈守財者墓乎？'却不應。"嗟乎！日讀聖賢書，一臨財色輒隕穫，視此何如也？詎無聞風而起者歟？

題寧國府志

寧郡署後有古北樓，在陵陽峯上，即齊謝朓高齋也。樓前并刻唐李白詩，志乘艷傳之。考《朓傳》守宣城，不載及民政事，或史遺之也。然味其詩云"既懽懷禄情，復協滄洲趣"，則專藉禄仕以遂其曠達，意可見矣。李白流夜郎返，而往來宣城間，惟狂放詩酒，視管寧避地遼東，設禮條易其風俗者，相去殊遠。嗟乎！前人流風餘韻，嫿其迹，載之志，所以興起後人也，可不慎與？康熙庚子冬底，塨攜長子撑居來過，守爲黄公瑤圃，見莅政慎勅，不鶩婣文，其度越前賢者當有在矣。因書此二通，一題《志》，一寄梅子定九。

堅　志

馮生辰侍。李子曰："子何志？"曰："修己及人，守先待後。"曰："善哉，是士之業也。志之固宜。"馮生曰："願有誨，用堅辰志。"曰："志則堅矣，不堅可言志哉？雖然，亦有之。王法乾每言《中庸》曰'惡於志'，是我志惡我也。志登千仞之臺，十仞、百仞而止，志惡之矣。嗟乎！天之鑒，人之指，萬世之譏評姑無論，乃吾爲吾志惡乎？奚其安？"馮生再拜曰："謹受教。"

方灵皋曰：将初志返照，恐不堪自對也。聞兹言也，汗下矣。

悼亡賦

下妻素娟，歸予者九閲春華，一疾三載，竟逝世。音容婉轉，貞潔不亡。念予二子隆官正九歲，存官才五歲，壯大追慕杳然，必增悲辛。於行狀外復賦代圖，使其如在。

羌聖湖之湉漠兮，鍾婉嫿而幽靜。二八通理於蹇修兮，入子執巾櫛而色頳。弢嫭姱其蒙蒙兮，賽拂拭而艷呈。剪秋水而娉盼兮，準梁平而垂峙乎微峯。娥曼而聯娟兮，題夷坦而中隆。倚耳而曾頰兮，頤下非鉅而亦豐。氣蘭馥而甘如飴兮，的編貝而内瑩。面不方不圓而不長兮，卻鉛華而灼灼兮皙隱紅。春笋尖兮，揚皓腕。解香絲兮，烏雲委。牀梳孏粧兮，朱錦尚褧。拖湘霞兮，風紋百行。身五尺而弱兮，雖纖小而腴充。秉貞誠而無他兮，未哂睞之或輕。歸里肅告女君兮，請魋結而爨舂。兒戲詈以嚴懲兮，靡狎愛而鬈鬆。遠父母之三千兮，從吾君之所丁。問寒煗以勤鍼紩兮，斥粥服御而佐庸。胡膏肓之黴纏兮，淚流離而集裳。予不淑以致疢兮，搯膺絡其旌撞。懨懨黄白而長眠兮，儵閴耀而掩芳。緊賦客之夸虛兮，與予心而各張。念孩幼之長大兮，恐怳惚而若忘。一一寫眞而無誑兮，庶奕世肸蠁而思成。

公舉龐魏氏呈

蠡縣紳士某某等，爲公舉節孝義婦，懇乞轉詳，題請旌表，以維風化事。竊惟懷清高築，求居往之無慚，恤緯長吟，雖食息而不苟，蓋節義於今爲烈，而襃揚自古宜先。今本縣緒口社三甲人在龐家莊居住已故民龐國棟之妻魏氏，弱歲於歸，壯齡喪偶，孤鸞鳴號，欲挺身以相從。二世姑嫜，爲高堂而不死。履機手線，織殘寒夜之霜；負耜灌園，耨徹荒原之霧。祖姑徐氏，率先守節，得躋耋年，或如厠，或迎暄，皆躬負以出入。力牽紼，力負土，雖人代而悲辭。事繼節之董姑，亦八十而樂愷。迨其就窆，適值長霖，踴水衝泥，苦矣如蹈河而赴海，挽轝負引，悲哉！惟踴足而擗胸，行路爲之生悲，風雲於以變色。何其一心不貳，猗與三節相聯？二女產甥，而比隣不輕步往。世載守乏，而分文弗受人憐。已而乙巳紀年，竟爾閭閻告歉。皇恩大沛，令廉吏以詳查，民瘠立蘇，開通廒而放賑。氏門冷落，官過咨嗟，乃獨見得分明，問倉糧之償不，撫躬圖報，謂孱軀其能何。稽首而敬辭，願自顑頷以攻苦，徒食必不可，愧彼須麋之素飧。宗族感歎，擇才立嗣。士民健羡，衆口稱賢。誠女中之丈夫，實盛朝之祥瑞。某等按本婦今年六十六歲，會典可稽，想無未諧之功令，朝旌式布。應伸公舉之輿情，伏乞詳憲以候彙題。俾窮嫠高義，得邀華袞之榮，庶率土是型，彌識臣婦之道。爲此連名,合詞上呈。

九日鄚城聯句序

溫益修明府,勞同巫馬,不廢八叉。陳子章詞壇才并子荆,因成五。噫!呼白衣而起舞,對黄蓝以長吟。塨也自解鑄人,久慚刻燭,步折巾之笥腹,竟爾續貂;挹捻鼻於琴堂,快兹流水。豈必我江君海,掉鞅文場?抑以此笑彼歌,鼓陶摯性云爾。

九日孤城風雨秋,黄花晚對署亭幽。溫。連霄濕翠生烏几,鋪地寒香入碧流。李。辨業李膺推獨步,恕谷著《大學辨業》。新篇陳羽許誰儔?溫。敢言避地同王粲,愛有虚懷駐馬周。吹帽偏宜金鑿落,命絃恰好玉雕鎪。陳。催排東閣燒林炬,漫倚南窗累酒籌。李。徵貢夷吾人易去,班師鵬舉恨難休。溫。烟昏戍壘天埋月,客度盟壇水送鷗。陳。却笑乾坤空老大,那堪我輩自沉浮。李。飄零嘯對霜前草,身世羞看日暮舟。陳。凋瘵斯民須撫字,桑麻何計蔚田疇。溫。會時版築抒全筴,且便山頹在上頭。鴨語短長喧夜漏,檐聲斷續下岑樓。穴穿蠟淚呼筐拾,狼藉柈鯖倩僕收。李。西望白雲邱隴夢,北來鴻鴈弟兄愁。溫。鄉書不謂連朝至,歸念還因撫事謀。陳。闌出已知皆楚舞,揭來合自有吴鉤。李。今宵莫悵登高阻,歲歲茱萸共挽留。溫。

恕谷後集·卷十

留别長安諸子

予《易》未有傳，得足下，如獲拱璧。象爻既悉，蓍揲通微，於《易》可幾彬彬矣！以高尚之守，研四聖之遺，天子不得臣，諸侯不得友，豈非今之超武絕倫者哉？萬望推衍，慎勿苟安。右尚孚。

昨語足下曰"儉用節費，存心却冗"，又舉顔先生語曰"千萬人中不見有己，千萬人中不忘有己"，足下皆然之。然見己亦忘己也，學者果能卓然奮立，以我爲天下萬世必不可少之人，無窮無達，致和致中，自刻刻性命作主，自不與傖父鬬圭露角，故曰"見己亦忘己"也。至於足下躬歷行伍，加意弢鈐，已得六七，其二三機秘，持之不懈，必有進焉。右繩其。

足下自勘曰"傲"，然鄙言衝撞如雷霆，能折而服吾，固知其非傲也。特雷霆不可常有，務使微風一扇，諜然即解，則觸處收益矣！願任樂學，且能製器，鄙心甚慰。又思别後恐有誤認者，宜察也。足下欲將《關雎》等詩譜入琴瑟簫篴，必先精究七始、四清元聲，乃可諧器審調。若本源未瑩，而但取髣髴其字聲以爲得之，則捫盤叩籥，究非日月。鄭世子何嘗不以三百之篇譜於樂器，而於宫商竟千里而遥也。《樂録》諸書，乞伐毛洗髓而考試之。右聖居。

子志爲聖賢豪傑，憤而鋭，可愛可敬，但時而昏惰則忘，愧勵則助，忽急忽緩，難以馴致。《孟子》曰："君子所性，大行不加，窮居不損，必也。"敬以直内，使心如天地之廣大，日月之精明，則根深生色，无往不可自得。而子强捉不能，遂欲以空忘致之，非也。閲歷世故人情，愈熟愈透，務使人與事當前立解。而子欲以讀書記誦致之，又非也。心性濬，世情悉，自能易紛而一，易鈍而敏。若夫佳兵不祥，曲臺可立現，佐刑名即爲學問，故君子不違其材，不出其位。右長舉。

聞藺協鎮調河州，足下欲歸，此甚不可。男子生而志四方，况交須始終也。僕今東歸矣,《平書》望足下推明補苴之,若有成,萬世功也。王崑繩曰:"拼除之斬斬明明,修治之蕩蕩平平,陳列之齊齊整整,陶成之肅肅雝雝。"有味乎? 其言之也。金風西寄,悵矣懷人。右潛士。

前妄言相贈已,悉不出謹言慎行而已。然勿認予言爲退縮也。人必根柢立定,不然,任其氣質,見事風生,忽爾回車,索然氣盡,無當也。右子丕。

富平贈言

自與吾友西來富平,交情日厚,敬吾友如拱璧,愛吾友如自愛其心膂,爲不廢蒭蕘,非僅禮貌之敬也。今吾友仁心仁政,旁羅洋溢,爲吾黨光。鄙人以省親將行,慘然頓如遠别,因書瞽語,并以自鑒,以代面談。

一、戒高興

杜工部云"入門高興發",謂山林之致也。至於處世事,則斷斷勿用之。

言語勿高興而發。凡出一言,必有所爲,不得突如其來,不得茫无頭緒,不得雜亂不清,不得有首无尾。應酬之言勿過文,恐人不醒也,勿俗俚,恐人不威也,欲簡而明、恭而禮。叙事之言須有扼要、有平鋪、有收結、有輕重繁簡,令人聽之瞭然。

怒責人勿高興。已怒也,再爲存想;將行刑也,再爲擬議。勿任性氣,致一發而難收。

用財勿高興。漢高以黄金四十斤與陳平,不問其出入。韓昭侯一敝袴不以與人。皆英雄之弘圖也。若漫然用財,不擇當否,雖費无功。

施仁政勿高興。如水利農桑武備諸政,吾友念念不忘,誠民之父母也。然須酌量,時可以爲,力可以爲,乃出號令。不然,言之不能行之,則无以取信於民。即行而鹵莽滅裂,不克有成,或興利而反以貽害,又爲不可。

愛人勿高興。其人可愛也,徐而察之,平心而觀之,漸漸任用,以盡其材。不得一時相投,輒驚喜非常,過分相加。苟非眞才,反以壞之。或吾用情難繼,後反致怨。推之禮上司,待朋友,皆當知此。

一、戒驕奢

吾友謙恭下士,衣食朴儉,可謂富貴中特立者。然吾昨語田公子曰:"貴不期驕,富不學侈。"言貴則自驕,非必有心也;富則自奢,不學而能也。車馬服御賚予支費,須損之又損,寧樸勿華,寧陋勿豪。庫銀不可動,假貸不可行。何者? 輕用己財,即輕用民之膏脂也。不然,於何出辦? 至於僕役盛粧,從者如雲,以爲氣勢,此今日富貴人陋習。况吾友愛民如子,衆志成城,何人不擁護如父母者? 無事綱紀之紛紛也。

一、戒緩慢

吾友近日涵養氣質，甚見和平，吾愛之重之。然勿以怠緩爲和，以放弛爲平，如與人財也，可與則速與之，不可則斷以无有；買人物也，用則即給之價，不用則即還其物，皆不可曠日留難。此雖小事，易失人心，餘如此推之。

一、戒矜張

我輩居官，立志爲聖賢，出政效帝王，皆分内也，無事矜張。設我少有矜張之意，必來諛誦之口；來諛誦之口，必有假此中我以射利亂政者矣。且我善政异人，即不矜張，人尚以矜張加之，以致上司不快，同僚嫉妬，非小故也，而況矜張好諛乎？且作大事者，量如滄海，度如山嶽，小善小勞，沾沾自喜，何以圖大？

一、戒近小人

小人貢諛以中我射利，或陽奉我陰違我，或假相契合以探我，我愛其熟軟，喜其伶俐，比其夤緣，及後，遠之不能，近之立禍，可畏也。且即同官同輩，無所覬覦於我者，但係小人，即不樂人爲君子。歡我以嬉笑，引我以晏遊，拉我以聲色，必致我壞，其心乃快。學者於此，不能壁立千仞，終溷泥塗。

一、戒小術

至誠之道，可格幽明，此仁術至術也。若詭道，則但可用於兵旅，今日殺敵，明日奏愾。至於家人父子朋友僕從吏卒民人，一毫術譎不可用也。此用之，彼露之，前用之，後必難復之，使人疑我備我，壞事實多。

一、戒奇异

孔子曰："中庸不可能也。"仁心仁政，至平至易，即至奇至變，平地成天，皆在其内。若假鬼神、好玄虛、説夢幻，不惟无益，且啟人疑，致人輕，甚不必也。至於講六壬奇門南宫劍客，皆殺身禍世塗炭生民之人也，萬勿誤以爲正術而近之。

一、好學問

兵農禮樂，欲爲一事，必涉其藩籬，入其閫奥，有法有略，有謨有爲。若但虛志而不實研，臨事未有不爲田父之詒者。

一、貴閒暇

庸人之閒暇，怠也；英雄之閒暇，靜也。善作事者，常使精神餘於事，不使事餘於精神。苟好勝喜多，以致茫亂，事必有誤，名將受損。曹公意思安閑，如不欲戰，孔明所以稱殊絕也。

一、貴有恒

吾友愛民之心，吾敬之；理政之才，吾愛之。再益以沉潛細密，喜怒不形，得失不驚，有始有卒，則生民之幸矣！萬勿始敏而後怠，萬勿始儉而後奢，萬勿始小心而後放肆，萬勿始虚受而後剛愎。

附呈《恕谷日譜》數條

待以恩者，有過則責之，以使勿縱；制以法者，允服則寬之，以使不怨。

范曄勸曹操取蜀，操不從。居七日，操又問曄，曰："今已小定，未可擊也。"天下事，變於呼吸，如此狐疑遲鈍，安有濟乎？

作大事者，勿喜而喜，勿怒而怒，勿有事而有事。亞夫軍中夜驚，堅臥不動，有以也。

御馬之難也，所向无空闊，眞堪託死生，安可得哉？馬前軟也，坐後以息之；馬善驚也，謹轡以防之。人曰"馬无跅弛"，而不知御者之苦也。用人如之。

下之人忤我，勿輕怒，恐彼有寃，或才可取也；上之人獎我，勿輕喜，恐伊漫言，或計相籠也。

倖進者无功，欲速者多躓，矜長者易於見短，好諛者必受其愚。

屠牛者不屑搏鼠，搏鼠者必不能屠牛。

用財有度，爲善亦有度。用財无度，則費不可支；爲善无度，則壅不能行。

智深勇沉，知人知己，豪傑之善物也。人不自知，餘无可問者。

事雖易斷而必思，事既經思則必斷。

聽言欲盡其底藴，故曰好問好察，曰集思廣益。若聞言而不詳質己見若何，人意若何，可行可違，如何措施，漫然即行，以致錯誤。或漫應之，不行之，則言而无益，人將結舌，與不聽言同。

每日向晦燕息，返勘已行之事；平旦未起，酌量將行之事。居官之要法也。

示素存永言畧弟

青山刺史以阿咸、阿戎謬從予遊，所謂問道於盲也。座中，青山誠及衣食奢侈。予因感奢侈爲今日急症，聊一言之。

《孟子》曰："口味、目色、四肢安逸，性也。"君子不謂性也，何者？必甘脆而腹始快，其人必无心，必羅紈而體乃適，其人必无身。心之大美，奇珍苟具，何事甘脆？身之宗廟，百官能立，何須羅紈？故曰："飽乎仁義，令聞廣譽，不願人之膏粱文繡也。"且世之願膏粱文繡者,非必爲快腹適體也,大約門面累之,筵不羅列,服不鮮粲,瞻覰旁人,未免忸怩。嗟乎!是爲他人食食衣衣也,可揶揄矣!

而其苦遂莫大於是。衣食爭勝强,力不及,至於稱貸交讁,困窮飲痛。始假服御爲盛氣,繼因狼狽而縮首,遂愁歎而死亡者比比也。愚哉!

以衣食驕奢,則所以稱之者,原無涯也。必且美宫室,必且驕妻妾,必且飾輿從,必且斥燕樂,必且盛供張玩好。每見部堂開府,私積百萬,解綬數年,子孫奴乞。此有目者所共覩也,而弗戒諸!

然則宰相之臥布被,溫公稱賢;司徒之妻曳柴,王良志美。可以師矣。今世去古人心不遠,出爲廉宦,居爲正人,食用儉素,稱者必夥,何事取悦二三紈袴爲浮靡也!

然而儉素非貪吝,不可不辨。原憲鶉衣百結,而於結駟聯騎却之若浼。晏子豚肩不掩豆,澣衣濯冠以朝,而父之黨无徒行者,母之黨无徒食者,妻之黨无饑寒者,齊國之士待而舉火者七十餘家。貧則不苟取,不妄用;富則豐於待人,約於處己。中庸之道也。

答三弟益溪問舊説居喪廢宗廟祭

古人未嘗廢也。按《曾子問》,孔子聞諸老聃,曰"天子崩,國君薨,祝取群廟之主而藏諸祖廟",以葬前不祭,且象祖考聚憂也。"卒哭成事,而後主各反其廟",以卒哭喪事成,行祔祭,且後此行四時祭,故主各反廟也。若四時之祭,三年不行,則主何必各反其廟?且祔后群廟主仍當聚藏祖廟矣,而不然也,是即主之反廟,不可爲葬後不廢常祭之證歟?

且古人實事可驗,非僅空文。《春秋》襄公十五年十二月,晋侯周卒。十六年春,葬晋悼公。平公即位,羊舌肹爲傅,改服修官,烝於曲沃,會於溴梁。襄二十二年,晋人徵朝於鄭,鄭公孫僑云:溴梁之明年,公孫夏從寡君以朝於君,見於嘗酎,與執膰焉。是葬後、小祥後俱行四時祭矣。叔向、子産稱知禮者,必非妄行妄言也。況以情事揆之,无廢嘗祭者。葬後,冠衰屨皆有受矣,腰麻變爲葛矣,虞變喪奠而爲祭矣,祔不稱哀子而稱孝子矣。故三虞卒哭之祭稱成事,謂喪事成於此也,謂常祭之禮於此始可成也。《喪服小記》曰:"虞杖不入室,祔杖不升堂。"《儀禮》"虞祭主人酳尸,尸醋主人,主人坐祭卒爵",皆漸近吉禮,以神道接先人,至祔則竟合食祖廟矣。後此則哀愈殺,而反謂廢祖廟食乎?《春秋傳》曰:"禮卒哭而祔,祔而作主,特祀於寢,烝嘗禘於廟。"杜預謂如朔奠、小祥、大祥之特祀,則於几筵;宗廟、四時常祭,則如舊。《釋例》是之。不可以杜氏不能助晋武終喪,并此言廢之也。

而杜氏之解,猶未盡合也。特祀於寢,謂專祀新死者,則主在寢,因以祀也。烝嘗禘於廟,謂遇烝嘗禘祭,則請主入廟,與祖合食。毛河右《經問》所謂"仍奉主祔之祖旁"是也。

杜氏乃謂四時常禮如舊，三年喪畢又大禘，乃皆同於吉，似烝嘗於廟無新主者，文義不順，且何取於无新主也？謂新主不可驟入廟耶？則祔祭曾入廟矣。以爲吉祭，新主不當與耶？則孝子可主祭，新主乃不可與祭，是傎也。或曰："即祭，孝子亦不與攝主耳。"曰："有之，而非概也。《伊訓》惟元祀十有二月乙丑，伊尹祠於先王，漢《律曆志》以爲太甲踰月即位改元，逢乙丑朔冬至，越茀郊天。按《世紀》，成湯以丁未十三年崩，當必崩於建亥十一月。商制，踰月改元，故於建子十二月改元，稱元祀。適逢朔旦日至，故令伊尹攝行祠先王，契以配天。見《祭典》。此是未葬祭外神攝主之證也。晉平公葬悼公後，烝於曲沃，明曰改服行事，此葬後祭先自行之証也。"朱晦庵《家禮》謂喪中宜仿杜元凱説，墨衰家祠行祭，而顏先生深非之，執緦不祭之説甚嚴。今念族姻繁者功緦之變，比有必至累歲宗廟不一血食，於心忍乎？以至輕之服，廢所重之祭，於心安乎？記顏先生於王法乾卒，服緦、廢家祠獻祭。塨自浙來見，曰："先生誤矣！豈有以朋友逝而却祖父食者哉？先人其恫諸？"先生曰："比乃知之，《儀禮》'朋友，麻'，不言緦，謂吊服加麻也；《學記》曰：'師无當於五服，五服弗得弗親。'師不在五服内，而朋友乃有服乎？吾悔焉，而不知即緦服亦不可廢祖父食也。"按《儀禮注疏》，朋友皆在他鄉，袒免，歸則已。若同在國，吊服疑衰，服緦之絰帶。夫朝服十五升，疑衰十四升，故曰疑。疑，吉也。緦衰七升半，則朋友吊服與緦大殊矣。

然"緦不祭"之言何也？曰："上文《曾子問》與祭，指喪祭言，此節文連義屬，所謂已有喪服與相識之祭，亦指虞祔祭也。故孔子曰：'緦不祭，又何助於人？'即《雜記》云：'父母之喪，將祭而昆弟死，既殯而祭，若同宫，則雖臣妾，葬而後祭。'是遭始死之喪，即輕如緦，自己喪祭且停，而况助人？非言四時常祭也，熊氏《注》甚明。"

《王制》曰："喪三年不祭，惟祭天地社稷。"爲越紼而行事，非言終喪不祭歟？曰："又非也。喪三年一讀，言喪之三年者，不於葬前屬紼之時行宗廟祭，惟天地社稷，則越紼行之。觀下言越紼，則上文不祭者，不越紼也，非葬後執紼已畢，亦不祭也。設葬後不祭，則曰喪三年不祭，惟天地社稷祭，可矣，何必專指曰'越紼行事'乎？至五祀，葬前亦祭，不曰越紼者。鄭志答田瓊曰：'五祀，宫中在喪内也。'"

《曾子問》"鼎俎既陳，不得成禮"。一則亦有"士緦不祭"語，乃言祭正設，聞變而廢。大夫有九喪，至大功，士十一，小功、緦亦廢焉，非言殯葬後廢祭也。

且即此則而觀，大夫遭齊衰、大功喪，門内廢，門外不廢。士遭小功、緦，當亦如之。而且曰"於死者無服則祭"。是諸喪甫聞驚悼之時，尚有不廢祭如此者，而謂"殯葬後不常祭"，可乎？

然則如之何？曰："天子以及於士，皆葬前停祭。卒哭後，凡遇常祭，請新主祔祖合食，祭畢反寢。"孝子將事素服微殺其凶，即"虞杖不入室堂"之義也。祭禮降殺，不樂，不飲酬受胙，即《曾子問》“天子崩，未殯，五祀之祭不行。”既殯而祭，尸入三飯，不侑酳、不酢而已。自啓至於反哭，五祀之祭不行，已葬而祭祝畢獻而已之意也。况古有牲曰祭，无牲曰薦，今世士夫備牲者少，淸酌庶羞，并非祭也，又何妨焉？

王帶存曰：先生乃堪容台議禮，叔孫輩一閧耳！

答長舉問

吾子有志作聖，較之儕俗視道如仇或絶口不及者，豈不高倍屣哉？然爲賢者言，則當有進。吾子之病，在心急而行緩，虚志大而實力小，以致神馳萬里，目望九千，而身祇在几席也。

吾子行緩力小，必自居曰“鈍”。吾以爲非僅鈍之過也，亦以忘，亦以怠。時而墮落，遂忘我爲何事；時而悠忽，遂亦苟且偷安。從前曠日不及知，即如客歲與子别後，子任返鎮原學禮，至於今歲相見，并未聞吾子有一言及於所學之禮何如也。及問之，則諉曰：“無禮書。”愚前言禮原非一端，有心禮，齊明致中，有身禮，非禮勿視聽言動，有家禮，朔望節令祭期忌晨。是三者，在躬行，不在考書。即考書，亦非秘奥難得者也。昨聚富平，見足下有意於兵，予因以前著集與之，曰：“理事有間，每日閲一二則來商。”而子持去，竟連月未商及一則也。曾記少年學數數月，茹食猶置珠盤於旁撥計，夜思及一數，輒披衣然燈捻算。問射於汪若紀，若紀言其夢中學撒放，以肘撞牀上牆，至肘破流血。大抵每一學習成，必須苦詣，未聞法宋儒專以緩步徐行講儒者氣象，而六藝即可就也。

且吾子之鈍，更以心急志虚累之。心急則躁且忙，精神潰散，益增其鈍。辟之路然，一人日能百里，一人能二十里，不必憂少也。人走一日，吾走五日耳，乃枕間徬徨，且愧且恨，一夜不眠，至曉疲不能興，并二十里亦息駕矣。虚志大則爲此望彼，時移時輟，自尋鈍廢。亦辟之路然，一人由水，一人由陸，苟其不懈，皆至所歸。乃曰：“吾將水陸兼之。”方跨騎，旋登舟，已舟騎俱嫌不調，又坐與人商，而路究未行一步，謂之何哉？

子爲學以尋友爲重，是也。而尋友之意則未當。以爲我質鈍緩，如學射必得一人同居彎弓，讀書必得一人聯席，吾伊一時數年，乃可有成。如是尋友，必難得友。何者？八歲入小學，十五入太學，成童比肩，敬業樂群，乃有此。况今足下已四十餘，所結納年亦相似，或有官職，或有營業，或各有所學，乃足下必使其人輟衆事，而終日同攻子所學之事，其誰能之？

况孔子曰：“爲仁由己，非以由人。”師友特助己者耳，由之者九分，助之者一分也。若專倚師友，則己安在？如人修容整巾束帶頮面，盛服拮据在我，而友其鑑也，未聞以鑑爲巾帶服飾也。

古人且勿論，即如不肖，一生得力專在師友。讀書、學數、學射、學禮、學樂，皆自加攻苦，或得或疑，乃質諸人。若學不在先，將質何物？與顔先生半月一會，則將十五日所學通質之。近日樞天從遊，歷時來過，録紙疑問至三四十則，然不能日在一處也。吾少時每聞一言動聽，見一儀可觀，必記於懷。遇海内名流，知其所長，必傾倒盡之。雖一詩一文，不輕虚擲，是以頗有積累。近見足下諸子，見人則覷其短，因棄其長，或我自爲我，縱人有佳言長技，目覩之若無覩也。心志既已虚大，耳目又復不靈，何以集思廣益乎！

至足下云："若專一學，不過一長一技之士。"此言大非。一長一技，豈易能哉？卞莊子之勇，臧武仲之智，見許聖門，養由基之射，造父之御，傳名千古，祇在一長一技。不特此也，賢如由求，兵農各務；聖如禹益，水火不兼。吾子此時最宜練者，刑名，而鄙視之。夫刑名鄙乎？皋陶明刑，三代畫一；蕭何造律，唐宋是規。知明處當，談何容易？而以宋儒讀書觀空虚大之習小之，此見不痛洒，不能入道也。

恕谷後集·卷十一

給鄭子書

五月，舍親旋，問賢昆季動定。舍親言足下規我不訂《王先生集》以詔後學，而自訂《年譜》，失緩急，且涉爲名。聞之怵惕。顔先生、王崑繩去後，無人大聲呵斥，故罪過增累。足下若肯時惠德音，愚劣或負疚少減矣，幸甚幸甚！但其中有不可不白者，姑强顔一道。《年譜》，僕所閲歷，隨手訂之，無所棘難。《王先生集》皆須日閒心静，考古準今，乃可從事。寒舍偪仄湫隘，又忩忩人事，不得加工探討，故尚有待，且足下亦知之。獻歲云：先生居家，難以殺青，三四月間，春種訖，敝廬有積書可考求，先生至，共爲訂正。僕時許之。祇以過潭府，則費綱紀伺候飲食，故不敢直然往赴。及届期而玉音寂然，今乃見責云云。此如兩人約同行，其一人云某日會某所，輿馬資斧盡我任。抵其期，其人不來，而寄語云："汝何坐候中途，不脂車而策騎也？"至以訂《譜》爲近名，則更傷鄙心。顔先生四十五歲得僕，迄五十五歲僕執贄門下，盡傳其學。今僕年五十三矣！驅車海内，一德一才，不乏往來，而全局負荷，未見其人。左右之友，惟得馮樞天與足下。樞天有志，足下能解。特樞天質魯，未克遽獲，足下又過在聰明，瞻顧未定，此外則不知肝膽向誰矣！聖道有其人，則傳之人；無其人，則書其所學，期於傳之後世，豈得已哉？且足下以爲《年譜》可博名乎？我欲弢之，人且彰之；我故長之，人故短之。好名者無實且不智。僕之愚，知之久矣。惟念宋明來，虚學蔓延，重惺覺不課行習，謀章句不理經猷，道藝荒蔑，乾坤晦蝕，故爲顔先生修《年譜》以見周孔學行之故跡。樞天近又爲僕修《譜》。習齋《譜》多在躬行實踐，而拙《譜》則多經濟作用，合而觀之，粗見聖道，故不自辭讓，遂使成之，因而訂之，且功過并載，使有志者於二仲外千里萬里得其人觀之，去僕過而取僕功，由僕以尋習齋，由習齋以尋周孔。即萬一當世不得其人，後世有興者如之。明道在兹，行道亦在兹，用以康濟萬物，奠安天地，非細故也。嗟乎！僕豈得已哉？虞仲翔謂生無知己，死以青蠅爲弔客，悲其語。然彼經生，或未免名心也。孔孟何如人耶？而著書立言，不自沒其所學，後世卒賴之。不然，六經《語》《孟》亡，堯舜周孔今不識其名矣！三德五典之途久湮矣！孔子得賢弟子，則傳之人，人乃記孔子言行爲《論語》；孟子則門下無傳者，於是自作《孟子》七篇，自居繼往開來，以傳後世。嗟呼！孟子有名心哉？誠悲天命而憫人窮也。人者，天地之心。孟子曰："人之异於禽獸者幾希。"舜禹湯文武周公孔子存之，庶民去之。其存其去，皆在明道行道而已矣。庶民僅知飲食衣室父子夫婦，而禽獸亦飲啄，亦毛羽，亦類聚，烏以异哉？日在道中，而不能明行以及人，以無負天地之心，故为庶民也。今行道即未可，必能遞明此道，後世必有行者。天地其位，萬物其育，《王先生集》猶僅一端，而《年譜》則論道全迹。詔傳後學，未知疇是，而校登簡冊，尚可自謀，孰緩孰急，難以區分。此塨五夜傍徨，驚心淚下，而無可如何者也？足下猶以我爲爲名哉？傷已傷已！久欲爲言以報，無便羽。九月四日積雨，乃作藁，幸足下始終成我。不宣。

調成陡轉，絃促正張。東流入西，兩山忽合。

其意遠，其言悲，其旨明晦而隱約。

復惲皋聞書

廿八日，從孫女家有事，不得已往省，未有報言。正在歉仄，乃門下以大作二首偶遺補送，何其信而勇也！即此爲作聖之器矣！昨讀來諭，擬自十月朔訂《日記》，考身心，且清夜平旦存心之功，已覺有驗，爲之狂喜起拜，乃知天地先聖有靈，必不忍使斯道滅跡於人世也。塨嘗靜體人心有三境：曰明，曰昏，曰妄。而三境有九境：有明之明，如日月高懸，堯舜周孔也；有明之昏，有明之妄，賢者亦時有之。有昏之昏，庸愚也；有昏之明，本性不息者也；有昏之妄，愚而謬作者也。有妄之明，佛老也；有妄之昏，糊塗异端也；有妄之妄，异端而魔者也。學者務身心一齊修整，九容肅怡，天君湛如，積至夢寐皆屬清醒，而又學爲有用之學，則聖道不遠矣。不意數千里外來此模範，相助爲理，此誠五夜禱祝而幸一應者也。快可言耶！北上返，再領教益。不悉。

教子文

予教子曰：適己自便，天災人禍，以便己必損人也；準己及人，天休人集，以及人則感己也。或曰：春温和平之談，非駿厲有爲者也。予曰：惡！駿厲者敏，果於行仁布義耳，詎曰職凉與猛哉？大冬冱寒之際，朔風凛慘，旭日下臨，群出曝背。下則爝火邛烘，附者尚團團焉。下則爲短垣乎？猶有隱而避者。不然，以冰益慄，日事沖沖，謂凌利而誰何？人莫嚮邇，而鑿者亦足僵手直，寒入五内，無以自存矣！何以曰有爲？

教子文

丙午冬，讀《典謨》至"地平天成，六府三事允治，萬世永賴"，作而歎曰：禹、稷、契、皋陶，萬世之人哉！其神常在。今之蕃衍天下者，率其裔也。河洛黍稷，人類酬酢，咸遺德也。因而自勘，以及朋疇子姓，何胥淵也！諺云：踰河拆橋，謂沮人而利己也。然己尚能再渡哉？福單矣，壽已矣，非天也，人也。吾子思之，累世永賴，利乎？一渡不再，利乎？

人説

人之靈曰心，而頭目手足視之皆蠢也。天地之心曰人，天地萬物各專於一，不靈於人也。然人靈乎？曰：惟首出，餘淪於物矣。堯舜湯文，靈而在上；孔孟顔習齋，靈而在下。故孟子曰："舍我其誰也？"噫！任何其重歟！皋陶曰："兢兢業業。"曾子曰："如臨深淵，如履薄冰。"丁未元旦，塨撰《人説》。

数行共六段，經文也。

擊磬

嘗讀經，歎《論語》不可一字增減，《中庸》《孟子》不及也。至"子擊磬"章，有荷蕢而過孔氏之門者，可更曰"過其門"。以上有"子擊磬"也，是何故？乃思嚮解誤耳。解者曰：擊，偶一擊也；過，從門外過也。否否。偶聞磬聲一二，何以知其有心？匆匆門外行，何以遂有賓主往復？考鼓有撾，所謂禰正平漁陽三摻者也。其法或擊邊，或擊正，或立擊，或坐擊，或行擊趨擊，或踴躍擊，或舞蹈擊。始而春容，中而淵深，亂而風急雲驟，如天崩海立，令人髮指神懮。孟子所分大成、小成，一器自爲終始，是小成也。鼓既有之，磬亦宜，然必孔子當時以擊磬聞於人，而荷蕢特來過之。過，過從也，坐而聽賓主辭論也。或曰：如此亦可書"過其門"。曰：又否否。子擊磬於衛，起下"果哉"句也。明子之志，在不果也。有荷蕢而過孔氏之門,起下"有心"、"硜硜"言也。明荷蕢特來孔氏之門挽以果也。

先生丁未戊申間碎録,似東坡海外小品,但天理爛熟,則蘇氏無之耳。門人李基識。

葉

春秋,楚迁許於葉。後楚改爲縣,使沈諸樑尹之,稱葉公。其時,楚滅陳,亦改爲縣。則封建易而郡縣,春秋末即然,不始於秦也。然葉公三見《論語》,其問政也,孔子答以"近悦遠來",聖人不惡郡縣明矣。

啟　賢

趙儕鶴歎魏見泉曰:南樂無兒。謂其子廣微雖位躋台輔,而不肖也。然古多有之。堯舜子不肖,以臣輔其缺,故揖讓。湯喪子而孫顛覆,武王子弱,亦以臣助之。孔子晚而失子,孟子易子而教。父子不責善,屢見於言,必其子敬承有闕者,數千年惟啓稱賢。禹娶塗山,四日即有身,迨水治而八載矣。厥後宅百揆,攝帝位,又數十年,壯而有立矣。宜禹之毅然變禪而爲繼也。曾元養志,不及曾子,且寢病尚愛以姑息,曾子廻視家庭有不快者,可知也。乃戰戰兢兢,以正而斃,是則聖賢之不怨天、不尤人,"仁"爲己任也夫。

天道之變化,聖學之堅貞,人倫世故之艱苦,閑閑叙論,錯落筆端,辰也讀之,不覺淚下。

趙母龔太安人八十壽序

雍正御極之元年,即詔天下州縣舉孝廉方正。浙之蘭谿以甲午舉人我博邑父母趙公應。公念母龔太安人春秋高,力辭,當事不允。太安人詔曰:勿,弗勤王家,非孝也。李中丞遂件繫公事實以聞。天子曰:"都,其賜六品服。"馳驛入見,授今職。二年,嘉平涖博野。次歲,溏、滋、沙三河合爲虐,博邇迤東北數邑皆被災。公首報聞,得旨,發天津倉米賑饑。公輓費一觧己槖,民得甦。又躬築堤道,水災以平。四年八月,苗滋螟蝖,公禱於蜡神,立消。新其祠。今丁未夏，又苦旱，公禱雨，立澍。民貸官穀，積年不能償。公親詣鄉，視能償者立收足，無追胥費；不能者削其名，不比。邑民大和，以冬底爲公覽揆辰，謀書言錦旋爲壽，公不可。又力請，公曰："無已，則吾母明歲八月旬之三日八袟矣，或借一邑之歡心，以供吾母，其可乎？"於是麇至徵言於塨。李子庚星曰：太安人歸年伯司馬褒庵公，躬績佐讀，逮事祖姑余、姑范兩太君，嗣徽思媚。范太君毓少子我彭公，湩不足，太安人代哺數月。洎析箸，相司馬公推肥與之産。公及仲君爲紳衿祭酒，尚憂司馬公繼嗣未廣，爲三置篋，後得李孺人，生季君。無何，李逝，太安人顧復之，逾於所生。成立，登甲辰賢書，其餘勤家稼睦族周姻卹鄰，難更僕數也。塨夙誦《關雎》，朱《注》謂宫人喜得后妃，則宫人婦寺也。呼后妃爲淑女，而思之，而友之，於情理不宜，且房中之樂無鐘鼓，婦寺鐘鼓琴瑟，是女樂矣。《序》以爲后妃樂得淑女以配君子，而《傳》《箋》言友樂之樂，皆以薦荇贊祭也，得之，而其意似詩人所咏后妃正配也。詩人舍嫡而專斥庶，立言未工。及後，沉吟三復，乃知《關雎》《葛覃》《卷耳》，皆后妃自作。所謂以貴下賤，以聖下賢，舍己從人，樂取人善。宫壼雝穆爲何如者？此所以麟趾振振也。今太安人不蛩然步其後與？以故氳德儲祥。我公不自壽，而合千萬人之歡心，以壽太安人，與季君必待鄙言歸而稱觥一堂，曰仁慈，曰孝友，狀皆可掬也。太安人方瞳鶴髮，坐待郡國太夫人之寵錫，能無靦然加一觴乎？明自中葉而後，士大夫率攻飭誦讀而絀經濟，今則工揣摩競勢達而内行鮮修。故塨聞公家庥，樂道之，以爲世風焉。

高文典册，羽經翼傳。孟、韓之温淳，遷、固之峻潔，兼而有之。先生於禮章樂律，皆實履其事，非空談心性者，故見於文如此。曩受業西河先生，亟聞其推許矣。仁和弟李庚星拜識。

孫生日記序

雍正六年二月上辛，偕門人往祭顔習齋先生，將登車，有人自縣郵寄一卷至。披閲之，則常州孫生應榴子房所立《日記》也。摘示丙午七月二十三日至十一月二十四日者，首書一詩，曰："恕谷傳人禮樂先，誰令斯道久云捐？恰逢小子三旬歲，遥拜先生萬古賢。禮以範身卑法地，樂須育德渾如天。規模志定時時省，桃李青春好著鞭。"歸拭目眵，評乙數日乃訖，作而拜手，嘆曰："天之不喪斯文，幸矣哉！"孫生得顔先生書及拙著於惲子皋聞，遂篤嗜。晝有作，夜有思，瞬有存，息有養，省躬改過，力行德行。率弟子分日習詩書禮樂射御書數，功與習齋爭密，而其閑道衛學見於文詞，與皋聞爭敏。衰耄如塨，固瞠乎不足比較也。世乃有斯人哉？孔子承道於堯舜湯文，講習杏壇，賴七十子禮之，數百年抵漢，高帝過魯，以太牢致祀，因而歷代尊奉爲天下教宗，排擯异端，永奠生民。去二千年而習齋崛起，倡明周孔實學，塨妄聞而推衍之。皋聞來北，習齋已逝，謬聞於塨而南。數年前書來，云：南中是顔先生之學者得四人。今孫生卓卓如是，不知即在四人之中歟？抑尚出其外歟？而明之行之，日新月進，不可謂非天之有意也。程朱學主静坐讀書，初亦閉户，與其弟子授受。及明永樂遵之，勒其書，以時文取士，遂彌漫宇内。然其道微爲异端俗學所浸染，其流習弱趨腐，斯世不獲其用。今孫生力肩顔先生學，使畜極而上聞，君相用之，則安富尊榮，子弟從之，則孝弟忠信。萬世昇平以此建，人物雍熙以此成。其所關爲何如哉！孫生勉之矣！

樂道人善，津津亹亹。一唱三嘆，如見歡舞之容，如聞贊誦之聲。

士喪禮就直序

道莫大於禮，禮莫重於喪。吾亟聞君子之教矣。《魯論》曰："所重：民食、喪、祭。"曾子曰：自致必親喪。孟子曰：惟送死可以當大事。吾求之古，得曾子焉。《戴記》所載"曾子問"，其於喪禮何詳以悉也。吾觀之今，惟我習齋先生焉。居喪，不惟倚廬堊室寢苫枕塊務入規矩，即側坐專坐諸細節，絲絲謹守，以至功緦喪所謂三不食再不食者，皆慭遵。至服闋，喪家漫不之察，而先生必具奠造其殯宫或墓哭獻，乃除。習齋而外，未見有如之者也。馮子樞天，丁父艱，力行喪禮，輯就直。本之三《禮》，參之宋明諸儒家禮，斟酌盡善，纖鉅不遺。顔先生舊有《居喪劄記》，塨三居憂，有《士喪禮就正》《學禮》，皆弗及其詳明也。是可爲後法矣！不謂曾子習齋而後，乃有斯人也！用兵者列陳廣原，堂堂正正，而與敵角勝負，瞭然在目。若宵中熟寐，月落星移，卒有敵變，潰壁而入，驚起，顛倒衣裳應之，鮮不眩暈矣！吉嘉諸禮，平原之陳也。喪禮，則宵中之戰也。得是《集》以爲指南也，庶拯其眩暈乎？

詩經傳注題辭

予自弱冠庭訓，外從顔習齋先生遊，爲明德親民之學。其明德功課，則《日記》《年譜》所載是也；其親民條件，則《瘳忘編》《閱史郄視》，今大半匯之《平書訂》者也。而無暇治經義。經義，大率閱宋儒所注今世通行者，即間及《十三經注疏》，以及漢儒諸書，忩忩未深考也。迨年幾四十，始遇毛河右先生，以學樂餘力，受其經學。後復益之王草堂、閻百詩、萬季野，皆學窮二酉，助我不逮。然取其經義，猶以證吾道德經濟。如《大學辨業》《聖經學規》，則用以明道；宗廟、田賦諸《考》用以論治，尚無遑爲傳注計也。至於五十始衰，自知德之將耄，功之不建矣，於是始爲《周易傳注》，續之《四書傳注》成。甲午年，惲子皋聞遠來辱友，語以身心經猷，皆洒然有合，力肩聖道，而學問又淹博，經史如以肉貫弗。著《説詩》質予，予感之，佔俾沉吟，似有所得，乃爲《毛詩説》質以復之。皋聞曰："善哉！盍即爲傳注。"嗟乎！立德無能，立功何日？而乃諄諄立言，悵如之何？

先生《毛詩傳注》《春秋傳注》，力不能開雕，先摘數則問世，以見意焉。

論詩一則

孔《疏》曰："鄭以賦之言鋪也。"鋪陳善惡，則詩文直陳其事不譬喻者，皆賦也。鄭司農云："比者，比方於物。"諸言如者，皆比辭。如如沸、如羹之類。又云："興者，托事於物。"則興者起也。取譬引類，起發己心，詩文諸舉鳥獸草木以見意者，皆興辭也。賦比興，如此次者，言事之道，直陳爲上。至比之與興，雖同是附托外物，比顯而興隱，當先顯後隱也。《毛傳》特言興也，爲其理隱故也。"螽斯羽"，《疏》曰："此寔興也。"《傳》不言興者，文義自解，故不言，凡説不解者耳，衆篇皆然。朱子乃以《螽斯》《柏舟》《緑衣》《終風》《凱風》等篇，毛公所謂興者，而易之以比，與前人所解异矣。

又按劉勰《文心雕龍》論賦比興，亦同前説。則漢魏六朝詩賦正盛之時，皆如此立解，不容今人作詩，動遵古體，而賦比興反有异義也。

惲皋聞謂賦比興不宜各章鑿定，如《集注》所列，其言甚是。朱《注》曰："興者，先言他物，以引起所咏之辭也。"則必以章首之言爲興矣。然《漢廣》首章首喻喬木，末喻江漢，《傳》《箋》皆以爲興，蓋首尾感興，而中間"游女"二句賦其事也，是不獨章首爲興矣。乃朱《注》以喬木爲興，江漢爲比，則引物同，句法同，何以一爲興一爲比乎？《關雎》首章曰："後凡言興者，其文義皆仿此。"蓋謂興必上下句法相呼應也。則《野有死麕》篇首章"包之"、"誘之"相應，二章興言三句，賦言一句，何以呼應乎？又曰："比者，以彼物比此物也，如'螽斯羽'是也。"則《注疏》以此爲興，不爲比矣！以爾指后妃固爲興，即如朱《注》以爾指螽而觸物感興，正興體也，何比之云？況即以朱《注》借物以興正意，例之《谷風》之篇，風雨之相合，起夫婦之無怒，"不以下體"而遺葑菲，起無以色衰而棄德音，則正興也，而又曰比，何耶？且詩以言志，觸物陳情，或興或比，纏綿無端，此詩道也。如《汝墳》末章"魴魚赬尾"，興也；"王室如燬"，比也；"父母孔邇"，賦也；"麟之趾"，興也；"振振公子"，賦也；"於嗟麟兮”，且興且賦也。《行露[1]》之首章，皆興也，不必以正意呼應也。《野有死麕》，上二句興也，下二句賦也。二章首三句興也，末一句比也。《苦葉》二章“有瀰”、“有鷕”二句，以兩物起興也；“濟盈”、“雉鳴”二句，引伸再興也。《鶴鳴》四物并咏，皆興也。錯綜變化，不一致也，此詩道也。如杜甫《秋興》，“玉露”四句，興也；“叢菊”二句，賦也；“寒衣”二句，又興也。其絕句如“眼見愁人愁不醒”，賦也；“無顔春色到江亭”以下三句則興也。至於長篇，則賦而又賦，比而又比，興而又興，互換迭陳，而乃固執古人，古人受耶？

邶·柏舟五章章六句

朱子曰：“《序》不知其時者，必强以爲某時；不知其人者，必强以爲某人。鑿空妄語，以誑後學。如《柏舟》，不知其出於婦人，而以爲男子；不知其不得於夫，而以爲不遇於君，斷然以爲衛頃公之時，則其故爲欺妄以誤後人之罪不可揜矣！”又曰：“其爲説，必使《詩》無一篇不爲時君國政而作。固已不切於性情之自然。而或《書》《傳》所載時無賢君，則雖辭之美者，亦例以爲陳古而刺今。是其輕躁險薄，尤有害於溫柔敦厚之教也。”愚按：朱子亦謂《序》，或言孔子，或言子夏，皆不可考。而鄭康成以爲諸《序》本合一編，毛公始分以置諸篇之首，則毛公之前，其傳已久。夫曰傳之已久，則學禮、學《詩》，必孔門弟子所流傳矣，而乃痛詆力斥，何也？且朱子不生於秦漢之前，何由見其不知人而强曰某人、不知時而强曰某時也？而遂詈之以欺妄誑人也乎？如《柏舟》之詩，朱子所據者，《列女傳》也。夫《序》傳之已久者不可信，而《列女傳》出於後人者乃足信乎？況其辭曰：“微我無酒，以敖以遊。”又曰：“不能奮飛。”夫欲奮飛，欲飲酒而敖遊，豈婦人之事之言乎？乃强坐曰：“其辭卑順柔弱，疑莊姜所作。”則請再讀之，心堅逾石，心直勝席，威儀肆應，無一不善，是爲卑順柔弱之辭乎？且曰：“故爲欺妄以誤後人。”則請問朱子，《木瓜》之易報德以姦私，《鵲巢》之易迎婦以嫁女，《風雨》《子衿》之易君子學校以淫奔，諸如此者，不可更僕，皆有所本乎？何所據乎？不更蹈於欺妄誑人也哉？孔子曰“《詩》可以觀”，“可以怨。”太史公曰“《小雅》怨誹而不亂”，則刺時君，明國政，援古正今，正孟子所謂王者之迹也。《小弁》之怨，親親也。《詩》之道也。乃詆之曰“非性情之自然，輕躁險薄”，則必如岳柯之言曰：“今儒者置君父之大讎於不問，而徒講正心誠意，吾不知其所謂正心誠意者安在也？”是爲“得性情之自然”矣？是爲膜置坐忘而不“輕躁險薄”矣？

朱子於《柏舟》既以爲婦人之詩矣，而注《孟子》又宗《序》文，謂衛之仁人，見愠群小；於

[1] 露，底本作“路”，據中國書店1984年版《四書五經》改。

《青衿》既以爲淫奔矣，而《白鹿洞賦》又宗《序》文曰“廣《青衿》之疑問”，是見且未確，一口兩舌，而乃勝氣狠辭，痛罵古人，是何意哉？

杕杜四章章七句

《采薇》三章，《序》以爲文王事，朱子無所考而駁之，以爲未必。按《常武》詩云：“王命卿士，南仲太祖，太師皇父。”宣王時皇父爲太師，而其始祖曰南仲，則南仲必周初之臣，建大功而有封爵者矣。太王、王季初起，未能肆征皆勝。武王未受命，伐紂即終，未聞遠略邊荒。則玁狁西戎《序》以西戎爲昆夷之征，非文王而何矣？況《孟子》曰：“湯事葛，文王事昆夷。”湯初事葛而後征之，文王初事昆夷而後征之，事相類，故并言。《大雅》曰：“昆夷駾矣！維其喙矣！”亦言文王事，是確有據矣。而必改《序》之以世次《詩》者，爲無附著之言，爲閒閒屬咏，使後學無以知人論世，豈《詩》教乎？

皇 矣 六 章

絕高謂之京。《爾雅》。無鐘鼓曰侵。《春秋傳》。大阜曰陵，大陵曰阿。《爾雅》。矢陳也，謂按止徂共之周師，依屯於京，不動以牽密旅，而掩旗息鼓，自阮疆以侵密國，出其不意至其國，即陟高岡而陣之，此與依京皆誕先登於岸也。於是密须之岡陵阿泉池皆爲我有，而密人無敢陳兵，無敢飲水者，蓋密已滅矣！於是兵民歸，從者益衆，舊都難容，乃度其善原，在岐陽渭側而建邑焉。《周書》“文王在程”是也。鮮善將側，方嚮也。按太王居周原，《頌》謂在岐之陽，此鮮原亦在岐陽者，蓋去舊都不遠也。《正義》。

執競一章十四句

詩内有“成康”二字，朱《注》遂臆改，以爲祀武王、成王、康王之詩。則奄有四方，不始成康。且周人無擇三王而專祀之之事也。文、武爲受命之君，有不祧廟，故可專祀。若成王、康王禘祫耶？不專成康與武王矣。時祭有分祀耶？何以三王一詩也？此皆不可通者。況見有“成康”二字，遂謂是成王、康王，則《昊天》篇曰“成王不敢康”，又何解耶？

雝序曰禘太祖也

太祖，即始祖后稷也。非后稷不可稱太祖也。《箋》以爲文王，非也。禘，即《春秋》之吉禘也。蓋成王喪畢，奉武王主合祭於太廟，乃以次遞遷，而武王主入禰廟焉。故《詩》專咏武德，告太祖以當入廟也。若大禘，則追所自出之帝。如《商頌・長發》歷陳祖德，不得專稱皇考矣。下篇接言諸侯始見乎武廟，蓋武王始有廟也，一時事也。

閔予小子一章十一句

按《左傳》《家語》《文王世子》《明堂位》《史記》《詩序》《書序》《尚書大傳》以及漢唐《注》《疏》，武王卒年在十一月，成王時年十三。明年，周公攝政，爲元年。是年即管蔡流言，周公東征。三年而歸，歸而立制度，作禮樂，以成文武之德。至七年，營洛邑，時王年二十矣。而公自請明農致政，故史臣於《洛誥》總記曰："惟周公誕保文武受命，維七年。"此確可憑者。而宋人如蔡沈輩忽改爲周公留後於洛，凡七年而卒，則遍稽周公并無留洛七年一事。况曰"七年而卒"，出於何書？而妄言之。且即曰留洛，但可曰承成王命耳，保成王之政耳，何以云誕保文武受命也？豈前此冢宰攝政，并非誕保文武受命乎？原其意，乃謂周公攝政，不過成王喪中如百官總己以聽於冢宰而已，喪畢，即成王親政，何有居揖之名，以起王莽之借口者？不知有伊尹之志，放君猶可，孟子言之矣，而况居攝乎？三年内可居攝，爲其君弱小，引而七年，猶三年也，而遂謂傷於臣道乎？夫王莽借口居攝，遂辨周公無居攝事，則王莽借口受禪以篡漢之天下，將又謂舜禹無受禪事耶？

恕谷後集·卷十二

春秋傳注序

塨幼時讀《詩》《書》三《禮》，雖儒解錯互，而雅言日用，可以心證，惟《易》與《春秋》難之。後以孔子《易傳》詮文周辭，十釋八九，顧《春秋》以爲不可解。舊《傳》云："孔子筆則筆，削則削，游夏不能贊一辭。"是游夏之賢尚不知也，而况三《傳》乎？故《左氏》但記事，而不能疏義，《公羊》《穀梁》疏其義輒誤，而況後儒之望風追影者乎！泥於一字褒貶，遂於月日名氏人師等，分例樹標，而校之全經，一往不合。矯之者，謂詳略异同，俱仍舊史文，而褒貶自寓。則但録史文足矣，孔子何以曰"作"？且《廿一史》、歷代鑑，誰謂非書其事而褒貶見也？乃至垂暮，而忽有所覿，曰："聖經不儼在乎？"如《傳》載"楚子使屈完如師，師退"，而《經》更曰"來盟於師，奪楚予齊"。《傳》載"南蒯以費畔"，"趙稷涉賓以邯鄲叛"，《經》俱削之。載："範中行伐趙鞅，鞅奔晋陽。"《經》改筆曰："鞅叛。"則聖人之筆削史文多矣，即仍而用之，有義在，即筆削也。於是觀其事而成敗、升降、治亂瞭然。如齊桓定霸，數十事爲一事。即至定公夾谷之會，許以三百乘從齊，以齊曾爲天子之伯，則仍齊桓事也。而晋霸之歷久，不待言矣，觀其文而燦然。或一字爲文，或一句爲文，或數十句、數十節相比、相屬爲文，而文之或因或革乎史者，錯綜變化，鏗鏘戛然。觀其義，而予奪褒貶較然。義，即王迹也，周禮也，天子之事也，所謂"丘竊取者"也。而邵康節謂"《春秋》，孔子之刑書"亦明矣。禮樂征伐自天子出，春秋以前事也，非春秋也。春秋則自諸侯出，自大夫出，陪臣執國命，皆貶也。故《孟子》曰："春秋無義戰。"例之無義朝聘，無義會盟，皆貶也。而彼善於此，則褒矣。顔習齋先生謂"孔子經濟之書"亦明矣。義見則天子之迹見，改元即位、朝聘會盟、侵伐放殺、昏覿享唁、喪葬祭祀、蒐狩興作、甲兵賦税、封建縣邑、利弊隆替，釐然可考。孔子爲東周之具具矣。即萬世致太平之法，亦有前車矣。子曰"見之行事深切著明"，此也。因僭爲《傳注》，以質天下後世焉。

元年春王正月隱公

杜《注》云:“不言一年一月者,欲人君體元以居正也。”孔《疏》云:“君即位必改元,諸國皆然。”《左傳》謂鄭僖之元年,朝於晋。簡之元年,士子孔卒是也。昭公以敬王十年冬薨,十一年夏六月,喪至,定公乃即位,而春已。書元年者,先君已薨於前年,即位雖在後,亦統此歲也。春正月者,周制改前代時月建子之月也。《經》桓八年冬十月雨雪,夏之秋八月也。夏冬十月,小雪矣。成元年春二月無冰,夏之冬十二月也。夏春二月,冰泮久矣,俱非异也,何記焉?故《左傳》僖二年春王正月,日南至,以子月長至也。《春秋》以年領時,以時領月,以月領日,而事屬之常也。元年春正月,史文也。王正,則孔子筆也,謂周卜世三十,卜年七百。今惟正朔行於天下,此王章也。其餘即位、會盟、朝聘、征伐,皆自諸侯出,自大夫出,無王矣。《春秋》全經之大義揭於是矣。王不在春上者,孔《疏》曰:三正迭建,月改則春移,春非王所改也。其後有王二月、王三月者,言商之正月,乃周王二月也。夏之正月,乃周王三月也。四時首月,雖无事猶書,謹時也。故春必正月,夏必四月,秋必七月,冬必十月。而有時不在首月,如“夏五月,鄭伯克段於鄢”、“四年春王二月,莒人伐杞”,以旁月有事,而首月无事也。若空書時月,必在首月。亦有書旁月,如莊二十二年夏五月,杜氏曰:“誤也。”又如“二年春,會戎於潜”,無月;“秋八月庚辰,公及戎盟於唐”,有日而他無;“桓四年”、“七年”,無秋冬;“僖二十八年冬壬申,公朝於王所”,有日無月;“昭公十年十二月甲子,宋公成卒”,不書冬。皆闕也。“桓十二年冬十一月丙戌,盟武父,又丙戌,衛侯卒”。一月兩書,羡也。聖人因之,不敢增損,所謂及史闕文也。《毛氏傳》曰:國君改元,則必告廟朝正,行即位之禮。周制,遭喪即位,踰年改元。其遭喪而遽即位者,國不可一日無君也。踰年改元年者,一年不可有二君也,故書成王崩在四月乙丑,越七日癸酉而康王即位。《史記·世表》“魯眞公二十八年,宣王即位,至二十九年,王始改元”,是即位、改元本非一時,然遭喪即位仍反丧服。至踰年改元,又特行正位之禮,百官以敍,然后史書即位於改元下。其或朝正告朔而不行此禮,則史不書。此不書,以攝位也。莊、閔、僖三君亦不書,以皆遭弑逆之變,倉卒即位,不忍再行也。行則書,不行則不書,禮也,而義亦寓焉。若隱被弑而桓即位,則桓何心?襄仲戕儲而宣居然行即位禮,其幸禍可知矣!隱之攝位何也?《左傳》曰:“惠公元妃孟子卒,繼室以聲子,生隱公。”“宋武公生仲子,有文在其手,曰‘爲魯夫人’,故仲子歸於我”,生桓公,而惠公薨。《公羊傳》曰:“桓幼而貴,隱長而卑。”諸大夫扳隱而立之,隱於是焉而辭立,則未知桓之將必得立也。且如桓立,則恐諸大夫之不能相幼君也,故隱之立,爲桓立也。隱長又賢,何以不宜立?立適以長不以賢,立子以貴不以長。桓何以貴？母貴也。子以母貴，母以子貴。何《注》云："《禮》，妾子立，則母得爲夫人，夫人成風是也。"屬辭比事，《記》曰："春秋有始娶、再娶，若繼室，則媵妾之當室者耳。"蓋始娶無子，則再娶。衛莊公始聘於齊，曰莊姜。無子，則又娶於陳，曰厲嬀，且有其娣曰戴嬀，是再娶夫人也。若始娶者或卑微，或不成禮，則亦有再娶。魯莊公始娶孟任，已爲夫人矣，後以其卑微，且築臺於黨氏而私娶之，不必成禮，故又再娶於齊，曰哀姜。及哀姜無子，則仍以孟任之子般立爲適子。雖哀姜有娣叔姜已生閔公，又前此媵妾之成風早生僖公，而成季主之，皆不得立，以其爲始娶夫人也。隱公爲繼室聲子所生子，而惠公再娶仲子實爲夫人，則桓公爲適，當立。而隱公居攝，禮固然也。愚按《周禮》七出，无子去。即當去而遇三不去者，亦但養之終身，夫必再娶。則衛莊之再娶，禮也。魯莊已娶孟任，有子，又娶哀姜，則辛伯所譏并后匹嫡，非禮也。若惠公元妃卒，繼娶仲子爲夫人，則考經文，周桓王十六年祭公逆王后於紀，靈王十四年劉夏隨單靖公至齊逆后，齊襄公五年娶王姬，齊桓公三年娶王姬，皆似再娶。《公羊傳》《白虎通》言天子諸侯不再娶，誤也。蓋春秋戰國已如漢唐後，后卒即選妃立之，遂爲是言，而實非禮也。《曾子問》孔子曰："宗子雖七十，無無主婦。"非宗子無主婦可也，夫宗子不可無主婦，可以天子諸侯無主婦乎？然《孟子》載葵丘之會，申王章曰"無以妾为妻"，則将以誰爲主婦乎？其再娶也必矣。又按《經》不書即位，何以知爲攝乎？何以别於遭變者乎？曰："下書'隱夫人薨，不成小君禮，爲桓母立宫'。"且隱薨，不傳子而及弟，則居可知矣。則與他公不書即位者别矣，故經文必前後貫串觀也。

先生《春秋傳注》多取之《毛氏傳》、靈臯《春秋論》文。《毛傳》辨禮甚詳。又謂《春秋》條貫相屬，如"紀侯去國"，前後共二十三則爲一事，諸事貫屬類然。謂《經》詳《傳》略，一洗斷爛朝報之謬説。《論》文如齊桓三城，城邢，齊與宋曹同。緣陵，命諸侯城之，而齊不與。楚丘，命魯獨城之，而諸侯皆不與。從《經》棄《傳》。又謂文以前，内卿以名見，而外卿悉稱人。文後，外卿霸國稱名。成後，大國皆稱名，又始書名，后加族系。以大夫漸張，舊史書之漸詳。又謂文七年，公會諸侯，晋大夫盟於扈，諸侯不序，大夫不名，以其大夫主諸侯之盟也。十有五年、十有七年，諸侯盟於扈，總言諸侯，沒晋大夫，與僖二十七年公會諸侯盟於宋，總言諸侯，沒楚大夫同。皆以其大夫而先諸侯也。《傳》解俱誤。諸如此論，實出前儒上，故多引之，但二先生皆謂《春秋》多因史文，非有褒貶，則於《孟子》"作《春秋》天子之事"，"知我罪我"不可通矣！先生補以王迹之義，而《春秋》全體乃見。

九月，考仲子之宫，初獻六羽隐公五年

隱爲桓攝，而見居君位，則宗廟中不可使桓主祭其母也，又不可代桓祭母，而使桓不祭也，故别立仲子之宫，若姜嫄之有專廟者。然其後桓爲君，自請仲子入祔惠廟而祭之，但《春秋》以恒禮不書耳。《經》例，太廟稱廟，群公廟稱宫。此亦稱宫者，見可敵體於惠公也。杜《注》曰："考，祭以成之也。初，初祭也。獻六羽者，從仲衆之言，用諸侯之舞數，以見其爲夫人也。婦人無干舞，故獨稱羽。"

春王正月，公會齊侯、宋公、陳侯、衛侯、鄭伯、許男、曹伯侵蔡。蔡潰。遂伐楚，次於陘。夏，許男新臣卒。楚屈完來盟於師。盟於召陵僖公四年

齊桓經營歷年，諸國合，兵力盛，然後帥而伐楚。且不遽及楚也，先侵其與國之蔡，蔡衆潰叛，軍聲赫矣，遂入楚境。楚使來問管仲，責以不供王祭包茅、昭王南征溺死於漢二事，使於不貢認罪，昭王不復，委之於水以對。齊桓於是進師，次於陘。使回，楚人震恐，乃使重臣屈完來齊師求盟。夫敵國以兵聲罪伐我，而我造其師中請盟，以求息戰，大辱也。宣十五年，華元謂子反曰"城下之盟，有以國斃，不能從，去我三十里，惟命是聽"是也。屈完陳詞若出己意，而不直言君使，諱辱也，故不書使。然來盟，孰使之？君在中矣。故書曰"來盟於師"，楚絀矣，霸主之威伸矣。齊桓乃曰："楚，先王建國也，師中不可以辱，吾其以禮盟焉。"乃退一舍，使屈完與諸侯盟。自此，終齊桓之世，楚不敢爭鄭焉。其後，晋文興霸，雖能勝楚，而不能服楚，遜齊桓矣。《左傳》：屈完如齊師，師退召陵，齊桓乃與屈完謀好。楚未求盟而齊桓遽退三十里，且先求好，桓斷不悖誤至是。蓋左氏録《楚史》之文也。《公羊》"師在召陵"、《穀梁》"權在屈完"，"桓不得志"，皆屬誤語。然後知聖經曲折自具，而非《傳》所知者多也。何《注》云："許男不言卒於師，無危也。楚臣如得臣宜申椒皆獨書名。此書屈氏，蓋以應對有度，齊人喜之，故載書，書其氏以赴諸侯也。"杜《注》："召陵，楚地。潁川縣南三十里爲陘。"

九月，公至自會僖公十有七年

上書"公會齊侯於淮"，而接書"滅項"，則公在會，而暗使人犯霸令以滅國明矣。

接書夫人姜氏會齊侯於卞。卞，魯地也，必夫人請其父至卞而會也。而公未歸，則公被執明矣。姜氏爲公請亦明矣。接書"公至自會"，齊桓釋之明矣。乃但書"自會"，諱也。聖經之無字句中有事有文類如此。

夏五月庚寅，宋公兹父卒僖公二十有三年

齊桓興霸三十餘年，内政軍令，經理諸侯，節節有道。管仲固天下才也，其於楚也，大張網羅，全畜精力，乃能制之。而六七年後，楚即乘隙蠢動，宋襄親見之矣。乃見如未見，一則天姿庸鈍，一則狂躁蔽之。急合諸侯，且拉敵楚，夫虎可伴乎？不能縛虎，而欲使虎，且求虎翼，有是理乎？是時陳穆與魯僖并无明見齊之盟惡，宋襄思齊桓而糾楚人，楚人思齊桓乎？列陳、蔡於楚人上，楚人甘乎？明借此以入中國之盟，姑欺之耳。迨會鹿上，而楚人讓人先，猶欺之也。至會盂，而楚子列諸侯上矣，乃宋公猶主盟。矇瞍相牽，走入虎口，可怪嘆矣！《魯頌》所謂"荆舒是懲"者，不自悖其言哉？苟非晋文繼霸，城濮一戰，震天岋地，楚其并呑中國矣！

三月乙巳，及晋處父盟文公二年

《左傳》，晋侯以公不朝來討。公如晋，晋侯不出，使陽處父盟公以耻之。適晋不書，諱之也。甚矣！晋之亢而魯之靡也。或謂《經》有故起人疑，令檢《傳》而得之者，非也。《經》不待《傳》也。必待《傳》，使三《傳》不作，《經》遂晦於後世乎？如此及晋處父盟，必公如晋而及盟也，何者？盟於魯，則必上有"某來"之文，而上無其文，處父係以晋，其如晋而盟可知矣。公如晋，必盟其君而不得，而及其臣盟，則晋怒而辱之可知矣。其下三年冬，書"公如晋及晋侯盟"，愈知此之爲辱，而后晋人改禮矣。觀後之書"公如晋"，則知此之如晋而不書，爲諱辱矣，何待檢《傳》哉？

夏五月，公四不視朔文公十有六年

自二月至五月也。《公羊傳》曰："何言乎'公有疾不視朔'？自是公無疾不視朔也。蓋視朔，聽政也。自是政權下移矣。"又按書"四不視朔"，以見後之或視或否，諸公繼之。三家且竊其政，而不願公視，視朔之禮自此廢，故記其始也。使"四不視朔"外皆視，而相繼之公亦視，則月吉大夫皆入朝聽政矣，何以獨孔子於吉月必朝服而朝也？夫不告朔視朔，大

過也，乃不書"廢"，而曰"閏月不告猶朝。"曰"四不視朔"，若少間而不廢者。然臣子於君，不忍斥盡、不敢斥盡之辭也。

夏六月，鄭公子歸生弑其君夷宣公四年

據《左傳》，公子宋與歸生謀弑君，歸生止之，反譖歸生，歸生懼而從之。書曰："公子歸生弑其君。"權不足也，未確也。《傳》：歸生在文十七年爲書與趙盾，辭甚伉直，晋遂來行成，且以卿壻爲質。《經》：宣二年帥師敗宋，獲華元，非權不足者。宋與之謀，蓋以非歸生則不能行弑也。且後鄭人討弑君之賊，斲歸生之棺，而逐其族，必親手弑君者矣。《左氏》未確也。

六月癸酉，季孫行父、臧孫許、叔孫僑如、公孫嬰齊帥師會晋郤克、衛孫良夫、曹公子首及齊侯，戰於鞌。齊師敗績成公二年

鐵壺氏曰："此大夫會伐以名見之始也。蓋魯卿各伐其功，故并書於册，而晋卿、衛卿并曹小國之卿，亦以名見。而大夫悖逆之迹，孔子以因舊史之文而益見矣。"愚按：昭十三年《傳》曰"南蒯以費叛，"《經》不書叛，惟筆曰"叔弓帥師圍費"。定九年，《傳》書"陽虎入讙陽關以叛，奔齊"，《經》俱削之，筆曰"盜竊寶玉大弓，得寶玉大弓"。十有三年，《傳》載"荀寅士吉射攻趙鞅，鞅奔晋陽。已而，荀躒、韓不信、魏曼多攻寅吉射，二子奔朝歌。"《經》削其相攻，而筆曰："晋趙鞅入於晋陽以叛，荀寅士吉射入於朝歌以叛。"是《春秋》筆削全改舊史之文矣。推此則更舊文者，固以義筆削也。即仍舊文如鉄壺所言，春秋初，列國卿稱人，後稱名，楚始舉號而後稱人稱子，一仍舊史之文者，亦以義筆削也。蓋義即在於隨時變稱。因其文，即筆也，而褒貶寓焉，非漫無義，而但以舊史之文爲文也。故曰："其義則丘竊取之矣。"故孟子曰："《春秋》，天子之事也。"言憲章周制，以爲予奪，即天子之事也。故曰："《春秋》成而亂臣賊子懼。"如鞅、如虎、如荀，見是筆也，能無懼乎？若曰"其文則史"者，言所因所革，皆以舊史之文也。

宋華元出奔晋。宋華元自晋歸於宋，宋殺其大夫山。宋魚石出奔楚成公十有五年

鐵壺氏曰："再書華元與良霄自許入鄭，异辭。蓋爲宋晋遠，奔歸必須時日，故再舉華元。許鄭接壤，方出即入，故不再舉良霄，因事而屬辭也。"又曰："自僖文以後，列國之大夫無不氏。而蕩山不氏者，宋人惡之，不以氏赴也。"《左傳》："宋蕩澤弱公室，殺公子肥。華元以己爲右師不能討，出奔晋。魚石以與澤同爲桓族，曰'右師，國人與之，不反，懼桓氏之無祀於宋也。'乃自止華元於河上，請討，許之，乃反。攻蕩澤，殺之。魚石初料其反而不敢討。及討，畏罪及，與同族五大夫舍於睢上，華元自止之，不可。華元决睢登陴，魚石五人欲還不得，奔楚。"按《經》稱華元自晋歸，蓋河上即晋地也。時晋及魯及齊四大國皆大夫自相屠戮，乃知政逮大夫，亦非大夫之幸也。亂世無道，如彼流泉，淪胥以敗，可鑒戒矣！

春王正月，作三軍襄公十有一年

魯爲侯國，亞於公。故舊雖三卿而祗二軍，所以省賦而惜民也。今季氏乘襄公幼少無知，欲分公室，故作三軍。而三家盟詛以成之，三分公室而各有其一。季氏一軍，使其軍之人力役邑税盡入於己；叔氏一軍，臣其子弟之力役邑税，父兄之力役邑税則歸公，是取其半也；孟氏一軍，又僅取子弟之半，是取四分之一也。蓋孟獻子頗賢，穆叔次之，季武子最爲狠忍，故分公室者有輕重。而季氏亦必以己爲正卿，費繁，故取多，仲氏次之，孟氏又次之。故以爲盟也。

楚殺其大夫公子追舒襄公二十有二年

《左傳》："觀起有寵於令尹追舒，未益禄而有馬數十乘，楚人患之。王乃殺追舒，而轘觀起。"利禄之禍人如此，而人如蠅趨羶，何也？又按，當時楚雖偪於吴，而政權不失。晋則諸卿擅權，渺無君矣。此楚所以久延與七國同亡，而晋遂爲三家所分也。

仲孫羯如晋襄公二十有八年

告晋將朝楚也，以宋之會約晋、楚之從交相見也。謂從晋者亦朝楚，從楚者亦朝晋也。

桓文之霸，猶假尊周以爲名也。至是，則漠不言周，而南北分峙，如後之南北朝矣！王迹之熄愈甚矣！向戌之弭兵，子罕責以天生五材，兵不可去，謂其以誣道蔽諸侯，未足盡其失也。

蔡侯廬歸於蔡，陳侯吴歸於陳昭公十有三年

蔡、陳之歸，承上“公子棄疾殺公子比”之文也。棄疾殺比而自立，故復封已滅之國以鳴恩也。不言自楚者，楚貪利滅之則滅之，楚假名復之則復之，皆無道而非法也。故不言自楚也。世子有之子廬、太子偃師之子吴，不惟未成君，并未嘗立之爲子，而遽稱曰侯，若其自有之者，以爲義在則然，楚平不得借以鳴恩也。

二月，公侵鄭。公至自侵鄭定公六年

《左傳》：“王子朝之徒有儋翩，以鄭伐周胥靡，晋使魯討之，取匡，歸之晋。”按：自宣之末年，凡伐不言公，魯無君將者八十年矣。至是，書“侵鄭”，則以三家四分公室，兵賦皆出其手，雖委之君將而無虞也。然犯强鄰、從霸主，則委君；侵小國、披土邑，則自爲。惡甚矣！

得寶玉大弓定公九年

《左傳》：“陽虎歸寶玉大弓於魯。魯伐陽關，虎焚萊門犯之，而出奔齊。已而奔晋，主趙簡子。”按：陽虎謀殺季氏，不成，據邑以叛，奔齊適晋，亦我國成敗一大事，而《經》俱削而不書，但書“盜竊寶玉大弓”，“得寶玉大弓”，何也？蓋以此爲順耶？則虎狂險顛越，一無訏謨，不能爲順也。以爲逆耶？則虎叛季氏，非叛公室，不可謂逆也。且三家視虎如虎，而聖人曰：“此盜也。”視虎殺季桓如天翻地覆，而聖人曰“此以盜攻盜也。皆無足道者也。”無足道，則削之已耳。惟寶玉大弓，先王賜之，宗國守之，與山河、城池同永者也。遭竊，幸得，謹而書之，足矣！聖人之筆削，高嚴乃爾。

夏，公會齊侯於夾谷定公十年

《左傳》：“齊魯既平，故約會夾谷，孔子相儀。及會，齊以萊兵將劫魯侯。時孔子先具

武備，見萊人，即奉公退，而使士以兵擊之，然後曰：'兩君合好，而夷彝之俘以兵亂之，非齊君所以命諸侯也。裔不謀夏，夷不亂華，俘不干盟，兵不偪好，於神爲不祥，於德爲愆義，於人爲失禮，君必不然。'齊侯聞之，遽辟之。將盟，齊人加於載書曰：'齊師出竟，爾不以甲車三百乘從我者，有如此盟。'孔子使茲無還揖對曰：'而不返我汶陽之田，吾以共命者，亦如之。'"蓋周王曾命齊爲諸侯之伯，故可以甲車從。但齊侵魯邑，既好，當歸於魯，以供賦役，故以返田要之。不書盟者，要盟不潔，略之也。又按季桓懲於陽虎之禍，故發憤而用孔子，其如庯怠之不終何哉？然孔子雖去，而其家政遂决之聖門如冉求等，此亦聖門出處之一大關也。

十有二月，公圍成。公至自圍成定公十有二年

按《左傳》曰："仲由將墮三都。"蓋仲氏義勇，以邑無百雉之城，三家僭越已久，今乘家臣據叛，三家患之，故因而使墮。又《傳》云："費人襲魯，仲尼命二大夫下伐之。"則仲尼亦與其事矣，然而不克成而遂已者，何也？蓋事有當行者，有當止者，有在行止之間者，有半行而當半止者。三家之邑城越分，可墮也。然已設城而墮之，傷也，或自此不修築之耳。且成非郈、費比也。郈、費叛，成未嘗叛也。又郈、費惟邑大耳，與魯形勢無甚關也。成在魯北境，齊人窺我所必經者。故昭二十六年，公居鄆，而齊即欲取成以便其私。是成，孟氏之保鄣，而即魯之保鄣也。墮之以銷私强，可也。不墮以爲國險，亦可也。《經》於墮郈書"叔孫"，墮費書"季孫"，而圍成獨書"公"，則孟孫陰與處父約，駕言有他事而委之公往也明矣。曰"圍成"，則成人不肯墮，而乃圍之也明矣。曰"公至自圍成"，則必圍成之後，三家與仲尼議，郈、費已墮，成且姑存，而請公撤師以返也明矣，是以不書"不克"也。聖人之隨時而不固執如此，三《傳》不能詳，漢宋之儒徒侈仲尼之弱私家，而不顧其前後，使聖經之昭然俱載者，而湮沒不明也。

陳懿長先生誄文

雍正四年之六月，武興陳鳴九先生卒於順天府武學教授官舍，次子甲辰狀元德華、三子甲辰舉人德正，侍牀簀。次歲，長子康熙壬辰進士德榮自貴州黔西州任奔喪赴里，將以六年四月窆於祖阡。塨聞期，力疾匍匐走哭。其及門鹿聖敬等百餘人麇至，請曰："維我先師曾祖百歲，翊輔王躬，祖官司訓。嚴君倜儻，遂歌《鹿鳴》。遭明之季，山左難婦，掠擲朝陽瓤名。契契東齎，各抵其家，團圝是慶，遺孺收餔。有歸者歸，無歸撫成，式穀儲學。爰

毓先生,幼推穎异,長登孝廉,退弗勝衣。指撝胥謙,婉而不替,方而不劌。筆有鼎扛,文無塵濊。便便晝杖,焚膏繼晷。通籍登庠,顒顒有徒。司鐸恒山,旁羅教思。卉有二城,駢跡請益,如沐甘澍,訢訢榮滋。修文九原,諸生洏漣。思周有柳下惠,漢有朱忠文,唐有文元貞曜,皆門人敦致私謚,詎以夫子之純淑,而不得媲於古賢。謹按謚法:溫柔賢善曰'懿',夫子有之;教誨不倦曰'長',夫子允焉。擬上謚曰'懿長先生',寧不其然?"塨聞韙之。乃與方子苞、張子業書暨其門人潔陳尹祭,以告靈筵,曰:"端和凱弟,飲人以醇。黄妳孫摩,從者璘霦。易名緊稱,奕葉不刊。嗚呼!尚饗。"

散文錯以古韵二句或三句屬讀,周鼎秦碑,不但與蔡伯喈謚議諸文相後先也。

弓翁靜莽紀略

安平弓子巽,諸生,有聲,受堪輿術於江南沈進士新周。予衰年偶稽及此,過其鄉而問焉。會其父靜莽翁,醇謹端人也,心識之。客歲過予,曰:"家君去年始和縣舉鄉飲壽賓,里人麇至稱賀,乞先生文以紀之。家君少孤,能拓家産,友於胞妹,虔祭祀,教不肖兄弟必以正,睦媚三黨。慎交遊,而交則久,敬鄉人,嚴之如王彦方、陳仲弓,吉凶訟獄率來質,家君單心應之,隨事飿喻,无不允服者。或惑以佛老禍福之説,笑而不信也。家世本山西晋水人,明初乘驘車驅馬,遷安平臺城里之西北,占荒三百畝,家世日增。至七世高祖諱穩,施藥施糧,邑令表其門。曾祖諱佐,田積數千畝,至今里人稱爲'古迹富家'云。"予聆其言,思靜莽少予不及十歲,昔之相會也,曰:"吾少即聞先生名,一日抵博野魏帝臣齋,知先生在焉,隔窗檽一瞻丰采。"噫!何其恂謹也。又念弓子好學,能篆書,屢爲我道新周多識,喜提誨人,辨相地方位星卦之謬説甚厲。已而,金華葉惟一孝廉來過,言及新周,曰:"戴田有不可一世,而畏新周。"則新周可想矣!弓子於其父師間皆極力表章,不忘厥本,可尚也夫!

原　道

道者,人倫庶物而已矣。奚以明其然也?厥初生民,渾渾沌沌而已,有夫婦父子、有兄弟有朋友。朋友之盡有君臣。誅取禽獸,茹毛飲血,事軌次序爲禮;前呼後應,鼓舞相從爲樂;挽强中之爲射,乘馬隨徒爲御,歸而計件鍥於冊爲書、數。因之衣食滋,吉凶備。其倫爲人所共由,其物爲人所共習,猶達衢然。故曰:"道,倫物實事也;道,虚名也。"异端乃曰"道生天地",曰"有物混成,先天地生",是道爲天地前一物矣。天地尚未有,是物安在哉?

且獨成而非共由者矣，何以謂之道哉？誰生之哉？道家黑言誑語，大率類此。惟道可道也，故指倫物之肫接曰“仁”，裁制曰“義”，節文曰“禮”，𣅀是非曰“智”，所謂“民受天地之中氣以为性，而能知行倫物”者也。《孟子》曰“仁義禮智”，《中庸》曰“智仁勇”，漢儒曰“仁義禮智信”，《易》曰“立人仁義”，以由人命之，故可分、可該、可别呼也。又總名，《大學》曰“至善”，《中庸》曰“誠”，《洪範》曰“極”，屋中桴也，即中也，皆言行倫物也，非别有他道也。今曰“性理精也，本也；倫物粗迹也，末也”，毋乃枝指乎？以致捉風捕影之徒，群趨蝸竅鬼國，喧覼性天，而异端掃倫滅物，無極冥中，若火燎原，莫可撲熄矣！吾儒論道不實，不併分其罪歟？

《易》列天道人道。然天道，非人所得由。故孔門祗言人道，曰“道不遠人”，遠人非道。後儒動言天道，毋乃非①聖教乎？《中庸》曰“天下達道五”，指倫也。《論語》曰“君子學道”，指學禮樂之物也。先生老矣，見愈確，而萬世之道定矣。

① 説明：底本此後爲雙行小字，但文意不通。依文意，據《顔李叢書》改之。

恕谷後集·卷十三[①]

觀察黄公傳

黄公名世發，字成憲。貴州印江縣人。中丙子科鄉舉，選肅寧令。性慈祥，耐勤苦，於民財一無所取，惟錢糧舊例加一二作耗銀，公亦收之而不自用。肅寧舊雜派重，畝田派至銀三四錢，公悉除之。凡縣有役事，或上憲別派出，即以耗銀應之。以故在肅數載，民并不知有所爲雜派者。一日，河間府檄修府城，公親齎餱糧出銀錢雇工，不日竣事，并不擾之社甲也。好樹藝，闢護城廢地種稻，作水車起池水灌之，苦不足，夜夢一神指曰："此有水。"乃護堤也，往下掘之，果得水。周遭十數武，以騾驢曳水車灌田，水乃足。雇長工六七人，種稻外，澆菜、喂猪羊，糲米自養。緣堤上下皆植樹，數年積至千餘株，叢陰蔚然。又闢武垣城地，亦植樹，合計約萬株。雍正三年，縣水災，督撫差官來查，公不能得其意，劾公去官。肅寧士民號哭挽留，聞於朝，朝廷復公官，加四品服俸。已又授按察使、直隸營田觀察使，令公巡行直省，勸民農桑爲善，并查水利可興者。公自在肅寧，好教民生計，出門或乘馬，或肩輿，左右顧，諄諄囑民以力田栽樹，積糞紡織，孝親敬長，教子睦鄰。民初聽之甚服。久而以爲絮語，亦不之遵也。又好講聖賢名理，在肅寧定三、六、九日聚諸生講書會文，鄰封至者多有，久而人亦玩之。年七十餘，每日雞鳴即起，秉燭批閲文書、時文。晝焦劳造事，無頃刻暇。塨常進言曰："君子平其政，行闢人可也。經猷自有綱要，細碎亦可少捐也。"公愀然曰："吾敢言政哉？吾何德與才，而朝廷委之任，吾惟知傭工，免忝愧耳。并耕而食，小人事非所避也。"至是，每至一處，輒登高坐，大聲宣諭士民，徹日不倦，士民多感興者。卒之易州水峪，相一地，開水田經營年餘，未就而卒，年七十六。

李塨曰：黄觀察，今之廉吏哉！率其本質，一無雕飾者也。孔子稱善人曰"不踐迹"，而

① 底本作"十三卷"，依例改之。

自善若黄觀察者，非耶？

附劉調贊所作道傳祠記

祠曰“道傳”，取諸韓子之言也。韓子《原道》曰：“儒者仁義之道，其文《易》《詩》《書》《春秋》，其法禮樂刑政，其人四民，其行五倫，非异端老佛之道也。堯以是傳之舜禹湯文周公孔孟。孟子之後，不得其傳焉。”今博野顔習齋先生，挺生二千年以下，得不傳之緒，重明舜禹之九功，周公之三物，孔門之四教，深考力行，以詔斯人，誠堯舜以來所傳正路，非世之依傍儒逕而篡入异端者也。習齋沒，李恕谷先生奉其遺命，題其齋曰“習齋學舍”，立習齋神位，春秋仲月上辛，率同人致祭，而講習其中，歷廿餘年不廢。但日久，學舍漸圮。其子姓遭祲歲，鬻其舍之前半。四方同人至者不能容，難以周旋駿奔。於是恕谷先生謀於所居東莊，別建習齋祠堂。從遊之士爭來佽助，不日，磚木具，坯塈積，乃爲正堂三間，中堂供習齋先生位，而左右將爲陳設禮樂諸器，及顔李所著書板。同門馮辰等公請於先生曰：“左右堂不可但盛物也。習齋除漳南、梁、魏一再遊論學，餘無及者。其後推明衍繹，廣布四方，聞風而起者接踵，實先生功。而先生又集六藝成法爲書，辨居敬於主靜，別存誠於質民，又傳注《易》《詩》《書》《春秋》《論語》《大學》《中庸》《孟子》，以習齋之説印證聖經，如合符節。後學乃有所持循，不入旁岐，而益信習齋之學一本聖經，非臆創者。王崑繩作《習齋傳》，謂‘傳其學者，李孝慤先生之子一人’，誠非誣也。辰等擬將先生《遠道圖》懸之東堂，同人春秋祭習齋先生訖，同之東堂，拜先生而瞻企焉，不亦可乎。”先生力辭。又以公義請，乃許之。又請曰：“習齋之學，一傳而得先生，再傳而得惲皋聞。皋聞之北來也，盡棄其學，而從先生學習齋學，其別詩曰：‘三年依溯得吾師，聖道源流靡獲知。千古有人擔事業，半生從此定心期。’則其自任聞道也審矣。南居，日以顔李之學告人。今天下無慮口中津津顔李之學者，王崑繩、惲皋聞二先生之倡明居多。如常州孫應榴，戊申寄其《日記》至，遥拜先生爲師，記載省躬改過修德習藝之功甚密，力肩聖道，而曰‘聞之皋聞’，則皋聞傳道之功偉矣。於西堂立一生位，而景仰之，不爲過也。”先生亦許之。乃又議於習齋神位前傍，設王崑繩先生神位配享。至於道中諸子可續入者，事後論定，以次增修，則後人之責也。贊自癸卯得聞顔先生之道，來從恕谷先生學，不揣愚弱，思承餘緒，以廣其傳，而未能也。今己酉夏，祠堂告成，因溯其原委而爲之記。

雙齋文集序

李仲氏奉其祖黄門公《雙齋文集》,及父介石《醒莽文集》,丐序。予因流溯源,先校介石《文集》,序之,乃讀黄門公《文集》,竦立歎曰:"黄門公變化不可方物,吾不知其乘風雲而上天也。"觀昌化民之感思,而知其有惠政。讀兵垣諸奏疏,弼君德,陳民瘼,丰采侃侃然,非今嬚阿囁嚅者比,且於六部之政無不GUI陳,可謂朝陽鳴鳳。傳聞國初有黄表李三者,漢郭解之流,大俠也。與亡名往來,嘗拉平民斬於市代之,權要宫壺,無不潛通。知公名,屢來求通譜籍,公峻拒之。一日其初度,朝臣競往上壽,公言於上,急捕之,抵死,而臣僚之交通者亦問罪。嗚呼!公之挺立嵒嵒爲何如哉?及誦其詩,而又爽然失矣!考公居官不久,即告退,卜居於易之西山,履晴嵐,臥丘壑,嘯風吸月,侶鹿友鷗,若少而習之,樂以終身,無一語憶及宦達。旁人讀其佳思麗句,惝恍情移,欲棄百事而從之遊,而不知其爲貴近之退步,黄扉之息轍也。其詠懷有句云"有暇葺書農共圃,無心入世醉還醒",則其瀞然不滓者可想矣!《集》中詩文皆有,而但名"文集"者,詩亦文也。《昭明文選》不别標詩,可見也。

醒莽文集序

《傳》曰"天地之道,有開必先",詎不信夫?自周孔没而聖道湮,訓詁於漢唐,章句於宋明,佛老因之竄入其間,而古聖明德親民之學,名遵實亡,遂二千年於兹。顏習齋先生出,大聲疾呼,揭三物以教人,謂六德即四德,行爲六行。六行即五倫,事爲六藝。六藝,即孔門兵農禮樂也。率弟子分日習禮、習樂、習射御、習書數。而海内之有識者,亦遂刮目怵心,謂聖學自墮地高舉。群聚异之,而不知非偶然也。明季盱眙馮慕岡著《經世實用編》,即重六藝。清初太倉陸桴亭有《思辨録》,講究六藝頗悉。四明潘用微言朱子近羽,陸子近緇,皆與習齋説不謀而合。而尤异者,同時上谷有李介石先生,以黄門公子中鄉選,未嘗標道學名也。其德以厚爲尚,其才能治家人産。教人通經作文,子侄門生掇科入庠者甚夥,亦未嘗聞習齋説而思效之也。乃自幼即好技擊,囊數金,南走少林寺,付其僧,學武藝,精通,數年乃歸。平居佩鸘玉玦韘,乘馬則左右褉佩弓韔,服矢插房。又好音樂,延姑蘇善歌者養於齋教授。每學中講誦訖,則入退寢,與子弟從遊摻鼓品絲竹,響歌相答,遏雲繞梁。巷步郊遊,亦倡和肆聞。嗚呼!宋明以來七百年,讀書士人未見有此氣象也。及後,乃知習齋,具幣往訪。習齋講學河南,未得見。而其時習齋與介石俱已皤然老矣!嗟乎!西有銅峯,東有洛鐘,庚岸月升,甲岸早白,碧落雲作,映地已陰,豈非天道人事,九變復貫,有不期然而然者耶？歲之始，和其仲君六經率子基持介石所撰《醒莽文集》求序。予樂校之，而書其生平於首，以見介石之不朽者有在，而詩文特其緒餘也。

論宋人白晝靜坐之非經

自周濂溪以主靜立教，程朱陸王因之，白晝靜坐，以爲存心立本。考之古經，無是也。敬姜曰："天子大采朝日，與三公九卿祖識地德；日中考政，與百官之政事，師尹惟旅牧相宣序民事；少采夕月，與太師司載糾虔天刑。日入，監九御，使潔，奉禘郊之粢盛，而後即安。諸侯朝修天子之業命，晝考其國職，夕省其典刑，夜警百工，使無滔淫，而後即安。卿大夫朝考其職，晝講其庶政，夕序其業，夜庀其家事，而後即安。士朝而受業，晝而講貫，夕而習復，夜而計過無憾，而後即安。庶人以下明而動，晦而休，無日以怠。"故《易》曰"終日乾乾"，行事也。是古經自天子以至庶人，無白晝靜坐者。宰予晝寢，孔子責之；子貢求息，孔子斥以惟死乃息。古雞鳴夙興，不惟君子孳孳爲善也，即小人孳孳於利，亦終日無暇焉。戰國時，莊列學起，南郭子綦隱几而坐，嗒焉喪我，爲靜坐觀空之始。後佛道二派祖之，參禪入定，閉目垂簾，公然晝廢，乃异端也。吾儒胡爲染之哉？

論宋人分體用之訛

伏羲以至孔孟，言道已盡，後學宜世世守之，不可别立名目，一立輒誤，如宋人道分體用，其一也。以内爲體，外爲用；自治爲立體，及人爲致用；明明德立全體，親民致大用。然質之聖經，不如此離析也。心之官則思，思非用乎？自治而行仁布義，致孝盡弟，不見於用乎？臨民之道德莊蒞，非立體乎？故《經》有以形體爲體者，如《易》云"正位居體"，"陰陽有體"，《孟子》曰"四體"是也。有以作用爲體者，《中庸》曰"體物體群臣"，《易》曰"乾坤合德"以"體天地之撰"是也。公孫丑謂子夏、子游 皆有聖人之一體，顔淵、閔子騫具體而微，體謂德行、政事、言語、文學也。體，即具用也；用，用其體也。乃後儒曰"有有體無用"，是謂人有手足而無持行也，則痿手廢足，不可言體矣？又曰"有有用無體"，是謂人能持行而無手足也，不知以何者持行乎？無此事矣。

又論

老氏以無爲體，以有爲用，宋人分體用，蓋亦爲其所熒也。然朱子《太極圖説》，以中與仁與感爲太極之用，正與義與寂爲太極之體，則朱子注《中庸》："中，體也；和，用也。"此又何以中仁配感而爲用，正義配寂而爲體耶？朱陸雖皆染二氏之學，而陸子直走一誤，朱子則兩顧依違，不能自定其説，此二家之异也。

與長舉言顧諟明命之功

吾子留意於"顧諟明命"，可謂探本者，然爲之有道。《傳》曰："晝而治事，夜而計過。"又曰："明而動，晦而休，無日以怠。"每日夙興，即爲當爲之事。爲何事，即存心於何事；或接人，遇何人，即存心於何人。事竣人去，反顧此心，湛然在内。淫聲美色貨利，一毫不觸於懷；東猿西馬，一絲不攖於念。旋而治事接人又如之，所謂"終日乾乾"也，所謂"執事敬"也，所謂立則見忠信篤敬参於前也，而不可效宋人白日静坐，以食二氏遺毒也。若必欲静坐，則向晦未臥、雞鳴未起二候，除省察前晝所爲得失，今晝所爲興除外，披衣直坐，直，即外體直之直，静坐，挽弓騎馬合爲一式。收攝天君，片時亦可。然主敬非主静，蓋敬則自静。專言主静，或不能敬矣，所謂"夕惕若"也。總之皆"顧諟天之明命"也，孟子所謂"操則存"者正如此。明命者，天命吾之心也；命，吾之仁義禮智也。若馳思天地未朕兆之先，及天地氤氲生物之初，以爲顧諟，則爲不近之思，非顧諟矣。前功既熟，則耳聰目明，心思睿智，世故人情，迎刃即解，其效可以自考也。

與樞天論讀書

樞天借《智囊》日觀之。予問，曰："辰苦處事愚鈍故。"予曰："智以事練之。昔張詠學用智於陳摶，吾少年與張文升居蠡城，近公庭，每聞訟事，即共億勝負，思追盜何術擒之，失盜何術以察之，亦學智類也。閲《智囊》，以起予心而已。专恃書帙，無益也。"已而又繙他書，予又問，曰："借以養吾心也，理不明者可明也。"予曰："不然。子謂詩書養就聖賢心，此語昔人對下流言，謂躭志詩書，則不嫖不賭耳，非聖賢專以讀詩書成也。讀閲久則喜静惡煩，而心板滯迂腐矣。程子曰'玩物喪志。'謂書如佳山艷蓝，愛玩不釋，日日登臨，而爲聖爲賢之志反丧矣。"曰："先儒以讀書明理養身心，俱非歟？"曰："非也。自秦火焚書，漢人珍之，日趨誦讀。唐韓退之、宋朱晦庵，皆以聖道自任者也，而韓有《符讀書城南》詩，朱有《讀書樂》詩，則其終身之肆力在誦讀矣。况下而爲詩人文士與應科舉以博富貴者乎？乃千餘年成一文墨誦讀之世，而人才日下，世教日衰，魚爛瓦解，莫可收拾，則可知學文之文不專書冊，而讀解書冊不足言學矣。故起誚者之口，曰'白面書生'，曰'書生無用'，曰'林間咳嗽病獮猴'，而謂誦讀以養身心，誤哉！李白曰'借問如何太瘦生，只爲向來作詩苦。'則肌體日消，心體自脆，何養之有？顔先生所謂'讀書人率習如婦人女子，以識則户隙窺人，以力則不能勝一匹雛也'。若曰明理，則宋明創立道學名，日講道而道字誤解，日講學而學字誤解，日講誠意、主敬、存誠，而俱誤解。所謂明理者安在？乃知每書讀取千萬遍之一誤盡誤也。然則誦讀可廢歟？曰：'何可廢也？但勿爲所溺耳。'古人六藝，一曰書，非僅點畫也，考究字義，即有誦讀矣。然孔門雅言，有《詩》《書》二者，《詩》曰誦，不曰讀，謂歌之以比樂也，故春秋大夫會必賦詩。《書》則考議政事，所謂文武之政布在方策者，而不必記其文，使一字不忘也。故孟子引《書》，每有參差。至於二《南》曰'爲'，則爲其事；禮曰'執'，則執而行之，豈專佔僤吾伊哉？"曰："易溺何也？"曰："其故有三。一，古人口傳身授之道，如識大識小者今亡，而但取索冊簡，故誦讀日繁。一，學習禮樂六藝，须强力，须友朋共集；誦讀則閉門静坐，即可把翫，便而且易。一，文人、科舉人勿論，今習齋倡明正學，即有遵者，而仁義操存，未至根心生色之妙，可以據守。孝友從事，未至知乐弗已之地，日有亹勉；禮樂服習，未至斯須不去之域，刻有依游；世故人情，未有左宜右有之能，時有樹立，則自顧消索，轉而奔馳，既所不願，塊然閒居，亦所不能，遂忽忽誦讀度日，而目困身倦，習爲故然矣。然則宜如何？曰：'《禮》有明文矣。'《王制》曰：'六十不親學'，以年邁也。又五十服官政，六十正與人家國事，何暇學習？故孔子曰：'吾不試故藝。'是孔子之老而好學，亦以道不得行之故，而非其立意衹在多能博學也。顔先生曰：'周流，孔子之不得已；著述，孔子之大不得已。'故孔子曰：'君子多乎哉？不多也！'則習禮習樂，六十以後亦不當及，而況誦讀？"曰："老而不仕者有暇功，可讀閲歟？"曰："亦何必然？吾退休七十矣。中年躭繙閲，顔先生每憂之責之。自五十至今，家政徽纏，鄉里應酬，友朋遠至，不坐而讀書者二十餘年矣。然今古文徵者謬以爲可，所處正如孔子之憂亂賊，孟子之逢楊墨，著書立言，不能自已。蓋天理熟歷，以内而操存，外而躬行，動而閲歷世故人情驗之，偶考陳編以爲證耳，不敢躭而溺矣。今可擬八歲入學後，擇當讀者讀之，四十則間矣，六十不親。《存學編》曰：'儒者用力於誦讀一二，用力於習行八九，則生民幸甚！斯道幸甚！'旨哉其言之乎？"

李以傳

幼讀韓愈《圬者王承福傳》、顔習齋先生《傭者彭朝彦傳》，慨然而嘆，四民以士爲首，何質直好義，偏見於農工也！今則士風益頹矣，有名聲者亦率同氣不和，見利忘義。嗚呼！何自得一人以激發之耶！乃又得之於李以，爲《李以傳》。李，棗强花里人，名佩，字樸公。家貧未讀書，而至性過人，雖饑寒不干人。壯走京師、遼東等處，轉移爲食。殫力不落人後,受直以市,人或佳之,多與,不受也。家居,或教之衣食精細,令可觀,以曰:“吾爲他人衣衣食食乎?”日雞鳴起拾糞,歸掃庭除,推單輪車作行商,或力田拾薪。父性曠達好友,間貸人財,以知則還之,且囑曰:“吾父後有需,幸勿阻,吾行且償矣。”時供以錢,請隨意用。率妻食糠粃,而飼親必甘脆,五十餘年不懈。尤篤昆弟,遼東得數金歸,過京師,聞兄弟負人債,不得旋里,盡出其金償之。或曰:“而家妻子嗷嗷,盍少留?”曰:“妻子命薄,今歲不得蒙我養。妻子,吾妻子也;兄弟,父之子也。舍父之子而顧己妻子,非人所爲也。”幼同兄嫂居,得財盡歸之,不私藏。生次子三日,即後其兄,歉歲獲升斗,必分給,待二弟亦如之。長子杜,教以從同里張生員朏明授讀。一日學舍歸,侍食,偶言一族祖,舉其號。以置碗於案,厲聲曰:“童子何人? 號呼尊長耶? 吾不願有此子矣。”杜惶恐祈改,自此口無戲褻。後補廩膳生,出舌耕,一東家無禮,辭歸。有從臾校之者,以問杜何如,對曰:“辭耳,何校?”以曰:“然。屈在汝,不可校;屈在彼,不必校。吾在,不願兒作刻薄事也。”或醜杜,以怡然曰:“此非吾兒所有事也。向恐兒無骨力,今訾議多有,或能不同流合污乎?”杜欲白,以曰:“謗之來也,如雨集;釋也,如霧消。静處自明,何事白?”杜以其春秋高,求迎養館舍。曰:“毋,吾爲先生父,東家不禮貌,吾難堪;禮貌,則致東家於先生外添一不得已之應酬。吾不爲也。”終不往。持家嚴,不許婦女出外,不令與外事,不佞佛,僧尼巫婆不許入門。見人惡,望望而去;聞善,則津津道不置。又樂周急,祁寒暑常留行客養之。或以難告,輒傾囊與之。六十四歲之七月,寢疾,命子鋪設牀褥,曰:“吾年不爲夭,自反無愧心事,家人皆在側,吾去亦快也!”含笑而逝,終日顔色不變,室聞清芬,蠅不入户。嘗薄暮飲酒,謂杜曰:“吾艱瘁甚矣! 爾後當勤儉力學,使人指曰‘某有賢子’,吾勞不爲虚矣! 隻身出門,櫛風沐雨,染病他鄉,舉目無親,其末也,一日自遼回,過大河,無舟,涉至中流,水暴長,一老人呼曰:‘急渡! 急渡!’以手扶出登岸,水溢,岸皆滿,而老人不知所之矣。後在京守皮墳圈内,晚即其樹下宿,一女披髪相侵,吾挺身怒目欲擊之,女逡巡不見,蓋鬼也。吾有今日,抑幸矣。”

恕谷中人曰:李生杜與其師張子俱從予問學。張子客歲逝。已酉夏,杜寓書來,述其父行,并言張子孝弟正室、厚鄉黨、急朋友、工举子業,聞顔李學,是之,遂不復攻時文諸善,而求所以不朽者。李氏可謂有子矣,宜哉! 故爲之作《傳》,并附張子,使杜讀之,將益擴其賢,以有光於父師也。

戴景惠先生墓表

景惠先生者,祁人士私謚其師戴君也。祁人率重師傅,刁文孝先生之父善教士,有德,卒而門人立“報德祠”,至今祀之。今又追悼戴君云然。按行述,君先本順天府黑窰廠人,始祖壻於祁之金公章。金,明正德己卯舉人,任提舉浙江市舶司,再任提舉廣東市舶司,授奉訓大夫,蒞官清,故壻亦貧。解任,攜之祁,家焉。至三世諱財,路獲遺金,守候還之。五世諱宗孔,爲君曾祖,補諸生,始以詩書起家。其兄宗胤,以子毓堯爲之後,亦補邑庠生,豁達好義彊仁,能拑蠹役之借查荒地以魚肉士民者,祁人賴以安。一李姓累逋至數百金,寫券願充綱紀,裂其券令去。生子諱光天,邑庠廩饍生。又傳則君。君生而穎异,乃甫六歲,而母張氏卒。八歲,而王父卒。十有五歲,繼母靳氏又卒。越四載,而父又卒。時繼祖母張已六十有八矣。君未冠,繼母靳出弟瑋方舞勺,子甫生,呱呱在抱,而積柩纍纍。君一號嘔血數升,遂臥病。繼母傅氏拭淚厲聲曰:"汝祖母在堂,汝父未斂,吾少年失天,而汝又弟幼,子在襁褓,謝任無所,敢滅性不顧耶?"君瞿然而起,勉襄殯葬,一一如禮。服闋,率弟力學。李安溪校士,皆取入泮。事繼祖母張、繼母傅曲盡孝。嘗囑家人曰:"吾祖母撫吾父垂五十年,雖奴婢莫知爲前子也。吾母適吾家四歲而寡,教我兄弟成立,汝輩宜勉佐吾孝,勿怠。"友於弟,出入飲食必偕,獨出則問其所之,來晏則趣僕迓,秉燭以待。然訓以正,毫不寬假。子侄姊婦皆任以職事,考課嚴明。清苑王雲卿嘗過之,曰:"一家和風慶雲也。"又好憐孤恤貧,不避險沮,略與其祖相埒。一日如母舅靳公家,舅新生一女,而其母死於產,謀棄之。君不可,抱之歸。丐母傅孺人撫之,湩下得生,適馮氏。安生員被軏陷獄,君以父執奔馳二載,雪其冤。流霜村宋姓鬻子瘞其妻,君惻然,資其葬,收其子養之,爲娶妻生子,使歸奉祀。其他類此,難更僕數。喜結納,重婣誼,與人坦懷相與,即門弟子亦霽顔爲忘形交。能豪飲劇談,留心世事,謂士不諳時務,蠹書魚耳。嘗於兄弟子侄侍側,或同人列坐,論催科刑名撫字之術,若燭照數計而龜卜也。臨終,尚囑子三聘曰:"异日爲清白吏。"君諱玠,字崑生,號毅庵,配馬孺人。子中癸卯科舉人,持《行述》匍匐求表文。予思其門人以布義行剛之景,愛民好施之惠謚之,僅稱其外事也。已又思《詩》云:"惠於宗公,罔怨罔恫。"惠,順也,孝友皆順德也,而其嚴身齊家,剛斷出之,非但煦煦柔慈者比也。景惠之謚,固已該矣!乃大書之,使其鑱諸墓上。

衡水杜氏世德記

丁酉科,衡水杜謙益鄉試回,見過,執贄而去。及後,其季弟謙牧又特過予,學《易》問禮。迨雍正辛亥,兄弟次第來,求爲其先人作《記》。

按述:其祖諱夢堯,字舜吾,爲人仗義疏財,樂急人難。治恒産六七百畝,終身惟布衣。出門則高笠蹇驢,遇飲陶然。不甚讀書,而作事咄嗟立辦。人求貸,不之阻,亦不責償。同村劉矮樓父,年荒,持魚網經過,舜吾問曰:"何往?"渠指網曰:"鬻此易米充口。"舜吾曰:

“此汝生意也，去之則生意蔑矣。”給以米，止之。

劉甲，鰥。舜吾曰：“可續絃。”甲曰：“有言某女正相當，奈無資。”舜吾曰：“須若干？”其人以數對，即開囊與之。

有昏姻争財者，或詒之曰：“舜吾有命。”輒帖然。

邑人搆訟，或鬬毆，至縣堂，書吏聞舜吾魯爲息，必禀官，官常允之不問。一黠吏逋官銀，令曰：“無素識乎？”吏曰：“有杜舜吾。”寔不識也。舜吾聞，即携五十金當堂代補。令曰：“願乎？”曰：“願。”令曰：“善。爾世世子孫享福無艾也。”後出門，必携二三十金，人問故，曰：“遇變難即與之。”嘗中途遇盗，問名，護送至家。

初娶趙氏，子一孫三。長以國學生任丹徒主簿，次庠生，季業農。繼娶劉氏，無出。後娶閆氏，産子一，即謙益父，諱挺秀，字文卓。方七月，舜吾卒。而是時主簿兄弟年已强壯。舜吾因將家産田園命之經理，獨持五十金與閆氏，曰：“以撫而子。”有告者曰：“或擾若甚，改也。改則混於一矣。”閆太君聞之，益氷孽自持，置五十金於篋，不動。日夜織紝，積布充棟。又善農粟，陳陳相因。因出重束修聘名師教文卓。十二歲，即入泮。且嚴持内外，五尺童不許入中門。有所索，在門外呼女僕與之。將析箸，田宅分爲二，不均，直於官。又以己所買城宅亦析爲二分之，事乃平。東莊三臓，無賴也，或從臾之，無故伐園中樹，謀誘出圖賴。文卓承母命，置不問。既而持斧堵門，聲聲偪命。文卓使人勸返。潛出，越河，訴於官懲之，乃得無事。族姊丈乙有素逋，偶語及，觸怒，遂肆辱詈。文卓方朝食，忿擲碗於地，然内忍，終不與較。仗義疏財，略如其父。

鄉民率種園爲生，以隣河，時遭淹。一日，衆趨請曰：“非築一横堤不能御水，但壞君家地多，奈何？”求估價。文卓曰：“闕一人之地，活五六十家，吾樂成之。何價爲？”奉母命，周急濟貧無算。

娶李氏，邑庠生長仁李公之季女也。十五于歸，父囑之曰：“汝姑寡夫孤，往之汝家，必敬必戒。”李太君遵其命，凡姑飲食起居，衣服衾枕，皆親理。姑臨終，有污穢，人所不能近者，必親滌拭，無惰容。雖奴僕代之，不願也。姑飲食，必跪進。又曉大義，通學問。聞予講顔習齋學，教諸子曰：“而仿此，乃爲人。”當謙牧從予里歸，問所學。謙牧告以所學出告反面、昏定晨省、日儀、朔望儀、年儀，太君嘆曰：“都哉！而輩務一一遵之。惜聞也晚，不能以此事汝祖母也。”而其寔多半皆太君所夙行，暗與古合者久矣。自是，行禮益力，每晨必拜姑主。遇新必薦，乃分賜家人共嘗。春秋祭必虔。當文卓之在也，孝友施濟，夫婦如牉合。文卓或加以厲聲色，太君婉順無違。文卓於親友，時有未慊，太君務委曲導之，劑以和平。子有過，不面叱，事過乃從容開訓。其相夫慈子，刻苦如是。

予覽之，喟然而嘆。一嘆天道之不爽也。生平閲歷，凡誠心周急好施，與竭力孝友，處舅弟群從，甘心忍讓受其虧損者，子姓家業必發。今謙益昆季，峥峥文學，爲時祭酒，謙遜無競，産日隆裕。益見積善降祥，而前令預贊之□言之有據也。一嘆聖學之允宜也。宋明以來，以静坐讀書爲道學，習齋宗孔門約禮、復禮之傳，專以禮教人。塨謬承之，不惟門下士如劉調贊、馮辰等力行不怠也，即巾幗丈夫如李太君者，方以聞之也晚而以步以趨，則此道之出於性天而愜乎人心之同然也，不亦聊可信哉！

七十三歲李塨力疾記

辛亥季春上辛，公祭顔習齋先生於東莊，主祭者爲衡水杜子友三。觀其行禮彬彬，舉趾安詳，心竊异之。及閲恕谷夫子所作《杜氏世德記》，知其祖父兩世，内外皆徽德相繼，人文可以千古。《書》曰："紹聞衣德言。"《詩》曰："世德作求。"友三昆玉，其作求而紹衣之哉！

同門弟閆鎬識

李子恕谷墓志

李子，李孝慤先生之長子也，名塨。嘗求仁不能，期勉於恕，因以恕谷名其鄉，而爲號焉。孝慤四十後，元配馬太君有順德而未立子，乃聘易州馬指揮公女爲簉，生李子。時力爲聖賢學，敦孝弟，主忠信，崇禮義廉耻，讀《論》《孟》《學》《庸》及朱《注》以授李子。同時有顔習齋先生者崛起，近與祁州刁包、遠與上蔡張沐辨學，謂世儒躐講性天，非孔子不可得聞之教法也。且禮樂兵農，聖門經世之撰皆廢失，何以學成致用？乃易静坐入定以習恭，内而敬直，外而九容交攝。讀書猶漢唐訓詁遺習，惟擇經史有用書讀之，餘不盡究，以蹈玩物喪志也。嚴課孝弟謹信，冠婚喪祭，務遵古禮。日稽禮樂兵農之允宜今古者，而倡六藝以教來學。於是李子從之，學禮於習齋，學琴於張而素，射騎則學於趙思光、郭金城，書則學於王五公、彭通，數則學於劉見田，後又學律吕於毛河右。其於明德，則立《日譜》，逐時記身心言行得失，勉改。至耄老，愈追念家學，飲然自歉，寡過未能。其於親民，則與習齋嘗商酌教養之具，每夜分不寐，有所得，則録之《瘳忘編》《學政》《平書訂》《閲史郄視》。然惟恐草野之見無當也，七十病後，依《周禮》約入《擬太平策》。李子性謹畏，時或肩輿出門，輒竦然曰："我何人斯，而人肩之？"坐必躬以謝肩夫。惟恐虚名過情，李安溪、王太倉相國皆擬薦於當寧，李子懼甚，力辭謝。有來問學者，亦吶吶然不輕瀆。嚴於取與，少年試一等，當補廩,舊有書公陋規,曰"是以賄進也",辭不補。十四王在西陲,使人兩次千金延聘,避如江東。康熙庚午,年三十二歲,中順天鄉試。迄戊戌,年六十,選通州學正。八月十二到任,時京師沿門染疾,李子亦有中癱之意,不能理事,於十月十八日告病於州刺,詳通永道,轉守道,達部。抵來歲四月,歸里,調攝少平。前在都,徐少宰秉義、吴都憲涵,爲刻《大學辨業》《學規纂》。至是,同人爲刻《論語、學、庸傳注》及《傳注問》,又刻《易經傳注》《學禮》《小學稽業》,門人又刻《恕谷後集》,毛河右開雕《李氏學樂録》於浙。屆雍正六年,年七十,十月朔暈倒,又中前病,病乃絮緜謇瀼而劇,委分乘化,焉期百祀?竚竢後學,爰述斯志。

蠡縣病叟李塨拜手自識

楊公生傳

楊公名勤,字愼修,鑲紅旗漢軍也。以嫡子蚤失怙,又性樂友好施,爲父所惡。康熙四十八年,筮仕,得陝西富平令。聞王崑繩言,親如蠡延余,且令張西陸言束修每年如秦關之數。時余五十有一,念道行於人與行於己一也,遂於五月同往至富。富,巖邑難治。公每政皆咨余,又邀余同出私訪,屢斷疑獄如神,富翕然傳誦,結黨撻降之俗爲之一變。催科但發紙皂輪催即完。公且不自居,見上憲及同寅,輒曰:"吾師李先生教也。"後如省,上憲多差人來候余,送下程,公又囑余曰:"有人物當款洽者,先生即備席饌,有當餽周者,先生即具銀錢與之,皆出勤囊。勤囊,即先生囊也。"於是王子丕、周崑來、梁質人皆至,關西學者如蔡瑞菴、張灊士、黎長舉、魯登闕皆從遊。或有贈之數十金者,公毫無吝容。無何,屆九月,爲先母初度辰,力辭歸。公親送之康橋,跽而言曰:"明歲先生務惠來,如勤可輔則輔之,如勤不可輔,先生可自爲。"嗟乎!公世濟物之志爲何如哉!世乃有斯人哉!歲暮抵里,書字與送役回,言其家庭錯互,不可再至。公乃刺血作書,又遣力來請。無奈何,二月至富,公率闔邑紳衿里民郊迎跪謝,必屈至署①。又周旋一年,而其勢异時移,難以株久,又力辭歸。公供老母壽服一襲,親自封銀强納余橐,兩次共五百餘金。又贈名騾駿馬,送余歸。余去後,而其官荏苒竟壞。抵雍正十年,如上谷,至南關訪其舊居,則居已入官,而公遠在京邸,不可得見矣。歸旅舍,流泣爲作《生傳》。

① 署,底本作"暑",據中華書局《叢書集成》本改。

恕谷詩集

恕谷詩集·上卷·目録

秋霽 1503
秋日長安苦雨 1504
已就寢矣,于御史遂公步過訂詩,復挑燈披衣而起 1504
昭君怨 1505
中秋于侍御見邀即席步韻 1505
夜思五公先生 1506
偶成 1506
此間 1507
贈雪翁入京見存併致蒼林 1507
與郭子固夜話分韻得囊字 1507
陽月朔日哭孝慤大人俗於此日祭掃,剪紙衣焚之,謂之送寒衣 1508
嘉穀武人韻 1508
于公名世初度 1509
于比部名翁招呼遊翠微山,至勝水庵葯中方丈即席得樓字 1509
登山上百尺樓 1510
寄葯中僧 1510
紀夢 1510
傅汝公初度 1511
寧晋董縣令初度 1511
張乘乾入泮,以詩寄之 1512
夜欲過從于明府南溟,他故不果于南溟廷弼 1512
學琴於馮潁明賦贈 1512

過魯庵聽琴并序 1513
同子堅兄弟如山莊 1513
畫輿地圖 1515
哭椿子 1515
與梁知縣鞏羽時候選京師 1516
燕歌行 1516
辭國戚索公聘 1517
臘日張廉泉見招，席間得晤陳健夫，同賦步韻 1517
登良鄉塔 1518
書周健園藥肆 1518
哭易水田治埏先生 1518
題祁止祥畫 1519
送馮顥明旋華亭 1519
拭筵布 1520
贈陸翼王七十 1520
贈嘉興周青士 1520
過陳健夫步韻 1521
四月朔日同青士集健夫止齋分得敬字 1521
同青士集健夫止齋夜飲醉賦 1522
周青士以霽崙丈室倡和詩相示，慨然有惠遠之想，步韻寄之 1522
于敏公，聞之顔習齋彭雪翁口甚久，未識荊也。周青士過我，謂適從敏公所來，遂步青士贈濟崙韻寄之 1523
送蕪湖張岫莽之寧夏 1524
門人郭瑛入監講書，見賞於司成達公。問："子有先生乎？"曰："有。""何姓？"曰："姓李。""得非李剛主乎？"曰："然。"達公欣然命致候。走筆酬之 1524
過訪臨青張子舒覽給譚君所詩，因步韻併贈 1525
醉後放歌 1525
宗人府花公，天潢之雋也，兩顧塨於茅舍，今聞擢正郎矣，走筆似之 1526
見野鼠鑽圈 1526
秋雨點池中 1526
中秋日遊玉泉山下河 1527

壽某待御 1527
聞雁 1528
重陽觀武闈馬射 1528
夜觀燒山 1528
與何魯庵 1529
冬日偶成[①] 1529
贈王章京起斯 1529
與于使君南溟 1530
贈郭子堅 1530
送春調踏莎行武人韻 1531
乙未初度，古季榮自秦來從遊，有祝言，因憶客歲毘陵惲皋聞見過，志傳聖道，喜周孔之緒或不墜地，因爲属和 1531
秋日送古季榮西歸兼致秦中諸君子 1532
鄭良仲長民若洲昆弟、張雲四瞻抑橋梓邀予及王家洲馮修五彭文琪郊外看桃花 1532
又分韻得漸字 1532
張采舒自秦中來訪賦答 1533
憶故 1533
飲宋方鄒齋 1534
口號 1534
丁亥端月過棘津，承鄭若洲張瞻儀諸友送別，留贈 1534
高陽舊城孫思邈廟會登樓醉題 1534
張平子置姬戲贈 1535
李太恭人七袠徵詩應之捕盗同知李公清鑰母 1535
聞剌船聲有感 1536
李虞朋生子 1536
郎峯篇爲張母金太孺人八袠 1536
陶敏齋使君見過兼投贈言，即同馮修五鄭見百公子舅弟夜飲，步和 1537
壽張西陸母金太君八十 1538
過郭蔚甫故宅有感 1538

① 原爲“冬偶日成”，似誤。

白琢之七十三 1538
玉峯太翁挽歌辭 1539
題秋思圖張而韜小照也 1539
某氏守節爲某所挽適人吊之 1540
孔望池生子 1540
賀鄭生若洲捷秋試 1540
徐雲祖花燭周歲即産子贈之 1541
彭碧津生孫 1541
牛善長公郎入國學 1541
過獲鹿西征 1541
入井陘口 1542
井陘道上 1542
過韓侯嶺 1542
霍州師莊小憇 1543
憶嘉善署中秋夜燕 1543
過潼關至華山 1543
過舊關洞口八里至固關 1544
自富平過興平田信侯明府 1544
冬至前十四日張少文過富平楊慎修署聚晤 1544
寄趙易州 1545
山行夜宿 1545
寄杜謙益友三 1545
癸卯六月將及大祥,忽接威縣劉生詩札,不覺成答 1546
衡水彭文乾來過與觀碾禾 1546
寄陳右函 1546
宿瀛郡聞曉漏有感,時威縣林劉二生來學 1547
秋風歌酬穆庵弟即步其韻 1547
閱用可臨門前河詩作此示之 1547
仲冬邀同人嘗新釀即席步季伯韻 1548
壽太倉八袠二十韻 1548
喜王雪卿尹元甫成進士和李去華韻 1550

邑侯尊人喬國瞻六十七袠 1550
過鬲津訪劉拙莽,前五月以九十九歲卒矣,輓之 1551
過彭碧津橋梓,晤其西席陳叔智及乃族孫彭信甫,信服聖學,留示 1551
寄南方諸友 1551
昔予四章寄彭碧津,武強其姻親也,故及之 1552
贈劉右衡 1553
贈浦巡道 1554
壽肅寧黄公 1554
贈鍾子能 1555
乙巳季夏憂旱 1555
聞蟬 1555
偶感 1556
樞天出遊,小詩送之,并求同人屬和 1556
賀尹元甫實授銓部考功 1556
酬倪允懋因步其韻 1557
彭椒園置如君首産一女,步董圻瞻韻寄之 1558
口號示同學諸子 1558
初夏之末閻季伯劉在中暨三弟益溪共飲河干遇雨 1558
步王之麟來韻寄答 1559
戊申獻歲,閻季伯来同黎長舉飲賦,分韻得方字 1559
逝者 1559
題《萬世太平策》 1560
與寧國太守黄瑤圃 1560
劉伊園旅邸招飲,時周佀樵懷臣贈伊園及予皆有詩 1560
鄣郡署中遇雪 1561
山嘴訪梅勿庵,返已除夕,口拈 1561
贈劉來獻 1562
哭可詷言 1562
向盧村邊海若取吉貝子,詩以謝之 1562
還肅寧令黄成憲貸,詩箑謝之 1562
念張羽先病 1563

字王生九思昱齋，五公先生之曾孫也　1563
偶感　1563
即事　1563
立秋苦雨　1564
贈國公玉　1564
題雪翁畫山水　1564
與趙比部泰巖　1565

恕谷詩集·上卷

秋　霽

萬里山河浄，
一天風雨晴。
秋光正慘澹，
霽日更分明。
黄葉粧金砌，
白衣點玉城。
蓬飛渾欲舞，
鴉冷自相迎。
旭日翻魚動，
凉颸送燕輕。
砧敲斷續影，
蛩奏短長聲。
鄉國杜陵夢，
悲凉宋玉情。
愁人難假寐，
不必恨蛙鳴。

秋日長安苦雨

寂寞他鄉客，
秋霖日日催。
簷聲滴耳碎，
竹響透窗哀。
剩暑消荒瀨，
微涼入古臺。
軟紅全落砌。
殘緑欲肥苔。
霎靆千山暗，
涳濛一水廻。
不知風雨夜，
那得夢魂來。

已就寢矣，于御史遂公步過訂詩，復挑燈披衣而起

商風割晚葉，
新月遭雲刼。
籠瓦氲蒼蒼，
推書臥怗怗。
衾單貯秋寒，
枕席難遽貼。
不謂音跫然，
披簾忽登躡。
問是來者誰，
烏臺步蹀躞。
呼童疾挑燈，
攬衣未掩脅。
摐金問聾聵，

戞玉呈光曄。
推敲炯雙眸，
彈射發祕笈。
貴賤渾相忘，
古今任所獵。
居高心轉虛，
今人未曾睫。
乃信顔光禄，
真與柴桑協。
斗轉銀河明，
照此古錦裛。

昭　君　怨

妾身委异域，
翻念丹青功。
幸留傾國貌，
猶伴未央宫。

中秋于侍御見邀即席步韻

鐵面高吟綺一端，
豳詩土鼓耐迎寒。
雲移蟾影梳紅葉，
花引霓裳綴紫鸞。
蘸甲浮光添角盞，
削瓜流色借瑛盤。
却思蓬蓽南窗月，
諸弟偏承膝下歡。

夜思五公先生

誰舒天地之大文，
先生竟爾騎白雲。
天地何不智？
使君日月光不麗。
山川何不仁？
使君草木空呻吟。
雲高南斗聾，
唧唧何處蛩。
淚下如霰不可掃，
馬奔輪轉心恍恍。

偶 成

乾坤百戰後，
草木一霜前。
掛劍興亡夢，
敲燈風雨天。
心懷千古上，
身寄萬峰巔。
愁步看調馬，
輕蹄踏埒錢。

滄海空沈日，
青山又幻霞。
衣冠喧燕國，
戈甲戰蜂衙。
雨峭啼郊鬼，
風豪奏野茄。

無聊今古事，
隨意問天涯。

此　間

偶爾離柴扉，
悠悠在此間。
有飯便當食，
食已漱寒泉。
行吟書一把，
坐月露半肩。
不復問其他，
焉用尋南山。

贈雪翁入京見存併致蒼林

蹉跎無賴坐颼飀，
耐可逢君問老秋。
身世全憑燕市酒，
肝腸盡付海門鷗。
倚天白髮秀還健，
護嶺寒雲醉欲流。
三笑何時共汗漫，
徐無深處好披裘。

與郭子固夜話分韻得囊字

不盡千秋恨，
滔滔瀝短囊。
談文邀半月，
說劍試新霜。

是日天人策，
何年風雨場。
挑燈共一笑，
應記此言狂。

陽月朔日哭孝慤大人俗於此日祭掃，剪紙衣焚之，謂之送寒衣

白楊葉落朔風驕，
氷骨横波上小橋。
寒沍翻從一日始，
音容却憶九原遥。
哭燈孤女裁衣袖，
弄月幽魂掛紙條。
獨有棘人羈旅舍，
徒悲帝右彩雲飄。

嘉穀武人韻

何事篝車祝，
一莖報瑞先。
風揺稃泛泛，
露濯葉田田。
九穗黄雲遍，
三登緑野綿。
分行梳皓月，
合穎孕豐年。
儲秀唐書紀，
循良漢代傳。
應誇北里種，
此日奏虞弦。

于公名世初度

虬樹衣閒雲，
高齋羅空翠。
中有姑射人，
風露飲欲醉。
方壺焉用尋，
即此簪纓地。
坐隱敲秋山，
飛觴開玳瑁。
嚼菊黄粘鬚，
弄月白生臂。
渾然太古年，
一笑忘世事。

于比部名翁招呼遊翠微山，至勝水庵葯中方丈即席得樓字

青鞋布襪耐颼飗，
望裏嵐封百尺樓。
幾點樵村擁斷岸，
一峰日色瘦高楸。
丹梯恰好尋仙藥，
白社何妨共酒甌。
謝傅絲絃渾不厭，
依稀聲逐碧雲留。

登山上百尺樓

遂踐白雲約，
攀登將若何。
人窺下界小，
寒到上方多。
天落千溪水，
城连百丈阿。
幸随康樂至，
指點共婆娑。

寄药中僧

錫杖飛烟卓古松，
石龕半榻碧雲封。
老僧定後鍾聲寂，
占住西山共幾峯。

紀夢

蕭蕭北風寒起栗，
班劍氣森山崒嵂。
叱吒一聲千旅合，
雷動猋至一何疾。
羯鼓砰訇整隊行，
予後獨横馬一匹。
輜重一人轔轔隨，
宛然奇伏勢相挟。
健敵一騎颶然來，
笑謂輜人入吾術。

輜人棄車車下伏，
騎人廻馬馬上立。
兩騎相戹飛礹礋，
縱橫不復代有匕。
輜人突出斮馬踠，
手鎗一落賊如汲。
手滑鋒銛馬轉驕，
殺殺殺聲風雨飄。
不知鎗起落者誰，
但見山河怒改色。
日仄壘平萬馬嘶，
屯屯覆雲黑如漆。

傅汝公初度

醉臥乾坤漉酒巾。
風波更自蘊天真。
王喬一笑渾無事，
山靜花香認此身。

寧晉董縣令初度

不羨方壺物外盟，
且携雙舄自飛聲。
堂琴久已歸花鳥，
海棗應堪付酒罌。
釀去東郊千畝秀，
分來西嶺片峯清。
此間介壽誰爭得，
博取郎官宿轉明。

張乘乾入泮，以詩寄之

誰堪仲蔚老蓬蒿，
果爾芹池採鳳毛。
不識近来白眼望，
可還徙倚在東皋。

夜欲過從于明府南溟，他故不果于南溟廷弼

春風飲醇醪，
醇醪已酕醄。
一日一把臂，
兼之夜相招。
今夕偶阻晤，
五内何忉忉。
問心汝何故，
懷人無乃勞。
心竟不自掉，
明月穿花照。
持此告懷人，
反恐懷人笑。

學琴於馮潁明賦贈

輜塵撲面飛，
望眼愁絕倒。
何逢姑射子，
朗然懷月照。
氷壺增夏寒，
玉山璀其貌。

衆技皆殊絕，
緑綺更獨造。
余樂從之遊，
泠泠七弦峭。
石齒漱寒流，
木落孤鸞嘯。
陡爾秦鐸翻，
霹靂連天號。
鼓罷兩無言，
惟有相視笑。

過魯庵聽琴并序

余與子堅聯鑣過魯庵，排户入，木石森然，隱暎圖畫，宛如置身石室蓮峯間，不知爲臥榻也。魯庵倒屣欣迎，且走紀綱邀香穀公。遂出素桐，奏流泉，牙籤縱横，獵談今古，南皮雅會，未之或踰。惟香穀以部政羈不果至。香穀琴畫素擅埸，爲之悵然。

緑酒黄雞好問奇，
桐聲泠泠泛花篩。
不知何故白雲住，
調入高山有所思。

同子堅兄弟如山莊

豁目層巒色倍青，
錢塘昨夜鬬山靈。夜山水暴下漂沒民田。
千溪翠漲原頭水，
一徑寒銷雲外屏。
田父貪魚壅小堰，
行人避雨下孤亭。
登臨莫覓深林處，
是日秋聲不可聽。

秋聲秋雨兩淒淒
秋樹淋漓泣野溪。
流沫隨波窺草短，
濃雲出岫見山低。
荒陵守散人無語，
古木風頹鬼欲啼。
兒女中元哀感日，
遙遙楮幣化前谿。時七月旬一日，都人士皆修祭墓禮。明太祖定製，令士民清明中元祭先。

相禮褒徊窣堵波，
白楊風裊亂鳴珂。子堅祀墓邀予往
流前食餕飛觴過，
天際瞻雲奈樂何。
五柳故園應寂寞，
七松先兆正婆娑。先孝慤德比鄭薰
遙知二弟將秋祀，
淚灑龍湫雨益沱。

天河瀑落下巃嵸，
剩有秋容上岸楓。
水過村墟屋片片，
波漂禾萎草蒙蒙。
苔生蓑笠殘猶綠，
蛙咽厨煙濕未紅。
不識天心何處在，
流民應許繪深宮。

畫輿地圖

指點山河片掌中，
邊笳有恨咽秋風。
席前聚米知何在，
應許伏波建异功。

哭椿子

椿子，子堅僕也，客冬爲予薰床有力，至今秋，水逝雲卷而去矣，哀哉。

嗚呼，長安逢子令我熱。
木介凝白風走刀，
咳吐成珠當街折。
東郭掉頭長安街，
歸來穿履攤白雪。
窗紙颯拉四壁驚，
解衣傴僂衾似鐵。
是子榾柮獸焰紅，
裊裊煖薰歲寒骨，
吟哦帳底忘栗洌。
嗚呼，長安逢子令我熱。
子胡爲乎封馬鬣，
忘此踽踽凉凉琴清劍冷之長安客。
长安有面寒如冰，
長安有心寒如石，
哭子不作氣越竭。
嗚呼，長安逢子令我熱。

與梁知縣翬羽時候選京師

自分已逃世，
無端更遇君。
爲琴恒待月，
愛帖故藏芸。
人事催紅葉，
秋風剩白雲。
鍾聲長樂發，
清耳幾回聞。

燕歌行

風鼓紙窗霜氣驕，
燈光閃動影嶕嶢。一解
夜砧一聲驚魂揺，
念君何處醉酕醄。二解
堂上有姑春秋高，
對姑强笑轉淚拋。三解
鐵衾棉穿盖不交，
無知兒女聲呶嘈。四解
夜深兒睡寂不囂，
抱病呻吟心轉勞。五解
凄人玉漏故迢迢，
起看明月上懸飄。六解
旄頭窺户淡清宵，
牽牛無情未駕橋，
去去河畔自逍遥。七解

辭國戚索公聘

陰馬何聞欲問蒙，
微材久已付飛蓬。
長孺揖客難言重，
樓護嘉賓愧未工。
池染群鵝還泛泛，
籬寒野菊自叢叢。
安能刻畫無鹽貌，
坐使林巒誚晚風。

驕人畢竟未忘機，
偶爾閒隨海鳥飛。
饞眼王晞思欲爛，
道心卜子戰成肥。
南山未許通門徑，
滄海安容置是非。
軹里萱堂況復健，
此身且剪老萊衣。

臘日張廉泉見招，席間得晤陳健夫，同賦步韻

煖寒雅會頓忘年，
玉樹璀人近綺筵。
草聖狂書偏樂醉，
留侯避地漫談僊。時廉泉解職家居
黃嬌邀月侵殘夜，
白眼吟風問碧天。
況值孟公驚坐客，
脱巾蘸甲兩陶然。

登良鄉塔

峻塔陵城立，
絕頂觸穹蒼。
西山若賓客，
揖讓趨其傍。
下視人成蟻
奔馳孔道忙。
冠蓋整蟬范，
車馬轉螳螂。
高懷引之發，
氣射暮虹長。
携手天邊日，
不復辨滄桑。
始信高不危。
一笑盪天荒。

書周健園藥肆①

閒將鐵鏡照風塵，
煮石烹雲池上人。
試問白休新杏植，
可堪賣盡薊門春。

哭易水田治埏先生

寒岸蕭蕭水咽聲，
燕臺今復失先生。

① 園，原作元，從目録改。

當年擊筑更誰在，
此地悲歌尚未平。
經苑牀收階草茂，
劍囊鋒澁塞雲横。
一堂師友何淪沒，
泉下空餘萬古情。治埏，孫徵君高足，契五公山人。

題祁止祥畫

遠近岩嶤起，
中峯怒觸天。
草衰衣斷嶺，
樹老醉寒烟。
茅屋何人在，
溪流只自懸。
始知名利客，
空使畫圖憐。

送馮穎明旋華亭

雲割片片風呌木，
送君歸去疾如鵠。
長炳留君君掉頭，
青鞋布襪更何欲。
丈夫有家不聚歡，
蹴塵軟紅徒碌碌。
去來正逢江上花，
横雲山草爭緑縟。
烹鱠嚼蓴問碧天，
大笑長安暨與牧。
海上風雨聞雞犬，

蒼茫欲與神靈屬。
我胡爲乎尚未行，
望君已遥空罣罣。

拭筵布

濡頭垢面饜殘腥，
柈斝逢君倍有靈。
傲殺窮簷多少客，
一生未見五候鯖。

贈陸翼王七十

鳩丈扶身百事過，
眼中曾見幾山河。
向來人世空悲淚，
老去生涯半嘯歌。
何事丹梯尋石髓，
只須白髮任風波。
文章應是千秋業，
玉檢藏書永不磨。

贈嘉興周青士

邂逅無端見古人，
青山白髮醉吟身。
暫辭石室登雲屐，
一整東都折角巾。
天地與君同老大，
奔馳此世正風塵。
誰知把臂相看笑，

湖海豪姿氣最親。

過陳健夫步韻

狂言何處是，
循郭爲君來。
校字爐煙湧，
繙書藥徑開。
空垂清世眼，
半醉紫霞杯。
安得郊居近，
相尋日幾廻。

四月朔日同青士集健夫止齋分得敬字

掉頭走薰風，
懷刺欲誰倩。
白玉逢我歡，
相携問心性。
束帛誼重程，
縞帶情深鄭。
况復逢周黨，
華髮蕭蕭勁。
雄劍曾摧山，
短衣欲埋姓。
再拜森列坐，
蘭氣交相迸。
雅道湧鬚眉，
悚然疾起敬。
主人進醇醪，
呼僕來長柄。

攤書與共啖，
秦漢紛縱横。
山老半入簾，
風古全歸徑。
婪尾花解人，
紛披遙相映。
此會甯晚近，
想與南皮併。
一笑共簫雲，
應掃乾坤净。

同青士集健夫止齋夜飲醉賦

偶爾酬塵世，
忽然遇酒狂。
高懷轉感慨，
正語亦荒唐。
幸有前朝叟，
同酣避地觴。
星期明歷歷，
舉首莫相忘。

周青士以霽崙丈室倡和詩相示，慨然有惠遠之想，步韻寄之

志交天下士，
脉脉多遠思。
古人不可再，
今人貴及時。
誰復山河約，
徒爲風雨移。

青士初相見，
一笑解囊詩。
逸情霞外逈，
韵骨雪中羸。
間日復枉過，
携手形神怡。
坐指紛紛子，
素心寧如斯。
幸有蓮社人，
客晨酬清詞。
出之三復讀，
冷然與我期。
爲悵青山迹，
應許白眼窺。
大地多恨事，
文章共鼓吹。

于敏公，聞之顔習齋彭雪翁口甚久，未識荊也。周青士過我，謂適從敏公所來，遂步青士贈濟崙韻寄之

常欲步星斗，
大笑問天章。
中行固已沒，
抑誰受古狂。
吾黨燕趙士，
劇談悲歌鄉。
云有之子好，
虹氣吐异光。
呼酒踞盤松，
晞髮倚匡床。

高揖羲皇上，
世態何能常。
不見雷溪瀑，
凌空萬丈長。
山人煮白石，
引領久相望。
弓挽扶桑掛，
劍渡秋水藏。
爲對周青士，
津津口齒香。

送燕湖張岫萶之寧夏

青萍渾欲驚，
即此向邊城。
只爲高堂念，
翻看客子行。
山危成蠡象，
水怨作人鳴。
君到應留意，
歸來細問名。

門人郭瑛入監講書，見賞於司成達公。問："子有先生乎？"曰："有。""何姓？"曰："姓李。""得非李剛主乎？"曰："然。"達公欣然命致候。走筆酬之

英奇幾許困殘書，
童子何知謬被譽。
自是桓榮堪乘馬，
翻言王式在樵漁。

漢開博士經難覓，
唐置成均計亦疏。
緩步何時傾玉屑，
爲談學教古今殊。

過訪臨青張子舒覽給譚君所詩，因步韻併贈

十里風沙來北城，
青眼對天看吾子。
俯仰身世誰信陵，
吁嗟侯生不得死。
忽言此地有少年，
肝胆淋漓馨牙齒。
長劍入夜須龍鳴，
星斗芒中有真已。

醉後放歌

京洛之城手一把，
容此七尺排之下。
誰歟我者故嘯吟，
拉朋呼酒爲瀟灑。
瀟灑搔頭遂成歌，
爾來悲憫何其多。
山高水深能納垢，
野鬼紛紛牽薜蘿。
醉後無奈蒼旻何，
今君老倦病沈疴。
我欲雲涯掇丹藥，
一匙起此睡星河。

宗人府花公，天潢之雋也，兩顧塨於茅舍，今聞擢正郎矣，走筆似之

五柳風來一枕高，
旌軒驚起下東皋。
那知蝸舍容麟角，
始信天家有鳳毛。
德率河間多禮樂，
學成子政富文騷。
倚窻遥望銅龍色，
煒煥三臺柱上曹。

見野鼠鑽圈

圈六目耳，鼠穿之，循環錯互，呈奇弄巧。推其意，揚揚然詭譎出沒也，甚自得也。六目無端，不啻馳驅萬里也，即再有術者，固無以加之也。

五技迎人伎倆工，
轉環事業襯長風。
若逢饞口烏圓在，
好助秋原半點紅。

秋雨點池中

乾坤偶戲弄清幽，
故遣萍錢水上浮。
平日但言秋一色，
不知點點各成秋。

白帝淋漓又送聲，
蘿雲薜雨漲寒汀。

欲問秋懷何處寄，
依稀水面點蜻蜓。

中秋日遊玉泉山下河

不盡登臨意，
聊爲汗漫遊。
溪聲咽瘦日，
山色淡高秋。
今古榮枯木，
乾坤聚散鷗。
何須遲皓月，
處處濕雲留。

壽某待御

望舒贔屭催天轡，
丸盪東西几摩礲。
惟有素心吸沆瀣，
金精玉髓抱鴻濛。
京洛淄塵高萬丈，
五色壺中光朗朗。
皂鵰一舉嚙雲鳴，
孟青之下春風生。
手攜桃李語溫溫，
繽紛紅紫滿公門。
丹心已將龍螭伏，
青鏤猶思潘陸吞。
即今天步正佶傈，
金馬不忘江湖色。
白水何瀾漪，

碧山何崒嵂，
笑指山水開壽棫。

聞　雁

嘹唳一聲雁，
淒清震屋漏。
銜雲割遠天，
唧葉禿荒囿。
寒石擁霜肥，
家人入夢瘦。
慘黯無所言，
數雁空回首。

重陽觀武闈馬射

何須戲馬競蹣跚，
也有英奇此地看。
旗舉珠鞍飛礶磹，
鵠鳴玉靶耀班蘭。
黄花踏碎霜蹄健，①
白帽欹斜露髮寒。
無限登高驚熱眼，
應知出跨議登壇。

夜觀燒山

遐矚娱情是處求，
燒空遺火上高丘。

① 蹄，原作題，似誤。

鬬風歷落明金盞，
爇草蟺蜒躍紫虬。
晦夜月光條滿壁，
小溪海市欲成樓。
寒山應恐遊人寂，
紅樹千行紡秋素。

與何魯庵

唐詩晋帖映氍毹，
渢渢音泛琴聲出壁隅。
跨馬歸衙風雪急，
可能携手問殘壺。

冬日偶成[①]

不敢輕言離合詩，
寒窻斷續古今思。
爐灰榾柮山河迹，
萬頃相逢待幾時。

贈王章京起斯

紫宫有七門，
宵小入盤據。
盤據既已久，
反逐主人去。
獨公主人强，
不失通真居。

① 原爲“冬偶日成”，似誤。

寸室鋪几席，
常迓羲皇御。
皓娥列兩行，
纖手善織素。
庭前蘭桂芳，
時時凌玉露。
所願起觀君，
携我問其處。

與于使君南溟

風塵放眼欲誰携，
雅調相憐釘坐梨。
肝膽逢君偏落落，
須麋向我故栖栖。
吟騷倚露莳三秀，
論治栽花問四黎。
莫怨冬殘分袂去，
明春依舊共窗雞。時将歸蠡省親

贈郭子堅

藜杖愛君停，
依稀帳裏螢。
自居心本白，
對我眼彌青。
波老珊瑚樹，
雲高泰岱靈。
精神百煉後，
日日發新硎。

送　　春調踏莎行武人韻

杜宇新題，
碧桃晚嫁，
小試薄裳寒煖乍。
最惱無情春欲去，
聲聲喚出群鶯罵。

蝶拍紅敲，
榆錢緑化，
爛熳梨花雪漸大。
睡起穿簾問海棠，
不知海棠已惹夏。秦七黄九之閒

乙未初度，古季榮自秦來從遊，有祝言，因憶客歲毘陵惲皋聞見過，志傳聖道，喜周孔之緒或不墜地，因爲屬和

五十七年流水過，
庚寅老矣更誰何。
乾坤無賴催雙髩，
日月多磨落短蓑。
惟有立言存孔孟，
幸來良友渡山河。
薪傳不斷中天照。
農圃猶堪一醉歌。

秋日送古季榮西歸兼致秦中諸君子

燕山西入晋，
迢遞到秦中。
講席當窗白，
離樽撲面紅。
霑天馬首露，
捲地岸頭風。
故友來詢信，
千秋事未窮。

鄭良仲長民若洲昆弟、張雲四瞻抑橋梓邀予及王家洲馮修五彭文琪郊外看桃花

尋芳村畔古河西，
桃杏參差望欲迷。
白白紅紅分日豔，
疎疎密密入雲低。
梁園賓客能乘興，
谷口親朋自解携。
却憶家中諸子弟，
遥知高飲緑楊隄。

又分韻得漸字

桃林有艷客，
倩爾東皇染。
良朋攜我觀，
古溪失瀲灔。
兩岸千萬株，

蓓蕾積已漸。
元色春懷濃，
驕羞笑顔斂。
云何狂飈發，
陰妖肆陽燄。
自矜吹噓功，
不謂割削險。
零亂枰罼盈，
物色乾坤貶。
登臺呼青雯，
黑雲欝有渰。
佇看雨洗花，
紅臼粲冉冉。

張采舒自秦中來訪賦答

燕南問及逃名士，
襆被遙從涇渭來。
落日蓬門見顔色，
大風衣袖滿塵埃。
山川有象談三易，
魚鳥無猜衍四開。
莫道蕭蕭寒黍谷，
甘霖佇看艶陽回。采舒以四月十七至，次夜久旱忽雨。

憶　　故

淺酌西樓漫鼓笙，
佳人相對夜分明。
一燈珠蕋垂垂結，
四壁花香細細生。

曾經滄海難爲水，
除却巫山不是雲。
昨夢素裝蕋蘭畔，
細毫纖手寫紅裙。

飲宋方鄒齋

年少同人稱醉狂，
近來每飲自裁量。
惟餘宋玉雞坛舊，
相見歡呼過百觴。

口　號

道心竦立天休集，
欲念朋從眚咎多。
經歷半生曾不易，
日喧風恬一高歌。

丁亥端月過棘津，承鄭若洲張瞻儀諸友送别，留贈

枉送南村更問杯，
聯鑣遠過賣漿臺。太公賣漿處
周遭桃杏含紅艷，
看取春風次第開。

高陽舊城孫思邈廟會登樓醉題

東南滱水繞荒城，
顓頊陵西賽鼓鉦。
把酒高樓千里望，

何人大藥起蒼生。

張平子置姬戲贈

滄溟渡罷渡橫江，
桃葉流波未易雙。
須識艷紅歡結子，
侍兒輕剪幾銀釭。

李太恭人七衷徵詩應之捕盗同知李公清錀母

驅蟬尋脉望，
積雨正蒸熱。
忽聞涼秋中，
萱帷紫氣揭。
向來安枕臥，
無乃太君烈。
南路肅萑苻，
北堂堅冰蘗。
翟茀五馬榮，
熊丸三鳳頡。
緑萼持紛帨，
王母通瓊屑。
書到有笑言，
暫爾斷輪埒。
姑射佇萬驥，
笙激鶴如雪。
素心徵凌雲，
折楊及蚓穴。
會見桑田平，
何須茅氏訣。

聞刺船聲有感

一聲欸乃刺予心，
憶共佳人月夜深。
繡褓驕兒懷睡美，
開船蕭鼓奏繁音。

李虞朋生子

鐵網珊瑚春日遲，
天風吹下石麟兒。
東家宅相通金闕。兒孔氏甥
仙李根蟠盤①長玉枝。

郎峯篇爲張母金太孺人八袠

朗峯何高高，
雞水何連連。
萱帷蕙楝瓜棗列，
鶴髦鳩扶錦帨懸。
憶昔欃槍逼天闕，
上谷旌旗皚霜雪。
於期捉髮手中提，
闔門血戰臣力竭。
遺孤十四奉盲慈，
偕婦盈盈如滿月。
婦家同剸睢陽城，
握火吞冰甘杌隉。

① 此“磐”字似衍。

三春濯繭秋鳴機，
將雛九苞出丹穴。
倏眒羽翼皆飛騰，
射標奪錦貢王廷。
六十五年彈指間，
白雲謠就方瞳瑩。
玉液波潗提甕水，
金蓮光徹辟纑燈。
伊昔萇弘紅碧色，
化作麻姑歌舞聲。
人事登峰天道迴，
桂子桐孫永念哉。
君不見添籌正是純陽候，
苦花歷亂牡丹開。

陶敏齋使君見過兼投贈言，即同馮修五鄭見百公子畧弟夜飲，步和

名園借榻意蒼茫，
花徑聞歌自尚方。
誰識内遷張道濟，
不厭外監賀知章。
談深杯酒添高炬，
坐久星河轉小塘。
爲看天階群舞躍。敬齋候補，馮鄭諸子正磨厲舉業。
甘餘老大一壺藏。

壽張西陸母金太君八十

南牖朱鶉啟，
西王紫鳳翻。
板輿懸錦帨，
鶴髩映金門。
化碧餘牢巹，
丸熊長桂蓀。
兩家忠烈遠，
五豆雪霜尊。
夜露丹花茂，
朝霞綵袖繁。
井柯亭畔舞，
称祝北堂萱。

過郭蔚甫故宅有感

郭翁銷閫臥煙霞，
樓閣沈沈墜日華。
金碗已殉仙令履，
玉杯猶説故侯家。

白琢之七十三

因過毛公里，
曾隨下澤車。
蘧君知化日，
記得十年餘。

七十傳高會，

香山白樂天。
詩成老嫗解,
今度又三年。

玉峯太翁挽歌辭

我山二兄篤孝。今歲癸未秋杪堘如京,適值其輅玉峯太翁養于邸,堇榆瀡瀡婉笑將之,屬屬如也。乃無何而玉峯太翁以老疾捐舍,慟哉。我山胸坦直無留餘,一諾千金,素好慷慨悲歌。矧際大變,懼其過毀也,乃作輓辭,一以妥幽,一以寫孝子之哀而節之。詞曰:

黍谷憭慄兮朔風滮,
巫陽難問兮天自高,
鬼伯紛拏兮餤其曹。
魂揭來兮突夏,
羅餦餭兮人駕馬。都門以糖作人馬致祭
東國烏面醢骨兮不可以恣遊,
匹練吴門兮遠何求。
靈无逐魄兮山阿,
梅馥堂下兮紛純緣波。
式覯苫凶兮孺慕在兹,
明德尚馨兮終古永之。

題秋思圖張而韜小照也

有須有麋,
去冠而天。
其靈均之餐秋英,
抑靖節之望南山。
伊誰云思,
有美且妍。

某氏守節爲某所挽適人吊之

守節曾經十八年，
伐柯忽結續姻緣。
祇愁寒露悽霜慣，
不解和風細雨天。

孔望池生子

聞君狂喜産麟兒，
湘上夫人慰遠思。
椿老自堪籠杷桂，
楂生應許勝釘梨。

賀鄭生若洲捷秋試

抱瑟齊門久不彈，
得君披拂試湘弦。
誰知素女秋風怨，
清唳一聲徹九天。

關西夫子誰揚震，
天下英雄自使君。
乘駿金臺飛練影，
伫看一劍掃浮雲。

徐雲祖花燭周歲即産子贈之

南洲榻下白書蟫，
合巹流蘇拂翠簪。
才道雲莊能種玉，
遂看花觚是宜男。

彭碧津生孫

三老聯吟盛事徧，謂五公先生與碧津之世父乃父也
錢鏗文献欲誰傳。
高松老去龍門在，
瑜珥新生繡褓鮮。

牛善長公郎入國學

五公山下授遺箋，
長著征西第一鞭。
更看阿戎賓上國，
猿公飛劍晚霜天。

過獲鹿西征

一線羊腸轉，
層層樹杪邊。
兩肩峯對出，
半面路孤懸。
磁鐵西來夥，
雲霞北望偏。
應知慈母念，

計日土門巔。

入井陘口

纔入井陘口，
危然上九天。
萬山當面矗，
兩壁半空懸。
誰氏方軌過，
我今匹馬穿。
淮陰驅背水，
不覺是前賢。

井陘道上

近城巒壑秀，
浮翠若明霞。
磴道沿溪曲，
川林帶麓斜。
煤窑支小廟，
水磑曝平沙。
麥浪征車底，
翻驚是歲華。

過韓侯嶺

吕牙行去後，
萬古説淮陰。
回首千山列，
中原一片心。

霍州師莊小憩

洞屋陰森五月寒，
霍山頂上白雲還。
中條一帶連金掌，
遠蹠何時放玉灣。

憶嘉善署中秋夜燕

半秋地主供紅螺，
海錯山珍甑玉波。
月艷人光一樣白，
不知何處是嫦娥。

過潼關至華山

秦晋連峯爭長峙，
劃然中斷放河流。
金仙高掌驚空起，
削纖三指萬山頭。

河西一帶屬梁地，
嬴氏何能出要津。
自是子卬亡六國
不關新衍帝三秦。

過舊關洞口八里至固關

山程四百里，
到此躋危巔。
嶺界分流水，
塗窺一線天。
寒峯雙耳起，
斜牒片雲連。
應戒成安失，
重關恰在前。

自富平過興平田信侯明府

吾黨西來有二平，謂興平富平。
龔黄聲價壓咸京。
石川棹楔流丹碧，富平兢爲楊令建坊。
馬嵬嵬土人皆讀上聲。生祠賽鼓鉦。興平馬嵬坡民立田公生祠。

京兆掞天高華岳，
關西破浪逆長河。
遨游两地頗衰叟，
霜落鄷岐起浩歌。

冬至前十四日張少文過富平楊慎修署聚晤

吐握關西白馬濱，
幼公車蓋暫停輪。
秦中父母今稱汝，
天下英雄有此人。
蓂莢縱爭旬四葉，

晷長佇看大千春。
相勞蘸甲還驪唱，
易水蕭蕭是軟塵。少丈將北上。

寄趙易州

絲繡平原意欲傾，
恰逢易水擁專城。
銅盤不盡囊中穎，
毛薛當年正晦名。

山行夜宿①

駐足尋村叟，
游人借一枝。
挑燈茅店語，
秣馬土槽嘶。
林密天昏易，
山深日到遲。
如無知此道，
沈退或於斯。

寄杜謙益友三

周情孔思欲誰詒，
落落乾坤未有期。
衡水忽傳杜子美，
揮戈將易趙旌旗。

① 原題無"山"字，依目録加。

癸卯六月將及大祥，忽接威縣劉生詩札，不覺成答

居憂未畢言無文，
覽子鴻篇不自禁。
天地依然成上下，
孔周豈遂竟浮沈。
雄懷欲負千秋業，
高足應登萬仞岑。
每度長宵悲墮地，
從今收淚付珠琳。

衡水彭文乾來過與觀碾禾

伊人來賜顧，
相與看攤場。
霜插雲邊矗，
佃賓日下忙。
目惟營襏襫，
夢不到滄桑。
欲叩天人策，
昏眊忽已忘。

寄陳右函

青牛西去龍皆隱，
白馬東來鳳已衰。
今古多情勞夢遠，
乾坤有恨幾人知。
蒹葭宛在黃河岸，
符寶猶存紫塞圯。

惆悵何時相握手，
江雲渭樹兩離離。前二聯崑繩話。

宿瀛郡聞曉漏有感，時威縣林劉二生來學

驚耳譙樓侵曉鳴，
年華銷送一聲聲。
及今聖道張皇好，
二妙遙来幸有成。

秋風歌酬穆庵弟即步其韻

肅殺乘風厲，
繁華觸之衰。
刁刁彌宇宙，
臼洼吞聲悲。
獨有素心人，
慷慨首重回。
北臺望馬耳，
高吟抒我懷。
明德無顯晦，
道樞洞朕機。
滱水白眉老，
擁腫安不才。

閱用可臨門前河詩作此示之

長源來晋麓，
倒尾跋滄溟。
波走地天白，
岸餘草木清。

曲臺添畫杖，
深夜燦危檠。
爲語仙槎使，
冰堅近可乘。用右韻。

仲冬邀同人嘗新釀即席步季伯韻

爲此葛巾漉，
相邀上望舒。
狂歌原有寄，
禮法未曾疎。
吾道餘冰雪，
天心在里閭。
莫言燒爤久，
續飲更何如。時周焕采續至。

壽太倉八衮二十韻

三江盤地軸，
萬歲山名峙天光。
甲甫明神降，
魁杓大帝旁。
棠留嬗召穆，
刀佩自王祥。
好就集賢里，
爲存緑野堂。
當年登蕊榜，
入院擅詞場。
濟水傳謨誥，
猺峯試驌驦。
陳情私有表，

就養禮無方。
校士來吴越，
銷毫拔老蒼。時有窮通翁之稱。
金蓮西掖晃，
銀杏北扉翔。
引道雙朱吏，
調羹七寶牀。
燕臺多駿异，
儀部俱才良。
撤棘雄文赤，
泥金勅爲黄。
茂先精賦式，
毛玠著公方。
計度繩同直，
無溪李自芳。
紗籠雍坐論，
玉燭璨平章。
佐斗心如日，
擎天鬢已霜。
明農臣節肅，
留邸聖恩長。
五豆扶鳩杖，
八千介羽觴。
靈辰翻綵勝，
慶月浴香湯。
草野聞知淺，
徒瞻數仞墻。

喜王雲卿尹元甫成進士和李去華韻

千廬八衛柳條條，
并轡聯誇春色驕。
二妙幸來生羽翼，
隻身庶去老漁樵。
銅駝觀裏專盤露，
金馬門前九闋簫。
五彩天衢應練就，
龍媒詔度紫雲鑣。

邑侯尊人喬國瞻六十七衺

置水神明宰，
封翁古大賢。
椿堂傳緑字，
茅屋穩青天。
竹泛洋濤翠，蠡有酒曰東洋。
榴噴海棗然。
萬民隨子舍，
拜舜祝華顛。

大小過花甲，
先生更一年。塨少一歲。
整襟形我老，
駛步似神仙。
陋巷時車馬，喬父母時過存。
荒城近管弦。
稱觥顧主器，
一笑醉藍田。

過鬲津訪劉拙莽，前五月以九十九歲卒矣，輓之

春晤父孫好，
因懷百歲翁。
老人尋濟北，
易簀失墻東。
露下河容白，
雲蒸海氣紅。
笏牀森滿眼，
貤贈若爲雄。

過彭碧津橋梓，晤其西席陳叔智及乃族孫彭信甫，信[①]服聖學，留示

嬋媛文弱近千年，
宋後乾坤劇可憐。
漆室幸逢洪炬燦，謂顔先生。
中天佇看皓輪懸。
人師杖畫烏皮几，
地主花圍玳瑇筵。
對酒不須愁鬢短，
自多薪火象前賢。

寄南方諸友

南方諸友近如何？
瘴雨瘟風此歲多。
五夜捫心頻自問，

① 此“信”字依目録加。

可能有道起天和。

昔予四章寄彭碧津,武强其姻親也,故及之

昔予求友,
遠之四方。
老不能行,
羽翮分張。
幸餘近好,
商賢有光。
橘梓多情,
使我徬徨。

富貴非願,
功名亦灰。
乘化隨流,
年壽無猜。
著述少息,
啣尊抱孩。
亦又何求,
負日徘徊。

惟有聖道,
愳委於地。
或莽云亡,
皋聞遠去。
言告後進,
進寸退尺。
每夜念之,
臥不安席。

武强劉公，
都憲歸裝。
八十耆英，
詩書自養。
往憯面會，
今期道餉。
卜言從之，
恐不敢當。

贈劉右衡

於赫習齋，
獨尋孔轍。
友教及南，
崑繩折節。

崑繩學成，
復傳於北。
習齋之鄉，
昆弟并美。

伊昆古衡，
詩書夏冬。
助祀習齋，
有肅其容。

七襄吴學院字。貢士，
觀國之光。
式弘聖道，
萬世賓王。

贈浦巡道

猗歟我公，
藹如春風。
馮生妍媸，
巨爐有容。

有美大人，
赤子之真。
洞洞嶰豁，
無貳其瞋。

爰式吾廬，
壽予老母。
食訓豚息，
進之庠序。

一歲三遷，
神經秉憲。
式弘斯猷，
寬嚴以弗。

壽肅寧黄公

已過懸車歲，
新塗避火堂。
由基挽滿月，
矢矢盡穿楊。

武垣城外樹，

鬱鬱勝河陽。
遮莫桓公過，
攀條慷以慨。

贈鍾子能

習齋薪火未參差，
兩世重逢鍾子期。
五夜衝天驚電影，
千程汗血識雞斯。

乙巳季夏憂旱

老年炎暑不堪親，
晝掩閒齋自息神。
感舊如懷前世事，
守先猶作後亡人。
天高碧漢繁朝宿，
水落河橋走暮塵。
燕趙悲歌愁入耳，
金遼征戰幾遺民。

聞蟬

大火將西流。
蟬螗噪樹頭。
那知愁歲暮，
語語喚高秋。

偶感

寢興期不負居諸，
惟恕迂狂觸世途。
此後庶無宣室詔，
歸還頑石補清虚。

樞天出游，小詩送之，并求同人属和

已讀五車書，
須行萬里途。
四方多知己，
處處是吾廬。

賀尹元甫實授銓部考功

博陸祠邊漲翠烟，
清風吉甫何翩翩。
臨軒上帖骨鏃叫，
司績出宫金鏡懸。
憶溯人師北楊村，
回瀾萬里禁東奔。
折旋曾光新釋菜，
經過不棄舊及門。
惠我雄文作洛詠，
望洋觀海心力併。
即此遂用三冬足，
至今應衡四選柄。
褰帷油璧似挾霜，
啟事桂殿正含香。

樹棘幸無南顧望，
衰白久不賦長楊。

酬倪允懋因步其韻

自從鄒叟沒，
誰復定一是。
明明承儒統，
隱隱已偏倚。
沿流至南宋，
朱陸皆禪喜。
語録徒增加，
乾坤莫經理。
神州遂陸沈，
無人責諸己。
習齋痛覆轍，
披古懷芳軌。
天人自負荷，
明新竟端委。
謭陋步其後，
衰老憂頹靡。
忽從宦海中，
聞聲懷彼美。
目電《四存編》，
神傾北楊里。
千山萬壑人，
揭來共踐履。
謂予非故爾，
正學原如此。
願告偕同人，
卓立洗所恥。

新春桃李妍，
聖道從兹起。
三復覣我吟，
把臂情何已。

彭椒園置如君首産一女，步董圻瞻韻寄之

細腰纖指妙匪彭，
桃葉紅波羡女英。
織錦殷勤金鏤合，
乘龍宛轉鳳凰鳴。
月中桂子迎秋結，
階上蘭孫冒雨萌。
一朵春花先報瑞，
佇看高掌曉珠擎。

口號示同學諸子

憤樂相尋忘老至，
教學互長念朋來。
流連三古經成癖，
悵望千秋意未灰。

初夏之末閻季伯劉在中暨三弟益溪共飲河干遇雨

載酒隄頭攜舊游，
連枝同氣共冥搜。
參天古樹森森上，
鋪地新禾翠翠浮。
高唱欲邀錦彩住，
疾雷忽起瘤河流。

傳聞鄰壤猶憂旱，
佇望甘霖遍九州。

步王之麟來韻寄答

更生搔首歎無儒，
謬説東家屬蠢吾。
汪器焉能同叔度，
守身幸不蹈楊朱。
何樓影響成功幻，
轅犢徽纏語已誣。
皮骨垂銷老馬在，
問途計日待征夫。

戊申獻歲，閻季伯來同黎長舉飲賦，分韻得方字

每懷聖道傳千祀，
今幸同人聚一方。
主本時常聯北壁，
黎侯新到自西羌。
糁盆不厭粗非飽，
椒酒猶聞黍稻香。
花放柳舒天漸煖，
相期步屣共虞唐。

逝　　者

不有已逝者，
安得有未逝。
已逝有未逝，
逝者究不逝。

吾亦曠野人，
仰身付天地。
日月山澤列，
神聖賢喆莅。
即吾猶在兹，
含笑何所冀。

題《萬世太平策》

老病常懷千歲憂，
昇平萬載又何求。
書思拜獻山龍側，
胞與原來不自由。

與寧國太守黄瑶圃

公家華萼不可當，
九列三臺白簡霜。
我公更出爲福星，
天南節著瀾滄清。
五馬今來古宛陵，
風流何數謝宣城。
梗稻香侵桃花潭，
雲霞光徹敬亭山。
不日功成天子詔，
鳴珂共趨上卿班。

劉伊園旅邸招飲，時周佀樵懷臣贈伊園及予皆有詩

真長風流開旅筵，
周原昆仲瀉瑶篇。

最歡竹影留人處，
日暮鍾山起縷烟。

鄣郡署中遇雪

南洲榻下主情賒，
素影風飄逼歲華。
宛水橋頭如傅紛，
陵峯松頂已開葩。
聯翩欺侮蔬猶翠，
容易融流雀不譁。
午夜頻勞家國夢，
殊方景色自天涯。

山嘴訪梅勿庵，返已除夕，口拈

除夕肩輿尚道周，
斯人斯世未能休。
衝泥却愛千山雪，
小黍青青起隴頭。

勿庵直發天地房，
日月山河不得藏。
最切臨岐握手話，
澳門叵測大西洋。

聽琴曾憶十年間，
道士天壇碧水灣。道士高姓。
爲語商聲高二律，
漢人好閉玉門關。

贈劉來獻

鼉姑廟北古彭村，
私淑博陵道義門。
爲譜民曹崇祖祧，
諄陳人紀禪兒孫。

哭可訒言

六十諸生堪慰無，
彌留繞膝盡瑤瑜。
却悲辛日習齋祭，
又少安平一老儒。

向盧村邊海若取吉貝子，詩以謝之

問友蘆村説孝先，
被褐卻阻老南阡。
棉花深處同佳種，
貽我同耕隴上田。

還肅寧令黄成憲貸，詩箋謝之

慨通資斧意殷勤，
報稱戔戔愧野芹。
行盡江南千里路，
逢人便説武垣君。

禱雨波生蠡水濱，
客年遺惠尚吟呻。

今春又苦風沙暴，
佇望萋祈自德鄰。

念張羽先病

蠢吾三百年詩場，
延暇接芳馮侍郎。
公子於今亦老病，
呻吟猶復對西陽。

字王生九思昱齋，五公先生之曾孫也

九思君子近如何？
爲語五公遺音位業多。
大體果能先立定，
依然恢復舊山河。

偶　感

説到焚書書可愛，
吾身親受孔顔裁。
若徒繙誦成何益，
白面書生萬古災。

即　事

敗轅倚壁作匡牀，
睡起携瓶灌野芳。
陽鱎不知何意味，
衡門雖餓也清涼。

立秋苦雨

蟬咽蛙鳴報早秋，
村居久雨更多憂。
荒齋欲倒重重柱，
低隴餘霪个个漚。
無米難尋魯子敬，
有家那效漢留侯。
乞兒事母真堪羡，
尚自山歌入小舟。

贈國公玉

我在喪廬中，
寒僵指欲墜。
皤然七十老，
頻頻來問視。
鬚眉掛冰雪，
長途不知勩。
一驢日西東，
俱爲友朋事。
感君真古人，
柱杖横涕泗。

題雪翁畫山水

林壑深秋氣，
危峰插碧虚。
不知山下屋，
可得有人居。

與趙比部泰巖

泰巖公,采赤水之珠者也。皋比講壇,謬爲世游之許。丙寅夏,埖以酒具掛吏議,公正色爭於刑曹。事解,甚感之,而未嘗登龍一謝。昔祁奚援叔向於獄,不見叔向,叔向亦不見焉而朝。古人雅道,非公其誰與歸。然公固探赤水之珠者也,滿街聖人何處捉摸,輒以蕪詞塵聽,諒公必粲然曰:是瑣禮非所報,行與子游廣莫之野矣。

絳宫矗矗洞七門,
渾敦大帝中焉處。
夜羅之夫聚逆戈,
七日七門倏盤據。
先生一洒玄黄血,
手携六子顔一咥。
頓足能令七門開,
束袖能使七門閉。
開時不周風雨飛,
閉時芥子乾坤穴。
渾敦斂迹化其宫,
併忘開閉委春風。
下有尾閭海影黑,
上有扶桑日色紅。

恕谷詩集·下卷·目録

古季榮西歸留別,因步其韻 1570
高象謙小齋四景 1570
如保郡惲皋聞有餽 1571
題惲又騑先生遺照 1571
丙申季秋東莊即事 1572
過仲氏圃悼二弟德吹 1572
擬古挽歌 1572
白任若能布顔先生之道,大兒習仁立日譜自省,皆可喜也,口號 1573
安平趙偉業暨公郎漸逵寄詩,以顔先生之學爲是,怱怱未能悉答也,口號屬步公郎截句先酬 1573
劉生沆十八入泮,問字,字曰"道滋",又曰"瀣兄",焕章先生之曾孫也,詩以贈之 1573
六月中浣劉士宜于孝徵及大兒習仁會文閻季伯館,午後邀余偕飲河干水神祠畔,以南風之薰兮五字爲韻,分得薰字,時其館東劉華祝北村劉北堂佐酒殽 1574
閻季伯兄弟過我因共飲東隄 1574
通州學署新到口號 1575
黄弼臣過顧 1575
晤王古修示之 1576
《論語傳注》成 1576
宋涵可价方靈皋字以詩爲贄請業,步答 1576
喜歸 1577
采金簪花名即蔬名。 1577
雨中采金簪 1577

賦得濯足萬里流 1577
偶成 1578
偶成 1578
到肅署將行,黄成憲明府力留,因同介弟成鼎予邑外翰黄時公出郭觀明府所
治水田樹圃,爲民志喜有作 1578
之野 1579
抵武城將行,張熙甫及刘挺生送予,因和熙甫詩留別 1579
秋日出游抵饒陽深州衡水棗强故城至武城返過安平 1580
易州外翰張石亭見招,以容城外翰王淑莘陪,皆年八十五歲,即席口占 1580
題畫 1580
東莊即事 1581
示十二官 1582
題杖 1582
富平署寓偶成 1582
過吾家輯五太守園林有懷 1583
遊富平朱氏園林 1583
即事 1584
古意二首 1584
題遠道圖 1585
陸令松崖初度 1585
借寓東莊四首 1586
夏日東莊即事 1587
秋日東莊即事 1588
重陽隄上獨酌壬辰 1588
贈李澹庵 1589
却寄武定李澹庵 1589
仲夏東莊即事 1590
仲夏鄭見百見招,晚同馮修五張瞻抑單侯縉乃弟乾久集素景園 1590
翌日鄭見百重集同人飲素景園,分韻得自字 1591
看子侄之圃 1592
秋日偶成 1592

漫成 1592
過李翼公孝子 1593
抵京承會稽徐玉如見贈二詩,即步其一識意 1593
龍冶新釀初熟同燧侯肇州飲其齋 1594
仲冬三日雪同余光若飲燧侯齋 1594
途行即事 1594
益辨齋賞雪 1595
同燧侯中岳射約不中者罰以詩,余負 1596
仲冬王調甫邀嘗新釀,相陪者齊燧侯皐侯王青甸及其阿咸銚公兄弟 1596
書王孝子《九异傳》後 1597
和王獻甫詠顔習齋尋父十首 1598
丁卯嘉平過張廉泉同人夜集,集岑參和祠部王員外雪後早朝即事唐彦謙寄懷
二七言律成五言律一首 1600
嘉平過訪松阿樵者,集王維過乘如禪師蕭居士嵩邱蘭若李頎宿瑩公禪房聞梵
二七律成五律一首 1601
過陳健夫苫次,集唐人韓琮風霞二七言律成五律一首唁之 1601
陳母姜太夫人輓章 1601
同彭翔千戊辰羊日過于湛子夜飲 1602
同彭翔千餞王越千赴春闈因呈王獻甫 1603
辭明閣下侄開公聘 1603
春日過訪王曙光因遇二英才喜見乎詞 1603
王言絲象九兄弟置酒夜飲 1604
余皋比於龐家蕞齊龍冶請虞丘王築岩居余西鄰戲贈 1604
中岳書齋將拆矣,酌酒辭之 1604
同齊燧侯中岳封之郊游回聚中岳齋夜飲,此齋將拆,前曾有詩辭之,復步其韻 1605
哭周青士四首 1605
王孝婦輓章 1607
戊辰寒食日泣亡弟二五詩有序 1607
寒食日傷亡兒繩祖詩 1608
冬日榻吴司空齋,有作燈花詩者,余感之,步韻有作 1608
詠雪口號 1608

至日述懷步吴次張韻 1609
劉綽然招飲天鹿齋同孔東塘即度分得九佳韻 1609
吴次張惠詩送别兼訂後期,因酧答并留别司寇公及漢三傳舟 1609
集孔東塘岸堂同陳心簡萬季野吴敬庵曹正子陳健夫邢偉人即度分得元韻 1610
仲春巢學士遷盛京少司寇,送之 1610
桃林野望 1611
贈王翁玉汝 1611
即景 1611
九日送别周崑來 1612
白洋淀懷古 1612

恕谷詩集·下卷

古季榮西歸留別,因步其韻

虎觀容臺日日新,
那堪一旦戒征輪。
遙知灞上匡牀坐,
迴首燕雲入夢頻。

高象謙小齋四景

半窗匏笠貯金波,
一徑牙籤映玉柯。
豈是蟾光憐寂寞,
編來斗室照人多。斗齋皓月

何事雄風稱大王,
颯然小院入新涼。
最宜玉塵披襟坐,
恰好籐牀向晚張。小院輕風

分惠青屏是一拳,
斂襟再拜願稱顛。
羨他特立幽人畔,

簷隙孤峯插碧天。拳山特立

已聞滄海走紅塵，
長見殘盂泳素鱗。
中有老翁相對坐，
青波白髮兩璘霦。勺清澄水

如保郡惲皋聞有餽

東道來看客，
分甘自旅囊。
雞豚原北産，
麥稻出西崗。
雞水環城碧，
郎峯插漢蒼。
德操高雅會，
賓主久想忘。

題惲又騑先生遺照

玉湖煙水兮茫茫，
彼姝兮何方？
幅巾矩領兮匡牀，
坐對青霄兮心徬徨。
徬徨遠索兮駟虬駕鷖，
三式手把兮靈氛告予。
擥蘭蓗而顑頷兮先後祖武，
緊令子之棘策兮茲圖終古。

丙申季秋東莊即事

俗氛已盡即神仙，
三島蓬萊在此間。
晨起羲農聯席語，
夜來周孔共牀眠。

履虎乘鷥兩已忘，
蕭蕭白髮謂老母。撫明璫。謂子侄。
黄花開後清醪熟，
醮甲斟來笑語香。

過仲氏圃悼二弟德吹

仲氏園成土作房，
臨流兄弟坐花香。
而今仲氏何方去，
滿地烟茬柳葉黄。

擬古挽歌

年華知有限，
此去又何悲。
浩氣連天動，
靈風捲地歸。

白任若能布顔先生之道，大兒習仁立日譜自省，皆可喜也，口號

傳聞詩禮在家庭，
吾道東南賴友朋。
桃李噴芳三月豔，
鬆�常老四時青。用古韻。

安平趙偉業暨公郎漸逵寄詩，以顔先生之學爲是，忽忽未能悉答也，口號步公郎截句先酬

聖道誰來辨假真，
博陵弓冶是伊人。
應排洙泗江河沛，
一洗元規障日塵。

劉生沆十八入泮，問字。字曰"道滋"，又曰"瀣兄"，焕章先生之曾孫也，詩以贈之

乃祖貽謀孫又曾，
髫年泮水染溪藤。
周情孔思雲霄上，
看子攀登到幾層。

六月中浣劉士宜于孝徵及大兒習仁會文閻季伯[①]館，午後邀予偕飲河干水神祠畔，以南風之薰兮五字爲韻，分得薰字，時其館東劉華祝北村劉北堂佐酒殽

雙陽祠畔叫風薰，
載酒論文共樂群。
地主總能添玉斝，
諸賢合自寫羊裙。
澱魚新上爭烏鬼，
田雨倏過捲碧雲。
山簡杯深不覺醉，
翻憐薄暮去河墳。

閻季伯[②]兄弟過我因共飲東堤

伯嶼金昆玉季，
相携問我烟霞。
設具南塾亭午，
尋景東隄日斜。

長隄二里三里，
高柳十株五株。
少深兩行連蜷，
舖地參天緑蕪。

草茵宛成蜀錦，

① 伯，原作白，從目録改。
② 伯，原作白，從目録改。

杯渡如傾氿泉。
綠鬢兩班列侍，
碧天當面張懸。

不盡長河滾滾，
却來過眼滔滔。
舉觴問爾東下，
神州何事蕭騷。

落日雲蒸峯嶼，
停橈水泛颼飀。
稚子行咏紅豆，
老夫揖别白鷗。

通州學署新到口號

瓦盆竹簟翦莓苔，
多士敲門片刺來。
但得探奇詢异字，
何妨櫟釜著寒灰。

上官幸不問司閽，
州守廳僚偶枉存。
閉户重開周孔轍，
千秋日月照乾坤。時訂《四書傳注》。

黄弼臣過顧

白衣到署布多儀，
魚肉繽紛間紛餈。
却恐君歸我抱病，

羊蹄不與菜園宜。

晤王古修示之

與君離別久，
相見各依依。
尚口徒招過，
浮名早已非。
斯文於我在，
感慨至今稀。
霜白天增峻，
橙黄蠏正肥。
啣杯消霧瘴，
閉户老蕁薇。
聞讀南華熟，
應來共息機。

《論語傳注》成

二千載後傳仍在，
五百年來運欲更。
半部箋成藏大酉，
行看萬祼樂昇平。

宋涵可价方靈皋字以詩爲贄請業，步答

儒宗釋老各光芒，
聖道憂心困剥床。
一旦文周昭日月，
千秋漢宋有津梁。
方干俎豆歌同調，

宋玉椒蘭紉异香。
但得一堂薪火續，
江河亘地看流長。

喜　歸

通河輾轉病顛痱，
總禍虚名誤釣磯。
猶幸八旬三計日，
布韋驅至布韋歸。

采　金　簪花名即蔬名。

徐行乘早溯長林，
黄艷簪頭萬朵金。
信手拈來香滿莒，
大王風至恰開襟。

雨中采金簪

兩行朵朵笑迎人，
黄蕋粘香袖色新。
應是花靈欣我返，
微風細雨弄精神。

賦得濯足萬里流

蕩然雙足嗽長流，
足氣滔滔滄溟浮。
儵眒下注尾閭底，
反轉上湧崑崙丘。

碧空瀰漫作雲雨，
我足之氣塞九州。

偶成

才過耆年後，
儼然一老夫。
脾虛肢困倦，
目病字模糊。
千載薪傳在，
當秋日暴餘。
痌瘝面面是，
高臥亦堪娛。

偶成

識得吾身萬物身，
此身雖死亦猶存。
所欣聖道昭天壤，
鼓腹長歌萬世人。

到肅署將行，黃成憲明府力留，因同介弟成鼎予邑外翰黃時公出郭觀明府所治水田樹圃，爲民志喜有作

燕麗神君玉軑投，
主賓江夏共郊遊。
一泓繞郭紋成縠，
萬柳參天翠似蓊。

桑條初長木爲圈，

溪泛纔灣葦作田。
岸側水車齊上下，
倏然東注似驚絃。

園丁劚菜沿畦背，
玄鬢悲秋語樹腰。
送酒白衣清署至，
和風莞爾扇空霄。

紫茄青稻閒芳塍，
柳蔭鴨浮渾不驚。
才過隄坳隙壘處，
兒榆稚棗補生成。

之野

貧向林泉無厭色，
老餘子弟有歡詞。
田園荒穢陶元亮，
計日歸來尚覺遲。

抵武城將行，張熙甫及劉挺生送，予因和熙甫詩留別

溯會通兮抵清河，
瞻我伊人兮貌嵯峨。
携友及子兮問難多，
直揖周孔兮步且歌。
酌醴醁兮金叵羅，
騎青蒭兮別奈何。
願共乘風兮揮落戈，
令星宿兮安流，

俾溟渤兮無波。

秋日出遊抵饒陽深州衡水棗強故城至武城返過安平

一鞭遊歷戒清途，
爲喜斯文近不孤。
到處入門攻禮樂，
幾人搔首問黄虞。
清河滏水天光遠，
蠶廟安平有蚕姑廟。漿臺賣漿臺在棗強。草色枯。
墜緒茫茫儼有待，
可能萬里走駒駼。

易州外翰張石亭見招，以容城外翰王淑莘陪①，皆年八十五歲，即席口占

華髮寒氈古大年，
居然坐對兩神仙。
季鷹善泛杯中蟻，
逸少工翻舌底蓮。

題　畫

寫童騎牛背，
人與牛相忘。
忽風吹笠起，
兩手向天忙。

① 此"陪"字據目録加。

東莊即事

鳥鳴高樹巔，
犬吠長林下。
稚子閒攜行，
指之看早稼。

千章環屋列，
柳緑及楊白。
桃李欝其下，
宛然連帷帟。

但就此時論，
莊人猶近古。
車來擲門外，
芻薪皆露處。

莊北風沙颺，
莊南石燕舞。
應分肅邑波，
疑潤黄公雨。四月十三雨莊南接肅寧一帶，西北甚微，肅寧黄公有惠政。

善病明時放，
長衰貴客疎。
朝饔肥苦菜，
果腹倚窗隅。

萱堂八十歲，
猶事敬姜勞。
所嗟仲季去，

不得侍淳熬。傷二弟五弟已逝。

高閣宋明儒，
遠追周孔武。
天心果悔禍，
聖道無終阻。

示十二官

千秋重任一身棲，
大道明行未有期。
天恐老來無快緒，
好添稚子解人頤。

題杖

仙人五節玉盤龍，
拄到瑤天最上重。
爲起黔雷扶病問，
忍歟江海日洶洶。

富平署寓偶成

名世何人西復東，
年來五百是鴻蒙。
僕貞未遂天涯願，
主契應難地道通。
出塞星河長滾滾，
淩霄華嶽自蓬蓬。
平成禹稷尋常事，
不信人間有路窮。

過吾家輯五太守園林有懷

石潤晴翻花木雨，
池香静送芰荷風。
黄州太守人千里，
獨倚園樓嘯碧空。

遊富平朱氏園林

呼從穿山足，
聯鑣到堡頭。
接渠分水細，
攀磴入林幽。
厨子烹紅稻，
園丁置緑蒴。
鏡波亭上坐，亭額題曰鏡波園。
颯颯欲生秋。

風雅歸前輩，謂富令迺叔芥舟。
相將萬竹叢。
鋪氈清箬蔭，
笑語碧烟中。
草沒重尋逕，
河環似帶虹。河名温泉。
扳柯留歲月，
賤字上菁葱。芬舟留題竹上并鐫予字。

鳧影公餘至，富令慎修後至。
開筵共嘯歌。
名花摇砌水，

古柏聚山阿。
樓頂無由上，亭有凭竹壑一高樓梯廢。
關門竟若何。朱氏明季開府山海。
無窮今古慨，
醉起一婆娑。

賈勇登南岸，
憑闌指北川。
水聲雷震户，
山色翠連天。
複壁盤層閣，
夷坡畫陸田。
凝眸千里迹，
何處九方歅。

即　事

鞅鞅徒然小丈夫，
年過半百尚模糊。
起看萬里乾坤色，
水走山環計較無。

古意二首

舉世拗人才，
焉得不長歎。
錯薪群已矣，
翹楚亦徒然。
樗穀臭自染，
蘭蕙質无堅。
崑崗與溟渤，

會投以塗炭。
安能乘黄鵠，
萬里一高騫。

人生少知己，
自古而已然。
張竦與陳遵，
氣稟各有偏。
顔淵違一閒，
焉識大聖全。
父子朋友好，
各懷各自看。
但能果自知，
遠大遂可肩。
仲尼無奈何，
歸之彼蒼天。

題《遠道圖》

驅馬云何邁，
所思在遠道。
捫天太東遊，
中衢蔭荒草。
耳目若有營，
琴劍聊自寶。
樹下咨從者，
鞭影須及早。

陸令松崖初度

早歲郎官誦敬輿。

神明直貫萬年餘。
傳聞緑萼分瓊液，
首酌仙凫下玉除。

黄綬紅牙擁漉野，
氷桃海棗列琴庭。
春來佇看千家雨，
河上新逢五老星。

每披往迹傳三异，
不道人間有四知。
昨日進賢親色笑，
名標置水更何疑。

老我蒼黄念未忘，
時嗟顛倒嫁衣裳。
何期繫馬託神宰，
集鳳廷邊獻紫觴。

借寓東莊四首

畏人小築東之東，
萬樹層環數丈宫。
借緑乾坤更坎宅，賃屋舊爲坎宅，今更爲乾宅坤門。
剷青南北敞西櫳。搆一南厦而蔽其東。
鄰翁競餽周顒菜，
佃户傳催傅説工。
木石原來吾侣伴，
機心一息自相同。

就西新闢一書堂，

換頂更塗舊草房。
虎落編成柴作壁，
龍鬚鋪好凳爲牀。
南川帆雨侵窗潤，
北野花風入座香。
吾黨能來攻禮樂，
便堪白日到羲皇。

三杯小臥起優游，
倚樹堤邊看遠流。
一帶雲天浮晋趙，
滿檣風日自燕幽。
花圍紅陣長原上，
客聚青油古渡頭。
薄暮漁人肩網去，
高歌半曲翠烟留。

北陌南阡三百畝，
朝來隴上課躬耕。
麥旗將展桃花落，
棉甲纔舒布穀鳴。
巢父家家牛飯罷，
神農處處藥苗生。
惟求雨足長鑱底，
鼓腹河干曝午晴。

夏日東莊即事

年來但説爲農苦，
今日學農事事齊。
風過省苗魚貫壟，

灌餘鑷草綺文畦。
雨晴各有園林趣，
行止猶同婦子携。
勞倦隄陰眠亦妙，
蟬鳴不覺日光西。

秋日東莊即事

築圃催場軸，
緣隄取穴雚。雚油附種可以驅蟲。
麥和朝露種，
粱趁午晴攤。
在野知天大，
淩風念歲寒。
千秋猶有業，
高枕未曾安。

重陽隄上獨酌壬辰

重陽誰共語，
落日水鳴澌。
獨坐長隄上，
秋風酒一巵。

樹隙留人影，
漁樵自往來。
家家食務急，
个个歲寒催。

片葉輕舟下，
長幃古幛開。
千秋老子意，
高望再徘徊。

重浮子侄酌，時習智習中侍。
未解古今愁。
吴會寒煙靄，
燕幽遠水流。

贈李澹庵

海風吹上瑯玡臺，
翁騎赤鯉望蓬萊。
蓬萊之水清且淺，
憶昔霞嶺欃槍剪。
招摇揮日日不行，
僕姑穿雲雲欲捲。
文武惟君自縱横，
奪我䴊黄兩縣爭。
大笑一聲拂衣去，
安期期我飯青精。
懷袖常書駐景術，
遺美人兮未忘情。

却寄武定李澹庵

東來無棣路，
行矣念斯文。
夜半罇罍合，
牀聯雨雪頻。

井深行抱甕，
山老笑懸鶉。一謂來儼若，一謂張石民，二人濬庵契友也。
後起聞天道，
悲歌看两甑。

仲夏東莊即事

柳蔭隄頭坐，
風來萬里涼。
麥塒晞早露，
鴿陣亂斜陽。
爭席村翁慣，
荷竿海鳥忘。
商山有四皓，
何自識張良。

南原清曉往，
步屧意遲遲。
高木纔賓霧，
新苗半扇菑。
久無開口處，
惟有會心時。
大路當前在，
歸來示兩兒。大小兒習仁二小兒習中皆頗可教。

仲夏鄭見百見招，晚同馮修五張瞻抑單侯繙乃弟乾久集素景園

連廈堪遮日，
深林易得風。
池欄開綺席，

客榻見群公。
雨洗天爲碧，
花臨酒亦紅。
無窮今古事，
隨意付杯中。

翌日鄭見百重集同人飲素景園，分韻得自字

燕樂戒太康，
或者可以二。
當時置驛馬，
爲我解征轡。
盤礴集金蘭，
詩酒恣揮洒。
卜夜已足歡，
繼日猶相比。
洗此金叵羅，
環以玉蕭翠。
紅蕖重献笑，
緑柳復垂髮。
風習松謖謖，
露重蘋離離。
涼風歸我懷，
宿鳥送以背。
一斗竟可乾，
百篇且不啻。
老拳數披鉤，
熱耳還解帔。
豈博連宵娱，
直訂千古事。
山海定無涯，

迂闊有所自。
巨觥酹祝融，
青青池畔茇。

看子侄之圃

連袂兩三个，
尋芳四五弓。
瓜兒方點翠，
棗子漸塗紅。

秋日偶成[①]

碧柳參天老，
青瓜蔓地長。
羊羔身漸胖，
莜蓝氣微香。

暮雲生鳳尾，
曉霧幛冰紗。
虫篆書蔬葉，
苔錢綴壁花。

漫成

瓜子新供齒，
魚兒屢薦盤。
看天無復問，
對酒未曾乾。

① 原題中“偶”作“隅”，從目録改。

老親甘脆輭，
稚子解瓜梨。
龍鍾堪作杖，
虎落漫分畦。

門無租吏至，
座有故人探。
班草聽玄鬢，
開尊入翠嵐。

過李翼公孝子

匹馬風沙路，
來過孝子堂。
客年傳庾愍，孝子尋親遼左。
今日見王祥。
泔水三牲饌，
鮑墟百歲觴。
萱帷夢裏笑，
不復在遼陽。孝子住鮑墟，《縣志》傳爲鮑叔牙故里，旁有浙米泔河。

抵京承會稽徐玉如見贈二詩，即步其一識意

萍踪殊不料，
還有如斯人。
宋玉淵源古，其師宋子西洲。
徐孺意氣親。
相看江海色，
未盡雪霜身。
明日驪歌去，

何方更問津。

龍冶新醸[1]初熟同燧侯肇州飲其齋

缸面呼童酌，
朋簪此地偏。
人間空齷齪，
杯底自翩躚。
那覺窗啣日，
惟知酒問天。
陶然爭語笑，
四座渾雲烟。

仲冬三日雪同余光若飲燧侯齋

何意鋪銀海，
時來問酒泉。
始知若下里，
不數歲寒年。
白眼天仝調，
青樽主更憐。
支離老叟話，
猶説義熙前。

途行即事

問路尋居叟，
垂鞭河畔歸。
飢烏喧古渡，

① “醸”原作“驤”，從目録改。

寒犬吠斜暉。
雪化白衣綻，
冰凝水骨肥。
前行復村落，
烟火望霏霏。

有樹標茅舍，
無風掃雪原。
低牆人半見，
斜徑兔全翻。
近里騾知駛，
負陽背覺暄。
此身隨逆旅，
何處事塵煩。

益辨齋賞雪

仲冬朔八日，
朝暮陰雲揭。
户外堆芳菲，
尋友足蹩躠。
主人性不飲，
醇酒爲我設。
余亦有夙戒，
三爵自怡悦。
憶昨雪陽月，
彊獵隨兇蘖。
合圍馬蹄汗，
舉綱兔腰血。
蘖技甚兒戲，
余心亦凄噎。

孰與芝蘭人，
共賞瓊瑤屑。
大斗酬山河，
時寒情愈熱。
雪夜鵝聲號，
天兵蔡城掣。
書生際通時，
往往遂稱傑。
呼杯洗再酌，
偉闊倏在瞥。
天道信可期，
試看今夕雪。

同燧侯[①]中岳射約不中者罰以詩，余負

年來豪氣未全收，
較射輸詩意亦休。
却笑少陵空墨客，
苦吟未解此風流。

仲冬王調甫邀嘗新釀，相陪者齊燧侯阜侯王青甸及其阿咸銚公兄弟

世事無端日夜侵，
因君有約過高吟。
琴書且萃南皮侶，
樽酒安窮北海心。
缸面露濃知醉客，
原頭雲引遂穿林。

① 原字作“候”，從目録改。

回思難主攀車意，
雪地生芻何處尋。

書王孝子《九异傳》後

常山國公玉爲余言其邑王孝子越凡行久矣。丁卯仲冬枉顧，出所求顔習齋先生《九异傳》，且并徵予言。《傳》載尤异者，孝子廬墓十八年以卒。墓畔無水，孝子修墓，三鍬而水湧出，日給炊爨，卒後復涸。較之孝馮家靈芝白兔更爲异，應然，吾未之見也。而公玉積年重繭走訴當道，則余親見其勞勩焉。今復徵言，以謀永於世。因思草澤之敦行孝友而未得如公玉者急急表章，其不見稱於士君子之林者，豈少也哉？嗚呼，世而多吾友也，爲善者其衆矣。

蘭朋數百里，
踏冰問茅居。
入門方拜畢，
獎義已撚鬚。
云昔王孝子，
喪廬庶不孤。
天子動顔色，
石坊矗通衢。
復出《九异傳》，
三復淚與俱。
世人醨其醇，
恩情散若鳧。
云何枯柏地，
至誼色色殊。
掘地湧寒漿，
動人願殉軀。
有義不得伸，
犬猶憤然殂。
矧兹子臣輩，
能不忠孝趨。

吾友表至行，
與善急如驅。
幽明告語通，
精光風雨癯。
廬中自千古，
遠將人倫扶。
松宅夜夜號，
請聽三足烏。

和王獻甫詠顔習齋尋父十首

其一感夢

征血何年上轉蓬，
五更魂逐塞雲通。
夜深山鬼悲成語，
入夢依稀指顥穹。

其二戒裝

行囊貯血染斜暉，
道愍孤牽萬里衣。
送客相看頭盡頫，
前途空自號催歸。

其三過渥

過渥，王獻甫昆玉及馬開一諸友皆左右其事，以後至都則有楊湛子耿向午，至關則有曹梅臣，至瀋則有張束巖關拉江，感其孝而代尋者不可勝紀。

鞭敲風雨爲嚴親，
良友悲歌語自諄。
左右閒關千里外，
至情義骨兩嶙峋。

其四出關

椎心山路貌崢嶸，
回首榆關雲欲平。
海岸濤聲日日起，
悲風應是送前程。

其五泣尋

春泥冬雪兩成堆，
聲苦寒雲流夜哀。
遼左風霜今古恨，
人人淚指壽昌來。

其六妹夢

精爽凄寒又近人，
白霜黄月動閨身。
不知夜半神傳語，
凄斷遼陽幾渡津。

其七認妹

毛裏無緣認此身，
徒餘一妹識人倫。
相逢淚瀉銀河水，
應怨當年學避秦。

其八奠墓

紅嶺芙蓉地下身，
紛紛遼鬼伴亡親。
孤塋十載應哀號，
一慟安知淚灑巾。

其九旋途

天地無情亦黯然，
哀魂塞外小車還。
大儒豈是應孤獨，
稅服關河總可憐。

其十都遇

薊門風咽棘人還，
舊友重逢淚點斑。
擊筑余時燕市住，
相看魏闕盡凋顏。

丁卯嘉平過張廉泉同人夜集，集岑參和祠部王員外雪後早朝即事唐彥謙寄懷二七言律成五言律一首

是客饒清夢，
仙歌借月光。
好梅微笑夜，
獨捧此離腸。
天枕青溪幌，
風眠素雪長。
更禁添燭淚，
欹曉勝春陽。

嘉平過訪松阿樵者,集王維過乘如禪師蕭居士嵩邱蘭若李頎宿瑩公禪房聞梵二七律成五律一首

蕭然無所着,
石案曉霜侵。
行入花飛地,
隨親洞隱心。
梵微寒遠月,
鍾落靜長林。
欲覺何天住,
聞空頓夜深。

過陳健夫苫次,集唐人韓琮風霞二七言律成五言律一首唁之

忽見衰衣處,
天愁入曉涼。
何來聽玉綺,
正是慘晴霜。
花暗枝銷色,
雲斜水淡光。
爲鳴新變意,
低照兩成行。

陳母姜太夫人輓章

長安道上有陳子,
良夜悲歌四萬紙。
截髮剉薦太夫人,

聞我來訪顔以喜。
余歸侍母割雞豚，
遠想陳子同此旨。
不謂嚴霜再相逢，
披衰椎心淚如汜。
云鄙所恃竟長棄，
平生罪人而已矣。
孝荼友蓼甘如飴，
洴澼洸瘁助修髓。
丸參訓子三十年，
恨不遍交天下士。
一旦松宅風颼飂，
維催地絕身如水。
吁嗟母儀果何歸，
露滴桂蘭空泫朊。
人生有親不終養，
安餘此身徒糠粃。
吾父高風亦帝右，
爲怨棘人不得死。
非然此身竟有［此处疑衍或缺文］
聖賢卿相榮親日，
尚靦面目差解恥。
因拉陳子仰天號，
不憶當時離毛裏。

同彭翔千戊辰羊日過于湛子夜飲

春意逢塲醉，
時來一嘯歌。
携朋問世少，
放眼看天多。

酒過頻銷燭，
雲移屢渡河。
酩酊深夜去，
驢背覺微和。

同彭翔千餞王越千赴春闈因呈王獻甫

荷衣久絕彈冠想，
偏對王陽不禁情。
任我釣鰲滄海笑，
看君傳榜彩雲生。
燕山雪盡餘寒送，
黍谷冰消霽日迎。
知己一樽同北望，
行聞二妙著雙名。

辭明閣下侄開公聘

何意頻修却聘書，
此身豈爲樂樵漁。
縱期郢市呈新調，
無那山靈杜舊居。
白髮風梳萱草老，
青雲路杳故人疎。
歸來不厭雙松下，
日暝萊衣一笑餘。

春日過訪王曙光因遇二英才喜見乎詞

尋朋跨弱蹇，
不畏早春涼。

抹月書還在，
敧天劍未藏。
盆花明複壁，
燈影動行囊。
豪客何年住，
高談急羽觴。

王言絲象九兄弟置酒夜飲

乾坤如許大，
誰是探迷津。
孰意聯雙璧，
翻能問兩甄。
山殽供白眼，
杯酒下黄塵。
談劍何須烈，
淮陰本懦人。

余皋比於龐家蕞齊龍冶請虞丘王築岩居余西鄰戲贈

又有先生居比鄰，
柴桑不數姓龐人。
他時原憲簞瓢匱，
好向顔回一問津。

中岳書齋將拆矣，酌酒辭之

投足無多地，
時來陋室遊。
隔窗恒詠月，
倚户每開甌。

未見藏書出，
空餘壞壁愁。
三杯深酹汝，
從此看雲浮。

呼主飛觴飲，
今兹尚一遊。
明朝歸幻影，
何處覓殘甌。
春色飄三瓦，
人情寄四愁。
似同故友別，
一酌向空浮。

同齊燧侯中岳封之郊遊回聚中岳齋夜飲，此齋將拆，前曾有詩辭之，復步其韻

郊外頹陽紫，
齋中復臥遊。
盡將晴柳色，
都付夜霞甌。
開眼知天近，
徵歌覺世愁。
此廬且暫爾，
人事任沈浮。

哭周青士四首

長安一見便吟詩，
青眼看天兩不疑。

一杖未諧黄菊約，余丁卯五月歸家。青士約重九同人廣集談藝吟詩，余事羈未得入京。青士即以此後旋嘉興至江南卒於舟中。
扁舟竟與白雲期。
三千遠道催泉淚，
二十雄篇黯玉巵。青士有和陶飲酒二十首甚佳。
眼見秋風無盛事，
那堪摇落老江籬。

梅里披裘絕世塵，青士居嘉興梅里。
吟詩買米老閒身。一人寄青士詩云："作詩買米周青士，白業還能精進無。"青士嘗味之。
續騷多是擁霞案，
提榼時嘗臥草茵。
椎履置途甘放廢，
蜕文埋冢自嶙峋。
嚴陵一嘯雲天老，
海宇於今少逸民。

奚囊萬首倩余删，
對酒吟哦紫玉斑。
愧我那堪張水部，
看君恰是白香山。
雙松雲散移青蓋，
五柳風吹老翠鬟。
回望西城詩社裏，青士與余在陳健夫西城止齋共結詩社。
烟霞無色駐溪灣。

久抱鴻名不入都，
暫遊倏爾整歸途。
青門未得留雙屐，

白眼依然寄五湖。
鄉味風高吹樵李，青士每言携李味甚佳，余亦嘗促之歸。
鶡冠月冷淡菰蘆。
提携笑貌儼如在，
誰復説詩繼漢儒。

王孝婦輓章

婦張氏，事舅姑甚孝。遇姑疫，侍疾七十餘日不輟燈火，疫卒不染。友人王曙光之外姑也，其言云然。

庚衮羞言不畏疫，
居然巾幗并前修。
惟知至性誰能已，
那料隻身尚自留。
色愉禮修勤藥裹，
乳溫新婦拜牀頭。
芳儀何日隨風去，
堂上幃懸皓月流。

戊辰寒食日泣亡弟二五詩有序。

壈弟下尚有一弟名二五，生而聰慧，甫解語，大父疾，余姑來視，既而旋，大父含泣，二五弟曰："我在此事祖，祖無泣。"大父含泣笑曰："汝焉能事我？"二五曰："從吾父耳。"大父初甚愛余，後見此子慧，其愛蓋過於余云。大父卒，二五四歲亦卒，今二十年矣。清明日掃墓，埈弟指祖塋後一小塚曰："此余二五兄也。"遂不禁泣下交頤，不能自止。

小塚蕭條宿草攢，
嚱啞學語萬人看。
那堪兄弟清明道，
重憶阿爺舊日歡。

寒食日傷亡兒繩祖詩

繩祖兒生數月，余以貧迫入京，歸而兒若畏者，數日始熟，而余又出門矣。生四歲，以丁卯三月疹卒，葬祖兆之後，余在京未之見也。今戊辰寒食視其墓，可慟也夫。

痛子歸來欲碎肝，
恐凄堂上故嗚歡。
無端今到荒原裏，
紅雨一天泣蕙蘭。

冬日榻吴司空齋，有作燈花詩者，余感之，步韻有作

餘光借璧亦無涯，
到處攤書便可家。
却笑龍膏藏不固，
非春何事漫開花。

詠雪口號

天地曠飄然，
誰能染以緇？
何妨風共舞，
恰好月同姿。
積守三冬冷，
行看萬物滋。
瓊瑤與柳絮，
題詠任人施。

至日述懷步吴次張韻

八能此日奏聲歌，
一榻分和瑞氣多。
殘雪無能肥荔影，
融風偏解渡泉波。
携來長策心猶健，
著就新編手自摩。
却憶萱幃開燕飲，
賜觴諸弟意如何。

劉綽然招飲天鹿齋同孔東塘即度分得九佳韻

杖頭初遇前朝叟，
早已城東掃客階。
胡耳溪山留此地，
劃然冰雪置吾懷。
烏皮恰坐人連壁，
白社偏供酒如淮。
更喜黄芽春氣沸，
相期献歲幸無涯。

吴次張惠詩送别兼訂後期，因酧答并留别司寇公及漢三傳舟

階畔三株樹，
斗邊一景星。
云何虚榻度，
使我探滄溟。
憐世陳新語，

開荒注古經。
那能速別去，
歲晚念家庭。

尚餘鉛槧業，
未盡雪霜心。
諗母纔驅駕，
懷人已苦吟。
臘從京國轉，
春向草園侵。
縱欲安高臥，
翩然不自禁。

集孔東塘岸堂同陳心簡萬季野吴敬庵曹正子陳健夫邢偉人即度分得元韻

紫陌尋春無處存，
罷官堂上暮雲屯。
琅玕藤岸堂前植一藤，名之曰琅玕藤。老環三徑，
車笠人來共一尊。
此日何方留聖裔，
昔年遺事説忠魂。座中心簡季野説明季張春事。
升沈今古那堪憶，
只羡君家舊石門。東塘家居石門山，諷之速歸也。

仲春巢學士遷盛京少司寇，送之

儒臣特簡作秋卿，
好負春和入上京。
曾橐青編開紫極，
行持丹筆惠蒼生。

山河鶴表根源地，
黻黼龍圖元老名。
莫説榆關連歲儉，
眼看歌舞滿邊城。

桃林野望

十里嬌紅綴遠枝，
白楊緑柳閒紛披。
分明織就蘇州錦，
鋪與長空作幔垂。

贈王翁玉汝

家藏手字高陽相，
祖置書樓正德年。
面面老成談往事，
虎賁何事象前賢。

堂前款款供雞豚，
膝下依依聚子孫。
莫使漁郎知遠近，
桃源從此永朝昏。

即景

萬里長空掃暮烟，
鳶飛魚躍總新鮮。
草萊知有南風轉，
揖讓群然向北天。

九日送别周崑來

昔年九日憂無菊，
今日翻嫌菊蓝開。
從此那堪三徑上，
時時見一去人來。

白洋淀懷古

太平天子驢車還，
設險紛然限契丹。原册至此戛然而止，此下想尚有詞，不可考矣。楷注。

顔習齋先生年譜

顔習齋先生年譜序

源於癸未价李子剛主執贄於先生。越歲,先生殁,時源在關中。既反,剛主以所輯《先生年譜》使源訂。源爲稍易體例,芟繁,間有所補益。既成,爲之序曰:

孔孟以前,無所謂儒者,儒即君若臣,功即德,治即教。孔孟窮而在下,始以儒名,然德即功,教即治,視二帝、三王、益 、皋、伊、傅、周、吕,寧有殊哉!先生嘗謂孔子不得已而周流,大不得已而删訂,蓋著書立説乃聖賢之大不得已,奈何以章句爲儒,舉聖人經天緯地、盡性贊化之能,一歸於章句,而徒以讀書纂注爲功乎?噫!此聖人之澤所以不被於天下者二千年於兹也。先生崛起,無師受,確有見於後儒之高談性命爲參雜二氏而亂孔孟之真,確有見於先王先聖學教之成法非静坐讀書之空腐,確有見於後世之亂皆由儒術之失其傳,而一復周孔之舊,無不可復斯民於三代。於是砥行礪德,一以禮樂爲準,射御書數并成其能,毅然謂聖人必可學,而終身矻矻於困知勉行,無一言一事之自欺自恕,慨然任天下之重,而以弘濟蒼生爲心。於戲!《先生年譜》具在,可考而知也。《譜》自三十歲以前,剛主據先生《戊辰自譜》及夙所見聞者爲之,以後則據《日記》。後之學者,苟能以先生之學爲學,絶去空虚文字之習,合體用經權文武,爲明親一致之功,何德不可就?何治不可興?何亂不可除?而三代之盛何不可以再見乎?源與剛主及及門弟子共勉之,且願與天下後世之有志斯道斯民者共勉之矣。

康熙四十六年丁亥季秋大興門人王源頓首拜撰

顔習齋先生傳

顔習齋先生,名元,字渾然,博野人。父昶爲蠡縣朱翁義子,遂姓朱,为蠡人。先生孕十四月而生。生之日，人望見其居上有气如麟，忽如鳳，皆驚异。既生，啼甚壯。有文在手曰“生”，舌曰“中”。足紋蟬翅甚密。時崇禎八年乙亥三月也。

戊寅，畿内兵，先生父被掠去遼東。甲申鼎革，癸巳爲庠生，名朱邦良。先生幼穎异，讀書二三過輒不忘。學神仙導引，取妻不近。既而知其妄，乃益折節讀書。朱翁以訟逋，先生被繫，而文日進。塾師异之，歎曰：“此子患難不能動，豈可量乎?”年二十餘，尊陸王學。未幾，歸程朱。

初，先生父被掠去，久之無音問。母亦他適。先生時思父涕泣，而事朱翁媪至孝，初不知父非朱氏子也。翁納妾生子晃，稍疏先生。後更讒害謀殺之。先生孝愈篤。媪卒，泣血數日，毀幾殆。朱氏一老翁憐之，私謂曰：“若過哀，徒死耳。若祖母從來不孕，安有若父?若父，异姓乞養者耳。”先生大驚，訪之，信。及翁卒，乃歸顔。

自宋周濂溪得陈摶、僧壽涯傳，以魏伯阳水火匡廓三五至精爲《太極圖》，言性与天道主静立儒宗，程朱因之，謂之道學，以爲遠述孔孟，高出漢唐諸儒上，實雜佛老，非孔孟之真，故秦漢以來二千年，天下不得儒者之用，并佛老爲三教，而世運以雄俠为興衰。先生初奉程朱甚謹，後以居媪喪，覺《家禮》有違性情者，較以古《禮》，非是，因悟堯舜之道，在六府三事，周公教士以三物，孔子以四教，静坐，禪也，讀書講注，空言也。於是著《存性》《存學》《存治》《存人》四編以立教，名其齋曰“習齋”，帥門弟子力行孝弟，存忠信，日習禮習樂習射習書數，究兵農火水。堂上琴竽弓矢籌管森列。嘗曰：“‘必有事焉’，學之要也。心有事則存，身有事則修，家之齊、國之治，皆有事也。無事則道與治俱廢。故正德、利用、厚生曰事，不見諸事，非德、非用、非生也。德、行、藝曰物，不徵諸物，非德、非行、非藝也。”乾坤之骶，莫甚於釋老之空無、宋儒之主静，故先生之學，以事、物爲歸，而生平未嘗以空言立教。

孫徵君奇逢，容城人，時講學河北，先生與之書曰：“宋儒言氣質不及孟子言性善，將作聖之體，雜以習染，而謂之有惡，失踐形盡性之旨矣。周公以三物教萬民而賓興之，孔門身通六藝者七十二人，一如唐虞之盛，乃陰陽之秘寄於《易》，性與天道不可得而聞。近世言學者，心性外無餘理，静敬外無餘功，與周孔若不相似然。即有談經濟者，亦不過空文著述。元不自揣，撰有《存性》《存學》二編，欲得先生一誨正之，以輓士習而復孔門之舊。顧今天下，以朱、陸两門互競，先生合而同之，意甚盛。然元竊以爲朱陸即獨行於天下，或合一同行於天下，而終此乾坤，亦只爲两宋之世。終此儒運，亦只爲空言著書之學，豈不可爲聖道生民長太息乎？先生将何以處此也?”

又與太倉陸世儀書曰：“漢唐訓詁，魏晋清談，虚浮日盛，而堯舜周孔之學，所以實位天地育萬物者，不見於天下，以致佛老猖熾，大道淪亡。宋儒之興，善矣，乃修輯注解，猶訓詁也，高坐講論，猶清談也，甚至謂孝弟忠信不可教，氣質本有惡，與老氏以禮義爲忠信之薄，佛氏以耳目口鼻为六賊者，相去幾何也？元爲此懼，著《存性編》，謂理氣皆天，氣質雖殊，無惡也。惡也者，蔽也，習也。纖微之惡，皆自玷其體，神聖之極，皆自踐其形也。著《存學編》，明堯舜周孔三事六府六德六行六藝之道。道不在章句，學不在誦讀，期如孔門博文約禮，實學實習，實用之天下。乃二千年來無人道，而元獨爲之惴惴焉。恐涉偏私毁謗前賢以自是，頃聞先生先得我心，喜而不寐，故奉書左右，祈一示宗旨，使聾瞽得所尊奉爲依歸，斯道幸甚。”世儀號桴亭，隱居不仕，著《思辨録》，學教以六藝爲本，言性善即在氣質，與先生所見畧同云。

先生既歸宗，欲尋親，時方亂，且嗣未立，久之，乃如關東，誓不得親不反。既而果得其踪於瀋陽，殁矣。一女適人。尋其墓，哭奠如初喪禮，招魂題主，奉而歸。遂弃諸生，終三年喪。

自是，用世之志愈殷，曰：“蒼生休戚，聖道晦明，責實在予，予敢偷安自私乎？”遂南游中州。張醫卜肆於开封以閲人，所遇甚衆。倡實學，明辯婉引，人多歸之。然執宋儒之見者比比，未能化也。商水李子青，大俠也，館先生。見先生携短刀，目曰：“君善是耶？”先生謝不敏。子青曰：“拳法諸技本，君欲習此，先習拳。”時月下飲酣，子青解衣演諸家拳數路。先生笑曰：“如是，可與君一試。”乃折竹爲刀，舞相擊，數合，中子青腕。子青大驚，擲竹，拜，伏地曰：“吾謂君學者爾，技至此乎！”遂深相结，使其三子拜，從游。又於開封市上見一少年甚偉，問其姓字，沽酒與飲，叩其志不凡，半醉起舞，爲之歌曰：“八月秋風凋白楊，蘆荻蕭蕭天雨霜。有客有客夜徬徨。徬徨良久鸜鵒舞，雙眸炯炯空千古。紛紛世儒何足數，直呼小兒楊德祖。尊中有酒盤有餐，倚劍還歌《行路難》。美人家在青雲端，何以贈之雙琅玕。”少年，朱越千也。葢先生自幼學兵法，技擊馳射陰陽象緯無不精，遇豪杰無貴賤莫不深交之。而其論治，則以不法三代爲苟道，舉井田封建學校鄉舉裏選諸法作《王道論》，後更名《存治編》。又著《會典大政記》。曰：“如有用我，舉而錯之耳。”乃隱居數十年不見用於世，且老，令長及大吏數表其門，或造廬而請。有劝之仕者，笑不答也。

肥鄉有漳南書院，邑人郝文燦修之，請先生往設教。辭。三聘始往。爲立規制甚宏。中曰“習講堂”，東一齋曰“文事”，課禮樂書數天文地理等科，西一齋曰“武備”，課黄帝太公孫吴諸子兵機、攻守營陣水陸諸戰法、射御技擊等科，東二齋曰“經史”，課十三經歷代史制誥章奏詩文等科，西二齋曰“藝能”，課水學火學工學象數等科。門内直東曰“理學齋”，西曰“帖括齋”，皆北向，凡習程朱陸王及制舉業者居之。欲羅而致之，以引進之也。比空二齋，左接賓，右宿來學。門外左六房設客榻，右六厦容車騎，東更衣亭，西射圃。堂東北隅庖廚倉庫，西北積薪。立學規甚備。從游者數十人，遠近翕然。乃先生至即雨，經月不已，日益甚。書院臨漳，漳水盛溢，瀰漫七八十里，人跡絶坦圮，堂舍悉没。先生歎曰：“此天意也。”乃辭歸。文燦與門人不能留，俱痛哭送之。於是先生之教，亦不能大行焉。

先是，自孫徵君外，先生自謂父事者五人，曰刁文孝名包，字蒙吉，祁州人，崇禎舉人，高隱卒，學者私謚曰“文孝先生”。曰李孝慤名明性，字洞初，蠡人，高隱卒，先生私謚曰“孝慤先生”。曰张石卿名羅喆，清苑人，殉難光禄寺卿羅彦之弟，高隱。曰張公儀名來鳳，寧晋人，崇禎舉人，高隱。曰王五公名餘佑，字介祺，新城人，隱於五公山，孫徵君門人。而朝夕共學者曰王養粹字法乾，蠡人，棄諸生隱。其後諸君子相繼歿，養粹亦亡，先生泫然曰：“吾無與爲善矣。天乎！其終棄予也乎！”然進修益刻厲不懈。年七十，寢疾，七日而卒。卒之時謂門弟子曰：“天下事尚可爲，若等當積學待用。”言罷而逝。

先生生平不欺暗室。年三十，与王養粹共爲《日記》，凡言行善否，意念之欺歉，逐時自勘注之。嘗暮行委巷中，背癢欲搔，旋自省曰：“昏巷無人，容貌不莊，何以服鬼神？”又嘗曰：“吾尊孔學而抑程朱，苟一事自欺，何以逃程朱之鬼責？”故勇於改過，以聖人必可學，動必遵古禮，老而彌篤。鄉里有聖人之目。乃遭人倫之變，艱危貧阸終身。一子殤，遂無子，以族孫爲之後。而傳其學者李孝慤先生之子塨一人而已。

王源曰：孔孟不得志，天下變爲秦，王道熄而天下無復能平矣。非明行其道之無人哉？宋儒自謂能明能行，而道共所道愈失其真。先生起而辨正之，躬行以實之，古今剥復之分，不在是歟？百世以俟聖人而不惑，而堯舜君民之業，終不獲親見於其身，亦可惜矣。

凡　例

一、顔先生《年譜》，甲辰三月以前，本之先生追録稿及塨所傳聞，以後皆採先生《日記》。然《日記》共七十餘帙，嘉言卓行，不可勝收。又塨守先生省減讀覽之戒，每歲《日記》不下七八十葉，塨修《年譜》，起乙酉六月二十有五日，訖八月十有二日，除應他事外，一日務完一歲，則其涉獵而録出者，略亦甚矣。故每言如有再爲修譜者，將其《日記》節録，尚可得五六編。編各不同，皆可傳世，亦一快也。

一、二帝、三王之道，至孔子而集其成。然秦火以後，興衰劃然一分。漢唐之士，抱殘守缺，宋明之士，僞襲僭篡，而聖道幾委於地矣！先生崛起而尋墜緒，全體大用，煥然重明，天心世道，所關非尠，有志者詳諦之，可以興矣！

一、孔子不可得而見矣，然予以爲孔子生知安行，如《魯論·鄉黨》所載，人或尚疑高遠，以爲非中材可以步趨。先生《年譜》，日日改過，時時省躬，雖愚柔觀之，亦不可托言自諉也，誠爲後人作聖模範。且講道透快，剖陳世故剴切，修己治人之方，皆具於是。

一、先生平居教學，每歎先儒伐异黨同，虚學欺世。一次河北諸儒爲孫徵君祝壽，王五公先生代先生作一詩，後先生以書規曰："祝徵君，鄙意也，但某不知而代爲吟咏，則非立誠之道矣。"其嚴如此。故今譜先生，功過并録，一字不爲鏝飾，以守先生之教也。王崑繩規我曰："詞戇，非述尊者體，可易而婉之。"予曰："謹受教。"然終無曲隱者。

一、先生交游論定者，各附小傳。或謂先生《年譜》，不宜傳他人，然先生會友輔仁之學，見於是焉，故甯贅勿削。

一、是編成，王子崑繩訂之，實裨不逮；然終愧識淺學薄，不足寫狀先生，或再有賜訂者，萬乞無吝金玉！

丁亥七月李塨識

顔習齋先生年譜·卷上

李塨　纂
門人
王源　訂

明崇禎八年乙亥三月十一日卯時先生生

先生姓顔，諱元，字渾然，號習齋。父諱昶，博野縣北楊村人，蠡縣劉村朱翁九祚養爲子，遂姓朱，爲蠡人。妻王氏，孕先生十有四月，鄉人望其宅，有氣如麟，忽如鳳，遂産先生。啼聲甚高，七日能翻身。適園甃井，因乳名曰"園兒"。

數月後，母瘡，損一乳，乳缺，朱媪抱乞孏隣嫗，不得，則與朱翁嚼棗肉、胡麻薄餅，交哺之。

先生頂圓，後一凹，髮，少年甚長，晚歲尺許。面方腴，少紅白色，晚蒼赤隱白。顴微峙，準方正而鉅，孔有豪。睛，黑白分，中年病目上瘡，左目遂眇，然卒視之，若目睛如故者。左眉下瘡痕如横小棗核，眉晚出毫三五。耳有輪郭，珠垂。額豐博，横有紋。天庭一凹，大指頂。口方正有髭，豐下。鬚約四寸左右，髯五六株。兩輔各一志，生毫二寸餘。身五尺，胖白。手紋生字，掌紅潤。舌有文曰"中"。足蟬翅文甚密。其言中行潔之象乎！

朱翁號盛軒，有才智，少爲吏，得上官意。滄桑變，偕衆守蠡城及劉村，有功。妻劉氏，無出。

父昶，形貌豐厚，性朴誠，膂力過人，愛與人較跌，善植樹。

丙子　二歲

丁丑　三歲

戊寅　四歲

冬，畿内警，兵至蠡，先生父不安於朱，遂隨么關東，時年二十有二。自此音耗絶。

己卯　五歲

朱翁爲兵備道稟事官,移居入蠡城。

庚辰　六歲

崇禎十三年,歲凶,人相食。

朱翁納側室楊氏。

辛巳　七歲

朱翁爲先生訂張氏女爲室。女長先生一歲,博野王家莊李芳潤女,因亂棄野,蠡人張弘文收爲女。至是,弘文爲道標巡捕官,故聯姻。

壬午　八歲

就外傅吳洞雲學。洞雲名持明,能騎、射、劍、戟,慨明季國事日靡,潛心百戰神機,參以己意,條類攻戰守事宜二帙,時不能用,以醫隱。又長術數,多奇中。蓋先生之學,自蒙養時即不同也。

癸未　九歲

朱翁時以錢給先生,令買餅餌,先生俱易筆。

甲申　十歲

三月,賊李自成陷京師,烈皇帝殉社稷。

五月,大清兵入,是爲順治元年。先生嘗言,曾戴藍羢晋巾二頂,明之服色也。

乙酉　十一歲

始學時文。

朱翁側室楊氏生子晃。

丙戌　十二歲

吳師洞雲納婢生子,妻棄之櫪下,先生連血胞抱至家,告朱媼劉乳之。吳妻怒捶其婢,婢逃,復道之朱家匿之。乃緩頰洞雲夫妻,卒還養子,遂成立。然終以吳妻怨怒,不得從吳遊矣。

母王氏改適。

丁亥　十三歲

蠡生員蔣爾恂,明户部主事蔣範化子也,以衆入城,殺知縣孔養秀,稱大明中興元年。朱翁挾先生辟之博野,爾恂東畧河間,衆敗遁去,乃還里。

從庠生賈金玉學。

戊子　十四歲

看寇氏《丹法》,遂學運氣術。

見斥奸書，知魏閹之禍，忿然累日夜，恨不手刃之。

己丑　十五歲

娶妻不近，學仙也。

庚寅　十六歲

知仙不可學，乃諧琴瑟，遂耽内，又有比匪之傷，習染輕薄。

朱翁爲先生謀賄入庠，先生哭不食曰："寧爲真白丁，不作假秀才。"乃止。縣試策問弭盜安民，先生對畧曰："淫邪惰肆，身之盜也；五官百骸，身之民也。弭之者在心君。心主静正，則淫邪惰肆不侵，而四體自康和矣。亂臣賊子，國之盜也；士農工賈，國之民也。弭之者在皇極，皇建其極，則亂賊靖息，而兩間熙皞矣。"縣幕客孫明明大奇之，試《四書》文亦异，迎見如上賓，騎遇輒下。

朱媪之母王氏患瘡，先生日爲拭血穢，不倦。後卒，祭其墓者二十年。

辛卯　十七歲

浮薄酣歌如故。

冬會友，夜讀書，二三過輒不忘。

壬辰　十八歲

習染猶故也，然无外欲，雖邪媚來誘，輒峻拒之。

癸巳　十九歲

從賈端惠先生學，習染頓洗。而朱翁以訟遁，先生被縶訊，作文倍佳。端惠喜曰："是子患難不能亂，豈凡人乎？"一日役縲之行，遇妓揖，不顧。役曰："此而敵所嬺者，盍求之解。"先生笑不答。大書其前室，曰"養浩堂"。未幾入庠，諱邦良。訟解，因思父，悲不自勝！

端惠名珍，字襲什，蠡庠生，幼有文名，長莊慤，厭蠡城紛嚚，棲西北野，從而居者廿家，因名廿家莊。攝邑篆劉公請見，不往，懸扁餽儀以致之，亦不往，及釋任去，乃往謝。一姻屬，捕廳有訟，艱包苴，曰："聞汝，賈文學婣也，持渠隻字來，即免。"端惠笑曰："必令婣有進，甯貸之財耳，字不可得也。"禁及門結社酣歌及子弟私通餽遺，先生遵其教，故力改前非。及卒，先生爲持心喪五月，私謚曰"端惠先生"。

甲午　二十歲

訟後家落，告朱翁曰："時輩招筵搆會，從之喪品，不從媒禍；且貧不能措城費，不如旋鄉居。"翁遂返鄉。以年邁，日費盡責之先生，先生身任之。耕田灌園，勞苦淬礪。初食蕎秫如蒺藜，後甘之，體益豐，見者不以爲貧也。與鄉人朱參兩、彭恒齋、趙太若、散逸翁父子友。參兩名湛，端謹士也。恒齋名士奇，頗有學，先生嘗與究天象、地理及兵畧。初負節高尚,後技癢,以拔貢,康熙四年授長洲令,厲禁婦女遊虎丘。欲有爲,終累繁劇,失官卒。太若少學問,戇直,先生每謂其能攻己過也,而友之。散逸翁姓彭,名之炳,能詩、字,善飲,爲莊、老學。子通,亦如之,更工書。雖極貧困,夷然無累也。炳弟之燦,甲申後,棄家出,南遊蘇門。至順治戊戌,謂孫徵君、高薦馨曰:"吾不願生矣!"遂坐餓死於百泉之嘯臺!

乙未　二十一歲

閱《通鑑》,忘寢食,遂棄舉業。雖入文社,應歲試,取悦老親而已。

丙申　二十二歲

元日望東北四拜父,大哭,慟,作《望東賦》。

以貧爲養老計,學醫。

丁酉　二十三歲

見七家兵書,悦之,遂學兵法,究戰守機宜,嘗徹夜不寐,技擊亦學焉。

源按:宋儒不知兵,以横渠之才,一講兵法,即爲范公所斥,其屈於遼、夏,辱於金、元,不亦宜乎!先生初學未幾,即學兵法,此所以遠邁宋儒,直追三代經世之學也。

戊戌　二十四歲

始開家塾,訓子弟,王之佐、彭好古、朱體三從遊。

名其齋曰"思古",自號"思古人",謂治不法三代,終苟道也。舉井田、封建、學校、鄉舉、里選、田賦、陣法,作《王道論》,後更名《存治編》。

好古父通,號雪翁,以往來孫徵君、刁文孝間也,時作道學語。先生問之,乃出薛文清、王文成、蔡文莊《指要》及陸、王《要語》,復言孫、刁行蹟。先生深喜陸、王,手抄《要語》一册。

漸爲人治疾。

己亥　二十五歲

三月初六日,將之易州歲試,生子,名之曰赴考。

抵易,訪王五修於山廠,訂交。五修名之徵,保定新安人,孫徵君高足。安貧志道,自號尋樂子。

作《大盒歌》,畧曰:"盒誠大兮誠大盒,大盒中兮生意多,此中釀成盤古味,此中翻爲叔季波。興亡多少藏盒内,高山拍掌士幾何,此處就有開匣劍,出脱匣外我婆娑。"《小盒歌》畧曰:"盒誠小兮盒誠小,小盒生意亦不少,箇中錦繡萬年衣,就裏佳餚千古飽。如何捧定無失却,如何持盈御朽索,忽而千里向誰覓,返而求之惟孔老。識得孔叟便是吾,更何乾坤不熙皞。嗚呼!失不知哭,得乃知笑。"

庚子　二十六歲

得《性理大全》，觀之，知周、程、張、朱學旨，屹然以道自任，期於主敬存誠，雖躬稼胼胝，必乘閒静坐。人群譏笑之，不恤也。

一日，朱翁怒不食，三請不語，大懼，辟席待罪；又衹請，呵曰："汝棄身家耶！"葢聞人議先生不應秋試也。謝曰："即赴科考。"遂入京。

寓白塔寺椒園，有僧無退者，大言曰："念經化緣僧，猶汝教免站營財秀才。參禪悟道僧，猶汝教中舉會試秀才。"先生曰："不然，吾教中中舉會試秀才，正是汝教念經化緣和尚。吾教自有存心養性秀才。"僧又侈誇佛道，先生曰："只一件不好。"僧問之，曰："可恨不許有一婦人。"僧驚曰："有一婦人，更講何道？"先生曰："無一婦人，更講何道？當日釋迦之父，有一婦人，生釋迦，才有汝教；無退之父，有一婦人，生無退，今日才與我有此一講。若釋迦父與無退父，無一婦人，并釋迦、無退無之矣，今世又烏得佛教，白塔寺上又焉得此一講乎！"僧默然頫首。踰日復來，先生迎謂之曰："無退參禪悟道，連日何輕出禪關也？"曰："僧之削髮師即生父母，参禪師即受業師。今憫衆寺和尚，某削髮師也，將歸西矣，貧無葬力，募竣事耳。"先生曰："吾知汝不募緣久矣，今乃爲即生父母破戒，非即孝親之意乎？"曰："然。"僧紹興人，因詰之曰："紹興有父母否？"曰："無。""有墓否？"曰："有。""孰拜掃乎？"曰："有兄。"先生曰："即生父母，尚多一'即'字，遂破戒以盡孝。真父母宜何如？乃舍其墓於數千里外而不省，舍汝兄於數千里外而不弟，此際不當一思歟？"僧俯首泣下，長歎曰："至此奈何！"曰："未晚也，足下年方富，返而孝弟何難？"先生行後，無退南歸。

設教於西五夫村，徐之琇等從遊。

辛丑　二十七歲

先生晝勤農圃，夜觀書史，至夜分不忍舍，又懼勞傷，二念交争，久之，嘗先吹燭，乃釋卷。

祁州刁非有以母壽，托彭雪翁求詩。先生因兩書問學，俱有答書，入祁拜謁，得其所輯《斯文正統》。歸立道統龕，正位伏羲至周、孔，配位顔、曾、思、孟、周、程、程、張、邵、朱，外及先醫虞、龔。

非有名包，祁州人，舉天啓丁卯鄉試，嘗曰："作時文不作古文者，文不文；作時人不作古人者，人不人。"甲申聞變，設烈皇帝主於所居之順積樓，斬衰朝夕哭臨。闖命敦趣，七書拒之，幾及難，遂不仕。孝母，研程、朱學。蔚州魏敏果公象樞甚重之，月送《日記》求正。所居立益友龕，朔望拜。及卒，江南高彙旃等公呈當道，入主東林道南祠。五公山人私謚曰："文孝。"

壬寅　二十八歲

時爲康熙元年，與郭敬公、汪魁楚等十五人，結文社，立社儀。至日夙集，社長焚香同拜孔子四，起分班，長東幼西，北上再拜。遂列坐，各據所聞，勸善規過。或商質經史，訖，乃拈題爲文。先生嘗言敬公端恪，不面折過，禮畢，嘗秘授一小封規失。敬公搆文好步思，先生或對衆有溢語，輒遥讀曰："願无伐善。"先生深投好，爲子赴考聘其次女。敬公名靖共，蠡庠生。

通州任熙宇聞先生名，寄書言："道不外飲食男女、應事接物之間，惟在變化氣質，力行不倦。"先生答書云："君抱蕭、曹之才，兼慕孔、孟之道。"以其長刀筆也。熙宇又書至，曰："凡譽人失實，即己身離道，僕之駑下，輕誣以蕭、曹，即道丈須臾之離道。"先生展書，竦然感佩，每向人道之。後復書至，規先生進鋭，恐滋退速。

癸卯　二十九歲

朱翁及側室楊子晃，與先生日有間言。先生不知其父非朱氏子，第以爲翁溺少子耳。奉翁命，與朱媪劉別居東舍，盡以南王滑村民田讓晃。劉病劇，先生禱神求假壽，跪伏昏仆，忽聞空中聲若大鼓者六，病頓痛。日之西舍，事翁如常。

作文社規，勉會友共力聖道。

作《求源歌》示門人，畧曰："《六經》注腳陸非誇，只須一點是吾家。廿史作鍬經作钁，誠敬桔槔勿間歇。去層沙壤又層泥，滚滚源頭便在兹。溉田萬頃均沾足，滌盪污塵如洗卮。小子勿驚言太遠，試爲闕塞負一畚。"辛未年後，先生追録之，識曰："此與《大小盒歌》，乃予參雜於朱、陸時所作也，幾許虚憍，幾許幻妄，周、程所謂'孔、顔樂處'，陸、王所謂'先立其大'，'致良知'，與釋氏之洞照萬象，自謂'極樂世界'者，想皆以此也。一追憶之，堪羞堪恨，使當日而即死也，豈不爲兩間妄誕之鬼哉！堯、舜、周、孔，自有正途，録之以爲同病者醒。而彼三途者，亦不得以此誤人矣。"

聞王法乾焚帖括，讀經，投佛像於井，居必衣冠，率家衆朔望拜祖祠、父母，相其生母拜嫡母。人曰癲，先生曰："士皆如此癲，儒道幸矣。"馳書奬之。後又聞法乾自稱真武化身，曰："此則无輔而癲矣。"乃先達信，十二月齋戒三日，廿六日往拜之。

王子法乾名養粹，蠡之北泗人，少狂放。十六歲，入定州衛庠。嘗以文事，從先孝慤於會，孝慤語以道，迄年十九，奮然曰："不作聖，非人也！"遂取所讀八股焚之，誦五經，依朱文公家禮行禮。先生聞之納交。爲《日記》，十日一會，考功過。及後先生悟周、孔正學，王子終守程、朱，後亦移其説曰："程、朱固一家學問耳。"每會，二人規過辨學，聲色胥厲，如臨子弟；少頃，和敬依然。大約先生規王子腐曠，而王子規先生以流雜霸也。初，王子志聖學，力於行，習禮、習射、習舞，退食輒令門人站班，高聲歌"戰戰兢兢，如臨深淵，如履薄冰。"

王子竦起拱聽，乃退。已，連遭妻子喪，心頗冷，因嗜《南華》，至謂孔學亦佳，有益於中人。先生力攻之，數年乃出。生平以明理爲學，自慊爲驗，於非道事、非道人，收視静坐，不屑一睇也。或盗其柴，曰："吾欲周之，非渠盗也。"糧被竊，人以告，曰："不我竊，當誰竊者。"遭祲絶炊，忻然曰："今乃得貧之益也，嚮家人不勤，比皆力操作矣。"一騾死，曰："吾每念命蹇，牛或斃，天乃斃騾而不斃牛，幸也。"其善處拂逆，類如此。

甲辰　三十歲

正月四日，王法乾來答拜，約十日一會。會日，焚香拜孔子四，乃主東客西再拜，主人正客座，客一拱，主人下同客揖，客爲主人亦然，乃就坐。質學行，勸善規過。三月，與王法乾爲《日記》。先生序之曰："月之十七日，法乾王子謂予曰：'邇者易言，意《日記》所言是非多少，相見質之，則不得易且多矣。'予曰：'豈惟言哉！心之所思，身之所行，俱逐日逐時記之，心自不得一時放，身自不得一時閒，會日彼此交質，功可以勉，過可以懲。'王子喜，於是爲《日記》。"

四月行家禮，朔望隨祖拜先祠四，拜祖父母四，東向拜父四，元旦冬至則六拜，拜先聖孔子四，拜炎帝、黄帝四，以行醫也。日寅起，掃先聖室揖，掃祖室、祖母室，昏定晨省揖，出告反面揖，經宿再拜，五日以往四拜，院亦自掃，有事乃以僕代。躬耕耨、灌園、鍘蕢，暇則静坐。

五月，定每日躬掃室，令妻掃院，晨昏安祖枕衾，取送溺器，冬炙衣，夏扇。進祖食必親必敬，妻供祖母枕衾飲食。終日不去衣冠。讀書必端坐，如古人面命。朔望前一日齋戒。勉力寡慾。

十五日起甚早，行禮畢，静坐，觀喜、怒、哀、樂未發時氣象，覺和、適、修、齊、治、平，都在這裏。

源按：宋儒静坐，與二氏何殊，先生當日，原遵此學。後乃能脱去窠臼，直追孔孟正傳，豈不异哉！

《柳下坐記》曰："思古人引僕控騾，披棉褐，馱麥里左，僕稅，獨坐柳下。仰目青天，和風泠然，白雲聚散，朗吟程子'雲淡風輕'之句，不覺心泰神怡。覆空載厚，若天地與我外更無一物事。微閉眸觀之，濃葉蔽日，如緑羅裹寶珠，精光隱露，蒼蠅繞飛，聞其聲不見其形，如躋虞廷，聽《九韶》奏也。胸中空焉洞焉，莫可狀喻。孔子蔬水曲肱，顔子簞瓢陋巷，不知作何心景，今日或庶幾矣。所愧學力未純，一息不敬，即一息不仁；一息不仁，即一息不如聖、不如天；以當前即是者，如隔萬重矣！吾心本體，豈易見也哉！雖然，亦可謂時至焉矣。一時之天，與一日一月一歲之天，有以异乎？密克復之功，如天之於穆不已，豈不常如此時哉！"辛未後，復自録而識之曰："暑月被棉馱麥，貧且勞矣，猶能自娱，不謂之窮措大微長不可,然即生許多妄想,爲如許大言。嘗論宋儒之學,如吹猪膀胱,以眇小爲虚大,追録之,自懲自勉也。”塨以爲此禪悦也,而宋儒誤以爲吾心之仁體,聖學之誠敬,所謂“主一無適”,“灑落誠明”者,皆此也,是指鹿爲馬矣。存養遂歧於异端矣,豈祇虚大哉!

約王法乾訪孫徵君,以事不果。徵君名奇逢,號鍾元,容城人,成童即交定興鹿忠節公善繼,道義氣節共淬磨。十七歲,舉鄉試。居憂,廬於墓。時左光斗、魏大中、周順昌爲魏璫所陷下獄,徵君與鹿忠節公父正、張果中藏匿其子弟,醵金謀完擬贓,時稱“三烈士”。鼎革後,移居輝縣之夏峯。鹿忠節公夙與徵君講學宗姚江,及後徵君過東昌,訪張司空鳳翔,鳳翔主晦庵,徵君遂著論調和朱、王。而接人樂易,道量甚廣,兼以氣誼鼓舞天下,故從遊者甚衆。明、清間徵聘者累次,皆不就,天下稱之曰“孫徵君”云。

六月,與王法乾纂灑掃、應對、進退《儀注》,作《勺詩舞節》。按:《勺詩舞節》,塨從學時,先生以儀節未備,亡其稾。塨後輯《勺歌舞儀》,具《小學稽業》。

時往隨東村看嫁母。夜聞風雷,必起坐,食必祭。

閏六月,朔望,偕妻行禮,已而夫妻行禮,身南面起拜再,妻北面不起拜四。

八月九日,欲視非禮,忽醒,遂止。

往耕田,行甚敬。

日雞鳴夙興。

二十二日,妻不敬,愧無刑於之道,自罰跪;朱媪命起,妻亦悔過,乃起。自勘過:易怒,多言。

九月三日,晚坐側,覺即正坐;又躧履行,覺即納。

定日功,若遇事甯缺讀書,勿缺静坐與抄《家禮》。葢静坐爲存養之要,《家禮》爲躬行之急也。

朱翁疾,禱於醫神、先祠,自此時病,藥餌服食,竭力將以敬。

同王法乾訪五公山人問學。五公山人王姓,諱餘佑,字介祺,保定新城人,父行昆弟皆宦於明。少有才譽,長念明季多故,乃讀孫吴書,散萬金産結士。甲申,闖寇據京師,遂從父延善及從兄餘厚、兄餘恪、弟餘嚴、雄縣馬於等,起兵討賊,破雄縣、新城、容城,誅其僞官。已而賊敗,清師入,衆散,隱居五公山雙峯,每登峯頂,慷慨悲歌,泣①數行下!益博讀書,尤邃於韜鈐,嘗集《廿一史兵畧》,爲此書十卷:曰兵行先知所向,曰兵進必有奇道,曰遇敵以决戰爲先,曰出奇設伏,曰招降,曰攻取必於要害,曰據守必審形勝,曰立制在有規模,曰兵聚必資屯田,曰克敵在無欲速。又著《通鑑獨觀》,工詩、字,豪氣清風,見者傾倒。

① 底本無“泣”字,據《畿輔叢書》本補。

入蠡城，晤張鵬舉文升，與論《通鑑》，勉以實修於内，勿尚發露。

内子歸甯返，塗失銀花，問曰："反面禮行否？"朱媪云："失銀花不懌，何行？"曰："失銀花小事，遽廢禮大，得失當何如！"命行之。

書范益謙《七不言》及《正蒙》數語於《記》額："一不言朝廷利害，邊報差除；二不言州縣官員長短得失；三不言衆人所作過惡；四不言仕進官職，趨時附勢；五不言財利多少，厭貧求富；六不言淫媟，戲嫚女色；七不言求覓人物，干索酒食。"《正蒙》云："言有教，動有法，晝有爲，宵有得，息有養，瞬有存。"思省察、操存交濟爲功，近講操存，不講省察，故多過。

十一月四日，馱棉之五夫市，騎至朱祖墓，恐下不能上，不下心則不安，下，步至五夫，乃知凡事心安勝於身安。

十三日，子赴考痘殤，慟甚！猶强慰祖母及妻。查《禮》，不及下殤者，以日易月，服十二日，素衣冠，革纓麻履，常功俱廢，惟事親儀不廢。

十四日奠，告以文，畧曰："自汝之稍有知也，不詈人，不與群兒鬬，吾表弟三祝時與兒鬬，輒引曰：'無然，恐長者嗔。'自汝能執箸也，遇我之貧。蔬精者，麵白者，以奉祖、祖母，我夫妻食其粗黑，汝孩赤，當同老食，汝每推取粗黑，祖母强以分，輒辭曰：'奶老矣，當食此。'自爾能舉止記憶也，每晨、午飯後至我前，正面肅揖，側立誦名數歌三遍，認字三四句，乃與我擊掌唱和，歌三終，又肅揖始退。汝所欲爲者，畏吾即止；所不願爲者，順吾即起。入人之家，玩好不取，餅果之賜，辭而不受。遭吾不德，與叔异產，少汝者寸草知私，汝無分毫爲吾累。未病一二日，猶同三祝行禮於祖，又至東院拜祖母，且笑三祝不揖而叩，傍鞠躬伏興以示之。爾以六載之身，於曾祖父、母稱孝孫，於父、母稱順子。嗚呼慟哉！"二十五日，復常功。

往北泗，會塗風寒射面，側跨驢上，忽醒曰："豈可因寒邪其身哉！"正之。以明歲元旦祭先聖、先靈，二十一日戒，二十八日齊。朱媪率先生内子，亦致齊三日。

乙巳　三十一歲

元日，書一歲常儀功於《日記》首。常儀常功，逐年酌定，詳後。又書《日記》額曰："苟日新，日日新，又日新。"每月朔日書云："操存、涵養、省察，務相濟如環，遷善改過，必剛而速，勿片刻躊躇。"

二月九日，訪塨父問學。先生深慕先君子。此後入蠡城，嘗謁先子，先子返鄉曹家蕞，塗去先生居伊邇，不往報也。先生同王法乾邀先子入會，先子不往，復法乾書曰："有道之士，文章皆秋實；浮狂之士，道德亦春華。今足下與易直先生在朱時字結道義交，'以文會友，以友輔仁'，愚知學問將大進矣，氣質將大變矣，英浮者其將渾融乎，矯强者其將自然乎，圭角者其將沉潛乎！愚於二賢之好學，因而思顔子之好學，何其當時、後世莫有及也，所以异於人者何哉？子曰：'不遷怒，不貳過。'又曰：'回也如愚。'或其所難及者，即在'如愚'乎！曰'如愚'，不惟不見圭角，亦聰明睿知之毫不露也。即實學之曾子，追而思之，亦惟曰：'以能問於不能，以多問於寡，有若無，實若虚，犯而不校。'曾子之得於顔子，深哉！承邀入會，則愚不能。一居家多故，二騎乘不便，三質腐學薄，無能爲役。謹辭。"又復先生問學書曰："承下詢，無可言。必妄言之，當涵養沉潛，煉至'如愚'光景，則英姿不露，浮俗全銷。至此，效孔子之無言可，罕言可，即終日言，有何不可！故孔子於'時然後言'，不輕爲公叔文子信也。至涵養之功，務以誠篤而已。"又復書，畧曰："人之相知，貴相知心。或易直至寒家，不能相候，或當往貴府，不克必往，此中有情理可諒也，祈如君子之汪汪。"

源按：李先生諱明性，字洞初，號晦夫，蠡縣人，明季諸生。事親孝，日雞鳴，趨堂下四拜，然後升堂問安，親日五六食，必手進。疾，侍湯藥，潔拂厠牏，夜聞輾轉或寤噫咳，則問睡苦若何，思何飲食，比三月如一日。妻馬氏亦篤孝，相之無違。親歿毁瘠，遵古禮三年。事兄如父。兄嘗怒而詈，舉履提其面，則惶恐柔色以請曰："弟罪也，兄胡爲爾，氣得無損乎！"時年六十七矣。初，崇禎末，天下大亂，先生方弱冠，與鄉人習射禦賊，挾利刃、大弓、長箭，騎生馬疾馳，同輩無敵者。甲申變後，闇然晻晦，足迹不履市闕。念聖學以敬爲要，顔其堂曰"主一"。慎獨功甚密，祭必齊，盛暑衣冠必整，力行古禮。讀書乏膏火，則然條香映而讀。晚年益好射，時時率弟子值侯比耦，目光箕張，審固無虚發。元旦，設弧矢神位，置弓矢於傍，酎酒祀之，曰："文武缺一，豈道乎！"顔先生嘗謂生平父事者五人：刁文孝、張石卿、王五公、張公儀與先生也。及卒，率同人私謚之曰"孝慤先生。"

作《婦人常訓》三章。

饁田，即存心於擔步。

夢自矢曰："臨財勿忘義，見義生可輕。"

一日耘蒜，下雜蒿苣，工細繁，欲已，思嘗言學耐煩，豈可任己便乎！遂耘至半，静坐息片時，耘終畦。

王法乾將赴真定，先生贈之言曰："千萬人中，須知有己，中正自持；千萬人中，不見有己，和平與物。"又云："良嘗往祁，常思如與賢弟對，則少過；大凡人每如諍友在前，可無大失。"又曰："人有一分意，必未化，即不能保不爲伯鯀；有一分財色心未去，即不能保不爲桀紂；有一分怨君父心，即不能保不爲亂臣賊子。"

會友李貞吉，達先君子候言，及半止，先生詰曰："不曾言圭角太露乎？"貞吉笑曰："言君能直規友，惜少一人直之。"先生因乞言郭敬公、徐藍生，規伐善。

思人不論過惡大小，祇不認不是，即終身真小人，更無變换。

一日聞客至，行急，心亦忙；忽思急行耳，心何必忙，乃急步而緩心。

王法乾批《日記》曰："清剛所長也，似涉粗暴；言語明盡所長也，似少簡約。"先生深納之。

五月，增常儀：事親必柔聲下氣。

六月，赴試易州，遇朔望，望拜朱翁、媪。

七月，訪張石卿問學。石卿曰："'敬者德之聚'，所聚者何德？'誠者自成'，所成者何事？仁而已。仁須肫肫，屯肉象也，厚之至也。"石卿，名羅喆，保定府清苑人，甲申，城守死難吏部主事張羅彥之弟也。於時棄諸生，講學以仁爲主。對乞丐如賓，貧甚，非賢友之周不受也。一侄婦改醮，聘金皆入其母家，或尤其過廉，曰："吾何忍食亡侄之婦乎。"卒後魏一鼇蓮陸，立劉静修等五賢祠，祔食焉。

王介祺來，談經濟。

自勘爲學，調理性情甚難，定每静坐，以十四事自省：心無妄思歟？口無妄言與？耳無妄聽歟？目無妄視歟？足無妄走歟？坐如尸歟？立如齊歟？事親愛而敬歟？居家和而有禮歟？啟蒙嚴而寬歟？與人平而正歟？對妻子如嚴賓歟？讀書如對聖賢歟？寫字端正歟？

與王法乾言："六藝惟樂無傳，御非急用，禮、樂、書、數宜學；若但窮經明理，恐成無用學究。"

塨按：此時正學已露端倪矣，蓋天啟之也。

始教内子讀書。

思敬則一身之氣皆上升，聖人以禮治天下，合乾坤共作一敬，自然淑氣上騰，位育可奏，其所謂"篤恭而天下平"歟？

集曾子言行。

有所感，思父悲愴！

思所爲既已離俗，居以渾木，猶可容世；而浮躁稜厲，始於絶物，終於殺身，可不畏哉！乃擬勿輕與人論理，勿輕責人過，非有志者勿與言學，勿露己長。

十一月，晤先君子，先子言"冬日可愛"者再，先生曰："教我矣。"

十二月，往見石卿，石卿言："性皆善，而有偏全厚薄不同，故曰'相近'。義理即寓於氣質，不可從宋儒分爲二。"又言："天者理而已，是；溷語'無極'，非是。"訪吕文輔，文輔言："《四書》朱《注》有支離者。"先生時宗程、朱，皆不然之。問文輔天文。文輔名申，清苑人，習天文、六壬、數，講經濟。

丙午　三十二歲

正月，定行見墓則式，見災异民變則式。式者，騎據鞍而起，在車憑箱而起。

思日記纖過不遺，始爲不自欺，雖閨室有疚不可記者，亦必書“隱過”二字；至喜、怒、哀、樂驗吾心者，尤不可遺。

二月，王法乾謂曰：“李晦夫先生言吾子欠涵養，且偏僻，恐類王荊公。”先生曰：“某嘗謂如有用我者，可諫議、參謀，而不可以宰政、總師，亦自知耳。”

朱媪耳聾，先生歎曰：“人子不早自盡，至此雖欲柔聲下氣，豈可得乎！”

定日記每時勘心：純在則〇，純不在則×，在差勝則〇中白多黑少，不在差多則黑多白少，相當則黑白均。

三月，看《紀效新書》。

四月，思學者自欺之患，在於以能言者爲已得。

勘静坐心有所馳，目便勁闔，忽忘則又睁開，必是“主一無適”，睫毛間乃得不即不離之妙。塨按：以此爲“主一無適 ”，乃外氏之垂簾内視矣，爲先儒誤乃爾，不謂一轉而即悟也。

五月，益日功以訒言爲要。

七月，侍朱翁坐，交股，覺即開之。入京秋試，拜尋遼東人，求傳尋父報帖。

八月，凡達友書，必下拜；接友書，必拜乃展。

十一月，思孔孟之道，不以禮樂，不能化導萬世。

十二月，思吾身不修，受病莫過於口；吾心不正，受病莫甚於慾。

除夕，寫先儒主，稱周濂溪爲“先聖”。

塨按：先生亦嘗稱朱子爲聖人，即宗信之，亦何至是？蓋先生性篤摯鋭往，故早年見似而以爲真也。

丁未　三十三歲

年儀：增過祖墓，經時四拜，月再拜，旬揖，望墓式。先生以先君子不答拜，稍疎。二月朔日，曰：“此非所以親賢也。”復入城謁先子。先子言，行古禮必以誠。先生約翌日再會，及次辰至，則以事出矣。見先子《日記》，有“易直立朝，必蹈矯激之僻”，先生悚然。觀先子《學規》，又聞先子骨力勁特，爲學惟日不足，及年高習射事，歎息而去。曰：“王介祺春風和氣，李晦夫闇然恂恂，吾羨之，不能之，即見賢不能齊，不善不能改，柔莫甚焉。雖有猛厲方强，是暴也，非剛也。”

二十日，新興村延往設教，石鷟、石鸞、孫秉彝、齊觀光、賀碩德、張澍、李仁美、王恭己、宋希廉、李全美、石繼搏從遊。立學規：每晨謁先聖孔子揖，出告反面揖，揖師不答。朔望率拜先聖，揖師，師西面答揖。節令拜師，師答其半。朔望令諸生東西相向揖，節令相向拜。

思得仁則富，行禮則貴。言多言賤，言少言貴。

四月，先君子有書至云："易直凡事皆有卓見，吐時事之務。"先生曰："謂我有卓見者，是規我好任己見也；謂我吐時務者，是規我輕談時事也。"王法乾亦附書，規以默、以悠。先生書"李晦翁、王法乾"六字於筆筒，每坐一拱，敬對之。

養一朱族子，名之曰訒言。

先生每外出，遇朔望，内子必望肅拜四，先生遥答之。

九月，先生辭新興館歸。

十一月，旗人賈士珩從遊。

辯性善、理氣一致，宋儒之論，不及孟子。

戊申　三十四歲

二月十四日，朱媪病卒，先生擬以爲父出亡，宜代之承重三年服也。三日不食，朝夕奠，午上食，必哭盡哀，餘哭無時，不從俗用皷吹，慟甚，鼻血與淚俱下，不令僧道來弔者焚疏。四日斂，入棺，易古《禮》"朝一溢米、夕一溢米"，爲三日一溢米，薦新如朝奠。朱翁力命廿四日葬，乃具槨朝祖，祖奠，及墓，觸棺號咷，悶絶。既窆，王法乾叱曰："宜奉主歸室堂爲孝，何得爾？"乃返，行三虞禮。廢業，惟讀喪祭禮，不廢農、醫，以非此則養祭俱無也。

三月，行朔望奠。後以《禮》，士惟朔奠，乃望日會哭不奠。

四月六日，修倚廬於殯宫外、大門内，寢苫枕塊三月，晝夜不脱衰絰。思"齊衰不以邊坐"，曰近過矣，自此疲甚，寧卧，坐勿偏。

五月十五日，行卒哭禮，已後惟朝夕哭，其間哀至，不哭而泣。寢地傷濕，四肢生小瘍，朱翁命造地炕。

六月三日夜，始解衰絰、素冠，著常衣寢。

七月病。

八月十四日，聞妻病，遥問之。

十月一日，責訒言，以其詐傳祖不用辰饍，致誤也。時朱翁日必六食：卯一、辰一、巳一、午一、申一、昏黑一。

先生以祖母恩深，且慟父出亡，不能歸與斂葬，故過哀病殆。朱氏一老翁憐之，間語曰："嘻！爾哀毁死，徒死耳。汝祖母自幼不孕，安有爾父？爾父，乃异姓乞養者。"先生大詫！往問嫁母，信，乃減哀。時晃唆朱翁逐先生，先生乃請買居隨東村，翁許之。

先生居喪，一遵朱子《家禮》，覺有違性情者，校以古《禮》，非是，著《居喪别記》。兹哀殺，思學，因悟周公之六德、六行、六藝，孔子之四教，正學也；静坐讀書，乃程、朱、陸、王爲禪學、俗學所浸淫，非正務也。源按：先生自此，毅然以明行周孔之道爲己任，盡脱宋明諸儒習襲，而從事於全體大用之學，非二千年學術氣運一大關乎！

十一月十一日夜，夢納一秀才主於文廟，訒言用火香點之，一老婦隨後。寤而思曰："子點主，非死兆乎？養子拈香，非終無後乎？然主婦已老，則死期尚遠也。惟學程日退，焉得入孔廟乎？或後有妄傳妄信者乎？愧矣。"

因知所居喪不同，又王法乾主古《禮》"父在爲母期"，定十一月而練，期而除，仍心喪三年。

思厲言暴色加於人者不仁，致人加者亦如之。

十二月十五日，盛奠，隨朱翁致祭，几筵以練，告甚哀，去負版辟領，焚麻冠，仍懸衰練衣前，乃復外寢，枕布枕，解衣帶，止朝夕哭，惟朔望哭，若無時哭，則記。食菜果，仍非疾不御酒肉。（底本此處有空缺。《顔李遺書》此處闕十四字。《顔李叢書》亦有空缺）曰："衰，表心之衰痛也，缞之，何以名斬衰、齊衰。"（底本、《顔李遺書》等此處均有空闕）

己酉　三十五歲

正月，著《存性編》，原孟子之言性善，排宋儒之言氣質不善。畫性圖九，言氣質清濁厚薄，萬有不同，總歸一善；至於惡則後起之引、蔽、習、染也。故孔子曰："性相近，習相遠。"塨後并爲七圖。

覺思不如學，而學必以習，更"思古齋"曰"習齋"。

戒講著多言，服膺王法乾語曰："口邊纔發出，内力便已少。"

二月，思宋儒不特斥氣質之性是染禪，見人輒言性天，即爲禪染。

十四日，行忌祭，大哭；思父，益慟哭。十五日除服。祔主於朱氏祠。

朱参兩贈聯曰："譚天下事何得容易，做身上功還要安詳。"

二十一日，遷居隨東。

春祭，倩晃辦而佐之。時先生雖知身非朱氏，而念翁媪撫養恩，又以翁性厲，未敢質言也。

與王法乾言書數功即治心功，精粗一貫。

自移居，每出無所告，反無所面，即悵然；晨盥後，無所謁，輒悲楚。乃議立父生主。

始知齊禮，飲酒不至醉，食肉不茹葷；向之不御酒肉，爲异端亂也。

時往劉村問朱翁安，朔望往行禮，米麪踰月一送，酒錢、日需物，無時。

三月入祁州，以隻雞清酒，哭奠刁文孝！十一日，以初度望拜父，妻拜答之。往劉村拜朱翁，奠朱媪。

嫁母貧，時周問。

曰："天下小過，聖人必爲提撕，恐陷於惡也；天下大壞，聖人必爲包荒，恐絶於善也。故陶詩云：'亟亟魯中叟，彌縫使其醇。'"

東平宋瑜從遊。

五月，入府哭奠張石卿，遂入山弔王介祺父喪。會坎下田沛然及子經埏、界埏，遊雷溪而還。

六月二十九日戌時書曰："兩時之收心，不敵一時之肆口。"大自恨。

七月，學習數，自九九以及因乘歸除，漸學《九章》。聞太倉陸桴亭自治教人，以六藝爲主。

八月，爲王法乾書《農政要務》：耕耘、收穫、辨土、釀糞以及區田、水利，皆有謨畫。

思心如天之清，毫無遮蔽，如地之甯，一無震搖，豈不善乎！

思五福惟"攸好德"可自主，此一福不自享，真無福人矣。六極惟"憂、惡"可盡去，此二極不自遠，真極禍人矣。

甲雇耕，欲少直，平留之，不悦。思不獲利而怒人，與不與人利而致人怒，一也，即出錢與之，仍立一可受名，甲悦。

十月，學習冠禮。

冠禮：

告祠堂，朔日。主人拜告家祠，卜上旬日。若庶子、庶孫則以月之中旬。

戒賓，賓擇親友賢而有禮者一人爲之。前期三日，主人使子弟冠服奉莊啟詣其堂，再拜致辭曰："某之子某，年漸長成，將以某日加冠於其首，敬煩吾子教之。"賓辭曰："某不嫺於禮，恐不堪供事，以玷大禮，敢辭。"使者再懇，賓再辭，使者固懇，賓曰："某辭不獲命，敢不敬戒以俟。"使者再拜而退，賓俱答拜。

宿賓，前期一日，使子弟奉主人帖宿賓，揖致辭曰："某將以某日加冠於其子某，承吾子許以辱臨，敢宿。"賓曰："承再命，敢不齊宿趨事。"

陳設，用時制冠服，三加各异，以次加，盛設房中，桌上皆有覆。韠帶雜佩皆具。梳櫛紒盛匣中。酒餚果品，盞箸盤席，盥盤巾架，氊八條，大門掛紅綵。

厥明夙興，安置内外，灑掃房外，近東向西布席加氊，置兀其後，移梳櫛匣於此房西。置筵南向，筵南北各一氊，筵上列餚果，筵西有酒尊所，置壺盞盤其上。堂中東布一氊爲主位，西向；西布一氊爲賓位，東向；稍後，在賓左布一氊爲贊位；東之對贊者，儐立位也。西階下西壁置一桌，移安三冠，各盤仍覆之。階下之東，安盥盆巾架，西向。西階之南，少東，布一氊，南向，爲冠者字位。稍南近西布一氊，東向，爲賓答拜位。其衣帶韠佩等存房中，各用司執一人，非嫡長子孫，仍冠位而醮。

賓至，賓自擇習禮者爲贊，至入更衣所，其門亦掛小紅綵。子弟迎候，一茶洗塵，更衣。或路遠，畧用酒飯。執事者告備，子弟延賓立大門西，東向，贊在賓左。儐入揖告賓至，請迎賓。主人出立大門東，西向，儐立主人右。儐贊唱"揖讓，再揖再讓，三揖三讓"。賓入門先左足，主人先右足，每門一揖，一讓，及階三揖三讓，唱同前。升堂，儐贊唱"就位"，賓主各就位。儐唱"拜賓，鞠躬，俯伏興，再拜，平身"。贊唱"答拜"，同。儐唱"執事者各司其事"。將冠者出房，南面立。贊降西階，盥洗，升，唱"賓揖，將冠者即席"，將冠者就冠位，西向。儐唱"將冠者跪"。贊跪其後，爲之梳櫛合紒。贊復位，唱"行始加冠禮"。

詣盥洗所，引賓降，勺水淨巾。儐亦引主人降階下，對賓立，盥畢，贊儐唱"復位"。賓主一揖讓升，復位。儐唱"執事者進冠"，贊唱"降階受冠"。賓降階一等，受冠執之。贊唱"詣冠者前"，賓正容，徐詣冠者前。贊唱"祝冠"，賓祝曰："吉月令日，始加元服，棄爾幼志，順爾成德，壽考維祺，以介景福！"贊唱"跪加冠"。贊者佐整冠纓畢，起唱"興，復位"。儐唱"冠者興"。贊唱"賓揖冠者，適房，易禮服韠帶"。儐唱"冠者出房，南面立"。贊唱"賓揖冠者，即席"。儐唱"冠者跪"。贊唱"行再加禮"。

儐唱"執事者進再加冠"。贊唱"降階受冠"，賓降階二等受冠。贊唱"詣冠者前"，執行如初加儀。贊唱"祝冠"。賓祝曰："吉月令辰，乃申爾服，謹爾威儀，淑慎爾德，眉壽永年，享受遐福！"贊脱前冠，唱"跪加冠"，佐整如初，唱"興，復位"。儐唱"冠者興"，贊唱"賓揖冠者，適房易職服，具雜佩"。職服如其祖父。冠者出房如初。贊唱"行三加禮"。

儐唱"執事者進職服冠"，賓降没階受冠，餘同再加。祝曰："以歲之正，以月之令，咸加爾服，兄弟具在，以成厥德，黄耇無疆，受天之慶！"餘同再加，贊唱"行醮禮"。

賓揖冠者即醮位，詣醮席右，南向。儐唱"執事者酌酒"，贊受之，授賓，唱"祝醮"。賓北面祝曰："旨酒既清，嘉薦芬芳，拜受祭之，以定爾祥，承天之休，壽考不忘！"冠者受爵置於席。儐唱"鞠躬，俯伏興"者再，贊唱"復位"，東向答拜亦再。儐唱"冠者席前祭酒"，冠者升，取酒進席前南向。賓唱"跪祭酒"。興，退就席末跪啐酒，授執事者盞，興。席前謝賓，鞠躬，俯伏興者再。贊唱"賓答拜"，同。儐唱"拜贊者，鞠躬，俯伏興"者再，贊答拜同，平身，唱"賓字冠者"。

詣字位，引賓，降自西階，冠者從之。儐引主人降自阼階下，西向對賓，賓東向立，冠者在階東南面立。贊唱"祝字"。賓祝曰："禮儀既備，吉月令日，昭告爾字，爰字孔嘉，髦士攸宜，宜之於嘏，永受保之！曰，某甫。"冠者對曰："某雖不敏，敢不夙夜祗奉。"儐唱"謝字"，"鞠躬，俯伏興"者再，贊唱"答拜"，如之，平身，唱"禮畢"。

主人延賓贊就次，使子弟陪之而退。率冠者見於祠堂，冠者從拜。

拜父母四，拜見家諸父兄各如常儀，見宗親鄉尊長，皆使年長子弟引之。

主人出醴賓，向賓曰："某子加冠，賴吾子教之，敢謝。"鞠躬，俯伏興者再。賓答如之。謝贊者禮同。如儐非子弟，亦謝之。凡親友預者皆爲禮。升坐，主人獻酒，進饌。筵終，主人奉幣,以盤進賓,賓受之,授從者。賓謝,主人答拜,如前儀。力能酬贊儐,皆奉幣,謝答禮同。送大門外,揖,俟上馬,歸賓俎。

十一月,著《存學編》,共四卷。大要謂:學者,士之事也,學爲明德親民者也。《周官》取士以六德:智、仁、聖、義、忠、和,六行:孝、友、睦、婣、任、卹,六藝:禮、樂、射、御、書、數。孔門教人以禮、樂、兵、農,心意身世,一致加功,是爲正學。不當徒講,講亦學習道藝,有疑乃講之,不專講書。葢讀書乃致知中一事,專爲之則浮學,静坐則禪學。

定自力常功:日習數、存理、去慾。日記時心在則○,不在則●,以黑白多少,别在否分數。多一言則♂,過五則⊗,忿一分則♂,過五則⊛,中有×,邪妄也。

十二月,邑士民以先生居喪盡禮,將舉賢孝,先生自引不德,且曰:"以親亡得名,良所深悼!"力止之。

與邑諸生爲遊孔林會。

自驗無事時種種雜念,皆屬生平聞見言事境物,可見有生後皆因習作主。聖人無他治法,惟就其性情所自至,制爲禮樂,使之習乎善,以不失其性,不惟惡念不參,俗情亦不入,此堯、舜、三王所以盡人之性,而參贊化育者也。

朱肖文從遊。

庚戌　三十六歲

正月,學習書、射及歌舞,演拳法。

謄《存學編》,曰:"《存學》將以明學,而書多潦草,即身謗之一端。古云:'明無人非,幽無鬼責。'今抑程、朱而明孔道,倘所學不力,何以辭程、朱之鬼責哉!"

二月,與孫徵君書論學,畧曰:"某思宋儒發明氣質之性,似不及孟子之言性善最真。將天生作聖全體,因習染而惡者,反歸之氣質,不使人去其本無,而使人憎其本有,晦聖賢踐形盡性之旨。又思周孔教人以禮乐射御書數,故曰'以鄉三物教萬民而賓興之',故曰'身通六藝者七十二人',故諸賢某長治賦、某禮樂、某足民,至於性天,則以其高遠,不淩等而得聞也。近言學者,心性之外無餘説,静敬之外無餘功,與孔門若不相似然。僕妄著《存性》《存學》二編,望先生一辨之,以復孔門之舊,斯道斯世幸甚!"

有聘作館師者,以方解正學,恐教時文費功,辭之。口占曰:"千年絶業往追尋,才把工夫認較真,吾好且須從學習,光陰莫賣與他人。"

劉焕章、齊泰階來訪。焕章名崇文,蠡人,崇禎己卯舉於鄉。後任荊州興山縣,以寇據不得之任,巡撫委署棗陽宜城縣事。及解組,羢巾布袍,恬如也。母性嚴,晨昏朔望,拜侍惟謹。五旬後,母怒,輒跪受責,曲意務得歡心。聞先生學,忘年爵來拜,入會,力滌夙習,立日記,以聖賢相規勉者幾二十年,至卒不懈。身頎直,容莊而和,見人謙抑善譚論,七十五歲,無疾而逝。門弟子甚衆。泰階名治平,荊州人,性通豪,官至都司,訪先生問禮。

遥哭奠任熙宇。

定州某聘爲館師,甲价,先生辭曰:"家有子弟,以買宅累之,不得往。"价曰:"還所假。"曰:"義不得也。"价曰:"聘儀甚厚。"曰:"以義,不以利。"

閏二月,迎朱翁養於隨東,復事祖常儀,同寢,嘗夜出溺,朱翁曰:"披吾裘,不褲可。"對曰:"出門如見大賓,脱披裘不褲,敢見大賓乎?孫夜出,必衣冠具也。"曰:"溺室中如何?"對曰:"不敢露體。"

先生時知父爲博野顔氏,而不得其鄉,乃往博野訪之。有王翁者,爲先生父居間過嗣於朱氏者也,訪之王莊,亡矣。其子在,問之悉。導之北楊村一巷,皆顔姓,果其父鄉也。祖母張氏尚存,八十矣,先生悲喜淚零,族衆歡留,次日乃返。劉煥章謂先生曰:"朱翁撫育恩不可負,年迫旦夕,俟其終歸宗,情理乃合。"先生然之。

見王法乾《日記》曰"婦人性陰,可束而不可順",是之。

語法乾曰:"我輩多病,皆不務實學所致。古人之學,用身體氣力,今日只用心與目口,耗神脆體,傷在我之元氣,滋六氣之浸乘,烏得不病!"

思後儒每以"一警策便與天地相似"自多。不知人子原是父母血氣所生,但不毁傷點污,便可髣髴父母形體,然必繼志述事,克家幹蠱,乃爲肖子耳。

三月朔日,始不往謁朱氏家祠,朱翁祭拜,仍隨之。

馬遇樂從遊,能規先生過,先生欣然謝之曰:"吾之於人,雖良友,非責吾善,其交不深,雖嫌隙,但責吾善,其憾即釋。"

出弔歸,過友人,留酒食,辭以弔。友曰:"非弔處也。"先生曰:"昔固然也,後讀《禮記》曰'弔喪之日,不飲酒食肉',豈特弔處哉!"然先生自謂此禮,凡三斷而後能行。初未決也,斷之自弔柏氏始。移處猶飲食也,終日,自讀《禮》始。歸家,晚夜猶飲食也,既思日戒而夜違之,僞也,又一斷也。

思世人儘有聰明慈惠,而交人無善道,應事無成法者;亦有内外善交,而德性不修,禮樂不明者;又有嫺習技藝,而邦家多怨,秉彝不可問者。乃知《周禮》之三物,缺一不可也。

五月著《會典大政記》,摘《大明會典》可法可革者,標目於册。

罷道統龕,所祀炎帝、黄帝、唐帝、虞帝、殷西伯主不祀,專祀孔子。以劉煥章言,士不得祀帝王也。

行端午禮,以内子病,令免,曰:"佳節忍見相公獨爲禮乎!"勉起行之。先生曰:"能自强矣。"

王法乾如元氏,先生有憂色。内子問之,曰:"良友遠離,恐自倒塌耳。"曰:"無慮,外無强輔，妾當努力相規，勿即於邪。”先生喜曰：“果如此，雖古賢女，何以過焉。”

家人私假人器，讓之，曰：“小事。”曰：“小事亦不可私。”

齊泰階曰：“天下之元氣在五倫。”先生曰：“元氣虚矣，何以壯之？六藝，所以壯之也。如父慈子孝，豈托空言，自有父子之禮，四倫皆然。故禮序此五倫者也，樂和此五倫者也，射御書數，濟此五倫者也。舍是而言倫常，即爲空虚，即爲支離。”

七月，朱翁子晃唆翁百計淩虐先生。一日，謀殺之，先生踰垣逊，憂甚。旋自寬，益小心就養。

十月二十九日，立父生主，刺指血和墨書牌，出告反面，晨参，朔望行禮，一如在堂。但不敢獻酒食，恐類奠祭也。

十一月，常儀增：過祠則下，滛祠不下，不知者式之，所惻所敬皆式。

定不答弟子拜，遵明典也。

訪王介祺於河間，介祺出所著《此書》及《通鑑獨觀》示先生。

思己近墨，王法乾近楊，宜返於中。

十二月，以貧，斷自新歲禮節再減，虚門面再落，身家勤苦事再加。此即“素貧賤行乎貧賤”。自古無袖手書齋，不謀身家，以聽天命之聖賢也。

解《乾》卦九三爻辭。舊解“終日乾乾，夕惕若”，爲晝夜惕厲，未晰也。“終日乾乾”，乃終日加力習行子臣弟友、禮樂兵農，汲汲皇皇，一刻緊於一刻，至夕無可作事，則心中提撕警覺，不自怠息。觀下釋曰“終日乾乾，行事也”，可見。

以王法乾言，立五祀主，春、夏、季夏、秋、冬，分祀之。

辛亥　三十七歲

正月，增常儀：齊戒禮戒，食肉不茹葷，飲酒不過三盞，不入内，不與穢惡，不弔喪，不問疾，不刑怒。齊遷坐變食，沐浴著明衣，不會客，不主醫方，專思神，小祭一日，時祭三日，大祭七日戒，三日齊。凡食必祭，祭必齊如也，惟餕餘不祭。

内子言：“隱過不可記。”先生曰：“惡！是僞也，何如不爲記！且卿欲諱吾過，不如輔吾無過。夫凡過皆記，雖盈册無妨，終有改日也；若不録，即百過盡銷，更愧，以終無改機也。”

之楊村拜祖母、叔母及族尊長。

劉焕章評先生《日記》，規以“静穆”，先生服之。

二月，之楊村，隨族長致清明祭。

止孔子神位前出告反面禮，以事親儀，非所以事神也。

謂王法乾曰：“甲辰、乙巳，功程頗可對；至夫婦三月一榻，身未嘗比，不意後反退也。”相約日新。

學習士相見禮、祭禮。

士相見禮:來見者,先使价通姓名於主人,主人使辭曰:"吾子辱顧,不敢當也,請暫旋騶,卜日往見。"賓固請,擯入告曰:"賓至,请迎賓。"賓立大門之西,東面,介在其後稍北立。主人出立大門之東,西面,儐在主人後稍北立。贊揖賓介,贊答揖,儐介贊讓,再揖再讓,三揖三讓。賓入門先左足,主人先右足,每門讓一拱。及階,擯介贊三揖三讓,仝前,賓先左,主人先右,同前,每階聚足登堂。儐介贊就位,擯贊拜賓,介贊答拜。若賓敬主人,則介贊拜主人,擯贊答拜,鞠躬,俯伏興者再,平身。擯贊安座展坐,賓拱揖;擯贊獻爵,賓拱揖;擯贊獻箸,賓拱揖。主人降,并揖,介贊爲主人同,并揖。畢,擯介贊即席,乃拱讓就坐。若非食宴,去獻酒獻箸。

祭禮:副通唱:"執事者各司其事,排班,班齊,分獻官就位,獻官就位,瘞毛血。"通贊唱:"迎神,鞠躬,俯伏興,俯伏興,俯伏興,俯伏興,平身,獻帛,行初獻禮。"引贊唱"詣盥洗所","勺水淨巾","詣酒尊所","司尊者舉冪酌酒","詣至聖先師孔子神位前祭他神隨宜,跪獻帛,初獻爵,俯伏興,平身","詣讀祝位,跪讀祝文"。副引跪獻官之左,讀祝畢,引贊唱:"俯伏興,平身,復位。"凡引贊神前唱伏興,通贊贊陪祭者俱同。通唱:"行亞獻禮。"儀注同初獻,但無獻帛,不讀祝。通唱:"行終獻禮。"儀注同亞獻。平身後,引唱:" 點酒,詣侑食位。"主人立門左,引唱:"出燭。"執事者皆出,闔門。若祭家祠五祀,主婦立門之右,引唱:"初侑食祝。"祝曰:"請歆。"再侑食,三侑食,并同。啟門,然燭,通唱:"飲福受胙。"引唱:"詣飲福位,跪飲福酒,受胙,俯伏興,平身,復位。"通唱拜興同引。通唱:"謝福胙,鞠躬,俯伏興,俯伏興,平身。"徹饌,送神四拜,與迎神同。讀祝者捧祝,執帛者捧帛,各詣燎所,焚帛,焚祝文,望揖。副通唱:"禮畢。"

從王法乾學琴,鼓《歸厺來辭》,未就。後從張函白學《客窗夜話》《登瀛洲》諸曲。

王法乾曰:"宋儒,孝女也,非孝子也。"先生曰:"然,明末死節之臣,閨中義婦耳。"

四月,習恭,日日習之,即《論語》"居處恭"也。自驗身心氣象,與學静坐時天淵。

十二日寅,盥畢,把巾出室門。内子諫曰:"君昏夜從無露首出,今何有此?"先生即整冠曰:"吾昏放矣。"

十七日,思習禮一人亦可,乃起習周旋之儀。凡習禮,以三爲節,轉行宅巷,必習折旋。

五月,張公儀遥贈《頤生微論》,乃達以書,摘《存性》《存學》數篇相質。

習卜,備遯行及朱翁終尋父資也。

七月,蠡縣教諭王心舉先生行優,先生達書力辭。邑令單務嘉請見,不往。

補六藝、六府於開蒙《三字書》内,端蒙識也。

十一月,定凡飲酒不過三爵,極歡倍之,過一盞必書。

赴曲阜會，以其饌豐，減食。

先生與人騎行，馬逸，先生善御無失，其一墜，衆因共言明朝生員騎馬，必一二人控轡，近失其規。先生秘歎："不悔不慣乘，而悔不多控僕，士習爲何如哉！"

張公儀約會於祁州刁宅論學，深以《存性》《存學》爲是。公儀寧晋人，原名來鳳，中崇禎年鄉試魁，鼎革後易名起鴻，號河朔石史。逆闖屢徵不起，特下僞勅，擢爲防禦使，怒罵不受，僞守執之，檻解北上，至保定而李自成敗奔，監送者碎檻放歸。笑曰："幾追文文山揖矣，乃不及。"

十二月十六日，先生因會日王法乾憚學習六藝，曰："古人'以文會友，'後世以友會話：譚論聲話也，紙筆畫話也，敬静之空想，無聲未畫之話也。"

三十日，立祖神主，用父稱曰："顯考王莊顔翁諱發神主。"側題"孝子昶奉祀"。於其祭也，曰："孝子某使冢孫元致薦。"王莊翁娶張氏，於萬歷四十五年舉先生父，日者言難育，遂以天啟元年，因宅主王翁過給蠡東朱氏爲子，至三年，復舉先生叔父愉如，家貧而尚禮，嚴内外，因賃居王莊以卒也，故以追號。是時先生易名元，元、園同聲，先生念初生名園，父知之也。自此《日記》書朱翁、媪稱"恩祖、恩祖妣"。

壬子　三十八歲

二月，謂王法乾曰："人資性其庶人耶，則惟計周一身，受治於人。其君子耶，則宜明、親兼盡，志爲大人。若兩俱不爲，而敢置身局外，取天地而侮弄之，取聖賢而玩戲之，此僕所惡於莊周爲人中妖者也！"

哭奠師吴洞雲，助其塟。

三月，與陸桴亭書論學。桴亭名世儀，字道威，太倉人，隱居不仕。其學重六藝，言性善即在氣質，氣質之外無性。著《思辨録》。先生喜其有同心也，致之書，畧曰："漢唐訓詁，魏晋清談。宋人修輯注解，猶訓詁也，高坐講論，猶清談也。甚至言孝弟忠信不可教，氣質本有惡，其與老氏以禮義爲忠信之薄，佛氏以耳目等爲六賊者，相去幾何也！某爲此懼，著《存性編》，大旨明理氣一致，俱是天命。人之氣質，雖各有差等，而俱善。惡者，乃由引、蔽、習、染也。爲絲毫之惡，皆自玷其本體；極神聖之善，止自踐其形骸。著《存學編》，申明堯舜周孔三事、六府、六德、六行、六藝之道，大旨明道不在章句，學不在穎悟誦讀，而期如孔門博文約禮，身實學之，實習之，畢生不懈者。"

閏七月，族壻貽桃，食之，又食蔡米、商瓜二條。先生平日非力不食，用識人紙半張，留錢三文。吴氏强食片瓜，曰："數載猶在胸中未化。"至是曰："近思吾與斯人爲徒，若貽我以情，欵我以禮，不宜過峻以絶物也。"

八月，哭奠彭朝彦。朝彦，劉村傭者也。狷介勤力，少有餘即施人，力爲善。先生敬而筵之。朝彦曰:“生平非力不食人一盂。”先生曰,翁守高矣,然請大之,爲述如其道舜受堯天下事。朝彦猶辭,又述徐穉食茅季偉事,乃食。

九月,先生以王法乾遭妻子凶變,遂耽莊周《南華》而惰正學也,乃告以止會。自矢獨立不懼。

十五日,祭孔子,自是每季秋致祭。祝文畧曰:“夫子一身之仕、止、久、速,即天時也;縫掖、章甫,即水土也;府、事、行、藝,即堯、舜、文、武也,爲學、爲教、爲治,皆是也。迨以無能用者,不得已而周流,又大不得已而删述。蘇、張學夫子之不得已,漢後以至宋明儒,學夫子之大不得已,而俱舍其爲學、爲教、爲治之身,則非矣。元不自揣,妄期博文約禮,實由聖教,惟神相之,俾無顛躓。且佐帝牖民,多生先覺,聖道重光,元庶免罪戾焉。”

十月,至楊村,叔父愉如自山西歸,拜聚。

十一月,王法乾來悔過,請復會,定仍以月之三、六日。

十二月,王法乾曰:“兄遭人倫之窮,歷貧困之艱而不頹,可謂能立矣。”蓋是時先生盡以朱氏之產與晃,且代償其債百餘緡,而晃又欲奪其自置產,屢興變難也。

内子病,不服藥,曰:“妾既不育,夫子有年,堅不置再醮,而處女又不輕爲人貳,不如妾死,使相公得一處女,猶勝於待絶也。”先生曰:“此有天焉,汝勿躁,强之藥。”

書孫徵君聯云:“學未到家終是廢,品非足色總成浮。”

癸丑　三十九歲

正月朔,祭顯祖考,望祭恩祖妣,因限飲三盞,改齊戒欵云:“飲酒不至三盞。”凡恩祖生日,父生日,己生日,俱同朔望儀。凡掃祠及恩祖室,自東而西,從容挨次,轉則面向尊,而身自移,却掃至門除出。夏則先灑,每晨一次,非重故或疾病,不令人代。

室人不用命,罰之跪,至二鼓,謝過,乃命起。

與人曰:“窮苦至極,愈當清亮,以尋生機,不可徒爲所困。”

同會人如曲阜,遇風,次日大風,吟云:“谷風凛凛逆行人,繼日塵霾日倍昏。山左揚鞭遊孔墓,不堪回首望燕雲。”

二月三日,至曲阜,齊戒具牲,五日祭孔子廟及墓,思聖人之道,若或臨之。九日登泰山,賦詩云:“志欲小天下,寧須登泰山,聊以寄吾意,身陟碧雲天。”

旋里至楊村,過祖塋下拜,入里門下,出里門乘,後爲常。

思吾身口及心,何嘗有“從容”二字? 須學之。

與王法乾習祭禮,法乾曰:“勞矣,可令子弟習,觀之。”先生不可,曰:“所貴於學禮者,周旋跪拜以養身心,徒觀何益?”乃同習。

四月五日,朱翁卒,先生哭盡哀,是日三不食,次日辰始食。與王法乾議律,异姓不許過嗣，即同姓而其養父有子者，許歸宗。今若以孫禮服期，是二本矣。可義服大功，既葬，練，復内，復常食。若葬緩，從俗以五七日可也。越五日，以遭變中之變，不能朝夕會哭，定哀至北向跪哭。

先生本族叔父羽洙來呼歸宗，先生求俟畢葬終喪，羽洙又促之，先生曰："葽秋以爲期，倘踰時即歸。"羽洙語以"危行言孫，謹慎保身"。

五月九日練，惟朔望往哭殯宫，不與燕樂，不歌，復常功，如習書數類，仍廢常儀，如朔望拜類，晨謁告面生祠不廢。

十四日，買食豆腐，愴然流涕。蓋先生養恩祖、祖母十一年，未嘗特食一腐，今傷腐之入口也！

投呈於縣轉申學院，求定服喪畢歸宗，批許歸宗，服以期。乃將讓產後凡存朱氏物盡還之，令養子訒言亦歸宗，曰："吾不忍訒言之徒父予也！"給以物。

六月，至楊村，携叔父之子至，名曰享，教之讀書。

聞劉村孝子朱莪貧，餽以錢。

論明政四失：設僧道職銜，信异端也；立宦官衙門，寵近倖也；以貌招選駙馬王妃，非養廉恥也；問罪充軍，以武爲罪徒也，誰復敵愾！

七月，思無事之時，朔望前一日必齊戒。迨遭三年喪，則無日不哀，亦無日不齊且戒矣，故朔望節令哭奠，皆不云齋戒。若期功以下，既葽則飲酒食肉，非常戒，哀不及重喪之純，亦不得言常齊，凡朔望前一日，仍當齊戒。

遇横逆，不校，然鬱鬱。思君子有終身之憂，無一朝之患，愧悔久之。

一日覺氣浮，思氣不自持，其災乎，已而傷手。

十一月十五日，哭奠恩祖考、妣墓，以出館博野楊村告；又哭招亡子赴考之魂，令從而西。蓋楊村族人公議挽先生還家教子弟也。時朱晃復謀吞先生隨東產，起釁，先生不校，且使人解之，不肯與絶往來也。十九日，楊村顔氏族人來，迎先生歸，復爲顔氏。告父祠，奉生主升車，隨之西歸。朱族及劉村隨東各鄉諸親友餞送，或村首，或至蠡城，或及楊村，皆哭泣不忍別！劉焕章贈圜榼一，内果，曰："外無圭角，美在其中。"先生受之。謝曰："敢不佩教！"至楊村。次日夙興，易吉服，告新宅五祀之神畢，反喪服。宅本其祖居，先生復之者也。

邊之藩、顔士俊、士佶、士鈞，士侯、士鎮、士鋭、夏希舜、王久成從遊。

王法乾述焕章規先生之言曰："對賓言長，不能盡人之意；偏向，不及遍人之歡。"先生謝之。

十二月，朔望拜哭朱翁於野所。

甲寅　四十歲

正月朔，哭祭朱翁於南學。五日，大功服闋，以學憲批期，定内除。常儀俱復，祭先與神吉服，餘服素，終期乃之蠡，哭奠朱翁墓，告大功闋，期服内除。以《大明會典》品官祀四世，庶人祀二世，立顯祖考諱子科、祖妣某氏神主，旁書“孝元孫昶奉祀”及“顯考諱發神主”，以先生殤子赴考祔食。春祀祖，以考配享，秋祀禰，不及祖。蓋髣髴程伊川所撰禮，而謂分時專祀一主，齊心乃一，乃能聚渙。又祭尊得以援卑，祭卑不可援尊也。後以爲誤，改之。

二月，率家人行忌祭禮於恩祖母墓，并哭恩祖！

闔族供清明祭於墓，先生奉族長命立《族約》：約孝，約弟，約行冠昏喪祭諸禮，約周卹，約勿盜賭奸欺。詳載《家譜》。

四月五日，期服闋，率家人舁供入蠡，祭恩祖考、妣於墓，告以歸宗。易吉服。延朱晃及朱氏族長賢者共餕，遍拜辭。

先生既歸宗，謀東出尋父，值三藩變，塞外騷動，遼左戒嚴，不可往，日夜悽愴。

思向謂有心作欺之害大，無心爲欺之害小；今知有心作欺之害淺，無心爲欺之害深。

或勸先生獻策，曰：“張齊賢不以此出乎？”先生笑曰：“王文中何以不出？人隱見命耳，天之用吾也，深隱而人求焉，故劉穆之困臥無袴，一朝而相宋；天之廢吾也，插標自市，而終不售，韓昌黎三上宰相書，何益哉？”

魏帝臣來訪，先生待以脱粟。帝臣欣然曰：“君以君子待我矣。”帝臣名弼直，博野縣庠生，善容儀周旋，喜賓客，譚論欵欵然，終日無倦。施目疾藥，遠來者輒延欵下榻。嘗僕馬居數月，疾逾乃去。與妻宋氏相敬如賓，每外退必入宋榻。宋氏嘗請之副室，或已至副室，宋氏輒來，副趨出垂手迎，搴簾肅入，夫妻坐譚，久，副侍，不命不坐也。及宋氏卒，副祝氏以哭病亦死。帝臣晚年，聞先生學，甚重之，致敬盡禮焉。

士鈞問：“孔子稱管仲爲仁，而孟子不許，何也？”曰：“孔孟因時立論，所謂時中也。春秋周室卑，荊楚逼，不有管仲，孰爲尊攘？至七雄之世，功利誇詐之習成，發政施仁之道息，孟子自不得傍孔子口吻也。後之講學則不然，虎豹已鞹矣，猶云寧質；邢衛已亡矣，猶云羞管；虚言已蠹世矣，猶云講讀纂修，而生民之禍烈矣！”

九月，修《家譜》，其目十七：曰姓氏源流，曰世系派衍，曰遷移離合，曰別嫌明微，曰莊居宅第，曰墳塋圖像，曰祭田樹株，曰餕宴儀注，曰家禮儀注，曰家法勸戒，曰人才列傳，曰嘉言善行，曰先人遺影，曰珍器文章，曰簡書誥命，曰婦女甥婿，曰拾遺雜記。

買田氏女爲婢。

王法乾爲子加冠，宿先生爲賓，行如禮。王法乾謂先生曰：“凡食，祭先代造食之人，敵客，客先自祭；降等之客，主人先祭導客，客從之。臣侍君食，則君祭而己不祭，若君以客禮待之，命之祭，乃祭。大兄凡食自祭，非禮也。”先生曰：“此禮久廢，故吾獨行以爲人倡，承教，敢不如禮。”

自勘有美言傷信之過。

或言：“天下多事，盍濟諸？”曰：“僕久有四方之志，但年既四十，血嗣未立，未敢以此身公之天下耳。”因愴然。

乙卯　四十一歲

正月增常儀：灑掃，惟冬不灑；清明、十月朔祭墓，恩祖考、妣忌日，亦往祭其墓。

時及門日衆，乃申訂教條，每節令讀講教條，諸生北面恭揖，令一長者立案側高聲讀講畢，又一揖而退。有新從遊者，必讀講一次。教條：

一、孝父母。須和敬并進，勿狎勿怠，昏定晨省出告反面，各一揖，經宿再拜，旬以上四拜，朔望、節令俱四拜，惟冬至、元旦六拜，違者責。有喪者不爲禮，但存定省告面。父母有喪者亦然。

一、敬尊長。凡内外尊長，俱宜小心侍從，坐必隅，行必隨，居必起，乘必下，呼必唯，過必趨，言必遜，教必從，勿得驕心傲氣，甚至戲侮，干犯者責。

一、主忠信。天生人衹一實理，人爲人衹一實心，汝等存一欺心，即欺天，説一謊話，即欺人，務存實心，言實言，行實事，違者責。

一、申别義。五倫若父子之親，君臣之義，長幼之序，朋友之信，其義易曉，獨夫婦一倫，聖人加以“别”字，洵經綸大經之精義也。七年男女不同席，行路男子由右，女子由左，叔嫂不通問，男女授受不親，此皆男女遠嫌之别也。至於夫婦相敬如賓，相成如友，必因子嗣乃比御，夫婦之天理也，必齊戒沐浴而後行。“别”義極精，小子識之。

一、禁邪僻。自聖學不明，邪説肆行，周末之楊墨，今日之仙佛，及愚民之焚香聚會，各色門頭，皆世道之蟊蠹，聖教之罪人也。汝等勿爲所惑，勿施財修淫祠，勿拜邪神，勿念佛，勿呼僧道爲師。若宗族隣里惑迷者，須感化改正。至於祖父有誤，諭之於道，更大孝也。違者責，罪重者逐。

一、勤赴學。清晨飯後，務期早到，一次太遲及三次遲者責。

一、慎威儀。在路在學，須端行正坐，輕佻失儀者責。

一、肅衣冠。非力作不可去禮衣，雖燕居昏夜，不可科頭露體。

一、重詩書。凡讀書必鋪巾端坐，如對聖賢，大小便後，必盥帨潔淨，方許展讀，更宜字句清真，不許鼻孔唔唔，違者責。

一、敬字紙。凡學堂街路，但見字紙必拾，積焚之，或不便，則填牆縫高處。

一、習書。每日飯後倣字半紙,改正俗譌,教演筆法,有訛落忘記者責。

一、講書。每日早晨試書畢,講《四書》或經,及酉時,講所讀古今文字,俱須潛心玩味,不解者不妨反復問難,回講不通者責。

一、作文。每逢二、七日,題不拘經書史傳古今名物,文不拘詩辭記序誥示訓傳,願學八股者聽。俱須用心思維,題理通暢。不解題不完篇者,俱責。

一、習六藝。昔周公孔子,專以藝學教人,近士子惟業八股,殊失學教本旨。凡爲吾徒者,當立志學禮樂射御書數及兵農錢穀水火工虞,予雖未能,願共學焉。一、六日課數,三、八日習禮,四、九日歌詩、習樂,五、十日習射。

一、行學儀。每日清晨飯後,在師座前一揖,散學同。每遇朔望節令,隨師拜至聖先師四;起,北面序立,以西爲上,與師爲禮;再分東西對立,長東幼西相再拜。

一、序出入。凡出入齊班,上、中、左魚貫論前後。行輩异者,以行輩敍,相遇相别皆拱手。出學隔日不相見,見必相揖,十日不相見,見必再拜,皆問納福。

一、輪班當直。凡灑掃學堂,注硯,盛夏汲水,冬然火,斂倣進判,俱三日一班。年過十五,文行成章者免;惟有過免責,則罰執小學事一班,隨有善可旌者,即免。

一、尚和睦。同學之人,長幼相敬,情義相關,最戒以大凌小,以幼欺長,甚至毆詈者,重責。

一、貴責善。同學善則相勸,過則相警。即師之言行起居有失,俱許直言,師自虚受。至諸生不互規有成,而交頭接耳群聚笑譚者,責,甚至戲嘲褻侮者,重責。

一、戒曠學。讀書學道,實名教樂地,有等頑童,托故曠學,重責,若有事不告假者同罪。

二月,聞王五修卒,爲位齊戒哭奠。

曰:"瞽瞍愚父也,而舜齊栗祇載;定哀庸君也,而孔子鞠躬踧踖。故孝莫大於嚴父,忠莫大於嚴君。"

二月,王契九來訪,觀《存性》《存學》編,是之。契九名馹,清苑人,少有高才,與吕申習兵學。好雌黄人,爲惡少所侮,深悔之,晚年絶口不言人過。有以文事質者,輒稱佳,博學工詩。

閏五月,陳見夷來訪。見夷名振瞻,清苑人,豪狂博覽。

托束鹿任最六訪父,以其爲商於關東也。

二十八日,未,坐不正,覺即正之,申,交股坐,覺而開之。

九月五日,率門人習射村首,中的六,門人各二。因思孔子曰:"回之仁賢於丘,賜之辯賢於丘,由之勇賢於丘。"此聖道之所以光也。漢高祖曰:"運籌吾不及子房,攻戰吾不及韓信，給餉守國吾不及蕭何。"此漢代所以興也。今從吾者更不吾若，吾道其終窮矣乎！

思人不親，教不成，事不諧，多以忿累之，屢懲而不免，愧甚！

給孫衷淵書，規其惑佛老也。衷淵名之萍①，高陽人，孫文正公侄孫，隱居力學，以孝母名。

訪彭大訓永年，博野庠生，孝繼母，端謹。

丙辰　四十二歲

正月，保定府閆經署鳴泰之裔，有婦人被妖魅，符籙驅之莫效，其妖自言一無所畏，惟畏博野顔聖人。是時先生與王法乾，人皆以"聖人"稱之。專价來聘，先生謝不往；又力請，力却之。恐虚傳招禍也。

有求文者，謝以儀，却之。語門人曰："君子貴可常，不貴矯廉邀譽。昔子路拯溺人，勞之以牛而不受，孔子責之曰：'自此魯無拯溺者矣。'今蠡無醫，自朱振陽施方醫始也；博人無師，自吾家先三祖施館教食學者始也。小子識之，吾之却此，有謂也，不可法也。"

曰："言而盡人者大，盡於人者小。"

二十七日之市，市麻不成，信手拈麻一絲，將作鞭提，思麻未買而用其一絲，非義也，還之。

謂門人曰："君子於桓、文也，賤其心而取其功；於程、朱也，取其心而賤其學。"

日功增：抄天文占法，讀《步天歌》；廢本日近出告家祠，從王法乾"之死而之生之不智"之言也。

三月，易砥石十餘片，後出者不如前所目；念貧人也，如所言價與之。

知劉焕章缺糧，餽粱石六。

思體人之情則不校，體愚人之情則生憐心，體惡人之情則生懼心；憐則不忍校，懼則不敢校。

又思禍莫大於駁人得意之語，惡莫重於發人匿情之私。

一僧求人邀入寺，辭曰："儒爲盡人倫之道，寺爲無人倫之地，不往。"

思齊明者，正吾身之德也，耳聰目明肢體健，利吾身之用也，寡慾積精，寡言積氣，寡營積神，厚吾身之生也，否則非堯舜之修身也。閑男女之邪心，飭彝倫之等殺，正一家之德也，宫室固，器皿備，職事明，利一家之用也，倉箱盈，凶札豫，厚一家之生也，建學校，同風俗，正一國之德也，百工修，百官治，利一國之用也，倉府實，樂利遠，厚一國之生也，否則非堯舜之齊治也。

---

① 《顔李師承記》、《顔元集》等書作"萍"。

六月十一日，牧驢，思事雖至瑣，但當爲即義，不可有厭心。題《日記》面曰："學如愚。"

思心神在内，天清地寧，豈不善乎？惜未能久也，勉諸！

二十日晚，與人坐，遇可言，乃一二語。即正言，但見人非傾聽，即止。

八月，定此後行醫，非价非聘，不往。

九月，立齊戒牌。

十月，過王家莊，問室人生父家，無後矣，但有同曾祖兄弟三人。

思得從弟子者其道行，得畏弟子者其道光。

羽洙規先生未融鋒稜。

丁巳　四十三歲

正月朔，思氣不沉，神外露，非雄壯也；萎歉不學，而省言斂氣，非沉定也。

蕭九苞問曰："復井田，則奪富民產，恐難行。"先生曰："近得一策，可行也：如趙甲田十頃，分給二十家，甲止得五十畝，豈不怨咨？法使十九家仍爲甲佃，給公田之半於甲，以半供上，終甲身。其子賢而仕，仍食之，否則一夫可也。"

元宵懸齋前一燈，群聚觀。先生歎曰："盌大紙燈何足盼，而群聚者，通巷無燈也。士君子生於後世，雖群望集之，必當進而與堯舜周孔相較，則自見其卑，前途無窮，若遽以寸光自多，不幾窮巷之紙燈乎！"

王法乾曰："每苦無聊，便思息肩。"先生曰："此大惡，宜急改。莊周佛氏，大約皆不耐境遇之苦而逃者也。"

五月，嫁祖母張氏逝，服弔衰，葬除。

六月，如易州，會田治埏、馮繪升、楊孔軒，論學。治埏名乃畝，易州人，孫徵君弟子。繪升名夢禎，安州人，孝繼母，知正學。孔軒名思茂，山東人，以祖旅遼左，遂入旗，孔軒贖歸民籍，居新城，有文武偉志，親喪，廬墓三年。

九月，與王法乾交責爲學不實，宜天降殃，共服先君子朴實。

十月，訪宋賡休、楊計公，論學。賡休名會龍，博野人，童年遊京師，一僧講法曰："説人陞天堂，自己陞天堂；説人下地獄，自己下地獄。"賡休笑，僧曰："汝童子何笑？"曰："笑汝不識字耳。説，悦也，一言罪小，悦人福，心何其善，福至矣，悦人禍，心何其惡，禍至矣。"僧愕然，已而曰："君必前世如來也。"拉至一水甕照之，見己頭瓔珞環垂，如繪佛菩薩狀。賡休遽醒曰："幻僧，而以術愚我入邪教耶！"僧驚謝去。善事續母，祭神必齊戒，樂施與。邑數十鄉有紛難難平，賡休到即釋。某生忿弟毆其子，且將興訟。賡休曰："君愛子乎，惜令先君不在耳，若在，令弟胸創可使見乎！"生遽已。一少婦縊死，其母必令婿家作佛事，賡休往説之。嫗掩扉拒曰："翁所言皆聽，惟吾女苦死，必資佛力拔，勿啟齒。"賡休曰："嫂壽幾何?”曰:“七十。”曰:“求出共商。”曰:“吾婦人,孰與男立!”賡休乃大言曰:“七十老嫗,尚不立男側,况幼女牌位,令群僧隨舁,不驚魂飛越乎? 若女苦死,憐之惟慈母,豈可又使僧衆諠鬨,驚散其魂乎!”乃止。其他類此難僕數,而不食人一盂,不受人一錢謝也。計公,安平諸生,知兵,能技擊,精西洋數學。

十一月,如寧晋,哭奠張公儀。之趙處士墓,弔之。處士名琰,安肅人,甲申後,不應童子試,就學於公儀,其卒也,白虹貫日。先生詩云:“孝友清高素慕君,神交未遂范張心。白虹貫日當年事,遠拜孤墳憑弔深!”

過滹水,由橋,思橋、舟,王、霸之分也。橋普濟而無惠名,舟量濟而見顯功,君子其橋乎!

曰:“陳同甫謂人才以用而見其能否,安坐而能者不足恃;兵食以用而見其盈虚,安坐而盈者不足恃。吾謂德性以用而見其醇駁,口筆之醇者不足恃;學問以用而見其得失,口筆之得者不足恃。”

十二月,訪安平趙衛公敢公兄弟,皆有武勇。言可訒言,少年志爲聖賢,亦訪之。訒言名默,自此時來問學。

戊午　四十四歲

正月,定每年元旦後,以次謁敬族尊長。

思海剛峯曰:“今日之信程、朱,猶戰國之信楊、墨。”吾謂楊、墨道行,無君無父,程、朱道行,無臣無子。試觀今日臣子,其有以學術致君父之安,救君父之危者,幾人乎!

抄祁州學碑刻洪武八年頒學校格式:六藝以律易御,禮、律、書爲一科,訓導二員教之;樂、射、算爲一科,訓導二員教之。守、令每月考試,三月學不進,訓導罰俸半月。監察御史、按察司巡歷考試。府生員十二名,州八名,縣六名,學不進者,守、令、教授、訓導罰俸有差;甚多,則教官革職,守、令笞四十。三代後無此學政,亦無此嚴法,誰實壞之!

源按:三代以後,開創帝王,可與言三代治道者,明太祖一人而已。惜無王佐之才如先生者以輔之,遂將所創良法如此類,不久即變,不變者後人壞之。惜哉! 惜哉!

八月一日,親御載糞,失新易鞭。思以年長多疾,定不力作;今復力作,省半工而失一鞭,非命乎! 徒自貽不安命之咎耳。

九月,會李天生於清苑,論學。天生名因篤,陝西富平人,能詩文,時以博學鴻儒舉,至京考授翰林院檢討而歸。

十月,一門童歐先生弟亨,責之不伏,逐之失言,既而悔之,以犯劉焕章所戒也。焕章嘗規先生曰:“君待人恩義甚切,而人不感,或成讐者,以怒時責人語過甚也。”夜不眠,内子問故,曰:“吾嘗大言不慙,將同天下之賢才,爲生民造命,乃恩威錯用,不能服里中之童,愧甚！憂甚！”

與高生言承歡。生曰：“非無心也，發不出耳。”曰：“發不出，痼蔽深也。愉色婉容，性質本具，但痼蔽後須著力發，發出又須頻頻習熟，故曰‘庸德之行，不敢不勉。’”

十一月，入蠡哭郭敬公，三日不歌不笑；送葬，哭之哀！

先生族人爲尉虐，被繫累累，乃訟之縣，事解。

曰：“爲治去四穢，其清明矣乎，時文也、僧也、道也、娼也。”

十二月，以今歲覺衰，書一聯曰：“老當更壯，貧且益堅。”

己未　四十五歲

正月，塨同李毅武拜先生問學。先生謂塨曰：“尊君先生老成寡言，僕學之而未能；內方而外和，僕學之而未能。足下歸求之而已。”毅武名倜，邢臺人，志學聖學，篤孝友，燕居必衣冠，如對大賓，見不義事，去之如掩鼻而走惡臭也。如蠡與塨交，共學琴，學舞，學禮，闢佛老力，故同問學於先生。

二月，謂門人曰：“天廢吾道也，又何慮焉；天而不廢吾道也，人材未集，經術未具，是吾憂也。孔子修《春秋》曰：‘我欲托之空言，不如見諸行事之深切著明也。’《會典大政記》，實竊取之。如有志者鮮何！”因吟曰：“肩擔寶劍倚崆峒，翹首昂昂問太空。天挺英豪中用否，將來何計謝蒼生？”

或問：“守禮，人將以爲執？”先生曰：“禮須執，聖言也。”

安州陳天錫來問學，謂程朱與孔孟，隔世同堂，似不可議。曰：“請畫二堂，子觀之：一堂上坐孔子，劍佩、觿、决、雜玉，革帶、深衣。七十子侍，或習禮，或鼓琴瑟，或羽籥舞文，干戚舞武，或問仁孝，或商兵農政事，服佩皆如之。壁間置弓、矢、鉞、戚、簫、磬、算器、馬策、各禮衣冠之屬。一堂上坐程子，峩冠博服，垂目坐如泥塑，如游、楊、朱、陸者侍，或返觀打坐，或執書吾伊，或對譚静敬，或搦筆著述。壁上置書籍、字卷、翰硯、梨棗。此二堂同否？”天錫默然笑。

之田行徐而莊，思此無暴其氣也，而即所以持志。

思老將至，而身心未可自信，如作聖初志何！又思致用恐成馬謖，宜及時自改。

賈子一問家變。先生曰：“舜之化家也，其機在不見一家之惡。爲子計，須目盲耳聾心昧，全不見人過失，止盡吾孝友，方可化家而自全。”

途遇蠡令，避人門下，令回首諦視久之。因思吾人不言不動，猶的然致世別眼，況輕言妄動，焉能晦其明以求免乎？

九月，謂人曰：“人宅內供仙佛不祥，如人請僧或道士常住宅中，可乎？”

弔蠡縣殉夫徐烈婦。

客有見先生颺場者，异之。先生曰："君子之處世也，甘惡衣粗食，甘艱苦勞動，斯可以無失已矣。"

語可訒言曰："佛氏是勿視、聽、言、動，吾儒是非禮勿視、聽、言、動。"

十月，左目上生瘡，後久不愈，左目遂眇，途行遇風輒作痛，避息。

庚申　四十六歲

正月朔，丑興，隱然見一烏衣矮人。已，祭祖考，父生牌忽跌仆如稽首狀。疑父已逝矣，大慟！自此於父生位前供箸饌，以神人之間事之。

看陳龍川答朱子書，至"今之君子，欲以安坐而感動之"，浩歎曰："宋人好言習静，吾以爲今日正當習動耳！"

王法乾父廷獻卒，先生往哭奠。規法乾行喪禮。廷獻翁名藴奇，定州衛諸生，性仁厚，友於弟，以次女妻塨，已而卒。先君子曰："先共法乾議婿則猶是也，而君女亡矣；俗以婿繼娶爲續女，歸寧非禮也。"翁然之。其女未于歸時，有糧數石，翁遣車送至。先君子曰："令女在時，未聞有此也，則君家物耳，請載歸。"翁曰："亡女爲李氏之鬼，其遺物豈王氏之物哉！必不可歸。"先君子受之。

四月二十四日，先生叔父愉如卒於京邸，先生聞之，慟哭成服。

五月，塨來謁，先生衰麻出見，教學《小學》《曲禮》。

深州國公玉來問學。公玉初名之元，避先生，改名之桓。

先生自二月買石氏女爲側室，以身有疾未納。女癡且顛，爲媒欺也。至四月，讓媒氏返之，得原金。六月，媒轉鬻之旗下，先生悔之。七月，塨聞往諫。先生泣曰："吾過矣！吾父無處所，而年四十餘，先人血嗣未立，住與行罪皆莫逭。前擬有子即出，後迫於時晚，以爲但見子產即出，後更不及待，但見有孕即出。乃天降罰，老妻不育。置一婢爲人所欺，短；又置一側，爲人所欺，癡。故痃亂之極，遂欲將此原金再圖一人，而不知其過戾至此也，敢不速更！"盡出原金贖女歸其父，不責償。塨感先生改過之勇，立日譜自考，自此始。

閏八月，思爲學之難也，如行步也，心在則中規矩，心不在則不中規矩，所争在敬肆。而人見其某時如此，某時又如彼，遂指以爲僞矣，敢不力乎！

王法乾指其門人某曰："渠能以冷眼窺人。"先生曰："切不可教之如此。昔人有言，社稷丘墟，凡爲子孫者，當戮力王室，且勿以名分相責。方今孔子之道塗地，但有志者，即宜互相鼓舞，以相勉於聖道之萬一。有八長而二短，姑舍其二；有八短而二長，姑取其二。後生尺寸未進，先存心摘人短，此何意也？"

或告兄弟惡，先生悽然曰："君有惡兄弟，幸也。若某欲求一惡兄而恭之，一惡弟而友之，得乎！"其人感動。

聞先君子事親,夙興拜牀下,初不令父母知,獨左右就養,委曲有道,以使昆弟安。嘆曰:"吾不如也。"

塨規先生言躁而長,猶未改。先生曰:"古人養充而神靈,養充則改過有力,神靈則一點即化,僕正賴良友夾扶耳。"因出《日記》令塨評。

劉煥章規先生曰:"顔子之明,何至爲佞人欺,而夫子教之遠者,乃恐賢豪恃聰明,欲駕馭英雄,不覺爲佞人誤耳。"先生服其言。

九月,博野鄉耆謀公舉先生賢能,先生力沮之。

語塨曰:"春秋惟當以道致霸,戰國必當以道致王。孔子欲爲尊攘事,故仁管仲;孟子無須此矣,故卑之。易地則皆然。"

教塨三減:曰減冗瑣以省精力,減讀作以專習行,減學業以却雜亂。如方學兵,且勿及農;習冠禮未熟,不可更及昏禮。

又語塨曰:"猶是事也,自聖人爲之,曰'時宜';自後世豪傑出之,曰'權畧'。其實此'權'字,即'未可與權'之'權',度時勢,稱輕重,而不失其節是也。但聖人純出乎天理,而利因之;豪傑深察乎利害,而理與焉。世儒等之詭詐之流,而推於聖道外,使漢唐豪傑,不得近聖人之光,此陳龍川所爲扼腕也。僕以爲三代聖賢,'仁者安仁'也;漢唐豪傑,'智者利仁'也。"

塨問:"古人子婦事舅如父,今遠避以爲禮,何也?"曰:"古人三十而娶,有子婦則已老矣,故可近事。今人昏早,父子年多不甚相遠,則別嫌爲禮,今時之宜也。"

十二月,先生叔父柩還自京,竭力佐其子亨葬之。因思父,哭甚慟。

曰:"勇,達德也,而宋人不貴,專以斷私克慾注之,則與夫子'不懼'二字及'勇士不忘喪其元'、'臨陳無勇非孝'等語,俱不合矣。奈之何不胥天下而爲婦人女子乎?"

辛酉　四十七歲

正月,攜塨如獻縣拜王五公先生,弔高公夢箕墓,并會五公門人吴瑾等。回過深州國公玉家。抵安平,晤彭古愚、彭子諒。

二十五日,哭奠叔父主前,告練。

二月,往哭奠朱參兩。

坐王法乾齋,相對衎衎,忽覺期服忘哀,即謹。

三月,觀塨《日譜》,白圈甚多,曰:"此非慊也,怠也。怠則不自覺其過,不怠則過多矣。僕《記》中純白圈,終歲祗數箇。自勘私欲不生,七情中節,待人處事,無不妥當,乃爲慊。故嘗與呂文輔言,聖門'三月不違仁'者固難及,即月至日至,亦何容易!僕并不可言時至,祗刻至耳。"

期服雖練，每日必思慕數次。

謂夏希舜曰："舜何罪？須知父母不悦，即我之罪；舜何慝？須知感動父母不能，即我之慝。'慝'字更苦，更精。葢罪猶有事實可指，慝則并無其事，但見父母不允不若，必我心中暗有不可感動者在也。"

養同高祖侄爲子，名之曰爾檥。

書塨所箴"滕口木雞"四字於東西壁，莊對致敬，如諍友在旁。

思人不能作聖，祇是昏惰，惰則不緝，昏則不熙。

參訂司馬光十科取士法。源按：唐宋科目甚繁，溫公十科差勝，要皆出仕之人，而間雜以未仕者，總不外明經進士而已。是取之以章句辭華，而另設科以用之，欲人才之得難矣。不如即以先生所述三物之教，復古制鄉舉里選，各取其長，而分兵、農、禮、樂諸科以用之，終身於一職，以其職之尊卑爲升降，而不雜其途，庶人才可以競出，政事可以畢舉，又何事於唐宋科目哉！先生《存治》之意如此。今葢姑取其科之近似者，檢較之耳。

曰："彭濟寰嘗戒予，謂大病是心中話即説在口中，至今二十年未改也，耻哉！"

四月二十四日，哭奠叔父主，告釋服。

聞劉宰宇以豪俠老而甘貧，奬之。

齊爟燧侯問學。

時塨與張文升共學韜鈐，先生每入蠡城，則商酌徹晝夜。

觀王法乾《日記》曰："仁者不見非薄之人，情不相召也。存於中者戾，而感應甚神，可畏哉！"服其深中膏肓，録之。

思周孔似逆知後世有離事物以爲道，舍事物以爲學者，故德、行、藝總名曰物，明乎六藝固事物之功，即德行亦在事物内。《大學》明親之功何等大，而始事祇曰"在格物"。空寂静悟，書册講著，焉可溷哉！

八月，以患瘡久，氣血虚，乃更弔日在喪家不御酒肉，移處則用。

偕塨習禮，教之曰："旋轉貴方圓，唱禮貴高亮。方圓又貴中節，高亮又貴有謹慎意。僕嘗謂呼弟子及奴僕，聲音亦宜莊重，而忌凌傲也。"

王法乾摘塨過曰："剛主交某某，又與某通有無，可憂。"先生曰："果有之乎？然吾以爲剛主不及吾二人在此，其勝吾二人亦在此。吾二人不苟交一人，不輕受一介，持身嚴矣，然爲學幾二十年，而四方未來多友，吾黨未成一材。剛主爲學僅一載，而樂就者有人，欲師者有人。夫子不云乎，'水清無魚，好察無徒'，某將以自改也。"

思齊家之難，誠哉嚬笑不可苟也。

行必習恭，步步規矩，如神臨之。

始製懸門齊戒牌，每齊戒懸大門外云："今日交神，不會客，不主醫方，親友賜訪，請暫回，或榻他所，祭畢領教。"

看《家語》至趙簡子鑄刑鼎，孔子歎曰："晋其亡乎？法銘在鼎，何以尊貴，何業之守！"因著《説》，謂法寄之人也，銘在鼎，將重鼎而輕人，法必失。道行之人也，刻在書，將貴書而賤人，道必亡。

十月，約塨以月之三五日會質學。

先生從不入寺，不與僧道言。至是悔，曰："如此何由化之？此即褊狹不能載物之一端也。"

十二月，著《明太祖釋迦佛贊解》。

壬戌　四十八歲

正月，先君子設穀日之筵，先生司禮，同劉焕章、張函白、王法乾、張文升、魏秀升諸友，彈琴，賦詩，習射，演數，歌舞，藏鉤，極樂。先生作《穀日燕記》。

塨從先生如獻縣，與王五公先生議經濟。

國公玉邀衡水魏純嘏來，傳天文之學。

思古學教法，"開而弗達，强而弗抑"，又古人獎人嘗過其量，吾皆反此，不能成人材，不能容衆，自今再犯此過，必罰跪。

先君子規先生曰："滿腹經濟，再求中節。"先生謝焉。

四月，塨病疫，先生盤桓蠡城，醫之。

七月，著《唤迷途》，後又名曰《存人編》：一、唤尋常僧道；二、唤參禪悟道僧道；三、唤番僧；四、唤惑於二氏之儒；五、唤鄉愚各色邪教。

九月，與塨訂規約，以對衆不便面規者，可互相秘覺也。云："警惰須拍坐，箴驕示以睛，重視禁暴戾，多言作嗽聲，吐痰規言失，肅容戒笑輕。"

謂張函白曰："千古學者，皆被孔子'狂'、'簡'二字説定。狂而不簡，則可進於中行矣。千古狂者，皆被孟子'進取不忘其初'一語説定。進取而忘其初，則可幾於聖域矣。吾與法乾、剛主，皆愧是焉。"

如保定府，哭奠吕文輔，晤孫徵君十一子君夔。

塨進於先生曰："五穀之生也，生而已矣，長也，長而已矣，不自知其實而穡也，學者有進而無止也如之。孔子從心不踰時，猶思再進也。塨竊窺先生，近若有急急收割意焉。且夫英雄敗於摧折者少，敗於消磨者多，故消磨之患，甚於摧折，不知是否？"先生曰："是也，願急改策！"

癸亥　四十九歲

正月，如易州，望荊軻山，詩云："峯頂浮圖掛曉晴，當年匕首入强嬴。燕圖未染秦王血，山色於今尚不平。"

四月，博野知縣羅士吉差役來候，以王五修子贊及崔詹事蔚林、楊太僕爾淑言也。蔚林字夏章，學宗陸王；爾淑字湛子，孫徵君門人，俱新安人。

六月，河南楊廕千來訪問學，奉《唤迷途》而去。喬百一書來論學。百一名己百，臨城人，明末給事范士髦嘗薦於朝，已而國變，遂高隱。與塨往返書有云："孔子教人，不過'忠信'、'忠恕'等語，不止罕言命，亦罕言性。蓋性命之説渺茫，不如實行之有確據也。實行敦，而性命自在其中矣。此孔子維世立教之深意也。"可爲名言。

閏六月，納所買田氏女爲側室。

張函白規先生固執，兼輕信人。王五公先生亦謂曰："流丸止於甌臾，流言止於智者。"先生服之。

一族弟無狀，先生責之，其人曰："大兄惠我一家，原感不忘；因大兄表功，故反成怨耳。"先生悚然自悔。

九月，先君子病，先生視之。既彌留，先生問教，曰："嘉哉！尚有始有終。"卒，先生哭奠。挽聯曰："勁脊柱乾坤，操嚴端介；柔腸和骨肉，德重孝恭。"

批周子《太極圖》之誤，主静之失。

顔習齋先生年譜·卷下

李塨 纂
門人
王源 訂

甲子 五十歲

正月,國公玉來請執贄,先生以其年長於己,辭之。

二月,王五公先生卒,先生聞之大慟。已而聞其目不瞑,嘆曰:“五公不瞑目矣,吾之目其可瞑耶!”初志尋父,以事恩祖不遂,及歸宗,值天下多故,又思爲父母立一血嗣,乃出,躭延數年,今不及待矣,遂決計尋親。

三月,爲位哭奠王若谷。若谷字餘厚,五公從兄,同起兵討賊者,嘗過先生。至易州坎下,會葬五公先生,私謚曰“莊譽”。又之郎仁,哭奠楊計公。先生自誓尋父遼東,不得則尋之烏喇、船廠諸處,再不得,則尋之蒙古各部落,再不得,則委身四方,不獲不歸,故凡友朋當哭奠者,皆行乃出,不欲留亡者以缺也。

四月八日,隻身起行,如關東尋父。

過涿州,晤陳國鎮。國鎮名之鉉,涿州人,鹿忠節公善繼弟子。善繼講學宗王守仁,而躬行切實過之。嘗語人曰:“傳吾學者,杜越而外,陳氏子而已。”年七十餘,諄諄提引後進,不少倦。人問之曰:“先生亦苦寂寞乎?”曰:“動静皆有事,何寂寞之有?”大學士馮銓同城居,謀請見,不得。

十七日入京,刻尋父報帖,貼四城門及内城各處。對人言則泣,人聚觀則叩首白,求代尋。來報,重謝之。斧資取給醫卜,親友餽贐亦受之。

五月十五日,出朝陽門而東,每朔望必望拜家祠,答室人拜。二十日抵山海關。海吼,山水暴漲,又无路引,不得出關。

見山海之雄，嘆曰："夏、殷、周之得天下也以仁，失以不仁。漢、唐、宋之得天下也以智，失以不智。金、元之得天下也以勇，失以不勇。"

六月四日，遇豪士曹梅臣者，爲經營路引，乃得出。十三日，過韓英屯南，已至奉天府，即瀋陽也。主堂兄在旗者希湯家。時東鹿友人張尚夫之兄張鼎彝東巖任奉天府丞。往拜尚夫，因見東巖，求散布州縣尋父報帖。逢人則流涕跪懇，與之報帖，求其傳布。

七月，張東巖作《毁錦州念佛堂議》，先生爲之作《檄》，作《説》，入《存人編》。

八月，報者沓至，往驗則非，先生日夜悲楚。

交程玉行。玉行，山東人，有學，具壯志，以事編居瀋陽。

滿州筆帖式關拉江問性、情、才。先生曰："心之理曰性，性之動曰情，情之力曰才。"因言宋儒不識性，并才、情俱誤。拉江驚服，遂拜從學。拉江宿於外，先生問之，曰："吾妻有親喪，念婦人亦人子也，豈可亂其喪哉！"先生喜曰："禮所未制之禮也，而合矣。"

四出尋覓，日禱父信於神明。

乙丑　五十一歲

二月朔日，傳蓋州南有信，先生如海、蓋等處。

三月，宿遼陽城，出陷翻漿泥中。七日至蓋平。十九日又陷泥中，失履出，過耀州。二十日入海成縣，二十五日入遼陽，俱貼報帖，遍諮詢不得。三十日，復返瀋陽。

三月三日，擬東往撫順。四日，瀋陽有銀工金姓者，其婦見先生報帖，類尋其父者，使人延先生至家，問先生尋親緣故，先生泣訴。婦驚泣，曰："此吾父也！"先生乃詳問父名字、年貌、疤識，皆合。婦又言："父至關東，初配王氏，无出；繼配劉氏，生己。曾以某年逃歸内地，及關被獲，遂絶念。康熙十一年四月十二日卒，葬韓英屯。"因相向大哭，認爲兄妹。先生又出，遍訪父故人，言如一。八日乃定税服。十一日，宰猪羊祭墓，立主慟哭。自此寢苫、枕塊，不食甘旨，朝夕奠，午上食，哭無時。識交皆來吊奠，人人嘆息稱道。十二日，行初虞禮。

四月朔，奠告奉主歸，隻身自御車，哭導而行。日朝夕奠，午上食，不怠。凡過大水、橋樑、城門必下而再拜祝告，溝渠、徒杠、莊門，車上跪祝，或俯車秘祝，乃過。是日兄及妹夫金定國識交等，俱遠送哭别。十二日達松山堡，行忌日奠。途哭無時，惟至人宅，哭止數聲，不揚。十八日，入關，往謝曹梅臣。梅臣來吊奠。嗣後遇前助力餽贐者，皆謝之，吊奠繹接。十九日行再虞禮。三十日過京城。

五月五日至博野七里庵，先期達。服親皆成服迎奠，哭拜，相向哭。已入里，至宅安主，行三虞禮。遠地親友皆來吊奠，賻則辭。十三日葬父生主於祖兆，告蠡庠教諭以丁憂。

六月八日，行卒哭禮，九日行祔祭禮。自此惟朝夕哭。

讀《士喪禮》,嘆古聖書多記事,後儒書多談理,此虚實之别也。

從三叔父怡如病,請同寢,奉養之。

七月十六日,怡如卒。其子早壯方孩提,貧,先生代葬之。是後朝夕哭考。其間思及從叔,則哭叔。

十二月十六日,哭奠三從叔,告除服。

高陽齊林玉有雄才,河南墾荒,先生餞之。

丙寅　五十二歲

正月,教諭不敢以税服報先生丁憂,先生必不易服應考,因棄諸生。

二月,思孟子曰"先立乎其大",今小事皆能動心,小不平皆能動性,正是大不立也。

三月八日,行小祥禮。自此易練服,止朝夕哭,惟朔望哭奠,頗食甘美,但不飲酒、不食魚肉稻。

王學詩來執贄,先生不許,長跽兩晝夜以請,先生曰:"吾惡夫世之徒師弟名而无其實者。汝今居大母喪,能從吾喪禮行,再來,受子矣。"乃去。學詩字全四,完縣人,傭身葬父,割股肉療母疾,學使奏聞,并及其父三錫之孝、祖母金氏母邊氏之節,領六十金,建三世節孝坊,嘗從孫鍾元徵君、魏庸齋司寇遊。

四月十一日,思喪禮不言齊戒,以无時不齊戒也。今予年踰五十,愧不成喪,食蔬不免葱韭,則祭前須齊戒。十二日,行忌日奠。

博野知縣羅士吉具牲來吊祭成禮。先生往縣謝,致胙二方,望署門稽顙拜而還。

先生偶坐門外,聞言幾失笑,乃知喪禮不耦坐,不旅行,有以也,遂入。

一日晏起,因思喪中廢業,兼以毁瘠,極易萎惰。故先王制祝詞曰:"夙興夜處,不惰其身。"然期以内,哀,慕不遑不惰猶易;練以後,哀思日殺,心身少事,逸斯惰矣,惰愈憊矣,故孔子曰:"喪事不敢不勉。"

五月十三日,聞關東大兄卒,税服三月。

先生自外過中門,側室田氏急掩扉避,先生遥嘉之曰:"可謂能守禮矣。"

八月十三日,爲關東大兄位,奠告服闋。

謂門人曰:"初喪禮,'朝一溢米,夕一溢米,食之无算。'宋儒《家禮》删去'无算'句,致當日居喪,過朝夕不敢食,當朝夕遇哀至,又不能食,幾乎殺我。今因《家禮》'練後止朝夕哭,惟朔望未除服者會哭',凡哀至皆制不哭,疑聖人過抑人情。昨讀《子夏傳》曰,'既練,舍外寢,始食菜果,飯素食,哭无時',乃嘆先王制禮,盡人之性;宋人无德无位,不可作也。"

丁卯　五十三歲

自儆曰:"堯舜之聖在精一,吾不惟不精,而方粗如糠稗,不惟不一,而且雜如市肆,愧哉！懼哉！須極力培持，上副天之所以生我者可也。”

三月二日，聞嫁母病，亟之隨東侍疾。

五日回里。齋戒，八日行大祥禮，始參用《儀禮》。先生主初獻，主婦亞獻，以邊生作賓，三獻。

祭訖，急如隨東，則母卒矣，大哭！服吊衰。吊賓爲先生來者，拜謝，非則否。十一日奠，十五日送葬，十六日哭拜，辭主而回。

二十五日行禫祭禮。

四月朔日，奉考主於家祠，行吉祭禮。乃遷曾祖考妣主於祧室，安祖考主於祖室，考主於禰室，以殤子赴考祔。十二日行忌日祭，十五日始行望禮於家祠、習齋。與家人爲禮，命田氏隨女君拜祠，拜君，女君，皆四。坐受子拜父母畢，揖之，一切復常。惟不樂，不華飾，以尚有心喪也。

行醫於祁州，濟貧，且欲廣成人材也。

六月，刁過之、石藍生約共習禮。

羅令懸匾表先生門。

許酉山致書於先生，論學。先生以周孔正學答之。酉山先生，諱三禮，河南山陽人，順治辛丑進士，選杭州海寧令。邑煩劇，又值三藩變，政務旁午。先生撫民擒寇，皆有方略；且延士講學，行禮樂，考經史。厨傳繽紛，先生處之裕如也。署後建告天樓，每晨必焚香告以所爲。辛酉入授御史，己巳遷至副憲，特疏劾内閣徐元文與其兄尚書乾學、侍郎高士奇，鐫一級，而徐、高亦由是去位。著《河洛源流》《政學合一》等書。《源流》畧云：“聖道一中，原通天地民物爲一，全體大用，揆文奮武，皆吾心性能事。但自孔子没，而中行絶，狂狷兩途，分任聖道，乃氣數使然，不可偏重。狂者進取，如張良、韓信、房、杜諸人，皆能開闢世界，造福蒼生，然求其言行之盡規規聖道，不能也。狷者不爲，如程顥、朱熹、陸九淵諸人，不義不爲，主持名教，然欲其出而定鼎濟變，如古聖之‘得百里而君之，朝諸侯，有天下’，不能也。二者分承協任，庶見聖道。若但認孔子爲一經學儒生，則非矣。”庚午，官至兵部督捕右侍郎，辛未卒。

塨與張文升推衍《存治》，文升著《存治翼編》，塨著《瘳忘編》，先生訂正之。

七月三日，謂紹洙曰：“檥其來，予心告矣。”紹洙問，曰：“素不妄動。”已而爾檥果至。紹洙，遠族叔也，以貧養於習齋，數年如一。

八月，過保定府，入謁魏蓮陸所建五賢祠：程明道、程伊川、劉静修、鹿忠節、孫徵君，以其皆郡人也。配饗者爲杜紫峯、張聚五、張石卿、孫君僑、高薦馨、孫衷淵。

王法乾謂先生曰：“君子口代天言，寧容易乎！”先生是之。

十一月，過安平，可訒言勸先生以時文教人，借以明道倡學。先生曰："近亦思及此。"

十二月，訂塨所著《閲史郄視》。

聞劉焕章无疾而卒，面色如生，大哭。往吊奠，爲作行狀。

戊辰　五十四歲

正月，常功增：日三復"毋不敬，儼若思，安定辭，安民哉"！朔日，遭還初伯緦喪，哭奠，慟。

時先生内子復姓李。

復移祁州藥鋪於家。

思待聖賢以豪俠，待豪俠以聖賢，待庸愚以聖賢豪俠，待奸惡以聖賢豪俠，或處之如庸愚，則失其心，則致其侮或害，皆己過也。而乃委命之不淑，人之難交耶！

二月，出棉百斤，助還初子文芳治喪。文芳，爾檥生父也。

王學詩卒，先生如完縣吊之，揖而不拜，以其歸能行朔望哭奠禮，收之爲門人也。

四月朔日，告還初伯於殯宫，除服。

看塨《四書言仁解》。

七月朔日，行禮畢，謂内子曰："吾與子雖病，但能起，勿怠於禮。"塨規先生病中鬱鬱，是中无主也。先生即書於册面自警。

鹿密觀來訪。

思宋室臣子所宜急商榷者，正在朝廷利害，邊報差除，乃范益謙首以爲戒，與明人舍職掌談學，皆失聖道，而予中年曾受其疫染也。

十月，如獻縣哭奠王曙光。

十一月，如高陽拜孫文正公祠。

如新安，拜謝馬閗一，會僧鶚立，是時凡助尋父者，皆往謝之。

如郝鬬，與馮繪升言《存性》《存學》。繪升初疑，後是之。

十二月，李植秀從遊，學禮。

己巳　五十五歲

正月，訂一歲常儀常功：凡祭神用今儀，通三獻，詣位讀祝，共十二拜，較《會典》減三拜者爲成儀，連獻五拜者爲減儀。春祭祖考，秋祭考，俱大齊。季秋特祭孔子，孟春祀户，孟夏祀竈，季夏祀中霤，孟秋祀門，孟冬祀水，俱中齊。清明、十月朔，從族衆祭祖墓，亦中齊，皆用成儀。凡朔望、節令、親忌日、己生日及祭外親友，或同老幼祭分派族人墓，俱小齊，用減儀。朔有薦，望惟酒果。大齊，七日戒，三日齊；中齊、散齊二日，致齊一日；小齊、散齊一日，致齊一夜。大齊必沐浴，中齊沐浴或澡拭，必入齊房；小齊必别寢。戒日懸内齊戒牌，書云:“戒不弔喪,不問疾,不怒責人,不入内,不與穢惡,飲酒不至三盞,食肉不茹葷。”齊,沐浴,著明衣,遷坐,不會客,不主方,不理外事,致思所祭如在。齊日懸外齊戒牌,書云:“今方交神,不敢會客,不敢主方,賜訪親友暫回,祭畢候教。如遠客,煩族親延榻他所,祭畢恭迎。”凡倉卒與祭外神親友,又有時齊、刻齊之例,謂立刻即屏他念,禁言語,專思所祭也。凡祭令家人辦祭品,務潔肅。凡朔望、節令謁祠出,中堂南面,妻北面四拜,惟冬至、元旦八,皆答再;妾拜同,不答;子拜同,不答;妾拜妻,儀同拜君;子孫惟元旦拜妾再,妾答拜。凡出告反面於家祠前,俱如生人禮。今因《禮》言“無事不闞廟門”,定即日反者揖告祠外,經宿以上再拜告簾外,旬日以上乃啟簾焚香設薦告之。教妻行禮同,是謂家禮。朔望出至習齋,焚香,率子及從學弟子拜聖龕四,畢,坐受弟子拜四,是謂學儀。凡出,過祠必下,淫祠不下,不知者式之,行樹壁外式。文廟壁外亦下,過墓必式,惡墓不式。若名賢宗族及至親厚友之父母,准下祠例。有所惻,必式,如見瞽者、殘疾、喪衰、城倉倒、河決、殺場之類。有所敬,必式,如遇耄耋,望祠廟,望祖塋,過忠臣、孝子、節烈、遺跡、賢人里之類。凡過祖塋,日一至揖,再至趨,旬以上再拜,月以上四拜。恩祖父母、師墓同。凡賓主相見,見師,日見揖,旬以上再拜,月以上四拜;交友皆再拜,會常客如常儀。凡吉禮遭喪皆廢,雖緦亦然,此一歲常儀也。習禮樂射御書數,讀書,隨時書於《日記》,有他功隨時書。每日習恭,時思對越上帝,謹言語,肅威儀。每時心自慊則○,否則●,以黑白多少別欺慊分數,多一言○̸,過五則⊗,忿一分♂,過五則⊛,中有×,邪妄也。如妄念起,不爲子嗣比内,皆是。每晨爲弟子試書講書,午判做教字,此一歲常功也。有缺必書。新爲却疾求嗣計,增夜中坐功。

謂張文升曰:“如天不廢予,將以七字富天下:墾荒,均田,興水利;以六字强天下:人皆兵,官皆將;以九字安天下:舉人材,正大經,興禮樂。”

二月,塨執贄,正師弟禮。

先生歎曰:“‘素隱行怪’者有其人,‘半塗而廢’者有其人,‘依乎中庸遯世不悔’者,吾非其人也,竊有志焉。”

思心時時嚴正,身時時整肅,足步步規矩,即時習禮也。念時時平安,聲氣時時和藹,喜怒時時中節,即時習樂也。玉帛周旋,禮也,不爾亦禮;琴瑟鐘鼓,樂也,不爾亦樂。故曰:“禮樂不可斯須去身。”

王法乾論友主擇交,先生主節取。

三月,習琴。

十一日,誕日也,家人請拜。先生泣下曰:“予兩間罪人,不及事父母,敢當家人祝乎!”乃例不祝壽。是日與人送葬,遂泣不已,自傷也。

知養子有隱疾，不能嬗嗣，且有室變，大憂。旋以命自解，乃謀養孫爲後。

李植秀來問禮，曰："子有祖父在，禮不得專行。吾聞人子善言常悦於親耳，善行常悦於親目，須潛孚祖父，若自其己出，而我奉行之者，乃善。此吾在朱氏時所自勉也。"

習騎刀式，始及雙刀。

四月，學使李公應薦、知蠡縣事趙公旭，俱遣人懸匾旌閭，趙兼有餽儀，先生受而不報。時蠡人士公舉先生於縣，將達道院上奏，國公玉亦謀遍揚當道，先生力止之。

謂塨弟培曰："僕抱禹稷之心，而爲沮溺之行，如函劍而欲露寸光者；法乾謂不如全函，剛主謂不如多露，皆非僕志也。"

如蠡，哭奠塨世父保初。世父諱成性，康熙初，以恩貢截留提選通判，辭老不就。先生私謚之曰"節白"。

五月，塨問曰："近日此心提起時，萬慮皆忘，祇是一團生理，是存養否?"先生曰："觀子九容之功不肅，此禪也，數百年理學之所以自欺也，非存養也。予素用力，静則提醒操持，動則明辨剛斷，而總以不自恕。蓋必身心一齊提起，方是存養，不然，則以釋氏之照徹萬象，混吾儒之萬物一體矣。"

七月，教李植秀及幼弟利學士相見獻酬禮，令肄三。

王法乾曰："程朱何可操戈? 試看今日氣運，是誰主持? 家讀其書，取士立教，致君臨民，皆是也。"先生曰："元亦謂今日是程朱氣運，正如周季自是五霸持世，然必以爲五霸持世，不如堯舜，程朱持世，不如孔孟。"已而曰："謂程朱持世，尚過其分。十分世道，佛氏持三分，豪俠持三分，程朱持三分，仙氏持一分，聖道焉得不皇皇表章也!"

刁文孝之子静之來，言靈壽知縣陸隴其求先生所著書，清苑知縣邵嗣堯欲相見。先生謝曰："拙陋不交時貴，吾子勿游揚也。"隴其字稼書，浙江平湖人，爲程朱學，居官清介。嗣堯字子昆，山西猗氏人，學陸王，清威有吏才。

以祭門神齊戒，有雜念，思祭神猶難於齊，况平常而能齊明也，即專思神。二十九日，出也行中規矩，入則否，嘆曰："甚矣，周旋中禮之難也!"

李植秀問曰："秀尋師問道，人多毁忌，如何?"曰："天下方以八股爲正業，別有講作，皆曰閒雜，皆屬怪异。汝初立志，當闇然自進，不驚人，不令人知可也。然亦須堅定骨力，流言不懼，笑毁不挫，方能有成。"

八月，撫院于公成龍，使來懸匾旌閭，先生受而不報。

九月，訂塨所編《訟過則例》。

吹篇。

自勘，"出門如見大賓"，近多如此。

國之桓介塨執贄，先生辭；固請，乃受之。

思“戒慎不覩，恐懼不聞”，必於湛然虚静之中，懔上帝臨汝之意，則静存正功也。若宋人觀喜怒哀樂未發氣象，非丹家所謂内視乎！

塨問：“自整飭矣，已又忽忘昏惰，何以免此？”先生曰：“湯銘‘苟日新’矣，何必複曰‘日日新’？日日則無間矣，何必贅曰‘又日新’？可見忽忘昏惰，古今學者通患，除時常振刷，无他法矣。”

李植秀問：“閒念朋從，屏之不退，如何？”先生曰：“但將精神竦起，使天君作主，諸念自然退聽。然非用力有素，而驟言竦起退聽，亦殊不易，先儒所謂‘工夫即是效驗’也。”

族弟借乘，家人對：“碓矣。”先生思此人魯鈍，无所借，命家人改日碓。

十二月，往哭奠閻大來。大來名際泰，蠡人，豪俠好義，所施散萬餘金，交遊幾遍天下，而待人寛讓，遇横逆笑受之，不報。

三從叔子早壯，以孩提從母嫁，至是取歸養之，率之招神於墓，立主習齋旁室，行虞禮。

書一聯云：“虚我觀物，畏天恕人。”

庚午　五十六歲

正月三日，養族孫保成爲孫。

國之桓至，先生曰：“學人未有真誠如子者，惜老矣！”之桓曰：“竭力向前，死而後已，敢以老阻乎！”

先生與王法乾同榻，問曰：“元有寸進否？”曰：“有，遇人争辯，能不言矣。”

二十二日，行中矩，望見壁上書“毋不敬”，快然。思敬時見箴而安，怠時見箴而惕，不啻嚴師争友矣。湯武逐物有銘，有以哉！

博野令羅公致仕，先生往謝，羅公尋來拜謁，深以先生之學爲是，作《唤迷塗序》。

二月，張東巖通政來訪。

二十二日，遭從世母緦服。

三月，訂塨族約。

思事可以動我心，皆由物重我輕，故兵法曰：“敗兵若以銖稱鎰。”

曰：“後世詩、文、字、畫，乾坤四蠹也！”

習射。

門左演戲弄，家衆寂然，室中各理女工，如無聞。先生喜曰：“誰謂婦女不可入德也！”

五月九日，子弟俱往田。思吾庭除日新，有乏人，无廢事，今不潔，衰惰甚矣。乃各處親掃，惟場，三息乃畢。

思内篤敬而外肅容，人之本體也，静時踐其形也。六藝習而百事當，性之良能也，動時踐其形也。絜矩行而上下通,心之萬物皆備也,同天下踐其形也。禪宗焉能亂我哉!

二十二日,哭奠從世母墓,告除服。

六月,書謹言八戒:一戒閒言,二戒俗言,三戒類引,四戒表暴,五戒淩人,六戒幽幻,七戒傳流言,八戒輕與人深言。

思文墨之禍,中於心則害心,中於身則害身,中於家國則害家國。陳文達曰:"本朝自是文墨世界。"當日讀之,亦不覺其詞之慘而意之悲也。

思高明覆物,萬物歸我,洞照萬象,一象不沾,儒、釋相去天淵也。

思定其心而後言,自无失言;定其心而後怒,自無妄怒。失言妄怒,皆由逐物,未嘗以我作主。

八月朔日,以祭門神齊,思人心不如聖人之純一也,齊日之心,必如聖人,而神乃可格。人身不如聖人之九容也,齊日之身,必如聖人,而神斯可交。

一日行容恭,因思劉煥翁。謂門人曰:"予當恭莊時,輒思劉煥章,矜莊時思吕文輔,坦率時思王五修,懇摯時思陳國鎮,謙抑時思張石卿,和氣包括英氣憤發時思王五公。嗟乎!使諸友皆在,其修我豈淺鮮哉!"

九月,思人大則事小,伊尹五就湯,五就桀,人未聞譏其反覆背逆也。

二日,行中規矩,思昨終日中度,今日惟此時,純敬之難也。

思人才無用矣,厭其無用,即己才无用。世路不平矣,怨其不平,即己情不平。

以祭考齊戒。思齊戒日,有不悦宜寬之,曰先考之量容之也;有交財宜讓之,曰先考之惠及之也。

十月,爲蠡人士作《祭劉潤九文》。潤九名廕旺,蠡人,恭兄,富而行仁,環居十餘村,有訟争,皆往質之。

十一月,淶水曹敦化來問學,求列門人,先生辭。

王法乾曰:"自知周孔三物之學,却缺静功,不及前日。"先生曰:"《易》曰'洗心',《中庸》曰'齊明',非齊不明,非明不齊,非洗心不能齊明,非齊明不能洗心。何事閉目静坐,拾釋子殘瀋也!"

十二月,教之桓敦化學禮。敦化介塨執贄,先生許之。

先生語塨曰:"伯夷仁也,柳下惠義也。"塨曰:"塨亦謂伯夷非佛老可托,以其不念舊惡也;柳下惠非鄉愿可托,以其必以道也;伊尹非雜霸可托,以其樂堯舜之道,而一介取與必嚴也;孔子非經生可托,以其志爲東周,而教人以兵農禮樂也。"先生曰:"然。"

先生曰:"唐楊瑄疏言,選士專事文辭,自隋煬帝置進士科始;加以帖括,自唐高宗聽劉思立之奏始。乃爲世害至今乎!"

辛未　五十七歲

正月，思凡罪皆本於自欺，言聖人之言，而行小人之行，全欺也；即言聖人之言，而行苟自好者之行，亦半欺也。法乾規先生曰："身不及口，口不及筆。"先生曰："心更不及身，願共勉之。"

思有一夫不能下，亦傲惡；有一事不耐理，亦怠惡；有一行不平實，亦僞惡；有一錢不義得，亦貪惡。又思不怨不尤，下學而上達，真無聲無臭，於穆不已，上通於天矣。故曰："知我者其天乎！"内返歉然自愧！

看《韓非子》至《説難》"强以其所不能爲，止以其所不能已，如此者身危"憮然恨予交人每蹈此，危哉！

名保成曰"重光"。

思予以淺露爲直，暴躁爲剛，執滯爲堅定，屢過不改，廢才也。

三月，先生將出遊，曰："蒼生休戚，聖道明晦，敢以天生之身，偷安自私乎？"於是别親友，告家祠，十六日南遊中州。

至安平縣閻暉光齋。閻教其門人揖立應對，朔望拜父母儀。奬之。

至深州，國之桓請從，以其年老家貧子幼，辭之。對曰："吾敢遜子路乎！"固請徒步從。先生教之曰："正心修身之功，不可因途行懈，吾嘗内自提撕也。"又教以齊家先嚴内外。

野莊頭遇鄭光裕克昌，示以《喚迷塗》，大悦。

至順德府馮莊，訪楊雨蒼及其弟濟川，示以《喚迷塗》，楊録之。晤邢臺教諭賈聿修，故人也。曰："人言教職爲閒署，不知人才爲政事之本，而學校尤人才之本也。"勉以修身布教之道。

四月朔日，行望拜家祠，答拜家人門生禮。

至安陽，哭奠許酉山先生。訪徐孝子适。适聞《存學》《存治》，曰："适每夜祝天生聖賢以衛聖道，其在先生矣！"

抵回龍，與陳子彝、耿子達、甯天木、熊伯玉、耿敬仲、孫實則、柴聚魁、丁士傑論學，爲甯季和、閻慎行言經濟。

至濬縣，教諭國之蒲男玉，之桓弟也，來迎。遊大伾山，論道士歸倫。考忌日，齊宿遥奠，終日素衣冠，不御酒肉。

與男玉論井田，固留之桓而行。宿班勝固，見民以歲凶流亡，惻然，出錢及衣周之。草《遊客書》，寄縣令，諷以四急：一急停徵，一急賑濟，一急捕蝻，一急請上官行文各處，安集流民。

至夏峯，晤孫徵君子：五君協，七君孚，十一君夔，具雞酒祭徵君，哭之。拜耿保汝。因同孫平子、孫箕岸登嘯臺,遊安樂窩,吊彭餓夫墓,酹以酒。盥嗽百泉。時保汝率子爾良及楊曆千、楊誠甫、李天祐、孔益仲陸續至。乃以《存學》質保汝曰:"請問孔孟在天之神,以爲是否?程朱罪我否?"保汝曰:"孔孟必以爲是也,程朱亦不之罪也;但目前習見不脱者起紛紜耳。"先生曰:"苟无獲戾先儒,而幸聖道粗明,生死元不計也。"保汝曰:"如此無慮矣。"乃爲暢言六藝之學。保汝出其《王制管窺》,論井田封建,與先生《存治》合,深相得。流連幾十日乃别,曆千以車馬送。保汝名極,定興人,從孫徵君移家夏峯,高隱力學。

至延津,訪周礎公論學。渡黄河。

五月,至河南開封府,張醫卜肆以閲人。

思今出遊,即"用九"也,必見"无首",乃爲善用。

十日夜,店人喊盗,先生堅卧,亦不言。

訪張子朗、劉念庵、郭十同、李瑶之。

杜聿修、周炎、趙龍文來訪。

時時習恭,心神清坦,四體精健。時疫氣流行,兼之斧資不給,而先生浩歌自得,絶不動心。

一日見一翁過,骨甚健,异之,挽入座,則孫徵君門人原武張燦然天章也。先生以常功及《存學》質之,天章喟然曰:"禮樂亡矣,《存學》誠不容不作。"問水政,先生畧言之。天章曰:"先生何不著禮儀、水政書?"先生曰:"元之著《存學》也,病後儒之著書也,尤而效之乎!且紙墨功多,恐習行之精力少也。"自此來問學者日衆。

二十七日,始食杏,恐食早,家人未薦也。

張天章來,曰:"學者須静中養出端倪,書亦須多讀,著述亦不容已。"先生曰:"孔子强壯時,學成教就,陶鑄人材,可以定一代之治平矣。不得用,乃周流,又不得用,乃删述,皆大不得已而爲之者也。如傚富翁者,不學其經營治家之實,而徒效其凶歲轉移,遭亂記產籍以遺子孫者乎!且孔子自居於述,乃武周述事之述,家居習禮樂,執射御,爲司寇,辨五土之性,乃述六府三物之事也,非注記其文字也。後儒以講書注解,托聖人之述,可乎?况静中了悟,乃釋氏鏡花水月幻學,毫无與於性分之真體,位育之實功也。聖門下學上達,原有正途,不然,孔子日與七十子習行粗迹,而性命不得聞,孔子不幾爲千古之拙師,七十子竟成愚徒乎!"天章曰:"顔子仰鑽瞻前,如立卓爾,是何物,豈顔子枯禪乎?"先生曰:"否,顔子明言'博我以文,約我以禮',豈空中玩弄光景者比耶!後儒以文墨爲文,以虚理爲禮,將博學改爲博讀、博講、博著,不又天淵之分耶!"天章拜手曰:"聞命矣。"時主客坐久,體愈莊,容愈恭。先生因指曰:"非夙用戒慎功,此容不得於人前矯强粧飾也,故一望識君。"天章悦服,抵夜乃去。

偶見筆有亂者，因思杏壇之琴書不整，孔子不得謂之“恭而安”，俱正之。

六月，遊於衢，遇一少年，頗异，問之，朱超越千也。約來寓，已而果至。問其志，願學經濟，乃沽酒對酌，與之言。已，提劍而舞，歌曰：“八月秋風彫白楊，蘆荻蕭蕭天雨霜，有客有客夜彷徨。彷徨良久鸛鵠舞，雙眸炯炯空千古。紛紛諸儒何足數，直呼小兒楊德祖。尊中有酒盤有餐，倚劍還歌行路難。美人家在青雲端，何以贈之雙琅玕。”翌日報一刺曰“吴名士拜”，遂行。

抵杞縣，訪田椒柏、鄭吉人，皆以《存學》爲是。

至鄢陵，訪梁廷援以道，於伏村晤劉子厚。

訪王延祐次亭。次亭述其師張仲誠所傳，將好貨好色，作成色相制絶。先生曰：“是主人不務守家，而无事喊盜也。予謂白晝乾健習行，夜中省察操存，私慾自不作；即或間作，衹一整起亦必退聽。孔門爲仁與克伐怨欲不行之分，即在此。”次亭請執贄，辭之。晤常貞一蘇子文。

七月，訪劉從先，言禮當習。從先奮起曰：“此時即習，何待乎？”習祭禮二度。日入，從先曰：“燈可讀書，燈不可習禮乎！”秉燭終三。教從先三郎喪禮。從先問喪服制，言之。

訪韓旋元。旋元閲《存性》曰：“‘仁者人也，合而言之道也’，豈心之理善而身乃雜惡乎？”閲《存學》，曰：“是吾儒《唤迷塗》也。”

訪韓智度。指《易》“修業、居業”曰：“學者須知田産籍非祖業，講讀籍上田産非修業，乃得求其業而修之。修乃得居之，吾儕急事也。”智度曰：“然。”

觀《鄧汝極傳》，以當時心學盛行，崇證覺以九容、九思、四教、六藝爲多。汝極駁之曰：“九容之不修，是无身也；九思之不謹，是无心也。”先生續曰：“四教之不立，是无道也；六藝之不習，是无學也。”

閏七月，思化人者不自异於人。

抵上蔡，訪張仲誠。仲誠曰：“修道即在性上修，故爲學必先操存，方爲有主。”先生曰：“是修性，非修道矣。周公以六藝教人，正就人倫日用爲教，故曰‘修道謂教’。蓋三物之六德，其發現爲六行，而實事爲六藝。孔門‘學而時習之’即此也，所謂格物也，格物而後可言操存誠正。先生教法，毋乃於大學先後之序有紊乎？”論取士，仲誠曰：“如無私，八股可也。”先生曰：“不然，不復鄉舉里選，無人才，無治道。”仲誠名沐，以進士知内黄縣事，有惠政。論學大旨宗陸王，而變其面貌，以一念常在爲主，弟子從者甚夥。

觀上蔡知縣楊廷望所開杜渠，又聞其毁佛寺，重建蓍臺伏羲廟，清丈地畝，躬率人習文廟禮樂，蓋有用才也。

先生謂李子楷曰：“朱子論延平觀喜怒哀樂未發時氣象，曰‘以不觀觀之’，此是禪宗否?”子楷曰:“此誠近禪。愚等操存不如此,乃將學問思辨俱在‘戒慎不覩,恐懼不聞’内用功。”先生曰:“如此,則孔子學於識大識小,問禮問官,終日以思,辨聞與達,皆其兀然静存,不覩不聞時也,而可通乎?”

八月,先生與仲誠及其門人明辨婉引,幾一月,將行,申曰:“學原精粗内外,一致加功。近世聖道之亡,多因心内惺覺,口中講説,紙上議論,三者之間見道,而身世乃不見道。學堂輒稱‘書院’,或曰‘講堂’,皆倚‘學之不講’一句,爲遂非之柄,殊不思置‘學之’二字於何地。孔門是爲學而講,後人便以講爲學,千里矣!”仲誠笑曰:“向以爲出脱先儒籓籬,不知仍在其窠中也。”及行,仲誠率門人遠送,先生拜手曰:“承教不敢自棄,勉加操存;先生操存有年,願進習行,以惠蒼生。”仲誠拜手許諾。

訪侯子賓諸人,勉以習行有用之學。

至商水,訪傅惕若,論學,惕若服焉。

以“吴名士”刺,拜李子青木天,與言經濟,木天是之。先生佩一短刀,木天問曰:“君善此耶?”先生謝不敏。木天曰:“君願學之,當先拳法。拳法,武藝之本也。”時酒酣,月下解衣,爲先生演諸家拳法,良久,先生笑曰:“如此可與君一試。”乃折竹爲刀,對舞,不數合,擊中其腕。木天大驚曰:“技至此乎!”又與深言經濟,木天傾倒下拜。次日令其長子珧、次子順、季子貞,執贄從遊。

渡小黄河,訪王子謙及寇楫等,隨問引以正學。

抵奉天峙,訪王焉倚李象乾。焉倚初執習見,已而服。

返鄢陵,訪李乾行等,論學。乾行曰:“何須學習,但操存功至,即可將百萬兵,無不如意。”先生悚然,懼後儒虚學誣罔至此。乃舉古人兵間二事,叩其策,次日問之。乾行曰:“未之思,亦不必思,小才小智耳。”先生曰:“小才智尚未能思,大才智又何在?豈君操存尚未至耶!”乾行語塞。

九月朔日,偕王次亭昆仲,習冠燕諸禮。次亭問明德親民,先生曰:“修六德,行六行,習六藝,所以明也;布六德六行六藝於天下,所以親也。今君等在仲誠先生之門,從未以此爲學教,然則何者爲若所以明之親之者乎?閉門静坐,返念收心,乃二氏之學,非吾儒之操存也。”次亭感佩。

先生渡河北歸,過淇縣,訪王餘嚴柔之,五公先生弟也,老病,留金於其孫世臣爲養資。

至湯陰訪朱敬主一,他出。其父寧居出會,夙儒也,語之學,抵掌稱善。主一歸,先生與主一及其子侄習禮。寧居曰:“予可任老乎!”即主位伏興,彬彬如也。夜與主一論學,論治,主一曰:“不見先生,幾枉度一世。”行,徐适仲容已來迎,出《日省記》求教,問禮樂,答之。已而主一復來,追送至磁州别。主一請先生習恭,觀之,因并坐習恭。先生曰:“吾儒無一處不與异端反，即如我二人并坐習恭，儼然兩儒，倘并静坐，則儼然兩禪和子矣！”

十月，至臨城，拜喬百一，耄耋清苦，布衣單敝。饋以金，力却，出酒食，寒舍論學。

五日抵里，族侄修己爾儼從遊。

聞家人前以家書至，相謂曰：“不聞朝廷詔至，人臣必拜受乎！夫子，一家之君也，寧以妻子异人臣？”相率拜受。先生惕然曰：“吾無以當之，尚容少自菲薄乎！”因以非禮勿視聽言動，與家人相勉。

思言終未能謹，復擬五字用力：曰省、徐、文、禮、遜，或少寡乎！

王法乾論道在於書。先生曰：“書之文字固載道，然文字不是道，如車載人，車豈是人？”法乾曰：“如‘坐如尸’，非道乎？”曰：“是人坐乎，書坐乎，抑讀之即當坐乎？”法乾無以應。

給李介石書，返其幣，以南遊後，介石具幣儀來問學也。介石名柱，深澤人，黄門人龍子也。辛酉舉於鄉，能技擊，好樂，教子甥及門人各習一音，每日讀書畢，即登歌合樂，渢渢如也，樂易好施，人多德之。

壬申　五十八歲

二月，觀塨所輯《諸儒論學》。

關中李中孚曰：“吾儒之學，以經世爲宗。自傳久而謬，一變訓詁，再變詞藝，而儒名存實亡矣。”批曰：“見確如此，乃膺撫臺尊禮，集多士景從，亦祇講書説話而已。何不舉古人三事三物之經世者，與人習行哉！後儒之口筆，見之非，無用；見之是，亦無用，此所以吾心益傷也。”

觀古《月令》，每月教民事，至命樂正習舞，命宗正入學習樂之類，嘆今歷，授時布政之法亡，添入“建除”“宜忌”諸術，亦周孔學失所致也。

謂塨曰：“子纂諸儒論學，名曰《未墜集》，葢憂予《存性》《存學》，大翻宋明之案，逆而難入，録其合道之言，欲使人信吾説不謬於先儒，而教易行，意甚盛也。然予未南遊時，尚有將就程朱，附之聖門支派之意，自一南遊，見人人禪子，家家虚文，直與孔門敵對，必破一分程朱，始入一分孔孟，乃定以爲孔孟、程朱，判然兩途，不願作道統中鄉愿矣。且所謂未墜者，非也。未墜者，在身世也，今諸儒之論，在身乎？世乎？在口筆耳！則論之悖於孔孟，墜也，即合於孔孟，亦墜也。吾與子今日苟言而不行，更憂其墜矣，而暇爲先儒文飾，曰‘未墜’哉！”

六月，教儼曰：“人之不爲聖人也，其患二：一在視聖人之大德爲不敢望；一在視聖人之小節爲聖不在此。吾黨須先於小節用功。”

七月，録《四書正誤偶筆》，皆平日偶辨朱子《集注》之誤者，至是命門人録爲卷。

八月,側室田氏卒,葬之祖塋傍,行三虞禮於別室。以無所出,准無服殤例,令子弟十二日除服。田名種宜,有女德,柔順而正,事先生十八年,未嘗一昵近,未嘗仰首一視先生面也。事女君如慈母,死後數年,女君時時哭焉。

十一月,王次亭北來問學,先生詳示之。

王法乾規先生雜霸,先生曰:"子以僕爲雜霸,或即子染於老莊之見乎？僕以子爲老莊,或即僕流於雜霸之見乎？各宜自勘。"

癸酉　五十九歲

正月,書塨規先生"道大而器小,宜去褊,去矜,去躁,去隘"語於記首。

二月,王法乾曰:"吾二人原從程朱入。"先生曰:"從程朱入之功,不可没也,然受其害亦甚。使我二人不見程朱之學,自幼專力孔孟,所成豈如今日而已哉！即以賢弟聰穎,屢悟屢蔽,受害豈淺？故吾嘗言,仙佛之害,止蔽庸人,程朱之害,偏迷賢知。"

置側室姜氏。

亡岐劉懿叔延往。先生曰:"後儒失孔子之道,致我輩不得見君子'以文會友'之樂矣。即如今日,如聖學未亡,與公郎等吹笙鼓瑟,演禮習射,其快何如？乃祇閒論今古,差勝俗人酣賭而已,可勝歎哉!"

四月,以三物一一自勘。

思一日不習六藝,何以不愧"習齋"二字乎!

閱宋人勸其君用曉事人,勿用辦事人,歎曰:"官乃不許辦事耶！曉事者皆不辦事耶！愚謬至此,不亡得乎!"

六月,王越千來問學。

觀明臣傳,每以著書成,加官進秩。夫爵位所以待有功者也,而以賞著書之人,朝野胥迷乃爾!

觀周密《癸辛雜識》,載周平原云:"程伊川言,有'真知,所行自然無失',以致學者但理議論,不力實行。"沈仲固云:"'道學'之名,起於元祐,盛於淳熙,居官不理政事,以爲俗吏所爲,惟建書院刊書注輯語録爲賢者。或稍議之,其黨必擠之爲小人,异時必爲國家莫大之禍,不在典午清談下也!"當時儒者猶覺其害如此,今則舉世罔覺矣,吾敢不懼哉!

李植秀問曰:"張仲誠學術錯,先生亦時稱之,何也?"曰:"辯學不容假借。若其居官廉幹,自是可取。吾嘗謂今日若遇程朱,亦在父事之列,正此意也。"

思與常人較短長者,常人也;與小人争是非者,小人也;如天之無不覆幬,斯大人矣。

十月,觀《春秋》,思孔子祇記某事某事,其經濟裁處之道,皆在胸中未録也,故游夏不能贊一辭。予《皇明大政記》,祇録條件,不參一議,以待用之則行,似孔子當日,亦此心事。

後人專以文字觀經，至年、月、日皆尋義意；遇不相合，又曰："美惡不嫌同辭。"恐皆寱語耳！

如涿州，哭奠陳國鎮。

十二月，與爾儼言致用以稅本色均田爲第一政。

甲戌　六十歲

正月朔日，祭祖考，側室田氏亦祔食。

二月，肥鄉郝文燦公函來問學，請先生主漳南書院設教，先生辭。

王法乾爲定州過割地畝於己名下，書狀不如式，氣象鬱鬱然。先生曰："爲愛静空談之學，久必至厭事，厭事必至廢事，遇事即茫然，賢豪不免，况常人乎？予嘗言，誤人才、敗天下事者，宋人之學，不其信夫！"

六月，以祭中霤，齊，自勘行坐皆如禮，使他日盡如齊日也，無愧矣，而不如也，非忘乎！故"助"、"忘"二字，非孟子實加作聖功，不能道也。

語塨曰："吾與文升不言操存，與法乾不議經濟，兼語者惟子，子其勉之，勿以虚文畢事也。"

謂魏帝臣曰："近世翰林院侍讀講修撰等官，爲朝廷第一清貴之臣，奈何唐虞命官詔牧乃忘此要職乎？學術誤及政事，可嘆也。"

十月，思夫子之溫、良、恭、儉、讓，石卿先生有三焉：溫、恭、讓也；介祺先生有二焉：溫、恭也；晦夫先生有二焉：良與儉也；予曾未有一焉，愧哉！

十一月，郝公函具幣帛輿僕，遣苗生尚儉來聘主漳南書院，先生又辭。

乙亥　六十一歲

三月，修己曰："近日取士，書藝攢砌，策表互換，衹爲欺局。"先生嘆曰："豈惟是哉？孟子後之道之學，二千年總成一大謊！"

四月，曰："施惠於人，乃其人命中所有，第自吾手一轉移耳，何德之有？故世間原無可伐之善，可施之勞。"

七月，之小店，途誦程子《四箴》，覺神清氣聳。因思心淨氣舒一時，乃爲生一時，故君子壽長；神昏氣亂一日，即是死一日，故小人年短。

謂敦化曰："三重之道，王者之迹也；三物之學，聖人之迹也。亡者，亡其迹也，故孟子曰：'王者之迹熄。'孔子曰：'不踐迹。'吾人須踐迹。"又曰："多看詩書，最損精力，更傷目。"

教修己爾儼曰："學者但不見今日有過可改，有善可遷，便是昏惰一日。"

十一月，謂修己曰："子讀律，而時文乃進，可知經書皆益於文，不在讀八比矣。然尚未嘗實學之味也。苟時時正吾心，修吾身，則養成浩氣，天下事無不可爲也，况區區文藝乎？'仁義之人，其言藹如也'，韓退之文人之雄，亦云。"

十二月初三日,爲孫重光行冠禮,延杜益齋爲賓。

思以厚病人之薄,即己薄也;以寬形人之刻,即己刻也。

丙子　六十二歲

二月朔日,行朔禮。已旦矣,出行學儀,久之入,家人仍帕櫚候請拜。先生曰:“吾德衰,不能振一家之氣,不足拜也。”室人懼,拜内户外,立而不答;側拜,坐而不立。

謂曹敦化曰:“天下無治亂,視禮爲治亂;家國無興衰,視禮爲興衰。”

四月,郝公函三聘,請主教肥鄉漳南書院,乃往。重光及門人鐘錂從。

五月朔日,在塗,率重光行望拜禮,使錂望拜其父母。四日抵屯子堡,漳水泛,公函率鄉人以舟迎入。

公函學士相見禮,因告家事。先生曰:“爲兄之道,只不見子弟之過則善矣。”

議書院規模。建正廳三間,曰“習講堂 ”。東第一齋西向,牓曰“文事”,課禮樂書數天文地理等科。西第一齋東向,牓曰“武備”,課黄帝太公及孫吴諸子兵法,攻守營陣陸水諸戰法,并射御技擊等科。東第二齋西向,曰“經史”,課《十三經》歷代史誥制章奏詩文等科。西第二齋東向,曰“藝能”,課水學火學工學象數等科。門仍懸許公三禮“漳南書院”扁,不没舊也。門内直東曰“理學齋”,課静坐編著程朱陸王之學,直西曰“帖括齋”,課八比舉業,皆北向,以應時制,且漸引之也。比空二齋,左處儐价,右宿來學。門外左房六間,榻行賓;右廈六間,容車騎。東爲更衣亭,西爲步馬射圃。堂東北隅爲倉庫厨竈,西北隅積柴炭。

思孔子討陳恒,而料其民不予,會夾谷而却萊兵,反汶田,聖人之智勇也;乃宋儒出而達德没,僅以明理解智,去私解勇,其氣運之阨哉! 又思君臣、父子、夫婦、昆弟、朋友,天下之達道也,自佛氏出,而天下有不達之道;知、仁、勇,天下之達德也,自宋儒起,而天下有不達之德。

郝也魯苗尚信白宗伊李弘業韓習數郝也廉郝也愚拜從學。

六月,書習講堂聯云:“聊存孔緒勵習行脱去鄉愿禪宗訓詁帖括之套;恭體天心學經濟斡旋人才政事道統氣數之機。”

思多言,由於歷世事不熟,看人情不透。

閱《家語》,至遊農山,歎曰:“觀於子路子貢,則趙奢李靖仲連陸賈,皆吾道所不擯矣。乃自宋儒分派,而諸色英俊,胥不得與於吾道,异哉!”

思有所事則心景日上,無所事則心思日下,《尚書》曰“所其無逸”,有以也。

命諸生習恭、習數、習禮,與公函顧而樂之。

七月朔,行學儀畢,曰:“朔望行禮,匪直儀文,葢欲每月振刷自新也,汝等知之。”又教弟子舞,舉石習力,先生浩歌。

八月，如回龍，晤諸故友。程潛伯請筵，語之曰："程朱與孔門，體用皆殊。居敬，孔子之體也；静坐惺惺，程朱之體也。兵農禮樂爲東周，孔子之用也；經筵進講正心誠意，程朱之用也。"潛伯曰："解矣。"

訪路趨光驤皇，論治主封建井田相合。謂之曰："聖人不能借才异代，須寬以收天下之材，和以大天下之交。"

十六日，以漳水愈漲，書齋皆没，嘆曰："天也！"乃旋。門人皆哭别，也魯送至家，九月始返。

思"非禮勿視"四句，嚮二字一讀，謂不視邪色云云，非孔子復禮意也。當四字一氣讀，重在一"禮"字，謂視聽言動必於禮也。"天下歸仁"，即"王天下有三重，民其寡過也"，皆復於禮也。

思威不足以鎮人，而妄夷之，惠不足以感人，而妄居之，不智也，禍於是伏焉。

十一月十五日，爲爽然行冠禮，延劉滌翁爲賓。爽然，即早壯也。

二十七日，遭叔母期喪，寢於外，不入内，飲食行處，非哭時皆如平居，不致毁矣。

十二月，著《宋史評》，爲王安石、韓侂胄辯也。其辯安石畧曰："荊公晝夜誦讀，著書作文，立法以經義取士，亦宋室一書生耳。然較之當時，則無其倫比，廉孝高尚，浩然有古人正己以正天下之想。及既出也，慨然欲堯舜三代其君。所行法，如農田、保甲、保馬、雇役、方田、水利、更戍、置弓箭手於兩河，皆屬良法，後多踵行。即當時至元祐間，范純仁、李清臣、彭汝礪等，亦訟其法，以爲不可盡變。惟青苗、均輸、市易，行之不善，易滋弊竇。然人亦曾考當日之時勢乎！太宗北征，中流矢，二歲瘡發而卒，神宗言之，惓焉流涕。夏本宋臣，叛而稱帝，此皆臣子所不可與共戴天者也。宋歲輸遼、夏銀一百二十五萬五千兩，其他慶吊、聘問、賂遺近倖又倍是，宋何以爲國！買以金錢，求其容我爲君，宋何以爲名？又臣子所不可一日安者也。而宋欲舉兵，則兵不足；欲足兵，餉又不足。荊公爲此，其得已哉！辟之仇讎戕吾父兄，吾急與之訟，遂至數責家貲，而豈得已哉？宋人苟安日久，聞北風而戰慄，於是墻堵而進，與荊公爲難，大哄極詬，指之曰奸曰邪。并無一人與之商確曰某法可，某法不可，或更有大計焉。惟務使其一事不行，立見驅除而後已，而乃獨責公以執拗，可乎！且公之施爲，亦彰彰有效矣。用薛向、張商英等辦國用，用王韶、熊本等治兵，西滅吐蕃，南平洞蠻，奪夏人五十二砦，高麗來朝，宋幾振矣。而韓琦富弼等，必欲沮壞之。毋乃荊公當念君父之讎，而韓、富、司馬光等，皆當恝置也乎！矧琦之劾荊公也，其言更可怪笑，曰：'致敵疑者近有七：一招高麗朝貢；一取吐蕃之地建熙河；一植榆柳樹於西山，制其蕃騎；一創團保甲；一築河北城池；一置都作院，頒弓矢新式，大作戰車；一置河北三十七將。皆宜罷之以釋其疑。'嗟乎！敵惡吾備，則去備，若敵惡吾有首，將去首乎！此韓節夫所以不保其元也。噫！腐儒之見，亦可畏哉！且此七事，皆荊公大計，而史半削之，幸琦誤以爲罪狀遂傳耳，則其他削者何限。范祖禹、黄庭堅修《神宗實録》，務詆荊公，陸佃曰：'此謗書矣。'既而蔡卞重行刊定。元祐黨起，又行盡改。然則宋史尚可信耶！其指斥荊公者，是耶？非耶？雖然，一人是非何足辨，所恨誣此一人，而遂普忘君父之讐也。而天下後世，遂群以苟安頽靡爲君子，而建功立業、欲搘柱乾坤者爲小人也。豈獨荊公之不幸，宋之不幸也哉！"辯侂胄畧曰："南宋之金，與北宋之遼，又不可同年而語也。乃累世知岳飛之忠，累世皆秦檜之智，獨韓平原毅然下詔伐金，可謂爲祖宗雪恥地下者矣。仗義復讐，雖敗猶榮者矣。乃宋人必欲誅之以畀金也，尚有人心哉！然兵臨城下，宗社立墟，敵問戎首，無如何也。乃夷考當時，葉適丘崈辛棄疾等支吾於北，敵無勝計，而宋相之首，已不保矣，异哉！有題朝門者，曰：'晁錯既誅終叛漢，於期一入竟亡燕！'可見當時人即惜之，非誅平原而宋存，留平原而宋亡也。及金主見平原首，率群臣哭祭禮葬曰：'此人忠於謀國，繆於謀身'，謚曰'忠繆'，則金非惡平原，而深笑宋室也可知矣。《宋史》乃入之《奸臣傳》，徒以貶道學曰'僞學'，犯文人之深惡耳。宋儒之學，平心論之，支離章句，染痼釋老，而自居於直接孔孟，不近於僞乎！其時儒者，如沈仲固、周密等皆曰'今道學輩言行了不相顧'，其徒不已有僞乎，而遂深疾之也！至於指數其奸，除貶僞學外，實無左驗，徒曰'姬媵盛，左右獻媚'而已。郭汾陽猶窮奢極欲，張曲江猶喜軟美，而欲責平原以聖賢乎！且此等亦未必非珥筆文人媒蘖之也。而七百年來，直視爲奸宵，無一察焉，不其冤哉！"

郭子固寓書問學。子固名金城，北京人，少能詩文，聞塨言顔先生之道，輒棄去，爲天文、地理、禮、樂、書、數、河渠諸學。仕刑部員外郎，精練刑名，十四司稿皆倚定。每奏讞，再四欷歔，全活甚夥。陞御史，上疏謂官冗殘民，請汰之。性孝友，謙默有容，非其義，强之財，弗受也。年四十一卒。

博野知縣徐公國綬造廬拜見。

丁丑　六十三歲

正月，偶觀宋孫䕫、吴時二《傳》，嘆宋家每論人，先取不喜兵，能作文讀書，不可療之痼癖也。殃其一代君臣，毒流奕世，傷哉！

思人至衰老，容色氣度，宜倍寬和，以樂人群；骨力志情，宜更剛毅，以保天命。吾未有一焉，豈不可懼。

二月，思宋人但見料理邊疆，便指爲多事；見理財，便指爲聚斂；見心計材武，便憎惡斥爲小人。此風不變，乾坤無寧日也！

閱《韓詩外傳》，仁道有四：聖仁、智仁、德仁，而磏仁爲下。嘆曰："予求仁而好其下，殆哉！"觀古書言十淫，有"淫中破禮"，"淫文破典"，曰："其宋儒之謂乎！"

三月，廣平陳宗文來訪。

四月，王法乾與先生言學，忽歎曰："宋儒竟是惑世誣民!"先生笑曰："子乃今始知乎!"

答塨書曰："吾所望與於此道者，惟足下一人；故懼其放，畏其雜，相見責善過切，如日暮途遠，擔重力罷，將伯之呼，不覺其聲高而氣躁也。"

六月，思天之所祚報者，人不感稱，己不表見，所謂陰德也。又思對越上帝，不爲世味糾纏，不爲喜怒勞擾，不爲疾病困縛，乃爲晚年進益。

七月，定興劉莱旃甫刊先生訂改王應麟《三字書》。

九月，思古人静中之功，如"洗心退藏於密"，乃洗去心之污染，退然自藏，極其嚴密，一無粗疎，即"不動而敬"也。何事宋人借禪宗空静，而文之以"主一"，又贅之以"無適"，以似是而非者亂吾學哉!

十一月二十七日，哭奠叔母墓，告服闋。

戊寅　六十四歲

正月，登厠，皆粱之糠秕也，出謂人曰："昔年歲儉，入剛主家厠，矢積蔔糠。此處正堪自對，焉知貧之苦乎?"

三月八日忽長吁，自愧必有隱憂不自覺者。

思千古無暴戾之君子。

四月，思諸子不及門，吾即無學習，亦是無志，遂獨習士相見禮，如對大賓。

鄢陵裴文芳子馨來問學。

五月，觀朱子《語類》"秦檜愛與理學交，自謂敬以直内，終日受用"，則當日理學之爲小人假者，固多矣!

六月，保定詹遠定侯來問學。

觀《語類》曰："本朝全盛時，如慶曆、元祐間，只是相共扶持，不敢做事，不敢動，被外人侮，亦祗忍受，不敢與較，方得天下少寧。積而至於靖康，一旦所爲如此，安得天下不亂?"不知此言，是怨慶曆、元祐諸人乎? 抑怨靖康諸人乎? 宋家可笑可憐，積成禍亂之狀如此，而乃歸獄荊公，何也?

思宋儒如得一路程本，觀一處又觀一處，自喜爲通天下路程人，人亦以曉路稱之，其實一步未行，一處未到，周行榛蕪矣。遽返已正墮此，處事非惰即畧，待人非偏即隘，仍一不能走路之宋儒也，可愧可懼! 塨謂：走路者，兵農禮樂也，路程本者，載兵農礼樂之籍也，宋儒亦不甚喜觀此籍。蓋其所喜者，尚在安樂窩居，不在通曉路程也。如《論語》"敬事而信"等書，必曰"是心不是政"可見。

思吾身原合天下爲一體。“行夏時,乘殷輅,服周冕,舞韶樂,放鄭聲,遠佞人”,合天下之視聽言動,俱歸於禮也。故曰:“天下歸仁。”

七月,曰:“天下寧有异學,不可有假學。异學能亂正學,而不能滅正學。有似是而非之學,乃滅之矣。”

徐公解任來拜别,先生往答之。

八月,覺胸中恬静,與天地相似。

十月,王法乾曰:“自居功者,人必共怨之;自居長者,人必共短之;自居是者,人必共非之。”先生曰:“然。”

十二月,李植秀請專志於禮,先生曰:“善。剛主在浙學樂,俊射粗可,修己學律,希濂學書,賞白及儷數,俱可用,近法乾大奮於禮,汝又佐之,六藝備於吾黨矣。予何憾。勉之!”

習祭禮,爲身近衰惰,乃主獻,升降跪拜以自振。

國之桓卒,先生聞之大哭。易素冠服,爲位哭奠,受吊,持心喪三月。之桓字公玉,深州生員,性樂善,慤誠敢爲。邑人王之俊廬墓苦孝,桓遍走當道及諸王舉揚。田逢年行傭得直,以佐斧資,桓辭之。逢年恚曰:“善不分人乎!”凡五載,卒上達,建石坊於之俊墓。長顔先生八歲,束修長跽求教,先生辭。桓曰:“昔董蘿石執贄王陽明,不論年,桓乃遜蘿石耶!”卒成禮。先生南遊,桓步從,時年幾七十矣。嘗擬《草民疏》,言天下疾苦,人笑其愚,不恤也。老以無子置側,凡求嗣必偕,齊戒沐浴,聯生三子。

爲重光娶婦,行醮命、親迎、餽食、饗婦禮。

己卯　六十五歲

二月,規王法乾不繫念民物。法乾引《易》“何思何慮”,先生曰:“子自返已至聖人乎!元則自愧衰昏,不能‘晝有爲、宵有得矣。’”

觀《朱子語録》,見其於岳忠武也,雖從天下之公好稱之,有隱忌焉,曰“岳飛誅”,曰“岳飛亦横”,曰“岳飛只是亂殺”;於秦檜也,雖從天下之公惡而貶之,有隱予焉,曰“秦老”,曰“士夫之小人”,何也?

爲植秀、鋑言用人:自鄉約保長,與州縣吏胥同禄,更代任用,三年,鄉里公課其功德,而上之邑宰,邑升府,府升監司,監司登之朝,以至公卿。

思每晝夜自檢,務澄澈方寸,無厭世心,無忘世心,無怨尤心,無欺假心,方與天地相似。不然,昏昏如無事人,老而衰矣。

吟詩云:“本來一點無虧缺,遭際窮阨奈我何! 自從知得吾儒事,不大行也亦婆娑。”

三月,思言行不相顧,即欺世也。使路人指爲聖人,而一德未立,一行未成,即盗名也。

見禍於天，受侮於人，不亦宜乎！

四月，之桓心喪已闋，以未得往哭，猶不忍歌笑爲樂。

十八日，王法乾卒，先生慟哭，爲之持緦服，朔望祭禮俱廢。

五月，送法乾葬，爲謀家事，託其門人王懷萬，教遺孤溥。

一僧從先生言，歸倫，姓姚，名之曰弘緒，字曰昌裔。

思畏友云亡，須時時畏天，不則墮。

六月，思三事、六藝若盡亡，三才亦不立矣。所亡者，士不以爲學術耳。語修己，勿觀《性理語録》。

抵某家，寅起，賓主皆未寤。思吾方自愧衰惰，而人猶稱勵精，世運乃至此哉！

省過，近多自老，大過也。

七月，已前不時哭慟。至十九日之北泗哭，奠，釋麻。既而考《禮》，乃悔誤廢吉禮。蓋朋友麻，乃吊服加麻，非緦麻服也，謝過於家祠、五祀。

閏七月，塨自浙來，見先生，命吹篴、笙，聽之。塨謂先生曰："先生倡明聖學，功在萬世。但竊思向者，束身以斂心功多，養心以範身功少，恐高年於内地更宜力也。"乃以無念有念、有事總持一敬之功質。先生曰："然，吾無以進子，子乃於外出得之，可愧也。敢不共力！"乃書"小心翼翼，昭事上帝"二語於《日記》首，日服膺之。

觀毛大可《樂書》、王草堂《書解正誤》。大可先生名奇齡，浙之蕭山人，多學善文，少爲讐家搆，避之四方。康熙戊午，舉博學鴻儒，授翰林院檢討，已告歸，益邃經學，《禮》《樂》《易》《詩》《書》《春秋》各有論著，一洗舊儒痼説。草堂名復禮，淑行好學，初年調和朱陸，晚見益邃，著《四書集注補》《書解正誤》，駁朱注訛謬，内入顔先生説。

曹敦化以新鄉尚重威如及朱主一咏先生辭來。威如辭曰："卓識絶膽，踢籬折藩。存性學，恨不親孔孟傳，講治法，真如見三王面。不得已，跳過漢唐，舉首堯天。眼睁睛，總不教塵沙眩！"主一辭曰："唤回迷塗，億兆添多，三存如願，萬邦協和。喜先生壽考作人，聞風起，焉肯蹉跎！"威如、主一寄辭，俱四拜。

塨質所著《大學辨業》於先生。大畧言：格物致知者，博學於文也，學問思辨也；誠正修齊治平者，約之以禮也，篤行也。物即三物之物，格，至也，即"學而時習之"。誠意，慎獨也，内省也；正心，心在也，"洗心退藏於密也"，"不動而敬"也。總之，不分已發未發，皆持一敬，孔子所謂"修己以敬"也。謂心無静時，祇一慎獨盡之，而非朱子分静存動察者，非也，分静於動，而以主静爲功者，亦非也。何者？心之静而爲其所不覩不聞者，祇屬須臾，不可主之也，主之，必入二氏矣。先生喜曰："吾道賴子明矣。"後爲之作序。

八月，語曹敦化曰："《論語》，孔子之經濟譜也。漢高祇得'惠則足以使人'一句，即興；

項王祇犯'有司出納'一條,即亡。"

自以衰病,敬身功疎,省過自振。

九月,安州馮繪升來,以法乾亡,與繪升約一年兩會,責善辨學。

以衰病不能理他功,惟常習恭:覺萎怠,習恭莊;覺放肆,習恭謹;覺暴戾,習溫恭;覺矜張,習謙恭;覺多言,習恭默;覺矯揉,習恭安。

先生以屯子堡水患益甚,屢請不往。至是郝公函書至候安,附一契云:"顔習齋先生生爲漳南書院師,没爲書院先師。文燦所贈莊一所,田五十畝,生爲習齋產,没爲習齋遺產。"

十一月,省過,恐振厲時是"助",平穩時是"忘"。

十二月,博野知縣杜公開銓造廬拜見。

閱陸桴亭《思辨録》。

庚辰　六十六歲

二月,把總趙玘光玉來拜。去,謂儼曰:"汝今日見吾會武夫辭氣乎?"對曰:"异平日矣。"先生曰:"因事致禮,因人致對,竊有慕焉。友人不知吾者多矣。"

三月,朱主一來,考習六藝,復具贄,令其少子本良從學。

一日習恭,忽閉目,自警曰:"此昏惰之乘也,不恭孰甚!"已而喟然嘆曰:"天置我於散地,二十有八年,曾不切劘我矣。"植秀問曰:"何也?"曰:"困抑不若在蠡之甚,左右共事,不若在蠡之才,忽忽老矣,是以嘆也!"

五月,思法乾不已,因曰:"行敬一步,即若法乾之監我一步也;心敬一念,即若法乾之範我一念也,何必戚戚爲無益之悲乎?"

作先君子《傳》曰:"年幾七十,受兄掌面,不怒益恭。此一節也,幾堯舜矣。"

六月二日,覺天清地寧,風和氣爽,身舒心泰,誠如象山所云"欲與天地不相似不得"者。倘如是以死,子張所稱"君子曰終",其庶乎!

思昔年工程,静敬中檢昏惰,近日昏惰中檢静敬。

七月,徐仲容來問學。

思釋氏宋儒,静中之明,不足恃也,動則不明矣。故堯舜之正德利用厚生謂之三事,不見之事,非德非用非生也。周公之六德六行六藝謂之三物,不徵諸物,非德非行非藝也。

許恭玉憂學人弱如婦人女子。先生曰:"非去帖括制藝與讀著主静之道,禍終此乾坤矣!"

八月,高陽李霖沛公寓書問學,稱"弟子"。

謂李命侯曰:"法乾卒,良友中再無以聖人相責者。"遂泣下不已。

十月,思家人有不化者,須諄諄諭之,以法齊之,乃書"言教法束,人治之要"於《日記》額。

悔過，自訟驕浮二事。

十一月，思文王"緝熙敬止"，若宋人釋之，必寫一派禪宗。大學"爲人君"五句，乃真熙真敬。

十八日，夜就榻矣，聞子弟樵還，復出圍坐，成一聯云："父子祖孫，幸一筵共樂；漁樵耕牧，喜四景長春。"

十二月，謂重光曰："三達德之定天下也，有互用之時，有獨勝之時，光武戰昆陽，此勇德獨勝之時也。"

評塨《日譜》，戒以用實功，惜精力，勿爲文字耗損。

口占云："宇宙無知己，惟有地天通。須臾隔亦愧，自矢日兢兢。"

思人使之才易，使人之才難。

辛巳　六十七歲

正月十五日，祭户神，祝成。教重光安五祀龕，奉上額，正行，家衆當者令辟，坐者令起。淨掃神位，拂拭神主，置祝罏前，恭揖稟明日寅時恭祭，垂簾而退。此儀幾四十年，皆先生自行，今始命孫。

塨弟培從學。

二月，培請先生之李家莊。塨門人菅廷耀、李廷獻、菅紹昌皆來習禮。

三月，修己侍，告之曰："浮躁人無德，亦鮮福壽。吾年少自斷不過三十，今幸苟延也。子戒之！閻公度半日默對，嘗闔座稱羡。"

四月，李甥問《孟子盡其心》節，先生曰："盡其惻隱、羞惡、辭讓、是非之心者，知其仁、義、禮、智之性也；知其仁、義、禮、智之性，則知元、亨、利、貞之天矣。"

五月，曹乾齋刊《存學編》。

六月，思"小心翼翼"，翼翼者，如翼之飛，進進不已也。

八月，塨將入京，先生曰："道寄於紙千卷，不如寄於人一二分。北遊，須以鼓舞學人爲第一義。"

自傷三老：有不下之族墓，一也；田有菅曠，二也；歌興不長多忘句，三也。

九月，語杜生曰："道莫切於禮，作聖之事也。今人視禮之精鉅者曰不能，粗細者曰不必，是使聖人無從學也。有志者，先其粗，慎其細，學得一端，亦可。即如出告反面，苟行之，家道不亦秩，孝弟不亦興乎！"

教塨曰："今即著述盡是，不過宋儒爲誤解之書生，我爲不誤解之書生耳，何與於儒者本業哉？願省養精神，苟得行此道之分寸，吾即死無憾矣。"

十二月,有惑者,盛氣解之,思此即己惑也。

曹乾齋寄所刻《存學編》至,或言盍走書謝之。先生不可,曰:"吾二人不識面,渠以明道也,非以爲我也,何謝?"後有問學書至,乃答之。

壬午 六十八歲

正月朔日,始祖、禰同祀。初,先生遵程伊川説,春祭祖,秋祭禰。塨按:古《禮》皆祖、禰同日祭,程説非也。質之先生,先生考而然之,至是改從古禮。

聞人稱邊之藩孝、恤二行,曰:"吾門有人矣!"

雪夜,重光取薪烘火,他人者近,欲把之,思不可,而遠取己薪。先生聞而獎之曰:"充此意,可爲聖矣。昏夜不欺,一也;義利分明,二也;舉念能斷,三也。"

二月四日,哭從姑喪。思禮七十衰麻在身而已,而况功、緦乃定葬日。朔望禮,哭勿傷,其餘但追慕,不哭。

服膺"小心""昭事"。思任人情之顛倒,事變之反覆,君子之心總不失其對越上帝之常,其幾矣!

三月八日,忽思少年最卑污事,因思張仲誠言"鳶飛戾天,一斂翅即落地",豈不信乎?自今不可任此身頹衰,須日日有工程,但擇老力可能者爲之耳。

劉懿叔稱其長郎近勤子職,先生因獎之。語懿叔曰:"數子十過,不如獎子一長。數過不改也,徒傷情;獎長益勸也,且全恩。"

五月四日,哭奠從姑,告除緦。

自勘:期人過高,望人過厚,百苦百咎所從來也。

或饋肉,家人德之,先生曰:"此施百而報一也。"家人言:"報一亦佳。"先生因自愧一言三失:伐善,校物,器小。

思老來懈惰之態,不施於身,昏慢之慝,不作於心,無所鬱累,無所貪繫,斯學力之驗也已。

六月,自勘曰:"李晦夫氣象朴穆,全不入世局。王法乾專一畏避,故皆不受侮。予既甘心沮、溺,而又不能認確'窮則獨善'一句,且至誠不足動人,恭也皆取恥辱,愛也皆招玩侮,是誰之過與?"

思宋儒之學,南誤張仲誠,西誤李中孚,北誤王法乾,皆天生秀傑,可爲斯人立命者。誤常人之患小,誤秀賢之禍大。又思吕新吾陸道威材識又高矣,亦沾泥帶水,更可惜也!

族孫保邦,初不識字,先生愛其勇力,教之武,爲講《鑑》、史,遂漸通文。閏六月,乃入班行學儀。

習恭,覺足容微開,斂之。

十四日，小便秘，幾殆，書命塨勉力益光聖道。已少静，談笑如常，夜乃通。越數月，鋑侍，請曰："剛主曾請於師，以習齋作千秋公所，門人恭祀師主，集則講習其中，先生可手書一紙。"先生許之。

七月，先生聞某不分父勞，嘆曰："古者弟子爲學，即教之事父事兄，服勞奉養；今學讀書作文，必袖手静坐，安其身，而奴隸其父兄。此時文取士之害，讀作爲學之弊也。"

八月，思大人自恃其聰明，則不能用人；小人自恃其聰明，則不能爲人用。

聞師賈金玉卒，奔哭。持心喪五日，罷，無時哭，猶朝夕哭，葬時率門人往哭送。

九月，河南周璕价塨執贄從學，先生率行釋菜禮於先聖，傳之經濟，囑以勿爲書生所誤。

培始編《日記》求教，誨之曰："務有恒。"

癸未　六十九歲

正月，或求教授書文，先生曰："衰疲自知天廢，姑舌耕以濟絶糧，亦可也。"於是曹可成、田得豐、郝品、郝夢祥、郝夢麒來從遊。

清苑馮辰拱北書來問學，答之。

六月，大興王源价塨執贄從學，先生辭不受；固請，乃受之。曰："文升、剛主，道吾友英雄之氣，與夫文章識力，想望久矣。近又聞因剛主言，爲《省身録》，從事身心，尤使僕喜而不寐。過謙不敢當。然相期於周孔之道者，寧有既乎！願斷自今，一洗詩文之習，實力聖學，斯道斯民之幸也。"因問曰："聞子知兵，其要云何?"對曰："源何足知兵要，但以爲不過奇正而已。"又曰："假以烏合數千，使子治之，何法爲先?"對曰："莫先束伍。"先生躍然曰："子真其人矣!"次日，率源祭告孔子，行釋菜禮，祝聖陰佑，使之成德興行，有功乾坤。評《省身録》，勉以遷善改過。源問刀法，告之。源紀二詩曰："離迷禾黍問南村，慚愧擔簦五柳門。十載低顔隨燕雀，半生孤眼横乾坤。先生有道青雲上，今日從遊皂帽尊。虞夏高歌人未老，無邊風雨正黄昏。藜羹麥飯話情親，今古興亡賴有人。破屋寒飛宵練影，荒籬遠隔夕陽塵。直將文武傳洙泗，未許安危係洛閩。山勢東蟠滄海盡，應知燕趙自生申!"

七月，塨使弟培、門人陳兆興爲共學會，以《日記》質之先生。塨質所撰《小學勺舞儀節》，畫舞位，執干戚羽籥以舞。先生觀《譜》，監之。

八月，評培《日記》，曰："既脱俗局，而高視遠望，再斂空虚，而自卑自邇，則可與適道矣。"

儼侍，言有心疾。曰："習行於身者多，勞枯於心者少，自壯。"

一日，曹可成觀天象，言寅時東方見黑雲，似雨兆，然不大。次晨果微雨。先生曰："若可成者，可與傳瞻天之學矣。"

九月，祭孔子。祝曰："李培從元及其兄塨學日記，逐時自省，改過遷善，因之元門下。侄修己、爾儼及門人李植秀、鍾錂，各集册互相糾繩。元亦用自振拂，庶末路無蹪，惟神相之!"

訂塨所譜《小學》。

十月，夜坐久，無惰容，爲修己述故友劉肇南以六十鄉宦，失一出告，受跪責於其母事。

十一月，語可成曰："孔子稱仲弓可使南面，稱子賤霸王之佐，論由、求等從政，及子貢、孟子之稱孔子，得邦家，得百里而君，聖賢之學之德可想矣。宋人相推有是乎!"

先生見學堂禮器禮位，乃知諸子自習禮也，錂蓋倡之，私喜。培來與錂習勺文舞式。

教培痛除假冒將就。

十二月齊，憑案者再，因思古人之老也，行有杖，馮有几，是古人固不諱老。齊之日，不拘行立坐卧，以一心思神而不忘爲主，不必盡莊坐也。

甲申　七十歲　九月二日酉時先生卒

正月朔日，祀祖、禰。祝文末曰："尚其冥佑，末路乾乾，寡增罪戾，庶保降衷以歸元!"

率門人習禮，先生作通贊，新歲習勤也，必終肄三。

漢軍崔璠奂若來問學。先生謂之曰："學之亡也，亡其粗也，願由粗以會其精。政之亡也，亡其迹也，願崇迹以行其義。"

十五日，行學儀，有後至者。乃命凡遇行禮日，專任一人，或輪班，傳呼齊集，務於先生未出前嚴辦，聽候勿悮。

自勘一生勉於明虞周之政，學孔孟之學，尊祖敬宗，老老恤孤，隆師重友，闢邪衛正，改過修慝，日新時惕，凛乎帝監，勿負蒼生。乃年及七十，而反身自證，無一端可對堯舜周孔而無慚者，且有敗壞不可收拾，如化族一事，良可傷也。

戒子侄，後日斂用布，勿以絲帛。

二月朔日習禮，先生主獻，問諸子有失儀否？儼曰："無失，且始終恭敬。"

謂門人曰："《孟子》'必有事焉'句，是聖學真傳，心有事則心存，身有事則身修，至於家之齊，國之治，皆有事也。無事則道統治統俱壞。故乾坤之禍，莫甚於釋氏之空無，宋人之主静。"

與門人言博、蠡修河法，曰："北人祗思除水患，不思興水利，不知興利即除害也。"

二十日看書，儼曰："伯父言誦讀爲病，而又犯之，况年邁宜養。"先生笑置之，曰："子弟不當如是乎!"

族祭，餕，三盞及限，若有醉意，乃坐，久止一盞，較指輸一盞，即止。

曰："吾事水學，不外'分、濬、疏'三字；聖王治天下，亦祗此三字。"

三月，將以銀易新冠，思此門人周瑒所寄遺者，當爲天下公用之，不可以私華其身，乃易紙，抄《喚迷塗》。

思生存一日，當爲生民辦事一日，因自鈔《存人編》。

遊西圃，可成從。因言王五公之教於陑陽也，謂主人曰："吾登山，即偕弟子登山，玩水即偕玩水，吾吟酌，吾看花，吾步騎射，無不弟子偕，諸公勿問也，祇取弟子學問科名勝人耳。學且勿論。"其門人甲遂中進士，即帖括也，豈僅在誦讀哉！

書"立心高明，俯視一切"，於《記》首。

四月，謂門人曰："齊宣王欲授孟子室，養弟子，使大夫、國人矜式，是以宋儒待孟子也。孟子志作名世，烏肯居哉！倘以留，宋儒必悦。"使繙朱《注》，程子果曰："齊王處孟子，未爲不可。"慨然嘆曰："程朱之學，焉得冒孔孟之學哉！"

十二日，素服行忌祭禮，其祝末曰："嗚呼顯考饗哉！知兒之將獻，尚得幾時哉！悲咽哀愴，何有極哉？"

塨來，叩稟應郾城知縣溫公益修聘，因議南遷。先生曰："吾夙志也，然屢謀不遂，而竟昏耄，天殆使我葬斯土也已矣！"

五月，坐埸中，覺脊骨俯屈，振起習恭。

二十五日，塨以往郾城，拜辭求教，先生曰："持身莊竦，力斷文墨，愛惜精神，留心人才，佐政仁廉，足民食用，特簡武壯，不問小過，出入必慎，交遊勿濫。"塨拜受。行後，先生悽然。

許恭玉來，言《一統志》《廣輿記》等書，皆書生文字，於建國規模，山河險要，未詳也。先生曰："豈惟是哉！自帖括文墨遺禍斯世，即間有考纂經濟者，總不出紙墨見解矣。"

六月沐後，見指肉紅潤，甲色穩秀，嘆曰："天何不使我櫛風沐雨，胼手胝足也！"以祭中霤，齊。戌，卧以致思，覺不專一，則坐，坐覺不專一，則立，期不以暑困勝吾心之齊。

思"修其天爵以要人爵"，雖文武盛時，不能保無其人也。惟修之久，則習與性成，功名之事，皆性命之事矣。即或虚假，而有此一修，其存天理成人材者亦不淺，故戰國才俊，猶盛後世。此周公立法之善也。今時文取士，求一修天爵以要者，亦安可得哉！

七月，謂門人曰："心性天所與，存養所以事天；道義師所授，習行所以事師。"

曹可成死，先生哭之慟。爲素服十二日。

八月二日夜，夢中大哭父，闔巷皆聞。

十一日，行中矩，習恭。

十二日，行中矩，已而習恭，坐如泥塐。夜半，左肋下病發，兒時積也。

十三日，習恭者二。

十五日，行中秋禮，獻先祠瓜果酒肉，夜與修己、爾儼、爾檥、重光飲月下，不歌，不能忘可成也。

二十五日，寢疾，李植秀、鍾錂俱來侍。

二十七日，張振旅、張智吾來視，起，冠。智吾曰："病，何必冠。"先生曰："卧則脱，起則冠，固也。"

三十日，王巽發王濬王澤王懷萬王溥王繩其來候，命人扶揖。

九月朔日，張文升來視疾。

二日辰，令燂湯沐浴。培及賈子一來視疾。先生謂門人曰："天下事尚可爲，汝等當積學待用。"申，命自學舍遷於正寢。酉卒，面貌如生。

安陽徐适聞訃，北面拜哭，正弟子禮。

塨聞訃，自鄗城奔回，哭奠。與及門培、邊之藩、顔修己、李植秀、顔爾儼、鍾錂、賈易、田得豐、郝品、郝夢麒執喪，衰服加絰。紳士許璠、彭大訓等百餘人，共奠。囑塨爲祝，曰："嗚呼！秦火焰而大道隱，講壇盛而學術歧，悠忽者千餘年，昧痼者數百載，乃今始得一先生，而先生又忽逝也，悲哉！天之於人，其有意耶，其無意耶！先生崛起側陋，直以聖道爲己任，以爲聖人必可學而至，希賢則已卑。才總丱，即能幹師門内難。及長，躬灌園，事恩祖，甘毳隨欲敬進，雖勞不怨。日五漏起，坐必直首端身，兩足分踏地，不踰五寸，立不跛，股不搖移，行折必中矩，周旋必中規，盛暑，終身未嘗去衣冠。尊長，恤族里。與王法乾十日一會，糾《日記》，記詳十二時言行，時下圈黑白，別欺慊。好言論，行嘗忤俗，然生平無一言非道，無一事不以堯舜周孔相較勘。朔望謁家祠，二時祭以及冠昏，力行古禮。居喪倚廬堊室，衰麻無時哭，三年不懈，雖功緦皆如禮，無少假。待妻如君，撫子如師，屋漏獨居，身未嘗傾欹，是爲先生之躬行。非其有，一介不取，一錢贈必報。邑令約車騎造齋下拜，惟遣子弟答。士民公舉德學苦孝，學使者李公、巡撫于公，將交章上薦，先生力沮若傷之，乃止，是爲先生之守。慨然謂周孔之道，在六德六行六藝，後儒以静坐致良知，參雜异端，篡吾心之德，且鄉黨自好，遂負高誼，罕見一一考行古道，絲髮不苟者，至攻詩文，纂章句，群趨無用，而先王兵農禮樂之藝，嗒然喪失，以致天地不得位，萬物不得育。乃定課外整九容，内顧明命，一致加功，自終日迄夕，乾乾惕若。家禮學規，酌古準今，務曲當。帥弟子分日習禮，習射，習樂，習數，習書，考究兵農水火諸學。學堂中洒掃潔甚，琴竽决拾籌管森列，衆生揖讓進退其間，已而歌謳舞蹈。唐宋後儒室久不見此三代威儀矣。於是著《存性》《存學》《存治》《存人》以立教，是爲先生之學術。而謂先生之生徒然耶，天無意耶！故嘗謂先生之力行爲今世第一人，而倡明聖學，則秦後第一人。海内文士無論，即稱篤儒致行者，與先生疎密，固大有間。而至於秦火之餘，如董仲舒、鄭康成、文中子、韓昌黎、程明道、張橫渠、朱晦庵、王陽明，其於學術，皆禰此躋彼，甚至拾瀋捉風，浸淫虚浮，而以亂聖道。嗚呼！千餘年於茲矣。先生生亦晚近，居蓬蓽，孰傳之，孰啟之？一旦爬日抉月，堯舜周孔之道，拾之墜地，而舉之中天，奚其然耶！豈天道運會，一盛一衰，堯舜盛以至於周秦衰，而邐迤至明，自此以後，乾旋坤轉，聖道重明，斯民蒙福，故特生其人耶！乃少困以患難，中阨貧賤，内苦於家庭，外之聞者，或疑或信，或謗且滋，而且奄忽以去。抑天地之氣，如燭炧火燼，已成灰滯，後轉螢點，紅豔炯然自照，而竟熸耶！嗚呼！吾無以知天矣。嗚呼慟哉！凡我同人，皆有後死者之責，其何以不負先生？其何以終邀福於天？先生之神，萬世不磨，矧茲旦夕，而不予臨。嗚呼哀哉！尚饗！"

李植秀挽聯云："持身矻矻，備歷錯節盤根，大德行，二千年後無雙士；樹議巖巖，直排迷途歧路，真學述，十八代來第一人！"

鍾錂聯云："手著《四存》，繼絶學於三古；躬習六藝，開太平以千秋！"

顔爾儼聯云："關外尋親，遼水東西欽大節；洛中辯道，嵩山南北識真儒！"

張文升上私謚曰："文孝先生。"

十二月六日，葬於北楊村西祖兆。塨與及門諸子送葬，哭慟失聲。葬返，從孝子爾檥、孝孫重光行虞祭，相向哭盡哀，持心喪三年。

先生卒前遺囑子孫，以習齋爲門人公聚學習之所，塨等共議懸扁門額曰"習齋學舍"。敬書神牌曰"顔習齋先生神位"，供於習齋。晨興設祭，告以後每年二八月上辛公集致祭，講習先生學術。

乙酉四月，鄽城知縣溫德裕刊先生《存性》《存人》《存治》三編於鄽城。六月，恭修先生《年譜》。

丙戌八月，王源哭奠先生於習齋學舍。十月，訂先生《年譜》。

跋

閲《顔習齋先生年譜》,見其自幼英毅,慨然有志於聖道,切己束修,壯而明周孔不傳之學,禮樂兵農,實履其事,晚年上達,所見益精貫,其德彌上,心彌歉,倍加淬勵造世之志,無頃刻忘,行己教人,乾惕如一日。嗚呼!此真周孔之道之學也。

璋自甲申秋閲《國語》,感古人父子君臣之際,民社世故政事之端,莫不實有規畫,自反無似,因發憤與鄭君知芳共學。乙酉立《日記》,記得失過惡以自考。抵上谷,始聞先生,而先生已没,不可見矣。嗚呼!何璋之不幸哉!雖然,其言與行俱在,穆然思之,如見先生。璋苟能孜孜不懈,學先生之學,是即親受教於先生也。況有剛主李先生身得其傳,諄諄以此道提誨,就而正之,猶見先生也,又何憾焉!是在自勉而已。

康熙丁亥三月棘津後學張琡璋謹識。

揚子云:"務學不如務求師,師者人之模範也。"嗟乎!模範詎易得哉?今觀《顔先生年譜》,誠哉模範矣!平居每歎大儒自命,而誤以面壁爲存養,章句爲學問,如焚鼎造冰;至於言行相違,借名行私者,又不足道也。今得先生模範,竊有志焉。但自顧譾陋,不知果能私淑以善其身否也,行滋懼矣!

丁亥菊月後學鄭知芳拜識

恕谷中庸講語

恕谷中庸講語·序

《中庸》一書,孔子之所謂下學上達者皆具焉。然上曰達,即從下學而達之之謂也。苟下學之功未嘗層累而進,而輒談上達,是猶居東嵎而語崑崙之頂,坐土室而窺雲漢之垂,烏能髣髴其萬一哉。自秦火而後,下學之途漸失其傳,所以讀解《中庸》者多,而了然者卒尠。至於静坐而觀未發,憑虚而揣性命,非如癡人説夢,即如畫餅充飢,方且參雜空無,浸淫二氏,而學術亦歧矣。若其爲帖括講義者,攟拾殘唾,書坊射利,又無足道焉。兆興素愚,每一讀之,輒作囬惑。竊意幸得一躬行實踐之君子,善言德行自當天日重開,何至注解愈增,聖道愈晦也哉。今乃得吾蠡李恕谷先生,幼服孝慤先生庭訓,及長復從顔習齋先生游,禮樂兵農射御書數之學,靡不嫻習,且主敬循禮,體用並篤,凡仁智忠和諸德,孝弟睦婣諸行,朝有考,夕有課,其兢兢下學者,非一日矣。所著《大學辨業》禮樂經史諸書,皆繼往聖,開來學,有功世道人心。吴司寇諸公已請之次第開雕行世。辛巳五月,自都門旋里,爲及門講《中庸》於恕谷堂,聽者肆方而至。老師夙儒亦與焉,至武接庭除不能容。先生闡心性危微如數家珍,而總實之以喜怒哀樂之情,子臣弟友之道,禮樂文度之法,指畫之際,三致意焉。且提綱挈要,分肌析理,或取一言而發爲千萬言,或取千萬言而攝爲一言。環坐聽者,耳目開豁,心神踴躍,恍若日月從幾席間過也。使非先生之學成章而達,何以瞭若指掌如是哉!兆興因與同人記録成帙,而思堯舜文武周孔曾思,遞傳聖道,至今二千年,不絶如綫,得先生焕然重明,直續聖統,因名其書爲《中庸續統約言》以呈先生。先生喟然曰:“謂吾續統,吾何敢?且聖道不可以空言續也。”乃重爲訂正,而命曰《恕谷中庸講語》,以授及門。兆興謂是書言也,而先生之實學有得,非空言也。然不敢違先生命,且念先生是言,亦所以教也,謂吾黨聽先生之言,自當力先生之學,若徒歡欣鼓舞於口耳,豈先生意哉!是言固所教也。

康熙四十年辛巳相月門人陳兆興頓首拜撰

李魁春、王　芝、陳兆興、閻茂宗、張　澍、李廷楝、閻　鍵、
趙弘深、王志燮、繆爾直、趙弘澤、趙弘澍、李淑聖、陳　琪、
趙弘渡、李　培、宋殷裔、趙元璧、高　捷、李　埈、魏　炳、
管廷耀、閻　銓、李　𢷎、劉發璋、李廷獻、彭游龍、李曾達
録

中　　庸

"中"有在中之義，其境界則不覩不聞，喜怒哀樂未發，其功力則戒慎恐懼，則齋明，有時中之義，其境界則自隱微之獨，以至身與家國天下之肆應，其功力則慎獨，以至九經三重，凡達德達道行之天下者皆是，而其道總不外喜怒哀樂、子臣弟友、不涉隱怪，故孔子於堯舜傳中之後加一"庸"字，而子思以名其篇焉。《中庸》首章是起，"君子中庸"節是起後點出中庸，歸之"君子"乃起下點題也。中間"中庸其至"至"唯聖者能之"一段，"君子之道費而隱"至"雖柔必强"一段，"自誠明謂之性"至"其孰能知之"一段，末章是結，通爲一篇文字。

通篇之理不出首一章，首一章之理不出首三句，首三句不出一"中"字。民受天地之中以生，天命之謂性也；發而皆中節執中，率性之謂道也；用其中於民，修道之謂教也。

戒懼是正心，慎獨是誠意，致中和則修齊治平皆在内矣，特其入手在下文明善之知，而欲求知須好學，是致知、格物也。《大學》一篇正與此璧合。

"天命之謂性"章

《易》曰："一陰一陽之謂道言，天道之本然也。繼之者善也，言天道行健，運轉流布陰陽之氣於天下，相繼不息，是生生之善化育人物者也，成之者性也。言人物各得陰陽之氣而凝成者，性也。清濁、偏全、純駁，雖有不同，而皆得天地之善以成性也。人通身皆涵性真，而心其統會也。故性從心、從生，心之生理也。三句正孔孟言性宗旨，後儒性惡善惡混及氣質惡之妄説，俱當以此正之。"是"天命之謂性"注。《孟子》曰"親親，仁也；敬長，義也"、"達之天下也"，曰"愛親"、"敬長"，良知良能也，

是率性。曰"達之天下也",是道,是"率性之謂道"注。至"修道之謂教",則《周禮》一書可見也。

性即三達德,道即五達道,教則三重九經、宗廟郊社、禮樂時措,總是修道内事,總是維持世道之教法也。

道惟不可須臾離,故己所不覩不聞之須臾,亦必敬以直之焉。陸桴亭《思辨録》一條講此節最有體驗,可觀。

然不覩不聞僅須臾耳,而動機萌矣,此尤爲人禽關,須小心體察。

"莫見乎隱,莫顯乎微"八字只寫一"獨"字,惟是人所不知而己獨知,故曰"隱"、"微",惟人所不知而己獨知,故曰"莫見"、"莫顯"。蓋人猶可欺,而己難欺,轉念犹可欺,而初念最难欺也。

存養、省察是二事是一事,《大學辨業》内可觀。天下大本、達道,"天下"二字便含下文天地萬物在内,故一致中和即能位育。

致中和一串説乃佳。蓋自静至一念之動,以及應事接物無不戒慎,即是致。

位育俱頂中和爲是,皆有感化,皆有政事。如仁人在上,能感動天地,風調雨順,七政不愆,山川效靈,是感化之位也;如官天地、齊七政、晝井分疆,是政事之位也。不論窮達,但實能致中和,孔子何嘗無位育之功?

此章言中庸之道本如此,君子體道要如此。有本原是性命,有功力是致中和,有究竟是位育。

普天下只是"率性之謂道"一句,然所以主持天下者只是"修道之謂教"一句,而只完"天命之謂性"一句。

此章著實在喜怒哀樂四者,涵之於心則爲性,行之於身則爲道,施之於天下則爲教,達德達道九經俱在四者内。

人之與天地萬物相感通者,喜怒哀樂也。人之喜怒哀樂不能如天命之性者,以不致中和也,是以君子慎之。

"仲尼曰'君子中庸'"章

此章當獨爲一段,乃點出中庸名目,赶出假道學,扶起真聖賢,以立中庸榜樣也。

君子通前章戒懼慎獨之君子,及後君子慥慥以至君子篤恭而天下平,凡言君子者,與至聖至誠皆是此君子,皆是榜樣。

小人不是貪財好色小人,財色小人直不得中庸痛斥。此小人是少正卯、鄉愿之流,能與孔子之門三盈三虛者。在他八面滚圓,毫無忌憚,儼然一時中,儼然自以爲中庸,而聖人道眼乃直斷之曰:"反"。

執中之君子,人以爲呆打孩,而不知其爲走盤珠也,即有時而驚其爲走盤珠,而不知其確有定盤針也。小人衹欲成一走盤之珠,而無所爲定盤之針,所以無忌憚。

無忌憚是不怕天、不怕地、不怕雷劈鬼斧者。小人,人以爲通人,可近而不知其猙獰,如此,可畏哉!正與君子之戒懼慎獨相反。

君子、小人,直與末章"君子"、"小人"相呼應。

"子曰'中庸其至矣乎'"章

此章是下八章起語,至言此道好到盡頭也。觀後"費隱"、"不遠人"、"卑邇"、"鬼神"諸章可見。"能"即下文"能知"、"能行"、"能强"、"民鮮能"、"惟聖能"相爲呼應,然以後"百能"、"千能"、"果能此道"、至聖"至誠爲能"、"孰能知"諸"能"字總一條線索,故子思比《論語》聖言加一"能"字,蓋一篇《中庸》只是教人能中庸耳!

"子曰'道之不行也'"章

知者抬头天外,不知道在足下當行。愚者三四稱眼,只覷目前苟圖,衣食之外,絕不知世有聖賢參贊一路我所當行,故皆不能行道。賢者走入緣牆上壁一路,將康莊反不顧眄。不肖者,窠中坐老,焉知世有王程官渡南北通衢耶?所以皆不能明道。自飲食自不知味,可歎可歎!心中十分感慨而語意脱灑之甚,不可言,以飲食喻道,亦不必言,飲食即道也。

鄭康成《注》曰:"過與不及,使道不行,惟禮能爲之中。"此言最得中庸要領,故後文言"武周君子皆以禮樂",蓋禮乃道之實也。

"子曰'道其不行矣夫'"章

鹿忠節公《四書説約》曰:"天下人無非各行所知。夫子眼中看他不明,口中歎他不行。"數語最妙!

"子曰'舜其大知也與'"章

謂舜以"大知",故不自用而取人,不似口氣;謂舜由取人故"大知",又似舜是學而知之者,亦非。“舜其大知”句是冒“舜好問”句,“舜”字即首句“舜”字,“好問”至“用中於民”即首句“大知”,《注疏》所謂斯也,故曰“斯以爲舜”。語氣直捷痛快。

“問”字、“邇言”字、“察”字、“好”字、“隱”字、“揚”字、“執”字,字字抉剔。

隱惡揚善亦衹是上兩“好”字中事,“執”字是手中拿著忖度之謂,與“允執厥中”“執”字不同。三句真是大知,真是能明,然後用其中而行之。《孟子》“若决江河”章與此章參看可明。

“子曰‘人皆曰予知’”章

人人動誇聰明,看他胸中把據處,縱然探驪得珠,却又糊塗失却,如何口强。

明行相因意,詳予《大學辨業》中。

守如守著一股財物,行如用此一股財物,使費惟守乃行,被人奪去者,自己安得有使用,故守與行一事也。不能期月守,亦非全無守者,但不固耳。説“予知”者,微有身分,則下文回之身分愈高矣。

“子曰‘回之爲人也’”章

拳即李陽老拳之拳,借字,妙!“拳拳服膺而弗失之”八字,字字刻鏤,是一“守”字注解。

有人問内兄王法乾曰:“某家累鉅萬而慳惜一文,夫一文何損於鉅萬乎?”法乾曰:“不然。不如此,不可言守財。夫鉅萬之産,一文偶費,何損於産?而鄙夫斷斷不費也,乃可言守財。君子萬善之身,一善偶失,何損於德?而君子斷斷不失也,乃可言守善。故君子之守道,一如庸夫之守財。”

此章衹重能守道,所以明。

朱子“真知”二字在能擇、能守以上,此宋儒學術誤處,陽明致良知之權輿也。

“子曰‘天下國家可均也’”章

中庸本於性命,溥於日用。用不得一些做作,使不得一點夾雜,故非義精不能;饒不得一分陵駕,當不得一絲斷續,故非仁熟不能。能此者,才算强手,其餘外邊支駕,一時奮激,總非好漢。

“中庸不可能也”言非强不可能也，以起下文，勿作斷絕語。

“子路問强”章

子路問强，原祇意有血氣一路，被夫子忽分出三樣强，陡然面赤骨立。

夫子此處當面精靈，當面剖奪，真是義精仁熟。

“君子”“强者”四字，影出下一箇真正君子。

四“不”字有千鈞之力，中立而不倚，譬之人立，偏在一邊，易於站住，若中室而立，少間腿酸腰軟，不由人不歪倒矣。直直中立，一無借靠，豈非强漢！堯舜之揖讓，非倚於和好，湯武之征誅，非倚於强悍，皆是一片天性，當然淋漓用事。乍見赤子入井，怵惕惻隱，此純是天真，非倚邀譽納交惡聲也。然此乃常人偶然發見之良，一無所倚，君子則終身所行之事，皆如此偶然發見之良耳。下文經綸大經、立大本、知化育、焉有所倚，正此句注疏。陸象山曰：“他人祇是依倚，非自立也。若某，縱不識壹字，亦須還我堂堂做一箇人。”

○木欣欣以向榮，泉涓涓而始流，夫焉有所倚？

鹿太常《四書説約》曰：“有道不勞失己而塞字難言，無道亦知仗節而至死難言。”

“子曰‘索[①]隱行怪’”章

“索隱”節是挽“知者過之”、“賢者過之”，“遵道”節是挽“愚者不及”、“不肖者不及”，“依乎中庸”節是挽“舜之智”、“回之守”、“君子之强”，而以“能”字應鮮不可能，此爲一段。

依如著衣一般，“遯世”句，《論語》“莫我知”一章乃其注疏。聖人所知、所行，情不過喜怒哀樂，倫不過子臣弟友，事不過禮樂文物，而直直上達，與天爲徒。肉眼世界，誰能知之？是自身在世中，已遯世外，翩翩獨往，精神愈旺，那有悔念？

“悔”字極細，但偶有一系冷淡生活沒趣之念，即是悔不到至誠無息。此一“悔”字，不容易不？

“君子之道費而隱”章

上段祇是疏“君子中庸”一句，以“中庸其至矣乎”疏中庸，以聖者能明能行能强疏君

① 中國書店 1984 年版《四書五經》、中華書局 1980 年版《十三經注疏》原文皆作“素”。

子,然其意尚渾融,故接上文,自“君子之道費隱”至“哀公問政”章,細疏中庸之道如此,自“誠明謂性”以下至“經綸大經”章疏“君子能中庸”。如此,其間説道即説君子功業,説君子仍説道,本非判然,總是疏“君子中庸”一句耳。

下文泛言道,且説“道,聖人亦不能盡”,如何歸爲君子之道?蓋不以道歸君子,則似道與人不相干,即不然,亦似道是一龐然大物,而君子從而作秦武孟説之舉者。不知自有天地以來,天衹能生物,地衹能成物,萬物衹能并處生成之内,而其間一擔六合,鍼線在手,試問非堯舜禹湯文武周孔諸君子,尚是屬誰?即曰天地萬物同此道,而能位置天地,生育萬物,非此數君子,尚是屬誰?故斷斷以道歸之君子,方有著落,曰“君子之道”。

道屬君子,而乃曰:“聖人亦有所不知能,何也?”曰:君子自有不知能,自無妨爲君子之道。如遍知山谷中一草一木,恐周公孔子不能。然林衡山虞草人薙氏,或養草木,或斬草木,皆有法度,則凡草木皆君子之道所布護。孔子不能老農老圃,然兵農禮樂之學,實有其具,則老農老圃皆在君子老安少懷中矣。蓋言天地圣人亦不盡瑣細之道者,總狀道是涵天際地,如此,其用廣,以見君子①由造端而察天地,亦如此,其用广,非謂道与君子有不相干處也。

“費”是借字,即費用財物之“費”。如人衹有十金之産,必斤斤然不肯費,即或費之於此而已缺之於彼。若有百萬家産,則任從使費,左宜右有,無所不給。然所以能如此大費者,只爲有一善持家之主人翁在内,則隱也。“費”是率性之道,是小德川流,“隱”是天命之性,是大德敦化。然隱易言之,恐啟人妄索之端。下文只言“費”不言“隱”,蓋聖門性天不可聞家法,子思依然守之。故《中庸》一書多言上達,而却只“天命之謂性”一句言性天,餘無及者。

夫婦愚不肖亦能道,聖人天地亦不能道。大莫載,小莫破,活畫出“費”字,語妙天下。

上節統體説道,“鳶飛”節又指點示人言,上一看,上明明是道,下一看,下明明是道,妙極!

“造端”節是結上文,然與上文口氣亦不同。上節夫婦知能,及其至,而聖人天地有憾,是兩分説。此節則合説,以見自“夫婦”起至“天地”止,中間若大若小,熙熙穰穰,總是此道一線穿成耳。三句只是一句,言造端到極處,便察乎天地。此节已开下文数章之意,“夫婦”即起下子臣弟友、卑邇,“察天地”即起下鬼神、宗廟、郊社諸端也。

---

① 原字爲“于”,似爲“子”之誤,試改爲“子”。

“道不遠人”章

人是子臣弟友，道即子臣弟友之道，如何遠人？二句不重斥隱怪，只反言以足上句耳。

因伐柯不遠想出遠因，形出道之不遠，情理妙極！

以人治人，以人之所欲者施人也。“施諸己”二句，不以己之所不欲者施人也。“所求乎子”至“先施未能”，以己之所欲者施人也。總是忠恕，總是不遠人之道。

“以人治人，改而止”已極滿其人之量矣，不是將就待人。

以人治人亦活看，己亦一人也，以己治己亦是以人治人。

道本不遠人，只一不忠恕，道即遠矣。鹿忠節先生曰：“忠恕一味，服在腹中，消去許多不長進妄念，透出真氣，立時百骨皆靈，八荒我闥，神丹也。”其語最妙！忠恕是一字，言盡心以推己及人耳，故“施諸己”二句衹訓恕，而忠已具。

忠恕即一貫，即從心所欲不踰矩。然云“違道不遠”者，安勉之分耳。“施諸己”二句，如子以不孝施我，我不願，則勿以施之於父，即下子臣弟友也。

“庸德之行”以下，字字刻畫，是君子中庸寫照。

行已説完矣，又以“有所不足，不敢不勉”足之，又以“行顧言”足之。謹已説完矣，又以“有餘不敢盡”足之，又以“言顧行”足之。極力寫狀之筆。鹿太常曰：“是帖心帖意將全副精神交付在庸德庸言上，兩不敢兩相顧，篤實精進，念念揪住自家，絕無分毫走作。”數語寫“慥慥”二字出。

“君子素其位而行”章

道即在子臣弟友，而人每不能盡者，細看其病，衹是願外一念累之。在上偏責下從，在下偏想上恩，爲陵爲援，萬慮中紛，富貴名譽，營營不已，俗語所謂“吃著碗裏，看著鍋裏”。此等人衹是一味僥倖心腸，行險求之，亦所不顧。其實天下事，惟有在我者可以自主。既曰外，如何可必？天自是天作主，人自是人作主，如何可求？遂覺眼前事不如意十常八九，怨天恨人，無所不至。一個“願”字致成一個“怨”字，將天下人十九送入苦海愁城矣。哀哉！你看君子何等受用，何等自在，只是素位而行，無論富貴順境，是易是自得，即貧賤患難夷狄十分艱苦，在君子急急孳孳，衹是自盡其道，反求諸身。伯夷之餓，蘇武之牧羊，龍逢、比干之誅戮，數君仰不愧天，俯不怍人，有何怨尤？有何疾苦？如此逆境，亦是幕天席地一塊甚易之所，而況晚食當肉，安步當車，一官十載，世莫知予，真是平常之事。有何不灑落？故曰“自得”。

本領全在“行”字内，即上章“庸德之行”七句功力也。無此功力，外邊可忻可羨之境，不平無聊之况，如何能攩住不使入？

戒懼慎獨之君子極能自得，而性情脱洒者不與焉。

鹿太常曰：“君子爲逍遙遊，小人爲迷魂陣。”快哉其言！

自得“自”字，即“己”字、“身”字，見與外無干。

“譬如行遠必自邇”章

君子之道，原有卑邇，有高遠，不是無高遠，不是卑邇即高遠，但行遠未有不自邇者，登高未有不自卑者。此由上二章出“高遠”二字，以起下文“鬼神”、“郊社”等，所謂造夫婦及其至而察天地也。

妻子兄弟和而父母順，以此想行遠自邇，登高自卑，不煩言而已解。

此所謂“下學而上達也”。後儒躐等上達而學術歧矣。

“子曰‘鬼神之爲德’”章

朱子以性情功效訓“德”字，極好。蓋鬼神亦有性、有情、有功、有效也。“盛”字即“視之而不見”以下數節。

“體物而不可遺”已盡“盛”字，“齊明”節舉祭祀明之，“神之格思”節舉《詩》言証。

如此“此”字即指“不可揜”，“不可揜”即“顯”，“顯”即“體物不遺”。鬼神微而，而不見不聞，乃如此顯者，以誠也。天地惟不貳，故生物不測；鬼神惟誠，故體物不遺；聖人惟誠，故萬物一體：一理也。前文“忠恕”、“慥慥”已見君子之誠矣，而鬼神幽渺，人或以爲空虚，故特於此指出“誠”字，而後文“君子之誠”從此可詳舉焉。

張子以鬼神爲二氣之良能，未嘗非是。而后儒推演其説，乃遍指陰陽之物爲鬼神，遂有“語爲神，默爲鬼”、“動爲神，静爲鬼”、“心意爲神，耳目口鼻體魄爲鬼”諸説，似不確。夫以鬼神为二氣，自可，何者？一陰一陽之謂道，鬼神豈得出陰陽外？然遍指人物爲鬼神，則不可。人爲鬼神，則“使天下之人”可曰“鬼神使天下之鬼神”耶？况人物皆爲鬼神，物之體即是鬼神，則鬼神現在當前矣，可度矣，不可言“格”矣。蓋天地之中，人物之外，實有一種鬼神上下兩間。孔子曰：“氣也者，神之盛也；魄也者，鬼之盛也。”衆生必死，死必歸土，此之謂鬼。骨肉斃於下，陰爲野土，其氣發揚於上，爲昭明。焄蒿悽愴，此百物之精也，神之著也。又曰:"精氣爲物,游魂爲變。"故知鬼神之情狀。所以自古聖人分爲天神、地示、人鬼三等,而制郊祭以祀天地之神,社稷以祀土穀之神,望禮以祀山川之神,百祀以祀百物之神,宗廟以祀祖考。載於《三禮》,昭如日星,豈曰虚言?豈爲徒設?故祭祀一節,實指鬼神之盛,非指鬼神内之一端也。時解謂祭祀乃舉鬼神一端言,大誤。夫鬼神之正者,無不在聖王祀典内。不在祀典内者,如今世二氏及愚夫所指之鬼神,非妖則妄也。體物如體群臣之體,君非臣體也,而軫念之至,如體之也。鬼神,非物體也,而盻蠁之至,如體之,即下文"如在其上"、"如在其左右"、"格思"是也。若朱《注》言"爲物之體",似與後文難通矣。

"子曰'舜其大孝也與'"章

首節言舜之大孝,德福兼隆;次節言德必有福,乃即舜之德福兼隆者而斷其以德爲主也。下文言天道,引《詩》詞,總言大德必有大福耳。鹿太常《四書説約》曰:"須知孔子此言不是推命運,乃教人以宇宙在手之訣也。舜亦無四目兩口,衹一德造其極,天即隨我而轉,禄位、名壽即拱讓辭之而不能。"然則人日望天以福而天不與,天日望人以德而人不爲,請問是誰負誰?

一連數箇"必"字,聖人十分斷定孔孟不受命而廟饗百世,豈咸受命者?試觀今世,孰累逆而不亡?孰積善而不昌?是鐵板數學者,勿以不肖之心量天也。

漢唐宋明,大德固不若舜,然其知仁勇之德當時未有及者,天不與之而誰與耶?金元固不仁矣,而其知勇之德則有不可及者,况其不仁之中亦有仁在,不可誣也。

人能必天,天原可必耳。天道主因,别無他法。人在能受,不受何爲?

舜之大德,亦是孝,舜之大孝,亦是德。但此章首節言德,則言德之顯親爲孝,次節言大德,則言福由於德。舜所以德福兼隆而爲大孝,是承上節而斷之各自開説,不必如時下糾纏也。

時講言:"福不可以言大孝。如漢唐崛起,豈可亦曰大孝?"此不通論也。孟子明言:"孝子之至,莫大乎尊親。尊親之至,莫大乎以天下養。"爲天子父,尊之至也,以天下養,養之至也。不聞乎?

大德"大"字須看德,不大不須想命。

《祭法》:"有虞氏禘黄帝而郊嚳,祖顓頊而宗堯。"《國語》又曰:"郊堯而宗舜。"後儒不解,但見文無瞽瞍,遂谓:"瞽瞍,惡人,不可入廟。"又謂:"舜受堯禪,爲堯立廟,不爲親立廟。"宗廟饗之是後世饗舜,夫饗,舜何與於?舜孝,且世無人子而不祭其父者,况天子乎?瞍不可郊,不可宗,豈不可廟祀乎?且顓頊,舜之六世祖,與堯無統系也。既曰"祖顓頊",

則顓頊而下窮蟬至瞽瞍五世，必立廟通祀，可知矣。不然，堯廟安得有顓頊爲祖耶？宗堯如同宗祀文武於明堂之宗。宗廟，宗尊也。廟，貌也，言祖父之尊貌在此也。二宗字不同。

“子曰‘無憂者’”章

周家王業，十九文王創成，且内文明而外柔順，以蒙大難，多少憂虞。乃夫子忽然言其無憂者，蓋此章不重説文王，乃想武周“子述”之妙，因倒想出文王，真是快①活也，“父作”特陪説。

“纘太王王季”句，補“父作於内”，下便俱言“子述”矣。

武周各人做各人事，而孔子乃以爲成先王之德。成者，如人做一事未結局，而至今乃結也。文王安得不快然？

三世統作一人看，可想其妙，只是文王事，而至武王時如此，至周公時又如此，宛然一時中樣也。

孔子憲章文武，而言武周定業不過一禮。後文言“居上”、“爲下”，亦總歸於禮樂。以此知中庸之道不出一禮。禮者，喜怒哀樂、子臣弟友之天則也。

“子曰‘武王周公’”章

達，通也。凡人之孝，一人之孝、一時之孝耳。武周則直通乎先人之志事，且通先人志事而直通先人宗廟之祖考，通先人普天下萬世之子孫臣庶，更至上而天，下而地，遠而千百年祖考，自出之祖，俱是此孝，思一綫穿成，故曰“達孝”。

“修”字、“陳”字、“設”字、“薦”字、“序”字、“辨”字、“逮”字、“踐”字、“行”字、“奏”字、“敬”字、“愛”字、“事”字，俱是“繼”、“述”注疏，俱是“善”字注疏。武周之孝心，全在文王，事全在祖考子孫臣庶，真是善，真是達。“修其”、“踐其”等“其”字，俱指先王，説見《武周》，所做者不是自己事，都是先王事。語妙之甚。

《祭統》曰：“祭有昭穆。昭穆，所以别父子、遠近、長幼、親疎之序而無亂也。是故有事於太廟，則群昭群穆咸在，而不失其倫，此之謂亲疎之殺也。”

又曰：“凡賜爵謂旅酬時。昭爲一，穆爲一，昭與昭齒，穆與穆齒。凡群有司皆以齒，此之謂長幼有序。”

---

① 原字作“快”，似應爲“快”字之誤，試改爲“快”。

天下難知者，天地鬼神，而人爲易；難格者，天地鬼神，而人爲易。明乎郊社之禮、禘嘗之義，則上而天、下而地、遠而千百年之祖考，理皆能明，誠皆能格，而於目前之百姓，尚有不能明者乎？尚有不能格者乎？故曰："於治國也，如示諸掌。"

郊社、禘嘗、宗廟，予各有考辨專書。

《講章》"春秋"、"宗廟"二節，分"敬其所尊"、"愛其所親"者是，分時祭、祫祭者非，何者？時祭亦有祫也，若三年一祫，則緯書妄説。天子有五年之禘，無祫祭名。祫者，凡合祭之總名也。詳見予《考辨》内。

禮義互言，制禮非以大義斷之不可。如身爲天子，則從祖伯叔兄弟皆爲臣，爲大宗，後竟降其父母期支庶大夫以下不祭始祖，此非以大義斷之，孰能如是？故非天子、非聖人，不可議禮、制度、考文也。

舜、武如此高遠，品業祗一孝字，可見子臣弟友之外無道。

"哀公問政"章

上文尾及治國，故下接以論政。

哀公問者，布政。夫子對以做人，除人，固無政也。哀公問政，只有治人治天下國家之念，不想己身是主，即告之曰"爾有身"。又必以爲資性愚柔，何能有爲？夫子則説，政，我家文武有成法在。一一臚列，有效、有事，原屬最妙，不用他求，祗是須有人舉。如何舉之？還須如文武明强之人方能舉之。然人將曰："我愚，我柔，如何得如文武生知之明？安行之强？"不知五達道是我與文武同由者，三達德是我與文武同具者，祗用真實好學以擇善，真實力行以固執，百倍千倍不措其功，即可化愚柔爲明强，生安困勉，同登聖域，立時活現一文武之人，立時九經流行於天下國家。十法九力，無力不行。讀此章，使講徒法者再不得開口，使託言自棄者再不得開口。

政原是人所立，樹原是地所生，如何不敏？

人字緊頂文武，原指君言，然有君必有臣，故下"爲政在人"、"取人以身"遂分出君臣兩種人。

修身以五達道，修道以三達德，而祗言仁者，蓋分言之，知、仁、勇，統言之，一仁也。

解"天命之謂性"，則解"仁者，人也"，何者？天行健，一日三百六十五度四分度之一，流布陰陽生理於天下，無一刻間斷，即天之仁也。人得之而成人形，全是一團生理。其中愷惻慈愛之意油然而不容已即仁，故曰："仁者，人也。"此生理布濩於五倫中，逢人即是。然其中最真最切而为行仁之本，莫过於親親，故以此爲大事。生意是仁，行此意而得當即是義，故曰："宜而區分得當，莫急於尊賢。"蓋尊賢即朋友一倫，非此無以講明五達道也。

等殺非是安排做作，乃天理所自然而發生者也。天道有條理曰"天理"，即"禮"也。自"仁者，人也"至此，皆疏"修道以仁"句。

"故君子不可以不修身"節"故"字緊頂"爲政在人"，以下至"禮所生也"而繳足之。知人以事親歸之知天者，天之生人，一本九族，區以別矣，大賢、小賢區以別矣，是即天道之自有等殺處，即天之禮也。君子所行之禮亦是因天高地下、萬物散殊之禮而像之耳。苟不知天，任從私意布置，無由得一至善之等殺也。

漆園放曠禮法之外，而尚曰："父子，天性也，不可解於心。君臣，大义也，无所逃於天地之间。"佛氏滅棄人倫，吾友王崑繩闢之最爲解頤。首叚云："佛教賴吾道以行耳。吾道持世有君臣、父子、夫婦、昆弟之倫。熙穰人間，故彼得以鼓其狂誕。設使盡如其說，而吾道澌滅，不一二世，人類且盡，不知佛氏將聚死僧之魂招群鬼之靈，而對草木禽獸以立其教乎？抑徒盪盡中華之人，而倀然無依，獨返於西土也？"予少年曾著《闢佛論》，大意亦仝。謂人斥佛之空，吾獨慮佛之不能空，空夫婦則無僧并無佛矣。而佛僧固有父母也，是不能空夫婦、父子。佛氏能不食王之毛、踐王之土乎？是不能空君臣。且有徒衆，安空朋友？去真父子、兄弟，而聚無賴之徒結同會兄弟作傳鉢父子，是去絆而求枷也。烏在其能空也？故曰："五者，天下之達道。"人雖至愚，亦有知識，見赤子匍匐將入井，皆必怵惕惻隱。呼之曰："爾，禽獸也。"懦夫亦怒矣。故曰："三者，天下之達德。"

只此性體言知仁勇，即有義禮在内，言仁義禮，即有智勇在内，專言仁，即有智勇義禮在内，專言禮，即有仁義知勇在内，故又舉禮而歸之於天。天即與我達德者也。

天下之達道，天下之達德，見文武不得矜，在我不得讓，衹要誠實做人便是。

曰五、曰三，及下文曰九，而行之衹在一個，原不用多，一心真純，萬理皆備。

九經是五倫張弛於天下國家之分名，五倫是三德著見於人倫之分名，三德是一誠分見分名，總是一個。蓋天行健，天地之大德曰生，衹是一至誠無息，所謂其爲物不二也，故賦之於人全是誠，故曰"誠者，天之道也"，即"天命之謂性" 也。

一人當時即醒，一人十日醒，一人百日醒，至醒时是一樣。一人安車而至，一人驅騎而至，一人肩擔喘息而至，至其地是一樣。然明行達道皆一者，總因達德原是同然，故學困即近知，力行勉强即近仁，恥我知之不明行之不强即近勇。知此三近，則人可存而政可舉矣。故推之知所以治天下國家。數"所以"字提綱網起，挈領裘振，一連都到也。

凡爲天下國家有九經，可见文武與我同當有之。

九經不是周禮現成名目，是孔子櫽栝周禮有此九件。言治天下國家，而又始以修身者，總見身是天下國家之主，非人存不可政舉也。

"尊"、"親"以及"懷"、"柔"諸字，字字貼切，字字刻畵。

修身等效驗如此，妙！祇在有人舉之。

賢坐論，故不惑。大臣於大經大猷有主張，有擔當，不致中外紛紛，故不眩。明末朝中白面輻輳，群疑滿腹，衆難塞胸，只成一"眩"字。報禮重，猶諺言"一盒來，兩盒子去也"。百工所以利用者，有用則財生，故自宫府以及民間，無不財用足。遠人多是有心觀光，材智之士，曳履而來，方謂九重尊嚴，遠絶侯封，不謂欵曲，乃如是，歸至各國，那能不宣德達威、上傳下布耶？四方聞風而歸，必然也。群雄角立，誰畏誰？今諸侯盡在聖王腹中，安得不畏？

齊明祇是以敬，合之盛服，非禮不動，真是内外交養之功。

"所以"字宜玩見，九經俱賴有活人在，非徒然者。

朱晦庵訓"豫"爲"先立乎誠"，最好。誠亦不得取辦臨時，如人統三軍出征，何嘗不誠心求勝，而到己覆敗，則其兵學不豫習故也。故擇善固執，俱須豫先用力。孟子集義即此，日積月累，是曰集，是曰豫。僞學之頓悟，庸夫之愚誠，總不濟事。

以下位者畫一豫不豫之樣，最妙。

此章全是大學道理。柔遠人、懷諸侯是平天下，尊賢、敬大臣、體群臣、子庶民、來百工是治國，親親是齊家，盛服非禮不動是誠意，修身、齊明是正心，明善是致知，學問思辨是格物。欲治民，獲上、信友、豫先順親；欲順親，豫先誠身；欲誠身，豫先明善；欲明善，在學問思辨，即格致、誠正、修齊、治平遞有先後之説。好學擇善，所以誠身，順親以下，是由誠身而推，故下文直接"誠"字發明之，即修身爲本之意，古今學術無出此矣。

"不勉而中"是安行，"不思而得"是生知，此不必冀倖者也。"擇善"是學困，"固執"是利行勉强，此自我作主者也。問、思、辨，皆好學中事。學問、思辨、篤行，皆豫也。然有不同，學問、思辨，純是豫先功力，所謂學而後入政，未聞以政學，如吕蒙通知今古便可刮目相待是也。至臨時之學問思辨亦有之，然不靠此時方做。"行"即上文"所以行之者"一兩行字。豫先、臨時各有功力。豫先篤行，如趙充國老將可任西事是也；臨時篤行，如趙奢至閼與厚集其陣以擊秦兵是也。

聖人説至"弗能"、"弗措"、"己百"、"己千"，如瓶注水，色飛神王，不謂天生聖人，乃道如此甘苦出。哀公試自思，還是我愚柔？還是我不用力？

"一能"、"十能""能"字，指上能"知"、"得"、"明"與"篤"言。"果能此道""能"字，能己百、己千也。千百亦活字，雖萬何妨！

"雖"字、"必"字甚決，見文武之人不是稀奇，祇要能。

“自誠明”章

此章以後，雖與上文另爲一段，然即承上段而言，非別起爐錘也。上章言誠身，先以明善，而明善以學問思辨，是自明而誠也，是由教而入也。教，受教於人，即學也，因重提“不勉而中”、“不思而得”之“誠明”與“擇善”“固執”之“明誠”，而究其歸結，只分勞逸，不分彼此，以爲下“至誠”其次諸章之冒也。

“唯天下至誠”章

“哀公”章言誠者，此則以其誠之至極而爲天下所莫加，因名之曰“天下至誠”。

“唯”、“爲”二字貫到底，言獨此人作此事也，盡性、盡人物性是至誠實事，故曰能贊化育，參天地，是即其能事而極言之，故曰“可以”。

時講有以盡性爲頭領者，非。頭領祇一誠字。天地以誠爲化育而生至誠，生人生物，然不能使人物必盡其性，此即天地之化育所不及。至誠一誠，而己性盡，并人物之性亦盡，則直助天地之化育矣。本領祇在至誠，文氣亦祇重至誠。觀“爲”字統貫下文可見。

鹿太常《四書説約》曰：“天地間一處沒有聖人，便臭街爛巷。你只看萬物位育，其妥當處賴誰？不止一時盡性，萬世人物，都是賴當初聖人度日。即聖人既往制度浸微，而終有壞不盡之大綱。”又曰：“至誠，雖七尺之軀，真與天地門當户對，并列無慙，誰知我徑寸中藏著通天徹地神通，自不提起，真是可惜！”

一部《周禮》是盡人物之性樣子。叅與三字亦微分。言三者，相倚而叅然也。

“其次致曲”章

常人與聖人异者，聖人全誠而常人惟見一曲也。然人與物异者，物或并無曲而人必有曲也。故大賢以下亦可言曲，而愚不肖以上皆必有曲，惟視致不致耳。

致有横致，如方千里之田盡爲荒蕪，只剩一角，即從此一角致之而規，方千里無不開墾；有豎致，如長千里之河盡被淤塞，只剩一灣，即從此一灣致之而袤，長千里無不通流：則渾一誠矣。到至誠能化與生知安行者，一樣亦祇是此“誠”字。

“形”、“著”、“明”，讀《孟子》“睟面盎背，施於四體，四體不言而喻”節可想；“動”、“變”、“化”，讀《孟子》“至誠未有不動”、“過化存神”二節可想。六字有漸次，然一誠則俱到。

“至誠之道”章

神能前知，而至誠之道亦可以前知，“可以”二字，已有如神意在內。俗解神不可言前知，不聞《易》曰“神以知來”乎？

庸愚覿面而不能知，二氏靜坐以矜其知。然二氏前知祗是恍惚依稀，即曰“不爽”，而鏡花水月之技可靜中玩弄，使之如吾儒出而經理家國，馳驅天下，則彼一愚妄人耳。至誠之前知，即在動處見實有所據，禎祥、妖孽、蓍龜、四体、禍福如券，然非萬理皆備清明在躬者，斷不足以語此，故獨歸至誠。

天地惟誠，故有開必先自然露其機於禎祥、妖孽、蓍龜、四體。至誠惟誠，故志氣如神，自然灼其機於禎祥、妖孽、蓍龜、四體。總是一誠中事。

此誠原不是愚忠愚孝之誠，真是明珠照乘水晶琉璃，八面玲瓏，故曰“誠則明”。

“誠者自成”章

“誠者自成”即“成之者，性也。”“成”字言繼善而成，性各得陰陽一塊實理，始之終之，自成一自，而行之即爲道，各有一自，誰替誰？故一有不誠，即是不自，道即無以自成。

君子誠之而爲誠者，其成己也，何待言？然自成之誠，原是萬物皆備，苟非一體萬物，便屬自己有虧，故成己、成物一時俱到，并無緩急。

“誠者非自成己而已也，所以成物也”、“故時措之宜也”，是自道仁知。“性之德，合外內之道”，是自成言“而道自道”者，以“誠者自成”之故也。

“成己，仁也；成物，知也”。子貢乃又曰：“學不厭，知也；教不倦，仁也。”學以成己，萬理皆備，故曰“仁”。真知滋味，故曰“知”。教以成物，萬物一體，故曰“仁”。知明處當，故曰“知”。蓋性、德本一，故彼此皆通耳。

“故至誠無息”章

“故”字頂“盡性”、“前知”二章。“盡性”章言至誠之仁，“前知”章言至誠之知。既誠於仁、誠於知，則仁自無息時，知自無息時，是勇也。

“不息”就來處説，言其源源而來，久就後來看，言其爲日已久，總無二理。

“悠遠”、“博厚”、“高明”有漸次，然一徹俱到。

偶爾之徵，何能悠遠？久而徵，自然漸仁摩義而悠百年，必世而遠，如人家道豐富已久，則見於外者，氣象自優裕，設施自永遠也。功業悠遠，自然東漸西被而博，淪肌浹髓而厚，如築牆者，工寬期遠，則牆面自闊，牆基自深也。功業博厚，自然巍乎成功而高，煥乎文章而明，如修室者，牆面闊、牆基深，則層層上起，自然軒昂而高、爽塏而明也。

如車然，窄則容人少，底薄則受重必至壓壞矣，故博厚所以載物。如室然，太低則身屈，太暗則神悶，人焉肯居於其①中，故高明所以覆物。如植五穀然，耕耘促迫則鹵莽，時日不到則不熟，如何收成？故悠久所以成物。悠久即悠遠，無兼内外意。

"配"如夫婦相配合而有助意也。

鹿太常《四書説約》曰："天下事，真者不滅，假者易息。"學者應接萬物，誰沒些維持？只爲意念夾雜，不是真實精神，便半公半私，時作時止，怎得純嘗？縱然極力支撑，著意照管，邊幅衹見窄，滋味衹見薄，氣宇衹見卑，光景衹見暗，條理衹見忙亂，氣脉衹見短促，如何載物、覆物、成物？如何比天地？衹一至誠出，滿腔真意，功業無邊，普天蓋地，一時萬世。总歸大治之中，容執敬别，血氣尊親，俱是此節條件。

"不見而章"節，即《論語》"立之斯立，道之斯行，綏之斯來，動之斯和"、《孟子》"殺之而不怨，利之而不庸，民日遷善而不知，爲之者，所過者化，所存乎神"意，非老莊"無爲而天下自治"之説。

"不見而章"三句，如時雨優沃，苗勃然生，適野者驚曰"未嘗見長，已如許大"是也。

鹿太常《四書説約》曰："不貳者，一也。天地好生之德，徹始徹終，衹是好生，再無一毫不好生隔斷，則本來如此，到底只如此，無有更端。故曰：其爲物不貳。"人雖稟天命以爲心，而不能不攙别念，一攙則貳矣。誠者，還其不貳之體也。人只説天地功用不可比擬，不知衹患根本不如天地之根本。天地功用從根本中出，我有他那根本，自有他那功用。

言天地之生物不測，而就中抽出山水并説，絶妙文情！

一"昭昭之多"，言少也，猶今問"家之糧"，曰②"一升多"，言甚少也。

末節滴滴歸源，見天與聖人根本處衹是一樣。

"純亦不已"，非由純即不已也。純即不已，誠即不息，不是兩物，亦非兩時。

"大哉！聖人之道"章

鹿太常《四書説約》曰："聖人之道，就指禮儀、威儀説，'發育'、'峻極'，就是此禮。"蓋

① 原文衍一"其"字。
② 原字爲"日"，似不妥，試改爲"曰"。

禮者，世教也，所謂名教也。如無此禮，則三綱不立，九法不章，萬物相賊殺矣。如今萬物，各生各遂，都是此禮維持，所謂裁成萬物、輔相天地也。“峻極於天”，言自天以下皆此禮充塞，即指“發育萬物”説，非對言也。

細看此章，承“致曲”、“自成”兩章而言，言“其次致曲”、“成己成物”之實事，在於一禮。故歎聖人之道大，“發育萬物，峻極於天”總是此道，因接上“發育”、“峻極”而歎其優優然充足有餘者，實是此“三千”、“三百”之禮，無一物不有佈置，無一物不遂生成，一何大也！然非至德如聖人者，無一凝而行之。君子，學聖人者也。知道之具於心者，爲德性；而見於成法者，當問學；無物不包者，爲廣大；而纖悉不淆者，爲精微；一物不累者，爲高明；而無過不及者，爲中庸；已得者爲故；而未知者爲新：而總統之以禮。故君子“尊”而“道”，“致”而“盡”，“極”而“道”，“溫”而“知”，“敦厚”其力以崇禮焉，則德至而道凝矣。“敦”如“敦丘”之“敦”，不散也；“厚”，不薄也；“崇禮”者，修明整頓，奉持遵行，不使禮教陵夷衰微也。由是，以之居上，則有三重之禮而不驕；以之爲下，則遵時王之禮而不倍。有道之世，倡明禮樂足以興；無道之世，闇守禮樂足以容。“既明且哲”，無往不宜。所謂“致曲”者以此，所謂“成己成物”者亦以此。

此章以禮起，以崇禮應。下文二章言“不驕”、“不倍”，只在禮樂三重。且“尊德性”節上四句俱是“而”字，末句“敦厚以崇禮”用“以”字，可見“禮”字爲此章關鍵。故鄭康成《注》亦云：“爲政在人，政由禮也”。時解似未得頭腦。

“大哉！聖人之道”，至“威儀三千”相遞説，非對舉。

“子曰‘愚而好自用’”章

上章言君子有崇禮之功，故能居上不驕，爲下不倍。此下二章，則接上言。不倍者，從禮也；不驕者，有禮也。故三端指之曰“禮”、“度”、“文”，二字包之曰“禮”、“樂”，一字總之曰“禮”。觀“吾説夏禮”節只言禮可見。

爲下斷斷然不可倍，一倍則招災。何者？議禮、制度、考文，原是天子大權，試看今日之域中，誰有敢逞臆妄作者？可見禮樂不惟有位無德者難輕作，即有德無位者亦斷斷不可作。試觀孔子何等有德，祇因無位，則惟有從時王之禮而已，而況其他才德萬不及孔子者。欲自用自專反古，不惟賤，真是愚。鄭康成曰“曉一孔之人”，信哉！

“王天下有三重焉”章

“王天下有三重焉”二句，即從下通章想出君子不驕之善而詠歎之。“君子之道”節即“有三重”句，“動而世爲天下道”節即“其寡過”句，末節則反言。决之，言，無“三重”之善，斷不能寡民過，有“三重”，不如此。反正緊相應。

“三重”，禮、度、文也。“有三重”，是德，是不驕。

鄭《注》以“三重”爲“三王之禮”，陳晦伯以“三重”爲“德、位、時”，俱非。“上焉者”一節只作波瀾，言夏商前王。聖人無位，雖善亦不能寡民過，以起下君子三重寡過之妙耳，非此章德位時三者平重也。既曰“居上”，王天下自有位，時矣，何用説？蓋上章重在位時，言德即有而無位時，苟制作焉，倍難居矣。此章重在德，言有位時而無德，則不有三重之善矣。驕何可乎？時解以“本諸身”爲“德”，“徵諸庶民”爲“位、時”，殊支離。

“本”、“身”爲徵民之本，“本身”、“徵民”又爲“考”、“建”、“質”、“俟”之本，然一連五個“諸”字對言，乃言現成君子之“三重”“如此”，“如此”，盡善耳。

“不繆”、“不悖”等，俱指“君子之道”言。

“質諸鬼神而無疑”，知天地也者。蓋天爲鬼神之主，鬼神乃效靈於天者。君子至德凝道，直與天通，將天道陰陽之運，如辨黑白，如數一二，則凡鬼神之效靈於天者，其性情功效，亦如辨黑白，如數一二，故制出三重之禮。即舉位置鬼神一節，郊社、宗廟，鬼神亦分尊卑；司山職川，鬼神亦備使役。然而適得鬼神之性情，適合鬼神之功效，天地清明，山河效順，一無可疑也。

周公所制周禮，雖孔子大聖，亦歎其“郁郁”，亦曰：“周因夏殷，百世不變。”蓋周公當日明於庶物，察於人倫，將人道如辨黑白，如數一二，所制三重，所謂因人道而節文之。後聖，總此人耳，尚何惑？

“世爲天下道”“世”字，即三十年爲一世、父子相繼爲一世之“世”。主本朝説，不必涉易姓之世，恐礙“雖善無徵”節也。

“如此”指“君子之道”一節，“有譽”即世道、世法、世則、有望、不厭也。“未有”、“早譽”，言無“三重”、不善而驟有譽者，决言其無此倖事，以挽上文“三重”之必當有也。時文以“早”對“終”，殊憒憒。

兩章疏“不倍”、“不驕”，神情俱妙。

“仲尼祖述堯舜”章

《中庸》原本仲尼以立言，故末歸之仲尼，以見此真所謂君子中庸者。

此章大旨，首節已盡，末節即天地以明之，不是末節“德”字又推其所以然也。

自有天地人類以來，將中庸之道得於心而大小兼備者歸之仲尼，故言仲尼之德是嫡傳堯舜以爲祖，而紹述是規模文武以爲法，而表章是陽闢陰闔。“上律天時”是流行安敦，“下襲水土”，其德萬理皆備，如天地之無不持載，無不覆幬，其德迭運不息，如四時之錯行，日月之代明，以故宗廟、百官、胞民與物，萬類并育而不相害，喜怒哀樂、禮樂政刑，道并行而不相悖。川流者，堯舜文武天時水土之道，條分而縷析也；敦化者，堯舜文武天時水土之道，一本而同源也。川者，分象也，往而不息象也。化即川流。敦者，厚積也，如黎陽所積者厚，李密開倉放賑，粟米盈溢道路而倉不竭也。小德，大德，同一德。小德如寬裕、溫柔、發强、剛毅等，一條一條數之，故見其小；大德即寬裕、溫柔、發强、剛毅等，無一不涵，故見其大。非小者皆備無以爲大，即前文語大、語小，總一道也。

孟子曰：“動容周旋中禮者，盛德之至。”小德川流也。孔子曰：“吾道一以貫之。”大德敦化也。

“此天地之所以爲大”看“此”、“爲”字，言天地之所以爲大者如此，非推原其所以大也，與天之所以爲天口氣不同。

“唯天下至聖”章

此章以小德川流言，故曰“唯天下至聖”。聖，無所不通也。小德川流，件件皆通，直通之。“凡有血氣，莫不尊親”，故曰“天下至聖”。

寬裕溫柔諸德而先以聰明睿知者，蓋寬裕溫柔諸德，如分道應敵之兵，聰明睿知如登巢車而望敵以指麾諸兵者，諸路之兵靠此为眼，諸德靠聰明睿知運用，無此則爲質民之德，不能濟事。《商書》“惟明明后”，《周書》“亶聰明，作元后”，正謂此。

睿與知不同，知橫説，是遇物、遇事明亮；睿竪説，是於物於事有深思、層層細入之謂。《洪範》曰：“思曰睿，睿作聖”。故下章易以“聖”字。

“足”，彀也，猶俗言“儘彀用，尚使不了”也。鹿太常《四書説約》曰：“數‘足以有’極耐咀嚼。”蓋誰不知容執敬别是臨民必用，只爲天下太大，都靠一人。祇就容論，試看無遠無近、無众無寡、無久無暫、順者逆者、善者惡者，都要我容，不管好容不好容。縱極惻怛人亦喫萬般情狀，剌鬧之極，看看容不將去，全於此處看本領。“寬裕溫柔”四字，極力畫出容人體段，任多大遼廓境界，無有包不過者，任多少長短情形，無有耐不過者，故曰“足以”。

此章活畫出“川流”。此川之源，周廣而溥博，静深而淵泉。就中聰明睿知、寬裕溫柔、發强剛毅、齊莊中正、文理密察，件件流出。流而見，則民莫不敬；流而言，則民莫不信；流而行，則民莫不説。且直從中國流到蠻貊，莫不尊親。此等化工之筆，真是善言德行。司馬遷以下文人，德不足而强立言，從何處摹擬？

“唯天下至誠，爲能經綸天下之大經”章

此章以大德敦化言，故曰：“唯天下至誠。”下“經綸”、“立本”、“知化育”，總一誠之所爲耳。

“經綸”三句説盡神聖能事：經綸天下之大經是大用，立天下之大本是全體，知天地之化育是上達。

鹿太常《四書説約》曰：“本有倫常，自不料理；本有寶藏，自不培植；本有干涉，自不知會。是何病痛？祇是心田不誠而已。倚者，借力之謂。至誠者，一團真意，融會絪緼，亟天通地，自然如此，焉有所倚？”

經綸天下之大經，從己身以及於天下也。

經綸即其仁，立本即其淵，知化育即其天，“肫肫”六字，乃形容之，非進一層也。“肫肫”三句，畫出敦化“敦”字。

鹿太常《四書説約》曰：“人以虚名繫藉聖賢者，亦各有恩情，特實意不至，不可言肫肫；亦各有抱負，特實意不至，不可言淵淵；亦各有乾坤，特實意不至，不可言浩浩。”今至誠仁、淵、天，再沒有用之盡情時使之□□□①撐之到邊時，故曰：肫肫、淵淵、浩浩。天德即大德，以其爲川流之總會曰“大德”，以其命之於天曰“天德”。“天下大經”，天德之見於倫常也。“天下大本”，天德之存於心性也。“天地化育”，天德之所由來也。仁、淵、天，總是天德達者直造其極之謂。“唯聖人能知”，聖人以結上文，而“達德自入德始”，遂□起下章也。

“《詩》曰‘衣錦尚絅’”章

《中庸》前半多言道，言此理原彌綸於天下，後半多言德，言此理當凝成於吾心。自行

① 此□在原處爲空白。下同，下章亦同。原書如此。

處言爲道，自具處言爲德，總是一物。而入德之功，不可一毫表暴，不可一點矜張，只要從“近、自、微”處默默無言，闇地檢點，雖人所不見而内省之，嚴上帝臨汝，雖不動不言而敬信常存，釋兹在兹，以至不聞亦式、不諫亦入、不顯亦臨、無射亦保地步，真是篤恭，真是不顯。惟德至此，則不思不勉，從容中道，直與“上天之載，無聲無臭”爲一，而民自勸矣，民自望之威矣。位育肆達，天下自平矣，所謂“闇然而日章”也，所謂“淡而不厭，簡而文，溫而理”也。人特患不知耳，知之則自從“近”、“自”、“微”用力，而不著文於外矣。若小人者，則的然表露於外，惟恐文采不著於遠處、風處、顯處，惟一力塗抹，嘔嘔甘甜，繁禮多儀，粧腔做調，用格外之賞、不測之怒，以求化天下，至人所不見處、不動不言處，便以爲人所不知，不必用力，萬民之前色莊，屋漏之地負疚。

無本何枝？無源何流？真者日滋，假者难繼。糊塗可□□□□疎民於何勸？於何威？於何平？所謂“的然而日亡” □□□□君子中庸，此之謂。小人反中庸。

闇然之君子，即胡不糙糙之君子。

闇然者，必時中；的然者，便無忌憚。□□□君子之道，就現成能用力於“近、自、微”者寫出樣子，故下接□□□苟知“近”、“自”、“微”之要緊者，即可入德，以起下文。

“近”、“自”、“微”，本是一物，即下文“人所不見”也，“不動、不言”也、“德”也。但□□□對遠言爲“近”，對風被於外言爲“自”，對顯著天下言爲“微”。

志，心所向往也；惡於志者，明知是惡念而萌之。□□□□□用力内。

務求無之，是慎獨也。

不言何信？□□□□懼，常存篤實之理，便是信。

“不賞而民勸，不怒而民威於鈇鉞”、“篤恭而天下平”，似涉高妙，然所過者化，所存者神，不疾而速，不行而至，實有此理，實有此事。陽城，居晋之鄙，無權無力，薰其德而善良者幾千人，况天子乎？况□虚談也。

禮樂刑政，俱在篤恭内，而乃證《詩》之不□□□九經、三重，前已詳説，此則恐雜霸。的然者害道，故舉□□□之地示人，子曰“爲政以德”是也。

大聲以色非的然。

徵於色發於聲而後喻者爲大聲。色，即戰戰兢兢，啟予手，啓予足者。亦尚有聲色，惟做至不思不勉，退藏於密□□無聲無臭是至德，是至聖至誠，是盡頭，事中庸。□□□□□德者，立極也。

“至矣”與“中庸其至矣乎”相應言。□□□□頭道理。能中庸者，至此方是盡頭。做手□無□□□□□□命流行，即篤恭、即庸德，全非道家“無極”、“無名”之説。

一路不見 □□□□“不賞”、“不怒”、“不顯”、“無聲無臭”字眼，俱是指示爲

□□□□□□庸之道。佛老之過，食粟自棄者之不及，固屬□□□□□□士，鄉愿、碔石亂玉者，亦屬假冒。惟從吾□□□□□□之道實□闇修□真門路。

"近"、"自"、"微"即□□□□□□與天下，即家國天下也。

天下事操於遠，風□□□□"近"、"自"、"微"者可主，試問天下之人，誰無"近"、"自"、"微"？可□□□□學而至，初非絕難事。□□□□□□□前言盡性□□"微"配天地，前知如神，溥淵如天，此直云"上天之載，無聲無臭"，則人天矣，其存也，順帝之則。□□□□在帝左右，所謂純一不已。

其天也，乾坤無極，聖德永契，天生人，人合天，結果乃如此，《詩》、《書》屢有"格天"、"配天"之言。□□□制爲配帝、配天之禮。豈□□□□□□□説，不惟邪妄，而亦渺乎，何足道者？

句龍生而治土，没爲土神。后稷生而教稼，没爲□神。以至太皞、炎帝諸帝，勾芒、祝融□□□□生前之德陟降上天爲四時主，是贊化育①，參天地，存没一也。

① 原字爲"看"，似誤，試改爲"育"。

李恕谷先生年譜

馮　辰　劉調贊

目　　録[①]

李恕谷先生傳	惲皋聞	1716
讀恕谷先生年譜題辭	惲皋聞	1721
李恕谷先生年譜序	馮　辰	1722
凡例	馮　辰	1723
恕谷先生年譜總跋	李　鍇	1724
序	高懋昭	1726
李恕谷先生年譜叙	韩　霦	1727
李恕谷先生年譜卷一		1729
李恕谷先生年譜卷二		1747
李恕谷先生年譜卷三		1770
李恕谷先生年譜卷四		1796
續纂李恕谷先生年譜	劉調贊	1819
李恕谷先生年譜卷五		1820

① 底本無目録,此繫點校者所加。

李恕谷先生傳

恕谷先生，蠡縣人，姓李氏，名塨，字剛主，恕谷其號也。以儒學名世。其學之傳自顏習齋先生。天下言聖賢實用之學必尊顏李，顏李之學，周公孔子之道也。自宋明，號爲儒者，躐講性天，譁辯理氣，内則默坐觀心，探無極之玄妙，外則精勤著撰，飾語録之發皇，而於《周禮》體國經野治官造士之政，孔門禮樂兵農，用之則行之具，概乎無有。儒術蒙虚，而世治滔滔，遂不復振。習齋有憂之，著《四存編》以立教，帥門弟子力行孝弟，存忠信，日習禮習樂習射御書數，究六府三事之實用，以正外道空無之妄，前儒主静之非。恕谷承之，實大而聲宏，信近而徵遠，充之以淵博，發之以光輝，而聖賢有體有用之學，益昌明於天下。

按《恕谷年譜》，先生父諱明性，以孝行著，學者尊之，稱孝慤先生。碩學高隱，行實具毛河右《墓表》王昆繩《傳》中。嫡母馬氏，蠡人。生母馬氏，易州世襲錦衣衛馬公女。順治乙亥三月二十四日先生生。弱冠爲庠生，試高等，當食餼。先生内承庭訓，又游習齋之門，倣習齋立《日譜》，逐日逐時記身心言行得失。與習齋、王法乾爲共學會，會則質《日譜》。《譜》中記過多，則習齋喜曰："自治嚴。"記過少，則曰："非無過也，自治疎也。"日記必詳録，不爲隱諱飾觀。會質則勸善規過，不互相迴護。先生嘗曰："每會習齋，静譏致愧赧無以自存。不如此，則愚昧安有成乎？"於是，學禮於習齋，學琴於張而素，學射於趙思光，學數於劉見田，學書於彭雪翁，學兵法於王五公。於田賦、禘祫、郊社、宗廟諸大典故考證尤詳。捃摭史誌所載經世大畧與賢君相之治績可法可行者，登於《瘳忘編》①以備用，而修己治人之學大進。

孝慤與嫡母返鄉居，留先生奉生母居城，率四弟課讀。每朔望前一日薄暮，步二十五里至鄉省安。夙興，拜父母各四，乃返城拜生母。嘗曰："孝慤公之事親，視無形，聽無聲，

① 説明：本書多作《廖忘編》，他書皆作《瘳忘編》，依文意，似以後者爲當，且"廖""瘳"亦未見有通用或借用者，故將前者均改爲後者。

勉學之而不能也。"乃纂《求孝集》，採古人事親之禮與事以自勉。鮮膏醴稻，竭力以供，而自食粗糲，不使父母知。友人趙思光者，感先生孝而知先生貧，每間數日，使人送稻肉於孝慤，僞曰先生自城中遣來者。嗚呼！先生固大孝，此友亦奇人哉！年二十六，孝慤卒，擗踊痛絕，三日不食，寢苫枕塊，斂葬虞祭皆如禮。服闋，應試，遂以庚午舉於鄉。

先生至都，督憲石門吴公素慕先生，聘先生授其子弟以六藝之學。時先生著《大學辨業》成，吴公同少宰秉義徐公，共梓以行世。先生謂金素公曰："塨向不先見時貴，今爲明道計，其賢而樂延訪者，或先或後不拘，然枉己狥名則不爲也。"故一時顯達如王顓菴相國、王士楨尚書、許酉山侍郎、許時菴司空、竇克勤冉永光二太史、於名世郭子固二御史，或造寓延訪問道，或盛饌招延論學，而孫子未太常、李質君撫軍，尤講兄弟手足之好。徐壇長者，撫院李安溪門下客也，欲持《大學辨業》呈安溪，先生不與。壇長曰："撫院虚左以待。"先生辭曰："不敢往也。"時三藩平，後朝廷向文學，四方名士，競會都門，聞先生名，無不過從者。先生亦欲廣結名流，以自證所學。而當時相與考證今古，則惟萬季野。他日，握先生手曰："天下英雄，惟使君與孤耳。閻百詩、洪去蕪未知何如也。"尤深服《大學辨業》一書，爲作《序》於其上。季野夙有講會，每會講皆顯官主供張，翰林部郎處士數十人環坐聽季野講。一日，會講於紹寧會館，先生亦往。衆拈郊社，季野向衆揖先生曰："此李先生也，負聖學正傳，非余所敢望。今且後言郊社，先講李先生學，以爲求道者路。"乃將《大學辨業》之旨，歷歷指陳，曰："此實聖學的傳。諸君有志，無自外。"因讓先生登坐，并講郊社。先生辭謝去。於是，馮敬南、溫德裕、劉綽然，時邀會諸名士於各會館中，請先生講學。先生亦隨問有荅。因暢發三物之旨，曰："人得天地之中氣以生，則有仁義禮智之性。性見於行，則爲子臣弟友。行實以事，則爲禮樂兵農。周公以三物教天下。三物之六德，有聖忠和，猶是四德而分其名也。六行有任婣睦恤，五倫所推及也。六藝有射御書數，兵農禮樂之分判也。非六德無以善六行，非六行無以成六德，而非六藝則無以盡六德六行之實事。三者乃本末兼該之道，外此則曲學异端，烏可訓哉！"衆皆曰："然。此誠三代實學，六藝不復，天下終無强立之日也。"

郭子固与先生尤厚，盡棄其詩賦之學而學先生六藝之學。其兄子坚亦篤信焉。子坚作令桐鄉，一歲使者三至，請先生往其任議政。先生至，愛禮之甚厚。憂先生年四十無子，爲重聘置副，搆留春樓以居之。生子彌月，設筵張樂，裝載送歸。而子固已先爲先生家中置一副。朋友之情如是。郭公兄弟真賢者乎。非先生盛德服人，何以得朋友之愛敬如此也？先生嘗言："自弱冠志學，迴勘惟戊寅年功頗密，日三復'小心翼翼，昭事上帝'之句，雖入廁搔癢不忘敬，夜臥不莊，悚然斂股。夢或雜亂遽驚覺，曰：'玆不敬矣。'遂寤。"時先生得賢主人而存心兢業若此。

先生學六藝，以樂無傳，聞毛河右先生知吕律，遂自桐鄉之浙，從之學樂。河右，蕭山人，名奇齡，康熙戊午舉博學鴻儒，授翰林。告歸，益邃經學，於《禮》、樂、《詩》《書》《易》《春秋》皆有論著，一洗前人痼説。先生從之學樂，并受其經學。時與往復論《易》，辨《太極圖》《河圖》《洛書》之僞。論《尚書》，辨宋明以来攻《古文》爲僞之誤。論《詩經》，言《小序》不可廢。河右欣然稱先生爲"蓋世一人"。先生學樂既成，著《樂録》質河右。河右寄書曰："不謂通人之學推廣，未備發攄盡變至此。此道爲千古來第一難事，今得恕谷闡發之，千年之閟，爲之以開，委實先王先聖所繫賴一大人。不揣一日之長，實所愧心。"

己丑，楊慎修令富平，敦請先生，曰："學施於民物，在人猶在己也。"應之。慎修待先生以師禮，言無不聽。先生曰："富邑，亂國也，治須嚴。然嚴不傷寬，乃得也。"教之禁鬭爭，斷賭搏，勤聽訟，減催科，抑强恤弱，不虧市價。數月，闔縣風俗一變。乃語以旌孝弟、崇學校、選鄉保、鍊民兵、勸農桑、興水利諸政。四鄉頌德政者，爲楊令建坊獻衣。楊令来謝，曰："先生功也。"先生曰："君自勤惠，我何力焉？"楊令每赴省，必偕先生同往。關西學者陳尚孚、黎長舉、魯聖居、蔡瑞生、張濳士等，皆來稱後學求教。時集諸名士於寓，彈琴賦詩論學，歡宴而罷。張赤城曰："是會也，奇材异技，六省之士，萃於一堂，先生以至道正學，振興後進，而且一觴一咏，談笑風流，亦足以傾倒豪雋，霞心折矣。"先生亦喜之，曰："尚孚學《易》，長舉學禮，聖居學樂，瑞生學兵，濳士學平書，吾道其或興乎！"先生以歲底省親將歸，吏民紳士具字楊令留先生勿行。先生不允。先生行，士民餞送者十餘里不絕。楊令出衙，遠送至康橋，跪地欷歔不起，曰："上下皆知楊勤能屈先生，願先生明春早回，無虚上下之望。"先生諾之。備三騎，送先生至家。明春，楊令以血書來，詞甚悽惻。不得已，復至，又周旋一年。楊令天性好善，而父子意見不合，遂辭歸，决不往。

甲午，浦鳳巢選蠡令，余往賀之，曰："得官意中事，何賀？賀邑中有大賢，君能禮致之。"鳳巢逐偕余往謁先生於齊家莊之廬。余獨留信宿，觀其諸生習禮及琴簫於[①]戚歌舞諸樂器。縱談學術治道三晝夜，因得盡讀先生之書以歸。先生深喜得余，每有著，必以稿示余。偶有訂正，時蒙採擇。其或未合，必反覆誨諭，俾以共明，曰："此非吾兩人之言，天下萬世之學所以定也。嘗賢智之過，有明之妄，學者瞬息有違有明之昏，學者務身心一齊修整，九容莊肅，祛妄戒昏，天君湛如，而又學爲有用之學，則聖道不遠矣。"余每傷知學之晚，先生曰："無傷也，王崑繩之從學習齋也，年五十六矣。才氣故豪，睥睨一世，吾與微言聖學，爽然自失。取《大學辨業》《存學編》讀之，遂翻然决計曰：'吾知所歸矣。吾自負有用

① 山榜按：此"於"字在此於文意不太通，似應爲"干"，乃"舞干戚"之"干"。可能是因"干"而誤爲"于"，以"于"而繁爲"於"。

才，古文必傳。今幸際清平，韜鈐安事？文章終屬枝葉，非所以安身立命也。'遂從入博野，執贄習齋，傳其學。'朝聞道，夕死可矣'，何患晚乎？"

丙午，部謁選知縣。以母年高，改選通州學正。到任三月，引疾歸。乃退隱於齊家莊，謝世務，理農圃，然省身寡過，老而彌篤，誨迪來學，倡明聖道，孜孜不倦。又嘗自省，書曰："余六十九歲之墓矣，行道無望矣，著書明道，目力竭矣。惟是身心性命，可質帝天者，自反猶有匱缺。及今不力，萬一抱憾而卒，欲補何由？戰兢惕厲，列後日省之要。乃條列數端，以自檢校，皆於無過中求過，誠不欲留幾微之憾者乎。"又曰："顔先生以身任天下萬世之重，卒而寄之我。我未見可寄者，不得已而著之書，以俟後世。"所著有《大學辨業》《聖經學規纂》《小學稽業》《學禮》《學樂》《學射》《田賦考辨》《宗廟考辨》《禘祫考辨》《郊社考辨》《論語傳注》《學、庸傳注》《孟子傳注》《傳注問》《易經傳注》《詩經傳注》《春秋傳注》《閲史郄視》《瘳忘編》《平書訂》《太平策》《顔先生年譜》《恕谷後集》，凡二十余種。先生自幼爲學，思以用世，而嚴於進退。王相國顓菴將以學行薦先生，致書懇辭。李安溪以知吕律達，①使其門人來召，先生不往見。十四王在西陲用兵，使人兩次以車馬來聘，以母老身病懇辭。聊佐人政，小試其道，終不得大行焉。

當思得其人以傳，故南游江、浙，西歷秦、晋，以及嵩、河、濟、洛之間，汲汲然以接引人才爲務。所至英才哲彦，輸誠北面。及家居，裹糧羸笈，千里就傳者，絡繹不絕。有力不能赴，郵書請正，遥拜爲師者，如馮辰、劉調贊、黄曰瑚、黎長黎②、孫應榴、李正芳、程默、古葵、劉天植、王秉公、劉貫一、王逺、張籲門、張業書、蔡麟、陳尚孚、魯登闕、張瞻仰、趙瑞鴻、黄輔、王克柔、杜謙益、劉廷忠、陳兆興、張曉夫、張珂、周文忠、李基、劉著、鍾淑、惲鍾清、惲鍾和。先生胞弟培，亦從學於先生，長經濟，著《灰畫集》。雍正十一年癸丑元旦午時卒。

三子：長習仁，即留春樓所生也，府學生，學先生立《日譜》，省身心，二十四歲卒。方靈皋稱其承親事師交友，毫髮皆當於禮，而行之甚安。次習中，府學生。次習禮，縣學生。皆能守其家學者。

惲鶴生曰：曾子云："仁以爲己任，不亦重乎？"先生修《習齋年譜》，馮辰亦及先生之身修《恕谷年譜》，誠念道之傳也。萬一當世不得其人，後有興者，由恕谷以尋習齋，由習齋以尋周孔，明道在兹，行道在兹，用以康濟民物，奠安天地，非細故也。嗟乎，豈得已哉！先生自五十後始覺衰憊，恒恐顔先生之道一旦墜地，將使神州陸沈，滔滔胡底？言之未嘗不泣下也。任之重而憂之深如此。周孔之道晦蝕者二千餘年，天生習齋以啟之，又生恕谷以

① 底本此處空六格。
② 黎，他處皆作"舉"。

昌大之，殆非偶然也。今者木壞山頽，先生逝矣。他日振而興之，措而行之，尚有其人哉！尚有其時哉！

雍正十二年八月甲辰朔武進教下小弟惲鶴生誠翁拜譔

讀恕谷先生年譜題辭

鶴讀《恕谷先生年譜》，喟然嘆曰：

此不朽之人、不朽之書也。不朽之人，非不朽其一身而已，將使天下無用之人盡爲有用，是人盡得先生而不朽也。不朽之書，非一人之書不朽而已，將使孔孟所傳之書，二千年人不知其用，而今可以用矣。是孔孟之書固爲不朽，而二千年不得其用，不啻其朽。今得先生而誠不朽也，豈不偉哉！

天生習齋，即生恕谷以大其傳，天之爲萬世人類計實厚矣，爲孔孟計實深矣。然天爲世道而生兩先生，乃必生於宋明之後，何也？曰："此天之所以深爲孔孟厚爲人類計也。"有明有晦者，時數之不得不然也。道以有用而明，無用而晦。孔孟恐其無用也，而明之。乃明而漸晦：晦於佛，晦於老，猶未爲晦也。晦於儒之佛，儒之老，斯誠晦矣，而猶未也。晦於儒之佛，儒之老，而舉世竟確信爲真儒，則晦之極矣。《易》："窮則變，變則通，通則久。"久乃不朽也。孔孟之道至宋明而晦極矣。人之無用，書之無用，至宋明而亦極矣。昏弱無用之禍，亦至宋明而極矣。乃人受其晦者，如夢如迷，茫然其中也。於是窮則必變，變則必通。習齋起，大聲疾呼，振聾聵而木鐸之，恕谷又從而鐘鼓之。由是夢者醒，迷者解。有宋明之晦，宋明之無用，即有宋明無用之禍昭然殷鑒，苟非下愚，有不徵而信，信而從者乎？既徵而信，且從孔孟之道，不通而久乎？自兹以往，萬世人類，庶皆有用乎！其無復迷夢者乎！故曰"今得兩先生，天之爲孔孟計者深，爲人類計者厚"也。不朽矣！不朽矣！

康熙甲午歲十二月十二日教下小弟昆陵惲鶴生識

李恕谷先生年譜序

庚寅歲春二月，先生西遊秦，託辰教其子，遂命爲之修年譜。辰受命，按先生從顔習齋遊所立《日譜》，輯録抵是年，五十有二歲，成帙若干卷。先生自秦歸，訂之。或謂先生年方艾，不宜生前修年譜。辰思年譜猶日譜耳，日譜記功過以策勵習行，年譜何獨不然？《詩》云："靡不有初，鮮克有終。"言①始易而終難也。始易終難，則愈宜有所策矣。先生年始衰，而稡少壯時功力，置之几案，寓於目側，有不戰兢惕厲以振其後，俾其學如一日者耶！况我輩在門下者，多畏難苟安，今觀先生《年譜》，少壯精進如此，有不勃然奮勉，求步其後塵者耶！且不獨吾黨，四海之内，久沈溺於宋、明之虚浮，以致議論多躬行少，而純法孔孟，踐履篤實者，惟見於習齋先生一人，恐其信之猶未堅也。今再見此模範，以爲恕谷學行與習齋若合符節，而其修明禮樂，謀畫經濟，更有以補習齋所未及爲者，則豁然悟，崛然起矣。揚子之波，設洪船以拯溺，高其幟，招招其音，非長年之好名也，其情急也。苟有志之士，聞風共振，則聖道立興，雖孔、孟在天之靈，亦必欲我先生之《年譜》及時流布也，修之烏容緩哉！是爲序。

時康熙歲次壬辰孟夏谷旦樊輿門人馮辰頓首拜撰

① 底本"言"字處爲空白，據《顔李叢書》本補。

凡　　例

一、先生《年譜》，自庚申七月以後，皆採之《日譜》，以前，則本之辰所素聞於先生者。

一、顔先生每歎先儒黨同伐异，虚學欺世，故先生昔爲之修譜，功過并録，一字不爲鏝飾，以守習齋之教也。今辰譜先生，敢不直書？况又承先生面命。

一、大德大節固必書，至於悔過遷善，正所以勉强進德也，亦詳載，不避重復。其次，辨學論道者必録。若夫講經論史，俱備載他種著作，此衹記其大旨。

一、先生親師取友，互相責善，乃生平所資以進德修業者也，書之。

一、先生交遊下世者，各附小傳以傳。

馮辰識

恕谷先生年譜總跋

《先生年譜》,庚寅以前,門人馮辰纂,辛卯以後,門人劉調贊纂。鍇在唐山學署,重訂一週,繁者删之,漏者補之。訂修既毕,披讀數四,不禁作而歎曰:

吾今而知天之不喪斯文也。斯道也,孔子之道,而非孔子之道也,堯舜禹湯文武周公治天下之道也。周末,明王不作,孔子修其道以待用,故曰"文不在兹乎"。孔子志爲東周,思以道易天下,乃周流。無所遇,退而以其道教及門,某也兵,某也農,某也禮樂,身通六藝者七十二人,依然帝王治天下之規模也。道統開自帝王,以儒者而接帝王之統,苟不務修齊治平之全業,則不可以爲儒。自秦遭焚坑後,道幾亡矣。而漢唐儒者如鄭康成以傳經爲事,而猶講明治道。昭烈曰:"吾幼周旋於鄭康成、盧元直之門,所聞治道多矣。"文中子上《太平十二策》,韓昌黎衛道閑邪,然亦講兵機,考禮制。諸儒雖未嘗以傳道自任,而抱殘守闕,無异説也。至宋而道士陳摶以其道家所傳《太極圖》授周子,周子爲之作《説》曰:"自無極而爲太極。"即老莊有生於無之説也。當時張横渠即不然之,曰:"今儒釋老莊混爲一途,謂有生於無,多見其詖淫矣。"程朱尊其説,以爲儒宗。朱子删去"自"、"爲"二字,曰"無極而太極"。其立教也,以主静爲學功,以講性爲學要,於古人經世之務,畧焉不講。曾點之春風沂水,則謂其有堯舜氣象,三子之禮樂兵農,則卑其欲得國而治之,以致學者處無經濟,出無事功。當時沈仲固曰:"自道學之名興,學者出仕以理政事爲俗吏,以建書院修語録爲賢者,异時必爲國家莫大之禍。"沿流以至前明,懷宗問平賊方畧,儒者劉蕺山對以舞干羽两階。然則講學不實,禍流家國,其弊可勝言哉!

先生幼承先孝慤公家學,長游習齋之門,内而身心,外而經濟,一致加功。以寡過爲作聖之基,以居敬爲持身之要,而於禮樂兵農,射御書數,皆考古準今,可措施行。其教及門曰:"學術不可有偏,偏於立體,必流清静空虚爲异端,先儒已嘗其弊矣;偏於致用，必流忮克雜霸爲小人，今日宜戒其禍焉。”其爲學之中正無偏如是。蓋誠欲以全體大用之學歸之儒者，上可以考三王，下可以俟百世，所謂爲千聖續絕學，爲萬世開太平者，非先生其誰也？《年譜》俱在，後之觀者尚其有感而興焉。

嘉慶十九年歲次甲戌孫鍇頓首拜撰

序

蓋聞先孔子而聖者，非孔子無以傳，後孔子而聖者，非孔子無以法。此孔聖遺書五帝三王所由昌、天下後世所攸賴也。自秦火後，聖道失傳，迨漢唐，釋道横行，而聖道愈晦。昌黎韓文公起而闢之，宋周程張朱復踵而接之，尊聖道，黜佛老，似不惑於邪説矣。然而但期明理，不求辦事，將經濟民物，如孔孟所謂期月三年大人事備之道，一概削落。後數百年，直隸顔習齋先生出，舉唐虞三代學教成規以正流失。所著有《四存編》等書行世，廓清紹傷①之烈未見有如之者也。蠡吾李恕谷先生嗣其後，一如孟子之尊孔子，所著又有《周易傳注》《大學辨業》十餘種書行世。其所爲教，則孝弟忠信禮樂兵農，躬行力學。金陵程石開曰"得二千載已喪之真傳"，固其所也。以視夫專主静、务讀書、杜門繙經、閉目視内之教，不亦异乎？蓋道則日用常行之道，學則三代周孔之學，而教亦即天下後世所不可不尊之教也。乃運有時阨，舉所藏板悉遭回禄之變，竟至春間藩宪光大人搆求此書難一旦而遽得，岂道不當行耶？夫何爲至於此？幸同邑李譜海翁捐金開雕，將所著書與恕谷二世孫遠近搜羅，一一重刻之，則二先生雖歿而不歿，聖道失傳而得傳。俾後之學者得本以格致誠正，因以修齊治平，固大有功於天下後世也。則海翁者，真人傑也哉。余聞其人，義其舉，爰慷慨而爲之序。

道光十五年乙未梅月同邑後學高懋昭書於文杏書房

① 原字"亻"为"彳"。

李恕谷先生年譜叙

蓋聞古人之學，與年俱進，古人之學，歷年彌謹。後學多爲先儒刊年譜，岂惟是引重高年、表揚盛美云爾哉，固將使兢業日深、乾健不息之意，著於卷帙，以爲學者存心養性法。顧或門人采輯言行，或後人附彙本傳，事未必當其年，年未必有其事，嘉言善行，或非實蹟，豐功偉烈，或雜他人，信史爲難，年譜亦多踵弊。則譜之刊與不刊，何足重輕也哉！余於癸巳冬，得與蠡吾李公海岳游，聞傳述邑先生《李恕谷年譜》一本，先生親手日記，不敢一字妄爲增損。先生終身無大過失，其有間與聖賢出入者，先生輒自記過，《譜》亦莫敢刪潤。古今年譜可爲徵信者，莫若是書。余雖未及親閱，然而海岳爲人，氣度沈毅，必無妄言，則《譜》之足信爲恕谷實行，無可疑矣。余於經也，非名儒所校不敢尊。余所史也，非紫陽所書不敢信。周秦諸子，必力考其醇疵，唐宋諸集，嘗源研其疎密。雖於聖賢之道，未能望見津涯，然由文詞以鑒其得失，則庶乎不甚謬矣。果得《先生年譜》，詳加玩味，必知其果造聖賢之域，作爲叙談，必能有當於先生之心。雖然，湮沒不传，評鑒遂無所據，《恕谷先生年譜》舊無刊刻，鈔帙漸殘，海内名流，雖欲品題，無從而識之。今海岳毅然以鐫資自任，不日工竣，則余之仰望風規，必不久閟遷，有心聖賢道法者，皆得以參酌同异，而《年譜》之足信，先生之可傳，必有千載不磨之定論焉。海岳之功，豈不甚偉也哉！岂不甚偉也哉！

道光十五年歲次乙未十一月上浣高陽後學韓霦謹叙

余幼失學，去習騎射，亦不克竟，學何與知人論世褒揚往哲焉。然得鄉先生《李恕谷年譜》，畧觀即傾心向慕之。俗務業雜，久未終帙。迨癸巳正臘，忽大喘嗽，三月不能成寐，遂以屏絕人事。往往閱《先生年谱》，頓忘病之在身。因不釋手，藉以養病，病亦尋愈。嗟乎，先生之德，光於日月，先生之名，懸於天壤。其議論若决江河，其箸作若揭山嶽。衆譽之不能增其高，衆毀之不能損其實。余皆聞諸故老，未克心識所以然。以余之不識，覽其遺

《譜》，猶足愈痼疾，則文人學士，舉其遺《譜》，而抽引奥秘，其必能啟後世之晦塞，救俗學之膏肓也。何所窮極也哉！余獨惜其藏稿未梓，恐就汩沒，輒聘先生裔孫，手爲鈔輯，付諸剞劂，以質諸海内君子。先生《全集》《經注》，悉有刊布，後不幸回禄降災，遂皆散佚。兹設方搜購，果成全帙，續鐫行世，是則余所大快，但未識何日酬此志耳。

同邑後學武人李詰謹誌

淑自幼失學，悔已晚。先祖恕谷李先生，學宗孔孟，道法陳荀，所著書二十餘種，乃遭回禄之變，藏板俱失。一日，與宗弟海嶽語及此："吾年已七十，且晚就木，愧恨無地。"海嶽奮然曰："汝死，我事耳。"因予竭資，先以《年譜》付梓。孔子曰："見義不爲，無勇也。"昌黎有言："莫爲之前，雖美弗彰；莫爲之後，雖盛弗傳。"海嶽勇於爲義，余家世世無忘也。

道光乙未年月日記於金陵書屋

李恕谷先生年譜·卷一

清苑　馮　辰　　　纂
武進　惲鶴生　　　訂
孫　　　　鍇　重加修訂

己亥　順治十六年閏三月二十四日卯時先生生

先生姓李,諱塨,字剛主,號恕谷。始祖諱進忠,本小興州人。明初,遷北直隸保定府蠡縣西曹家蕞。曆六世,至高祖諱運,雄偉剛直,賊劉六、劉七作亂,肆掠過門,見其與弟還,制挺矗然也,不敢入。曾祖諱應試,號鵬庵,縣學生員,多長者行。祖諱綵,字素先,剛直仁厚,好施與。父諱明性,字洞初,號晦夫,則海内所稱孝慤先生者也。嫡母同鄉耆德馬公女,生母易州世襲錦衣衛指揮馬公女。時孝慤先生奉素先翁居蠡城,篤志潛修。孝慤有文云:"予年強四,始立長子,命乳名曰四友,期之以疏附先後之儔也。齓歲入學,更名曰塨,恭欲其謙,土欲其實也。"

庚子　二歲

辛丑　三歲

壬寅 康熙元年　四歲

孝慤先生抱提,口授《孝經》、古詩及《内則》《少儀》。素先翁彎小弓,引之學射。

癸卯　五歲

甲辰　六歲

乙巳　七歲

丙午　八歲

入小學,孝慤先生教學幼儀,讀經書。

丁未　九歲

戊申　十歲

己酉　十一歲

二月，素先翁壽八十七歲卒。孝慤先生率先生入曹家蕞居。一以便省父墓；一以父葬後，兄節白公迎母居鄉，便侍養也。當素先翁彌留時，指溺壺使節白公用，節白公躊躇，先生旁語曰："父去，不能讀父之書，手澤存焉耳。"同從兄萃生等學，見他人作文，隱搆一首，萃生見之，質於孝慤，即從順，自此遂作文。

庚戌　十二歲

辛亥　十三歲

壬子　十四歲

新歲，祖母吴安人壽八十八歲卒。

癸丑　十五歲

是年，節白公命孝慤先生及三先生餘初公析居。歲底，娶王氏，遂與其兄法乾交，論學甚驩。法乾嘗謂顔先生曰："吾近狷，兄近狂，李妹夫乃近中行也。"

甲寅　十六歲

乙卯　十七歲

先生内子王氏卒，附葬村東祖兆。王孺人有順德，後先生爲立傳曰："亡妻王氏，名至順，同邑生員王翁藴奇女。翁寬仁夙德，其長子養粹，閑家人以禮，故亡妻家教最嫺，《女經》略上口。十六歲歸予，長予一歲，儀容端好，善事嫡母，委折能得母心。事予敬而順，三年無一忤言。婉嫕若不勝食者，食常減。每夫婦歡對，輒泣曰：'佳夫婦恐不能偕老也。'惡其語，呵之，比歡如故。已而果得勞疾，謂其母曰：'吾家貧，萬語舅姑薄葬我。'遂卒於康熙十四年十二月二十八日，爲十八歲。贊曰：妻卒後知妻之賢，良有以也。世有以新昏而忘故者，然乎哉！然乎哉！予學道者也，豈以荀奉倩自處，而順德不可忘矣。今亡已十三年矣，夫剛主氏爲之傳。"

孺人未于歸時，有糧數石，王翁遣車送至。孝慤先生曰："令女在，未聞有此也，則君家物耳，請載歸。"翁曰："亡女爲李氏之鬼，其遺物豈王氏之物哉？必不可歸。"孝慤受之。

丙辰　十八歲

孝慤先生以弟餘初翁及其子圻相繼逝，率先生入城居，經理其孤寡。自此費出不給，産日落。先生時病，然未嘗廢讀。先生嘗言："吾少年讀書，强記四五過，始成誦，比時同學者多如此。而予迤後閲書幾萬卷者，好故也。故學祇在好，不在質高。"又曰："人知學之美，而不知問之益。海内賢喆窮年所學者，吾一問而得之，其益豈不大哉。"生平處事，必再四問辨然後行。

丁巳　十九歲

娶馬氏。孝慤先生謂王翁藴奇曰:"壻則猶是也,而君女亡矣,俗以壻繼娶爲續女,歸寧瀆男女之別,非禮也。壻宜往來,壻繼娶不可往來。"王翁然之。

學院吴公國對歲考,進縣學生員第一名。吴公深喜先生文,開雕行世。

先生前爲縣令畢公所識拔,及入庠,畢公知其貧,將以事遇之,令一訟者來求關説。孝慤迎謂曰:"汝誤來矣,吾家從無關説射利者。"出之。

戊午　二十歲

科考一等,當補廩。謀之習齋先生,先生曰:"補廩有與書辦陋規,是以賄進也,不可。"乃辭不補。

己未　二十一歲

孝慤先生命先生經理孤從姪振鋭家務,偕先生嫡母及二弟壎返鄉,留先生生母在城,撫三弟培、四弟埈從先生學。五弟壗方二歲,在母懷。

邢臺李毅武來訂交,時聞顔習齋先生爲聖人之學,因同訪於賈子一塾。習齋謂先生曰:"尊君老成簡默,僕學之而未能;内方外和,僕學之而未能。夫學問富於胷中,而視之若一愚人,豈人所可及耶? 足下歸求庭訓可也。"先生自此深以習齋學習六藝爲是,遂却八比專正學。

交劉見田,學數。

纂《求孝集》,輯經書言孝之禮,及昔賢與孝慤行孝之事,以自勉也。

某友以先生貧,代先生向捕廳言一事,得數金與先生,先生不受。

庚申　二十二歲

先生以力田不足養親,兼習醫賣藥。每朔望前一日薄暮,步二十五里至鄉,省父母安。昧爽起,四拜,即返城拜生母。

五月,往謁習齋先生,教以學《曲禮》。

七月,聞習齋賣側事,往諫曰:"先生正名買側,爲媒所欺,可出不可賣。今使媒轉賣,是我又使之欺人也。"習齋以年將老,立嗣事迫,謀還原銀,以圖再買,意難之。先生曰:"改過不畏難也,畏難則過不改矣。先生爲千百世之人,而畏難乎?"習齋汗流被面,曰:"近累目瘖,昏則惰,惰愈昏,承教敢不改?"因下拜。先生亦拜,曰:"成湯改過不吝,漢高從諫如轉環,先生既是鄙言,願朝聞夕行。"習齋曰:"何待夕,飯畢即同如蠡結此事耳。"先生服習齋改過之勇,躍然志氣若增益。效習齋立《日記》自考,自此日始。習齋至蠡,出原銀十九兩,與媒贖石氏女,出之其父。

先生謂習齋曰:"所行幾微不能告人,即不顧言;言有纖悉迴護,即不顧行。不能告人即爲苟且，迴護即爲文過。苟且則近利，文過則作僞，乃高談聖賢則鶩名。義利、誠僞、名實，君子小人之分途也。”習齋曰：“然。”先生又曰：“朋友責善規過當嚴，然對人亦當爲賢者稍隱，恐人曰：‘夫夫學道者也，尚爾，我何責焉。’是沮之也。”習齋曰：“否。是結一鄉原黨也。是自是，非自非，改過自改過，何不可青天白日者？况後學有志耶，聞人得失，自可法戒；無志耶，日陳堯舜於前，無所用之。”

作《日譜凡例》：

一、以習六藝爲學，日有常工，不備書。

一、身之過惡，直書。

一、孝之難也，日訂求孝，往往悖越得罪，必書。

一、記不書人過，若他人言行有可法，則書之。

一、言行纖悉，不書；有關身得失者，必書。

孝慤書《日譜》額曰：“須莊敬不息，表裏如一。”

赴人席，有酒肉，惻然不忍食。以歲凶，養親不能常備也。

大風重陰，侍孝慤飲酒歡歌。

習算法，有所得則質於見田。

張自天遭繼母變，先生謂之曰：“父母有一分不慈，即子有一分不孝。”自天曰：“辱詈願直受之？”曰：“未也。古云：‘父母怒之，不作於意，不見於色，深受其罪，使可哀可憐。’上也，不作意；見色，次也。曰次，則非至善矣。吾行合道而不得於親，即爲非道，自怨自艾，如無所歸，故曰深受，其狀可掬也。若但如不見不聞，孟子所謂恝矣，疏矣，非孝也。”又曰：“愛令母所生之弟，是轉移一樞機也。今人兄弟不和，一曰責望，人責友寬而兄弟刻，以其親也，不知親則愈不可刻矣。一曰較利，曰均子也，何偏受其豐，不知天下之偏豐者多矣，能盡與之較乎？而乃忌嫉同氣也，同氣有豐者，不更可喜乎？知此則知，去此則仁。”

聞賣桃，動嗜心，既而曰：“一桃之微，可以喪身。”止之。

謂賈子一曰：“人勿與尊長辯理，分即理也，無分則無理。”

八月，劉煥章札規先生，慮以下人，養氣養量。

一日困臥，旋悔曰：“安肆日偷。”遂起。

限昧爽即起，更定乃寢，日二餐。

侍孝慤酒食，孝慤曰：“我食未嘗過飽，酒不過三杯，讌客則無算。”

思于中丞參汙吏，挐衙蠹，禁雜派，端佐貳，可謂錚錚。然養，如頒農政，旌力田，禁遊惰，置義倉，練鄉兵，汰冗役，清醝弊；教，如舉逸賢，旌孝弟，選教官，隆鄉約，遏异端，皆可行者。而先生守節，不欲自往建白也。時中丞檄諸生課文，先生辭不往。中丞名成龍，山西人,後謚清端。

務農,行醫,教弟,悤悤日不暇給。或遇疾,則静坐。

閏八月二十二日,孝慤初度也,稱觴上壽,謙客。

九月,抱病往北泗會習齋。習齋言先生病在不節飲食,又好記覽,多記損心。又曰:“嗜欲之害人不一,飲食之欲爲最下。”先生竦然刻心。

夜臥,思天地間無處無鬼神,人無處可離敬。如此臥也,焉知無神視,無鬼凭?敬耶,神欽鬼斂;肆也,神慢鬼陵。敬肆,禍福之機也,奈之何不懍。

思害政莫甚於繁文。

每日晨,謁母及祖先影堂、先聖,各一揖。一日,以事迫忘之,自罪曰:“是心粗,非事迫也。”

習齋曰:“學者勿以轉移之權委之氣數,一人行之爲學術,衆人從之爲風俗,民之瘼矣,尚忍膜外?”先生泣下,謂習齋曰:“謂氣質有惡而變化之,不可;謂氣質有偏而變化之,無不可。《存性編》所駁,宜酌也。”

一日,納新履小,行遂不莊。嘆曰:“此不利用也,而即不能正德,乃知三事缺其一,并失其二。”

擬《日譜》每時下一圈,多言則×圈上$\overset{\times}{\circ}$,過忿則×圈下$\underset{\times}{\circ}$,有貪利心則×圈右○×,有求名心則×圈左×○,有怠心則×圈中⊗,有作僞心則圈上下左右皆$\overset{\times}{\underset{\times}{\times\circ\times}}$。

閲《儀禮》,自勘色温如,心藹如。

思高隱傳名於千古易,行義建功於一時難。

習齋評先生《日譜》,教以記事減冗繁而録大綱,家務減瑣小而惜精力,看書減而讀所現學,習學減而勿貪多。

十月,立常儀功:習禮,習數,觀《周禮》《儀禮》《禮記》及《家禮銓補》,讀《周易》,剉藥,教培、埈以學。朔望前一日,往鄉省父母安,夙興,率弟壎拜父母各四。使弟培、埈亦在城拜生母,拜影堂,拜先聖。回城,拜生母四,拜影堂每位各四,拜先聖四,配各四。受培、埈拜各四,答揖。每日盥洗,率培、埈問生母安,一揖,東望再揖,影堂、先聖每位各一揖。拱受培、埈揖。凡出告反面揖,踰半月,見父母則拜。見尊長拱而趨,見同等謙拱,見下人不凌。賓客迎於門外,拱讓,升,從之入齋,左上一揖。禮見則拜敬者先。往鄉,里門即下,出乃乘。必見伯與二叔,見族尊長揖,等夷或揖或拱,异姓或揖或拱。凡過祠則拱,淫祠否。先賢先達墓拱,友人父墓亦拱,見可惻可敬拱。騎則傴僂而過,過先人墓,則下而趨。凡與人書,書拜者,即時下拜。

先生外舅馬翁言,孝慤先生於兄讓多分少,故致飢寒。先生曰:“家君以爲飢寒輕,兄弟重耳。"

之北街，寒甚，袖手偏，悔曰："此非所以自强於手容也。"乃端拱。

告家祠，止每日晨謁，以《禮》"無事不闢廟門"也。

閲《家語》，至"曾子曰：'狎甚則相簡，莊甚則不親。君子狎足以相歡，莊足以成禮。'孔子以爲知禮。"乃知莊而過嚴，則人不親，亦非禮也。以人言，則尊師莊而同等狎；以地言，則大庭莊而爾室狎；以時言，則初見莊而久見狎。當隨節酌宜。《論語》"雖狎必變"，是孔子亦有狎時也。至"子曰：'主人不以禮，客不敢盡禮；主人以禮，客不敢不盡禮。'"此今日行禮之準也。

考冠昏喪祭朝聘諸儀。

常思寧静及百折不迴。

夜大風，起，衣冠坐。

劉焕章爲先生言，治家不宜瑣碎，先生曰："此相因之弊，勤儉則多操切，操切則多瑣碎，敢不敬服。"

王法乾謂先生曰："尊君常教我陰行善，我不能，故天昭其罰，所謂小人儒也。尊君德行，後嗣必昌，以誠卜也。"

從張函白學琴。

思春秋之時，義在爲東周，孔子志之，而列國不能用，乃以此義寄於《春秋》。至戰國，則尊周無所用矣，保民而王乃大策也。孔、孟易地則皆然。

語李毅武曰："讀盡《論語》非讀《論語》也，但實行'學而時習之'一言，即爲讀《論語》。讀盡《禮記》非讀《禮記》也，但實行'毋不敬'一言，即爲讀《禮記》。故學不在誦讀。"毅武曰："君學已富，故當約禮，愚學無多，尚當博文。"曰："君誤視學文矣。文，《詩》《書》六藝也。誦《詩》，作樂能言；考《書》，知政練事；習禮樂射御書數以致用，非佔畢也。"

力戒多言。

一日黎明，視椸枷右長，起視則否。嘆曰："目見尚有不可信者，然則己見可執也哉？"

將詣習齋，忽大風，家人阻之，曰："豈求教而憚風乎？"行。

孝慤爲先生極言："見小欲速之，不可爲爲政。"

人勸飲，加一斝，旋悔曰："負顔先生教矣。"

纂《治平事》。

孝慤謂先生曰："吾平生過故人墓必起敬，見婦女必避，胸中無妄念。惟近遭倫常逆境，不勉介介，然亦旋解也。"

爲毅武言："讀書不解，不如返而力行，行一言，解一言。"

逼除齋戒，安五祀神位，懸曾祖考妣像。

辛酉　二十三歲

立一歲常儀功逐年更定："祭先，從伯父，行時王制如儀。祭五祀，從父，分春夏秋冬，昧旦前致祭如儀。學六藝，分日課功，一日習禮，三日習樂，五日習律明太祖易御以律，七日習數，射缺弓矢，書習無時，每散學歌詩。凡祭必齋，大祭七日，中祭三日，小祭一日，沐浴更衣，不茹葷，每朔望前一日齋。餘儀功見前。益夫婦行禮，夫南面，婦北面，婦四夫再。《日譜》每時下一圈，心慊則圈白，放逸則黑，黑白多少，定欺慊分數。私欲不生，七情中節，處事待人，無不妥當，乃可自慊而白。以考究致用之學爲業，以多閱書，作詩文，損精神爲戒。"

元旦，在城祀五祀、影堂，稱父命訖，即如鄉拜侍。

讀《步天歌》。

從顏習齋入獻縣，拜王五公先生，問邊外守邊，河外守河，江外守江之法。侍坐，潛手搔癢，習齋責曰："侍尊長而覺癢，心即不敬矣，不待搔癢乃爲不敬也。"

評《習齋日記》，至"憂剛主有其才而無其學"，悚然曰："咫尺習齋，天成我也，不傳其學，是自棄棄天矣。"

過毅武齋，毅武言某驕，先生曰："不力行故也。讀書之人，虛見憶想，自謂高人，故易驕。若力行，則此日此身，千瘡百孔，欲驕得乎?"又言："省察力行如循環。省察精則力行勤，力行勤則省察益精。"辭行，毅武留談，曰："吾輩刻刻有要功，而閒談乎?"

二月，劉見田子壯吉、張漢、張澍、王自新從學。

學功增九日習射。

修《學規》，示從遊：

一、孝父母，須和敬并盡，勿狎勿怠。昏定晨省，出告反面一揖，朔望令節四拜。

一、內外尊長，俱宜小心侍從。坐必隅，行必隨，居必起，乘必下，呼必唯，過必趨，言必順，教必從。

一、身者，父母之遺體也。古人一舉足不敢忘父母，況可饕飲食，縱淫慾，蹈危險，自貽災戚。

一、修威儀。足容重，手容恭，目容端，口容止，聲容靜，頭容直，氣容肅，立容德，色容莊。

一、肅衣冠。子桑伯子不衣冠而處，孔子譏之。即私居，不可袒裼裸裎。

一、習幼儀。凡灑掃、應對、進退，惟謹。客至俱起，予命揖者揖，拜者拜。或予出，學長陪侍，餘不許亂動。至於出入齊班，魚貫論前後。行輩相遇相別，俱一躬，數日不見，見則揖,問納福。

一、遠异端。佛、仙出家滅倫,無父無君之教也。其徒可化者化之,不可者遠之。

一、重詩書。凡讀書必潔案,端坐莊誦,如對聖賢。每晨入學,必拂塵整卷,出則闔書,各歸行列,不許狼藉。

一、習六藝。今以八比應試,諸生固有專學,但禮樂射御書數,聖學之正務也,有願學者隨其材而教之。

一、通經史。經者,修己治人之類譜;史者,修己治人之榜樣也。除雜書及非道之書,不許泛濫。《十三經》《廿一史》,須以漸考之。

一、敬字紙。學堂街巷,見必拾,納紙池中,積多焚之。如出遠見之,則隨便填藏。

一、清晨飯後必早到,一次太遲及三次遲者責。

一、誦書必音清,字字真朗,背讀失忘者責。

一、講書須潛心玩味,不解不妨反覆問難,回講不通者責。

一、習書正坐,以筆對心,指實掌虛,腕中用力,細研形體結構,然後成字,潦草者責。

一、灑掃學堂輪班,違者責。

一、每日清晨,向上揖先聖,揖師。遇朔望節令,隨師拜先聖訖,拜師,同學讓學長,轉左以次而右爲禮,違者責。

一、曠學者責,有事不告假同。

一、藏修遊息,各於其處,交頭接耳相戲嘲者責。

一、窗友宜和睦,反面者責。

一、予出外,《學規》俱在,宜各遵行,怠戲不盡日功者重責。

謀一事有喜意,旋悔曰:"此驕也,驕則敗。顔子不伐不施,可法也。"

劉見田言,某願借乘,曰:"塨平日有三不輕:一不輕與富交,一不輕與貴交,一不輕乞假。皆恐彼驕而我畏也。"固辭之。

讀《孟子》,至"其間必有名世者",思孟子以戰國元勳自任,而後儒乃袛袖手旁觀,即有與人創守事者,上之不過經筵講書,下之不過書詔檄、獻詩頌而已,乃以爲學孔孟,不亦左乎?

以從孝慤祭户神,散齋,思《祭義》云:"散以定之,致以齊之。"則勞心之事,散齋不可爲矣。時正習開方法,及閱此書乃俱止。

問射法於趙錫之、汪若紀。

夜寐學射撒放法,常以肘擊牆而寤。

時與張文升共習韜鈐,顔先生至蠡城,則商酌徹晝夜。

孝慤教先生以無愧於心,無愧於身,無愧於人之道。

會習齋質《日記》,習齋見先生記中白圈多,曰:"此非慊也,怠也。怠則不自見其過,不怠則過多矣。僕記中純白圈,終歲祇數箇,嘗言聖門三月不違仁固難,即月至日至亦何容易?"

馬賞伯以親疾,割股療之。先生糾人公舉,有非者,先生曰:"非取其孝得中道也,取其眞迫可以厲世耳。"

趙錫之知先生奉親甘旨苦不給,自四月,每朔望前一日,潛使人送麥一斗、肉一觔於鄉,云先生所進也。抵次年端月,錫之外出乃止。

深州國公玉來拜,抄先生《日譜》《常儀功》及《祭五祀儀》去。

入鄉囑二弟壈曰:"供物者吾之責,至於侍養無方,汝之力也。勉之。"遂泣下。

思以講性天爲學,與好隱逸躭清虛者,雖日闢佛、老而易惑也,以去之不遠也。

閲朱晦庵解《通書》"剛柔善惡"中曰:"兩儀生四象,而二善二惡出。"大抹之曰:"四象生八卦,是四善四惡乎?"又言:"剛善柔善,剛惡柔惡,添一中即是五行,眞亂道也。"

習齋評先生《日譜》曰:"學習多於讀作,快甚。"

一日絕午炊,而與友人商學古入官之事,不知飢也。

張函白贈琴,曰"石澗泉"。

思廉訥不及李毅武;寬大不及張函翁;春風滿座,經濟卷懷,不及王五公;雄心浩氣,百折不回,莊敬端肅,老而愈勵,不及顔先生。愧哉!

習齋教先生加功九容,因約會學,以月之三、五日。

修書與喬百一論學。百一,臨城人。明末,給事中范士髦薦於朝,已而國變,遂高隱。其答書有云:"孔子教人,不過'忠恕'、'忠信'等語,不止罕言命,亦罕言性。蓋性命之説渺茫,不如實行之有確據也。'實行敦而性命自在其中矣。'此孔子維世立教之深意也,可爲名言。"

十月,齋戒。往楊村會學,質日記,考經濟,演禮,習琴,習射。

趙錫之問平海寇鄭國信之策,先生爲策略曰:"以中國攻海寇則難,以海寇攻海寇則易。蜈蚣、海鶻能狎風濤。望西洋窺管僅如豆大,而敵舟已倏忽四至,中國之器弗與也。以舟楫爲輿馬,以波濤爲海衢,中國之人弗與也。以數十夫守鹿耳門,山蹊陡峙,四圍汪洋,雖有百萬之師,無如之何,其地利又甚足恃也。議撫則笑而不應,議勦則無路能達,議遷沿海居民於内,立木柵以防之,而彼且裹糧拔柵以與我難,故曰難也。然而無難也,鄭寇雖蟠據有年,能保其衆皆一心乎?海上雖不乏食,然聞中國之禮樂衣冠,乘堅策肥,能無内顧而生羨乎?况海爲中國逋逃藪,彼能無室家墳墓之思乎?但阻於海外無可如何耳。誠重購航海商賈，使之出入海寇間，以攜其酋目而煽其黨與，必有爲我所動，陰爲内助，或率衆而來者。即不次官之，麗宫室，美妻妾，厚賚與，使黨自誘其黨，衆自惑其衆，腹心内潰，然後以大兵加之，勢如拉朽耳。此以海寇攻海寇之道也。”後姚企聖平海上，卒如所策。

壬戌　二十四歲

正月八日，先生欲廣會友人以娱親，乃稟孝慤請入城。設筵，招劉焕章諸友，行禮鼓樂，較射，演技擊，歌飲至五更訖。習齋作《穀日燕記》，曰：“壬戌歲正月四日，吾友剛主李子辱顧，出其父晦夫先生尺書曰：‘家大人將以穀日煮瓠爇醴，屈附近賢豪演藝談心，以共永春日。預擬所嫺而各煩之事，吾子典禮，周旋獻酬，惟謹吾子攝之。塨幸奉老親之歡心以洽諸友，亦合諸友之歡心以娱老親。除五公山人寓獻陵，法乾王子館常山，遠乏价致，已人投之啓矣。帝臣魏翁、中博子諒，交尚淺，願吾子重致之也。’予如教，先一日寄魏翁書，約同赴。至日，策蹇過其里，則守道价守令，力迫如上谷矣。予憹然獨之蠡。至，賓主笑迎曰：‘典禮，先生未臨，先至者猶未敢率爲禮也。’予拜手曰：‘卑猥曾未得充公西子僕御，敢辱斯任？’賓主申命，予拜手曰：‘請勉從事。今日序行惟齒，先賓主賀歲禮，次主賓獻酬禮，次即坐禮。劉公肇南，齒德出通筵，爲尊賓。張翁函白副之。先爲禮，衆賓拜二翁及相爲禮，皆再拜。主人與賓拜准是。主獻，肇南公酬衆賓，剛主代獻。老者不以筋力爲禮，亦禮也。’適法乾同其從兄效乾父子不期至，法乾擇不宜齒序者，相予不逮。主人抖健不自老，各手獻。予佐肇南以酬。餚饌强半，拳師冉懷璞入，皆出座，揖之對尊賓。三飯畢，旅酬舉，予起，拜手揚言曰：‘今日缺司樂，請以禮職僭攝可乎？’衆許諾。予曰：‘請先《風》《雅》《頌》，樂府古詩，次今樂。’衆亦諾。予因率先歌《淇澳》首章，取相勉於學修，且以瑟僩赫喧糾筵儀也。剛主歌《伐木》，取聲應氣求，以和平感神也。衆歌《勺》，取際純熙，樂耆定也。三終，乃藏鉤，約負者歌飲。主人肅容笑色稱觥起，曰：‘拙老不能歌，請每賓陪飲三白。’予適勝，陪觥未及，得封袪遊目。中座之髯鬢皤皤，長眉隆準，翼肱尸坐，而退然以謙，聽然以和者，肇南也。溫溫如玉，無厲色疾聲，冠翦絨，披鶴氅者，函白也。赭面黄髭，昂昂英武，而顧瞻惟謹者，彭子諒也。慷慨不平，高歌壯氣，銀色金鬚者，張文升也。嶽嶽不阿，辭驚滿座，柱其首、肅其睚者，法乾也。顔煦煦，語娓娓，側面輕謳者，趙錫之也。貌質軀健，據坐上處，力擬虎，拳擬石者，魏秀升也。恂恂樸樸，不歌不笑，外若無辨，中實井井者，賈子一也。繡口簧音，委曲盡致，而倩盻夭夭者，劉啓三也。絨巾布服，老成頽如者，主人之壻效乾也。前席恭謹，垂闞指甲，時一低語者，效乾二子及劉見田之子壯吉也。朗目蒼髯，峨冠古服，莊莊其容，雝雝其氣，而目羅一座者，主人晦夫也。肩竦手前，和歌接語，左盤篚，右壺盞，睨承父指，環慰賓情者，剛主也。匆匆去來，或攜樽，或奉柈，或倚扉而笑，爲成童，爲齔，爲尺餘孩者，主人之三郎培、四郎埈、五郎壩也。貫入分往，執罏司酌，應呼供事者，賓從主僕，不之辨也。楸素其中，彩繡其緣，焕然龍蛇，踞岩蔽松，鶴舞鹿飼者，座壁所懸主人先子祝壽之錦帳及《南極老人圖》也。予方顧樂，衆賓忽起求閒，魚魚雅雅，散釋庭前。公請於三壯士曰：'勝友如雲，禮文秩秩，願諸傑耀武以吐豪氣。'於是子諒、懷璞舞雙刀，飛蛟繞蜺；子諒又獨舞單刀，張目如炬。秀升捐衣而前，與二子技擊，不覺日之夕矣。肇南以老辭行，效乾父子與冉亦去。剛主舉弧矢呼曰：'今日本期宴後弦歌，歌後技擊，復步騎射，日不退舍。或不騎耳，步射可缺諸？'衆遂鞶腰挾弧，培童攜榼，埈童執爵，子一提珠算，繞巷北三義街，三揖讓，升話心亭。推法乾爲射司馬，與主人立監兩階。二人爲偶，以射矢揚塵侯響，司計者將登馬，司馬厲聲曰：'録小中，善射者之恥也。'不許。三周，主人拈鬚振臂曰：'身雖老，心猶躍躍逐弦聲動也。'時已見星，卒射。子一呈馬曰，某中幾，某中幾，某某闕録。培、埈注爵侯。勝者惶赧曰：'不足言勝。'將往取爵，司馬曰：'負者飲，禮也，勝者無得鳴謙。'仍三揖讓，升。負者弛弓脱决立飲。《詩》云：'舍矢既均，序賓以賢。'又云：'四侯如樹，序賓以不侮。'今日兼之矣。返然對燭，促兩席，歌籌復舉。三巡後，函翁脱囊，横琴鼓之，一座寂然傾聽，悠悠渢渢，如倉庚鳴楊柳，如幽人語谷溪。翁手揮上下，容目愉愉，如霽月光風，不覺其移人也。剛主繼作，調幾雙絕。酒籌乃復舉，秀升、錫之弦聲倚歌。已而衆賓出，予與一二老在座，忽喝譁如雷，問之，則秀升月下戲舞，平地一躍，遂登東室榮巔，衆賓喧也。奇哉，世傳常忠武飛上采石，信不誤矣。函翁驩然呼曰：'盍聯句？'即唱起句二，文升諸友及予成之。剛主又擬樂府曰《將進酒》，各就一章。主人神情倍王，賓亦樂甚，大飲益清醒。遙聽漏鼓重四矣，諸賓告退，主人歸内，予亦就榻。法乾、子諒與剛主，更呼飲達旦，環坐榻畔，與予勸善規愆，儀色始終如常云。"

從習齋如獻縣，拜王五公先生，問學。其包羅同人之氣度，可法也。

嫡母病，禱家祠、五祀，請醫，跪勸服藥，旋愈。

自勘家人多病，皆由己懈惰，天降之災，立課即甚匆冗，勿缺常儀功，有缺即書之，致力和敬。

閲《紀效新書》。

五月，病瘟劇，孝慤守視，習齋醫診，左右理事者，皆文升輩共學友也。七月乃愈，復學習功。

習齋言："有一分名，即一分禍。"又規先生繫心詩文之失，及多笑失儀。

甲與人爭，先生解之，引至閒處，諍其失。已，語同爲解者，曰："甲已心折於吾言矣，君翌日平之，但爲皮膚語即息，無爲深言。《語》云'知淵中之魚者不祥'是也。"

省過，因思有功而喜，不如無功，有德而矜，終於無德。

思天下皆壯人也，自有理學、書生二派，而皆成懦人。

五公先生至，論經濟。

人有譽先生可大用者，先生曰："他日則不可知，若今，則自返遇大事動心，急事動心，得意失意事動心，未可言擔荷也。"

同趙錫之入保定府。錫之規曰："凡莊與和，非特自莊，亦以莊人，非特自和，亦以和人。君之莊和，任己而不顧人，何以包羅人物乎？"先生謝言，一夜靡寧。

晤王契九、張貞子。

或問天有上帝乎？曰："有。門有神，山有神，豈天而無主宰之神乎？《詩》曰'在帝左右'，《書》曰'予畏上帝'，非有而何？"

書壁曰："易犯惟驕氣，難純是動心。"

思劉煥翁待人愷惻詳至，可法也。

或告以毁，曰："是吾之嚴師諍友也。"

曰："君子接人，雖正衣冠，尊瞻視，而甚逸，率性故也。小人接人，雖脱帽露頂，戲侮放誕，而甚勞，機械故也。"

覽王陽明《兵機》。

習齋言，先生家貧親老，宜作時文以便硯食。

書《日課》於壁曰："一、山立；一、莊坐；一、慎笑；一、朗言；一、勿作輕佻語姍人；一、言事勿急躁；一、勿閒言廢時；一、與人言，須待人語訖；一、論古人以和平；一、戒深言；一、戒輕作勉人語；一、戒浮態；一、勿以盛氣加人。"

覽陸宣公租税之議，因歎明季之無蓄積，民之貧苦，富豪坐而收利，以操貧民緩急，皆徵折色而不本色之弊也。

閲《廿一史》，録經濟可行者於冊。

與習齋言："交友須令可親，乃能收羅人才，廣濟天下。"論取與，習齋主"非力不食"，先生主"通功易事"。

孝慤教以宏毅。

思《史記》言孔子溫溫無所試，甚佳。若窮居而慷慨悲歌，上者爲屈、賈，足以自戕；下者悲歌久，則變節矣。

王五公贈先生孫文正公諸書。

閲《武備志》，至荀彧言曹、袁勝敗，曰："紹繁禮多儀，公體任自然，此道勝也。孔子不取後進文勝，況去三代已遠，人樂簡易，繁禮多儀，雄傑却步，不可不知也。"

蠡徐節婦王氏殉夫，糾衆共旌表之。

孝慤入城，見城中所食糠粃，大异於鄉所食者，爲之歎息。

癸亥　二十五歲

新正，培言無紙炮驅祟，先生曰："以修德驅祟，不更大乎？"

閲《律吕精義》。

與習齋言："我輩訟過生過，不可不知。如口訟浮躁，以自悔也，亦有時口訟浮躁，正屬浮躁；口訟多言，以自艾也，亦有時口訟多言，即是多言；口訟驕狂，以自下也，亦有時口訟驕狂，實爲驕狂。"習齋曰："我之謂矣。"

五公謂曰："兵器須操，事須練。"

恥向者改過不力，大書壁曰："塨，汝改過不力者，天其刑汝！"

如易州考，會田治埏、安州馮繪生、新安管公式，皆五公之良友也。同習齋、文升及五公子曙光，望荊軻山，過源泉河，登太和峯，高歌暢飲而歸。

二月，命三弟培送米麵於鄉，忽風大起，中心如擣。翌日，雇工如鄉視之，無恙，心乃降。

侍孝慤寢，問古今學術，孝慤曰："程、朱原屬一家學問，但辯之，勿持論過當耳。"

與習齋曰："人有囊無一文，而不害其爲大；有沾沾小惠及人，而不免於小者，惟先生省之。"習齋曰："足下家貧累衆，不謹將致變操，宜小之，愚勉大之。"

或問齋戒，曰："戒者，戒茹葷諸事也，猶易。齊則湛然齊一，精意思神，非素有存養者，不能至其極也。《詩》曰'齊聖'，《中庸》曰'齊明'是也。常人之心，憧憧往來，朋從爾思，雖使思神，亦難强攝，學者不可不勉。如《祭義》'思所嗜'、'思所好'諸禮，勉勉行之，以待學力益純益精可也。"

使培往鄉送糴米錢，造酒爲養。

國公玉至，曰："後進多向吾道，但畏不敢近耳。"曰："此我輩之過也。凡初來者，不可强以難，不必摘其過，則人樂近。"

同國公玉習禮。

習齋評先生《日譜》曰："氣象多得之五公，亦善取於人矣。"

齊林玉來拜。

閲《經世實用編》。

聽習齋言虞學、火學。

有所得經濟，書於《與斯集》。

共文升考《九邊圖》。

爲孝慤進養脾藥物。

張新六茹素佞佛，規之，遂歸正，設筵獎之。

聽張函白講農政，習齋講區田法。

聞五公在新興閆公度齋，遣車迎至，傳鎗法、刀法。言："一室者天下堦梯，一室不安置有法，況天下乎？"爲先生移置齋中位次。又言："作事須咄嗟立辦。"又教以容物，去繁儀。自鄉請孝慤至，與五公晤語。

或問待某似過，曰："包舉萬物，趹趯躍冶，何所不容。丙吉之待醉吏，陳實之待偷兒，不可法乎？"

閲《春秋繁露》，書後云："漢之儒者，宋人獨推董子，今觀其遺書，乃知爲臭味也。《陰陽》《五行》十餘篇，則《太極圖説》《西銘》之濫觴。言'米出禾中，而禾未可全爲美；善出性中，而性未可全爲善'。則性有惡。圖之乘韋，與孔孟罕言性天，及言性善者大异也。獨是'明道而不計功'二語，宋儒以爲學宗，則《班史》誤易其字，而非廣川本意也。對膠西曰：'正其道不謀其利，修其理不急其功。'與孔子'先事後得'、'放利多怨'等語，本無齟齬。班固誤爲'不計其功'，則禹治水而不思安瀾，周公制禮樂而不期太平也；子爲父嘗藥而不思其起，臣爲君敵愾而不計其勝也。學者奉斯言爲旨，則學無事功，舉世陸沉。此言之禍，可勝道哉！"

之楊村，習齋外出。因思五公，至陳國鎮齋，爲之位置，國鎮笑曰："萬物各得其所矣。"乃整列習齋諸物，欹者正之，亂者治之，非其所者更之，缺者補之，無用者焚之。習齋返而佳之。

六月下旬，聞孝慤先生疾，大驚，急如鄉視，延醫調之，歡笑談學解之。閏六月上旬疾痛，回城。中旬，聞孝慤又病，急如鄉侍湯餌。思大人之事先祖，視無形，聽無聲，今力致之，殊無萬一，誠罪人也。數日漸痛。

習齋規先生："策多救時，宜進隆古。"先生規習齋："盡執古法，宜酌時宜。"

絶糧，作《嗟哉行》，有句云："男兒號貧本非人，但視高堂淚如珠。"然外爲足食狀，不令孝慤知也。

考江防、海防，及備外國形。

馬賞伯爲劉村趙太若聘設帳，以近鄉定省便，稟於孝慤，許之，教曰："到館凡事大方，無爲瑣屑。"

置一冊曰《瘳忘編》，序曰："宋、明學者如華子病忘，伏首誦讀而忘民物，一旦大難當前，半策無施，惟拚一死，并忘其身。嘻，甚矣！予行年二十餘，頗踔厲欲有爲，而精神短淺，忽忽病忘，每恐其淪胥以溺也，乃攟摭經世大略，書之赫蹏以瘳之。"

獻影堂，祝以將往劉村，請神棲於鄉依神主。乃請曾祖像、祖像，攜妻王氏主安於鄉。

八月，送生母還鄉事父。攜内子及三弟、四弟、五弟入劉村，趙暐、趙昕、趙璘、趙士秀、郭藩從學。

請嫡母居館。

館東請先生内子,辭以家法婦女不出外赴席,乃來送席。

祭門神。孝慤疾後不能行禮,命先生代。惟飲福受胙,送孝慤受之。

王佳璠問友,曰:“友在不問弟之恭而已。”“弟婦有過如何?”曰:“教己妻以倡率之。”

九月三日,聞孝慤病吐,急入鄉請習齋醫,不耐食,禱家祠、五祀,求以身代。十七日大漸,囑先生謹慎,語節白公拜別。十八日,囑家貧,宜終劉村館,以養兩母四弟,居喪“不言不事”之禮,不可執也。十九日,顔習齋來候,求教,孝慤曰:“有始有終足矣。”回顧先生,囑以從習齋教。戌時卒。先生擗踊痛絶,强起理喪事。後柘城竇翰林克勤爲孝慤作傳曰:“蠡縣李孝慤先生,隱君子也。明季諸生,年甫壯,絶意仕進,不復攻舉子業,有强之者,與飲酒長歌以謝。詔下郡縣,舉學行兼優一人,人以先生當之,辭不赴。奉太翁素先公,雞鳴而起,拜堂下,然後升堂問安。飲食嗜好,伺所向而適之。侍疾,衣不褫帶三閲月,聞呻吟聲,即先意詢所欲,日五六食必躬進,廁牏溺矢必親滌。久而親安之,頃刻不能離,諸子侄請易不願也。素先公既歿,哀毁骨立,菜果醯醬,數月不入口,三年不飲酒食肉,喪事一遵古禮。遭母夫人喪,亦如之。事兄瞿瞿然,讓公田與之,人高其義。先是世亂,素先公出家貲助里中貧乏,勸勿爲盜,人德而從之。他寇至,輒抽矢標其閭曰:‘李公長者,無犯。’時所在盜蜂起,先生負勇略,悲世難,與鄉衆均守望,儲糧械,時時命中村外,鳴鏑如飢鴟。甲申後,謝世事不復問。念聖學以敬爲樞,顔其齋曰‘主一’。每晨興,讀《孝經》《大學》《中庸》各遍,然後旁及他書,所讀務身行之。博野顔習齋來訪,見《日記》及所輯《性理》《通鑑》諸書,大歎服,歸而揭姓字於座上,出入必拱揖。邑王養粹者,有英氣,先生勉以學,卒成立。遇邪慝,辭色不少假,終身未嘗履梵寺。晚年謹獨,修身之功益密,而不爲世之表暴於外者,人亦不得而知之也。家素饒,經滄桑變,田被圈,又兄弟多,故絀於用,至難堪。乃與人言,絶口不道貧,視不義之富貴若將浼焉。康熙二十二年,疾革,曰:‘吾心湛然,一無動也。’顧子塨行屬纊禮,其任仁終身者與!先生諱明性,字洞初,號晦夫,年六十有九,學者私謚爲“孝慤先生”。其配馬孺人,副亦馬姓,俱以順孝佐夫子成德。子塨,庚午科舉人,勵志爲聖賢學。次壎、培、埈、壩俱業儒。太史公曰:‘上谷多隱君子。’孫徵君、張石卿、刁文孝,皆儒行冠一時,先生以孝友節義,方之殆無异,挹其家風醇然有道者。嗣君剛主,勵志躬行,主敬循禮,守爲學要,汲汲然取人善,溯厥淵源,安能沒所自哉!李氏之子,必有遞興者矣。”

張文升、劉穎生俱出傳,單表孝慤隱德,邀紳士公奠賻。習齋主薄葬,辭奠賻,不然自此交濫事繁矣。先生哭曰:“吾此時薄吾親,何時厚吾親?况不能厚也,遑恤其他。”

十月，葬孝慤於祖兆。五公乃與顔習齋共議謚法，曰："慈惠愛親曰孝，秉德不回曰孝，大慮行節曰孝，先生兼之。行見中外曰慤，先生有焉。"乃共私謚曰"孝慤先生"。始卒，三日不食，寢苫枕塊。殮後食粥，哭無時。朝夕奠，食時上食。將葬相穴，棺槨安厝，反主。三虞，以未至三月卒哭。遇剛日則祭，皆如禮。

十一月，習齋爲趙太若請返館，先生辭。習齋曰："子貧，居喪於家，則生養沒祭俱匱，當奉主入劉村，廬於學。"先生以所教合於遺囑，從之。告主請往劉村，復祭安之，奉嫡母至館養之。

先生慟瘁成瘵，畏寒洩瀉，頭暈腹痛，以手摩鬚，隨指墮落，白粥不能咽，乃食菜不食果。

哭憂外，惟理學政，不問外事。

以周"卒哭而祔"，殷"練而祔"，孔子善殷，乃遵之，卒哭不祔，朝夕哭。

還孝慤所囑遺債。

王五公來弔，大慟曰："忠孝遺老盡矣。"

甲子　二十六歲

居喪，禮如前。

二月，王五公先生卒，寄其《絶命詩》至，曰："一天雷電收風雨，欲使乾坤暗裏行。尚有高靈護殘喘，爭留面目見諸生。"先生哭之慟，以居憂不能往弔送葬，益慟。後爲傳，畧曰："五公山人王姓，諱餘佑，字介祺，保定新城人。父行昆季皆宦於明。少有才譽，長念明季多故，乃讀孫、吳書，散萬金産結士。甲申，闖寇據京師，遂從父延善，及從兄餘厚、兄餘恪、弟餘嚴、雄縣馬於等，起兵討賊，破雄縣、新城、容城，誅其僞官。已而賊敗，清師入。衆散，隱居五公山雙峯，每登峰頂，慷慨悲歌，泣數行下。益博讀書，尤邃於韜鈐，嘗集《廿一史》兵略爲書十卷，曰知所向，曰奇道，曰決戰，曰出奇設伏，曰招降，曰攻取要害，曰據守形勝，曰建立規模，曰屯田，曰緩急得宜。又著《前箸集》《通鑒獨觀》，工詩字，浩氣清風，見者傾倒。"

四月，習齋如遼東尋父，先生餽贐儀，贈以征吉湯，曰深，曰和，曰大，曰機。

七月，辭劉村館，歸城。

九月，行小祥禮，祝曰："稱心始語，視地乃行，四弟無故，考其式寧。"

十月，復日省功："以圈爲辨，失言黑圈左，失行黑圈右，妄念黑圈中，俱失純黑，無失則白。黑白者，人禽之介也。予本不當有言行，以貧窘有之，已難安矣，復蹈於禽焉，可與？"

十二月，張函白應保安州署幕事，知先生貧，邀共往。先生亦以歲祲絶糧，念遺命養母育弟，不得已應之。

乙丑 二十七歲

正月二十日，請考主入鄉，告文云："客歲荒歉特甚，人皆迫急，不外出則仰事俯育維艱，無以慰大人之隱。友人張函白，應保安州幕事，力邀同往，共分修金，此過人之高誼，亦濟窮之權道，不得已也。但塨既出，家人難以城居，將以二十二日入鄉，奉主同往。嗚呼，三歲之中，三易其處，哀哉！"入鄉，設几筵，安考主祭之，哭辭，北行。朔望望哭拜。

二月，出居庸關，渡洋河，至保安州署。

三月，函翁與主人不合，先生隨之歸。至京，申佐領聘館其家，令子奇章從學。朔望望哭拜。

六月，董漢儒、漢傑、郭鍈從學。

晤郭子堅、子固。子固聞先生言，遂盡棄所業詩文，爲正學。

七月，以省母旋。是時，習齋尋父，父亡，遺一妹，已適人，遂奉主返，稅服居喪。往弔之。復抵京，子堅請館其家，郭鍈等俱移來學。

九月大祥，始近酒肉。

十一月出服，乃復《日譜》，勘私欲生否，情發中節否，處事待人妥當否，言行謹慎否。

子固任刑曹，有辦事才，而力持清白，獎勵之。

於南溟納交問學，告以教婦初來，以其新婚也。

思子固之謙謙若不勝衣，可法也。

閱徐圃臣《天元歷法》，從其門人姚蘇門算日月交食。

習齋寄言，規以益加慎密，大爲修整。

南溟需次縣令，問吏治，曰："今而爲令也，攜知勇僕二，道德經濟之友一。至署，冬一裘，夏一葛，公服外以布。食糲甘蔬，火耗、雜派俱捐。三時攜乾餱，率一隸，出郊課農。力田者笑言獎之，不者責。取饁以嘗旨否。貧不能田者，出倉助之。倉積取諸淫祀邪會。至秋，復量捐之。課農餘，敬老旌善，禮士勸學，惡者懲之，訟者聽之，有德學者師友之。又鄉修壕牆，嚴保甲，練民兵，十什五伍。冬隙，大舉而練之禦寇、傳炮、鄰救。而教農則立田畯，教倫則立鄉約，督武則立總練。食可足，俗可淳，民可强，亦小康矣。"

子固言南溟將理河工，求同往，曰："水學，我願爲之，但老母在，未敢以身許人也。"南溟問過，謝以不知，再三問，曰："宜遠佞人。凡柔軟可親者，害我者也；剛方難合者，益我者也。得予恩而委曲奉承者，善負人者也；得恩而淡交如故者，厚報人者也。"南溟曰："然。"曰："君自思人諛我，心亦非之，而未必怒也；人責我，心亦是之，而未必樂也。此則不能遠佞矣。"曰："然。"

歲暮，將歸，作《別子固序》，欲法其謙靜，而勉以開擴。

子堅餽十金,爲培昏禮用,受之。

前此雖服闋,以未祭告,猶朔望望拜哭。抵家,乃祭告除服。以西夾几筵爲家祠,自此祭祖從伯父,祭考自行,以不便入考主於祖祠,令伯父祭而不專祀,心亦不安也。後見《祭禮通俗譜》云:"祭必以子。"又云:"兄弟雖分居必合祭,同父也;同堂兄弟雖合居必分祭,以各自有父也。"正合。

李恕谷先生年譜·卷二

清苑　馮　辰　　纂
武進　惲鶴生　　訂
孫　　　鍇　　重修

丙寅　二十八歲

禮儀、學功如常。

元旦祭考，乃之東宅，從世父祭祖。

爲弟培完昏，入京。

過涿州，拜陳國鎮，言“致良知”，聽而不質。

課勿輕言動，勿作無益詩文，心無放。

與子固邀遊西山，慨然帝居之壯。

學琴於馮穎明。

于南溟求爲講律，許之。

語南溟曰：“作天下事以精神，而損之者莫過於色，血氣未定，宜戒之。”

先生問過，子固曰：“願贈萬應方：明目一雙，和氣一團，虛心一片。”曰：“謹受教。”

宗人府華顯來拜，問學。

都統李六儀賓請見，見之。

三月，先生初度，諸生稟拜，先生曰：“父母劬勞之日，不能侍膝下，何必受人之拜乎？”免之。已而諸友紛來，具儀送筵，不得已與之飲，聽其歌，不和。

爲南溟解律曰：“律繁晦，則吏易爲奸。簡而明，律道也。”南溟意有所餽，探其意力辭，知其意將邀同之任，受其餽，則進退不能綽綽也。

南溟自言心粗，先生曰：“非也，君病在心過細耳。作事須磊磊落落，當斷即斷，過細則沾滯，或穿鑿。”

四月，朝考，漢軍有武甲，懷先生文入考，搜出。刑部諸尚書傳問，先生往視其文曰：“某某篇，生作也，懷則不知。”尚書曰：“何以爲渠作文？”曰：“生爲門人、交遊作文多矣，豈直武甲？文欲其讀，非令其懷也。若甲懷生文問生罪，甲懷《論》《孟》，問孔、孟罪乎？”尚書曰：“汝居旁，待吾審。”已而尚書令回候問。時諸友危甚，南溟父名世、子固力以先生夙品辨雪，不復問。

省過在玩日愒時。

聞李啟若欲辭館，謂子堅曰：“于侍御館意蓋在我，故啟若辭，吾必不後同鄉人館也，幸致侍御。”已而侍御躬懇曰：“館猶啟翁也，但求爲子魯講書。”許之。

南溟倩子固預訂，同往其任謀政，先生以嫡母年高，諸弟皆幼，近地或可，遠必不可。

五月，旋里省親。

六月返。

自悔言輕，夜臥不寧。

閱許酉山《聖學直指》諸書，以張良、諸葛亮、陸贄諸人爲狂，以其能斡旋乾坤，而小節不拘也。以董仲舒、程頤、朱熹、陸九淵諸人爲狷，以其能主持名教，而經濟則未也。又云：“宋儒以理注天，且云：‘心中自有天。’似諱言蒼蒼者，則貫天人之學絕。又率不信鬼神，似以心外無鬼神者，則格幽明之學絕。”其論亦偉。

謂子固曰：“學而時習，或以爲讀書，或以爲見性，皆誤也。”子固曰：“然。人不知，君相亦何須知讀書見性之人乎？”

趙泰巖侍郎來會，先生曰：“昨朝考一案，聞公在班聯正色援予，本當造謝。昔祁奚救叔向，向不見焉而朝。公古人也，故以祁奚相待。”趙見壁琴，言琴能調燮陰陽，先生曰：“一物耳，何以然？”趙曰：“以動機相感也。”先生曰：“然。陰陽皆以動而生物，故曰‘繼之者善’也。和風甘雨，天地之琴瑟也；琴瑟，人之和風甘雨也。今有卻動專靜之學，逆天道矣。”

齊燧侯求爲其父林玉作墓表，署曰：“予叩五公山人寓居，至高陽，得見林玉先生。年雖邁，兩目炯炯，戟鬚，談聲如洪鐘，指古今籌策，如掌上觀紋，偉人也。姓齊氏，諱國琳，林玉其字。生明季，讀書擊劍，與李霨等結城社，忼慨謂立致勳名。乃滄桑變及，拓落江湖，有時排難解紛如魯仲連，有時生聚致富如鴟夷子皮。李官至大學士，未嘗一躡其門也。雅敬孫鍾元、杜君异二徵君，與五公山人更契，延主其家，教諸子以經濟學。視庸士譎談，一笑而擲之。居鄉，發奸摘伏如神。晚年，謀遷居河南之寶豐，墾地三十餘壠，未就而卒。”

思輕以肝膽許人，輕以誠實信人，皆己過也。

書《廿一史》經濟可行者於冊，曰《閱史郄視》。

楊湛子太僕來拜,言許西山學品,乃拜之求教。西山言:"道原於天,終於天。'小心翼翼,昭事上帝',功力也。'文王陟降,在帝左右',歸結也。'天行健',以生生也。'君子自强不息',以行仁也。今儒者遺置天地民物,但言明心見性,衹爲戴儒巾之禪和子而已。"又曰:"《中庸》'祖述堯舜'一節,聖人像也,頂天塞地。《孟子》'居天下廣居'一節,賢人像也,塊然中處。補格物傳,窮理明理,後儒像也,既細且虚矣。"

聞媒孽事,怒見詞色。子固規器小不可以作大事,改容謝之。思《七書》曰:"廉潔可污,狷介可辱。"余蹈此病矣。因自省,病淺,病急,病熱,病粗,自責三板。

何魯莽、梁暈羽至,共習琴。伊介公、陳朗公設筵,求設帳其家,力辭之。

思西山先生學見其大,當益之以實,乃上書曰:"塨嘗問道於博陵顔習齋先生,今遇有道,所見多合,故不敢不盡其愚,以求指示。後儒之學,所依據者,曰尊德性,曰道問學。德性,《中庸》自注之矣,曰智仁勇。《易》言君子四德,《周禮》六德,《皋陶》言九德,《洪範》三德。《孟子》以仁義禮知統之。《直指》曰:'形色天性也,惟聖人然後可以踐形。'踐形者,踐其肅乂哲謀,聖以全形色之天,形色全則性全矣。故孔子詔爲仁也,曰'非禮勿視聽言動';曰:'居處恭,執事敬,與人忠。'論崇德也,曰'主忠信','徙義'。要使躬行日用,事事自强不息,念念參前倚衡,是之謂先立其大。未嘗有所謂静坐觀空,致思於無極、太極,生天、生人之始,以爲尊德性也。即用力久,上達如孔子五十知天命,亦聽其自致耳。而其始固立焉,學焉不之驟也,故曰:'下學而上達。'其教人也,罕言命仁,性天不可得聞。孟子雖不得已,與亂性者辨,而皆就才情言,非專以言性立教也。乃後儒或以頓悟爲宗,或教人以性爲先,閉目静坐,息念觀空,帝王孔孟,何嘗有此?誠先生所謂'戴儒巾之禪和子也'。是後儒之尊德性,不可即謂古聖賢之尊德性也。大戴《禮·保傅篇》曰:'古者年八歲出就外舍,履小節,學小藝。束髮,就大學,履大節,學大藝。'故《内則》臚列爲學次第,自能食食,以及四十出仕,皆修己治人之事。《周官》取士,六德繼以六行、六藝,曰孝友睦婣任恤,禮樂射御書數。孔門傳習,由以兵,求以足民,赤以禮樂,未嘗有所謂先讀某書,後讀某書,訓詁翰墨也。即有時誦讀,則誦《詩》以習樂,觀《書》以知政耳。夫人精力有幾,乃不力禮樂兵農之學,水火工虞之業,而徒騖於讀覽著述,何爲哉?孔子删修,乃晚年不得用,恐興王既遠,聖道遂湮,故删繁就簡,以詔及門曰:'後世其效吾行而行耳,非謂皆效吾言而言也。'且道猶路也,書所以指路也,天下群欲爲指路之人,而不爲行路之人,將指之誰而行乎?況所指者,更有非路,而陷人於荊棘者乎?先生謂注經諸賢,不離曲學局面,則後儒之道問學,不可即謂古聖賢之道問學也。先生既灼見流弊,必宜力復古轍,以忠信篤敬爲德,以《詩》《書》《禮》《樂》爲學,使位天地、育民物者,實有其事,則《大學》明親之道,實見今日,而塨亦得依門牆以有成矣。"

郭郁甫選東莞令，請同往，以母老辭。

何魯莽爲价，言國戚索公聘設帳，力辭之。

晤張廉泉、陳健夫，之西山齋，聽其言夫婦行禮，及其家行冠婚、喪祭諸禮。又言："自古無不富不强之王道，亦無患貧患寡之聖學。"

魯莽又來懇應索公聘，又力辭，紀以詩曰："陰、馬何聞欲問蒙，微材久已付飛蓬。長孺揖客難言重，樓護嘉賓愧未工。"其二曰："南山未許通門徑，滄海安容置是非。軹里萱堂況復健，此身且剪老萊衣。"

西山言："張孚敬定禮，將文廟八佾去武舞，只用六佾，是以'武'爲非聖學矣。彼卻萊徂東者何人乎？甚哉悖也！"

陳朗公、伊介公力求來春設帳其家，許之，約率舊門人皆學其齋。有聘儀，受之。

旋里，獻孝慤主，不覺哭。奉儀於伯父、從叔父，函伯、文升各餽以物。

每晨興，爲嫡母烘火烹茶，食則侍。

丁卯　二十九歲

禮儀、學功如常，時存心性。

元旦，教家人與年俱新。

同函白入楊村，拜習齋先生，商京中館。習齋主家居養親，函白主館京爲養。過北泗，王法乾曰："前見妹丈諸弟，時而採蔬擔水，恐非孝慤陟降意也。正爲安親，宜入都耳。"先生淒然曰："先君見背，以四弟爲言，淚猶在眶，言猶在耳。而家衆嗷嗷，古人八口百畝，今口倍之，而田止四十，若外無所營，則飢寒立至。塨雖不才，頗志聖賢，雖卻衣而凍，吐嗟而餒，亦復何難，獨奈幼弟何？啼飢號寒，而責之以孝弟禮義，豈孩幼皆聖賢乎？淪於餓莩，降爲皂隸，何面目以見先人？此深夜椎心，而無可如何者也。"

見生母有憂色，知其爲外祖母過太君孤寡，無人養也，乃迎至，常養之。

郭郁甫之任，贈云："儉爲廉本，不儉何以成廉。明則斷行，未明慎無輕斷。"

求教於劉煥章，曰："斂才斂氣，喜怒不形。"

世父、嫡母俱命入京，乃定往。

問家事於從叔母，恐家有不孝友事，未知也。叔母曰："汝嫡母和，生母恭，壎等皆勤而孝。"又問伯叔族人，皆曰："然。"心乃安。叔母，嫡母從妹也。

聞李毅武卒，驚哭之，弔其父，具奠儀祭文，倩人往祭之，遙望哭拜。後爲作墓表，曰："予自少有知後，志求古人之學，而學之密邇，道義相切劘者，落落如晨星，心每以爲歉。李君忽一日遠來，摳衣升堂，視其色甚肅，拜而坐，言安貌端，謀所以共爲聖賢者。予私喜，以爲近今所罕有。已而復至，共學琴；已而復至，共學舞；已而至，講家庭及士相見禮，皆欲見之躬行。私喜,以爲得一勁輔。因之察其行,事二親孝。父伯庠任蠡庠訓導,歲來省親。乙丑秋,水漲途,騎不可行,遂徒涉,負囊行五六百里,不以爲勞。待昆弟曲盡友恭,閒居如對上客。盛暑衣冠必整,無戲言苟動。見不義事,去之如掩鼻而走臭惡也。行遇古聖賢、忠臣、孝子廟墓,騎必下,步則改容疾馳。規友人過不從,至垂泣相視。其學,讀書日夜不輟,通《五經》、諸子。字端楷,不爲草書。琴劍皆得大畧。闢佛、老力,是誠可與入聖者也。每來蠡,日相過從,予之有遠方友,自李君始。丙寅春,聞其家居病,以爲偶然。至十二月遂卒,是年爲三十五歲。嗚呼,孔孟既歿,聖賢道熄,後有起者,豈天不欲成之耶?抑予之寡德,不能當此賢友之助,遂使哲人速萎耶?可悲也!君順德邢臺人。諱價,字毅武。弱冠後補諸生。元配孫氏無出,繼張氏生一男肅和,一女。庚午冬,君父陞山右縣丞,淒然謂予曰:'亡兒,子友也,爲學未竟,其遂沒沒於後世乎!'命肅和出見,能行拜禮矣。予撫其頂而泣,乃表君生平梗槩,使劖諸墓上。"

率弟培赴都入館,伊維藩、伊維城、祁鼐臣從學,董漢儒、漢傑、郭鍈、郭培仍來就學。

書座右曰:"忌淺,忌躁,忌黷。"

聞王次峰有治河書,主犁河淤入海。

徐澄源邀拜張豐村。豐村言:宋儒先以性教人,即類禪學。又言:其師費此度謂,宋儒不及漢儒,表章《十三經》。

陳健夫來拜,盛詆議程朱者,先生不辨,但摘程朱長處言之。

豐村來拜,尚崇誦讀,先生曰:"紙上之閱歷多,則世事之閱歷少;筆墨之精神多,則經濟之精神少。宋明之亡,此物此志也,望賢者勿溺。"

聞人言二弟壎病瘡,驚怛,流涕不自禁。覓参,寄家書,并達顔先生調治之。

健夫問《五經》,曰:"《詩》以作樂。《書》之要在六府、三事,六府恐廢闕故修,三事恐偏戾故和。《禮》必實行,故孔子曰'執禮'。《春秋》,孔子之政事也。《易》呈道於象,詔之寡過也。今世之學,徒事記誦,與古迥异。古四術三物,仕即其學,學即其仕。今學,徒佔畢非所用,用責幹濟非所學,而世事壞矣。"

接家報,知二弟瘡愈。

澄源言:"此度見人,如不識字者。"羨之。

酉山言:"中庸'中'字,口人也,中一畫,上頂天,下至地。'元'字二畫,天地也,下人也。'仁'旁人也,二畫天地也。總之,吾道承天立地,生生人物,廣大精微,盡於此矣。"

健夫邀嘉興周箕青士,與先生會詩。因求言於青士,青士曰:"可交者,淡以成之,勿太濃;不可交者,隱以絕之,勿顯拒。已成名者,不必附會;將成而未成者,無惜齒頰游揚。"

五月,辭京館,歸拜母,喜健,視二弟瘡愈而瘠,驚喜下淚。

邑令趙公旭請見，以非公辭之。

齊燧侯聘設帳，以其五弟壎從學。先生以近家養親便，許之，館龐家葺。節白公命攜其孫振鋏教之。

設孝慤行位，朔望拜獻。迎嫡母侍養。

定每日三分商治道，三分究經史，三分理制藝，一分習醫，而以省身心爲之主。

同燧侯及其四弟中岳習射。

閱《白虎通》，至“朋友之道四，通財不與焉。近而正之，遠而稱之，樂而思之，難而死之。”則知言遠友之短者，非道也。

閱劉子政《新序》，至“鮑焦廉峻，立槁洛水之上”，斷之曰：“山鋭則不高，水狹則不深，行特者其德不厚。志與天地疑者，其爲人不祥。竦然書之，期與習齋共勉也。”閱賈誼《新書》，至史佚曰：“動莫若敬，居莫若檢，德莫若讓，事莫若咨。”曰：“四語可以終身矣。”閱劉邵《人物志》，至“與人愛，不可少於敬。少於敬，則廉節者歸之，而衆不與；多於敬，則雖廉節者不悦，而愛接者死之。何則？敬之爲道也，嚴而相離，其勢難久；愛之爲道也，情親意厚，深而感物”，曰：“孔子久敬之外，有此至論，甚哉！道之無窮也。”

中岳問處事，曰：“在閱歷。滿腹學問而無閱歷，不可以致用。”問治術，曰：“古今治術，不越王道、清淨、刑名三者。王道，無弊者也。清淨、刑名，可用捄弊；偏任，則弊隨之。”

九月，王楫從學。

孝慤忌日，哭奠，蔬食，後爲常。

王楫問質鬼神，建天地，而無疑悖，何也？曰：“君子三重，原本天地鬼神以制之，而即以位天地鬼神。故上古不惟人治，天地亦治，鬼神亦治。後世反之，不惟人亂，天地亦亂，鬼神亦亂。故一則清宴呈祥，一則災怪并至也。”

謂齊勳曰：“好問好察，聖所以益聖；冥行恥問，愚所以益愚。千古聖愚，分途在此。”

十月，王青甸及王宏度二子從遊。

習齋先生至，閱《瘳忘編》，曰：“治平之道，十見八九矣。”求教，曰：“子身心之功未至。”曰：“然。請勉力。”

與習齋言：“今爲人後者，呼本生父以伯叔，非人情，非古禮。屬毛離裏，豈容泯没？一生一養，不爲二本。歐陽修、曾鞏二議，是也。”

十二月，自館歸。

大學士明公伻閧公，聘設帳其家，力辭之。有詩曰：“何意頻修卻聘書，此身豈爲樂樵漁。縱期郢市呈新調，無那山靈杜舊居。白髪風流萱草老，青雲路杳故人疎。歸來不厭雙松下，日暖萊衣一笑餘。”

聞周青士卒，輓以詩曰："梅里披裘絕世塵，吟詩買米老閒身。嚴陵一嘯雲天老，海宇於今少逸民。"

戊辰　三十歲

儀功如常。

思寬以居之，阿房下容五千人，寬故也。學者始見一理，即拘而不廣，是"執德不宏"也。

思教人，獎而勿貶，易於有成。

劉煥章卒，先生聞訃，往哭，大慟。煥章諱崇文，號肇南，煥章其字也。蠡人。崇禎己卯舉於鄉，後任荊州興州縣，以寇據不得之任，巡撫委署棗陽宜城縣。及解組，羢巾布袍，恬如也。母性嚴，晨昏朔望，拜侍惟謹。五旬後，母怒，輒跪受責，曲意務得歡心。聞顏習齋先生爲聖學，忘年爵來拜。入會，力滌宦習，立《日記》，以聖賢相規勉者幾三十年，至卒不懈。晚交先生，甚喜，雅期以遠大。身頎直，貌莊而和，見人謙抑，善談論。七十五歲，無病而逝。

如獻縣，哭奠王五公，選《五公文集》。

寓書費燕峯論學。燕峯名密，字此度。成都人。博學能文，其復書曰："古經注疏，自王介甫始變，當時天下皆從王氏學。紹興初，程氏始盛，然與介甫异，亦止靜坐、義利之辨。陸子靜不喜程正叔，朱元晦獨尊二程，兩家門徒各持師説，元晦弟子尤衆。至正中，陳君采又以爲與洙泗不同，著《淳熙闢謬》。永樂間，以元晦國姓，尊行其所傳，而聖門舊章大變。先輩有古學者，無不諍論。王伯安更遠紹子靜，故嘉靖、萬歷以來，學者不入於窮理，即入於致知，古經本旨荒矣。夫'即物窮理'，承譌既久，'良知'譁世，又百有餘年。朱也王也，各自爲旨，違悖古經，蔽錮後世，陷溺膠庠，而其言在天下，已如江如河，莫之可遏。密著《中傳》，録聖門舊章，而世習宋傳，舉科已久，未求古注，反似創言，易生毀謗。雖然，烏有聖人之古經，任後世顛倒竄亂，遂爲臆説所絕，而不重還舊觀與？今得有道師弟，以高明沉深之才，出而力追古學，撥正支離，自兹以後，宏儒碩識，必剖諍滿世，寧非聖學一大快乎！古之名儒，多在北方，以誠實有力，能任聖道也。望之，望之。"

二月，將母及培、埈二弟，從侄振鋏，從孫曾達，同入龐蕞館。

思潔士不可大用，以其如鮮花，不奈風塵也；烈士不可大用，以其如利刃，不耐挫折也。

思時時以仁存心，乃集《四書》言仁者通解之，曰《四書言仁解》。

思仁道大，求之惟恕，曹家蕞村中，一路甚深似谷，長而通似恕，乃自號恕谷，志勉也。

燧侯言，駕馭人以術巧。曰："非也。待之以至誠，處之以妥當，匹夫匹婦亦不可忽，皆宜待以小心，勿簡勿傲。"

每寢，思一日所事，苟虛度，必自責。

思天下治振奮，亂懈弛；治朴實，亂浮華；治法網寬，豪傑盡才，亂法網密，英雄束手。

四月，自省數日功疎，生意漸弛，浮言漸多。

六月，王曙光病，請先生至獻縣，以五公五囊書及文集付之，謂先生能任其父學也。

許西山書至，言《言仁解》已得聖道之要，須以宏毅任之。

自書曰："徒飲食者無論。其志爲聖賢者，或無所見，或見而未全，則予之責重矣。乃自輕自褻，悠忽不振者，天其罪之。"

著開東北水利及治河利運之策於《瘳忘編》。

思宏之反，曰淺，曰隘，曰躁，曰矜；似是而非，曰泛，曰濫，曰無斷，曰粗疎。毅之反，曰怠，曰遷，曰浮，曰散，曰多慾，曰苛細；似是而非，曰客氣，曰助長，曰執拗。蓋西山先生勉以宏毅，因思以自考也。

定秋高氣爽，間日習射。

糾衆賻趙錫之妻喪，引云："昔原涉當賓客廣坐，聞友人喪，輒削牘付客，經紀其事，以輕俠而重義若此。況吾黨士君子，遇朋友急喪之困，更宜何如處也？趙子錫之倜儻英多，今一劍天涯，經年未返。室中病婦，孤燈長往，殯葬無資，椒漿冷落。凡我同人，慮無不垂泣相視者，通財共賻，諒無所吝。"

如府，晤魏蓮陸、王子瞻。蓮陸，孫徵君門人。徵君詩曰："明達蓮陸子，到手無棘事。"子瞻，張石卿門人。

之博野，晤魏帝臣。帝臣，博野縣庠生。善容儀周旋，喜賓客，談論欵欵然，終日無倦。施目疾藥，遠來者輒延欵下榻，嘗僕馬居數月，疾愈乃去。與妻宋氏相敬如賓。自壬戌穀日，先生請筵，嘗走人來候，至是會之。

思晝觀妻子，夜卜夢寐，最可驗學。

十一月入京，郭子固言，欲檢架上無用書焚之，曰："甚善。"因言近不輕與人講學，子固曰："不可。學之失傳久矣，言之，言之自有興者。"先生曰："是。"

糾衆公舉顔先生尋親苦孝。

《日譜》增夜夢不静止，則黑其圈。

自勘一年學問器量俱微進，但大本未可言立也，愧之。

解龐家蕞館歸。

己巳　三十一歲

儀功如常。

撫院兩道，聞習齋賢孝，令縣開行實，先生開習齋爲學持躬十五則。

外祖母過氏卒，葬之。

二月，齋戒沐浴，至習齋，投門人刺，以《瘳忘編》《恕谷集》爲贄。

先生生母以母喪，不食酒肉美饌。

數日，繙《十三經注疏》十一套，覺精神勞動，深悔閲書急躁之過。

世父病，侍養，延習齋醫。

思近以寬大待人，或涉同流合汚，因三復《素書》"橛橛梗梗"，所以立功。

三月，趙錫之聘設帳於趙家莊，其子宏澤、宏濟、宏深、宏澍從學。

以世父病，復返侍養。二十日，世父節白公卒，臥柩側，疏食飲水，不食果及魚肉，以脾弱，微食菜，殯後寢外室，朝夕哭。

自返有染雜霸者，急滌之。

四月，節白公葬，遇朔望會哭。

書扇云："乖戾非剛方，忙亂非勤敏，糊塗非忠厚，委靡非從容。"

問顔先生曰："近日此心提起，萬慮不擾，衹是一團生理，是存養否？"曰："觀足下九容之功不肅，此禪也，數百年理學之所以自欺也。予素用力，靜則提醒，動則剛辨，而總以不自恕。蓋必身心一齊竦起，乃爲存養。不然，則以釋氏之照徹萬象，混吾儒之萬物一體矣。"先生竦然謝教。

迎嫡母入館侍養，命弟埈與壩皆入學。

作《存性編序》，畧曰："三代以前，不言性而性存，宋、明以後，日言性而性亡。《書》言'民性'，誥后之綏猷也；《詩》言'秉彝'，美山甫也。皆偶舉之，不以立教。孔門教人，性天不可得聞。孟子時，言者紛如，不得已而發性善之旨。乃宋儒教人，以性爲先，分義理之性爲善，氣質之性爲有不善，使庸人得以自諉，而牟利、漁色、弑奪之極禍，皆將謂由性而發也。習齋先生慨之，著《存性編》，曰：'理即氣之理也，清濁厚薄，純駁偏全，萬有不齊，皆善也。其惡者，引蔽習染耳。'列七圖以明之。於是孟子性善之旨始著，而吾性中作聖之本體，庶不爲异説所亂而得存矣。"《存學編序》畧云："古之學一，今之學棼。古之學實，今之學虚。古之學有用，今之學無用。古今不同，何其甚也！古之爲學也，明德、親民、止至善爲道，六德、六行、六藝爲物。八歲就小學，學小藝，履小節，束髮，就大學，學大藝，履大節，爲學之序；春秋《禮》《樂》，冬夏《詩》《書》，爲學之時。治己則祥，治人則當，施之國家，天地位而萬物育，人多成材，宇内郅隆，有此術也。自秦火後，訓詁於漢、唐，帖括於宋、明，徒遺經是問，而古聖教人成法，任其闕然。加之佛、老乘閒而起，以清淨虚無，亂心性之正。詩文辭華之輩，又假托文章以鳴。儒者不能以全體大用廓清其間，而反爲所雜。程朱陸王，非支離於誦讀，即溷索於禪宗，學之亡也轉甚。習齋先生卓然特立，以六藝爲學，冠昏喪祭,必遵古典,率弟子習禮,習射,習書、數、樂,得一節焉即習之。置《日記》以考德行,其於古人之學,不惟存之空言,而且存之實事。嗚呼!二千年墜緒,揭然復舉,孰倡之而孰使之耶?是蓋有天焉!而豈徒然哉?"《存治編序》畧曰:"古帝王教養之政,七制而後,日趨陵夷,至宋、明而極。而尤堪搤腕者,兵專而弱,士腐而靡,二者之弊,不知所極。以天下之大,士馬之衆,有一寇賊猝發,輒魚爛瓦解,不可收拾。黄巢之亂,洗物淘城;李自成、張獻忠如霜風殺草,無當其鋒者,川陜楚豫,數百里人烟斷絕。三代田賦出甲,民皆習兵,斷不至如此其慘也。士子平日,讀書籍,專揣摩,閉户傴首,如婦人女子。一旦出仕,兵刑錢穀,渺不知爲何物,而望其輔世長民耶?三物賓興之世,學即所用,用即所學,雖流弊不至於此。何怪乎習齋先生之流涕而慨歎也。《存治編》可以觀矣。"

思多言則愚,寡言則智。

閲張烈《王學質疑》,謂:"堯舜危微而外,不復言心,但與臣允釐庶績,即無非精一,不必人人與之言心也。成湯若有恒性而外,不復言性,但立賢,即無非執中,不必人人與之言性也。孔孟立教,惟與子言孝,與臣言忠,知人愛人,學詩學禮,未嘗人人與言一貫也。蓋解者心知性命之妙,而不必言。即未悟者,循循於孝弟詩禮之間,莫非性命之流行,亦不待言也。象山、陽明必先提所謂本心良知者,舉此以致知事物,而以下學講習爲支離,其亦舛矣。蓋其説即禪門之直指心性也,而借《孟子》之本心良知以附會之。不知《孟子》所謂本心良知者,孩提愛敬,惻隱四端,必待察識擴充,深造學問,未嘗曰耳本自聰,目本自明,一了百了也。"批曰:"武城之駁陸王,何其明耶,然酷護程朱。夫教人以性爲先,程朱不猶之陸王耶?乃一主一奴,何耶?"

思程朱陸王以及今儒,各有其言之明者,録之,聖道自在也,不必與之多辯,乃册録曰《諸儒論學》。

思急於求名,其實必少;以術御物,喪德已多。

纂《訟過則例》:"一、微過,本之浮也;一、隱過,七情之過也;一、顯過,九容之過也;一、大過,五倫之過也;一、叢過,百行之過也。"本劉念臺《紀過格》而删訂之。

閲《宋史》,至章望之著《救性七篇》,宗孟子性善,斥荀、楊、韓愈、李翺之説,蓋先《存性》而作者也。

思學必自治而後治人,向懲腐學之弊,若考經濟多,勘身心少,則逆學矣。必急於自治。

坐交股,不覺,已而覺,乃知心不存,即不能察,存養、省察,一事也。

思習齋言,孔子教人,多因人因事,後儒無所爲,而泛言其理,必論其全,此亦虚實之不同也。

率弟子習禮。

習齋曰:"孝慤子口容止,聲容静。"汪魁楚曰:"孝慤之言厲。"習齋曰:"言雖厲而仍温,古云'雜於庸衆而不驚,乃爲大賢',孝慤有之。"

書壁曰:"薛文清言一染財色,即爲禽獸。"

某與某搆難,平之。思馴虎豹者,籠絡之,飼養之,不可與之狎處。

曰:"志大才小,識大器小,言大行小,無用也。"

曰:"學一絲不可假冒,如孔子語仲弓以敬恕,即以邦家無怨爲証,如何假冒?"

聞許酉山陟副都御史,給書曰:"宜建白,不則引退。"

張文升謂曰:"子昔病疫垂危,孝慤雖力調治,而氣象如常,不張皇,不憂嘆,其天定也。"王法乾曰:"子大父素先翁一日在市,人有侮言,翁自若。或曰,此李封翁也,其人懼而謝罪,翁亦自若。"

思矜細行,因自省心過多於口過,口過多於身過,身過多於行過,深自愧勉。

先生從兄萃生守喪禮,不入内,不御酒肉,先生贊之。

十一月,郭子堅來過。

思每會顔先生,静譏致愧赧,無以自容,非是,則愚昧安有成哉。辰按:習齋、焕章、法乾、恕谷四先生,每會學,勸善規過,互無迴護,且《日記》詳録,不肯隱諱飾觀。必如是,乃足資益德業,不愧曾子所謂會文輔仁也。後世講學諸儒,安有若此切實者乎?

魏蓮陸書來論學。

華顯過先生里問學。華後仕至川陜總督,以書招先生,先生不往。

臨清張子舒來過。

先生與習齋論義利取與,有不同者,乃少質曰:"孔子時亡,以拜陽貨,後儒無置議,若後人有此,則必論其餽豚即當不受,而往拜遇塗,皆爲屈節矣。子華本不當與粟,因冉子請,遂從而與釜庾。若以一介不與裁之,不爲濫與乎?孔子曰:'自季孫之與粟千鍾也,而人益親。'夫季孫、陽貨皆權臣也,而受其餽遺,後儒不幾以爲不義之取乎?孟子守不見諸侯之節甚嚴,而至處交際則甚平易,五十、七十金之餽,皆受也。而尊者賜之數章,斟酌精當。蓋尊者賜不敢辭,一道也;有孝弟守待之功,非無事而食,二道也;借之爲行道之机,三道也;即行道無望,而守先待後之身,不可以小廉而陷飢餓以死,四道也。孔子之際可公養,豈皆見行?可者,亦借之以存此一時萬世之身耳,豈爲戔戔也乎?"

庚午 三十二歲

儀功如常。

趙錫之勉以應試,乃爲舉業。

先生謂習齋曰："伐善斯爲不善，施勞即已無勞。"習齋曰："然。"

習齋過先生，見諸友歡聚，謂曰："吾當勉於狎足成歡，子當勉於莊足成禮。"

立族約。三助：一助貧，一助婚，一助喪；六禁：一禁不敬祖宗，一禁不孝，一禁不弟，一禁奸，一禁盜，一禁酗酒；四戒：一戒賭，一戒訟，一戒左道，一戒尊卑相戲。

六月，喬百一書來論學。

八月，赴京鄉試，中式。主考王公諱掞，太倉人；魏公諱希徵，鄆城人；房官孫公諱昶，聞喜人。

過涿，哭陳國鎮。國鎮名鋐。傳鹿忠節之學，嘗謂："先師每令於平旦，自勘良知，今老矣，乃親切。抱病亦危坐書齋，同邑大學士馮銓屢請見，卒不見。"先生曰："國鎮雖偏主姚江，而其肫誠提誨，令我激發者不淺也。"

思向之爲舉業也，顔先生責以庸腐，錫之亦議聰明退。及中後，錫之來晤，驚曰："聰明復矣。"乃知舉業聰明，則世事不聰明；時文不庸腐，則世事庸腐。甚矣，時文之害世也！自此雖應春試，而不務舉業。

世母許太君卒，九月葬，仿居世父喪禮行之。

領中舉牌坊銀，不修坊，以修祖兆。

糾族人爲公祀會，每年以清明祭，殺牲奏樂，祀始祖以下列祖。祭後，饔筵講族約，旅酧盡歡而畢。

思伯夷非沉隱可托，以其治則進也；伊尹非雜霸可托，以其咸有一德也；柳下惠非鄉願可托，以其必以道也；孔子非經生可托，以其爲東周，而以兵農禮樂教人也。

爲四弟埈完昏。

辛未　三十三歲

儀功如常。存心以寬，行事以誠，立身勿以隨，接人勿以崖岸。

元旦，以期喪不賀節。

入京春試。正月九日，往拜酉山先生，而酉山即以是日卒。慟而返。次日，具奠往哭之。酉山諱三禮。河南安陽人。順治辛丑進士，選杭州海寧知縣。邑繁劇，值三藩變，政務旁午，先生撫民擒寇，皆有方畧，且延士講學，行禮治經，厨傳繽紛，裕如也。署後建告天樓，每晨，必焚香告以所爲。辛酉，入授御史，己巳，遷副都御史。特疏劾大學士徐元文與其兄尚書乾學、侍郎高士奇，鐫一級，而徐、高亦由是去位。庚午，陞兵部督捕右侍郎。辛未卒。

思日用飲食之細，非聖人不能中道。

拜主考魏子相，閽者曰："役主命候久矣。"延入，相見甚歡。拜王顓庵，閽者詞色亢，去之。

返里,聞嫡母病,馳歸。内子日夜侍疾,溺矢皆親拂拭,嘉之。

三月,顔先生南遊中州,教先生以强立,減誦讀。先生規習齋勿多言,高亢浮躁。

請武彤函醫母疾。

省過在不能約。

晤杜盂南於龐蕞,論學,徵君越子也。

爲五弟壪締婚於馮繪生。

之安平,問水學,玉衡、恒升、龍尾三車法,及測天法於楊靜甫。

五月,立課,身不欲逸,心不欲勞,以心疾也。

閲孝慤《論仁語》,書後曰:"人有爲善而好名者,先孝慤深斥之,謂之掛榜修行。嗚呼,先孝慤之闇德可想矣!"

從叔本初翁見先生食糠餅,曰:"昨家人有厭食糟糠者,聞汝食不厭矣。"

從舅馬大無子,倩媒爲之續絃,越年,七十生一子。

六月,思向皆隨遇而行,今母病不能出門,宜侍養之餘,躬親稼圃,以資仰事俯育。

村西有蝗,糾鄉人捕之,并禱蜡神,蝗飛去。

與人約曲阜會。

往視顔先生家。

七月,嫡母病,左右徬徨。至閏七月,食減,乃命婦女環守室内,身率諸弟守於室外。十六日,馬太孺人卒,擗踴欲絶,含奠,置魂帛,凡喪禮皆取文公《家禮》,及顔先生《家禮》參訂行之。胃疾發,至神迷不能哭。十八日殮,十九日成服,率四弟寢倚廬,朝夕奠,哭無時。

爲太孺人作行述,畧曰:"太孺人生比里東曹家蕞,歸先孝慤,有順德,佐孝舅姑。舅姑卒,無慮鮮肥,務養孝慤,不以入口。生一女,適王生員養純,即《穀日燕記》所謂效乾者也。後生母出塨兄弟五人,恩如己出。性醇厚寡言,親串以女中至誠稱之,享壽七十九。"

命人易槨木,嘆曰:"傷哉貧也,凡事必須心中計畫,口中指呾,甚且身自動作,禮之可愧者多矣。"

九月,奉太孺人與孝慤先生合葬,自此哀勞成疾,幾殆。

壬申　三十四歲

居憂六月無譜,今復録《日譜》,便省過也。

朝夕哭,朔望哭,獻几筵。

思古禮居喪廢業,今以考妣欲成就諸子學,業不可廢。乃於端月二日,率諸弟入學,教壎以家事,培以實,埈以謹,壪以和。

思顯考妣之德行，皆闇然君子也，因大慟。前十餘年，尚有爲名之意，須斬去此念，矗然自立，乃可見父母於地下。

閆公度聘先生設帳，許之，權以館養也。迎入新興，其子鍵、鈵、銓，侄鈺，族孫茂宗、世昌從學。凡朔望旋里，會哭几筵。

思養人志氣恐其驕，挫人虛憍恐其靡。

彭如龍、猶龍、齊春從學。

清明，族人公祭，先生糾衆講族約，而不與宴。

迎母新興侍養，四弟、五弟從學。

湖廣譚彩曜來拜，問學，已而又書至，畧言："聖學原自修齊，推而濟世利物。自晋人清談，宋人静坐，今之書生不知實學爲何物。皓首窮經，歸於無用。又有摭拾無用時文，僥倖名器，寡廉鮮恥，靡所不爲，此焚坑之萌芽也，能無慄慄乎！"

課喪事不敢不勉。

劉副使、彭捕廳爲本縣高令求祝文，以居喪辭之。

七月，武彤函選鹽城知縣，問治，告以仁民作福，訂其所擬經濟十餘則，薦張文升入幕，以其避里難也。

十八日，行小祥祭，猶朔望入鄉會哭。

自勘居喪敬爲上，向過以不敬。

倩鄭天波畫孝慤小像，口授以貌，及成，宛肖，先生大慟。

十月，曲阜會，人約起行，以凶服不可祭聖，不往。

管廷耀執贄問學。

胃病時吐，畏寒。

夢中，時哭孝慤與馬太孺人。

先生後每言館新興時學懈，以爲愧。

癸酉　三十五歲

正月，課喪則致其哀，教三弟泣下，命之亦入新興館上學。

自愧放棄，務期心一刻勿放，身一刻勿頹，放頹則書之。

三月，王輔臣從學。

習齋評《日譜》曰："氣象振起，更宜檢校身心，無怨無倦。"

思學者非以忘爲不助，即以助爲不忘。

六月，自勘向者之過，未嘗不爲善，而非肫肫然爲之也；未嘗不去惡，而非切切然去之也；未嘗不立達人，而非仁心無間也；未嘗不容人，而心尚有褊也；亦諱人惡，而口尚有雌黄也,目不端也,言不謹也。不敢苟取,而飲食小節不及檢也。愧甚愧甚。

七月,行大祥祭。

思顔先生之强不可及。

田信侯問求道之方,語以“居處恭,執事敬,與人忠”。

思與俗人校則俗,與妄人校則妄。

謂鍵曰:“陽明‘無善無惡心之體,有善有惡心之用’二語,爲學程朱者所詬病,然其意程朱即有之。朱子力護‘無極’,又言‘心爲人之太極’,‘太極’即至善也,是亦可曰無善而至善矣,非即‘無善無惡心之體’乎?‘氣質有惡’,非即‘有善有惡心之用’乎?”

思孔子終日乾乾,遷善改過,自謂己是者,道外人也。

郭子固以先生未立子,將以其側贈先生,先生辭以不可。

十一月朔,禫祭,遷馬太孺人主於孝慤祠配饗,行合食祭。王孺人主,移袝太孺人側。亡婦袝姑,情也,義也。服闋。

縣令高公蔭爵問政,曰:“禁賭嚴盜。”又曰:“秋肅之後,繼以陽春。”

一族人流寓新興,將爲僧,力沮之,得止。

祭五祀,告以文云:“塨家祖父舊規,元旦合薦五祀,清明、端陽等節獻時物,臘月二十四日祀竈。及塨問禮於顔習齋,古民田宅屬官,故不祭五祀,今田宅自主,宜從禮,大夫祭五祀歲徧,分春夏長夏秋冬以祭。行之已十餘年。今查明禮,禁庶民淫祀,惟許臘月祀竈。又查古禮,士雖不遍祭五祀,而禱五祀。今殽饌無牲,薦而不祭,僅同祈禱。塨家先世所行,與時制合,古禮不謬。况習俗所同,神靈所習,不可變也。乃復定元旦合獻五祀,朔望拜謁,節令獻,歲暮祀竈,如儀。”

甲戌　三十六歲

儀功如常。

元旦薦家祠、五祀畢,復祀外家無後者,馬外祖斌、外舅馬來顧及二弟外舅張翼亭,立紙位,祭訖焚之,每年爲常。

赴春闈,顔先生囑以求友。

與郭子固互相規過。

子固出貲,爲先生置馬氏女爲側室。

清明,先期祭家祠,乃同族人公祭始祖以下於墓,每歲如之。

課莊敬日强。

閆佩五往岷州尋親,獎其行,序而餞之。

寄李中孚書,畧言:“聖賢正學,在明德親民,學習禮樂。閉目静坐,古學所無也。誦讀,乃致知中之一事,非專以此爲學也。”

看吕坤《泰交韻》。

公度傳字,明陰陽法。

四月,子固請先生入都,言其兄子堅延往桐鄉任佐政。子固并懇公度以先生館其家也,先生辭以後議。

端午,入楊村會學,質《日譜》,演冠禮,鼓琴,習數,議經濟。

有爲高令求德政歌者,辭以不爲。

從彭雪翁學書。雪翁,蠡之劉村人。往來孫徵君門下,好飲不亂,能詩歌,工書畫。

高令旌先生閭。

延張函白來館鼓琴,商經濟。居數日,函白疾,餽以米麵,送歸。

語諸生曰:“三代後生安絶矣? 賢者皆屬困勉,諸生但患不困勉耳。”

思《大學》一書,乃言大學教人之意,是欲人明親止善,而非言其教法也,教法則三物是也。觀《修齊》章,只言用情接物,而不及禮樂,《治平》章,言理財用人勿辟,而不及教養,以大學中成法,當時見在,不必言也。後儒不解此,見《大學》不言禮樂及教養諸法,遂置之不究,而學入空虚矣。

思先孝慤隱德正直,剛方平易,忠厚深沉,日三復之。

思張忠定日學用智,亦練才之法也。

思忠,思恭,因歎孝慤命名之意,切病之藥也。

夜心動,因思聖賢之心,用而不動;庸衆之心,動而無用。

語習齋曰:“自返積累數日,一頃矜張浮躁,遂敗之。譬貨殖者,數日積之,一朝耗之,其能富乎?”

習恭,效顔先生之居處恭,端坐,整容,澄心,以易静坐也。

思明成祖尚武功而明强,李東陽引進浮文而明削,前明成敗之大案也,書於《閱史郄視》。

自里返館,見路有遺包及錢,不拾,行。已思内或有重貨,小人拾而不與,則遺者苦矣。回視,包空而錢無多,乃行。

費燕峰書至,論學。

齊燧侯被人誤告,入京解之。

于南溟請入廉平州,助其政,辭之。

辭新興館。

乙亥　三十七歲

儀功如常。時時體驗仁心存否。

郭子固具僕馬,送往桐鄉。習齋贈言曰:"愛惜人才,倡明聖道。"法乾曰:"勿曲學以阿世。"薦文升館郭子固家。

每止宿,必訪學人。

二月朔,行望拜儀,以後每朔望如之。

途中,時時有帝天之載。

渡黄河,察運道形勢。

淮安李鐩繡持相遇,約爲昆弟,謝之。過其地,餽儀甚厚,辭不獲,受之。

過揚州,拜蔡瞻治岷,與言習齋《存學》大旨,瞻岷擊節稱是。拜其師費此度,病不能會,遣其次子滋衡來謁。

瓜州渡江,持敬,危坐鷁首,波洶湧,躍入衣襟,心夷然不動。

黎明,至鎮江西門橋,大船壅濟,危甚。梢夫號呼,先生語以勿急,令從者四人齊出偕力,乃過。

過太湖,上方山,湯巡撫斌毀五通邪祠處也。歎正不勝邪,非正也。

抵桐鄉界,問土俗民情,官吏得失。入會子堅,問政不答。其司刑名李坤寧一,解正言,親之。對其錢穀人,默默,非閉口不言也。

子堅刊先生所著《聖學成法》及《與西山先生書》。

規子堅以公聽并觀。

三月,子堅餽金帛養母,寄於家。

子堅具船從,送先生入杭州,遊西湖。遇囑托桐事者,辭以署政不與。跨蹇過段橋,登孤山,拜李鄴侯祠,轉至六一泉,拜陸宣公祠。翌日,呼遊船,從蘇堤、白堤,攀飛來峯,憑冷泉亭,至栖霞山下,拜岳忠武墓。三日,又呼船,過放生池,登南屏山,至烴庵,轉三台山下,拜于忠肅墳。迴至湖心亭,歌飲而歸。連日自勘心境,風靜水平,微波不動。

入城,登吴山,望錢塘江。

問人,得王復禮草堂,而病不能出會,送所著《三子定論》,乃達以書,謂:"論朱、陸、王三子,當以孔孟爲斷。合於孔孟,三子即各詣無害也;不合孔孟,三子即同歸無取也。"

語子堅以經濟。

返顧近者氣象和平,心思縝密。

思待人也,寬量以容之,小心以接之。

同子堅如嘉興府,朱二府灝、陳生員莢,見子堅所梓聖學書,稱是,會之。

子堅供盛饌，止食二品，効范文正之自勸，王介甫之食近也。

思近者曲體人情，惟恐傷之，然心欲立人達人也。若有媚世爲私之心，則鄉愿矣。語錢生煌以正學。

仲開一來拜，論學。開一名宏通。桐鄉人。以舉人出仕邑令，子路之後也。爲《聖學成法》作跋。

見人褊思寬，見人暴思緩，見人矜思謙。

子堅省蚕稼，請同往。

錢生爲《閲史郄視》作跋，言德言仁勇之合，不能言勇，德仁亦僞。

閲報，平陽地震甚慘，語子堅端午罷龍舟戲。

學歌，習琴。

子堅刊《射法》，爲之作序。

思苟且脂韋，不可托寬和；褊隘嫉妬，不可托正直。

爲子堅言恤獄。

草堂書至，謂先生論學相合，其論以孔孟爲的，六經爲證，躬行爲主。先生竦然起敬。

松江馮穎明至，久別喜晤，共琴共射。穎明餽葛扇，受之。

學歌於穎明。

與草堂書，言："格物即學文，物即《周禮》之三物。"

思察見淵魚者不祥。

子固書至，規刊書無關經濟。先生復書，言："吾友恐予蹈書生文士之習，誠爲雅意，然天下之無經濟，由學術差。辨學，正經濟天下萬世之事也。"

七月，如杭州，王草堂來拜，不值。往拜之，再三聚。先生言："後儒不解學字，遂一往皆誤。學者學於人，學《詩》《書》《禮》《樂》也。後儒專重誦讀，或直指性天，而學岐，而學亡。"草堂曰："然。"因言："《太極圖》本道家説，今本《大學》《孝經》，係朱子改竄，晦聖經本旨。程朱陸王皆染於禪。"其考辯甚博。

子堅刊先生《訟過則例》，草堂序之。

八月三日，登吴山酒樓，觀錢塘潮。

辭歸，草堂諸友皆有贈儀。子堅遠送，囑以"輕收漕粮，嚴戢家丁，勿昵佞人，處事和緩"。

過蘇州，遊虎邱。

抵淮安，運河水濁甚，問之，曰："黄河倒灌，壅洪澤湖矣。"見兩岸築堤，有句云："誰解排波令就地，但看束水欲浮天。"

往觀天飛閘,昔人捍黄入淮者也,今廢矣。

至王家營,令子堅送役返,却寄,規以“事上司謹,接同寅和,待下平易,使得盡言,勿輕喜易怒”。

過德州,視鹿密觀,在其子子濂守備署也。

九月抵里,餽諸親友以物。

知田災於滂,而文升將桐鄉所寄銀十兩,自京攜迴遺失,心夷然不動。文升遑遽來言,同寓有三人囊銀,托以典守而銀失,必同寓盜之。但係一人,非三人合謀,而一人無証不招。鳴之官,議定三人同償。先生曰:“何爲其然也,失銀可定同寓耶?即如君言,其一人銀可受,其二人銀何可受之?况一人亦無証,則皆不可受也。僕之失財數也,於人何尤?”文升復喋喋責人,曰:“此君之疎,何責人也!”文升曰:“然則我將自賠。”曰:“塨不受他人賠,而受君賠耶?君休矣。”

思人一臨財,即財大身小者,身本小也。

謁習齋質學,習齋曰:“此行歷練可佳也,惟勿染南方名士習耳。”

丙子　三十八歲

儀功如常。

正月如京,與子固商桐鄉事。

自課去浮而静,去隘而宏,去冷而和。

二月歸。

杜紫峰弟子爲修祠於固城,助以貲。紫峰諱越。定興人。鹿忠節公門人。康熙十七年,詔舉博學鴻詞,巡撫舉越,力辭。巡撫命以騾車過越門,掖之登即去。至京,與山西傅山同告老病不試,詔入,伏而不謁,乃歸。授中書不拜。

以居宅荒錯,家祠不尊,乃竭力經營,鬻子堅所贈衣十余襲,於東北隅建家祠,另院通以門。安考妣主於正面,并懸祖考妣影於上,祭以妥之。

思奇技艶貨導淫俗,詩文字畫蠱寔學。

三月,子固延入京,其子宏從學。

蕭山毛河右,寄其駁《太極圖》,駁《河圖》《洛書》二種至。

子固邀遊西山,傳先生騎射。

語子固曰:“人與盜近,是有盜心也;與狎滛近,是有狎滛心也。此人禽之關也。天下無經濟之人則危,無正人亦危,吾友愼自愛。”子固問“危微精一”,曰:“物交物則引,危也;平旦之氣,仁義幾希,微也;如淅米,糠粃去盡,精也;純粒無雜,一也。非禮無視聽言動,齋明盛服,則其功也。”子固曰:“‘仰彌高,鑽彌堅。’何也?”曰:“中庸不可能也。博文約禮,則能卓立矣。”

吴星潭至,月下技擊。

自省隘急忽傲,急改之。

于名世求爲論史。

名世知先生乏糧,餽米二石,受之。

十二月,旋里,爲五弟壥完昏。

丁丑　三十九歲

儀功如常。

正月,復入子固館。

肥鄉郝公函至,論學肄禮。

文升言先生解書敏於料事,子固言料事敏於解書。

湖州宋豫莽,聞冉永光太史言先生學,來拜。豫莽名瑾。守程朱,闢佛甚力。

公函持銀二兩,倩寄顔先生,其館東贈之製衣者也。曰:“顔先生之度荒,急於予衣。”先生嘉之。

子堅請復入浙,先生辭,已而使再三至,乃許秋後往。閏三月返里,遂病,七月愈,乃入京。

吴匪莽通政見《閲史郄視》,抄存,跋之曰:“予每謂天下無無用之學,其學而無用者,惟佛、老二氏與帖括秀才而已。蓋空談性命,則必以事功爲粗迹;高語文辭,則必以綜理爲瑣務。宇宙河決魚爛,率必由之。今讀恕谷先生所著《閲史郄視》五卷,寔獲我心,苟欲澄叙官方,振興勛業,以此爲正鵠可也。”

八月,以將入浙旋里。子固屢謀退居,倩先生於鄉買田,爲同老計,曰:“退休則并耦而耕,不然,則先生自食之。”先生乃買東莊田六十畝。

爲連歲水荒,語左令以修鄉東堤法。

王紹武卒,哭之,嘆亡一善人。紹武,劉村人。能孝友。

九月,子固輿馬至,復入浙。習齋囑以“無作無益詩文”。

抵桐鄉,子堅出二戒尺,一鐫“戒怒”,一鐫“有容”,獎之。

子堅送濮院紬十端,助先生長女粧奩。又送緞紗、首飾等物,供先生老母及内子妯娌。辭不獲,受之。

子固與子堅書,言先生尚未立子,宜爲置側。子堅使媒之蘇、杭諸處尋之。先生辭,子堅不可。

注《律》,思律意皆出人罪也,無可出,乃入之。

寄書候王草堂。

注《盜賊人命律》數日，審之也。

修《上顔先生書》，畧謂：“宋儒學術之誤，實始周子。周子嘗與僧壽涯、道士陳摶往來，其教二程以尋孔、顔樂處，雖依附儒説，而虛中玩弄，寔爲二氏潛移而不之覺。二程承之，遂以其依稀恍惚者，爲窺見性天，爲漢、唐儒者所未及。不知漢、唐儒者原任傳經，其視聖道固散寄於天下也。宋儒於訓詁之外，加以體認性天，遂直居傳道，而於聖道乃南轅而北轍矣。於是變舊章者有八：一、《太極》，乃《參同契》《水火匡廓》、《三五至精》二圖合之，爲丹家修煉之用。《道藏》《眞元品》明載之，《易經》無此也。一、僞傳《河圖》《洛書》。上古圖書，自周驪戎之難已失。而宋之陳摶乃出二圖以誤儒者，遂載《大易》之首。《周易玩辭》曰：‘姚小彭氏謂，今所傳《戴九履一之圖》，乃《易乾鑿度》九宫法。本朝劉牧長民，以爲《河圖》，而又以鄭康成‘大衍’注，生數就成數，依五方圖之，爲《洛書》。僞關子《明洞極經》又兩易之。宜世儒有夔魖罔象之譏也。’一、静坐。《十三經》未有其説，宋儒忽立課程，半日静坐，則幾幾乎蒲團打坐之説矣。一、教人以性爲先，明與聖門‘不可得聞’，‘不可語上’相反矣。一、朱子言：‘古者八歲入小學，教之洒掃、應對、進退之節，禮樂射御書數之文。十五入大學，教之以窮理正心，修已治人之道。’又曰：‘小學學其事，大學明其理。’此前無所承，憑臆創説者也。《内則》歷載學習六藝歲時，《大戴禮》、賈誼皆言：‘小學學小藝，大學學大藝。’蓋禮樂六藝，正格、致、誠、正、修、齊、治、平之事，非二端也。但年有少長，則習有小大耳。今舉其事盡歸之小學，至大學乃專以讀書明理爲務，則遍考三代教法，未之見也。故自居道學，而於學字誤解，以致數百年學術盡誤也。一、曰致良知。《説命》曰：‘知之匪艱，行之維艱。’宋儒則以眞知爲重，言人有眞知，所行自然無失，不能行，衹是不能知。至明，王陽明遂專以爲心源澄澈，諸事可辦，創爲‘致良知’之説。而今之儒者，亦群譏其爲禪矣。一、立道學名。子貢曰：‘賢者識大，不賢者識小，莫不有文武之道。’蓋世無全局負荷之人，則分寄道者必不可少。自朱門立道學名，《宋史》遂專立道學一傳，但取注經講性天者爲道學。而文學如韓歐，以爲浮華；言語如陸賈，以爲捷給；德行如陳寔、司馬光，以爲木强；政事如蕭曹房杜，以爲粗淺。而道學中遂相率爲迂腐無用之學矣。一、立書院。古大小學皆稱學，書院之名，自宋始，是專以讀書爲學矣。”

子堅餽金，專一封上太孺人，供隨意用也。

選《陶淵明集》，題辭曰：“淵明生六朝异端盛行之日，士皆放誕成習，溺談虛空，無復有留意聖道者矣。淵明詩曰：‘羲農去我久，舉世少復眞。汲汲魯中叟，彌縫使其淳。’又曰：‘耕種有時息，行者無問津。’再曰：‘終日馳車走，不見所問津。’全集無一言及於佛、老，可不謂志道者與？觀其將遊廬山，聞東林寺鐘聲，蹙眉而返，則世所傳《三笑蓮社圖》，必佞佛好事之徒爲之也。"

選韓昌黎文,題詞曰:"今學者言大家文,必首昌黎,然昌黎非僅文士也。自佛、老盛行,而昌黎以衛道閑邪爲己任,《原道》一篇,指陳聖道最正。而且作箴省躬,留意經濟,考禮制,講兵機。任州縣,則虔祭祀,去民災;立朝,則敢直言,條陳政事。從宰相平淮西有功,宣撫王廷湊,有才有節。且獎提後進,引人爲善,固唐之柱礎聖道者也。其文之涉干謁及專論詞章者不録,録其有關學問、道德、經濟者若干篇。"

思學者經濟天下,欲窺其大,尤欲切於時。古人治民之政,曰養與教,其計甚詳,其法甚備,今皆蕩然無存。輔相之所聽覽,九卿之所推勘,方伯有司之所經營,惟有錢穀、刑名二端。學者今日,或自用,或佐人,不得格外行事,而思有益於民生者,亦惟在此二端耳。錢穀不擾,用一緩二,亦錢穀之養也。刑名得當,使民森然知有三尺,而不敢蹈於邪,亦刑名之教也。所謂經濟欲窺其大,尤欲切於時者,此也。

鎮江虞龍章問學,曰:"子臣弟友之道,禮樂兵農之學,位應何道,即道其道,才近何學,即學其學。"

毛河右書至,論學,餽所著《樂録》二部。閱之,即謀如杭問樂。

十一月二十五日,啓行如杭,二十六日至。居豐樂橋,拜草堂不遇。次日,草堂來拜,餽之紬一端,墨一櫝。草堂受墨,出所著《書解正誤》,曰:"聖經昭如日星,後儒每滋异説,如言'孔子誓子路',則誣聖;'樊遲粗鄙近利',則誣賢;'活潑潑地'等語,則參佛、老;'無爲而無不爲'等語,則雜老莊。非小失也。故不得已分矯誤聖賢,詮注佛、老二例以正之。"先生曰:"善。願詳覽焉。"約翌日同拜河右而去。二十八日,餘杭孝廉沈曰掄卜子來拜,去,乃往拜河右,并拜其子遠宗姬潢,浙闈同年也。草堂亦至。坐次稱河右辨《太極圖》及《河圖》《洛書》之僞,謝惠《樂書》。河右曰:"司馬遷作《律書》,律吕積數,合之歷數,後人遂誤執,以爲樂不求聲而求數,爭執聚訟,紙上空言,愈繁愈謬。故予今論樂,以實事,不以空言。"先生拜手曰:"塨願學實事,如不棄,敢卜明辰。"河右許之。同草堂回寓,草堂曰:"吾輩爲聖道而辯先儒,不得已也,不可過激而失中,不可剽古人舊論以爲己出,不可刻訾小文小義,此余《正誤》意也。"先生曰:"善。"草堂行。二十九日,姬潢回拜,即投河右午筵刺,已而河右亦回拜,行。先生即往造之,拜求教,河右辭,固拜,河右答拜。展《定聲録》質問,河右言:"樂以聲爲主。"傳宫、商、角、徵、羽五聲法。五聲加二變爲七聲,加四清爲九聲法。合二變以押五聲四清爲七調法。吹簫指授色譜。已邀新安文學姚立方至,登筵。河右曰:"自宋人學術荒謬,徒尚虚談,於今六七百年矣。予少嘗聞劉蕺山講學,後懷宗召問平寇方略,對以舞干羽兩階,殊歎其迂。"先生曰:"聖人之學,原以經濟天下,自宋儒以事功爲末,於孔子料齊、魯之衆寡,則辭而闢之,而學術誤矣。"河右曰:"宋人言:取必於智謀之末,此語亦非。宋人當日所少者,正在智謀。”姬潢曰:“非理之智謀不可有,循理之智謀不可無。‘智者不惑’,‘好謀而成’,聖訓昭然也。”河右曰:“聞顔習齋先生有《存性編》,何謂也?”曰:“宗孟子‘性善’,而辯宋人言‘氣質有惡’也。”日暮,辭退。三十日,回拜卜子。至草堂寓,曰:“紬雖紕,然借手以致尊嚴大人爲衷衣用,非先生所可辭也。”强留之。回拜立方,立方以所著《書經》及《儀禮》相質。回,則草堂紀綱送羞脯四色,受其一。

十二月朔,晨起,望拜家祠,拜母,拜先師畢,即走字河右,求過問樂,河右訂以明午。乃閲《樂録》,不解者識以簽。

柴文學陛升來拜。

初二日,訂《書解正誤》。草堂至,以與河右有約,乃坐草堂於寓,倩觀所訂《正誤》。過河右齋,問樂,拜求教,河右辭,復設筵,曰:“顔習齋好言經濟,恐於存養有缺,存心養性之功不可廢也。”先生曰:“顔先生省心之功甚密,每日習恭數次,所謂‘居處恭’也。置日記以省心,時下一圈,心慊則圈白,否則黑。與王法乾十日一會,規過責善甚嚴。塨亦與其末焉。但其存養欲内外并進,非惺惺恁地之説耳。”河右曰:“予所言者,恐體用有一不全,則世儒議其偏。賢者不觀《大學》乎?《大學》以修身爲本,修身則内而格致誠正,外而修齊治平,無一缺失。”先生曰:“謹受教,適所言内外并進者,正此意也。”乃展《樂録》問樂,河右言九聲加二變,一變宫清爲十二律,旋相爲宫,以立調法。而總以聲爲主,定聲以簫笛爲主。又吹簫指授色譜,復指隔八相生圖,以聲不以數。言七調俱用,七聲不俱用之法。將秉燭,乃拜,謝教,辭出,且拜别。回寓,對草堂飲酒,草堂曰:“顔先生言理氣爲一,理氣亦似微分。”曰:“無分也,孔子曰‘一陰一陽之謂道’,以其流行謂之道,以其有條理謂之理,非氣外别有道理也。”二鼓乃寢。晨起,謂草堂曰:“《周禮》教士以六德、六行、六藝,而實統以禮。孔子言智廉勇藝之才德,而俱文以禮樂。求仁而視聽言動必以禮,孝親以禮,事君以禮,養德制行不出一禮也。約我以禮,齊民以禮,明德親民皆禮也。《周禮》無所不包,而但名《周禮》。吾人修己治人之學,舍是何由?即極神聖,亦不過從心所欲不踰矩,動容周旋中禮,無復奇异。而愚柔之人,苟勉行之,亦非不能爲之事也。”草堂曰:“然。”姬潢來送别,亭午各别去。回拜陛升。河右走伻送所著禮樂經史諸書共二十七種。乃返桐鄉。

學箋,學歌。

簽套文移來商者,答之。

觀秧歌,猶想見古人歌舞遺意,所謂“禮失而求諸野”也。

李恕谷先生年譜·卷三

清苑　馮　辰　　　纂
武進　惲鶴生　　　校
孫　　　鍇　　重修

戊寅　四十歲

儀功如常。元旦，望拜家祠，拜母，拜習齋先生。

學篴。

鼓琴而歌，以寄鄉思。

如杭，以所學樂請教河右，并求作《孝慤墓表》而返。

閲河右《古今通韻》，謂古韻分五均，平、上、去三聲通用，其分四聲，始六朝，非古也。

閲《仲氏易》，思"《易》有太極"節，伸論揲蓍，非以太極生天地萬物如宋儒説也。

著《大學辨業》。

上河右書，曰："自聞樂歸，恍然若頗測其涯涘，尋能歌者問歌法，能樂器者問色譜，以與《樂録》相質對，乃覺元音眞在當前矣。"

作《樂録跋》，曰："塨弱冠聞吾鄉楊椒山學樂於韓苑洛，心慕之，及觀其書而茫然。已而涉獵漢後以迄宋、明諸論樂書，益茫然。於是太息，以爲古樂夐絕乃爾。出而問人，亦無知者，日結於心，不能忘。兩載前，聞杭州毛河右先生知樂，已而至桐鄉，蒙先生賜《樂録》二部，遂於去歲走杭問樂。先生曰：'向之論樂者皆誤也，樂以聲爲主。'歷啜五聲、九聲、七始、十二律之法。受歸，審以己音，按以絲竹，乃知人皆有聲，人聲調之以律，皆可爲樂。而何以論樂者惟籌管數，累黍較尺，主客轇轕，使舉世茫然，自居於瘖啞，以爲古樂不可復？是言衣食者不以口嘗味，身量服，傳聞古聖衣食之制，皆取諸《易》，因爭執《乾》《坤》以爲衣裳，描畫《小過》以爲杵臼。令人惶惑莫解，駭衣食爲神奇而去之，飢且寒相尋以瘐也。豈不异哉！塨獲遇先生，自覺心怡意解，風風乎古樂若在當前矣。惟是先生《樂録》，開二千年之悠謬，以明三代元音，實過苑洛。而塨力學精進，遠遜椒山，是則對《録》而生愧者也。"

河右寄書，曰："以講求古樂一事，千里命駕，已堪駭世。況兩日而業已卒，豈漢、唐後豎儒小生所能到者？直千秋一人而已！弟年七十五，不意遇此奇士，天之所鍾，諒非人事所能矣。"

二月，媒來言吕氏女。子堅具聘金百餘，遣人隨先生入杭，攜媪婆往相之，回言眞處女，乃立婚契。

投受業刺於河右，以學樂臝就也。因問樂，問《易》，問韻，片時毛紙十餘往復。河右札云："聞置如君粧奩，厨傳忩忩如撲火，乃屢賜精義，鏤及豪髮，心如旋床，目如球槅，非天慧密藏，無此靜定也。"

與河右論《易》一節，云："'《易》有太極'一節，先儒舊説，反復思之，不可解。以兩儀爲天地，然八卦之《乾》《坤》，天地也，豈天地生天地乎？一不解也。先儒以太極爲主宰，又有兩儀、四象，則乾坤之上，何容有許多物件？二不解也。《繫詞》曰：'天地設位，而《易》行乎其間。'則從乾坤六子而名之也。乃言'《易》有太極，以生天地'，三不解也。塨從先生解《易》中生一解，今録請教。太極者，大衍之舍一不用者也。崔憬舊有此説。兩儀者，分而爲二，以象兩也。四象者，揲之以四，以象四時也。八卦，則四揲十有八變，以成之者也。大衍之數，遞生八卦，而吉凶以定；趨吉避凶，而大業以生，仍明揲蓍之故也。觀前有興神物以前民用，後有定吉凶莫大乎蓍龜，及《易》有四象所以示也。《繫詞》焉所以告也，定吉凶所以斷也。似是仍闡大衍之數者，統惟教之。"河右復書，曰："年兄此來，助我非淺。舊刻指纇，千秋不蔑，將來諸注，全藉維持，前人所謂附青雲而益顯者，正謂此也。所訊書，病中不能閲，并不能一一裁復。今早，家侄文輝檢及末訊《易・繫》一節，謂此已經改換過，何又訊及？豈前所付《易》，是舊時未改本耶？僕見大驚，急向蒼天叫曰：'天復生此人耶！'《論語》曰：'德不孤，必有鄰。'天既生某，又生是人，必非無謂，吾學從此興矣。昨承過下，深不敢當，今反當自任。馬季常遠不及鄭康成，漢後儒術，非康成不能傳。此事，必藉恕谷爲我大昌明之，非敢僭妄，以爲此爲學，非爲己也。某注《易》成，齋宿告先仲兄，將付梓人。獨於'《易》有太極'節，兩換稿而終不愜意。既而小兒從南昌舟中寄家信來，以爲此一節必是申言揲蓍之意，因幡然大明，急爲改刻。今年兄早見及此，何相契之深也！恕谷觀書如觀水，寓目即駛，而洞若觀火，無纖微不徹。此豈漢後諸儒可比數者！千古學人，惟君與僕矣。"

以吕氏回桐，子堅以先生居署不便，於署傍別賃一樓，院通於署，遂移居於留春樓。爲吕氏加笄，教之向北行望拜禮。

與子堅較射。

自勘生意藹然，雖一草一蟲，不忍踐之。

上河右書，曰："今人辯《尚書》有僞之説，先生既有駁正，此事所關非小，即可行世。閻百詩書未見，姚立方所著略觀之，錢生書則詳觀之，均屬謬誤。今人駁《尚書》不已，因駁《繫詞》，駁《繫詞》不已，因駁《中庸》，不至揚矢周孔不止。此聖道人心之大患，豈能坐視不言？塨亦欲少有辨論，俟録出請教。"

學弦鞉。

録《學易》。

録《學樂》。

宋豫莽自湖州來視，曰："聞顔先生言，先儒主静之功近禪，有之乎？"曰："有。"曰："借静坐以收放心，乃可爲學，非專恃此也，何爲近禪？"曰："先生所謂爲學者，專指讀書乎？"曰："學爲聖賢，豈專在讀書？"曰："半日静坐，半日讀書，所爲乃可爲學之功，是在何時？且静坐固佛門教法，孔孟以前未聞有此事，未聞有此言也。"豫莽默然。

教吕側室以胎教，使讀《女要》。

思虚憍非氣節，氣節不虚憍；苟卑非含容，含容不苟卑。此君子小人之分也。

六月，子堅攝嘉善篆，倩先生同往，理其刑名錢穀事。

九月，返桐。周好生來，餽陸道威《思辨録》，閲之，因記其一節。道威問或人，曰："向曾體驗未發否？"或人曰："如何體驗未發？"曰："某嘗用力於隨事精察，覺有事時得力，無事時便滲漏，遂用力隨時精察。久之，又思隨事隨時皆是外面，若念慮初起時，豈可不用功？乃用力於'慎獨'二字，念慮起滅，皆能自省，凡邪念惡念，便斬斷勿使充長。又思'慎獨'是已發功夫，若未發時如何處置？此時恐是'戒慎不覩，恐懼不聞'二句矣。聞先儒教人，於静中驗喜怒哀樂未發時氣象，乃於夜間閉目危坐，屏除萬慮，以求其所謂中。究之念慮不可屏，一波未平，一波又起。間或一時强制得定，嗒然若忘，以爲此似之矣，然此境有何佳處，而先儒教人爲之？且稍一錯認，不幾入於今之學佛者耶？體驗久之，始悟人心原無息時，不可一槩遏抑，而所云未發者，不過念慮轉接處，毫髮之間，初無一日一時之可計也。子思故言'須臾'二字，又言'戒慎恐懼'四字。以爲吾心之念慮，或有息時，吾心之敬，不容或息，能存之至於夢寐之際皆能自主，乃可。"或人謂："戒慎恐懼即是已發。"曰："試除卻戒慎恐懼，尋一未發。"或人思之不得。曰："得非釋氏所謂不思善，不思惡，還認本來面目者乎？又非玄門所謂不出不入，湛然常住者乎？此處一差，毫釐千里矣。故除卻戒慎恐懼，别尋未發，不是槁木死灰，便是空虚寂滅。"道威此論，甚有體認。自覺從前功力，尚多疎畧。從此無論有事無事，有念無念，皆持以敬，至夢寐之際，亦屬欽明，於聖門修己以敬之功,其庶幾乎?鍇按:此條在先生《南食草》中,從前修譜者未之入。而道威之言,甚可正先儒主靜之誤,先生所謂"自幼爲學,惟戊寅年功頗密"者,即兆於此。故備録之。

思道威言:"頭容一直,四體自中規矩。"閲歷語也。今立課,宜時省頭直不直。

于南溟自廉平寄書至,饋二十金爲先生養母儀,又送玉斗一,玳瑇箸十,受之。請入廣,辭之。

思善引人者,其言半是,從其半而獎掖之;不能容人者,其言半非,即其半而駁折之。

考郊社、禘祫諸禮,乃知《文獻通考》等書皆疎略也。

著《田賦考辨》。

馮樹臣問曰:"朱子以藝爲末,或指粗者言。君子禮樂不斯須去身,立禮成樂,則指精者言也。"曰:"禮樂精粗一貫,不可分也。如心得其中,禮之精也;身勿跛倚,容勿怠肆,禮之粗也。世有身不跛倚,容不怠肆,而心尚未中者,未有跛倚怠肆,而心反中者也。《樂記》曰:'外貌斯須不莊不敬,而易慢之心入之。'則粗者豈輕耶?"又問曰:"游於藝,今注謂博六藝。義理之趣,或不在粗迹也。"曰:"且以射論。人必學射,由淺入深,始得其趣。未有全不學射,而能得射之趣者。後儒高閣六藝,而言博其趣,是不學射而得射之趣也。有是理乎?淵明詩曰:'但得琴中趣,何勞弦上音。'乃清狂高寄之言耳,若以爲學術,則誤甚。"

十二月十二日,先生生子。修書報母。

自勘任道今歲始堅,學功今歲加密。

己卯　四十一歲

儀功如常。

《日譜》每月下,書"小心翼翼"以自課。

思祖德,十餘世誠篤。

閲河右《詩解》,知小序不可廢。

思心不敬則身失矩,中外相應,然有時心敬而身失矩,身不失矩而心放者。故正心、修身,分二事也。

思宋儒解"不違仁"爲"無私欲",未盡也。但私欲不生,不足以言仁也。佛、老亦無私欲,可曰仁乎?存心養性,在於刻刻以敬,所謂"參前倚衡"也,所謂"不顯亦臨,無射亦保"也。

生子彌月,設筵奏樂,以謝子堅。遂辭行。

如杭,別河右,質樂律、田賦諸學。思《定聲録》尚有疑義,以four不當生乙,四字調無乙字也,正與林鐘不生大吕、太簇合。質河右,以爲是。

別草堂,質存養。

回桐，子堅命奴僕隨先生乘糧船北歸。

留書復周好生，曰："教言諄諄，指示程朱之學，但前面言已悉，不必多辨。惟將前哲所言切實者，實見之躬行，勿爲口耳，亦今世罕有人物也。"

與宋豫莽書曰："塨將旋里矣，先生主持斯道甚力，只闢佛一節，已與昌黎并功矣。年高德邵，成己成物，須刻刻有實功，乃爲得也。"

作《留春樓記》，畧曰："留春樓者，予僑桐時所居也。郭子堅宰桐，乙亥招余至，數月而返。丁丑復相招。三使連至。其弟子固亦促余往，遂以孟冬抵桐。子堅念余年四十未立子，爲余客床置副。戊寅於虎林得吕氏女，不憚重貲，遂以二月八日入焉。又謂居署中不便，於署西僦馮孝廉别業樓兩間，别爲院，而通門於署。樓上安床帳，樓下置蘭、菊、黄楊諸雜卉之植盆盂者。北後有室，遣僕男婦居宿供役。頫樓一望，池塘竹樹，皆在襟下。李寧一贈言云：'一簾春色留官署，滿目生機到小樓。'余因題樓曰'留春'而居焉。至十二月，遂産男其中。今拏舟北歸，而所謂留春者，依然在目也。回憶居樓時，予方考禮習樂，三復'小心翼翼'之詩，教下妻以吕新吾《女要》諸書，才過十月，遂立丁男。於'留春'之名，庶無負乎！三月四日記於丹徒舟中。"

前舉唐五聲歌訣問河右，河右云："歌存圖亡，未悉也。"舟路沉吟，恍若有得，乃著《宫調圖》并《七調全圖》，每調有宫、商、角、徵四調，與唐後相傳四十九調、四十八調、二十八調、二十四調，皆可相合也。

思《器色七聲隔八相生圖》，前謂伵生上爲四字調，不用乙，義尚未盡，取竹吹而思之，乃悟正生清，清生正，高低相生之法也。畫《十二律隔八相生旋相爲宫合圖》，畫《器色七聲隔八相生圖》，畫《七聲旋宫圖》，畫《簫色下生上生圖》，畫《五音七聲十二律器色七字爲七調還宫相生全圖》。

自勘内功不密，惕然。乃以陸道威每日敬怠分分數自考。

思係懷民物，而戚戚自累，非也。强解脱之，又非。憂世之志，樂天之誠，并行不悖，必自修己以敬得之。屈原、申生憔悴忠孝而致死者，以無修己以敬之學也。大舜如窮人無所歸，而神完氣固，烈風雷雨弗迷者，以其夔夔齊敬也。敬則精神聚，憂則精神散。

思人常言，心多紛擾，予自勘無之，但不能刻刻振奮耳，故湯誠日新。

或謂聖賢無静坐時與？曰："静坐亦偶有其境，而其功則'居處恭'也。以静坐爲功者，二氏也。"

思向論禮，未能考古準今，今頗知依據。向不知樂，今知樂。向以道心無私欲，今知無私欲不足盡道心，必欽而明。此自戊寅至今所歷者。

接家報，知三弟培入府庠。

至淮安，訪閆百詩，論學。

或問德，曰："今之言德也，與古异矣。《中庸》孔子言三德，曰智、仁、勇，《魯論》并列言者二章。後儒則但言仁德，而以智爲德者少矣，以勇爲德者更少矣。且其訓智、仁、勇也，亦殊未當。智固在察理，而謀略亦智；仁固在去私，而利濟亦仁；勇固在任理，而英武亦勇。古言'智勇天錫，其仁如天'可見也。後儒則指謀畧爲術詭，利濟、英武爲粗豪，致使吾性之德，流於腐小拘攣，其不足以致用也固宜。"或曰："子言謀畧亦智，利濟亦仁，英武亦勇，有徵與？"曰："此非吾言也，臧武仲之智，卞莊子之勇，管仲之無如其仁，非聖言與？乃日讀而如未見，何也？弗思耳。"

讀《詩》，思朱子於《詩經》，叶韻七八，豈三代作詩，專棄正音，惟取改讀耶？必無此人情矣。

閏七月，抵里，拜母，侍母。

往哭奠王法乾。法乾名養粹，蠡之東北泗村人，庠生。幼狂有大志，禁鄉人佞佛。顏習齋先生聞而訪之，遂定交。相勖以聖人爲必可爲，十日一會，立《日記》詳記言行，以相質。每會規過，至面赤汗出，不少假，而交益深。率家人日夙興，朔望行禮，學中率弟子行禮，每散學，必令弟子高聲歌"戰戰兢兢，如臨深淵，如履薄冰"，王子拱立敬聽，乃退。顏先生嘗曰："吾行家禮、學儀，皆始自法乾。其致知少遜我，而力行過之。"及卒，顏先生大慟曰："此後無以爲聖勉我者矣！"

往拜習齋先生，曰："先生倡明聖學，功在萬世，但竊窺向者，束身以斂心功多，養心以範身功少，恐高年於心性更宜力也。"乃以無念有念，無事有事，皆持以敬之功質。先生曰："然。"乃書"小心翼翼，昭事上帝"二語於《日記》首，日三復之。

于南溟陞任應州，來延，先生復書曰："塨曩以老母年邁，不能遠從。客歲，兩接手書，叠承佳貺，今陞任近途，又屢蒙招延，擬即走山後一晤。緣新自浙回，慈闈眷戀，故尚須少遲時日也。塨近於禮樂兵農之學，益潛心考研，而内地翼翼，亦頗可自信，所恃以不愧故人者，此耳。"

八月，入京，吊郭子固祖母喪，返里。

書壁聯云："博學詳説於文，朝乾夕惕以禮。"

閲孝慤《論語講義》，重六藝經濟，知孝慤早已見聖學矣。

王咸休來，問家祠安主禮。答曰："古廟室户在東南，主居西壁。元、明以來，以廟門在南正中，主居北壁，正中南向，此變古而宜者也。如四親，則高室居北中，左南爲曾室，右對曾少退南爲祖室，左北直曾少偏左爲禰室，皆南向，此即古人昭穆廟次。而東西少退，南北少偏者，以古廟有垣障蔽，今室無遮隔，嫌并踞也，相背也。饗時則高祖中堂南向如故，曾西向，祖對曾少南東向，禰直曾西向，此即古昭穆合食之次。而祖位少退者，古昭穆父北子南，故無嫌；今父子東西對，故微避也。"

十一月十四日，叔母卒於蠡城，往理其喪。

庚辰　四十二歲

儀功如常。自勘敬久則弛，敬久則無力，乃知日躋之爲聖。

先生從叔本初翁謂先生曰："尊翁之孝至矣，而弟更難能，世殆無此人也。"

入京會試。

河右寄《春秋毛傳》至，先生上以書曰："自客歲拜别函丈，過淮上，晤閻潛邱，因論及《古文尚書》。塨曰，毛先生有新著云云，潛邱大驚，索閲，示之。潛邱且閲且顧其子曰：'此書乃專難我耶。'塨曰：'求先生終定之。'潛邱强笑曰：'我自言我是耳。'塨曰：'不然，聖經在天壤，原非借之作門户者，况學殖如先生，惟是是從，何論人己？'已而再面，辨析他書甚夥，毫不及《尚書》事，想已屈服矣。途間，思五聲圖訣，似有所得，謹寫出求教。場前晤充有、姬潢二世兄，姬潢曰：'先生望吾子成名，甚於愚昆季，以昌明聖道將賴之也。'及出闈，互相衡文，似可入彀，比揭曉而寂然。然先生勿爲塨介介也，此際塨籌之熟矣。謂仕顯而道可明，塨謂仕顯亦未必能明道也。何者？將直道而行耶，恐方圓齟齬，方救過卸禍之不暇，何道之明！如其與世委蛇耶，則品先靡矣。千載後論學術，先論人品，吾雖有言，只爲虚設。則進而不進，若隱若見，未必非天之留意吾道，而責於愚劣者不輕也。《尚書冤詞》辨博而確，眞可杜惑者之口矣。近之詆《三禮》者又紛如矣，先生尚欲正之乎？但先生辨駁先儒，原非得已，而無知者妄起爭端，或者大呼之下，濟以婉音，亦可乎？"

吴公匪菴請館其府，傳子侄以六藝學，先生許以後期。

晤王源崑繩，論學甚契。

返里，著冠婚諸禮，皆近人易行，不爲繁難。

湯陰朱敬主一來拜，學習六藝，居二旬乃去。

四月，入京，金德純素公來拜，論學。

吴公復請，乃館其府，傳其子闢杰、用楫、侄師栻以數學、樂學。

晤宿遷徐用錫壇長，昔年訪先生於蠡，不值者也。

徐宫詹秉義修《一統志》，問敷淺原，答曰："《水經注》孔安國傳，以爲博陽山是也。山小，下有平原，峢㟴與敷淺義合。若朱子以爲匡阜，則周遭數百里，高入雲端，非敷淺矣。"又問三江，曰："即經文北江、中江、九江也。"徐公稱是。

金素公設筵相邀，是日晤萬斯同季野、胡渭生朏明。

五月，以南溟屢敦促，乃出居庸關，如應州。

南溟商政治。南溟莅政有才,獎之。力辭返里,南溟餽儀,受之。六月抵里。

以子侄將入學,乃著《小學稽業》,自六歲起,至十四歲止,幼儀、書數、樂舞,皆有儀注譜法。

接河右書,曰:"兒子歸,持所貽札,開讀悵然。初顒望極切,然事又如此不如人意,此正無可如何者。來札云,仕顯未必能明道,不如若沉若浮,正天之留意吾道處。恕谷能如此,吾無憾矣。寄來《樂律》一本,則大奇大妙,不謂通人之學,能推廣未備,發攄盡變至此。此道爲千古來第一難事,能涉其藩籬,已誇神絕,況能排闥入室,直窮其奧爾爾。始信杜夔、荀勗尚非雋物,必如吾恕谷者,眞蓋世豪傑也。自先父、先伯兄亡後,此秘亦浸失其傳,故寧府五聲圖記歌訣,乃樂律最吃緊事,而恍惚不能了了,多方推測,一往鶻突,每一念及,輒迷悶欲死。今得恕谷闡發之,千年之秘,爲之一開,實天地造化特鍾其人,以使萬古元音,仍在人間,瞽宗先師,必稱慶地下而世莫知也。老眼睹此,可以含笑入崦嵫矣。《宮調圖》每調分五調,妙絕。《七調全圖》皆有實落,且使歷代謬樂曲調有暗合處,皆歷歷指出,所謂合同而化,非絕世聰明不能至此,奇矣!奇矣!《十二律旋相爲宮隔八相生諸圖》,《器色七聲旋宮相生圖》,俱發天地之房;《五音七聲十二律旋宮相生圖》,俱一理分剖,而盡其變化,坐而言之,起即可行。楊忠愍親見虞舜,吾謂恕谷必親見后夔矣。此非誇言也。第不知尊著《樂録》有多少,其宜先流布者,或刻於南,或刻於北,亦須早定,且示我也。近姚立方作《僞周禮論》,秘不示我,但觀其《總論》,乃紹述宋儒所論,以爲劉歆作。予少就其《總論》中所辨者辨之,名《周禮問》。恨其書不全見,不能全辨,然亦見大槩矣。"

著《六律正五音圖說》。

九月,吴公來請,乃入京。習齋謂曰:"勿染名利。"先生曰:"非敢求名利也,將以有爲也。先生不交時貴,塨不論貴賤,惟其人。先生高尚不出,塨惟道是問,可明則明,可行則行。先生不與鄉人事,塨於地方利弊,可陳於當道,悉陳之。先生一介不取,塨遵孟子'可食則食之',但求歸潔其身,與先生同耳。"習齋首肯。

思學夷、齊易,學孔子難,勿以難而蹶,其君子乎!

王崑繩見《大學辨業》,深是之,因訂共學。

徐壇長欲持《大學辨業》《學樂》呈李撫院光地,先生辭以不可。又言"撫院虚左以望",辭以不敢往。

通州王古修來拜,俠士也。

拜孔主事尚任,論樂。

拜竇檢討克勤,論學。

看胡朏明《易圖明辨》,言太極、先天、《河圖》《洛書》之非。

浙江邵允斯寄贈先生序至，復以書曰："塨前在浙，以文行高古如足下者，未及聞知，可愧也。今鴻章遠賜，謂南方學者，從朱從陸，漫無定見，而於塨盛有稱引，何以克當？然念同受教西河之誼，三千里外命以討論，亦何敢不獻其愚，以求教焉。塨少承先孝慤家學，即欲自立爲一儒者。及弱冠，從顔習齋先生遊。先生言：'聖道至宋儒而歧，其内地功力，皆參雜釋、老，而所謂問學者，又祇誦讀訓詁，迂闊無用，將周孔兵農禮樂之實學，一概略蔑。'教塨力求古聖舊轍，置《日譜》以糾察身心，學禮，學射，學韜鈐，學數，凡古今成敗經濟大端，日夜研究。至於經、史、子、集，皆繙閲之，以爲實行之考証，非務佔畢也。如是者幾至四十，以樂無傳，入浙拜河右先生問樂，因從而學焉。且聞先生言，太極、先天，本於釋、老，以及儒者欲以干羽平賊諸謬，而於素所言宋儒之體用，俱與聖人异者，益信。又得賜觀其駁正《易》《詩》《書》《春秋》《禮》諸經謬解，而經學頗進。已而得陸桴亭書，見其言'戒慎恐懼'之功甚正，與佛氏所謂明心見性者，較若黑白。於是無動無静，咸以'小心翼翼'自持，而存養之功亦稍進。然而體道之功，愈進而見其難，無一地可間，無一時可間，一疎一密，即多出入。前途惴惴，不知躋落如何。且論學直宗周孔，以待來者，將世所傳程朱陸王之岐途，欲從而改正焉。世人聞之，大驚小怪，恐非綿力所能搘撐。今足下卓然有志於斯道，而又不爲前儒迷霧所障，乞便中嚴賜教訓，使塨得所折衷焉，則幸甚矣。"

吴次張言："不愧衾影甚難。"先生曰："勿言不愧，且求先愧，時時内省，有過恧然汗下，斷以改復，久之自得不愧。今人寢興，懵然頽然，不知有愧，何由得不愧？"

上河右書，録《六律正五音圖》求正，并問郊社及經義。河右答書，盛稱先生英儁，槩世一人，且言已鐫《學樂》二卷入其《西河合集》内。

謂素公曰："予向入京，不先見貴顯，今爲明道計，其賢而樂延訪者，或先或後，不拘。然枉己狥名，則不爲也。孔孟俱見諸侯，而召見則不見，義各有在也。"

季野謂先生曰："先儒訓學各异，予謂祇是讀書耳。"先生不答，知其有纂輯《禮書》，叩之，季野言禘及宗廟制甚析。又言隸即楷書，非八分也。

與素公言："經濟首在復學校、選舉，以有人材乃有政事也。"

寧波毛孝章來訪，論學術，其師潘平格言："朱子誤於老，陸子誤於釋。"

聽孔東塘歌《大成樂》，先生辨黄鐘爲徵之誤。

思古"學問"二字相連，今人不好學，尤不好問。予每交一人，必求盡其長，勉於問也。

博將軍問亭延先生問格物，告之。

十月，僕來，言從侄振鋭前月十八日逝。哭之，查《禮》，功緦一不食，二不食，殯而從政，飲酒食肉，不與人樂。

静菴言學須結果，先生曰："湯豈無結果者？而《詩》曰'聖敬日躋'，即日新又新也。純粹之體，學習之事，須日有新境，若袛如故，即易退墮矣。”

著《宗廟考辨》。

著《士相見禮》。

同東塘考文武舞儀。

與靜菴論朔望禮、祭禮，以其家行禮也。

崑繩談治術，勃然，先生語以沉深。

著《禘祫考辨》《郊社考辨》。

拜王公顓庵，以其知庚午科。先生往拜不入，引過責閽者也。

過季野講會，以其屢邀也。講三代以及元、明制度，如選舉、賦税各項，并漕運及二洪泇河水道。

東塘言，劉綽然屢訪先生，未得見，乃同往親之。

河南常部郎鉉禑來拜。

都門李天柱丹崖來拜。

約會崑繩於曹乾齋宅，崑繩言：“習齋之學，直接周孔。”

十一月二十日，叔母及振鋭侄葬期也，報來遲，不能會葬，乃促裝歸。

徐果亭、胡朏明、竇靜菴、萬季野、王崑繩皆來送別，共坐，先生視靜菴容更爲修謹，此有德者之驗也。

晤王尚書士禛，問格物，問《詩經》，答之。

崑繩與先生同榻，中夜呼先生寤，曰：“吾自少聞道學言，不慊，乃學經濟，無所用，學古文，自謂必傳於世。近聞吾子言顔先生學，又知文詞亦屬枝葉，非所以安身立命也。吾受業習齋决矣。”

吴公送行詩曰：“昨宵燈火動歸思，今見歸裝信有期。每望白雲依子舍，漫開絳帳滯經師。寒風獵獵狂途急，短褐毵毵海宇知。聞説閨門多内行，和鳴應遶鳳凰枝。入門家室好團圞，可憶離群起浩歎。舌本從教三日强，牙籤轉惜一燈寒。《禮經》聚訟牴牾久，《易》入《参同》辨論難。遲爾春風開絕學，隱然名已動長安。”

旋里，哭奠叔母及侄振鋭墓，告叔母服闋。

聞子固卒，驚怛，以逼除不得入京，望北痛哭。後爲立傳，曰：“御史本張姓，父盡忠，後於旗郭翁顯名，因郭姓。盡忠仕至吏部文選司主事，有能名，早世。二子，長金湯，次即御史，顯名撫之成立，延師課讀甚嚴。及長，力學。康熙二十一年，由藍旗官學生試特等，授内閣中書。朝廷親試《翻竹賦》，又考《學校論》及奏疏，皆居一等，陞刑部員外郎。精練刑名，十四司稿皆倚定。每决讞，再四欷歔，全活人甚衆。有謝者，令閽者勿納，曰：‘而本無罪,非庇汝也。'人感泣去,有繪象祀於家者。龍江關榷税清謹,晋兵部郎中,旋擢御史,巡城。不察察而吏畏其明,不敢欺。都御史王士禎,命諸御史具一稿,屢易不當。最後人推御史,立削草,士禎連呼曰:'老吏! 老吏!'疏奏請禁提鎮遺本薦人,謂:'薦賢自人臣分,顧平素何不言,而專待彌留時? 且相沿遺本無不薦人者,安知非奸胥子弟冒爲之?'又疏請裁冗員,謂:'今設官太多,如内而六部司官,都察院僉都以下,至中書行人等衙門,與外而分守、分巡諸道,率無事,坐縻廪禄。'奏上,行之。時方嗜進,謂裁一官,則少一仕進階,由是怨聲詈指溢道路。然御史方以是爲嚆矢,謂:'牧馬者衆,馬益瘦。六部堂官各六人,外則督撫重壓於上,皆宜減罷,吏治乃可清。'又謂:'政事不理,由人才衰;人才敗,由八比取士。宜復古鄉舉里選法,以德行禮樂興人才,天下庶可治。'乃躊躇咨嗟,未遑建白,而年不逮矣。事養祖母孝,祖母老,素事佛,婉諫卒改焉。兄性頗急,每怒,必笑容霽之,委曲得其歡心。而兄亦友,嘗宦於南,每念御史,未嘗不垂泣也。御史少好讀書,能詩,及與蠡縣李塨遊,塨曰:'聖學在禮樂兵農,詩文非學也。'出顔習齋《存學編》使觀,御史立起,願私淑習齋,從此謝筆墨,講求天文、地利、兵農、射御等學。善騎射,在龍江關,總督傅臘嗒與較射,一中五十貫,須臾獲進數車,盡散與從人觀者而回。偕塨遊西山,傳馬射法,置氈帽地,策馬射無不中,中即帽颺起等身,其巧如此。性高冷,不輕可人,然沉默謙忍,待戚黨尊屬,窮窮然如弟子,賓客見不知其爲官也。頗嗜黄老言,謂塨曰:'君輩惡惡,嚴不和。'塨曰:'喜怒中節,皆曰和。不惡惡,玩世耳,非和也。'每公事退,蒔花灌水,適適然曰:'藉以存吾心也。'塨曰:'寄心花木,無花木,心安寄? 欲求放心,其戒慎恐懼乎。'御史然之。仕絕苞苴,家人親友勸以通,或至呵責之。遜謝曰:'吾才不能致阿堵,非敢潔也。'終不變。一日,遇尚書甲於塗,曰:'君掃迹不請謁人,何也?'曰:'公事有公地,私無事奚謁?'尚書婉諭曰:'時如此,無執。'曰:'時如此時,某人如此人也。'甲默然。卒之日,囊錢不滿百,敝衣布襪以斂。都憲李柟,倡闔院曰:'郭御史貧無以窆,不可不助。'共醵金百餘兩賻焉。御史名金城,字子固,年四十一。三子。"

辛巳　四十三歲

儀功如常。課勿隘,勿躁急,勿伐善施勞,御内撫幼勿不莊。"小心翼翼,昭事上帝。"

如京,哭奠郭子固,大慟。

十六日病,司寇公親調藥餌,徐少宰來視。

晤許侍郎汝霖,言曾拜先生,不值,因與論學。

赴東塘筵,同陳心簡、萬季野、吴敬菴、曹正子、陳健夫、邢偉人分韻賦詩。先生詩寓意,諷東塘罷官宜歸。

二月,定日習恭一次。

又病,三日不食。司寇日來牀前問視,命從具養疾物甚備。次張兄弟,輪次來視。

思朱子學問三變,初習禪,中章句,晚又依違釋、老。

著《人論》《養生論》《闢佛論》,病卧,口授人録出。吴公見之曰:"先生沉病,而神識清定如此,四德根心深矣。"

王太倉及王公阮亭、許公時庵俱索先生著。

三原員從雲震生來拜,問學。

劉翰林巖來拜。

思聞過甚有益,聞過則氣沉,則心細。

河右書至,言琴,言舞,言禘祫、郊社,蠅頭細書,數萬言,詳博之甚。喜其健。

司寇訂《大學辨業》,訂《論學》,曰:"六藝必宜復,不則天下必無强立之日。"

吴司寇、徐少宰每在朝端語諸公卿曰:"今有李恕谷者,學山文海,源源本本,不世之人也。"至是捐俸,爲先生刊《大學辨業》《聖經學規纂》《論學》。

季野叔行,在史館纂修,爲河右所折,嗛之。季野見先生所作《河右全集叙》,不悦,故與先生雖屢過從,猶格格有退言。及將刊《大學辨業》,念季野負重名,必須一質,合則歸一,不合則當面剖辨,以定是非。乃持往求正,踰數日,復晤,季野下拜曰:"先生負聖學正傳,某慚與先生識,久爲所包,不知先生。某少受學於黄梨洲先生,講宋、明儒者緒言。後聞一潘先生論學,謂'陸釋朱羽',憬然於心。既而黄先生大怒,同學競起攻之,某遂置學不講,曰:'予惟窮經而已。'以故忽忽誦讀者五六十年。今得見先生,乃知聖道自有正塗也。"乃爲《大學辨業》作序曰:"《大學》一書,見於戴氏之《禮記》,非泛言學也,乃原大學教人之法,使人實事於明親之道焉爾。其法維何?即所謂物也。其物維何?《周官·大司徒》之三物是也。周先王設黨庠術序,皆以此爲教。故族師月書,黨正季書,州長歲考,鄉大夫則三歲大比,以興賢能,而大司徒即以賓興之典舉之。當是時,上無异教,下無异學,其爲法易施,其爲事易行也。降及春秋,世教漸微,而《大學》三物之法,或幾乎衰矣。然教雖衰,其成規未嘗不在,固人人之所共知。此作《大學》書者,所以約其旨於格物,以見三物,既造其至,則知無不致,而誠正、修齊、治平之事,可由此一以貫之矣。後之儒者,不知物爲《大學》之三物,或以爲窮理,或以爲正事,或以爲扞格外誘,或以爲格通人我,紛紛之論,雖析之極精,終無當於《大學》之正訓。非失之於泛濫,則失之凌躐,將古庠序教人之成法,當時初學盡知者,索之渺茫之域,而終不得其指歸。使有志於明親者,究苦於無所從入,則以不知物之即三物也。蠡吾恕谷李子,示予《大學辨業》一編。其言物,謂即《大司徒》之三物;言格物,即學習禮樂射御書數之物。予讀之,擊節稱是,且歎其得古人失傳之旨,而卓識深詣,爲不可及也。夫古人之立教,未有不該體用合内外者,有六德、六行以立其體,六藝以致其用,則内之可以治己,外之可以治人,明德以此,親民以此,斯之謂大人之學。而先王以之造士者,即以之取士。其詳見於《周禮》,其法實可推行於萬世。惜乎後之儒者不知也。獨程子謂:‘《大學》之書,古之大學所以教人之法。’而朱子引之。夫既知爲大學教人之法,何不即以三物之教釋之,而乃指之爲窮理?夫言學習三物,則窮理在其中。但言窮理,則學習三物或未實矣。李子本其躬行者,著爲是編,乃述古人之成法,非刱爲异塗以駭人,而格物之正訓實不外此。天下事固有前人不能知,而後人反知之者,不可謂後人之説异乎前儒,而驚疑之也。至妄者更疑《周禮》三物賓興之説,亦未可信。然則,古之教士、取士將無法乎?若曰有法,是時《五經》未著,文墨未興,試問非三物而何法乎?此予於《辨業》一編,所以三復而不能自已也。”

湖州溫睿臨來拜,贈以《論學》。

許時庵司空請筵,問格物之旨。時庵論許酉山、魏子相之賢,又言吕晚村之庸妄,世無選時文而可言道學者。

周嶧崑來拜,問學。

閲《明史·魯鄭卿傳》,謂陽明學術之差,皆始於周子“主静”一語,嘆其卓見。

江南朱直崗、餘姚韓文萃來拜,問學。

四月,會葬子固。

爲司寇言知止善。後之季野講會,衆拈郊社,季野向衆揖先生曰:“此李恕谷先生也,負聖學正傳,非予所敢望。今且後言郊社,請先講李先生學,以爲求道者路。”因將《大學辨業》所論格物之義,高聲宣示,曰:“此眞聖學宗旨,諸君有志無自外。”因延先生登座,同講郊社。先生辭謝去。

五月,返里。

同學二十餘人約十日一會,求先生講《中庸》。陳叡庵以先生所講録成卷,爲《恕谷中庸講語》。

聞于南溟逝,爲之淚下。

漢軍王漢臣來拜,問律吕,答之,渠甚解。問律何以止十二?曰:“以七調頂高,則復返初律也。”

吴司寇字來,請入都。

九月十一日,太孺人初度,河間白進士祝詩有曰:“有子已成天下士,無人不羡女中師。”

先生每遇事有坎坷,則曰:“必不德所致。”倍加敬謹。

與習齋習禮三度。

十月,入都,視于太翁疾,吊南溟喪。

寓公度宅。

董載臣來拜,論學,先生曰:"君捨道學之迂腐,而冀輕俠之妄動,蔑不敗矣。"遠之。

晤劉石渠,論天文。

崑來憂貧,先生告以洗名士清客之習,惡食惡衣,皆能安之,乃爲豪傑。

季野與先生論經史,季野曰:"夾室并廟室皆南向,故《顧命》西夾南向敷席。"先生曰:"夾室東西向,非南向,《爾雅》'東西廂'是也。公食大夫禮,宰東夾北西面。使并廟而向南,宰何爲立廟後乎? 立廟後,何以至東序,授醯醬薦豆乎?"季野又言:"晋立《古文尚書》不可廢。"先生曰:"《古文尚書》自漢孔安國送官府,至晋,中秘尚存,惟無《傳》。東晋梅頤始得安國《傳》,奏之,非獻《古文尚書》也。謂《古文尚書》已亡,而晋僞爲者,誤也;即謂晋復出者,亦誤也。"季野曰:"何見?"曰:"見《隋書》。"論及聲韻,先生曰:"古無四聲,有之,始齊周顒。古惟分宫商五均,不分平上四聲。"季野憮然,曰:"吾何以未考也? 將歸檢之。"次日,復晤,笑而攜手曰:"俱如先生言。天下惟先生與下走耳,閻百詩、洪去蕪未爲多也。"時季野修《明史》,紀、傳成,表、志未竣,因言於王尚書鴻緒,來拜,且請筵,謀延先生館其府,同修《明史》,先生辭。

吊哭于名世。

溫鄰翼送紙,刷《大學辨業》,自此摹《辨業》《論學》者沓至。

語崑繩以吾儒心性持敬之功,與佛、老迥殊。崑繩大悦。

晤陳掌垣詵,問井田及律吕,答之。

崑繩請學禮,先生曰:"禮一,而分有四:有心禮,致中齊明是也;有身禮,非禮勿視聽言動是也;有隨時而行之禮,冠、婚、喪、祭、士相見是也;有待用而行之禮,朝廟、宫府、軍禡是也。吾子其漸次考焉。"

黄叔琳崐圃請筵,抄先生所著《郊社》《宗廟》等書。

代州馮鑾敬南來拜,問學。

晤睢州吴學顥子純,論學。

拜楊仁澍,仁澍扶病出,問學,答之。仁澍出其擬《獻太平十二策》,内有合兵民、復選舉二則,可取。

江西梁盼質人來拜,言陝西三邊形勢。

崑來言,索克果亭翌日來拜,先生托之力辭,且避之綽然齋。翌日昧旦,果亭出城,投刺公度宅,又尋至綽然齋。入門即拜,先生惶遽答之。有所問,先生辭謝不知。

調停南溟家事。

回拜果亭，又求言，辭以無知。固求，曰："君國戚而貧，可賀也，宜退靜，勿躁進。"

馮敬南請先生及諸名士論學，先生曰："人受天地之中以生，必有仁義禮知之性。性見於行，則子臣弟友；行實以事，則禮樂兵農。子臣弟友之不可解者爲仁，有裁制爲義，辨是非爲知，其品節文爲則爲禮，鼓歌其禮則爲樂。兵所以衛父兄君友者也，農所以養父兄君友者也。苟失其仁義禮智，不可以言子臣弟友矣，不可以言禮樂兵農矣；不盡子臣弟友，喪其仁義禮知矣，亦喪其禮樂兵農矣。然使無禮樂兵農，亦安見所謂仁義禮知哉？亦安盡子臣弟友之職哉？三者由内而外，一物也。《周禮》教民，一曰六德，有聖忠和，猶是四德而分其名也；一曰六行，内有婣睦與恤，五倫所推及也；一曰六藝，及於射御書數，又禮樂兵農之分件也。而統名之曰三物。《魯論》之'文行忠信'，文即禮樂兵農也，行則子臣弟友也，忠信則仁義禮智也。《中庸》'天命之性'，仁義禮知也；'率性之道'，子臣弟友也；'修道之教'，禮樂兵農也。博文以此，約禮以此，若外此而别有逕途，則异端曲學，烏可訓哉！"敬南及季野、崑繩、鄭翼皆曰："然。道誠在是矣。"

會葬南溟。

與崑繩書曰："塨滯都門，實非所樂，兼之顔先生年邁無與見，則促以歸里。然尚未能者，以今世如李中孚、竇靜菴，皆卓成一孝弟忠信之人。夫孝弟忠信，不出户庭而可爲矣。如塨者竊不自揣，志欲行道，如不能行，則繼往開來，責難謝焉。當此去聖既遠，路岔論厖，非遍質當代夙學，恐所見猶涉偏固，不足閑道。又挽世警衆，必在通衢，僻谷引吭，其誰聞之？今四方君子，考証亦有人矣，高明如吾兄，亦深歎此學以爲是矣。極思歸里，聚樂家庭，但以吾兄之曠世奇偉而篤信正學，則體之於身，倡明之於人，所望於有道者非淺鮮也。"

歸里，往見習齋，商出處。

壬午　四十四歲

儀功如常。

卻浮文，遠虚名。

元旦，覺心竦敬。

習射，習篴。

自勘近夢不清，必心不敬也。卧用敬功，夢遂清。乃知靜而無事無念之時，實非精力不能持。

安平可默、王傑期來拜，問學，因問："宋人言，周不改夏時月，然乎？"先生曰："非也。《春秋》載'春正月無冰'、'二月無冰'，此夏十一月、十二月也。若夏春正、二月無冰，曷异乎？'春王正月日南至'、'二月日南至'，亦夏十一月、十二月也。若夏寅、卯月有日至乎？宋人并不閲經，可怪也。"

往見習齋，習齋曰："吾素可子沉静淡默，而此見微有浮驕之氣，宜細勘改之。"先生竦然。

肅寧王紹先聘館其家，其兄陶陽子業豐、業彪從遊。

奉母及五弟壏、子隆官往館，命家人凡勞勿令母親。一日，見母不懌，問之，言思壏之二子，且言米鹽欲自主。乃將米麵鹽菜，盡移母室。稟俟壏婦歸寧返，使攜息來居。呼二下妻皆在母室作女紅，以供色笑。教隆官歌舞母前。

令三弟培、四弟埈皆來館讀書。

書壁曰："坐如尸，坐時習也；立如齊，立時習也；周旋中規，折旋中矩，趨以采薺，行以肆夏，行時習也；寢不尸，寢時習也。皆習禮也。"

爲陶陽言："人不能刑妻，必不能齊家。婦人不孝不睦，必己之孝友不純。"

思孔門直以弦歌爲學道，則禮樂爲學爲道明矣。

思與子固友有四：道德，事功，心腹，通財。一不可忘，况四歟！

陶陽秋試，請先生同入京。聞萬季野卒，往哭之，柩已行矣。季野諱斯同。鄞人。父兄以文學世家。季野讀書，過目輒不忘，尤熟《廿一史》及明代典故。徐尚書乾學聘入京修《明史》。已，乾學去位，王尚書鴻緒主之。當是時，朝廷平三藩後，向辭學，公卿從風靡，讀書名士，競會都門，季野以博淹彊記爲之冠。開講會，皆顯官主供張，翰林、部郎、處士，率四五十人環坐，聽季野講宫闕、地理、倉庫、河渠、水利、選舉、賦役、朝儀、兵刑諸項，不繙書，每講一事，口如瓶注。溫睿臨《札記》："何代，何地，何人，年月日事起訖，豪釐不失也。"後聞先生學，篤服焉，深相結。

會藺佳進行上。

黄陂秦心菴、蒙古李景仁、杭州邵時昌，皆來拜，問學。

三原溫德裕來拜，與之論學。

晤學院楊名時賓實，論學。

蘇州黄曰瑚宗夏來拜，問學。

馮瓆衡南延會諸友，論學。

與竇静庵書，曰："夏初先生來札，諭以歸田，謂尚有待也。七月入都，則已飄然遠引矣。鴻飛冥冥，弋者何慕！先生前贈塨以四字，曰'主敬循禮'。塨以爲千聖百王之心法，不外此矣。主敬者，'小心翼翼，昭事上帝'也。小心，即敬也；翼翼，進而不已也，所謂日躋也。昭事者，明事也，明明德以事天也。惟敬則進則明，惟日進而明，乃見其敬。循禮者，克己復禮也，約之以禮也。細而日用起居，大而兵農禮樂，無一非禮，瞬有考，時有課，日有行，乃謂之循。然二事實一事，以禮治内，則爲主敬，以敬範外，則爲循禮。終日乾乾夕惕，若外此，無餘功矣。彼静坐、頓悟、章句、口耳，則吾儒之岐途也。不知與先生見教之意仰合焉否也。"

歸里。

思舍己從人，確乎不拔，二者兼之，其善乎。

周崑來向擬執贄先生，先生辭曰："願與子同學於習齋。"至是，來鄉价先生入楊村，拜習齋從學。

餽崑來斧資、《大學辨業》《學規纂》，送之南行，囑以慎交，勿爲書生所誤。

爲位哭奠季野。

自勘短於教人，不長養之，乃摧折之，躁之過也。

思存理之功，多於遏欲，臨波之築易潰，先時之防可堅也。

思言人過，不獎借人，高伉，躁，已之四病；不能循循善誘，量不宏，己之兩短。病宜去，短宜勉之。

王天佑至自河南，言朱主一以去歲逝。哭之。主一名敬。明之枝屬，孝友，從事聖學甚力。

思敬當濟以和，禮樂之道也。

教諸弟以孝慤醇德，嗚咽不能語。

十一月，側室吕氏生次子習中。

癸未　四十五歲

儀功如常。

巡撫李公光地以朝廷問學問人，因薦先生。或以告，先生謝之曰："安有此事。"

聞顔先生病，往視之，餽養老儀。

命四弟埈、姪大蓮入學。

正月盡，抵京，吴少宰公言李中丞薦事，先生曰："迂拙非其人也，閣下善爲我辭焉。"

有人密邀，列名士單於棘圍，來尋先生，不見。

吴少宰將點總裁，索先生新藝觀之，先生辭以禮當避嫌，不與。

入場，主考有尋先生文者，以無關節不可得。

馮欽南會王崑繩、吴子淳、梁質人、李蔭長、溫鄰翼、黄宗夏、劉綽然、毛充有、毛姬潢、李中牟、朱字緑、許不棄、倪唐際、張百始、宋若愚、陳正心，列肆筵，推先生講學，先生隨問有答。

徐壇長，李中丞幕客也，囑以善辭中丞。

崑繩延先生與金陵方苞靈皋論學。靈皋，尊程朱者也。聞先生言，歎服。然囑議論宜平，先生謝之。

宗夏言："朱字録見《大學辨業》，抵掌稱是。"崑繩曰："此昔年聞聲而詈爲异端者，今乃服乎，可見人心有同然也。"

溫益修請先生會同人於秦中會館，論學。或論及多讀，先生曰："爲學先立品制行，以圖經濟。徒事學問博洽，非學也。"衆散，宗夏、欽南依依不忍別，又隨先生至寓，論學乃去。

宗夏問："吴、楚、宋無風，孔子刪歟？"曰："非也。吴、楚荒服，采風之使不及也。宋，周客也，亦不采風。季札聽周樂，即無三國，可見也。"

孫子未本姓李，請與先生通昆弟好，許之。

宗夏看《恕谷中庸講語》，奮然以聖賢爲可爲。曰："吾向以二氏爲根，今拔去矣。"立《日譜》，先生獎之。

周伯章問學，以三物之學告之。宗夏録習齋及先生語，爲《代紳編》。先生曰："君鋭然爲學，稱者固有，訕笑者亦不乏。必確乎不拔，乃能有成。但不可先有稜稜違衆之意，自取不合耳。"

都門劉石村、三原李輯五俱來拜，問學。

語宗夏以知人。崑繩曰："識人情物理，乃眞經濟也。"

敬南曰："程子言'進學在致知'，吾謂致知在進學。"先生曰："善哉。宋人學術之岐以此。"鍇按：《大學》"致知在格物"，格物即學也，不學何知焉？

宗夏求師先生，价崑繩下拜，先生曰："世有起而力聖道者，是吾之師也。吾何師焉？"亦下拜。

富平陳四如子章來拜。

黄崑圃問禫禮，答之。

問歷數於馮敬南，與共考封建及分野法，知星官分野，不可信也。

崑繩仿先生《日譜》立《省身録》，先生與之書曰："接華翰，言欲仿《日譜》，格以自省策，不負所生，不負聖賢，爲之竦然起立。吾兄眞振古豪傑也。然聞宗夏云，恐立譜有礙者，是固斷斷無慮也。以爲日省，則無心之過將叢耶，是則眞君子矣。天下惟君子日在過中，而小人僩然自以爲無過也。以爲誠篤難行於晚近耶，則從古但聞不誠不能動物，未聞誠不能動物也。且忠信篤敬，隨在可行，孔子有明注矣。質直好義，察言觀色，慮以下人，既肫厚，又機神，既坦直，又委曲。聖賢英雄，原是一人，絕非後世迂闊腐儒所得假冒也。"

題宗夏《日譜》云："自省嚴密，令予生畏。然心當敬，不當苦，須有蕩蕩自得之意，不然恐束濕難久也。'昊天曰明，及爾出王。昊天曰旦，及爾遊衍。'一何嚴也；'仰不愧，俯不怍。'又何樂也！"宗夏曰："後學早求自得，恐墮於放。且以嚴厲從事何如？"先生起揖曰：

“君果有志者矣。”

四弟埈補府庠生。

劉綽然請先生會諸友，論學。

睢州孔興泰林宗來拜，知其精歷數，問之。林宗餽《大測精義》。

查靈佑宫《道藏》，《上方大洞眞元品》果載《太極先天圖》，益知河右之辨，草堂之論，信而有徵。乃宋儒甘受异端之誤，以誤天下後世，何也？

少司農王公紳請筵，問祭禮，答之。

馮欽南問四聲，先生答之，曰：“古無四聲之説，即字之比於歌者，亦不必同聲。故《鶡冠子》曰：‘五均不同聲。’謂宫、商、角、徵、羽之五均，其中聲各不同也。如《賡歌》：‘元首明哉，股肱良哉。’明、良聲不同，同爲宫。《範訓》：‘無偏無頗，遵王之義。’謡詞：‘于思于思，棄甲復來。’頗、義、思、來，聲不同，同爲徵。里語：‘竊鈎者誅，竊國者侯。’筮詞：‘不利興師，敗於宗邱。’誅、侯、師、邱，聲不同，同爲角。古韻如此，不可枚舉。暨魏李登，始取聲之同者，而分類之，名曰《聲類》，如東、鐘爲一類，支、齊爲一類，然猶無四聲也。及齊周顒，著《四聲切韻》，而梁沈約效之，有《四聲類譜》之作。然後一韻之中，又分四聲。當時，其説初行，即梁武猶疑之曰：‘何爲四聲？’周捨曰：‘天子聖哲是也。’至隋時，陸詞作《四聲切韻類譜》，則合周顒《四聲》、李登《聲類》統爲一書。唐以詩賦取士，謂拘限之説，可以難之也，孫愐等稍爲增訂，名《切韻》，又稱《官韻》。迄宋，有《廣韻》《集韻》等書。至理宋朝，平水劉淵定爲《韻本》，頒行於淳佑壬子，名《壬子新刊禮部韻畧》，今世所用者是也。而世共指以爲沈約韻，誤矣。元熊忠明、郭正域書，明載之，沈約韻已亡。三代迄漢，無所謂今韻，即晋魏以後，迄於六季，其拘《聲類》者十之七，拘《四聲》者十之八，而至拘《切韻》，則十不得一。今查六朝詩文，無分東、冬、支、微者，若冬，又分鍾，支又分脂，則六朝至唐後，并無遵之者。且唐人除取士應制，律詩律賦外，仍用古韻，觀昌黎諸公文集可見。無何至宋，盡失故轍，朱子注經，竟取吴棫《音韻補》杜撰之言爲依據，以後人《四聲》《聲類》，上繩古人，將《詩》《易》本字，皆改讀爲叶。是舉趙武靈王之變服，衣堯舜禹湯也。至今世，竟有以叶音作正讀，反謂正讀爲非者，如呼‘天下’爲‘汀户’，‘夫婦’爲‘夫缶’，‘佳人’爲‘皆人’，‘圖畫’爲‘圖怪’，怪之怪矣。東、冬、江、陽、庚、青、蒸七韻，古皆爲宫，以其韻皆反喉入鼻也。陽、庚、青、蒸，少侵齶噚，又爲變宫。眞、文、元、寒、删、先，皆爲商，以收字必以舌抵上噚也。魚、虞、歌、麻、蕭、肴、豪、尤，皆爲角，以懸舌向噚也。支、微、齊、佳、灰，皆爲徵，以音銜唇接齒也。而魚、虞、歌、麻、尤，又爲變徵，以舌雖中懸，而梢出向齒也。侵、覃、鹽、咸，皆爲羽，以讀字訖一闔唇也。見鄭庠《古韻辨》。至毛西河《古今通韻考》，甚備悉。東、冬、陽通用者，如《易・師卦》‘懷萬邦’也，‘大無功’也，‘未失常’也，‘以中行’也；《詩》‘維水泱泱，福禄攸同,保其家邦’。東、冬、江通用者,如《阿童謠》‘阿童復阿童,銜刀浮度江’。東、冬、庚、青、蒸通用者,如《古詞》‘狗吠深宫中,天下方太平,璧玉爲軒堂’;《九歌》‘身既死兮神以靈,魂魄毅兮爲鬼雄’。七韻并用者,如昌黎《此日足可惜詩》‘左右泣僕童,會合安可逢。浩浩觀湖江,惝怳難爲雙。此酒不足嘗,列坐於中堂。聞子適及城,相拜送於庭’。且平、上、去三聲,古人通用,如《易》‘往得衆’也,‘乃得中’也;《詩》‘何以穿我墉,何以速我訟’,‘謀臧不從,不臧覆用’;柳宗元《示民詩》‘乃器與用,乃貨與通’。若今入聲十七韻,則古皆通用,如《參同契》,如傅遐《皇初頌》,昌黎《樊宗師墓銘》,其類甚多,難以枚舉。”

三月歸里。

二弟壎婦張氏卒,先生大慟,爲立家傳曰:“弟婦張氏,蠡之藺家庄人。事舅姑孝,順於夫,二弟或以事詬督,未嘗聞其一反脣也。娣姒或有言笑,而不辯。予嘗館於外,家政付二弟,内則張氏持之。夙興率家人操作,不少諉。予館歸,解裝盡付二弟,貯其室,金幣皆由出入,夫婦無一私用者。張氏娶時衣,遭祲歲,予命同予妻馬氏禮服,斥賣易米。及後爲諸少弟娶,皆有新衣飾。張氏著大布,同諸少弟婦,時節升堂,拜禮供祀,無一芥蒂意見於辭色。後予在浙賣綢緞卻寄奉母,餘令妻與二弟婦各製一襲,張氏置所與於笥,終不製。至今歲癸未,倉猝病革,遂衣常著衣而去。嗚呼,慟矣!其母,族姑也,嘗來余家,見予亡妻王氏婉嫕有婦行,歸愀然語其女曰:‘恐而未得與王家媛班也。’其善誨如此。嗚呼,賢所由來矣。”

陳叡菴爲《日記》,求先生評,喜之,奬其孝友。

輯《小學數學》。

命叡菴、益溪習士相見禮。益溪,培字也。

習數。方田大矣,差分均輸精矣,方程變矣,勾股遠矣。數者,《易》之象也。

謂益溪曰:“子向於吾,有聽受而無辨難,不知子之所得若何,而於我無益。故昨與子言,吾有過,無論見之眞與不眞,務盡其説。今子果慨然有所敷陳,甚善。但子方志學,辨之未明,不可不與子明剖焉。謂余好讀作損精神,此顔先生之言,而子本之。蓋後世之學,學習事少,繙閱事多,自幼爲之,長未能脱。吾人精力有幾,可擲之蠹紙渝墨中耶?且坐讀久,則體漸柔,漸畏事事,將蹈宋、明書生覆轍。先生之誨誠是,而愛我誠深,感之勉之,不可復有辭説,故默聽之。但吾之繙閲,亦爲學也,與先生所見,微有不同。吾人行習六藝,必考古準今。禮殘樂闕,當考古而準以今者也。射御書有其髣髴,宜準今而稽之古者也。數本於古,而可參以近日西洋諸法者也。且禮之冠昏、喪祭,非學習不能熟其儀,非考訂不能得其儀之當,二者兼用者也。宗廟、郊社、禘祫、朝會,則但可考究,以待君相之求,不便自我定禮,以爲習行者也。矧今古不同,公西華之禮樂,惟宜學習,何者?三代之禮,至周而備，時王之制，釐然也，修之家，獻之廷，無變易者。然殷輅、周冕、舜樂，孔子且以考究爲事矣。今世率遵朱子《家禮》，然多杜撰無憑，行之傎躓，其考議之當急爲何如者？海内惟毛河右知禮樂，萬季野明於禮文，向問之，不厭反覆。今季野長逝，河右遠離，吾道之孤，復將質誰？故上問之古人耳，豈得已哉！至子言絕名，又言祇見名之可惡，蓋惟恐予之有名心也，意甚善，而亦有未盡者。予於汝輩，未多戒名，以北人僑野，汝輩少學寡與，何知名高？故不必言。至都門之友四集，則論學首戒務名。以吾學之成己成物，皆天性不容已之事，若意移於騖外狥名，則天性之誠，必浮必漓，將爲鄉愿，爲華士。此所以皇然内返，一有浮念，輒慚愧終日而不寧者也。然以名爲可惡可絕，則又不可。《魯論》曰'人不知而不愠'；又曰'如或知爾，則何以哉。'是不愠不知，非不欲人知也。又曰：'君子疾沒世而名不稱'，是不惟不惡名，而且疾無名也。伊尹之三聘，諸葛之三顧，以其名素著也，不然湯與昭烈烏自而知之，而二人亦烏自而成殷、漢之業哉？然則名者，毋亦胞與民物之仁人所不忍辭者耶。故曰，無實邀譽者小人也，逃名者石隱也，异端也，實至而名歸者聖賢也。若夫《易》言'儉德'，言'無譽'，則遇《否》而爲避禍計，非通道也。"

按河右來書，曰："舊年接札，并收所寄朏明刻書，深伏足下心氣和平，且以無太過激規我不足，此眞古人良友。僕生平卞急，不能鎔化，且當辨論得失，惟恐其說不伸，倍加氣力，此學問不足處也。今朏明又在吴門刻《禹貢》，仍與閻百詩合夥，大暢發《古文尚書》之謬。以禾中朱錫鬯家多書，欲就其家搜朱文公、趙孟頫、吴草廬輩，至明末、本朝攻《古文》者，合刻一集，以與我《冤詞》相抵。其後，朏明不與事，而百詩約錫鬯，携明萬歷丁丑會試第三場，焦竑《廢古文策》來，幸予先期知其事，赴其寓同觀。焦竑襲吴澄誤說而又誤者，因於衆中大揶揄之。百詩狼倉散去，錫鬯亦大窘而退。此亦冥冥中若有鬼神呵佑之。始知千聖百王之經，未易毁也。僕欲設一講會，畧闡六經之旨，先講《禮記・曾子問》起，以爲其書極備禮之變，爲説禮家一大要領也。乃及門數人，多遊仕四方，欲行輒止，古學之難復如此。"

五月，王崑繩來，共學。先生題其《省身録》曰："吾身者，天地民物之管也，不握其管，而言斡旋，未有能濟者。王子崑繩，夙以天地民物爲任，久矣，今讀其《省身録》，窮窮然返己内檢，一無雄侈之意，何其謹也！試念王子平昔，翕張群彙，凌轢六合，是何氣象哉，而一變至此，所謂檢身如不及，訟過如不勝者，非耶！吾知一身理，而裁成輔相之，能實司之，天地民物，從此乃有攸賴矣。"

六月，爲崑繩作价，如楊村執贄於習齋先生。

又書崑繩《省身録》曰："日記考察有三：心之存密否，身之視聽言動中禮否，時覺其進否，一也。禮樂兵農、射御書數之學，或諸藝，或祇一藝，月考年計有加否，二也。身心就範，學問不懈，則天理日有所悟，人情日有所照，經濟之術，日有所閲歷，果變動日新乎？抑仍舊乎？將灰塌不靈乎？此甚可以驗吾學之消長，三也。"

崑繩言："心欲持敬，而時畏外物震之，若何？"曰："此物大而我小也。若我之身心爲廣居，爲正位達道，我之修存爲天地立心，爲萬物立命，則人間之貧富、貴賤、死生，卒然投之，若星火之墜於滄溟也，何自而震擾焉。"

送崑繩西行，贈以四言：力行，闡道，延才，保身。崑繩留詩曰："宇宙久淩替，大道胥淪亡。儒生事訓詁，文士專詞章。豈乏賢俊才，無關於廢興。宋儒談性命，高視漢與唐。静坐觀道妙，無乃迷禪宗。讀書浩無涯，終歸章句功。不習射御數，不知水火工。謂此形下粗，吾乃掇其英。顧以經世事，甘心讓豪雄。咄哉孔孟傳，二帝兼三王。規模甚宏達，體用何精强。不得施於世，著書垂典型。豈徒在佔畢，遂以稱儒風。我本駑下資，兼之所遇窮。力學苦不早，求道終無從。卻慕伊吕績，嘗嗤朱陸訌。魚遊或在淵，九皋聽鶴鳴。井渫可用汲，修綆無羸瓶。自與李子交，炳然見周行。風雷還相薄，山澤原相通。李子生蠡吾，懿訓本家承。師傳得絶學，一洗群言空。三物以爲緯，四教以爲經。不言達性天，下學德乃崇。不格學外物，博文約在躬。即此爲修齊，即此造平成。乾坤劃開豁，日月森精鋥。俯仰千古間，儒術何夢夢。良苗被往路，宿霧披荒坰。滑滑隴頭泥，嚶嚶草根蟲。蕭然茅屋下，歡笑溢形容。爲我傾秫酒，爲我調醯羹。懷抱兩男兒，左右三弟兄。高歌見懷葛，秩秩何雍雍。示我床頭書，閣部及五公。家藏孫高陽、王五公經世書，出以示余。壁上列山川，樽前擺蛇龍。兵農禮樂具，一一傾囊中。何須歎命衰，惟期勉冰兢。更訪顔公里，枳落遮頹墻。鶴息霜羽高，虎伏龍紋張。黄石曳素履，龐公偃匡床。乃知李子學，江海源流長。昔我同志友，劉君號繼莊。其才跨數代，其學窮羲皇。自從繼莊歿，獨行歎悍悍。於今得李子，枯藤依長松。枯藤無榮華，長松長茯苓。願得扶持力，矯矯淩蒼穹。遠行難久留，欲別涕沾膺。臨岐復徘徊，握手還丁寧。贈我以四語，皇皇金石盟。乾惕悚身心，大道須揚明。求才濟世運，寬舒養元精。再拜受君言，勒爲肺腑銘。努力各自愛，無爲負餘齡。千秋以爲期，皎日陳丹衷。"

擬《勺歌》，乃上琴弦彈之，以驗合否。製羽籥干戚成，演《舞勺》，習齋先生至，觀之甚快。

省過，細行不矜，一也；不嚴屋漏，二也；胸中時有浮薄之念，三也。不速改，則爲敗德多矣。竦然夜不成寐。

鍾錂金若至，求評其《日記》。因屈指此時爲日記功者，王崑繩、黄宗夏、陳睿菴、顔敬甫、顔畏甫、李果齋、鍾金若、三弟培，吾學漸興矣。

九月，入京，榻子未宅，與之論學及經濟。

吴子淳言，王少司農之子式轂，謀延先生，辭之。

修書上河右，質《小學》《學樂》《誦詩》《舞勺》諸譜，并問笙入之儀。

大理卿李斯義質君來拜，結昆弟好，力延下榻，修其祖《翠飛岩集》，應之。

李輯五補黄州知府，來别，餽端硯，受之。

晤李來章禮山論學。

長山吴長榮木欣來拜，問學。

張炰御仲邀筵，集同人論學。

劉楠百斯請筵，晤王焕曾元亮。

作《送禮山令連山序》，規以有用。

子未遭生父喪，求先生爲之司禮。

洪天桂秋崖、何圖龍章來拜，問學。

百斯求搴《辨業》二十部。

許不棄請筵，集同人論學。

返里。

甲申　四十六歲

儀功如常。

漢軍崔璠奐若來拜，問學。

自勘見理頗明，處事有方，但規模小，氣象萎，恐無用也，當急勉之。

自愧尚有所倚。木欣欣以向榮，泉涓涓而始流，夫焉有所倚？

二月入京。

馮敬南卒，吊哭之，爲作傳，畧載：馮君諱璽，字敬南。代州人。好經濟學。以戊辰進士，任梧州府同知，調南寧同知，攝府印。弭盜熄災，有政績。長天文、算數、製器諸學，聞先生道術，共學甚力，未終而卒。

廷尉延榻其府。

自年前注《易》，至是注卦訖。思予於《易》甚淺，而每注一卦，覺象數理躍如當前，不知前人何以藏鈎説寱也。蓋顔先生不言《易》，而其辨道力行，示我以《易》者至矣。

溫益修選鄖城知縣，卑禮厚聘，延往論學議政，應之。

課春風遍覆，見惡人不怒，見宵小勿輕卑之。

知閻百詩至京病，往視之，語以老當自重。

浙江徐相閣臣來拜。

王元亮索觀《易注》，因與論學。元亮曰："聞言甚是，但舊説在心，難除耳。"

益修聘李寧一司刑名錢穀，中變，乃聘陳子章僅司刑名，先生不得已，爲之權司錢穀。

五月歸里。

益修騎從來接，拜母行。過顔先生求教，曰："持身莊悚，留心人才，佐政仁廉，足民食用，出入必愼，交遊勿濫。"先生拜受之。

過彰德，拜許酉山先生祠堂，撫其孤孫。

過湯陰，哭朱主一，吊其子和禮。

語益修以減賦、弭盜。益修問仁，曰："非禮勿視聽言動者，視聽言動必以禮也，若不視非禮，而亦不視禮，則二氏矣。一部《周禮》行盡，天下有不歸仁者乎？"

語益修以祥刑。

六月十五日，入郾城署。

列當行事宜，質益修。

爲益修言："書生好逸惡勞，喜靜厭煩，失聖學，近异端，亂天下。"又言："隱士好清虚，道學談心性，文人以窮二氏之書爲博，孤臣孽子怨憤歸空，皆與佛、老爲緣者也。"

西平令趙瓚澄溪求見，會之。

如汴，拜邢偉人、劉漢生聚五、郭圻十同，論學。

聚五問禮，苦難行。先生舉冠昏禮告之，簡易易行，聚五悦。

聞李鑾雲皋與其子行冠禮，异之，往拜。

十同母，孝婦也。遭闖寇弇汴，乳姑獲全，求作傳，作之。

聚五問從事聖學之方，先生曰："以禮。博文，學禮也；約禮，行禮也；齊明，内養以禮也；非禮不動，外持以禮也。"聚五欣然願學。

徐中丞公潮請見，見之。中丞言："漢儒平實，宋儒染禪。"先生曰："卓識也。"乃爲詳言聖學明晦之故。

思子房能立禍福之外，可法也。

河右書至，答問樂舞也。八十二歲矣，詳辨精核，先生把玩甚喜。

東鄉欒塊然來拜，求《漆天集序》，因進以道。

思賢君能化中立小人爲君子，愚君能化中立君子爲小人。

考漢碑，程邈隸書，即今楷書，與篆各式。自宋、明字書，據《説文》以篆繩楷，大誤。乃辨《正字千文》之非，入《小學・學書》内。

伻來報，習齋先生以九月二日卒。先生大驚，拜跪號咷，呼天不食。益修諸友來吊，辭歸。益修固留，訂期於習齋葬前歸里。

書葬習齋事宜，并公祭文，付伻先返。

許州王生員瑄書來，問學。竇靜菴門人也。

益修言:"習齋躬行,視李中孚更勝,擬私淑之。先於立行坐卧用力。"先生曰:"甚佳。"益修言:"少時曾有《日記》,或謂有心則私,遂止。"先生曰:"此姚江禪障也,謂人有心爲人欲,不可;有心爲天理,亦不可。則孔門見善如不及,好仁惡不仁,皆非與?"

徐仲容來過,言漢儒之於聖學,驛使也,宋儒則驛使改換公文者也。先生是之,因與張子勵、魏梁園、魏膚功書,語以聖學。

徐中丞閲《大學辨業》,語益修曰:"李恕谷有體有用之正學也,吾將延至中州書院,以詔後進。"已,陞户部尚書,不果。

十一月,北歸。益修以騎從送,令守候,翌春延往復南。

過汴,晤竇靜菴,論學。

曹謙、趙九鼎來拜,問學。

晤朱越千,語以學。

枉道之湯陰,奠朱主一。

抵家,爲母製錦衣。

視張函白,餽養老資。

思習齋遭人倫之變,天重重杌之,而幹旋愈力,真不爲天所勝。"仁以爲己任,死而後已"者也。

如北楊村,哭習齋先生,爲文祭之曰:"塨五月拜別南行,先生教以守道汲才,無幾微睽離可憐色,何意當時即作永别,而不再見也。慟哉!廻念先生在時,承命評《日記》,嘗作規勸,故每會輒妄思益岱滄海,以宏斯道梯航。今思先生倡明聖道,爲秦火後第一人。先生躬行,當代無倫比。先生終身遭天之杌,而不爲天所勝,骨力嶄然。先生爲萬世開太平,王者必來取法。先生將俎豆萬年,非一時人。痛不可復見,乃悵然!生前每見塨,責懲多,奬進少,必有千萬言未盡者,而竟未握訣去也。慟哉!此與後儒一堂互相標榜者,其情何如?其心志何如?嗚呼,痛哉!塨受學後,知操存,知省察,知禮,知樂,知射御書數,知一時經濟、百世經濟,不敢負先生。然神骨弱,氣量狹,恐無能擔荷。先生陟降之靈,何以左右之?使塨克濟,幸則得時而駕,舉正學於中天,挽斯世於虞夏。即不得志,亦擬周流汲引,鼓吹大道,使人才蔚起,聖道不磨。然而天意伊何,非塨所知也。其使家世無累,所遇有人,塨之幸也。其或出入多累,所遇落落,俗縛痼纏,引之不前,則斯道斯世,恐非愚柔所克有功,先生陟降之靈,又何以左右之?嗚呼,盡其在人,聽其在天。塨不敢謝,但痛遂失先生提撕,而使塨獨肩斯任也。嗚呼,悲矣!懼矣!"

與門人相向哭。

吊其子孫,議葬禮。

十二月四日，吊哭加絰。翌日，致奠，告以任道。六日，致公祭，共百餘人送葬，率同人哭盡哀。及墓，爲題主。返，助行虞祭。七日，脱絰，處置先生家事，書“習齋學舍”扁，懸於習齋門額。題顔習齋先生神位，供於齋中，公出分資具祭，推先生主祭，素服三獻成儀。

約遵習齋遺命，以齋爲公聚會學所，每年二、八月上辛，同聚致祭，祭訖會學。定服心喪三年。爲孝孫重光草一字，上縣令，免其差役。與同門哭盡哀，乃行。

修《習齋年譜》。

著《小學韻語》。

查賈誼《新書》，立容、坐容、行容、旋容、趨容、乘容，學之。

李恕谷先生年譜・卷四

清苑　馮　辰　　纂
武進　惲鶴生　　校
孫　　　鍇　　重修

乙酉年　四十七歲

儀功如常。智仁聖義忠和,時時自考有一得否,孝友睦婣任恤,隨遇勉行。主敬而用以寬和,禮樂射御書數,有力即習之。倡明聖道,接引來學。

二月,郾城役來,請先生南行,偕三弟培往。

語三弟以身隨時而動,心無時不靜。

思幼者以動爲樂,老者以靜爲安,靜坐者,衰世之學也。

祥符教諭齊愉韓石,以《大學辨業》爲是,來拜,問學。

十六日,至郾署,覺署事變。

思不能待小人,吾之過也。又思神叢借人,何廕之休,宜去。

辭行,主人苦留。

選訂《習齋記餘》。

陳留令許不棄來拜,邀過其治。

過西平,與趙澄溪論政。

思敬和謙大。

益修鳩工,刊習齋《存性》《存治》《存人》三編。

益修餽金製夏衣,辭之。

鄢陵魏膚功來拜,問學,答之。贈以贐。

抱疾。

語三弟曰:“德之主在仁,而用在智,無智則德俱無用矣。故《論語》終以三知;《中庸》四德,首以聰明睿知;孟子贊孔子大成,獨推其智也。”

教諭暢泰徵聞先生將行,請筵問學。

四月二十一日,力辭行。益修餽贐,命役騎送歸。

過羅寨,拜魏膚功。

過陳留,與許公論政。其邑孝廉馬懋德來拜,論學。王次峰弟子也。

過祥符東,柳林王秉公來拜,問學。

一路疾不食,行自如。

抵里,知從兄萃生以前月卒,哭之慟。

犒來役,令回,疾漸愈。

先生以家口衆,思《儀禮》同居异宫,令人得展其私親也,其義甚是。後儒不明此義,艷稱數世不分,至於宗族數百口同食。夫同食而使各有私財,則與析箸無异矣。若使無私財,而財司於家主一人,則惟家主得孝其親,慈其幼耳。家之老少若干,或衣或食,或疾疴藥餌,必不能盡白家主。家主即公且明,必不能盡遂其私。以致子不得孝親,親不得慈子,兄弟夫婦不能問恤,怨歎疾咨,非細故也。况庸情人衆,推諉必不勤,膜視公物必不儉,甚至攘公爲私,則壞品啓爭。張公藝書“忍”字百餘,其家之蓄戾瀉叛可想矣。是尚謂之美乎?古有南宫氏、北宫氏,謂士大夫同居异宫者也。若天子諸侯子壯出分,實爲定禮矣。鶴按:《内則》命士以上,父子异宫,百姓一家過八口,則别授井田。是貴賤皆分也。

辰館藺窩,先生遙贈《訟過則例》,辰遂上書問學。

辰齋宿來拜,問學,先生教以約心,力行,學經濟,命立《日記》。

修《習齋年譜》。

七月,思先人泣下。語諸弟曰:“父子兄弟,同居异宫,古禮也。今人口衆多,養缺教失,立見可虞,今使汝等分居,各自力業,以習勤儉,燕客、禮儀、餽遺、祭享,皆我應,各善爲之。”

辰立《日記》,來質學,先生評之,甚喜。出《日譜》,令辰評。又以辰進規,學習齋力行古道,更喜,曰:“從今相我,吾道庶不仆矣。”

思吾自二十二歲志聖學,學躬行,學經濟。二十七歲後,出館四方,漸通世事。四十,知操存心性,立定擔荷聖道,廣結名流,學乃博。今得樞天,或天不墜此道乎!成之,予之責也。辰按:先生期辰至遠大,奈辰遲鈍,於經濟甚遠,恐未能副也。然不敢不勉,以求得先生之一體,亦可耳。

八月,齋戒如楊村,致顔先生公祭。後非出遊,二、八月爲常。

思人不附，非褊則刻。

思莊敬，竦起。又思人偏則愚，故《大學》戒有所。習恭。

思天人相與之際甚矣，人而自褻，是褻天也，敢不畏乎？

行中規矩。

辰質學，先生曰："先人言心如剥蕉，顔先生言心時時起漚。子力學行，心常在道矣。自此涵而勿强，養而勿息，時以天理澆灌乃心，人欲自息。因之天理日新，世故人情日析，則學可進，德可成。勉之。"

率辰習士相見禮。

辰問謙敬和，事親長之容乎？先生方食，不語。既而曰："非也。洞洞屬屬，如執玉奉盈，婉容愉色，事親之容也。垂佩而立，頫躬而坐，匑匑恂恂，黜賢去智，事長之容也。若夫既敬且和，抑然以謙，此待朋友同等之容也。"

九月，告先祠，命諸弟析箸。朔望，拜獻家祠，侍母，同諸弟子侄餕，後爲常。

家務蝟集，心不雜。

曰："家無實不祥，不祥之實，聽婦言者當之。"

思履危途，而視若坦，愚也；志不强，弱也。皆過也。

擬事母下氣怡聲，失則書。

思人急迫，我寬裕，人銖兩，我徧覆，乃可言學。

思晝有得，夜有思，近頗不愧。而入廁搔癢，不忘敬，未若戊寅年也，愧之。

辰問："七出而值三不去，何以待之？"曰："待之各不同，有仍待以夫婦禮者，有夫婦禮絕，直養之終身者。"

十月，先生以辰比過法佳，因自勘促暴、躁急、瑣碎、詈人、自恕、入内不莊、立跛、坐倚八過，朔望比之。

率弟益溪、閆季伯及辰，習祭禮三度。

纂《祭禮》：一、家祠；二、所祭；三、主宝室；四、神主位次；五、家祠、公祠并立；六、祧主、不祧主；七、祔；八、生母祔祠；九、主祭；十、公祠以族長，而襄以賢，以貴，以富；十一、時祭；十二、薦；十三、齋戒；十四、薦儀；十五、灌酒焚蕭脂；十六、楮幣；十七、歌樂；十八、朔望謁薦；十九、薦新；二十、節令；二十一、出入告；二十二、居喪不廢宗廟祭；二十三、程伊川冬至、立春、季秋三祭之訛；二十四、文公《家禮》忌祭之訛；二十五、五祀；二十六、先聖、先師；二十七、社；二十八、司命。

劉心鏡、劉發璋從遊。舘於王家營，率習仁讀小學。

每卧，服膺"小心翼翼，昭事上帝"。

思好與人深言者，無經濟。

思人不爲聖，祇是苟且，苟言苟行，苟安一時，苟焉自待，皆是也。

思念茲在茲，有念之存養也；釋茲在茲，無念之存養也；名言茲在茲，言之存養也；允出茲在茲，行之存養也。所謂心在也。作詩曰："安得兢兢不日加，臨深履薄更無涯。無端嗜慾離弦弩，自具中和上岸車。"日三復之。

語三弟曰："有事可以驗學，乃反忘學，恥也。"

思遭心喪，樂將忘矣。《禮》曰："大功誦。"乃將舊歌低聲誦之。

卧容肅。

思身爲天下萬世之身者，不以目前得失動其心。

聞母病目，旋視，心如割，延醫。

或問佛、道及文昌，曰："佛之邪言，惟有《心經》，他經率劉勰僞作。老子言亦偏，而非今道教也。修煉始魏伯陽，符籙始張道陵，出家滅倫，則染佛教也。文昌乃司命七祀之一，附以梓潼帝君者，道家之妄也。"

辰問克伐怨欲，不行及仁之辨，先生曰："不行，障决也。終日乾乾，晝力學行也；夕惕若，夜省察操存也。可無决矣。偶瘀而决，長河一濬，决反安流，此求仁之道也。"

教辰以精神包羅闔座，及言語威儀之道。

辰朔望遥拜先生，先生聞之，遥答揖。

副室吕氏久病，教以養心和平，修德盡道。

思怨天尤人，必不下學，下學必不怨天尤人。

先生歷聘貴顯，山珍海錯，日羅列，泊如也。歸食糠秕，即甘之。

十二月，旋自館。思境蹇心和，事迫心裕。

溫益修印所刊《三存編》至，喜之。

丙戌年　四十八歲

訂一歲常儀功："日興，揖母省安，揖先聖，家人、門人揖者，答之。朔望，率諸弟拜家祠、五祠，各四，拜母四。諸弟子侄拜，答揖。妻拜連叩四，答再。側拜，答揖。馮樞天每日遥揖予，朔望遥拜予，辭不獲，遥答揖。三弟遥拜，答揖。元旦、元宵、清明、七月十五、十月一日，五祀、家祠俱薦。臘月二十四日，祀竈。戒二日，不飲酒，不茹葷，不弔喪，不入内，不與穢惡，不問疾。齊一日，沐浴思神，又有日齊、時齊、刻齊，謂偶有所交神，則尅期齊心也。過神祠式，或下；過祖墓下；親友墓，賢者墓，或式，或下；入里門下；出乃乘。《日譜》記言行，每時下一圈。心在則白，失言則黑圈左，失行則黑圈右，躁暴則黑圈上，慾動則黑圈下，心放則純黑。晝有爲，夜有思，瞬有存，息有養。學究禮樂兵農、射御書數。隨時書：'事親以順，待諸弟以和，屋漏内室必莊。’‘小心翼翼，昭事上帝。’時服膺之。守先待後，明道行道之志，勿一日寘。”

正月，劉明若餽公車賮，受其半。

餽張函白養老儀。

如都，榻公度齋。

哭劉綽然。綽然諱有餘。京師人。習天文、歷算，好交天下賢豪。四方觀光有名者，必厨傳延致，無斧資者助之，人不知其貧士也。遨遊士大夫間，羽衣芒屩，飄然如仙，六十九歲卒。

哭郭子堅，爲立傳曰：“郭令子堅，諱金湯。京師人也。其弟子固識予於稠人，子堅亦篤信焉。予與二人，少長各一歲，參列若舅弟然。子堅性質直，不輕①爲然諾，好潔勤，細務井井。出知桐鄉縣事，延予至，愛禮之甚厚。已歸，又延至。憂予將四十，妻無子，重聘爲予置副，搆留春樓以居予。予生子彌月，奏樂設筵，乃載旋里。莅官明於讞决，抑豪强，擊猾吏，嘗與予并轡聯輿，出勸農桑。赴薦紳席，不以官自异也。予遊西湖，訪師友，遣役齎資斧，恣所之，有過問學者，飭厨傳恐後。丁祖母艱，年四十八遂卒。嗟乎，迴想生平情義之交，未有如之者也。其内子，四川巡撫于養志女，敦潔嫻雅，歲時以丘嫂禮相見，拜讓中節，凝如也。與子堅相敬如賓，御下無妬。予初往桐，比返，僅六閲月，子堅爲我製單複絮箸，以及袓服、倒頓、袙腹之屬，共六十餘襲，皆于夫人手自縫紩。及予有副，子堅戒閽曰：‘李先生所用布帛、果餈、鍼縷、米鹽諸物，有呼即應，勿關我。’當未往桐時，子固軫念予後，先爲我家中置一副。予嘗語諸子曰：‘而世世勿忘郭氏二公也。’”

思予生平大短曰傲，見時人非，則傲生。不知時愈下，人愈非，天之禍益迫矣，尚敢傲乎？不智哉，不仁哉。吟曰：“人淡我亦淡，人驕我亦驕。庸碌適相學，而以語英豪？”

問西洋三角算法於吴子淳，子淳曰：“即勾股也，而勾股不如三角之密。蓋勾股之三角，二曰鋭角，而勾股之間曰直角，直角藏方，一定之數。故鈎三，股四，絃必五。三角之三角，二曰鋭角，而二鋭角之間曰鈍角，無定之數。故鈎、股、弦，不必三、四、五，以三、四、五，不能盡御三角之變也。”

王昆繩至自廣東，相見。學進氣壯，衛道甚力，喜之。昆繩述魏叔子云：“考古以証今，閲事以察理，求友以自大其身，造士以使身之不死。”

李生敏志來拜，論學，高陽相公孫也。

吴次張問律吕，作《律吕問》示之。

① 輕，底本作“侵”，據《顔李叢書》本改。

王太倉謂先生曰:"方今翰苑乏人,僕開列主闈,若進,必中君以資館選。"先生力辭之。

同崑繩訪方靈皋及戴名世。

晤毛姬潢,得毛先生手書,曰:"南北睽隔,艱於相通,每有記憶及思量告語者,輒掩卷太息而已。足下於禮樂大事,皆洞徹源委,發漢、唐以後未發之秘,實先聖先王所繫賴一大人。不揣一日之長,實所愧心。聖道聖學,全在《大學》誠意,《中庸》誠身,《論語》一貫、忠恕,《孟子》反身、强恕盡之。斷勿爲宋儒主静等説所摇惑,則直接孔孟矣。衹聖賢重事功,兼重仕進,《論語》節節可驗。則八股雖陋,然借此可以出身行道,努力科場,非分外事也,勉之,勉之。"先生復書曰:"拜讀先生來教,八十四歲猶然蠅頭細帖,核博精明,與十年前一范,知長爲斯道津梁也。許塨以禮樂洞徹原委,不敢當。至勉以誠意、强恕,勿爲主静等説所摇,敢不佩服。塨《學樂》書已成六卷,《學禮》則郊社、禘祫、宗廟、田賦、士相見、冠昏、喪祭,各有論著,十五本之傳習。主静等説,不敢習誤,已有剖静,具《大學辨業》《聖經學規纂》内,今呈教。公卿自果亭、匪菴外,徐大司農極可與言,一見論學,即契合,語友人溫益修曰:'李某有體有用,正學也。'李安溪曾以塨知律吕,達當宁,欲羅致門下,而塨拙愚竄伏,未之敢見也。海内惟王崑繩一人,初爲文人,爲豪士,晚以塨言,爲聖賢學,省躬改過,共肩大道。同里新得一人,曰馮辰,篤行不惑。魏叔子曰:'求友以自大其身,造士以使吾身之不死。'不知何以無愧此言也。"

黄崑圃葬父,往會之。途語方靈皋曰:"君疑格物非《周禮》之三物乎?三物之六德,即仁義禮知也;六行,即子臣弟友也;六藝,即禮樂兵農也。請問《大學》之物,尚有出此三物外者乎?吾人格物,尚有當在此三物外者乎?即雜以後世文章講論,亦衹發明此三者耳。格物非三物而何!吾儒明德親民之學,乃尊於農、工、商,而爲士之職也。試觀宋儒,用佛門惺惺法,閉目静坐,玩弄太極,探獵性天,内地不雜於二氏乎?終日章句吾伊,經濟安在?試思伊尹割正有夏,周公制禮作樂,東征是皇,孔子擊萊墮費,以期月三年自任,宋儒學教有是乎?不過明理尋樂,共爲獎借耳。孔孟之傳如此而已乎?盡全體大用之道乎?士之職乎?"靈皋曰:"是。"因問治河、水利、弭盜,先生畧言之。

旋里,二月二十三日申時抵家。吕副室辰時已卒。入門,先拜母候安,乃之其尸旁哭之。考《儀禮》,庶子不爲父後者,父在厭於君,其母卒,則爲權服。《喪服記》所謂"公子爲其母練冠麻,麻衣縓緣","既葬,除之"是也齊王子正同此,故其傅爲請加數月。父沒則大功,《大功章》所謂"君之庶昆弟爲母"是也。爲父後者,父在則緦,《緦麻章》所謂"庶子爲父後者,爲其母"是也。父沒則三年,《齊衰三年》章所謂"父卒,則爲母"是也。母兼嫡母、生母言,故下文曰"慈母如母",正指生母也。若以爲如嫡母,則慈母者側,生子而死,而父命别側慈之者也。其恩雖深,不可以踰生我者之恩矣。乃爲服三年,一如嫡母,而生母之服,反沒其文,有是理與?若曰厭於嫡而降除,則慈母亦側,獨不降除何歟?是爲母内即具生母,昭然也。若大夫側子,則父在爲其母大功,父沒三年。士側子,則父在爲其母期,父沒三年胡安國注《春秋》曰:"禮,庶子爲君,爲其母無服。"漫無考,而謬造禮如此。及明太祖定禮,子爲父母,庶子爲其母,皆斬衰三年。今制因之。又考《喪服小記》:"妾附於妾祖姑。"又考《喪服》曰:"貴妾緦。"《喪小記》曰:"士妾有子,而爲之緦。"先生乃定服緦,命二子成三年服,葬於祖兆,祔於家祠,如禮。

劉心鏡復請館於王家營,劉心衡、李書思、劉心蕙、劉珙從學。

作《副室王氏行狀》,略曰:"王氏名鳳姑。杭州錢塘人。曰吕者,其父出養於吕也。郭子堅爲予聘之,年十六歸我副室,子堅字之曰素娟,寓桐鄉署西樓上。素娟日讀《女要》,習書刺箴紩,樓東退思軒,時時張燕爨弄,未嘗啓牕一覷。不花飾,嘗不傅粉,蟬鬢髻雲堆微髮,懶粧燕尾垂髾而已。香囊不掛衣,摘蘭、茉莉、梔子,亦從不插髮,或時置帷而已。夜卧必衷袙服,曉瓏璁即起。當戊寅歲,予方著《大學辨業》,學樂考禮,内存心,外省容事,勉力懫慾,功頗密。教之見予必起,命乃坐,朔望隨予行禮,以敬相成。抵冬,生長子習仁。次歲,旋里。初居桐,熏爐,類桂花露,曳紈被錦,厨必殽珍,果餈陳儲,而素娟三餐外,不雜食。予以比日衣食,僉賢主人供,烏却,然糟糠汲輓,乃吾家物務也。至是盡斥錦繡,大布椎結,碾米研麵,淅米炊,與介婦分班操作,力脆不辭。入室,復學紡績,未聞一歎,憶暇豫也。初歸,舟載稻米十石,子堅曰:'下嫂不能北食,走餽此食之。'及至家,素娟曰:'鄙何得別食?'同衆飯蜀秫連糠粱窩,語我曰:'不解何味。'予曰:'服自解。'數日後,遂安之若忘,不復言犓糲。稻盡入公用,糶易錢,無一粒私煮食者。已而從予館肅寧,仍以班旋里司爨。生次子習中,以月間滯血,兼從前勞勩成疾,荏苒二三載以卒。傷哉!予元配王氏甚順,素娟甚貞,而皆不永年,予無德以居之也。素娟卒年二十四。題其主曰'貞懿吕氏'。"

命侄寅虎曰習智,子隆官曰習仁,侄易貴曰習聖,立志曰習義,子存官曰習中以始祖諱盡忠,故名以中。欲以三物教之也,使習智、習仁習小學事。

四月,張翬采舒自長安來訪,論律吕。先生以方營葬事,不能議樂,但樂學海内乏人,今三千里來一共學者,不盡其長,後會安知?因聽其歌彈,盡其説而不辨。

葬王副室。

五月,入京,以閆公度分房被譴,視之。都憲吴公匪菴請假歸,送之。匪菴餽葛綢爲別,受之。收《大學辨業》《學規纂》板,旋過涿,板寄陳極如齋。

以王副室三月卒哭,行祔祭禮,緦服闋。

習樂。

以四事自課:事親愛敬,御家莊儉,敬屋漏,謹細微。

語辰曰:"宋人以即物窮理解格物,固不切,然亦未嘗即物窮理也。吾黨今日,乃即物用力耳。即如一事來前,必聖賢之心,庸人之情,豪雄之畧,宵小之詭,一一照徹,始有措置。宋人所言,講書而已,其實書理即世事,世事既不透徹,書理亦必多蒙混。"

六月,肩輿迎太夫人於三弟館,侍養。

思身之不莊,即學之不振也,愧甚。

爲太夫人捶背,揮扇,侍食,後爲常。

教心衡騎射,馳馬示之。

思身漸衰疲,而德不立,是吾憂也。

定行前視五步,不得流及左右,无則記過。

思有母可事,有子可成,天之惠也,宜無負天。

七月十五,薦家祠訖,尚未明,乃假寐。

李質君巡撫福建,書來候,有餽儀,受之。

穫稷,借者與之。一人屢借不償,應之緩,思衆皆與,何獨拒?即與之。

王崑繩來哭習齋先生,質所擬建官、立學諸法。

注《易·繫詞》,辨周子《太極圖》之誣,辨陳摶《河圖》《洛書》之妄,辨《本義》筮法之非古,辨《先後天圖》之爲异端,辨《卦氣圖》之非,辨《易》卦配以五行之非。

入京,收《存學編》。晤江南謝野逸。金陵張天球曉夫來拜,語以安貧守志。

回里,知棗强鄭若洲、張瞻抑來拜,問學。

次女歸鄭村劉氏。

思人之自負才智者,多自暴;自稱長厚者,多自棄。可歎也。

丁亥年　四十九歲

儀功如常。去瑣碎,戒暴怒,勿言人是非,待人以和,日必習恭一次。

思吾心不精而粗,不一而雜,年已將衰而德不立,愧哉。

評辰《日記》,語以"老親在堂,治生即學"。

同彭生琨如棗强,問學,問地利,答之。抵棗强鄭宅,若洲并其兄見百、良仲、長民及張瞻抑皆出問學,先生爲言今古學術之分,皆稱是。勉鄭、張二子以立志學道,勿與草木同朽。

三弟培之館,教以勿玷先人,勿辱顔先生。不覺泣下。

李止菴請先生館於新橋,李元英等從學。

王崑繩偕楊勤慎修來拜,問學。崑繩出所著《平書》,《分民》《分土》《建官》《取士》《制田》《武備》《理財》《刑罰》《淮黄》《禮樂》,辨宋、明之失,以復三代。倩先生訂。慎修延先生如保定府,先生規慎修以修辭練事。慎修復具輿馬,送先生及崑繩入楊村。致顔先生二月公祭。告以《平書》,并告心喪已闋,思如一日。同人畢集,崑繩言《平書》大意,曰:"洗滌之乾乾淨淨,鋪排之蕩蕩平平,安置之妥妥當當,養活之歡歡喜喜,陶淑之肅肅雍雍。"崑繩戲謔近放,先生規之。崑繩曰:"吾意以近人也,且夙學爲豪傑,不能爲道學,承教知過矣。"先生不言。夜半同卧,促其床,曰:"君日謂予盡言而君受言,不知予之言未嘗盡,而君亦未嘗受也。君謂戲謔所以親人,誤也。戲謔過,則爲凌玩暴虐,人且怨怒,而曰親之乎?謂爲豪傑,不爲道學,又誤也。智深勇沉,豪傑也。使酒難近,豈豪傑乎?君昨謂我二人相依爲命,若不盡言,是我棄命之半也。况今海内無人,君可偏任乎?"崑繩悦服。

以目疾禁看書,定日轉睛七百,挽弓數十。

自勘心正静。

爲諸生言取士之法,莫善於周之鄉舉里選,莫不善明之八比。

清明,祭,令習仁請其妣主,祔食王孺人側,祭畢還殯宫。

棗强車來迎往,爲若洲言主静之非,觀其昆弟習射。

三月,將母携三子及習智侄,如新橋館。

注《易·説卦》《序卦》《雜卦》。

聞李質君卒,傷之。質君,長山人。諱斯義。清謹,以戊辰進士,仕至大理寺卿,巡撫福建。

辰具門生刺,請正師弟禮,先生受之。

辰問:"不藏怒宿怨,非無怨怒,不藏宿耳。"曰:"然。遭家庭之變,而尋怨怒者,庸人也。不藏怒宿怨者,聖賢也。并無怨怒者,惄也,异端也。"

自勘嗜欲淡如也,然道心時有不竦立者,勉之。不然末路衹成庸人矣。

二弟、五弟來視,飲之酒殽,甚快。及行,先生送之村外,佇望泣下。歸語家人曰:"世有聽婦言而輕兄弟者,天地不容之人也。"

平董姓事,門人謂人有言,先生曰:"但視事之可爲否耳,勞怨勿恤也。"

念四十年行道之懷,忽焉明道,可歎也。

聞河決田潦,心夷然。思吾之命於天也薄,宜貧困,而學力亦宜貧困,以質本庸下,豫順則學力緩,貧困則學力奮也。

某子病,將以巫爲義母,問。先生曰:"聞之先孝慤曰:'認父母,是使子二本也。'"

止庵被訟,先生爲之謀曰:"曾子之去武城也,曰無寓室,毁木以爲反計。是明知武城能禦寇也。今學亡道岐,士不如周之有用,若先生見弟子之播越,曰吾父兄可漠然也,無此道矣。但不以身殉之耳。"

思“時習”章，記者置之《論語》首，是爲孔子寫照也。説學不厭也，樂教不倦也，不慍，不怨天，不尤人，下學上達，知我其天也。

夜卧持敬。

鄭若洲邀先生如京，刊《習齋年譜》。

聞張采舒卒，悼之。采舒名翬。湖州人。以友人有難匿之，被罪流長安，豪爽尚義聞天下。

王元亮來晤，論學，以躬行爲主。閲《易經傳注》《乾坤交索圖》，稱是。

王元衡符躬來拜，觀《易注》，稱快。

皇子三王，謀延先生，使陳悝齋問先生行踪於太倉王公。先生謂王公曰：“草野非王前器也，善爲我辭之。”

若洲有惑於佛氏心性之意，先生舉吾儒心性之功，以告之。

晤張景蔚少文。

若洲言，安溪相公見先生《易注》，半許否，其門下士忌之。先生悚然。念守顔先生之道，宰相招以宋儒而不變，且其徒有舍之而來從者，幾以賤抗貴矣。能無懼乎！

回過保定，訪金廷襄應枚，應枚固留一日，遍招郡中之聞先生者，論學。

定興劉旃甫問學，重躬行，先生是之。

彭亭立爲先生如河南，取《三存編》板。

先生與辰言正學難合，辰曰：“宜弢晦。”先生曰：“然否隱見，各一則易；隱見并行，故難。如守習齋之道，而專弢晦，覆蔽澌滅矣，何以明行此道於天下萬世乎？故不得不通聲氣，廣交遊也。有從者，此道傳，有排者，此道亦傳。此顔先生意也。”

思北人多忮，忮，强象也，然散而不一，其勢常弱。南人善求，求，弱象也，然集而爲黨，其勢常强。

劉發璋、李果入泮，因言發璋父子、兄弟、夫婦、朋友四倫，俱有過人者。

爲習中定婚於齊燧侯七女。

一日事迫，忘出告禮。中夜覺，惶愧不能成寐。夙興，拜母謝罪。

自勘自微歎而不覺者，其怨尤之未泯乎？可恥也。

思家務上事下畜益繁，學問此思彼辨益多，交游應酬益廣，天下萬世之慮益奢。一日忙如撲火，視習齋當日所處，又不同務。身忙而心閒，操存益密，乃爲晚年進境。若身心俱忙，學力衰矣。宜日省。

江南毛愓用九，有《與黄宗夏書》寄至，以習齋學爲是。

辭新橋館，虞朋泣下，謀出亡，惻然，復許之。

每夜澄心。

王崑繩來,先生規以養心謹微,倡明正道,斥去虚文。崑繩規先生虚受納言。

戊子年 五十[①]歲

儀功如常。增"言有教,行有法,教子以嚴"。

如楊村,餽習齋李夫人養儀。

獎五弟壪以和平。

王崑繩至,規先生神散而不收,氣抑而不揚。先生悚然,懼冗累爲害。

如新橋館。

思今詈人曰不長進,然吾見長進者鮮矣。千古長進者,惟孔子,其次顔子,觀"吾十有五"、"語之而不惰"二章可見。因勘已四十始立繼往開來之志,今五十矣,頗似不惑。又勘己致知之功進,而力行之功未進,可愧也。宜痛自奮勉。

習挽弓,勢覺骨節痛,歎學力衰,定日日習之。

如府,會崑繩,言讀先生《易注》,曠若發蒙,快絶千古。但爻變、互卦、大體、伏體、半體、倒體,穿鑿宜更。先生微辨之,不盡其言。曰:"世以道學爲根柢,以奇門、六壬爲智畧,以燒煉爲財用,無怪聖道之不興也。願吾友務體用之正。"相泣拜别。

聞習齋孫重光凶信,悼之。因思天生人,有禪生,有特生。禪生常也,特生异也。如習齋之生,上不關父母,下不關子孫,乃天特生,以明周孔之道者。禪生之常,烏足以論之哉?

以崑繩學《易》,不可不盡言,乃與以書,畧謂:"《繫辭傳》曰:'爻者言乎變。'道有變動,故曰爻。故爻不用七八,用九六,以云變也。《左傳》'乾之姤'、'師之臨'等辭,皆非卜筮,而即以變訓爻,可據也。至於伏體,即對易,倒體,即反易。文王《序卦》,於《屯》《蒙》五十六卦,用反易,於《乾》《坤》《頤》《大過》《坎》《離》《中孚》《小過》,用對易。孔子作《序卦》《雜卦傳》以釋之,聖言何可誣[②]也!"

贈宋佑咸、齊燧侯《女要》,倩教女也。

鄭見百以車來迎,携習仁往。途中,遇事即教之。

若洲問輪迴,先生曰:"物物雕琢,神鬼紛然,且人與物相輪迴,皆妄言也。况如彼輪迴之説,父子夫婦多尋讐報怨之人,何情何恩,大亂人倫之道也!"

思古人祭禮,大節有五:晨祼一,薦腥一,薦熟一,饋食一,加籩豆酳一。今苟簡矣。

辨《孟子》公、侯百里,伯七十里,子、男五十里,與《周禮》公五百里,侯四百里,伯三百

---

① 底本衍一"一"字。

② 底本作"催",據《顔李叢書》本改。

里，子二百里，男百里，其實一也。百里以土田言，四、五百里以山川附庸言也。鄉遂用貢，利什伍出兵以戰也；都鄙用助，利八家望助以守也。侯國皆用助，管仲内政乃變焉。夏人五十畝，佃半休半也；殷七十畝，休三分之一，而佃二也；周百畝，全佃也。俱入《田賦考》。

教二子距躍諸法。

食牢九，思母在城不得侍，泣下。

思吝人難受人情，懼報也；節士難受人情，恐浼也；貪夫易受人情，懷惠也；狂夫易受人情，不檢也；聖賢不拒人情，以中也。

鄭長民問律吕，答之，與之《樂録》。

吕异品來拜，言射法、劍術。已，再拜，求言，先生不答。

自勘前著《射法》未善也，毁之。更著《學射》，式云："身端體直，用力和平，拈弓得法，架箭從容，前推後走，弓滿式成。神射於的，矢命於心，精注氣斂，内運外堅，前固後撤，收弓舒間。"

自歎衰疲，昔年盛暑，能終日衣冠，而今不勝也。

與方靈皋書，畧曰："三代承唐虞之法，於民擇聰穎者爲士，使之學於學中，就樂正、大胥習禮樂射御書數之藝。而即以此供子臣弟友之職，全仁義禮智之性。分名而一事，幼學以此，壯行以此。《虞書》《周禮》《學記》《文王世子》諸篇，可考也。《論語》孔門弟子問仁，問孝，問政，由、求、赤應知以禮樂兵農。孔子自居好學，而其所學之文，朱子解曰：'《詩》《書》《禮》《樂》，射御書數，'孔子亦曰：'文之以禮樂。'正所謂'博學於文，約之以禮'也。博文即格物也，約禮即將所學之文物，而實體之於誠正、修齊、治平也。至於誦《詩》所以習樂，讀《書》所以考政，總未有如後儒躬率弟子，今日講何經，明日背何文，專以静坐讀書爲學者也。自秦火後，而學術劃然一變。古聖口傳身受之實迹，無從授受，不得不尋之載道之籍，所謂經書者。既尋之經書，遂因而行習少，講説多。陵夷以至五季，程朱諸儒出，慨然欲任聖緒，而沿流既遠，尋源爲難。於所謂存心養性者，又雜以静坐内視，浸淫釋、老，將孔門不輕與人言一貫性天之教，一槩乖反。處處談性，人人論天。而外以孝弟忠信爲行，注經論道爲學，獨於孔門之禮樂兵農，執射、執御、鼓瑟、會計，忽焉不察，以爲末務。又諉之於小學已失，而遂置之。以空虚之禪悦，怡然於心；以浮誇之翰墨，快然於手。目明之末也，朝廟無一可倚之人，天下無復辦事之官，坐大司馬堂，批點《左傳》，敵兵臨城，賦詩進講，以致天下魚爛河决。嗚呼，誰實爲此？無怪顔先生垂涕泣而道也。"

以三弟請母入城，不時往省，供養物。

讀《風雨賦》，備占也。

思井里不分，凶災不備，寄生之民也。學校不舉，禮樂不興，倖生之民也。

爲中元祭齋，僕來言旗地事，心遂不純，力却之。歎曰："齋日一事不可入耳目，如是夫。"

訂《平書》竣，每卷後有考辨，名曰《平書訂》。一、分民。分民以士農工商，非此者除之變之。合民以十家爲甲，十甲爲保，十保爲鄉。鄉之長有正，有畯，有巡。五鄉立一公正，皆以士，皆爲官。一、分土。量山川邑居，分邊腹郡縣，而重權久任。一、建官。自縣、公正、六衙，以至府、部、院、衛，以一途爲陞降，不以他途雜之。别賢否爲舉錯，不以年勞限之。公用人之權於天下，不以一部專之。一、取士。八歲入鄉學，十五入縣學，皆以次教之《詩》《書》、六藝。二十進之郡學，教而試之。又進之藩學，教而試之。乃令成均教而試之，遣之歸縣。分兼科及禮樂、農政、兵法、刑罰、藝能、理財等科，入六衙及令師署爲士，以士補官。一、制田。可井則井，不可井則均。凡有水利，皆興之。一、武備。農二十餘家選一兵，二十應，六十退。再選其餘羨卒爲鄉兵。至於理財、河淮、刑罰、禮樂，則皆在六政内矣。

思六藝五者皆著有成法，惟御無有，因思子固泣下，以曾擬共緝御法，未果而逝也。

曰："人兩目，用左則右目注於左，用右則左目注於右，并用則合爲一。此以習射知之，而宋人以空揣爲格物，非也。"

思持家宜勤儉，不宜操切。

思夏甚疲乏，今以四方告祲，且僕從才短，遂自館歸，身督西成。二更未寢，五更即行，而身反壯。甚矣，有事習勞，可以養生，可以爲學。

聞南方有亂者敗亡，吕晚村之門人也。冒道學而負時文，謬遂至此。幸早辨其妄，斥而遠之也。

鄭若洲中舉人，來謝教，刊先生古文數首。

著《學樂》卷三，一、辨篴色七音，當以四爲宫，爲中聲，不當以合爲宫。一、辨宫之商，宫之角，爲宫。商之宫，角之宫，爲商角。以隋唐金元六宫、七宫等調觀之，可証。一、辨采舒宗管子，先益法以合，爲倍徵數一百零八，四爲倍羽數九十六，則宫非始音，黄鐘非首律矣。一、辨十二律即具正清。采舒謂，十二正聲外，又有十二倍聲，十二清聲，是三十六律矣，皆誤。一、論仲吕、蕤賓無下生。即以采舒所言生數計之，蕤賓不生大吕，當三十八零。而大吕在上，爲七十五零。中吕下生黄鐘，當四十零。而黄鐘在上，爲八十一。是亦可見蕤賓、中吕，無下生也。一、辨五音不移，而以十二律旋宫，與十二律不移，而以五音旋宫，二圖一也。一、辨南曲"所、""越"二字是二變，無越角、越商、越徵之理。一、辨人聲不過七聲，而風土稟質，感應有殊，或高一聲，則爲高一聲七聲，或再高一聲，則爲再高一聲七聲，以至三高、四高、五高、六高而止。總合以律管，而不過十二律。故先王以律正聲，而聲之高下析焉。

李果侍，教之曰："儉於自用，豐於待人，善道也。今人反之，即有儉於自用者，必其主刻以待人，而自儉其極也；有豐於待人者，必其先豐於自用，而待人其餘也。"

若洲曰："講聖諭，非古法，無益徒勞民。"先生曰："然。古教民，以事不以言，惟讀法近講諭，而亦不同。讀法示以當然，使民由也；講諭曉以所以然，使民知也。非孔子之教也，宋儒之習也。"

思不入世易，入世而不粘難，宜慎之又慎。

著《學樂》卷四，録與河右先生考習諸語，并歌舞諸法，琴簫諸法。

聞米踊貴，怵然有民物之感，然不以貧介介然。

元英問養赤之道，曰："勿美衣飽食，勿懷抱嬌脆，勿失教嬰孩。"

爲習智出束修，留士宜館。

自勘狷隘狂亢，己之大病，事不立，人不親，皆以此。不力改，則廢才終身矣。

己丑年　五十一歲

儀功如常。

命習仁、習中從劉士宜學。

鄭若洲來，邀先生同如京。

若洲曰："行道而不辯，若何？"先生曰：不可。君子得位則行道，不得位則明道，不明是棄道也。且世之辨先儒者，在章句，顔先生所惻者，在斯世斯民。學術不明，民物終無起色，安得不辯？"若洲曰："攻佛不知其精，不如不攻。"曰："又不然。能攻賊，即賞之，不必盡悉賊之贓欵也。故曰：'能言距楊、墨者，聖人之徒也。'"

若洲規先生語低，曰："謹受教。"規先生不謁時貴，曰："交接取與，士之大節，此不可苟也。"

謂若洲曰："樞天有爲聖賢之志，而才短濇；子有爲聖賢之才，而志游移。苟無佛、老溷之，隱怪牽之，富貴誘之，志可立矣。"

蘇州陳純一來拜，言陶甄夫之高尚，王子嘉之技擊。與之《大學辨業》《習齋年譜》。

楊淡園致書問學，邵榮業、李興業來拜，問學。

李煒來拜，問治，謝以書生無知。具啓，出厚儀以聘，却之。

黄弼臣來拜，問學。

過楊仁澍，學五步劍法。

若洲謂先生宜諧俗，先生曰："守道、諧俗，二者不容中立。君子爲天下萬世守道，雖生死禍福不移也。"

以目昏，自此不下會場而歸。

田信侯書至，延先生之興平任，辭不往。

楊慎修選富平，持其父帖及張西陸字，請先生同往任，辭之。

思學術不可少偏，近聞習齋致用之學者，或用之於家產，或用之於排解，少不迂闊，而已流離霸矣。故君子爲學，必慎其流。

與辰訂半月一會學。

河南韓同甫書來問學，答之。

慎修又求西陸書來懇，許之。慎修以幣聘求理刑名，先生以商政則可，專司一事則不可。以念老母，年底必旋里也，却其幣金。慎修又來懇，先生言倩一佐尚可，乃薦文升同往。

辰拜別先生，曰："先生西遊，爲明行聖道也，寬和以納天下之士，無庸辰言。惟貌莊聲朗，嚴謹細微，再求加意。"先生是之。

五月一日行。

待柳生以和，慎修請理錢穀者也。

朔望，行望拜禮。

過固關，自井陘口至此，東西四百里，誠天險也。

文升怒柳生，先生解之曰："常以己之有餘，思人之不足，則無怨；常以己之不足，思人之有餘，則不驕。"

過聞喜，訪孫孝廉開緒，時丁祖母喪，不御酒肉，嘉之。問祭禮，答之。

渡黄河而西，詩曰："秦晋連峰爭長峙，劃然中斷放河流。金僊高掌驚空起，尖削三指萬山頭。""河西一帶屬梁地，嬴氏焉能出要津。自是子卬亡六國，不關新衍帝三秦。"

二十七日，抵富平，主人迎入署，拜，求教。

語慎修曰："富平亂國，宜嚴，然嚴不傷寬，乃得也。"

慎修求先生同入省。

商州知州沈廷楨來拜，言天下惟先生一人，自稱後學。先生謝弗當。問練鄉兵，答之。

商南知縣于鯨來拜，稱門生。

把總蔡麟瑞生稱後學，來拜，問心體，答以儒、釋之分。

張曉夫來晤。

藺副將佳進來拜，問學。

視采舒孤子，周之。

張中潛士稱後學，來拜，問聲律，答之。

陸師旦西朋、戴大源梅莊來拜，因同訪王孫裔子丕，遇柯鳳岐山。

陳光陛尚孚稱後學，來拜，曰："自去歲得《習齋年譜》《大學辨業》於彭亭立，即知李二曲之學近禪，以顔先生爲是。今聞教，愈有依歸矣。"

以《學射》示瑞生，問如何爲大將？曰："心無刻不流注三軍敵人者，可爲大將矣。"

潛士出所論治道求正，大端不背《平書》，獎之。

瑞生問聖學、俗學之分，先生曰："聖學踐形以盡性。耳聰目明，踐耳目之形也；手恭足重，踐手足之形也；身修心睿，踐身心之形也。形踐而仁義禮智之性盡矣。今儒墮形以明性，耳目但用於誦讀，耳目之用去其六七；手但用於寫字，手之用去其七八；足惡動作，足之用去九；静坐玩弄，而身不喜事，心遇事迂板，身心之用亦去九。形既不踐，性何由全？此一實一虚，一有用一無用，一爲正學一染异端，不可不辨也。"瑞生諸子皆曰："然。黑白昭昭分矣。"

規慎修勿欲速，勿作聰明。

慎修以錢穀交盤不清，求理。辭以越俎。慎修力求，不得已應之。

田信侯差役來請，不得往。

思學禮樂兵農，而身無之，非爲利，則無用。

思好矜者中不多，多則不矜；好爭者常不勝，勝又何爭。

思親。

思主人凡事托倚，而爲人所忌，危之。務以謙，以和。

九江黎宋淳長舉，自鎮原千里稱後學，來拜，請學禮樂兵農。先生曰："勿獵多也，且學禮。"以心禮、身禮及冠昏、喪祭、朝廟、軍賓之禮，分别告之。又請并學，先生曰："不可。以身心爲主，餘學一可也。"長舉言其静坐致病，先生語以儒、釋心性用功之殊。又語以勉學聰明睿智，無此則仁義禮智皆無用矣。拜受而去。

思府吏胥徒，綱紀之僕，皆官之耳目手足，而皆官之賊也。事持公，而使若輩不得私，必叢怨於我矣。不爲福始，不爲禍先，張子房其智矣乎。

文升欲獨批狀詞，推之。

事繁人喧，而心不動。

作《禁婦女入廟焚香當街看戲示》。

慎修禁鬬爭，嚴輕生，斷賭博，勤聽訟，減催科，除强恤弱，不虧市價，數月闔縣風俗一變。士民建坊獻衣。慎修來拜謝，曰："先生功也。"曰："君自勤惠，我何力焉。"

慎修待先生以師禮，對同僚士民言皆稱師。先生辭。且以人忌，屢辭出遊，慎修堅留。

思子堅厚我以情，石門揚我以道，慎修聽我以言，皆有不可忘者。

語慎修曰:“勿喜而喜,勿怒而怒,勿有事而有事。”

與藺行上書,勸以拊循士卒。

著《樂説》,云:“周旋中禮,心性欽明,無動無静,惟天與偕,無所爲憂,是之爲樂。”

語慎修選鄉保,練民兵,旌孝弟,重學校,開水利諸政。

瑞生走役來接,入省,遇周崑來、胡元馭。

魯登闕聖居稱後學,來拜,彈琴。先生曰:“此隋、唐道家操也。”以琴古法告之。

之興平署,田信侯令其四子皆執贄從學。

瑞生問賞罰恩威之道,曰:“先嚴後寬則人感,先寬後嚴則人怨。平時之罰以公,臨戰則小過恕,而大過誅,勿使怨而滋敵。”

中軍何百禄萬鍾來拜。

傳聖居律吕,聖居被之人聲絲竹,且能製器,喜曰:“吾樂得子而實矣。”

思尚孚學《易》,長舉學《禮》,聖居學樂,瑞生學兵,潛士學治平,吾道其或興乎。

尚孚不見官長,一日來先生寓論《易》,因共飯。適慎修求見,尚孚急走避去。

教瑞生以豁達,聖居以治生,潛士以鋭進。因求三子規己過,聖居、潛士言有交股一過,先生拜受。

三原知縣顧之珽來拜,知毛河右先生尚健。

看報,知吴公匪菴卒,哭之。吴公諱涵。浙江石門人。以壬戌鼎甲,仕至都御史。樂易而清端,雅以先生學術爲正,揚於公卿朝廟,不啻若自其口出也。待人大小長短,皆休休容之。先生嘗曰:“若吴公者,可以相矣。”

慎修謂先生曰:“四方賢儁相會,當周者即周之,勷財即先生財也。”乃於崑來、子丕、西朋、聖居諸友,皆有餽遺。而慎修有過與者,先生復力節之。

集陳尚孚、陸西朋、張潛士、蔡瑞生、周崑來、胡元馭、魯聖居、張赤城、王子丕於寓,彈琴吹篴,歌詩論學,歡燕而罷。赤城帖云:“是會也,奇才异技,六省之士,萃於一堂。先生以至道正學,振興後進,而且一觴一詠,談笑風流,亦足傾倒豪儁,霞心折矣。”

語慎修曰:“倖進無功,欲速多躓。矜長易於見短,好諛必受人愚。”

瑞生贈先生袖鞭,并傳用法。

子丕與崑來論畫,曰:“今人專講摹仿,與畫何與?畫天如天,畫地如地,畫何山川何人物,如何山川何人物而已。”先生歎曰:“依傍門户,而忘聖道之本然者,今之畫也。”

語慎修曰:“用財,爲善,皆有度。用財無度,則費不可支,爲善無度,則壅不能行。”

沈商州與朱學使軾,議秦中風俗澌澆,擬言於兩院,延先生講學。先生曰:“變風俗不以諸君之實政,而以空言乎?且僕非其人也。不日東歸矣,必已之。”

語慎修以飛票催糧法。

作《富平贈言》,曰:"自與吾友西來富平,交情日厚,愛敬日深,爲不廢芻蕘,非僅禮貌之末也。今吾友仁心仁政,旁羅洋溢,爲吾黨光。鄙人以省親將行,慘然頓如遠別,因書瞽語,以代面談。一、戒高興。杜工部云'入門高興發',謂山林之致也。至於處世事,則斷斷勿用之。責人勿高興,己怒也再爲存想,將行刑也再爲擬議,勿任性氣,致一發而難收。用財勿高興,漢高以黄金四十斤與陳平,不問其出入;韓昭侯一敝袴不以與人,皆英雄之宏圖也。若漫然用材,不擇當否,雖費無功。施仁政勿高興,如農桑、水利、武備諸政,吾友念念不忘,誠民之父母也。然須酌量,時可以爲,力可以爲,乃出號令,不然,言之不能行之,則無以取信於民;即行而鹵莽滅裂,不克有成,或興利而反以貽害,則又不可。愛人勿高興,其人可愛也,徐而察之,平心觀之,漸漸任用以盡其才。不得一時相投,輒驚喜非常,過分相加。苟非真才,反以壞之。或用情難繼,後反致怨。一、戒驕奢。吾友謙恭下士,衣食朴儉,可謂富貴中特立者。然吾昨語田公子曰:'貴不期驕,富不學侈。'言驕奢之易也。車馬服御,賚予支費,須損之又損,寧樸勿華,寧陋勿豪。庫銀不可動,假貸不可行。何者?輕用吾財,即輕用民之膏脂也,不然,於何出辦?一、戒矜張。我輩居官,立志爲聖賢,出政效帝王,皆分内也,無事矜張。少有矜張之意,必來諛誦之口,來諛誦之口,必有假此中我以射利亂政者矣。且我善政异人,即不矜張,人尚以矜張加之,以致上司不快,同僚忌嫉,非小故也。而更矜張好諛乎?且作大事者,量如滄海,度如山岳,小善小勞,沾沾自喜,何以圖大?一、戒近小人。小人貢諛以中我射利,或陽奉我,陰違我,或假相契合以探我。我愛其熟軟,喜其伶俐,比其夤緣,及後遠之不能,近之立禍,可畏也。即同輩中無所覬覦於我者,但係小人,即不樂人爲善,必宜遠之。一、戒小術。至誠之道,可格幽明,此仁術至術也。若詭道,則但可用於兵旅,今日殺敵,明日奏愾。至於家人父子,朋友僕從,吏卒民人,一毫術譎不可用也。此用之,彼露之,前用之,後必難復之,使人疑我備我,壞事實多。一、戒奇异。孔子曰:'中庸不可能也。'仁心仁政,至平至易,即至奇至變,平地成天,皆在其内,若假鬼神,好虚玄,説夢幻,不惟無益,且啓人疑,甚不必也。至於講六壬、奇門,南宫劍客,皆殺身禍世,塗炭生民之人也,甚勿以爲正術而近之。一、貴閒暇。庸人之閒暇,怠也。英雄之閒暇,静也。善作事者,常使精神餘於事,不使事餘於精神。苟好勝喜多,以致茫亂,事必有誤。曹公意思安閒,如不欲戰,孔明所以稱殊絕也。一、貴有恒。吾友愛民之心,吾敬之,理事之才,吾愛之。再益以沉潛細密,喜怒不形,得失不驚,有始有卒,則生民之幸矣。萬勿始敏而後怠,萬勿始儉而後奢,萬勿始小心而後放肆,萬勿始虚受而後剛愎。"

朱學使可亭來拜,以閽者失辭,未會。後以書與之,謝來顧失晤之故,并辭講學之議。

言:“古人先學而後講,後儒則以講爲學,不惟塨不能,抑且不願。”

張景蔚少文來,謂先生學大而通世務,深相結。謂慎修曰:“君一刻不可離李先生,然當求其大,勿責以小。明歲延至,可爲闢館別居,朝夕議政。而刑名錢穀,別致人,則先生可安。”又謂先生曰:“慎修言先生行則泣,何忍决去?成慎修之政,即自爲政也。但先生宜總大務,今憐慎修無人,既刑名又錢穀,既謀外事又商家政,非所以却嫌怨養精神也。”先生深感其言。

顧令以幣交,如三原報之。顧令郊迎,成禮而去。

王帶存過富平,投詩云:“老我從遊晚,憑誰辨業真。十年求大道,千里見斯人。坐對秦山峻,行歌渭水春。怳然虞夏在,風景一時新。龍門看咫尺,懷刺轉徬徨。不入先生室,誰裁小子狂。遠山青冥冥,野日白荒荒。緩步憑羸馬,踟躕下夕陽。”

語慎修曰:“易决之事必思,既思之後必决。”又語以嚴轉筲,謹書役,息詞訟。

林縣丞餽別儀,却之。

紳士書吏投字慎修,留先生勿行,先生不允。

十二月朔,先生行。慎修厚贐,泣拜出送。兩衙六房三班衙役,薦紳士民,盒酒拜餞,邐迤十餘里。至臨潼之康橋,慎修欲同宿,力辭令回。慎修令馬夫備三騎,送先生抵里,欷歔跪地不起,曰:“上下皆知楊勤能屈先生,願先生勿虛上下之望。”先生諾之。

接家報,知二壻皆入庠,而劉壻折矣,泣下。

抵里,知蔡瑞生自京返秦,來過。登堂拜母,供養老儀。

餽弟侄,族姻皆有物。

見崑繩自淮署寄來書,曰:“寥寥六宇,合志其難,惟我與君,可以此心相許。而燕山楚水,未知共學何時,此豈尋常離索之情所可况耶?弟近學《易》,方知聖道與天道俱備於《易》。宇宙之事,至常至變,至庸至奇,無一不具於《易》。孔子之所樂者,樂以此也;君子之不惑不憂不懼者,皆以此也。然非孔子,孰能爲後人開途而啟鑰哉?夫何朱紫陽,爲陳、邵所惑,滿腹先天學問,公然尊异端而倍孔子,闡邪説而亂聖經,顧乃俎豆聖廟,爲數百年儒宗,率天下後世叛孔子之教而不知,豈不可爲歎息痛恨!無怪顏先生謂‘程朱之道不息,孔子之道不著’,良非過激而云然也。然就《易》以論,伊川縱有不合,猶依傍孔子而爲言,未嘗敢將孔子之言闢倒而別立一説,以駕乎其上,如朱氏也。弟著《讀易通言》五卷,句句與之辯正,使人曉然知其爲异端所亂,庶幾邪説息,而經可正也。恨不與吾兄以商質之。今日舍進德修業,更無他學。進德不外敬以直内,義以方外;業則六藝既夙未之學,亦惟讀書。但書不在章句,讀不在佔畢耳。所恨者,時過後學,獨立無友,二者兼之。不比吾兄,學既成而門户既立也。亦惟勉竭餘年之力,隨其所造而已。”

命辰教其子侄群從，有不能備修金者，代出之。

庚寅年　五十二歲

儀功如常。

知慎修有悍僕譖於楊太翁，乃令馬夫返，辭不往。

辰爲先生修《年譜》。

日侍母甚歡。

閆公度卒，哭之。公度諱中寬。蠡人。性寬厚，讀書彊記，雅重先生之學。己未進士，仕至户部郎中。

二月，慎修差役持血書來請，云："三月初旬不到，即以死殉。"言甚悽惻，先生不得已復往。三月初七，至康橋，富平紳士來迎，至竇村宿。役民以班來叩，慎修率紳士隷民跪，謝罪求教，請入署。

入省，晤參領馬呈圖、總督筆帖式郭鼎三。鼎三曰："讀顔先生及先生書，聖道如日月當前矣。"

語慎修曰："小人女子，恩不能結，威不能斷，惡作勁敵，撫作驕子，是君孤立也。"

漢中秦子壽來拜，問學。遇梁質人，言甘肅道茹鳳儀謀晤。

富平有謀逆經年未發者，慎修密訪得實，率兵役往擒之，依律擬罪，免其株連。

尚孚諸子及張二允、周領旗、蘇克憲設公筵，請先生論學。

滿城旗人十余來拜，問學。

瑞生問兵，曰："用衆以寡，用寡以衆。"

萬鍾請筵，與瑞生較射，演技擊，皆絕藝也。快之。

少文爲慎修延錢穀幕賓王暻文，路病，至富平卒。先生出弔之，檢其遺書，擬師事先生，以共成慎修之政者也。先生嘆曰："天不欲慎修有終，而使我不久於富也。可違天乎？"

慎修延達紫旭至，先生語以聖學，紫旭躍然曰："吾向疑天下如婦人女子，今乃知學術之失也。"看《平書訂》曰："太平在是矣。"

五月，文升去，慎修延黎長舉司刑名。

謂長舉曰："君於耳目之學未也，古人明四目，達四聰，視思明，聽思聰，不聰不明，則諸事無能爲矣。"長舉曰："淳嘗以靜坐致病，其靜也，有言不聽，人來不視。"曰："此异端，所謂黜聰墮明也。達者察言觀色，非於視聽用功乎？"

覽宋儒書，朱晦庵晚年悔講學多，常靜坐；陸子壽兄弟，晚理會講學。示長舉曰："子視宋儒進退爭辨，只此二者，請問周孔如此否？經書有此學問否？"長舉曰："曉然矣。"

先是，先生與周崑來札，求爲寫照，子丕見之，曰："何必崑來，我爲先生寫矣。"於是寫，十易稿，乃登絹，名曰《遠道圖》。

瑞生曰："麟觀先生處事，未事不粗忽，臨事不忙迫，過事不遺忘，一日而數變，久遠如初勤。大畧克舉細瑣，不厭教我矣。"

慎修商徵收，先生爲立法，與甲長一甲單，催户頭，户頭一户單，催花户。皆開列糧數，使花户盡知。不到乃發木皂，不到乃差拘枷號，完銀始釋。蓋去坐差比花户，催科善策也。又曰："精明嚴慄則法行，不然，不如仍舊。"

思去，作詩曰："舉世乏人材，焉得不長歎。錯薪群已矣，翹楚亦徒然。樗穀臭自染，蘭蕙質無堅。崑岡與溟勃，會投以塗炭。安能乘黄鵠，萬里一高騫。"又云："人生少知己，自古而已然。張竦與陳遵，氣稟各有偏。顔淵違一間，焉識大聖全。父子兄弟好，各懷各自看。但能果自知，遠大遂可肩。仲尼無奈何，歸之彼蒼天。"

著《學御》，騎法、飼法、相法，得之瑞生者也。

萬鍾爲先生裝刀，送至。

閏七月，以祝太夫人壽，辭慎修旋里。時太夫人年七十矣，慎修泣曰："歸祝，勤何敢留？但明春奉迎，求無拒。"恐爲所牽，姑應之。

之興平，率田二生斌入省學射。

之商州，嘆商洛天險。沈青山聞先生至，出迎，入署。晤陶甄夫，甄夫出所著《熊襄愍傳》，言殺襄愍者，道學鄒元標也。先生因嘆，道學不能辨事，且惡人辨事。

青山留先生居商講學，辭之。執贄，令其子永言、侄素存從學，辭不獲已，受之。又餽贐，辭之。

先生贈甄夫玉帶，甄夫報以核桃硯。

返長安，餽采舒孤子以金，蔡太翁以養老物。子丕將葬母，賻之以金。

田興平送祝太夫人壽幣及騾一，受之。

瑞生送祝壽玉扣及騾一。羲徵、鼎三各有祝壽儀，皆受之。

諸友送至省城外，餞别。瑞生又遠送數里，登高阜，望先生行。

却寄諸子，各有規勉。

陳子章送祝壽錦言及廣藥，受之。

慎修以事復求先生入省，以將别，許之。

瑞生復聚諸友燕談，諸友又送至龍首山，皆洒泪而别。

長舉送壽言，拜祝，餽贐，辭之。謂曰："子一練刑名，一以禮範身心，一倡明聖道，一諳世故人情，可矣。勿他營也。"

達子旭至，以其曾佐兵事，問之。紫旭拜，求爲其父作傳，許之。作《達副將傳》，畧曰：

“副將諱友貴。鄜縣人。明季,陝西流寇四掠,殺其父。友貴揮戈號泣,散家貲,募鄉兵,手殲其讐,剖祭父墓,釋兵。已而流賊愈熾,鄉里公請友貴,復統鄉兵擊賊,屢立功。洪承疇奏聞,置麾下,官至副將,行總兵事,同左良玉、曹文詔討賊鳳翔。曹、左皆以歲寒賊强,難以猝勝。友貴獨决進,遂以奇謀得勝,賊潰。賊據方山者甚固,友貴請於經畧,持尚方劍督進,擇尤險者自當之,遂開方山。清兵入,乃棄衆隱,洪承疇招之不起。子宸亦知兵,吴三桂畔,聞其名,虜去,間道亡歸。吴兵由鳳縣至斜谷,皆得之。冷將軍問計於宸,時間日在谷口揚兵,宸曰:‘緩我而懈彼,乃可攻也。’乃半月或一月一揚兵。至十二月除夕,帥師直入谷口,復遣奇兵從間道設伏,大破之,復地三百餘里。吴遣重兵屯夷門鎮口,畢將軍移兵北原避之,請宸聽其計。宸乃捉土人詢路,遣兵遶出夷門鎮口後,伏焉;又遣奇兵,從上流淺處渡,登夷門口西山。而大兵夜渡渭擊之,合戰,兩路伏發,賊遂潰奔。及三藩平,上功幕府,宸曰:‘吾父以報父仇,不終其官,吾可以佳兵官哉?’亦之鄜縣山野隱焉。宸以有异術,致風雨、驅邪魅聞於人,及見之,退然儒者也。聞聖道,伏地願學,且歸以訓其子孫,是豈一技一藝之士哉? 以其知兵有家學,故爲其父傳,而大畧及之。”

語長舉曰:“宋儒内外精粗,皆與聖道相反。養心必養爲無用之心,致虚守寂;修身必修爲無用之身,徐言緩步;爲學必爲無用之學,閉門誦讀。不去其痼蠱,不能入道也。”

慎修遥拜太夫人壽,供金環彩緞,并餽贐,受之。

八月十六日起行,慎修命隸黄天順、民宋顯秦送先生至里。前任劉令、三原顧令俱來送。兩衙餞送,藺、王諸紳衿餞送,書吏鄉耆餞送,三班叩送。慎修與顧令有公審事,辭,令回。慎修泣拜,囑以復來。先生亦悽然囑曰:“君凡事小心,勿信胥役,勿虐家人,勿瀆上司,勿易事求奇,勿難事沉閣。”紫旭、長舉送至康橋,辭回。慎修遣馬蒯王永長,一路備中伙送先生渡黄河。凡慎修送役回者,皆犒以儀。渡河,令永長回。又字達慎修曰:“勿致虧空,勿敗素望。”

過太平,作書與王元亮,語以致仕,宜倡明聖道。

路遇馬良,持三弟及辰字,言楊太翁聽讒,有言先生正謀不復,而難以爲辭也。乃遣黄天順返,决辭不往。

九月七日,抵里。拜母,供錦緞諸衣。與四弟褐及裘,親友當餽物者,餽之。

十一日,祝母壽,列諸友壽言於堂上,率諸弟、子侄稱觴拜祝,環侍。

遣宋顯秦回,顯秦知先生必不往也,叩出,哭泣而行。先生歎曰:“吾觀人情,而知王道之易易也,其如命焉何哉?”

鄭若洲問曰:“自反而縮者,堪自信也。”先生曰:“未也。若荊卿等皆堪自信,然非曾、孟之縮,自反而縮,即集義也。”

教二子曰:"子弟不可積私財。有私財,則於父母分彼此,將致不孝;兄弟積財不一,或有覬覦起爭奪,將致不友不恭。"命内子將二子所得賜賚,盡入之公。

爲習仁講《鑑》,至禹一饋十起,一沐三握,嘆曰:"周公一食三吐哺,一沐三握髮,孔席不暇煖,墨突不得黔,聖賢之身勞事迫,皆如此也。宋儒乃曰:'六十七十無事客,閑來無事不從容。'則别一虚空境界,非儒道矣。"

自勘有一身之事,考察身心也;有一家之事,農圃居室也;有一邑之事,鄉黨應酧排解也;有天下之事,賢哲結納,友朋講習也;有一時之事,苟得議政,去甚救弊也;有萬世之事,著書立言,以明學論政也。諸事蝟集,孱軀難任,惟期持之以敬耳。

孫子未典學貴州,托一劉生寄書候,且有餽金。劉生送書至,則金已用矣,辭慚而費。先生曰:"君鄉里也,君乏而問我,適遇我有,能不借子乎? 何以歉爲?"

思酒色財氣,性也有命焉,且不能與吾身終始者也。何者? 病則不能,衰則不能,未亡已亡者也。仁義禮智,命也有性焉,乃與吾身相終始,且存固與存,亡不與亡者也。何者? 苟能全之,其功被萬世,其道傳無窮也。

先生在秦,易州知州趙山公餽金幣,曰:"佐先生二子讀書也。"至是,如易報之。

入京,還郭宏銀五十兩。宏曰:"先御史未有遺言,想餽先生者耳。"先生曰:"此尊君代予償人者也。今汝家寡婦孤兒,我可弗償耶?"卒與之。

黄輔弼臣延至其鑾儀衛署内,下榻問學,答之。馮欽南過,問學。

辰言家庭亦重勢利,可傷。先生曰:"在我不可有勢利之心耳,若家人以勢利,感動之,亦道也。古人富而後教,又曰:'權者德之輿。'未嘗不該家庭於内也。"

劉百斯郎中居母喪,踰年,猶不食酒肉,不入内,嘉之。

十二月,先生爲習仁加冠,辰爲賓,字之曰"長人"。

思昔年煤毒、部問二事,心夷然不動,以爲學問所就。今回勘《日譜》,當時大本未立,蓋冒認也。因悟庸人平常心亦不動,遇險巨則忙亂。雄傑遇險巨,心能鎮定,在平常乃多出入。若動亦定,静亦定,常亦定,變亦定者,乃聖賢之存養也。

邑令陸公問政,曰:"政在三嚴:嚴屯駐,嚴盜賊,嚴吏役。"

謂門人曰:"吾心不好思,静澄於中,名理自種種環生。"又曰:"辨天下事,必耳聰、目明、心睿。吾嘗自愧愚柔,然猝見一人,即測其底裏,隔室聞人語,即料何事。凡行一事,必要其起訖,不能如劉剞,一步十思,而一步嘗二三變解。有志者不歷此境,終無庸也。"

續纂李恕谷先生年譜

《恕谷先生年譜》，自庚寅前，爲同門馮樞天所纂。其後，爲劉邦司所纂者，先生病中，及《日譜》三卷失去。庚戌春，先生詔贊來莊，教其季子。比秋，先生爲制臺唐公、藩臺王公聘入上谷，修《通志》，囑贊續纂《年譜》。乃自辛卯至甲午，無《日譜》者，按詩文稿録其大畧；乙未後，則按《日譜》酌修之。纂訖，再拜言曰："《年譜》者，恕谷先生之圖像也，繼往開來之轍迹也，後學之標準也。假堯舜禹稷不有《尚書》，則放勳、重華之德，治水教稼之績，泯矣；周公、孔子不有《周禮》《論語》，則豐、岐之治，洙、泗之教，湮矣；子輿氏不有《孟子》七篇，則仁義道德，衛正閑邪之言，蔑如矣；顏習齋不有《年譜》《四存》，則好古力行，論性辯學，策治喚迷之傳，無聞矣，烏覩所謂萬世永賴，繼絕學，開太平者哉！恕谷先生傳習齋之學，承先聖之道，著述甚夥，而生平行止，進修之實，概載《年譜》。贊之所以亟爲纂輯，俾讀之者見存心養性之功，而皆知所以正心；見飭躬寡過之學，而皆知所以修身；見閑家佐政之幹濟，而皆知所以齊治；見明道辯學之論説，而知前聖後儒之分途；見孝友睦婣任卹之躬行，禮樂兵農射御書數之傳習，而知四教、三物之切實而有用。於以質之堯、舜、周、孔、孟子、習齋，誠异地而同揆也。聖道不墜，斯文在茲，天下萬世，胥於是《譜》爲表正矣，所關豈不巨哉！"謹敘。

雍正八年歲次庚戌中秋洺川門人劉調贊頓首百拜譔

李恕谷先生年譜·卷五

威縣門人　劉調贊　　續纂
孫　　　　　　鍇　重加修訂

辛卯年　五十三歲 康熙五十年　《日譜》失

儀功如常。

與王崑繩書，曰："天壤之大，惟我二人，聖學王道，可共商酌。而炎南雪北，一別數年，每遇可賞可析，如芝顔當前，不能作語。馬首正行，遥望一人，貌似中郎，加策赴之，乃又非是，悒悵何極！道駕想尚在淮安，公子尚在金陵，近況勝否？塨比歲爲楊慎修所敦請，西行，幸其虛懷聽受，甚獲民心。關中學者，頗可晤語。上而當道，下而草澤，皆有虛佇，吾道粗明粗行。兩次東旋，官紳士庶，送者填塗，遂欲還家，苟全終南。但慎修少年，恐不能持久，又其庭幃乖離，故今歲歸，決不往矣。《易解》可示下，承翰教，虛懷受言，敢不佩服。我兄弟年亦老大矣，衰至而驕，何常之有？望彼此共策，益拓度量，邃涵養，改過取善，雷行天覆。不然，學且墮落，不惟愧負天地聖賢，亦吾師習齋之罪人矣。"先生後自記云："聞崑繩庚寅秋棄世，則是書未之見也。悽然。"

與趙易州書："楩楠杞梓，不爲栈椓磈；吴鈎干將，不利刃以礫鼠；長人巨公，不怒而與雞鬭犬搏。苟惡其人而校之，則我與可惡之人齊分矣；卑其人而校之，則我與可卑之人等量矣。君子其高如天，物雖觸之無及者；其厚如地，物雖撼之無動者。故無喜無愠，子文稱賢；見善不喜，見惡不怒，武王誦聖。"

三月，清明祀先，告曰："祖鄉被圈後，湫隘之甚，不能容塨兄弟五股。塨請奉母，移居齊家莊，學農圃，以謝世務，以奉先傳。"遂移於莊居，修屋理農，紀以詩四首。其二曰："就西新闢一書堂，换頂更塗舊草房。虎落編成柴作壁，龍鬚鋪好凳爲牀。南川帆雨侵窗潤，北野花風入座香。吾黨能來攻禮樂，便堪白日到羲皇。"

壬辰　五十四歲　康熙五十一年　《日譜》失

儀功如常。

易州祝兆鵬以雲南知州，受知於總督劉公蔭樞。時得顏先生及先生著，上劉公，劉公亟稱許，遂識於心。至是歸京，補山西忻州知州，遣其四弟來問學，且具儀聘先生主其幕事。先生以親老辭。問習齋尚有他弟子乎？先生舉張文升及三弟益溪，乃延文升主幕，益溪設帳而西。

祝兆鵬之岳丈張，以部郎放濟南府知府，使來餽贄，求理其幕事。詞甚懇切，許之。乃以十月東行，過德州，李龍友來拜，在李翰林園置酒，高會德州諸士。至武定州，拜李相國公子。入席未終，公子叔父五老庵來，曰："孩輩不足語，請下榻敝齋。"遂邀以往，住四五日。爲言張石民、來儼若行蹤，且言儼若貧病，乃修書與之，畧曰："庸人之病，酒色財而已。豪傑之病，則一在曠懷天下，而不恤家計；一在憂世，而不樂天。二者皆足致病。昔人云：'如此爲病，不如此則爲藥。'"又與張石民書，曰："山左人物，惟聞先生一人，好學能文，心羡之；孝友一堂，心羡之；高尚不入塵俗，倘佯山水，心又羡之。此亦今之威鳳祥麟矣。然又聞先生談理學，不知觕觕修飭，獨善而已乎？抑尚欲繼往開來，任世道人心之重也。今海内乏才，聖緒將墜，非先生挺立之人，孰能任之？特寄《顏習齋先生傳》一首，拙著一本，以爲乘韋。冀他日相見求教，共訂千秋之業也。"

十一月，到濟南，太守延入署，觀其署事，知其非能有爲者，乃决辭而歸。

癸巳　五十五歲　康熙五十二年　《日譜》失

正月，以《周易傳注》久成，入京，尋剞劂刊之。作《序》曰："《易》爲人事而作也。孔子於《大象》，如'天地健順'、'雲雷屯難'，而必曰：'君子以之。'又曰：'《易》道有四，以言，以動，以制器，以卜筮。'又曰：'百物不廢，懼以終始。'皆人事也。予癸未注《易》至《觀》。甲申春，李中丞斯義下榻京師，注卦訖。秋，又自訂於郾城溫令德裕署。丙戌注《繫詞傳》《説卦》《序卦》《雜卦》，迄壬辰重訂一周。嗟乎，《易》入漆城，乃二千年於茲。自田何傳《易》而後，説者棼如，而視其象忸怩，徵其數穿鑿，按其理浮游。而尤誤者，以《易》爲明天道之書，於是陳摶《龍圖》、劉牧《鈎隱》、邵雍《皇極經世》并起，探元極，推先天，不惟《易》入於無用，而華山道士，青城隱者，异端隱怪之説，群竄聖經。而《易》之不亡，脉脉如綫。夫聖人之作《易》，專爲人事而已矣。何以明其然也？乾坤索而爲雷風水火山澤，本天道也，伏羲因而重之，何不每卦皆言天道？而《蒙》《需》《訟》《師》《謙》《履》等名，即屬人事。文王《彖詞》，於《乾》繫以'元亨利貞'，猶天道人道兼言也。至《坤》，'牝馬之貞'、'君子攸行'等辭，專言人事。周公《象辭》，則'潛龍無用'、'利見大人'、'朝乾夕惕'，無非人事者。以下六十二卦，言人事者無論。如《復》《姤》《泰》《否》，明屬天道，而'利有攸往'、'勿用取女'、'小人大人',必歸人事。乃知教人下學,不言性天,不惟孔門教法也,自伏羲、文王、周公以來皆然也。予弱冠受學於顔習齋先生,不言《易》,惟以人事爲教。及壯遊,見許酉山先生,頗言《易》卦象數。謁毛河右先生,剖辨《河》《洛》《太極》。及歸而玩《易》,卦象、爻象,一一與習齋所傳人事相比,乃知習齋不言《易》,而教我《易》者至矣。故少於《易》僅一覽,長又無能誦讀,而日注一卦,豁然若解。三弟培,同邑張綸,石門吴涵,德清胡渭生,大興王源,金陵王元衡,太平王奐曾,武昌陶窳,盩厔陳光陛,武定李之藻,或以爲是,或以共學,亦庶幾有合於人矣。夫天下萬世,猶吾身也,意欲再訂三訂,以公之斯世,以共期寡過,共力經綸,或亦仁人君子之所許也。"

與鄭若洲書,曰:"客冬,聚訂《周易》,賞奇析疑,千古樂事。獻歲,乃劃然得聖人作《易》[①]本旨,專爲人事,已爲序顔其上。回思足下高明,頗嗜奇,乃論《易》惟主庸常,稍涉纖巧高遠者,即芟除,固天分之卓,想四聖人之道,原不可過誣也。自此,《太極圖》諸説,吾知足下洗而正之不難矣。自顔先生去後,提誨無人,血氣漸衰。夫身猶器也,自勘舊矣,舊則不新,舊則將蠱,且愧且懼。近與樞天約,日省月箴,勉圖晚進。足下近深於《易》,擬鈔拙著,時常披吟,甚佳。然猶望鼎力,於操存省察有所持,孝友禮樂有所課,遷善改過,不但爲庸近無甚罪戾之人而止。則以於《易》以窺覦測之,與以深造得之者,其淺深當有逕庭也。而於衰夫,亦庶幾有助焉。"

仲夏,《東莊即事詩》云:"柳蔭堤頭坐,風來萬里涼。麥壖晞早露,鴿陳亂斜陽。爭席村翁慣,荷竿海鳥忘。商山有四皓,何自識張良?"其一"南原清曉往,步屧意遲遲。高木纔賓霧,新苗半扇菑。久無開口處,惟有會心時。大路當前在,歸來示兩兒。"其二

鄭見百請至棗强,同馮修五、張瞻抑、單侯搢集素景園。詩云:"連厦堪遮日,深林易得風。池欄開綺席,客榻見群公。雨洗天爲碧,花臨酒亦紅。無窮今古事,隨意付杯中。"

甲午　五十六歲　康熙五十三年　《日譜》失

春,同邑進士王之臣,太倉王相國所取士也,自京來,傳相國諭,將薦先生學行於天子,先生具書力辭。

李翼公之母,國初被掠遼東,翼公入遼,百計贖之歸。先生過望之,贈以詩曰:"匹馬風沙路,來過孝子堂。客年傳庾愍,今日見王祥。泔水三牲饌,鮑墟百歲觴。孝子蠡人,住鮑墟里,里旁有米泔河。萱帷夢裹笑,不復在遼陽。"

邑令浦公新下車,即來拜,求教。先生告以禁賭博,減雜票。其所延西席惲皋聞孝廉,武進人也,素聞先生學,因過請教。乃以《顔先生年譜》《四存編》示之,撫掌稱是。遂盡棄

① 底本作"意",據《顔李叢書》本改。

其學，而學先生六藝之學，立《日記》以省身心，且招先生長子習仁入署，教之讀書。寄先生書曰："承惠《顔先生年譜》《四存編》及《辨業》《學規》，敬展讀畢，爲之心開目朗，如霾霧豁而天日皎也，如膩得浴，如塵得刷，而身爲之輕，意爲之爽也。先生之教我深矣，苟有識知，能無感而佩乎！所痛沉沒時俗，途窮日暮，聞道已晚，用自傷也。家世以制義發科，生不知學爲何事，涉筆爲文，即得父兄稱賞，輒自矜喜。所遇明師良友，勉以讀古書攻詩賦，已爲超時出俗之學。此二十以前之一誤也。既爲諸生，家益落，假時文章句爲人師。年益長，志科名益急，務制義益精，掇拾諸儒性理語，止供時文用，而無暇體究也。此三十以前之再誤也。旋遭室人之變，貧困淒寂，夙妄自負，抑塞莫伸，遇方外人，作奇突語，似若可喜，遂甘心焉。而禪宗公案，棒喝拈提，頗有省會，愈增其妄。返觀《語》《孟》，都作妙義玄言，遂徵昔人學佛然後知儒之説。此三十以後之大誤也。而從此亦喜觀陽明、心齋、近溪諸語録，竟以爲真學如是耳，其誤益堅。而見世俗專尊程朱，因取而觀之，見其言近於篤實，而亦自悔從前妄誕之非，尤服膺'主静'二字，以爲聖賢的旨，而深愧未能也。然生平讀書頗善疑，見宋韓、范、司馬諸公，聲光震煜，居然大人，而國勢厭厭，日就迫蹙，以成靖康之禍，竊謂西賊破寒心膽之謠，中國復相司馬之戒，直是當日諛詞，全無實驗。而見朱子每過稱張浚，則大非之，以爲交其子而諛其父，遂亂天下是非之實，大違三代直道之旨。而《性理》載其以岳忠武爲太横，秦檜能録用舊儒，後人憤然曰：'私意如此，豈聖賢之言乎？'夫儒者之盛莫如宋，國家事勢之孱餒，朝廷名義之汙辱，亦莫如宋，每疑而怪之。然以世俗所尊信，且自愧未臻諸儒學力之所造，又見其著述，服其宏博，愈不敢議。今讀《存性》《存學》編及《辨業》《學規》，而知孔孟之真，自有在也，而知宋世之不振，皆學術無用之故也。先生之教我深矣。然而竊用自傷者，六藝之事，不特身手未涉，即耳目亦少歷焉。今年已半百，外疆中乾，蹣跚澁縮，舉止無當，於此事遂已矣，不亦悲乎！且前擬躬叩講堂，觀禮容、聽樂歌以自澤，今顧影增慚，面目粗鄙，語言樸率，内無得於定静從容之力，外不嫻於周規折矩之儀，何以自進於大君子之前而請其學，益足痛也！駑駘病骨，伏櫪悲嘶，不識尚可施鞭策否，惟先生幸而教之。"

皋聞問正心功，先生語以心有三境：曰明，曰昏，曰妄。學者務身心一齊修整，九容肅怡，天君湛如，積至夢寐，皆爲清醒。而又學爲有用之學，則聖道不遠矣。

皋聞將先生著種種，訂閲鈔存。

乙未　五十七歲 康熙五十四年

儀功如常。增"衰年善忘，外事一概告謝。見過者，或言聖道，或談農事者聽。論世事及人短長，勿答。言請托者，掩耳謝之。"

正月，溫益修寓蠡城，同惲皋聞往視之。二子皆言，闢异端須先自治，天地清明則异端自息。先生曰:"此歐陽修《本論》之説也,非孔孟救世之苦心也。苟有用我,天清地寧,經正邪除,安用著書立言哉? 正爲道不得行,故不得已而喋喋耳。孟子曰:'能言距楊、墨者,聖人之徒也。'夫能言未必能行,孟子即許爲聖人之徒,如必待大聖大賢,而後可辯楊、墨,則楊、墨之猖熾,愈無所底矣。故曰:'亂臣賊子,人人得而誅之。'辟之猛獸食人,能除之,上也;不則大聲呼人除之,亦次也;不然袖手旁觀,苟幸無事,心何忍哉?"皋聞曰:"然。"

皋聞入京會試,攜習仁餞之,送至北關,囑以千秋大業。

注《孟子》。

養太師母,每早,未起則進酒,已起則進藕粉,晨食晝食無算。

二月,華州古葵季榮以詩箑爲贄,拜門生。詩曰:"越盡關山知幾重,負書千里效登龍。曾觀著作驚滄海,願接音容仰峻峰。半世韶華悲齒馬,一生事業守霜春。深知道德源洙泗,指我歧途歸正宗。"乃令居東莊新舍,供柴米,令其自爨,學禮讀《易》。

季榮問學,先生教以存心修身之道,因告之曰:"學術不可偏,偏於立體,必流清静空虚爲异端,先儒已嘗其弊矣;偏於致用,必流雜霸忮克爲小人,今日宜戒其禍焉。"

語季榮曰:"世俗有三借口:一曰不拘小節,借口小德出入也;一曰脱畧,借口斥繁縟也;一曰率真,借口於不假也。然自居不拘小節,勢必大閑亦踰;自居於脱畧,勢必坊表盡喪;自居於率真,勢必真不孝不弟,亦以爲勝於假孝弟矣。自然之勢,大壞世俗者也。"

五月,惲皋聞以從先生學未結,應保定軍廳李僕崖聘,來府。寄書曰:"在蠡得奉大教,始知聖賢學問,確有正宗,確有實際,豈非一生至幸。京中頗有相維縶者,又有厚脯相啗,引我遠涉者,而鶴一聞保郡司馬之招,躍然必赴。誠以所學未堅,欲稍近於先生,庶得時聞訓誨也。"

十五日,大病卧倒,服藥稍起。至六月初七日,先生二弟德吹以病瘟,卒於曹家蕞。三弟益溪以先生病未愈,不使知。先生視習仁面色有异,力問之,乃知,大慟。即入鄉哭之,一切殯葬事皆任之。益溪以河决,而鄉中無先生養病處,力勸視德吹斂,回莊。

自書於壁曰:"斷欲,勿詈人,勿躁,勿言人短長,力肩聖道,表裏并盡。"

語季榮曰:"子與武遠,然文武皆道也。關西用武之地,多武人,亦當知之。"季榮請命。

季榮問禮,先生曰:"時禮,則非禮勿視聽言動是也;日禮,則晨起揖尊親、先聖是也;月禮,則朔望行禮是也;年禮,則時祭節令等祭是也。何一時無禮者!"又問:"性好簡,非乎?"先生曰:"居身治世皆以簡,所謂行簡是也。光武去繁文,至什不存一,荀彧以繁禮多儀爲戒,可見也。子之好,非簡也。好静不好動,好無事不好有事,此則宋儒惡辦事之習,佛、老躭空虚之染也,與吾儒居敬行簡何與? 吾儒之學,在時有所事。物不用則蠹,人不事事亦蠹。《論語》言'請事',《孟子》言'必有事'是也。"

八月,季榮謀歸,乃餞之,餽贐。季榮拜别,痛哭,書先生《日記》云:"先生憂勤惕厲之心,孝友仁愛之事,蔡實親見,是以敬佩在心。侍坐時,嘗自愧不能出一語。但以先生勤勞過甚,思以惜養精神爲勸,不知是否?"先生曰:"謹受教。"贈之以序。

惲皋聞書先生《日記》曰:"近有毁先生於予者,予曰:'久不相見,聞流言而不信,古人之交也。况常相見乎?'毁者遂止,然亦見爲君子於此時此世之難。或者先生惡惡太嚴,不見和於流俗也。"先生拜受。

十一日,太師母初度,皋聞以詩幣祝,同鄉客燕之。

皋聞問曰:"錢亮公謂,《書》可疑者甚多,如《盤庚》專言鬼神,《大誥》專主卜筮,豈無道可以驅臣民耶?"先生曰:"此誠先王諭民之道,所謂'民可使由,不可使知'也。後儒於民,動輒言理,言理之所以然,以鼓舞之,而民愈頑,愈梗。乃於先聖之書,遠若河漢矣!"皋聞曰:"一經指示,便覺釋然。蓋齊治平之道,有萬不能求盡者,而其道已盡也。"

十二月,浦公商擒盜,先生寄字曰:"所捕諸盜,非上司案,亦非有人告發,乃賢侯弭盜安民至意。但審不枉,即可法處,不必盡起贓,令其扳累無辜也。"

丙申 五十八歲 康熙五十五年

儀功如常。

二月,學院張天門校士保定,習仁往應試,取入府學第四名。先癸巳年夏,旗人張萬載持馮衡南書來拜,在保定寄書。先生曰:"衡南不通時事,所交未必端人也。"已而一日薄暮至,貌躁妄,坐即問兵。先生曰:"不知也。少以貧硯食,爲從遊講孫吴,此教學故事,何以言知兵? 今老矣,諸學俱退,而况於兵?"乃出其論《通鑒》兵事者求閲,先生閲數行,即置之曰:"近多病,不能看書,不解也。"固辭之退。次早,棗强鄭宅車來接,先生言往治病,遂行,張乃去。客歲,其僕首其有异謀之言,刑部并九門提督審之。張供,交楊仁澍,因仁澍得交先生及王子丕。又言先生相才,子丕將才。提督彤公、刑部張公逮仁澍至,澍曰:"識則有之,不知其他。至於李某,醇謹儒者,斷不與若交也。"二公素知先生,不之問。惟遣官至陝西,逮王子丕。至,訊之,今年乃定爰書,張死罪,楊、王俱發關外。先生自去歲知之,恐人震恐不言,惟語長子習仁。至是習仁在保定應試,聞旗士崔奐若言事結,先生如府往見崔,問故。崔言,仁澍詞甚昭雪。後先生爲仁澍立傳,曰:"楊仁澍者,八旗之内務府人也。少有异才,不可一世。吴籓之變,遣出征。仁澍曾讀《佽飛經》,能五步劍法,有軍功,與一官,辭之,退膺筆帖式。大書其門曰:'四海有天皆禮樂,九州無事長兒孫。'又題其座齋曰:'人皆欲殺真才子,我見猶憐是美人。'聞塨入京,來拜,詠《牡丹》詩以贈,曰:'傾國傾城莫浪誇,雲邊皎日月邊霞。姚黄魏紫親曾見,天下春風不是花。'後一妄人張萬載,福建巡撫張某之子也,其父以罪死,僕告萬載與人有逆言。發九門提督龍可多審問,曰:'女識多人乎？'萬載對以識仁澍，因仁澍識蠡縣舉人李某。提督喚仁澍，訊萬載言有乎？仁澍對曰：'識予有之，以皆旗人也。若李孝廉則漢人，且素學道端謹，斷不與萬載往來也。'刑訊，仁澍堅供不變，提督乃逮他人問，而削塨名。仁澍發關東，竟牽累以卒。李塨曰：人之相去，豈不遠哉！人率貪得而吝施與，仁澍反之，有與無取。晚年名重天下，凡有學問人入京，無不過從者。仁澍開筵置酒，錢盡，至典衣被不少惜。其往來覲行李，且爲經畫之。而故人同學者，位躋尊顯，餽以財不受，雖二三金亦力却，誠曠世一奇人哉！乃與塨交，斗遇變，更不自釋其禍，而忍刑以釋塨之禍，每思之，輒感雪泣矣。"

學使向浦公言存注先生意，浦公欲先生往拜之，先生曰："學使取長子習仁入泮，而往拜之，使示人私也，不可。"

皋聞長子惲宗恂廉夫，具贄拜，從遊。

三月，使習仁將車如鄉，迎太師母，午至，迎拜候安。因思母惟惓惓五弟子女，愛之助之，即所以孝母也。

寧夏監屯同知白訥梅溪，倩寧夏守備白靜庵，以二百四十金爲贄，來聘先生，辭之，復以書曰："不佞少年頗有四方之志，今顛毛種種，俱付之灰燼矣。乃蒙明府以未曾謀面之人，三致延聘，且向舍親云：'李某才德，我稔知之。'豈前榮任乾州，與富平鄰封，於不佞之佐楊令者，謬有傳聞耶？楊令初年原有卓績，乃其天性好善，非愚菲材所能助也。況今老母年迫大耋，愚選期在即，尚躊躇不能行，何能遠涉西陲，以窺高深。摳衣報誠，容候後時耳。隆貺璧上。"

四月，惲廉夫來，先生語之曰："子不患不通達，患不誠篤。至誠之道，可以逢時。何者？物以少爲貴，衆人誠而一人詐，則詐占巧；衆人詐而一人誠，則誠共任也。可以免禍。何者？火燒崑岡，玉石俱焚，人謀何施，積德獲天，或可必於冥冥耳。"廉夫行，因舉廉夫之少年馳驅，以教諸子。

注《詩經》，思"《易》奇而法，《詩》正而葩"，昌黎知言哉。

五月，皋聞來，言將解館南旋。先生聞之，悵然若失，爲作《贈言》曰："昔子路去魯，謂顔淵曰：'何以贈我？'顔淵曰：'何以處我？'良友相别，必有贈言，古道也。今皋聞先生南旋，驟聞驚怛，不祗如失左右手，乃如失吾心，忡忡惙惙，拜而求所以處者。狂瞽先瀆，冀獲重報。獨善非士也，獨善士之不得已也。何者？四民如農易田，工成技藝，商通有無，皆可獨善而止。士則享農、工、商之入而儲之，以脩己治人者也。故孔子曰：'隱居以求其志。'孟子曰：'居仁由義，大人之事備。'先生於立體致用之學，已燎然矣，從此日邁月征，履順獲友，自將安驅而至。即萬一遭拂逆，及介居塊處，并謗論紛然，亦必特立不懼，確乎弗拔。孟子曰：'萬物皆備於我。'矣。先儒曰：'爲天地立心，爲萬物立命，爲千聖繼絶學，爲萬世開太平。’士之職原如是也，一有移易，則有愧於士矣，遑云聖賢。然士之獨善，亦有道焉。孟子曰：‘窮則獨善其身。’學者未能進用，則爲下其分也。言語訥之又訥，交遊謹之又謹，固宜。然獨善者，謂不見用於世，不敢以善概責人耳，非自置用世之學於弗問也。韓昌黎曰：‘動而得謗，名亦隨之。’其即孔子所言‘善者好，而不善者惡’乎？塨嘗以此自勘觀人，以孔子而尚有毁者，有欲殺者，苟其人無往不合，非鄉愿則脂韋矣。孟子曰‘誠無不動’，而人皆曰否，必乖戾或無實矣。好惡交至，士自應爾，惟是好之勿喜，愈加戒懔，惡之勿嗔，即自省勘，則皆我師耳。先生近者，存心養性甚密，何以益之？曰熟。熟則天君泰然，百體從令，愈戒慎恐懼，愈坦蕩自得，前儒所謂‘效驗即是功力’，亦有以也。聖門視聽言動以禮，即約之以禮也，即文之以禮樂也，千古聖學盡於此矣。先生見已甚真，行已求力，芹曝無須再獻者。《易》曰：‘寬以居之。’子張曰：‘執德欲宏。’以道言，有一端又有一端，無量也；以學言，進一格又一格，無盡也；以觀事言，此亦一是非，彼亦一是非，不可膠也；以待人言，我之大賢，何所不容，不可隘也。故辨淄、澠，則毫釐必分；納百川，則清濁并匯；胞與爲懷，則悲憫時貯於胸；虚舟自處，則喜怒久絶於色。高明其效天乎，博厚其法地乎！願與先生共力焉。會友輔仁，君子皆然，况今斯文移而之南，識見志氣犖犖者，菰蘆中必多其人。先生此歸，倡明聖道，廣之於人，周、孔有靈，實式臨之。”

思臯聞不已。臯聞者，可與共明斯道者也，臯聞去，學益孤矣。當勉於獨立不懼。

思武氏朝考，董采等大嵐之變，與張萬載，雖皆謝之形迹分明，然遂脱然事外，不可謂非神明之力也，須使此身無負神明。

思無實之名深恥也，當木然如愚。

與三弟益溪書曰：“近注《詩》已至《小雅》，乃覺四始面目斗開。朱子於《風》，概入懷人思婦，於《小雅》，盡歸燕享酣歌，將王者禮樂兵刑之迹，誦之可以達政能言之道，一概忘却，而《詩》爲無用之經矣。吾弟幾時可來，以共訂之也？臯聞南旋，爲之悵然。目下人日變化，爲畎畝之勤，爲鬼魅，求一共肩聖道者，安有哉？安有哉？計惟有效習齋晚年，獨立不懼而已。斗齋終日，長揖古人，商搉萬世，可歌可舞，毫不知愁悶爲何事也。天時人態，聽之而已。”

思人世之傀儡日增，吾心之性天常定。

臯聞札來，言前録先生《中庸講》“中立不倚”語，甚警切，自省全是依傍，犯六極弱字。近思得倚亦佳，倚仗聖言，如盲得引；倚仗賢師友，如痿得扶。此來獲見先生，一言一行，可以恃之不疑，但恐倚之不切實耳。

先生書壁云：“高冷暴躁，予之大病。不改之，非夫也。”

十一月，部文提選知縣，稟太師母以不往，太師母命往。入城，商之蒲公，蒲公亦勸往，令吏房起文。

教習仁以勿傲富貴,曰:"傲富貴,非中也。《易》曰'崇高莫大乎富貴',周公有'貴貴禮',孔子'敬冕衣裳',可見也。"

丁酉　五十九歲 康熙五十六年

訂一歲常儀功:"元旦、清明、七月十五日、十月一日,祭祖考。元旦、元宵,合祀五祀。臘月二十四日,祀竈。齋戒二日,戒不飲酒,不茹葷,不入内,不與穢惡,不問疾。齋静處思神,沐浴更衣。朔望拜獻家祠、五祀,拜母,入學拜聖人,受子侄弟子拜。夫婦行禮,夫再婦四,妾惟答揖。日問母安一揖,揖先聖。習禮樂射御書數,不拘日。以耕田養親爲務,以勤儉寬和爲課,以行道明道爲望。日必澄心。《日譜》時下一圈,暴怒則黑其上,慾念則黑其下,失言則黑其左,失行則黑其右。每月下必書'小心翼翼,昭事上帝'二語,以自惕勵。"

肥鄉白宗伊任若,習齋之門人也。去歲,以貧北來,先生率同人助之。又來,又助之。又來,先生乃與之資,使賣筆爲生,遂出遊四方。能舉顏、李之學告人,人聞多有興者。今二月又來,先生與言聖學。長人在旁聞之,喜而起,效先生立《日譜》以自修省。先生喜之,爲立《日譜條例》。

皋聞寄書至,先生揖而開讀,曰:"南旋以《存學》示人,雖極倔强者亦首肯,知斯道之易明也。"

批長人《日譜》曰:"此即誠意之功也。立《日譜》者,欲遷善改過以爲聖賢也。果見善如好色,好之必力,改過如惡臭,除之必决,則誠矣。"又曰:"自顏先生、王法乾、王崑繩相繼舍我,皋聞南旋,而予倀倀無師友之助矣。今汝有志自修,則吾道近在家庭,聖經有事父幾諫之道,况以學相後先,則交修益急。凡見吾過,汝即進言,勿以嚴而見憚也。"

三月,浦公催如京。因以告降就教,尚可將母,商之靈皋,靈皋是之,乃投改教呈,遂回。

四月,抵家,拜母。副室以朔日生子,名之曰十二官。

裱海内友朋往來詩札爲《友善帖》,曰:"交遊盡天下之選,是天之成我也,我不克卒成之,不負天乎?"

四月,思治生之道四:天無違時,地無遺利,人無匿力,物無遁情。治平亦以是矣。

李軍廳枷高陽一惡人,欲處之死。其人持數百金求説情,先生辭之。已而劉士宜以百金包攬求説,先生大詫曰:"予幼赤貧,晨炊不給,官命説情,人代説情,送賄至,俱却之。豈有垂老而改節者乎?"嚴拒之。

九月,馮樞天來,共質《日記》,互規過。先生規樞天貧而怨,則志不卓。樞天言人議先生力農致富。先生曰:"非以求富也,聊以自守也。平生志欲行道,今年已遲暮,知無用矣。

故遯迹田園,胼手胝足,則雄傑之餘勇也;不稼不穡,胡取廛囷,則風人之退守也。人曰謀生致富,曰求田問舍,笑而不答,又所以自污而自全也。非吾子,誰與言此?"

南莊董姓孀婦將改嫁,其子號泣留之。母不聽,夜自縊,索斷不死。其母悔中止,而其兄與媒逼迫之。先生聞之,曰:"是當拯之。"急往南莊,呼董嫗及其子問之,果然。其子言,娶其母者,今日將來,勢不能止,求爲作主。乃呼其鄉保正,謂之曰:"人將守節,欲盡孝,而人逼嫁之,是誠何心? 汝往止之。如不聽,我必鳴之官,以官法處之。"已而保正來,言事已止。先生曰:"止之極好,共爲此善事,令其婦守節,子盡孝,不亦美乎。"

金陵程啓生書來,畧云:"聖道失傳,莫甚於朱、陸,以亂真之僞,似是之非,互起而譁。自習齋先生出,乃舉先聖立教之成法以示人,幸得先生嗣其後,得二千載已喪之真傳,乘六百年將更之氣運。伏願先生以道自尊,而專肆力於《周官》之三物,旁求同志,益廣其傳,則先生之大有造於當時後世者也。"

肅寧舉人朱蒼澍,奉其縣令黄公命,來請往會。先生以黄公君子也,今世有此人而相失,亦非所以廣布聖道也。乃同如肅寧,會之,論學、論治俱相合。臨别,黄公惓惓然,謀所以作聖賢者,先生贈之《論學》一則、《恕谷後集》。

楊公賓實任直省刑名道,自前月以書來候。十二月,先生如府,聞其實有善政,會之。以其政相質,且問刑名,先生語以恤刑之道,欣然欲見諸行。辭行,餽節儀八兩,先生曰:"何爲者? 以贐則路近,又無他故。"公曰:"明禮作吏地方,於同年故舊,或高賢大良,歲底必餽儀,爲蠟炭資。"先生曰:"塨耐貧久,從不然蠟,惟以棉油;從不燒炭,惟以秫穰。厚儀無所用之。"公曰:"近者,受教多矣。豈同年老兄弟,反不如古人新交投縞贈紵乎? 且必却之,是視爲不義之物也。"不得已,受之。謂之曰:"公以後無輕與也,司馬公曰:'凡人必輕取而後能輕與。'"公曰:"謹受教。"

戊戌　六十歲 康熙五十七年

儀功如常。每日存心,使如帝天之臨。

三弟婦卒。因思學者心多畏,遇災而恐懼修省。不學者反是,或恣逆,或頑然。

聞皋聞來京,如京看之。廿二日至,拜錢裴庵,問皋聞信,言已來,寓接待寺,遂往拜之。相見甚喜,互質《日記》。喜其乾乾惕厲。

看方靈皋。靈皋使其子道章拜,從遊,且使之相隨來莊教之。乃以朔日同道章回,作《示言》以示之:一、孝;一、勤學;一、立志作聖;一、習射御。

看《陶甄夫秦關稿序》,内有云:"顔李之學,數十年來,海内之士,靡然從風。"豈南方信此道者已衆乎?

看靈皋《春秋通論》，言："錫桓公命，歸成風含賵，王不稱天爲貶。"先生辨之曰："惲皋聞[①]有言，或稱天王，或稱王，或稱天子，皆據其來辭也。其言考証甚核，非貶王也。孔子作《春秋》，義在尊王，乃以匹夫而褒貶天子，是何義乎？"

四月，注《春秋》。

報選通州學正，乃如府見楊賓實，商之曰："親老身病，不往通州何如？"公曰："規避不可居也。若到任而病，再商之。"乃領憑起行。八月十二日到任，使人接太師母。

倉廠總督張儀封，屢使人致意請相會，不會恐有咎，乃見之。

諸生會文，間語以聖道。

同官約爲利事，皆辭之。

太師母到署，供酒餚果粢，皆善啖。先生甚喜，日必供四五次。

會張儀封，言陸王害道，宜遵程朱。然即其言論之，儀封曰："專主静良知之説，未有不入於禪者。"則主静立人極，周子倡之也。又曰："高梁溪立教，凡來學，必先使静坐七日，大是异端。"則静坐者，程朱俱爲之，而以教人也。何一主而一奴也？然儀封習痼已久，恐不能出，姑默。

闔學舉一鄉飲大賓，其人則念佛茹素者也。先生曰："彼習异端，何以干大典？且禮名鄉飲，而彼不飲酒，可乎？"已之。

十一月病，望日不能行香。十八日，投告病文於州，諸生來固留，先生告以病，不得已。

有求向總督請托者，許餽八百金，先生堅却之。

閱靈皋《春秋通論》，度越前儒，然此乃文義通耳，至於《春秋》之所以懼亂臣賊子者，尚未及也。乃即其"《春秋》非記禮之書"、"《春秋》無特起褒貶之文"二説辨之。與之書，畧曰："三代政事，與禮相通，故子貢曰：'見其禮，而知其政。'周之六官，即名曰《周禮》。《春秋》改元即位，朝聘會盟，征伐卒葬，何一非禮？而曰'非記禮之書'，似未確矣。先儒呆認褒貶二字，遂刻舟求劍，書月、書日、書名、書字、書人、書族，處處點鐫，而一往不合。得高論洗之，甚快。然遂以爲并不起褒貶之文，則又不可。孟子曰：'孔子作《春秋》，而亂臣賊子懼。'聖人無華衮之錫，斧鉞之誅，人何以懼？所恃者褒貶耳。今謂據事直書而功罪自見，則《廿一史》誰非據事直書者？曰概因舊史之文，則舊史足勸懲矣，孔子何以爲作，且亦何必作也？"

己亥　六十一歲　康熙五十八年

既以病告休，一切學儀俱廢，惟日夜存心以敬，侍母食息惟謹。身稍安，則訂舊著。

---

① 底本作"聞皋"，依《顔李叢書》本改。

《日譜》時下一圈，失言黑左，失行黑右，暴怒黑上，動慾黑下。

宋生員惟孜以靈皋爲价，來拜，從遊。

一石生來見，自言有志於宋儒之學。又言今日惟恐异端亂道。先生曰："何爲异端？"曰："專主静而不敬。"先生曰："主静立人極，周子之教也；静坐，雪深尺餘，程子之學也；半日静坐，半日讀書，朱子之功課也。然則主静正宋儒學也。"石曰："主静須以敬。"先生曰："此當有辨。《六經》無言主静者，吾儒主敬則自静，二氏主静却無敬也。"石又言朱子爲聖人，先生曰："何以見之？"曰："集群聖之大成。"先生曰："劉静修言朱子集宋儒之大成，今子又言集群聖之大成。漢、唐儒説，朱子已不能集矣，况群聖乎？夫孔子集大成者，得志則二典三謨，文謨武烈，皆親見於身，非僅以删《詩》《書》爲集大成也。以讀書著書爲儒者，七百年來之大夢也。"

二月，習中來通。見南方諸友書，嘆今之學者，其困於先儒者，既入迷途，而出於先儒者，又樂爲异説，則《傳注》之刻，何可緩也。

四月，四先生將車至，乃送太師母歸家，四先生、習中隨。

寧波鄭禹梅之子性，前歲在關中，讀《習齋年譜》而是之，數千里來拜，問學，餽潘平格《求仁録》。

攝篆人至，乃以三十日行。因思到通八十餘日，一無可爲，惟自守不請謁，不迎送而已。若立文會，人以爲功，予以爲不能以聖道誨人，乃過也，何功之有？諸紳士設餞於黄蔬園，先生作《喜歸詩》，曰："潞河輾轉病顛痱，總禍虚名誤釣磯。猶幸八旬三計日，布韋驅至布韋歸。"以上任至告病，八十三日也。

五月五日，到家，拜母，獻家祠。

看《求仁録》。潘用微志在天地萬物一體，其惻世殷，其任道勇，力行人倫日用亦實，較朱、陸之自了似過之。但未明聖學，置禮樂兵農不講，則力行人倫日用亦衹自了，而所謂悲天憫人者，何具以救之？且斥朱、陸心性近禪，而遂謂心無静時持敬之功，則戒慎不覩，恐懼不聞，不動而敬，何以解之？又謂正心不可有功，功在誠意，明背《大學》，亦不可訓。

六月，任若來，持皋聞自故城寄書至。

先生責任若貪利作欺，非習齋教法。已而任若衣冠來謝教，先生喜其受規勸，知改過，尚能無愧習齋也。

復皋聞書，畧曰："來教云，《大學》之'道'，不宜注作路，道之爲路借語耳，可云一陰一陽之爲路乎？夫曰道之爲路借語耳，是以道爲正字，路爲借字也，不知道亦借字也。路從足，道從走，皆言人所共由之義理，猶人所由之街衢也。《洪範》曰：'無有作好，遵王之道，無有作惡，遵王之路。'道即路，路即道，非一正而一借也。陰陽往來，正如由路。春夏井泉涼，地上煖，謂之陰往陽來；秋冬井泉溫，地上寒，謂之陽往陰來。天地以此運行，非路而何？故《易》陰陽曰天道，而荷天道即曰荷天衢，并非敢强辯飾説也。且《中庸》言‘行道’，《論語》言‘適道’，《尚書》言‘遵道’，皆與《孟子》言‘由道’、‘由路’同。道即路也，遂亦可曰‘小人之道’，‘小人道消’。若以道爲定名，爲專物，則是老莊言道，曰：‘道生天地。’曰：‘有物混成，先天地生。’其視道也，非虚位，而實异端之説矣。宋人曰：‘陰陽非道，所以陰陽者爲道。’則顯悖聖經，陷入异邪。道不訓路，其失非小，願門下之俯審之也。又曰《傳注》太文，前承示及，今又垂示。夫古人未有教人立言不文者，孔子曰：‘其言文。’左氏曰：‘言之無文，行之不遠。’若以爲《傳注》即不當文，則孔子作《彖傳》，《彖》之注也；《象傳》，《爻辭》之注也；《繫辭傳》，《易經》之統注也；《爾雅》亦注體也，而何其文也！塨《傳注》之文，實授於毛河右先生。先生曰：‘注經必宜潔古，則理足而辭易明，斷不可如宋人禪語鄉談，一概污穢拉雜。’故河右注經，皆行以古文法。方靈臯遵宋儒者，而閲恩《傳注》，曰：‘明潔簡快，有物有序。’因自嫌其《春秋注》不文，欲重訂改。孟子曰：‘讀其書。’論説傳注，當令可讀，宋人語録無論，朱子《集注》已有若干不可上口者，豈可效焉？”

教長人曰：“學求有用，當人先求有用。目盡明之用，耳盡聰之用，心盡睿之用，以至言貌皆然。若視聽言貌思，塊然頽然，不端不靈，不大不遠，雖日講經濟，無所用之。”

思身已衰矣，行道無望矣，廣布聖道，傳之其人，是余責也。南方學者，多有興起，當往觀之。乃以八月廿日，同任若起行。至安平，晤趙偉業，見其二子皆恂恂恭謹，可謂一堂虞夏矣。觀其所著，服顔先生之學甚篤。至棗强，宿鄭宅，晤王宗洙，爲講《論語》“入則孝”數章。已而諸生多來謁者，皆以聖學誘接之。至故城，會臯聞，以前所復書細質。臯聞相合，甚喜，互質《日記》。先生書臯聞《日記》後云：“詳閲大記，省察嚴，克治勇，所謂欲寡其過而未能也，聖學在是矣。然功力所在，存心應事而已。存心也，或染二氏之説。屏事息念，檢攝靈明，一遇事牽念引，復覺昏勞，且夢魂亦爲顛倒。不如專從聖學，無論有念無念，有事無事，皆乾乾惕若。教以直内，所謂修己以敬者，心自有主，身自不擾，夢魂自爾清醒之爲得也。應事也，或有周旋世故人情之見，則情故既去，自有懈怠。不如聖言所謂質直好義，察言觀色，慮以下人，非以爲人，即以成己，虚恭肆應，人自歸懷之爲得也。”臯聞亦書先生《日記》後云：“伏讀大記，刻刻念念，以天下萬世爲懷。鶴之不肖，不以其頑魯而棄之，諄諄誘接如此。鶴雖不敏，請事斯語矣。”流連數日，乃行。至鄭家口，晤劉敬庵。已而姬鶴亭請主其家。鶴亭未老，遽解永康之組，可人也。主之。敬庵問《中庸》朱注“五行化生人物”之説，先生曰：“‘陰陽生萬物’，《易》言也；‘五行生人物’，則漢後之誤語也。五行乃流行於世，爲人用者，如蠢然木，頑然金，且賴人培植之，銷冶之，焉能生人哉！”之武城，晤劉天植、張熙甫。天植具門生刺投拜，見其《日記》記過縷縷不諱，受之。熙甫率其二子鉉、鍾，具門生刺投拜，見其各有《日記》，年幼有志，亦受之。各評其《日記》，教之以作聖自改過始。挺生求立爲學課程，先生爲書一紙："一曰克己。馬季常云：'即約身也。'每日習恭一二次，挺身端坐，心君欽明於内，暇則爲之。時時檢點九容，頭容直，氣容肅，立容德，目容端，色容莊，口容止，聲容靜，手容恭，足容重。陸桴亭有言：'衹頭容一直，四體自入規矩。'一禮儀。每日太夫人前，清晨請安一揖，餘時供養不拘。每朔望，拜家祠，拜母。至接人待物，各有禮焉，因時因人，處之可也。一學功。每日挽弓數次，務如法。看經一二板，看史一二板，看有用之書一二板，如武備、農政之類。若務舉業，則看時文一二首。數日一習樂，如彈琴、吹簫之類。御書隨便學之。總之吾心刻刻不離仁義，吾身刻刻力行子臣弟友。吾學禮樂斯須不去身，心自無奔放，身自不廢弛，事自少錯誤矣。"九月朔日，先生望拜家祠，望拜母。挺生等拜，先生辭行。謂挺生曰："學貴確乎不拔，而又隨事處中，則得之矣。吾子勉之。"返至棗强，張朏明、李文長候，問學，先生曰："孔子學於識大識小，《論語》言學《詩》、學禮，焉有後世以誦讀爲學，以講論性天爲學者？二子有志，脱去俗學，乃可以知所從事矣。"遂一路自安平歸里，成一詩曰："一鞭遊歷戒清途，爲喜斯文近不孤。到處入門攻禮樂，幾人搔首問黄虞。清河釜水天光遠，蠶廟安平有蠶姑廟漿臺棗强有賣漿臺草色枯。墜緒茫茫儼有待，可能萬里走騆駼。"

十二日，五先生卒，先生大慟。至十月八日葬。

思年老學習功難，當益純於内地。

皋聞次子敦夫，具門生刺來拜。閱皋聞《春秋附筆》，皆有特見，修字達之，稱其識見大進。但其《詩説》，尊毛駁鄭，難爲定論。

習中院試，入府學生，往送學使。學使吴公曰："尊翁禮樂兵農之學，皆有家傳，子其勉之。"

楊賓實陞貴州布政，先生往餞之，酌而祝曰："一時功勳，萬世德業，願我公自愛。"又酌而祝曰："惠鮮南方，無忘中國，願我公政成速返。"拜別而行。

庚子　六十二歲 康熙五十九年

儀功如常。

黄肅寧來拜。

浦公請爲鄉飲大賓，先生以期服辭，不允。十五日，登筵，浦公來懸扁於門，曰"當代儒宗"。

三月，惲皋聞書來，以先生不是其《詩説》，辯詞甚厲。先生復之書，曰："來教云：'某既爲月三之訴，望先生無爲子昆之怒。'閲之駭然，塨即愚妄，講學論道，何處容一怒耶？既而思之，先生於塨，誼則金石，情同骨肉，謙居教下，謬推宗主，於塨有何疑貳？但以既著一書，須知己稱是，乃可心安，故必欲取正愚謬觀。又云：'恐先生又涉忽畧，未免過於直遂，近於激切，可以見其意矣。'愛教我以直，感待我之重，敢汗顏爲先生再陳之。塨也自反，最爲譾鈍，然持心立身，不敢但效子昆之剛直絞急者。生平知交，雅重毛河右、王崑繩、方靈皋。河右所著，間有被人駁者，輒赫然立壘攻擊。王崑繩著《平書》，塨喜而疾讀，崑繩曰：'河右贊吾兄閱書，灼如觀火，又如觀水，寓目即駛，此乃讀書不細也。吾著各則相綱維，牽一動百，一字不可更易，何得易讀？'塨笑而謝曰：'謹受教。'靈皋注《春秋》，仍用其《通論》分詮之。予曰：'《通論》爲後人解《春秋》前後不通者發，未盡孔子竊取之義也。注須抉剔其義。'靈皋不以爲然，曰：'除《通論》無所爲義也。'三君子皆天下士也，而不免盛氣護前者，想其少年原自辭章入，歐陽子謂文詞難工而可喜，易悦而自足，故自持一論，遂有專固。塨學力遠遜三賢矣，然每念曰'執德以宏'，又曰'寬以居之'，凡有所著，必質於人，若有道見教，是即改正，最陋護惜如雞羽自珍者。即所駁不合，亦必再四推敲，實見無當，姑爲歇置。所以自反虛衷，反似少過三賢。何者？蓋以得力於習齋先生之教也。當從習齋爲學時，不以辭章，專以躬行，每會勸善攻過，摘露肺腑，面赤髮植不以爲甚，以此雷霆斧鉞受之熟矣。旁人見之，以爲不近人情，而與習齋，直如頭目手足互相救援，并不敢言感，何况怒也？矧今進言於先生，以效他山之石，即先生不受而來違覆，塨言非則引咎，是或再商，亦何由加以怒耶？先生千里共學，同功一體，較三君子誼更有進，故妄陳以共勉焉。至以塨稱康成學行卓然，聖經不亡，實賴其力，先生駁曰：'觀《傳》載《戒子書》"吾家舊貧，不爲父母兄弟所容"，學行卓然者，肯爲此語乎？七十之人，尚以父兄爲憾，醇儒如是乎？聖經至東漢列學宫已久，即無康成注，亦未必亡，何力之有？若論其注，則全據緯術，豈可稱醇？適亂經耳。即如言禮，以圜邱、方澤、宗廟爲三大禘，先生以爲是乎？'嗚呼，過矣！康成好學，父兄欲其爲吏，《傳》首云：'少爲鄉嗇夫，得休歸，嘗詣學宫，父數怒之，不能禁。'其書接不容下云'去廝役之吏，遊學周、秦之都'是也。言此以戒其子，使向學耳。先生遽曰憾其父兄，則甚矣！《傳》載：'少通《易》《春秋》、歷算，又受《禮》《詩》《書》，博縱六藝，時之俊傑百家并起，莫不嘆服。'則長於學問。劉昭烈曰：'吾幼周旋於鄭康成、盧元直，言治道多矣，未嘗及赦。'則長於經濟。與孫嵩、趙岐同被禁錮，則長於氣節。其子益恩救孔融之難，捐軀報德；孫小同不附司馬氏，則世傳忠孝。袁隗、陶謙、袁紹等敬禮崇隆，而皆不能絀；黄巾賊數萬，見皆拜，相約不入其境，則無貴無賤，皆心悦誠服，尚不得謂之學行卓然乎？《傳》又曰：'中興之後，賈逵、范升之徒，爭論古今學，康成義據宏深，古學遂明。'又曰：'東京學者，互相詭激，遂令經有數家，家有數説。康成括囊大典，删蕪刊漏，學者乃知所歸。'先生曰康成何力，且亂經，豈當時之言盡不足信乎？其染讖緯，間有之，何云注經全據緯術也？稱三禘，自是其誤，然不可以一節之短，一語之錯，而遂詬其生平也。塨於宋儒，每有駁正，爲其特立一學術，至使人心陷溺，世道衰微。即如我輩，不爲宋儒所痼矣，而尚有迂闊，尚淪懦弱，尚染浮文，尚時動釋、老之心，道不盡明，不盡行，皆少飲宋儒毒致之也。則爲所痼者，更何如。故不得已辯之，然止論其學術，不牽其品行，謂得失各有在，無苛也。且其失，亦隱而不發者多矣，非爲先儒存厚，乃爲我輩立德也，請共勉之。至承諭不蒙詳察，亦有故，當白。昔歐陽修不喜文中子，韓魏公在政府，從不言及《中論》，每服膺之，以爲大臣休休之度如此。世固有不喜文中子者矣，亦有不喜孟子者矣，渠見已定，急難拔，而其人則賢人君子也，吾必與之辯，覿面分途何益？姑置不論，而共理國政，共爲善事，有何不可？即如先生見教，《大學》之'道'，不宜訓'路'，曾一批於鄙著，又一見於來書。塨皆未答，非漫不察也，以爲此所關者小，吾但論其大，而小自明。朋友相與，必毛分縷析，處處爭辯，恐傷和害大。及後三諭四諭，責以愎諫，然後不得已詳復之，又面質之，而先生亦勇於降心，以爲合矣。如此未答者，不一而足，願無概以爲不察而罪之也。今既承教詳察，不敢自廢，用竭衰鈍，將來札捧讀五六過，又將《傳序》閱五六過，反覆沉吟，條答如後。"錯按：前修《譜》者，此書皆不録，然此正足見先生交友之道，所謂忠告而善道之也。朱子、象山辯論太極，幾於立壘相攻，視此何如也？錯重修《譜》，乃備入之。此後條答數千言，兹不具載。

馮樞天閲《周易傳注》完，曰："足見先生行止，通身是《易》矣。"

衡水劉廷直，具門人帖投拜，先生見其聰明，受之。

思聖賢之心，純一兢業，故《中庸》曰"戒慎恐懼"，曰"慎獨"，曰"齊明"；《論語》曰"立則見其參於前，在輿則見其倚於衡"；《易》曰"洗心退藏於密"；《孟子》曰"操則存"；《書》曰"欽明"。二氏則但有虚明，而欽齋慎懼之功無之也，故二氏心空，儒者心實；二氏心死，儒者心活；二氏之心真如，儒者之心齊慄。燕、越分途，不可混也。

習仁作《學記》，欲屏宋儒之學，從事三物。習中作《士論》，希古道。先生喜之。

思宋人主敬即主静，故曰："主一無適。"若以小心翼翼爲敬，則與主静判若黑白矣。姚江固豪傑之士也，既見朱子之支離，何難直追孔孟，乃又别出一途，以亂聖道，則氣運之未返也。今天心宜悔禍矣。

謂二子曰："學者存心，惟宜欽敬，不可先求自得。蓋自得坦蕩，乃兢業之效驗。"又曰："孔、顔之樂，即是樂道，樂學，故曰'好不如樂'，故曰：'發憤忘食，樂以忘憂。'若宋人曰'知有道而樂之'，則粗是禪語矣。"

齊燧侯自西邊來，言十四王使人訪先生。先生慄然，畏聲聞之過情。

六月，陝西武舉楊蘭生來，出蔡瑞寰書，言十四王聘先生，車馬在後，使渠先來問訊。先生答以老病不能行，復瑞寰以字，托爲代陳，車馬之來，務求中止。

楊慎修、魯聖居、張潛夫皆有來書，先生各復以字，各有規勉。

冀州劉焞，持其兄霽輝字來問學，先生答之曰："持身莫如敬，應事貴於敏，成材務學有用，寡過先去自便。"

思聖人心體毫不异人，衹時時如常人之見大賓、承大祭耳。若二氏，息念以爲心性，則與常人异矣。

皋聞書至，論《詩·凱風》《豳風》皆從先生説，詆康成亦罰過自責。

思《中庸》"誠"字，宋人對私僞説，一以染於二氏，以無欲爲至；一者身分低，覺人欲難消，故云。不知"誠"即《孟子》之"充實有光輝"也，故曰"致曲有誠"，故曰："萬善皆備於我矣，返身而誠。"其用功，則尊德性，道問學，致廣大，盡精微，極高明，道中庸，溫故知新，敦厚以崇禮；至德凝道，則肫肫、淵淵、浩浩矣。是謂誠矣，豈但去私無僞而已哉！

九月，哭五先生，釋服。

十月朔，如京，謂靈皋曰："小心翼翼，如承大祭，如見大賓之謂敬。主一無適，主靜，非主敬也。致曲集義，萬善充實之謂誠。真實無妄，質民之誠，非吾儒之誠也。宋儒解經之誤在此，其學術之誤亦在此。先生尊宋儒者，不力學爲聖賢則已，如欲力學爲聖賢，此不可不辨也。"

時先生欲南遷，而靈皋爲戴田有事入旗，將北居，因以其南方田宅贈先生，先生即以北方田宅易之，故先生將往江南相宅。靈皋寄字與其姪，付先生帶回。

十五日抵家。

二十日，率習仁暨一僕南行。

二十二日，過衡水，至劉邦司齋，觀其《日記》有志，且能與同窗友習禮，嘉之。

十一月初三日，過鄒縣，拜孟子廟。

初九日，過宿州，曰："此古睢陽地也，南障江、淮，張、許之功大矣。"拜二忠祠。

十七日，渡江持敬，到江寧。自勘一路待人以寬，處事以慎，無大過矣。入儀鳳門，至方宅，投靈皋字。靈皋姪傳恭不在，其母百川夫人喚其甥馮方智來，設筵下榻。

晤周崑來、張曉夫、王符躬、李正芳、身在修、程啓生、江素庵、翁止園、周侶樵、劉伊園、張籲門諸友。

諸友皆設筵相招。

觀身在修所造測量天地儀器。

翁止園問律吕，先生曰："樂惟審音，不在計數。今律猶古律。"止園問："今律猶古，何以辨淫雅？"曰："以辭之邪正，腔之貞靡分，而律無二也。五音，即喉嘢舌齒唇，貞婦莊語，淫女媚聲，無兩樣喉嘢舌齒脣。則今樂古樂，聲即懸殊，而無兩樣宫、商、角、徵、羽，可明矣。"

觀李正芳所著，正芳求爲作題辭，乃爲作題曰："予到金陵，李子師柏持其所著來質，斥吕晚村舉業可爲伊、傅之説。而以顔先生六藝之學爲宗，且躬親習之，可謂褎然特出之士矣。或曰：'道本也，藝末也，如舍本而趨末何？'予曰：'是何言也？論聖道不準聖經乎？'孔子曰'執射、執御'，是以射御爲學也。子游以弦歌爲學道，是以禮樂爲道也。孔門身通六藝者七十二人，而有德行，有不違仁，是德、仁皆在六藝内也。以倫常日用言，曰道；得倫常於身心，曰德；心純粹，曰仁；而所以盡倫常之實事者，則曰藝。今以藝爲末務，《記》曰'禮樂不斯須去身'，夫末務而何庸斯須不去乎？《魯論》曰：'立禮成樂，文以禮樂，可謂成人。'末務而何以成德成人也乎？毋乃聖言誤與？"

初六日，往高淳看田，因至寧國。靈皋言寧國亦可居，故往觀之。寧國太守黄瑤圃，具帖來請，乃往拜之。太守力請入署，下榻，延登古北樓。十八日，辭行，太守力留，先生曰："今歲返省，則正初可行，老母倚門倚閭之望，不能耐也。"太守曰："吾同鄉年誼，不此度歲而回方宅，人將謂我何？"乃留。

劉允恭持門生帖來視。允恭舊日門生，此時從梅定九學數也。言定九欲來拜，八十八歲不能行，請先生往一晤，不然此生不得見矣。明日，乃同允恭往會定九。定九稱格物之解極是，將别，定九淒然留曰："吾以先生爲轉氣運之人，故使子弟群瞻，且有許事相商，恐老不能再見矣。"先生曰："公孫官翰林於京，可以往來質學也。"乃辭，返署。

辛丑　六十三歲　康熙六十年

儀功如常。自念衰老，須敬以直内，令此心常存。習演道藝，令其有用。寬和接人，令道有傳。

初四日，辭行，初九日，至方宅。

遍拜諸友。

聞崑來言籲門守喪辭婚事。臬司有女，托崑來擇壻，崑來以語籲門，籲門以喪峻辭。先生作序贈之，謂其喪不奪於人，則仁；遇財色能斷，則義；確不可拔，則勇。勉之任道，以希聖希賢。啟生作跋曰："籲門於同儕，素稱謹愿，然雅有大志，時人未之許也。恕谷先生來金陵，請業問道者無虚日，而籲門與焉。夫先生之學，追聖軼賢，其論道之始卒，非好學深思者，或痼於舊説而疑之。籲門獨以年少往來寓室，從遊靡倦，必其好之篤而信之專也。嗚呼，此可以觀籲門之志矣！先生以成就後學爲己任，尤樂得人之善而道之。籲門辭婚。一節，洵人所難能，而得之年少爲先生取，誠不虚。讀此序，許以大節，期以進道，惓惓然信乎大賢之用心也。因樂聞而系語於其後。"

十六日，諸友皆來話别。十七日，雞鳴即行，諸友來送者皆不及，惆悵而返。

一路衝泥冒雪，皆長人先而先生尾之。

一路見東省、北省人之横詐，不如江南人之和平，恐禍之未艾也。

二月初十日，抵莊，拜家祠。太師母在鄉，即入鄉拜母。知三先生續弦成，習中爲之辦銀八兩，麥二袋，喜之。

知十四王又差潘、楊二人來聘，不遇而去。

先生自南歸，皆在鄉侍養。以三先生新婚，請太師母來莊，不允也。

六月，接太師母來莊。閏六月，太師母病，唤弟姪皆來莊侍疾。

七月，靈皋書來，言其副室南旋，唤長人夫婦作伴同行最便。

先生乃同兄弟朋友議，皆曰："侍疾左右，孝之小，全綿先嗣，孝之大。且子孫滿前供養，遣一孫出，不爲缺人。"稟太師母亦許之，乃遣長人夫婦帶一僕一戚南行。

二十六日，太師母去世，先生慟絶，扶甦。

八月十六日，僕回，言長人船上大病。方宅隨後又使人來，言長人卒於泊頭，數日柩至。先生哭曰："天意不使南也，已矣！"

九月，作《顯妣馬太君行述》，又作《長子習仁行狀》。

靈皋寄長人哀詞至，有曰："長人承親、事師、交友，毫髪皆在於禮，而行之甚安。"

十月，葬太師母。本縣浦令，肅寧黄令，皆來弔奠。聞學院陳世倌唤博、蠡教官，傳二縣士子，公舉顔先生入文廟鄉賢祠。

壬寅　六十四歲 康熙六十一年

思喪敬爲上，然庸怯之姿，言敬已不敬矣，其懼乎？《易》曰："懼以終始，其要無咎。"日三復之。

與三弟札云："昨接靈皋爲習仁哀詞，末云：'易哀爲憂，而終之以懼。'惕然感動。《易》曰：'懼以終始，其要無咎。'又云：'内外使知懼。'《中庸》不但言'戒慎不覩'，又言'恐懼不聞'。孔子曰：'臨事而懼。'因念夙昔持敬，不如常懼，蓋敬猶平持之也，恐不敬亦以爲敬矣。懼則見己過真，懼則過不敢不改，懼則言行自檢校。三弟高明，亦近今所罕，然性與懼遠，以氣質偏伉，而又誤以遭禍不懼爲英雄也。自茲須常存懼心，如鬼呵神怒，以滌夙愆。《論語》又曰'君子不憂不懼'，'勇者不懼'。然'君子不懼'，孔子有明訓矣，'内省不疚何懼'，我輩内省果不疚乎，而敢冒也？"

思五倫皆有朋友之意乃佳，君臣如朋友，則堂陛洽；父子如朋友，則庭幃親；兄弟如朋友，則翕合；夫婦如朋友，則敬别。

自省持家嚴急，嗃嗃然，一過也，須寬以居之。人有過短，不忘於心，一過也，須見人一善，而忘其百非。

大名府知府吴允謨，遣役持聘儀來，請往講學，先生以居憂辭不往。

唐翰林建中倩任若求先生所著，與之。

五月，以母不在，時思兄弟，皆呼之來莊。

七月二十七日，行小祥祭。

九月，有人投刺曰："北臺山人李銓拜。"已而輿馬衆至，入晤，則李穆菴也。相與論學，看《大學辨業》，深以格物之解爲是。別後，寄詩來，稱幸晤。

自書座右云："薄責人，厚治躬。所求乎弟，所求乎子，惟在反身克己。初非難，終不易，勿曰予知，勿曰予行，更須結果收成。"

十二月，大名張珂，具門生刺來拜，問學，請學禮。教之同習中習士相見禮，習射。易其字"非玉"曰"可玉"。

癸卯　六十五歲 雍正元年

可玉求立爲學課程，爲之立課云："一、朔望習禮，三日習琴，六日習射，八日習書，十日習數。一、每日檢威儀、言語得失。一、隨時體察世故人情。一、每日閱《論語》幾板、《易》幾板。一、每日臨卧及早寤，必澄心持敬。"

爲長人立嗣，以其同高祖之侄，名之曰"敬承"。

命十二官、敬承上學，可玉教之。

七月二十七日，行大祥祭。

九月朔日，行禫祭禮。

白任若至，持贊問學書，并《讀四存編詩》云，："茫茫墜緒幾千秋，大道而今得所由。漫向浮文爭巧技，好從實際問良謀。杏壇德行推顔、閔，洙水達材在賜、求。不有博陵先覺者，詞章應共一生休。"《讀大學辨業、平書訂詩》曰："遙瞻北斗肅冠裳，賴有蠡吾大道光。正德厚生追二帝，兵農禮樂溯三王。學功振起千秋纇，治術宏開萬世昌。何日鼓南容北面，一時頓解九迴腸。"先是壬寅歲底，張介石先生同白任若飲張九錫齋，酒半，解衣脱幘。任若出先生《辨業》《學規》，張先生讀序畢，急正冠整襟，北面再拜曰："此聖學也，吾門下劉調贊可讀此。"間二日，即寄贊，贊以逼除未及覽。是歲新正，乃披讀再四，如夢初醒，不覺驚喜欲狂。夏又得《四存編》《顔先生年譜》及先生諸著，伏日讀之，嘗數夜不能寐。每吹燈强卧，忽思古之爲學何實而有用，今之爲學何虚而無用與，不覺憤然危坐。復思與顔、李二先生幸生同時，地之相去又不甚遠，苟不擔簦請業，負此生矣。忽躍然離床獨立，如此終夜，不知其幾。因賦前二詩，遥寄先生，以矢願學之誠。先生覽贊詩，復聞賤齒二十四歲，拍案叫奇，遂答詩曰："居憂未畢言無文，覽子鴻篇不自禁。天地依然成上下，孔、周豈遂竟浮沈。雄才欲負千秋業，高足應登萬仞岑。每度長宵悲墜緒，從今收泪付球琳。"贊自憾德未能進，業未能修，今修《譜》至此，愧勵交加矣。

馬師母不順，先生責之不伏，謂四先生曰："彼不順，禮宜出，但無所歸，食之至死耳。"

十月朔，祭家祠，太師母主始祔祠，長人主祭畢猶歸殯宫，以待禫後祔也。

劉調贊、林啟心來，以晚生帖拜先生。次日任若來，乃价之投門生刺。先生率之行釋菜禮，上以孔子位，旁設顔先生位，告之。

贊同啟心從先生學士相見禮、祭禮，彈琴、挽弓、演數，分日習之，各立《日記》，省功過。

贊同啟心、維周、敬承夜讀，琴聲間之，先生甚喜。

維周亦立《日記》，爲學作序，自艾自力，先生喜之。

十一月，先生教贊以習學幼儀爲主，以辨學術爲急，武備亦宜知之，不必先。又曰："慎幽獨，謹細微，習勤儉。"

語贊曰："執事專一而又能肆應，乃可以言經濟矣。"

攜贊如安平，弔可訒言。晤弓御九、王博古，語以智深勇沈。弓遜甫邀至其家，其父出會甚恭。過深澤，晤王濟光、王槐三。至無極，弔張肄六妻喪，爲作墓誌銘。返里，語贊曰："此行如弓遜甫父子之勤，王濟光之儉，可希哲之樸，張肄六之幹濟，王槐三兄弟之文墨，皆有可取焉。"

十二月朔，贊入京，晤方靈皋。靈皋言人有毀先生者，先生曰："此他山之石也。"又言，朝廷謀聘學行兼優者教皇子，中堂徐蝶園、冢宰張桐城擬徵先生。已而又謀聘人修《明史》，二公亦擬徵先生。俱予力陳先生老病，不能出而止。先生謝之。贊按：宰相謀徵先生，而靈皋以老病阻之，時先生年六十五，未嘗老病也。或曰，靈皋與先生至厚，知先生必不出也。然先生一生，志在行道，非石隱之流也。觀先生《祭顔先生文》曰："使塨幸則得時而駕，舉正學於中天，挽斯世於虞夏；即不得志，亦必周流汲引，使人材蔚起，聖道不磨。"此先生之志也。竊觀靈皋與先生交至厚，而學術不相合，每相與辯學，先生侃侃正論，靈皋無能置詞，則托遁詞以免。暨先生歿，爲先生作墓誌，於先生道德學業，一無序及，僅縷陳其與先生及崑繩先生相交始末，巧論諞諞，曰："以剛主之篤信師傳，聞余一言而翻然改。"其意固欲沒先生之學以自見者，此豈能有朋友相關之意乎？夫以抱經世之志如先生，負經世之學如先生，凡我同人，孰不望其一出者？張、徐二相国謀徵先生，此千載一時也，乃靈皋一言止之，先生亦遂終老林下矣。行或使之，止或尼之，非古今同慨與？

聞王太倉尚在京，往看之。太倉老而諄切，固留。明日再一晤，因言其獻歲八十，求一言以垂不朽，先生許之。觀其《請建儲》五摺，乃太倉大節也。

爲贊買琴劍而返，一路隨事教之曰："再目加明，耳加聰，心加靈，則進矣。"

臘底，新令喬公，以教弟帖來拜，餽稻米一石，炭百斤，下問殷殷。略舉蠡事告之。

甲辰　六十六歲 雍正二年

儀功如常。每月下書"懼以終始"。

語劉穎生曰:"吾有大過一,知人有妨於仁也,須急改之。"

批習中《日記》,摘"小心"二字教之。

訂《易》,見天下萬象森然在目,知明則處可當矣。夫子所以云"可無大過"也。

四月,尹元甫問曰:"達者質直好義,下人已矣,察言觀色何爲者?"先生曰:"後儒惟不解此句,所以流於腐也。經云'視於無形,聽於無聲',是事親須察言觀色也;'色聽詞聽',是臨民須察言觀色也。明德親民,皆不可以無此。"

作《壽太倉詩二十韻》,有"佐斗心如日,擎天鬢已霜"之句,正謂其請建國本也。

與方靈皋書,曰:"聚晤得領誨言,洗垢指瘢,若沈疴之去體,朋友相成,其樂何如。塨素交天下賢豪,但求其長以補己短,至友人長短,不敢輕言,一以己學未至,不遑治人;一以其人氣方盛,而驟語之,恐損夙好,無由取益。今以先生之切偲,而知愚之抱罪友朋多矣,故於先生亦願少有進。竊念先生與王崑繩,少年皆從事才子文人,非從事聖賢之道,大學、小學以次而入者,故其氣盛,其情浮。崑繩識見文章,卓有可傳,而偶有缺遺,或告語之,輒鼇湧而辯。而先生亦有之,即如《春秋》《周禮》二著,尚有當參酌者而不敢盡言也。《春秋》'成風、敬嬴,當稱夫人小君'一節,明反孔子經文,明背左氏之傳,明與歷代帝王國制出於天理人情之自然者相違,而先生必依胡傳,曾偶言及,先生盛辯。今呈拙著《學禮》'生母附廟'一則,乞先生細考之。若以爲是,足見先生轉環之勇;若終以爲非,乞將拙著一一批駁示下,則塨無益於先生,而先生有益於塨多矣。"

五月,聞瘟疫流行,處處傷人,年餘不止,悚然。

讀《易》,嘆文、周以上古聖人,而其文似從萬世後閱歷一周者,真神聖也。且四聖皆同筆妙,同透悉世故人情,同含天蓋地,真不朽之物也。

有放月錢者,求習中出名分利,習中不應,先生嘉之。

習中問:"時有欲心,如何?"先生曰:"遏欲莫如存理,心多一分天理,則少一分人欲,至於天理爛熟,則人欲不作矣。"

習中送《日記》求批,勉以勤儉仁讓。

有遭母喪借糧者,先生曰:"不必借也,助之四斗。"

六月,河水大漲,波潰北岸,莊不可保。鄉人請祭河神,先生往祭,爲文祝之。次日,視河湧波南移,北岸落淤。先生曰:"東坡言:'神可感而人難感',其信然耶。"

任若回南,先生通寄諸友一詩曰:"南方諸友近如何,瘴雨瘟風此歲多。五夜捫心頻自問,可能有道起天和。"

自勘本才短德痿，不幸當空乏之時，遂以渺身，寄天下萬世之重，其悚懼宜何如也。

十二月，使人聘鍾金若，來教子孫。

乙巳　六十七歲　雍正三年

儀功如常。惟衰老，益劑以中和，表章聖道，急待其人。

正月，請金若至，使子孫從學。金若亦偕其子淑來，使從學於先生。

劉士宜卒，家貧，糾衆助之葬。

二月，調贊同任若來，因率之同往博野，祭顔習齋先生。劉古衡即介任若，於習齋前投門生刺，拜先生。

教調贊以擔荷聖道。贊自慚庸陋，不克如先生願，敢不奮勉乎！

贊請學《易》，先生日爲講一卦，專以孔子之言解文、周，何其醒切。乃朱子曰："羲有羲《易》，文有文《易》，孔有孔《易》。"誠夢語哉。

教諸生習刀法。

教贊以筮法。

贊與諸生習祭禮，先生教之。

贊謀歸，金若置酒餞，從先生登舟飲。先生云"順流共飲擊明月"，贊云"登岸高歌飽惠風"。臨行，贊祝先生以保愛精神，專以承先啓後爲孳孳，接引後學，再加温恭和平。先生曰："子見吾接子有厲容乎？正吾之苦衷也。去歲，子約來，日夜引領，而竟寂如，是以始而思，繼而望，終而絕望。故於子之來，内苦而外厲也。今見子終可與言，望以共肩聖道也，而敢厲乎？"言畢淒然，贊亦悚然拜別。

王宗洙讀先生《平書訂》，談經濟，陳學使以聞於朝，授成都令。或曰，此亦吾道將行之機，先生曰："正恐其經濟才短，以致僨耳。且其來字云，聞教於我者頗詳，而不知吾之語之未詳也。"乃贈之以序曰："旋乾而轉坤，以其時也；權安而小濟，亦有道焉；詭遇而獲禽，未必如王良之巧也，恐爲人所詒而徒然也。"

三月，評金若《日記》："夙興夜寐，省察甚嚴，顔先生門下一人也。"金若子淑，新立《日記》，有志於學，乃率之釋奠先聖。

謂子能曰："子身不直，聞吾言即直；《日記》不成句，今成句；時文無章法，今有章法。凡事如此進益，聖賢非异人任也。"子能，鍾淑字也。

四月，如府，會顔廣文仲子紹裔，癸巳舉人，楊賓實門人也。言賓實夫人嗜甜果，紹裔多購餽之。賓實頻蹙曰："此中人以所欲也，他日登仕，此事可長乎？"先生曰："楊賓實今世道學第一人也。吾子不以爲責己而譏之，亦君子矣。"

語金若曰："《平書》若行，一縣有百餘儒官，有萬餘練兵，家皆有食，士皆有用，游惰去，异端靖，其庶乎?”

惲皋聞書至，自言聞道晚，而躬行淺，境遇多艱，惟平旦凛凛自持，庶不負先生之教耳。又言，南方聞顔李之學而興起者，有是仲明、章見心、許聞繡、孫子房。

六月，作《憂旱詩》，曰:“老年炎暑不堪親，晝掩閒齋自息神。感舊如懷前世事，守先猶作後亡人。天高碧漢繁朝宿，水落河橋走暮塵。燕趙悲歌愁入耳，金遼征戰幾遺民。”

思人好言經濟名理者，君子也;好閒言者，庸人也;好言人短及伺人陰，詆人富貴聲名者，小人也。

聖裔孔衍法以書來候先生，并送其家刻三本。

思庸人無事恬放，有事張皇;君子無事悚惕，有事舒寧。

八月，解《春秋》“春王正月”，聖筆也。蓋“春正月”，史文也，“王”則夫子之筆也。“王正月”者，周正建子之月，見周惟正朔行於天下，有王也。他如禮樂征伐，皆無王也。

金若以滂辭館歸，留其子淑在此學。先生即命少子習禮、孫敬承從淑讀。

思顔先生以天下萬世爲己任，卒而寄之我，我未見可寄者，不得不寄之書，著書豈得已哉?

溫太守書來，言政暇，即使人來迓。

語子能曰:“聖門言道在人情，《中庸》‘五達道’是也;在四德，《易》‘立人之道仁義’是也;在禮樂，《論語》‘君子學道’是也;在威儀言詞，‘君子所貴乎道者三’是也。總一道也，庸德庸言也，上之爲性道，道之原也，聖人罕言之;再上之爲天道，非人事也，愈罕言之。若常言之，則流於空虛矣，以空虛爲道，則异端矣。”

十月，入府，會太守溫公。時公已奉命賑飢民，因問此時賑矣，春何以救之? 先生陳言，勸富民捐粟，查歷年各鄉積谷，勸興作，招米商，禁遏糴，禁酒，禁賭，禁盜。

始注《春秋》。

十一月，如京，拜陳子翽，以其將查北直水害，且開水利。爲桑梓計，宜有所言也。

看方靈皋，靈皋言，將爲先生作《釋言》，先生曰:“他山之石，良藥也，焉用釋?”

河南主事李汝懋請筵論學，深以先生學爲是，尤服膺《後集》。言侯朝宗文涉摩擬，汪苕文潔而弱，方靈皋練或傷氣，皆不及先生文也。

陳子翽書至，言同大學士朱可亭查水利，可亭言神交先生者已二十年，特使問水害、水利。先生答書言:一、開直沽海口;一、濬永定河;一、挑淀淤;一、修趙北口洩水橋;一、分豬龍河。至興水利，則有《西北治田説》諸書可稽也。

作《龐魏氏傳》。氏貧而守節，孝事祖姑與姑，年饑義不受賑。作傳，爲之感慨流連。

丙午　六十八歲 雍正四年

常儀，雖老不敢不勉；常功，雖不能親學，而禮樂射御書數，教即學也。心期和平，身期莊肅，昌明聖道，不敢旁委。

正月，注《春秋》，覺經詳而傳略。

教子能以謹小務，曰："小務有用，乃可圖大。"

思黄肅寧之謙謹可師，龐魏氏之見利分明可法。

謂子能曰："宋人解經，即有誤處，乃學術之偏，非强不知以爲知也。惟《易》經，則程、朱俱屬强解。《春秋胡傳》，則如南粤人説中原，并未北行一步，剌剌鄉談，自言自語，殊可异也。"

聞路多殣者，爲之畏天命，憫人窮。

日有來求者，或與以粟，或與以糠，或食以飯。思年荒、人亂、天迫，當益存其心。

三月，注《春秋》。前後斷續離合，若見其人，若閱其世，若親議其善惡治亂興衰之故，而與之往復流連者，注之，乃覺迎刃而解。

四月，安徽巡撫魏君弼書來，并托王仲英求先生至其署，不往。

八月，樞天至，評其《日記》，喜其用力，有不忘溝壑之志。

注《春秋》，至陽虎謀誅，季氏出奔，聖人全削之，但書"盜竊寶玉大弓"，"得寶玉大弓"，誠神筆也，至文也，大義也。

注《春秋》完，作《春秋傳注序》，曰："塨幼讀《詩》《書》《三禮》，雖儒解錯互，而雅言日用，可以心證，惟《易》與《春秋》難之。後以孔子《易傳》詮文、周辭，十釋八九，顧《春秋》以爲不可解。舊《傳》云：'孔子筆則筆，削則削，游、夏不能贊一辭。'是游、夏之賢尚不知也，而况《三傳》乎？故左氏但記事，而不能疏義，公羊、穀梁疏其義輒誤，而况後儒之望風追影者乎？泥於一字褒貶，遂於月日、名氏、人師等，分例樹標，而校之全經，一往不合。矯之者，謂詳略异同，俱仍舊史文，而褒貶自寓。則但録史文足矣，孔子何以曰作？且《廿一史》、歷代鑑，誰謂非書其事而褒貶見也？乃至垂暮，而忽有所覿，曰聖經不儼在乎？如《傳》載'楚子使屈完如師，師退'，而《經》更曰：'來盟於師，奪楚與齊。'《傳》載'南蒯以費叛'，'趙稷涉賓以邯鄲叛'，《經》俱削之。載'范中行伐趙鞅，鞅奔晋陽'，《經》改筆曰：'鞅叛。'則聖人之筆削史文多矣，即仍而用之，有義在，即筆削也。於是觀其事，而成敗、升降、治亂瞭然。如齊桓定伯，數十事爲一事。即至定公夾谷之會，許以三百乘從齊，以齊曾爲天子之伯，則仍齊桓事也。而晋伯之歷久，不待言矣。觀其文而粲然。或一字爲文，或一句爲文，或數十句、數十節相比、相屬爲文，而文之或因或革乎史者，錯綜變化，鏗鏘戛然。觀其義，而予奪褒貶昭然。義即王迹也，周禮也，天子之事也，所謂'丘竊取者'也。而邵康節謂'《春秋》孔子之刑書'亦明矣。禮樂征伐自天子出，春秋以前事也，非春秋也，春秋則自諸侯出，自大夫出，陪臣執國命，皆貶也。故孟子曰'春秋無義戰'，例之無義朝聘，無義會盟，皆貶也，而彼善於此則褒矣。顏習齋先生謂'孔子經濟之書'亦明矣。義見則天子之迹見，改元即位，朝聘會盟，侵伐放殺，昏覲享唁，喪葬祭祀，蒐狩興作，甲兵賦税，封建縣邑，利弊隆替，釐然可考。孔子爲東周之具具矣，即萬世致太平之法，亦有前車矣。子曰'見之行事深切著明者'此也。因僭爲《傳注》，以質天下後世焉。"

思晚年每日心覺志氣如神，身覺莊敬日强，庶不衰弛。

九月，與樞天論學，在嚴取與。

十月，作一詩以寫近況，曰："憤樂相尋忘老至，教學互長念朋來。流連三古經成癖，悵望千秋意未灰。"

爲子能講《忠恕堂記》，曰："不忠恕，始於適己自便，終於忍心害理。"

謂維周曰："聖賢天與人歸，而凜若無以自存。庸愚衆嗤群怨，而亢謂莫我誰何。"

王震聲督學浙江，使王仲英來聘先生，看文有人，而以先生總裁之。先生辭，固求，既而送聘金六十兩至，辭不受，强置之去。乃使維周持銀送還仲英，與以字。言决不能往之故。

丁未　六十九歲　雍正五年

常儀如故，常功量老力所任爲之。勤家政，接後學，明行聖道，益孳孳不倦。心益戒懼，氣益和平，量益寬大，行益仁厚，自勉。

二月，樞天來，互質《日記》。樞天《日記》有云："李恕谷包羅一世才，毛西河貫串五車書。"爲之愧歉，勉樞天力任聖道，以副耄望。

同樞天率二子一孫，習禮三度。

看刁蒙吉《潛室劄記》，言："盡性由於踐形，識見遠出宋儒。且敬慎收斂，省躬改過之言，不絕於筆，亦近今之篤行君子矣。"

三月，南方諸友周崑來、李師柏、程啓生各有書來，外有白門劉嶼洲山書，言："大道黮闇於宋，莫有正之者。今得先生，日月在手，正五百年運會之期也，所謂'日月出，而爝火將息'者也。"不知何許人？自言："伏處，近并却書古文詞，惟留心實學。"奇之。

四月，靈皋字來，邀入京。先生念老矣，天下良友，惟皋聞、靈皋。皋聞之會，不可必矣，靈皋尚近，向者論學尚未盡言，若及今而不一剖，恐留畢生之憾。乃入京晤之。語之曰："庶子爲君，尊母爲夫人，《春秋》有經文，《禮記》有典禮，歷代帝王有成規，請先生勿執胡《傳》之謬也。"靈皋曰："先生舉《儀禮》，則《喪服傳》慈母、生母與父及嫡母，同三年，足可伸'追稱小君'之説矣，不必用《春秋》文也。"先生以其猶護《春秋》謬傳，而但以"追尊夫人小君”爲是，姑已其言。又謂之曰：“顔先生學之切實，君所素許也，但謂宋儒是聖學，則天下無是非并立之理。請問其以主静爲主敬之功，是禪宗否？其存誠，是愚誠否？其窮理，是俗士之誦讀否？以六藝爲末務粗迹，而專講性天，背聖學否？以致聰明人盡歸無用，遂使神州陸沈，王夷甫輩安謝其咎？仁人念之垂泣否？”靈皋憮然曰：“願先生急著治平書，以爲世法，則正學興，彼學退矣。”鍇按：靈皋之言，遁辭也。

靈皋閲《恕谷後集》，曰：“兵隨敵變，水因地流，面貌各成，機杼互换，必傳之書也。”

靈皋出所著《釋言》：“剛主曰：‘人心不可謂，子安以辯爲哉？韓子云：‘動而得謗，名亦隨之。’謗而無名者，衆人也；名而無謗者，鄉願也。雖然，美疢不如惡石，謗言彰，吾知懼矣，名則諸君子之過爾。’因併識前語作《釋言》。”

歸訂樞天《喪禮就直》。

著《擬太平策》。

十月，先生《自省書》曰：“予六十九歲之莫矣，行道無望矣，著述明道，目力已竭矣。惟是身心性命，可質帝天者，自返多有匱闕，及今不力，萬一抱憾而卒，欲補何由？戰兢惕厲，列後日省之。一、顔先生每責我細行不矜，如出門即旋，對妻子奴僕不莊肅，其爲敗德多矣。戒之，戒之。一、性敏似覺微長，而性急實其大短。每鄉人出語不合，輒峻拒；室人有過，嗃詈時有。耄年不能和敬之一端也，力改之。一、樊遲憂智之妨仁，深有體會。予妄恃知人，然知之不覺有冷心，此非智之過，乃吾萬物一體之仁未純至也。不仁，則根本蹶矣，尚附名教耶？勉之，勉之。”贇按：先生德成學至，猶痛自刻責，耄年不倦如此，吾輩初學，可少自寬與？鍇按：《論語》言“舉錯知以成仁”，先生慮智之妨仁，何也？蓋《論語》所言治天下國家之道也，先生所慮居鄉黨之道也。鄉党間，非族戚友朋，則鄉鄰也，拒之不可，遠之不能，惟有感化之、包容之而已。先生以有冷心自勘，是即其萬物一體之仁，肫肫乎有不容自已者乎！

聞子能入泮。

十二月，思書分凶人吉人。堯，允恭克讓；文王，徽柔懿恭；孔子，溫良恭儉讓，吉人也。霍子孟，如芒刺着人；關雲長，護前，君子而凶者也。小人之凶，又何待言。

黎長舉自河西走四千餘里，來謁先生，曰：“年已五十，再不從先生學，恐虚度一生矣。”乃擇日行釋菜禮，拜先生，入學。先生爲《釋菜文》曰：“自孔夫子後，而唐虞之六府、三事，三代之四術、三物，杏壇之四教，半存半亡於天下，幾二千年矣。習齋先生崛起而表章之，直傳周孔。塨孱弱無能爲役，而粗解其巔末，於是推明顔先生學，以告當世。海内之有學問者，或信或疑，亦率竊竊然謂今世有顔李之學，遠宗周孔也者。即來執經下問者，亦不乏其人，然求其凝於心，行於身，實可經濟於天下者，鮮見，豈無德之躬，不足以振起之耶？忽忽焉塨亦遂六十有九矣。德化有黎生宋淳者，少遊秦，習程朱陸王家言。既而聞塨人秦，自鎮原來稱後學問道。伊時甚期許之，切劘其長短。及別去幾二十年，不知其所在。乃淳則日夜不忘，欲來相從，而淳能文筆，嫻刑名錢穀，在位者爭致幕下，屢爲人牽，不得前。今歲奮然決曰：'吾行年已五十，再不從師，以定我學，不虚生一世乎？'於是呼從覓騎，自河西泝秦、晋北邊，行四千餘里，度四十五日，辭紛華之宦場，人寂寞之鄉，鄙陋之野，長跽稱弟子，求嚴立作聖課程，以矢有成。斯不亦奇丸也乎。乃備酒漿菜殽，行釋菜之禮，惟求我先聖先師冥護，玉之大成，俾神聖持世之道，從此不墜。其所關者，不在一人一時已也。"

糾鄉人聘樞天，明歲來設館教子弟。

長舉論西事，須自肅州，而布隆吉，而哈密，而巴里坤，而土魯番，聯絡多設衛所，以逼澤旺之穴。又上計，則撤兵守邊，不必疲中國以事無用也。

戊申　七十歲 雍正六年

一歲常儀功："元旦，祀五祀、家祠，皆以牲體；祀馬外祖行位，以其無後也；拜孔子及顔先生。清明、七月十五、十月朔，祭家祠，嘉平二十四日，祭竈，皆齋戒。小齋一日，大齋二日，戒一日。齋戒飲酒，不至醉；食肉，不茹葷；不弔喪，不問疾，不與妻妾同處，不與穢惡，不刑人。遷坐，不會客，惟齊心思所祭者。朔望，拜獻家祠、五祀，令子孫分班應之，獻訖，行家禮。每日晨起，揖先聖先師。禮樂射御書數，遇其事即習之。經濟，有問者答之。聖道經學，有問者答之。致力以寬以和，《日譜》日一圈，或時下圈，以黑白別心存亡。失言黑左，失行黑右，過怒黑上，慾心黑下。"

接樞天至，率習禮拜樞天入學。

至博野，會博野令趙公。其署中葉孝廉惟一出見，持《日記》求評，則聞習齋之學而興起者也。

看《秦邊紀略》，知凉、甘、肅必宜重守，而玉門關宜復，所以斷西北之往來也。慨明之棄河套而守榆林，不知東勝、受降之阨要。葉盛、余子俊、王瓊得罪社稷何如也！

張籲門書至，言願表章顔先生之學，望聖道之明行，其素志也。今帶銀二兩，倩人抄先生諸著，將刊行。

易州李通，率其子基來拜，從遊。

二月，率長舉之楊村，致祭習齋先生。

惲皋聞寄書至，并孫應榴子房《日記》一本。先生覽其《日記》，自癸卯年三十歲，聞皋聞言服焉，遥拜先生爲師，立《日記》，省過甚嚴，且分日習六藝。先生甚喜，曰："習齋之道南矣。"遥答拜之。鍇訂修《年譜》至此，因於舊篋中檢其寄來《日記》閲之，其自敘二十後習静坐功，與友人是仲明爲程朱之學，見皋聞先生，始知静坐近禪。示以《恕谷後集》《大學辨

業》《習齋年譜》諸書，始而疑，後漸服，閲至感慨處，不覺淚下，即擬北上拜謁，因斧資不給，乃北向遥拜先生爲師。拜訖，隨成一律曰："恕谷傳人禮樂先，誰令斯道久云捐。恰逢小子三旬歲，遥拜先生萬古賢。禮以範身卑法地，樂須育德渾如天。規模志定時時省，桃李青春好着鞭。"於是立《日記》，學先生之學焉。既而讀先生題王崑繩《省身録》一則，慨然曰："數載景仰，未得遂願見先生之志，今以斯言自省，庶幾如見也與。"乃逐句分注之《日記》，訂爲自省之要。自省心存密否，密則《日記》書一直畫|，否則書二斜畫×，且以畫之大小，別存否之久暫。自省視聽言動中禮否，中禮則書方□，否則書馬眼⬭，亦以大小，別中否之輕重。自省時覺有進否，進則書一圈○，否則書一黑子●，亦以其大小，別進否之分數。禮樂諸藝，每朔望兩考，有加則書環○，間斷則書缺◌，亦以大小，別加損之多寡。天理所悟，人情所照，經濟所閲歷，或日新，或仍舊，夜寐而寤，能一一自省，則晨起書一大紅圈○，昏忘不省，則書一大黑子●。每月朔，設案南窗下，省一月之記，某畫幾，某畫幾，記過之多少，跪而自訟。其自治之嚴，省過之密如此。一日與某友論學，某曰："静坐甚得力。"子房曰："静坐非是，自古聖賢惟一敬，若有一欲静之念，便是不敬矣。且三省、四勿、敬恕，皆在事上言，一部《四書》，未嘗有一語教人静坐也。"某友論先生以鄉三物爲格物之物非是，朱子解物即事也，何等渾融。子房曰："三物之六德，統而言之一仁也，即天命之性也；六行統而言之一孝也，即率性之道也；六藝統而言之一禮也，即修道之教也。《大學》立教，尚有當在此三物外者乎？"某又言，即物窮理，如侍疾則格藥餌，出行則格行李之類。子房曰："此隨時隨事之功，豈十五入大學所格之物乎？"其見道之確，信道之篤又如此。按：臯聞先生癸丑來書曰："子房本世家子，幼而孤苦，刻志勵行。聞顔、李兩先生之學，慨然悦慕，信於心，習於身，南方之士，未有篤信好學如斯人者。鄉居不時見，見輒以所學質，必有進益。去秋鶴自江西歸，來會兩次。既久不見，忽聞其無疾逝矣。惜哉！"錯採其《日記》附録於此，庶弗使無傳焉。而又惜其《日記》僅四月餘者，爲學數年，其進德體道之功，可傳者必多矣，而所見僅此也。

三月，葉惟一來拜，贄以詩，有句云："間氣鍾靈開智勇，狂瀾降割善疏排。"

思老當益壯。

思好規人過，亦屬氣量之淺，朋友當勸善多於規過。

思《詩》曰："雖有兄弟，不如友生。"常人之處父母兄弟，密不如妻，親不如子，投合不如友朋，熱中不如君，非聖賢孰能孝友之盡乎？

六月，先生之妻馬氏卒，謂習中曰："此予之出而不去者，汝等不以母禮葬之亦可，從厚以母禮葬之亦可也。"

八月，王順文來拜，從遊。教以孝弟之道。

語長舉以顧諟明命之功,曰:“吾子留意於顧諟明命,可謂探本者。然爲之有道,每日夙興,即爲所當爲之事。作何事,即存心於何事;接何人,即存心於何人。事竣人去,反顧此心,湛然在内,一切聲色貨利,毫不繫於懷。旋而治事接人,又如之,所謂‘終日乾乾’也,所謂‘執事敬’也。不可效宋人白日靜坐,以食二氏遺毒也。若欲靜坐,則向晦未卧,雞鳴未起,除省察前日所爲得失,今日所爲興除外,被衣直坐,收攝天君片時亦可。然主敬非主靜,所謂‘夕惕若’也。總之皆‘顧諟天之明命’也。明命者,命吾之心也,命吾心之仁義禮智也。若馳思天地未朕兆之先,及天地絪緼生物之始,以爲顧諟,則誤矣。前功既熟,則耳聰目明,心思睿智,世故人情,迎刃而解,其效可以自考也。”馮樞天曰:“存養之功,自宋儒以來,捉風捕影,得先生教,乃足踏實地,直接聖傳矣。”

十月朔,致祭家祠畢,因暈倒,遂病,類中風。自此病三月,夜不寐,著《天道偶測》一書。

己酉　七十一歲 雍正七年

擇病中所能爲者爲之。

《日記》每月下,書“小心翼翼,懼以終始”以自勉。

調贊攜冀州趙本中來,本中執贄,先生辭,贊代求,先生許之。

白任若偕衡水杜謙牧來,執贄學禮。

二月,武城劉學山同王順文來,學山問禮樂,答之。順文問經濟及韜鈐,先生曰:“韜鈐非老夫所知,子少年文士,去之遥庭,非所問也。即經濟,亦無躁,聖學先自治而後治人。吾子有身,且操存以養心,非禮勿視聽言動以檢身。吾子有家,須溫清定省以事親,一體周護以友愛兄弟,夙興夜寐。一身一家之經濟果善焉,而後講及人可也。請姑俟以觀。”

贊問律吕及歌法,先生答之。

贊同諸友習禮,先生觀之。

四月,修道傳祠成,命贊作《記》曰:“祠曰道傳,取諸韓子之言也。韓子《原道》曰:‘儒者仁義之道,其文《易》《詩》《書》《春秋》,其法禮樂刑政,其人四民,其行五倫,非异端老、佛之道也。堯以是傳之舜、禹、湯、文、武、周公、孔、孟,孟子之後,不得其傳焉。’今博野顔習齋先生,挺生二千年以下,得不傳之緒,重明舜、禹之九功,周公之三物,孔門之四教,深考力行,以詔斯人,誠堯舜以來所傳正路,非世之依傍儒逕,而篡入异端者也。習齋没,恕谷先生奉其遺命,題其齋曰習齋學舍,立習齋神位,春秋仲月上辛,率同人致祭而講習其中,歷廿餘年不廢。但日久,學舍漸圮,其子姓遭祲歲,鬻其舍之前半,四方同人至者不能容,難以周旋駿奔。恕谷先生謀於所居東莊,别建習齋祠堂,從遊之士爭來佽助。不日磚木具,坯塈積,乃爲正堂三間。中堂供習齋先生位,而左右將爲陳設禮樂諸器,及顔、李所著書版。同門馮辰等公請於先生曰:'左右堂不可但盛物也,習齋除漳南、梁、魏一再遊論學,餘無及者。其後推明衍繹,廣布四方,聞風而起者接踵,實先生功。而先生又集六藝成法爲書,辨居敬於主靜,别存誠於質民,又傳注《易》《詩》《春秋》《論語》《大學》《中庸》《孟子》,以習齋之説印證聖經,如合符節。後學乃有所持循,不入旁岐,而益信習齋之學,一本聖經,非臆創者。王崑繩作《習齋傳》,謂傳其學者,李孝慤先生之子一人。誠非誣也。辰等擬將先生《遠道圖》懸之東堂,同人春秋祭習齋先生訖,同之東堂拜先生而瞻企焉,不亦可乎?'先生力辭,又以公義請,乃許之。又請曰:'習齋之學,一傳而得先生,再傳而得惲皋聞。皋聞之北來也,盡棄其學,而從先生學習齋之學,其别詩曰:"三年依溯得吾師,聖道源流厪獲知。千古有人擔世業,半生從此定心期。"則其自任聞道也審矣。南居,日以顔李之學告人。今天下無慮口中津津顔李之學者,王崑繩、惲皋聞二先生之倡明居多。如常州孫應榴,戊申寄其《日記》至,遥拜先生爲師,記載省躬改過,修德習藝之功甚密,力肩聖道,而曰聞之皋聞。則皋聞傳道之功偉矣。於西堂立一生位而景仰之,不爲過也。'先生亦許之。乃又議於習齋神位前傍,設王崑繩先生神位配享,至於道中諸子可續入者,事後論定,則後人之責也。贇自癸卯得聞顔先生之道,來從恕谷先生學,不揣愚弱,思承餘緒,以廣其傳而未能也。今己酉夏,祠堂告成,因溯其原委而爲之記。"

先生又自爲《東堂記》,曰:"歲之己酉,從遊諸子,共鳩分資,築予東莊之東墅爲道傳祠。正堂三間,各間以序,中間安顔習齋先生神位,西間立惲子皋聞生位,而以東間懸予《遠道圖》,令予坐卧其中,予不能却也。晨興,輒扶杖緩步,至習齋位前一揖,并揖崑繩,排乂門而坐,弟子請業者以次應。倦則闔門少息,詠歌先王之澤;起則開窗遠望,良苗盈疇,茂樹連霄,花香鳥語,爭奇獻好。右眺郎峰,蒼翠如璧;左浴恒水,風紋縠縠可愛。雖手痺足痿,步履艱澁,而頓忘沈痾之在體也。方靈皋嘗謂我曰:'吾每出城,見墳圈看守人持陳倉米,飯飼偃蹇長林豐草間,心竊羨之。使我得讀書其地一二年,可以樂而忘歸,而不能也。'然則吾之貧耄陋況,不敢陳於王公大人也,而以之誇吾靈皋,不亦可乎?"

贇問律吕及歌法,先生告之。

贇同諸生習禮,先生觀之。

六月,訂《擬太平策》,覺一生總結是此書。

《病減偶成》詩曰:"偃息匡床午睡餘,起暄痺足自如如。賢愚不必縈懷抱,勤惰何妨任婢奴。綴藻梁間乘日晝,栽花砌側荷雲鋤。殘年喜得沈痾減,或者天心尚起予。"

每夜必起坐,以左足尚痛,浮腫未除也。

七月,思樞天愚而固,長舉愚而謬,子能愚而欲,求其不愚者,其劉用可乎?道味深,世緣淺,則庶幾矣。贇常自恨愚昧,乃蒙先生許以不愚,愧矣哉。道味深,世緣淺,敢不勉事斯語乎?

馮樞天來問疾,言田生有志聖道,先生曰:“善哉。然而不易也。志道須滌俗念,勿恥惡衣食,須勉行孝弟忠信,見利思義,見害不避,學習《詩》《書》、六藝,斯亦今之拔出群類者矣。”樞天曰:“喜其聞道能解。”先生曰:“解易行難,懋哉!”

九月上辛日,以顔先生祠堂成,先生率門人致祭。祭期不以二仲,而以二季者,以楊村神主尚有族人及博野門人守之,不敢侵用其日也。

十月,營田觀察使黄成憲贈先生《獨善閉户論》,謂孟子閉户之言,别有取爾。孔孟之心,視天下皆同室,學孔孟而鄉鄰天下,則名教之罪人矣。先生曰:“若如公言,則《論語》惟曰‘用之則行’,《孟子》惟曰‘可仕則仕,而舍之則藏,可止則止’,皆宜刊也。”乃作《獨善閉户論》辨之。

十一月,高陽張海旭,爲其兄昆崖來求先生作《左傳評林序》。已而持《左傳評林》來求訂,先生許之。

十二月,總督唐公執玉,使布政王公謩以書幣來,求先生作《畿輔通志》。先生以老病辭。

作《孫節婦傳》。

庚戌　七十二歲

正月,布政王公又以書幣,价邑令喬公來聘,先生具書,陳作志之畧,曰:“竊惟志書之修,所以紀山川形勢,歷代沿革,風土消長,政事利弊,以爲守土子民計。此州縣之志,所以與《廿一史》《禮樂志》《兵刑志》同爲鄭重也。後世多不解此,而歷數十年以修,但增詩文數首,節孝數人而已。不知詩文之載,乃文集之事,節孝之登,乃史書之事,與志之正體無涉也。如《畿輔通志》關係最大者,一曰北邊,二曰西山,三曰水田。北邊則東自山海關起,西行若干里爲某口,又西行若干里爲某峪,古時何人在此出入?何計在此戰守?迤西至居庸、宣府,轉而南則爲西山,若干里至紫荊,若干里至倒馬,古者何人從出入?何人計戰守?前朝防駐兵將若干?今現在駐劄若干?以南接於太行,使山河形勢瞭然在目,拒守機宜如掌上觀紋。若《大明一統志》《廣輿記》等,曰滿城有某山某水,易州有某山某水,而山不計其起訖,水不載其源流,遂使一山分峰之名,别爲數十山;源頭水尾,絶無關係之乾流,盡登紙上,徒亂人視聽,亦何爲乎!若夫水田,則必通查古人溝渠,如西門豹、虞集所開者名何渠,在何地,今尚有水與否,可興可廢?廣西北之糧,省東南之運,乃有用之事也。凡此皆宜廣收古書,如《廿一史》《水經注》《元和郡國志》,天下山川形勢諸書,《禹貢・地輿考》《廿一史・地輿考》以及《日下舊聞》等碎書,皆羅列案上,以備查考。又遣一有學問者,使馳驅北邊、西山以及腹内,諸形勢一一按蹟詳記,方可下筆,則非無據之空言也。此豈塨之老病所能任者？所以萬難自前者也。然念垂注之德，意不能已，故少陳其愚，惟老公祖酌之。”

二月，詔調贊至莊，教其季子習禮，并理道傳祠事。因攜冀州趙本中、族孫述舜同來讀書。

謂調贊曰：“古者行禮必奏樂，上辛之祭，可缺樂乎？今子能琴解歌吹，其司之。”贊奉命，撰《道傳祠樂章》。先升歌三終，第一解聖道昌明，第二解治法醇備，第三解樂天安命，以琴和歌。次笙入三終，第一奏黄鐘正宫，第二奏大吕變宫，第三奏林鐘清宫，以笙笛吹之。次合樂三終，第一闋迎神引，第二闋饗神曲，第三闋送神歌，以笙笛和歌，鼓板節之。撰成，進之先生，先生曰：“可訂之。”

觀察使黄世發，懸扁道傳祠曰：“周孔正傳。”

三月上辛，先生率門人致祭顔先生，用樂，命調贊司琴歌，趙本中吹笛，劉述舜鼓笙。爲文曰：“我先生以禮樂立教，直紹周、孔。然禮固實體於冠婚喪祭，而樂則失傳已久。及塨在浙，問律吕於毛河右，歸而撰《勺舞》，先生顧而樂之。乃先生没後，威縣有劉調贊者，來學於塨，能心解禮樂之義，能琴解歌吹，今東莊祠堂告成，續修春祀，敬撰《侑神樂章》，以妥我師心，尊我師道。想神聽之喜可知也，庶來格歆歆乎！”

先生曰：“《春秋》如王孫賈、祝鮀，亦能禮樂兵農之事，而無誠正修身之功，故流於雜霸。宋儒講誠正修身之道，而闕禮樂兵農之事，故入於空虚。可知德行道藝，偏廢不可也。”

六月，喬公又持王公書幣來，堅求作《通志》總裁，辭不得。先生言，老病不耐暑，期以秋。

七月，喬公遣車來，迎先生入保定府蓮花池館内，修《通志》。王公又以書來，聘益谿先生及調贊與鍾子能分纂。贊以道傳祠事辭，益谿、子能隨先生往。

先生作《畿輔通志凡例》云：“一、畿輔舊無《通志》。明宏治間，命大學士李賢等纂修《一統志》，彙十三省《通志》而芟潤之，冠以兩京，僅存梗槩爾。歷二百年未有增修，缺佚甚夥。迄我朝康熙十一年，詔允閣臣請，命各省分輯《通志》，而畿輔獨後之，至二十一年壬戌告成。彼時即以宫闕非臣民所敢志，部院皆機務攸司，壇壝庚帑，悉關大經，應於《大清一統志》詳載之，故《通志》中僅列内外城門，及天官等署於卷首，以明神州地在日邊，畿甸義先天下也。今倣其義仍之。一、分野本之《周語》，分星本之《周禮·保章氏》。鄭康成注《周禮》曰：‘今其書亡，惟大界可言。’至漢成帝時，劉向造分野説，班固取之入《地理志》。唐一行等宗之。然各有不同，先儒每有駁言。且占驗不合，前儒又歷紀之，似宜置之不載。但天道廣大，難以臆定，而術數家專持一説，亦時有中，故今仍照舊《志》登入，不敢自用自專也。一、建置即有沿革，二例難判，倘不合書，必有疊複。《河南通志》及《明一統志》俱作一門，良是，兹從之。一、疆域歷代錯出。如順天之涿州，爲古范陽，定興亦曰范陽；山東之青州，曰古渤海，河間亦曰渤海；正定之定州，曰古中山，保定之唐縣亦曰中山。其間人物，彼此互書，最難分析。如張華，見於《涿志》，又見於《保志》，於是走督亢之荒陂，探茂先之故里，於涿得張華村，其爲涿人也確矣。他皆類是。一、山必取其有關形勢，水必擇其有關利害者乃登。若撮爾小峰，無所障蔽，時流時涸，雨集溝澮，及語怪語神，專爲梵宫琳宇所占據，而毫無關實用者，不録。一、兵制詳考某處武弁何官，防兵幾何，以見我朝之有嚴有翼，備禦者當也。若前朝衛所制已湮，縱有催屯糧微員，槩所不載。一、八郡各有倉廒，不煩專書，故於公署附見之。一、'國之大事，在祀與戎。'各州縣壇廟，制定祭祀，無遠弗同，詳記其儀，恐複。故止書祠廟所在，下次以先賢等廟，如漢壽亭侯廟、王次仲廟之類。古人所謂'鄉先生没而可祀於社'者也，故以類附。若寺觀菴院，無關祀典，今附於古蹟後，以備都人士遊覽之一助也。一、畿輔丁、地，舊制原分兩項，迄雍正二年，總督李維鈞題請將丁銀攤入地畝，故田賦徵收微有差分。今照新制，一一詳載。一、鹽課爲國課，攸關民生資用，故於各州縣下，詳附行鹽引數。一、水利最大，王政宜先。近奉皇上睿慮，特設官職，開北直水利，以厚民生。謹一一考之，列於册。一、職官自督、撫而下，皆臨民莅政者也，自宜通列。乃位卑員衆，書不勝書，兹倣河南例，斷自知府以上，重方面也。司儲關榷，雖皆部使，不預民事，槩未列也。一、選舉以科貢爲重，凡會試得雋者，槩不得遺。其鄉試得雋者，試録難稽，未免掛漏，至例貢例監，不乏俊乂，若號曰選舉，則未也。一、名宦之志，人貴實録，事戒阿好。近志幾乎有宦皆名，無虚非實矣。兹擇其有實政可紀者録之，以垂勸而示法也。一、志爲史材，人物宜重，然不得宏纖畢登。兹必擇其治功德業卓然可傳者，以次編纂。至於方技仙釋，雖其道不可以經世，其學不可以範後，而即其一節，登峰造極，較然不欺，則亦日珥木瘦，物怪人妖，异氣所鍾也，故附於人物後，以見天下事，有常必有變者，固如是。一、孝子節婦，盈千滿百，是騶虞旅犇，而歸昌群舞矣，選而擇之，疑傷厚道。今皇上令天下郡邑，皆立忠孝節義祠，地方申詳，部院奏聞，入祠建坊甚盛典也。故登節孝，必以曾列旌表者爲主，弗敢濫也。"

八月，以病辭回調理。

威縣田如龍夔菴來拜，問學。

九月上辛，祭習齋先生。

王公又以車來迎，并以帖來邀調贊同往分纂。

十月，棗强李杜文長至府，執贄。

先生作《畿輔形勢論》，曰："嘗讀《禹貢》，而嘆聖人之觀察精也。《禹貢》：'隨山自雍入冀，而曰太行、恒山，至於碣石入於海。'則一語而畿輔形勢如畫圖矣。孔安國作《傳》，尚無誤。孔穎達《疏》,則誤解之,曰:‘山旁之水,皆入海,山不入海也。’夫經文明曰山入於海,蓋即海外之山,如蓬萊、方丈,可望而不可即者,其餘氣也。故太史公心知其意,而作《天官書》曰:‘中國山川東北流,其維首在隴、蜀,尾沒於勃、碣。’宋朱元晦曰:‘冀州燕山,天下第一形勢也,華、岱峙於左右,黄河繞於前。自華而嵩爲前案,淮南諸山爲第二案,江南諸山及五嶺爲三四案。’明劉侗曰:‘幽、冀阻三面而臨一面,據東北之壯,以食西南之腴,供西南之腴,以養東北之壯。故建都者汴、洛不如秦,秦不如燕。’蓋汴四衝,洛隘小,必須天下之力守之。秦則守在函關,如高屋建瓴,而西北山不綿亘,不可守,故唐時有回紇、土厥之變。燕則背倚雄巍,如列屏,如負扆,而左肩爲薊、遼、長白,右肩爲宣、大、三關,誠居重馭輕之地。故自古黄帝即都涿鹿,迄後金、元,或爲大都,或爲中都,尚非正都,明永樂都之,而仍稱‘行在’。惟我皇朝,入膺一統,即定鼎於此。熊熊鬱鬱,中寧外順,幅幀萬里,其爲天造地設,以鞏固皇圖也明矣。然案重則肩背須厚,今京北則四十八家,旋而拱之,効順聽旨,飢寒則賑之,援之,調遣則隨方用之,勢如指臂。東則永平爲内地,遼東爲盛京。西則宣府革衛爲州縣,大同之北立歸化城,皆有重兵屯守,肩背可謂厚矣。又按《史記》《漢書》,自河套以東,開元以西,一二千里,即古所謂山陰也。土沃地美,可種五穀,長人民。若盡如仁皇帝之修熱河,募民種植,以厚其生,又召通儒訓教,以明人倫,長其恩愛。而立之官,而屯之兵,與畿輔一道同風,則肩背愈厚,而萬世於以永固矣。”

十一月,又以病回里。

十二月,作《楊仁澍傳》。

聞營田觀察使黄成①憲卒於定州,乃爲作傳。

辛亥　七十三歲

正月,布政王公又以書幣來請,先生卧病不能行,將所修《通志》稿封還。具書命調贊至府,堅辭之。

衡水杜友三兄弟,屢求爲先人作《世德記》,乃爲作之。

刻《擬太平策》。

壬子　七十四歲

是歲,先生以病不能理事,惟存心養性,以終餘年。

懼斯道之復墜也,作《永言賦》,曰:“老冉冉今已邁兮,恐斯文之倏亡。良朋遠隔天涯兮,來者又未可逆量。上帝降鑒而匪遙兮,祝周情孔思其抱將。”

訂調贊所纂《冠禮士相見禮儀注》。

---

① 底本無此“成”字,據《顔李叢書》本加。

思生平同學師友,作《憶舊詩》,曰:"憑誰引見魯中叟,有我步趨負郭顔從顔習齋先生爲聖學。走馬平坡磬控裏同郭子固習御,鳴弦城側滿分間同趙錫之習射。毛精序作《風》《雅》列從毛河右先生學律吕,汾上道傳房、杜班從王五公先生學弢鈐。幽、薊爬搔孔氏壁同王崑繩論聖道,錢塘貫串禹碑山同王草堂論經書。"作《思聖詩》,曰:"静仁動知兩無窮,何事營營百歲中。花綻水流時自運,古今樂壽首尼翁。"

先生知病之將不起也,乃自作墓志,曰:"李子,李孝慤先生之長子也,名塨。嘗求仁不能,期勉於恕,因以恕谷名其鄉,而爲號焉。孝慤四十後,元配馬太君有順德,而未立子,乃聘易州馬指揮公女爲箎,生李子。時力爲聖賢學,敦孝弟,主忠信,崇禮義廉恥,讀《論》《孟》《學》《庸》,以授李子。同時有顔習齋先生者崛起,近與祁州刁包,遠與上蔡張沐辨學,謂世儒躐講性天,非孔子不可得聞之教法也。且禮樂兵農,聖門經世之撰皆廢失,何以學成致用?乃易静坐入定以習恭,内而敬直,外而九容交攝。讀書猶漢、唐訓詁遺習,惟擇經史有用書讀之,餘不盡究,以蹈玩物喪志也。嚴課孝弟謹信,冠婚喪祭,務遵古禮,日稽禮樂兵農之允宜今古者,而倡六藝以教來學。於是李子從之,學禮於習齋,學琴於張而素,射騎則學於趙思光、郭金城,書則學於王五公、彭通,數則學於劉見田,後又學律吕於毛河右。其於明德,則立《日譜》,逐時記身心言行得失勉改。至耄老,愈追念家學,欿然自歉,寡過未能。其於親民,則與習齋嘗商酌教養之具,每夜分不寐,有所得,則録之《瘳忘編》《學政》《平書訂》《閲史郄視》。然惟恐草野之見無當也,七十病後,依《周禮》約入《擬太平策》。李子性謹畏,時或肩輿出門,輒悚然曰:'我何人斯,而人肩之?'坐必躬以謝肩夫,惟恐虚名過情。李安溪、王太倉相國,皆擬薦於當宁,李子懼甚,力辭謝。有來問學者,亦訥訥然不輕瀆。嚴於取與,少年試一等,當補廩,舊有書公陋規,曰是以賄進也,辭不補。十四王在西陲,使人兩次千金延聘,避如江東。康熙庚午三十二歲,中順天鄉試。迄戊戌年六十,選通州學政。八月到任,時京師沿門染疾,李子亦有中癱之意,不能理事,於十月告病歸里,調攝少平。前在都,徐少宰秉義、吴都憲涵爲刻《大學辨業》《學規纂》。至是,同人爲刻《論語學庸傳注》及《傳注問》,又刻《易經傳注》《學禮》《小學稽業》,門人又刻《恕谷後集》,毛河右開雕《李氏學樂録》於浙。屆雍正六年,年七十,又中前病。病乃絮綿,謇浸而劇,委分乘化,焉期百祀,竚竢後學,爰述斯志。"

癸丑　七十五歲　雍正十一年

正月初一日,先生病,彌留。

一絕云:"情識刼年運足傷,北邙山下月生光。九京若遇賢師友,爲識滔滔可易方。"午時卒。

及門以獻歲未得侍疾,聞訃次第來哭。至雍正十三年十月,會葬,調贊製帳割牲,與及門武城劉天植，棗强李杜，衡水杜謙益，博野劉貫一、鍾淑等執喪，紳士陳大章、鍾錂、白宗伊、田如龍等百餘人共奠。馮辰爲文曰："嗚呼，先生逝矣，奄忽三年矣。今將安厝曹原，親友及門，製幛哀奠，囑文於辰。不禁嗚咽百拜，揮涕爲誄，曰：嗚呼，唐、虞、三代，不復見於後世乎？天胡爲而生先生耶？唐、虞、三代，將復見於後世乎？何先生抱明德親民之具，遂溘然長逝耶？嗚呼，慟哉！先生幼承孝慤先生家學，以正直忠孝爲本。既冠，從習齋先生遊，得周孔久湮之墜緒，以三事、三物、四術、四教爲傳習，慨然欲見之斯世。心性則敬畏清明，日三復'小心翼翼'及'清明在躬'二語，既如臨深履薄，復如海闊天高。躬修則肅九容，嚴四勿，恭而和，勤而敏，大業克敦，小物不廢。每五漏蚤起，終身弗懈。一日倦卧，曰：'安肆日偷可乎？'悚然起。置《日譜》，記身心言行得失，時有所省，刻有所勵。與顏習齋、王法乾、惲皋聞、劉調贊及辰等互勘，勸懲嚴密，片善微過，無少假。凡冠婚、喪祭、燕與、相見諸禮，準古酌今，隨時習行。持家甚嚴，而孝慈友恭，胥盡其道。居室甚儉，而周急濟難，傾囊不吝。且善體《易》道，作事刻刻變化而有典常。當問學時，躬詣習齋，商搉學術治道，每至夜分不息。嘗學琴於張函白，學射御於趙錫之、郭子固，學書於王五公、彭雪翁，學數於劉見田。後如浙，學樂於毛河右。凡海内道學、才雋、通儒、技勇、藝術、文士，皆委曲納交，以悉得其所長。至於表前聖既晦之旨，辨後儒似是之非，平心以剖，易氣而析。嘗言聖經言道已盡，出乎此，非异端則支離。故所著《大學辨業》《聖經學規》《小學稽業》《聖學成法》，皆以《六經》爲證據。又爲諸經傳注及學六藝等録，雖詩古文辭，片牘隻語，無非昌明聖道，可以實見之身世者。而經濟之具，則在《閱史郄視》《平書訂》《擬太平策》及《郊社》《禘祫》《宗廟》《田賦》等，考辨悉依諸經典，參以時宜，洵純王之政，致治之法也。嘗佐政桐鄉、郾城，皆確有治績。後爲楊慎修敦請，如富平，吏民悦服，風俗煥然改觀。先生每念及民物，輒憂憫泣下，故禮樂兵農、工虞水火及天文地理諸學，皆日夜究心焉。且守甚嚴，雖一介不妄取，有納賄求關説者，峻拒之。公卿折節前席，惟談論道德，而勢位赫奕，漠然無所動於中。王侯下聘，引疾固辭。王相國、李中丞、索果亭、李在中諸顯達，虛左以待，皆弗往。部檄選縣令，以母老改任通州學正，未幾告病歸。日夜以承先啓後爲兢兢，執贄來學者，皆殷勤提誨，因材造就，咸欲躋之聖域。故聞風者争自淬礪，千百里外，多遥拜而私淑焉。所謂爲往聖繼絶學，爲萬世開太平者，舍先生其誰也！從來稱道學者不諳經術，能幹濟者不究身心，先生兼綜條貫，一源共委，於先聖明親至善之道，備體諸身，如有用者，舉而措之耳。乃竟賫志以沒也，嗚呼，慟哉！先生往矣，蒼生無望矣，門下小子無所依仿矣，海内後進無所瞻仰矣，慟哉，嗚呼！惟願先生在天之靈，左右上帝，俾斯道大行，斯民蒙福，庶生前未遂之心亦可以少慰矣。凡我同人，其何以無負先生，而共挽斯文於不墜乎！慟哉，嗚呼！麗牲酌酒，瓣香敬炷，先生之神，尚彷彿而容與！嗚呼，哀哉！尚饗。"

又公上私謚曰:“先生道傳前聖,學開後儒,理應有謚。謹按謚法,‘勤學好問,道德博聞,曰文。’先生兼之。‘慈惠愛民,經天緯地,曰文。’先生允焉。敬上謚曰文子先生。”

初八日,葬於曹家蕞村東北祖兆。調贊與及門諸子送葬,慟哭失聲。葬返,從孝子習中、習禮行虞祭禮,相向哭,盡哀。

請先生神牌入道傳祠,配享顔先生。

惲皋聞自江南聞先生歿,向北大哭,作《李恕谷先生傳》。

乾隆元年丙辰冬,調贊續修先生《年譜》。